〔明〕宋濂等撰

元史

中華書局

二十四史

明 宋濂等撰

第一冊

卷一至卷一二（紀）

中華書局

出版說明

元史二百一十卷，是一部比較系統地記載我國歷史上元代興亡過程的封建史書。洪武元年（一三六八年），卽元朝滅亡的當年，明太祖朱元璋就下令編修元史。第二年，以李善長爲監修，宋濂、王褘爲總裁，趙壎等十六人爲纂修，開局編寫。僅用一百八十八天的時間，便修成了除元順帝一朝以外的本紀、志、表、列傳共一百五十九卷。接着又讓歐陽佑等十二人四出蒐集元順帝一朝的史料，於洪武三年（一三七〇年）重開史局，仍以宋濂、王褘爲總裁，由朱右等十五人參加編寫，用一百四十三天續修本紀、志、表、列傳共五十三卷。然後合前後二書，釐分附麗，共成二百一十卷，全部編撰工作，歷時只三百三十一天。據宋濂目錄後記，洪武三年七月書成，十月便已「鋟板訖功」。刻印工作也進展得很快。

元史之所以能迅速成書，有一個原因，那就是元史的編修，主要是照抄元代各朝實錄、經世大典、功臣列傳等官修典籍，除了删節以外，沒有下多少功夫。就元史編者的政治觀點來說，同那些編修元代典籍的人並沒有什麽本質的區別，信奉的都是儒家道學思想，所以在處理前代王朝遺存的歷史資料時，也就無須從思想觀點上和內容編排上作根本的改

動。這樣，元史編者們便無意中更多地保存了元代史料的原貌。

對於我們研究元朝的歷史來說，元史是必不可少的重要的基本資料。四十七卷本紀除順帝一朝之外，全是現已失傳的元代歷朝實錄的摘抄，內容比較豐富，是按年月日編制的包括政治、經濟、軍事、社會生活等各個方面的大事記。史料價值和確切性都比較大。有些舊學者指責元史本紀「不合史例」，內容「雜蕪」，這是一種偏見。五十八卷志、八卷表的史料，除順帝朝部分之外，絕大部分採自元文宗時所修的經世大典，而這部書現已大部分散失，許多內容只能在元史各志中看到，因而顯得珍貴。至於九十七卷列傳，大部分取材於元朝官修的傳記，而這些官修傳記又是根據家傳、神道碑、墓志等寫成的。因此，在記載的確切程度上，要比紀、志差得多，但是其中含有許多生動具體的資料，這一點又是紀、志所不及的。

由於元史倉促成書，且出於衆手，在編纂方面有不少謬誤。例如：有一些列傳重出，甚至誤把不同皇帝的后妃領取歲賜的名單，統統當作同一皇帝的后妃處理，以致在后妃表中將兒媳、曾孫媳、玄孫媳婦當成平列的妻妾。此外，譯名不統一、年代史實的乖誤等，也相當多。因此元史一直爲後人所訴病，試圖重修元史的書出過好幾種。但是，這些重修之作都無法取代元史這部比較原始的基本資料。

元史最早的版本是洪武三年刻本。嘉靖初年，南京國子監編刊二十一史，嘉靖十一年（一五三二年）完成，其中元史用的是洪武舊板，損壞的板頁加以補刊，一般板心刻有嘉靖八、九、十年補刊字樣，此爲南監本。南監本後來的遞修補刊一直延續到清初。萬曆二十四年（一五九六年）至三十四年（一六〇六年），北京國子監重刻二十一史，元史也在其中，此爲北監本。到清代，乾隆四年（一七三九年）武英殿又仿北監本重刻元史，稱爲殿本。乾隆四十六年（一七八一年），對遼、金、元三史譯名進行了謬誤百出的妄改，挖改了殿本的木板，重新刷印。道光四年（一八二四年），又對元史作了進一步的改動，重新刊刻，這就是道光本。道光本對元史的任意改動很大，但對史文也作了不少有根據的校訂。後來又有各種翻刻重印的版本，其中比較好的是一九三五年商務印書館影印的百衲本。百衲本是以九十九卷殘洪武本和南監本合配在一起影印的，在通行各本中最接近於洪武本的面貌。

我們這次點校，是以百衲本爲底本。對百衲本在影印過程中的描修錯誤，用北京圖書館藏原書、北京大學藏一百四十四卷殘洪武本及北京圖書館藏另一部南監本作了核對訂正，一律逕改。逕改的描修錯誤，共有近八十處。在版本校勘方面，用了北監本、殿本和道光本。還參考了胡粹中元史續編（簡稱續編）、邵遠平元史類編（簡稱類編）、畢沅續資治通鑑（簡稱續通鑑）、魏源元史新編（簡稱新編）、曾廉元書、屠寄蒙兀兒史記（簡稱蒙史）、柯劭

忞新元史，以及錢大昕廿二史考異（簡稱考異）、汪輝祖元史本證（簡稱本證）等書。此外，並利用了一批常見的原始資料，校正有關的史文，其書名和篇名，見於各卷的校勘記。

進行校勘時，我們只校訂史文的訛倒衍脫，不涉及史實的考訂。改動底本的地方，用方圓括號表示（圓括號內小字表示刪，方括號內的字表示補），並附簡要的校勘記。書中的明顯刻誤，以及板刻破體字，都予逕改。經過推算在紀日干支下用方括號補入的「朔」字，校勘記裏不再說明。對書中的古體、異體、俗體字，儘量作了統一。原書卷首的進元史表、纂修元史凡例和宋濂目錄後記，移至書末作爲附錄。總目是重編的。

元史的點校，由翁獨健同志主持定稿。擔任點校的有亦鄰真、周清澍同志。邵循正同志也參加過列傳部分的點校。內蒙古大學原蒙古史研究室的十幾位同志完成了校勘記的長編。姚景安同志擔任了編輯整理工作。缺點錯誤，希望讀者批評指正。

中華書局編輯部

元史目錄

卷五十九　志第十一

卷六十　志第十二

卷六十一　志第十三

卷六十二　志第十四

卷六十三　志第十五

卷六十四　志第十六

卷六十五　志第十七上

卷一百五十一　列傳第三十八

卷一百五十二　列傳第三十九

卷一百五十三　列傳第四十

卷一百五十四　列傳第四十一

卷一百五十五　列傳第四十二

卷一百五十六　列傳第四十三

卷二百二 列傳第八十九

卷二百三 列傳第九十

卷二百四 列傳第九十一

卷二百五 列傳第九十二

卷二百六 列傳第九十三

卷二百七 列傳第九十四

卷二百八 列傳第九十五

卷二百九 列傳第九十六

卷二百十 列傳第九十七

元史卷一

本紀第一

太祖

太祖法天啓運聖武皇帝，諱鐵木眞，姓奇渥溫氏，蒙古部人。

其十世祖孛端叉兒，母曰阿蘭果火，嫁脫奔咩哩犍，生二子，長曰博寒葛答黑，次曰博合覩撒里直。既而夫亡，阿蘭寡居，夜寢帳中，夢白光自天窗中入，化爲金色神人，來趨臥榻。阿蘭驚覺，遂有娠，產一子，卽孛端叉兒也。孛端叉兒狀貌奇異，沉默寡言，家人謂之癡。獨阿蘭語人曰：「此兒非癡，後世子孫必有大貴者。」阿蘭沒，諸兄分家貲不及之。孛端叉兒曰：「貧賤富貴，命也，貲財何足道。」獨乘青白馬，至八里屯阿懶之地居焉。食飲無所得，適有蒼鷹搏野獸而食，孛端叉兒以緡設機取之，鷹卽馴狎。乃臂鷹獵兎禽以爲膳，或闕卽繼，似有天相之。居數月，有民數十家自統急里忽魯之野逐水草來遷，〔一〕孛端叉兒結茅

與之居，出入相資，自此生理稍足。一日，仲兄忽思之，曰：「孛端叉兒獨出而無齎，近者得無凍餒乎？」卽自來訪，邀與俱歸。孛端叉兒中路謂其兄曰：「統急里忽魯之民無所屬附，若臨之以兵，可服也。」兄以爲然。至家，卽選壯士，令孛端叉兒帥之前行，果盡降之。

孛端叉兒歿，子八林昔黑剌禿合必畜嗣，生子曰咩撚篤敦。咩撚篤敦妻曰莫拏倫，生七子而寡。莫拏倫性剛急。時押剌伊而部有群小兒掘田間草根以爲食，莫拏倫乘車出，適見之，怒曰：「此田乃我子馳馬之所，群兒輒敢壞之邪。」驅車徑出，輾傷諸兒，有至死者。押剌伊而忿怨，盡驅莫拏倫馬羣以去。莫拏倫諸子聞之，不及被甲，往追之。莫拏倫私憂曰：「吾兒不甲以往，恐不能勝敵。」令子婦載甲赴之，已無及矣。既而果爲所敗，六子皆死。押剌伊而乘勝殺莫拏倫，滅其家。唯一長孫海都尚幼，乳母匿諸積木中，得免。先是，莫拏倫第七子納眞，於八剌忽民家爲贅壻，故不及難。聞其家被禍，來視之，見病嫗十數與海都尚在，其計無所出。幸驅馬時，兄之黃馬三次掣套竿逸歸，納眞至是得乘之。乃僞爲牧馬者，詣押剌伊而。路逢父子二騎先後行，臂鷹而獵。納眞識其鷹，曰：「此吾兄所擎者也。」趨前紿其少者曰：「有赤馬引羣馬而東，汝見之乎？」曰：「否。」少者乃問曰：「爾所經過有鳧雁乎？」曰：「有。」曰：「汝可爲吾前導乎？」曰：「可。」遂同行。轉一河隈，度後騎相去稍遠，刺殺之。繫馬與鷹，趨迎後騎，紿之如初。後騎問曰：「前射鳧雁者吾子也，何爲久臥不起耶？」納眞以鼻䶵對。騎者方怒，納眞乘隙刺殺之。復前行至一山下，有馬數百，牧者唯童子數人，方擊髀石爲戲。納眞熟視之，亦兄家物也。紿問童子，亦如之。於是登山四顧，悄無來人，盡殺童子，驅馬臂鷹而還，取海都幷病嫗，歸八剌忽之地止焉。海都稍長，納眞率八剌忽怯谷諸民，共立爲君。海都既立，以兵攻押剌伊而，臣屬之，形勢寖大。列營帳於八剌合黑河上，跨河爲梁，以便往來。由是四傍部族歸之者漸衆。

海都歿，子拜姓忽兒嗣。拜姓忽兒歿，子敦必乃嗣。敦必乃歿，子葛不律寒嗣。葛不律寒歿，子八哩丹嗣。八哩丹歿，子也速該嗣，幷吞諸部落，勢愈盛大。也速該崩，至元三年十月，追謚烈祖神元皇帝。

初，烈祖征塔塔兒部，獲其部長鐵木眞。宣懿太后月倫適生帝，手握凝血如赤石。烈祖異之，因以所獲鐵木眞名之，志武功也。

族人泰赤烏部舊與烈祖相善，後因塔兒不台用事，〔二〕遂生嫌隙，絕不與通。及烈祖崩，帝方幼沖，部衆多歸泰赤烏。近侍有脫端火兒眞者亦將叛，帝自泣留之。脫端曰：「深池已乾矣，堅石已碎矣，留復何爲！」竟帥衆馳去。宣懿太后怒其弱己也，麾旗將兵，躬自追叛者，驅其太半而還。

時帝麾下搠只別居薩里河。〔三〕札木合部人禿台察兒居玉律哥泉，〔四〕時欲相侵凌，掠

薩里河牧馬以去。搠只麾左右匿羣馬中，射殺之。札木合以爲怨，遂與泰赤烏諸部合謀，以衆三萬來戰。帝時駐軍答蘭版朱思之野，聞變，大集諸部兵，分十有三翼以俟。已而札木合至，帝與大戰，破走之。

當是時，諸部之中，唯泰赤烏地廣民衆，號爲最强。其族照烈部，與帝所居相近。帝嘗出獵，偶與照烈獵騎相屬，帝謂之曰：「今夕可同宿乎？」照烈曰：「同宿固所願，但從者四百，因糗糧不具，已遣半還矣，今將奈何？」帝固邀與宿，凡其留者，悉飲食之。明日再合圍，帝使左右驅獸向照烈，照烈得多獲以歸。其衆感之，私相語曰：「泰赤烏與我雖兄弟，常攘我車馬，奪我飲食，無人君之度。有人君之度者，其惟鐵木眞太子乎？」照烈之長玉律，時爲泰赤烏所虐，不能堪，遂與塔海答魯領所部來歸，將殺泰赤烏以自效。帝曰：「我方熟寐，幸汝覺我，自今車轍人跡之塗，當盡奪以與汝矣。」已而二人不能踐其言，復叛去。塔海答魯至中路，爲泰赤烏部人所殺，照烈部遂亡。

時帝功德日盛，泰赤烏諸部多苦其主非法，見帝寬仁，時賜人以裘馬，心悅之。若赤老溫、若哲別、若失力哥也不干諸人，若朶郎吉、若札剌兒、若忙兀諸部，皆慕義來降。

帝會諸族薛徹、大丑（及薛徹別吉）等，〔五〕各以旄車載湩酪，宴于斡難河上。帝與諸族及薛徹別吉之母忽兒眞之前，共置馬湩一革囊；薛徹別吉次母野別該之前，獨置一革囊。

中華書局

忽兒眞怒曰：「今不酓我，而貴野別該乎？」疑帝之主饍者失丘兒所爲，遂笞之。於是頗有隙。時皇弟別里古台掌帝乞列思事，乞列思，華言禁外繫馬所也。播里掌薛徹別吉乞列思事。播里從者因盜去馬靮，別里古台執之。播里怒斫別里古台，傷其背。左右欲鬭，別里古台止之，曰：「汝等欲卽復讎乎？我傷幸未甚，姑待之。」不聽，各持馬乳橦疾鬬，奪忽兒眞、火里眞二哈敦以歸。薛徹別吉遣使請和，因令二哈敦還。會塔塔兒部長蔑兀眞笑里徒背金約，金主遣丞相完顏襄帥兵逐之北走。帝聞之，發近兵自斡難河迎擊，仍諭薛徹別吉帥部人來助。候六日不至，帝自與戰，殺蔑兀眞笑里徒，盡虜其輜重。

帝之麾下有爲乃蠻部人所掠者，帝欲討之，復遣六十人徵兵於薛徹別吉。薛徹別吉以舊怨之故，殺其十人，去五十人衣而歸之。帝怒曰：「薛徹別吉曩笞我失丘兒，斫傷我別里古台，今又敢乘敵勢以陵我耶！」因帥兵踰沙磧攻之，殺虜其部衆，唯薛徹、大丑僅以妻孥免。越數月，帝復伐薛徹、大丑，追至帖烈徒之隘，滅之。

克烈部札阿紺孛來歸。札阿紺孛者，部長汪罕之弟也。汪罕名脫里，受金封爵爲王，番言音重，故稱王爲汪罕。

初，汪罕之父忽兒札胡思盃祿既卒，汪罕嗣位，多殺戮昆弟。其叔父菊兒〔罕〕帥兵與汪罕戰，〔六〕逼於哈剌溫隘敗之，僅以百餘騎脫走，奔于烈祖。烈祖親將兵逐菊兒〔罕〕走西

夏，復奪部衆歸汪罕。汪罕德之，遂相與盟，稱爲按答。按答，華言交物之友也。烈祖崩，汪罕之弟也力可哈剌，怨汪罕多殺之故，復叛歸乃蠻部。乃蠻部長亦難赤爲發兵伐汪罕，盡奪其部衆與之。汪罕走河西、回鶻、回回三國，奔契丹。既而復叛歸，中道糧絕，捋羊乳爲飲，刺橐駝血爲食，困乏之甚。帝以其與烈祖交好，遣近侍往招之。帝親迎撫勞，安置軍中振給之。遂會于土兀剌河上，尊汪罕爲父。

未幾，帝伐蔑里乞部，與其部長脫脫戰于莫那察山，遂掠其資財、田禾，以遺汪罕。汪罕因此部衆稍集。

居亡何，汪罕自以其勢足以有爲，不告於帝，獨率兵復攻蔑里乞部。部人敗走，脫脫奔八兒忽眞之隘。汪罕大掠而還，於帝一無所遺，帝不以屑意。

會乃蠻部長不（魯欲）〔欲魯〕罕不服，〔七〕帝復與汪罕征之，至黑辛八石之野，遇其前鋒也的脫孛魯者，領百騎來戰，見軍勢漸逼，走據高山，其馬鞍轉墜，擒之。曾未幾何，帝復與乃蠻驍將曲薛吾撒八剌二人遇，〔八〕會日暮，各還營壘，約明日戰。是夜，汪罕多燃火營中，示人不疑，潛移部衆於別所。及旦，帝始知之，因頗疑其有異志，退師薩里河。既而汪罕亦還至土兀剌河，汪罕子亦剌合及札阿紺孛來會。曲薛吾等察知之，乘其不備，襲虜其部衆于道。亦剌合奔告汪罕，汪罕命亦剌合與卜魯忽䚟共追之，且遣使來曰：「乃蠻不道，掠我人民，太子有四良將，能假我以雪耻乎？」帝頓釋前憾，遂遣博爾朮、木華黎、博羅渾、赤老溫四人，帥師以往。師未至，亦剌合已追及曲薛吾，與之戰，大敗，卜魯忽䚟成擒。流矢中亦剌合馬胯，幾爲所獲。須臾四將至，擊乃蠻走，盡奪所掠歸汪罕。已而與皇弟哈撒兒再伐乃蠻，拒鬭於忽蘭盞側山，大敗之，盡殺其諸將族衆，積屍以爲京觀。乃蠻之勢遂弱。

時泰赤烏猶强，帝會汪罕於薩里河，與泰赤烏部長沆忽等大戰斡難河上，敗走之，斬獲無算。

哈答斤部、散只兀部、朶魯班部、塔塔兒部、弘吉剌部聞乃蠻、泰赤烏敗，皆畏威不自安，會於阿雷泉，斬白馬爲誓，欲襲帝及汪罕。弘吉剌部長迭夷恐事不成，潛遣人告變。帝與汪罕自虎圖澤逆戰於盃亦烈川，又大敗之。

汪罕遂分兵，自由〔怯〕綠憐河而行。〔九〕札阿紺孛謀於按敦阿述、燕火脫兒等曰：「我兄性行不常，既屠絕我昆弟，我輩又豈得獨全乎？」按敦阿述泄其言，汪罕令執燕火脫兒等至帳下，解其縛，且謂燕火脫兒曰：「吾輩由西夏而來，道路饑困，其相誓之語，遽忘之乎？」因唾其面。坐上之人皆起而唾之。汪罕又屢責札阿紺孛，至於不能堪。札阿紺孛與燕火脫兒等俱奔乃蠻。

帝駐軍於徹徹兒山，起兵伐塔塔兒部。部長阿剌兀都兒等來逆戰，大敗之。

時弘吉剌部欲來附，哈撒兒不知其意，往掠之。於是弘吉剌歸札木合部，與朶魯班、亦乞剌思、哈答斤、火魯剌思、塔塔兒、散只兀諸部，會于犍河，共立札木合爲局兒罕，盟于禿律別兒河岸，爲誓曰：「凡我同盟，有洩此謀者，如岸之摧，如林之伐。」誓畢，共舉足蹋岸，揮刀斫林，驅士卒來侵。塔海哈時在衆中，與帝麾下抄吾兒連姻，抄吾兒偶往視之，具知其謀，卽還至帝所，悉以其謀告之。帝卽起兵，逆戰於海剌兒、帖尼火魯罕之地，破之。札木合脫走，弘吉剌部來降。

歲壬戌，帝發兵於兀魯回失連眞河，伐按赤塔塔兒、察罕塔塔兒二部。先誓師曰：「苟破敵逐北，見棄遺物，愼無獲，俟軍事畢散之。」既而果勝，族人按彈、火察兒、答力台三人背約，帝怒，盡奪其所獲，分之軍中。

初，脫脫敗走八兒忽眞隘，既而復出爲患，帝帥兵討走之。至是，又會乃蠻部不（魯欲）〔欲魯〕罕約朶魯班、塔塔兒、哈答斤、散只兀諸部來侵。帝遣騎乘高四望，知乃蠻兵漸至，帝與汪罕移軍入塞。亦剌合自北邊來據高山結營，乃蠻軍衝之不動，遂還。亦剌合尋亦入塞。將戰，帝遷輜重於他所，與汪罕倚阿蘭塞爲壁，大戰于闕奕壇之野，乃蠻使神巫祭風雪，欲因其勢進攻。既而反風，逆擊其陣。乃蠻軍不能戰，欲引還。雪滿溝澗，帝勒兵乘

之，乃蠻大敗。是時札木合部起兵援乃蠻，見其敗，卽還。道經諸部之立己者，大縱掠而去。

帝欲爲長子朮赤求昏於汪罕女抄兒伯姬，汪罕之（子）〔孫〕禿撒合亦欲尙帝女火阿眞伯姬，〔一〇〕俱不諧。自是頗有違言。初，帝與汪罕合軍攻乃蠻，約明日戰。札木合言於汪罕曰：「我於君是白翎雀，他人是鴻雁耳。白翎雀寒暑常在北方，鴻雁遇寒則南飛就暖耳。」意謂帝心不可保也。汪罕聞之疑，遂移部衆於別所。及議昏不成，札木合復乘隙謂亦剌合曰：「太子雖言是汪罕之子，嘗通信於乃蠻，將不利於君父子。君若能加兵，我當從傍助君也。」亦剌合信之。會答力台、火察兒、按彈等叛歸亦剌合，亦說之曰：「我等願佐君討宣懿太后諸子也。」亦剌合大喜，遣使言於汪罕。汪罕曰：「札木合，巧言寡信人也，不足聽。」亦剌合力言之，使者往返者數四。汪罕曰：「吾身之存，實太子是賴。髭鬢已白，遺骸冀得安寢，汝乃喋喋不已耶？汝善自爲之，毋貽吾憂可也。」札木合遂縱火焚帝牧地而去。

歲癸（丑）〔亥〕，〔一一〕汪罕父子謀欲害帝，乃遣使者來曰：「向者所議婣事，今當相從，請來飲布渾察兒。」布渾察兒，華言許親酒也。帝以爲然，率十騎赴之。至中道，心有所疑，命一騎往謝，帝遂還。汪罕謀旣不成，卽議舉兵來侵。圉人乞（力失）〔失力〕聞其事，〔一二〕密與弟把帶

告帝。帝卽馳軍阿蘭塞，悉移輜重於他所，遣折里麥爲前鋒，俟汪罕至卽整兵出戰。先與朱力斤部遇，次與董哀部遇，又次與火力失烈門部遇，皆敗之；最後與汪罕親兵遇，又敗之。亦剌合見勢急，突來衝陣，射之中頰，卽斂兵而退。怯里亦部人遂棄汪罕來降。

汪罕旣敗而歸，帝亦將兵還至董哥澤駐軍，遣阿里海致責於汪罕曰：「君爲叔父菊兒〔罕〕所逐，困迫來歸，我父卽攻菊兒〔罕〕，敗之於河西，其土地人民盡收與君。此大有功於君一也。君爲乃蠻所攻，西奔日沒處。君弟札阿紺孛在金境，我亟遣人召還。比至，又爲蔑里乞部人所逼，我請我兄薛徹別及及我弟大丑往殺之。此大有功於君二也。君困迫來歸時，我過哈丁里，歷掠諸部羊、馬、資財，盡以奉君，不半月間，令君饑者飽，瘠者肥。此大有功於君三也。君不告我往掠蔑里乞部，大獲而還，未嘗以毫髮分我，我不以爲意。及君爲乃蠻所傾覆，我遣四將奪還爾民人，重立爾國家。此大有功於君四也。我征朶魯班、塔塔兒、哈答斤、散只兀、弘吉剌五部，如海東鷙禽之於鵝雁，見無不獲，獲則必致於君。此大有功於君五也。是五者皆有明驗，君不報我則已，今乃易恩爲讐，而遽加兵於我哉。」汪罕聞之，語亦剌合曰：「我向者之言何如？吾兒宜識之。」亦剌合曰：「事勢至今日，必不可已，唯有竭力戰鬭。我勝則幷彼，彼勝則幷我耳。多言何爲。」

時帝諸族按彈、火察兒皆在汪罕左右。帝因遣阿里海誚責汪罕，就令告之曰：「昔者吾國無主，以薛徹、太丑二人實我伯祖八剌哈之裔，欲立之。二人旣已固辭，乃以汝火察兒爲伯父聶坤之子，又欲立之，汝又固辭。然事不可中輟，復以汝按彈爲我祖忽都剌之子，又欲立之，汝又固辭。於是汝等推戴吾爲之主，初豈我之本心哉，不自意相迫至於如此也。三河，祖宗肇基之地，毋爲他人所有。汝善事汪罕，汪罕性無常，遇我尙如此，況汝輩乎。我今去矣，我今去矣。」按彈等無一言。

帝旣遣使於汪罕，遂進兵虜弘吉（利）〔剌〕別部溺兒斤以行。〔一三〕至班朱尼河，河水方渾，帝飲之以誓衆。有亦乞烈部人孛徒者，爲火魯剌部所敗，因遇帝，與之同盟。哈撒兒別居哈剌渾山，妻子爲汪罕所虜，挾幼子脫虎走，糧絕，探鳥卵爲食，來會于河上。時汪罕形勢盛强，帝微弱，勝敗未可知，衆頗危懼。凡與飲河水者，謂之飲渾水，言其曾同艱難也。汪罕兵至，帝與戰于哈闌眞沙陀之地，汪罕大敗。其臣按彈、火察兒、札木合等謀弒汪罕，弗克，往奔乃蠻。答力台、把憐等部稽顙來降。

帝移軍斡難河源，謀攻汪罕，復遣二使往汪罕，僞爲哈撒兒之言曰：「我兄太子今旣不知所在，我之妻孥又在王所，縱我欲往，將安所之耶？王儻棄我前愆，念我舊好，卽束手來歸矣。」汪罕信之，因遣人隨二使來，以皮囊盛血與之盟。及至，卽以二使爲向導，令軍士銜枚夜趨折折運都山，出其不意，襲汪罕，敗之。盡降克烈部衆。汪罕與亦剌合挺身遁去。

汪罕嘆曰：「我爲吾兒所誤，今日之禍悔將何及！」汪罕出走，路逢乃蠻部將，遂爲其所殺。亦剌哈走西夏，日剽掠以自資。旣而亦爲西夏所攻走，至龜茲國，龜茲國主以兵討殺之。

帝旣滅汪罕，大獵於帖麥該川，宣布號令，振凱而歸。時乃蠻部長太陽罕心忌帝能，遣使謀於白達達部主阿剌忽思曰：「吾聞東方有稱帝者。天無二日，民豈有二王耶？君能益吾右翼，吾將奪其弧矢也。」阿剌忽思卽以是謀報帝，居無何，舉部來歸。

歲甲子，帝大會於帖麥該川，議伐乃蠻。羣臣以方春馬瘦，宜俟秋高爲言。皇弟斡赤斤曰：「事所當爲，斷之在早，何可以馬瘦爲辭。」別里古台亦曰：「乃蠻欲奪我弧矢，是小我也，我輩義當同死。彼恃其國大而言誇，苟乘其不備而攻之，功當可成也。」帝悅，曰：「以此衆戰，何憂不勝。」遂進兵伐乃蠻。駐兵於建忒該山，先遣虎必來、哲別二人爲前鋒。太陽罕至自按臺，營於沆海山，與蔑里乞部長脫脫、克烈部長阿憐太石、猥剌部長忽都花別吉，暨禿魯班、塔塔兒、哈答斤、散只兀諸部合，兵勢頗盛。時我隊中羸馬有驚入乃蠻營中者，太陽罕見之，與衆謀曰：「蒙古之馬瘦弱如此，今當誘其深入，然後戰而擒之。」其將火力速八赤對曰：「先王戰伐，勇進不回，馬尾人背，不使敵人見之。今爲此遷延之計，得非心中有所懼乎？苟懼之，何不令后妃來統軍也。」太陽罕怒，卽躍馬索戰。帝以哈撒兒主中軍。時

札木合從太陽罕來，見帝軍容整肅，謂左右曰：「乃蠻初舉兵，視蒙古軍若羖䍽羔兒，意謂蹄皮亦不留。今吾觀其氣勢，殆非往時矣。」遂引所部兵遁去。是日，帝與乃蠻軍大戰至晡，禽殺太陽罕。諸部軍一時皆潰，夜走絕險，墜崖死者不可勝計。明日，餘衆悉降。於是朶魯班、塔塔兒、哈答斤、散只兀四部亦來降。

已而復征蔑里乞部。其長脫脫奔太陽罕之兄卜（魯欲）〔欲魯〕罕，其屬帶兒兀孫獻女迎降，俄復叛去。帝至泰寒寨，遣孛羅歡、沈白二人領右軍往平之。

歲乙丑，帝征西夏，拔力吉里寨，經落思城，大掠人民及其橐駝而還。

元年丙寅，帝大會諸王羣臣，建九游白旗，即皇帝位於斡難河之源。諸王羣臣共上尊號曰成吉思皇帝。是歲實金泰和之六年也。

帝既即位，遂發兵復征乃蠻。時卜（魯欲）〔欲魯〕罕獵於兀魯塔山，擒之以歸。太陽罕子屈出律罕與脫脫奔也兒的石河上。

帝始議伐金。初，金殺帝宗親咸補海罕，帝欲復讐。會金降俘等具言金主璟肆行暴虐，帝乃定議致討，然未敢輕動也。

二年丁卯秋，再征西夏，克斡羅孩城。

是歲，遣按彈、不兀剌二人使乞力吉思。既而野牒亦納里部、阿里替也兒部，皆遣使來獻名鷹。

三年戊辰春，帝至自西夏。

夏，避暑龍庭。

冬，再征脫脫及屈出律罕。時斡亦剌部等遇我前鋒，不戰而降，因用為嚮導。至也兒的石河，討蔑里乞部，滅之。脫脫中流矢死。屈出律奔契丹。

四年己巳春，畏吾兒國來歸。帝入河西。夏主李安全遣其世子率師來戰，敗之，獲其副元帥高令公。克兀剌海城，俘其太傅西壁氏。進至克夷門，復敗夏師，獲其將嵬名令公。薄中興府，引河水灌之。堤決，水外潰，遂撤圍還。遣太傅訛答入中興，招諭夏主，夏主納女請和。

五年庚午春，金謀來伐，築烏沙堡。帝命遮別襲殺其衆，遂略地而東。

初，帝貢歲幣于金，金主使衛王允濟受貢於（靜）〔淨〕州。〔三〕帝見允濟不為禮。允濟歸，欲請兵攻之。會金主璟殂，允濟嗣位，有詔至國，傳言當拜受。帝問金使曰：「新君為誰？」金使曰：「衛王也。」帝遽南面唾曰：「我謂中原皇帝是天上人做，此等庸懦亦為之耶，何以拜為！」即乘馬北去。金使還言，允濟益怒，欲俟帝再入貢，就進場害之。帝知之，遂與金絕，益嚴兵為備。

六年辛未春，帝居怯綠連河。西域哈剌魯部主阿昔蘭罕來降。畏吾兒國主亦都護來覲。

二月，帝自將南伐，敗金將定薛於野狐嶺，取大水濼、豐利等縣。金復築烏沙堡。

秋七月，命遮別攻烏沙堡及烏月營，拔之。

八月，帝及金師戰于宣平之會河川，敗之。

九月，拔德興府，居庸關守將遁去。遮別遂入關，抵中都。

冬十月，襲金羣牧監，驅其馬而還。耶律阿海降，入見帝于行在所。皇子朮赤、察合台、窩闊台分徇雲內、東勝、武、朔等州，下之。

是冬，駐蹕金之北境。劉伯林、夾谷長哥等來降。

七年壬申春正月，耶律留哥聚衆于隆安，自為都元帥，遣使來附。帝破昌、桓、撫等州。金將紇石烈九斤等率兵三十萬來援，帝與戰于獾兒觜，大敗之。

秋，圍西京。金元帥左都監奧屯襄率師來援，帝遣兵誘至密谷口逆擊之，盡殪。復攻西京，帝中流矢，遂撤圍。

九月，察罕克奉聖州。

冬十二月甲申，遮別攻東京不拔，即引去，夜馳還，襲克之。

八年癸酉春，耶律留哥自立為遼王，改元元統。

秋七月，克宣德府，遂攻德興府。皇子拖雷、駙馬赤駒先登，拔之。帝進至懷來。及金行省完顏綱、元帥高琪戰，敗之，追至北口。金兵保居庸，詔可忒、薄剎守之。遂趨涿鹿。金西京留守忽沙虎遁去。帝出紫荊關，敗金師于五回嶺，拔涿、易二州。契丹訛魯不兒等獻北口，遮別遂取居庸，與可忒、薄剎會。

八月，金忽沙虎弒其主允濟，迎豐王珣立之。

是秋，分兵三道：命皇子朮赤、察合台、窩闊台爲右軍，循太行而南，取保、遂、安肅、安、定、邢、洺、磁、相、衞、輝、懷、孟，掠澤、潞、遼、沁、平陽、太原、吉、隰，拔汾、石、嵐、忻、代、武等州而還；皇弟哈撒兒及斡陳那顏、拙赤䚟、薄刹爲左軍，遵海而東，取薊州、平、灤、遼西諸郡而還；帝與皇子拖雷爲中軍，取雄、霸、莫、安、河間、滄、景、獻、深、祁、蠡、冀、恩、濮、開、滑、博、濟、泰安、濟南、濱、棣、益都、淄、濰、登、萊、沂等郡。復命木華黎攻密州，屠之。史天倪、蕭勃迭率衆來降，木華黎承制並以爲萬戶。帝至中都，三道兵還，合屯大口。

是歲，河北郡縣盡拔，唯中都、通、順、眞定、淸、沃、大名、東平、德、邳、海州十一城不下。

九年甲戌春三月，駐蹕中都北郊。諸將請乘勝破燕，帝不從。乃遣使諭金主曰：「汝山東、河北郡縣悉爲我有，汝所守惟燕京耳。天旣弱汝，我復迫汝於險，天其謂我何。我今還軍，汝不能犒師以弭我諸將之怒耶？」金主遂遣使求和，奉衞紹王女岐國公主及金帛、童男女五百、馬三千以獻，仍遣其丞相完顏福興送帝出居庸。

夏五月，金主遷汴，以完顏福興及參政抹撚盡忠輔其太子守忠，留守中都。

六月，金糺軍斫答等殺其主帥，率衆來降。詔三摸合、石抹明安與斫答等圍中都。帝

避暑魚兒濼。

秋七月，金太子守忠走汴。

冬十月，木華黎征遼東，高州盧琮、金（扑）〔朴〕等降。〔一五〕錦州張鯨殺其節度使，自立爲臨海王，遣使來降。

十年乙亥春正月，金右副元帥蒲察七斤以通州降，以七斤爲元帥。

二月，木華黎攻北京，金元帥寅答虎、烏古倫以城降，以寅答虎爲留守，吾也而權兵馬都元帥鎭之。興中府元帥石天應來降，以天應爲興中府尹。

三月，金御史中丞李英等率師援中都，戰于霸州，敗之。

夏四月，克淸、順二州。詔張鯨總北京十提控兵從南征。鯨謀叛伏誅。鯨弟致遂據錦州，僭號漢興皇帝，改元興龍。

五月庚申，金中都留守完顏福興仰藥死，抹撚盡忠棄城走，明安入守之。是月，避暑桓州涼涇。遣忽都忽等籍中都帑藏。

秋七月，紅羅山寨主杜秀降，以秀爲錦州節度使。遣乙職里往諭金主以河北、山東未下諸城來獻，〔一六〕及去帝號爲河南王，當爲罷兵。不從。詔史天倪南征，授右副都元帥，賜金虎符。

八月，天倪取平州，金經略使乞住降。木華黎遣史進道等攻廣寧府，降之。

是秋，取城邑凡八百六十有二。

冬十月，金宣撫蒲鮮萬奴據遼東，僭稱天王，國號大眞，改元天泰。

十一月，耶律留哥來朝，以其子斜闍入侍。史天祥討興州，擒其節度使趙守玉。

十一年丙子春，還廬朐河行宮。張致陷興中府，木華黎討平之。

秋，撒里知兀䚟三摸合拔都魯率師由西夏趨關中，遂越潼關，獲金西安軍節度使尼龐古蒲魯虎，拔汝州等郡，抵汴京而還。

冬十月，蒲鮮萬奴降，以其子帖哥入侍。旣而復叛，僭稱東夏。

十二年丁丑夏，盜祁和尚據武平，史天祥討平之，遂擒金將巢元帥以獻。察罕破金監軍夾谷於霸州，金求和，察罕乃還。

秋八月，以木華黎爲太師，封國王，將蒙古、糺、漢諸軍南征，拔遂城、蠡州。

冬，克大名府，遂東定益都、淄、登、萊、濰、密等州。

是歲，禿滿部民叛，命鉢魯完、朶魯伯討平之。

十三年戊寅秋八月，兵出紫荆口，獲金行元帥事張柔，命還其舊職。木華黎自西京入河東，克太原、平陽及忻、代、澤、潞、汾、霍等州。金將武仙攻滿城，張柔擊敗之。

是年，伐西夏，圍其王城，夏主李遵頊出走西涼。契丹六哥據高麗江東城，命哈眞、札剌率師平之；高麗王㬚遂降，請歲貢方物。

十四年己卯春，張柔敗武仙，降祁陽、曲陽、中山等城。

夏六月，西域殺使者，帝率師親征，取訛答剌城，擒其酋哈只兒只蘭禿。

秋，木華黎克岢嵐、吉、隰等州，進攻絳州，拔其城，屠之。

十五年庚辰春三月，帝克蒲華城。

夏五月，克尋思干城，駐蹕也（石）〔兒〕的石河。〔一七〕

秋，攻斡脫羅兒城，克之。木華黎徇地至眞定，武仙出降。以史天倪爲河北西路兵馬都元帥、行府事，仙副之。東平嚴實籍彰德、大名、磁、洺、恩、博、滑、濬等州戶三十萬來歸，

木華黎承制授實金紫光祿大夫、行尚書省事。

冬，金邢州節度使武貴降。木華黎攻東平不克，留嚴實守之，撤圍趨洺州，分兵徇河北諸郡。

是歲，授董俊龍虎衞上將軍、右副都元帥。

十六年辛巳春，帝攻卜哈兒、薛迷思干等城，皇子朮赤攻養吉干、八兒眞等城，並下之。

夏四月，駐蹕鐵門關，金主遣烏古孫仲端奉國書請和，稱帝爲兄。不允。金東平行省事忙古棄城遁，嚴實入守之。宋遣苟夢玉來請和。

夏六月，宋(漣)〔漣〕水忠義統轄石珪率衆來降，〔一八〕以珪爲濟、兗、單三州總管。

秋，帝攻班勒紇等城，皇子朮赤、察合台、窩闊台分攻玉龍傑赤等城，下之。

冬十月，皇子拖雷克馬魯察葉可、馬魯、昔剌思等城。木華黎出河西，克葭、綏德、保安、鄜、坊、丹等州，進攻延安，不下。

十一月，宋京東安撫使張琳以京東諸郡來降，〔一九〕以琳爲滄、景、濱、棣等州行都元帥。

是歲，詔諭德順州。

十七年壬午春，皇子拖雷克徒思、匿察兀兒等城。還經木剌夷國，大掠之。渡搠搠闌河，克也里等城。遂與帝會，合兵攻塔里寒寨，拔之。木華黎軍克乾、涇、邠、原等州，攻鳳翔不下。

夏，避暑塔里寒寨。西域主札闌丁出奔，與滅里可汗合，忽都忽與戰不利。帝自將擊之，擒滅里可汗；札闌丁遁去，遣八剌追之，不獲。

秋，金復遣烏古孫仲端來請和，見帝于回鶻國。帝謂曰：「我向欲汝主授我河朔地，令汝主爲河南王，彼此罷兵，汝主不從。今木華黎已盡取之，乃始來請耶？」仲端乞哀，帝曰：「念汝遠來，河朔既爲我有，關西數城未下者，其割付我。令汝主爲河南王，勿復違也。」仲端乃歸。金平陽公胡天(祚)〔作〕以青龍堡降。〔二〇〕

冬十月，金河中府來附，以石天應爲兵馬都元帥守之。

十八年癸未春三月，太師國王木華黎薨。

夏，避暑八魯彎川。皇子朮赤、察合台、窩闊台及八剌之兵來會，遂定西域諸城，置達魯花赤監治之。

冬十月，金主珣殂，〔二一〕子守緒立。

是歲，宋復遣苟夢玉來。

十九年甲申夏，宋大名總管彭義斌侵河北。史天倪與戰於恩州，敗之。

是歲，帝至東印度國，角端見，班師。

二十年乙酉春正月，還行宮。

二月，武仙以眞定叛，殺史天倪。董俊判官李全亦以中山叛。

三月，史天澤擊仙走之，復眞定。

夏六月，彭義斌以兵應仙，天澤禦於贊皇，擒斬之。

二十一年〔丙戌〕春正月，〔二二〕帝以西夏納仇人(赤)〔亦〕臘喝翔昆及不遣質子，〔二三〕自將伐之。

二月，取黑水等城。

夏，避暑於渾垂山。取甘、肅等州。

秋，取西涼府搠羅、河羅等縣，遂踰沙陀，至黃河九渡，取應里等縣。

九月，李全執張琳，郡王帶孫進兵圍全於益都。

冬十一月庚申，帝攻靈州，夏遣嵬名令公來援。丙寅，帝渡河擊夏師，敗之。丁丑，五星聚見於西南。駐蹕鹽州川。

十二月，李全降。授張柔行軍千戶、保州等處都元帥。

是歲，皇子窩闊台及察罕之師圍金南京。遣唐慶責歲幣于金。

二十二年丁亥春，帝留兵攻夏王城，自率師渡河攻積石州。

二月，破臨洮府。

三月，破洮、河、西寧二州。〔二四〕遣斡陳那顏攻信都府，拔之。

夏四月，帝次龍德，拔德順等州，德順節度使愛申、進士馬肩龍死焉。

五月，遣唐慶等使金。

閏月，避暑六盤山。

六月，金遣完顏合周、奧屯阿虎來請和。帝謂群臣曰：「朕自去冬五星聚時，已嘗許不殺掠，遽忘下詔耶。今可布告中外，令彼行人亦知朕意。」是月，夏主李晛降。帝次清水縣西江。

秋七月壬午，不豫。己丑，崩于薩里川哈老徒之行宮。臨崩謂左右曰：「金精兵在潼關，南據連山，北限大河，難以遽破。若假道于宋，宋、金世讎，必能許我，則下兵唐、鄧，直擣大梁。金急，必徵兵潼關。然以數萬之衆，千里赴援，人馬疲弊，雖至弗能戰，破之必矣。」言訖而崩，壽六十六。葬起輦谷。至元三年冬十月，追諡聖武皇帝。至大二年冬十一月庚辰，加諡法天啓運聖武皇帝。廟號太祖。在位二十二年。

帝深沉有大略，用兵如神，故能滅國四十，遂平西夏。其奇勳偉跡甚衆，惜乎當時史官不備，或多失於紀載云。

戊子年。是歲，皇子拖雷監國。

校勘記

〔一〕統急里忽魯　考異云：「祕史作統格黎克豁羅罕。豁羅罕者，小河也。」按本卷後文有「帖尼火魯罕」、「豁羅罕」、「火魯罕」皆蒙古語「小河」音譯，此處「忽魯」下當有「罕」字。

〔二〕塔兒不台　明抄聖武親征錄各本多作「塔兒忽台」，與元朝祕史、拉施特史集譯音相符。此處

「不」應作「忽」。

〔三〕薩里河　說郛本聖武親征錄及本卷後文二十二年七月己丑條作「薩里川」。按「薩里川」元朝祕史作「薩阿里客額兒」，「客額兒」傍譯「曠野」、「野甸」，譯作「川」是。下同。

〔四〕禿台察兒　按元朝祕史作「札木合因迭兀綽察兒」，「迭兀」蒙古語，意爲「弟」，「禿」卽「迭兀」之異寫，此處混爲專名，係譯誤。

〔五〕薛徹大丑（及薛徹別吉）等　按薛徹別吉卽薛徹。聖武親征錄作「薛徹、大丑等」，無「及薛徹別吉」五字，據删。

〔六〕菊兒〔罕〕　據聖武親征錄、元朝祕史、拉施特史集譯音補。下同。「菊兒罕」，意爲「全體之君」。

〔七〕不（魯欲）〔欲魯〕罕　據聖武親征錄、元朝祕史、拉施特史集譯音改正。下同。

〔八〕曲薛吾撒八剌二人　按元朝祕史、拉施特史集，曲薛吾撒八剌係一人，此處「二人」乃誤譯之文。

〔九〕〔怯〕綠憐河　據聖武親征錄補。按本書卷一一七牙忽都傳有「怯綠憐河」。

〔一〇〕汪罕之（子）〔孫〕禿撒合　據聖武親征錄改。按元朝祕史、拉施特史集均謂禿撒合爲亦剌合之子，汪罕之孫。

〔一一〕歲癸（丑）〔亥〕　據聖武親征錄改。殿本考證已校。

〔一二〕園人乞（力失）〔失力〕　考異云：「當作乞失力。哈剌哈孫傳作啓昔禮，聲相近也。祕史作乞失力黑。」今據明抄說郛本聖武親征錄改正。

〔一三〕弘吉（利）〔剌〕　據聖武親征錄改。按此名本書屢見，此處「利」「剌」形近致誤。

〔一四〕（靜）〔淨〕州　據金史卷二四地理志、本書卷五八地理志及今內蒙古四子王旗城卜子村淨州故址元碑改。按本書「淨」又作「靜」或「靖」，今統改作「淨」，以別於遼陽行省、甘肅行省之靜州及湖廣行省之靖州。

〔一五〕金（扑）〔朴〕　據本書卷一一九木華黎傳及蘇天爵名臣事略卷一所引東平王世家改。

〔一六〕乙職里　疑卽金史卷一四宣宗紀屢見之蒙古語「乙里只」，意爲「使臣」。元朝祕史作「額勒赤」或「額勒臣」，華夷譯語作「額里臣」。此處「職里」二字疑倒舛。

〔一七〕也（石）〔兒〕的石河　據上文元年、三年所見「也兒的石河」改。

〔一八〕（漣）〔連〕水忠義統轄　據本書卷一一九木華黎傳及宋史卷四〇寧宗紀嘉定十三年十二月壬申條改。類編已校。

〔一九〕張琳　按宋史卷四七六李全傳、金史卷一〇二田琢傳、蒙古綱傳及長春眞人西遊記皆作「張林」，類編改「琳」爲「林」，是。

〔二〇〕胡天（祚）〔作〕　據金史卷一一八胡天作傳改。類編已校。

〔二一〕冬十月金主珣殂　按金史卷一六宣宗紀元光二年十二月庚寅條有「上崩于寧德殿」，此處「冬十月」當作「十二月」。考異已校。

〔二二〕二十一年〔丙戌〕　據聖武親征錄補。考異已校。

〔二三〕（赤）〔亦〕臘喝翔昆　按亦臘喝翔昆卽前文所見之亦剌合，「赤」、「亦」形近而誤，今改。

〔二四〕洮河西寧二州　按金史卷二六地理志，洮、河、西寧各爲一州，此處「二州」疑爲「三州」之誤。

中華書局

元史卷二

本紀第二

太宗

太宗英文皇帝，諱窩闊台，太祖第三子。母曰光獻皇后，弘吉剌氏。太祖伐金、定西域，帝攻城略地之功居多。太祖崩，自霍博之地來會喪。

元年己丑夏，至忽魯班雪不只之地。皇弟拖雷來見。秋八月己未，諸王百官大會于怯綠連河曲雕阿蘭之地，以太祖遺詔即皇帝位于庫鐵烏阿剌里。始立朝儀，皇族尊屬皆拜。頒大札撒。華言大法令也。金遣阿虎帶來歸太祖之賵，帝曰：「汝主久不降，使先帝老于兵間，吾豈能忘也，賵何爲哉！」卻之。遂議伐金。敕蒙古民有馬百者輸牝馬一，牛百者輸牸牛一，羊百者輸羒羊一，爲永制。始置倉廩，立驛傳。命

河北漢民以戶計，出賦調，耶律楚材主之；西域人以丁計，出賦調，麻合沒的滑剌西迷主之。印度國主、木羅夷國主來朝。西域伊思八剌納城酋長來降。

是歲，金復遣使來聘。不受。

二年庚寅春正月，詔自今以前事勿問。定諸路課稅，酒課驗實息十取一，雜稅三十取一。

是春，帝與拖雷獵于斡兒寒河，遂遣兵圍京兆。金主率師來援，敗之，尋拔其城。

夏，避暑于塔密兒河。朶忽魯及金兵戰，敗績，命速不台援之。

秋七月，帝自將南伐，皇弟拖雷、皇姪蒙哥率師從，拔天成等堡，遂渡河攻鳳翔。

冬十一月，始置十路徵收課稅使，以陳時可、趙昉使燕京，劉中、劉桓使宣德，周立和、王貞使西京，呂振、劉子振使太原，楊簡、高廷英使平陽，王晉、賈從使真定，張瑜、王銳使東平，王德亨、侯顯使北京，夾谷永、程泰使平州，田木西、李天翼使濟南。是月，師攻潼關、藍關，不克。

十二月，拔天勝寨及韓城、蒲城。

三年辛卯春二月，克鳳翔，攻洛陽、河中諸城，下之。夏五月，避暑于九十九泉。命拖雷出師寶鷄。遣搠不罕使宋假道，宋殺之。復遣李國昌使宋需糧。

秋八月，幸雲中。始立中書省，改侍從官名。以耶律楚材爲中書令，粘合重山爲左丞相，鎮海爲右丞相。是月，以高麗殺使者，命撒禮塔率師討之，取四十餘城。高麗王㬚遣其弟懷安公請降。〔一〕撒禮塔承制設官分鎮其地，乃還。

冬十月乙（酉）〔卯〕，〔二〕帝圍河中。十二月己未，拔之。

四年壬辰春正月戊子，帝由白坡渡河。庚寅，拖雷渡漢江，遣使來報，即詔諸軍進發。甲午，次鄭州。金防城提控馬伯堅降，授伯堅金符，使守之。丙申，大雪。丁酉，又雪。次新鄭。是日，拖雷及金師戰于鈞州之三峯，大敗之，獲金將蒲阿。戊戌，帝至三峯。壬寅，攻鈞州，克之，獲金將合達。遂下商、虢、嵩、汝、陝、洛、許、鄭、陳、亳、潁、壽、睢、永等州。

三月，命速不台等圍南京，金主遣其弟曹王訛可入質。〔三〕帝還，留速不台守河南。夏四月，出居庸，避暑官山。高麗叛，殺所置官吏，徙居江華島。

秋七月，遣唐慶使金諭降，金殺之。

八月，撒禮塔復征高麗，中矢卒。金參政完顏思烈、恒山公武仙救南京，諸軍與戰，敗之。

九月，拖雷薨，帝還龍庭。

冬十一月，獵于納蘭赤剌溫之野。

十二月，如太祖行宮。

五年癸巳春正月庚申，金主奔歸德。戊辰，金西面元帥崔立殺留守完顏奴申、完顏習捏阿不，以南京降。

二月，幸鐵列都之地。詔諸王議伐萬奴，遂命皇子貴由及諸王按赤帶將左翼軍討之。

夏四月，速不台進至青城，崔立以金太后王氏、后徒單氏及（荆）〔梁〕王從恪、〔四〕（梁）〔荆〕王守純等至軍中，〔五〕速不台遣送行在，遂入南京。

六月，金主奔蔡，塔察兒率師圍之。詔以孔子五十一世孫元（楷）〔措〕襲封衍聖公。〔六〕

秋八月，獵于兀必思地。以阿同葛等充宣差勘事官，括中州戶，得戶七十三萬餘。

九月，擒萬奴。

冬十一月，宋遣荆鄂都統孟珙以兵糧來助。

十二月，諸軍與宋兵合攻蔡，敗武仙于息州。金人以海、沂、萊、濰等州降。

是冬，帝至阿魯兀忽可吾行宮。大風霾七晝夜。敕修孔子廟及渾天儀。

六年甲午春正月，金主傳位于宗室子承麟，遂自經而焚。城拔，獲承麟，殺之。宋兵取金主餘骨以歸。金亡。

是春，會諸王，宴射于斡兒寒河。

夏五月，帝在達蘭達葩之地，大會諸王百僚，諭條令曰：「凡當會不赴而私宴者，斬。諸出入宮禁，各有從者，男女止以十人爲朋，出入毋得相雜。軍中凡十人置甲長，聽其指揮，專擅者論罪。其甲長以事來宮中，卽置權攝一人、甲外一人，二人不得擅自往來，違者罪之。諸公事非當言而言者，拳其耳，再犯，笞，三犯，杖，四犯，論死。諸千戶越萬戶前行者，隨以木鏃射之。百戶、甲長、諸軍有犯，其罪同。不遵此法者，斥罷。今後來會諸軍，甲內數不足，於近翼抽(捕)〔補〕足之。〔七〕諸人或居室，或在軍，毋敢喧呼。凡來會，用善馬五十匹爲一羈，守者五人，飼羸馬三人，守乞烈思三人。但盜馬一二者，卽論死。諸人馬不應絆於乞烈思內者，輒沒與畜虎豹人。諸婦人製質孫燕服不如法者，及妬者，乘以驏牛徇部中，論罪，卽聚財爲更娶。」

秋七月，以胡土虎那顏爲中州斷事官。遣達海紺卜征蜀。

是秋，帝在八里里答闌答八思之地，議自將伐宋，國王查老溫請行，遂遣之。

冬，獵于脫卜寒地。

七年乙未春，城和林，作萬安宮。遣諸王拔都及皇子貴由、皇姪蒙哥征西域，皇子闊端征秦、鞏，皇子曲出及胡土虎伐宋，唐古征高麗。

秋九月，諸王口溫不花獲宋何太尉。

冬十月，曲出圍棗陽，拔之，遂徇襄、鄧，入郢，虜人民牛馬數萬而還。

十一月，闊端攻石門，金便宜都總帥汪世顯降。中書省臣請契勘大明曆，從之。

八年丙申春正月，諸王各治具來會宴。萬安宮落成。詔印造交鈔行之。

二月，命應州郭勝、鈞州孛朮魯九住、鄧州趙祥從曲出充先鋒伐宋。

三月，復修孔子廟及司天臺。

夏六月，復括中州戶口，得續戶一百一十餘萬。耶律楚材請立編修所於燕京，經籍所於平陽，編集經史，召儒士梁陟充長官，以王萬慶、趙著副之。

秋七月，命陳時可閱刑名、科差、課稅等案，赴闕磨照。詔以眞定民戶奉太后湯沐，中原諸州民戶分賜諸王、貴戚、斡魯朶：拔都，平陽府；茶合帶，太原府；古與，大名府；孛魯帶，邢州；果魯干，河間府；孛魯古帶，廣寧府；野苦，益都、濟南二府戶內撥賜；按赤帶，濱、棣州；斡陳那顏，平、灤州；皇子闊端、駙馬赤苦、公主阿剌海、公主果眞、國王查剌溫、茶合帶、鍛眞、蒙古寒札、按赤那顏、圻那顏、火斜、朮思，並於東平府戶內撥賜有差。耶律楚材言非便，遂命各位止設達魯花赤，朝廷置官吏收其租頒之，非奉詔不得徵兵賦。闊端率汪世顯等入蜀，取宋關外數州，斬蜀將曹友聞。

冬十月，闊端入成都。詔招諭秦、鞏等二十餘州，皆降。皇子曲出薨。張柔等攻郢州，拔之。襄陽府來附，以游顯領襄陽、樊城事。

九年丁酉春，獵于揭揭察哈之澤。蒙哥征欽察部，破之，擒其酋八赤蠻。

夏四月，築掃鄰城，作迦堅茶寒殿。

六月，左翼諸部訛言括民女。帝怒，因括以賜麾下。

秋八月，命朮虎乃、劉中試諸路儒士，中選者除本貫議事官，得四千三十人。

冬十月，獵于野馬川。幸龍庭，遂至行宮。

是冬，口溫不花等圍光州，命張柔、鞏彥暉、史天澤攻下之。遂別攻蘄州，降隨州，略地至黃州。宋懼請和，乃還。

十年戊戌春，塔思軍至北峽關，宋將汪統制降。

夏，襄陽別將劉義叛，執游顯等降宋。宋兵復取襄、樊。帝獵于揭揭察哈之澤。築圖蘇湖城，作迎駕殿。

秋八月，陳時可、高慶民等言諸路旱蝗，詔免今年田租，仍停舊未輸納者，俟豐歲議之。

十一年己亥春，復獵于揭揭察哈之澤。皇子闊端軍至自西川。

秋七月，游顯自宋逃歸。以山東諸路災，免其稅糧。

冬十一月，蒙哥率師圍阿速蔑怯思城，閱三月，拔之。

十二月，商人奧都剌合蠻買撲中原銀課二萬二千錠，以四萬四千錠爲額，從之。

十二年庚子春正月，以奧都剌合蠻充提領諸路課稅所官。皇子貴由克西域未下諸部，遣使奏捷。命張柔等八萬戶伐宋。

中華書局

二十四史

冬十二月，詔貴由班師。敕州郡失盜不獲者，以官物償之。國初，令民代償，民多亡命，至是罷之。

是歲，以官民貸回鶻金償官者歲加倍，名羊羔息，其害爲甚，詔以官物代還，凡七萬六千錠。仍命凡假貸歲久，惟子本相侔而止，著爲令。籍諸王大臣所俘男女爲民。

十三年辛丑春二月，獵于揭揭察哈之澤。帝有疾，詔赦天下囚徒。帝瘳。

秋，高麗國王王㬚以族子綧入質。

冬十月，命牙老瓦赤主管漢民公事。

十一月丁亥，大獵。庚寅，還至鈋鐵鍄胡蘭山。奥都剌合蠻進酒，帝歡飲，極夜乃罷。辛卯遲明，帝崩于行殿。在位十三年，壽五十有六。葬起輦谷。追謚英文皇帝，廟號太宗。

帝有寬弘之量，忠恕之心，量時度力，舉無過事，華夏富庶，羊馬成羣，旅不齎糧，時稱治平。

壬寅年春，六皇后乃馬眞氏始稱制。

秋七月，張柔自五河口渡淮，攻宋揚、滁、和等州。

癸卯年春正月，張柔分兵屯田于襄城。

夏五月，熒惑犯房星。

秋，后命張柔總兵戍杞。

甲辰年夏五月，中書令耶律楚材薨。

乙巳年秋，后命馬步軍都元帥察罕等率騎三萬與張柔掠淮西，攻壽州，拔之，遂攻泗州、盱眙及揚州。宋制置趙葵請和，〔六〕乃還。

定宗

定宗簡平皇帝，諱貴由，太宗長子也。母曰六皇后，乃馬眞氏，以丙寅年生帝。太宗嘗命諸王按只帶伐金，帝以皇子從，虜其親王而歸。又從諸王拔都西征，次阿速境，攻圍木柵山寨，以三十餘人與戰，帝及憲宗與焉。太宗嘗有旨以皇孫失烈門爲嗣。太宗崩，皇后臨朝，會諸王百官於答蘭答八思之地，遂議立帝。

元年丙午春正月，張柔入覲於和林。

秋七月，卽皇帝位于汪吉宿滅禿里之地。帝雖御極，而朝政猶出於六皇后云。

冬，獵黃羊于野馬川。權萬戶史權等耀兵淮南，攻虎頭關寨，拔之，進圍黃州。

二年丁未春，張柔攻泗州。

夏，避暑于曲律淮黑哈速之地。

秋，西巡。

八月，命野里知吉帶率搠思蠻部兵征西。〔七〕是月，詔蒙古人戶每百以一名充拔都魯。

九月，取太宗宿衞之半，以也曲門答兒領之。

冬十月，括人戶。

三年戊申春三月，帝崩于橫相乙兒之地。在位三年，壽四十有三。葬起輦谷。追謚簡平皇帝，廟號定宗。

是歲大旱，河水盡涸，野草自焚，牛馬十死八九，人不聊生。諸王及各部又遣使於燕京

迤南諸郡，徵求貨財、弓矢、鞍轡之物，或於西域回鶻索取珠璣，或於海東樓取鷹鶻，駟騎絡繹，晝夜不絕，民力益困。然自壬寅以來，法度不一，內外離心，而太宗之政衰矣。

己酉年。

庚戌年。

定宗崩後，議所立未決。當是時，已三歲無君。其行事之詳，簡策失書，無從考也。

校勘記

〔一〕懷安公　本書卷一四九王珣傳附王榮祖傳、高麗史卷九〇宗室傳均作「淮安公」，當以作「淮安公」爲是。

〔二〕冬十月乙（酉）〔卯〕　是月癸丑朔，無乙酉日。聖武親征錄有「冬十月初三日，上攻河中府。十二月初八日，克之」。按十月初三日爲乙卯，十二月初八日爲己未，與下文「十二月己未，拔之」合。今據改。

〔三〕金主遣其弟曹王訛可入質　按金史卷一七哀宗紀、卷九三宣宗諸子傳，訛可爲荆王守純子，金

哀宗守緒之姪，此處稱「弟」，史文有誤。

〔四〕(荆)〔梁〕王從恪　據金史卷九三衞紹王子傳改。考異已校。

〔五〕(梁)〔荆〕王守純　據金史卷九三宣宗諸子傳改。考異已校。

〔六〕元(楷)〔措〕　據本書卷一四六耶律楚材傳、卷一五八姚樞傳改。類編已校。

〔七〕抽(撤)〔補〕足之　從殿本改。

〔八〕宋制置趙蔡　按宋史，宋理宗時各制置使無「趙蔡」其人；宋史卷四一、四二、四三理宗紀及卷四一七趙葵傳，趙葵于紹定、端平年間曾任淮東、京河制置使。類編改「蔡」爲「葵」，疑是。

〔九〕搠思蠻　按聖武親征錄有「太宗皇帝與太上皇共議遣搠力蠻復征西域」。搠力蠻，元朝秘史作「綽兒馬罕」、「搠兒馬罕」，曾西征中亞、西南亞，佔居小亞。野里只吉帶受命率搠里蠻舊部，事亦見于拉施特史集。此處「思」誤，當作「里」。蒙史作「搠兒馬罕」。

元史卷三

本紀第三

憲宗

憲宗桓肅皇帝，諱蒙哥，睿宗拖雷之長子也。母曰莊(獻)〔聖〕太后，〔一〕怯烈氏，諱唆魯禾帖尼。歲戊辰，十二月三日生帝。時有黃忽答部知天象者，言帝後必大貴，故以蒙哥爲名。蒙哥，華言長生也。太宗在潛邸，養以爲子，屬昻灰皇后撫育之。既長，爲娶火魯剌部女火里差爲妃，分之部民。及睿宗薨，乃命歸藩邸。從征伐，屢立奇功。嘗攻欽察部，其酋八赤蠻逃于海島。帝聞，亟進師，至其地，適大風刮海水去，其淺可渡。帝喜曰：「此天開道與我也。」遂進屠其衆。擒八赤蠻，命之跪。八赤蠻曰：「我爲一國主，豈苟求生。且身非駝，何以跪人爲。」乃命囚之。八赤蠻謂守者曰：「我之竄入于海，與魚何異。然終見擒，天也。今水迴期且至，軍宜早還。」帝聞之，卽班師，而水已至，後軍有浮渡者。復與諸王拔都

征斡羅思部，至也烈贊城，躬自搏戰，破之。

歲戊申，定宗崩，朝廷久未立君，中外恟恟，咸屬意於帝，而覬覦者衆，議未決。諸王拔都、木哥、阿里不哥、唆亦哥禿、塔察兒，大將兀良合台、速你帶、帖木迭兒、也速不花，咸會于阿剌脫忽剌兀之地。拔都首建議推戴。時定宗皇后海迷失所遣使者八剌在坐，曰：「昔太宗命以皇孫失烈門爲嗣，諸王百官皆與聞之。今失烈門故在，而議欲他屬，將置之何地耶？」木哥曰：「太宗有命，誰敢違之。然前議立定宗，由皇后脫(忽列)〔列忽〕乃與汝輩爲之，〔二〕是則違太宗之命者汝等也，今尙誰咎耶？」八剌語塞。兀良合台曰：「蒙哥聰明睿知，人咸知之，拔都之議良是。」拔都卽申令於衆，衆悉應之，議遂定。

元年辛亥夏六月，西方諸王別兒哥、脫哈帖木兒，東方諸王也古、脫忽、亦孫哥、按只帶、塔察兒、別里古帶，西方諸大將班里赤等，東方諸大將也速不花等，復大會于闊帖兀阿闌之地，共推帝卽皇帝位於斡難河。失烈門及諸弟腦忽等心不能平，有後言。帝遣諸王旭烈與忙可撒兒帥兵覘之。諸王也速忙可、不里、火者等後期不至，遣不憐吉䚟率兵備之。遂改更庶政：命皇弟忽必烈領治蒙古、漢地民戶；遣塔兒、斡魯不、察乞剌、賽典赤、趙(壁)〔璧〕等詣燕京，〔三〕撫諭軍民；以忙哥撒兒爲斷事官；以孛魯合掌宣發號令、朝覲貢獻及內

外聞奏諸事；以晃兀兒留守和林宮闕、帑藏，阿藍答兒副之；以牙剌瓦赤、不只兒、斡魯不、睹答兒等充燕京等處行尚書省事，賽典赤、匿昝馬丁佐之；以訥懷、塔剌海、麻速忽等充別失八里等處行尚書省事，暗都剌兀䚟、阿合馬、也的沙佐之；以阿兒渾充阿母河等處行尚書省事，法合魯丁、匿只馬丁佐之；以茶寒、葉了干統兩淮等處蒙古、漢軍，以帶答兒統四川等處蒙古、漢軍，以和里䚟統土蕃等處蒙古、漢軍，皆仍前征進；以僧海雲掌釋教事，以道士李眞常掌道教事。葉孫脫、按只䚟、暢吉、爪難、合答曲憐、阿里出及剛疙疸、阿散、忽都魯等，務持兩端，坐誘諸王爲亂，並伏誅。遂頒便益事宜於國中：凡朝廷及諸王濫發牌印、詔旨、宣命，盡收之；諸王馳驛，許乘三馬，遠行亦不過四；諸王不得擅招民戶；諸官屬不得以朝覲爲名賦斂民財；民糧遠輸者，許於近倉輸之。罷築和林城役千五百人。

冬，以宴只吉帶違命，遣合丹誅之，仍籍其家。

二年壬子春正月，幸失灰之地。遣乞都不花攻末來吉兒都怯寨。皇太后崩。

夏，駐蹕和林。分遷諸王於各所：合丹於別石八里地，蔑里於（于）葉兒的石河，〔四〕海都於海押立地，別兒哥於曲兒只地，脫脫於葉密立地，蒙哥都及太宗皇后乞里吉忽帖尼於擴端所居地之西。仍以太宗諸后妃家貲分賜親王。定宗后及失烈門母以厭禳事覺，並賜死。

謫失烈門、也速、孛里等於沒脫赤之地。禁錮和只、納忽、〔也〕孫脫等於軍營。〔五〕

秋七月，命忽必烈征大理，諸王禿兒花、撒（丘）〔立〕征身毒，〔六〕怯的不花征沒里奚，旭烈征西域素丹諸國。詔諭宋荊南、襄陽、樊城、均州諸守將，使來附。

八月，忽必烈次臨洮，命總帥汪田哥以城利州聞，欲爲取蜀之計。

冬十月，命諸王也古征高麗。帝駐蹕月帖古忽闌之地。時帝因獵墮馬傷臂，不視朝百餘日。

十二月戊午，大赦天下。以帖哥紬、闊闊朮等掌帑藏；孛闌合剌孫掌斡脫；阿忽察掌祭祀、醫巫、卜筮，阿剌不花副之。諸王合剌薨。以只兒斡帶掌傳驛所需，孛魯合掌必闍赤寫發宣詔及諸色目官職。徙諸匠五百戶修行宮。

是歲，籍漢地民戶。諸王旭烈薨。

三年癸丑春正月，汪田哥修治利州，且屯田，蜀人莫敢侵軼。帝獵于怯蹇叉罕之地。諸王也古以怨襲諸王塔剌兒營。〔七〕帝遂會諸王于斡難河北，賜予甚厚。罷也古征高麗兵，以札剌兒帶爲征東元帥。遣必闍別兒哥括斡羅思戶口。〔八〕

三月，大兵攻海州，戍將王國昌逆戰于城下，敗之，獲都統一人。

夏六月，命諸王旭烈兀及兀良合台等帥師征西域哈里發八哈塔等國。又命塔塔兒帶撒里、土魯花等征欣都思、怯失迷兒等國。帝幸火兒忽納要不（花）〔兒〕之地。〔九〕諸王拔都遣脫必察詣行在，乞買珠銀萬錠，以千錠授之，仍詔諭之曰：「太祖、太宗之財，若此費用，何以給諸王之賜。王宜詳審之。此銀就充今後歲賜之數。」

秋，幸軍腦兒。以忙可撒兒爲萬戶，哈丹爲札魯花赤。

九月，忽必烈次忒剌地，分兵三道以進。

冬十二月，大理平。帝駐蹕汪吉地。命宗王耶虎與洪福源同領軍征高麗，攻拔禾山、東州、春州、三角山、楊根、天龍等城。

是歲，斷事官忙哥撒兒卒。

四年甲寅春，帝獵于怯蹇叉罕。

夏，幸月兒滅怯〔土〕之地。〔一〇〕遣札剌亦兒部人火兒赤征高麗。

秋七月，詔官吏之赴朝理算錢糧者，許自首不公，仍禁以後浮費。

冬，大獵于也滅干哈里叉海之地。忽必烈還自大理，留兀良合台攻諸夷之未附者，入覲於獵所。

是歲，會諸王于顆顆腦兒之西，乃祭天于日月山。初籍新軍。帝謂大臣，求可以愼固封守、閑於將略者。擢史樞征行萬戶，配以眞定、相、衞、懷、孟諸軍，駐唐、鄧。張柔移鎭亳州。權萬戶史權屯鄧州。張柔遣張信將八漢軍戍潁州。王安國將四千戶渡漢南，深入而還。張柔以連歲勤兵，兩淮艱於糧運，奏據亳之利。詔柔率山前八軍，城而戍之。柔又以渦水北隘淺不可舟，軍旣病涉，曹、濮、魏、博粟皆不至，乃築甬路自亳抵汴，堤百二十里，流深而不能築，復爲橋十五，或廣八十尺，橫以二堡戍之。均州總管孫嗣遣人齎蠟書降，且乞援，史權以精甲備宋人之要，遂援嗣而來。其後驍將（鐘）〔鍾〕顯、〔一一〕王梅、杜柔、袁師信各帥所部來降。

五年乙卯春，詔徵逋欠錢穀。

夏，帝幸月兒滅怯土。

秋九月，張柔會大帥于符離。以百丈口爲宋往來之道，可容萬艘，遂築甬路，自亳而南六十餘里，中爲橫江堡。又以路東六十里皆水，可致宋舟，乃立柵水中，惟密置偵邏於所達之路。由是鹿邑、寧陵、考、柘、楚丘、南頓無宋患，陳、蔡、潁、息皆通矣。

是歲，改命剳剌䚟與洪福源同征高麗。後此又連三歲，攻拔其光州、安城、（中）〔忠〕

州，〔一二〕玄（風）〔風〕，〔一三〕珍原、甲向、玉果等城。

六年丙辰春，大風起北方，砂礫飛揚，白日晦冥。帝會諸王、百官于欲兒陌哥都之地，設宴六十餘日，賜金帛有差，仍定擬諸王歲賜錢穀。忽必烈遣沒兒合石詣行在所，奏請續簽內郡漢軍，從之。

夏四月，駐蹕于答密兒。

五月，幸昔剌兀魯朵。幸斛亦兒阿塔。諸王亦孫哥、駙馬也速兒等請伐宋。帝亦以宋人違命囚使，會議伐之。

六月，太白晝見。

秋七月，命諸王各還所部以居。諸王塔察兒、駙馬帖里垓軍過東平諸處，掠民羊豕。帝聞，遣使問罪。由是諸軍無犯者。

是歲，（高）〔波〕麗國王細嵯甫、〔一四〕雲南酋長摩合羅嵯及素丹諸國來覲。兀良合台討白蠻等，克之；遂自昔八兒地還至重慶府，敗宋將張都統。賜金縷織文衣一襲、銀五十兩、綵帛萬二百匹，以賚軍士。

冬，帝駐蹕阿塔哈帖乞兒蠻。以阿木河回回降民分賜諸王百官。

七年丁巳春，幸忽闌也兒吉。詔諸王出師征宋。乞都不花等討末來吉兒都怯寨，平之。

夏六月，謁太祖行宮，祭旗鼓，復會于怯魯連之地，還幸月兒滅怯土。

秋，駐蹕于軍腦兒，釃馬乳祭天。

九月，出師南征。以駙馬剌眞之子乞斛爲達魯花赤，鎮守斡羅思，仍賜馬三百、羊五千。回鶻獻水精盆、珍珠傘等物，可直銀三萬餘錠。帝曰：「方今百姓疲弊，所急者錢爾，朕獨有此何爲。」却之。賽典赤以爲言，帝稍償其直，且禁其勿復有所獻。宗王塔察兒率諸軍南征，圍樊城，霖雨連月，乃班師。

冬十一月，兀良合台伐交趾，敗之，入其國。安南主陳日煚竄海島，遂班師。遣阿藍答兒、脫因、囊加台等詣陝西等處理算錢穀。

冬，帝度漠南，至於玉龍棧。忽必烈及諸王阿里不哥、八里土、出木哈兒、玉龍塔失、昔烈吉、公主脫滅干等來迎，大燕。既而各遣歸所部。

八年戊午春正月朔，幸也里本朶哈之地，受朝賀。

二月，陳日煚傳國于長子光昺。光昺遣壻與其國人以方物來見，兀良合台送詣行在所。諸王旭烈兀討回回哈里發，平之，禽其王，遣使來獻捷。帝獵于也里海牙之地。師南征，次于河。適冰合，以土覆之而渡。帝自將伐宋，由西蜀以入。命張柔從忽必烈征鄂，趨杭州。命塔察攻荊山，分宋兵力。宋四川制置使蒲澤之攻成都。紐璘率師與戰，敗之；進攻雲頂山，守將姚某等以衆相繼來降。詔以紐璘爲都元帥。帝由東勝（河度）〔渡河〕。〔一五〕遣參知政事劉太平括興元戶口。

三月，命洪茶丘率師從劄剌䚟同征高麗。

夏四月，駐蹕六盤山，諸郡縣守令來覲。豐州千戶郭燧奏請續簽軍千人修治金州，從之。是時，軍四萬，號十萬，分三道而進：帝由隴州入散關，諸王莫哥由（詳）〔洋〕州入米倉關，〔一六〕孛里叉萬戶由漁關入沔州。以明安答兒爲太傅，守京兆。詔徵益都行省李璮兵，璮來言：「益都南北要衝，兵不可撤。」從之。璮還，擊海州、漣水等處。

五月，皇子阿速帶因獵獨騎傷民稼，帝見讓之，遂撻近侍數人。士卒有拔民葱者，卽斬以徇。由是秋毫莫敢犯。仍賜所經郡守各有差。

秋七月，留輜重於六盤山，率兵由寶鷄攻重貴山，所至輒平。

八月辛丑，璮與宋人戰，殺宋師殆盡。

九月，駐蹕漢中。都元帥紐璘留密里火者、劉黑馬等守成都，悉率餘兵渡馬湖，禽宋制置使張實。遂遣實招諭苦竹隘，實遁。

冬十月壬午，帝次寶峯。癸未，如利州，觀其城池並非深固，以汪田哥能守，蜀不敢犯，賜巵酒獎諭之。帝渡嘉陵江，至白水江，命田哥造浮梁以濟。梁成，賜田哥等金帛有差。帝駐蹕劍門。戊子，攻苦竹隘，裨將趙仲竊獻東南門。師入，與其守將楊立戰，敗之，殺立；衆皆奔潰。詔毋犯趙仲家屬，仍賜仲衣帽，徙于隆慶。己亥，獲張實，支解之。賜田哥玉帶及犒賞士卒，留精兵五百守之。遣使招諭龍州。帝至高峯。庚子，圍長寧山，守將王佐、裨將徐昕等率兵出戰，敗之。

十一月己酉，帝督軍先攻鵝頂堡。壬子，力戰于望喜門。薄暮，宋知縣王仲由鵝頂堡出降。是夜破其城，王佐死焉。癸丑，誅佐之子及徐昕等四十餘人。以彭天祥爲達魯花赤治其事，王仲副之。丙辰，進攻（長）〔大〕獲山，〔一七〕守將〔楊〕大淵降，〔一八〕命大淵爲四川侍郎，仍以其兵從。庚午，次和溪口，遣驍騎略青居山。是月，龍州王知府降。諸王莫哥都攻禮義山不克，諸王塔察兒略地至江而還，並會于行在所。命忽必烈統諸路蒙古、漢軍伐宋。

十二月壬午，楊大淵率所部兵與汪田哥分擊相如等縣。都元帥紐璘攻簡州，以宋降將張威率衆爲先鋒。乙酉，帝次于運山。大淵遣人招降其守將張大悅，仍以大悅爲元帥。師至青居山，裨將劉淵等殺都統段元鑒降。庚寅，遣使招諭未附。丁酉，隆州守縣降。己亥，大良山守將蒲元圭降。詔諸軍毋俘掠。癸卯，攻雅州，拔之。石泉守將趙順降。甲辰，遣宋人晉國寶招諭合州守將王堅，堅辭之，國寶遂歸。

是歲，皇子辨都薨于吉河之南。

九年己未春正月乙巳朔，駐蹕重貴山北，置酒大會，因問諸王、駙馬、百官曰：「今在宋境，夏暑且至，汝等其謂可居否乎？」札剌亦兒部人脫歡曰：「南土瘴癘，上宜北還。所獲人民，委吏治之，便。」阿兒剌部人八里赤曰：「脫歡怯，臣願往居焉。」帝善之。戊申，晉國寶歸次峽口，王堅追還殺之。諸王莫哥都復攻渠州禮義山，曳剌禿魯雄攻巴州平梁山。丁卯，大淵請攻合州，俘男女八萬餘。

二月丙子，帝悉率諸兵渡鷄爪灘，至石子山。丁丑，督諸軍戰城下。辛巳，攻一字城。癸未，攻鎭西門。三月，攻東新門、奇勝門、鎭西門小堡。

夏四月丙子，大雷雨凡二十日。乙未，攻護國門。丁酉，夜登外城，殺宋兵甚衆。

五月，屢攻不克。

六月丁巳，〔一九〕汪田哥復選兵夜登外城馬軍寨，殺寨主及守城者。王堅率兵來戰。遲明，遇雨，梯折，後軍不克進而止。是月，帝不豫。

秋七月辛亥，留精兵三千守之，餘悉攻重慶。癸亥，帝崩于釣魚山，壽五十有二，在位九年。追諡桓肅皇帝，廟號憲宗。

帝剛明雄毅，沉斷而寡言，不樂燕飲，不好侈靡，雖后妃不許之過制。初，太宗朝，羣臣擅權，政出多門。至是，凡有詔旨，帝必親起草，更易數四，然後行之。御羣臣甚嚴，嘗諭旨曰：「爾輩若得朕獎諭之言，卽志氣驕逸，志氣驕逸，而災禍有不隨至者乎？爾輩其戒之。」性喜畋獵，自謂遵祖宗之法，不蹈襲他國所爲。然酷信巫覡卜筮之術，凡行事必謹叩之，殆無虛日，終不自厭也。

校勘記

〔一〕莊（獻）〔聖〕太后　本證云：「案后妃表，至元二年追諡莊聖皇后，至大三年加諡顯懿莊聖皇后，后妃傳同，此誤。」按「獻」誤，今改。

〔二〕脫（忽列）〔列忽〕乃　據本書卷一〇六后妃表「脫列哥那」譯音改正。元朝秘史作「朶列格揑」。

〔三〕趙（璧）〔璧〕　據本書卷一五九本傳改。類編已校。

〔四〕於（于）葉兒的石河　按「葉兒的石河」卽本書卷一太祖紀元年、三年所見「也兒的石河」，此「于」字衍，今删。新編已校。

〔五〕〔也〕孫脫　據志費尼世界征服者傳譯音補。按此也孫脫爲察合台之孫，曾參預窩闊台系諸王爭位密謀。

〔六〕撒（丘）〔立〕　撒立卽下文三年六月所見「撒里」之異譯，「丘」、「立」形近致誤，今改。蒙史改作「撒里」。

〔七〕塔剌兒　疑此卽前文所見東方諸王塔察兒。新元史改作「塔察兒」，疑是。

〔八〕必闍　按本書卷七四祭祀志有「必闍赤，譯言典書記者」，卷九九兵志「四怯薛」條有「爲天子主文史者曰必闍赤」。蒙古語「必闍」意爲「書」，「赤」猶言「者」。新元史「必闍」作「必闍赤」，疑是。

〔九〕火兒忽納要不（花）〔兒〕　據元朝祕史、拉施特史集譯音改。蒙史已校。

〔一〇〕月兒滅怯（土）　據後文五年夏、七年六月條所見「月兒滅怯土」補。蒙史已校。

〔一一〕（鑑）〔鍾〕顒　從北監本改。

〔一二〕（中）〔忠〕州　據本書卷一五四洪福源傳及高麗史卷五六地理志改。

〔一三〕玄（凰）〔風〕　據高麗史卷五七地理志改。

〔一四〕（高）〔波〕麗　據本書卷一二一速不台傳附兀良合台傳改。蒙史已校。

〔一五〕帝由東勝（河度）〔渡河〕　據文意改正。

〔一六〕（祥）〔洋〕州　據本書卷六〇地理志改。類編已校。

〔一七〕（長）〔大〕獲山　從道光本改。按本書卷一二九紐璘傳、卷一三一速哥傳、卷一五五汪世顯傳附汪德臣傳皆作「大獲山」。

〔一八〕〔楊〕大淵　道光本考證云：「原文祇稱大淵，此係初見，史例當具姓名。」從補。

〔一九〕六月丁巳　道光本考證云：「以上文正月乙巳朔推之，六月內不當有丁巳，今闕疑。」

中華書局

元史卷四

本紀第四

世祖一

世祖聖德神功文武皇帝，諱忽必烈，睿宗皇帝第四子。母莊聖太后，怯烈氏。以乙亥歲八月乙卯生。及長，仁明英睿，事太后至孝，尤善撫下。納弘吉剌氏爲妃。

歲甲辰，帝在潛邸，思大有爲於天下，延藩府舊臣及四方文學之士，問以治道。

歲辛亥，六月，憲宗卽位，同母弟惟帝最長且賢，故憲宗盡屬以漠南漢地軍國庶事，遂南駐爪忽都之地。邢州有兩答剌罕言於帝曰：「邢吾分地也，受封之初，民萬餘戶，今日減月削，纔五七百

戶耳，宜選良吏撫循之。」帝從其言。承制以脫兀脫及張耕爲邢州安撫使，劉肅爲商榷使，邢乃大治。

歲壬子，帝駐桓、撫間。憲宗令斷事官牙魯瓦赤與不只兒等總天下財賦于燕，視事一日，殺二十八人。其一人盜馬者，杖而釋之矣，偶有獻環刀者，遂追還所杖者，手試刀斬之。帝責之曰：「凡死罪必詳讞而後行刑，今一日殺二十八人，必多非辜。旣杖復斬，此何刑也？」不只兒錯愕不能對。

太宗朝立軍儲所于新衞，以收山東、河北丁糧，後惟計直取銀帛，軍行則以資之。帝請于憲宗，設官築五倉于河上，始令民入粟。

宋遣兵攻虢之盧氏、河南之永寧、衞之八柳渡，帝言之憲宗，立經略司於汴，以忙哥、史天澤、楊惟中、趙璧爲使，陳紀、楊果爲參議，俾屯田唐、鄧等州，授之兵、牛，敵至則禦，敵去則耕，仍置屯田萬戶於鄧，完城以備之。

夏六月，入覲憲宗於曲先惱兒之地，奉命帥師征雲南。

秋七月丙午，禡牙西行。

歲癸丑，受京兆分地。諸將皆築第京兆，豪侈相尙，帝卽分遣，使戍興元諸州。又奏割河東解州鹽池以供軍食，立從宜府于京兆，屯田鳳翔，募民受鹽入粟，轉漕嘉陵。

夏，遣王府尙書姚樞立京兆宣撫司，以孛蘭及楊惟中爲使，關隴大治。又立交鈔提舉司，印鈔以佐經用。

秋八月，師次臨洮。遣玉律朮、王君侯、王鑑諭大理，不果行。

九月壬寅，師次忒剌，分三道以進。大將兀良合帶率西道兵，由晏當路，〔一〕諸王抄合、也只烈帥東道兵，由白蠻，帝由中道。乙巳，至滿陀城，留輜重。

冬十月丙午，過大渡河，又經行山谷二千餘里，至金沙江，乘革囊及栰以渡。摩娑蠻主迎降，其地在大理北四百餘里。

十一月辛卯，復遣玉律朮等使大理。丁酉，師至白蠻打郭寨，其主將出降，其姪堅壁拒守，攻拔殺之，不及其民。庚子，次三甸。辛丑，白蠻送款。

十二月丙辰，軍薄大理城。初，大理主段氏微弱，國事皆決於高祥、高和兄弟。是夜祥率衆遁去，命大將也古及拔突兒追之。帝旣入大理，曰：「城破而我使不出，計必死矣。」己未，西道兵亦至，命姚樞等搜訪圖籍，乃得三使尸，旣瘞，命樞爲文祭之。辛酉，南出龍首城，〔二〕次趙瞼。癸亥，獲高祥，斬于姚州。留大將兀良合帶戍守，以劉時中爲宣撫使，與段

氏同安輯大理，遂班師。

歲甲寅，夏五月庚子，駐六盤山。

六月，以廉希憲爲關西道宣撫使，姚樞爲勸農使。

秋八月，至自大理，駐桓、撫間，復立撫州。

冬，駐爪忽都之地。

歲乙卯，春，復駐桓、撫間。

冬，駐奉聖州北。

歲丙辰，春三月，命僧子聰卜地于桓州東、灤水北，城開平府，經營宮室。

冬，駐于合剌八剌合孫之地。憲宗命益懷州爲分地。

歲丁巳，春，憲宗命阿藍答兒、劉太平會計京兆、河南財賦，大加鉤考，其貧不能輸者，帝爲代償之。

冬十二月，入覲于也可迭烈孫之地，議分道攻宋，以明年爲期。

歲戊午，冬十一月戊申，禡牙于開平東北，是日啓行。

歲己未，春二月，會諸王于邢州。

夏五月，駐小濮州。徵東平宋子貞、李昶，訪問得失。

秋七月甲寅，次汝南，命大將拔都兒等前行，備糧漢上，戒諸將毋妄殺。命楊惟中、郝經宣撫江淮，必闍赤孫貞督軍須蔡州。有軍士犯法者，貞縛致有司，白于帝，命戮以徇，諸軍凜然，無敢犯令者。

八月丙戌，渡淮。辛卯，入大勝關，宋戍兵皆遁。壬辰，次黃陂。甲午，遣廉希憲招臺山寨。比至，千戶董文炳等已破之。時淮民被俘者衆，悉縱之。庚子，先鋒茶忽得宋沿江制置司榜來上，有云：「今夏諜者聞北兵會議，取黃陂民船繫筏，由陽邏堡以渡，會于鄂州。」帝曰：「此事前所未有，願如其言。」辛丑，師次江北。

九月壬寅朔，親王穆哥自合州釣魚山遣使以憲宗凶問來告，且請北歸以繫天下之望。帝曰：「吾奉命南來，豈可無功遽還？」甲辰，登香爐山，俯瞰大江，江北曰武湖，湖之東曰陽

邏堡，其南岸即滸黃洲。宋以大舟扼江渡，帝遣兵奪二大舟。是夜，遣木魯花赤、張文謙等具舟楫。乙巳遲明，至江岸，風雨晦冥，諸將皆以爲未可渡，帝不從。遂申敕將帥揚旗伐鼓，三道並進，天爲開霽。與宋師接戰者三，殺獲甚衆，逕達南岸。軍士有擅入民家者，以軍法從事。凡所俘獲，悉縱之。丁未，遣王冲道、李宗傑、訾郊招諭鄂城，比至東門，矢下如雨，冲道墜馬，爲敵所獲，宗傑、郊奔還。帝駐滸黃洲。己酉，抵鄂，屯兵敎場。庚戌，圍鄂。壬子，登城東北壓雲亭，立望樓，高可五丈，望見城中出兵，趣兵迎擊，生擒二人，云：「賈似道率兵救鄂，事起倉卒，皆非精銳。」遂命官取逃民棄糧，聚之軍中，爲攻取計。戊午，順天萬戶張柔兵至。大將拔突兒等以舟師趣岳州，遇宋將呂文德自重慶來，拔都兒等迎戰，文德乘夜入鄂城，守愈堅。

冬十月辛未朔，移駐烏龜山。甲戌，拔突兒還自岳。

十一月丙辰，移駐牛頭山。兀良合帶略地諸蠻，由交趾歷邕、桂，抵潭州，聞帝在鄂，遣使來告。時先朝諸臣阿藍答兒、渾都海、脫火思、脫里赤等謀立阿里不哥。阿里不哥者，睿宗第七子，帝之弟也。於是阿藍答兒發兵於漠北諸部，脫里赤括兵於漠南諸州，而阿藍答兒乘傳調兵，去開平僅百餘里。皇后聞之，使人謂之曰：「發兵大事，太祖皇帝曾孫眞金在此，何故不令知之？」阿藍答兒不能答。繼又聞脫里赤亦至燕，后即遣脫歡、愛莫干馳至軍前密報，請速還。丁卯，發牛頭山，聲言趨臨安，留大將拔突兒等帥諸軍圍鄂。

閏月庚午朔，還駐青山磯。辛未，臨江岸。遣張文謙還諭諸將曰：「遲六日，當去鄂退保滸黃洲。」命文謙發降民二萬北歸。宋賈似道遣宋京請和，命趙璧等語之曰：「汝以生靈之故來請和好，其意甚善，然我奉命南征，豈能中止。果有事大之心，當請於朝。」是日，大軍北還。己丑，至燕。脫里赤方括民兵，民甚苦之。帝詰其由，託以憲宗臨終之命。帝察其包藏禍心，所集兵皆縱之，人心大悅。

是冬，駐燕京近郊。

中統元年春三月戊辰朔，車駕至開平。親王合丹、阿只吉率西道諸王，塔察兒、也先哥、忽剌忽兒、爪都率東道諸王，皆來會，與諸大臣勸進。帝三讓，諸王大臣固請。辛卯，帝即皇帝位，以禡禡、趙璧、董文炳爲燕京路宣慰使。陝西宣撫使廉希憲言：「高麗國王嘗遣其世子倎入覲，會憲宗將兵攻宋，倎留三年不遣。今聞其父已死，若立倎，遣歸國，彼必懷德於我，是不煩兵而得一國也。」帝是其言，改館倎，以兵衞送之，仍赦其境內。

夏四月戊戌朔，立中書省，以王文統爲平章政事，張文謙爲左丞。以八春、廉希憲、商挺爲陝西四川等路宣撫使，趙良弼參議司事，粘合南合、張啓元爲西京等處宣撫使。己

亥，詔諭高麗國王王倎，仍歸所俘民及其逃戶，禁邊將勿擅掠。辛丑，以即位詔天下。詔曰：

朕惟祖宗肇造區宇，奄有四方，武功迭興，文治多缺，五十餘年於此矣。蓋時有先後，事有緩急，天下大業，非一聖一朝所能兼備也。先皇帝即位之初，風飛雷厲，將大有爲。憂國愛民之心雖切於己，尊賢使能之道未得其人。方董夔門之師，遽遺鼎湖之泣。豈期遺恨，竟勿克終。

肆予冲人，渡江之後，蓋將深入焉。乃聞國中重以簽軍之擾，黎民驚駭，若不能一朝居者。予爲此懼，馹騎馳歸。目前之急雖紓，境外之兵未戢。乃會羣議，以集良規。不意宗盟，輒先推戴。左右萬里，名王巨臣，不召而來者有之，不謀而同者皆是。咸謂國家之大統不可久曠，神人之重寄不可暫虛。求之今日，太祖嫡孫之中，先皇母弟之列，以賢以長，止予一人。雖在征伐之間，每存仁愛之念，博施濟衆，實可爲天下主。天道助順，人謨與能。祖訓傳國大典，於是乎在，孰敢不從。朕峻辭固讓，至於再三，祈懇益堅，誓以死請。於是俯徇輿情，勉登大寶。自惟寡昧，屬時多艱，若涉淵冰，罔知攸濟。爰當臨御之始，宜新弘遠之規。祖述變通，正在今日。務施實德，不尙虛文。雖承平未易遽臻，而飢渴所當先務。嗚呼！曆數攸歸，欽應上天之命；勳親斯託，敢忘

烈祖之規？(體極建)〔建極體〕元，〔三〕與民更始。朕所不逮，更賴我遠近宗族、中外文武，同心協力，獻可替否之助也。誕告多方，體予至意！

丁未，以翰林侍讀學士郝經爲國信使，翰林待制何源、禮部郎中劉人傑副之，使于宋。丙辰，收輯中外官吏宣劄牌面。遣帖木兒、李舜欽等行部，考課各路諸色工匠。置急遞鋪。乙丑，徵諸道兵六千五百人赴京師宿衞。置互市于漣水軍，禁私商不得越境，犯者死。是月，阿里不哥僭號于和林城西按坦河。召賈居貞、張儆、王煥、完顏愈乘傳赴闕。

五月戊辰朔，詔燕帖木兒、忙古帶節度黃河以西諸軍。丙戌，建元中統，詔曰：

祖宗以神武定四方，淳德御羣下。朝廷草創，未遑潤色之文；政事變通，漸有綱維之目。朕獲纘舊服，載擴丕圖，稽列聖之洪規，講前代之定制。建元表歲，示人君萬世之傳；紀時書王，見天下一家之義。法春秋之正始，體大易之乾元。炳煥皇猷，權輿治道。可自庚申年五月十九日，建元爲中統元年。惟卽位體元之始，必立經陳紀爲先。故內立都省，以總宏綱；外設總司，以平庶政。仍以興利除害之事、補偏救弊之方，隨詔以頒。於戲！秉籙握樞，必因時而建號；施仁發政，期與物以更新。敷宣懇惻之辭，表著憂勞之意。凡在臣庶，體予至懷！

詔安撫壽春府軍民。甲午，以阿里不哥反，詔赦天下。乙未，立十路宣撫司：以賽典赤、

李德輝爲燕京路宣撫使，徐世隆副之；宋子貞爲益都濟南等路宣撫使，王磐副之；河南路經略使史天澤爲河南宣撫使；楊果爲北京等路宣撫使，趙(昞)〔炳〕副之；〔四〕張德輝爲平陽太原路宣撫使，謝瑄副之；孛魯海牙、劉肅並爲眞定路宣撫使，姚樞爲東平路宣撫使，張肅副之；中書左丞張文謙爲大名彰德等路宣撫使，游顯副之；粘合南合爲西京路宣撫使，崔巨濟副之；廉希憲爲京兆等路宣撫使。以汪惟正爲鞏昌等處便宜都總帥，虎闌箕爲鞏昌路元帥。詔諭成都路侍郎張威安撫元、忠、綿、資、邛、彭等州。西川、潼川、隆慶、順慶等府及各處山寨歸附官吏，皆給宣命、金符有差。詔平陽、京兆兩路宣撫司簽兵七千人，於延安等處守隘，以萬戶鄭鼎、昔剌忙古帶領之，貧不能應役者，官爲資給。徵諸路兵三萬駐燕京近地。命諸路市馬萬匹送開平府。以總帥汪良臣統陝西漢軍於沿河守隘。立望雲驛，非軍事毋得輒入。熒惑入南斗，留五十餘日。

六月戊戌，詔燕京、西京、北京三路宣撫司運米十萬石，輸開平府及撫州、沙井、(靖)〔淨〕州、〔五〕魚兒濼，以備軍儲。以李璮爲江淮大都督。劉太平等謀反，事覺伏誅，並誅乞帶不花於東川，明里火者於西川。渾都海反。乙巳，李璮言：「獲宋諜者，言賈似道調兵，聲言攻漣州。遣人覘之，見許浦江口及射陽湖兵船二千艘，宜繕理城塹以備。」詔阿藍帶兒所簽解鹽戶軍百人。壬子，詔陝西四川宣撫司八春節制諸軍。乙卯，詔東平路萬戶嚴忠濟等

發精兵一萬五千人赴開平。乙丑，以石長不爲大理國總管，佩虎符。詔十路宣撫司造戰襖、裘、帽，各以萬計，輸開平。是月，召眞定劉郁，邢州郝子明，彰德胡祗遹，燕京馮渭、王光益、楊恕、李彥通、趙和之，東平韓文獻、張昉等，乘傳赴闕。高麗國王王倎遣其子永安公僖、判司宰事韓卽來賀卽位，以國王封册、王印及虎符賜之。

秋七月戊辰，敕燕京、北京、西京、眞定、平陽、大名、東平、益都等路宣撫司，造羊裘、皮帽、袴、靴，皆以萬計，輸開平。己巳，以萬戶史天澤扈從先帝有功，賜銀萬五千兩。遣靈州種田民還京兆。庚午，賜山東行省大都督李璮金符二十、銀符五，俾給所部有功將士。癸酉，以燕京路宣慰使禡禡行中書省事，燕京路宣慰使趙璧平章政事，張啓元參知政事，王鶚翰林學士承旨兼修國史，河南路宣撫使史天澤兼江淮諸翼軍馬經略使。丙子，詔中書省給諸王塔察兒益都、平州封邑歲賦、金帛，幷以諸王白虎、襲剌門所屬民戶、人匠、歲賦給之。詔造中統元寶交鈔。〔六〕立互市于潁州、漣水、光化軍。北京路都元帥阿海乞免所部軍士征徭，從之。宋兵攻邊城，詔遣太丑、怯列、忙古帶率所部，合兵擊之。下詔褒賞行省大都督李璮。帝自將討阿里不哥。敕劉天麟規措中都析津驛傳馬。

八月丙午，授中書左丞、行大名等路宣撫使張文謙虎符。丁未，詔都元帥紐璘所過毋擅捶掠官吏。己酉，立秦蜀行中書省，以京兆等路宣撫使廉希憲爲中書省右丞，行省事。

宋兵臨漣州，李璮乞諸道援兵。癸丑，賜必闍赤塔剌渾銀二千五百兩。李璮乞遣將益兵，渡淮攻宋，以方遣使修好，不從。癸亥，澤州、潞州旱，民饑，敕賑之。

九月丁卯，帝在轉都兒哥之地，以阿里不哥遺命，〔七〕下詔諭中外。乙亥，李璮復請攻宋，復諭止之。壬午，初置拱衞儀仗。是月，阿藍答兒率兵至西涼府，與渾都海軍合，詔諸王合丹、合必赤與總帥汪良臣等率師討之。丙戌，大敗其軍于姑臧，斬阿藍答兒及渾都海，西土悉平。

冬十月丁未，李璮言宋兵復軍于漣州。癸丑，初行中統寶鈔。戊午，車駕駐昔光之地，命給官錢，雇在京橐駝，運米萬石，輸行在所。

十一月戊子，發常平倉賑益都、濟南、濱棣饑民。

十二月丙申，以禮部郎中孟甲、禮部員外郎李文俊使安南、大理。乙巳，李璮上將士功，命璮以益都官銀賞之。帝至自和林，駐蹕燕京近郊。始制祭享太廟祭器、法服。以梵僧八合思八爲帝師，授以玉印，統釋教。立仙音院，復改爲玉宸院，括樂工。立儀鳳司，又立符寶局及御酒庫、羣牧所。升衞輝爲總管府。賜親王穆哥銀二千五百兩；諸王按只帶、忽剌忽兒、合丹、忽剌出、勝納合兒銀各五千兩，文綺帛各三百匹，金素半之；諸王塔察、阿朮魯鈔各五十九錠有奇，綿五千九十八斤，絹五千九十八匹，文綺三百匹，金素半之；海都銀

八百三十三兩，文綺五十匹，金素半之；覩兒赤、也不干銀八百五十兩；兀魯忽帶銀五千兩，文綺三百匹，金素半之；只必帖木兒銀八百三十三兩；爪都、伯木兒銀五千兩，文綺三百匹，金素半之；都魯、牙忽銀八百三十三兩，特賜綿五十斤；阿只吉銀五千兩，文綺三百，金素半之；先朝皇后怗古倫銀二千五百兩，羅絨等折寶鈔二十三錠有奇；皇后斡者思銀二千五百兩；兀魯忽乃妃子銀五千兩。自是歲以爲常。

二年春正月辛未夜，東北赤氣照人，大如席。乙酉，宋兵圍漣州。己丑，李璮率將士迎戰，敗之。賜詔獎諭，給金銀符以賞將士。庚寅，璮擅發兵修益都城塹。

二月丁酉，太陰掩昴。己亥，宋兵攻漣水，命阿朮等帥兵赴之。丙午，車駕幸開平。詔減免民間差發。罷守隘諸軍。秦蜀行省借民錢給軍，以今年稅賦償之。免平陽、太原軍站戶重科租稅。丁未，詔行中書省平章𧹞𧹞及王文統等率各路宣撫使赴闕。丁巳，李璮破宋兵于沙湖堰。

三月壬戌朔，日有食之。

夏四月丙午，詔軍中所俘儒士聽贖爲民。辛亥，遣弓工往教鄯闡人爲弓。乙卯，詔十路宣撫使量免民間課程。命宣撫司官勸農桑，抑游惰，禮高年，問民疾苦，舉文學才識可以

從政及茂才異等，列名上聞，以聽擢用；其職官污濫及民不孝悌者，量輕重議罰。辛酉，詔太康弩軍二千八百人戍蔡州。以禮部郎中劉芳使大理等國。〔八〕

五月乙丑，禁使臣毋入民家，令止頓析津驛。遣崔明道、李全義爲詳問官，〔九〕詣宋淮東制司，訪問國信使郝經等所在，仍以稽留信使、侵擾疆場詰之。庚辰，敕使臣及軍士所過城邑，官給廩餼，毋擾于民。丁亥，申嚴沿邊軍民越境私商之禁。唐慶子政臣入見，詔復其家。弛諸路山澤之禁。禁私殺馬牛。申嚴越境私商，販馬匹者罪死。以河南經略宣撫使史天澤爲中書右丞相，河南軍民並聽節制。詔成都路置惠民藥局。遣王祐於西川等路採訪醫、儒、僧、道。

六月癸巳，括漏籍老幼等戶，協濟編戶賦稅。丙申，賜新附人王顯忠、王誼等衣物有差。李璮遣人獻漣水捷。罷諸路拘收孛蘭奚。禁諸王擅遣使招民及徵私錢。戊戌，太陰犯角。詔諭十路宣撫司並管民官，定鹽酒稅課等法。癸卯，以嚴忠範爲東平路行軍萬戶兼管民總管，仍諭東平路達魯花赤等官並聽節制。詔定中外官所乘馬數各有差。乙巳，賑火少里驛戶之乏食者。賞欽察所部將校有功者銀二千五百兩及幣帛有差。己酉，命竇默仍翰林侍講學士。默與王鶚面論王文統不宜在相位，薦許衡代之，帝不懌而罷。辛亥，轉懿州米萬石賑親王塔察兒所部饑民。賜親王合丹所部軍幣帛九百匹、布千九百匹。乙卯，敕平陽路安邑縣蒲萄酒自今毋貢。詔：「宣聖廟及管內書院，有司歲時致祭，月朔釋奠；禁諸官員使臣軍馬，毋得侵擾褻瀆，違者加罪。」丙辰，以汪良臣同僉鞏昌路便宜都總帥，凡軍民官並聽良臣節制。丁巳，敕諸路造人馬甲及鐵裝具萬二千，輸開平。戊午，詔毋收衞輝、懷孟賦稅，以償其所借芻粟。庚申，宋瀘州安撫使劉整舉城降，以整行夔府路中書省兼安撫使，佩虎符。仍諭都元帥紐璘等使存恤其民。賜故金翰林修撰魏璠謚靖肅。秦蜀行省言青居山都元帥欽察等所部將校有功，詔降虎符一、金符五、銀符五十七，令行省銓定職名給之。城臨洮。陞眞定鼓城縣爲晉州，以鼓城、安平、武强、饒陽隸焉。賜僧子聰懷孟、邢州田各五十頃。罷金、銀、銅、鐵、丹粉、錫碌坑冶所役民夫及河南舞陽薑戶、藤花戶，還之州縣。賜大理國主段實虎符，優詔撫諭之。命李璮領益都路鹽課。出工局繡女，聽其婚嫁。懷孟廣濟渠提舉王允中、大使楊端仁鑿沁河渠成，溉田四百六十餘所。高麗國王倎更名禃，遣其世子愖奉表來朝，〔一〇〕命宿衞將軍孛里察、禮部郎中高逸民持詔往諭，仍以玉帶賜之。以不花爲中書右丞相，耶律鑄爲中書左丞相，張啓元爲中書右丞。授管領崇慶府、黎、雅、威、茂、邛、瀘七處軍民小太尉虎符。

秋七月辛酉朔，立軍儲都轉運使司，以馬月合乃爲使，周鍇爲副使。癸亥，初立翰林國史院。王鶚請修遼、金二史，又言：「唐太宗置弘文館，宋太宗設內外學士院。今宜除拜學

士院官，作養人才。乞以右丞相史天澤監修國史，左丞相耶律鑄、平章政事王文統監修遼、金史，仍採訪遺事。」並從之。賑和林饑民。賞鞏昌路總帥汪惟正將校斬渾都海功銀二千五百兩、馬價銀四千九百兩。諸王昌童招河南漏籍戶五百，命付之有司。命總管王青製神臂弓、柱子弓。諭河南管軍官於近城地量存牧場，餘聽民耕。巴思答兒乞於高麗鴨綠江西立互市，從之。乙丑，遣使持香幣祀嶽瀆。丁丑，渡江新附民留屯蔡州者，徙居懷孟，貸其種食。以萬家奴爲安撫高麗軍民達魯花赤，賜虎符。庚辰，西京、宣德隕霜殺稼。辛巳，詔許衡卽其家敎懷孟生徒。命西京宣撫司造船備西夏漕運。壬午，遣納速剌丁〔一一〕、孟甲等使安南。乙酉，以牛驛雨雪，道途泥濘，改立水驛。己丑，命鍊師王道(歸)〔婦〕於眞定築道觀，〔一二〕賜名玉華。諭將士舉兵攻宋，詔曰：「朕卽位之後，深以戢兵爲念，故年前遣使於宋以通和好。宋人不務遠圖，伺我小隙，反啓邊釁，東剽西掠，曾無寧日。朕今春還宮，諸大臣皆以舉兵南伐爲請，朕重以兩國生靈之故，猶待信使還歸，庶有悛心，以成和議，留而不至者，今又半載矣。往來之禮遽絕，侵擾之暴不已。彼嘗以衣冠禮樂之國自居，理當如是乎？曲直之分，灼然可見。今遣王道貞往諭。卿等當整爾士卒，礪爾戈矛，矯爾弓矢，約會諸將，秋高馬肥，水陸分道而進，以爲問罪之舉。尙賴宗廟社稷之靈，其克有勳。卿等當宣布朕心，明諭將士，各當自勉，毋替朕命。」鄂州青山磯、濬黃洲所招新民還至江北者，設官

領之。敕懷孟牧地聽民耕墾。

八月壬辰，賜故金補闕李大節謚貞肅。丁酉，命開平守臣釋奠于宣聖廟。戊戌，以燕京等路宣撫使賽典赤爲平章政事。敕以賀天爵爲金齒等國安撫使，忽林伯副之，仍招諭使安其民。己亥，諭武衛軍都指揮使李伯祐汰本軍疲老者，選精銳代之，給海青銀符一，有奏，馳驛以聞。辛丑，以宣撫使粘合南合爲中書右丞，闊闊爲中書左丞，賈文備爲開元女直水達達等處宣撫使，賜虎符。以宋降將王青爲總管，教武衛軍習射。乙巳，禁以俘掠婦女爲娼。丙午，太白犯歲星。以許衡爲國子祭酒。丁未，以姚樞爲大司農，竇默仍翰林侍講學士。先是，以樞爲太子太師，衡爲太子太傅，默爲太子太保，〔一三〕樞等以不敢當師傅禮，皆辭不拜，故復有是命。初立勸農司，以陳邃、崔斌、成仲寬、粘合從中爲濱棣、平陽、濟南、河間勸農使，李士勉、陳天錫、陳膺武、忙古帶爲邢洺、河南、東平、涿州勸農使。己酉，命大名等路宣撫使歲給翰林侍講學士竇默、太醫副使王安仁衣糧，賜田以爲永業。甲寅，賞董文炳所將渡江及北征有功者二十二人，銀各五十兩。封順天等路萬戶張柔爲安肅公，濟南路萬戶張榮爲濟南公。詔陝西四川行省存恤歸附軍民。詔：「自今使臣有矯稱上命者，有司不得聽受。諸王、后妃、公主、駙馬非聞奏，不許擅取官物。」賜慶壽寺、海雲寺陸地五百頃。敕西京運糧于沙井，北京運

糧于魚兒泊。立檀州驛。頒斗斛權衡。賑恒州饑民。賜諸王塔察兒金千兩、銀五千兩、幣三百匹。給阿石寒甲價銀千二百兩。核實新增戶口，措置諸路轉輸法。命劉整招懷夔府、嘉定等處民戶。宋私商七十五人入宿州，議置于法，詔宥之，還其貨，聽榷場貿易。仍檄宋邊將還北人之留南者。

九月庚申朔，詔以忽突花宅爲中書省署。奉遷祖宗神主于聖安寺。癸亥，邢州安撫使張耕告老，詔以其子鵬翼代之。武衛親軍都指揮使李伯祐、董文炳言：「武衛軍疲老者，乞補換，仍存恤其家。」從之。丙寅，詔以粘合南合行中興府中書省。戊辰，大司農姚樞請以儒人楊庸教孔、顏、孟三氏子孫，東平府詳議官王鏞兼充禮樂提舉。詔以庸爲教授，以鏞特兼太常少卿。辛未，以清、滄鹽課銀償往歲所貸民錢給公費者。置和糴所于開平，以戶部郎中宋紹祖爲提舉和糴官。丙子，諭諸王、駙馬，凡民間詞訟無得私自斷決，皆聽朝廷處置。河南民王四妻靳氏一產三男，命有司量給贍養。敕今歲田租輸沿河近倉，官爲轉漕，不可勞民。癸未，以甘肅等處新罹兵革，民務農安業者爲戍兵所擾，遣阿沙、焦端義往撫治之。以海青銀符二、金符十給中書省，量軍國事情緩急，付乘驛者佩之。以開元路隸北京宣撫司。眞定路官民所貸官錢，貧不能償，詔免之。王鶚請於各路選委博學老儒一人，提舉本路學校，特詔立諸路提舉學校官，以王萬慶、敬鉉等三十人充之。敕燕京、順天等路

續製人甲五千、馬甲及鐵裝具各二千。

冬十月庚寅朔，詔鳳翔府種田戶隸平陽兵籍，毋令出征，務耕屯以給軍餉。辛卯，陝西四川行省上言：「軍務急速，若待奏報，恐失事機。」詔與都元帥紐璘會議行之。遣道士訾洞春代祀東海廣德王廟。壬辰，敕火兒赤、奴懷率所部略地淮西。丁酉，敕愛亦伯等及陝西宣撫司檢覈不魯歡、阿藍塔兒所貸官銀。庚子，以右丞張啓元行中書省於平陽、太原等路。括西京兩路官民，有壯馬皆從軍，令宣德州楊庭訓統之，有力者自備甲仗，無力者官與供給。兩路奧魯官并在家軍人，凡有馬者並付新軍劉總管統領。昂吉所管西夏軍，并豐州、蕁麻林、夏水阿剌渾皆備鞍馬甲仗，及孛魯歡所管兵，凡徒行者市馬給之，並令從軍，違者以失誤軍期論。修燕京舊城。命平章政事趙璧、左三部尚書怯烈門率蒙古、漢軍駐燕京近郊、太行一帶，東至平灤，西控關陝，應有險阻，於附近民內選諳武事者，修立堡寨守禦。以河南屯田萬戶史權爲江漢大都督，依舊戍守。又選銳卒三千付史樞管領，於燕京近郊屯駐。壬寅，命亳州張柔、歸德邸浹、睢州王文幹、水軍解成、〔一四〕張榮實、東平嚴忠嗣、濟南張宏七萬戶，以所部兵來會。罷東平會計前任官侵用財賦。甲辰，宋兵攻瀘州，劉整擊敗之。詔賞整銀五千兩、幣帛二千匹。失里答、劉元振守禦有功，各賞銀五百兩，將士銀萬兩、幣帛千匹。乙巳，詔指揮副使鄭江將千人赴開平，指揮使董文炳率善射者千人由魚兒

泊趨行在所，指揮使李伯祐率餘兵屯潮河川。壬子，詔霍木海、乞帶等自得勝口至中都預備糧餉芻粟。丙辰，詔平章政事塔察兒率軍士萬人，由古北口西便道赴行在所。

十一月壬戌，大兵與阿里不哥遇於昔木土腦兒之地，諸王合丹等斬其將合丹火兒赤及其兵三千人，塔察兒與合必赤等復分兵奮擊，大破之，追北五十餘里。帝親率諸軍以躡其後，其部將阿脫等降，阿里不哥北遁。庚午，太陰犯昴。壬申，詔免今年賦稅。癸酉，駐蹕帖買和來之地。以尚書怯烈門、平章趙璧兼大都督，率諸軍從塔察兒北上。分蒙古軍爲二，怯烈門從麥肖出居庸口，駐宣德德興府；訥懷從阿忽帶出古北口，駐興州。帝親將諸萬戶漢軍及武衛軍，由檀、順州駐潮河川。敕官給芻糧，毋擾居民。罷十路宣撫司，止存開元路。命諸路市馬二萬五千餘匹，授蒙古軍之無馬者。丁丑，徵諸路宣撫司官赴中都。移蹕於速木合打之地。詔漢軍屯懷來、（晉）〔縉〕山。〔一五〕鷹坊阿里沙及阿散兒弟二人以擅離扈從伏誅。

十二月庚寅，詔封皇子眞金爲燕王，領中書省事。辛卯，熒惑犯房。壬辰，熒惑犯鉤鈐。癸巳，以昌、撫、蓋利泊等處荐罹兵革，免今歲租賦。甲午，師還，詔撤所在戍兵，放民間新簽軍。命太常少卿王鏞教習大樂。壬寅，以隆寒命諸王合必赤所部軍士無行帳者，聽舍民居。命陝蜀行中書省給綏德州等處屯田牛、種、農具。初立宮殿府，秩正四品，專職營

緙。立尙食局、尙藥局。初設控鶴五百四人，以劉德爲軍使領之。立異樣局達魯花赤，掌御用織造，秩正三品，給銀印。賜諸王金銀幣帛如歲例。

是歲，天下戶一百四十一萬八千四百九十有九。斷死罪四十六人。

校勘記

〔一〕晏當　按下文至元三十年六月庚寅條及本書卷一二一速不台傳附兀良合台傳皆作「旦當」。蒙史改「晏」爲「旦」，疑是。

〔二〕南出龍首城　按本書卷一二一速不台傳附兀良合台傳有「取龍首關，翊世祖入大理城」，與元文類卷四一經世大典序錄征伐所載相符。龍首卽上關，在大理北；龍尾卽下關，在大理南。此言入大理後南出下關，卽南出龍尾。「首」字誤，當作「尾」。

〔三〕(體極建)〔建極體〕元　據元典章卷一皇帝登寶位詔改正。類編已校。

〔四〕趙(昞)〔炳〕　據本書卷一六三趙炳傳改。蒙史已校。

〔五〕(靖)〔淨〕州　見卷一校勘記〔一四〕。

〔六〕詔造中統元寶交鈔　按本書卷九三食貨志鈔法有「世祖中統元年始造交鈔」，「是年十月又造中統元寶鈔」，元文類卷四〇經世大典序錄鈔法有「中統元年七月創造通行交鈔」，「是年十月

又印諸路通行元寶」，此處「中統元寶」四字疑衍。

〔七〕以阿里不哥遺命　按阿里不哥方與忽必烈爭位，此時云「遺命」不可通。道光本改作「違命」。

〔八〕禮部郎中劉芳　按下文中統四年八月辛亥條及王惲中堂事記皆作「兵部郎中」，疑「禮」當作「兵」。

〔九〕李全義　按王惲秋澗集卷六七中書省牒宋三省文及中堂事記，「李全義」均作「李合義」，「全」當爲「合」之誤。

〔一〇〕世子愖　按高麗史卷二八忠烈王世家，「愖」應作「諶」。本書除卷一〇八諸王表作「諶」外，餘皆作「愖」。「愖」、「諶」通。

〔一一〕納速剌丁　按本書卷二〇八安南傳及元文類卷四一經世大典序錄征伐，蒙哥汗八年，兀良合歹遣訥剌丁使安南，往返蒙古、安南兩國間。中統三年，以訥剌丁爲安南達魯花赤。「訥剌丁」，安南志略作「耨剌丁」。此處疑「納速剌丁」爲「訥剌丁」之誤。

〔一二〕王道(歸)〔婦〕　按王惲中堂事記作「王道婦」，又稱「王老姑」，「有古烈婦之風」，據改。

〔一三〕衡爲太子太傅默爲太子太保　按本書卷一五八許衡傳、竇默傳及卷二〇六王文統傳，命爲太子太傅者係竇默，爲太子太保者係許衡。蒙史據以改正，是。

〔一四〕解成　按本書卷一六五有解誠傳，當卽此解成之傳。畿輔通志卷一六八引定興縣志有元解誠墓碑，疑「成」當作「誠」。

〔一五〕(晉)〔縉〕山　據本書卷五八地理志、卷九九兵志改。

元史卷五

本紀第五

世祖二

三年春正月癸亥，修宣聖廟成。庚午，罷高麗互市。諸王塔察兒請置鐵冶，從之，請立互市，不從。忽剌忽兒所部民饑，罷上供羊。命銀冶戶七百、河南屯田戶百四十，賦稅輸之州縣。命匠戶爲軍者仍爲軍，其軍官當考第富貧，存恤無力者。耶律鑄詣北京餉諸王軍，仍遣宣撫使柴禎等增價糴米三萬石益之。〔一〕賜高麗國曆。辛未，禁諸道戍兵及勢家縱畜牧犯桑棗禾稼者。癸酉，以軍興人民勞苦，敕停公私逋負毋徵。癸未，賜廣寧王(瓜)〔爪〕都駝鈕金鍍銀印，〔二〕及諸王合必赤行軍印。宋制置使賈似道以書誘總管張元等，李璮獲其書上之。丙戌，命江漢大都督史權、亳州萬戶張弘彥將兵八千赴燕。備宮懸鐘磬、樂舞、籥翟，凡用三百六十二人。高麗遣使奉表來謝，優詔答之。李璮質子彥簡逃歸。

二月丁亥朔，元籍軍竄名爲民者，命有司還正之。括諸道逃亡軍。己丑，李璮反，以漣、海三城獻于宋，盡殺蒙古戍軍，引麾下趨益都。前宣撫副使王磐脫身走至濟南。驛召磐，令姚樞問計，磐對：「豎子狂妄，即成擒耳。」帝然之。庚寅，宋兵攻新蔡。辛卯，始定中外官俸，命大司農姚樞講定條格。甲午，李璮入益都，發府庫犒其將校。乙未，詔諸道以今歲民賦市馬。丙申，郭守敬造寶山漏成，徙至燕京。以興、松、雲三州隸上都。〔三〕辛丑，李璮遣騎寇蒲臺。癸卯，詔發兵討之。以趙璧爲平章政事。修深、冀、南宮、棗強四城。甲辰，發諸蒙古、漢軍討李璮，命水軍萬戶解成、〔四〕張榮實、大名萬戶王文幹及萬戶嚴忠範會東平，濟南萬戶張宏、歸德萬戶邸浹、武衞軍礮手元帥薛軍勝等會濱棣。詔濟南路軍民萬戶張宏、濱棣路安撫使韓世安，各修城塹，盡發管內民爲兵以備。召張柔及其子弘範率兵二千詣京師。丙午，命諸王合必赤總督諸軍，以不只愛不干及趙璧行中書省事於山東，宋子貞參議行中書省事，以董源、高逸民爲左右司郎中，許便宜從事。眞定、順天、河間、平灤、大名、邢州、河南諸路兵皆會濟南。以中書左丞闊闊、尚書怯烈門、宣撫游顯行宣慰司於大名，洺磁、懷孟、彰德、衞輝、河南東西兩路皆隸焉。己酉，王文統坐與李璮同謀伏誅，仍詔諭中外。王演等以妖言誅。辛亥，敕元帥阿海分兵戍平(灣)〔灤〕、〔五〕海口及東京、廣寧、懿州，以餘兵詣京師。詔諸道括逃軍還屯田，嚴其禁。壬子，李璮據濟南。癸丑，詔大名、洺磁、彰德、衞輝、懷孟、河南、眞定、邢州、順天、河間、平灤諸路皆籍兵守城。宋兵攻滕州。丙辰，詔拔都抹台將息州戍兵詣濟南，移其民於蔡州，東平萬戶嚴忠範留兵戍宿州及蘄縣，以餘兵自隨。

三月戊午，有旨：「非中書省文移及兵民官申省者，不許入遞。」己未，括木速蠻、畏吾兒、也里可溫、答失蠻等戶丁爲兵。庚申，括北京鷹坊等戶丁爲兵，蠲其賦，令趙炳將之。辛酉，宗拔突言河南有自願從軍者，命即令將之。簽見任民官及〔打〕捕鷹坊、人匠等軍。〔六〕徙弘州錦工繡女于京師。敕河東兩路元括金州兵付鄭鼎將之。詔以平章政事禡禡、廉希憲，參政商挺，斷事官麥肖行中書省于陝西、四川。獲私商南界者四十餘人，命釋之。敕燕京至濟南置海青驛凡八所。壬申，命戶部尚書劉肅專職鈔法，平章政事賽典赤兼領之。以撒吉思、柴楨行宣慰司事于北京。免今歲絲銀，止輸田租。癸酉，命史樞、阿朮各將兵赴濟南。遇李璮軍，邀擊大破之，斬首四千，璮退保濟南。乙亥，宋將夏貴攻符離。戊寅，萬戶韓世安率鎭撫馬興、千戶張濟民，大破李璮兵於高苑，獲其權府傅珪，賜濟民、興金符。詔以李璮兵敗諭諸路。禁民間私藏軍器。壬午，始以畏吾字書給驛璽書。免西京今年絲銀稅。甲申，免高麗酒課。乙酉，宋夏貴攻蘄縣。諭諸路管民官，毋令軍馬、使臣入州城、村居、鎭市，擾及良民。

夏四月丙戌朔，大軍樹柵鑿塹，圍璮于濟南。丁亥，詔博興、高苑等處軍民嘗爲李璮脅從者，並釋其罪。庚寅，命怯烈門、安撫張耕分邢州戶隸兩答剌罕。辛卯，修河中禹廟，賜名建極宮。壬辰，以大梁府渠州路軍民總帥蒲元圭爲東夔路經略使。〔七〕丙申，宋華路分、湯太尉攻徐、邳二州。詔分張柔軍千人還戍亳州。庚子，江漢大都督史權以趙百戶挈衆逃歸，斬之。詔：「自今部曲犯重罪，鞫問得實，必先奏聞，然後置諸法。」詔安輯徐、邳民，禁征戍軍士及勢官，毋縱畜牧傷其禾稼桑棗。以米千石、牛三百，給西京蒙古戶。癸卯，宋兵攻亳州。甲辰，命行中書省、宣慰司、諸路達魯花赤、管民官，勸誘百姓，開墾田土，種植桑棗，不得擅興不急之役，妨奪農時。乙巳，以北京、廣寧、豪、懿州軍興勞弊，免今歲稅賦。命諸路詳讞冤獄。詔河東兩路并平陽、太原路達魯花赤及兵民官，撫安軍民，各安生業，毋失歲計。丁未，李璮遣柴牛兒招諭部民盧廣，廣縛以獻，殺之。以廣權威州軍判，兼捕盜官。戊申，賜諸王也相哥金印。庚戌，賜諸王合必赤金銀海青符各二。免松州、興州、望雲州新舊差賦。以望雲、松山、興州課程隸開平府。壬子，敕非軍情毋行望雲驛。乙卯，河南路王鎔子、張無僭、杜信等謀爲不軌，並伏誅。詔右丞相史天澤專征，諸將皆受節度。

五月戊午，蘄縣陷，權萬戶李義、千戶張好古死之。庚申，築環城圍濟南，璮不復得出。詔撒吉思安撫益都路百姓，各務農功，仍禁蒙古、漢軍剽掠。癸亥，史權妄奏徐、邳總管李杲哥完復邳州城,詔由杲哥以下並原其罪。時宋將夏貴攻邳州,杲哥出降,貴既去,杲哥自陳能保全州城,史權以聞,故有是命。甲子,宋兵攻利津縣。蠲濱棣今歲田租之半,東平蠲十之三。自燕至開平立牛驛,給鈔市車牛。戊辰,以(右)〔左〕丞相忽魯不花兼中書省都斷事官,〔八〕賜虎符。眞定、順天、邢州蝗。以平章政事賽典赤兼領工部及諸路工作。以孟烈所獻蹶張弩藏于中都。丙子,(晉)〔縉〕山至望雲立海青驛。〔九〕丁丑,李杲哥等伏誅。命史天澤選考徐、邳總管。甲申,眞定路不眼里海牙擅殺造僞鈔者三人,詔詰其違制之罪。西京、宣德、(咸)〔威〕寧、〔一〇〕龍門霜,(天順)〔順天〕、〔一一〕平陽、河南、眞定雨雹,東平、濱棣旱。詔覈實逃戶,輸納絲銀稅租戶,口增者賞之,隱匿者罪之,逃民苟免差稅重加之罪。大司農姚樞辭赴省議事,帝勉留之,命樞與左三部尚書劉肅依前商議中書省事。

六月乙酉朔,宋兵攻滄州、雅州、瀘山,民既降復叛,命誅其首亂者七人,餘令安業。割遼河以東隸開元路。戊子,濱棣安撫使韓(安世)〔世安〕敗宋兵于濱州丁河口。〔一二〕己丑,遣塔察兒帥兵擊宋軍,仍安諭瀕海軍民。乙未,禁女直侵軼高麗國民,其使臣往還,官爲護送。命婆娑府屯田軍移駐鴨綠江之西,以防海道。丙申,高麗國王王禃遣使來貢。壬寅,陝西行省言西京、宣德、太原匠軍困乏,乞以民代之。有旨:「軍籍已定,不宜動搖。宜令貧富相資,果甚貧者,令休息一歲。」癸卯,太原總管李毅奴哥、達魯花赤戴曲薛等領李璮僞

繳,傳行旁郡,事覺誅之。敕(武寧)〔寧武〕軍歲輸所產鐵。〔一三〕河西民及諸王忽撒吉所部軍士乏食,給鈔賑之。壬子,申嚴軍官及兵伍擾民之禁。癸丑,立小峪、蘆子、寧武軍、赤泥泉鐵冶四所。東平嚴忠濟向爲民貸錢輸賦四十三萬七千四百錠,借用課程、鈔本、鹽課銀萬五千餘兩,詔勿徵。

秋七月戊午,復蒙古軍站戶差賦,農民包銀徵其半,俾戶止令輸絲。民當輸賦之月,毋徵私債。敕私市金銀應支錢物,止以鈔爲准。丙寅,賜夔州路行省楊大淵金符十、銀符十九,〔一四〕賞麾下將士;別給海青符二,事有急速,馳以上聞。立檜杆嶺驛,以便轉輸。癸酉,甘州饑,給銀以賑之。甲戌,李璮窮蹙,入大明湖,投水中不卽死,獲之,併蒙古軍囊家伏誅,體解以徇。戊寅,以夔府行省劉整行中書省於成都、潼川兩路,仍賜銀萬兩,分給軍士之失業者。

八月己丑,郭守敬請開玉泉水以通漕運,廣濟河渠司王允中請開邢、洺等處漳、滏、(澧)〔灃〕河、達泉以溉民田,〔一五〕並從之。甲午,博都歡等奏請以宣德州、德興府等處銀冶付其匠戶,歲取銀及石綠、丹粉輸官,從之。丙午,立諸路醫學教授。戊申,敕王鶚集廷臣商榷史事,鶚等乞以先朝事蹟錄付史館。河間、平灤、廣寧、西京、宣德、北京隕霜害稼。

九月戊午,亳州萬戶張弘略破宋兵于蘄縣,復宿、蘄二城。以侍衛親軍都指揮使董文炳兼山東路經略使,收集益都舊軍充武衛軍,戍南邊。詔益都行省大都督撒吉思與董文炳會議兵民籍,每十戶惟取其二充武衛軍;其海州、東海、漣水移入益都者,亦隸本衞。己未,罷霸州海青驛。安南國陳光昞遣使貢方物。壬戌,改邢州爲順德府,立安撫司,洺、磁、威三州隸焉。聽太原民食小鹽,歲輸銀七千五百兩。己巳,以馬月合乃餉軍功,授禮部尚書,賜金符。壬申,授安南國王陳光昞及達魯花赤訥剌丁虎符。敕濟南官吏,凡軍民公私逋負,權閣毋徵。癸酉,都元帥闊闊帶卒于軍,以其兄阿朮代之,授虎符,將南邊蒙古、漢軍。

閏月甲申朔,沙、肅二州乏食,給米、鈔賑之。丁亥,立古北口驛。己丑,濟南民饑,免其賦稅。免諸路軍戶他徭。庚寅,敕京師順州至開平置六驛。辛卯,嚴忠範奏請補東平路廟學太常樂工,從之。敕武衛軍及黑軍會于京師。庚子,中翼千戶九住破宋兵于虎腦山。庚戌,發粟三十萬〔石〕賑濟南饑民。〔一六〕

冬十月丙辰,放金州所屯軍士二千人及大(明)〔名〕、〔一七〕河南新簽防城軍爲民。庚申,分益都軍民爲二,董文炳領軍,撒吉思治民。禁諸王、使臣、師旅敢有恃勢擾民者,所在執以聞。詔以李璮所掠民馬還其主。以郝經、劉人傑使宋未還,廩其家。中書省奏與宋互市,庶止私商,及復逋民之陷于宋者,且覘漣、海二州,不允。以劉仁傑不附李璮,擢益都路總管,仍以金帛賜之。壬戌,授益都行中書省都督府所統州郡官金符十七、銀符十一。乙

丑,詔禁京畿畋獵。丙寅,分東西兩川都元帥府爲二,以帖的及劉整等爲都元帥及左右副都元帥。詔責高麗欺慢之罪。又詔賜高麗王禃曆。以戰功賞渠州達魯花赤王璋等金五十兩、銀一千五百五十兩。賞閬、蓬等路都元帥合州戰功銀五千兩。丁卯,詔鳳翔府屯田軍隸兵籍,仍屯田鳳翔。放刁國器所簽平陽軍九百一十五人爲民。閬、蓬、廣安、順慶、夔府等路都元帥欽察戍青居山,請益兵,詔陝西行省及鞏昌總帥汪惟正以兵益之。戊辰,楊大淵乞於利州大安軍以鹽易軍糧,從之。庚午,敕鞏昌總帥汪惟正將戍青居軍還,屯田利州。乙亥,分中書左右部。丁丑,敕宿州百戶王達等所擒宋王用、夏珍等八人赴京師。命百家奴所將質子軍入侍。戊寅,命不里剌所統固安、平灤質子軍自益都徙還故地。詔益都府路官吏軍民爲李璮脅從者,並赦其罪。敕萬戶嚴忠範修復宿州、蘄縣,萬戶忽都虎、懷都、何總管修完邳州城郭。

十一月乙酉,太白犯鉤鈐。丁亥,敕聖安寺作佛頂金輪會,長春宮設金籙周天醮。辛丑,日有背氣重暈三珥。敕濟南人民爲李璮裨校掠取財物者,詣都督撒吉思所訟之。眞定民郝興讎殺馬忠,忠子榮受興銀,令興代其軍役。中書省以榮納賂忘讎,無人子之道,杖之,沒其銀。事聞,詔論如法。有司失出之罪,俾中書省議之。三叉沽竈戶經宋兵焚掠,免今年租賦。汰少府監工匠,存其良者千二百戶。遣官審理陝西重刑。敕河西民徙居應州,

其不能自贍者百六十戶，給牛具及粟麥種，仍賜布，人二匹。乙巳，詔都元帥阿朮分兵三千人同阿鮮不花、懷都兵馬，復立宿州、蘄縣、邳州。有旨諭史天澤：「朕或乘怒欲有所誅殺，卿等宜遲留一二日，覆奏行之。」丙午，詔特徵人員，宜令乘傳。戊申，陞撫州為隆興府，以昔剌斡脫為總管，割宣德之懷安、天成及威寧、高原隸焉。

十二月甲寅，封皇子眞金為燕王，守中書令。丙辰，敕諸王塔察兒等所部獵戶止收包銀，其絲稅輸之有司。立河南、山東統軍司，以塔剌渾火兒赤為河南路統軍使，盧昇副之，西自宿州，東至寧海州，諸萬戶隸焉；茶不花為山東路統軍使，武秀副之，西自宿州，東距亳州，西至均州，諸萬戶隸焉。罷各路急遞鋪。丁巳，立十路宣慰司，以眞定路達魯花赤趙瑨等為之。己未，犯罪應死者五十三人，詔重加詳讞。辛酉，詔給懷州新民耕牛二百，俾種水田。立諸路轉運司，以燕京路監榷官曹澤等為之使。癸亥，享太廟。詔：「各路總管兼萬戶者，止理民事，軍政勿預。其州縣官兼千戶、百戶者仍其舊。」乙丑，復立息州城以安其民。召眞定、順德等路宣慰使王（盤）〔磐〕乘傳赴京師。〔一八〕丙寅，申嚴屠殺牛馬之禁。己巳，詔：「諸路管民總管子弟，有分管州、府、司、縣及鷹坊、人匠諸色事務者，罷之。」壬申，遣使收輯諸路軍民官海青牌及驛券。戊寅，詔：「諸路管民官理民事，管軍官掌兵戎，各有所司，不相統攝。」作佛事於昊天寺七晝夜，賜銀萬五千兩。割北京、興州隸開平府。建行宮于（興隆）〔隆興〕路。〔一九〕

陞太原臨泉縣為臨州。降寧陵為下縣，仍隸歸德。賜諸王金、銀、幣、帛如歲例。

是歲，天下戶一百四十七萬六千一百四十六。斷死罪六十六人。

四年春正月乙酉，禁蒙古軍馬擾民。宋賈似道遣楊琳齎空名告身及蠟書、金幣，誘大獲山楊大淵南歸。大淵部將執琳，詔誅之。以宋忽兒、滅里及沙只回回鷹坊等兵戍商州、藍田諸隘。軍民官各從統軍司及宣慰司選舉。岳天輔乞復立息州，不允。丙戌，以姚樞為中書左丞。改諸路監榷課稅所為轉運司。甲午，給公主拜忽符印，其所屬設達魯花赤。給鈔賑益都路貧民之無牛者。立十路奧魯總管。丁酉，益都路行省大都督撒吉思上李璮所傷漣水軍民及陷宋蒙古、女直、探馬赤軍數，男女凡七千九百二十二人。癸卯，領部阿合馬請興河南等處鐵冶及設東平等路巡禁私鹽軍，從之。召商挺、趙良弼赴闕。乙巳，敕李平陽以所部西川出征軍士戍青居山，其各翼軍在青居山者悉還成都。詔陝西行省塔剌海等收恤離散軍戶。詔：「以諸路漢軍奧魯毋隸各萬戶管領。其科徵差稅，山東、河南隸統軍司，東西兩川隸征東元帥府，陝西隸行戶部。凡奧魯官內有各萬戶弟、男及私人，皆罷之。」敕總帥汪忠臣、都元帥帖的及劉整等益兵付都元帥欽察，戍青居山。仍以解州鹽課給軍糧。丙午，詔諸翼萬戶簡精兵四千充武衛軍。罷古北口新置驛。增萬戶府監戰一員、參議一員。以馬合廝所俘濟南老僧口之民文面為奴者，付元籍為民。汪忠臣、史權械繫宋諜者六人至京師，有旨釋之。辛亥，申禁民家兵器及蒙古軍擾民者。陵州達魯花赤蒙哥戰死濟南，以其子忙兀帶襲職。召雲頂山侍郎張威赴闕。

二月壬子朔，命河東宣慰司市馬百二十九匹，賜諸王八剌軍士之無馬者。甲寅，詔諸路官員子弟入質。以高麗不答詔書，詰其使者。以民杜了翁先朝舊功，復其家。庚申，賞萬戶怯來所部將士討李璮有功者銀二千七百五十兩。甲子，車駕幸開平。以王德素充國信使，劉公諒副之，使于宋，致書宋主，詰其稽留郝經之故。詔：「諸路置局造軍器，私造者處死；民間所有，不輸官者，與私造同。」

三月戊子，沂州胡節使、范同知陷于宋，命存恤其家。或言其嘗為宋兵嚮導，乃分其妻孥資產，賜有功將士。辛卯，敕撒吉思招集益都逃民。命董文炳以所獲宋諜及俘八十一人赴隆興府。聽諸路獵戶及捕盜巡鹽者執弓矢。壬辰，遣扎馬剌丁和糴東京。己亥，諸路包銀以鈔輸納，其絲料入本色。非產絲之地，亦聽以鈔輸入。凡當差戶包銀鈔四兩，每十戶輸絲十四斤，漏籍老幼鈔三兩、絲一斤。庚子，亦黑迭兒丁請修瓊華島，不從。壬寅，關東蒙古、漢軍官未經訓敕者，令各乘傳赴開平。癸卯，初建太廟。乙巳，賜迭怯那延等銀七千九十兩。命北京元帥阿海發漢軍二千人赴開平。己酉，高麗國王王禃遣其臣朱英亮入貢，

上表謝恩。復立宿州。

夏四月庚戌朔，以漏籍戶一萬一千八百、附籍戶四千三百於各處起冶，歲課鐵四百八十萬七千斤。癸丑，選益都兵千人充武衛軍。甲寅，償河西阿沙賑贍所部貧民銀三千七百兩。己未，以完顏端田宅賜益都千戶傅國忠。國忠父天祐為端所殺，故命以其田宅賜之。罷開元路宣慰司。〔二〇〕丙寅，西京武州隕霜殺稼。戊寅，召竇默、許衡乘驛赴開平。諸王阿只吉所部貧民遠徙者，賜以馬牛車幣。以東平為軍行蹂踐，賑給之。改滄清深鹽提領所為轉運司。王鶚請延訪太祖事蹟付史館。

五月癸未，詔北京運米五千石赴開平，其車牛之費並從官給。乙酉，初立樞密院，以皇子燕王守中書令，兼判樞密院事。戊子，陞開平府為上都，其達魯花赤兀良吉為上都路達魯花赤，〔二一〕總管董銓為上都路總管兼開平府尹。辛卯，詔立燕京平準庫，以均平物價，通利鈔法。乙未，敕商州民就戍本州，毋禁弓矢。丙申，立上都馬、步驛。丁酉，以元帥楊大淵、張大悅復神山有功，降詔獎諭。戊戌，以禮部尚書馬月合乃兼領潁州、光化互市，及領已括戶三千，興煽鐵冶，歲輸鐵一百三萬七千斤，就鑄農器二十萬事，易粟四萬石輸官。河南隨處城邑市鐵之家，令仍舊鼓鑄。庚子，河南路總管劉克興矯制括戶，罷其職，籍家貲之半。陞上都路望雲縣為雲州、松山縣為松州。賞前討渾都海戰功，撒里都、闊闊出等鈔二

千一百七十四錠、幣帛一千四百二十四。

六月壬子，河間、益都、燕京、眞定、東平諸路蝗。乙卯，以管民官兼統懷孟等軍俺撒戰歿汴梁，命其子忙兀帶爲萬戶，佩金符。戊午，賜線眞田戶六百。己未，賜高麗國王王禃羊五百。癸酉，賜拜忽公主所部鈔千錠。立上都惠民藥局。建帝堯廟於平陽，仍賜田十五頃。以線眞爲中書右丞相，塔察兒爲中書左丞相。

秋七月癸未，詔諸投下毋擅勾攝燕京路州縣官吏。乙酉，禁野狐嶺行營民，毋入南、北口縱畜牧，損踐桑稼。給公主拜忽銀五萬兩，合剌合納銀千兩。乙未，以故東平權萬戶呂義死王事，賜謚貞節。戊戌，詔弛河南沿邊軍器之禁。陞燕京屬縣安次爲東安州，固安爲固安州。河南統軍司言：「屯田民爲保甲丁壯射生軍，凡三千四百人，分戍沿邊州郡，乞蠲他徭。」從之。庚子，詔賜諸王爪都牛馬價銀六萬三千一百兩。壬寅，詔禁益都路探馬赤擾民。以成都經略司隸西川行院。禁蒙古、漢軍諸人煎、販私鹽。詔山東經略司徙膠、萊、莒、密之民及竈戶居內地。中書省臣以妨煮鹽爲言，遂令統軍司完復邊戍，居民竈戶毋徙。詔阿朮戒蒙古軍，不得以民田爲牧地。燕京、河間、開平、隆興四路屬縣雨雹害稼。

八月戊申朔，詔霍木海總管諸路驛，佩金符。辛亥，置元帥府于大理。詔東平、大名、河南宣慰司市馬千五百五十匹，給阿朮等軍。陞宣德州爲宣德府，隸上都。以淄、萊、登三州

爲總管府，治淄州。命昔撒昔總制鬼國、大理兩路。兵部郎中劉芳前使大理，至吐蕃遇害，命恤其家。壬子，命中書省給北京、西京轉運司車牛價鈔。彰德路及洺、磁二州旱，免彰德今歲田租之半，洺、磁十之六。冀州蒙古百戶阿昔等犯鹽禁，沒入馬百二十餘匹，以給軍士之無馬者。甲寅，命成都路運米萬石餉潼川。給鈔付劉整市牛屯田。分劉元禮等軍戍潼川，命按敦將之。丙辰，詔以成都路綿州隸潼川。戊午，以阿脫、商挺行樞密院於成都，凡成都、順慶、潼川都元帥府並聽節制。庚申，以史天倪前爲武僊所殺，以武僊第賜其子楫。癸亥，敕京兆路給賜劉整第一區、田二十頃。以蔑八剌所部貧乏，賜銀七千五百兩給之。甲子，以西涼經兵，居民困弊，給鈔賑之，仍免租賦三年。敕諸臣傳旨，有疑者須覆奏。丙寅，以諸王只必帖木兒部民困乏，賜銀二萬兩給之。壬申，復置急遞鋪。濱、棣二州蝗，眞定路旱。詔西涼流民復業者，復其家三年。車駕至自上都。

九月壬午，河南、大名兩道宣慰司所獲宋諜王立、張達、刁俊等十八人，遇赦釋免，給衣服遣還。乙酉，立漕運河渠司。己丑，賜諸王阿只吉所部種食、牛具。庚寅，諭高麗、上京等處毋重科斂民。招諭濟南、濱棣流民。遣使徵諸路賦稅錢帛。民間所賣布帛有疏薄狹短者，禁之。

冬十月戊午，初置隆興路驛。

十一月甲申，詔以歲不登，量減阿述、怯烈各軍行餉；東平、大名等路旱，量減今歲田租。丙戌，享于太廟，以合丹、塔察兒、王(盤)〔磐〕、張文謙行事。高麗國王王禃以免置驛、籍民等事，遣其臣韓就奉表來謝，賜中統五年曆幷蜀錦一，仍命禃入朝。立御衣、尙食二局。

十二月丁未朔，以鳳翔屯軍、汪惟正青居等軍、刁國器平陽軍，令益都元帥欽察統之，戍虎嘯寨。甲戌，敕駙馬愛不花蒲萄戶依民例輸賦。也里可溫、答失蠻、僧、道種田入租，貿易輸稅。丙子，賜諸王金、銀、幣、帛如歲例。

是歲，天下戶一百五十七萬九千一百一十。賦，絲七十萬六千四百一斤，鈔四萬九千四百八十七錠。斷死罪七人。

至元元年春正月丁丑朔，高麗國王王禃遣使奉表來賀。壬午，敕諸路宣慰司，非奉旨無輒入覲。以千戶張好古歿王事，命其弟好義、好禮並襲職爲千戶。癸巳，以益都武衛軍千人屯田燕京，官給牛具。以鄧州保甲軍二千三百二十九戶隸統軍司。戊戌，楊大淵進花羅、紅邊絹各百五十段，優詔諭之。己亥，立諸路平準庫。癸卯，命諸王位下工匠已籍爲民者，並徵差賦；儒、釋、道、也里可溫、達失蠻等戶，舊免租稅，今並徵之；其蒙古、漢軍站戶所

輸租減半。西北諸王率部民來歸。敕北京、西京宣慰司、隆興總管府和糴以備糧餉。築冰河城，命千戶土虎等戍之。罷南邊互市。申嚴持軍器、販馬、越境私商之禁。

二月辛亥，賀福等六人告平陽、太原漏籍戶，詔賞以官，廷臣以非材對，給鈔與之。敕選儒士編修國史，譯寫經書，起館舍，給俸以贍之。壬子，修瓊花島。發北京都元帥阿海所領軍疏雙塔漕渠。甲寅，以故亳州千戶邸閏陷于宋，命其子榮祖襲職。丙辰，罷陝西行戶部。丁卯，太陰犯南斗。癸酉，車駕幸上都。詔諸路總管史權等二十三人赴上都大朝會。弛邊城軍器之禁。

三月庚辰，設周天醮于長春宮。己亥，命尙書宋子貞陳時事，子貞條具以聞，詔獎諭，命中書省議行之。辛丑，詔四川行院，命阿脫專掌軍政，其刑名錢穀商挺任之。立漕運司，以王光益爲使。

夏四月戊申，以彰德、洺磁路引漳、滏、洹水灌田，致御河淺澀，鹽運不通，塞分渠以復水勢。辛亥，太陰犯軒轅御女星。壬子，東平、太原、平陽旱，分遣西僧祈雨。(己)〔乙〕卯，〔三〕詔高麗國王王禃來朝上都，修世見之禮。辛酉，以四川茶、鹽、商、酒、竹課充軍糧。楊大淵以部將王仲得宋將昝萬壽書殺之，詔以其事未經鞫問，或墮宋人行間之計，豈宜輒施刑戮，詰責大淵，仍存恤仲家。御苑官南家帶請修駐蹕涼樓幷廣牧地，詔涼樓俟農隙，牧地分

給農之無田者。丁卯，追治李璮逆黨萬戶張邦直兄弟及姜郁、李在等二十七人罪。戊辰，給新附戍軍糧餉。高麗國王王禃遣其臣金祿來貢。〔二三〕

五月乙亥，詔遣唆脫顏、郭守敬行視西夏河渠，俾具圖來上。庚辰，敕劍州守將分軍守劍門，置驛於人頭山。丙戌，太陰犯房。丁亥，釋宋私商五十七人，給糧遣歸其國。己丑，以平陰縣尹馬欽發私粟六百石贍饑民，又給民粟種四百餘石，詔獎諭，特賜西錦一端以旌其義。乙未，初置四川急遞鋪。丙申，賜諸王欽察銀萬兩，濟其所部貧乏者。己亥，太陰犯昴。以中書右丞粘合南合爲平章政事。卬部川六番安撫招討使都王明亞爲隣國建都所殺，敕其子伯佗襲職，賜金符。

六月乙巳，召王鶚、姚樞赴上都。宋制置夏貴率兵欲攻虎嘯山，敕以萬戶石抹紇札剌一軍益欽察戍之。戊申，高麗國王王禃來朝。

秋七月甲戌，彗星出輿鬼，昏見西北，貫上台，掃紫微、文昌及北斗，旦見東北，凡四十餘日。以阿合馬言，益解州鹽課，均賦諸色僧道軍匠等戶，其太原小鹽，聽從民便。癸未，改新鳳州爲徽州。以西番十八族部立安西州，行安撫司事。丁亥，諸王算吉所部營帳軍民被火，發粟賑之。庚寅，給諸王也速不花印。壬辰，特詔諭鞏昌路總帥汪惟正勞勉之，賜元寶交鈔三萬貫，仍戍青居。賜諸王玉龍答失印，仍以先朝獵戶賜之。丁酉，龍門禹廟成，

命侍臣阿合脫因代祀。己亥，定用御寶制：凡宣命，一品、二品用玉，三品至五品用金，其文曰「皇帝行寶」者，卽位時所鑄，惟用之詔誥；別鑄宣命金寶行之。庚子，阿里不哥自昔木土之敗，不復能軍，至是與諸王玉龍答失、阿速帶、昔里給，其所謀臣不魯花、忽察、禿滿、阿里察、脫忽思等來歸。詔諸王皆太祖之裔，並釋不問，其謀臣不魯花等皆伏誅。

八月壬寅朔，陝西行省臣上言：「川蜀戍兵軍需，請令輿魯官徵入官庫，移文於近戍官司，依數取之。宋新附民宜撥地土衣糧，給其牛種，仍禁邊將分匿人口。商州險要，乞增戍兵。陝西獵戶移獵商州。河西、鳳翔屯田軍遷戍興元。四川各翼軍，有地者徵其稅，給無田者糧。」皆從之。甲辰，詔秦蜀行省發銀二十五萬兩給沿邊歲用。乙巳，立〔山東〕諸路行中書省，〔二四〕以中書左丞相耶律鑄、參知政事張惠等行省事。詔新立條格：省併州縣，定官吏員數，分品從官職，給俸祿，頒公田，計月日以考殿最；均賦役，招流移；禁勿擅用官物，勿以官物進獻，勿借易官錢；勿擅科差役；凡軍馬不得停泊村坊，詞訟不得隔越陳訴；恤鰥寡，勸農桑，驗雨澤，平物價；具盜賊、囚徒起數，月申省部。又頒陝西四川、西夏中興、北京三處行中書條格。定立諸王使臣驛傳稅賦差發，不許擅招民戶，不得以銀與非投下人爲斡脫，禁口傳敕旨及追呼省臣官屬。詔：「蒙古戶種田，有馬牛羊之家，其糧住支；無田者仍給之。」庚戌，命燕王署敕、諸王設僚屬及說書官。諸站戶限田四頃免稅，供驛馬及祗應，命各路總管府兼領其事。癸丑，命僧子聰同議樞密院事。詔子聰復其姓劉氏，易名秉忠，拜太保，參領中書省事。乙卯，詔改燕京爲中都，其大興府仍舊。增都省參佐掾史月俸。丙辰，劉秉忠、王鶚、張文謙、商挺言，燕王旣署相銜，宜於省中別置幕位，每月一再至，判署朝政。其說書官，皇子忙安以李(磐)〔槃〕爲之，〔二五〕南木合以高道爲之。丁巳，以改元大赦天下，詔曰：

應天者惟以至誠，拯民者莫如實惠。朕以菲德，獲承慶基，內難未戡，外兵未戢，夫豈一日，于今五年。賴天地之畀矜，暨祖宗之垂裕，凡我同氣，會於上都。雖此日之小康，敢朕心之少肆。

比者星芒示儆，雨澤愆常，皆闕政之所繇，顧斯民之何罪。宜布惟新之令，溥施在宥之仁。據不魯花、忽察、禿滿、阿里察、脫火思輩，構禍我家，照依太祖皇帝扎撒正典刑訖。可大赦天下，改中統五年爲至元元年。於戲！否往泰來，迓續亨嘉之會；鼎新革故，正資輔弼之良。咨爾臣民，體予至意！

戊午，給益都武衞軍千人冬衣。己未，鳳翔府龍泉寺僧超過等謀亂遇赦，沒其財，羈管京兆僧司；同謀蘇德，責令從軍自效。發萬戶石抹紇札剌所部千人赴商州屯田，亳州軍六百八人及河南府軍六十人助欽察戍青居。敕山東經略副使武秀選益都新軍千人充武衞軍，赴

中都。城鄒，以沂州監戰塔思、萬戶孟義所部兵戍之。太原路總管攸忙兀帶坐藏甲匿戶，罷職爲民。

九月壬申朔，立翰林國史院。以改元詔諭高麗國，并赦其境內。辛巳，車駕至自上都。庚寅，益都毛璋謀逆，二子及其黨崔成並伏誅，籍其家貲賜行省撒吉思。

冬十月壬寅朔，高麗國王王禃來朝。乙巳，禁上都畿內捕獵。庚戌，有事于太廟。壬子，恩州歷亭縣進嘉禾，一莖五穗。戊辰，改武衞軍爲侍衞親軍。

十一月丙子，詔宋人歸順及北人陷沒來歸者，皆月給糧食。辛巳，征骨嵬。先是，吉里迷內附，言其國東有骨嵬、亦里于兩部，歲來侵疆，故往征之。(乙)〔己〕丑，〔二六〕以至元二年曆日賜高麗國王王禃。禁登州、和州等處并女直人入高麗界剽掠。辛卯，召衞州太一五代度師李居(奉)〔壽〕赴闕。〔二七〕壬辰，罷領中書左右部，併入中書省。以領中書省左右部兼諸路都轉運使、知太府監事阿合馬爲平章政事，領中書省左右部兼諸路都轉運使阿里爲中書右丞。丁酉，太原路臨州進嘉禾二莖。以元帥按敦、劉整、劉元禮、欽察等將士獲功，賞賚有差。

十二月乙巳，罷各投下達魯花赤，定中外百官儀從。丁未，敕遣宋諜者四人還其國。戊午，賞拔都軍人銀五十萬兩。甲子，太陰犯房。乙丑，以王鑑昔使大理沒於王事，其子天

赦不能自存，優恤之。丁卯，敕鄧州沿邊增立茱萸、常平、建陵、季陽四堡。戊辰，命選善水者一人，沿黃河計水程達東勝可通漕運，馳驛以聞。庚午，詔罷樞密院斷事官及各路奧魯官，令總管府兼總押所。始罷諸侯世守，立遷轉法。

是歲，眞定、順天、洺、磁、順德、大名、東平、曹、濮州、泰安、高唐、濟州、博州、德州、濟南、濱、棣、淄、萊、河間大水。賜諸王金、銀、幣、帛如歲例。戶一百五十八萬八千一百九十五。斷死罪七十三人。

校勘記

〔一〕柴禎　按下文三月壬申條作「柴楨」，與王惲烏臺筆補乞尚書柴楨北還事狀符。疑「禎」當作「楨」。

〔二〕(瓜)〔爪〕都　據上文中統元年三月戊辰條、本書卷一一七別里古台傳及拉施特史集譯音改。蒙古語「爪」，意爲「百」，「都」意爲「有」。

〔三〕以興松雲三州隸上都　考異云：「案陞開平爲上都，在四年五月戊子；陞望雲縣爲雲州、松山縣爲松州，在四年五月庚子。不應此時先有上都及松、雲二州之名。據下文四月庚戌以望雲、松山、興州課程隸開平府，可證其時不稱上都也。」

〔四〕解成　見卷四校勘記〔一四〕。

〔五〕平(濼)〔灤〕　按本書卷九八兵志有「命阿海充都元帥，專於北京、東京、平灤、懿州、蓋州路管領見管軍人」，據改。

〔六〕〔打〕捕鷹坊　按「打捕鷹坊」爲元代捕獵戶，此處顯脫「打」字，今補。

〔七〕大梁府　按本書卷三憲宗紀八年十二月己亥條有「大良山守將蒲元圭降」，卷一二世祖紀至元十九年二月癸丑條有「大良平元帥蒲元圭遣其男世能入覲」。卷一六二李忽蘭吉傳作「大梁平」。疑此處「大梁府」當作「大良平」或「大梁平」。

〔八〕(右)〔左〕丞相忽魯不花　據本書卷一一二宰相年表改。按當時右丞相爲不花、史天澤。本證已校。

〔九〕(晉)〔縉〕山　見卷四校勘記〔一五〕。

〔一〇〕(咸)〔威〕寧　按威寧金置，屬撫州。本卷下文中統三年十一月戊申條有「陞撫州爲隆興府」，「割宣德之懷安、天成及威寧、高原隸焉」。又本書卷一四九劉伯林傳、卷一六六石抹狗狗傳皆作「威寧」。此處「威」誤爲「咸」，今改。元代陝西行省奉元路與湖廣行省武昌路均有咸寧縣，與此非一地。

〔一一〕(天順)〔順天〕　據本書卷五〇五行志改正。按元無「天順」建置。

〔一二〕韓(安世)〔世安〕　據上文二月甲辰、三月戊寅條及下文至元八年三月辛巳條改正。道光本已校。

〔一三〕(武寧)〔寧武〕軍　按下文癸丑條有「立小峪、蘆子、寧武軍、赤泥泉鐵冶四所」，據改正。寰宇通志卷八一有「寧武軍口」。道光本已校。

〔一四〕夔州路　按上文中統二年六月庚申條作「夔府路」，與王惲中堂事記符。此處「州」當作「府」。

〔一五〕邢洺等處漳滏(澧)〔灃〕河達泉　按澧河在湖南，與「邢、洺等處」無涉。寰宇通志卷五順德府云：「灃河，在任縣東十五里，上接南和縣，下流入眞定府隆平縣界。」「澧」誤，今改。類編已校。

〔一六〕三十萬〔石〕　按本書卷九六食貨志賑恤作「三萬石」，今據補「石」字。

〔一七〕大(明)〔名〕　據本卷上文二月癸丑條及本書卷九八兵志改。按元無「大明」建置。

〔一八〕王(盤)〔磐〕　從殿本改。按本書卷一六〇本傳作「磐」。下同。

〔一九〕(興隆)〔隆興〕路　據本書卷五八地理志改正。本證已校。

〔二〇〕罷開元路宣慰司　本證云：「案中統二年罷十路宣撫司，止存開元路。其改宣慰司則在至元十五年，此時不得有此稱。」

〔二一〕兀良吉　按下文至元七年七月乙丑條作「兀良吉帶」，此處當脫「帶」字。

〔二二〕(己)〔乙〕卯　按是月乙巳朔，無己卯日。此「己卯」在壬子初八日、辛酉十七日間，係乙卯十一日之誤，今改。

〔二三〕金祿　按高麗史卷二六元宗世家作「金祿延」，疑此處脫「延」字。

〔二四〕立〔山東〕諸路行中書省　據本書卷一四六耶律楚材傳附耶律鑄傳、卷一六七張惠傳補。蒙史已校。

〔二五〕李(磐)〔槃〕　按本書卷一二六廉希憲傳、卷一五六董文炳傳、卷一六三張德輝傳、卷一六四王構傳均作「李槃」，據改。

〔二六〕(乙)〔己〕丑　按是月壬申朔，無乙丑日。此「乙丑」在辛巳初十日、辛卯二十日間，係己丑十八日之誤，今改。

〔二七〕李居(嵩)〔壽〕　據後文至元十六年十月辛丑、十二月丁酉、十八年正月丁巳條及卷二〇二釋老傳改。按秋澗集卷四七李居壽行狀有「師姓李氏，諱居壽」。

元史卷六

本紀第六

世祖三

二年春正月辛未朔，日有食之。癸酉，山東廉訪使言：「眞定路總管張宏，前在濟南，乘變盜用官物。」詔以宏嘗告李璮反，免宏死罪，罷其職，徵贓物償官。邳州萬戶張邦直等違制販馬，並處死。敕徙鎮海、百(里八)〔八里〕、〔一〕謙謙州諸色匠戶於中都，給銀萬五千兩爲行費。又徙奴懷、忒木帶兒礮手人匠八百名赴中都，造船運糧。己卯，北京路行省給札剌赤戶東徙行糧萬石。以鄧州監戰訥懷、新舊軍萬戶董文炳並爲河南副統軍。甲申，詔申嚴越界販馬之禁，違者處死。乙酉，以河南北荒田分給蒙古軍耕種。戊子，諸王塔察兒使臣闊闊出至北京花道驛，手殺驛吏郝用、郭和尚，有旨徵鈔十錠給其主贖死。庚寅，城西番匣答路。癸巳，八東乞兒部牙西來朝，貢銀鼠皮二千，賜金、素幣各九、帛十有八。武城縣王

氏妻崔一產三男。丁酉，給親王玉龍答失部民糧二千石。高麗國王王禃遣其弟〔廣平〕公(珦)〔恂〕奉表來貢。〔二〕

二月辛丑朔，元帥按東與宋兵戰于釣魚山，敗之，獲戰艦百四十六艘。甲辰，初立宮闈局。戊申，賜親王兀魯帶河間王印，給所部米千石。丁巳，車駕幸上都。癸亥，并六部爲四，以麥朮丁爲吏禮部尚書，馬亨戶部尚書，嚴忠範兵刑部尚書，別魯丁工部尚書。禁山東路私煎硝鹻。甲子，以蒙古人充各路達魯花赤，漢人充總管，回回人充同知，永爲定制。以同知東平路宣慰使寶合丁爲平章政事，山東廉訪使王晉爲參知政事。廉希憲、商挺罷。詔併諸王只必帖木兒所設管民官屬。詔諭總統所：「僧人通五大部經者爲中選，以有德業者爲州郡僧錄、判、正副都綱等官，仍於各路設三學講、三禪會。」

三月癸酉，骨嵬國人襲殺吉里迷部兵，敕以官粟及弓甲給之。丁亥，敕邊軍習水戰、屯田。誅宋諜李富住。乙未，罷南北互市，括民間南貨，官給其直。遼東饑，發粟萬石、鈔百錠賑之。

夏四月戊午，賜諸王合必赤、亦怯烈金、素幣各四，拜行金幣一。

五月壬午，賞萬戶晃里答兒所部征吐蕃功銀四百五十兩。戊子，禁北京、平灤等處人捕獵。庚寅，令：「軍中犯法，不得擅自誅戮，罪輕斷遣，重者聞奏。」敕上都商稅、酒醋諸課毋徵，其榷鹽仍舊，諸人自願徙居永業者，復其家。詔西川、山東、南京等路戍邊軍屯田。

閏五月癸卯，升蓨縣爲景州。辛亥，檢覈諸王兀魯帶部民貧無孳畜者三萬七百二十四人，人月給米二斗五升，四閱月而止。丙辰，雅州碉門宣撫使請復碉門城邑，詔相度之。癸亥，移秦蜀行省於興元。丙寅，命四川行院分兵屯田。丁卯，分四親王南京屬州，鄭州隸合丹，鈞州隸明里，睢州隸孛羅赤，蔡州隸海都，他屬縣復還朝廷。以平章政事趙璧行省于南京、河南府、大名、順德、洺磁、彰德、懷孟等路，平章政事廉希憲行省事于東平、濟南、益都、淄萊等路，中書左丞姚樞行省事于西京、平陽、太原等路。詔：「諸路州府，若自古名郡，戶數繁庶，且當衝要者，不須改併。其戶不滿千者，可併則併之。各投下者，併入所隸州城。其散府州郡戶少者，不須更設錄事司及司候司。附郭縣止令州府官兼領。括諸路未占籍戶任差職者以聞。」

六月戊(申)〔辰〕朔，〔三〕新得州安撫向良言：「頃以全城內附，元領軍民流散南界者，多欲歸順，並乞招徠。」從之。又敕良以所領新降軍民移戍通江縣，行新得州事。辛未，賜阿朮所部馬價鈔一千二十三錠有奇。丙子，太陰犯心大星。戊寅，移山東統軍司於沂州。萬戶重喜立十字路。〔四〕復正陽，命禿剌戍之。己卯，以淇州隸懷孟路。高麗國王王禃遣其臣榮僙伯奉表來賀聖誕節。千戶闊闊出部民乏食，賜鈔賑之。王晉罷。樞密院臣言：「各路

出征逃亡漢軍，及貧難未起戶，並投下隱匿事故者，宜一概發遣應役。」從之。敕行院及諸軍將校卒伍，須正身應役，違者罪之。

秋七月辛酉，益都大蝗饑，命減價糶官粟以賑。癸亥，安南國王陳光昞遣使奉表來貢。甲子，詔賜光昞至元三年曆。

八月丙子，濟南路鄒平縣進芝草一本。戊寅，高麗國王王禃遣使來貢方物。己卯，諸宰職皆罷，以安童爲中書右丞相，伯顏爲中書左丞相。戊子，召許衡於懷孟，楊誠於益都。車駕至自上都。

九月戊戌，以將有事太廟，取大樂工於東平，預習儀禮。敕江淮沿邊樹柵，徐、宿、邳三州助役徒。庚子，皇孫鐵穆爾生。丁巳，賞諸王只必帖木兒麾下河西戰功銀二百五十兩。

冬十月己卯，享于太廟。癸未，敕順天張柔、東平嚴忠濟、河間馬總管、濟南張林、太原石抹總管等戶，改隸民籍。統軍抄不花、萬戶懷都麾下軍士所俘宋人九十三口，官贖爲民。其私越禁界掠獲者四十五人，許令親屬完聚，並種田內地。戊子，詔隨路私商曾入南界者，首實免罪充軍。

十一月丙申，召李昶於東平。辛丑，賜諸王只必帖木兒銀二萬五千兩、鈔千錠。癸丑，賞楊文安戰功金五十兩，所部軍銀六百兩及幣帛有差。甲子，詔事故貧難軍不堪應役者，

以兩戶或三戶合併正軍一名，其丁單力備者，許顧人應役。

十二月己巳，省併州縣凡二百二十餘所。庚午，宋子貞言：「朝省之政，不宜數行數改。又刑部所掌，事干人命，尚書嚴忠範年少，宜選老於刑名者爲之。」又請罷北京行中書省，別立宣慰司以控制東北州郡。並從之。禁朝省告託以息爭訟。辛未，以諸王也速不花所部戍西蕃軍屢有戰功，賞銀三百兩。癸酉，召張德輝於眞定，徙單公履於衞州。丁丑，詔諭高麗，賜至元三年曆日。癸未，賜劉秉忠金五十兩。甲申，賜伯顏、宋子貞、楊誠銀千兩、鈔六十錠。丁亥，敕選諸翼軍富强才勇者萬人，充侍衞親軍。己丑，瀆山大玉海成，敕置廣寒殿。

是歲，戶一百五十九萬七千六百一，絲九十八萬六千二百八十八斤，包銀鈔五萬七千六百八十二錠。賜諸王金、銀、幣、帛如歲例。彰德、大名、南京、河南府、濟南、淄萊、太原、弘州雹，西京、北京、益都、眞定、東平、順德、河間、徐、宿、邳蝗旱，太原霜災。斷死罪四十二人。

三年春正月乙未〔朔〕，高麗國王王禃遣使來賀。丙午，遣朶端、趙璧持詔撫諭四川將吏軍民。壬子，立制國用使司，以阿合馬爲使。癸丑，選女直軍二千爲侍衞軍。四川行樞

密院謀取嘉定，請益兵，命朶端、趙璧摘諸翼蒙古、漢軍六千人付之。

二月丙寅，廉希憲、宋子貞爲平章政事，張文謙復爲中書左丞，史天澤爲樞密副使。癸酉，立瀋州以處高麗降民。壬午，平陽路僧官以妖言惑衆伏誅。以中書右丞張易同知制國用使司事，參知政事張惠爲制國用副使。癸未，車駕幸上都。甲申，罷西夏行省，立宣慰司。初製太常禮樂工冠服。立東京、廣寧、懿州、開元、恤品、合懶、婆娑等路宣撫司。乙酉，鐲中都今年包銀四分之一。詔理斷阿朮部下所俘人口，畜牧及其草地爲民佃種者。以制國用使司條畫諭中外官吏。

三月辛巳，分衞輝路爲親王玉龍答失分地。戊戌，賑水達達民戶饑。己未，王晉及侍中和哲斯、濟南益都轉運使王明，以隱匿鹽課皆伏誅。

夏四月丁卯，五山珍御榻成，置瓊華島廣寒殿。亳州水軍千戶胡進等領騎兵渡淝水，逾荆山，與宋兵戰，殺獲甚衆，賞鈔幣有差。庚午，敕僧、道祈福於中都寺觀。詔以僧機爲總統，居慶壽寺。己卯，申嚴瀕海私鹽之禁。敕宮燭毋彩繪。

五月乙未，遣使諸路慮囚。庚子，敕太醫院領諸路醫戶、惠民藥局。辛丑，以黃金飾渾天儀。丙午，浚西夏中興漢延、唐來等渠。凡良田爲僧所據者，聽蒙古人分墾。丙辰，罷益都行省。鐲平灤、益都質子戶賦稅之半。

六月丁卯，封皇子南木合爲北平王，以印給之。辛未，徙歸化民於清州興濟縣屯田，官給牛具。壬申，賜劉整畿內地五十頃。癸酉，以千戶札剌兒沒于王事，賜其妻銀二百五十兩。丙子，立漕運司。戊寅，以陝西行省平章賽典赤等政事修治，賜銀五千兩。命山東統軍副使王仲仁督造戰船于汴。申嚴陝西、河南竹禁。立拱衞司。

秋七月丙申，罷息州安撫司。壬寅，詔上都路總管府，遇車駕巡幸，行留守司事，車駕還，卽復舊。丙午，遣使祠五嶽四瀆。甲寅，添內外巡兵。外路每百戶選中產者一人充之，其賦令餘戶代輸，在都增武衞軍四百。己未，以嶂、代、堅、臺四州隸忻州。詔令西夏避亂之民還本籍，成都新民爲豪家所庇者皆歸之州縣。詔招集逃亡軍，限百日詣所屬陳首，原其罪，貧者併戶應役。

八月癸亥，賜丞相伯顏第一區。丁卯，以兵部侍郎黑的、禮部侍郎殷弘使日本，賜書曰：「皇帝奉書日本國王：朕惟自古小國之君，境土相接，尚務講信修睦，況我祖宗受天明命，奄有區夏，遐方異域畏威懷德者，不可悉數。朕卽位之初，以高麗無辜之民，久瘁鋒鏑，卽令罷兵，還其疆埸，反其旄倪。高麗君臣，感戴來朝，義雖君臣，而歡若父子。計王之君臣，亦已知之。高麗朕之東藩也。日本密邇高麗，開國以來，時通中國，至於朕躬，而無一乘之使以通和好。尚恐王國知之未審，故特遣使持書布告朕心，冀自今以往，通問結好，以相親

睦。且聖人以四海爲家，不相通好，豈一家之理哉？以至用兵，夫孰所好，王其圖之。」又詔高麗導去使至其國。戊子，高麗國王王禃遣其大將軍朴琪來賀聖誕節。阿朮略地蘄、黃，俘獲以萬計。

九月戊午，車駕至自上都。

冬十月庚申朔，降德興府爲奉聖州。癸亥，高麗使還，以王禃病，詔和藥賜之。丁丑，徙平陽經籍所于京師。更敕牒舊式。太廟成，丞相安童、伯顏言：「祖宗世數、尊謚廟號、增祀四世、各廟神主、配享功臣、法服祭器等事，皆宜定議。」命平章政事趙璧等集羣臣議，定爲八室。申禁京畿畋獵。壬午，命制國用使司造神臂弓千張、矢六萬。

十一月辛卯，初給京、府、州、縣、司官吏俸及職田。戊戌，瀕御河立漕倉。丁未，申嚴殺牛馬之禁。宋子貞致仕。辛亥，以忽都答兒爲中書左丞相。詔禁天文、圖讖等書。丙辰，千戶散竹帶以嗜酒失所守大良平，罪當死，錄其前功免死，令往東川軍前自效。詔建都使復歸朝。又詔嘉定等府沿江一帶城堡早降。又詔四川行樞密院遣人告諭江、漢、庸、蜀等效順，具官吏姓名，對階換授，有功者遷，有才者用，民無生理者以衣糧賑之，願遷內地者給以田廬，毋令失所。

十二月庚申，給諸王合必赤行軍印。辛酉，詔改四川行樞密院爲行中書省，以賽典赤、

也速帶兒等僉行中書省事。甲子，立諸路洞冶所。以梁成生擒宋總轄官，授同知開州事，佩金符。減輝州竹課。先是官取十之六，至是減其二。丁亥，詔安肅公張柔、行工部尚書段天祐等同行工部事，修築宮城。併太府監入宣徽院，仍以宣徽使專領監事。詔賜高麗以至元四年曆日，仍慰諭之。建大安閣于上都。鑿金口，導盧溝水以漕西山木石。敕：「諸越界私商及諜人與僞造鈔者，送京師審覈。」

是歲，天下戶一百六十萬九千九百三。東平、濟南、益都、平灤、眞定、洛磁、順天、中都、河間、北京蝗，京兆、鳳翔旱。斷死罪九十六人。賜諸王金、銀、幣、帛如歲例。

四年春正月甲午，陝西行省以開州新得復失，請益兵，敕平陽、延安等處簽民兵三千人，山東、河南、懷孟、潼川調兵七千人益之。丁酉，申嚴平陽等處私鹽之禁。壬寅，立茶速禿水十四驛。癸卯，敕修曲阜宣聖廟。乙巳，百濟遣其臣梁浩來朝，賜以錦繡有差。禁僧官侵理民訟。辛亥，封安肅公張柔爲蔡國公。以趙璧爲樞密副使。立諸路洞冶都總管府。癸丑，敕封昔木土山爲武定山，其神曰武定公；泉爲靈淵，其神曰靈淵侯。簽蒙古軍，戶二丁三丁者出一人爲軍，四丁五丁者二人，六丁七丁者三人。乙卯，高麗國王王禃遣使來朝，詔撫慰之。戊午，立提點宮城所。析上都隆興府自爲一路，行總管府事。立開元等路轉運

司。城大都。

二月庚申，粘合南合復平章事，阿里復爲中書右丞。丁卯，改經籍所爲弘文院，以馬天昭知院事。丁亥，括西夏民田，徵其租。車駕幸上都。詔陝西行省招諭宋人。又詔嘉定、瀘州、重慶、夔府、涪、達、忠、萬及釣魚、禮義、大良等處官吏軍民有能率衆來降者，優加賞擢。

三月己丑，復以耶律鑄爲中書左丞相。辛卯，自潼關至蘄縣立河渡官八員，以察姦僞。乙未，敕中都路建習樂堂，使樂工肄業其中。己亥，賜皇子燕王、忙阿剌、那沒罕、忽哥赤銀三萬兩。辛丑，夏津縣大雨雹。壬寅，安童言：「比者省官員數，平章、左丞各一員，今丞相五人，素無此例。臣等議擬設二丞相，臣等蒙古人三員，惟陛下所命。」詔以安童爲長，史天澤次之，其餘蒙古、漢人參用，勿令員數過多。又詔宜用老成人如姚樞等一二員同議省事。丁巳，耶律鑄制宮縣樂成，詔賜名大成。

夏四月甲子，新築宮城。辛未，遣使祀岳瀆。

五月丁亥朔，日有食之。敕上都重建孔子廟。乙未，應州大水。丙申，威州山後大番弄廝等十一族來附，賜以璽書、金銀符。己酉，以捕獵戶達魯花赤僞造銀符，處死。壬子，敕諸路官吏俸，令包銀民戶，每四兩增納一兩以給之。丙辰，析東平之博州五城別爲一路。

六月壬戌，以中都、順天、東平等處蠶災，免民戶絲料輕重有差。乙丑，復以史天澤爲中書左丞相，忽都答兒、耶律鑄並降平章政事，伯顏降中書右丞，廉希憲降中書左丞，阿里、張文謙並降參知政事。乙酉，賜諸王玉龍答失銀五千兩、幣三百，歲以爲常。罷宣徽院。黑的、殷弘以高麗使者宋君斐、金贊不能導達至日本來奏，降詔責高麗王王禃，仍令其遣官至彼宣布，以必得要領爲期。

秋七月丙戌朔，敕自中興路至西京之東勝立水驛十。戊戌，罷息州安撫岳林，以其民隸南京路。罷懷孟路安撫李宗傑，以其民隸本路。發鞏昌、鳳翔、京兆等處未占籍戶一千，修治四川山路、橋梁、棧道。大名路達魯花赤愛魯、總管張弘範等盜用官錢，罷之。壬寅，申嚴京畿牧地之禁。甲寅，詔亦卽納新附貧民，從人借貸困不能償者，官爲償之，仍給牛具、種實及糧食。簽東京軍千八百人充侍衛軍。

八月庚申，塡星犯天罇。辛酉，申嚴平灤路私鹽酒醋之禁。丙寅，復立宣徽院，以前中書右丞相線眞爲使。丁丑，封皇子忽哥赤爲雲南王，賜駝鈕金鍍銀印。壬午，太白犯軒轅大星。命怯綿征建都。高麗國王王禃遣其祕書監郭汝弼來賀聖誕節。阿朮略地至襄陽，俘生口五萬、馬牛五千。宋人遣步騎來拒，阿朮率騎兵敗之。

九月壬辰，作玉殿于廣寒殿中。乙未，總帥汪良臣請立寨於母章德山，控扼江南，以當

釣魚之衝，從之。戊申，以許衡爲國子祭酒。安南國王陳光昞遣使來貢，優詔答之。立大理等處行六部，以闊闊帶爲尙書兼雲南王傅，柴禎尙書兼府尉，〔五〕甯源侍郎兼司馬。庚戌，遣雲南王忽哥赤鎭大理、鄯闡、茶罕章、赤禿哥兒、金齒等處，詔撫諭吏民。又詔諭安南國，俾其君長來朝，子弟入質，編民出軍役、納賦稅，置達魯花赤統治之。癸丑，申嚴西夏中興等路僧尼、道士商稅、酒醋之禁。車駕至自上都。王鶚請立選舉法，有旨令議舉行，有司難之，事遂寢。

冬十月辛酉，制國用司言：「別怯赤山石絨織爲布，火不能然。」詔采之。壬戌，賜駙馬不花銀印。魚通嵓州等處達魯花赤李福招諭西番諸族酋長以其民入附，以阿奴版的哥等爲喝吾等處總管，並授璽書及金銀符。鐵旗城後番官官折蘭遣其子天郎持先受憲宗璽書、金符，乞改授新命，從之。甲子，歲星犯軒轅大星。辛未，太原進嘉禾二本，異畝同穎。甲戌，賑新附民陳忠等鈔。丁丑，制國用使司請量節經用，從之。庚辰，定品官子孫廕敍格。

十一月乙酉，享于太廟。戊戌，立新蔡縣，以忽察、李家奴統所部兵戍之。甲辰，立夔府路總帥府，戍開州。乙巳，塡星犯天罇距星。申嚴京畿畋獵之禁。南京宣慰劉整赴闕，〔六〕奏攻宋方略，宜先從事襄陽。

十二月甲戌，賞河南路統軍使訥懷所部將士戰功銀九千六百五十兩，鈔幣、鞍勒有差。

丙子，賑親王移相哥所部饑民。丁丑，給遼東新簽軍布六萬匹。己卯，立遼東路水驛七。賞元帥阿朮部下有功將士二千二十五人，銀五萬五千三百兩、金五十兩，及錦綵、鞍勒有差。庚辰，簽女直、水達達軍三千人。立諸位斡脫總管府。省平陽路岳陽、和(州)〔川〕二縣入冀氏，〔七〕復置霸州益津縣，省安西路櫟陽縣入臨潼。

是歲，天下戶口一百六十四萬四千三十。山東、河南北諸路蝗，順天束鹿縣旱，免其租。斷死罪一百十四人。賜諸王金、銀、幣、帛如歲例。

五年春正月甲午，太陰犯井。庚子，上都建城隍廟。辛丑，敕陝西五路四川行省造戰艦五百艘付劉整。高麗國王王禃遣其弟淐來朝。詔以禃飾辭見欺，面數其事於淐，切責之。復遣北京路總管于也孫脫、禮部郎中孟甲持詔往諭，令具表遣海陽公金俊、侍郎李藏用與去使同來以聞。庚戌，賜高麗國新曆。

閏月戊午，以陳、亳、潁、蔡等處屯田戶充軍。令益都漏籍戶四千淘金登州棲霞縣，每戶輸金歲四錢。

二月戊子，太陰犯天關。己丑，太陰犯井。給河南、山東貧乏軍士鈔。戊戌，改軍器局爲軍器監。辛丑，百戶渾都速駐營濟南路屬縣三年，奪取民飲食糧料當粟五千石，敕杖決

之，仍償粟千石。析甘州路之肅州自爲一路。

三月丙寅，罷諸路四品以下子孫入質者。田禹妖言，敕減死流之遠方。禁民間兵器，犯者驗多寡定罪。甲子，敕怯綿率兵二千招諭建都。壬申，改毋章德山爲定遠城，武磨山爲武勝軍。丁丑，敕阿里等詣軍前閱視軍籍。罷諸路女直、契丹、漢人爲達魯花赤者，回回、畏兀、乃蠻、唐兀人仍舊。

夏四月壬寅，遣使祀嶽瀆。

五月辛亥朔，以太醫院、拱衞司、教坊司及尚食、尚果、尚醞三局隸宣徽院。癸亥，都元帥百家奴拔宋嘉定五花、石城、白馬三寨。癸酉，賜諸王禾忽及八剌合幣帛六萬匹。

六月辛巳朔，濟南王保和以妖言惑衆，謀作亂，敕誅首惡五人，餘勿論。甲申，中山大雨雹。阿朮言：「所領者蒙古軍，若遇山水寨柵，非漢軍不可。宜令史樞率漢軍協力征進。」從之。戊申，東平等處蝗。己酉，封諸王習(怯)〔列〕吉爲河平王，〔八〕賜駝鈕金印。

秋七月辛亥，召翰林直學士高鳴，順州知州劉瑜，中都郝謙，李天輔、韓彥文、李祐赴上都。以山東統軍副使王仲仁戍眉州。壬子，詔陝西統軍司兼領軍民錢穀。罷各路奧魯官，令管民官兼領。癸丑，立御史臺，以右丞相塔察兒爲御史大夫，詔諭之曰：「臺官職在直言，朕或有未當，其極言無隱，毋憚他人，朕當爾主。」仍以詔諭天下。立高州北二驛。戊辰，罷西夏宣撫司。庚午，省諸路打捕鷹坊工匠洞冶總管府，令轉運司兼領之。丙子，立西夏惠民局。高麗國王王禃遣其臣崔東秀來言備兵一萬，造船千隻。詔遣都統領脫朶兒往閱之，就相視黑山日本道路，仍命耽羅別造船百艘以伺調用。詔四川行省賽典赤自利州還京兆。立東西二川統軍司，以劉整爲都元帥，與都元帥阿朮同議軍事。整至軍中，議築白河口、鹿門山，〔九〕遣使以聞，許之。罷軍中諸司參議。

八月乙酉，程思彬以投匿名書言斥乘輿，伏誅。己丑，亳州大水。庚子，敕京師瀕河立十倉。命忙古帶率兵六千征西番、建都。

九月癸丑，中都路水，免今年田租。罷中都路和顧所。丁巳，阿朮統兵圍樊城。敕長春宮修設金籙周天大醮七晝夜。建堯廟及后土太寧宮。庚申，賜安南國王陳光昞錦綉，及其諸臣有差。己丑，立河南屯田。命兵部侍郎黑的、禮部侍郎殷弘齎國書復使日本，仍詔高麗國遣人導送，期於必達，毋致如前稽阻。詔諭安南國陳光昞：「來奏稱占城、眞臘二寇侵擾，已命卿調兵與不干併力征討，今復命雲南王忽哥赤統兵南下，卿可遵前詔，遇有叛亂不庭爲邊寇者，發兵一同進討，降服者善爲撫綏。」車駕至自上都。益都路饑，以米三十一萬八千石賑之。復以史天澤爲樞密副使。

冬十月戊寅朔，日有食之。己卯，敕中書省、樞密院，凡有事與御史臺官同奏。立河南

等路行中書省，以參知政事阿里行中書省事。庚辰，以御史中丞阿里爲參知政事。壬午，詔恤沿邊諸軍，其橫科差賦，責奧魯官償之。庚寅，敕從臣禿忽思等錄毛詩、孟子、論語。乙未，享于太廟。中書省臣言：「前代朝廷必有起居注，故善政嘉謨不致遺失。」卽以和禮霍孫、獨胡剌充翰林待制兼起居注。敕給黎、雅、嘉定新附民田。戊戌，宮城成。劉秉忠辭領中書省事，許之，爲太保如故。

十一月己酉，簽河南、山東邊城附籍諸色戶充軍。庚申，宋兵自襄陽來攻沿山諸寨，阿朮分諸軍禦之，斬獲甚衆，立功將士千三百四人。詔首立戰功生擒敵軍者，各賞銀五十兩，其餘賞賚有差。癸酉，御史臺臣言：「立臺數月，發擿甚多，追理侵欺糧粟近二十萬石，錢物稱是。」有詔褒諭。免南京、河南兩路來歲修築都城役夫。

十二月戊寅，以中都、濟南、益都、淄萊、河間、東平、南京、順天、順德、眞定、恩州、高唐、濟州、北京等處大水，免今年田租。敕二分、二至及聖誕節日，祭星于司天臺。詔諭四川行省沿邊屯戍軍士逃役者處死。復置乾州奉天縣，省好畤、永壽入焉。以鳳州隸興元路，德興府改奉聖州，隸宣德。

是歲，京兆大旱。天下戶一百六十五萬二百八十六。斷死罪六十九人。賜諸王金、銀、幣、帛如歲例。

六年春正月癸丑，高麗國王王禃遣使以誅權臣金(浚)〔俊〕來告，〔一〇〕賜曆日、西錦。立四道按察司。戊午，阿朮軍入宋境，至復州、德安府、荆山等處，俘萬人而還。庚申，以參知政事楊果爲懷孟路總管。甲戌，益都、淄萊大水，恩州饑，命賑之。敕史天澤與樞密副使駙馬忽剌出董師襄陽。〔一一〕

二月壬午，以立四道提刑按察司詔諭諸道。己丑，詔以新製蒙古字頒行天下。丙申，罷宣德府稅課所，以上都轉運司兼領。改河南、懷孟、順德三路稅課所爲轉運司。丁酉，簽民兵二萬赴襄陽。賑欠州人匠貧乏者米五千九百九十九石。敕：「鞍、靴、箭鏃等物，自今不得以黃金爲飾。」開元等路饑，減戶賦布二匹，秋稅減其半，水達達戶減青鼠二，其租稅被災者免徵。免單丁貧乏軍士一千九百餘戶爲民。癸卯，給河南行省鈔千錠犒軍。

三月甲寅，詔益都路簽軍萬人，人給鈔二十五貫。戊午，賑曹州饑。築堡鹿門山。

夏四月辛巳，製玉璽大小十紐。甲午，遣使祀岳瀆。大名等路饑，賑米十萬石。

五月丙午〔朔〕，東平路饑，賑米四萬一千三百餘石。辛酉，詔禁戍邊軍士牧踐屯田禾稼。

六月辛巳，以招討怯綿征建都敗績，又擅追唆火兒璽書、金符，處死。壬午，免益都新

簽軍單丁者千六百二十一人爲民。丁亥，河南、河北、山東諸郡蝗。癸巳，敕：「眞定等路旱蝗，其代輸築城役夫戶賦悉免之。」丙申，高麗國王王禃遣其世子愖來朝，賜禃玉帶一，愖金五十兩，從官銀幣有差。壬寅，阿朮率兵萬五千人阨宋萬山、射垛岡、鬼門關樵蘇之路。癸卯，詔董文炳等率兵二萬二千人南征。東昌路饑，賑米二萬七千五百九十石。

秋七月丁巳，遣宋私商四十五人還其國。庚申，水軍千戶邢德立、張志等生擒宋荆鄂都統唐永堅，賞銀幣有差。辛酉，製太常寺祭服。壬戌，西京大雨雹。己巳，立諸路蒙古字學。癸酉，立國子學。詔遣官審理諸路寃滯，正犯死罪明白者，各正典刑，其雜犯死罪以下量斷遣之。又詔諭宋國官吏軍民，示以不欲用兵之意。復遣都統領脫朶兒、統領王(昌國)〔國昌〕等往高麗點閱所備兵船，〔一二〕及相視躭羅等處道路。立西蜀四川監榷茶場使司。宋將夏貴率兵船三千至鹿門山，萬戶解汝楫、李庭率舟師敗之，俘殺二千餘人，獲戰艦五十艘。

八月己卯，立金州招討司。丙申，以沙、肅州鈔法未行，降詔諭之。詔諸路勸課農桑。命中書省采農桑事，列爲條目，仍令提刑按察司與州縣官相風土之所宜，講究可否，別頒行之。高麗國世子愖奏，其國臣僚擅廢國王王禃，立其弟安慶公淐。詔遣斡朶思不花、李諤等往其國詳問，條具以聞。

九月癸丑，恩州進嘉禾，一莖三穗。戊午，敕民間貸錢取息，雖踰限止償一本息。己未，授高麗世子王愖特進上柱國、東安公。壬戌，豐州、雲內、東勝旱，免其租賦。戊辰，敕管軍萬戶宋仲義征高麗。以忽剌出、史天澤並平章政事，阿里中書右丞，行河南等路中書省事，賽典赤行陝西五路西蜀四川中書省事。車駕至自上都。斡朶思不花、李諤以高麗刑部尚書金方慶至，奉權國王淐表，訴國王禃遘疾，令弟淐權國事。

冬十月己卯，定朝儀服色。壬午，陞高唐、冠氏並爲州。丁亥，廣平路旱，免租賦。詔遣兵部侍郎黑的、淄萊路總管府判官徐世雄，召高麗國王王禃、王弟淐及權臣林衍俱赴闕。命國王頭輦哥以兵壓其境，趙璧行中書省于東京。仍降詔諭高麗國軍民。庚子，太陰犯辰星。宋遣人餽鹽、糧入襄陽，我軍獲之。賜諸王奧魯赤駝鈕金鍍銀印。

十一月癸卯，高麗都統領崔坦等，以林衍作亂，挈西京五十餘城來附。丁未，簽王綧、洪茶丘軍三千人往定高麗。高麗西京都統李延齡乞益兵，遣忙哥都率兵二千赴之。庚午，敕：「諸路鰥寡廢疾之人，月給米二斗。」安南國王陳光昞遣使來貢。濟南饑，以米十二萬八千九百石賑之。高麗國王王禃遣其尙書禮部侍郎朴烋從黑的入朝，表稱受詔已復位，尋當入覲。築新城于漢江西。

十二月戊子，築東安渾河堤。己丑，作佛事于太廟七晝夜。高唐、固安二州饑，以米二

萬六百石賑之。析彰德、懷孟、衞輝爲三路，陞林慮縣爲林州，改楨州復爲韓城縣，併省漷等州縣十所，以懿州、廣寧等府隸東京。

是歲，天下戶一百六十八萬四千一百五十七。賜諸王金、銀、幣、帛如歲例。斷死罪四十二人。

校勘記

〔一〕百(里八)〔八里〕 據元文類卷四二經世大典序錄玉工所見之「白八里」改。按「百八里」卽「白八里」，突厥語，漢譯「富貴城」。

〔二〕高麗國王王禃遣其弟〔廣平〕公(珣)〔恂〕奉表來貢 據高麗史卷二六元宗世家元宗六年正月乙未條、卷九一宗室傳補改。

〔三〕六月戊(申)〔辰〕朔 按是月戊辰朔，「申」誤，今改。類編已校。

〔四〕立十字路 按本書卷一二三塔不已兒傳、卷一三三重喜傳皆作「築十字路城」，此處「路」下疑脫「城」字。

〔五〕柴禎 見卷五校勘記〔一〕。

〔六〕南京宣慰劉整 按本書卷一六一劉整傳，「宣慰」當作「宣撫」。本證已校。

〔七〕和(州)〔川〕 據本書卷五八地理志改。類編已校。

〔八〕封諸王習(怯)〔列〕吉爲河平王 按此名本書有「失列及」、「失列吉」、「失里吉」、「失烈吉」、「昔里給」、「昔烈吉」、「昔列吉」、「昔里吉」等異譯，「怯」誤，今依韻改作「列」。

〔九〕議築白河口鹿門山 按本書卷一六一劉整傳，「築」下當有「城」字。

〔一〇〕金(佼)〔俊〕 按上文至元五年正月辛丑條及本書卷二〇八高麗傳作「金俊」，據改。道光本已校。

〔一一〕敕史天澤與樞密副使駙馬忽剌出董師襄陽 按史天澤曾於至元三年二月爲樞密副使，五年九月復爲樞密副使，而駙馬忽剌出則未見任此官職。新元史作「樞密副使史天澤、駙馬忽剌出」，疑是。

〔一二〕王(昌國)〔國昌〕 本書卷二〇八高麗傳有「帝遣明威將軍都統領脫朶兒、武德將軍統領王國昌、武略將軍副統領劉傑相視耽羅等處道路」，與高麗史卷二六元宗世家所載相符，據改正。按本書卷一六七有王國昌傳。

元史卷七

本紀第七

世祖四

七年春正月辛丑朔，高麗國王王禃遣使來賀。丙午，耶律鑄、廉希憲罷。立尚書省，罷制國用使司。以平章政事忽都答兒爲中書左丞相，國子祭酒許衡爲中書左丞，制國用使阿合馬平章尚書省事，同知制國用使司事張易同平章尚書省事，制國用使司副使張惠、僉制國用使司事李堯咨、麥朮丁並參知尚書省事。己酉，太陰犯畢。敕諸投下官隸中書省。壬子，敕驛券無印者不許乘傳。甲寅，高麗國王王禃遣使來言：「比奉詔臣已復位，今從七百人入覲。」詔令從四百人來，餘留之西京。詔高麗西京內屬，改東寧府，畫慈悲嶺爲界。戊午，均、房州總管孫嗣擒宋統制朱興祖等。丙寅，賑兀魯吾民戶鈔。丁卯，定省、院、臺文移體式。

二月辛未朔，以前中書右丞相伯顏爲樞密副使。〔二〕甲戌，築昭應宮于高梁河。丙子，帝御行宮，觀劉秉忠、孛羅、許衡及太常卿徐世隆所起朝儀，大悅，舉酒賜之。丁丑，以歲饑罷修築宮城役夫。甲申，置尚書省署。乙酉，立紙甲局。申嚴畜牧損壞禾稼桑果之禁。壬辰，立司農司，以參知政事張文謙爲卿，設四道巡行勸農司。乙未，宋襄陽出步騎萬餘人、兵船百餘艘，來趨萬山堡，萬戶張弘範、千戶脫脫擊卻敗之。事聞，各賜金紋綾有差。高麗國王王禃來朝，求見皇子燕王，詔曰：「汝一國主也，見朕足矣。」禃請以子愖見，從之。詔諭禃曰：「汝內附在後，故班諸王下。我太祖時亦都護先附，卽令齒諸王上，阿思蘭後附，故班其下，卿宜知之。」又詔令國王頭輦哥等舉軍入高麗舊京，以脫(脫)朶兒、〔三〕焦天翼爲其國達魯花赤，護送禃還國。仍下詔：「林衍廢立，罪不可赦。安慶公淐，本非得已，在所寬宥。有能執送衍者，雖舊在其黨，亦必重增官秩。」世子愖奏乞隨朝及尚主，不許，命隨其父還國。

三月庚子朔，日有食之。改河南等路，及陝西五路西蜀四川、東京等路行中書省爲行尚書省。尚書省臣言：「河西和糴，應僧人、豪官、富民一例行之。」制可。甲寅，車駕幸上都。〔四〕丁巳，定醫官品從。戊午，益都、登、萊蝗旱，詔減其今年包銀之半。阿朮與劉整言：「圍守襄陽，必當以教水軍、造戰艦爲先務。」詔許之。教水軍七萬餘人，造戰艦五千艘。

夏四月壬午，檀州隕黑霜三夕。設諸路蒙古字學教授。敕：「諸路達魯花赤子弟廕敍充散府諸州達魯花赤，其散府諸州子弟充諸縣達魯花赤，諸縣子弟充巡檢。」改御史臺典事爲都事。癸未，定軍官等級，萬戶、總管、千戶、百戶、總把以軍士爲差。己丑，省終南縣入盩厔，復眞定贊皇縣、太原樂平縣。高麗行省遣使來言：「權臣林衍死，其子惟茂擅襲令公位，爲尚書宋宗禮所殺。〔五〕島中民皆出降，已還之舊京。衍黨裴仲孫等復集餘衆，立禃庶族承化侯爲王，竄入珍島。」

五月辛丑，懷州河內縣大雨雹。癸卯，陝西僉省也速帶兒、嚴忠範與東西川統軍司率兵及宋兵戰于嘉定、重慶、釣魚山、馬湖江，皆敗之，拔三寨，擒都統牛宜，俘獲人民及馬牛戰艦無算。甲辰，威州汝鳳川番族八千戶內附，其酋長來朝，授宣命，賜金符。丁未，東京路饑，兼運糧造船勞役，免今年絲銀十之三。以同知樞密院事合答爲平章政事。乙卯，復平灤路撫寧縣，以海山、昌黎入之。丙辰，括天下戶。尚書省臣言：「諸路課程，歲銀五萬錠，恐疲民力，宜減十分之一。運司官吏俸祿，宜與民官同，其院務官量給工食，仍禁所司多取於民，歲終，較其增損而加黜陟。上都地里遙遠，商旅往來不易，特免收稅以優之，惟市易莊宅、奴婢、孳畜，例收契本工墨之費。管民官遷轉，以三十月爲一考，數於變易，人心苟且，自今請以六十月遷轉。諸王遣使取索諸物及鋪馬等事，自今並以文移，毋得口傳敎

令。」並從之。改宣徽院爲光祿司，秩正三品，以宣徽使線眞爲光祿使。庚申，命樞密院閱實軍數。壬戌，東平府進瑞麥，一莖二穗、三穗、五穗者各一本。省中都打捕鷹坊總管府入工部。大名、東平等路桑蠶皆災，南京、河南等路蝗，減今年銀絲十之三。

六月丙子，敕西夏中興市馬五百匹。庚辰，敕：「戍軍還，有乏食及病者，令所過州城村坊主者給飲食醫藥。」丁亥，罷各路洞冶總管府，以轉運司兼領。徙謙州甲匠于松山，給牛具。賜皇子南木合馬六千、牛三千、羊一萬。賜北邊戍軍馬二萬、牛一千、羊五萬。丙申，立籍田大都東南郊。禁民擅入宋境剽掠。

秋七月辛丑，設上林署。乙卯，賜諸王拜答寒印及海青、金符二。庚申，初給軍官俸。壬戌，簽諸道回回軍。乙丑，閱實諸路礮手戶。都元帥也速帶兒等略地光州，敗宋兵于金剛臺。以遼東開元等路總管府兼本路轉運司事。山東諸路旱蝗。免軍戶田租，戍邊者給糧。命達魯花赤兀良吉帶給上都扈從畋獵糧。

八月戊辰朔，築環城以逼襄陽。己巳，賑應昌府饑。諸王拜答寒部曲告饑，命有車馬者徙居黃忽兒玉良之地，計口給糧，無車馬者就食肅、沙、甘州。戊寅，隆興府總管昔剌斡脫以盜用官錢罷。庚辰，以御史大夫塔察兒同知樞密院事，御史中丞帖只爲御史大夫。高麗世子王愖來賀聖誕節。辛巳，設應昌府官吏。辛卯，保定路霖雨傷禾稼。

九月庚子，敕僧、道、也里可溫有家室不持戒律者，占籍爲民。丁巳，太陰犯井。丙寅，括河西戶口，定田稅。宋將范文虎以兵船二千艘來援襄陽，阿朮、合答、劉整率兵逆戰于灌子灘，殺掠千餘人，獲船三十艘，文虎引退。西京饑，敕諸王阿只吉所部就食太原。山東饑，敕益都、濟南酒稅以十之二收糧。

冬十月戊辰朔，敕兩省以已奏事報御史臺。庚午，太白犯右執法。癸酉，敕宗廟祭祀祝文，書以國字。乙亥，宋人攻莒州。乙酉，享于太廟。丁亥，以南京、河南兩路旱蝗，減今年差賦十之六。發清、滄鹽二十四萬斤，轉南京米十萬石，並給襄陽軍。己丑，敕來年太廟牲牢，勿用豢豕，以野豕代之，時果勿市，取之內園。車駕至自上都。降興中府爲州。賑山東淄萊路饑。

十一月壬寅，熒惑犯太微西垣上將。壬子，河西諸郡諸王頓舍，僧、民協力供給。丁巳，敕益兵二千，合前所發軍爲六千，屯田高麗，以忻都及前左壁總帥史樞，並爲高麗金州等處經略使，佩虎符，領屯田事，仍詔諭高麗國王立侍儀司。安南國王陳光昺遣使來貢，優詔答之。復賑淄萊路饑。

閏月丁卯朔，高麗世子王愖還，賜王禃至元八年曆。戊辰，禁繒段織日月龍虎，及以龍犀飾馬鞍者。己巳，給河西行省鈔萬錠，以充歲費。以義州隸婆娑府。癸未，詔諭西夏提

刑按察司管民官，禁僧徒冒據民田。壬辰，申明勸課農桑賞罰之法。詔設諸路脫脫禾孫。

十二月丙申朔，改司農司爲大司農司，添設巡行勸農使、副各四員，以御史中丞孛羅兼大司農卿。安童言孛羅以臺臣兼領，前無此例。有旨：「司農非細事，朕深諭此，其令孛羅總之。」命陝西等路宣撫使趙良弼爲祕書監，充國信使，使日本。敕歲祀太社、太稷、風師、雨師、雷師。戊戌，徙懷孟新民千八百餘戶居河西。壬寅，陞御史大夫秩正二品。降河南韶州爲澠池縣。宋重慶制置朱禩孫遣諜者持書榜來誘安撫張大悅等，大悅不發封，併諜者送致東川統軍司。丁未，金齒、驃國三部酋長阿匿福、勒丁、阿匿爪來內附，獻馴象三、馬十九匹。己酉，魚通路知府高曳失獲宋諜者，詔賞之。辛酉，以都水監隸大司農司。以諸王伯忽兒爲札魯忽赤之長。建大護國仁王寺于高良河。敕更定僧服色。

是歲，天下戶一百九十三萬九千四百四十九。賜先朝后妃及諸王金、銀、幣、帛如歲例。斷死刑四十四人。

八年春正月乙丑朔，高麗國王王禃遣其祕書監朴恒、郎將崔有渰來賀，兼奉歲貢。丙寅，太陰犯畢。己卯，以同僉河南等路行中書省事阿里海牙參知尚書省事。中書省臣言：「前有旨令臣與樞密院、御史臺議河南行省阿里伯等所置南陽等處屯田，臣等以爲凡屯田

中華書局

人戶，皆內地中產之民，遠徙失業，宜還之本籍。其南京、南陽、歸德等民賦，自今悉折輸米糧，貯於便近地，以給襄陽軍食。前所屯田，阿里伯自以無效引伏，宜令州郡募民耕佃。」從之。史天澤告老，不允。敕：「前築都城，徙居民三百八十二戶，計其直償之。」設樞密院斷事官。遣兀都蠻率蒙古軍鎮西方當當。丙戌，高麗安撫阿海略地珍島，與逆黨遇，多所亡失。中書省臣言：「諜知珍島餘糧將竭，宜乘弱攻之。」詔不許，令巡視險要，常爲之備。丁亥，管如仁、費正寅以國機事爲書，謀遣崔繼春、賈靠山、路坤入宋，事覺窮治，正寅、如仁、繼春皆正典刑，靠山、坤並流遠方。壬辰，敕：「諸路鰥寡孤獨疾病不能自存者，官給廬舍、薪米。」高麗國王王禃遣使奉表，爲世子愖請昏。詔禁邊將受賂放軍及科斂。賑北京、益都饑。

二月乙未朔，定民間婚聘禮幣，貴賤有差。丁酉，發中都、眞定、順天、河間、平灤民二萬八千餘人築宮城。己亥，罷諸路轉運司入總管府。以尙書省奏定條畫頒天下。移陝蜀行中書省于興元。〔六〕癸卯，四川行省也速帶兒言：「比因饑饉，盜賊滋多，宜加顯戮。」詔令羣臣議，安童以爲：「强竊盜賊，一皆處死，恐非所宜。罪至死者，仍舊待命。」以中書左丞、東京等路行尙書省事趙璧爲中書右丞。甲辰，添設監察御史六員。命忽都答兒持詔招諭高麗林衍餘黨裴仲孫。乙巳，大理等處宣慰都元帥寶合丁、王傅闊闊帶等，協謀毒殺雲南

王，火你赤、曹楨發其事，寶合丁、闊闊帶及阿老瓦丁、亦速夫並伏誅，賞楨、火你赤及證左人金銀有差。以沙州、瓜州鷹坊三百人充軍。戊申，詔以治事日程諭中外官吏。敕往畏吾兒地市米萬石。庚戌，申嚴東川井鹽之禁。己未，敕軍官佩金銀符，其民官、工匠所佩者，並拘入，勿復給。敕海青符用太祖皇帝御署。庚申，奉御九住奮以梳櫛奉太祖，奉所落鬒髮束上，詔櫝之，藏于太廟夾室。辛酉，敕：「凡訟而自匿及誣告人罪者，以其罪罪之。」分歸德爲散府，割宿、亳、邳、徐等州隸之。升申州爲南陽府，割唐、鄧、裕、嵩、汝等州隸之。賑西京饑。

三月乙丑，增(治)〔置〕河東山西道按察司；〔七〕改河東陝西道爲陝西四川道，山北東西道爲山北遼東道。甲戌，敕：「元正、聖節、朝會，凡百官表章、外國進獻、使臣陛見、朝辭禮儀，皆隸侍儀司。」丙子，改山東、河間、陝西三路鹽課都轉運司爲都轉運鹽使司。己卯，中書省臣言：「高麗叛臣裴仲孫乞諸軍退屯，然後內附；而忻都未從其請，今願得全羅道以居，直隸朝廷。」詔以其飾詞遷延歲月，不允。辛巳，復立夏邑縣，以碭山入焉。省穀熟入睢陽。濱棣萬戶韓世安，坐私儲糧食、燒毀軍器、詐乘驛馬及擅請諸王塔察兒益都四縣分地等事，有司屢以爲言，詔誅之，仍籍其家。甲申，車駕幸上都。乙酉，許衡以老疾辭中書機務，除集賢大學士、國子祭酒，衡納還舊俸，詔別以新俸給之。命設國子學，增置司業、博士、助教

各一員，選隨朝百官近侍蒙古、漢人子孫及俊秀者充生徒。丁亥，熒惑犯太微西垣上將。己丑，立西夏中興等路行尙書省，以趁海參知行尙書省事。命尙書省閱實天下戶口，頒條畫，諭天下。賑益都等路饑。敕：「有司毋留獄滯訟，以致越訴，違者官民皆罪之。」制封皇子燕王乳母趙氏豳國夫人，夫鞏德祿追封德育公。

夏四月壬寅，高麗鳳州經略司忻都言：「叛臣裴仲孫，稽留使命，負固不服，乞與忽林赤、王國昌分道進討。」從之。平灤路昌黎縣民生子，中夜有光，詔加鞠養。或以爲非宜，帝曰：「何幸生一好人，毋生嫉心也。」命高麗簽軍征珍島。癸卯，給河南行中書省歲用銀五十萬兩，仍敕襄樊軍士自今人月給米四斗。甲辰，簽壯丁備宋。戊午，阿朮率萬戶阿剌罕等與宋將范文虎等戰于湍灘，敗之，獲統制朱勝等百餘人，奪其軍器，賞阿朮、阿剌罕等金帛有差。以至元七年諸路災，蠲今歲絲料輕重有差。

五月乙丑，以東道兵圍守襄陽，命賽典赤、鄭鼎提兵，水陸並進，以趨嘉定，汪良臣、彭天祥出重慶，札剌不花出瀘州，曲立吉思出汝州，以牽制之。改僉省也速帶兒、鄭鼎軍前行尙書事，賽典赤行省事于興元，轉給軍糧。丙寅，牢魚國來貢。己巳，修佛事于瓊華島。辛未，分大理國三十七部爲三路，以大理八部蠻酋新附，降詔撫諭。壬申，造內外儀仗。丁丑，賑蔚州饑。己卯，命史天澤平章軍國重事。陞太府監爲正三品。忻都、史樞表言珍島

賊徒敗散，餘黨竄入耽羅。辛巳，賜河西行省金符、銀海青符各一。令蒙古官子弟好學者，兼習算術。癸未，升濟州爲濟寧府。以玉宸院隸宣徽院。高麗國王王禃遣使貢方物。

六月甲午，敕樞密院：「凡軍事徑奏，不必經由尙書省，其干錢糧者議之。」上都、中都、河間、濟南、淄萊、眞定、衞輝、洛磁、順德、大名、河南、南京、彰德、益都、順天、懷孟、平陽、歸德諸州縣蝗。癸卯，宋將范文虎率蘇劉義、夏松等舟師十萬援襄陽，阿朮率諸將迎擊，奪其戰船百餘艘，敵敗走。平章合答又遣萬戶解汝楫等邀擊，擒其總管朱日新、鄭皐，大破之。辛亥，敕：「凡管民官所領錢穀公事，並俟年終考較。」乙卯，招集河西、斡端、昂吉呵等處居民。己未，山東統軍司塔出、董文炳偵知宋人欲據五河口，請築城守之。既而坐失事機，宋兵已樹柵其地。事聞，敕決罰塔出、文炳等有差。遼州和順縣、解州聞喜縣蚄生。

秋七月壬戌朔，尙書省請增太原鹽課，歲以鈔千錠爲額，仍令本路兼領，從之。設回回司天臺官屬，以札馬剌丁爲提點。簽女直、水達達軍。以鄭元領祠祭岳瀆，授司禋大夫。丁卯，南人李忠進言，運山侍郎張大悅嘗與宋交通，以其事無實，詔諭大悅：「宋善用間，朕不輕信，毋懷疑懼。」以國王頭輦哥行尙書省于北京、遼東等路。辛未，置左、右、中三衞親軍都指揮使司。乙亥，鞏昌、臨洮、平涼府、會、蘭等州隕霜殺禾。乙酉，宋將來興國攻百丈山營，阿朮擊破之，追至湍灘，斬首二千餘級。高麗世子王愖入質，珍島脅從民戶來降。

八月壬辰朔，日有食之。癸巳，敕：「軍站戶地四頃以上，依例輸租。」己亥，詔招諭宋襄陽守臣呂文煥。壬子，車駕至自上都。遷成都統軍司於眉州。己未，聖誕節，初立內外仗及雲和署樂位。東川統(兵)〔軍〕司引兵攻宋銅鈸寨，〔八〕守寨總管李慶等降，以慶知梁山軍事。

九月壬戌朔，敕都元帥阿朮以所部兵略地漢南。癸亥，高麗世子王愖辭歸，賜國王王禃西錦，優詔諭之。甲子，賜劉整鈔五百錠、鄧州田五百頃，整辭，改賜民田三百戶，科調如故。給河南行省歲用鈔二萬八千六百錠。丙寅，罷陝西五路西蜀四川行尚書省，以也速答兒行四川尚書省事于興元，京兆等路直隸尚書省。敗宋軍于渦河。戊辰，陞成都府德陽縣爲德州，降號州爲號略縣。壬申，選胄子脫脫木兒等十人肄業國學。癸酉，益都府濟州進芝二本。甲戌，簽西夏回回軍。太廟殿柱朽壞，監察御史劾都水劉晸監造不敬，晸以憂卒。張易請先期告廟，然後完葺，從之。丙子，敕今歲享太廟毋用犧牛。太陰犯畢。庚辰，右衞親軍都指揮使忽都等言：「五河城堡已成，唯廬舍未完，凡材甓皆出宋境，請率精兵分道抄掠。」從之。壬午，山東路統軍司言宋兵攻膠州，千戶蔣德等逆戰敗之，俘統制范廣等五十餘人，獲戰船百艘。癸未，詔忙安倉失陷米五千餘石，特免徵，仍禁諸王非理需索。詔以四川民力困弊，免茶鹽等課稅，以軍民田租給沿邊軍食。仍敕：「有司自今有言茶鹽之利者，

以違制論。」

冬十月癸巳，大司農臣言：「高唐州達魯花赤忽都納、州尹張廷瑞、同知陳思濟勸課有效，河南府陝縣尹王仔怠於勸課，宜加黜陟，以示勸懲。」從之。丁酉，享于太廟。己未，檀、順等州風潦害稼。賜高麗至元九年曆。

十一月辛酉朔，敕品官子孫儤直。敕遣阿魯忒兒等撫治大理。壬戌，罷諸路交鈔都提舉司。乙亥，劉秉忠及王磐、徒單公履等言：「元正、朝會、聖節、詔赦及百官宣敕，具公服迎拜行禮。」從之。禁行金泰和律。建國號曰大元，詔曰：

誕膺景命，奄四海以宅尊；必有美名，紹百王而紀統。肇從隆古，匪獨我家。且唐之爲言蕩也，堯以之而著稱；虞之爲言樂也，舜因之而作號。馴至禹興而湯造，互名夏大以殷中。世降以還，事殊非古。雖乘時而有國，不以(利)〔義〕而制稱。〔九〕爲秦爲漢者，著從初起之地名；曰隋曰唐者，因卽所封之爵邑。是皆徇百姓見聞之狃習，要一時經制之權宜，概以至公，不無少貶。

我太祖聖武皇帝，握乾符而起朔土，以神武而膺帝圖，四震天聲，大恢土宇，輿圖之廣，歷古所無。頃者，耆宿詣庭，奏章申請，謂既成於大業，宜早定於鴻名。在古制以當然，於朕心乎何有。可建國號曰大元，蓋取易經「乾元」之義。茲大治流形于庶品，孰名資始之功；予一人底寧于萬邦，尤切體仁之要。事從因革，道協天人。於戲！稱義而名，固匪爲之溢美；孚休惟永，尚不負於投艱。嘉與敷天，共隆大號。

丙戌，置四川省於成都。上都萬安閣成。

十二月辛卯朔，詔天下興起國字學。宣徽院請以闌遺、漏籍等戶淘金，帝曰：「姑止，毋重勞吾民也。」乙巳，減百官俸。括西夏田。召塔出、董文炳赴闕。辛亥，併太常寺入翰林院，宮殿府入少府監。甲寅，詔尚書省遷入中書省。

是歲，天下戶一百九十四萬六千二百七十。賜先朝后妃及諸王金、銀、幣、帛如歲例，賜曩家等羊馬價鈔萬千一百六十七錠。斷死罪一百五人。

九年春正月庚申朔，高麗國王王禃遣其臣禮賓卿宣文烈來賀，兼奉歲貢。甲子，併尚書省入中書省，平章尚書省事阿合馬、同平章尚書省事張易並中書平章政事，參知尚書省事張惠爲中書左丞，參知尚書省事李堯咨、麥朮丁並參知中書政事。罷給事中、中書舍人、檢正等官，仍設左右司，省六部爲四，改稱中書。丙寅，詔遣不花及馬璘諭高麗具舟糧助征躭羅。河南省請益兵，敕諸路簽軍三萬。丁丑，敕皇子西平王奧魯赤、阿魯帖木兒、禿哥及南平王禿魯所部與四川行省也速帶兒部下，幷忙古帶等十八族、欲速公弄等土番軍，同征

建都。新安州初隸雄州，詔爲縣入順天。庚辰，改北京、中興、四川、河南四路行尚書省爲行中書省。京兆復立行省，仍命諸王只必帖木兒設省斷事官。給西平王奧魯赤馬價弓矢。賜南平王禿魯銀印及金銀符各五。辛巳，移鳳州屯田於鹽、白二州。敕董文炳時巡掠南境，毋令宋人得立城堡。敕：「軍民訟田者，民田有餘則分之軍，軍田有餘亦分之民。」仍遣能臣聽其直，其軍奴入民籍者，還正之。」敕燕王遣使持香旛，祠岳瀆、后土、五臺興國寺。命劉整總漢軍。壬午，改山東東路都元帥府統軍司爲行樞密院，以也速帶兒、塔出並爲行樞密院副使。乙酉，定受宣敕官禮儀。詔元帥府統軍司、總管萬戶府閱實軍籍。

二月庚寅朔，奉使日本趙良弼，遣書狀官張鐸同日本二十六人，至京師求見。辛卯，詔：「札魯忽赤乃太祖開創之始所置，位百司右，其賜銀印，立左右司。」壬辰，高麗國王王禃遣其臣齊安侯王淑來賀改國號。改中都爲大都。甲午，命阿朮典蒙古軍，劉整、阿里海牙典漢軍。戊戌，以去歲東平及西京等州縣旱蝗水潦，免其租賦。庚子，復唐州(泌)〔泌〕陽縣。〔一〇〕建中書省署於大都。戊申，始祭先農如祭社之儀。詔諸路開浚水利。車駕幸上都。

三月乙丑，諭旨中書省，日本使人速議遣還。安童言：「良弼請移金州戍兵，勿使日本妄生疑懼。臣等以爲金州戍兵，彼國所知，若復移戍，恐非所宜。但開諭來使，此戍乃爲躭羅暫設，爾等不須疑畏也。」帝稱善。甲戌，括民間四教經，焚之。蒙古都元帥阿朮、漢軍都

元帥劉整、阿里海牙督本軍破樊城外郭，斬首二千級，生擒將領十六人，增築重圍守之。賑濟南路饑。詔免醫戶差徭。

夏四月己丑，詔於土蕃、西川界立寧河驛。辛卯，賜皇子愛牙赤所部馬。丙午，給西平王奧魯赤所部米。甲寅，賑大都路饑。

五月戊午朔，立和林轉運司，以小云失別爲使，兼提舉交鈔使。己未，給闊闊出海青銀符二。辛酉，罷簽回回軍。癸亥，敕拔都軍於怯鹿難之地開渠耕田。丙寅，簽徐、邳二州丁壯萬人，戍邳州。庚午，減鐵冶戶。罷西蕃禿魯干等處金銀礦戶爲民。禁漢人聚衆與蒙古人鬬毆。詔議取耽羅及濟州。辛巳，敕修築都城，凡費悉從官給，毋取諸民，幷蠲伐木役夫稅賦。甲申，敕諸路軍戶驅丁，除至元七年前從良（人）〔入〕民籍者當差，〔一〕餘雖從良，並令助本戶軍力。乙酉，太白犯畢距星。宮城初建東西華、左右掖門。詔安集答里伯所部流民。

六月壬辰，遣高麗國西京屬城諸達魯花赤及質子金鎰等歸國。滅乞里吉思屯田所入租，仍遣南人百名，給牛具以往。是夜京師大雨，壞牆屋，壓死者衆。癸巳，敕以籍田所儲糧賑民，不足，又發近地官倉濟之。甲午，高麗告饑，轉東京米二萬石賑之。己亥，山東路行樞密院塔出於四月十三日遣步騎趨漣州，攻破射龍溝、五港口、鹽場、白頭河四處城堡，

殺宋兵三百餘人，虜獲人牛萬計，第功賞賚有差。辛亥，高麗國王王禃請討耽羅餘寇。

秋七月丁巳朔，河南省臣言：「往歲徙民實邊屯耕，以貧苦悉散還家。今唐、鄧、蔡、息、徐、邳之民，愛其田廬，仍守故屯，願以絲銀準折輸糧，而內地州縣轉粟餉軍者，反厭苦之。臣議今歲沿邊州郡，宜仍其舊輸糧，內地州郡，驗其戶數，俾折鈔就沿邊和糴，庶幾彼此交便。」制曰「可」。拘括開元、東京等路諸漏籍戶。禁私鬻回回曆。賑水達達部饑。戊寅，賜諸王八八部銀鈔。集都城僧誦大藏經九會。壬午，和禮霍孫奏：「蒙古字設國子學，而漢官子弟未有學者，及官府文移猶有畏吾字。」詔自今凡詔令並以蒙古字行，仍遣百官子弟入學。乙酉，免從大羅鎭居民，令倍輸租米給鷹坊。詔分閱大都、京兆等處探馬赤奴戶名籍。

八月丙戌朔，日有食之。戊子，立羣牧所，掌牧馬及尚方鞍勒。壬辰，敕忙安倉及（靖）〔淨〕州預儲糧五萬石，〔二〕以備弘吉剌新徙部民及西人內附者廩給。乙未，禁諸人以己事輒呼至尊稱號者。丁酉，立斡脫所。己亥，諸王闊闊出請以分地寧海、登、萊三州自爲一路，與他王比，歲賦惟入寧海，無輸益都，詔從之。癸卯，千戶崔松敗宋襄陽援兵，斬其將張順，賜松等將士有差。乙巳，車駕至自上都。丁未，改延州爲延津縣，與陽武同隸南京。癸丑，賑遼東等路饑。

九月甲子，宋襄陽將張貴以輪船出城，順流突戰，阿朮、阿剌海牙等舉烽燃火，燭江如

晝，率舟師轉戰五十餘里，至櫃門關，生獲貴及將士二千餘人。丙寅，敕樞密院：「諸路正軍貼戶及同籍親戚奴僕，丁年既長，依諸王權要以避役者，並還之軍，惟匠藝精巧者以名聞。」癸酉，同僉河南省事崔斌訟右丞阿里妄奏軍數二萬，敕杖而罷之。甲戌，罷水軍總管府。東川元帥李吉等略地開州，拔石羊寨，擒宋將一人；統軍使合剌等兵掠合州及渠江口，獲戰船五十艘，賞銀幣有差。丙子，發民夫三千人伐巨木遼東，免其家徭賦。戊寅，太陰犯御女。賑益都路饑。

冬十月丙戌朔，封皇子忙哥剌爲安西王，賜京兆爲分地，駐兵六盤山。遣使持詔諭扮卜、忻都國。壬辰，享于太廟。癸巳，趙璧爲平章政事，張易爲樞密副使。乙未，築渾河堤。戊戌，熒惑犯塡星。己亥，敕自七月至十一月終聽捕獵，餘月禁之。癸卯，立文州。初立會同館。

十一月乙卯朔，詔以至元十年曆賜高麗。壬戌，發北京民夫六千，伐木乾山，蠲其家徭賦。諸王只必帖木兒築新城成，賜名永昌府。丙寅，蠲昔剌斡脫所負官錢。丁卯，太陰犯畢。城光州。遣無籍軍掠宋境。己巳，敕發屯田軍二千、漢軍二千、高麗軍六千，仍益武衞軍二千，征耽羅。辛未，召高（陛）〔陵〕儒者楊恭懿，〔三〕不至。癸酉，以前拔樊城外郭功，賞千戶劉深等金銀符。己卯，併中書省左右司爲一。宋（荆）〔京〕湖制置李庭芝爲書，〔四〕遣永

寧僧齎金印、牙符，來授劉整盧龍軍節度使，封燕郡王。僧至永寧，事覺，上聞，敕張易、姚樞雜問。適整至自軍中，言：「宋患臣用兵襄陽，欲以是殺臣，臣實不知。」敕令整爲書復之，賞整，使還軍中，誅永寧僧及其黨友。參知行省政事阿里海牙言：「襄陽受圍久未下，宜先攻樊城，斷其聲援。」從之。回回亦思馬因創作巨石砲來獻，用力省而所擊甚遠，命送襄陽軍前用之。

十二月乙酉朔，詔諸路府州司縣達魯花赤管民長官，兼管諸軍奧魯。丁亥，立肅州等處驛。以東平府民五萬餘戶，復爲東平路。辛丑，諸王忽剌出拘括逃民高麗界中，高麗達魯花赤上其事，詔高麗之民猶未安集，禁罷之。遣宋議互市使者南歸。戊午，〔五〕賜北平王南木合軍馬一萬二千九百九十一、羊六萬一千五百三十一，及諸王塔察兒軍幣帛。辛亥，宋將昝萬壽來攻成都，僉省嚴忠範出戰失利，退保子城，同知王世英等八人棄城遁。詔以邊城失守，罪在主將，世英雖遁，與免其罪，惟遣使縛忠範至京師。癸丑，陞拱衞司爲拱衞直都指揮使司。

是歲，天下戶一百九十五萬五千八百八十。賜先朝后妃及諸王金、銀、幣、帛如歲例。斷死罪三十九人。建大聖壽萬安寺。

校勘記

〔一〕蒙哥〔都〕 據上文至元六年十一月丁未條及本書卷二〇八高麗傳所見「忙哥都」、「蒙哥都」補。

〔二〕前中書右丞相伯顏 按上文至元二年八月己卯、至元四年六月乙丑條及本書卷一二七伯顏傳，伯顏至元二年任中書左丞相，四年降爲中書右丞。此處云「前中書右丞相」，史文有誤。

〔三〕脫（脫）朶兒 據本書卷二〇八高麗傳及高麗史卷二六元宗世家元宗十一年五月丙午條刪。

〔四〕浚武〔清〕縣御河 據本書卷六四河渠志補。

〔五〕宋宗禮 按高麗史卷二六元宗世家元宗十一年五月癸丑條及卷一三〇林衍傳均作「宋松禮」，此處疑作「松」是。

〔六〕陝蜀行中書省 按至元七年三月至八年九月間，陝西五路、西蜀、四川地方設行尙書省，此處疑「尙」誤爲「中」。

〔七〕增（治）〔置〕河東山西道按察司 據本書卷八六百官志改。類編已校。

〔八〕東川統（兵）〔軍〕司 據本書卷六〇地理志及卷九九兵志所見「東川統軍司」改。類編已校。

〔九〕不以（利）〔義〕而制稱 據元典章卷一、元文類卷九建國號詔改。類編已校。

〔一〇〕復唐州（秘）〔泌〕陽縣 據本書卷五九地理志改。本證已校。

〔一一〕從良（人）〔入〕民籍 據本書卷九八兵志所見「從良入民籍」改。道光本已校。

〔一二〕（靖）〔淨〕州 見卷一校勘記〔一四〕。

〔一三〕高（睦）〔陵〕儒者楊恭懿 按元文類卷六〇楊恭懿神道碑，楊恭懿世居高陵縣，此處「陵」誤爲「睦」，今改。蒙史已校。

〔一四〕宋（荆）〔京〕湖制置李庭芝 據宋史卷四六度宗紀咸淳六年正月壬寅條改。

〔一五〕戊午 按是月乙酉朔，無戊午日。此「戊午」在辛丑十七日、辛亥二十七日間，疑爲丙午二十二日或戊申二十四日之誤。

元史卷八

本紀第八

世祖五

十年春正月乙卯朔，高麗國王王禃遣其世子愖來朝。戊午，勑自今並以國字書宣命。命忻都、鄭溫、洪茶丘征耽羅。宿州萬戶愛先不花請築堡牛頭山，以阨兩淮糧運，不允。愛先不花因言：「前宋人城五河，統軍司臣皆當得罪。今不築，恐爲宋人所先。」帝曰：「汝言雖是，若坐視宋人戍之，罪亦不免也。」安南使者還，言陳光昞受詔不拜。中書移文責問，光昞稱從本俗。改回回愛薛所立京師醫藥院，名廣惠司。己未，禁鷹坊擾民及陰陽圖讖等書。癸亥，阿里海牙等大攻樊城，拔之，守將呂文煥懼而請降，中書省驛聞，遣前所俘唐永堅持詔諭之。丁卯，立祕書監。戊辰，給皇子北平王甲一千。置軍器、永盈二庫，分典弓矢、甲胄。庚午，簽陝西探馬赤軍。己卯，川蜀省言：「宋昝萬壽攻成都，也速帶兒所部騎兵征建

都未還，擬於京兆等路簽新軍六千爲援。」從之。詔遣扎朮呵押失寒、崔杓持金十萬兩，命諸王阿不合市藥獅子國。壬午，賞東川統軍合剌所部有功者。合剌請於渠江之北雲門山及嘉陵西岸虎頭山立二戍，以其圖來上，仍乞益兵二萬。詔給京兆新簽軍五千益之。

二月丙戌，以皇后、皇太子受册寶，遣太常卿合丹告于太廟。丙申，雲南羅羽酋長阿旭叛，詔有司安集其民，募能捕斬阿旭者賞之。遣斷事官麥肖勾校川陝行省錢穀。詔勘馬剌失里、乞帶脫因、劉源使緬國，諭遣子弟近臣來朝。高麗國王王禃以王師征耽羅，乞下令禁俘掠，聽自製兵仗，從之。丁未，宋京西安撫使、知襄陽府呂文煥以城降。

三月甲寅朔，詔申諭大司農司遣使巡行勸課，務要農事有成。乙丑，勑樞密院以襄陽呂文煥率將吏赴闕。熟券軍幷城居之民仍居襄陽，給其田牛；生券軍分隸各萬戶翼。文煥等發襄陽，擇蒙古、漢人有才力者護視以來。丙寅，帝御廣寒殿，遣攝太尉、中書右丞相安童授皇后弘吉剌氏玉册玉寶，遣攝太尉、同知樞密院事伯顏授皇太子眞金玉册金寶。辛未，以皇后、皇太子受册寶，詔告天下。劉整請教練水軍五六萬及於興元金、洋州、汴梁等處造船二千艘，從之。壬申，分金齒國爲兩路。癸酉，客星青白如粉絮，起畢，度五車北，復自文昌貫斗杓，歷梗河，至左攝提，凡二十一日。以前中書左丞相耶律鑄平章軍國重事，中書左丞張惠爲中書右丞。車駕幸上都。西蜀嚴忠範以罪罷，遣察不花等撫治軍民。罷中興等

處行中書省。

夏四月癸未朔，阿里海牙以呂文煥入朝，授文煥昭勇大將軍、侍衞親軍都指揮使、襄漢大都督，賜其將校有差。時將相大臣皆以聲罪南伐爲請，驛召姚樞、許衡、徒單公履等問計，公履對曰：「乘破竹之勢，席卷三吳，此其時矣。」帝然之。詔罷河南等路行中書省，以平章軍國重事史天澤、平章政事阿朮、參知政事阿里海牙行荊湖等路樞密院事，鎭襄陽；左丞相合丹、參知行中書省事劉整、山東都元帥塔出、董文炳行淮西等路樞密院事，守正陽。天澤等陛辭，詔諭以襄陽之南多有堡寨，可乘機進取。仍以鈔五千錠賜將士及賑新附軍民。甲申，免隆興路榷課三年。丁酉，敕南儒爲人掠賣者，官贖爲民。辛丑，罷四川行省，以鞏昌二十四處便宜總帥汪良臣行西川樞密院，東川閬、蓬、廣安、順慶、夔府、利州等路統軍使合剌行東川樞密院，東川副統軍王仲仁同僉行樞密院事，仍命汪良臣就率所部軍以往。

五月壬子朔，定內外官復舊制，三歲一遷。甲寅，禁無籍軍從大軍殺掠，其願爲軍者聽。戊辰，詔：「天下獄囚，除殺人者待報，其餘一切疏放，限以八月內自至大都，如期而至者皆赦之。」乙亥，詔：「免民代輸簽軍戶絲銀，及伐木夫戶賦稅。負前朝官錢不能償者，毋徵。主守失陷官錢者，杖而釋之。陣亡軍及營繕工匠無丁產者，量加廩給。」以雄、易州復隸大都。庚辰，賞襄陽有功萬戶奧魯赤等銀鈔衣服有差。

六月乙酉，賑諸王塔察兒部民饑。丁亥，以各路弓矢甲匠並隸軍器監。免大都、南京兩路賦役，以紓民力。賑甘州等處諸驛。辛卯，汰陝西貧難軍。以劉整、阿里海牙不相能，分軍爲二，各統之。癸巳，敕襄陽造戰船千艘。甲午，改資用庫爲利用監。丁酉，置光州等處招討司。戊申，經略忻都等兵至耽羅，撫定其地，詔以失里伯爲耽羅國招討使，尹邦寶副之。陞拱衞直爲都指揮司。使日本趙良弼，至太宰府而還，具以日本君臣爵號、州郡名數、風俗土宜來上。

閏月癸丑，敕諸道造甲一萬、弓五千，給淮西行樞密院。己巳，罷東西兩川統軍司。辛未，以翰林院纂修國史，敕采錄累朝事實以備編集。丙子，以平章政事賽典赤行省雲南，統合剌章、鴨赤、赤科、金齒、茶罕章諸蠻，賜銀貳萬五千兩、鈔五百錠。

秋七月辛巳，以金州軍八百人及統軍司還成都，忽朗吉軍千人隸東川。壬午，以修太廟，將遷神主別殿，遣兀魯忽奴帶、張文謙祭告。丙戌，敕樞密院：「襄陽生券軍無妻子者，發至京師，仍益兵衞送，其老疾者遣還家。」庚寅，河南水，發粟賑民饑，仍免今年田租。省西涼府入永昌路。戊申，高麗國王王禃遣其順安公王悰、同知樞密院事宋宗禮，〔一〕賀皇后、皇太子受册禮成。

八月庚戌朔，前所釋諸路罪囚，自至大都者凡二十二人，並赦之。甲寅，鳳翔寶鷄縣劉鐵妻一產三男，〔二〕復其家三年。丁丑，聖誕節，高麗王王禃遣其上將軍金詵來賀。己卯，賜襄陽生熟券軍冬衣有差。

九月辛巳，遼東饑，弛獵禁。以合伯爲平章政事。壬午，立河南宣慰司，供給荊湖、淮西軍需。甲申，襄陽生券軍至大都，詔伯顏諭之，釋其械繫，免死罪，聽自立部伍，俾征日本；仍敕樞密院具鎧仗，人各賜鈔娶妻，於蒙古、漢人內選可爲率領者。丙戌，劉秉忠、姚樞、王磐、竇默、徒單公履等上言：「許衡疾歸，若以太子贊善王恂主國學，庶幾衡之規模不致廢墜。」又請增置生員，並從之。秉忠等又奏置東宮宮師府詹事以次官屬三十八人。戊子，遣官詣荊湖行省，差次有功將士。禁京畿五百里內射獵。己丑，敕自今秋獵鹿豕先薦太廟。壬辰，中書省臣奏：「高麗王王禃屢言小國地狹，比歲荒歉，其生券軍乞駐東京。」詔令營北京界，仍敕東京路運米二萬石，以賑高麗。丁酉，立正陽諸驛。敕河南宣慰司運米三十萬石，給淮西合答軍。仍給淮西、（京）〔荊〕湖軍需有差。〔三〕壬寅，敕會同館專居降附之入覲者。以翰林學士承旨和禮霍孫兼會同館事，以主朝廷咨訪，及降臣奏請。征東招討使塔匣剌請征骨嵬部，不允。丙午，置御藥院。〔四〕車駕至自上都。給諸王塔察兒所部布萬四。

冬十月乙卯，享于太廟。丙辰，以西川編民、東川義士軍屯田，餉潼川、青居戍兵。敕

伯顏、和禮霍孫以史天澤、姚樞所定新格，參考行之。庚申，御史臺臣言，沒入贓罰，爲鈔一千三百錠。詔有貧乏不能存者，以此賑之。有司斷死罪五十人，詔加審覆，其十三人因鬬毆殺人，免死充軍，餘令再三審覆以聞。禁牧地縱火。以合答帶爲御史大夫。陞襄陽府爲路。罷廣寧府新簽軍。初建正殿、寢殿、香閣、周廡兩翼室。西蜀都元帥也速答兒與皇子奧魯赤合兵攻建都蠻，擒酋長下濟等四人，獲其民六百，建都乃降，詔賞將士有差。

十一月癸未，命布只兒修起居注。丁未，大司農司言：「中書移文，以畿內秋禾始收，請禁農民覆耕，恐妨芻牧。」帝以農事有益，詔勿禁。

十二月己酉朔，安童等言：「昔博赤伯都謂總管府權太重，宜立運司并諸軍奧魯，以分之。臣以今之民官，循例遷徙，保無邪謀，別立官府，於民未便。」帝然之。壬子，賜襄樊被傷軍士鈔千錠。甲寅，宋夏貴攻正陽，淮西行院擊走之。壬戌，召阿朮同呂文煥入覲。大司農司請罷西夏世官，括諸色戶，從之。安南國王陳光昞遣使來貢方物。諸王薛闍禿以罪從軍，累戰皆捷，召赴闕。己巳，省陝州虢略、朱陽二縣入靈寶。賜萬戶解汝楫銀萬五千兩。諸王孛兀兒出率所部兵與皇子北平王合軍，討叛臣聶古伯，平之，賞立功將士有差。賜諸王金、銀、幣、帛如歲例。

是歲，諸路蟲蝻災五分，霖雨害稼九分，賑米凡五十四萬五千五百九十石。天下戶一

百九十六萬二千七百九十五。

十一年春正月己卯朔，宮闕告成，帝始御正殿，受皇太子諸王百官朝賀。高麗國王王禃遣其少卿李義孫等來賀，兼奉歲貢。乙酉，以金州招討使欽察率襄陽生熟券軍千人戍鴨池。庚寅，初立軍官以功陞散官格。免諸路軍雜賦。以忙古帶等新舊軍一萬一千五百人戍建都，立建都寧遠都護府，兼領互市監。壬辰，置西蜀四川屯田經略司。丁酉，長春宮設周天金籙醮七晝夜。敕荆湖行院以軍三萬、水弩砲手五千，隸淮西行院。丙午，彰德趙當道等以謀逆伏誅，餘從者論罪有差。立于闐、鴉兒看兩城水驛十三，沙州北陸驛二。免于闐采玉工差役。阿里海牙言：「荆襄自古用武之地，漢水上流已爲我有，順流長驅，宋必可平。」阿朮又言：「臣略地江淮，備見宋兵弱於往昔，今不取之，時不能再。」帝趣召史天澤同議，天澤對曰：「此國大事，可命重臣一人如安童、伯顏，都督諸軍，則四海混同，可計日而待矣。臣老矣，如副將者，猶足爲之。」帝曰：「伯顏可以任吾此事矣。」阿朮、阿里海牙因言：「我師南征，必分爲三，舊軍不足，非益兵十萬不可。」詔中書省簽軍十萬人。

二月戊申朔，賜阿朮所部將士及荼罕章阿吉老者等銀鈔有差。甲寅，太陰犯井宿。庚申，新德副元帥楊堯元戰沒，以其子襲職。初立儀鸞局，掌宮門管鑰、供帳燈燭。壬申，造

戰船八百艘於汴梁。以廉希憲爲中書右丞、北京等處行中書省事。車駕幸上都。

三月己卯，詔以勸課農桑諭高麗國王王禃，仍命安撫高麗軍民總管洪茶丘提點農事。己丑，呂文煥隨司千戶陳炎謀叛，誅首惡二人，其隨司軍併其妻子，皆令內徙。庚寅，敕鳳州經略使忻都、高麗軍民總管洪茶丘等，將屯田軍及女直軍，幷水軍，合萬五千人，戰船大小合九百艘，征日本。移礮門兵戍合答城。辛卯，改荆湖、淮西二行樞密院爲二行中書省；伯顏、史天澤並爲左丞相，阿朮爲平章政事，阿里海牙爲右丞，呂文煥爲參知政事，行中書省於荆湖；合答爲左丞相，劉整爲左丞，塔出、董文炳爲參知政事，行中書省於淮西。遣使代祀嶽瀆后土。河南宣慰司言：「軍興轉輸煩重，宜賦軍匠諸戶，權助財用。」從之。癸巳，獲嘉縣尹常德，課最諸縣，詔優賞之。亦乞里帶强取民租產、桑園、廬舍、墳墓，分爲探馬赤軍牧地，詔還其民。萬戶阿里必嘗發李璮逆謀，爲璮所殺，以其子剌剌吉襲職。改金州招討司爲萬戶府。遣要速木、咱興憨失招諭八魯國。帝師八合思八歸土番國，以其弟亦鄰眞襲位。建大護國仁王寺成。

夏四月辛亥，分陝西隴右諸州，置提刑按察司，治鞏昌。癸丑，初建東宮。甲寅，誅西京訛言惑衆者。括諸路馬五萬匹。辛未，詔安慰斡端、鴉兒看、合失合兒等城。賜襄樊戰死之士二百四十九人之家，每家銀百兩。乙亥，命也速帶兒將千人，同撒吉思所部五州丁壯，戍益都。

五月丙戌，汪惟正以所部軍逃亡，乞於民站戶選補，從之。敕北京、東京等路新簽軍恐不宜暑，權駐上都。乙未，樞密院臣言：「舊制，蒙古軍每十人月食糧者，惟拔都二人。今遣怯薛丹合丹覈其數，多籍二千六百七十人。」敕杖合丹，斥無入宿衞，謫往西川效死軍中，餘定罪有差。丙申，以皇女忽都魯揭里迷失下嫁高麗世子王愖。辛丑，敕隨路所簽新軍，其戶絲銀均配於民者，並除之。

六月丙午朔，劉整乞益甲仗及水弩手，給之。庚戌，賜建都合馬里戰士銀鈔有差。癸丑，敕合答選部下蒙古軍五千人，與漢軍分戍沿江堡隘，爲使傳往來之衞。仍以古不來拔都、翟文彬率兵萬人，掠荆南鴉山，以綴宋之西兵。丙辰，免上都、隆興兩路簽軍。庚申，問罪於宋，詔諭行中書省及蒙古、漢軍萬戶千戶軍士曰：

爰自太祖皇帝以來，與宋使介交通。憲宗之世，朕以藩職奉命南伐，彼賈似道復遣宋京詣我，請罷兵息民。朕卽位之後，追憶是言，命郝經等奉書往聘，蓋爲生靈計也，而乃執之，以致師出連年，死傷相藉，係累相屬，皆彼宋自禍其民也。襄陽旣降之後，冀宋悔禍，或起令圖，而乃執迷，罔有悛心，所以問罪之師，有不能已者。

今遣汝等，水陸並進，布告遐邇，使咸知之。無辜之民，初無預焉，將士毋得妄加

殺掠。有去逆效順，別立奇功者，驗等第遷賞。其或固拒不從及逆敵者，俘戮何疑。

甲子，分遣忙古帶、八都、百家奴率武衞軍南征。丙寅，以合剌合孫爲中書左丞，崔斌參知政事，仍行河南道宣慰司事。敕有司閱覈延安新軍，貧無力者免之。戊辰，監察御史言：「江淮未附，將帥闕人。今首用阿里海牙子忽失海牙、劉整子垓，素不知兵，且缺人望，宜依弟男例罷去。」從之。

秋七月乙亥朔，敕山北遼東道提刑按察使兀魯失不花同參知政事廉希憲行省北京，國王頭輦哥毋署事，有大事，則希憲等就議。乙酉，徙生券軍八十一人屯田和林。癸巳，高麗國王王禃薨，遣使以遺表來上，且言世子愖孝謹，可付後事。敕同知上都留守司事張煥册愖爲高麗國王。乙未，伯顏等陛辭，帝諭之曰：「古之善取江南者，唯曹彬一人。汝能不殺，是吾曹彬也。」興元鳳州民獻麥一莖四穗至七穗，穀一莖三穗。

八月甲辰朔，頒諸路立社稷壇壝儀式。丁未，史天澤言：「今大師方興，荆湖、淮西各置行省，勢位既不相下，號令必不能一，後當敗事。」帝是其言，復改淮西行中書省爲行樞密院。癸丑，行中書省言：「江漢未下之州，請令呂文煥率其麾下臨城諭之，令彼知我寬仁，善遇降將，亦策之善者也。」從之。甲寅，弛河南軍器之禁。辛未，高麗王愖遣其樞密使朴璆來賀聖誕節。詔太原新簽軍遠戍兩川，誠可憫恤，諭樞密院遣使分括廩粟，給其家。

九月丙戌，行中書省以大軍發襄陽，檄諭宋州郡官吏將校士民。癸巳，師次鹽山，距郢州二十里。宋兵十餘萬當郢，夾漢水，城萬勝堡，兩岸戰艦千艘，鐵絙橫江，貫大艦數十，遏我舟師不得下。惟黃家灣有溪，經鷂子山入唐港，可達于江，宋又爲壩，築堡其處，駐兵守之，繫舟數百，與壩相依。伯顏督諸軍攻拔之，鑿壩挽舟入溪，出唐港，整列而進。車駕至自上都。

冬十月己酉，享于太廟。庚申，長河西千戶必剌沖剽掠甲仗，集衆爲亂，火你赤移戍未還，副元帥覃澄率屬吏赴之。帝曰：「澄不必獨往，趣益兵三千付火你赤，合力討之。」壬戌，歲星犯壘壁陣。乙丑，伯顏督諸將破沙洋堡，生擒守將串樓王。翌日，次新城。總制黃順縋城降。伯顏遣順招都統邊居(義)〔誼〕，〔五〕不出，總管李庭破其外堡，諸軍蟻附而登，拔之，居(義)〔誼〕自焚死。辛未，賜北平王南木合馬三萬、羊十萬。

十一月庚辰，斷死罪三十九人。壬午，敕西川行樞密院也速帶兒取嘉定府。癸未，符寶郎董文忠言：「比聞益都、彰德妖人繼發，其按察司、達魯花赤及社長不能禁止，宜令連坐。」詔行之。乙酉，軍次復州，宋安撫使翟貴出降。丁亥，詔宋嘉定安撫昝萬壽，及凡守城將校納款來降，與避罪及背主叛亡者，悉從原免。癸巳，東川元帥楊文安與靑居山蒙古萬戶怯烈乃、也只里等會兵達州，直趣雲安軍，至馬湖江與宋兵遇，大破之，遂拔雲安、羅拱、

高陽城堡，賜文安等金銀有差。以香河荒地千頃置中衞屯。伯顏遣萬戶帖木兒、譯史阿里奏沙洋、新城之捷，且以新城總制黃順來見。賜順黃金錦衣及細甲，授湖北道宣慰使，佩虎符。敕：「京師盜詐者衆，宜峻立治法。」召征日本忽敦、忽察、劉復亨、三沒合等赴闕。壬寅，安童以阿合馬擅財賦權，蠹國害民，凡官屬所用非人，請別加選擇；其營作宮殿，夤緣爲姦，亦宜詰問。帝命窮治之。起閣南直大殿及東西殿。增選樂工八百人，隸教坊司。

十二月丙午，伯顏大軍次漢口。宋淮西制置使夏貴，都統高文明、劉儀以戰船萬艘，分據諸隘，都統王達守陽羅堡，(荆)〔京〕湖宣撫朱禩孫以游擊軍扼中流，〔六〕師不得進。用千戶馬福言，自漢口開壩，引船會淪河口，徑趨沙蕪，遂入大江。癸丑，以諸路逃奴之無主者二千人，隸行工部。甲寅，賞忻都等征躭羅功，銀鈔幣帛有差。乙卯，阿里海牙督萬戶張弘範等攻武磯堡，宋夏貴以兵來援，阿朮率萬戶晏徹兒等四翼軍對靑山磯泊。丙辰，萬戶史格以一軍先渡，爲宋荆鄂諸軍都統程鵬飛所敗，總管史塔剌渾等率衆赴敵，鵬飛敗走。進軍沙洲，抵觀音山，夏貴東走，遂破武磯堡，斬宋都統王達，始達南岸，追至鄂州南門而還。丁巳，伯顏登武磯山。宋朱禩孫遁歸江陵。己未，師次鄂州，宋直祕閣湖北提舉張晏然、權知漢陽軍王儀、知德安府來興國並以城降。程鵬飛以本軍降。伯顏承制以宋鄂州民兵總制王該知鄂州事，王儀、來興國仍舊任，撤其戍兵，分隸諸軍。下令禁侵暴，凡逃民悉縱還之。

以阿里海牙兵四萬鎮鄂漢。伯顏、阿朮將大軍，水陸東下。以侍衞親軍都指揮使禿滿帶爲諸軍殿。以襄陽路總管賈居貞爲宣撫使，商議行中書省事。庚申，淮西正陽火，廬舍甲仗，焚蕩無餘，杖萬戶愛先不花等有差。癸亥，賜太一眞人李居(素)〔壽〕第一區，〔七〕仍賜額曰太乙廣福萬壽宮。行中書省以渡江捷聞。敕縱呂文煥隨司軍悉還家。割南陽盧氏縣隸嵩州，置歸德永城縣，長武縣省入涇川，良原縣省入靈臺。

是歲，天下戶一百九十六萬七千八百九十八。諸路虸蚄等蟲災凡九所。民饑，發米七萬五千四百一十五石、粟四萬五百九十九石以賑之。

十二年春正月癸酉朔，高麗國王王愖遣其判閣事李信孫來賀，及奉歲幣。甲戌，大軍次黃州，宋沿江制置副使、知黃州陳奕以城降，伯顏承制授奕沿江大都督；其子巖知漣州，奕遣人以書諭之，書至，巖卽出降。乙亥，徙襄陽新民七百戶於河北。東川副都元帥張德潤拔禮義城，殺宋安撫使張資，招降軍民千五百餘人。繼遣元帥張桂孫略地，俘總管郭武及都轄唐惠等六人以歸。賜德潤金五十兩及西錦、金鞍、細甲、弓矢，部下將士鈔三百錠。戊寅，劉整卒。安西王相府乞給鈔萬錠爲軍需，敕以千錠給之。癸未，師次蘄州，宋安撫使管景模以城降。乙酉，敕樞密院以納忽帶兒、也速帶兒所統戍軍及再簽登萊丁壯八百人，

付五州經略司，其鄖城、十字路亦聽經略司節度。丙戌，大軍次江州，宋江西安撫使、知江州錢眞孫及淮西路六安軍曹明以城降。丁亥，樞密院臣言：「宋邊郡如嘉定、重慶、江陵、郢州、漣海等處，皆阻兵自守，宜降璽書招諭。」從之。宋知南康軍葉閶以城降。敕以侍衞親軍指揮使札的失、囊加帶將蒙古軍二千，百家奴、唐古、忙兀兒將漢軍萬人，赴蔡州。禿滿帶、賈忙古帶復將餘兵赴闕。己丑，遣伯朮、唐永堅齎詔招諭郢州，仍敕襄陽統軍司調兵三千人衞送永堅等。選蒙古、畏吾、漢人十四人赴行中書省，爲新附州郡民官。庚寅，遣(左)〔右〕衞指揮副使鄭溫、〔八〕唐古、帖木兒率衞軍萬人，同札的失、囊加帶戍黃州。詔諭重慶府制置司幷所屬州郡城寨官吏軍民，舉城歸附。壬辰，以宣撫使賈居貞僉書行中書省事，戍鄂州。安南國使者還，敕以舊制籍戶、設達魯花赤、簽軍、立站、輸租及歲貢等事諭之。乙未，遣兵部尙書廉希賢、工部侍郎嚴忠範、祕書監丞柴紫芝，奉國書使于宋。丁酉，以萬家奴所募願爲軍者萬人南征。己亥，雲南總管信苴日、〔九〕石買等剌殺合剌章舍里威之爲亂者，以金賞之。命土魯至雲南，趣阿魯帖木兒入覲。以蠻夷未附者尙多，命宣慰司兼行元帥府事，並聽行省節度，置郡縣，尹長選廉能者任之。置雲南諸路規措所，以贍思丁爲使。益衞送唐永堅兵，永堅求拜都、忙古帶偕行，許之。敕追諸王海都、八剌金銀符三十四。

二月癸卯，大軍次安慶府，宋殿前都指揮使、知安慶府范文虎以城降，伯顏承制授文虎

兩浙大都督。甲辰，以中書右丞博魯歡爲淮(南)〔東〕都元帥，[一〇]中書右丞阿里左(右)副都元帥。[一一]仍命阿里、撒吉思等各部蒙古、漢軍會邳州。又發蘄、宿戍兵，將河南戰船千艘赴之。遣必闍赤孛羅檢覈西夏榷課。命開元宣撫司賑吉里迷新附饑民。敕畏吾地春夏毋獵孕字野獸。立后土祠于平陽之臨汾，伏羲、女媧、舜、湯、河瀆等廟于河中、解州、洪洞、趙城。丙午，大軍次池州，宋權州事趙卯發自經死，都統制張林以城降。省西夏中興都轉運司入總管府。議以中統鈔易宋交會，幷發蔡州鹽，貿易藥材。丁未，禁無籍自效軍俘掠新附復業軍民。戊申，詔諭江、黄、鄂、岳、漢陽、安慶等處歸附官吏士民軍匠僧道人等，令農者就耒，商者就塗，士庶緇黄，各安已業，如或鎭守官吏妄有搔擾，詣行中書省陳告。史天澤卒。召游顯、楊庭訓赴闕。賜陳言人霍昇、張和鈔十錠，俾從淮東元帥府南征。庚戌，遣禮部侍郎杜世忠、兵部郎中何文著，齎書使日本國。辛亥，遣同知濟南府事張漢英，持詔諭淮東制置使李庭芝。壬子，洺磁路總管姜毅捕獲農民郝進等四人，造祆言惑衆，敕誅進，餘減死流遠方。宋都督賈似道遣計議宋京、承宣使阮思聽詣行中書省，請還已降州郡，約貢歲幣。伯顏使囊加帶同阮思聽還報命，留宋京以待，使謂似道曰：「未渡江時，入貢議和則可，今沿江諸郡皆已內屬，欲和，則當來面議也。」囊加帶還，乃釋宋京。以同僉樞密院事倪德政赴鄂州省，治財賦。癸丑，御史臺臣劾前南京路總管田大成，以其弟婦趙氏爲妻，

廢絕人倫，敕杖八十，三年不齒，時大成已死，惟市杖趙氏八十。丙辰，賞征東元帥府日本戰功錦絹、弓矢、鞍勒。庚申，遣塔不帶、斡魯召鄂漢降臣張晏然等赴闕，仍諭之曰：「朕省卿所奏云：『宋之權臣不踐舊約，拘留使者，實非宋主之罪，儻蒙聖慈，止罪擅命之臣，不令趙氏乏祀者。』卿言良是。卿既不忘舊主，必能輔弼我家。比卿奏上，已遣伯顏按兵不進，仍遣兵部尙書廉希賢等持書往使，果能悔過來附，既往之愆，朕復何究。至於權臣賈似道，尙無罪之之心，況肯令趙氏乏祀乎？若其執迷罔悛，未然之事，朕將何言，天其鑒之。」辛酉，以闊闊出率其部下軍千人及親附軍五百，聽阿剌海牙節制。凡湖南州縣及瀕水之民，有來附者，俾闊闊出統之，拒敵不降者，就爲招集。詔令大洪山避兵民，還歸漢陽，復業農畝，命阿剌海牙鎭守之。又命阿失罕、唐永堅、綦公直等與脫烈將甲騎千人，持詔招諭郢州。大軍次丁家洲，戰船蔽江而下。宋賈似道分遣步帥孫虎臣及督府節制軍馬蘇劉義，集兵船于江之南北岸。似道與淮西制置使夏貴將後軍。戰船二千五百餘艘，橫亘江中。翌日，伯顏命左右翼萬戶率騎兵，夾岸而進，繼命舉巨砲擊之。宋兵陣動，夏貴先遁。似道錯愕失錯，鳴鉦斥諸軍散，宋兵遂大潰。阿朮與鎭撫何瑋、李庭等舟師及步騎，追殺百五十里，得船二千餘艘，及軍資器仗、督府圖籍符印。似道東走揚州。阿先不花言：「夏貴縱北軍岳全還，稱欲內附，宜降璽書招諭。」遂遣其甥胡應雷持詔往諭之。甲子，大軍次蕪湖縣，

宋江東運判、知太平州孟之縉以城降。都元帥博魯歡次海州，知州丁順以城降。乙丑，阿里海牙言：「江陵宋巨鎭，地居大江上流，屯精兵不啻數十萬，若非乘此破竹之勢取之，江水泛溢，鄂漢之城亦恐難守。」從其請，仍降璽書，遣使諭江陵府制置司及高達已下官吏軍民。宋福州團練使、知特摩道事農士貴，率知那寡州農天或、知阿吉州農昌成、知上林州農道賢，州縣三十有七，戶十萬，詣雲南行中書省請降。丙寅，樞密院言：「渡江初，亳州萬戶史格、毗陽萬戶石抹紹祖，以輕進致敗，乞罪之。」有旨，或決罰降官，或以戰功自贖，其從行省裁處。禁民間賭博，犯者流之北地。戊辰，師次采石鎭，知和州王(善)〔喜〕以城降。[一二]都元帥博魯歡次漣州，宋知州孫嗣武以城降。己巳，復遣伯朮、唐永堅等宣諭郢州官吏士庶。庚午，大軍次建康府，宋沿江制置使趙溍南走，都統、權兵馬司事徐王榮、翁福、茅世雄等及鎭軍曹旺以城降。宋賈似道至揚州，始遣總管段佑送國信使郝經、劉人傑等來歸。敕樞密院迎經等，由水路赴闕。詔安南國王陳光昞，仍以舊制六事諭之，趣其來朝。命怯薛丹察罕不花、侍儀副使關思義、眞人李德和，代祀嶽瀆后土。車駕幸上都。

三月壬申朔，宋鎭江府馬軍總管石祖忠以城降。行中書省分遣淮西行樞密院阿塔海駐京口。宋誅殿帥韓震，其部將李大明等二百人，携震母、妻幷諸子文煒、文炌，自臨安來奔。甲戌，宋江陰軍僉判李世修以城降。乙亥，諭樞密院：「比遣建都都元帥火你赤征長河西，

以副都元帥覃澄鎭守建都，付以璽書，安集其民。」仍敕安西王忙兀剌、諸王只必帖木兒、駙馬長吉，分遣所部蒙古軍從西平王奧魯赤征吐蕃。命萬執中、唐永堅同前所遣阿失罕等，將銳兵千人，同往招諭郢州：已降，則鎭之；不降，則從陸路與阿里海牙、忽不來會於荆南。丙子，國信使廉希賢等至建康，傳旨令諸將各守營壘，毋得妄有侵掠。宋知滁州王文虎以城降。戊寅，賜皇子安西王幣帛八千匹、絲萬斤。(乙)〔己〕卯，[一三]改平陰縣新鎭寨爲肥城縣，[一四]隸濟寧府。庚辰，宋知寧國府顏紹卿以城降。江東路得府二、州五、軍二、縣四十三，戶八十三萬一千八百五十二，口一百九十一萬九千一百六。甲申，於中興路置懷遠、靈武二縣，分處新民四千八百餘戶。丙戌，宋常州安撫戴之泰、通判王虎臣以城降。[一五]國信使廉希賢、嚴忠範等至宋廣德軍獨松關，爲宋人所殺。丁亥，免諸路軍雜賦。辛卯，宋將高世傑復據岳州，質知州孟之紹妻子。又取復州降將翟貴妻子，送之江陵。世傑會郢、復、岳三州及上流諸軍戰船數千艘，兵數萬人，扼荆江口。壬辰，阿里海牙以軍屯于東岸，世傑夜半遁去，黎明至洞庭湖口，兵船成列而陣。阿里海牙督諸翼萬戶及水軍張榮實、解汝楫等，逐世傑于湖口之夾灘，遣郎中張鼎召世傑，世傑降。阿里海牙以世傑招岳州，孟之紹亦以城降。以世傑力屈而降，誅之。賜北平王南木合所部馬二千一百八十、羊三百。癸巳，敕郯城、沂州、十字路戍兵從博魯歡征淮南。丙申，側布蕃官稅昔、確州蕃官莊寮男車甲

等，率四十三族，戶五千一百六十，詣四川行樞密院來附。戊戌，遣山東路經略使王儼戍岳州。庚子，從王磐、竇默等請，分置翰林院，專掌蒙古文字，以翰林學士承旨撒的迷底里主之。其翰林兼國史院，仍舊纂修國史、典制誥、備顧問，以翰林學士承旨兼修起居注和禮霍孫主之。辛丑，敕阿朮分兵取揚州。

夏四月壬寅朔，賞討長河西必剌充有功者及陣亡者金、銀、鈔、幣、帛各有差。乙巳，改西夏中興道按察司爲隴右河西道。丙午，立漣州、新城、清河三驛。阿里海牙駐軍江陵城南沙市，攻其柵，破之。知荆門軍劉懋降。丁未，阿里海牙遣郎中張鼎齎詔入江陵，宋(荆)〔京〕湖制置朱禩孫，湖北制置副使高達，京西湖北提刑青陽夢炎、李湜始出降。阿里海牙入江陵，分道遣使招諭未下州郡。知峽州趙眞、知歸州趙仔、權澧州安撫毛浚、常德府新城總制魯希文、舊城權知府事周公明等，悉以城降。辛亥，遣使招諭宋五郡鎮撫使呂文福使降。甲寅，諭中書省議立登聞鼓，如爲人殺其父母兄弟夫婦，寃無所訴，聽其來擊。其或以細事唐突者，論如法。辛酉，宋郢州安撫趙孟〔一六〕、復州安撫翟貴以城降。宋度支尙書吳浚移書建康徐王榮等，述其丞相陳宜中語，請罷兵通好。伯顏遣中書議事官張羽、淮西行院令史王章，同宋來使馬馭，持徐王榮復書至平江府驛亭，悉爲宋所殺。癸亥，阿朮師駐瓜洲，距揚州四十五里。宋淮東制置司盡焚城中廬舍，遷其居民而去。阿朮創立樓櫓戰具以

守之。丙寅，立尙牧監。賜降臣丁順等衣服。免京畿百姓今歲絲銀。丁卯，以大司農、御史中丞孛羅爲御史大夫。罷隨路巡行勸農官，以其事入提刑按察司。括諸寺闌遺人口。庚午，以高達爲參知政事，仍詔慰諭之。遣兵部郎中王世英、刑部郎中蕭郁，持詔召嗣漢四十代天師張宗演赴闕。

五月辛未朔，阿里海牙以所俘童男女千人、牛萬頭來獻。樞密院言：「峽州宜以戰船扼其津要。又郢、復二州戍兵不足，今擬襄陽等處選五千七百人，隸行中書省，聽阿里海牙調遣。」從之。詔中書右丞廉希憲、參知政事脫博忽魯禿花行中書省于江陵府。阿里海牙還鄂州。立襄陽至荆南三驛。丁丑，阿朮立木柵于揚子橋，斷淮東糧道，且爲瓜(州)〔洲〕藩蔽。〔一七〕庚辰，詔諭參知政事高達曰：「昔我國家出征，所獲城邑，卽委而去之，未嘗置兵戍守，以此連年征伐不息。夫爭國家者，取其土地人民而已，雖得其地而無民，其誰與居。今欲保守新附城壁，使百姓安業力農，蒙古人未之知也。爾熟知其事，宜加勉旃。湖南州郡皆汝舊部曲，未歸附者何以招懷，生民何以安業，聽汝爲之。」宋嘉定安撫昝萬壽遣部將李立奉書請降，言累負罪愆，乞加赦免。詔遣使招諭之。辛巳，宋知辰州呂文興、黃仙洞行隋州事傅安國，仙人寨行均州事徐鼎、知沅州文用圭、知靖州康玉、知房州李鑑等，皆以城降。荆南湖北路凡得府三、州十一、軍四、縣五十七，戶八十萬三千四百一十五，口一百九十四

萬三千八百六十。丙戌，以三衞新附生券軍赴八達山屯田。丁亥，召伯顏赴闕。以蒙古萬戶阿剌罕權行中書省事。遣肅州達魯花赤阿沙簽河西軍。萬戶愛先不花違伯顏節制，擅撤戍兵，詔追奪符印，使從軍自效。淮東宣撫陳巖乞解官，終喪三年，不許。申嚴屠牛馬之禁。庚寅，宋五郡鎮撫使呂文福來降。壬辰，宋都統制劉師勇、殿帥張彥據常州。癸巳，諭高麗國王王愖，招珍島餘黨之在躭羅者。

六月庚子朔，日有食之。宋嘉定安撫使昝萬壽以城降，賜名順。癸卯，遣兩浙大都督范文虎，持詔往諭安豐、壽州、招信、五河等處鎭戍官吏軍民。遣刑部侍郎伯朮諭朱禩孫，以年老多病，不任朝謁，權留大都，無自疑懼。諭廉希憲等，元沒青陽夢炎、李湜家貲，如籍還之，併徙其家赴都。甲辰，以萬戶阿剌罕爲行中書省參知政事。獲知開州張章，赦其罪。章二子柱、楫先來降，以其子故，免死。敕失里伯、史樞率襄陽熟券軍二千、獵戶丁壯二千，同范文虎招安豐軍，各賜馬十匹。其故嘗從丞相史天澤者十九人，願宜勞軍中，令從樞以行。戊申，簽平陽、西京、延安等路達魯花赤弟男爲軍。辛亥，賞諸王(兀)〔禿〕魯衞士人各馬二匹，從者一匹。〔一八〕定(兀)〔禿〕魯所部獲功建都者三十五人銀鈔有差。敕淮東元帥府發兵，及鄂州戍兵與李璮舊部曲，并前河南已簽軍萬人後免爲民者，復籍爲兵，並付行中書省。戊午，詔遣使招諭宋四川制置趙定應：「比者畢再興、青陽夢炎赴闕，面陳蜀閫事宜，奏請綏

師，令自納款，姑從所請。今遣再興宣布大信，若能順時達變，可保富貴，毋爲塗炭生靈，自貽後悔。」庚申，遣重慶府招討使畢再興，持詔招諭宋合州節使張珏、江安潼川安撫張朝宗、涪州觀察陽立、梁山軍防禦馬䌲。辛酉，宋潼川安撫使、知江安州梅應春以城降。乙丑，以漣、海新附丁順等括船千艘，送淮東都元帥府。丙寅，宋揚州都統姜才、副將張林步騎二萬人，乘夜攻揚子橋木柵。守柵萬戶史弼來告急，阿朮自瓜洲以兵赴之。詰旦至柵下，才軍夾水爲陣，阿朮麾騎兵渡水擊之，陣堅不動。阿朮軍引却，才軍來逼，我軍與力戰，才軍遂走。阿朮麾步騎並進，大敗之，才僅以身免，生擒張林，斬首萬八千級。戊辰，敕塔出率阿塔海、也速帶兒兩軍赴漣水。以遜攤爲躭羅國達魯花赤。罷山東經略司。

秋七月庚午朔，阿朮集行省諸翼萬戶兵船于瓜洲，阿塔海、董文炳集行院諸翼萬戶兵船于西津渡，宋沿江制置使趙溍、樞密都承旨張世傑、知泰州孫虎臣等陳舟師于焦山南北。阿朮分遣萬戶張弘範等，以拔都兵船千艘，西掠珠金沙。辛未，阿朮、阿塔海登南岸石公山，指授諸軍水軍萬戶劉琛循江南岸，東趨夾灘，繞出敵後；董文炳直抵焦山南麓，以擣其右；招討使劉國傑趣其左；萬戶忽剌出擣其中；張弘範自上流繼至，趣焦山之北。大戰自辰至午，呼聲震天地，乘風以火箭射其篛篷。宋師大敗，世傑、虎臣等皆遁走。追至圌山，獲黃鵠白鷂船數百艘。宋人自是不復能軍。翌日，宋平江都統劉師勇、殿帥張彥，以兩浙制

司軍至呂城，復爲阿塔海行院兵所敗。壬申，簽雲南落落、蒲納烘等處軍萬人，隸行中書省。癸酉，太白犯井。詔取茶罕章未附種落。丁丑，立衞州至楊村水驛五。己卯，增置燕南河北道提刑按察司。以蔡州驛蒙古軍四百隸阿里海牙，漢軍六百從萬戶宋都帶赴江西。壬午，遣使招宋淮安安撫使朱煥。癸未，詔遣使江南，搜訪儒、醫、僧、道、陰陽人等。敕左丞相伯顏率諸將直趨臨安；右丞阿里海牙取湖南；蒙古萬戶宋都帶，漢軍萬戶武秀、張榮實、李恒，兵部尚書呂師夔行都元帥府，取江西。罷淮西行樞密院，以右丞阿塔海、參政董文炳同署行中書省事。辛卯，太陰犯畢。甲午，遣使持詔招諭宋李庭芝及夏貴。以伯顏爲中書右丞相，阿朮爲中書左丞相。

八月己亥〔朔〕，免北京、西京、陝西等路今歲絲銀。癸卯，伯顏陛辭南行，奉詔諭宋君臣，相率來附，則趙氏族屬可保無虞，宗廟悉許如故。授故奉使大理王君侯子如珪正八品官。己未，升任城縣爲濟州。辛酉，車駕至自上都。丙寅，高麗王王愖遣其樞密副使許珙、將軍趙珪來賀聖誕節。

九月己巳，太白犯少民。庚午，阿合馬等以軍興國用不足，請復立都轉運司九，量增課程元額，鼓鑄鐵器，官爲局賣，禁私造銅器。乙亥，賞清河、新城戰士及死事者銀千兩、鈔百錠。賜西平王所部鴨城戍兵，人馬三匹。丁丑，以襄陽官牛五千八百賜貧民。弛河南鷹馬

之禁。賜東西川屯戍蒙古軍糧鈔有差。戊寅，諭太常卿合丹：「去冬享太宮，敕牲無用牛，今其復之。」己卯，太白犯太微西垣上將。壬午，阿朮築灣頭堡。乙酉，罷襄陽統軍司。甲午，宋揚州都統姜才將步騎萬五千人攻灣頭堡，阿朮、阿塔海擊敗之。賞淮安招討使〔別〕乞里迷失及有功將士錦衣銀鈔有差。〔九〕丙申，以玉昔帖木兒爲御史大夫。括江南諸郡書版及臨安祕書省乾坤寶典等書。

冬十月戊戌朔，享于太廟。辛丑，弛北京、義、錦等處獵禁。癸丑，太陰犯畢。

十一月丁卯〔朔〕，阿里海牙以軍攻潭州。乙亥，伯顏分軍爲三，趨臨安：阿剌罕率步騎自建康、四安、廣德以出獨松嶺；董文炳率舟師循海趨許浦、澉浦，以至浙江；伯顏、阿塔海由中道節度諸軍，期並會于臨安。丙子，宋權融、宜、欽三州總管岑從毅，沿邊巡檢使、廣西節制軍馬李維屏等，詣雲南行中書省降。丁丑，阿合馬奏立諸路轉運司凡十一所。己卯，宋都帶等軍次隆興府，宋江西轉運使、知府劉槃以城降。都元帥府檄諭江西諸郡相繼歸附，得府州六、軍四、縣五十六，戶一百五萬一千八百二十九，口二百七萬六千四百。壬午，伯顏大軍至常州，督諸軍登城，四面並進，拔其城。劉師勇變服單騎南走。改順天（府）〔路〕爲保定（府）〔路〕。〔一〇〕樞密院言：「兩都、平灤獵戶新簽軍二千，皆貧無力者，宜存恤其家。又新附郡縣有既降復叛，及糾衆爲盜犯罪至死者，既已款伏，乞聽權宜處決。」皆從之。中書省臣議斷死罪，詔：「今後殺人者死，問罪狀已白，不必待時，宜卽行刑。其奴婢殺主者，具五刑論。」乙酉，阿剌罕克廣德，趨獨松關。丙戌，太陰犯軒轅大星。己丑，遣太常卿合丹以所獲塗金爵三，獻于太廟。庚寅，伯顏遣降人游介實奉璽書副本使于宋，仍以書諭宋大臣。甲午，以高麗國官制僭濫，遣使諭旨，凡省、院、臺、部官名爵號，與朝廷相類者改正之。

十二月戊戌，塡星犯亢。己亥，僉書四川行樞密院事昝順言：「紹慶府、施州、南平及諸蠻呂告、馬蒙、阿永等，有嚮化之心。又播州安撫楊邦憲、思州安撫田景賢，未知逆順，乞降詔使之自新，並許世紹封爵。」從之。辛丑，董文炳軍次許浦，宋都統制祁安以本軍降。宋主爲書，介國信副使嚴忠範姪煥請和。甲辰，伯顏次平江府，宋都統王邦傑以城降。乙巳，免江陵等處今歲田租。丁未，改諸站提領司爲通政院。〔一一〕戊申，中書左丞相忽都帶兒與內外文武百寮及緇黃耆庶，請上皇帝尊號曰憲天述道仁文義武大光孝皇帝，皇后曰貞懿順聖昭天睿文光應皇后，不許。太陰犯畢。庚子，〔一二〕宋主復遣尚書夏士林、右史陸秀夫奉書，稱姪乞和。西川滄溪知縣趙龍遣間使入宋，敕流遠方，籍其家。癸亥，敕樞密院：「靖州既降復叛，今已平定，其遣張通判、李信家屬幷同叛者赴都。」甲子，答宋國主書，令其來降。丙寅，阿剌罕軍次安吉州，宋安撫使趙與可以城降。升高麗東寧府爲路。割江東南康路隸江西省。〔一三〕置馬湖路總管府。省重慶路隆化縣入南川，灤州海山縣入昌黎縣。復華州

鄭縣。

是歲，衞輝、太原等路旱，河間霖雨傷稼，凡賑米三千七百四十八石、粟二萬四千二百六石。天下戶四百七十六萬四千七十七。斷死罪六十八人。

校勘記

〔一〕宋宗禮　見卷七校勘記〔五〕。

〔二〕劉鐵　按本書卷五〇五行志作「劉鐵牛」，此處當脫「牛」字。本證已校。

〔三〕淮西（京）〔荆〕湖　按上文四月癸未條，元於正陽、襄陽置淮西、荆湖二行樞密院，此處「京」爲「荆」之誤，今改。類編已校。

〔四〕御藥院　按本書卷八八百官志，元有御藥院與御藥局，二者職掌不同，前者置於至元六年，後者置於至元十年。此「御藥院」疑係「御藥局」之誤。

〔五〕邊居（義）〔誼〕　據本書卷一二七伯顏傳及宋史卷四五〇邊居誼傳改。下同。類編已校。

〔六〕（荆）〔京〕湖宣撫朱禩孫　按宋史卷四七瀛國公紀，咸淳十年七月辛卯，以朱禩孫爲京湖四川宣撫使兼知江陵府。此處「京」誤爲「荆」，今改。下同。續通鑑已校。

〔七〕李居（素）〔壽〕　見卷五校勘記〔二七〕。

〔八〕（左）〔右〕衞指揮副使鄭溫　據本書卷一五四鄭溫傳及常山貞石志卷一九鄭溫神道碑銘改。本證已校。

〔九〕雲南總管信苴日　按本書卷一六六信苴日傳，至元十一年，「以信苴日爲大理總管」。雲南係行省，大理爲其一路。新元史作「大理總管」，是。

〔一〇〕淮（南）〔東〕都元帥　按本書卷一二一博羅歡傳、卷一二七伯顏傳均作「淮東都元帥」，據改。本證已校。

〔一一〕中書右丞阿里左（右）副都元帥　按下文至元十三年十月戊子條有「以淮東左副都元帥阿里爲平章政事」，此處「右」字衍，今刪。本證已校。

〔一二〕王（善）〔喜〕　據本書卷一二七伯顏傳、卷一五六董文炳傳及宋史卷四六度宗紀咸淳九年二月癸丑條、卷四七瀛國公紀德祐元年二月壬戌條改。殿本考證已校。

〔一三〕（乙）〔己〕卯　按是月壬申朔，無乙卯日。此「乙卯」在戊寅初七日、庚辰初九日間，係己卯初八日之誤，今改。道光本已校。

〔一四〕新鎭寨　按本書卷五八地理志東平路平陰縣條及濟寧路肥城縣條均作「辛鎭寨」，疑「新」當作「辛」。

〔一五〕通判王虎臣　按宋季三朝政要卷五及錢塘遺事卷七均作「王良臣」，疑此處「虎」字有誤。本書

卷一二七伯顏傳有兩王虎臣，其一爲沙洋守將，另一卽此常州通判。

〔一六〕宋郢州安撫趙孟　按宋史卷二一五至二二三宗室世系表，燕王趙德昭、秦王趙德芳十世諸孫命名皆以「孟」字排行，疑此處「孟」下有脫文。

〔一七〕瓜（州）〔洲〕　按瓜州在甘肅，瓜洲在揚州附近，此處「洲」誤爲「州」，據本書多見之文改。

〔一八〕（兀）〔禿〕魯　據上文至元九年正月丁丑、庚辰條所見「南平王禿魯」及本書卷一〇七宗室世系表改。下同。

〔一九〕〔別〕乞里迷失　據下文至元十三年七月丙辰、至元十六年正月丙子條補。本證已校。

〔二〇〕改順天（府）〔路〕爲保定（府）〔路〕　據本書卷五八地理志保定路條改。本證已校。

〔二一〕改諸站提領司爲通政院　按本書卷八八百官志、卷一〇一兵志，至元七年立諸站都統領使司，十三年改通政院，與下文至元十三年正月壬申「改都統領司爲通政院」合。本證云「提領司當作都統領司」，疑是。

〔二二〕庚子　按是月丁酉朔，庚子爲初四日，不應在戊申十二日後。本書卷一二七伯顏傳作庚申二十四日，疑「庚子」爲「庚申」之誤。

〔二三〕割江東南康路隸江西省　本證云：「案地理志，南康隥路在至元十四年，至二十二年割隸江西。紀於二十二年正月亦書分江浙行省所治南康隸江西行省，則此文當屬誤衍。」

元史卷九

本紀第九

世祖六

十三年春正月丁卯朔，克潭州，宋安撫使李芾盡室自焚死。阿里海牙分遣官屬招徠未附者，旬日間，湖南州郡相繼悉降，得府一、州六、軍二、縣四十，戶五十六萬一千一百一十二，口百五十三萬七千七百四十。伯顏軍次嘉興府，安撫劉漢傑以城降。〔一〕董文炳軍至乍浦，宋統制官劉英以本軍降。辛未，董文炳軍至海鹽，知縣事王與賢及澉浦鎭統制胡全、福建路馬步軍總管沈世隆皆降。壬申，改都統領司爲通政院，以兀良合帶等領之。立回易庫于諸路，凡十有一，掌市易幣帛諸物。敕大都路總管府和顧和買，權豪與民均輸。癸酉，宋相陳宜中遣軍器監劉庭瑞齎宋主稱藩表章，詣軍前稟議，又致宜中等書于伯顏，伯顏以書答之。乙亥，詔諭四川制置使趙定應來朝。徙大都等路獵戶戍大洪山之東，符寶郎董文

忠請貧病者勿徙，從之。宋復遣監察御史劉岊齎宋主稱藩表至軍前，且致書伯顏爲宗社生靈請命。丙子，賞合兒魯帶所部將士征建都功銀鈔錦衣。丁丑，宋遣都統洪模齎陳宜中、吳堅等書，請俟宗長福王至，同詣軍前。戊寅，伯顏以軍出嘉興府，留萬戶忽都虎、千戶王禿林察戍之。劉漢傑仍爲其府安撫使。辛巳，命雲南行省給建都屯軍弓矢。軍次崇德縣，宋遣侍郎劉庭瑞、都統洪模來迓。行都元帥府宋都帶言：「江西隆興、建昌、撫州等郡雖附，而閩、廣諸州尚阻兵。乞增兵進討。」敕以襄漢軍四千俾將之。壬午，軍次長安鎭，董文炳以兵來會。宋陳宜中、吳堅等違約不至。癸未，軍次臨平鎭。甲申，次（高）〔皋〕亭山，〔二〕阿剌罕以兵來會。宋主遣其〔宗室〕保康軍承宣使尹甫、和州防禦使吉甫等，〔三〕齎傳國玉璽及降表詣軍前。其辭曰：「大宋國主㬎，謹百拜奉表于大元仁明神武皇帝陛下：臣昨嘗遣侍郎柳岳、正言洪雷震捧表馳詣闕庭，敬伸卑悃，伏計已徹聖聽。臣眇焉幼沖，遭家多難，權奸似道，背盟誤國，臣不及知，至勤興師問罪，宗社阽危，生靈可念。臣與太皇日夕憂懼，非不欲遷辟以求兩全，實以百萬生民之命寄臣一身，今天命有歸，臣將焉往。惟是世傳之鎭寶，不敢愛惜，謹奉太皇命戒，痛自貶損，削帝號，以兩浙、福建、江東西、湖南北、二廣、四川見在州郡，謹悉奉上聖朝，爲宗社生靈祈哀請命。欲望聖慈垂哀，祖母太后耄及，臥病數載，臣煢煢在疚，情有足矜，不忍臣祖宗三百年宗社遽至殞絕，曲賜裁處，

特與存全，大元皇帝再生之德，則趙氏子孫世世有賴，不敢弭忘。臣無任感天望聖，激切屏營之至。」伯顏既受降表、玉璽，復遣囊加帶以趙尹甫、賈餘慶等還臨安，召宰相出議降事。乙酉，師次臨安北十五里，囊加帶、洪模以總管殷俊來報，宋陳宜中、張世傑、蘇劉義、劉師勇等挾益、廣二王出嘉會門，渡浙江遁去，惟太皇太后、嗣君在宮。伯顏亟使諭阿剌罕、董文炳、范文虎率諸軍先據守錢塘口，以勁兵五千人追陳宜中等，過浙江不及而還。丙戌，伯顏下令禁軍士入城，違者以軍法從事。遣呂文煥齎黃榜安諭臨安中外軍民，俾按堵如故。時宋三司衞兵白晝殺人，張世傑部曲尤橫閭里，小民乘時剽殺。令下，民大悅。伯顏又遣宣撫程鵬飛，計議孫鼎亨、囊加帶、洪君祥入宮，安諭太皇謝氏。丁亥，雲南行省賽典赤，以改定雲南諸路名號來上。又言雲南貿易與中州不同，鈔法實所未諳，莫若以交會、𧴌子公私通行，庶爲民便。並從之。戊子，中書省臣言：「王孝忠等以罪命往八答山採寶玉自效，道經沙州，值火忽叛，孝忠等自拔來歸，令於瓜、沙等處屯田。」從之。大名路達魯花赤小鈴部坐姦贓伏誅，沒其家。宋主祖母謝氏遣其丞相吳堅、文天祥，樞密謝堂，安撫賈餘慶，中貴鄧惟善來見伯顏於明因寺。伯顏顧文天祥舉動不常，疑有異志，遂令萬戶忙古帶、宣撫唆都羈留軍中。且以其降表不稱臣，仍書宋號，遣程鵬飛、洪君祥偕來使賈餘慶復往易之。己丑，軍次湖州市。遣千戶囊加帶、省掾王祐，齎傳國玉璽赴闕。敕高麗國以有官子

弟爲質。中書省臣言：「賦民舊籍已有定額，至元七年新括協濟合併戶，爲數凡二十萬五千一百八十。」敕減今歲絲賦之半。庚寅，伯顏建大將旗鼓，率左右翼萬戶巡臨安城，觀潮浙江，於是宋宗室大臣以次來見，暮還湖州市。辛卯，張弘範、孟祺、程鵬飛齎所易宋主稱臣降表至軍前。甲午，復薊州平谷縣。立隨路都轉運司，仍詔諭諸處管民官。以瓮吉剌帶丑漢所部軍五百戍哈答城，不吉帶所部軍六百移戍建都，其兀兒禿、唐忽軍前在建都者，並遣還翼。穿濟州漕渠。以真定總管昔班爲中書右丞。

二月丁酉〔朔〕，詔劉頡、程德輝招淮西制置使夏貴。己亥，克臨江軍。庚子，宋主㬎率文武百僚詣祥曦殿，望闕上表，乞爲藩輔；遣右丞相兼樞密使賈餘慶、樞密使謝堂、端明殿學士僉樞密院事家鉉翁、端明殿學士同僉樞密院事劉岊奉表以聞。宋主祖母太皇太后亦奉表及牋。是日宋文武百司出臨安府，詣行中書省，各以其職來見。行省承制以臨安爲兩浙大都督府，都督忙古帶、范文虎入城視事。辛丑，伯顏令張惠、阿剌罕、董文炳、左右司官石天麟、楊晦等入城，取軍民錢穀之數，閱實倉庫，收百官誥命符印，悉罷宋官府，散免侍衞禁軍。宋主㬎遣其右丞相賈餘慶等充祈請使，詣闕請命，右丞相命吳堅、文天祥同行。行中書省右丞相伯顏等，以宋主㬎舉國內附，具表稱賀。兩浙路得府八、州六、軍一、縣八十一，戶二百九十八萬三千六百七十二，口五百六十九萬二千六百五十。丁未，詔諭臨安新

附府州司縣官吏士民軍卒人等曰：

間者，行中書省右丞相伯顏遣使來奏，宋母后、幼主暨諸大臣百官，已於正月十八日齎璽綬奉表降附。朕惟自古降王必有朝覲之禮，已遣使特往迎致。爾等各守職業，其勿妄生疑畏。凡歸附前犯罪，悉從原免；公私逋欠，不得徵理。應抗拒王師及逃亡嘯聚者，並赦其罪。百官有司、諸王邸第、三學、寺、監、祕省、史館及禁衞諸司，各宜安居。所在山林河泊，除巨木花果外，餘物權免徵稅。祕書省圖書，太常寺祭器、樂器、法服、樂工、鹵簿、儀衞，宗正譜牒，天文地理圖册，凡典故文字，并戶口版籍，盡仰收拾。前代聖賢之後，高尚儒、醫、僧、道、卜筮，通曉天文曆數，并山林隱逸名士，仰所在官司，具以名聞。名山大川，寺觀廟宇，并前代名人遺迹，不許拆毀。鰥寡孤獨不能自存之人，量加贍給。

伯顏就遣宋內侍王埜入宮，收宋國袞冕、圭璧、符璽及宮中圖籍、寶玩、車輅、輦乘、鹵簿、麾仗等物。戊申，立浙東西宣慰司於臨安，以戶部尚書麥歸、祕書監焦友直爲宣慰使，吏部侍郎楊居寬同知宣慰司事，並兼知臨安府事。乙卯，詔諭淮東制置使李庭芝、淮西制置使夏貴及所轄州軍縣鎮官吏軍民。丁巳，命焦友直括宋祕書省禁書圖籍。戊午，祀先農東郊。淮西制置夏貴以淮西諸郡來降，唯鎮巢軍復叛，貴遣使招之，守將洪福殺其使，貴親至

城下，福始降，阿朮斬之軍中。淮西路得府二、州六、軍四、縣三十四，戶五十一萬三千八百二十七，口一百二萬一千三百四十九。庚申，召伯顏偕宋君臣入朝。辛酉，車駕幸上都。設資戒大會于順德府開元寺。伯顏遣不伯、周青招泉州蒲壽庚、壽晟兄弟。甲子，董文炳、唆都發宋隨朝文士劉褒然及三學諸生赴京師。太學生徐應鑣父子四人同赴井死。帝旣平宋，召宋諸將問曰：「爾等何降之易耶？」對曰：「宋有强臣賈似道擅國柄，每優禮文士，而獨輕武官。臣等久積不平，心離體解，所以望風而送款也。」帝命董文忠答之曰：「借使似道實輕汝曹，特似道一人之過耳，且汝主何負焉。正如所言，則似道之輕汝也固宜。」

三月丁卯，命樞密副使張易兼知祕書監事。伯顏入臨安，遣郎中孟祺籍宋太廟四祖殿，景靈宮禮樂器、册寶暨郊天儀仗，及祕書省、國子監、國史院、學士院、太常寺圖書祭器樂器等物。戊辰，括江南已附州郡軍器。甲戌，阿朮遣使報廬州夏貴已降，文天祥自鎮江遁去，追之弗獲。荆湖南路行中書省言：「潭州旣定，湖南州郡降者相繼，卽分命諸將鎮守其地。」從之。宋福王與芮自浙東至伯顏軍中。以獨松關守將張濡嘗殺奉使廉希賢，斬之，籍其家。乙亥，伯顏等發臨安。丁丑，阿塔海、阿剌罕、董文炳詣宋主宮，趣宋主㬎同太后入覲。郎中孟祺奉詔宣讀，至「免繫頸牽羊」之語，太后全氏聞之泣，謂宋主㬎曰：「荷天子聖慈活汝，當望闕拜謝。」宋主㬎拜畢，子母皆肩輿出宮，唯太皇太后謝氏以疾留。戊寅，敕

諸路儒戶通文學者三千八百九十，並免其徭役；其富實以儒戶避役者爲民；貧乏者五百戶，隸太常寺。敕淮西廬州置總管萬戶府，以中書右丞、河南等路宣慰使合剌合孫、襄陽管軍萬戶邸浹並行府事。庚辰，囊加帶以宋玉璽來上。乙酉，贛、吉、袁、南安四郡內附。庚寅，賜郡王(瓜)〔爪〕都銀印。[四] 敕上都和顧和買並依大都例。以中書右丞昔班爲戶部尚書。

閏月丙申〔朔〕，置宣慰司於濟寧路，掌印造交鈔，供給江南軍儲。以前西夏中興僉行中書省事暗都剌卽思、大都路總管張守智並爲宣慰使。東川行樞密院總帥汪惟正略地涪州，克山寨谿洞凡二十有三所。丁酉，召湖廣阿里海牙、忽都帖木兒赴闕，令脫擲忽魯禿花、崔斌並留後鄂州。辛亥，命副樞張易遣宋降臣吳堅、夏貴等赴上都。戊午，淮西萬戶府招降方山等六寨。甲子，禁西番僧持軍器。以中書省左右司郎中郝禎參知政事。

夏四月乙丑朔，阿朮以宋高郵、寶應嘗餽餉揚州，遣蒙古軍將苫徹及史弼等守之。別遣都元帥孛魯歡等攻泰州之新城。丁卯，賜諸王都魯金印。戊辰，以河南兵事未息，開元路民饑，並弛正月五月屠殺之禁。庚午，敕南商貿易京師者毋禁。辛未，行江西都元帥宋都帶以應詔儒生醫卜士鄭夢得等六人進，敕隸祕書監。丙子，省東川行樞密院及成都經略司，以其事入西川行院。復石人山寨居民于信陽軍。免大都醫戶至元十二年絲銀。己卯，以侍衞親軍征戍歲久，放令還家，期六月，各歸其軍。庚辰，以水達達分地歲輸皮革，自今

並入上都。壬午，召嗣漢天師張宗演赴闕。乙酉，召昭文館大學士姚樞、翰林學士王磐、翰林侍講學士徒單公履赴上都。庚寅，修太廟。以北京行中書省廉希憲爲中書右丞，行中書省事于荆南府。

五月乙未朔，伯顏以宋主㬎至上都，制授㬎開府儀同三司、檢校大司徒，封瀛國公。以平宋，遣官告天地、祖宗於上都之近郊。遣使代祀嶽瀆。己亥，伯顏請罷兩浙宣慰司，以忙古帶、范文虎仍行兩浙大都督府事，從之。庚子，定度量。壬寅，宋三學生四十六人至京師。癸卯，復沂、莒、膠、密、寧海五州所括民爲防城軍者爲民，免其租徭二年。乙巳，賜伯顏所部有功將校銀二萬四千六百兩。阿朮遣總管陳傑攻拔泰州之新城，遣萬戶烏馬兒守之，以偪泰州。丁未，宋揚州都統姜才攻灣頭堡，阿里別擊走之，殺其步騎四百人，右衞親軍千戶董士元戰死。戊申，宋馮都統等自眞州率兵二千、戰船百艘襲瓜(州)〔洲〕，[五] 阿朮遣萬戶昔里罕、阿塔赤等出戰，大敗之，追至珠金沙，得船七十七艘，馮都統等赴水死。改博州爲東昌路。己酉，括獵戶、鷹坊戶爲兵。乙卯，靖州張州判及李信、李發焚其城，退保飛山新城，行中書省發兵攻殺之，徙其黨及家屬于大都。宋江西制置黃萬石率其軍來附，敕令入覲。辛酉，安西王相府請頒詔招合州張珏，不從。癸亥，陞異樣局爲總管府，秩三品。

六月甲子朔，敕新附三衞兵之老弱者，放還其家。己巳，以孔子五十三世孫曲阜縣尹孔治兼權主祀事。命東征元帥府選襄陽生券軍五百，充侍衞軍。置行戶部于大名府，掌印造交鈔，通江南貿易。庚午，敕西京僧、道、也里可溫、答失蠻等有室家者，與民一體輸賦。辛未，命阿里海牙出征廣西，請益兵，選軍三萬俾將之。壬申，罷兩浙大都督府。立行尚書省於鄂州、臨安。[六] 設諸路宣慰司，以行省官爲之，並帶相銜，其立行省者，不立宣慰司。甲戌，以大明曆浸差，命太子贊善王恂與江南日官置局更造新曆，以樞密副使張易董其事。易、恂奏：「今之曆家，徒知曆術，罕明曆理，宜得耆儒如許衡者商訂。」詔衡赴京師。宋揚州姜才夜率步騎數千趨丁村堡，守將史弼、苫徹出戰，斬首百餘級，獲馬四十匹。詰旦，阿里、都督陳巖以灣頭堡兵邀其後，伯顏察兒踵至，所將皆阿朮麾下兵，姜才軍遙望旗幟，亟走，遂大破之，獲米五千餘石。阿朮又以宋人高郵水路不通，必由陸路餽運，千戶也先忽都以千騎邀之，數日米運果來，殺負米卒數千，獲米三千石。戊寅，詔作平金、平宋錄，及諸國臣服傳記，仍命平章軍國重事耶律鑄監修國史。戊子，樞密院上言：「陳宜中、張世傑聚兵福建以攻我師，江西都元帥宋都帶求援。」命以安慶、蘄、黃等郡宿兵，付宋都帶將之。己丑，宋都帶言福建魏天祐、游義榮棄家來附，以天祐爲管軍總管兼知邵武軍事，義榮遙授建寧路同知，充管軍千戶。壬辰，下詔招諭宋揚州制置李庭芝以次軍官，及通、泰、眞、滁、高郵大小官員。又詔諭陳宜中、張世傑、蘇劉義、劉師勇等使降。李庭芝留朱煥守揚州，與

姜才率步騎五千東走，阿朮親率百餘騎馳去，督右丞阿里、萬戶劉國傑分道追及泰州西，殺步卒千人，庭芝等僅得入，遂築長圍塹而守之，阿朮獨當東南面，斷其走路。以戶部尚書張澍參知政事，行中書省事于北京。

秋七月乙未，行中書省左右司郎中孟祺，以亡宋金玉寶及牌印來上，命太府監收之。丙申，淮安、寶應民流寓邳州者萬餘口，聽還其家。丁酉，宋涪州觀察陽立子嗣榮，請降詔招諭其父，從之。戊戌，陞閬州爲保寧府。敕山丹城直隸省部，以達魯花赤行者仍領之。壬寅，以李庭出征，賞其部將李承慶等，鈔、馬、衣服、甲仗有差。乙巳，朱煥以揚州降。丁未，詔諭廣西路靜江府等大小州城官吏使降。甲寅，賜諸王孛羅印。以楊村至浮鷄泊漕渠洄遠，改從孫家務。乙卯，宋泰州守將孫良臣與李庭芝帳下卒劉發、鄭俊開北門以降，執李庭芝、姜才，繫揚州獄。丙辰，阿朮以總管烏馬兒等守泰州，其通、滁、高郵等處相繼來附。淮東路得州十六、縣三十三，戶五十四萬二千六百二十四，口一百八萬三千二百一十七。遣使持香幣祠嶽瀆后土。以中書右丞阿里海牙爲平章政事，僉書樞密院事、淮東行樞密院別乞里迷失爲中書右丞，參知政事董文炳爲中書左丞，淮東左副都元帥塔出、兩浙大都督范文虎、江東江西大都督知江州呂師夔、淮東淮西左副都元帥陳巖並參知政事。

八月己巳，穿武清蒙村漕渠。敕漢軍都元帥闊闊帶、李庭將侍衞軍二千人西征。陞澥

陰縣爲漷州。乙亥，斬宋淮東制置使李庭芝、都統姜才于揚州市。庚辰，罷襄陽統軍司。車駕至自上都。遣太常卿脫忽思以銅爵一、豆二，獻于太廟。以四萬戶總管奧魯赤參知政事。

九月壬辰朔，命國師益憐眞作佛事于太廟。己亥，享于太廟，常饌外，益野豕、鹿、羊、蒲萄酒。庚子，命姚樞、王磐選宋三學生之有實學者留京師，餘聽還家。辛丑，遣瀘州屯田軍四千，轉漕重慶。癸卯，以平宋赦天下。乙巳，高麗國王王愖上參議中讚金方慶功，授虎符。丙午，敕常德府歲貢包茅。丁未，諭西川行樞密院移檄重慶，俾內附。命有司隳沿淮城壘。辛亥，太白犯南斗。甲寅，太白入南斗。乙卯，以吐蕃合答城爲寧遠府。辛酉，召宋宗臣鄂州教授趙與（票）〔熛〕赴闕。〔七〕設資戒會于京師。阿朮入覲。江淮及浙東西、湖南北等路，得府三十七、州一百二十八、關一、監一、縣七百三十三，戶九百三十七萬四百七十二，口千九百七十二萬一千一十五。

冬十月甲子，以陳巖拔新城、丁村功，賜金五十兩，部將劉忠等賜銀有差。乙亥，賜皇子北平王出征軍士貧乏者羊馬幣帛有差。申明以良爲娼之禁。丁亥，兩浙宣撫使焦友直以臨安經籍、圖畫、陰陽祕書來上。戊子，淮西安撫使夏貴請入覲，乞令其孫貽孫權領宣撫司事，從之。以淮東左副都元帥阿里爲平章政事，河南等路宣慰使合剌合孫爲中書右丞，

兵部尚書王儀、吏部尚書兼臨安府安撫使楊鎭、河南河北道提刑按察使迷里忽辛並參知政事。參知政事陳巖行中書省事于淮東。

十一月癸巳，安西王所部軍克萬州。丙午，賜阿朮所部有功將士二百三十九人各銀二百五十兩。西川行院忽敦言：「所部軍士久圍重慶，逃亡者衆，乞益軍一萬，并降詔招誘逋民之在大良平者。」並從之。壬子，賜龍答溫軍有功及死事者銀鈔有差。癸丑，併省內外諸司。丁卯，〔八〕太陰犯塡星。庚申，敕管民及理財之官由中書銓調，軍官由樞密院定議。隳襄漢、荊湖諸城。南平招撫使兼知峽州事趙眞，請降詔招諭夔州安撫張起巖，從之。高麗國王王愖遣其臣判祕書寺朱悅，來告更名（睶）〔賰〕。〔九〕

十二月辛（卯）〔酉〕朔，〔一〇〕熒惑掩鉤鈐。以十四年曆日賜高麗。丁卯，改雲南蘿葡甸爲元江府路。辛未，賜塔海所部戰士及死事者銀鈔有差。賜忽不來等戰功十九人銀千二百兩。壬申，李思敬告運使姜毅所言悖妄，指毅妻子爲證。帝曰：「妻子豈爲證者耶？」詔勿問。乙亥，定江南所設官府。辛巳，以軍士圍守崇慶勞苦，〔一一〕賜鈔六千錠。庚寅，詔諭浙東西、江東西、淮東西、湖南北府州軍縣官吏軍民：「昔以萬戶、千戶漁奪其民，致令逃散，今悉以人民歸之元籍州縣。凡管軍將校及宋官吏，有以勢力奪民田廬產業者，俾各歸其主，無主則以給附近人民之無生產者。其田租商稅、茶鹽酒醋、金銀鐵冶、竹貨湖泊課程，從實

辦之。凡故宋繁冗科差、聖節上供、經總制錢等百有餘件，悉除免之。」伯顏言：「張惠守宋府庫，不俟命擅啓管鑰。」詔阿朮詰其事，仍諭江之東西、浙之東西、淮之東西官吏等，檢覈新舊錢穀。除浙西、浙東、江西、江東、湖北五道宣慰使。陞江陵爲上路。瑞安府仍爲溫州。〔一二〕隴州爲散府。薊州復置豐閏縣。陞臨洮渭源堡爲縣。賜諸王金、銀、幣、帛如歲例。賜諸王乃蠻帶等羊馬價。賞阿朮等戰功，及賜降臣吳堅、夏貴等銀、鈔、幣、帛各有差。賜伯顏、阿朮等青鼠、銀鼠、黃鼬只孫衣，餘功臣賜豹裘、獐裘及皮衣帽各有差。

是歲，東平、濟南、泰安、德州、漣海、清河、平灤、西京西三州以水旱缺食，賑軍民站戶米二十二萬五千五百六十石，粟四萬七千七百十二石，鈔四千二百八十二錠有奇。平陽路旱，濟寧路及高麗瀋州水，並免今年田租。斷死罪三十四人。

十四年春正月癸巳，行都元帥府軍次廣東，知循州劉興以城降。丙申，以江南平，百姓疲於供軍，免諸路今歲所納絲銀。賜嗣漢天師張宗演演道靈應冲和眞人，領江南諸路道教。戊戌，高麗金方慶等爲亂，命高麗王治之，仍命忻都、洪茶丘飭兵禦備。癸卯，復立諸道提刑按察司。甲辰，命阿朮選銳軍萬人赴闕。丁未，知梅州錢榮之以城降。戊申，賜三衞軍士之貧乏者八千三百五十二人各鈔二錠、幣十匹。己酉，賜耶律鑄鈔千錠。甲寅，敕

宋福王趙與芮家貲之在杭、越者，有司輦至京師，付其家。丙辰，立建都、羅羅斯四路，守戍烏木等處，並置官屬。己未，以白玉碧玉水晶爵六，獻于太廟。括上都、隆興、北京、西京四路獵戶二千爲兵。置江淮等路都轉運鹽使司，及江淮榷茶都轉運使司。命嗣漢天師張宗演修周天醮于長春宮，宗演還江南，以其弟子張留孫留京師。

二月辛酉，命征東都元帥洪茶丘將兵二千赴上都。壬戌，瑞州安撫姚文龍率張文顯來降，其家屬爲宋人所害，賜文龍、文顯等鈔有差。癸亥，彗星出東北，長四尺餘。甲子，遣使代祀嶽瀆后土。丙寅，改安西王傅銅印爲銀印。立永昌路山丹城等驛，仍給鈔千錠爲本，俾取息以給驛傳之須。諸王只必鐵木兒言：「永昌路驛百二十戶，疲於供給，質妻孥以應役。」詔賜鈔百八十錠贖還之。丁卯，荊湖北道宣慰使塔海拔歸州山寨四十七所。戊辰，祀先農東郊。甲戌，西川行院不花率衆數萬至重慶，營浮屠關，造梯衝將攻之，其夜都統趙安以城降。張珏艤船江中，與其妻妾順流走涪州，元帥張德潤以舟師邀之，珏遂降。車駕幸上都。辛巳，命北京選福住所統軍三百赴上都。壬午，隳吉、撫二州城，隆興濱西江，姑存之。仍選汀州軍馬守禦瑞金縣。丙戌，連州守過元龍已降復叛，塔海將兵討之，元龍棄城遁。丁亥，知南恩州陳堯道、僉判林叔虎以城降。詔以僧亢吉祥、憐眞加加瓦並爲江南總攝，掌釋教，除僧租賦，禁擾寺宇者。以大司農、御史大夫、宣徽使兼領侍儀司事孛羅爲樞

密副使，兼宣徽使，領侍儀司事。

三月庚寅朔，以冬無雨雪，春澤未繼，遣使問便民之事於翰林國史院，耶律鑄、姚樞、王磐、竇默等對曰：「足食之道，唯節浮費，靡穀之多，無踰醪醴麴糵。況自周、漢以來，嘗有明禁。祈賽神社，費亦不貲，宜一切禁止。」從之。辛卯，湖廣行中書省言：「廣西二十四郡並已內附，議復行中書省于潭州，置廣南西路宣撫司於靜江。」詔鄭鼎所將侍衞軍萬人還京師，崔斌、阿里海牙同駐靜江，忽都鐵木兒、鄭鼎同駐鄂漢，賈居貞、脫博忽魯禿花同駐潭州。癸巳，以行都水監兼行漕運司事。甲午，以鄭鼎所部軍士撫定靜江之勞，命還家少休，期六月赴上都。乙未，福建漳、泉二郡蒲壽庚、印德傅、李珏、李公度皆以城降。丁酉，括馬三萬二千二百六匹，孕駒者還其主。壬寅，廣東肇慶府新封等州皆來降。癸卯，壽昌府張之綱以從叛棄市。乙巳，命中外軍民官所佩金銀符，以色組繫于肩腋，庶無褻瀆，具爲令。庚戌，建寧府通判郭纘以城降。黃州歸附官史勝入覲，以所部將校于躍等三十一人戰功聞，命官之。僉書東西川行樞密院事昝順言：「比遣同知隆州事趙孟烯齎詔招諭南平軍都掌蠻、羅計蠻及鳳凰、中壠、羅韋、高崖等四寨皆降。田、楊二家、豕鵝夷民，亦各遣使納款。」壬子，寶應軍人施福殺其守將，降于淮東都元帥府，詔以福爲千戶，佩金符。癸丑，命汪惟正自東川移鎮肇昌。行中書省承制，以閩浙溫、處、台、福、泉、汀、漳、劍、建寧、邵武、興化

等郡降官，各治其郡。潭州行省遣使上言：「廣南西路慶遠、鬱林、昭、賀、藤、梧、融、賓、柳、象、邕、廉、容、貴、潯皆降，得府一、州十四。」復立襄陽府襄陽縣。平章政事、浙西道宣慰使阿塔海爲平章政事，行中書省事於江淮；郡王合答爲平章政事，行中書省事於北京。

夏四月甲子，宋特磨道將軍農士貴、知安平州李(惟)〔維〕屛、〔三〕知來安州岑從毅等，以所屬州縣溪洞百四十七、戶二十五萬六千來附。癸酉，省各路轉運司，事入總管府。設鹽轉運司四。置榷場於碉門、黎州，與吐蕃貿易。丙子，召安撫趙與可、宣撫陳巖入覲。丙戌，禁江南行用銅錢。均州復立南漳縣。

五月癸巳，申嚴大都酒禁，犯者籍其家貲，散之貧民。辛丑，千戶合剌合孫死於渾都海之戰，命其子忽都帶兒襲職。癸卯，改廣南西路宣撫司爲宣慰司。廣西欽、橫二州改立安撫司。各道提刑按察司兼勸農事。敕江南歸附官，三品以上者遣質子一人入侍。西番長阿立丁甯占等三十一族來附，得戶四萬七百。丙子，融州安撫使譚昌謀爲不軌，伏誅。辛亥，以河南、山東水旱，除河泊課，聽民自漁。乙卯，選蒙古、漢軍相參宿衞。詔諭思州安撫使田景賢。又詔諭瀘州西南番蠻王阿永，筠連、騰串等處諸族蠻夷，使其來附。命眞人李德和代祀濟瀆。

六月丙寅，涪州安撫陽立及其子嗣榮相繼來附，命立爲夔路安撫使，嗣榮爲管軍總管，並佩虎符，仍賜鈔百錠。壬寅，〔四〕賞征廣戰死之家銀各五十兩。丁丑，置尚膳院，秩三品，以提點尚食、尚藥局忽林失爲尚膳使，其屬司有七。庚辰，賞陽立所部戰士鈔千錠。甲申，荆湖北道宣慰使黑的得諜者，言夔府將出兵攻荆南。諭陽立等與塔海會兵禦之。丁亥，陞崇明沙爲崇明州。以行省參政、行江東道宣慰使阿剌罕爲中書左丞、行江東道宣慰使，湖北道宣慰使奧魯赤參知政事、行湖北道宣慰使。

秋七月戊子朔，罷大名、濟寧印鈔局。壬辰，敕犯盜者皆棄市。符寶郎董文忠言：「盜有强竊，贓有多寡，似難悉置于法。」帝然其言，遽命止之。丁酉，敕自今非佩符使臣及軍情急速，不聽乘傳。戊戌，申禁羊馬羣之在北者，八月內毋縱出北口諸隘踐食京畿之禾，犯者沒其畜。癸卯，諸王昔里吉劫北平王于阿力麻里之地，械繫右丞相安童，誘脅諸王以叛，使通好于海都。海都弗納，東道諸王亦弗從，遂率西道諸王至和林城北。詔右丞相伯顏帥軍往禦之。諸王忽魯帶率其屬來歸，與右丞相伯顏等軍合。丙午，置行御史臺于揚州，以都元帥相威爲御史大夫。置八道提刑按察司。戊申，東川都元帥張德潤等攻取涪州，大敗之，擒安撫程聰、陳廣。置行中書省于江西，以參知政事、行江西宣慰使塔出爲右丞，參知政事、行江西宣慰使麥朮丁爲左丞，淮東宣慰使徹里帖木兒、江東宣慰使張榮實、江西宣慰使李恒、招討使也的迷失、萬戶昔里門、荆湖路宣撫使程鵬飛、閩廣大都督兵馬招討使蒲壽

庚並參知政事，行江西省事。壬子，榷大都商稅。丁巳，湖北宣慰司調兵攻司空山，復壽昌、黃州二郡。賜平宋將帥軍士及簡州軍士廣西死事者銀鈔各有差。回水窩淵聖廣源王加封善佑，常山靈濟昭應王加封廣惠，安丘雹泉靈霈侯追封靈霈公。以參知政事、行江東道宣慰使呂文煥爲中書左丞。

八月戊午朔，詔不花行院西川。丁卯，成都路倉收羨餘五千石，按察司已治其罪，命以其米就給西川兵。辛未，常德府總管魯希文與李三俊結搆爲亂，事覺，命行省誅之。車駕畋于上都之北。

九月壬辰，製鑌鐵海青圓符。丙申，廣南東路廣、連、韶、德慶、惠、潮、南雄、英德等郡皆內附。甲辰，福建行省以宋二王在其疆境，調都督忙兀帶、招討高興領兵討之。昂吉兒、忻都、唐兀帶等引兵攻司空山寨，破之，殺張德興，執其三子以歸。壬子，福建路宣慰使、行征南都元帥唆都，遣招討使百家奴、丁廣取建寧之崇安等縣及南劍州。

冬十月丙辰朔，日有食之。己未，享于太廟。庚申，湖北宣慰使塔海略地至夔府之太原坪，禽其將，誅之。辛酉，弛蓋州獵禁。乙亥，以宋張世傑、文天祥猶未降，命阿塔海選銳兵防過隆興諸城。禁無籍軍隨大軍剽掠者，勿過關渡。己卯，降臣郭曉、魏象祖入覲，賜幣帛有差。壬午，置宣慰司于黃州。甲申，播州安撫使楊邦憲言：「本族自唐至宋，世守此土；

將五百年。昨奉旨許令仍舊，乞降璽書。」從之。以行省參政忽都帖木兒、脫博忽魯禿花、崔斌並爲中書左丞，鄂州總管府達魯花赤張鼎、湖北道宣慰使賈居貞並參知政事。

十一月戊子，樞密院臣言：「宋文天祥與其徒趙孟濼同起兵，行中書發兵攻之，殺孟濼，天祥僅以身免。」詔以其妻孥赴京師。右副都元帥張德潤上涪州功，賜鈔千錠。乙未，凡僞造寶鈔，同情者並處死，分用者減死杖之，具爲令。庚子，命中書省檄諭中外，江南既平，宋宜曰亡宋，行在宜曰杭州。以吏部尚書別都魯丁參知政事。

十二月丙辰，置中灤、唐村、淇門驛。丁卯，以大都物價翔踊，發官廩萬石，賑糶貧民。庚午，梁山軍袁世安以其城及金石城軍民來降。壬申，潭州行省復(祈)〔祁〕陽縣。〔一五〕斬首賊羅飛，餘黨悉平。乙亥，都元帥楊文安攻咸淳府克之。以十五年曆日賜高麗國。以參議中書省事耿仁參知政事。冠州及永年縣水，免今年田租。導任河，復民田三千餘頃。賜諸王金、銀、幣、帛等物如歲例。賜諸王也不干、燕帖木兒等五百二十九人羊馬價，鈔八千四百五十二錠。賞拜答兒等千三百五十五人戰功，金百兩、銀萬五千一百兩、鈔百三十錠及納失失、金素幣帛、貂鼠豹裘、衣帽有差。

是歲，賑東平、濟南等郡饑民，米二萬一千六百十七石、粟二萬八千六百十三石、鈔萬一百十二錠。斷死罪三十二人。

校勘記

〔一〕劉漢傑以城降　按宋史卷四七瀛國公紀及平宋錄，劉漢傑之降在正月己巳，此處紀日有脫誤。新元史作「己巳，宋安撫使劉漢傑以嘉興府降」，是。

〔二〕(高)〔皐〕亭山　據本書卷一二二唵木海傳、卷一二七伯顏傳、卷一二九唆都傳改。續編已校。

〔三〕宋主遣其〔宗室〕保康軍承宣使尹甫和州防禦使吉甫　本書卷一二七伯顏傳有「宋主遣知臨安府事賈餘慶同宗室保康軍承宣使尹甫、和州防禦使吉甫奉傳國璽及降表詣軍前」，據補。按此處不書「趙」姓，顯脫「宗室」二字。蒙史已校。

〔四〕(瓜)〔爪〕都　見卷五校勘記〔三〕。

〔五〕瓜(州)〔洲〕　見卷八校勘記〔一七〕。

〔六〕行尙書省　按是時行尙書省已改爲行中書省，此處「中」當作「尙」。蒙史已校。

〔七〕趙與(票)〔票〕　據本書卷一六八趙與票傳改。道光本已校。

〔八〕丁卯　按是月辛卯朔，無丁卯日。此「丁卯」在癸丑二十三日、庚申三十日間，類編改作「乙卯」，卽二十五日，疑是。

〔九〕王(睦)〔睦〕　據下文至元二十八年五月己未條及高麗史卷二八忠烈王世家改。下同。

〔一〇〕十二月辛(卯)〔酉〕朔　按十一月辛卯朔，三十日庚申，十二月無辛卯日，「卯」爲「酉」之誤，今改。類編已校。

〔一一〕以軍士圍守崇慶勞苦　按宋亡，制置使張珏守重慶，城至至元十四年二月始爲元有。元軍師老兵疲，故上文十一月丙午條有「軍士久圍重慶，逃亡者衆」。續編改「崇慶」爲「重慶」，疑是。

〔一二〕瑞安府仍爲溫州　按本書卷六二地理志，至元十三年置溫州路。此處「溫州」下疑脫「路」字。

〔一三〕李(惟)〔維〕屏　據上文至元十二年十一月丙子條及本書卷一六七張立道傳改。蒙史已校。

〔一四〕壬寅　按是月己未朔，無壬寅日。此「壬寅」在丙寅初八日、丁丑十九日間，當係壬申十四日之誤。

〔一五〕(祈)〔祁〕陽縣　從北監本改。

元史卷十

本紀第十

世祖七

十五年春正月辛卯，阿老瓦丁將兵戍斡端，給米三千石、鈔三十錠。以千戶鄭鄴有戰功，陞萬戶，佩虎符。癸巳，西京饑，發粟一萬石賑之，仍諭阿合馬廣貯積，以備闕乏。順德府總管張文煥、太原府達魯花赤太不花，以按察司發其姦贓，遣人詣省自首，反以罪誣按察司。御史臺臣奏：「按察司設果有罪，不應因事而告，宜待文煥等事決，方聽其訴。」從之。己亥，收括闌遺官也先、闊闊帶等坐易官馬、闌遺人畜，免其罪，以諸路州縣管民官兼領其事。官吏隱匿及擅易馬匹、私配婦人者，沒其家。禁官吏軍民賣所娶江南良家子女及爲娼者，賣、買者兩罪之，官沒其直，人復爲良。賜湖州長興縣金沙泉名爲瑞應泉。金沙泉不常出，唐時用此水造紫筍茶進貢，有司具牲幣祭之，始得水，事訖輒涸。宋末屢加浚治，泉迄不

出。至是中書省遣官致祭，一夕水溢，可溉田千畝。安撫司以事聞，故賜今名。封磁州神崔府君爲齊聖廣佑王。壬寅，弛女直、水達達酒禁。丙午，安西王相府言：「萬戶禿滿答兒、郝札剌不花等攻克瀘州，斬其主將王世昌、李都統。」戊申，從阿合馬請，自今御史臺非白于省，毋擅召倉庫吏，亦毋究錢穀數，及集議中書不至者罪之。授宋福王趙與芮金紫光祿大夫、檢校大司農、平原郡公。庚戌，東川副都元帥張德(閏)[潤]大敗涪州兵，[一]斬州將王明及其子忠訓、總轄韓文廣、張遇春。詔軍官不能撫治軍士及役擾致逃亡者，沒其家貲之半。以阿你哥爲大司徒，兼領將作院。

二月戊午，祀先農。蒙古冑子代耕籍田。癸亥，咸淳府等郡及[大]良平民戶饑，[二]以鈔千錠賑之。命平章政事阿塔海、阿里選擇江南廉能之官，去其冗員與不勝任者。復立河中府萬泉縣。辛未，以川蜀地多嵐瘴，弛酒禁。丁丑，熒惑犯天街。庚辰，征別十八里軍士，免其傜役。壬午，參知政事、福建路宣慰使唆都率師攻潮州，破之。置太史院，命太子贊善王恂掌院事，工部郎中郭守敬副之，集賢大學士兼國子祭酒許衡領焉。改華亭縣爲松江府。[三]遣使代祀嶽瀆。以參知政事夏貴、范文虎、陳巖並爲中書左丞，黃州路宣慰使唐兀帶、史弼並參知政事。

三月乙酉，詔蒙古帶、唆都、蒲壽庚行中書省事于福州，鎮撫瀕海諸郡。以沿海經略副

使合剌帶領舟師南征，陞經略使兼左副都元帥，佩虎符。丁亥，太陰犯太白。戊子，太陰犯熒惑。己丑，行中書省請考覈行御史臺文卷，不從。甲午，西川行樞密院招降西蜀、重慶等處，得府三、州六、軍一、監一、縣二十、柵四十、蠻夷一。乙未，宋廣王昺遣倪堅以表來上，令俟命大都。命揚州行省選鐵木兒不花所部兵助隆興進討。丁酉，命塔海毀夔府城壁。戊戌，劉宗純據德慶府，梧州萬戶朱國寶攻之，焚其寨柵，遂拔德慶。詔中書左丞呂文煥遣官招宋生、熟券軍，堪爲軍者，月給錢糧；不堪者，給牛屯田。庚子，漢軍都元帥李庭自願將兵擊張世傑，從之。西川行樞密院招宜勝、土㑋等城及石榴寨，相繼來降。壬寅，以諸路歲比不登，免今年田租、絲銀。癸卯，都元帥楊文安遣兵攻克紹慶，執其郡守鮮龍，命斬之。乙巳，廣南西道宣慰司遣管軍總管崔永、千戶劉潭、王德用招降雷、化、高三州，即以永等鎮守之。宋張世傑、蘇劉義挾廣王昺奔(碙)[碙]洲。[四]參知政事密立忽辛、張守智並行大司農司事。

夏四月乙卯，命元帥劉國傑將萬人北征，賜將士鈔二萬六百七十一錠。修會川縣盤古王祠，祀之。丙辰，詔以雲南境土曠遠，未降者多，簽軍萬人進討。戊午，以江南土寇竊發，人心未安，命行中書省左丞夏貴等，分道撫治軍民，檢覈錢穀，察郡縣被旱災甚者、吏廉能者，舉以聞；其貪殘不勝任者，劾罷之。甲子，命不花留鎮西川，汪惟正率獲功蒙古、漢軍官

及降臣入覲，大都巡軍之戍西川者遣還。立雲南、湖南二轉運司。以時雨霑足，稍弛酒禁，民之衰疾飲藥者，官爲醞釀量給之。辛未，置光祿寺，以同知宣徽院事禿剌鐵木兒爲光祿卿。廣州張鎮孫叛，犯廣州，守將(張)[梁]雄飛棄城走，[五]出兵臨之，鎮孫乞降，命遣鎮孫及其妻赴京師。丁丑，雲南行省招降臨安、白衣、和泥分地城寨一百九所，威楚、金齒、落落分地城寨軍民三萬二千二百，禿老蠻、高州、筠連州等城寨十九所。庚辰，以許衡言，遣使至杭州等處取在官書籍版刻至京師。壬午，立行中書省于建康府。中書左丞崔斌言：「比以江南官冗，委任非人，命阿里等沙汰之，而阿合馬溺於私愛，一門子弟，並爲要官。」詔並黜之。又言：「阿老瓦丁，臺臣劾其侵欺官錢，事猶未竟，今復授江淮參政，不可。」詔止其行。敕自今罷免之官，宰執爲宣慰，宣慰爲路官，路官爲州官。淮、浙鹽課直隸行省，宣慰司官勿預。改北京行省爲宣慰司。追江南工匠官虎符。

五月癸未朔，詔諭翰林學士和禮霍孫，今後進用宰執及主兵重臣，其與儒臣老者同議。乙酉，行中書言：「近討邵武、建昌、吉、撫等巖洞山寨，獲𠎝大老、戴巽子，餘黨皆下。獨張世傑據碙洲，攻傍郡，未易平，擬遣宣慰使史格進討。」詔以也速海牙總制之。敕：「主兵官若已擢授，其舊職宜別授有功者，勿復以子孫承襲。」申嚴無籍軍虜掠及傭奴代軍之禁。甲午，諸職官犯罪，受宣者聞奏，受敕者從行臺處之，受省札者按察司治之。其宣慰司官吏，

姦邪非違及文移案牘，從本道提刑按察司磨刷。應有死罪，有司勘問明白，提刑按察司審覆無寃，依例結案，類奏待命。自行中書以下應行公務，小事限七日，中事十五日，大事三十日。選江南鋭軍爲侍衞親軍。乙未，以烏蒙路隸雲南行省，仍詔諭烏蒙路總管阿牟，置立站驛，修治道路，其一應事務並聽行省平章賽典赤節制。立川蜀水驛，自敍州達荆南府。己亥，江東道按察使阿八赤求江東宣慰使呂文煥金銀器皿及宅舍子女不獲，誣其私匿兵仗。詔行臺大夫相威詰之，事白，免阿八赤官。辛亥，制授張留孫江南諸路道教都提點。賜拱衞司官及其所部四百五十人鈔二千六十錠。

六月乙卯，改西蕃李唐城爲李唐州。庚申，敕博兒赤、答剌赤及司糧、司幣等官並勿授符，已授者收之。壬戌，賜瀘州降臣薛旺等鈔有差。丙寅，以江南防拓關隘一十三所設官太冗，選軍民官廉能者各一人分領。陞濟南府爲濟南路，降西涼府爲西涼州。丁卯，置甘州和糴提舉司，以備給軍餉、賑貧民。甲戌，詔汰江南冗官。江南元設淮東、湖南、隆興、福建四省，以隆興併入福建。其宣慰司十一道，除額設員數外，餘並罷去。仍削去各官舊帶相銜。罷茶運司及營田司，以其事隸本道宣慰司。罷漕運司，以其事隸行中書省。各路總管府依驗戶數多寡，以上中下三等設官。宋故官應入仕者，付吏部錄用。以史塔剌渾、唐兀帶驟陞執政，忙古帶任無爲軍達魯花赤，復遙領黃州宣慰使，並罷之。時淮西宣慰使昂

吉兒入覲，言江南官吏太冗，故有是命。帝諭昂吉兒曰：「宰相明天道、察地理、盡人事，能兼此三者，乃爲稱職。爾縱有功，宰相非可覬者。回回人中阿合馬才任宰相，阿里年少亦精敏，南人如呂文煥、范文虎率衆來歸，或可以相位處之。」又顧謂左右曰：「汝可諭姚樞等，江南官吏太冗，此卿輩所知，而皆未嘗言，昂吉兒乃爲朕言之。」近侍劉鐵木兒因言：「阿里海牙屬吏張鼎，今亦參知政事。」詔卽罷去。遂命平章政事哈伯等諭中書省、樞密院、御史臺：「翰林院及諸南儒今爲宰相、宣慰，及各路達魯花赤佩虎符者，俱多謬濫，其議所以減汰之者。凡小大政事，順民之心所欲者行之，所不欲者罷之。」乙亥，敕省、院、臺諸司應聞奏事，必由起居注。丁丑，太廟殿柱朽腐，命太常少卿伯麻思告于太室，乃易之。戊寅，全州西延溪洞徭蠻二十所內附。己卯，發蒙古軍千人從江東宣慰使張弘範由海道討宋餘衆。參知政事蒙古帶請頒詔招宋廣王昺及張世傑等，不從。庚辰，處州張三八、章焱、季文龍等爲亂，行省遣宣慰使謁只里率兵討之。辛巳，達實都收括中興等路闌遺。安南國王陳光昞遣使奉表來貢。〔六〕

秋七月壬午朔，湖南制置張烈良、提刑劉應龍與周隆、賀十二起兵，行省調兵往討，獲周隆、賀十二斬之。烈良等舉家及餘兵奔思州烏羅洞，爲官軍所襲，二人皆戰死。甲申，賜親王愛牙赤所部建都戍軍貧乏者鈔千二百七十七錠。行御史臺增設監察御史四員。江南

湖北道、嶺南廣西道、福建廣東道並增設提刑按察司。乙酉，改江南諸路總管府爲散府者七、爲州者一，散府爲州者二。丙戌，以江南事繁，行省官未有知書者，恐於吏治非便，分命崔斌至揚州行省，張守智至潭州行省。丁亥，詔虎符舊用畏吾字，今易以國字。癸巳，以塔海征夔軍旅之還戍者，及揚州、江西舟師，悉付水軍萬戶張榮實將之，守禦江口。丙申，以右丞塔出、〔左丞〕呂師夔、〔七〕參知政事賈居貞行中書省事于贛州，福建、江西、廣東皆隸焉。丁酉，賜江西軍與張世傑力戰者三十人，各銀五十兩。以江西參知政事李恒爲都元帥，將蒙古、漢軍征廣。命揚州行中書省分軍三千付李恒。復上都守(戍)〔城〕軍二千人爲民。〔八〕壬寅，改鑄高麗王王賰駙馬印。丙午，改開元宣撫司爲宣慰司，太倉爲御廩，資成庫爲尚用監，皮貨局入總管府。定江南俸祿職田。戊申，濮州蝗。己酉，禁使人經行納憐驛。辛亥，改京兆府爲安西府。詔江南、浙西等處毋非理征科擾民。建漢祖天師正一祠於京城。以參知政事李恒爲蒙古、漢軍都元帥，忙古帶爲福建路宣慰使，張榮實、張鼎並爲湖北道宣慰使，也的迷失爲招討使。

八月壬子朔，追毀宋故官所受告身。以嘉定、重慶、夔府既平，還侍衞親軍歸本司。遣禮部尚書柴椿等使安南國，詔切責之，仍俾其來朝。丁巳，沿海經略司、行左副都元帥劉深言：「福州安撫使王積翁既已降附，復通謀於張世傑。」積翁上言：「兵力單弱，若不暫從，恐

爲闔郡生靈之患。」詔原其罪。壬戌，有首高興匿宋金者，詔置勿問。兩淮運糧五萬石賑泉州軍民。乙丑，濟南總管張宏以代輸民賦，嘗貸阿里、阿答赤等銀五百五十錠，不能償。詔依例停徵。辛未，復給漳州安撫使沈世隆家貲。世隆前守建寧府，有郭贇者受張世傑檄，誘世隆，世隆執贇斬之。蒙古帶以世隆擅殺，籍其家。帝曰：「世隆何罪，其還之。」仍授本路管民總管。中書省臣言：「近有旨追諸路管民官所授金虎符，其江南降臣宜仍所授。」從之。制封泉州神女號護國明著靈惠協正善慶顯濟天妃。甲戌，安西王相府言：「川蜀悉平，城邑山寨洞穴凡八十三，其渠州禮義城等處凡三十三所，宜以兵鎮守，餘悉撤毀。」從之。己卯，初立提刑按察司于畏吾兒分地。庚辰，以四川平，勞賞軍士鈔二萬一千三百三十九錠。辛巳，陞洺磁爲廣平府路。監察御史韓昺劾同知大都路總管府事舍里甫丁毆部民至死，詔杖之，免其官，仍籍沒家貲十之二。詔行中書省唆都、蒲壽庚等曰：「諸蕃國列居東南島嶼者，皆有慕義之心，可因蕃舶諸人宣布朕意。誠能來朝，朕將寵禮之。其往來互市，各從所欲。」詔諭軍前及行省以下官吏，撫治百姓，務農樂業，軍民官毋得占據民產，抑良爲奴。以中書左丞董文炳僉書樞密院事，參知政事唆都、蒲壽庚並爲中書左丞。

九月壬午朔，敕以總管張子良所簽軍二千二百人爲侍衞軍，俾張亨、陳瑾領之。癸未，省東西川行樞密院，其成都、潼川、重慶、利州四處皆設宣慰司。詔分揀諸路所括軍，驗事

力乏絶者爲民，其侍權豪避役者復爲兵。所遣分揀官及本府州縣官，能核正無枉者，陞爵一級。又減至元九年所括三萬軍半以爲民，其商戶餘丁軍並除之。戊子，以征東元帥府治東京。庚寅，昭信達魯花赤李海剌孫言，願同張弘略取宋二王，調漢軍、水軍俾將之。以中書左丞、行江東道宣慰呂文煥爲中書右丞。

冬十月己未，享于太廟，常設牢醴外，益以羊、鹿、豕、蒲萄酒。庚申，車駕至自上都。辛酉，賑別十八里、日忽思等饑民鈔二千五百錠。分夔府漢軍二千、新軍一千付塔海將之。賜合答乞帶軍士馬價幣帛二千匹，其軍士力戰者賞賚有差。乙丑，正一祠成，詔張留孫居之。丁卯，弛山場樵採之禁。己巳，趣行省造海船付烏馬兒、張弘範，增兵四千俾將之。庚午，敕御史臺，凡軍官私役軍士者，視數多寡定其罪。詔：「河西、西京、南京、西川、北京等宣慰司案牘，宜依江南近例，令按察司磨照。」移河南河北道提刑按察司治南京。御史臺臣言：「失里伯之弟阿剌與王權府等俘掠良民，失里伯縱弗問。及遣御史掾詰問，不伏。」詔執而鞫之。

十一月庚辰朔，棗陽萬戶府言：「李均收撫大洪山寨爲宋朱統制所害。」命賜銀千兩賙其家。丁亥，以辰、沅、靖、鎮遠等郡與蠻獠接壤，民不安業，命塔海、程鵬飛並爲荆湖北道宣慰使，置司常德路，餘官屬留荆南府，供給糧食軍需。壬辰，江東道宣慰使囊加帶言：「江

南既平，兵民宜各置官屬。蒙古軍宜分屯大河南北，以餘丁編立部伍，絶其虜掠之患。分揀官僚，本以革阿合馬濫設之弊。其將校立功者，例行沙汰，何以勸後？新附軍士，宜令行省賜其衣糧，無使闕乏。」帝嘉納之。徵宋相馬廷鸞、章鑑赴闕。甲午，開酒禁。復阿合馬子忽辛、阿散先等官。始忽辛等以崔斌論列而免，至是以張惠請，故復之。惠又請復其子麻速忽及其姪別都魯丁、苫思丁前職，帝疑惠，不從。敕已除官僚不之任者，除名爲農。丁酉，召陳巖入覲。己亥，貸侍衞軍屯田者鈔二千錠市牛具。辛丑，建寧政和縣人黃華，集鹽夫，聯絡建寧、括蒼及畬民婦自稱許夫人爲亂。詔調兵討之。丁未，行中書省自揚州移治杭州。立淮東宣慰司于揚州，以阿剌罕爲宣慰使。詔諭沿海官司通日本國人市舶。以參知政事程鵬飛行荆湖北道宣慰使。

閏月庚戌朔，羅氏鬼國主阿榨、西南蕃主韋昌盛並內附。詔阿榨、韋昌盛各爲其地安撫使，佩虎符。辛亥，太白、熒惑、填星聚于房。甲寅，幸光祿寺。丙辰，詔禿魯赤同潭州行省官一員，察戍還病軍所過州縣不加顧恤者按之。甲子，發蒙古、漢軍都元帥張弘範攻漳州，得山寨百五十、戶百萬一。是日，諜報文天祥見屯潮陽港，亟遣先鋒張弘正、總管囊加帶率輕騎五百人，追及于五坡嶺麓中，大敗之，斬首七千餘，執文天祥及其將校四人赴都。

十二月己卯〔朔〕，僉書西川行樞密院昝順招誘都掌蠻夷及其屬百一十人內附，以其長

阿永爲西南番蠻安撫使，得蘭紐爲都掌蠻安撫使，賜虎符，餘授宣敕、金銀符有差。庚辰，思州安撫使田景賢、播州安撫使楊邦憲請歸宋舊借鎮遠、黃平二城，仍徹戍卒，不允。景賢等請降詔禁戍卒毋擾思、播之民，從之。鴨池等處招討使欽察所領南征新軍，不能自贍者千人，命屯田于京兆。乙酉，伯顏以渡江收撫沙陽、新城、陽羅堡、閩、浙等郡獲功軍士及降臣姓名來上。詔授虎符者入覲，千戶以下並從行省授官。丙戌，揚州行省上將校軍功凡百三十四人，授官有差。丙申，從播州安撫楊邦憲請，以鼎山仍隸播州。庚子，敕長春宮修金籙大醮七晝夜。丙午，禁玉泉山樵採漁弋。戊申，以敍州等處禿老蠻殺使臣撒里蠻，命發兵討之。封伯夷爲昭義清惠公，叔齊爲崇讓仁惠公。以十六年曆日賜高麗。海州贛榆縣雹傷稼，免今年田租。南寧、吉（瑞）〔陽〕、萬安三郡內附。〔九〕開（城）〔成〕路置屯田總管府，〔一〇〕廣安縣隸之。臨淄、臨朐、清河復爲縣。導肥河入于鄘，淤陂盡爲良田。會諸王于大都，以平宋所俘寶玉器幣分賜之。賜諸王等金、銀、幣、帛如歲例。

是歲，西京奉聖州及彰德等處水旱民饑，賑米八萬八百九十石、粟三萬六千四十石、鈔二萬四千八百八十錠有奇。斷死罪五十二人。

十六年春正月己酉朔，高麗國王王賰遣其僉議中贊金方慶來賀，兼奉歲幣。壬子，罷

五翼探馬赤重役軍。癸丑，汪良臣言：「西川軍官父死子繼，勤勞四十年，乞顯加爵秩。」詔從其請。詔以海南、瓊崖、儋、萬諸郡俱平，令阿里海牙入覲。瀘州降臣趙金、吳大才、袁禹繩等從征重慶，其家屬爲叛者所殺，詔賜鈔有差，仍以叛者妻孥付金等。敕高麗國置大灰艾州、東京、柳石、孛落四驛。甲寅，無籍軍侵掠平民，而諸王只必帖木兒所部爲暴尤甚，命捕爲首者置之法。敕移贛州行省還隆興。高麗國來獻方物。辛酉，合州安撫使王立以城降。先是立遣間使降安西王相李德輝，東川行院與德輝爭功，德輝單舸至城下，呼立出降，川蜀以平。東川行院遂言，立久抗王師，嘗指斥憲宗，宜殺之。樞密院以其事聞，而降臣李諒亦訟立前殺其妻子，有其財物。遂詔殺立，籍其家貲償諒。既而安西王具立降附本末來上，且言東川院臣憤李德輝受降之故，誣奏誅立。樞密院臣亦以前奏爲非。帝怒曰：「卿視人命若戲耶！前遣使計殺立久矣，今追悔何及。卿等妄殺人，其歸待罪。」斥出之。會安西王使再至，言未殺立。卽召立入覲，命爲潼川路安撫使，知合州事。壬戌，分川蜀爲四道：以成都等路爲四川西道，廣元等路爲四川北道，重慶等路爲四川南道，順慶等路爲四川東道，並立宣慰司。賞重慶等處從征蒙古、漢軍鈔三萬九千九百五十一錠。改播州鼎山縣爲播川縣。丁卯，賜參知政事昝順田民百八十戶於江津縣。戊辰，立河西屯田，給畊具，遣官領之。甲戌，張弘範將兵追宋二王至崖山寨，張世傑來拒戰，敗之，世傑遁去，廣王昺偕其

官屬俱赴海死，獲其金寶以獻。丙子，詔諭又巴、散毛等四洞番蠻酋長使降。以中書(左)〔右〕丞別乞里迷失同知樞密院事。〔一一〕禁中書省文冊奏檢用畏吾字書。賜異樣等局官吏工匠銀二千兩。賜皇子奧魯赤及諸王拜答罕下軍士與思州田師賢所部軍衣服及鈔有差。〔一二〕

二月戊寅朔，祭先農于籍田。壬午，陞溧〔陽〕州爲路。〔一三〕遣使訪求通皇極數番陽祝泌子孫，其甥傅立持泌書來上。撥民萬戶隸明里淘金。以江南漕運舊米賑軍民之饑者。癸未，增置五衞指揮司。詔遣塔黑麻合兒、撒兒答帶括中興戶。太史令王恂等言：「建司天臺于大都，儀象圭表皆銅爲之，宜增銅表高至四十尺，則景長而眞。又請上都、洛陽等五處分置儀表，各選監候官。」從之。甲申，平章阿里伯乞行中書省檢覈行御史臺文案，且請行臺呈行省，比御史臺呈中書省例，從之。以征日本，敕揚州、湖南、贛州、泉州四省造戰船六百艘。移紹興宣慰司于處州。己丑，調潭州行省軍五千戍沿海州郡。庚寅，張弘範以降臣陳懿兄弟破賊有功，且出戰船百艘從征宋二王，請授懿招討使兼潮州路軍民總管，及其弟忠、義、勇三人爲管軍總管；十夫長塔剌海獲文天祥有功，請授管軍千戶，佩金符。並從之。壬辰，詔諭宗師張留孫悉主淮東、淮西、荊襄等處道教。乙未，玉速帖木兒言：「行臺文卷令行省檢覈，於事不便。」詔改之。其運司文卷聽御史臺檢覈。饒州路達魯花赤玉古倫擅用羨餘糧四千四百石，杖之，仍沒其家。詔湖南行省於戍軍還途，每四五十里立安樂堂，疾者醫

之，饑者廩之，死者藁葬之，官給其需。遣官覈實益都、淄萊、濟南逃亡民地之爲行營牧地者。禁諸奧魯及漢人持弓矢，其出征所持兵仗，還卽輸之官庫。壬寅，賜太史院銀一千七十八兩。癸卯，發嘉定新附軍千人屯田脫里北之地。甲辰，陞大都兵馬都指揮使司秩四品。詔大都、河間、山東管鹽運司並兼管酒、醋、商稅等課程。中書省臣請以眞定路達魯花赤蒙古帶爲保定路達魯花赤，帝曰：「此正人也，朕將別以大事付之。」賞汪良臣所部蒙古、漢軍收附四川功鈔五萬錠。命嘉定以西新附州郡及田、楊二家諸貴官子，俱充質子入侍。車駕幸上都。乙巳，命同知太史院事郭守敬訪求精天文曆數者。西蜀四川道立提刑按察司。丙午，遣使代祀嶽瀆后土。詔河南、西京、北京等路課程，令各道宣慰司領之。賞西川新附軍鈔三千八百五十錠。以斡端境內蒙古軍耗乏，并漢軍、新附軍等，賜馬牛羊及馬驢價鈔、衣服、弓矢、鞍勒各有差。

三月戊申朔，詔禁歸德、亳、壽、臨淮等處畋獵。庚戌，敕郭守敬繇上都、大都，歷河南府抵南海，測驗晷景。壬子，囊加帶括兩淮造回回礮新附軍匠六百，及蒙古、回回、漢人、新附人能造礮者，俱至京師。庚申，給千戶馬乃部下拔突軍及土渾川軍屯田牛具。丙寅，敕中書省，凡掾史文移稽緩一日二日者杖，三日者死。甲戌，潭州行省遣兩淮招討司經歷劉繼昌招下西南諸番，以龍方零等爲小龍蕃等處安撫使，仍以兵三千戍之。中書省下太常寺

講究州郡社稷制度，禮官折衷前代，參酌儀禮，定擬祭祀儀式及壇壝祭器制度，圖寫成書，名曰至元州縣社稷通禮，上之。以保定路旱，減是歲租三千一百二十石。

夏四月己卯，立江西榷茶運司及諸路轉運鹽使司、宣課提舉司。癸巳，以給事中兼起居注，掌隨朝諸司奏聞事。戊戌，以池州路達魯花赤阿塔赤戰功陞招討使，兼本軍萬戶。癸卯，塡星犯鍵閉。乙巳，汪良臣言：「昔昝順兵犯成都，掠其民以歸。今嘉定既降，宜還其民成都。」制曰「可」。敕以上都軍四千衞都城，凡他所來戍者皆遣歸。從唆都請，令泉州僧依宋例輸稅，以給軍餉。詔諭揚州行中書省，選南軍精銳者二萬人充侍衞軍，併發其家赴京師，仍給行費鈔萬六千錠。大都等十六路蝗。

五月己酉，中書省請復授宣慰司官虎符，不允。又請各路設提舉、同提舉、副提舉各一員，專領課程，從之。辛亥，蒲壽庚請下詔招海外諸蕃，不允。詔諭漳、泉、汀、邵武等處暨八十四畬官吏軍民，若能舉衆來降，官吏例加遷賞，軍民按堵如故。以泉州經張世傑兵，減今年租賦之半。丙辰，以五臺僧多匿逃奴及逋賦之民，敕西京宣慰司、按察司搜索之。命畏吾界內計畝輸稅。以各道按察司地廣事繁，併勸農官入按察司，增副使、僉事各一員，兼職勸農水利事。甲子，御史臺臣言：「先是省臣阿里伯言，有罪者與臺臣相威同問，有旨從之。臣等謂行省斷罪以意出入，行臺何由舉正。宜從行省問訖，然後體察爲宜。」制曰

「可」。高興使用宋二王金三萬一千一百兩有奇、銀二十五萬六百兩，詔遣使追理。詔漣、海等州募民屯田，置總管府及提舉司領之。乙丑，敕江陵等路拔突戶一萬，凡千戶置達魯花赤一員，直隸省部。丙寅，敕江南僧司文移，毋輒入遞。臨洮、鞏昌、通安等十驛，非有海青符，不聽乘傳。丁卯，改雲南寶山、寘渠二縣爲州。己巳，詔沿路驛店民家，凡往來使臣不當乘傳者，毋給人畜飲食芻料。完都、河南七驛民貧乏，給其馬牛羊價鈔千八百錠。庚午，賜乃蠻帶戰功及攻圍重慶將士及宣慰使劉繼昌等鈔、衣服各有差。壬申，以呂虎來歸，授順慶府總管，佩虎符，仍賜鈔五十錠。徙丁子峪所駐侍衞軍萬人，屯田昌平。癸酉，兀里養合帶言：「賦北京、西京車牛俱至，可運軍糧。」帝曰：「民之艱苦汝等不問，但知役民。使今年盡取之，來歲禾稼何由得種。其止之。」甲戌，給要束合所領工匠牛二千，就令運米二千石供軍。詔諭脫兒赤等管甘州路宣課，諸人毋或沮擾。潭州行省上言：「瓊州宣慰馬旺已招降海外四州，尋有土寇黃威遠等四人爲亂，今已擒獲。」詔置之極刑。丙子，進封桑乾河洪濟公爲顯應洪濟公。命宗師張留孫卽行宮作醮事，奏赤章于天，凡五晝夜。賜皇子奧魯赤、撥里答等及千戶伯牙兀帶所部軍及和州站戶羊馬鈔各有差。

六月丁丑朔，阿合馬言：「常州路達魯花赤馬恕告僉浙西按察司事高源不法四十事，源亦劾恕。」事聞，詔令廷辯。詔發新附軍五百人、蒙古軍百人、漢軍四百人戍硇門、魚通、黎、

雅。詔諭王相府及四川行中書省，四道宣慰司撫治播川、務川西南諸蠻夷，官吏軍民各從其俗，無失常業。壬午，以浙東宣慰使陳祐沒王事，命其子夔爲管軍總管，佩虎符。甲申，宋張世傑所部將校百五十八人，詣瓊、雷等州來降。敕造戰船征日本，以高麗材用所出，卽其地製之。令高麗王議其便以聞。乙酉，楡林、洪贊、刁窩，每驛益馬百五十、車二百，牛如車數給之。丙戌，左右衞屯田蝗蝻生。庚寅，陞濟寧府爲路。壬辰，以參知政事、行河南等路宣慰使忽辛爲中書左丞，行中書省事。癸巳，以新附軍二萬分隸六衞屯田。徹里帖木兒言其部軍多爲盜刼掠貲財，有司不卽理斷，乞遣官詰治。詔兀魯帶往治之。以不花行西川樞密院事，總兵入川，平宋諸城之未下者。仍令東川行樞密院調兵守釣魚山寨。西川旣平，復立屯田，其軍官第功陞擢，凡授宣敕、金銀符者百六十一人。詔以高州、筠連州騰川縣新附戶於溆州等處治道立驛。雲南都元帥愛魯、納速剌丁招降西南諸國。愛魯將兵分定亦乞不薛。納速剌丁將大理軍抵金齒、蒲驃、曲蠟、緬國界內，招忙木、巨木禿等寨三百，籍戶十一萬二百。詔定賦租，立站遞，設衞送軍。軍還，獻馴象十二。戊戌，改宜德府龍門鎭復爲縣。庚子，拘括河西、西番闌遺戶。辛丑，以通州水路淺，舟運甚艱，命樞密院發軍五千，仍令食祿諸官雇役千人開浚，以五十日訖工。癸卯，以臨洮、鞏昌、通安等十驛歲饑，供役繁重，有質賣子女以供役者，命選官撫治之。甲辰，以襄陽屯田戶四百代軍

當驛役。賜征北諸郡蒙古軍闊闊八都等力戰有功者銀五十兩，戰歿者家給銀百兩，從行伍者鈔一錠，其餘衣物有差。禁伯顏察兒諸峪寨捕獵。詔免四川差稅。以參知政事、行中書省事別都魯丁爲河南等路宣慰使。以阿合馬子忽辛爲潭州行省左丞，忽失海牙等並復舊職。占城、馬八兒諸國遣使以珍物及象犀各一來獻。賜諸王所部銀鈔、衣服、幣帛、鞍勒、弓矢及羊馬價鈔等各有差。五臺山作佛事。

秋七月戊申，寧國路新附軍百戶詹福謀叛，福論死，授告者何士靑總把、銀符，仍賜鈔十錠。罷西川行省。庚戌，禁脫脫和孫搜取乘傳者私物。乙卯，應昌府依例設官。置東宮侍衞軍。定江南上、中路置達魯花赤二員，下路一員。敕發西川蒙古軍七千、新附軍三千，付皇子安西王。丁巳，交趾國遣使來貢馴象。己未，以朶哥麻思地之算木多城爲鎭西府。敕以蒙古軍二千、益都軍二千、諸路軍一千、新附軍五千，合萬人，令李庭將之。壬戌，賞瓮吉剌所部力戰軍，人銀五十兩，死事者人百兩，給其家。阿里海牙入覲，獻金三千五百八十兩、銀五萬三千一百兩。罷潭州行省造征日本及交趾戰船。丙寅，塡星犯鍵閉。癸酉，西南八番、羅氏等國來附，洞寨凡千六百二十有六，戶凡十萬一千一百六十有八。詔遣牙納朮、崔彧至江南訪求藝術之人。以中書左丞、行四川行中書省事汪良臣爲安西王相。賜諸王納里忽所部有功將校銀鈔、衣裝、幣帛、羊馬有差。以趙州等處水旱，減今年租三千一百

八十一石。命散都修佛事十有五日。

八月丁丑，車駕至自上都。庚辰，太陰犯房距星。戊子，范文虎言：「臣奉詔征討日本，比遣周福、欒忠與日本僧齎詔往諭其國，期以來年四月還報，待其從否，始宜進兵。」又請簡閱舊戰船以充用。皆從之。海賊賀文達率衆來歸文虎，文虎以所得銀三千兩來獻。有旨釋其前罪，官其徒四十八人，就以銀賜文虎。己丑，宋降臣王虎臣陳便宜十七事，令張易等議，可者行之。庚寅，敕沅州路蒙古軍總管乞答台征取桐木籠、犵狫、伯洞諸蠻未附者。調江南新附軍五千駐太原，五千駐大名，五千駐衞州。以每歲聖誕節及元辰日，禮儀費用皆斂之民，詔天下罷之。丁酉，以江南所獲玉爵及坫凡四十九事，納于太廟。己亥，海賊金通精死，獲其從子溫，有司欲論如法，帝曰：「通精已死，溫何預焉。」特赦其罪。庚子，歲星犯軒轅大星。甲辰，詔漢軍出征逃者罪死，且沒其家。置大護國仁王寺總管府，以散扎兒爲達魯花赤，李光祖爲總管。賜范文虎僚屬二十一人金紋綾及西錦衣。賞征重慶將校幣帛有差。賜諸王阿只吉糧五千石、馬六百匹、羊萬口。

九月乙巳朔，范文虎薦可爲守令者三十人。詔：「今後所薦，朕自擇之。凡有官守不勤於職者，勿問漢人、回回皆論誅之，且沒其家。」女直、水達達軍不出征者，令隸民籍輸賦。己酉，罷金州守船軍千人，量留監守，餘皆遣還。庚戌，詔行中書省左丞忽辛兼領杭州等路

諸色人匠；以杭州稅課所入，歲造繒段十萬以進。杭、蘇、嘉興三路辦課官吏，額外多取分例，今後月給食錢，或數外多取者罪之。阿合馬言：「王相府官趙炳云，陝西課程歲辦萬九千錠，所司若果盡心措辦，可得四萬錠。」卽命炳總之。同知揚州總管府事董仲威坐贓罪，行臺方按其事，仲威反誣行臺官以他事。詔免仲威官，仍沒其產十之二。戊午，王相府言：「四川宣慰司有籍無軍虛受賞者一萬七千三百八人。」命詰治之。議罷漢人之爲達魯花赤者。御史臺臣言：「江南三路管課官，於分例外支用鈔一千九百錠。」命盡徵之。詔遣使招諭西南諸蠻部族酋長，能率所部歸附者，官不失職，民不失業。乙丑，以忽必來、別速台爲都元帥，將蒙古軍二千人、河西軍一千人，戍斡端城。己巳，樞密院臣言：「有唐兀帶者冒禁引軍千餘人，於辰溪、沅州等處刼掠新附人千餘口及牛馬、金銀、幣帛等，而麻陽縣達魯花赤武伯不花爲之鄉導。」敕斬唐兀帶、武伯不花，餘減死論，以所掠者還其民。給河西行省鈔萬錠，以備支用。

冬十月己卯，享于太廟。辛巳，敍州、夔府至江陵界立水驛。乙酉，帝御香閣。命大樂署令完顏椿等肄文武樂。戊子，張融訴西京軍戶和買和雇，有司匿所給價鈔計萬八千餘錠；官吏坐罪，以融爲侍衞軍總把。千戶脫略、總把忽帶擅引軍入婺州永康縣界，殺掠吏民。事覺，自陳嘗從先帝出征有功，乞貸死。敕沒入其家貲之半，杖遣之。辛卯，賑和州貧

民鈔。乙未，納碧玉爵于太廟。丙申，太陰犯太微西垣上將。辛丑，以月直元辰，命五祖眞人李居壽作醮事，奏赤章，凡五晝夜。畢事，居壽請間言：「皇太子春秋鼎盛，宜預國政。」帝喜曰：「尋將及之。」明日，下詔皇太子燕王參決朝政，凡中書省、樞密院、御史臺及百司之事，皆先啓後聞。甲辰，賜高麗國王至元十七年曆日。

十一月戊申，敕諸路所捕盜，初犯贓多者死，再犯贓少者從輕罪論。阿合馬言：「有盜以舊鈔易官庫新鈔百四十錠者，議者謂罪不應死，且盜者之父執役臣家，不論如法，寧不自畏。」詔處死。壬子，遣禮部尚書柴椿偕安南國使杜中贊齎詔往諭安南國世子陳日烜，責其來朝。癸丑，太陰犯熒惑。乙卯，罷太原、平陽、西京、延安路新簽軍還籍。罷招討使劉萬奴所管無籍軍願從大軍征討者。趙炳言陝西運司郭同知、王相府郎中令郭叔雲盜用官錢，敕尚書禿速忽、侍御史郭祐檢覈之。戊辰，命湖北道宣慰使劉深教練鄂州、漢陽新附水軍。詔諭四川宣慰司括軍民戶數。己巳，以梧州妖民吳法受扇惑藤州、德慶府瀧水猺蠻爲亂，獲其父誅之。併教坊司入拱衞司。

十二月戊寅，發粟鈔賑鹽司竈戶之貧者。括甘州戶。庚辰，安南國貢藥（財）〔材〕。〔一四〕甲申，祀太陽。丙申，敕樞密、翰林院官，就中書省與唆都議招收海外諸番事。丁酉，八里灰貢海青。回回等所過供食，羊非自殺者不食，百姓苦之。帝曰：「彼吾奴也，飲食敢不隨

我朝乎？」詔禁之。詔諭海內海外諸番國主。賜右丞張惠銀五千四百兩。敕自明年正月朔日，建醮于長春宮，凡七日，歲以爲例。命李居壽告祭新歲。詔諭占城國主，使親自來朝。唆都所遣闍婆國使臣治中趙玉還。改單州、兗州隸濟寧路。復置萬泉縣，隸河中府。改垣曲縣隸絳州。降歸州路爲州。陞沔陽、安陸各爲府。改京兆爲安西路。改惠州、建寧、梧州、柳州、象州、邕州、慶遠、賓州、横州、容州、潯州並爲路。建聖壽萬安寺于京城。帝師亦憐（吉）〔眞〕卒。〔一五〕敕諸國教師禪師百有八人，卽大都萬安寺設齋圓戒，賜衣。

是歲，斷死罪百三十二人。保定等二十餘路水旱風雹害稼。

校勘記

〔一〕張德（閏）〔潤〕 據上文至元十四年七月戊申、十一月戊子條及宋史卷四五一張鈺傳改。道光本已校。

〔二〕（大）〔良〕平 據上文至元三年十一月丙辰、十三年十一月丙午條及本書卷一三三拜延傳、卷一六五趙匣刺傳補。參看卷五校勘記〔七〕。

〔三〕華亭縣 按本書卷六二地理志，改松江府者爲華亭府。本證云「縣當作府」，是。

〔四〕（碙）〔硇〕洲 從殿本改。

〔五〕（張）〔梁〕雄飛 據宋史卷四七瀛國公紀附二王及元文類卷四一經世大典序錄征伐改。

〔六〕安南國王陳光昞遣使奉表來貢 按本書卷二〇九安南傳，至元十四年光昞卒，國人立其子日烜，遣使入元。此處仍書「陳光昞」，疑誤。

〔七〕〔左丞〕呂師夔 據下文至元十七年二月辛丑條及本書卷一三五塔出傳補。本證已校。

〔八〕守（成）〔城〕軍 從殿本改。

〔九〕南寧吉（瑁）〔陽〕萬安三郡內附 據本書卷六三地理志及卷一二八阿里海牙傳改。按此三地皆在今海南島。

〔一〇〕開（城）〔成〕路 據本書卷六十地理志開成州條改。

〔一一〕中書（左）〔右〕丞別乞里迷失 據上文至元十三年七月丙辰條及本書卷一六六賀祉傳改。

〔一二〕田師賢 按上文至元十二年十二月己亥、十四年五月乙卯、十五年十二月庚辰條及元文類卷四一經世大典序錄招捕有「思州安撫使田景賢」，疑此處「師」當作「景」。

〔一三〕陞深（陽）〔陽〕州爲路 據本書卷六二地理志補。本證已校。

〔一四〕藥（財）〔材〕 從北監本改。

〔一五〕亦憐（吉）〔眞〕 據本書卷二〇二釋老傳改。按前文至元十一年三月癸巳條作「亦鄰眞」。藏語「亦憐眞」，意爲「寶」。蒙史已校。

元史卷十一

本紀第十一

世祖八

十七年春正月癸卯朔，高麗國王王(睶)〔賰〕遣其僉議中贊金方慶來賀，〔一〕兼奉歲貢。丙午，命萬戶綦公直戍別失八里，賜鈔一萬二千五百錠。辛亥，磁州、永平縣水，給鈔貸之。丙辰，立遷轉官員法：凡無過者授見闕，物故及過犯者選人補之，滿代者令還家以俟。又定諸路差稅課程，增益者卽上報，隱漏者罪之，不須履畝增稅，以搖百姓。詔括江淮銅及銅錢銅器。辛酉，以海賊賀文達所掠良婦百三十餘人還其家。廣西廉州海賊霍公明、鄭仲龍等伏誅。甲子，敕泉州行省，所轄州郡山寨未卽歸附者率兵拔之，已拔復叛者屠之。以總管張瑄、千戶羅(璧)〔壁〕收宋二王有功，〔二〕陞瑄沿海招討使，虎符；(璧)〔壁〕管軍總管，金符。丁卯，畋近郊。詔毋以侍衞軍供工匠役。戊辰，敕相威檢覈阿里海牙、忽都帖木兒等

所俘丁三萬二千餘人，並放爲民。置行中書省于福州。改德慶(路)〔府〕爲總管府。〔三〕賜開灤河五衞軍鈔。

二月乙亥，張易言：「高和尚有祕術，能役鬼爲兵，遙制敵人。」命和禮霍孫將兵與高和尚同赴北邊。丙子，立北京道二驛。丁丑，答里不罕以雲南行省軍攻定昌路，擒總管谷納殺之。詔令答里不罕還，以阿答代之。敕非遠方歸附人毋入會同館。詔納速剌丁將精兵萬人征緬國。乙酉，賞納速剌丁所部征金齒功銀五千三百二十兩。己丑，命梅國賓襲其父應春瀘州安撫使職。瀘州嘗叛，應春爲前重慶制置使張珏所殺。國賓詣闕訴冤，詔以珏畀國賓，使復其父讎。珏時在京兆，聞之自經死。國賓請贖還瀘州軍民之爲俘者，從之。日本國殺國使杜世忠等，征東元帥忻都、洪茶丘請自率兵往討，廷議姑少緩之。丙申，詔諭眞人(祈)〔祁〕志誠等焚毀道藏僞妄經文及板。〔四〕庚子，阿里海牙及納速剌丁招緬國及洞蠻降臣，詔就軍前定錄其功以聞。江淮行省左丞夏貴請老，從之，仍官其子孫。合剌所部和州等城爲叛兵所掠者，賜鈔給之，仍免其民差役三年。發侍衞軍三千浚通州運糧河。畏吾戶居河西界者，令其屯田。辛丑，以廣中民不聊生，召右丞塔出、左丞呂師夔廷詰壞民之由。命也的迷失、賈居貞行宣慰司往撫之。師夔至，廷辯無驗，復令還省治事。詔王相府於諸奧魯市馬二萬六千三百匹。遣使代祀岳瀆。賜諸王阿八合、那木干所部，及征日本行省阿剌罕、范文虎等西錦衣、銀鈔、幣帛各有差。又賜四川貧民及兀剌帶等馬牛羊價鈔。

三月癸卯，命福建王積翁入領省事，中書省臣以爲不可，改戶部尚書。甲辰，車駕幸上都。思、播州軍侵鎭遠、黃平界，命李德輝等往視之。罷通政院官不勝任者。丙午，敕東西兩川發蒙古、漢軍戍魚通、黎、雅。乙卯，立都功德使司，從二品，掌奏帝師所統僧人幷吐番軍民等事。己未，詔討羅氏鬼國，命以蒙古軍六千，哈剌章軍一萬，西川藥剌海、萬家奴軍萬人，阿里海牙軍萬人，三道並進。癸亥，高郵等處饑，賑粟九千四百石。辛未，立畏吾境內交鈔提舉司。給月脫古思八部屯田牛具。賜忙古帶等羊馬及皇子南木合下羊馬價。

夏四月壬申朔，中書省臣言：「唆都軍士擾民，故南劍等路民復叛。及忙古帶往招徠之，民始獲安。」詔以忙古帶仍行省福州。癸酉，南康杜可用叛，命史弼討擒之。定杭州宣慰司官四員，以游顯、管如德、忽都虎、劉宣充之。丙子，隆興路楊門站復爲懷安縣。庚辰，四川宣慰使也罕的斤請賜海青符，命以二符給之。壬午，史弼入朝。乙酉，以宋太常樂付太常寺。改泗州靈壁縣仍隸宿州。丁亥，立杭州路金玉總管府。甲午，敕軍戶貧乏者還民籍。丙申，以羅佐山道梗，敕阿里海牙發軍千人戍守。以隆興、泉州、福建置三省不便，命廷臣集議以聞。己亥，諸王只必帖木兒請各投下設官，不從。庚子，歲星犯軒轅大星。敕權停百官俸。寧海、益都等四郡霜，眞定七郡蟲，皆損桑。

五月辛丑朔，樞密院調兵六百守居庸南、北口。甲辰，作行宮于察罕腦兒。丙午，陞沙州爲路。癸丑，括沙州戶丁，定常賦，其富戶餘田令所戍漢軍耕種。詔雲南行省發四川軍萬人，命藥剌海領之，與前所遣將同征緬國。高麗國王王(睶)〔賰〕以民饑，乞貸糧萬石，從之。福建行省移泉州。甲寅，汀、漳叛賊廖得勝等伏誅。造船三千艘，敕耽羅發材木給之。庚申，賜諸王別乞帖木兒銀印。辛酉，賜國師掌教所印。賞伯顏將士戰功銀二萬八千七百五十兩。眞定、咸平、忻州、漣、海、邳、宿諸州郡蝗。

六月辛未朔，以忽都帶兒收籍闌遺人民牛畜，撥荒地令屯田。壬申，復招諭占城國。丁丑，唆都部下顧總管聚黨於海道劫奪商貨，范文虎招降之，復議置于法。命文虎等集議處之。阿答海等請罷江南所立稅課提舉司，阿合馬力爭，詔御史臺選官檢覈，具實以聞。阿合馬請立大宗正府。〔五〕遣呂告蠻部安撫使王阿濟同萬戶昝坤招諭羅氏鬼國。罷上都奧魯官，以留守司兼管奧魯事。(西安)〔安西〕王薨，罷其王相府。壬辰，召范文虎議征日本。戊戌，高麗王王(睶)〔賰〕遣其將軍朴義來貢方物。江淮等處頒行鈔法，廢宋銅錢。遣不魯合答等檢覈江淮行省阿里伯、燕帖木兒錢穀。改泗州隸淮安路。賜忽烈禿、忽不剌等將士力戰者銀鈔，及給折可察兒等軍士羊馬價鈔各有差。

秋七月辛丑，廣東宣慰使帖木兒不花言：「諸軍官宜一例遷轉。江淮郡縣，首亂者誅，

沒其家。官豪隱庇佃民，不供徭役，宜別立籍。各萬戶軍交參重役，宜發還元翼。」詔中書省、樞密院、翰林院集議以聞。敕思州安撫司還舊治。戊申，太陰掩房距星。以高麗國初置驛，站民乏食，命給糧一歲。仍禁使臣往來，勿求索飲食。己酉，立行省于京兆，以前安西相李德輝爲參知政事，兼領錢穀事。徙泉州行省于隆興。以禿古滅軍劫食火拙畏吾城禾，民饑，命官給驛馬之費，仍免其賦稅三年。太陰犯南斗。甲寅，發衞兵八百治沙嶺橋，敕毋踐民田。戊午，從阿合馬言，以參知政事郝禎、耿仁並爲中書左丞。用姚演言，開膠東河及收集逃民屯田漣、海。甲子，遣安南國王子倪還。括蒙古軍成丁者。敕亦來等率萬人入羅氏鬼國，如其不附，則入討之。乙丑，罷江南財賦總管府。丁卯，併大都鹽運司入河間爲一，仍減汰冗員。割建康民二萬戶種稻，歲輸釀米三萬石，官爲運至京師。戊辰，詔括前願從軍者及張世傑潰軍，使征日本。命范文虎等招集避罪附宋蒙古、回回等軍。己巳，遣中使咬難歷江南名山訪求高士，且命持香幣詣信州龍虎山、臨江閤皂山、建康三茅山，皆設醮。賜阿赤黑等及怯薛都等戰功銀鈔。賜招收散毛等洞官吏衣段。

八月庚午朔，蕭簡等十人歷河南五路，擅招闌遺戶。事覺，謫其爲首者從軍自效，餘皆杖之。乙亥，改蒙古侍衞總管〔府〕爲蒙古侍衞親軍都指揮使司。〔六〕丙子，太陰犯心東星。丁丑，唆都請招三佛齊等八國，不從。鎮守南劍路萬戶呂宗海竊兵亡去，詔追捕之。戊寅，

占城、馬八兒國皆遣使奉表稱臣，貢寶物犀象。以前所括願從軍者爲軍，付茶忽領之，征日本。丁亥，許衡致仕，官其子師可爲懷孟路總管，以便侍養。納碧玉盞六、白玉盞十五于太廟。癸巳，賜西平王所部糧。戊戌，高麗王王（睶）〔賰〕來朝，且言將益兵三萬征日本。以范文虎、忻都、洪茶丘爲中書右丞，李庭、張拔突爲參知政事，並行中書省事。賜闊里吉思等鈔，迷里兀合等羊馬，怯魯憐等牛羊馬價，及東宮位下怯憐口等粟帛。大都、北京、懷孟、保定、南京、許州、平陽旱，濮州、東平、濟寧、磁州水。

九月壬子，車駕至自上都。壬戌，也罕的斤進征斡端。癸亥，命沿途廩食和林回軍。甲子，太陰掩右執法幷犯歲星。乙丑，守庫軍盜庫鈔，八剌合赤分其贓，縱盜遁去，詔誅之。丁卯，羅氏鬼國主阿察及阿里降，安西王相李德輝遣人偕入覲。賜八剌合赤等羊馬價二萬八千三錠，及禿渾下貧民糧三月。

冬十月庚午，塔剌不罕軍與賊力戰者，命給田賞之。癸酉，加高麗國王王（睶）〔賰〕開府儀同三司、中書左丞相、行中書省事。甲戌，遣使括開元等路軍三千征日本。丙子，賜雲南王忽哥赤印。丁丑，以湖南兵萬人伐亦奚不薛，亦奚不薛降。戊寅，發兵十萬，命范文虎將之。賜右丞洪茶丘所將征日本新附軍鈔及甲。辛巳，立營田提舉司，從五品，俾置司柳林，割諸色戶千三百五十五隸之，官給牛種農具。壬午，詔立陝西四川等處行中書省，以不花

爲右丞，李德輝、汪惟正並左丞。時德輝已卒。甲申，詔龍虎山天師張宗演赴闕。己丑，命都實窮黃河源。辛卯，以漢軍屯田沙、甘。壬辰，亦奚不薛病，遣其從子入覲。帝曰：「亦奚不薛不稟命，輒以職授其從子，無人臣禮。宜令亦奚不薛出，乃還軍。」癸巳，詔諭和州諸城招集流移之民。丙申，命在官者，任事一月，後月乃給俸，或（發）〔廢〕事者斥之。〔七〕遣使諭爪哇國及交趾國。始製象轎。給怯烈等糧。賜火察家貧乏者。

十一月己亥朔，翰林學士承旨和禮霍孫等言：「俱藍、馬八、闍婆、交趾等國俱遣使進表，乞答詔。」從之。仍賜交趾使人職名及弓矢鞍勒。降詔招諭爪哇國。乙巳，置泉府司，掌領御位下及皇太子、皇太后、諸王出納金銀事。敕別置局院以處童匠，有貧乏者，給以鈔幣。詔：「有罪配役者，量其程遠近；犯罪當死者，詳加審讞。」戊申，中書省臣議：「流通鈔法，凡賞賜宜多給幣帛，課程宜多收鈔。」制曰「可」。庚戌，命和禮霍孫柬汰交趾國使，除可留者，餘皆放還。辛亥，敕緩營建工役。壬子，詔諭俱藍國使來歸附。甲寅，太原路堅州進嘉禾六莖。壬戌，詔江淮行中書省括巧匠。甲子，詔頒授時曆。丁卯，詔以末甘孫民貧，除倉站稅課外，免其役三年。復遣宣慰使教化、孟慶元等持詔諭占城國主，令其子弟或大臣入朝。詔江南、江北、陝西、河間、山東諸鹽場增撥竈戶。賜將作院呂合剌工匠銀鈔、幣帛。

十二月庚午，以江淮行省平章政事阿里伯、左丞燕鐵木兒擅易命官八百員，〔八〕自分左右司官，鑄銀、銅印，復違命不散防守軍，敕誅之。辛未，以熟券軍還襄陽屯田。高麗國王王（睶）〔賰〕領兵萬人、水手萬五千人、戰船九百艘、糧一十萬石，出征日本。給右丞洪茶丘等戰具、高麗國鎧甲戰襖。諭諸道征日本兵取道高麗，毋擾其民。以高麗中贊金方慶爲征日本都元帥，密直司副使朴球、金周鼎爲管高麗國征日本軍萬戶，並賜虎符。癸酉，以高麗國王王（睶）〔賰〕爲中書右丞相。〔九〕甲戌，復授征日本軍官元佩虎符。丁丑，用忽辛言，以民當站役，十戶爲率，官給一馬，死則買馬補之。戊寅，以奉使木剌由國速剌蠻等爲招討使，佩金符。己卯，羅氏鬼國土寇爲患，思、播道路不通，發兵千人與洞蠻開道。甲申，甘州增置站戶，詔於諸王戶藉內簽之。乙酉，敕民避役竄名匠戶者復爲民。淮西宣慰使昂吉兒請以軍士屯田。阿塔海等以發民兵非便，宜募民願耕者耕之，且免其租三年，從之。丁亥，復詔管民官兼管諸軍奧魯。戊子，以征也可不薛軍千五百復還塔海，戍八番、羅甸。壬辰，陳桂龍據漳州反，唆都率兵討之，桂龍亡入畲洞。甲午，大都重建太廟成，自舊廟奉遷神主于祏室，遂行大享之禮。置鎮北庭都護府于畏吾境，以脫脫木兒等領其事。丙申，遼東路所益兵以妻子易馬，敕以合輪賦稅贖還之。敕鏤板印造帝師八合思八新譯戒本五百部，頒降諸路僧人。左丞相阿朮巡歷西邊，至別十八里以疾卒。敕擅據江南逃亡民田者有罪。修桐柏山

淮瀆祠。以三茅山上清四十三代宗師許道杞祈禱有驗，命別主道教。安南國來貢馴象。賜蠻洞主銀鈔衣物有差。賑肇昌、常德等路饑民，仍免其徭役。改拱衞司爲都指揮司。陞尙舍監秩三品。立太倉提舉司，秩五品。改建寧、雷州、封州、廉州、化州、高州爲路。以肇慶路隸廣南西道。遷峽州路于江北舊治。復置鄖縣，隸鞏昌路。宿州靈壁縣復隸歸德。

是歲，斷死罪一百二人。

十八年春正月戊戌朔，高麗國王王(睶)〔賰〕遣其僉議中贊金方慶來賀，兼奉歲幣。辛丑，召阿剌罕、范文虎、囊加帶同赴闕受訓諭，以拔都、張珪、李庭留後。命忻都、洪茶丘軍陸行抵日本，兵甲則舟運之，所過州縣給其糧食。用范文虎言，益以漢軍萬人。文虎又請馬二千給禿失忽思軍及回回砲匠。帝曰：「戰船安用此。」皆不從。癸卯，發鈔及金銀付孛羅，以給貧民。丁未，畋于近郊。敕江南州郡兼用蒙古、回回人。凡諸王位下合設達魯花赤，並令赴闕，仍詔諭諸王阿只吉等知之。己酉，改黃州陽羅堡復隸鄂州。辛亥，遣使代祀嶽瀆后土。壬子，高麗王王(睶)〔賰〕遣使言日本犯其邊境，乞兵追之。詔以戍金州隘口軍五百付之。丙辰，車駕幸漷州。改符寶局爲典瑞監，收天下諸司職印。丁巳，制以六祖李全祐嗣五祖李居壽祭斗。癸亥，邵武民高日新據龍樓寨爲亂，擒之。賞忻都等戰功。賜征日本諸軍鈔。

二月戊辰，發侍衞軍四千完正殿。賜征日本善射軍及高麗火長水軍鈔四千錠。辛未，車駕幸柳林。高麗王王(睶)〔賰〕以尙主，乞改宣命益駙馬二字。制曰「可」。乙亥，敕以耽羅新造船付洪茶丘出征。詔以刑徒減死者付忻都爲軍。揚州火，發米七百八十三石賑被災之家。詔諭范文虎等以征日本之意，仍申嚴軍律。立上都留守司。陞敍州爲路，隸安西省。移潭州省治鄂州。徙湖南宣慰司于潭州。乙酉，改畏吾斷事官爲北庭都護府，陞從二品。丙戌，征日本國軍啓行。浙東饑，發粟千二百七十餘石賑之。己丑，發肅州等處軍民鑿渠溉田。給征日本軍衣甲、弓矢、海青符。敕通政院官渾都與郭漢傑整治水驛，自敍州至荆南凡十九站，增戶二千一百、船二百十二艘。詔諭烏瑣納空等毋擾羅氏鬼國，違者令國主阿利具以名聞。福建省左丞蒲壽庚言：「詔造海船二百艘，今成者五十，民實艱苦。」詔止之。乙未，貞懿順聖昭天睿文光應皇后弘吉剌氏崩。

〔三月〕丙申〔朔〕，〔一〇〕車駕還宮。詔三茅山三十八代宗師蔣宗瑛赴闕。遣丹八八合赤等詣東海及濟源廟修佛事。以中書右丞、行江東道宣慰使阿剌罕爲中書左丞相，行中書省事，江西道宣慰使兼招討使也的迷失參知政事，行中書省事。以遼陽、懿、蓋、北京、大定諸州旱，免今年租稅之半。(三月)戊戌，〔一一〕許衡卒。己亥，敕黃平隸安西行省，鎭遠隸潭州行省，各遣兵戍守。甲辰，命天師張宗演卽宮中奏赤章于天七晝夜。丙午，車駕幸上都。丙辰，陞軍器監爲三品。辛酉，立登聞鼓院，許有寃者撾鼓以聞。

夏四月辛未，益雲南軍征合剌章。癸酉，復頒中外官吏俸。辛巳，通、泰二州饑，發粟二萬一千六百石賑之。戊子，置蒙古漢人新附軍總管。甲午，命太原五戶絲就輸太原。自太和嶺至別十八里置新驛三十。賜征日本河西軍等鈔。

五月癸卯，禁西北邊回回諸人越境爲商。甲辰，遣使賑瓜、沙州饑。戊申，罷霍州畏兀按察司。己酉，禁甘肅瓜、沙等州爲酒。壬子，免耽羅國今歲入貢白紵。丙辰，以烏蒙阿謀宣撫司隸雲南行省。歲星犯右執法。庚申，嚴鬻人之禁，乏食者量加賑貸。壬戌，詔括契丹戶。敕耽羅國達魯花赤塔兒赤，禁高麗全羅等處田獵擾民者。

六月丙寅，敕賽典赤、火尼赤分管烏木、拔都怯兒等八處民戶。謙州織工百四十二戶貧甚，以粟給之，其所鬻妻子官與贖還。以太原新附軍五千屯田甘州。丁丑，以按察司所劾羨餘糧四萬八千石餉軍。己卯，以順慶路隸四川東道宣慰司。安西等處軍站，凡和顧和買，與民均役。增陜西營田糧十萬石，以充常費。壬午，命耽羅戍力田以自給。日本行省臣遣使來言：「大軍駐巨濟島，至對馬島獲島人，言太宰府西六十里舊有戍軍已調出戰，宜乘虛擣之。」詔曰：「軍事卿等當自權衡之。」癸未，命中書省會計姚演所領漣、海屯田官給之資與歲入之數，便則行之，否則罷去。丁亥，放乞赤所招獵戶七千爲民。庚寅，以阿剌罕有

疾，詔阿塔海統率軍馬征日本。壬辰，高麗國王王(睶)〔賰〕言，本國置驛四十，民畜凋弊，敕併爲二十站，仍給馬價八百錠。奉使木剌由國苫思丁至占城船壞，使人來言，乞給舟糧及益兵，詔給米一千四百餘石。以中書左丞忽都帖木兒爲中書右丞，行中書省事，御史中丞、行御史臺事忽剌出爲中書左丞，行尙書省事。〔一二〕賜皇子南木合所部工匠羊馬價鈔。

秋七月甲午朔，命萬戶綦公直分宣慰使劉恩所將屯肅州漢兵千人，入別十八里，以嘗過西川兵百人爲嚮導。丁酉，敕甘州置和中所，以給兵糧。京兆四川分置行省於河西。己亥，阿剌罕卒。庚子，括回回砲手散居他郡者，悉令赴南京屯田。癸卯，太陰犯房距星。庚戌，以忻都戍大和嶺所將蒙古軍還，復令漢軍戍守。以松州知州僕散禿哥前後射虎萬計，賜號萬虎將軍。賜貴赤合八兒禿所招和、眞、滁等戶二千八百二十，俾自領之。辛酉，唆都征占城，賜駝蓬以辟瘴毒。占城國來貢象犀。命天師張宗演等卽壽寧宮奏赤章于天凡五晝夜。

八月甲子朔，招討使方文言擇守令、崇祀典、戢姦吏、禁盜賊、治軍旅、獎忠義六事，詔廷臣及諸老議舉行之。丙寅，熒惑犯諸侯西第三星。庚午，忙古帶爲中書右丞，行中書省事。辛未，敕隆興行省參政劉合拔兒禿，凡金穀造作專領之。乙亥，甘州凡諸投下戶，依民例應站役。申嚴大都總管府、兵馬司、左右巡院斂民之禁。庚寅，以阿剌罕既卒，命阿塔海

等分戍三海口。令阿塔海就招海中餘寇。高麗國王王(睶)〔賰〕遣其密直司使韓康來賀聖誕節。壬辰，以開元等路六驛饑，命給幣帛萬二千匹，其鬻妻子者官爲贖之。詔征日本軍回，所在官爲給糧。忻都、洪茶丘、范文虎、李庭、金方慶諸軍，船爲風濤所激，大失利，餘軍回至高麗境，十存一二。設醮于上都壽寧宮。賜歡只兀部及滅乞里等羊馬價，及衆家奴等助軍羊馬鈔。賜常河部軍貧乏者，給過西川軍糧。海南諸國來貢象犀方物。給怯薛丹糧，拘其所占田爲屯田。

閏月癸巳朔，熒惑犯司怪南第二星。阿塔海乞以戍三海口軍擊福建賊陳吊眼，詔以重勞不從。敕守縉山道侍衞軍還京師。壬辰，〔一三〕瓜州屯田進瑞麥一莖五穗。丙午，車駕至自上都。庚戌，太陰犯昴。丁巳，命播州每歲親貢方物。改思州宣撫司爲宣慰司，兼管內安撫使。陞高麗僉議府爲從三品。敕中書省減執政及諸司冗員。遣兀良合帶運沙城等糧六千石入和林。括江南戶口稅課。庚申，安南國貢方物。江西行省薦舉兵官，命罷之。壬戌，詔諭斡端等三城官民及忽都帶兒，括不闌奚人口。兩淮轉運使阿剌瓦丁坐盜官鈔二萬一千五百錠，盜取和買馬三百四十四匹，朝廷宣命格而弗頒，又以官員所佩符擅與家奴往來貿易等事，伏誅。賜謙州屯田軍人鈔幣、衣裘等物，及給農具漁具。償站匠等助軍羊馬價。

九月癸亥朔，畋于近郊。甲子，增大都巡兵千人。給鈔賑上都饑民。癸酉，商賈市舶物貨已經泉州抽分者，諸處貿易，止令輸稅。益躭羅戍兵，仍命高麗國給戰具。庚辰，還宮。辛巳，大都立蒙古站屯田，編戶歲輸包銀者及眞定等路闌遺戶，並令屯田，其在眞定者與免皮貨。癸未，京兆等路歲辦課額，自一萬九千錠增至五萬四千錠，阿合馬尙以爲未實，欲覈之。帝曰：「阿合馬何知。」事遂止。大都、新安縣民復和顧和買。甲申，太陰犯軒轅大星。壬辰，占城國來貢方物。賜修大都城侍衞軍鈔幣帛有差。賞北征軍銀鈔。賜怯憐口及四斡耳朶下與范文虎所部將士羊馬、衣服、幣帛有差。

冬十月乙未，享于太廟，貞懿順聖昭天睿文光應皇后祔。丙申，募民淮西屯田。己亥，議封安南王號，易所賜安南國畏吾字虎符，以國字書之。仍降詔諭安南國，立日烜之叔遺愛爲安南國王。庚子，溪洞新附官鎭安州岑從毅，縱兵殺掠，迫死知州李顯祖，召從毅入覲。壬寅，賜征日本將校衣裝、幣帛、靴帽等物有差。乙巳，命安西王府協濟戶及南山隘口軍，於安西、延安、鳳翔、六盤等處屯田。河西置織毛段匠提舉司。丁未，安南國置宣慰司，以北京路達魯花赤孛顏帖木兒參知政事，行安南國宣慰使，都元帥、佩虎符柴椿、忽哥兒副之。給鈔萬錠，付河西行省以備經費。己酉，張易等言：「參校道書，惟道德經係老子親著，餘皆後人僞撰，宜悉焚毀。」從之，仍詔諭天下。給隆興行省海青符。命失里咱牙信合八剌麻合迭瓦爲占城郡王，加榮祿大夫，賜虎符。立行中書省占城，以唆都爲右丞，劉深爲左丞，兵部侍郎也(里)〔黑〕迷失參知政事。〔一四〕庚戌，敕以海船百艘，新舊軍及水手合萬人，期以明年正月征海外諸番，仍諭占城郡王給軍食。以安南國王陳遺愛入安南，發新附軍千人衞送。詔諭干不昔國來歸附。壬子，用和禮霍孫言，於揚州、隆興、鄂州、泉州四省，置蒙古提舉學校官各二員。以翰林學士承旨撒里蠻兼領會同館、集賢院事，以平章政事、樞密副使張易兼領祕書監、太史院、司天臺事，以翰林學士承旨和禮霍孫守司徒。改大都南陽眞定等處屯田孛蘭奚總管府爲農政院。癸丑，皇太子至自北邊。丙辰，以兀良合帶言，上都南四站人畜困乏，賜鈔給之。庚申，籍西川戶。辛酉，邵武叛人高日新降。給征日本回侍衞新附軍冬衣。賜劉天錫等銀幣，勝兀剌等羊馬鈔，諸王阿只吉等馬牛羊，各有差。

十一月癸亥朔，詔諭探馬禮，令歸附。甲子，敕誅陳吊眼首惡者，餘並收其兵仗，繫送京師。己巳，敕軍器監給兵仗付高麗沿海等郡。奉使占城孟慶元、孫勝夫並爲廣州宣慰使，兼領出征調度。高麗國、金州等處置鎭邊萬戶府，以控制日本。高日新及其弟鼎新等至闕，以日新兩爲叛首，授山北路民職。文慶之屬，遣還泉州。賜有功將校二百二十三員銀十萬兩及幣帛、弓矢、鞍勒有差。詔安南國王給占城行省軍食。高麗國王請完濱海城，

防日本，不允。辛未，給諸王阿只吉糧六千石。甲戌，太陰犯五車次南星。乙亥，召法師劉道眞，問祠太乙法。丁丑，太陰犯鬼。壬午，詔諭爪哇國主，使親來覲。昌州及蓋里泊民饑，給鈔賑之。丙戌，給鈔二萬錠付和林貿易。敕征日本回軍後至者分戍沿海。丁亥，太陰掩心東星。給揚州行省新附軍將校鈔，人二錠。己(酉)〔丑〕，〔一五〕賜安南國出征新附軍鈔。賜禮部尙書留夢炎及出使馬八國俺都剌等鈔各有差。

十二月甲午，以兗吉剌帶爲中書右丞相。己亥，罷日本行中書省。丙午，太陰犯軒轅大星。丁未，議選侍衞軍萬人練習，以備扈從。陞太常寺爲正三品。辛亥，命西川行省給萬家奴所部兵仗。癸丑，敕免益都、淄萊、寧海開河夫今年租賦，仍給其傭直。乙卯，以諸王札忽兒所占文安縣地給付屯田。丙辰，調新附軍屯田。獲福州叛賊林天成，戮于市。免福州路今年稅二分，十八年以前租稅並免徵。以漢州德陽縣隸成都(府)〔路〕。〔一六〕改漳州爲路。賜禮部尙書謝昌元鈔。賞捏古伯戰功銀有差。償阿只吉等助軍馬價。賜塔剌海籍沒戶五十。

是歲，保定路淸苑縣水，平陽路松山縣旱，〔一七〕高唐、夏津、武城等縣蟊害稼，並免今年租，計三萬六千八百四十石。斷死罪二十二人。

校勘記

〔一〕王（睶）〔賰〕 見卷九校勘記〔九〕。下同。

〔二〕羅（璧）〔璧〕 據本書卷一六六本傳改。下同。蒙史已校。

〔三〕改德慶（路）〔府〕爲總管府 按本書卷六二地理志德慶路條云，德慶府係宋所置，元至元十七年立德慶路總管府。元制路設總管府，是所改者爲德慶府，非德慶路。此處「路」字誤，今改。本證已校。

〔四〕（祈）〔祁〕志誠 據李謙祁志誠道行碑碑在今宜化金閣山靈眞觀及虞集道園學古錄卷四六白雲觀記改。

〔五〕（西安）〔安西〕王薨罷其王相府 「西安」爲「安西」之誤倒，今改正。按本書卷一六三趙炳傳及元文類卷四九姚燧李德輝行狀，安西王死于至元十五年十一月，至十七年始罷其王相府，此處以安西王死與罷王相府並書，誤。考異已校。

〔六〕改蒙古侍衛總管（府）爲蒙古侍衛親軍都指揮使司 據本書卷八六百官志補。蒙史已校。

〔七〕或（發）〔廢〕事者斥之 從北監本改。

〔八〕左丞燕鐵木兒 按本書卷一七三崔斌傳、卷二〇五阿合馬傳，當時江淮行省左丞爲崔斌，燕鐵木兒係右丞。續通鑑改「左」爲「右」，疑是。

〔九〕以高麗國王王（睶）〔賰〕爲中書右丞相 本證云：「按此亦行省，紀前後文及傳俱稱左丞相，此又誤作右丞相。」

〔一〇〕〔三月〕丙申〔朔〕 按以至元十八年正月戊戌朔推之，丙申爲三月朔，今補。

〔一一〕（三月）戊戌 按三月丙申朔，此處「三月」二字誤出，今刪。

〔一二〕行尙書省事 按尙書省罷於至元八年，至二十四年始復立，十八年無尙書省，「尙」當作「中」。蒙史已校。

〔一三〕壬辰 按是月癸巳朔，無壬辰日。此「壬辰」在癸巳初一日、丙午十四日間，疑爲壬寅初十日或甲辰十二日之誤。

〔一四〕也（里）〔黑〕迷失 據本書卷一三一本傳改。按本傳作「亦黑迷失」，「也」、「亦」譯音異字，「里」誤。蒙史已校。

〔一五〕己（酉）〔丑〕 按是月癸亥朔，無己酉日。此「己酉」在丁亥二十五日後，爲己丑二十七日之誤，今改。

〔一六〕成都（府）〔路〕 據本書卷六〇地理志成都路條改。

〔一七〕平陽路松山縣旱 按本書卷五八地理志，松山縣至元二年省入松州，隸上都路，與平陽路無涉。平陽路有浮山縣。此處疑「松」爲「浮」之誤。

元史卷十二

本紀第十二

世祖九

十九年春正月壬戌朔，高麗國王王（睶）〔賰〕遣其大將軍金子廷來賀。〔一〕丙寅，罷征東行中書省。丁卯，諸王札剌忽至自軍中。時皇子北平王以軍鎭阿里麻里之地，以禦海都。諸王昔里吉與脫脫木兒、𤨏木忽兒、撒里蠻等謀劫皇子北平王以叛，欲與札剌忽結援於海都，海都不從。撒里蠻悔過，執昔里吉等，北平王遣札剌忽以聞。妖民張圓光伏誅。立太僕院。撥信州民四百八戶，隸諸王柏木兒。丙子，車駕畋于近郊。丁丑，高麗國王貢紬布四百匹。丙戌，賜西平王怯薛那懷等鈔一萬一千五百二十一錠。

二月辛卯朔，車駕幸柳林。饒州總管姚文龍言，江南財賦歲可辦鈔五十萬錠，詔以文龍爲江西道宣慰使，兼措置茶法。命司徒阿你哥、行工部尙書納懷製飾銅輪儀表刻漏。敕

改給駙馬昌吉印。修宮城、太廟、司天臺。癸巳，調軍一萬五千、馬五千匹，征也可不薛。敕以遣使代祀嶽瀆后土。甲午，甘州逃軍二千二百人自陳願挈家四千九百四十口還戍，敕以鈔一萬六百二十錠、布四千九百四十匹、驢四千九百四十頭給之。議征緬國，以太卜爲右丞，也罕的斤爲參政，領兵以行。戊戌，給別十八里元帥綦公直軍需。遣使往乾山，造江南戰船千艘。庚子，賜諸王塔剌海籍沒五十戶，願受十二戶。孛羅歡理算未徵糧二十七萬石，詔徵之。壬寅，陞軍器監秩三品。命軍官陣亡者，其子襲職，以疾卒者，授官降一等，具爲令。授溪洞招討使郭昂等九人虎符，仍賞張溫、顏義顯銀各千兩。收晃兀兒塔海民匠九百五十三戶入官。乙巳，立廣東按察司。戊申，車駕還宮。己酉，減省部官冗員。改上都宣課提領爲宣課提舉司。立鐵冶總管府，罷提舉司。減大都稅課官十四員爲十員。改羅羅斯宣慰司隸雲南省。徙浙東宣慰司於溫州。分軍戍守江南，自歸州以及江陰至三海口，凡二十八所。庚戌，以參知政事唐兀帶等六人，鎭守黃州、建康、江陵、池州、興國。壬子，詔簽亦奚不薛及播、思、敍三州軍征緬國。癸丑，大良平元帥蒲元圭遣其男世能入覲。甲寅，車駕幸上都。申嚴漢人軍器之禁。丁巳，安州張拗驢以詐敕及僞爲丞相孛羅署印，伏誅。戊午，賜雲南使臣及陝西僉省八八以下銀鈔、衣服有差。籍福建戶數。

三月辛酉朔，烏蒙民叛，敕那懷、火魯思迷率蒙古、漢人新附軍討之。賞忽都答兒等戰

功牛羊馬。益都千戶王著，以阿合馬蠹國害民，與高和尚合謀殺之。〔三〕壬午，誅王著、張易、高和尚于市，皆醢之，餘黨悉伏誅。甲申，的斤帖林以己貲充屯田之費，諸王阿只吉以聞，敕酬其直。丙戌，禁益都、東平、沿淮諸郡軍民官捕獵。戊子，立塔兒八合你驛，以烏蒙阿謀歲輸驛馬給之。以領北庭都護阿必失哈爲御史大夫，行御史臺事。

夏四月辛卯，敕和禮霍孫集中書省部、御史臺、樞密院、翰林院等官，議阿合馬所管財賦，先行封籍府庫。丁酉，以和禮霍孫爲中書右丞相，降右丞相瓮吉剌帶爲留守，仍同僉樞密院事。戊戌，征蠻元帥完者都等平陳吊眼巢穴班師，賞其軍鈔，仍令還家休息。遣揚州射士戍泉州。陳吊眼父文桂及兄弟桂龍、滿安納款，命護送赴京師。其黨吳滿、張飛迎敵，就誅之。敕以大都巡軍隸留守司。壬寅，立回易庫。中書左丞耿仁等言：「諸王公主分地所設達魯花赤，例不遷調，百姓苦之。依常調，任滿，從本位下選代爲宜。」從之。以留守司兼行工部。敕自今歲用官車，勿賦於民，可即灤河造之，給其糧費。甲辰，以甘州、中興屯田兵逃還太原，誅其拒命者四人，而賞不逃者。乙巳，以阿合馬家奴忽都答兒等久總兵權，令博敦等代之，仍隸大都留守司。弛西山薪炭禁。以阿合馬之子江淮行中書省平章政事忽辛罪重於父，議究勘之。考覈諸處平準庫，汰倉庫官。御史臺臣言：「見在贓罰鈔三萬錠，金銀、珠玉、幣帛稱是。」詔留以給貧乏者。丙午，收諸王別帖木兒總軍銀印。敕也里可

溫依僧例給糧。戊申，寧國路太平縣饑，民採竹實爲糧，活者三百餘戶。敕出使人還，不即以所給符上，與上而有司不即收者，皆罪之。凡文書並奏可始用御寶。己酉，刊行蒙古畏吾兒字所書通鑑。以和禮霍孫爲右丞相詔天下。庚戌，行御史臺言：「阿里海牙占降民爲奴，而以爲征討所得。」有旨降民還之有司，征討所得，籍其數量，賜臣下有功者。以興兵問罪海外，天下供給繁重，詔慰諭軍民，應有逋欠錢糧及官吏侵盜並權停罷。設懷孟路管河渠使、副各一員。拘括江南官豪隱匿逃軍。壬子，罷江南諸司自給驛券。丙辰，敕以妻女姊妹獻阿合馬得仕者，黜之。覈阿合馬占據民田，給還其主；庇富强戶輸賦其家者，仍輸之官。北京宣慰使阿老瓦丁濫舉非才爲管民官，命選官代之。議設鹽使司賣鹽引法，擇利民者行之，仍令按察司磨刷運司文卷。定民間貸錢取息之法，以三分爲率。定內外官以三年爲考，滿任者遷敍，未滿者不許超遷。禁吐蕃僧給驛太繁，擾害於民，自今非奉旨勿給。給控鶴人鈔一萬五錠，及其官吏有差。

五月己未朔，鉤考萬億庫及南京宣慰司。沙汰省部官，阿合馬黨人七百十四人，已革者百三十三人，餘五百八十一人並黜之。瀘州管軍總管李從，坐受軍士賄縱其私還，致萬戶爪難等爲賊所殺，伏誅。籍阿合馬馬駝牛羊驢等三千七百五十八。追治阿合馬罪，剖棺戮其尸於通玄門外。罷南京宣慰司及江南財賦總管府。丁卯，降各省給驛璽書。戊辰，併

江西、福建行省。去江南冗濫官。免福建山縣鎮店宜課。禁當路私人權府、州、司、縣官。招諭畲洞人，免其罪。禁差戍軍防送。禁人匠提舉擅招匠戶。己巳，遣浙西道宣慰司同知劉宣等理算各鹽運司及財賦府茶場都轉運司出納之數。籍阿合馬妻子親屬所營資產，其奴婢縱之爲民。罷宣慰使所帶相銜。壬申，鎖繫耿仁至大都，命中書省鞫之。庚辰，議於平灤州造船，發軍民合九千人，令探馬赤伯要帶領之，伐木於山，及取於寺觀墳墓，官酬其直，仍命桑哥遣人督之。癸未，給大都拔都兒正軍夏衣。和禮霍孫言，省部濫官七百十四員，其無過者五百八十一員姑存之。沿海左副都元帥石國英請以稅戶贍軍，軍逃死者，令其補足；站戶苗稅，貧富不均者，宜均其役。又請行鹽法，汰官吏，罷捕戶。詔中書集議行之。張惠、阿里罷。以甘肅行省左丞麥朮丁爲中書右丞，行御史臺御史中丞張雄飛參知政事。乙酉，元帥綦公直言：「乞黥逃軍，仍使從軍，及設立冶場於別十八里，鼓鑄農器。」從之。丙戌，別十八里城東三百餘里蝗害麥。

六月己丑朔，日有食之。〔三〕芝生眉州。甲午，阿合馬濫設官府二百四所，詔存者三十三，餘皆罷。又江南宣慰司十五道，內四道已立行中書省，罷之。乙未，發六盤山屯田軍七百七十人，以補劉恩之軍。敕宣慰司等官毋役官軍。丙申，發射士百人衛丞相，他人不得援例。戊戌，以占城既服復叛，發淮、浙、福建、湖廣軍五千、海船百艘、戰船二百五十，命唆

都爲將討之。亡宋軍有手號及無手號者，並聽爲民。己亥，命何子志爲管軍萬戶，使暹國。辛丑，籍阿合馬妻子壻奴婢財產。癸卯，禁濫保軍功。乙巳，招無籍軍給衣糧。己酉，賞太子府宿衞軍禦盜之功，給鈔、馬有差；無妻者以沒官寡婦配之。以阿合馬居第賜和禮霍孫。壬子，申敕中外百官立限決事。癸丑，從和禮霍孫言，罷司徒府及農政院。鎖繫忽辛赴揚州鞫治。丁巳，征亦奚不薛，盡平其地，立三路達魯花赤，留軍鎮守，命藥剌海總之，以也速帶兒爲都元帥宣慰使。

秋七月戊午朔，日有食之。立行樞密院於揚州、鄂州。庚申，命行御史臺揀汰各道按察司官。辛酉，剖郝禎棺，戮其尸。壬戌，命以官錢給戍軍費，而以各奧魯所征還官。禁諸位下營運錢貨差軍護送。高麗國王請自造船一百五十艘，助征日本。戊辰，征鴨池回軍屯田安西，以鈔給之。庚午，令蒙古軍守江南者更番還家。壬申，發察罕腦兒軍千人治(晉)〔縉〕山道。〔四〕立馬湖路總管府。癸酉，賜高麗王王(睶)〔賰〕金印。(癸酉)宣慰孟慶元、萬戶孫勝夫使爪哇回，〔五〕爲忙古帶所囚，詔釋之。丁丑，罷汪札剌兒帶總帥，收其制命、虎符。以鞏昌路達魯花赤別速帖木兒爲鞏昌平涼等處二十四處軍前便宜都總帥府達魯花赤。以蒙古人孛羅領湖北辰、沅等州淘金事。戊寅，議築阿失答不速皇城，樞密院言，用木十二萬，地遠難致，依察罕腦兒築土爲牆便，從之。乙酉，賜諸王塔海帖木兒、忽都帖木兒等金銀、

中華書局

幣帛有差。闍婆國貢金佛塔。發米賑乞里吉思貧民。

八月丁亥朔，給乾山造船軍匠冬衣，及新附軍鈔。庚寅，忙古帶征羅氏鬼國還，仍佩虎符，爲管軍萬戶。辛卯，以阿八赤督運糧。癸巳，發𦋺羅斯等軍助征緬國。辛亥，併淄萊路田、索二鎭，仍於驛臺立新城縣治。大駕駐蹕龍虎臺。江南水，民饑者衆；眞定以南旱，民多流移；和禮霍孫請所在官司發廩以賑，從之。申嚴以金飾車馬服御之禁。又禁諸監官不得令人匠私造器物。甲寅，聖誕節，是日還宮。乙卯，御正殿，（授）〔受〕皇太子、諸王、百官朝賀。〔六〕丙辰，諭捏兀迭納戍占城以贖罪。

九月丁巳朔，賑眞定饑民，其流移江南者，官給之糧，使還鄉里。敕中書省窮治阿合馬之黨。別速帶請於羅卜、闍里輝立驛，從之。以阿合馬沒官田產充屯田。籍阿里家。戊午，誅阿合馬第三子阿散，仍剝其皮以徇。庚申，汰冗官。游顯乞罷漣、海州屯田，以其事隸管民官，從其請，仍以顯平章政事，行省揚州。福建宣慰司獲倭國諜者，有旨留之。辛酉，誅耿仁、撒都魯丁及阿合馬第四子忻都。招討使楊庭（壁）〔璧〕招撫海外，〔七〕南番皆遣使來貢。俱藍國主遣使奉表，進寶貨、黑猿一。那旺國主忙昂，以其國無識字者，遣使四人，不奉表。蘇木都（速）〔剌〕國主土漢八的亦遣使二人。〔八〕蘇木達國相臣那里八合剌攤赤，因事在俱藍國，聞詔代其主打古兒遣使奉表，進指環、印花綺段及錦衾二十合。寓俱藍國也里可溫主兀咱兒撇里馬亦遣使奉表，進七寶項牌一、藥物二瓶。又管領木速蠻馬合馬亦遣使奉表，同日赴闕。壬戌，禁諸人不得沮撓課程。敕：「官吏受賄及倉庫官侵盜，臺察官知而不糾者，驗其輕重罪之。中外官吏贓罪，輕者杖決，重者處死。言官緘默，與受贓者一體論罪。」仍詔諭天下。乙丑，簽亦奚不薛等處軍。丁卯，安南國進貢犀兕、金銀器、香藥等物。增給元帥綦公直軍冬衣鈔。己巳，命軍站戶出錢助民和顧和買。籍雲南新附戶。自兀良合帶鎭雲南，凡八籍民戶，四籍民田，民以爲病。至是，令已籍者勿動，新附者籍之。定雲南稅賦用金爲則，以貝子折納，每金一錢直貝子二十索。罷雲南宣慰司。壬申，敕平灤、高麗、耽羅及揚州、隆興、泉州共造大小船三千艘。亦奚不薛之北，蠻洞向世雄兄弟及散毛諸洞叛，命四川行省就遣亦奚不薛軍前往招撫之，使與其主偕來。癸酉，阿合馬姪宰奴丁伏誅。罷忽辛黨馬璘江淮行省參知政事。丁亥，〔九〕遣使括雲南所產金，以孛羅爲打金洞達魯花赤。戊寅，給新附軍賈祐衣糧。祐言爲日本國焦元帥壻，知江南造船，遣其來候動靜，軍馬壓境，願先降附。辛巳，敕各行省止用印一，餘者拘之，及拘諸位下印。發鈔三萬錠，於隆興、德興府、宣德州和糴糧九萬石。壬申，〔一〇〕賜諸王阿只吉金五千兩、銀五萬兩。釐正選法，罷黑簿以籍阿合馬黨人之名。令諸路歲貢儒、吏各一人，各道提刑按察司舉廉能者陞等遷敍。

冬十月丁亥朔，增兩浙鹽價。詔整治鈔法。己丑，敕河西僧、道、也里可溫有妻室者，同民納稅。庚寅，以歲事不登，聽諸軍捕獵於汴梁之南。辛卯，以平章軍國重事、監修國史耶律鑄爲中書左丞相。壬辰，享于太廟。罷西京宣慰司。丙申，初立詹事院，以完澤爲右詹事，賽陽爲左詹事。由大都至中灤，中灤至瓜州，設南北兩漕運司。立蘆臺越支三叉沽鹽使司，河間滄清、山東濱、樂安及膠萊、莒密鹽使司五。敕籍沒財物精好者及金銀幣帛入內帑，餘付刑部，以待給賜。禁中出納分三庫：御用寶玉、遠方珍異隸內藏，金銀、只孫衣段隸右藏，常課衣段、綺羅、縑布隸左藏。設官吏掌鑰者三十二人，仍以宦者二十二人董其事。減太府監官。癸卯，命崔彧等鉤考樞密院文卷。甲辰，占城國納款使回，賜以衣服。乙巳，遣阿耽招降法里郎、阿魯、乾伯等國。罷屯田總管府，以其事隸樞密院，令管軍萬戶兼之。丙午，以汪惟孝爲總帥。丁未，女直六十自請造船運糧赴鬼國贍軍，從之。議征（叉）〔又〕巴洞。〔一一〕庚戌，以四川民僅十二萬戶，所設官府二百五十餘，令四川行省議減之。移成都宣慰司於碉門。罷利州及順慶府宣慰司。禁大都及山北州郡酒。詔兩廣、福建五品以下官，從行省就便銓注。耶律鑄言：「有司官吏以采室女，乘時害民。如令大郡歲取三人，小郡二人，擇其可者，厚賜其父母，否則遣還爲宜。」從之。籍京畿隱漏田，履畝收稅。乙卯，命堅童專掌奏記。誅阿合馬長子忽辛、第二子抹速忽於揚州，皆醢之。

十一月戊午，上都建利用庫。賜太常禮樂、籍田等三百六十戶鈔千二百錠。甲子，給（河）〔和〕林戍還軍校銀鈔、幣帛。〔一二〕江南襲封衍聖公孔洙入覲，以爲國子祭酒，兼提舉浙東道學校事，就給俸祿與護持林廟璽書。詔以阿合馬罪惡頒告中外，凡民間利病卽與興除之。壬申，以勢家爲商賈者阻遏官民船，立沿河巡禁軍，犯者沒其家。癸酉，分元帥綦公直軍戍曲先。甲戌，中書省臣言：「天下重囚，除謀反大逆，殺祖父母、父母，妻殺夫，奴殺主，因姦殺夫，並正典刑外，餘犯死罪者，令充日本、占城、緬國軍。」從之。改鑄省印。丙子，四川行省招諭大盤洞主向臭友等來朝。戊寅，耶律鑄言：「前奉詔殺人者死，仍徵燒埋銀五十兩，後止徵鈔二錠，其事太輕。臣等議，依蒙古人例，犯者沒一女入仇家，無女者徵鈔四錠。」從之。以袁州、饒州、興國軍復隸隆興省。馬八兒國遣使以金葉書及土物來貢。罷都功德使脫烈，其修設佛事妄費官物，皆徵還之。賜貧乏者合納塔兒、八只等羊馬鈔。

十二月丁亥〔朔〕，命阿剌海領范文虎等所有海船三百艘。壬寅，〔一三〕中書左丞張文謙爲樞密副使。乙未，中書省臣言：「平原郡公趙與芮、瀛國公趙㬎、翰林直學士趙與（票）〔𥘹〕，〔一四〕宜並居上都。」帝曰：「與芮老矣，當留大都，餘如所言。」繼有旨，給瀛國公衣糧發遣之,唯與(票)〔熛〕勿行。以中山薛保住上匿名書告變,殺宋丞相文天祥。癸卯,御史中丞崔彧言:「臺臣於國家政事得失、生民休戚、百官邪正,雖王公將相亦宜糾察。近唯御史有言,臣以爲臺官皆當建言,庶於國家有補。選用臺察官,若由中書,必有偏徇之弊。御史宜從本臺選擇,初用漢人十六員,今用蒙古人十六員,相參巡歷爲宜。」從之。浚濟州河。降拱衞司復正四品,仍收其虎符。罷湖廣行省金銀鐵冶提舉司,以其事隸各路總管府。以建康淘金總管府隸建康路。中書右丞札散爲平章政事。罷解鹽司及諸鹽司,令運司官親行調度鹽引。罷南京屯田總管府,以其事隸南陽府。阿里海牙復鎭遠軍,發軍千人戍守,以其地與西川行省接,就以隸焉。詔立帝師答耳麻八剌剌吉塔,掌玉印,統領諸國釋教。造帝師八合思八舍利塔。免鞏昌等處積年所欠田租稅課。賜皇子北安王位下塔察兒等馬牛羊各有差。

二十年春正月丙辰朔,高麗國王王(睶)〔賰〕遣其大將軍兪洪愼來賀。己未,納皇后弘吉剌氏。辛酉,賜諸王出伯印。賞諸王必赤帖木兒、〔一五〕駙馬昌吉軍鈔。敕諸王、公主、駙馬得江南分地者,於一萬戶田租中輸鈔百錠,准中原五戶絲數。癸亥,敕藥剌海領軍征緬國。乙丑,高麗國王王(睶)〔賰〕遣使兀剌帶貢氎布線紬等物四百段。和禮霍孫言:「去冬中山府奸民薛寶住爲匿名書來上,妄效東方朔書,欺罔朝廷,希覬官賞。」敕誅之。又言:「自今

應訴事者,必須實書其事,赴省、臺陳告。其敢以匿名書告事,重者處死,輕者流遠方;能發其事者,給犯人妻子,仍以鈔賞之。又阿合馬專政時,衙門太冗,虛費俸祿,宜依劉秉忠、許衡所定,併省爲便。」皆從之。設務農司。敕諸事赴省、臺訴之,理決不平者,許詣登聞鼓院擊鼓以聞。預備征日本軍糧,令高麗國備二十萬石。以阿塔海依舊爲征東行中書省丞相。丙寅,發五衞軍二萬人征日本。發鈔三千錠糴糧于察罕腦兒,以給軍匠。以燕南、河北、山東諸郡去歲旱,稅糧之在民者,權停勿徵。仍諭:「自今管民官,凡有災傷,過時不申,及按察司不卽行視者,皆罪之。」刑部尙書崔彧言時政十八事,詔中書省與御史大夫玉速帖木兒議行之。罷上都回易庫。丁卯,伯要帶等伐船材于烈埚都山、乾山凡十四萬二千有奇,起諸軍貼戶年及丁者五千人、民夫三千人運之。己巳,太陰犯軒轅御女。賜諸王也里干、塔納合、奴木赤金各五十兩、金衣襖一。庚午,以平灤造船去運木所遠,民疲於役,徙於陽河造之。壬申,御史臺言:「燕南、山東、河北去年旱災,按察司已嘗閱視,而中書不爲奏免,民何以堪。請權停稅糧。」制曰「可」。移鞏昌按察司治甘州。命右丞闍里帖木兒及萬戶三十五人、蒙古軍習舟師者二千人、探馬赤萬人、習水戰者五百人征日本。丁丑,以招討楊廷(壁)〔璧〕爲宣慰使,〔一六〕賜弓矢鞍勒,使諭俱藍等國。己卯,命諸軍習舟楫,給鈔八千錠於隆興、宣德等處和糴以贍之。庚辰,太陰入南斗。壬午,車駕畋于近郊。以四川歸附官楊文安爲荆南道宣慰使。改廣東提刑按察司爲海北廣東道,廣西按察司爲廣西海北道,福建按察司爲福建閩海道,鞏昌按察司爲河西隴北道。癸未,撥忽蘭及塔剌不罕等四千戶隸皇太子位下。壬戌,〔一七〕敕於禿烈禿等富戶內貸牛六百頭,給乞里(古)〔吉〕思之貧乏者。〔一八〕

二月戊子,定兩廣、四川戍軍二三年一更,廩其家屬,軍官給俸以贍之。賜俱藍國王瓦你金符。賜駙馬阿禿江南民千戶。以春秋仲月上戊日祭社稷及武成王。庚寅,太陰掩昴。癸巳,敕斡脫錢仍其舊。丁酉,給別十八里屯田軍戰襖。庚子,敕權貴所占田土,量給各戶之外,餘者悉以與怯薛帶等耕之。減四川官府,併西川東、西、北三道宣慰司,及潼川等路鎭守萬戶府、新軍總管府,威、灌、茂等州安撫司十四處。是夜太白犯昴。辛丑,定軍官選格。立官吏贓罪法。壬寅,太白犯昴。乙巳,令隆興行省遣軍護送占城糧船。太陰犯心。丁未,定安洞酋長遣其兄弟入覲,敕給驛馬。己酉,陞闌遺監秩正五品。癸丑,諭中書省:「大事奉聞,小事便宜行之,毋致稽緩。」甲寅,降太醫院爲尙醫監,改給銅印。立江南等處官醫提舉司。賜日本軍官八忽帶及軍士銀鈔有差。〔一九〕敕遣官錄揚州囚徒。

三月丁巳,諸王勝納合兒設王府官三員。以萬戶不都蠻鎭守金齒。罷女直造日本出征船。罷河西行御史臺。立鞏昌等處行工部。罷福建市舶總管府,存提舉司。併泉州行省入福建行省。免福建歸附後未徵苗稅。以闊闊你敦治江淮行省,或言其過,命兀奴忽

帶、伯顏佐之。戊午,以新附洞蠻酋長爲千戶。己未,歲星犯鍵閉。罷京兆行省,立行工部。御史臺臣言:「平灤造船,五臺山造寺伐木,及南城建新寺,凡役四萬人,乞罷之。」詔:「伐木建寺卽罷之,造船一事,其與省臣議。」前後衞軍自願征日本者,命選留五衞漢軍千餘,其新附軍令悉行。庚申,太陰犯井。辛酉,賞諸王合班弟忙兀帶所部軍士戰功,銀鈔、幣帛、衣服各有差。給甘州戍軍鈔。壬戌,太陰犯鬼。乙丑,命兀奴忽魯帶往揚州錄囚,遣江北重囚謫征日本。立雲南按察司,照刷行省文卷。罷淮安等處淘金官,惟計戶取金。以阿合馬綿絹絲線給貧民工匠。給王傅兀訥忽帖只印。給西川、福建、兩廣之任官驛馬。以湖南宣慰使張鼎新、行省參知政事樊楫等嘗阿附阿里海牙,敕罷之。丙寅,車駕幸上都。江西行省參政完顏那懷,坐越例騶陞及妄舉一百九十八人入官,罷之。罷河西辦課提舉司。丁卯,增置蒙古監察御史六員。(乙)〔己〕巳,〔二〇〕歲星犯房。癸酉,歲星掩房。廣州新會縣林桂方、趙良鈐等聚衆,僞號羅平國,稱延康年號,官軍擒之,伏誅,餘黨悉平。乙亥,罷諸處役夫。遣阿塔海戍曲先,漢都魯迷失帥甘州新附軍往斡端。己卯,給各衞軍出征馬價鈔。辛巳,立畏吾兒四處驛及交鈔庫。壬午,祀太一。罷福建道宣慰司,復立行中書省于漳州,以中書右丞張惠爲平章政事,御史中丞也先帖木兒爲中書左丞,並行中書省事。賜迷里札蠻、合八失鈔。賑八魯怯薛、八剌合赤等貧乏。賜皇子北平王所部馬牛羊各有差。

夏四月丙戌，立別十八里、和州等處宣慰司。庚寅，敕藥剌海戍守亦奚不薛。都元帥也速答兒還自亦奚不薛，駐軍成都，求入見，許之，仍遣人屯守險隘。以侍衞親軍二萬人助征日本。辛卯，樞密院臣言：「蒙古侍衞軍於新城等處屯田，砂礫不可種，乞改撥良田。」從之。壬辰，阿塔海求軍官習舟楫者同征日本，命元帥張林、招討張瑄、總管朱淸等行。以高麗王就領行省，規畫日本事宜。甲午，減江南諸道醫學提舉司，四省各存其一。免京畿所括豪勢田舊稅三之二、新稅三之一。高麗國王王(睶)〔賰〕請以蒙古人同行省事。禁近侍爲人求官，紊亂選法。申嚴酒禁，有私造者，財產、女子沒官，犯人配役。申私鹽之禁，許按察司糾察鹽司。己亥，太陰犯房。壬寅，太陰犯南斗。癸卯，授高麗國王王(睶)〔賰〕征東行中書省左丞相，仍駙馬、高麗國王。乙巳，命樞密院集軍官議征日本事宜，程鵬飛請明賞罰，有功者軍前給憑驗，候班師日改授，從之。庚戌，右丞也速帶兒招撫筠連州、定州、阿永、都掌等處蠻，獨山都掌蠻不降，進軍討之，生擒酋長得蘭紐，遂班師。發大都所造回回砲及其匠張林等，付征東行省。辛亥，以征日本，給後衞軍衣甲，及大名、衞輝新附軍鈔。麥朮丁等檢覈萬億庫，以罪監繫者多，請付蒙古人治。有旨：「蒙古人爲利所汨，亦異往日矣，其擇可任者使之。」

五月乙卯，給甘州戍軍夏衣。戊午，丞相伯顏、諸王相吾答兒等言，征緬國軍宜參用蒙

古、新附軍，從之。己未，免五衞軍征日本，發萬人赴上都。縱平灤造船軍歸耕，撥大都見管軍代役。庚申，減隆興府昌州盖里泊管鹽官吏九十九人，以其事隸隆興府。定江南民官及轉運司官公田。甲子，徙揚州淘金夫赴益都。立征東行中書省，以高麗國王與阿塔海共事。給高麗國征日本軍衣甲。御史中丞崔彧言：「江南盜賊相繼而起，皆緣拘水手、造海船，民不聊生，日本之役，宜姑止之。江南四省應辦軍需，宜量民力，勿强以土產所無。凡給物價及民者必以實。召募水手，當從所欲。伺民之氣稍蘇，我之力粗備，三二年復東征未晚。」不從。丙寅，太陰掩心東星。免江南稅糧三之二。敕阿里海牙調漢軍七千、新附軍八千，以付唆都從征。辛未，占城行省已破占城，其國主補底遁去，降璽書招徠之。甲戌，發征日本重囚往占城、緬國等處從征。設高麗國勸農官四員。丙子，詔諭諸王相吾答兒：「先是雲南重囚，令便宜處決，恐濫及無辜，自今凡大辟罪，仍須待報。」併省江淮、雲南州郡。以耶律老哥爲中書參知政事。免戍軍差稅。禁諸王輿魯官科擾軍戶。以西南蠻夷有謀叛未附者，免西川征緬軍，令專守禦。支錢令各驛供給。戊寅，諸陳言者從都省集議，可行者以聞，不可則明以諭言者。許按察司官用弓矢。監察御史阿剌渾坐擅免贓錢、不糾私釀等罪罷。用御史中丞崔彧言，罷各路選取室女。頒行宋文思院小口斛。敕以陝西按察司贓罰錢輸於秦王。省北京提刑按察司副使、僉事各一員。立海西遼東提刑按察司，按治女直、水達達部。己卯，酬諸王只必帖木兒給軍羊馬鈔十萬錠。海南四州宣慰使朱國寶請益兵討占城國主，詔以阿里海牙軍萬五千人應之。用王積翁言，詔江南運糧，於阿八赤新開神山河及海道兩道運之。立斡脫總管府。辛巳，給占城行省唆都弓矢甲仗。

六月丙戌，申嚴私易金銀之禁。以甘州行省參政王椅爲中書參知政事。免大都及平灤路今歲絲料。江南遷轉官不之任者杖之，追奪所受宣敕。戊子，以征日本，民間騷動，盜賊竊發，忽都帖木兒、忙古帶乞益兵禦寇。詔以興國、江州軍付之。己丑，增官吏俸給。庚寅，定市舶抽分例，舶貨精者取十之一，粗者十(之)五〔之一〕。〔二〕差五衞軍人修築行殿外垣。命諸王忽牙都設斷事官。〔三〕丙申，發軍修完大都城。辛丑，發軍修築堤堰。戊申，用伯顏等言，所括宋手號軍八萬三千六百人，立牌甲設官以統之，仍給衣糧。庚戌，流叛賊陳吊眼叔陳桂龍於憨答孫之地。辛亥，四川行省參政曲立吉思等討平九溪十八洞，以其酋長赴闕，定其地立州縣，聽順元路宣慰司節制。以向世雄等爲(叉)〔又〕巴諸洞安撫大使及安撫使。

秋七月癸丑朔，蠲建寧路至元十七年前未納苗稅。丙辰，免徵骨嵬軍賦。諭阿塔海所造征日本船，宜少緩之；所拘商船，其悉給還。阿里沙坐虛言惑衆誅。太白犯井。丁巳，賜揑古帶等珠衣。庚申，調軍益戍雲南。丙寅，立亦奚不薛宣慰司，益兵戍守。開雲南驛路。

分亦奚不薛地爲三，設官撫治之。癸亥，太陰犯南斗。乙丑，太白犯井。丁卯，罷淮南淘金司，以其戶還民籍。庚午，熒惑犯司怪。新附官周文英入見，其贄禮銀萬兩、金四十錠，鐵木兒不花匿爲己有。詔即其家搜閱，沒入官帑。敕捕阿合馬婦翁尚書蔡仲英，徵償所貸官鈔二十萬錠。阿八赤、姚演以開神山橋渠，侵用官鈔二千四百錠，折閱糧米七十三萬石，詔徵償，仍議其罪。壬申，亦奚不薛軍民千戶宋添富及順元路軍民總管兼宣撫(司)〔使〕阿里等來降。〔三〕班師，以羅鬼酋長阿利及其從者入覲。立亦奚不薛總管府，命阿里爲總管。丙子，減江南十道宣慰司官一百四十員爲九十三員。敕上都商稅六十分取一。免大都、平灤兩路今歲俸鈔。立總教院，秩正三品。丁丑，命按察司照刷吐蕃宣慰司文卷。立鋪軍捕淮西盜賊。淮東宣慰同知宋廷秀私役軍四十人，杖而罷之。庚辰，給忽都帖木兒等軍貧乏。償怯兒合思等羊馬價鈔。

八月癸未，以明理察平章軍國重事，商議公事。立懷來淘金所。甲午，敕大名、眞定、北京、衞輝四路屯駐新附軍，於東京屯田。安南國遣使以方物入貢。丙午，太白犯軒轅。丁未，歲星犯鉤鈐。浙西道宣慰使史弼言：「頃以征日本船五百艘科諸民間，民病之。宜取阿八赤所有船，修理以付阿塔海，庶寬民力，并給鈔於沿海募水手。」從之。濟州新開河成，立都漕運司。庚戌，賞還役宿衞軍。賜皇子北安王所部軍鈔、羊馬。

九月壬子，太白犯軒轅少女。戊午，合剌帶等招降象山縣海賊尤宗祖等九千五百九十二人，海道以寧。太陰犯斗。壬戌，調黎兵同征日本。丙寅，占答奴國因商人阿剌畏等來言，自願效順。併占城、荆湖行省爲一。徙舊城市肆局院，稅務皆入大都，減稅徵四十分之一。賞朱雲龍漕運功，授七品總押，仍以幣帛給之。己巳，太白犯右執法。辛未，以歲登，開諸路酒禁。廣東盜起，遣兵萬人討之。壬申，太陰掩井。癸酉，熒惑犯鬼。甲戌，太陰犯鬼，熒惑犯積尸氣，太白犯左執法。戊寅，史弼陳弭盜之策，爲首及同謀者死，餘屯田淮上，帝然其言。詔以其事付弼，賊黨耕種內地，其妻孥送京師以給鷹坊人等。

冬十月庚寅，給征日本新附軍鈔三萬錠。壬辰，車駕由古北口路至自上都。癸巳，斡端宣慰使劉恩進嘉禾，同穎九穗、七穗、六穗者各一。甲午，以平章政事札散爲樞密副使。詔：「五衞軍，歲以冬十月聽十之五還家備資裝，正月番上代其半還，四月畢入役。」時各衞議先遣七人，而以三人自代，從之。乙未，享于太廟。丙申，太陰犯昴。丁酉，誅占城逃回軍。忙兀帶請增蒙古、漢軍戍邊，從之。以忽都忽總揚州行省峻都新益軍。庚子，許阿速帶軍以兄弟代役。建寧路管軍總管黃華叛，衆幾十萬，號頭陀軍，僞稱宋祥興五年，犯崇安、浦城等縣，圍建寧府。詔卜憐吉帶、史弼等將兵二萬二千人討平之。耶律鑄罷。壬寅，立東阿至御河水陸驛，以便遞運。徙濟州潭口驛於新河魯橋鎮。給甘州納硫黃貧乏戶鈔。

癸卯，諸王只必帖木兒請括閟常德府分地民戶，不許。中書省臣言：「阿八赤新開河二處，皆有倉，宜造小船分海運。」從之。中書省臣言：「押亦迷失嘗請論江南諸郡，募人種淮南田。今乃往各郡轉收民戶，行省官闊闊你敦言其非便，宜令其於治所召募，不可强民。」從之。戊申，給水達達鰥寡孤獨者絹千匹、鈔三百錠。立和林平準庫。遣官檢覈益都淘金欺弊。罷中興管課提舉司及北京鹽鐵課程提舉司。己酉，簽河西質子軍年及丁者充軍。庚戌，各道提刑按察司增設判官二員。

十一月壬子，賞太不花、脫歡等戰功銀幣。癸丑，總管陳義願自備海船三十艘以備征進，詔授義萬戶，佩虎符。義初名五虎，起自海盜，內附後，其兄爲招討，義爲總管。敕凡盜賊必由管民官鞫問，仍不許私和。丁巳，命各省印授時曆。諸王只必帖木兒請於分地二十四城自設管課官，不從。又請立拘榷課稅所，其長從都省所定，次則王府差設，從之。詔：「大都田土，並令輸稅；甘州新括田土，畝輸租三升。」己未，吏部尚書劉好禮以吉利吉思風俗事宜來上。壬戌，復立南京宣慰司。乙丑，罷開（城）〔成〕路屯田總管府入開（城）〔成〕路，〔三〕隸京兆宣慰司。戊辰，立司農司，掌官田邸舍人民。給諸王所部撒合兒、兀魯等羊馬，以賙其乏。河西官府參用漢人。徙甘肅沙州民戶復業。大都城門設門尉。丁丑，禁雲南管課官於常額外多取餘錢。戊寅，禁雲南權勢多取債息，仍禁沒人口爲奴，及黥其面者。

太白歲星相犯。己卯，從諸王朮白、蒙古帶等請，賞也禿古等銀鈔，以旌戰功。賜皇太子鈔千錠。以御史臺贓罰鈔賜怯憐口。

十二月庚辰〔朔〕，賜諸王渾都帖木兒衣物，忽都兒所部軍銀鈔幣帛。甲申，賜別速帶所部軍衣服幣帛七千、馬二千。賞西番軍官愛納八斯等戰功。辛卯，以茶忽所管軍六千人備征日本。壬辰，給諸王阿只吉牛價。以中書參議溫迪罕禿魯花廉貧，不阿附權勢，賜鈔百錠。罷女直出產金銀禁。甲午，給鈔四萬錠和糴于上都。給司閽衞士貧者，人鈔二十錠。辛丑，賜諸王昔烈門等銀。以海道運糧招討使朱清爲中萬戶，賜虎符；張瑄子文虎爲千戶，賜金符。徙新附官仕內郡。以蠡州還隸眞定府路。癸卯，發粟賑水達達四十九站。甲辰，太陰掩熒惑。丙午，罷雲南造賣金箔規措所。罷雲南都元帥府及重設官吏。定質子令，凡大官子弟，遣赴京師。戊申，雲南施州子童興兵爲亂，敕參知政事阿合八失帥兵，合羅羅斯脫兒世合討之。給布萬匹賑女直饑民一千戶。

是歲，斷死罪二百七十八人。

校勘記

〔一〕王（睦）〔睦〕　見卷九校勘記〔九〕。下同。

〔二〕益都千戶王著至合謀殺之　按本書卷二〇五阿合馬傳，此事繫戊寅日。續通鑑補書「戊寅」，疑是。

〔三〕六月己丑朔日有食之　邢雲路古今律曆考云：「推是年六月朔，無戊午，交泛二十四日九十八刻，不入食限，不應食。步至七月戊午朔，交泛九刻，入食限，是日巳時日食，合。何元史重載六月朔食耶？從古無此食之理，郭守敬論之詳矣。豈以守敬十八年方定授時而不辨此？此必修史者誤書之也。」

〔四〕（晉）〔縉〕山　見卷四校勘記〔一五〕。

〔五〕（癸酉）宣慰孟慶元萬戶孫勝夫使爪哇回　按上文已書「癸酉」，此衍，今刪。

〔六〕（授）〔受〕皇太子諸王百官朝賀　從北監本改。

〔七〕楊庭（堅）〔璧〕　據本書卷二一〇馬八兒等國傳改。類編已校。

〔八〕蘇木都（速）〔剌〕　據下文至元二十三年九月乙丑條及本書卷一三四迦魯納答思傳、卷二一〇馬八兒等國傳改。蒙史已校。

〔九〕丁亥　按是月丁巳朔，無丁亥日。此「丁亥」在癸酉十七日、戊寅二十二日間，疑爲乙亥十九日或丁丑二十一日之誤。

〔一〇〕壬申　按是月上文已有壬申十六日，此重見之「壬申」在辛巳二十五日後，疑爲壬午二十六日或甲申

中華書局

二十八書之誤。

〔一一〕(叉)〔又〕巴洞　據上文至元十六年正月丙子條及元文類卷四一經世大典序錄招捕改。按下文至元二十二年五月壬午條作「右巴」，「又」、「右」同音異字。下同。

〔一二〕(河)〔和〕林戍還軍校　上文至元十七年九月癸亥條有「命沿途廩食和林回軍」，此處之「戍還軍校」卽「和林回軍」。按和林爲元代習用譯名，「和」不應作「河」，今改。

〔一三〕壬寅　按是月丁亥朔，壬寅爲十六日，其下不應有乙未初九日。此處史文有誤。

〔一四〕趙與(票)〔罴〕　見卷九校勘記〔七〕。下同。

〔一五〕諸王必赤帖木兒　疑卽本書屢見之諸王只必帖木兒，此處「必赤」二字倒舛，當作「赤必帖木兒」。按只必帖木兒爲闊端之子，分地有二十四城，與駙馬昌吉駐地毗連。此處史文正並提此二人。

〔一六〕楊廷(璧)〔璧〕　見本卷校勘記〔七〕。

〔一七〕壬戌　按是月丙辰朔，壬戌爲初七日。此處繫癸未二十八日後，當係錯簡。

〔一八〕乞里(古)〔吉〕思　按此名本書有「吉利吉思」、「乞力吉思」、「乞兒吉思」、「乞里吉思」諸譯，此處「古」、「吉」形近致誤，今改。

〔一九〕賜日本軍官八忽帶及軍士銀鈔有差　按文意，「賜」下當有「征」字。

〔二〇〕(乙)〔己〕巳　按是月乙卯朔，無乙巳日。此「乙巳」在丁卯十三日、癸酉十九日間，爲己巳十五日之誤，今改。道光本已校。

〔二一〕粗者十(之)五〔之一〕　據本書卷九四食貨志及元典章卷二二市舶改。

〔二二〕諸王忽牙都　考異云：「疑卽鎭遠王牙忽都也。」

〔二三〕宣撫(司)〔使〕阿里　按「司」爲官署，「使」爲官職，此處「使」誤作「司」，今改。

〔二四〕開(城)〔成〕　見卷一〇校勘記〔一〇〕。

明　宋濂等撰

第二冊

卷一三至卷二六（紀）

中華書局

二十四史

中華書局

元史卷十三

本紀第十三

世祖十

二十一年春正月乙卯，帝御大明殿，右丞相和禮霍孫率百官奉玉册玉寶，上尊號曰憲天述道仁文義武大光孝皇帝，諸王百官朝賀如朔旦儀，赦天下。丁巳，敕：「自今凡奏事者，必先語同列以所奏。既奏，其所奉旨云何，令同列知而後書之簿。不明以告而輒書簿者，杖必闍赤。」己未，罷雲南都元帥府，所管軍民隸行省。甲子，罷揚州等處理算官，以其事付行省。江浙行省平章忙忽帶進眞珠百斤。丙寅，闊闊你敦言：「屯田芍陂兵二千，布種二千石，得粳糯二萬五千石有奇，乞增新附軍二千。」從之。丁卯，建都王、烏蒙及金齒一十二處俱降。建都先爲緬所制，欲降未能。時諸王相吾答兒及行省右丞太卜、參知政事也罕的斤分道征緬，於阿昔、阿禾兩江造船二百艘，順流攻之，拔江頭城，令都元帥袁世安戍之。遂

遣使招諭緬王，不應。建都太公城乃其巢穴，遂水陸並進，攻太公城，拔之，故至是皆降。庚午，立江淮、荆湖、江西、四川行樞密院，治建康、鄂州、撫州、成都。立躭羅國安撫司。辛未，相吾答兒遣使進緬國所貢珍珠、珊瑚、異綵及七寶束帶。甲戌，遣蒙古官及翰林院官各一人祠岳瀆后土。遣王積翁齎詔使日本，賜錦衣、玉環、鞍轡；積翁由慶元航海至日本近境，爲舟人所害。御史臺臣言：「罪黜之人，久忘其名又復奏用，乞戒約。」帝曰：「卿等所言固是，然其間豈無罪輕可錄用者。」御史大夫玉速帖木兒對曰：「以各人所犯罪狀明白敷奏，用否當取聖裁。」從之。丙子，建寧叛賊黃華自殺。丁丑，雲南諸路按察司官陛辭，詔諭之曰：「卿至彼，當宣明朕意，勿求貨財。名成則貨財隨之，徇財則必失其名，而性命亦不可保矣。」己卯，馬八兒國遣使貢珍珠、異寶、縑段。

二月辛巳，以福建宣慰使管如德爲泉州行省參知政事，征緬。浚揚州漕河。罷高麗造征日本船。丁亥，命翰林學士承旨撒里蠻祀先農于籍田。壬辰，以江西叛寇妻子賜鷹坊養虎者。以別速帶逃軍七百餘人付安西王屯田，給以牛具。邕州、賓州民黃大成等叛，梧州、韶州、衡州民相挻而起，湖南宣慰使撒里蠻將兵討之。甲午，罷羣牧所。己亥，瑞州獲叛民晏順等三十二人，幷妻孥送京師。罷阿八赤開河之役，以其軍及水手各萬人運海道糧。放檀州淘金五百人還家。丁未，括江南樂工。命阿塔海發兵萬五千人、船二百艘助征占城，

船不足，命江西省益之。戊申，徙江淮行省于杭州，徙浙西宣慰司于平江，省黃州宣慰司入淮西道。立法輪竿于大內萬壽山，高百尺。漳州盜起，命江浙行省調兵進討。秦州總管劉發有罪，嘗欲歸黃華，事覺伏誅。遷故宋宗室及其大臣之仕者於內地。

三月辛亥，敕思、播管軍民官自今勿遷。丁巳，皇子北平王南（北）〔木〕合至自北邊。〔一〕王以至元八年建幕庭于和林北野里麻里之地，留七年，至是始歸。右丞相安童繼至。以張弘範等將新附軍。壬戌，更定虎符。丙寅，乘輿幸上都。丁卯，太廟正殿成，奉安神主。甲戌，置潮、贛、吉、撫、建昌戍兵。乙亥，高麗國王王（睶）〔賰〕以皇帝尊號禮成，〔二〕遣使來賀。

夏四月壬午，令軍民同築堤堰，以利五衛屯田。乙酉，省泉府司入戶部。立大都留守司兼少府監。立大都路總管府。立西川、延安、鳳翔、興元宣課司。從迷里火者、蜜剌里等言，以鈔萬錠爲市於別十八里及河西、上都。以火者赤依舊揚州鹽運使，歲市鹽八十萬石以贖過。己亥，涿州巨馬河決，衝突三十餘里。庚子，湖廣行省平章阿里海牙請身至海濱收集占城散軍，復使南征，且趣其未行者，許之。壬寅，江淮行省進各翼童男女百人。忽都鐵木兒征緬之師爲賊衝潰。戊申，高麗王王（睶）〔賰〕及公主以其世子謜來朝。敕發思、播田、楊二家軍二千從征緬。籍江南鹽徒軍，藏匿者有罪。火兒忽等所部民戶告饑，帝曰：「饑民不救，儲糧何爲？」發萬石賑之。命開元等路宣慰司造船百艘，付狗國戍軍。雲南行省爲

破緬國江頭城，進童男女八十人，幷銀器幣帛。

五月己酉〔朔〕，從禿禿合言，立二千戶，總欽察、康里子弟願爲國宣勞者。壬子，拘征東省印。癸丑，樞密院臣言：「唆都潰軍已令李恒收集，江淮、江西兩省潰軍，別遣使招諭，凡至者皆給之糧，舟楫損者修之，以俟阿里海牙調用。」從之。戊午，敕中書省：「奏目及文册，皆不許用畏吾字，其宣命、劄付並用蒙古書。」己未，荆湖占城行省言：「忽都虎、忽馬兒等將兵征占城，前鋒舟師至舒眉蓮港不知所向，令萬戶劉君慶進軍次新州，獲占蠻，始知我軍已還矣。就遣占蠻向導至占城境，其國主遣阿不蘭以書降，且言其國經唆都軍馬虜掠，國計已空，俟來歲遣嫡子以方物進。繼遣其孫路司理勒蟄等奉表詣闕。」乙丑，取高麗所產鐵。蠲江南今年田賦十分之二，其十八年已前逋欠未徵者，盡免之。阿魯忽奴言：「曩於江南民戶中撥匠戶三十萬，其無藝業者多，今已選定諸色工匠，餘十九萬九百餘戶宜縱令爲民。」從之。詔諭各道提刑按察司分司事宜。庚午，荆湖占城行省以兵進據烏馬境，地近安南，請益兵。命鄂州達魯花赤趙翥等奉璽書往諭安南。河間任丘縣民李移住謀叛，事覺伏誅。括天下私藏天文圖讖太乙雷公式、七曜曆、推背圖、苗太監曆，有私習及收匿者罪之。丁丑，忽都虎、烏馬兒、劉萬戶等率揚州省軍二萬赴唆都軍前，遇風船散，其軍皆潰。敕追烏馬兒等誥命、虎符及部將所受宣敕，以河西孛魯合答兒等代之，聽阿里海牙節制。

閏五月己卯，封法里剌王爲郡王，佩虎符。改思、播二州隸順元路宣撫司。罷西南番安撫司，立總管府。給西川蒙古軍鈔，使備鎧仗，耕遂寧沿江曠土以食，四頃以下者免輸地稅。命總帥汪惟正括四川民戶。辛巳，加封衞輝路小清河神曰洪濟威惠王。壬午，蒙古侍衞親軍都指揮使八忽帶征黃華回，進人口百七十一。乙酉，以雲南境內洪城併察罕章，隸皇太子。丙戌，行御史臺自揚州遷于杭州。庚寅，賜歸附洞蠻官十八人衣，遣還。癸巳，賜北安王螭紐金印。罷皮貨所。理算江南諸行省造征日本船隱弊，詔按察司毋得沮撓。甲辰，安南國王世子陳日烜遣其中大夫陳謙甫貢玉杯、金瓶、珠條、金領及白猿、綠鳩、幣帛等物。丙午，以侍衞親軍萬人修大都城。

六月壬子，遣使分道尋訪測驗晷景、日月交食、曆法。增官吏俸，以十分爲率，不及一錠者量增五分。甲寅，詔封皇子脫歡爲鎭南王，賜塗金銀印，駐鄂州。庚申，改蒙古都元帥府爲蒙古都萬戶府，砲手元帥府爲砲手萬戶府，砲手都元帥府爲回回砲手軍匠萬戶府。甲子，命也速帶兒所部軍六十人淘金雙城。從憨答孫請，移阿剌帶和林屯田軍與其所部相合，屯田五河。乙丑，中衞屯田蝗。甲戌，賜皇子愛牙赤怯薛帶孛折等及兀剌海所部民戶鈔二萬一千六百四十三錠，皇子南木合怯薛帶、怯憐口一萬二百四十六錠。以馬一萬一百九十五、羊一萬六十，賜朶魯朶海扎剌伊兒所部貧軍。

秋七月丁丑朔，敕荊湖、西川兩省合兵討(叉)〔又〕巴、〔三〕散毛洞蠻。雲南省臣言：「騰越、永昌、羅必丹民心攜貳，宜令也速帶兒或汪總帥將兵討之。」制曰「可」。命樞密院差軍修大都城。己卯，立衍福司。中書省臣言：「宰相之名，不宜輕授。今占城省臣已及七人，宜汰之。」詔軍官勿帶相銜。賜皇子北安王印。復揚州管匠提舉司。丁亥，江淮行省以占城所遣太半達連扎赴闕，及其地圖來上。塔剌赤言：「頭輦哥國王出戍高麗，調旺速等所部軍四百以往，今頭輦哥已回，留軍躭羅，去其妻子已久，宜令他軍更戍。」伯顏等議，以高麗軍千人屯躭羅，其留戍四百人縱之還家，從之。戊子，詔鎭南王脫歡征占城。遣所留安南使黎英等還其國，日烜遣其中大夫阮道學等以方物來獻。總帥汪惟正言：「一門兄弟從仕者衆，乞仍於秦、鞏州置便宜都總帥府，仍用元帥印，卽其兄弟四人擇一人爲總帥，總帥之下總管府令其兼之。汪氏二人西川典兵者，亦擇其一爲萬戶，餘皆依例遷轉。」從之。賜貧乏者阿魯渾、玉龍帖木兒等鈔，共七千四百八十錠。

八月丁未，雲南行省言：「華帖、白水江、鹽井三處土老蠻叛，殺諸王及行省使者。」調兵千人討之。定擬軍官格例，以河西、回回、畏吾兒等依各官品充萬戶府達魯花赤，同蒙古人；女直、契丹，同漢人。若女直、契丹生西北不通漢語者，同蒙古人；女直生長漢地，同漢人。己酉，御史臺臣言：「無籍之軍願從軍殺掠者，初假之以張渡江兵威，今各持弓矢，剽劫平民，若不分隸各翼，恐生他變。」詔遣之還家。辛亥，征東招討司聶古帶言：「有旨進討骨嵬，而阿里海牙、朶剌帶、玉典三軍皆後期。七月之後，海風方高，糧仗船重，深虞不測，姑宜少緩。」從之。占城國王乞回唆都軍，願以土產歲修職貢，使大盤亞羅日加翳、大巴南等十一人奉表詣闕，獻三象。甲子，放福建畬軍，收其軍器，其部長於近處州郡民官遷轉。庚午，車駕至自上都。甲戌，搠完上言：「建都女子沙智治道立站有功，已授虎符，管領其父元收附民爲萬戶。今改建昌路總管，仍佩虎符。」從之。

九月甲申，京師地震。併市舶司入鹽運司，立福建等處鹽課市舶都轉運司。中書省言：「福建行省軍餉絕少，必於揚州轉輸，事多遲誤。若併兩省爲一，分命省臣治泉州爲便。」詔以中書右丞、行省事忙兀台爲江淮等處行中書省平章政事，其行省左丞忽剌出、蒲壽庚、參政管如德分省泉州。癸巳，太白犯南斗。丙申，以江南總攝楊璉眞加發宋陵冢所收金銀寶器修天衣寺。甲辰，海南貢白虎、獅子、孔雀。

冬十月丁未，享于太廟。戊申，四川行省言金齒遺民尚多未附，以要剌海將探馬赤軍二千人討之。己酉，敕：「管軍萬戶爲行省宣慰使者，毋兼管軍事；仍爲萬戶者，毋兼涖民政。」壬子，定漣海等處屯田法。辛酉，征東招討司以兵征骨嵬。宋有手記軍，死則以兄弟若子繼，詔依漢軍籍之，毋文其手。丁卯，和禮霍孫請設科舉，詔中書省議，會和禮霍孫罷，事

遂寢。以招討使張萬爲征緬招討使，佩三珠虎符。戊辰，立常平倉，以五十萬石價鈔給之。甲戌，詔諭行中書省，凡征日本船及長年篙手，並官給鈔增價募之。賜貧乏者押失、忻都察等鈔一萬四千三錠。

十一月甲申，封南木里、忙哥赤郡公。戊子，命北京宣慰司修灤河道。己丑，江西行省參知政事也的迷失禽獲海盜黎德及招降餘黨百三十三人，卽其地誅黎德以徇，以黎德弟黎浩及僞招討吳興等檻送京師。遷轉官員薄而不就者，其令歸農當役。庚寅，占城國王遣使大羅盤亞羅日加翳等奉表來賀聖誕節，獻禮幣及象二。占城舊州主寶嘉婁亦奉表入附。庚子，以范文虎爲左丞，商量樞密院事。太陰犯心。辛丑，和禮霍孫、麥朮丁、張雄飛、溫迪罕皆罷。前右丞相安童復爲右丞相，前江西榷茶運使盧世榮爲右丞，前御史中丞史樞爲左丞，不魯迷失海牙、撒的迷失並參知政事，前戶部尚書拜降參議中書省事。敕中書省整治鈔法，定金銀價，禁私自回易，官吏奉行不虔者罪之。壬寅，安童、盧世榮言：「阿合馬專政時所用大小官員，例皆奏罷，其間豈無通才？宜擇可用者仍用之。」詔依所言汰選，毋徇私情。癸卯，福建行省遣使人八合魯思招降南巫里、別里剌、理倫、大力等四國，各遣其相奉表以方物來貢。以江淮間自襄陽至于東海多荒田，命司農司立屯田法，募人開耕，免其六年租稅并一切雜役。賜蒙古貧乏者也里古、薛列海、察吉兒等鈔十二萬四千七百二十二錠。

中華書局

十二月甲辰朔，中書省臣言：「江南官田爲權豪寺觀欺隱者多，宜免其積年收入，限以日期，聽人首實。踰限爲人所告者，徵以其半給告者。」從之。立常平鹽局。乙巳，崔彧言盧世榮不可爲相，忤旨罷。以丁壯萬人開神山河，立萬戶府以總之。辛亥，以儀鳳司隸衞尉院。癸亥，盧世榮言：「京師富豪戶釀酒，價高而味薄，以致課不時輸，宜一切禁罷，官自酤賣。向之歲課，一月可辦。」從之。甲子，以高麗提舉司隸工部。乙丑，祀太一。丙寅，荆湖占城行省遣八番劉繼昌諭降龍昌寧、龍延萬等赴闕，奉羊馬、白氈來貢，各授本處安撫使。立宣慰司，招撫西南諸蕃等處酋長。癸酉，命翰林承旨撒里蠻、翰林集賢大學士許國禎，集諸路醫學教授增修本草。是月，鎭南王軍至安南，殺其守兵，分六道以進。安南興道王以兵拒於萬刼，進擊敗之。萬戶倪閏戰死於劉邨。以涇州隸都總帥府。賜蒙古貧乏者兀馬兒等鈔二千八百八十五錠、銀四十錠。

二十二年春正月戊寅，以命相詔天下。民間買賣金銀、懷孟諸路竹貨、江淮以南江河魚利，皆弛其禁。諸處站赤飲食，官爲支給。遣官諸路慮囚，罪輕者釋之。徙屯衞輝新附軍六千家，廪之京師，以完倉廩。發五衞軍及新附軍濬蒙邨漕渠。庚辰，立別十八里驛傳。毀宋郊天臺。桑哥言：「楊輦眞加云，會稽有泰寧寺，宋毀之以建寧宗等攢宮；錢唐有龍華

寺，宋毀之以爲南郊。皆勝地也，宜復爲寺，以爲皇上、東宮祈壽。」時寧宗等攢宮已毀建寺，敕毀郊天臺，亦建寺焉。壬午，詔立市舶都轉運司。立上都等路羣牧都轉運使司、諸路常平鹽鐵坑冶都轉運司。甲申，遣使代祀五岳、四瀆、東海、后土。戊子，闊闊你敦言：「先有旨遣軍二千屯田芍陂，試土之肥磽，去秋已收米二萬餘石，請增屯士二千人。」從之。徙江南樂工八百家于京師。封駙馬晙郎哥爲寧昌郡王，賜龜紐銀印。西川趙和尙自稱宋福王子廣王以誑民，民有信者；眞定民劉驢兒有三乳，自以爲異，謀不軌；事覺，皆磔裂以徇。移五條河屯田軍五百於兀失蠻、扎失蠻。辛卯，發諸衞軍六千八百人給護國寺修造。廣御史臺贓罰庫。癸巳，樞密臣言：「舊制四宿衞各選一人參決樞密院事，請以脫列伯爲僉院。」從之。詔括京師荒地，令宿衞士耕種。乙未，中書省臣請以御史大夫玉速怗木兒爲左丞相，中丞撒里蠻爲御史大夫；罷行御史臺，以其所屬按察司隸御史臺，行御史臺大夫撥魯罕爲中書省平章政事。帝曰：「玉速怗木兒朕當思之；撥魯罕寬緩，不可。」安童對曰：「阿必赤合何如？」帝曰：「此事朕自處之。罷行御史臺者，當如所奏。」盧世榮請罷福建行中書省，立宣慰司，隸江西行中書省。又言：「江南行中書省事繁，恐致壅滯，今隨行省立行樞密院總兵，以分其務爲便。」帝曰：「行院之事，前日已言，由阿合馬欲其子忽辛兼兵柄而止，今議行之。」流征占城擅還將帥二十三人於遠方。丙申，帝畋于近郊。陞武備監爲武備寺，尙醫

監爲太醫院，職俱三品。陞六部爲二品。以合必赤合爲中書平章政事。命禮部領會同館。初，外國使至，常令翰林院主之，至是改正。荆湖占城行省平叛蠻百六十六洞。詔禁私酒。己亥，分江浙行省所治南康隸江西省。辛丑，以楊兀魯帶爲征骨嵬招討使，佩二珠虎符。壬寅，造大樽於殿，樽以木爲質，銀內而金外，鏤爲雲龍，高一丈七寸。是月壬午，烏馬兒領兵與安南興道王遇，擊敗之，兵次富良江北。乙酉，安南世子陳日烜領戰船千餘艘以拒。丙戌，與戰，大破之，日烜遁去。入其城，還屯富良江北。唆都、唐古帶等引兵與鎭南王會。

二月乙巳，駐蹕柳林。增濟州漕舟三千艘，役夫萬二千人。初，江淮歲漕米百萬石於京師，海運十萬石，膠、萊六十萬石，而濟之所運三十萬石，水淺舟大，恒不能達，更以百石之舟，舟用四人，故夫數增多。塞渾河堤決，役夫四千人。詔改江淮、江西元帥招討司爲上中下三萬戶府，蒙古、漢人、新附諸軍相參，作三十七翼。上萬戶：宿州、蘄縣、眞定、沂郯、益都、高郵、沿海七翼；中萬戶：棗陽、十字路、邳州、鄧州、杭州、懷州、孟州、眞州八翼；下萬戶：常州、鎭江、潁州、廬州、亳州、安慶、江陰水軍、益都新軍、湖州、淮安、壽春、揚州、泰州、弩手、保甲、處州、上都新軍、黃州、安豐、松江、鎭江水軍、建康二十二翼。翼設達魯花赤、萬戶、副萬戶各一人，以隸所在行院。江西盜黎德等餘黨悉平。以應放還五衞軍穿河西務

河。舊例，五衞軍十人爲率，七人三人，分爲二番，十月放七人者還，正月復役，正月放三人者還，四月復役，更休息之。丙午，以荆湖行省所隸八番、羅甸隸西川行省。分嵐、管爲二州。加封桑乾河神洪濟公爲顯應洪濟公。己酉，爲皇孫阿難答立衍福司，職四品，使、同知、副使各一員。辛亥，廣東宣慰使月的迷失討潮、惠二州盜郭逢貴等四十五寨，皆平，降民萬餘戶、軍三千六百一十人，請將所獲渠帥入覲，面陳事宜。從之。丙辰，詔罷膠、萊所鑿新河，以軍萬人隸江浙行省習水戰，萬人載江淮米泛海由利津達於京師。辛酉，御史臺臣言：「近中書奏罷行御史臺，改按察司爲提刑轉運司，俾兼錢穀，而糾彈之職廢矣。請令安童與老臣議。」從之。壬戌，太陰犯心。中書省臣盧世榮請立規措所，經營錢穀，秩五品，所用官吏以善賈爲之，勿限白身人。帝從之。參知政事不魯迷失海牙等因奏世榮姻黨有牛姓者，前爲提舉，今浙西運司課程頗多，擬陞轉運副使。亦從之。詔舊城居民之遷京城者，以貲高及居職者爲先，仍定制以地八畝爲一分；其或地過八畝及力不能作室者，皆不得冒據，聽民作室。陞御帶庫爲章佩監。徙右千戶只兒海迷失分地泉州。賜合剌失都兒新附民五千戶，合剌赤、阿速、阿塔赤、昔寶赤、貴由赤等嘗從征者，亦皆賜之。以民八十戶賜皇太子宿衞臣嘗從征者。用盧世榮言，回買江南民土田。詔天下拘收銅錢。中禁私造酒麯。戊辰，車駕幸上都。帝問省臣：「行御史臺何故罷之？」安童曰：「江南盜賊屢起，行御史臺鎭

中華書局

遏居多，臣以爲不可罷。然與江浙行中書省並在杭州，地甚遠僻，徙之江州，居江浙、湖南、江西三省之中爲便。」從之。立眞定、濟南、太原、甘肅、江西、江淮、湖廣等處宣慰司兼都轉運使司，以治課程，仍立條制。禁諸司不得擅追管課官吏，有敢沮擾者，具姓名以聞。增濟州漕運司軍萬二千人。立江西、江淮、湖廣造船提舉司。令江浙行省參政馮珪，湖廣行省右丞要束木、參政潘傑，龍興行省左丞伯顏、參政楊居寬、僉省陳文福，專領課程事。以僉吉剌帶爲中書左丞相。己巳，復立按察司。撥民二萬七千戶與駙馬唆郎哥。以忽都魯爲平章政事。詔：「各道提刑按察司，能遵奉條畫，莅事有成者，任滿升職；贓污不稱任者，罷黜除名。」詔立供膳司，職從五品，達魯花赤、令、丞各一員。罷融州總管府爲州。

三月丙子，遣太史監候張公禮、彭質等往占城測候日晷。癸未，罷甘州行中書省，立宣慰司，隸寧夏行中書省。荆湖占城行省請益兵。時陳日烜所逃天長、長安二處兵力復集，興道王船千餘艘聚萬刧，阮盝在永平，而官兵遠行久戰，懸處其中，唆都、唐古帶之兵又不以時至，故請益兵。帝以水行爲危，令遵陸以往。庚子，詔依舊制，凡鹽一引四百斤，價銀十兩，以折今鈔爲二十貫，商上都者，六十而稅一。增契本爲三錢。立上都規措所回易庫，增壞鈔工墨費每貫二分爲三分。

夏四月癸卯〔朔〕，立行樞密院都鎭撫司。置畏兀驛六所。丙午，以征日本船運糧江淮及敎軍水戰。庚戌，監察御史陳天祥劾中書右丞盧世榮罪惡，詔世榮、天祥皆赴上都。

壬子，江陵民張二妻鄧氏一產三男。癸丑，詔追捕宋廣王及陳宜中。遣中書省、樞密院、御史臺官各一員，決大都及諸路罪囚。大都、汴梁、益都、廬州、河間、濟寧、歸德、保定蝗。辛酉，以躭羅所造征日本船百艘賜高麗。壬戌，御史中丞阿剌怗木兒、郭佑，侍御史白秃剌怗木兒，參知政事撒的迷失等以盧世榮所招罪狀奏。阿剌怗木兒等與世榮對於帝前，世榮悉款服。改六部依舊爲三品。詔：「安童與諸老臣議世榮所行，當罷者罷之，更者更之，其所用人實無罪者，朕自裁決。」癸亥，敕以麥朮丁所行清潔，與安童治省事。

五月甲戌，以御史中丞郭佑爲中書省參知政事。丁丑，減上都商稅。戊寅，廣平、汴梁、鈞、鄭旱。以遠方曆日取給京師，不以時至，荆湖等處四行省所用者隆興印之，合剌章、河西、西川等處所用者京兆印之。詔甘州每地一頃輸稅三石。壬午，以軍千人修阿失鹽場倉。以忻都爲蹋里玉招討使，佩虎符。有旨：「不可興兵遠攻，近地有不服者討之。」右巴等洞蠻平。甲申，立汴梁宣慰司，依安西王故事，汴梁以南至江，以親王鎭之。丁亥，中書省臣言：「六部官冗甚，可止以六十八員爲額，餘悉汰去。」詔擇其廉潔有幹局者存之。分漢地及江南所拘弓箭兵器爲三等，下等毀之，中等賜近居蒙古人，上等貯於庫；有行省、行院、行臺者掌之，無省、院、臺者達魯花赤、畏兀、回回居職者掌之，漢人、新附人雖居職無有所預。

戊子，改昇江、烏定、朶里滅該等府爲路。雲南行省臣脫怗木兒言錫道賦、徵侵隱、戍叛民、明黜陟、罷轉運、給親王、賦豪戶、除重稅、決盜賊、增驛馬、取質子、定俸祿、敎農桑、優學者、卹死事、捕逃亡十餘事，命中書省議其可者行之。庚寅，眞定、廣平、河間、恩州、大名、濟南蠶災。增大都諸門尉、副各一人。敕朶兒只招集甘、沙、速等州流徙饑民。〔四〕行御史臺復徙于杭州。丁酉，徙行樞密院於建康。戊戌，汴梁、懷孟、濮州、東昌、廣平、平陽、彰德、衞輝旱。罷江南造船提舉司。陳日烜走海港，鎭南王命李恒追襲，敗之。適暑雨疫作，兵欲北還思明州，命唆都等還烏里。安南以兵追躡，唆都戰死。恒爲後距，以衞鎭南王，藥矢中左膝，至思明，毒發而卒。

六月庚戌，命女直、水達達造船二百艘及造征日本迎風船。辛亥，揚州進芝草。丙辰，遣馬速忽、阿里齎鈔千錠往馬八圖求奇寶，〔五〕賜馬速忽虎符，阿里金符。高麗遣使來貢方物。庚午，詔減商稅，罷牙行，省市舶司入轉運司。左丞呂師夔乞假五月，省母江州，帝許之，因諭安童曰：「此事汝蒙古人不知，朕左右復無漢人，可否皆自朕決。汝當盡心善治百姓，無使重困致亂，以爲朕羞。」參知政事張德潤獻其家人四百戶於皇太子。馬湖部田鼠食稼殆盡，其總管祠而祝之，鼠悉赴水死。

秋七月壬申，造溫石浴室及更衣殿。癸酉，詔禁捕獵。甲戌，敕祕書監修地理志。乙亥，安南降者昭國王、武道、文義、彰憲、彰懷四侯赴闕。戊寅，京師蝗。分甘州屯田新附

軍三百人，田于亦集乃之地。己卯，以米千石廩僉吉剌貧民。壬午，陝西四川行中書省左丞汪惟正入見。甲申，改闊里吉思等所平大小十谿洞悉爲府、州、縣。修汴梁城。丁亥，廣東宣慰使月的迷失入覲，以所降渠帥郭逢貴等至京師，言山寨降者百五十餘所。帝問：「戰而後降邪，招之卽降邪？」月的迷失對曰：「其首拒敵者臣已磔之矣，是皆招降者也。」因言：「塔朮兵後未嘗撫治其民，州縣官復無至者，故盜賊各據土地，互相攻殺，人民漸耗，今宜擇良吏往治之。」從之。庚寅，樞密院言：「鎭南王脫歡所總征交趾兵久戰力疲，請於奧魯赤等三萬戶分蒙古軍千人，江淮、江西、荆湖三行院分漢軍、新附軍四千人，選良將將之，取鎭南王脫歡、阿里海牙節制，以征交趾。」從之。復以唐兀帶爲荆湖行省左丞。唐兀帶請放征交趾軍還家休憩，詔從脫歡、阿里海牙處之。給諸王阿只吉分地貧民農具牛種，令自耕播。乙未，雲南行省言：「今年未暇征緬，請收穫秋禾，先伐羅北甸等部。」從之。庚子，改開、達、梁山三州隸夔州路。（八月庚子）給鈔萬二千四百錠爲本，〔六〕取息以贍甘、肅二州屯田貧軍。

〔八月〕辛丑〔朔〕，〔七〕命有司祭斗三日。戊申，分四川鎭守軍萬人屯田成都。丙辰，車駕至自上都。己未，詔復立泉府司，秩從二品，以答失蠻領之。初，和禮霍孫以泉府司商販者，所至官給飲食，遣兵防衞，民實厭苦不便，奏罷之。至是，答失蠻復奏立之。（九月）丙

寅，〔八〕遣蒙古軍三千人屯田清、滄、靖海。戊辰，罷禁海商。省合剌章、金齒二宣撫司爲一，治永昌。立臨安廣西道宣撫司。中書省臣奏：「近奉旨括江淮水手，江淮人皆能游水，恐因此動搖者衆。」從之。罷榷酤。初，民間酒聽自造，米一石官取鈔一貫。盧世榮以官鈔五萬錠立榷酤法，米一石取鈔十貫，增舊十倍。至是，罷榷酤，聽民自造，增課鈔一貫爲五貫。敕拘銅錢，餘銅器聽民仍用。令福建黄華畲軍有恒產者爲民，無恒產與妻子者編爲守城軍。汪惟正言鞏昌軍民站戶幷諸人奴婢，因饑歲流入陝西、四川者，彼卽括爲軍站。帝曰：「倘如所言，當鳩集與之。如非己有而强欲得之者，豈彼於法不知懼邪？」

〔九月〕乙亥，〔九〕聽民自實兩淮荒地，免稅三年。中書省以江北諸城課程錢糧聽杭、鄂二行省節制，道途迂遠，請改隸中書，從之。永昌、騰衝二城在緬國、金齒間，摧圮不可禦敵，敕修之。敕：「自今貢物惟地所產，非所產者毋輒上。」丙子，眞蠟、占城貢樂工十人及藥材、鰐魚皮諸物。辛巳，收集工匠之隱匿者。丙戌，速木都剌、馬答二國遣使來朝。庚寅，敕征交趾諸軍，除留蒙古軍百、漢軍四百爲鎮南王脫歡宿衞，餘悉遣還。别以江淮行樞密院所總蒙古兵戍江西。癸巳，雲南貢方物。烏蒙叛，命四川行院也速帶兒將兵討之，馬湖總管汝作以蠻軍三百爲助。降西崖門酋長阿者等百餘戶。

冬十月己亥〔朔〕，以鈔五千錠和糴于應昌府。復分河間、山東鹽課轉運司爲二。遣合撒兒海牙使安南。遣雪雪的斤領畏兀兒戶一千戍合剌章。庚子，享于太廟。甲辰，修南嶽廟。乙巳，樞密院臣言：「脫脫木兒遣使言，阿沙、阿女、阿則三部欲叛，宜遣人往召，如不至，乘隙伐之。」不允。因敕諭之：「事不議於雲南王也先帖木兒者，毋輒行。」詔征東招討使塔塔兒帶、楊兀魯帶以萬人征骨嵬，因授楊兀魯帶三珠虎符，爲征東宣慰使都元帥。壬子，長葛、郾城各進芝草。癸丑，立征東行省，以阿塔海爲左丞相，劉國傑、陳巖並左丞，洪茶丘右丞，征日本。賜脫里察安、答卽古阿散等印，令考覈中書省，其制如三品。丙辰，以參議帖木兒爲參知政事，位郭佑上，且命之曰：「自今之事，皆責於汝。」馬法國入貢。戊午，以江淮行省平章忙兀帶爲江浙省左丞相。初，西川止立四路，阿合馬濫用官，增而爲九。臺臣言其地民少，留廣元、成都、順慶、重慶、夔府五路，餘悉罷去。後以山谷險要，蠻夷雜處，復置嘉定路、敍州宣撫司以控制之。陞大理寺爲都護府，職從二品。都護府言，合剌禾州民饑，戶給牛二頭、種二石，更給鈔一十一萬六千四百錠，糴米六萬四百石，爲四月糧賑之。癸亥，以答卽古阿散理算積年錢穀，别置司署，與省部敵，干擾政務，併入省中。丁卯，敕樞密院計膠、萊諸處漕船，高麗、江南諸處所造海舶，括傭江淮民船，備征日本。仍敕習泛海者，募水工至千人者爲千戶，百人爲百戶。塔海弟六十言：「今百姓及諸投下民，俱令造船於女直，而女直又復發爲軍，工役繁甚。乃顏、勝納合兒兩投下鷹坊、採金等戶獨不調。」有旨遣使發其民。烏蒙蠻夷宣撫使阿蒙叛，詔止征羅必丹兵，同雲南行省出兵討之。郭佑言：「自平江南，十年之間，凡錢糧事八經理算。今答卽古阿散等又復鈎考，宜卽罷去。」帝嘉納之。

十一月己巳朔，廣東宣慰使月的迷失以英德、循、梅三路民少，請改爲州；又請以管軍總管于躍爲惠州總管，蔚州知州木八剌爲潮州達魯花赤。帝疑其專，不允。御史臺臣言：「御史臺、按察司以糾察百官爲職，近鈎校錢穀者恐發其奸，私聚羣不逞之徒，欲沮其事，願陛下依舊制諭之。」制曰「可」。庚午，賜皇子愛牙赤銀印。壬申，以討日本，遣阿八剌督江淮行省軍需，遣察忽督遼東行省軍需。甲戌，置合剌章、四川、建都等驛。戊寅，遣使告高麗發兵萬人、船六百五十艘，助征日本。仍令於近地多造船。己丑，籍重慶府不花家人百二十三戶爲民。御史臺臣奏：「昔宋以無室家壯士爲鹽軍，數凡五千，今存者一千一百二十二人，性習凶暴，民患苦之，宜給以衣糧，使屯田自贍。」詔議行之。癸巳，敕漕江淮米百萬石，泛海貯於高麗之合浦，仍令東京及高麗各貯米十萬石，備征日本。諸軍期於明年三月以次而發，八月會於合浦。乙未，以禿魯歡爲參知政事。盧世榮伏誅。丙申，赦囚徒，黥其面，及招宋時販私鹽軍習海道者爲水工，以征日本。

十二月，〔一〇〕敕減天下罪囚。以占城逋還忽都虎、劉九、田二復舊職，從征日本。增阿塔海征日本戰士萬人、回回砲手五十人。己亥，從樞密院請，嚴立軍籍條例，選壯士及有力家充軍。敕樞密院：「向以征日本故，遣五衞軍還家治裝，今悉選壯士，以正月一日到京師。」江淮行省以戰船千艘習水戰江中。辛丑，誅答卽古阿散黨人蔡仲英、李蹊。丁未，皇太子薨。戊午，以中衞軍四千人伐木五萬八千六百，給萬安寺修造。己未，丹太廟楹。乙酉，立集賢院，以扎里蠻領之。戊子，罷合剌章打金規（運）〔措〕所及都元帥〔府〕。〔一一〕敕合剌章酋長之子入質京師，千戶、百戶子留質雲南王也先帖木兒所。中書省臣奏：「納速丁言，減合剌章冗官，可歲省俸金九百四十六兩；又屯田課程專人主之，可歲得金五千兩。」皆從之。遣只必哥等考覈雲南行省。庚寅，詔毋遷轉工匠官。辛卯，〔一二〕敕有司祭北斗。

是歲，命江浙轉運司通管課程。集諸路僧四萬於西京普恩寺，作資戒會七日夜。併省重慶等處州縣。占城行省參政亦黑迷失等以軍還，駐海外四州，遣使以聞，敕放其軍還。賜皇子脫歡，諸王阿魯灰、只吉不花，公主囊家眞等，鈔計七千七百三十二錠、馬六百二十九匹、衣段百匹、弓千、矢二萬發。賜諸王阿只吉、合兒魯、忙兀帶、宋忽兒、阿沙、合丹、别合剌等及官戶散居河西者，羊馬價鈔三萬七千七百五十七錠、布四千匹、絹二千匹。以伯八剌等貧乏，給鈔七萬六千五百二錠。賞諸王阿只吉、小厮、汪總帥、别速帶、也先等所部及征緬、占城等軍，鈔五萬三千五百四十一錠、馬八千一百九十七匹、羊一萬六千六百三十四，牛十一，米二萬二千一百石，絹帛八萬一千匹，綿五百三十斤，木綿二萬七千二百七十九匹，甲千被，弓千張，衣百七十九襲。命帝師也憐八合失甲自羅二思八等遞藏佛事于萬安、興教、慶壽等寺，凡一十九會。斷死罪二百七十一人。

校勘記

〔一〕皇子北平王南(北)〔木〕合　從殿本改。按上文至元三年六月丁卯條有「封皇子南木合爲北平王」。南木合，卷一〇八諸王表作「那木罕」。

〔二〕王(賭)〔睹〕　見卷九校勘記〔九〕。下同。

〔三〕(叉)〔叉〕巴　見卷一二校勘記〔一二〕。

〔四〕甘沙速等州　本書地理志無「速州」，本證云「速當作肅」。

〔五〕馬八圖　按「馬八圖」本書只此一見，疑卽下文至元二十三年正月庚辰條之馬八國，「圖」爲「國」之誤。馬八國卽馬八兒國，本書卷二一〇有傳。

〔六〕(八月庚子)給鈔萬二千四百錠　按庚子爲七月三十日，「八月」二字錯簡，「庚子」重出，今刪。

〔七〕〔八月〕辛丑〔朔〕　按是月辛丑朔，原「八月」誤置於七月庚子前，今移補。

〔八〕(九月)丙寅　按丙寅爲八月二十六日，其下之戊辰爲二十八日，「九月」二字錯簡，今刪。

〔九〕〔九月〕乙亥　按是月庚午朔，乙亥爲初六日，原「九月」誤置於八月丙寅前，今移補。

〔一〇〕十二月　此處脫干支，以下文「己亥」初二日推，當有「戊戌朔」。

〔一一〕罷合剌章打金規(運)〔措〕所及都元帥(府)　據上文至元十二年正月己亥條及本書卷一二五賽典赤贍思丁傳附納速剌丁傳改補。

〔一二〕乙酉至戊子至庚寅至辛卯　按是月戊戌朔，無乙酉、戊子、庚寅、辛卯諸日，此乙酉繫己未二十二日之後疑爲辛酉二十四、戊子疑爲甲子二十七日、庚寅疑爲丙寅二十九日、辛卯疑爲丁卯三十日之誤。

元史卷十四

本紀第十四

世祖十一

二十三年春正月戊辰朔，以皇太子故罷朝賀。禁齎金銀銅錢越海互市。甲戌，帝以日本孤遠島夷，重困民力，罷征日本，召阿八赤赴闕，仍散所顧民船。以江南廢寺土田爲人占據者，悉付總統楊璉眞加修寺。己卯，立羅不、怯台、闍鄽、斡端等驛。呂文煥以江淮行省右丞告老，許之，任其子爲宣慰使。庚辰，馬八國遣使進銅盾。壬午，太陰犯軒轅太民。遣使代祀嶽瀆東海。癸未，罷鞏昌二十四城拘榷所，以其事入有司。發鈔五千錠糴糧于沙、(靜)〔淨〕、隆興。〔一〕從桑哥請，命楊璉眞加遣宋宗戚謝儀孫、全允堅、趙沂、趙太一入質。甲申，忽都魯言：「所部屯田新軍二百人，鑿河渠於亦集乃之地，役久功大，乞以傍近民、西僧餘戶助其力。」從之。憨答孫遣使言：「軍士疲乏者八百餘人，乞賑贍，宜於朵魯朵海處驗其

虛實。」帝曰：「比遣人往，事已緩矣。其使贍之。」丁亥，焚陰陽僞書顯明曆。辛卯，命阿里海牙等議征安南事宜。癸巳，陞福州長溪縣爲福寧州，以福安、寧德二縣隸之。丙申，以新附軍千人屯田合思罕關東曠地，官給農具牛種。丁酉，畋于近郊。降敍州爲縣，隸蠻夷宣撫司。詔禁沮擾鹽課。設諸路推官以審刑獄，上路二員，(中)〔下〕路一員。〔二〕陞龍興武寧縣爲寧州，以分寧隸之。

二月己亥，敕中外，凡漢民持鐵尺、手撾及杖之藏刃者，悉輸于官。辛丑，遣使以鈔五千錠賑諸王小薛所部饑民。甲辰，以雪雪的斤爲緬中行省左丞相，阿台董阿參知政事，兀都迷失僉行中書省事。以阿里海牙仍安南行中書省左丞相，奧魯赤平章政事，都元帥烏馬兒、亦里迷失、〔三〕阿里、昝順、樊楫並參知政事。遣使諭皇子也先鐵木兒，〔四〕調合剌章軍千人或二三千，付阿里海牙從征交趾，仍具將士姓名以聞。乙巳，廷議以東北諸王所部雜居其間，宣慰司望輕，罷山北遼東道、開元等路宣慰司，立東京等處行中書省，以闊闊你敦爲左丞相，遼東道宣慰使塔出右丞，同僉樞密院事楊仁風、宣慰使亦而撒合並參知政事。敕中書省：「太府監所儲金銀，循先朝例分賜諸王。」復立大司農司，專掌農桑。陞宣徽院正二品。降鎮巢府爲巢州。丁未，用御史臺臣言，立按察司巡行郡縣法，除使二員留司，副使以下每歲二月分蒞按治，十月還司。丙午，〔五〕太陰犯井。戊申，樞密院奏：「前遣蒙古軍萬

人屯田，所獲除歲費之外可糴鈔三千錠，乞分廩諸翼軍士之貧者。」帝悅，令從便行之。調京師新附軍二千立營屯田。癸丑，復置隰州大寧縣。丁巳，命湖廣行省造征交趾海船三百，期以八月會欽、廉州。戊午，併江南行樞密院四處入行省。命荊湖占城行省將江浙、湖廣、江西三行省兵六萬人伐交趾。荊湖行省平章奧魯赤以征交趾事宜請入覲，詔乘傳赴闕。集賢直學士程文海言：「省院諸司皆以南人參用，惟御史臺按察司無之。江南風俗，南人所諳，宜參用之，便。」帝以語玉速鐵木兒，對曰：「當擇賢者以聞。」帝曰：「汝漢人用事者，豈皆賢邪？」江南諸路學田昔皆隸官，詔復給本學，以便教養。封陳益稷爲安南王，陳秀嵈爲輔義公，仍下詔諭安南吏民。復立岳、鄂、常德、潭州、靜江榷茶提舉司。癸亥，太史院上授時曆經、曆議，敕藏于翰林國史院。甲子，復以平原郡公趙與芮江南田隸東宮。立甘州行中書省。丙寅，以編地理書，召曲阜教授陳儼、京兆蕭斞、蜀人虞應龍，唯應龍赴京師。

三月己巳，御史臺臣言：「近奉旨按察司參用南人，非臣等所知，宜令侍御史、行御史臺（等）〔事〕程文海與行臺官，〔六〕博采公潔知名之士，具以名聞。」帝命齎詔以往。太陰犯婁。浚治中興路河渠。省雲和署入教坊司。辛未，降梅、循爲下州。甲戌，雄、霸二州及保定諸縣水泛溢，冒官民田，發軍民築河堤禦之。乙亥，以麥朮丁仍中書右丞，與郭佑並領錢穀，

楊居寬典銓選。立欽察衞親軍都指揮使司。賜諸王脫忽帖木兒羊二萬。丙子，大駕幸上都。詔行御史臺按察司以八月巡行郡縣。中書省臣言：「阿合馬時諸王駙馬往來餉給之費，悉取於萬億庫。後徵百官俸入以償，最非便。」詔在籍者除之勿徵。以榷茶提舉李起南爲江西榷茶轉運使。起南嘗言：「江南茶每引價三貫六百文，今宜增每引五貫。」事下中書議，因令起南爲運使，置達魯花赤處其上。丁丑，徙東京行中書省于咸平府。癸巳，歲星犯壘壁陣。以臨江路爲北安王分邑。

夏四月庚子，中書省臣請立汴梁行中書省及燕南、河東、山東宣慰司。有旨：「南京戶寡盜息，不必置省。其宣慰司如所請。濟南乃勝納合兒分地，太原乃阿只吉分地，其令各位委官一人同治之。」敕免雲南從征交趾蒙古軍屯田租。立烏蒙站。江南諸路財賦並隸中書省。雲南省平章納速剌丁上便宜數事：一曰弛道路之禁，通民來往；二曰禁負販之徒，毋令從征；三曰罷丹當站賦民金爲飲食之費；四曰聽民伐木貿易；五曰戒使臣勿擾民居，立急遞鋪以省馹騎。詔議行之。辛丑，陝西行省言：「延安置屯田鷹坊總管府，其火失不花軍逃散者，皆入屯田，今復供秦王阿難答所部阿黑答思飼馬及輸他賦。」有旨皆罷之，其不悛者罪當死。甲辰，行御史臺自杭州徙建康。以山南、淮東、淮西三道按察司隸內臺。增置行臺色目御史員數。丁未，江東宣慰司進芝一本。庚戌，制謚法。壬子，樞密院納速剌丁言：

「前所統漸丁軍五千人往征打馬國，其力已疲，今諸王復籍此軍征緬，宜取進止。」帝曰：「苟事力未損，即遣之。」仍諭納速剌丁分阿剌章、蒙古軍千人，以能臣將之，赴交趾助皇子脫歡。己未，遣要束木勾考荊湖行省錢穀。中書擬要束木平章政事，脫脫忽參知政事。有旨：「要束木小人，事朕方五年，授一理算官足矣。脫脫忽人奴之奴，令史、宣使才也。讀卿等所進擬，令人恥之。其以朕意諭安童。」以漢民就食江南者多，又從官南方者秩滿多不還，遣使盡徙北還。仍設脫脫禾孫於黃河、江、淮諸津渡，凡漢民非齎公文適南者止之，爲商者聽。中書省臣言：「比奉旨，凡爲盜者毋釋。今竊鈔數貫及佩刀微物，與童幼竊物者，悉令配役。臣等議，一犯者杖釋，再犯依法配役爲宜。」帝曰：「朕以漢人徇私，用泰和律處事，致盜賊滋衆，故有是言。人命至重，今後非詳讞者，勿輒殺人。」

五月丁卯朔，樞密院臣言：「臣等與玉速帖木兒議別十八里軍事，凡軍行並聽伯顏節制，其留務委孛欒帶及諸王阿只吉官屬統之爲宜。」從之。己巳，熒惑犯太微西垣上將。荊湖行省阿里海牙上言：「要束木在鄂省鈎考，豈無貪賄？臣亦請鈎考之。」詔遣參知政事禿魯罕、樞密院判李道、治書侍御史陳天祥偕行。甲戌，汴梁旱。徙江東按察司于宣州。庚辰，歲星犯壘壁陣。乙酉，熒惑犯太微右執法。敕遣躭羅戍兵四百人還家。庚寅，廣平等路蠶災。辛卯，霸州、漷州蝻生。安南國遣使來貢方物。癸巳，京畿旱。

六月丙申朔，太白犯御女。辛丑，中書省臣言：「禿魯罕來奏，前要束木、阿里海牙互請鈎考，今阿里海牙雖已死，事之是非，當令暴白。」帝曰：「卿言良是，其連引諸人，近者即彼追逮，遠者宜以上聞。此事自要束木所發，當依其言究行之。」乙巳，以立大司農司詔諭中外。皇孫鐵木兒不花駐營亦奚不薛，其糧餉仰於西川，遠且不便，徙駐重慶府。詔以大司農司所定農桑輯要書頒諸路。命雲南、陝西二行省籍定建都稅賦。戊申，括諸路馬。凡色目人有馬者三取其二，漢民悉入官，敢匿與互市者罪之。辛亥，以亦馬剌丹忒忽里使交趾。癸丑，湖廣行省線哥言：「今用兵交趾，分本省戍兵二萬八千七百人，期以七月悉會靜江，今已發精銳啓行，餘萬七千八百人，皆羸病、屯田等軍，不可用。」敕今歲姑罷之。丁巳，設陝西等路諸站總管府，從三品。庚申，甘肅新招貧民百一十八戶，敕廩給之。敕路、府、州、縣捕盜者持弓矢，各路十副，府、州七副，縣五副。以薛闍干爲中書省平章政事。辛酉，封楊邦憲妻田氏爲永安郡夫人，領播州安撫司事。遣鎮西平緬等路招討使怯烈招諭緬國。廣元路閬中麥秀兩岐。高麗國遣使來貢。

秋七月丙寅朔，遣必剌蠻等使爪哇。己巳，用中書省臣言，以江南隸官之田多爲強豪所據，立營田總管府，其所據田仍履畝計之。復尚醞監爲光祿寺。罷遼陽等處行中書省。復北京、咸平等三道宣慰司。給鐵古思合敦貧民幣帛各二千、布千匹。庚午，江淮行省忙

兀帶言：「今置省杭州，兩淮、江東諸路財賦軍實，皆南輸又復北上，不便。揚州地控江海，宜置省，宿重兵鎭之，且轉輸無往返之勞。行省徙揚州便。」從之。立淮南洪澤、芍陂兩處屯田。壬申，平陽饑民就食隣郡者，所在發倉賑之。置中尙監。右丞拜答兒將兵討阿蒙，幷其妻子禽之，皆伏誅。丁丑，斡脫吉思部民饑，〔七〕遣就食北京，其不行者發米賑之。以雄、易二州復隸保定。給和林軍儲，自京師輸米萬石，發鈔卽其地糴米萬石。辛巳，八都兒饑民六百戶駐八剌忽思之地，給米千石賑之。壬午，總制院使桑哥具省臣姓名以上，帝曰：「右丞相安童，右丞麥朮丁，參知政事郭佑、楊居寬，並仍前職。以鐵木兒爲左丞。其左丞相瓮吉剌帶、平章政事阿必失合、忽都魯皆別議。」仍諭中書選可代者以聞。給金齒國使臣圓符。癸巳，銓定省、院、臺、部官，詔諭中外：「中書省，除中書令外，左、右丞相並二員，平章政事二員，左、右丞並一員，參知政事二員；行中書省，平章政事二員，左、右丞並一員，參知政事、僉行省事並二員，樞密院，除樞密院使外，同知樞密院事一員，樞密院副使、僉樞密院事並二員，樞密院判一員；御史臺，御史大夫一員，中丞、侍御史、治書侍御史並二員；行臺同；六部，尙書、侍郞、郞中、員外郞並二員。其餘諸衙門，並委中書省斟酌裁減。」

八月丙申，發鈔二萬九千錠、鹽五萬引，市米賑諸王阿只吉所部饑民。己亥，敕樞密院遣侍衛軍千人扈從北征。平陽路歲比不登，免貧民稅賦。罷淮東、蘄黃宣慰司，以黃、蘄、

壽昌隸湖廣行省，安慶、六安、光州隸淮西宣慰司。招集宋鹽軍。以市舶司隸泉府司。乙卯，太白犯軒轅右角。辛酉，婺州永康縣民陳巽四等謀反，伏誅。甘州饑，禁酒。罷德平、定昌二路，置德昌軍民總管府。

九月乙丑朔，馬八兒、須門那、僧急里、南無力、馬蘭丹、那旺、丁呵兒、來來、急闌亦帶、蘇木都剌十國，各遣子弟上表來覲，仍貢方物。以太廟雨壞，遣瓮吉剌帶致告，奉安神主別殿。甲申，太陰犯天關。壬辰，高麗遣使獻日本俘。是月，南部縣生嘉禾，一莖九穗。芝產于蒼溪縣。

冬十月甲午朔，太白犯右執法。以南康路隸江西行省。徙浙西按察司治杭州。罷諸道提刑按察司判官。行御史臺監察御史及按察司官，雖漢人並毋禁弓矢。襄邑縣尹張玘爲治有績，鄒平縣達魯花赤回回能捕盜理財，進秩有差。丁酉，享于太廟。戊戌，太陰犯建星。己亥，車駕至自上都。壬寅，太白犯左執法。遣兵千人戍畏吾境。乙巳，賜合迷里貧民及合剌和州民牛種，給鈔萬六千二百錠當其價，合迷里民加賜幣帛並千匹。己酉，遣塔塔兒帶、楊兀魯帶以兵萬人、船千艘征骨嵬。中書省具宣徽、大司農、大都、上都留守司存減員數以聞，帝曰：「在禁近者朕自沙汰，餘從卿等議之。」辛亥，太陰犯東井。河決開封、祥符、陳留、杞、太康、通許、鄢陵、扶溝、洧川、尉氏、陽武、延津、中牟、原武、睢州十五處，調

南京民夫二十萬四千三百二十三人，分築隄防。癸丑，諭江南各省所統軍官教練水軍。遣侍衛新附兵千人屯田別十八里，置元帥府卽其地總之。甲寅，太白犯進賢。以征緬功，調招討使張萬爲征緬副都元帥，也先鐵木兒征緬招討司達魯花赤，千戶張成征緬招討使，並虎符，敕造戰船，將兵六千人以征緬，俾禿滿帶爲都元帥總之。乙卯，給皇子脫歡馬四千匹，部曲人三匹。庚申，濟寧路進芝二莖。壬戌，改河間鹽運司爲都轉運使司。徙戍甘州新附軍千人屯田中興，千人屯田亦里黑。高麗遣使來獻日本俘十六人。馬法國進鞍勒、氈甲。興化路仙游縣蟲傷禾。

十一月乙丑，中書省臣言：「朱清等海道運糧，以四歲計之，總百一萬石，斗斛耗折願如數以償，風浪覆舟請免其徵。」從之。遂以昭勇大將軍、沿海招討使張瑄，明威將軍、管軍萬戶兼管海道運糧船朱清，並爲海道運糧萬戶，仍佩虎符。敕禽獸字孕時無畋獵。戊辰，太白犯亢。遣蒙古千戶曲出等總新附軍四百人，屯田別十八里。己巳，改思明等四州並爲路。以阿八赤爲征交趾行省右丞。丙子，以涿、易二州，良鄉、寶坻縣饑，免今年租，給糧三月。平灤、太原、汴梁水旱爲災，免民租二萬五千六百石有奇。改廣東轉運市舶提舉司爲鹽課市舶提舉司。丁丑，命塔叉兒、忽難使阿兒渾。戊寅，遣使閱實宣寧縣饑民，周給之。己卯，太陰犯井。辛巳，歲星犯壘壁陣。

十二月乙未，遼東開元饑，賑糧三月。戊戌，太白犯東咸。癸卯，要束木籍阿里海牙家貲，運致京師。賜諸王朮伯所部軍五千人銀萬五千兩、鈔三千錠，探馬赤二千人羊七萬口。丙午，置燕南、河東、山東三道宣慰司。罷大有署。丁未，太陰犯井。乙卯，諸道宣慰司，在內地者設官四員，江南者六員。以阿里海牙所芘逃民無主者千人屯田。遣中書省斷事官禿不申復鈎考湖廣行省錢穀。復置泉州市舶提舉司。大都饑，發官米低其價糶貧民。丙辰，遣蒲昌赤貧民墾甘肅閑田，官給牛、種、農具。賜安南國王陳益稷羊馬鈔百錠。丁巳，太陰犯氐。戊午，翰林承旨撒里蠻言：「國史院纂修太祖累朝實錄，請以畏吾字繙譯，俟奏讀然後纂定。」從之。諸路分置六道勸農司。庚申，置尙珍署於濟寧等路，秩從五品。

是歲，以亦攝思憐〔眞〕爲帝師。〔八〕賜皇子奧魯赤、脫歡、諸王朮伯、也不干等，羊馬鈔一十五萬一千九百二十三錠，馬七千二百九十匹，羊三萬六千二百六十九口，幣帛、氈段、木綿三千二百八十八匹，貂裘十四。又賜皇子脫歡所部憐牙思不花等及欠州諸局工匠，鈔五萬六千一百三十九錠一十二兩。命西僧遞作佛事于萬壽山、玉塔殿、萬安寺，凡三十會。大司農司上諸路學校凡二萬一百六十六所，儲義糧九萬五百三十五石，植桑棗雜菓諸樹二千三百九十萬四千六百七十二株。斷死刑百一十四人。

二十四年春正月乙丑，復雲南石梁縣。戊辰，以修築柳林河堤南軍三千，浚河西務漕渠。皇子奥魯赤部曲饑，命大同路給六十日糧。免唐兀衞河西地元籍徭賦。壬申，御正殿受諸王百官朝賀。癸酉，俱藍國遣使不六溫乃等來朝。甲戌，太陰犯東井。乙酉，太陰犯房。丙戌，以參政程鵬飛爲中書右丞，阿里爲中書左丞。丁亥，以不顏里海牙爲參知政事。發新附軍千人從阿八赤討安南。弛女直、水達達地弓矢之禁。復改江浙省爲江淮行省。戊子，以鈔萬錠賑斡端貧民。西邊歲饑民困，賜絹萬匹。庚寅，遣使代祀嶽、瀆、后土、東海。辛卯，以淮東、淮西、山南三道按察司隸行御史臺。立上林署，秩從七品。詔發江淮、江西、湖廣三省蒙古、漢券軍，及雲南兵，及海外四州黎兵，命海道運糧萬戶張文虎等運糧十七萬石，分道以討交趾。置征交趾行尙書省，奥魯赤平章政事，烏馬兒、樊楫參知政事，總之，並受鎭南王節制。

二月壬辰朔，遣使持香幣詣龍虎、閤皂、三茅設醮，召天師張宗演赴闕。癸巳，雍古部民饑，發米四千石賑之，不足，復給六千石米價。甲午，畋于近郊。乙未，以麥朮丁爲平章政事。眞定路饑，發沿河倉粟減價糶之。以眞定所牧官馬四萬餘匹分牧他郡。禁畏吾地禽獸孕孳時畋獵。庚子，太陰犯天關。辛丑，太陰犯東井。甲辰，陞江淮行大司農司事秩二品，設勸農營田司六，秩四品，使副各二員，隸行大司農司。以范文虎爲中書右丞，商議樞密院

事。壬子，封駙馬昌吉爲寧濮郡王。設都總管府以總皇子北安王民匠、斡端大小財賦。中書省臣言：「自正旦至二月中旬費鈔五十萬錠，臣等兼總財賦，自今侍臣奏請賜賚，乞令臣等預議。」帝曰：「此朕所常慮。」仍諭玉速鐵木兒、月赤徹兒知之。丙辰，馬八兒國貢方物。戊午，敕諸王闊里鐵木兒節制諸軍。以趙與芮子孟桂襲平原郡公。乃顏遣使徵東道兵，諭闊里鐵木兒毋輒發。

閏二月癸亥，太陰犯辰星。以女直、水達達部連歲饑荒，移粟賑之，仍盡免今年公賦及減所輸皮布之半。以宋畬軍將校授管民官，散之郡邑。敕春秋二仲月上丙日祀堯帝祠。西京等處管課官馬合謀自言歲以西京、平陽、太原課程額外羨錢市馬駝千輸官，而實盜官錢市之。按問有跡，伏誅。乙丑，畋于近郊。召麥朮丁、鐵木兒、楊居寬等與集賢大學士阿魯渾撒里及葉李、程文海、趙孟頫論鈔法。麥朮丁言：「自制國用使司改尙書省，頗有成效，今仍分兩省爲便。」詔從之，各設官六員。其尙書，以桑哥、鐵木兒平章政事，阿魯渾撒里右丞，葉李左丞，馬紹參知政事，餘一員議選回回人充；中書，宜設丞相二員、平章政事二員、參知政事二員。省隴右河西道提刑按察司，分置鞏昌者入甘州，設官五員；以鞏昌改隸京兆提刑按察司，設官六員；省太原提刑按察司，分置西京者入太原。辛未，以復置尙書省詔天下。除行省與中書議行，餘並聽尙書省從便以聞。設國子監，立國學監官：祭酒一員，

司業二員，監丞一員，學官博士二員，助教四員，生員百二十人，蒙古、漢人各半，官給紙劄、飲食，仍隸集賢院。設江南各道儒學提舉司。甲申，太陰犯牽牛。車駕還宮。乙酉，改淄萊路爲般陽路，置錄事司。大都饑，免今歲銀俸鈔，諸路半徵之。罷江南竹木柴薪及岸例魚牙諸課。停不給之務。敕行省宣慰司勿濫舉官吏。受除官延引歲月不卽之任者，追所受宣敕。鎭南王脫歡徙鎭南京。改福建市舶都漕運司爲都轉運鹽使司。范文虎改尙書右丞，商議樞密院事。改行中書省爲行尙書省，六部爲尙書六部，以吏部尙書忻都爲尙書省參知政事。庚寅，大駕幸上都。札魯忽赤合剌合孫等言：「去歲審囚官所錄囚數，南京、濟南兩路應死者已一百九十人，若總校諸路，爲數必多，宜留札魯忽赤數人分道行刑。」帝曰：「囚非羣羊，豈可遽殺耶！宜悉配隸淘金。」

三月甲午，更造至元寶鈔頒行天下，中統鈔通行如故。以至元寶鈔一貫文當中統交鈔五貫文，子母相權，要在新者無冗，舊者無廢。凡歲賜、周乏、餉軍，皆以中統鈔爲准。禁無籍自效軍擾民，仍籍充軍。丙申，太陰犯東井。乙卯，幸涼陘。遼東饑，弛太子河捕魚禁。丙辰，馬八兒國遣使進奇獸一，類騾而巨，毛黑白間錯，名阿塔必卽。降重慶路定遠州爲縣。命都水監開汶、泗水以達京師。汴梁河水泛溢，役夫七千修完故堤。

夏四月癸酉，太陰犯氐。甲戌，太陰犯房。甲申，忻都奏發新鈔十一萬六百錠、銀千五

百九十三錠、金百兩，付江南各省與民互市。是月，諸王乃顏反。

五月己亥，遣也先傳旨諭北京等處宣慰司，凡隸乃顏所部者禁其往來，毋令乘馬持弓矢。庚子，以不魯合罕總探馬赤軍三千人出征。移濟南宣慰司治益都，燕南按察司治大名，南京按察司治南陽，太原按察司治西京。復立豐州亦剌眞站。壬寅，以御史臺吏王良弼等誹訕尙書省政事，誅良弼，籍其家，餘皆斷罪。用桑哥言，置上海、福州兩萬戶府，以維制沙不丁、烏馬兒等海運船。戶、工兩部各增尙書二員。授高麗王(睶)[賰]行尙書省平章政事。[九]罷諸路站脫脫禾孫。括江南諸路匠戶。沙不丁言：「江南各省南官多，每省宜用一二人。」帝曰：「除陳巖、呂師夔、管如德、范文虎四人，餘從卿議。」帝自將征乃顏，發上都。括江南僧道馬匹。詔范文虎將衞軍五百鎭平灤，以欽察(爲)[衞]親軍都指揮使也速帶兒、右衞僉事王通副之。[一〇]甲辰，免北京今歲絲銀，仍以軍旅經行，給鈔三千錠賑之。壬子，高麗王(睶)[賰]請益兵征乃顏，以五百人赴之。

六月庚申朔，百官以職守不得從征乃顏，願獻馬以給衞士。壬戌，至撒兒都魯之地。乃顏黨塔不帶率所部六萬逼行在而陣，遣前軍敗之。乙丑，敕遼陽省督運軍儲。壬申，發諸衞軍萬人、蒙古軍千人戍豪、懿州。諸王失都兒所部鐵哥率其黨取咸平府，渡遼，欲劫取豪、懿州，守臣以乏軍求援，敕以北京戍軍千人赴之。括平灤路馬。北京饑，免絲銀、租稅。

乙亥，覇州益津縣霖雨傷稼。以陝西涇、邠、乾及安西屬縣閑田立屯田總管府，置官屬，秩三品。車駕駐干大利斡魯脫之地。〔一〕獲乃顏輜重千餘，仍禁秋毫無犯。

秋七月癸巳，乃顏黨失都兒犯咸平，宣慰塔出從皇子愛牙(赤)〔赤〕，〔二〕合兵出瀋州進討，宣慰亦兒撒合分兵趣懿州，其黨悉平。丁酉，弘州匠官以犬兎毛製如西錦者以獻，授匠官知弘州。戊戌，太陰犯南斗。樞密院奏：「僉征緬行省事合撒兒海牙言，比至緬國，諭其王赴闕，彼言鄰番數叛，未易即行，擬遣阿難答剌奉表齎土貢入覲。」辛丑，太陰犯牽牛。壬寅，熒惑犯輿鬼。庚戌，雲南行省愛魯言，金齒酋打奔等兄弟求內附，且乞入覲。壬子，太陰犯司怪。癸丑，日暈連環，白虹貫之。罷乃顏所署益都、平灤，也不干河間分地達魯花赤，及勝納合兒濟南分地所署官。移北京道按察司置豪州。兎東京等處軍民徭賦。陞福建鹽運使司，依兩淮等例，爲都轉運使司。以中興府隸甘州行省。以河西(管)〔愛〕牙赤所部屯田軍同沙州居民修城河西瓜、沙等處。〔三〕立闍鄽屯田。

八月癸亥，太白犯亢。瀋州進瑞麥，一莖九穗。乙丑，車駕還上都。以李海剌孫爲征緬行省參政，將新附軍五千、探馬赤軍一千以行，仍調四川、湖廣行省軍五千赴之。召能通白夷、金齒道路者張成及前占城軍總管劉全，並爲招討使，佩虎符，從征。以脫滿答兒爲都元帥，將四川省兵五千赴緬省，仍令其省駐緬近地，以俟進止。置江南四省交鈔提舉司。

己巳，諭從叛諸王赴江南諸省從軍自效。諭鎭南王脫歡，禁戢從征諸王及省官奧魯赤等，毋縱軍士焚掠，毋以交趾小國而易之。癸酉，朵兒朶海獲叛王阿赤思，赦之。亦集乃路屯田總管忽都魯請疏浚管內河渠，從之。丙子，塡星南犯壘壁陣。己卯，太陰犯天關。辛巳，太陰犯東井。甲申，太白犯房。丁亥，瀋州饑，又經乃顏叛兵蹂踐，兎其今歲絲銀、租賦。以北京伐木三千戶屯田平灤。立豐贍、昌國、濟民三署，秩五品，設達魯花赤、令、丞、直長各一員。女人國貢海人。置河西務馬站。

九月辛卯，東京、(誼)〔義〕、靜、麟、威遠、婆娑等處大霖雨，〔四〕江水溢，沒民田。大定、金源、高州、武平、興中等處霜雹傷稼。丁酉，熒惑犯長垣。己亥，湖廣省臣言：「海南瓊州路安撫使陳仲達、南寧軍總管謝有奎、延欄總管苻庇成，以其私船百二十艘、黎兵千七百餘人，助征交趾。」詔以仲達仍爲安撫使，佩虎符，有奎、庇成亦仍爲沿海管軍總管，佩金符。庚子，太白犯天江。給諸王八八所部窮乏者鈔萬一千錠。禁市毒藥者。以西京、平灤路饑，禁酒。乙巳，太陰犯畢。以米二萬石、羊萬口給阿沙所統唐兀軍。丁未，安南國遣其中大夫阮文彥、通侍大夫黎仲謙貢方物。戊申，咸平、懿州、北京以乃顏叛，民廢耕作，又霜雹爲災，告饑。詔以海運糧五萬石賑之。辛亥，熒惑犯太微西垣上將。壬子，太白犯南斗。禁沮撓江南茶課。高麗王王(睶)〔賰〕來朝。

冬十月戊午朔，日有食之。壬戌，太陰犯牽牛大星。甲子，享于太廟。桑哥請賜葉李、馬紹、不忽木、高翥等鈔，詔賜李鈔百五十錠，不忽木、紹、翥各百錠。又言：「中書省舊在大內前，阿合馬移置於北，請仍舊爲宜。」從之。癸酉，江西行院月的迷失言：「廣東窮邊險遠，江西、福建諸寇出沒之窟，乞於江南諸省分軍一萬益臣。」詔江西忽都帖木兒以軍五千付之。丙子，誅郭佑、楊居寬。戊寅，桑哥言：「北安王王相府無印，而安西王相獨有印，實非事例，乞收之。諸王勝納合兒印文曰『皇姪貴宗之寶』，實非人臣所宜用，因其分地改爲『濟南王印』爲宜。」皆從之。從總帥汪惟和言，分所部戍四川軍五千人屯田六盤。乙酉，熒惑犯左執法。立陝西寶鈔提舉司。羅北甸土官火者、阿禾及維摩合剌孫之子並內附。丙戌，范文虎言：「豪、懿、東京等處，人心未安，宜立省以撫綏之。」詔立遼陽等處行尙書省，以薛闍干、闊里帖木兒並行尙書省平章政事，洪茶丘右丞，亦兒撒合左丞，楊仁風、阿老瓦丁並參知政事。

十一月壬辰，太白犯壘壁陣，月暈金、土二星。雲南省右丞愛魯兵次交趾木兀門，其將昭文王以四萬人守之，愛魯擊破之，獲其將黎石、何英。弛太原、保德河魚禁。以桑哥爲金紫光祿大夫、尙書右丞相，兼(統)〔總〕制院使，〔五〕領功德使司事。從桑哥請，以平章帖木兒代其位，右丞阿剌渾撒里陞平章政事，葉李陞右丞，參知政事馬紹陞左丞。陞集賢院秩正

二品。丙申，熒惑犯太微東垣上相。丁酉，桑哥言：「先是皇子忙哥剌封安西王，統河西、土番、四川諸處，置王相府，後封秦王，綰二金印。今嗣王安難答仍襲安西王印，弟按攤不花別用秦王印，其下復以王傅印行，一藩而二王，恐於制非宜。」詔以阿難答嗣爲安西王，仍置王傅，而上秦王印，按攤不花所署王傅罷之。戊戌，以別十八里漢軍及新附軍五百人屯田合迷玉速曲之地。己亥，鎭南王次思明，程鵬飛與奧魯赤等從鎭南王分道並進，阿八赤以萬人爲前鋒。庚子，太白晝見。大都路水，賜今年田租十二萬九千一百八十石。辛丑，烏馬兒、樊楫及程鵬飛等遂趨交趾，所向克捷。改衞尉院爲太僕寺，秩三品，仍隸宣徽，以月赤徹兒、禿禿合領之。丙午，鎭南王次界河，交趾發兵拒守，前鋒皆擊破之。己酉，詔議弭盜。桑哥、玉速帖木兒言：「江南歸附十年，盜賊迄今未靖者，宜降旨立限招捕，而以安集責州縣之吏，其不能者黜之。」葉李言：「臣在漳州十年，詳知其事。大抵軍官嗜利與賊通者，尤難弭息。宜令各處鎭守軍官，例以三年轉徙，庶革斯弊。」帝皆從其議，詔行之。封駙馬帖木兒濟寧郡王。壬子，以江西行省平章忽都帖木兒督捕廣東等處盜賊。甲寅，命京畿、濟寧兩漕運司分掌漕事。鎭南王次萬劫，諸軍畢會。獲福建首賊張治囝，其黨皆平。諭江南四省招捕盜賊。丙辰，熒惑犯進賢。

十二月癸亥，立尙乘寺。順元宣慰使禿魯古言，金竹寨主搔驢等以所部百二十五寨內

附。甲子，皇子北安王置王傅，凡軍需及本位諸事並以王傅領之。丙寅，太陰犯畢，太白晝見。丁卯，減揚州省歲額米十五萬石，以鹽引五十萬易糧。免浙西魚課三千錠，聽民自漁。發河西、甘肅等處富民千人往闍鄽地，與漢軍、新附軍雜居耕植。從安西王阿難答請，設本位諸匠都總管府。陞萬億庫官秩四品。癸酉，鎭南王次茅羅港，攻浮山寨，破之。諸王薛徹都等所駐之地，雨土七晝夜，羊畜死不可勝計，以鈔暨幣帛綿布雜給之，其直計鈔萬四百六十七錠。丁丑，以朱淸、張瑄海漕有勞，遙授宣慰使。乙酉，鎭南王以諸軍渡富良江，次交趾城下，敗其守兵。日烜與其子棄城走敢喃堡。

是歲，命西僧監臧宛卜卜思哥等作佛事坐靜于大殿、寢殿、萬壽山、五臺山等寺，凡三十三會。斷天下死刑百二十一人。浙西諸路水，免今年田租十之二。西京、北京、隆興、平灤、南陽、懷孟等路風雹害稼，太原尤甚，屋壞壓死者衆。平陽春旱，二麥枯死，秋種不入土。鞏昌雨雹，好蚄爲災。保定、太原、河間、般陽、順德、南京、眞定、河南等路霖雨害稼，分賜皇子、諸王、駙馬、怯薛帶等羊馬鈔，總二十五萬三千五百餘錠，又賜諸王、怯薛帶等軍人，馬一萬二千二百、羊二萬二千六百、駝百餘。賑貧乏者合剌忽答等鈔四萬八千二百五十錠。

校勘記

〔一〕沙(靜)〔淨〕隆興　見卷一校勘記〔一四〕。

〔二〕上路二員(中)〔下〕路一員　據本書卷九一百官志改。按本書百官志及事林廣記前集卷四郡邑類，路僅分上、下，無中路。

〔三〕亦里迷失　當卽本書卷一三一之「亦黑迷失」，「里」、「黑」形近致誤。蒙史已校。

〔四〕皇子也先鐵木兒　按本書卷一〇七宗室世系表，營王也先帖木兒爲元世祖第五子雲南王忽哥赤之子，此處「子」當作「孫」。本證已校。

〔五〕丙午　上文丁未爲初十日，此丙午爲初九日，兩日倒舛。

〔六〕行御史臺(等)〔事〕程文海　從南監本天啓三年補刊頁改。

〔七〕斡脫吉思部民　按上文至元十七年三月辛未條有「給月脫古思八部屯田牛具」，疑此處「吉」爲「古」之誤。「斡脫古思」，蒙古語，意爲「耆老」，指功臣世勳。

〔八〕亦攝思憐〔眞〕　按本書卷二〇二釋老傳作「亦攝思連眞」，據補。此名藏語，意爲「智寶」。

〔九〕王(睹)〔賭〕　見卷九校勘記〔九〕。下同。

〔一〇〕以欽察(爲)〔衞〕親軍都指揮使也速帶兒右衞僉事王通副之　本證云：「繼培案，爲蓋衞字之誤，也速帶兒卽康里也速解兒，爲欽察親軍指揮使，有傳。此欽察非人名也。右衞，通傳作左衞。」從改。

〔一一〕車駕駐干大利斡魯脫之地　按本書卷一五四洪福源傳附洪萬傳記同一事作「失刺斡耳朶」，此處「干」疑爲「于」之誤，「大利」疑爲「失刺」之誤。

〔一二〕皇子愛牙(亦)〔赤〕　據上文至元九年四月辛卯條及本書卷一〇七宗室世系表改。

〔一三〕(管)〔愛〕牙赤　據下文至元二十五年十一月丙申條及本書卷一〇七宗室世系表改。

〔一四〕東京(誼)〔義〕靜麟威遠婆娑　據本書卷五九地理志東寧路條改。

〔一五〕(統)〔總〕制院　據前文至元二十三年七月壬午、後文二十五年十一月甲辰條改。按本書卷八七百官志志總制院立于至元初，二十五年改宣政院。

元史卷十五

本紀第十五

世祖十二

二十五年春正月，日烜復走入海，鎭南王以諸軍追之，不及，引兵還交趾城。命烏馬兒將水兵迎張文虎等糧船，又發兵攻其諸寨，破之。己丑，詔江淮省管內並聽忙兀帶節制。庚寅，祭日于司天臺。賜諸王火你赤銀五百兩、珠一索、錦衣一襲，玉都銀千兩、珠一索、錦衣一襲。辛卯，尙書省臣言：「初以行省置丞相與內省無別，罷之。今江淮省平章政事忙兀帶所統，地廣事繁，乞依前爲丞相。」詔以忙兀帶爲(右)〔左〕丞相。〔一〕以蘄、黃二州、壽昌軍隸湖廣省。毀中統鈔板。乙未，賞征東功：從乘輿，將吏陞散官二階，軍士鈔人三錠；從皇孫，將吏陞散官一階，軍士鈔人二錠，死事者，給其家十錠。凡爲鈔四萬一千四百二十五錠。丁酉，遣使代祀岳、瀆、東海、后土。戊戌，大赦。敕弛遼陽漁獵之禁，惟毋殺孕獸。壬

寅，高麗遣使來貢方物。賀州賊七百餘人焚掠封州諸郡。循州賊萬餘人掠梅州。癸卯，海都犯邊。敕駙馬昌吉，諸王也只烈，察乞兒、合丹兩千戶，皆發兵從諸王朮伯北征。賜諸王亦憐眞部曲鈔三萬錠。掌吉舉兵叛，諸王拜答罕遣將追之，至八立渾，不及而還。甲辰，也速不花謀叛，逮捕至京師，誅之。乙巳，太陰犯角。蠻洞十八族饑餓，死者二百餘人，以鈔千五百錠有奇市米賑之。丙午，畋于近郊。以平江鹽兵屯田于淮東、西。杭、蘇二州連歲大水，賑其尤貧者。戊申，太陰犯房。己酉，詔中興、西涼無得沮壞河渠，兩淮、兩浙無得沮壞歲課。發海運米十萬石，賑遼陽省軍民之饑者。辛亥，省器盒局入諸路金玉人匠總管府。癸丑，詔：「行大司農司、各道勸農營田司，巡行勸課，舉察勤惰，歲具府、州、縣勸農官實迹，以爲殿最。路經歷官、縣尹以下並聽裁決。或恃勢作威侵官害農者，從提刑按察司究治。」募民能耕江南曠土及公田者，免其差役三年，其輸租免三分之一。江淮行省言：「兩淮土曠民寡，兼幷之家皆不輸稅。又，管內七十餘城，止屯田兩所，宜增置淮東、西兩道勸農營田司，督使耕之。」制曰「可」。

二月丁巳，改濟州漕運司爲都漕運司，併領濟之南北漕。京畿都漕運司惟治京畿。鎭南王引兵還萬𠛒。烏馬兒迎張文虎等糧船不至，諸將以糧盡師老，宜全師而還，鎭南王從之。戊午，命李庭整漢兵五千東征。賜葉李平江、嘉興田四頃。庚申，司徒撒里蠻等進讀祖宗實錄，帝曰：「太宗事則然，睿宗少有可易者，定宗固日不暇給，憲宗汝獨不能憶之耶？猶當詢諸知者。」徵大都南諸路所放扈從馬赴京，官給芻粟價，令自糴之，無擾諸縣民。遼陽、武平等處饑，除今年租賦及歲課貂皮。浚滄州鹽運渠。辛酉，忙兀帶、忽都忽言共軍三年荐饑，賜米五百石。壬戌，省遼東海西道提刑按察司入北京，江南湖北道提刑按察司入(京)〔荆〕南。〔二〕敕江淮勿捕天鵝。弛魚濼禁。丙寅，賜雲南王塗金駝鈕印。改南京路爲汴梁路，北京路爲武平路，西京路爲大同路，東京路爲遼陽路，中興路爲寧夏府路。改江西茶運司爲都轉運使司，幷榷酒醋稅。改河渠提舉司爲轉運司。江淮總攝楊璉眞加言以宋宮室爲塔一，爲寺五，已成，詔以水陸地百五十頃養之。詔徵葛洪山隱士劉彥深。甲戌，蓋州旱，民饑，蠲其租四千七百石。己卯，以高麗國王王(睶)〔賰〕復爲征東行尙書省左丞相。〔三〕豪、懿州饑，以米十五萬石賑之。禁遼陽酒。京師水，發官米，下其價糶貧民。以江南站戶貧富不均，命有司料簡，合戶稅至七十石當馬一匹，並免雜徭；獨戶稅逾七十石願入站者聽。合戶稅不得過十戶，獨戶稅無上百石。辛巳，以杭州西湖爲放生池。壬午，鎭南王命烏馬兒、樊楫將水兵先還，程鵬飛、塔出將兵護送之。以御史臺監察御史、提刑按察司多不舉職，降詔申飭之。命皇孫雲南王也先鐵木兒帥兵鎭大理等處。

三月丙戌，諸王昌童部曲饑，給糧三月。丁亥，熒惑犯太微東垣上相。戊子，太陰犯

畢。車駕還宮。淞江民曹夢炎願歲以米萬石輸官，乞免他徭，且求官職。桑哥以爲請，遙授浙東道宣慰副使。改曲靖路總管府爲宣撫司。庚寅，大駕幸上都。改闌遺所爲闌遺監，陞正四品。敕遼陽省亦乞列思、吾魯兀、札剌兒探馬赤自懿州東征。李庭遙授尙書左丞，食其祿，將漢兵以行。江淮行省忙兀帶言：「宜除軍官更調法，死事者增散官，〔四〕病故者降一等。」帝曰：「父兄雖死事，子弟不勝任者，安可用之？苟賢矣，則病故者亦不可降也。」辛卯，以六衞漢兵千二百、新附軍四百、屯田兵四百造尙書省。鎭南王以諸軍還。張文虎糧船遇賊兵船三十艘，文虎擊之，所殺略相當。費拱辰、徐慶以風不得進，皆至瓊州。凡亡士卒二百二十人、船十一艘、糧萬四千三百石有奇。癸巳，賜諸王朮伯銀五萬兩、幣帛各一萬匹，兀魯台、爪忽兒銀五千兩、幣帛各一百。甲午，禁捕鹿羔。鎭南王次內傍關，賊兵大集以遏歸師，鎭南王遂由單已縣趨盝州，間道以出。乙未，以往歲北邊大風雪，拔突古倫所部牛馬多死，賜米千石。丁酉，駐蹕野狐嶺，命阿束、塔不帶總京師城守諸軍。己亥，太陰掩角。壬寅，禮部言：「會同館蕃夷使者時至，宜令有司倣古職貢圖，繪而爲圖，及詢其風俗、土產、去國里程，籍而錄之，實一代之盛事。」從之。鎭南王次思明州，命愛魯引兵還雲南，奧魯赤以諸軍北還。日烜遣使來謝，進金人代己罪。乙巳，詔江西管內並聽行尙書省節制。戊申，改山東轉運使司爲都轉運使司，兼濟南路酒稅醋課。己酉，徐、邳屯田及靈壁、(雎)〔睢〕

寧二屯雨雹如雞卵，〔三〕害麥。甲寅，循州賊萬餘人寇漳浦，泉州賊二千人寇長泰、汀、贛，畬賊千餘人寇龍溪，皆討平之。

夏四月丙辰，萊縣、蒲臺旱饑，出米下其直賑之。戊午，太陰犯井。庚申，以武岡、寶慶二路荐經寇亂，免今年酒稅課及前歲逋租。辛酉，從行泉府司沙不丁、烏馬兒請，置鎮撫司、海船千戶所、市舶提舉司。省平陽投下總管府入平陽路，雜造提舉司入雜造總管府。桑哥言：「自至元丙子置應昌和糴所，其間必多盜詐，宜加鈎考。扈從之臣，種地極多，宜依軍站例，除四頃之外，驗畝征租。」並從之。癸亥，渾河決，發軍築堤捍之。乙丑，廣東賊董賢舉等七人皆稱大老，聚衆反，剽掠吉、贛、瑞、撫、龍興、南安、韶、雄、汀諸郡，連歲擊之不能平，江西行樞密院副使月的米失請益兵，江西行省平章忽都鐵木兒亦以地廣兵寡爲言，詔江淮省分萬戶一軍詣江西，俟賊平還翼。戊辰，浚怯烈河以溉口溫腦兒黃土山民田。庚午，立弘吉剌站。癸酉，尚書省臣言：「近以江淮饑，命行省賑之，吏與富民因緣爲姦，多不及於貧者。今杭、蘇、湖、秀四州復大水，民鬻妻女易食，請輟上供米二十萬石，審其貧者賑之。」帝是其言。甲戌，萬安寺成，佛像及窗壁皆金飾之，凡費金五百四十兩有奇、水銀二百四十斤。遼陽省新附軍逃還各衞者，令助造尚書省，仍命分道招集之。增立直沽海運米倉。命征交趾諸軍還家休息一歲。敕緬中行省，比到緬中，一稟雲南王節制。庚辰，安南

國王陳日烜遣中大夫陳克用來貢方物。賜諸王小薛金百兩、銀萬兩、鈔千錠及幣帛有差。辛巳，賜諸王阿赤吉金二百兩、銀二萬二千五百兩、鈔九千錠及紗羅絹布有差。命甘肅行省發新附軍三百人屯田亦集乃，陝西省督鞏昌兵五千人屯田六盤山。癸未，雲南省右丞愛魯上言：「自發中慶，經羅羅、白衣入交趾，往返三十八戰，斬首不可勝計，將士自都元帥以下獲功者四百七十四人。」甲申，詔皇孫撫諸軍討叛王火魯火孫、合丹禿魯干。

五月丙戌，敕武平路括馬千匹。戊子，諸王察合子闊闊帶叛，牀兀兒執之以來。己丑，汴梁大霖雨，河決襄邑，漂麥禾。以左右怯薛衞士及漢軍五千三百人從皇孫北征。甲午，發五衞漢兵五千人北征。乙未，桑哥言：「中統鈔行垂三十年，省官皆不知其數，今已更用至元鈔，宜差官分道置局鈎考中統鈔本。」從之。丙申，賜諸王八八金百兩、銀萬兩、金素段五百、紗羅絹布等四千五百。兀馬兒來獻璞玉。丁酉，平江水，免所負酒課。減米價，賑京師。改雲南烏撒宣撫司爲宣慰司，兼管軍萬戶府。戊戌，復蘆臺、越支、三叉沽三鹽使司。王家奴、火魯忽帶、察罕復舉兵反。己亥，雲南行省言：「金沙江西通安等五城，宜依舊隸察罕章宣撫司，金沙江東永寧等處五城宜廢，以北勝施州爲北勝府。」從之。壬寅，渾天儀成。運米十五萬石詣懿州餉軍及賑饑民。乙巳，罷興州採蜜提舉司。營上都城內倉。丁未，奉安神主于太廟。戊申，太白犯畢。賜拔都不倫金百五十兩、銀萬五千兩及幣帛紗羅等萬

匹。辛亥，孟州烏河川雨雹五寸，大者如拳。癸丑，詔湖廣省管內並聽平章政事禿滿、要束木節制。遷四川省治重慶，復遷宣慰司於成都。高麗遣使來貢方物。詔四川管內並聽行尚書省節制。河決汴梁，太康、通許、杞三縣，陳、潁二州皆被害。

六月甲寅〔朔〕，以新附軍修尚食局。庚申，賑諸王答兒伯部曲之饑者及桂陽路饑民。辛酉，禁上都、桓州、應昌、隆興酒。壬戌，賜諸王朮伯金銀皆二百五十兩、幣帛紗羅萬匹。乙丑，詔蒙古人總漢軍，閱習水戰。丁卯，又賜諸王朮伯銀二萬五千兩、幣帛紗羅萬匹。復立咸平至建州四驛。以延安屯田總管府復隸安西省。戊辰，海都將暗伯、著暖以兵犯業里干腦兒，管軍元帥阿里帶戰却之。壬申，睢陽霖雨，河溢害稼，免其租千六十石有奇。命諸王怯憐口及扈從臣，轉米以饋將士之從皇孫者。太醫院、光祿寺、儀鳳(寺)〔司〕、〔六〕侍儀司、拱衞司，皆毋隸宣徽院。罷教坊司入拱衞司。癸酉，詔加封南海明著天妃爲廣祐明著天妃。甲戌，太白犯井。改西南番總管府爲永寧路。乙亥，以考城、陳留、通許、杞、太康五縣大水及河溢沒民田，蠲其租萬五千三百石。丙子，給兵五十人衞浙西宣慰使史弼，使任治盜之責。丁丑，太陰犯歲星。發兵千五百人詣漢北浚井。〔七〕癸未，處州賊柳世英寇青田、麗水等縣，浙東道宣慰副使史耀討平之。資國、富昌等一十六屯雨水、蝗害稼。

秋七月甲申朔，復葺興、靈二州倉，始命昔寶赤、合剌赤、貴由赤、左右衞士轉米輸之，

委省官督運，以備賑給。丙戌，眞定、汴梁路蝗。運大同、太原諸倉米至新城，爲邊地之儲。以南安、瑞、贛三路連歲盜起，民多失業，免逋稅萬二千六百石有奇。弛寧夏酒禁。發大同路粟賑流民。保定路霖雨害稼，蠲今歲田租。改儲偫所爲提舉司。敕征交趾兵官還家休息一歲。壬辰，遣必闍赤以鈔五千錠往應昌和糴軍儲。改會同館爲四賓庫。戊戌，駐蹕許泥百牙之地。同知江西行樞密院事月的迷失上言：「近以盜起廣東，分江西、江淮、福建三省兵萬人令臣將之討賊。臣願萬人內得蒙古軍三百，幷臣所籍降戶萬人，置萬戶府，以撒木合兒爲達路花赤，佩虎符。」詔許之。以(沉)〔沐〕川等五寨割隸嘉定者，〔八〕還隸馬湖蠻部總管府。己亥，熒惑犯氐。庚子，太白犯鬼。膠州連歲大水，民採橡而食，命減價糶米以賑之。霸、漷二州霖雨害稼，免其今年田租。乙巳，太陰掩畢。諸王也眞部曲饑，分五千戶就食濟南。保定路唐縣野蠶繭絲可爲帛。壬子，命斡端戍兵三百一十人屯田。命六衞造兵器。

八月癸丑〔朔〕，諸王也眞言：「臣近將濟寧投下蒙古軍東征，其家皆乏食，願賜濟南路歲賦銀，使易米而食。」詔遼陽省給米萬石賑之。丙辰，熒惑犯房。袁之萍鄉縣進嘉禾。詔安童以本部怯薛蒙古軍三百人北征。己未，太白犯軒轅大星。辛酉，免江州學田租。癸亥，尚書省成。壬申，安西省管內大饑，蠲其田租二萬一千五百石有奇，仍貸粟賑之。癸

中華書局

酉，以河間等路鹽運司兼管順德、廣平、綦陽三鐵冶。丙子，發米三千石賑滅吉兒帶所部饑民。趙、晉、冀三州蝗。丁丑，嘉祥、魚臺、金鄉三縣霖雨害稼，蠲其租五千石。庚辰，車駕次孛羅海腦兒。以咸平荐經兵亂，發瀋州倉賑之。分萬億庫爲寶源、賦源、綺源、廣源四庫。

九月癸未朔，熒惑犯天江。大駕次野狐嶺。甘州旱饑，免逋稅四千四百石。丙戌，置汀、梅二州驛。己丑，獻、莫二州霖雨害稼，免田租八百餘石。壬辰，大駕至大都。乙未，罷檀州淘金戶。都哇犯邊。庚子，太陰犯畢。鬼國、建都皆遣使來貢方物。從桑哥請，營五庫禁中以貯幣帛。癸卯，熒惑犯南斗。命忽都忽民戶履地輸稅。尚書省臣言：「自立尚書省，凡倉庫諸司無不鈎考，宜置徵理司，秩正三品，專治合追財穀，以甘肅等處行尚書省參政禿烈羊呵、僉省吳誠並爲徵理使。」從之。陞寶鈔總庫、永盈庫並爲從五品。改八作司爲提舉八作司，秩正六品。增元寶、永豐及八作司官吏俸。庚戌，太醫院新編本草成。

冬十月己未，享于太廟。庚申，從桑哥請，以省、院、臺官十二人理算江淮、江西、福建、四川、甘肅、安西六省錢穀，給兵使以爲衞。烏思藏宣慰使軟奴汪朮嘗賑其管內兵站饑戶，桑哥請賞之，賜銀二千五百兩。甲子，置虎賁司，復改爲武衞司。丙寅，賜瀛國公趙㬎鈔百錠。以甘州轉運司隸都省。湖廣省言：「左、右江口溪洞蠻獠，置四總管府，統州、縣、洞百六十，而所調官畏憚瘴癘，多不敢赴，請以漢人爲達魯花赤，軍官爲民職，雜土人用之。」就

擬夾谷三合等七十四人以聞，從之。大同民李伯祥、蘇永福八人，以謀逆伏誅。庚午，海都犯邊。桑哥請明年海道漕運江南米須及百萬石。又言：「安山至臨清，爲渠二百六十五里。若開浚之，爲工三百萬，當用鈔三萬錠、米四萬石、鹽五萬斤。其陸運夫萬三千戶復罷爲民，其賦入及芻粟之估爲鈔二萬八千錠，費略相當，然渠成亦萬世之利。請以今冬備糧費，來春浚之。」制可。丙子，始造鐵羅圈甲。瀛國公趙㬎學佛法于土番。己卯，也不干入寇，不都馬失引兵奮擊之。塔不帶反，忽剌忽、阿塔海等戰却之。詔免儒戶雜徭。尚書省臣請令集賢院諸司，分道鈎考江南郡學田所入羨餘，貯之集賢院，以給多才藝者，從之。給倉官俸。高麗遣使來貢方物。

十一月壬午〔朔〕，鞏昌路荐饑，免田租之半，仍以鈔三千錠賑其貧者。以忽撒馬丁爲管領甘肅陝西等處屯田等戶達魯花赤，督斡端、可失合兒工匠千五十戶屯田。丁亥，金齒遣使貢方物。以山東東西道提刑按察使何榮祖爲中書省參知政事。修國子監以居胄子。禁有分地臣私役富室爲柴米戶及賦外雜徭。柳州民黃德清叛，潮州民蔡猛等拒殺官軍，並伏誅。庚寅，床哥里合引兵犯建州，殺三百餘人，咸平大震。辛卯，兀良合饑民多殍死，給三月糧。壬辰，罷建昌路屯田總管府。癸巳，賜諸王也里(千)〔干〕金五十兩、〔九〕銀五千兩、鈔千錠、幣帛紗羅等二千匹。也速帶兒、牙林海剌孫執揑坤、忽都答兒兩叛王以歸。甲午，

北兵犯邊。詔福建省管內並聽行尚書省節制。丙申，合迷裏民饑，種不入土，命愛牙赤以屯田餘糧給之。己亥，命李思衍爲禮部侍郎，充國信使，以萬奴爲兵部郎中副之，同使安南，詔諭陳日烜親身入朝，否則必再加兵。大都民史吉等請立桑哥德政碑，從之。辛丑，馬八兒國遣使來朝。帖列滅入寇。甲辰，以鞏昌便宜都總帥府統五十餘城兵民事繁，改爲宣慰使司，兼便宜都總帥府。改釋教總制院爲宣政院，秩從一品，印用三臺，以尚書右丞相桑哥兼宣政使。庚戌，益咸平府戍兵三百。

十二月乙卯，賜按答兒禿等金千二百五十兩、銀十二萬五千兩、鈔二萬五千錠、幣帛布氈布二萬三千六百六十六匹。命上都募人運米萬石赴和林，應昌府運米三萬石給弘吉剌軍。丁巳，海都兵犯邊，拔都也孫脫迎擊，死之。先是，安童將兵臨邊，爲失里吉所執，一軍皆沒。至是八鄰來歸，從者凡三百九十人，賜鈔萬二千五百一十三錠。辛酉，太陰犯畢。癸亥，置大都等路打捕民匠等戶總管府。甲子，太陰犯井。辛未，桑哥言：「有分地之臣，例以貧乏爲辭，希覬賜與。財非天墜地出，皆取於民，苟不慎其出入，恐國用不足。」帝曰：「自今不當給者汝卽畫之，當給者宜覆奏，朕自處之。」甲戌，太陰犯亢，熒惑犯壘壁陣。安西王阿難答來告兵士饑，且闕橐駝，詔給米六千石及橐駝百。乙亥，湖頭賊張治囝掠泉州，免泉州今歲田租。丙子，也速不花以昔列門叛。甘肅行省官約諸王八八、拜答罕、駙馬昌吉，合兵

討之，皆自縛請罪。獨昔列門以其屬西走，追至朶郎不帶之地，邀而獲之，以歸于京師。庚辰，六衞屯田饑，給更休三千人六十日糧。高麗國王遣使來貢方物。賜諸王愛牙合赤等，金千兩、銀一萬八千三百六十兩、絲萬兩、綿八萬三千二百兩、金素幣一千二百四、絹五千九十八匹。賜皇子愛牙赤部曲等，羊馬鈔二十九萬百四十七錠、馬二萬六千九百一十四、羊十萬二百一十、駝八、牛九百。賙諸王貧乏者，鈔二十一萬六百錠、馬六千七百二十五、羊一萬二千八百五十七、牛四十。賜妻子家貲沒于寇者，鈔三萬二千八百八十錠、馬羊百。償以羊馬諸物供軍者，鈔千六百七十四錠、馬四千三百二十五、羊三萬四千百九十九、駝七十二、牛三十。賞自寇中拔歸者，鈔四千七十八錠。因雨雹、河溢害稼，除民租二萬二千八百石。命亦思廉等七百餘人作佛事坐靜于玉塔殿、寢殿、萬壽山、護國仁王等寺凡五十四會。命天師張宗演設醮三日。以光祿寺直隸都省。置醴源倉，分太倉之麴米藥物隸焉。以滄州之軍營城爲滄溟縣，以施州之清江縣隸夔路總管府。罷安和署。大司農言耕曠地三千五百七十頃。立學校二萬四千四百餘所。積義糧三十一萬五千五百餘石。斷死罪九十五人。

二十六年春正月丙戌，地震。詔江淮省忙兀帶與不魯迷失海牙及月的迷失合兵進討

羣盜之未平者。己丑，發兵塞沙陀閭鐵烈兒河。辛卯，拔都不倫言其民千一百五十八戶貧乏，賜銀十萬五千一百五十兩。徙江州都轉運使司治龍興。沙不丁上市舶司歲輸珠四百斤、金三千四百兩，詔貯之以待貧乏者。合丹入寇。戊戌，以荆湖占城省左丞唐兀帶副按的忽都合爲蒙古都萬戶，統兵會江淮、福建二省及月的迷失兵，討盜于江西。蠲漳、汀二州田租。辛丑，遣使代祀岳、瀆、后土、東南海。立武衞親軍都指揮使司，以侍衞軍六千、屯田軍三千、江南鎭守軍一千，合兵一萬隸焉。太陰犯氐。壬寅，海船萬戶府言：「山東宣慰使樂實所運江南米，陸負至淮安，易閘者七，然後入海，歲止二十萬石。若由江陰入江至直沽倉，民無陸負之苦，且米石省運估八貫有奇。乞罷膠萊海道運糧萬戶府，而以漕事責臣，當歲運三十萬石。」詔許之。癸卯，高麗遣使來貢方物。賊鍾明亮寇贛州，掠寧都，據秀嶺，詔發江淮省及鄰郡戍兵五千，遷江西省參政管如德爲左丞，使將兵往討。畲民丘大老集衆千人寇長泰縣，福州達魯花赤脫歡同漳州路總管高傑討平之。甲辰，復立光祿寺。戊申，徙廣州按察司於韶州。以荆南按察司所統遼遠，割三路入淮西，二路入江西。立咸平至毳延驛十五所。廢甘州路宣課提舉司入寧夏都轉運使司。遣參知政事張守智、翰林直學士李天英使高麗，督助征日本糧。

二月辛亥朔，詔籍江南戶口，凡北方諸色人寓居者亦就籍之。濬滄州御河。癸丑，愛

牙合赤請以所部軍屯田咸平、懿州，以省糧餉。己未，發和林糧千石賑諸王火你赤部曲。置延禧司，秩正三品。壬戌，合木里饑，命甘肅省發米千石賑之。癸亥，詔立崇福司，爲從二品。徙江淮省治杭州。改浙西道宣慰司爲淮東道宣慰司，治揚州。丙寅，尙書省臣言：「行泉府所統海船萬五千艘，以新附人駕之，緩急殊不可用。宜招集乃顏及勝納合兒流散戶爲軍，自泉州至杭州立海站十五，站置船五艘、水軍二百，專運番夷貢物及商販奇貨，且防禦海道，爲便。」從之。命福建行省拜降、江西行院月的迷失、江淮行省忙兀帶，合兵擊賊江西。大都路總管府判官蕭儀嘗爲桑哥掾，坐受賕事覺，帝貸其死，欲徙爲淘金。桑哥以儀嘗鉤考萬億庫，有追錢之能，足贖其死，宜解職杖遣之，帝曲從之。丁卯，幸上都。以中書右丞相伯顏知樞密院事，將北邊諸軍。成都管軍萬戶劉德祿上言，願以兵五千人招降八番蠻夷，因以進取交趾。樞密院請立元帥府，以藥剌罕及德祿並爲都元帥，分四川軍萬人隸之，帝從之。以伯答兒爲中書平章政事。紹興大水，免未輸田租。合丹兵寇胡魯口，開元路治中兀顏牙兀格戰連日，破之。己巳，立左右翼屯田萬戶府，秩從三品。玉呂魯奏，江南盜賊凡四百餘處，宜選將討之。帝曰：「月的迷失屢以捷聞，忙兀帶已往，卿無以爲慮。」皇孫甘不剌所部軍乏食，發大同路榷場糧賑之。甲戌，命鞏昌便宜都總帥汪惟和將所部軍萬人北征，令過闕受命。乙亥，省屯田六署爲營田提舉司。

三月庚辰朔，日有食之。台州賊楊鎭龍聚衆寧海，僭稱大興國，寇東陽、義烏，浙東大震。諸王瓮吉帶時謫婺州，帥兵討平之。立雲南屯田，以供軍儲。桑哥言：「省部成案皆財穀事，當令監察御史卽省部稽照，書姓名於卷末，仍命侍御史堅童視之，失則連坐。」從之。安西饑，減估糶米二萬石。甘州饑，發鈔萬錠賑之。己丑，賜陝西屯田總管府農器種粒。癸巳，東流縣獻芝。甲午，太陰犯亢。乙未，鑄渾天儀成。癸巳，〔一〇〕金齒人塞完以其民二十萬一千戶有奇來歸，仍進象三。

夏四月己酉〔朔〕，復立營田司于寧夏府。遼陽省管內饑，貸高麗米六萬石以賑之。壬子，孛羅帶上別十八里招集戶數，令甘肅省賑之。癸丑，命塔海發忽都不花等所部軍，屯狗站北以禦寇。寶慶路饑，下其估糶米萬一千石。丙辰，命甘肅行省給合的所部饑者粟。丁巳，遣官驗視諸王按灰貧民，給以糧。戊午，禁江南民挾弓矢，犯者籍而爲兵。置江西福建打捕鷹坊總管府，福建轉運司及管軍總管言其非宜，詔罷之。省江淮屯田打捕提舉司七所，存者徐邳、海州、揚州、兩淮、淮安、高郵、昭信、安豐、鎭巢、蘄黃、魚網、石湫，猶十二所。甲子，池州貴池縣民王勉進紫芝十二本。戊辰，安南國王陳日烜遣其中大夫陳克用等來貢方物。己巳，乞兒乞思戶居和林，驗其貧者賑之。庚午，沙河決，發民築堤以障之。癸酉，以高麗國多產銀，遣工卽其地，發旁近民治以輸官。以萊蕪鐵冶提舉司隸山東鹽運司。

甲戌，以御史大夫玉呂魯爲太傅，加開府儀同三司，僉江西等處行尙書省事。召江淮行省參知政事忻都赴闕，以戶部尙書王巨濟專理算江淮省，左丞相忙兀帶總之。置浙東、江東、江西、湖廣、福建木綿提舉司，責民歲輸木綿十萬匹，以都提舉司總之。罷皇孫按攤不花所設斷事官也先，仍收其印。尙書省臣言：「鞏昌便宜都總帥府已陞爲宣慰使司，乞以舊僉府事別立散府，調官分治。」從之。立諸王愛牙赤投下人匠提舉司於益都。併省雲南大理、中慶等路州縣。丁丑，陞市令司爲從五品。改大都路甲匠總管府爲軍器人匠都總管府。尙書省臣言：「乃顏以反誅，其人戶月給米萬七千五百二十三石，父母妻子俱在北方，恐生它志，請徙置江南，充沙不丁所請海船水軍。」從之。

五月庚辰，發武衞親軍千人濬河西務至通州漕渠。癸未，移諸王小薛饑民就食汴梁。發大同、宣德等路民築倉於昴兀剌。壬辰，太白犯鬼。軟奴（玉）〔王〕朮私以金銀器皿給諸王出伯、合班等，〔一一〕且供饋有勞，命有司如數償之，復賞銀五萬兩、幣帛各二千匹。丙申，詔：「季陽、益都、淄萊三萬戶軍久戍廣東，疫死者衆，其令二年一更。」賊鍾明亮率衆萬八千五百七十三人來降。江淮、福建、江西三省所抽軍各還本翼。行御史臺復徙於揚州，浙西提刑按察司徙蘇州。以參知政事忻都爲尙書左丞，中書參知政事何榮祖爲參知政事，參議尙書省事張天祐爲中書參知政事。己亥，設回回國子學。陞利用監爲從三品。遼陽路饑，

免往歲未輸田租。尙書省臣言：「括大同、平陽、太原無籍民及人奴爲良戶，略見成效。益都、濟南諸道，亦宜如之。」詔以農時民不可擾，俟秋冬行之。罷永盈庫，以所貯上供幣帛入太府監及萬億庫。辛丑，御河溢入會通渠，漂東昌民廬舍。以莊浪路去甘肅省遠，改隸安西省。省流江縣入渠州。泰安寺屯田大水，免今歲租。青山猫蠻以不莫臺、卑包等三十三寨相繼內附。

六月戊申朔，發侍衞軍二千人濬口溫腦兒河渠。己酉，犖昌汪惟和言：「近括漢人兵器，臣管內已禁絕，自今臣凡用兵器，乞取之安西官庫。」帝曰：「汝家不與它漢人比，弓矢不汝禁也，任汝執之。」辛亥，詔以雲南行省地遠，州縣官多闕，六品以下，許本省選辟以聞。己未，西番進黑豹。庚申，諸王乃蠻帶敗合丹兵於托吾兒河。丙寅，要忽兒犯邊。〔二〕辛巳，〔三〕詔遣尙書省斷事官禿烈羊呵理算雲南。復立雲南提刑按察司。月的迷失請以降賊鍾明亮爲循州知州，宋士賢爲梅州判官，丘應祥等十八人爲縣尹、巡尉，帝不允，令明亮、應祥並赴都。大都增設倒鈔庫三所。遼陽等路饑，免今歲差賦。移八八部曲饑者就食甘州。海都犯邊，和林宣慰使怯伯、同知乃滿帶、副使八黑鐵兒皆反應之。合剌赤饑，出粟四千三百二十八石有奇以賑之。甲戌，西南夷中下爛土等處洞長忽帶等以洞三百、寨百一十來歸，得戶二千餘。乙亥，金剛奴寇

折連怯兒。立江淮等處財賦總管府，掌所籍宋謝太后貲產，隸中宮。丁丑，汲縣民朱良進紫芝。濟寧、東平、汴梁、濟南、棣州、順德、平灤、眞定霖雨害稼，免田租十萬五千七百四十九石。

秋七月戊寅朔，海都兵犯邊，帝親征。尙珍署屯田大水，從征者給其家。己卯，駙馬爪忽兒部曲饑，賑之。辛巳，兩淮屯田雨雹害稼，蠲今歲田租。雨壞都城，發兵、民各萬人完之。開安山渠成，河渠官禮部尙書張孔孫、兵部郎中李處選、員外郎馬之貞言：「開魏博之渠，通江淮之運，古所未有。」詔賜名會通河，置提舉司，職河渠事。甲申，四川山齊蠻民四寨五百五十戶內附。丙戌，命百官市馬助邊。敕以禿魯花及侍衞兵百人爲桑哥導從。丁亥，發至元鈔萬錠，市馬于燕南、山東、河南、太原、平陽、保定、河間、平灤。戊子，太白經天四十五日。庚寅，黃兀兒月良等驛乏食，以鈔賑之。辛卯，太陰犯牛。詔遣牙牙住僧詣江南搜訪術藝之士。發和林所屯乞兒乞思等軍北征。癸巳，平灤屯田霖雨損稼。甲午，御河溢。東平、濟寧、東昌、益都、眞定、廣平、歸德、汴梁、懷孟蝗。乙未，太陰犯歲星。丁酉，命遼陽行省益兵戍咸平、懿州。戊戌，誅信州叛賊鮑惠日等三十三人。(右)〔左〕丞李庭等北征。〔四〕辛丑，發侍衞親軍萬人赴上都。河間大水害稼。壬寅，賦百官家，製戰襖。癸卯，沙河溢。鐵燈杆堤決。

八月壬子，霸州大水，民乏食，下其估糴直沽倉米五千石。乙卯，郴之宜章縣爲廣東寇所掠，免今歲田租。辛酉，大都路霖雨害稼，免今歲租賦，仍減價糶諸路倉糧。壬戌，灤州饑，發河西務米二千石，減其價賑糶之。癸亥，諸王鐵失、孛羅帶所部皆饑，敕上都留守司、遼陽省發粟賑之。甲子，月的迷失以鍾明亮貢物來獻。辛未，歲星晝見。癸酉，以八番羅甸宣慰使司隸四川省。台、婺二州饑，免今歲田租。甲戌，詔兩淮、兩浙都轉運使司及江西榷茶都轉運司諸人，毋得沮辦課。改四川金竹寨爲金竹府。徙浙東道提刑按察司治婺州，河東山西道提刑按察司治太原，宣慰司治大同。

九月戊寅，歲星犯井。己卯，置高麗國儒學提舉司，從五品。丙戌，罷濟州泗汶漕運使司。丁亥，罷斡端宣慰使元帥府。癸巳，以京師糴貴，禁有司拘顧商車。乙未，太陰犯畢。丙申，熒惑犯太微西垣上將。增浙東道宣慰使一員。江淮省平章沙不丁言：「提調錢穀，積怨於衆，乞如要束木例，撥戍兵三百人爲衞。」從之。平灤、昌國等屯田霖雨害稼。甲辰，以保定、新城、定興屯田糧賑其戶饑貧者。乙巳，詔福建省及諸司毋沮擾魏天祐銀課。

冬十月癸丑，營田提舉司水害稼。太陰犯牛宿距星。甲寅，熒惑犯右執法。以駝運大都米五百石有奇給皇子北安王等部曲。乙卯，以八番、羅甸隸湖廣省。丙辰，禁內外百官受人饋酒食者，沒其家貲之半。甲子，享于太廟。己巳，赤那主里合花山城置站一所。癸

酉，尙書省臣言：「沙不丁以便宜增置浙東二鹽司，合浙東、西舊所立者爲七，乞官知鹽法者五十六人。」從之。

閏十月戊寅，車駕還大都。平灤水害稼。以平灤、河間、保定等路饑，弛河泊之禁。尙書省臣言：「南北鹽均以四百斤爲引，今權豪家多取至七百斤，莫若先貯鹽於席，來則授之，爲便。」從之。庚辰，桑哥言：「初改至元鈔，欲盡收中統鈔，故令天下鹽課以中統、至元鈔相半輸官。今中統鈔尙未可急斂，宜令稅賦並輸至元鈔，商販有中統料鈔，聽易至元鈔以行，然後中統鈔可盡。」從之。月的迷失以首賊丘應祥、董賢舉歸于京師。癸未，命遼陽行省給諸王乃蠻帶民戶乏食者。乙酉，命自今所授宣敕並付尙書省。通州河西務饑，民有鬻子、去之他州者，發米賑之。丙戌，西南夷生番心嶁等八族計千二百六十戶內附。廣東賊鍾明亮復反，以衆萬人寇梅州，江羅等以八千人寇漳州，又韶、雄諸賊二十餘處皆舉兵應之，聲勢張甚。詔月的迷失復與福建、江西省合兵討之，且諭旨月的迷失：「鍾明亮旣降，朕令汝遣之赴闕，而汝玩常不發，致有是變。自今降賊，其卽遣之。」丁亥，安南國王陳日烜遣使來貢方物。左、右衞屯田新附軍以大水傷稼乏食，發米萬四百石賑之。辰星犯房。己丑，太陰犯畢，熒惑犯進賢。庚寅，江西宣慰使胡頤孫援沙不丁例，請至元鈔千錠爲行泉府司，歲輸珍異物爲息，從之。以胡頤孫遙授行尙書省參政、泉府大卿、行泉府司事。詔籍江南及四川戶口。丙申，寶坻屯田大水害稼。河南宣慰司請給管

內河間、眞定等路流民六十日糧，遣還其土，從之。婺州賊葉萬五以衆萬人寇武義縣，殺千戶一人，江淮省平章不鄰吉帶將兵討之。遣使鈎考大同錢穀及區別給糧人戶。庚子，取石泗濱爲磬，以補宮縣之樂。辛丑，羅斛、女人二國遣使來貢方物。癸卯，禁殺羔羊。浙西宣慰使史弼請討浙東賊，以爲浙東道宣慰使，位合剌帶上。甲辰，武平路饑，發常平倉米萬五千石。賑保定等屯田戶饑，給九十日糧。檀州饑民劉德成犯獵禁，詔釋之。湖廣省臣言：「近招降贛州賊胡海等，令將其衆屯田自給，今過耕時，不恤之，恐生變。」命贛州路發米千八百九十石賑之。丙午，〔一五〕緬國遣委馬剌菩提班的等來貢方物。

十一月丙午朔，回回、昔寶赤百八十六戶居汴梁者，申命宣慰司給其田。丁未，禁江南、北權要之家毋沮鹽法。戊申，敕尚書省發倉賑大都饑民。壬子，漳州賊陳機察等八千人寇龍(嚴)〔巖〕，〔一六〕執千戶張武義，與楓林賊合。福建行省兵大破之。陳機察、丘大老、張順等以其黨降，行省請斬之以警衆，事下樞密院議。范文虎曰：「賊固當斬，然旣降乃殺之，何以示信？宜並遣赴闕。」從之。癸丑，建寧賊黃華弟福，結陸廣、馬勝復謀亂，事覺皆論誅。甲寅，瓜、沙二州城壞，詔發軍民修完之。丙辰，罷阿你哥所領采石提舉司。發米五百八十七石給昔寶赤五百七十八人之乏食者。丁巳，平灤、昌國屯戶饑，賑米千六百五十六石。改播州爲播南路。丁卯，詔山東東路毋得沮淘金。賑文安縣饑民。陝西鳳翔屯田大

水。戊辰，太陰犯亢。己巳，發米千石賑平灤饑民。改平恩鎭爲丘縣。武平路饑，免今歲田租。桓州等驛饑，以鈔給之。

十二月丁丑，鄜州饑，發義倉糧賑之。戊寅，罷平州望都、榛子二驛，放其戶爲民。辛巳，詔括天下馬。一品、二品官許乘五匹，三品三匹，四品、五品二匹，六品以下皆一匹。平灤大水傷稼，免其租。小薛坐與合丹禿魯干通謀叛，伏誅。紹興路總管府判官白絜矩言：「宋趙氏族人散居江南，百姓敬之不衰，久而非便，宜悉徙京師。」桑哥以聞，請擢絜矩爲尚書省舍人，從之。給玉呂魯所招集戶五百人九十日糧。徙瓮吉剌民戶貧乏者就食六盤。乙酉，命四川蒙古都萬戶也速帶選所部軍萬人西征。太白犯南斗。丁亥，封皇子闊闊出爲寧遠王。河間、保定二路饑，發義倉糧賑之，仍免今歲田租。木鄰站經亂乏食，給九十日糧。命回回司天臺祭熒惑。庚寅，禿木合之地霜殺稼，禿魯花之地饑，給九十日糧。甲午，以官軍萬戶汪惟能爲征西都元帥，〔一七〕將所部軍入漠，其先戍漠兵無令還翼。乙未，蠲大名、清豐逋租八百四十石。命甘肅行省賑千戶也先所部人戶之饑者。給鈔賑黃兀兒月良站人戶。庚子，武平饑，以糧二萬三千六百石賑之。伯顏遣使來言邊民乏食，詔賜網罟，使取魚自給。拔都昔剌所部阿速戶饑，出粟七千四百七十石賑之。癸卯，發麥賑廣濟署饑民。

是歲，馬八兒國進花驢二。寧州民張世安進嘉禾二本。詔天下梵寺所貯藏經，集僧看誦，仍給所費，俾爲歲例。幸大聖壽萬安寺，置旃檀佛像，命帝師及西僧作佛事坐靜二十會。免災傷田租：眞定三萬五千石，濟寧二千一百五十四石，東平一百四十七石，大名九百二十二石，汴梁萬三千九十七石，冠州二十七石。賜諸王、公主、駙馬如歲例，爲金二千兩、銀二十五萬二千六百三十兩、鈔一十一萬二百九十錠、幣十二萬二千八百匹。斷死罪五十九人。

校勘記

〔一〕 詔以忙兀帶爲(右)〔左〕丞相　按上文至元二十二年十月戊午條及下文至元二十六年四月甲戌條皆作「左丞相」，據改。續編已校。

〔二〕 (京)〔荆〕南　按元無「京南」之稱，下文至元二十六年正月戊申條有「荆南按察司」，據改。道光本已校。

〔三〕 王(睦)〔賰〕　見卷九校勘記〔九〕。

〔四〕 死事者增散官　「增」疑誤，續通鑑改「增」爲「贈」，於文義爲長。

〔五〕 (雖)〔睢〕寧　據本書卷五九地理志改。

〔六〕 儀鳳(寺)〔司〕　按上文中統元年十二月乙巳、至元二十一年十二月辛亥條及本書祭祀志、選舉志、百官志皆作「儀鳳司」，據改。本證已校。

〔七〕 詣漢北浚井　按「漠北」一名本書屢見，「漢北」則無此稱，蒙史改「漢」作「漠」，疑是。

〔八〕 (沇)〔沐〕川　從北監本改。

〔九〕 也里(千)〔干〕　據上文至元二十年正月己巳條及本書卷一〇七宗室世系表改。

〔一〇〕 癸巳　按是月庚辰朔，癸巳爲十四日，已見於己丑初十日與甲午十五日間。此重出之「癸巳」，疑爲癸卯二十四日或乙巳二十六日之誤。

〔一一〕 軟奴(玉)〔王〕朮　據上文至元二十五年十月庚申條所見「軟奴汪朮」語音改。藏語「軟奴王朮」，意爲「自在童子」。

〔一二〕 要忽兒　蒙史云：「要忽兒犯邊，卽藥不忽兒犯邊之誤脫。蓋海都之前鋒軍。」

〔一三〕 辛巳　按是月戊申朔，無辛巳日。此「辛巳」在丙寅十九日與甲戌二十七日間，疑爲己巳二十二日或辛未二十四日之誤。

〔一四〕 (右)〔左〕丞李庭　按上文至元二十五年三月庚寅條及本書卷一六二本傳均作「左丞」，據改。

〔一五〕 丙午　按是月丁丑朔，小盡，無丙午日。丙午爲次月十一月朔日，此誤。本證已校。

〔一六〕 龍(嚴)〔巖〕 從北監本改。

〔一七〕 官軍萬戶 按「管軍萬戶」本書屢見，疑此處「官」爲「管」之誤。

元史卷十六

本紀第十六

世祖十三

二十七年春正月戊申，改大都路總管府爲都總管府。庚戌，太白犯牛。改儲偫提舉司爲軍儲所，秩從三品。以河東山西道宣慰使阿里火者爲尙書右丞，宣慰使如故。癸丑，太陰犯井。敕從臣子弟入國子學。安南國王陳日烜遣其中大夫陳克用來貢方物。乙卯，遣祀天幄殿。高麗國王王(睶)〔賰〕遣使來貢方物。〔二〕丁巳，遣使代祀岳、瀆、海神、后土。戊午，遼陽自乃顏之叛，民甚疲敝，發鈔五千八十錠賑之。己未，賜鎭遠王牙忽都、靖遠王合帶塗金銀印各一。章吉寇甘木里，諸王朮伯、拜答寒、亦憐眞擊走之。庚申，賑馬站戶饑。給滕竭兒回回屯田三千戶牛、種。辛酉，營懿州倉。壬戌，遣長甲給北征軍。乙丑，伸思、八兒朮答兒、移剌四十、石抹蠻忒四人，以謀不軌伏誅。丙寅，合丹餘寇未平，命高麗國發耽羅戍兵千人討之。賜河西質子軍五百人馬。丁卯，熒惑犯房。高麗國王王(睶)〔賰〕言：「臣昔宿衞京師，遭林衍之叛，國內大亂，高麗民居大同者皆籍之，臣願復以還高麗爲民。」從之。己巳，改西南番總管府爲永寧路。辛未，賜也速帶兒所部萬人鈔萬錠。豐閏署田戶饑，給六十日糧。無爲路大水，免今年田租。癸酉，忻都所部別笳兒田戶饑，給九十日糧。降臨淮府爲盱眙縣，隸泗州。復立興文署，掌經籍板及江南學田錢穀。合丹寇遼東海陽。

二月乙亥朔，立全羅州道萬戶府。江西諸郡盜未平，詔江淮行省分兵一千益之。命太僕寺毋隸宣徽院。丙子，新附屯田戶饑，給六十日糧。順州僧、道士四百九十一人饑，給九十日糧。戊寅，太陰犯畢。開元路寧遠等縣饑，民、站戶逃徙，發鈔二千錠賑之。播州安撫使楊漢英進雨氈千，騎馬鐵別赤進羅羅斯雨氈六十、刀五十、弓二十。己卯，興州興安饑，給九十日糧。庚辰，伯答罕民戶饑，給六十日糧。辛巳，括河間昔寶赤戶口。癸未，泉州地震。乙酉，賑新附民居昌平者。丙戌，改奉先縣爲房山縣。泉州地震。己丑，江西羣盜鍾明亮等復降，詔徙爲首者至京師，而給其餘黨糧。浙東諸郡饑，給糧九十日。庚寅，太陰犯亢。辛卯，復立南康、興國榷茶提舉司，秩從五品。發虎賁更休士二千人赴上都修城。河間路任丘饑，給九十日糧。癸巳，晉陵、無錫二縣霖雨害稼，並免其田租。江西賊華大老、黃大老等掠樂昌諸郡，行樞密院討平之。闊兀所部闌遺戶饑，給六十日糧。常寧州民遭羣盜之亂，免其田租。己亥，保定路定興饑，發粟五千二百六十四石賑之。辛丑，唆歡禾稼不登，給九十日糧。

三月乙巳，中山畋戶饑，給六十日糧。戊申，廣濟署饑，給粟二千二百五十石以爲種。壬子，熒惑犯鉤鈐。薊州漁陽等處稻戶饑，給三十日糧。戊午，出忙安倉米，賑燕八撒兒所屬四百二十人。己未，改雲南蒙憐甸爲蒙憐路軍民總管府，蒙萊甸爲蒙萊路。放罷福建獵戶、沙魚皮戶爲民，以其事付有司總之。發雲州民夫鑿銀洞。永昌站戶饑，賣子及奴產者甚衆，命甘肅省贖還，給米賑之。併福、泉二州人匠提舉司爲一，仍放無役者爲民。庚申，陞御史臺侍御史正四品，治書侍御史正五品，增蒙古經歷一員，從五品。罷行司農司及各道勸農營田司，增提刑按察司僉事二員，總勸農事。四川行省舊移重慶，成都之民苦於供給，詔復徙治成都。立江南營田提舉司，秩從五品，掌僧寺貲產。放壽、潁屯田軍千九百五十九戶爲民，撤江南戍兵代之。凡工匠隸呂合剌、阿尼哥、段貞無役者，皆區別爲民。詔風憲之選仍歸御史臺，如舊制。置金竹府大隘等四十二寨蠻夷長官。癸亥，建昌賊丘元等稱大老，集衆千餘人掠南豐諸郡，建昌副萬戶擒斬之。甲子，楊(震)〔鎮〕龍餘衆剽浙東。〔三〕總兵官討賊者，多俘掠良民，敕行御史臺分揀之，凡爲民者千六百九十五人。庚午，以建昌路廣昌縣經鍾明亮之亂，免其田租九千四百四十七石。辛未，太平縣賊葉大五集衆百餘人寇寧國，皆擒斬之。

夏四月癸酉朔，大駕幸上都。婺州螟害稼，雷雨大作，螟盡死。丙子，太陰犯井。辛巳，命大都路以粟六萬二千五百六十四石賑通州、河西務等處流民。芍陂屯田以霖雨河溢，害稼二萬二千四百八十畝有奇，免其租。癸未，罷海道運糧萬戶府。江淮行省言：「近朝廷遣白絜矩來，與沙不丁議，令發兼并戶偕宋宗族赴京，人心必致動搖，江南之民方患增課、料民、括馬之苦，宜俟它日行之。」從之。阿速敦等二百九十五人乏食，命驗其實，給糧賑之。改利津海道運糧萬戶府爲臨清御河運糧上萬戶府。諸王小薛部曲萬二千六十一戶饑，給六十日糧。發六衞漢軍萬人伐木爲修城具。甲申，以荐饑免今歲銀俸鈔，其在上都、大都、保定、河間、平灤者萬一百八十錠，在遼陽省者千三百四十八錠有奇。丙戌，遣桑吉剌失等詣馬八兒國訪求方伎士。壬辰，熒惑守氐十餘日。癸巳，河北十七郡蝗。千戶也先、小闊闊所部民及喜魯、不別等民戶並饑，敕河東諸郡量賑之。千戶也不干所部乏食，敕發粟賑之。太傅玉呂魯言：「招集斡者所屬亦乞烈，今已得六百二十一人，令與高麗民屯田，宜給其食。」敕遼陽行省驗實給之。平山、眞定、棗強三縣旱，靈壽、元氏二縣大雨雹，並免其租。丁酉，以鈔二千五百錠賑昌平至上都站戶貧乏者。定興站戶饑，給三十日糧。己亥，命考大都路貧病之民在籍者，二千八百三十七人，發粟二百石賑之。庚子，合丹復寇海陽。

復立安和署，從六品。

五月乙巳，罷秦王典藏司，收其印。括江南闌遺人雜畜、錢帛。合丹寇開元。戊申，江西行省管如德、江西行院月的迷失合兵討反寇鍾明亮，明亮降，詔縛致闕下，如德等留不遣，明亮復率衆寇贛州。樞密院以如德等違詔縱賊，請詰之，從之。詔罷江西行樞密院。庚戌，陝西南市屯田隕霜殺稼，免其租。壬子，賜諸王鐵木兒等軍一萬七百人糧，一人一從者五石，二人一從者七石五斗。丙辰，發粟賑御河船戶。敍州等處諸部蠻夷進雨氊八百。戊午，移江西行省於吉州，以便捕盜。尚書省遣人行視雲南銀洞，獲銀四千四十八兩。癸亥，敕：「諸王分地之民有訟，王傅與所置監郡同治，無監郡者王傅聽之。」平灤民萬五千四百六十五戶饑，賑粟五千石。徽州績溪賊胡發、饒必成伏誅。乙丑，太陰犯塡星。丙寅，罷奉宸庫。遷江西行尚書省參政楊文璨爲左丞，文璨踰歲不之官，詔以外剌帶代之。外剌帶至，文璨復署事，桑哥乃奏文璨陞右丞。江西行省言：「吉、贛、湖南、廣東、福建，以禁弓矢，賊益發，乞依內郡例，許尉兵持弓矢。」從之。己巳，立雲南行御史臺。命徹里鐵木兒所部女直、高麗、契丹、漢軍輸地稅外，並免他徭。江陰大水，免田租萬七百九十石。庚午，復置諸王也只里王傅，秩正四品。尚珍署廣備等屯大水，免其租。伯要民乏食，命撒的迷失以車五百輛運米千石賑之。

婺州永康、東陽，處州縉雲賊呂重二、楊元六等反，浙東宣慰使史弼禽斬之。泉州南安賊陳七師反，討平之。

六月壬申朔，陞閩鹽州爲柏興府，降普樂州爲閩鹽縣，金州爲金縣。括天下陰陽戶口，仍立各路教官，有精于藝者，歲貢各一人。河溢太康，沒民田三十一萬九千八百餘畝，免其租八千九百二十八石。納鄰等站戶饑，給九十日糧。甲戌，桑州總管黃布蓬、那州長羅光寨、安郡州長閉光過率蠻民萬餘戶內附。丙子，放保定工匠楚通等三百四十一戶爲民。庚辰，從江淮行省請，陞廣濟庫爲提舉司，秩從五品。用江淮省平章沙不丁言，以參政王巨濟鉤考錢穀有能，賞鈔五百錠。繕寫金字藏經，凡糜金三千二百四十四兩。廣州增城、韶州樂昌以遭畬賊之亂，並免其田租。杭州賊唐珍等伏誅。己丑，熒惑犯房。辛卯，敕應昌府以米千二百石給諸王亦只里部曲。壬辰，別給江西行省印，以便分省討賊。泉州大水。丙申，發侍衞兵萬人完都城。丁酉，大司徒撒里蠻、翰林學士承旨兀魯帶進定宗實錄。己亥，棣州厭次、濟陽大風雹害稼，免其租。庚子，從江西省請，發各省戍兵討賊。辛丑，免河間、保定、平灤歲賦絲之半。懷孟路武陟縣、汴梁路祥符縣皆大水，蠲田租八千八百二十八石。

秋七月，終南等屯霖雨害稼萬九千六百餘畝，免其租。丙午，禁平地、忙安倉釀酒，犯者死。戊申，江西霖雨，贛、吉、袁、瑞、建昌、撫水皆溢，龍興城幾沒。癸丑，罷緬中行尚書省。

江淮省平章沙不丁，以倉庫官盜欺錢糧，請依宋法黥而斷其腕，帝曰：「此回回法也。」不允。免大都路歲賦絲。戊午，貴州猫蠻三十餘人作亂，劫順元路，入其城。遂攻阿牙寨，殺傷官吏，其衆遂盛。湖廣省檄八番蔡州、均州二萬戶府及八番羅甸宣慰司合兵討之。鳳翔屯田霖雨害稼，免其租。建平賊王靜照伏誅。辛酉，熒惑犯天江。壬申，〔三〕駐蹕老鼠山西。乙丑，蕪湖賊徐汝安、孫惟俊等伏誅。丙寅，雲南闍力白衣甸酋長凡十一甸內附。丁卯，用桑哥言，詔遣慶元路總管毛文豹搜括宋時民間金銀諸物，已而罷之。滄州樂陵旱，免田租三萬三百五十六石。江夏水溢，害稼六千四百七十餘畝，免其租。魏縣御河溢，害稼五千八百餘畝，免其租百七十五石。

八月辛未朔，日有食之。併廣東道眞陽、浛光二縣爲英德州。沁水溢，害冀氏民田，免其租。禁諸人毋沮平陽、太原、大同宣課。丁丑，廣州清遠大水，免其租。庚辰，免大都、平灤、河間、保定四路流民租賦及酒醋課。丁亥，復徙四川南道宣慰司于重慶府。以南安、贛、建昌、〔南〕豐州嘗罹鍾明亮之亂，〔四〕悉免其田租。癸巳，地大震，武平尤甚，壓死按察司官及總管府官王連等及民七千二百二十人，壞倉庫局四百八十間，民居不可勝計。己亥，帝聞武平地震，慮乃顏黨入寇，遣平章政事鐵木兒、樞密院官塔魯忽帶引兵五百人往視。

九月壬寅，河東山西道饑，敕宣慰使阿里火者炒米賑之。癸卯，歲星犯鬼。申嚴漢人

田獵之禁。乙巳，禁諸王遣僧建寺擾民。敕河東山西道宣慰使阿里火者發大同鈔本二十萬錠，糴米賑饑民。平章政事闊里鐵木兒帥師與合丹戰于瓦法，大破之。丁未，御河決高唐，沒民田，命有司塞之。戊申，武平地震，盜賊乘隙剽劫，民愈憂恐。平章政事鐵木兒以便宜蠲租賦，罷商稅，弛酒禁，斬爲盜者；發鈔八百四十錠，轉海運米萬石以賑之。金竹府知府掃閭貢馬及雨氊，且言：「金竹府雖內附，蠻民多未服。近與趙堅招降竹古弄、古魯花等三十餘寨，乞立縣，設長官、總把，參用土人。」從之。己酉，福建省以管內盜賊蜂起，請益戍兵，命江淮省調下萬戶一軍赴之。發蒙古都萬戶府探馬赤軍五百人戍鄂州。辛亥，修東海廣德王廟。丙辰，赦天下。丁卯，命江淮行省鈎考行教坊司所總江南樂工租賦。置四巡檢司于宿遷之北。以所罷陸運夫爲兵，護送會通河上供之物，禁發民挽舟。

冬十月壬申，封皇孫甘麻剌爲梁王，賜金印，出鎭雲南。癸酉，享于太廟。甲戌，立會通汶泗河道提舉司，從四品。丁丑，尚書省臣言：「江陰、寧國等路大水，民流移者四十五萬八千四百七十八戶。」帝曰：「此亦何待上聞，當速賑之！」凡出粟五十八萬二千八百八十九石。己卯，增上都留守司副留守、判官各一員。從甘肅行省請，簽管內民千三百人爲兵，以戍其境。辛巳，太白犯斗。只深所部八魯剌思等饑，命寧夏路給米三千石賑之。禁大同路釀酒。乙酉，門答占自行御史臺入覲。梁洞梁宮朝、吳曲洞吳湯踐等凡二十洞，以二千

餘戶內附。丁亥，賜北邊幣帛十萬匹。己丑，新作太廟登歌、宮縣樂。以昔寶赤歲取鶻鵠成都擾民，罷之。

十一月辛丑，廣濟署洪濟屯大水，免租萬三千一百四十一石。興、松二州隕霜殺禾，免其租。隆興苦鹽濼等驛饑，發鈔七千錠賑之。丁未，大同路蒙古多冒名支糧，置千戶、百戶十員，以達魯花赤總之，食糧戶以富爲貧者，籍家貲之半。戊申，太陰掩鎭星。桑哥言：「向奉詔，內外官受命不赴及受代官居五年不赴銓者，罷不復敍。臣謂苟無大故，不可終棄。」帝復允其請。江淮行省平章不憐吉帶言：「福建盜賊已平，惟浙東一道，地極邊惡，賊所巢穴。復還三萬戶，以合剌帶一軍戍沿海明、台，亦怯烈一軍戍溫、處，札忽帶一軍戍紹興、婺。其寧國、徽，初用土兵，後皆與賊通，今以高郵、泰兩萬戶漢軍易地而戍。揚州、建康、鎭江三城，跨據大江，人民繁會，置七萬戶府。杭州行省諸司府庫所在，置四萬戶府。水戰之法，舊止十所，今擇瀕海沿江要害二十二所，分兵閱習，伺察諸盜。錢塘控扼海口，舊置戰船二十艘，故海賊時出，奪船殺人，今增置戰船百艘、海船二十艘，故盜賊不敢發。」從之。庚戌，罷雲南會川路采碧甸子。甲寅，禁上都釀酒。乙卯，貴赤三百三十戶乏食，發粟賑之。己未，禁山後釀酒。庚申，賜伯顏所將兵，幣帛各萬三千四百匹、綿三千四百斤。辛酉，太陰掩左執法。隆興路隕霜殺稼，免其田租五千七百二十三石。壬戌，大司徒撒里蠻、

翰林學士承旨兀魯帶進太宗實錄。癸亥，河決祥符義唐灣，太康、通許、陳、潁二州大被其患。甲子，御史臺言：「江南盜起，討賊官利其剽掠，復以生口充贈遺，請給還其家。」帝嘉納之。徙河北河南道提刑按察司治許州。罷大都東西二驛脫脫禾孫，以通政院總之。乙丑，易水溢，雄、莫、任丘、新安田廬漂沒無遺，命有司築堤障之。丙寅，括遼陽馬六千匹，擇肥者給闊里鐵木兒所部軍。丁卯，立新城榷場、平地脫脫禾孫。遣使鈎考延安屯田。降南雄州爲保昌縣，韶州爲曲江縣。

十二月辛未，以衛尉院爲太僕寺。戊寅，免大都、平灤、保定、河間自至元二十四年至二十六年逋租十三萬五百六十二石。己卯，命樞密院括江南民間兵器及將士習武，如戊子歲詔。甲申，遣兵部侍郎靳榮等閱實安西、鳳翔、延安三道軍戶，元籍四千外，復得三萬三千二百八十丁，樞密院欲以爲兵，桑哥不可，帝從之。丙戌，興化路仙游賊朱三十五集衆寇青山，萬戶李綱討平之。京兆省上屯田所出羊價鈔六百九錠，敕以賜札散、暗伯民貧乏者。辛卯，太陰犯亢。乙未，初，分萬億爲四庫，以金銀輸內府，至是，立提舉富寧庫，秩從五品，以掌之。大同路民多流移，免其田租二萬一千五百八石。洪贊、灤陽驛饑，給六十日糧。詔諸王乃蠻帶、遼陽行省平章政事薛闍干、右丞洪不耳答失所部滅乞里饑，給九十日糧。己亥，省溧陽路爲縣，入建康。察忽，摘蒙古軍萬人分戍雙城及婆娑府諸城，以防合丹兵。

湖廣省上二年宣課珠九萬五百一十五兩。處州青田賊劉甲乙等集衆萬餘人寇温州平陽。

是歲，賜諸王、公主、駙馬金、銀、鈔、幣如歲例。命帝師西僧遞作佛事坐靜于萬壽山厚載門、茶罕腦兒、聖壽萬安寺、桓州南屏庵、雙泉等所，凡七十二會。斷死罪七十二人。

二十八年春正月壬寅，太白、熒惑、鎮星聚奎。癸卯，給諸王愛牙赤印。命玄教宗師張留孫置醮祠星三日。上都民仰食于官者衆，詔傭民運米十萬石致上都，官價石四十兩，命留守木八剌沙總其事。辛亥，罷汴梁至正陽、杞縣、睢州、中牟、鄭、唐、鄧十二站站戶爲民。癸丑，高麗國遣使來貢方物。丁巳，遣貴由赤四百人北征。辛酉，罷江淮漕運司，併於海船萬戶府，由海道漕運。併浙西金玉人匠提舉司入浙西道金玉人匠總管府。降無爲、和州二路、六安軍爲州，巢州爲縣，入無爲，並隸廬州路。升安豐府爲路，降壽春府、懷遠軍爲縣，懷遠入濠州，並隸安豐路。升各處行省理問所爲四品。免江淮貧民至元十二年至二十五年所逋田租二百九十七萬六千餘石，及二十六年未輸田租十三萬石、鈔千一百五十錠、絲五千四百斤、綿千四百三十餘斤。罷淘金提舉司。立江東兩浙都轉運使司。壬戌，以札散、禿禿合總兵于甕古之地，命有司供其軍需。敕大同路發米賑甕古饑民。尚書省臣桑哥等以罪罷。

二月辛未，賜也速帶兒所部兵騍馬萬匹。徙萬億庫金銀入禁中富寧庫。尚書省言：「大同仰食于官者七萬人，歲用米八十萬石，遣使覆驗，不當給者萬三千五百人，乞徵還官。」從之。癸酉，以隴西四川總攝輦真朮納思爲諸路釋教都總統。改福建行省爲宣慰司，隸江西行省。詔：「行御史臺勿聽行省節度。」雲南行省言：「敍州、烏蒙水路險惡，舟多破溺，宜自葉稍水站出陸，經中慶，又經鹽井、土老、必撒諸蠻，至敍州慶符，可治爲驛路，凡立五站。」從之。也速帶兒、汪總帥言：「近制，和雇和買不及軍家，今一切與民同。」詔自今軍勿輸。丙子，罷徵理司。上都、太原饑，免至元十二年至二十六年民間所逋田租三萬八千五百餘石。遣使同按察司賑大同、太原饑民，口給糧兩月或三月。以桑哥黨與，罷揚州路達魯花赤咬羅兀思。遣官覆驗水達達、咸平貧民，賑之。丁丑，以太子右詹事完澤爲尚書右丞相，翰林學士承旨不忽木平章政事，詔告天下。以列兀難粳米賑給貧民。己卯，遣官持香詣中嶽、南海、淮瀆致禱。立金齒等處宣慰司都元帥府。以上都虎賁士二千人屯田，官給牛具農器，用鈔二萬錠。以雲南曲靖路宣撫司所轄地廣，民心未安，改立曲靖等處宣慰司、管軍萬戶府以鎮之。辛巳，以湖廣行省八番羅甸司復隸四川省。壬午，以桑哥沮抑臺綱，又箠監察御史，命御史大夫月兒魯辨之。癸未，太陰犯左執法。大駕幸上都。是日次大口，復召御史臺及中書、尚書兩省官辨論桑哥之罪。復以闊遺監隸宣徽院。詔毋沮擾山東轉運使司課程。甲申，太白犯昴。命江淮行省鈎考沙不丁所總詹事院江南錢穀。乙酉，立江淮、湖廣、江西、四川等處行樞密院，詔諭中外，江淮治廣德軍，湖廣治岳州，江西治汀州，四川治嘉定。丙戌，詔：「改提刑按察司爲肅政廉訪司，每道仍設官八員，除二使留司以總制一道，餘六人分臨所部，如民事、錢穀、官吏奸弊，一切委之。俟歲終，省、臺遣官考其功效。」以集賢大學士何榮祖爲尚書右丞，集賢學士賀勝爲尚書省參知政事。詔江淮行省遣蒙古軍五百、漢兵千人，從皇子鎮南王鎮揚州。執河間都轉運使張庸，仍遣官鈎考其事。丁亥，營建宮城南面周廬，以居宿衞之士。執湖廣要束木詣京師。戊子，籍要束木家貲，金凡四千兩。辛卯，封諸王鐵木兒不花爲肅遠王，賜之印。壬辰，雨壞太廟第一室，奉遷神主別殿。癸巳，籍桑哥家貲。遣行省、行臺官發粟，賑徽之績溪，杭之臨安、餘杭、於潛，昌化、新城等縣饑民。命江淮行省參政燕公楠整治鹽法之弊。丁酉，詔加嶽、瀆、四海封號，各遣官詣祠致告。

三月己亥朔，眞定、河間、保定、平灤饑，平陽、太原尤甚，民流移就食者六萬七千戶，饑而死者三百七十一人。桑哥妻弟八吉由爲燕南宣慰使，以受賂積贓伏誅。仆桑哥輔政碑。太原饑，嚴酒禁。丁未，太陰犯御女。己酉，太陰犯右執法。庚戌，太陰犯太微東垣上相。甲寅，常德路水，免田租二萬三千九百石。乙卯，太白犯五車。乃顏所屬牙兒馬兀等同女

直兵五百人追殺內附民餘千人，遣塔海將千人平之。辛酉，呂連站木赤五十戶饑，賑三月糧。發侍衞兵營紫檀殿。壬戌，以甘肅行省右丞崔彧爲中書右丞。南丹州莫國麟入覲，授國麟安撫使、三珠虎符。杭州、平江等五路饑，發粟賑之，仍弛湖泊蒲、魚之禁。溧陽、太平、徽州、廣德、鎮江五路亦饑，賑之如杭州。武平路饑，百姓困於盜賊軍旅，免其去年田租。凡州郡田嘗被災者悉免其租，不被災者免十之五。罷甘州轉運司。江淮豪家多行賄權貴，爲府縣卒史，容庇門戶，遇有差賦，惟及貧民，詔江淮行省嚴禁之。賑遼陽、武平饑民，仍弛捕獵之禁。

夏四月己巳，禁屠宰牝羊。甲戌，詔各路府、州、司、縣長次官兼管諸軍奧魯。以地震故，免侍衞兵籍武平者今歲徭役。增置欽察衞經歷一員，用漢人爲之，餘不得爲例。庚辰，弛杭州西湖禽魚禁，聽民網罟。丙戌，詔凡負斡脫銀者，入還皆以鈔爲則。乙未，歲星犯輿鬼。[三] 以沙不丁等米賑江南饑民。召朱清、張瑄詣闕。庚寅，併總制院入宣政院。以鈔法故，召葉李還京師。乙未，徙湖廣行樞密院治鄂州。丙申，以米三千石賑闊里吉思饑民。

五月戊戌，召江西行樞密院副使阿里詣闕。升章佩監秩三品。遣脫脫、塔剌海、忽辛三人追究僧官江淮總攝楊璉眞伽等盜用官物。以參知政事廉希恕爲湖廣等處行省右丞，行海北海南道宣慰使都元帥，瓊州安撫使陳仲達海北海南道宣慰使都元帥，湖廣行省左

右司郎中不顏于思、別十八里副元帥王信並同知海北海南道宣慰司事副元帥，並佩虎符，將二千二百人以征黎蠻，僚屬皆從仲達辟置。立左右兩江宣慰司都元帥府。壬寅，太陰犯少民。徙江淮行樞密院治建康。甲辰，中書省臣麥朮丁、崔彧言：「桑哥當國四年，諸臣多以賄進，親舊皆授要官，唯以欺蔽九重、朘削百姓爲事。宜令兩省嚴加考覈，並除名爲民。」從之。要束木以桑哥妻黨爲湖廣行省平章，至是坐不法者數十事，詔械致湖廣省誅之。辛亥，以太原及杭州饑，免今歲田租。增河東道宣慰使一員。徵太子贊善劉因。因前爲太子贊善，以繼母病去，至是母亡，以集賢學士徵之，不起。罷脫脫、塔剌海、忽辛等理算僧官錢穀。罷江南六提舉司歲輸木綿。鞏昌舊惟總帥府，桑哥特升爲宣慰司，以其弟答麻剌答思爲使，桑哥敗，懼誅自殺，至是復總帥府。增置異珍、御帶二庫，秩從五品，並設提點、使、副各一員。減中外冗官三十七員。宮城中建蒲萄酒室及女工室。詔以桑哥罪惡繫獄按問，誅其黨要束木、八吉等。發兵塞晃火兒月連地河渠，修城堡，令蒙古戍兵屯田川中以禦寇。癸丑，罷尚書省事皆入中書。改尚書右丞相、右詹事完澤爲中書右丞相，平章政事麥朮丁、不忽木並中書平章政事，尚書右丞何榮祖中書右丞，尚書左丞馬紹中書左丞，參知政事賀勝、高翥並參知中書政事；征東行尚書省左丞相、駙馬高麗國王王（睶）〔賰〕爲征東行中書省左丞相。罷大都燒鈔庫，仍舊制，各路昏鈔令行省官監燒。增置戶部司計、工部司程，正

七品。甲寅，太陰犯牛。賑上都、桓州、楡林、昌平、武平、寬河、宣德、西站、女直等站饑民。乙卯，以政事悉委中書，仍遣使布告中外。詔禁失陷錢糧者託故詣京師。丁巳，建白塔二，各高一丈一尺，以居呪師朶四的性吉等七人。何榮祖以公規、治民、禦盜、理財等十事緝爲一書，名曰至元新格，命刻版頒行，使百司遵守。桑哥嘗以劉秉忠無子，收其田土。其妻竇氏言秉忠嘗鞠猶子蘭章爲嗣，敕以地百頃還之。己未，以門答占復爲御史大夫，行御史臺事。高麗國王王睶乞以其子謜爲世子，詔立謜爲高麗王世子，授特進上柱國，賜銀印。

六月丁卯朔，禁蒙古人往回回地爲商賈者。〔六〕湖廣饑，敕以剌里海牙米七萬石賑之。辛巳，洞蠻鎭遠立黃平府。乙酉，以雲南諸路行省參知政事兀難爲梁王傅。洗國王洞主、市備什王弟同來朝。發江淮行院兵二萬擊郴州、桂陽、寶慶、武岡四路盜賊。丙戌，敕：「屯田官以三歲爲滿，互於各屯內調用。」宣諭江淮民恃總統璉眞加力不輸租者，依例徵輸。辛卯，太陰犯畢。癸巳，以漣、海二州隸山東宣慰司。

秋七月丙申朔，雲南省參政怯剌言：「建都地多產金，可置冶，令旁近民煉之以輸官。」從之。己亥，太白犯井。詔諭尙州等處諸洞蠻夷。庚子，徙江西行樞密院治贛州。乙巳，大都饑，出米二十五萬四千八百石賑之。戊申，揚州路學正李淦上言：「人皆知桑哥用羣小之罪，而不知尙書右丞葉李妄舉桑哥之罪，宜斬葉李以謝天下。」有旨驛召淦詣京師，淦至而李卒，除淦江陰路敎授，以旌直言。給還行臺監察御史周祚妻子。祚嘗劾行尙書省官，桑哥誣以他罪，流祚于憨答孫，妻子家貲入官，及是還之。禁屠宰馬牛。敕：「江南重囚，依舊制聞奏處決。」罷江南諸省買銀提舉司。遣官招集宋時涅手軍可充兵者八萬三千六百人，以蒙古、漢人、宋人參爲萬戶、千戶、百戶領之。遼陽諸路連歲荒，加以軍旅，民苦饑，發米二萬石賑之。己酉，召交趾王弟陳益稷、右丞陳巖、鄭鼎子那懷並詣京師。癸丑，賜師壁洞安撫司、師壁鎭撫所、師羅千戶所印，安撫司從三品，餘皆五品。丁巳，桑哥伏誅。募民耕江南曠土，戶不過五頃，官授之券，俾爲永業，三年後徵租。遣憨散總兵討平江南盜賊。己未，降江陰路爲州，宜興府爲縣，並隸常州路。移揚子縣治新城，分華亭之上海爲縣，松江府隸行省。罷淘金提舉司、江淮人匠提舉司凡五，以其事並隸有司。雨壞都城，發兵二萬人築之。增置各衞經歷一員，俾漢人爲之。壬戌，弛畿內秋耕禁。

八月乙丑朔，平陽地震，壞民廬舍萬有八百二十六區，壓死者百五十人。丙寅，太白犯輿鬼。己巳，置中書省檢校二員，秩正七品，俾考覈戶、工部文案疏緩者。罷江西等處行泉府司、大都甲匠總管府、廣州人匠提舉司、廣德路錄事司。罷泉州至杭州海中水站十五所。

撫州路饑，免去歲未輸田租四千五百石。馬八兒國遣使進花牛二、水牛土彪各一。丙子，太陰犯牽牛。大名之清河、南樂諸縣霖雨害稼，免田租萬六千六百六十九石。己卯，詔諭思州提省溪洞官楊都要招安叛蠻，悔過來歸者，與免本罪。罷雲南四州，立東川（府）〔路〕。〔七〕癸未，歲星犯軒轅大星。乙酉，遣廝速忽、阿散乘傳詣雲南，捕黑虎。戊子，太白犯軒轅大星，并犯歲星。咀喃番邦遣馬不剌罕丁進金書、寶塔及黑獅子、番布、藥物。婺州水，免田租四萬一千六百五十石。辛卯，命工部造飛車五輛。癸巳，太陰掩熒惑。

九月辛丑，以平章政事麥朮丁商議中書省事，復以咱喜魯丁平章政事代之。乙巳，景州、河間等縣霖雨害稼，免田租五萬六千五百九十五石。丙午，立行宣政院，治杭州。己酉，設安西、延安、鳳翔三路屯田總管府。庚戌，太白犯右執法。襄陽南（障）〔漳〕縣民李氏妻黃一產三男。〔八〕辛亥，安南王陳日烜遣使上表貢方物，且謝不朝之罪。徽州績溪縣賊未平，免二十七年田租。禁宣德府田獵。壬子，酒醋課不兼隸茶鹽運司，仍隸各府縣。立乞里（台）〔吉〕思至外剌等六驛。〔九〕命海船副萬戶楊祥、合迷、張文虎並爲都元帥，將兵征瑠求。置左右兩萬戶府，官屬皆從祥選辟。既又用福建吳誌斗言「祥不可信，宜先招諭之」，乃以祥爲宣撫使，佩虎符，阮監兵部員外郎，誌斗禮部員外郎，並銀符，齎詔往瑠求。明年，楊祥、阮監果不能達瑠求而還，誌斗死于行，時人疑爲祥所殺，詔福建行省按問，會赦，不

治。乙卯，以歲荒，免平灤屯田二十七年田租三萬六千石有奇。丙辰，熒惑犯左執法。戊午，太白犯熒惑。徙四川行樞密院治成都。以八忽答兒、禿魯歡、峻不闌、脫兒赤四翼蒙古兵復隸蒙古都萬戶府。庚申，以鐵里爲禮部尚書，佩虎符，阿老瓦丁、不剌並爲侍郎，遣使俱藍。辛酉，歲星犯少民。免大都今歲田租。保定、河間、平灤三路大水，被災者全免，收成者半之。以別鐵木兒、亦列失金爲禮部侍郎使馬八兒國；陝西脫西爲禮部侍郎，佩金符，使于馬都。尚衣局織無縫衣。

冬十月乙丑朔，賜薛徹溫都兒等九驛貧民三月糧。己巳，修太廟在眞定傾壞者。壬申，以前緬中行尚書省平章政事雪雪的斤爲中書省平章政事。癸酉，享太廟。遣使發倉，賑大同屯田兵及教化的所部軍士之饑者。江淮行省言：「鹽課不足，由私鬻者多，乞付兵五千巡捕。」從之。塔剌海、張忽辛、崔同知並坐理算錢穀受賕論誅。辛巳，召高麗國王王(睶)[賰]、公主忽都魯揭里迷失詣闕。癸未，羅斛國王遣使上表，以金書字，仍貢黃金、象齒、丹頂鶴、五色鸚鵡、翠毛、犀角、篤縟、龍腦等物。高麗國饑，給以米二十萬斛。罷各處行樞密院，事入行省。割八番洞蠻自四川隸湖廣行省。丙戌，太陰犯軒轅大星并御女。丁亥，洞蠻爛土立定雲府，改陳蒙洞爲陳蒙州，合江爲合江州。嚴山後酒禁。中書省臣言：「洞蠻請歲進馬五十四、雨氈五十被、刀五十握；丹砂、雌雄黃等物，率二歲一上。」有詔從其所爲。

己丑，太陰犯太微東垣上相。敕沒入璉眞加、沙不丁、烏馬兒妻，並遣詣京師。召行省轉運司官赴京師，集議治賦法。辛卯，諸王出伯部曲饑，給米賑之。癸巳，武平路饑，免今歲田租。以武平路總管張立道爲禮部尚書，使交趾。免衞輝種仙茅戶徭役。從遼陽行省言，以乃顏、合丹相繼叛，詔給蒙古人內附者及開元、南京、水達達等三萬人牛畜、田器。詔嚴益都、般陽、泰安、寧海、東平、濟寧畋獵之禁，犯者沒其家貲之半。

十一月丙申，以甘肅曠土賜昔寶赤合散等，俾耕之。壬寅，遣左吉奉使新合剌的音。甲辰，太白犯房。減太府監冗員三十一人。罷器備、行內藏二庫。詔：「回回以答納珠充獻及求售者還之，留其估以濟貧者。」塔叉兒、塔帶民饑，發米賑之。給按答兒民戶四月糧。罷海道運糧鎮撫司。丙午，熒惑犯亢。丁未，太陰犯畢。躭羅遣使貢東紵百匹。太史院靈臺上修祀事三晝夜。甲寅，太陰犯歲星。郴州路達魯花赤曲列有罪論誅。復置會同館。禁沮擾益都淘金。乙卯，新添葛蠻宋安撫率洞官阿汾、青貴來貢方物。監察御史言：「沙不丁、納速剌丁滅里、烏(里)[馬]兒、〔一〇〕王巨濟、璉眞加、沙的、教化的皆桑哥黨與，受賕肆虐，使江淮之民愁怨載路，今或繫獄，或釋之，此臣下所未能喻。」帝曰：「桑哥已誅，納[速]剌丁滅里在獄，〔一一〕唯沙不丁朕姑釋之耳。」武平、平灤諸州饑，弛獵禁，其孕字之時勿捕。諭中書議增中外官吏俸。戊午，金齒國遣阿腮入覲。庚申，熒惑犯氐。辛酉，升宣德龍門鎮爲望雲縣，割隸雲州。置望雲銀冶。

十二月乙丑，復都水監，秩從三品。遣官迓雲南鴨池所遣使。遼陽洪寬女直部民饑，借高麗粟賑給之。籍探馬赤八忽帶兒等六萬戶成丁者爲兵。丁卯，高麗國鴨綠江西十九驛，經乃顏反，掠其馬畜，給以牛各四十。大都饑，下其價糶米二十萬石賑之。己巳，詔罷遣官招集畏兀氏。改辰、沅、靖州轉運司爲湖北湖南道轉運司。立葛蠻軍民安撫司。宣政院臣言：「宋全太后、瀛國公母子以爲僧、尼，有地三百六十頃，乞如例免徵其租。」從之。辛未，以鐵滅爲兵部尚書，佩虎符，明思昔答失爲兵部侍郎，佩金符，使于羅孛卜兒。御史臺臣言：「鉤考錢穀，自中統初至今餘三十年，更阿合馬、桑哥當國，設法已極，而其餘黨公取賄賂，民不堪命，不如罷之。」有旨：「議擬以聞。」壬申，立河南江北行中書省，治汴梁。撒里蠻、老壽並爲大司徒，領太常寺。中書省臣言：「江南在宋時，差徭爲名七十有餘，歸附後一切未徵，今分隸諸王城邑，歲賜之物仰給京師，又中外官吏俸少，似宜量添，可令江南依宋時諸名征賦盡輸之。」從之。甲戌，詔：「罷鉤考錢穀，應昔年逋負錢穀文卷，聚置一室，非朕命而視之者有罪。」仍遣使布告中外。庚辰，太陰犯御女。江北州郡割隸河南江北行中書省。改江淮行省爲江浙等處行中書省，治杭州。賑闊闊出饑民米。闍里帶言：「乃顏餘黨竄女直之地，臣與月兒魯議，

乞益兵千五百人，可平之。」從之。癸未，太陰犯東垣上相。廣濟署大昌等屯水，免田租萬九千五百石。平灤路及豐贍、濟民二署饑，出米萬五千石賑之。別都兒丁前以桑哥專恣不肯仕，命仍爲中書左丞。丙戌，八番洞官吳金叔等以所部二百五十寨民二萬有奇內附，詣闕貢方物。戊子，詔釋天下囚非殺人抵罪者。己丑，熒惑犯房。庚寅，熒惑犯鉤鈐。升營田提舉司爲規運提點所，正四品。辛卯，濬運糧壩河，築隄防。授吃剌思八斡節兒爲帝師，統領諸國僧尼釋教事。賜親王、公主、駙馬金、銀、鈔、幣如歲例。令僧羅藏等遞作佛事坐靜于聖壽萬安、涿州寺等所，凡五十度。遣眞人張志仙持香詣東北海嶽、濟瀆致禱。戶部上天下戶數，內郡百九十九萬九千四百四十四，江淮、四川一千一百四十三萬八百七十八，口五千九百八十四萬八千九百六十四，游食者四十二萬九千一百一十八。司農司上諸路所設學校二萬一千三百餘，墾地千九百八十三頃有奇，植桑棗諸樹二千二百五十二萬七千七百餘株，義糧九萬九千九百六十石。宣政院上天下寺宇四萬二千三百一十八區，僧、尼二十一萬三千一百四十八人。斷死刑五十五人。

校勘記

〔一〕王(睶)[賰]　見卷九校勘記〔九〕。下同。

〔二〕楊〔震〕〔鎮〕龍　按上文至元二十六年三月庚辰條及本書卷一六二史弼傳、元文類卷四一經世大典序錄招捕均作「楊鎮龍」，據改。續通鑑已校。

〔三〕壬申　按是月壬寅朔，無壬申日。此「壬申」在辛酉二十日、乙丑二十四日間，疑爲壬戌二十一日之誤。

〔四〕〔南〕豐州　據本書卷六二地理志補。按此處史文言江西南安、贛州、建昌、南豐田租事，與腹裏大同路豐州無涉。

〔五〕乙未歲星犯輿鬼　此條亦見本書卷四八天文志。是月戊辰朔，乙未爲二十八日，此處誤置於庚寅二十三日前，錯簡。

〔六〕六月丁卯朔禁蒙古人往回回地爲商賈者　按通制條格卷二七「蒙古男女過海」條有「至元二十八年六月初一日，欽奉聖旨：泉州那裏每海船裏，蒙古男子婦女人每做買賣的往回回田地裏、忻都田地裏將去的有麼道聽得來。如今行文書禁約者，休教將去者，將去人有罪過者麼道聖旨了也」。元典章卷五十七「禁下番人口等物」條有「體知得一等不畏公法之人，往往將蒙古人口販入番邦博易，若有違犯者嚴罪」。此處史文有脫誤，原意全乖，「蒙古人」應作「將蒙古人口」。

〔七〕立東川〔府〕〔路〕　據本書卷六一地理志改。按東川路，至元二十八年立，東川府則爲順慶路至

元十五年前舊稱。本證已校。

〔八〕襄陽南〔障〕〔漳〕縣　據本書卷五十九地理志襄陽路條改。道光本已校。

〔九〕乞里〔台〕〔吉〕思　按「乞里吉思」一名本書屢見，此處「吉」誤爲「台」，今改。蒙史已校。

〔一〇〕烏〔里〕〔馬〕兒　據上文至元二十四年五月壬寅、二十五年四月辛酉、二十八年十月己丑諸條及本書卷一三〇徹里傳、卷二〇五桑哥傳改。本證已校。

〔一一〕納〔速〕剌丁滅里　據上文補。按本書卷一三〇不忽木傳、卷一七三崔彧傳均作「納速剌丁滅里」。

元史卷十七

本紀第十七

世祖十四

二十九年春正月甲午朔，以日食免朝賀。日食時，左右有珥，上有抱氣。丙申，雲南行中書省言：「羅甸歸附後改普定府，隸雲南省三十餘年。今創羅甸宣慰安撫司，隸湖南省，不便，乞罷之，仍以其地隸雲南省。」制曰「可」。戊戌，清州饑，就陵州發粟四萬七千八百石賑之。己亥，命太史令郭守敬兼領都水監事，仍置都水監少監、丞、經歷、知事凡八員。八作司官舊制六員，今分爲左右二司，增官二員。庚子，江西行省左丞高興言：「江西、福建汀、漳諸處連年盜起，百姓入山以避，乞降旨招諭復業。福建鹽課既設運司，又設四鹽使司，今若設提舉司專領鹽課，其酒稅課悉歸有司爲便。福建銀鐵又各立提舉司，亦爲冗濫，請罷去。」詔皆從之。禁商賈私以金銀航海。壬寅，以武平地震，全免去年稅四千五百三十

六錠，今年量輸之，止徵二千五百六十九錠。癸卯，命玉典赤阿里置司邕州以便糧餉，而以輕軍邏思明州。以〔嗣〕漢天師張宗演男與棣嗣其教。〔一〕陞利用監正三品。甲辰，詔：「江南州縣學田，其歲入聽其自掌，春秋釋奠外，以廩師生及士之無告者。貢士莊田，則令覈數入官。」乙巳，賜諸王失都兒金千兩。丙午，河南、福建行中書省臣請詔用漢語，有旨以蒙古語諭河南，漢語諭福建。罷河南宣慰司。以汴梁、襄陽、河南、南陽、歸德皆隸河南行省。復割湖廣省之德安、漢陽、信陽隸荆湖北道，蘄黃隸淮西道，并淮東道三宣慰司咸隸河南省。其荆湖北道宣慰司舊領辰、沅、澧、靖、歸、常德，直隸湖廣省。從葛蠻軍民安撫使宋子賢請，詔諭未附平伐、大甕眼、紫江、皮陵、潭溪、九堡等處諸洞貓蠻。戊申，太陰犯歲及軒轅左角。己酉，興州之興安、宜興兩縣饑，賑米五千石。罷南雄、韶州、惠州三路錄事司。壬子，桓州至赤城站戶告饑，給鈔計口賑之。癸丑，罷四賓庫。復會同館。初置織造段匹提舉司五。八番都元帥劉德祿言：「新附洞蠻十五寨，請置官府以統之。」詔設陳蒙、爛土軍民安撫司。江西行省伯顏、阿老瓦丁言：「蒙山歲課銀二萬五千兩。初制，鍊銀一兩，免役夫田租五斗，今民力日困，每兩擬免一石。」帝曰：「重困吾民，民何以生！」從之。丙辰，播州洞蠻因籍戶懷疑竄匿，降詔招集之。以行播州軍民安撫使楊漢英爲紹慶珍州南平等處沿邊宣慰使、行播州軍民宣撫使、播州等處管軍萬戶，仍佩虎符。壬戌，召嗣漢天師張與棣赴闕。

二月甲子朔，金竹酋長騷驢貢馬、氈各二十有七，從其請減所部貢馬，降詔招諭之。賜新附黑蠻衣襖，遣回，命進所產朱砂、雄黃之精善者，無則止。遣使代祀嶽、瀆、后土、四海。乙丑，給輝州龍山、里州和中等縣饑民糧一月。〔二〕丁卯，畋于近郊。命宿衛受月廩及蒙古軍以艱食受糧者，宣徽院仍領之。己巳，太陰犯畢。發通州、河西務粟，賑東安、固安、薊州、寶坻縣饑民。申禁鞭背。庚午，斡羅思招附桑州生猫、羅甸國古州等峒酋長三十一，所部民十一萬九千三百二十六戶，詣闕貢獻。壬申，敕遣使分行諸路，釋死罪以下輕囚。澤州獻嘉禾。乙亥，立總管高麗女直漢軍萬戶府，頒銀印，總軍六千人。以泉府太卿亦黑迷失、鄧州舊軍萬戶史弼、福建行省右丞高興並爲福建行中書省平章政事，將兵征爪哇，用海船大小五百艘、軍士二萬人。戊寅，立征行左、右軍都元帥府，都元帥四、副都元帥二。上萬戶府達魯花赤四、萬戶皆四、副萬戶八、鎮撫四，各佩虎符。詔加高麗王王（睶）〔賰〕太保，〔三〕仍錫功臣之號。詔從諸王阿禿作亂者，朶羅帶以付闊里吉思，脫迭出以付阿里，抄兒赤以付月的迷失，合麥以付亦黑迷失，使從軍自效。又詔諸王從合丹作亂者，訥答兒之鎮南王所，聶怯來之合剌合孫答剌罕所，阿禿之雲南王所，朶列禿之阿里所，八里帶之月的迷失所，斡里羅、忽里帶之東海。發義倉官倉糧，賑德州、齊河、清平、泰安州饑民。庚辰，月兒魯等言：「納速剌丁滅里、忻都、王巨濟黨比桑哥，恣爲不法，楮幣、銓選、鹽課、酒稅，無不更

張變亂之。銜命江南理算者，皆嚴急輸期，民至嫁妻賣女，禍及親鄰。維揚、錢塘，受害最慘，無故而隕其生五百餘人。其初士民猶疑事出國家，今乃知天子仁愛元元，而使民至此極者，實桑哥及其凶黨之爲，莫不願食其肉。臣等議，此三人既已伏辜，乞依條論坐以謝天下。」從之。牙亦迷失招無籍民千四百三十六戶，請隸東宮，詔命之耕田。辛巳，從樞密院臣暗伯等請，就襄陽給出先塔林合剌魯六百三十七戶田器種粟，俾耕而食。丁亥，以汪惟和爲鞏昌等二十四處便宜都總帥，兼鞏昌府尹，仍佩虎符。御史臺月兒魯、崔彧等言：「馮子振、劉道元指陳桑哥同列罪惡，詔令省臺臣及董文用、留夢炎等議。其一言：翰林諸臣撰桑哥輔政碑者，廉訪使閻復近已免官，餘請聖裁。」帝曰：「死者勿論，其存者罰不可恕也。」乞台不花等使緬國，詔令遙授左丞。廷議以尚書行使事，其副以郎中處之。制曰「可」。戊子，禁杭州放鷹。己丑，歲星犯軒轅大星。庚寅，宣政院臣言，授諸路釋教都總統輦眞朮納思爲太中大夫、土蕃等處宣慰使都元帥。敕畸零拔都兒三百四十七戶佃益都閑田，給牛種農具，官爲屋居之。壬辰，山東廉訪司申：「棣州境內春旱且霜，夏復霖潦，饑民啖藜藿木葉，乞賑卹。」敕依東平例，發附近官廩，計口以給。

三月甲午，詔遣脫忽思、儂獨赤昔烈門至合敦奴孫界，與駙馬闊里吉思議行屯田。己亥，樞密院臣言：「出征女直納里哥，議於合思罕三千新附軍內選撥千人。」詔先調五百人，

行中書省具舟給糧，仍設征東招討司。壬寅，御史大夫月兒魯等奏：「比監察御史商琥舉昔任詞垣風憲，時望所屬而在外者，如胡祗遹、姚燧、王惲、雷膺、陳天祥、楊恭懿、高道、〔四〕程文海、陳儼、趙居信十人，宜召寘翰林，備顧問。」帝曰：「朕未深知，俟召至以聞。」丙午，中書省臣言：「京畿荐饑，宜免今歲田租。上都、隆興、平灤、河間、保定五路供億視他路爲甚，宜免今歲公賦。漢地河泊隸宣徽院，除入太官外，宜弛其禁，便民取食。」並從之。丁未，納速剌丁滅里以盜取官民鈔一十三萬餘錠，忻都以徵理逋負迫殺五百二十人，皆伏誅。王巨濟雖無贓，帝以與忻都同惡，并誅之。中書省與御史臺共定贓罪十三等，枉法者五，不枉法者八，罪入死者以聞。制曰「可」。戊申，以威寧、昌等州民饑，給鈔二千錠賑之。己酉，以大司農、同知宣徽院事兼領尚膳監事鐵哥，翰林學士承旨、通政院使兼知尚乘寺事剌眞，並爲中書平章政事，兼領舊職。中書省臣言：「右丞何榮祖以疾，平章政事麥朮丁以久居其任，乞令免署，惟食其祿，與議中書省事。」從之。以阿里爲中書右丞，梁暗都剌爲參知政事。中書省臣言：「亦奚不薛及八番、羅甸既各設宣慰司，又復立都元帥府，其地甚狹而官府多，宜合二司帥府爲一。」詔從之，且命〔亦〕奚不薛與思、播州同隸湖廣省，〔五〕羅甸還隸雲南，以八番羅甸宣慰使斡羅思等並爲八番順元等處宣慰使都元帥，佩虎符。以安南國王陳益稷遙授湖廣等處行中書省平章政事，佩虎符，居鄂州。庚戌，車駕幸上都。賜速哥、

斡羅思、賽因不花蠻夷之長五十六人金紋綾絹各七十九匹及弓矢、鞍轡。壬子，樞密院臣奏：「延安、鳳翔、京兆三路籍軍三千人，桑哥皆罷爲民，今復其軍籍，屯田六盤。」從之。敕都水監分視黃河堤堰，罷河渡司。庚申，免寶慶路邵陽縣田租萬三千七百九十三斛。壬戌，給還楊璉眞加土田、人口之隸僧坊者。初，璉眞加重賂桑哥，擅發宋諸陵，取其寶玉，凡發冢一百有一所，戕人命四，攘盜詐掠諸贓爲鈔十一萬六千二百錠，田二萬三千畝，金銀、珠玉、寶器稱是。省臺諸臣乞正典刑以示天下，帝猶貸之死，而給還其人口、土田。隆興府路饑，給鈔二千錠，復發粟以賑之。

夏四月丙子，太陰犯氐。己卯，復典瑞監三品。弛甘肅酒禁，榷其酤。辛巳，弛太原酒禁，仍榷酤。辛卯，設雲南諸路學校，其教官以蜀士充。

五月甲午，遼陽水達達、女直饑，詔忽都不花趣海運給之。丙午，敕：「雲南邊徼入朝，非初附者不聽乘傳，所進馬不給芻豆。」丁未，中書省臣言：「妄人馮子振嘗爲詩譽桑哥，且涉大言，及桑哥敗，即告詞臣撰碑引諭失當，國史院編修官陳孚發其姦狀，乞免所坐遣還家。」帝曰：「詞臣何罪！使以譽桑哥爲罪，則在廷諸臣，誰不譽之！朕亦嘗譽之矣。」詔以楊居寬、郭佑死非其罪，給還其家貲。改思州安撫司爲軍民宣撫司，隸湖廣省，詔諭其民因閱戶驚逃者，各使安業。以陝西鹽運司酒稅等課已入州縣，罷諸子鹽司。併罷東平路河道提

舉司事入都水監。己未，龍興路南昌、新建、進賢三縣水，免田租四千四百六十八石。是月，眞定之中山新樂、平山、獲鹿、元氏、靈壽，河間之滄州無棣，景之阜城、東光，益都之濰州北海縣，有蟲食桑葉盡，無蠶。

六月甲子，平江、湖州、常州、鎭江、嘉興、松江、紹興等路水，免至元二十八年田租十八萬四千九百二十八石。戊辰，詔聽僧食鹽不輸課。己巳，日本來互市，風壞三舟，惟一舟達慶元路。壬申，江西省臣言：「肇慶、德慶二路，封、連二州，宋時隸廣東，今隸廣西不便，請復隸廣東。」從之。鐵旗城後察昔折乙烈率其族類部曲三千餘戶來附。甲戌，設司籍庫，秩從五品，隸太府監，儲物之籍入者。丙子，（太）〔大〕寧路惠州連年旱澇，〔六〕加以役繁，民饑死者五百人，詔給鈔二千錠及糧一月賑之，仍遣使責遼陽省臣阿散。壬午，敕以海南新附四州洞寨五百一十九、民二萬餘戶，置會同、定安二縣，隸瓊州，免其田租二年。癸未，以征爪哇，暫禁兩浙、廣東、福建商賈航海者，俟舟師已發後，從其便。丁亥，湖州、平江、嘉興、鎭江、揚州、寧國、太平七路大水，免田租百二十五萬七千八百八十三石。己丑，太白犯歲星。鐵木塔兒、薛闍禿、捏古帶、闊闊所部民饑，詔給米四千石付鐵木塔兒、薛闍禿，一千石付捏古帶、闊闊，俾以賑之。

閏六月辛卯朔，陞上都兵馬司四品，如大都。丁酉，遼陽、瀋州、廣寧、開元等路雹害稼，免田租七萬七千九百八十八石。岳州華容縣水，免田租四萬九百六十二石。東昌路蝗。壬寅，以（東安）〔安東〕、海寧改隸淮安路。〔七〕詔大都事繁，課稅改隸轉運司。通州造船畢，罷提舉司。罷福建歲造象齒鞶帶。戊申，熒惑犯狗國。庚戌，回回人忽不木思售大珠，帝以無用却之。辛亥，河西務水，給米賑饑民。（江北）河南〔江北〕省既立，〔八〕詔江北諸城悉隸其省。詔漢陽隸湖廣省。左江總管黃堅言：「其管內黃勝許聚衆二萬，據忠州，乞調軍萬人、士兵三千人，命劉國傑討之。臣願調軍民萬人以從。」詔許之。太平、寧國、平江、饒、常、湖六路民艱食，發粟賑之。高麗饑，其王遣使來請粟，詔賜米十萬石。中書省臣言：「今歲江南海運糧至京師者一百五萬石，至遼陽者十三萬石，比往歲無耗折不足者。」甲寅，右江岑從毅降，從毅老疾，詔以其子斗榮襲，佩虎符，爲鎭安路軍民總管。廣南西路安撫副使賽甫丁等誹謗朝政，沙不丁復資給之，以風聞三十餘事，妄告省官，帝以有傷政體，捕惡黨下吏如法。乙卯，濟南、般陽蝗。是月，詔諭廉訪司巡行勸課農桑。禮部尚書張立道、郎中歪頭使安南回，以其使臣阮代乏、何維岩至闕。陳日燇拜表牋，修歲貢。

秋七月庚申朔，詔以史弼代也黑迷失、高興，將萬人征爪哇，仍召三人者至闕。遣使檢覈寬名鷹坊受糧者。辛酉，河北河南道廉訪司還治汴梁。癸亥，完大都城。也里嵬里、沙沙嘗簽僧、道、儒、也里可溫、答赤蠻爲軍，詔令止隸軍籍。甲子，降詔申嚴牛馬踐稼之禁。

乙丑，阿里願自備船，同張存從征爪哇軍，往招占城、甘不察，詔授阿里三珠虎符，張存一珠虎符，仍蠲阿里父布伯所負斡脫鈔三千錠。丙寅，罷徽州路錄事司。免屯田租一萬二千八百一十一石。辛未，太陰犯牛。壬申，建社稷和義門內，壇各方五丈，高五尺，白石爲主，飾以五方色土。壇南植松一株，北墉瘞坎壝垣，悉倣古制，別爲齋廬，門廡三十三楹。戊寅，黎兵百戶鄧志願謀叛，伏誅。庚辰，敕雲南省擬所轄州縣官如福建、二廣例，省臺委官銓選以姓名聞，隨給授宣敕。

八月己丑朔，賽甫丁處死，餘黨杖而徒之，仍籍其家產。壬辰，敕禮樂戶仍與軍站、民戶均輸賦。丁酉，辰星犯右執法。己亥，太白犯房。辛丑，寧夏府屯田成功，升其官脫兒赤。壬寅，括唐兀禿魯花所部闊象赤及河西逃人入蠻地者。甲辰，車駕至自上都。討浙東孟總把等賊，敕諸軍之駐福建者，聽平章政事闊里節度。乙巳，歲星犯右執法。丙午，用郭守敬言，浚通州至大都漕河十有四，役軍匠二萬人，又鑿六渠灌昌平諸水。以廣濟署屯田既蝗復水，免今年田租九千二百十八石。丁未，也黑迷失乞與高興等同征爪哇，帝曰：「也黑迷失惟熟海道，海中事當付之，其兵事則委之史弼可也。」以史弼爲福建等處行中省平章政事，統領出征軍馬。庚戌，高苑縣高希允以非所宜言，伏誅。壬子，詔塔剌赤、程鵬飛討黃聖許，劉國傑駐馬軍戍守。戊午，福建行省參政魏天祐獻計，發民一萬鑿山鍊銀，歲得萬

五千兩。天祐賦民鈔市銀輸官，而私其一百七十錠，臺臣請追其贓而罷鍊銀事，從之。改燕南河北廉訪司還治眞定。高麗、女直界首雙城告饑，敕高麗王於海運內以粟賑之。弛灤州酒禁。詔不敦、忙兀〔禿〕魯迷失以軍征八百媳婦國。〔九〕

九月己未朔，治書侍御史裴居安言：「月的迷失遇盜起不卽加兵，盜去乃延誅平民。」詔臺院遣官雜問之。辛酉，詔諭安南國陳日燇使親入朝。選湖南道宣慰副使梁曾，授吏部尚書，佩三珠虎符，翰林國史院編修官陳孚，授禮部郎中，佩金符，同使安南。山東東西道廉訪司劾：「宣慰使樂實盜庫鈔百二十錠，買庫銀九百五十兩，官局私造弓韣等物，受屯田鈔百八十錠，樂實宜解職。」從之。丁卯，中書省臣言：「茆鷄、十圍、安化等新附洞蠻凡八萬，宜設管軍民司，以其土人蒙意、蒙世、莫仲文爲長官，以呂天佑、塔不帶爲達魯花赤。八番斡羅思招附光蘭州洞蠻，宜置定遠府，就用其所舉禿干、高守文、黃世會、燕只哥爲達魯花赤、知府、同知、判官。」制曰「可」。癸酉，徙洮州治鐸水縣，廢新得州置通江縣，復漢州綿竹縣。沙州、瓜州民徙甘州，詔於甘、肅兩界，畫地使耕，無力者則給以牛具農器。寧夏戶口繁多，而土田半藝紅花，詔令盡種穀麥，以補民食。丁丑，以平灤路大水且霜，免田租二萬四千四十一石。辛巳，太白犯南斗。罷雲南行臺，徙置西川，設雲南廉訪司。壬午，水達達、女直民戶由反地驅出者，押回本地，分置萬夫、千夫、百夫內屯田。甲申，烏思藏宣慰司言：「由

必里公反後，站驛遂絕，民貧無可供億。」命給烏思藏五驛各馬百、牛二百、羊五百，皆以銀；軍七百三十六戶，戶銀百五十兩。丁亥，從宣政院言，置烏思藏納里速古兒孫等三路宣慰使司都元帥。〔一〇〕

冬十月戊子朔，詔福建廉訪司知事張師道赴闕，師道至，乞汰內外官府之冗濫者。詔麥朮丁、何榮祖、馬(紀)〔紹〕、〔一一〕燕公楠等與師道同區別之。數月，授師道翰林直學士。日本舟至四明，求互市，舟中甲仗皆具，恐有異圖，詔立都元帥府，令哈剌帶將之，以防海道。詔浚浙西河道，導水入海。庚寅，兩淮運使納速剌丁坐受商賈賄，多給之鹽，事覺，詔嚴加鞫問。癸巳，弛上都酒禁。燕公楠言：「歲終，各行省臣赴闕奏事，亦宜令行臺臣赴闕，奏一歲舉刺之數。」制曰「可」。丙申，四川行省以洞蠻酋長向思聰等七人入朝。壬寅，從朱清、張瑄請，授高德誠管領海船萬戶，佩雙珠虎符，復以殷實、陶大明副之，令將出征水手。甲辰，信合納帖音國遣使入覲。廣東道宣慰司遣人以暹國主所上金册詣京師。乙巳，太陰犯井。丁未，太陰犯鬼。己酉，樞密院臣言：「六衛內領漢軍萬戶，見存者六千戶，擬分爲三：力足以備車馬者二千五百戶，每甲令備馬十五匹、牛車二輛；力足以備車者五百戶，每甲令備牛車三輛；其三千戶，惟習戰鬭，不他役之。六千戶外，則供他役。庶能各勤乃事，而兵亦精銳。」詔施行之。詔擇囚徒罪輕者釋之。癸丑，完澤等言：「凡賜諸人物，有二十萬錠者，爲

數既多，先賜者盡得之，及後將賜，或無可給，不均爲甚。今計怯薛帶、怯憐口、昔博赤、哈剌赤，凡近侍人，上等以二百戶爲率，次等半之，下等又半之，於下等擇尤貧者歲加賞賜，則無不均之失矣。一歲天下所入，凡二百九十七萬八千三百五錠，今歲已辦者纔一百八十九萬三千九百九十三錠，其中有未至京師而在道者，有就給軍旅及織造物料館傳俸祿者，自春至今，凡出三百六十三萬八千五百四十三錠，出數已逾入數六十六萬二百三十八錠矣。懷孟竹課，歲辦千九十三錠，尚書省分賦於民，人實苦之，宜停其稅。」帝皆嘉納其言。命趙德澤、吳榮領逃奴無主者二百四十戶，淘銀耕田於廣寧、瀋州。乙卯，太陰犯氐。

十一月庚申，岳州華容縣水，發米二千一百二十五石賑饑民。壬戌，太陰犯壘壁陣。戊寅，樞密院奏：「二衞萬人，嘗調二千屯田，木八剌沙上都屯田二年有成，擬增軍千人。」從之。己卯，太陰犯太微東垣上相。癸未，禁所在私渡，命關津譏察姦宄。丙戌，提省溪、錦州、銅人等洞酋長楊秀朝等六人入見，進方物。

十二月庚寅，中書省臣言：「皇孫晉王甘麻剌昔鎮雲南，給梁王印，今進封晉王，請給晉王印。」北安王府(慰)〔尉〕也里古帶、〔一二〕司馬荒兀，並爲晉王中尉，仍命不只答魯帶、狄琮並爲司馬。金齒適當忙兀禿兒迷失出征軍馬之衝，資其芻糧，立爲木來府。」敕應昌府給乞答帶糧五百石，以賑饑民。癸巳，中書省臣言：「寧國路民六百戶鑿山冶銀，歲額二千四百兩，

皆市銀以輸官，未嘗採之山，乞罷之。」制曰「可」。庚子，太陰犯井。甲辰，太陰犯太微西垣。己酉，故麗川路軍民總管達魯花赤阿散男布八同趙昇等，招木忽魯甸金齒土官忽魯馬男阿魯來入見，貢方物。阿魯言其地東南鄰境未附者約二十萬民，慕化願附，請頒詔旨，命布八、趙昇諭之，從之。壬子，敕中書省用烏思藏站例，給合里、忽必二站馬牛羊，凡爲銀九千五百兩。丁巳，敕都水監修治保定府沙塘河堤堰。

是歲，賜皇子、皇孫、諸王、藩戚、禁衞、邊庭將士等，鈔四十六萬六千七百十三錠。給軍士畸零口糧五千五百二十三石，賑其乏者爲鈔三十六萬八千四百二十八錠。命國師、諸僧、呪師修佛事七十二會。斷死獄七十四。

三十年春正月壬戌，詔遣使招諭漆頭、金齒蠻。乙丑，敕福建毋進鶻。戊戌，〔一三〕和林漢軍四百，留百人，餘令耕屯杭海。丙寅，太陰犯畢。命中書汰冗員，凡省內外官府二百五十五所，總六百六十九員。丁卯，安西王請仍舊設常侍，不允。罷雲南延慶司，以洛波、卜兒二蠻酋遙授知州，各賜璽書。戊辰，樞密院臣奏：「兀渾察部兀末魯罕軍，每歲運米六千四百二十六石以給之，計備直爲鈔萬二千八百五十二錠。」詔邊境無事，令本軍屯耕以食。庚午，驗洞酋長楊總國等來朝。捏怯烈女直二百人以漁自給，有旨：「與其漁於水，曷若力田，

其給牛價、農具使之耕。」甲戌，河南江北行省平章伯顏言：「揚州忙兀臺所立屯田，爲田四萬餘頃，官種外，宜聽民耕墾。揚州鹽轉運一司設三重官府，宜削去鹽司，止留管勾。襄陽舊食京兆鹽，以水陸難易計之，莫若改食揚州鹽。蔡州去汴梁地遠，宜陞散府，以潁、息、信陽、光州隸之。」詔皆從其議。陞廣州爲上路總管府。罷納速剌丁滅里所立魚鹽局。割江西興國路隸湖廣行省。乙亥，謚皇太子曰明孝。丙子，西番一甸蠻酋三人來覲，各授以蠻夷軍民官，仍以招諭人張道明爲達魯花赤。丁丑，太陰犯氐。戊寅，詔舊隸乃顏、勝納(答)〔合〕兒女直戶四百，〔一四〕虛縻廩食，令屯田揚州。庚辰，歲星犯左執法。立豪、懿州七驛。辛巳，置遼陽路慶雲至合里賓二十八驛，驛給牛三十頭、車七輛。壬午，淮西道宣慰使昂吉兒，斂軍鈔六百錠、銀四百五十兩、馬二匹，敕省臺及扎魯火赤鞫問。丁亥，遣使代祀嶽、瀆、東海及后土。

二月己丑，從阿老瓦丁、燕公楠之請，以楊璉眞加子宣政院使暗普爲江浙行省左丞。詔：「上都管倉庫者無資品俸秩，故爲盜詐，宜於六品、七品內委用，以俸給之。」高麗國王王(睶)〔賰〕請易名曰昛，其僉議府請陞僉議司，降二品印，從之。減河南、江浙海運米四十萬石。中書省添設檢校二員。免大都今歲公賦。益上都屯田軍千人，給農具、牛價鈔五千錠，以木八剌沙董之。詔以只速滅里與鬼蠻之民隸詹事院。壬辰，太陰犯畢。丙申，却江

淮行樞密院官不憐吉帶進鷹，仍敕自今禁戢軍官無從禽擾民，違者論罪。丁酉，回回孛可馬合謀沙等獻大珠，邀價鈔數萬錠，帝曰：「珠何爲！當留是錢以賙貧者。」敕海運米十萬石給遼陽戍兵，仍諭其省官薛闍干，令伯鐵木部欽察等耕漁自養，糧不須給。甲辰，中書省臣言：「侍臣傳旨予官者，先後七十人，臣今欲加汰擇，不可用者不敢奉詔。」帝曰：「率非朕言。凡來奏者朕祇令論卿等，可用與否，卿等自處之。」又言：「今歲給餉上都、大都及甘州、西京，經費浩繁，自今賞賜悉宜姑止。」從之。乙巳，熒惑犯天街。丁未，車駕幸上都。以新附洞蠻吳動鰲爲潭溪等處軍民官，佩金符。給新附軍三百人，人鈔十錠，屯田眞定。庚戌，太陰犯牛。辛亥，詔發總帥汪惟和所部軍三千征土番，又發陝西、四川兵萬人，以行樞密官明安荅兒統之，征西番。敕以韶、贛相去地遠，分贛州行院官一員鎮韶州。復立雲南行御史臺。詔沿海置水驛，自耽羅至鴨淥江口凡十一所，令洪君祥董之。癸丑，太白犯壘壁陣。江西行院官月的迷失言：「江南豪右多庇匿盜賊，宜誅爲首者，餘徙內縣。」從之。申嚴江南兵器之禁。

三月庚申，以同知樞密院事扎散知樞密院事。以平章政事范文虎董疏漕河之役。平章政事李庭率諸軍扈從上都。雨壞都城，詔發侍衛軍三萬人完之，仍命中書省給其傭直。甲子，括天下馬十萬匹。己巳，立行大司農司。洪澤、芍陂屯田舊委四處萬戶，詔存其二，

立民屯二十。辛未，太陰犯氐。

夏四月己亥，行大司農燕公楠、翰林學士承旨留夢炎言：「杭州、上海、澉浦、溫州、慶元、廣東、泉州置市舶司凡七所，唯泉州物貨三十取一，餘皆十五抽一，乞以泉州爲定制。」從之。仍併溫州舶司入慶元，杭州舶司入稅務。江南行大司農司自平江徙揚州，兼管兩淮農事。省八番重設州縣官。罷徽州錄事司。皇孫晉王位立內史府。詔諸二品官府自今與各部文移相關。鞏昌二十四城，依舊例於總帥汪氏弟兄子姪內選用二人。壬寅，樞密院臣言：「去年征爪哇軍二萬，各給鈔二錠，其後祇以五千人往，宜徵元給鈔三萬錠入官。」帝曰：「非其人不行，乃朕中止之耳，勿徵。」癸丑，太白犯塡星。廣東肅政廉訪司復治廣州。甲寅，詔遣使招諭暹國。斡羅思請以八番見戶合思、播之民兼管，徙宣慰司治辰、沅、靖州，常賦外，歲輸鈔三千錠，不允。光州蠻人光龍等一十二人及邦崖王文顯等二十八人、金竹府馬麟等一十六人、大龍番禿盧忽等五十四人、永順路彭世彊等九十人、安化州吳再榮等一十三人、師壁散毛洞勾答什王等四人，各授蠻夷官，賜以璽書遣歸。敕江南毀諸道觀聖祖天尊祠。

五月丙辰朔，給四部更番衛士馬萬匹，又給其必闍赤四百匹。壬戌，定雲洞蠻酋長來附。癸亥，括思、播等處亡宋湼手軍。丙寅，詔委官與行省官閱覈蠻夷軍民官。以江南民

怨楊璉眞珈，罷其子江浙行省左丞暗普。詔以浙西大水冒田爲災，令富家募佃人疏決水道。辛未，敕僧寺之邸店、商賈舍止，其物貨依例收稅。丁丑，中書省臣言：「上都工匠二千九百九十九戶，歲糜官糧萬五千二百餘石，宜擇其不切於用者，俾就食大都。」從之。甲申，眞定路深州靜安縣大水，民饑，發義倉糧二千五百七十四石賑之。

六月丙戌，敕選河西質子軍精銳者八百，給以鎧仗鞍勒、狐貉衣裘，遣赴皇孫阿難答所出征。己丑，歲星犯左執法。庚寅，詔雲南旦當仍屬西番宣慰司。改淮西蘄、黃等路隸河南江北行省。丙申，太陰犯斗。乙巳，以皇太子寶授皇孫鐵穆耳，總兵北邊。己酉，詔濬太湖。壬子，大興縣蝗。易州雨雹，大如鷄卵。

秋七月丁巳，敕中書省官一員監修國史。己未，詔皇曾孫松山出鎭雲南，以皇孫梁王印賜之。詔免福建歲輸皮貨及泉州織作紵絲。庚申，命知鶴慶府昔寶赤齎璽書招諭農順未附蠻寨。甲子，太陰犯建星。己巳，命劉國傑從諸王亦吉里〔台〕督諸軍征交趾。〔一五〕免雲南屯田軍逋租萬石。壬申，以月失察兒知樞密院事。丁丑，賜新開漕河名曰通惠。壬申，〔一六〕以只兒合忽所汰乞兒吉思戶七百，屯田合思合之地。辛巳，太陰犯鬼。

八月丙戌，括所在荒田無主名者，令放良、漏籍等戶屯田。庚寅，奉使安南國梁曾、陳孚以安南使人陶子奇、梁文藻偕來。敕福建行省放爪哇出征軍歸其家。甲午，辰星犯太微

西垣上將。戊戌，給安西王府斷事官印。甲辰，太陰犯畢。丁未，湖廣行省臣言海南、海北多曠土，可立屯田，詔設鎭守黎蠻海北海南屯田萬戶府以董之。戊申，太陰犯鬼。營田提舉司所轄屯田百七十七頃爲水所沒，免其租四千七百七十二石。

九月癸丑朔，大駕至自上都。戊午，敕各路達魯花赤、總管董驛事。己未，明安答兒率軍萬人征土蕃，近遣使來言，乞引茂州先附寨官赴闕，不允。乙丑，立海北海南博易提舉司，稅依市舶司例。丙寅，遣金齒人還歸。丁卯，太陰犯畢。癸酉，敕以御史臺贓罰鈔五萬錠，給衛士之貧者。辛巳，登州蝗，恩州水，百姓闕食，賑以義倉米五千九百餘石。

冬十月癸未朔，以侍衛親軍千戶張邦瑞爲萬戶，佩虎符，將六盤山軍千人及皇子西平王等軍共爲萬人，西征。賜冠城疏河董役軍官衣各一襲。賜交趾陶子奇等十七人冬衣，荆南安置。戊子，詔修汴堤。己丑，遣兵部侍郞忽魯禿花等使閣藍、可兒納答、信合納帖音三國，仍賜信合納帖音酋長三珠虎符。庚寅，饗于太廟。彗星入紫微垣，抵斗魁，光芒尺許，凡一月乃滅。丙申，熒惑犯亢。己亥，太陰犯天關。辛丑，太陰犯井。壬寅，敕減米直，糶京師饑民，其鰥寡孤獨不能自存者給之。甲辰，赦天下。戊申，僧官總統以下有妻者罷之。以段貞董開河、修倉之役，加平章政事。庚戌，造象蹄掌甲。辛亥，禁江南州郡以乞養良家子轉相販鬻，及强將平民略賣者。平灤水，免田租萬一千九百七十七石。廣濟署水，

損屯田百六十五頃，免田租六千二百一十三石。

十一月壬子朔，改德安府隸黃州路。丁巳，孫民獻嘗附桑哥，助要束木爲惡，及同知上都留守司事，又受賕減諸從臣糧，詔籍其家貲、妻奴。復因潭州呂澤訴其刻虐，械送民獻至湖廣，如澤所訴窮治之。立海北海南道肅政廉訪司，治雷州。庚申，敕中書省，凡出征軍，毋以和顧和買煩其家。乙丑，太陰犯畢。乙卯，太陰犯井。戊辰，以金齒木朶甸戶口增，立下路總管府，給其爲長者雙珠虎符。眞定路達魯花赤合散言：「廉訪司官檢責民官太苛，乞以民官復檢責廉訪司文卷。」從之。庚午，太陰犯鬼。免江南都作院軍匠出征。丙子，熒惑犯鉤鈐。戊寅，歲星犯亢。己卯，河南江北行省平章伯顏入爲中書省平章政事，位帖哥、剌眞、不忽木上。

十二月丁亥，禁漢軍更番者毋鬻軍器。辛卯，武平路達魯花赤塔海言：「女直地至今未定，賊一人入境，百姓離散。臣願往安集之。」詔以塔海爲遼東道宣慰使。壬辰，中書左丞馮紹疾，以詹事丞張九思代之。乙未，太陰犯井。遣使督思、播二州及鎭遠、黃平，發宋舊軍八千人，從征安南。庚子，平章政事亦黑迷失、史弼、高興等無功而還，各杖而耻之，仍沒其家貲三之一。癸卯，敕以桑哥沒入官田三百九十一頃八十餘畝，給阿合兀闌所司匠戶。丙午，以鐵赤、脫脫木兒、皦住、拜延四人，並安西王傅。

是歲，天下路、府、州、縣等二千三十八：路一百六十九，府四十三，州三百九十八，縣千一百六十五，宣撫司十五，安撫司一，寨十一，鎭撫所一，堡一，各甸部管軍民官七十三，長官司五十一，錄事司百三，巡院三。官府大小二千七百三十三處，隨朝二百二十一；員萬六千四百二十五，隨朝千六百八十四。戶一千四百萬二千七百六十。賜皇后、親王、公主如歲例。賜諸臣羊馬價，鈔四十三萬四千五百錠、幣五萬五千四百一十錠。周貧乏，鈔三萬七千五百二十錠。作佛事祈福五十一。眞定、寧晉等處，被水、旱、蝗、雹爲災者二十九。斷死罪四十一。

三十一年春正月壬子朔，帝不豫，免朝賀。癸亥，知樞密院事伯顏至自軍中。庚午，帝大漸。癸酉，帝崩于紫檀殿。在位三十五年，壽八十。親王、諸大臣發使告哀于皇孫。乙亥，靈駕發引。葬起輦谷，從諸帝陵。

夏四月，皇孫至上都。甲午，卽皇帝位。丙午，〔一七〕中書右丞相完澤及文武百官議上尊謚。壬寅，始爲壇于都城南七里。甲辰，遣司徒兀都帶、平章政事不忽木、左丞張九思，率百官請謚于南郊。

五月戊午，遣攝太尉臣兀都帶奉册上尊謚曰聖德神功文武皇帝，廟號世祖，國語尊稱曰薛禪皇帝。是日，完澤等議同上先皇后弘吉剌氏尊謚曰昭睿順聖皇后。

世祖度量弘廣，知人善任使，信用儒術，用能以夏變夷，立經陳紀，所以爲一代之制者，規模宏遠矣。

校勘記

〔一〕（嗣）漢天師　按上文至元十二年四月庚午、十三年四月壬午、十四年正月丙申及下文本月壬戌條均作「嗣漢天師」，據補。

〔二〕給輝州龍山里州和中等縣饑民糧一月　本證云：「繼培案：地理志輝州中書省無龍山縣，里州雲南省無和中縣。里州疑是利州，和中疑是和衆，與龍山並屬大寧路。」又按大寧路屬州有惠州，疑此處「輝州」爲「惠州」之誤。

〔三〕王（瞎）〔瞎〕　見卷九校勘記〔六〕。下同。

〔四〕高道　按本書卷一七二程鉅夫傳作「高凝」，高凝字道凝，疑此處史文有誤。

〔五〕（亦）奚不薛　據上文補。本證已校。

〔六〕（太）〔大〕寧路　據本書卷五九地理志改。道光本已校。

〔七〕以（東安）〔安東〕海寧改隸淮安路　按本書卷五八地理志有東安州，隸大都路。此處所指則爲卷

五九地理志淮安路所屬之安東州，今改正。本證已校。

〔八〕（江北）河南〔江北〕省　據上文至元二十八年十二月壬申、庚辰條及本書卷五九地理志改正。

〔九〕忙兀（禿）〔秃〕魯迷失　按下文十二月庚寅條、本書卷六一地理志作「忙兀秃兒迷失」，卷一七六劉正傳作「忙兀突魯迷失」，卷二一〇緬國傳作「忙完秃魯迷失」。此處有脫文，今補「秃」字。

〔一〇〕置烏思藏納里速古兒孫等三路宣慰使司都元帥　按本書卷八七百官志有「烏思藏納里速古魯孫等三路宣慰使司都元帥府，宣慰使五員」，疑此處「都元帥」下脫「府」字或員數。

〔一一〕馬（紀）〔紹〕　據本書卷一七三本傳改。續通鑑已校。

〔一二〕府（慰）〔尉〕　從北監本改。

〔一三〕戊戌　按是月戊午朔，無戊戌日。此「戊戌」在乙丑初八日、丙寅初九日間，當係衍文。

〔一四〕滕納（答）〔合〕兒　按滕納合兒一名本書屢見，其異譯有「滕納哈兒」、「滕剌哈」、「擊剌哈兒」等。此處「答」誤，今改。

〔一五〕亦吉里（台）　本書卷一六二劉國傑傳作「亦吉列台」，黃金華文集卷二五劉國傑神道碑作「亦吉列歹」，至正集卷四八劉國傑神道碑作「亦乞剌歹」。此處有脫文，今補「台」字。此名蒙古語，意爲「亦乞列思部人」。

〔一六〕壬申　按是月乙卯朔，壬申爲十八日，已見於己巳十五日、丁丑二十三日間，此重出之「壬申」當爲

衍文或錯簡。

〔一七〕丙午　按是月辛巳朔，丙午爲二十六日。此「丙午」在甲午十四日、壬寅二十二日間，疑爲丙申十六日之誤。

元史卷十八

本紀第十八

成宗一

成宗欽明廣孝皇帝，諱鐵穆耳，世祖之孫，裕宗眞金第三子也。母曰徽仁裕聖皇后，弘吉烈氏。至元二年九月庚子生。二十四年，諸王乃顏反，世祖自將討平之。其後合丹復叛，命帝往征之，合丹敗亡。三十年〔六月〕乙巳，〔一〕受皇太子寶，撫軍於北邊。三十一年春正月，世祖崩，親王、諸大臣遣使告哀軍中。

夏四月壬午，帝至上都，左右部諸王畢會。先是，御史中丞崔彧得玉璽于故臣之家，其文曰「受命于天，旣壽永昌」，上之徽仁裕聖皇后。至是手授於帝。甲午，卽皇帝位，受諸王宗親、文武百官朝於大安閣，詔曰：

朕惟太祖聖武皇帝受天明命，肇造區夏，聖聖相承，光熙前緒。迨我先皇帝體元

居正以來，然後典章文物大備。臨御三十五年，薄海內外，罔不臣屬，宏規遠略，厚澤深仁，有以衍皇元萬世無疆之祚。

我昭考早正儲位，德盛功隆，天不假年，四海缺望。顧惟眇質，仰荷先皇帝殊眷，往歲之夏，親授皇太子寶，付以撫軍之任。今春宮車遠馭，奄棄臣民，乃有宗藩昆弟之賢，戚畹官僚之舊，謂祖訓不可以違，神器不可以曠，體承先皇帝夙昔付託之意，合辭推戴，誠切意堅。朕勉徇所請，於四月十四日卽皇帝位，可大赦天下。

尚念先朝庶政，悉有成規，惟愼奉行，罔敢失墜。更賴祖親勳戚，左右忠良，各盡乃誠，以輔台德。布告遠邇，咸使聞知。

詔除大都、上都兩路差稅一年，其餘減丁地稅糧十分之三。係官逋欠，一切蠲免。民戶逃亡者，差稅皆除之。追尊皇考曰皇帝，尊太母元妃曰皇太后。庚子，遣攝太尉兀都帶等請謚于南郊。遣禮部侍郎李衎、兵部郎中蕭泰登齎詔使安南。中書省臣言：「陛下新卽大位，諸王、駙馬賜與，宜依往年大會之例，賜金一者加四爲五，銀一者加二爲三。又江南分土之賦，初止驗其版籍，令戶出鈔五百文，今亦當有所加，然不宜增賦於民，請因五百文加至二貫，從今歲官給之。」從之。乙巳，賜駙馬蠻子帶銀七萬六千五百兩，闊里吉思一萬五千四百五十兩，高麗王王昛三萬兩。丁未，湖廣行省所屬，寇盜竊發，復令劉國傑討之。戊申，

太白晝見，又犯鬼。詔存恤征黎蠻、爪哇等軍。己酉，雲南行省以所定路、府、州、縣來上：上路二，下路十一，下州四十九，中縣一，下縣五十。以金齒歸附官阿魯爲孟定路總管，佩虎符。是月，卽墨縣雹。

五月庚戌朔，太白犯輿鬼。壬子，始開醮祠於壽寧宮。祭太陽、太歲、火、土等星於司天臺。戊午，遣攝太尉兀都帶奉玉册玉寶，上大行皇帝尊謚曰聖德神功文武皇帝，廟號世祖；皇后尊謚曰昭睿順聖皇后；皇考尊謚曰文惠明孝皇帝，廟號裕宗。賜國王和童金二百五十兩，月兒魯百五十兩，伯顏、月赤察而各五十兩，銀、鈔、錦各有差。庚申，祭紫微星於雲仙臺。雲南部長適習、四川散毛洞主覃順等來貢方物，陞其洞爲府。丁卯，八番宣慰使斡羅思犯法，爲人所訟，懼罪逃還京師。賜安西王阿難答鈔萬錠。己巳，改皇太后所居舊太子府爲隆福宮，詹事院爲徽政院，司議曰中議，府正曰宮正，家令曰內宰，典醫署曰掌醫，典寶曰掌謁，典設曰掌儀，典饍曰掌饍，仍增控鶴至三百人。詔各處轉運司官，欺隱姦詐爲人所訟者，聽廉訪司卽時追問，其案牘仍舊例於歲終檢之。陞福建鹽提舉司爲鹽轉運司，增捕私鹽人賞格。庚午，諸王亦里不花來朝，以瘠馬輸官，官酬其直，爲鈔十有一萬五千錠。賜也速帶而、汪惟正兩軍將士糧五萬石。餉北征軍。壬申，御史臺臣言：「內外官府增置愈多，在京食祿者萬人，在外尤衆，理宜減併。」命與中書議之。用崔彧言，肅政廉訪司案牘，

勿令總管府檢劾。詔議增官吏祿。以也速帶而所統將士貧乏，給鈔萬錠。乙亥，以扎珊知樞密院事。戊寅，封皇姑高麗王王昛妃忽都魯揭里迷失爲安平公主。賜亦都護金五百五十兩、銀七千五百兩，合迷里的斤帖林金五十兩、銀四百五十兩。西平王奧魯赤言：「汪總帥之軍，多庇其富實，而令貧弱者應役。」命更易之。以月兒魯爲太師，伯顏爲太傅，月赤察而爲太保。禁諸司豪奪鹽船遞運官物，僧道權勢之家私匿盜販。是月，密州(路)諸城縣、〔二〕大都路武清縣雹，峽州路大水。

六月庚辰朔，日有食之。辛巳，御史臺臣言：「名分之重，無踰宰相，惟事業顯著者可以當之，不可輕授。廉訪司官歲以五月分按所屬，次年正月還司。職官犯贓，敕授者聽總司議，宣授者上聞。其本司聲跡不佳者代之，受賂者依舊例比諸人加重。」帝曰：「其與中書同議。」乙酉，雲南金齒路進馴象三。丙戌，以雲南歲貢馬二千五百匹給梁王，數太多，命量減之。庚寅，必察不里城敢木丁遣使來貢。詔罷功德使司及泉府司官冗員。壬辰，立晉王內史府。復以光祿寺隸宣徽院。中書省臣言：「朝會賜與之外，餘鈔止有二十七萬錠。凡請錢糧者，乞量給之。」定西平王奧魯赤、寧遠王闊闊出、鎭南王脫歡及也先帖木而大會賞賜例，金各五百兩，銀五千兩，鈔二千錠，幣帛各二百匹，諸王帖木而不花、也只里不花等，金各四百兩，銀四千兩，鈔一千六百錠，幣帛各一百六十匹。以帖木而復爲平章政事。諸王

阿只吉部玉速福廛叛，伏誅。以甘肅等處米價踴貴，詔禁釀酒。命月赤察而提調羣牧事。乙未，以世祖、皇后、裕宗謚號播告天下。免所在本年包銀、俸鈔，及內郡地稅、江淮以南夏稅之半。(乙)〔己〕亥，〔三〕以乳保勞，封完顏伯顏爲冀國公，妻何氏爲冀國夫人。完澤貸民錢，多取其息，命依世祖定制。辛丑，浙西道提刑按察使弘吉烈帶阿魯灰受賂，遇赦免，復以爲河西隴北道肅政廉訪使。御史臺臣言：「先朝決獄，隨罪輕重，笞杖異施。今止用杖，乞如舊制。」不允。宋使家鉉翁安置河間，年踰八十，賜衣服，遣還其家。癸卯，封駙馬闊里吉思爲〔高〕唐王，〔四〕給金印。甲辰，詔翰林國史院修世祖實錄，以完澤監修國史。乙巳，給困赤禿出征軍士鈔各千戶千錠。丙午，太陰犯井。以昔寶赤從征諸軍自備馬一千一百九十餘匹，命給還其直。戊申，詔宗藩內外官吏人等，咸聽丞相完澤約束。以合剌思八斡節而爲帝師，賜玉印。賜雪雪的斤公主鈔千錠，諸王伯答罕、朮察合而部貧乏者三千錠，伯牙兀眞、赤里、由柔伯牙伯剌麻、闊怯倫、忙哥眞各金五十兩，銀、鈔、幣有差。是月，東安州蝗。

秋七月壬子，詔御史大夫月兒魯振臺綱。禁內外諸司減官吏俸爲宴飲費。置隆福宮衞候司。癸丑，詔軍民各隸所司，無相侵越。乙卯，以諸王出伯所部四百餘戶乏食，徙其家屬就食內郡，仍賜以奧魯軍年例鈔三千錠。給瓜、沙之民徙甘州屯田者牛價鈔二千六百錠。以也的迷失爲東昌路達魯花赤，中書省臣言其嘗官是郡，犯法五百餘款，今不宜復官，

帝曰：「姑試之。」己未，復立平陽路之蒲、武鄉，保定路之博野，泰安州之新泰等縣。賜諸王出伯奧魯軍、也速帶而紅襖軍，幣帛各六萬匹。庚申，改侍衞都指揮使司爲隆福宮左都威衞使〔司〕、右都威衞使〔司〕。〔五〕以陝西道廉訪司沒入贓罰錢舊給安西王者，令行省別貯之。壬戌，詔中外崇奉孔子。癸亥，罷肇州宣慰司，併入遼東道。戊辰，減八番等處所設官二百一十六員。八番稱新附九十萬戶，設官四百二十四員，及遣官覈實，止十六萬五千餘戶，故減之。行樞密院月的迷失、程鵬飛各加平章政事，中書省臣言：「樞密之臣不宜重與相銜。」帝命以軍職尊崇者授之。辛未，中書省臣言：「向御史臺劾右丞阿里嘗與阿合馬同惡，論罪抵死，幸得原免，不當任以執政。臣謂阿里得罪之後，能自警省，乞令執政如故。」從之。以軍戶所棄田產歲入及管軍官吏贖罪等鈔，復輸樞密院。癸酉，以陝西行省平章不忽木爲中書平章政事。甲戌，立隨路民匠、打捕、鷹房、納綿等戶總管府，秩正三品。詔招諭暹國王敢木丁來朝，或有故，則令其子弟及陪臣入質。扎魯花赤言：「諸王之下有罪者，不聞于朝，輒自決遣。」詔禁治之。詔月兒魯守北邊，賜其所統軍士幣帛各萬匹，及西征軍士幣三萬匹、鈔三萬六千六百錠。賜不魯花眞公主及諸王阿只吉女弟伯禿銀、鈔有差。是月，棣州陽信縣雹，大風拔木發屋，眞定路之南宮、新河，易州之淶水等縣雹。

八月庚辰，太白晝見。癸未，平灤路遷安等縣水，蠲其田租。戊子，初祀社稷，用堂上

樂，歲以爲常。己丑，以大都留守段貞、平章政事范文虎監浚通惠河，給二品銀印。令軍士復濬浙西太湖、澱山湖溝港，立新河運糧千戶所。詔諸路平準交鈔庫所貯銀九十三萬六千九百五十兩，除留十九萬二千四百五十兩爲鈔母，餘悉運至京師。復立平陽之芮城、陵川等縣。辛卯，以忙哥撒而妻子爲敵所掠，賜鈔八千錠。戊戌，太陰犯畢。太白犯軒轅。是月，德州之安德縣大風雨雹。

九月壬子，聖誕節，帝駐蹕三部落，受諸王、百官賀。癸丑，詔有司存恤征爪哇軍士死事之家。甲寅，口授諸王傅阿黑不花爲丞相。丁巳，太白經天。庚申，以合魯剌及乃顏之黨七百餘人隸同知樞密院事不憐吉帶，習水戰。丙寅，太陰掩填星。辛未，太陰犯軒轅。乙亥，太白犯右執法。太陰犯平道。遣禿古鐵木而等使闍藍。是月，趙州之寧晉等縣水。

冬十月戊寅，車駕還大都。辛巳，江浙行省臣言：「陛下卽位之初，詔蠲今歲田租十分之三。然江南與江北異，貧者佃富人之田，歲輸其租，今所蠲特及田主，其佃民輸租如故，則是恩及富室而不被於貧民也。宜令佃民當輸田主者，亦如所蠲之數。」從之。遼陽行省所屬九處大水，民饑，或起爲盜賊，命賑恤之。江西行省臣言：「銀場歲辦萬一千兩，而未嘗及數，民不能堪。」命自今從實辦之，不爲額。壬午，太白犯左執法。有事于太廟。癸巳，太陰掩填星。乙未，太陰犯井。金齒新附孟愛甸酋長遣其子來朝，卽其地立軍民總管府。朱清、張瑄從海道歲運糧百萬石，以京畿所儲充足，詔止運三十萬石。辛丑，帝諭右丞阿里、參政梁德珪曰：「中書職務，卿等皆懷怠心。朕在上都，令還也的迷沙已沒財產，任明里不花，皆至今未行。又不約束吏曹，使還人留滯。桑哥雖姦邪，然僚屬憚其威，政事無不立決。卿等其約束曹屬，有不事事者笞之。」仍以朕意諭右丞相完澤。壬寅，緬國遣使貢馴象十。乙巳，遣南巫里、速木答剌、繼沒剌(矛)〔予〕、毯陽使者各還其國，〔六〕賜以三珠虎符及金銀符，金、幣、衣服有差。初，也黑迷失征爪哇時，嘗招其瀕海諸國，於是南巫里等遣人來附，以禁商泛海留京師，至是弛商禁，故皆遣之。

十一月丁未朔，帝朝皇太后于隆福宮，上玉册、玉寶。庚戌，〔七〕行樞密院臣劉國傑討辰州賊，詔選州民刀弩手助其軍，他不爲例。京師犯贓罪者三百人，帝命事無疑者，准世祖所定十三等例決之。己酉，太陰犯亢。庚戌，廣西鹽先給引於民，而徵其直，私鹽日橫，及官自鬻鹽，民復不售。詔先以鹽與民，而後徵之。辛亥，中書省臣言：「國賦歲有常數，先帝嘗曰：『凡賜與，雖有朕命，中書其斟酌之。』由是歲務節約，常有贏餘。今諸王藩戚費耗繁重，餘鈔止一百十六萬二千餘錠。上都、隆興、西京、應昌、甘肅等處糴糧鈔計用二十餘萬錠，諸王五戶絲造作顏料鈔計用十餘萬錠，而來會諸王尙多，恐無以給。乞俟其還部，臣等酌量定擬以聞。」從之。壬子，詔以軍民不相統壹，罷湖廣、江西行樞密院，併入行省。乙

卯，令河西僧人依舊助役。丁巳，以伯顏察而參議中書省事，其兄伯顏言曰：「臣叨平章政事，兄弟宜相嫌避。」帝曰：「卿勿復言。兄平章於上，弟參議於下，何所嫌也。」罷貴赤屯田總管府。罷宣政院所刻河西藏經板。庚申，太陰犯畢。甲子，詔禁作姦犯科者。以湖南道宣慰使何(偉)〔瑋〕爲中書參知政事。〔八〕罷海北海南市舶提舉司。壬申，立覆實司。濟寧路立諸色戶計諸總管府，秩四品。癸酉，太白犯房。詔改明年爲元貞元年。

十二月辛巳，賜諸王亦思廉殷金五十兩。癸未，歲星犯房。丙戌，罷遼河等處人匠正副達魯花赤。丁亥，歲星犯鈎鈐。甲午，以諸王晃兀而、駙馬阿失等皆在軍，加賜金銀、鞍勒、弓矢、衣服各有差。乙未，以伯遙帶忽剌出所隸一千戶饑，賜鈔萬錠。壬辰，〔九〕太陰犯鬼。戊戌，禁侵擾農桑者。庚子，太陰犯房，又犯歲星。選各衞精兵千人，命孛羅曷答而等將之，戍和林，聽太師月兒魯節度，三年而更。用帝師奏，釋京師大辟三十人，杖以下百人；賜諸鰥寡貧民鈔三百錠。曲(靜)〔靖〕、〔一〇〕澂江、普安等路夷官各以方物來貢。以東勝等處牛遞戶貧乏，賜鈔三千餘錠。卜阿里使廝八而還都。阿思民爲海都所虜，賜鈔三萬九千九百錠。是月，常德、岳、鄂、漢陽四州水，免其田租。

是歲，斷大辟三十一人。

元貞元年春正月戊申，諸王阿失罕來朝，賜金五十兩、銀四百五十兩。癸丑，以太僕卿只而合郎爲御史大夫。甲寅，以從世祖狩杭海功，賜諸王忽剌出金五十兩、珠一串。乙卯，太陰犯填星，又犯畢。壬戌，以國忌，卽大聖壽萬安寺飯僧七萬。癸亥，安西王阿難答、寧遠王闊闊出皆言所部貧乏，賜安西王鈔二十萬錠、寧遠王六萬錠。又以隕霜殺禾，復賑安西王山後民米一萬石。詔道家復行金籙、科範。以雲南行省左丞楊炎龍爲中書左丞。乙丑，以亦奚不薛復隸雲南行省。以行樞密院既罷，賜行中書省長官虎符，領其軍。庚午，以江浙行省平章阿老瓦丁爲參知政事。壬申，立北庭都元帥府，以平章政事合伯爲都元帥，江浙行省右丞撒里蠻爲副都元帥，皆佩虎符。立曲先塔林都元帥府，以釁都察爲都元帥，佩虎符。饒州路達魯花赤阿剌紅、治中趙良不法，僉江東廉訪司事昔班、季讓受金縱之，事覺，昔班自殺，杖季讓，除名，仍沒其財產奴婢之半。罷瓜、沙等州屯田。癸酉，歲星犯東咸。甲戌，有飛書妄言朱清、張瑄有異圖者，詔中外慰勉之。乙亥，追封皇國舅按只那演爲濟寧王，謚忠武，封皇姑囊家眞公主爲魯國大長公主，駙馬蠻子台爲濟寧王，仍賜金印。詔飭諸道鹽運司。

二月丙子朔，安西王相鐵赤等請復立王相府，不許。令陝西省臣給其所需，仍以廉訪司沒入贓罰鈔與之。丁丑，翰林學士承旨留夢炎告老，帝以其在先朝言無所隱，厚賜遣之。

命曷伯、撒里蠻、孛來將探馬赤軍萬人出征，聽諸王出伯節度。壬午，罷江南茶稅，以其數三千錠添入江西榷茶都轉運司歲額。詔貸斡脫錢而逃隱者罪之，仍以其錢賞首告者。癸未，熒惑犯太陰。丁亥，雲南行省平章也先不花言：「敢麻魯有兩夷未附，金齒亦叛服不常，乞調兵六千鎮撫金齒，置驛入緬。」從之。復以拱衞司爲正三品。以濟寧王蠻子台所部弘吉烈人貧乏，賜鈔一十八萬錠。戊子，思州田曷剌不花、雲南夷卜木、四川洞主査閭王、金齒帶梅混冬等來見。緬國阿剌扎高微班的來獻舍利、寶玩。甲午，以探馬赤軍出征，馬不足，詔除軍民官吏所乘，凡有馬者盡括之。壬辰，〔一〕太陰犯平道。丁酉，車駕幸上都。癸卯，太陰犯歲星。以諸王亦憐眞部馬牛驛人貧乏，賜鈔千錠。以工部尙書兼諸路金玉人匠總管府達魯花赤呂天麟爲中書參知政事。立雲州銀場都提舉司，秩四品。中書省臣言：「近者阿合馬、桑哥怙勢賣官，不別能否，止憑解由遷調，由是選法大壞。宜令廉訪司體覆以聞，省臺選官覈實，定其殿最，以明黜陟。其廉訪司官，亦令省臺同選爲宜。」從之。罷河西軍，聽各還其所屬。賜駙馬那懷鈔萬五千錠。以醮延春閣，賜天師張與棣、宗師張留孫、眞人張志僊等十三人玉圭各一。製寶玉五方佛冠賜帝師。

三月乙巳朔，安南世子陳日燇遣使上表慰國哀，又上書謝寬貰恩，幷獻方物。丙午，遣密剌章以鈔五萬錠授征西元帥，令市馬萬匹，分賜二十四城貧乏軍校。庚戌，太陰犯塡星。

壬子，禁來朝官斂所屬俸。丙辰，給月兒魯、禿禿軍炒米萬石。金齒夷洞蠻來見，賜衣遣之。戊午，罷福建銀場提舉司，其歲額銀以有司領之。中書省臣言：「樞密院、御史臺例應奏舉官屬，其餘諸司不宜奏請，今皆請之，非便。」詔自今已後，專令中書擬奏。以東作方殷，罷諸不急營造，惟帝師塔及張法師宮不罷。壬戌，地震。太陰犯房。丙寅，國王和童隱所賜本部貧民鈔三百五十錠，命臺臣遣人按問以愧之。詔免醫工門徭。增置蒙古學正，以各道肅政廉訪司領之。

夏四月辛巳，妖人蒙蟲僭擬，及其黨十三人伏誅。賜章河至苦鹽貧乏驛戶，鈔一萬二千九百餘錠。丙戌，諸王也只里以兵五千人戍兀魯思界，遣使來求馬，帝不允。庚寅，太陰犯東咸。封乳母楊氏爲趙國安翼夫人。癸巳，以同知烏撒烏蒙等處宣慰使司事牙那木假兵部尙書，佩虎符，使馬答兒的陰。戊戌，給扈從探馬赤軍市馬鈔十二萬錠。庚子，立掌謁司，掌皇太后寶，秩四品，以宦者爲之。賜貴赤親軍貧乏戶鈔四萬一千五百餘錠。癸卯，以諸王出伯所統探馬赤、紅襖軍各千人，隸西平王奧魯赤。設各路陰陽教授，仍禁陰陽人不得游於諸王、駙馬之門。以貴赤萬戶忽禿不花等所部爲敵所掠，賜鈔有差。是月，眞定路之平山、靈壽等縣有蟲食桑。

閏四月丙午，爲皇太后建佛寺于五臺山，以前工部尙書涅只爲將作院使，領工部事；燕南河北道肅政廉訪使宋德柔爲工部尙書，董其役；以大都、保定、眞定、平陽、太原、大同、河間、大名、順德、廣平十路，應其所需。癸丑，歲星犯房。甲寅，太陰犯平道。立梭籠招討使司，以答而忽帶爲使，佩虎符。乙卯，太陰犯亢。丁巳，太陰掩房。己未，罷打捕鷹房總管府，及司籍、周用、薄斂等庫，及徽州路銀場。各處鹽使司鹽場，改設司令、司丞。仍免大都今歲田租。弛甘州酒禁。庚申，河南行省虧兩淮歲辦鹽十萬引、鈔五千錠，遣扎剌而帶等往鞫實，命隨其罪之輕重治之。陝西行省增羨鹽鈔一萬二千五百餘錠，山東都轉運使司別思葛等增羨鹽鈔四千餘錠，各賜衣以旌其能。南人洪幼學上封事，妄言五運，笞而遣之。壬戌，塔卽古阿散以不法伏誅。詔禁行省、行泉府司抽分市舶船貨，而同匿其珍細者。戊辰，遣愛牙赤覈實高麗國儲糧。平陽民訴諸王小薛、曲列失伯部曲恣橫，遣官鞫之。賜安南國王陳益稷鈔千錠。是月，蘭州上下三百餘里河清三日。

五月戊寅，以魯國大長公主建佛寺于應昌，給鈔千錠、金五十兩。命麥朮丁、何榮祖等釐正選法。己卯，竄忙兀部別闍于江西，俾從月底迷失討賊。庚辰，詔各省止存儒學提舉司一，餘悉罷之。陞江南平陽等縣爲州。以戶爲差，戶至四萬五萬者爲下州，五萬至十萬者爲中州。下州官五員，中州六員。凡爲中州者二十八，下州者十五。又以戶不及額，降漣州路爲漣州。增重挑補鈔人罪，告捕者仍優其賞，令犯人給之。辛巳，罷行大司農司。

加平章政事麥朮丁爲平章軍國重事，中書(左)〔右〕丞、議中書省事何榮祖爲昭文館大學士、與中書省事。〔二〕甲申，詔自元貞元年五月以前逋欠錢糧者，皆罷徵。丁亥，太陰犯南斗。甲午，以諸王阿只吉部貧乏，賜鈔二十萬錠。江浙行省臣鐵木而不聽詔，遣官責之。丙申，以伯顏之子買的爲僉書樞密院事。太后言其父盡心王室，欲令代其父官，帝以其年尙小，故有是命。詔以農桑水利諭中外。鞏昌府金州、西和州、會州雨雹，無麥禾。饒州、鎭江、常州、湖州、平江、建康、太平、常德、澧州皆水。

六月戊申，濟南路之歷城縣大清河水溢，壞民居。壬子，高麗王王昛乞爲太師中書令，不允。以近邊役煩及水災，免咸平府民八百戶今年賦稅。詔遼陽省進海東靑鶻二十四驛，每驛給牛六頭，使者食米五石，鷹食羊五口。又狗遞十二驛，每戶給鈔十錠。甲寅，翰林承旨董文用等進世祖實錄。乙卯，江西行省所轄郡大水無禾，民乏食，令有司與廉訪司官賑之，仍弛江河湖泊之禁，聽民採取。陞沅州爲路，以靖州隸之。遣使與各省官就遷調邊遠六品以下官。併左右兩江宣慰司都元帥府、宣撫司，爲廣西兩江道宣慰司都元帥府，以(靖)〔靜〕江爲治所，〔三〕仍分司邕州。敕：「凡上封事者，命中書省發緘視之，然後以聞。」詔河西僧納租稅。癸亥，立蒙古軍都元帥府于西川，徑隸樞密院，以阿剌鐵木而、岳樂罕並爲都元帥，佩虎符。河西隴北道廉訪司鞫張萬戶不法，西平王奧魯赤沮撓其事，帝命諭之。甲子，以安西王所部出征軍妻孥乏食，給糧二千石。昭、賀、藤、邕、澧、全、衡、柳、吉、贛、南安等處蠻寇竊發，以軍民官備禦不嚴，撫字不至，皆責而降之。駙馬濟寧王蠻子台私殺罪人，御史臺臣言其專擅，有旨諭蠻子台令知之。庚午，立西域衞親軍都指揮使司，以迷而的斤爲都指揮使。是月，汴梁路蝗，利州、蓋州螟，泰安、曹州、濟寧路水，鞏昌、環州、慶陽、延安、安西旱。

秋七月乙亥，徙甘、涼御匠五百餘戶于襄陽。詔江南地稅輸鈔。丁丑，太陰犯亢。罷追問已原逋欠。普顏怯里迷失公主等，俱以其部貧乏來告，賜鈔計四十九萬餘錠。御史臺臣言：「內地盜賊竊發者衆，皆由國家赦宥所致。乞命中書立爲條格，督責所屬，期至盡滅。」制曰「可」。(乙)〔己〕卯，〔四〕詔申飭中外：「有儒吏兼通者，各路舉之，廉訪司每道歲貢二人，省臺委官立法考試，中程者用之，所貢不公，罪其舉者。職官坐贓論斷，再犯者加二等。倉庫官吏盜所守錢糧，一貫以下笞之，至十貫杖之，二十貫加一等，一百二十貫徒一年，每三十貫加半年，二百四十貫徒三年，滿三百貫者死。計贓以至元鈔爲則。」給江南行御史臺守護軍百人。減海南屯田軍之半，還其元翼。詔增給諸軍藥餌價直。壬午，立肇州屯田萬戶府，以遼陽行省左丞阿散領其事。甲申，歲星犯房。給塞下貧民鈔二萬四千錠。己丑，賜劉國傑玉帶錦衣，旌其戰功。辛卯，以禿禿合所部貧乏，賜鈔十萬錠。戊戌，朱永福、邊珍

裕以妖言伏誅。札魯忽赤文移舊用國語，敕改從漢字。壬寅，詔易江南諸路天慶觀爲玄妙觀，毀所奉宋太祖神主。大都、遼東、東平、常德、湖州武衞屯田大水，隆興路雹，太原、平陽、安豐、河間等路旱。

八月(乙)〔己〕酉，〔五〕太陰犯牛。壬子，太陰犯壘壁陣。辛酉，緬國進馴象三。癸亥，賑遼陽民被水者糧兩月。己巳，以駙馬那懷知樞密院事。金、復州屯田有蟲食禾，汴梁、安西、眞定等路旱，平江、安豐等路大水。

九月甲戌，帝至自上都。乙亥，用帝師奏，釋大辟三人、杖以下四十七人。戊寅，以八撒而治私第，給鹽萬引。詔輸米十萬石于榷場故廩，以備北塞。以探馬赤軍士所至擾民，令合伯鎭之，犯者罪其主將。(乙)〔己〕卯，〔六〕罷四川淘金戶四千，還其元籍，罪初獻言者。庚辰，罷寧夏路行中書省，以其事併入甘肅行省。丁亥，爪哇遣使來獻方物。己丑，給桓州甲匠糧千石。壬辰，湖州司獄郭玘訴浙西廉訪司僉事張孝思多取廩餼，孝思繫玘于獄。行臺令監察御史楊仁往鞫，而江浙行省平章鐵木而逮孝思至省訊問，又令其屬官與仁同鞫玘事，仁不從，行臺以聞。詔省臺遣官鞫問，既引服，皆杖之。諸王小薛部衆擾民，遣官按問，杖其所犯重者，餘聽小薛責之。甲午，太陰犯軒轅。戊戌，太陰犯平道。宣德府大水，軍民乏食，給糧兩月。武衞萬盈屯及延安路隕霜殺禾，高郵府、泗州、賀州旱，平江、廬州等路大水。

冬十月癸卯，有事于太廟。中書省臣言：「去歲世祖、皇后、裕宗祔廟，以綾代玉册。今玉册、玉寶成，請納諸各室。」帝曰：「親享之禮，祖宗未嘗行之。其奉册以來，朕躬祝之。」命獻官迎導入廟。給江浙、河南巡邏私鹽南軍兵仗。癸丑，以西北叛王將入自土蕃，命平章軍國重事答失蠻往征之，仍敕便宜總帥發兵千人從行，聽其節度。甲寅，中書省、御史臺臣言：「江浙行省平章明里不花陳臺憲非便事，臣等議，乞自今監察御史廉訪司有所按覈，州縣官與本路同鞫，路官與宣慰司同鞫，宣慰司官與行省同鞫。」制曰「可」。詔諸王、駙馬部民旣隸軍籍者，毋奪回本部。己未，賜各衞士貧乏者鈔二萬九千三百餘錠。辛酉，辰星犯房。壬戌，辰星犯鍵閉。癸亥，賜諸王巴撒而、火而忽答孫、禿剌三部鈔四萬八千五百餘錠。丁卯，以博而赤、答剌赤等貧乏，賜鈔二萬九千餘錠。戊辰，太白晝見。太陰犯房。遣安南朝貢使陳利用等還其國，降詔諭陳日燇。

十一月甲戌，太白經天及犯壘壁陣。辛巳，置江浙行省檢校官二員。立江浙金銀洞冶轉運使司。乙酉，太陰犯井。丙戌，毯陽酋長之兄脫杭捧于、法而剌酋長之弟密剌八都、阿魯酋長之弟脫杭忽先等，各奉金表來覲。丁亥，太陰犯鬼。戊子，賜阿魯酋長虎符。癸巳，賜安西王甲冑、槍撾、弓矢、橐鞬等十五萬八千二百餘事。戊戌，陞贛州路之寧都、會昌二

縣爲州，以石城縣隸寧都，瑞金縣隸會昌。詔江浙行省括隱漏官田及檢劾富强避役之戶。

十二月庚子朔，遣集賢院使阿里渾撒里等祭星于司天臺。癸卯，以駙馬阿不花所部民貧，賜鈔萬錠。賜諸王押忽禿、忽剌出、阿失罕等金各二百五十兩、鈔五百錠。丙辰，太陰犯軒轅。荆南僧晉昭等僞撰佛書，有不道語，伏誅。己未，詔大都路，凡和顧和買及一切差役，以諸色戶與民均當。賜諸王不顏鐵木而、阿八也不干金各五百兩、銀五千兩、鈔二千錠、幣帛各二百匹，其幼王減五分之一。以各道廉訪司官八員，員一印，命收其三。甲子，太陰犯天江。賜帝師雙龍紐玉印。也速帶而之軍因李璮亂去山東，其元駐之地爲人所墾，歲久成業，爭訟不已。命別以境內荒田給之，正軍五頃，餘丁二頃，已滿數者不給。減海運脚價鈔一貫，計每石六貫五百文，著爲令。徙縉山所居乞里乞思等民于山東，以田與牛、種給之。丁卯，禁諸王輒召有司官吏。己巳，詔免軍器匠門徭。

是歲，斷大辟三十人。

校勘記

〔一〕三十年〔六月〕乙巳　據本書卷一七世祖紀至元三十年六月乙巳條補。考異已校。

〔二〕密州(路)諸城縣　按本書卷五八地理志，密州隸益都路，此「路」字衍，今刪。本證已校。

〔三〕(乙)〔己〕亥　按是月庚辰朔，無乙亥日。此「乙亥」在乙未十六日、辛丑二十二日間，爲己亥二十日之誤，今改。續通鑑已校。

〔四〕封駙馬闊里吉思爲(高)唐王　據本書卷一一八阿剌兀思剔吉忽里傳附闊里吉思傳補。考異已校。

〔五〕改侍衞都指揮使司爲隆福宮左都威衞使(司)右都威衞使(司)　據本書卷八九百官志補。按此處指官署，應有「司」字。蒙史已校。

〔六〕遣南巫里速木答剌繼沒剌(矛)〔予〕毯陽使者各還其國　按「繼木剌矛」無此國名。下文大德三年正月癸未條作「沒剌由」，此國本書尚有「木剌由」、「馬來忽」、「麻里予兒」等異譯。「矛」誤，今改。「繼」字當係衍文或「及」字之誤。

〔七〕庚戌　按是月丁未朔，庚戌爲初四日。此庚戌在己酉初三日前，疑爲戊申初二日之誤，或應移併於己酉後重見之庚戌條。

〔八〕何(偉)〔瑋〕　據本書卷一五〇本傳改。類編已校。

〔九〕壬辰　按是月丙子朔，壬辰爲十七日，應在丁亥十二日後、甲午十九日前。

〔一〇〕曲(靜)〔靖〕　據本書卷六一地理志改。道光本已校。

〔一一〕壬辰　按是月丙子朔，壬辰爲十七日，應在戊子十三日後、甲午十九日前。

〔一二〕中書(左)〔右〕丞議中書省事何榮祖　按本書卷一六、一七世祖紀至元二十八年五月癸丑、二十九年三月己酉條及卷一一二宰相表、卷一六八本傳均作「右丞」，據改。本證已校。

〔一三〕(靖)〔靜〕江　據本書卷六三地理志改。蒙史已校。

〔一四〕(乙)〔己〕卯　按是月癸酉朔，無乙卯日。此「乙卯」在丁丑初五日、壬午初十日間，爲己卯初七日之誤，今改。道光本已校。

〔一五〕(乙)〔己〕酉　按是月癸卯朔，無乙酉日。此「乙酉」在壬子初十日前，爲己酉初七日之誤，今改。道光本已校。

〔一六〕(乙)〔己〕卯　按是月壬申朔，無乙卯日。此「乙卯」在戊寅初七日、庚辰初九日間，爲己卯初八日之誤，今改。續通鑑已校。

元史卷十九

本紀第十九

成宗二

二年春正月丙子，詔蠲兩都站戶和雇和市。己卯，詔江南毋捕天鵝。以忽刺出千戶所部屯夫貧乏，免其所輸租。上思州叛賊黃勝許攻剽水口思光寨，湖廣行省調兵擊破之，獲其黨黃法安等，賊遁入上牙六羅。壬午，太陰犯輿鬼。詔凡戶隸貴赤者，諸人毋爭。甲申，命西平王奧魯赤今夏居上都。丙戌，太白晝見。安西王傅鐵赤、脫鐵木而等復請立王相府，帝曰：「去歲阿難答已嘗面陳，朕以世祖定制諭之。今復奏請，豈欲以四川、京兆悉爲彼有耶？賦稅、軍站，皆朝廷所司，今姑從汝請，置王相府，惟行王傅事。」丁亥，太陰犯平道。己丑，御史臺臣言：「漢人爲同寮者，嘗爲姦人捃摭其罪，由是不敢盡言。請於近侍昔寶赤、速古而赤中，擇人用之。」帝曰：「安用此曹。其選漢人識達事體者爲之。」以御史中丞禿赤

爲御史大夫。庚寅，太陰犯鉤鈐。辛卯，令月赤察而也可〔怯薛〕及合剌赤所部衞士自運軍糧，〔一〕給其行費。甲午，授嗣漢三十八代天師張與材太素凝神廣道眞人，管領江南諸路道教。乙未，詔諸王、公主、駙馬，非奉旨毋罪官吏。賜諸王合班妃鈔千二百錠、雜幣帛千匹，駙馬塔海鐵木而鈔三千錠。回紇不剌罕獻獅、豹、藥物，賜鈔千三百餘錠。

二月己亥朔，中書省臣言：「陛下自御極以來，所賜諸王、公主、駙馬、勳臣，爲數不輕，向之所儲，散之殆盡。今繼請者尚多，臣等乞甄別貧匱及赴邊者賜之，其餘宜悉止。」從之。分江浙行省軍萬人戍湖廣。給稱海屯田軍農具。詔奉使及軍官歿而子弟未襲職者，其所佩金銀符歸于官，違者罪之。辛丑，立中御府，以脫忽伯、唐兀並爲中御卿。丙午，禁軍將擅易侍衞軍、蒙古軍，以家奴代役者罪之，仍令其奴別入兵籍，以其主資產之半畀之，軍將敢有縱之者，罷其職。括蒙古戶漸丁，以充行伍。丁未，太陰犯井。庚戌，詔軍卒擅更代及逃歸者死。給禿禿合所部屯田農器。丙辰，詔江南道士貿易、田者，輸田、商稅。庚申，命札剌而忽都虎所部戶居于奉聖、雲州者，與民均供徭役。自六盤山至黃河立屯田，置軍萬人。丙寅，以大都留守司達魯花赤段貞爲中書平章政事。遣使代祀嶽瀆。賜安西王米三千石，以賑饑民。

三月壬申，以中書平章政事不忽木爲昭文館大學士，平章軍國事。罷太原、平陽路釀

進蒲萄酒，其蒲萄園民恃爲業者，皆還之。諸王出伯言所部探馬赤軍儒弱者三千餘人，乞代以强壯，從之。仍命出伯非奉旨毋擅徵發。以怯魯剌駐夏民饑，戶給糧六月。郡王慶童有疾，以其子也里不花代之。賜八撒、火而忽答孫、禿剌三人鈔各千錠。治書侍御史萬僧受賕，命御史臺與宣政院使答失蠻雜治之。癸酉，增駐夏軍爲四萬人。忻都言晉王甘麻剌、朶兒帶言月兒魯，皆有異圖。詔樞密院鞫之，無驗。帝命言晉王者死，言月兒魯者謫從軍自效。詔雲南行臺檢劾亦乞不薛宣慰司案牘。甲戌，遣諸王亦只里、八不沙、亦憐眞、也里慳、甕吉剌帶並駐夏于晉王怯魯剌之地。丙子，車駕幸上都。丁丑，以完顏邦義、納速丁、劉季安妄議朝政，杖之，徙二年，籍其家財之半。甲申，次大口。乙酉，太陰犯鈎鈐。辛卯，賜遼陽行省糧三萬石。壬辰，詔駙馬亦都護括流散畏吾而戶。癸巳，湖廣行省以叛賊黃勝許黨魯萬丑、王獻于京師。〔三〕賜諸王鐵木兒金二百五十兩、銀二千五百兩、鈔五千錠，以旌其戰功。以合伯及塔塔剌所部民饑，賑米各千石。

夏四月己亥朔，命撒的迷失招集其祖忙兀臺所部流散人戶。賜諸王八卜沙鈔四萬錠，也眞所部六萬錠。平陽之絳州、台州路之黃巖州饑，杭州火，並賑之。

五月戊辰朔，免兩都徭役。辛未，安西王遣使來告貧乏，帝語之曰：「世祖以分賚之難，嘗有聖訓，阿難答亦知之矣。若言貧乏，豈獨汝耶？去歲賜鈔二十萬錠，又給以糧。今與，

則諸王以爲不均；不與，則汝言人多饑死。其給糧萬石，擇貧者賑之。」甲戌，詔民間馬牛羊，百取其一，羊不滿百者亦取之，惟色目人及數乃取。丁丑，太陰犯平道。庚辰，土蕃叛，殺掠階州軍民，遣脫脫會諸王鐵木而不花、只列等合兵討之。〔三〕甲申，命也眞、薛闍罕駐夏于合亦而之地。禁諸王、公主、駙馬招戶。己丑，詔諸徒役者，限一年釋之，毋杖。庚寅，罷四川馬湖進獨本葱。詔諸王、駙馬及有分地功臣戶，居上都、大都、隆興者，與民均納供需。丁酉，命諸行省非奉旨毋擅調軍。安南國遣人招誘叛賊黃勝許。也黑(迭)〔迷〕失進紫檀，〔四〕賜鈔四千錠。是月，野蠶成繭。河中府之猗氏雹。太原之平晉，獻州之交河、樂壽，莫州之莫亭、任丘，及湖南醴陵州皆水。濟寧之濟州蝝。

六月己亥，給出伯軍馬七千二百餘匹。詔晉王所部衣糧，糧以歲給，衣則三年賜之。給瓜州、沙州站戶牛種田具。御史臺臣言：「官吏受賂，初旣辭伏，繼以審覈，而有司徇情致令異辭者，乞加等論罪。」從之。乙巳，太白犯天關。以調兵妨農，免廣西容州等處田租一年。丙午，叛賊黃勝許遁入交趾。甲寅，降官吏受賕條格，凡十有三等。丁巳，太白犯填星。癸亥，太陰犯井。丙寅，詔行省、行臺，凡朱清有所陳列，毋輒止之。賜西平王奧魯赤銀二百五十兩、鈔六千錠，所部六萬錠，諸王亦憐眞所部二十萬錠，兀魯思駐冬軍三萬錠。是月，大都、眞定、保定、太平、常州、鎭江、紹興、建康、澧州、岳州、廬州、汝寧、龍陽州、漢

陽、濟寧、東平、大名、滑州、德州蝗。大同、隆興、順德、太原雹。海南民饑，發粟賑之。

秋七月庚午，肇州萬戶府立屯田，給以農具、種、食。辛未，以鈔十一萬八千錠治西蕃諸驛。甘、肅兩州驛戶饑，給糧有差。賜諸王完澤印。癸酉，詔茶鹽轉運司、印鈔提舉司、運糧漕運司官，仍舊以三年爲代；雲南、福建官吏滿任者，給驛以歸。壬午，塡星犯井。太白犯輿鬼。括伯顏、阿朮、阿里海牙等所據江南田及權豪匿隱者，令輸租。河泊官歲入五百錠者敕授。增江西、河南省參政一員，以朱清、張瑄爲之。授特進上柱國高麗王世子王謜爲儀同三司、領都僉議司事。乙酉，遣雲南省逃軍戍亦乞不薛。命湖廣、江西兩省擇駐夏軍牧地。丙戌，遣岳樂也奴等使馬八兒國。己丑，命行臺監察御史鈎校隨省理問所案牘。以虎賁三百人戍應昌。諸提調錢正官，其部凡有逋欠者勿遷敍。廣西賊陳飛、雷通、藍青、謝發寇昭、梧、藤、容等州，湖廣左丞八都馬辛擊平之。辛巳，賜貴由赤戍軍鈔三萬九千餘錠。是月，平陽、大名、歸德、眞定蝗。彰德、眞定、曹州、濱州水。懷孟、大名、河間旱。太原、懷孟雹。福建、廣西兩江道饑，賑粟有差。

八月丁酉朔，禁舶商毋以金銀過海，諸使海外國者不得爲商。庚子，太陰犯亢。太白犯軒轅。壬寅，命江浙行省以船五十艘、水工千三百人，沿海巡禁私鹽。癸卯，太陰犯天江。乙巳，詔諸人告捕盜賊者，强盜一名賞鈔五十貫，竊盜半之，應捕者又半之，皆徵諸犯

人，無可徵者官給。乙卯，太陰犯天街。太白犯上將。給諸王亦憐眞軍糧三月。是月，德州、彰德、太原蝗。咸寧縣，金、復州，隆興路隕霜殺禾。寧海州大雨。大名路水。

九月戊辰，太白犯左執法。辛未，聖誕節，帝駐蹕安同泊，受諸王百官賀。壬申，太陰掩南斗。甲戌，增鹽價鈔一引爲六十五貫，鹽戶造鹽錢爲十貫，獨廣西如故。徽浙東、福建、湖廣夏稅。罷民間鹽鐵爐竈。給襄陽府合剌魯軍未賜田者糧兩月。罷淮西諸巡禁打捕人員。丁丑，太陰犯壘壁陣。戊寅，元江賊捨資殺掠邊境，梁王命怯薛丹等討降之。甲申，雲南省臣也先不花征乞藍，拔瓦農、開陽兩寨，其黨答剌率諸蠻來降。乞藍悉平，以其地爲雲遠路軍民總管府。己丑，太陰犯軒轅。辛卯，諸王出伯言汪總帥等部軍貧乏，帝以其久戍，命留五千駐冬，餘悉遣還，至明年四月赴軍。甲午，令廣海、左右兩江戍軍，以二年三年更戍；海都兀魯思不花部給出伯所部軍米萬石。是月，常德之沅江縣水，免其田租。河間之莫州、獻州旱。河決河南杞、封丘、祥符、寧陵、襄邑五縣。

冬十月丁酉，有事于太廟。壬寅，發米十萬石賑糶京師。以宣德、奉聖、懷來、縉山等處牧宿衞馬。甲辰，修大都城。壬子，車駕至自上都。職官坐贓，經斷再犯者，加本罪三等。贛州賊劉六十攻掠吉州，江西行省左丞董士選討平之。是月，廣備屯及寧海之文登水。

十一月丁卯，以蠻洞將領彭安國父子討田知州有功，賜安國金符，子爲蠻夷官。荅馬剌一本王遣其子進象十六。戊辰，以廣西戍軍悉隸兩江宣慰司都元帥府。己巳，兀都帶等進所譯太宗、憲宗、世祖實錄，帝曰：「忽都魯迷失非昭睿順聖太后所生，〔五〕何爲亦曰公主？順聖太后崩時，裕宗已還自軍中，所紀月日先後差錯。又別馬里思丹炮手亦思馬因、泉府司，皆小事，何足書耶。」辛未，徙江浙行省拔都軍萬人戍潭州，潭州以南軍移戍郴州。以洪澤、芍陂屯田軍萬人修大都城。遣樞密院官整飭江南諸鎭戍軍，凡將校勤怠者，列實以聞。增海運明年糧爲六十萬石。丁丑，太陰犯月星，又犯天街。庚辰，太陰犯井。丁亥，〔六〕太陰犯上相。乙酉，樞密院臣言：「江南近邊州縣，宜擇險要之地，合羣戍爲一屯，卒有警急，易於徵發。」詔行省圖地形、覈軍實以聞。戊子，太陰犯平道。(贈)〔增〕大都巡防漢軍。〔七〕壬辰，太陰犯天江。緬王遣其子僧伽巴叔撒邦巴來貢方物。罷雲南柏興府入德昌路。賜太常禮樂戶鈔五千餘錠。是月，象食屯水，免其田租。

十二月戊戌，立徹里軍民總管府。雲南行省臣言：「大徹里地與八百媳婦犬牙相錯，今大徹里胡念已降，小徹里復占扼地利，多相殺掠。胡念遣其弟胡倫乞別置一司，擇通習蠻夷情狀者爲之帥，招其來附，以爲進取之地。」詔復立蒙樣剛等甸軍民官。癸卯，定諸王朝會賜與：太祖位，金千兩、銀七萬五千兩；世祖位，金各五百兩、銀二萬五千兩；餘各有差。

丁未，太陰犯井。詔諸行省徵補逃亡軍。復司天臺觀星戶。乙卯，太陰犯進賢。癸亥，釋在京囚百人。增置侍御史二員。賜金齒、羅斛來朝人衣。

是(月)〔歲〕，〔八〕大都、保定、汴梁、江陵、沔陽、淮安水，金、復州風損禾，太原、開元、河南、芍陂旱，蠲其田租。是歲，斷大辟二十四人。

大德元年春正月庚午，增諸王要木忽而、兀魯(而)〔思〕不花歲賜各鈔千錠。〔九〕辛未，諸王亦憐眞來朝，薨于道，賜幣帛五百匹。乙亥，給月兒魯匠者田，人百畝。乙酉，以邊地乏芻，給出伯征行馬粟四月。丙戌，以鈔十二萬錠、鹽引三萬給甘肅行省。昔寶赤等爲叛寇所掠，仰食於官，賜以農具牛種，俾耕種自給。己丑，以藥木忽而等所部貧乏，摘和林漢軍置屯田於五條河，以歲入之租資之。辛卯，以張斯立爲中書省參知政事。諸王阿只吉駐太原，河東之民困於供億，詔詰問之，仍歲給鈔三萬錠、糧萬石。給晉王所部屯田農器千具。建五福太乙神壇畤。汴梁、歸德水。木憐等九站饑，以米六百餘石賑之。給可溫種田戶耕牛。

二月甲午朔，賜晉王甘麻剌鈔七萬錠，安西王阿難答三萬錠。丙申，蒙陽甸酋長納款，遣其弟阿不剌等來獻方物，且請歲貢銀千兩及置驛傳，詔卽其地立通西軍民府，秩正四品。

戊戌，陞全州爲全寧府。庚子，詔東部諸王分地蒙古戍軍，死者補之，不勝役者易之。癸卯，徙揚州萬戶鄧新軍屯蘄、黃。以闍里台所隸新附高麗、女直、漢軍居瀋州。甲申，〔一〇〕諸軍民相訟者，命軍民官同聽之。丁未，省打捕鷹房府入東京路。戊午，羅羅斯酋長來朝。己未，改福建省爲福建平海等處行中書省，徙治泉州。平章政事高興言泉州與瑠求相近，或招或取，易得其情，故徙之。減福建提舉司歲織段三千匹，其所織者加文繡，增其歲輸衲服二百，其車渠帶工別立提舉司掌之。封的立普哇拿阿迪提牙爲緬國王，且詔之曰：「我國家自祖宗肇造以來，萬邦黎獻，莫不畏威懷德。嚮先朝臨御之日，爾國使人稟命入覲，詔允其請。爾乃遽食前言，是以我帥閫之臣加兵於彼。比者，爾遣子信合八的奉表來朝，宜示含弘，特加恩渥。今封的立普哇拿阿迪提牙爲緬國王，賜之銀印；子信合八的爲緬國世子，錫以虎符。仍戒飭雲南等處邊將，毋擅興兵甲。爾國官民，各宜安業。」又賜緬王弟撒邦巴一珠虎符，酋領阿散三珠虎符，從者金符及金幣，遣之。以新附軍三千屯田漳州。庚申，陞寧都、會昌縣爲州，並隸贛州路；寧陽鎭爲縣，隸濟寧路；陝州巡檢司爲河曲縣，隸保德州。安豐路設錄事司。以行徽政院副使王慶端爲中書右丞。詔改元赦天下。免上都、大都、隆興差稅三年。

三月戊辰，熒惑犯井。己巳，完澤等奏定銓調選法。庚午，以陝西行省平章也先鐵木

而爲中書平章政事，中書省左丞梁暗都剌爲中書省右丞。癸酉，太陰掩軒轅大星。敗于柳林。免武當山新附軍徭賦。甲戌，西番寇階州，陝西行省平章脫列伯以兵進討，其黨悉平，留軍五百人戍之。詔各省合併鎭守軍，福建所置者合爲五十三所，江浙所置者合爲二百二十七所。丙子，車駕幸上都。丁丑，封諸王鐵木而不花爲鎭西武靖王，賜駝紐印。以江西省左丞八都馬辛爲中書左丞。庚辰，札魯忽赤脫而速受賂，爲其奴所告，毒殺其奴，坐棄市。乙酉，遣阿里以鈔八萬錠糴糧和林。丁亥，禁正月至七月捕獵，大都八百里內亦如之。庚寅，立江淮等處財賦總管府及提舉司。〔一一〕賜諸王岳木忽而及兀魯思不花金各百兩，兀魯思不花母阿不察等金五百兩、銀鈔有差。賜稱海匠戶市農具鈔二萬二千九百餘錠，及牙忽都所部貧戶萬錠，別吉轄匠萬九百餘錠。五臺山佛寺成，皇太后將親往祈祝，監察御史李元禮上封事止之。歸德、徐、邳、汴梁諸縣水，免其田租。道州旱，遼陽饑，並發粟賑之。岳木忽而及兀魯思不花所部民饑，以乳牛牡馬濟之。

夏四月癸巳朔，日有食之。丙申，中書省、御史臺臣言：「阿老瓦丁及崔彧條陳臺憲諸事，臣等議，乞依舊例。御史臺不立選，其用人則於常調官選之，惟監察御史首領官，令御史臺自選。各道廉訪司必擇蒙古人爲使，或闕，則以色目世臣子孫爲之，其次參以色目、漢人。又合剌赤、阿速各舉監察御史非便，亦宜止於常選擇人。各省文案，行臺差官檢覈。

宿衛近侍，奉特旨令臺憲擢用者，必須明奏，然後任之。行臺御史秩滿而有效績者，或遷內臺，或呈中書省遷調，廉訪司亦如之；其不稱職者，省、臺擇人代之。未歷有司者，授以牧民之職；經省、臺同選者，聽御史臺自調。中書省或用臺察之人，亦宜與御史臺同議，各官府憲司官，毋得輒入體察。今擬除轉運鹽使司外，其餘官府悉依舊例。」制曰「可」。壬寅，賜兀魯思不花圓符。賜暹國、羅斛來朝者衣服有差。賜牙忽都部鈔萬錠。給岳木忽而所部和林屯田種。以米二千石賑應昌府。

五月丙寅，河決汴梁，發民三萬餘人塞之。戊辰，安南國遣使來朝。追收諸位下爲商者制書、驛券。命回回人在內郡輸商稅。給鈔千錠建臨洮佛寺。詔強盜姦傷事主者，首從悉誅；不傷事主，止誅爲首者，從者刺配，再犯亦誅。給葛蠻安撫司驛券一。辛未，遂寧州軍戶任福妻一產三男，給復三歲。癸酉，太白犯鬼積尸氣。乙亥，太陰犯房。丁丑，禁民間捕鷙鷹鶻。庚寅，平伐酋領內附，乞隸於亦乞不薛，從之。各路平準行用庫，舊制選部民富有力者爲副，命自今以常調官爲之，隸行省者從行省署用。上思州叛賊黃勝許遣其子志寶來降。漳河溢，損民禾稼。饒州鄱陽、樂平及隆興路水。〔三〕亦乞列等三站饑，賑米一百五十石。

六月甲午，諸王也里干遣使乘驛祀五嶽、四瀆，命追其驛券，仍切責之。以湖廣行省參

政崔良知廉貧，特賜鹽課鈔千錠。給和林軍需鈔十萬錠。乙未，太白晝見。戊戌，平伐九寨來降，立長官司。己酉，令各部宿衛士輸上都、隆興糧各萬五千石于北地。甲寅，罷亦奚不薛歲貢馬及氊衣。丙辰，監察御史斡羅失剌言：「中丞崔彧兄在先朝嘗有罪，還其所籍家產非宜。又買僧寺水碾違制。」帝以其妄言，笞之。詔僧道犯姦盜重罪者，聽有司鞫問。賜諸王也里干等從者鈔二萬錠，朵思麻一十三站貧民五千餘錠。是月，平灤路蟲食桑。歸德徐、邳州蝗。太原風、雹。河間、大名路旱。和州歷陽縣江漲，漂沒廬舍萬八千五百餘家。以糧四千餘石賑廣平路饑民，萬五千石賑江西被水之家，二百九十餘石賑鐵里干等四站饑戶。

秋七月庚午，太陰犯房。辛未，賜諸王脫脫、孛羅赤、沙禿而鈔二千錠，所部八萬四千餘錠，撒都失里千錠，所部二萬餘錠。罷蒙古軍萬戶府入曲先塔林都元帥府。癸未，增晉王所部屯田戶。甲申，增中御府官一員。賜馬八兒國塔喜二珠虎符。詔出使招諭者授以招諭使、副；諸取藥物者，授以會同館使、副，但降旨差遣，不給制命。丙戌，以八兒思禿倉糧隸上都留守司。招籍宋兩江鎮守軍。丁亥，免上都酒課三年。賜諸王不顏鐵木而及其弟伯眞孛羅鈔四千錠，所部八萬四千八百餘錠，仍給糧一年。寧海州饑，以米九千四百餘石賑之。河決杞縣蒲口。郴州路、耒陽州、衡州之酃縣大水山崩，溺死三百餘人。懷州武陟縣旱。

八月庚子，詔合伯留軍五千屯守，令孛來統其餘衆以歸。丁未，命諸王阿只吉自今出獵，悉自供具，毋傷民力。丁巳，祆星出奎。揚州、淮安、寧海州旱。眞定、順德、河間旱、疫。池州、南康、寧國、太平水。

九月辛酉朔，祆星復犯奎。壬戌，八番、順元等處初隸湖廣，後改隸雲南，雲南戍兵不至，其屯駐舊軍逃亡者衆，仍命湖廣行省遣軍代之。甲子，八百媳婦叛，寇徹里，遣也先不花將兵討之。丙寅，詔恤諸郡水旱疾疫之家。罷括兩淮民田。汰諸王來大都者及宿衛士冗員。丁卯，命平章伯顏專領給賜孤老衣糧。壬午，車駕還大都。己丑，增海漕爲六十五萬石。罷南丹州安撫司，立慶遠南丹溪洞等處軍民安撫司。詔邊遠官已嘗優陞品級而託他事不赴者，奪其所陞官。平珠、六洞蠻及十部洞蠻皆來降，命以蠻夷官授之。給衛士牧馬外郡者糧，令毋仰食於民。以札魯忽赤所追贓物輸中書省。衛輝路旱、疫。澧州、常德、饒州、臨江等路，溫之平陽、瑞安二州大水。鎭江之丹陽、金壇旱。並以糧給之。

冬十月甲午，詔諸遷轉官注闕二年。丁酉，有事于太廟。辛丑，減上都商稅歲額爲三千錠。溫州陳空崖等以妖言伏誅。癸丑，免陝西鹽戶差稅，罷其所給米。乙卯，爪哇遣失剌班直木達奉表來降。戊午，太白經天。增吏部尚書一員。以朵甘思十九站貧乏，賜馬牛

羊有差。廬州路無爲州江潮泛溢，漂沒廬舍。歷陽、合肥、梁縣及安豐之蒙城、霍丘自春及秋不雨。揚州、淮安路饑。韶州、南雄、建德、溫州皆大水。並賑之。

十一月壬戌，禁權豪、僧、道及各位下擅據鑛炭山場。罷順德、彰德、廣平等路五提舉司，立都提舉司二，陞正四品，設官四員，直隸中書戶部。衛輝路提舉司隸廣平彰德都提舉司，眞定鐵冶隸順德都提舉司。罷保定紫荆關鐵冶提舉司，還其戶八百爲民。癸亥，詔自今田獵始自九月。高麗王王昛告老，乞以爵與其子謜。福建行省遣人覘瑠求國，俘其傍近百人以歸。戊辰，增太廟牲用馬。庚午，籍唐兀軍入樞密院。辛未，曹州禹城進嘉禾，一莖九穗。丁丑，詔以高麗王世子謜爲開府儀同三司、征東行中書省左丞相、駙馬、上柱國、高麗國王，仍加授王昛爲推忠宣力定遠保節功臣、開府儀同三司、太尉、駙馬、上柱國、逸壽王。增烏撒烏蒙等處宣慰使一員，以孛羅歡爲之。賜諸王兀魯思不花金千兩、銀萬五千兩、鈔萬錠。徙大同路軍儲所于紅城。以河南行省經用不足，命江浙行省運米二十萬石給之。總帥汪惟和以所部軍屯田沙州、瓜州，給中統鈔二萬三千二百餘錠置種、牛、田具。大都路總管沙的坐贓當罷，帝以故臣子，特減其罪，俾仍舊職。崔彧言不可復任，帝曰：「卿等與中書省臣戒之，若後復然，則置爾死地矣。」戊子，太白經天。增晉王內史一員，尚乘寺卿一員。賜藥木忽而金一千二百五十兩、銀一萬五千兩、鈔一萬二千錠。常德路大水，常州

路及宜興州旱，並賑之。

十二月癸巳，令也速帶而、藥樂罕將兵出征。丙申，徙襄陽屯田合刺魯軍于南陽，戶受田百五十畝，給種、牛、田具。戊戌，中書省臣同河南平章孛羅歡等言：「世祖撫定江南，沿江上下置戍兵三十一翼，今無一二，懼有不虞。外郡戍卒封樁錢，軍官遷延不以時取，而以己錢貸之，徵其倍息。逃亡者各處鎭守官及萬戶府並遣人追捕。皆非所宜。又富戶規避差稅冒爲僧道，且僧道作商賈有妻子與編民無異，請汰爲民。宋時爲僧道者，必先輸錢縣官，始給度牒，今不定制，僥倖必多。無爲礬課，初歲入爲鈔止一百六錠，續增至二千四百錠，大率斂富民、刻吏俸、停竈戶工本以足之，亦宜減其數。」帝曰：「礬課遣人覈實。汰僧道之制，卿等議擬以聞。軍政與樞密院議之。」諸王也只里部忽刺帶於濟南商河縣侵擾居民，蹂踐禾稼，帝命詰之，走歸其部。帝曰：「彼宗戚也，有是理耶？其令也只里罪之。」禁諸王、駙馬并權豪，毋奪民田，其獻田者有刑。復立芍陂、洪澤屯田。壬寅，朝洞蠻內附，立長官司二，命楊漢英領之。甲辰，太白經天，又犯東咸。丙午，太陰犯軒轅。丁未，旌表烈婦漳州招討司知事闞文興妻王氏。戊申，增給雲南廉訪司驛劵四十二。甲寅，太陰犯心。乙卯，免上都至大都并宣德等十三站戶和雇和買。賜諸王忽刺出鈔千錠，所部四萬四千五百餘錠；諸王阿朮、速哥鐵木而所部二萬八千九百餘錠。

閏十二月壬戌，太陰犯壘壁陣。命也速帶而等出征。詔諸軍戶賣田者，由所隸官給文劵。甲子，福建平章高興言：「漳州漳浦縣大梁山產水晶，乞割民百戶采之。」帝曰：「不勞民則可，勞民勿取。」壬申，徙乃顏民戶于內地。定燕禿忽思所隸戶差稅，以三分之一輸官。賜忽刺出所部鈔萬錠。癸酉至丙子，太白犯建星。己卯，賜不思塔伯千戶等鈔約九萬錠。淮東饑，遣參議中書省事于（章）〔璋〕發廩賑之。〔一三〕弛湖泊之禁，仍聽正月捕獵。平伐等蠻未附，播州宣撫使楊漢英請以己力討之，命湖廣省答刺罕從宜收撫。瓜州屯田軍萬人貧乏，命減一千，以張萬戶所領兵補之。甲申，增兩淮屯田軍爲二萬人。賜諸王阿牙赤鈔千錠，所部一萬一千餘錠；藥樂罕等所部七萬錠；暗都刺火者所部四萬餘錠。般陽路饑疫，給糧兩月。

是歲，濟南及金、復州水、旱。大都之檀州、順州，遼陽，瀋陽，廣寧水。順德、河間、大名、平陽旱。河間之樂壽、交河疫，死六千五百餘人。斷大辟百七十五人。

二年春正月壬辰，詔以水旱減郡縣田租十分之三，傷甚者盡免之，老病單弱者差稅並免三年。禁諸王、公主、駙馬受諸人呈獻公私田地及擅招戶者。丙申，遣使閱諸省兵。丁酉，置汀州屯田。辛丑，御史臺臣言：「諸轉運司案牘，例以歲終檢覆。金穀事繁，稽照難盡，奸僞無從知之。其未終者，宜聽憲司於明年檢覆。」從之。乙巳，以糧十萬石賑北邊內附貧民。己酉，建康、龍興、臨江、寧國、太平、廣德、饒池等處水，發臨江路糧三萬石以賑，仍弛澤梁之禁，聽民漁采。遣所俘瑠求人歸諭其國，使之效順。併土蕃、碉門安撫司、運司，改爲碉門魚通黎雅長（沙）〔河〕西寧遠軍民宣撫司。〔一四〕以翰林王惲、閻復、王構、趙與（票）〔𥅾〕、〔一五〕王之綱、楊文郁、王德淵，集賢王顒、宋渤、盧摯、耶律有尙、李泰、郝采、楊麟，皆耆德舊臣，淸貧守職，特賜鈔二千一百餘錠。給西平王奥魯赤部民糧三月，晉王䄄米五百石，所部鈔十二萬錠，戍和林高麗、女直、漢軍三萬錠。

二月戊午朔，詔樞密院合併貧難軍戶。辛酉，歲星、熒惑、太白聚危，熒惑犯歲星。壬戌，徙重慶宣慰司都元帥府於成都。立軍民宣慰司都元帥府於福建。乙丑，立浙西都水庸田司，專主水利。以中書右丞、徽政院副使張九思爲平章政事，與中書省事。丁卯，改泉州爲泉寧府。己巳，畋于瀰州。辛未，太陰犯左執法。併江西省元分置軍爲六十四所。丙子，太陰犯心。帝諭中書省臣曰：「每歲天下金銀鈔幣所入幾何，諸王、駙馬賜與及一切營建所出幾何，其會計以聞。」右丞相完澤言：「歲入之數，金一萬九千兩，銀六萬兩，鈔三百六十萬錠，然猶不足於用，又於至元鈔本中借二十萬錠。自今敢以節用爲請。」帝嘉納焉。罷中外土木之役。癸未，詔諸王、駙馬毋擅祀嶽鎭海瀆。申禁諸路軍及豪右人等，毋縱畜牧

損農。乙酉，車駕幸上都。罷建康金銀銅冶轉運司，還淘金戶於元籍，歲辦金悉責有司。詔廉訪司作成人材，以備選舉。禁諸王從者假控鶴佩帶擾民。詔諸郡凡民播種怠惰及有司勸課不至者，命各道廉訪司治之。減行省平章爲二員。丙子，〔一六〕以梁德珪爲中書平章政事，楊炎龍爲中書右丞。賜爪忽而所部鈔三十萬錠，近侍伯顏鐵木而等三萬錠，也先鐵木而等市馬價三萬四千四百餘錠，鎭南王脫歡六萬錠。浙西嘉興、江陰，江東建康溧陽、池州水、旱，並賑恤之。湖廣省漢陽、漢川水，免其田租。甘肅省沙州鼠傷禾稼。大都檀州雨雹。歸德等處蝗。

三月丁亥朔，罷大名路故河堤堰歲入隆福宮租鈔七百五十錠。申禁官吏受賂詣諸司首者，不得輒受。戊子，詔僧人犯奸盜詐僞，聽有司專決，輕者與僧官約斷，約不至者罪之。庚寅，命各萬戶出征者，其印令副貳掌之，不得付其子弟，違法行事。以兩淮閑田給蒙古軍。壬子，御史臺臣言：「道州路達魯花赤阿林不花、總管周克敬慮申麥熟，不賑饑民，雖經赦宥，宜降職一等。」從之。壬子，〔一七〕詔加封東鎭沂山爲元德東安王，南鎭會稽山爲昭德順應王，西鎭吳山爲成德永靖王，北鎭醫巫閭山爲貞德廣寧王，歲時與嶽瀆同祀，著爲令式。

夏四月戊午，遣征不剌壇軍還本部。庚申，以也速帶而擅調甘州戍軍，遣伯顏等笞之。

賜大都守門合剌赤等鈔九萬錠，織工四萬四千錠。發慶元糧五萬石，減其直以賑饑民。江南、山東、江浙、兩淮、燕南屬縣百五十處蝗。

五月辛卯，罷海南黎兵萬戶府及黎蠻屯田萬戶府，以其事入瓊州路軍民安撫司。罷壽麻林酒稅羨餘。壬辰，以中書右丞何榮祖爲平章政事，與中書省事，湖廣左丞八都馬辛爲中書右丞。淮西諸郡饑，漕江西米二十萬石以備賑貸。命中書省遣使監雲南、四川、海北海南、廣西兩江、廣東、福建等處六品以下選。戊戌，太陰犯心。壬寅，平灤路旱，發米五百石，減其直賑之。己酉，諸王念不列妃扎忽眞詐增所部貧戶，冒支鈔一萬六百餘錠，遣扎魯忽赤同王府官追之。(南)〔衛〕輝、〔一八〕順德旱，大風損麥，免其田租一年。詔總帥汪惟正所轄二十四城，有安西王、諸王等并朶思麻來寓者，與編戶均當賦役。耽羅國以方物來貢。撫州之崇仁星隕爲石。復致用院。置和林宣慰司都元帥府，以忽剌出、耶律希周、納鄰合剌並爲宣慰使都元帥，佩虎符。給兩都八剌合赤鈔各三萬錠。

六月庚申，御史臺臣言：「江南宋時行兩稅法，自阿里海牙改爲門攤，增課錢至五萬錠。今宣慰張國紀請復科夏稅，與門攤併徵，以圖陞進。湖、湘重罹其害。」帝命中書趣罷之。禁權豪、斡脫括大都漕河舟楫。西臺侍御史脫歡以受賂不法罷。禁諸王擅行令旨，其越例開讀者，併所遣使拘執以聞。壬戌，太陰犯角。詔陝西諸色戶與民均當徭役。中嚴陝西運

司私鹽之禁。置奉宸庫。賜諸王岳木忽而金一千二百五十兩，兀魯思不花并其母一千兩，銀、鈔有差。山東、河南、燕南、山北五十處蝗。山北遼東道大寧路金源縣蝗。

秋七月癸巳，太陰犯心。汴梁等處大雨，河決壞隄防，漂沒歸德數縣禾稼、廬舍，免其田租一年。遣尚書那懷、御史劉賡等塞之，自蒲口首事，凡築九十六所。壬寅，詔諸王、駙馬及諸近侍，自今奏事不經中書，輒傳旨付外者，罪之。高麗王王謜擅命妄殺，詔遣中書右丞楊炎龍、僉樞密院事洪君祥召其入侍，以其父昛仍統國政。賜諸王亦憐眞等金、銀、鈔有差。江西、江浙水，賑饑民二萬四千九百有奇。

八月壬戌，太陰犯箕。癸未，給四川出征蒙古軍馬萬匹。

九月己丑，聖誕節，駐蹕阻嬀之地，受諸王百官賀。交趾、爪哇、金齒國各貢方物。給和林更戍軍牛、車。丙申，車駕還大都。辛丑，太陰犯五車南星。命廣海、左右江戍軍依舊制以二年或三年更代。癸卯，太陰犯五諸侯。樞密副使塔剌忽帶犯贓罪，命御史臺鞫之。己酉，太陰犯左執法。庚戌，吉、贛立屯田。減中外冗員。

冬十月甲寅朔，增海漕米爲七十萬石。壬戌，太白犯牽牛。置蒙古都萬戶府於鳳翔。立平珠、六洞蠻夷長官司二，設土官四十四員。戊寅，太陰犯角距星。令御史臺檢劾樞密院案牘。賜諸王岳木忽而、兀魯(忽)〔思〕不花所部糧五萬石，控鶴七百人，賜鈔五百錠。

十一月庚寅，安南貢方物。丙申，知樞密院那懷言：「常例文移，乞令副樞以下署行。」從之。罷雲南行御史臺，置肅政廉訪司。己亥，太陰犯輿鬼。辛丑，辰星犯牽牛。罷徐、邳爐冶所進息錢。壬寅，太陰犯右執法。以中書右丞王慶端爲平章政事。賜和林軍校幣六千匹，衣帽等物有差。

十二月戊午，太白經天。己未，塡星犯輿鬼。乙丑，太白犯歲星。太陰犯熒惑。括諸路馬，除牝孕攜駒者，齒三歲以上並拘之。賜朶而朶海所部鈔八十五萬錠。庚午，鎭星入輿鬼。太陰犯上將。辛未，增置各路推官，專掌刑獄，上路二員，下路一員。詔諸逃軍復業者免役三年。江浙行省平章政事答剌罕陞左丞相。甲戌，彗出子孫星下。己卯，太陰犯南斗。辛巳，命廉訪司歲舉所部廉幹者各二人。詔和市價直隨給其主，違者罪之。定諸稅錢三十取一，歲額之上勿增。揚州、淮安兩路旱、蝗，以糧十萬石賑之。給陣亡軍妻子衣糧。免內郡賦稅。諸王小薛所部三百餘戶散處鳳翔，以潞州田二千八百頃賜之。釋在京囚二百一十九人。

校勘記

〔一〕也可〔怯薛〕　據本書卷九九兵志及卷一一九博爾忽傳補。按蒙古語「也可」言「大」，「也可怯

薛」卽「第一怯薛」。月赤察而至元十七年長第一怯薛。

〔二〕湖廣行省以叛賊黃勝許黨魯萬丑王獻于京師　按「魯萬丑」一名又見本書卷一四九移剌捏兒傳附移剌元臣傳、卷一六二劉國傑傳。此處「王」下當有脫文。

〔三〕只列　本書卷一五世祖紀至元二十五年正月癸卯條有「諸王也只烈」。蒙史補「也」字，作「也只烈」，疑是。

〔四〕也黑(迭)〔迷〕失　按也黑迷失亦作「亦黑迷失」，本書卷一三一有傳。「迭」誤，今改。

〔五〕忽都魯迷失　疑此卽本書卷八、一六世祖紀至元十一年五月丙申、二十八年十月辛巳、卷一八成宗紀至元三十一年五月戊寅條、卷二〇八高麗傳所見「忽都魯揭里迷失」，卷一〇九諸公主表作「忽都魯堅迷失」，高麗史卷八九有傳。此處疑脫「揭里」二字。

〔六〕丁亥　按是月丙寅朔，丁亥爲二十二日，應在乙酉二十日後。

〔七〕(贈)〔增〕大都巡防漢軍　從北監本改。

〔八〕是(月)〔歲〕　按此處總敘全年水旱風災，此「月」字顯係「歲」字之誤，今改。下文重見之「是歲」實爲衍文。續通鑑已校。

〔九〕兀魯(而)〔思〕不花　據本書卷一〇七宗室世系表改。按兀魯思不花爲蒙哥四子河平王昔里吉之子，其名本書屢見。下同。

〔一〇〕甲申　按是月甲午朔，無甲申日。此「甲申」在癸卯初十日、丁未十四日間，續通鑑改作「甲辰」，即十一日，疑是。

〔一一〕立江淮等處財賦總管府及提舉司　本證云：「案立總管府已書于至元二十六年，此乃立提舉司也，及字誤衍。」

〔一二〕饒州鄱陽樂平及隆興路水　本證云：「案五行志作龍興、南康、澧州、南雄、饒州五郡水。據地理志，隆興當作龍興。」

〔一三〕于(章)〔璋〕　據本書卷二二武宗紀大德十一年九月丁丑條、卷一一二宰相年表及元文類卷一二元明善中丞于璋贈謚制改。

〔一四〕長(沙)〔河〕西　據本書卷八七百官志改。按長河西一名本書屢見。本證已校。

〔一五〕趙興(票)〔黑〕　見卷九校勘記〔七〕。

〔一六〕丙子　按是月戊午朔，丙子爲十九日，已見上文。此重出之「丙子」，在乙酉二十八日後，道光本改作「丙戌」，即二十九日，疑是。

〔一七〕壬子　按是月丁亥朔，壬子爲二十六日，已見上文。此處重出。二「壬子」中當有一爲衍誤之文。

〔一八〕(南)〔衛〕輝　據本書卷五〇五行志改。本證已校。

元史卷二十

本紀第二十

成宗三

三年春正月癸未朔，暹番、沒剌由、羅斛諸國，各以方物來貢。賜暹番世子虎符。丙戌，太陰犯太白。己丑，中書省臣言：「天變屢見，大臣宜依故事引咎避位。」帝曰：「此漢人所說耳，豈可一一聽從耶！卿但擇可者任之。」庚寅，詔遣使問民疾苦。除本年內郡包銀、俸鈔。免江南夏稅十分之三。增給小吏俸米。置各路惠民局，擇良醫主之。封藥木忽而爲定遠王，賜金印。命中書省：自今后妃、諸王所需，非奉旨勿給；各位擅置官府，紊亂選法者，戒飭之。辛卯，詔諸行省謹視各翼病軍。浙西肅政廉訪使王遇犯贓罪，託權幸規免，命御史臺鞫治之。壬辰，安置高麗陪臣趙仁規於安西、崔沖紹於鞏昌，並咨而遣之，以正其附王源擅命妄殺之罪。復以王昛爲高麗王，遣工部尚書也先鐵木而、翰林待制賈汝舟齎詔往

諭之。追收別鐵木而、脫脫合兒魯行軍印。中書省臣言：「比年公帑所費，動輒鉅萬，歲入之數，不支半歲，自餘皆借及鈔本。臣恐理財失宜，鈔法亦壞。」帝嘉納之。仍令諭月赤察而等自今一切賜與皆勿奏。癸巳，以江南軍數多闕，官吏因而作弊，詔禁飭之。以答剌罕哈剌哈孫爲中書左丞相。丁酉，太陰犯西垣上將。戊戌，太陰犯右執法。辛丑，括諸路馬，隸蒙古軍籍者免之。乙巳，太白經天。

二月癸丑朔，車駕幸柳林。丁巳，完澤等奏銓定省部官，以次引見，帝皆允之。仍諭六部官曰：「汝等事多稽誤，朕昔未知其人爲誰。今既閱視，且知姓名，其洗心滌慮，各欽乃職。復蹈前失，罪不汝貸。」罷四川、福建等處行中書省，陝西行御史臺，江東、荆南、淮西三道宣慰司。置四川、福建宣慰司都元帥府及陝西漢中道肅政廉訪司。廣和林、甘州城。詔縉山縣民戶爲勢家所蔽者，悉還縣定籍。壬戌，詔諭江浙、河南〔江〕北兩省軍民。〔一〕乙巳，熒惑犯五諸侯。〔二〕壬申，加解州鹽池神惠康王曰廣濟，資寶王曰永澤；泉州海神曰護國庇民明著天妃；浙西鹽官州海神曰靈感弘祐公；吳大夫伍員曰忠孝威惠顯聖王。金齒國遣使來貢方物。庚辰，車駕幸上都。

三月癸巳，緬國世子信合八的奉表來謝賜衣，遣還。命妙慈弘濟大師、江浙釋教總統補陀僧一山齎詔使日本，詔曰：「有司奏陳：向者世祖皇帝嘗遣補陀禪僧如智及王積翁等兩

奉璽書通好日本，咸以中途有阻而還。爰自朕臨御以來，綏懷諸國，薄海內外，靡有遐遺，日本之好，宜復通問。今如智已老，補陀寧一山道行素高，可令往諭，附商舶以行，庶可必達。朕特從其請，蓋欲成先帝遺意耳。至於惇好息民之事，王其審圖之。」甲午，命何榮祖等更定律令。詔軍官受贓罪，重者罷職，輕者降其散官，或決罰就職停俸，期年許令自效。戊戌，熒惑犯輿鬼。陞御史臺殿中司秩五品。乙巳，行御史臺劾平章敎化受財三萬餘錠，敎化復言平章的里不花領財賦時盜鈔三十萬錠，及行臺中丞張閭受李元善鈔百錠，敕俱勿問。戊申，減江南諸道行臺御史大夫一員。賜和林軍鈔十萬錠。

夏四月辛亥朔，駙馬蠻子台所部匱乏，以糧十三萬石賑之。己未，太陰犯上將。丙寅，塡星犯輿鬼。太陰犯心。庚午，申嚴江浙、兩淮私鹽之禁，巡捕官驗所獲遷賞。辛未，禁和林戍軍竄名他籍。自通州至兩淮漕河，置巡防捕盜司凡十九所。己卯，以禮部尚書月古不花爲中書左丞。賜和林軍鈔五十萬錠、帛四十萬匹、糧二萬石，仍命和林宣慰司市馬五千匹給之。遼東開元、咸平蒙古、女直等人乏食，以糧二萬五百石、布三千九百匹賑之。

五月壬午，罷江南諸路釋敎總統所。丙申，太陰犯南斗。海南速古臺、速龍探、奔奚里諸番以虎象及桫羅木舟來貢。己亥，太白犯畢。庚子，免山東也速帶而牧地歲輸粟之半。禁阿而剌部，毋於廣平牧馬。庚子，〔三〕復征東行中書省，以福建平海省平章政事闊里吉思

爲平章政事。是月，鄂、岳、漢陽、興國、常、澧、潭、衡、辰、沅、寶慶、常寧、桂陽、茶陵旱，免其酒課、夏稅；江陵路旱、蝗，弛其湖泊之禁；仍並以糧賑之。

六月辛亥，兀魯兀敦慶童擅殺所部軍之逃亡者，命樞密院戒之。癸丑，罷大名路所獻黃河故道田輸租。戊午，申禁海商以人馬兵仗往諸蕃貿易者。以福建州縣官類多色目、南人，命自今以漢人參用。禁福建民冒稱權豪佃戶，規免門役。庚申，太陰掩房。丁卯，熒惑犯右執法。壬申，歲星晝見。賜和林戍軍鈔一百四十萬錠，鷹師五十萬一千餘錠。

秋七月己卯朔，太白犯井。庚辰，中書省臣言：「江南諸寺佃戶五十餘萬，本皆編民，自楊總攝冒入寺籍，宜加釐正。」從之。丙申，揚州、淮安屬縣蝗，在地者爲鶖啄食，飛者以翅擊死，詔禁捕鶖。丁未，太陰犯輿鬼。

八月己酉朔，日有食之。丁巳，太陰犯箕。戊辰，太白犯軒轅大星。己巳，太陰犯五車星。賜定遠王藥木忽而所部鈔萬五千錠。是月，汴梁、大都、河間水，隆興、平灤、大同、宣德等路雨雹。

九月癸未，聖誕節，駐蹕古栅，受諸王百官賀。庚寅，置河東山西鐵冶提舉司。壬辰，流星色赤，尾長丈餘，其光燭地，起自河鼓，沒於牽牛之西，有聲如雷。癸巳，罷括宋手號軍。乙未，太陰犯昴距星。丁酉，太白犯左執法。己亥，車駕還大都。揚州、淮安旱，免其田租。

冬十月戊申朔，有事于太廟。壬子，册伯岳吾氏爲皇后。甲寅，復立海北海南道肅政廉訪司。山東轉運使阿里沙等增課鈔四萬一千八百錠，賜錦衣人一襲。丙子，太陰犯房。賜禿忽魯不花等所部戶鈔三萬七千餘錠，橐駝戶十萬二千餘錠。以淮安、江陵、沔陽、揚、廬、隨、黃旱，汴梁、歸德水，隴、陝蝗，並免其田租。

十一月庚辰，置浙西平江河渠閘堰凡七十八所。禁和林釀酒。乙酉，太白犯房。戊子，釋囚二十人。丁酉，浚太湖及澱山湖。己亥，賜隆福宮牧駝者鈔十萬二千錠，諸王合帶部十萬錠，雲南王也先鐵木而及所部三萬八千錠，和林戍軍一百四十萬餘錠、幣帛二萬九千匹。杭州火，江陵路蝗，並發粟賑之。

十二月己酉，徙鎭巢萬戶府戍沅、靖，毗陽萬戶府戍辰州，均州萬戶府戍常德、澧州。賜諸王岳忽難銀印。丙寅，詔各省戍軍輪次放還二年供役。陞宣徽院爲從一品。癸酉，詔中書省貨財出納，自今無券記者勿與。以守司徒、集賢院使、領太史院事阿魯渾撒里爲平章政事。賜諸王六十、脫脫等鈔一萬三千餘錠，四怯薛衞士五萬二千餘錠，千戶撒而兀魯所部四萬錠。淮安、揚州饑，甘肅亦集乃路屯田旱，並賑以糧。

四年春正月丙申，申嚴京師惡少不法之禁，犯者黥刺，杖七十，拘役。辛丑，詔蒙古都元帥也速答而非奉旨勿擅決重刑。命和林戍軍借斡脫錢者，止償其本。癸卯，復淮東漕渠。賜諸王塔失鐵木而金印。賜翰林承旨們家鈔五百錠，以養其母。賜諸王木忽難所部一萬二千餘錠，〔四〕八魯剌思等部六萬錠。

二月丁未朔，日有食之。乙卯，遣使祠東嶽。丙辰，皇太后崩，明日祔葬先陵。戊午，太陰犯軒轅。壬戌，帝諭何榮祖曰：「律令良法也，宜早定之。」榮祖對曰：「臣所擇者三百八十條，一條有該三四事者。」帝曰：「古今異宜，不必相沿。但取宜於今者。」甲戌，發粟十萬石賑湖北饑民，仍弛山澤之禁。罷稱海屯田，改置於呵札之地，以農具、種實給之。乙亥，車駕幸上都。置西京大和嶺屯田。立烏撒、烏蒙等郡縣。併會理酒川四州爲二。〔五〕置維摩州。丙子，命李庭訓練各衞軍士。賜晉王所部鈔四萬錠。

三月乙未，寧國、太平兩路旱，以糧二萬石賑之。

夏四月丙午朔，詔雲南行省釐革積弊。壬子，高郵府寶應縣民孫奕妻朱一產三男，蠲復三年。丙辰，置五條河屯田。丁巳，免今年上都、隆興絲銀，大都差稅地租。賜諸王也滅干鎏金印。緬國遣使進白象。戊午，參政張頤孫及其弟珪等伏誅于（隆）〔龍〕興市。〔六〕頤孫初爲新淦富人胡制機養子，後制機自生子而死，頤孫利其貲，與珪謀殺之，賂郡縣吏獲免。

其僕胡忠訴主之冤于官，乃誅之，其貲悉還胡氏。以中書省斷事官不蘭奚爲平章政事。賜皇姪海山所統諸王戍軍馬二萬二千九百餘匹。

五月癸未，左丞相答剌罕遣使來言：「橫費不節，府庫漸虛。」詔自今諸位下事關錢穀者，毋輒入聞。帝諭集賢大學士阿魯渾撒里等曰：「集賢、翰林乃養老之地，自今諸老滿秩者陞之，勿令輒去。或有去者，罪將及汝。其諭中書知之。」增雲南至緬國十五驛，驛給圓符四、驛券二十。甲午，太陰犯壘壁陣。辛丑，太白犯輿鬼。太陰犯昴。復延慶司。賜諸王也只里部鈔二萬錠，八憐脫列思所隸戶六萬五千餘錠。是月，同州、平灤、隆興雹。揚州、南陽、順德、東昌、歸德、濟寧、徐、濠、芍陂旱、蝗。眞定、保定、大都通、薊二州水。

六月己酉，詔立緬國王子窟麻剌哥撒八爲緬國王，賜以銀印及金銀器皿衣服等物。丙辰，以太傅月赤察而爲太師，完澤爲太傅，皆賜之印。丁巳，太白犯填星。御史中丞不忽木卒，貧無以葬，賜鈔五百錠。甲子，置耽羅總管府。詔各省自今非奉命毋擅役軍。以和林都元帥府兼行宣慰司事。吊吉而、爪哇、暹國、蘸八等國二十二人來朝，賜衣遣之。

秋七月甲戌朔，右丞相完澤請上徽仁裕聖皇后謚寶册。乙酉，緬國阿散哥也弟者蘇等九十一人各奉方物來朝，詔命餘人留安慶，遣者蘇來上都。辛卯，熒惑犯井。加乳母冀國夫人韓氏爲燕冀國順育夫人，石抹氏爲冀國夫人。杭州路貧民乏食，以糧萬石減其直糶之。

八月癸卯朔，更定蔭敍格，正一品子爲正五，從五品子爲從九，中間正從以是爲差，蒙古、色目人特優一級。置廣東鹽課提舉司。癸丑，太陰犯井。庚申，緬國阿散吉牙等昆弟赴闕，自言殺主之罪，罷征緬兵。甲子，辰星犯靈臺上星。大名之白馬縣旱。

閏八月庚辰，熒惑犯輿鬼。庚子，車駕還大都。以中書右丞賀仁傑爲平章政事。賜晉王所部糧七萬石。

九月戊午，太白犯斗。壬戌，太陰犯輿鬼。曹州探馬赤軍與民訟地百二十頃，詔別以鄰近官田如數給之。廣東英德州達魯花赤脫歡察而招降羣盜二千餘戶，陞英德州爲路，立三縣，以脫歡察而爲達魯花赤兼萬戶以鎭之。甲子，太白犯斗。改中御府爲中政院。賜諸王出伯所部鈔萬五千四百餘錠。建康、常州、江陵饑民八十四萬九千六十餘人，給糧二十二萬九千三百九十餘石。

冬十月癸酉朔，有事于太廟。

十一月壬寅朔，詔頒寬令，免上都、大都、隆興大德五年絲銀、稅糧；附近秣養馬駝之郡免稅糧十分之三，其餘免十分之一；徒罪各減一半，杖罪以下釋之；江北荒田許人耕種者，元擬第三年收稅，今並展限一年，著爲定例。併遼陽省所轄狗站、牛站爲一，仍給鈔以賙其乏。命省、臺差官同昔寶赤鞠和林運糧稽遲未至者。眞定路平棘縣旱。

十二月癸酉，御史臺臣言：「所糾官吏與有司同審，所以事沮難行，乞依舊制。中書凡有改作，輒令監察御史同往，非宜，自今非奉旨勿遣。」皆從之。庚寅，熒惑犯軒轅。癸巳，太陰犯房距星。晉州達魯花赤捏古伯給稱母喪，歸迎其妻。事聞，詔以其斁傷彝倫，罷職不敍。遣劉深、合剌帶、鄭祐將兵二萬人征八百媳婦，仍敕雲南省每軍十人給馬五匹，不足則補之以牛。賜諸王忻都部鈔五萬錠，兀魯思不花等四部二十一萬九千餘錠，西都守城軍二萬八千餘錠。賑建康、平江、浙東等處饑民糧二十二萬九千三百餘石。

五年春正月己酉，太陰犯五車。庚戌，給征八百媳婦軍鈔，總計九萬二千餘錠。壬子，太陰犯輿鬼積尸氣。奉安昭睿順聖皇后御容于護國仁王寺。罷檀、景兩州(探)〔採〕金鐵冶提舉司，〔七〕以其事入都提舉司。御史臺臣言：「官吏犯贓及盜官錢，事覺避罪逃匿者，宜同獄成。雖經原免，亦加降黜，庶奸僞可革。」從之。丙寅，以兩淮鹽法澀滯，命轉運司官兩員分司上江以整治之，仍頒印及驛券。辛酉，〔八〕太陰犯心。

二月己卯，太陰犯輿鬼。以劉深、合剌帶並爲中書右丞，鄭祐爲參知政事，皆佩虎符。分雲南諸路行中書省事，仍置理問官二員，郎中、員外郎、都事各一員，給圓符四、驛券二十。罷福建織綉提舉司。增河間轉運司鹽爲二十八萬引，罷其所屬清、滄、深三鹽司。丁

亥，立征八百媳婦萬戶府二，設萬戶四員，發四川、雲南囚徒從軍。乙未，詔廉訪司官非親喪遷葬及以病給告者，不得離職；或以地遠職卑受任不赴者，臺憲勿復用。丙申，給脫脫等部馬萬匹。丁酉，車駕幸上都。詔飭雲南行中書省減內外諸司官千五百一十四員。增江浙戍兵。戊戌，賜昭應宮、興教寺地各百頃，興教仍賜鈔萬五千錠；上都乾元寺地九十頃，鈔皆如興教之數；萬安寺地六百頃，鈔萬錠；南寺地百二十頃，鈔如萬安之數。己亥，凡軍士殺人奸盜者，令軍民官同鞫。永寧路總管雄挫來朝，獻馬三十餘匹，賜幣帛有差。

三月甲辰，收故軍官金銀符。戊申，太陰犯御女。己酉，罷陝西路拘榷課稅所。壬子，賜諸王也孫等鈔一萬八千五百錠。戊午，馬來忽等海島遣使來朝，賜金素幣有差。給和林貧乏軍鈔二十萬錠，諸王藥(忽木)〔木忽〕而所部萬五千九百餘錠。〔九〕丁卯，熒惑犯填星。己巳，熒惑、填星相合。詔戒飭中外官吏。命遼陽行省平章沙藍將萬人駐夏山後，人備馬二匹，官給其直。

夏四月壬申，太陰犯東井。癸酉，遣禿剌鐵木而等犒和林軍。壬午，以晉王甘麻剌所部貧乏，賜鈔四十萬錠。調雲南軍征八百媳婦。癸巳，禁和林釀酒，其諸王、駙馬許自釀飲，不得沽賣。是月，大都、彰德、廣平、眞定、順德、大名、濮州蟲食桑。

五月，商州隕霜殺麥。河南妖賊醜斯等伏誅。〔一〇〕己酉，給月裏可里軍駐夏山後者市

馬鈔八萬八千七百餘錠。辛亥，遣怯列亦帶脫帥師征四川。癸丑，太陰犯南斗。乙卯，熒惑犯右執法。丙辰，曲靖等路宣慰使兼管軍萬戶忽林失來朝。壬戌，雲南土官宋隆濟叛。時劉深將兵由順元入雲南，雲南右丞月忽難調民供餽，隆濟因紿其衆曰：「官軍徵發汝等，將盡剪髮黥面爲兵，身死行陣，妻子爲虜。」衆惑其言，遂叛。丙寅，詔雲南行省自願征八百媳婦者二千人，人給貝子六十索。丁卯，太白犯井。

六月乙亥，平江等十有四路大水，以糧二十萬石隨各處時直賑糶。開中慶路昆陽州海口。甲申，歲星犯司怪。丙戌，宋隆濟率猫、狫、紫江諸蠻四千人攻楊黃寨，殺掠甚衆。己（酉）〔丑〕，〔一一〕緬王遣使獻馴象九。壬辰，宋隆濟攻貴州，知州張懷德戰死。梁王遣雲南行省平章幢兀兒、參政不蘭奚將兵禦之，殺賊酋撒月，斬首五百級。癸巳，太白犯輿鬼。歲星犯井。甲午，太白犯輿鬼。賜諸王念不烈妃札忽而眞所部鈔二十萬錠。是月，汴梁、南陽、衞輝、大名、濮州旱。大都路水。順德、懷孟蝗。

秋七月戊戌朔，晝晦，暴風起東北，雨雹兼發，江湖泛溢，東起通、泰、崇明，西盡眞州，民被災死者不可勝計，以米八萬七千餘石賑之。己亥，增階、沙二州戍軍。庚子，籍安西王所侵占田、站等四百餘戶爲民。賜寧遠王闊闊出所部鈔二萬三千餘錠。乙巳，遼陽省大寧路水，以糧千石賑之。丙午，歲星犯井。丁未，命御史大夫禿忽赤整飭臺事。詔軍官受贓

者與民官同例，量罪大小殿黜。命監察御史審覆札魯忽赤罪囚，檢照蒙古翰林院案牘。戊申，立耽羅軍民萬戶府。諸王也滅干薨，以其子八八剌嗣。己酉，詔諸司嚴禁盜賊。辛亥，太陰犯壘壁陣。賜諸王出伯等部鈔六萬錠，又給市馬直三十八萬四千錠。癸丑，詔禁畏吾兒僧、陰陽、巫覡、道人、呪師，自今有大祠禱必請而行，違者罪之。浙西積雨泛溢，大傷民田，詔役民夫二千人疏導河道，俾復其故。命雲南省分蒙古射士征八百媳婦。庚申，辰星犯太白。癸亥，合丹之孫脫歡自北境來歸，其父母妻子皆遭殺虜，賜鈔一千四百錠。給諸王妃札忽而眞及諸王出伯軍鈔四十萬錠。中書省臣言：「舊制京師州縣捕盜，止從兵馬司有司不與，遂致淹滯。自今輕罪乞令有司決遣，重者從宗正府聽斷，庶不留獄，且民不寃。」從之。以暗伯、阿忽台並知樞密院事。禁富豪之家役軍。詔封贈非中書省無輒奏請。稱海至北境十二站大雪，馬牛多死，賜鈔一萬一千餘錠。命御史臺檢照宣政院并僧司案牘。陞太醫院爲二品，以平章政事、大都護、提點太醫事脫因納爲太醫院使。賜上都諸匠等鈔二十一萬七千四百錠。大都、保定、河間、濟寧、大名水。廣平、眞定蝗。

八月戊辰，給軍人羊馬價及定遠王所部鈔十四萬三千錠。己巳，平灤路霖雨，灤、漆、淝、汝河溢，民死者衆，免其今年田租，仍賑粟三萬石。庚午，禿剌鐵木而等自和林犒軍還，言：「和林屯田宜令軍官廣其墾闢，量給農具，倉官宜任選人，可革侵盜之弊。」從之。甲戌，遣薛超兀而等將兵征金齒諸國。時征緬師還，爲金齒所遮，士多戰死。又接連八百媳婦諸蠻，相效不輸稅賦，賊殺官吏，故皆征之。庚辰，詔：「遣官分道賑恤。凡獄囚禁繫累年，疑不能決者，令廉訪司具其疑狀，申呈省、臺詳讞，仍爲定例。各路被災重者，免其差稅一年。貧乏之家，計口賑恤，尤甚者優給之。小吏犯贓者，並罷不敍。」征緬萬戶曳剌福山等進馴象六。壬辰，太陰犯軒轅御女。乙未，塡星犯太微上將。順德路水，免其田租。

九月癸丑，放稱海守倉庫軍還，令以次更代。丙辰，江陵、常德、澧州皆旱，並免其門攤、酒醋課。乙（酉）〔丑〕，〔一二〕自八月庚辰彗出井，歷紫微垣至天市垣，凡四十六日而滅。

冬十月丙（辰）〔寅〕朔，〔一三〕以畿內歲饑，增明年海運糧爲百二十萬石。己巳，緬王遣使入貢。戊寅，雲南武定路土官𦶢則獻方物。癸未，太陰犯東井。壬午，〔一四〕車駕還大都。丙戌，以歲饑禁釀酒，弛山澤之禁，聽民捕獵。湖廣行省臣言：「海南海北道宣慰司都元帥府，不與軍務，遇有盜竊，惟行文移，比迴，已不及事。今乞以其長二人領軍務。」又鎭守官慢功當罰者，已有定例；獲功當賞者，乞或加散官，或授金、銀符。」皆從之。撥南陽府屯田地給新籍畏吾而戶，俾耕以自贍，仍給糧三月。丁亥，詔：「軍官既受命而不時赴者、病故不行者、被差事畢不卽還者，准民官例，違限六月選人代之。被代者期年始敍。」改鄂州路爲武昌路。遣使就調雲南、四川、福建、廣東、廣西官。諭百司凡事關中書省者，毋得輒奏。權豪

勢要之家佃戶貸糧者，聽於來歲秋成還之。癸巳，分碉門、黎、雅軍戍蠻夷，命陝西屯田萬戶也不干等將之。

十一月己亥，歲星犯東井。辛卯，〔一五〕夜有流星大如杯，光燭地，自北起近東分爲二星，沒於危宿。詔諭中書，近因禁酒，聞年老需酒之人有預市而儲之者，其無釀具者勿問。罷湖南轉運司弘州種田提舉司，以其事入有司。降容、象、橫、賓路爲州，平灤金丹提舉司爲管勾。陞昭州爲平樂府。省泌〔陽〕縣入唐州。〔一六〕丁未，遣劉國傑及也先忽都魯將兵萬人，八剌及阿塔赤將兵五千人，征宋隆濟。減直糶米，賑京師貧民，設肆三十六所，其老幼單弱不能自存者，廩給五月。選六（御）〔衞〕扈從漢軍習武事，〔一七〕仍禁萬戶以下毋令私代，犯者斷罪有差。戊申，太陰犯昴。猺人藍賴率丹陽三十六洞來降，以賴等爲融州懷遠縣簿、尉。立長信寺，秩三品。

十二月甲戌，歲星犯司怪。給安西王所部軍士食，令各還其家，候春調遣。辛卯，太陰犯南斗。征東行省平章闊里吉思以不能和輯高麗罷。定强竊盜條格，凡盜人孳畜者，取一償九，然後杖之。

是歲，汴梁、歸德、南陽、鄧州、唐州、陳州、和州、襄陽、汝寧、高郵、揚州、常州蝗。陝州、隨州、安陸、〔一八〕荆門、泰州、光州、揚州、滁州、高郵、安豐霖。汴梁之封丘、（武陽）〔陽武〕、〔一九〕蘭陽、中牟、延津，河南澠池，蘄州之蘄春、廣濟、蘄水旱。大名、宣德、奉聖、歸德、寧海、濟

寧、般陽、登州、萊州、益都、濰州、博興、東平、濟南、濱州、保定、河間、眞定、大寧水。是歲，斷大辟六十一人。

六年春正月癸卯，詔千戶、百戶等自軍逃歸，先事而逃者罪死，敗而後逃者，杖而罷之，沒入其男女。乙巳，中書省臣言：「廣東宣慰副使脫歡察而收捕盜賊，屢有勞績。近廉訪司劾其私置兵仗、擅殺士寇等事，遣官鞫問，實無私罪，乞加奬諭。」命賜衣二襲。晉王甘麻剌薨，命封其王印及內史府印。丙午，京畿二十一站闕食，賜鈔萬二千七百餘錠。陝西旱，禁民釀酒。以雲南站戶貧乏，增馬及鈔以優恤之。中書省臣以朱清、張瑄屢致人言，乞罷其職，徙其諸子官江南者于京。丁未，命江浙平章阿里專領其省財賦。庚戌，詔官吏犯罪已經赦宥者，仍從覈問。海道漕運船，令探馬赤軍與江南水手相參教習，以防海寇。江南僧石祖進告朱清、張瑄不法十事，命御史臺詰問之。帝語臺臣曰：「朕聞江南富戶侵占民田，以致貧者流離轉徙，卿等嘗聞之否？」臺臣言曰：「富民多乞護持璽書，依倚以欺貧民，官府不能詰治，宜悉追收爲便。」命卽行之，毋越三日。詔自今僧官、僧人犯罪，御史臺與內外宣政院同鞫。宣政院官徇情不公者，聽御史臺治之。增諸王塔赤鐵木而歲賜銀二百五十兩、雜幣百匹。乙卯，築渾河堤長八十里，仍禁豪家毋侵舊河，令屯田軍及民耕種。增劉國傑

等軍，仍令屯戍險隘，俟秋進師。命札忽而帶、阿里等整治江南影占稅民地土者。中書省臣言：「御史臺、廉訪司，體察、體覆，前後不同。初立臺時，止從體察。後立按察司，事無大小，一皆體覆。由是憲司之事，積不能行。請自今除水旱災傷體覆，餘依舊例體察爲宜。」從之。以大都、平灤等路去年被水，其軍應赴上都駐夏者，免其調遣一年。詔軍官除邊遠出征，其餘遇祖父母、父母喪，依民官例，立限奔赴。禁畜養鷹、犬、馬、駝等人擾民。(乙)[己]未，〔一〇〕以諸王眞童誣告濟南王，謫置劉國傑軍中自效。壬戌，鎭星犯太微垣上將。

二月庚午，太陰犯昴。謫諸王孛羅於四川八剌軍中自效。癸酉，增諸王出伯軍三千人，人備馬二匹，官給其直。丙戌，遣陝西省平章也速帶而、參政汪惟勤將川陝軍，湖廣平章劉國傑將湖廣軍，征亦乞不薛，一切軍務，並聽也速帶而、劉國傑節制。罷征八百媳婦右丞劉深等官，收其符印、驛券。以京師民乏食，命省、臺委官計口驗實，以鈔十一萬七千一百餘錠賑之。癸巳，帝有疾，釋京師重囚三十八人。

三月丁酉，以旱、溢爲災，詔赦天下。大都、平灤被災尤甚，免其差稅三年，其餘災傷之地，已經賑恤者免一年。今年內郡包銀、俸鈔，江淮已南夏稅，諸路鄉村人戶散辦門攤課程，並蠲免之。壬寅，太陰犯輿鬼。命僧設水陸大會七晝夜。癸卯，歲星犯井。甲寅，太陰犯鉤鈐。合祭昊天上帝、皇地祇于南郊，遣中書左丞相答剌罕哈剌哈孫攝事。

夏四月乙丑朔，太白犯東井。丁卯，詔曲赦雲南諸部蠻夷。發通州倉粟三百石賑貧民。釋輕重囚三十八人，人給鈔五錠。乙亥，濬永清縣南河。戊寅，太陰犯心。庚辰，上都大水民饑，減價糶糧萬石賑之。戊子，修盧溝上流石徑山河隄。釋重囚。車駕幸上都。庚寅，太白犯輿鬼。眞定、大名、河間等路蝗。

五月乙巳，給貧乏漢軍地，及五丁者一頃，四丁者二頃，三丁者三頃。其孤寡者存恤六年，逃散者招諭復業。戊申，太廟寢殿災。癸丑，謫和林潰軍征雲南，其戰傷而歸及嘗奉晉王令旨、諸王藥(忽木)[木忽]而免者，不遣。丁巳，福州路饑，賑以糧一萬四千七百石。濟南路大水。揚州、淮安路蝗。歸德、徐州、邳州水。

六月癸亥朔，日有食之。太史院失於推策，詔中書議罪以聞。塡星犯太微西垣上將。甲子，建文宣王廟於京師。辛未，享于太廟。乙亥，太陰犯斗。安南國以馴象二及朱砂來獻。甲申，賜諸王合答孫、脫歡、脫列鐵木而、伯牙倫、完者所部鈔四萬五千八百餘錠。湖州、嘉興、杭州、廣德、饒州、太平、婺州、慶元、紹興、寧國等路饑，賑糧二十五萬一千餘石。大同路、寧海州亦饑，以糧一萬六千石賑之。廣平路大水。

秋七月癸巳朔，熒惑、鎭星、辰星聚井。庚子，太陰犯心。己酉，亦乞不薛土官三人棄家來歸，賜金銀符、衣服。戊午，太陰犯熒惑。辛酉，賜諸王八八剌、脫脫灰、也只里、也滅

干等鈔四萬三千九百餘錠。以江浙行省參知政事忽都不丁爲中書右丞。建康民饑，以米二萬石賑之。大都諸縣及鎭江、安豐、濠州蝗。順德水。

八月甲子，詔御史臺凡有司婚姻、土田文案，遇赦依例檢覆。乙丑，熒惑犯歲星。己巳，熒惑犯輿鬼。辛巳，太陰犯昴。壬午，太白犯軒轅。

九月乙未，遣阿牙赤、撒罕禿會計稱海屯田歲入之數，仍自今令宣慰司官與阿剌台共掌之。甲午，〔一一〕賜諸王兀魯思不花所部鈔六萬錠。丙午，熒惑犯軒轅。丁未，中書省臣言：「羅里等擾民，宜依例決遣置屯田所。」從之。賜諸王八撒而等鈔八萬六千三百餘錠。己酉，龍興民謡言括童男女，至有殺其子者，命誅其爲首者三人。癸丑，太陰犯輿鬼。丁巳，太白犯右執法。賜諸王揑苦迭而等鈔五千八百四十錠。

冬十月甲子，改浙東宣慰司爲宣慰司都元帥府，徙治慶元，鎭遏海道。置大同路黃花嶺屯田。罷軍儲所，立屯儲軍民總管萬戶府，設官六員，仍以軍儲所宣慰使法忽魯丁掌之。南人林都鄰告浙西廉訪使張珪收藏禁書及推算帝五行，江浙運使合只亦言珪沮撓鹽法，命省、臺官同鞫之。丙子，車駕還大都。壬午，熒惑犯太微西垣上將。濟南濱、(隸)[棣]、〔一二〕泰安、高唐州霖雨，米價騰湧，民多流移，發粟賑之，併給鈔三萬錠。

十一月辛卯，塡星犯左執法。甲午，劉國傑裨將宋光率兵大敗蛇節，賜衣二襲，仍授以

金符。乙未，辰星犯房。癸卯，太陰犯昴。己酉，太陰犯軒轅。庚戌，禁和林軍醸酒，惟安西王阿難答、諸王忽剌出、脫脫、〔八〕不沙、〔二三〕也只里、駙馬蠻子台、弘吉列帶、燕里干許醸。辛亥，以同知樞密院事合答知樞密院事。詔江南寺觀凡續置民田及民以施入爲名者，並輸租充役。戊午，籍河西寧夏善射軍隸親王阿木哥，甘州軍隸諸王出伯。己未，詔諸驛使輒枉道者罪之。

十二月庚申朔，熒惑犯塡星。辛酉，御史臺臣言：「自大德元年以來數有星變及風水之災，民間乏食。陛下敬天愛民之心，無所不盡，理宜轉災爲福；而今春霜殺麥，秋雨傷稼。五月太廟災，尤古今重事。臣等思之，得非荷陛下重任者不能奉行聖意，以致如此。若不更新，後難爲力。乞令中書省與老臣識達治體者共圖之。」復請禁諸路醸酒，減免差稅，賑濟饑民。帝皆嘉納，命中書卽議行之。雲南地震。戊辰，又震。甲子，衡州袁舜一等誘集二千餘人侵掠郴州，湖南宣慰司發兵討之，獲舜一及其餘黨，命誅其首謀者三人，餘者配洪澤、芍陂屯田，其脅從者招諭復業。乙丑，歲星犯輿鬼。乙亥，太陰犯輿鬼。丙子，劉國傑、也先忽都魯來獻蛇節、羅鬼等捷。庚辰，熒惑犯太微東垣上相。命中書省更定略賣良人罪例。癸未，太陰犯房。保定等路饑，以鈔萬錠賑之。

是歲，斷大辟三人。

校勘記

〔一〕江浙河南〔江〕北兩省　據本書卷五九地理志補。

〔二〕乙巳熒惑犯五諸侯　按是月癸丑朔，無乙巳日。本書卷四八天文志有「三月乙巳，熒惑犯五諸侯」。疑此處錯簡，當繫三月。

〔三〕庚子　按是月辛巳朔，庚子爲二十日。此重出，當係衍文。

〔四〕諸王木忽難　按上文大德三年十二月己酉條有「賜諸王岳忽難銀印」，疑卽指此「木忽難」。蒙古語音「岳」「朮」互通。此處「木」字疑爲「朮」之誤。

〔五〕併會理泗川四州爲二　按本書卷六一地理志，會理州隸雲南行省會川路；「泗川」，川、滇皆無此建置，疑爲「四州」二字之衍誤。

〔六〕參政張頤孫及其弟珪等伏誅于(隆)〔龍〕興市　據元典章卷四一「胡參政殺弟」條改。按本書卷六二地理志，隆興至元二十一年改爲龍興。

〔七〕罷檀景兩州(探)〔採〕金鐵冶提舉司　據本書卷八五百官志改。類編已校。

〔八〕辛酉　按是月壬寅朔，辛酉爲二十日，應在丙寅二十五日前。

〔九〕藥(忽木)〔木忽〕而　按諸王藥木忽而一名本書多見，此處倒誤，今改正。下同。

〔一〇〕醜斯　元典章卷三「明政刑」作「段丑厮」，此處「斯」當作「厮」。

〔一一〕己(酉)〔丑〕　按是月己巳朔，無己酉日。此「己酉」在丙戌十八日、壬辰二十四日間，爲己丑二十一日之誤，今改。道光本已校。

〔一二〕乙(酉)〔丑〕　據本書卷四八天文志改。按是月丁酉朔，無乙酉日。

〔一三〕冬十月丙(辰)〔寅〕朔　按大德五年九月丁酉朔，小盡，終于乙丑；十月丙寅朔，此作「丙辰」誤，今改。類編已校。

〔一四〕壬午　按是月丙寅朔，壬午爲十七日，當在癸未十八日前。考異已校。

〔一五〕辛卯　按是月丙寅朔，辛卯爲二十六日，當在癸巳二十八日前。

〔一六〕省泌〔陽〕縣入唐州　據本書卷五九地理志補。本證已校。

〔一七〕選六(御)〔衛〕扈從漢軍習武事　按「六衛」一名本書屢見，「衛」「御」形近致誤，今改。

〔一八〕安陵　按元無「安陵」建置，此處上下文峽州、隨州、荆門皆屬河南省山南江北道，該道有安陸府、江陵路，疑「安陵」爲「安陸」或「安陸、江陵」之誤。

〔一九〕(武陽)〔陽武〕　陽武，汴梁路屬縣。此處倒誤，據本書卷五九地理志改正。

〔二〇〕(乙)〔己〕未　按是月丙申朔，無乙未日。此「乙未」在乙卯二十日、壬戌二十七日間，爲己未二十四日之誤，今改。續通鑑已校。

〔二一〕甲午　按是月辛卯朔，甲午爲初四日，應在乙未初五日前。

〔二二〕濟南濱(隸)〔棣〕　據本書卷五八地理志改。道光本已校。

〔二三〕〔八〕不沙　按上文元貞二年三月甲戌條有「遣諸王亦只里、八不沙、亦憐真、也里慳、甕吉剌帶並駐夏于晉王怯魯剌之地」，與此處所載諸王名合，據補。八不沙，哈撒兒後，大德十一年封齊王。

元史卷二十一

本紀第二十一

成宗四

七年春正月戊戌，太陰犯昴。甲辰，太陰犯軒轅。丙午，定諸改補鈔罪例，爲首者杖一百有七，從者減二等；再犯，從者杖與首同，爲首者流。己酉，以歲不登，禁河北、甘肅、陝西等郡釀酒。益都諸處牧馬之地爲民所墾者，畝輸租一斗太重，減爲四升。弛饑荒所在山澤河泊之禁一年。賑那海貧乏戶米八千石。壬子，罷歸德府括田。乙卯，詔凡爲匿名書，辭語重者誅之，輕者流配，首告人賞鈔有差，皆籍沒其妻子充賞。命御史臺、宗正府委官遣發朱清、張瑄妻子來京師，仍封籍其家貲，拘收其軍器、海舶等。丁巳，令樞密院選軍士習農業者十人教軍前屯田。賜也梯忽而的合金五十兩、銀千兩、鈔千錠、幣帛百匹。

二月壬戌，詔中書省汰諸有司冗員，仍令諭樞密院，除出征將帥外，掌署院事者，定其

員數以聞。辛未，以平章政事、行上都留守木八剌沙、陝西行省平章阿老瓦丁並爲中書平章政事，江南行臺御史中丞尚文爲中書左丞，江浙行省參知政事董士珍爲中書參知政事。壬申，詔：「樞密院、宗正府等，自今每事與中書共議，然後奏聞；諸司不得擅奏遷調；官員雖經特旨用之，而於例未允者，亦聽覆奏。」甲戌，減杭州稅課提舉司冗員。丙子，詔和林軍以六年更戍，仍給鈔以周其乏。命西京也速迭而軍及大都所起軍，皆以四月至上都，五月赴北。丁丑，命諸王出伯非急務者勿遣乘驛。詔中書省設官自左右丞相以下，平章二員，左右丞各一員，參知政事二員，定爲八府。戊寅，太陰犯心。己卯，盡除內郡饑荒所在差稅，仍令河南省賑恤流民，給北師鈔三十八萬錠。以安南陳益稷久居鄂州，賜鈔千錠。以侍御史朵台爲中書參知政事。御史臺臣言：「江浙行省平章阿里，左丞高翥、安祐，僉省張祐等，詭名買鹽萬五千引，增價轉市於人，乞遣省、臺官按問。」從之。太原、大同、平灤路饑，並減直糶糧以賑之。庚辰，命陝西、甘肅行省賑鳳翔、秦、鞏、甘州、合迷里貧乏戶。監察御史杜肯構等言太傅、右丞相完澤受朱清、張瑄賄賂事，不報。壬午，帝語中書省臣曰：「比有以歲課增羨希求爵賞者，此非掊刻於民，何從而出？自今除元額外，勿以增羨作正數。」罷江南財賦總管府及提舉司。禁內外中書省戶部轉運司官，不得私買鹽引。罷致用院。禁諸人毋以金銀絲線等物下番。罷江南都水庸田司、行通政院。併大都鹽運司入河間運司，其所

掌京師酒稅課，令戶部領之。禁諸人非奉旨毋得以寶貨進獻。汰諸色人冒充宿衞及諸王、駙馬、妃主部屬濫請錢糧者。眞定路饑，賑鈔五萬錠。仍諭諸王小薛及鷹師等，毋於眞定近地縱獵擾民。丙戌，詔除征邊軍士及兩都站戶外，其餘人戶均當徭役。丁亥，詔自今除樞密院、御史臺、宣政院依舊奏選，諸司毋得擅奏，其舉用人員，並經中書省。

三月己丑朔，保定路饑，賑鈔四萬錠。庚寅，詔遣奉使宣撫循行諸道：以郝天挺、塔出往江南、江北，[一]石珪往燕南、山東，耶律希逸、劉賡往河東、陝西，鐵里脫歡、戎益往兩浙、江東，趙仁榮、岳叔謨往江南、湖廣，木八剌、陳英往江西、福建，塔赤海牙、劉敏中往山北、遼東，並給二品銀印，仍降詔戒飭之。江浙行省平章脫脫遣發朱清、張瑄家屬，其家以金、珠重賂之，脫脫以聞。帝諭之曰：「朕以江南任卿，果能爾，眞男子事也。其益恪勤乃事。」賜以黃金五十兩。都城火，命中書省與樞密院議增巡防兵。甘肅行省供軍錢糧多弊，詔徙廉訪司于甘州。壬辰，定大都南北兵馬司姦盜等罪，六十七以下付本路，七十七以上付也可札魯忽赤。河間路禾稼不登，命罷修建僧寺工役。乙未，眞定路饑，賑鈔六百六十餘錠。中書平章伯顏、梁德珪、段（眞）〔貞〕、[二]阿里渾撒里，右丞八都馬辛，左丞月古不花，參政迷而火者、張斯立等，受朱清、張瑄賄賂，治罪有差，詔皆罷之。以洪君祥爲中書右丞。監察御史言其曩居宥密，以貪賄罷黜，乞別選賢能代之，不報。甲辰，詔定贓罪爲十二章。京朝

官月俸外，增給祿米；外任官無公田者，亦量給之。乙巳，以征八百媳婦喪師，誅劉深，笞合剌帶、鄭祐，罷雲南征緬分省。戊申，小蘭禧、[三]岳鉉等進大一統志，賜賚有差。己酉，追收元降除免和雇和市璽書。以脫歡誣告諸王脫脫，謫置湖廣省軍前自效。罷甘肅行省差調民兵及取勘軍民站戶家屬孳畜之數。庚戌，以鐵哥察而所收愛牙合赤戶仍隸諸王脫脫。癸丑，樞密院臣及監察御史言：「中丞董士選貸朱清、張瑄鈔，非義。」帝曰：「臺臣稱貸不必問也，若言者不已，後當杖之。」甲寅，車駕幸上都。丙辰，賜諸王小薛所部等鈔六萬錠。賑李陵臺等五站戶鈔一千四百餘錠。遼陽等路饑，賑鈔萬錠。

夏四月癸亥，太陰犯東井。詔省、臺、樞密院、通政院，凡呼召大都總管府官吏，必用印帖，其餘諸司不得輒召。徵藩臣陳天祥、張孔孫、郭筠至京師，以天祥、孔孫爲集賢大學士，筠爲昭文館大學士，皆同議中書省事。丙寅，太陰犯軒轅。庚午，以中書文移太繁，其二品諸司當呈省者，命止關六部。中書左丞相答剌罕言：「僧人修佛事畢，必釋重囚。有殺人及妻妾殺夫者，皆指名釋之。生者苟免，死者負寃，於福何有？」帝嘉納之。辛未，流朱清、張瑄子孫于遠方，仍給行費。乙亥，歲星犯輿鬼。太陰犯南斗。庚辰，蛇節降，令海剌孫將兵五千守之，餘衆悉遣還各戍。撥碉門四川軍人一千人鎭羅羅斯，其土軍修治道路者，悉令放還。甲申，熒惑犯太微垣右執法。丁亥，歲星犯輿鬼。誅蛇節。衞輝路、辰州螟。濟南

中華書局

路隕霜殺麥。

五月己丑，給和林軍鈔三十八萬錠。開上都、大都酒禁，其所隸兩都州縣及山後、河東、山西、河南嘗告饑者，仍悉禁之。詔雲南行省整飭錢糧。壬辰，辰星犯東井。以大德五年戰功，賞北師銀二十萬兩、鈔二十萬錠、幣帛各五萬九千匹。賜皇姪海山及安西王阿難答、諸王脫脫、八不沙、駙馬蠻子台等各金五十兩、銀珠錦幣等物有差。丙申，遣征緬回軍萬四千人還各戍。癸卯，詔和林軍糧，除歲支十二萬石，其餘非奉旨不得擅支。丁未，牀兀兒來朝，以戰功賜金五十兩、銀四百兩，仍給其萬戶所隸貧乏軍鈔六十九萬餘錠。辛亥，奉使宣撫耶律希逸、劉賡言：「平陽僧察力威犯法非一，有司憚其豪强，不敢詰問，聞臣等至，潛逃京師。」中書省臣言：「宜捕送其所，令省、臺、宣政院遣官雜治。」從之。甲寅，濬上都灤河。乙卯，以昌童王五戶絲分給諸王塔失鐵木而。令甘州站戶爲僧人、禿魯花等隱藏者，依例還役。詔中外官吏無職田者，驗俸給米有差，其上都、甘肅、和林諸處非產米地，惟給其價。禁諸王八不沙部於般陽等處圍獵擾民。詔諸宿衞士，除官員子弟曾經奏准者留，餘悉革去。禁諸王、駙馬，毋輒杖州縣官吏，違者罪王府官。立和林宣慰司都元帥府，以忽剌出遙授中書省左丞，爲宣慰使都元帥。賜諸王納忽里鈔千錠、幣三十匹。濟寧、東昌、濟南、般陽、益都蟲食麥。太原、龍興、南康、袁、瑞、撫等路，高唐、南豐等州饑，減直糶糧五萬五千石。東平、益都、濟南等路蝗。般陽路隕霜。

閏五月戊午朔，日有食之。以也奴鐵木而、闊闊出、晃兀沒於軍，賜其家鈔有差。壬戌，詔禁犯曲阜林廟者。丁卯，平江等十五路民饑，減直糶糧三十五萬四千石。戊辰，太陰犯心。己巳，以諸王孛羅、眞童皆討賊有功，徵詣京師。完澤薨。庚辰，雲南行省平章也速帶而入朝，以所獲軍中金五百兩爲獻。帝曰：「是金卿效死所獲者。」賜鈔千錠。丁丑，[四]禁諸王、駙馬等征北諸軍以奴爲代者罪之。辛巳，詔僧人與民均當差役。癸未，各道奉使宣撫言，去歲被災人戶未經賑濟者，宜免其差役，從之。命江浙行省右丞董士選發所籍朱清、張瑄貨財赴京師，其海外未還商舶，至則依例籍沒。甘肅行省平章合散等侵盜官錢十六萬三千餘錠、鹽引五千餘道，命省、臺官徵之。詔上都路、應昌府、亦乞列思、和林等處依內郡禁酒。丙戌，罷營田提舉司。汴梁開封縣蟲食麥。

六月己丑，御史臺臣言：「瓜、沙二州，自昔爲邊鎭重地，今大軍屯駐甘州，使官民反居邊外，非宜。乞以蒙古軍萬人分鎭險隘，立屯田以供軍實，爲便。」從之。罷四川宣慰司，立四川行中書省，以雲南行省平章脫脫、湖廣行省議事平章程鵬飛並爲平章政事。壬辰，武岡路饑，減價糶糧萬石以賑之。給欽察千戶等貧乏者鈔三萬七千八百餘錠。癸巳，叛賊雄挫來降。乙未，以亦乞不薛兢平，留探馬赤軍二千人討阿永叛蠻，餘悉放還。庚子，西京道

宣慰使法忽魯丁以琵琶二千五百餘斤鬻于官，爲鈔一萬一千九百餘錠。有旨除御榻所用外，餘未用者，宜悉還之。命阿伯、阿忽台等整飭河西軍事。癸卯，詔凡軍官子弟年及二十者，與民官子孫同，僕直一年方許襲職，萬戶於樞密院，千戶於行省，百戶於本萬戶。乙巳，罷行省僉省。浙西淫雨，民饑者十四萬，賑糧一月，仍免今年夏稅幷各戶酒醋課。命甘肅行省修阿合潭、曲尤壕以通漕運。大寧路蝗。

秋七月辛酉，常德路饑，減直糶糧萬石以賑之。壬戌，御史臺臣言：「前河間路達魯花赤忽賽因、轉運使朮甲德壽皆坐贓罷。今忽賽因以獻鷹犬，復除大寧路達魯花赤；朮甲德壽以迭里迷失妄奏其被誣，復除福寧知州；並宜改正不敍，以戢姦貪。」從之。禁僧人以修建寺宇爲名，齎諸王令旨乘傳擾民。汰宿衞士。丙寅，答剌罕哈剌哈孫爲中書右丞相、知樞密院事。戊寅，[五]歲星犯軒轅。丙子，給四川行省驛券十二道。詔除集賢、翰林老臣預議朝政，其餘三品以下，年七十者，各陞散官一等致仕。立和林兵馬司。罷遼東宣慰司。丁丑，中[書]省臣言：[六]「大同稅課，比奉旨賜乳母楊氏，其家掊斂過數，擾民爲甚。」敕賜鈔五百錠，其稅課依例輸官。御史臺臣言：「湖南輸糧百石者，出驛馬一匹，廣海地狹，所輸不及百石者，所出亦如之，故官以鹽引助其不給。每馬一匹，貴州以北給鹽十七引，以南二十引。近立榷鹽提舉司，官價增五之三，元給二十引者，宜與鈔十七錠，十七引者十五錠。」從之。罷江南白雲宗攝所，其田令依例輸租。都哇、察八而、滅里鐵木而等遣使請息兵，帝命安西王愼飭軍士，安置驛傳，以俟其來。戊寅，賜諸王奴倫、伯顏、也不干等鈔九萬錠。罷諸王所設總管府。叛賊廝你降，貢金五百兩、童男女二百人及馬牛羊，却之。己卯，太陰犯井。乙酉，熒惑犯房。賜諸王曲而魯等部鈔幣有差。

八月己丑，罷護國仁王寺元設江南營田提舉司。給安西王所部貧民米二萬石。辛卯，夜地震，平陽、太原尤甚，村堡移徙，地裂成渠，人民壓死不可勝計，遣使分道賑濟，爲鈔九萬六千五百餘錠，仍免太原、平陽今年差稅，山場河泊聽民採捕。癸巳，太白犯氐。月里不花將甕吉里軍赴雲南，道卒，以其子普而耶代之。甲午，熒惑犯東咸。太陰犯牽牛。庚子，中書省臣言：「法忽魯丁輸運和林軍糧，其負欠計二十五萬餘石。近監察御史亦言其侵匿官錢十三萬餘錠。臣等議：遣官徵之，不足，則籍沒其財產。」從之。乙巳，歲星犯軒轅。庚戌，緬王遣使獻馴象四。辛亥，熒惑犯天江。賜諸王脫鐵木而之子也先博怯所部等鈔六千九百餘錠。

九月戊午，車駕還大都。丙寅，太白晝見。以太原、平陽地震，禁諸王阿只吉、小薛所部擾民，仍減太原歲飼馬之半。遣刑部尚書塔察而、翰林直學士王約使高麗，以其國相吳(祈)[祁]專權，[七]徵詣闕問罪。辛未，熒惑犯南斗。詔諭諸司賑恤平陽、太原。甲戌，太陰

犯東井。乙亥，太白犯南斗。丙子，罷僧官有妻者。壬午，辰星犯氐。復木八剌沙平章政事。

冬十月丁亥，太白經天。御史臺臣劾言江浙行省平章阿里不法，帝曰：「阿里朕所信任，臺臣屢以爲言，非所以勸大臣也。後有言者，朕當不恕。」戊子，弛太原、平陽酒禁。以江浙年穀不登，減海運糧四十萬石。己丑，詔從軍醫工止復其妻子，戶如故。辛卯，復立陝西行御史臺。癸巳，御史臺臣及諸道奉使言：「行省官久任，與所隸編氓聯姻，害政。」詔互遷之。以只而合忽知樞密院事。給大都文宣王廟洒掃戶五。乙未，發雲南叛寇餘黨未革心者來京師，留蛇節養子阿闕于本境，以撫其民。改平灤爲永平路。陞甘州爲上路。設刑部獄吏一員，以掌囚徒。安西轉運司於常課外增算五萬七千四百錠，人賜衣一襲，以勸其功。詔諸司凡錢糧不經中書省議者，勿奏。庚子，改普定府爲路，隸曲靖宣慰司，以故知府容苴妻適姑爲總管，佩虎符。以敍州宣慰司爲敍南等處諸部蠻夷宣撫司。辛丑，太陰犯東井。庚戌，翰林國史院進太祖、太宗、定宗、睿宗、憲宗五朝實錄。辛亥，詔軍戶貧乏者，存恤六年。增蒙古國子生百員。

十一月甲寅朔，賜諸王阿只吉所部鈔二十萬錠、糧萬石。命鷹師圍獵毋得擾民。以順元隸湖廣省。併海道運糧萬戶府爲海道都漕運萬戶府，給印二。亦乞不薛賊黨魏傑等降，

人賜衣一襲，遣還，俾招其首亂者。丁巳，詔大同、（靜）〔淨〕州、〔八〕隆興等路運糧五萬石入和林。己未，太白經天。辛酉，木冰。甲子，命依十二章斷僧官罪。丙寅，鎮星犯進賢。戊辰，太陰犯井。辛未，陞全寧府爲路。己卯，太陰犯東咸。遣諸王滅怯禿、玉龍鐵木而使察八而。

十二月甲申朔，詔內郡比歲不登，其民已免差者，併蠲免其田租。乙酉，弛京師酒課，許貧民釀酒。丙戌，太白經天。熒惑犯壘壁陣。戊子，以平宋隆濟功，增諸將秩，賜銀、鈔等物有差，其軍士各賜鈔十錠，放歸存恤一年。丙申，太陰犯東井。辛丑，太陰犯明堂。詔撫諭順元諸司。免大德七年民間逋稅。命江南、浙西官田奉特旨賜賚者，許中書省迴奏。賜皇姑魯國大長公主鈔一萬五千錠、幣帛各三百匹。加封眞武爲元聖仁威玄天上帝。丁未，太陰犯天江。以轉輸軍餉勞，免思、播二州及潭、衡、辰、沅等路稅糧一年，常、澧三分之一，淘金、站戶無種佃者，免雜役一年。七道奉使宣撫所罷贓污官吏凡一萬八千四百七十三人，贓四萬五千八百六十五錠，審冤獄五千一百七十六事。

是歲，斷大辟十人。

八年春正月己未，以災異故，詔天下恤民隱，省刑罰。雜犯之罪，當杖者減輕，當笞者並免。私鹽徒役者減一年。平陽、太原免差稅三年。隆興、延安及上都、大同、懷孟、衞輝、彰德、眞定、河南、安西等路被災人戶，免二年。大都、保定、河間路免一年。江南佃戶私租太重，以十分爲率減二分，永爲定例。仍弛山場河泊之禁，聽民採捕。庚申，以雲南順元同知宣撫事宋阿重生獲其叔隆濟來獻，特陞其官，賜衣一襲。置掌薪司，以供尙食，令宣徽院掌其事。癸亥，禁錮朱淸、張瑄族屬。乙丑，復置遂平、新蔡、眞陽、太和、沈丘、潁上、柘城、城父、郟、舞陽十縣。丙寅，以御史中丞、太僕卿塔思不花爲中書右丞，江南行臺中丞趙仁榮爲中書參知政事。陞教坊司三品。庚午，以輦眞監藏爲帝師。辛巳，詔：「諸王、妃主及諸路有馬者，十取其一，諸王、駙馬往遼東捕海東鶻者，毋給驛。」自滎澤至睢州，築河防十有八所，給其夫鈔人十貫。駙馬也列干住所部民饑，以糧二千石賑之。是月，平陽地震不止，已修民屋復壞。

二月丙戌，增置國子生二百員，選宿衞大臣子孫充之。降莊浪路爲州。併隴干縣入德順州。辛卯，命諸王出伯所部軍屯田于薛出合出谷。甲午，詔父子兄弟有才者，許並居風憲。徙江東建康道廉訪司治于寧國，其建康路籓書，命監察御史鉤考。丙申，分軍千人戍嘉定州。甲辰，翰林學士承旨撒里蠻進金書世祖實錄節文一册、漢字實錄八十册。減宿衞繁冗者。丙午，車駕幸上都。赦軍人奸盜詐僞悉歸有司。賜太祖位怯憐口戶鈔萬八千二

百錠、布帛萬匹。賜禿赤及塔剌海以所籍朱淸、張瑄田，人六十頃，近侍鷹坊怯憐口鈔二萬七千三百錠、布帛萬二千匹。賜平章政事王慶端玉帶，半俸終身。

三月丁巳，詔：「軍民官已除，以地遠官卑不赴者，奪其官不敍。軍官擅離所部者，悉遣還翼，違者論如律。軍人不告所部私歸者，杖而還之。」乙丑，去歲十二月庚戌，彗星見，約盈尺，在室十一度入紫微垣，至是滅，凡七十四日。戊辰，中書左丞尙文以疾辭，不允。詔：「諸王、駙馬所分郡邑，達魯花赤惟用蒙古人，三年依例遷代，其漢人、女直、契丹名爲蒙古者皆罷之。」赦軍民逃奴有獲者卽付其主，主在他所者，逬所在官司給之，仍追逃奴鈔充獲者賞，逃及誘匿者，論罪有差。詔諸路牧羊及百至三十者，官取其一，不及數者勿取。中書省臣言：「自內降旨除官者，果爲近侍宿衞，踐履年深，依已除敍。嘗宿衞未官者，視散官敍，始歷一考，準爲初階。無資濫進，降官二級，官高者量降。各位下再任者，從所隸用，三任之上，聽入常調。蒙古人不在此限。」從之。雲南黎州盜坝也速（而帶）〔帶而〕家屬貲產，〔九〕命宣政院督其郡邑捕之。給諸王出伯所部馬萬三千五百匹。庚辰，詔內外使以軍務行者，至其地有司給饋十五日，自餘重事八日，細事三日。命凡爲衞兵者，皆半隸屯田，仍諭各衞屯官及屯田者，視其勤惰，以爲賞罰。陞分寧縣爲寧州。罷廬州路榷茶提舉司。灤城、〔一〇〕濟陽等縣隕霜殺桑。

夏四月丙戌，置千戶所，戍定海，以防歲至倭船。永寧路叛寇雄挫來降。命僧道爲商者輸稅。凡諸王、駙馬徵索，有司非奉旨輒給者，罪且罷之。詔諸路畏吾兒、合迷里自相訟者，歸都護府，與民交訟者，聽有司專決。甲午，詔：「朝廷、諸王、駙馬進捕鷹鷂皆有定戶，自今非鷹師而乘傳冒進者，罪之。」庚子，以永平、淸、滄、柳林屯田被水，其逋租及民貸食者皆勿徵。丁未，分教國子生於上都。賜西平王奧魯赤、合帶等部民鈔萬錠，朶耳思等站戶鈔二千二百錠、銀三百九十兩有奇。〔一一〕益都臨朐、德州齊河蝗。

五月(癸未)〔壬子〕朔，日有食之。〔一二〕辛酉，以所籍朱淸、張瑄江南財產隸中政院。己巳，以平宋隆濟功，賜諸王脫脫、亦吉里〔帶〕、〔一三〕平章床兀而等銀、鈔、金、幣、玉帶，及大理金齒、曲靖、烏撒 烏蒙宣慰等官銀、鈔各有差。壬申，罷福建都轉運鹽使司，以其歲課併隸宣慰司。中書省臣言：「吳江、松江實海口故道，潮水久淤，凡湮塞良田百有餘里，況海運亦由是而出，宜於租戶役萬五千人濬治，歲免租人十五石，仍設行都水監以董其程。」從之。追收諸王驛券。癸酉，定館陶等十七倉官品級：諸糧十萬石以上者從七品，五萬石以上者正八品，不及五萬者從八品。庚辰，以去歲平陽、太原地震，宮觀摧圮者千四百餘區，道士死傷者千餘人，命賑恤之。是月，蔚州之靈仙，太原之陽曲，隆興之天城、懷安，大同之白登大風雨雹傷稼，人有死者。大名之濬、滑，德州之齊河霖雨。汴梁之祥符、太康，衞輝之獲嘉，太原之陽武河溢。〔一四〕

六月癸未，開和林酒禁，立酒課提舉司。丁酉，汝寧妖人李曹驢等妄言得天書惑衆，事覺伏誅。益津蝗，汴梁祥符、開封、陳州霖雨，蠲其田租。扶風、岐山、寶鷄諸縣旱，烏撒、烏蒙、益州、〔一五〕忙部、東川等路饑、疫，並賑恤之。

秋七月辛酉，罷江淮等處財賦總管府。癸亥，諸王合贊自西域遣使來貢珍物。賜諸王也孫鐵木而等鈔二十萬錠，戍北千戶十五萬錠，怯憐口等九萬餘錠，西平王奧魯赤二萬錠。以順德、恩州去歲霖雨，免其民租四千餘石。

八月，太原之交城、陽曲、管州、嵐州，大同之懷仁雨雹隕霜殺禾，杭州火，發粟賑之。以大名、高唐去歲霖雨，免其田租二萬四千餘石。

九月癸丑，車駕至自上都。庚申，伯顏、梁德珪並復爲中書平章政事，八都馬辛復爲中書右丞，迷而火者復爲中書參知政事。以江浙行省平章阿里爲中書平章政事。庚午，以戶部尚書張祐爲中書參知政事。癸酉，諸王察八而、朶瓦等遣使來附，以幣帛六百匹給之。詔諸王凡泉府規營錢，非奉旨毋輒支貸。給諸王出伯所部帛四百匹。四川、雲南鎭戍軍家居太原、平陽被災者，給鈔有差。潮州颶風起，海溢，漂民廬舍，溺死者衆，給其被災戶糧兩月。以冀、孟、輝、雲內諸州去歲霖雨，免其田租二萬二千一百石。

冬十月辛卯，〔一六〕有事于太廟。辛巳，給諸王阿只吉所部馬料價鈔三千九百錠。以宣徽使、大都護長壽爲中書右丞，陝西行省右丞脫歡爲中書參知政事。丁亥，安南遣使入貢。詔諸王、駙馬毋乘驛以獵。庚寅，封皇姪海山爲懷寧王，賜金印，仍割瑞州戶六萬五千隸之，歲給五戶絲直鈔二千六百錠、幣帛各千匹。戊戌，命省、臺、院官鞫高麗國相吳(祈)〔祁〕及千戶石天(輔)〔補〕等，〔一七〕以(祈)〔祁〕離間王父子，天(輔)〔補〕謀歸日本，皆笞之，徙安西。

十一月壬子，詔：「內郡、江南人凡爲盜黥三次者，謫戍遼陽；諸色人及高麗三次免黥，謫戍湖廣；盜禁籞馬者，初犯謫戍，再犯者死。」以平陽、太原去歲地大震，免其稅課一年。遣制用院使忽鄰、翰林直學士林元撫慰高麗。放遼陽民樂亦等三百九十戶爲兵者還民籍。丁卯，復免僧人租。戊辰，以武備卿鐵古迭而爲御史大夫。壬申，詔凡僧姦盜殺人者，聽有司專決。寧遠王闊闊出以馬萬五百餘匹給軍，命以鈔五萬二千五百餘錠償其直。增海漕米爲百七十萬石。

十二月庚子，復立益都淘金總管府。辛丑，封諸王出伯爲威武西寧王，賜金印。賜安西王阿難答、諸王阿只吉、也速不干等鈔一萬四千錠。

九年春正月丁巳，太陰犯天關。戊午，帝師輦眞監藏卒，賻金五百兩、銀千兩、幣帛萬匹、鈔三千錠，仍建塔寺。甲子，太陰犯明堂。以瓮吉剌部民張道奴等舊權爲軍者復隸民籍。己巳，太陰犯東咸。壬申，弛大都酒禁。甲戌，賜諸王完澤、撒都失里、別不花等所部鈔五萬六千九百錠、幣帛有差，鷹師等百五十萬錠。

二月癸未，敕軍匠等戶元隸東宮者，有司毋得奪之。中書省臣言：「近侍自內傳旨，凡除授賞罰皆無文記，懼有差違，乞自今傳旨者，悉以文記付中書。」從之。甲午，免天下道士賦稅。乙未，建大天壽萬寧寺。丁酉，封諸王完澤爲衞安王，定遠王岳木忽而爲威定王，並賜金印。陞翰林國史院爲正二品。賜朶瓦使者幣帛五百匹。庚子，命中書議行郊祀禮。辛丑，詔赦天下。令御史臺、翰林、集賢院、六部，於五品以上，各舉廉能識治體者三人，行省、行臺、宣慰司、廉訪司各舉五人。免大都、上都、隆興差稅，內郡包銀俸鈔一年。江淮以南租稅及佃種官田者，均免十分之二。致仕官止有一子應承廕者，其傔使並免之，家貧者給半俸終其身。丙午，賜宿衞怯憐口鈔一百萬錠。以歸德頻歲被水民饑，給糧兩月。平陽、太原地震，站戶被災，給鈔一萬二千五百錠。

三月丁未朔，車駕幸上都。給還安西王積年所減歲賜金五百兩、絲一萬一千九百斤，仍賜其所部鈔萬錠。敕遼陽行省毋專決大辟。以和林所貯幣帛給懷寧王所部軍。庚戌，以吃剌（八思）〔思八〕斡節兒姪相加班爲帝師。〔一八〕詔梁王勿與雲南行省事，賜鈔千錠。甲寅，熒惑犯氐。戊午，歲星犯左執法。以樞密副使高興爲平章政事，仍樞密副使。賜親王脫脫鈔二千錠，奴兀倫、孛羅等金五百兩、銀千兩、鈔二萬錠。以濟寧去歲霖雨傷稼，常寧州饑，並賑恤之。河間、益都、般陽屬縣隕霜殺桑，撫之。宜黃、興國之大冶等縣火，給被災者糧一月。

夏四月庚辰，太陰犯井。雲南行省請益戍兵，不許，遣使詣諸路閱其當戍者遣之。乙酉，大同路地震，有聲如雷，壞官民廬舍五千餘間，壓死二千餘人。懷仁縣地裂二所，湧水盡黑，漂出松柏朽木，遣使以鈔四千錠、米二萬五千餘石賑之；是年租賦稅課徭役一切除免。戊子，賜察八而、朵瓦所遣使者銀千四百兩、鈔七千八百餘錠。己丑，東川路蠻官阿葵以馬二百五十四、金二百五十兩及方物來獻。壬辰，太白犯井。中書省臣言：「前代郊祀，以祖宗配享。臣等議：今始行郊禮，專祀昊天爲宜。」詔依所議行之。以汴梁、歸德、安豐去歲被災，潭州、郴州、桂陽、東平等路饑，並賑恤之。

五月丁未，詔諸王、駙馬部屬及各投下，凡市傭徭役與民均輸。遣官調雲南、四川、福建、兩廣官。大都旱，遣使持香禱雨。戊申，徵陝西儒學提舉蕭𣂏赴闕，命有司給以安車。戊午，改各道肅政廉訪司爲詳刑觀察（使）〔司〕，〔一九〕聽省、臺辟人用之。立衍慶司，正二品。

癸亥，歲星掩左執法。以地震，改平陽爲晉寧，太原爲冀寧。復立洪澤、芍陂屯田，令河（西）〔南〕行省平章阿散領其事。〔二〇〕省鬱林縣入貴州。以晉寧、冀寧累歲被災，給鈔三萬五千錠。寶慶路饑，發粟五千石賑之。以陝西渭南、櫟陽諸縣去歲旱，蠲其田租。道州旱。

六月丙子朔，以立皇太子，遣中書右丞相答剌罕哈剌哈孫告昊天上帝，御史大夫鐵古迭而告太廟。庚辰，立皇子德壽爲皇太子，詔告天下。賜高年帛，八十者一匹，九十者二匹。孝子順孫堪從政者，量才任之。親年七十別無侍丁者，從近遷除。外任官五品以下並減一資。諸處罪囚淹繫五年以上，除惡逆外，疑不能決者釋之。流竄遠方之人，量移內地。甲午，潼川霖雨江溢，漂沒民居，溺死者衆，敕有司給糧一月，免其田租。以瓊州屢經叛寇，隆興、撫州、臨江等路水，汴梁霖雨爲災，並給糧一月。桓州、宣德雨雹。鳳翔、扶風旱。通、泰、靜海、武清蝗。〔二一〕

秋七月乙巳朔，禁晉寧、冀寧、大同釀酒。蠲晉寧、冀寧今年商稅之半。丙午，熒惑犯氐。辛亥，築郊壇於麗正、文明門之南丙位，設郊祀署，令、丞各一員，太祝三員，奉禮郎二員，協律郎一員，法物庫官二員。癸丑，以黑水新城爲靖安路。〔二二〕陞祕書監、拱衛司並正三品。罷福建蒙古字提舉司及醫學提舉司。賜安西王阿難答子月魯鐵木而鈔二千錠。甲寅，太白經天。庚申，陞太府監爲太府院。壬戌，以金千兩、銀七萬五千兩、鈔十三萬錠，賜興聖太后及宿衞臣，出居懷州。復置懷寧王王府官。賜威（遠）〔定〕王岳木忽而鈔萬錠。〔二三〕給大都至上都十二驛鈔一萬一千二百錠。丁卯，熒惑犯房。以大司徒段貞、中書右丞八都馬辛並爲中書平章政事，參知政事合剌蠻子爲右丞，參知政事迷而火者爲左丞，參議中書省事也先伯爲參知政事。給脫脫所部乞而吉思民糧五月。沔陽之玉沙江溢，陳州之西華河溢，嶧州水，賑米四千石。揚州之泰興、江都，淮安之山陽水，蠲其田租九千餘石。潭、郴、衡、雷、峽、滕、沂、寧海諸郡饑，減直糶糧五萬一千六百石。

八月乙亥朔，省孛可孫冗員。孛可孫專治芻粟，初惟數人，後以各位增入，遂至繁冗。至是存十二員，餘盡革之。丙子，給大都車站戶粟千四百七十餘石。丁丑，給曲阜林廟洒掃戶，以尙珍署田五十頃供歲祀。己卯，以冀寧歲復不登，弛山澤之禁，聽民採捕。命太常卿丑閭、昭文館大學士靳德進祭星于司天臺。辛巳，太陰犯東咸。丙戌，商胡塔乞以寶貨來獻，以鈔六萬錠給其直。癸巳，復立制用院。乙未，熒惑犯天江。賜寧遠王闊闊出鈔萬錠，及其所部三萬錠。是月，涿州、東安州、河間、嘉興蝗，象州、融州、柳州旱，歸德、陳州河溢，大名大水，揚州饑。

九月戊申，聖誕節，帝駐蹕于壽寧宮，受朝賀。丁巳，熒惑犯斗。庚申，車駕至自上都。賜威武西寧王出伯所部鈔三萬錠。

冬十月丁丑朔，〔二四〕陞都水監正三品。辛巳，有事于太廟。丙戌，太白經天。己丑，命兩廣以南軍與土人同戍。庚寅，駙馬按替不花來自朵瓦，賜銀五十兩、鈔二百錠。乙未，帝諭中書省、樞密院、御史臺臣曰：「省中政事，聽右丞相哈剌哈孫答剌罕總裁，自今用人，非與答剌罕共議者，悉罷之。」戊戌，詔芍陂、洪澤等屯田爲豪右占據者，悉令輸租。辛丑，復以詳刑觀察司爲廉訪司。常州僧錄林起祐以官田二百八十頃冒爲己業施河西寺，敕募民耕種，輸其租于官。御史臺臣請增官吏俸，命與中書省共議以聞。括兩淮地爲豪民所占者，令輸租賦。賜安南王陳益稷湖廣地五百頃。諸王忽剌出及昔而吉思來賀立皇太子，賜鈔及衣服、弓矢等有差。

十一月丁未，以鈔萬錠給雲南行省，命與貝參用，其貝非出本土者同僞鈔論。拘收諸王、妃主驛券。置大都南城警巡院。黃勝許遣其屬來獻方物，請復其子官。帝不允，曰：「勝許反側不足信，如其悔罪自至，則官可得。」命賜衣服遣之。以去年冀寧地震，站戶貧乏，詔諸王、駙馬毋妄遣使乘驛。復立雲南屯田，命伯顏察而董其事。給四川征戍軍士其家居大同爲地震壓死者戶鈔五錠。庚戌，歲星、太白、鎭星聚於亢。癸丑，歲星犯亢。丙寅，歲星晝見。庚午，祀昊天上帝于南郊，牲用馬一、蒼犢一、羊豕鹿各九，其文舞曰崇德之舞，武舞曰定功之舞。以攝太尉、右丞相哈剌哈孫、左丞相阿忽台、御史大夫鐵古迭而爲三獻官。壬申，太白經天。

十二月乙亥，賜冀寧路鈔萬錠、鹽引萬紙，以給歲費。丙子，太白犯西咸。地震。庚寅，熒惑犯壘壁陣。皇太子德壽薨。己亥，辰星犯建星。

十年春正月壬寅朔，高麗王王昛遣使來獻方物。甲辰，詔詢訪莊聖皇后、昭睿順聖皇后、徽仁裕聖皇后儀範中外之政，以備紀錄。丙午，濬吳松江等處漕河。四川行省臣言：「所在驛傳，舊制以各路達魯花赤兼督。今沿江水驛迂遠，宜令所隸州縣官統治之。」從之。增置甘肅行省王渾木敦等處驛傳。立福建鹽課提舉司，隸宣慰司。庚戌，濬眞、揚等州漕河，令鹽商每引輸鈔二貫，以爲傭工之費。丁巳，太白犯建星。戊午，罷江南白雲宗都僧錄司，汰其民歸州縣，僧歸各寺，田悉輸租。壬戌，發河南民十萬築河防。丙寅，以沙都而所部貧乏，給糧兩月。丁卯，命諸王、駙馬、妃主奏請錢穀者，與中書議行之。陞巡檢爲九品。命近侍無輒驛召外郡官。弛大同路酒禁。封駙馬合伯爲昭武郡王。營國子學於文宣王廟西偏。詔各道禁沮擾鹽法。以京畿雷家站戶貧乏，給鈔五百錠。奉聖州懷來縣民饑，給鈔九百錠。

閏正月癸酉，太白犯牽牛。甲戌，賑合民所部留處鳳翔者糧三月。壬午，給諸王也先

鐵木而所部米二千石。賑暗伯拔突軍屯東地者糧兩月。丁亥，免大都今年租賦。己丑，太白犯壘壁陣。甲午，以前中書平章政事鐵哥、江浙行省平章閣里、河南行省平章阿散，並爲中書平章政事；行宣政院使張閭、四川行省左丞杜思敬，並爲中書左丞；參議中書省事劉源爲參知政事。是月，以曹之禹城去歲霖雨害稼，民饑，發陵州糧二千餘石賑之。晉寧、冀寧地震不止。

二月壬寅，賑金蘭站戶不能自贍者糧兩月。賑遼陽千戶小薛干所部貧匱者糧三月。辛亥，中書省臣言：「近侍傳旨以文記至省者，凡一百五十餘人，令臣擢用。其中犯法妄進者實多，宜加遴選。」制曰「可」。陞行都水監爲正三品，諸路提控案牘爲九品。駙馬濟寧王蠻子帶以所部用度不足，乞預貸歲得五戶絲，從之。遣六衞漢軍貧乏者還家休息一年。丙辰，封孛羅爲鎭寧王，錫以金印。朶瓦遣使來朝，賜衣幣遣之。戊午，太陰犯氐。己未，江西福建道奉使宣撫塔不帶坐贓遇赦，釋其罪，終身不敍。丁卯，以月古不花爲中書左丞。戊辰，車駕幸上都。賜安西王阿難答、西平王奧魯赤、不里亦鈔三萬錠，南哥班萬錠，從者三萬二千錠。鎭西武靖王搠思班所部民饑，發甘肅糧賑之。是月，大同路暴風大雪，壞民廬舍，明日雨沙陰霾，馬牛多斃，人亦有死者。

三月戊寅，歲星犯亢。己卯，崞古王遣使來貢方物。乙未，慮大都囚，釋上都死囚三人。賜駙馬蠻子帶鈔萬錠。道州營道等處暴雨，江溢山裂，漂蕩民廬，溺死者衆，復其田租。以濟州任城縣民饑，賑米萬石。給千家木思答伯部糧三月。柳州民饑，給糧一月。河間民王天下奴弒父，磔裂於市。

夏四月庚子朔，詔凡匿鷹犬者，沒家貲之半，笞三十，來獻者給之以賞。甲辰，樞密院臣言：「太和嶺屯田，舊置屯儲總管府，專督其程。人給地五十畝，歲輸糧三十石，或佗役不及耕作者，悉如數徵之，人致重困。乞令軍官統治，以宣慰使玉龍失不花總其事，視軍民所收多寡以爲賞罰。」從之。丁未，命威武西寧王出伯領甘肅等地軍站事。辛酉，塡星犯亢。壬戌，雲南羅雄州軍火主阿邦龍少結豆溫匡虜、普定路諸蠻爲寇，[二五]右丞汪惟能進討，賊退據越州。諭之不服，遣平章也速帶而率兵萬人往捕之。兵至曲靖，與惟能合，從諸王昔寶赤、亦(里吉)[吉里]帶等進壓賊境，[二六]獲阿邦龍少斬之，餘衆皆潰。命也速帶而留軍二千戍之，其從軍有功者皆加賞賚。癸亥，置崑山、嘉定等處水軍上萬戶府。甲子，倭商有慶等抵慶元貿易，以金鎧甲爲獻，命江浙行省平章阿老瓦丁等備之。賜梁王松山鈔千錠。是月，以廣東諸郡、吉州、龍興、道州、柳州、漢陽、淮安民饑，贛縣暴雨水溢，賑糧有差。鄭州暴風雨雹，大若鷄卵，麥及桑棗皆損，蠲今年田租。眞定、河間、保定、河南蝗。

五月辛未，大都旱，遣使持香禱雨。壬午，增河間、山東、兩浙、兩淮、福建、廣海鹽運司

歲煮鹽二十五萬餘引。癸未，詔西番僧往還者不許馳驛，給以舟車。禁御史臺、宣慰司、廉訪司官，毋買鹽引。乙酉，以同知樞密院事塔魯忽台、塔剌海並知樞密院事。遣高麗國王王昛還國，仍署行省以鎭撫之，其國僉議、密直司等官並授以宣敕。封駙馬脫鐵木而爲濮陽王，賜以金印，公主忙哥台爲鄆國大長公主。丁亥，詔命右丞相哈剌哈孫答剌罕、左丞相阿忽台等整飭庶務，凡銓選錢穀等事一聽中書裁決，百司勤怠者各以名聞。賜威武西寧王出伯鈔三萬錠。遼陽、益都民饑，賑貸有差。大都、眞定、河間蝗。平江、嘉興諸郡水傷稼。

六月癸卯，御史臺臣言：「江南行臺監察御史敎化劾江浙行省宣使李元不法，行省亦遣人摭拾，敎化不令檢覈案牘。中書省臣復言，敎化等不循法度，擅遣軍士守衞其門，搒掠李元，誣指行省等官，實溫省事。」詔省、臺及也可札魯忽赤同訊之。癸丑，太陰犯羅堰上星。己未，歲星犯亢。壬戌，來安路總管岑雄叛，湖廣行省遣宣慰副使忽都魯鐵木而招諭之，雄令其子世堅來降，賜衣物遣之。復淮西道廉訪司。大名、益都、易州大水。景州霖雨。龍興、南康諸郡蝗。

秋七月庚辰，太陰犯牽牛。辛巳，釋諸路罪囚，常赦所不原者不與。宣德等處雨雹害稼。大同之渾源隕霜殺禾。平江大風，海溢漂民廬舍。道州、(之)武昌、永州、(之)興國、[二七]

黃州、沅州饑，減直賑糶米七萬七千八百石。

八月壬寅，歲星犯氐。熒惑犯太微垣上將。開成路地震，王宮及官民廬舍皆壞，壓死故秦王妃也里完等五千餘人，以鈔萬三千六百餘錠、糧四萬四千一百餘石賑之。辛亥，賜皇姪阿木哥鈔三千錠。丁巳，京師文宣王廟成，行釋奠禮，牲用太牢，樂用登歌，製法服三襲。命翰林院定樂名、樂章。成都等縣饑，減直賑糶米七千餘石。

九月己巳，熒惑犯太微垣右執法。壬申，以聖誕節，朶瓦遣款徹等來賀。壬午，熒惑犯太微垣左執法。

冬十月甲辰，太白犯斗。丁未，有事于太廟。辛亥，太陰犯畢。甲寅，太陰犯井。丁卯，安南國遣黎亢宗來貢方物。青山叛蠻紅犵獠等來附，仍貢方物，賜金幣各一。吳江州大水，民乏食，發米萬石賑之。

十一月己巳，車駕還大都。辛未，歲星犯房。壬申，太陰犯虛。甲戌，熒惑犯亢。丁亥，武昌路火，給被災者糧一月。戊子，熒惑犯氐。辛卯，太陰犯熒惑。丙申，安西王阿難答、西平王奧魯赤所部皆乏食，給米有差。益都、揚州、辰州歲饑，減直賑糶米二萬一千餘石。

十二月壬寅，太白晝見。乙巳，歲星犯東咸。壬子，速哥察而等十三站乏食，給糧三

月。乙卯，帝有疾，禁天下屠宰四十二日。丙辰，遣宣政院使沙的等禱于太廟。諸王合而班答部民潰散，詔諭所在敢匿者罪之。戊午，太陰犯氐。癸亥，瓊州臨高縣那蓬洞主王文何等作亂伏誅。磁州民田雲童弑母，磔裂于市。

是歲，斷大辟四十四人。

十一年春正月丙(辰)〔寅〕朔，〔二六〕帝大漸，免朝賀。癸酉，崩于玉德殿，在位十有三年，壽四十有二。乙亥，靈駕發引，葬起輦谷，從諸帝陵。是年九月乙丑，謚曰欽明廣孝皇帝，廟號成宗。國語曰完澤篤皇帝。

成宗承天下混一之後，垂拱而治，可謂善於守成者矣。惟其末年，連歲寢疾，凡國家政事，內則決於宮壼，外則委於宰臣；然其不致於廢墜者，則以去世祖爲未遠，成憲具在故也。

校勘記

〔一〕以郝天挺塔出往江南江北　按元代設河南江北行中書省及河南江北道，河南、江北爲接連地區，且下文復有「趙仁榮、岳叔謨往江南、湖廣」，但無一處提及河南。蒙史改「江南」爲「河南」，疑是。

〔二〕段(眞)〔貞〕　按本書多見皆作「段貞」，元文類卷十二有留守段貞贈謚制，據改。續編已校。

〔三〕小蘭禧　考異云「小當作卜」。元祕書監志作「孛蘭肸」。按本書同名異譯尙有「卜蘭奚」、「不蘭奚」等。此處「小」字當爲「卜」或「不」之誤。

〔四〕丁丑　按是月戊午朔，丁丑爲二十日，應在己巳十二日後、庚辰二十三日前。

〔五〕戊寅　本書卷四八天文志有「七月戊寅，歲星犯軒轅。」按是月丁巳朔，戊寅爲二十二日，應移併於丁丑二十一日後之戊寅條。

〔六〕中〔書〕省　據前後多見之文補。續通鑑已校。

〔七〕吳(新)〔祁〕　據高麗史卷一二五吳潛傳改。下同。

〔八〕(靜)〔淨〕州　見卷一校勘記〔一四〕。

〔九〕也速(而帶)〔帶而〕　據前文屢見之「也速帶而」改正。

〔一〇〕灤城　按元無「灤城」，眞定路有欒城縣。疑此處「灤」當作「欒」。

〔一一〕朶耳思等站戶　按上文大德元年十月戊午條有「以朶甘思十九站貧乏，賜馬牛羊有差」。「朶甘思」一名本書屢見，疑「耳」爲「甘」之誤。

〔一二〕五月(癸未)〔壬子〕朔日有食之　按是月壬子朔，無癸未日。大德八年五月壬子當公曆一三〇四年六月四日，是日十四時一分三秒合朔，日環食。「癸未」誤，今改。

〔一三〕亦吉里〔帶〕　據下文大德十年四月壬戌條補「帶」字。參看卷一七校勘記〔一五〕。

〔一四〕太原之陽武　按太原路無陽武縣，陽武隸汴梁路，疑此處「陽武」爲「陽曲」之誤。

〔一五〕益州　本證云：「案益州疑當作雲益州或益良州。」

〔一六〕辛卯　按是月己卯朔，辛卯爲十三日。此辛卯在辛巳初三日前，疑爲己卯之誤或錯簡。

〔一七〕石天(麟)〔補〕　據高麗史卷三二忠烈王世家、卷一二五吳潛傳附石胄傳改。下同。蒙史已校。

〔一八〕吃剌(八思)〔思八〕斡節兒　據上文成宗紀至元三十一年六月戊申條所見「合剌思八斡節而」及本書卷二〇二釋老傳所見「乞剌斯八斡節兒」改正。此名藏語，意爲「稱光」。王圻續通考已校。

〔一九〕詳刑觀察(使)〔司〕　按下文十月辛丑條有「復以詳刑觀察司爲廉訪司」，據改。續編已校。

〔二〇〕令河(西)〔南〕行省平章阿散領其事　按元此時已無河西行省。下文大德十年閏正月甲午條有「河南行省平章阿散」，據改。

〔二一〕通泰靜海武清蝗　按本書卷五〇五行志作「通、泰、靖海、武清等州縣蝗」，靖海係河間路清州屬縣，與通州州治靜海爲兩地。此處「靜」當作「靖」。

〔二二〕靖安路　按本書卷二五、二六仁宗紀延祐元年十一月戊寅、五年三月庚午條及元文類卷五五姚燧河內李氏先德碑銘，「靖安」皆作「靜安」，此處「靖」當作「靜」。

〔二三〕威(遠)〔定〕王岳木忽而　據上文二月丁酉條及本書卷一〇八諸王表改。本證已校。

〔二四〕冬十月丁丑朔　考異云「當作甲戌朔」。按丁丑爲初四日，此處史文有誤。

〔二五〕豆溫匣虜普定路諸蠻　按元文類卷四一經世大典序錄招捕有「阿邦龍少、麻納布昌結廣西路豆溫阿匣、普安路管主普勒」，「普安路有軍六圈子」等語。此處「匣虜」卽指阿匣，「普定路」疑爲「普安路」之誤。

〔二六〕亦（里吉）〔吉里〕帶　見卷一七校勘記〔一五〕。

〔二七〕道州（之）武昌永州（之）興國　按本書卷六二地理志，此四路皆置於至元十四年，不相隸屬，此二「之」字衍，今刪。本證已校。

〔二八〕正月丙（辰）〔寅〕朔　按大德十年十二月二十日爲丙辰，十一年正月無丙辰日，「辰」爲「寅」之誤，今改。類編已校。

元史卷二十二

本紀第二十二

武宗一

武宗仁惠宣孝皇帝，諱海山，順宗答剌麻八剌之長子也。母曰興聖皇太后，弘吉剌氏。至元十八年七月十九日生。

成宗大德三年，以寧遠王闊闊出總兵北邊，怠於備禦，命帝卽軍中代之。四年八月，與海都軍戰于闊別列之地，敗之。十二月，軍至按台山，乃蠻帶部落降。五年八月朔，與海都戰于迭怯里古之地，海都軍潰。越二日，海都悉合其衆以來，大戰于合剌合塔之地。師失利，親出陣，力戰大敗之，盡獲其輜重，悉援諸王、駙馬衆軍以出。明日復戰，軍少却，海都乘之，帝揮軍力戰，突出敵陣後，全軍而還。海都不得志去，旋亦死。

八年十月，封帝懷寧王，賜金印，置王傅官，食瑞州六萬五千戶。十年七月，自脫忽思

圈之地踰按台山，追叛王斡羅思，獲其妻孥輜重，執叛王也孫禿阿等及駙馬伯顏。八月，至也里的失之地，受諸降王禿滿、明里鐵木兒、阿魯灰等降。海都之子察八兒逃于都瓦部，盡俘獲其家屬營帳。駐冬按台山。降王禿曲滅復叛，與戰敗之，北邊悉平。

十一年春，聞成宗崩，三月，自按台山至於和林。諸王勳戚畢會，皆曰今阿難答、明里鐵木兒等熒惑中宮，潛有異議，諸王也只里昔嘗與叛王通，今亦預謀。既辭服伏誅，乃因闔辭勸進。帝謝曰：「吾母、吾弟在大都，俟宗親畢會，議之。」先是，成宗違豫日久，政出中宮，命仁宗與皇太后出居懷州。至是，仁宗聞訃，以二月辛亥與太后俱至京師。安西王阿難答與諸王明里鐵木兒已於正月庚午先至。左丞相阿忽台，平章八都馬辛，前中書平章伯顏，中政院使怯烈、道興等潛謀推成宗皇后伯要眞氏稱制，阿難答輔之。仁宗以右丞相哈剌哈孫之謀言于太后曰：「太祖、世祖創業艱難，今大行晏駕，德壽已薨，諸王皆疏屬，而懷寧王在朔方，此輩潛有異圖，變在朝夕，俟懷寧王至，恐亂生不測，不若先事而發。」遂定計，誅阿忽台、怯列等，而遣使迎帝。

五月，至上都。乙丑，仁宗侍太后來會，左右部諸王畢至會議，乃廢皇后伯要眞氏，出居東安州，賜死。執安西王阿難答、諸王明里鐵木兒至上都，亦皆賜死。甲申，皇帝卽位于上都，受諸王文武百官朝於大安閣，大赦天下，詔曰：

昔我太祖皇帝以武功定天下，世祖皇帝以文德洽海內，列聖相承，丕衍無疆之祚。朕自先朝，肅將天威，撫軍朔方，殆將十年，親御甲胄，力戰却敵者屢矣。方諸藩內附，邊事以寧，遽聞宮車晏駕，適有宗室諸王、貴戚元勳，相與定策於和林，咸以朕爲世祖曾孫之嫡，裕宗正派之傳，以功以賢，宜膺大寶。朕謙讓未遑，至於再三。還至上都，宗親大臣復請於朕。間者，姦臣乘隙，謀爲不軌，賴祖宗之靈，母弟愛育黎拔力八達稟命太后，恭行天罰。內難既平，神器不可久虛，宗祧不可乏祀，合辭勸進，誠意益堅。朕勉徇輿情，於五月二十一日卽皇帝位。任大守重，若涉淵冰。屬嗣服之云初，其與民更始，可大赦天下。

存恤征戍軍士及供給繁重州郡。免上都、大都、隆興差稅三年，其餘路分，量重輕優免。雲南、八番、田楊地面，免差發一年。其積年逋欠者，蠲之。逃移復業者，免三年。被災之處，山場湖泊課程，權且停罷，聽貧民採取。站赤消乏者，優之。經過軍馬，勿得擾民。諸處鐵冶，許諸人煽辦。勉勵學校，蠲儒戶差役。存問鰥寡孤獨。

是日，追尊皇考曰皇帝，尊太母元妃曰皇太后。丁亥，陞通政院秩正二品。陞儀鳳司爲玉宸樂院，秩從二品。壬辰，加知樞密院事朶兒朶海太傅，中書右丞相哈剌哈孫答剌罕太保，並錄軍國重事；知樞密院事塔剌海爲中書左丞相，預樞密院、宣徽院事；同知徽政院事床兀

兒、也可扎魯忽赤阿沙不花、江浙行省平章政事明里不花，並爲中書平章政事；江浙行省左丞劉正爲中書左丞；遙授中書左丞欽察、福建道宣慰使也先帖木兒，並爲中書參知政事；中書右丞、行御史中丞塔思不花爲御史大夫；平章政事床兀兒爲知樞密院事。特授乞台普濟中書平章政事，延慶使抄兒赤中書右丞，同知和林等處宣慰司事塔海中書右丞，阿里中書左丞，脫脫御史大夫。以大都迤北六十二驛驛戶罷乏，給鈔賙之。是月，封皇太子乳母李氏爲壽國夫人，其夫燕家奴爲壽國公。以中書平章政事合散爲遼陽行省平章政事。建州大雨雹。

六月癸巳朔，詔立母弟愛育黎拔力八達爲皇太子，受金寶。陞武備寺爲武備院，秩從二品。甲午，建行宮于旺兀察都之地，立宮闕爲中都。丁酉，中書右丞相哈剌哈孫答剌罕、左丞相塔剌海言：「臣等與翰林、集賢、太常老臣集議：皇帝嗣登寶位，詔追尊皇考爲皇帝，皇考大行皇帝同母兄也，大行皇帝祔廟之禮尚未舉行，二帝神主依兄弟次序祔廟爲宜。今擬請謚皇考昭聖衍孝皇帝，廟號順宗；大行皇帝曰欽明廣孝皇帝，廟號成宗。太祖之室居中，睿宗西第一室，世祖西第二室，裕宗西第三室，順宗東第一室，成宗東第二室。先元妃弘吉剌氏失憐答里宜謚曰貞慈靜懿皇后，祔成宗廟室。」制曰「可」。又言：「前奉旨命臣等議諸王朝會賜與，臣等議：憲宗、世祖登寶位時賞賜有數，成宗卽位，承世祖府庫充富，比先例，

賜金五十兩者增至二百五十兩，銀五十兩者增至百五十兩。」有旨：「其遵成宗所賜之數賜之。」戊戌，哈剌哈孫答剌罕言：「比者，諸王、駙馬會于和林，已蒙賜與者，今不宜再賜。」帝曰：「和林之會，國事方殷。已賜者，其再賜之。」己亥，御史大夫脫脫、翰林學士承旨三寶奴言：「舊制，皇太子宮屬，省、臺參用。請以羅羅斯宣慰使斡羅思任之中書。」詔以爲中書右丞。班朝諸司，聽皇太子各置一人。以拱衞直都指揮使馬謀沙角觝屢勝，遙授平章政事。壬寅，塔剌海加太保、錄軍國重事、太子太師。癸卯，置詹事院。甲辰，樞密院請以軍二千五百人繕治上都鷹坊及諸官廨，有旨：「自今非奉旨，軍勿輒役。」以平章政事、行和林等處宣慰使都元帥憨剌合兒，通政使、武備卿鐵木兒不花，並知樞密院事。乙巳，以金二千七百五十兩、銀十二萬九千二百兩、鈔萬錠、幣帛二萬二千二百八十四奉興聖宮，賜皇太子亦如之。中書省臣言：「中書宰臣十四員，御史大夫四員，前制所無。」詔與翰林、集賢諸老臣議擬以聞。丙午，太陰犯南斗杓星。徽政使佤頭等言：「別不花以私錢建寺，爲國祝釐。其父爲諸王斡忽所害，請賜以斡忽所得歲賜。」命以五年與之，爲銀四千一百餘兩、絲三萬一千二百九十斤、織幣金百兩、絹七百一十四。戊申，特授尙乘卿孛蘭奚、床兀兒並平章政事，大同屯儲軍民總管府達魯花赤怯里木丁中書右丞。辛亥，以中書平章政事脫虎脫爲江西行省平章政事。壬子，封皇妹祥哥剌吉爲魯國大長公主，駙馬琱阿不剌爲魯王。鐵木兒不花、

憨剌合兒等言：「舊制，樞密院銓調軍官，公議以聞。比者，近侍自擇名分，從內降旨，恐壞世祖定制，且誤國事。在成宗時嘗有旨，輒奏樞密事者，許本院再陳。臣等以爲自今用人，宜一遵世祖成憲。」帝曰：「其遵前制，餘人勿輒有請。」又言：「軍官與民官不同，父子兄弟許其相襲，此世祖定制。比者，近侍有輒以萬戶、千戶之職請於上者，內降聖旨，臣等未敢奉行。」帝曰：「其依例行之。」甲寅，敕內郡、江南、高麗、四川、雲南諸寺僧誦藏經，爲三宮祈福。乙卯，遣也可扎魯忽赤馬剌赴北軍，以印給之。丙辰，御史大夫塔思不花言：「殿中司所職：中書而下奏事者，必使隨之以入；不在奏事之列者，聽其引退；班朝百官朝會失儀者，得糾劾；病故者，必以告。請如舊制。」又言：「舊制，內外風憲官有所彈劾，諸人勿預。而近有受賕爲監察御史所劾者，獄具，夤緣奏請，託言事入覲，以避其罪。臣等以爲今後有罪者，勿聽至京，待其對辨事竟，果有所言，方許奏陳。」皆從之。塔思不花又言：「皇太子有旨：有司贓罪，不須刑部定議，受敕者從廉訪司處決，省、臺遣人檢覈廉訪司文案，則私意沮格。非便。」平章阿沙不花因言：「此省、臺同議之事，臺臣不宜獨奏。」帝曰：「此御史臺事，臺臣言是也，如所奏行之。」塔思不花、脫脫並遙授左丞相。戊午，進封高麗王王昛爲瀋陽王，〔一〕加太子太傅、駙馬都尉。置皇太子家令司、府正司、延慶司、典寶署、典膳署。己未，封寧遠王闊闊出爲寧王，賜金印。庚申，遙授左丞相、行御史大夫塔思

不花右丞相。辛酉，汴梁、南陽、歸德、江西、湖廣水。保定屬縣蝗。

秋七月癸亥朔，封諸王禿剌爲越王。諸王出伯言：「瓜州、沙州屯田逋戶漸成丁者，乞拘隸所部。」中書省臣言：「瓜州雖諸王分地，其民役於驛傳，出伯言宜勿從。」陞章佩監爲章佩院，秩從二品。賜阿剌納八剌鈔萬錠。甲子，命御史臺大夫鐵古迭兒、知樞密院事塔魯忽帶、中書平章政事床兀兒以卽位告謝南郊。丙寅，以禮店蒙古萬戶屬土番宣慰司非便，命仍舊隸脫思麻宣慰司，防守陝州。諸王、駙馬入覲者，非奉旨不許給驛。以中書參知政事趙仁榮爲太子詹事。以阿保功，授明里大司徒，封其妻梅仙爲順國夫人。賜床兀兒軍士鈔六萬錠、幣帛二萬匹。遣肥兒牙兒迷的里及鐵肐胆詣西域取佛鉢、舍利，肥兒牙兒迷的里遙授宣政使，鐵肐胆遙授平章政事。以並命太傅右丞相哈剌哈孫答剌罕、太保左丞相塔剌海綜理中書庶務，詔諭中外。己巳，太陰犯亢。置宮師府，設太子太師、少師、太傅、少傅、太保、少保，賓客，左、右諭德，贊善，庶子，洗馬，率更令、丞，司經令、丞，中允，文學，通事舍人，校書，正字等官。壬申，命御史大夫鐵古迭兒、中書平章政事床兀兒、樞密副使孛蘭奚，以卽位祇謝太廟。以安西、平江、吉州三路爲皇太子分地，越州路爲越王禿剌分地。賜諸王八不沙鈔萬錠。癸酉，罷和林宣慰司，置行中書省及稱海等處宣慰司都元帥府、和林總管府。以太師月赤察兒爲和林行省右丞相，中書右丞相哈剌哈孫答剌罕爲和林行省左丞

相，依前太傅、錄軍國重事。江浙水，民饑，詔賑糧三月，酒醋、門攤、課程悉免一年。乙亥，以永平路爲皇妹魯國長公主分地，租賦及土產悉賜之。賜越王禿剌鈔萬錠，諸王兀都思不花所部三萬五千二百二十錠。丙子，以江浙行省平章政事塔失海牙、知樞密院事床兀兒，並爲中書平章政事。丁丑，封諸王八不沙爲齊王，朶列納爲濟王，迭里哥兒不花爲北寧王，太師月赤察兒爲淇陽王。加平章政事脫虎脫太尉。以中書左丞相塔剌海爲中書右丞相、監修國史，御史大夫塔思不花爲中書左丞相，江浙行省平章政事敎化、河南江北行省平章政事法忽魯丁並爲中書平章政事，平章政事鐵木迭兒爲江西行省平章政事。戊寅，以儀鳳司大使火失海牙、鐵木兒不花、敎坊司達魯花赤沙的，並遙授平章政事，爲玉宸樂院使。己卯，以集賢院使別不花爲中書平章政事。（七月）庚辰，〔三〕以御史中丞只兒合郎爲御史大夫。辛巳，加封至聖文宣王爲大成至聖文宣王。右丞相塔剌海、左丞相塔思不花言：「中書庶務，同僚一二近侍，往往不俟公議，卽以上聞，非便。今後事無大小，請共議而後奏。」帝曰：「卿等言是。自今庶政，非公議者勿奏。」置行工部於旺兀察都。以遙授左丞相、同知樞密院事也兒吉尼知樞密院事，御史中丞王壽、江浙行省左丞郝天挺，並爲中書左丞。壬午，熒惑犯南斗。命御史大夫鐵古迭兒、知樞密院事塔魯忽帶、中書平章政事床兀兒，以卽位告社稷。癸未，陞利用監爲利用院，秩從二品。甲申，遣贍思丁使西域，遙授福建道宣慰使。

乙酉，賜壽寧公主鈔萬錠。丙戌，以內郡歲歉，令諸王衞士還大都者東汰以入。從和林省臣請，乞如甘肅省例，給鈔二千錠，歲收子錢，以佐供給，仍以網罟賜貧民。御史大夫月兒魯言：「舊制，中書省、樞密院、御史臺、宣政院許得自選其人，他司悉從中書銓擇，近臣不得輒奏。如此則紀綱不紊。」帝嘉納之。以同知宣徽院事孛羅答失爲中書左丞，中書參知政事欽察爲四川行省左丞。江浙、湖廣、江西屬郡饑，詔行省發粟賑之。丁亥，使完澤偕乞兒乞帶亦難往徵乞兒吉思部禿魯花、騍馬、鷹鷂。山東、河北蒙古軍告饑，遣官賑之。賜晉王部貧民鈔五萬錠。己丑，塔剌海、塔思不花言：「前乃顏叛，其繫虜之人，奉世祖旨俱隸版籍。比者，近臣請以歸之諸王脫脫，彼卽遣人拘括。臣等以爲此事具有先制，今已歸脫脫所部，宜令遼陽省臣薛闍干等往諭之，已拘之人悉還其主。」從之。安西等郡旱饑，以糧二萬八千石賑之。庚寅，置延福司，秩正三品。辛卯，詔唐兀禿魯花戶籍已定，其入諸王、駙馬各部避役之人及冒匿者，皆有罪。發卒二千人爲晉王也孫鐵木兒治邸舍。是月，江浙、湖廣、江西、河南、兩淮屬郡饑，於鹽茶課鈔內折粟，遣官賑之。詔富家能以私粟賑貸者，量授以官。保定、河間、晉寧等郡水。德州蝗。

八月甲午，中書省臣言：「內降旨與官者八百八十餘人，已除三百，未議者猶五百餘。請自今越奏者勿與。」帝曰：「卿等言是。自今不由中書奏者，勿與官。」又言：「外任官帶相

銜非制也，請勿與。」制可。又言：「以朝會應賜者，爲鈔總三百五十萬錠，已給者百七十萬，未給猶百八十萬，兩都所儲已虛。自今特奏乞賞者，宜暫停。」有旨：「自今凡以賞爲請者，勿奏。」御史臺臣言：「中書省、樞密院、御史臺、宣政院得自選官，具有成憲。今監察御史、廉訪司官非本臺公選，而從諸臣所請，自內降旨，非祖宗成法。」帝曰：「凡若此者，卿等其勿行。」浙東、浙西、湖北、江東郡縣饑，遣官賑之。賜山後驛戶鈔，每驛五百錠。置掌儀署，秩五品，設令、丞各一員。乙未，賜諸王按灰、阿魯灰、北寧王迭里哥兒不花金三百五十兩、銀三千七百兩。以治書侍御史烏伯都剌爲中書參知政事。戊戌，御史大夫脫脫封秦國公。辛丑，迤北之民新附者，置傳輸粟以賑之。癸卯，改也里合牙營田司爲屯田運糧萬戶府。甲辰，以納蘭不剌所儲糧萬石，賑其旁近饑民。丙午，建佛閣於五臺寺。江南饑，以十道廉訪司所儲贓罰鈔賑之。己酉，從皇太子請，陞詹事院從一品，置參議斷事官如樞密院。辛亥，中書(右)〔左〕丞孛羅鐵木兒以國字譯孝經進，〔四〕詔曰：「此乃孔子之微言，自王公達於庶民，皆當由是而行。其命中書省刻版模印，諸王而下皆賜之。」癸丑，唐兀禿魯花軍乏食，發粟賑之。丙辰，陞闌遺監秩三品。丁巳，以中書左丞王壽爲御史中丞。戊午，中書平章政事乞台普濟、床兀兒、別不花並加太尉，中書右丞塔海加太尉、平章政事，以中書左丞孛羅鐵木兒爲中書右丞。東昌、汴梁、唐州、延安、潭、沅、歸、澧、興國諸郡饑，發粟賑之。冀寧

路地震。河間、眞定等郡蝗。隆平、文水、平遙、祁、霍邑、靖海、容城、束鹿等縣水。

九月甲子，車駕至自上都。乙丑，請謚皇考皇帝、大行皇帝于南郊，命中書右丞相塔剌海攝太尉行事。庚午，陞御史臺從一品。辛未，加塔剌海、塔思不花並太尉。壬申，命塔剌海奉玉册、玉寶，上皇考及大行皇帝尊謚、廟號；又上先元妃弘吉烈氏尊謚，祔于成宗廟室。陞尚舍監秩正三品。癸酉，太白犯右執法。甲戌，改太常寺爲太常禮儀院，秩正二品。陞侍儀司秩正三品。丙子，置皇〔太〕子位典牧監，〔四〕秩正三品。中書省臣言：「內外選法，向者有旨一遵世祖成制。兩宮近侍遷敍，惟上所命。比有應入常調者，夤緣驟遷；其已仕廢黜及未嘗入仕者，亦復請自內降旨。臣等奏請禁止，蒙賜允從。是後所降內旨復有百餘，臣等已嘗銓擇奉行。第中書政務，他人又得輒請，責以整飭，其效實難。自今銓選、錢穀，請如前制，非由中書議者，毋得越奏。」制從之。又言：「比怯來木丁獻寶貨，敕以鹽萬引與之，仍許市引九萬。臣等竊謂，所市寶貨，既估其直，止宜給鈔，若以引給之，徒壞鹽法。」帝曰：「此朕自言，非臣下所請，其給之。餘勿視爲例。」江浙饑，中書省臣言：「請令本省官租，於九月先輸三分之一，以備賑給。又兩淮漕河淤澀，官議疏濬，鹽一引帶收鈔二貫爲傭費，計鈔二萬八千錠，今河流已通，宜移以賑饑民。杭州一郡，歲以酒糜米麥二十八萬石，禁之便。河南、益都諸郡，亦宜禁之。」制可。塔剌海言：「比蒙聖恩，賜臣江南田百頃。今諸王、

公主、駙馬賜田還官，臣等請還所賜。」從之。仍諭諸人賜田，悉令還官。命張留孫知集賢院事，領諸路道教事。丁丑，中書省臣言：「比議省臣員數，奉旨依舊制定爲十二員，右丞相塔剌海，左丞相荅思不花，平章床兀兒、乞台普濟如故，餘令臣等議。臣等請以阿沙不花、塔失海牙爲平章政事，孛羅答失、劉正爲右丞，郝天挺、也先鐵木兒爲左丞，于璋、兀伯都剌爲參知政事。其班朝諸司冗員，並宜柬汰。」從之。己卯，太白犯左執法。壬午，改尚乘寺爲衞尉院，秩從二品。甲申，詔立尚書省，分理財用。命塔剌海、塔思不花仍領中書。以脫虎脫、教化、法(魯忽)〔忽魯〕丁任尚書省，〔五〕仍俾其自舉官屬。命鑄尚書省印。敕弛江浙諸郡山澤之禁。丙戌，陞掌謁司秩三品。皇太子建佛寺，請買民地益之，給鈔萬七百錠有奇。戊子，陞延慶司秩從二品。己丑，遣使錄囚。晉王也孫鐵木兒以詔賜鈔萬錠、止給八千爲言，中書省臣言：「帑藏空竭，常賦歲鈔四百萬錠，各省備用之外，入京師者二百八十萬錠，常年所支止二百七十餘萬錠。自陛下即位以來，已支四百二十萬錠，又應求而未支者一百萬錠。臣等慮財用不給，敢以上聞。」帝曰：「卿之言然。自今賜予宜暫停，諸人毋得奏請。可給晉王鈔千錠，餘移陝西省給之。」以中書平章政事別不花爲江浙行省平章政事。辛卯，御史臺臣言：「至元中阿合馬綜理財用，立尚書省，三載併入中書。其後桑哥用事，復立尚書省，事敗又併入中書。粵自大德五年以來，四方地震水災，歲仍不登，百姓重困，便民之

政，正在今日。頃又聞爲總理財用立尚書省，如是則必增置所司，濫設官吏，殆非益民之事也。且綜理財用，在人爲之，若止命中書整飭，未見不可。臣等隱而不言，懼將獲罪。」帝曰：「卿言良是。此三臣願任其事，姑聽其行焉。」是月，襄陽霖雨，民饑，敕河南省發粟賑之。

十月乙未，陞典寶署爲典寶監，秩正三品。庚子，中書省奏：「初置中書省時，太保劉秉忠度其地宜，裕宗爲中書令，嘗至省署敕。其後桑哥遷立尚書省，不四載而罷。今復遷中書於舊省，乞涓吉徙中書令位，仍請皇太子一至中書。」制可。壬寅，陞典瑞監爲典瑞院，秩從二品。封知樞密院事床兀兒爲容國公。癸卯，以舊制諸王、駙馬事務皆內侍宰臣所領，命中書右丞孛羅鐵木兒領之。乙巳，太白犯亢。敕方士、日者毋游諸王、駙馬之門。丙午，詔整飭臺綱，布告中外。封御史大夫鐵古迭兒爲鄆國公。以中衞親軍都指揮使買奴知樞密院事。壬子，從中書省臣言，凡事不由中書，輒遣使并移文者，禁止之。甲寅，太陰犯明堂。陞集賢院秩從一品，將作院秩從二品。丙辰，以行省平章總督軍馬，得佩虎符，其左丞等所佩悉追納。〔六〕中書省奏：「常歲海漕糧百四十五萬石，今江浙歲儉，不能如數，請仍舊例，湖廣、江西各輸五十萬石，並由海道達京師。」從之。己未，塔思不花上疏言政事，且辭太尉職，還所降制書及印。是月，杭州、平江水，民饑，發粟賑之。

十一月癸亥，封諸王牙忽都爲楚王，賜金印，置王傅。建佛寺於五臺山。乙丑，中書省

臣言：「宿衞廩給及馬駝芻料，父子兄弟世相襲者給之，不當給者，請令孛可孫汰之。今會是年十月終，馬駝九萬三千餘，至來春二月，闕芻六百萬束、料十五萬石。比又增馬五萬餘匹。此國重務，臣等敢以上聞。」有旨：「不當給者勿給。」丙寅，帝朝隆福宮，上皇太后玉册、玉寶。丁卯，太白犯房。闊兒伯牙里言：「更用銀鈔、銅錢，便。」命中書與樞密院、御史臺、集賢、翰林諸老臣集議以聞。己巳，中書省臣阿沙不花、孛羅鐵木兒言：「臣等與闊兒伯牙里面論，折銀鈔、銅錢，非便。」有旨：「卿等以爲不便，勿行可也。」詔：「中書省官十二員，脫虎脫仍領宣政院，教化留京師，其餘各任以職。」庚午，盧龍、灤河、〔七〕遷安、昌黎、撫寧等縣水，民饑，給鈔千錠以賑之。辛未，以塔剌海領中政院事。乙亥，中書省臣言：「大都路供億浩繁，槪於屬郡取之。其軍、站、鷹坊、控鶴等戶，恃其雜徭無與，冒占編氓。請降璽書，依祖宗舊制，悉令均當。或輒奏請者，亦宜禁止。」制可。皇太子言：「近蒙恩以安西、吉州、平江爲分地，租稅悉以賜臣。臣恐宗親昆弟援例，自五戶絲外，餘請輸之內帑。其陝西運司歲辦鹽十萬引，向給安西王，以此錢斟酌與臣，惟陛下裁之。」中書計會三路租稅及鹽課所入，鈔四十萬錠。有旨：「皇太子所思甚善，歲以十萬錠給之，不足則再賜。」樂工毆人，刑部捕之，玉宸樂院長謂玉宸與刑部秩皆三品，官皆榮祿大夫，留不遣。中書以聞，帝曰：「凡諸司，視其資級，授之散官，不可超越。其閑冗職名官高者，遵舊制降之。」建康路屬州縣饑，詔

免今年酒醋課。丙子，太陰犯東(斗)〔井〕。〔八〕丁丑，中書省臣言：「前爲江南大水，以茶、鹽課折收米，賑饑民。今商人輸米中鹽，以致米價騰湧，百姓雖獲小利，終爲無益。臣等議，茶、鹽之課當如舊。」從之。戊寅，授皇太子玉册。己卯，以皇太子受册禮成，帝御大明殿，受諸王、百官朝賀。庚辰，中書省臣言：「皇太子謂臣等曰，吾之分地安西、平江、吉州三路，遵舊制，自達魯花赤之外，悉從常選，其常選宜速擇才能。」有旨：「其擇人任之。」乙酉，太陰犯亢。詔：「皇太后軍民人匠等戶租賦徭役，有司勿與，並隸徽政院。」陞太僕院秩從二品。丁亥，杭州、平江等處大饑，發糧五十萬一千二百石賑之。庚寅，賜太師月赤察兒江南田四十頃。時賜田悉奪還官，中書省爲言，有旨：「月赤察兒自世祖時積有勳勞，非餘人比，宜以前後所賜，合百頃與之。」仍敕行省平章別不花領其歲入。辛卯，辰星犯歲星。從皇太子請，御史臺檢覈詹事院文案。

十二月壬辰朔，中書省臣言：「舊制，金虎符及金銀符典瑞院掌之，給則由中書，事已則復歸典瑞院。今出入多不由中書，下至商人，結託近侍奏請，以致泛濫，出而無歸。臣等請覈之，自後除官及奉使應給者，非由中書省勿給。」從之。又言：「今國用甚多，帑藏已乏，用及鈔母，非宜。鹽引向從運司與民爲市，今權時制宜，從戶部鬻鹽引八十萬，便。」有旨：「今歲姑從所請，後勿復行。」又言：「太府院爲內藏，世祖、成宗朝，遇重賜則取給中書，今所

賜有踰千錠至萬錠者，皆取之太府。比者，太府取五萬錠，已支二萬矣，今復以乏告。請自後內府所用，數多者，仍取之中書。」帝曰：「此朕特旨，後當從所奏。」乙未，〔貴〕赤塔塔兒等擾檀州民，〔九〕強取米粟六百餘石，遣官訊之。辛丑，幸大聖壽萬安寺。授吏部尚書察乃平章政事，領工部事。癸卯，以漢軍萬人屯田和林。命留守司以來歲正月十五日起燈山於大明殿後、延春閣前。庚戌，陞行泉府司爲泉府院，秩正二品。以蒙古萬戶禿堅鐵木兒有平內難功，加鎮國上將軍。陞皇太子典醫署爲典醫監，秩正三品。山東、河南、江浙饑，禁民釀酒。丁巳，以中書省言國用浩穰，民貧歲歉，詔宣政院併省佛事。大都、上都二驛，設敕授官二員，餘驛一員。敕諸王、公主、駙馬、使臣給璽書驛券，不許輒用圓符乘驛。中書省臣言：「驛戶疲乏，宜量事給驛。今經費浩大，其收售寶貨，權宜停罷。又，陛下卽位詔書不許越職奏事，比者近侍奏除官丐賞者，皆自內降旨，請今不經中書省勿行。又，刑法者譬之權衡，不可偏重，世祖已有定制，自元貞以來，以作佛事之故，放釋有罪，失於太寬，故有司無所遵守。今請凡內外犯法之人，悉歸有司依法裁決。又，各處民饑，除行宮外，工役請悉停罷。」皆從之。又言：「律令者治國之急務，當以時損益。世祖嘗有旨，金泰和律勿用，令老臣通法律者，參酌古今，從新定制，至今尚未行。臣等謂律令重事，未可輕議，請自世祖卽位以來所行條格，校讎歸一，遵而行之。」制可。庚申，詔曰：

「仰惟祖宗應天撫運，肇啓疆宇，華夏一統，罔不率從。逮朕嗣服丕圖，纘膺景命，遵承詒訓，恪慕洪規，祇惕畏兢，未知攸濟。永思創業艱難之始，煢然軫念；而守成萬事之統，在予一人。故自卽位以來，溥從寬大，量能授官，俾勤乃職，夙夜以永康兆民爲急務。間者，歲比不登，流民未還，官吏並緣侵漁，上下因循，和氣乖戾。是以責任股肱耳目大臣，思所以盡瘁贊襄嘉猶，朝夕入告，朕命惟允，庶事克諧，樂與率土之民，共享治安之化，遐寧遠肅，顧不韙歟。可改大德十二年爲至大元年。誕布惟新之令，式孚永固之休。

存恤征戍蒙古、漢軍，拯治站赤消乏。弛山場、河泊、蘆蕩禁。團獵飛放毋得擾百姓，招誘流移人戶。禁投屬怯薛歹、鷹房避役，濫請錢糧。勸農桑，興學校，議貢舉，旌賞孝弟力田，懲戒游惰。政令得失，許諸人上書陳言。僧、道、也里可溫、荅失蠻，並依舊制納稅。凡選法、錢糧、刑名、造作一切公事，近侍人員毋得隔越聞奏。敕內庭作佛事，毋釋重囚，以輕囚釋之。

至大元年春正月辛酉朔，曲赦御史臺見繫犯贓官吏，罪止徵贓、罷職。癸亥，敕樞密院發六衛軍萬八千五百人，供旺兀察都建宮工役。甲子，授中書平章政事阿沙不花右丞相、行

御史大夫。丙寅，從江浙行省請，罷行都水監，以其事隸有司。立皇太子位典幄署、承和署，秩並正五品。丁卯，以中書右丞也孚的斤爲平章政事，議陝西省事。己巳，紹興、台州、慶元、廣德、建康、鎭江六路饑，死者甚衆，饑戶四十六萬有奇，戶月給米六斗，以沒入朱淸、張瑄物貨隸徽政院者，鬻鈔三十萬錠賑之。特授乳母夫壽國公楊燕家奴開府儀同三司。〔己巳〕緬國進馴象六。〔一〇〕辛未，樞密院臣言：「先奉旨以中衛親軍隸皇太子位，皇太子謂臣等曰，世祖立五衛，以應五方，去一不可；宜各翼選漢軍萬人，別立一衛。」帝以爲然，敕知院事鐵木兒不花等摘漢軍萬人，別立衛。甲戌，中書省臣言：「進海東青鶻者當乘驛，馬五百不敷，敕遣怯列、應童括民間車馬。」兵部請以各驛馬陸續而進，勿括爲便。」從之。改徽政院人匠總管府爲繕珍司，秩正三品。己卯，陞中尙監爲中尙院，秩從二品。豳王出伯進玉六百一十五斤，賜金千五百兩、銀二萬兩、鈔萬錠，從人四萬錠；寬闍、也先孛可等，金二千三百兩、銀一萬七百兩、鈔三萬九千一百錠。甲申，敕床兀兒除登極恩例外，特賜金五百兩、銀千兩、鈔二千錠。戊子，皇太子請以阿沙不花復入中書，脫脫復入御史臺。己(酉)〔丑〕，〔一一〕中書省臣言：「阿失鐵木兒請遣教化的詣河西地采玉，馱攻玉沙需馬四十餘匹，采玉人千餘。臣等以爲不急之務勞民，乞罷之。」又言：「近百姓艱食，盜賊充斥，苟不嚴治，將至滋蔓。宜遣使巡行，遇有罪囚，卽行決遣，與隨處官吏共議弭盜方略，明立賞罰，或匿盜不聞，

或期會不至，或踰期不獲者，官吏連坐。」又言：「江浙行省海賊出沒，殺虜軍民。其已獲者，例合結案待報，宜從中書省、也可扎魯忽赤遣官，同行省、行臺、宣慰司、廉訪司審錄無冤，棄之於市。其未獲者，督責追捕，自首者原罪給賞，能禽其黨者加賞。」有旨：「弭盜安民，事爲至重，宜卽議行之。」封諸王也先鐵木兒爲營王。以乳母夫斡耳朶爲司徒。

二月癸巳，立鷹坊爲仁虞院，秩正二品。以右丞相脫脫、〔一二〕遙授左丞相禿剌鐵木兒、也可扎魯忽赤月里赤，並爲仁虞院使。汝寧、歸德二路旱、蝗，民饑，給鈔萬錠賑之。甲午，增泉府院副使、同僉各一員。益都、濟寧、般陽、濟南、東平、泰安大饑，遣山東宣慰使王佐同廉訪司覈實賑濟，爲鈔十萬二千二百三十七錠有奇、糧萬九千三百四十八石。乙未，中書省臣言：「陛下登極以來，錫賞諸王，恤軍力，賑百姓，及殊恩泛賜，帑藏空竭，豫賣鹽引。今和林、甘肅、大同、隆興、兩都軍糧，諸所營繕，及一切供億，合用鈔八百二十餘萬錠。往者或遇匱急，奏支鈔本。臣等固知鈔法非輕，曷敢輒動，然計無所出。今乞權支鈔本七百一十餘萬錠，以周急用，不急之費姑後之。」帝曰：「卿等言是。泛賜者，不以何人，毋得蒙蔽奏請。」陞尙舍監爲尙舍寺，秩正三品。丙申，立甄用監，秩正三品，隸徽政院。淮安等處饑，從河南行省言，以兩浙鹽引十萬貿粟賑之。戊戌，以上都衞軍三千人，赴旺兀察都行宮工役。壬寅，中書省臣言：「貴赤擾害檀州民，敕遣人往訊，其辭伏者宜加罪，有旨勿問。臣

等以爲非宜，已辭伏者，先爲決遣。」帝曰：「俟其獵畢治之。」從皇太子請，改詹事院使爲詹事，副詹事爲少詹事，院判爲丞。立尙服院，秩從二品。中書省臣言：「陝西行省言，開成路前者地震，民力重困，已免賦二年，請再免今年。」從之。甲辰，賜國王和童金二百五十兩、銀七百五十兩。立皇太子衞率府。發軍千五百人修五臺山佛寺。命有司市邸舍一區，以賜丞相赤因鐵木兒，爲鈔萬九千四百錠。丁未，用丞相佤頭言，設尙冠、尙衣、尙鞶、尙沐、尙輦、尙飾六奉御，秩五品，凡四十八員，隸尙服院。甲寅，和林貧民北來者衆，以鈔十萬錠濟之，仍於大同、隆興等處糴糧以賑，就令屯田。諸內侍、太醫、陰陽、樂人，毋授常選散官。以網罟給和林饑民。戊午，遣不達達思等送爪哇使還。己未，以皇太子建佛寺，立營繕署，秩五品。

三月庚申朔，中書省臣言：「鄃王拙忽難人戶散失，詔有司括索。臣等議：昔阿只吉括索所失人戶，成宗慮其爲例，不許。今若括索，未免擾民。且諸王必多援例，乞寢其事。」從之。又莊聖皇后及諸王忽禿禿人戶散入他郡，阿都赤、脫歡降璽書，俾括索。陝西行省及眞定等路言：「百姓均在國家版籍，今所遣使，輒奪軍、驛、編民等戶，非宜。」中書省臣以聞，帝曰：「彼奏誤也，卿等速追以還。」賜鎭南王老章金五百兩、銀五千兩、鈔二千錠、幣帛八百匹，也先不花、牙兒昔金各二百五十兩、銀七百五十兩、鈔二千錠。乙丑，太陰犯井。以北來貧民八十六萬八千戶，仰食於官，非久計，給鈔百五十萬錠、幣帛準鈔五十萬錠，命太師月赤察兒、太傅哈剌哈孫分給之，罷其廩給。賜諸王八亦忽金五十兩、銀七百五十兩。丁卯，建興聖宮，給鈔五萬錠、絲二萬斤。遣使祀五嶽、四瀆、名山、大川。〔賜〕諸王（賜）八不沙金五百兩、〔一三〕銀五千兩。復立白雲宗攝所，秩從二品，設官三員。戊寅，車駕幸上都。建佛寺於大都城南。立驥用、資武二庫，秩正五品，隸府正司。陞太史院秩從二品，司天臺秩正四品。封中書右丞相、行平章政事阿沙不花爲康國公。以甘肅行省右丞脫脫木兒爲中書平章政事，加大司徒。賜晉王所部五百四十七人，鈔五萬二千九百六十錠；定王藥木忽兒，〔一四〕金千五百兩、銀三萬兩、鈔萬錠；衞士五十三人，鈔萬六百錠。己卯，命翰林國史院纂修順宗、成宗實錄。壬午，嗣漢天師張與材來朝，加金紫光祿大夫，封留國公。

夏四月戊戌，中書省臣言：「請依元降詔敕，勿超越授官，泛濫賜賚。」帝曰：「卿等言是。朕累有旨止之，又復蒙蔽以請，自今縱有旨，卿等其覆奏罪之。」詔以永平路鹽課賜祥哥剌吉公主，中書省臣執不可，從之。賜諸王木南子金五十兩、銀千兩、鈔千錠。賜皇太子位鷹坊，鈔二十萬錠。（戊戌）封三寶奴爲渤國公，〔一五〕香山爲賓國公。加鐵木迭兒右丞相，都護買住中書右丞。立皇太子位人匠總管府，秩正三品。癸卯，加授平章政事敎化太子太保、太尉、平章軍國重事、魏國公。甲辰，陞典瑞監爲典瑞院，秩從二品。知樞密院事也兒

吉尼遙授右丞相。辛亥，樞密院臣言：「諸王各用其印符乘驛，使臣旁午，驛戶困乏。宜準舊制，量其馬數，降以璽書。」奏可。乙卯，遣米楫等使蘇魯國。丙辰，高麗國王王（章）〔璋〕言：〔一六〕「陛下令臣還國，復設官行征東行省事。高麗歲數不登，百姓乏食，又數百人仰食其土，則民不勝其困，且非世祖舊制。」帝曰：「先請立者以卿言，今請罷亦以卿言，其準世祖舊制，速遣使往罷之。」

五月丙寅，降英德路爲州。知樞密院事塔魯忽台遙授左丞相。丁卯，御史臺臣言：「成宗朝建國子監學，迄今未成，皇太子請畢其功。」制可。己巳，管城縣大雨雹。緬國進馴象六。乙亥，知樞密院事憨剌合兒遙授左丞相。丙子，以諸王及西番僧從駕上都，途中擾民，禁之。禁白蓮社，毀其祠宇，以其人還隸民籍。御史臺臣言：「比奉旨罷不急之役，今復爲各官營私宅。臣等以爲俟旺兀察都行宮及大都、五臺寺畢工，然後從事爲宜。」有旨：「除佤頭、三寶奴所居，餘悉罷之。」授（右）〔左〕丞相塔思不花上柱國、〔一七〕監修國史。加左丞相乞台普濟太子太傅。辛巳，中書省臣言：「舊制，樞密院、御史臺、宣政院得自選官，諸官府必由中書省奏聞遷調，宜申嚴告諭。」制可。癸未，濟南、般陽雨雹。甲申，立大同侍衞親軍都指揮使司，以丞相赤因鐵木兒爲使，摘通惠河漕卒九百餘人隸之，漕事如故。渭源縣旱饑，給糧一月。眞定、大名、廣平有蟲食桑。寧夏府水。晉寧等處蝗。東平、東昌、益都蝝。

六月己丑，渤國公三寶奴加錄軍國重事、中書右丞相，應國公、太子詹事、平章軍國重事、大司農曲出加太子太保，左丞相脫脫加上柱國、太尉，遙授參知政事、行詹事丞大慈都加平章軍國重事。甲午，改太子位承和署爲典樂司，秩正三品。丁酉，鞏昌府隴西、寧遠縣地震。雲南烏撒、烏蒙，三日之中地大震者六。戊戌，大都饑，發官廩減價糶貧民，戶出印帖，委官監臨，以防不均之弊。中書省臣言：「江浙行省管內饑，賑米五十三萬五千石、鈔十五萬四千錠、麪四萬斤。又，流民戶百三十三萬九百五十有奇，賑米五十三萬六千石、鈔十九萬七千錠、鹽折直爲引五千。」令行省、行臺遣官臨視。內郡、江淮大饑，免今年常賦及夏稅。益都水，民饑，采草根樹皮以食，免今歲差徭，仍以本路稅課及發朱汪、利津兩倉粟賑之。封藥木忽兒爲定王，駙馬阿失爲昌王，並賜金印。以司徒、平章政事、領大司農李邦寧遙授左丞相。辛丑，以沒入朱清、張瑄田產隸中宮，立江浙財賦總管府、提舉司。己酉，減太常禮儀院官二十七員爲八員。河南、山東大饑，有父食其子者，以兩道沒入贓鈔賑之。加乞台普濟錄軍國重事。是月，保定、眞定蝗。

秋七月庚申，流星起自勾陳，南行，圓若車輪，微有鋭，經貫索滅。敕以金銀歲入數少，自今毋問何人，以金銀爲請奏及托之奏者，皆抵罪。又，各處行省、宣慰司等官，多以結托來京師，今後非奉朝命毋赴闕。雲南、湖廣、河南、四川盜賊竊發，諭軍民官用心撫治。立廣武康里侍衞親軍都指揮使司，以中書平章政事阿沙不花爲都指揮使。壬戌，皇子和世㻋請立總管府，領提舉司四，括河南歸德、汝寧境內瀕河荒地約六萬餘頃，歲收其租，令河南省臣高興總其事。中書省臣言：「瀕河之地，出沒無常，遇有退灘，則爲之主。先是，有亦馬罕者，妄稱省委括地，蠶食其民，以有主之田俱爲荒地，所至騷動。民高榮等六百人，訴于都省，追其驛券，方議其罪，遇赦獲免，今乃獻其地于皇子。且河南連歲水災，人方闕食，若從所請，設立官府，爲害不細。」帝曰：「安用多言，其止勿行！」禁鷹坊於大同、隆興等處縱獵擾民。築呼鷹臺於漷州澤中，發軍千五百人助其役。旺兀察都行宮成。立中都留守司兼開寧路都總管府。丙寅，復置泰安州之新泰縣。辛卯，〔一八〕濟寧大水入城，詔遣官以鈔五千錠賑之。己巳，眞定淫雨，水溢，入自南門，下及藁城，溺死者百七十七人，發米萬七百石賑之。辛未，立御香局，秩正五品。壬申，太白犯左執法。香山加太子太傅。遣塔察兒等九人使諸王寬闍，遣月魯等十二人使諸王脫脫。癸酉，詔諭安南國曰：「惟我國家，以武功定天下，文德懷遠人，乃眷安南，自乃祖乃父，世修方貢，朕甚嘉之。邇者，先皇帝晏駕，朕方撫軍朔方，爲宗室諸王、貴戚、元勳之所推戴，以謂朕乃世祖嫡孫，裕皇正派，宗藩效順於外，臣民屬望於下，人心所共，神器有歸。朕俯徇輿情，大德十一年五月二十一日卽皇帝位於上都。今遣少中大夫、禮部尚書阿里灰，朝請大夫、吏部侍郎李京，朝列大夫、兵部侍郎高復禮諭旨。尙體同仁之視，益堅事大之誠，輯寧爾邦，以稱朕意。」又以管祝思監爲禮部侍郎、朶兒只爲兵部侍郎使緬國。遣脫里不花等二十人使諸王合兒班答。弛上都酒禁。壬午，置皇太子司議郎，秩正五品。封乃蠻帶爲壽王。癸未，樞密院臣言：「世祖時樞密臣六員，成宗時增至十三員。今署事者三十二員，乞省之。」敕罷塔思帶等一十一人。甲申，太師淇陽王月赤察兒請置王傅，中書省臣謂異姓王無置傅例，不許。乙酉，以彖虎人徹兒怯思爲監察御史。是月，以左丞相塔思不花爲中書右丞相，太保乞台普濟爲中書左丞相。內外大小事務並聽中書省區處，諸王、公主、駙馬、勢要人等，毋得攙擾沮壞。近侍臣員及內外諸衙門，毋得隔越聞奏。各處行省、宣慰司及在外諸衙門等官，非奉聖旨幷中書省明文，毋得擅自離職，乘驛赴京，營幹私事。江南、江北水旱饑荒，已嘗遣使賑恤者，至大元年差發、官稅並行除免。

八月戊子，大寧雨雹。丙申，御史臺臣言：「奉敕逮監察御史撒都丁赴上都。世祖、成宗迄於陛下，累有明旨，監察御史乃朝廷耳目，中外臣僚作姦犯科，有不職者，聽其糾劾，治事之際，諸人毋得與焉。邇者，鞫問刑部尙書烏剌沙贓罪，蒙玉音獎諭，諸御史皆被錫賚，臺綱益振。今撒都丁被逮，同列皆懼，所繫非小，乞寢是命，申明臺憲之制，諸人毋得與聞。」制可。辛丑，以中都行宮成，賞官吏有勞者，工部尙書黑馬而下並陞二等，賜塔剌兒銀二百五十兩，同知察乃、通政使塔利赤、同知留守蕭珍、工部侍郎答失蠻金二百兩、銀一千四百兩，軍人金二百兩、銀八百兩，死於木石及病沒者給鈔有差。癸卯，加中書右丞、領將作院呂天麟大司徒。戊申，立中都萬億庫。寧夏立河渠司，秩五品，官二員，參以二僧爲之。特授呱頭太師。賜諸王脫歡金三百兩、銀二千五百兩、鈔二千錠，阿里不花金百兩、銀千兩、鈔千錠。己酉，大同隕霜殺禾。甲寅，李邦寧以建香殿成，賜金五十兩、銀四百五十兩。乙卯，中書省臣言：「外臺、行省及諸人應詔言事，未敢一一上煩聖聽。請集朝臣議，擇其切於事者，小則輒行，大則以聞。」從之。揚州、淮安蝗。

九月丙辰〔朔〕，以內郡歲不登，諸部人馬之入都城者，減十之五。中書省臣言：「夏秋之間，鞏昌地震，歸德暴風雨，泰安、濟寧、眞定大水，廬舍蕩析，人畜俱被其災。江浙饑荒之餘，疫癘大作，死者相枕籍。父賣其子，夫鬻其妻，哭聲震野，有不忍聞。臣等不才，猥當大任，雖欲竭盡心力，而聞見淺狹，思慮不廣，以致政事多舛，有乖陰陽之和，百姓被其災殃，願退位以避賢路。」帝曰：「災害事有由來，非爾所致，汝等但當愼其所行。」立怯憐口提舉司，秩正五品，設官四員。高麗國王王昛卒。命雪尼台鐵木察使薛迷思干部。己未，陞中政院秩從一品。辛酉，遣人使諸王察八兒、寬闍所。壬戌，太尉脫脫奏：「泉州大商合只鐵卽剌進異木沉檀可構宮室者。」敕江浙行省驛致之。癸亥，萬戶也列門合散來自薛迷思干等城，進呈太祖時所造戶口青冊，賜銀鈔幣帛有差。丙寅，灤縣地震。癸酉，陞內史府為內史院，秩正二品。乙亥，車駕至自上都。弛諸路酒禁。戊寅，泉州大商馬合馬丹的進珍異及寶帶、西域馬。庚辰，以高麗國王王(章)[璋]嗣高麗王。諸王禿滿進所藏太宗玉璽，封禿滿為陽翟王，賜金印。中書省臣言：「奉旨：連歲不登，從駕四衛，一衛約四百人，所給芻粟自如常例，給各部者減半。臣等議：大都去歲飼馬九萬四千匹，今請減為五萬匹，外路飼馬十一萬九千餘匹，今請減為六萬匹，自十月十五日為始。」又言：「薛迷思干、塔剌思、塔失玄等城，三年民賦以輸縣官。今因薛尼台鐵木察往彼，宜令以二年之賦與寬闊，給與元輸之人，以一年者上進。」並從之。癸未，太陰犯熒惑。立中都虎賁司。特授承務郎、直省舍人藏吉沙資善大夫、行泉府院使。

冬十月庚寅，為太師佩頭建第，給鈔二萬錠。癸巳，灤縣、陵縣地震。[九]甲午，以阿沙不花知樞密院事。丁酉，以大都艱食，復糶米十萬石，減其價以賑之，以其鈔於江南和糴。罷大都榷酤。賜皇太子金千兩。辛丑，太白犯南斗。癸卯，中書省臣請以湖廣米十萬石貯於揚州，江西、江浙海漕三十萬石，內分五萬石貯朱汪、利津二倉，以濟山東饑民，從之。敕：「凡持內降文記買河間鹽及以諸王、駙馬之言至運司者，一切禁之。持內降文記不由中書者，聽運司以聞。」禁奉符、長清、泗水、章丘、霑化、利津、無棣七縣民田獵。甲辰，從帝師請，以釋教都總管朵兒只八兼領囊八地產錢物，為都總管府達魯花赤總其財賦。以西番僧教瓦班為翰林承旨。左丞相、知樞密院事鐵木兒不花加錄軍國重事。中書右丞、司徒禿忽魯，河南江北行省右丞也速，內史脫孛花，並知樞密院事。乙巳，改護國仁王寺昭應規運總管府為會福院，秩從二品。丙午，立興聖宮掌醫監，秩正三品。

十一月己未，中書省臣言：「世祖時，省、院、臺及諸司皆有定員，後略有增者，成宗已嘗有旨併省。邇者諸司遞陞，四品者三品，三品者二品，二品者一品，一司甚至二三十員，事不改舊而官日增。請依大德十年已定員數，冗濫者從各司自與減汰。衙門既陞，諸吏止從舊秩出官，果應例者，自如選格。」從之。庚申，太白晝見。以軍五千人供造寺工役。增官吏俸，以至元鈔依中統鈔數給之，止其祿米，歲該四十萬石。吏員以九十月出身，如舊制。詔免紹興、慶元、台州、建康、廣德田租，紹興被災尤甚，今歲又旱，凡佃戶止輸田主十分之四。山場、河濼、商稅，截日免之。諸路小稔，審被災者免之。乙丑，賜諸王南木忽里金印。丁卯，中書省臣言：「今銓選、錢糧之法盡壞，廩藏空虛。中都建城，大都建寺，及為諸貴人營私第，軍民不得休息。邇者用度愈廣，每賜一人，輒至萬錠，惟陛下矜察。」又言：「銓選、錢糧，諸司乞毋干預。」帝曰：「已降制書，令諸人毋干中書之政。他日或有乘朕忽忘，持內降文記及傳旨至中書省，其執之以來，朕將加罪。」以也兒吉(兒)[尼]為御史大夫。[一〇]己巳，以乞台普濟為右丞相，脫脫為左丞相。既又從脫脫言，以塔思不花與乞台普濟俱為右丞相。中書省臣言：「國用不給，請沙汰宣徽、太府、利用等院籍，定應給人數。其在上都、行省者，委官裁省。又，行泉院專以守寶貨為任，宜禁私獻寶貨者。又，天下屯田百二十餘所，由所用者多非其人，以致廢弛，除四川、甘州、應昌府、雲南為地絕遠，餘當選習農務者往，與行省、宣慰司親履其地，可興者興，可廢者廢，各具籍以聞。」並從之。詔：「開寧路及宣德、雲州工役，供億浩繁，其賦稅除前詔已免三年外，更免一年。」辛巳，罷益都諸處合剌赤等狩獵。以銀七百五十兩、鈔二千二百錠、幣帛三百四施昊天寺，為水陸大會。癸未，皇太后造寺五臺山，摘軍六千五百人供其役。

閏十一月己丑，以大都米貴，發廩十萬石，減其價以糶賑貧民。北來民饑，有鬻子者，命有司為贖之。乙未，賜故中書右丞相完澤妻金五百兩、銀千五百(兩)。[一一]丙申，罷江南進沙糖。止富民輸粟賑饑補官。丁酉，禁江西、湖廣、汴梁私捕鴛鴦。己亥，罷遼陽省進雕豹。貴赤衛受烏江縣達魯花赤獻私戶萬，令隸縣官。壬寅，乞台普濟乞賜固安田二百餘頃，從之。乙巳，中書省臣言：「回回商人，持璽書，佩虎符，乘驛馬，名求珍異，既而以一豹上獻，復邀回賜，似此甚衆。臣等議：虎符，國之信器，驛馬，使臣所需，今以畀諸商人，誠非所宜，乞一概追之。」制可。罷順德、廣平鐵冶提舉司，聽民自便，有司稅之如舊。丁未，復

立汴梁路之項城縣。以杭州、紹興、建康等路歲比饑饉，今年酒課免十分之三。敕河西僧戶準先朝定制，從軍輸稅，一與民同。甲寅，答剌罕哈剌哈孫卒。

十二月庚申，封和郎撒為隴王，賜金印。平江路民有隸謹的里部者，依舊制，差賦與民一體均當。雲南畏吾兒一千人居荆襄，雲南省臣言：「世祖有旨使歸雲南，以佐征討。」中書省臣議發還為是，從之。中都立開寧縣，降隆興為源州，陞蔚州為蔚昌府。省河東宣慰司，以大同路隸中都留守司，冀寧、晉寧二路隸中書省。甲戌，以平章政事、商議中書省事、太子賓客王太亨行太子詹事，平章軍國重事、太子少詹事大慈都為太子詹事。賜御史臺官及監察御史宴服。

校勘記

[一] 進封高麗王王昛為瀋陽王　考異云：「案高麗傳，王暙成宗初年尚寶塔實憐公主，十一年進封瀋陽王，紀當云封高麗王王昛之世子暙為瀋陽王，不得云封昛也。又案朝鮮史，忠烈王昛三十四年，王薨于神孝寺，遺教機務委付瀋陽王，則瀋陽王為暙之封明矣。」

[二] (七月)庚辰　考異云：「案上書七月癸亥朔，庚辰為月之十八日，不當重書七月。」從刪。

[三] 中書(右)[左]丞孛羅鐵木兒　按下文戊午條有「以中書左丞孛羅鐵木兒為中書右丞」，據改。續

通鑑已校。

〔四〕 置皇〔太〕子位典牧監　從北監本補。

〔五〕 法(魯忽)〔忽魯〕丁　據上文七月丁丑條及本書卷一一二宰相年表改正。類編已校。

〔六〕 以行省平章總督軍馬得佩虎符其左丞等所佩悉追納　按元代右丞位在左丞上，僅次于平章，蒙史改「左丞」作「右丞」，疑是。

〔七〕 灤河　按元無「灤河」縣，此處史文有誤。

〔八〕 太陰犯東(斗)〔井〕　據本書卷四八天文志改。

〔九〕 〔貴〕赤塔塔兒等擾檀州民　按下文至大元年二月壬寅條有「貴赤擾害檀州民」，所指為一事，據補。

〔一〇〕 (己巳)緬國進馴象六　按上文已有「己巳」，此重出，今刪。

〔一一〕 己(酉)〔丑〕　按是月辛酉朔，無己酉日。此「己酉」在戊子二十八日後，為己丑二十九日之誤，今改。

〔一二〕 右丞相脫脫　本證云：「案脫脫以去歲六月遙授左丞相，是年六月亦稱左丞相，此作右誤。」類編已校。

〔一三〕 〔賜〕諸王(賜)八不沙　從道光本改正。

〔一四〕 定王藥木忽兒　本證云：「當稱威定王，六月方封定王。」

〔一五〕 (戊戌)封三寶奴為渤國公　按上文已有「戊戌」，此重出，今從道光本刪。

〔一六〕 王(章)〔璋〕　本書卷一〇八諸王表、卷一〇九諸公主表、卷一一六后妃傳及高麗史卷三三忠宣王世家、元文類卷一一姚燧高麗國王封曾祖父母父母制，「章」皆作「璋」，據改。下同。考異已校。按王璋即王源改名，王昛子，此時在元廷，北監本、殿本改作「王昛」，誤。

〔一七〕 (右)〔左〕丞相塔思不花　按上文大德十一年七月丁丑條有「以御史大夫塔思不花為中書左丞相」，下文本年七月條有「以左丞相塔思不花為中書右丞相」，據改。

〔一八〕 辛卯　按是月丁巳朔，無辛卯日。此「辛卯」在丙寅初十日、己巳十三日間，當為丁卯十一日之誤。

〔一九〕 癸巳蒲縣陵縣地震　本書卷五〇五行志作「十月癸巳，蒲縣、靈縣地震」。按卷五八地理志，晉寧路隰州屬縣有蒲縣，霍州屬縣有靈石縣，疑「陵縣」、「靈縣」皆「靈石縣」之誤。

〔二〇〕 也兒吉(兒)〔尼〕　按也兒吉尼一名本書屢見，上文大德十一年七月辛巳條及下文至大三年三月己卯條皆作「也兒吉尼」，據改。蒙史已校。

〔二一〕 銀千五百〔兩〕　從北監本補。

元史卷二十三

本紀第二十三

武宗二

二年春正月己丑，從皇太子請，罷宮師府，設賓客、諭德、贊善如故。庚寅，越王禿剌有罪賜死。禁日者、方士出入諸王、公主、近侍及諸官之門。辛卯，皇太子、諸王、百官上尊號曰統天繼聖欽文英武大章孝皇帝。乙未，恭謝太廟。丙申，詔天下弛山澤之禁，恤流移，毋令見戶包納差稅；被災百姓，內郡免差稅一年，江淮免夏稅；內外大小職官普覃散官一等，有出身人考滿者，加散官一等。己亥，封知樞密院事容國公床兀兒為句容郡王。乙巳，塔思不花、乞台普濟言：「諸人恃恩徑奏，璽書不由中書，直下翰林院給與者，今覈其數，自大德六年至至大元年所出，凡六千三百餘道，皆干田土、戶口、金銀鐵冶、增餘課程、進貢奇貨、錢穀、選法、詞訟、造作等事，害及於民，請盡追奪之。今後有不由中書者，乞勿與。」制

可。丙午，定制大成至聖文宣王春秋二丁釋奠用太牢。戊申，迭里帖木兒不花進鷹犬，命歲以幣帛千匹、鈔千錠與之。

二月戊午，鑄金印賜句容郡王床兀兒。賑真定路饑民糧萬石，搭搭境六千石。癸亥，皇太子幸五臺佛寺。罷行泉府院，以市舶歸之行省。乙丑，以和林屯田去秋收九萬餘石，其宣慰司官吏、部校、軍士，給賞有差。己巳，太陰犯亢。辛未，太陰犯氐。調國王部及忽里合赤、兀魯帶、朵來等軍九千五百人赴和林。壬申，令各衞董屯田官三年一易。甲戌，弛中都酒禁。

三月己丑，遼陽行省右丞洪重喜訴高麗國王王(章)〔璋〕不奉國法恣暴等事，〔一〕中書省臣請令重喜與高麗王辯對。敕中書毋令辯對，令高麗王從太后之五臺山。梁王在雲南有風疾，以諸王老的代梁王鎮雲南，賜金二百五十兩、銀七百五十兩，從者幣帛有差。庚寅，車駕幸上都。摘五衞軍五十人隸中都虎賁司。封諸王也〔速〕不干為襄寧王。〔二〕辛卯，罷杭州白雲宗攝所。立湖廣頭陀禪錄司。丙寅，〔三〕賜雲南王老的金印。戊戌，太陰犯氐。己亥，熒惑犯歲星。封公主阿剌的納八剌為趙國公主，駙馬汪安為趙王。甲辰，中書省臣言：「國家歲賦有常，頃以歲儉，所入曾不及半，而去歲所支，鈔至千萬錠，糧三百萬石。陛下嘗命汰其求芻粟者，而宣徽院孛可孫竟不能行，視去歲反多三十萬石，請用知錢穀者二三員

於宣徽院佐而理之。又，中書省斷事官，大德十年四十三員，今皇太子位增二員，諸王闊闊出、剌馬甘禿剌亦各增一員，非舊制。臣等以爲皇太子位所增宜存，諸王者宜罷。」並從之。乙巳，中書省臣言：「中書爲百司之首，宜先汰冗員。」帝曰：「百司所汰，卿等定議；省臣去留，朕自思之。」己酉，濟陰、定陶雹。

夏四月甲寅，中書省臣言：「江浙杭州驛，半歲之間，使人過者千二百餘，有桑兀、寶合丁等進獅、豹、鴉、鶻，留二十有七日，人畜食肉千三百餘斤。請自今遠方以奇獸異寶來者，依驛遞，其商人因有所獻者，令自備資力。」從之。辛酉，立興聖宮江淮財賦總管府，詔諭中外。癸亥，摘漢軍五千，給田十萬頃，於直沽沿海口屯種，又益以康里軍二千，立鎭守海口屯儲親軍都指揮使司。壬午，詔中都創皇城角樓。中書省臣言：「今農事正殷，蝗蝝徧野，百姓艱食，乞依前旨罷其役。」帝曰：「皇城若無角樓，何以壯觀！先畢其功，餘者緩之。」以建新寺，鑄提調、監造三品銀印。益都、東平、東(滄)〔昌〕、〔四〕濟寧、河間、順德、廣平、大名、汴梁、衞輝、泰安、高唐、曹、濮、德、揚、滁、高郵等處蝗。

五月丁亥，以通政院使憨剌合兒知樞密院事，董建興聖宮，令大都留守養安等督其工。丁酉，以陰陽家言，自今至聖誕節不宜興土功，敕權停新寺工役。甲辰，御史臺臣言：「乘輿北幸，而京師工役正興，加之歲旱乏食，民愚易惑，所關甚重，乞留一丞相鎭京師，後爲例。」

制可。

六月癸亥，選官督捕蝗。從皇太子言，禁諸賜田者馳驛徵租擾民。庚午，中書省臣言：「奉旨既停新寺工役，其亭苑鷹坊諸役，乞幷罷。又，太醫院遣使取藥材於陝西、四川、雲南，費公帑，勞驛傳。臣等議，事干錢糧，隔越中書省徑行，乞禁止。」並從之。以益都、濟南、般陽三路，寧海一州屬宣慰司，餘並令直隸省部。以大都隸儒籍者四十戶充文廟樂工。從皇太子請，改典樂司提點、大使等官爲卿、少卿、丞。甲戌，以宿衞之士比多冗雜，遵舊制，存蒙古、色目之有閥閱者，餘皆革去。皇太子言：「宣政院先奉旨，毆西番僧者截其手，詈之者斷其舌，此法昔所未聞，有乖國典，且於僧無益。僧俗相犯，已有明憲，乞更其令。」又言：「宣政院文案不檢覈，於憲章有礙，遵舊制爲宜。」並從之。乙亥，中書省臣言：「河南、江浙省言，宣政院奏免僧、道、也里可溫、荅失蠻租稅。臣等議，田有租，商有稅，乃祖宗成法，今宣政院一體奏免，非制。」有旨，依舊制徵之。是月，金城、嶧州、源州雨雹。延安之神木碾谷、盤西、神川等處大雨雹。霸州、檀州、涿州、良鄉、舒城、歷陽、合肥、六安、江寧、句容、溧水、上元等處蝗。

秋七月癸未，河決歸德府境。壬辰，宣政院臣言：「武靖王搠思班與朶思麻宣慰司言：『松潘疊宕威茂州等處安撫司管內，西番、禿魯卜、降胡、漢民四種人雜處，昨遣經歷蔡懋昭往蛇谷隴迷招之，降其八部，戶萬七千，皆數百年負固頑獷之人，酋長令眞巴等八人已嘗廷見。今令眞巴謂其地隣接四川，未降者尙十餘萬。宣撫司官皆他郡人，不知蠻夷事宜，纔至成都灌州，畏懼卽返，何以撫治。宜改安撫司爲宣撫司，遷治茂州，徙松州軍千人鎭遏，爲便。』臣等議，宜從其言。」詔改松潘疊宕威茂州安撫司爲宣撫司，遷治茂州汶川縣，秩正三品，以八兒思的斤爲宣撫司達魯花赤，蔡懋昭爲副使，並佩虎符。乙未，復置贛州龍南、安遠二縣。以河西二十驛往來使多，馬數既少，民力耗竭，命中書省、樞密院、通政院於諸部撥戶增馬以濟之。樂實言鈔法大壞，請更鈔法，圖新鈔式以進，又與保八議立尙書省，詔與乞台普濟、塔思不化、赤因鐵木兒、脫虎脫集議以聞。己亥，河決汴梁之封丘。甲辰，改昔保赤八剌合孫總管府爲奉時院。乙巳，保八言：「臣與塔思不花、乞台普濟等集議立尙書省事，臣今竊自思之，政事得失，皆前日中書省臣所爲，今欲舉正，彼懼有累，孰願行者。臣今不言，誠以大事爲懼。陛下若矜憐保八、樂實所議，請立尙書省，舊事從中書，新政從尙書。尙書，請以乞台普濟、脫虎脫爲丞相，三寶奴、樂實爲平章，保八爲右丞，王羆參知政事。姓江者畫鈔式，以爲印鈔庫大使。」並從之。塔思不花言：「此大事，遽爾更張，乞與老臣更議。」帝不從。是月，濟南、濟寧、般陽、曹、濮、德、高唐、河中、解、絳、耀、同、華等州蝗。

八月壬子，中書省臣言：「甘肅省僻在邊垂，城中蓄金穀以給諸王軍馬，世祖、成宗常修

其城池。近撒的迷失擅興兵甲，掠豳王出伯輜重，民大驚擾。今撒的迷失已伏誅，其城若不修，慮啓寇心。又，沙、瓜州摘軍屯田，歲入糧二萬五千石，撒的迷失叛，不令其軍入屯，遂廢。今乞仍舊遣軍屯種，選知屯田地利色目、漢人各一員領之。」皆從之。癸(酉)〔丑〕，〔五〕立尙書省，以乞台普濟爲太傅、右丞相，脫虎脫爲左丞相，三寶奴、樂實爲平章政事，保八爲右丞，忙哥鐵木兒爲左丞，王羆爲參知政事，中書左丞劉楫授尙書左丞、商議尙書省事，詔告天下。甲寅，敕以海剌孫昔與伯顏、阿朮平江南，知兵事，可授平章政事、商議樞密院事。以阿速衞軍五百人隸諸王怯里不花，駐和林，給鈔萬五千錠，人備四馬。己未，立皇太子右衞率府，〔六〕秩正三品，命尙書右丞相脫虎脫、御史大夫不里牙敦並領右衞率府事。尙書省臣言：「中書省尙有逋欠錢糧應追理者，宜存斷事官十人，餘皆併入尙書省。」又言：「往者大辟獄具，尙書省議定，令中書省裁酌以聞，宜依舊制。」從之。以江西等處行中書省參知政事郝彬爲尙書省參知政事。甲戌，賜太師伲頭名脫兒赤顏。丁丑，永平路隕霜殺禾。己卯，三寶奴言：「尙書省立，更新庶政，變易鈔法，用官六十四員，其中宿衞之士有之，品秩未至者有之，未歷仕者有之。此皆素習於事，旣已任之，乞勿拘例，授以宣敕。」制可。詔天下，敢有沮撓尙書省事者，罪之。眞定、保定、河間、順德、廣平、彰德、大名、衞輝、懷孟、汴梁等處蝗。

九月庚辰朔，以尚書省條畫詔天下，改各行中書省爲行尚書省。詔：「朝廷得失，軍民利害，臣民有上言者，皆得實封上聞，在外者赴所屬轉達。各處人民，饑荒轉徙復業者，一切逋欠，並行蠲免，仍除差稅三年。田野死亡，遺骸暴露，官爲收拾。」頒行至大銀鈔，詔曰：「昔我世祖皇帝既登大寶，始造中統交鈔，以便民用，歲久法隳，亦既更張，印造至元寶鈔。逮今又復二十三年，物重鈔輕，不能無弊，迺循舊典，改造至大銀鈔，頒行天下。至大銀鈔一兩，準至元鈔五貫、白銀一兩、赤金一錢。隨路立平準行用庫，買賣金銀，倒換昏鈔。或民間絲綿布帛，赴庫回易，依驗時估給價。隨處路府州縣，設立常平倉以權物價，豐年收糴粟麥米穀，值青黃不接之時，比附時估，減價出糶，以遏沸湧。金銀私相買賣及海舶興販金、銀、銅錢、綿絲、布帛下海者，並禁之。平準行用庫、常平倉設官，皆於流官內銓注，以二年爲滿。中統交鈔，詔書到日，限一百日盡數赴庫倒換。茶、鹽、酒、醋、商稅諸色課程，如收至大銀鈔，以一當五。頒行至大銀鈔二兩至二釐，定爲一十三等，以便民用。」壬午，江南行臺劾：「平章政事教化，詐言家貧，冒受賜貨物，折鈔二萬錠。且其人素行，無一善可稱。魏國公尊爵也，豈宜授之。請追奪爲宜。」制可。癸未，尚書省臣言：「古者設官分職，各有攸司。方今地大民衆，事益繁冗，若使省臣總挈綱領，庶官各盡厥職，其事豈有不治。頃歲天災民困，職此之由。自今以始，省部一切，皆令從宜處置，大事或須上請，得旨卽行，用成至治，上順天道，下安民心。」又言：「國家地廣民衆，古所未有。累朝格例前後不一，執法之吏輕重任意，請自太祖以來所行政令九千餘條，删除繁冗，使歸於一，編爲定制。」並從之。以大都城南建佛寺，立行工部，領行工部事三人，行工部尚書二人，仍令尚書右丞相脫虎脫兼領之。丙戌，車駕至大都。戊子，尚書省臣言：「翰林國史院，先朝御容、實錄皆在其中，鄉置之南省。今尚書省復立，倉卒不及營建，請買大第徙之。」制可。壬辰，賜高唐王洼安金五千兩、銀五萬兩。癸巳，以薪價貴，禁權豪畜鷹犬之家不得占據山場，聽民樵采。三寶奴言：「冀寧、大同、保定、眞定以五臺建寺，所須皆直取於民，宜免今年租稅。」從之。丙申，御史臺臣言：「頃年歲凶民疫，陛下哀矜賑之，獲濟者衆。今山東大饑，流民轉徙，乞以本臺沒入贓鈔萬錠賑救之。」制可。丁酉，御史臺臣言：「比者近幸爲人奏請，賜江南田千二百三十頃，爲租五十萬石，乞拘還官。」從之。己亥，尚書省臣言：「今國用需中統鈔五百萬錠，前者嘗借支鈔本至千六十萬三千一百餘錠，今乞罷中統鈔，以至大銀鈔爲母，至元鈔爲子，仍撥至元鈔本百萬錠，以給國用。」大都立資國院，秩正二品；山東、河東、遼陽、江淮、湖廣、川漢立泉貨監六，秩正三品；產銅之地立提舉司十九，秩從五品。尚書省臣言：「三宮內降之旨，曩中書省奏請勿行，臣等謂宜仍舊行之。儻於大事有害，則復奏請。」帝是其言。又言：「中書之務，乞以盡歸臣等。至元二十四年，凡宣敕亦尚書省掌之。今臣等議，乞從尚書省任人，而以宣敕散官委之中書。」從之。占八國王遣其弟扎剌奴等來貢白面象、伽藍木。合魯納答思、禿堅鐵木兒、桑加失里等奏請遣人使海外諸國。以禿堅、張也先、伯顏使不憐八孫，薛徹兀、李唐、徐伯顏使八昔，察罕、亦不剌金、楊忽答兒、阿里使占八。以陝西行臺大夫、大司徒沙的爲左丞相、行土蕃等處宣慰使都元帥。甲辰，尚書省言：「每歲餉粟費鈔五十萬錠，請廢孛可孫，立度支院，秩二品，設使、同知、僉院、僉判各二員。」從之。乙巳，以盜多，徙上都、中都、大都舊盜於水達達、亦剌思等地耕種。丁未，三寶奴言養豹者害民爲甚，有旨禁之，有復犯者，雖貴幸亦加罪。

冬十月庚戌朔，以皇太子爲尚書令詔天下，令州縣正官以九年爲任詔天下，又以行銅錢法詔天下。辛亥，皇太子言：「舊制，百官宣敕散官皆歸中書，以臣爲中書令故也。自今敕牒宜令尚書省給降，宜命仍委中書。」制可。丙辰，樂實言：「江南平垂四十年，其民止輸地稅、商稅，餘皆無與。其富室有蔽占王民奴使之者，動輒百千家，有多至萬家者，其力可知。乞自今有歲收糧滿五萬石以上者，令石輸二升於官，仍質一子而軍之。其所輸之糧，移其半入京師以養御士，半留於彼以備凶年。富國安民，無善於此。」帝曰：「如樂實言行之。」辛酉，弛酒禁，立酒課提舉司。尚書省以錢穀繁劇，增戶部侍郎、員外郎各一員；又增禮部侍郎、郎中各一員，凡言時政者屬之。立太廟廩犧署，設令、丞各一員。癸亥，以翰林學士承旨不里牙敦爲御史大夫。乙丑，以皇太后有疾，詔天下釋大辟百人。丁卯，以御史大夫只兒合郎及中書左丞相脫脫、尚服院使大都，並知樞密院事。壬申，太陰犯左執法。癸酉，尚書省臣言：「比來東汰冗官之故，百官俸至今未給，乞如大德十年所設員數給之，餘弗給。」從之。加知樞密院事禿忽魯左丞相。丁丑，以遼陽行尚書省平章政事合散爲左丞相、行中書省平章政事，中書參知政事伯都爲平章政事、行中書右丞，商議中書省事忽都不丁爲右丞、行中書省左丞，參議中書省事鐵里脫歡、賈鈞並中書參知政事。戊寅，御史臺臣言：「常平倉本以益民，然歲不登，遽立之，必反害民，罷之便。」又言：「至大銀鈔始行，品目繁碎，民猶未悟，而又兼行銅錢，慮有相妨。」又言：「民間(抱)〔拘〕銅器甚急，〔七〕弗便，乞與省臣詳議。」又言：「歲凶乏食，不宜遽弛酒禁。」有旨：「其與省臣議之。」

十一月庚辰朔，以徐、邳連年大水，百姓流離，悉免今歲差稅。增吏部郎中、員外郎、主事各一員，令考功以行黜陟。東平、濟寧荐饑，免其民差稅之半，下戶悉免之。尚書省臣言：「比年衞士大濫，率多無賴，請充衞士者，必廷見乃聽。」從之。雲南行省言：「八百媳婦、大徹里、小徹里作亂，威遠州谷保奪據木羅甸，詔遣本省右丞算只兒威往招諭之，仍令威楚道軍千五百人護送入境。而算只兒威受谷保賂金銀各三錠，復進兵攻劫，谷保弓弩亂發，遂以敗還。匪惟敗事，反傷我人，惟陛下裁度。」帝曰：「大事也，其速擇使復齎璽書往招諭。算只兒威雖遇赦，可嚴鞫之。」甲申，賜寧肅王脫脫金印。陞皇太子府正司爲從二品。乙酉，尚書省及太常禮儀院言：「郊祀者，國之大禮。今南郊之禮已行而未備，北郊之禮尚未舉行。今年冬至祀天南郊，請以太祖皇帝配；明年夏至祀地北郊，請以世祖皇帝配。」制可。丁亥，以湖廣行省左丞散北帶爲平章政事、商議樞密院事。丁酉，太尉、尚書右丞相脫虎脫監修國史。己亥，太陰犯右執法。庚子，太陰犯上相。辛丑，尚書省臣言：「臣等竊計，國之糧儲，歲費浸廣，而所入不足。今歲江南頗熟，欲遣使和糴，恐米價暴增，請以至大鈔二千錠分之江浙、河南、江西、湖廣四省，於來歲諸色應支糧者，視時直予以鈔，可得百萬；不給則聽以各省錢足之。」制可。丙午，諸王孛蘭奚以私怨殺人，當死，大宗正也可扎魯忽赤議，孛蘭奚貴爲國族，乞杖之，流北鄙從軍，從之。丁未，擇衞士子弟充國子學生。

十二月乙卯，親饗太廟，上太祖聖武皇帝尊謚、廟號及光獻皇后尊謚，又上睿宗景襄皇帝尊謚、廟號及莊聖皇后尊謚，執事者人陞散階一等，賜太廟禮樂戶鈔帛有差。和林省右丞相、太師月赤察兒言：「臣與哈剌哈孫答剌罕共事時，錢穀必與臣議。自哈剌哈孫沒，凡出入不復關聞，予奪失當，而右丞曩家帶反相淩侮，輒託故赴京師。」有旨：「其鎖曩家帶詣和林鞫之。」武昌婦人劉氏，詣御史臺訴三寶奴奪其所進亡宋玉璽一、金椅一、夜明珠二。

奉旨，令尚書省臣及御史中丞冀德方、也可扎魯忽赤別鐵木兒、中政使搠只等雜問。劉氏稱故翟萬戶妻，三寶奴謫武昌時，與(留)〔劉〕往來，〔六〕及三寶奴貴，劉託以追逃婢來京師，謁三寶奴於其家，不答，入其西廊，見榻上有逃婢所竊寶鞍及其手縫錦帕，以問，三寶奴又不答。忿恨而出，卽求書狀人喬瑜爲狀，乃因尹榮往見察院吏李節，入訴於臺。獄成，以劉氏爲妄。有旨，斬喬瑜，笞李節，杖劉氏及尹榮，歸之元籍。丙辰，併中書省左右司。遣使往諸路分揀逋負，合徵者徵之，合免者免之。庚申，太陰犯參。尚書省臣言：「鹽價每引宜增爲至大銀鈔四兩，廣西者如故。其煮鹽工本，請增爲至大銀鈔四錢。」制可。辛酉，申禁漢人執弓矢、兵仗。壬戌，陽曲縣地震，有聲如雷。封西僧迷不韻子爲寧國公，賜金印。丁丑，詔：「增百官俸，定流官封贈等第。應封贈者，或使遠死節，臨陣死事，於見授散官上加之。若六品七品死節死事者，驗事特贈官。封贈內外百官，三品以上者許請謚。凡請謚者，許其家具本官平日勳勞、政績、德業、藝能，經由所在官司保勘，與本家所供相同，轉申吏部考覆呈都省，都省準擬，令太常禮儀院驗事蹟定謚。若勳戚大臣奉旨賜謚者，不在此例。」

三年春正月癸未，省中書官吏，自客省使而下一百八十一員。賜諸王那木忽里等鈔萬

二千錠。賜宣徽院使抴忽難所隸酒人鈔萬五百八十八錠。乙酉，特授李孟榮祿大夫、平章政事、集賢大學士、同知徽政院事。丁亥，白虹貫日。戊子，禁近侍諸人外增課額及進他物有妨經制。營五臺寺，役工匠千四百人、軍三千五百人。己丑，以紐隣參議尚書省事。庚寅，立司禋監，秩正三品，掌巫覡，以丞相釐日領之。辛卯，立皇后弘吉列氏，遣脫虎脫攝太尉持節授玉册、玉寶。壬辰，陞中政院爲從一品。癸巳，立中瑞司，秩正三品，掌皇后寶。甲午，太陰犯右執法。乙未，定稅課法。諸色課程，並係大德十一年考較，定舊額、元增，總爲正額，折至元鈔作數。自至大三年爲始恢辦，餘止以十分爲率，增及三分以上爲下酬，五分以上爲中酬，七分以上爲上酬，增及九分爲最，不及三分爲殿。所設資品官員，以二周歲爲滿。定稅課官等第，萬錠之上，設正提舉、同提舉、副提舉各一員；一千錠之上，設提領、大使、副使各二員；五百錠之上，設提領、大使、副使各一員；一百錠之上，設大使、副使各一員。丙申，立資國院泉貨監。命以歷代銅錢與至大錢相參行用。復立廣平順德路鐵冶都提舉司。戊戌，詔湖廣行省招諭叛人上思州知州黃勝許。辛丑，降詔招諭大徹里、小徹里。樞密院臣言：「湖廣省乖西帶蠻阿馬等連結萬人入寇，已遣萬戶移剌四奴領軍千人，及調思、播土兵併力討捕。臣等議，事勢緩急，地里要害，四奴備知，乞聽其便宜調遣。」制可。壬寅，詔諭八百媳婦，遣雲南行省右丞算只兒威招撫之。癸卯，改太子少詹事爲副詹事。

乙巳，令中書省官吏如安童居中書時例存設，其已汰者，尚書省還敍。省樞密院官，存知樞密院七員、同知樞密院事二員、樞密副使二員、僉樞密院事二員、同僉樞密院事一員。增御史臺官二員，御史大夫、御史中丞、侍御史、治書侍御史各二員。省通政院官六員，存十二員。汰廣武康里衞軍，非其種者還之元籍，凡隸諸王阿只吉、火郎撒及迤南探馬赤者，令樞密院遣人卽其處參定爲籍。去歲朝會，諸王伯鐵木兒、阿剌鐵木兒並賜金二百五十兩、銀一千兩、鈔四百錠。丙午，詔令知樞密院事大都、僉院合剌合孫復職。丁未，立右衞阿速親軍都指揮使司，秩正三品。

二月庚戌，以皇后受册，遣官告謝太廟。辛亥，熒惑犯月星。賜鷹坊馬速忽金百兩、銀五百兩。己未，浚會通河，給鈔四千八百錠、糧二萬一千石以募民，命河南省平章政事塔失海牙董其役。遣商議尚書省事劉楫整治鈔法。增大都警巡院二，分治四隅。壬戌，太陰犯左執法。甲子，以上皇太后尊號，告祀南郊。乙丑，復以僉樞密院事賈鈞爲中書參知政事。尚書省臣言：「官階差等，已有定制，近奉聖旨、懿旨、令旨要索官階者，率多躐等，願依世祖皇帝舊制，次第給之。」制可。丁卯，尚書省臣言：「昔至元鈔初行，卽以中統鈔本供億及銷其板。今既行至大銀鈔，乞以至元鈔輸萬億庫，銷毀其板，止以至大鈔與銅錢相權通行爲便。」又言：「今夏朝會上都供億，請先發鈔百萬錠以往。」並從之。楚王牙忽都所隸戶貧乏，

以米萬石、鈔六千錠賑之。己巳，寧王闊闊出謀爲不軌，越王秃刺子阿剌納失里許助力，事覺，闊闊出下獄，賜其妻完者死，竄阿剌納失里及其祖母、母、妻于伯鐵木兒所。以畏吾兒僧鐵里等二十四人同謀，或知謀不首，並磔于市。鞫其獄者，並陞秩二等。賞牙忽都金千兩、銀七千五百兩。三寶奴賜號答剌罕，以闊闊出食邑淸州賜之，自達魯花赤而下，並聽舉用。辛未，脫兒赤顏加錄軍國重事。賜故中書右丞相塔剌海妻也里于金七百五十兩、銀一千五百兩、鈔四百錠。壬申，樂實爲尚書左丞相、駙馬都尉，封齊國公。癸酉，以左丞相、行中書省平章政事合散商議遼陽行省事。甲戌，太白犯月星。以上皇太后尊號，告祀太廟。

三月己卯朔，樞密院臣言：「國家設官分職，都省治金穀，樞密治軍旅，各有定制。邇者尚書省弗遵成憲，易置本院官，令依大德十年員數聞奏。臣等議，以鐵木兒不花、脫而赤顏、床兀兒、也速、脫脫、也兒吉尼、脫不花、大都知樞密院事，撒的迷失、史弼同知樞密院事，吳元珪樞密副使，塔海姑令爲副樞。」有旨，令樞密院如舊制設官十七員。乙酉，以知樞密院事只兒合郎爲陝西行尚書省平章政事。遣刑部尚書馬兒往甘肅和市羊馬，分賚諸王那木忽里蒙古軍，給鈔七萬錠。庚寅，太陰犯氐。尚書省臣言：「昔世祖有旨，以叛王海都分地五戶絲爲幣帛，俟彼來降賜之，藏二十餘年。今其子察八兒向慕德化，歸覲闕廷，請以賜之。」帝曰：「世祖謀慮深遠若是，待諸王朝會，頒賞旣畢，卿等備述其故，然後與之，使彼

知愧。」辛卯，發康里軍屯田永平，官給之牛。壬辰，車駕幸上都。立興聖宮章慶使司，秩正二品。丙申，太陰犯南斗。丁未，太白犯井。

夏四月己酉，興聖宮鷹坊等戶四千分處遼陽，建萬戶府以統之。容米洞官田墨糾合蠻酋，殺千戶及戍卒八十餘人，俘掠良民；改永順保靖南渭安撫司爲永順等處軍民安撫司，以安撫副使梓材爲使往招之。賜高麗國王王(章)〔璋〕功臣號，改封瀋王。改大承華普慶寺總管府爲崇祥監。庚戌，以鈔九千一百五十八錠有奇市耕牛農具，給直沽酸棗林屯田軍。戊辰，太白晝見。己巳，立怯憐口諸色人匠都總管府，秩正三品，提舉司二，分治大都、〔上都〕，〔九〕秩正五品；江浙等處財賦提舉司，秩從五品；瑞州等路營民都提舉司，〔一〇〕秩從四品，並隸章慶使司。辛未，賜角觝者阿里銀千兩、鈔四百錠。丙子，立管領軍匠千戶所，秩正五品，割左都威衞軍匠八百隸之，備興聖宮營繕。增國子生爲三百員。靈壽、平陰二縣雨雹。鹽山、寧津、堂邑、茌平、陽穀、高唐、禹城等縣蝗。

五月甲申，封諸王完者爲衞王。癸巳，東平人饑，賑米五千石。乙未，加尚書參知政事王羆大司徒。是月，合肥、舒城、歷陽、蒙城、霍丘、懷寧等縣蝗。

六月丁未朔，詔太尉、尚書右丞相脫虎脫，太保、尚書左丞相三寶奴總治百司庶務，並從尚書省奏行。戊申，省上都留守司官七員。以行中書左丞忽都不丁爲中書右丞。己酉，立上都、中都等處銀冶提舉司，秩正四品。尚書省臣言：「別都魯思云雲州(朝)〔潮〕河等處產銀，〔一一〕令往試之，得銀六百五十兩。」詔立提舉司，以別都(忽)〔魯〕思爲達魯花赤。〔一二〕庚戌，立規運都總管府，秩正三品，領大崇恩福元寺錢糧，置提舉司、資用庫、大益倉隸之。乙卯，太陰犯氐。和林省言：「貧民自迤北來者，四年之間靡粟六十萬石、鈔四萬餘錠、魚網三千、農具二萬。」詔尚書、樞密差官與和林省臣覈實，給賜農具田種，俾自耕食，其續至者，戶以四口爲率給之粟。丁巳，敕今歲諸王、妃主朝會，頒賚一如至大元年例。甲子，以太子詹事斡赤爲中書左丞、集賢使，領典醫監事。戊辰，遣使諸道，審決重囚。賜太師淇陽王月赤察兒淸州民戶萬七千九百一十九，安吉王乞台普濟安吉州民戶五百。壬申，以西北諸王察八兒等來朝，告祀太廟。賜脫虎脫、三寶奴珠衣。封三寶奴爲楚國公，以常州路爲分地。乙亥，陞晉王延慶司秩正二品。是月，襄陽、峽州路、荆門州大水，山崩，壞官廨民居二萬一千八百二十九間，死者三千四百六十六人。汝州大水，死者九十二人。六安州大水，死者五十二人。沂州、莒州、兗州諸縣水沒民田。威州、洺水、肥鄉、鷄澤等縣旱。

秋七月戊寅，太陰犯右執法。己卯，太陰犯上相。庚辰，封皇伯晉王長女寶答失憐爲韓國長公主。丙戌，循州大水，漂廬舍二百四十四間，死者四十三人，發米賑之。庚寅，罷稱海也可扎魯忽赤。定王藥木忽兒乞如例設王府官六員，從之。癸巳，給親民長吏考功印

曆，令監治官歲終驗其行蹟，書而上之，廉訪司、御史臺、尚書禮部考校以爲陞黜。增尚書省客省使、副各一員，直省舍人十四員。立河南打捕鷹坊、魚課都提舉司，秩正四品。乙未，中都立光祿寺。丁酉，汜水、長林、當陽、夷陵、宜城、遠安諸縣水，令尚書省賑恤之。己亥，禁權要商販挾聖旨、懿旨、令旨阻礙會通河民船者。壬寅，詔禁近侍奏降御香及諸王駙馬降香者。磁州、威州諸縣旱、蝗。

八月丁未，以江浙行尚書省左丞相忽剌出、遙授中書右丞相薹日，並爲御史大夫，詔諭中外。甲寅，白虹貫日。陞尚服院從一品。丙辰，以行用銅錢詔諭中外。甲子，獵于昂兀腦兒之地。〔一三〕己巳，以諸王只必鐵木兒貧，仍以西涼府田賜之。尚書省臣言：「今歲頒賚已多，凡各位下奉聖旨、懿旨、令旨賜財物者，請分汰。」有旨：「卿等但具名以進，朕自分汰之。」汴梁、懷孟、衞輝、彰德、歸德、汝寧、南陽、河南等路蝗。

九月己卯，平伐蠻酋不老丁遣其姪與甥十人來降，陞平伐等處蠻夷軍民安撫司同知陳思誠爲安撫使，佩金虎符。御史臺臣言：「江浙省丞相答失蠻於天壽節日毆其平章政事孛蘭奚，事屬不敬。」詔遣使詰問之。內郡饑，詔尚書省如例賑恤。辛巳，太陰犯建星。立宣慰司都元帥府於察罕腦兒之地。丙戌，車駕至大都。保八遙授平章政事。辛卯，太陰犯天廩。壬辰，皇太子言：「司徒劉夔乘驛省親江南，大擾平民，二年不歸。」詔罷之。庚子，以

潭州隸中宮。上都民饑，敕遣刑部尚書撒都丁發粟萬石，下其價賑糶之。壬寅，敕諸司官濫設者，毋給月俸。詔諭三寶奴等：「去歲中書省奏，諸司官員遵大德十年定制，濫者汰之。今聞員冗如故，有不以聞而徑之任者。有旨不奏而擅令之任及之任者，並逮捕之，朕不輕釋。」

冬十月甲辰朔，太白經天。丙午，太白犯左執法。三寶奴及司徒田忠良等言：「曩奉旨舉行南郊配位從祀，北郊方丘、朝日夕月典禮。臣等議，欲祀北郊，必先南郊。今歲冬至，祀圜丘，尊太祖皇帝配享，來歲夏至，祀方丘，尊世祖皇帝配享，春秋朝日夕月，實合祀典。」有旨：「所用儀物，其令有司速備之。」又言：「太廟祠祭，故用瓦尊，乞代以銀。」從之。戊申，帝率皇太子、諸王、羣臣朝興聖宮，上皇太后尊號册寶曰儀天興聖慈仁昭懿壽元皇太后。庚戌，恭謝太廟。癸丑，熒惑犯亢。甲寅，敕諭中外：「民戶託名諸王、妃主、貴近臣僚，規避差徭，已嘗禁止。自今違者，俾充軍驛及築城中都。郡縣官不覺察者，罷職。」封僧亦憐眞乞烈思爲文國公，賜金印。御史臺臣言：「江浙省平章烏馬兒遣人從使臣昵匝馬丁枉道馳驛，取贓吏紹興獄中釋之。」敕臺臣遣官往鞫，毋徇私情。山東、徐、邳等處水、旱，以御史臺沒入贓鈔四千餘錠賑之。丁巳，尚書省臣言：「宣徽院廩給日增，儲偫雖廣，亦不能給，宜加分減。」帝曰：「比見後宮飲膳，與朕無異，有是理耶！其令伯答沙與宣徽院官覈實分減之。」

庚申，敕：「尚書省事繁重，諸司有才識明達者，並從尚書省選任，樞密院、御史臺及諸有司毋輒奏用，違者論罪。其或私意請托，罷之不敍。」辛酉，以皇太后受尊號，赦天下。大都、上都、中都比之他郡，供給煩擾，與免至大三年秋稅。其餘去處，今歲被災人戶，曾經體覆，依上蠲免。內外不急之役，截日停罷。至大二年已前民間負欠差稅、課程，並行蠲免。闊闊出餘黨未發覺者，並原其罪。隨處官民田土各有所屬，諸人勿得陳獻。三寶奴言省部官不肯勤恪署事，敕：「自今晨集暮退，苟或怠弛，不必以聞，便宜罪之。其到任或一再月辭以病者，杖罷不敍。」又言：「故丞相和禮霍孫時，參議府左右司斷事官、六部官日具一膳，不然則抱饑而還，稽誤公事，今則無以爲資，乞各賜鈔二百錠，規運取其息錢以爲食。」制可。丁卯，封諸王木八剌子買住韓爲兗王。〔一四〕壬申，晉王也孫鐵木兒言：「世祖以張鐵木兒所獻地土、金銀、銅冶賜臣，後以成宗拘收諸王所占地土民戶，例輪縣官，乞回賜。」從之，仍賜鈔三千錠賑其部貧民。江浙省臣言：「曩者朱清、張瑄海漕米歲四五十萬至百十萬。時船多糧少，顧直均平。比歲賦斂橫出，漕戶困乏，逃亡者有之。今歲運三百萬，漕舟不足，遣人於浙東、福建等處和顧，百姓騷動。本省左丞沙不丁，言其弟合八失及馬合謀但的、澉浦楊家等皆有舟，且深知漕事，乞以爲海道運糧都漕萬戶府官，各以己力輸運官糧，萬戶、千戶並如軍官例承襲，寬恤漕戶，增給顧直，庶有成效。」尚書省以聞，請以馬合謀但的爲遙授右丞，海外諸蕃宣慰使、都元帥、領海道運糧都漕運萬戶府事，設千戶所十，每所設達魯花赤一、千戶三、副千戶二、百戶四。制可。雲南省丞相鐵木迭兒擅離職赴都，有旨詰問，以皇太后旨貸免，令復職。以丞相鐵古迭兒爲陝西行御史臺御史大夫，詔諭陝西、四川、雲南、甘肅。詔諭大司農司勸課農桑。

十一月甲戌朔，太白犯亢。戊寅，濟寧、東平等路饑，免曾經賑恤諸戶今歲差稅，其未經賑恤者，量減其半。詔諭釐日移文尚書省，凡憲臺除官事，後勿與。庚辰，河南水，死者給槥，漂廬舍者給鈔，驗口賑糧兩月。免今年租賦，停逋責。辛巳，尚書省臣言：「今歲已印至大鈔本一百萬錠，乞增二十萬錠，及銅錢兼行，以備侍衞及鷹坊急有所須。」又言：「上都、中都銀冶提舉司達魯花赤別都魯思，去歲輸銀四千二百五十兩，今秋復輸三千五百兩，且言復得新礦，銀當增辦，乞加授嘉議大夫。」並從之。加脫虎脫爲太師、錄軍國重事，封義國公。壬午，改大崇恩福元寺規運總管府爲隆禧院，秩從二品。丁亥，太陰犯畢。戊子，改皇太子妃怯憐口都總管府爲典內司。以益都、寧海等處連歲饑，罷鷹坊縱獵，其餘獵地，並令禁約，以俟秋成。尚書省臣言：「雲南省臨安、大理等處宣慰司、麗江宣撫司及（晉）〔普〕定路所隸部曲，〔一五〕連結蠻寇，殺掠良民，諭之不服，且方調兵討八百媳婦，軍力消耗。今擬蒙古軍人給馬一，漢軍十人給馬二，計直與之，乞賜鈔三萬錠。」又言：「四川行省紹慶路所隸容

米洞田墨，連結諸蠻，攻劫麻寮等寨，方調兵討捕，遣千戶塔朮往諭田墨施什用等來降。宜立黃沙寨，以田墨施什用爲千戶，塔朮爲河東陝西等處萬戶府千戶所達魯花赤，廖起龍爲來寧州判官，田思遠爲懷德府判官，賞賚遣還。」皆從之。以朱清子虎、張瑄子文龍往治海漕，以所籍宅一區、田百頃給之。尚書省臣言：「昔世祖命皇子脫歡爲鎭南王居揚州。今其子老章，出入導衞，僭竊上儀。敕遣官詰問，仍以所僭儀物來上。」從之。敕城中都，以牛車運土，令各部衞士助之，限以來歲四月十五日畢集，失期者罪其部長，自願以車牛輸運者別賞之。江浙省左丞相答失蠻、江西省左丞相別不花來朝。賜世祖宮人伯牙倫金七百五十兩、銀二千五百兩、鈔六百錠。丙申，有事於南郊，尊太祖皇帝配享昊天上帝。己亥，尚書省以武衞親軍都指揮使鄭阿兒思蘭與兄鄭榮祖、段叔仁等圖爲不軌，置獄鞫之，皆誣服，詔叔仁等十七人並正典刑，籍沒其家。

十二月甲辰朔，以建大崇恩福元寺，乞失剌遙授左丞，曲列、劉良遙授參知政事，並領行工部事。立崇輝署，隸中政院。戊申，冀寧路地震。己未，諭中外應避役占籍諸王者，俾充軍驛。鎭南王老章僭擬儀衞，究問有驗，召老章赴闕。

四年春正月癸酉朔，帝不豫，免朝賀，大赦天下。庚辰，帝崩于玉德殿，在位五年，壽三

十一。壬午，靈駕發引，葬起輦谷，從諸帝陵。

夏五月乙未，文武百官也先鐵木兒等上尊謚曰仁惠宣孝皇帝，廟號武宗。國語曰曲律皇帝。是日，請謚南郊。

閏七月丙午，祔于太廟。

武宗當富有之大業，慨然欲創治改法而有爲，故其封爵太盛，而遙授之官衆，錫賚太隆，而泛賞之恩溥，至元、大德之政，於是稍有變更云。

校勘記

〔一〕王（章）〔璋〕　見卷二二校勘記〔一六〕。下同。

〔二〕也（速）〔速〕不干　據本書卷一〇七宗室世系表、卷一〇八諸王表補。蒙史已校。

〔三〕丙寅　按是月甲申朔，無丙寅日。此「丙寅」在辛卯初八日、戊戌十五日間，當是丙申十三日之誤。

〔四〕東（滄）〔昌〕　據本書卷五〇五行志改。按元無「東滄」建置。本證已校。

〔五〕癸（酉）〔丑〕　按是月辛亥朔，癸酉係二十三日。此「癸酉」在壬子初二日、甲寅初四日間，爲癸丑初三日之誤，今改。

〔六〕右衞率府　按本書卷二六仁宗紀延祐四年五月戊寅、五年正月戊午、六年七月壬戌條及卷八六

百官志、卷九九兵志，右衞率府置于延祐五年；至大元年所置者爲衞率府，延祐六年改左衞率府。此處「右」字當是衍文。下同。

〔七〕民間（抱）〔拘〕銅器甚急　從北監本改。

〔八〕與（留）〔劉〕往來　從北監本改。

〔九〕提舉司二分治大都〔上都〕　按本書卷八九百官志，管領怯憐口諸色民匠都總管府，下設大都、上都兩怯憐口諸色人匠提舉司。今補「上都」二字。本證已校。

〔一〇〕瑞州等路營民都提舉司　按本書卷八八百官志有「管民提舉司」，卷八九百官志有「管民提領所」、「管民總管府」等，疑此處「營民」當作「管民」，「營」「管」形近致誤。

〔一一〕雲州（朝）〔潮〕河　按潮河一名本書屢見，元一統志亦作「潮河」，據改。續通鑑已校。

〔一二〕別都（忽）〔魯〕思　據本條上文及下文十一月辛巳條改。

〔一三〕獵于昂兀腦兒之地　按金史卷二四地理志，撫州有「昂吉濼，又名鴛鴦濼」。口北三廳志云：「今呼昂古腦兒者，卽金之鴛鴦泊也。蒙古言昂古立。」疑此處「昂」爲「昂」之誤。

〔一四〕封諸王木八剌子買住韓爲兗王　蒙史云：「舊作封諸王木八剌子買住韓爲兗王。按諸公主表魯國公主位，大長公主拜塔沙適按陳裔孫買住罕。」「又按特薛禪傳，有脫憐者，亦按陳之裔孫也，卒，子迸不剌嗣，迸不剌卒，子買住罕嗣，買住罕尙拜答沙公主。又云，武宗宣慈惠聖皇后眞哥，脫憐子迸不剌之女，泰定皇后諱必罕、諱速哥答里者，皆脫憐孫買住罕之女。據此知買住〔韓〕本翁吉剌氏，旣爲駙馬，又爲海山汗正后眞哥可敦之兄弟，故受此一字之王封。兗爲魯地，故拜塔沙列魯國公主位。惟特薛禪舊傳失載買住〔韓〕封兗王事，世系舊表遂以兗王買住韓爲察合台大王位下八剌大王之子，蓋誤認武宗舊紀之諸王木八剌爲察阿歹曾孫八剌合也。其實舊紀之木八剌乃本八剌之脫誤，亦卽迸不剌之異文。」

〔一五〕（晉）〔普〕定路　據本書卷六一地理志改。按元無「晉定路」。

元史卷二十四

本紀第二十四

仁宗一

仁宗聖文欽孝皇帝，諱愛育黎拔力八達，順宗次子，武宗之弟也。母曰興聖太后，弘吉剌氏。至元二十二年三月丙子生。

大德九年冬十月，成宗不豫，中宮秉政，詔帝與太后出居懷州。十年冬十二月，至懷州，所過郡縣，供帳華侈，悉令撤去，嚴飭扈從毋擾於民，且諭僉事王毅察而言之，民皆感悅。

十一年春正月，成宗崩，時武宗爲懷寧王，總兵北邊。戊子，帝與太后聞哀奔赴。庚寅，至衞輝，經比干墓，顧左右曰：「紂內荒於色，毒痡四海，比干諫，紂刳其心，遂失天下。」令祠比干於墓，爲後世勸。至漳河，值大風雪，田叟有以盂粥進者，近侍卻不受。帝曰：「昔

漢光武嘗爲寇兵所迫，食豆粥。大丈夫不備嘗艱阻，往往不知稼穡艱難，以致驕惰。」命取食之。賜叟綾一匹，慰遣之。行次邯鄲，諭縣官曰：「吾慮衞士不法，胥吏科斂，重爲民困。」乃命王傅巡行察之。二月辛亥，至大都，與太后入內，哭盡哀，復出居舊邸，日朝夕入哭奠。時(左)〔右〕丞相哈剌哈孫答剌罕稱疾，〔一〕守宿掖門凡三月，密持其機，陽許之，夜遣人啓帝曰：「懷寧王遠，不能猝至，恐變生不測，當先事而發。」三月丙寅，帝率衞士入內，召阿忽台等責以亂祖宗家法，命執之，鞫問辭服。戊辰，伏誅。諸王闊闊出、牙忽都等曰：「今罪人斯得，太子實世祖之孫，〔二〕宜早正天位。」帝曰：「王何爲出此言也！彼惡人潛結宮壼，搆亂我家，故誅之，豈欲作威覬望神器耶！懷寧王吾兄也，正位爲宜。」乃遣使迎武宗於北邊。五月乙丑，帝與太后會武宗於上都。甲申，武宗卽位。六月癸巳〔朔〕，詔立帝爲皇太子，受金寶。遣使四方，旁求經籍，識以玉刻印章，命近侍掌之。時有進大學衍義者，命詹事王約等節而譯之，帝曰：「治天下，此一書足矣。」因命與圖象孝經、列女傳並刊行，賜臣下。十一月戊寅，受玉册，領中書省、樞密院。

至大元年七月，帝諭詹事曲出曰：「汝舊事吾，其與同僚協議，務遵法度，凡世祖所未嘗行及典故所無者，愼勿行。」二年八月，立尚書省，詔太子兼尚書令，戒飭百官有司，振紀綱，重名器，夙夜以赴事功。詹事院臣啓金州獻瑟瑟洞，請遣使采之，帝曰：「所寶惟賢，瑟瑟何用焉？若此者，後勿復聞。」先是，近侍言賈人有售美珠者，帝曰：「吾服御雅不喜飾以珠璣，生民膏血，不可輕耗。汝等當廣進賢才，以恭儉愛人相規，不可以奢靡蠹財相導。」言者慚而退。淮東宣慰使撒都獻玉觀音、七寶帽頂、寶帶、寶鞍，却之，戒諭如初。詹事王約啓事，二宦者侍側，帝問：「自古宦官壞人家國，有諸？」約對曰：「宦官善惡皆有之，但恐處置失宜耳。」帝然之。九月，河間等路獻嘉禾，有異畝同穎及一莖數穗者，命集賢學士趙孟頫繪圖，藏諸祕書。

四年春正月庚辰，武宗崩。壬午，罷尚書省。以丞相脫虎脫、三寶奴，平章樂實，右丞保八，左丞忙哥帖木兒，參政王羆，變亂舊章，流毒百姓，命中書右丞相塔思不花、知樞密院事鐵木兒不花等參鞫。丙戌，脫虎脫、三寶奴、樂實、保八、王羆伏誅，忙哥帖木兒杖流海南。壬(子)〔辰〕，〔三〕日赤如赭。罷城中都。召世祖朝諳知政務素有聲望老臣平章程鵬飛、董士選，太子少傅李謙，少保張驢，右丞陳天祥、尚文、劉正，左丞郝天挺，中丞董士珍，太子賓客蕭𣂏，參政劉敏中、王思廉、韓從益，侍御趙君信，廉訪使程鉅夫，杭州路達魯花赤阿合馬，給傳詣闕，同議庶務。甲午，宥阿附脫虎脫等左右司、六部官罪。乙未，禁百官役軍人營造及守護私第。丁酉，以雲南行中書省左丞相鐵木迭兒爲中書右丞相，太子詹事完澤、

集賢大學士李孟並平章政事。戊戌，以塔思不花及徽政院使沙沙並爲御史大夫。己亥，改行尚書省爲行中書省。庚子，減價糶京倉米，日千石，以賑貧民。停各處營造。罷廣武康里衞，追還印符、驛券、璽書，及其萬戶等官宣敕。辛丑，以塔失鐵木兒知樞密院事。壬寅，禁鷹坊馳驛擾民。敕中書，凡傳旨非親奉者勿行。以諸王朝會，普賜金三萬九千六百五十兩、銀百八十四萬九千五十兩、鈔二十二萬三千二百七十九錠、幣帛四十七萬二千四百八十八匹。

二月，復玉宸樂院爲儀鳳司，改延慶司爲都功德使司。乙巳，命和林、江浙行省依前設左丞相，餘省唯置平章二員，遙授職事勿與。戊申，罷運江南所印佛經。辛亥，禁諸王、駙馬、權豪擅據山場，聽民樵採。罷阿老瓦丁買賣浙鹽，供中政食羊。禁宣政院違制度僧。甲寅，遣使檢覈小雲石不花所獻河南荒田。司徒蕭珍以城中都徼功毒民，命追奪其符印，令百司禁錮之。還中都所占民田。罷江南行通政院、行宣政院。甲子，太陰犯填星。陞典內司爲典內院，秩從三品。命中書平章李孟領國子監學，諭之曰：「學校人材所自出，卿等宜數詣國學課試諸生，勉其德業。」敕：「諸王、駙馬戶在縉山、懷來、永興縣者，與民均服徭役。諸司擅奏除官者，毋給宣敕。」御史臺臣言：「白雲宗總攝所統江南爲僧之有髮者，不養父母，避役損民，乞追收所受璽書銀印，勒還民籍。」從之。罷福建綉匠、河南魚課兩提舉司。

省宣徽院參議、斷事官。丙寅，監察御史言：「比者尚書省臣蠹國亂政，已正典刑，其餘黨附之徒布在百司，亦須次第沙汰。今中書奏用孛羅鐵木兒爲陝西平章、烏馬兒爲江浙平章、闊里吉思爲甘肅平章、塔失帖木兒爲河南參政、萬僧爲江浙參政，各人前任，皆受重贓，或挾勢害民，咸乞罷黜。」制曰「可」。丁卯，命西番僧非奉璽書驛劵及無西蕃宣慰司文牒者，勿輒至京師，仍戒黃河津吏驗問禁止。罷總統所及各處僧錄、僧正、都綱司，凡僧人訴訟，悉歸有司。罷仁虞院，復置鷹坊總管府。庚(子)〔午〕，[四]命廣西靜江、融州軍民官，鎮守三載無虞者，民官減一資，軍官陞一階，著爲令。思州軍民宣撫司招諭官唐銓以洞蠻楊正思等五人來朝，賜金帛有差。立淮安忠武王伯顏祠於杭州，仍給田以供祀事。是月，帝謂侍臣曰：「郡縣官有善有惡，其命臺官選正直之人爲廉訪司官而體察之，果有廉能愛民者，不次擢用，則小人自知激厲矣。」旌表漳州長泰縣民王初應孝行。

三月庚辰，召前樞密副使吳元珪、左丞拜降、兀伯都剌至京師，同諸老臣議事。丙戌，太陰犯太微上相。罷五臺行工部。己丑，命毋赦十惡大逆等罪。復典瑞院爲典瑞監。庚寅，卽皇帝位於大明殿，受諸王百官朝賀。詔曰：

惟昔先帝，事皇太后，撫朕眇躬，孝友天至。由朕得託順考遺體，[五]重以母弟之嫡，加有削平內難之功，於其踐阼曾未踰月，授以皇太子寶，領中書令、樞密使，百揆機

務，聽所總裁，于今五年。先帝奄棄天下，勳戚元老咸謂大寶之承，既有成命，非與前聖賓天而始徵集宗親議所宜立者比，當稽周、漢、晉、唐故事，正位宸極。朕以國恤方新，誠有未忍，是用經時。今則上奉皇太后勉進之命，下徇諸王勸戴之勤，三月十八日，於大都大明殿卽皇帝位。凡尚書省誤國之臣，先已伏誅，同惡之徒，亦已放殛，百司庶政，悉歸中書，命丞相鐵木迭兒、平章政事李道復等從新拯治。[六]可大赦天下，敢以赦前事相告言者，罪以其罪。

諸衙門及近侍人等，毋隔越中書奏事。諸上書陳言者，量加旌擢。其僥倖獻地土并山場、窰冶及中寶之人，並禁止之。諸王、駙馬經過州郡，不得非理需索，應和顧、和買，隨卽給價，毋困吾民。

辛卯，禁民間製金箔、銷金、織金。以御史中丞李士英爲中書左丞。壬辰，發京倉米，減價以糶，賑貧民。丁酉，命月赤察兒依前太師，宣徽使鐵哥爲太傅，集賢大學士曲出爲太保。敕百司改陞品級者，悉復至元舊制。己亥，增置左翼、右翼指揮各一員。寧夏路地震。是月，帝諭省臣曰：「卿等裒集中統、至元以來條章，擇曉法律老臣，斟酌重輕，折衷歸一，頒行天下，俾有司遵行，則抵罪者庶無冤抑。」又諭太府監臣曰：「財用足，則可以養萬民，給軍旅。自今雖一繒之微，不言於朕，毋輒與人。」以陝西行尚書省左丞兀伯都剌爲中書右丞；

昭文館大學士察罕參知政事；中書平章政事、知樞密院事牀兀兒，欽察親軍都指揮使脫火赤拔都兒，中書右丞相、知樞密院事鐵木兒不花，錄軍國重事、知樞密院事也速，知樞密院事兼山東河北蒙古軍都萬戶也先鐵木兒，遙授左丞相、仁虞院使也兒吉〔尼〕，[七]太子詹事月魯鐵木兒，並知樞密院事。賜大都路民年九十者二千三百三十一人，人帛二匹；八十者八千三百三十一人，人帛一匹。

夏四月壬寅〔朔〕，詔分汰宿衞士，漢人、高麗、南人冒入者，還其元籍。癸卯，禁星于回回司天臺。以卽位，恩賜太師、太傅、太保，人金五十兩、銀三百五十兩、衣四襲。行省臣預朝會者，賞銀有差。丁未，以太子少保張驢爲江浙平章，戒之曰：「以汝先朝舊人，故命汝往。民爲邦本，無民何以爲國。汝其上體朕心，下愛斯民。」戊申，以卽位告天地于南郊。庚戌，拘收下番將校不典兵者虎符、銀牌。癸丑，詔：「路、府、州、縣官，三年爲滿。」罷典醫監。甲寅，太陰犯亢。熒惑犯壘壁陣。丙辰，詔諭宣徽使亦列赤，諸蒙古民有貧乏者，發廩濟之。丁巳，罷中政院。戊午，以卽位告于太廟。辛酉，敕：「國子監師儒之職，有才德者，不拘品級，雖布衣亦選用。」癸亥，敕：「諸使臣非軍務急速者，毋給金字圓牌。」定四宿衞士歲賜鈔二十四萬二百五錠。罷中都留守司，復置隆興路總管府，凡創置司存悉罷之。乙丑，封知樞密院事鐵木兒不花爲宣寧王，賜銀印。丁卯，詔曰：「我世祖皇帝，參酌古今，立中統、

至元鈔法，天下流行，公私蒙利，五十年于茲矣。比者尚書省不究利病，輒意變更，既創至大銀鈔，又鑄大元、至大銅錢。鈔以倍數太多，輕重失宜；錢以鼓鑄弗給，新舊恣用；曾未再期，其弊滋甚。爰咨廷議，允協輿言，皆願變通，以復舊制。其罷資國院及各處泉貨監提舉司，買賣銅器聽民自便。應尚書省已發各處至大鈔本及至大銅錢，截日封貯，民間行使者，赴行用庫倒換。」仍免大都、上都、隆興差稅三年。命中書省賑濟甘肅過川軍。罷僧、道、也里可溫、答失蠻、頭陀、白雲宗諸司。改封親王迭里哥兒不花爲湘寧王，賜金印，食湘鄉州、寧鄉縣六萬五千戶。拘還甘肅、陝西、遼陽省臣所佩虎符。禁鷹坊擾民。罷通政院，以其事歸兵部。增置尚書員外郎各一員。罷回回合的司屬。帝御便殿，李孟進曰：「陛下御極，物價頓減，方知聖人神化之速，敢以爲賀。」帝蹙然曰：「卿等能盡力贊襄，使兆民乂安，庶幾天心克享。至於秋成，尚未敢必。今朕踐阼曾未踰月，寧有物價頓減之理。朕托卿甚重，茲言非所賴也。」孟愧謝。帝諭集賢學士忽都魯都兒迷失曰：「向召老臣十人，所言治政，汝其詳譯以進，仍諭中書悉心舉行。」南陽等處風、雹。

五月壬申〔朔〕，以宦者鐵哥里爲利用監卿。癸酉，八百媳婦蠻與大、小徹里蠻寇邊，命雲南王及右丞阿忽台以兵討之。改封乳母夫壽國公楊德榮爲雲國公。丙子，命翰林國史院纂修先帝實錄及累朝皇后、功臣列傳，俾百司悉上事蹟。丁丑，禁毋以毒藥釀酒。庚辰，

敕中書省裁省冗司。置高昌王傅。復度支院爲監。罷泉府司、長信院、司禋監。辛巳，賜大長公主祥哥剌吉鈔二萬錠。壬午，制定翰林國史院承旨五員，學士、侍讀、侍講、直學士各二員。拘諸王、駙馬及有司驛券，自今遣使，悉從中書省給降。置祥和署，掌伶人。金齒諸國獻馴象。癸未，太陰犯氐。賜國師板的答鈔萬錠，以建寺于舊城。戊子，羅鬼蠻來獻方物。甲午，復太常禮儀院爲太常寺。是月，禁民捕鴽鵪。

六月癸卯，敕宣政院：「凡西番軍務，必移文樞密院同議以聞。」吐蕃犯永福鎭，敕宣政院與樞密院遣兵討之。乙巳，命侍臣咨訪內外，才堪佐國者，悉以名聞。仍戒敕諸王，恪恭乃職。丙午，以內侍楊光祖爲祕書卿，譚振宗爲武備卿，闞居仁爲尙乘卿，並授弘文館學士。置湘寧王迭里哥兒不花王傅。丁未，太陰犯太微東垣上相。己酉，詔存恤軍人。庚戌，太陰犯氐。壬子，敕甘肅省給過川軍牛種農器，令屯田。癸丑，復太府院爲太府監。省上都兵馬指揮爲五員。甲寅，封亦思丹爲懷仁郡王，賜銀印。丁巳，敕翰林國史院春秋致祭太祖、太宗、睿宗御容，歲以爲常。命和林行省右丞孛里、馬速忽經理稱海屯田。大同路宣寧縣民家產犢而死，頗類麒麟，車載以獻，左右曰：「古所謂瑞物也。」帝曰：「五穀豐熟，百姓安業，乃爲瑞也。」己未，復置長信寺。封樞密臣孛羅爲澤國公。庚申，敕自今諸司白事，須殿中侍御史侍側。癸亥，賜晉王也孫鐵木兒鈔五千錠，幣、帛各二千匹；太尉不花金百

兩。復雲州銀場提舉司，置儀鸞局，秩皆五品。甲子，請大行皇帝謚于南郊，上尊謚曰仁惠宣孝皇帝，廟號武宗。丙寅，拘收泉府司元給諸商販璽書。丁卯，罷只合赤八剌合孫所造上供酒。戊辰，敕諸王朝會後至者，如例給賜。己巳，（衞）〔魏〕王阿木哥入見，〔八〕帝諭省臣曰：「朕與阿木哥同父而異母，朕不撫育，彼將誰賴。其賜鈔二萬錠，他勿援例。」帝覽貞觀政要，諭翰林侍講阿林鐵木兒曰：「此書有益於國家，其譯以國語刊行，俾蒙古、色目人誦習之。」濟寧、東平、歸德、高唐、徐、邳諸州水，給鈔賑之。河間、陝西諸縣水、旱傷稼，命有司賑之，仍免其今年租。諸王塔剌馬的遣使進馴象。

秋七月辛未朔，拘還遼陽省官提調諸事圓符、璽書、驛券。裁減虎賁司職員。賜上都宿衞士貧乏者鈔十三萬九千錠。丁丑，鞏昌寧遠縣暴雨，山土流涌。敕內外軍官並覃官一等。癸未，甘州地震，大風，有聲如雷。以朝會，恩賜諸王禿滿金百五十兩、銀五千二百五十兩、幣帛三千匹。乙酉，賜湘寧王迭里哥兒不花所部鈔三萬二千錠。癸巳，太陰掩畢。甲午，置經正監，掌蒙古軍牧地，秩正三品，官五員。丁酉，太陰犯鬼距星。己亥，詔諭省臣曰：「朕前戒近侍毋輒以文記傳旨中書，自今敢有犯者，不須奏聞，直捕其人付刑部究治。」敕御史臺臣，選吏事老成者爲監察御史。超授中散大夫、典內院使孛叔榮祿大夫。是月，江陵屬縣水，民死者衆，太原、河間、眞定、順德、彰德、大名、廣平等路，德、濮、恩、通等州霖

雨傷稼，大寧等路隕霜，敕有司賑恤。

閏七月辛丑，命國子祭酒劉賡詣曲阜，以太牢祠孔子。甲辰，車駕將還大都，太后以秋稼方盛，勿令鷹坊、駝人、衞士先往，庶免害稼擾民，敕禁止之。樞密院奏：「居庸關古道四十有三，軍吏防守之處僅十有三，舊置千戶，位輕責重，請置隆鎭萬戶府，俾嚴守備。」制曰「可」。禁五星於司天臺。以故魯王刁斡八剌嫡子阿禮嘉世禮襲其封爵、分地。乙巳，以朝會，恩賜月赤察兒、床兀兒金二百兩、銀二千八百兩、幣帛有差。丙午，奉武宗神主祔于太廟。戊申，封李孟秦國公。命亦憐眞乞剌思爲司徒。己酉，吐番寇禮店、文州，命總帥亦憐眞等討之。辛亥，以西僧藏不班八爲國師，賜玉印。戊午，復置司禋監。己未，詔諭省臣曰：「國子學，世祖皇帝深所注意，如平章不忽木等皆蒙古人，而教以成材。朕今親定國子生額爲三百人，仍增陪堂生二十人，通一經者，以次補伴讀，著爲定式。」敕：「軍官七十致仕，始聽子弟承襲。其有未老卽託疾引年，令幼弱子弟襲職者，除名不敍；其巧計求遷者，以違制論。」壬戌，命賑卹嶺北流民。上都立通政院，領蒙古諸驛，秩正二品。甲子，寧夏地震。乙丑，魯國大長公主祥哥剌吉進號皇姊大長公主。遣使招諭黑水、白水等蠻十二萬餘戶來降。丙寅，太陰犯軒轅。賜諸王阿不花等金二百兩、銀七百五十兩、鈔一萬三千六百三十錠、幣帛各有差。丁卯，完澤、李孟等言：「方今進用儒者，而老成日以凋謝，四方儒

士成才者，請擢任國學、翰林、祕書、太常或儒學提舉等職，俾學者有所激勸。」帝曰：「卿言是也。自今勿限資級，果才而賢，雖白身亦用之。」敕直省舍人以其半給事殿庭，半聽中書差遣。禁醫人非選試及著籍者，毋行醫藥。大同宣寧縣雨雹，積五寸，苗稼盡殞。

八月己巳朔，裁定京朝諸司員數，並依至元三十年舊額。楚王牙忽都所部乏食，給鈔萬錠，出粟五千石賑之。賜環衞圉人鈔三萬錠。以近侍曲列失爲戶部尙書。甲戌，賜皇姊大長公主鈔萬錠。丙戌，安南世子陳日爌奉表，以方物來貢。敕西番軍務隸宣政院。

九月己亥朔，遙授左丞相不花進太尉。丙午，遙授湖廣平章、安南國王陳益稷入見，言：「臣自世祖朝來歸，妻子皆爲國人所害，朝廷授以王爵，又賜漢陽田五百頃，俾自贍以終餘年。今臣年幾七十，而有司拘臣所受田，就食無所。」帝謂省臣曰：「安南國王慕義來歸，宜厚其賜，以懷遠人，其進勳爵、受田如故。」戊申，禁民彈射飛鳥、殺馬牛羊當乳者。禁衞士不得私衣侍宴服，及以質於人。庚戌，命樞密院閱各省軍馬。壬子，改元皇慶，詔曰：「朕賴天地祖宗之靈，纂承聖緒，永惟治古之隆，羣生咸遂，國以乂寧。朕夙興夜寐，不敢怠遑，任賢使能，興滯補闕，庶其臻茲斂時五福，用敷錫厥庶民，朕之志也。踰年改元，厥有彝典，其以至大五年爲皇慶元年。」都水監卿木八剌沙傳旨，給驛往取杭州所造龍舟，省臣諫曰：「陛下踐祚，誕告天下，凡非宣索，毋得擅進。誠取此舟，有乖前詔。」詔止之。復置中宮

位下怯憐口諸色民匠打捕鷹坊都總管府，秩正三品。乙卯，太陰犯畢。丁巳，奉太后旨，以永平路歲入，除經費外，悉賜魯國大長公主。給雲南王老的部屬馬價一萬二千錠。丙寅，敕省部官，勿托以宿衛廢職。罷西番茶提舉司。是月，江陵路水漂民居，溺死十有八人。

冬十月戊辰朔，有事于太廟。己巳，敕繪武宗御容，奉安大崇恩福元寺，月四上祭。辛未，賜大普慶寺金千兩，銀五千兩，鈔萬錠，西錦、綵段、紗、羅、布帛萬端，田八萬畝，邸舍四百間。丁丑，禁諸僧寺毋得冒侵民田。辛巳，罷宣政院理問僧人詞訟。以蘄縣萬戶府鎮慶元，紹興沿海萬戶府鎮處州，宿州萬戶府兼鎮台州。戊子，省海道運糧萬戶爲六員，千戶爲七所。特授故太師月兒魯子木剌忽榮祿大夫、知樞密院事。辛卯，罷諸王斷事官，其蒙古人犯盜詐者，命所隸千戶鞫問。壬辰，詔收至大銀鈔。敕諸衞漢軍練習武事。置羣牧監，秩正三品，掌興聖宮位下畜牧。癸巳，詔置汴梁、平江等處田賦提舉司，掌大承華普慶寺貲產。給雲南增戍軍鈔二萬五千錠。丙申，太白犯壘壁陣。

十一月戊戌〔朔〕，封司徒買僧爲趙國公。辛丑，命延安、鳳翔、安西軍屯田紅城者，還陝西屯田。敕：「商稅官盜稅課者，同職官贓罪。」立乖西府，以土官阿馬知府事，佩金符。李孟奏：「錢糧爲國之本，世祖朝量入爲出，恒務撙節，故倉庫充牣。今每歲支鈔六百餘萬錠，又土木營繕百餘處，計用數百萬錠，內降旨賞賜復用三百餘萬錠，北邊軍需又六七百萬錠，

今帑藏見貯止十一萬餘錠，若此安能周給。自今不急浮費，宜悉停罷。」帝納其言，凡營繕悉罷之。辛亥，諸王不里牙屯等誣八不沙以不法，詔竄不里牙屯、禿干于河南，因忽乃于揚州，納里于湖廣，太那于江西，班出兀那于雲南。壬子，賑欽察衞糧五千七百五十三石。甲寅，太陰犯輿鬼。戊午，禁漢人、回回術者出入諸王、駙馬及大臣家。己未，以遼陽省平章政事合散爲中書平章政事。甲子，敕增置京城米肆十所，日平糶八百石以賑貧民。丙寅，加徽政使羅源爲大司徒。賑諸軍糧七千六十石。

十二月辛未，增置經正監官爲八員。置尙牧所，秩五品，掌太官羊。癸酉，封宣政、會福院使暗普爲秦國公。增置兵部侍郎、郎中各一員。庚辰，太白經天。復以陝西屯田軍三千隸紅城萬戶府。壬午，詔曰：「今歲不登，民何以堪。春蒐其勿令供億。」癸未，太白經天。甲申，太陰犯太微西垣上將。浙西水災，免漕江浙糧四分之一，存留賑濟；命江西、湖廣補運，輸京師。占城遣使奉表貢方物。庚寅，申禁漢人持弓矢兵器田獵。曲赦大都大辟囚一人，幷流以下罪。辛卯，裁宗正府官爲二十八員。遣官監視焚至大鈔。壬辰，太白經天。敕：「創設邊遠官員，俟到任方降敕牒。」乙未，命李孟整飭國子監學。中書省臣言：「世祖定立選法，陞降，以示激勸。今官未及考，或無故更代，或躐等進階，僭受國公、丞相等職，諸司已裁而復置者有之。今春以內降旨除官千餘人，其中欺僞，豈能悉知。壞亂選法，莫此

爲甚。」帝曰：「凡內降旨，一切勿行。」賜濟王朶列納印。以和林稅課建延慶寺。詔諭安南國世子陳日㷃曰：「惟我祖宗，受天明命，撫有萬方，威德所加，柔遠能邇。乃者先皇帝龍馭上賓，朕以王侯臣民不釋之故，於至大四年三月十八日卽皇帝位，遵踰年改元之制，以至大五年爲皇慶元年。今遣禮部尙書乃馬台等齎詔往諭，仍頒皇慶元年曆日一本。卿其敬授人時，益修臣職，毋替爾祖事大之誠，以副朕不忘柔遠之意。」

皇慶元年春正月庚子，帝諭御史大夫塔思不花曰：「凡大臣不法，卿等劾奏毋避，朕自裁之。」癸卯，敕諸僧犯奸盜、詐僞、鬬訟，仍令有司專治之。甲辰，授太師、錄軍國重事、知樞密院事脫兒赤顏開府儀同三司，嗣淇陽王。戊申，改隆鎭萬戶府爲隆鎭衞。庚戌，封知樞密院事醜漢爲安遠王，出總北軍。壬子，敕軍不滿五千者，勿置萬戶。癸丑，太陰犯太微東垣上將。旌表廣州路番禺縣孝子陳韶孫。戊午，制諸王設王傅六員，銀印，其次設官四員。改封濟王朶列納爲吳王。賜〔衛〕〔魏〕王阿木哥慶元路定海縣六萬五千戶。加崇福使也里牙秦國公。己未，陞崇祥監爲崇祥院，秩正二品。壬戌，陞翰林國史院秩從一品。帝諭省臣曰：「翰林、集賢儒臣，朕自選用，汝等毋輒擬進。人言御史臺任重，朕謂國史院尤重；御史臺是一時公論，國史院實萬世公論。」

二月丁卯朔，徙大都路學所置周宣王石鼓于國子監。敕稱海屯內漢軍存恤二年。庚午，西北諸王也先不花遣使貢珠寶、皮幣、馬駝，賜鈔一萬三千六百錠。辛未，改安西路爲奉元路，吉州路爲吉安路。壬申，以霸州文安縣屯田水患，遣官疏決之。遣使賜西僧金五千兩，銀二萬五千兩，幣帛三萬九千九百匹。甲戌，制定封贈名爵等級，著爲令。改和林省爲嶺北省。丙子，給稱海屯田牛二千。賜晉王也孫鐵木兒南康路戶六萬五千，世祖諸皇子〔忽哥赤之子〕也先鐵木兒福州路福安縣、〔九〕脫歡之子不荅失里福州路寧德縣、忽都魯鐵木兒之子泉州路南安縣、愛牙赤之子邵武路光澤縣，戶並一萬三千六百有四，食其歲賦。己卯，置衞龍都元帥府，秩正二品，以〔古〕〔右〕阿速衞隸之。〔一〇〕八百媳婦來獻馴象二。壬午，太陰犯亢。封孛羅爲永豐郡王。置德安府行用鈔庫。罷莊浪州唐兀千戶所。丙戌，省樞密斷事官爲八員。庚寅，敕嶺北省賑給闕食流民。敕兩淮民種荒田者，如例輸稅。遣官同江西、江浙省整治茶、鹽法。賜韓國公主普達實憐鈔萬錠。詔勉勵學校。賑山東流民至河南境者。通、灤州饑，賑糧兩月。

三月丁酉朔，熒惑犯東井。陞給事中秩正三品。罷諸王、大臣私第營繕。戊戌，右丞相鐵木迭兒言：「自今左右司、六部官，有不盡心，初則論決，不悛，則黜而不敍。」制曰「可」。省女直水達達萬戶府冗員。敕：「諸王脫脫所招戶，其未籍者，俾隸有司。」己亥，

以生日爲天壽節。庚子，加御史大夫火尼赤開府儀同三司。罷衞龍都元帥府。壬寅，太陰犯東井。敕歸德亳州，以憲宗所賜不憐吉帶地一千七十三頃還其子孫。丙(子)〔午〕，〔一〕敕：「北邊使者，非軍機毋給驛。」丁未，置內正司，秩正三品，卿、少卿、丞各一員。戊申，陞典內院秩正二品。以前河南行省平章政事塔失海牙爲御史大夫。改翰林國史院司直司爲經歷司，置經歷、都事各一員。置五臺寺濟民局，秩從五品。賜安王完澤及其子金三百兩、〔二〕銀一千二百五十兩、鈔三千五百錠。賜汴梁路上方寺地百頃。遼陽省增置灤陽、寬河驛。甲寅，西北諸王也先不花等遣使以槖駝、方物入貢。丙辰，封同知徽政院事常不蘭奚爲趙國公。庚申，敕簡汰大明宮、興聖宮宿衞。甲子，給北軍幣帛二十萬匹。遣戶部尚書馬兒經理河南屯田。乙丑，命河南省建故丞相阿朮祠堂。封諸王塔思不花爲恩平王。

夏四月丁卯，簡汰控鶴還本籍。以都水監隸大司農寺。置察罕腦兒捕盜司，秩從七品。庚午，命浙東都元帥鄭祐同江浙軍官教練水軍。辛未，給鈔萬錠修香山永安寺。趙王汝安(郡)〔部〕告饑，〔三〕賑糧八百石。陞保定路萬戶府爲上萬戶。癸酉，車駕幸上都。丙子，太白晝見。封鄆國大長公主忙哥台爲大長公主，賜金印。增也可扎魯忽赤爲四十二員。壬午，熒惑犯輿鬼。敕皇子碩德八剌置四宿衞。敕：「僧人田除宋之舊有幷世祖所賜外，餘悉輸租如制。」阿速衞指揮那懷等冒增衞軍六百名，盜支糧七千二百石、幣帛一千二百

匹、鈔二百八錠，敕中書、樞密按治。封知樞密院事木剌忽爲廣平王。癸未，熒惑犯積尸氣。庚寅，太白經天。大崇恩福元寺成，置隆禧院。龍興新建縣霖雨傷禾。彰德安陽縣蝗。

五月丙申朔，以中書平章政事合散爲中書左丞相，江浙行省平章張驢爲中書平章政事。知樞密院事也先鐵木兒授開府儀同三司。壬寅，諸王脫忽思海迷失以農時出獵擾民，敕禁止之，自今十月方許出獵。改和林路爲和寧路。賜諸王阿木哥鈔萬錠，速速迭兒、按麻思等各千錠。以蒙古驛隸通政院。置濮陽王脫脫木兒王傅官四員。給上都、灤陽驛馬三百匹。己未，縉山縣行宮建涼殿。己未，〔四〕以西寧州田租、稅課賜大長公主忙古台。賑宿衞士糧二萬石。陞回回司天臺秩正四品。彰德、河南、隴西雹。

六月乙丑朔，日有食之。丁卯，天雨毛。己巳，太陰犯天關。敕李孟博選中外才學之士任職翰林。給辛馬鈔價，濟嶺北、甘肅戍軍之貧者。壬申，減四川鹽額五千引。賜崇福寺河南官地百頃。丁亥，敕罷封贈，誡左右守法度，勤職業，勿妄僥倖加官。賜安遠王醜漢金百兩、銀五百兩、鈔千錠。鞏昌、河州等路饑，免常賦二分。

秋七月辛丑，定內正司官爲六員。禁諸王徑宣旨於各路。徙中都內帑、金銀器歸太府監。賜新店諸驛鈔三千八百錠，充使者餼廩。癸卯，詔獎勵御史臺。丙午，陞大司農司秩從一品。帝諭司農曰：「農桑衣食之本，汝等舉諳知農事者用之。」敕諸王小薛部歸晉寧路襄垣縣民田。中書參政賈鈞以病請告，賜鈔三百錠，給安車還鄉。戊午，太陰犯東井。

八月丁卯，敕探馬赤軍羊馬牛，依舊制百稅其一。戊辰，太白犯軒轅。辛未，太陰犯塡星。丁丑，罷司禋監。己卯，以吏部尚書許師敬爲中書參知政事。庚辰，車駕至自上都。壬午，辰星犯右執法。置少府監，隸大都留守司。甲申，賜諸王闊闊出金束帶一、銀百五十兩、鈔二百錠。乙酉，太白犯右執法。辛卯，敕雲南省右丞阿忽台等，領蒙古軍從雲南王討八百媳婦蠻。濱州旱，民饑，出利津倉米二萬石，減價賑糶。寧國路涇縣水，賑糧二月。安南國王陳益稷來朝。

九月丁酉，增江浙海漕糧二十萬石。戊戌，罷征八百媳婦蠻、大、小徹里蠻，以璽書招諭之。辛丑，命司徒田忠良等詣眞定玉華宮，祀睿宗御容。八百媳婦、大、小徹里蠻獻馴象及方物。甲辰，陞參議中書省事阿卜海牙爲參知政事。拘火者等所佩國公、司徒印。丁巳，太(陰)〔白〕犯亢。〔五〕壬戌，瓊州黎賊嘯聚，遣官招諭。

冬十月甲子，有事于太廟。改隆興路爲興和路，賜銀印。雲南行省右丞算只兒威有罪，國師搠思吉斡節兒奏請釋之，帝斥之曰：「僧人宜誦佛書，官事豈當與耶！」癸未，以中書參知政事察罕爲中書平章政事，商議中書省事。丁亥，太陰犯平道。戊子，太陰犯亢。翰

林學士承旨玉連赤不花等進順宗、成宗、武宗實錄。罷造船提舉司。辛卯，赦天下。賜李孟潞州田二十頃。

十一月戊戌，調汀、漳畲軍代亳州等翼漢軍於本處屯田。己亥，太陰犯壘壁陣。甲辰，捕滄洲羣盜阿失答兒等，擒之，支解以徇。丙午，諭六部官毋踰越中書奏事。丙辰，封駙馬脫脫木兒爲岐王。庚申，賜諸王寬徹、忽答迷失金百五十兩、銀一千五百兩、鈔三千錠、幣帛有差。占城國進犀象。緬國主遣其壻及雲南不農蠻酋長岑福來朝。

十二月癸亥，中書平章政事李孟致仕，以樞密副使張珪爲中書平章政事。癸酉，遣使分道決囚。壬申，〔六〕晉王也孫鐵木兒所部告饑，賑鈔一萬五千錠。庚辰，知樞密院事答失蠻罷。省海道運糧萬戶一員，增副萬戶爲四員。甲申，熒惑、塡星、辰星聚斗。鷹坊不花郎列請往河南、湖廣括取孔雀、珍禽，敕以擾民，不允。丁亥，遣官祈雪于社稷、嶽鎮、海瀆。省臣言：「中書職在總挈綱維，比者行省六部諸司應決不決者，往往作疑咨呈，以致文繁事弊。」詔體世祖立中書初意，定擬程式以聞，俾遵行之。敕回回合的如舊祈福，凡詞訟悉歸有司，仍拘還先降璽書。戊子，太陰犯熒惑。己丑，宗王女班丹給驛取江南田租，命拘還驛券。是月，諸王春丹叛。

中華書局

二年春正月甲午，以察罕腦兒等處宣慰使伯忽爲御史大夫。辛丑，封前尚書右丞相乞台普濟爲安吉王。丙午，寧王闊闊出薨。丁未，以太府卿禿忽魯爲中書右丞相。戊申，太陰犯三公。己未，置遼陽行省儒學提舉司。

二月壬戌，改典內院爲中政院，秩正一品。甲子，以皇后受册寶，遣官祭告天地於南郊及太廟。丁丑，日赤如赭。己卯，免徵益都饑民所貸官糧二十萬石。各寺修佛事日用羊九千四百四十，敕遵舊制，易以蔬食。命張珪綱領國子學。庚辰，冀寧路饑，禁釀酒。辛巳，詔以錢糧、造作、訴訟等事悉歸有司，以清中書之務。壬午，西北諸王也先不花進馬、駝、璞玉。丁亥，敕：「外任官應有公田而無者，皆以至元鈔給之。」以乖西府隸播州宣撫司。功德使亦憐眞等以佛事奏釋重囚，不允。帝諭左右曰：「回回以寶玉鬻於官。朕思此物何足爲寶，唯善人乃可爲寶。善人用則百姓安，茲國家所宜寶也。」

〔三月〕丙申，〔一七〕以御史中丞脫歡答剌罕爲御史大夫。庚子，熒惑犯壘壁陣。以晉寧、大同、大寧、四川、鞏昌、甘肅饑，禁酒。丙午，册立皇后弘吉剌氏，詔天下。丁未，彗出東井。壬子，禿忽魯言：「臣等職專燮理，去秋至春亢旱，民間乏食，而又隕霜雨沙，天文示變，皆由不能宣上恩澤，致茲災異，乞黜臣等以當天心。」帝曰：「事豈關汝輩耶？其勿復言。」御史中丞郝天挺上疏論時政，帝嘉納之。賜西僧搠思吉斡節兒鈔萬錠。丙辰，以皇后受册寶，

遣官恭謝太廟。以亢旱既久，帝於宮中焚香默禱，遣官分禱諸祠，甘雨大注。詔敦諭勸課農桑。

夏四月甲子，禁星于司天臺。癸酉，賜壽寧公主橐駝三十六。乙亥，車駕幸上都。丙子，高麗王辭位，以其世子王燾爲征東行中書省左丞相、上柱國，封高麗國王。辛巳，加御史大夫伯忽開府儀同三司、太傅。壬午，置中瑞司，秩正四品。甲申，詔遴選賢士，纂修國史。乙酉，御史臺臣言：「富人夤緣特旨，濫受官爵。徽政、宣徽用人，率多罪廢之流。近侍託爲貧乏，互奏恩賞。西僧以作佛事之故，累釋重囚。外任之官，身犯刑憲，輒營求內旨以免罪。諸王、駙馬、寺觀、臣僚土田每歲徵租，亦極爲擾民。請悉革其弊。」制曰「可」。詔罷不急之役。眞定、保定、河間、大寧路饑，並免今年田租十之三，仍禁釀酒。安南國遣使來貢方物。

五月辛丑，陞中書右丞兀伯都剌爲平章政事，左丞八剌脫因爲右丞，參知政事阿卜海牙爲左丞，參議中書省事禿魯花鐵木兒爲參知政事。順德、冀寧路饑，辰州水，賑以米、鈔，仍禁釀酒。檀州及獲鹿縣蝻。

六月己未朔，京師地震。癸亥，禿忽魯等以災異乞賜放黜，不允。丙寅，京師地震。辛未，以參知政事許（思）〔師〕敬綱領國子學。〔一八〕乙亥，詔諭僧俗辨訟，有司及主僧同問，續置

土田，如例輸稅。丙子，賜諸王按灰金五十兩、銀七百五十兩、金束帶一、幣帛各四十匹。己卯，河東廉訪使趙簡言：「請選方正博洽之士，任翰林侍讀、侍講學士，講明治道，以廣聖聰。」從之。御史臺臣言：「比年廉訪司多不悉心奉職，宜令監察御史檢覈名實而黜陟之。廣海及雲南、甘肅地遠，遷調者憚弗肯往，乞今後加一等官之。」制曰「可」。壬午，命監察御史檢察監學官，考其殿最。癸未，命委官簡汰衞士。甲申，建崇文閣於國子監。給馬萬匹與豳王南忽里等軍士之貧乏者。以宋儒周敦頤、程顥、顥弟頤、張載、邵雍、司馬光、朱熹、張栻、呂祖謙及故中書左丞許衡從祀孔子廟廷。上都民饑，出米五千石減價賑糶。河決陳、亳、睢州、開封、陳留縣，沒民田廬。

秋七月己丑朔，歲星犯東井。辛卯，太白晝見。癸巳，以作佛事，釋囚徒二十九人。賜宣寧王鐵木兒不花幣帛百二十匹，安遠王、亦思丹等各百匹。〔一九〕保定、眞定、河間民流不止，命所在有司給糧兩月，仍悉免今年差稅，諸被災地並弛山澤之禁，獵者毋入其境。甲午，置榷茶批驗所并茶由局官。乙未，太白晝見。庚子，立長秋寺，掌武宗皇后宮政，秩三品。敕（衞）〔魏〕王阿木哥歲賜外，給鈔萬錠。賜駙馬脫鐵木兒金百五十兩、銀七百五十兩、鈔二千錠、幣帛五十匹。辛丑，復立四川等處儒學提舉司。壬寅，京師地震。免大寧路今歲鹽課。丁未，賜諸王火羅思迷、脫歡、南忽里，駙馬忙兀帶金二百兩、銀一千二百兩、鈔一

千六百錠、幣帛各有差。己酉，改淮東淮西道宣慰司爲淮東宣慰司，以淮西三路隸河南省。敕守令勸課農桑，勤者陞遷，怠者黜降，著爲令。丙辰，太白晝見。丁巳，太白經天。雲州蒙古軍乏食，戶給米一石。興國屬縣蝻，發米賑之。

八月戊午朔，太白晝見。揚州路崇明州大風，海潮泛溢，漂沒民居。壬戌，歲星犯東井。丁卯，車駕至自上都。庚午，以侍御史薛居敬爲中書參知政事。壬午，太陰犯輿鬼。

九月，以相兒加思巴爲帝師。癸巳，以宣徽院使完澤知樞密院事。戊申，封脫歡爲安定王，賜金印。敕鎭江路建銀山寺，勿徙寺傍塋冢。京師大旱，帝問弭災之道，翰林學士程鉅夫舉湯禱桑林事，帝奬諭之。

冬十月己卯，敕中書省議行科舉。封不答（誠）〔失〕里爲安德王。〔二〇〕辛未，〔二一〕徙崑山州治于太倉，昌平縣治於新店。癸未，以遼陽路之懿州隸遼陽行省。復置蒙陰縣，隸莒州。乙酉，旌表高州民蕭乂妻趙氏貞節，免其家科差。

〔十一月〕壬寅，〔二二〕敕漢人、南人、高麗人宿衞，分司上都，勿給弓矢。甲辰，行科舉。詔天下以皇慶三年八月，天下郡縣興其賢者、能者，充貢有司，次年二月，會試京師，中選者親試于廷，賜及第出身有差。帝謂侍臣曰：「朕所願者，安百姓以圖至治，然匪用儒士，何以致此。設科取士，庶幾得眞儒之用，而治道可興也。」

中華書局

十二月辛酉，可里馬丁上所編萬年曆。發米五千石，賑阿只吉部之貧乏者。海都、都哇屬戶內附，敕所在給衣糧。丙子，定百官致仕資格。甲申，詔飭海道漕運萬戶府。京師以久旱，民多疾疫，帝曰：「此皆朕之責也，赤子何罪。」明日，大雪。以嘉定州、德化縣民災，發粟賑之。

校勘記

〔一〕（左）〔右〕丞相哈剌哈孫答剌罕　據本書卷二一成宗紀大德七年七月丙寅條、卷一一二宰相年表、卷一三六哈剌哈孫傳改。按當時左丞相爲阿忽台。道光本已校。

〔二〕太子實世祖之孫　按太子指元仁宗，據本書卷一〇七宗室世系表，元仁宗爲元世祖曾孫，蒙史改「之」爲「曾」，是。

〔三〕壬（子）〔辰〕　據本書卷四八天文志改。按是月癸酉朔，無壬子日。道光本已校。

〔四〕庚（子）〔午〕　按是月癸卯朔，無庚子日。此「庚子」在丁卯二十五日後，爲庚午二十八日之誤，今改。道光本已校。

〔五〕由朕得託順考遺體　按元典章卷一及元文類卷九卽位詔，「得託」皆作「同託」。元武宗、元仁宗同爲答剌麻八剌之子，疑作「同託」是。

〔六〕平章政事李道復等從新拯治　按元典章卷一、元文類卷九卽位詔，「李道復」之上有「完澤」，此處疑脫。

〔七〕也兒吉〔尼〕　據本書卷二二武宗紀大德十一年七月辛巳條補。新元史已校。

〔八〕（衞）〔魏〕王阿木哥　據本書卷一〇七宗室世系表、卷一〇八諸王表、卷一一五順宗傳改。下同。

〔九〕世祖諸皇子〔忽哥赤之子〕也先鐵木兒　按本書卷一〇七宗室世系表，也先鐵木兒爲元世祖子忽哥赤之子，非元世祖皇子，以下文例，顯脫「忽哥赤之子」五字，今補。考異已校。

〔一〇〕（古）〔右〕阿速衞　據本書卷八六百官志改。道光本已校。

〔一一〕丙（子）〔午〕　按是月丁酉朔，無丙子日。此「丙子」在壬寅初六日、丁未十一日間，爲丙午十日之誤，今改。道光本已校。

〔一二〕安王完澤　按本書卷一〇八諸王表，安王爲兀都思不花，延祐二年封；完澤，大德九年封衞安王，至大三年進封衞王。此處「安王」當作「衞安王」或「衞王」。本證云：「當作衞安王。」

〔一三〕趙王汝安（郡）〔部〕告饑　按本書諸王投下又稱「部」，此作「郡」誤，今改。考異已校。

〔一四〕己未　此處「己未」迭見，北監本前見者作「丁未」，後見者作「己酉」。按是月丙申朔，丁未爲十二日，己酉爲十四日，己未則爲二十四日。此處有衍誤。

〔一五〕太（陰）〔白〕犯亢　據本書卷四八天文志改。按是日亢宿一黃經二〇五度，亢宿四黃經二〇七度半，月黃經一四九度，不合；金星黃經二〇七度，合。

〔一六〕壬申　按是月壬戌朔，壬申爲十一日，當在癸亥初二日後、癸酉十二日前。

〔一七〕〔三月〕丙申　按皇慶二年二月辛酉朔，無丙申日。依干支推之，丙申爲三月初六日，此處失書「三月」，今補。殿本考證已校。

〔一八〕許（思）〔師〕敬　據上文皇慶元年八月己卯條及本書卷一一二宰相年表改。按圭齋集卷九許衡神道碑，許師敬爲許衡子。本證已校。

〔一九〕安遠王亦思丹等　本證云：「繼培案：至大四年六月封亦思丹爲懷仁郡王，安遠王則丑漢也，此誤。」疑「安遠王」下脫「丑漢」，「亦思丹」上脫「懷仁郡王」。

〔二〇〕不答（滅）〔失〕里　據本書卷一〇八諸王表改。按「不答失里」梵語，意爲「覺吉祥」。

〔二一〕辛未　按是月丁巳朔，辛未爲十五日，當在己卯二十三日前。

〔二二〕〔十一月〕壬寅　按皇慶二年十月丁巳朔，無壬寅日。依干支推之，壬寅爲十一月十六日，此處失書「十一月」，今補。殿本考證已校。

元史卷二十五

本紀第二十五

仁宗二

延祐元年春正月丁亥，授中書右丞劉正平章政事，商議中書省事。丙申，除四川酒禁。興元、鳳翔、涇州、邠州歲荒，禁酒。庚子，敕各省平章爲首者及漢人省臣一員，專意訪求遺逸，苟得其人，先以名聞，而後致之。以江浙行中書省左丞高昉爲中書參知政事。丁未，詔改元延祐。釋天下流以下罪囚，免上都、大都差稅二年，其餘被災曾經賑濟人戶，免差稅一年。庚戌，中書省臣禿(魯忽)〔忽魯〕等以災變乞罷免，〔一〕不允。

二月庚申，立印經提舉司。戊辰，(太)〔大〕寧路地震。〔二〕癸酉，熒惑犯東井。甲戌，以侍御史趙世延爲中書參知政事。詔免蒙古地差稅二年，商賈勿免。己卯，給鈔六千三百錠，賑濟良鄉諸驛。壬午，以合散爲中書右丞相、監修國史。癸未，以中書參政高昉爲集賢學士。

三月壬辰，太陰掩熒惑。賜諸王塔失蒙古鈔千錠、衣二襲。戊戌，眞定、保定、河間民饑，給糧兩月。己亥，白暈亘天，連環貫日。癸卯，暹國王遣其臣愛耽入貢。改南劍路曰延平，劍浦縣曰南平。乙巳，以僧人作佛事，擇釋獄囚，命中書審察。丙午，封阿魯禿爲趙王。戊申，車駕幸上都。己酉，敕：「奸民宮其子爲閹官，謀避徭役者，罪之。」辛亥，命參知政事趙世延綱領國子學。癸丑，中書平章政事察罕致仕。晉寧民侯喜兒昆弟五人，並坐法當死，帝嘆曰：「彼一家不幸而有是事，其擇情輕者一人杖之，俾養父母，毋絕其祀。」

閏三月甲寅朔，敕減樞密知院冗員。辛酉，太陰犯輿鬼。罷呪僧月給俸。遣人視大都至上都駐蹕之地，有侵民田者，計畝給直。丙寅，太陰犯太微東垣。丁丑，畿內及諸衞屯軍饑，賑鈔七千五百錠。汴梁、濟寧、東昌等路，隴州、開州、青城、齊東、渭源、東明、長垣等縣，隕霜殺桑果禾苗，歸州告饑，出糧減價賑糶。馬八兒國主昔剌木丁遣其臣愛思丁貢方物。

夏四月甲申朔，大寧路地震，有聲如雷。丁亥，敕儲稱海、五河屯田粟，以備賑濟。太常寺臣請立北郊，不允。陞延慶寺秩正二品。西番諸驛貧乏，給鈔萬錠。曲魯部畜牧斃耗，賑鈔八百七十三錠。己(酉)〔丑〕，〔三〕廢眞陽、(含)〔浛〕光二縣，〔四〕入英德州。壬辰，諸王脫脫薨，以月思別襲位。己酉，敕：「郡縣官勤職者，加賜幣帛。」以鐵木迭兒錄軍國重事，監修國史。立回回國子監。帝以資治通鑑載前代興亡治亂，命集賢學士忽都魯都兒迷失及李孟擇其切要者譯寫以進。武昌路饑，命發米減價賑糶。

五月甲寅朔，賜營王也先鐵木兒鈔萬錠。戊午，辰星犯輿鬼。丁卯，賜李孟孝感縣地二十八頃。禁諸王支屬徑取分地租賦擾民。敕嶺北行省瘞陣沒遺骼。乙亥，賑怯魯連地貧乏者米三千石。丁丑，徙滄州治於長蘆鎭。戊寅，京兆爲故儒臣許衡立魯齋書院，降璽書旌之。庚辰，盧陽、麻陽二縣以土賊作耗，蠲其地稅賦。營王也先鐵木兒支屬貧乏，賑糧兩月。武陵縣霖雨，水溢，溺死居民，漂沒廬舍禾稼，潭州、漢陽、思州民饑，並發廩減價糶賑之。膚施縣大風、雹，損禾并傷人畜。

六月戊子，敕：「內侍今後止授中官，勿畀文階。」置雲南行省儒學提舉司。封河南省丞相卜憐吉帶爲河南王。壬辰，增置畿內州縣同知、主簿各一員。諸王察八兒屬戶匱乏，給糧一歲，仍俾屯田以自贍。發軍增墾河南芍陂等處屯田。乙未，熒惑犯右執法。戊申，增置兩浙鹽運司判官一員。甲辰，〔五〕拘河西僧免輸租賦璽書。敕：「諸王、戚里入覲者，宜趁夏時芻牧至上都，毋輒入京師，有事則遣使奏稟。」衡州、郴州、興國、永州路、耒陽州饑，發廩減價賑糶。宣平、仁壽、白登縣雹損稼，傷人畜。

秋七月乙卯，答卽乃所部匱乏，戶給糧二石。庚午，命中書省臣議復封贈。賜晉王也孫鐵木兒部鈔十萬錠。詔開下番市舶之禁。賜(衞)〔魏〕王阿木哥等鈔七千錠。〔六〕乙亥，會福院越制奏旨除官，敕自今舉人，聽中書可否以聞。申飭私鹽之禁。沅陵、盧溪二縣水，武清縣渾河隄決，淹沒民田，發廩賑之。

八月戊子，車駕至大都。癸卯，陞太常寺爲太常禮儀院，秩正二品。丁未，冀寧、汴梁及武安、涉縣地震，壞官民廬舍，武安死者十四人，涉縣三百二十六人。台州、岳州、武岡、常德、道州等路水，發廩減價賑糶。

九月壬戌，改提點教坊司事爲大使。己巳，復以鐵木迭兒爲右丞相，合散爲左丞相。罷陝西諸道行御史臺。降儀鳳卿爲儀鳳大使。肇慶、武昌、建德、建康、南康、江州、袁州、建昌、贛州、杭州、撫州、安豐等路水，發廩減價賑糶。

冬十月癸巳，陞潁州萬戶府爲中萬戶府。乙未，敕：「吏人轉官，止從七品，在選者降等注授。」申飭內侍及諸司隔越中書奏請之禁。敕：「下番商販須江浙省給牒以往，歸則征稅如制，私往者沒其物。」遣官括淮民所佃閑田不輸稅者。丙申，復甘肅屯田，置沙瓜等處屯儲總管萬戶府，秩正三品。乙巳，置恩平王塔思不花傅二人。庚戌，辰星犯東咸。監察御史言：「乞命樞密院設法教練士卒，應軍官襲職者，試以武事而後任之。」制曰「可」。遣張驢經理江南田糧。

十一月壬子，陞司天臺爲司天監，秩正三品，賜銀印。乙卯，改大同侍衞親軍都指揮使司爲中都威衞使司。置保安軍于麻陽縣以禦徭蠻。戊辰，以通政院使蕭拜住爲中書右丞。辛未，以翰林學士承旨答失蠻知樞密院事。癸酉，敕：「吏人贓行者黥其面。」大寧路地震，有聲如雷。戊寅，鐵木迭兒言：「比者僚屬及六部諸臣，皆晚至早退，政務廢弛。今後有如此者，視其輕重杖責之。臣或自惰，亦令諸人陳奏。」帝曰：「如更不悛，則罷不敍。」以前中書右丞相禿忽魯知樞密院事。靜安路饑，發糧賑之。詔檢覈浙西、江東、江西田稅。

十二月壬午，汴梁、南陽、歸德、汝寧、淮安水，敕禁釀酒，量加賑恤。癸未，賑諸王鐵木兒不花部米五千石，禿滿部二千石。辛卯，禁諸王、駙馬、權勢之人增價鬻鹽。壬辰，詔定官員士庶衣服車輿制度。甲午，太陰犯輿鬼。己亥，敕中書省定議孔子五十三代孫當襲封衍聖公者以名聞。庚子，遣官浚揚州、淮安等處運河。以翰林學士承旨李孟復爲中書平章政事。癸卯，太陰犯房。甲辰，太陰犯天江。乙巳，敕經界諸衞屯田。沔陽、歸德、汝寧、安豐等處饑，發米賑之。

二年春正月乙卯，歲星犯輿鬼。戊午，懷孟、衞輝等處饑，發米賑之。己未，太白晝見。癸亥，太陰犯軒轅。丙寅，霖雨壞渾河隄堰，沒民田，發卒補之。禁民煉鐵。發卒浚漷州漕

河。丁卯，太陰犯進賢。戊辰，晉寧等處民饑，給鈔賑之。己巳，置大聖壽萬安寺都總管府，秩正三品。庚午，立行用庫於江陰州。敕以江南行臺贓罰鈔賑恤饑民。乙亥，詔遣宣撫使分十二道問民疾苦，黜陟官吏，並給銀印。命中書省臣分領庶務。禁南人典質妻子販賣爲驅。御史臺臣言：「比年地震水旱，民流盜起，皆風憲顧忌失於糾察，宰臣燮理有所未至。或近侍蒙蔽，賞罰失當，或獄有冤濫，賦役繁重，以致乖和。宜與老成共議所由。」詔明言其事當行者以聞。諸王脫列鐵木兒部闕食，以鈔七千五百錠給之。益都、般陽、晉寧民饑，給鈔、米賑之。

二月己卯朔，會試進士。戊子，太白晝見。癸巳，太白經天。甲午，詔禁民轉鬻養子。丙申，賜諸王納忽答兒金五十兩、銀二百五十兩、鈔五百錠。庚子，詔以公哥羅古羅思監藏班藏卜爲帝師，賜玉印，仍詔天下。壬寅，雲南王老的來朝。辰、沅洞蠻吳千道爲寇，敕調兵捕之。乙巳，賜諸王月魯鐵木兒鈔萬錠。丙午，太白經天。是月，晉寧、宣德等處饑，給米、鈔賑之。眞州揚子縣火，發米減價賑糶。

三月乙卯，廷試進士，賜護都沓兒、張起巖等五十六人及第、出身有差。丙辰，太陰色赤如赭。庚午，帝率諸王、百官奉玉册、玉寶，加上皇太后尊號，詔天下蠲逋欠稅課。丁丑，以中書平章張驢爲江浙行省平章政事。

夏四月戊寅朔，日有食之。辛巳，賜進士恩榮宴於翰林院。癸巳，敕亦思丹等部出征軍，有後期及逃還者，並斬以徇。甲午，諭晉王也孫鐵木兒，以先朝所賜惠州銀礦洞歸還有司。庚子，太陰犯壘壁陣。辛丑，賜會試下第舉人七十以上從七流官致仕，六十以上府、州教授，餘並授山長、學正，後勿援例。敕諸王分地仍以流官爲達魯花赤，各位所辟爲副達魯花赤。命李孟等類集累朝條格，俟成書，聞奏頒行。立規運提點所，秩五品，置官四員；廣貯庫，秩七品，置官三員，並隸壽福院。乙巳，車駕幸上都。宣徽院以供尚膳，遣人獵於歸德，敕以其擾民，特罷之。加授特進上卿、玄教大宗師張留孫開府儀同三司。丙午，封諸王察八兒爲汝寧王。潭州、江州、建昌、沅州饑，發廩賑糶。

五月戊申朔，改給各道廉訪司銀印。復立陝西諸道行御史臺。貴赤張小廝等招戶六千，勒還民籍。御史中丞王毅乞歸養親，不許。庚申，賜公主燕海牙鈔千錠。辛酉，太陰犯天江。乙丑，秦州成紀縣山移。是夜，疾風電雹，北山南移至夕河川，次日再移；平地突出土阜，高者二三丈，陷沒民居。敕遣官覈驗賑恤。庚午，太白晝見。立海西、遼東鷹坊萬戶府，隸中政院。壬申，諸王撒都失里薨。甲戌，日赤如赭。加授宦者中尚卿續元暉昭文館大學士。乙亥，日赤如赭。是月，發粟三百石，賑諸王按鐵木兒等部貧民。奉元、龍興、吉安、南康、臨江、袁州、撫州、江州、建昌、贛州、南安、梅州、辰州、興國、潭州、岳州、常德、武

昌等路，南豐州、澧州等處饑，並發廩賑糶。

六月辛巳，察罕腦兒諸驛乏食，給糧賑之。甲申，太白晝見，是夜太陰犯平道。乙未，徙陝西肅政廉訪司于鳳翔。戊戌，豳王南忽里等部困乏，給鈔俾買馬羊以濟之。河決鄭州。己亥，置汝寧王察八兒王傅官。辛丑，以濟寧、益都亢旱，汰省宿衞士芻粟。癸卯，太白犯東井。丙午，辰星犯輿鬼。緬國主遣其子脫剌合等來貢方物。

秋七月庚戌，增興和路治中一員。戊申，[七]賜宣寧王鐵木兒不花及其二弟鈔萬錠，幷玉具、鞍勒、幣帛。壬子，增尚舍寺官六員爲八員。雲需總管府增同知二員。癸丑，復賜晉王也孫鐵木兒惠州銀鐵洞。甲寅，置諸王斡羅溫孫王傅官四員。復陳州商水鎮爲南(屯)[頓]縣。[八]省兩淮屯田總管府官四員。併提領所入提舉司。改只合赤八剌合孫總管府爲尚供府。乙卯，贛州土賊蔡五九聚衆作亂，敕遣兵捕之。敕阿(宿)[速]衞戶貧乏者，[九]給牛、種、耕具，於連怯烈地屯田。甲子，江南湖廣道奉使溫迪罕言：「廉訪司公田多取民租，宜復舊制。」從之。乙丑，陞崇福院秩正二品。癸酉，賜(衞)[魏]王阿木哥鈔萬錠。命鐵木迭兒總宣政院事，詔諭中外。是月，畿內大雨，漷州、昌平、香河、寶坻等縣水，沒民田廬；潭州、(金)[全]州、[一〇]永州路，茶陵州霖雨，江漲，沒田稼，出米減價賑糶。

八月丙戌，贛州賊蔡五九陷汀州寧化縣，僭稱王號，詔遣江浙行省平章張驢等率兵討

中華書局

之。己丑，車駕至自上都。乙未，臺臣言：「蔡五九之變，皆由昵匝馬丁經理田糧，與郡縣橫加酷暴，逼抑至此。(新)〔信〕豐一縣，〔一〕撤民廬千九百區，夷墓揚骨，虛張頃畝，流毒居民。乞罷經理及冒括田租。」制曰「可」。庚子，改遼陽省泰州爲泰寧府。壬寅，增國子生百員，歲貢伴讀四員。詔江浙行省印農桑輯要萬部，頒降有司遵守勸課。旌表貴州達魯花赤相兀孫妻脫脫眞死節，仍俾樹碑任所。

九月丁未，張驢以括田逼死九人，敕吏部尚書王居仁等鞫之。己酉，太陰犯房。甲寅，日色如赭。辛酉，太白犯左執法。壬戌，蔡五九衆潰伏誅，餘黨悉平，敕賞軍士討捕功，幷官其死事者子孫。己巳，徙曲尤倉於赤斤之地。賜諸王別鐵木兒永昌路及西涼州田租。

冬十月丙子朔，客星見太微垣。丁丑，封脫火赤爲威寧郡王，賜金印，忽兒赤鐵木兒不花爲趙國公。庚辰，以淮西廉訪使郭貫爲中書參知政事。壬午，有事于太廟。給雲南廉訪司公田。乙未，陞同知樞密院事鐵木兒脫知樞密院事。授白雲宗主沈明仁榮祿大夫、司空。丁酉，加授鐵木迭兒太師。癸卯，八百媳婦蠻遣使獻馴象二，賜以幣帛。

十一月丙午，客星變爲彗，犯紫微垣，歷軫至壁十五宿，明年二月庚寅乃滅。辛未，以星變赦天下，減免各路差稅有差。甲戌，封和世㻋爲周王，賜金印。左丞相合散等言：「彗星之異，由臣等不才所致，願避賢路。」帝曰：「此朕之愆，豈卿等所致，其復乃職。苟政有過

差，勿憚於改。凡可以安百姓者，當悉言之，庶上下交修，天變可弭也。」

十二月戊寅，賜雲南行省參政汪長安虎符，預軍政。庚寅，增置平江路行用庫。癸巳，給鈔買羊馬，賑北邊諸軍。命省臣定擬封贈通例，俾高下適宜以聞。旌表汀州寧化縣民賴祿孫孝行。

三年春正月乙巳，漢陽路饑，出米賑之。特授昔寶赤八剌合孫達魯花赤脫歡金紫光祿大夫、太尉，仍給印。丙午，封前中書左丞相忽魯答兒壽國公。〔二〕增置晉王部斷事官四員，都水太監二員，省卿一員。以眞定、保定荐饑，禁畋獵。改直沽爲海津鎭。辛酉，陞同知樞密院事買閭知院事。壬戌，賜上都開元寺江浙田二百頃，華嚴寺百頃。賜趙王阿魯禿部鈔二萬錠。

二月丁丑，調海口屯儲漢軍千人，隸臨清運糧萬戶府，以供轉漕，給鈔二千錠。戊寅，命湖廣行省諭安南，歸占城國主。置安遠王醜漢王傅。河間、濟南、濱棣等處饑，給糧兩月。

三月辛亥，特授高麗王世子王暠開府儀同三司、瀋王。加授將作院使呂天麟大司徒。甲寅，敕蕭拜住及陝西、四川省臣各一員，護送周王之雲南。置周王常侍府，秩正二品，設常侍七員，中尉四員，諮議、記室各二員。置打捕鷹坊民匠總管府，設官六員；斷事官八員；

延福司、飲膳署官各六員，並隸周王常侍府。辛酉，陞太史院秩正二品。癸亥，車駕幸上都。壬申，鷹坊孛羅等擾民於大同，敕拘還所奉璽書。禁天下春時畋獵。

夏四月癸酉朔，賜皇姊大長公主鈔五千錠、幣帛二百匹。河南流民羣聚渡江，所過擾害，命行臺、廉訪司以見貯贓鈔賑之。橫州徭蠻爲寇，命湖廣省發兵討捕。壬午，諭中書省，歲給(衛)〔魏〕王阿木哥鈔萬錠。敕衞輝、昌平守臣修殷比干、唐狄仁傑祠，歲時致祭。戊子，陞印經提舉司爲廣福監。己丑，陞會福院秩正二品。癸巳，賜安遠王醜漢金各五百兩，〔三〕鈔千錠、幣帛二十匹。己亥，增置周王斷事官二員。以淮東廉訪司僉事苗好謙善課民農桑，賜衣一襲。庚子，以上都留守憨剌合兒知樞密院事。陞殊祥院秩正二品。命中書省與御史臺、翰林、集賢院集議封贈通制，著爲令。遼陽蓋州及南豐州饑，發廩賑之。

五月甲辰至戊申，日赤如赭。辛亥，以江西行省右丞相斡赤爲大司徒。庚申，以大都留守伯鐵木兒爲中書平章政事。陞中書右丞蕭拜住爲平章政事，左丞阿卜海牙爲右丞，參政郭貫爲左丞，參議不花爲參知政事。庚午，置甘肅儒學提舉司、遼陽金銀鐵冶提舉司，秩並從五品。賜諸王迭里哥兒不花等金三百五十兩、銀一千二百兩、鈔三千二百錠、幣帛有差。

六月乙亥，制封孟軻父爲邾國公，母爲邾國宣獻夫人。改諸王、功臣分地郡邑同知、縣

丞爲副達魯花赤，中、下縣及錄事司增置副達魯花赤一員。丙子，融、賓、柳州徭蠻叛，命湖廣行省遣官督兵捕之。丁丑，敕：「大辟罪，臨刑敢有橫加刲割者，以重罪論。凡鞫囚，非强盜毋加酷刑。」戊寅，吳王朶列納等部乏食，賑糧兩月。己卯，詔諭百司各勤其職，毋隳廢大政。甲申，給安遠王醜漢分樞密院印。丁亥，封床兀兒爲句容郡王。丁酉，賜周王從衞鈔四十萬錠。

秋七月壬子，命御史大夫伯忽、脫歡答剌罕拯治臺綱，仍降詔宣諭中外。乙卯，封玉龍鐵木兒爲保恩王，賜金印。辛酉，賜普慶寺益都田百七十頃。丙寅，復以燕鐵木兒知樞密院事。庚午，發高麗、女直、漢軍千五百人，於濱州、遼河、慶雲、趙州屯田。

八月癸酉，以兵部尚書乞塔爲中書參知政事。己卯，車駕至自上都。戊戌，置織佛像工匠提調所，秩七品，設官二員。

九月辛丑，復五條河屯田。以中書左丞郭貫爲集賢大學士，集賢大學士王毅爲中書左丞。庚戌，割上都宣德府奉聖州懷來、縉山二縣隸大都路。改縉山縣爲龍慶州，帝生是縣，特命改焉。癸丑，太白晝見。己未，冀寧、晉寧路地震。丙寅，太白經天。

冬十月辛未，以江南行臺侍御史高昉爲中書參知政事。壬申，有事于太廟。調四川軍二千人、雲南軍三千人烏蒙等處屯田，置總管萬戶府，秩正三品，設官四員，隸雲南省。壬

午，河南路地震。甲申，太白犯斗。庚寅，敕五臺靈鷲寺置鐵冶提舉司。乙未，賜幽王南忽里部鈔四萬錠。丁酉，修甘州城。申禁民有父在者，不得私貸人錢及鬻墓木。甘州、肅州等路饑，免田租。

十一月壬寅，命監察御史監治嶺北鈎校錢糧，半歲更代。大萬寧寺住持僧米普雲濟以所佩國公印移文有司，紊亂官政，敕禁止之。乙巳，增集寧、砂井、淨州路同知、府判、提控、案牘各一員。乙卯，改舊運糧提舉司爲大都陸運提舉司，新運糧提舉司爲京畿運糧提舉司，澧州路安撫司爲安定軍民府。

十二月庚午，以知樞密院事禿忽魯爲陝西行省左丞相。壬午，授嗣漢三十九代天師張嗣成太玄輔化體仁應道大眞人，主領三山符籙，掌江南道教事。丁亥，立皇子碩德八剌爲皇太子，兼中書令、樞密使，授以金寶，告天地宗廟。陞同知樞密院事床兀兒知樞密院事。諸王按灰部乏食，給米三千一百八十六石濟之。

校勘記

〔一〕禿(魯忽)〔忽魯〕　據上文皇慶二年正月丁未、三月壬子、六月癸亥條及本書卷一一二宰相表改正。

〔二〕(太)〔大〕寧路　據本書卷五〇五行志改。續編已校。

〔三〕己(酉)〔丑〕　按是月甲申朔，己酉爲二十六日，已見下文壬辰初九日後。此「己酉」在丁亥初四日、壬辰間，爲己丑初六日之誤，今改。道光本已校。

〔四〕(含)〔洽〕光　據本書卷一六世祖紀至元二十七年八月辛未條及宋史卷九〇地理志改。

〔五〕甲辰　按是月癸未朔，甲辰爲二十二日，當在乙未十三日後、戊申二十六日前。

〔六〕(衞)〔魏〕王阿木哥　見卷二四校勘記〔八〕。下同。

〔七〕戊申　按是月丁未朔，戊申爲初二日，應在庚戌初四日前。

〔八〕南(屯)〔頓〕縣　據本書卷五九地理志改。道光本已校。

〔九〕阿(宿)〔速〕衞　按阿速一名本書屢見，又作「阿思」，爲部族名。阿速衞係元一支親軍。此處誤爲「宿衞」，今改。

〔一〇〕(金)〔全〕州　據本書卷五〇五行志改。按全州與上下文所列各路州皆隸湖廣省。

〔一一〕(新)〔信〕豐　據本書卷六二地理志改。按元無「新豐縣」，信豐爲贛州屬縣。道光本已校。

〔一二〕忽魯答兒　疑即本書卷六、七世祖紀至元三年十一月辛亥、四年六月乙丑、七年正月丙午、八年二月甲辰諸條所見之「忽都答兒」。蒙史改「魯」爲「都」，疑是。

〔一三〕賜安遠王醜漢金各五百兩　本證云：「案金下當脫銀字，或醜漢下有等字。」

元史卷二十六

本紀第二十六

仁宗三

四年春正月庚子，帝謂左右曰：「中書比奏百姓乏食，宜加賑恤。朕默思之，民饑若此，豈政有過差以致然歟？向詔百司務遵世祖成憲，宜勉力奉行，輔朕不逮，然嘗思之，唯省刑薄賦，庶使百姓各遂其生也。」乙卯，諸王脫脫駐雲南，擾害軍民，以按灰代之。丙辰，以知樞密院事完者爲雲南行省平章政事。己未，給帝師寺廩食鈔萬錠。壬戌，冀寧路地震。戊辰，給諸王也速也不干、明安答兒部糧三月。

閏月庚辰，封諸王孛羅爲冀王。丙戌，以立皇太子詔天下，給賜鰥寡孤獨鈔，減免各路租稅有差。賜諸王、宗戚朝會者，金三百兩、銀二千五百兩、鈔四萬三千九百錠。辛卯，封別鐵木兒爲汾陽王。壬辰，給幽王南忽里部鈔十二萬錠買馬。汴梁、揚州、河南、淮安、重

慶、順慶、襄陽民皆饑，發廩賑之。

二月庚子，賜諸王買閭部鈔三萬錠。甲辰，敕郡縣各社復置義倉。戊申，特授近侍完者不花翰林侍讀學士、知制誥、同修國史。癸亥，陞泰寧府爲泰寧路，仍置泰寧縣。乙丑，陞蒙古國子監秩正三品，賜銀印。丙寅，以諸王部值脫火赤之亂，百姓貧乏，給鈔十六萬六千錠、米萬石賑之。

三月丁卯朔，陞靖州爲路。庚午，給趙王阿魯禿部糧四千石。乙酉，太陰犯箕。辛卯，車駕幸上都。

夏四月戊戌，給安王兀都思不花部軍糧三月。己亥，德安府旱，免屯田租。壬寅，加授太常禮儀院使拜住大司徒。賜趙王阿魯禿金五十兩、銀五百兩、鈔千錠。割懷來縣隸龍慶州。甲辰，以太寧路隸遼陽省。〔一〕戊申，答合孫寇邊，吳王朶列納等敗之于和懷，賜金玉束帶、黃金、幣帛有差。己未，諸王紐憐薨。乙丑，禁嶺北酒。帝嘗夜坐，謂侍臣曰：「雨暘不時，奈何？」蕭拜住對曰：「宰相之過也。」帝曰：「卿不在中書耶？」拜住惶愧。頃之，帝露香默禱。既而大雨，左右以雨衣進，帝曰：「朕爲民祈雨，何避焉！」翰林學士承旨忽都魯都兒迷失、劉賡等譯大學衍義以進，帝覽之，謂羣臣曰：「大學衍義議論甚嘉，其令翰林學士阿憐鐵木兒譯以國語。」

五月辛未，授上都留守闊闊出開府儀同三司、大司徒。壬申，賜出征諸王醜漢等金銀、鈔幣有差。乙亥，加封大長公主忙哥台爲皇姑大長公主，給金印。戊寅，改衞率府爲中翊府。壬午，黄州、高郵、眞州、建寧等處，流民羣聚，持兵抄掠，敕所在有司：「其傷人及盜者罪之，餘並給糧遣歸。」以翰林學士承旨赤因鐵木兒爲中書平章政事，中書平章兀伯都剌爲集賢大學士。己丑，陞中書(左)〔右〕丞阿卜海牙爲平章政事，〔二〕參政乞塔爲右丞，高昉爲左丞，參議中書省事換住、張思明並參知政事。

六月乙巳，太陰犯心。內外監察御史四十餘人劾鐵木迭兒姦貪不法。戊申，鐵木迭兒罷，以左丞相合散爲中書右丞相。己酉，兀伯都剌復爲中書平章政事。壬子，以工部尚書王桂爲中書參知政事。安遠王醜漢、趙王阿魯禿爲叛王脫火赤所掠，各賜金銀、幣帛。丙辰，敕：「諸王、駙馬、功臣分地，仍舊制自辟達魯花赤。」丁巳，安南國遣使來貢。戊午，置冀王孛羅王傅二員，中尉、司馬各一員，都總管府秩正三品。己未，給嶺北行省經費鈔九十萬錠、雜綵五萬匹。癸亥，禁總攝沈明仁所佩司空印毋移文有司。

秋七月乙亥，李孟罷，以江浙行省左丞王毅爲中書平章政事。〔三〕庚辰，賜皇姑大長公主忙哥台金百兩、銀千兩、鈔二千錠、幣帛各百匹。賞討叛王有功句容郡王床兀兒等金銀、幣帛、鈔各有差。壬午，敕赤因鐵木兒頒賚諸王、駙馬，及賑濟所部貧乏。特授中衞親軍都

指揮使孛蘭奚太尉。己丑，成紀縣山崩，土石潰徙，壞田稼廬舍，壓死居民。辛卯，冀寧路地震。帝諭省臣曰：「比聞蒙古諸部困乏，往往鬻子女於民家爲婢僕，其命有司贖之還各部。」帝出，見衞士有敝衣者，駐馬問之，對曰：「戍守邊鎮餘十五年，以故貧耳。」帝曰：「此輩久勞于外，留守臣未嘗以聞，非朕親見，何由知之！自今有類此者，必言於朕。」因命賜之錢帛。

八月丙申，車駕至自上都。熒惑犯輿鬼。壬子，太陰犯昴。庚申，合散奏事畢，帝問曰：「卿等日所行者何事？」合散對曰：「臣等第奉行詔旨而已。」帝曰：「卿等何嘗奉行朕旨，雖祖宗遺訓，朝廷法令，皆不遵守。夫法者，所以辨上下，定民志，自古及今，未有法不立而天下治者。使人君制法，宰相能守而勿失，則下民知所畏避，綱紀可正，風俗可厚。其或法弛民慢，怨言並興，欲求治安，豈不難哉。」

九月丙寅，合散言：「故事，丞相必用蒙古勳臣；合散回回人，不厭人望。」遂懇辭。制以宣徽使伯答沙爲中書右丞相，合散爲左丞相。己巳，大都南城產嘉禾一莖十一穗。庚午，太陰犯斗。壬辰，詔戒飭海漕，諭諸司毋得沮撓。嶺北地震三日。

冬十月甲午朔，有事于太廟。戊戌，給諸王晃火鐵木兒等部糧五千石。壬寅，敕刑部尚書舉林柏監大都兵馬司防遏盜賊；仍嚴飭軍校，制其出入。遣御史大夫伯忽、參知政事

王桂祭陝西嶽鎮、名山，賑恤秦州被災之民。己酉，監察御史言：「官吏丁憂起復，人情驚惑，請禁止以絕僥倖。惟朝廷耆舊特旨起復者，不在禁例。」制曰「可」。給兩淮屯田總管府職田。壬子，給鈔五萬錠、糧五萬石，賑察罕腦兒。戊午，海外婆羅公之民往賈海番，遇風濤，存者十四人漂至溫州永嘉縣，敕江浙省資遣還鄉。改潮州路所統梅州隸廣東道宣慰司。

十一月己卯，復浚揚州運河。己丑，併汧源縣入隴州。壬辰，諭：「諸宿衞入直，各居其次，非有旨不得上殿，闌入禁中者坐罪。大臣許從二人，他官一人，門者譏其出入。」

十二月丁酉，復廣州採金銀珠子都提舉司，秩正四品，官三員。乙巳，置詹事院，從一品，太子詹事四員，副詹事、詹事丞並二員，家令府、延慶司設官並四員，典寶監八員。遣官卽興和路及淨州發廩賑給北方流民。己酉，盧溝橋、澤畔店、瑠璃河並置巡檢司。壬子，置安王王傅。丁巳，賜諸王禿滿鐵木兒等及駙馬忽剌兀帶各部，金一千二百兩、銀七千七百兩、鈔一萬七千七百錠、幣帛二千匹。以內宰領延福司事禿滿迭兒知樞密院事。特授晉王內史按攤出金紫光祿大夫、魯國公。辛酉，改怯憐口民匠總管府爲繕用司。

五年春正月辛未，賜諸王禿滿鐵木兒等所部鈔四萬錠。甲戌，懿州地震。丙子，安南

國遣其臣尹世才等以方物來貢。乙酉，敕諸王位下民在大都者，與民均役。丁亥，會試進士。湖廣平章買住加魯國公、大司農。賑晉王也孫鐵木兒等部貧乏者。

二月癸巳朔，日有食之。和寧路地震。丁酉，敕：「廣寧、開元等萬戶府軍入侍衞，有兄弟子姪五人者，三人留，四人三人者，二人留，著爲籍。」秦州(泰)〔秦〕安縣山崩。〔四〕封諸王晃火鐵木兒爲嘉王，禿滿鐵木兒爲武平王，並賜印。丁未，敕雲南、四川歸還所俘順元宣撫司民地。戊申，陞內史府秩正二品。建鹿頂殿于文德殿後。辛亥，敕杭州守臣春秋祭淮安忠武王伯顏祠。王子諸王答失蠻部乏食，〔五〕敕甘肅行省給糧賑之。賜諸王察吉兒鈔萬錠。甲寅，置寧昌府。乙卯，命中書省汰不急之役。增置河東宣慰司副使一員。敕上都諸寺、權豪商販貨物，並輸稅課。戊午，以者連怯耶兒萬戶府爲右衞率府。給書西天字維摩經金三千兩。庚申，罷封贈。賞討叛王脫火赤戰功，賜諸王部察罕等金銀幣鈔有差。

三月戊辰，御試進士，賜忽都達兒、霍希賢以下五十人及第、出身有差。己巳，賜寧海王八都兒金印。庚午，立諸王斡羅溫孫部打捕鷹坊諸色人匠怯憐口總管府，秩從四品。改靜安路爲德寧路，靜安縣爲德寧縣。癸酉，晉王也孫鐵木兒部貧乏，賑米四千一百五十石，仍賜鈔二萬錠買牛羊孳畜。乙亥，增給兩淮運司分司印一。特授安遠王醜漢開府儀同三司、錄軍國重事、知樞密院事。戊寅，以湖州路爲安王兀都思不花分地，其戶數視(衞)〔魏〕

王阿木哥。〔六〕癸未，和寧、淨州路禁酒。賜鈔萬錠，命晉王也孫鐵木兒賑濟遼東貧民。晉王內史拾得閭加榮祿大夫，封桓國公。給金九百兩、銀百五十兩，書金字藏經。甲申，免鞏昌等處經賑濟者差稅鹽課。乙酉，御史臺臣言：「諸司近侍隔越中書聞奏者，請如舊制論罪。」制曰「可」。己丑，敕以紅城屯田米賑淨州、平地等處流民。置汾陽王別鐵木兒王傅四員。賜醜驢答剌罕平江路田百頃。

夏四月壬辰，安吉王乞台普濟薨。丁酉，諸王雍吉剌〔帶〕部乏食，〔七〕賑米三千石。己亥，耽羅捕獵戶成金等爲寇，敕征東行省督兵捕之。庚子，賜諸王察吉兒部鈔萬錠，布帛稱是。給中翊府闊闊臺順州屯田鈔萬錠，置牛種農具。庚戌，敕：「安遠王醜漢分地隸濟寧者七縣、汀州者三縣，達魯花赤聽其自辟。」陞印經提舉司爲延福監，秩正三品。遣官分汰各部流民，給糧賑濟。免懷孟、河南、南陽居民所輸陝西鹽課。是時解州鹽池爲水所壞，命懷孟等處食陝西紅鹽；後以地遠，改食滄鹽，而仍輸課陝西，民不堪命，故免之。木鄰、鐵里干驛困乏，濟以馬五千匹。遼陽饑，海漕糧十萬石於義、錦州，以賑貧民。甲寅，樞密院臣言：「各省調度軍馬，惟長官二人領其事。今四川省諸臣皆預，非便，請如舊制。」從之。以千奴、史弼並爲中書平章政事，侍御史敬儼爲中書參知政事。戊午，車駕幸上都。

五月辛酉朔，順元等處軍民宣撫使阿畫以洞蠻酋黑冲子子昌奉方物來覲。丁卯，賜安

王兀都思不花金五百兩、銀五千兩。以御史中丞亦列赤爲中書右丞（相）。〔八〕戊辰，遣平章政事王毅禁星于司天臺三晝夜。諸王按塔木兒、不顏鐵木兒部乏食，賑糧兩月。壬申，監察御史言：「比年名爵冒濫，太尉、司徒、國公，接跡于朝。昔奉詔裁罷，中外莫不欣悅。近聞禮部奉旨鑄太尉、司徒、司空等印二十有六，此輩無功於國，載在史册，貽笑將來。請自今門閥貴重、勳業昭著者存留一二，餘並革去。」制曰「可」。癸酉，遣官分道減決笞以下罪。己卯，德慶路地震。鞏昌隴西縣大雨，南土山崩，壓死居民，給糧賑之。

六月辛卯，御史臺臣言：「昔遣張驢等經理江浙、江西、河南田糧，虛增糧數，流毒生民，已嘗奉旨俟三年徵租。今及其期，若江浙、江西當如例輸之，其河南請視鄉例減半徵之。」制曰「可」。癸巳，以典瑞院使斡赤爲集賢大學士、領典瑞院事、大司徒。己亥，北地諸部軍士乏食，給糧賑之。庚子，遣阿尼八都兒、只兒海分汰淨州北地流民，其隸四宿衞及諸王、駙馬者，給資糧遣還各部。癸卯，賜諸王桑哥班金束帶一、銀百兩、鈔五百錠。乙巳，術者趙子玉等七人伏誅。時（衞）〔魏〕王阿木哥以罪貶高麗，子玉言於王府司馬曹脫不台等曰：「阿木哥名應圖讖。」於是潛謀備兵器、衣甲、旗鼓，航海往高麗取阿木哥至大都，俟時而發。行次利津縣，事覺，誅之。西蕃土寇作亂，敕甘肅省調兵捕之。丁巳，賜安王兀都思不花等金束帶及金二百兩、銀一千五十兩、鈔二千二百錠、幣帛二百八十匹。

秋七月己未朔，李邦寧加開府儀同三司。癸亥，賜諸王八里帶等金二百兩、銀八百五十兩、鈔二千錠、幣帛二百匹。甲子，給欽察衞馬羊價鈔一十四萬五千九百九十二錠。丙寅，調軍五千，烏蒙等處屯田，置總管萬戶府，秩正三品，給銀印。丁卯，給鈔二十萬錠、糧萬石，命晉王分賚所部宿衞士。壬申，御史中丞趙簡言：「皇太子春秋鼎盛，宜選耆儒敷陳道義。今李銓侍東宮說書，未諳經史，請別求碩學，分進講讀，實宗社無疆之福。」制曰「可」。諸王不里牙敦之叛，諸王也舍、失列吉及衞士朶帶、伯都坐持兩端，不助官軍進討，敕流也舍江西，失列吉湖廣，朶帶衡州，伯都潭州。癸酉，拘（衞）〔魏〕王阿木哥王傅印。置籯廩司，秩正八品，隸上都留守司。豐州石泉店置巡檢司。賜諸王別失帖木兒等金、銀，幷賑其部米萬石、鈔萬錠。己卯，諸王雍吉剌帶、曲春鐵木兒來朝，賜金二百兩、銀一千兩、鈔五千錠、幣帛一百匹，仍給鈔萬錠、米萬石，分賚其所部。辛巳，立受給庫，秩九品，隸工部。壬午，罷河南省左丞陳英等所括民田，止如舊例輸稅。戊子，鞏昌路寧遠縣山崩。加封楚三閭大夫屈原爲忠節清烈公。

八月戊子，〔九〕車駕至自上都。乙卯，併翁源縣入曲江縣。

九月癸亥，大司農買住等進司農丞苗好謙所撰栽桑圖說，帝曰：「農桑衣食之本，此圖甚善。」命刊印千帙，散之民間。丙寅，廣西兩江龍州萬戶趙清臣、太平路總管李興隆率土

官黃法扶、何凱，並以方物來貢，賜以幣帛有差。幽王南忽里等部貧乏，命甘肅省市馬萬匹給之。丁卯，中書右丞、宣徽使亦列赤爲中書平章政事，左丞高昉爲右丞，參知政事換住爲左丞，吏部尚書燕只干爲參知政事。壬申，以鈔給北邊軍爲馬價。甲戌，以作佛事，釋重囚三人，輕囚五十三人。己卯，以江浙省所印大學衍義五十部賜朝臣。辛巳，置大永福寺都總管府，秩三品。壬午，敕：「軍官犯罪，行省咨樞密院議擬，毋擅決遣。」丙戌，以僉太常禮儀院事狗兒爲中書參知政事。丁亥，立行宣政院于杭州，設官八員。大同路金城縣大雨雹。

冬十月己丑，以大寧路隸遼陽省，宣德府隸大都路。敕：「僧人除宋舊有及朝廷撥賜土田免租稅，餘田與民一體科徵。」播州南寧長官洛麼作亂，思州守臣換住哥招諭之，洛麼遣人以方物來覲。罷膠、萊、莒、密鹽使司，復立濤洛場。辛卯，禁大同、冀寧、晉寧等路釀酒。壬辰，建帝師巴思八殿於大興教寺，給鈔萬錠。癸巳，改中翊府爲羽林親軍都指揮使司。甲午，有事于太廟。癸丑，贛州路雩都縣里胥劉景周，以有司徵括田新租，聚衆作亂，敕免徵新租，招諭之。

十一月辛酉，開成、莊浪等處禁酒。壬戌，改黃花嶺屯儲軍民總管府爲屯儲總管府，設官四員。山後民饑，增海漕四十萬石。增置大都南、北兩兵馬司指揮使，色目、漢人各二

員，給分司印二。丁卯，用監察御史乃蠻帶等言，追奪建康富民王訓等白身濫受宣敕，仍禁冒籍買宿衞及巧受遠方職官、不赴任求別調者，隱匿不自首者罪之。己巳，陞同知樞密院事忠嘉知樞密院事。丙子，集賢大學士、太保曲出言：「唐陸淳著春秋纂例、辨疑、微旨三書，有益後學，請令江西行省鋟梓，以廣其傳。」從之。癸未，敕江西茶運司歲課以二十五萬錠爲額。敕大永福寺創殿，安奉順宗皇帝御容。

十二月壬辰，特授集賢大學士脫列大司徒。辛亥，置重慶路江津、巴縣等處屯田，省成都歲漕萬二千石。甲寅，敕樞密院覈實蒙古軍貧乏者，存卹五年。

六年春正月丁巳朔，暹國遣使奉表來貢方物。丁卯，敕：「福建、兩廣、雲南、甘肅、四川軍官致仕還家，官給驛傳如民官例。」戊辰，賑晉王部貧民。癸酉，特授同知徽政院事醜驢答剌罕金紫光祿大夫、太尉，給銀印。甲戌，監察御史孛朮魯翀等言：「皇太子位正東宮，既立詹事院以總家政，宜擇年德老成、道義崇重者爲師保賓贊，俾盡心輔導，以廣緝熙之學。」制曰「可」。戊寅，太陰犯心。己卯，熒星于司天臺。廣東南恩、新州徭賊龍郎庚等爲寇，命江西行省發兵捕之。帝御嘉禧殿，謂扎魯忽赤買閭曰：「扎魯忽赤人命所繫，其詳閱獄辭。事無大小，必謀諸同僚。疑不能決者，與省、臺臣集議以聞。」又顧謂侍臣曰：「卿等以朕居

帝位爲安邪？朕惟太祖創業艱難，世祖混一疆宇，兢業守成，恒懼不能當天心，繩祖武，使萬方百姓樂得其所，朕念慮在茲，卿等固不知也。」

二月丁亥朔，日有食之。改釋奠于中丁，祀社稷于中戊。熒星于回回司天臺。丁酉，雲南閟里愛俄、永昌蒲蠻阿八剌等並爲寇，命雲南省從宜剿捕。戊戌，改陝西轉運鹽使司爲河東陝西都轉運鹽使司，直隸省部。己亥，太陰犯靈臺。乙巳，敕：「諸司不由中書奏官輒署事者悉罷之。」特授僧從吉祥榮祿大夫、大司空，加榮祿大夫、大司徒僧文吉祥開府儀同三司。

三月丁巳，以天壽節，釋重囚一人。(乙)[己]未，[一〇]給鈔賑濟上都、西番諸驛。辛酉，斡端地有叛者入寇，遣鎮西武靖王搠思班率兵討之。詔以御史中丞禿禿合爲御史大夫，諭之曰：「御史大夫職任至重，以卿勳舊之裔，故特授汝。當思乃祖乃父忠勤王室，仍以古名臣爲法，否則將墜汝家聲，負朕委任之意矣。」丙寅，改懷孟路爲懷慶路。特授翰林學士承旨八兒思不花開府儀同三司、大司徒。己巳，太陰犯明堂。敕：「諸王、駙馬、宗姻諸事，依舊制領於內八府官，勿徑移文中書。」封諸王月魯鐵木兒爲恩王，給印，置王傅官。免大都、上都、興和、大同今歲租稅。癸酉，太陰犯日星。甲戌，太陰犯心。壬午，賜大興教寺僧齋食鈔二萬錠。禁甘肅行省所屬郡縣釀酒。

夏四月壬辰，中書省臣言：「雲南土官病故，子姪兄弟襲之，無則妻承夫職。遠方蠻夷，頑獷難制，必任土人，可以集事。今或闕員，宜從本俗，權職以行。」制曰「可」。丙辰，[一一]命京師諸司官吏運糧輸上都、興和，賑濟蒙古饑民。庚子，車駕幸上都。以鐵木迭兒爲太子太師。內外監察御史四十餘人，劾其逞私蠹政，難居師保之任，不聽。諸王合贊薨。丙午，命宣政院賑給西番諸驛。壬子，伯顏鐵木兒部貧乏，給鈔賑之。

五月辛酉，太陰犯靈臺。丁卯，太陰犯房。丙子，太陰犯壘壁陣。加安南國王陳益稷儀同三司。

六月戊子，以莊浪巡檢司爲莊浪縣，移巡檢司於比卜渡。癸巳，以米五千石賑大長公主所隸貧民。甲午，改繕珍司爲徽儀使司，秩二品。己亥，歲星犯東咸。辛丑，置河南田賦總管府，隸內史府，設達魯花赤、總管、同知各一員，副總管二員，秩從三品。戊申，置勇校署，以角觝者隸之。庚戌，大同縣雨雹，大如雞卵。詔以駝馬牛羊分給朔方蒙古民戍守邊徼者，俾牧養蕃息以自贍，仍命議興屯田。壬子，賜大乾元寺鈔萬錠，俾營子錢，供繕修之費，仍陞其提點所爲總管府，給銀印，秩正三品。給鈔四十萬錠，賑合剌赤部貧民；三十萬錠，賑諸位怯憐口被災者；諸有俸祿及能自贍者勿給。癸丑，以羽林親軍萬人隸東宮。丙子，[一二]陞廣惠司秩正三品，掌回回醫藥。丁丑，[一三]以濟寧等路水，遣官閱視其民，乏食者

賑之，仍禁酒，開河泊禁，聽民採食。晉陽、西涼、鈞等州，(楊)[陽]翟、新鄭、密等縣大雨雹。[一四]汴梁、益都、般陽、濟南、東昌、東平、濟寧、(恭)[泰]安、[一五]高唐、濮州、淮安諸處大水。

秋七月丙辰，緬國趙欽撒以方物來覲。來安路總管岑世興叛，據唐興州，賜璽書招諭之。諸王闊愜堅部貧乏，給糧賑之。壬戌，太陰犯心。以者連怯耶兒萬戶府軍萬人隸東宮，置右衞率府，秩正三品。丁卯，詔諭江西官吏、豪民毋沮撓茶課。甲戌，皇姊大長公主祥哥剌吉作佛事，釋全寧府重囚二十七人，敕按問全寧守臣阿從不法，仍追所釋囚還獄。命分簡奴兒干流囚罪稍輕者，屯田肇州。乙亥，通州、漷州增置三倉。丙子，太白犯太微垣右執法。增置上都(巡警)[警巡]院、[一六]開平縣官各二員。己卯，晉王也孫鐵木兒所部民，經剽掠災傷，爲盜者衆，敕扎魯忽赤囊加帶往，與晉王內史審錄罪囚，重者就啓晉王誅之，當流配者加等杖之。庚辰，賜木憐、麥該兩驛鈔一萬二千一百二十錠，俾市馬給驛。辛巳，賜左右鷹坊及合剌赤等貧乏者鈔一十四萬錠。

八月甲申，以河東山西道宣慰使張思明爲中書參知政事。乙酉，熒惑犯輿鬼。甲午，以授皇太子玉冊，告祭于南郊。庚子，車駕至自上都。丁未，告祭于太廟。是月，伏羌縣山崩。

閏八月丙辰，辰星犯太微垣右執法。賜嘉王晃火鐵木兒部羊十萬、馬萬匹。庚申，增置興和路旣備倉，秩正八品；陞廣盈庫從八品。癸亥，熒惑犯軒轅。甲子，太陰犯壘壁陣。浚會通河。壬申，以太傅、御史大夫伯忽爲太師。癸酉，敕：「河東山西道宣慰司官，給俸同隨朝。」敕：「諸司有受命不之官及避繁劇託故去職者，奪其宣敕。」乙亥，太白犯東咸。併永興縣入奉聖州。

九月甲申，以徽政使朶帶爲太傅。陞參議中書省事欽察爲參知政事。辛卯，鐵里干等二十八驛被災，給鈔賑之。壬辰，禜星于司天臺。癸巳，以作佛事，釋大辟囚七人，流以下囚六人。戊戌，增海漕十萬石。置雲南縣，隸雲內州。以故昌州寶山縣置寶昌州，隸興和路。庚子，併順德、廣平兩鐵冶提舉司爲順德廣平彰德等處鐵冶提舉司。癸卯，御史臺臣言：「比者官以倖求，罪以賂免。乞凡內外官非勳舊有資望者，不許驟陞。諸犯贓罪已款伏及當鞫而幸免者，悉付元問官以竟其罪。其貪污受刑，奪職不敍者，夤緣近侍，出入內庭，覬倖名爵，宜斥逐之。」帝皆納其言。詔謂四宿衞嘗受刑者，勿令造禁庭。山東諸路禁酒。浚鎭江練湖。發粟賑濟寧、東平、東昌、高唐、德州、濟南、益都、般陽、揚州等路饑。

十月甲寅，省都功德使四員，止存六員。乙卯，東平、濟寧路水陸十五驛乏食，戶給麥十石。中書省臣言：「白雲宗總攝沈明仁，强奪民田二萬頃，誑誘愚俗十萬人，私賂近侍，妄

受名爵，已奉旨追奪，請汰其徒，還所奪民田。其諸不法事，宜令覈問。」有旨：「朕知沈明仁姦惡，其嚴鞫之。」戊午，遣中書右丞相伯答沙持節授皇太子玉冊。辛酉，以扎魯忽赤鐵木兒不花爲御史大夫。癸亥，熒惑犯太微垣左執法。上都民饑，發官粟萬石減價賑糶。置兩浙鹽倉六所，秩從八品，官二員，惟杭州、嘉興二倉設官三員，秩從七品；鹽場三十四所，場設監運一員，正八品。罷檢校所。乙丑，太陰犯昴。丁卯，賑北方諸驛。戊辰，太陰犯東井。庚午，太白晝見。辛未，太陰犯軒轅。丙子，以皇太子受玉冊，詔天下。己卯，浚通惠河。增河東、陝西鹽運司判官一員，給分司印二；置提領所二，秩從八品，官各二員；鹽場二，增管勾各二員；罷瀘鹽戶提領二十人。濟南濱、棣州、章丘等縣水，免其田租。

十一月辛卯，熒惑犯進賢。木邦路帶邦爲寇，敕雲南省招捕之。乙巳，以祕書卿苫思丁爲大司徒。庚子，〔一七〕敕晉王部貧民二千居稱海屯田。增京畿漕運司同知、副使各一員，給分司印。中書省臣言：「曩賜諸王阿只吉鈔三萬錠，使營子錢以給畋獵廩膳，毋取諸民。今其部阿魯忽等出獵，恣索於民，且爲姦事，宜令宗正府、刑部訊鞫之，以正典刑。」制曰「可」。禁民匿蒙古軍亡奴。帝諭臺臣曰：「有國家者，以民爲本。比聞百姓疾苦銜冤者衆，其令監察御史、廉訪司審察以聞。」河間民饑，發粟賑之。

十二月壬戌，命皇太子參決國政。封宋儒周惇頤爲道國公。甲子，遣宗正府扎魯忽赤二員，審決興和、平地等處獄囚。省雲南大理、大、小徹里等地同知、相副官及儒學、蒙古教授等官百二十四員。丙寅，太陰犯軒轅。己巳，復吏人出身舊制，其犯贓者止從七品。免大都、上都、興和延祐七年差稅。河西塔塔剌地置屯田，立軍民萬戶府。壬申，太陰犯心。平章政事王毅，以親老辭職，從之，仍賜其父幣帛。癸酉，是夜風雪甚寒，帝謂侍臣曰：「朕與卿等居暖室，宗戚、昆弟遠戍邊陲，曷勝其苦。歲賜錢帛，可不徧及耶。」敕上都、大都冬夏設食于路，以食饑者。

七年春正月辛巳朔，日有食之。帝齋居損膳，輟朝賀。壬午，御史臺臣言：「比賜不兒罕丁山場、完者不花海船稅，會計其鈔，皆數十萬錠，諸王軍民貧乏者，所賜未嘗若是，苟不撙節，漸致帑藏虛竭，民益困矣。」中書省臣進曰：「臺臣所言良是，若非振理朝綱，法度愈壞。臣等乞賜罷黜，選任賢者。」帝曰：「卿等不必言，其各共乃事。」癸未，帝御大明殿，受諸王、百官朝賀。辛卯，江浙行省丞相黑驢言：「白雲僧沈明仁，擅度僧四千八百餘人，獲鈔四萬餘錠，旣已辭伏，今遣其徒沈崇勝潛赴京師行賄求援，請逮赴江浙併治其罪。」從之。乙未，太陰犯明堂上星。丁亥，帝不豫。〔一八〕辛丑，帝崩于光天宮，壽三十有六，在位十年。癸卯，葬起輦谷，從諸帝陵。五月乙未，羣臣上謚曰聖文欽孝皇帝，廟號仁宗，國語曰普顏篤

皇帝。

仁宗天性慈孝，聰明恭儉，通達儒術，妙悟釋典，嘗曰：「明心見性，佛教爲深；修身治國，儒道爲切。」又曰：「儒者可尙，以能維持三綱五常之道也。」平居服御質素，澹然無欲，不事遊畋，不喜征伐，不崇貨利。事皇太后，終身不違顏色；待宗戚勳舊，始終以禮。大臣親老，時加恩賚；太官進膳，必分賜貴近。有司奏大辟，每慘惻移時。其孜孜爲治，一遵世祖之成憲云。

校勘記

〔一〕太寧路　按元有「大寧路」及「泰寧路」，無「太寧路」，此處「太」字有誤。

〔二〕中書（左）〔右〕丞阿卜海牙　據上文延祐三年五月庚申條及本書卷一一二宰相年表改。蒙史已校。

〔三〕以江浙行省左丞王毅爲中書平章政事　按清容集卷二七王氏先塋碑銘「左丞」作「右丞」，疑「左」當作「右」。

〔四〕秦州（泰）〔秦〕安縣山崩　從殿本改。按本書卷五〇五行志作「秦安縣山崩」。秦安，秦州屬縣。

〔五〕王子諸王答失蠻部乏食　「王子」「諸王」同義重複，疑「王子」二字衍。

〔六〕（衞）〔魏〕王阿木哥　見卷二四校勘記〔八〕。下同。

〔七〕雍吉剌〔帶〕　據下文七月己卯條補。

〔八〕以御史中丞亦列赤爲中書右丞（相）　據下文九月丁卯條及本書卷一一二宰相年表刪。續編已校。

〔九〕八月戊子　按是年八月己丑朔，無戊子日。戊子爲七月三十日，已見上文七月，此誤。續通鑑作庚子十二日。

〔一〇〕（乙）〔己〕未　按是月丙辰朔，無乙未日。此「乙未」在丁巳初二日、辛酉初六日間，爲己未初四日之誤，今改。

〔一一〕丙辰　按是月丙戌朔，無丙辰日。此「丙辰」在壬辰初七日、庚子十五日間，當是丙申十一日之誤。

〔一二〕丙子　按是月甲申朔，無丙子日。此「丙子」在癸丑三十日後，疑七月之丙子二十三日誤書於此。

〔一三〕丁丑　按是月甲申朔，無丁丑日。疑七月之丁丑二十四日誤書於此。

〔一四〕晉陽西涼鈞等州（楊）〔陽〕翟新鄭密等縣大雨雹　據本書卷五九地理志改。道光本已校。又按陽翟、新鄭、密三縣皆鈞州屬縣，疑當作「晉陽、西涼等州，鈞州陽翟、新鄭、密等縣大雨雹」。

〔一五〕（恭）〔泰〕安　據本書卷五〇五行志改。本證已校。

〔一六〕上都（巡警）〔警巡〕院　據本書卷五八地理志、卷九〇百官志改正。本證已校。

〔一七〕庚子　按是月辛巳朔，庚子爲二十日，應在辛卯十一日後、乙巳二十五日前。

〔一八〕丁亥帝不豫　按是月辛巳朔，丁亥爲初七日，此「丁亥」在乙未十五日後、辛丑二十一日前，疑爲丁酉十七日之誤。本書卷二七英宗紀作「七年春正月戊戌，仁宗不豫」，戊戌爲十八日。

元史

明　宋濂等撰

第三冊

卷二七至卷四四（紀）

中華書局

元史卷二十七

本紀第二十七

英宗一

英宗睿聖文孝皇帝，諱碩德八剌，仁宗嫡子也。母莊懿慈聖皇后，弘吉剌氏，以大德七年二月甲子生。仁宗欲立爲太子，帝入謁太后固辭，曰：「臣幼無能，且有兄在，宜立兄，以臣輔之。」太后不許。延祐三年十二月丁亥，立爲皇太子，授金寶，開府置官屬。監察御史段輔、太子詹事郭貫等，首請近賢人，擇師傅，帝嘉納之。六年十月戊午，受玉册，詔命百司庶務必先啓太子，然後奏聞。帝謂中書省臣曰：「至尊委我以天下事，日夜寅畏，惟恐弗堪。卿等亦當洗心滌慮，恪勤乃職，勿有墮壞，以貽君父憂。」

七年春正月戊戌，仁宗不豫，帝憂形于色，夜則焚香，泣曰：「至尊以仁慈御天下，庶績順成，四海清晏。今天降大厲，不如罰殛我身，使至尊永爲民主。」辛丑，仁宗崩，帝哀毀過

禮，素服寢于地，日歠一粥。癸卯，太陰犯斗。甲辰，太子太師鐵木迭兒以太后命爲右丞相。丙午，遣使分讞內外刑獄。戊申，賑通、漷二州蒙古貧民。汰知樞密院事四員。禁巫、祝、日者交通宗戚、大官。

二月壬(午)〔子〕，〔一〕罷造永福寺。賑大同、豐州諸驛饑。以江浙行省左丞相黑驢爲中書平章政事。丁巳，修佛事。戊午，祭社稷。建御容殿于永福寺。汰富民竄名宿衞者，給役蒙古諸驛。己未，命儲糧于宣德、開平、和林諸倉，以備賑貸供億。復以都水監隸中書。辛(丑)〔酉〕，〔二〕太陰犯軒轅御女。平章政事赤斤鐵木兒、御史大夫脫歡罷爲集賢大學士。壬戌，太陰犯靈臺。甲子，鐵木迭兒、阿散請捕逮四川行省平章政事趙世延赴京。參議中書省事乞失監坐鬻官，刑部以法當杖，太后命笞之，帝曰：「不可。法者天下之公，徇私而輕重之，非示天下以公也。」卒正其罪。丙寅，以陝西行省平章政事趙世榮爲中書平章政事，江西行省右丞木八剌爲中書右丞，參知政事張思明爲中書左丞，中書左丞換住罷爲嶺北行省右丞。丁卯，太陰犯日星。白雲宗〔總〕攝沈明仁爲不法坐罪，〔三〕詔籍江南冒爲白雲僧者爲民。己巳，修鎭雷佛事于京城四門。罷上都乾元寺規運總管府。庚午，太陰犯斗。辛未，括民間係官山場、河泊、窰冶、廬舍。壬申，召陝西行臺御史大夫答失鐵木兒赴闕。癸酉，括勘崇祥院以遼陽、大同、上都、甘肅官牧羊馬牛駝給朔方民戶，仍給曠地屯種。

地，其冒以官地獻者追其直，以民地獻者歸其主。決開平重囚。丙子，定京城環衞更番法，准五衞漢軍歲例。丁丑，奪前中書平章政事李孟所受秦國公制命，仍仆其先墓碑。戊寅，中書平章政事兀伯都剌罷爲甘肅行省平章政事，阿禮海牙罷爲湖廣行省平章政事。鐵木迭兒以前御史中丞楊朶兒只、中書平章政事蕭拜住違太后旨，矯命殺之，並籍其家。徽政院使失列門，以太后命請更朝官，帝曰：「此豈除官時耶？且先帝舊臣，豈宜輕動。俟予卽位，議于宗親、元老，賢者任之，邪者黜之，可也。」司農卿完者不花言：「先帝以土田頒賜諸臣者，宜悉歸之官。」帝問曰：「所賜爲誰？」對曰：「左丞相阿散所得爲多。」帝曰：「予常譏卿等，當以公心輔弼。卿於先朝嘗請海船之稅，以阿散奏而止。今卿所言，乃復私憾耳，非公議也，豈輔弼之道耶。」遂出完者不花爲湖南宣慰使。奪僧輦眞吃剌思等所受司徒、國公制，仍銷其印。

三月辛巳，以中書禮部領教坊司。壬午，賑陳州、嘉定州饑。爪哇遣使入貢。戊子，太陰犯酒旗上星，熒惑犯進賢。徵諸王、駙馬流竄者，給侍從，遣就分邑。庚寅，帝卽位，詔曰：

洪惟太祖皇帝膺期撫運，肇開帝業；世祖皇帝神機睿略，統一四海。以聖繼聖，迨我先皇帝，至仁厚德，涵濡羣生，君臨萬國，十年于玆。以社稷之遠圖，定天下之大本，協謀宗親，授予册寶。方春宮之興政，遽昭考之賓天。諸王貴戚，元勳碩輔，咸謂朕宜

體先帝付託之重，皇太后擁護之慈，旣深繫於人心，詎可虛於神器，合辭勸進，誠意交孚。乃於三月十一日，卽皇帝位于大明殿。可赦天下。

尊太后爲太皇太后。是夜，太陰犯明堂。壬辰，太皇太后受百官朝賀于興聖宮。鐵木迭兒進開府儀同三司、上柱國、太師。敕羣臣超授散官者，朝會毋越班次。賜諸王也孫鐵木兒、脫脫那顏等金銀、幣帛有差。賑寧夏路軍民饑。甲午，作佛事於寶慈殿。賑木憐、渾都兒等十一驛饑。乙未，日有暈若連環。丙申，斡羅思等內附，賜鈔萬四千貫，遣還其部。遣知樞密事也兒吉尼檢覈鞏昌等路屯戍，選甘州戍卒。戊戌，汰上都留守司留守五員。定吏員秩止從七品如前制。庚子，降太常禮儀院、通政院、都護府、崇福司，並從二品；蒙古國子監、都水監、尚乘寺、光祿寺，並從三品；給事中、闌遺監、尚舍寺、司天監，並正四品；其官遞降一等有差，七品以下不降。賜邊戍諸王、駙馬及將校士卒金銀、幣帛有差。市羊五十萬、馬十萬，賑北邊貧乏者。辛丑，禁擅奏璽書。以樞密院兼領左、右衞率府。壬寅，降前中書平章政事李孟爲集賢侍講學士，悉奪前所受制命。御史臺臣請降詔諭百司以肅臺綱，帝曰：「卿等但守職盡言，善則朕當服行，否亦不汝罪也。」甲辰，詔中外毋沮議鐵木迭兒。敕罷醫、卜、工匠任子，其藝精絕者擇用之。丙午，有事於南郊，告卽位。丁未，罷崇祥院，以民匠都總管府隸將作院。

夏四月庚戌〔朔〕，有事于太廟，告即位。追奪佛速司徒官。罷少府監。復儀鳳、教坊、廣惠諸司品秩。罷行中書省丞相。河南行省丞相也先鐵木兒、湖廣行省丞相朶兒只的斤、遼陽行省丞相，並降爲本省平章政事，惟征東行省丞相高麗王不降。賜諸王鐵木兒不花鈔萬五千貫。甲寅，太白犯填星。乙卯，復國子監、都水監，秩正三品。罷回回國子監、行通政院。封諸王徹徹禿爲寧遠王。申詔京師勢家與民均役。那懷、渾都兒驛戶饑，賑之。戊午，祀社稷，告即位。己未，紹慶路洞蠻爲寇，命四川行省捕之。祭遁甲神于香山。命平章政事王毅等徵理在京諸倉庫糧帛虧額。申嚴和林酒禁。庚申，降百官越階者，並依所受之職。以太常禮儀院使拜住爲中書平章政事。以西僧牙八的里爲元永延教三藏法師，授金印。壬戌，太陰犯房。以即位，賞宿衞軍。括馬三萬匹，給蒙古流民，遣還其部。給通、漷二州蒙古戶夏布。鐵木迭兒請參決政務，禁諸臣毋隔越擅奏，從之。乙丑，仁宗喪卒哭，作佛事七日。戊辰，車駕幸上都。海運至直沽，調兵千人防戍。封王煦爲鷄林郡公。議祔仁宗，以陰陽拘忌，權結綵殿於太室東南，以奉神主。己巳，河間、眞定、濟南等處蒙古軍饑，賑之。罷市舶司，禁賈人下番。課回回散居郡縣者，戶歲輸包銀二兩。增兩淮、荆湖、江南東西道田賦，斗加二升。賑大都、淨州等處流民，給糧馬，遣還北邊。戊寅，以蒙古、漢人驛傳復隸通政院。有獻七寶帶者，因近臣以進，帝曰：「朕登大位，不聞卿等薦賢而爲人進帶，

是以利誘朕也。其還之。」是月，左衞屯田旱、蝗，左翊屯田蟲食麥苗，亳州水。

五月己卯〔朔〕，禁僧馳驛，仍收元給璽書。庚辰，上都留守賀伯顏坐便服迎詔棄市，籍其家。辛巳，汝寧府霖雨傷麥禾，發粟五千石賑糶之。丁亥，罷沅陵縣浦口千戶所。己丑，中書省臣請禁擅奏除拜，帝曰：「然恐朕遺忘，或乘間奏請，濫賜名爵，汝等當復以聞。」復置稱海、五條河屯田。命僧禱雨。大同雲內、豐、勝諸郡縣饑，〔四〕發粟萬三千石貸之。左丞相阿散罷爲嶺北行省平章政事。以拜住爲中書左丞相，乃刺忽、塔失海牙並爲中書平章政事，只兒哈郎爲中書參知政事。庚寅，太陰犯心。辛卯，參知政事欽察罷爲集賢學士。賑上都城門及駐冬衞士。遣使榷廣東番貨。弛陝西酒禁。壬辰，和林民閻海瘞殍死者三千餘人，旌其門。癸巳，太陰犯天狗。甲午，瀋陽軍民饑，給鈔萬二千五百貫賑之。乙未，請大行皇帝謚于南郊。丙申，太白犯畢。禁宗戚權貴避徭役及作奸犯科。戊戌，有告嶺北行省平章政事阿散、中書平章政事黑驢及御史大夫脫忒哈、徽政使失列門等與故要束謀妻亦列失八謀廢立，拜住請鞫狀，帝曰：「彼若借太皇太后爲詞，奈何？」命悉誅之，籍其家。追封隴西公汪世顯爲隴右王。辛丑，以知樞密院事鐵木兒脫爲中書平章政事。壬寅，監察御史請罷僧、道、工、伶濫爵及建寺、豢獸之費。甲辰，以誅阿散、黑驢、賀伯顏等詔天下。敕百司日勤政務，怠者罪之。丙午，御史劉恒請興義倉及奪僧、道官。敕捕亦列失八子江浙行

省平章政事買驢，仍籍其家。丁未，封王禪爲雲南王，往鎭其地。饒州番陽縣進嘉禾，一莖六穗。以賀伯顏、失列門、阿散家貲、田宅賜鐵木迭兒等。

六月己酉〔朔〕，流徽政院使米薛迷于金剛山。以脫忒哈、失列門故奪人畜產歸其主。甲寅，前太子詹事床兀兒伏誅。京師疫，修佛事于萬壽山。乙卯，昌王阿失部饑，賜鈔千萬貫賑之。賞誅阿散等功，賜拜住以下金銀、鈔有差。丙辰，召河南行省平章政事埜仙帖穆兒至京師。收脫忒哈廣平王印。丁巳，以江西行省左丞相脫脫爲御史大夫，宗正扎魯火赤鐵木兒不花知樞密院事。戊午，罷徽政院。廣東採珠提舉司罷，以有司領其事。封知樞密院事塔失鐵木兒爲薊國公。己未，定邊地盜孳畜罪犯者，令給各部力役，如不悛，斷罪如內地法。庚申，太陰犯斗。賜角觝百二十人鈔各千貫。辛酉，詔免僧人雜役。壬戌，敕諸使至京者，大事五日、小事三日遣還。是夜，月食既。癸亥，太陰犯壘壁陣。乙丑，賑北邊饑民，有妻子者鈔千五百貫，孤獨者七百五十貫。新作太祖幄殿。西番盜洛各目降。丁卯，太白犯井。賜諸王阿木里台宴服、珠帽。戊辰，賑雷家驛戶鈔萬五千貫。辛未，太陰犯昴。甲戌，賜北邊諸王伯要台等十人鈔各二萬五千貫。邊民賑米三月。修寧夏欽察魯佛事，給鈔二百一十二萬貫。丁丑，改紅城中都威衞爲忠翊侍衞親軍都指揮使司，隸樞密院。罷章慶司、延福司、羣牧監、宮正司、遼陽萬戶府。復徽儀司爲繕珍司，善政司爲都總管府。內宰

司、延慶司、甄用監復爲正三品。益都蝗。荆門州旱。棣州、高郵、江陵水。

秋七月戊寅〔朔〕，賜諸王曲魯不花鈔萬五千貫。命玄教宗師張留孫修醮事于崇眞宮。壬午，立普定路屯田，分烏撒、烏蒙屯田卒二千赴之。運和林糧于扎昆倉，以便邊軍。市馬三萬、羊四萬，給邊軍貧乏者。癸未，括馬於大同、興和、冀寧三路，以頒衞士。甲申，車駕將北幸，調左右翊軍赴北邊浚井。以知樞密院事買驢、哈丹並爲遼陽行省平章政事。丙戌，賜諸王買奴等鈔二十五萬貫。丁亥，太陰犯斗。諸王告住等部火，賑糧三月、鈔萬五千貫。晉王也孫鐵木兒部饑，賑鈔五千萬貫。壬辰，罷女直萬戶府及狗站脫脫禾孫。散遼陽紅花萬戶府兵。遣扈從諸營還大都，禁踐民禾。安南內附人陳巖言其國貢使多爲覘伺，敕湖廣行省汰遣之。乙未，賜西僧沙加鈔萬五千貫。以甘肅行省平章欽察〔台〕知樞密院事。〔五〕回回太醫進藥曰打里牙，給鈔十五萬貫。丙申，以昌平、灤陽十二驛供億繁重，給鈔三十萬貫賑之。中書平章政事乃刺忽罷。降封安王兀都不花爲順陽王。禁獻珍寶製衮冕。戊戌，熒惑犯房。樞密院臣言：「塔海萬戶部不剌兀赤與北兵戰，拔軍士三百人以還，棄其子於野，殺所乘馬以啗士卒，請賞之。」賜鈔五千貫。斡魯思辰告諸王月兒魯鐵木兒謀變，賞鈔萬五千貫，敕中外希賞自請者勿予。己亥，太陰犯昴。賜女巫伯牙台鈔萬五千貫。庚子，以江南行御史臺中丞廉恂爲中書平章政事。辛丑，賜公主扎牙八剌等鈔七萬五千

貫。晉王也孫鐵木兒遣使以地七千頃歸朝廷，請有司徵其租，歲給糧鈔，從之。以遼陽金銀鐵冶歸中政院。癸卯，賜伶人鈔二萬五千貫，酒人十五萬貫。(己)〔乙〕巳，〔六〕以知樞密院事也(先)〔兒〕吉尼爲江西行省平章政事。〔七〕是月，後衞屯田及潁、息、汝陽、上蔡等縣水，霸州及堂邑縣蝻。

八月丁未朔，嶺北省臣忻都坐以官錢犒軍免官，詔復其職。戊申，祭社稷。罷曲靖路人匠提舉司。賑晉王部軍民鈔二百五十萬貫。禁星于司天監。辛亥，賑龍居河諸軍。乙卯，賜上都駐冬衞士鈔四百萬貫。諸王木南卽部饑，興聖宮牧駝戶貧乏，並賑之。丙辰，祔仁宗聖文欽孝皇帝、莊懿慈聖皇后于太廟，鐵木迭兒攝太尉，奉玉册行事。太白犯靈臺。戊午，鐵木迭兒以趙世延嘗劾其姦，誣以不敬下獄，請殺之，幷究省、臺諸臣。不允。帝幸涼亭，從容謂近侍曰：「頃鐵木迭兒必欲置趙世延于死地，朕素聞其忠良，故每奏不納。」左右咸稱萬歲。乙丑，熒惑犯天江。丁卯，太白犯太微垣右執法。宮人官奴，坐用日者請太皇太后禁星，杖之，籍其貲。脫思馬部宣慰使亦憐眞坐違制不發兵，〔八〕杖流奴兒干之地。庚午，發米十萬石賑糶京師貧民。壬申，太陰犯軒轅御女。甲戌，廣東新州饑，賑之。河間路水。

九月甲申，建壽安山寺，給鈔千萬貫。括興和馬以贍北部貧民。禁五臺山樵採。罷上

都、嶺北、甘肅、河南諸郡酒禁。乙酉，太陰犯壘壁陣。丙戌，熒惑犯斗。壬辰，敕議玉華宮歲享睿宗登歌大樂。土番利族、阿俄等五種寇成谷，遣鞏昌總帥以兵討之。循州溪蠻秦元吉爲寇，遣守將捕之。癸巳，太陰犯昴。潘陽水旱害稼，弛其山場河泊之禁。戊戌，太陰犯鬼。己亥，太白犯亢。庚子，常澧州洞蠻貞公合諸洞爲寇，〔九〕命土官追捕之。癸卯，親王脫不花、搠思班遣使來賀登極。甲辰，雲南木邦路土官給邦子忙兀等入貢，賜幣有差。遣馬扎蠻等使占城、占臘、龍牙門，索馴象。以廩藏不充，停諸王所部歲給。

冬十月丁未，時享太廟。庚戌，太陰犯熒惑于斗。將作院使也速坐董製珠衣怠工，杖之，籍其家。壬子，作佛事于文德殿四十日。申嚴兩淮鹽禁。丁巳，酉陽聳儂洞蠻田謀遠爲寇，命守臣招捕之。戊午，車駕至自上都。詔太常院臣曰：「朕將以四時躬祀太室，宜與羣臣集議其禮。此追遠報本之道，毋以朕勞於對越而有所損。其悉遵典禮。」安南國遣其臣鄧恭儉來貢方物。庚申，敕譯佛書。辛酉，賜勞探馬赤宿衞者，遣還所部。癸亥，太陰犯井。乙丑，幸大護國仁王寺。帝師請以醮八兒監藏爲土蕃宣慰(司)〔使〕都元帥，〔一〇〕從之。酉陽土官冉世昌遣其子冉朝率大、小石隄洞蠻入貢。丙寅，定恭謝太廟儀式。丁卯，爲皇后作鹿頂殿于上都。己巳，罷玉華宮祀睿宗登歌樂。敕翰林院譯詔，關白中書。庚午，命拜住督造壽安山寺。癸酉，流諸王阿剌鐵木兒於雲南。

十一月丙子朔，帝御齋宮。丁丑，恭謝太廟，至仁宗太室，卽流涕，左右感動。戊寅，以海運不給，命江浙行省以財賦府租益之，還其直，歸宣徽、中政二院。檢勘沙、淨二州流民，勒還本部。以登極，大賚諸王、百官，中書會其數，計金五千兩、銀七十八萬兩、鈔百二十一萬一千貫、幣五萬七千三百六十四匹、帛四萬九千三百二十二匹、布二萬三千三百九十八匹、衣八百五十九襲、鞍勒、弓矢有差。給嶺北驛牛馬。造今年鈔本，至元鈔五千萬貫、中統鈔二百五十萬貫。汰衞士冒受歲賜者。庚辰，併永平路灤邑縣于石城。遣定住等括順陽王兀都思不花邸財物，入章佩監、中政院。禁京城諸寺邸舍匿商稅。辛巳，以親祀太廟禮成，御大明殿受朝賀。甲申，敕翰林國史院纂修仁宗實錄。丁亥，作佛事于光天殿。戊子，幸隆福宮。己丑，宣德蒙古驛饑，命通政院賑之。丁酉，詔各郡建帝師八思巴殿，其制視孔子廟有加。戊戌，交趾蠻儂志德寇脫零那乞等六洞，命守將討之。遣使閱實各行省戍兵。己亥，計京官俸鈔，給米三分。癸卯，熒惑犯壘壁陣。甲辰，鐵木迭兒言：「和市織幣薄惡，由董事者不謹，請免右丞高昉等官，仍令郡縣更造，徵其元直。」不允。太常禮儀院擬進時享太廟儀式。

十二月乙巳朔，詔曰：「朕祗遹貽謀，獲承丕緒，念付託之惟重，顧繼述之敢忘。爰以延祐七年十一月丙子，被服袞冕，恭謝于太廟。既大禮之告成，宜普天之均慶。屬茲踰歲，用

易紀元，于以導天地之至和，于以法春秋之謹始，可以明年爲至治元年。減天下租賦二分，包銀五分。免大都、上都、興和三路差稅三年。優復煮鹽、煉鐵等戶二年。開燕南、山東河泊之禁，聽民采取。命官家屬流落邊遠者，有司資給遣之；其子女典鬻於人者，聽還其家。監察御史、廉訪司歲舉可任守令者二人。七品以上官，有偉畫長策可以濟世安民者，實封上之。士有隱居行義，明治體，不求聞達者，有司具狀以聞。」丁未，播州蠻的羊籠等來降。庚戌，鑄銅爲佛像，置玉德殿。壬子，賜壽寧公主鈔七萬五千貫。癸丑，以天壽節，預遣使修醮于龍虎山。乙卯，率百官奉玉册、玉寶，加上太皇太后尊號曰儀天興聖慈仁昭懿壽元全德泰寧福慶徽文崇祐太皇太后。翰林學士忽都魯都兒〔迷失〕譯進宋儒眞德秀大學衍義，〔一一〕帝曰：「修身治國，無踰此書。」賜鈔五萬貫。河南饑，帝問其故，羣臣莫能對，帝曰：「良由朕治道未洽，卿等又不盡心乃職，委任失人，致陰陽失和，災害荐至。自今各務勤恪，以應天心，毋使吾民重困。」太陰掩昴。丙辰，以太皇太后加號禮成，御大明殿受朝賀。丁巳，詔諭中外。戊午，太陰犯井。庚申，太陰犯鬼。辛酉，作延春閣後殿。壬戌，召西番僧輦眞哈剌思赴京師，敕所過郡縣肅迎。乙丑，禁星于回回司天監四十晝夜。丙寅，以典瑞院使闊徹伯知樞密院事。修祕密佛事于延春閣。丁卯，鐵木迭兒、拜住言：「比者詔內外言得失，今上封事者，或直進御前。乞令臣等開視，乃入奏聞。」帝曰：「言事者直至朕前可也，

如細民輒訴訟者則禁之。」給武宗皇后鈔七十五萬貫。以大學衍義印本頒賜羣臣。戊辰，以太皇太后加號禮成，告太廟。己巳，敕罷明年二月八日迎佛。中書右丞木八剌罷爲江西行省右丞。以中書參知政事只兒哈郎爲右丞，江南浙西道廉訪使薛處敬爲中書參知政事。辛未，拜住進鹵簿圖，帝以唐制用萬二千三百人耗財，乃定大駕爲三千二百人，法駕二千五百人。上思州猺結交趾寇忠州。癸酉，帝聞賀伯顏母老，憫之，以所籍京兆田磑還其家。江浙行省平章政事伯顏察兒、江西行省平章政事白撒都並坐貪墨免官。

是歲，決獄輕重七千六百三十事。河決汴梁原武，浸灌諸縣；滹沱決文安、大(成)〔城〕等縣；〔一〕渾河溢，壞民田廬。秦州成紀縣暴雨，山崩，朽壤墳起，覆沒畜產。汴梁延津縣大風晝晦，桑多損。大同雨雹，大者如鷄卵。諸衞屯田隕霜害稼。益津縣雨黑霜。

至治元年春正月丁丑，修佛事于文德殿。壬午，增置鄜州都漕運司同知、運判各一員。甲申，召高麗王王(章)〔璋〕赴上都。〔二〕丙戌，帝服衮冕，享太廟，以左丞相拜住亞獻，知樞密院事闊徹伯終獻。詔羣臣曰：「一歲惟四祀，使人代之，不能致如在之誠，實所未安。歲必親祀，以終朕身。」廷臣或言祀事畢宜赦天下，帝諭之曰：「恩可常施，赦不可屢下。使殺人

獲免，則死者何辜？」遂命中書陳便宜事，行之。丁亥，帝欲以元夕張燈宮中，參議中書省事張養浩上書諫止，帝遽命罷之，曰：「有臣若此，朕復何憂。自今朕凡有過，豈獨臺臣當諫，人皆得言。」賜養浩帛二匹。諸王忽都答兒來朝。癸巳，諸王斡羅思部饑，發淨州、平地倉糧賑之。蘄州蘄水縣饑，賑糧三月。奉元路饑，禁酒。乙未，太陰掩房。己亥，降延福監爲延福提舉司，廣福監爲廣福提舉司，秩從五品。以壽安山造佛寺，置庫掌財帛，秩從七品。甲辰，辰星犯外屏。水、金、火、土四星聚奎。

二月，汴梁、歸德饑，發粟十萬石賑糶。河南、安豐饑，以鈔二萬五千貫、粟五萬石賑之。戊申，祭社稷。改中都威衞爲忠翊侍衞親軍都指揮使司。己酉，作仁宗神御殿于普慶寺。辛亥，調軍三千五百人修上都華嚴寺。壬子，夜，金、火、土三星聚于奎。大永福寺成，賜金五百兩、銀二千五百兩、鈔五十萬貫、幣帛萬匹。丁巳，畋于柳林，敕更造行宮。監察御史觀音保、鎖咬兒哈的迷失、成珪、李謙亨諫造壽安山佛寺，殺觀音保、鎖咬兒哈的迷失，杖珪、謙亨，竄于奴兒干地。己未，樞密院臣請授副使吳元珪榮祿大夫，以階高不允，授正奉大夫。賑木憐道三十一驛貧戶。辛酉，太白犯熒惑。癸亥，太陰犯心。甲子，置承徽寺，秩正三品，割常州、宜興民四萬戶隸之。丁卯，以僧法洪爲釋源宗主，授榮祿大夫、司徒。禁越臺、省訴事。罷先朝傳旨濫選者。戊辰，賜公主扎牙八剌從者鈔七十五萬貫。

三月甲戌〔朔〕，營王也先帖木兒部畜牧死損，賜鈔五十萬貫。丙子，建帝師八思巴寺於京師。丁丑，御大明殿受緬國使者朝貢。太陰掩昴。賜公主買的鈔五萬貫，駙馬滅憐鈔二萬五千貫。召諸王太平于汴。發民丁疏小直沽白河。庚辰，廷試進士泰普化、宋本等六十四人，賜及第、出身有差。辛巳，車駕幸上都。遣使賜西番撒思加地僧金二百五十兩、銀二千二百兩、袈裟二萬，幣、帛、旛、茶各有差。壬午，遣呪師朵兒只往牙濟、班卜二國取佛經。癸未，製御服珠袈裟。甲申，敕纂修仁宗實錄，后妃、功臣傳。乙酉，寶集寺金書西番波若經成，置大內香殿。益壽安山造寺役軍。己丑，大同路麒麟生。甲午，置雲南王府。己亥，宦者孛羅鐵木兒坐罪，流奴兒干地。庚子，賑寧國路饑。辛丑，以鐵失爲御史大夫，佩金符，領忠翊侍衞親軍都指揮使。癸卯，益都、般陽饑，以粟賑之。

夏四月丙午，給喃答失王府銀印，秩正三品；寬徹、忽塔迷失王府銅印，秩從三品。庚戌，享太廟。江州、贛州、臨江霖雨，袁州、建昌旱，民皆告饑，發米四萬八千石賑之。丁巳，廣德路旱，發米九千石減直賑糶。戊午，太陰犯心。己未，造象駕金脊殿。吉陽黎蠻寇寧遠縣。庚申，太陰犯斗。戊辰，敕賜鐵木迭兒父祖碑。命宦者孛羅台爲太常署令，太常官言刑人難與大祭，遂罷之。

五月丙子，毀上都回回寺，以其地營帝師殿。賑益都、膠州饑。丁丑，霸州蝗。戊寅，

太白犯鬼積尸氣。太陰犯軒轅。庚辰，太陰犯明堂。濮州大饑，命有司賑之。壬午，遣親王圖帖穆爾于海南。禁日者毋交通諸王、駙馬，掌陰陽五科者毋泄占候。以興國路去歲旱，免其田租。丁亥，修佛事于大安閣。庚寅，賑諸王哈賓鐵木兒部。沂州民張昱坐妖言，濟南道士李天祥坐教人兵藝，杖之。女直蠻赤興等十九驛饑，賑之。辛卯，海漕糧至直沽，遣使祀海神天妃。作行殿于縉山流杯池。高郵府旱。癸巳，寶定路飛蟲食桑。〔四〕乙未，命世家子弟成童者入國學。辛丑，太常禮儀院進太廟制圖。壬寅，開元路霖雨。

六月癸卯朔，日有食之。作金浮屠于上都，藏佛舍利。乙卯，以鐵木迭兒領宣政院事。丁巳，參知政事敬儼罷爲陝西行御史臺中丞。戊午，涇州雨雹。己未，太陰犯虛梁。滁州霖雨傷稼，蠲其租。辛酉，太白經天。趙弘祚等言事，勒歸鄉里，仍禁妄言時政。壬戌，龍虎山張嗣成來朝，授太玄輔化體仁應道大眞人。乙丑，遣使往銓江浙、江西、湖廣、四川、雲南五省邊郡官選。丁卯，禁星于司天臺。大同路雨雹。戊辰，衞輝、汴梁等處蝗。己巳，以上都留守只兒哈郎爲中書平章政事。臨江路旱，免其租。通濟屯霖雨傷稼。霸州大水，渾河溢，被災者二萬三千三百戶。

秋七月壬申〔朔〕，賜晉王也孫鐵木兒鈔百萬貫。遼陽、開元等路及順州、邢臺等縣大水。癸酉，衞輝路胙城縣蝗。乙亥，賑南恩、新州饑。丙子，淮安路屬縣水。丁丑，享太廟。

戊寅，通州潞縣榆棣水決。庚辰，鹵簿成。滹沱河及范陽縣巨馬河溢。辛巳，盩厔縣僧圓明作亂，遣樞密院判官章台督兵捕之。壬午，通許、臨淮、盱眙等縣蝗。癸未，封太尉孛蘭奚爲和國公。乙酉，大雨，渾河防決。庚寅，清池縣蝗。癸巳，太陰犯昴。黄平府蠻盧砰爲寇，削萬戶何之祺等官一級。遣吏部尚書教化、禮部郎中文矩使安南，頒登極詔。諸王闊別薨，賻鈔萬五千貫。丙申，禁服色踰制。己亥，奉仁宗及帝御容於大聖壽萬安寺。蒲陰縣大水。庚子，修上都城。詔河南、江浙流民復業。淮西蒙城等縣饑。郃陽道士劉志先以妖術謀亂，復命章台捕之。薊州平谷、漁陽等縣大水。大都、保定、眞定、大名、濟寧、東平、東昌、永平等路，高唐、曹、濮等州水。順德、大同等路雨雹。乞兒吉思部水。

八月壬寅〔朔〕，修都城。安陸府水，壞民廬舍。癸卯，賑膠州饑。甲辰，高郵興化縣水，免其租。丙午，泰興、江都等縣蝗。丁未，太陰犯心。戊申，祭社稷。上都鹿頂殿成。己酉，太陰犯斗。庚戌，以軍士貧乏，遣知樞密院事鐵木兒不花整治，仍詔諭中外，有敢擾害者罪之。賑北部孤寡糧、鈔。賜公主速哥八剌鈔五十萬貫。兀兒速、憨哈納思等部貧乏，戶給牝馬二匹。壬子，熒惑犯軒轅。乙卯，中書平章政事鐵木兒脫罷爲上都留守。壬戌，淮安路鹽城、山陽縣水，免其租。車駕駐蹕興和，左右以寒甚，請還京師，帝曰：「兵以牛馬爲重，民以稼穡爲本。朕遲留，蓋欲馬得芻牧，民得刈穫，一舉兩得，何計乎寒。」雷州路海康、遂溪二縣海水溢，壞民田四千餘頃，免其租。秦州成紀縣山崩。

九月乙亥，熒惑犯靈臺。京師饑，發粟十萬石減價糶之。丙子，駐蹕昂兀嶺。壬午，熒惑犯太微西垣上將。賜諸王撒兒蠻鈔五萬貫。壬辰，中書平章政事塔失海牙坐受賕杖免。丁酉，熒惑犯太微垣右執法。車駕還大都。庚子，安陸府漢水溢，壞民田，賑之。

冬十月辛丑朔，修佛事於大內。妖僧圓明等伏誅。甲(午)〔辰〕，〔一五〕太白經天。戊申，熒惑犯太微垣左執法。庚戌，親享太廟。壬子，拜住獻嘉禾，兩莖同穗。癸丑，敕翰林、集賢官年七十者毋致仕。以內郡水，罷不急工役。敕蒙古子女鬻爲回回、漢人奴者，官收養之。禁中書掾曹，毋泄機事。命樞密遣官整視各郡兵馬。戊午，置趙王馬札罕部錢糧總管府，秩正三品。己未，肇慶路水，賑之。丙寅，河南行省參知政事你咱馬丁坐殘忍免官。丁卯，增置侍儀司通事舍人六員，侍儀舍人四員。己巳，遣燕鐵木兒巡邊。

十一月辛未，熒惑犯進賢。(己)〔乙〕亥，〔一六〕幸大護國仁王寺。丙子，太陰犯虛梁。戊寅，御大明殿，羣臣上尊號曰繼天體道敬文仁武大昭孝皇帝。是夜，辰星犯房。己卯，以受尊號詔天下，拜住請釋囚，不允。庚辰，益壽安山寺役卒三千人。辛巳，命御史大夫鐵失領左、右阿速衞。丙戌，太陰犯井。丁亥，以教官待選者借注廣海巡檢。己丑，太陰犯酒旗，又犯軒轅。庚寅，拜住等言：「受尊號，宜謝太廟，行一獻禮。世祖亦嘗議行，武宗則躬行謝禮。」詔曰：「朕當親謝。」命太史卜日，樞密選兵肄鹵簿。辛卯，太陰犯明堂。癸巳，以營田提舉司徵酒稅擾民，命有司兼榷之。甲午，以遼陽行省管內山場隸中政院。丙申，敕立故丞相安童碑于保定新城。戊戌，鞏昌成州饑，發義倉賑之。己亥，太白犯西咸。

十二月庚子〔朔〕，給蒙古子女冬衣。辛丑，立亦啓烈氏爲皇后，遣攝太尉、中書右丞相鐵木迭兒持節授玉冊、玉寶。癸卯，以立后詔天下。慶遠路饑，眞定路疫，並賑之。甲辰，熒惑犯亢。戊申，躬謝太廟。庚戌，太陰犯昴。作太廟正殿。甲寅，疏玉泉河。車駕幸西僧灌頂寺。己未，封唆南藏卜爲白蘭王，賜金印。眞定、保定、大名、順德等路水，民饑，禁釀酒。以金虎符頒各行省平章政事。辛酉，熒惑入氐。甲子，置田糧提舉司，掌薊、景二州田賦，以給衞士貧乏者，秩從五品。命帝師公哥羅古羅思監藏班藏卜詣西番受具足戒，賜金千三百五十兩、銀四千五十兩、幣帛萬匹、鈔五十萬貫。以諸王怯伯使者數入朝，發兵守北口及盧溝橋。河間路饑，賑之。復以馬家奴爲司徒。乙丑，置中瑞司。冶銅五十萬斤作壽安山寺佛像。寧海州蝗。歸德、遼陽、通州等處水。

校勘記

〔一〕壬(午)〔子〕　按是月辛亥朔，無壬午日。此「壬午」在丁巳初七日前，爲壬子初二日之誤，今改。類編已校。

〔二〕辛(丑)〔酉〕　按是月辛亥朔，無辛丑日。本書卷四八天文志作「辛酉」十一日，據改。類編已校。

〔三〕白雲宗〔總〕攝沈明仁　據本書卷二六仁宗紀延祐四年六月癸亥條補。道光本已校。

〔四〕大同雲內豐勝諸郡縣饑　按本書卷五八地理志，大同路領有雲內、豐、東勝諸州，隋唐時有勝州，遼又置東勝州，金、元沿之。此處疑「勝」上脫「東」字。

〔五〕欽察〔台〕　據下文至治二年十二月庚辰條、至治三年七月辛卯條補。

〔六〕(己)〔乙〕巳　按是月戊寅朔，無己巳日。此「己巳」在癸卯二十六日後，爲乙巳二十八日之誤，今改。新元史已校。

〔七〕也(先)〔兒〕吉尼　據上文延祐七年三月丙申條改。按也兒吉尼一名本書多見。蒙史已校。

〔八〕脫思馬部　按脫思馬在今青海，非部族、部落名。本書卷六〇地理志有「脫思麻路」，卷九一百官志有「脫思馬田地」。疑「部」當作「路」。

〔九〕常澧州洞蠻貞公　按元文類卷四一經世大典序錄招捕，貞公慈利州人，州屬澧州路。此處「常」字疑衍。

〔一〇〕土蕃宣慰(司)〔使〕都元帥　按本書卷八七百官志，土蕃宣慰司都元帥府，其長爲「宣慰使都元帥」。本書卷一七世祖紀至元二十九年二月庚寅、卷二三武宗紀至大二年九月己亥條均作「宣尉使都元帥」，據改。

〔一一〕忽都魯都兒〔迷失〕　據上文仁宗紀延祐四年四月乙丑條補。忽都魯都兒迷失之名，本書屢見。

〔一二〕大(成)〔城〕　據本書卷五八地理志改。續通鑑已校。

〔一三〕召高麗王王(章)〔璋〕赴上都　見卷二二校勘記〔一六〕。又按高麗史卷三四忠宣王世家、卷三五忠肅王世家，王璋此時已流放土番，元廷所召者爲王燾。蒙史改「章」爲「燾」，是。

〔一四〕寶定路　按元代無「寶定路」，疑爲「保定路」之誤。

〔一五〕甲(午)〔辰〕　本書卷四八天文志作「甲辰，太白經天」，據改。按是月辛丑朔，無甲午日。道光本已校。

〔一六〕(己)〔乙〕亥　按是月庚午朔，己亥爲三十日。此「己亥」在辛未初二日、丙子初七日間，爲乙亥初六日之誤，今改。類編已校。

元史卷二十八

本紀第二十八

英宗二

二年春正月己巳朔，安南、占城各遣使來貢方物。壬申，〔一〕保定雄州饑，賑之。庚午，廣太廟。甲戌，禁漢人執兵器出獵及習武藝。丁丑，太陰犯昴。親祀太廟，始陳鹵簿，賜導駕耆老幣帛。戊寅，敕有司存卹孔氏子孫貧乏者。己卯，山東、保定、河南、汴梁、歸德、襄陽、汝寧等處饑，發米三十九萬五千石賑之。庚辰，太白犯建星。公主阿剌忒納八剌下嫁，賜鈔五十萬貫。辛巳，太白犯建星。敕：「臺憲用人，勿拘資格。」儀封縣河溢傷稼，賑之。癸未，流徽政院使羅源于耽羅。建行殿于柳林。封塔察兒爲薊國公。辛卯，太陰犯心。癸巳，以西僧羅藏爲司徒。灤州饑，糶米十萬石賑之。甲午，熒惑犯房。丁酉，太白犯牛。

二月己亥朔，熒惑犯建閉星。庚子，置左、右欽察衞親軍都指揮使司，命拜住總之。罷

上都歇山殿及帝師寺役。辛丑，賜鐵失父祖碑。癸卯，以江南行臺御史大夫欽察爲中書平章政事，江浙行省參政王居仁爲中書參知政事，薛處敬罷爲河南行省左丞。丙午，熒惑犯罰星。戊申，祭社稷。順德路九縣水旱，賑之。太陰犯井。庚戌，熒惑犯東咸。辛亥，太陰犯酒旗及軒轅。壬子，太白犯壘壁陣。賜諸王案忒不花鈔七萬五千貫。以徹兀台禿忽魯死事，賜鈔三萬五千貫。諸王怯伯遣使進文豹。河間路饑，禁醸酒。癸丑，太陰犯明堂。甲寅，以太廟役軍造流盃池行殿。廣海郡邑官曠員，敕願往任者，陞秩二等。乙卯，以遼陽行省平章政事買驢爲中書平章政事。西僧亦思剌蠻展普疾，詔爲釋大辟囚一人、笞罪二十人。戊午，賑眞定等路饑。己未，太陰犯天江。括馬賜宗仁衞。壬戌，太白犯壘壁陣。諸王怯伯遣使進海東青鶻。癸亥，遼陽等路饑，免其租，仍賑糧一月。甲子，恩州水，民饑、疫，賑之。

三月己巳，中書省臣言：「國學廢弛，請令中書平章政事廉恂、參議中書事張養浩、都事孛朮魯翀董之。外郡學校，仍命御史臺、翰林院、國子監同議興舉。」從之。敕四宿衞、興聖宮及諸王部勿用南人。斡羅思告訐父母，斬之。辛未，禁捕天鵝，違者籍其家。壬申，復張珪司徒。臨安路河西諸縣饑，賑之。癸酉，河南兩淮諸郡饑，禁醸酒。丙子，延安路饑，賑糧一月。罷京師諸營繕役卒四萬餘人。河間、河南、陝西十二郡春旱秋霖，民饑，免其租之

半。戊寅，修都城。庚辰，敕：「江浙僧寺田，除宋故有永業及世祖所賜者，餘悉稅之。」癸未，賑遼陽女直、漢軍等戶饑。乙酉，賑濮州水災。丙戌，以親祀禮成，賜與祭者幣。普減內外官吏一資。萬戶哈剌那海以私粟賑軍，賜銀、幣，仍酬其直。給行通政院印。賜潛邸四宿衞士鈔有差。復置市舶提舉司於泉州、慶元、廣東三路，禁子女、金銀、絲綿下番。丁亥，鳳翔道士王道明妖言伏誅。己丑，有暈貫日如連環。賜諸王斡羅溫孫銀印。命有司建木華黎祠於東平，仍樹碑。以國用匱竭，停諸王賞賚及皇后答里麻失〔里〕等歲賜。〔二〕庚寅，曹州、滑州饑，賑之。命將作院更製冕旒。辛卯，遣御史錄囚。置甘州八剌哈孫驛。監察御史何守謙坐贓杖免。壬辰，賑上都十一驛。給宗仁衞蒙古子女衣糧。賜諸王脫烈鐵木兒鈔五萬貫。甲午，遼陽哈里賓民饑，賑之。丁酉，幸柳林。駙馬許訥之子速怯訴曰：「臣父謀叛，臣母私從人。」帝曰：「人子事親，有隱無犯。今有過不諫，乃復告訐。」命誅之。賑奉元路饑。

夏四月戊戌朔，車駕幸上都。己亥，嶺北蒙古軍饑，給糧遣還所部。庚子，賑彰德路饑。壬寅，眞州火，徽州饑，並賑之。辛亥，涇州雨雹，免被災者租。壬子，公主失憐答里薨，賜鈔五萬貫。甲寅，南陽府西穰等屯風、雹，洪澤、芍陂屯田去年旱、蝗，並免其租。丙辰，恩州饑，禁釀酒。乙丑，中書省臣請節賞賚以紓民力，帝曰：「朕思所出倍於所入，出納

之際，卿輩宜慎之，朕當撙節其用。」丙寅，賜邊卒鈔、帛。賑東昌、霸州饑民。松江府上海縣水，仍旱。

五月己巳，以公主速哥八剌爲趙國大長公主。免德安府被災民租。修滹沱河堤。彰德府饑，禁釀酒。庚午，泰符、〔三〕臨邑二縣民謀逆，其首王驢兒伏誅，餘杖流之。睢、許二州去年水旱，免其租。辛未，駙馬脫脫薨，賜鈔五萬貫。丙子，熒惑退犯東咸。庚辰，賑固安州饑。置營於永平，收養蒙古子女，遣使諭四方，匿者罪之。癸未，以御史大夫脫脫爲江南行臺御史大夫。置宗仁蒙古侍衞親軍都指揮使司。甲申，車駕幸五臺山。賑夏津、永清二縣饑。以只兒哈郎爲御史大夫。乙酉，以拜住領宗仁蒙古侍衞親軍都指揮使司事，佩三珠虎符。京師饑，發粟二十萬石賑（糴）〔糶〕。〔四〕雲南行省平章答失鐵木兒、朶兒只坐贓杖免。戊子，禁民集衆祈神。庚寅，河南、陝西、河間、保定、彰德等路饑，發粟賑之，仍免常賦之半。調各衞漢軍二千，充宗仁衞屯田卒。禜星于五臺山。甲午，賑鞏昌階州饑。丙申，以吳全節爲玄教大宗師，特進上卿。

閏月戊戌，封諸葛忠武侯爲威烈忠武顯靈仁濟王。辛丑，萬戶李英以良民爲奴，擅文其面，坐罪。癸卯，禁白蓮佛事。睢陽縣亳社屯大水，饑，賑之。諸王阿馬、承童坐擅徙脫列捏王衞士，並杖流海南。甲辰，御史臺臣請黜監察御史不稱職者以示懲勸，從之。丙午，

嶺北戍卒貧乏，賜鈔三千二百五十萬貫、帛五十萬匹。戊申，奉元路鄜縣及成州饑，並賑之。以鐵木迭兒子同知樞密院事班丹知樞密院事。己酉，也不干八禿兒戍邊有功，賜以金、鈔。壬子，作紫檀殿。乙卯，以淮安路去歲大水，遼陽路隕霜殺禾，南康路旱，並免其租。壬戌，安豐屬縣霖雨傷稼，免其租。興元褒城縣饑，賑之。甲子，眞定、山東諸路饑，弛其河泊之禁。丙寅，辰州沅陵縣洞蠻爲寇，遣兵捕之。敕：「已除不赴任者，奪其官。」封公主速哥八剌乳母爲順國夫人。

六月丁卯朔，車駕至五臺山，禁扈從宿衞，毋踐民禾。置中慶、大理二路推官各一員。戊辰，揚州屬縣旱，免其租。己巳，廣元路綿谷、昭化二縣饑，官市米賑之。壬申，熒惑犯心。癸酉，中禁日者妄談天象。甲戌，新平、上蔡二縣水，免其租。丙子，修渾河堤。壬午，辰州江水溢，壞民廬舍。丁亥，奉元屬縣水，淮安屬縣旱，並免其租。庚寅，思州風、雹，建德路水，皆賑之。

秋七月戊戌，淮安路水，民饑，免其租。己亥，熒惑犯天江。丁未，賜拜住平江田萬畝。壬子，遣親王闊闊禿總兵北邊，賜金二百五十兩、銀二千五百兩、鈔五十萬貫。戊午，太陰犯井宿（越）〔鉞〕星。〔五〕車駕次應州，曲赦金城縣囚徒。庚申，陞靖州爲路。辛酉，次（澤）〔渾〕源州。〔六〕中書左丞張思明坐罪杖免，籍其家。甲子，錄京師諸役軍匠病者千人，各賜

鈔遣還。南康路大水，廬州六安縣大雨，水暴至，平地深數尺，民饑，命有司賑糧一月。

八月戊辰，祭社稷。己巳，道州寧遠縣民符翼軫作亂，有司討擒之。壬申，蔚州民獻嘉禾。甲戌，次奉聖州。築宗仁衞營。給廬州流民復業者行糧。戊寅，詔畫蠶麥圖於鹿頂殿壁，以時觀之，可知民事也。己卯，廬州路六安、舒城縣水，賑之。庚辰，增壽安山寺役卒七千人。庚寅，鐵木迭兒卒，命給直市其葬地。甲午，瑞州高安縣饑，命有司賑之。

九月戊戌，大寧路、水達達等驛水傷稼，賑之。給蒙古子女貧乏者鈔七百五十萬貫。戊申，給壽安山造寺役軍匠死者鈔，人百五十貫。庚戌，申禁江南典雇妻妾。辛亥，幸壽安山寺，賜監役官鈔，人五千貫。甲寅，賑淮東泰興等縣饑。丙辰，太皇太后崩。戊午，賜蒙古子女鈔百五十萬貫。己未，太陰犯明堂。庚申，敕停今年冬祀南郊。癸亥，地震。甲子，臨安河西縣春夏不雨，種不入土，居民流散，命有司賑給，令復業。作層樓於涿州鹿頂殿西。丙寅，〔七〕西僧班吉疾，賜鈔五萬貫。

冬十月丁卯，太史院請禁明年興作土功，從之。戊辰，享太廟，以國哀迎香去樂，修廟工役未畢，妨陳宮懸，止用登歌。丙子，押濟思國遣使來貢方物。江南行臺大夫脫脫，坐請告未得旨輒去職，杖謫雲南。庚辰至辛巳，太陰犯井。甲申，建太祖神御殿于興教寺。己丑，熒惑犯壘壁陣。以拜住爲中書右丞相。南恩州賊潭庚生等降。

十一月甲午朔，日有食之。己亥，以立右丞相詔天下。流民復業者，免差稅三年。站戶貧乏鬻賣妻子者，官贖還之。凡差役造作，先科商賈末技富實之家，以優農力。免陝西明年差稅十之三，各處官佃田明年租十之二，江淮創科包銀全免之。御史李端言：「近者京師地震，日月薄蝕，皆臣下失職所致。」帝自責曰：「是朕思慮不及致然。」因敕羣臣亦當修飭，以謹天戒。罷世祖以後冗置官。括江南僧有妻者爲民。安南國遣使來貢方物，回賜金四百五十兩、金幣九，帛如之。癸卯，地震。甲辰，太白犯壘壁陣。罷徽政院。乙巳，熒惑犯壘壁陣。丙午，造龍船三艘。戊申，太陰掩井。岷州旱、疫，賑之。賜戍北邊萬戶、千戶等官金帶。御史李端言：「朝廷雖設起居注，所錄皆臣下聞奏事目。上之言動，宜悉書之，以付史館。世祖以來所定制度，宜著爲令，使吏不得爲奸，治獄者有所遵守。」並從之。乙卯，遣西僧高主瓦迎帝師。宣德府宣德縣地屢震，賑被災者糧、鈔。己未，太陰犯東咸。定脫脫禾孫入流官選，給印與俸。置八番軍民安撫司，改長官所二十有八爲州縣。庚申，太陰犯天江。辛酉，熒惑犯歲星。眞人蔡(遁)〔道〕泰殺人，〔八〕伏誅；刑部尙書不答失里坐受其金，范德郁坐詭隨，並杖免。平江路水，損官民田四萬九千六百三十頃，免其租。

十二月甲子朔，南康建昌州大水，山崩，死者四十七人，民饑，命賑之。(己)〔乙〕丑，〔九〕太白、歲星、熒惑三星聚于室，太白犯壘壁陣。丁卯，中書平章政事買驢罷爲大司農，廉恂罷爲集賢大學士，以集賢大學士張珪爲中書平章政事。戊辰，以掌道教張嗣成、吳全節、藍道元各三授制命、銀印，敕奪其二。壬申，免回回人戶屯戍河西者銀稅。甲戌，兩江來安路總管岑世興作亂，遣兵討之。鐵木迭兒子宣政院使八思吉思，坐受劉夔冒獻田地伏誅，仍籍其家。乙亥，太陰掩井。丙寅，〔一〇〕增鎭南王脫不花戍兵。戊寅，太白犯歲星。庚辰，葛蠻安撫司副使龍仁貴作亂，湖廣行省督兵捕之。以知樞密院事欽察台爲宣政院使，參知政事速速爲中書左丞，宗仁侍衞親軍都指揮使馬剌爲參知政事。癸未，紹興路柔遠州洞蠻把者爲寇，〔一一〕遣兵捕之。以御史大夫只兒哈郎知樞密院事。封闊闊禿爲武寧王，授金印。以地震日食，命中書省、樞密院、御史臺、翰林、集賢院，集議國家利害之事以聞。敕兩都營繕仍舊，餘如所議。弛河南、陝西等處酒禁。禁近侍奏取沒入錢物。乙酉，杭州火，賑之。丙戌，定謚太皇太后曰昭獻元聖，遣太常禮儀院使朶台以謚議告于太廟。陞寧昌府爲下路，增置一縣。併雲南西沙縣入寧州。賜淮安忠武王伯顏祠祭田二十頃。己丑，熒惑犯外屛。太陰犯建星。辛卯，給蒙古流民糧、鈔，遣還本部。張珪足疾免朝賀。西僧灌頂疾，請釋囚，帝曰：「釋囚祈福，豈爲師惜。朕思惡人屢赦，反害善良，何福之有。」宣徽院臣言：「世祖時晃吉剌歲輸尙食羊二千，成宗時增爲三千，今請增五千。」帝不許，曰：「天下之民，皆朕所有，如有不足，朕當濟之。若加重賦，百姓必致困窮，國亦何益。」命遵世祖舊制。徽

州、廬州、濟南、眞定、河間、大名、歸德、汝寧、鞏昌諸處及河南芍陂屯田水，大同、衞輝、江陵屬縣及豐贍署大惠屯風，河南及雲南烏蒙等處屯田旱，汴梁、順德、河間、保定、慶元、濟寧、濮州、益都諸屬縣及諸衞屯田蝗。

三年春正月癸巳朔，暹國及八番洞蠻酋長，各遣使來貢。曹州禹城縣去秋霖雨害稼，縣人邢著、程進出粟以賑饑民，命有司旌其門。乙未，享太廟。己亥，思明州盜起，湖廣行省督兵捕之。庚子，刑部尙書烏馬兒坐贓杖免。壬寅，命太僕寺增給牝馬百匹，供世祖、仁宗御容殿祭祀馬湩。和林阿蘭禿等驛戶貧乏，給鈔賑之。以行中書省平章政事復兼總軍政，軍官有罪，重者以聞，輕者就決。罷上都、雲州、興和、宣德、蔚州、奉聖州及鷄鳴山、房山、黃蘆、三叉諸金銀冶，聽民採鍊，以十分之三輸官。授前樞密院副使吳元珪、王約集賢大學士，翰林侍講學士韓從益昭文館大學士，並商議中書省事。拜住言：「前集賢侍講學士趙居信、直學士吳澄，皆有德老儒，請徵用之。」帝喜曰：「卿言適副朕心，更當搜訪山林隱逸之士。」遂以居信爲翰林學士承旨，澄爲學士。增置上都留守司判官二員，以漢人爲之，專掌刑名。置仁宗中宮位提舉司二，秩正五品，隸承徽寺。太陰犯鉞星，又犯井。癸卯，太陰犯井。甲辰，鎭西武寧王部饑，〔一二〕賑之。遣諸王忽剌出往鎭雲南，賜鈔萬五千貫。辛亥，中命鐵失振舉臺綱。壬子，建諸王驛於京師。遣回回砲手萬戶赴汝寧、新蔡，遵世祖舊制，教習砲法。靜江、邕、柳諸郡獠爲寇，命湖廣行省督兵捕之。甲寅，以宗仁衞蒙古子女額足萬戶，命罷收之。乙卯，征東末吉地兀者戶，以貂鼠、水獺、海狗皮來獻，詔存卹三歲。丙辰，泉州民留應總作亂，命江浙行省遣兵捕之。丁巳，定封贈官等秩。辛酉，禁故殺子孫誣平民者。增置兵部尙書一員。四川行省平章政事趙世延，爲其弟訟不法事，繫獄待對，其弟逃去，詔出之。仍著爲令：逃者百日不出，則釋待對者。命樞密副使完顏納丹、侍御史曹伯啓、也可扎魯忽赤不顏、集賢學士欽察、翰林直學士曹元用，聽讀仁宗時纂集累朝格例。敕：「常調官外不次銓用者，但陞以職，勿陞其階。」

二月癸亥朔，作上都華嚴寺、八思巴帝師寺及拜住第，役軍六千二百人。定軍官襲職，嫡長子孫幼者，令諸兄弟姪攝之，所受制敕書權襲，以息爭訟。是夜，熒惑、太白、塡星三星聚于胃。丙寅，翰林國史院進仁宗實錄。遣敎化等往西番撫初附之民，徵畜牧，治郵傳。戊辰，祭社稷。天壽節，賓丹、爪哇等國遣使來貢。己巳，修(廣)〔通〕惠河牐十有九所。〔一三〕治野狐、桑乾道。癸酉，畋于柳林，顧謂拜住曰：「近者地道失寧，風雨不時，豈朕纂承大寶行事有闕歟？」對曰：「地震自古有之，陛下自責固宜，良由臣等失職，不能燮理。」帝曰：「朕在位三載，於兆姓萬物，豈無乖戾之事。卿等宜與百官議，有便民利物者，朕卽行之。」置鎭遠

王也不于王傅官屬。罷播州黃平府長官所一，徙其民隸黃平。是夜，太白犯昴。辛巳，造五輅。司徒劉夔、同僉宣政院事囊加台，坐妄獻地土、冒取官錢，伏誅。格例成定，凡二千五百三十九條，內斷例七百一十七、條格千一百五十一、詔赦九十四、令類五百七十七，名曰大元通制，頒行天下。是夜，太陰犯東咸。癸未，賑北邊軍鈔二十五萬錠、糧二萬石。命宣徽院選蒙古子男四百入宿衞。罷徽政院總管府三：都總管府隸有司，怯憐口及人匠總管府隸陝西行中書省。降開成路爲州。丙戌，雨土。京師饑，發粟二萬石賑糶。造五輅旗。丁亥，敕金書藏經二部，命拜住等總之。戊(午)〔子〕，〔一四〕封鷹師不花爲趙國公。辛卯，以太子賓客伯都廉貧，賜鈔十萬貫。諸王月思別遣使來朝。罷稱海宣慰司及萬戶府，改立屯田總管府。諸王怯伯遣使貢蒲萄酒。海漕糧至直沽，遣使祀海神天妃。

三月壬辰朔，車駕幸上都。賜諸王喃答失(言)鈔二百五十萬貫，〔一五〕復給諸王脫歡歲賜。丁酉，平江路嘉定州饑，發粟六萬石賑之。戊戌，安豐芍陂屯田女直戶饑，賑糧一月。庚子，崇明(諸)州饑，發米萬八千三百石賑之。甲辰，台州路黃巖州饑，〔一六〕賑糧兩月。丁未，西番參卜郎諸族叛，敕鎮西武靖王搠思班等發兵討之。戊申，祔太皇太后于順宗廟室，遣攝太尉、中書右丞相拜住奉玉册、玉寶上尊謚曰昭獻元聖皇后。辛亥，以圓明、王道明之亂，禁僧、道度牒、符籙。丙辰，敕：「醫、卜、匠官，居喪不得去職，七十不聽致仕，子孫無廕

敍，能紹其業者，量材錄用。」監察御史拜住、教化，坐舉八思吉思失當，並黜免。諸王火魯灰部軍驛戶饑，賑之。

夏四月壬戌朔，敕天下諸司命僧誦經十萬部。丙寅，察罕腦兒蒙古軍驛戶饑，賑之。丁卯，旌內黃縣節婦王氏。己巳，浚金水河。甲戌，命張珪及右司員外郎王士熙勉勵國子監學。敕都功德使闊兒魯至京師。釋囚大辟三十一人，杖五十七以上者六十九人。放籠禽十萬，令有司償其直。己卯，詔行助役法，遣使考視稅籍高下，出田若干畝，使應役之人更掌之，收其歲入以助役費，官不得與。北邊軍饑，賑之。蒙古大千戶部，比歲風雪斃畜牧，賑鈔二百萬貫。敕京師萬安、慶壽、聖安、普慶四寺，揚子江金山寺、五臺萬聖祐國寺，作水陸佛事七晝夜。丁亥，故羅羅斯宣慰使述古妻漂末權領司事，遣其子娑住邦來獻方物。戊子，南豐州民及鞏昌蒙古軍饑，賑之。

五月辛卯〔朔〕，設大理路白鹽城榷稅官，秩正七品；中慶路榷稅官，秩從七品。置安慶灊山縣、雲南寧遠州。戊戌，太白經天。庚子，大風，雨雹，拔柳林行宮內外大木二千七百。辛丑，以鐵失獨署御史大夫事。壬寅，雲南行省平章政事忽辛坐贓杖免。詔中外開言路。置慶元路嶧山縣，〔一七〕增尉一員。徙安塞縣於龍安驛。癸卯，太陰犯房。乙巳，嶺北米貴，禁釀酒。戊申，監察御史蓋繼元、宋翼言：「鐵木迭兒奸險貪污，請毀所立碑。」從之，仍追奪

官爵及封贈制書。帝御大安閣，見太祖、世祖遺衣皆以縑素木綿爲之，重加補綴，嗟歎良久，謂侍臣曰：「祖宗創業艱難，服用節儉乃如此，朕焉敢頃刻忘之！」太白犯畢。癸丑，荆湖宣慰使脫列受賂，事覺，召至京師，御史臺臣請遣就鞫，不允。乙卯，賜勳舊子撒兒蠻、按灰鐵木兒、也先鐵木兒鈔，人萬五千貫。以鈔千萬貫，市羊馬給嶺北戍卒，人驛馬二、牝馬二、羊十五。禁驛戶，無質賣官地。丙辰，東安州水，壞民田千五百六十頃。戊午，眞定路武邑縣雨水害稼。奉元行宮正殿災。上都利用監庫火，帝令衞士撲滅之。因語羣臣曰：「世皇始建宮室，于今安焉。朕嗣登大寶，而值此燬，此朕不能圖治之故也。」欽察衞兵戍邊，有卒累功，請賞以官，帝曰：「名爵豈賞人之物。」命賜鈔三千貫。大名路魏縣霖雨。大同路鴈門屯田旱損麥。諸衞屯田及永淸縣水。保定路歸信縣蝗。

六月，寇圍寧都，州民孫正臣出糧餉軍，旌其門。丁卯，西番參卜郎諸寇未平，遣徽政使醜驢往督師。〔一八〕戊辰，毀鐵木迭兒父祖碑，追收元受制書，告諭中外。贈乳母忽禿台定襄郡夫人，其夫阿來追封定襄王，謚忠愍。壬申，將作院使哈撒兒不花坐罔上營利，杖流東裔，籍其家。留守司以雨請修都城，有旨：「今歲不宜大興土功，其略完之。」癸酉，置太廟夾室。贈燕赤吉台太赤爲襄安王。諸王別思鐵木兒統兵北部，別頒歲賜。太常請纂修累朝儀禮，從之。癸未，塡星犯畢。乙酉，易、安、滄、莫、霸、祁諸州及諸衞屯田水，壞田六千餘

頃。諸王怯伯數寇邊，至是遣使來降，帝曰：「朕非欲彼土地人民，但吾民不罹邊患，軍士免於勞役，斯幸矣。今旣來降，當厚其賜以安之。」

秋七月辛卯朔，宣政使欽察台自傳旨署事，中書以體制非宜，請通行禁止，從之。壬辰，占城國王遣其弟保佑八剌遮奉表來貢方物。眞定路驛戶饑，賑糧二千四百石。癸卯，太廟成。班丹坐贓杖免。賜剌禿屯田貧民鈔四十六萬八千貫市牛具。〔一九〕甲辰，諸王帖木兒還自雲南，入宿衞，賜鈔二萬五千貫。乙巳，招諭左右兩江黃勝許、岑世興。己酉，封諸王忽都鐵木兒爲威遠王，授金印。減海道歲運糧二十萬石，併免江淮增科糧。甲寅，買馬行宮，駕車六百五十匹。丙辰，永寧王卜〔顏〕鐵木兒爲不法，〔二〇〕命宗正府及近侍雜治其傅。籍鐵木迭兒家資。諸王徹徹禿入朝請印，帝以其政績未著，不允，賜鈔二十五萬貫。御史臺請降旨開言路，帝曰：「言路何嘗不開，但卿等選人未當爾。」潞州雨，水害屯田稼。眞定州諸路屬縣蝗。〔二一〕冀寧、興和、大同三路屬縣隕霜。東路蒙古萬戶府饑，賑糧兩月。

八月癸亥，車駕南還，駐蹕南坡。是夕，御史大夫鐵失、知樞密院事也先帖木兒、大司農失禿兒、前平章政事赤斤鐵木兒、前雲南行省平章政事完者、鐵木迭兒子前治書侍御史鎖南、鐵失弟宣徽使鎖南、典瑞院使脫火赤、樞密院副使阿散、僉書樞密院事章台、衞士禿滿及諸王按梯不花、孛羅、月魯(不花)〔鐵木兒〕、〔二二〕曲呂不花、兀魯思不花等謀逆，以鐵失

所領阿速衞兵爲外應，鐵失、赤斤鐵木兒殺丞相拜住，遂弒帝於行幄。年二十一，從葬諸帝陵。泰定元年二月，上尊謚曰睿聖文孝皇帝，廟號英宗。四月，上國語廟號曰格堅。

英宗性剛明，嘗以地震減膳、徹樂、避正殿，有近臣稱觴以賀，問：「何爲賀？朕方修德不暇，汝爲大臣，不能匡輔，反爲諂耶？」斥出之。拜住進曰：「地震乃臣等失職，宜求賢以代。」曰：「毋多遜，此朕之過也。」嘗戒羣臣曰：「卿等居高位，食厚祿，當勉力圖報。苟或貧乏，朕不惜賜汝；若爲不法，則必刑無赦。」八思吉思下獄，謂左右曰：「法者，祖宗所制，非朕所得私。八思吉思雖事朕日久，今其有罪，當論如法。」嘗御鹿頂殿，謂拜住曰：「朕以幼冲，嗣承大業，錦衣玉食，何求不得。惟我祖宗櫛風沐雨，戡定萬方，曾有此樂邪？卿元勳之裔，當體朕至懷，毋忝爾祖。」拜住頓首對曰：「創業惟艱，守成不易，陛下睿思及此，億兆之福也。」又謂大臣曰：「中書選人署事未旬日，御史臺卽改除之。臺除者，中書亦然。今山林之下，遺逸良多，卿等不能盡心求訪，惟以親戚故舊更相引用耶？」其明斷如此。然以果於刑戮，奸黨畏誅，遂搆大變云。

校勘記

〔一〕壬申　按是月己巳朔，壬申爲初四日，應在庚午初二日後、甲戌初六日前。

〔二〕皇后答里麻失〔里〕　蒙史云：「答里麻失里，仁宗次后，見后妃舊表。舊紀稱皇后答里麻失，晉不備。且不加先朝二字，疑爲英宗后矣。」按梵語「答里麻失里」，意爲「法吉祥」，此脫「里」字，今補。

〔三〕泰符　按元無「泰符」縣，泰安州屬縣有奉符，續通鑑改「泰」爲「奉」，疑是。

〔四〕脤(羅)〔躍〕　從道光本改。

〔五〕太陰犯井宿(越)〔鉞〕星　從北監本改。

〔六〕(澤)〔渾〕源州　據本書卷五八地理志改。本證已校。

〔七〕丙寅　按是月乙未朔，無丙寅日。此「丙寅」在甲子三十日後，疑爲十月之丙寅初二日，應在十月丁卯初三日前。

〔八〕蔡(遏)〔道〕泰　據本書卷一三六拜住傳、卷一七五張珪傳改。蒙史已校。

〔九〕(己)〔乙〕丑　據本書卷四八天文志改。類編已校。

〔一〇〕丙寅　按是月甲子朔，丙寅爲初三日。此「丙寅」在乙亥十二日、戊寅十五日間，疑爲丙子十三日之誤，或應移置丁卯初四日前。

〔一一〕紹興路柔遠州　按本書卷六〇地理志，柔遠州屬四川懷德府，與浙江紹興路無涉。此處書「紹興路」，史文有誤。

〔一二〕鎭西武寧王　按本書卷一一九成宗紀大德元年三月丁丑、卷二九泰定帝紀泰定二年六月、卷三三文宗紀天曆二年二月丁酉、戊戌條有「鎭西武靖王」，與卷一〇七宗室世系表、卷一〇八諸王表符。此處「寧」當作「靖」。道光本已校。

〔一三〕(廣)〔通〕惠河　據本書卷六四河渠志改。蒙史已校。

〔一四〕戊(午)〔子〕　按是月癸亥朔，無戊午日。此「戊午」在丁亥二十五日、辛卯二十九日間，爲戊子二十六日之誤，今改。類編已校。

〔一五〕賜諸王喃答失(言)鈔二百五十萬貫　按上文至治元年四月丙午、本書卷三〇泰定帝紀致和元年六月、卷四三順帝紀至正十四年十一月癸未諸條皆作「喃答失」，據刪。

〔一六〕崇明(諸)州饑至台州路黃巖州饑　按本書卷五〇五行志作「崇明、黃巖二州饑」，此處「諸」字衍，今刪。

〔一七〕置慶元路嶧山縣　按本書卷六二地理志，江浙行省慶元路無「嶧山縣」；卷六三地理志，湖廣行省慶遠路則有宜山縣。疑此處「慶元」爲「慶遠」、「嶧山」爲「宜山」之誤。

〔一八〕遣徽政使醜驢往督師　蒙史改「徽政」爲「宣政」，並注云：「按徽政院罷于至治二年十一月，此時不得復有徽政院。且徽政院所掌者，皇太后位下錢糧選法工役之事；宣政院則掌釋教僧徒及吐蕃之境而隸治之，吐蕃有事，則分院往鎭，如大征伐則會樞府議。今參卜郎之叛，事屬宣政，故

知醜驢是宣政院使，非徽政院使也。」

〔一九〕賜剌禿屯田貧民鈔　按本書卷二九泰定帝紀泰定元年六月庚午條有「置海剌禿屯田總管府」，二年閏正月丁卯條有「置惠遠倉、永需庫於海剌禿總管府」。蒙古語「海剌禿」，意爲「有榆」。此處疑「剌禿」上脫「海」字。

〔二〇〕卜〔顏〕鐵木兒　據本書卷一〇八諸王表補。蒙古語「卜顏鐵木兒」，意爲「福鐵」。

〔二一〕眞定州諸路屬縣蝗　此處文義錯亂，疑當作「眞定路諸州屬縣蝗」。

〔二二〕月魯(不花)〔鐵木兒〕　本證云：「繼培案，張珪、鐵失傳，月魯不花作月魯鐵木兒。泰定帝紀至治三年十二月，流諸王月魯鐵木兒于雲南，按梯不花于海南，曲呂不花于奴兒干，孛羅及兀魯思不花于海島，並坐與鐵失等逆謀，可證此誤。」按本證是，此處「月魯鐵木兒」涉下「曲呂不花」致誤，今改。

元史卷二十九

本紀第二十九

泰定帝一

泰定皇帝，諱也孫鐵木兒，顯宗甘麻剌之長子，裕宗之嫡孫也。初，世祖以第四子那木罕爲北安王，鎮北邊。北安王薨，顯宗以長孫封晉王代之，統領太祖四大斡耳朵及軍馬、達達國土。至元十三年十月二十九日，帝生于晉邸。大德六年，晉王薨，帝襲封，是爲嗣晉王，仍鎮北邊。成宗、武宗、仁宗之立，咸與翊戴之謀，有盟書焉。

王府內史倒剌沙得幸於帝，常偵伺朝廷事機，以其子哈散事丞相拜住，且入宿衞。久之，哈散歸，言御史大夫鐵失與拜住意相忤，欲傾害之。至治三年三月，宣徽使探忒來王邸，爲倒剌沙言：「主上將不容於晉王，汝盍思之。」於是倒剌沙與探忒深相要結。八月二日，晉王獵於禿剌之地，鐵失密遣斡羅思來告曰：「我與哈散、也先鐵木兒、失禿兒謀已定，

事成，推立王爲皇帝。」又命斡羅思以其事告倒剌沙，且言：「汝與馬速忽知之，勿令旭邁傑得聞也。」於是王命囚斡羅思，遣別烈迷失等赴上都，以逆謀告。未至，癸亥，英宗南還，駐蹕南坡。是夕，鐵失等矯殺拜住，英宗遂遇弒于幄殿。

諸王按梯不花及也先鐵木兒奉皇帝璽綬，北迎帝于鎮所。〔九月〕癸巳，〔一〕卽皇帝位於龍居河，大赦天下。詔曰：

薛禪皇帝可憐見嫡孫、裕宗皇帝長子、我仁慈甘麻剌爺爺根底，封授晉王，統領成吉思皇帝四个大斡耳朵，及軍馬、達達國土都付來。〔二〕依著薛禪皇帝聖旨，小心謹愼，但凡軍馬人民的不揀甚麼勾當裏，遵守正道行來的上頭，數年之間，百姓得安業。在後，完澤篤皇帝教我繼承位次，大斡耳朵裏委付了來。已委付了的大營盤看守著，扶立了兩个哥哥曲律皇帝、普顏篤皇帝，姪碩德八剌皇帝。我累朝皇帝根底，不謀異心，不圖位次，依本分與國家出氣力行來；諸王哥哥兄弟每，衆百姓每，也都理會的也者。

今我的姪皇帝生天了也麼道，迤南諸王大臣、軍上的諸王駙馬臣僚、達達百姓每，衆人商量著：大位次不宜久虛，惟我是薛禪皇帝嫡派，裕宗皇帝長孫，大位次裏合坐地的體例有；其餘爭立的哥哥兄弟也無有；這般，晏駕其間，比及整治以來，人心難測，宜安撫百姓，使天下人心得寧，早就這裏卽位提說上頭，從著衆人的心，九月初四日，於成吉思皇帝的大斡耳朵裏，大位次裏坐了也。交衆百姓每心安的上頭，赦書行有。

是日，以知樞密院事淇陽王也先鐵木兒爲中書右丞相，諸王月魯鐵木兒襲封安西王。甲午，以內史倒剌沙爲中書平章政事，乃馬台爲中書右丞，鐵失知樞密院事，馬思忽同知樞密院事，孛羅爲宣徽院使，旭邁傑爲宣政院使。乙未，大理護子羅蠻爲寇。以樞密副使阿散爲御史中丞，內史善僧爲中書左丞。丁酉，以完澤知樞密院事，禿滿同僉樞密院事。戊戌，以撒的迷失知樞密院事，章台同知樞密院事。己亥，敕諭百司：「凡銓授官，遵世祖舊制，惟樞密院、御史臺、宣政院、宣徽院得自奏聞，餘悉由中書。」辛丑，以馬某沙知樞密院事，失禿兒爲大司農。召諸王官屬流徙遠地及還元籍者二十四人還京師。是歲，〔三〕大寧蒙古大千戶部風雪斃畜牧，賑米十五萬石。南康、漳州二路水，淮安、揚州屬縣饑，賑之。

冬十月癸亥，修佛事於大明殿。甲子，遣使至大都，以卽位告天地、宗廟、社稷。誅逆賊也先鐵木兒、完者、鎖南、禿滿等於行在所。以旭邁傑爲中書右丞相，陝西行中書左丞相禿〔忽〕魯、〔四〕通政院使紐澤並爲御史大夫，速速爲御史中丞。遣旭邁傑、紐澤誅逆賊鐵失、失禿兒、赤斤鐵木兒、脫火赤、章台等於大都，並戮其子孫，籍入家產。己巳，太白犯亢。戊辰，召亦都護高昌王鐵木兒補化。壬申，以內史按答出爲太師、知樞密院事。丙子，太白

犯氐。詔百司遵守世祖成憲。癸未，以旭邁傑兼阿速衞達魯花赤。丙戌，以江浙行省平章政事兀伯都剌爲中書平章政事。八番順元及靜江、大理、威楚諸路猺兵爲寇，敕湖廣、雲南二省招諭之。揚州江都縣火，雲南王、西平王二部衞士饑，皆賑之。

十一月己丑朔，熒惑犯亢。車駕次于中都，修佛事於昆剛殿。庚寅，太白犯鉤鈐。丙申，次于祖嬀。乙未，太白犯東咸。辛丑，車駕至大都。壬寅，熒惑犯氐。諸王怯別遣使來朝。丁未，御大明殿，受諸王、百官朝賀。庚戌，詔百司朝夕視事毋怠。辛亥，御史中丞董守庸，坐黨鐵失免官。壬子，敕營繕不急者罷之。癸丑，遣使詣曲阜，以太牢祀孔子。敕會福院奉北安王那木罕像于高良河寺。祭遁甲五福神。甲寅，諸王怯別遣使來朝。乙卯，熒星於司天監。丙辰，御史中丞速速，坐貪淫免官。丁巳，廣州路新會縣民氾長弟作亂，廣東副元帥烏馬兒率兵捕之。雲南開南州大阿哀、阿三木、台龍買六千餘人寇哀卜白鹽井。詔：「凡有罪自首者，原其罪。」袁州路宜春縣、鎮江路丹徒縣饑，賑糶米四萬九千石。沅州黔陽縣饑，芍陂屯田旱，並賑之。

十二月己未，御史臺經歷朶兒只班、御史撒兒塔罕、兀都蠻、郭也先忽都，並坐黨鐵失免官。御史言：「曩者鐵木迭兒專政，誣殺楊朶兒只、蕭拜住、賀伯顏、觀音保、鎖咬兒哈的迷失，黥竄李謙亨、成珪，罷免王毅、高昉、張志弼，天下咸知其冤，請昭雪之。」詔存者召還

錄用，死者贈官有差。授諸王薛徹干以其父故金印。庚申，以宦者剛答里爲中政院使。壬戌，賜潛邸衞士鈔，人六十錠。浚鎭江路漕河及練湖，役丁萬三千五百人。給諸王八剌失里印。戊辰，請皇考、皇妣謚于南郊，皇考晉王曰光聖仁孝皇帝，廟號顯宗，皇妣晉王妃曰宣懿淑聖皇后。己巳，辰星犯（壁壘）〔壘壁〕陣。[五]庚午，以卽位，大賚后妃、諸王、百官，金七百餘錠、銀三萬三千錠，錢及幣帛稱是。遣使祀海神天妃。盜入太廟，竊仁宗及莊懿慈聖皇后金主。辛未，熒惑犯房。壬申，作仁宗主，仍督有司捕盜。禜星于司天監。癸酉，德慶路瀧水縣猺劉寅等降。甲戌，命道士吳全節修醮事。乙亥，征東夷民奉獸皮來附。太常院臣言：「世祖以來，太廟歲惟一享，先帝始復古制，一歲四祭，請裁擇之。」帝曰：「祭祀，盛事也，朕何敢簡其禮。」命仍四祭。監察御史脫脫、趙成慶等言：「鐵木迭兒在先朝，包藏禍心，離間親藩，誅戮大臣，使先帝孤立，卒罹大禍。其子鎖南，親與逆謀，久逭天憲，乞正其罪，以快元元之心。月魯、禿禿哈、速敦皆鐵失之黨，不宜寬宥。」遂並伏誅。丙子，命嶺北守邊諸王徹徹禿，月修佛事，以却寇兵。己卯，命僧作佛事於大內以厭雷。增諸王薛徹干、駙馬哈伯等歲賜金、銀、幣、帛有差。辛巳，熒惑犯東咸。壬午，諸王月思別遣怯烈來朝，賜以金、幣。癸未，廣西右江來安路總管岑世興遣其弟世元入貢。流諸王月魯鐵木兒於雲南，按梯不花于海南，曲呂不花于奴兒干，孛羅及兀魯思不花于海島，並坐與鐵失等逆謀。乙酉，雲南車里于孟爲寇，詔招諭之。諭百司惜名器，各遵世祖定制。丙戌，旭邁傑言：「近也先鐵木兒之變，諸王買奴逃赴潛邸，願效死力，且言不除元兇，則陛下美名不著，天下後世何從而知。上契聖衷，嘗蒙奬諭。今臣等議，宗戚之中，能自拔逆黨，盡忠朝廷者，惟有買奴，請加封賞，以示激勸。」遂以泰寧縣五千戶封買奴爲泰寧王。知樞密院事、大司徒闊徹伯授開府儀同三司。以前太師拜忽商議軍國重事。丁亥，議賞討逆功，賜旭邁傑金十錠、銀三十錠、鈔七千錠，倒剌沙爲中書左丞相，知樞密院事馬某沙、御史大夫紐澤、宣政院使鎖禿並加授光祿大夫，仍賜金、銀、鈔有差。塑馬哈吃剌佛像於延春閣之徽清亭。下詔改元，詔曰：「朕荷天鴻禧，嗣大歷服，側躬圖治，夙夜祇畏，惟祖訓是遵，乃開歲甲子，景運伊始，思與天下更新。稽諸典禮，踰年改元，可以明年爲泰定元年。」免大都、興和差稅三年，八番、思、播、兩廣洞寨差稅一年，江淮創科包銀三年，四川、雲南、甘肅秋糧三分，河南、陝西、遼陽絲鈔三分。除虛增田稅。免斡脫逋錢。賑恤雲南、廣海、八番等處戍軍。求直言。賜高年帛。禁獻山場湖泊之利。定吏員出身者秩止四品。以追尊皇考、皇妣，詔天下。雲南花脚蠻爲寇，詔招諭之。平江嘉定州饑，遼陽答陽失蠻、[六]闊闊部風、雹，並賑之。澧州、歸州饑，賑糶米二萬石。

是歲，夏，諸衞屯田及大都、河間、保定、濟南、濟寧五路屬縣，霖雨傷稼。秋，沂州定襄縣及忠翊侍衞屯田所營田、象食屯田所隕霜殺禾。土番岷州春疫，夏旱。西番寇鞏昌府。

泰定元年春正月乙未，以乃馬台爲平章政事，善僧爲右丞。敕諸王哈剌還本部。召江西行省平章政事也兒吉你赴闕。己亥，以誅逆臣也先鐵木兒等詔天下。辛丑，諸王、大臣請立皇太子。賜諸王徹徹禿金一錠、銀六十錠、幣帛各百匹，塔思不花金一錠、銀四十錠、幣帛二百匹，阿忽鐵木兒等金銀各有差。壬寅，以故丞相拜住子答兒麻失里爲宗仁衞親軍都指揮使，徹里哈爲左右衞阿速親軍都指揮使。命僧諷西番經於光天殿。甲辰，敕譯列聖制詔及大元通制，刊本賜百官。丁未，以稱海屯田萬戶府達魯花赤帖陳假嶺北行中書省參知政事，近侍忽都帖木兒假禮部尙書，使西域諸王不賽因部。戊申，八番生蠻韋光正等及楊、黃五種人，以其戶二萬七千來附，請歲輸布二千五百匹，置長官司以撫之。己酉，命諸王遠徙者悉還其部。召親王圖帖睦爾于瓊州，阿木哥于大同。定怯薛台歲給鈔，人八十錠。甲寅，賜諸王太平、忽剌台、別失帖木兒等金印。敕高麗王還國，仍歸其印。糶米二十萬石，賑京師貧民。丙辰，賜故監察御史觀音保、鎖咬兒哈的迷失妻、子鈔各千錠。賜司徒道住印。敕封解州鹽池神曰靈富公。廣德、信州、岳州、惠州、南恩州民饑，發粟賑之。

二月丁巳朔，作顯宗影堂。己未，修西番佛事於壽安山寺，曰星吉思吃剌，曰闊兒魯弗卜，曰水朶兒麻，曰颯間卜里喃家，經僧四十人，三年乃罷。庚申，監察御史傅巖起、李嘉賓言：「遼王脫脫，乘國有隙，誅屠骨肉，其惡已彰，恐懷疑貳。如令歸藩，譬之縱虎出柙。請廢之，別立近族以襲其位。」不報。甲子，作佛事，命僧百八人及倡優百戲，導帝師游京城。庚午，選守令、推官。舊制，臺憲歲舉守令、推官二人，有罪連坐；至是言其不便，復命中書於常選擇人用之。壬申，請上大行皇帝謚于南郊曰睿聖文孝皇帝，廟號英宗。甲戌，江浙行省左丞趙簡，請開經筵及擇師傅，令太子及諸王大臣子孫受學，遂命平章政事張珪、翰林學士承旨忽都魯都兒迷失、學士吳澄、集賢直學士鄧文原，以帝範、資治通鑑、大學衍義、貞觀政要等書進講，復敕右丞相也先鐵木兒領之。諸王怯別、孛羅各遣使來貢。高昌王亦都護帖木兒補化遣使進蒲萄酒。丁丑，監察御史宋本、趙成慶、李嘉賓言：「盜竊太廟神主，由太常守衞不謹，請罪之。」不報。戊寅，御史李嘉賓劾逆黨左阿速衞指揮使脫帖木兒，罷之。癸未，宣諭也里可溫各如教具戒。加封廣德路祠山神張眞君曰普濟，寧國路廣惠王曰福祐。紹興、慶元、延安、岳州、潮州五路及鎭遠府、河州、集州饑，發粟賑之。

三月丁亥朔，罷徽政院，立詹事院，以太傅朶台、宣徽使禿滿迭兒、桓國公拾得驢、太尉丑驢答剌罕，並爲太子詹事；中書參知政事王居仁爲太子副詹事。以同知宣政院事楊廷玉爲中書參知政事。罷大同路黃華嶺及崇慶屯田。賜壽寧公主金十錠、銀五十錠、鈔二萬錠。乙未，以江西行省平章政事也兒吉你知樞密院事。置定王薛徹干總管府。給蒙古流民糧、鈔，遣還所部，敕擅徙者斬，藏匿者杖之。賜諸王徹徹禿永福縣戶萬三千六百爲食邑，仍置王傅。戊戌，廷試進士，賜八剌、張益等八十四人及第、出身有差；會試下第者，亦賜教官有差。中書省臣請禁橫奏賞賚及踰越奏事者，從之。庚子，欽察罷爲陝西行臺御史大夫。以四川行中書省平章政事囊加台兼宣政院使，往征西番寇參卜郎。癸卯，命中書平章政事乃馬台攝祭南郊，知樞密院事闊徹伯攝祭太廟，以册皇后、皇太子告。丙午，御大明殿，册八八罕氏爲皇后，〔七〕皇子阿（速）〔剌〕吉八爲皇太子。〔八〕己酉，以皇子八的麻亦兒間卜嗣封晉王。泰寧王買奴卒，以其子亦憐眞朶兒赤嗣。遣湘寧王八剌失里出鎭察罕腦兒，罷宣慰司，立王傅府。以知樞密院事也（先）〔兒〕吉你爲雲南行省右丞相。〔九〕召流人還京師。庚戌，月直延民眞只海、阿答罕來獻大珠。監察御史宋本、李嘉賓、傅巖起言：「太尉、司徒、司空，三公之職，濫假僧人，及會福、殊祥二院，並辱名爵，請罷之。」不報。癸丑，諸王不賽因遣使朝貢。臨洮狄道縣，冀寧石州、離石、寧鄉縣旱，饑，賑米兩月。廣西橫州徭寇永淳縣。

夏四月戊午，廉恂罷爲集賢大學士，食其祿終身。賜乳母李氏鈔千錠。賜征參卜郎軍千人鈔四萬七千錠。太尉不花、平章政事卽烈，坐矯制以寡婦古哈强配撒梯，被鞫，詔以世

祖舊臣，原其罪。己未，以珠字詔賜帝師所居撒思加部。庚申，詔整飭御史臺。作昭〔獻元〕聖皇后御容殿於普慶寺。〔一〇〕辛酉，命昌王八剌失里往鎭阿難答昔所居地。親王圖帖睦爾至自潭州，及王禪，皆賜車帳、駝馬。癸亥，以國言上英宗廟號曰格堅皇帝。修佛事於壽昌殿。甲子，車駕幸上都。以諸王寬徹不花、失剌，平章政事兀伯都剌，右丞善僧等居守。以嶺北行中書省左丞潑皮爲中書左丞，江南行臺中丞朶朶爲中書參知政事。馬剌罷爲太史院使。罷衞士四百人還宗仁衞。賜北庭的撒兒兀魯軍羊馬。諸王不賽因遣使來貢。發兵民築渾河堤。丙寅，賜昌王八剌失里牛馬橐駝。稅僧、道邸舍積貨。丁卯，遣諸王捏古伯等還和林。封八剌失里繼母買的爲皇妹昌國大長公主，給銀印。以忽咱某丁爲哈讚忽咱，主西域戶籍。辛未，月食旣。癸酉，以太子詹事禿滿迭兒爲中書平章政事。甲戌，命呪師作佛事厭雷。庚辰，以風烈、月食、地震，手詔戒飭百官。辛巳，太廟新殿成。木憐撒兒蠻部及北邊蒙古戶饑，賑糧、鈔有差。江陵路屬縣饑。雲南中慶、昆明屯田水。

五月丁亥，監察御史董鵬南、劉潛、邊筍、慕完、沙班以災異上言：「平章乃蠻台、宣徽院使帖木兒不花、詹事禿滿答兒，黨附逆徒，身虧臣節，太常守廟不謹，遼王擅殺宗親，不花、卽里矯制亂法，皆蒙寬宥，甚爲失刑，乞定其罪，以銷天變。」不允。己丑，帝諭倒剌沙曰：「朕卽位以來，無一人能執成法爲朕言者。知而不言則不忠，且陷人於罪。繼自今，凡有所知，宜悉以聞，使朕明知法度，斷不敢自縱。非獨朕身，天下一切政務，能守法以行，則衆皆乂安，反是，則天下罹於憂苦。」又曰：「凡事防之於小則易，救之於大則難，爾其以朕言明告于衆，俾知所愼。」壬辰，御史臺臣禿忽魯、紐澤以御史言：「災異屢見，宰相宜避位以應天變，可否仰自聖裁。顧惟臣等爲陛下耳目，有徇私違法者，不能糾察，慢官失守，宜先退避，以授賢能。」帝曰：「御史所言，其失在朕，卿等何必遽爾！」禿忽魯又言：「臣已老病，恐誤大事，乞先退。」於是中書省臣兀伯都剌、張珪、楊廷玉皆抗疏乞罷。丞相旭邁傑、倒剌沙言：「比者災異，陛下以憂天下爲心，反躬自責，謹遵祖宗聖訓，修德愼行，敕臣等各勤乃職，手詔至大都，居守省臣皆引罪自劾。臣等爲左右相，才下識昏，當國大任，無所襄贊，以致災祲，罪在臣等，所當退黜，諸臣何罪。」帝曰：「卿若皆辭避而去，國家大事，朕孰與圖之。宜各相諭，以勉乃職。」戊戌，遷列聖神主于太廟新殿。辛丑，循州徭寇長樂縣。甲辰，赦上都囚笞罪以下者。丙午，太白犯鬼。侍御史高奎上書，請求直言，辨邪正，明賞罰，帝善其言，賜以銀幣。丁未，太白犯鬼積尸氣。己酉，賓州民方二等爲寇，有司捕擒之。癸丑，命司天監禜星。中書平章政事禿滿迭兒、領宣徽使詹事丞回回，請如裕宗故事，擇名儒輔太子，敕中書省臣訪求以聞。袁州火，龍慶、延安、吉安、杭州、大都諸路屬縣水，民饑，賑糧有差。

六月乙卯朔，遣諸王闊闊出鎭畏兀，賜金、銀、鈔千計。戊午，雲南蒙化州高蘭神場寨

主照明羅九等寇威楚。庚申，張珪自大都至，以守臣集議事言：「逆黨未討，奸惡未除，忠憤未雪，冤枉未理，政令不信，賞罰不公，賦役不均，財用不節，請裁擇之。」不允。諸王阿木哥薨，賻鈔千錠。諸王寬徹、亦里吉赤來朝。賜駙馬鐵木兒等部鈔一萬三千錠，北邊戍兵鈔萬六千八十錠。賑蒙古饑民，遣還所部。延安路饑，禁酒。癸亥，作禮拜寺於上都及大同路，給鈔四萬錠。丙寅，遣使招諭參卜郎。遣闊闊出等詣高麗，取女子三十人。廣西左右兩江黃勝許、岑世興乞遣其子弟朝貢，許之。丁卯，大幄殿成，作鎭雷坐靜佛寺。〔一一〕庚午，置海剌禿屯田總管府。辛未，修黑牙蠻答哥佛事於水晶殿。癸酉，帝受佛戒於帝師。己卯，諸王怯別等遣其宗親鐵木兒不花等，奉馴豹、西馬來朝貢。詔：「疏決繫囚，存恤軍士，免天下和買雜役三年，蠲戶差稅一年。百官四品以下，普覃散官一等，三品遞進一階。遠仕瘴地，身故不得歸葬，妻子流落者，有司資給遣還，仍著爲令。」雲南大理路你囊爲寇。大都，眞定晉州、深州，奉元諸路及甘肅河渠營田等處，雨傷稼，賑糧二月。大司農屯田、諸衞屯田，彰德、汴梁等路雨傷稼，順德、大名、河間、東平等二十一郡蝗，晉寧、鞏昌、常德、龍興等處饑，皆發粟賑之。大同渾源河，眞定滹沱河，陝西渭水、黑水，渠州江水皆溢，並漂民廬舍。宣德府、鞏昌路及八番金石番等處雨雹。河間、晉寧、涇州、揚州、壽春等路，湖廣、河南諸屯田皆旱。

秋七月丙戌，思州平茶楊大車、酉陽州冉世昌寇小石耶、凱江等寨，調兵捕之。諸王阿馬薨，賻鈔五千錠。賜雲南王王禪鈔二千錠，諸王阿都赤鈔三千錠。作楠木殿。招諭船領、義寧、靈川等處猺。庚寅，遣使代祀岳瀆。丙申，以諸王薛徹禿襲統其父完者所部，仍給故印。己亥，賑蒙古流民，給鈔二十九萬錠，遣還，仍禁毋擅離所部，違者斬。庚子，諸王伯顏帖木兒出鎮闊連東部，阿剌忒納失里出鎮沙州，各賜鈔三千錠。撒忒迷失率衞士佐太師按塔出行邊，賜鈔千錠。癸卯，罷廣州、福建等處採珠蜑戶爲民，仍免差稅一年。丙午，以畏兀字譯西番經。丁未，禜星于上都司天監。以山東鹽運司判官馬合謨爲吏部尙書，佩虎符，翰林修撰楊宗瑞爲禮部郎中，佩金符，奉卽位詔往諭安南。置長慶寺，以宦者阿亦伯爲寺卿。罷中瑞司。中書省臣言：「東宮衞士，先朝止三千人，今增至萬七千，請命詹事院汰去，仍依舊制。」從之。戊申，以籍入鐵木迭兒及子班丹、觀音奴貲產給還其家。奉元路朝邑縣、曹州楚丘縣、大名路開州濮陽縣河溢，大都路固安州清河溢，順德路任縣沙、(灃)〔澧〕、洺水溢，〔一二〕眞定、廣平、廬州等十一郡雨傷稼，龍慶州雨雹大如雞子，平地深三尺，定州屯河溢，山崩，免河渠營田租。大都、鞏昌、延安、冀寧、龍興等處饑，賑糶有差。廣西慶遠猺酋潘父絹等率衆來降，署爲簿、尉等官有差。加封溫州故平陽侯曰英烈侯。

八月甲寅〔朔〕，徹徹兒、火兒火思之地五千貧乏，〔一三〕賑糧二月。乙卯，敕以刑獄復隸

宗正府，依世祖舊制，刑部勿與。丙辰，享太廟。丁巳，賜諸王八里台、黃頭鈔各千五百錠。禁言赦前事。庚申，市牝馬萬匹取湩酒。賑帖列干、木倫等驛戶糧、鈔有差。辛亥，〔一四〕遣翰林學士承旨斡赤祀太祖、太宗、睿宗御容于普慶寺。賜親王圖帖睦爾鈔三千錠。庚午，作中宮金脊殿。辛未，繪帝師八思巴像十一頒各行省，俾塑祀之。敕武官坐罪制授者以聞，敕授者從行省處決。以金泉舘酒課賜公主壽寧。丁丑，罷浚玉泉山河役。車駕至大都。癸未，敕樞密役軍凡三百人以上奏聞。詔諭雲南大車里、小車里。秦州成紀縣大雨，山崩，水溢，壅土至來谷河成丘阜。汴梁、濟南屬縣雨水傷稼，賑之。延安、冀寧、杭州、潭州等十二郡及諸王哈伯等部饑，賑糧有差。

九月乙酉，封也速不堅爲荆王，賜金印。以宣德府復隸上都留守司。辛卯，罷哈思的結魯思伴卜總統所，更置臨洮總管府。賜潛邸衞士鈔萬錠。丙申，葺太祖神御殿。乙巳，昭獻元聖皇后忌日修佛事飯僧萬(萬)人。〔一五〕敕存恤武衞軍一年。癸丑，以籍入阿散家貲給其子脫列。改邕州爲南寧路。岑世興遣其弟興元來朝貢。〔一六〕奉元路長安縣大雨，灃水溢，延安路洛水溢，濮州舘陶縣及諸衞屯田水，建昌、紹興二路饑，賑糧有差。

冬十月乙卯，秦州成紀縣趙氏婦一產三男。成都嘉穀生一莖九穗。丁巳，監察御史王士元請早諭教太子，帝嘉納之。戊午，享太廟。立壽福總管府，秩正三品，典累朝神御殿祭祀及錢穀事；降大天源延聖寺總管府爲提點所以隸之。庚申，命左、右相日直禁中，有事則赴中書。丙寅，太白犯斗。己巳，太白入斗。太陰犯填星。雲南車里蠻爲寇，遣斡耳朵奉詔招諭之，其酋(塞)〔寒〕賽子尼面雁、〔一七〕搆木子刁零出降。庚午，太白犯斗。壬申，安南國世子陳日爌遣其臣莫節夫等來朝貢。眞州珠金沙河，松江府、吳江州諸河淤塞，詔所在有司傭民丁浚之。丙子，命帝師作佛事於延春閣。丁丑，緬國王子吾者那等爭立，歲貢不入，命雲南行省諭之。徙封雲南王王禪爲梁王，食邑益陽州六萬五千戶，仍以其子帖木兒〔不花〕襲封雲南王。〔一八〕封親王圖帖睦爾爲懷王，食邑(端)〔瑞〕州六萬五千戶，〔一九〕增歲賜幣帛千匹並賜金印。壬午，熒惑犯壘壁陣。肇慶猺黃寶才等降。延安路饑，發義倉粟賑之，仍給鈔四千錠。廣東道及武昌路江夏縣饑，賑糶有差。河南廉訪使買奴，坐多徵公田租免官。以魯國大長公主女適懷王。

〔十一月〕己丑，〔二〇〕命道士修醮事。癸巳，遣兵部員外郎宋本，吏部員外郎鄭立、阿魯灰，工部主事張成，太史院都事費著，分調閩海、兩廣、四川、雲南選。諸王不賽因言其臣出班有功請官之，以出班爲開府儀同三司、翊國公，給銀印、金符。賜諸王散朮台、也速速兒鈔各千五百錠，斡耳朵罕鈔千二百錠，魯賓鈔千五百錠。甲午，禜星于回回司天監。己亥，以朮溫台知樞密院事。辛丑，造金寶蓋，飾以七寶，貯佛舍利。甲辰，作歇山鹿頂樓于上

都。丁未，釋笞四十七以下囚及輕罪流人，給鈔二千錠散與貧者。印明年鈔本至元鈔四十萬錠、中統〔鈔〕十萬錠。〔二一〕己酉，詔免也里可溫、答失蠻差役。庚戌，招諭融州猺般領、大、小木龍等百七十五團。河間路饑，賑糧二月。汴梁、信州、泉州、南安、贛州等路饑，賑糶有差。嘉定路龍(興)〔游〕縣饑，〔二二〕賑糧一月。大都、上都、興和等路十三驛饑，賑鈔八千五百錠。

十二月癸丑朔，以岑世興爲懷遠大將軍，遙授沿邊溪洞軍民安撫使，佩虎符，仍來安路總管，黃勝許爲懷遠大將軍，遙授沿邊溪洞軍民安撫使，佩虎符，致仕，其子志熟襲爲上思州知州。降詔宣諭，仍各賜幣帛二。乙卯，雲南猺阿吾及歪闊爲寇，行省督兵捕之。庚申，同州地震，有聲如雷。癸亥，鹽官州海水溢，屢壞隄障，侵城郭，遣使祀海神，仍與有司視形勢所便，還請疊石爲塘，詔曰：「築塘是重勞吾民也。其增石囤扞禦，庶天其相之。」乙丑，給蒙古子女孳畜。丙寅，命翰林國史院修纂英宗、顯宗實錄。赦：「內外百官凡行朝賀等禮，雨雪免朝服。」庚午，熒惑犯外屏。辛未，新作棕殿成。諸王鎖思的薨，賻鈔五百錠。乙亥，太白經天。曲赦重囚三十八人，以爲三宮祈福。夔路容米洞蠻田先什用等九洞爲寇，四川行省遣使諭降五洞，餘發兵捕之。陝西行省以兵討階州土蕃。察罕腦兒千戶部饑，賑糧一月。延安路雹災，賑糧一月。溫州路樂清縣鹽場水，民饑，發義倉粟賑之。兩浙及江東諸

郡水、旱，壞田六萬四千三百餘頃。

二年春正月丙戌，辰星犯天雞。乙未，以畿甸不登，罷春畋。禁后妃、諸王、駙馬，毋通星術之士，非司天官不得妄言禍福。敕：「御史臺選舉，與中書合議以聞。」中書省臣言：「江南民貧僧富，諸寺觀田土，非宋舊置幷累朝所賜者，請仍舊制與民均役。」從之。以籍八思吉思地賜故監察御史觀音寶、鎖咬兒哈的迷失妻子，各十頃。戊戌，造象輦。參卜郎來降，賜其酋班朮兒銀、鈔、幣、帛。辛丑，懷王圖帖睦爾出居于建康。壬寅，太白犯建星。甲辰，奉安顯宗像于永福寺，給祭田百頃。廣西山獠爲寇，命所在有司捕之。江浙行省平章政事脫歡答剌罕陞爲左丞相。諸王怯別遣使貢方物，賜鈔四萬錠。戊申，以乞剌失思八班藏卜爲土蕃等路宣慰使都元帥，兼管長河西、奔不兒亦思剛、察沙加兒、朶甘思、朶思麻等管軍達魯花赤，與其屬往鎮撫參卜郎。庚戌，詔諭宰臣曰：「向者卓兒罕察苦魯及山後皆地震，內郡大小民饑。朕自卽位以來，惟太祖開創之艱，世祖混一之盛，期與人民共享安樂，常懷祗懼，災沴之至，莫測其由。豈朕思慮有所不及而事或僭差，天故以此示儆？卿等其與諸司集議便民之事，其思自死罪始，議定以聞，朕將肆赦，以詔天下。」肇慶、鞏昌、延安、贛州、南安、英德、新州、梅州等處饑，賑糶有差。

閏月壬子朔，詔赦天下，除江淮創科包銀，免被災地差稅一年。庚申，修野狐嶺、色澤、桑乾嶺道。乙丑，命整治屯田。河南行省左丞姚煒請禁屯田吏蠶食屯戶，及勿務羨增以廢裕民之意，不報。丁卯，中書省臣言：「國用不足，請罷不急之費。」從之。置惠遠倉、永需庫於海剌禿總管府。己巳，修滹沱河堰。壬申，罷永興銀場，聽民採鍊，以十分之二輸官。罷松江都水庸田使司，命州縣正官領之，仍加兼知渠堰事。癸酉，作棕毛殿。丙子，浙西道廉訪司言：「四方代祀之使，蠹公營私，多不誠潔，以是神不歆格，請慎擇之。」山南廉訪使帖木哥請削降鐵失所用驟陞官。戊寅，諸王忽塔梯迷失等來朝，賜金、銀、鈔、幣有差。己卯，河間、眞定、保定、瑞州四路饑，禁釀酒。階州土蕃爲寇，鞏昌總帥府調兵禦之。站八兒監藏叛於兀敦。保定路饑，賑鈔四萬錠、糧萬五千石。雄州歸信諸縣大雨，河溢，被災者萬一千六百五十戶，賑鈔三萬錠。南賓州、棣州等處水，〔三〕民饑，賑糧二萬石，死者給鈔以葬。五花城宿滅禿、抽只干、麻兀三驛饑，賑糧二千石。衡州衡陽縣民饑，瑞州蒙山銀場丁饑，賑粟有差。山東廉訪使許師敬請頒族葬制，禁用陰陽相地邪說。

二月甲申，祭先農。丙戌，頒道經于天下名山宮觀。丁亥，平伐苗酋的娘率其戶十萬來降，土官三百六十人請朝。湖廣行省請汰其衆還部，令的娘等四十六人入覲，從之。己丑，加嗣漢三十九代天師張嗣成太玄輔化體仁應道大眞人。庚寅，熒惑〔辰〕〔歲〕星、塡星聚于畢。〔四〕辛卯，賑安定王朶兒只班部軍糧三月。爪哇國遣其臣昔剌僧迦里也奉表及方物來朝貢。廣西徭潘寶陷柳城縣。丁酉，禁星于回回司天監。己亥，命西僧作燒壇佛事於延華閣。封阿里迷失爲和國公、張珪爲蔡國公，仍知經筵事。以中書右丞善僧爲平章政事，參知政事潑皮爲右丞。御史大夫禿忽魯加太保，仍御史大夫。庚子，姚煒以河水屢決，請立行都水監於汴梁，倣古法備捍，仍命瀕河州縣正官皆兼知河防事，從之。丙午，造玉御床。戊申，命道士祭五福太一神。庚戌，通、漷二州饑，發粟賑糶。薊州、寶坻縣、慶元路象山諸縣饑，賑糧二月。甘州蒙古驛戶饑，賑糧三月。大都、鳳翔、寶慶、衡州、潭州、全州諸路饑，賑糶有差。

三月癸丑，修曹州濟陰縣河隄，役民丁一萬八千五百人。甲寅，禁捕天鵝。丁巳，賜諸王帖木兒不花等鈔有差。辛酉，咸平府清河、寇河合流，失故道，壞堤堰，敕蒙古軍千人及民丁修之。乙丑，車駕幸上都。諸王搠思班部戰士四百人征參卜郎有功，人賞鈔四千錠。乙亥，安南國世子陳日爌遣使貢方物。荊門州旱，漷州、薊州、鳳州、延安、歸德等處民及山東蒙古軍饑，賑糧、鈔有差。肇慶、富州、惠州、袁州、江州諸路及南恩州、梅州饑，賑糶有差。

夏四月丁亥，作吾殿。癸巳，和市牝馬有駒者萬匹。敕宿衞駝馬散牧民間者，歸官厩飼

之。丁酉，濮州鄄城縣言城西堯塚上有佛寺，請徙之，不報。辛丑，加公主壽寧爲皇姊大長公主。禁山東諸路酒。丙午，樊夷及蒐雁遮殺雲南行省所遣諭蠻使者，敕追捕之。丁未，封后父火里兀察兒爲威靖王。戊申，以許師敬爲中書左丞；中政使馮亨爲中書參知政事，仍中政使。奉元路白水縣雹。鞏昌路伏羌縣大雨，山崩。鎭江、寧國、瑞州、桂州、南安、寧海、南豐、潭州、涿州等處饑，賑糧五萬餘石。隴西、漢中、秦州饑，賑鈔三萬錠。

五月壬子，車里陶剌孟及大阿哀蠻兵萬人乘象寇陷朶剌等十四寨，木邦路蠻八廟率樊夷萬人寇陷倒八漢寨，督邊將嚴備之。癸丑，龍牙門蠻遣使奉表貢方物。辛未，罷京師官鬻鹽肆十五。改河間鹽運司爲大都河間等路都轉運鹽使司。遣察乃使于周王和世㻋。癸酉，融州否泉洞、吉龍洞、洞村山、黑江諸徭爲寇，廣西元帥府發兵討之。丙子，旭邁傑等以國用不足，請減厩馬，汰衞士，及節諸王濫賜，從之。賜潛邸怯憐口千人鈔三萬錠。浙西諸郡霖雨，江湖水溢，命江浙行省及都水庸田司興役疏洩之。置諫議書院於昌平縣，祀唐劉蕡。大都路檀州大水，平地深丈有五尺；汴梁路十五縣河溢，江陵路江溢，洮州、臨洮府雨雹，潭州、興國屬縣旱，彰德路蝗，龍興、平江等十二郡饑，賑糶米三十二萬五千餘石。鞏昌路臨洮府饑，賑鈔五萬五千錠。

六月己卯朔，皇子生，命巫祓除于宮。葺萬歲山殿。靜江猺爲寇，遣廣西宣慰司發兵

捕之。辛巳，柳州徭爲寇，戍兵討斬之。癸未，潯州平南縣徭爲寇，達魯花赤都堅、都監姚泰亨死之。甲申，改封嘉王晃火帖木兒爲并王。丙戌，塡星犯井鉞星。丙申，中書參知政事左塔不台言：「大臣兼領軍務，前古所無。鐵失以御史大夫，也先帖木兒以知樞密院事，皆領衞兵，如虎而翼，故成逆謀。今軍衞之職，乞勿以大臣領之，庶勳舊之家得以保全。」從之，仍賜幣帛以旌其直。丁酉，靜江義寧縣及慶遠安撫司蠻徭爲寇，敕守將捕之。息州民趙丑厮、郭菩薩，妖言彌勒佛當有天下，有司以聞，命宗正府、刑部、樞密院、御史臺及河南行省官雜鞫之。辛丑，柳州馬平縣徭爲寇，湖廣行省督所屬追捕之。丙午，塡星犯井。丁未，立都水庸田使司，浚吳、松二江。敕營造毋役五衞軍士，止以武衞、虎賁二衞給之。開南州阿只弄、哀培蠻兵爲寇，命雲南行省督所屬兵捕之。通州三河縣大雨，水丈餘。潼川府綿江、中江水溢入城郭。冀寧路汾河溢。秦州秦安山移。新州路旱，濟南、河間、東昌等九郡蝗，奉元、衞輝路及永平屯田豐贍、昌國、濟民等署雨傷稼，蠲其租。濟寧、興元、寧夏、南康、歸州等十二郡饑，賑糶米七萬餘石。鎮西武靖王部及遼陽水達達路饑，賑糧一月。

秋七月戊申朔，大、小車里蠻來獻馴象。(乙)〔己〕酉，〔三五〕賜諸王燕大等金、鈔有差。庚戌，遣阿失伯祀宅神于北部行幄。甲寅，遣使奉詔分諭徭蠻，鎮康路土官你囊、謀粘路土官賽丘羅出降；木邦路土官八廟既降復叛。禜星于上都司天監。紐澤、許師敬編類帝訓成，

請於經筵進講，仍俾皇太子觀覽，有旨譯其書以進。丙辰，享太廟。播州蠻黎平愛等集羣夷爲寇，湖廣行省請兵討之，不許，詔播州宣撫使楊也里不花招諭之。戊午，遣使代祀龍虎、武當二山。己未，置車里軍民總管府，以士人寒賽爲總管，佩金虎符。中書省臣言：「往歲征徭，廉訪司劾其濫殺，今凡出師，請廉訪司官一員涖軍糾正。」從之。庚申，以宮人二賜藩王怯別。癸亥，修大乾元寺。以許師敬及郎中買驢兼經筵官。廣西諸徭寇城邑，遣湖廣行省左丞乞住、兵部尚書李大成、中書舍人買驢將兵二萬二千人討之，仍以諸王斡耳朶罕監其軍。海北徭酋盤吉祥寇陽春縣，命江西行省督兵捕之。庚午，以國用不足，罷書金字藏經。威楚、大理諸蠻爲寇，雲南行省請出師，不允，遣亦剌馬丹等使大理，普顏實立等使威楚，招諭之。思州洞蠻楊銀千等來獻方物。封駙馬孛羅帖木兒、知樞密院事火沙並爲郡王。辛未，立河南行都水監。申禁漢人藏執兵仗，有軍籍者，出征則給之，還，復歸于官。壬申，御史臺臣言：「廉訪司涖軍，非世祖舊制。賈胡鬻寶，西僧修佛事，所費不貲，於國無益，並宜除罷。」從之。敕太傅朶台、太保禿忽魯日至禁中集議國事。徭蠻潘寶寇鐔津、義寧、來賓諸縣，命廣西守將捕之。慶遠溪洞民饑，發米二萬五百石，平價糶之。敕山東州縣收養流民遺棄子女。延安、鄜州、綏德、鞏昌等處雨雹，般陽新城縣蝗，宗仁衞屯田隕霜殺禾，睢州河決，順德、汴梁、德安、汝寧諸路旱，免其租。梅州、饒州、鎮江、邠州諸路饑，賑糶

米三萬餘石。

八月戊子，修上都香殿。辛卯，雲南白夷寇雲龍州。癸巳，歲星犯天罇。辛丑，遣使代祀岳瀆名山大川。敕：「諸王私入京者，勿供其所用；諸部曲宿衞私入京者，罪之。」命度支監汰阿塔赤所掌駝馬，於外郡飼之。大都路檀州、鞏昌府靜寧縣、〔三六〕延安路安塞縣雨雹。衞輝路汲縣河溢。南恩州、瓊州饑，賑糧一月。臨江路、歸德府饑，賑糧二月。衡州、建昌、岳州饑，賑糶米一萬三千石。

九月戊申朔，分天下爲十八道，遣使宣撫。詔曰：「朕祗承洪業，夙夜惟寅，凡所以圖治者，悉遵祖宗成憲。曩屢詔中外百司，宣布德澤，蠲賦詳刑，賑恤貧民，思與黎元共享有生之樂。尙慮有司未體朕意，庶政或闕，惠澤未洽，承宣者失於撫綏，司憲者怠於糾察，俾吾民重困，朕甚憫焉。今遣奉使宣撫，分行諸道，按問官吏不法，詢民疾苦，審理寃滯，凡可以興利除害，從宜舉行。有罪者，四品以上，停職申請，五品以下，就便處決。其有政績尤異，暨晦跡丘園，才堪輔治者，具以名聞。」以湖廣行省參知政事馬合某、河東宣慰使李處恭之兩浙江東道，江東道廉訪使朶列禿、太史院使齊履謙之江西福建道，都功德使舉林伯、荆湖宣慰使蒙弼之江南湖廣道，禮部尙書李家奴、工部尙書朱蕡之河南江北道，同知樞密院事阿吉剌、御史中丞曹立之燕南山東道，太子詹事別帖木兒、宣徽院判韓讓之河東陝西道，吏

部尙書納哈出、董訥之山北遼東道，陝西鹽運使衆家奴、中書斷事官韓庭茂之雲南省，湖南宣慰使寒食、冀寧路總管劉文之甘肅省，山東宣慰使禿思帖木兒、陝西行省左丞廉惇之四川省，翰林侍講學士帖木兒不花、祕書卿吳秉道之京畿道。以郡縣饑，詔運粟十五萬石貯瀕河諸倉，以備賑救，仍敕有司治義倉。禁大都、順德、衞輝等十郡釀酒。募富民入粟拜官，二千石從七品，千石正八品，五百石從八品，三百石正九品，不願仕者旌其門。諸王斡卽遣使貢金浮圖。己酉，海運江南糧百七十萬石至京師。庚戌，復尙乘寺、光祿寺爲正三品，給銀印。癸丑，車駕至大都。遣使祀海神天妃。甲寅，禁饑民結扁擔社，傷人者杖一百，著爲令。乙卯，享太廟。己未，岑世興上言，自明不反，請置蒙古、漢人監貳官，詔優從之。壬戌，諸王牙卽貢馬。丁丑，浚河間陳玉帶河。廣西徭寇賓州。禮部員外郞元永貞言：「鐵失弑逆，皆由鐵木迭兒始禍，請明其罪，仍錄付史館，以爲人臣之戒。」漢中道文州霖雨，山崩。檀州雨雹。開元路三河溢。瓊州、南安、德慶諸路饑，賑糧、鈔有差。

冬十月戊寅朔，張珪歸保定上冢，以病辭祿，不允。岑世興及子鐵木兒率衆寇上林等州，〔三七〕命撫諭之。壬午，禁成都路釀酒。癸未，以倒剌沙爲御史大夫。丁亥，享太廟。己丑，賜恩平王塔思不花部鈔五千錠。壬辰，熒惑犯氐。癸巳，塡星退犯井。播州凱黎苗率諸寨苗、獠爲寇。乙未，皇后亦憐眞八剌受佛戒於帝師。丁酉，廣西徭酋何童降，請防邊自

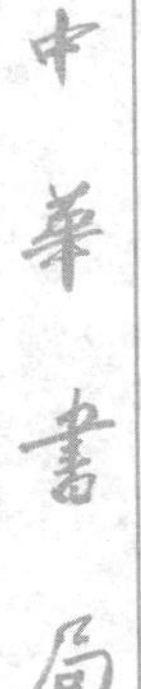

效，從之。乙巳，寧遠知州添插言，安南國土官押那攻掠其木末諸寨，請治之，敕安南世子諭押那歸其俘。丙辰，〔二八〕寧夏路、曹州屬縣水。霸州、衞州路饑，賑糧二月。

〔十一月〕戊申，〔二九〕周王和世㻋遣使以豹來獻。改長寧軍爲州。庚戌，旭邁傑以歲饑請罷皇后上都營繕，從之。紐澤以病乞罷，不允。丙辰，郭菩薩等伏誅，杖流其黨。丁巳，幸大承華普慶寺，祀昭獻元聖皇后于影堂，賜僧鈔千錠。岑世興結八番蠻班光金等合兵攻石頭等寨，敕調兵禦之。八番宣慰司官失備坐罪。戊午，塡星退犯井宿鉞星。己未，詔整飭臺綱。庚申，倭舶來互市。廣西道宣慰使獲徭酋潘寶下獄，其弟潘見遂寇柳州，命湖廣行省左丞乞住捕之。壬戌，敕軍民官蔭襲者，由本貫圖宗支，申請銓授。丙寅，倒剌沙復爲中書左丞相，加開府儀同三司、錄軍國重事。丁卯，罷蒙山銀冶提舉司，命瑞州路領之。壬申，賜諸王不賽因鈔二萬錠、帛百匹。諸王斡耳朵罕遣使以追捕廣西徭寇上聞，帝曰：「朕自卽位，累詔天下憫恤黎元，惟廣徭屢叛，殺掠良民，故命斡耳朵罕等討之。今聞迎降者甚衆，宜更以恩撫之。若果不悛，嚴兵追捕。」京師饑，賑糶米四十萬石。內郡饑，賑鈔十萬錠、米五萬石。河間諸郡流民就食通、漷二州，命有司存恤之。杭州路火，賑貧民糧一月。常德路水，民饑，賑糧萬一千六百石。

十二月戊寅，以塔失帖木兒爲中書右丞相。癸未，加塔失帖木兒開府儀同三司、上柱

十二月戊寅，以塔失帖木兒爲中書右丞相。癸未，加塔失帖木兒開府儀同三司、上柱

國、錄軍國重事、監修國史，封薊國公。諸王不賽因遣使貢珠，賜鈔二萬錠。乙酉，帝復受佛戒於帝師。熒惑犯天江，辰星犯建星。丁亥，修鹿頂殿。鎮南王脫不花薨，遣中書平章政事乃馬歹攝鎮其地。中書省臣言山東、陝西、湖廣地接戎夷，請議選宗室往鎮，從之。中禁圖讖，私藏不獻者罪之。癸巳，京師多盜，塔失帖木兒請處決重囚，增調邏卒，仍立捕盜賞格，從之。甲午，太白犯壘壁陣。召張珪於保定。丁酉，加紐澤知樞密院事，與馬某沙並開府儀同三司。弛瑞州路酒禁。左丞乞住、諸王斡耳朵罕征徭賊敗之。元江路土官普山爲寇，命戍兵捕之。壬寅，大寧路鳳翔府饑，禁釀酒。右丞趙簡請行區田法於內地，以宋董煟所編救荒活民書頒州縣。濟南、延川二路饑，賑鈔三千五百錠。惠州、杭州等處饑，賑糶有差。

是歲，陝西府雨雹。〔三〇〕御河水溢。以故翰林學士不花、中政使普顏篤、指揮使卜顏忽里爲鐵失等所繫死，贈功臣號及階勳爵謚。

校勘記

〔一〕〔九月〕癸巳　據下文卽位詔補。按卽位詔謂「九月初四日」卽位，是月庚寅朔，癸巳卽九月初四日。考異已校。

〔二〕達達國土都付來　按本詔書下文用語及文義，此處「付」上當有「委」字。蒙史已校。

〔三〕是歲　按九月之末不當云「是歲」，此處史文有誤。

〔四〕禿〔忽〕魯　據下文泰定元年五月壬辰條所見「禿忽魯」補。按憲臺通紀有「命禿忽魯、紐澤兩箇爲御史大夫」。

〔五〕辰星犯（壁壘）〔壘壁〕陣　從殿本改正。

〔六〕遼陽答陽失蠻　本證云「陽字疑衍」。按「答失蠻」一名本書多見，爲伊斯蘭修士之音譯，亦用作人名。此「陽」字當涉上「遼陽」而衍。

〔七〕册八八罕氏爲皇后　考異云：「后妃表、后妃傳、特薛禪傳並作八不罕。八不罕者，其名也，當書宏吉剌氏，不當云八八罕氏。」

〔八〕阿（速）〔剌〕吉八　據蒙文羅藏丹津黃金史、蒙古源流語音改。按本書卷一〇七宗室世系表作「阿里吉八」，卽「阿剌吉八」之異譯。元史紀事本末已校。

〔九〕也（先）〔兒〕吉你　見卷二七校勘記〔七〕。

〔一〇〕昭〔獻元〕聖皇后　據下文泰定二年十一月丁巳條及本書卷一〇六后妃表、卷一一六后妃傳補。

〔一一〕作鎮雷坐靜佛寺　「寺」疑爲「事」字之誤。

〔一二〕順德路任縣沙（澧）〔灃〕洛水溢　按寰宇通志卷五，任縣有灃河。澧水在今湖南，與任縣無涉。

〔一一〕作鎮雷坐靜佛寺　「寺」疑爲「事」字之誤。

〔一二〕順德路任縣沙（澧）〔灃〕洛水溢　按寰宇通志卷五，任縣有灃河。澧水在今湖南，與任縣無涉。

「澧」「灃」形近致誤，今改。道光本已校。

〔一三〕五千貧乏　按文義，疑「千」下脫戶字。

〔一四〕辛亥　按是月甲寅朔，無辛亥日。此「辛亥」在庚申初七日、庚午十七日間，疑爲辛酉初八日或癸亥初十日之誤。

〔一五〕飯僧萬（萬）人　「萬」字重出，據文義刪。續通鑑已校。

〔一六〕岑世興遣其弟興元來朝貢　按上文至治三年十二月癸未條有「岑世興遣其弟世元入貢」。世興兄弟行有世忠、世傑，則此人當名世元。「興」疑爲「世」字之誤。

〔一七〕（塞）〔寒〕賽　據下文泰定二年七月己未條及元文類卷四一經世大典序錄招捕所見「寒賽」、「罕賽」改。蒙史已校。

〔一八〕帖木兒〔不花〕　據下文泰定四年十一月庚午條及本書卷一〇七宗室世系表、卷一〇八諸王表補。蒙史已校。

〔一九〕（端）〔瑞〕州　元無「端州」。按本書卷二一成宗紀大德八年十月庚寅條及卷九五食貨志歲賜，瑞州原爲元武宗海山食邑。海山次子圖帖睦爾封懷王，襲其父食邑。「端」誤，今改。續編已校。

〔二〇〕〔十一月〕己丑　考異云：「是年失書十一月，自己丑以後，皆十一月事。」按是年十月甲寅朔，無己丑日；十一月癸未朔，己丑爲初七日。考異是，從補。

〔二一〕中統〔鈔〕十萬錠　從道光本補。

〔二二〕嘉定路龍(興)〔游〕縣饑　按本書卷六〇地理志，嘉定府路屬縣有龍游，據改。本證已校。

〔二三〕南賓州棣州等處水　按元無「南賓州」。四川重慶路忠州屬縣有南賓，但未升州。此處疑爲「濟南濱州、棣州」之脫誤，「南」上脫「濟」字，「濱」誤爲「賓」。

〔二四〕熒惑(辰)〔歲〕星塡星聚于畢　據本書卷四八天文志改。按是日畢宿黃經在五〇至七〇度間，火星黃經四〇度半，木星黃經五八度，土星黃經六七度半，皆合；水星黃經三二四度半，不合。

〔二五〕(乙)〔己〕酉　按是月戊申朔，無乙酉日，此「乙酉」在庚戌初三日前，爲己酉初二日之誤，今改。道光本已校。

〔二六〕肇昌府靜寧縣　按本書卷六〇地理志，「靜寧縣」應作「靜寧州」。

〔二七〕上林等州　本證云：「案地理志，上林是賓州屬縣，非州也。」

〔二八〕丙辰　按是月戊寅朔，無丙辰日。此「丙辰」在乙巳二十八日後，疑爲丙午二十九日之誤。

〔二九〕〔十一月〕戊申　考異云：「是年失書十一月，自戊申以後皆十一月事。」按是年十月戊寅朔，無戊申日；十一月丁未朔，戊申爲初二日。考異是，從補。

〔三〇〕陝西府雨雹　本證云：「案以五行志證之，府上脫臨洮二字；然是年陝西雨雹又非止一府也。」

元史卷三十

本紀第三十

泰定帝二

三年春正月丙午朔，征東行省左丞相、高麗國王王(章)〔璋〕，[一]遣使奉方物，賀正旦。播州宣慰使楊燕里不花招諭蠻酋黎平慶等來降。[二]戊申，元江路總管普雙叛，命雲南行省招捕之。諸王薛徹禿、晃火帖木兒來朝，賜金、銀、鈔、幣有差。壬子，封諸王寬徹不花爲威順王，鎭湖廣；買奴爲宣靖王，鎭益都；各賜鈔三千錠。以山東、湖廣官田賜民耕墾，人三頃，仍給牛具。諸王不賽因遣使獻西馬。徵前翰林學士吳澄，不起。置都水庸田司於松江，掌江南河渠水利。己未，賜武平王帖古思不花部軍民鈔，人十五錠。以湘寧王八剌失里鎭兀魯思部。辛酉，太白犯外屛。癸亥，封朶列揑爲國公。以知樞密院事撒忒迷失爲嶺北行中書省平章政事。戊辰，緬國亂，其主答里也伯遣使來乞師，獻馴象方物。安南國阮叩寇思

明路，命湖廣行省督兵備之。大都路屬縣饑，賑糧六萬石。恩州水，以糧賑之。

二月丁丑，購能首告謀逆厭魅者給賞，立賞格，諭中外。庚辰，賑魯王阿兒加失里部瓮吉剌貧民鈔六萬錠。命諸王魯賓爲大宗正。壬午，廣西全茗州土官許文傑率諸徭以叛，寇茗盈州，殺知州事李德卿等，命湖廣行省督兵捕之。以乃馬台知樞密院事。甲申，祭太祖、太宗、睿宗御容於翰林國史院。丁亥，中書請罷征徭，敕斡耳朶罕等班師，其鎭戍者如故。(乙)〔己〕丑，[三]禁汴梁路釀酒。甲午，葺眞定玉華宮。乙未，修佛事厭雷于崇天門。丙申，建顯宗神御殿於盧師寺，賜額曰大天源延(壽)〔聖〕寺。[四]敕以金書西番字藏經。甲戌，[五]建殊祥寺於五臺山，賜田三百頃。爪哇國遣使貢方物。庚子，以通政院使察乃爲中書平章政事。甲辰，車駕幸上都。命諸王也忒古不花及中書省臣兀伯都剌、察乃、善僧、許師敬、朶朶居守。立典醫署，秩從五品，隸詹事院。歸德府屬縣河決，民饑，賑糧五萬六千石。河間、保定、眞定三路饑，賑糧四月。建昌路饑，賑糶米三萬石。

三月乙巳朔，帝以不雨自責，命審決重囚，遣使分祀五嶽四瀆、名山大川及京城寺觀。安南國言爲龍州萬戶趙雄飛等所侵，乞諭還所掠，詔廣西道遣官究之。丙午，塡星犯井宿鉞星。丁未，敕百官集議急務。中書省臣等請汰衞士，節濫賞，罷營繕，防徭寇，諸寺官署坑治等事歸中書，並從之。壬子，祭星于司天監。癸丑，八番巖霞洞蠻來降，願歲輸布二千五

百四，設蠻夷官鎭撫之。乙卯，中禁民間金龍文織幣。丁巳，遣諸王失剌鎭北邊。戊午，詔安撫緬國，賜其主金幣。甲子，命功德使司簡歲修佛事一百三十七。丙寅，翰林承旨阿憐帖木兒、許師敬譯帝訓成，更名曰皇圖大訓，敕授皇太子。考試國子生。遣僧修佛事於臨洮、鳳翔、星吉兒宗山等處。賜諸王孛羅鐵木兒、阿剌忒納各鈔二千錠。戊辰，熒惑犯壘壁陣，填星犯井。庚午，填星、太白、歲星聚于井。辛未，泉州民阮鳳子作亂，寇陷城邑，軍民官以失討坐罪。永平、衞輝、中山、順德諸路饑，賑鈔六萬六千餘錠。寧夏、奉元、建昌諸路饑，賑糧二月。大都、河間、保定、永平、濟南、常德諸路饑，免其田租之半。

四月丙戌，鎭安路總管岑修廣爲弟修仁所攻，來告，命湖廣行省辨治之。戊戌，太白犯鬼。壬寅，熒惑犯壘壁陣。〔容〕米洞蠻田先什用等結十二洞蠻寇長陽縣，〔六〕湖廣行省遣九姓長官彭忽都不花招之。田先什用等五洞降，餘發兵討之。修夏津、武〔城〕河堤三十三所，〔七〕役丁萬七千五百人。

五月甲（戌）〔辰〕朔，〔八〕藩王怯別遣使來獻豹。乙巳，修鎭雷佛事三十一所。甘肅行省臣言：「赤斤儲粟，軍士度川遠給不便，請復徙于曲尤之地。」從之。修上都復仁門。涇州饑，禁釀酒。罷造福建歲供蔗餳。以西僧馳驛擾民，禁之。甲寅，八百媳婦蠻招南（道）〔通〕遣其子招三聽奉方物來朝。〔九〕乙卯，以帝師兄鎖南藏卜領西番三道宣慰司事，尚公主，錫

王爵。給壽寧公主印，仍賜田百頃、鈔三萬錠。甲子，中書會歲鈔出納之數，請節用以補不足，從之。監察御史劾宣撫使朶兒只班，學士李塔剌海、劉紹祖庸鄙不勝任。中書議：「三人皆勳舊子孫，罪無實狀，乞復其職，仍敕憲臺勿以空言妄劾。」從之。丁卯，岑世興及鎭安路岑修文合山獠、角蠻六萬餘人爲寇，命湖廣、雲南行省招諭之。遣指揮使兀都蠻鐫西番呪語于居庸關崖石。庚午，乞住招諭永明縣五洞徭來降。河西加木籠四部來降，以答兒麻班藏卜領卜剌麻沙撒部，公哥班領古籠羅烏公遠宗藺宗孛兒間沙加堅部，唆南監藏卜領藺宗古卜剌卜吉里昔吉林亦木石威石部，朶兒只本剌領籠答吃列八里阿卜魯答思阿答藏部。雄州饑，太平、興化屬縣水，並賑之。廬州、鬱林州及洪澤屯田旱，揚州路屬縣財賦官田水，並免其租。

六月癸酉朔，賜藩王怯別七寶束帶。以禿哈帖木兒爲四川行省平章政事；請終母喪，從之。癸未，播州蠻黎平愛復叛，合謝烏窮爲寇，宣撫使楊燕禮不花招平愛出降。烏窮不附，命湖廣行省討之。丁亥，命湘寧王八剌失里出鎭阿難答（的）之地。〔一〇〕戊子，諸王脫脫等來朝，賜金、銀、鈔、幣有差。乙未，命梁王王禪及諸王徹徹禿鎭撫北軍；賜王禪鈔五千錠、幣帛各二百匹。丁酉，遣道士吳全節修醮事於龍虎、三茅、閤皁三山。戊戌，遣使祀解州鹽池神。中書省臣言：「比郡縣旱蝗，由臣等不能調燮，故災異降戒。今當恐懼儆省，力行善政，

亦冀陛下敬慎修德，憫恤生民。」帝嘉納之。賑昌王八剌失里部鈔四萬錠。賜吳王潑皮鈔萬錠。己亥，納皇姊壽寧公主女撒答八剌于中宮。道州路櫟所源徭爲寇，命乞住督兵捕之。奉元、鞏昌屬縣大雨雹，峽州旱，東平屬縣蝗，大同屬縣大水，萊蕪等處冶戶饑，賑鈔三萬錠。光州水，中山安喜縣雨雹傷稼，大昌屯河決，大寧、廬州、德安、梧州、中慶諸路屬縣水旱，並蠲其租。

秋七月甲辰，車駕發上都，禁車騎踐民禾。遼王脫脫請復太母月也倫宮守兵及女直屯戶，不允。增給太祖四大斡耳朶歲賜銀二百錠、鈔八千錠。遣使祀海神天妃。造豢豹氊車三十輛。乙巳，怯憐口屯田霜，賑糧二月。丙午，享太廟。丁未，紹慶酉陽寨冉世昌及何惹洞蠻爲寇。詔行宮駝馬及宗戚將校駐冬北邊者，毋輒至京師。辛亥，封阿都赤爲綏寧王，賜鈔四千錠，給金印。壬子，皇后受牙蠻答哥戒于水（精）〔晶〕殿。〔一一〕甲寅，幸大乾元寺，敕鑄五方佛銅像。乙卯，詔翰林侍講學士阿魯威、直學士燕赤譯世祖聖訓，以備經筵進講。戊午，諸王不賽因獻駝馬。遣日本僧瑞興等四十人還國。作別殿於潛邸。敕：「入粟拜官者，准致仕銓格。」己未，禁諸部王妃入京告饑。以月魯帖木兒嗣齊王，給金印。八百媳婦蠻招南通遣使來獻馴象方物。乙丑，發兵修野狐、色澤、桑乾三嶺道。戊辰，太白經天。己巳，大理土官你囊來獻方物。庚申，〔一二〕廣西宣慰副使王瑞請益戍兵，及以土民屯田備蠻，仍置南寧

安撫司。河決鄭州、陽武縣，漂民萬六千五百餘家，賑之。永平、大都諸屬縣水，大風，雨雹。龍興、辰州二路火。大名、永平、奉元諸路屬縣旱。汴梁路水。大名、順德、衞輝、淮安等路，睢、趙、涿、霸等州及諸位屯田蝗。大同渾源河溢。檀、順等州兩河決。溫榆水溢。賑永平、奉元鈔七萬錠。賑糶灤州饑民麥三萬九千餘石。命瘞京城外棄骸，死狀不白者，有司究之。

八月甲戌，兀伯都剌、許師敬，並以災變饑歉乞解政柄，不允。乙亥，遣乃馬台簡閱邊兵，賜鈔千錠。大天源延聖寺神御殿成。詔：「道士有妻者，悉給徭役。」遷黃羊坡民二百五十戶於韃靼部。長春宮道士藍道元以罪被黜。寧遠州洞蠻刁用爲寇，命雲南行省備之。丁亥，遣梁王王禪整飭斡耳朶思邊事。辛卯，雲南行省丞相亦兒吉䚟、廉訪副使散（元只）〔只兀〕台，〔一三〕以使酒相詆，狀聞，詔兩釋之。甲午，以災變罷獵。賑河南探馬赤軍，籍其餘丁。罷行宣政院及功德使司。免武備寺逋負兵器。丁酉，藩王不賽因遣使獻玉及獨峯駝。是夜，太白犯軒轅御女。以星變，下詔恤民。辛丑，次中都，畋于汪火察禿之地。賜太師按攤出鈔二千八百錠。鹿頂殿成。罷甘肅札渾倉，徙其軍儲於汪古剌倉。戶部尚書郭良坐贓免。作天妃宮于海津鎭。西番土官撒加布來獻方物。海寇黎三來附。詔諭廉州蜑戶使復業。鹽官州大風，海溢，壞隄防三十餘里，遣使祭

海神，不止，徙居民千二百五十家。大都昌平大風，壞民居九百家。龍慶路雨雹一尺，大風損稼。眞定蠡州、奉元蒲城等縣及無爲州諸處水，河中府、永平、建昌印都、〔一四〕中慶、太平諸路及廣西兩江饑，並發粟賑之。揚州崇明州大風雨，海水溢，溺死者給棺斂之。杭州火，賑糧一月。

九月丁未，增置上都留守判官二員，兼推官。辛亥，命帝師還京，修灑淨佛事于大明、興聖、隆福三宮。丁巳，弛大都、上都、興和酒禁。庚申，車駕至大都。壬戌，以察乃領度支事。癸亥，太白犯太微垣右執法。賜大車里新附蠻官七十五人裘帽韡襪。戊辰，命憧赤等使于諸王怯別、月思別、不賽因三部。賑潛邸貧民鈔二十萬錠。湖廣行省太平路總管郭扶、雲南行省威楚路禿剌寨長哀培、景東寨長阿只弄男阿吾、大阿哀寨主弟你刀、木羅寨長哀卜利、茫施路土官阿利、鎭(江)〔康〕路土官泥囊弟陀金客、木(帖)〔粘〕路土官丘羅、〔一五〕大車里昭哀姪哀用、孟隆甸土官吾仲，並奉方物來獻。以昭哀地置木朶路一、木來州一、甸三，以吾仲地置孟隆路一、甸一，以哀培地置甸一，並降金符、銅印，仍賜幣、帛、鞍、勒有差。中書省臣言：「今國用不繼，陛下當法世祖之勤儉以爲永圖。臣等在職，苟有濫承恩賞者，必當回奏。」帝嘉納之。揚州、寧國、建德諸屬縣水，南恩州旱，民饑，並賑之。汾州平遙縣汾水溢。廬州、懷慶二路蝗。

冬十月辛未朔，發卒四千治通州道，給鈔千六百錠。甲戌，紐澤陞右御史大夫。庚辰，享太廟。奉安顯宗御容於大天源延聖寺。辛巳，太白犯進賢。天壽節，遣道士祠衞輝太一萬壽宮。壬午，帝師以疾還撒思加之地，賜金、銀、鈔、幣萬計，敕中書省遣官從行，備供億。癸酉，〔一六〕河水溢，汴梁路樂利堤壞，役丁夫六萬四千人築之。京師饑，發粟八十萬石，減價糶之。賜大天源延聖寺鈔二萬錠，吉安、臨江二路田千頃。中書省臣言：「養給軍民，必籍地利。世祖建大宣文弘教等寺，賜永業，當時已號虛費。而成宗復搆天壽萬寧寺，較之世祖，用增倍半。若武宗之崇恩福元、仁宗之承華普慶，租榷所入，益又甚焉。英宗鑿山開寺，損兵傷農，而卒無益。夫土地祖宗所有，子孫當共惜之。臣恐茲後藉爲口實，妄興工役，徼福利以逞私欲，惟陛下察之。」帝嘉納焉。(十一月)庚子，〔一七〕陝西行臺中丞姚煒請集世祖嘉言善行，以時省覽，從之。瀋陽、遼陽、大寧等路及金、復州水，民饑，賑鈔五萬錠。懷慶修武縣旱，免其租。寧夏路萬戶府、慶遠安撫司饑，並賑之。弛寧夏路酒禁。宣撫使馬合某、李讓劾浙西廉訪使完者不花受賂，簿對不服，詔遣刑部郎中唆住鞫其侵辱使者，笞之。藩王不賽因遣使來獻虎。

〔十一月〕癸卯，〔一八〕中書省臣言，西僧每假元辰疏釋重囚，有乖政典，請罷之。有旨：「自今當釋者，敕宗正府審覆。」乙巳，梁王王禪往北邊，賜鈔三千錠。己酉，作鹿頂棕樓。辛亥，追復前平章政事李孟官。賜湘寧王八剌失里鈔三千錠。諸王不賽因遣使來獻馬。乙卯，太白犯鍵閉。廣西透江團徭爲寇，宣慰使買奴諭降之。扶靈、靑溪、櫟頭等源蠻爲寇，湖南道宣慰司遣使諭降之。戊午，造中統、至元鈔各十萬錠。封諸王鐵木兒不花爲鎭南王，鎭揚州。辛酉，加御史大夫紐澤開府儀同三司。加封廬陵江神曰顯應。弛成都酒禁。播州蠻宋王保來降。己巳，徙上都淸寧殿于伯亦兒行宮。弛永平路山澤之禁。階州土番爲寇，武靖王遣臨洮路元帥盞盞諭降之。廣寧路屬縣霖雨傷稼，賑鈔三萬錠。沔陽府旱，免其稅。永平路大水，免其租，仍賑糧四月。汴梁、建康、太平、池州諸路及甘肅亦集乃路饑，並賑之。錦州水溢，壞田千頃，漂死者百人，人給鈔一錠。崇明州海溢，漂民舍五百家，賑糧一月，給死者鈔二十貫。

〔十二月〕丁丑，〔一九〕諸王月思別獻文豹，賜金、銀、鈔、幣有差。御史哈剌那海請擇正人傅太子，帝嘉納之。壬午，御史賈垕請祔武宗皇后于太廟，不報。敕以來年元夕搆燈山于內廷，御史趙師魯以水旱請罷其事，從之。甲申，師魯又請親祀郊廟，帝嘉納之。丙戌，以回回陰陽家言天變，給鈔二千錠，施有道行者及乞人、繫囚，以禳之。丁亥，寧夏路地震，有聲如雷，連震者四。庚寅，赦天下。召江浙行省右丞趙簡爲集賢大學士，領經筵事。壬辰，賜梁王王禪宴器金銀。以皇子小薛夜啼，賜高年鈔。癸巳，作鹿頂殿。己亥，命帝師修佛

事，釋重囚三人。置大承華普慶寺總管府，罷規運提點所。御史言：「比年營繕，以衞軍供役，廢武事不講。請遵世祖舊制，教習五衞親軍，以備扈從。」不報。湖廣屯戍千戶只干不花招諭扶靈洞蠻劉季等來降。保定路饑，賑米八萬一千五百石。懷慶路饑，賑鈔四萬錠。亳州河溢，漂民舍八百餘家，壞田二千三百頃，免其租。廣西靜江、象州諸路及遼陽路饑，並賑之。大寧路大水，壞田五千五百頃，漂民舍八百餘家，溺死者人給鈔一錠。

四年春正月甲辰，諸王買奴來朝，賜金一錠、銀十錠、鈔二千錠、幣帛各四十匹。乙巳，御史臺臣請親祀郊廟，帝曰：「朕遵世祖舊制，其命大臣攝之。」己酉，太白犯牛。庚戌，置紹慶路石門十寨巡檢司。御史辛鈞言：「西商鬻寶，動以數十萬錠，今水旱民貧，請節其費。」不報。壬子，以中政院金銀鐵冶歸中書。靖安王闊不花出鎭陝西，賜鈔二千錠。癸丑，賜諸王阿剌忒納失里等鈔六千錠。甲寅，鷹師脫脫病，賜鈔千錠。戊午，命市珠寶首飾。庚申，皇子允丹藏卜受佛戒于智泉寺。鹽官州海水溢，壞捍海堤二千餘步。甲子，武龍洞蠻寇武綠縣諸堡。丁卯，燕南廉訪司請立眞定常平倉，不報。浚會通河，築漷州護倉堤，役丁夫三萬人。初置雲南行省檢校官。遼陽行省諸郡饑，賑鈔十八萬錠。彰德、淮安、揚州諸路饑，並賑之。大寧路水，給溺死者人鈔一錠。

二月辛未，祀先農。甲戌，祭太祖、太宗、睿宗御容于大承華普慶寺，以翰林院官執事。乙亥，親王也先鐵木兒出鎮北邊，賜金一錠、銀五錠、鈔五百錠、幣帛各十匹。丙子，命亦烈赤領仁宗神御殿事，大司徒亦憐眞乞剌思爲大承華普慶寺總管府達魯花赤，仍大司徒。壬午，狩于漷州。諸王火沙、阿禁、答里出鎮北邊，賜金、銀、鈔、幣有差。帝師參馬亦思吉思卜長出亦思宅卜卒，命塔失鐵木兒、紐澤監修佛事。丙戌，詔同僉樞密院事燕帖木兒教閱諸衞軍。戊子，進襲封衍聖公孔思晦階嘉議大夫。以馬(忽思)〔思忽〕爲雲南行省平章政事。〔二〇〕提調烏蒙屯田。庚寅，八百媳婦蠻酋招南通來獻方物。辛卯，白虹貫日。以尙供總管府及雲需總管府隸上都留守司。奉元、廬州、淮安諸路及白登部饑，〔二一〕賑糧有差。永平路饑，賑鈔三萬錠、糧二月。

三月辛丑，皇子允丹藏卜出鎮北邊。以那海赤爲惠國公，商議內史府事。癸卯，和寧地震，有聲如雷。丙午，廷試進士阿察赤、李黼等八十五人，賜進士及第、出身有差。命西僧作止風佛事。潮州路判官錢珍，挑推官梁楫妻劉氏，不從，誣楫下獄殺之。事覺，珍飲藥死，詔戮尸傳首。海北廉訪副使劉安仁，坐受珍賂除名。辛亥，諸王槊思班、不賽亦等，以文豹、西馬、佩刀、珠寶等物來獻，賜金、鈔萬計。庚申，遣使往江南求奇花異果。辛酉，以太傅朶台爲太師，太保禿忽魯爲太傅，也可扎魯忽赤伯達沙爲太保。敕前太師伯忽與議大

事，食其俸終身。召翰林學士承旨蔡國公張珪、集賢大學士廉恂、太子賓客王毅，悉復舊職，陝西行臺中丞敬儼爲集賢大學士，並商議中書省事，珪仍領經筵事。賜諸王火沙部鈔四千錠。郡王朶來、兀魯兀等部畜牧災，賑鈔三萬五千錠。中書省臣請酬哈散等累朝售寶價鈔十萬二千錠，從之。壬戌，車駕幸上都。復設武備寺同判六員。命親王八剌失(思)〔里〕出鎮察罕腦兒。〔二二〕封寬徹爲國公。以阿散火者知樞密院事。渾河決，發軍民萬人塞之。丁卯，熒惑犯井。復置衞候直都指揮使司，秩正四品。諸王不賽因遣使獻文豹、獅子，賜鈔八千錠。大寧、廣平二路屬縣饑，賑鈔二萬八千錠。河南行省諸州縣及建康屬縣饑，賑糧有差。

夏四月辛未，盜入太廟，竊武宗金主及祭器。大理慶甸酋阿你爲寇。壬申，作武宗主。甲戌，作棕毛鹿頂樓。己卯，道州永明縣猺爲寇。癸未，鹽官州海水溢，侵地十九里，命都水少監張仲仁及行省官發工匠二萬餘人，以竹落木柵實石塞之，不止。癸巳，高州猺寇電白縣，千戶張恒力戰，死之。邑人立祠，敕賜額曰「旌義」。甲午，以西僧公哥列思巴冲納思監藏班藏卜爲帝師，賜玉印，仍詔諭天下僧。乙未，以武備寺卿阿昔兒答剌罕爲御史大夫。禁星于回回司天臺。湖廣猺寇全州、義寧屬縣，〔二三〕命守將捕之。河南、奉元二路及通、順、檀、薊等州，漁陽、寶坻、香河等縣饑，賑糧兩月。河間、揚州、建康、太平、衢州、常州

諸路屬縣及雲南烏撒、武定二路饑，賑糧、鈔有差。永平路饑，免其租，仍賑糧兩月。

五月辛丑，太尉丑驢卒。癸卯，以鹽官州海溢，命天師張嗣成修醮禳之。乙巳，作成宗神御殿于天壽萬寧寺。己未，占城國遣使貢方物。甲子，以典守宗廟不嚴，罷太常禮儀院官。丁卯，修佛事於賀蘭山及諸行宮。罷諸王分地州縣長官世襲，俾如常調官，以三載爲考。元江路總管普雙坐贓免，遂結蠻兵作亂，敕復其舊職。德慶路猺來降，歸所掠男女，悉給其親。河南、江陵屬縣饑，賑糧有差。汴梁屬縣饑，免其租。常州、淮安二路，寧海州大雨雹。睢州河溢。大都、南陽、汝寧、廬州等路屬縣旱蝗。衞輝路大風九日，禾盡偃。河南路洛陽縣有蝗可五畝，羣烏食之旣，數日蝗再集，又食之。

六月辛未，翰林侍講學士阿魯威、直學士燕赤等進講，仍命譯資治通鑑以進。參知政事史惟良請解職歸養，不允。丁丑，倒剌沙等以災變乞罷，不允。罷兩都營繕工役。錄諸郡繫囚。己卯，永興屯被災，免其租。辛巳，造象輿六乘。癸未，遣察乃、伯顏赴大都銓選。〔二四〕甲申，廣西花角蠻爲寇，命所部討之。乙未，紹慶路四洞酋阿者等降，並命爲蠻夷長官，仍設巡檢司以撫之。發義倉粟，賑鹽官州民。廬州路饑，賑糧七萬九千石。鎭江、興國二路饑，賑糶有差。中山府雨雹。汴梁路河決。汝寧府旱。大都、河間、濟南、大名、峽州屬縣蝗。

秋七月丁酉〔朔〕，元江路普雙復叛。戊戌，諸王燕只吉台襲位，遣使來朝。己亥，八兒忽部晃忽來獻方物。御史臺臣言，內郡、江南，旱、蝗荐至，非國細故，丞相塔失帖木兒、倒剌沙，參知政事不花、史惟良，參議買奴，並乞解職。有旨：「毋多辭，朕當自儆，卿等亦宜各欽厥職。」修大明殿。占城國獻馴象二。建橫渠書院於郿縣，祠宋儒張載。辛丑，賜齊王月魯帖木兒鈔二萬錠。甲辰，播州蠻謝烏窮來獻方物。丙午，享太廟。丁未，敕：「經筵講讀官，非有代不得去職。」詔諭宗正府，決獄遵世祖舊制。戊戌，〔二五〕遣翰林侍讀學士阿魯威還大都，譯世祖聖訓。壬子，賜諸王火兒灰、月魯帖木兒、八剌失里及駙馬買住罕鈔一萬五千錠，金、銀、幣、帛有差。甲寅，遣使市旄牛於西域。丁巳，給齊王月魯帖木兒印。伯顏察兒、兀伯都剌以疾乞解政，優詔諭之。戊午，謀粘路土官賽丘羅招諭八百媳婦蠻招三斤來降，銀沙羅土官散怯遮殺賽丘羅，敕雲南王遣人諭之。癸亥，賜壽寧公主鈔五千錠。岐王鎖南管卜訴荆王也速也不干侵其分地，命甘肅行省閱籍歸之。乙丑，周王和世㻋及諸王燕只哥台等來貢，賜金、銀、鈔、幣有差。遣使祀海神天妃。丙寅，籍僧、道有妻者爲民。塞保安鎭渠，役民丁六千人。是月，籍田蝗。雲州黑河水溢。衢州大雨水，發廩賑饑者，給漂死者棺。延安屬縣旱，免其租稅。遼陽遼河、老撒加河溢，右衞率部饑，並賑之。

八月戊辰，給累朝斡耳朶鈔有差。癸酉，給別乞烈失寧國公印。度支監卿孛羅請辭職

中華書局

奉母，不允。賜皇后乳母鈔千七百錠。滹沱河水溢，發丁浚治河以殺其勢。奉元路治中單鷀言，令民採捕珍禽異獸不便，請罷之，敕：「應獵者共捕以進。」乙亥，賜公主不答昔你滕戶鈔四千錠。苗人祭伯秧寇李陀寨，命湖廣行省捕之。庚辰，運粟十萬石貯灤河諸倉，備內郡饑。田州洞猺爲寇，遣湖廣行省捕之。癸未，賜營王也先帖木兒鈔三千錠。乙酉，伯亦斡耳朶作欽明殿成。壬辰，御史李昌言：「河南行省平章政事童童，世官河南，大爲奸利，請徙他鎮。」不報。癸巳，謚武宗皇后曰宣慈惠聖，英宗皇后曰莊靜懿聖，升祔太廟。發衞軍八千，修白浮、甕山河堤。是月，揚州路崇明州、海門縣海水溢，汴梁路扶溝、蘭陽縣河溢，沒民田廬，並賑之。建德、杭州、衢州屬縣水。眞定、晉寧、延安、河南等路屯田旱。大都、河間、奉元、懷慶等路蝗。鞏昌府通（漕）〔渭〕縣山崩。〔二六〕碉門地震，有聲如雷，晝晦。天全道山崩，飛石斃人。鳳翔、興元、成都、峽州、江陵同日地震。

九月丙申朔，日有食之。阿察赤的斤獻木綿大行帳。敕：「國子監仍舊制歲貢生員業成者六人。」禁僧道買民田，違者坐罪，沒其直。壬寅，寧夏路地震。壬子，太白犯房。甲寅，湖廣土官宋王保來獻方物。壬戌，遣歡赤等使諸王怯別等部。甲子，御史言：「廣海古流放之地，請以職官贓污者處之，以示懲戒。」從之。保定、眞定二路饑，賑糧三萬石、鈔萬五千錠。

閏月丁卯，賜諸王徹徹禿、渾都帖木兒鈔各五千錠。己巳，太白經天。車駕至大都。壬申，以災變赦天下。廣西兩江猺爲寇，命所部捕之。甲戌，命祀天地，享太廟，致祭五嶽四瀆、名山大川。甲午，八百媳婦蠻請官守，置蒙慶宣慰司都元帥府及木安、孟傑二府于其地，以同知烏撒宣慰司事你出公、土官招南通並爲宣慰司都元帥，招諭人米德爲同知宣慰司事副元帥，南通之子招三斤知木安府，姪混盆知孟傑府，仍賜鈔、幣各有差。建昌、贛州、惠州諸路饑，賑米四萬四千石。土番階州饑，賑鈔千五百錠。奉元、慶遠、延安諸路饑，賑糶有差。

冬十月丙申，享太廟。戊戌，諸王脫別帖木兒、〔二七〕哈兒蠻等獻玉及蒲萄酒，賜鈔六千錠。己亥，御史德住請擇東宮官。癸卯，命帝師作佛事于大天源延聖寺。甲辰，改封建德路烏龍山神曰忠顯靈澤普佑孚惠王。乙巳，晝有流星。己酉，以治書侍御史王士熙爲參知政事。辛亥，監察御史亦怯列台卜答言，都水庸田使司擾民，請罷之。癸丑，江浙行省左丞相脫歡答剌罕、平章政事高昉，以海溢病民，請解職，不允。雲南沙木寨土官馬愚等來朝。丁巳，以御史中丞趙世延爲中書右丞，以中書參議傅巖起爲吏部尚書。御史韓鏞言：「尚書三品秩，巖起由吏累官四品，於法不得陞。」制可。安南遣使來獻方物。戊午，辰星犯東咸。監察御史馮思忠請命太常纂修累朝禮儀。壬戌，開南州土官阿只弄率蠻兵爲寇，雲南行省招捕之。增置肅州、沙州、亦集乃三路推官。大都路諸州縣霖雨，水溢，壞民田廬，賑糧二十四萬九千石。衞輝獲嘉等縣饑，賑鈔六千錠，仍蠲丁地稅。龍興路屬縣旱，免其租。大名、河間二路屬縣饑，並賑之。

十一月庚午，禁晉寧路釀酒。減價糶京倉米十萬石，以賑貧民。以思州土官田仁爲思州宣慰使。召雲南王帖木兒不花赴上都。癸酉，太白犯壘壁陣。乙亥，熒惑犯天江。丙子，賜公主不答昔你鈔千錠。平樂府猺爲寇，湖廣行省督兵捕之。辛卯，以降蠻謝烏窮爲蠻夷官。雲南蒲蠻來附，置順寧府、寶通州、慶甸縣。緬國主答里必牙請復立行省於迷郎崇城，不允。孛斯來附。給伯亦斡耳朶駝、牛。以歲饑，開內郡山澤之禁。永平路水旱，民饑，蠲其賦三年。諸王塔思不花部衞士饑，賑糧千石。冀寧路陽曲縣地震。

十二月庚子，發米三十萬石，賑京師饑。絳州太平縣趙氏婦，一產三子。定捕盜令，限內不獲者，償其贓。辛丑，敕塔失鐵木兒、倒剌沙領內史府四斡耳朶事。癸卯，安南遣使來貢方物。甲辰，梧州猺爲寇，湖廣行省督兵捕之。戊申，諸王孛羅遣使貢硇砂，賜鈔二千錠。癸丑，命趙世延及中書參議韓讓、左司郎中姚庸提調國子監。乙卯，爪哇遣使獻金文豹、白猴、白鸚鵡各一。蔡國公張珪卒。植萬歲山花木八百七十本。丙辰，賜諸王孛羅帖木兒等鈔四千錠。己未，歲星退犯太微西垣上將。靜江路猺兵爲寇，湖廣行省督兵捕之。

右江諸寨土官岑世忠等來獻方物。大都、保定、眞定、東平、濟南、懷慶諸路旱，免田租之半。河南、河間、延安、鳳翔屬縣饑，並賑之。

是歲，汴梁、延安、汝寧、峽州旱，濟南、衞輝、濟寧、南陽八路屬縣蝗。汴梁諸屬縣霖雨，河決。揚州路通州、崇明州大風，海溢。

致和元年春正月乙丑朔，高麗王遣使來朝賀，獻方物。甲戌，享太廟。命繪蠶麥圖。乙亥，詔諭百司：「凡不赴任及擅離職者，奪其官；避差遣者，笞之。」御史鄒惟亨言：「時享太廟，三獻官舊皆勳戚大臣，而近以戶部尚書爲亞獻，人既疏遠，禮難嚴肅。請仍舊制，以省、臺、樞密、宿衞重臣爲之。」丁丑，頒農桑舊制十四條于天下，仍詔勵有司以察勤惰。己卯，帝將畋柳林，御史王獻等以歲饑諫，帝曰：「其禁衞士毋擾民家，命御史二人巡察之。」諸王星吉班部饑，賑鈔萬錠、米五千石。占城遣使來貢方物，且言爲交趾所侵，詔諭解之。禁僧、道匿商稅。給宗仁衞蒙古子女糧六月。辛巳，靜江猺寇靈川、臨桂二縣，命廣西招捕之。甲申，遣使祀海神天妃。戊子，詔優護爪哇國主札牙納哥，仍賜衣物弓矢。罷河南鐵冶提舉司，歸有司。命帝師修佛事于禁中。免陝西撈鹽一年。發卒修京城。罷益都諸屬縣食鹽。加封幸淵龍神福應昭惠公。河間、眞定、順德諸路饑，賑鈔萬一千錠。大都路東安州、大名路白馬縣饑，並賑之。

二月癸卯，弛汴梁路酒禁。乙卯，牙卽遣使藏古來貢方物。庚申，詔天下改元致和。免河南自實田糧一年，被災州郡稅糧一年，流民復業者差稅三年，疑獄繫三歲不決者咸釋之。賜遼王脫脫鈔五千錠，梁王王禪鈔二千錠。壬戌，太白晝見。癸亥，解州鹽池黑龍堰壞，調番休鹽丁修之。陝西諸路饑，賑鈔五萬錠。河間、汴梁二路屬縣及開(城)〔成〕、〔二八〕乾州蒙古軍饑，並賑之。

三月庚午，阿速衞兵，出戍者千人，人給鈔四十錠，貧乏者六千一百人，人給米五石。雲南安隆寨土官岑世忠與其兄世興相攻，籍其民三萬二千戶來附，歲輸布三千匹，請立宣撫司以總之，不允。置州一，以世興知州事，置縣二，聽世忠舉人用之，仍諭其兄弟共處。立萬戶府二，領征西紅胖襖軍。塔失帖木兒、倒剌沙言：「災異未弭，由官吏以罪黜罷者怨誹所致，請量才敍用。」從之。辛未，大天源延聖寺顯宗神御殿成，置總管府以司財賦。壬申，雨霾。甲戌，雅濟國遣使獻方物。(乙)〔己〕卯，〔二九〕帝御興聖殿受無量壽佛戒于帝師。庚辰，命僧千人修佛事于鎭國寺。辛巳，賜壽寧公主鹽價鈔萬引。甲申，遣戶部尚書李家奴往鹽官祀海神，仍集議修海岸。丙戌，詔帝師命僧修佛事于鹽官州，仍造浮屠二百一十六，以厭海溢。戊子，車駕幸上都。己丑，以趙世延知經筵事，趙簡預經筵事，阿魯威同知經筵

事，曹元用、吳秉道、虞集、段輔、馬祖常、燕赤、孛朮魯翀並兼經筵官。雲南土官撒加布降，奉方物來獻，置州一，以撒加布知州事，隸羅羅宣慰司，徵其租賦。壬辰，太平路當塗縣楊氏婦，一產三子。晉寧、衞輝二路及泰安州饑，賑鈔四萬八千三百錠。冀寧路平定州饑，賑糶米三萬石。陝西、四川及河南府等處饑，並賑之。

夏四月丙申，欽州徭黃焱等爲寇，命湖廣行省備之。己亥，塔失帖木兒、倒剌沙請凡蒙古、色目人效漢法丁憂者除其名，從之。壬寅，李家奴以作石囤捍海議聞。己酉，御史楊倬等以民饑，請分僧道儲粟濟之，不報。甲寅，改封蒙山神曰嘉惠昭應王，鹽池神曰靈富公，洞庭廟神曰忠惠順利靈濟昭佑王，唐柳州刺史柳宗元曰文惠昭靈公。戊午，禁僞造金銀器皿。大都、東昌、大寧、汴梁、懷慶之屬州縣饑，發粟賑之。保定、冠州、德州、般陽、彰德、濟南屬州縣饑，發鈔賑之。是月，靈州、濬州大雨雹。薊州及岐山、石城二縣蝗。廣寧路大水。崇明州大風，海溢。

五月甲子，遣官分護流民還鄉，仍禁聚至千人者杖一百。丙寅，廣西普寧縣僧陳慶安作亂，僭建國，改元。己巳，八百媳婦蠻遣子哀招獻馴象。癸酉，籍在京流民廢疾者，給糧遣還。大理怒江甸土官阿哀你寇樂辰諸寨，命雲南行省督兵捕之。庚辰，有流星大如缶，其光燭地。甲申，安南國及八洞蠻酋遣使獻方物。戊子，以嶺北行省平章政事塔失帖木兒爲中書平章政事。是月，燕南、山東東道及奉元、大同、河間、河南、東平、濮州等處饑，賑鈔十四萬三千餘錠。峽州屬縣饑，賑糶糧五千石。冀寧、廣平、眞定諸路屬縣大雨雹。汝寧府潁州、衞輝路汲縣蝗。涇州靈臺縣旱。

六月，高麗世子完者禿訴取其印，遣平章政事買閭往諭高麗王，俾還之。丙午，遣使祀世祖神御殿。是月，諸王喃答失、徹徹禿、火沙、乃馬台諸(郡)〔部〕風雪斃畜牧，〔三〇〕士卒饑，賑糧五萬石、鈔四十萬錠。奉元、延安二路饑，賑鈔四千八百九十錠。彰德屬縣大雨雹。南寧、開元、永平諸路水。江陵路屬縣旱。河南(安德)〔德安〕屯蝗食桑。〔三一〕

秋七月辛酉朔，寧夏地震。庚午，帝崩，壽三十六。葬起輦谷。己卯，大寧路地震。癸未，修佛事于欽明殿。乙酉，皇后、皇太子降旨諭安百姓。丙戌，太白犯軒轅大星。

九月，倒剌沙立皇太子爲皇帝，改元天順，詔天下。

泰定之世，災異數見，君臣之間，亦未見其引咎責躬之實。然能知守祖宗之法以行，天下無事，號稱治平，茲其所以爲足稱也。

校勘記

〔一〕高麗國王王(章)〔璋〕　見卷二二校勘記〔一六〕。又按王璋死於泰定二年五月，此時在位者爲其子

王燾。

〔二〕黎平慶　按上文泰定二年七月丙辰條、下文六月癸未條均作「黎平愛」，疑「慶」爲「愛」之誤。

〔三〕(乙)〔己〕丑　按是月丙子朔，無乙丑日。此「乙丑」在丁亥十二日、甲午十九日間，爲己丑十四日之誤，今改。道光本已校。

〔四〕大天源延(壽)〔聖〕寺　據下文十月庚辰、癸酉、致和元年三月辛未諸條及本書卷七五祭祀志改。類編已校。

〔五〕甲戌　按是月丙子朔，無甲戌日。此「甲戌」在丙申二十一日、庚子二十五日間，類編改作「戊戌」二十三日，疑是。

〔六〕〔容〕米洞　據本書卷二三武宗紀至大三年四月己酉、十一月戊子及上文泰定元年十二月乙亥諸條所見「容米洞」補。蒙史已校。

〔七〕修夏津武〔城〕河堤　據本書卷五八地理志補。按夏津、武城皆高唐州屬縣，境內有衞河經流。續通鑑已校。

〔八〕五月甲(戌)〔辰〕朔　按泰定三年五月朔在甲辰，「戌」誤，今改。類編已校。

〔九〕招南(道)〔通〕　據下文泰定三年七月己未、四年二月庚寅、閏九月甲午條改。

〔一〇〕阿難答(的)之地　按阿難答之名本書屢見，「的」字衍，今刪。蒙史已校。

〔一一〕水(精)〔晶〕殿　按上文泰定元年六月辛未條有「修黑牙蠻答哥佛事於水晶殿」，據改。續編已校。

〔一二〕庚申　按是月癸卯朔，庚申爲十八日。此庚申在己巳二十七日後，疑爲庚午二十八日之誤或錯簡。

〔一三〕散(兀只)〔只兀〕台　按此名蒙古語，意爲「散只兀部人」，此處「兀只」倒誤，今改正。

〔一四〕建昌印都　按本書卷六一地理志，雲南建昌路有邛部州。「印都」史無其地，疑爲「邛部」之誤。

〔一五〕鎭(江)〔康〕路土官泥囊弟陀金客木(帖)〔粘〕路土官丘羅　本證云：「繼培案，二年七月鎭康路土宮你囊卽泥囊、謀粘路土官賽丘羅卽丘羅出降，此鎭江當作鎭康，謀木同聲，粘帖字形相近而誤。」按本卷下文泰定四年七月戊午條復見「謀粘路土官賽丘羅」，本書卷六一地理志有「謀粘路軍民府」，本證是，從改。

〔一六〕癸酉　按是月辛未朔，癸酉爲初三日，應在甲戌初四日前。

〔一七〕(十一月)庚子　按十月辛未朔，是月大盡，庚子爲三十日，「十一月」三字衍誤，今刪。

〔一八〕〔十一月〕癸卯　按十一月辛丑朔，癸卯爲初三日。今補「十一月」三字。

〔一九〕〔十二月〕丁丑　考異云：「是年失書十二月，自丁丑以後，當屬十二月。」按是年十一月辛丑朔，無丁丑日；十二月辛未朔，丁丑爲初七日。考異是，從補。

〔二〇〕馬(忽思)〔思忽〕　按本書卷一二五賽典赤瞻思丁傳，賽典赤第五子馬速忽爲雲南平章政事。此處「忽思」二字倒誤，今改正。

〔二一〕白登部　按元無「白登部」。本書卷五八地理志，大同路有白登縣，疑「部」爲「縣」之誤。

〔二二〕八剌失(思)〔里〕　據本書卷一〇七宗室世系表、卷一〇八諸王表改。蒙史已校。

〔二三〕全州義寧屬縣　按本書卷六三地理志，全州路屬縣無義寧，義寧縣隸靜江路，本身更無屬縣，「屬」字衍誤。

〔二四〕遺察乃伯顏赴大都銓選　本證云：「繼培案，伯顏當是伯顏察兒之誤，時與察乃同爲平章。」

〔二五〕戊戌　按是月丁酉朔，戊戌爲初二日，已見上文。此重出之「戊戌」在丁未十一日、壬子十六日間，疑爲戊申十二日或庚戌十四日之誤。

〔二六〕肇昌府通(濟)〔渭〕縣　據本書卷五〇五行志改。續通鑑已校。

〔二七〕脫別帖木兒　按本書卷三四文宗紀至順元年閏七月癸未條有「朶列鐵木兒」，卷三五同紀至順二年八月壬子條作「朶列帖木兒」，十二月戊午條作「禿列帖木兒」，卷六三地理志西北地附錄作「篤來帖木兒」，係察合台系諸王。此處所指，似卽此人。又楚王牙忽都子與此同名。新元史改「別」爲「列」，疑是。

〔二八〕開(城)〔成〕　見卷一〇校勘記〔一〇〕。

〔二九〕(乙)〔己〕卯　按是月甲子朔，無乙卯日。此「乙卯」在甲戌十一日、庚辰十七日間，爲己卯十六日之誤，今改。道光本已校。

〔三〇〕諸王喃答失至乃馬台諸(郡)〔部〕　按此處所指皆諸王投下，不應稱「郡」，「部」、「郡」形近而誤，今從道光本改。

〔三一〕河南(安德)〔德安〕屯　據本書卷五〇五行志改正。本證已校。

元史卷三十一

本紀第三十一

明宗

明宗翼獻景孝皇帝，諱和世瓎，武宗長子也。母曰仁獻章聖皇后，亦乞烈氏。成宗大德三年，命武宗撫軍北邊，帝以四年十一月壬子生。成宗崩，十一年，武宗入繼大統，立仁宗爲皇太子，命以次傳於帝。

武宗崩，仁宗立，延祐三年春，議建東宮，時丞相鐵木迭而欲固位取寵，乃議立英宗爲皇太子，又與太后幸臣識烈門譖帝於兩宮，浸潤久之，其計遂行。於是封帝爲周王，出鎭雲南。置常侍府官屬，以遙授中書左丞相禿忽魯、大司徒斡耳朶、中政使尙家奴、山北遼陽等路蒙古軍萬戶孛羅、翰林侍講學士教化等並爲常侍，中衞親軍都指揮使唐兀、兵部尙書賽罕八都魯爲中尉，仍置諮議、記室各二員，遣就鎭。

是年冬十一月，帝次延安，禿忽魯、尙家奴、孛羅及武宗舊臣釐日、沙不丁、哈八兒禿等皆來會。教化謀曰：「天下者我武皇之天下也，出鎭之事，本非上意，由左右搆間致然。請以其故白行省，俾聞之朝廷，庶可杜塞離間，不然，事變叵測。」遂與數騎馳去。先是，阿思罕爲太師，鐵木迭兒奪其位，出之爲陝西行省丞相，及教化等至，卽與平章政事塔察兒、行臺御史大夫脫里伯、中丞脫歡，悉發關中兵，分道自潼關、河中府入。已而塔察兒、脫歡襲殺阿思罕、教化于河中，帝遂西行，至北邊金山。西北諸王察阿台等聞帝至，咸率衆來附。帝至其部，與定約束，每歲冬居扎顏，夏居斡羅斡察山，春則命從者耕于野泥，十餘年間，邊境寧謐。

延祐七年，仁宗崩，英宗嗣立。是歲夏四月丙寅，子妥懽帖木爾生，是爲至正帝。至治三年八月癸亥，御史大夫鐵失等弒英宗，晉王也孫鐵木兒自立爲皇帝，改元泰定。五月，遣使扈從皇后八不沙至自京師。二年，帝弟圖帖睦爾以懷王出居于建康。三年三月癸酉，子懿璘質班生，是爲寧宗。

歲戊辰七月庚午，泰定皇帝崩于上都，倒剌沙專權自用，踰月不立君，朝野疑懼。時僉樞密院事燕鐵木兒留守京師，遂謀舉義。八月甲午黎明，召百官集興聖宮，兵皆露刃，號於衆曰：「武皇有聖子二人，孝友仁文，天下歸心，大統所在，當迎立之，不從者死！」乃縛平章烏伯都剌、伯顏察兒，以中書左丞朶朶、參知政事王士熙等下于獄。燕鐵木兒與西安王阿剌忒納失里固守內廷。於是帝方遠在沙漠，猝未能至，慮生他變，乃迎帝弟懷王于江陵，且宣言已遣使北迎帝，以安衆心。復矯稱帝所遣使者自北方來，云周王從諸王兵整駕南轅，旦夕卽至矣。丁巳，懷王入京師，羣臣請正大統，固讓曰：「大兄在北，以長以德，當有天下。必不得已，當明以朕志播告中外。」九月壬申，懷王卽位，是爲文宗。改元天曆，詔天下曰：「謹俟大兄之至，以遂朕固讓之心。」

時倒剌沙在上都，立泰定皇帝子爲皇帝，乃遣兵分道犯大都。而梁王王禪、右丞相答失鐵木兒、御史大夫紐澤、太尉不花等，兵皆次于榆林，燕帖木兒與其弟撒敦、子唐其勢等，帥師與戰，屢敗之。上都兵皆潰。十月辛丑，齊王月魯帖木兒、元帥不花帖木兒以兵圍上都，倒剌沙乃奉皇帝寶出降，兩京道路始通。

於是文宗遣哈散及撒迪等相繼來迎，朔漠諸王皆勸帝南還京師，遂發北邊。諸王察阿台、沿邊元帥朶烈捏、萬戶買驢等，咸帥師扈行。舊臣孛羅、尙家奴、哈八兒禿皆從。至金山，嶺北行省平章政事潑皮奉迎，武寧王徹徹禿、僉樞密院事帖木兒不花繼至。乃命孛羅如京師。兩京之民聞帝使者至，歡呼鼓舞曰：「吾天子實自北來矣！」諸王、舊臣爭先迎謁，所至成聚。

天曆二年正月乙丑，文宗復遣中書左丞躍里帖木兒來迎。乙酉，撒迪等至，入見帝于行幄，以文宗命勸進。丙戌，帝卽位于和寧之北，扈行諸王、大臣咸入賀。乃命撒迪遣人還報京師。是月，前翰林學士承旨不答失里以太府太監沙剌班輦金銀幣帛至。遣撒迪等還京師，帝命之曰：「朕弟曩嘗覽觀書史，邇者得無廢乎？聽政之暇，宜親賢士大夫，講論史籍，以知古今治亂得失。卿等至京師，當以朕意諭之。」

二月壬辰，宣靖王買奴自京師來覲。辛丑，追尊皇妣亦乞烈氏曰仁獻章聖皇后。是月，文宗立奎章閣學士院于京師，遣人以除目來奏，帝並從之。

三月戊午朔，次潔堅察罕之地。辛酉，文宗遣右丞相燕鐵木兒奉皇帝寶來上，御史中丞八卽剌、知樞密院事禿兒哈帖木兒等，各率其屬以從。壬戌，造乘輿服御及近侍諸服用。丙寅，帝謂中書左丞躍里帖木兒曰：「朕至上都，宗藩諸王必皆來會，非尋常朝會比也，諸王察阿台今亦從朕遠來，有司供張，皆宜豫備。卿其與中書臣僚議之。」丁亥，雨土，霾。

四月癸巳，燕鐵木兒見帝於行在，率百官上皇帝寶，帝嘉其勳，拜太師，仍命爲中書右丞相，開府儀同三司、上柱國、錄軍國重事、監修國史、答剌罕、太平王並如故。復諭燕鐵木兒等曰：「凡京師百官，朕弟所用者，並仍其舊，卿等其以朕意諭之。」燕鐵木兒奏：「陛下君臨萬方，國家大事所繫者，中書省、樞密院、御史臺而已，宜擇人居之。」帝然其言，以武宗舊人哈八兒禿爲中書平章政事，前中書平章政事伯帖木兒知樞密院事，常侍孛羅爲御史大夫。甲午，立行樞密院，命昭武王、知樞密院事火沙領行樞密院事，賽帖木兒、買奴並同知行樞密院事。是日，帝宴諸王、大臣于行殿，燕鐵木兒、哈八兒禿、伯帖木兒、孛羅等侍。帝特命臺臣曰：「太祖皇帝嘗訓敕臣下云：『美色、名馬，人皆悅之，然方寸一有繫累，卽能壞名敗德。』卿等居風紀之司，亦嘗念及此乎？世祖初立御史臺，首命塔察兒、奔帖傑兒二人協司其政。天下國家，譬猶一人之身，中書則右手也，樞密則左手也。左右手有病，治之以良醫，省、院闕失，不以御史臺治之，可乎？凡諸王、百司，違法越禮，一聽舉劾。風紀重則貪墨懼，猶斧斤重則入木深，其勢然也。朕有闕失，卿亦以聞，朕不爾責也。」乙未，特命孛羅等傳旨，宣諭燕鐵木兒、伯答沙、火沙、哈八兒禿、八卽剌等曰：「世祖皇帝立中書省、樞密院、御史臺及百司庶府，共治天下，大小職掌，已有定制。世祖命廷臣集律令章程，以爲萬世法。成宗以來，列聖相承，罔不恪遵成憲。朕今居太祖、世祖所居之位，凡省、院、臺、百司庶政，詢謀僉同，標譯所奏，以告于朕。軍務機密，樞密院當卽以聞，毋以夙夜爲間而稽留之。其他事務，果有所言，必先中書、院、臺，其下百司及褻御之臣，毋得隔越陳請。宜宣諭諸司，咸俾聞知。儻違朕意，必罰無赦。」丁酉，以陝西行臺御史大夫鐵木兒脫爲上都留守。辛丑，文宗立都督府于京師，遣使來奏，又以臺憲官除目來上，並從之。癸卯，遣使如京師，

卜日命中書左丞相鐵木兒補化攝告卽位于郊廟、社稷。遣武寧王徹徹禿及哈八兒禿立文宗爲皇太子，仍立詹事院，罷儲慶司。以徹里鐵木兒爲中書平章政事，闊兒吉司爲中書右丞，怯來、只兒哈郎並爲甘肅行省平章政事，忽剌台爲江浙行省平章政事，那海爲嶺北行省平章政事。甲辰，敕中書省賜官吏送寶者秩一等，從者賚以幣帛。乙巳，監察御史言：「嶺北行省，控制一方，廣輪萬里，實爲太祖肇基之地，國家根本繫焉。方面之寄，豈可輕任。平章塔卽吉素非勳舊，奴事倒剌沙，倔起宿衞，輒爲右丞，俄陞平章，年已七十，眊昏殊甚。左丞馬謀，本晉邸部民，以女妻倒剌沙，引爲都水，遂除左丞。郎中羅里，市井小人，禿魯忽乃晉邸衞卒，不諳政務。並宜黜退。」臺臣以聞，帝曰：「御史言甚善，其並黜之。」又諭臺臣曰：「御史劾嶺北省臣，朕甚嘉之。繼今所當言者，毋有所憚。被劾之人，苟營求申訴，朕必罪之。或廉非其實，毋輒以聞。」

五月丁巳朔，次朵里伯眞之地。戊午，遣西安王阿剌忒納失里還京師。封帖木兒爲保德郡王。賜扈駕宿衞士等幣帛有差。己未，皇太子遣翰林學士承旨阿鄰帖木兒來覲。庚申，次斡耳罕（木）〔水〕東。〔一〕辛酉，御史大夫孛羅、中政使尙家奴，並特授開府儀同三司，以典四番宿衞。癸亥，次必忒怯禿之地，翰林學士承旨斡耳朵自京師來覲。命有司新武宗幄殿、車輿。庚午，命燕鐵木兒陞用嶺北行省官吏，其餘官吏並賜散官一級。選用潛邸舊臣

及扈從士，受制命者八十有五人，六品以下二十有六人。壬申，次探禿兒海之地。封亦憐眞八爲柳城郡王。以八卽剌爲陝西行臺御史大夫，衆家奴爲御史中丞。乙亥，次禿忽剌。敕大都省臣鑄皇太子寶。時求太子故寶不知所在，近侍伯不花言寶藏于上都行幄，遣人至上都索之，無所得，乃命更鑄之。西木鄰等四十三驛旱災，命中書以糧賑之，計八千二百石。丁丑，皇太子發京師。鎭南王帖木兒不花，諸王也速、斡卽、答來不花、朶來只班、伯顏也不干，駙馬別闍里及扈衞百官，悉從行。戊寅，京師市馬二百八十匹，載乘輿服御送行在所。己卯，次禿忽剌河東。加翰林學士承旨唐兀爲太尉。趙王馬札罕部落旱，民五萬五千四百口不能自存，敕河東宣慰司賑糧兩月。庚辰，賜諸王燕只哥台鈔二百錠、幣帛二千匹。辛巳，次斡羅斡禿之地。壬午，次不魯通之地。是日，左丞相鐵木兒補化等以帝卽位，攝告南郊。甲申，次忽剌火失溫之地。

六月丁亥朔，次坤都也不剌之地。是日，鐵木兒補化等以帝卽位，攝告于宗廟、社稷。戊子，燕鐵木兒等奏：「中政院越中書擅奏除授，移文來徵制敕，已如所請授之，然於大體非宜，乞申命禁止，庶使政權歸一。」從之。庚寅，次撒里之地。陝西行省告饑，遣使還都，與諸老臣議賑救之。丁酉，次兀納八之地。陞都督府爲大都督府。己亥，次闊朶之地。樞密院奏：「皇太子遣使來言，近已頒赦，四川諸省兵悉遣還營，惟雲南逆謀叵測，兵未可卽罷，

令臣等以聞。」帝曰：「可仍屯戍，俟平定而後罷。」辛丑，次（散）〔撒〕里怯兒之地。〔二〕壬寅，戒近侍毋得輒有奏請。甲辰，賜駙馬脫必兒鈔千錠，往雲南。丁未，次哈里溫。戊申，次闊朶傑阿剌倫。〔三〕辛亥，次哈兒哈納禿之地。詔諭中書省臣：「凡國家錢穀、銓選諸大政事，先啓皇太子，然後以聞。」癸丑，次忽禿之地。甲寅，賑陝西臨潼、華陰二十三驛鈔一千八百錠，晉寧路十五驛鈔八百錠。是月，鐵木兒補化以久旱啓于皇太子，辭相位，乞更選賢德，委以燮理。皇太子遣使以聞。帝諭闊兒吉思等曰：「修德應天，乃君臣當爲之事，鐵木兒補化所言良是。天明可畏，朕未嘗斯須忘于懷也。皇太子來會，當與共圖其可以澤民利物者行之。卿等其以朕意諭羣臣。」

七月丙辰朔，日有食之。甲子，次孛羅火你之地。壬申，監察御史把的于思言：「朝廷自去秋命將出師，戡定禍亂，其供給軍需，賞賚將士，所費不可勝紀。若以歲入經賦較之，則其所出已過數倍。況今諸王朝會，舊制一切供億，俱尙未給，而陝西等處饑饉荐臻，餓殍枕藉，加以冬春之交，雪雨愆期，麥苗槁死，秋田未種，民庶遑遑，流移者衆。臣伏思之，此正國家節用之時也。如果有功必當賞賚者，宜視其官之崇卑而輕重之，不惟省費，亦可示勸。其近侍諸臣奏請恩賜，宜悉停罷，以紓民力。」臺臣以聞，帝嘉納之，仍敕中書省以其所言示百司。乙亥，次不羅察罕之地。丙子，文宗受皇太子寶。戊寅，次小只之地。壬午，遣

使詣京師，敕中書平章政事哈八兒禿同翰林國史院官，致祭太祖、太宗、睿宗三朝御容。發諸衞軍六千完京城。

八月乙酉朔，次王忽察都之地。丙戌，皇太子入見。是日，宴皇太子及諸王、大臣于行殿。庚寅，帝暴崩，年三十。葬起輦谷，從諸陵。是月己亥，皇太子復卽皇帝位。十二月乙巳，知樞密院事臣也不倫等議請上尊謚曰翼獻景孝皇帝，廟號明宗。三年三月壬申，祔于太廟。

校勘記

〔一〕次斡耳罕（木）〔水〕東　按斡耳罕水卽今鄂爾渾河，此處「水」、「木」形近致誤，今改。續通鑑已校。

〔二〕（散）〔撒〕里怯兒之地　從北監本改。參看卷一校勘記〔三〕。

〔三〕闊朶傑阿剌倫　此地卽本書卷二太宗紀所見之「曲雕阿蘭」、「庫鐵烏阿剌里」，卷三憲宗紀又作「闊帖兀阿闌」。此名蒙古語，意爲「荒洲」。此處「倫」係衍譯之文，將蒙語「之」裹入地名。

元史卷三十二

本紀第三十二

文宗一

文宗聖明元孝皇帝，諱圖帖睦爾，武宗之次子，明宗之弟也。母曰文獻昭聖皇后，唐兀氏。大德三年，武宗總兵北邊，帝以八年春正月癸亥生。

十一年，武宗入繼大統。至大四年，武宗崩，傳位于弟仁宗。延祐三年，丞相鐵木迭兒等議立英宗爲皇太子，明宗以武宗長子，乃出之，居于朔漠。及英宗卽位，鐵木迭兒復爲丞相，懷私固寵，搆釁骨肉，諸王大臣，莫不自危。至治元年五月，中政使咬住告脫歡察兒等交通親王，於是出帝居于海南。三年六月，英宗在上都，謂丞相拜住曰：「朕兄弟實相友愛，曩以小人譖愬，俾居遠方，當亟召還，明正小人離間之罪。」未幾，鐵失、也先鐵木兒等爲逆，而晉王遂立爲皇帝，改元泰定。召帝于海南之瓊州，還至潭州，復命止之。居數月，乃還京

師。十月，封懷王，賜黃金印。二年正月，又命出居于建康，以殊祥院使也先捏掌其衞士。

初，晉王旣爲皇帝，以內史倒剌沙爲中書平章政事，遂爲丞相，狡愎自用，災異數見，而帝兄弟播越南北，人心思之。

致和元年春，大駕出畋柳林，以疾還宮。諸王滿禿、阿馬剌台，太常禮儀使哈海，〔一〕宗正扎魯忽赤闊闊出等，與僉樞密院事燕鐵木兒謀曰：「今主上之疾日臻，將往上都。如有不諱，吾黨扈從者執諸王、大臣殺之。居大都者，卽縛大都省、臺官，宣言太子已至，正位宸極，傳檄守禦諸關，則大事濟矣。」

三月，大駕至上都，滿禿、闊闊出等扈從。西安王阿剌忒納失里居守，燕鐵木兒亦留大都。時也先捏私至上都，與倒剌沙等圖弗利於帝，乃遣宗正扎魯忽赤雍古台遷帝居江陵。

七月庚午，泰定皇帝崩于上都。倒剌沙及梁王王禪、遼王脫脫，因結黨害政，人皆不平。時燕鐵木兒實掌大都樞密符印，謀於西安王阿剌忒納失里，陰結勇士，以圖舉義。

八月甲午，黎明，百官集興聖宮，燕鐵木兒率阿剌鐵木兒、孛倫赤等十七人，兵皆露刃，號於衆曰：「武宗皇帝有聖子二人，孝友仁文，天下正統當歸之。今爾一二臣，敢紊邦紀！有不順者斬。」乃手縛平章政事烏伯都剌、伯顏察兒，分命勇士執中書左丞朶朶，參知政事王士熙，參議中書省事脫脫、吳秉道，侍御史鐵木哥、丘世傑，治書侍御史脫歡，太子詹事丞

王樌等，皆下之獄。燕鐵木兒與西安王阿剌忒納失里共守內廷，籍府庫，錄符印，召百官入內聽命。即遣前河南行省參知政事明里董阿、前宣政使答里麻失里，馳驛迎帝於江陵，密以意諭河南行省平章政事伯顏，令簡兵以備扈從。是日，前湖廣行省左丞相別不花爲中書左丞相，太子詹事塔失海涯爲中書平章政事，前湖廣行省右丞速速爲中書左丞，前陝西行省參知政事王不憐吉台爲樞密副使，與中書右丞趙世延、同僉樞密院事燕鐵木兒、〔三〕翰林學士承旨亦列赤、通政院使寒食分典機務，調兵守禦關要，徵諸衞兵屯京師，下郡縣造兵器，出府庫犒軍士。燕鐵木兒直宿禁中，達旦不寐，一夕或再徙，人莫知其處。乙未，以西安王令，給宿衞京城軍士鈔有差，調諸衞兵守居庸關及盧兒嶺。丙申，遣左衞率使禿魯將兵屯白馬甸，隆鎮衞指揮使斡都蠻將兵屯泰和嶺。丁酉，發中衞兵守遷民鎮。又遣撒里不花等往迎帝，且令塔失帖木兒矯爲使者自南來，言帝已次近郊，使民毋驚疑。戊戌，徵宣靖王買奴、諸王燕不花于山東。己亥，徵兵遼陽。明里董阿至汴梁，執行省臣，皆下之獄。又收肅政廉訪司、萬戶府及郡縣印。庚子，發宗仁衞兵增守遷民鎮。辛丑，遣萬戶徹里帖木兒將兵屯河中。壬寅，河南行省以郡縣闕人，權署官攝其事。癸卯，燕鐵木兒之弟撒敦、子唐其勢，自上都來歸。河南行省殺平章曲烈、右丞別鐵木兒。是日，明里董阿等至江陵。甲辰，帝發江陵，遣使召鎮南王鐵木兒不花、威順王寬徹不花、湖廣行省平章政事高昌王鐵木

兒補化來會。執湖廣行省左丞馬合某送京師，以別薛代之。河南行省出府庫金千兩、銀四千兩、鈔七萬一千錠，分給官吏、將士。又命有司造乘輿、供張、儀仗等物。乙巳，遣隆鎮衞指揮使也速台兒將兵守碑樓口。河南行省殺其參政脫孛臺。召陝西行臺侍御史馬扎兒台及行省平章政事探馬赤，不至。丙午，諸王按渾察至京師。遣前西臺御史剌馬黑巴等諭陝西。丁未，撒敦守居庸關，唐其勢屯古北口。命河南行省造銀符，以給軍士有功者。戊申，燕鐵木兒又令乃馬台矯爲使者北來，言周王整兵南行，聞者皆悅。帝命河南行省平章政事伯顏爲本省左丞相。河南行省遣前萬戶孛羅等將兵守潼關。己酉，諸王滿禿、阿馬剌台，宗正扎魯忽赤闊闊出，前河南行平章政事買閭，集賢侍讀學士兀魯思不花，太常禮儀院使哈海赤等十八人，同謀援大都，事覺，倒剌沙殺之。庚戌，帝至汴梁，伯顏等扈從北行。以前翰林學士承旨阿不海牙爲河南行省平章政事。發平灤民塹遷民鎮，以禦遼東軍。辛亥，以燕鐵木兒知樞密院事，亦列赤爲御史中丞。壬子，阿速衞指揮使脫脫木兒帥其軍自上都來歸，即命守古北口。癸丑，鑄樞密分院印。是日，上都諸王及用事臣，以兵分道犯京畿，留遼王脫脫、諸王孛羅帖木兒、太師朶帶、左丞相倒剌沙、知樞密院事鐵木兒脫居守。甲寅，剌馬黑巴等至陝西，皆見殺。乙卯，脫脫木兒及上都諸王失剌、平章政事乃馬台、詹事欽察戰于宜興，斬欽察于陣，禽乃馬台送京師，戮之，失剌敗走。丙辰，燕鐵木兒奉法駕郊

迎。丁巳，帝至京師，入居大內。貴赤衞指揮使脫迭出自上都，率其軍來歸，命守古北口。戊午，以速速爲中書平章政事，前御史中丞曹立爲中書右丞，江浙行省參知政事張友諒爲中書參知政事，河南行省左丞相伯顏爲御史大夫，中書右丞趙世延爲御史中丞。己未，以河南萬戶也速台兒同知樞密院事。罷回回掌教哈的所。上都梁王王禪、右丞相塔失鐵木兒、太尉不花、平章政事買閭、御史大夫紐澤等，兵次榆林。陞宜興縣爲州。隆鎮衞指揮使黑漢謀附上都，坐棄市，籍其家。

九月庚申朔，燕鐵木兒督師居庸關，遣撒敦以兵襲上都兵于榆林，擊敗之，追至懷來而還。隆鎮衞指揮使斡都蠻以兵襲上都諸王滅里鐵木兒、脫木赤于陀羅臺，執之，歸于京師。遣使即軍中賜脫脫木兒等銀各千兩，以分給軍士有功者。賜京師耆老七十人幣帛。命有司括馬。中書左丞相別不花言：「回回人哈哈的，自至治間貸官鈔，違制別往番邦，得寶貨無算，法當沒官，而倒剌沙私其種人，不許，今請籍其家。」從之。燕鐵木兒請釋馬合某，從之。陝西兵入河中府，劫行用庫鈔萬八千錠，殺同知府事不倫禿。壬戌，遣使祭五嶽、四瀆。命速速宣諭中外曰：「昔在世祖以及列聖臨御，咸命中書省綱維百司，總裁庶政，凡錢穀、銓選、刑罰、興造，罔不司之。自今除樞密院、御史臺，其餘諸司及左右近侍，敢有隔越中書奏請政務者，以違制論。監察御史其糾言之。」以高昌王鐵木兒補化知樞密院事，也

先捏爲宣徽使。給居庸關軍士糗糧。賜鎮南王鐵木兒不花等鈔有差。徵五衞屯田兵赴京師。安南國來貢方物。賜上都將士來歸者鈔各有差。樞密院臣言：「河南行省軍列戍淮西，距潼關、河中不遠，湖廣行省軍，唯平陽、保定兩萬戶號稱精銳，請發蘄、黃戍軍一萬人及兩萬戶軍，爲三萬，命湖廣參政鄭昂霄、萬戶脫脫木兒將之，並黃河爲營，以便徵遣。」從之。召燕鐵木兒赴闕。上都諸王也先帖木兒、平章禿滿迭兒，自遼東以兵入遷民鎮，諸王八剌馬、也先帖木兒以所部兵入管州，殺掠吏民。丙寅，命造兵器，江浙、江西、湖廣三省六萬事，內郡四萬事。丁卯，燕鐵木兒率諸王、大臣，伏闕請早正大位，以安天下，帝固辭曰：「大兄在朔方，朕敢紊天序乎！」燕鐵木兒曰：「人心向背之機，間不容髮，一或失之，噬臍無及。」帝曰：「必不得已，必明著朕意以示天下而後可。」賜西安王阿剌忒納失里、鎮南王帖木兒不花、威順王寬徹不花、宣靖王買奴等，金各五十兩、銀各五百兩、幣各三十匹。遣撒敦拒遼東兵于薊州東流沙河，元帥阿兀剌守居庸關。上都軍攻碑樓口，指揮使也速臺兒禦之，不克。戊辰，大司農明里董阿、大都留守闊闊台，並爲中書平章政事。募勇士從軍。遣使分行河間、保定、眞定及河南等路括民馬。徵鄢陵縣河西軍赴闕。命襄陽萬戶楊克忠、鄧州萬戶孫節，以兵守武關。命海道萬戶府來年運米三百一十萬石。造金符八十。己巳，鑄御寶成。立行樞密院于汴梁，以同知樞密院事也速台兒知行樞密院事，將兵行視太行諸

關，西擊河中、潼關軍，以摺疊弩分給守關軍士。上都諸王忽剌台等引兵犯崞州。庚午，命有司和市粟豆十六萬五千石，分給居庸等關軍馬。遣軍民守歸、峽諸隘。辛未，常服謁太廟。雲南孟定路土官來貢方物。烏伯都剌、鐵木哥棄市，朶朶、王士熙、伯顏察兒、脫歡等各流于遠州，並籍其家。同知樞密院事脫脫木兒與遼東禿滿迭兒戰于薊州兩家店。壬申，帝卽位於大明殿，受諸王、百官朝賀，大赦，詔曰：

洪惟我太祖皇帝混一海宇，[三]爰立定制，以一統緒，宗親各受分地，勿敢妄生覬覦，此不易之成規，萬世所共守者也。世祖之後，成宗、武宗、仁宗、英宗，以公天下之心，以次相傳，宗王、貴戚，咸遵祖訓。至於晉邸，具有盟書，願守藩服，而與賊臣鐵失、也先帖木兒等潛通陰謀，冒干寶位，使英宗不幸罹於大故。朕兄弟播越南北，備歷艱險，臨御之事，豈獲與聞！

朕以叔父之故，順承惟謹，于今六年，災異迭見。權臣倒剌沙、烏伯都剌等，專權自用，疏遠勳舊，廢棄忠良，變亂祖宗法度，空府庫以私其黨類。大行上賓，利於立幼，顯握國柄，用成其奸。宗王、大臣，以宗社之重，統緒之正，協謀推戴，屬於眇躬。朕以菲德，宜俟大兄，固讓再三。宗戚、將相，百僚、耆老，以爲神器不可以久虛，天下不可以無主，周王遼隔朔漠，民庶遑遑，已及三月，誠懇迫切。朕姑從其請，謹俟大兄之至，

以遂朕固讓之心。已於致和元年九月十三日，卽皇帝位於大明殿。其以致和元年爲天曆元年，可大赦天下。自九月十三日昧爽已前，除謀殺祖父母、父母，妻妾殺夫，奴婢殺主，謀故殺人，但犯强盜，印造僞鈔不赦外，其餘罪無輕重，咸赦除之。

於戲，朕豈有意於天下哉！重念祖宗開創之艱，恐隳大業，是以勉徇輿情。尙賴爾中外文武臣僚，協心相予，輯寧億兆，以成治功。咨爾多方，體予至意！

癸酉，翰林院增給驛璽書。命燕鐵木兒將兵擊遼東軍。封燕鐵木兒爲太平王，以太平路爲食邑，賜金五百兩、銀二千五百兩、鈔萬錠、平江官地五百頃。中書右丞曹立爲江浙行省平章政事，福建廉訪使易釋董阿爲右丞，前中書左丞張思明爲左丞。諸王塔朮、只兒哈郎、佛寶等自恩州來朝。賜按灰鈔百錠，以祀天神。括河東馬。甲戌，燕鐵木兒加開府儀同三司、上柱國、錄軍國重事、中書右丞相、監修國史，依前知樞密院事。伯顏加太尉。以江南行臺御史大夫朶兒只爲江浙行省左丞相，淮西道肅政廉訪使阿兒思蘭海牙爲江南行臺御史大夫。諸王孛羅、忽都火者來朝。徵左右兩阿速衞軍老幼赴京師，不行者斬，籍其家。乙亥，立太禧院，以奉祖宗神御殿祠祭，秩正二品，罷會福、殊祥兩院。江西行省平章政事禿堅帖木兒、江浙行省右丞易釋董阿並爲太禧院使，中書平章速速、御史中丞亦列赤兼太禧院使。上都王禪兵襲破居庸關，將士皆潰。燕鐵木兒軍次三河。丙子，王禪游兵至大口，燕鐵木兒還軍次榆河，帝出齊化門視師。丁丑，燕鐵木兒來見曰：「乘輿一出，民心必驚。軍旅之事，臣請以身任之。」卽日還宮。命司天監禜星。戊寅，諭中外曰：「近以姦臣倒剌沙、烏伯都剌，潛通陰謀，變易祖宗成憲，旣已明正其罪。凡回回種人不預其事者，其安業勿懼；有因而扇惑其人者，罪之。」又敕：「軍中逃歸，及京城游民敢擾民財者斬。」命高昌僧作佛事於延春閣。又命也里可溫於顯懿莊聖皇后神御殿作佛事。諸王阿兒八忽、按灰、脫脫來朝。命留守司完京城，軍士乘城守禦。燕鐵木兒與王禪前軍戰于榆河，[四]敗之，追奔紅橋北。其樞密副使阿剌帖木兒、指揮使忽都帖木兒以兵會王禪，復來戰，又敗之。我師據紅橋。增給大都驛馬百匹。庚辰，太白犯亢宿。詔諭御史臺：「今後監察御史、廉訪司，凡有刺舉，並著其實，無則勿妄以言。廉訪司書吏，當以職官、教授、吏員、鄉貢進士參用。」加封漢將軍關羽爲顯靈義勇武安英濟王，遣使祠其廟。辛巳，命司天監禜星。以別不花知樞密院事，依前中書左丞相。括山東馬。燕鐵木兒與上都軍大戰白浮之野，燕鐵木兒手刃七人于陣，敗之。脫脫木兒與遼東軍戰薊州之檀子山。壬午，大霧。王禪等遁崑山（州）。[五]獲上都頒詔使者及遼東徵兵使者，以聞，詔誅之。癸未，以同知樞密院事禿兒哈帖木兒知樞密院事，中書平章政事明里董阿爲江浙行省平章政事。王禪收集散亡，復來戰，我師列陣白浮之西，敵不敢犯。至夜，撒敦、脫脫木兒前後夾攻，敗走之，追及于昌平北，斬首數千級，

降者萬餘人。帝遣使賜燕鐵木兒上尊，諭旨曰：「丞相每臨陣，躬冒矢石，脫有不虞，奈何？自今第以大將旗鼓督戰可也。」燕鐵木兒對曰：「凡戰，臣必以身先之，敢後者，論以軍法。若委之諸將，萬一失利，悔將何及！」甲申，慶雲見。王禪單騎亡，撒敦追之不及而還。命御史臺：「凡各道廉訪司官，用蒙古二人，畏兀、河西、回回、漢人各一人。各司書吏十六人，用職官五，各路司吏五，教授二，鄉貢進士四人。本臺經歷品秩相當者，除各道廉訪使；都事除副使。本臺譯史通事考滿不得除御史。」靖安王闊不花等將陝西兵潛由潼關南水門入，萬戶孛羅棄關走，闊不花等分據陝州等縣，縱兵四掠。乙酉，以明里董阿爲中書平章政事，嶺北行省左丞燕不鄰知樞密院事。募丁壯千人守捍城郭。上都兵入古北口，將士皆潰，其知樞密院事竹溫台以兵掠石槽。追封乳母完者雲國夫人，其夫斡羅思贈太保，封雲國公，諡忠懿；子鎖乃贈司徒，封雲國公，諡貞閔。燕鐵木兒遣撒敦倍道趨石槽，掩其不備擊之。燕鐵木兒大兵繼至，轉戰四十餘里，至牛頭山，擒駙馬孛羅帖木兒，平章蒙古塔失、〔雅失〕帖木兒，[六]將作院使撒兒討溫，送闕下戮之，將校降者萬人，餘兵奔竄，夜遣撒敦出古北口逐之。脫脫木兒與遼東軍戰薊州南，殺獲無算。調河南蒙古軍老幼五萬人，增守京師。募丁壯守直沽。調臨淸萬戶府運糧軍三千五百並御河分守，山東丁壯萬人守禦益都、般陽諸處海港。居庸關壘石以爲固。丁亥，遼東軍抵京城，燕鐵木兒引兵拒之，令京城里長召募丁

壯及百工合萬人，與兵士爲伍，乘城守禦，月給鈔三錠、米三斗。冀寧、晉寧兩路所轄：代州之雁門關，崞州之陽武關，嵐州之(大)〔天〕澗口、〔七〕皮庫口，保德州之寨底、天橋、白羊三關，石州之塢堡口，汾州之向陽關，隰州之烏門關，吉州之馬頭、秦王嶺二關，靈石縣之陰地關，皆令穿塹壘石以爲固，調丁壯守之。戊子，上都諸王忽剌台等兵入紫荆關，將士皆潰，行樞密院官卜顏、斡都蠻，指揮使也速臺兒將兵援之。陝西行臺御史大夫也先帖木兒引兵從大慶關渡河，擒河中府官殺之。萬戶徹里帖木兒軍潰而遁，河南廉訪副使萬家閭言：「徹里帖木兒身爲大將，紀律不嚴，望風奔潰，宜加重罰，以示勸懲。」不報。河東聞也先帖木兒軍至，官吏皆棄城走，也先帖木兒悉以其黨代之。召雲南行省左丞相也(先)〔兒〕吉尼，〔八〕不至。前尚書左丞相三寶奴以罪誅，其二子上都、哈剌八都兒近侍，命以所籍家貲及制命還之。

冬十月己丑朔，命西僧作佛事。燕鐵木兒引兵至通州，擊遼東軍敗之，皆渡潞水走。遣脫脫木兒等將兵四千，西援紫荆關。調江浙兵萬人，西禦潼關。紫荆關潰卒南走保定，因肆剽掠，同知路事阿里沙及故平章張珪子武昌萬戶景武等率民持挺擊死數百人。河南行省調兵守虎牢關。庚寅，我師與遼東軍夾潞水而陣，遼東軍宵遁，我師渡而襲之。辛卯，禮官言：「卽位之始，當告祭郊廟、社稷，時享之禮，請改用仲月。」從之。紫荆關兵進逼涿州，

同知州事敎化的調丁壯禦之。壬辰，也先捏以軍至保定，殺阿里沙等及張景武兄弟五人，幷取其家貲。倒剌沙貸其姻家長蘆鹽運司判官亦剌馬丹鈔四萬錠，買鹽營利於京師，詔追理之。癸巳，立壽福、會福、隆禧、崇祥四總管府，分奉祖宗神御殿，秩正三品，並隸太禧院。忽剌台游兵進逼南城，令京城居民戶出壯丁一人，持兵仗從軍士乘城，仍於諸門列甕貯水以防火。燕鐵木兒及陽翟王太平、國王朶羅台等戰于檀子山之棗林，唐其勢陷陣，殺太平，死者蔽野，餘皆宵遁，遣撒敦追之，弗及。甲午，命有司市馬千匹，賜軍士出征者。脫脫木兒、章吉與也先捏合擊敵軍於良鄉南，轉戰至盧溝橋，忽剌台被創，據橋而宿。乙未，燕鐵木兒率軍循北山而西，趣良鄉，諸將時與忽剌台、阿剌帖木兒等戰于盧溝橋，聲言燕鐵木兒大軍至，敵兵皆遁。使者頒詔于甘肅，至陝西，行省、行臺官塗毀詔書，械使者送上都。湘寧王八剌失里引兵入冀寧，殺掠吏民。時太行諸關守備皆闕，冀寧路來告急，敕萬戶和尙將兵由故關援之。冀寧路官募民丁迎敵，和尙以兵爲殿，殺獲甚衆。會上都兵大至，和尙退保故關，冀寧遂破。丙申，燕鐵木兒入朝，賜宴興聖殿。賑通州被兵之家。命速速等董度支芻粟。中書省臣言：「上都諸王、大臣，不思祖宗成憲，惑於姦臣倒剌沙之言，輒以兵犯京畿。賴陛下洪福，王禪遂致潰亡，生擒諸王孛羅帖木兒及諸用事臣蒙古答失、雅失帖木兒等，既已明正典刑，宜傳首四方以示衆。」從之。丁酉，以縉山縣民十人嘗爲王禪向導，誅

其爲首者四人，餘杖一百七，籍其家貲，妻子分賜守關軍士。戊戌，命湖廣行省平章政事乞住調兵守歸、峽，左丞別薛守八番，以禦四川軍。諸將追阿剌帖木兒等至紫荆關，獲之，送京師，皆棄市。己亥，幸大聖壽萬安寺，謁世祖、裕宗神御殿。賜燕鐵木兒太平王黃金印，幷降制書，及賜玉盤、龍衣、珠衣、寶珠、金腰帶、海東白鶻青鶻各一。河南行中書省、行樞密院，皆聽便宜行事。禿滿迭兒軍復入古北口，燕鐵木兒引軍禦之，大戰于檀州南，敗之，其萬戶以兵萬人降，禿滿迭兒遂走還遼東。使者頒詔於陝西，行省、行臺官焚詔書，下使者獄，告于上都。庚子，以梁王王禪第賜諸王帖木兒不花。廷臣言：「保定萬戶張昌，其諸父景武等既受誅，宜罷其所將兵，而奪其金虎符。」不許。辛丑，以同知樞密院事脫脫木兒、通政使也不倫並知樞密院事；御史中丞亦列赤爲御史大夫。還給伯顏察兒、朶朶家貲。齊王月魯帖木兒、東路蒙古元帥不花帖木兒等以兵圍上都，倒剌沙等奉皇帝寶出降。梁王王禪遁，遼王脫脫爲齊王月魯帖木兒所殺，遂收上都諸王符印。壬寅，以宣徽使也先捏知行樞密院事，宣徽副使章吉爲行樞密院副使，與知樞密院事也速台兒等將兵西擊潼關軍。中書省臣言：「野理牙舊以贓罪除名，近復命爲太醫使，臣等不敢奉詔。」帝曰：「往者勿咎，比兵興之時，朕已錄用，其依朕命行之。」以張珪女歸也先捏。癸卯，以故徽政使失列門妻賜燕鐵木兒。以通州知州趙義能禦敵，賜幣二匹。也先鐵木兒軍至晉寧，本路官皆遁。甲

辰，晉邸及遼王所轄路、府、州、縣達魯花赤並罷免禁錮，選流官代之。給淮東宣慰司銀字圓符。命有司收將士所遺符印、兵仗。賑糶京城米十萬石，石爲鈔十五貫。丙午，中書省臣言：「凡有罪者，既籍其家貲，又沒其妻子，非古者罪人不孥之意。今後請勿沒人妻子。」制可。丁未，告祭于南郊。以中書平章政事塔失海涯爲大司農，復以欽察台爲中書平章政事，侍御史玥璐不花爲中丞。以度支芻豆經用不足，凡諸王、駙馬來朝並節其給，宿衞官已有廩祿者及內侍宮人歲給芻豆，皆權止之。糴豆二十萬石於瀕御河州縣，以河間、山東鹽課鈔給其直。放還防河運糧軍。陝西兵至鞏縣黑石渡，遂據虎牢，我師皆潰，儲仗悉爲所獲。河南行省來告急，戒有司修城壁，嚴守衞。雲南銀〔沙〕羅甸土官哀贊等來貢方物。〔九〕己酉，別不花加太保，落知樞密院事。命刑部郎中大都、前廣東僉事張世榮追理烏伯都剌家貲。開居庸關。陝西軍奪武關，萬戶楊克忠等兵潰。庚戌，帝御興聖殿，齊王月魯帖木兒、諸王別思帖木兒、阿兒哈失里、那海罕及東路蒙古元帥不花帖木兒等奉上皇帝寶。倒剌沙等從至京師，下之獄。分遣使者檄行省、內郡罷兵以安百姓。以宦者伯帖木兒妻及奴婢田宅賜撒敦。辛亥，雲南徹里路土官刁賽等來貢方物。詔：「自今朝廷政務及籍沒田宅賜人者，非與燕鐵木兒議，諸人不許奏陳。」以宦者米薛迷奴婢家貲賜伯顏。壬子，以河南、江西、湖廣入貢鴐鵝太頻，令減其數以省驛傳。以諸王火沙第賜燕鐵木兒繼母公主察吉兒。

癸丑，燕鐵木兒辭知樞密院事，命其叔父東路蒙古元帥不花帖木兒代之。燕鐵木兒請以蒙古塔失等三十人田宅賜徹里鐵木兒等三十人，從之。以所括河北諸路馬，四百匹給四宿衞阿塔赤，二百匹給中宮阿塔赤，餘二千匹分牧於內郡。覈上都倉庫錢穀。御史臺臣言：「近北兵奪紫荆關，官軍潰走，掠保定之民。本路官與故平章張珪子景武五人，率其民擊官軍死，也先捏不俟奏聞，輒擅殺官吏及珪五子。珪父祖三世爲國勳臣，設使珪子有罪，珪之妻女又何罪焉！今既籍其家，又以其女妻也先捏，誠非國家待遇勳臣之意。」帝曰：「卿等言是。」命中書革正之。命御史臺擇人充各道廉訪司官。遣官賑良鄉、涿州、定興、保定驛戶之被兵者。甲寅，罷徽政院，改立儲慶使司，秩正二品。平章政事速速、明里董阿並領儲慶司事，鷹坊伯撒里、河南行省左丞姚煒並爲儲慶使。元帥也速答兒執湘寧王八剌失里送京師。八剌失里及趙王馬扎罕、諸王忽剌台，承上都之命，各起所部兵南侵冀寧，還次馬邑，至是被執，其所俘男女千人，悉還其家。遣使止江浙軍士之往潼關者，就還鎮。也先鐵木兒兵至潞州。乙卯，以倒剌沙宅賜不花帖木兒，倒剌沙子潑皮宅賜斡都蠻，內侍王伯顏宅賜唐其勢。丙辰，燕鐵木兒請以所沒逆臣赤斤鐵木兒家貲還其妻。鐵木哥兵入鄧州。丁巳，毀顯宗室，升順宗祔右穆第二室，成宗祔右穆第三室，武宗祔左昭第三室，仁宗祔左昭第四室，英宗祔右穆第四室。加命燕鐵木兒爲答剌罕，仍命子孫世襲其號。燕鐵木兒請以

河南平章曲列等二十三人田宅賜西安王阿剌忒納失里等二十三人，從之。戊午，詔諭廷臣曰：「凡今臣僚，唯丞相燕鐵木兒、大夫伯顏許兼三職署事，餘者並從簡省。百司事當奏者，共議以聞，或私任己意者，不許獨請。上都官吏，自八月二十一日以後擢用者，並追收其制。」敕：「天下僧道有妻者，皆令爲民。」也先捏軍次順德。令廣平、大名兩路括馬。盜殺太尉不花。初，不花乘國家多事，率衆剽掠，居庸以北皆爲所擾，至是盜入其家殺之。興和路當盜以死罪，刑部議以爲：「不花不道，衆所聞知，幸遇盜殺，而本路隱其殘剽之罪，獨以盜聞，於法不當。」中書以聞，帝嘉其議。

十一月己未〔朔〕，詔諭中外曰：「諸王王禪及禿滿迭兒、阿剌不花、禿堅等，兵敗而逃，有能擒獲者，授五品官；同黨之人，若能去逆效順，擒王禪等來歸者，免本罪，依上授官；家奴獲之者，得備宿衞；敢有隱匿者，事覺與犯人同罪。」給殿中侍御史及冀寧路印，凡內外百司印，因兵興而失者，令中書如品秩鑄給之。命太保伯答沙陞太傅，兼宗正扎魯忽赤，總兵北邊。中書省臣言：「侍御史左吉非才，不當任風憲。」御史臺臣伯顏等言：「左吉，御史所薦，若既用之，又以人言而止，臺綱不能振矣。必如省臣所言，臣等乞辭避。」帝曰：「汝等其勿爲是言。左吉果不可用，省臣何不先言之。其令左吉仍爲侍御史。」帝謂中書省臣曰：「朕在瓊州、建康時，撒迪皆從，備極艱苦，其賜鹽引六萬，俾規利以贍其家。」命郡縣招集被

兵流亡之民，貧者賑給之。遼東降軍，給行糧遣還。京畿及四方民爲兵所掠而奴于人者，令有司追理遣還。山北、京東驛被兵者，賑以鈔二萬一千五百錠。放高麗(官)〔宦〕者米薛迷、〔一〇〕剛答里歸田里。庚申，中書錄用前御史臺官亦憐真、蔡文淵。用江南行臺御史王琚仁言，汰近歲白身入官者。敕行御史臺：「凡有糾劾，必由御史臺陳奏，勿徑以封事聞。」命中書省追理倒剌沙及其兄馬某沙，子潑皮、木八剌沙等家貲。辛酉，燕鐵木兒請以紐澤田宅賜欽察台。也先捏兵至武安，也先鐵木兒以軍降。河東州縣聞之，盡殺其所署官吏。癸亥，帝宿齋宮。甲子，服衮冕，享于太廟。陝西兵進逼汴梁，聞朝廷傳檄罷兵，乃解去。乙丑，燕鐵木兒請以烏伯都剌等三十人田宅賜斡魯思等三十人，從之。丁卯，伯顏兼忠翊侍衞都指揮使。庚午，復立察罕腦兒宣慰司。命總宿衞官分簡所募勇士，非舊嘗宿衞者皆罷去。汴梁、河南等路及南陽府頻歲蝗旱，禁其境內釀酒。日本舶商至福建博易者，江浙行省選廉吏征其稅。中書省臣言：「今歲既罷印鈔本，來歲擬印至元鈔一百一十九萬二千錠、中統鈔四萬錠。」監察御史言：「戶部鈔法，歲會其數，易故以新，期於流通，不出其數。邇者倒剌沙以上都經費不足，命有司刻板印鈔；今事既定，宜急收毀。」從之。監察御史撒里不花、鎖南八、于欽、張士弘言：「朝廷政務，賞罰爲先，功罪既明，天下斯定。國家近年自鐵木迭兒竊位擅權，假刑賞以遂其私，綱紀始紊。迨至泰定，爵賞益濫。比以兵興，用人甚急，

然而賞罰不可不嚴。夫功之高下，過之重輕，皆係天下之公論。願命有司，務合公議，明示黜陟。功罪既明，賞罰攸當，則朝廷肅清，紀綱振舉，而天下治矣。」帝嘉納之。辛未，遣西僧作佛事於興和新內。鐵木哥兵入襄陽，本路官皆遁。襄陽縣尹谷庭珪、主簿張德獨不去，西軍執使降，不屈，死之。時僉樞密院事塔海擁兵南陽不救。壬申，遣官告祭社稷。以故平章黑驢平江田三百頃及嘉興蘆地賜西安王阿剌忒納失里。癸酉，八百媳婦國使者昭哀，雲南威楚路土官脕放等，九十九寨土官必也姑等，各以方物來貢。燕鐵木兒言：「向者上都舉兵，諸王失剌、樞密同知阿乞剌等十人，南望宮闕鼓譟，其黨拒命逆戰，情不可恕。」詔各杖一百七，流遠，籍其家貲。甲戌，居泰定后雍吉剌氏于東安州。杭州火，命江浙行省賑被災之家。乙亥，賜西安王阿剌忒納失里、齊王月魯帖木兒、知樞密院事不花帖木兒金各五百兩、銀各二千五百兩、鈔各萬錠；諸王朶列帖木兒金五十兩、銀五百兩、鈔千錠；從者及軍士有差。丙子，速速坐受賂，杖一百七，徙襄陽；以母年老，詔留之京師。丁丑，以躬祀太廟禮成，御大明殿，受諸王、文武百官朝賀。荆王也速也不干遣使傳檄至襄陽，鐵木哥引兵走。戊寅，以御史中丞玥璐不花爲太禧使。監察御史撒里不花等言：「玥璐不花素稟直氣，操履端正，陛下欲振憲綱，非任斯人不可。」乃復以玥璐不花爲中丞，兼太禧使。作佛事于五臺寺。命河南、江浙兩省以兵五萬益湖廣。己卯，中書省臣言：「內外流官年及致仕

者，並依階敍授以制敕，今後不須奏聞。」制可。以也先鐵木兒、烏伯都剌珠衣賜撒迪、趙世安。諸衞漢軍及州縣丁壯所給甲冑兵仗，皆令還官。庚辰，遣使奉迎皇兄明宗皇帝於漠北。以中政院使敬儼爲中書平章政事，同知樞密院事徹里帖木兒爲中書左丞。辛巳，遣欽察百戶及其軍士還鎭。以脫脫等三人妻賜闊闊出等三人。以朶台等十一人田宅賜駙馬朶必兒等十一人。壬午，第三皇子寶寧易名太平訥，命大司農買住保養於其家。詔行樞密院罷兵還。以御史中丞玥璐不花爲中書右丞。癸未，倒剌沙伏誅，磔其尸於市，王禪亦賜死，馬某沙、紐澤、撒的迷失、也先鐵木兒等皆棄市。以所賜速速、也先捏宅，改賜駙馬謹只兒及乳媼也孫眞。甲申，命威順王寬徹不花還鎭湖廣。御史中丞趙世延以老疾辭職，不許，用故中丞崔彧故事，加平章政事居前職。御史臺臣言：「行宣政院、行都水監宜罷。」從之。丙戌，作水陸會。以阿魯灰帖木兒等六人在上都欲舉義，不克而死，並賜贈謚，卹其家。燕鐵木兒言：「晉王及遼王等所轄府縣達魯花赤既已黜罷，其所舉宗正府扎魯忽赤、中書斷事官，皆其私人，亦宜革去。」從之。敕趙世延及翰林直學士虞集製御史臺碑文。遣諸衞兵各還鎭。別不花罷。命有司追理上都官吏預借俸。遼王脫脫之子八都聚黨出剽掠，敕宣德府官捕之。四川行省平章囊加台自稱鎭西王，以其省左丞脫脫爲平章，前雲南廉訪使楊靜爲左丞，殺其省平章寬徹等官，稱兵燒絕棧道。烏蒙路教授杜巖肖謂「聖明繼統，方內大

寧，省臣當罷兵入朝，庶免一方之害」，囊加台以其妄言惑衆，杖一百七，禁錮之。

十二月己丑朔，監察御史言，伯顏宜與燕鐵木兒一體論功行賞，帝曰：「伯顏之功，朕心知之，御史不必言。」庚寅，令內外諸司，天壽節聽具肉食，民間禁屠宰如舊制。命通政院整飭蒙古驛。諸關隘嘗毀民屋以塞者，賜民鈔，俾完之。甲午，以王禪奴婢賜鎭南王鐵木兒不花及燕鐵木兒。乙未，以王禪弓矢賜燕鐵木兒、伯顏。燕鐵木兒請以馬某沙等九人田宅賜燕不憐等九人，從之。丙午，〔二〕幸大崇恩福元寺，謁武宗神御殿。分命諸僧於大明殿、延春閣、興聖宮、隆福宮、萬歲山作佛事。雲南土官普雙等來貢方物。御史臺臣言：「也先捏將兵所至，擅殺官吏，俘掠子女貨財。」詔刑部鞫之，籍其家，杖一百七，竄于南寧，命其妻歸父母家。己亥，造皇后玉册、玉寶。庚子，赦天下。賜諸王滿禿爲果王，阿馬剌台爲毅王，宗正札魯忽赤闊闊出等十七人並賜功臣號及階官爵謚，仍命有司刻其功于碑，賜鈔卹其家。中書省臣言：「陝西行省、行臺官，焚棄詔書，坐罪當流，雖經赦宥，永不錄用爲宜。」制可。辛丑，立龍翊侍衞親軍都指揮使司，分掌欽察軍士，秩正三品，指揮使三人，命燕鐵木兒及卜蘭奚、卯罕爲之，餘官悉聽燕鐵木兒選人以聞。命高昌僧作佛事於寶慈殿。江南行臺御史言：「遼王脫脫，自其祖父以來，屢爲叛逆，蓋因所封地大物衆。宜削王號，處其子孫遠方，而析其元封分地。」詔中書與勳舊大臣議其事。火兒忽答等十三人從湘寧王八

剌失里用兵，既伏誅，命皆籍其家貲。西僧百人作佛事於徽猷閣七日。癸卯，欽察、阿速二部，依宿衞軍士例給芻豆。乙巳，伯顏加太尉、開府儀同三司，與亦列赤並爲御史大夫，同振臺綱，詔天下。立內宰司，隸儲慶使司，秩正三品。以阿伯等六人田宅賜諸王老的等六人。雲南姚州知州高明來貢方物。戊申，以潛邸所用工匠百五十人付皇子阿剌忒納答剌，立異樣局以司之，秩從六品。加伯顏爲太保，知樞密院事不花帖木兒爲太尉，香山爲司徒。己酉，開上都酒禁。壬子，以諸路民匠提領所合爲提舉司，秩從五品。甲寅，復遣治書侍御史撒迪、內侍不顏禿古思奉迎皇兄於漠北。西安王阿剌忒納失里及燕鐵木兒、鐵木兒補化，請各遣人送名鷹於行在所。以王禪妻金珠首飾歸中宮。丙辰，陞太禧院從一品，中書〔左〕〔右〕丞玥璐不花爲太禧使。〔三〕丁巳，封西安王阿剌忒納失里爲豫王，賜南康路爲食邑。徹里鐵木兒陞右丞，參知政事躍里鐵木兒爲左丞，參議省事趙世安爲參知政事。戊午，詔：「被兵郡縣免雜役。禁釀酒，弛山場河濼之禁；私相假貸者，俟秋成責償。蒙古、色目人願丁父母憂者，聽如舊制。」御史臺言：「囊加台拒命西南，罪不可宥，所授制敕，宜從追奪。」中書省臣言：「今方許囊加台等自新，則御史言宜勿行。」從之。教坊司達魯花赤撒剌兒，在武宗時遙授參知政事，階中奉大夫，詔落遙授之職，而仍其舊階。是月，復遣使者召雲南行省左丞相也兒吉你，又不至。加謚唐司徒顏眞卿正烈文忠公，令有司歲時致祭。陝西自泰

定二年至是歲不雨，大饑，民相食。杭州、嘉興、平江、湖州、鎭江、建德、池州、太平、廣德等路水，沒民田萬四千餘頃。河北、山東有年。

校勘記

〔一〕太常禮儀使哈海　按下文致和元年八月己酉條作「哈海赤」，此處「哈海」下疑脫「赤」字。

〔二〕同僉樞密院事燕鐵木兒　按本書卷一三八燕鐵木兒傳，燕鐵木兒泰定三年遷同僉樞密院事，致和元年進僉書樞密院事，本卷上文致和元年春已書「僉樞密院事燕鐵木兒」，此處「同」字疑衍。

〔三〕洪惟我太祖皇帝混一海宇　道光本據元文類卷九卽位改元詔改作「洪惟我太祖皇帝，肇造區夏；世祖皇帝，混一海宇」。按元代詔書皆稱太祖創業、世祖統一，此處顯有脫文。

〔四〕燕鐵木兒與王禪前軍戰于榆河　按本書卷一三八燕鐵木兒傳及元文類卷二六馬祖常太師太平王定策元勳之碑，事在己卯，此處疑脫「己卯」二字。

〔五〕王禪等遁崑山(州)　按讀史方輿紀要卷一一，崑山卽昌平州之狠山，與江浙平江路崑山州無涉，此處「州」字衍，今刪。元史紀事本末已校。

〔六〕平章蒙古塔失〔雅失〕帖木兒　據下文十月丙申條及本書卷一三八燕鐵木兒傳補。蒙史已校。

〔七〕嵐州之（大）〔天〕澗口　從南監本天啓三年補刊頁改。按天澗口在嵐州北。

〔八〕也（先）〔兒〕吉尼　見卷二七校勘記〔七〕。

〔九〕雲南銀〔沙〕羅甸　本證云：「案二年二月兩作銀沙羅甸，至順三年作銀沙羅等甸，此脫沙字。」從補。

〔一〇〕高麗（官）〔宦〕者米薛迷　據上文十月辛亥條改。道光本已校。

〔一一〕丙午　按是月己丑朔，丙午爲十八日。此「丙午」在乙未初七日、己亥十一日間，疑爲丙申初八日之誤或錯簡。

〔一二〕中書（左）〔右〕丞玥璐不花　據上文十一月壬午條及本書卷一一二宰相年表改。蒙史已校。

元史卷三十三

本紀第三十三

文宗二

天曆二年春正月己未朔，立都督府，以總左、右欽察及龍翊衞。庚申，封知樞密院事火沙爲昭武王。床兀兒之子答鄰答里襲父封爲句容郡王。高麗國遣使來朝賀。遣前翰林學士承旨不答失里北還皇兄行在所，仍命太府太監沙剌班奉金、幣以往。辛酉，封朶列帖木兒復爲楚王。高昌王鐵木兒補化爲中書左丞相，大司農王毅爲平章政事，欽察台知樞密院事。皇兄遣火里忽達孫、剌剌至京師。以伯帖木兒扈從有功，遣使以幣帛百匹卽行在賜之。諸王渾都帖木兒薨，取其印及王傅印以賜斡卽。武寧王徹徹禿遣使來言皇兄啓行之期。癸亥，燕鐵木兒爲御史大夫，太平王如故。賜魯國大長公主鈔二萬錠營第宅。甲子，太白犯壘壁陣。時享于太廟。齊王月魯帖木兒薨。乙丑，中書省言：「度支今歲芻藁不足，

常例支給外，凡陳乞者宜勿予。」從之，仍命中書右丞徹里帖木兒總其事。丙寅，帝幸大崇恩福元寺。遣使賜西域諸王燕只吉台海東鶻二。戊辰，遣使獻海東鶻于皇兄行在所。己巳，賜內外軍士四萬二千二百七十人鈔各一錠。作佛事。陝西告饑，賑以鈔五萬錠。辛未，以冊命皇后，告于南郊。賜豫王黃金印。回回人戶與民均當差役。中書省臣言：「近籍沒欽察家，其子年十六，請令與其母同居，仍請繼今臣僚有罪致籍沒者，其妻有子，他人不得陳乞，亦不得沒爲官口。」從之。壬申，遣近侍星吉班以詔往四川招諭囊加台。癸酉，命中書省、宣徽院臣稽考近侍、宿衞廩給，定其名籍。以遼陽省蒙古、高麗、肇州三萬戶將校從逆，舉兵犯京畿，拘其符印制敕。罷今歲柳林田狩。復鹽制每四百斤爲引，引爲鈔三錠。四川囊加台乞師于鎭西武靖王搠思班，搠思班以兵守關隘。甲戌，復命太僕卿教化獻海東鶻于皇兄行在所。罷中瑞司。丙子，皇后滕臣張住童等七人，授集賢侍講學士等官。丁丑，四川囊加台攻破播州猫兒埡隘，宣慰使楊延里不花開關納之。陝西蒙古軍都元帥不花台者，囊加台之弟，囊加台遣使招之，不花台不從，斬其使。中書省臣言：「朝廷賞賚，不宜濫及罔功。鷹、鶻、獅、豹之食，舊支肉價二百餘錠，今增至萬三千八百錠；控鶴舊止六百二十八戶，今增二千四百戶。又，佛事歲費，以今較舊，增多金千一百五十兩、銀六千二百兩、鈔五萬六千二百錠、幣帛三萬四千餘匹，請悉揀汰。」從之。中（正）〔政〕院臣言：〔一〕皇后日

中華書局

用所需，鈔十萬錠、幣五萬匹、絹五千斤。詔鈔予所需之半，幣給一萬匹。賑大都路涿州房山、范陽等縣饑民糧兩月。己卯，以册命皇后，告于太廟。庚辰，賜潛邸說書劉道衡等四人官從七品，薛允等十六人官從八品。辛巳，起復中書左丞史惟良爲御史中丞。上都官吏，權初入仕及驟陞者黜之，餘聽敍復。以御史臺贓罰鈔三百錠賜教坊司撒剌兒。壬午，以陝西行臺御史大夫阿不海牙爲中書平章政事。皇兄遣常侍孛羅及鐵住訖先至京師，賞以金、幣、居宅，仍遣內侍禿教化如皇兄行在所。播州楊萬戶引四川賊兵至烏江峯，官軍敗之。八番元帥脫出亦破烏江北岸賊兵，復奪關口。諸王月魯帖木兒統蒙古、漢人、答剌罕諸軍及民丁五萬五千，俱至烏江。癸未，遣宣靖王買奴往行在所。丙戌，皇兄明宗卽皇帝位於和寧之北。四川囊加台焚雞武關大橋，又焚棧道。命中書省錄江陵、汴梁郡縣官扈從者三十四人，並陞其階秩。陝西大饑，行省乞糧三十萬石、鈔三十萬錠，詔賜鈔十四萬錠，遣使往給之。大同路言，去年旱且遭兵，民多流殍，命以本路及東勝州糧萬三千石，減時直十之三賑糶之。奉元蒲城縣民王顯政五世同居，衞輝安寅妻陳氏、河間王成妻劉氏、冀寧李孝仁妻寇氏、濮州王義妻雷氏、南陽郄二妻張氏、懷慶阿魯輝妻翟氏皆以貞節，並旌其門。

二月己丑，曲赦四川囊加台。庚寅，燕鐵木兒復爲中書右丞相。立繕工司，掌織御用

紋綺，秩正三品。辛卯，帝御大明殿，册命皇后雍吉剌氏。廣西思明路軍民總管黃克順來貢方物。壬辰，囊加台據雞武關，奪三叉、柴關等驛。癸巳，遣翰林侍講學士曹元用祀孔子於闕里。囊加台以書誘鞏昌總帥汪延昌。丙申，命中書省、翰林國史院官祀太祖、太宗、睿宗御容于普慶寺。丁酉，遣晉邸部曲之在京師者還所部。囊加台以兵至金州，據白(王)〔土〕關，〔二〕陝西行省督軍禦之。樞密院言：「囊加台阻兵四川，其亂未已，請命鎭西武靖王搠思班等皆調軍，以湖廣行省官脫歡、別薛、孛羅及鄭昂霄總其兵進討。」從之。戊戌，命察罕腦兒宣慰使撒忒迷失將本部蒙古軍，會鎭西武靖王等討四川。諸傭雇者，主家或犯惡逆及侵損己身，許訴官，餘非干己，不許告訐，著爲制。頒行農桑輯要及栽桑圖。辛丑，中書省議追尊皇妣亦乞烈氏曰仁獻章聖皇后，唐兀氏曰文獻昭聖皇后，命有司具册寶。建遊皇城佛事。雲南行省蒙通蒙算甸土官阿三木，開南土官哀放，八百媳婦、金齒、九十九洞、銀沙羅甸，咸來貢方物。癸卯，賜吳王木楠子、西寧王忽答的迷失、諸王那海罕、闊兒吉思金銀有差。丙午，囊加台分兵逼襄陽，湖廣行省調兵鎭播州及歸州。己酉，熒惑犯井宿。辛亥，帝謂廷臣曰：「撒迪還，言大兄已卽皇帝位。凡二月二十一日以前除官者，速與制敕。後凡銓選，其詣行在以聞。」廬州路合肥縣地震。壬子，命有司造行在帳殿。癸丑，諸王月魯帖木兒等至播州，招諭土官之從囊加台者，楊延里不花及其弟等皆來降。甲寅，立奎章

閣學士院，秩正三品，以翰林學士承旨忽都魯都兒迷失、集賢大學士趙世延並爲大學士，侍御史撒迪、翰林直學士虞集並爲侍書學士，又置承制、供奉各一員。更鑄鈔版，仍毁其刓者。調河南、江浙、江西、山東兵萬一千，及左右翼蒙古侍衞軍二千，討四川。乙卯，置銀沙羅甸等處宣慰司都元帥府。丙辰，奉元臨潼、咸陽二縣及畏兀兒八百餘戶告饑，陝西行省以便宜發鈔萬三千錠賑咸陽，麥五千四百石賑臨潼，麥百餘石賑畏兀兒，遣使以聞，從之。永平、大同二路，上都雲需兩府，貴赤衞，皆告饑。永平賑糧五萬石，大同賑糶糧萬三千石，雲需府賑糧一月，貴赤衞賑糧二月。眞定平山縣、河間臨津等縣、〔三〕大名魏縣，有蟲食桑，葉盡，蟲俱死。

三月辛酉，遣燕鐵木兒奉皇帝寶于明宗行在所，仍命知樞密院事禿兒哈帖木兒、御史中丞八卽剌、翰林直學士馬哈某、典瑞使教化的、宣徽副使章吉、僉中政院事脫因、通政使那海、太醫使呂廷玉、給事中咬驢、中書斷事官忽兒忽答、右司郎中孛別出、左司員外郎王德明、禮部尚書八剌哈赤等從行。復命有司奉金千五百兩、銀七千五百兩、幣帛各四百匹及金腰帶二十，詣行在所，以備賜予。帝命廷臣曰：「寶璽既北上，繼今國家政事，其遣人聞于行在所。」癸亥，命有司造乘輿服御，北迎大駕。改潛邸所幸諸路名：建康曰集慶，江陵曰中興，瓊州曰乾寧，潭州曰天臨。甲子，減太官羊直。丙寅，躍里帖木兒自行在還，諭旨曰：

「朕在上都，宗王、大臣必皆會集，有司當備供張。上都積貯，已爲倒剌沙所耗，大都府藏，聞亦悉虛。供億如有不足，其以御史臺、司農司、樞密、宣徽、宣政等院所貯充之。」蒙古饑民之聚京師者，遣往居庸關北，人給鈔一錠、布一匹，仍令興和路賑糧兩月，還所部。戊辰，雲南諸王答失不花、禿堅不花及平章馬(忽思)〔思忽〕等，〔四〕集衆五萬，數丞相也兒吉尼專擅十罪，將殺之。也兒吉尼遁走八番，答失不花等僞署參知政事等官。己巳，命改集慶潛邸，建大龍翔集慶寺，以來歲興工。辛未，監察御史與扎魯忽赤等官錄囚。壬申，以去冬無雪，今春不雨，命中書及百司官分禱山川羣祀。設奎章閣授經郎二員，職正七品，以勳舊、貴戚子孫及近侍年幼者肄業。甲戌，舊賜篤麟帖木兒平江田百頃，官嘗收其租米，詔特予之。開遼陽酒禁。乙亥，置行樞密院，以山東都萬戶也速台兒知行樞密院事，與湖廣、河南兩省官進兵平四川，也速台兒以病不往。命明里董阿爲蒙古巫覡立祠。丁丑，文獻昭聖皇后神御殿月祭，特命如列聖故事。僧、道、也里可溫、朮忽、答失蠻爲商者，仍舊制納稅。丙戌，囊加台所遣守隘碉門安撫使布答思監等降於雲南行省。丁亥，雨土，霾。

夏四月己丑，時享于太廟。辛卯，命躍里鐵木兒、王不憐吉台代也速台兒討四川，不憐吉台以母老辭，同僉樞密院事傳巖起請往，從之。壬辰，匠官年七十者，許致仕。浚漷州漕運河。甲午，四番衞士各分五十人直東宮。丁酉，給鈔萬錠，爲集慶大龍翔寺置永業。戊

戊，以陝西久旱，遣使禱西嶽、西鎮諸祠。賜衞士萬三千人鈔，人八十錠。四番衞士舊以萬人爲率，至是增三千人。己亥，湖廣行省參知政事孛羅奉詔至四川，赦囊加台等罪，囊加台等聽詔，蜀地悉定，諸省兵皆罷。癸卯，明宗遣武寧王徹徹禿、中書平章政事哈八兒禿來錫命，立帝爲皇太子，命仍置詹事院，罷儲慶司。陝西諸路饑民百二十三萬四千餘口，諸縣流民又數十萬，先是嘗賑之，不足；行省復請令商賈入粟中鹽，富家納粟補官，及發孟津倉糧八萬石及河南、漢中廉訪司所貯官租以賑，從之。德安府屯田饑，賑糧千石。常德、澧州慈利州饑，賑糶糧萬石。賑衞輝路饑民萬七千五百餘戶。丙午，封孛羅不花爲鎮南王。占臘國來貢羅香木及象、豹、白猿。戒翰林、典瑞兩院官，不許互相奏請璽書以護其家。諸王分邑達魯花赤受代，不得仍留官所，其父兄所居官，子弟不得再任。辛亥，賑鄧州諸縣被兵逃戶糧三千六百石。壬子，賑通州諸縣被兵之民糧兩月，被俘者四千五百一十人，命遼陽行省督所屬簿錄，護送歸其家。丙辰，行在所遣只兒哈郎等至京師。河南廉訪司言：「河南府路以兵、旱民饑，食人肉事覺者五十一人，餓死者千九百五十人，饑者二萬七千四百餘人。乞弛山林川澤之禁，聽民采食，行入粟補官之令，及括江淮僧道餘糧以賑。」從之。江浙行省言：「池州、廣德、寧國、太平、建康、鎮江、常州、湖州、慶元諸路及江陰州饑民六十餘萬戶，當賑糧十四萬三千餘石。」從之。諸王忽剌答兒言黃河以西所部旱蝗，凡千五百戶，命

賑糧兩月。大都、興和、順德、大名、彰德、懷慶、衞輝、汴梁、中興諸路，泰安、高唐、曹、冠、徐、邳諸州，饑民六十七萬六千餘戶，賑以鈔九萬錠、糧萬五千石。大都宛平縣，保定遂州、易州，賑糧一月。靖州賑糶糧九千八百石。濮州鄄城縣蠶災。大寧興中州、懷慶孟州、廬州無爲州蝗。廣西猺寇古縣。

五月丁巳朔，復賜魯國大長公主鈔二萬錠，以構居第。賜燕鐵木兒祖父紀功碑銘。水達達路阿速古兒千戶所大水。己未，遣翰林學士承旨阿鄰帖木兒北迎大駕。命司天監禜星。昌王八剌失里還鎮。庚申，太白犯鬼宿積尸氣。癸亥，復遣翰林學士承旨斡耳朵迎大駕。乙丑，命有司給行在宿衞士衣糧及馬芻豆。以儲慶司所貯金三十鋌、銀百鋌，建大承天護聖寺。給皇子宿衞之士千人鈔，四番宿衞增爲萬三千人，至是又增千人。甲戌，命中書省臣擬注中書六部官，奏于行在所。乙亥，幸大聖壽萬安寺，作佛事于世祖神御殿，又於玉德殿及大天源延聖寺作佛事。丙子，武寧王徹徹禿、中書平章政事哈八兒禿至自行在所，致立皇太子之命。賜徹徹禿金五百兩，餘有差。改儲慶使司爲詹事院。伯顏、鐵木兒補化及江南行臺御史大夫阿兒思蘭海牙、江浙行省平章政事曹立，並爲太子詹事；又除副詹事、詹事丞及斷事官、家令司、典寶、典用、典醫等官。丁丑，帝發京師，北迎明宗皇帝。戊寅，次于大口。徵諸王鼎八入朝。庚辰，次香水園。置江淮財賦都總管府，秩正三品，隸

詹事院。陝西行省言：「鳳翔府饑民十九萬七千九百人，本省用便宜賑以官鈔萬五千錠。又，豐樂八屯軍士饑死者六百五十人，萬戶府軍士饑者千三百人，賑以官鈔百三十錠。」從之。給保定路定興驛車馬，又賑被兵之民百四十五戶糧一月。眞定路民被兵者二千七百四十八戶，亦命賑之。上都迭只諸位宿衞士及開平縣民被兵者，並賑以糧。大名路蠶災。

六月丁亥朔，明宗遣近侍馬駒、塔台、別不花至。丁酉，鐵木兒補化以旱乞避宰相位，有旨諭之曰：「皇帝遠居沙漠，未能卽至京師，是以勉攝大位。今亢陽爲災，皆予闕失所致。汝其勉修厥職，祇修實政，可以上答天變。」仍命馳奏于行在。己亥，江浙行省言，紹興、慶元、台州、婺州諸路饑民凡十一萬八千九十戶。乙巳，命中書省逮繫也先捏以還。丙午，永平屯田府所隸昌國諸屯大風驟雨，平地出水。丁未，太白晝見。庚戌，次于上都之六十〔里〕店。〔五〕辛亥，陝西行臺御史孔思迪言：「人倫之中，夫婦爲重。比見內外大臣得罪就刑者，其妻妾卽斷付他人，似與國朝旌表貞節之旨不侔、夫亡終制之令相反。況以失節之婦配有功之人，又與前賢所謂『娶失節者以配身是已失節』之意不同。今後凡負國之臣，籍沒奴婢財產，不必罪其妻子。當典刑者，則孥戮之，不必斷付他人，庶使婦人均得守節。請著爲令。」壬子，海運糧至京師，凡百四十萬九千一百三十石。是月，陝西雨。賜鳳翔府岐陽書院額。書院祀周文憲王，仍命設學官，春秋釋奠，如孔子廟儀。明宗遣吏部尚書別兒怯

不花還京師。命中書集老臣議賑荒之策。時陝西、河東、燕南、河北、河南諸路流民十數萬，自嵩、汝至淮南，死亡相籍，命所在州縣官，以便宜賑之。順元、思、播州諸驛，因兵興，馬多羸斃，驛戶貧乏，令有司市馬補之。益都莒、密二州春水，夏旱蝗，饑民三萬一千四百戶，賑糧一月。陝西延安諸屯，以旱免徵舊所逋糧千九百七十石。永平屯田府昌國、濟民、豐贍諸署，以蝗及水災，免今年租。汴梁蝗。衞輝蠶災。峽州旱。淮東諸路、歸德府徐、邳二州大水。

秋七月丙辰朔，日有食之。丁巳，次上都之三十里店。宗仁衞屯田大水，壞田二百六十頃。戊午，大都之東安、薊州、永清、益津、潞縣，春夏旱，麥苗枯；六月壬子雨，至是日乃止，皆水災。己未，更定遷徙法：凡應徙者，驗所居遠近，移之千里，在道遇赦，皆得放還；如不悛再犯，徙之本省不毛之地，十年無過，則量移之；所遷人死，妻子聽歸土著。著爲令。征京師僧道商稅。癸亥，太白經天。丙子，帝受皇太子寶。辛巳，發諸衞軍六千完京城。冀寧陽曲縣雨雹，大者如雞卵。令諸王封邑達魯花赤，推擇本部年二十五以上、識達治體、廉愼無過者以充；或有冒濫，罪及王傅。遣使以上尊、腊羊、鈔十錠至大都國子監，助仲秋上丁釋奠。以淮安海寧州、鹽城、山陽諸縣去年水，免今年田租。眞定、河間、汴梁、永平、淮安、大寧、廬州諸屬縣及遼陽之蓋州蝗。

八月乙酉朔，明宗次于王忽察都。丙戌，帝入見，明宗宴帝及諸王、大臣于行殿。庚寅，明宗崩，帝入臨哭盡哀。燕鐵木兒以明宗后之命，奉皇帝寶授于帝，遂還。壬辰，次孛羅察罕，以伯顏爲中書左丞相，依前太保；欽察台、阿兒思蘭海牙、趙世延並中書平章政事；甘肅行省平章朵兒只爲中書右丞；中書參議阿榮、太子詹事丞趙世安並中書參知政事；前右丞相塔失鐵木兒、知樞密院事鐵木兒補化及上都留守鐵木兒脫並爲御史大夫。癸巳，帝至上都。乙未，賜護守大行皇帝山陵官、御史大夫孛羅等鈔有差。禁四川僞造鹽、茶引。丙申，監察御史徐奭言：「天下不可一日無君，神器不可一時而曠。先皇帝奄棄臣庶已踰數日，伏望聖上早正宸極，以安億兆之心，實宗社無疆之福。」流諸王忽剌出于海南。丁酉，命阿榮、趙世安提調通政院事，一切給驛事皆關白然後給遣。戊戌，四川囊加台以指斥乘輿，坐大不道棄市。己亥，帝復卽位于上都大安閣。大赦天下，詔曰：

朕惟昔上天啓我太祖皇帝肇造帝業，列聖相承。世祖皇帝旣大一統，卽建儲貳，而我裕皇天不假年，成宗入繼，纔十餘載。我皇考武宗歸膺大寶，克享天心，志存不私，以仁廟居東宮，遂嗣宸極。甫及英皇，降割我家。晉邸違盟搆逆，據有神器，天示譴告，竟隕厥身。

於是宗戚舊臣，協謀以舉義，正名以討罪，揆諸統緒，屬在眇躬。朕興念大兄播遷

朔漠，以賢以長，曆數宜歸，力拒羣言，至於再四。乃曰艱難之際，天位久虛，則衆志弗固，恐隳大業。朕雖從請而臨御，秉初志之不移，是以固讓之詔始頒，奉迎之使已遣。尋命阿剌忒納失里、燕鐵木兒奉皇帝寶璽，遠迓于途。受寶卽位之日，卽遣使授朕皇太子寶。朕幸釋重負，實獲素心，乃率臣民，北迎大駕。而先皇帝跋涉山川，蒙犯霜露，道里遼遠，自春徂秋，懷艱阻於歷年，望都邑而增慨，徒御弗慎，屢爽節宣。信使往來，相望於道路，彼此思見，交切於衷懷。八月一日，大駕次王忽察都，朕欣瞻對之有期，獨兼程而先進，相見之頃，悲喜交集。何數日之間，而宮車弗駕，國家多難，遽至於斯！念之痛心，以夜繼旦。

諸王、大臣以爲祖宗基業之隆，先帝付托之重，天命所在，誠不可違，請卽正位，以安九有。朕以先皇帝奄棄方新，摧怛何忍；銜哀辭對，固請彌堅，執誼伏闕者三日，皆宗社大計，乃以八月十五日卽皇帝位于上都。可大赦天下，自天曆二年八月十五日昧爽以前，罪無輕重，咸赦除之。

於戲！戡定之餘，莫急乎與民休息；丕變之道，莫大乎使民知義。亦惟爾中外大小之臣，各究乃心，以稱朕意。

庚子，命阿榮、趙世安督造建康龍翔集慶寺。辛丑，立寧徽寺，掌明宗宮分事。壬寅，以鈔萬錠、幣帛二千匹，供明宗后八不沙費用。陞奎章閣學士院秩正二品，吏司籍郎爲羣玉署，秩正六品。癸卯，幸世祖所御幄殿祓祭。禁凡送諸王、駙馬恩賜者，毋受金幣，犯者以贓論；或以衣、馬爲贈者聽。遣道士苗道一、吳全節修醮事于京師，毛穎達祭遁甲神于上都南屏山、大都西山。甲辰，命司天監及回回司天監禜星。中書省臣言：「祖宗故事，卽位之初，必恩賚諸王、百官。比因兵興，經費不足，請如武宗之制，凡金銀五錠以上減三之一，五錠以下全畀之，又以七分爲率，其二分準時直給鈔。」制可。遣欽察台先還京師，經理政務；燕鐵木兒、阿榮留上都，監給恩賚金幣。以仁宗、英宗潛邸宿衞士二百人還大都，備直宿。乙巳，立藝文監，秩從三品，隸奎章閣學士院；又立藝林庫、廣成局，皆隸藝文監。賜御史中丞史惟良沛縣地五十頃。發諸衞軍浚通惠河。丙午，自庚子至是日，晝霧夜晴。封牙納失里爲遼王，以故遼王脫脫印賜之。出官米五萬石，賑糶京師貧民。丁未，以馬扎兒台爲上都留守。馬扎兒台前爲陝西行臺侍御史，坐塗毀詔書得罪，以其兄伯顏有功，故特官之。戊申，封諸王寬徹爲肅王。己酉，車駕發上都。賜明宗北來衞士千八百三十人各鈔五十錠，怯薛官十二人各鈔二百錠。賜諸部曲出征者幣帛人各二匹遣還。冀寧之忻州兵後荐饑，賑鈔千錠。庚戌，改詹事院爲儲政院，伯顏兼儲政使，中政使哈撒兒不花、太子詹事丞胥雲世月思、前儲慶使姚煒並儲政使。河東宣慰使哈散託朝賀爲名，斂所屬鈔千錠入

已，事覺，雖會赦，仍徵鈔還其主。敕自今有以朝賀斂鈔者，依枉法論罪。癸丑，徵吳王潑皮及其諸父木楠子赴京師。甲寅，置隆祥總管府，秩正三品，總建大承天護聖寺工役。監察御史劾：「前丞相別不花昔以贓罷，天曆初因人成功，遂居相位。旣矯制以買驢家貲賜平章速速，又與速速等潛呼日者推測聖算。今奉詔已釋其罪，宜竄諸海島，以杜姦萌。」帝曰：「流竄海島，朕所不忍，其并妻子置之集慶。」河南府路旱、疫，又被兵，賑以本府屯田租及安豐務遞運糧三月。莒、密、沂諸州，饑民采草木實，盜賊日滋，賑以米二萬一千石，幷賑晉寧路饑民鈔萬錠。大名、眞定、河間諸屬縣及湖、池、饒諸路旱。保定之行唐縣蝗。加封大都城隍神爲護國保寧王，夫人爲護國保寧王妃。

九月乙卯朔，作佛事于大明殿、興聖、隆福諸宮。市故宋太后全氏田爲大承天護聖寺永業。戊午，賜武寧王徹徹禿金百兩、銀五百兩，西域諸王燕只吉台金二千五百兩、銀萬五千兩，鈔幣有差。己未，立龍翔、萬壽營繕提點所，海南營繕提點所，並秩正四品，隸隆祥總管府。庚申，加封故領諸路道教事張留孫爲上卿、大宗師、輔成贊化保運神德眞君。辛酉，凡往明宗所送寶官吏，越次超陞者皆從黜降。賑甘肅行省沙州、察八等驛鈔各千五百錠。癸亥，敕宣徽院所儲金、銀、鈔、幣，百司毋得奏請。甲子，賜雲南烏撒土官祿余、曲靖土官舉精衣各一襲。丁卯，大駕至大都。戊辰，敕翰林國史院官同奎章閣學士采輯本朝典故，

中華書局

準唐、宋會要，著爲經世大典。召威順王寬徹不花赴闕。敕：「使者頒詔赦，率日行三百餘里。既受命，逗留三日及所至飲宴稽期者治罪。取賂者以枉法論。」辛未，以控鶴士二十人賜宣靖王買奴。監察御史劾奏：「知樞密院事塔失帖木兒阿附倒剌沙，又與王禪舉兵犯闕。今既待以不死，而又付之兵柄，事非便。」詔罷之。壬申，怯薛官武備卿定住特授開府儀同三司。癸酉，帝御大明殿，受諸王、百官朝賀。鐵木迭兒諸子鎖住等，明宗嘗敕流于南方。燕鐵木兒言，鎖住天曆初有勞于國，請各遣還田里，從之。甲戌，命江浙行省明年漕運糧二百八十萬石赴京師。廣西思明州土官黃宗永遣其子來貢虎、豹、方物。乙亥，史惟良上疏言：「今天下郡邑被災者衆，國家經費若此之繁，帑藏空虛，生民凋瘵，此政更新百廢之時。宜遵世祖成憲，汰冗濫蠶食之人，罷土木不急之役，事有不便者，咸釐正之。如此，則天災可弭，禎祥可致。不然，將恐因循苟且，其弊漸深，治亂之由，自此而分矣。」帝嘉納之。丙子，改太禧院爲太禧宗禋院。立溫州路竹木場。以衞輝路旱，罷蘇門歲輸米二千石。鐵木兒補化加錄軍國重事。以翰林學士承旨也兒吉尼、元帥梁國公都列捏並知行樞密院事。立衞候司，秩正四品，隸儲政院。賑陝西臨潼等二十三驛各鈔五百錠。論也先捏以不忠不敬，伏誅。嵐、管、臨三州所居諸王八剌馬、忽都火者等部曲，乘亂爲寇，遣省、臺、宗正府官往督有司捕治之。壬午，伯顏以病在告，居赤城，遣使召赴闕。封知樞密院事燕不鄰爲興

國公。以大司農卿燕赤爲司徒。癸未，建顏子廟于曲阜所居陋巷。上都西按塔罕、闊干忽剌禿之地，以兵、旱，民告饑，賑糧一月。

冬十月甲申朔，帝服袞冕，享于太廟。丙戌，命欽察台兼領度支監。遣鎮南王孛羅不花還鎮揚州。禁奉元、永平釀酒。戊子，知樞密院事昭武王火沙知行樞密院事。己丑，立大承天護聖寺營繕提點所，秩正五品；又立大都等處、平江等處田賦提舉司二，秩從五品，皆隸隆祥總管府。辛卯，燕鐵木兒率羣臣請上尊號，不許。雲南行省立元江等處宣慰司。申飭海道轉漕之禁。籍四川囊加台家產；其黨楊靜等皆奪爵，杖一百七，籍其家，流遼東。封太禧宗禋使禿堅帖木兒爲梁國公。甲午，以登極恭謝，遣官代祀于南郊、社稷。中書省臣言：「舊制，朝官以三十月爲一考，外任則三年爲滿。比年朝官率不久於其職，或數月即改遷，於典制不類，且治績無從考驗。請如舊制爲宜。」敕：「除風憲官外，其餘朝官，不許二十月內遷調。」監察御史劾奏：「吏部尚書八剌哈赤，先除陝西行臺侍御史，避難不行。」罷之。丙申，中書省臣言：「臣等謹集樞密院、御史臺、翰林、集賢院、奎章閣、太常禮儀院、禮部諸臣僚，議上大行皇帝尊謚曰翼獻景孝皇帝，廟號明宗，國言謚號曰護都篤皇帝。」是日，奉玉册、玉寶于太廟，如常儀。命江西、湖廣分漕米四十萬石，以紓江浙民力。給鈔十五萬錠，賑陝西饑民。己亥，加封天妃爲護國庇民廣濟福惠明著天妃，賜廟額曰靈慈，遣使致

祭。申飭都水監河防之禁。辛丑，遣使括勘內外郡邑官久次事故應代者，歲終上名于中書省。以怯憐口諸色民匠總管府及所屬諸司隸徽政院者，悉隸儲政院。發中政院財賦總管府糧儲在江南者赴京師，以助經費，驗時直以鈔還之。諸王、公主、官府、寺觀撥賜田租，除魯國大長公主聽遣人徵收外，其餘悉輸於官，給鈔酬其直。壬寅，弛陝西山澤之禁以與民。大寧路地震。癸卯，命道士苗道一建醮于長春宮。改瓊州軍民安撫司爲乾寧軍民安撫司。陞定安縣爲南（康）〔建〕州，〔六〕隸海北元帥府，以南建洞主王官知州事，佩金符，領軍民。監察御史劾奏：「張思明在仁宗朝，阿附權臣鐵木迭兒，間諜兩宮，仁宗灼見其姦，既行黜降。及英宗朝鐵木迭兒再相，復援爲左丞，稔惡不悛，竟以罪廢。今又冒居是官，宜從黜罷。」詔罷之。敕刑部尚書察民之無賴者懲治之。甲辰，畏兀僧百八人作佛事于興聖殿。戊申，以江淮財賦都總管府隸儲政院，供皇后湯沐之用。作佛事于廣寒殿。徵朵朵、王士熙等十二人于貶所，放還鄉里。庚戌，以親祀太廟禮成，詔天下。罷大承天護聖寺工役。囚在獄三年疑不能決者，釋之。民間拖欠官錢無可追徵者，盡行蠲免。命通政院官分職往所在官司，簽補逃亡驛戶。大都至上都弁塔思哈剌、旭麥怯諸驛，自備首思，供給繁重，天曆三年官爲應付。免徵奉元路民間商稅一年，命所在官司設置常平倉。雲南八番爲囊加台所詿誤，反側未安者，並貰其罪。免各處煎鹽竈戶雜泛夫役二年。遣使代祀嶽瀆山川。免永平

屯田總管府田租。申禁天下私殺馬牛。明宗乳媪夫斡耳朵，在武宗時爲大司徒，仁宗朝拘其印。燕鐵木兒以爲言，詔給還之。雲南威楚路黃州土官哀放遣其子來朝貢。〔七〕湖廣常德、武昌、澧州諸路旱饑，出官粟賑糶之。陝西鳳翔府饑民四萬七千戶，皆賑以鈔。

十一月乙卯，以立皇后，詔天下。受佛戒於帝師，作佛事六十日。丙辰，以句容郡王答鄰答里知行樞密院事。詔列聖諸宮后妃陪從之臣，永給衣廩芻粟。后八不沙請爲明宗資冥福，命帝師率羣僧作佛事七日于大天源延聖寺，道士建醮于玉虛、天寶、太乙、萬壽四宮及武當、龍虎二山。戊午，遣使代祀天妃。賜燕鐵木兒宅一區。皇后以銀五萬兩，助建大承天護聖寺。冠州旱。命朵耳只亦都護爲河南行省丞相。近制行省不設丞相，中書省以爲言，帝有旨：「朵耳只先朝舊臣，不當以例拘。」武宗宿衞士歲賜，如仁宗衞士例。西夏僧總統封國公沖卜卒，其弟監藏班藏卜襲職，仍以璽書、印章與之。癸亥，以翰林學士承旨闊徹伯知樞密院事，位居衆知院事上。甲子，廬州旱饑，發糧五千石賑之。止鷹坊毋獵畿甸。江西龍興、南康、撫、瑞、袁、吉諸路旱。丙寅，陞山東河北蒙古軍大都督府秩從二品。改普慶修寺人匠提舉司爲營繕提點所，秩從五品，隸崇祥總管府。雲南威楚路土官眠放來朝貢。罷功德使司，以所掌事歸宣政院。己巳，擢迪爲中書右丞。命中書左丞趙世安提調國子監學。庚午，諸王闊不花至自陝西，收其印，遣還。壬申，毀廣平王木剌忽印，命哈班

代之，更鑄印以賜。癸酉，太陰犯塡星。丙子，諸王阿剌忒納失里翊戴有勞，以其父越王禿剌印與之。丁丑，復立孟定路軍民總管府。復給元江路軍民總管府印。湖廣州縣爲廣源等徭寇掠者二百八十餘所，命行省平章劉脫歡招捕之。遣靑木綿衣萬領，賜圍宿軍。〔乙〕〔己〕卯，〔八〕翰林國史院臣言：「纂修英宗實錄，請具倒剌沙款伏付史館。」從之。高麗國王王燾久病，不能朝，請命其子（楨）〔禎〕襲位。〔九〕以平江官田百五十頃，賜大龍翔集慶寺及大崇禧萬壽寺。辛巳，遷山東河北蒙古軍大都督府於濮州，仍聽山東廉訪司按治。欽察台僉右都威衞使。壬午，詔豫王阿剌忒納失里鎭雲南，賜其衞士鈔萬錠，仍每歲豫給其衣廩。

十二月甲申，給幽王忽塔忒迷失王傅印。以西僧輦眞吃剌思爲帝師。〔一〇〕詔僧尼徭役一切無有所與。丙戌，詔百官一品至三品，先言朝政得失一事；四品以下，悉聽敷陳。仍命趙世安、阿榮輯錄所上章疏，善者卽議舉行。追封燕鐵木兒曾祖班都察爲溧陽王，祖土土哈爲昇王，父床兀兒爲（楊）〔揚〕王。〔一一〕庚寅，祓祭于太祖幄殿。以末吉爲大司徒。中書省臣言：「舊制，凡有奏陳，衆議定共署，乃入奏。近年，事方議擬，一二省臣輒已上請，致多乖滯。今請如舊制。」御史臺臣言：「風憲官赴任，毋拘遠近，均給驛爲宜。」並從之。辛卯，命帝師率其徒作佛事於凝暉閣。甲午，冀寧路旱饑，賑糧二千九百石。乙未，改封前鎭南王帖木兒不花爲宣讓王。初，鎭南王脫不花薨，子孛羅不花幼，命帖木兒不花襲其爵。孛羅

不花旣長，帖木兒不花請以王爵歸之，乃特封宣讓王，以示褒寵。收諸王帖古思金印。詔諭廷臣曰：「皇姑魯國大長公主，蚤寡守節，不從諸叔繼尚，鞠育遺孤，其子襲王爵，女配予一人。朕思庶民若是者猶當旌表，況在懿親乎！趙世延、虞集等可議封號以聞。」詔：「諸僧寺田，自金、宋所有及累朝賜予者，悉除其租。其有當輸租者，仍免其役。僧還俗者，聽復爲僧。」戊戌，以淮、浙、山東、河間四轉運司鹽引六萬，爲魯國大長公主湯沐之資。己亥，遣使驛致故帝師舍利還其國，給以金五百兩、銀二千五百兩、鈔千五百錠、幣五千匹。加諡漢長沙王吳芮爲長沙文惠王。壬寅，命江浙行省印佛經二十七藏。癸卯，蘄州路夏秋旱饑，賑米五千石。甲辰，以明年正月武宗忌辰，命高麗、漢僧三百四十人，預誦佛經二藏于大崇恩福元寺。丁未，造至元鈔四十五萬錠、中統鈔五萬錠，如歲例。中書省臣言：「在京酒坊五十四所，歲輸課十餘萬錠。比者間以賜諸王、公主及諸官寺。諸王、公主自有封邑、歲賜，官寺亦各有常產，其酒課悉令仍舊輸官爲宜。」從之。開河東冀寧路、四川重慶路酒禁。罷土番巡捕都元帥府。賑上都留守司八剌哈赤二千二百餘戶、燭剌赤八百餘戶糧三月，鈔有差；牙連禿傑魯迭所居鷹坊八百七十戶糧三月。戊申，以玥璐不花爲御史大夫，兼領隆祥總管府事。庚戌，詔興舉中政院事。辛亥，趣內外已授官者速赴任。改上都饅頭山爲天曆山。壬子，織武宗御容成，卽神御殿作佛事。敕：「凡階開府儀同三司者，班列居一品之前。」武昌江夏縣火，賑其貧乏者二百七十戶糧一月。黃州路及恩州旱，並免其租。

是歲，會賦入之數：金三百二十七錠，銀千一百六十九錠，鈔九百二十九萬七千八百錠，幣帛四十萬七千五百匹，絲八十八萬四千四百五十斤，綿七萬六千四百四十五斤，糧千九十六萬五十三石。

校勘記

〔一〕中（正）〔政〕院　據下文三月辛酉、十二月庚戌條及本書卷八八百官志改。道光本已校。

〔二〕白（工）〔土〕關　據本書卷一三七阿禮海牙傳及元一統志改。續通鑑已校。

〔三〕河間臨津等縣　元無「臨津縣」。按本書卷五八地理志，河間路領寧津、臨邑等六縣，疑此處「臨津」爲「臨邑、寧津」之脫誤。

〔四〕禿堅不花及平章馬（忽思）〔思忽〕　按下文至順元年正月丁卯、二月己丑、甲午、三月辛未、五月癸酉、七月丁丑，二年二月己酉、十月癸丑諸條「禿堅不花」皆作「禿堅」，「不花」二字疑涉上「答失不花」衍。又，「忽思」二字倒誤，見卷三〇校勘記〔三〇〕。

〔五〕次于上都之六十（里）店　據周伯奇扈從北行前、后記補。本證已校。

〔六〕陸定安縣爲南（康）〔建〕州　據寰宇通志卷一〇六改。按下文有「以南建洞主王官知州事」，洞名

與州名合。

〔七〕雲南威楚路黃州土官哀放遣其子來朝貢　按雲南威楚路無黃州，上文本年二月辛丑條有「開南土官哀放」，疑「黃州」爲「開南州」之誤。

〔八〕（乙）〔己〕卯　按是月癸丑朔，乙卯爲初三日，已見於前。此重出之「乙卯」在丁丑二十五日、辛巳二十九日間，爲己卯二十七日之誤，今改。道光本已校。

〔九〕請命其子（楨）〔禎〕襲位　據高麗史卷三六忠惠王世家改。續編已校。

〔一〇〕輦眞吃剌思　按本書卷二〇二釋老傳作「輦眞吃剌失思」，此名藏語，意爲「寶祥」。此處當脫「失」字。

〔一一〕父床兀兒爲（楊）〔揚〕王　據本書卷一二八土土哈傳附床兀兒傳改。續編已校。

元史卷三十四

本紀第三十四

文宗三

至順元年春正月丙辰，命趙世延、趙世安領纂修經世大典事。懷慶路饑，賑鈔四千錠。丁巳，賜明宗妃按出罕、月魯沙、不顏忽魯都鈔幣有差。以知樞密院事伯帖木兒爲遼陽行省左丞相。戊午，頒璽書諭雲南。辛酉，時享太廟。命回回司天監禜星。壬戌，中興路饑，賑糶糧萬石，貧者仍賙其家。甲子，燕鐵木兒、伯顏並辭丞相職，不允，仍命阿榮、趙世安慰諭之。丁卯，雲南諸王禿堅及萬戶伯忽、阿禾、怯朝等叛，攻中慶路，陷之，殺廉訪司官，執左丞忻都等，迫令署諸文牘。庚午，芍陂屯及鷹坊軍士饑，賑糧一月。辛未，中書省臣言：「科舉會試日期，舊制以二月一日、三日、五日，近歲改爲十一、十三、十五。請依舊制。」從之。壬申，衡陽猺爲寇，劫掠湘鄉州。癸酉，以宣徽使撒敦復知樞密院事，與欽察台並領長

寧卿。乙亥，賜燕鐵木兒質庫一。寧海州文登、牟平縣饑，賑以糧三千石。丙子，衡州路饑，總管王伯恭以所受制命質官糧萬石賑之。丁丑，追封三寶奴爲郢城王，謚榮敏。召荆王之子脫脫木兒赴闕。趙世延請致仕，不允。命中書省製玉帶二十，賜臣僚官一品者。遣使齎金千五百兩、銀五百兩，詣杭州書佛經。賜海南大興龍普明寺鈔萬錠，市永業地。戊寅，賜隆禧總管府田千頃。立荆襄等處、平松等處田賦提舉司，並隸太禧宗禋院。命陝西行省以鹽課鈔十萬錠賑流民之復業者。徭賊八百餘人寇石康縣。己卯，封太醫院使野理牙爲秦國公。庚辰，陞羣玉署爲羣玉內司，秩正三品，置司尉、亞尉、僉司、司丞，仍隸奎章閣學士院。禮部尚書(巙巙)〔巎巎〕兼監羣玉內司事。〔一〕辛巳，改大都田賦提舉司爲宜農提舉司，荆襄田賦提舉司爲荆襄濟農香戶提舉司，平江提舉司爲平江善農提舉司。遣使齎鈔三千錠，往甘肅市髦牛。濠州去年旱，賑糧一月。大(明)〔名〕路及江浙諸路俱以去年旱告。〔二〕永平路以去年八月雹災告。加封秦蜀郡太守李冰爲聖德廣裕英惠王，其子二郎神爲英烈昭惠靈顯仁祐王。

二月壬午朔，以趙世安爲御史中丞，史惟良爲中書左丞。癸未，加知樞密院事燕不憐開府儀同三司。籍張珪子五人家貲。乙酉，以西僧加瓦藏卜、蘸八兒監藏並爲烏思藏土蕃等處宣慰使都元帥。雲南麓(州)〔川〕等土官來貢方物。〔三〕揚州、安豐、廬州等路饑，以兩淮鹽課鈔五萬錠、糧五萬石賑之。眞定、蘄、黃等路，汝寧府、鄭州饑，各賑糧一月。丁亥，命江南、陝西、河南等處富民輸粟補官，江南萬石者官正七品，陝西千五百石、河南二千石、江南五千石者從七品，自餘品級有差。四川富民有能輸粟赴江陵者，依河南例，其不願仕，乞封父母者聽。僧、道輸己粟者，加以師號。徵江浙、江西、湖廣賑糶糧價鈔赴京師。己丑，禿堅、伯忽等攻陷仁德府，至馬龍州。調八番元帥完澤將八番答剌罕軍千人、順元土軍五百人禦之。庚寅，改萬聖祐國、興龍普明、龍翔萬壽三提點所並爲營繕都司，秩正四品；萬安規運、普慶營繕等八提點所並爲營繕司，秩正五品。以修經世大典久無成功，專命奎章閣阿鄰帖木兒、忽都魯都兒迷失等譯國言所紀典章爲漢語，纂修則趙世延、虞集等，而燕鐵木兒如國史例監修。開元路胡里改萬戶府軍士饑，給糧賑之。(二月)辛卯(朔)，〔四〕以御史臺臧罰鈔萬錠、金千兩、銀五千兩付太禧宗禋院，供祭祀之需。賜燕鐵木兒給驛璽書，以徵其食邑租賦。奎章閣學士忽都魯都兒迷失、撒迪、虞集辭職，詔諭之曰：「昔我祖宗睿知聰明，其於致理之道，自然生知。朕以統緒所傳，實在眇躬，夙夜憂懼，自惟早歲跋涉艱阻，視我祖宗，既乏生知之明，於國家治體，豈能周知。故立奎章閣，置學士員，日以祖宗明訓、古昔治亂得失陳說於前，使朕樂於聽聞。卿等其推所學以稱朕意，其勿復辭。」帖麥赤驛戶及建康、廣德、鎭江諸路饑，賑糧一月。衞輝、江州二路饑，賑鈔二萬錠。寧國路饑，嘗賑糧

二萬石，不足，復賑萬五千石。癸巳，衞輝路胙城、新鄉縣大風雨災。甲午，自庚寅至是日，京師大霜晝霿。立諸色民匠打捕鷹坊都總管府，秩正三品。置奎章閣監書博士二人，秩正五品。禿堅、伯忽等攻晉寧州。禿堅自立爲雲南王，伯忽爲丞相，阿禾、忽剌忽等爲平章等官，立城柵，焚倉庫以拒命。乙未，中書省言：「江浙民饑，今歲海運爲米二百萬石，其不足者來歲補運。」從之。丙申，雲南蒲蠻來朝。賑常德、澧州路饑。丁酉，帝及皇后、燕王阿剌忒納答剌並受佛戒。己亥，命明宗皇子受佛戒。監察御史言：「中書平章朶兒(失)〔只〕，〔五〕職任台衡，不思報效，銓選之際，紊亂綱紀，貪污著聞，恬不知耻，黜罷爲宜。」從之。徭賊入灌陽縣，劫民財。庚子，以兵興所收諸王也先帖木兒、搠思監等印還給之。壬寅，玥璐不花辭御史大夫職，不允。土蕃等處民饑，命有司以糧賑之。新安、保定諸驛孳畜疫死，命中書給鈔濟其乏。癸卯，汴梁路封丘、祥符縣霜災。甲辰，流王禪之子于吉陽軍。乙巳，封明宗皇子亦璘眞班爲鄜王。豫王阿剌忒納失里所部千六百餘人饑，賑糧二月。淮安路民饑，以兩淮鹽課鈔五萬錠賑之。丙午，復以阿兒思蘭海牙爲江南行臺御史大夫。命中尙卿小云失以兵討雲南。御史臺臣言：「欽察台天曆初在上都，常與闊闊出等謀執倒剌沙，事泄，同謀者皆死，欽察台以出征獲免。頃臺臣疑而劾之，不稱事情，宜雪其枉。」制曰「可」。丁未，以伯顏知樞密院事，依前太保、錄軍國重事。詔諭中書曰：「昔在世祖，嘗以宰相一人總

領庶務，故治出於一，政有所統。今燕鐵木兒爲右丞相，伯顏既知樞密院事，左丞相其勿復置。」太禧宗禋院所隸總管府，各置副達魯花赤一人。賜豫王王傅官金虎符。戊申，命中書省及翰林國史院官祭太祖、太宗、睿宗三朝御容。以太禧宗禋使阿不海牙爲中書平章政事。命史惟良及參知政事和尙總督建言之事。中書省臣言：「舊制，正旦、天壽節，內外諸司各有贄獻，頃者罷之。今江浙省臣言，聖恩公溥，覆幬無疆，而臣等殊無補報，凡遇慶禮，進表稱賀，請如舊制爲宜。」從之。降璽書申鹽法之禁。以嘉興路崇德縣民四萬戶所輸租稅，〔六〕供英宗后妃歲賜錢帛。詔諭樞密院，以屯田子粒錢萬錠助建佛寺，免其軍卒土木之役。庚戌，茶陵州民饑，同知萬家奴、江存禮以所受敕質糧三千石賑之。辛亥，迤西蒙古驛戶饑，給芻粟有差。賑河南流民復歸者鈔五千錠。泰安州饑民三千戶，眞定南宮縣饑民七千七百戶，松江府饑民萬八千二百戶，及土蕃朶里只失監萬戶部內饑，命所在有司從宜賑之。濟寧路饑民四萬四千九百戶，賑以山東鹽課鈔萬錠。杭州火，賑糧一月。命市故瀛國公趙㬎田，爲大龍翔集慶寺永業。御史臺臣言不必予其直，帝曰：「吾建寺爲子孫黎民計，若取人田而不予直，非朕志也。」察罕腦兒宣慰司所部千戶察剌等衞饑者萬四千四百五十六人，人給鈔一錠。

三月甲寅，命宣政院供顯懿莊聖皇后神御殿祭祀。乖西觧蠻三千人入松梨山，燒沿邊

官軍營堡。東平路須城縣饑，賑以山東鹽課鈔。安慶、安豐、蘄、黃、廬五路饑，以淮西廉訪司贓罰鈔賑之。丁巳，徙封濟陽王木楠子爲吳王，吳王潑皮爲濟陽王。賜八番順元、曲靖、烏撒、烏蒙、蒙慶、羅羅斯、嶲明州土官幣帛各一。禁泛濫給驛。四川官吏脅從囊加台者皆復故職。戊午，封皇子阿剌忒納答剌爲燕王，立宮相府總其府事，秩正二品，燕鐵木兒領之。廷試進士，賜篤列圖、王文燁等九十七人及第、出身有差。命彰德路歲祭羑里周文王祠。以河南行省平章乞住爲雲南行省平章，八番順元宣慰使帖木兒不花爲雲南行省左丞，從豫王由八番道討雲南。賜明宗近侍七十人官有差。裕宗及昭獻元聖皇后位宿衞三千人，命儲政院給其衣糧芻粟。發米十萬石賑糶京師貧民。癸亥，遣諸王桑哥班、撒忒迷失、買哥分使西北諸王燕只吉台、不賽因、月卽別等所。甲子，詔諭中外，命御史大夫鐵木兒補花、玥璐不華振舉臺綱。丁卯，木八剌沙來貢蒲萄酒，賜鈔幣有差。以山東鹽課鈔萬錠賑東昌饑民三萬三千六百戶。己巳，議明宗升祔，序于英宗之上，視順宗、成宗廟遷之例。辛未，羣臣請上皇帝尊號，不許，固請不已，乃許之。封知樞密院事不花帖木兒爲武平郡王。錄討雲南禿堅、伯忽之功，雲南宣慰使土官舉宗、祿余並遙授雲南行省參知政事，餘賜賚有差。分龍慶州隸大都路。諸王也孫台部七百餘人入天山縣，掠民財產，遣樞密院、宗正府官往捕之。壬申，奉玉册、玉寶，祔明宗神主于太廟。濮州臨清、館陶二縣饑，賑

鈔七千錠。光州光山縣饑，出官粟萬石，下其直賑糶。信陽、息州及光之固始縣饑，並以附近倉糧賑之。甲戌，封諸王速來蠻爲西寧王。乙亥，西番哈剌火州來貢蒲萄酒。諸王、駙馬還鎭，錫賚有差。丙子，改山東都萬戶府爲都督府。雲南木邦路土官渾都來貢方物。河南登封、偃師、孟津諸縣饑，賑以兩淮鹽課鈔三萬錠。鞏昌、臨洮、蘭州、定西州饑，賑鈔三千五百錠。沂、莒、膠、密、寧海五州饑，賑糧五千石。中興、峽州、歸州、安陸、沔陽饑戶三十萬有奇，賑糧四月。丁丑，陞太常禮儀院秩正二品。敕有司供明宗后八不沙宮分幣帛二百匹，及阿梯里、脫忽思幣帛有差。賜燕鐵木兒功勳之碑。廣平路饑，以河間鹽課鈔萬三千錠賑之。辛巳，諸王哈兒蠻遣使來貢蒲萄酒。廣德、太平、集慶等路饑，凡數百萬戶。濮州諸縣蟲食桑葉將盡。

夏四月壬午朔，命西僧作佛事于仁智殿，自是日始，至十二月終罷。癸未，置怯憐口錢糧都總管府，秩正三品。中書省臣言：「各宮分及宿衞士歲賜錢帛，舊額萬人，去歲增四千人，邇者增數益廣，請依舊額爲宜。」詔命阿不海牙裁省以聞。甲申，時享太廟。丙戌，封也眞也不干爲桓國公。燕鐵木兒言：「天曆初，阿速軍士爲國有勞，請以鈔十萬錠、米十萬石分給其家。」從之。戊子，四川行省調重慶五路萬戶以兵救雲南。庚寅，中書省臣言：「邇者諸處民饑，累常賑救，去歲賑鈔百三十四萬九千六百餘錠、糧二十五萬一千七百餘石。今

汴梁、懷慶、彰德、大名、興和、衞輝、順德、歸德及高唐、泰安、徐、邳、曹、冠等州饑民六十七萬六千戶，一百一萬二千餘口，請以鈔九萬錠、米萬五千石，命有司分賑。」制曰「可」。以陝西饑，敕有司作佛事七日。壬辰，以所籍張珪諸子田四百頃，賜大承天護聖寺爲永業。沿邊部落蒙古饑民八千二百，人給鈔三錠、布二匹、糧二月，遣還其所部。癸巳，置豫王王傅、副尉、〔七〕司馬各二員。丁酉，遣諸王桑兀孫還雲南。金蘭等驛馬牛死，賑鈔五百錠。庚子，降璽書申諭太禧宗禋院。天臨之醴陵、湘陰等州、台州之臨海等縣饑，各賑糶米五千石。辛丑，明宗后八不沙崩。壬寅，括益都、般陽、寧海閑田十六萬二千九十頃，賜大承天護聖寺爲永業。立益都廣農提舉司及益都、般陽、寧海諸提領所，並隸隆祥總管府。烏(蒙)〔撒〕土官祿余殺烏撒宣慰司官吏，〔八〕降于伯忽。羅羅諸蠻俱叛，與伯忽相應，平章帖木兒不花爲其所害。晉寧、建昌二路民饑，賑糧五萬五千石、鈔二萬三千錠。戊申，陝西行臺言：「奉元、鞏昌、鳳翔等路以累歲饑，不能具五穀種，請給鈔二萬錠，俾分糴于他郡。」從之。雲南賊祿余以蠻兵七百餘人拒烏撒、順元界，立關固守。重慶五路萬戶軍至雲南境，值羅羅蠻，萬餘人遇害，千戶祝天祥等引餘衆遁還。詔江浙、河南、江西三省調兵二萬，命諸王云都思帖木兒及樞密判官洪浹將之，與湖廣行省平章脫歡會兵討雲南。己酉，作佛事。是月，滄州、高唐州屬縣蟲食桑葉盡。(荀)〔芍〕陂屯饑，〔九〕賑糧三月。土蕃等處脫思麻民饑，

命有司賑之。賑懷慶承恩、孟州等驛鈔千錠。

五月乙卯，遣宣徽使定住等，以受尊號告祭南郊。故四川行省平章寬徹、四川道廉訪使忽都魯養阿等，皆爲囊加台所害，並贈官賜謚。榆次縣主簿太帖木兒、河中府判官禿塔兒，皆爲遼東軍所害，並加褒贈。戊午，帝御大明殿，燕帖木兒率文武百官及僧道、耆老，奉玉册、玉寶，上尊號曰欽天統聖至德誠功大文孝皇帝。是日，改元至順，詔天下。河南、懷慶、衛輝、(普)〔晉〕寧四路曾經賑濟人戶，〔一〇〕今歲差發全行蠲免。其餘被災路分人民已經賑濟者，腹裏差發、江淮夏稅，亦免三分。己未，羅羅斯權土官宣慰撒加伯、阿漏土官阿剌、里州土官德益叛，附于祿余。庚申，以受尊號恭謝太廟。辛酉，四川行省討雲南，進軍至烏蒙。壬戌，歸德府之譙縣霧傷麥。癸亥，四川軍至雲南之雪山峽，遇羅羅斯軍，敗之。德州饑，賑以山東鹽課鈔三千錠。武昌路饑，賑以糧五萬石、鈔二千錠。甲子，申命燕鐵木兒爲中書右丞相，詔天下。以鈔四萬錠分給宮人。賜魯國大長公主鈔萬錠。丁卯，翰林國史院修英宗實錄成。戊辰，車駕發大都，次大口。陞尙舍寺秩正三品。命阿鄰帖木兒爲大司徒。遣豫王阿剌忒納失里鎭西番，授以金印。賜諸王脫歡金印，大司徒不蘭奚銀印。加趙世延翰林學士承旨，封魯國公。賑衛輝、大名、廬州饑民鈔六千錠、糧五千石。開元路胡里該萬戶府、寧夏路哈赤千戶所軍士饑，各賑糧二月。己巳，次龍虎臺。置肅王寬徹傳、尉、

司馬各一員。辛未，置宣忠扈衛親軍都萬戶府，秩正三品，總斡羅思軍士，隸樞密院。以太禧宗禋使亦列赤爲中書平章政事。左、右欽察、龍翊侍衛軍士五千三百七十戶饑，戶賑鈔二錠、布一匹、糧一月。癸酉，遣使勞軍于雲南。時諸王禿剌率萬戶忽都魯沙、怯列、孛羅等，皆領兵進討禿堅、伯忽。甲戌，八番乖西觧苗阿馬、察伯秩等萬人侵擾邊境，詔樞密臣分兵討之。乙亥，置順元宣撫司，統答剌(斥)〔罕〕軍征雲南，〔一一〕人賜鈔五錠。衛輝路之輝州，以荒乏穀種，給鈔三千錠，俾糴於他郡。己卯，遣使詣五臺山作佛事。庚辰，命湖廣行省以鈔五萬錠給雲南軍需。是月，右衛左右手屯田大水，害禾稼八百餘頃。廣平、河南、大名、般陽、南陽、濟寧、東平、汴梁等路，高唐、開、濮、輝、德、冠、滑等州，及大有、千斯等屯田蝗。以浙東宣慰使陳天祐、湖廣參知政事樊楫死於王事，贈封特加一級。龍興張仁輿妻鄒氏、奉元李郁妻崔氏以志節，汴梁尹華以孝行，皆旌其門。

六月辛巳朔，燕鐵木兒言：「嚮有旨，惟許臣及伯顏兼領三職。今趙世延以平章政事兼翰林學士承旨、奎章閣大學士，引疾以辭。」帝曰：「朕重老成人，其令世延仍視事中書，果病，無預銓選可也。」丙戌，大駕至上都。戊子，給左、右欽察、龍翊侍衛軍士糧。壬辰，鎭江饑，賑糧四萬石。饒州饑，亦命有司賑之。癸巳，御史臺臣言：「宣徽院錢穀，出納無經，以上供飲饍，冒昧者多，不稽其案牘，則弊日滋。宜如舊制，具實上之省部，以備考覈。」從之。

丙申，立行樞密院討雲南，賜給驛璽書十五、銀字圓符五。以河南行省平章徹里鐵木兒知行樞密院事，陝西行省平章探馬赤、近侍敎化爲同知、副使。發朵甘思、朵思麻及鞏昌諸處軍萬三千人，人乘馬三匹。徹里鐵木兒同鎭西武靖王搠思班等由四川，敎化從豫王阿剌忒納失里等由八番，分道進軍。黃河溢，大名路之屬縣沒民田五百八十餘頃。庚子，以內侍中瑞卿撒里爲大司徒。賜四川行省左丞孛羅金虎符。以鹽課鈔二十萬錠供雲南軍需。命河南、湖廣、江西、甘肅行省誦藏經六百五十部，施鈔三萬錠。知樞密院事闊徹伯、脫脫木兒，通政使只兒哈郎，翰林學士承旨敎化的、伯顏也不干，燕王宮相敎化的、斡羅思，中政使尙家奴、禿烏台，右阿速衛指揮使那海察、拜住，以謀變有罪，並棄市，籍其家。癸卯，四川孛羅以蒙古漸丁軍五千往雲南。乙巳，羅羅斯土官撒加伯合烏蒙蠻兵萬人攻建昌縣，〔一二〕雲南行省右丞躍里怗木兒拒之，斬首四百餘級。四川軍亦敗撒加伯于蘆古驛。丙午，朵思麻蒙古民饑，賑糧一月。丁未，改東路蒙古軍元帥府爲東路欽察軍萬戶府。是月，高唐、曹州及前、後、武衛屯田水災。大都、益都、眞定、河間諸路，獻、景、泰安諸州，及左都威衛屯田蝗。迤北蒙古饑民三千四百人，人給糧二石、布二匹。旌表眞定梁子益妻李氏等貞節，徐州胡居仁孝行。

秋七月辛亥，封諸王按渾察爲廣寧王，授以金印。壬子，命西僧禁星。丙辰，以闊徹伯

大司徒印授撒里。丁巳，命中書省、翰林國史院官祀太祖、太宗、睿宗御容于大普慶寺。命西僧爲皇子燕王作佛事。西域諸王不賽因遣使來朝賀。監察御史請以所籍闊徹伯衣物分賜宿衛軍士，從之。己未，以闊徹伯宅賜太禧宗禋院，衣服賜羣臣。通渭山崩，壓民舍，命陝西行省賑被災者十二家。庚申，籍脫脫木兒家貲，輸內府。辛酉，改哈思罕萬戶府爲總管府，秩四品。詔：「僧、道、獵戶、鷹坊合得璽書者，翰林院無得越中書省以聞。」眞定路之平棘，廣平路之肥鄉，保定路之曲陽、行唐等縣，大風雨雹傷稼。許失台速怯、月謹眞孛可等部獻人口牧畜，命酬其直。江西建昌萬戶府軍戍廣海者，一歲更役，來往勞苦，詔仍至元舊制，二歲一更。乙丑，翰林學士承旨也兒吉尼知樞密院事。調諸衛卒築漷州柳林海子堤堰。丙寅，蒙古百姓以饑乏至上都者，閱口數給以行糧，俾各還所部。增大都賑糶米五萬石。大都之順州、東安州大風雨雹傷稼。戊辰，壽寧公主薨，收其印。己巳，命江浙行省以鈔十萬錠至雲南，增其軍需。庚午，歲星犯氐宿。開平路雨雹傷稼。中書省臣言：「近歲帑廩虛空，其費有五：曰賞賜，曰作佛事，曰創置衙門，曰濫冒支請，曰續增衛士鷹坊。請與樞密院、御史臺、各怯薛官同加汰減。」從之。御史臺臣劾奏新除河南府總管張居敬避難不之官，有旨免所授官，加其罪笞。甲戌，賜諸王養怯帖木兒、孛欒台、徹赫斯、察阿兀罕等金銀鈔幣有差。丙子，敕中書省、御史臺遣官詣江浙、江西、湖廣、四川、雲南諸行省，還調三品

以下官。命四川行省於明年茶鹽引內給鈔八萬錠增軍需，以討雲南。賑木憐、扎里至苦鹽泊等九驛，每驛鈔五百錠。增給戍居庸關軍士糧。海潮溢，漂沒河間運司鹽二萬六千七百餘引。丁丑，以給驛璽書五、銀字圓符三，增給陝西蒙古都萬戶府，以討雲南。故丞相鐵木迭兒子將作使鎖住與其弟觀音奴、姊夫太醫使野理牙，坐怨望、造符錄、祭北斗、咒咀，事覺，詔中書鞫之。事連前刑部尚書烏馬兒、前御史大夫孛羅、上都留守馬兒及野理牙姊阿納昔木思等，俱伏誅。雲南禿堅、伯忽等勢愈猖獗，烏撒祿余亦乘勢連約烏蒙、東川、芒部諸蠻，欲令伯忽弟拜延（順）等兵攻順元。〔三〕樞密臣以聞，詔卽遣使督豫王阿納忒剌失里及行樞密院、四川、雲南行省亟會諸軍分道進討，以烏蒙、烏撒及羅羅斯地接西番，與礀門安撫司相爲脣齒，命宣政院督所屬軍民嚴加守備，又命鞏昌都總帥府調兵千人戍四川。開元、大同、眞定、冀寧、廣平諸路及忠翊侍衞左右屯田，自夏至于是月不雨。奉元、晉寧、興國、揚州、淮安、懷慶、衞輝、益都、般陽、濟南、濟寧、河南、河中、保定、河間等路及武衞、宗仁衞、左衞率府諸屯田蝗。永平龐遵以孝行，福州王薦以隱逸，大同李文實妻齊氏、河南閻遂妻楊氏、大都潘居敬妻陳氏、王成妻高氏以志節，順德馬奔妻胡閏奴、眞定民妻周氏、冀寧民妻魏益紅以夫死自縊殉葬，並旌其門。

閏七月庚辰朔，封諸王卯澤爲永寧王，授金印，及給銀字圓符、給驛璽書，併以所隸封

邑歲賦賜之。癸未，遣諸王篤憐、渾禿、孛羅等齎銀千兩、幣二百匹，賜諸王朶列鐵木兒。監察御史葛明誠言：「中書平章政事趙世延，年踰七十，智慮耗衰，固位苟容，無補於事，請斥歸田里。」臺臣以聞，詔令中書議之。雲南芒部路九村夷人阿斡、阿里詣四川行省自陳：「本路舊隸四川，今土官撒加伯與雲南連叛，願備糧四百石、民丁千人，助大軍進征。」事聞，詔嘉其去逆效順，厚慰諭之。衞士上都駐冬者，所給糧以三分爲率，二分給鈔。大駕將還，敕上都兵馬司官二員，率兵士由偏嶺至明安巡邏，以防盜賊。市橐駝百、牛三百，充扈從屬軍之用。丙戌，忠翊衞左右屯田隕霜殺稼。籍鎖住、野里牙等庫藏、田宅、奴僕、牧畜，給大承天護聖寺爲永業。鑄黃金神仙符命印，賜掌全眞教道士苗道一。己丑，立掌醫署，秩正五品。庚寅，以所籍野理牙宅爲都督府公署。辛卯，以陝西行臺御史中丞脫亦納爲中書參知政事。燕鐵木兒言：「趙世延向自言年老，屢乞致仕，臣等以聞，嘗有旨，世延舊人，宜與共政中書。御史之言，不知前有旨也。」帝曰：「如御史言，世延固難任中書矣。其仍任以翰林、奎章之職。」四川行省平章汪壽昌言：「雲南伯忽叛逆，興兵進討，調遣餽餉，皆壽昌領之。頃以市馬、造器械、軍官俸給、軍士行糧，已給鈔十五萬錠。今伯忽未及殄滅，而烏撒、烏蒙相繼爲亂，大兵深入，去朝廷益遠，元請軍需，早乞頒降，從本省酌其緩急，便宜以行，庶不稽誤。」從之。寧夏、奉元、鞏昌、鳳翔、大同、晉寧諸路屬縣隕霜殺稼。癸巳，以月魯帖

木兒爲大司徒。賜哈剌赤軍士鈔一萬錠、糧十萬石。察罕腦兒并東、西涼亭諸衞士九百五十人，人賜鈔五錠、糧二月；朔漠軍士，人鈔三錠、布二匹、糧二月。命燕鐵木兒以鈔萬錠，分賜天曆初諸王、羣臣死事之家。行樞密院言：「征戍雲南軍士二人逃歸，捕獲，法當死。」詔曰：「如臨戰陣而逃，死宜也。非接戰而逃，輒當以死，何視人命之易耶！其杖而流之。」丁酉，大駕發上都。授阿憐帖木兒大司徒印。戊戌，甘肅平章政事乃馬台封宣寧郡王，授以金印；駙馬謹只兒封鄆國公，授以銀印；並知行樞密院事。贈安南國王陳益稷儀同三司、湖廣行省平章政事，王爵如故，謚忠懿。益稷在世祖時自其國來歸，遂授以國王，卽居于漢陽府，天曆二年卒，至是加贈、謚。庚子，魯王阿剌哥識里所部三萬餘人告饑，賑鈔萬錠、糧二萬石。中書省臣言：「內外佛寺三百六十七所，用金、銀、鈔、幣不貲，今國用不充，宜從裁省。」命省人及宣政院臣裁減。上都歲作佛事百六十五所，定爲百四所，令有司永爲歲例。乙巳，雲南使來報捷，遣使賜雲南、四川省臣、行樞密院臣以上尊。丙午，諸王卜顏帖木兒請給鞍馬，願從諸軍擊雲南，帝嘉其意，從之。戊申，加封孔子父齊國公叔梁紇爲啓聖王，母魯國太夫人顏氏爲啓聖王夫人，顏子兗國復聖公，曾子郕國宗聖公，子思沂國述聖公，孟子鄒國亞聖公，河南伯程顥豫國公，伊陽伯程頤洛國公。羅羅斯土官撒加伯及阿陋土官阿剌、里州土官德益兵八千撤毀棧道，遣把事曹通潛結西番，欲據大渡河進寇建昌。

四川行省調礀門安撫司軍七百人，成都、保寧、順慶、廣安諸屯兵千人，令萬戶周戡統領，直抵羅羅斯界，以控扼西番及諸蠻部。又遣成都、順慶二翼萬戶昝定遠等，以軍五千同邛部知州馬伯所部蠻兵，會周戡等，從便道共討之。發成都沙糖戶二百九十人防遏敘州。徵重慶、夔州逃亡軍八百人赴成都。廣西猺于國安率千五百人寇修仁、荔浦等縣，廣西元帥府發兵捕之，賊衆潰走，生擒國安。大都、（太）〔大〕寧、〔四〕保定、益都諸屬縣及京畿諸衞、大司農諸屯水，沒田八十餘頃。杭州、常州、慶元、紹興、鎭江、寧國諸路及常德、安慶、池州、荊門諸屬縣皆水，沒田一萬三千五百八十餘頃。松江、平江、嘉興、湖州等路水，漂民廬，沒田三萬六千六百餘頃，饑民四十萬五千五百七十餘戶，詔江浙行省以入粟補官鈔三千錠及勸率富人出粟十萬石賑之。寶慶、衡、永諸處，田生青蟲，食禾稼。冠州郁世復、大都趙祥及弟英，以孝行旌其門。

八月庚戌，河南府路新安、沔池等十五驛饑疫，人給米、馬給芻粟各一月。辛亥，雲南躍里鐵木兒以兵屯建昌，執羅羅斯把事曹通斬之。丁巳，北邊諸王月卽別遣使來京師。燕鐵木兒由西道田獵未至，詔以機務至重，遣使趣召之。己未，大駕至京師。勞遣人士還營。有言蔚州廣靈縣地產銀者，詔中書、太禧院遣人涖其事，歲所得銀歸大承天護聖寺。辛酉，以世祖是月生，命京師率僧百七十人作佛事七日。御史臺臣請立燕王爲皇太子，帝曰：「朕

子尙幼，非裕宗爲燕王時比，俟燕帖木兒至，共議之。」甲子，忠州土官黃祖顯遣其子宗忠來朝，獻方物。乙丑，遣使詣眞定玉華宮，祀睿宗及顯懿莊聖皇后神御殿。戊辰，太白犯氐宿。壬申，詔興舉蒙古字學。中書省、樞密院、御史臺言：「臣等比奉旨裁省衞士，今定大內四宿衞之士，每宿衞不過四百人；累朝宿衞之士，各不過二百人。鷹坊萬四千二十四人，當減者四千人。內饔九百九十人，四怯薛當留者各百人。累朝舊邸宮分饔人三千二百二十四人，當留者千一百二十人。媵臣、怯憐口共萬人，當留者六千人。其汰去者，斥歸本部著籍應役。自裁省之後，各宿衞復有容匿漢、南、高麗人及奴隸濫充者，怯薛官與其長杖五十七，犯者與典給散者皆杖七十七，沒家貲之半，以籍入之半爲告者賞。仍令監察御史察之。」制可。

九月庚辰，江浙行省言：「今歲夏秋霖雨大水，沒民田甚多，稅糧不滿舊額，明年海運本省止可二百萬石，餘數令他省補運爲便。」從之。罷入粟補官例。糴豆二十三萬石於河間、保定等路，冠、恩、高唐等州，出馬八萬匹，令諸路分牧之。大寧路地震。甲申，授不蘭奚及月魯鐵木兒大司徒印。史惟良辭中書左丞職，不允。命藝文監以燕鐵木兒世家刻板行之。命河南行省給湖廣行省鈔四千錠爲軍需，討雲南。遼陽諸王老的、蠻子台諸部擾民，敕樞密院、宗正府及行省，每歲遣官偕往巡問，以治其獄訟。監察御史葛明誠劾奏：「遼陽

行省平章哈剌鐵木兒，嘗坐贓被杖罪，今復任以宰執，控制東藩，亦足見國家名爵之濫，黜罷爲宜。」從之。丙戌，邛部州土官馬伯嚮導征雲南軍有功，以爲征進招討，知本州事。江西、湖廣蒙古軍進征雲南者，人給鈔五錠。雲南羅羅斯叛，與成都甚邇，而成都軍馬俱進征雲南，詔四川鄰境諸王，發藩部丁壯二千人戍成都。廣源賊弗道閉覆寇龍州羅回洞，龍州萬戶府移文詰安南國，其國回言：「本國自歸順天朝，恪共臣職，彼疆我界，盡歸一統。豈以羅回元隸本國，遂起爭端？此蓋邊吏生釁，假閉覆爲名爾，本府宜自加窮治。」湖廣行省備其言以聞，命龍州萬戶府申嚴邊防。己丑，熒惑犯鬼宿。辛卯，賜陝西蒙古軍之征雲南者三十人，人鈔六錠。監察御史朶羅台、王文若言：「嶺北行省乃太祖肇基之地，武宗時，太師月赤察兒爲右丞相，太傅答剌罕爲左丞相，保安邊境，朝廷遂無北顧之患。今天子臨御，及命哈八兒禿爲平章政事，其人無正大之譽，有鄙俚之稱，錢穀甲兵之事，懵無所知，豈能昭宣皇猷，贊襄國政！且以月赤察兒輩居於前，而以斯人繼其後，賢不肖固不待辯而明，理宜黜罷。」制曰「可」。癸巳，白虹貫日。置麓川路軍民總管府。復立總管府於哈剌火州。甲午，熒惑犯鬼宿積尸氣。封魏王阿木哥子阿魯(於)〔爲〕西靖王。〔一五〕乙未，以立冬祀五福十神、太一眞君。御史臺臣劾奏：「前中書平章速速，叨居台鼎，專肆貪淫，兩經杖斷一百七，方議流竄，幸蒙恩宥，量徙湖廣。不復畏法自守，而乃携妻娶妾，濫污百端。況湖廣乃屯兵

重鎭，豈宜居此？乞屏之遠裔，以示至公。」詔永竄雷州，湖廣行省遣人械送其所。丙申，以魯國大長公主邸第未完，復給鈔萬錠，命中書平章亦列赤董其役。己亥，以奎章閣纂修經世大典，命省、院、臺諸司以次宴其官屬。以平江等處官田五百頃，賜魯國大長公主。敕：「諸人非其本俗，敢有弟收其嫂、子收庶母者，坐罪。」壬寅，覈實諸衞軍戶物力。賜魯國大長公主鈔萬錠，命燕鐵木兒詣其邸第送之。丙午，命西僧作佛事於大明殿。史惟良復乞辭職歸養，允其請，仍賜鈔二百錠。丁未，中書參知政事張友諒爲左丞。知樞密院事脫別台爲陝西行臺御史大夫。鐵里干、木憐等三十二驛，自夏秋不雨，牧畜多死，民大饑，命嶺北行省人賑糧二石。至治初以白雲宗田給壽安山寺爲永業，至是其僧沈明琦以爲言，有旨，令中書省改正之。敕有司繕治南郊齋宮。遼陽行省水達達路，自去夏霖雨，黑龍、宋瓦二江水溢，民無魚爲食。至是，末魯孫一十五狗驛，狗多餓死，賑糧兩月，狗死者，給鈔補市之。辰州萬戶圖格里不花母石抹氏以志節，漳州龍溪縣陳必達以孝行，並旌其門。

冬十月戊申朔，降璽書申飭衍聖公崇奉孔子廟事。賜雲南行省參政忽都沙三珠虎符。辛亥，命湖廣行省給諸王云都思鐵木兒幣百匹，以賞將士捕猺賊有功者。壬子，諸王、大臣復請立燕王爲皇太子，帝曰：「卿等所言誠是。但燕王尙幼，恐其識慮未弘，不克負荷，徐議之未晚也。」立宣忠扈衞親軍都萬戶營於大都北，市民田百三十餘頃賜之。戊午，致齋

於大明殿。己未，遣亞獻官中書右丞相燕鐵木兒、終獻官貼木爾補化率諸執事告廟，請以太祖皇帝配享南郊。庚申，出次郊宮。辛酉，帝服大裘、袞冕，祀昊天上帝于南郊，以太祖皇帝配，禮成，是日大駕還宮。甲子，以奉元驛馬瘠死，命陝西行省給鈔三千錠補市之。木納火失溫所居諸牧人三千戶、瀕黃河所居鷹坊五千戶，各賑糧兩月。乙丑，廣西猺賊寇橫州及永淳縣，敕廣西元帥府率兵捕之。樞密院臣言：「每歲大駕幸上都，發各衞軍士千五百人扈從，又發諸衞漢軍萬五千人駐山後，蒙古軍三千人駐官山，以守關梁。乞如舊數調遣，以俟來年。」從之。辛未，烏蒙路土官阿朝歸順，遣其通事阿累等貢方物。壬申，御史臺臣言：「內外官吏令家人受財，以其干名犯義，罪止四十七、解任。今貪污者緣此犯法愈多，請依十二章計贓多寡論罪。」從之。甲戌，敕：「累朝宮分官署，凡文移無得稱皇后，止稱某位下娘子。其委用官屬，並由中書擬聞。」乙亥，改打捕鷹坊總管府爲仁虞都總管府。知樞密院事撒敦、宣徽使唐其勢，並賜答剌罕之號。中書省臣言：「近討雲南，已給鈔二十萬錠爲軍需，今費用已盡，鎭西武靖王搠思班及行省、行院復求鈔如前數。臣等議，方當進討之際，宜依所請給之。」制曰「可」。賜伯夷、叔齊廟額曰聖淸，歲春秋祠以少牢。遣使趣四川、雲南行省兵進討。於是四川行省平章塔出引兵由永寧，左丞孛羅引兵由靑山、茫部並進，陳兵周泥驛，及祿余等戰，殺蠻兵三百餘人。祿余衆潰，卽奪其關隘，以導順元諸軍。

時雲南行省平章乞住等俱失期不至。

十一月庚辰，命中書賑糶糧十萬石，濟京師貧民。辛巳，御史臺臣言：「陝西行省左丞怯列，坐受人僮奴一人及鸚鵡，請論如律。」詔曰：「位至宰執，食國厚祿，猶受人生口，理宜罪之。但鸚鵡微物，以是論贓，失於太苛，其從重者議罪。今後凡饋禽鳥者，勿以贓論，著爲令。」癸未，賑上都灤河駐冬各宮分怯憐口萬五千七百戶糧二萬石。甲申，熒惑退犯鬼宿。命帝師率西僧作佛事，內外凡八所，以是日始，歲終罷。丙戌，太白犯壘壁陣。中書省臣言：「至元間，安豐、安慶、廬州等路有未附籍戶千四百三十六，世祖命以其歲賦賜牀兀兒。後既附籍，所輸歲賦皆入官，別令萬億庫歲給以鈔二百錠。今乞停所給鈔，復以其戶還賜牀兀兒之子燕鐵木兒。」從之。羅羅斯撒加伯、烏撒阿答等合諸蠻萬五千人攻建昌，躍里鐵木兒等引兵追戰于木托山下，敗之，斬首五百餘級。賑襄、鄧畏兀民被西兵害者六十三戶，戶給鈔十五錠、米二石；被西兵掠者五百七十七戶，戶給鈔五錠、米二石。廣西廉訪司言：「今討叛徭，各行省官將兵二萬人，皆屯駐靜江，遷延不進，曠日持久，恐失事機。」詔遣使趣之。知樞密院事燕不憐，請依舊制全給鷹坊芻粟，使毋貧乏，帝曰：「國用皆百姓所供，當量入爲出，朕豈以鷹坊失所，重困吾民哉！」不從。辛卯，以闊闊台知樞密院事。給山東鹽課鈔三千錠，賑曹州濟陰等縣饑民。癸巳，以臨江、吉安兩路天源延聖寺田千頃所入

租稅，隸太禧宗禋院。戊戌，立打捕鷹坊紅花總管府於遼陽行省，秩四品。辛丑，徵河南行省民間自實田土糧稅，不通舟楫之處得以鈔代輸。命陝西行省賑河州蒙古屯田衞士糧兩月。甲辰，命司天監禜星。丙午，恩州諸王按灰，坐擊傷巡檢張恭，杖六十七，謫還廣寧王所部充軍役。

十二月戊申，遣伯顏等以將立燕王阿剌忒納答剌爲皇太子，告祭于郊、廟。己酉，以董仲舒從祀孔子廟，位列七十子之下。國子生積分及等者，省、臺、集賢院、奎章閣官同考試，中式者以等第試官，不中者復入學肄業。以粟十萬石，米、豆各十五萬石，給河北諸路牧官馬之家。宣忠扈衞斡羅思屯田，給牛、種、農具。辛亥，立燕王阿剌忒納答剌爲皇太子，詔天下。甲寅，西域軍士居永平、灤州、豐閏、玉田者，人給鈔三錠、布二匹、糧兩月。監察御史言：「昔裕宗由燕邸而正儲位，世祖擇耆舊老臣如王顒、姚燧、蕭𣂏等爲之師、保、賓客。今皇太子仁孝聰睿，出自天成，誠宜愼選德望老成、學行純正者，俾之輔導於左右，以宏養正之功，實宗社生民之福也。」帝嘉納其言。詔：「龍翔集慶寺工役、佛事，江南行臺悉給之。」戊午，以十月郊祀禮成，帝御大明殿受文武百官朝賀，大赦天下。癸亥，知樞密院事闊闊台兼大都留守。乙丑，遣集賢侍讀學士珠遘詣眞定，以明年正月二十日祀睿宗及后于玉華宮之神御殿。丁卯，命西僧於興聖、光天宮十六所作佛事。癸酉，詔宣忠扈衞親軍都萬戶府：

「凡立營司境內所屬山林川澤，其鳥獸魚鼈悉供內膳，諸獵捕者坐罪。」甲戌，御史中丞和尚，坐受婦人爲賂，遇赦原罪。監察御史言：「和尚所爲貪縱，有污臺綱，罪雖見原，理宜追奪所受制命，禁錮元籍終其身。」臺臣以聞，制可。敕各行省：「凡遇邊防有警，許令便宜發兵，事緩則驛聞。」賑龍慶州懷來縣前歲被兵萬一千八百六十戶糧兩月。冀寧路梁世明妻程氏、中興路伯顏妻阿迭的以志節，大都宛平縣鄭珪以行義，並旌其門。賑遼陽行省所居鷹坊戶糧一月。

校勘記

〔一〕（巎巎）〔巙巙〕　據至順四年巙巙手書顏眞卿張長史十二意筆法記見三希堂石渠寶笈法帖題款改。類編云：「正字通云巙音撓，俗作巎者誤。」

〔二〕大（明）〔名〕路　按元無「大明路」，據本書卷五〇五行志改。道光本已校。

〔三〕雲南麓（州）〔川〕　據本書卷六一地理志改。類編已校。

〔四〕（二月）辛卯（朔）　按上文已書「二月壬午朔」，辛卯爲初十日。此處「二月」「朔」皆衍誤，今從道光本删。

〔五〕中書平章朶兒（失）〔只〕　據上文天曆二年八月壬辰條及本書卷一一二宰相年表改。「朶兒只」

藏語，意爲「金剛」。續編已校。

〔六〕嘉興路崇德縣　按本書卷六二地理志，崇德元貞元年升州。本證云「當作州」。

〔七〕副尉　按本書卷八九百官志，「副尉」當係「傅尉」或「府尉」之誤。

〔八〕烏（蒙）〔撒〕土官祿余　據上文天曆二年九月甲子、下文至順元年七月丁丑、二年二月己酉、九月庚辰、三年二月己酉條改。蒙史已校。

〔九〕（荀）〔芍〕陂屯饑　從北監本改。

〔一〇〕河南懷慶衞輝（普）〔晉〕寧四路　按元無「普寧路」，據本書卷五八地理志改。

〔一一〕答剌（斥）〔罕〕軍　按本書卷九八兵志有「應募而集者，曰答剌罕軍」，據改。蒙史已校。

〔一二〕建昌縣　按本書卷六一地理志，建昌路非縣。此處史文當有脫誤。

〔一三〕欲令伯忽弟拜延（順）等兵攻順元　按下文至順二年正月己卯條有「殺伯忽弟拜延」，此處「順」字涉下「順元」而衍，今删。蒙語「拜延」，意爲「富」。

〔一四〕（太）〔大〕寧　據本書卷五〇五行志改。

〔一五〕封魏王阿木哥子阿魯（於）〔爲〕西靖王　續編改「於」爲「爲」，是，從改。

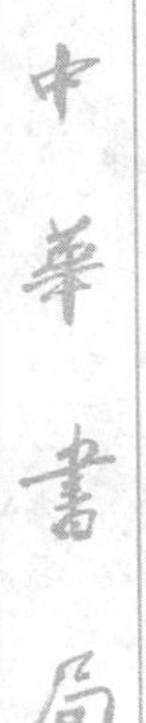

元史卷三十五

本紀第三十五

文宗四

二年春正月己卯，御製奎章閣記。行樞密臣言：「十一月，仁德府權達魯花赤曲朮，糾集兵衆以討雲南，首敗伯忽賊兵於馬龍州，以是月十一日殺伯忽弟拜延，獻馘於豫王。十三日，戰于馬金山，獲伯忽及其弟伯顏察兒、其黨拜不花、卜顏帖木兒等十餘人，誅之，餘兵皆潰，獨祿余猶據金沙江。」有旨趣進兵討之。庚辰，住持大承天護聖寺僧寶峯加司徒。辛巳，大名魏縣民曹革輪粟賑陝西饑，旌其門。癸未，立侍正府以總近侍，秩從二品。乙酉，時享太廟。丙戌，伯顏、月魯帖木兒、玥璐不花、阿卜海牙等十四人，並以本官兼侍正。旌大都大興縣郭仲安妻李氏貞節。丁亥，以壽安山英宗所建寺未成，詔中書省給鈔十萬錠供其費，仍命燕鐵木兒、撒迪等總督其工役。命後衞指揮使史埧往四川行省調軍官還。戊

子，命奴都赤阿里火者按行北邊牧地。以晉邸部民劉元良等二萬四千餘戶隸壽安山大昭孝寺爲永業戶。中書省臣言：「四川省臣塔出、脫帖木兒等討雲南，以十一月九日領兵至烏撒周泥驛。明日，祿余、阿奴、阿答等賊兵萬餘，自山後間道潛出，塔出、脫帖木兒等進擊，屢戰敗之。十五日，又戰七星關，六日凡十七戰，賊大敗潰去。」詔遣使以銀、幣賞塔出、脫帖木兒等。造歲額鈔本至元鈔八十九萬五十錠，中統鈔五千錠。給鈔五千錠，賑寧海州饑民。罷益都等處廣農提舉司，改立田賦總管府，秩從三品，仍令隆祥總管府統之。命興和路建燕鐵木兒鷹棚。樞密院臣言：「四川行省地隣烏撒，而雲南未平，今戍卒單少，宜增兵防遏。請調夔路怯憐口戶丁七百、重慶河東五路兩營兵三百，同往戍之。俟征進軍還日，悉罷遣。」從之。庚寅，改東路蒙古軍萬戶府爲東路蒙古侍衞親軍指揮使司。諸王哈兒蠻遣使來貢蒲萄酒。國制，累朝行帳設衞士、給事如在位時。近嘗汰其冗濫，武宗、仁宗兩朝，各定爲八百人，英宗七百人。中書省臣言，舊給事人有失職者，詔復其百人。辛卯，皇太子阿剌忒納答剌薨。壬辰，命宮相法里及給事者五十八人護靈轝北祔葬于山陵，仍令法里等守之。御史臺臣劾奏：「福建宣慰副使哈只，前爲廣東廉訪副使，貪污狼籍，宜罷黜。」從之。己亥，遣吏部尚書撒里瓦，佩虎符，禮部郎中趙期頤，佩金符，齎卽位詔告安南國，且賜以授時曆。賜武寧王徹徹禿金百兩、銀五百兩，以淮安路之海寧州爲其食邑。癸

卯，以皇子古納答剌疹疾愈，賜燕鐵木兒及公主察吉兒各金百兩、銀五百兩、鈔二千錠，撒敦等金、銀、鈔各有差；又賜醫巫、乳媼、宦官、衞士六百人金三百五十兩、銀三千四百兩、鈔五千三百四十錠。甲辰，敕每歲四祭五福太一星。建孔子廟于後衞。至元末，討諸王乃顏之叛，獲其部蒙古軍，分置河南、江浙、湖廣、江西諸省，命樞密院遣使括其數，得二千六百人。乙巳，封蒙古巫者所奉神爲靈感昭應護國忠順王，號其廟曰靈祐。給衞士萬人歲例鈔，人八十錠，內以他物及粟折五之一。鎭西武靖王搠思班、豫王阿剌忒納失里及行省、行院官同討雲南，兵十餘萬，以去年十一月十一日，搠思班師次羅羅斯，期躍里鐵木兒俱至三泊郎，〔一〕仍趣小云失會於曲靖馬龍等州，同進兵。躍里鐵木兒倍道兼進，奪金沙江。十二月十七日，大兵與阿禾蒙古軍相值，戰敗之，阿禾僞降，明日，率其兵三千爲三隊來襲我營，搠思班、躍里鐵木兒等分十三隊又擊敗之，阿禾竄走。大兵直趨中慶，二十六日，遇賊黨蒙古軍於安寧州，與再戰，又大敗之。二十八日，阿禾來逆戰，遂就禽，斬于軍前。三十日，將抵中慶，賊兵七千猶拒戰于伽橋、古壁口，兵交，躍里鐵木兒左頰中流矢，洞耳後，拔矢復與戰，大捷，遂復行省治。諸軍皆會，駐于城中，分兵追捕殘賊於嵩明州。樞密院臣以捷聞，詔總兵官量度緩急，從宜區處。新添安撫司窰河寨主，訴他部傜、獠蹂其禾，民饑，命湖廣行省發鈔二千錠，市米賑之。

二月丙(戌)〔午朔〕，〔二〕以上都留守乃馬台行嶺北行樞密院事，太禧宗禋使謹只兒、答鄰答里、篤烈捏四人並知院事，遙授平章政事。戊申，立廣敎總管府，以掌僧尼之政，凡十六所：曰京畿山後道，曰河東山右道，曰遼東山北道，曰河南荆北道，曰兩淮江北道，曰湖北湖南道，曰浙西江東道，曰浙東福建道，曰江西廣東道，曰廣西兩海道，曰燕南諸路，曰山東諸路，曰陝西諸路，曰甘肅諸路，曰四川諸路，曰雲南諸路。秩正三品，府設達魯花赤、總管、同知府事、判官各一員，宣政院選流內官擬注以聞，總管則僧爲之。四川行省招諭懷德府驢谷什用等四洞及生蠻十二洞，皆內附，詔陞懷德府爲宣撫司以鎭之。諸洞各設長官司及巡檢司，且命各還所掠生口。湖廣參政徹里帖木兒與速速、班丹俱坐出怨言，鞫問得實，刑部議當徹里帖木兒、班丹杖一百七，速速處死，會赦，徹里帖木兒流廣東，班丹廣西，速速徙海南，皆置荒僻州郡。有旨：「此輩怨望於朕，向非赦原，俱當置之極刑，可俱籍其家，速速禁錮終身。」己酉，白虹貫日。旌鞏昌金州民杜祖隆妻張氏志節。樞密院臣言：「徹里鐵木兒、孛羅以正月戊寅敗烏撒蠻兵，射中祿余，降其民，烏蒙、東川、易良州蠻兵、夷獠等俱款附。鎭西武靖王搠思班等駐中慶，復行省事；豫王阿剌忒納失里等至當當驛，安輯其人民。」又言：「澂江路蠻官郡容報賊古剌忽及禿堅之弟必剌都迷失等僞降於豫王而反圍之，至易龍驛，古剌忽等兵掩襲官軍。四川行省平章塔出頓兵不進。平章乞住妻子孳

畜爲賊所掠。諜知禿堅方修城堡，布兵拒守，無出降意。」詔速進兵討之。敕探馬赤軍士歲以五月十日還處山後諸州。辛亥，建燕鐵木兒居第于興聖宮之西南，詔撒迪及留守司董其役。壬子，太白晝見。中書平章政事亦列赤兼潘陽等路安撫使。燕王宮相伯撒里爲中書平章政事，陝西行臺中丞朶兒只班爲中書參知政事，戶部尚書高履亨、兩淮都轉運鹽使許有壬並參議中書省事。甲寅，燕鐵木兒言：「賽因怯列木丁，英宗時嘗獻寶貨于昭獻元聖太后，議給價鈔十二萬錠，故相拜住奏酬七萬錠，未給，泰定間以鹽引萬六百六十道折鈔給之。今有司以詔書奪之還官。臣等議，以爲寶貨太后既已用之，以鹽引還之爲宜。」從之。燕鐵木兒又言：「安慶萬戶鎖住，坐令家人殺人繫獄，久未款伏，宜若無罪，乞釋之。」制曰「可」。乙卯，太白犯昴。祀太祖、太宗、睿宗御容。雲南統兵官來報捷，諸蠻悉降，唯祿余追捕未獲。命番休各衞漢軍，十之二以三月一日放遣。丁巳，駙馬不顏帖木兒自北邊從武寧王徹徹禿來朝。己未，命西僧爲皇子古納答剌作佛事一周歲。壬戌，改封武寧王徹徹禿爲郯王，賜以金印。甲子，中書省臣言：「國家錢穀，歲入有額，而所費浩繁，是以不足。天曆二年，嘗以鹽賦十分之一折銀納之，凡得銀二千餘錠。今請以銀易官帑鈔本，給宿衞士卒。」又言：「陛下不用經費，不勞人民，創建大承天護聖寺。臣等願上嚮所易鈔本十萬錠、銀六百錠助建寺之需。」從之。丙寅，以太祖四大行帳世留朔方不遷者，其馬駝孳畜多

死損，發鈔萬錠，命內史府市以給之。行樞密院都事阿里火者來報雲南之捷。庚午，給宿衞士歲例鈔，詔毋出定額萬人之外。占城國遣其臣高暗都剌來朝貢。創建五福太一宮于京城乾隅。修上都洪禧、崇壽等殿。諸王徹徹禿、沙哥，坐妄言不道，詔安置徹徹禿廣州，沙哥雷州。壬申，命遼陽行省發粟賑國王朶兒只及納忽答兒等六部蒙古軍民萬五千戶。旌大都民劉德仁妻王氏貞節。甲戌，給宣讓王王傅印。荆王也速也不干貢犛牛。命田賦總管府稅鑛銀輸大承天護聖寺。命興和路爲玥璐不花作鷹棚。雲南景東甸蠻官阿只弄遣子罕旺來朝，獻馴象，乞陞甸爲景東軍民府，阿只弄知府事，罕旺爲千戶，常賦外歲增輸金五千兩、銀七百兩，許之。以山東鹽課鈔萬錠，賑膠州饑。命龍翊衞以屯田歲入粟贍衞卒孤貧者。是月，深、冀二州有蟲食桑爲災。

三月丙子朔，熒惑犯鬼宿。辛巳，御史臺臣劾奏：「燕南廉訪使卜咱兒，前爲閩海廉訪使，受贓計鈔二萬二千餘錠、金五百餘兩、銀三千餘兩、男女生口二十二人及它寶貨無算，雖遇赦原，乞追奪制命，籍沒流竄。」詔如所言，仍暴其罪示天下。壬午，賜南郊侍祠文武官金、幣有差。特命沙津愛護持必剌忒納失里爲三藏國師，〔三〕賜玉印。以陝西鹽課鈔萬錠，賑察罕腦兒蒙古饑民。癸未，割外府幣、帛各千匹輸之中宮，以供需用。甲申，繪皇太子眞容，奉安慶壽寺之東鹿頂殿，祀之如累朝神御殿儀。鞫宦者拜住侍皇太子疹疾，飲食不時

進，以酥拭其眼鼻，又爲禳呪，杖一百七，斥出京城。冠州有蟲食桑四十餘萬株。御史臺臣言：「奎章閣參書雅琥，阿媚奸臣，所爲不法，宜罷其職。」從之。丙戌，雨土，霾。伯撒里辭所兼儲政使，不允。伯顏娶諸王女，賜金二百兩、銀千兩。賜上都死事者不顏帖木兒等十一家鈔各百錠。分賜燕鐵木兒鷹坊百人。中書省臣言：「宜課提舉司歲榷商稅，爲鈔十萬餘錠，比歲數不登，乞凡僧道爲商者，仍征其稅。」有旨：「誠爲僧者，其仍免之。」司徒香山言：「陶弘景胡笳曲，有『負扆飛天曆、終是甲辰君』之語，今陛下生年、紀號，實與之合，此實受命之符，乞錄付史館，頒告中外。」詔令翰林、集賢、奎章、禮部雜議之。翰林諸臣議以謂：「唐開元間，太子賓客薛讓進武后鼎銘云『上玄降鑑、方建隆基』，爲玄宗受命之符。姚崇表賀，請宣示史官，頒告中外。而宋儒司馬光斥其采偶就之文以爲符瑞，乃小臣之諂，而宰相實之，是侮其君也。今弘景之曲，雖於生年、紀號若偶合者，然陛下應天順人，紹隆正統，于今四年，薄海內外，罔不歸心，固無待於旁引曲說以爲符命。從其所言，恐啓讖緯之端，非所以定民志。」事遂寢。趙王不魯納食邑沙、淨、德寧等處蒙古部民萬六千餘戶饑，命河東宣慰發近倉糧萬石賑之。又發山東鹽課鈔、朱王倉粟賑登、萊饑民，興和倉粟賑（保）〔寶〕昌饑民。〔四〕戊子，以西僧旭你迭八答剌班的爲三藏國師，賜金印。以龍慶州之流杯園池、水磑、土田賜燕鐵木兒。命諸王阿魯出鎭陝西行省。以籍入速速、班丹、徹理帖木兒貲產

賜大承天護聖寺爲永業。浙西諸路比歲水旱，饑民八十五萬餘戶，中書省臣請令官私、儒學、寺觀諸田佃民，從其主假貸錢穀自賑，餘則勸分富家及入粟補官，仍益以本省鈔十萬錠，并給僧道度牒一萬道，從之。旌同知大都府事忙兀禿魯迷失妻海迷失貞節。己丑，賑雲內州饑民及察忽涼樓戍兵共七千戶。庚寅，命威順王寬徹不花還鎭湖廣。癸巳，詔累朝神御殿之在諸寺者，各製名以冠之：世祖曰元壽，昭睿順聖皇后曰睿壽，南必皇后曰懿壽，裕宗曰明壽，成宗曰廣壽，順宗曰衍壽，武宗曰仁壽，文獻昭聖皇后曰昭壽，仁宗曰文壽，英宗曰宣壽，明宗曰景壽。召亳州太清宮道士馬道逸、汴梁朝天宮道士李若訥、河南嵩山道士趙亦然，各率其徒赴闕，修普天大醮。賑浙西鹽丁五千餘戶。命玥璐不花作佛事於德興府。監察御史劾江浙行省平章童童荒泆宴安，才非輔佐，詔免其官。豫王阿剌忒納失里、鎭西武靖王搠思班等禽雲南諸賊也木干、羅羅、脫脫木兒、板不、阿居、澂江路總管羅羅不花、伯忽之叔怯得該、僞署萬戶哈剌答兒及諸將校，悉斬之，磔尸以徇。賑遼陽境內蒙古饑民萬四千餘戶。旌山丹州郝榮妻李閏貞節。陝州諸縣蝗。八番軍從征雲南者俱屯貴州，樞密院臣請遣使發粟給之。己亥，御史臺臣劾奏：「大都總管劉原仁稱疾，久不視事，及遷同知儲政院事，卽就職，僥倖巧宦，避難就易。」有旨罷之。庚子，以將幸上都，命西僧作佛事於乘輿次舍之所。壬寅，以欽察衞軍士增多，析爲左右二衞。給雲南行省鈔十萬錠，以

備軍資民食。癸卯，御史臺臣劾奏工部尚書蘇炳性行貪邪，詔罷之。大同路累歲水旱，民大饑。裁節衞士馬芻粟，自四月一日始。壽王脫里出、陽翟王帖木兒赤、西平王管不八、昌王八剌失里等七部之民居遼陽境者萬四千五百餘戶告饑，命遼陽行省發近境倉糧賑兩月。命宣靖王買奴置王傅等官。立宮相都總管府，秩正三品，給銀印。以儒學教授在選數多，凡仕，由內郡、江淮者，注江西、江浙、湖廣；由陝西、兩廣者，注福建；由甘肅、四川、雲南、福建者，注兩廣。敕河南行省右丞那海提督境內屯田。中書省臣言：「嘉興、平江、松江、江陰蘆場、蕩山、沙塗、沙田等地之籍于官者，嘗賜他人，今請改賜燕鐵木兒。」有旨：「燕鐵木兒非他臣比，其令所在有司如數給付。」發通州官糧賑檀、順、昌平等處饑民九萬餘戶。以山東鹽課鈔三千五百錠賑益都三萬餘戶。是月，陝西行省遣官分給復業饑民七萬餘口行糧。賑諸王伯顏也不干部內蒙古饑民千餘口。眞定、汴梁二路，恩、冠、晉、冀、深、蠡、景、獻等八州，俱有蟲食桑爲災。旌故戶部主事趙野妻柳氏貞節。

夏四月丙午朔，全寧民王脫歡獻銀鑛。詔設銀場提舉司，隸中政院。中書、樞密臣言：「天曆兵興，諸領軍與敵戰者，宜定功賞。臣等議：諸王各金百兩、銀五百兩、金腰帶一、織金等幣各十八匹，諸臣四戰以上者同，三戰及一戰者各有差。」有旨：「賞格具如卿等議。燕鐵木兒首倡大義，躬擐甲冑，伯顏在河南先誅攜貳，使朕道路無虞，兩人功無與比，其賞不

可與衆同。其賜燕鐵木兒七寶腰帶一、金四百兩、銀九百兩，伯顏金腰帶一、金二百兩、銀七百兩。」受賞者凡九十六人，用金二千四百兩、銀萬五千六百兩、金腰帶九十一副、幣帛千三百餘匹。命西僧於五臺及霧靈山作佛事各一月，爲皇(太)子古(訥)〔納〕答剌祈福。〔五〕以糧五萬石賑糶京師貧民。戊申，皇姑魯國大長公主薨。以宮中高麗女子不顏帖你賜燕鐵木兒，高麗國王請割國中田爲資送，詔遣使往受之。發衞卒三千助大承天護聖寺工役。庚戌，詔建燕鐵木兒生祠於紅橋南，樹碑以紀其勳。御史臺臣言：「平章政事曹立，累任江浙，今雖閑廢，猶與富民交納，宜遣還其本籍大同路。又，監察御史萬家閭嘗薦中丞和尚，脫脫嘗舉廉訪使卜咱兒，今和尚、卜咱兒俱以贓罪除名，萬家閭、脫脫難任臺省之職。」並從之。眞定(武陟)〔涉〕縣地震，〔六〕逾月不止。壬子，命燕鐵木兒總制宮相都總管府事，也不倫、伯撒里俱以本官兼宮相都總管府都達魯花赤。諸王哈兒蠻遣使來朝貢。甲寅，改宣忠扈衞親軍都萬戶府爲宣忠斡羅思扈衞親軍諸指揮使司，賜銀印。中書省臣言：「越王禿剌在武宗時以紹興路爲食邑，歲割賜本路租賦鈔四萬錠，今其子阿剌忒納失里襲王號，宜歲給其半。」從之。乙卯，時享太廟。鎭西武靖王搠思班等已平雲南，各遣使來報捷。諸王朶列捏鎭雲南品甸，自以貲力給軍，協力討賊，詔以襲衣賜之。丙辰，葺太祖所御大行帳。戊午，以集慶路玄妙觀爲大元興崇壽宮。命興和建屋居海青，上都建屋居鷹鶻。庚申，特命河南

儒士吳炳爲藝文監典簿，仍予對品階。寧國路涇縣民張道，殺人爲盜，道弟吉從而不加功，居囚七年不決。吉母老，無他子孫，中書省臣以聞，敕免死，杖而黜之，俾養其母。辛酉，以山東鹽課鈔五千錠賑博興州饑民九千戶，一千錠賑信陽等場鹽丁。御史臺臣言：「儲政使哈撒兒不花侍陛下潛邸時，受馬七十九匹，又盜用官庫物。天曆初，領兵瀘溝橋，迎敵卽逃，擅閉城門，驚惑民庶。度支卿納哈出嘗匿官馬，又矯增制命，又受諸王斡卽七寶帶一、鈔百六十錠。臣等議：其罪宜杖一百七，除名，斥還鄉里。」從之。壬戌，樞密院臣言：「雲南事已平，鎭西武靖王搠思班言：蒙古軍及哈剌章、羅羅斯諸種人叛者，或誅或降，雖已略定，其餘黨逃竄山谷，不能必其不反側，今請留荆王也速也不干及諸王鎻南等各領所部屯駐一二歲，以示威重。」從之。仍命豫王阿剌忒納失里分兵，給探馬赤三百、乞赤伯三百，共守一歲，以鎭輯之，餘軍皆遣還所部，統兵官召赴闕。時已命探馬赤爲雲南行省平章政事，遂命總制境內軍事。潞州潞城縣大水。癸亥，諸王完者也不干所部蒙古民二百八十餘戶告饑，命河東宣慰司發官粟賑之。甲子，陝西行省言終南屯田去年大水，損禾稼四十餘頃，詔蠲其租。鎭寧王那海部曲二百，以風雪損孳畜，命嶺北行省賑糧兩月。欽察台以名園爲獻，命御史臺給贓罰鈔千錠酬其直。諸王乞八言：「臣每歲扈從時巡，爲費甚廣，臣兄豫王阿剌忒納失里、弟亦失班，歲給鈔五百錠、幣帛各五千匹，敢視其例以請。」制可。詔：「故尚書省

丞相脫脫，可視三寶奴例，以所籍家貲還其家。」御史臺臣言：「同僉中政院事殷仲容，姦貪邪佞，冒哀居官。」詔黜之。揚州泰興縣饑民萬三千餘戶，河南行省先賑以糧一月後以聞，許之。命遼陽行省發粟賑孛羅部內蒙古饑民。戊辰，奎章閣以纂修經世大典，請從翰林國史院取脫卜赤顏一書以紀太祖以來事蹟，詔以命翰林學士承旨押不花、塔失海牙。押不花言：「脫卜赤顏事關祕禁，非可令外人傳寫，臣等不敢奉詔。」從之。增置拱衞司儀仗。命武備寺諸匠官避元籍。遣使召趙世延於集慶。詔以泥金畏兀字書無量壽佛經千部。壬申，散遣宣忠扈衞新籍軍士六百人還鄉里，期以七月一日還營。衡州路屬縣比歲旱蝗，仍大水，民食草木殆盡，又疫癘，死者十九，湖南道宣慰司請賑糧米萬石，從之。河中府蝗。晉寧、冀寧、大同、河間諸路屬縣，皆以旱不能種告饑。甘州阿兒思蘭免古妻忽都的斤以貞節旌其門。

五月丙子，皇太子影殿造祭器如裕宗故事。敕建宮相都總管府公廨。丁丑，熒惑犯軒轅左角。賜宮相都總管府給驛璽書。調衞兵浚金水河。己卯，安南世子陳日焞遣其臣段子貞來朝貢。安慶之望江縣、淮安之山陽縣去歲皆水災，免其田租。丙戌，太禧宗禋院臣言：「累朝所建大萬安等十二寺，舊額僧三千一百五十十人，歲例給糧，今其徒猥多，請汰去九百四十三人。」制可。常德之桃源州去歲水災，免其租。丁亥，復立怯憐口提舉司，仍隸中

政院。命樞密院調軍士修京城。己丑，置八百等處宣慰司都元帥府，以土官昭練爲宣慰使都元帥。又置臨（江）［安］元江等處宣慰司兼管軍萬戶（府）。〔七〕孟定路、孟月路並爲軍民總管府，秩從三品。者線、蒙慶甸、銀沙羅等甸並爲軍民府，秩從四品。孟併、孟廣、者樣等甸並設軍民長官司，秩從五品。益都路宋德讓、趙仁各輸米三百石賑膠州饑民九千戶，中書省臣請依輸粟補官例予官，從之。賑駐冬衛士二萬一千五百戶糧四月。庚寅，立雲南省蘆傳路軍民總管府，〔八〕以土官爲之，制授者各給金符。癸巳，雲南威楚路之蒲蠻猛吾來朝貢，願入銀爲歲賦，詔爲置散府一及土官三十三所，皆賜金銀符。甲午，太白犯畢宿。封宣政使脫因爲薊國公。以平江官田五百頃立稻田提舉司，隸宮相都總管府。乙未，以陝西行臺御史大夫脫別台知樞密院事。御史大夫玥璐不花累辭職，江西行省平章朵兒只以疾辭新任，並許之。脫忽思娘子繼主明宗幄殿，詔賜湘潭州民戶四萬爲湯沐。奎章閣學士院纂修皇朝經世大典成。詔以泥金書佛經一藏。丙申，大駕幸上都。四川行省平章汪壽昌辭職，不允。敕在京百司日集公署，自晨及暮毋廢事。賑灤陽、桓州、李陵臺、昔寶赤、失［八］兒禿五驛鈔各二百錠。〔九〕桓州民以所種麥獻，詔賜幣帛二匹，慰遣之。戊戌，次紅橋，臨視燕鐵木兒生祠。以太禧宗禋院所隸昭孝營繕司隸崇（禧）［祥］總管府。〔一〇〕賑遼陽東路蒙古萬戶府饑民三千五百戶糧兩月。己亥，也兒吉尼知行樞密院事。八番［乖］西蠻官阿馬路奉

方物入貢。〔一一〕高郵、寶應等縣去歲水，免其租。庚子，太陰犯太白。辛丑，太白經天。改阿速蠻戶府爲宣毅萬戶府，賜銀印，命伯顏領之。旌濟南章丘縣馬萬妻晉氏志節。癸卯，加也兒吉尼太尉，賜銀印。以河間鹽課鈔四千錠賑河間屬縣饑民四千一百戶。甲辰，詔通政院整治內外水陸驛傳。宣政院臣言：「舊制，列聖神御殿及諸寺所作佛事，每歲計二百十六，今汰其十六爲定式。」制可。東昌、保定二路，濮、唐二州，有蟲食桑。寧夏、紹慶、保定、德安、河間諸路屬縣大水。

六月乙巳朔，徵儲政院鈔三萬錠，給中宮道路之用。敕河南行省立阿不海牙政蹟碑。監察御史韓元善言：「歷代國學皆盛，獨本朝國學生僅四百員，又復分辨蒙古、色目、漢人之額。請凡蒙古、色目、漢人，不限員額，皆得入學。」又監察御史陳守中言：「請凡仕者親老，別無侍丁奉養，不限地方名次，宜從優附近遷調，庶廣忠孝之道。」皆不報。發米五千石賑興和屬縣饑民。丁未，太白晝見。乙卯，監察御史陳良，劾浙東廉訪使脫脫赤顏阿附權姦倒剌沙，其生母何氏本父之妾，而兄妻之，欺誑朝廷，封溫國夫人，請黜罷憲職，追還贈恩爲宜。御史臺臣以聞，從之。旌大都右警巡院胡德妻曹氏貞節。壬戌，以鈔萬五千錠賑國王朵兒只等九部蒙古饑民三萬三百六十二戶。癸亥，詔：「諸官吏在職役或守代未任，爲人行賕關說，卽有所取者，官如十二章論贓，吏罷不敍終其身，雖無所取，訟起滅由己者，罪加

常人一等。」甲子，太府監頒宮嬪、閹官及宿衛士行帳資裝。免控鶴衛士當驛戶。丙寅，雲南出征軍悉還，烏撒羅羅蠻復殺戍軍黃海潮等，撒加伯又殺掠良民爲亂。命雲南行省及行樞密院：「凡境上諸關戍兵，未可輕撤，宜視緩急以制其變。」丁卯，太陰犯畢，太白犯井。庚午，以揚州泰興、江都二縣去歲雨害稼，免今年租。樞密院臣言：「征西萬戶府軍七百人，自泰定以來，累經優卹，放還者四百五十人，今邊防軍少，例當追使還營。」從之。是月，晉寧、亦集乃二路旱。濟寧路蟲食桑。河南、晉寧二路諸屬縣蝗。大都、保定、眞定、河間、東昌諸路屬州縣及諸屯水。彰德路臨漳縣漳水決。

秋七月甲戌朔，賜野馬川等處駐冬衛士衣。藝文少監歐陽玄言：「先聖五十四代孫襲封衍聖公，爵最五等，秩登三品，而用四品銅印，於爵秩不稱。」詔鑄從三品印給之。德安府去年水，免今年田租。旌德安應山縣高可燾孝行。己卯，以雲南既平，惟祿余等懼罪竄伏，降詔曲赦之。辛巳，只兒哈答兒坐罪當流遠，以唐其勢舅氏故釋之。壬午，祀太祖、太宗、睿宗御容於翰林國史院。監察御史張益等言：「欽察台在英宗朝，陰與中政使咬住造謀，誣告脫歡察兒將搆異圖，辭連潛邸，致出居海南。及天曆初，倒剌沙據上都，遣欽察台以兵拒命，倒剌沙疑其有異志，復禽以歸，卽追言昔日咬住之謀以自解。皇上卽位，不念舊惡，擢居中書，而又自貽厥咎，以致奪官籍產。旋復釋宥，以爲四川平章。今雲南未平，與蜀接

境，其人反覆，不可信任，宜削官遠竄，仍沒入其家產。」臺臣以聞，詔奪其制命、金符，同妻孥禁錮于廣東，毋籍其家。仍詔諭御史：「凡憸人如欽察台者，其極言之，毋隱。」鐵木兒補化辭御史大夫職，不允。乙酉，遣使代祀護國庇民廣濟福惠明著天妃。命西僧於大都萬歲山憫忠閣作佛事，起八月八日，至車駕還大都日止。丁亥，海南黎賊作亂，詔江西、湖廣兩省合兵捕之。諸王搠思吉亦兒甘卜、哈兒蠻，駙馬完者帖木兒遣使來獻蒲萄酒。壬辰，以知樞密院事脫別台爲御史大夫。癸巳，辰州、興國二路蟲傷稼，免今年租。甲午，歸德府雨傷稼，免今年租。給諸衛士及蒙古戶糧四月。乙未，立閔子書院於濟南。杭州火，賑被災民百九十戶。丁酉，調甘州兵千人、撒里畏兀兵五百人守參卜郎，以防土番。戊戌，封伯顏爲浚寧王，賜金印，仍前太保、知樞密院事。高郵府去歲水災，免今年租。湖州安吉縣大水暴漲，漂死百九十人，人給鈔二十貫瘞之，存者賑糧兩月。庚子，廣西徭賊平，召諸王云都思帖木兒還。辛丑，懷德府洞蠻二十一洞田先什用等以方物來貢，還所虜生口八百餘人給其家。癸卯，知行樞密院事徹里帖木兒以兵討叛蠻鎖力哈迷失，戮其黨七百餘人。是月，河南、奉元屬縣蝗。大都、河間、漢陽屬縣水，冀寧屬縣雨雹傷稼，廬州去年水，寧夏霜爲災，並免今年田租。賑（靈）［寧］夏鳴沙、〔一二〕蘭山二驛戶二百九十，定［西］州新軍戶千二百，〔一三〕應理州民戶千三百糧各一月。又賑龍興路饑民九百戶糧一月。大寧和衆縣何千妻

桕都賽兒，夫亡以身殉葬，旌其門。

八月甲辰朔，日有食之。封脫憐忽禿魯爲靖恭王，沙藍朵兒只爲懿德王，並給以塗金銀印。西域諸王卜賽因遣使忽都不丁來朝。灤陽驛戶增置馬牛各一，免其和市雜役。賜上都孔子廟碑。御史臺臣劾奏：「宣徽副使桑哥，比奉旨給宿衞士錢糧，稽緩九日，玩法欺公，罪當黜罷。」從之。己酉，以銀符二十八賜拱衞直百戶。命燕鐵木兒以鈔萬錠分賜蒙古孤寡者。辛亥，大駕南還大都。壬子，西域諸王答兒麻〔失里〕襲朵列帖木兒之位，〔一四〕遣諸王孛兒只吉台等來朝貢。甲寅，雪別台之孫月魯帖木兒、買閭也先來獻失剌奴，賜以金百兩、銀千五百兩、鈔五百錠、金帶一。命宣課提舉司毋收燕鐵木兒邸舍商貨稅。斡兒朵思之地頻年災，畜牧多死，民戶萬七千一百六十，命內史府給鈔二萬錠賑之。乙卯，太白犯軒轅大星。丙辰，封內史怯列該爲豐國公。以星變，令羣臣議赦。丁巳，命邠王不顏帖木兒圍獵於撫州。己未，立鎭寧王總管府於撫州。公主脫脫灰來朝。以汴梁路尉氏縣賜伯顏爲食邑。詔刑部鞫內侍撒里不花巫蠱事，凡當死者杖一百七，流廣東、西。中書省臣言：「明年海運糧二百四十萬石，已令江浙運二百二十萬，河南二十萬。今請令江浙復增二十萬。本省參政杜貞督領。」從之。復命賑糶米五萬石濟京城貧民。旌濟寧路魏鐸孝行、揚州路呂天麟妻韋氏貞節。庚申，太白犯軒轅左角。中書、樞密臣言：「西域諸王不賽因，其臣怯列木丁

矯王命來朝，不賽因遣使來言，請執以歸。臣等議：宗藩之國，行人往來，執以付之，不可。宜令乘驛歸國以自辨。」制可。壬申，陞侍正府秩正二品。是月，江浙諸路水潦害稼，計田十八萬八千七百三十八頃。景州自六月至是月不雨。澧州、泗州等縣去年水，免今年租。沅州饑，賑糶米二千石。金州及西和州頻年旱災，民饑，賑以陝西鹽課鈔五千錠。

九月癸酉朔，市阿魯渾撒里宅，命燕鐵木兒奉皇子古納答剌居之。中書省臣言：「今歲當飼馬駝十四萬八千四百匹，京城飼六萬匹，餘令外郡分飼，每匹給芻粟價鈔四錠。」從之。乙亥，命留守司發軍士築駐蹕臺于大承天護聖寺東。御史臺臣劾奏：「四川行省參政馬銘發糧六千石餉雲南軍，中道輒還，預借俸鈔一十九錠以娶妾，又訴罵平章汪壽昌，罪雖蒙宥，難任宰輔。」帝曰：「綱常之理，尊卑之分，惜無所知，其何以居上而臨下！亟罷之。」丙子，太白犯壘壁。樞密院臣言：「雲南東川路總管普折兄那具，會祿余兵，殺烏撒宣慰使月魯，東川路府判教化的二十餘人，又會伯忽姪阿福，領蒙古兵將擊羅羅斯。臣等與燕鐵木兒議，遣西域指揮使鎖住等，發陝西都萬戶府兵，直抵羅羅斯，發碉門安撫司兵，絕大渡河，直抵卬部州，巡守關隘。」詔宣政院亦遣使同往督之。海南賊王周糾率十九洞黎蠻二萬餘人作亂，命調廣東、福建兵，隸湖廣行省左丞移剌四奴統領討捕之。阿速及斡羅思新戍邊者，命遼陽行省給其牛具糧食。己卯，發粟五千石賑興和路鷹坊。庚辰，樞密院臣言：「六

月中，行樞密院官以兵與烏撒賊兵五戰，破之，惟祿余竄伏未獲。」命四川行省給其軍餉。賑興和寶昌州饑民米二千石。御史臺臣言：「大聖壽萬安寺壇主司徒嚴吉祥，盜公物，畜妻孥，宜免其司徒、壇主之職。」從之。禁諸驛毋畜竄行馬。免控鶴戶雜役。湖州安吉縣久雨，太湖溢，漂民居二千八百九十戶，溺死男女百五十七人，命江浙行省賑䘏之。丁亥，御史臺臣言：「江西行省參政李允中，乃故內侍李邦寧養子，器質庸下，誤叨重選，宜黜罷。」從之。庚寅，幸大承天護聖寺。以鈔五萬錠及預貸四川明年鹽課鈔五萬錠，給行樞密院軍需。祿余寇順元路。癸巳，罷供需府覆實司，置廣誼司，秩正三品，以右丞撒迪領其務。御史臺臣劾太禧宗禋使童童淫侈不潔，不可以奉明禋；又，奎章閣監書博士柯九思，性非純良，行極矯譎，挾其末技，趨附權門，請罷黜之。乙未，以金虎符賜中書平章政事亦列赤。思州鎭遠府饑，賑米五百石。丁酉，雲南行省遣都事那海、鎭撫欒智等奉詔往諭祿余及授以參政制命，至撒家關，祿余拒不受。俄而賊大至，那海因與力戰，賊乃退。及晚，烏撒兵入順元境，左丞帖木兒不花禦戰，那海復就陣宣詔招之，遂遇害，帖木兒不花等斂兵還。壬寅，改隆祥總管府爲隆祥使司，秩從二品。

冬十月甲辰，遣祕書太監王珪等代祀嶽鎭、海瀆、后土。乙巳，召行樞密院徹里鐵木兒、小云失還朝。以前東川路總管普折子安樂襲其父職。己酉，時享于太廟。爲皇子古納

答剌作佛事，釋在京囚，死罪者二人，杖罪者四十七人。辛亥，召江南行臺御史大夫阿兒思蘭海牙赴闕。癸丑，幸大承天護聖寺。蒙古都元帥怯烈，引兵擊阿禾賊黨於（靖）〔澂〕江路海中山，〔一五〕爲雲梯登山，破其柵，殺賊五百餘人。禿堅之弟必剌都古象失舉家赴海死。又獲禿堅弟二人、子三人，誅之。甲寅，杭州火，命江浙行省賑其不能自存者。丁巳，中書省臣言：「江浙平江、湖州等路水傷稼，明年海運米二百六十萬石，恐不足，若令運百九十萬，而命河南發三十萬，江西發十萬爲宜。又，遣官齎鈔十萬錠、鹽引三萬五千道，於通、漷、陵、滄四州，優價和糴米三十萬石。又，以鈔二萬五千錠、鹽引萬五千道，於通、漷二州，和糴粟豆十五萬石；以鈔三十萬錠，往遼陽懿、（緜）〔錦〕二州，〔一六〕和糴粟豆十萬石。」並從之。燒在京積年還倒昏鈔二百七十餘萬錠。戊午，詔還平江路大玉清昭應宮田百頃，官勿徵其租。己未，給宿衞士有官者芻豆。諸王卜賽因使者還西域，詔酬其所貢藥物價直。辛酉，命西僧作佛事於興聖宮，十有五日乃罷。吳江州大風雨，太湖溢，漂沒廬舍資畜千九百七十家，命江浙行省給鈔千五百錠賑之。乙丑，立昭功萬戶都總使府，伯顏、鐵木兒補化並兼昭功萬戶都總使。丙寅，命大都路定時估，每月朔望送廣誼司，以酬物價。燕鐵木兒取犛牛五十於西域來獻。

十一月壬申朔，日有食之。雲南行省言：「亦乞不薛之地所牧國馬，歲給鹽，以每月上

寅日啖之，則馬健無病。比因伯忽叛亂，雲南鹽不可到，馬多病死。」詔令四川行省以鹽給之。乙亥，李彥通、蕭不蘭奚等謀反，伏誅。丙子，封諸王斡卽爲保寧王，賜以印，以其先所受印賜諸王渾禿帖木兒之子庚兀台。〔一七〕詔給移剌四奴分行省印。丁丑，興和路鷹坊及蒙古民萬一千一百餘戶，大雪畜牧凍死，賑米五千石。戊寅，樞密院臣言：「天曆兵興，以揚州重鎭，嘗假淮東宣慰司以兵權，今事已寧，宜以所部兵復隸河南行省。又，征西元帥府自泰定初調兵四千一百人戍龍剌、亦集乃，期以五年爲代，今已七年，逃亡者衆，宜加優卹，期以來歲五月代還。」並從之。己卯，封醜班爲豳國公。庚辰，左、右欽察衞軍士千四百九十戶饑，命上都留守司賑之。辛巳，以戶部尚書耿煥爲中書參知政事。癸未，詔養燕鐵木兒之子塔剌海爲子，賜居第及所籍李彥通貲產。荆王也速也不干獻犛牛四百。詔：「每歲樞密院、宗正府遣官，與遼陽行省官，巡歷諸郡，毋令諸王所部擾民。」隆祥司使晃忽兒不花言：「海南所建大興龍普明寺，工費浩穰，黎人不勝其擾，以故爲亂。」詔湖廣行省臣玥璐不花及宣慰、宣撫二司領其役，仍命廉訪司涖之。辛卯，諸王撒兒蠻遣使者七十四人來。賑左欽察衞撒敦等翼頂也兒古駐冬軍千五百八十戶。諸鹽課鈔以十分之一折收銀，銀每錠五十兩，折鈔二十五錠。乙未，敕宮相都總管府勿隸昭功都總使府。丁酉，以南陽府之嵩州，更賜伯顏爲食邑。

十二月戊申，陝西行臺御史捏古伯、高坦等劾奏：「本臺監察御史陳良，恃勢肆毒，徇私破法，請罷職籍贓，還歸田里。」有旨：「雖會赦，其准風憲例，追奪敕命，餘如所奏。」以黃金符鐫文曰「翊忠徇義迪節同勳」，賜西域親軍副都指揮使欽察，以旌其天曆初紅橋戰功。壬子，復命諸王忽剌出還鎭雲南。癸丑，撒敦獻斡羅思十六戶，酬以銀百七鋌、鈔五千錠。以河間路淸池、南皮縣牧地賜斡羅思駐冬，仍以忽里所牧官羊給之。河南河北道廉訪副使僧家奴言：「自古求忠臣必於孝子之門。今官於朝者，十年不省覲者有之，非無思親之心，實由朝廷無給假省親之制，而有擅離官次之禁。古律，諸職官父母在三百里，於三年聽一給定省假二十日；無父母者，五年聽一給拜墓假十日。以此推之，父母在三百里以至萬里，宜計道里遠近，定立假期。其應省覲匿而不省覲者坐以罪。若詐冒假期，規避以掩其罪，與詐奔喪者同科。」御史臺臣以聞，命中書省、禮部、刑部及翰林、集賢、奎章閣議之。丁巳，雨木冰。戊午，西域諸王禿列帖木兒遣使獻西馬及蒲萄酒。預給四宿衞及諸潛邸衞士歲賜鈔，人二十錠。庚申，遣集賢直學士答失蠻詣眞定玉華宮，祀睿宗及顯懿莊聖皇后神御殿。辛酉，遣兵部尚書也速不花、同僉通政院事忽納不花迎帝師。詔中書省、御史臺遣官詣各道，同廉訪司錄囚。癸亥，雨木冰。給征東元帥府兵仗。丁卯，御史臺臣言：「甘肅行省平章月魯帖木兒，既非蒙古族姓，且闇於事機，使總兵柄，恐非所宜。」詔樞密院勿令提調

軍馬。己巳，御史臺臣言：「河東道廉訪副使忽哥兒不花，僉燕南道廉訪司事不顏忽都、王士元、郝志善，憲綱不振，宜免官。」從之。旌寧海州崔惟孝孝行。

是歲，眞定路屬州水。冀寧、河南二路旱，大饑。

校勘記

〔一〕三泊郎　按本書卷六一地理志，雲南行省中慶路昆陽州有三泊縣，至元十三年立。疑「三泊郎」卽「三泊縣」，「郎」爲「縣」之誤。

〔二〕二月丙(戌)〔午朔〕　按是月丙午朔，無丙戌日。此「丙戌」在戊申初三日前，爲丙午之誤，且脫「朔」字，今改補。

〔三〕必剌忒納失里　按本書卷二〇二釋老傳作「必蘭納識里」，與蒙文白史語音相符。梵語「必蘭納識里」，意爲「智慧吉祥」，無「忒」音。疑此處「忒」字因涉「阿剌忒納失里」（梵語「寶吉祥」）而衍。

〔四〕(保)〔寶〕昌　按元保昌縣屬江西行省南雄路，與興和倉無涉。此「保昌」爲「寶昌」之誤，本書卷二六仁宗紀延祐六年九月戊戌條有「以故昌州寶山縣置寶昌州，隸興和路」，據改。

〔五〕爲皇(太)子古(訥)〔納〕答剌祈福　按上文本年正月癸卯、二月己未及下文本年九月癸酉、十月己酉、至順三年正月戊戌諸條皆作「皇子古納答剌」，據删改。梵語「古納答剌」，意爲「功德賢」。

〔六〕眞定(武陟)〔涉〕縣地震　本證云：「繼培案，地理志武陟屬懷慶路，其屬眞定路者涉縣也。五行志作眞定陟縣，陟亦涉字之誤。」從改。

〔七〕臨(江)〔安〕元江等處宣慰司兼管軍萬戶〔府〕　據本書卷六一地理志、卷九一百官志改補。

〔八〕蘆傳路　按本書卷六一地理志，雲南省無「蘆傳路」，疑爲「麓川路」之誤。

〔九〕失〔八〕兒禿　據周伯奇扈從北行前記補。蒙語「失八兒禿」，意爲「泥地」。

〔一〇〕崇(禧)〔祥〕總管府　據本書卷八七百官志「崇祥總管府」條改。本證已校。

〔一一〕八番〔乖〕西蠻官阿馬路奉方物入貢　據本書卷六三地理志所見「乖西軍民府」補。又，土官阿馬本書多見，疑「路」字衍。

〔一二〕(靈)〔寧〕夏　據本書卷六〇地理志改。

〔一三〕定〔西〕州　據本書卷六〇地理志補。

〔一四〕西域諸王答兒麻〔失里〕襲朶列帖木兒之位　按此卽篤哇之子，察合台系諸王。後文至順三年二月甲辰條有「諸王答兒馬失里」，七月戊辰條有「諸王答里麻失里」，據補。蒙史已校。

〔一五〕(靖)〔瀓〕江路海中山　按元兵擊阿禾在雲南行省境。雲南行省有瀓江路，無靖江路。「靖」誤，今改。蒙史已校。

〔一六〕遼陽懿(綿)〔錦〕二州　按本書卷五九地理志，遼陽行省遼陽路有懿州，大寧路有錦州。綿州則在四川。此處「綿」誤，今改。本證已校。

〔一七〕庚兀台　按「唐兀台」一名本書屢見，其異譯有「唐兀歹」、「唐兀帶」、「唐兀斛」、「唐古歹」、「唐古帶」等。此處「庚」字當爲「唐」之誤。

元史卷三十六

本紀第三十六

文宗五

三年春正月辛未朔，高麗國王(楨)〔禎〕遣其臣元忠奉表稱賀，〔一〕貢方物。癸酉，命高麗國王王燾仍爲高麗國王，賜金印。初，燾有疾，命其子(楨)〔禎〕襲王爵，至是燾疾愈，故復位。甲戌，賜燕鐵木兒妻公主月魯金五百兩、銀五千兩。丁丑，禁冒哀求敍復者。賑糶米五萬石，濟京師貧民。己卯，時享太廟。罷諸建造工役，惟城郭、河渠、橋道、倉庫勿禁。廣西羅偉里叛寇馬武冲等，合龍州嶺北朗龍洞韋大蟲賊兵萬人，攻陷那馬達、那馬安等寨，命廣西宣慰司嚴軍禦之。月闕察兒冒請衞士芻束，當坐罪，燕鐵木兒請釋之。壬午，命甘肅行省爲豳王不顏帖木兒建居第。封孔子妻鄆國夫人幷官氏爲大成至聖文宣王夫人。癸未，給納鄰等十四驛糧及芻粟。賑永昌路流民。慶遠南丹等處溪洞軍民安撫司言，所屬宜

山縣饑疫，死者衆，乞以給軍積穀二百八十石賑糶，從之。江西行省言，梅州頻年水旱，民大饑，命發粟七百石以賑糶。丙戌，印造歲額鈔本，至元鈔九十九萬六千錠，中統鈔四千錠。丁亥，幸大承天護聖寺。賜諸王帖木兒及共妃阿剌赤八剌金五百兩、銀萬兩、鈔二萬錠、幣帛各千匹。監察御史劾奏：「翰林學士承旨典哈，其兄野里牙坐誅，當罷。」從之。戊子，萬安軍黎賊王奴羅等，集衆五萬人寇陵水縣。己丑，賑肇慶路高要縣饑民九千五百四十口。四川行省言：「去年九月，左丞帖木兒不花與祿余賊兵戰被創，賊遂侵境，乞調重慶、敍州兵二千五百人往救之。」順元宣撫司亦言：「賊列行營爲十六所，乞調兵分道備禦。」詔上都留守司爲燕鐵木兒建居第。御史臺言：「選除雲南廉訪司官，多託故不行，繼今有如是者，風憲勿復用。」制可。戊戌，命中書省以鈔三千錠、幣帛各三千匹，給皇子古納荅剌歲例鷹犬回賜。諸王章吉獻斡羅思百七十人，酬以銀七十二鋌、鈔五千錠。己亥，給斡羅思千人衣糧。山南道廉訪副使禿堅董阿劾：「荆湖北道宣慰使別列怯都嘗貸內府鈔，威逼部民代償，不足則以宣慰司公帑鈔償之。又，副使驢駒，以修治沿江堤岸，縱家奴掊斂民財。二人罪雖遇赦，宜從黜退。」御史臺臣以聞，從之。庚子，封公主不納爲鄆安大長公主。夔路忠信寨洞主阿具什用，合洞蠻八百餘人寇施州。

二月辛丑朔，八番苗蠻駱度來貢方物。癸卯，諸王也先帖木兒薨。甲辰，諸王答兒馬

失里、哈兒蠻各遣使來貢蒲萄酒、西馬、金鴉鶻。乙巳，以湖廣行省平章玥璐不華爲陝西行臺御史大夫。給豳王及其王傅祿。戊申，雲南行省言：「會通州土官阿賽及河西阿勒等與羅羅賊兵千五百人寇會川路之卜龍村；又，祿余將引兵與茫部合寇羅羅斯，截大渡河、金沙江以攻東川、會通等州。臣等敢奉先所降詔書招諭之，不奉命則從宜進軍。」制可。己酉，賜怯薛官完者帖木兒及阿昔兒珠衣帽。德寧路去年旱，復値霜雹，民饑，賑以粟三千石。旌晉寧路沁州劉瑋妻張氏志節。祿余言于四川行省：「自父祖世爲烏撒土官宣慰使，佩虎符，素無異心。曩爲伯忽誘脅，比聞朝廷招諭，而今期限已過，乞再降詔赦，卽率四路土官出降。仍乞改屬四川省，隸永寧路，冀得休息。」四川行省以聞，詔中書、樞密、御史諸大臣雜議之。己未，旌寧夏路趙那海孝行。辛酉，燕鐵木兒兼奎章閣大學士，領奎章閣學士院事。己巳，命燕鐵木兒集翰林、集賢、太禧宗禋院，議立太祖神御殿。詔修曲阜宣聖廟。邛州有二井，宋舊名曰金鳳、茅池，天曆初，九月地震，鹽水湧溢，州民侯坤願作什器煮鹽而輸課於官，詔四川轉運鹽司主之。旌濟州任城縣王德妻秦氏、婺州路金華縣吳塤妻宋氏、廬州路高仁妻張氏、甘州路岳忽南妻失林、蓋州完顏帖哥住妻李氏志節。

三月庚午朔，帝師至京師。遣使往西域，賜諸王不賽因繡綵幣帛二百四十匹。中書省臣言：「凡遠戍軍官死而歸葬者，宜視民官例，給道里之費。又，四川驛戶比以軍輿消乏，

宜遣官同行省量濟之。」制可。燕鐵木兒言：「平江、松江澱山湖圩田方五百頃有奇，當入官糧七千七百石。其總佃者死，頗爲人占耕。今臣願增糧爲萬石入官，令人佃種，以所得餘米贍臣弟撒敦。」從之。洛水溢。爪哇國遣其臣僧伽剌等八十三人，奉金書表及方物來朝貢。己卯，詔：「以西寧王速來蠻鎭禦有勞，其如安定王朶兒只班例，置王傅官四人，鑄印給之。」庚辰，以安陸府賜并王晃火（兒不花）〔帖木兒〕爲食邑。〔二〕旌大都良鄉縣韋安妻張氏貞節。丁亥，諸王伯岳兀、完者帖木兒來朝。戊子，占城國遣其臣阿南那那里沙等四人，奉金書表及方物來朝貢。己丑，復立功德使司。癸巳，皇子古（剌答納）〔納答剌〕更名燕帖古思。〔三〕置興瑞司，掌中宮歲作佛事，秩正三品。乙未，命燕鐵木兒依舊例以鈔萬錠分給蒙古孤寡者。以帝師泛舟于西山高梁河，調衞士三百挽舟。丙申，賜怯薛官篤憐鐵木兒璽書，申飭其所部。賑木憐、苦鹽濼、札哈、掃憐九驛之貧者凡四百五十一戶。丁酉，緬國遣使者阿落等十人，奉方物來朝貢。己亥，賜行樞密院鈔四萬錠，分給征烏撒、烏蒙所調陝西、四川蒙古軍及漸丁萬人。高唐、德、冀諸州，大名、汴梁、廣平諸路，有蟲食桑葉盡。

夏四月壬寅，中書省臣言：「去歲宿衞士給鈔者萬五千人，今減去千四百人，餘當給者萬三千六百人。又，太府監歲支幣帛二萬匹，不足於用，請再給二百匹。」並從之。四川師壁、散毛、盤速出三洞蠻野王等二十三人來貢方物。戊申，大寧路地震。四川大盤洞謀者什用等十四人來貢方物。丙辰，諸王不別居法郎，遣使者要忽難等，及西域諸王不賽因使者也先帖木兒等，皆來貢方物。戊午，命奎章閣學士院以國字譯貞觀政要，鋟板模印，以賜百官。四川行省平章汪壽昌辭職，不允。以作佛事祈福，釋御史臺所囚定興劉縣尹及刑部囚二十六人。乙丑，安南國世子陳日焯遣其臣鄧世延等二十四人來貢方物。安西王阿難答之子月魯帖木兒，坐與畏兀僧玉你達八的刺板的、國師必剌忒納失里沙津愛護持謀不軌，〔四〕命宗王、大臣雜鞫之，獄成，三人皆伏誅，仍籍其家。以必剌忒納失里沙津愛護持妻丑丑賜通政副使伯藍，玉鞍賜撒敦，餘人畜、土田及七寶盃具、金珠、寶玉、鈔幣，並沒入大承天護聖寺。免四川行省境內今年租。命有司爲伯顏建生祠，立紀功碑于涿州，仍別建祠、立碑于汴梁。戊辰，免雲南行省田租三年。安州饑，給河間鹽課鈔萬錠賑之。東昌、濟寧二路及曹、濮諸州，皆有蟲食桑。

五月己巳朔，高昌王藏吉薨，其弟太平奴襲位。壬申，賑木憐、七里等二十三驛，人米二石。癸酉，熒惑犯東井。賜燕鐵木兒宴于流盃池。雲南大理、中慶等路大饑，賑鈔十萬錠。甲戌，陞尙舍寺爲從三品。〔五〕撒迪請備錄皇上登極以來固讓大凡、往復奏答，其餘訓敕、辭命及燕鐵木兒等宣力效忠之蹟，命朶來續爲蒙古脫卜赤顏一書，置之奎章閣，從之。賜湖廣行省平章政事脫亦納金虎符。旌保定路郭𤦃孝行、探忒妻靈保賢孝。戊寅，幸大承

天護聖寺。京師地震有聲。己卯，命諸王也失班還鎭。浙西道廉訪司劾副使三寶兒惡陰險，紊亂紀綱，詔罷之。壬午，復賑糶米五萬石，濟京城貧民。戊子，唐其勢以疾先往上都，賜藥價鈔千錠。遣使往帝師所居撒思吉牙之地，以珠織制書宣諭其屬，仍給鈔四千錠、幣帛各五千匹，分賜之。賑帖里干、不老、也不徹溫等十九驛，人米二石。庚寅，大駕發大都，時巡于上都。置山東益都等處金銀銅鐵提舉司。辛卯，復以司徒印給萬安寺僧嚴吉祥。詔給鈔五萬錠，修帝師巴思八影殿。壬辰，太常博士王瓚言：「各處請加封神廟，濫及淫祠。按禮經，以勞定國，以死勤事，能禦大災，能捍大患，則祀之。其非祀典之神，今後不許加封。」制可。丁酉，白虹並日出，長竟天。追封顏子父顏無繇爲杞國公，諡文裕；母齊姜氏杞國夫人，諡端獻；妻宋戴氏兗國夫人，諡貞素。甘州大雹。揚州之江都、泰興，德安府之雲夢、應城縣水。汴梁之睢州、陳州、開封、（之）蘭陽、封丘諸縣河水溢。〔六〕滹沱河決，沒河間清州等處屯田四十三頃。常寧州饑，賑糶米二千四百石。杭州火，被災九十一戶，池州火，被災七十三戶，命江浙行省量賑之。

六月己亥朔，以月魯帖木兒等罪詔告中外，赦天下。免四川行省今年差稅、陝西行省今年商稅。錄用朶朶、王士熙、脫歡等。己酉，以御史中丞趙世安爲中書左丞。癸丑，遣使分祀嶽鎭海瀆。戊午，給鈔五萬錠，賜雲南行省爲公儲。己未，燕鐵木兒言：「頃伯顏封浚

寧王，賜食邑嵩州，今請於潁汴擇一州賜之。」詔改賜陳州。癸亥，加授知樞密院事也卜倫開府儀同三司。乙丑，御史臺臣劾遼陽行省參政賽甫丁庸鄙不勝任，罷之。監察御史陳思謙言：「內外官非文武全才、出處繫天下安危、能拯金革之難者，勿許奪情起復。」制可。禁諸卜筮、陰陽人，毋出入諸王公大臣家。晉寧、冀州桑災。益都、濟寧大雨。無爲州、和州水。旌歸德府永城縣民張氏孝節。

秋七月戊辰朔，諸王答里麻失里等遣使來貢虎豹。雲南行省言：「本省舊降給驛璽書六十九、金字圓符四，伯忽之亂，散失殆盡，乞更賜爲宜。」敕更賜璽書三十二、圓符四，仍究詰所失者。辛未，以車坊官園賜伯顏。賜從征雲南將校三百四十七人鈔幣有差。調軍士修柳林海子橋道。乙亥，命僧於鐵幡竿修佛事，施金百兩、銀千兩、幣帛各五百匹、布二千匹、鈔萬錠。丁丑，賑蒙古軍流離至陝西者四百六十七戶糧三月，遣復其居，戶給鈔五十錠。湖廣行省言：「黎賊勢猖獗，乞益兵三千以備調用。」有旨：「依前詔，促移剌四奴剋日進兵。」壬午，江西行省造螺鈿几榻遺燕鐵木兒，詔賜匠者幣帛各一。甲申，燕鐵木兒獻斡羅思二千五百人。旌裕州民李庭瑞孝行。庚寅，給鈔萬錠，命燕鐵木兒分賜累朝宮分嬪御之貧乏者。壬辰，西域諸王不賽因遣哈只怯馬丁以七寶水晶等物來貢。給蒙古民及各部衞士鈔幣有差，仍賑糧五月。甲午，北邊諸王月卽別遣南忽里等來朝貢。燕鐵木兒言：「諸

王徹徹禿、沙哥，曩坐罪流南荒，乞賜矜閔，俾還本部。」從之。賑宗仁衞軍士九百戶各鈔一錠。滕州民饑，賑糶米二萬石。慶都縣大饑，以河間鹽課鈔萬錠賑之。

八月辛丑，諸王阿兒加失里獻斡羅思三十人、漸丁百三人。賑大都寶坻縣饑民以京畿運司糧萬石。癸卯，吳王木喃子及諸王答都河海、鎮南管卜、帖木兒赤、帖木迭兒等來朝。賜護守上都宮殿衞卒二千二百二十九人，人鈔二十五錠。乙巳，天鼓鳴于東北。丙午，遣官祭社稷。丁未，有事于太廟。海道漕運糧六十九萬餘石至京師。己酉，隴西地震。帝崩，壽二十有九，在位五年。癸丑，靈駕發引，葬起輦谷，從諸帝陵。元統二年正月己酉，太師右丞相伯顏率文武百官等議，上尊謚曰聖明元孝皇帝，廟號文宗，國言謚號曰札牙篤皇帝，請謚于南郊。三月己酉，祔于太廟。後至元六年六月，以帝謀爲不軌，使明宗飲恨而崩，詔除其廟主。放燕帖古思於高麗，未至，月闊察兒害之于中道。

校勘記

〔一〕高麗國王(楨)〔禎〕 見卷三三校勘記〔九〕。下同。

〔二〕幷王晃火(兒不花)〔帖木兒〕 按本書卷二六仁宗紀延祐五年二月丁酉條有「封諸王晃火鐵木兒爲嘉王」，卷二九泰定帝紀泰定二年六月甲申條有「改封嘉王晃火帖木兒爲幷王」，據改。本證已校。

〔三〕皇子古(剌答納)〔納答剌〕 據上文所見「古納答剌」改正。參看卷三五校勘記〔五〕。

〔四〕必剌忒納失里沙津愛護持 見卷三五校勘記〔三〕。下同。

〔五〕陞尙舍寺爲從三品 本證云：「案元年五月陞正三品，此陞字疑當作降，或三當作二。」

〔六〕開封(之)蘭陽封丘 按本書卷五九地理志，開封、蘭陽、封丘皆汴梁路屬縣，此處「之」字衍，今删。

元史卷三十七

本紀第三十七

寧宗

寧宗沖聖嗣孝皇帝，諱懿璘質班，明宗第二子也。母曰〔八不沙〕皇后，〔一〕乃蠻眞氏。初，武宗有子二人，長明宗，次文宗。延祐中，明宗封周王，出居朔漠。泰定之際，正統遂偏。天曆元年，文宗入紹大統，內難既平，卽遣使奉皇帝璽綬，北迎明宗。明宗崩，文宗復卽皇帝位。明宗有子二人，長妥懽帖木耳，次卽帝也。天曆(二)〔三〕年二月乙巳，〔二〕封帝爲鄜王。

至順三年八月己酉，文宗崩于上都，皇后導揚末命，申固讓初志，傳位於明宗之子。時妥懽帖木耳出居靜江，帝以文宗眷愛之篤，留京師。太師、太平王、右丞相燕鐵木兒，請立帝以繼大統。於是遣使徵諸王會京師，中書百司政務，咸啓中宮取進止。(八月)甲寅，〔三〕中書省臣奉中宮旨，預備大朝會賞賜金銀幣帛等物。乙卯，燕鐵木兒奉中宮旨，賜駙馬也不干子歡忒哈赤、太尉孛蘭奚、句容郡王答鄰答里、僉事小薛、阿麻剌台之子禿帖木兒、公主本答里、諸王丑漢妃公主台忽都魯、〔四〕諸王卯澤妃公主完者台及公主本答里、〔五〕徹里帖木兒等金、銀、幣、鈔有差。是月，渾源、雲內二州隕霜殺禾。冀寧路之陽曲、河曲二縣及荆門州皆旱。江水又溢。高郵府之寶應、興化二縣，德安府之雲夢、應城二縣大雨，水。

九月丁丑，塡星犯太微垣左執法。辛巳，修皇太后儀仗。是夜地震有聲來自北。是月，益都路之莒、沂二州，泰安州之奉符縣，濟寧路之魚臺、豐縣，曹州之楚丘縣，平江、常州、鎭江三路，松江府、江陰州，中興路之江陵縣，皆大水。河南府之洛陽縣旱。

十月庚子，帝卽位于大明殿，大赦天下，詔曰：

洪惟太祖皇帝，啓闢疆宇；世祖皇帝，統一萬方；列聖相承，法度明著。我曲律皇帝入纂大統，修舉庶政，動合成法，授大寶位于普顏篤皇帝以及格堅皇帝。曆數之歸，實當在我忽都篤皇帝、扎牙篤皇帝，而各播越遼遠。時則有若燕鐵木兒，建義效忠，戡平內難，以定邦國，協恭推戴扎牙篤皇帝。登極之始，卽以讓兄之詔明告天下。隨奉璽紱，遠迓忽都篤皇帝，朔方言還，奄棄臣庶。扎牙篤皇帝，荐正宸極，仁義之至，視民如傷，恩澤旁被，無間遠邇。顧育眇躬，尤篤慈愛。賓天之日，皇后傳顧命於太師、太平王、右丞相、答剌罕燕帖木兒，太保、浚寧王、知樞密院事伯顏等，謂聖體彌留，益推固讓之初志，以宗社之重，屬諸大兄忽都篤皇帝之世嫡。乃遣使召諸王宗親，以十月一日來會于大都，與宗王、大臣同奉遺詔。揆諸成憲，宜御神器。以至順三年十月初四日，卽皇帝位于大明殿。可大赦天下。自至順三年十月初四日昧爽以前，除謀反大逆、謀殺祖父母父母、妻妾殺夫、奴婢殺主、謀故殺人、但犯强盜、印造僞鈔、蠱毒厭魅犯上者不赦外，其餘一切罪犯，咸赦除之。

大都、上都、興和三路，差稅免三年。腹裏差發幷其餘諸郡不納差發去處，稅糧十分爲率，免二分。江淮以南，夏稅亦免二分。土木工役，除倉庫必合修理外，毋復創造，以紓民力。民間在前應有逋欠差稅課程，盡行蠲免。監察御史、肅政廉訪司官幷內外三品以上正官，歲舉才堪守令者一人，申達省部，先行錄用。如果稱職，舉官優加旌擢。一任之內，或犯贓私者，量其輕重黜罰。其不該原免重囚，淹禁三年以上，疑不能決者，申達省部，詳讞釋放。學校農桑、孝義貞節、科舉取士、國學貢試，並依舊制。廣海、雲南梗化之民，詔書到日，限六十日內出官，與免本罪，許以自新。

於戲！肆予沖人，託于天下臣民之上，任大守重，若涉淵冰。尚賴宗王大臣、百司庶府，交修乃職，思盡厥忠。嘉與億兆之民，共保承平之治。咨爾多方，體予至意！故茲詔示，想知悉。

辛丑，以知樞密院事撒敦爲御史大夫，中書右丞撒迪爲中書平章政事，宣政使闊里吉思爲中書右丞，中書平章政事禿兒哈鐵木兒知樞密院事。乙巳，造皇太后玉册、玉寶。丁未，皇太后命作兩宮幄殿、車乘、供張。戊申，賞賚諸王金、幣，其數如文宗卽位之制。立徽政、中政二院。己酉，太白犯斗宿。敕：「諸王、駙馬、勳舊大臣及中書省、樞密院、御史臺秩正二品，百司庶府秩至一品者，闕門之內，得施繩床以坐，餘皆禁之。」庚戌，修郊祀法服。以宦者鐵古思、哈里兀答兒、黑狗者、闊闊出，並爲中政院使。辛亥，以江浙歲比不登，其海運糧不及數，俟來歲補運。壬子，定婦人犯私鹽罪，著爲令。甲寅，諸王不賽因遣使貢塔里牙八十八斤、佩刀八十，賜鈔三千三百錠。乙卯，以卽位告祭南郊。丙辰，給宿衞士、蒙古、漢軍三萬人禦寒衣。命江浙行省範銅造和寧宣聖廟祭器，凡百三十有五事。己未，告祭太廟。庚申，告祭社稷。以伯顏爲徽政使，依前開府儀同三司、浚寧王、太保、錄軍國重事、知樞密院事。提調忠翊侍衞親軍都指揮使司事伯撒里、右都威衞都指揮使常不蘭奚，並爲徽政使。賜諸妃后大朝會賞賚有差。甲子，以諸王忽剌台貧乏，賜鈔五百錠。皇弟燕帖古思受戒於西僧加兒麻哇。敕：「百官及宿衞士有只孫衣者，凡與宴饗，皆服以侍。其或質諸人者，罪之。」丙寅，楚丘縣河堤壞，發民丁二千三百五十人修之。

十一月己巳，詔翰林國史、集賢院、奎章閣學士院集議先皇帝廟號、神主、升祔武宗皇后及改元事。庚午，賜郯王徹徹禿以海寧州朐山、贛楡、(沐)〔沭〕陽三縣。〔六〕壬申，命郯王徹徹禿鎭遼陽。甲戌，遣宿衞官阿察赤以上皇太后玉册告祭南郊，中書平章政事伯撒里告祭太廟。戊寅，奉玉册、玉寶尊皇后曰皇太后。皇太后御興聖殿受朝賀。己卯，帝御大明殿受朝賀。庚寅，賜諸王寬徹幣帛各二千匹，以周其貧。左欽察衞士饑，賑糧二月。壬辰，帝崩，年七歲。甲午，葬起輦谷，從諸陵。明年六月己巳，明宗長子妥懽帖木耳卽位。至元四年三月辛酉，謚曰沖聖嗣孝，廟號寧宗。四月乙酉，祔于太廟。

校勘記

〔一〕母曰〔八不沙〕皇后　據本書卷一〇六后妃表、卷一一四后妃傳補。蒙史已校。

〔二〕天曆(二)〔三〕年二月乙巳　按本書卷三四文宗紀至順元年二月乙巳條有「封明宗皇子亦璘眞班爲鄜王」。至順元年卽天曆三年，此處「二」誤，今改。蒙史已校。

〔三〕(八月)甲寅　考異云：「上文已書八月己酉，此又書八月。」此「八月」衍，今删。

〔四〕諸王丑漢妃公主台忽都魯　按本書卷一〇九諸公主表作「台忽普都」，卷一一八特薛禪傳作「台忽魯都」，疑此處「都魯」倒誤。

〔五〕公主本答里　按上文已書「公主本答里」，此五字疑衍。

〔六〕(沐)〔沭〕陽　據本書卷五九地理志改。道光本已校。

元史卷三十八

本紀第三十八

順帝一

順帝名妥懽貼睦爾，明宗之長子。母罕祿魯氏，名邁來迪，郡王阿兒廝蘭之裔孫也。初，太祖取西北諸國，阿兒廝蘭率其衆來降，乃封爲郡王，俾領其部族。及明宗北狩，過其地，納罕祿魯氏。延祐七年四月丙寅，生帝于北方。

當泰定帝之崩，太師燕鐵木兒與諸王、大臣迎立文宗。文宗旣卽位，以明宗嫡長，復遣使迎立之。明宗卽位于和寧之北，而立文宗爲皇太子。及明宗崩，文宗復正大位。至順元年四月辛丑，明宗后八不沙被讒遇害，遂徙帝于高麗，使居大靑島中，不與人接。閱一載，復詔天下，言明宗在朔漠之時，素謂非其己子，移于廣西之靜江。

三年八月己酉，文宗崩，燕鐵木兒請文宗后立太子燕帖古思，后不從，而命立明宗次子

懿璘只班，是爲寧宗。十一月壬辰，寧宗崩，燕鐵木兒復請立燕帖古思，文宗后曰：「吾子尙幼，妥懽貼睦爾在廣西，今年十三矣，且明宗之長子，禮當立之。」乃命中書右丞闊里吉思迎帝于靜江。至良鄉，具鹵簿以迓之。燕鐵木兒旣見帝，並馬徐行，具陳迎立之意，帝幼且畏之，一無所答。於是燕鐵木兒疑之。故帝至京，久不得立。適太史亦言帝不可立，立則天下亂，以故議未決。遷延者數月，國事皆決於燕鐵木兒，奏文宗后而行之。俄而燕鐵木兒死，后乃與大臣定議立帝，且曰：「萬歲之後，其傳位於燕帖古思，若武宗、仁宗故事。」諸王宗戚奉上璽綬勸進。

四年六月己巳，帝卽位于上都，詔曰：

洪惟我太祖皇帝，受命于天，肇造區夏；世祖皇帝，奄有四海，治功大備；列聖相傳，丕承前烈。我皇祖武宗皇帝入纂大統，及致和之季，皇考明宗皇帝遠居朔漠，札牙篤皇帝戡定內難，讓以天下。我皇考賓天，札牙篤皇帝復正宸極。治化方隆，奄棄臣庶。

今皇太后召大臣燕鐵木兒、伯顏等曰：「昔者闊徹〔伯〕、〔一〕脫脫木兒、只兒哈郎等謀逆，以明宗太子爲名，又先爲八不沙始以妬忌，妄構誣言，疏離骨肉。逆臣等旣正其罪，太子遂遷于外。札牙篤皇帝後知其妄。尋至大漸，顧命有曰：『朕之大位，其以朕

兄子繼之。』」時以朕遠征南服，以朕弟懿璘只班登大位，以安百姓，乃遽至大故。皇太后體承札牙篤皇帝遺意，以武宗皇帝之元孫，明宗皇帝之世嫡，以賢以長，在予一人，遣使迎還。徵集宗室諸王來會，合辭推戴。今奉皇太后勉進之篤，宗親大臣懇請之至，以至順四年六月初八日，卽皇帝位于上都。

於戲！惟天、惟祖宗全付予有家，慄慄危懼，若涉淵冰，罔知攸濟。尚賴宗親臣鄰，交修不逮，以底隆平。其赦天下。

時有阿魯輝帖木兒者，明宗親臣也，言於帝曰：「天下事重，宜委宰相決之，庶可責其成功；若躬自聽斷，則必負惡名。」帝信之。由是深居宮中，每事無所專焉。辛未，命伯顏爲太師、中書右丞相、上柱國、監修國史，兼奎章閣大學士，領學士院、太史院、回回、漢人司天監事；撒敦爲太傅、左丞相。是月，大霖雨，京畿水平地丈餘，饑民四十餘萬，詔以鈔四萬錠賑之。涇河溢，關中水災。黃河大溢，河南水災。兩淮旱，民大饑。

秋七月，霖雨。潮州路水。己亥，太陰犯房宿。

八月壬申，鞏昌徽州山崩。是月，立燕鐵木兒女伯牙吾氏爲皇后。

九月甲午，太陰犯填星。〔三〕乙未，太陰犯天江。甲寅，中書省臣言：「官員遷陞，窒礙選法。今請自省、院、臺官外，其餘不許遞陞。」從之。丁巳，太陰犯填星。己未，太陰犯氐宿。

庚申，詔太師、右丞相伯顏，太傅、左丞相撒敦，專理國家大事，其餘官不得兼領三職。秦州山崩。賑恤寧夏饑民五萬三千人一月。詔免儒人役。

冬十月甲子，太陰犯斗宿。丙寅，鳳州山崩。戊辰，改元，詔曰：

在昔世祖皇帝，紹開丕圖，稽古建元，立經陳紀，列聖相承，恪遵成憲。肆予沖人，嗣大曆服，茲圖治之云初，嘉與民而更始。乃新紀號，誕告多方，其以至順四年爲元統元年。於戲！一元運於四時，惟裁成之有道；大統綿於萬世，思保佑於無疆。

中書省臣言：「凡朝賀遇雨，請便服行禮。」從之。己巳，加知樞密院事、答剌罕答里金紫光祿大夫。庚午，詔以察罕腦兒宣慰司人民，止令應當徽政院差發。癸酉，雲南傀羅土官潭鄧馬弄來貢方物，詔以其地陞立散府。丁丑，依皇太后行年之數，釋放罪囚二十七人。庚辰，奉文宗皇帝及太皇太后御容於大承天護聖寺。命左丞相撒敦爲隆祥使，奉其祭祀。乙酉，詔以高郵府爲伯顏食邑。戊子，封撒敦爲榮王，食邑廬州。唐其勢襲父封爲太平王，進階金紫光祿大夫。庚寅，中書省臣請集議武宗、英宗、明宗三朝皇后陞祔。

十一月辛卯朔，罷富州金課。甲午，太陰犯壘壁陣。丙申，鞏昌成紀縣地裂山崩，令有司賑被災人民。丁酉，享于太廟。辛丑，起棕毛殿。丙午，申飭鹽運司。辛亥，江西、湖廣、江浙、河南復立榷茶運司。追謚札牙篤皇帝爲聖明元孝皇帝，廟號文宗。時寢廟未建，於英宗室次權結綵殿，以奉安神主。封伯顏爲秦王，錫金印。是日，秦州山崩地裂。夜，太陰犯太微東垣上相。壬子，太陰犯填星。癸丑，太陰犯亢宿。乙卯，以燕鐵木兒平江所賜田五百頃，復賜其子唐其勢。罷河間大報恩寺諸色人匠總管府。江浙旱饑，發義倉糧、募富人入粟以賑之。詔秦王、右丞相伯顏，榮王、左丞相撒敦，統百官，總庶政。

十二月庚申〔朔〕，命伯顏提調彰德威武衞。乙丑，廣西徭寇湖南，陷道州，千戶郭震戰死，寇焚掠而去。壬申，遣省、臺官分理天下囚，罪狀明者處決，寃者辨之，疑者讞之，淹滯者罪其有司。以奴列你他代其父塔剌赤爲耽羅國軍民安撫使司達魯花赤，錫三珠虎符。癸酉，太陰犯鬼宿。甲戌，禿堅帖木兒致仕，錫太尉印，置僚屬。乙亥，爲皇太后置徽政院，設官屬三百六十有六員。太白犯（壁壘）〔壘壁〕陣。〔三〕太陰犯軒轅。己卯，太陰犯進賢。癸未，太陰犯東咸。

元統二年春正月庚寅朔，雨血于汴梁，着衣皆赤。辛卯，東平須城縣、濟寧濟州、曹州濟陰縣水災，民饑，詔以鈔六萬錠賑之。以御史大夫脫別台爲中書平章政事，阿里海牙爲河南行省左丞相。丁酉，享于太廟。戊戌，四川大盤洞蠻謀谷什用遣男謀者什用來貢方物，卽其地立盤順府，命謀谷什用爲知府。遣吏部尚書帖住、禮部郎中智熙善使交阯，以授

時曆賜之。太陰犯軒轅。癸卯，敕僧道與民一體充役。己酉，以上文宗皇帝謚號，遣官告祭于南郊。庚戌，太陰犯房宿。甲寅，罷廣教總管府，立行宣政院。乙卯，雲南土酋姚安路總管高明來獻方物，錫符印遣之。

二月己未朔，詔內外興舉學校。癸亥，廣西徭寇邊，殺官吏。廣海官已除而未上者罪之。甲子，塞北東涼亭雹，民饑，詔上都留守發倉廩賑之。乙丑，命有司以時給宿衞冬衣。以燕不憐爲太保，置僚屬。戊辰，封也眞也不干爲昌寧王，錫金印。癸酉，太陰犯太微上相。丁丑，封皇姑妥妥輝爲英壽大長公主。癸未，安豐路旱饑，敕有司賑糶麥萬六千七百石。甲申，太廟木陛壞，遣官告祭。丁亥，太白經天。是月，灤河、漆河溢，永平諸縣水災，賑鈔五千錠。瑞州路水，賑米一萬石。

三月己丑朔，詔：「科舉取士，國子學積分、膳學錢糧，儒人免役，悉依累朝舊制。學校官選有德行學問之人以充。」辛卯，以陰陽家言，罷造作四年。太陰犯填星。癸巳，廣西徭賊復起，殺同知元帥吉烈思，掠庫物，遣右丞禿魯迷失將兵討之。復立西番巡捕都元帥府。罷廣誼司，復立覆實司。贈吉烈思官，令其子孫襲職。庚子，杭州、鎭江、嘉興、常州、松江、江陰水旱疾疫，敕有司發義倉糧，賑饑民五十七萬二千戶。癸卯，月食既。甲辰，中書省臣言：「興和路起建佛事，一路所費，爲鈔萬三千五百三十餘錠。請依上都、大都例，給膳僧

錢，節其冗費。」從之。乙巳，中書省臣言：「益都、眞定盜起，請選省、院官往督捕之，仍募能擒獲者倍其賞，獲三人者與一官。」從之。丁未，以河南行省左丞相阿里海牙爲江浙行省左丞相。壬子，廣西慶遠府徭賊寇全州，詔平章政事探馬赤統兵二萬人擊之。丁巳，詔：「蒙古、色目犯奸盜詐僞之罪者，隸宗正府；漢人、南人犯者，屬有司。」是月，山東霖雨，水湧，民饑，賑糶米二萬二千石。淮西饑，賑糶米二萬石。湖廣旱，自是月不雨至于八月。

夏四月戊午朔，日有食之。庚申，封宗室鸞子爲文濟王。乙丑，命順元等處軍民宣撫使、八番等處沿邊宣慰使伯顏溥花承襲父職。丙寅，罷龍慶州黑峪道上勝火兒站。庚午，詔：「雲南出征軍士亡歿者，人賜鈔二錠以葬。」壬申，命唐其勢爲總管高麗女直漢軍萬戶府達魯花赤，與馬札兒台並爲御史大夫。丁丑，太白經天。戊寅，太白晝見。己卯，奉聖明元孝皇帝文宗神主祔于太廟，躬行告祭之禮，樂用宮懸，禮三獻。先是御史臺臣言：「郊廟，國之大典，王者必行親祀之禮，所以盡尊尊、親親之誠，宜因陞祔，有事于太廟。」帝從之。是日，罷夏季時享。詔加榮王、左丞相撒敦開府儀同三司、上柱國、錄軍國重事，食邑廬州。復立杭州四隅錄事司。太白晝見。壬午，復如之。帝嘉許衡輔世祖以不殺一天下，特錄其孫從宗爲章佩監異珍庫提點。癸未，立鹽局于京師南北城，官自賣鹽，以革專利之弊。乙酉，中書省臣言：「佛事布施，費用太廣，以世祖時較之，歲增金三十八錠、銀二百三錠四十

兩、繒帛六萬一千六百餘匹、鈔二萬九千二百五十餘錠。請除累朝期年忌日之外，餘皆罷。」從之。是月，車駕時巡上都。益都、東平路水，設酒禁。大名路桑麥災。成州旱饑，詔出庫鈔及發常平倉米賑之。河南旱，自是月不雨至于八月。

五月己丑，詔威武西寧王阿哈伯之子亦里黑赤襲其父封。宦者孛羅帖木兒傳皇后旨，取鹽一十萬引入中政院。辛卯，以唐其勢代撒敦爲中書左丞相，撒敦仍商量中書省事。壬辰，命中書平章政事撒的領蒙古國子監。癸巳，罷洪教提點所。戊申，詔文濟王鸞子鎭大名，雲南王阿魯鎭雲南，給銀字圓牌。是月，中書省臣言：「江浙大饑，以戶計者五十九萬五百六十四，請發米六萬七百石、鈔二千八百錠，及募富人出粟，發常平、義倉賑之，幷存海運糧七十八萬三百七十石以備不虞。」從之。詔：「王侯宗戚軍站、人匠、鷹房、控鶴，但隸京師諸縣者，令所在一體役之。」贈故中書平章政事王泰亨謚淸憲。舊令，三品以上官，立朝有大節及有大功勳於王室者，得賜功臣號及謚。時濅冗濫失實，惟泰亨在中書時，安南請佛書，乞以九經賜之，使高麗不受禮遺，爲尚書貧不能自給，故特賜是謚。贈漳州萬戶府知事闞文興英毅侯，妻王氏貞烈夫人，廟號雙節。

六月丁巳朔，中書省臣言：「雲南大理、中慶諸路，曩因脫肩、敗狐反叛，民多失業，加以災傷，民饑，請發鈔十萬錠，差官賑恤。」從之。戊午，淮河漲，淮安路山陽縣滿浦、淸岡等處

民畜房舍多漂溺。丙寅，宣德府水災，出鈔二千錠賑之。乙亥，唐其勢辭左丞相不拜，復命撒敦爲左丞相。辛巳，詔蒙古、色目人行父母喪。癸未，復立繕工司，造繒帛。乙酉，贈燕鐵木兒公忠開濟弘謨同德翊運佐命功臣、開府儀同三司、太師、中書右丞相，追封德王，謚忠武。是月，彰德雨白毛。大寧、廣寧、遼陽、開元、瀋陽、懿州水旱蝗，大饑，詔以鈔二萬錠，遣官賑之。

秋七月丁亥，戒陰陽人毋得於貴戚之家妄言禍福。辛卯，祭太祖、太宗、睿宗三朝御容。罷秋季時享。壬辰，帝幸大安閣。是日，宴侍臣於奎章閣。甲午，太白晝見。己亥，太白經天。壬寅，詔：「蒙古、色目人犯盜者免刺。」甲辰，太白經天。丙午，復如之。帝幸楠木亭。己酉，太白晝見。夜，有流星大如酒盃，色赤，長五尺餘，光明燭地，起自天津，沒于離宮之南。庚戌，太白經天。壬子，復如之。夜，熒惑犯鬼宿。癸丑、甲寅，太白復經天。是月，池州青陽、銅陵饑，發米一千石及募富民出粟賑之。

八月丙辰朔，太白經天，凡四日。戊午，祭社稷。癸亥，太白經天。丙寅至戊辰，太白復經天。辛未，赦天下。京師地震。雞鳴山崩，陷爲池，方百里，人死者甚衆。自是日至甲戌，太白經天，丁丑、己卯，復如之；夜，犯軒轅。庚辰至壬午，太白復經天。癸未，中書平章政事阿里海牙罷。是月，南康路諸縣旱蝗，民饑，以米十二萬三千石賑糶之。

九月庚寅，太白經天。辛卯，車駕還自上都。壬辰，太陰入南斗。癸巳，太白犯靈臺。甲午，太白經天。徭賊陷賀州，發河南、江浙、江西、湖廣諸軍及八番義從軍，命廣西宣慰使、都元帥章伯顏將以擊之。乙未，太白經天。己亥、壬寅，復如之。乙巳，太白犯太微垣。壬子，吉安路水災，民饑，發糧二萬石賑糶。夜，太白犯太微垣。

冬十月乙卯朔，正內外官朝會儀班次，一依品從。戊午，享于太廟。辛酉，以侍御史許有壬爲中書參知政事。癸亥，太白犯太微上相，復犯進賢。丁卯，立湖廣黎兵屯田萬戶府，統千戶一十三所，每所兵千人，屯戶五百，皆土人爲之，官給田土、牛、種、農器，免其差徭。又創立武安縣。移石山寨巡檢司於淸水寨。立霍丘縣淮陰鄉臨水山巡檢司。改乾寧軍民安撫司曰乾寧安撫司。乙亥，太陰犯軒轅，太白犯塡星。己卯，奉玉册、玉寶，上皇太后尊號曰贊天開聖仁壽徽懿昭宣皇太后。詔曰：「朕登大寶，君臨萬方，永惟大母擁佑之勤；神器奠安，海宇寧謐，實慈訓之致然也。爰協衆議，再舉徽稱，而皇太后以文宗皇帝未祔于廟，至誠謙抑，弗賜俞允。今告祔禮成，亦旣閱歲，始徇所請。乃以吉日奉上尊號，思與普天同兹大慶，其赦天下。」免今年民租之半。內外官四品以下減一資。却天鵝之獻。癸未，命臺憲部官各舉材堪守令者一人。

十一月戊子，中書省臣請發兩粽船下番，爲皇后營利。濟南萊蕪縣饑，罷官冶鐵一年。

辛卯，賜行宣政院廢寺錢一千錠以葺公廨。乙未，塡星犯亢宿。庚戌，熒惑犯太微垣。是月，鎭南王孛羅不花來朝。

十二月，立道州永明縣白面壚、江華縣濤壚巡檢司各一，以鎭遏徭賊。甲戌，詔整治學校。

是歲，禁私創寺觀庵院。僧道入錢五十貫，給度牒，方聽出家。

至元元年春正月癸巳，申命廉訪司察郡縣勸農官勤惰，達大司農司以憑黜陟。乙未，立徽政院屬官侍正府。丙午，雲南婦人一產三男。

二月甲寅朔，革冗官。乙卯，車駕將田于柳林，御史臺臣諫曰：「陛下春秋鼎盛，宜思文皇付托之重，致天下於隆平。況今赤縣之民，供給繁勞，農務方興，而馳騁冰雪之地，倘有銜橛之變，奈宗廟社稷何！」遂止。丁巳，立縹甸散府一，穆由甸、苑陵甸軍民長官司二。以薊州寶坻縣稻田提舉司所轄田土賜伯顏。戊午，祭社稷。甲戌，熒惑逆行入太微。己卯，以上皇太后冊、寶，遣官告祭天地。

三月癸未朔，詔遣五府官決天下囚。御史臺臣言：「丞相已領軍國重事，省、院、臺官，倶不得兼領各衞。」從之。平伐、都雲、定雲酋長寶郎、天都蟲等來降，卽其地復立宣撫司，參

用其土酋爲官。辛卯，以上皇太后寶、冊，遣官告祭太廟。壬辰，河州路大雪十日，深八尺，牛羊駝馬凍死者十九，民大饑。丙申，中書省臣言：「甘肅甘州路十字寺奉安世祖皇帝母別吉太后於內，請定祭禮。」從之。丁酉，以霑益州所轄羅山、石梁、交水三縣倂歸巡檢司。月食。己亥，龍興路饑，出糧九萬九千八百石賑其民。庚子，御史臺臣言：「高麗爲國首效臣節，而近年屢遣使往選取媵妾，至使生女不舉，女長不嫁，乞賜禁止。」從之。中書省臣言，帝生母太后神主宜於太廟安奉，命集議其禮。甲辰，山東、河間、兩淮、福建四處增鹽課一十八萬五千引，中書請權罷徵，止令催辦正額。乙巳，以中書左丞王結、參知政事許有壬知經筵事。封安南世子陳端午爲安南國王。是月，益都路沂水、日照、蒙陰、莒縣旱饑，賑米一萬石。

夏四月癸丑朔，詔：「諸官非節制軍馬者，不得佩金虎符。」辛酉，享于太廟。以江南行御史臺中丞不花爲中書省參知政事。壬戌，太陰犯左執法。丙寅，詔以鈔五十萬錠，命徽政院散給達達兀魯思、怯薛丹、各愛馬。己巳，加唐其勢開府儀同三司。己卯，詔翰林國史院纂修累朝實錄及后妃、功臣列傳。庚辰，罷功德、典瑞、營繕、集慶、翊正、羣玉、繕工、金玉珠翠諸提舉司。以撒的爲御史大夫。禁犯御名。是月，河南旱，賑恤芍陂屯軍糧兩月。

五月壬午朔，皇太后以膺受寶、冊，恭謝太廟。丙戌，占城國遣其臣刺忒納瓦兒撒來獻方物，且言交趾遏其貢道，詔遣使宣諭交趾。戊子，車駕時巡上都。遣使者詣曲阜孔子廟致祭。加伯撒里金紫光祿大夫。壬辰，命嚴諡法，以絕冒濫。京畿民饑，詔有司議賑恤。癸卯，太陰犯壘壁陣。甲辰，伯顏請以右丞相讓唐其勢，詔不允，命唐其勢爲左丞相。是月，永新州饑，賑之。

六月辛酉，有司言甘肅撒里畏〔兀〕產金銀，〔四〕請遣官稅之。壬戌，太陰犯心宿。癸酉，禁服色不得僭上。乙亥，罷江淮財賦總管府所管杭州、平江、集慶三處提舉司，以其事歸有司。詔湖南宣慰使司兼都元帥府，總領所轄諸路鎭守軍馬。庚辰，伯顏奏唐其勢及其弟塔剌海謀逆，誅之。執皇后伯牙吾氏幽於別所。大霖雨。

秋七月辛巳朔，以馬札兒台、阿察赤並爲御史大夫。壬午，伯顏殺皇后伯牙吾氏于開平民舍。丁亥，享于太廟。壬辰，加馬札兒台銀青榮祿大夫、開府儀同三司，領承徽寺。乙未，太陰犯壘壁陣。壬寅，專命伯顏爲中書右丞相，罷左丞相不置。癸卯，立脫脫禾孫於察罕腦兒之地。乙巳，罷燕鐵木兒、唐其勢舉用之人。戊申，誅答里及剌剌等于市，詔曰：「曩者文宗皇帝以燕鐵木兒嘗有勞伐，父子兄弟，顯列朝廷，而輒造事釁，出朕遠方。文皇尋悟其妄，有旨傳次于予。燕鐵木兒貪利幼弱，復立朕弟懿璘質班，不幸崩殂。今丞相伯顏，追奉遺詔，迎朕于南，旣至大都，燕鐵木兒猶懷兩端，遷延數月，天隕厥躬。伯顏等同辭翊戴，

乃正宸極。後撒敦、答里、唐其勢相襲用事，交通宗王晃火帖木兒，圖危社稷，阿察赤亦嘗與謀，賴伯顏等以次掩捕，明正其罪。元兇構難，貽我(太皇)〔皇太〕后震驚，〔五〕朕用兢惕。永惟皇太后後其所生之子，一以至公爲心，親挈大寶，畀予兄弟，迹其定策兩朝，功德隆盛，近古罕比。雖嘗奉上尊號，揆之朕心，猶爲未盡，已命大臣特議加禮。伯顏爲武宗捍禦北邊，翼戴文皇，茲又克淸大憝，明飭國憲，爰賜答剌罕之號，至于子孫，世世永賴。可赦天下。」是月，西和州、徽州雨雹，民饑，發米賑貸之。

八月辛亥朔，熒惑犯氐宿。戊午，祭社稷。癸亥，詔以岐陽王完者帖木兒、〔六〕知樞密院事帖木兒不花並爲御史大夫。甲子，加完者帖木兒太傅。戊寅，道州、永興水災，發米五千石及義倉糧賑之。己卯，議尊皇太后爲太皇太后，許有壬諫以爲非禮，不從。是月，廣西徭反，命湖廣行省右丞完者討之。沅州等處民饑，賑米二萬七千七百石。

九月庚辰朔，車駕駐扼胡嶺。丙戌，赦。丁亥，封知樞密院事闊里吉思爲宣國公，太保、中書平章政事定住爲宣德王。夜，太陰犯斗宿。庚寅，太陰犯壘壁陣。庚子，加中書平章政事徹里帖木兒銀青榮祿大夫。命有司造太皇太后玉冊、玉寶。御史臺臣言：「國朝初用宦官，不過數人，今內府執事不下千餘。乞依舊制，裁減冗濫，廣仁愛之心，省糜費之患。」從之。丙午，詔以烏撒、烏蒙之地隸四川行省。是月，耒陽、常寧、道州民饑，以米萬六千石

并常平米賑糶之。車駕還自上都。以京畿鹽換羊二萬口。

冬十月甲寅，熒惑犯南斗。丙辰，以大司農塔失海牙爲太尉，置僚屬，商議中書省事。丁巳，以塔失帖木兒爲太禧院使，議軍國重事。流晃火帖木兒、答里、唐其勢子孫於邊地。詔海道都漕運萬戶府船戶與民一體充役。壬戌，加御史大夫帖木兒不花銀青榮祿大夫。癸亥，流御史大夫完者帖木兒於廣海安置。完者帖木兒乃賊臣也先鐵木兒骨肉之親，監察御史以爲言，故斥之。選省、院、臺、宗正府通練刑獄之官，分行各道，與廉訪司審決天下囚。甲子，太陰犯昴宿。丁卯，太陰犯斗宿。戊辰，太白晝見。以宗王亦思干兒弟撒昔襲其兄封。監察御史呂思誠等十九人劾奏徹里帖木兒之罪，不聽，皆辭去，惟陳允文以不署名留。辛未，太皇太后玉册、玉寶成，遣官告祭于太廟。是月，以伯顏獨任中書右丞相詔天下。

十一月庚辰，敕以所在儒學貢士莊田租給宿衞衣糧。詔罷科舉。甲申，太白經天。乙酉，伯顏請內外官悉循資銓注，今後毋得保舉，澀滯選法，從之。癸巳，命知樞密院事馬札兒台領武備寺。丙戌，太白經天。己丑，辰星犯房宿。〔七〕甲午，以燕鐵木兒、唐其勢、答里所奪高麗田宅，還其王阿剌忒納失里。丁酉，以戶部尙書徐奭、吏部尙書定住參議中書省事。戊戌，召前知樞密院事福丁、失剌不花、撒兒的哥還京師。初，二人以帝未立，謀誅燕

鐵木兒，爲所詆貶，故正之。己亥，太陰犯太微垣。庚子，太陰犯左執法。辛丑，下詔改元，詔曰：

朕祇紹天明，入纂丕緒，于今三年，夙夜寅畏，罔敢怠荒。茲者年穀順成，海宇清謐，朕方增修厥德，日以敬天恤民爲務，屬太史上言，星文示儆。將朕德菲薄，有所未逮歟？天心仁愛，俾予以治，有所告戒歟？弭災有道，善政爲先。更號紀年，實惟舊典。惟世祖皇帝，在位長久，天人協和，諸福咸至，祖述之志，良切朕懷。今特改元統三年仍爲至元元年。遹遵成憲，誕布寬條，庶格禎祥，永綏景祚。赦天下。

立常平倉。丁未，賜知樞密院事徹里帖木兒三珠虎符。

十二月己酉朔，荊門州獻紫芝。以廩給司屬通政院。加知樞密院事闊里吉思銀青榮祿大夫，兼左翊蒙古侍衞親軍都指揮使。壬子，太陰犯壘壁陣。乙卯，命雲南行省造軍士錢糧新舊之籍。丙辰，制省諸王、公主、駙馬飲餼之費。詔徵高麗王阿剌忒納失里入朝。丁巳，詔伯顏領宮相府。戊午，日赤如赭。辛酉，太白犯壘壁陣。壬戌，撥廬州、饒州牧地一百頃，賜宣讓王帖木兒不花。命四川、雲南、江西行省保選蠻夷官以俟銓注。乙丑，奉玉册、玉寶，上太皇太后尊號曰贊天開聖徽懿宣昭貞文慈佑儲善衍慶福元太皇太后，詔曰：「欽惟太皇太后，承九廟之托，啓兩朝之業，親以大寶，付之眇躬。尙依擁佑之慈，恪遵仁讓之訓，爰極尊崇之典，以昭報本之忱。庸上徽稱，宣告中外。」命宣政院使末吉以司徒就第。太白犯軒轅夫人星。丙寅，太白經天。丁卯，復如之。夜，太陰犯右執法。庚午，太白經天。壬申，復如之。癸酉，歲星晝見。乙亥，太白、歲星皆晝見。丙子，安慶、蘄、黃地震。丁丑，西番賊起，遣兵擊之。戊寅，蒙古國子監成。是日，太白經天，歲星晝見。是月，寶慶路饑，賑糶米三千石。

閏月乙酉，詔：「四川鹽運司於鹽井仍舊造鹽，餘井聽民煮造，收其課十之三。」熒惑犯壘壁陣。丁亥，日赤如赭，凡三日。戊子，復以宗正府爲大宗正府。壬辰，詔宗室脫脫木兒襲封荊王，賜金印，命掌忙來諸軍，設立王府官屬。丁酉，御史大夫撒的加銀青榮祿大夫，領奎章閣，知經筵事。戊戌，御史臺臣復劾奏中書平章政事徹里帖木兒罪，罷之。庚子，太陰犯心星。〔八〕壬寅，流徹里帖木兒於南安。太陰犯箕宿。癸卯，太陰犯南斗。丙午，詔平章政事塔失海牙領都水、度支二監。

是年，江西大水，民饑，賑糶米七萬七千石。賜天下田租之半。凡有妻室之僧，令還俗爲民，既而復聽爲僧。移犍爲縣還舊治。

校勘記

〔一〕闊徹〔伯〕　據本書卷三四文宗紀至順元年六月庚子條及卷一三八燕鐵木兒傳補。續編已校。

〔二〕九月甲午太陰犯壝星　按本書卷四九天文志作「九月甲午，太陰犯東咸西第一星，壝星犯進賢」。此處史文有脫誤。

〔三〕太白犯（壁壘）〔壘壁〕陣　從殿本改。

〔四〕甘肅撒里畏〔兀〕　據本書卷三五文宗紀至順二年七月丁酉條補。卷一二一速不台傳作「撒里畏吾」。

〔五〕（太皇）〔皇太〕后　按同詔下文卽有「皇太后」之稱，此「太皇」倒誤，今改正。類編已校。

〔六〕岐陽王完者帖木兒　考異云：「岐陽當作淇陽，月赤察兒之孫，承其祖父封號。」

〔七〕丙戌至己丑　按是月己卯朔，丙戌初八日、己丑十一日不應在癸巳十五日後，此處錯簡。

〔八〕庚子太陰犯心星　按本書卷四九天文志作「庚子，太陰犯心宿大星」，此處史文有脫誤。

元史卷三十九

本紀第三十九

順帝二

二年春正月壬戌，太陰犯右執法。甲子，太陰犯角宿。乙丑，宿松縣地震，山裂。丁卯，太陰犯房宿。是月，置都水庸田使司于平江。

二月戊寅朔，祭社稷。辛巳，太陰犯昴宿。甲申，太白經天。戊子，詔以世祖所賜王積翁田八十頃還其子都中。初，積翁齎詔諭日本，死於王事，嘗受賜，後收入官，故復賜之。己丑，立穆陵關巡檢司。壬辰，日赤如赭。乙未、丙申，復如之。丁酉，追尊帝生母邁來迪爲貞裕徽聖皇后。庚子，分衡州路衡陽縣，立新城縣。進封宣靖王買奴爲益王。甲辰，宗王也可札魯忽赤添孫薨，賜鈔一百錠以葬。乙巳，詔賞勞廣海征徭將卒，有官者升散階，歿於王事者優加褒贈。金山甘肅兵士在逃者，聽復業，免其罪。

三月戊申，以阿里海牙家藏書盡賜伯顏。甲寅，以按灰爲大宗正府也可札魯忽赤，總掌天下奸盜詐僞。丁巳，以累朝御服珠衣、七寶項牌賜伯顏。庚申，日赤如赭。壬戌，復如之。賜征東元帥府軍士冬衣及甲。諸軍討廣西徭，久無功，敕行省、行臺、廉訪司官共督之。順州民饑，以鈔四千錠賑之。夜，太陰犯心宿。癸亥，日赤如赭。甲子，太陰犯箕宿。乙丑，太陰犯南斗。賜宗王火兒灰母答里鈔一千錠。以撒敦上都居第賜太保定住，仍敕有司籍撒敦家財。甲戌，復四川鹽井之禁。以按答木兒家人田宅賜太保定住。以汪家奴爲宣政院使，加金紫光祿大夫。造武宗、英宗、明宗三朝皇后玉册、玉寶。是月，陝西暴風，旱，無麥。

夏四月丁丑朔，日赤如赭。禁民間私造格例。戊寅，封駙馬孛羅帖木兒爲毓德王。丙戌，太陰犯角宿。丁亥，禁服麒麟、鸞鳳、白兔、靈芝、雙角五爪龍、八龍、九龍、萬壽、福壽字、赭黃等服。庚寅，以知樞密院事帖木兒不華爲中書平章政事，撒迪爲御史大夫。甲午，遣使以香、幣賜武當、龍虎二山。詔以太平路爲郯王徹徹禿食邑。以集慶、廬州、饒州禿禿哈民戶賜伯顏，仍於句容縣設長官所領之。戊戌，車駕時巡上都。拜中書左丞耿煥爲侍御史，王(德懋)〔懋德〕爲中書左丞。〔一〕賜宗室灰里王金一錠、鈔一千錠，毓德王孛羅帖木兒鈔三千錠，公主八八鈔二千錠。

五月丙午朔，黃河復于故道。庚戌，太陰犯靈臺。乙卯，南陽、鄧州大霖雨，自是日至于六月甲申，湍河、白河大溢，水爲災。丙辰，太白晝見。丁巳，亦如之。壬申，秦州山崩。是月，婺州不雨，至于六月。

六月丁丑，禁諸王、駙馬從衛服只孫衣，繫絛環。贈宗王忽都答兒爲雲安王，謚忠武，羅羅歹爲保寧王，謚昭勇。庚辰，命中書平章政事阿吉剌知經筵事。戊子，以鐵木兒補化爲江浙行省左丞相。太白犯井宿。辛卯，以汴梁、大名諸路脫別台地土賜伯顏。禮部侍郎忽里台請復科舉取士之制，不聽。庚子，涇水溢。辛丑，以鈔五千錠賜吳王擲失江。

秋七月丙午，詔以公主奴倫引者思之地五千頃賜伯顏。以衞輝路賜衞王寬徹哥爲食邑。己酉，太白犯鬼宿。庚戌，以定住、鎖南參議中書省事。壬子，發阿魯哈、不蘭奚駱駝一百一十上供太皇太后乘輿之用。乙卯，太白犯熒惑。庚申，禁隔越中書口傳敕旨，冒支錢糧。甲子，命有司以所籍撒敦寶器分賜伯顏及太保定住。乙丑，中書平章政事孛羅徙宅，賜金二錠、銀十錠。庚午，敕賜上都孔子廟碑，載累朝尊崇之意。省諸王、公主、駙馬從衞糧賜之數。癸酉，命宗王不蘭奚、駙馬月魯不花、帖古思、教化鎮薛連哥、怯魯連之地，各賜鈔六百錠及銀牌遣之。是月，黃州蝗，督民捕之，人日五斗。以鈔二千錠賑新收阿速軍扈從車駕者，每戶鈔二錠，死者人一錠。

八月甲戌朔，日有食之。高郵大雨雹。詔：「雲南、廣海、八番及甘肅、四川邊遠官，死而不能歸葬者，有司給糧食舟車護送還鄉；去鄉遠者，加鈔二十錠；無親屬者，官爲瘞之。」命威順王寬徹不花還鎮湖廣。先是伯顏矯制召之至京，至是帝遣歸藩。戊寅，祭社稷。大都至通州霖雨，大水，敕軍人修道。己卯，太陰犯心宿。辛巳，太陰犯箕宿。辛卯，以徽政院、中政院財賦府田租六萬三千三百石，補本年海運未敷之數，令有司歸其直。壬辰，立屯衞於馬札罕之地。庚子，詔：「强盜皆死；盜牛馬者劓；盜驢騾者黥額，再犯劓；盜羊豕者墨項，再犯黥，三犯劓；劓後再犯者死。盜諸物者，照其數估價。省、院、臺、五府官三年一次審決。著爲令。」辛丑，減(湖馬)〔馬湖〕路泥溪、平夷、蠻夷、夷都、沐川、雷坡六長官司，〔二〕併爲三。

九月庚戌，熒惑犯太微垣。癸亥，弛鞏昌總帥府漢人軍器之禁。戊辰，車駕還自上都。海運糧至京，遣官致祭天妃。是月，台州路饑，發義倉、募富人出粟賑之。沅州路盧陽縣饑，賑糶米六千石。

冬十月丙子，熒惑犯左執法。己卯，享于太廟。丙申，命參知政事納麟監繪明宗皇帝御容。丁酉，太陰犯昴宿。己亥，詔：「每日，右丞相伯顏、太保定住、中書平章政事孛羅、阿吉剌聚議於內廷。平章政事塔失海牙、右丞鞏卜班、參知政事納麟、許有壬等聚議於中書。」太陰犯進賢。是月，撫州、袁州、瑞州諸路饑，發米六萬石賑之。

十一月己酉，太陰犯壘壁陣。壬子，以那海爲湖廣行省平章政事，討廣西猺。武宗、英宗、明宗三朝皇后升祔入廟，命官致祭。丁巳，遣河南行省平章政事玥璐普華於西番爲僧。己未，太陰犯壘壁陣。[三]辛酉，賜宣讓王帖木兒不花市宅錢四千錠。詔帖木兒不花王府官屬，朝賀班次列于有司之右。壬戌，命同知樞密院事者燕不花兼宮相都總管府達魯花赤，領隆鎭衞、左阿速衞諸軍。癸亥，安置宗王不蘭奚於梧州。丁卯，太陰犯房宿。辛未，禁彈弓、弩箭、袖箭。壬申，國公買住卒，賜鈔三百錠。印造至元三年鈔本一百五十萬錠。是月，松江府上海縣饑，發義倉糧及募富人出粟賑之。安豐路饑，賑糶麥四萬二千四百石。

十二月甲戌，日赤如赭。丙子，命興元府鳳州留壩鎭及晉寧路遼山縣十八盤各立巡檢司。宗王也孫帖木兒進西馬三匹。賜文濟王蠻子金印、驛券及從衞者衣幷糧五千石。詔省、院、臺、翰林、集賢、奎章閣、太常禮儀院、禮部官定議寧宗皇帝尊謚、廟號。是月，江州諸縣饑，總管王大中貸富人粟以賑貧民，而免富人雜徭以爲息，約年豐還之，民不病饑。慶元慈溪縣饑，遣官賑之。

是歲，詔整治驛傳。以甘肅行省白城子屯田之地賜宗王喃忽里。以燕鐵木兒居第賜灌頂國師曩哥星吉，號大覺海寺，塑千佛於其內。江浙旱，自春至于八月不雨，民大饑。

三年春正月癸卯，廣州增城縣民朱光卿反，其黨石昆山、鍾大明率衆從之，僞稱大金國，改元赤符。命指揮狗札里、江西行省左丞沙的討之。戊申，大都南北兩城設賑糶米鋪二十處。辛亥，升祔懿璘只班皇帝於廟，謚冲聖嗣孝皇帝，廟號寧宗。豫王阿剌忒納失里買池州銅陵產銀地一所，請用私財煅煉，輸納官課，從之。癸丑，立宣鎭侍衞屯田萬戶府於寧夏。丙辰，月食。丁巳，日有交暈，左右珥上有白虹貫之。戊午，帝獵于柳林，凡三十五日。監察御史丑的、宋紹明進諫，帝嘉納之，賜金、幣。丑的等固辭，帝曰：「昔魏徵進諫，唐太宗未嘗不賞，汝其受之。」是月，臨江路新淦州、新喩州、瑞州民饑，賑糶米二萬石。封晉郭璞爲靈應侯。

二月壬申朔，日有食之。棒胡反於汝寧信陽州。棒胡本陳州人，名閏兒，以燒香惑衆，妄造妖言作亂，破歸德府鹿邑，焚陳州，屯營於杏岡，命河南行省左丞慶童領兵討之。紹興路大水。丙子，立船戶提舉司十處，提領二十處。定船戶科差，船一千料之上者，歲納鈔六錠，以下遞減。壬午，以上太皇太后玉册、玉寶，恭謝太廟。甲申，定服色、器皿、輿馬之制。己丑，汝寧獻所獲棒胡彌勒佛、小旗、僞宣敕幷紫金印、量天尺。辛卯，發鈔四十萬錠，賑江浙等處饑民四十萬戶，開所在山場、河泊之禁，聽民樵采。廣西猺賊復反，命湖廣行省平章那海、江西行省平章禿兒迷失海牙總兵捕之。丙申，太保定住薨，給賜殯葬諸物。庚子，中

書參知政事納麟等請立採珠提舉司。先是嘗立提舉司，泰定間以其煩擾罷去，至是納麟請復立之，且以採珠戶四萬賜伯顏。是月，發義倉米賑蘄州及紹興饑民。

三月辛亥，太陰犯靈臺。發鈔一萬錠，賑大都寶坻饑民。戊午，以玉寶、玉册立弘吉剌氏伯顏忽都爲皇后，因雨輟賀。詔以完者帖木兒蘇州之田二百頃賜郯王徹徹禿。己未，大都饑，命於南北兩城賑糶糙米。癸亥，加封晉周處爲英義武惠正應王。(己)〔乙〕丑，[四]命宗王燕帖木兒爲大宗正府札魯忽赤。是月，天雨線。發義倉糧賑溧陽州饑民六萬九千二百人。

夏四月壬申，遣使降香於龍虎、三茅、閤皂諸山。癸酉，禁漢人、南人、高麗人，不得執持軍器，凡有馬者拘入官。甲戌，有星孛于王良，至七月壬寅沒于貫索。皇后以受玉册、玉寶，恭謝太廟。命伯顏領宣鎭侍衞軍，賜鈔三千錠，建宣鎭侍衞府。以太皇太后受册、寶詔天下。己卯，車駕時巡上都。壬午，高麗王阿剌忒納失里朝賀還國，賜金一錠、鈔二千錠，從官賜與有差。辛卯，合州大足縣民韓法師反，自稱南朝趙王。太陰犯壘壁陣。丁酉，謚唐杜甫爲文貞。己亥，惠州歸善縣民聶秀卿、譚景山等造軍器，拜戴甲爲定光佛，與朱光卿相結爲亂，命江西行省左丞沙的捕之。庚子，太白晝見。是月，詔：「省、院、臺、部、宣慰司、廉訪司及郡府幕官之長，並用蒙古、色目人。禁漢人、南人不得習學蒙古、色目文字。」以米

八千石、鈔二千八百錠，賑哈剌奴兒饑民。龍興路南昌、新建縣饑，太皇太后發徽政院糧三萬六千七百七十石賑糶之。

五月辛丑〔朔〕，民間訛言朝廷拘刷童男、童女，一時嫁娶殆盡。壬寅，太白犯鬼宿。癸卯，給平伐、都雲定雲二處安撫司達魯花赤唶都剌等虎符。乙巳，以興州、松州民饑，禁上都、興和造酒。太陰犯軒轅。戊申，詔：「汝寧棒胡，廣東朱光卿、聶秀卿等，皆係漢人。漢人有官於省、臺、院及翰林、集賢者，可講求誅捕之法以聞。」太白晝見。壬子，太陰犯心宿。甲寅，詔哈八兒禿及禿堅帖木兒爲太尉，各設僚屬幕官。西番賊起，殺鎭西王子党兀班。立行宣政院，以也先帖木兒爲院使，往討之。戊午，太白晝見。己未，太陰犯壘壁陣。辛酉，太白晝見。壬戌，命四川行省參知政事舉理等捕反賊韓法師。丁卯，彗星見於東北，大如天船星，色白，約長尺餘，彗指西南，至八月庚午始滅。

六月庚午〔朔〕，太白經天。辛未、甲戌，復如之。乙亥，太白犯靈臺。戊寅，贈丞相安童推忠佐運開國元勳、東平忠憲王，於所封城內建立祠廟，官爲致祭。己卯，太白經天。夜，太白犯太微垣。辛巳，大霖雨，自是日至癸巳不止。京師、河南、北水溢，御河、黃河、沁河、渾河水溢，沒人畜、廬舍甚衆。壬午，太白晝見。太陰犯斗宿。癸未，設醮長春宮。丁亥，太白犯太微垣。戊子，加封文始尹眞人爲無上太初博文文始眞君，徐甲爲垂玄感聖慈

化應御眞君，庚桑子洞靈感化超蹈混然眞君，文子通玄光暢昇元敏誘眞君，列子沖虛至德通世遊樂眞君，莊子南華至極雄文弘道眞君。己丑，太白晝見。庚寅，復如之，至七月辛酉方息。壬辰，彰德大水，深一丈。立高密縣濰川鄉景芝社巡檢司。

秋七月己亥〔朔〕，漳河泛溢至廣平城下。賜韋卜班西平王印。癸卯，車駕出獵。太白經天。乙巳，復如之。丙午，車駕幸失剌斡耳朵。太白復經天。丁未，車駕幸龍岡，洒馬乳以祭。戊申，召朵兒只國王入朝。庚戌，太白晝見。河南武陟縣禾將熟，有蝗自東來，縣尹張寬仰天祝曰：「寧殺縣尹，毋傷百姓。」俄有魚鷹羣飛啄食之。壬子，車駕幸乾元寺。甲寅，太白經天。乙卯，懷慶水。庚申，詔：「除人命重事之外，凡盜賊諸罪，不須候五府官審錄，有司依例決之。」辛酉，太白晝見。壬戌，賜宗王桑哥八剌七寶繫腰。太白經天。癸亥、甲子，復如之。是月，狗札里、沙的擒朱光卿，尋追擒石昆山、鍾大明。

八月戊辰〔朔〕，祭社稷。遣使賑濟南饑民九萬戶。庚午，彗星不見，自五月丁卯始見，至是凡六十三日，自昴至房，凡歷一十五宿而滅。甲戌，太陰犯心宿。辛巳，京畿盜起。壬午，京師地大震，太廟梁柱裂，各室墻壁皆壞，壓損儀物，文宗神主及御床盡碎，西湖寺神御殿壁仆，壓損祭器。自是累震，至丁亥方止，所損人民甚衆。癸未，日有交暈，左右珥白虹貫之。河南地震。弛高麗執持軍器之禁，仍令乘馬。戊子，漢人鎮遏生蕃處，亦開軍器之

禁。修理文宗神主幷廟中諸物。是月，車駕至自上都。

九月己亥，熒惑犯斗宿。甲辰，太〔白〕〔陰〕犯斗宿。〔五〕丁未，太陰犯壘壁陣。己酉，立皮貨所於寧夏，設提領使、副主之。立四川、湖廣江西、江浙行樞密院。文宗新主、玉册及一切神御之物皆成，詔依典禮祭告。太陰犯壘壁陣。辛〔亥〕〔酉〕，太陰犯軒轅。〔六〕丙寅，大都南北兩城添設賑糶米鋪五所。

冬十月庚午，太白晝見。癸酉，日赤如赭。乙亥，命江浙行省丞相撒思監提調海運。〔七〕丙子，太陰犯壘壁陣。壬午，太陰犯昴宿。丁亥，太白晝見。太陰犯鬼宿。庚寅，太白晝見。辛卯，亦如之。丙申，復如之。

十一月丁酉〔朔〕，太白經天。戊戌，太白犯亢宿。己亥，太白經天。壬寅，太陰犯熒惑。癸卯，太陰犯壘壁陣。丙午，立屯田於雄州。丁未，填星犯鍵閉。辛亥，太〔白〕〔陰〕犯五車。〔八〕甲寅，太〔白〕〔陰〕犯鬼宿。〔九〕丙辰，太陰犯軒轅。丁巳，太白經天。太陰犯太微垣。詔脫脫木兒襲脫火赤荊王位，仍命其妃忽剌灰同治兀魯思事。戊午，太白經天。癸亥，發鈔萬五千錠，賑宣德等處地震死傷者。太白經天。甲子、乙丑，復如之。

十二月己巳，享于太廟。歲星退犯天罇。填星犯罰星。甲戌，熒惑犯壘壁陣。太白犯東咸。乙亥，吏部仍設考功郎中、員外郎、主事各一員。庚辰，命阿魯圖襲廣平王爵。壬午，集賢大學士羊歸等言：「太上皇、唐妃影堂在眞定玉華宮，每年宜於正月二十日致祭。」從之。丙戌，命阿速衞探馬赤軍屯田。是月，以馬札兒台爲太保，分樞密院鎮北邊。

是歲，詔賜孝子靳昺碑。伯顏請殺張、王、劉、李、趙五姓漢人，帝不從。徵西域僧加剌麻至京師，號灌頂國師，賜玉印。

四年春正月丙申〔朔〕，以地震，赦天下。詔：「內外廉能官，父母年七十無侍丁者，附近銓注，以便侍養。」以宣政院使不蘭奚年七十致仕，授大司徒，給全俸終身。癸卯，太白犯建星。甲辰，復如之。丙午，太〔白〕〔陰〕犯五車。〔一〇〕辛亥，太陰犯軒轅。己未，填星犯東咸。江浙海運糧數不足，撥江西、河南五十萬石補之。庚申，太陰入南斗。太白犯牛宿。辛酉，分命宗王乃馬歹爲知行樞密院事。〔一一〕癸亥，印造鈔本百二十萬錠。是月，詔修曲阜孔子廟。

二月丁卯，罷河南、〔江西〕江浙、湖廣〔江西〕、四川等處行樞密院。〔一二〕戊辰，祭社稷。庚午，車駕獵於柳林。戊寅，太陰犯軒轅。己卯，太陰犯靈臺。乙酉，奉聖州地震。是月，賑京師、河南、北被水災者。龍興路南昌州饑，〔一三〕以江西海運糧賑糶之。

三月戊申，填星退犯東咸。辛酉，命中書平章政事阿吉剌監修至正條格。告祭南郊。以國王朵兒只爲遼陽行省左丞相，宗王玉里不花爲知樞密院事，賜鈔一千錠、金一錠、銀十錠。

夏四月辛未，京師天雨紅沙，晝晦。以探馬赤、只兒瓦歹爲中書平章政事。癸酉，以脫脫爲御史大夫。乙亥，命阿吉剌爲奎章大學士兼知經筵事。己卯，車駕時巡上都。河南執棒胡至京師，誅之。癸巳，車駕薄暮至八里塘，雨雹，大如拳，其狀有小兒、環玦、獅、象、龜、卵之形。

五月乙未〔朔〕，立五臺山等處巡檢司。庚戌，升兩淮屯田打捕總管府爲正三品。甲寅，贈湖廣行省平章政事燕赤推誠翊戴安邊制勝功臣、太傅、開府儀同三司、上柱國，追封永平王，謚忠襄。辛酉，詔：「土番宣慰司軍士，許令乘馬，執兵器。」湖廣行省元領新化洞、古州、潭溪、龍里、洪州諸洞三百餘處，洞民六萬餘戶，分隸靖州，立敘南、橫江巡檢司。是月，命佛家閭爲考功郎中，喬林爲考功員外郎，魏宗道爲考功主事，考較天下郡縣官屬功過。命阿剌吉復爲中書平章政事。彰德獻瑞麥，一莖三穗。臨沂、費縣水，發米三萬石賑糶之。

六月庚午，廣東廉訪司僉事恩莫綽言：「處決重囚，宜命五府官斟酌地理遠近，預選官分行各道，比到秋分時畢事。」從之。辛巳，袁州民周子旺反，僭稱周王，僞改年號，尋擒獲，伏誅。填星退犯鍵閉。壬午，立重慶路墊江縣。己丑，邵武路大雨，水入城郭，平地二丈。

是月，信州路靈山裂。漳州路南勝縣民李志甫反，圍漳城，守將搠思監與戰，失利。詔江浙行省平章別不花，總浙閩、江西、廣東軍討之。

秋七月壬寅，詔以伯顏有功，立生祠於涿州、汴梁。己酉，奉聖州地大震，損壞人民廬舍。丙辰，鞏昌府山崩，壓死人民。戊午，爲伯顏立打捕鷹房諸色人戶總管府。

八月癸亥朔，日有食之。戊辰，祭社稷。己巳，申取高麗女子及閹人之禁。贈伯顏察兒守誠佐治安惠世美功臣、太師、開府儀同三司、上柱國，追封奉元王，謚忠宣。辛未，宣德府地大震。癸酉，山東鹽運司於濟南歷城立濱洛鹽倉東西二場。丙子，京師地震，日二三次，至乙酉乃止。丁丑，白虹貫天。癸未，改宣德府爲順寧府，奉聖州爲保安州。贈太保曲出推忠翊運保寧一德功臣、太師、開府儀同三司、上柱國，追封廣陽王，謚忠惠。贈平章伯帖木兒宣忠濟美協誠正德功臣、太傅、開府儀同三司、上柱國，追封文安王，謚忠憲。甲申，雲南老告土官八那遣姪那賽齎象馬來朝，爲立老告軍民總管府。是月，車駕還自上都。

閏八月戊戌，日赤如赭。己亥，復如之。填星犯罰星。太陰犯斗宿。壬寅，日赤如赭。庚戌，太陰犯(斗)〔昴〕宿。〔一四〕乙卯，太陰犯鬼宿。

九月丙寅，太陰犯斗宿。戊辰，太白犯東咸。癸酉，奔星如盃大，色白，起自右旗之下，西南行，沒於近濁。甲申，太陰犯軒轅。乙酉，太陰犯靈臺。庚寅，日赤如赭。太白犯斗宿。

冬十月辛卯〔朔〕，享于太廟。辛亥，太陰犯酒旗。

十一月丙寅，改英宗殿名昭融。丁卯，立紹熙府軍民宣撫都總使司，命御史大夫脫脫兼都總使，治書侍御史吉當普爲副都總使，世襲其職。本府元領六州、二十縣、一百五十二鎮，國初，以其地荒而廢之，至是居民二十餘萬，故立府治之。(乙)〔己〕巳，〔一五〕命平章政事孛羅領太常禮儀院使。熒惑犯氐宿。丁丑，太陰犯鬼宿。戊寅，太(陰)〔白〕犯壘壁陣。〔一六〕壬午，四川散毛洞蠻反，遣使賑被寇人民。

十二月甲午，大都南城等處設米鋪二十，每鋪日糶米五十石，以濟貧民，俟秋成乃罷。戊戌，立邦牙等處宣慰司都元帥府并總管府。先是，世祖既定緬地，以其處雲南極邊，就立其酋長爲帥，令三年一入貢，至是來貢，故立官府。庚子，熒惑犯房宿。壬寅，以宣徽使別兒怯不花爲御史大夫。癸卯，太白經天。己酉，復如之。庚戌，加荊王脫脫木兒元德上輔廣忠宣義正節振武佐運功臣之號。太白經天。辛亥，復如之。壬子，熒惑犯東咸。乙卯，太白犯外屏。太陰犯斗宿。丙辰，太白經天。

校勘記

〔一〕王(德懋)〔懋德〕　據本書卷一一三宰相年表及山左金石志卷二三琅琊郡公王氏先德碑改。新元史已校。

〔二〕(湖馬)〔馬湖〕路　據本書卷六〇地理志改。類編已校。

〔三〕太陰犯壘壁陣　按是日月黃經一一八度半，壘壁陣黃經三一〇度半至三三七度半，不合。本書卷四九天文志作「太陰犯鬼宿積尸氣」，積尸氣黃經一一八度，合。「壘壁陣」誤，當作「鬼宿積尸氣」。

〔四〕(己)〔乙〕丑　按是月壬寅朔，無己丑日。此「己丑」在癸亥二十二日後，爲乙丑二十四日之誤，今改。道光本已校。

〔五〕太(白)〔陰〕犯斗宿　本書卷四九天文志作「太陰犯斗宿魁第二星」，據改。按是日斗宿魁第二星黃經二六六度半，第五星二七五度半，金星黃經一九〇度半，不合；月黃經二七七度半，合。

〔六〕辛(亥)〔酉〕太陰犯軒轅　本書卷四九天文志作「辛酉，太陰犯軒轅大星」，據改。按是月軒轅大星一黃經一〇三度半，軒轅大星四黃經一二八度半，辛亥十四日月黃經二度，不合，辛酉二十四日月黃經一二四度，合。

〔七〕命江浙行省丞相搠思監提調海運　按本書卷二〇五本傳，搠思監至元三年拜江浙行中書省參知政事，同年受命督海運。蒙史改「丞相」爲「參政」，疑是。

〔八〕太(白)〔陰〕犯五車　本書卷四九天文志作「太陰犯五車東南星」，據改。按是日五車東南星黃經六七度，金星黃經二一七度，不合；月黃經七一度半，近。

〔九〕太(白)〔陰〕犯鬼宿　本書卷四九天文志作「太陰犯鬼宿西北星」，據改。按是日鬼宿西北星黃經一一五度，金星黃經二二〇度，不合；月黃經一一三度半，合。

〔一〇〕太(白)〔陰〕犯五車　本書卷四九天文志作「太陰犯五車東南星」，據改。按是日五車東南星黃經六七度，金星黃經二七九度，不合；月黃經七四度，近。

〔一一〕宗王乃馬歹　蒙史云：「乃蠻台，木合黎五世孫也。本傳稱後至元三年襲國王，考朵兒只傳則云四年，與紀異。此本異姓之王，舊紀誤稱爲宗王。」

〔一二〕罷河南(江西)江浙湖廣〔江西〕四川等處行樞密院　按本書卷九二百官志有「至元三年，伯顏右丞相奏准於四川及湖廣、江西之境及江浙，凡三處，各置行樞密院」，上文至元三年九月己酉條有「立四川、湖廣江西、江浙行樞密院」。湖廣、江西實爲一處行樞密院所轄，此處行文倒舛，今改正。

〔一三〕龍興路南昌州饑　本證云「按地理志，州當作縣」。

〔一四〕太陰犯(斗)〔昴〕宿　本書卷四九天文志作「太陰犯昴宿第二星」，據改。按是日月黃經五一度，斗宿一黃經二七〇度，不合；昴宿二黃經五〇度，合。

〔一五〕(乙)〔己〕巳　按是月辛酉朔，無乙巳日。此「乙巳」在丁卯初七日、丁丑十七日間，爲己巳初九日之誤。今改。道光本已校。

〔一六〕太(陰)〔白〕犯壘壁陣　本書卷四九天文志作「太白犯壘壁陣西第六星」，據改。按是日壘壁陣西第六星黃經三二六度，月黃經一三一度半，不合；金星黃經三二五度半，合。

元史卷四十

本紀第四十

順帝三

五年春正月癸亥，禁濫予僧人名爵。庚午，太陰犯井宿。乙亥，熒惑犯天江。濮州鄄城、范縣饑，賑鈔二千一百八十錠。冀寧路交城等縣饑，賑米七千石。桓州饑，賑鈔二千錠。雲需府饑，賑鈔五千錠。開平縣饑，賑米兩月。興和寶昌等處饑，賑鈔萬五千錠。

二月庚寅〔朔〕，信州雨土。甲午，太陰犯昴宿。戊戌，祭社稷。庚子，免廣海添辦鹽課萬五千引，止辦元額。壬寅，太陰犯靈臺。

三月辛酉，八魯剌思千戶所民被災，遣太禧宗禋院斷事官塔海發米賑之。戊辰，灤河住冬怯憐口民饑，每戶賑糧一石、鈔二十兩。

夏四月辛卯，革興州興安縣。癸巳，立伯顏南口過街塔二碑。乙未，加封孝女曹娥爲

慧感靈孝昭順純懿夫人。壬寅，太陰犯日星及房宿。己酉，申漢人、南人、高麗人不得執軍器、弓矢之禁。是月，車駕時巡上都。

五月己未朔，晃火兒不剌、賽禿不剌、紐阿迭烈孫、三卜剌等處六愛馬大風雪，民饑，發米賑之。庚午，太陰犯心宿。壬申，太陰犯斗宿。丙子，太白犯昴宿。丙戌，加封瀏陽州道吾山龍神崇惠昭應靈顯廣濟侯。

六月壬寅，月食。甲辰，熒惑退入南斗。庚戌，汀州路長汀縣大水，平地深可三丈餘，沒民廬八百家，壞民田二百頃，戶賑鈔半錠，死者一錠。乙卯，達達民饑，賑糧三月。是月，沂、莒二州民饑，發糧賑糶之。

秋七月辛酉、壬戌，熒惑犯南斗。甲子，熒惑犯南斗。太陰犯房宿。甲戌，太白經天。丙子，開上都、興和等處酒禁。丁丑，封皇姊月魯公主爲昌國大長公主。戊寅，太白經天。詔：「諸王位下官毋入常選。」甲申，常州宜興山水出，勢高一丈，壞民廬。乙酉，太白經天。丙戌，太白復經天。

八月丁亥〔朔〕，車駕至自上都。戊子，太白經天。祭社稷。己丑，太白復經天。庚寅，宗王脫歡脫木爾各愛馬人民饑，以鈔三萬四千九百錠賑之。宗王脫憐渾禿各愛馬人民饑，以鈔萬一千三百五十七錠賑之。太白經天。辛卯，太白復經天。甲午，太陰犯斗宿。丁

酉，太白犯軒轅。戊戌、己亥，太白經天。壬寅至甲辰，太白復經天。乙巳，太陰犯昴宿。

九月丁巳，潘陽饑，民食木皮，賑糶米一千石。戊午，太白經天。己未，太白復經天。

冬十月辛卯，享于太廟。壬辰，禁倡優盛服，許男子裹青巾，婦女服紫衣，不許戴笠、乘馬。甲午，詔命伯顏爲大丞相，加元德上輔功臣之號，賜七寶玉書龍虎金符。[一]己亥，熒惑犯壘壁陣。是月，衡州饑，賑糶米五千石。遼陽饑，賑米五百石。文登、牟平二縣饑，賑糶米一萬石。

十一月丁巳，熒惑犯壘壁陣。禁宰殺。戊辰，開封杞縣人范孟反，僞傳帝旨，殺河南行省平章政事月祿帖木兒、左丞刼烈、廉訪使完者不花等，已而捕誅之。癸酉，瑞州路新昌州雨木冰，至明年二月始解。是月，八番順元等處饑，賑鈔二萬二十錠。

十二月辛卯，復立都水庸田使司于平江。先是嘗置而罷，至是復立。甲午，太陰犯昴宿。癸卯，熒惑犯外屏。

是歲，敕賜曲阜宣聖廟碑。工部廳梁上出芝草，一本七莖。袁州饑，賑糶米五千石。膠、密、莒、濰等州饑，賑鈔二萬錠。

六年春正月丁卯，太陰犯鬼宿。甲戌，立司禋監，奉太祖、太宗、睿宗三朝御容於石佛

寺。乙亥，太陰犯房宿。戊寅，追封闊兒吉思宣誠戡難翊運致美功臣、太師、開府儀同三司、上柱國，追封晉寧王，謚忠襄。是月，察忽、察罕腦兒等處馬災，賑鈔六千八百五十八錠。邳州饑，賑米兩月。

二月甲申朔，詔權止今年印鈔。戊子，祭社稷。己丑，太陰犯昴宿。丙申，太陰犯太微垣。己亥，黜中書大丞相伯顏爲河南行省左丞相，詔曰：「朕踐位以來，命伯顏爲太師、秦王、中書大丞相，而伯顏不能安分，專權自恣，欺朕年幼，輕視太皇太后及朕弟燕帖古思，變亂祖宗成憲，虐害天下。加以極刑，允合輿論。朕念先朝之故，尚存憫恤，今命伯顏出爲河南行省左丞相。所有元領諸衛親軍幷怯薛丹人等，詔書到時，卽許散還。」以太保馬札兒台爲太師、中書右丞相，太尉塔失海牙爲太傅，知樞密院事塔馬赤爲太保，御史大夫脫脫爲知樞密院事，汪家奴爲中書平章政事，嶺北行省平章政事也先帖木兒爲御史大夫。增設京城米鋪，從便賑糶。壬寅，詔：「除知樞密院事脫脫之外，諸王侯不得懸帶弓箭、環刀輒入內府。」癸卯，太陰犯心宿。乙巳，罷各處船戶提舉、廣東採珠提舉二司。丁未，太陰犯羅堰。立延徽寺，以奉寧宗祀事。罷司禋監。罷通州、河西務等處抽分按利房，大都東裏山查提領所。戊申，熒惑犯月星。己酉，彗星如房星大，色白，狀如粉絮，尾跡約長五寸餘。彗指西南，漸向西北行。是月，福寧州大水，溺死人民。京畿五州十一縣水，每戶賑米兩月。

三月甲寅〔朔〕，漳州義士陳君用襲殺反賊李志甫，授君用同知漳州路總管府事。乙卯，益都、般陽等處饑，賑之。丙辰，赦漳、潮二州民爲李志甫、劉虎仔脅從之罪，褒贈軍將死事者。丁巳，大斡耳朵思風雪爲災，馬多死，以鈔八萬錠賑之。癸亥，四怯薛役戶饑，賑米一千石、鈔二千錠。成宗潛邸四怯薛戶饑，賑米二百石、鈔二百錠。以知樞密院事脫脫、御史大夫別兒怯不花、知樞密院事牙不花知經筵事，中書參議阿魯佛住兼經筵官。太陰犯軒轅。丁卯，詔賜江南行臺御史中丞史惟良、御史中丞耿煥、山東廉訪使張友諒、中書參知政事許有壬上尊、束帛。庚午，太陰犯房宿。辛未，詔徙伯顏於南恩州陽春縣安置。壬申，太陰犯南斗。丁丑，以治書侍御史遂識帖睦邇爲奎章閣大學士，翰林直學士揭傒斯爲奎章閣供奉學士。戊寅，太白犯月星。辛巳，彗星〔不〕見，自二月己酉至三月庚辰，凡〔見〕三十二日。[二]是月，淮安路山陽縣饑，賑鈔二千五百錠，給糧兩月。順德路邢臺縣饑，賑鈔三千錠。

夏四月己丑，享于太廟。庚寅，詔大天(元延壽)〔源延聖〕寺立明宗神御殿碑。[三]以同知樞密院事鐵木兒塔識爲中書右丞。丙午，詔封馬札兒台爲忠王及加答剌罕之號，馬札兒台辭。

五月癸丑〔朔〕，禁民間藏軍器。乙卯，監察御史普魯台言：「右丞相馬札兒台辭答剌罕

及王爵名號，宜示天下，以勸廉讓。」從之。己未，詔以党兀巴太子擒賊阿答理胡，歿於王事，追封涼王，謚忠烈。漳州龍巖縣尉黃佐才獲李志甫餘黨鄭子箕。佐才因與賊戰，妻子四十餘口皆遇害，以佐才爲龍巖縣尹。丁卯，太陰犯斗宿。辛未，降鈔萬錠，給守衞宮闕內外門禁唐兀、左、右阿速、貴赤、阿兒渾、欽察等衞軍。丙子，車駕時巡上都。置月祭各影堂香於大明殿，遇行禮時，令省臣就殿迎香祭之。以宦者伯不花爲長寧寺卿。是月，濟南饑，賑鈔萬錠。

六月丙申，詔撤文宗廟主，徙太皇太后不答失里東安州安置，放太子燕帖古思於高麗，其略曰：

昔我皇祖武宗皇帝昇遐之後，祖母太皇太后惑於憸慝，俾皇考明宗皇帝出封雲南。英宗遇害，正統寖偏，我皇考以武宗之嫡，逃居朔漠，宗王大臣同心翊戴，肇啓大事，于時以地近，先迎文宗，暫總機務。繼知天理人倫之攸當，假讓位之名，以寶璽來上，皇考推誠不疑，卽授以皇太子寶。文宗稔惡不悛，當躬迓之際，乃與其臣月魯不花、也里牙、明里董阿等謀爲不軌，使我皇考飲恨上賓。歸而再御宸極，思欲自解於天下，乃謂夫何數日之間，宮車弗駕。海內聞之，靡不切齒。

又私圖傳子，乃搆邪言，嫁禍於八不沙皇后，謂朕非明宗之子，遂俾出居遐陬。祖

宗大業，幾於不繼。內懷愧慊，則殺也里牙以杜口。上天不祐，隨降殛罰。叔嬸不答失里，怙其勢燄，不立明考之冢嗣，而立孺稚之弟懿璘質班，奄復不年，諸王大臣以賢以長，扶朕踐位。國之大政，屬不自遂者，詎能枚舉。

每念治必本於盡孝，事莫先於正名，賴天之靈，權奸屏黜，盡孝正名，不容復緩，永惟鞠育罔極之恩，忍忘不共戴天之義。既往之罪，不可勝誅，其命太常徹去脫脫木兒在廟之主。不答失里本朕之嬸，乃陰構奸臣，弗體朕意，僭膺太皇太后之號，迹其閨門之禍，離間骨肉，罪惡尤重，揆之大義，削去鴻名，徙東安州安置。燕帖古思昔雖幼沖，理難同處，朕終不陷於覆轍，專務殘酷，惟放諸高麗。當時賊臣月魯不花、也里牙已死，其以明里董阿等明正典刑。

監察御史崔敬言燕帖古思不宜放逐，不報。己亥，秦州成紀縣山崩地坼。癸卯，太白晝見。己酉，太白復晝見。辛亥，太白晝見，夜犯歲星。是月，濟南路歷城縣饑，賑鈔二千五百錠。

秋七月甲寅，太白晝見。詔封微子爲仁靖公，箕子爲仁獻公，比干加封爲仁顯忠烈公。乙卯，奉元路盩厔縣河水溢，漂流人民。丁巳，太白晝見。戊午，以星文示異，地道失寧，蝗旱相仍，頒罪己詔於天下。享于太廟。己未，以亦憐眞班爲御史大夫。庚申，太陰犯心宿。壬戌至癸亥，太白晝見。甲子，太陰犯羅堰。乙丑至丙寅，太白復晝見。丁卯，燕帖古思薨，

詔以鈔一百錠備物祭之。癸酉，太白晝見。戊寅，命翰林學士承旨腆哈、奎章閣學士(巎巎)〔巙巙〕等刪修大元通制。〔四〕庚辰，達達之地大風雪，羊馬皆死，賑軍士鈔一百萬錠，并遣使賑怯烈干十三站，〔五〕每站一千錠。是月，禁色目人勿妻其叔母。

八月壬午〔朔〕，以也先帖木兒爲御史大夫。戊子，祭社稷。是月，車駕至自上都。

九月辛亥〔朔〕，明里董阿伏誅。癸丑，加封漢張飛武義忠顯英烈靈惠助順王。辛酉，太(白)〔陰〕犯虛梁。〔六〕丙寅，詔：「今後有罪者，毋籍其妻女以配人。」丁卯，太陰犯昴宿。熒惑犯歲星。甲戌，太陰犯軒轅。

冬十月甲申，奉玉冊、玉寶尊皇考爲順天立道睿文智武大聖孝皇帝，親祼太室。庚寅，奉符、長清、元城、清平四縣饑，詔遣制國用司官驗而賑之。辛卯，各愛馬人不許與常選。壬辰，立曹南王阿剌罕、淮安王伯顏、河南王阿术祠堂。丁酉，太白入南斗。己亥，太白犯斗宿。壬寅，馬札兒台辭右丞相職，仍爲太師。以脫脫爲中書右丞相，宗正札魯忽赤鐵木兒不花爲中書左丞相。是月，河南府宜陽等縣大水，漂沒民廬，溺死者衆，人給殯葬鈔一錠，仍賑義倉糧兩月。

十一月甲寅，監察御史世圖爾言，宜禁答失蠻、回回、主吾人等叔伯爲婚姻。乙卯，太陰犯虛梁。以親祼大禮慶成，御大明殿受羣臣朝。戊午，熒惑犯氐宿。甲子，月食。辰星犯東咸。辛未，以孔克堅襲封衍聖公。戊寅，辰星犯天(曆)〔江〕。〔七〕是月，處州、婺州饑，以常平、義倉糧賑之。

十二月，復科舉取士制。國子監積分生員，三年一次，依科舉例入會試，中者取一十八名。癸未，太陰犯虛梁。乙酉，太陰犯土公。丁亥，熒惑犯鉤鈐。戊子，罷天曆以後增設太禧宗禋等院及奎章閣。乙未，熒惑犯東咸。戊戌，太陰犯明堂。是月，東平路民饑，賑之。寶慶路大雪，深四尺五寸。

至正元年春正月己酉朔，改元，詔曰：

朕惟帝王之道，德莫大於克孝，治莫大於得賢。朕早歷多難，入紹大統，仰思祖宗付託之重，戰兢惕勵，于兹八年。慨念皇考，久勞于外，甫卽大命，四海觖望，夙夜追慕，不忘于懷。乃以至元六年十月初四日，奉玉册、玉寶，追上皇考曰順天立道睿文智武大聖孝皇帝，被服衮冕，祼于太室，式展孝誠。十有一月六日，勉徇大禮慶成之請，御大明殿受羣臣朝。

爰自去春，疇咨于衆，以知樞密院事馬札兒台爲太師、右丞相，以正百官，以親萬民。尋卽控辭，養疾私第，再三諭旨，勉令就位，自春徂秋，其請益固。朕憫其勞日久，

察其至誠，不忍煩之以政，俾解機務，仍爲太師。而知樞密院事脫脫，早歲輔朕，克著忠貞，乃命爲中書右丞相；宗正札魯忽赤帖木兒不花，嘗歷政府，嘉績著聞，爲中書左丞相，並錄軍國重事。夫三公論道，以輔予德，二相總政，以弼予治，其以至元七年爲至正元年，與天下更始。

甲寅，熒惑犯天江。丁巳，享于太廟。庚申，太陰犯井宿。癸亥，詔天壽節禁屠宰六日。辛未，太陰犯心宿。癸酉，太陰犯斗宿。甲戌，太白晝見，凡四日。是月，命脫脫領經筵事。命永明寺寫金字經一藏。免天下稅糧五分。湖南諸路饑，賑糶米十八萬九千七十六石。

二月戊寅〔朔〕，祭社稷。己卯，太白晝見。庚辰，太白復晝見。辛巳，立廣福庫，罷藏珍等庫。乙酉，濟南濱州霑化等縣饑，以鈔五萬三千錠賑之。丙戌，太白晝見。癸巳，太陰犯明堂。乙未，加封皇姊不答昔你明惠貞懿大長公主。是月，大都寶坻縣饑，賑米兩月。河間莫州、滄州等處饑，賑鈔三萬五千錠。晉州饒陽，阜平，安喜，靈壽四縣饑，賑鈔二萬錠。印造至元鈔九十九萬錠、中統鈔一萬錠。

三月庚戌，罷兩淮屯田手號打捕軍役，令屬本所領之。癸丑，命屯儲衞軍於河南芍陂、洪澤、德安三處屯種。甲寅，給還帖木兒不花宣讓王印，鎭淮西。己未，汴梁地震。大都路涿州范陽、房山饑，賑鈔四千錠。丙子，以行省平章政事燕帖木兒就佩虎符，提調屯田。是

月，般陽路長山等縣饑，賑鈔萬錠。彰德路安陽等縣饑，賑鈔萬五千錠。

夏四月丁丑〔朔〕，道州土賊蔣丙等反，破江華縣，掠明遠縣。〔八〕戊寅，彰德有赤風自西北起，晝晦如夜。甲申，享于太廟。丁亥，臨賀縣民被徭寇鈔掠，發義倉糧賑之。庚寅，帝幸護聖寺。命中書右丞鐵木兒塔識爲平章政事，阿魯爲右丞，許有壬爲左丞。癸巳，立富昌庫，隸資正院。復立衛候司。丁酉，以兩浙水災，免歲辦餘鹽三萬引。己亥，立吏部司績官。庚子，復封太師馬札兒台爲忠王。罷灤州河西務。彰德饑，賑鈔萬五千錠。是月，車駕時巡上都。

五月戊申，以崇文監屬翰林國史院。己未，罷河西務行用庫。壬戌，月食。是月，賑阿剌忽等處被災之民三千九百一十三戶，給鈔二萬一千七百五錠。

閏五月丁丑〔朔〕，改封徽州土神汪華爲昭忠廣仁武烈靈顯王。甲午，賞賜扈從明宗諸王官屬八百七人金、銀、鈔、幣各有差。壬寅，詔刻宣文、至正二寶。

六月戊午，禁高麗及諸處民以親子爲宦者，因避賦役。戊辰，改奎章閣爲宣文閣。庚午，太陰犯井宿。是月，揚州路崇明、通、泰等州，海潮湧溢，溺死一千六百餘人，賑鈔萬一千八百二十錠。

秋七月己卯，享于太廟。乙酉，太陰犯壝星。庚寅，太陰犯雲雨。

八月戊申，祭社稷。是月，車駕至自上都。

九月庚辰，太陰犯建星。壬午，賜文臣燕於拱辰堂。己丑，冀寧路嘉禾生，異畝同穎。壬辰，太陰犯鉞星，又犯井宿。壬寅，許有壬進講明仁殿，帝悅，賜酒宣文閣中，仍賜貂裘、金織紋幣。

冬十月丁未，享于太廟。己酉，封阿沙不花順寧王，昔寶赤寒食順國公。甲寅，中書省臣奏：「海運不給，宜令江浙行省於中政院財賦府撥賜諸人寺觀田糧，總運二百六十萬石。」從之。乙卯，歲星犯氐宿。丁巳，太陰犯月星。戊午，月食既。

十一月丙子，道州路賊何仁甫等反。戊寅，彰德屬縣各添設縣尉一員。庚辰，分吏部、禮部、兵部、刑部爲二庫，戶部、工部爲二庫，各設管勾一員。己亥，太陰犯東(井)〔咸〕。〔九〕庚子，太陰犯天江。徭賊寇邊，詔湖廣行省平章政事鞏卜班總兵討平之，定賞有差。

十二月乙卯，詔：「民年八十以上，蒙古人賜繒帛二表裏，其餘州縣，旌以高年耆德之名，免其家雜役。」丁巳，太白犯壘壁陣。己未，立四川安岳縣。增設嘉興等處鹽倉。壬戌，雲南車里寒賽、刀等反，〔一〇〕詔雲南行省平章政事脫脫木兒討平之。癸亥，以在庫至元、中統鈔二百八十二萬二千四百八十八錠可支二年，住造明年鈔本。詔革王伯顏察兒等所獻檀、景等處產金地土。山東、燕南强盜縱橫，至三百餘處，選官捕之。復立拱儀局。己巳，以翰林學士承旨張起巖知經筵事。是月，復立司禋監。加封眞定路滹沱河神爲昭佑靈源侯。

二年春正月丁丑，享于太廟。丙戌，開京師金口河，深五十尺，廣一百五十尺，役夫一十萬。戊子，太陰犯明堂。癸巳，遣翰林學士三保等代祀五嶽四瀆。甲午，熒惑犯月星。是月，大同饑，人相食，運京師糧賑之。順寧保安饑，賑鈔一萬錠。廣平磁、威州饑，賑鈔五萬錠。降咸平府爲縣。升懿州爲路，以大寧路所轄興中、義州屬懿州。

二月壬寅〔朔〕，頒農桑輯要。戊申，祭社稷。乙卯，李沙的僞造御寶聖旨，稱樞密院都事，伏誅。己巳，織造明宗御容。是月，彰德路安陽、臨漳等縣饑，賑鈔二萬錠。大同路渾源州饑，以鈔六萬二千錠、糧二萬石兼賑之。大名路饑，以鈔萬二千錠賑之。河間路饑，以鈔五萬錠賑之。

三月戊寅，親試進士七十八人，賜拜住、陳祖仁及第，其餘出身有差。辛巳，冀寧路饑，賑糶米三萬石。戊子，太陰犯房宿。是月，順德路平鄉縣饑，賑鈔萬五千錠。衞輝路饑，賑鈔萬五千錠。杭州路火災，給鈔萬錠賑之。

夏四月辛丑〔朔〕，冀寧路平晉縣地震，聲鳴如雷，裂地尺餘，民居皆傾。乙巳，享于太廟。己酉，罷雲南蒙慶宣慰司。庚申，太陰犯羅堰。是月，車駕時巡上都。

五月甲申，太白經天。丁亥，以江浙行省平章政事只而瓦台爲河南行省平章政事。東平雨雹如馬首。

六月戊申，命江浙撥賜僧道田還官徵糧，以備軍儲。壬子，濟南山崩，水湧。乙丑，罷邦牙宣慰司。是月，汾水大溢。

秋七月庚午〔朔〕，惠州路羅浮山崩。辛未，享于太廟。乙未，太陰掩太白。丁酉，太白晝見。己亥，慶遠路莫八聚衆反，攻陷南丹、左右兩江等處，命脫脫赤顏討平之。立司獄司於上都，比大都兵馬司。是月，拂郎國貢異馬，長一丈一尺三寸，高六尺四寸，身純黑，後二蹄皆白。

八月庚子朔，日有食之。〔一一〕癸卯，罷上都事產提舉司。丙午，太白晝見。戊申，祭社稷。是月，冀寧路饑，賑糶米萬五千石。

九月己巳〔朔〕，詔遣湖廣行省平章政事鞏卜班領河南、江浙、湖廣諸軍討道州賊，平之，復平嵠峒堡寨二百餘處。辛未，車駕至自上都。丁丑，太陰犯羅堰。京城强賊四起。戊子，太陰犯井宿。是月，歸德府睢陽縣因黃河爲患，民饑，賑糶米萬三千五百石。

冬十月己亥朔，日有食之。癸卯，太陰犯建星。陝西行省平章政事朶朶辭職侍親，不允。丁未，享于太廟。甲寅，太陰犯天關。壬戌，詔遣官致祭孔子于曲阜。罷織染提舉司。

甲子，杭州、嘉興、紹興、溫州、台州等路各立檢校批驗鹽引所。權免兩浙額鹽十萬引，福建餘鹽三萬引。

十一月甲申，詔免雲南明年差稅。辛卯，歲星、熒惑、太白聚於尾宿。

十二月壬寅，申服色之禁。丙午，命中書右丞太平、樞密副使姚庸、御史中丞張起巖知經筵事。己酉，京師地震。辛亥，封晃火帖木兒之子徹里帖木兒爲撫寧王。丙辰，賜雲南行省參知政事不老三珠虎符，以兵討死可伐。癸亥，阿魯、禿滿等以謀害宰臣，圖爲叛逆，伏誅。

校勘記

〔一〕龍虎金符　按陶宗儀輟耕錄卷二「權臣擅政」條作「龍鳳牌」。新元史改「虎」爲「鳳」，疑是。

〔二〕辛巳彗星(不)〔見〕見自二月己酉至三月庚辰凡(見)三十二日　據本書卷四九天文志補。按此次彗星之見，自二月己酉至三月庚辰凡三十二日，紀、志所載相同，日數不誤。辛巳爲庚辰之次日，志書「不見」是。

〔三〕大天(元延壽)〔源延聖〕寺　見卷三〇校勘記〔四〕。

〔四〕(嚶嚶)〔嚶嚶〕　見卷三四校勘記〔一〕。

〔五〕怯烈干十三站　按本書卷五八地理志及經世大典站赤，元於嶺北行省立帖里干、木憐、納憐等

三道驛站共一百一十九處。「帖里干」之名本書屢見，有「鐵里干」、「鐵烈干」、「帖烈堅」、「帖列干」等異譯。此處「怯烈干」疑爲「帖烈干」之誤。

〔六〕太(白)〔陰〕犯虛梁　本書卷四九天文志作「太陰犯虛梁北第一星」，據改。按是日虛梁黃經三〇三度至三四〇度，金星黃經二四四度，不合；月黃經三三一度半，合。

〔七〕辰星犯天(罡)〔江〕　本書卷四九天文志作「辰星犯天江北第一星」，據改。按是日天江四黃經二五三度，水星黃經二五四度，合。「罡」誤。

〔八〕掠明遠縣　元無「明遠」縣。按本書卷六三地理志，道州路屬縣有營道、寧遠、江華、永明，此處「明遠」疑係「寧遠」或「永明、寧遠」之誤。

〔九〕太陰犯東(井)〔咸〕　本書卷四九天文志作「太陰犯東咸南第一星」，據改。按是日月黃經二三五度半，井宿黃經八五度至九〇度，不合；東咸南第一星黃經二三八度，合。

〔一〇〕雲南車里寨賽刀等反　按本書卷二九泰定帝紀泰定元年十月己巳條有「(塞)〔寒〕賽子尼面雁、搆木子刁零出降」。此處「寨賽」下之「刀」字另指一人，其下當有脫文。

〔一一〕八月庚子朔日有食之　按是日當公曆一三四二年九月一日，合朔不入食限，無日食。是年四月辛丑朔，當公曆一三四二年五月五日，十九時四十分合朔，日有偏食。此處繫八月，誤。

元史卷四十一

本紀第四十一

順帝四

三年春正月丙子，中書左丞許有壬辭職。丁丑，享于太廟。乙酉，中書平章政事納麟辭職。庚寅，沙汰怯薛丹名數。

二月戊戌，祭社稷。甲辰，太陰犯井宿。填星犯牛宿。熒惑犯羅堰。丁未，立四川省檢校官。遼陽吾者野人叛。乙卯，太陰犯氐宿。是月，汴梁路新鄭、密二縣地震。寶慶路饑，判官文殊奴以所受敕牒貸官糧萬石賑之。秦州成紀縣，鞏昌府寧遠、伏羌縣山崩，水涌，溺死人無算。

三月壬申，造鹿頂殿。監察御史成遵等言：「可用終場下第舉人充學正、山長，國學生會試不中者，與終場舉人同。」戊寅，詔：「作新風憲。在內之官有不法者，監察御史劾之；在

外之官有不法者，行臺監察御史劾之。歲以八月終出巡，次年四月中還司。」壬午，太陰犯氐宿。是月，詔修遼、金、宋三史，以中書右丞相脫脫爲都總裁官，中書平章政事鐵木兒塔識、中書右丞太平、御史中丞張起巖、翰林學士歐陽玄、侍御史呂思誠、翰林侍講學士揭傒斯爲總裁官。

夏四月丙申朔，日有食之。乙巳，享于太廟。是月，兩都桑果葉皆生黃色龍文。車駕時巡上都。

五月，河決白茅口。

六月壬子，命經筵官月進講者三。是月，回回剌里五百餘人渡河寇掠解、吉、隰等州。中書戶部以國用不足，請撙節浮費。

秋七月丁卯，享于太廟。戊辰，修大都城。戊寅，立永昌等處宣慰司。〔一〕庚辰，太白犯右執法。是月，興國路大旱。河南自四月至是月，霖雨不止。戶部復言撙節錢糧。

八月甲午朔，晉寧路臨汾縣獻嘉禾，一莖有八穗者。命朶思麻同知宣慰司事鎖兒哈等討四川上蓬瑣吃賊。戊戌，祭社稷。山東有賊焚掠兗州。是月，車駕還自上都。

九月甲子，湖廣行省平章政事鞏卜班擒道州、賀州猺賊首唐大二、蔣仁五至京，誅之。其黨蔣丙，自號順天王，攻破連、桂二州。甲申，修理太廟，遣官告祭，奉遷神主於後殿。

冬十月乙未，增立巡防捕盜所於永昌。丁酉，告祭太廟，奉安神主。戊戌，帝將祀南郊，告祭太廟。至寧宗室，問曰：「朕，寧宗兄也，當拜否？」太常博士劉聞對曰：「寧宗雖弟，其爲帝時，陛下爲之臣。春秋時，魯閔公弟也，僖公兄也，閔公先爲君，宗廟之祭，未聞僖公不拜。陛下當拜。」帝乃拜。丁未，月食。己酉，帝親祀上帝于南郊，以太祖配。癸丑，命僉樞密院事韓元善爲中書參知政事，中書參議買朮丁同知宣徽院事。己未，以郊祀禮成，詔大赦天下，文官普減一資，武官陞散官一等，蠲民間田租五分，賜高年帛。以湖廣行省平章政事鞏卜班爲宣徽院使，行樞密院知院剌剌爲翰林學士承旨。

十一月辛未，享于太廟。

十二月丙申，詔寫金字藏經。丁未，以別兒怯不花爲中書左丞相。是月，膠州及屬邑高密地震。河南等處民饑，賑糶麥十萬石。

是歲，詔立常平倉，罷民間食鹽。徵遺逸脫因、伯顏、張瑾、杜本。本辭不至。

四年春正月辛未，享于太廟。辛巳，詔：「定守令黜陟之法，六事備者陞一等，四事備者減一資，三事備者平遷，六事俱不備者降一等。」庚寅，河決曹州，雇夫萬五千八百修築之。是月，河又決汴梁。

二月戊戌，祭社稷。辛丑，四川行省立惠民藥局。是月，中書右丞太平陞平章政事。

閏月辛酉朔，永平、澧州等路饑，賑之。乙亥，月食。

三月丁酉，復立武功縣。壬寅，特授八禿麻朶兒只征東行省左丞相，嗣高麗國王。癸丑，以河南行省平章政事納麟爲中書平章政事，集賢大學士姚庸爲中書左丞。

夏四月丁亥，復立廣樣局。是月，車駕時巡上都。

五月乙未，右丞相脫脫辭職，不許。甲辰，許之，以阿魯圖爲中書右丞相。乙巳，封脫脫爲鄭王，食邑安豐，賜金印及海青、文豹等物，俱辭不受。是月，大霖雨，黃河溢，平地水二丈，決白茅堤、金堤，曹、濮、濟、兗皆被災。

六月戊辰，鞏昌隴西縣饑，每戶貸常平倉粟三斗，俟年豐還官。己巳，賜脫脫松江田，爲立松江等處稻田提領所。

秋七月戊子朔，溫州颶風大作，海水溢，地震。益都瀕海鹽徒郭火你赤作亂。己丑，享于太廟。是月，灤河水溢。

八月戊午，祭社稷。丁卯，山東霖雨，民饑相食，賑之。丙戌，賜脫脫金十錠、銀五十錠、鈔萬錠、幣帛二百匹，辭不受。是月，陝西行省立惠民藥局。莒州蒙陰縣地震。郭火你赤上太行，由陵川入壺關，至廣平，殺兵馬指揮，復還益都。車駕還自上都。

九月丁亥朔，日有食之。丙午，命太平提調都水監。辛亥，以南臺治書侍御史秦從德爲江浙行省參知政事，提調海運。癸丑，命御史大夫也先帖木兒、平章政事鐵木兒塔識知經筵事，右丞達識帖睦邇提調宣文閣、知經筵事。

冬十月乙酉，議修黃河、淮河堤堰。

十一月丁亥朔，以各郡縣民饑，不許抑配食鹽。復令民入粟補官，以備賑濟。戊子，禁內外官民宴會不得用珠花。己亥，保定路饑，以鈔八萬錠、糧萬石賑之。戊申，河南民饑，禁酒。

十二月己未，四川廉訪司建言：「廣元等五路，廣安等三府，永寧等兩宣撫司，請依內郡設置推官一員。」從之。壬戌，太陰犯外屏。癸亥，漢陽地震。戊寅，猺賊寇靖州。是月，東平地震。禁淫祠。賑東昌、濟南、般陽、慶元、撫州饑民。

是歲，徭賊寇潯州，同知府事保童率民兵擊走之。

五年春正月辛卯，享于太廟。是月，薊州地震。

二月戊午，祭社稷。

三月辛卯，帝親試進士七十有八人，賜普顏不花、張士堅進士及第，其餘賜出身有差。

是月，以陳思謙參議中書省事。先是思謙建言：「所在盜起，蓋由歲饑民貧，宜大發倉廩賑之，以收人心，仍分布重兵鎮撫中夏。」不聽。大都、永平、鞏昌、興國、安陸等處并桃溫萬戶府各翼人民饑，賑之。

夏四月丁卯，大都流民，官給路糧，遣其還鄉。是月，汴梁、濟南、邠州、瑞州等處民饑，賑之。募富戶出米五十石以上者，旌以義士之號。車駕時巡上都。

五月己丑，詔以軍士所掠雲南子女一千一百人放還鄉里，仍給其行糧，不願歸者聽。丁未，河間轉運司竈戶被水災，詔權免餘鹽二萬引，俟年豐補還官。

六月，廬州張順興出米五百餘石賑饑，旌其門。

秋七月丁亥，河決濟陰。己丑，享于太廟。丙午，命也先帖木兒、鐵木兒塔識並爲御史大夫。詔作新風紀。

八月戊午，祭社稷。是月，車駕還自上都。

九月(壬午)〔辛巳朔〕，日有食之。〔三〕戊戌，開酒禁。辛丑，以中書右丞達識帖睦邇爲翰林學士承旨，中書參知政事搠思監爲右丞，資政院使朶兒直班爲中書參知政事。是月，革罷奧魯。

冬十月壬子，以中書平章政事太平爲御史大夫。乙卯，享于太廟。辛酉，命奉使宣撫巡行天下，詔曰：

朕自踐祚以來，至今十有餘年，託身億兆之上，端居九重之中，耳目所及，豈能周知。故雖夙夜憂勤，覲安黎庶，而和氣未臻，災眚時作，聲教未洽，風俗未淳，吏弊未祛，民瘼滋甚。豈承宣之寄，糾劾之司，奉行有所未至歟？若稽先朝成憲，遣官分道奉使宣撫，布朕德意，詢民疾苦，疏滌冤滯，蠲除煩苛。體察官吏賢否，明加黜陟，有罪者，四品以上停職申請，五品以下就便處決。民間一切興利除害之事，悉聽舉行。

命江西行省左丞忽都不丁、吏部尚書何執禮巡兩浙江東道，前雲南行省右丞散散、將作院使王士弘巡江西福建道，大都路達魯花赤拔實、江浙行省參知政事秦從德巡江南湖廣道，吏部尚書定僧、宣政僉院魏景道巡河南江北道，資政院使蠻子、兵部尚書李獻巡燕南山東道，兵部尚書不花、樞密院判官靳義巡河東陝西道，宣政院同知伯家奴、宣徽僉院王也速迭兒巡山北遼東道，荊湖北道宣慰使阿乞剌、兩淮運使杜德遠巡雲南省，上都留守阿牙赤、陝西行省左丞王紳巡甘肅永昌道，大都留守答爾麻失里、河南行省參知政事王守誠巡四川省，前西臺中丞定定、集賢侍講學士蘇天爵巡京畿道，平江路達魯花赤左答納失里、都水監賈惟貞巡海北海南廣東道。黃河泛溢。辛未，遼、金、宋三史成，右丞相阿魯圖進之，帝曰：「史既成書，前人善者，朕當取以爲法，惡者取以爲戒，然豈止激勸爲君者，爲臣者亦當知

之。卿等其體朕心，以前代善惡爲勉。」己卯，監察御史不答失里請罷造作不急之務。是月，以呂思誠爲中書參知政事。

十一月甲午，至正條格成。奉元路陳望叔僞稱燕帖古思太子，伏誅。

十二月丁巳，詔定薦舉守令法。

是歲，宣徽院使篤憐鐵穆邇知樞密院事，馮思溫爲御史中丞。

六年春二月庚戌朔，日有食之。辛未，興國雨雹，大者如馬首。是月，山東地震，七日乃止。

三月辛未，〔三〕盜扼李（開）〔海〕務之閘河，〔四〕刼商旅船。兩淮運使宋文瓚言：「世皇開會通河千有餘里，歲運米至京者五百萬石。今騎賊不過四十人，刼船三百艘而莫能捕，恐運道阻塞，乞選能臣率壯勇千騎捕之。」不聽。戊申，京畿盜起，范陽縣請增設縣尉及巡警兵，從之。山東盜起，詔中書參知政事鎖南班至東平鎮遏。八番龍宜來進馬。

夏四月壬子，遼陽爲捕海東青煩擾，吾者野人及水達達皆叛。癸丑，以長吉爲皇太子宮傅官。頒至正條格於天下。甲寅，以中書參知政事呂思誠爲左丞。乙卯，享于太廟。丁卯，車駕時巡上都。發米二十萬石賑糶貧民。萬戶買住等討吾者野人遇害，詔恤其家。以

中書左丞呂思誠知經筵事。命左右二司、六部吏屬於午後講習經史。

五月壬午，陝西饑，禁酒。象州盜起。江西田賦提舉司擾民，罷之。丁亥，盜竊太廟神主。遣火兒忽答討吾者野人。丁酉，以黃河決，立河南山東都水監。

六月己酉，汀州連城縣民羅天麟、陳積萬叛，陷長汀縣，福建元帥府經歷眞寶、萬戶廉和尚等討之。丁巳，詔以雲南賊死可伐盜據一方，侵奪路甸，命亦禿渾爲雲南行省平章政事討之。

秋七月己卯，享于太廟。丙戌，以遼陽吾者野人等未靖，命太保伯撒里爲遼陽行省左丞相鎮之。丁亥，降詔招諭死可伐。散毛洞蠻覃全在叛，招降之，以爲散毛誓厓等處軍民宣撫使，置官屬，給宣敕、虎符，設立驛鋪。癸巳，詔選怯薛官爲路、府、縣達魯花赤。〔五〕丙申，以朶兒直班爲中書右丞，答兒麻爲參知政事。壬寅，以御史大夫亦憐眞班等知經筵事。甲辰，京畿奉使宣撫定定奏言御史撒八兒等罪，杖黜之。時諸道奉使，皆與臺憲互相掩蔽，惟定定與湖廣道拔實糾舉無避。

八月丙午〔朔〕，命江浙行省右丞忽都不花、江西行省右丞禿魯統軍合討羅天麟。戊申，祭社稷。是月，車駕還自上都。

九月乙酉，克復長汀。戊子，邵武地震，有聲如鼓，至夜復鳴。

冬十月，思、靖猺寇犯武岡，詔湖廣省臣及湖南宣慰元帥完者帖木兒討之，俘斬數百級，猺賊敗走。

閏月乙亥〔朔〕，詔赦天下，免差稅三分，水旱之地全免。靖州猺賊吳天保陷黔陽。癸未，汀州賊徒羅德用殺首賊羅天麟、陳積萬，以首級送官，餘黨悉平。

十二月丁丑，省臣改擬明宗母壽童皇后徽號曰莊獻嗣聖皇后。己卯，改立山東東西道宣慰使司都元帥府，開設屯田，駐軍馬。甲申，詔復立大護國仁王寺昭應宮財用規運總管府，凡貸民間錢二十六萬餘錠。辛卯，有司以賞賚汎濫，奏請恩賜必先經省、臺、院定擬。甲午，設立（海）海剌禿屯田二處。〔六〕詔：「犯贓罪之人，常選不用。」復立八百宣慰司，以土官韓部襲其父爵。辛丑，以吉剌班爲太尉，開府，置僚屬。壬寅，山東、河南盜起，遣左、右阿速衛指揮不兒國等討之。

是歲，黃河決。尚書李絅請躬祀郊廟，近正人，遠邪佞，以崇陽抑陰，不聽。

七年春正月甲辰朔，日有食之。大寒而風，朝官仆者數人。己酉，享于太廟。壬子，命中書左丞相別兒怯不花爲右丞相，尋辭職。丁巳，復立東路都蒙古軍都元帥府。庚申，雲南老丫等蠻來降，立老丫耿凍路軍民總管府。丙寅，以廣西宣慰使章伯顏討猺、獠有功，陞

湖廣行省左丞。詔以怯薛丹支給浩繁，除累朝定額外，悉罷之。

二月甲戌朔，興聖宮作佛事，賜鈔二千錠。己卯，山東地震，壞城郭，棣州有聲如雷。河南、山東盜蔓延濟寧、滕、邳、徐州等處。庚辰，以中書參知政事鎭南班爲中書右丞，道童爲中書參知政事。丙戌，以宦者伯帖木兒爲司徒。是月，徭賊吳天保寇沅州。以阿吉剌爲知樞密院事，整治軍務。

三月甲辰，中書省臣言：「世祖之朝，省、臺、院奏事，給事中專掌之，以授國史纂修。近年廢弛，恐萬世之後，一代成功無從稽考，乞復舊制。」從之。乙巳，遣使銓選雲南官員。修光天殿。庚戌，試國子監，會食弟子員，選補路府及各衞學正。戊午，詔編六條政類。庚申，監察御史王士點劾集賢大學士吳直方躐進官階，奪其宣命。乙丑，雲南王孛羅來獻死可伐之捷。壬申，遣使修上都大乾元寺。命有司定弔賻諸王、公主、駙馬禮儀之數。

夏四月乙亥，命江浙省臣講究役法。己卯，享于太廟。辛巳，遣達本、賀方使于占城。以通政院使朵郎吉兒爲遼陽行省參知政事，討吾者野人。己丑，發米二十萬石賑糶貧民。以翰林學士承旨定住爲中書右丞。庚寅，復命別兒怯不花爲中書右丞相，以中書平章政事鐵木兒塔識爲左丞相。臨淸、廣平、灤河等處盜起，遣兵捕之。通州盜起，監察御史言：「通州密邇京城，而盜賊蜂起，宜增兵討之，以杜其源。」不聽。是月，河東大旱，民多饑死，遣使

賑之。車駕時巡上都。

五月庚戌，徭賊吳天保陷武岡路，詔遣湖廣行省右丞沙班統軍討之。乙丑，右丞相別兒怯不花，以調燮失宜，災異迭見，罷，詔以太保就第。是月，臨淄地震，七日乃止。

六月，詔免太師馬札兒台官，安置西寧州，其子脫脫請與父俱行。以御史大夫太平爲中書平章政事。彰德路大饑，民相食。

秋七月甲寅，召隱士完者圖、執禮哈琅爲翰林待制，張樞、董立爲翰林修撰，李孝光爲著作郎。張樞不至。丙辰，太陰犯壘壁陣。丁巳，以江南行臺大夫納麟爲御史大夫。是月，徭賊吳天保復寇沅州，陷溆浦、辰(漢)〔溪〕縣，〔七〕所在焚掠無遺。徙馬札兒台於甘肅，以別兒怯不花之譖也。

九月癸卯，八憐內哈剌那海、禿魯和伯賊起，斷嶺北驛道。甲辰，遼陽霜早傷禾，賑濟驛戶。戊申，車駕還自上都。癸丑，上都幹耳朵成，用鈔九千餘錠。甲寅，詔舉材能學業之人，以備侍衞。丁巳，中書左丞相鐵木兒塔識薨。辛酉，以御史大夫朵兒只爲中書左丞相。甲子，集慶路盜起，鎭南王孛羅不花討平之。丁卯，徭寇吳天保復陷武岡，延及寶慶，殺湖廣行省右丞沙班于軍中。

冬十月辛未，享于太廟。丁丑，詔：「左右丞相、平章、樞密知院、御史大夫，得賜玉押字印，餘官不與。」庚辰，詔建木華黎、伯顏祠堂於東平。丙戌，亦憐只答兒反，遣兵討之。辛卯，開東華射圃。戊戌，西番盜起，凡二百餘所，陷哈剌火州，刼供御蒲萄酒，殺使臣。是月，徭賊吳天保復寇沅州，州兵擊走之。

十一月辛丑，監察御史曲曲，以宦者隴普憑藉寵幸，驟陞榮祿大夫，追封三代，田宅踰制，上疏劾之。甲辰，沿江盜起，剽掠無忌，有司莫能禁。兩淮運使宋文瓚上言：「江陰、通、泰，江海之門戶，而鎭江、眞州次之，國初設萬戶府以鎭其地。今戍將非人，致使賊艦往來無常。集慶花山刼賊才三十六人，官軍萬數，不能進討，反爲所敗，後竟假手鹽徒，雖能成功，豈不貽笑！宜亟選知勇，以任兵柄，以圖後功。不然，東南五省租賦之地，恐非國家之有。」不聽。撥山東地土十六萬二千餘頃屬大承天護聖寺。乙巳，中書戶部言：「各處水旱，田禾不收，湖廣、雲南盜賊蜂起，兵費不給，而各位怯薛冗食甚多，乞賜分揀。」帝牽於衆請，令三年後減之。庚戌，太陰犯天廩。懷慶路饑。徭賊吳天保復陷武岡，命湖廣行省平章政事苟爾領兵討之。以河決，命工部尙書迷兒馬哈謨行視金堤。甲寅，徭賊吳天保陷靖州，命威順王寬徹不花、鎭南王孛羅不花及湖廣、江西二省以兵討之。丁巳，命中書平章政事太平爲左丞相，辭，不允。戊午，命河南、山東都府發兵討湖廣洞蠻。己未，以中書省平章政事韓嘉訥爲陝西行臺御史大夫。迤北荒旱缺食，遣使賑濟驛戶。丁卯，海北、湖南徭

賊竊發，〔八〕兩月餘，有司不以聞，詔罪之，并降散官一等。是月，馬札兒台薨，召脫脫還京師。

十二月庚午，以中書左丞相朵兒只爲右丞相，平章政事太平爲左丞相，詔天下。丙子，以連年水旱，民多失業，選臺閣名臣二十六人出爲郡守縣令，仍許民間利害實封呈省。壬午，晉寧、東昌、東平、恩州、高唐等處民饑，賑鈔十四萬錠、米六萬石。丙戌，中書省臣建議，以河南盜賊出入無常，宜分撥達達軍與揚州舊軍於河南水陸關隘戍守，東至徐、邳，北至夾馬營，遇賊掩捕，從之。是月，陝西行御史臺臣劾奏，別兒怯不花乃逆臣之親子，不可居太保之職，不從。

是歲，置中書議事平章四人。隆禧宮三皇后弘吉剌氏木納失里薨。

八年春正月戊戌朔，命也先帖木兒知樞密院事。丁未，享于太廟。辛亥，黃河決，遷濟寧路於濟州。詔：「各官府諳練事務之人，毋得遷調。」詔翰林國史院纂修后妃、功臣列傳，學士承旨張起巖、學士楊宗瑞、侍講學士黃溍爲總裁官，左丞相太平、左丞呂思誠領其事。甲子，木憐等處大雪，羊馬凍死，賑之。是月，詔給銅虎符，以宮尉完者不花、貴赤衞副指揮使壽山監湖廣軍。命湖廣行省右丞禿赤、湖南宣慰都元帥完者帖木兒討莫瑤洞諸蠻，斬首

數百級，其餘二十餘洞，縛其洞首楊鹿五赴京師。

二月癸酉，御史大夫納麟加太尉致仕。乙亥，以北邊沙土苦寒，罷(海)海剌禿屯田。丙子，命太子愛猷識理達臘習讀畏吾兒文字。庚辰，太陰犯軒轅。癸未，太陰犯平道。甲申，命星吉爲江南行臺御史大夫。壬辰，太平言：「孛答、乃禿、忙兀三處屯田，世祖朝以行營舊站撥屬虎賁司，後爲豪有力者所奪，遂失其利。今宜仍前撥還。」從之。是月，以前奉使宣撫賈惟貞稱職，特授永平路總管。會歲饑，惟貞請降鈔四萬餘錠賑之。詔濟寧鄆城立行都水監，以賈魯爲都水。

三月丁酉〔朔〕，詔以束帛旌郡縣守令之廉勤者。遼東鎖火奴反，詐稱大金子孫，水達達路脫脫禾孫唐兀火魯火孫討擒之。壬寅，土番盜起，有司請不拘資級，委官討之。福建盜起，地遠，難於討捕，詔汀、漳二州立分元帥府轄之。癸卯，帝親試進士七十有八人，賜阿魯輝帖木兒、王宗哲進士及第，餘出身有差。己酉，湖廣行省遣使獻石壁洞蠻捷。丙辰，太陰犯建星。己未，遣使詣江浙、江西、湖廣、四川、雲南銓福建、番、廣蠻夷等處官員選。辛酉，遼陽兀顏撥魯歡妄稱大金子孫，受玉帝符文，作亂，官軍討斬之。壬戌，六條政類書成。京畿民饑。徽州路達魯花赤哈剌不花以政績聞，詔賜金帛旌之。是月，徭賊吳天保復寇沅州。

夏四月辛未，河間等路以連年河決，水旱相仍，戶口消耗，乞減鹽額，詔從之。乙亥，帝幸國子學，賜衍聖公銀印，升秩從二品。定弟子員出身及奔喪、省親等法。詔：「守令選立社長，專一勸課農桑。」詔：「京官三品以上，歲舉守令一人，守令到任三月，亦舉一人自代。其玉典赤、拱衞百戶，不得授縣達魯花赤，止授佐貳，久著廉能則用之。」平江、松江水災，給海運糧十萬石賑之。丁丑，遼陽董哈剌作亂，鎮撫欽察討擒之。己卯，海寧州(沭)〔沭〕陽縣等處盜起，〔九〕遣翰林學士禿堅不花討之。是月，享于太廟。車駕時巡上都。命脫脫爲太傅。湖廣章伯顏引兵捕土寇莫萬五、蠻雷等。已而廣西峒賊乘隙入寇，伯顏退走。

五月丁酉朔，大霖雨，京城崩。庚子，廣西山崩，水湧，灕江溢，平地水深二丈餘，屋宇、人畜漂沒。壬子，寶慶大水。丁巳，四川旱，饑，禁酒。

六月丙寅朔，陞徐州爲總管府，以邳、宿、滕、嶧四州隸之。丙戌，立司天臺於上都。是月，山東大水，民饑，賑之。

秋七月丙申朔，日有食之。辛丑，復立五道河屯田。乙巳，享于太廟。旌表大都節婦鞏氏門。戊申，西北邊軍民饑，遣使賑之。壬子，量移竄徙官於近地安置，死者聽歸葬。乙卯，遣使祭曲阜孔子廟。江州路總管劉恒有政績，陞授山東宣慰使。丙辰，以阿剌不花爲大司徒。

八月丙子，太陰犯壘壁陣。己卯，山東雨雹。是月，車駕還自上都。

九月己未，太陰犯靈臺。

冬十月丁亥，廣西蠻掠道州。

十一月辛亥，徭賊吳天保率衆六萬掠全州。

是歲，詔賜高年帛。設分元帥府於沂州，以賈列的爲元帥，備山東寇。台州方國珍爲亂，聚衆海上，命江浙行省參知政事朶兒只班討之。監察御史張楨劾太尉阿乞剌欺罔之罪，又言：「明里董阿、也里牙、月魯不花，皆陛下不共戴天之讎，伯顏賊殺宗室嘉王、郯王一十二口，稽之古法，當伏門誅，而其子、兄弟尙仕于朝，宜急誅竄。別兒怯不花阿附權姦，亦宜遠貶。今災異迭見，盜賊蜂起，海寇敢於要君，閫帥敢於玩寇，若不振舉，恐有唐末藩鎭噬臍之禍。」不聽。監察御史李泌言：「世祖誓不與高麗共事，陛下踐世祖之位，何忍忘世祖之言，乃以高麗奇氏亦位皇后。今災異屢起，河決地震，盜賊滋蔓，皆陰盛陽微之象，乞仍降爲妃，庶幾三辰奠位，災異可息。」不聽。

校勘記

〔一〕立永昌等處宣慰司　按本書卷九一百官志，至正三年七月置永昌等處宣慰使司都元帥府。元

制，宣慰司掌軍民之務，有邊陲軍旅之事，則兼都元帥府。時永昌等地，「達達人口、頭匹時被西番刦奪殺傷」，故有司府設置。此處但載宣慰司而無「都元帥府」，疑脫。

〔二〕九月(壬午)〔辛巳朔〕日有食之　按是年九月辛巳朔，當公曆一三四五年九月二十六日，十九時五十九分合朔，日偏食。此作「壬午」誤，今改。

〔三〕辛未　按是月庚辰朔，無辛未日。此「辛未」誤。

〔四〕盜扼李(開)〔海〕務之閘河　據本書卷六四河渠志改。

〔五〕詔選怯薛官爲路府縣達魯花赤　按元制，地方分置路、府、州、縣，均設達魯花赤總轄政務。蒙史于「府」下補「州」，疑是。

〔六〕(海)海剌禿　據本書卷二九泰定帝紀泰定元年六月庚午、二年閏正月丁卯條刪。蒙語「海剌禿」，義爲「有榆」。新元史已校。下同。

〔七〕辰(漢)〔溪〕縣　據本書卷六三地理志改。道光本已校。

〔八〕海北湖南徭賊竊發　按本年內史不載海北海南道有徭兵反元事，此處所指當係上文所見之吳天保。「海北」疑爲「湖北」之誤。

〔九〕(沭)〔沭〕陽縣　據本書卷五九地理志改。蒙史已校。

元史卷四十二

本紀第四十二

順帝五

九年春正月丁酉，享于太廟。癸卯，立山東河南等處行都水監，專治河患。乙巳，廣西徭賊復陷道州，萬戶鄭均擊走之。丙午，命中書平章政事太不花提調會同館。庚戌，太白犯建星。辛亥，太白犯平道。

二月戊辰，祭社稷。辛巳，太不花辭職，不允。甲申，太陰犯建星。

三月丁酉，壩河淺澀，以軍士、民夫各一萬濬之。己亥，太白犯壘壁陣。己巳，命大司農達識帖睦邇為湖廣行省平章政事。是月，河北潰。陝州麒麟生，不乳而死。〔徭〕賊吳天保復寇沅州。〔一〕

夏四月丁卯，享于太廟。丁丑，以知樞密院事欽察台為中書平章政事。己卯，以燕南廉訪使韓元善為中書左丞。立鎮撫司於直沽海津鎮。壬午，以河間鹽運司水災，住煎鹽三萬引。是月，車駕時巡上都。

五月戊戌，命太傅脫脫提調大斡耳朵內史府。庚子，詔修黃河金堤，民夫日給鈔三貫。辛丑，罷瑞州路上高縣長官司。庚戌，命翰林國史院等官薦舉守令。丙辰，定守令督攝之法，路督攝府，府督攝州，州督攝縣。是月，白茅河東注沛縣，遂成巨浸。蜀江大溢，浸漢陽城，民大饑。

六月丙子，刻小玉印，以「至正珍祕」為文，凡祕書監所掌書畫，皆識之。

秋七月庚寅〔朔〕，監察御史斡勒海壽劾奏殿中侍御史哈麻及其弟雪雪罪惡，御史大夫韓嘉訥以聞，不省，章三上，詔奪哈麻、雪雪官，出海壽為陝西廉訪副使，韓家訥為宣政院使。壬辰，詔命太子愛猷識理達臘習學漢人文書，以李好文為諭德，歸暘為贊善，張沖為文學。李好文等上書辭，不許。賜公主不答昔你平江田五十頃。甲午，以也先帖木兒為御史大夫。乙未，以湖廣行省左丞相亦憐真班知樞密院事。丙午，太陰犯壘壁陣。癸丑，太陰犯天關。甲寅，以柏顏為集賢大學士。乙卯，罷右丞相朵兒只，依前為國王，左丞相太平為翰林學士承旨。是月，大霖雨，水沒高唐州城，江、漢溢，漂沒民居、禾稼。

閏月辛酉，詔脫脫為中書右丞相，仍太傅，韓家訥為江浙行省平章政事。庚午，以也可

扎魯忽赤搠思監為中書右丞，同知樞密院事玉樞虎兒吐華為中書參知政事。辛巳，詔赦湖廣猺賊詿誤者。戊子，命岐王阿剌乞鎮西番。〔二〕

八月甲辰，以集賢大學士柏顏為中書平章政事，河南行省平章政事月魯不花為宣政院使。庚戌，以司徒雅普化提調太史院、知經筵事。是月，車駕還自上都。

九月甲子，凡建言中外利害者，詔委官選其可行之事以聞。丙寅，命平章政事柏顏提調留守司。丙子，中書平章政事定住以疾辭職，不允。辛巳，命知樞密院事亦憐真班提調武備寺。丙戌，熒惑犯靈臺。是月，遣御史中丞李獻代祀河瀆。

冬十月辛卯，享于太廟。丁酉，命皇太子愛猷識理達臘自是日為始入端本堂肄業。命脫脫領端本堂事，司徒雅普化知端本堂事。端本堂虛中座，以俟至尊臨幸，太子與師傅分東西向坐授書，其下僚屬以次列坐。

十一月戊午朔，日有食之。戊辰，太陰犯畢宿。庚辰，太白犯壘壁陣。

十二月戊戌，太白復犯壘壁陣。丁未，徭賊吳天保陷辰州。

是歲，詔汰冗官，均俸祿，賜致仕官及高年帛。漕運使賈魯建言便益二十餘事，從其八事：其一曰京畿和糴，二曰優卹漕司舊領漕戶，三曰接運委官，四曰通州總治豫定委官，五曰船戶困於壩夫、海糧壞於壩戶，六曰疏濬運河，七曰臨清運糧萬戶府當隸漕司，八曰宜以宣忠船戶付本司節制。冀寧平遙等縣曹七七反，命刑部郎中八十、兵馬指揮沙不丁討平之。

十年春正月丙辰朔，以中書右丞搠思監為平章政事，玉樞虎兒吐華為中書右丞。壬戌，立四川容美洞軍民總管府。壬申，太陰犯熒惑。甲戌，隕石棣州，色黑，中微有金星；先有聲自西北來，至州北二十里乃隕。

二月丙戌〔朔〕，詔加封天妃父種德積慶侯，母育聖顯慶夫人。辛丑，太陰犯平道。甲辰，太陰犯鍵閉。

三月己卯，熒惑犯太微垣。是月，奉化州山石裂，有禽鳥、草木、山川、人物之形。

夏四月己丑，左司都事武祺建言更鈔法。丁酉，赦天下，其略曰：「朕纂承洪業，撫臨萬邦，夙夜厲精，靡遑暇逸。比緣倚注失當，治理乖方，是用圖任一相，俾贊萬機。爰命脫脫為中書右丞相，統正百官，允釐庶績，曾未期月，百廢具舉，中外協望，朕甚嘉焉。尚慮軍國之重，民物之繁，政令有未孚，生息有未遂，可赦天下。」丙午，太白犯鬼宿。是月，車駕時巡上都。

六月壬子，星大如月，入北斗，震聲若雷，三日復還。

秋七月辛酉，太陰犯房宿。癸亥，以大護國仁王寺昭應宮財用規運總管府仍屬宣政

中華書局

院。辛未，太白晝見。丁丑，太白復晝見。

八月壬寅，車駕還自上都。

九月癸丑朔，太白晝見。辛酉，祭三皇，如祭孔子禮。先是，歲祀以醫官行事，江西廉訪使文殊訥建言，禮有未備，乃敕工部具祭器，江浙行省造雅樂，太常定儀式，翰林撰樂章，至是用之。壬戌，熒惑犯天江。庚午，命樞密院以軍士五百修築白河堤。壬午，脫脫以吏部選格條目繁多，莫適據依，銓選者得以高下之，請編類爲成書，從之。

冬十月癸巳，歲星犯軒轅。乙未，吏部尚書偰哲篤建言更鈔法，命中書省、御史臺、集賢、翰林兩院之臣集議之。丙申，太陰犯昴宿。辛丑，置諸路寶泉都提舉司於京城。是月，大名、東平、濟南、徐州，各立兵馬指揮司以捕上馬賊。

十一月壬子朔，日有食之。丙辰，以高麗瀋王之孫脫脫不花等爲東宮怯薛官。辛酉，罷遼陽濱海民煎熬野鹽。戊辰，太陰犯鬼宿。己巳，詔天下以中統交鈔壹貫文權銅錢壹千文，準至元寶鈔貳貫，仍鑄至正通寶錢並用，以實鈔法，至元寶鈔通行如故。是月，三星隕于耀州，化爲石，如斧形，削之有屑，擊之有聲。

十二月壬午朔，修大都城。辛卯，以大司農禿魯等兼領都水監，集河防正官議黃河便益事。命前同知樞密院事不顏不花等討廣西猺賊。乙未，太陰犯鬼宿。己酉，方國珍攻

溫州。

是歲，京師麗正門樓上忽有人妄言災禍，鞫問之，自稱薊州人，已而不知所往。

十一年春正月乙卯，享于太廟。丙辰，辰星犯牛宿。庚申，命江浙行省左丞孛羅帖木兒討方國珍。丁卯，蘭陽縣有紅星大如斗，自東南墜西北，其聲如雷。己卯，命搠思監提調大都留守司。

二月庚寅，太陰犯鬼宿。乙未，太陰犯太微。丁酉，太陰犯亢宿。是月，命游皇城，中書省臣諫止之，不聽。立湖南元帥府分府于寶慶路。

三月庚戌〔朔〕，立山東分元帥府于登州。丙辰，親策進士八十三人，賜朶烈圖、文允中進士及第，其餘賜出身有差。壬戌，徵建寧處士彭炳爲端本堂說書，不至。丁卯，太陰犯東咸。戊辰，太陰犯天江。是月，遣使賑湖南、北被寇人民，死者鈔五錠，傷者三錠，燬所居屋者一錠。

夏四月壬午，詔開黃河故道，命賈魯以工部尚書爲總治河防使，發汴梁、大名十三路民十五萬，廬州等戍十八翼軍二萬，自黃陵岡南達白茅，放于黃固、哈只等口，又自黃陵西至陽青村，合于故道，凡二百八十里有奇，仍命中書右丞玉樞虎兒吐華、同知樞密院事黑廝以兵鎮之。冀寧路屬縣多地震，半月乃止。乙酉，享于太廟。詔加封河瀆神爲靈源神祐弘濟王，仍重建河瀆及西海神廟。改永順安撫司爲宣撫司。丁酉，孟州地震。庚子，罷海西遼東道巡防捕盜所，立鎮寧州。辛丑，師壁安撫司土官田驢什用、絡順府土官墨奴什用降，立長官司四、巡檢司七。乙巳，彰德路雨雹，形如斧，傷人畜。是月，罷沂州分元帥府，改立兵馬指揮使司，復分司于膠州。車駕時巡上都。

五月己酉朔，日有食之。辛亥，潁州妖人劉福通爲亂，以紅巾爲號，陷潁州。初，欒城人韓山童祖父，以白蓮會燒香惑衆，謫徙廣平永(平)〔年〕縣。〔三〕至山童，倡言天下大亂，彌勒佛下生，河南及江淮愚民皆翕然信之。福通與杜遵道、羅文素、盛文郁、王顯忠、韓咬兒復鼓妖言，謂山童實宋徽宗八世孫，當爲中國主。福通等殺白馬、黑牛，誓告天地，欲同起兵爲亂，事覺，縣官捕之急，福通遂反。山童就擒，其妻楊氏，其子韓林兒，逃之武安。癸丑，文水縣雨雹。壬申，命同知樞密院事禿赤以兵討劉福通，授以分樞密院印。丙子，命大都至汴梁二十四驛，凡馬一匹助給鈔五錠。

六月，發軍一千，從直沽至通州，疏濬河道。是月，劉福通據朱皐，攻破羅山、眞陽、確山，遂犯舞陽、葉縣等處。江浙左丞孛羅帖木兒爲方國珍所敗。

秋七月丙辰，廣西大水。丁巳，罷四川大奴管勾洞長官司，改立忠孝軍民府。己未，太

陰犯斗宿。壬戌，太(陰)〔白〕犯右執法。〔四〕己巳，太白犯左執法。熒惑入鬼宿。是月，開河功成，乃議塞決河。命大司農達識帖睦邇及江浙行省參知政事樊執敬、浙東廉訪使董守愨同招諭方國珍。

八月丁丑朔，中興地震。戊寅，祭社稷。乙酉，太陰犯天江。丙戌，蕭縣李二及老彭、趙君用攻陷徐州。李二號芝麻李，與其黨亦以燒香聚衆而反。是月，車駕還自上都。蘄州羅田縣人徐貞一，名壽輝，與黃州麻城人鄒普勝等，以妖術陰謀聚衆，遂舉兵爲亂，以紅巾爲號。

九月戊申，以中書平章政事朶兒直班提調宣文閣、知經筵事，平章政事定住提調會同館事。壬子，命御史大夫也先帖木兒知樞密院事，及衞王寬徹哥總率大軍出征河南妖寇，各賜鈔一千錠，從征者賜予有差。乙卯，辰星犯左執法。丁巳，太白犯房宿。壬戌，詔以高麗國王不答失里之弟伯顏帖木兒襲其王封，不答失里之子遂廢。戊辰，太陰犯鬼宿。是月，劉福通陷汝寧府及息州、光州，衆至十萬。徐壽輝陷蘄水縣及黃州路。

冬十月戊寅，熒惑犯太微垣。己卯，享于太廟。辛巳，太陰犯斗宿。癸未，立寶泉提舉司于河南行省及濟南、冀寧等路凡九，江浙、江西、湖廣行省等處凡三。命知樞密院事老章以兵同也先帖木兒討河南妖寇。乙酉，太白犯斗宿。己丑，太白晝見。熒惑犯歲星。辛

卯，太白犯斗宿。立中書分省于濟寧。癸巳，歲星犯右執法。癸卯，以宗王神保克復睢寧、虹縣有功，賜金帶一，從征者賞銀有差。丙午，熒惑犯左執法。是月，天雨黑子于饒州，大如黍菽。徐壽輝據蘄水爲都，國號天完，僭稱皇帝，改元治平，以鄒普勝爲太師。

十一月癸丑，有星孛于婁宿。甲寅，孛星見于胃宿。乙卯、丙辰，亦如之。丁巳，太陰犯壇星。孛星微見于畢宿。黃河堤成，散軍民役夫。庚午，監察御史徹徹帖木兒等言，右丞相脫脫治河功成，宜有異數以旌其勞。甲戌，江西妖人鄧南二作亂，攻瑞州，總管禹蘇福擒斬之。是月，遣使以治河功成告祭河伯。召賈魯還朝，超授榮祿大夫、集賢大學士，賜金繫腰一、銀十錠、鈔千錠、幣帛各二十匹。都水監并有司官有功者三十七員，皆陞遷其職。詔賜脫脫答剌罕之號，俾世襲之，以淮安路爲其食邑。命立河平碑。

十二月丙子朔，太白晝見。丁丑，太白經天。己卯，立河防提舉司，隸行都水監。庚辰，太白經天，是夜，犯壘壁陣。甲申，太陰犯壇星。丙戌，太白復經天，是夜，復犯壘壁陣。以治書侍御史烏古孫良楨爲中書參知政事。辛卯，太白經天。壬辰，復如之。丁酉，太白晝見。太陰犯熒惑。命脫脫於淮安立諸路打捕鷹房民匠錢糧總管府，秩從三品。庚子，太白經天。辰星犯天江。辛丑，太白經天。也先帖木兒復上蔡縣，擒韓咬兒等至京師，誅之。壬寅，太白晝見。

是歲，括馬。

十二年春正月丙午朔，詔印造中統元寶交鈔一百九十萬錠、至元鈔十萬錠。戊申，竹山縣賊陷襄陽路，總管柴肅死之。是日，荊門州亦陷。己酉，時享太廟。庚戌，以宣政院使月魯不花爲中書平章政事。壬子，中書省臣言：「河南、陝西、腹裏諸路，供給繁重，調兵討賊，正當春首耕作之時，恐農民不能安於田畝，守令有失勸課，宜委通曉農事官員，分道巡視，督勒守令，親詣鄉都，省諭農民，依時播種，務要人盡其力，地盡其利。其有曾經盜賊、水患、供給之處，貧民不能自備牛、種者，所在有司給之。仍令總兵官，禁止屯駐軍馬，毋得踏踐，以致農事廢弛。」從之。乙卯，淮東宣慰司添設同知宣慰司事及都事各一員。丙辰，徐壽輝遣僞將丁普郎、徐明遠陷漢陽。丁巳，陷興國府。己未，徐壽輝遣鄒普勝陷武昌，威順王寬徹普化、湖廣行省平章政事和尚棄城走。刑部尚書阿魯收捕山東賊，給敕牒十一道，使分賞有功者。辛酉，徐壽輝僞將曾法興陷安陸府，知府丑驢戰不勝，死之。癸亥，刑部添設尚書、侍郎、郎中、員外郎各一員，五愛馬添設怯剌罕赤二百名。乙丑，太陰犯熒惑。丙寅，以河復故道，大赦天下。己巳，歲星犯右執法。辛未，徐壽輝兵陷沔陽府。壬申，中興路陷，山南宣慰司同知月古輪失領兵出戰，衆潰，宣慰使錦州不花、山南廉訪使卜禮月敦皆遁走。是月，命逯魯曾爲淮東添設元帥，統領兩淮所募鹽丁五千討徐州。拘刷河南、陝西、遼陽三省及上都、大都、腹裏等處漢人馬。命四川行省平章政事月魯帖木兒爲總兵官，與四川行省右丞長吉討興元、金州等處賊；宣政院同知桑哥率領亦都護畏吾兒軍與荊湖北道宣慰使朶兒只班同守襄陽；濟寧兵馬指揮使寶童統領右都衛軍，〔五〕從知樞密院事月闊察兒討徐州。

二月乙亥朔，詔許溪洞蠻猺自新。丁丑，以集賢大學士賈魯爲中書添設左丞。以河南廉訪使哈藍朶兒只爲荊湖北道宣慰使都元帥，守襄陽。癸未，命諸王禿堅領從官百人，馳驛守揚州，賜金一錠、鈔一千錠。命〔西〕寧王牙安沙鎮四川。〔六〕賜鎮南王孛羅不花鈔一萬錠。甲申，鄒平縣馬子昭爲亂，捕斬之。乙酉，徐壽輝兵陷江州，總管李黼死之，遂陷南康路。丙戌，霍州靈石縣地震。徐壽輝兵陷岳州。房州賊陷歸州。戊子，詔：「徐州內外羣聚之衆，限二十日，不分首從，並與赦原。」置安東、安豐分元帥府。己丑，游皇城。庚寅，太陰犯太微垣。癸巳，太陰犯氐宿。辛丑，鄧州賊王權、張椿陷澧州，龍鎮衛指揮使俺都剌哈蠻等帥師復之。〔七〕褒贈伏節死義宣徽使帖木兒等二十七人。壬寅，以御史大夫納麟爲江南行臺御史大夫，仍太尉。命翰林學士承旨八剌與諸王孛蘭奚領軍守大名。癸卯，命中書平章政事月魯不花知經筵事，左丞賈魯、參知政事帖理帖木兒、烏古孫良楨並同知經筵事。

是月，賊侵滑、濬，命德住爲河南右丞，守東明。德住時致仕于家，聞命，馳至東明，浚城隍，嚴備禦，賊不敢犯。徐壽輝僞將歐〔普〕祥陷袁州。〔八〕命帖理帖木兒以中書參知政事分省濟寧。

三月乙巳朔，追封太師、忠王馬扎兒台爲德王。丁未，徐壽輝僞將許甲攻衡州，洞官黃安撫敗之。徐壽輝僞將陶九陷瑞州，總管禹蘇福、萬戶張岳敗之。壬子，河南左丞相太不花克復南陽等處。癸丑，中書省臣請行納粟補官之令：「凡各處士庶，果能爲國宣力，自備糧米供給軍儲者，照依定擬地方實授常選流官，依例陞轉、封廕；及已除茶鹽錢穀官有能再備錢糧供給軍儲者，驗見授品級，改授常流。」從之。戊午，太陰犯進賢。辛酉，命親王阿兒廝以兵討商州等處賊。以鞏卜班知行樞密院事。壬戌，太陰犯東咸。甲子，徐壽輝僞將項普略陷饒州路，遂陷徽州、信州。四川未附生蠻向亞甲洞主墨得什用出降，立盤順府。丁卯，江南行臺御史大夫帖木哥乞致仕，不允，以爲甘肅行省平章政事。以出征馬少，出幣帛各一十萬匹，於迤北萬戶、千戶所易馬。戊辰，太白晝見。詔：「南人有才學者，依世祖舊制，中書省、樞密院、御史臺皆用之。」中書省臣言：「張理獻言，饒州德興三處，膽水浸鐵，可以成銅，宜卽其地各立銅冶場，直隸寶泉提舉司，宜以張理就爲銅冶場官。」從之。以江浙行省左丞相亦憐眞班爲江西行省左丞相，領兵收捕饒、信賊。庚午，詔：「隨朝一品職事及省、臺、院、六部、翰林、集賢、司農、太常、宣政、宣徽、中政、資正、國子、祕書、崇文、都水諸正官，各舉循良材幹、智勇兼全、堪充守令者二人。知人多者，不限員數。各處試用守令，並授兼管義兵防禦諸軍奧魯勸農事，所在上司不許擅差。守令既已優陞，其佐貳官員，比依入廣例，量陞二等。任滿，驗守令全治者，與眞授；不治者，全削二等，依本等敍；半治者，減一等敍。雜職人員，其有知勇之士，並依上例。凡除常選官於殘破郡縣及迫近賊境之處，陞四等；稍近賊境，陞二等。」是月，方國珍復刼其黨下海，入黃巖港，台州路達魯花赤泰不花率官軍與戰，死之。隴西地震百餘日，城郭頹夷，陵谷遷變，定西、會州、靜寧、莊浪尤甚。會州公宇中牆崩，獲弩五百餘張，長者丈餘，短者九尺，人莫能挽。改定西爲安定州，會州爲會寧州。詔定軍民官不守城池之罪。

閏三月辛巳，以台州路達魯花赤泰不花爲江浙行省參知政事，行台州路事，命下，泰不花已死。壬午，以大理宣慰使答失八都魯爲四川行省添設參知政事，與本省平章政事咬住討山南、湖廣等處賊。乙酉，徐壽輝僞將陳普文陷(安吉)〔吉安〕路，〔九〕鄉民羅明遠起義兵復之。命工部尚書朶來、兵部侍郎馬某火者，分詣上都、察罕腦兒、集寧等處，給散出征河南達達軍口糧。立淮南江北等處行中書省，治揚州，轄揚州、高郵、淮安、滁州、和州、廬州、安豐、安慶、蘄州、黃州。壬辰，以大都留守兀忽失爲江浙行省添設右丞，討饒、信賊。丙

申，阿速愛馬里納忽台擒滑州、開州賊韓兀奴罕有功，授資用庫大使。丁酉，湖廣行省參知政事鐵傑，以湖南兵復岳州。戊戌，詔淮南行省設官二十五員，以翰林學士承旨晃火兒不花、湖廣平章政事失列門並爲平章政事，淮東元帥蠻子爲右丞，燕南廉訪使秦從德爲左丞，陝西行臺侍御史答失禿、山北廉訪使趙璉並爲參知政事。庚子，以樞密副使悟良哈台爲中書添設參知政事、同知經筵事。辛丑，命淮南行省平章政事晃火兒不花提調鎭南王傅事。是月，詔四川行省平章政事咬住以兵東討荆襄賊，克復忠、萬、夔、雲陽等州。命江西行省左丞相亦憐眞班以兵守江東、西關隘。命諸王亦憐眞班、愛因班，參知政事也先帖木兒與陝西行省平章政事月魯帖木兒討南陽、襄陽賊，刑部尚書阿魯討海寧賊，江西行省右丞火你赤與參知政事朶䚟討江西賊。〔一〇〕以浙東宣慰使恩寧普代江浙行省左丞左答納失里守蕪湖。命江西行省右丞兀忽失、江浙行省左丞老老與星吉、不顏帖木兒、蠻子海牙同討饒、信等處賊。方國珍不受招安之命，命江浙左丞左答納失里討之。命典瑞院給淮南行省銀字圓牌三面、驛券五十道。詔江西行省左丞相亦憐眞班、淮南行省平章政事晃火兒不花、江浙行省左丞左答納失里、湖廣行省平章政事也先帖木兒、四川行省平章政事八失忽都及江南行臺御史大夫納麟與江浙行省官，並以便宜行事。也先帖木兒駐軍沙河，軍中夜驚，軍潰，退屯朱仙鎭。詔以中書平章政事蠻子代總其兵，也先帖木兒還京師，仍命爲御史大夫。

夏四月癸卯朔，日有食之。江西臨川賊鄧忠陷建昌路。己酉，時享太廟。甲寅，以御史大夫搠思監爲中書平章政事，提調留守司。乙卯，鐵傑及萬戶陶夢禎復武昌、漢陽，尋再陷。丙辰，江西宜黃賊塗佑與邵武建寧賊應必達等攻陷邵武路，總管吳按攤不花以兵討之，千戶魏淳以計擒塗佑、應必達，復其城。辛酉，翰林學士承旨渾都海牙乞致仕，不允，以爲中書平章政事。四川行省參知政事桑哥失里復渠州。甲子，翰林學士承旨歐陽玄以湖廣行省右丞致仕，錫玉帶及鈔一百錠，給全俸終其身。戊辰，諸王禿堅帖木兒、平章政事也先帖木兒討和州有功，各賜金繫腰幷鈔一千錠。辛未，荆門知州聶炳復荆門州。平章政事忽都海牙年老有疾，詔免其朝賀。是月，大駕時巡上都。永懷縣賊陷桂陽。〔一一〕咬住復歸州，進攻峽州，與峽州總管趙余褫大破賊兵，誅賊將李太素等，遂平之。詔天下完城郭，築隄防。命亦都護月魯帖木兒領畏吾兒軍馬，同豫王阿剌忒納失里、知樞密院事老章討襄陽、南陽、鄧州賊。陝西行臺監察御史蒙古魯海牙、范文等糾言也先帖木兒喪師辱國，乞明正其罪，詔不允。左遷西臺御史大夫朶爾直班爲湖廣行省平章政事，蒙古魯海牙十二人爲各路添設佐貳官。

五月癸酉朔，太白犯鎭星。戊寅，命龍虎山張嗣德爲三十九代天師，給印章。海道萬戶李世安建言權停夏運，從之。命江南行臺御史大夫納麟給宣敕與台州民陳子由、楊恕

卿、趙士正、戴甲，令其集民丁夾攻方國珍。己卯，咬住復中興路。庚辰，監察御史徹徹帖木兒等言：「河南諸處羣盜，輒引亡宋故號以爲口實。宜以瀛國公子和尚趙完普及親屬徙沙州安置，禁勿與人交通。」從之。罷茁兒栅等處金銀場課。癸未，建昌民戴良起鄉兵克復建昌路。乙酉，命留守帖木哥與諸王朶兒只守口北龍慶州。是月，答失八都魯至荆門，增募兵，趨襄陽，與賊戰，大敗克之。命左答納失里仍守蕪湖險隘。

六月丙午，中書省臣言，大名路開、滑、濬三州，元城十一縣水旱蟲蝗，饑民七十一萬六千九百八十口，給鈔十萬錠賑之。戊申，命治書侍御史杜秉彝、中書參議李稷並兼經筵官。辛亥，太白犯井宿。河南行省左丞匝納祿、參知政事王也速迭兒，並以失誤軍需，左遷添設淮西宣慰使，隨軍供給。命河南行省平章政事禿魯、參知政事李獻供給汝寧軍需。丁巳，賜中書參知政事悟良哈台珠衣幷帽。乙丑，宣讓王帖木兒不花、諸王乞塔歹、曲憐帖木兒及淮南廉訪使班祝兒並平賊有功，賜金繫腰、銀、鈔有差。紹慶宣慰使楊延禮不花遙授湖廣左丞，楊伯顏卜花爲紹慶宣慰使，換文資，楊城爲沿邊溪洞招討使兼征行萬戶，回賜先所拘收牌面。丙寅，紅巾周伯顏陷道州。修太廟西神門。

秋七月丁丑，時享太廟。庚辰，饒、徽賊犯昱嶺關，陷杭州路。辛巳，命通政院使答兒麻失里與樞密副使禿堅不花討徐州賊，給敕牒三十道以賞功。己丑，湘鄉賊陷寶慶路。庚

寅，以殺獲西番首賊功，錫岐王阿剌乞巴鈔一千錠，邠王嵬厘、諸王班的失監、平章政事鎖南班各金繫腰一。以征西元帥斡羅爲章佩添設少監，討徐州。脫脫請親出師討徐州，詔許之。辛卯，命脫脫台爲行樞密院使，〔一三〕提調二十萬戶，賜金繫腰一、銀鈔幣帛有差。丁酉，辰星犯靈臺。以杜秉彝爲中書添設參知政事。湖南元帥副使小云失海牙、總管兀顏思忠復寶慶路。是月，徐壽輝僞將王善、康壽四、江二蠻等陷福安、寧德等縣。

八月癸卯，命中書參知政事帖理帖木爾、淮南行省右丞蠻子供給脫脫行軍一應所需。方國珍率其衆攻台州城，浙東元帥也忒迷失、福建元帥黑的兒擊退之。甲辰，以同知樞密院事哈麻爲中書添設右丞。齊王失列門獻馬一萬五千匹于京師。賜脫脫金三錠，銀三十錠，鈔一萬錠，幣、帛各一千匹。丁未，日本國白高麗賊過海剽掠，身稱島居民，高麗國王伯顏帖木兒調兵勦捕之，賜金繫腰一、鈔二千錠。己酉，命知樞密院事咬咬、中書平章政事搠思監、也可扎魯忽赤福壽，並從脫脫出師征徐州，錫金繫腰及銀、鈔、幣、帛有差。翰林學士承旨闊怯鎖過五投下百姓，賜金繫腰一。壬子，以扎撒溫孫爲河南行省右丞，偰哲篤爲淮南行省左丞，各賜鈔五十錠。丙辰，以禿思迷失爲淮南行省平章政事。丁巳，命中書平章政事普化知經筵事。脫脫將出師，六部尚書密邇麻和謨等上言：「大臣天子之股肱，中書庶政之根本，不可以一日離。乞詔留賢相，弼亮天工，如此則內外有兼治之宜，社稷有倚重之

寄。」不報。脫脫言，皇后斡耳朵思支用不敷，自今爲始，每年宜給金一十錠、銀五十錠。以同知樞密院事雪雪出軍南陽，同知樞密院事禿赤出軍河南，皆有功，各進階榮祿大夫。中書右丞哈麻進階榮祿大夫。庚申，命哈麻等提調各怯薛、各愛馬口糧。丁卯，太白犯歲星。詔：「脫脫以答剌罕、太傅、中書右丞相分省于外，督制諸處軍馬，討徐州。中書省、樞密院、御史臺分官屬從行，稟受節制，爵賞有功，誅殺有罪，綏順討逆，悉聽便宜從事。」是日，發京師。是月，大駕還大都。安陸賊將俞君正復陷荊門州，知州聶炳死之。賊將党仲達復陷岳州。

九月乙亥，俞君正復陷中興，咬住領兵與戰於樓臺，敗績，奔松滋，本路判官上都死之。己卯，監察御史及河南分御史臺、行樞密院、河南廉訪司、鞏昌總帥府、陝西都府、義兵萬戶府等官，交章言御史大夫也先帖木兒出征河南功績。庚辰，賜也先帖木兒金繫腰一、金一錠、銀一十錠、鈔五千錠、幣帛各一百匹。癸未，中興義士范忠，偕荊門僧李智率義兵復中興路，俞君正敗走，龍鎮衛指揮使俺都剌哈蠻領兵入城，咬住自松滋還，屯兵于石馬。乙酉，脫脫至徐州。丁亥，命知行樞密院事阿剌吉從脫脫討徐州，賜金繫腰一，金一錠，銀五錠，鈔、幣有差。辛卯，脫脫復徐州，屠其城，芝麻李等遁走。壬辰，太陰犯軒轅。戊戌，賜哈麻鈔三百錠買玉帶。己亥，賊攻辰州，達魯花赤和尚擊走之。庚子，詔加脫脫爲太

師，班師還京。

冬十月丁未，時享太廟。庚戌，知樞密院事老章進階金紫光祿大夫。命平章定住、右丞哈麻同知經筵事。癸丑，命和糴粟豆五十萬石于遼陽。甲寅，拜知行樞密院事阿乞剌爲太尉、淮南行省平章政事。戊午，太陰犯鬼宿。甲子，太陰犯歲星。乙丑，太陰犯亢宿。

十一月辛未，命江浙行省平章政事慶童收捕常州賊。乙亥，以星吉爲江西行省平章政事，出師湖廣。丙子，中書省臣請爲脫脫立徐州平寇碑及加封王爵。癸未，命江浙行省（右）〔左〕丞帖理帖木兒總兵討方國珍。〔一四〕己丑，以脫脫平徐功，錫金一十錠、銀一百錠、鈔五萬錠、幣帛各三千匹，上表辭，從之。庚寅，太陰犯太微垣。

十二月壬寅，荅失八都魯復襄陽。辛亥，詔以杭、常、湖、信、廣德諸路皆克復，赦詿誤者，蠲其夏稅、秋糧，命有司撫恤其民。辛酉，以湖廣行省參知政事卜顏不花、右丞阿兒灰討徭賊，復湖南潭、岳等處有功，〔一五〕卜顏不花陞散階從一品，阿兒灰陞正二品。癸未，〔一六〕脫脫言：「京畿近地水利，召募江南人耕種，歲可得粟麥百萬餘石，不煩海運而京師足食。」帝曰：「此事有利於國家，其議行之。」

是歲，海運不通。立都水庸田使司于汴梁，掌種植之事。潁州沈丘人察罕帖木兒與信陽州羅山人李思齊同起義兵，破賊有功，授察罕帖木兒中順大夫、汝寧府達魯花赤，李思齊

知汝寧府。

校勘記

〔一〕（徭）賊吳天保　從北監本補。

〔二〕阿剌乞　按下文至正十二年七月庚寅條作「阿剌乞巴」，疑此處脫「巴」字。

〔三〕謫徙廣平永（平）〔年〕縣　按本書卷五八地理志，廣平路有永年縣，無「永平縣」。明史卷一二二韓林兒傳云「謫徙永年」，據改。

〔四〕太（陰）〔白〕犯右執法　據本書卷四九天文志改。按是日右執法黃經一七六度半，月黃經三一七度半，不合。金星黃經一七六度，合。

〔五〕右都衛軍　按「右都威衛軍」本書多見，蒙史補「威」字，疑是。

〔六〕命（西）寧王牙安沙鎮四川　據下文至正十三年十二月丁巳條及本書卷一四四卜顏帖木兒傳所見「西寧王牙罕沙」補。蒙史已校。

〔七〕龍鎮衛指揮使　按本書卷八六百官志有「隆鎮衛」，此處「龍」當作「隆」。下同。蒙史已校。

〔八〕歐（普）祥　明太祖實錄卷一五甲辰年六月丁巳條附有歐普祥小傳，據補。續通鑑已校。

〔九〕（安吉）〔吉安〕路　按元無「安吉」路。明太祖實錄卷八壬辰年閏五月戊午條附有徐壽輝小傳，稱

「閏三月，遣陳普文陷吉安」，據改。類編已校。

〔一〇〕江西行省右丞火你赤　按下文至正十三年十一月丁亥條及本書卷一四四道童傳、卷一四五亦憐眞班傳均作「左丞」，庚申外史亦稱「左丞」。疑「右」爲「左」之誤。

〔一一〕永懷縣賊陷桂陽　按元無「永懷」縣。元桂陽有三：湖廣行省有桂陽路，郴州路有桂陽縣，另江西行省有桂陽州。郴州路有永興縣，與桂陽縣相去不遠，疑「永懷」係「永興」之誤。

〔一二〕命脫脫台爲行樞密院使　此行樞密院使脫脫台當卽「請親出師討徐州」之中書右丞相脫脫。新元史刪「台」字，疑是。

〔一三〕江浙行省（右）〔左〕丞帖理帖木兒　按下文至正十三年三月、十四年四月諸條及國初羣雄事略卷八劉基天妃廟碑均作「左丞」，據改。

〔一四〕湖南潭岳等處　按本書卷六三地理志，兩州皆屬湖廣行省，潭州爲湖南道宣慰司所在地，岳州則屬江南湖北道。疑此處「湖南」當作「湖廣」。

〔一五〕癸未　按是月庚子朔，無癸未日。此「癸未」在辛酉二十二日後，疑爲癸亥二十四日之誤。

元史卷四十三

本紀第四十三

順帝六

十三年春正月庚午朔，用帝師請，釋放在京罪囚。以中書添設平章政事哈麻爲平章政事，〔一〕參知政事悟良哈台爲右丞，參知政事烏古孫良楨爲左丞。詔印造中統元寶交鈔一百九十萬錠、至元鈔一十萬錠。辛未，命悟良哈台、烏古孫良楨兼大司農卿，給分司農司印。西自西山，南至保定、河間，北至檀、順州，東至遷民鎭，凡係官地及元管各處屯田，悉從分司農司立法佃種，合用工價、牛具、農器、穀種、召募農夫諸費，給鈔五百萬錠，以供其用。旌表眞定路藁城縣董氏婦貞節。壬申，命陝西行省平章政事卜答失里爲總兵官。癸酉，享于太廟。以皇第二子育於太尉衆家奴家，賜衆家奴及乳母鈔各一千錠。甲戌，重建穆淸閣。乙亥，命中書右丞禿禿以兵討商州賊。丙子，方國珍復降。以司農司舊署賜哈

麻。庚辰，中書省臣言：「近立分司農司，宜於江浙、淮東等處召募能種水田及修築圍堰之人各一千名爲農師，教民播種。宜降空名添設職事敕牒一十二道，遣使齎往其地，有能募農民一百名者授正九品，二百名者正八品，三百名者從七品，卽書塡流官職名給之，就令管領所募農夫，不出四月十五日，俱至田所，期年爲滿，卽放還家。其所募農夫，每名給鈔十錠。」從之。以杜秉彝爲中書參知政事。乙酉，太陰犯太微垣。丙戌，以武衛所管鹽臺屯田八百頃，除軍見種外，荒閑之地，盡付分司農司。答失八都魯克復襄陽、樊城有功，陞四川行省右丞，賜金繫腰一。庚寅，知樞密院事老章克復南陽唐州，賜金一錠、銀一十錠、鈔一千錠、幣帛各五十匹。戊戌，熒惑、太白、辰星聚於奎宿。

二月丁未，祭先農。己酉，太陰犯軒轅。庚戌，太白犯熒惑。壬子，太陰犯太微垣。甲寅，中書省臣言徐州民願建廟宇，生祠右丞相脫脫，從之，詔仍立脫脫平徐勳德碑。壬戌，以宣政院使篤憐帖木兒知經筵事，中書右丞悟良哈台、左丞烏古孫良楨、參知政事杜秉彝並同知經筵事。

三月己卯，命脫脫領大司農司。甲申，詔修大承天護聖寺，賜鈔二萬錠。丁亥，命脫脫以太師開府，提調太史院、回回、漢兒司天監。己丑，以各衙門係官田地幷宗仁等衛屯田地土，並付司農分司播種。是月，會州、定西、靜寧、莊浪等州地震。命江浙行省左丞帖里帖

木兒、江南行臺侍御史左答納失里招諭方國珍。

夏四月戊戌朔，命南北兵馬司各分官一員，就領通州、漷州、直沽等處巡捕官兵，往來巡邏，給分司印，一同署事，半載一更。特命烏古孫良楨得用軍器。庚子，以禮部所轄掌薪司并地土給付司農分司。以甘肅行省平章政事鎖南班爲永昌宣慰使，總永昌軍馬，仍給平章政事俸。先是，永昌愚魯罷等爲亂，鎖南班討平之，至是復起，故有是命。辛丑，太白犯井宿。乙巳，時享太廟。己酉，詔取勘徐州、汝寧、南陽、鄧州等處荒田并戶絕籍沒入官者。立司牧署，掌司農分司耕牛。又立玉田屯署。降徐州路爲武安州，以所轄縣屬歸德府，其滕州、嶧州仍屬益都路。辛亥，太陰犯房宿。是月，車駕時巡上都。

五月己巳，命東安州、武清、大興、宛平三縣正官添給河防職名，從都水監官巡視渾河隄岸，或有損壞，卽修理之。辛未，江西行省左丞相亦憐眞班、江浙行省左丞老老引兵取道自信州，元帥韓邦彥、哈迷取道由徽州、浮梁，同復饒州，蘄、黃等賊聞風皆奔潰。癸酉，以太尉阿剌吉爲嶺北行省左丞相。知行樞密院事伯家奴封武國公，與諸王孛羅帖木兒同出軍。甲戌，行樞密院添設僉院二員。乙亥，太陰犯歲星。乙未，泰州白駒場亭民張士誠及其弟士德、士信爲亂，陷泰州及興化縣，遂陷高郵，據之，僭國號大周，自稱誠王，建元天祐。

六月丙申朔，立詹事院，設詹事三員、同知二員、副詹事二員、丞二員。命四川行省平章政事玉樞虎兒吐華便宜行事。丁酉，立皇子愛猷識(達)[理]達臘爲皇太子、中書令、樞密使，[二]授以金寶，告祭天地、宗廟。命右丞相脫脫兼詹事。己亥，詔征西都元(都)[帥]汪只南發本處精銳勇敢軍一千人從征討，[三]以千戶二員、百戶一十員領之。庚子，知樞密院事失剌把都總河南軍，平章政事答失八都魯總四川軍，自襄陽分道而下，克復安陸府。辛丑，罷宮傅府，以所掌錢帛歸詹事院。癸卯，詔以敕牒二十道、鈔五萬錠，給付淮南行省平章政事達世帖睦邇，於淮南、淮北等處召募壯丁，并總領漢軍、蒙古守禦淮安。遼東搠羊哈及乾帖困、朮赤朮等五十六名吾者野人以皮貨來降，給搠羊哈等三人銀牌一面，管領吾者野人。甲辰，以立皇太子詔天下，大赦。己酉，亦都護高昌王月魯帖木兒薨于南陽軍中，命其子桑哥襲亦都護高昌王爵。辛亥，親王完者禿泰州陣亡，八禿亳州陣亡，各賻鈔五百錠。命前河西廉訪副使也先不花爲淮西添設宣慰副使，討泰州。丙辰，詔皇太子位下立儀衛司，設指揮二員，給二珠金牌，副指揮二員，一珠金牌。賜吳王搠思監金二錠、銀五錠、鈔二千錠、幣帛各九匹。以資政院所轄左、右都威衛屬詹事院。是月，命淮南行省平章政事達世帖睦邇便宜行事。詔淮南行省平章政事福壽討興化。

是夏，薊州大水。

秋七月丁卯，泉州天雨白絲，海潮日三至。時享太廟。戊辰，太白晝見。宦官至一品二品者，依常例給俸祿。壬申，湖廣行省參知政事阿魯輝復武昌及漢陽府。癸酉，詔詹事院自行銓注本院屬官。壬辰，親王只兒哈忽薨于海寧軍中，以其子寶童繼襲王爵。

八月癸卯，親王闊兒吉思、帖木兒獻馬。辛亥，賜脫脫東泥河田一十二頃。親王只兒哈郎討捕金山賊，薨于軍中，命其子禿魯帖木兒入備宿衛。庚申，命不花帖木兒襲封文濟王。是月，車駕還自上都。資政院使脫火赤以兵復江州路。以四川行省平章政事玉樞虎兒吐華、右丞完者不花守鎮中興路。左遷平章政事咬住爲淮西元帥，供給烏撒軍，進討蘄、黃。

九月乙丑朔，日有食之。乙亥，以怯薛官廣平王咬咬征討慢功，削其王爵，降爲河南行省平章政事。己丑，廣寧王渾都帖木兒薨，賻鈔一千錠。建皇太子鹿頂殿于壂安殿西。歪剌歹桑哥失里獻馬一百匹，賜金繫腰一、幣帛各九。庚寅，太陰犯熒惑。辛卯，扎你別之地獻大撒哈剌、察赤兒、米西兒刀、弓、鎖子甲及靑、白西馬各二匹，賜鈔二萬錠。壬辰，太白經天。熒惑犯左執法。南臺御史大夫納麟以老疾辭職，從之，命太尉如故。

〔冬十月〕丁酉，享于太廟。庚子，太白經天。(冬十月)癸卯，[四]以江浙行省參知政事買住丁陞本省右丞，提調明年海運。甲辰，歲星犯氐宿。丁未，廣西元帥甄崇福復道州，誅賊

將周伯顏。庚戌，從帖里帖木兒、左答納失里之請，授方國珍徽州路治中，國璋廣德路治中，國瑛信州路治中，督遣之任，國珍疑懼，不受命。立水軍都萬戶府於崑山州，以浙東宣慰使納麟哈剌爲正萬戶，宣慰使董摶霄爲副萬戶。庚申，賜皇太子妃鈔十萬錠。壬戌，賜皇太子五愛馬怯薛丹二百五十人鈔各一百一十錠。癸亥，太白犯亢宿。是月，撤世祖所立氊殿，改建殿宇。

十一月壬申，太陰犯壘壁陣。乙酉，立典藏庫，貯皇太子錢帛。丁亥，江西左丞火你赤以兵平富州、臨江，遂引兵復瑞州。是月，立義兵千戶、水軍千戶所于江西，事平，願還爲民者聽。

十二月丁酉，太白犯東咸。己亥，寧王旭滅該還大斡耳朵思，賜金繫腰一、鈔一千錠。庚子，熒惑入氐宿。癸卯，脫脫請以趙完普家產田地賜知樞密院事桑哥失里。庚戌，京城天無雲而雷鳴，少頃，有火墜于東南。懷慶路及河南府西北有聲如擊鼓者數四，已而雷聲震地。癸丑，以西安王阿剌忒納失里爲豫王，弟答兒麻討南陽賊有功，以西安王印與之，命鎮龕吉兒之地。丁巳，太陰犯心宿。西寧王牙罕沙鎮四川，還沙州，賜鈔一千錠。是月，大同路疫，死者太半。江浙行省平章政事卜顏帖木兒、南臺御史中丞蠻子海牙及四川行省參知政事哈臨禿、左丞桑禿失里、[五]西寧王牙罕沙，合軍討徐壽輝於蘄水，敗之，壽輝遁走，

獲其僞官四百餘人。陝西行省平章政事孛羅、四川行省右丞答失八都魯復均、房等州，詔孛羅等守之，答失八都魯討東正陽。

是歲，自六月不雨至于八月。造淸寧殿前山子、月宮諸殿宇，以宦官留守也先帖木兒、留守同知也速迭兒及都水少監陳阿木哥等董其役。哈麻及禿魯帖木兒等陰進西天僧于帝，行房中運氣之術，號演揲兒法，又進西番僧善祕密法，帝皆習之。

十四年春正月甲子朔，汴梁城東汴河冰，皆成五色花草如繪畫，三日方解。乙丑，熒惑犯歲星。丁卯，太白犯建星。辛未，享于太廟。壬申，命帖木兒不花襲封廣寧王，賜鈔一千錠。癸酉，熒惑犯房宿。立遼陽等處漕運庸田使司，屬分司農司。丁丑，帝謂脫脫曰：「朕嘗作朶思哥兒好事，迎白傘蓋遊皇城，實爲天下生靈之故。今命剌麻選僧一百八人，仍作朶思哥兒好事，凡所用物，官自給之，毋擾于民。」丙戌，以答兒麻監藏遙授陝西行省平章政事，實授行宣政院使，整治西番人民。是月，命桑哥失里、哈臨禿守中興。答失八都魯復峽州。

二月戊戌，祭社稷。乙卯，命中書平章政事搠思監提調規運總管府。戊午，太白犯壘壁陣。己未，以湖廣行省平章政事苟兒爲淮南行省平章政事，以兵攻高郵。是月，以呂思

誠爲湖廣行省左丞。命湖廣行省右丞伯顏普化、江南行臺中丞蠻子海牙、江浙行省平章政事卜顏帖木兒、參知政事阿里溫沙，會合湖廣行省平章政事也先帖木兒討沿江賊。立鎭江水軍萬戶府，命江浙行省右丞佛家閭領之。詔河南、淮南兩省並立義兵萬戶府。建淸河大壽元忠國寺，以江浙廢寺田歸之。

三月癸亥朔，日有食之。己巳，廷試進士六十二人，賜薛朝晤、牛繼志進士及第，餘授官出身有差。壬申，以皇太子行幸，和買駝馬。甲戌，命親王速哥帖木兒以兵討宿州賊。丙子，穎州陷。是月，中書定擬義兵立功者權任軍職，事平授以民職，從之。命四川行省右丞答失八都魯陞本省平章政事兼知行樞密院事，總荆、襄諸軍，從宜調遣。詔和買馬于北邊以供軍用，凡有馬之家，十匹內和買二匹，每匹給鈔一十錠。

夏四月癸巳朔，汾州介休縣地震，泉湧。以武祺參議中書省事。是月，車駕時巡上都。江西、湖廣大饑，民疫癘者甚衆。御史臺臣糾言江浙行省左丞帖里帖木兒等罪。先是，帖里帖木兒與江南行臺侍御史左答納失里奉旨招諭方國珍，報國珍已降，乞立巡防千戶所，朝廷授以五品流官，令納其船，散遣徒衆，國珍不從，擁船一千三百餘艘，仍據海道，阻絕糧運，以故歸罪二人。以江浙行省參知政事阿兒溫沙陞本省右丞，浙東宣慰使恩寧普爲江浙行省參知政事，皆總兵討方國珍。發陝西軍討河南賊，給鈔令自備鞍馬軍器，合二萬五千

人，馬七千五百匹，永昌、鞏昌沿邊人匠雜戶亦在遣中。造過街塔於盧溝橋，命有司給物色人匠，以御史大夫也先不花督之。復立應昌、全寧二路。先是，有詔罷之，以撥屬魯王馬某沙王傳府，至是有司以爲不便，復之。詔復起永昌、鞏昌、喃巴、臨洮等處軍。命各衞軍人修白浮、甕山等處隄堰。

五月甲子，安豐、正陽賊圍廬州。皇太子徙居宸德殿，命有司修葺之。立南陽、鄧州等處毛胡蘆義兵萬戶府，募土人爲軍，免其差役，令討賊自效。因其鄉人自相團結，號毛胡蘆，故以名之。詔以玉樞虎兒吐華募兵萬人下蜀江，代答失八都魯守中興、荆門。命答失八都魯以兵赴汝寧。陞湖廣行省參知政事阿兒灰爲右丞，討廬州。募寧夏善射者及各處回回、朮忽殷富者赴京師從軍。復發禿卜軍萬人，命太傅阿剌吉領之。〔六〕命荆王答兒麻失里代闊（瑞）〔端〕阿合鎭河西，〔七〕討西番賊。

六月辛卯朔，薊州雨雹。高郵張士誠寇揚州。丙申，達識帖睦邇以兵討張士誠，敗績，諸軍皆潰。詔江浙行省參知政事佛家閭會達識帖睦邇，復進兵討之。甲辰，太陰入斗宿。己酉，盱眙縣陷。庚戌，陷泗州，官軍潰。

秋七月甲子，潞州襄垣縣大風拔木偃禾。乙丑，太陰犯角宿。壬申，詔免大都、上都、

興和三路今年稅糧。命刑部尙書阿魯於海寧州等處募兵討泗州。壬午，太陰犯昴宿。是月，汾州孝義縣地震。

八月，冀寧路楡次縣桃李花。車駕還自上都。

九月己未朔，賜親王撒蠻答失金二錠、銀二十錠、鈔一萬錠、幣帛表裏各三百匹。創設奧剌赤二十名，仍給衣糧草料。庚申，以湖廣行省左丞呂思誠復爲中書左丞。辛酉，以知樞密院事月（赤）〔闊〕察兒爲中書平章政事。〔八〕詔脫脫以太師、中書右丞相，總制諸王各愛馬、諸省各翼軍馬，董督總兵、領兵大小官將，出征高郵。甲子，封高麗國王脫脫不花爲瀋王。丁卯，普顏忽都皇后母歿，賻鈔三百錠。立寧宗影堂。戊子，免河南蒙古軍人雜泛差役。是月，賜穆淸閣工匠皮衣各一領。蓋海靑鷹房。禁河南、淮南酒。階州西番賊起，遣兵擊之。方國珍拘執元帥也忒迷失、黃巖州達魯花赤宋伯顏不花、知州趙宜浩，以俟詔命。

冬十月甲午，享于太廟。戊戌，詔答失八都魯及泰不花等會軍討安豐。甲辰，詔加號海神爲輔國護聖庇民廣濟福惠明著天妃。壬子，太陰犯太微垣。

十一月丙寅，敕：「中書省、樞密院、御史臺，凡奏事先啓皇太子。」詔：「江浙應有諸王、公主、后妃、寺觀、官員撥賜田糧，及江淮財賦、稻田、營田各提舉司糧，盡數赴倉，聽候海運，以備軍儲，價錢依本處十月時估給之。」丁卯，脫脫領大兵至高郵。辛未，戰于高郵城

外，大敗賊衆。丙子，太陰犯鬼宿。癸未，賜親王喃答失金鍍銀印。乙酉，脫脫遣兵平六合縣。是月，答失八都魯復苗軍所據鄭、(均)〔鈞〕、許三州。〔九〕皇太子修佛事，釋京師死罪以下囚。

十二月辛卯，絳州北方有紅氣如火蔽天。丙申，以中書平章政事定住爲左丞相；宣政院使哈麻、永昌宣慰鎖南班並爲中書平章政事，進階光祿大夫。監察御史袁賽因不花等劾奏：「脫脫出師三月，略無寸功，傾國家之財以爲己用，半朝廷之官以爲自隨。又其弟也先帖木兒，庸材鄙器，玷污淸臺，綱紀之政不修，貪淫之心益著。」章三上，詔令也先帖木兒出都門聽旨，以宣徽使汪家奴爲御史大夫。丁酉，詔以脫脫老師費財，已逾三月，坐視寇盜，恬不爲意，削脫脫官爵，安置淮安路，弟御史大夫也先帖木兒安置寧夏路。以河南行省平章政事泰不花爲本省左丞相，中書平章政事月闊察兒加太尉，集賢大學士雪雪知樞密院事，一同總兵，總領諸處征進軍馬，并在軍諸王、駙馬、省、院、臺官及大小出軍官員，其滅里、卜亦失你山、哈八兒禿、哈怯來等拔都兒、云都赤、禿兒怯里兀、孛可、西番軍人、各愛馬朶憐赤、高麗、回回民義丁壯等軍人，並聽總兵官節制。詔：「被災殘破之處，令有司賑恤，仍蠲租稅三年。賜高年帛。」罷庸田、茶運、寶泉等司。戊戌，以定住領經筵事，中政院使桑哥失里爲中書添設右丞。己亥，太陰掩昴宿。庚子，以桑哥失里同知經筵事。冀國公禿魯

加太尉，進階金紫光祿大夫。癸卯，命哈麻提調經正監、都水監、會同館，知經筵事，就帶元降虎符。甲辰，以桑哥失里提調宣文閣，哈麻兼大司農，呂思誠兼司農卿，提調農務。己酉，紹興路地震。是月，命織造世祖御容。詔威順王寬徹普化還鎭湖廣。先是以賊據湖廣，命奪其王印，至是寬徹普化討賊累立功，故詔還其印，仍守舊鎭。命甘肅右丞嵬的討捕西番賊。答失八都魯復河陰、鞏縣。徭賊自耒陽寇衡州，萬戶許脫因死之。

是歲，詔諭：「民間私租太重，以十分爲率普減二分，永爲定例。」降鈔十萬錠賞江西守城官吏軍民。京師大饑，加以疫癘，民有父子相食者。帝於內苑造龍船，委內官供奉少監塔思不花監工。帝自製其樣，船首尾長一百二十尺，廣二十尺，前瓦簾棚、穿廊、兩暖閣，後吾殿樓子，龍身并殿宇用五彩金粧，前有兩爪。上用水手二十四人，身衣紫衫，金荔枝帶，四帶頭巾，於船兩旁下各執篙一。自後宮至前宮山下海子內，往來游戲，行時，其龍首眼口爪尾皆動。又自製宮漏，約高六七尺，廣半之，造木爲匱，陰藏諸壺其中，運水上下。匱上設西方三聖殿，匱腰立玉女捧時刻籌，時至，輒浮水而上。左右列二金甲神人，一懸鐘，一懸鉦，夜則神人自能按更而擊，無分毫差。當鐘鉦之鳴，獅鳳在側者皆翔舞。匱之西東有日月宮，飛僊六人立宮前，遇子午時，飛僊自能耦進，度僊橋，達三聖殿，已而復退立如前。其精巧絕出，人謂前代所鮮有。時帝怠於政事，荒于游宴，以宮女三聖奴、妙樂奴、文殊奴

等一十六人按舞，名爲十六天魔，首垂髮數辮，戴象牙佛冠，身被纓絡、大紅綃金長短裙、金雜襖、雲肩、合袖天衣、綬帶鞋韈，各執加巴剌般之器，內一人執鈴杵奏樂。又宮女一十一人，練槌髻，勒帕，常服，或用唐帽、窄衫。所奏樂用龍笛、頭管、小鼓、箏、纂、琵琶、笙、胡琴、響板、拍板。以宦者長安迭不花管領，遇宮中讚佛，則按舞奏樂。宮官受祕密戒者得入，餘不得預。

校勘記

〔一〕以中書添設平章政事哈麻爲平章政事　按哈麻以至正十二年八月爲中書添設右丞，十三年正月正除右丞，十四年冬遷平章政事，紀、表、傳均有記載。續通鑑改「平章政事」爲「右丞」，疑是。

〔二〕愛猷識(達)〔理〕達臘　從北監本改。按本書卷一〇七宗室世系表及卷一一四后妃表均作「愛猷識理達臘」。

〔三〕征西都元(都)〔帥〕　從道光本改。

〔四〕〔冬十月〕丁酉至(冬十月)癸卯　按九月乙丑朔，無丁酉、庚子日。此丁酉之上爲壬辰九月二十八日，則丁酉當爲十月初三日，庚子爲初六日，與下文之「冬十月」倒置。今改正。道光本已校。

〔五〕桑禿失里　按上文至正十二年四月辛酉、下文十四年正月條作「桑哥失里」，蒙史改「禿」爲「哥」，疑是。

〔六〕太傅阿剌吉　「阿剌吉」，本書又作「阿吉剌」。蒙史三公表至正十四年太尉阿吉剌下注云：「舊紀，發禿卜軍萬人，命太傅阿吉剌領之。按阿吉剌卽阿乞剌。太傅爲太尉之誤。」

〔七〕闊(瑞)〔端〕阿合　據本書卷九二百官志改。蒙史云：「闊端者，斡歌歹汗之子，分地河西，建牙永昌，子孫世襲其封，今世系已絕，故命答兒麻失里代之。阿合，蒙兀語兄也，宗室諸王在兄位者之稱。」

〔八〕月(赤)〔闊〕察兒　據上文至正十二年正月、下文至正十四年十二月丁酉條及本書卷一三八脫脫傳、卷一四二也速傳改。

〔九〕鄭(均)〔鈞〕許三州　按本書卷五九地理志，汴梁路屬有鄭、鈞、許等州，而均州則屬襄陽路。蒙史改「均」爲「鈞」，並注云：「鈞，舊誤作均，按均與鄭、許二州地不相接。」從改。

中華書局

元史卷四十四

本紀第四十四

順帝七

十五年春正月戊午朔，以中書平章政事搠思監提調留守司，宣徽使黑厮爲中書平章政事，河南行省左丞許有壬爲集賢大學士，遼陽行省左丞奇伯顏不花陞本省平章政事。壬戌，以宣政院副使忻都爲太子詹事。癸亥，享于太廟。甲子，親王禿堅帖木兒歿于軍中，賜鈔五百錠。江西行省平章政事道童加大司徒。戊辰，太陰犯五車。辛未，太陰犯鬼宿。大斡耳朶儒學教授鄭咺建言：「蒙古乃國家本族，宜教之以禮。而猶循本俗，不行三年之喪，又收繼庶母、叔嬸、兄嫂，恐貽笑後世，必宜改革，繩以禮法。」不報。丙子，上都饑，賑糶米二萬石。丁丑，徐壽輝僞將倪文俊復陷沔陽府。威順王寬徹普化令王子報恩奴等同湖南元帥阿思藍水陸並進討之。至漢川，水淺，文俊用火筏燒船，報恩奴遇害。庚辰，復設仁

虞、雲需、尙供三總管府。丙戌，大同路饑，出糧一萬石減價糶之。是月，詔以湖廣行省平章政事乞剌班慢功，削其官爵，令從軍自效。詔安置脫脫于亦集乃路，收所賜田土。命河南行省參知政事洪丑驢守禦河南，陝西行省參知政事述律朶兒只守禦潼關，宗王扎牙失里守禦興元，陝西行省參知政事阿魯溫沙守禦商州，通政院使朶來守禦山東。詔豫王阿剌忒納失里與陝西行省平章政事搠思監從宜商議軍事。

閏月壬寅，以各衞軍人屯田京畿，人給鈔五錠，以是日入役，日支鈔二兩五錢，仍給牛、種、農器，命司農司令本管萬戶督其勤惰。丙午，太陰犯心宿。丙辰，太白經天。是月，上都路饑，詔嚴酒禁。命河南行省參知政事塔失帖木爾領元管陝西軍馬，守禦河南。

二月己未，劉福通等自碭山夾河迎韓林兒至，立爲皇帝，又號小明王，建都亳州，國號宋，改元龍鳳。以其母楊氏爲皇太后，杜遵道、盛文郁爲丞相，羅文素、劉福通爲平章，劉六知樞密院事；拆鹿邑縣太淸宮材建宮闕；遵道等各遣子入侍。遵道得寵專權，劉福通疾之，命甲士撾殺遵道，福通遂爲丞相，後稱太保。丙寅，以中書平章政事黑厮、左丞許有壬並知經筵事。戊辰，命太傅、御史大夫汪家奴爲中書右丞相，中書平章政事定住爲左丞相，詔天下。庚午，以河南行省平章政事咬咬爲遼陽行省左丞相。壬申，立淮東等處宣慰使司都元帥府于天長縣，統濠、泗義兵萬戶府幷洪澤等處義兵，聽富民願出丁壯義兵五千名者爲萬

戶，五百名者爲千戶，一百名者爲百戶，仍降宣敕牌面。丙子，以達識帖睦邇爲中書平章政事，提調留守司；平章政事黑厮兼大司農。是月，命刑部尙書董銓等與江西行省平章政事火你赤專任征討之務，便宜從事，遣使先降曲赦，諭以禍福，如能出降，釋其本罪，執迷不悛，剋日進討。

三月庚寅，太陰犯五車。癸巳，徐壽輝兵陷襄陽路。甲午，命汪家奴攝太尉，持節授皇太子愛猷識理達臘玉册，錫以衮服九旒，祗謁太廟。丙申，太陰犯房宿。辛丑，以監察御史言，安置脫脫于雲南鎭西路，也先帖木兒于四川碉門，脫脫長男哈剌章安置肅州，次男三寶奴安置蘭州，仍籍其家產。己酉，命知樞密院事衆家奴知經筵事，知樞密院事揑兀失該提調內史府。癸丑，太白經天。

夏四月壬戌，中書省臣言：「江南因盜賊阻隔，所在闕官，宜遣人與各省及行臺官以廣東、廣西、海北、海南三品以下通行遷調，五品以下先行照會之任，江浙行省三年一次遷調，福建等處闕官亦依前例。」從之。命彰德等處分樞密院添設同知、副使、都事各一員。癸亥，以中書平章政事達識帖睦邇知經筵事。命樞密院添設僉院一員、判官二員，直沽分樞密院添設副使一員、都事一員。以御史中丞扎撒兀孫同知經筵事。乙丑，以中書右丞臧卜、左丞烏古孫良楨分省彰德。辛未，命御史中丞伯家奴同知經筵事，中書參議成遵兼經

筵官。癸酉，以左丞相定住爲右丞相，平章政事哈麻爲左丞相，太子詹事桑哥失里爲中書平章政事，雪雪爲御史大夫。丁丑，加知樞密院事衆家奴太傅。辛巳，親王脫脫薨，賜鈔二百錠。是月，車駕時巡上都。詔翰林待制烏馬兒、集賢待制孫撝招安高郵張士誠，仍齎宣命、印信、牌面，與鎭南王孛羅不花及淮南行省、廉訪司等官商議給付之。御史臺劾奏中書左丞呂思誠，罷之。詔四川等處立宣化鎭南軍民府；改四川忠孝軍民府爲忠孝軍民安撫司；罷盤順府，改立盤順軍民安撫司；罷四川羊母甲洞、臭南王洞長官司，改立忠義軍民安撫司。立汴梁等處義兵萬戶府。

五月壬辰，復襄陽路。監察御史也里忽都等劾奏河南行省左丞相太不花慢功虐民，詔削其官職，仍令率領火赤溫，從總兵官、平章政事答失八都魯征進，答失八都魯管領太不花一應軍馬。庚戌，倪文俊自沔陽陷中興路，元帥朶兒只班死之。是月，命淮南行省平章政事咬住、淮東廉訪使王也先迭兒撫諭高郵。

六月丙辰，命御史大夫雪雪提調端本堂。癸亥，太白經天。丁卯，監察御史哈林禿劾奏脫脫之師集賢大學士吳直方及其參軍黑漢、長史火里赤等並宜追奪，從之。監察御史歪哥等辯明中書左丞呂思誠，給付元追所授宣命、玉帶。戊辰，命中書平章政事搠思監兼大司農，桑哥失里知經筵事。己巳，靖安王闊不花薨，無後，命其姪襲封靖安王。癸酉，以四

川行省平章政事答失八都魯爲河南行省平章政事。乙亥，命將作院判官烏馬兒招安濠、泗等處，章佩監丞普顏帖木兒招安沔陽等處。諸王倒吾沒於軍中，賻鈔二百錠。丁丑，保德州地震。己卯，陝西行省平章政事禿禿加答剌罕。庚辰，徵徽州隱士鄭玉爲翰林待制，不至。江浙省臣言：「至正十五年稅課等鈔，內除詔書已免稅糧等鈔，較之年例，海運糧并所支鈔不敷，乞減海運，以甦民力。」戶部定擬本年稅糧，除免之外，其寺觀并撥賜田糧，十月開倉，盡行拘收；其不敷糧，撥至元折中統鈔一百五十萬錠，於產米處糴一百五十萬石，貯瀕河之倉，以聽撥運。從之。癸未，中書參知政事實理門言：「舊立蒙古國子監，專敎四怯薛并各愛馬官員子弟，今宜諭之，依先例入學，俾嚴爲訓誨。」從之。是月，大明皇帝起兵，自和州渡江，取太平路。自紅巾妖寇倡亂之後，南北郡縣多陷沒，故大明從而取之。荆州大水。命湖廣行省平章政事阿魯灰領軍，與淮南行省平章政事蠻子海牙、淮西道宣慰使完者不花以兵攻和州等處。命郡王只兒瞰伯、湖廣行省右丞卜蘭奚攻討河南。以湖廣行省平章政事咬住爲總兵官，領本省軍馬并江州楊完者、黃州李勝等軍，守禦湖廣。江浙行省參知政事納麟哈剌統領水軍萬戶等軍，會本省平章政事定定，進攻常州、鎭江等處。命將作院判官烏馬兒、利用監丞八十奴招諭濠、泗，淮南行省左丞相太平助之；章佩監丞普顏帖木兒、翰林修撰烈瞻招諭沔陽，四川行省平章政事玉樞虎兒吐華等助之。以怯薛丹潑皮等

六十名從江南行御史臺大夫福壽守禦集慶路。國王朶兒只薨于揚州軍中，命郡王只兒瞰伯管領其所部軍馬。

秋七月辛卯，享于太廟。壬寅，倪文俊復陷武昌、漢陽等路。是月，命親王失里門以兵守曹州，山東宣慰馬某火者以兵分府沂州、莒州等處。命知樞密院事答兒麻監藏及四川行省左丞沙剌班、湖南同知宣慰使劉答兒麻失里，以兵屯中興，招諭諸處，有不降者，與親王禿魯及玉樞虎兒吐華討之。命湖廣行省平章政事桑哥、亦禿渾及禿禿守禦襄陽，參知政事哈林禿及王塔失帖木爾守禦沔陽，如賊徒不降，卽進兵討之。陞台州海道巡防千戶所爲海道防禦運糧萬戶府。

八月庚申，命南陽等處義兵萬戶府召募毛胡蘆義兵萬人，進攻南陽。戊辰，以中書平章政事達識帖睦邇爲江浙行省左丞相，便宜行事，賜鈔一千錠。甲戌，以大宗正府扎魯忽赤迭里迷失爲甘肅行省平章政事。戊寅，太白經天。雲南死可伐等降，令其子莽三以方物來貢，乃立平緬宣撫司。四川向思勝降，以安定州改立安定軍民安撫司。是月，車駕還自上都。詔淮南行省左丞相太平統淮南諸軍討所陷郡邑，仍命湖廣行省平章政事阿魯灰以所部苗軍聽其節制。立吾者野人乞列迷等處諸軍萬戶府于哈兒分之地。命親王寬徹班守興元，永昌宣慰使完者帖木兒討西番賊。以淮南行省平章政事蠻子海牙與同知樞密院事

絆住馬等，自蕪湖至鎭江南岸守禦，同阿魯灰所部軍馬協力衞護江南行臺。命答失八都魯從便調度湖廣行省左丞卜蘭奚所領苗軍，江浙行省平章政事卜顏帖木兒守禦蘄、黃、蘭溪等處。

九月癸未〔朔〕，命撒思監提調武衞。以知嶺北行樞密院事紐的該爲中書平章政事。乙酉，立分海道防禦運糧萬戶府于平江路。己丑，太白犯太微垣。辛卯，命祕書卿答蘭提調別吉太后影堂祭祀，知樞密院事野仙帖木兒提調世祖影堂祭祀，宣政院使蠻子提調裕宗、英宗影堂祭祀。己亥，倪文俊圍岳州路。壬子，命桑哥失里提調宣文閣，呂思誠知經筵事，集賢大學士許有壬兼太子諭德。是月，移置脫脫于阿輕乞之地。命答失八都魯移軍住陳留。

冬十月丁巳，立淮南行樞密院于揚州。己未，太陰犯壘壁陣。甲子，命兵、工二部尙書撒八兒、王安童，以金銀牌一百六十五面，給淮東宣慰使司等處義兵官員。命哈麻領大司農司。帝謂右丞相定住等曰：「敬天地，尊祖宗，重事也。近年以來，闕於舉行。當選吉日，朕將親祀郊廟，務盡誠敬，不必繁文，卿等其議典禮，從其簡者行之。」遂命右丞斡欒、左丞呂思誠領其事。以中書右丞拜住爲平章政事。庚午，以襲封衍聖公孔克堅同知太常禮儀院事，以克堅子希學爲襲封衍聖公。癸酉，太陰犯軒轅。哈麻奏言：「郊祀之禮，以太祖配。皇帝出宮，至郊祀所，便服乘馬，不設內外儀仗、敎坊隊子，齋戒七日，內散齋四日於別殿，致

齋三日，二日於大明殿西幄殿，一日在南郊祀所。」丙子，以郊祀，命皇太子愛猷識理達臘祭告太廟。己卯，以翰林學士承旨慶童爲淮南行省平章政事。立黃河水軍萬戶府于小淸口。

十一月甲申，熒惑犯氐宿。庚寅，塡星犯井宿。壬辰，親祀上帝于南郊，以皇太子愛猷識理達臘爲亞獻，攝太尉、右丞相定住爲終獻。甲午，以太不花爲湖廣行省左丞相，總兵招捕湖廣、沔陽等處，湖廣、荆襄諸軍悉聽節制，給還元追奪河南行省丞相宣命，仍給以功賞宣敕、金銀牌面。戊戌，介休縣桃杏花。己亥，太陰犯鬼宿。戊申，右丞相定住以病辭職，命以太保就第治病。庚戌，賊陷饒州路。辛亥，賜高麗國王伯顏帖木兒爲親仁輔義宣忠奉國彰惠靖遠功臣。是月，答失八都魯攻夾河賊，大破之。賊陷懷慶，命河南行省右丞不花討之。以湖廣歸州改隸四川行省。

十二月壬子朔，熒惑犯房宿。給湖廣行省分省印。丁巳，命中書參知政事月倫失不花、陳敬伯分省彰德。癸亥，立忠義、忠勤萬戶府于宿州、武安州。己巳，以諸郡軍儲供餉繁浩，命戶部印造明年鈔本六百萬錠給之。壬申，以平章政事帖里帖木兒、右丞斡欒並知經筵事，參議丁好禮兼經筵官。乙亥，以天下兵起，下詔罪己，大赦天下。是月，答失八都魯大敗劉福通等于太康，遂圍亳州，僞宋主遁于安豐。立興元等處宣慰使司都元帥府于興元路。

是歲，薊州雨血。詔：「凡有水田之處，設大兵農司，招集人夫，有警乘機進討，無事栽植播種。」詔濬大內河道，以宦官同知留守楚先帖木兒董其役。楚先帖木兒言，自十一年以來，天下多事，不宜興作，帝怒，命往使高麗，改命宦官答失蠻董之。以中書平章政事拜住分省濟寧，設四部。

是歲，察罕帖木兒與賊戰于河南北，屢有功，除中書刑部侍郎。

十六年春正月壬午〔朔〕，改福建宣慰使司都元帥府爲福建行中書省。戊子，親享太廟。命中書平章政事帖里帖木兒提調國子監。己丑，太陰犯昴宿。丁酉，太保定住以病辭職，太尉、大宗正府扎魯忽赤月闊察兒以出軍中傷辭職，皆不允。(乙)〔己〕亥，〔一〕詔命太尉阿吉剌開府設官屬。乙巳，以遼陽行省左丞相咬咬爲太子詹事，翰林學士承旨朶列帖木兒同知詹事院事。丙(子)〔午〕，〔二〕以知樞密院事實理門兼大府監卿。戊申，雲南土官阿蘆降，遣姪聰幹以方物來貢。庚戌，左丞相哈麻罷。辛亥，御史大夫雪雪亦罷，以搠思監爲御史大夫。復以定住爲右丞相。是月，薊州地震。倪文俊建僞都于漢陽，迎徐壽輝據之。

二月癸(酉)〔丑〕，〔三〕禿魯帖木兒辭職，不允。搠思監糾言哈麻及其弟雪雪等罪惡，帝曰：「哈麻兄弟雖有罪，然侍朕日久，與朕弟懿璘質班皇帝實同乳，且緩其罰，令之出征自

效。」甲寅，命右丞相定住依前太保，中書一切機務，悉聽總裁，詔天下。丙辰，以鎭南王孛羅不花自兵興以來率怯薛丹討賊，累立戰功，賜鈔一萬錠。定住及平章政事桑哥失里等復奏哈麻兄弟罪惡，遂命貶哈麻惠州安置，雪雪肇州安置，尋杖殺之。壬戌，詹事伯撒里辭職。乙丑，禁銷毁、販賣銅錢。丙寅，命翰林國史院、太常禮儀院定擬皇后奇氏三代功臣諡號、王爵。甲戌，命六部、大司農司、集賢翰林國史兩院、太常禮儀院、祕書、崇文、國子、都水監、侍儀司等正官，各舉才堪守令者一人，不拘蒙古、色目、漢、南人，從中書省斟酌用之；或任內害民受贓者，舉官量事輕重降職。命蠻蠻爲靖安王，賜金印，置王傅等官。己卯，命集賢直學士楊俊民致祭曲阜孔子廟，仍葺其廟宇。詔諭：「山東鹽法，軍民毋得沮壞。」賜定住篤憐赤、怯薛丹三十名，給衣糧、馬匹、草料。是月，高郵張士誠陷平江路，據之，改平江路爲隆平府，遂陷湖州、松江、常州。

三月辛巳〔朔〕，復立酒課提舉司。命中書平章政事帖里帖木兒、參知政事成遵等議鈔法。壬午，徐壽輝復寇襄陽。癸未，臺臣言：「係官牧馬草地，俱爲權豪所占。今後除規運總管府見種外，餘盡取勘，令大司農召募耕墾，歲收租課以資國用。」從之。丁亥，以今秋出師，詔和買馬六萬匹。戊子，命宣讓王帖木兒不花、威順王寬徹普化以兵鎭遏懷慶路，各賜金一錠、銀五錠、幣帛九匹、鈔二千錠。庚寅，大明兵取集慶路，江南行臺御史大夫福壽死

之。丙申，倪文俊陷常德路，總兵官俺都剌遁。命搠思監提調承徽寺。丁酉，立行樞密院于杭州。命江浙行省左丞相達識帖睦邇兼知行樞密院事，節制諸軍，省、院等官並聽調遣，凡賞功、罰罪、招降、討逆，許以便宜行事。大明兵取鎭江路。戊申，方國珍復降，以爲海道運糧漕運萬戶，兼防禦海道運糧萬戶。其兄方國璋爲衢州路總管，兼防禦海道事。是月，有兩日相盪。

夏四月辛亥〔朔〕，以搠思監爲中書左丞相。丙辰，以資正院使普化爲御史大夫。丁巳，命左丞相搠思監領經筵事，中書平章政事悟良哈台、御史大夫普化並知經筵事。庚申，以河南行省左丞卜蘭奚爲湖廣行省平章政事。答失八都魯加金紫光祿大夫。丙寅，命阿因班太子與陝西行省官同討均、房、南陽。遼陽行省平章政事奇伯顏不花加大司徒。丁卯，以陝西行臺御史大夫朶朶爲陝西行省左丞相，大司農咬咬爲遼陽行省左丞相。以知樞密院事實理門分院濟寧，翰林學士承旨脫脫同知詹事院事。壬申，命豫王阿剌忒納失里與陝西行省官商議軍機，從宜攻討。己卯，命悟良哈台兼太子諭德。是月，車駕時巡上都。

五月壬辰，太白犯鬼宿。癸巳，亦如之。甲午，太陰入斗宿。丙申，倪文俊陷澧州路。丁酉，太陰犯壘壁陣。乙巳，賊寇辰州，守將和尚以鄉兵擊敗之。

六月甲寅，江浙行省平章政事三旦八、參知政事楊完者以兵守嘉興路，禦張士誠。乙

丑，〔四〕大明兵取廣德路。

秋七月癸未，以翰林學士禿魯帖木兒爲侍御史。丁酉，太陰犯壘壁陣。是月，張士誠遣兵陷杭州，江浙行省平章政事左答納失里戰死，丞相達識帖睦邇遁，楊完者及萬戶普賢奴擊敗之，復其城。

八月丙辰，奉元路判官王淵等以義兵復商州，陞淵同知關商襄鄧等處宣慰司事。己未，賊侵河南府路，參知政事洪丑驢以兵敗之。丁卯，太陰犯昴宿。庚午，倪文俊陷衡州路，元帥甄崇福戰死。甲戌，彗星見張宿，色青白，彗指西南，長尺餘，至十(二)月戊午始滅。〔五〕是月，車駕還自上都。黃河決，山東大水。

九月庚辰，汝、潁賊李武、崔德等破潼關，參知政事述律杰戰死。壬午，豫王阿剌忒納失里、同知樞密院事定住引兵復潼關，河南行省平章政事伯家奴以兵守之。丙申，潼關復陷，伯家奴兵潰，豫王阿剌忒納失里復以兵取之，李武、崔德敗走。戊戌，賊陷陝州及虢州。詔以太尉納麟復爲江南行臺御史大夫，還行臺治紹興。是月，察罕帖木兒復陝州及虢州，復襲敗賊兵于平陸、安邑，以功由兵部尚書陞僉河北行樞密院事。

冬十月丁未〔朔〕，大名路有星如火，從東南流，芒尾如曳篲，墮地有聲，火燄蓬勃，久之乃息，化爲石，青黑色，光瑩，形如狗頭，其斷處如新割者，命藏于庫。壬辰，太陰犯井宿，〔六〕

是月，詔罷太尉也先帖木兒。

十一月丙戌，以老的沙、答里麻失〔里〕並爲詹事。〔七〕丁亥，流星大如酒盃，色青白，尾跡約長五尺餘，光明燭地，起自東北，東南行，沒於近濁，有聲如雷。壬辰，太陰犯井宿。是月，河南陷，河南廉訪副使俺普遁。置河南廉訪司于沂州，又於沂州設分樞密院，以兵馬指揮使司隸之。

十二月，倪文俊陷岳州路，殺威順王子歹帖木兒。湖廣參知政事也先帖木兒與左江義兵萬戶鄧祖勝合兵復衡州。

是歲，詔：「沿海州縣爲賊所殘掠者，免田租三年。賜高年帛。」河南行省左丞相太不花駐軍于南陽嵩、汝等州，〔八〕叛民皆降，軍勢大振。陝西行臺監察御史李尙絅上關中形勝急論，凡十有二事。命大司農司屯種雄、霸二州以給京師，號京糧。

校勘記

〔一〕(乙)〔己〕亥　按是月壬午朔，無乙亥日。此「乙亥」在丁酉十六日、乙巳二十四日間，爲己亥十八日之誤，今改。道光本已校。

〔二〕丙(子)〔午〕　按是月壬午朔，無丙子日。此「丙子」在乙巳二十四日、戊申二十七日間，爲丙午二十五日之誤，今改。道光本已校。

〔三〕癸(酉)〔丑〕　按是月壬子朔，癸酉爲二十二日。此「癸酉」在甲寅初三日前，爲癸丑初二日之誤，今改。道光本已校。

〔四〕乙丑　按明太祖實錄卷四丙申年六月乙卯條有「元帥鄧愈、邵成、總管湯昌率兵攻廣德路，克之，改爲廣興府」。是月庚戌朔，乙卯爲初六日，乙丑則爲十六日。續通鑑作「乙卯」，疑是。

〔五〕至十(二)月戊午始滅　按本書卷四九天文志，八月甲戌彗星見於正東，「至十月戊午滅跡，西北行四十餘日」。自八月甲戌二十六日至十月戊午十二日，正合「四十餘日」之數。此處「二」字衍，今删。新元史已校。

〔六〕壬辰太陰犯井宿　按是月丁未朔，無壬辰日。下文十一月條及本書卷四九天文志均載本年十一月壬辰「太陰犯井宿」，干支、紀事全同，疑此處爲錯簡複文。

〔七〕答里麻失〔里〕　按「答里麻失里」之名本書屢見，此名梵語，義爲「法吉祥」。此處「失」下脫「里」字，今補。

〔八〕河南行省左丞相太不花　按上文至正十五年十一月甲午條及本書卷一四一太不花傳，太不花至正十五年拜湖廣行省左丞相，十八年遷中書右丞相。此處「河南」當爲「湖廣」之誤。蒙史已校。

明　宋濂等撰

第四册

卷四五至卷五五（紀　志）

中華書局

元史卷四十五

本紀第四十五

順帝八

十七年春正月丙子朔，日有食之。以伯顏禿古思爲大司徒。辛卯，命山東分省團結義兵，每州添設判官一員，每縣添設主簿一員，專率義兵以事守禦，仍命各路達魯花赤提調，聽宣慰使司節制。丙申，監察御史哈剌章言：「淮東道廉訪使(褚)〔楮〕不華，〔一〕徇忠盡節，宜加褒贈，優恤其家。」從之。

二月壬子，賊犯七盤、藍田，命察罕帖木兒以軍會答兒麻亦兒守陝州、潼關，哈剌不花由潼關抵陝西，會豫王阿剌忒納失里及定住等同進討。癸丑，太陰犯五車。以征河南許、亳、太康、嵩、汝大捷，詔赦天下。戊辰，知樞密院事脫脫復邳州，調客省使撒兒答溫等攻黃河南岸賊，大破之。壬申，劉福通遣其黨毛貴陷膠州，僉樞密院事脫歡死之。甲戌，倪文俊

陷峽州。是月，李武、崔德陷商州，察罕帖木兒與李思齊以兵自陝、虢援陝西。以察罕帖木兒爲陝西行省左丞，李思齊爲四川行省左丞。詔以高寶爲四川行省參知政事，將兵取中興，不克，賊遂破轆轤關。

三月乙亥〔朔〕，義兵萬戶賽甫丁、阿迷里丁叛據泉州。庚辰，毛貴陷萊州，守臣山東宣慰副使釋嘉訥死之。壬午，大明兵取常州路。甲申，太陰犯鬼宿。壬辰，歲星犯壘壁陣。甲午，毛貴陷益都路，益王買奴遁，自是山東郡邑皆陷。乙未，以江淮行樞密院副使董摶霄爲山東宣慰使。丁酉，毛貴陷濱州。戊戌，以中書平章政事帖里帖木兒爲御史大夫，悟良哈台、斡欒並爲中書平章政事。

夏四月丙午，監察御史五十九言：「今京師周圍，雖設二十四營，軍卒疲弱，素不訓練，誠爲虛設，儻有不測，誠可寒心。宜速選擇驍勇精銳，衞護大駕，鎭守京師，實當今奠安根本、固堅人心之急務。況武備莫重於兵，而養兵莫先於食。今朝廷撥降鈔錠，措置農具，命總兵官於河南克復州郡，且耕且戰，甚合寓兵於農之意。爲今之計，權命總兵官，從宜於軍官內選委能撫字軍民者，兼路府州縣之職，務要農事有成，軍民得所，則擾民之害亦除，而匱乏之憂亦釋矣。」帝嘉納之。乙卯，毛貴陷莒州。丙辰，京師立便民六庫，倒易昏鈔。辛酉，以咬咬爲甘肅行省左丞相。答失八都魯加太尉、四川行省左丞相。漢中道廉訪司糾陝西行省左丞蕭家奴遇賊逃竄，失陷所守郡邑，詔正其罪。是月，車駕時巡上都。封江西行省平章政事火你赤爲營國公。大明兵取寧國路。

五月乙亥〔朔〕，命知樞密院事孛蘭奚進兵討山東。戊寅，平章政事亦老溫帖木兒復武安州等三十餘城。丙申，命搠思監爲右丞相，太平爲左丞相，詔天下。免民今歲稅糧之半。詔以永昌宣慰司屬詹事院。

六月甲辰朔，以實理門爲中書分省右丞，守濟寧。丙辰，監察御史脫脫穆而言：「去歲河南之賊窺伺河北，惟河南與山東互相策應，爲害尤大。爲今之計，中書當遴選能將，就太不花、答失八都魯、阿魯三處軍馬內，擇其精銳，以守河北，進可以制河南之侵，退可以攻山東之寇，庶幾無虞。」從之。己未，以帖里帖木兒、老的沙並爲御史大夫。庚申，大明兵取江陰州。壬申，帖里帖木兒糾陝西知行樞密院事也先帖木兒，遂命罷陝西行樞密院，令也先帖木兒居于草地。癸酉，溫州路樂清江中龍起，颶風作，有火光如毬。是月，劉福通犯汴梁，其軍分三道，關先生、破頭潘、馮長舅、沙劉二、王士誠寇晉、冀，白不信、大刀敖、李喜喜趨關中，毛貴據山東，其勢大振。

秋七月己卯，帖里帖木兒奏續集風憲宏綱。庚辰，大明兵取徽州路。癸未，太白犯鬼宿。甲申，太陰犯斗宿。乙酉，命右丞相搠思監領宣政院事，平章政事臧卜知經筵事，參知

政事李稷同知經筵事，參知政事完者帖木兒兼太府卿。丁亥，塡星犯鬼宿。戊子，以李稷爲御史中丞。中書省臣言：「山東般陽、益都相次而陷，濟南日危，宜選將練卒，信賞必罰，爲保燕趙計，以衞京師。」不報。己丑，鎭守黃河義兵萬戶田豐叛，陷濟寧路，分省右丞實理門遁，義兵萬戶孟本周攻之，田豐敗走，本周還守濟寧。甲午，以御史中丞完者帖木兒爲中書右丞，河南廉訪使俺普爲中書參知政事。監察御史迭里彌實、劉傑言：「疆域日蹙，兵律不嚴，陝西、汴梁、淮潁、山東之寇有窺伺燕趙之志，宜俯詢大臣，共圖克復之宜，預定守備之策。」不報。是月，立四方獻言詳定使司，秩正三品。歸德府知府林茂、萬戶時公權叛，以城降于賊，歸德府及曹州皆陷。

八月癸卯〔朔〕，塡星犯鬼宿。太白犯軒轅。癸丑，劉福通兵陷大名路，遂自曹、濮陷衞輝路，答失八都魯之子孛羅帖木兒與萬戶方脫脫擊之。甲子，太陰犯五車。乙丑，以陝西行臺御史中丞伯嘉訥爲陝西行省平章政事，淮南行省參知政事余闕爲淮南行省左丞，江浙行省參知政事楊完者陞左丞，方國珍爲江浙行省參知政事，海道運糧萬戶如故。丙寅，慶陽府鎭原州大雹。是月，大駕還自上都。薊州大水。詔知樞密院事紐的該進討山東。大明兵取揚州路。平江路張士誠，俾前江南行臺御史中丞蠻子海牙爲書請降，江浙左丞相達識帖睦邇承制令參知政事周伯琦等至平江撫諭之，詔以士誠爲太尉，士德爲淮南行省平章

政事，時士德已爲大明兵所擒。

九月丙子，命同知樞密院事壽童以兵討冠州。以老的沙爲中書省平章政事兼兀良海牙指揮使。甲午，澤州陵川縣陷，縣尹張輔死之。戊戌，太不花復大名路幷所屬郡縣。辛丑，詔中書右丞也先不花、御史中丞成遵奉使宣撫彰德、大名、廣平、東昌、東平、曹、濮等處，奬厲將帥。是月，命紐的該加太尉，總諸軍守禦東昌。時田豐據濟、濮，率衆來寇，擊走之。倪文俊謀殺其主徐壽輝，不果，自漢陽奔黃州，壽輝僞將陳友諒襲殺之，友諒遂自稱平章。

閏九月癸卯，有飛星如盂，青色，光燭地，尾約長尺餘，起自王良，沒於勾陳。監察御史朶兒只等劾奏知樞密院使哈剌八禿兒失陷所守郡縣，〔二〕詔正其罪。丙午，太陰犯斗宿。右丞相搠思監、左丞相太平並加開府儀同三司。平章政事完者不花兼大司農。庚申，太陰犯井宿。乙丑，（路）〔潞〕州陷。〔三〕丙寅，賊攻冀寧，察罕帖木兒以兵擊走之。

冬十月乙亥，熒惑犯氐宿。戊寅，設分詹事院。甲申，太陰掩昴宿。戊戌，曹州賊入太行山。是月，白不信、大刀敖、李喜喜陷興元，遂入鳳翔，察罕帖木兒、李思齊屢擊破之，其黨走入蜀。答失八都魯與知樞密院事答里麻失里以軍討曹州賊，官軍敗潰，答里麻失里死之。靜江路山崩，地陷，大水。

十一月辛丑〔朔〕，山東道宣慰使董摶霄建言：「請令江淮等處各枝官軍，分布連珠營寨於隘口，屯駐守禦，宜廣屯田，以足軍食。」從之。汾州桃杏花。壬寅，賊侵壺關，察罕帖木兒大破之。戊午，以河南行省平章政事答蘭爲中書平章政事，御史中丞李獻爲中書左丞，陝西行臺中丞卜顏帖木兒、樞密院副使哈剌那海、司農少卿崔敬、侍御史陳敬伯皆爲參知政事。癸亥，豫王阿剌忒納失里與陝西行省左丞相朶朶、陝西行臺御史中丞伯嘉訥，分道攻討關陝。己巳，以中書參知政事八都麻失里爲右丞。

十二月庚午〔朔〕，熒惑犯天江。辛未，山東道廉訪使伯顏不花建言：嚴保伍，集勇健，汰冗官。戊寅，太白犯歲星。甲申，太陰犯鬼宿。丁亥，歲星犯壘壁陣。庚寅，太白犯壘壁陣。癸巳，太陰犯心宿。丁酉，慶元路象山縣鵝鼻山崩。己亥，流星如金星大，尾約長三尺餘，起自太陰，近東而沒，化爲青白氣。庚子，〔四〕答失八都魯卒于軍中。

是歲，詔天下團結義兵，路、府、州、縣正官俱兼防禦事。詔淮南(行知)〔知行〕樞密院事脫脫領兵討淮南。〔五〕詔諭濟寧李秉彝、田豐等，令其出降，敍復元任；嘯亂士卒，仍給資糧，欲還鄉者聽。倪文俊陷川蜀諸郡，命僞元帥明玉珍守據之。趙君用及彭大之子早住同據淮安，趙僭稱永義王，彭僭稱魯淮王。義兵千戶余寶殺其知樞密院事寶童以叛，降于毛貴。余寶遂據棣州。河南大饑。

十八年春正月辛丑，塡星犯鬼宿。乙巳，察罕帖木兒、李思齊合兵于鳳翔。丙午，太陰犯昴宿。陳友諒陷安慶路，守將余闕死之。庚戌，大明兵取婺源州。甲子，以不蘭奚知樞密院事。乙丑，大風起自西北，益都土門萬歲碑仆而碎。丙寅，田豐陷東平路。丁卯，不蘭奚與毛貴戰于好石橋，敗績，走濟南。是月，詔答失八都魯子孛羅帖木兒爲河南行省平章政事，總領其父元管軍馬。詔察罕帖木兒屯陝西，李思齊屯鳳翔。

二月己巳朔，議團結西山寨大小十一處以爲保障，命中書右丞塔失帖木兒、左丞烏古孫良楨等總行提調，設萬夫長、千夫長、百夫長，編立牌甲，分守要害，互相策應。毛貴陷清、滄州，遂據長蘆鎭。中書省臣奏以陝西軍旅事劇務殷，去京師道遠，供費艱難，請就陝西印造寶鈔爲便，遂分戶部寶鈔庫等官，置局印造。仍命諸路撥降鈔本，畀平準行用庫倒易昏幣，布于民間。癸酉，毛貴陷濟南路，守將愛的戰死。毛貴立賓興院，選用故官，以姬宗周等分守諸路；又於萊州立三百六十屯田，每屯相去三十里，造大車百輛，以挽運糧儲，官民田十止收二分，冬則陸運，夏則水運。乙亥，塡星犯鬼宿。辛巳，詔以太不花爲中書右丞相，總兵山東。壬午，田豐復陷濟寧路。甲申，輝州陷。丙戌，紐的該聞田豐逼近東昌，棄城走。丁亥，察罕帖木兒調兵復涇州、平涼，保鞏昌。戊子，田豐陷東昌路。庚寅，王

士誠自益都犯懷慶路，周全擊敗之。辛卯，以安童爲中書參知政事。丁酉，興元路陷。

三月己亥朔，日色如血。加右丞相搠思監太保。庚子，毛貴陷般陽路。辛丑，大同路夜黑氣蔽西方，有聲如雷；少頃，東北方有雲如火，交射中天，遍地俱見火，空中有兵戈之聲。癸卯，王士誠陷晉寧路，總管杜賽因不花死之。甲辰，察罕帖木兒遣賽因赤等復晉寧路。己酉，劉福通遣兵犯衞輝，孛羅帖木兒擊走之。庚戌，毛貴陷薊州，詔徵四方兵入衞。乙卯，毛貴犯漷州，至棗林，樞密副使達國珍戰死，遂略柳林，同知樞密院事劉哈剌不花以兵擊敗之，貴走據濟南。丙辰，大明兵取建德路。以周全爲湖廣行省參知政事，統奥魯等軍，移鎭嵩州白龍寨。冀寧路陷。丁巳，田豐陷益都路。辛酉，大同諸縣陷，察罕帖木兒遣關保等往擊之。是時賊分二道犯晉、冀，一出沁州，一侵絳州。乙丑，以老章爲太子少保。

夏四月甲申，〔六〕陳友諒陷龍興路，省臣道童、火你赤棄城遁。壬午，田豐陷廣平路，大掠，退保東昌。詔令元帥方脫脫以兵復廣平。癸未，以諸處捷音屢至，詔頒軍民事宜十一條。庚寅，以翰林學士承旨蠻子爲嶺北行省平章政事。辛卯，太白犯鬼宿。甲午，陳友諒遣王奉國陷瑞州路。是月，車駕時巡上都。察罕帖木兒、李思齊，會宣慰張良弼、郎中郭擇善、宣慰同知拜帖木兒、平章政事定住、總帥汪長生奴，各以所部兵討李喜喜于鞏昌，李喜喜敗入蜀。察罕帖木兒駐淸湫，李思齊駐斜坡，張良弼駐秦州，郭擇善駐崇信，拜帖木兒等

駐通渭，定住駐臨洮，各自除路府州縣官，徵納軍需。李思齊、張良弼又同襲殺拜帖木兒，分總其兵。

五月戊戌朔，察罕帖木兒遣董克昌等以兵復冀寧。以方國珍爲江浙行省左丞，兼海道運糧萬戶。詔察罕帖木兒還兵鎮冀寧。李思齊殺同僉樞密院事郭擇善。庚子，賊兵踰太行，察罕帖木兒部將關保擊敗之。以察罕帖木兒爲陝西行省右丞兼陝西行臺侍御史、同知河南行樞密院事。劉福通攻汴梁。壬寅，太白犯塡星。汴梁守將竹貞棄城遁，福通等遂入城，乃自安豐迎其僞主居之以爲都。陳友諒遣康泰、趙琮、鄧克明等以兵寇邵武路。甲辰，命太尉阿吉剌爲甘肅行省左丞相。乙巳，關保與賊戰于高平，大敗之。庚戌，陳友諒陷吉安路。壬子，太陰犯斗宿。癸丑，監察御史七十等，糾劾太保、中書右丞相太不花。乙卯，詔削太不花官爵，安置蓋州。時太不花總兵山東，以知行樞密院悟良哈台代之。命悟良哈台節制河北諸軍，河南行省平章政事周全節制河南諸軍。辛酉，陳友諒兵陷撫州路。甲子，監察御史七十、燕赤不花等劾中書參知政事燕只不花。是月，遼州蝗。山東地震，天雨白毛。察罕帖木兒自以劉尙質爲冀寧路總管。

六月戊辰朔，太不花伏誅。察罕帖木兒調虎林赤、關保同守潞州。拜察罕帖木兒陝西行省平章政事，便宜行事。庚辰，關先生、破頭潘等陷遼州，虎林赤以兵擊走之。關先生等

遂陷冀寧路。乙酉，命左丞相太平督諸軍守禦京城，便宜行事。是月，汾州大疫。

秋七月丁酉朔，周全據懷慶路以叛，附于劉福通。時察罕帖木兒駐軍洛陽，遣伯帖木兒以兵守盤子城。周全來戰，伯帖木兒爲其所殺，周全遂盡驅懷慶民渡河，入汴梁。丁未，太陰犯斗宿。不蘭奚以兵復般陽路，已而復陷。戊申，太白晝見。癸丑，有賊兵犯京城，刑部郎中不花守西門，夜，開門擊退之。己未，劉福通遣周全引兵攻洛陽，守將登城，以大義責全，全愧謝退兵，劉福通殺之。丙寅，以完卜花、脫脫帖木兒爲中書平章政事。是月，京師大水，蝗，民大饑。

八月丁卯朔，江浙行省平章政事三旦八遁于福建。先是，三旦八討饒州，貪財玩寇，久而無功，遂妄稱遷職福建行省。至福建，爲廉訪僉事般若帖木兒所劾，拘之興化路。壬申，太陰掩心宿。庚辰，陳友諒兵陷建昌路。辛巳，義兵萬戶王信以滕州叛，降於毛貴。甲申，太陰掩昴宿。庚寅，以老的沙爲御史大夫。詔作新風紀。

九月丁酉朔，詔授昔班帖木兒同知河東宣慰司事，其妻剌八哈敦雲中郡夫人，子觀音奴贈同知大同路事，仍旌表其門閭。先是，昔班帖木兒爲趙王位下同知怯憐口總管府事，其妻嘗保育趙王，及是部落滅里叛，欲殺王，昔班帖木兒與妻謀，以其子觀音奴服王平日衣冠居王宮，夜半，夫妻衞趙王微服遁去。比賊至，遂殺觀音奴，趙王得免。事聞，故旌其忠

焉。褒封唐贈諫議大夫劉蕡爲文節昌平侯。關先生攻保定路，不克，遂陷完州，掠大同、興和塞外諸郡。中書左丞張冲請立團練安撫勸農使司二道，一奉元延安等處，一鞏昌等處，從之。壬寅，詔命中書參知政事普顏不花、治書侍御史李國鳳經略江南。癸卯，詔以福建行中書省平章政事慶童爲江南行臺御史大夫。丙午，賊兵攻大同路。壬戌，平定州陷。乙丑，陳友諒陷贛州路，江西行省參知政事全普庵撒里及總管哈海赤死之。

冬十月丙寅朔，詔豫王阿剌忒納失里徙居白海，尋遷六盤。壬申，大明兵取蘭溪州。己卯，太陰犯昴宿。壬午，監察御史燕赤不花劾右丞相搠思監罪狀，詔收其印綬。乙酉，監察御史答兒麻失里、王彝等復劾之，請正其罪，帝不聽。壬辰，大同路陷，達魯花赤完者帖木兒棄城遁。

十一月乙未朔，以普化帖木兒爲福建行省平章政事。癸卯，陳友諒陷汀州路。丙午，太陰犯昴宿。太白犯房宿。丁未，田豐陷順德路。先是，樞密院判官劉起祖守順德，糧絕，刼民財，掠牛馬，民強壯者令充軍，弱者殺而食之。至是城陷，起祖遂盡驅其民走于廣平。辛酉，太陰掩心宿。

十二月乙丑朔，日有食之。癸酉，關先生、破頭潘等陷上都，焚宮闕，留七日，轉略往遼陽，遂至高麗。戊寅，太白經天。庚辰，察罕帖木兒遣樞密院判官瑣住進兵于遼陽。癸未，

太白經天。甲申，大明兵取婺州路，達魯花赤僧住、浙東廉訪使楊惠死之。戊子，太陰犯房宿。

十九年春正月甲午朔，陳友諒兵陷信州路，守臣江東廉訪副使伯顏不花的斤力戰死之。大明兵取諸暨州。辛丑，太陰犯昴宿。乙巳，以朶兒只班爲中書平章政事。丙午，遼陽行省陷，懿州路總管呂震死之，贈震河南行省左丞，追封東平郡公。察罕帖木兒遣樞密院判官陳秉直、八不沙將兵二萬守冀寧。癸丑，流星如酒盃大，有聲如雷。

〔三〕〔二〕月辛巳，〔七〕樞密副使朶兒只以賊犯順寧，命張立將精銳由紫荆關出討，命鴉鶻由北口出迎敵。甲申，叛將梁炳攻辰州，守將和尙擊敗之。以和尙爲湖廣行省參知政事。賊由飛狐、靈丘犯蔚州。庚寅，御史臺臣言：「先是召募義兵，費用銀鈔一百四十萬錠，多近侍、權倖冒名關支，率爲虛數。乞令軍士，凡已領官錢者，立限出征。」詔從之，已而復止不行。是月，詔孛羅帖木兒移兵鎮大同，以爲京師捍蔽。置大都督兵農司，仍置分司十道，專督屯種，以孛羅帖木兒領之。所在侵奪民田，不勝其擾。太不花潰散之兵數萬鈔掠山西，察罕帖木兒遣陳秉直分兵駐榆次招撫之，其首領悉送河南屯種。

三月癸巳朔，陳友諒遣兵由信州略衢州，復遣兵陷襄陽路。辛丑，京城北兵馬司指揮

周哈剌歹與林智和等謀叛，事覺，伏誅。庚戌，太陰犯房宿。壬戌，詔定科舉流寓人名額，蒙古、色目、南人各十五名，漢人二十名。

夏四月癸亥朔，汾水暴漲。賊陷金、復等州，司徒、知樞密院事佛家奴調兵平之。甲子，毛貴爲趙君用所殺。帝以天下多故，卻天壽節朝賀，詔羣臣曰：「朕方今宜敬天地，法祖宗，以自修省。朕初度之日，羣臣毋賀。」庚午，左丞相太平暨文武百官奏曰：「天壽節朝賀，乃臣子報本，實合禮典。今謙讓不受，固陛下盛德，然今軍旅征進，君臣名分，正宜舉行。」不允。壬申，皇太子復率羣臣上奏曰：「朝賀祝壽，是祖宗以來舊行典故，今不行，有乖於禮。」帝曰：「今盜賊未息，萬姓荼毒，正朕恐懼、修省、敬天之時，奈何受賀以自樂！」乙亥，御史大夫帖里帖木兒復奏曰：「天壽朝賀之禮，蓋出臣子之誠，伏望陛下曲徇所請。若朝賀之後，內庭燕集，特賜除免，亦古者人君減饍之意，仍乞宣示中書，使內外知聖天子憂勤惕厲至於如此。」帝曰：「爲朕缺於修省，以致萬姓塗炭，今復朝賀燕集，是重朕之不德。當俟天下安寧，行之未晚。卿等其毋復言。」卒不聽。己丑，賊陷寧夏路，遂略靈武等處。

五月壬辰朔，以陝西行臺御史大夫完者帖木兒爲陝西行省左丞相，便宜行事。丙申，熒惑犯鬼宿。丁酉，皇太子奏請巡北邊以撫綏軍民，御史臺臣上疏固留，詔從之。壬寅，察罕帖木兒請今歲八月鄉試河南舉人及避兵儒士，不拘籍貫，依河南省元定額數，就陝州置

貢院應試，詔從之。丙午，太陰犯天江。丁未，太陰犯斗宿。是月，察罕帖木兒大發秦、晉諸軍討汴梁，圍其城。山東、河東、河南、關中等處，蝗飛蔽天，人馬不能行，所落溝塹盡平，民大饑。

六月辛巳，詔以宣徽使燕古兒爲御史大夫。

秋七月壬辰朔，出搠思監爲遼陽行省左丞相，便宜行事。丁酉，太白犯上將。庚子，詔以察罕腦兒宣慰司之地屬資正院，有司毋得差占。察罕腦兒之地，在世祖時隸忙哥歹太子四千戶，今從皇后奇氏請，故以屬之資正院。甲辰，太白犯右執法。戊申，命國王囊加歹、中書平章政事佛家奴、也先不花、知樞密院事黑驢等，統領探馬赤軍進征遼陽。己酉，太白犯左執法。丙辰，趙君用既殺毛貴，其黨續繼祖自遼陽入益都，殺君用，遂與其所部自相讎敵。是月，霸州及介休、靈石縣蝗。

八月辛酉朔，倪文俊餘黨陷歸州。戊寅，察罕帖木兒督諸將(閆)〔閻〕思孝、〔六〕李克彝、虎林赤、賽因赤、荅忽、脫因不花、呂文、完哲、賀宗哲、孫翥等攻破汴梁城，劉福通奉其僞主遁，退據安豐。己卯，蝗自河北飛渡汴梁，食田禾一空。詔以察罕帖木兒爲河南行省平章政事，兼同知河南行樞密院事、〔七〕陝西行臺御史中丞，依前便宜行事，仍賜御衣、七寶腰帶，以旌其功。是月，大同路蝗。襄垣縣螟蝝。

九月癸巳，以中書平章政事帖里帖木兒爲陝西行省左丞相，便宜行事。乙巳，以湖南、北，江東、西四道廉訪司所治之地皆陷，詔任其所便之地置司。丙午，夜，白虹貫天。丁未，禁軍人不得私殺牛馬。甲寅，太白犯天江。是月，大明兵取衢州路。詔遣兵部尚書伯顏帖木兒、戶部尚書曹履亨，以御酒、龍衣賜張士誠，徵海運糧。

冬十月庚申朔，詔京師十一門皆築甕城，造吊橋。以方國珍爲江浙行省平章政事。壬申，太白犯斗宿。辛巳，流星大如桃。

十一月癸卯，大明兵取處州路。戊申，陳友諒兵陷杉關。

十二月戊辰，太白犯壘壁陣。是月，知樞密院事兀良哈台領太不花軍，其所部方脫脫與弟方伯帖木兒時保遼州，兀良哈台同唐琰、高脫因等屯孟州，與察罕帖木兒部將八不沙等交兵。已而兀良哈台獨引達達軍還京師，方脫脫等乃從孛羅帖木兒。皇太子惑太平忤己，以中書左丞成遵、參知政事趙中皆太平所用，使監察御史誣成遵、趙中以贓罪，杖殺之。

是歲以後，因上都宮闕盡廢，大駕不復時巡。陳友諒以江州爲都，迎僞主徐壽輝居之，自稱漢王。

二十年春正月己丑朔，察罕帖木兒請以鞏縣改立軍州萬戶府，招民屯種，從之。御史

大夫老的沙、御史中丞咬住奏：「今後各處從宜行事官員，毋得陰挾私讎，明爲舉索，輒將風憲官吏擅自遷除，侵擾行事，沮壞臺綱。」從之。己亥，太陰犯井宿。癸卯，大寧路陷。壬子，以危素爲參知政事。乙卯，會試舉人，知貢舉平章政事八都麻失里、同知貢舉翰林學士承旨李好文、禮部尚書許從宗，考試官國子祭酒張翥、同考官太常博士傅亨等奏：「舊例，各處鄉試舉人，三年一次，取三百名，會試取一百名。今歲鄉試所取，比前數少，止有八十八名，會試三分內取一分，合取三十名，如於三十名外，添取五名爲宜。」從之。丙辰，五色雲見移時。

二月戊午朔，左丞相太平罷爲太保，守上都。

三月戊子朔，田豐陷保定路。彗星見東方。甲午，廷試進士三十五人，賜買住、魏元禮進士及第，其餘出身有差。乙巳，冀寧路陷。壬子，以搠思監爲中書右丞相。

夏四月庚申，命大司農司都事樂元臣招諭田豐，至其軍，爲豐所害。丁卯，太陰犯明堂。辛未，僉行樞密院事張居敬復興中州。癸酉，太陰犯東咸。

五月丁亥朔，日有食之。雨雹。陳友諒殺其僞主徐壽輝於太平路，遂稱皇帝，國號大漢，改元大義，已而回駐於江州。乙未，陳友諒遣羅忠顯陷辰州。己亥，以粹住馬爲中書平章政事。壬寅，太陰犯建星。是月，張士誠海運糧十一萬石至京師。

閏月己未，以太尉也〔先〕帖木兒知經筵事。〔一〇〕以甘肅行省左丞相阿吉剌爲太尉。乙亥，流星大如桃。

六月己丑，命孛羅帖木兒部將方脫脫守禦嵐、興、保德州等處。詔：「今後察罕帖木兒與孛羅帖木兒部將，毋得互相越境，侵犯所守信地，因而讐殺，方脫脫不得出嵐、興州境界，察罕帖木兒亦不得侵其地。」癸巳，太白犯井宿。戊戌，太陰犯建星。是月，大明兵取信州路。

秋七月辛酉，命遼陽行省參知政事張居敬討義州賊。孛羅帖木兒敗賊王士誠於臺州。乙丑，太陰犯井宿。乙亥，詔孛羅帖木兒總領達達、漢兒軍馬，爲總兵官，仍便宜行事。

八月戊子，命孛羅帖木兒守石嶺關以北，察罕帖木兒守石嶺關以南。辛卯，太陰犯天江。壬辰，加封福建鎭閩王爲護國英仁武烈忠正福德鎭閩尊王。乙未，永平路陷。壬(辰)〔寅〕，〔一一〕塡星犯太微。甲辰，太陰犯井宿。詔：「諸處所在權攝官員，專務漁獵百姓，今後非朝廷允許，不得之任。」庚戌，詔江浙行省左丞相達識帖睦邇加太尉兼知江浙行樞密院事，提調行宣政院事，便宜行事。

九月乙卯朔，詔遣參知政事也先不花往諭孛羅帖木兒、察罕帖木兒，令講和。時孛羅帖木兒調兵自石嶺關直抵冀寧，圍其城三日，復退屯交城。察罕帖木兒調參政閻奉先引兵與戰，已而各於石嶺關南北守禦。壬戌，賊陷孟州，又陷趙州，攻眞定路。癸未，賊復犯上都，右丞忙哥帖木兒引兵擊之，敗績。

冬十月甲申朔，甘露降于國子監大成殿前柏木。以張良弼爲湖廣行省參知政事，討南陽、襄樊。詔孛羅帖木兒守冀寧，孛羅帖木兒遣保保、殷興祖、高脫因倍道趨冀寧，守者不納。丙戌，命迭兒必失爲太尉，守衞大斡耳朶思。戊子，熒惑犯井宿。己亥，察罕帖木兒遣陳秉直、瑣住等，以兵攻孛羅帖木兒之軍于冀寧，與孛羅帖木兒部將脫列伯戰，敗之。時帝有旨以冀寧畀孛羅帖木兒，察罕帖木兒以爲用兵數年，惟藉冀、晉以給其軍，而致盛彊，苟奉旨與之，則彼得以足其兵食。乃託言用師汴梁，尋渡河就屯澤、潞拒之，調延安軍交戰於東勝州等處，再遣八不沙以兵援之。八不沙謂彼軍奉旨而來，我何敢抗王命，察罕帖木兒怒，殺之。

十一月甲寅朔，黃河淸，凡三日。孛羅帖木兒以兵侵汾州，察罕帖木兒以兵拒之。癸酉，賊犯易州。

十二月丙戌，詔：「太廟、影堂祭祀，乃子孫報本重事。近兵興歲歉，品物不能豐備，累朝四祭，減爲春秋二祭，今宜復四祭。」後竟不行。辛卯，廣平路陷。

是歲，陽翟王阿魯輝帖木兒擁兵數十萬，屯于木兒古徹兀之地，將犯京畿，使來言曰：「祖宗以天下付汝，汝已失其太半，若以國璽付我，我當自爲之。」帝遣報之曰：「天命有在，汝欲爲則爲之。」命〔知〕樞密院事禿堅帖木兒等將兵擊之，〔一二〕不克，軍士皆潰，禿堅帖木兒走上都。

校勘記

〔一〕(楮)〔褚〕不華　據本書卷一九四本傳改。續通鑑已校。

〔二〕知樞密院使　按元制無「知樞密院使」，續通鑑「使」作「事」。

〔三〕(路)〔潞〕州　按元無「路州」，此「路州」隣冀寧，指晉寧路之潞州，今改。類編已校。

〔四〕庚子　按至正十七年十二月庚午朔，無庚子日，庚子爲次年正月朔日。蒙史改作「十八年正月庚子朔」。

〔五〕淮南(行知)〔知行〕樞密院事脫脫　按淮南行樞密院立於至正十五年十月，其長稱「知行樞密院事」，此處倒誤，今改正。

〔六〕甲申　按是月己巳朔，甲申爲十六日。此「甲申」在壬午十四日前，錯簡。新元史移甲申於癸未十五日後，與明太祖實錄卷六所載符。

〔七〕(三)〔二〕月辛巳　按是年二月甲子朔，辛巳十八日、甲申二十一日、庚寅二十七日均在二月，且下文復書三月而無二月，此處顯誤。今改。道光本已校。

〔八〕(闘)〔閻〕思孝　從北監本改。

〔九〕兼同知河南行樞密院事　按本書卷九二百官志作「兼河南山東等處行樞密院知院」，卷一四一察罕帖木兒傳作「兼知河南行樞密院事」。蒙史刪「同」字，疑是。

〔一〇〕也〔先〕帖木兒　據上文至正十六年十月條補。汪輝祖三史同名錄已校。

〔一一〕壬(辰)〔寅〕　按是月壬辰初八日重出，此「壬辰」在乙未十一日、甲辰二十日間，爲壬寅十八日之誤，本書卷四九天文志作「壬寅」，據改。道光本已校。

〔一二〕〔知〕樞密院事禿堅帖木兒　據下文至正二十二年二月條及本書卷二〇六阿魯輝帖木兒傳補。續通鑑已校。

元史卷四十六

本紀第四十六

順帝九

二十一年春正月癸丑朔，詔赦天下。命中書參知政事七十往諭孛羅帖木兒罷兵還鎮，復遣使往諭察罕帖木兒，亦令罷兵。孛羅帖木兒縱兵掠冀寧等處，察罕帖木兒以兵拒之，故有是命。庚申，太陰犯歲星。乙丑，河南賊犯杞縣，察罕帖木兒討平之。丁卯，李思齊進兵平伏羌縣等處。癸酉，石州大風拔木，六畜俱鳴，民所持槍，忽生火焰，抹之卽無，搖之卽有。

二月癸未朔，塡星退犯太微垣。甲申，同僉樞密院事迭里帖木兒復永平、灤州等處。己丑，察罕帖木兒駐兵霍州，攻孛羅帖木兒。壬寅，太陰犯天江。是月，江南行臺侍御史八撒剌不花殺廣東廉訪使完者篤、副使李思誠、僉事迭麥赤，以兵自衞，據廣州。時八撒剌不花

以廉訪使久居廣東，專恣自用，詔乃以完者篤等爲廉訪司官，而除八撒剌不花侍御史。八撒剌不花不受命，怒完者篤等代己，卽誣以罪，盡殺之，惟廉訪使董鑰哀請得免。

三月丙辰，太陰犯井宿。癸酉，察罕帖木兒調兵討永城縣，又駐兵宿州，擒賊將梁綿住。庚辰，熒惑犯鬼宿。是月，張士誠海運糧一十一萬石至京師。孛羅帖木兒罷兵還，遣脫列伯等引兵據延安，以謀入陝。張良弼出南山義谷，駐藍田，受節制於察罕帖木兒。良弼又陰結陝西行省平章政事定住，聽丞相帖里帖木兒調遣，營于鹿臺。

夏四月辛巳朔，日有食之。是月，以張良弼爲陝西行省參知政事。察罕帖木兒遣其子副詹事擴廓帖木兒貢糧至京師，皇太子親與定約，遂不復疑。

五月癸丑，四川明玉珍陷嘉定等路，李思齊遣兵擊敗之。壬戌，太陰犯房宿。癸酉，太白犯軒轅。甲戌，熒惑犯太白。乙亥，察罕帖木兒以兵侵孛羅帖木兒所守之地。是月，李思齊受李武、崔德等降。

六月乙未，熒惑、歲星、太白聚于翼宿。丙申，察罕帖木兒總兵討山東，發晉軍，下井陘，出邯鄲，過磁、相、懷、衞，踰白馬津，發其軍之在汴梁者繼之，水陸並進。戊戌，太陰犯雲雨。甲辰，太白晝見。

秋七月辛亥，察罕帖木兒平東昌。己巳，沂州西北有赤氣蔽天如血。是月，察罕帖木兒進兵復冠州。

八月乙酉，大同路北方夜有赤氣蔽天，移時方散。庚子，以福建行省平章政事普化帖木兒爲江南行臺御史大夫。癸卯，大明兵取江州路。時僞漢陳友諒據江州爲都，至是退都武昌。是月，察罕帖木兒遣其子擴廓帖木兒、閻思孝等，會關保、虎林赤等，將兵由東河造浮橋以濟，〔一〕賊以二萬餘衆奪之，關保、虎林赤且戰且渡，拔長清，討東平，東平僞丞相田豐遣崔世英等出戰，大破之。乃遣使招諭田豐，豐降，東平平，令豐爲前鋒，從大軍東討。棣州俞寶降，東平王士誠、東昌楊誠等皆降，魯地悉定。進兵濟南，劉珪降，遂圍益都。

九月戊午，陽翟王阿魯輝帖木兒伏誅。阿魯輝帖木兒以宗親，見天下盜賊並起，遂乘間隙，肆爲異圖，詔少保、知樞密院事老章率諸軍討之。老章遂敗其衆，尋爲部將同知太常禮儀院事脫驩所擒，送闕下，詔誅之。於是詔加老章太傅、和寧王，以阿魯輝帖木兒之弟忽都帖木兒襲封陽翟王。宗王囊加、玉樞虎兒吐華與脫驩悉議加封。壬戌，四川賊兵陷東川郡縣，李思齊調兵擊之。壬申，命孛羅帖木兒於保定以東，河間以南，從便屯種。是月，命兵部尚書徹徹不花、侍郎韓祺徵海運糧于張士誠。大明取建昌、饒州二路。

冬十月癸巳，絳州有赤氣見北方如火。以察罕帖木兒爲中書平章政事，兼知河南、山

東等處行樞密院事、陝西行御史臺中丞。察罕帖木兒調參知政事陳秉直、劉珪等守禦河南。

十一月戊申朔，溫州樂淸縣雷。庚戌，太陰犯建星。癸亥，太陰犯井宿。戊辰，黃河自平陸三門磧下至孟津，五百餘里皆淸，凡七日。命祕書少監程徐祀之。壬申，太陰犯氐宿。是月，察罕帖木兒、李思齊遣兵圍鹿臺，攻張良弼，詔和解之，俾各還信地，兵乃解。

是歲，京師大饑，屯田成，收糧四十萬石。賜司農丞胡秉彝尙尊、金幣，以旌其功。

二十二年春正月戊申朔，太白犯建星。甲寅，詔李思齊討四川，張良弼平襄漢。時兩軍不和，故有是命。乙卯，塡星退犯左執法。庚申，大明取江西龍興諸路。時江西諸路皆陳友諒所據。丁卯，詔以太尉完者帖木兒爲陝西行省左丞相。仍命察罕帖木兒屯種于陝西。申諭李思齊、張良弼等各以兵自效。以也先不花爲中書右丞。

二月丁丑朔，盜殺陝西行省右丞塔不歹。己卯，太白犯壘壁陣。乙酉，彗星見于危宿，光芒長丈餘，色青白。丁酉，彗星犯離宮西星，至二月終，光芒長二丈餘。是月，知樞密院事禿堅帖木兒奉詔諭李思齊討四川。時思齊退保鳳翔，使至，思齊進兵益門鎭；使還，思齊

復歸鳳翔。

三月戊申，彗星不見星形，惟有白氣，形曲竟天，西指掃大角。壬子，彗星行過太陽前，惟有星形，無芒，在昴宿，至戊午始滅。甲寅，四川明玉珍陷雲南省治，屯金馬山，陝西行省參知政事車力帖木兒等擊敗之，擒明玉珍弟明二。己未，御史大夫老的沙辭職，不許。是月，命孛羅帖木兒爲中書平章政事，位第一，加太尉。張良弼受節制於孛羅帖木兒。李思齊遣兵攻良弼，至于武功，良弼以伏兵大破之。

夏四月丙子朔，長星見，其形如練，長數十丈，在虛、危之間，後四十餘日乃滅。丁亥，熒惑離太陽三十九度，不見，當出不出。己丑，詔諸王、駙馬、御史臺各衙門，不許占匿人民不當差役。乙未，賊新橋張陷安州，孛羅帖木兒來請援兵。是月，紹興路大疫。

五月乙巳朔，泉州賽甫丁據福州路，福建行省平章政事燕只不花擊敗之，餘衆航海還據泉州。福建行省參知政事陳有定復汀州路。己未，中書參知政事陳祖仁上章，乞罷修上都宮闕。辛酉，太陰犯建星。辛未，明玉珍據成都，自稱隴蜀王，遣僞將楊尙書守重慶，分兵寇龍州、青州，〔三〕犯興元、鞏昌等路。是月，張士誠海運糧一十三萬石至京師。

六月辛巳，彗星見紫微垣，光芒長尺餘，東南指，西南行。戊子，彗星光芒掃上宰。田豐及王士誠刺殺察罕帖木兒，遂走入益都城，衆乃推察罕帖木兒之子擴廓帖木兒爲總兵

官，復圍益都。詔贈察罕帖木兒推誠定遠宣忠亮節功臣、開府儀同三司、上柱國、河南行省左丞相，追封忠襄王，謚獻武，食邑沈丘縣；令河南、山東等處立廟，長吏歲時致祭。其父司徒阿都溫賜良田二百頃；其子擴廓帖木兒授光祿大夫、中書平章政事，兼知河南山東等處行樞密院事、同知詹事院事，一應軍馬，並聽節制。仍詔諭其將士曰：「凡爾將佐，久爲察罕帖木兒從事，惟恩與義，實同骨肉，視彼逆黨，不共戴天，當力圖報復，以伸大義。」己亥，益都賊兵出戰，擴廓帖木兒生擒六百餘人，斬首八百餘級。

秋七月乙卯，彗星滅跡。丙辰，熒惑見西方，須臾，成白氣如長蛇，光炯有文，橫亘中天，移時乃滅。是月，河決范陽縣，漂民居。

八月己亥，〔三〕擴廓帖木兒言：「孛羅帖木兒、張良弼據延安，掠黃河上下，欲東渡以奪晉寧，乞賜詔諭。」癸巳，太(白)〔陰〕犯畢宿。〔四〕

九月癸卯朔，劉福通以兵援田豐，至火星埠，擴廓帖木兒遣關保邀擊，大破之。甲辰，以山北廉訪司權置于惠州。丁未，太白犯亢宿。己酉，太陰犯斗宿。癸亥，歲星犯軒轅。丙寅，熒惑犯鬼宿。戊辰，以也速爲遼陽行省左丞相，依前總兵，撫安迤東郡縣。己巳，有流星如酒盃，色青白，光明燭地。熒惑犯鬼宿積尸氣。

冬十月壬申朔，江西行省平章朶列不花移檄討八撒剌不花。時朶列不花分省廣州，適邵宗愚陷廣州，執八撒剌不花，殺之。甲戌，孛羅帖木兒南侵擴廓帖木兒所守之地，遂據眞定路。己卯，太陰犯牛宿。丁亥，辰星犯亢宿。戊子，太陰犯畢宿。

十一月乙巳，擴廓帖木兒復益都，田豐等伏誅。自擴廓帖木兒旣襲父職，身率將士，誓必復讎，人心亦思自奮，圍城益急。賊悉力拒守，乃以壯士穴地通道而入，遂克之，盡誅其黨，取田豐、王士誠之心以祭察罕帖木兒。庚戌，擴廓帖木兒遣關保復莒州，山東悉平。庚申，詔授擴廓帖木兒太尉、銀青榮祿大夫、中書平章政事、知樞密院事、太子詹事，便宜行事，襲總其父兵；將校、士卒，論賞有差；察罕帖木兒父阿魯溫進封汝陽王，察罕帖木兒改贈宣忠興運弘仁效節功臣，追封潁川王，改謚忠襄。癸亥，四川賊兵陷清州。〔五〕

十二月壬辰，太陰犯角宿。庚子，以中書平章政事佛家奴爲御史大夫。

是歲，樞密副使李士瞻上疏極言時政，凡二十條：一曰悔己過，以詔天下；二曰罷造作，以快人心；三曰御經筵，以講聖學；四曰延老成，以詢治道；五曰去姑息，以振乾剛；六曰開言路，以求得失；七曰明賞罰，以厲百司；八曰公選舉，以息奔競；九曰察近倖，以杜奸弊；十曰嚴宿衞，以備非常；十一曰省佛事，以節浮費；十二曰絕濫賞，以足國用；十三曰罷各宮屯種，俾有司經理；十四曰減常歲計置，爲諸宮用度；十五曰招集散亡，以實八衞之兵；十六曰廣給牛具，以備屯田之用；十七曰獎勵守令，以勸農務本；十八曰開誠布公，以禮待藩鎮；十

九曰分遣大將，急保山東；二十曰依唐廣寧故事，分道進取。先是薊國公脫火赤上言乞罷三宮造作，帝爲減軍匠之半，還隸宿衞，而造作如故，故士瞻疏首及之。皇太子嘗坐清寧殿，分布長席，列坐西番、高麗諸僧。皇太子曰：「李好文先生教我儒書多年，尙不省其義。今聽佛法，一夜卽能曉焉。」於是頗崇尙佛學。帝以讒廢高麗王伯顏帖木兒，立塔思帖木兒爲王。國人上書言舊王不當廢、新王不當立之故。初，皇后奇氏宗族在高麗，恃寵驕橫，伯顏帖木兒屢戒飭不悛，高麗王遂盡殺奇氏族。皇后謂太子曰：「爾年已長，何不爲我報讎！」時高麗王昆弟有留京師者，乃議立塔思帖木兒爲王，而以奇族子三寶奴爲元子，以將作同知崔帖木兒爲丞相，以兵萬人送之國，至鴨綠江，爲高麗兵所敗，僅餘十七騎還京師。詔加封唐撫州刺史南庭王危全諷爲南庭忠烈靈惠王。

二十三年春正月壬寅朔，四川明玉珍僭稱皇帝，建國號曰大夏，紀元曰天統。乙巳，大寧陷。庚戌，歲星犯軒轅。

二月戊戌，太白晝見。庚子，亦如之。是月，擴廓帖木兒自益都領兵還河南，留鎖住以兵守益都，以山東州縣立屯田萬戶府。

三月辛丑朔，彗星見東方，經月乃滅。詔中書平章政事愛不花分省冀寧，擴廓帖木兒

遣兵據之。丙午，大赦天下。丁未，親試進士六十二人，賜寶寶、楊輗進士及第，餘出身有差。丙辰，太(白)〔陰〕犯氐宿。〔六〕壬戌，大同路夜有赤氣亘天，中侵北斗。是月，立廣西行中書省，以廉訪使也兒吉尼爲平章政事。時南方郡縣多陷沒，惟也兒吉尼獨保廣西者十五年。立膠東行中書省及行樞密院，總制東方事。以袁宏爲參知政事。

是春，關先生餘黨復自高麗還寇上都，孛羅帖木兒擊降之。

夏四月辛丑，熒惑犯歲星。孛羅帖木兒、李思齊互相交兵。庚申，歲星犯軒轅。是月，擴廓帖木兒遣貊高等以兵擊張良弼。

五月己巳朔，張士誠海運糧十三萬石至京師。壬午，太白晝見。甲午，亦如之。乙未，熒惑犯右執法。是月，爪哇遣使淡濛加加殿進金表，貢方物。

六月戊戌朔，孛羅帖木兒遣方脫脫迎匡福於彰德，擴廓帖木兒遣兵追之，敗還。匡福遂據保定路。己亥，擴廓帖木兒部將歹驢等駐兵藍田、七盤，李思齊攻圍輿平，遂據盩厔。孛羅帖木兒時奉詔進討襄漢，而歹驢阻道於前，思齊躡襲於後，乃請催督擴廓帖木兒東出潼關，道路既通，卽便南討。戊申，孛羅帖木兒遣竹貞等入陝西，據其省治。時陝西行省右丞荅失鐵木兒與行臺有隙，且恐陝西爲擴廓帖木兒所據，陰結於孛羅帖木兒，請竹貞入城，劫御史大夫完者帖木兒及監察御史張可遵等印。其後屢使召完者帖木兒，貞拘留不遣。

擴廓帖木兒遣部將貊高與李思齊合兵攻之，竹貞出降，遂從擴廓帖木兒。庚戌，星隕于濟南龍山，入地五尺。甲寅，詔授江南下第及後期舉人爲路、府、州儒學教授。乙卯，太白犯井宿。丁巳，絳州有白虹二道，衝斗牛間。庚申，平陽路有白氣三道，一貫北極，一貫北斗，一貫天漢，至夜分乃滅。壬戌，太白晝見，夜犯井宿。

秋七月戊辰朔，京師大雹，傷禾稼。丁丑，以馬良爲中書參知政事。乙酉，太白晝見。有星墜于慶元路西北，聲如雷，光芒數十丈，久之乃滅。

八月丁酉朔，倭人寇蓬州，守將劉暹擊敗之。自十八年以來，倭人連寇瀕海郡縣，至是海隅遂安。辛丑，擴廓帖木兒遣兵侵孛羅帖木兒所守之境。壬寅，太白犯軒轅。乙巳，太陰犯建星。丁未，太白犯軒轅。己酉，太白晝見。丙辰，太陰犯畢宿。沂州有赤氣亘天，中有白色如蛇形，徐徐西行，至夜分乃滅。戊午，孛羅帖木兒言：「擴廓帖木兒躡襲父惡，有不臣之罪，乞賜處置。」己未，太白晝見。辛酉，太白犯歲星。乙丑，太白犯右執法。是月，大明兵與僞漢兵大戰于鄱陽湖，陳友諒敗績而死。其子理自立，仍據武昌爲都，改元德壽，大明兵遂進圍武昌。

九月丁卯朔，遣爪哇使淡濛加加殿還國，詔賜其國主三珠金虎符及織金紋幣。辛未，太白犯左執法。乙亥，歲星犯右執法。丁丑，辰星犯塡星。丁亥，太白犯塡星。辰星犯亢宿。是月，張士誠自稱吳王，來請命，不報。遣戶部侍郎博羅帖木兒等徵海運于張士誠，士誠不與。

冬十月丙申朔，靑齊一方赤氣千里。癸卯，太白犯氐宿。甲辰，湖廣僞姚平章、張知院陰遣人言於擴廓帖木兒，設計擒殺僞漢主陳理及僞夏主明玉珍，不果。己酉，監察御史米只兒海牙劾奏太傅太平罪狀，詔安置太平于陝西之西，仍拘收宣命幷御賜等物。戊午，太白犯房宿。是月，擴廓帖木兒遣僉樞密院事任亮復安陸府。孛羅帖木兒遣兵攻冀寧，至石嶺關，擴廓帖木兒大破走之，擒其將烏馬兒、殷興祖。孛羅帖木兒軍由是不振。

十一月壬申，御史臺臣言：「故右丞相脫脫有大臣之體。向在中書，政務修舉，深懼滿盈，自求引退，加封鄭王，固辭不受。再秉鈞軸，克濟艱危，統軍進征，平徐州，收六合，大功垂成，浮言搆難，奉詔謝兵，就貶以沒。已蒙錄用其子，還所籍田宅，更乞憫其勳舊，還其所授宣命。」從之。癸未，太陰犯軒轅。歲星犯左執法。

是歲，御史大夫老的沙與知樞密院事禿堅帖木兒，得罪於皇太子，皆奔大同，孛羅帖木兒匿之營中。

二十四年春正月戊寅，太(白)〔陰〕犯軒轅。〔七〕庚辰，保德州民家產猪一頭兩身。

二月壬子，歲星犯(左)〔右〕執法。〔八〕癸丑，太陰犯西咸池。是月，大明滅僞漢，其所據湖南北、江西諸郡皆降于大明。

三月乙亥，監察御史王朶列禿、崔卜顏帖木兒等諫皇太子勿親征。辛卯，詔以孛羅帖木兒匿老的沙，謀爲悖逆，解其兵權，削其官爵，候道路開通，許還四川田里。孛羅帖木兒拒命不受。

夏四月甲午朔，命擴廓帖木兒討孛羅帖木兒。乙未，太陰犯西咸池。孛羅帖木兒悉知詔令調遣之事非出帝意，皆右丞相搠思監所爲，遂令禿堅帖木兒舉兵向闕。壬寅，禿堅帖木兒兵入居庸關。癸卯，知樞密院事也速、詹事不蘭奚迎戰于皇后店。不蘭奚力戰，也速不援而退，不蘭奚幾爲所獲，脫身東走。甲辰，皇太子率侍衞兵出光熙門，東走古北口，趨興、松。乙巳，禿堅帖木兒兵至淸河列營。時都城無備，城中大震，令百官吏卒分守京城，使達達國師至其軍問故，以必得搠思監及宦官朴不花爲對，詔慰解之，不聽。丁未，詔屛搠思監于嶺北，竄朴不花于甘肅，執而與之。復孛羅帖木兒前官，仍總兵。以也速爲左丞相。庚戌，禿堅帖木兒陳兵自健德門入，覲帝于延春閣，慟哭請罪，帝就宴賚之。加孛羅帖木兒太保，依前守禦大同，禿堅帖木兒爲中書平章政事。辛亥，禿堅帖木兒軍還。皇太子至路兒嶺，詔追及之，還宮。癸丑，太白犯井宿。

〔五月〕甲子〔朔〕，〔九〕黃河清。戊辰，擴廓帖木兒奉命討孛羅帖木兒，屯兵冀寧，其東道以白鎖住領兵三萬，守禦京師，中道以貊高、竹貞領兵四萬，西道以關保領軍五萬，合擊之。關保等兵逼大同，孛羅帖木兒留兵守大同，而自率兵與禿堅帖木兒、老的沙復大舉向闕。甲戌，太白犯鬼宿。乙亥，又犯積尸氣。歲星犯（左）〔右〕執法。〔一〇〕

六月癸卯，三星晝見，白氣橫突其中。甲辰，河南府有大星夜見南方，光如晝。丁未，大星隕，照夜如晝，及旦，黑氣晦暗如夜。甲寅，白鎖住以兵至京師，請皇太子西行。丁巳，太白犯右執法。是月，保德州黃龍見井中。

秋七月癸亥，太白與歲星合于翼宿。甲子，歲星犯左執法。丙戌，孛羅帖木兒前鋒軍入居庸關，皇太子親率軍禦于清河，也速軍于昌平，軍士皆無鬬志。皇太子馳還都城，白鎖住引兵入平則門。丁亥，白鎖住扈從皇太子出順承門，由雄、霸、河間，取道往冀寧。戊子，孛羅帖木兒駐兵健德門外，與禿堅帖木兒、老的沙入見帝于宣文閣，訴其非罪，皆泣，帝亦泣，乃賜宴。孛羅帖木兒欲追襲皇太子，老的沙止之。庚寅，詔以孛羅帖木兒爲中書左丞相，老的沙爲中書平章政事，禿堅帖木兒爲御史大夫，其部屬布列省臺百司。以也速知樞密院事。詔諭：「孛羅帖木兒、擴廓帖木兒俱朕股肱，視同心膂，自今各棄宿忿，弼成大勳。」是月，大明兵取廬州路。

八月壬辰朔，日有食之。乙未，熒惑犯鬼宿。壬寅，詔以孛羅帖木兒爲中書右丞相、監修國史，節制天下軍馬。乙巳，皇太子至冀寧。乙卯，張士誠自以其弟士信代達識帖睦邇爲江浙行省左丞相。是月，孛羅帖木兒請誅狎臣禿魯帖木兒、波迪哇兒禡，罷三宮不急造作，沙汰宦官，減省錢糧，禁止西番僧人好事。

九月辛酉朔，宦官思龍宜潛送宮女伯忽都出自順承門，以達于皇太子。乙丑，太白晝見。癸酉，夜，天西北有紅光，至東而散。甲申，太陰犯軒轅。是月，大明兵取中興及歸、峽、澧、衡等路。

冬十月丙午，太陰犯畢宿。己酉，太陰犯井宿。己未，詔皇太子還京師。命也速、老的沙分道總兵。

十二月乙卯，太陰犯太白。

二十五年春正月癸亥，封李思齊爲許國公。丙寅，太白晝見。戊辰，亦如之。己巳，大明兵取寶慶路，守將唐隆道遁走。僞漢守將熊天瑞以贛州及韶州、南雄降于大明。甲戌，太白犯建星。壬午，監察御史孛羅帖木兒、賈彬等辯明哈麻、雪雪之罪。

二月辛丑，汴梁路見日傍有一月一星。丙午，太陰犯塡星。戊午，皇太子在冀寧，命甘肅行省平章政事朶兒只班以岐王阿剌乞兒軍馬，〔一一〕會平章政事臧卜、李思齊，各以兵守寧夏。

三月庚申，皇太子下令于擴廓帖木兒軍中曰：「孛羅帖木兒襲據京師，余既受命總督天下諸軍，恭行顯罰，少保、中書平章政事擴廓帖木兒，躬勒將士，分道進兵，諸王、駙馬及陝西平章政事李思齊等，各統軍馬，尚其奮義戮力，剋期恢復。」丙寅，孛羅帖木兒幽置皇后奇氏于諸色總管府。丁卯，命老的沙、別帖木兒並爲御史大夫。戊辰，太白犯壘壁陣。

夏四月庚寅，孛羅帖木兒至諸色總管府見皇后奇氏，令還宮取印章，作書遺皇太子，遣內侍官完者禿持往冀寧，復出皇后，幽之。乙巳，關保等兵進圍大同。壬子，熒惑犯靈臺。乙卯，關保入大同。

五月辛酉，熒惑犯太微垣。甲子，京師天雨氂，長尺許，或言於帝曰：「龍絲也。」命拾而祀之。乙亥，大明兵破安陸府，守將任亮迎戰，被執。己卯，大明兵破襄陽路。是月，侯卜延答失奉威順王自雲南經蜀轉戰而出，至成州，欲之京師，李思齊俾屯田于成州。

六月戊子〔朔〕，以黎安道爲中書參知政事。辛丑，湖廣行省左丞周文貴復寶慶路。乙巳，皇后奇氏自幽所還宮。乙卯，以太尉火你赤爲御史大夫。是月，皇太子加李思齊銀青榮祿大夫、邠國公、中書平章政事、皇太子詹事，兼四川行樞密院事、虎符招討使。分中書

四部。

秋七月丁丑，塡星、歲星、熒惑聚于角、亢。（太陰犯畢宿）己卯，太陰犯畢宿。〔一二〕乙酉，孛羅帖木兒伏誅，禿堅帖木兒、老的沙皆遁走。丙戌，遣使函孛羅帖木兒首往冀寧，召皇太子還京師。大赦天下。黎安道、方脫脫、雷一聲皆伏誅。是月，京師大水。河決小流口，達于清河。

八月丁亥朔，京城門至是不開者三日。竹貞、貊高軍至城外，命軍士緣城而上，碎平則門鍵，悉以軍入，占民居，奪民財。乙未，太陰犯建星。己亥，太（白）〔陰〕犯壘壁陣。〔一三〕癸卯，詔命皇太子分調將帥，戡定未復郡邑，卽還京師，行事之際，承制用人，並准正授。丁未，皇后弘吉剌氏崩。壬子，以洪寶寶、帖古思不花、捏烈禿並爲中書平章政事。

九月，擴廓帖木兒扈從皇太子至京師。丁丑，太陰犯井宿。壬午，詔以伯撒里爲太師、中書右丞相、監修國史；擴廓帖木兒爲太尉、〔一四〕中書左丞相、錄軍國重事、同監修國史、知樞密院事，兼太子詹事。是月，以方國珍爲淮南行省左丞相，分省慶元。

冬十月辛卯，熒惑犯天江。壬寅，以哈剌章爲知樞密院事。丁未，益王滙都帖木兒、樞密副使觀音奴擒老的沙，誅之。禿堅帖木兒以餘兵往八兒思之地，命嶺北行省左丞相山僧及知樞密院事魏賽因不花同討之。戊申，以資政院使禿魯爲御史大夫。己酉，熒惑犯斗

宿。太陰犯右執法。庚戌，太陰犯太微垣。

閏月庚申，以賓國公五十八爲知樞密院事。詔張良弼、俞寶、孔興等悉聽調於擴廓帖木兒。戊辰，太白、辰星、熒惑聚于斗宿。太陰犯畢宿。辛未，詔封擴廓帖木兒河南王，代皇太子親征，總制關陝、晉冀、山東等處幷迤南一應軍馬，諸王各愛馬應該總兵、統兵、領兵等官，凡軍民一切機務、錢糧、名爵、黜陟、予奪，悉聽便宜行事。壬申，太白犯辰星。辛巳，以脫脫木兒爲中書右丞，達識帖木兒爲參知政事。

〔十一月〕己丑，〔一五〕太白犯熒惑。太陰犯壘壁陣。丙申，太陰犯畢宿。癸卯，太陰犯太微垣。是月，大明兵取泰州。時泰州、通州、高郵、淮安、徐州、宿州、泗州、濠州、安豐諸郡，皆張士誠所據。

十二月乙卯，詔立次皇后奇氏爲皇后，改奇氏爲肅良合氏，詔天下，仍封奇氏父以上三世皆爲王爵。癸亥，太陰犯畢宿。以帖林沙爲中書參知政事。庚(子)〔午〕，〔一六〕歲星掩房宿。辛未，太陰犯右執法。是月，禿堅帖木兒伏誅。

校勘記

〔一〕東河　按本書卷一四一察罕帖木兒傳有「八月，師至鹽河，遣其子擴廓帖木兒及諸將等以精卒

五萬擣東平」。鹽河即大清河，流經東阿縣西。續編改「河」爲「阿」，作「由東阿造橋以濟」，疑是。

〔二〕青州　按本書卷六〇地理志，至元二十二年以江油、清川二縣併入龍州，川、陝之交別無名「青州」之地，續通鑑改「青州」爲「清川」，疑是。

〔三〕己亥　按是月癸酉朔，己亥爲二十七日。此「己亥」在癸巳二十一日前，史文舛誤。

〔四〕太(白)〔陰〕犯畢宿　本書卷四九天文志作「太陰犯畢宿右股第二星」，據改。按是日畢宿四黃經五六度半，金星黃經一九一度，不合；月黃經五六度，合。

〔五〕清州　見本卷校勘記〔二〕。

〔六〕太(白)〔陰〕犯氐宿　本書卷四九天文志作「太陰犯氐宿距星」，據改。按是日氐宿距星黃經二一六度，金星黃經五四度，不合；月黃經二一四度半，合。

〔七〕太(白)〔陰〕犯軒轅　本書卷四九天文志作「太陰犯軒轅右角」，據改。按是日軒轅右角黃經一三二度半，金星黃經三三五度，不合；月黃經一三三度，合。

〔八〕歲星犯(左)〔右〕執法　本書卷四九天文志有「歲星自去年九月九日東行入右掖門，犯右執法，出端門，留守三十餘日，犯左執法。今逆行入端門，西出右掖門，又犯右執法」，據改。按是日木星黃經一六八度，左執法黃經一七五度半，不合；右執法黃經一六八度，合。

〔九〕〔五月〕甲子〔朔〕　按以上文夏四月甲午朔順推之，甲子爲五月朔日，今補。續編已校。

〔一〇〕歲星犯(左)〔右〕執法　本書卷四九天文志作「歲星入犯右執法」，據改。按是日木星黃經一六七度半，左執法黃經一七五度半，不合；右執法黃經一六八度，合。

〔一一〕岐王阿剌乞兒　按上文至正十二年七月庚寅作「阿剌乞巴」，疑此處「兒」當作「巴」。

〔一二〕丁丑塡星歲星熒惑聚于角亢(太陰犯畢宿)己卯太陰犯畢宿　本書卷四九天文志作「丁丑，塡星、歲星、熒惑聚于角、亢。己卯，太陰犯畢宿左股北第二星」，此處丁丑日「太陰犯畢宿」五字涉下而衍，今刪。按畢宿四黃經五六度半，丁丑七月二十一日月黃經三三三度，不合；己卯七月二十三日月黃經五七度，合。

〔一三〕太(白)〔陰〕犯壘壁陣　本書卷四九天文志作「太陰犯壘壁陣東方第六星」，據改。按是日壘壁陣八黃經三三八度，金星黃經一六一度，不合；月黃經三四二度，近。

〔一四〕太尉　按下文至正二十七年十月壬子條、本書卷一一三公表、卷一四一察罕帖木兒傳及庚申外史均作「太傅」，蒙史改「尉」爲「傅」，疑是。

〔一五〕〔十一月〕己丑　按以上文閏十月乙卯朔順推之，己丑爲十一月初六日，此處失書「十一月」，今據本書卷四九天文志補。道光本已校。

〔一六〕庚(子)〔午〕　據本書卷四九天文志改。按是月甲寅朔，無庚子日。本證已校。

元史卷四十七

本紀第四十七

順帝十

二十六年春正月己酉，以崇政院使孛羅沙爲御史大夫。壬子，以完者木知樞密院事。是月，以沙藍答里爲中書左丞相。命燕南、河南、山東、陝西、河東等處舉人會試者，增其額數，進士及第以下遞陞官一級。

二月癸丑朔，立河淮水軍元帥府於孟津縣。甲戌，詔天下，以比者逆臣孛羅帖木兒、禿堅帖木兒、老的沙等干紀亂倫，內外之民經值軍馬，致使困乏，與免一切雜泛差徭。是月，擴廓帖木兒還河南，分立省部以自隨，尋居懷慶，又居彰德，調度各處軍馬，陝西張良弼拒命。

三月癸未朔，罷洛陽嵩縣宣慰司。丁亥，白虹五道亘天，其第三道貫日，又有氣橫貫東

南，良久始滅。甲午，擴廓帖木兒遣關保、虎林赤以兵西攻張良弼于鹿臺。李思齊、脫烈伯、孔興等兵皆與良弼合。以蠻子、脫脫木兒知樞密院事。乙未，廷試進士七十二人，賜赫德溥化、張棟進士及第，餘出身有差。監察御史玉倫普建言八事：一曰用賢，二曰申嚴宿衞，三曰保全臣子，四曰八衞屯田，五曰禁止奏請，六曰培養人才，七曰罪人不孥，八曰重惜名爵。帝嘉納之。是月，大明兵取高郵府。

夏四月辛酉，詔立皇太子妃瓦只刺孫答里氏。是月，大明兵取淮安路、徐州、宿州、濠州、泗州、潁州、安豐路。

五月壬午朔，洛陽瑞麥生，一莖四穗。甲辰，以脫脫不花爲御史大夫。

六月壬子朔，汾州介休縣地震。平遙縣大雨雹。紹興路山陰縣臥龍山裂。己未，命知樞密院事買閭以兵守直沽，命河間鹽運使拜住、曹履亨撫諭沿海竈戶，俾出丁夫從買閭征討。丙寅，詔：「英宗時謀爲不軌之臣，其子孫或成丁者，可安置舊地，幼者隨母居草地，終身不得入京城及不得授官，止許於本愛馬應役。」皇后肅良合氏生日，百官進箋，皇后諭沙藍答里等曰：「自世祖以來，正宮皇后壽日，不曾進箋，近年雖行，不合典故。」却之。

秋七月辛巳朔，日有食之。徐溝縣地震。介休縣大水。石州大星如斗自西南而落。甲申，以李思齊爲太尉。甲午，太白經天。丙申，擴廓帖木兒遣朱珍、盧旺屯兵河中，遣關保、虎林赤合兵渡河，會竹貞、商暠，且約李思齊以攻張良弼。良弼遣子弟質于思齊，與良弼拒守。〔一〕關保等不利，思齊請詔和解之。丙午，太白經天。

八月戊寅，以李國鳳爲中書左丞，陳有定爲福建行省平章政事。

九月甲申，李思齊兵下鹽井，獲川賊余繼隆，誅之。禮部侍郎滿尙賓、吏部侍郎掩篤刺哈自鳳翔還京師。先是，尙賓等持詔諭思齊開通川蜀道路，思齊方兵爭，不奉詔，尙賓等留鳳翔一年，至是始還。丙戌，以方國珍爲江浙行省左丞相，弟國瑛、國珉，姪明善，並爲江浙行省平章政事。己亥，以中書平章政事失列門爲御史大夫。辛丑，孛星見東北方。

冬十月甲子，擴廓帖木兒遣其弟脫因帖木兒及貊高、完哲等駐兵濟南，以控制山東。

十一月甲申，大明兵取湖州路。丙申，大明兵取杭州路及紹興路。辛丑，大明兵取嘉興路。時湖州、杭州、紹興、嘉興、松江、平江諸路及無錫州皆張士誠所據。

十二月庚午，蒲城洛水和順崖崩。

二十七年春正月乙未，絳州夜聞天鼓鳴，將旦復鳴，其聲如空中戰鬬者。庚子，大明兵取松江府。癸卯，大明兵取沅州路。是月，李思齊、張良弼、脫列伯自會于含元殿基，推李思齊爲盟主，同拒擴廓帖木兒。

二月庚申，以買住爲雲國公，七十爲中書平章政事，月魯不花爲御史大夫。乙丑，以詹事月魯帖木兒爲御史大夫。

三月丁丑朔，萊州大風，有大鳥至，其翅如席。擴廓帖木兒遣兵屯滕州以禦王信。庚子，京師大風自西北起，飛砂揚礫，白日昏暗。

夏五月丙子朔，白氣二道亘天。以去歲水潦霜災，嚴酒禁。戊寅，以空名宣敕遣付福建行省，命平章政事曲出、陳有定同驗有功者給之。辛巳，大同隕霜殺麥。癸未，福建行宣政院以廢寺錢糧由海道送京師。乙酉，以完者帖木兒爲中書右丞相，辭以老病，不許。辛卯，以知樞密院事失列門爲嶺北行省左丞相，提調分通政院。己亥，以俺普爲中書平章政事。辛丑，擴廓帖木兒定擬其所屬官員二千六百一十人，從之。是月，山東地震，雨白氂。李思齊遣張良弼部將郭謙等守黃連寨，擴廓帖木兒部將關保、虎林赤、商暠、竹貞引兵拔其寨，郭謙走；會貊高等爲變，關保、虎林赤夜遁，李思齊遂解而西。

六月丙午朔，日有食之，晝晦。丁巳，皇太子寢殿後新甃井中有龍出，光焰爍人，宮人震懾仆地。又長慶寺有龍纏繞槐樹飛去，樹皮皆剝。丁卯，沂州山崩。是月，知樞密院事壽安，奉空名宣敕與侯伯顏達世，令其以兵援擴郭帖木兒。時李思齊據長安，與商暠拒戰，侯伯顏達世進兵攻李思齊，秦州守將蕭公達降思齊。思齊知關保等兵退，遣蔡琳等破其

營，侯伯顏達世奔潰。

秋七月甲申，命也速提調武備寺。丁酉，絳州星隕，光耀如晝。是月，李思齊遣許國佐、薛穆飛會張良弼、脫列伯兵屯于華陰。[三]時命禿魯爲陝西行省左丞相，思齊不悅，遣其部將鄭應祥守陝西，而自還鳳翔。龍見於臨朐龍山，大石起立。

八月丙午，詔命皇太子總天下兵馬，其略曰：「元良重任，職在撫軍，稽古徵今，卓有成憲。曩者障塞決河，本以拯民昏墊，豈期妖盜橫造訛言，簧鼓愚頑，塗炭郡邑，殆遍海內，茲逾一紀。故察罕帖木兒仗義興師，獻功敵愾，汛掃汴洛，克平青齊，爲國捐軀，深可哀悼。其子擴廓帖木兒克繼先志，用成駿功。愛猷識理達臘計安宗社，累請出師。朕以國本至重，詎宜輕出，遂授擴廓帖木兒總戎重寄，畀以王爵，俾代其行。李思齊、張良弼等，各懷異見，搆兵不已，以致盜賊愈熾，深遺朕憂。況全齊密邇輦轂，儻失早計，恐生異圖，詢諸衆謀，僉謂皇太子聰明仁孝，文武兼資，聿遵舊典，爰命以中書令、樞密使，悉總天下兵馬，諸王、駙馬、各道總兵、將吏，一應軍機政務，生殺予奪，事無輕重，如出朕裁。其擴廓帖木兒，總領本部軍馬，自潼關以東，肅清江淮；李思齊總統本部軍馬，自鳳翔以西，與侯伯顏達世進取川蜀；以少保禿魯爲陝西行中書省左丞相，本省駐札，總本部及張良弼、孔興、脫列伯各枝軍馬，進取襄樊；王信本部軍馬，固守信地，別聽調遣。詔書到日，汝等悉宜洗心滌

慮，同濟時艱。」庚戌，貊高殺衞輝守禦官余仁輔、彰德守禦官范國英，引軍至清化，聞懷慶有備，遂還彰德，上疏言：「人臣以尊君爲本，以盡忠爲心，以愛民爲務。今總兵官擴廓帖木兒，歲與官軍讎殺，臣等乃朝廷培養之人，素知忠義，焉能俛首聽命。乞降明詔，別選重臣，以總大兵。」詔以擴廓帖木兒不遵君命，宜黜其兵權，就命貊高討之。辛亥，帖木兒不花進封淮王，賜金印，設王傅等官。壬子，爲皇太子立大撫軍院，秩從一品，知院四員，同知二員，副使、同僉各一員，經歷、都事各二員，管勾一員。癸丑，封太師伯撒里永平王。甲寅，以右丞相完者帖木兒、翰林承旨答爾麻、平章政事完者帖木兒並知大撫軍院事。丙辰，完者帖木兒言：「大撫軍院專掌軍機，今後迤北軍務，仍舊制樞密院管，其餘內外諸王、駙馬、各處總兵、統兵、行省、行院、宣慰司一應軍情，不許隔越，徑行移大撫軍院。」詹事院同知李國鳳同知大撫軍院事，參政完者帖木兒爲副使，左司員外郎咬住、樞密參議王弘遠爲經歷。庚申，完者帖木兒言：「諸軍將士有能用命效力建立奇功者，請所賞宣敕依常制外，加以忠義功臣之號。」從之。辛酉，以完者帖木兒仍前少師、知樞密院事，也速仍前太保、中書右丞相，帖里帖木兒以太尉、添設中書左丞相。丙寅，立行樞密院于阿難答察罕腦兒，命陝西行省左丞相禿魯仍前少保兼知行樞密院事。壬申，命帖里帖木兒仍前太尉、左丞相，爲知大撫軍院事；中書右丞陳敬伯爲中書平章政事。

九月甲戌朔，義士戴晉生上皇太子書，言治亂之由。命右丞相也速以兵往山東，命參知政事法都忽剌分戶部官，一同供給。丁亥，[三]以兵興，迤南百姓供給繁重，其眞定、河南、陝西、山東、冀寧等處，除軍人自耕自食外，與免民間今年田租之半，其餘雜泛一切住罷。辛巳，大明兵取平江路，執張士誠。乙酉，大明兵取通州。丁亥，大明兵取無錫州。己丑，詔也速以中書右丞相分省山東，沙藍答里以中書左丞相分省大同。丙申，太師汪家奴追封兗王，謚忠靖。己亥，命帖里帖木兒提調端本堂及領經筵事。辛丑，大明兵取台州路。時台州、溫州、慶元三路皆方國珍所據。

冬十月甲辰朔，貊高以兵入山西，定孟州、忻州，下鄜州，遂攻眞定。[四]詔也速自河間以兵會貊高取眞定，已而不克，命也速還河間，貊高還彰德。乙巳，皇太子奏以淮南行省平章政事王信爲山東行省平章政事兼知行樞密院事。立中書分省于眞定路。丙午，加司徒、淮南行省平章政事王宣爲沂國公。丁未，享于太廟。壬子，詔擴廓帖木兒落太傅、中書左丞相幷諸兼領職事，仍前河南王，錫以汝州爲其食邑；其弟脫因帖木兒以集賢學士同擴廓帖木兒於河南府居。其帳前諸軍，命瑣住、虎林赤一同統之。其河南諸軍，命中書平章政事、內史李克彝統之。關保本部諸軍仍舊統之。山東諸軍，命太保、中書右丞相也速統之。山西諸軍，命少保、中書左丞相沙藍答里統之。河北諸軍，命知樞密院事貊高統之。赦天

下。甲寅，以火里赤爲中書平章政事。乙丑，命集賢大學士丁好禮爲中書添設平章政事。丙寅，平章、內史關保封許國公。己巳，大明兵取溫州。

十一月壬午，大明兵取沂州，守臣王信遁，其父宣被執。癸未，大明兵取慶元路。丙戌，以平章政事月魯帖木兒，知樞密院事完者帖木兒，平章政事伯顏帖木兒、帖林沙並知撫軍院事。戊子，大明兵取嶧州。乙未，以知樞密院事貊高爲中書平章政事。命太尉、中書左丞相帖里帖木兒爲撫軍院使。丁酉，命帖里帖木兒同監修國史。命關保分省于晉寧。辛丑，大明兵取益都路，平章政事保保降，宣慰使普顏不花、總管胡濬、知院張俊皆死之。

十二月癸卯朔，日有食之。丁未，大明兵取般陽路。戊申，大明兵取濟寧路，陳秉直遁。己酉，大明兵取萊州，遂取濟南及東平路。丁巳，大明兵入杉關，取邵武路。時邵武、建寧、延平、福州、興化、泉、漳、汀、潮諸路，皆陳友定所據。庚申，以楊誠、陳秉直並爲國公，中書平章政事。甲子，命右丞相也速，太尉知院脫火赤，中書平章政事忽林台，平章政事貊高，知樞密院事小章、典堅帖木兒、江文清、驢兒等會楊誠、陳秉直、伯顏不花、俞勝各部諸軍同守禦山東，又命關保往援山東。丙寅，以莊家爲中書參知政事。庚午，大明兵由海道取福州，守臣平章政事曲出遁，行宣政院使朶耳死之。是月，方國珍歸于大明。詔命陝西行省左丞相禿魯總統張良弼、脫列伯、孔興各枝軍馬，以李思齊爲副總統，禦關中，撫

安軍民；脫列伯、孔興等出潼關，及取順便山路，渡黃河、合勢東行，共勤王事。思齊等皆不奉命。

是歲，詔分潼關以西屬李思齊，以東屬擴廓帖木兒，各罷兵還鎮。於是關保退屯潞州，商暠留屯潼關。

二十八年春正月壬申朔，皇太子命關保固守晉寧，總統諸軍，如擴廓帖木兒拒命，當以大義相裁，就便擒擊。以中書平章政事不顏帖木兒爲御史大夫。辛巳，詔諭擴廓帖木兒曰：「比者也速上奏，卿以書陳情，深自悔悟，及省來意，良用憫然。朕視卿猶子，卿何惑於憸言，不體朕心，隳其先業！卿今能自悔，固朕所望。卿其思昔委任肅清江淮之意，卽將冀寧、眞定諸軍，就行統制渡河，直擣徐沂，以康靖齊魯，則職任之隆，當悉還汝。衞輝、彰德、順德，皆爲王城，卿無以貊高爲名，縱軍侵暴。其晉寧諸軍，已命關保總制策應，戡定山東，將帥各宜悉心。」庚寅，彗星見于昴、畢之間。是月，大明兵取建寧、延平二路，陳有定被執。

二月壬寅朔，詔削擴廓帖木兒爵邑，命禿魯、李思齊等討之，詔曰：「擴廓帖木兒本非察罕帖木兒之宗，俾嗣職任，冀承遺烈，畀以相位，陟以師垣，崇以王爵，授以兵柄，顧乃憑藉寵靈，遂肆跋扈，搆兵關陝，事事呑併。貊高倡明大義，首發姦謀，關保弗信邪言，乃心王

室，陳其罪惡，請正邦典。今禿魯、李思齊，其率兵東下，共行天討。」癸卯，武庫災。癸丑，大明兵取東昌路，守將申榮、王輔元死之。丙辰，擴廓帖木兒自澤州退守晉寧，關保守澤、潞二州，與貊高軍合。己未，大明兵取寶慶路。甲子，汀州路總管陳谷珍以城降于大明。丙寅，大明兵取棣州。是月，大明兵至河南。李思齊、張良弼等解兵西還。詔命知樞密院事脫火赤、平章政事魏賽因不花進兵攻晉寧。李思齊次渭南，張良弼次櫟陽。興化、泉州、漳州、潮州四路皆降于大明。

三月庚寅，彗星見于西北。壬辰，翰林學士承旨王時、太常院使陳祖仁上章，乞撫諭擴廓帖木兒，以兵勤王赴難。是月，有星流于東北，衆小星隨之，其聲大震。大明兵取河南。李思齊、張良弼會兵駐潼關，火焚良弼營，思齊移軍葫蘆灘，調其所部張德欽、穆薛飛守潼關。大明兵入潼關，攻李思齊營，思齊棄輜重，奔于鳳翔。是月，大明兵取永州路，又取惠州路。

夏四月辛丑朔，大明兵取英德州。丙午，隕霜殺菽。戊申，大明兵取廣州路，又取嵩、陝、汝等州。

五月庚午朔，大明兵取道州。李克彝棄河南城，奔陝西，推李思齊爲總兵，駐兵岐山。是月，李思齊部將忽林赤、脫脫、張意據盩厔，商暠據武功，李克彝據岐山，任從政據隴州。

六月庚子朔，徐溝縣地震。癸丑，大明兵取全州、郴州、梧州、藤州、（尋）〔潯〕州、〔五〕貴、象、鬱林等郡。甲寅，雷雨中有火自天墜，焚大聖壽萬安寺。壬戌，臨州、保德州地震，五日不止。大明兵取靜江路。是月，廣西諸郡縣皆附于大明。

秋七月癸酉，京城紅氣滿空，如火照人，自旦至辰方息。乙亥，京城黑氣起，百步內不見人，從寅至巳方消。貊高、關保以兵攻晉寧。是月，李思齊會李克彝、商暠、張意、脫列伯等於鳳翔。海南、海北諸郡縣皆降于大明。

閏月己亥朔，擴廓帖木兒與貊高、關保戰，敗之，擒關保、貊高，遣其斷事官以聞。詔：「關保、貊高，間諜搆兵，可依軍法處治。」關保、貊高皆被殺。辛丑，大明兵取衞輝路。癸卯，大明兵取彰德路。乙巳，左江、右江諸路皆降于大明。丁未，大明兵取廣平路。丁巳，詔罷大撫軍院，誅知大撫軍院事伯顏帖木兒等。詔復命擴廓帖木兒仍前河南王、太傅、中書左丞相，統領見部軍馬，由中道直抵彰德、衞輝；太保、中書右丞相也速統率大軍，經由東道，水陸並進；少保、陝西行省左丞相禿魯統率關陝諸軍，東出潼關，攻取河洛；太尉、平章政事李思齊統率軍馬，南出七盤、金、商，克復汴洛。四道進兵，掎角勦捕，毋分彼此。秦國公、平章、知院俺普，平章瑣住等軍，東西布列，乘機掃殄。太尉、遼陽左丞相也先不花，郡王、知院厚孫等軍，捍禦海口，藩屏畿輔。皇太子愛猷識理達臘悉總天下兵馬，裁決庶務，

具如前詔。壬戌，白虹貫日。癸亥，罷內府河役。甲子，擴廓帖木兒自晉寧退守冀寧。大明兵至通州。知樞密院事卜顏帖木兒力戰，被擒死之。左丞相失列門傳旨，令太常禮儀院使阿魯渾等，奉太廟列室神主與皇太子同北行。阿魯渾等卽至太廟，與署令王嗣宗、太祝哈剌不華襲護神主畢，仍留室內。乙丑，白虹貫日。罷內府興造。詔淮王帖木兒不花監國，慶童爲中書左丞相，同守京城。丙寅，帝御清寧殿，集三宮后妃、皇太子、皇太子妃，同議避兵北行。失列門及知樞密院事黑厮、宦者趙伯顏不花等諫，以爲不可行，不聽。伯顏不花慟哭諫曰：「天下者，世祖之天下，陛下當以死守，奈何棄之！臣等願率軍民及諸怯薛歹出城拒戰，願陛下固守京城。」卒不聽。至夜半，開健德門北奔。

八月庚（申）〔午〕，大明兵入京城，〔六〕國亡。

後一年，帝駐于應昌府。又一年，四月丙戌，帝因痢疾殂於應昌，壽五十一，在位三十六年。太尉完者、院使觀音奴奉梓宮北葬。五月癸卯，大明兵襲應昌府，皇孫買的里八剌及后妃幷寶玉皆被獲，皇太子愛猷識禮達臘從十數騎遁。大明皇帝以帝知順天命，退避而去，特加其號曰順帝，而封買的里八剌爲崇禮侯。

校勘記

〔一〕良弼遣子弟質于思齊與良弼拒守　此處「思齊」下當有脫文。續通鑑作「良弼遣子弟質于思齊，思齊與良弼拒守」。

〔二〕薛穆飛　按下文至正二十八年三月條及明太祖實錄卷三一洪武元年四月甲子條均作「穆薛飛」，疑此處有倒誤。

〔三〕丁亥　按是月甲戌朔，丁亥爲十四日，本月前後兩見。此初見之「丁亥」在朔日與辛巳初八日間，當係乙亥初二日或丁丑初四日之誤。

〔四〕貊高以兵入山西定孟州忻州下潞州　按元之盂州屬懷慶路，潞州則大興府屬邑，皆去山西甚遠。冀寧路下屬有忻州、崞州、盂州，續通鑑改「孟州」爲「盂州」，「潞州」爲「崞州」，疑是。

〔五〕(尋)〔潯〕州　按元無「尋州」。明太祖實錄卷三二洪武元年五月己卯條有「兵至梧州境」，「駐兵藤州」，「潯、貴等郡依次皆降」，據改。道光本已校。

〔六〕庚(申)〔午〕大明兵入京城　據明太祖實錄卷三四洪武元年八月庚午條改。按是月己巳朔，無庚申日。本證已校。

元史卷四十八

志第一

天文一

司天之說尚矣，易曰「天垂象，見吉凶，聖人象之」。又曰「觀乎天文以察時變」。自古有國家者，未有不致謹於斯者也。是故堯命羲、和，曆象日月星辰，舜在璿璣、玉衡，以齊七政，天文於是有測驗之器焉。然古之爲其法者三家：曰周髀，曰宣夜，曰渾天。周髀、宣夜先絕，而渾天之學至秦亦無傳，漢洛下閎始得其術，作渾儀以測天。厥後歷世遞相沿襲，其有得有失，則由乎其人智術之淺深，未易遽數也。

宋自靖康之亂，儀象之器盡歸于金。元興，定鼎于燕，其初襲用金舊，而規環不協，難復施用。於是太史郭守敬者，出其所創簡儀、仰儀及諸儀表，皆臻於精妙，卓見絕識，蓋有古人所未及者。其說以謂：昔人以管窺天，宿度餘分約爲太半少，未得其的。乃用二線推

測，於餘分纖微皆有可考。而又當時四海測景之所凡二十有七，東極高麗，西至滇池，南踰朱崖，北盡鐵勒，是亦古人之所未及爲者也。自是八十年間，司天之官遵而用之，靡有差忒。而凡日月薄食、五緯凌犯、彗孛飛流、暈珥虹霓、精祲雲氣等事，其係於天文占候者，具有簡册存焉。

若昔司馬遷作天官書，班固、范曄作天文志，其於星辰名號、分野次舍、推步候驗之際詳矣。及晉、隋二志，實唐李淳風撰，於夫二十八宿之躔度，二曜五緯之次舍，時日災祥之應，分野休咎之別，號極詳備，後有作者，無以尚之矣。是以歐陽修志唐書天文，先述法象之具，次紀日月食、五星凌犯及星變之異；而凡前史所已載者，皆略不復道。而近代史官志宋天文者，則首載儀象諸篇；志金天文者，則唯錄日月五星之變。誠以璣衡之制載於書，日星、風雨、霜雹、雷霆之災異載於春秋，愼而書之，非史氏之法當然，固所以求合於聖人之經者也。今故據其事例，作元天文志。

簡儀

簡儀之制，四方爲趺，縱一丈八尺，三分去一以爲廣。趺面上廣六寸，下廣八寸，厚如上廣。中布橫輄三、縱輄三。南二，北抵南輄；北一，南抵中輄。趺面四周爲水渠，深一寸，

廣加五分。四隅爲礎，出趺面內外各二寸。繞礎爲渠，深廣皆一寸，與四周渠相灌通。又爲礎於卯酉位，廣加四維，長加廣三之二，水渠亦如之。北極雲架柱二，徑四寸，長一丈二尺八寸。下爲鼇雲，植於乾艮二隅礎上，左右內向，其勢斜準赤道，合貫上規。規環徑二尺四寸，廣一寸五分，厚倍之。中爲距，相交爲斜十字，廣厚如規。中心爲竅，上廣五分，方一寸有半，下二寸五分，方一寸，以受北極樞軸。自雲架柱斜上，去趺面七尺二寸，爲橫輄。自輄心上至竅心六尺八寸。又爲龍柱二，植於卯酉礎中分之北，皆飾以龍，下爲山形，北向斜植，以柱北架。南極雲架柱二，植於卯酉礎中分之南，廣厚形制，一如北架。斜向坤巽二隅，相交爲十字，其上與百刻環邊齊，在辰巳、未申之間，南傾之勢準赤道，各長一丈一尺五寸。自趺面斜上三尺八寸爲橫輄，以承百刻環。下邊又爲龍柱二，植於坤巽二隅礎上，北向斜柱，其端形制，一如北柱。

四游雙環，徑六尺，廣二寸，厚一寸，中間相離一寸，相連於子午卯酉。當子午爲圓竅，以受南北極樞軸。兩面皆列周天度分，起南極，抵北極，餘分附于北極。去南北樞竅兩旁四寸，各爲直距，廣厚如環。距中心各爲橫關，東西與兩距相連，廣厚亦如之。關中心相連，厚三寸，爲竅方八分，以受窺衡樞軸。窺衡長五尺九寸四分，廣厚皆如環，中腰爲圓竅，徑五分，以受樞軸。衡兩端爲圭首，以取中縮。去圭首五分，各爲側立橫耳，高二寸二分，

廣如衡面，厚三分，中爲圓竅，徑六分。其中心，上下一線界之，以知度分。

百刻環，徑六尺四寸，面廣二寸，周布十二時、百刻，每刻作三十六分，厚二寸，自半已上廣三寸。又爲十字距，皆所以承赤道環也。百刻環內廣面臥施圓軸四，使赤道環旋轉無澀滯之患。其環陷入南極架一寸，仍釘之。赤道環徑廣厚皆如四游，環面細刻列舍、周天度分。中爲十字距，廣三寸，中空一寸，厚一寸。當心爲竅，竅徑一寸，以受南極樞軸。界衡二，各長五尺九寸四分，廣三寸。衡首斜剡五分，刻度分以對環面。中腰爲竅，重置赤道環、南極樞軸。其上衡兩端，自長竅外邊至衡首底，厚倍之，取二衡運轉，皆着環面，而無低昂之失，且易得度分也。二極樞軸皆以鋼鐵爲之，長六寸，半爲本，半爲軸。本之分寸一如上規距心，適取能容軸徑一寸。北極軸中心爲孔，孔底橫穿，通兩旁，中出一線，曲其本，出橫孔兩旁結之。孔中線留三分，亦結之。上下各穿一線，貫界衡兩端，中心爲孔，下洞衡底，順衡中心爲渠以受線，直入內界長竅中。至衡中腰，復爲孔，自衡底上出結之。

定極環，廣半寸，厚倍之，皆勢穹窿，中徑六度，度約一寸許。極星去不動處三度，僅容轉周。中爲斜十字距，廣厚如環，連於上規。環距中心爲孔，徑五釐。下至北極軸心六寸五分，又置銅板，連於南極雲架之十字，方二寸，厚五分。北面剡其中心，存一釐以爲厚，中爲圓孔，徑一分，孔心下至南極軸心亦六寸五分。又爲環二：其一陰緯環，面刻方位，取趺

面縱橫輄北十字爲中心，臥置之。其一曰立運環，面刻度分，施於北極雲架柱下，當臥環中心，上屬架之橫輄，下抵趺輄之十字，上下各施樞軸，令可旋轉。中爲直距，當心爲竅，以施窺衡，令可俯仰，用窺日月星辰出地度分。右四游環，東西運轉，南北低昂，凡七政、列舍、中外官去極度分皆測之。赤道環旋轉，與列舍距星相當，卽轉界衡使兩線相對，凡日月五星、中外官入宿度分皆測之。百刻環，轉界衡令兩線與日相對，其下直時刻，則晝刻也，夜則以星定之。比舊儀測日月五星出沒，而無陽經陰緯雲柱之映。

其渾象之制，圜如彈丸，徑六尺，縱橫各畫周天度分。赤道居中，去二極，各周天四之一。黃道出入赤道內外，各二十四度弱。月行白道，出入不常，用竹篾均分天度，考驗黃道所交，隨時遷徙。先用簡儀測到入宿去極度數，按於其上，校驗出入黃赤二道遠近疏密，了然易辨，仍參以算數爲準。其象置於方匱之上，南北極出入匱面各四十度太強，半見半隱，機運輪牙隱於匱中。

仰儀

仰儀之制，以銅爲之，形若釜，置於甎臺。內畫周天度，脣列十二辰位。蓋俯視驗天者也。其銘辭云：「不可體形，莫天大也。無競維人，仰釜載也。六尺爲深，廣自倍也。兼深

廣倍，絜釜兌也。環鑿爲沼，準以溉也。辨方正位，曰子卦也。衡縮度中，平斜再也。斜起南極，平釜鐓也。小大必周，入地畫也。始周浸斷，浸極外也。極入地深，四十太也。北九十一，赤道齘也。列刻五十，六時配也。衡竿加卦，巽坤內也。以負縮竿，(本)〔子〕午對也。〔一〕首旋璣板，竅納芥也。上下懸直，與鐓會也。視日透光，何度在也。暘谷朝賓，夕餞昧也。寒暑發斂，驗進退也。薄蝕起自，鑒生殺也。以避赫曦，奪目害也。南北之偏，亦可概也。極淺十五，林邑界也。黃道夏高，人所載也。夏永冬短，猶少差也。深五十奇，鐵勒塞也。黃道浸平，冬晝晦也。夏則不沒，永短最也。安渾宣夜，昕穹蓋也。六天之書，言殊話也。一儀一揆，孰善悖也。以指爲告，無煩喙也。闇資以明，疑者沛也。智者是之，膠者怪也。古今巧曆，不億輩也。非讓不爲，思不逮也。將窺天朕，造化愛也。其有俊明，昭聖代也。泰山礪乎，河如帶也。黃金不磨，悠久賴也。鬼神禁訶，勿銘壞也。」

大明殿燈漏

燈漏之制，高丈有七尺，架以金爲之。其曲梁之上，中設雲珠，左日右月。雲珠之下，復懸一珠。梁之兩端，飾以龍首，張吻轉目，可以審平水之緩急。中梁之上，有戲珠龍二，隨珠俛仰，又可察準水之均調。凡此皆非徒設也。燈毬雜以金寶爲之，內分四層，上環布

四神，旋當日月參辰之所在，左轉日一週。次爲龍虎鳥龜之象，各居其方，依刻跳躍，鐃鳴以應於內。又次週分百刻，上列十二神，各執時牌，至其時，四門通報。又一人當門內，常以手指其刻數。下四隅，鐘鼓鉦鐃各一人，一刻鳴鐘，二刻鼓，三鉦，四鐃，初正皆如是。其機發隱於櫃中，以水激之。

正方案

正方案，方四尺，厚一寸。四周去邊五分爲水渠。先定中心，畫爲十字，外抵水渠。去心一寸，畫爲圓規，自外寸規之，凡十九規。外規內三分，畫爲重規，徧布周天度。中爲圓，徑二寸，高亦如之。中心洞底植臬，高一尺五寸，南至則減五寸，北至則倍之。

凡欲正四方，置案平地，注水于渠，眡平，乃植臬於中。自臬景西入外規，即識以墨影，少移輒識之，每規皆然，至東出外規而止。凡出入一規之交，皆度以線，屈其半以爲中，即所識與臬相當，且其景最短，則南北正矣。復徧閱每規之識，以審定南北。南北既正，則東西從而正。然二至前後，日軌東西行，南北差少，即外規出入之景以爲東西，允得其正。當二分前後，日軌東西行，南北差多，朝夕有不同者，外規出入之景或未可憑，必取近內規景爲定，仍校以累日則愈眞。

又測用之法，先測定所在北極出地度，即自案地平以上度，如其數下對南極入地度，以墨斜經中心界之，又橫截中心斜界爲十字，即天腹赤道斜勢也。乃以案側立，懸繩取正。凡置儀象，皆以此爲準。

圭表

圭表以石爲之，長一百二十八尺，廣四尺五寸，厚一尺四寸。座高二尺六寸。南北兩端爲池，圓徑一尺五寸，深二寸，自表北一尺，與表梁中心上下相直。外一百二十尺，中心廣四寸，兩旁各一寸，畫爲尺寸分，以達北端。兩旁相去一寸爲水渠，深廣各一寸，與南北兩池相灌通以取平。表長五十尺，廣二尺四寸，厚減廣之半，植於圭之南端圭石座中，入地及座中一丈四尺，上高三十六尺。其端兩旁爲二龍，半身附表上擎橫梁，自梁心至表顛四尺，下屬圭面，共爲四十尺。梁長六尺，徑三寸，上爲水渠以取平。兩端及中腰各爲橫竅，徑二分，橫貫以鐵，長五寸，繫線合於中，懸錘取正，且防傾墊。

按表短則分寸短促，尺寸之下所謂分秒太半少之數，未易分別；表長則分寸稍長，所不便者景虛而淡，難得實影。前人欲就虛景之中考求眞實，或設望筩，或置小表，或以木爲規，皆取端日光，下徹表面。今以銅爲表，高三十六尺，端挾以二龍，舉一橫梁，下至圭面共四十尺，是爲八尺之表五。圭表刻爲尺寸，舊一寸，今申而爲五，釐毫差易分別。

景符

景符之制，以銅葉，博二寸，長加博之二，中穿一竅，若針芥然。以方闑爲趺，一端設爲機軸，令可開闔，榰其一端，使其勢斜倚，北高南下，往來遷就於虛梁之中。竅達日光，僅如米許，隱然見橫梁於其中。舊法一表端測晷，所得者日體上邊之景。今以橫梁取之，實得中景，不容有毫末之差。至元十六年己卯夏至晷景，四月十九日乙未景一丈二尺三寸六分九釐五毫。至元十六年己卯冬至晷景，十月二十四日戊戌景七丈六尺七寸四分。

闚几

闚几之制，長六尺，廣二尺，高倍之。下爲趺，廣三寸，厚二寸，上闌廣四寸，厚如趺。以板爲面，厚及寸，四隅爲足，撐以斜木，務取正方。面中開明竅，長四尺，廣二寸。近竅兩旁一寸分畫爲尺，內三寸刻爲細分，下應圭面。几面上至梁心二十六尺，取以爲準。闚限各長二尺四寸，廣二寸，脊厚五分，兩刃斜殺，取其於几面相符，着限兩端，厚廣各存二寸，

銜入几闚。俟星月正中，從几下仰望，視表梁南北以爲識，折取分寸中數，用爲直景。又於遠方同日闚測取景數，以推星月高下也。

西域儀象

世祖至元四年，扎馬魯丁造西域儀象：

咱秃哈剌吉，漢言混天儀也。其制以銅爲之，平設單環，刻周天度，畫十二辰位，以準地面。側立雙環而結於平環之子午，半入地下，以分天度。內第二雙環，亦刻周天度，而參差相交，以結于側雙環，去地平三十六度以爲南北極，可以旋轉，以象天運爲日行之道。內第三、第四環，皆結於第二環，又去南北極二十四度，亦可以運轉。凡可運三環，各對綴銅方釘，皆有竅以代衡簫之仰窺焉。

咱秃朔八台，漢言測驗周天星曜之器也。外周圓牆，而東面啓門，中有小臺，立銅表高七尺五寸，上設機軸，懸銅尺，長五尺五寸，復加窺測之簫二，其長如之，下置橫尺，刻度數其上，以準挂尺。下本開圖之遠近，可以左右轉而周窺，可以高低舉而徧測。

魯哈麻亦渺凹只，漢言春秋分晷影堂。爲屋二間，脊開東西橫罅，以斜通日晷。中有臺，隨晷影南高北下，上仰置銅半環，刻天度一百八十，以準地上之半天，斜倚銳首銅尺，長

六尺，闊一寸六分，上結半環之中，下加半環之上，可以往來窺運，側望漏屋晷影，驗度數，以定春秋二分。

魯哈麻亦木思塔餘，漢言冬夏至晷影堂也。爲屋五間，屋下爲坎，深二丈二尺，脊開南北一罅，以直通日晷。隨罅立壁，附壁懸銅尺，長一丈六寸。壁仰畫天度半規，其尺亦可往來規運，直望漏屋晷影，以定冬夏二至。

苦來亦撒麻，漢言渾天圖也。其制以銅爲丸，斜刻日道交環度數于其腹，刻二十八宿形於其上。外平置銅單環，刻周天度數，列于十二辰位以準地。而側立單環二，一結于平環之子午，以銅丁象南北極，一結于平環之卯酉，皆刻天度。卽渾天儀而不可運轉窺測者也。

苦來亦阿兒子，漢言地理志也。其制以木爲圓毬，七分爲水，其色綠，三分爲土地，其色白。畫江河湖海，脈絡貫串於其中。畫作小方井，以計幅圓之廣袤、道里之遠近。

兀速都兒剌不，定漢言，晝夜時刻之器。其制以銅如圓鏡而可掛，面刻十二辰位、晝夜時刻，上加銅條綴其中，可以圓轉。銅條兩端，各屈其首爲二竅以對望，晝則視日影，夜則窺星辰，以定時刻，以測休咎。背嵌鏡片，三面刻其圖凡七，以辨東西南北日影長短之不同、星辰向背之有異，故各異其圖，以盡天地之變焉。

四海測驗

南海，北極出地一十五度，夏至景在表南，長一尺一寸六分，晝五十四刻，夜四十六刻。

衡嶽，北極出地二十五度，夏至日在表端，無景，晝五十六刻，夜四十四刻。

嶽臺，北極出地三十五度，夏至晷景長一尺四寸八分，晝六十刻，夜四十刻。

和林，北極出地四十五度，夏至晷景長三尺二寸四分，晝六十四刻，夜三十六刻。

鐵勒，北極出地五十五度，夏至晷景長五尺一分，晝七十刻，夜三十刻。

北海，北極出地六十五度，夏至晷景長六尺七寸八分，晝八十二刻，夜一十八刻。

大都，北極出地四十度太強，夏至晷景長一丈二尺三寸六分，晝六十二刻，夜三十八刻。

上都，北極出地四十三度少。

北京，北極出地四十二度強。

益都，北極出地三十七度少。

登州，北極出地三十八度少。

高麗，北極出地三十八度少。

西京，北極出地四十度少。

太原，北極出地三十八度少。

安西府，北極出地三十四度半強。

興元，北極出地三十三度半強。

成都，北極出地三十一度半強。

西涼州，北極出地四十度強。

東平，北極出地三十五度太。

大名，北極出地三十六度。

南京，北極出地三十四度太強。

河南府陽城，北極出地三十四度太弱。

揚州，北極出地三十三度。

鄂州，北極出地三十一度半。

吉州，北極出地二十六度半。

雷州，北極出地二十度太。

瓊州，北極出地一十九度太。

日薄食暈珥及日變

世祖中統二年三月壬戌朔，日有食之。三年十一月辛丑，日有背氣，重暈三珥。至元二年正月辛未朔，日有食之。四年五月丁亥朔，日有食之。五年十月戊寅朔，日有食之。七年三月庚子朔，日有食之。八年八月壬辰朔，日有食之。九年八月丙戌朔，日有食之。十二年六月庚子朔，日有食之。十四年十月丙辰朔，日有食之。十九年六月己丑朔，日有食之。〔二〕七月戊午朔，日有食之。二十四年七月癸丑，日暈連環，白虹貫之。十月戊午朔，日有食之。二十六年三月庚辰朔，日有食之。二十七年八月辛未朔，日有食之。二十九年正月甲午朔，日有食之。有物漸侵入日中，不能既，日體如金環然，左右有珥，上有抱氣。三十一年六月庚辰朔，日食。

成宗大德三年八月己酉朔，日食。四年二月丁未朔，日食。六年六月癸亥朔，日食。七年閏五月戊午朔，日食。八年五月（癸未）〔壬子〕朔，〔三〕日食。

武宗至大三年正月丁亥，白虹貫日。八月甲寅，白虹貫日。四年正月壬辰，日赤如赭。

仁宗皇慶元年六月乙丑朔，日有食之。延祐元年三月己亥，白暈亘天，連環貫日。二年四月戊寅朔，日有食之。五月甲戌，日赤如赭。乙亥，亦如之。九月甲寅，日赤如赭。戊午，亦如之。三年五月戊申，日赤如赭。五年二月癸巳朔，日有食之。六年二月丁亥朔，日有食之。七年正月辛巳朔，日有食之。三月乙未，日有暈若連環然。

英宗至治元年三月己丑，交暈如連環貫日。六月癸卯朔，日有食之。二年十一月甲午朔，日有食之。

泰定帝泰定四年二月辛卯，白虹貫日。九月丙申朔，日食。

文宗天曆二年七月丙辰朔，日有食之。至順元年九月癸巳，白虹貫日。二年正月己酉，〔四〕白虹貫日。八月甲辰朔，日有食之。十一月壬申朔，日有食之。三年五月丁酉，白虹並日出，長竟天。

〔順帝〕元統元年三月癸巳，〔五〕日赤如赭。閏三月丙申、癸丑、甲寅，皆如之。二年四月戊午朔，日有食之。至元元年十二月戊午，日赤如赭。閏十二月丁亥、戊子、己丑，皆如之。二年二月壬辰，日赤如赭。乙未、丙申，亦如之。三月庚申、壬戌、癸亥，四月丁丑〔朔〕，皆如之。八月甲戌朔，日有食之。十二月甲戌，日赤如赭。三年正月丁巳，日有交暈，左右珥上有白虹貫之。二月壬申朔，日有食之。八月癸未，日有交暈，左右珥上有白虹貫之。十月癸酉，日赤如赭。四年閏八月戊戌，日赤如赭。己亥、壬寅，亦如之。九月庚寅，皆如之。五年正月丙寅，日有交暈，左右珥上有白虹貫之。二月辛亥，日赤如赭。三月庚申、辛

酉，四月丁未，皆如之。至正元年三月壬申，日赤如赭。三年四月丙申朔，日有食之。四年九月丁亥朔，日有食之。十年十一月壬子朔，日有食之。十三年九月乙丑朔，日有食之。十四年三月癸亥朔，日有食之。十五年二月丙子，日赤如赭。十七年七月己丑，日有交暈，連環貫之。十八年六月戊辰朔，日有食之。十二月乙丑朔，日有食之。二十一年四月辛巳朔，日有食之。二十五年三月壬戌，日有暈，內赤外青，白虹如連環貫之。二十六年二月丁卯，日有暈，左珥上有背氣一道。七月辛巳朔，日有食之。二十七年十二月癸卯朔，日有食之。

月五星淩犯及星變上

憲宗六年六月，太白晝見，

世祖中統元年五月乙未，熒惑入南斗，留五十餘日。

二年二月丁酉，太陰掩昴。六月戊戌，太陰犯角。八月丙午，太白犯歲星。十一月庚午，太陰犯昴。十二月辛卯，熒惑犯房。壬寅，熒惑犯鈎鈐。

三年十一月乙酉，太白犯鈎鈐。

至元元年二月丁卯，太陰犯南斗。四月辛亥，太陰犯軒轅御女星。五月丙戌，太陰犯房。己亥，太陰犯昴。七月甲戌，彗星出輿鬼，昏見西北，貫上台，掃紫微、文昌及北斗，旦見東北，凡四十餘日。十二月甲子，太陰犯房。

二年六月丙子，太陰犯心宿大星。

四年八月庚申，填星犯天罇距星。壬午，太白犯軒轅大星。甲子，歲星犯軒轅大星。十一月乙巳，填星犯天罇距星。

五年正月甲午，太陰犯井。二月戊子，太陰犯天關。己丑，太陰犯井。

六年十月庚子，太陰犯辰星。

七年正月己酉，太陰犯畢。九月丁巳，太陰犯井。十月庚午，太白犯右執法。十一月壬寅，熒惑犯太微西垣上將。

八年正月辛未，太陰犯畢。三月丁亥，熒惑犯太微西垣上將。九月丙子，太陰犯畢。

九年五月乙酉，太白犯畢距星。九月戊寅，太陰犯御女。十月戊戌，熒惑犯填星。十一月丁卯，太陰犯畢。

十年三月癸酉，客星青白如粉絮，起畢，度五車北，復自文昌貫斗杓，歷梗河，至左攝提，凡二十一日。

十一年二月甲寅，太陰犯井宿。十月壬戌，歲星犯壘壁陣。

十二年七月癸酉，太白犯井。辛卯，太陰犯畢。九月己巳，太白犯少民。己卯，太白犯太微西垣上將。十月癸丑，太陰犯畢。十一月丙戌，太陰犯軒轅大星。十二月戊戌，填星犯亢。戊申，太陰犯畢。

十三年九月辛亥，太白犯南斗。甲寅，太白入南斗。十〔二〕〔一〕月乙卯，太陰犯填星。〔十二月〕辛酉〔朔〕，熒惑掩鈎鈐。〔六〕

十四年二月癸亥，彗出東北，長四尺餘。

十五年二月丁丑，熒惑犯天街。三月丁亥，太陰犯太白。戊子，太陰犯熒惑。〔閏〕十一月辛亥，〔七〕太白、熒惑、填星聚于房。

十六年四月癸卯，填星犯鍵閉。七月丙寅，填星犯鍵閉。八月庚辰，太陰犯房宿距星。庚子，歲星犯軒轅大星。十月丙申，太陰犯太微西垣上將。十一月癸丑，太陰犯熒惑。

十七年四月庚子，歲星犯軒轅大星。七月戊申，太陰掩房宿距星。己酉，太陰犯南斗。八月丙子，太陰犯心宿東星。〔九月〕甲子，〔八〕太陰犯右執法并犯歲星。

十八年七月癸卯，太陰犯房宿距星。閏八月癸巳朔，熒惑犯司怪南第二星。庚戌，太陰犯昴。九月甲申，太陰犯軒轅大星。十一月甲戌，太陰犯五車次南星。丁丑，太陰犯鬼。丁亥，太陰掩心。十二月丙午，太陰犯軒轅大星。

二十年正月己巳，太陰犯軒轅御女。庚辰，太陰入南斗，犯距星。二月庚寅，太陰掩昴。庚子，太白犯昴。壬寅，太白犯昴。乙巳，太陰犯心。三月己未，歲星犯鍵閉。庚申，太陰犯井。壬戌，太陰犯鬼。(乙)〔己〕巳，[九]歲星犯房。癸酉，歲星掩房。四月己亥，太陰犯房。壬寅，太陰犯南斗。五月丙寅，太陰掩心。七月丙辰，太白犯井。癸亥，太陰犯南斗。乙丑，太白犯井。庚午，熒惑犯司怪。八月丙午，太白犯軒轅。丁未，歲星犯鉤鈐。九月壬子，太白犯軒轅少女。戊午，太陰犯斗。己巳，太白犯右執法。壬申，太陰掩井。癸酉，熒惑犯鬼。甲戌，太陰犯鬼。熒惑犯積尸氣。太白犯左執法。十月丙申，太陰犯昴。十一月戊寅，太白、歲星相犯。十二月甲辰，太陰掩熒惑。

二十一年閏五月戊寅朔，塡星犯斗。七月甲申，太白犯熒惑。九月癸巳，太白犯南斗第四星。乙未，太陰犯井。十月己酉，太陰犯軫。十一月丙戌，太陰犯昴。己丑，太陰掩輿鬼。庚子，太陰犯心。

二十二年二月辛亥，太陰犯東井。癸丑，太陰犯鬼。壬戌，太陰犯心。八月癸丑，太陰入東井。十二月己亥，歲星犯塡星。

二十三年正月壬午，太陰犯軒轅太民。乙酉，太陰犯氐。二月丙午，太陰犯井。三月己巳，太陰犯婁。五月己巳，熒惑犯太微西垣上將。庚辰，歲星犯壘壁陣。乙酉，熒惑犯太

微右執法。六月丙申朔，太白犯御女。八月乙卯，太白犯軒轅右角星。九月甲申，太陰犯天關。十月甲午朔，太白犯右執法。戊戌，太陰犯建星。辛亥，太陰犯東井。甲寅，太白犯進賢。十一月戊辰，太白犯亢。己卯，太陰犯東井。辛巳，歲星犯壘壁陣。十二月戊戌，太白犯東咸。丁未，太陰犯東井。丁巳，太陰犯氐。

二十四年正月甲戌，太陰犯東井。乙酉，太陰犯房。二月庚子，太陰犯天關。辛丑，太陰犯東井。閏二月癸亥，太陰犯辰星。甲申，太陰犯牽牛。三月丙申，太陰犯東井。四月癸酉，太陰犯氐。甲戌，太陰犯房。七月戊戌，太陰犯南斗。辛丑，太陰犯牽牛。壬寅，熒惑犯輿鬼積尸氣。甲辰，熒惑犯輿鬼。壬子，太陰犯司怪。八月癸亥，太白犯亢。丙子，塡星南犯壘壁陣。己卯，太陰犯天關。辛巳，太陰犯東井。甲申，太白犯房。九月丁酉，熒惑犯長垣。庚子，太白犯天江。乙巳，太陰犯畢。辛亥，熒惑犯太微西垣上將。壬子，太白犯南斗。十月壬戌，太陰犯牽牛大星。乙酉，熒惑犯左執法。十一月壬辰，太白犯壘壁陣。太陰暈太白、塡星。丙申，熒惑犯太微東垣上將。庚子，太白晝見。丙辰，熒惑犯進賢。十二月丙寅，太陰犯畢。太白晝見。

二十五年正月乙巳，太陰犯角。戊申，太陰犯房。三月丁亥，熒惑犯太微東垣上相。戊子，太陰犯畢。己亥，太陰掩角。四月戊午，太陰犯井。五月戊申，太白犯畢。六月甲戌，太白犯井。丁丑，太陰犯歲星。七月己亥，熒惑犯氐。庚子，太白犯鬼。乙巳，太陰掩畢。八月丙辰，熒惑犯房。己未，太白犯軒轅大星。九月癸未朔，熒惑犯天江。庚子，太陰犯畢。癸卯，熒惑犯南斗。十二月辛酉，太陰犯畢。甲子，太陰犯井。甲戌，太陰犯亢。熒惑犯壘壁陣。

二十六年正月辛丑，太陰犯氐。三月甲午，太陰犯亢。五月壬辰，太白犯鬼。七月戊子，太白經天四十五日。辛卯，太陰犯牛。乙未，太陰犯歲星。八月辛未，歲星晝見。九月戊寅，歲星犯井。乙未，太陰犯畢。丙申，熒惑犯太微西垣上將。十月癸丑，太陰犯牛宿距星。甲寅，熒惑犯右執法。閏十月丁亥，辰星犯房。己丑，太陰犯畢。熒惑犯進賢。太陰犯井。十一月丁巳，熒惑犯亢。戊辰，太陰犯亢。

二十七年正月庚戌，太白犯牛。癸丑，太陰犯井。丁卯，熒惑犯房。壬申，熒惑犯鍵閉。二月戊寅，太陰犯畢。庚寅，太陰犯亢。三月壬子，熒惑犯鉤鈐。四月丙子，太陰犯井。壬辰，熒惑守氐十餘日。五月乙丑，太陰犯塡星。六月己丑，熒惑犯房。七月辛酉，熒惑犯天江。九月癸卯，歲星犯鬼。十月辛巳，太白犯斗。十一月戊申，太陰掩塡星。辛酉，太陰掩左執法。十二月辛卯，太陰犯亢。

二十八年正月壬寅，太白、熒惑、塡星聚奎。二月癸未，太陰犯左執法。甲申，太白犯

昴。三月丁未，太陰犯御女。己酉，太陰犯右執法。庚戌，太陰犯太微東垣上相。乙卯，太白犯五車。四月乙未，歲星犯輿鬼積尸氣。五月壬寅，太陰犯少民。甲寅，太陰犯牛。六月辛卯，太陰犯畢。七月己亥，太白犯井。八月丙寅，太白犯輿鬼。丙子，太陰犯牽牛。癸未，歲星犯軒轅大星。戊子，太白犯軒轅大星，并犯歲星。癸巳，太陰掩熒惑。九月丙辰，熒惑犯左執法。戊午，太白犯熒惑。辛酉，歲星犯少民。十月丙戌，太陰犯軒轅大星并御女。己丑，太陰犯太微東垣上相。十一月甲辰，太(陰)〔白〕犯房。[一〇]丙午，熒惑犯亢。丁未，太陰犯畢。庚申，熒惑犯氐。十二月庚辰，太陰犯御女。癸未，太陰犯東垣上相。己丑，熒惑犯房。庚寅，熒惑犯鉤鈐。

二十九年正月戊申，太陰犯歲星及軒轅左角。二月己巳，太陰犯畢。四月丙子，太陰犯氐。六月己丑，太白犯歲星。閏六月戊申，熒惑犯狗國。七月辛未，太陰犯牛。八月丁酉，辰星犯右執法。己亥，太白犯房。乙巳，歲星犯右執法。九月壬戌，熒惑犯壘壁陣。辛巳，太白犯南斗。十月乙巳，太陰犯井。丁未，太陰犯鬼。乙卯，太陰犯氐。十一月壬戌，太陰犯壘壁陣。己卯，太陰犯太微東垣上將。十二月庚子，太陰犯井。甲辰，太陰犯太微西垣上將。

三十年正月丙寅，太陰犯畢。丁丑，太陰犯氐。庚辰，歲星犯左執法。二月壬辰，太陰

犯畢。乙巳，熒惑犯天街。庚戌，太陰犯牛。癸丑，太白犯壘壁陣。三月辛未，太陰犯氐。四月癸丑，太白犯填星。六月己丑，歲星犯左執法。丙申，太陰犯斗。七月甲子，太陰犯建星。辛(丑)〔巳〕，〔一一〕太陰犯鬼。八月甲午，辰星犯太微西垣上將。甲辰，太陰犯畢。戊申，太陰犯鬼。九月丁卯，太陰犯畢。十月庚寅，彗星入紫微垣，抵斗魁，光芒尺許，凡一月乃滅。丙申，熒惑犯亢。己亥，太陰犯天關。辛丑，太陰犯井。十一月乙丑，太陰犯畢。丁卯，太陰犯井。庚(子)〔午〕，〔一二〕太陰犯鬼。丙子，熒惑犯鉤鈐。戊寅，歲星犯亢。十二月乙未，太陰犯井。

三十一年四月戊申，太白晝見，又犯鬼。五月庚戌朔，太白犯輿鬼。六月丙午，太陰犯井。八月庚辰，太白晝見。戊戌，太陰犯畢。太白犯軒轅。九月丁巳，太白經天。丙寅，太陰掩填星。辛未，太陰犯軒轅。乙亥，太白犯右執法。太陰犯平道。十月壬午，太白犯左執法。癸巳，太陰掩填星。乙未，太陰犯井。十一月己酉，太陰犯亢。庚申，太陰犯畢。癸酉，太白犯房。十二月癸未，歲星犯房。丁亥，歲星犯鉤鈐。壬辰，太陰犯鬼。庚子，太陰犯房，又犯歲星。

成宗元貞元年正月乙卯，太陰犯填星，又犯畢。癸酉，歲星犯東咸。二月癸未，熒惑犯太陰。壬辰，太陰犯平道。癸卯，太陰犯歲星。三月庚戌，太陰犯填星。壬戌，太陰犯房。

四月庚寅，太陰犯東咸。閏四月癸丑，歲星犯房。甲寅，太陰犯平道。乙卯，太陰犯亢。丁巳，太陰掩房。五月丁亥，太陰犯南斗。七月丁丑，太陰犯亢。甲申，歲星犯房。八月乙酉，太陰犯牛。壬子，太陰犯壘壁陣。九月甲午，太陰犯軒轅。戊戌，太陰犯平道。十月辛酉，辰星犯房。壬戌，辰星犯鍵閉。戊辰，太白晝見。太陰犯房。十一月甲戌，太白經天及犯壘壁陣。乙酉，太陰犯井。丁亥，太陰犯鬼。十二月丙辰，太陰犯軒轅。甲子，太陰犯天江。

二年正月壬午，太陰犯輿鬼。丙戌，太白晝見。丁亥，太陰犯平道。庚寅，太陰犯鉤鈐。二月丁未，太陰犯井。三月乙酉，太陰犯鉤鈐。五月丁丑，太陰犯平道。六月乙巳，太白犯天關。丁巳，太白犯填星。癸亥，太陰犯井。七月壬午，填星犯井。太白犯輿鬼。八月庚子，太陰犯亢。太白犯軒轅。癸卯，太陰犯天江。乙卯，太陰犯天街。太白犯上將。九月戊辰，太白犯左執法。壬申，太陰掩南斗。丁丑，太陰犯壘壁陣。己丑，太陰犯軒轅。十一月丁丑，太陰犯月星，又犯天街。庚辰，太陰犯井。丁亥，太陰犯上相。戊子，太陰犯平道。壬辰，太陰犯天江。十二月丁未，太陰犯井。乙卯，太陰犯進賢。

大德元年三月戊辰，熒惑犯井。癸酉，太陰掩軒轅大星。五月癸酉，太白犯鬼積尸氣。乙亥，太陰犯房。六月乙未，太白晝見。七月庚午，太陰犯房。八月丁巳，祆星出奎。九月辛酉朔，祆星復犯奎。十月戊午，太白經天。十一月戊子，太白經天。十二月甲辰，太白經天，又犯東咸。丙午，太陰犯軒轅。甲寅，太陰犯心。閏十二月癸酉，太白犯建星。丙子，太白犯建星。

二年二月辛酉，歲星、熒惑、太白聚危。熒惑犯歲星。辛未，太陰犯左執法。丙子，太陰犯心。五月戊戌，太陰犯心。六月壬戌，太陰犯角。七月癸巳，太陰犯心。八月壬戌，太陰犯箕。九月辛丑，太陰犯五車南星。癸卯，太陰犯五諸侯。己酉，太陰犯左執法。十月壬戌，太白犯牽牛。戊寅，太陰犯角宿距星。十一月己亥，太陰犯輿鬼。辛丑，辰星犯牽牛。壬寅，太陰犯右執法。十二月戊午，太白經天。己未，填星犯輿鬼。乙丑，太白犯歲星。太陰犯熒惑。庚午，填星入輿鬼。太陰犯上將。甲戌，彗出子孫星下。己卯，太陰犯南斗。

三年正月丙戌，太陰犯太白。丁酉，太陰犯西垣上將。戊戌，太陰犯右執法。乙巳，太白經天。三月乙巳，熒惑犯五諸侯。戊戌，熒惑犯輿鬼。〔一三〕四月己未，太陰犯上將。丙寅，填星犯輿鬼。太陰犯心。五月丙申，太陰犯南斗。己亥，太白犯畢。六月庚申，太陰掩房。丁卯，熒惑犯右執法。壬申，歲星晝見。七月己卯朔，太白犯井。丁未，太陰犯輿鬼。八月丁巳，太陰犯箕。戊辰，太白犯軒轅大星。己巳，太陰犯五車星。九月壬辰，流星色赤，尾長尺餘，其光燭地，起自河鼓，沒於牽牛之西，有聲如雷。乙未，太陰犯昴宿距星。丁酉，

太白犯左執法。十月丙子，太陰犯房。十一月乙酉，太白犯房。

四年二月戊午，太陰犯軒轅。五月甲午，太陰犯壘壁陣。辛丑，太白犯輿鬼，太陰犯昴。六月丁巳，太白犯填星。七月辛卯，熒惑犯井。八月癸丑，太陰犯井。甲子，辰星犯靈臺上星。閏八月庚辰，熒惑犯輿鬼。九月戊午，太白犯斗。壬戌，太陰犯輿鬼。甲子，太白犯斗。十二月庚寅，熒惑犯軒轅。癸巳，太陰犯房宿距星。

五年正月己酉，太陰犯五車。壬子，太陰犯輿鬼積尸氣。辛酉，太陰犯心。二月己卯，太陰犯輿鬼。三月戊申，太陰犯御女。丁卯，熒惑犯填星。己巳，熒惑、填星相合。四月壬申，太陰犯東井。五月癸丑，太陰犯南斗。乙卯，熒惑犯右執法。丁卯，太白犯井。六月甲申，歲星犯司怪。己酉，太白犯輿鬼。〔一四〕歲星犯井。甲午，太白犯輿鬼。七月丙午，歲星犯井。辛亥，太陰犯壘壁陣。庚申，辰星犯太白。八月壬辰，太陰犯軒轅御女。乙未，填星犯太微上將。九月乙丑，自八月庚辰，彗出井二十四度四十分，如南河大星，色白，長五尺，直西北，後經文昌斗魁，南掃太陽，又掃北斗、天機、紫微垣、三公、貫索，星長丈餘，至天市垣巴蜀之東、梁楚之南、宋星上，長盈尺，凡四十六日而滅。十月癸未，太陰犯東井。辛卯，夜有流星，大如杯，色赤，尾長丈餘，光燭地，自北起，近東徐徐而行，分爲二星，前大後小，相離尺餘，沒於危宿。十一月己亥，歲星犯東井。戊申，太陰犯昴。十二月甲戌，歲星犯司

怪。辛卯，太陰犯南斗。

六年正月壬戌，填星犯太微西垣上將。二月庚午，太陰犯昴。三月壬寅，太陰犯輿鬼。癸卯，歲星犯井。甲寅，太陰犯鉤鈐。四月乙丑朔，太白犯東井。戊寅，太陰犯心。庚寅，太白犯輿鬼。六月癸亥朔，填星犯太微西垣上將。乙亥，太陰犯斗。七月癸巳朔，熒惑、填星、辰星聚井。庚子，太陰犯心。戊午，太陰犯熒惑。八月乙丑，熒惑犯歲星。己巳，熒惑犯輿鬼。辛巳，太陰犯昴。壬午，太白犯軒轅。九月丙午，熒惑犯軒轅。癸丑，太陰犯輿鬼。丁巳，太白犯右執法。十月壬午，熒惑犯太微西垣上將。十一月辛(亥)〔卯〕，填星犯左執法。〔一五〕乙未，辰星犯房。癸卯，太陰犯昴。己酉，太陰犯軒轅。十二月庚申朔，熒惑犯填星。乙丑，歲星犯輿鬼。乙亥，太陰犯輿鬼。庚辰，熒惑犯太微東垣上相。癸未，太陰犯房。

七年正月戊戌，太陰犯昴。甲辰，太陰犯軒轅。二月戊寅，太陰犯心。四月癸亥，太陰犯東井。丙寅，太陰犯軒轅。乙亥，歲星犯輿鬼。太陰犯南斗。甲申，熒惑犯太微垣右執法。丁亥，歲星犯輿鬼。五月壬辰，辰星犯東井。閏五月戊辰，太陰犯心。七月戊寅，歲星犯軒轅。己卯，太陰犯井。乙酉，熒惑犯房。八月癸巳，太白犯氐。甲午，熒惑犯東咸。太陰犯牽牛。乙巳，歲星犯軒轅。辛亥，熒惑犯天江。九月丙寅，太白晝見。辛未，熒惑犯南斗。

甲戌，太陰犯東井。乙亥，太白犯南斗。壬午，辰星犯氐。十月丁亥，太白經天。辛丑，太陰犯東井。十一月己未，太白經天。丙寅，填星犯進賢。戊辰，太陰犯東井。己卯，太陰犯東咸。十二月丙戌，太白經天。夜，熒惑犯壘壁陣。丙申，太陰犯東井。辛丑，太陰犯明堂。丁未，太陰犯天江。

八年三月乙丑，自去歲十二月庚戌，彗星見，約盈尺，指東南，色白，測在室十一度，漸長尺餘，復指西北，掃騰蛇，入紫微垣，至是滅，凡七十四日。

九年正月丁巳，太陰犯天關。甲子，太陰犯明堂。己巳，太陰犯東咸。三月甲寅，熒惑犯氐。戊午，歲星犯左執法。四月庚辰，太陰犯井。壬辰，太白犯井。五月癸亥，歲星掩左執法。七月丙午，熒惑犯氐。甲寅，太白經天。丁卯，熒惑犯房。八月辛巳，太陰犯東咸。乙未，熒惑犯天江。九月丁巳，熒惑犯斗。十月丙戌，太白經天。十一月庚戌，歲星、太白、填星聚於亢。癸丑，歲星犯亢。丙寅，歲星晝見。(十二月)壬申，太白經天。〔十二月〕丙子，太(陰)〔白〕犯西咸。〔一六〕庚寅，熒惑犯壘壁陣。己亥，辰星犯建星。

十年正月丁巳，太白犯建星。閏正月癸酉，太白犯牽牛。己丑，太白犯壘壁陣。二月戊午，太陰犯氐。三月戊寅，歲星犯亢。四月辛酉，填星犯亢。六月癸丑，太陰犯羅堰上星。己未，歲星犯亢。七月庚辰，太陰犯牽牛。八月壬寅，歲星犯氐。熒惑犯太微垣上將。

九月己巳，熒惑犯太微垣右執法。壬午，熒惑犯太微垣左執法。十月甲辰，太白犯斗。辛亥，太陰犯畢。甲寅，太陰犯井。十一月辛未，歲星犯房。壬申，太陰犯虛。甲戌，熒惑犯亢。戊子，熒惑犯氐。辛卯，太陰犯熒惑。十二月壬寅，太白晝見。乙巳，歲星犯東咸。戊午，太陰犯氐。

十一年六月丙午，太陰犯南斗杓星。〔七月〕己巳，太陰犯亢。(七月)壬午，〔一七〕熒惑犯南斗。九月癸酉，太白犯右執法。己卯，太白犯左執法。十月乙巳，太白犯亢。己酉，熒惑犯壘壁陣。甲寅，太陰犯明堂。己未，太陰犯太白。十一月丁卯，太白犯房。丙子，太陰犯東井。乙酉，太陰犯亢。辛卯，辰星犯歲星。十二月丁巳，填星犯鍵閉。

武宗至大元年正月辛未，太陰犯井。甲申，太陰犯填星。二月丁未，太陰犯亢。甲寅，太陰犯牛距星。三月乙丑，太陰犯井。五月癸未，太白犯輿鬼。七月庚申，流星起自勾陳，南至於大角傍，尾跡約三尺，化爲白氣，聚於七公，南行，圓若車輪，微有鋭，經貫索滅。壬申，太白犯左執法。八月壬子，太陰犯軒轅太民。九月壬申，填星犯房。丙子，太陰犯井。癸未，太陰犯熒惑。十月辛丑，太白犯南斗。十一月庚申，太白晝見。癸亥，熒惑犯亢。己巳，太陰掩畢。甲戌，熒惑犯氐。乙亥，辰星犯填星。閏十一月壬寅，熒惑犯房。丁未，太陰犯亢。十二月甲子，太陰犯畢。丙子，太陰犯氐。戊寅，太白掩建星。

二年二月己巳，太陰犯亢。辛未，太陰犯氐。庚辰，太陰犯太白。三月戊戌，太陰犯氐。己亥，熒惑犯歲星。丙午，熒惑犯壘壁陣。五月辛卯，太陰犯亢。六月乙卯，太白犯井。癸酉，辰星犯輿鬼。乙亥，太陰掩畢。八月乙亥，太陰犯軒轅。丁丑，太陰犯右執法。九月丙午，太陰犯進賢。十月壬申，太陰犯左執法。十一月己亥，太陰犯右執法。庚子，太陰犯上相。辛丑，熒惑犯外屏。十二月庚申，太陰犯參。癸亥，辰星犯歲星。辛未，太白犯壘壁陣。

三年正月壬辰，太陰犯軒轅御女。甲午，太陰犯右執法。丙申，太陰犯平道。二月辛亥，熒惑犯月星。庚申，熒惑犯天街。太陰犯軒轅少民。壬戌，太陰犯左執法。甲戌，太白犯月星。三月甲申，太陰犯井。庚寅，太陰犯氐。丙申，太陰犯南斗。丁未，太白犯井。甲寅，太陰犯軒轅御女。戊辰，太白晝見。〔一八〕五月乙酉，太陰犯平道。癸巳，熒惑犯輿鬼。六月乙卯，太陰犯氐。七月戊寅，太陰犯右執法。己卯，太陰犯上相。八月甲子，太白犯軒轅太民。乙丑，太陰掩畢大星。〔九月〕辛巳，太陰犯建星。〔一九〕辛卯，太陰犯天廩。十月甲辰朔，太白經天。丙午，太白犯左執法。癸丑，熒惑犯亢。十一月甲戌朔，太白犯亢。丁亥，太陰犯畢。十二月甲辰朔，太陰犯羅堰。庚申，太陰犯軒轅大星。辛酉，太白犯填星。丙寅，太白犯氐。

四年二月甲子，太陰犯填星。三月丙戌，太陰犯太微上將。四月甲寅，太陰犯亢。熒惑犯壘壁陣。〔五月〕癸未，太陰犯氐。（五月）乙未，〔一〇〕太陰犯太微東垣上相。〔六月〕庚戌，太陰犯氐。〔一一〕七月癸巳，太陰掩畢。丁酉，太陰犯鬼宿距星。閏七月丙寅，太陰犯軒轅。九月乙卯，太陰犯畢。十月丙申，太白犯壘壁陣。十一月甲寅，太陰犯輿鬼。十二月庚辰，太白經天。癸未，亦如之。甲申，太陰犯太微西垣上將。壬辰，太白經天。

仁宗皇慶元年正月癸丑，太陰犯太微東垣上相。二月壬午，太陰犯亢。三月丁酉朔，熒惑犯東井。壬寅，太陰犯東井。四月丙子，太白晝見。壬午，熒惑犯輿鬼。癸未，熒惑犯積尸氣。庚寅，太白經天。六月己巳，太陰犯天關。七月戊午，太陰犯東井。八月戊辰，太白犯軒轅。辛未，太陰犯填星。壬午，辰星犯右執法。乙酉，太白犯右執法。丁亥，辰星犯左執法。九月丁巳，太白犯亢。十月丁亥，太陰犯平道。戊子，太陰犯亢。十一月己亥，太陰掩壘壁陣。十二月甲申，熒惑、填星、辰星聚（井）〔斗〕。〔一二〕戊子，太陰犯熒惑。

二年正月戊申，太陰犯三公。三月庚子，熒惑犯壘壁陣。丁未，彗出東井。七月己丑朔，歲星犯東井。辛卯，太白晝見。乙未、丙辰，皆如之。丁巳，太白經天。八月戊午朔，太白晝見。壬戌，歲星犯東井。壬午，太陰犯輿鬼。

延祐元年二月癸酉，熒惑犯東井。三月壬辰，太陰掩熒惑。閏三月辛酉，太陰犯輿鬼。

丙寅，太陰犯太微東垣。五月戊午，辰星犯輿鬼。六月乙未，熒惑犯右執法。十月庚戌，辰星犯東咸。十二月甲午，太陰犯輿鬼。癸卯，太陰犯房。甲辰，太陰犯天江。

二年正月乙卯，歲星犯輿鬼。己未，太白晝見。癸亥，太陰犯軒轅。丁卯，太陰犯進賢。二月戊子，太白晝見。癸巳，太白經天。丙午，亦如之。三月丙辰，太陰色赤如赭。四月庚子，太陰犯壘壁陣。五月辛酉，太陰犯天江。庚午，太白晝見。六月甲申，太白晝見。是夜，太陰犯平道。癸卯，太白犯東井。丙午，辰星犯輿鬼。九月己酉，太陰犯房。辛酉，太白犯左執法。十月丙子朔，客星見太微垣。十一月丙午，客星變爲彗，犯紫微垣，歷軫至壁十五宿，明年二月庚寅乃滅。

三年九月癸丑，太白晝見。丙寅，太白經天。十月甲申，太白犯斗。

四年三月乙酉，太陰犯箕。六月乙巳，太陰犯心。八月丙申，熒惑犯輿鬼。壬子，太陰犯昴。九月庚午，太陰犯斗。

六年正月戊寅，太陰犯心。二月己亥，太陰犯靈臺。三月己巳，太陰犯明堂。癸酉，太陰犯日星。甲戌，太陰犯心。五月辛酉，太陰犯靈臺。丁卯，太陰犯房。丙子，太陰犯壘壁陣。六月己亥，歲星犯東咸。七月壬戌，太陰犯心。丙子，太白犯太微垣右執法。八月乙酉，熒惑犯輿鬼。閏八月丙辰，辰星犯太微垣右執法。丁巳，太陰犯心。癸亥，熒惑犯軒

轅。甲子，太陰犯壘壁陣。乙亥，太白犯東咸。十月癸亥，熒惑犯太微垣左執法。乙丑，太陰犯昴。戊辰，太陰犯東井。庚午，太白晝見。辛未，太陰犯軒轅。辛卯，熒惑犯進賢。庚子，太陰犯明堂。十二月丙寅，太陰犯軒轅。

七年正月乙未，太陰犯明堂上星。癸卯，太陰犯斗宿東星。二月辛酉，太陰犯軒轅御女。壬戌，太陰犯靈臺。丁卯，太陰犯日星。庚午，太陰犯斗宿距星。三月戊子，太陰犯酒旗上星。熒惑犯進賢。庚寅，太陰犯明堂上星。四月甲寅，太白犯填星。壬戌，太陰犯房宿距星。五月庚寅，太陰犯心宿東星。癸巳，太陰犯狗宿東星。〔一三〕丙申，太白犯畢宿距星。六月庚申，太陰犯斗宿東星。癸亥，太陰犯壘壁陣西二星。丁卯，太白犯井宿東扇第三星。辛未，太陰犯昴宿。七月丁亥，太陰犯斗宿東三星。戊戌，熒惑犯房宿上星。己亥，太陰犯昴宿距星。八月丙辰，太白犯靈臺上星。乙丑，熒惑犯天江。丁卯，太白犯太微垣右執法。壬申，太陰犯軒轅御女。九月乙酉，太陰犯壘壁陣西二星。丙戌，熒惑犯斗宿。癸巳，太陰犯昴宿東星。己亥，太白犯亢星。十月庚戌，太陰犯熒惑于斗。癸亥，太陰犯井宿。十一月癸卯，熒惑犯壘壁陣。乙卯，太陰掩昴宿。戊午，太陰犯井宿東星。庚申，太陰犯鬼宿。

英宗至治元年正月乙未，太陰掩房宿距星。甲辰，辰星犯外屏西第一星。辰星、太白、熒惑、填星聚於奎宿。二月壬子，太白、熒惑、填星聚於奎宿。辛酉，太白犯熒惑。癸亥，太

陰犯心宿大星，又犯心宿東星。三月丁丑，太陰掩昴宿。四月戊午，太陰犯心宿大星。庚申，太陰犯斗宿東第三星。五月戊寅，太白犯鬼宿積尸氣。太陰犯軒轅右角。庚辰，太陰犯明堂中星。六月己未，太陰犯虛梁東第二星。辛酉，太白經天。七月癸巳，太陰犯昴宿。八月丁未，太陰犯心宿前星。己酉，太陰犯斗宿西第二星。壬子，熒惑犯軒轅大星。九月乙亥，熒惑犯靈臺東北星。壬午，熒惑犯太微西垣上將。丁酉，熒惑犯太微垣右執法。十月甲辰，太白經天。戊申，熒惑犯太微垣左執法。十一月辛未，熒惑犯進賢。丙子，太陰犯虛梁東第一星。戊寅，辰星犯房宿上星。丙戌，太陰犯井宿東扇北第二星。己丑，太陰犯酒旗西星，又犯軒轅右角。辛卯，太陰犯明堂中星。己亥，太白犯西咸南第一星。十二月甲辰，熒惑犯亢宿南第一星。庚戌，太陰犯昴宿東第一星。辛酉，熒惑入氐宿。

二年正月丁丑，太陰犯昴宿距星。庚辰，太白犯建星西第二星。辛巳，太白犯建星西第三星。辛卯，太陰犯心宿大星。甲午，熒惑犯房宿上星。丁酉，太白犯牛宿南第一星。二月己亥朔，熒惑犯鍵閉星。丙午，熒惑犯罰星南一星。戊申，太陰犯井宿東扇北第二星。庚戌，熒惑犯東咸北第二星。辛亥，太陰犯酒旗西第一星及軒轅右角星。壬子，太白犯壘壁陣西方第二星。癸丑，太陰犯明堂中星。己未，太陰犯天江南第一星。壬戌，太白犯壘壁陣第六星。五月丙子，熒惑退犯東咸南第一星。六月壬申，熒惑犯心宿距星。七月己

亥，熒惑犯天江南第一星。戊午，太陰犯井宿(越)〔鉞〕星。〔一四〕九月己未，太陰犯明堂中星。十月庚辰，太陰犯井宿距星。辛巳，太陰犯井宿東扇北第二星及第三星。己丑，熒惑犯壘壁陣西第六星。十一月甲辰，太白犯壘壁陣第一星。乙巳，熒惑犯壘壁陣西第八星。戊申，太陰掩井宿東扇北第二星。己未，太陰犯東咸南第一星。庚申，太陰犯天江上第二星。辛酉，熒惑犯歲星。十二月乙丑，太白、歲星、熒惑聚于室。太白犯壘壁陣西第八星。乙亥，太陰掩井宿距星。戊寅，太白犯歲星。己丑，熒惑犯外屏西第三星。太陰犯建星西第二星。

三年正月壬寅，太陰犯鉞星，又犯井宿距星。癸卯，太陰犯井宿東扇南第二星。二月癸亥朔，熒惑、太白、塡星聚於胃宿。癸酉，太白犯昴宿。辛巳，太陰犯東咸南第一星、第二星。五月戊戌，太白經天。癸卯，太陰犯房宿第二星。庚戌，太白犯畢宿右股第三星。六月癸未，塡星犯畢宿距星。九月辛卯，塡星退犯畢。十月己巳，太白犯亢。丙子，太白犯氐。十一月己丑朔，熒惑犯亢。庚寅，太白犯鉤鈐。乙未，太白犯東咸。壬寅，熒惑犯氐。十二月己巳，辰星犯壘壁陣。辛未，熒惑犯房。辛巳，熒惑犯東咸。

泰定帝泰定元年五月丙午，太白犯鬼宿。丁未，太白又犯鬼宿積尸氣。十月丙寅，太白犯斗宿距星。己巳，太白入斗宿魁。太陰犯塡星。庚午，太白犯斗。壬午，熒惑犯壘壁

陣。十二月庚午，熒惑犯外屏。乙亥，太白經天。

二年正月丙戌，辰星犯天鷄。壬寅，太白犯建星。二月庚寅，熒惑、歲星、塡星聚于畢宿。六月丙戌，塡星犯井宿鉞星。丙午，塡星犯井宿。八月癸巳，歲星犯天罇。十月壬辰，熒惑犯氐宿。癸巳，塡星退犯井宿。十一月戊午，塡星退犯井宿鉞星。十二月乙酉，熒惑犯天江。辰星犯建星。甲午，太白犯壘壁陣。

三年正月辛酉，太白犯外屏。三月丙午，塡星犯井宿鉞星。戊辰，熒惑犯壘壁陣。塡星犯井宿。庚午，塡星、太白、歲星聚于井。四月戊戌，太白犯鬼宿。壬寅，熒惑犯壘壁陣。七月戊辰，太白經天，至于十二月。九月壬戌，太白犯太微垣右執法。十月辛巳，太白犯進賢。

四年正月己酉，太白犯牛宿。三月丁卯，熒惑犯井宿。九月壬子，太白犯房宿。閏九月己巳，太白經天，至十二月。十月乙巳，晝有流星。戊午，辰星犯東咸。十一月癸酉，太白犯壘壁陣。熒惑犯天江。十二月己未，歲星退犯太微西垣上將。

致和元年二月壬戌，太白晝見。五月庚辰，流星如缶大，光明燭地。七月丙戌，太白犯軒轅大星。

文宗天曆元年九月庚辰，太白犯亢宿。

二年正月甲子，太白犯壘壁陣。二月己酉，熒惑犯井宿。五月庚申，太白犯鬼宿積尸氣。六月丁未，太白晝見。七月癸亥，太白經天。十一月癸酉，太陰犯塡星。

至順元年七月庚午，歲星犯氐宿。八月戊辰，太白犯氐宿。九月己丑，熒惑犯鬼宿。甲午，熒惑犯鬼宿。十一月甲申，熒惑退犯鬼宿。丙戌，太白犯壘壁陣。

二年二月壬子，太白晝見。三月丙子朔，熒惑犯鬼宿。己卯，熒惑犯鬼宿積尸氣。五月丁丑，熒惑犯軒轅左角。甲午，太白犯畢宿。庚子，太陰犯太白。辛丑，太白經天。六月丁未，太白晝見。丁卯，太陰犯畢。太白犯井。八月乙卯，太白犯軒轅大星。庚申，太白犯軒轅左角。九月丙子，太白犯塡星。十一月壬申朔，太白犯鉤鈐。

三年五月癸酉，熒惑犯東井。

校勘記

〔一〕(木)〔子〕午對也　據元文類卷一七仰儀銘改。按「子午」與上文「巽坤」相應。新元史已校。

〔二〕十九年六月己丑朔日有食之　見卷一二校勘記〔一〕。

〔三〕五月(癸未)〔壬子〕朔　見卷二一校勘記〔一〕。

〔四〕正月己酉　按是年正月丁丑朔，無己酉日。己酉疑爲乙酉初九日之誤。

〔五〕〔順帝〕元統元年　原墨釘，從北監本補。

〔六〕十(二)〔一〕月乙卯太陰犯塡星〔十二月〕辛酉〔朔〕熒惑掩鉤鈐　按至元十三年十二月辛酉朔，無乙卯日。十一月二十五日乙卯，月黄經二一七度，土星黄經二一六度，合。「十二月」爲「十一月」之誤，今改。十二月辛酉朔，火星、鉤鈐皆在黄經二三四度，合。今補「十二月」及「朔」字。

〔七〕〔閏〕十一月辛亥　據本書卷一〇世祖紀至元十五年閏十一月辛亥條補。按十一月庚辰朔，無辛亥日；閏十一月庚戌朔，辛亥爲初二日。

〔八〕〔九月〕甲子　道光本與本書卷一一世祖紀至元十七年九月甲子條合，從補。按是年八月庚午朔，無甲子日；九月庚子朔，甲子爲二十五日。

〔九〕(乙)〔己〕巳　見卷一二校勘記〔二〇〕。

〔一〇〕太(陰)〔白〕犯房　據本書卷一六世祖紀至元二十八年十一月甲辰條改。按是日房宿一黄經二三三度，房宿東咸一黄經二三八度半，月黄經一五八度半，不合；金星黄經二四六度，近。

〔一一〕辛(丑)〔巳〕　道光本與本書卷一七世祖紀至元三十年七月辛巳條合，從改。按是月乙卯朔，無辛丑日，辛巳爲二十七日。

〔一二〕庚(子)〔午〕　道光本與本書卷一七世祖紀至元三十年十一月庚午條合，從改。按是月壬子朔，無庚子日，庚午爲十九日。

〔一三〕戊戌熒惑犯輿鬼　是月壬午朔，戊戌爲十七日，此條應在乙巳二十四日之前。

〔一四〕己酉太白犯輿鬼　本書卷二〇成宗紀大德五年六月癸巳條有「太白犯輿鬼」。按是年六月己巳朔，無己酉日，癸巳爲二十五日。「己酉」誤。

〔一五〕辛(亥)〔卯〕填星犯左執法　道光本與本書卷二〇成宗紀大德六年十一月辛卯條合，從改。按是月庚寅朔，辛卯爲初二日，辛亥爲二十二日。初二日土星黃經一七四度，右執法黃經一七四度半，合。

〔一六〕(十二月)壬申太白經天〔十二月〕丙子太(陰)〔白〕犯西咸　據本書卷二一成宗紀大德九年十一月壬申條、十二月丙子條改正、改。按是年十一月癸卯朔，壬申爲三十日；十二月癸酉朔，丙子爲初四日。丙子日西咸三黃經二三〇度，月黃經三二六度，不合；金星黃經二二九度半，合。

〔一七〕(七月)己巳太陰犯亢(七月)　道光本與本書卷二二武宗紀大德十一年七月己巳條合，從改正。按是年六月癸巳朔，無己巳日，己巳爲七月初七日。

〔一八〕甲寅太陰犯軒轅御女戊辰太白晝見　按至大三年三月己卯朔，無甲寅、戊辰日。四月戊申朔，初七日甲寅，二十一日戊辰。本書卷二三武宗紀至大三年四月戊辰條有「太白晝見」。道光本「甲寅」上有「四月」，是。

〔一九〕〔九月〕辛巳太陰犯建星　道光本與本書卷二三武宗紀至大三年九月辛巳條合，從補。按是年

八月乙巳朔，無辛巳日；九月乙亥朔，辛巳爲初七日。

〔二〇〕〔五月〕癸未太陰犯氐(五月)　道光本與本書卷二四仁宗紀至大四年五月癸未條合，從改正。按是年四月壬寅朔，無癸未日；五月壬申朔，癸未爲十二日。

〔二一〕〔六月〕庚戌太陰犯氐　據本書卷二四仁宗紀至大四年六月庚戌條補。按是年五月壬申朔，無庚戌日，六月辛丑朔，庚戌爲初十日。

〔二二〕十二月甲申熒惑填星辰星聚(井)〔斗〕　據本書卷二四仁宗紀皇慶元年十二月甲申條改。按是日火星黃經二七九度半，土星黃經二八五度半，水星黃經二八五度。井宿黃經在八五度至九〇度間，不合；斗宿黃經在二七〇度至二八〇度間，合。

〔二三〕太陰犯狗宿東星　按本書卷二七英宗紀延祐七年五月癸巳條作「太陰犯天狗」，星無「狗宿」，有「天狗」隸鬼宿，此處史文有誤。

〔二四〕太陰犯井宿(越)〔鉞〕星　從殿本改。

元史卷四十九

志第二

天文二

月五星凌犯及星變下

順帝元統元年正月癸酉，太白晝見。二月戊戌，亦如之。己亥，填星退犯太微東垣上相。丙辰，太陰犯天江下星。三月戊寅，太陰犯太微東垣上相。五月丁酉，熒惑犯太微垣右執法。六月丁丑，太陰犯壘壁陣西第二星。七月己亥，太陰犯房宿北第二星。九月甲午，太陰犯東咸西第一星。填星犯進賢。乙未，太陰犯天江下星。丁巳，太陰犯填星。己未，太陰犯氐宿距星。十月甲子，太陰入犯斗宿魁東北星。十一月甲午，太陰犯壘壁陣西方第二星。辛亥，太陰犯太微東垣上相。壬子，太陰犯填星。癸丑，太陰犯亢宿南第一星。〔十二月〕癸酉，太陰犯鬼宿東北星。〔一〕乙亥，太白犯壘壁陣西第八星。太陰犯軒轅夫人

星。己卯，太陰犯進賢。癸未，太陰犯東咸西第二星。

二年正月壬寅，太陰犯軒轅夫人星。庚戌，太陰犯房宿北第二星。二月癸酉，太陰犯太微東垣上相。丁亥，太白經天。三月辛丑，太陰犯進賢，又犯填星。四月丁丑，太白經天。戊寅，太白晝見。辛巳、壬午，皆如之。壬午夜，太白犯鬼宿積尸氣。七月己亥，太白經天。甲辰，亦如之。丙午，復如之。己酉，太白晝見。夜，流星如酒盃大，色赤，尾跡約長五尺餘，光明燭地，起自天津之側，沒于離宮之南。庚戌，太白經天。壬子，熒惑入犯鬼宿積尸氣。癸丑，太白經天。甲寅，亦如之。八月丙辰朔，太白經天。丁巳、戊午、己未，亦如之。癸亥、丙寅、戊辰、辛未、壬申、癸酉、甲戌、丁丑、己卯，皆如之。己卯夜，太白犯軒轅御女星。庚辰，太白經天。壬午，亦如之。九月庚寅，太白經天。壬辰，太陰入南斗魁。癸巳，太陰犯狗國東星。太白犯靈臺中星。甲午，太白經天。乙未，亦如之。己亥、壬寅，皆如之。乙巳，太白犯太微垣右執法。壬子，太白犯太微垣左執法。十月癸亥，熒惑犯太微西垣上將。太白犯進賢。乙亥，太陰犯軒轅夫人星。太白犯填星。十一月乙未，填星犯亢宿距星。庚戌，熒惑犯太微東垣上相。

仍改至元元年二月甲戌，熒惑逆行入太微垣。四月壬戌，太陰犯太微垣左執法。五月癸卯，太陰犯壘壁陣東方第四星。六月壬戌，太陰犯心宿大星。七月乙未，太陰犯壘壁陣西

方第二星。八月辛亥，熒惑犯氐宿東南星。九月丁亥，太陰入魁，犯斗宿東南星。庚寅，太陰犯壘壁陣西方第二星。十月甲寅，熒惑犯斗宿西第二星。庚申，太陰犯壘壁陣東方東第二星。甲子，太陰犯昴宿西第二星。丁卯，太白犯斗宿魁第三星。戊辰，太白晝見。十一月甲申，太白經天。丙戌，亦如之。己丑，辰星犯房宿上星及鉤鈐星。丙申，太陰犯鬼宿東北星。己亥，太陰犯太微西垣上將。庚子，太陰犯太微垣左執法。十二月壬子，太陰犯壘壁陣西方第二星。辛酉，太白犯壘壁陣東方第六星。甲子，太白經天。乙丑，太陰犯軒轅夫人星。丙寅，太白經天。丁卯，亦如之。太陰犯太微垣右執法。庚午，太白經天。壬申，亦如之。癸酉，歲星晝見。乙亥，太白、歲星皆晝見。戊寅，太白經天。歲星晝見。閏十二月乙酉，熒惑犯壘壁陣西第八星。庚子，太陰犯心宿大星。壬寅，太陰犯箕宿距星。癸卯，太陰犯斗宿魁東南星。

二年正月壬戌，太陰犯太微垣右執法。甲子，太陰犯角宿距星。丁卯，太陰犯房宿距星。二月辛巳，太陰犯昴宿距星。甲申，太白經天。己丑，太陰犯太微西垣右執法。三月壬戌，太陰犯心宿距星。甲子，太陰犯箕宿距星。乙丑，太陰犯斗宿東南星。四月丙戌，太陰犯角宿距星。五月庚戌，太陰犯靈臺西第一星。（五月）丙辰，〔三〕太白晝見。丁巳，亦如之。六月戊子，太白犯井宿東扇北第二星。七月己酉，太白犯鬼宿東南星。乙卯，太白犯熒惑。八月己卯，太陰犯心宿東第一星。辛巳，太陰犯箕宿東北星。九月庚戌，熒惑犯太微西垣上將。十月丙子，熒惑犯太微垣左執法。丁亥，太陰犯昴宿。己亥，熒惑犯進賢。十一月己酉，太陰犯壘壁陣西第八星。己未，太陰犯鬼宿積尸氣。丁卯，太陰犯房宿距星。

三年三月辛亥，太陰犯靈臺上星。四月辛卯，太陰犯壘壁陣西方第五星。庚子，太白晝見。五月壬寅，太白犯鬼宿東北星。乙巳，太陰犯軒轅左角。戊申，太白晝見。壬子，太陰犯心宿後星。戊午，太白晝見。己未，太陰犯壘壁陣西方第六星。辛酉，太白晝見。丁卯，彗星見於東北，如天船星大，色白，約長尺餘，彗指西南，測在昴五度。六月庚午，太白經天。辛未，亦如之。甲戌，復如之。乙亥，太白犯靈臺上星。己卯，太白經天。夜，太白犯太微西垣上將。壬午，太白晝見。太陰犯斗宿魁尖星。丁亥，太白犯太微垣右執法。己丑，太白晝見。庚寅，亦如之。七月癸卯，太白經天。乙巳，亦如之。丙午，復如之。庚戌，太白晝見。甲寅，太白經天。辛酉，太白晝見。壬戌，太白經天。癸亥、甲子，皆如之。八月庚午，彗星不見。其星自五月丁卯始見，戊辰往西南行，日益漸速，至六月辛未，芒彗愈長，約二尺餘，丁丑掃上丞，己卯光芒愈甚，約長三尺餘，入圜衞，壬午掃華蓋、杠星，乙酉掃鈎陳大星及天皇大帝，丙戌貫四輔，經樞心，甲午出圜衞，丁酉出紫微垣，戊戌犯貫索，掃天紀，七月庚子掃河間，癸卯經鄭晉，入天市垣，丙午掃列肆，己酉太陰光盛，微辨芒彗，出天市垣，掃梁星，至辛酉，光芒微小，瞻在房宿鍵閉之上、罰星中星正西，難測，日漸南行，至是凡見六十有三日，自昴至房，凡歷一十五宿而滅。甲戌，太陰犯心宿後星。九月己亥，熒惑犯斗宿西第二星。甲辰，太陰犯斗宿魁第二星。丁未，太陰犯壘壁陣西第一星。己酉，太陰犯壘壁陣西第八星。辛酉，太陰犯軒轅大星。十月庚午，太白晝見。丙子，太陰犯壘壁陣西方第七星。壬午，太陰犯昴宿上行星。丁亥，太白晝見。太陰犯鬼宿積尸氣。庚寅，太白晝見。辛卯，亦如之。丙申，復如之。十一月丁酉，太白經天。戊戌，太白犯亢宿距星。己亥，太白經天。壬寅，太陰犯熒惑。癸卯，太陰犯壘壁陣西第六星。丁未，填星犯鍵閉。辛亥，太陰犯五車東南星。甲寅，太陰犯鬼宿西北星。丙辰，太陰犯軒轅左角。丁巳，太白經天。太陰犯太微垣三公東南星。戊午，太白經天。癸亥，亦如之。甲子、乙丑，皆如之。十二月己巳，歲星退犯天罇東北星。填星犯罰星南第一星。甲戌，熒惑犯壘壁陣東第五星。太白犯東咸上星。

四年正月癸卯，太白犯建星西第二星。甲辰，太白犯建星西第三星。丙午，太陰犯五車東南星。辛亥，太陰犯軒轅左角。己未，填星犯東咸上星。庚申，太陰入斗魁。太白犯牛宿。二月戊寅，太陰犯軒轅大星。己卯，太陰犯靈臺中星。三月戊申，填星退犯東咸上星。六月辛巳，填星退犯鍵閉星。閏八月己亥，填星犯罰星南第一星。太陰犯斗宿南第二星。庚戌，太陰犯昴宿南第二星。乙卯，太陰犯鬼宿東南星。九月丙寅，太陰犯斗宿距星。戊辰，太白犯東咸上第二星。癸酉，奔星如酒盃大，色白，起自右旗之下，西南行，沒於近濁。甲申，太陰犯軒轅御女。乙酉，太陰犯靈臺南第一星。庚寅，太白犯斗宿北第二星。十月辛亥，太陰犯酒旗上星。十一月辛未，熒惑犯氐宿距星。丁丑，太陰犯鬼宿東南星。戊寅，太白犯壘壁陣西第六星。十二月庚子，熒惑犯房宿上星。癸卯，太白經天。己酉、庚戌、辛亥，皆如之。壬子，熒惑犯東咸上第二星。乙卯，太白犯外屏西第二星。太陰犯斗宿距星。丙辰，太白經天。

五年正月庚午，太陰犯井宿東扇上星。乙亥，熒惑犯天江上星。二月甲午，太陰犯昴宿上西第一星。壬寅，太陰犯靈臺下星。四月壬寅，太陰犯日星及犯房宿距星。五月庚午，太陰犯心宿後星。壬申，太陰犯斗宿西第四星。丙子，太白犯畢宿右股西第三星。六月甲辰，熒惑退入南斗魁內。七月辛酉，熒惑犯南斗魁尖星。壬戌，亦如之。甲子，復如之。太陰犯房宿距星。甲戌，太白經天。乙亥、丙子，亦如之。戊寅、乙酉、丙戌，皆如之。八月戊子，太白經天。己丑、庚寅、辛卯，皆如之。甲午，太陰犯斗宿西第四星。丁酉，太白犯軒轅大星。戊戌，太白經天。己亥，亦如之。壬寅、甲辰，皆如之。乙巳，太陰犯昴宿上行西第三星。九月戊午，太白經天。己未，亦如之。十月己亥，熒惑犯壘壁陣西方第六星。

十一月丁巳，熒惑犯壘壁陣東方第五星。十二月甲午，太陰犯昴宿距星。癸卯，熒惑犯外屏西第三星。

六年正月丁卯，太陰犯鬼宿距星。乙亥，太陰犯房宿距星。二月己丑，太陰犯昴宿。丙申，太陰犯太微西垣上將。癸卯，太陰犯心宿大星。丁未，太陰犯羅堰南第一星。戊申，熒惑犯月星。己酉，彗星如房星大，色白，狀如粉絮，尾跡約長五寸餘，彗指西南，測在房七度，漸往西北行。太陰犯虛梁南第二星。三月癸亥，太陰犯軒轅右角。庚午，太陰犯房宿距星。壬申，太陰犯南斗杓第二星。丙子，太陰犯虛梁南第一星。戊寅，太白犯月星。辛巳，是夜彗星不見。自二月己酉至三月庚辰，凡見三十二日。四月乙巳，太陰犯雲雨西北星。五月丁卯，太陰犯斗宿西第二星。辛未，太陰犯虛梁西第二星。六月癸卯，太白晝見。己酉，亦如之。辛亥，復如之。辛亥夜，太白犯歲星。又，太白、歲星皆犯右執法。七月甲寅，太白晝見。丁巳，亦如之。庚申，太陰犯心宿距星，又犯心中央大星。壬戌，太白晝見。癸亥，亦如之。甲子，太陰犯羅堰。乙丑，太白晝見。丙寅，亦如之。癸酉，復如之。九月辛酉，太陰犯虛梁北第一星。丁卯，太陰犯昴宿距星。熒惑犯歲星。甲戌，太陰犯軒轅右角。十月丁酉，太白入南斗魁。己亥，太白犯斗宿中央東星。十一月乙卯，太陰犯虛梁西第一星。戊午，熒惑犯氐宿距星。丙寅，辰星犯東咸上第一星。戊寅，辰星犯天江北第一

星。十二月癸未，太陰犯虛梁北第一星。乙酉，太陰犯土公東星。丁亥，熒惑犯鉤鈐南星。乙未，熒惑犯東咸北第二星。戊戌，太陰犯明堂星。

至正元年正月甲寅，熒惑犯天江上星。庚申，太陰犯井宿東扇北第二星。辛未，太陰犯心宿距星。癸酉，太陰犯斗宿北第二星。甲戌，太白晝見。乙亥、丙子、丁丑，皆如之。二月己卯，太白晝見。庚辰，亦如之。丙戌，復如之。癸巳，太陰犯明堂東南星。三月癸酉，太陰犯雲雨西北星。六月庚午，太陰犯井宿距星。七月乙酉，太陰犯壝星。庚寅，太陰犯雲雨西北星。九月庚辰，太陰犯建星南第二星。壬辰，太陰犯鉞星，又犯井宿距星。十月(己)〔乙〕卯，歲星犯氐宿距星。[三]丁巳，太陰犯月星。十一月己亥，太陰犯東咸南第一星。庚子，太陰犯天江北第二星。十二月丁巳，太白犯壘壁陣東方第五星。

二年正月戊子，太陰犯明堂北第二星。甲午，熒惑犯月星。三月戊子，太陰犯房宿北第二星。四月庚申，太陰犯羅堰上星。五月甲申，太白經天。七月乙未，太陰掩太白。丁酉，太白晝見。八月丙午，太白晝見。九月丁丑，太陰犯羅堰北第一星。戊子，太陰犯井宿東扇南第一星。十月癸卯，太陰犯建星北第三星。甲寅，太陰犯天關。十一月辛卯，歲星、熒惑、太白聚於尾宿。

三年二月甲辰，太陰犯井宿西扇北第二星。壝星犯牛宿南第一星。熒惑犯羅堰南第一星。乙卯，太陰犯氐宿東南星。三月壬午，太陰犯氐宿東南星。七月庚辰，太白犯右執法。

四年十二月壬戌，太陰犯外屏西第二星。

七年七月丙辰，太陰犯壘壁陣東第四星。十一月庚戌，太陰犯天廩西北星。

八年二月庚辰，太陰犯軒轅左角。癸未，太陰犯平道東星。三月丙辰，太陰犯建星西第一星。八月丙子，太陰犯壘壁陣西方第五星。九月己未，太陰犯靈臺東北星。

九年正月庚戌，太白犯建星東第三星。辛亥，太陰犯平道西星。二月甲申，太陰犯建星西第二星。三月己亥，太白犯壘壁陣東方第六星。七月丙午，太陰犯壘壁陣東方南第一星。癸丑，太陰犯天關。九月丙戌，熒惑犯靈臺上星。十一月戊辰，太陰犯畢宿左股北第三星。庚辰，太白犯壘壁陣西方第二星。十二月戊戌，太白犯壘壁陣東方第五星。

十年正月壬申，太陰犯熒惑。二月辛丑，太陰犯平道東星。甲辰，太陰犯鍵閉。三月己卯，熒惑犯太微西垣上將。四月丙午，太白犯鬼宿西北星。七月辛酉，太陰犯房宿北第一星。辛未，太白晝見。壬申、丁丑、壬午，皆如之。八月癸未朔，太白晝見。丁酉，亦如之。九月癸丑朔，太白晝見。壬戌，熒惑犯天江南第二星。十月癸巳，歲星犯軒轅大星。丙申，太陰犯昴宿右股東第二星。十一月戊辰，太陰犯鬼宿東北星。十二月乙未，太陰犯鬼宿西北星。

十一年正月丙(戌)〔辰〕，辰星犯牛宿西南星。[四]二月庚寅，太陰犯鬼宿東北星。乙未，太陰犯太微東垣上相。丁酉，太陰犯亢宿距星。三月丁卯，太陰犯東咸第二星。戊辰，太陰犯天江西第一星。七月己未，太陰犯斗宿東第三星。壬戌，太白犯右執法。甲子，太陰犯壘壁陣東方第一星。己巳，太白犯太微垣左執法。熒惑入犯鬼宿積尸氣。八月乙酉，太陰犯天江南第二星。九月乙卯，辰星犯太微垣左執法。丁巳，太白犯房宿第二星。戊辰，太陰犯鬼宿東北星。十月戊寅，熒惑犯太微西垣上將。辛巳，太陰犯斗宿距星。乙酉，太白犯斗宿西第二星。己丑，太白晝見。熒惑犯歲星。辛卯，太白犯斗宿西第四星。癸巳，歲星犯右執法。丙午，熒惑犯太微垣左執法。十一月辛亥，孛星見於奎宿。癸丑，孛星見於婁宿。甲寅，孛星見於胃宿。乙卯，亦如之。丙辰，孛星見於昴宿。丁巳，太陰犯壝星。孛星微見於畢宿。丁卯，太白晝見。庚午，歲星晝見。十二月丙子，太白晝見。丁丑，太白經天。庚辰，亦如之。夜，太白犯壘壁陣西第六星。甲申，太陰犯壝星。丙戌，太白經天。夜，太白犯壘壁陣西第七星。辛卯，太白經天。壬辰，亦如之。甲午，復如之。丁酉，太白晝見。太陰犯熒惑。庚子，太白經天。辰星犯天江西第二星。辛丑，太白經天。壬寅，太白晝見。

十二年正月乙丑，太陰犯熒惑。己巳，歲星犯右執法。二月庚寅，太陰犯太微東垣上

相。癸巳，太陰犯氐宿距星。三月戊午，太陰犯進賢。壬戌，太陰犯東咸西第一星。戊辰，太白晝見。五月癸酉，太白犯填星。六月辛亥，太白犯井宿東第二星。七月丁酉，辰星犯靈臺北第二星。八月丁卯，太白犯歲星。九月壬辰，太陰犯軒轅南第三星。十月戊午，太陰犯鬼宿東北星。甲子，太陰犯歲星。乙丑，太陰犯亢宿南第一星。十一月庚寅，太陰犯太微東垣上相。

十三年正月乙酉，太陰犯太微東垣上相。戊戌，熒惑、太白、辰星聚於奎宿。二月己酉，太陰犯軒轅南第三星。庚戌，太白犯熒惑。壬子，太陰犯太微東垣上相。四月辛丑，太白犯井宿東扇北第一星。辛亥，太陰犯房宿北第二星。五月乙亥，太陰犯歲星。七月戊辰，太白晝見。九月庚寅，太陰犯熒惑。壬辰，太白經天。熒惑犯左執法。十月庚子，太白經天。甲辰，歲星犯氐宿距星。癸亥，太白犯亢宿距星。十一月壬申，太陰犯壘壁陣東方第四星。十二月丁酉，太白犯東咸北第一星。庚子，熒惑入氐宿。丁巳，太陰犯心宿距星。

十四年正月乙丑，熒惑犯歲星。丁卯，太白犯建星西第二星。癸酉，熒惑犯房宿北第一星。二月戊午，太白犯壘壁陣西第八星。六月甲辰，太陰入斗宿南第一星。七月乙丑，太陰犯角宿距星。壬午，太陰犯昴宿距星。十月壬子，太陰犯太微垣右執法。十一月丙子，太陰犯鬼宿東北星。十二月己亥，太陰掩昂宿。

十五年正月戊辰，太陰犯五車東南星。辛未，太陰犯鬼宿東北星。閏正月丁未，太陰犯心宿後星。丙辰，太白經天。三月庚寅，太陰犯五車東南星。五月丙申，太陰犯房宿距星。癸丑，太白經天。六月癸亥，太白經天。八月戊寅，太白晝見。九月(乙)〔己〕丑，太白晝見。[三]夜，太白入犯太微垣左執法。庚寅，太白晝見。十月己未，太陰犯壘壁陣西方第二星。癸酉，太陰犯軒轅大星。十一月乙酉，熒惑犯氐宿距星。庚寅，填星退犯井宿東扇北第二星。己亥，太陰犯鬼宿東北星。十二月癸丑，熒惑犯房宿北第一星。

十六年正月己丑，太陰犯昴宿西第一星。四月癸亥，熒惑犯壘壁陣西方第四星。五月壬辰，太白犯鬼宿西北星。癸巳，太白犯鬼宿積尸氣。甲午，太陰入犯斗宿南第二星。丁酉，太陰犯壘壁陣西方第一星。八月丁卯，太陰犯昴宿西北星。甲戌，彗星見於正東，如軒轅左角大，色青白，彗指西南，約長尺餘，測在張宿十七度一十分，至十月戊午滅跡，西北行四十餘日。十一月丁亥，流星如酒盃大，色青白，尾跡約長五尺餘，光明燭地，起自西北，東南行，沒於近濁，有聲如雷。壬辰，太陰犯井宿東扇上星。

十七年二月癸丑，太陰犯五車東南星。三月甲申，太陰入犯鬼宿積尸氣，又犯東南星。壬辰，歲星犯壘壁陣西南第六星。七月癸未，太白入犯鬼宿積尸氣。甲申，太陰入犯斗宿距星。丁亥，填星入犯鬼宿距星。八月癸卯，填星犯鬼宿東南星。太白犯軒轅大星。己酉，

歲星犯壘壁陣西方第六星。甲子，太陰犯五車尖星。閏九月癸卯，飛星如酒盃大，色青白，光明燭地，尾跡約長尺餘，起自王良，沒於勾陳之下。丙午，太陰犯斗宿南第三星。庚申，太陰犯井宿東扇北第一星。十月乙亥，熒惑犯氐宿距星。甲申，太陰掩昴宿。十二月庚午朔，熒惑犯天江北第一星。戊寅，太白犯歲星。庚辰，太白犯壘壁陣東方第五星。甲申，太陰犯鬼宿距星。丁亥，歲星犯壘壁陣東方第五星。癸巳，太陰犯心宿後星。己亥，申時流星如金星大，尾跡約長三尺餘，起自太陰近東，往南行，沒後化爲青白氣。

十八年正月辛丑，填星退入犯鬼宿積尸氣。丙午，太陰犯昴宿。二月乙亥，填星入守鬼宿積尸氣。三月丁卯，太白在井宿，失行於北，生芒角。熒惑犯壘壁陣東方第六星。四月辛卯，太白入犯鬼宿積尸氣。五月壬寅，太白犯填星。壬子，太陰犯斗宿東第三星。七月丁未，太陰犯斗宿南第三星。戊申，太白晝見。八月壬申，太陰掩心宿大星。甲申，太陰掩昴宿距星。十月己卯，太陰犯昴宿距星。十一月丙午，太陰犯昴宿距星。太白犯房宿上第一星。辛酉，太陰掩心宿大星。十二月戊寅，太白生黑芒，環繞太白，乍東乍西，乍動乍靜。癸未，太白生黑芒，忽明忽暗，乍東乍西。戊子，太陰犯房宿南第二星。

十九年正月辛丑，太陰犯昴宿東第一星。癸丑，流星如酒盃大，色赤，尾跡約長五尺餘，起自南河，沒於騰蛇，其星將沒，迸散隨落處有聲如雷。三月庚戌，太陰犯房宿距星。

五月丙申，熒惑入犯鬼宿積尸氣。丙午，太陰犯天江南第一星。丁未，太陰犯斗宿北第二星。七月丁酉，太白犯上將。甲辰，太白犯右執法。己酉，太白犯左執法。九月甲寅，太白入犯天江南第一星。十月壬申，太白入犯斗宿南第三星。辛巳，流星如桃大，色黃潤，後離一尺又一小星相隨，色赤，尾跡通約長三尺餘，起自危宿之東，緩緩東行，沒於畢宿之西。十二月戊辰，太白犯壘壁陣西方第七星。

二十年正月己亥，太陰犯井宿東扇北第二星。丙辰，熒惑犯牛宿東角星。四月丁卯，太陰犯明堂中星。癸酉，太陰犯東咸西第一星。五月癸卯，太陰犯建星西第二星。閏五月乙亥，流星如桃大，色赤，尾跡約長丈餘，起自房宿之側，緩緩西行，沒於近濁。六月癸巳，太白犯井宿東扇北第二星。戊戌，太陰犯建星西第三星。七月丁丑，太陰犯井宿距星。八月辛卯，太陰犯天江北第二星。壬寅，填星犯太微西垣上將。甲辰，太陰犯井宿鉞星。十月戊子，熒惑犯井宿東扇北第一星。

二十一年正月庚申，太陰犯歲星。二月癸未，填星退犯太微西垣上將。壬寅，太陰犯天江北第一星。三月丙辰，太陰犯井宿西扇第一星。庚辰，熒惑入犯鬼宿西北星。五月壬戌，太陰犯房宿北第二星。癸酉，太白犯軒轅左角。甲戌，熒惑犯太白。六月乙未，熒惑、歲星、太白聚于翼宿。戊戌，太陰犯雲雨上二星。甲辰，太白晝見。七月丙辰，太陰犯氐宿

東南星。十月甲申，太陰犯牛宿距星。十一月庚戌，太陰犯建星西第四星。癸亥，太陰犯井宿東扇北第四星。壬申，太陰犯氐宿東南星。

二十二年正月戊申朔，太白犯建星西第二星。乙卯，填星退犯左執法。二月己卯，太白犯壘壁陣西方第二星。乙酉，彗星見，光芒約長尺餘，色青白，測在危七度二十分。丁酉，彗星犯離宮西星，至二月終，光芒約長二丈餘。三月戊申，彗星不見星形，惟有白氣，形曲竟天，西指，掃大角。壬子，彗星行過太陽前，惟有星形，無芒，如酒盃大，昏濛，色白，測在昴宿六度，至戊午始滅跡焉。四月丁亥，熒惑離太陽三十九度，不見，當出不出。五月辛酉，太陰犯建星西第四星。六月辛巳，彗星見於紫微垣，測在牛二度九十分，色白，光芒約長尺餘，東南指，西南行。戊子，彗星光芒掃上宰。七月乙卯，彗星滅跡。八月癸巳，太陰犯畢宿右股第二星。九月丁未，太白犯亢宿南第一星。己酉，太陰犯斗宿北第一星。癸亥，歲星犯軒轅大星。丙寅，熒惑犯鬼宿西北星。己巳，流星如酒盃大，色青白，光明燭地。熒惑入犯鬼宿積尸氣。十月己卯，太陰犯牛宿距星。丁亥，辰星犯亢宿南第一星。戊子，太陰犯畢宿距星。十二月壬辰，太陰犯角宿距星。

二十三年正月庚戌，歲星退犯軒轅大星。二月戊戌，太白晝見。庚子，亦如之。三月丙辰，太陰犯氐宿距星。四月辛丑，熒惑犯歲星。庚申，歲星犯軒轅大星。五月壬午，太白晝見。甲午，亦如之。乙未，熒惑犯右執法。六月乙卯，太白犯井宿西扇北第二星。壬戌，太白晝見。夜，太白入犯井宿東扇南第二星。七月乙酉，太白晝見。丙戌、辛卯，皆如之。八月壬寅，太白入犯軒轅大星。乙巳，太陰犯建星東第二星。丁未，太白犯軒轅左角。己酉，太白晝見。壬子，亦如之。丙辰，太陰犯畢宿右股北第二星。己未，太白晝見。辛酉，太白犯歲星。乙丑，太白入犯右執法。九月辛未，太白入犯左執法。乙亥，歲星入犯右執法。丁丑，辰星犯填星。丁亥，太白犯填星。辰星犯亢宿南第一星。十月癸卯，太白犯氐宿距星。戊午，太白犯房宿北第一星。十一月癸未，太陰犯軒轅右角。歲星犯太微垣左執法。

二十四年正月癸酉，太陰犯畢宿大星。戊寅，太陰犯軒轅右角。二月壬子，歲星自去年九月九日東行，入右掖門，犯右執法，出端門，留守三十餘日，犯左執法，今逆行入端門，西出右掖門，又犯右執法。太陰犯西咸南第一星。四月丁未，太陰犯西咸南第一星。癸丑，太白入犯井宿東扇北第一星。五月甲戌，太白犯鬼宿西北星。乙亥，又犯積尸氣。歲星入犯右執法。六月丁巳，太白犯右執法。七月癸亥，太白與歲星相合於翼宿，二星相去八寸餘。甲子，歲星犯左執法。八月丁未，熒惑入犯鬼宿積尸氣。九月乙丑，太白晝見。甲申，太陰犯軒轅右角。戊子，熒惑入犯軒轅大星。十月丙午，太陰犯畢宿大星。己酉，太陰犯井宿東扇南第一星。丙辰，太白犯斗宿西第二星。十二月乙卯，太陰犯太白。

二十五年正月丁卯，太白晝見。戊辰，亦如之。太陰犯畢宿右股東第四星。甲戌，太白犯建星西第四星。二月丙午，太陰犯填星。三月戊辰，太白犯壘壁陣東方第五星。四月壬子，熒惑犯靈臺東北星。五月辛酉，熒惑犯太微西垣上將。流星如酒盃大，色青白，光明燭地，起自房宿之側，緩緩西行，沒於太微垣右執法之下。七月丁丑，填星、歲星、熒惑聚於角、亢。己卯，太陰犯畢宿左股北第二星。八月乙未，太陰犯建星東第三星。己亥，太陰犯壘壁陣東方第六星。九月丁丑，太陰犯井宿東扇南第一星。十月辛卯，熒惑犯天江東第二星。己酉，熒惑犯斗宿杓星西第二星。太陰犯右執法。庚戌，太陰犯太微東垣上相。閏十月戊辰，太白、辰星、熒惑聚於斗宿。太陰犯畢宿右股北第四星，又犯左股北第三星。壬申，太白犯辰星。十一月己丑，太白犯熒惑。太陰犯壘壁陣東方第五星。丙申，太陰犯畢宿大星。癸卯，太陰犯太微西垣上將。十二月丙辰，太陰犯太白。癸亥，太陰犯畢宿右股第二星。庚午，歲星掩房宿北第一星。辛未，太陰犯太微垣右執法。

二十六年正月戊戌，太陰犯太微西垣上將。辛丑，太陰犯亢宿距星。二月戊午，太陰犯畢宿大星。丁丑，歲星退行，犯房宿北第一星。歲星守鉤鈐。三月甲午，太陰犯左執法。四月己未，太陰犯軒轅大星。乙丑，太陰犯西咸西第一星。丙子，太白入犯鬼宿積尸氣。六月癸酉，流星如酒盃大，色青白，尾跡約長尺餘，起自心宿之側，東南行，光明燭地，沒於近濁。七月丁酉，熒惑犯鬼宿積尸氣。甲辰，太白晝見。丙午、丁未、戊申，皆如之。八月辛亥，太白晝見。己未，太陰掩牛宿南三星。庚午，歲星犯鉤鈐。乙亥，太陰掩軒轅大星。九月壬辰，太白犯太微垣右執法。庚子，孛星見於紫微垣北斗權星之側，色如粉絮，約斗大，往東南行，過犯天棓星。辛丑，孛星測在尾十八度五十分。壬寅，孛星測在女二度五十分。癸卯，孛星測在女九度九十分。甲辰，孛星測在虛初度八十分。太陰犯太微西垣上將。乙巳，孛星出紫微垣北斗權星、玉衡之間，在於軫宿，東南行，過犯天棓，經漸臺、輦道，去虛宿、壘壁陣西方星，始消滅焉。丙午，熒惑犯太微西垣上將。十一月乙酉，太白犯填星。丁亥，太白犯房宿北第一星。戊子，熒惑犯太微東垣上相。太白犯鍵閉。己丑，流星如酒盃大，分爲三星，緊相隨，前星色青明，後二星色赤，尾跡約長二丈餘，起自東北，緩緩往西南行，沒於近濁。庚寅，太陰犯畢宿右股北第四星。丙申，太白、歲星、辰星聚於尾宿。庚子，太陰犯太微東垣上相。辛丑，填星犯房宿北第一星。甲辰，太白犯歲星。十二月戊午，太陰犯畢宿大星。庚申，太陰犯井宿西扇北第二星。乙丑，太陰犯軒轅左角。丙寅，太陰犯太微西垣上將。辛未，太陰犯西咸西第一星。甲戌，太陰犯建星西第三星。

二十七年正月癸巳，太陰犯太微西垣上將。二月乙卯，太陰犯井宿西扇北第二星。三月辛巳，填星退犯鍵閉星。四月丙寅，太陰犯壘壁陣西方第四星。六月乙卯，太陰犯氐宿東北星。辛未，太陰犯井宿西扇北第二星。七月壬辰，熒惑犯氐宿東南星。丙申，太陰犯畢宿大星。己亥，太陰犯井宿東扇南第二星。八月庚戌，熒惑犯房宿北第二星。癸丑，太陰犯建星西第二星。九月丁丑，塡星犯房宿北第一星。熒惑犯天江南第二星。乙酉，太陰犯壘壁陣東方第六星。辛卯，塡星犯鍵閉。太陰犯畢大星。癸巳，太陰犯井宿西扇北第二星。丁酉，熒惑犯斗宿西第二星。十月戊午，太陰犯畢宿右股西第二星。辛酉，太陰犯井宿東扇南第三星。癸亥，太陰犯鬼宿西南星。丁卯，歲星、太白、熒惑聚於斗宿。十一月戊寅，太白晝見。庚辰，太陰犯壘壁陣東方南東第一星。

餘見本紀。

校勘記

〔一〕（十二月）癸酉太陰犯鬼宿東北星　道光本與本書卷三八順帝紀元統元年十二月癸酉條合，從補。按是年十一月辛卯朔，無癸酉日；十二月庚申朔，癸酉爲十四日。

〔二〕（五月）丙辰　按此處「五月」重出，從道光本刪。

〔三〕十月（己）〔乙〕卯歲星犯氐宿距星　道光本與本書卷四〇順帝紀至正元年十月乙卯條合，從改。按是月乙巳朔，無己卯日，乙卯爲十一日。

〔四〕正月丙（戌）〔辰〕辰星犯牛宿西南星　道光本與本書卷四二順帝紀至正十一年正月丙辰條合，從改。按是月辛亥朔，無丙戌日，丙辰爲初六日。

〔五〕九月（乙）〔己〕丑太白晝見　按是月癸未朔，無乙丑日，己丑爲初七日。「乙」誤，今改。

元史卷五十

志第三上

五行一

人與天地，參爲三極，災祥之興，各以類至。天之五運，地之五材，其用不窮，其初一陰陽耳，陰陽一太極耳。而人之生也，全付畀有之，具爲五性，著爲五事，又著爲五德。修之則吉，不修則凶，吉則致福焉，不吉則致極焉。徵之於天，吉則休徵之所應也，不吉則咎徵之所應也。天地之氣，無感不應，天地之氣應，亦無物不感，而況天子建中和之極，身爲神人之主，而心範圍天地之妙，其精神常與造化相流通，若桴鼓然。故軒轅氏治五氣，高陽氏建五官，夏后氏修六府，自身而推之於國，莫不有政焉。其後箕子因之，以衍九疇，其言天人之際備矣。漢儒不明其大要，如夏侯勝、劉向父子，競以災異言之，班固以來采爲五行志，又不考求向之論著本於伏生。生之大傳言：「六沴作見，若是共禦，五福乃降，若不共禦，六極其下。禹乃共辟厥德，爰用五事，建用王極。」後世君不建極，臣不加省，顧乃執其類而求之，惑矣。否則判而二焉，如宋儒王安石之論，亦過也。天人感應之機，豈易言哉！故無變而無不修省者，上也；因變而克自修省者，次之；災變既形，修之而莫知所以修，省之而莫知所以省，又次之；其下者，災變並至，敗亡隨之，訖莫修省者，刑戮之民是已。歷考往古存亡之故，不越是數者。

元起朔漢，方太祖西征，角端見于東印度，爲人語云「汝主宜早還」，意者天告之以止殺也。憲宗討八赤蠻于寬田吉思海，會大風，吹海水盡涸，濟師大捷，憲宗以爲「天導我也」。以此見五方不殊性，其於畏天，有不待教而能者。世祖兼有天下，方地既廣，郡邑災變，蓋不絕書，而妖孽禍眚，非有司言狀，則亦不得具見。

昔孔子作春秋，所紀災異多矣，然不著其事應，聖人之知猶天也，故不妄意天，欲人深自謹焉。乃本洪範，倣春秋之意，考次當時之災祥，作五行志。

五行，一曰水。潤下，水之性也。失其性爲沴，時則霧水暴出，百川逆溢，壞鄉邑，溺人民，及凡霜雹之變，是爲水不潤下。其徵恒寒，其色黑，是爲黑眚黑祥。

至元元年，眞定、順天、河間、順德、大名、東平、濟南等郡大水。四年五月，應州大水。五年八月，亳州大水。六年十二月，獻、莫、清、滄四州及豐州、渾源縣大水。九年九月，南陽、懷孟、衞輝、順天等郡，洺、磁、泰安、通、灤等州淫雨，河水並溢，圮田廬，害稼。十三年十二月，濟寧及高麗瀋州水。十四年六月，濟寧路雨水，平地丈餘，損稼。曹州定陶、武清二縣，濮州、堂邑縣雨水，沒禾稼。十二月，冠州、永年縣水。十六年十二月，保定等路水。十七年正月，磁州、永平縣水。八月，大都、北京、懷孟、保定、東平、濟寧等路水。十八年二月，遼陽懿州、蓋州水。十一月，保定清苑縣水。二十年六月，太原、懷孟、河南等路沁河水涌溢，壞民田一千六百七十餘頃。衞輝路清河溢，損稼。南陽府唐、鄧、裕、嵩四州河水溢，損稼。十月，涿州巨馬河溢。二十一年六月，保定、河間、濱、棣大水。二十二年秋，南京、彰德、大名、河間、順德、濟南等路河水壞田三千餘頃。高郵、慶元大水，傷人民七百九十五戶，壞廬舍三千九十區。二十三年六月，安西路華州華陰縣大雨，潼谷水涌，平地三丈餘。杭州、平江二路屬縣水，壞民田一萬七千二百頃。大都涿、漷、檀、順、薊五州，汴梁、歸德七縣水。二十四年六月，霸州益津縣雨水。九月，東京(誼)〔義〕、靜、威遠、婆娑等處水。〔一〕二十五年七月，膠州大水，民采橡爲食。十二月，太原、汴梁二路河溢，害稼。二十六年二月，紹興大水。十月，平灤路水，壞田稼一千一百頃。二十七年正月，甘州、無爲路大水。五

月，江陰州大水。六月，河溢太康縣，沒民田三十一萬九千畝。八月，沁水溢。廣州清遠縣大水。十一月，河決祥符義唐灣，太康、通許二縣，陳、潁二州，大被其患。二十八年二月，常德路水。八月，浙東婺州水。九月，平灤、保定、河間三路大水。二十九年五月，龍興路南昌、新建、進賢三縣水。六月，鎭江、常州、平江、嘉興、湖州、松江、紹興等路府水。揚州、寧國、太平三郡大水。岳州華容縣水。三十年五月，深州靜安縣大水。十月，平灤路水。三十一年八月，趙州寧晉縣水。十月，遼陽路水。

元貞元年五月，建康溧陽州，太平當塗縣，鎭江金壇、丹徒等縣，常州無錫州，平江長洲縣，湖州烏程縣，鄱陽餘干州，常德沅江、澧州安鄉等縣水。六月，泰安州奉符、曹州濟陰、兗州(磁)〔嵫〕陽等縣水。〔二〕歷城縣大清河水溢，壞民居。七月，遼東和州、大都武衞屯田水。九月，廬州、平江二郡大水。二年五月，太原平晉縣，獻州交河、樂壽二縣，莫州任丘、莫亭等縣，湖南醴陵州水。六月，大都路益津、保定、大興三縣水，損田稼七千餘頃。眞定(古)〔鼓〕城、獲鹿、藁城等縣，〔三〕保定葛城、歸信、新安、束鹿等縣，汝寧潁州，濟寧沛縣，揚、廬、岳、澧四郡，建康、太平、鎭江、常州、紹興五郡水。八月，棣州、曹州水。九月，河決河南杞、封丘、祥符、寧陵、襄邑五縣。十月，河決開封縣。十二月，江陵潛江縣，沔陽玉沙縣，淮安海寧朐山、鹽城等縣水。

大德元年三月，歸德徐州，邳州宿遷、(濉)〔睢〕寧，鹿邑三縣，〔四〕河南許州臨潁、郾城等縣，睢州襄邑，太康、扶溝、陳留、開封、杞等縣，河水大溢，漂沒田廬。五月，河決汴梁，發民夫三萬五千塞之。漳水溢，害稼。龍興、南康、澧州、南雄、饒州五郡水。六月，和州歷陽縣江水溢，漂廬舍一萬八千五百區。七月，郴州耒陽縣、衡州酃縣大水，溺死三百餘人。〔七〕〔九〕月，溫州平陽、瑞安二州水，〔五〕溺死六千八百餘人。十一月，常德武陵縣大水。二年六月，河決蒲口，凡九十六所，泛溢汴梁、歸德二郡。大名、東昌、平灤等路水。三年八月，河間郡水。四年五月，保定、眞定二郡，通、薊二州水。六月，歸德睢州大水。五年五月，宣德、保定、河間屬州水。寧海州水。六月，濟寧、般陽、益都、東平、濟南、襄陽、平江七郡水。七月，江水暴風大溢，高四五丈，連崇明、通、泰、眞州定江之地，漂沒廬舍，被災者三萬四千八百餘戶。遼陽大寧路水。八月，平灤郡雨，灤河溢。順德路水。六年四月，上都大水。五月，濟南路大水。歸德府徐州、邳州睢寧縣雨五十日，沂、武二河合流，水大溢。東安州渾河溢，壞民田一千八十餘頃。六月，廣平路大水。七年五月，濟南、河間等路水。六月，遼陽、大寧、平灤、昌國、瀋陽、開元六郡雨水，壞田廬，男女死者百十有九人。修武、河陽、新野、蘭陽等縣趙河、湍河、白河、七里河、沁河、潦河皆溢。台州風水大作，寧海、臨海二縣死者五百五十人。八年五月，太原陽武縣、〔六〕衞輝獲嘉縣、汴梁祥符縣河溢。大名滑

州、濬州雨水，壞民田六百八十餘頃。八月，潮陽颶風海溢，漂民廬舍。九年六月，汴梁(武陽)〔陽武〕縣思齊口河決。〔七〕東昌博平、堂邑二縣雨水。潼川郪縣雨，綿江、中江溢，水決入城。龍興、撫州、臨川三郡水。七月，沔陽玉沙縣江溢。嶧州水。揚州泰興縣、淮安山陽縣水。八月，歸德府寧陵，陳留、通許、扶溝、太康、杞縣河溢。大名元城縣大水。十年五月，雄州、漷州水。平江、嘉興二郡水，害稼。六月，保定滿城、清苑二縣雨水。大名、益都、定興等路大水。七月，平江路大風，海溢。吳江州大水。十一年六月，靖海、容城、束鹿、隆平、新城等縣水。七月，冀寧文水縣汾水溢。十一月，盧龍、灤河、遷安、昌黎、撫寧等縣水。〔八〕

至大元年七月，濟寧路雨水，平地丈餘，暴決入城，漂廬舍，死者十有八人。眞定路淫雨，大水入南門，下注藁城，死者百七十人。彰德、衞輝二郡水，損稻田五千三百七十頃。二年七月，河決歸德府，又決汴梁封丘縣。三年六月，洧川、鄄城、汶上三縣水。峽州大雨，水溢，死者萬餘人。七月，循州、惠州大水，漂廬舍二百九十區。四年六月，大都三河縣、潞縣，河東祁縣、懷仁縣，永平豐盈屯雨水害稼。七月，東平、濟寧、般陽、保定等路大水。江陵松滋縣、桂陽臨武縣水。

皇慶元年五月，歸德睢陽縣河溢。六月，大寧、水達達路雨，宋瓦江溢，民避居亦母兒乞嶺。八月，松江府大風，海水溢。二年五月，辰州沅陵縣水。六月，涿州范陽縣，東安州，

宛平縣，固安州，霸州益津、永清、永安等縣雨水，〔九〕壞田稼七千六百九十餘頃。河決陳、亳、睢三州，開封、陳留等縣。八月，崇明、嘉定二州大風，海溢。

延祐元年五月，常德路武陵縣雨水，壞廬舍，溺死者五百人。六月，涿州范陽、房山二縣渾河溢，壞民田四百九十餘頃。七月，沅陵、盧溪二縣水。八月，肇慶、武昌、建康、杭州、建德、南康、江州、臨江、袁州、建昌、贛州、安豐、撫州等路水。二年六月，河決鄭州，壞汜水縣治。七月，京師大雨。（鄭）〔漷〕州、昌平、香河、寶坻等縣水。〔一〇〕全州、永州江水溢，害稼。三年四月，潁州（泰）〔太〕和縣河溢。〔一一〕七月，婺源州雨水，溺死者五千三百餘人。四年正月，解州鹽池水。五年四月，廬州合肥縣大雨水。六年六月，河間路漳河水溢，壞民田二千七百餘頃。益都、般陽、濟南、東昌、東平、濟寧等路，曹、濮、泰安、高唐等州大雨水害稼。遼陽、廣寧、瀋陽、永平、開元等路水。大名路屬縣水，壞民田一萬八千頃。汴梁、歸德、汝寧、彰德、眞定、保定、衞輝、南陽等郡大雨水。七年四月，安豐、廬州淮水溢，損禾麥一萬頃。城父縣水。五月，江陵縣水。六月棣州、德州大雨水，壞田四千六百餘頃。七月，上蔡、汝陽、西平等縣水。八月，霸州文安、文成二縣滹沱河溢，〔一二〕害稼。汾州平遙縣水。是歲，河決汴梁原武縣。

至治元年六月，霸州大水，渾河溢，被災者三萬餘戶。七月，薊州平谷、漁陽二縣，順州

邢臺、沙河二縣，大名魏縣，永平石城縣大水。彰德臨漳縣漳水溢。大都固安州，眞定元氏縣，東安，寶坻縣，淮安清河、山陽等縣水。東平、東昌二路，高唐，曹、濮等州雨水害稼。乞里吉思部江水溢。八月，安陸府雨七日，江水大溢，被災者三千五百戶。雷州海康、遂溪二縣海水溢，壞民田四千頃。九月，京山、長壽二縣漢水溢。十月，遼陽、肇慶等郡水。二年正月，儀封縣河溢。二月，濮州大水。閏五月，睢陽縣亳社屯大水。六月，奉元郿縣，邠州新平、上蔡二縣水。八月，廬州六安、舒城二縣水。十一月，平江路大水，損民田四萬九千六百頃。三年五月，東安州水，壞民田一千五百餘頃。眞定武邑縣水害稼。六月，大都永清縣雨水，損田四百頃。七月，漷州雨水害稼。九月，漳州、建昌、南康等郡水。

泰定元年五月，漷州、固安州水。隴西縣大雨水，漂死者五百餘家。龍慶路雨水傷稼。六月，益都、濟南、般陽、東昌、東平、濟寧等郡二十有二縣，曹、濮、高唐、德州等處十縣淫雨，水深丈餘，漂沒田廬。大同渾源河溢。陝、汾、順、晉、恩、深六州雨水害稼。眞定滹沱河溢，漂民廬舍。陝西大雨，渭水及黑水河溢，損民廬舍。渠州江水溢。七月，眞定、河間、保定、廣平等郡三十有七縣大雨水五十餘日，害稼。大都路固安州清河溢。順德路任縣沙、（澧）〔灃〕、洺水溢。〔一三〕奉元朝邑縣、曹州楚丘縣、開州濮陽縣河溢。九月，延安路洛水溢。奉元長安縣大雨，（澧）〔灃〕水溢。〔一四〕濮州館陶縣水。十二月，杭州鹽官州海水大溢，壞

隄塹，侵城郭，有司以石囤木櫃捍之不止。二年正月，大都寶坻縣、肇慶高要縣雨水。鞏昌路水。閏正月，雄州歸信縣大水。二月，甘州路大雨水，漂沒行帳孳畜。三月，咸平府清、寇二河合流，失故道，隳堤堰。四月，涿州房山、范陽二縣水。岷、洮、文、階四州雨水。五月，檀州大水，平地深丈有五尺。高郵興化、江陵公安二縣水。河溢汴梁，被災者十有五縣。六月，冀寧路汾河溢。潼（江）〔川〕府綿江、中江水溢入城，〔一五〕深丈餘。衞輝汲縣、歸德宿州雨水。濟寧路虞城、碭山、單父、豐、沛五縣水。七月，睢州河決。八月，霸州、涿州、永清、香河二縣大水，傷稼九千五十餘頃。九月，開元路三河溢，沒民田，壞廬舍。十月，寧夏鳴沙州大雨水。三年正月，恩州水。二月，歸德府河決。六月，大同縣大水。汝寧光州水。七月，河決鄭州，漂沒陽武等縣民一萬六千五百餘家。東安、檀、順、漷四州雨，渾河決，溫榆水溢，傷稼。延安路膚施縣水，漂民居九十餘戶。八月，鹽官州大風，海溢，捍海隄崩，廣三十餘里，袤二十里，徙居民千二百五十家以避之。眞定蠡州，奉元蒲城縣，無爲州，歷陽、含山等縣水。九月，平遙縣汾水溢。十一月，崇明州三沙鎭海溢，漂民居五百家。十二月，遼陽大水。大寧路瑞州大水，壞民田五千五百頃，廬舍八百九十所，溺死者百五十人。四年正月，鹽官州潮水大溢，捍海隄崩二千餘步。四月，復崩十九里，發丁夫二萬餘人，以木柵竹落磚石塞之，不止。六月，大都東安、固安、通、順、薊、檀、漷七州，永清、良鄉等縣雨

水。七月，上都雲州大雨。北山黑水河溢。雲安縣水。八月，汴梁扶溝、蘭陽二縣河溢，漂民居一千九百餘家。濟寧虞城縣河溢，傷稼。十二月，夏邑縣河溢。汴梁中牟、開封、陳留三縣，歸德邳、宿二州雨水。

致和元年三月，鹽官州海隄崩，遣使禱祀，造浮圖二百十六，用西僧法厭之。河決碭山、虞城二縣。四月，鹽官州海溢，益發軍民塞之，置石囤二十九里。六月，南寧、開元、永平等路水。河間（林）〔臨〕邑縣雨水。〔一六〕益都、濟南、般陽、濟寧、東平等郡三十縣，濮、德、泰安等州九縣雨水害稼。七月，廣西兩江諸州水。

天曆元年八月，杭州、嘉興、平江、湖州、建德、鎭江、池州、太平、廣德九郡水，沒民田萬四千餘頃。二年六月，大都東安、通、薊、霸四州，河間靖海縣雨水害稼。永平昌國諸屯水。

至順元年六月，河決大名路長垣、東明二縣，沒民田五百八十餘頃。曹州、高唐州水。七月，海潮溢，漂沒河間運司鹽二萬六千七百引。閏七月，平江、嘉興、湖州、松江三路一州大水，壞民田三萬六千六百餘頃，被災者四十萬五千五百餘戶。杭州、常州、慶元、紹興、鎭江、寧國等路，望江、銅陵、長林、寶應、興化等縣水，沒民田一萬三千五百餘頃。大都、保定、大寧、益都屬州縣水。二年四月，潞州潞城縣大雨水。五月，河間莫亭縣、寧夏河渠縣、紹慶彭水縣及德安屯田水。六月，彰德屬縣漳水決。十月，吳江州大風，太湖水溢，漂民居

一千九百七十餘家。十二月，深州、晉州水。三年三月，奉元朝邑縣洛水溢。五月，汴梁河水溢。江都、泰興、雲夢、應城等縣水。六月，汾州大水。

至元十四年九月，湖州長興縣金沙泉，自唐、宋以來，用以造茶，其泉不常有，今瀵然涌出，溉田可數百頃，有司以聞，錫名瑞應泉。十五年十二月，河水清，自孟津東柏谷至汜水縣蓼子谷，上下八十餘里，澄瑩見底，數月始如故。

元貞元年閏四月，蘭州上下三百餘里，河清三日。

中統二年五月，西京隕霜殺禾。三年五月，宣德、(咸)〔威〕寧等路隕霜。〔一七〕八月，河間、平灤等路隕霜害稼。四年四月，武州隕霜殺麥禾。

至元二年八月，太原隕霜。七年四月，檀州隕霜。八年七月，鞏昌會、蘭等州霜殺稼。十七年四月，益都隕霜。二十一年三月，山東隕霜殺桑，蠶盡死，被災者三萬餘家。二十七年七月，大同、平陽、太原隕霜殺禾。二十九年三月，濟南、般陽等郡及恩州屬縣霜殺桑。

元貞二年八月，金、復州隕霜殺禾。

大德五年三月，湯陰縣霜殺麥。五月，商州霜殺麥。六年八月，大同、太原霜殺禾。七

年四月，霜殺麥。八年三月，濟陽、灤城二縣霜殺桑。八月，隕霜殺稼。九年三月，河間、益都、般陽三郡屬縣隕霜殺桑。清、莫、滄、獻四州霜殺桑二百四十一萬七千餘本，壞蠶一萬二千七百餘箔。十年七月，大同渾源縣霜殺禾。八月，綏德州米脂縣霜殺禾二百八十頃。

至大元年八月，大同隕霜殺禾。

皇慶二年三月，濟寧霜殺桑。

延祐元年三月，東平、般陽等郡，泰安、曹、濮等州大雨雪三日，隕霜殺桑。閏三月，濟寧、汴梁等路及隴州、開州、青城、渭源諸縣霜殺桑，無蠶。七月，冀寧隕霜殺稼。四年夏，六盤山隕霜殺稼五百餘頃。五年五月，雄州歸信縣隕霜。六年三月，奉元路同州隕霜。七年八月，益津縣雨黑霜。

至治三年七月，冀寧(曲陽)〔陽曲〕縣、〔一八〕大同路大同縣、興和路(咸)〔威〕寧縣隕霜。八月，袁州宜春縣隕霜害稼。

泰定二年三月，雲需府大雪，民饑。

天曆三年二月，京師大霜，晝霧。

至順元年閏七月，奉元西和州，寧夏應理州、鳴沙州，鞏昌靜寧、邠、會等州，鳳翔(鱗)〔麟〕遊，〔一九〕大同山陰，晉寧潞城、隰川等縣隕霜殺稼。

中統二年四月，雨雹，大如彈丸。三年五月，順天、平陽、眞定、河南等郡雨雹。四年七月，燕京昌平縣，景州蓨縣，開平路興、松、雲三州雨雹害稼。

至元二年八月，彰德、大名、南京、河南、濟南、太原等郡雨雹。四年三月，夏津縣大雨雹。五年六月，中山大雨雹。六年七月，西京大同縣雨雹。七年五月，河內縣大雨雹。十五年閏十一月，海州贛榆縣雨雹傷稼。十九年八月，雨雹，大如鷄卵。二十年四月，河南風雷雨雹害稼。五月，安西路風雷雨雹。八月，眞定元氏縣大風雹，禾盡損。二十二年七月，冠州雨雹。二十四年九月，大定、金源、高州、武平、興中等處雨雹。二十五年三月，靈壁、虹縣雨雹，如鷄卵，害麥。十二月，靈壽、陽曲、天成等縣雨雹。二十六年夏，平陽、大同、保定等郡大雨雹。二十七年四月，靈壽縣大風雹。六月，棣州厭次、濟陽二縣大風雹，傷禾黍菽麥桑棗。二十九年閏六月，遼陽、瀋州、廣寧、開元等路雨雹。三十一年四月，卽墨縣雨雹。八月，德州(德安)〔安德〕縣大風雨雹。〔二〇〕

元貞元年五月，鞏昌金州、會州、西和州雨雹大，無麥禾。七月，隆興路雨雹。(元貞)二年五月，河中猗氏縣雨雹。〔二一〕六月，隆興(咸)〔威〕寧縣，順德邢臺縣，太原交(河)〔城〕、離石、壽陽等縣雨雹。〔二二〕八月，懷孟武陟縣雨雹。

大德元年六月，太原崞州雨雹害稼。二年二月，檀州雨雹。八月，彰德安陽縣雨雹。四年三月，宣州涇縣、台州臨海縣風雹。八年五月，大寧路建州、蔚州靈仙縣雨雹。太原、大同、隆興屬縣陽曲、天成、懷安、白登風雹害稼。八月，管州、嵐州、交城、陽曲、懷仁等縣雨雹。九年六月，晉寧、冀寧、宣德、隆興、大同等郡大雨雹，害稼。十年四月，鄭州管城縣風雹，大如鷄卵，積厚五寸。五月，大雨雹。七月，宣德縣雨雹。十一年五月，建州雨雹。

至大元年四月，般陽新城縣、濟南厭次縣、益都高苑縣風雹。五月，管城縣大雹，深一尺，無麥禾。八月，大寧縣雨雹害稼，斃畜牧。二年三月，濟陰、定陶等縣雨雹。六月，崞州、源州、金城縣雨雹。延安神(禾)〔木〕縣大雹一百餘里，〔二三〕擊死人畜。三年四月，靈壽、平陰等縣雨雹。四年四月，南陽雨雹。閏七月，宣寧(路)〔縣〕雨雹。〔二四〕

皇慶元年四月，大名濬州、彰德安陽縣、河南孟津縣雨雹。六月，開元路風雹害稼。二年七月，冀寧平定州雨雹。景州阜城縣風雹。八月，大同懷仁縣雨雹。

延祐元年五月，膚施縣大風雹，損稼幷傷人畜。六月，宣平、仁壽、白登等縣雨雹。二年五月，大同、宣德等郡雷雹害稼。三年五月，薊州雹深一尺。五年四月，鳳翔府雹傷麥禾。六年六月，大同縣雨雹，大如鷄卵。七月，鞏昌隴西縣雹害稼。七年八月，大同路雷風雨雹。

至治元年六月，武州雨雹害稼。永平路大雹深一尺，害稼。七月，眞定、順德等郡雨雹。二年四月，涇州涇川縣雨雹。六月，思州大風雨雹。三年五月，大風雨雹，拔柳林行宮大木。

泰定元年五月，冀寧陽曲縣雨雹傷稼。思州龍泉平雨雹傷麥。六月，順元、太平軍、定西州雨雹。七月，龍慶路雨雹，大如鷄卵，平地深三尺餘。八月，大同白登縣雨雹。二年四月，奉元白水縣雨雹。五月，洮州路可當縣、臨洮府狄(邑)〔道〕縣雨雹。〔二五〕六月，興州、鄜州、靜寧州及成紀、通渭、白水、膚施、安塞等縣雨雹。七月，檀州雨雹。三年六月，鞏昌路大雨雹。中山府安喜縣、乾州永壽縣雨雹。七月，房山、寶坻、玉田、永平等縣大風雹，折木傷稼。八月，龍慶(路)〔州〕雨雹一尺，〔二六〕大風損稼。四年七月，彰德湯陰縣，冀寧定襄縣，大同武、應二州雨雹害稼。

致和元年四月，濬州、涇州大雹傷麥禾。五月，冀寧陽曲縣、威州井陘縣雨雹。六月，涇川、湯陰等縣大雨雹。大寧、永平屬縣雨雹。

天曆二年七月，大寧惠州雨雹。八月，冀寧陽曲縣大雹如鷄卵，害稼。三年七月，順州、東安州及平棘、肥鄉、曲陽、行唐等縣風雹害稼。開元路雨雹。

至順二年十二月，冀寧清源縣雨雹。三年五月，甘州雨雹。乙巳，天鼓鳴于西北。〔二七〕

中統二年九月，河南民王四妻靳氏一產三男。唐志云：「物反常爲妖，陰氣盛則母道壯也。」

至元元年八月，武城縣王氏妻崔一產三男。十年八月甲寅，鳳翔寶鷄縣劉鐵牛妻一產三男。二十年二月，高州張丑妻李氏一產四子，三男一女。四月，固安州王得林妻張氏懷孕五月生一男，四手四足，圓頭三耳，一耳附腦後，生而卽死，具狀有司上之。二十八年九月，襄陽南(障)〔漳〕縣民李氏妻王一產三子。〔二八〕

大德元年五月，遂寧州軍戶任福妻一產三男。十一月，遼陽打雁孛蘭奚戶那懷妻和里迷一產四男。四年，寶應縣民孫奕妻朱氏一產三男。十年正月，江州湖口縣方丙妻甘氏一產四男。

泰定元年十月乙卯，秦州成紀縣趙思直妻張氏一產三子。

致和元年三月壬辰，太平當塗縣楊太妻吳氏一產三子。

五行，二曰火。炎上，火之性也，失其性爲沴。董仲舒云：「陽失節，則火災出。」於是而濫炎妄起，災宗廟，燒宮館，雖興師衆弗能救也。是爲火不炎上。其徵恒燠，其色赤，是爲赤眚赤祥。

定宗三年戊申，野草自焚，牛馬十死八九，民不聊生。

至元十一年十二月，淮西正陽火，廬舍、鎧仗悉燬。十八年二月，揚州火。

元貞二年，杭州火，燔七百七十家。

大德八年五月，杭州火，燔四百家。九年三月，宜黃縣火。十年〔十一月〕武昌路火。〔二九〕

延祐元年二月，眞州揚子縣火。〔三〇〕三年六月，重慶路火，郡舍十焚八九。六年四月，揚州火，燔官民廬舍一萬三千三百餘區。

至治二年四月，揚州、眞州火。十二月，杭州火。三年五月，奉元路行宮正殿火。上都利用監庫火。九月，揚州江都縣火，燔四百七十餘家。

泰定元年五月，江西袁州火，燔五百餘家。三年六月，龍興路寧州高市火，燔五百餘家。七月，龍興奉新(州)〔縣〕、辰州辰溪縣火。〔三一〕八月，杭州火，燔四百七十餘家。四年八月，龍興路火。十二月，杭州火，燔六百七十家。

天曆二年三月，四川紹慶彭水縣火。四月，重慶路火，延二百四十餘家。七月，武昌路江夏縣火，延四百家。十二月，江夏縣火，燔四百餘家。三年二月，河內諸縣火。

皇慶元年，冬無雪，詔禱嶽瀆。

延祐元年，大都檀、薊等州冬無雪，至春草木枯焦。

至元二年八月丙寅，濟南鄒平縣進芝一本。八年八月癸酉，益都濟州進芝二本。十五年四月，濟南歷城縣進芝。十九年六月，芝生眉州青(城)〔神〕縣景德寺。〔三二〕二十三年四月丁未，江東宣慰司進芝一本。十月，濟寧進芝一本。二十六年三月癸未，東流縣獻芝。四月，池州貴池縣民王逸進紫芝十二本。六月，汲縣民朱良進紫芝。二十八年三月，芝生鈞州(翟陽)〔陽翟〕縣。〔三三〕二十九年六月，芝生賀州。

大德五年十二月，興元西鄉縣進芝一本，色如珊瑚。六年正月，濟南鄒平縣進芝一本，五枝五葉，色皆赤。

至大四年八月，芝生國學大成殿。

延祐二年三月，芝生大成殿。五年七月，芝生大成殿。

(元)〔中〕統二年正月辛未，〔三四〕御帳殿受朝賀，是夜，東北有赤氣照人，大如席。

五行，三曰木。曲直，木之性也，失其性爲沴，故生不暢茂，爲變異者有之，是爲木不曲直。其徵恒雨，其色青，是爲青眚青祥。

大德七年十一月辛酉，木冰。

至順二年十一月丁巳，雨木冰。十二月癸亥，雨木冰。

元貞元年，太平路蕪湖縣進榆木，有文曰「天下太平年」。

至治三年五月庚子，柳林行宮大木風拔三千七百株。

至元十七年二月，眞定七郡桑有蟲食之。二十九年五月，滄州、濰州、中山、元氏、無棣等縣桑蟲食葉，蠶不成。

元貞元年四月，眞定中山、靈壽二縣桑有蟲食之。

大德五年四月，彰德、廣平、眞定、順德、大名等郡蟲食桑。

至大元年五月，大名、廣平、眞定三郡蟲食桑。

致和元年六月，河南德安屯蝗食桑。

天曆二年三月，滄州、高唐州及南皮、鹽山、武城等縣桑，蟲食之如枯株。

至順二年三月，冠州蟲食桑四萬株。晉、冀、深、蠡等州及鄆城、延津二縣蟲夜食桑，晝匿土中，人莫捕之。五月，曹州禹城、保定博野、東昌封丘等縣蟲食桑，〔三五〕皆旣。

至元九年六月丁亥，京師大雨。二十四年九月，太原、河間、河南等路霖雨害稼。二十五年七月，保定郡，霸、漷二州淫雨害稼。八月，嘉祥、魚臺、金鄉三縣淫雨。九月，莫、獻二州淫雨。保定路淫雨。二十六年六月，濟寧、東平、汴梁、濟南、順德、眞定、平灤、棣州霖雨害稼。二十八年八月，大名、清河、南樂諸縣霖雨爲災。九月，河間郡淫雨。

至大四年七月，河間、順德、大名、彰德、廣平等路，德、濮、恩、通等州及河東（新）〔祁〕縣霖雨害稼。〔三六〕

皇慶元年，（隆）〔龍〕興路新建縣雨害稼。〔三七〕

延祐四年四月，遼陽蓋州雨水害稼。六年七月，霸州文成縣雨害稼三千餘頃。

至治元年，江州、贛州淫雨。二年閏五月，安豐路雨傷稼。三年五月，大名魏縣淫雨。保定定興縣，濟南無棣、厭次縣，濟寧碭山縣，河間齊東縣霖雨害稼。

泰定元年七月，眞定、廣平、廬州十一郡雨傷稼。（元年）八月，〔三八〕汴梁考城、儀封，濟南霑化、利津等縣霖雨，損禾稼。

五行，四曰金。從革，金之性也，失其性爲沴，時則冶鑄不成，變異者有之，是爲金不從革。金石同類，故古者以類附見。其徵恒暘，其色白，是爲白眚白祥。

至元十三年，霧靈山伐木官劉氏言，檀州大峪錐山出鐵鑛，有司覆視之，尋立四冶。

大德元年，雲州聚陽山等冶言，鑛石煽煉銀貨不出，詔減其課額。二年六月，撫州崇仁縣辛陂村有星隕于地，爲綠色隕石，邑人張椿以狀聞。

泰定四年八月，天全道山崩，飛石擊人，中者輒死。

庶徵之恒暘，劉向以爲春秋大旱也。京房易傳曰：「欲得不用，茲謂張，厥災荒。」荒，旱也。

中統三年五月，濱、棣二州旱。四年八月，眞定郡及洺、磁等州旱。

至元元年二月，東平、太原、平陽旱，分命西僧禱雨。五年十二月，京兆大旱。八年四

月，蔚州靈仙、廣靈二縣旱。九年六月，高麗旱。十三年十二月，平陽路旱。十六年七月，趙州旱。十八年二月，廣寧、北京大定州旱。二十三年五月，汴梁旱。京畿旱。二十四年春，平陽旱，二麥枯死。二十五年，東平路須城等六縣，安西路商、耀、乾、華等十六州旱。二十六年，絳州大旱。

元貞元年六月，環州、葭州及咸寧、伏羌、通渭等縣旱。七月，河間肅寧、樂壽二縣旱。泗州、賀州旱。二年八月，大名開州、懷孟武陟縣、河間肅寧縣旱。九月，莫州、獻州旱。十月，化州旱。十二月，遼東、開元二路旱。

大德元年六月，汴梁、南陽大旱，民鬻子女。九月，鎮江丹陽、金壇二縣旱。十二月，平陽曲沃縣旱。二年五月，衞輝、順德、平灤等路旱。三年五月，荆湖諸郡及桂陽、寶慶、興國三路旱。十月，揚、廬、隨、黃等州旱。四年，平棘、白馬二縣旱。五年六月，汴梁、南陽、衞輝、大名等路旱。九月，江陵旱。八年六月，鳳翔扶風、岐山、寶雞三縣旱。九年七月，晉州饒陽縣、漢陽漢川縣旱。八月，象州、融州、柳州屬縣旱。十年五月，京畿旱。安西春夏大旱，二麥枯死。

至大三年夏，廣平亢旱。

皇慶元年六月，濱、棣、德三州及蒲臺、陽信等縣旱。二年九月，京畿大旱。

延祐二年春，檀、薊、濠三州旱。夏，鞏昌蘭州旱。四年四月，德安府旱。五年七月，眞定、河間、廣平、中山大旱。七年六月，黃、蘄二郡及荆門（軍）〔州〕旱。〔三九〕

至治元年六月，大同路旱。二年十一月，岷州旱。三年夏，順德、眞定、冀寧大旱。

泰定元年六月，景、清、滄、莫等州，臨汾、涇川、靈臺、壽春、六合等縣旱。九月，建昌郡旱。二年五月，潭州、茶陵州、興國永興縣旱。七月，隨州、息州旱。三年夏，燕南、河南州縣十有四亢陽不雨。七月，關中旱。四年二月，奉元醴泉、順德唐山、邠州淳化等縣旱。六月，潞、霍、綏德三州旱。八月，滕州旱。

致和元年二月，廣平、彰德等郡旱。

天曆元年八月，陝西大旱，人相食。二年夏，眞定、河間、大名、廣平等四州四十一縣旱。峽州二縣旱。八月，浙西湖州、江東池州、饒州旱。十二月，冀寧路旱。

至順元年七月，肇州、興州、東勝州及楡次、滏陽等十三縣旱。二年，霍、隰、石三州，阜城、平地二縣旱。

恒暘，則有介蟲之孽。釋者謂小蟲有甲飛揚之類，陽氣所生也，於春秋爲螽，今謂之蝗。按劉歆云，貪虐取民則螽與魚同占。劉向以爲介蟲之孽，當屬言不從。今倣之。

中統三年五月，眞定、順天、邢州蝗。四年六月，燕京、河間、益都、眞定、東平蝗。八月，濱、棣等州蝗。

至元二年七月，益都大蝗。十二月，西京、北京、順德、徐、宿、邳等州郡蝗。五年六月，東平等郡蝗。七年七月，南京、河南諸路大蝗。八年六月，上都、中都、大名、河間、益（州）〔都〕、順天、懷孟、彰德、濟南、眞定、衞輝、平陽、歸德、順德等路，〔四〇〕淄、萊、洺、磁等州蝗。十六年四月，大都十六路蝗。十七年五月，忻州及漣、海、邳、宿等州蝗。十九年四月，別十八里部東三百餘里蝗害麥。二十五年七月，眞定、汴梁蝗。八月，趙、晉、冀三州蝗。二十七年四月，河北十七郡蝗。二十九年六月，東昌、濟南、般陽、歸德等郡蝗。三十一年六月，東安州蝗。

元貞元年六月，汴梁陳留、太康、考城等縣，睢、許等州蝗。二年六月，濟寧任城、魚臺縣，東平須城、汶上縣，開州長垣、（靖）〔清〕豐縣，德州齊河縣，滑州、（大）〔太〕和（州）〔縣〕，內黃縣蝗。〔四一〕八月，平陽、大名、歸德、眞定等郡蝗。

大德元年六月，歸德邳州、徐州蝗。二年四月，燕南、山東、兩淮、江浙、（蘸）〔燕〕南屬縣百五十處蝗。〔四二〕三年五月，淮安屬縣蝗，有鶖食之。十月，隴、陝蝗。五年六月，順德路、淇州蝗。七月，廣平、眞定等路蝗。八月，河南、淮南、睢、陳、唐、和等州，新野、汝陽、江都、興化等縣蝗。六年四月，眞定、大名、河間等路蝗。七月，大都涿、順、固安三州及濠州鍾離、鎭江丹徒二縣蝗。七年五月，益都、濟南等路蝗。六年，大寧路蝗。八年四月，益都臨朐、德州齊河縣蝗。（八年）六月，益津縣蝗。〔四三〕九年六月，通、泰、靖海、武清等州縣蝗。八月，涿州、良鄉，河間南皮，泗州天長等縣及東安、海鹽等州蝗。十年四月，大都、眞定、河間、保定、河南等郡蝗。六月，龍興、南康等郡蝗。

至大元年五月，晉寧路蝗。六月，保定、眞定二郡蝗。八月，淮東蝗。二年四月，益都、東平、東昌、順德、廣平、大名、汴梁、衞輝等郡蝗。六月，檀、霸、曹、濮、高唐、泰安等州，良鄉、舒城、歷陽、合肥、（大）〔六〕安、江寧、句容、溧水、上元等縣蝗。〔四四〕七月，濟南、濟寧、般陽，河中、解、絳、耀、同、華等州蝗。八月，眞定、保定、河間、懷孟等郡蝗。三年四月，寧津、堂邑、茌平、陽穀、平原、齊河、禹城七縣蝗。七月，磁州、威州，饒陽、元氏、平棘、滏陽、元城、無棣等縣蝗。

皇慶元年，彰德安陽縣蝗。

延祐七年六月，益都路蝗。

至治元年五月，霸州蝗。六月，衞輝、汴梁等處蝗。七月，江都、泰興、（古）〔胙〕城、通許、臨淮、盱眙、清池等縣蝗。〔四五〕十二月，寧海州蝗。二年，汴梁祥符縣蝗，有羣鶖食蝗，既而復吐，積如丘垤。三年五月，保定路歸信縣蝗。

泰定元年六月，大都、順德、東昌、衞輝、保定、益都、濟寧、彰德、眞定、般陽、廣平、大名、河間、東平等郡蝗。二年五月，彰德路蝗。六月，德、濮、曹、景等州，歷城、章丘、淄川、柳城、茌平等縣蝗。九月，濟南、歸德等郡蝗。三年六月，東平須城縣、興國永興縣蝗。七月，大名、順德、廣平等路，趙州、曲陽、滿城、慶都、修武等縣蝗。淮安、高郵二郡，睢、泗、雄、霸等州蝗。八月，永平、汴梁、懷慶等郡蝗。四年五月，洛陽縣有蝗五畝，羣烏盡食之，越數日，蝗又集，又食之。七月，籍田蝗。八月，冠州、恩州蝗。十二月，保定、濟南、衞輝、濟寧、廬州五路，南陽、河南二府蝗。博興、臨淄、膠西等縣蝗。

致和元年四月，大都薊州、永平路石城縣蝗。鳳翔岐山縣蝗，無麥苗。五月，潁州及汲縣蝗。六月，武功縣蝗。

天曆二年四月，大寧興中州、懷慶孟州、廬州無爲州蝗。六月，益都莒、密二州蝗。七月，眞定、汴梁、永平、淮安、廬州、大寧、遼陽等郡屬縣蝗。三年五月，廣平、大名、般陽、濟寧、東平、汴梁、南陽、河南等郡，輝、德、濮、開、高唐五州蝗。

至順元年六月，漷、薊、固安、博興等州蝗。七月，解州、華州及河內、靈寶、延津等二十二縣蝗。二年三月，陝州諸路蝗。六月，孟州濟源縣蝗。七月，河南閿鄉、陝縣，奉元蒲城、白水等縣蝗。

至元十五年四月，濟南無棣縣獲白雉以獻。

元貞三年正月，〔寧〕海州牟平縣獲白鹿于聖水山以獻。[四六]

至元二十四年七月癸丑，日暈連環，白虹貫之。

至大元年七月，流星起勾陳，化爲白氣，員如車輪，至貫索始滅。

皇慶元年六月丁卯，天雨毛。

延祐元年二月己亥，白暈亙天，連環貫日。

至順三年五月丁酉，白虹並日出，其長竟天。

五行，五曰土。土，中央生萬物者也，而莫重於稼穡。土氣不養，則稼穡不成，金木水火沴之，衝氣爲異，爲地震，爲天雨土。其徵恒風，其色黄，是爲黄眚黄祥。

中統元年五月，澤州、益州饑。[四七]二年六月，塔察兒部饑。七月，桓州饑。三年五月，

甘州饑。閏九月，濟南郡饑。

至元二年四月，遼東饑。五年九月，益都饑。六年十一月，濟南饑。十一月，固安、高唐二州饑。七年五月，東京饑。七月，山東淄、萊等州饑。八年正月，西京、益都饑。九年四月，京師饑。七月，水達達部饑。十七年三月，高郵郡饑。十八年二月，浙東饑。四月，通、泰、崇明等州饑。十九年九月，眞定路饑，民流徙鄂州。二十三年七月，宣寧(路)〔縣〕饑。二十四年九月，平灤路饑。十二月，蘇、常、湖、秀四州饑。二十五年十一月，兀良合部饑。二十六年二月，合木裏部饑。三月，安西、甘州等路饑。四月，遼陽路饑。閏十月，武平路饑。檀州饑。十二月，蠡州饑。河間、保定二路饑。二十七年二月，開元路寧遠縣饑。四月，浙東婺州饑。河間任丘、保定定興二縣饑。九月，河東山西道饑。二十八年三月，眞定、河間、保定、平灤、太原、平陽等路饑。杭州、平江、鎭江、廣德、太平、徽州饑。九月，武平路饑。十二月，洪寬女直部饑。大都內郡饑。二十九年正月，清州、興州饑。三月，輝州龍山縣、里州和中縣饑。[四八]東安、固安、薊、棣四州饑。三月，威寧、昌州饑。閏六月，南陽、懷孟、衞輝等路饑。三十年十月，京師饑。

元貞二年四月，平陽絳州、太原陽曲、台州黄巖饑。

大德元年六月，廣德路饑。七月，寧海州文登、牟平等縣饑。三年八月，揚州、淮安等郡饑。四年二月，湖北饑。三月，寧國、太平二路饑。九月，建康、常州、江陵等郡饑。六年五月，福州饑。六月，杭州、嘉興、湖州、廣德、寧國、饒州、太平、紹興、慶元、婺州等郡饑。大同路饑。七月，建康路饑。十一月，保定路饑。七年二月，眞定路饑。五月，太原、龍興、南康、袁州、瑞州、撫州等路，高唐、南豐等州饑。六月，浙西饑。七月，常德路饑。八年六月，烏撒、烏蒙、益州、忙部、東川等路饑。九年三月，常寧州饑。五月，寶慶路饑。八月，揚州饑。十年三月，濟州任城饑。四月，漢陽、淮安、道州、柳州饑。七月，黄州、沅州、永州饑。八月，成都饑。十一月，揚州、辰州饑。

至大元年二月，益都、般陽、濟寧、濟南、東平、泰安大饑。六月，山東、河南、江淮等郡大饑。二年七月，徐州、邳州饑。

皇慶元年六月，鞏昌、河州路饑。二年三月，晉寧、大同、大寧、四川、鞏昌、甘肅等郡饑。四月，眞定、保定、河間等路饑。五月，順德、冀寧二路饑。六月，上都饑。

延祐元年六月，衡州饑。七月，台州饑。十二月，歸德、汝寧、沔陽、安豐等郡饑。二年正月，晉寧、宣德、懷孟、衞輝、益都、般陽等路饑。二年十二月，漢陽路饑。三年二月，河間、濟南濱、棣等處饑。四月，遼陽蓋州及南豐州饑。五月，寶慶、桂陽、澧州、潭州、永州、道州、袁州饑。四年正月，汴梁饑。五年四月，上都饑。六年八月，山東濟寧饑。七年五

月，大同、雲(南)〔內〕、豐、勝諸郡邑饑。[四九]瀋陽路饑。八(年)〔月〕，廣東新州新(城)〔興〕縣饑。[五〇]

至治元年正月，蘄州蘄水縣饑。二月，河南汴梁、歸德、安豐等路饑。五月，膠州、濮州饑。七月，南恩、新州饑。十一月，鞏昌成州饑。十二月，慶遠、眞定二路饑。二年三月，河南、淮東、淮西諸郡饑。延安延長、宜川二縣饑。奉元路饑。四月，東昌、霸州饑。九月，臨安河西縣饑。三年二月，京師饑。三月，平江嘉定州饑。崇明、黄巖二州饑。十一月，鎭江丹徒、沅州黔陽縣饑。十二月，歸、澧二州饑。

泰定元年正月，惠州、新州、南恩州，信州上饒縣，廣德路廣德縣，岳州臨湘、華容等縣饑。二月，慶元、紹興二路，綏德州米脂、清(間)〔澗〕二縣饑。[五一]三月，臨洮狄道縣、石州離石縣饑。四月，江陵、荆門軍、監利縣饑。五月，贛州、吉安、臨江等郡，崑山、南恩等州饑。八月，冀寧、延安、江州、安陸、杭州、建昌、常德、全州、桂陽、辰州、南安等路屬州縣饑。九月，紹興、南康二路饑。十一月，泉州饑。中牟、延津二縣饑。二年正月，梅州饑。祿施、英德二州饑。[五二]閏正月，河間、眞定、保定、瑞州四郡饑。二月，鳳翔路饑。三月，薊、漷、徐、邳等州饑。濟南、肇慶、江州、惠州饑。四月，杭州、鎭江、寧國、南安、潯州、潭州等路饑。五月，廣德、袁州、撫州饑。六月，寧夏路饑。九月，瓊州、成州饑。德慶路饑。十二月，濟

南、延川等郡饑。三年三月，河間、保定、眞定三路饑。三月，大都、永平、奉元饑。十一月，潘陽、大寧、永平、廣寧、金、復州，甘肅亦集乃路饑。四年正月，遼陽諸郡饑。二月，奉符、長淸、萊蕪三縣饑。建康、淮安、蘄州屬縣饑。四月，通、薊等州，漁陽、永淸等縣饑。七月，武昌江夏縣饑。

致和元年二月，乾州饑。三月，晉寧、冀寧、奉元、延安等路饑。四月，保定、東昌、般陽、彰德、大寧五路屬縣饑。五月，河南、東平、大同等郡饑。七月，威寧、長安縣、涇州靈臺縣饑。〔五三〕

天曆二年正月，大同及東勝州饑。涿州房山、范陽等縣饑。四月，奉元耀州、乾州、華州及延安、邠、寧諸縣饑，流民數十萬。大都、興和、順德、大名、彰德、懷慶、衞輝、汴梁、中興等路，泰安、高唐、曹、冠、徐、邳等州饑。江東、浙西二道饑。八月，忻州饑。十月，漢陽、武昌、常德、澧州等路饑。鳳翔府大饑。三年正月，寧海州文登、牟平縣饑。懷慶、衞州二路饑。眞定、汝寧、揚、廬、蘄、黃、安豐等郡饑。二月，河南大饑。三月，東昌須城、堂邑縣饑。沂、莒、膠、密、寧海五州，臨淸、定陶、光山等縣饑。鞏昌蘭州、定西州饑。四月，德州淸平縣饑。至順二年二月，集慶、嘉興二郡及江陰州饑。檀、順、維、密、昌平五州饑。六月，興和路高原，咸平等縣饑。九月，思州鎭遠府饑。十二月，河南大饑。三年四月，大理、中慶路

饑。五月，常寧州饑。七月，滕州饑。八月，大都寶坻縣饑。

至大元年春，紹興、慶元、台州疫死者二萬六千餘人。

皇慶二年冬，京師大疫。唐志云：「國將有恤，則邪亂之氣先被于民，故疫。」

太宗五年癸巳十二月，大風霾，凡七晝夜。

至元二十年正月，汴梁延津、封丘二縣大風，麥苗盡拔。

延祐七年八月，延津縣大風，晝晦，桑隕者十八九。

至治元年三月，大同路大風，走沙土，壅沒麥田一百餘頃。三年三月，衞輝路大風，桑彫蠶死。

泰定三年七月，寶坻、房山二縣大風折木。八月，大都昌平等縣大風一晝夜，壞民居九百餘家。四年五月，衞輝路輝州大風九日，禾盡偃。

天曆三年二月，胙城縣、新鄉縣大風。

按漢志云：「溫而風則生螟螣，有裸蟲之孽。」

至元八年六月，遼州和順縣、解州聞喜縣蝝妨生。十八年，高唐、夏津、武城縣蝝。二十三年五月，霸州、漷州蝻。二十四年，鞏昌蝝妨爲災。二十七年四月，婺州螟害稼，雷雨大作，螟盡死，歲乃大稔。

元貞元年六月，利州龍山縣、蓋州明山縣螟。二年五月，濟州任城縣螟。隨州野蠶成繭，亘數百里，民取爲纊。

大德七年五月，濟南、東昌、般陽、益都等路蟲食麥。閏五月，汴梁開封縣蟲食麥。九年七月，桂陽郡蝝。

至大元年五月，東平、東昌、益都等郡蝝。

皇慶二年五月，檀州及獲鹿縣蝻。

延祐七年七月，霸州及堂邑縣蝻。

泰定四年七月，奉元路咸陽、興平、武功三縣，鳳翔府岐山等縣蝝妨害稼。

天曆二年，淮安、廬州、安豐三路屬縣蝻。

至元十六年四月，益都樂安縣朱五十家，牛生犉犢，兩頭四耳三尾，其色黃，旣生卽死。

大德九年二月，大同平地縣迷兒的斤家，牛生麒麟而死。

至大四年，大同宣寧縣民滅的家，牛生一犢，其質有鱗無毛，其色靑黃，類若麟者，以其鞹上之。

泰定三年九月，湖州長興州民王俊家，牛生一獸，鱗身牛尾，口目皆赤，墮地卽大鳴，母不乳之。具圖以上，不知何獸，或曰「此瑞也，宜俾史臣紀錄」。

至元二十四年，諸王薛徹都部雨土七晝夜，沒死牛畜。

大德十年二月，大同平地縣雨沙黑霾，斃牛馬二千。

至治三年二月丙戌，雨土。

致和元年三月壬申，雨霾。

天曆二年三月丁亥，雨土霾。

至順二年三月丙戌，雨土霾。

至元二十一年九月戊子，京師地震。按傳云：「陽伏而不能出，陰迫而不能升，於是有地震。」二十六年正月丙戌，地震。二十七年二月癸未，泉州地震。丙戌，泉州地復震。八月癸未，武平路地大震。二十八年八月己丑，平陽路地震，壞廬舍萬八百區。

饑」。又卷六二地理志，廣東道新州領縣有新興。此處「八年」爲「八月」之誤，「新城」爲「新興」之誤，今改。本證已校。

〔五一〕綏德州米脂清（間）〔澗〕二縣饑　從道光本改。

〔五二〕祿施英德二州饑　本證云：「按地理志，祿施當是祿勸之誤。」

〔五三〕威寧長安縣涇州靈臺縣饑　按本書卷六〇地理志，奉元路領縣有咸寧、長安。本證云「威寧當作咸寧」，疑是。

〔五四〕大德六年十二月辛酉雲南地震戊（戌）〔辰〕亦如之　從道光本改。按本書卷二〇成宗紀大德六年十二月辛酉條作「雲南地震，戊辰又震」。是月庚申朔，無戊戌日，戊辰爲初九日。本證已校。

〔五五〕十年正月晉寧冀寧地震不止　按本書卷二一成宗紀，事繫大德十年閏正月，疑此處「正月」上脫「閏」字。

〔五六〕開（城）〔成〕路　見卷一〇校勘記〔一〇〕。

〔五七〕蒲縣靈縣地震　此處「靈縣」疑爲「靈石縣」之誤，見卷二二校勘記〔一九〕。

〔五八〕六月京師地震己未京師地震丙（辰）〔寅〕又震壬寅又震　據本書卷二四仁宗紀皇慶二年六月丙寅條改。按是月己未朔，無丙辰日，丙寅爲初八日。又是月亦無壬寅日，疑爲壬申十四日之誤。

〔五九〕（陟）〔涉〕縣武安縣地震　道光本與本書卷二五仁宗紀延祐元年八月丁未條及卷五八地理志合，

從改。本證已校。下同。

〔六〇〕十月壬寅大寧路地震　本書卷三三文宗紀天曆二年十月壬寅條有「大寧路地震」。按致和元年九月先後改天順、天曆，十月已非致和。此處疑脫「天曆二年」四字。

〔六一〕至順二年四月丁亥眞定（陟）〔涉〕縣地一日五震或三震　按本書卷三五文宗紀，事繫至順二年四月庚戌。是月丙午朔，無丁亥日，庚戌爲初五日，此「丁亥」有誤。本證已校。

〔六二〕二十年〔十月〕癸巳幹端宣慰司劉恩進嘉禾　據本書卷一二世祖紀至元二十年十月癸巳條補。

〔六三〕延祐四年七月南城產嘉禾　按本書卷二六仁宗紀延祐四年九月己巳條有「大都南城產嘉禾，一莖十一穗」。疑此處「七月」爲「九月」之誤，「南城」上脫「大都」二字。

元史卷五十一

志第三下

五行二

水不潤下

元統元年五月，汴梁陽武縣河溢害稼。六月，京畿大霖雨，水平地丈餘。涇河溢，關中水災。黃河大溢，河南水災。泉州霖雨，溪水暴漲，漂民居數百家。七月，潮州大水。（元統）二年正月，〔一〕東平須城縣、濟寧濟州、曹州濟陰縣水災。二月，灤河、漆河溢，永平路屬縣皆水。瑞州路水。三月，山東霖雨，水湧。四月，東平、益都水。五月，鎭江路水。宣德府大水。六月，淮河漲，漂山陽縣境內民畜房舍。九月，吉安路水。至元元年，河決汴梁封丘縣。二年五月，南陽鄧州大水。六月，涇水溢。八月，大都至通州霖雨，大水。三年二月，紹興大水。五月，廣西賀州大水害稼。六月，衞輝淫雨至七月，丹、沁二河泛漲，與城西御河通流，

平地深二丈餘，漂沒人民房舍田禾甚衆。民皆棲於樹木，郡守僧家奴以舟載飯食之，移老弱居城頭，日給糧餉，月餘水方退。汴梁蘭陽、尉氏二縣，歸德府皆河水泛溢。黃州及衢州常山縣皆大水。四年五月，吉安永豐縣大水。六月，邵武大水，城市皆洪流，漂沿溪民居殆盡。五年（五）〔六〕月庚戌，汀州路長汀縣大水，〔二〕平地深三丈許，損民居八百家，壞民田二百頃，溺死者八千餘人。七月，沂州沂、沭二河暴漲，決隄防，害田稼。邵武光澤縣大水。常州宜興縣山水出，勢高一丈，壞民居。六年二月，京畿五州十一縣及福州路福寧州大水。五月甲子，慶元奉化州山崩，水湧出平地，溺死人甚衆。六月，衢州西安、龍游二縣大水。庚戌，處州松陽、龍泉二縣積雨，水漲入城中，深丈餘，溺死五百餘人。遂昌縣尤甚，平地三丈餘。桃源鄉山崩，壓溺民居五十三家，死者三百六十餘人。七月壬子，延平南平縣淫雨，水泛漲，溺死百餘人，損民居三百餘家，壞民田二頃七十餘畝。乙卯，奉元路盩厔縣河水溢，漂溺居民。八月甲午，衞輝大水，漂民居一千餘家。十月，河南府宜陽縣大水，漂民居，溺死者衆。至正元年，汴梁鈞州大水，揚州路崇明、通、泰等州海潮湧溢，溺死一千六百餘人。二年四月，睢州儀封縣大水害稼。六月癸丑夜，濟南山水暴漲，衝東西二關，流入小淸河，黑山、天麻、石固等寨及臥龍山水通流入大淸河，漂沒上下民居千餘家，溺死者無算。三年二月，鞏昌寧遠、伏羌、成紀三縣山崩水湧，溺死者無算。五月，黃河決白茅口。七月，汴梁

中牟、扶溝、尉氏、洧川四縣，鄭州滎陽、汜水、河陰三縣大水。四年五月，霸州大水。六月，河南鞏縣大雨，伊、洛水溢，漂民居數百家。濟寧路兗州、汴梁鄢陵、通許、陳留、臨潁等縣大水害稼，人相食。七月，灤河水溢，出平地丈餘，永平路禾稼廬舍漂沒甚衆。東平路東阿、陽穀、汶上、平陰四縣，衢州西安縣大水。溫州颶風大作，海水溢，漂民居，溺死者甚衆。五年七月，河決濟陰，漂官民亭舍殆盡。十月，黃河泛溢。七年五月，黃州大水。八月壬午，杭州、上海浦中午潮退而復至。八年正月辛亥，河決，陷濟寧路。四月，平江、松江大水。五月庚子，廣西山崩水湧，灕江溢，平地水深二丈餘，屋宇人畜漂沒。壬子，寶慶大水。乙卯，錢塘江潮比之八月中高數丈餘，沿江民皆遷居以避之。六月己丑，中興路松滋縣驟雨，水暴漲，平地深丈有五尺餘，漂沒六十餘里，死者一千五百人。是月，膠州大水。七月，高密縣大水。九年七月，中興路公安、石首、潛江、監利等縣及沔陽府大水。夏秋，蘄州大水傷稼。十年五月，龍興瑞州大水。六月乙未，霍州靈(巖)〔石〕縣雨水暴漲，〔三〕決隄堰，漂民居甚衆。七月，汾州平遙縣汾水溢。靜江荔浦縣大水害稼。十一年夏，龍興南昌、新建二縣大水。安慶桐城縣雨水泛漲，花崖、龍源二山崩，衝決縣東大河，漂民居四百餘家。七月，冀寧路平晉、文水二縣大水，汾河汎溢東西兩岸，漂沒田禾數百頃。河決歸德府永城縣，壞黃陵岡岸。靜江路大水，決南北二陡渠。十二年六月，中興路松滋縣驟雨，水暴漲，

漂民居千餘家，溺死七百人。七月，衢州西安縣大水。十三年夏，薊州豐潤、玉田、遵化、平谷四縣大水。七月丁卯，泉州海水日三潮。十四年六月，河南府鞏縣大雨，伊、洛水溢，漂沒民居，溺死三百餘人。秋，薊州大水。十五年六月，荊州大水。十六年，河決鄭州河陰縣，官署民居盡廢，遂成中流。山東大水。十七年六月，暑雨，漳河溢，廣平郡邑皆水。秋，薊州四縣皆大水。十八年秋，京師及薊州、廣東惠州、廣西四縣、賀州皆大水。十九年九月，濟州任城縣河決。二十年七月，通州大水。二十二年三月，邵武光澤縣大水。二十三年，孟州濟源、溫縣水。七月，河決東平壽張縣，圮城牆，漂屋廬，人溺死甚衆。二十四年三月，益都縣井水溢而黃。懷慶路孟州、河內、武陟縣水。七月，益都路壽光縣、膠州高密縣水。二十五年秋，薊州大水。東平須城、東阿、平陰三縣河決小流口，達于清河，壞民居，傷禾稼。二十六年二月，河北徙，上自東明、曹、濮，下及濟寧，皆被其害。六月，河南府大霖雨，瀍水溢，深四丈許，漂東關居民數百家。秋七月，汾州介休縣汾水溢。薊州四縣、衞輝、汴梁鈞州大水害稼。八月，棣州大清河決，濱、棣二州之界，民居漂流無遺。濟寧路肥(水)〔城〕縣西黃水汎溢，〔四〕漂沒田禾民居百有餘里，德州齊河縣境七十餘里亦如之。

至正二十年十一月，汴梁原武、滎澤二縣黃河清三日。二十一年十一月，河南孟津縣至絳州垣曲縣二百里河清七日，新安縣亦如之。十二月，冀寧路石州河水清，至明年春冰

泮，始如故。二十四年夏，衞輝路黃河清。

至正六年九月，彰德雨雪，結凍如琉璃。七年八月，衞輝隕霜殺稼。九年三月，溫州大雪。十年春，彰德大寒，近清明節，雨雪三尺，民多凍餒而死。十一年三月，汴梁路鈞州大雷雨雪，密縣平地雪深三尺餘。十三年秋，邵武光澤縣隕霜殺稼。二十三年三月，東平路須城、東阿、陽穀三縣隕霜殺桑，廢蠶事。八月，鈞州密縣隕霜殺菽。二十七年三月，彰德大雪，寒甚於冬，民多凍死。五月辛巳，大同隕霜殺麥。秋，冀寧路徐溝、介休二縣雨雪。十二月，奉元路咸寧縣井水冰。二十八年四月，奉元隕霜殺菽。

元統元年三月戊子，紹興蕭山縣大風雨雹，拔木仆屋，殺麻麥，斃傷人民。二年二月甲子，塞北東涼亭雨雹。至元元年七月，西和州、徽州雨雹。二年八月甲戌朔，高郵寶應縣大雨雹。是時，淮、浙皆旱，唯本縣瀕河，田禾可刈，悉爲雹所害，凡田之旱者無一雹及之。(至元)四年四月癸巳，〔五〕清州八里塘雨雹，大過於拳，其狀有如龜者，有如小兒形者，有如獅象者，有如環玦者，或橢如卵，或圓如彈，玲瓏有竅，色白而堅，長老云：「大者固常見之，未有奇狀若是也。」至正二年五月，東平路東阿縣雨雹，大者如馬首。三年六月，東平陽穀縣雨雹。六年二月辛未，興國路雨雹，大如馬首，小者如鷄子，斃禽畜甚衆。五月辛卯，絳州雨雹，大者二尺餘。八年四月庚辰，鈞州密縣雨雹，大如鷄子，傷麥禾。龍興奉新縣大雨

雹，傷禾折木。八月己卯，益都臨淄縣雨雹，大如盃盂，野無青草，赤地如赭。九年二月，龍興大雨雹。十年五月，汾州平遙縣雨雹。十一年四月乙巳，彰德雨雹，大者如斧，時麥熟將刈，頃刻亡失，田疇堅如築場，無稭粒遺留者，地廣三十里，長百有餘里，樹木皆如斧所劈，傷行人、斃禽畜甚衆。五月癸丑，文水縣雨雹。十三年四月，益都高苑縣雨雹，傷麥禾及桑。十四年六月，薊州雨雹。十七年四月，濟南大風雨雹。十九年四月，莒州蒙陰縣雨雹。五月，通州及益都臨朐縣雨雹害稼。二十年五月，薊州遵化縣雨雹終日。二十一年五月，東平雨雹害稼。二十二年八月，南雄雨雹如桃李實。二十三年五月，鄜州宜君縣雨雹，大如鷄子，損豆麥。七月，京師及隰州永和縣大雨雹害稼。二十五年五月，東昌聊城縣雨雹，大如拳，小者如鷄子，二麥不登。二十六年六月，汾州平遙縣雨雹。二十七年二月乙丑，永州城中晝晦，鷄棲于塒，人舉燈而食，既而大雨雹，逾時方明。五月，益都大雷雨雹。七月，冀寧徐溝縣大風雨雹，拔木害稼。二十八年六月，慶陽府雨雹，大如盂，小者如彈丸，平地厚尺餘，殺苗稼，斃禽獸。

至正三年秋，興國路永興縣雷，擊死糧房貼書尹章于縣治。時方大旱，有朱書在其背云：「有旱却言無旱，無災却道有災，未庸殲厥渠魁，且擊庭前小吏。」七年五月庚戌，台州路黃巖州海濱無雲而雷。冬，衞輝路天鼓鳴。十年六月戊申，廣西臨桂縣無雲而雷，震死邑

民廖廣達。十二月庚子，汾州孝義縣雷雨。十一年十二月，台州大雨震電。十二年三月丙午，寧國路無雲而雷。十三年十二月庚戌，京師無雲而雷，少頃有火墜于東南。懷慶路河內縣及河南府天鼓鳴于西北。是日懷慶之修武、潞州之襄垣縣皆無雲而雷，聲震天地。是月，汾州雷雨。十四年十二月，孝義縣雷雨。十九年十二月，台州大雷電。二十一年十一月戊申，溫州樂淸縣雷。二十七年正月乙未夜，晉寧路絳州天鼓鳴空中，如聞戰鬬之聲。十月，奉元路雷電。

至正二十五年六月戊申，京師大雨，有魚隨雨而落，長尺許，人取而食之。

至元五年六月庚戌，汀州長汀縣山蛟出，大雨驟至，平地湧水，深三丈餘，漂沒民居八百餘家，壞田二百餘頃。至正十七年六月癸酉，溫州有龍鬬于樂淸江中，颶風大作，所至有光如毬，死者萬餘人。八月癸丑，祥符縣西北有青白二龍見，若相鬬之勢，良久而散。二十三年正月甲辰，廣西貴州江中有物登岸，蛇首四足而青色，長四尺許，軍民聚觀而殺之。二十四年六月，保德州有黃龍見于咸寧井中。二十七年六月丁巳，皇太子寢殿新甃井成，有龍自井而出，光焰爍人，宮人震慴仆地。又宮牆外長慶寺所掌成宗斡耳朶內大槐樹，有龍纏繞其上，良久飛去，樹皮皆剝。七月，益都臨朐縣有龍見于龍山，巨石重千斤，浮空而起。二十八年十一月，大同路懷仁縣河岸崩，有蛇大小相綰結，可載數車。

至正三年秋，建寧浦城縣民家豕生豚，二尾八足。十五年，鎭江民家豕生豚如象形。二十四年正月，保德州民家豕生豚，一首二身八蹄二尾。

至元元年正月，廣西師宗州爨生妻適和，一產三男。汴梁祥符縣市中一乞丐婦人，忽生髭鬚。至正九年四月，棗陽民張氏婦生男，甫及周歲，長四尺許，容貌異常，皤腹擁腫，見人輒嬉笑，如世俗所畫布袋和尚云。二十三年五月，霸州民王馬駒妻趙氏，一產三男。六月，亳家務李閏妻張氏，一產三男。

至正元年四月戊寅，彰德有赤風自西北來，忽變爲黑，晝晦如夜。十三年冬，袁州路每日暮，有黑氣環遶郡城。十七年正月己丑，杭州降黑雨，河池水皆黑。二十八年七月乙亥，京師黑霧，昏暝不辨人物，自旦近午始消，如是者旬有五日。

火不炎上

元統元年六月甲申，杭州火。至正元年四月辛卯，台州火。乙未，杭州火，燔官舍民居公廨寺觀，凡一萬五千七百餘間，死者七十有四人。二年四月，杭州又火。六年八月己巳，延平路火，燔官舍民居八百餘區，死者五人。十年，興國路自春及夏，城中火災不絕，日數十起。二十年，惠州路城中火災屢見。二十三年正月乙卯夜，廣西貴州火，同知州事韓帖木不花、判官高萬章及家人九口俱死焉，居民死者三百餘人，牛五十頭，馬九匹，公署、倉庫、案牘焚燒皆盡。二十八年二月癸卯，京師武器庫災。己巳，陝西有飛火自華山下，流入張良弼營中，焚兵庫器仗。六月甲寅，大都大聖壽萬安寺災。是日未時，雷雨中有火自空而下，其殿脊東鼇魚口火焰出，佛身上亦火起。帝聞之泣下，亟命百官救護，唯東西二影堂神主及寶玩器物得免，餘皆焚燬。此寺舊名白塔，自世祖以來，爲百官習儀之所，其殿陛闌楯一如內庭之制。成宗時，置世祖影堂于殿之西，裕宗影堂于殿之東，月遣大臣致祭。

至元六年冬，京師無雪。至正八年九月，奉元路桃杏花。十四年八月，冀寧路榆次縣桃李花。十五年十一月，汾州介休縣桃杏花。十七年十一月，汾州桃杏花。

至正十一年十月，衢州東北雨米如黍。十一月，建寧浦城縣雨黑子如稗實；邵武大雨震電，雨黑黍如蘆穄；信州雨黑黍；鄱陽縣雨菽豆。郡邑多有，民皆取而食之。十六年六月，彰德路葦葉順次倚疊而生，自編成若旗幟，上尖葉聚粘如槍，民謠云：「葦生成旗，民皆流離；葦生成槍，殺伐遭殃。」又有黍自生成文，紅稭黑字，其上節云「天下太平」，其下節云「天下刀兵」。十八年，處州山谷中小竹結實如小麥，饑民采食之。二十一年，明州象山縣竹穗生實如小米，可食。

至正十一年，廣西慶遠府有異禽雙飛，見于述昆鄉，飛鳥千百隨之，蓋鳳凰云。其一飛

去，其一留止者，爲僮人射死，首長尺許，毛羽五色，有藏之以獻于帥府者，久而其色鮮明如生云。五月，興國有大鳥百餘，飛至郡西白朗山顚，狀如人立，去而復至者數次。十九年，京師鵶鶚夜鳴達旦，連月乃止，有杜鵑啼于城中，居庸關亦如之。二十七年三月丁丑朔，萊州招遠縣大社里黑風大起，有大鳥自南飛至，其色蒼白，展翅如席，狀類鶴，俄頃飛去，遺下粟、黍、稻、麥、黃黑豆、蕎麥于張家屋上，約數升許，是歲大稔。

元統二年正月庚寅朔，河南省雨血。是日衆官晨集，忽聞燔柴烟氣，既而黑霧四塞，咫尺不辨，腥穢逼人，逾時方息。及行禮畢，日過午，驟雨隨至，霑灑堊牆及裳衣皆赤。至元四年四月辛未，京師雨紅沙，晝晦。至正五年四月，鎭江丹陽縣雨紅霧，草木葉及行人裳衣皆濡成紅色。十三年三月丙戌，彰德路西南，有火自天而下，如在城外，覓之無有。十二月庚戌，潞州襄垣縣有火墜于東南。十四年，衞輝路有天光見于西方。十二月辛卯，絳州有紅氣，起自北方，蔽天幾半，移時方散。十五年春，薊州雨血。十八年三月辛丑夜，大同路有黑氣蔽于西方，聲如雷然。俄頃，有雲如火，交射中天，遍地俱見火光，以物觸地，輒有火起，至夜半，空中如有兵戈相擊之聲。二十一年七月己巳，冀寧路忻州西北，有赤氣蔽空如血，逾時方散。八月壬午，棣州夜半有赤氣亘天，起西北至于東北。癸未，彰德西北，夜有紅氣亘天，至明方息。乙酉，大同路北方，夜有赤氣蔽天，直過天庭，自東而西，移時方散，如是

者三。十月癸巳昧爽，絳州有紅氣見于北方，如火。二十三年三月壬戌，大同路夜有赤氣亘天，中侵北斗。六月丁巳，絳州日暮有紅光見于北方，如火，中有黑氣相雜，又有白虹二，直衝北斗，踰時方散。庚申，晉寧路北方，日暮天赤，中有白氣如虹者三，一貫北斗，一貫北極，一貫天潢，至夜分方滅。八月丙辰，忻州東北，夜有赤氣亘天，中有白色如蛇形，徐徐而行，踰時方散。十月丙申朔，大名路向青、齊一方，有赤氣照耀千里。二十四年九月癸酉，冀寧平晉縣西北方，至夜天紅半壁，有頃，從東而散。二十八年六月壬寅，彰德路天寧寺塔忽變紅色，自頂至踵，表裏透徹，如煅鐵初出于爐，頂上有光焰迸發，自二更至五更乃止。癸卯、甲辰，亦如之。先是，河北有童謠云：「塔兒黑，北人作主南人客；塔兒紅，朱衣人作主人公。」七月癸酉，京師赤氣滿天，如火照人，自寅至辰，氣焰方息。

至元元年十二月，芝草生于荊門州當陽縣覆船山，一本五榦，高尺有二寸，一本二榦，高五寸有半，榦皆兩岐，二本相依附，扶疏瑰奇，如珊瑚枝，其高者結爲華蓋慶雲之狀。五年秋，芝草生于中書工部之屋梁，一本七榦。

木不曲直

至元五年十一月癸酉，瑞州路新昌州雨木冰，至明年二月壬寅冰始解。至正四年正

月，汴梁路鄭州尉氏、洧川、河陰三縣及龍興靖安縣雨木冰。十一月，東平雨木冰。十二年九月壬午，冀寧保德州雨木冰。十四年冬，龍興雨木冰。二十五年二月辛亥，汴梁雨木冰，狀如樓閣、人物、冠帶、鳥獸、花卉，百態具備，羽幢珠葆，彌望不絕，凡五日始解。

至正三年夏，上都、大都桑果葉，皆有黃色龍文。九年秋，奉元桃杏實。十二年五月，汴梁祥符縣椿樹結實如木瓜。十六年七月，彰德李樹結實如小黃瓜。民謠云：「李生黃瓜，民皆無家。」二十一年，明州松樹結實，其大有盈尺者。八月，汴梁祥符縣邑中樹木，一夕皆有濕泥塗之。

至元二年五月乙卯，南陽鄧州大霖雨，自是日至于六月甲申乃止。三年六月，衞輝路淫雨。至正二年秋，彰德路霖雨。三年四月至七月，汴梁路滎澤縣，鈞州新鄭、密縣霖雨害稼。四年夏，汴梁蘭陽縣，許州長葛、郾城、襄城，睢州，歸德府亳州之鹿邑，濟寧之虞城淫雨害蠶麥，禾皆不登。八月，益都霖雨，饑民有相食者。五年夏秋，汴梁祥符、尉氏、洧川，鄭州、鈞州、亳州久雨害稼，二麥禾豆俱不登。河間路淫雨，妨害鹽課。八年五月，京師大霖雨，都城崩圮。鈞州新鄭縣淫雨害麥。九年七月，高唐州大霖雨，壞官署民居。歸德府淫雨浹十旬。十年二月，彰德路大雨害麥。二十年七月，益都高苑縣、陝州黽池縣大雨害稼。二十三年七月，懷慶路河內、修武、武陟三縣及孟州淫雨害稼。二十四年秋，密州安丘縣大雨。二十五年秋，密州安丘縣，潞州，汴梁許州及鈞州之密縣淫雨害稼。二十七年秋，彰德路淫雨。

至正六年八月，龍興進賢縣甘露降。二十年十月，國子學大成殿松柏樹有甘露降其上。

至正十年春，麗正門樓斗栱內，有人伏其中，不知何自而至，遠近聚觀之。門尉以白留守，達于都堂，上聞，有旨令取付法司鞫問。但云薊州人，問其姓名，詰其所從來，皆惘若無知，唯妄言禍福而已，乃以不應之罪笞之，忽不知所在。

至正二十年八月，慶陽，延安，寧、安等州野鼠食稼，初由鶉卵化生，既成牝牡，生育日滋，百畝之田，一夕俱盡。二十六年，泗州瀕淮兩岸，有灰黑色鼠，暮夜出穴，成羣覆地食禾。

金不從革

至正十年正月甲戌，棣州白晝空中有聲自西北而來，距州二十里隕于地，化爲石，其色黑，微有金星散布其上。有司以進，遂藏之司天監。十一月冬至夜，陝西耀州有星墜于西原，光耀燭地，聲如雷鳴者三，化爲石，形如斧，一面如鐵，一面如錫，削之有屑，擊之有聲。

十六年冬十一月，大名路大名縣有星如火，自東南流，尾如曳篲，墜入于地，化爲石，青黑光瑩，狀如狗頭，其斷處類新割者。有司以進，太史驗視云「天狗也」，命藏于庫。十九年四月己丑，建寧路甌寧縣有星墜于營山前，其聲如雷，化爲石。二十三年六月庚戌，益都臨朐縣龍山有星墜入于地，掘之深五尺，得石如磚，褐色，上有星如銀，破碎不完。

至正九年，龍興靖安縣山石迸裂，湧水，人多死者。十年三月，慶元奉化州南山石突開，其碎而大者，有山川人物禽鳥草木之文。二十七年六月丁卯，沂州東蒼山有巨石，大如屋，崩裂墜地，聲震如雷。七月丙戌，廣西靈川縣臨江石崖崩。

元統元年夏，紹興旱，自四月不雨至于七月。淮東、淮西皆旱。二年三月，湖廣旱，自是月不雨至于八月。四月，河南旱，自是月不雨至于八月。秋，南康旱。至元元年夏，河南及邵武大旱。二年，蘄州、黃州、浙東衢州、婺州、紹興、江東信州、江西瑞州等路及陝西皆旱。是年四月，黃州黃岡縣周氏婦產一男卽死，狗頭人身，咸以爲旱魃云。六年夏，廣東南雄路旱，自二月不雨至于五月，種不入土。至正二年，彰德、大同二郡及冀寧平晉、榆次、徐溝縣，汾州孝義縣，忻州皆大旱，自春至秋不雨，人有相食者。秋，衞輝大旱。三(月)〔年〕秋，[六]興國大旱。四年，福州大旱，自三月不雨至于八月。興化、邵武、鎮江及湖南之桂陽皆旱。五年，曹州禹城縣大旱。夏，膠州高密縣旱。六年，鎮江及慶元奉化州旱。七年，懷

慶、衞輝、河東及鳳翔之岐山、汴梁之祥符、河南之孟津皆大旱。八年三月，益都臨淄縣大旱。五月，四川旱。十年夏秋，彰德旱。十一年，鎭江旱。十二年，蘄州、黃州大旱，人相食。浙東紹興旱。台州自四月不雨至于七月。十三年，蘄州、黃州及浙東慶元、衢州、婺州，江東饒州，江西龍興、瑞州、建昌、吉安，廣東南雄，湖南永州、桂陽皆大旱。十四年，懷慶河內縣、孟州，汴梁祥符縣，福建泉州，湖南永州、寶慶，廣西梧州皆大旱。祥符旱魃再見，泉州種不入土，人相食。十五年，衞輝大旱。十六年，婺州、處州皆大旱。十八年春，薊州旱。莒州、濱州、般陽(滋)〔淄〕川縣、〔七〕霍州、鄜州、鳳翔岐山縣春夏皆大旱。莒州家人自相食，岐山人相食。十九年，晉寧、鳳翔，廣西梧州、象州皆大旱。二十年，通州旱。汾州介休縣自四月至秋不雨。廣西賓州大旱，自閏五月不雨至于八月。二十二年，河南洛陽、孟津、偃師三縣大旱，人相食。二十三年，山東濟南、廣西賀州皆大旱。

至元五年八月，京師童謠云：「白雁望南飛，馬札望北跳。」至正五年，淮、楚間童謠云：「富漢莫起樓，窮漢莫起屋，但看羊兒年，便是吳家國。」十年，河南、北童謠云：「石人一隻眼，挑動黃河天下反。」十五年，京師童謠云：「一陣黃風一陣沙，千里萬里無人家，回頭雪消不堪看，三眼和尙弄瞎馬。」此皆詩妖也。至元三年，郡邑皆相傳朝廷欲括童男女，於是市井鄉里競相嫁娶，倉卒成言，貧富長幼多不得其宜者，此民訛也。

至正十年，彰德境內狼狽爲害，夜如人形，入人家哭，就人懷抱中取小兒食之。二十三年正月，福州連江縣有虎入于縣治。二十四年七月，福州白晝獲虎于城西。

至元二年七月，黃州蝗。三年六月，懷慶、溫州、汴梁陽武縣蝗。五年七月，膠州卽墨縣蝗。至正四年，歸德府永城縣及亳州蝗。十七年，東昌茌平縣蝗。十八年夏，薊州、遼州、濰州昌邑縣、膠州高密縣蝗。秋，大都、廣平、順德及濰州之北海、莒州之蒙陰、汴梁之陳留、歸德之永城皆蝗。順德九縣民食蝗，廣平人相食。十九年，大都霸州、通州，眞定，彰德，懷慶，東昌，衞輝，河間之臨邑，東平之須城、東阿、陽穀三縣，山東益都、臨淄二縣，濰州、膠州、博興州，大同、冀寧二郡，文水、楡次、壽陽、徐溝四縣，沂、汾二州，〔八〕及孝義、平遙、介休三縣，晉寧潞州及壺關、潞城、襄垣三縣，霍州趙城、靈石二縣，隰之永和，沁之武鄉，遼之楡社，奉元，及汴梁之祥符、原武、鄢陵、扶溝、杞、尉氏、洧川七縣，鄭之滎陽、汜水，許之長葛、郾城、襄城、臨潁，鈞之新鄭、密縣，皆蝗，食禾稼草木俱盡，所至蔽日，礙人馬不能行，塡坑塹皆盈。饑民捕蝗以爲食，或曝乾而積之。又罄，則人相食。七月，淮安淸河縣飛蝗蔽天，自西北來，凡經七日，禾稼俱盡。二十年，益都臨朐、壽光二縣，鳳翔岐山縣蝗。二十一年六月，河南鞏縣蝗，食稼俱盡。七月，衞輝及汴梁滎澤縣、鄭州蝗。二十二年秋，衞輝及汴梁開封、扶溝、洧川三縣，許州及鈞之新鄭、密二縣蝗。二十五年，鳳翔岐山縣蝗。

元統二年六月，彰德雨白毛，俗呼云「老君髯」。民謠曰：「天雨氂，事不齊。」至元三年三月，彰德雨毛，如線而綠，俗呼云「菩薩線」。民謠云：「天雨線，民起怨，中原地，事必變。」六年七月，延安路鄜州雨白毛，如馬鬃，所屬邑亦如之。至正十三年四月，冀寧楡次縣雨白毛，如馬鬃。七月，泉州路雨白絲。十八年五月，益都雨白氂。十九年三月，興化路連日雨氂。二十五年五月甲子，京師雨氂，長尺許，如馬鬃。二十七年五月，益都雨白氂。

至元四年八月丁丑，京師白虹亘天。至正二十二年，京師有白氣如小索，起危宿，長五百丈，掃太微。二十四年六月癸卯，冀寧路保德州三星晝見，有白氣橫突其中。二十六年三月丁亥，白虹五道亘天，其第三道貫日。又氣橫貫東南，良久乃滅。二十七年五月，大名路有白氣二道。二十八年閏七月乙丑，冀寧文水縣有白虹貫日，自東北直遶西南，雲影中似日非日，如鏡者三，色靑白，踰時方沒。

稼穡不成

元統元年夏，兩淮大饑。二年春，淮西饑。七月，池州饑。十一月，濟南、萊蕪縣饑。至元元年春，益都路沂水、日照、蒙陰、莒四縣及龍興路饑。夏，京師饑。是歲，沅州、道州、寶慶及邵武、建寧饑。二年，順州及淮西安豐，浙西松江，浙東台州，江西江、撫、袁、瑞，湖北沅州盧陽縣饑。三年，大都及濟南、蘄州、杭州、平江、紹興、溧陽、瑞州、臨江饑。五年，上都開平縣、桓州，興和寶昌州，濮州之鄄城，冀寧之交城，益都之膠、密、莒、濰四州，遼東瀋陽路，湖南衡州，江西袁州，八番順元等處皆饑。六年，順德之邢臺，濟南之歷城，大名之元城，德州之淸平，泰安之奉符、長淸，淮安之山陽等縣，歸德邳州，益都、般陽、處州、婺州四郡皆饑。至正元年春，京畿州縣、眞定、河間、濟南及湖南饑。夏，彰德及溫州饑。二年，保德州大饑。三年，衞輝、冀寧、忻州大饑，人相食。四年，霸州大饑，人相食。東平路東阿、陽穀、汶上、平陰四縣皆大饑。冬，保定、河南饑。五年春，東平路須城、東阿、陽穀三縣及徐州大饑，人相食。夏，濟南、汴梁、河南、邠州、瑞州、溫州、邵武饑。六年五月，陝西饑。七年，彰德、懷慶、東平、東昌、晉寧等處饑。九年春，膠州大饑，人相食。鈞州新鄭、密縣饑。十四年春，浙東台州，江東饒，閩海福州、邵武、汀州，江西龍興、建昌、吉安、臨江，廣西靜江等郡皆大饑，人相食。十七年，河南大饑。十八年春，莒州蒙陰縣大饑，斗米金一斤。冬，京師大饑，人相食，彰德、山東亦如之。十九年正月至五月，京師大饑，銀一錠得米僅八斗，死者無算。通州民劉五殺其子而食之。保定路莩死盈道，軍士掠孱弱以爲食。濟南及益都之高苑，莒之蒙陰，河南之孟津、新安、黽池等縣皆大饑，人相食。二十一年，霸州饑，民多莩死。

至正四年，福州、邵武、延平、汀州四郡，夏秋大疫。五年春夏，濟南大疫。十二年正月，冀寧保德州大疫。夏，龍興大疫。十三年，黄州、饒州大疫。十二月，大同路大疫。十六年春，河南大疫。十七年六月，莒州蒙陰縣大疫。十八年夏，汾州大疫。十九年春夏，鄜州并原縣，莒州沂水、日照二縣及廣東南雄路大疫。二十年夏，紹興山陰、會稽二縣大疫。二十二年，又大疫。

至正元年七月，廣西雷州颶風大作，湧潮水，拔木害稼。二年十月，海州颶風作，海水漲，溺死人民。十三年五月乙丑，〔九〕潯州颶風大作，壞官舍民居，屋瓦門扉皆飄揚七里之外。十四年七月甲子，潞州襄垣縣大風拔木偃禾。二十一年正月癸酉，石州大風拔木，六畜皆鳴，人持槍矛，忽生火焰，抹之卽無，搖之卽有。二十四年，台州路黄巖州海溢，颶風拔木，禾盡偃。二十七年三月庚子，京師有大風，起自西北，飛砂揚礫，昏塵蔽天，逾時，風勢八面俱至，終夜不止，如是者連日。自後，每日寅時風起，萬竅爭鳴，戌時方息，至五月癸未乃止。

至正三年六月，梧州青蟲食稼。十年七月，同州蟲食稼，郡守石亨祖禱于玄妙觀，寒雨三日，蟲盡死。十九年五月，濟南章丘、鄒平二縣蝻，五穀不登。二十二年春，衞輝路螟。六月，萊州膠水縣虸蚄生。七月，掖縣虸蚄生，害稼。二十三年六月，寧海文登縣虸蚄生。

七月，萊州招遠、萊陽二縣及登州、寧海州虸蚄生。

至正九年三月，陳州楊家莊上牛生黄犢，火光滿室，麻頂綠角，間生綠毛，不食乳，二日而死。十年秋，襄陽車城民家牛生犢，五足，前三後二。十六年春，汴梁祥符縣牛生犢，雙首，不及二日死。二十八年五月，東昌聊城縣錢鎮撫家牛生黄犢，六足，前二後四。

至元五年二月，信州雨土。至正三年三月至四月，忻州風霾晝晦。二十六年四月乙丑，奉元路黄霧四塞。

元統元年八月，鞏昌、徽州山崩。九月庚申，秦州山崩。十月丙寅，鳳州山崩。十一月丙申，鞏昌成紀縣地裂山崩。癸卯，安慶灊山縣地震。辛亥，秦州地裂山崩。十二月，饒州德興縣，餘干、樂平二州地震。二年五月，信州地震。八月辛未，京師地震。雞鳴山崩，陷為池，方百里，人死者衆。至元元年十一月壬寅，興國路地震。十二月丙子，安慶路地震，所屬宿松、太湖、灊山三縣同時俱震。廬州、蘄州、黄州亦如之。是月，饒州亦地震。二年正月乙丑，宿松地震。五月壬申，秦州山崩。三年八月辛巳夜，京師地震。壬午，又大震，損太廟神主，西湖寺神御殿壁(作)〔仆〕，〔一〇〕祭器皆壞。順州、龍慶州及懷來縣皆以辛巳夜地震，壞官民房舍，傷人及畜牧。宣德府亦如之，遂改為順寧云。四年春，保安州及瑞州路新昌州地震。六月，信州路靈山裂。七月己酉，保安州地大震。丙辰，鞏昌府山崩。八月丙子，京師

地震，日凡二三，至乙酉乃止。密州安丘縣地震。六年六月己亥，秦州成紀縣山崩地裂。至正元年二月，汴梁路地震。二年四月辛丑，冀寧路平晉縣地震，聲如雷鳴，裂地尺餘，民居皆傾仆。七月，惠州雨水，羅浮山崩，凡二十七處，壞民居，塞田澗。十二月己酉，京師地震。三年二月，鈞州新鄭、密縣地震。六月乙巳，秦州(奉)〔秦〕安縣南坡崩裂，〔一一〕壓死人畜。七月戊辰，鞏昌山崩，人畜死者衆。十二月，膠州及屬邑高密地震。四年八月，莒州蒙陰縣地震。十二月，東平路東阿、陽穀、平陰三縣及漢陽地震。五年春，薊州地震，所領四縣及東平汶上縣亦如之。十二月乙丑，鎮江地震。六年二月，益都路益都、昌樂、壽光三縣，濰州北海縣，膠州卽墨縣地震。三月，高苑縣地震，壞民居。六月，廣州增城縣羅浮山崩，水湧溢，溺死百餘人。九月戊午，邵武地震，〔一二〕翌日，地中有聲如鼓，夜復如之。七年二月，益都臨淄，臨朐，濰州之昌邑，膠州之高密，濟南之棣州地震。三月，東平路東阿、陽穀、平陰三縣地震，河水動搖。五月，臨淄地又震，七日乃止。河東地坼泉湧，崩城陷屋，傷人民。十一月，鎮江丹陽縣地震。九年六月，台州地震。七月庚寅，泉州大風雨。永春縣南象山崩，壓死者甚衆。十年，冀寧徐溝縣地震。五月甲子，龍興寧州大雨，山崩數十處。丙寅，瑞州上高縣蒙山崩。十月乙酉，泉州安溪縣侯山鳴。十一年四月，冀寧路汾、忻二州，文水、平晉、榆次、壽陽四縣，晉寧遼州之榆社，懷慶河內、修武二縣及孟州皆地震，聲如雷

霆，圮房屋，壓死者甚衆。八月丁丑，中興路公安、松滋、枝江三縣，峽、荊門二州地震。十二年二月丙戌，霍州靈石縣地震。閏三月丁丑，陝西地震，莊浪、定西、靜寧、會州尤甚，移山湮谷，陷沒廬舍，有不見其跡者。會州公廨牆圮，得弩五百餘張，長丈餘，短者九尺，人莫能開挽。十月丙午，霍州趙城縣霍山崩，湧石數里，前三日，山鳴如雷，禽獸驚散。十三年三月，莊浪、定西、靜寧、會州地震。七月，汾州白彪山坼。十四年四月，汾州介休縣地震，泉湧。七月，孝義縣地震。十一月，寧國路地震，所領寧國、旌德二縣亦如之。淮安路海州地震。十二月己酉，紹興地震。十五年四月，寧國敬亭、麻姑、華陽諸山崩。六月丁丑，冀寧保德州地震。十六年春，薊州地震，凡十日，所領四縣亦如之。六月，雷州地大震。十七年十月，靜江路東門地陷，城東石山崩。十二月丁酉，慶元路象山縣鵝鼻山崩，有聲如雷。十八年二月乙亥，冀寧臨州地震。五月，益都地震。十九年正月甲午，慶元地震。二十年二月，延平順昌縣地震。二十二年三月，南雄路地震。二十三年十二月丁巳，台州地震。二十五年十月壬申，〔一三〕興化路地震，有聲如雷。二十六年三月，海州地震如雷，贛榆縣吳山崩。六月，汾州介休縣地震。紹興山陰縣臥龍山裂。七月辛亥，冀寧路徐溝縣，石、忻、臨三州，汾之孝義、平遙二縣同日地震，有壓死者。丙辰，泉州同安縣大雷雨，〔一四〕三秀山崩。是月，河南府鞏縣大霖雨，地震山崩。十一月辛丑，華州蒲城縣洛岸崩，壅水，絕流三日。十

二月庚午，華州之蒲城縣洛水和順崖崩，其崖戴石，有巖穴可居，是日壓死辟亂者七十餘人。二十七年五月，山東地震。六月，沂州山石崩裂，有聲如雷。七月丙戌，靜江靈川縣大藏山石崖崩。十月丙辰，福州雷雨，地震。十二月庚午，又震，有聲如雷。二十八年六月，冀寧文水、徐溝二縣，汾州孝義、介休二縣，臨州、保德州，隰之石樓縣及陝西皆地震。十月辛巳，陝西地又震。

至元四年五月，彰德臨彰縣麥秀兩岐，有三穗者。至正元年，延平順昌縣嘉禾生，一莖五穗。冀寧太原縣有嘉禾，異畝同穎。三年八月，晉寧臨汾縣嘉禾生，有五穗至八穗者。十年，彰德路穀麥雙穗。十六年，大同路秦城鄉嘉禾生，一莖二穗五穗，有九穗者，有異莖而同穗者。二十六年五月，洛陽縣康家莊有瑞麥，一莖四穗雙穗三穗者甚衆。

校勘記

〔一〕(元統)二年正月　上文已有「元統元年」，此「元統」二字重出，從道光本删。

〔二〕五年(五)〔六〕月庚戌汀州路長汀縣大水　據本書卷四〇順帝紀至元五年六月庚戌條改。按是年五月己未朔，無庚戌日；六月戊子朔，庚戌爲二十三日。

〔三〕霍州靈(巖)〔石〕縣雨水暴漲　據本書卷五八地理志改。按霍州領縣有靈石，無「靈巖」。本證

已校。

〔四〕濟寧路肥(水)〔城〕縣西黃水氾溢　從道光本改。按濟寧路領肥城縣，無「肥水縣」。

〔五〕(至元)四年四月癸巳　上文已有「至元元年」，此「至元」二字重出，從道光本删。

〔六〕三(月)〔年〕秋　按「三月」不能稱「秋」，此條在二年後、四年前，「月」爲「年」之誤，今從道光本改。

〔七〕般陽(滋)〔淄〕川縣　從道光本改。按般陽府領淄川縣，無「滋川縣」。

〔八〕沂汾二州　按本書卷五八地理志，冀寧路領忻州，益都路領沂州。倘作沂州，當列於益都路濰州、膠州下；此列冀寧路下，疑史文有誤。道光本作「忻、汾二州」。

〔九〕十三年五月乙丑　按是月丁卯朔，無乙丑日。此「乙丑」疑爲已丑二十三日之誤。

〔一〇〕西湖寺神御殿壁(作)〔仆〕　據本書卷三九順帝紀至元三年八月壬午條改。按北監本改「作」爲「傾」。

〔一一〕秦州(奉)〔秦〕安縣　據本書卷六〇地理志改。按秦州領縣有秦安，無「奉安」。本證已校。

〔一二〕九月戊午邵武地震　按是月丙子朔，無戊午日。續通鑑作九月戊子十三日。

〔一三〕二十五年十月壬申　按十月乙酉朔，無壬申日。閏十月乙卯朔，有壬申十八日。疑此處「十月」上脫「閏」字。

〔一四〕七月辛亥至丙辰泉州同安縣大雷雨　按七月辛巳朔，無辛亥日，亦無丙辰日。「七月」疑當作「八月」。八月庚戌朔，辛亥爲初二日，丙辰爲初七日。

元史卷五十二

志第四

曆一

夫明時治曆，自黃帝、堯、舜與三代之盛王，莫不重之，其文備見於傳記矣。雖去古既遠，其法不詳，然原其要，不過隨時考驗，以合於天而已。漢劉歆作三統曆，始立積年日法，以爲推步之準。後世因之，歷唐而宋，其更元改法者，凡數十家，豈故相爲乖異哉？蓋天有不齊之運，而曆爲一定之法，所以既久而不能不差，既差則不可不改也。

元初承用金大明曆，庚辰歲，太(宗)〔祖〕西征，[一]五月望，月蝕不效；二月、五月朔，微月見於西南。中書令耶律楚材以大明曆後天，乃損節氣之分，減周天之秒，去交終之率，治月轉之餘，課兩曜之後先，調五行之出沒，以正大明曆之失。且以中元庚午歲，國兵南伐，而天下略定，推上元庚(子)〔午〕歲天正十一月壬戌朔，[二]子正冬至，日月合璧，五星聯珠，

同會虛宿六度，以應太祖受命之符。又以西域、中原地里殊遠，創爲里差以增損之，雖東西萬里，不復差忒。遂題其名曰西征庚午元曆，表上之，然不果頒用。

至元四年，西域札馬魯丁撰進萬年曆，世祖稍頒行之。十三年，平宋，遂詔前中書左丞許衡、太子贊善王恂、都水少監郭守敬改治新曆。衡等以爲金雖改曆，止以宋紀元曆微加增益，實未嘗測驗於天，乃與南北日官陳鼎臣、鄧元麟、毛鵬翼、劉巨淵、王素、岳鉉、高敬等參考累代曆法，復測候日月星辰消息運行之變，參別同異，酌取中數，以爲曆本。十七年冬至，曆成，詔賜名曰授時曆。十八年，頒行天下。二十年，詔太子諭德李謙爲曆議，發明新曆順天求合之微，考證前代人爲附會之失，誠可以貽之永久，自古及今，其推驗之精，蓋未有出於此者也。今衡、恂、守敬等所撰曆經及謙曆議故存，皆可考據，是用具著于篇。惟萬年曆不復傳，而庚午元曆雖未嘗頒用，其爲書猶在，因附著于後，使來者有考焉。作曆志。

授時曆議上

驗氣

天道運行，如環無端，治曆者必就陰消陽息之際，以爲立法之始。陰陽消息之機，何從而見之？惟候其日晷進退，則其機將無所遁。候之之法，不過植表測景，以究其氣至之始。智作能述，前代諸人爲法略備，苟能精思密索，心與理會，則前人述作之外，未必無所增益。

舊法擇地平衍，設水準繩墨，植表其中，以度其中晷。然表短促，尺寸之下所爲分秒太、半、少之數，未易分別。表長，則分寸稍長，所不便者，景虛而淡，難得實景。前人欲就虛景之中考求眞實，或設望筩，或置小表，或以木爲規，皆取表端日光下徹圭面。今以銅爲表，高三十六尺，端挾以二龍，舉一橫梁，下至圭面，共四十尺，是爲八尺之表五。圭表刻爲尺寸，舊寸一，今申而爲五，釐毫差易分。別創爲景符，以取實景。其制以銅葉，博二寸，長加博之二，中穿一竅，若針芥然，以方閫爲趺，一端設爲機軸，令可開闔，榰其一端，使其勢斜倚，北高南下，往來遷就於虛景之中，竅達日光，僅如米許，隱然見橫梁於其中。舊法以表端測晷，所得者日體上邊之景，今以橫梁取之，實得中景，不容有毫末之差。

地中八尺表景，冬至長一丈三尺有奇，夏至尺有五寸。今京師長表，冬至之景七丈九尺八寸有奇，在八尺表則一丈五尺九寸六分；夏至之景一丈一尺七寸有奇，在八尺表則二尺三寸四分。雖晷景長短所在不同，而其景長爲冬至，景短爲夏至，則一也。惟是氣至時刻考求不易，蓋至日氣正，則一歲氣節從而正矣。劉宋祖沖之嘗取至前後二十三四日間晷

景，折取其中，定爲冬至，且以日差比課，推定時刻。宋皇祐間，周琮則取立冬、立春二日之景，以爲去至既遠，日差頗多，易爲推考。紀元以後諸曆，爲法加詳，大抵不出沖之之法。新曆積日累月，實測中晷，自遠日以及近日，取前後日率相埒者，參考同異，初非偏取一二日之景，以取數多者爲定，實減大明曆一十九刻二十分。仍以累歲實測中晷日差分寸，定擬二至時刻于后。

推至元十四年丁丑歲冬至

其年十一月十四日己亥，景長七丈九尺四寸八分五釐五毫；至二十一日丙午，景長七丈九尺五寸四分一釐；二十二日丁未，景長七丈九尺四寸五分五釐。以己亥、丁未二日之景相校，餘三分五(釐)〔毫〕爲晷差，[三]進二位；以丙午、丁未二日之景相校，餘八分六釐爲法；除之，得三十五刻；用減相距日八百刻，餘七百六十五刻；折取其中，加半日刻，共爲四百三十二刻半；百約爲日，得四日；餘以十二乘之，百約爲時，得三時，滿五十又作一時，共得四時；餘以十二收之，得三刻；命初起距日己亥算外，得癸卯日辰初三刻爲丁丑歲冬至。此取至前後四日景。

十一月初九日甲午，景七丈八尺六寸三分五釐五毫；至二十六日辛亥，景七丈八尺七寸九分三釐五毫；二十七日壬子，景七丈八尺五寸五分。以甲午、壬子景相減，復以辛亥、

壬子景相減，準前法求之，亦得癸卯日辰初三刻。至二十八日癸丑，景七丈八尺三寸四釐五毫，用壬子、癸丑二日之景與甲午景，準前法求之，亦合。此取至前後八九日景。

十一月丙戌朔，景七丈五尺九寸八分六釐五毫；二日丁亥，景七丈六尺三寸七分七釐，至十二月初六日庚申，景七丈五尺八寸五分一釐。準前法求之，亦在辰初三刻。此取至前後一十七日景。

十(二)月二十一日丙子，[四]景七丈九寸七分一釐；至十二月十六日庚午，景七丈七寸六分，十七日辛未，景七丈一寸五分六釐五毫。準前法求之，亦得辰初三刻。此取至前後二十七日景。

六月初五日癸亥，景一丈三尺八分；距十五年五月癸未朔，景一丈三尺三分八釐五毫；初二日甲申，景一丈二尺九寸二分五毫。準前法求之，亦合。此取至前後一百六十日景。

推十五年戊寅歲夏至

五月十九日辛丑，景一丈一尺七寸七分七釐五毫；距二十八日庚戌，景一丈一尺七寸八分，二十九日辛亥，景一丈一尺八寸五釐五毫。用辛丑、庚戌二日之景相減，餘二釐五毫，進二位爲實；復用庚戌、辛亥景相減，餘二分五釐五毫爲法；除之，得九刻，用減相距日九百刻，餘八百九十一刻；半之，加半日刻，百約，得四日；餘以十二乘之，百約，得十一時；

餘以十二收爲刻，得三刻；命初起距日辛丑算外，得乙巳日亥正三刻夏至。此取至前後四日景。

十四年十二月十五日己巳，景七丈一尺三寸四分三釐；距十五年十一月初二日辛巳，景七丈七寸五分九釐五毫；初三日壬午，景七丈一尺四寸六釐。用己巳、壬午景相減，以辛巳、壬午景相減除之，亦合。此用至前後一百五十六日景。

十四年十二月十二日丙寅，景七丈二尺九寸七分二釐五毫；十三日丁卯，景七丈二尺四寸五分四釐五毫；十四日戊辰，景七丈一尺九寸九釐；距十五年十一月初四日癸未，景七丈一尺九寸五分七釐五毫；初五日甲申，景七丈二尺五寸五釐；初六日乙酉，景七丈三尺三分三釐五毫。前後互取，所得時刻皆合。此取至前後一百五十八九日景。

十四年十二月初七日辛酉，景七丈五尺四寸一分七釐；初八日壬戌，景七丈四尺九寸五分九釐五毫；初九日癸亥，景七丈四尺四寸八分六釐；距十五年十一月初九日戊子，景七丈四尺五寸二分五毫；初十日己丑，景七丈五尺三釐五毫；十一日庚寅，景七丈五尺四寸四分九釐五毫。以壬戌、己丑景相減爲實，以辛酉、壬戌景相減爲法，除之；或以壬戌、癸亥景相減，或以戊子、己丑景相減，若己丑、庚寅景相減，推前法求之，皆合。此取至前後一百六十三四日景。

推十五年戊寅歲冬至

其年十一月十九日戊戌，景七丈八尺三寸一分八釐五毫；距閏十一月初九日戊午，景七丈八尺三寸六分三釐五毫；初十日己未，景七丈八尺八分二釐五毫。用戊戌、戊午二日景相減，餘四分五釐爲晷差，進二位，以戊午、己未景相減，餘二寸八分一釐爲法，除之，得一十六刻，加相距日二千刻，半之，加半日刻，百約，得十日；餘以十二乘之，百約爲時，滿五十又進一時，共得七時；餘以十二收爲刻；命初起距日己亥算外，得戊申日未初三刻爲戊寅歲冬至。此取至前後十日景。

十一月十二日辛卯，景七丈五尺八寸八分一釐五毫；十三日壬辰，景七丈六尺三寸一釐五毫；閏十一月十五日甲子，景七丈六尺三寸六分六釐五毫；十六日乙丑，景七丈五尺九寸五分三釐；十七日丙寅，景七丈五尺五寸四釐五毫。用壬辰、甲子景相減爲實，以辛卯、壬辰景相減爲法，除之，亦得戊申日未初三刻。或用甲子、乙丑景相減，推之，亦合。若用辛卯、乙丑景相減爲實，用乙丑、丙寅景相減，除之，並同。此取至前後十六七日景。

十一月初八日丁亥，景七丈四尺三分七釐五毫；閏十一月二十日己巳，景七丈四尺一寸二分；二十一日庚午，景七丈三尺六寸一分四釐五毫。用丁亥、己巳景相減爲實，以己巳、庚午景相減，除之，亦同。此取至前後二十一日景。

六月二十六日戊寅，景一丈四尺四寸五分二釐五毫；二十七日己卯，景一丈四尺六寸三分八釐；至十六年四月二日戊寅，景一丈四尺四寸八分一釐。以二戊寅景相減，用後戊寅、己卯景相減，推之，亦同。此取至前後一百五十日景。

五月二十八日庚戌，景一丈一尺七寸八分；至十六年四月二十九日乙巳，景一丈一尺八寸六分三釐；三十日丙午，景一丈一尺七寸八分三釐。用庚戌、丙午景相減，以乙巳、丙午景相減，推之，亦同。此取至前後百七十八日景。

推十六年己卯歲夏至

四月十九日乙未，景一丈二尺三寸六分九釐五毫；二十日丙申，景一丈二尺二寸九分三釐五毫；至五月十九日乙丑，景一丈二尺二寸六分四釐。以丙申、乙丑景相減，餘二分九釐五毫爲晷差，進二位；以乙未、丙申景相減，得七分六釐爲法；除之，得三十八刻；加相距日二千九百刻，半之，加半日刻，百約，得十五日；餘以十二乘之，百約，得二時；餘以十二收之，得二刻；命初起距日丙申算外，得辛亥日寅正二刻爲夏至。此取至前後十五日景。

三月二十一日戊辰，景一丈六尺三寸九分五毫；六月十六日壬辰，景一丈六尺九分九釐五毫；十七日癸巳，景一丈六尺三寸一分一釐。用戊辰、癸巳景相減，以壬辰、癸巳景相減，準前法推之，亦合。此取至前後四十二日景。

三月初二日己酉，景二丈一尺三寸五釐；至七月初七日壬子，景二丈一尺一寸九分五釐五毫；初八日癸丑，景二丈一尺四寸八分六釐五毫。用己酉、壬子景相減，以壬子、癸丑景相減，如前法推之，亦合。此取至前後六十一二日景。

三月戊申朔，景二丈一尺六寸一分一釐；至七月初八日癸丑，景二丈一尺四寸八分六釐五毫；初九日甲寅，景二丈一尺九寸一分五釐五毫。用戊申、癸丑景相減，以癸丑、甲寅景相減，準前法推之，亦同。此取至前後六十二三日景。

二月十八日乙未，景二丈六尺三分四釐五毫；至七月二十一日丙寅，景二丈五尺八寸九分九釐；二十二日丁卯，景二丈六尺二寸五分九釐。用乙未、丙寅景相減，以丙寅、丁卯景相減，如前法推之，亦同。此取至前後七十五六日景。

二月三日庚辰，景三丈二尺一寸九分五釐五毫；至八月初五日庚辰，景三丈一尺五寸九分六釐五毫；初六日辛巳，景三丈二尺二分六釐五毫。用前庚辰與辛巳景相減，以後庚辰、辛巳景相減，如前推之，亦同。此取至前後九十日景。

正月十九日丁卯，景三丈八尺五寸一釐五毫；至八月十八日癸巳，景三丈七尺八寸二分三釐；十九日甲午，景三丈八尺三寸一分五毫。用丁卯、甲午景相減，以癸巳、甲午景相校，如前推之，亦同。此取至前後一百三四日景。

推十六年己卯歲冬至

十月二十四日戊戌，景七丈六尺七寸四分；至十一月二十五日己巳，景七丈六尺五寸八分；二十六日庚午，景七丈六尺一寸四分二釐五毫。用戊戌、己巳景相減，餘一寸六分爲晷差，進二位；以己巳、庚午景相減，餘四寸三分七釐五毫爲法；除之，得三十六刻；以相減距日三千一百刻，餘三千六十四刻；半之，加五十刻，百約，得一十五日；餘以十二乘之，百約爲時，滿五十，又進一時，共得十時；餘以十二收之爲刻，得二刻；命初起距日戊戌算外，得癸丑日戌初二刻冬至。此取至前後十五六日景。

十月十八日壬辰，景七丈四尺五分二釐五毫；十九日癸巳，景七丈四尺五寸四分五釐；二十日甲午，景七丈五尺二分五釐；至十一月二十八日壬申，景七丈五尺三寸二分；二十九日癸酉，景七丈四尺八寸五分二釐五毫；十二月甲戌朔，景七丈四尺三寸六分五釐；初二日乙亥，景七丈三尺八寸七分一釐五毫。用甲午、癸酉景相減，癸巳、甲午景相減，如前推之，亦同。若以壬申、癸酉景相減爲法，推之亦同。此取至前後十八九日景。

若用癸巳與甲戌景相減，以壬辰、癸巳景相減，推之，或癸巳、甲午景相減，推之，或用甲戌、癸酉景相減，推之，或甲戌、乙亥景相減，推之，或以壬辰、乙亥景相減，用壬辰、癸巳景相減，推之並同。此取至前後二十日景。

十月十六日庚寅，景七丈三尺一分五釐；十二月初三日丙子，景七丈三尺三寸二分；初四日丁丑，景七丈二尺八寸四分二釐五毫。用庚寅、丁丑景相減，以丙子、丁丑景相減，推之亦同。此取至前後二十三日景。

十月十四日戊子，景七丈一尺九寸二分二釐五毫；十五日己丑，景七丈二尺四寸六分九釐；十二月初五日戊寅，景七丈二尺二寸七分二釐五毫。用己丑、戊寅景相減，以戊子、己丑景相減，推之，或用己丑、庚寅相減，推之亦同。此取至前後二十四日景。

十月初七日辛巳，景六丈七尺七寸四分五釐；初八日壬午，景六丈八尺三寸七分二釐五毫；初九日癸未，景六丈八尺九寸七分七釐五毫；十二月十二日乙(丑)〔酉〕，〔三〕景六丈八尺一寸四分五釐。用壬午、乙(丑)〔酉〕景相減，以辛巳、壬午相減，推之，壬午、癸未景相減，推之亦同。此取至前後三十一二日景。

十月乙亥朔，景六丈三尺八寸七分；十二月十八日辛卯，景六丈四尺二寸九分七釐五毫；十九日壬辰，景六丈三尺六寸二分五釐。用乙亥、壬辰景相減，以辛卯、壬辰景相減，推之亦同。此取至前後三十八日景。

九月二十二日丙寅，景五丈七尺八寸二分五釐；十二月二十八日辛丑，景五丈七尺五寸八分；二十九日壬寅，景五丈六尺九寸一分五釐。用丙寅、辛丑景相減，以辛丑、壬寅景相減，推之亦同。此取至前後四十七八日景。

九月二十日甲子，景五丈六尺四寸九分二釐五毫；至十二月二十九日壬寅，景五丈六尺九寸一分五釐；至十七年正月癸卯朔，景五丈六尺二寸五分。用甲子、癸卯相減，壬寅、癸卯景相減，推之亦同。此取至前後五十日景。

右以累年推測到冬夏二至時刻爲準，定擬至元十八年辛巳歲前冬至，當在己未日夜半後六刻，卽丑初一刻。

歲餘歲差

周天之度，周歲之日，皆三百六十有五。全策之外，又有奇分，大率皆四分之一。自今歲冬至距來歲冬至，歷三百六十五日，而日行一周，凡四周，歷千四百六十，則餘一日，析而四之，則四分之一也。然天之分常有餘，歲之分常不足，其數有不能齊者，惟其所差至微，前人初未覺知。迨漢末劉洪，始覺冬至後天，謂歲周餘分太强，乃作乾象曆，減歲餘分二千五百爲二千四百六十二。至晉虞喜，宋何承天、祖冲之，謂歲當有差，因立歲差之法。其法損歲餘，益天周，使歲餘浸弱，天周浸强，强弱相減，因得日躔歲退之差。歲餘、天周，二者實相爲用，歲差由斯而立，日躔由斯而得，一或損益失當，詎能與天叶哉？

今自劉宋大明壬寅以來，凡測景驗氣得冬至時刻眞數者有六，取相距積日時刻，以相距之年除之，各得其時所用歲餘。復自大明壬寅距至元戊寅積日時刻，以相距之年除之，得每歲三百六十五日二十四分二十五秒，比大明曆減去一十一秒，定爲方今所用歲餘。餘七十五秒，用益所謂四分之一，共爲三百六十五度二十五分七十五秒，定爲天周。餘分强弱相減，餘一分五十秒，用除全度，得六十六年有奇，日却一度，以六十六年除全度，適得一分五十秒，定爲歲差。

復以堯典中星考之，其時冬至日在女、虛之交。及考之前史，漢元和二年，冬至日在斗二十一度；晉太元九年，退在斗十七度；宋元嘉十年，在斗十四度末；梁大同十年，在斗十二度；隋開皇十八年，猶在斗十二度；唐開元十二年，在斗九度半；今退在箕十度。取其距今之年、距今之度較之，多者七十餘年，少者不下五十年，輒差一度。宋慶元間，改統天曆，取大衍歲差率八十二年及開元所距之差五十五年，折取其中，得六十七年，爲日却行一度之差。施之今日，質諸天道，實爲密近。

然古今曆法，合於今必不能通於古，密於古必不能驗於今。今授時曆，以之考古，則增歲餘而損歲差；以之推來，則增歲差而損歲餘；上推春秋以來冬至，往往皆合；下求方來，可以永久而無弊；非止密於今日而已。仍以大衍等六曆，考驗春秋以來冬至疏密，凡四十九

事，具列如後。

冬至刻

	大衍	宣明	紀元	統天	大明	授時
獻公十五年戊寅歲，正月甲寅朔旦冬至。	丙辰二十二	乙卯八十八	丁巳三十三	乙卯二	丁巳三十五	甲寅九十九
僖公五年丙寅歲，正月辛亥朔旦冬至。	辛亥九十四	辛亥六十六	壬子七十四	辛亥二十七	壬子八十九	辛亥十四
昭公二十年己卯歲，正月己丑朔旦冬至。	己丑四十五	己丑二十	庚寅二十五	戊子九十二	庚寅二十九	戊子八十三
宋元嘉十二年乙亥歲，十一月十五日戊辰景長。	戊辰三十五	戊辰三十二	戊辰三十九	戊辰五十一	戊辰四十一	戊辰四十七
元嘉十三年丙子歲，十一月二十六日甲戌景長。	癸酉五十九	癸酉五十七	癸酉六十三	癸酉七十五	癸酉六十五	癸酉七十一
元嘉十五年戊寅歲，十一月十八日甲申景長。	甲申八	甲申六	甲申十二	甲申二十四	甲申十四	甲申十九
元嘉十六年己卯歲，十月二十九日己丑景長。	己丑三十三	己丑三十	己丑三十七	己丑四十八	己丑三十七	己丑四十四
元嘉十七年庚辰歲，十一月初十日甲午景長。	甲午五十七	甲午五十五	甲午六十一	甲午七十二	甲午六十三	甲午六十八
元嘉十八年辛巳歲，十一月二十一日己亥景長。	己亥八十二	己亥七十九	己亥八十五	己亥九十七	己亥八十七	己亥九十三
元嘉十九年壬午歲，十一月初三日乙巳景長。	乙巳六	乙巳四	乙巳十	乙巳二十一	乙巳一十一	乙巳一十七
大明五年辛丑歲，十一月乙酉冬至。	甲申七十	甲申六十八	甲申七十三	甲申八十九	甲申七十四	甲申七十九
陳天嘉六年乙酉歲，十一月庚寅景長。	庚寅十二	庚寅十三	庚寅五	庚寅二十四	庚寅八	庚寅十七
光大二年戊子歲，十一月乙巳景長。	乙巳八十	乙巳八十六	乙巳七十九	乙巳九十七	乙巳八十一	乙巳九十

	大衍	宣明	紀元	統天	大明	授時
太建四年壬辰歲，十一月二十九日丁卯景長。	丙寅八十三	丙寅七十八	丙寅七十七	丙寅九十五	丙寅九十八	丙寅八十七
太建六年甲午歲，十一月二十日丁丑景長。	丁丑三十二	丁丑三十三	丁丑二十五	丁丑四十三	丁丑二十七	丁丑三十六
太建九年丁酉歲，十一月二十三日壬辰景長。	癸巳四	癸巳六	壬辰九十九	癸巳十六	癸巳空	癸巳八
太建十年戊戌歲，十一月五日戊戌景長。	戊戌三十	戊戌三十	戊戌二十三	戊戌四十	戊戌二十四	戊戌三十三
〔隋〕開皇四年甲辰歲，〔六〕十一月十一日己巳景長。	己巳七十七	己巳七十八	己巳六十九	己巳八十六	己巳七十一	己巳八十六
開皇五年乙巳歲，十一月二十二日乙亥景長。	乙亥一	乙亥二	甲戌九十二	乙亥十一	甲戌五十五	乙亥一十
開皇六年丙午歲，十一月三日庚辰景長。	庚辰二十五	庚辰二十六	庚辰十八	庚辰三十四	庚辰十九	庚辰三十四
開皇七年丁未歲，十一月十四日乙酉景長。						

乙酉五十　乙酉五十一　乙酉四十二　乙酉五十九　乙酉四十四　乙酉五十九

開皇十一年辛亥歲，十一月二十八日丙午景長。

丙午四十八　丙午四十九　丙午四十三　丙午五十七　丙午四十一　丙午五十六

開皇十四年甲寅歲，十一月辛酉朔旦冬至。

壬戌二十一　壬戌二十二　壬戌十三　壬戌三十　壬戌十四　壬戌二十九

唐貞觀十八年甲辰歲，十一月乙酉景長。

甲申四十三　甲申四十五　甲申三十一　甲申五十　甲申三十二　甲申四十四

貞觀二十三年己酉歲，十一月辛亥景長。

庚戌六十五　庚戌六十八　庚戌五十三　庚戌七十二　庚戌五十四　庚戌六十六

龍朔二年壬戌歲，十一月四日己未至戊午景長。

戊午八十三　戊午八十六　戊午六十九　戊午八十八　戊午七十一　戊午八十二

儀鳳元年丙子歲，十一月壬申景長。

壬申二十五　壬申二十八　壬申十　壬申二十八　壬申十二　壬申二十二

永淳元年壬午歲，十一月癸卯景長。

癸卯七十二　癸卯七十五　癸卯五十七　癸卯七十六　癸卯五十八　癸卯六十八

開元十年壬戌歲，十一月癸酉景長。

癸酉四十九　癸酉五十四　癸酉三十一　癸酉五十　癸酉三十二　癸酉四十六

開元十一年癸亥歲，十一月戊寅景長。

戊寅七十四　戊寅七十七　戊寅五十五　戊寅七十四　戊寅五十六　戊寅七十

開元十二年甲子歲，十一月癸未冬至。

癸未九十八　甲申三　癸未八十　癸未九十九　癸未八十一　癸未九十五

宋景德四年丁未歲，十一月戊辰日南至。

戊辰十五　戊辰二十六　丁卯七十四　丁卯八十二　丁卯七十四　丁卯八十

皇祐二年庚寅歲，十一月三十日癸丑景長。

癸丑六十五　癸丑七十九　癸丑二十二　癸丑二十五　癸丑二十二　癸丑二十三

元豐六年癸亥歲，十一月丙午景長。

丙午七十三　丙午八十五　丙午二十六　丙午二十七　丙午二十六　丙午二十六

元豐七年甲子歲，十一月辛亥景長。

辛亥九十七　壬子一十　辛亥五十　辛亥五十一　辛亥五十　辛亥五十一

元祐三年戊辰歲，十一月壬申景長。

壬申九十四　癸酉八　壬申四十八　壬申四十八　壬申四十八　壬申四十八

元祐四年己巳歲，十一月丁丑景長。

戊寅十九　戊寅三十二　丁丑七十二　丁丑七十二　丁丑七十二　丁丑七十二

元祐五年庚午歲，十一月壬午冬至。

癸未四十四　癸未五十六　壬午九十六　壬午九十七　壬午九十六　壬午九十六

元祐七年壬申歲，十一月癸巳冬至。

癸巳九十二　甲午五　癸巳四十五　癸巳四十五　癸巳四十五　癸巳四十五

元符元年戊寅歲，十一月甲子冬至。

乙丑三十九　乙丑五十二　甲子九十一　甲子九十一　甲子九十一　甲子九十一

崇寧三年甲申歲，十一月丙申冬至。

丙申八十六　丙申九十九　丙申三十七　丙申三十六　丙申三十七　丙申三十七

紹熙二年辛亥歲，十一月壬申冬至。

癸酉十二　癸酉二十七　壬申五十七　壬申四十七　壬申五十七　壬申四十六

慶元三年丁巳歲，十一月癸卯日南至。

甲辰五十九　甲辰七十四　甲辰三　癸卯九十二　甲辰三　癸卯九十二

嘉泰三年癸亥歲，十一月甲戌日南至。

丙子五　丙子二十一　乙亥四十九　乙亥三十七　乙亥四十九　乙亥三十七

嘉定五年壬申歲，十一月壬戌日南至。

癸亥二十五　癸亥四十一　壬戌六十九　壬戌五十六　壬戌六十八　壬戌五十六

紹定三年庚寅歲，十一月丙申日南至。

丁酉六十五　丁酉八十三　丁酉七　丙申六十三　丁酉七　丙申九十二

淳祐十年庚戌歲，十一月辛巳日南至。

壬午九十四　壬午七十一　辛巳九十六　辛巳七十七　辛巳九十四　辛巳七十八

本朝至元十七年庚辰歲，十一月己未夜半後六刻冬至。

己未八十七　庚申五　己未二十五　己未四　己未二十四　己未六

右自春秋獻公以來，凡二千一百六十餘年，用大衍、宣明、紀元、統天、大明、授時六曆推算冬至，凡四十九事。〔七〕大衍曆合者三十二，不合者十七；宣明曆合者二十六，不合者二十三；紀元曆合者三十五，不合者十四；統天曆合者三十八，不合者十一；大明曆合者三十四，不合者十五；授時曆合者三十九，不合者十事。

今按獻公十五年戊寅歲正月甲寅朔旦冬至，授時曆得甲寅，統天曆得乙卯，後天一日；

至僖公五年〔丙寅歲〕正月辛亥朔旦冬至，〔八〕授時、統天皆得辛亥，與天合；下至昭公二十年己卯歲正月己丑朔旦冬至，授時、統天皆得戊子，並先一日，若曲變其法以從之，則獻公、僖公皆不合矣。以此知春秋所書昭公冬至，乃日度失行之驗。一也。大衍曆考古冬至，謂劉宋元嘉十三年丙子歲十一月甲戌日南至，大衍與皇極、麟德三曆皆得癸酉，各先一日，乃日度失行，非三曆之差。今以授時曆考之，亦得癸酉。二也。大明五年辛丑歲十一月乙酉冬至，諸曆皆得甲申，殆亦日度之差。三也。陳太建四年壬辰歲十一月丁卯景長，大衍、授時皆得丙寅，是先一日；太建九年丁酉歲十一月壬辰景長，大衍、授時皆得癸巳，是後一日；一失之先，一失之後，若合於壬辰，則差於丁酉，合於丁酉，則差於壬辰，亦日度失行之驗。五也。開皇十一年辛亥歲十一月丙午景長，大衍、統天、授時皆得丙午，與天合；至開皇十四年甲寅歲十一月辛酉冬至，而大衍、統天、授時皆得壬戌，若合於辛亥，則失於甲寅，合於甲寅，則失於辛亥，其開皇十四年甲寅歲冬至，亦日度失行。六也。唐貞觀十八年甲辰歲十一月乙酉景長，諸曆得甲申，貞觀二十三年己酉歲十一月辛亥景長，諸曆皆得庚戌，大衍曆議以永淳、開元冬至推之，知前二冬至乃史官依時曆以書，必非候景所得，所以不合，今以授時曆考之亦然。八也。自前宋以來，測景驗氣者凡十七事，其景德丁未歲戊辰日南至，統天、授時皆得丁卯，是先一日；嘉泰癸亥歲甲戌日南至，統天、授時皆得乙亥，是後一

日；一失之先，一失之後，若曲變其數以從景德，則其餘十六事多後天，從嘉泰，則其餘十六事多先天，亦日度失行之驗。十也。

前十事皆授時曆所不合，以此理推之，非不合矣，蓋類其同則知其中，辨其異則知其變。今於冬至略其日度失行及史官依時曆書之者凡十事，則授時曆三十九事皆中，統天曆與今曆不合者僅有獻公一事，大衍曆推獻公冬至後天二日，大明後天三日，授時曆與天合。下推至元庚辰冬至，大衍後天八十一刻，大明後天一十九刻，統天曆先天一刻，授時曆與天合。以前代諸曆校之，授時爲密，庶幾千歲之日至，可坐而致云。

古今曆參校疏密

授時曆與古曆相校，疏密自見，蓋上能合於數百載之前，則下可行之永久，此前人定說。古稱善治曆者，若宋何承天，隋劉焯，唐傅仁均、僧一行之流，最爲傑出。今以其曆與至元庚辰冬至氣應相校，未有不舛戾者，而以新曆上推往古，無不脗合，則其疏密從可知已。

宋文帝元嘉十九年壬午歲十一月乙巳日十一刻冬至，距本朝至元十七年庚辰歲，計八百三十八年。其年十一月，氣應己未六刻冬至，元嘉曆推之，得辛酉，後授時二日；授時上考元嘉壬午歲冬至，得乙巳，與元嘉合。

隋大業三年丁卯歲十一月庚午日五十二刻冬至，距至元十七年庚辰歲，計六百七十三年。皇極曆推之，得庚申冬至，後授時一日；授時上考大業丁卯歲冬至，得庚午，與皇極合。

唐武德元年戊寅歲十一月戊辰日六十四刻冬至，距至元十七年庚辰歲，計六百六十二年。戊寅曆推之，得庚申冬至，後授時一日；授時曆上考武德戊寅歲，得戊辰冬至，與戊寅曆合。

開元十五年丁卯歲十一月己亥日七十二刻冬至，距至元十七年庚辰歲，計五百五十三年。大衍曆推之，得己未冬至，後授時八十一刻；授時曆上考開元丁卯歲，得己亥冬至，與大衍曆合，先四刻。

長慶元年辛丑歲十一月壬子日七十六刻冬至，距至元十七年庚辰歲，計四百五十九年。宣明曆推之，得庚申冬至，後授時一日；授時曆上考長慶辛丑歲，得壬子冬至，與宣明曆合。

宋太平興國五年庚辰歲十一月丙午日六十三刻冬至，距至元十七年庚辰歲，計三百年。乾元曆推之，得庚申冬至，後授時一日，授時曆上考太平興國庚辰歲，得丙午冬至，與乾元合。

咸平三年庚子歲十一月辛卯日五十三刻冬至，距至元十七年庚辰歲，計二百八十年。

儀天曆推之，得庚申冬至，後授時一日，授時上考咸平庚子歲，得辛卯冬至，與儀天合。

崇寧四年乙酉歲十一月辛丑日六十二刻冬至，距至元十七年庚辰歲，計一百七十五年。紀元曆推之，得己未日冬至，後授時十九刻；授時曆上考崇寧乙酉歲，得辛丑日冬至，與紀元曆合，先二刻。

金大定十九年己亥歲十一月己巳日六十四刻冬至，距至元十七年庚辰歲，計一百一年。大明曆推之，得己未冬至，後授時一十九刻；授時曆上考大定己亥歲，己巳冬至，與大明曆合，先九刻。大明冬至蓋測驗未密故也。

慶元四年戊午歲十一月己酉日一十七刻冬至，距至元十七年庚辰歲，計八十二年。統天曆推之，得己未冬至，先授時一刻；授時曆上考慶元戊午歲，得己酉日冬至，與統天曆合。

周天列宿度

列宿著於天，爲舍二十有八，爲度三百六十五有奇。非日躔無以校其度，非列舍無以紀其度，周天之度，因二者以得之。天體渾圓，當二極南北之中，絡以赤道，日月五星之行，常出入於此。天左旋，日月五星遡而右轉，昔人曆象日月星辰，謂此也。然列舍相距度數，歷代所測不同，非微有動移，則前人所測或有未密。古用闚管，今新制渾儀，測用二綫，所

測度數分秒與前代不同者，今列于左。

漢洛下閎所測	唐一行所測	宋皇祐所測	元豐所測	崇寧所測	至元所測
角十二度					十二度一十分
亢九度				九度少	九度二十分
氐十五度		十六度			十六度三十分
房五度			六度	五度太	五度六十分
心五度		六度		六度少	六度五十分
尾十八度		十九度		十九度少	十九度一十分
箕十一度		十度	十一度	十度半	十度四十分
東方七十五度		七十七度	七十九度	（七十八度）〔九〕	七十九度二十分
斗二十六度及分	二十六度	二十五度			二十五度二十分
牛八度		七度		七度少	七度二十分
女十二度		十一度		十一度少	十一度三十五分
虛十度	十度少強		九度少強		八度九十五分
危十七度		十六度		十五度半	十五度四十分
室十六度	十六度	十七度			十七度一十分
壁九度				八度太	八度六十分
北方九十八度及分	九十八度二十五分	九十五度二十五分	九十四度二十五分	九十四度七十五〔一〇〕分	九十三度八十分太
奎十六度				十六度半	十六度六十分
婁十二度					十一度八十分
胃十四度		十五度			十五度六十分
昴十一度				十一度少	十一度三十分
畢十六度	十七度	十八度	十七度	十七度少	十七度四十分
觜二度	一度			半度	五分
參九度	十度			十度半	十一度一十分
西方八十度	八十一度	八十三度	八十二度	八十三度	八十三度八十五分
井三十三度		〔三十四度〕〔一一〕		三十三度少	三十三度三十分
鬼四度	三度	三度		二度半	二度二十分
柳十五度		十四度		十三度太	十三度三十分
星七度				六度太	六度三十分
張十八度			十七度	十七度少	十七度二十五分
翼十八度			十九度	十八度太	十八度七十五分
軫十七度					十七度三十分
南方一百一十二度	一百一十一度	一百一十度	一百一十度	一百九度二十五分	一百八度四十分

日躔

日之麗天，縣象最著，大明一生，列宿俱熄。古人欲測躔度所在，必以昏旦夜半中星衡考其所距，從考其所當，然昏旦夜半時刻未易得眞，時刻一差，則所距、所當，不容無舛。晉姜岌首以月食衝檢，知日度所在，紀元曆復以太白誌其相距遠近，於昏後明前驗定星度，因得日躔。今用至元丁丑四月癸酉望月食既，推求得冬至日躔赤道箕宿十度，黃道九度有奇。仍自其年正月至己卯歲終，三年之間，日測太陰所離宿次及歲星、太白相距度，定驗參考，共得一百三十四事，皆躔箕宿，適與月食所衝允合。以金趙知微所修大明曆法推之，冬至猶躔斗初度三十六分六十四秒，比新測實差七十六分六十四秒。

日行盈縮

日月之行，有冬有夏，言日月行度，冬夏各不同也。人徒知日行一度，一歲一周天，曾不知盈縮損益，四序有不同者。北齊張子信積候合蝕加時，覺日行有入氣差，然損益未得其正。趙道嚴復準晷景長短，定日行進退，更造盈縮以求朒食。至劉焯立躔度，與四序升降，雖損益不同，後代祖述用之。

夫陰陽往來，馴積而變，冬至日行一度強，出赤道二十四度弱，自此日軌漸北，積八十八日九十一分，當春分前三日，交在赤道，實行九十一度三十一分而適平。自後其盈日損，復行九十三日七十一分，當夏至之日，入赤道內二十四度弱，實行九十一度三十一分，日行

一度弱，向之盈分盡損而無餘。自此日軌漸南，積九十三日七十一分，當秋分後三日，交在赤道，實行九十一度三十一分而復平。自後其縮日損，行八十八日九十一分，出赤道外二十四度弱，實行九十一度三十一分，復當冬至，向之縮分盡損而無餘。盈縮均有損益，初爲益，末爲損。自冬至以及春分，春分以及夏至，日躔自北陸轉而西，西而南，於盈爲益，益極而損，損至於無餘而縮。自夏至以及秋分，秋分以及冬至，日躔自南陸轉而東，東而北，於縮爲益，益極而損，損至於無餘而復盈。盈初縮末，俱八十八日九十一分而行一象；縮初盈末，俱九十三日七十一分而行一象；盈縮極差，皆二度四十分。由實測晷景而得，仍以算術推考，與所測允合。

月行遲疾

古曆謂月平行十三度十九分度之七。漢耿壽昌以爲日月行至牽牛、東井，日過度，月行十五度，至婁、角，始平行，赤道使然。賈逵以爲今合朔、弦、望、月食加時，所以不中者，蓋不知月行遲疾意。李梵、蘇統皆以月行當有遲疾，不必在牽牛、東井、婁、角之間，乃由行道有遠近出入所生。劉洪作乾象曆，精思二十餘年，始悟其理，列爲差率，以囿進退損益之數。後之作曆者，咸因之。至唐一行，考九道委蛇曲折之數，得月行疾徐之理。

先儒謂月與五星，皆近日而疾，遠日而遲。曆家立法，以入轉一周之日，爲遲疾二曆，各立初末二限，初爲益，末爲損。在疾初遲末，其行度率過於平行，遲初疾末，率不及於平行。自入轉初日行十四度半強，從是漸殺，歷七日，適及平行度，謂之疾初限，其積度比平行餘五度四十二分。自是其疾日損，又歷七日，行十二度微強，向之益者盡損而無餘，謂之疾末限。自是復行遲度，又歷七日，適及平行度，謂之遲初限，其積度比平行不及五度四十二分。自此其遲日損，行度漸增，又歷七日，復行十四度半強，向之益者亦損而無餘，謂之遲末限。入轉一周，實二十七日五十五刻四十六分，遲疾極差皆五度四十二分。舊曆日爲一限，皆用二十八限。今定驗得轉分進退時各不同，今分日爲十二，共三百三十六限，半之爲半周限，析而四之爲象限。

白道交周

當二極南北之中，橫絡天體以紀宿度者，赤道也。出入赤道，爲日行之軌者，黃道也。所謂白道，與黃道交貫，月行之所由也。古人隨方立名，分爲八行，與黃道而九，究而言之，其實一也。惟其隨交遷徙，變動不居，故强以方色名之。

月道出入日道，兩相交值，當朔則日爲月所掩，當望則月爲日所衝，故皆有食。然涉交有遠近，食分有深淺，皆可以數推之。所謂交周者，月道出入日道一周之日也。日道距赤道之遠，爲度二十有四。月道出入日道，不踰六度；其距赤道也，遠不過三十度，近不下十八度。出黃道外爲陽，入黃道內爲陰，陰陽一周，分爲四象，月當黃道爲正交，出黃道外六度爲半交，復當黃道爲中交，入黃道內六度爲半交，是爲四象。象別七日，各行九十一度，四象周歷，是謂一交之終，以日計之，得二十七日二十一刻二十二分二十四秒。每一交，退天一度二百分度之九十三，凡二百四十九交，退天一周有奇，終而復始。正交在春正，半交出黃道外六度，在赤道內十八度。正交在秋正，半交出黃道外六度，在赤道外三十度。中交在春正，半交入黃道內六度，在赤道內三十度。中交在秋正，半交入黃道內六度，在赤道外十八度。月道與赤道正交，距春秋二正黃赤道正交宿度，東西不及十四度三分度之二。夏至在陰曆內，冬至在陽曆外，月道與赤道所差者多；夏至在陽曆外，冬至在陰曆內，月道與赤道所差者少。蓋白道二交，有斜有直，陰陽二曆，有內有外，直者密而狹，斜者疏而闊，其差亦從而異。今立象置法求之，差數多者不過三度五十分，少者不下一度三十分，是爲月道與赤道多少之差。

晝夜刻

日出爲晝，日入爲夜，晝夜一周，共爲百刻。以十二辰分之，每辰得八刻三分刻之一。無間南北，所在皆同。晝短則夜長，夜短則晝長，此自然之理也。春秋二分，日當赤道出入，晝夜正等，各五十刻。自春分以及夏至，日入赤道內，去極浸近，夜短而晝長。自秋分以及冬至，日出赤道外，去極浸遠，晝短而夜長。以地中揆之，長不過六十刻，短不過四十刻。地中以南，夏至去日出入之所爲遠，其長有不及六十刻者；冬至去日出入之所爲近，其短有不止四十刻者。地中以北，夏至去日出入之所爲近，其長有不止六十刻者；冬至去日出入之所爲遠，其短有不及四十刻者。今京師冬至日出辰初二刻，日入申正二刻，故晝刻三十八，夜刻六十二；夏至日出寅正二刻，日入戌初二刻，故晝刻六十二，夜刻三十八。蓋地有南北，極有高下，日出入有早晏，所以不同耳。今授時曆晝夜刻，一以京師爲正，其各所實測北極高下，具見天文志。

校勘記

〔一〕庚辰歲太（宗）〔祖〕西征　梅文鼎勿菴曆算書目云：「元太祖以己卯親征西域諸國，次年庚辰夏五月駐蹕也（石）〔兒〕的石河，有西域人與耶律文正王楚材爭月蝕，而西說並詘，故耶律作曆，託始是年也。」「今曆志訛太祖庚辰爲太宗，則太宗無庚辰也。」按梅說是，從改。

〔二〕推上元庚(子)〔午〕歲天正十一月壬戌朔　梅文鼎謂耶律作曆「又以太祖庚午始絕金，次年伐之，不五年，天下略定，故推演上元庚午冬至朔旦七曜齊元爲受命之符，謂之西征庚午元曆。西征者，謂太祖庚辰也。庚午元者，上元起算之端也」。又謂今曆志「又訛上元爲庚子」，則於積年不合也」。按本書卷五六庚午元曆本文亦作「演紀上元庚午」。今從道光本改。

〔三〕以己亥丁未二日之景相校餘三分五(釐)〔毫〕爲晷差　己亥影長七丈九尺四寸八分五釐五毫，減丁未影長七丈九尺四寸五分五釐，餘三分五毫。據改。黃宗羲授時曆故已校。

〔四〕十(二)月二十一日丙子　十一月丙戌朔，無丙子日，二十一日爲丙午。上文「其年十一月」段，已有二十一日丙午影長數據，此處不應重出。按下文有「此取至前後二十七日景」，而前文已推定冬至在十一月癸卯，卽十八日，由此前推二十七日，卽爲十月二十一日，恰爲丙子，此「十一月」乃「十月」之誤，「二」字衍，今刪。

〔五〕十二月十二日乙(丑)〔酉〕　十二月甲戌朔，無乙丑日，十二日爲乙酉。按下文有「此取至前後三十二日景」，而上文已推定冬至在十一月初九癸丑，由此下推三十二日，恰爲十二月十二日乙酉。今從道光本改。下同。

〔六〕〔隋〕開皇四年甲辰歲　原空闕，從道光本補。

〔七〕凡四十九事　按上文所列春秋獻公十五年至元至元十七年冬至，共四十八事。當脫奪一事。

〔八〕至僖公五年〔丙寅歲〕正月辛亥朔旦冬至　從道光本補。

〔九〕(七十八度)　此係宋崇寧所測東方宿度數，按上列東方七宿赤道宿度之積爲七十九度。而此數與南西北三方宿度之積，正爲一周天三六五度二十五分。宋史卷七九律曆志崇寧紀元曆亦作「七十九度」，與驗算合，此誤。按本表例，凡空欄卽表示與上欄數同，而此處上欄「元豐所測」爲七十九度，此「七十八度」係衍誤之文，今刪。朱載堉律曆融通已校。

〔一〇〕九十四度七十五分　按宋史卷七九崇寧紀元曆作「九十四度秒七十二」，此處「七十五分」誤。律曆融通已校。

〔一一〕〔三十四度〕　按宋史卷七六律曆志皇祐渾儀、蘇頌新儀象法要渾象中外官星圖與驗算合，據補。律曆融通已校。

元史卷五十三

志第五

曆二

授時曆議下

交食

曆法疏密，驗在交食，然推步之術難得其密，加時有早晚，食分有淺深，取其密合，不容偶然。推演加時，必本於躔離朓朒；考求食分，必本於距交遠近；苟入氣盈縮、入轉遲疾未得其正，則合朔不失之先，必失之後。合朔失之先後，則虧食時刻，其能密乎？日月俱東行，而日遲月疾，月追及日，是爲一會。交值之道，有陽曆陰曆；交會之期，有中前中後，加以地形南北東西之不同，人目高下邪直之各異，此食分多寡，理不得一者也。今合朔既正，則加時無早晚之差；氣刻適中，則食分無强弱之失；推而上之，自詩、書、春秋及三國以來所載虧食，無不合焉者。合於既往，則行之悠久，自可無弊矣。

詩、書所載日食二事

書胤征：「惟仲康肇位四海。乃季秋月朔，辰弗集于房。」

今按：大衍曆作仲康卽位之五年癸巳，距辛巳三千四百八年，九月庚戌朔，泛交二十六日五千四百二十一分入食限。

詩小雅十月之交，大夫刺幽王也。「十月之交，朔日辛卯，日有食之，亦孔之醜。」

今按：梁太史令虞鄺云，十月辛卯朔，在幽王六年乙丑朔。大衍亦以爲然。以授時曆推之，是歲十月辛卯朔，泛交十四日五千七百九分入食限。

春秋日食三十七事

隱公三年辛酉歲，春王二月己巳，日有食之。

杜預云：「不書(日)〔朔〕，史官失之。」〔一〕公羊云：「日食或言朔或不言朔，或日或不日，或失之前或失之後，失之前者朔在前也，失之後者朔在後也。」穀梁云：「言日不言朔，食晦日也。」姜岌校春秋日食云：「是歲二月己亥朔，無己巳，似失一閏。三月己巳朔，去交分入食限。」大衍與姜岌合。今授時曆推之，是歲三月己巳朔，加時在晝，去交分二十六日六千六百三十一入食限。

桓公三年壬申歲，七月壬辰朔，日有食之。

姜岌以爲是歲七月癸亥朔，無壬辰，亦失閏。其八月壬辰朔，去交分入食限。大衍與姜岌合。以今曆推之，是歲八月壬辰朔，加時在晝，食六分一十四秒。

桓公十七年丙戌歲，冬十月朔，日有食之。

左氏云：「不書日，史官失之。」大衍推得在十一月交分入食限，失閏也。以今曆推之，是歲十一月加時在晝，交分二十六日八千五百六十入食限。

莊公十八年乙巳歲，春王三月，日有食之。

穀梁云：「不言日，不言朔，夜食也。」大衍推是歲五月朔，交分入食限，三月不應食。以今曆推之，是歲三月朔，不入食限。五月壬子朔，加時在晝，交分入食限，蓋誤五爲三。

莊公二十五年壬子歲，六月辛未朔，日有食之。

大衍推之，七月辛未朔，交分入食限。以今曆推之，是歲七月辛未朔，加時在晝，交分二十七日四百八十九入食限，失閏也。

莊公二十六年癸丑歲，冬十有二月癸亥朔，日有食之。

今曆推之，是歲十二月癸亥朔，加時在晝，交分十四日三千五百五十一入食限。

莊公三十年丁巳歲，九月庚午朔，日有食之。

今曆推之，是歲十月庚午朔，加時在晝，去交分十四日四千六百九十六入食限，失閏也。大衍同。

僖公十二年癸酉歲，春王三月庚午朔，日有食之。

姜氏云：「三月朔，交不應食，在誤條，其五月庚午朔，去交分入食限。」大衍同。今曆推之，是歲五月庚午朔，加時在晝，去交分二十六日五千一百九十二入食限，蓋五誤爲三。

僖公十五年丙子歲，夏五月，日有食之。

左氏云：「不書朔與日，史官失之也。」大衍推四月癸丑朔，去交分入食限，差一閏。今曆推之，是歲四月癸丑朔，去交分一日一千三百一十六入食限。

文公元年乙未歲，二月癸亥朔，日有食之。

姜氏云：「二月甲午朔，無癸亥。三月癸亥朔，入食限。」大衍亦以爲然。今曆推之，是歲三月癸亥朔，加時在晝，去交分二十六日五千九百十七分入食限，失閏也。

文公十五年己酉歲，六月辛丑朔，日有食之。

今曆推之，是歲六月辛丑朔，加時在晝，交分二十六日四千四百七十三分入食限。

宣公八年庚申歲，秋七月甲子，日有食之。

杜預以七月甲子晦食。姜氏云：「十月甲子朔，食。」大衍同。今曆推之，是歲十月甲子朔，加時在晝，食九分八十一秒，蓋十誤爲七。

宣公十年壬戌歲，夏四月丙辰，日有食之。

今曆推之，是月丙辰朔，加時在晝，交分十四日九百六十八分入食限。

宣公十七年己巳歲，六月癸卯，日有食之。

姜氏云：「六月甲辰朔，不應食。」大衍云：「是年五月在交限，六月甲辰朔，交分已過食限，蓋誤。」今曆推之，是歲五月乙亥朔，入食限。六月甲辰朔，泛交二日已過食限，大衍爲是。

成公十六年丙戌歲，六月丙寅朔，日有食之。

今曆推之，是歲六月丙寅朔，加時在晝，去交分二十六日九千八百三十五分入食限。

成公十七年丁亥歲，十有二月丁巳朔，日有食之。

姜氏云：「十二月戊子朔，無丁巳，似失閏。」大衍推十一月丁巳朔，交分入食限。今曆推之，是歲十一月丁巳朔，加時在晝，交分十四日二千八百九十七分入食限，與大衍同。

襄公十四年壬寅歲，二月乙未朔，日有食之。

今曆推之，是歲二月乙未朔，加時在晝，交分十四日一千三百九十三分入食限也。

襄公十五年癸卯歲，秋八月丁巳朔，日有食之。

姜氏云：「七月丁巳朔，食，失閏也。」大衍同。今曆推之，是歲七月丁巳朔，加時在晝，去

交分二十六日三千三百九十四分入食限。

襄公二十年戊申歲，冬十月丙辰朔，日有食之。

今曆推之，是歲十月丙辰朔，加時在晝，交分十三日七千六百分入食限。

襄公二十一年己酉歲，秋七月庚戌朔，日有食之。[二]

今曆推之，是月庚戌朔，加時在晝，交分十四日三千六百八十二分入食限。

冬十月庚辰朔，日有食之。

姜氏云：「比月而食，宜在(誇)〔誤〕條。」[三]大衍亦以爲然。今曆推之，十月已過交限，不應頻食，姜說爲是。

襄公二十三年辛亥歲，春王二月癸酉朔，日有食之。

今曆推之，是月癸酉朔，加時在晝，交分二十六日五千七百三分入食限。

襄公二十四年壬子歲，秋七月甲子朔，日有食之，既。

今曆推之，是月甲子朔，加時在晝，日食九分六秒。

八月癸巳朔，日有食之。

漢志：「董仲舒以爲比食又既。」大衍云：「不應頻食，在誤條。」今曆推之，立分不叶，不應食，大衍說是。

襄公二十七年乙卯歲，冬十有二月乙亥朔，日有食之。

姜氏云：「十一月乙亥朔，交分入限，應食。」大衍同。今曆推之，是歲十一月乙亥朔，加時在晝，交分初日八百二十五分入食限。

昭公七年丙寅歲，夏四月甲辰朔，日有食之。

今曆推之，是月甲辰朔，加時在晝，交分二十七日二百九十八分入食限。

昭公十五年甲戌歲，六月丁巳朔，日有食之。

大衍推五月丁巳朔，食，失一閏。今曆推之，是歲五月丁巳朔，加時在晝，交分十三日九千五百六十七分入食限。

昭公十七年丙子歲，夏六月甲戌朔，日有食之。

姜氏云：「六月乙巳朔，交分不叶，不應食，當誤。」大衍云：「當在九月朔，六月不應食，姜氏是也。」今曆推之，是歲九月甲戌朔，加時在晝，交分二十六日七千六百五十分入食限。

昭公二十一年庚辰歲，七月壬午朔，日有食之。

今曆推之，是月壬午朔，加時在晝，交分二十六日八千七百九十四分入食限。

昭公二十二年辛巳歲，冬十有二月癸酉朔，日有食之。

今曆推之，是月癸酉朔，交分十四日一千八百入食限。杜預以長曆推之，當爲癸卯，非是。

昭公二十四年癸未歲，夏五月乙未朔，日有食之。

今曆推之，是月乙未朔，加時在晝，交分二十六日三千八百三十九分入食限。

昭公三十一年庚寅歲，十有二月辛亥朔，日有食之。

今曆推之，是月辛亥朔，加時在晝，交分二十六日六千一百二十八分入食限。

定公五年丙申歲，春三月辛亥朔，日有食之。

今曆推之，三月辛卯朔，加時在晝，交分十四日三百三十四分入食限。

定公十二年癸卯歲，十一月丙寅朔，日有食之。

今曆推之，是歲十月丙寅朔，加時在晝，交分十四日二千六百二十二分入食限，蓋失一閏。

定公十五年丙午歲，八月庚辰朔，日有食之。

今曆推之，是月庚辰朔，加時在晝，交分十三日七千六百八十五分入食限。

哀公十四年庚申歲，夏五月庚申朔，日有食之。

今曆推之，是月庚申朔，加時在晝，交分二十六日九千二百一分入食限。

右詩、書所載日食二事，春秋二百四十二年間，凡三十有七事，以授時曆推之，惟襄公二十一年十月庚辰朔及二十四年八月癸巳朔不入食限，蓋自有曆以來，無比月而食之理。其三十五食，食皆在朔，經或不書日，不書朔，公羊、穀梁以爲食晦，二者非；左氏以爲史官失之者，得之。其間或差一日二日者，蓋由古曆疏闊，置閏失當之弊，姜岌、一行已有定說。孔子作書，但因時曆以書，非大義所關，故不必致詳也。

三國以來日食

蜀章武元年辛丑，六月戊辰晦，時加未。

授時曆，食甚未五刻。

大明曆，食甚未五刻。

右皆親。二曆推戊辰皆七月朔。

魏黃初三年壬寅，十一月庚申晦食，時加西南維。

授時曆，食甚申二刻。

大明曆，食甚申三刻。

右授時親，大明次親。二曆推庚申皆十二月朔。

梁中大通五年癸丑，四月己未朔食，在丙。

授時曆，虧初午四刻。

大明曆，虧初午四刻。

右皆親。

太清元年丁卯，正月己亥朔食，時加申。

授時曆，食甚申一刻。

大明曆，食甚申三刻。

右授時次親，大明親。

陳太建八年丙申，六月戊申朔食，於卯甲間。

授時曆，食甚卯二刻。

大明曆，食甚卯四刻。

右授時次親，大明疏遠。

唐永隆元年庚辰，十一月壬申朔食，巳四刻甚。

授時曆，食甚巳七刻。

大明曆，食甚巳五刻。

右授時疏，大明親。

開耀元年辛巳，十月丙寅朔食，巳初甚。

授時曆，食甚辰正三刻。
大明曆，食甚辰正一刻。
右授時親，大明疏。
嗣聖八年辛卯，四月壬寅朔食，卯二刻甚。
授時曆，食甚寅八刻。
大明曆，食甚卯初刻。
右皆次親。
十七年庚子，五月己酉朔食，申初甚。
授時曆，食甚申初二刻。
大明曆，食甚申正初刻。
右授時次親，大明疏遠。
十九年壬寅，九月乙丑朔食，申三刻甚。
授時曆，食甚申一刻。
大明曆，食甚申四刻。
右授時次親，大明親。

景龍元年丁未，六月丁卯朔食，午正甚。
授時曆，食甚午正二刻。
大明曆，食甚未初初刻。
右授時次親，大明疏遠。
開元(元)[九]年辛酉，[四]九月乙巳朔食，午正後三刻甚。
授時曆，食甚午正一刻。
大明曆，食甚午正二刻。
右授時次親，大明親。
宋慶曆六年丙戌，三月辛巳朔食，申正三刻復滿。
授時曆，復滿申正三刻。
大明曆，復滿申正一刻。
右授時密合，大明次親。
皇祐元年己丑，正月甲午朔食，午正甚。
授時曆，食甚午初三刻。
大明曆，食甚午正初刻。

右授時親，大明密合。
五年癸巳歲，十月丙申朔食，未一刻甚。
授時曆，食甚未三刻。
大明曆，食甚未初刻。
右授時次親，大明親。
至和元年甲午，四月甲午朔食，申正一刻甚。
授時曆，食甚申正一刻。
大明曆，食甚申正二刻。
右授時密合，大明親。
嘉祐四年己亥，正月丙申朔食，未三刻復滿。
授時曆，復滿未初二刻。
大明曆，復滿未初二刻。
右皆親。
六年辛丑，六月壬子朔食，未初虧初。
授時曆，虧初未初刻。

大明曆，虧初未一刻。
右授時親，大明次親。
治平三年丙午，九月壬子朔食，未二刻甚。
授時曆，食甚未三刻。
大明曆，食甚未四刻。
右授時親，大明次親。
熙寧二年己酉，七月乙丑朔食，辰三刻甚。
授時曆，食甚辰五刻。
大明曆，食甚辰四刻。
右授時次親，大明親。
元豐三年庚申，十一月己丑朔食，巳六刻甚。
授時曆，食甚巳五刻。
大明曆，食甚巳二刻。
右授時親，大明疏遠。
紹聖元年甲戌，三月壬申朔食，未六刻甚。

授時曆，食甚未五刻。

大明曆，食甚未五刻。

右皆親。

大觀元年丁亥，十一月壬子朔食，未二刻虧初，未八刻甚，申六刻復滿。

授時曆，虧初未三刻，食甚申初刻，復滿申六刻。

大明曆，虧初未初刻，食甚未七刻，復滿申五刻。

右授時曆虧初、食甚皆親，復滿密合；大明虧初次親，食甚、復滿皆親。

紹興三十二年壬午，正月戊辰朔食，申初虧初。

授時曆，虧初申一刻。

大明曆，虧初未七刻。

右皆親。

淳熙十年癸卯，十一月壬戌朔食，巳正二刻甚。

授時曆，食甚巳正二刻。

大明曆，食甚巳正一刻。

右授時密合，大明親。

慶元元年乙卯，三月丙戌朔食，午初二刻虧初。

授時曆，虧初午初一刻。

大明曆，虧初午初二刻。

右授時虧初親，大明虧初密合。

嘉泰二年壬戌，五月甲辰朔食，午初一刻虧初。

授時曆，虧初巳正三刻。

大明曆，虧初午初三刻。

右皆親。

嘉定九年丙子，二月甲申朔食，申正四刻甚。

授時曆，食甚申正三刻。

大明曆，食甚申正二刻。

右授時親，大明次親。

淳祐三年癸卯，三月丁丑朔食，巳初二刻〔甚〕。〔五〕

授時曆，食甚巳初一刻。

大明曆，食甚巳初初刻。

右授時親，大明次親。

本朝中統元年庚申，三月戊辰朔食，申正二刻甚。

授時曆，食甚申正一刻。

大明曆，食甚申初三刻。

右授時親，大明疏。

至元十四年丁丑，十月丙辰朔食，午正初〔刻〕虧初，〔六〕未初一刻食甚，未正二刻復滿。

授時曆，虧初午正初刻，食甚未初一刻，復滿未正一刻。

大明曆，虧初午正三刻，食甚未正一刻，復滿申初二刻。

右授時虧初、食甚皆密合，復滿親；大明虧初疏，食甚、復滿皆疏遠。

前代考古交食，同刻者爲密合，相較一刻爲親，二刻爲次親，三刻爲疏，四刻爲疏遠。今授時、大明校古日食，上自後漢章武元年，下訖本朝，計三十五事。密合者，授時七，大明二。親者，授時十有七，大明十有六。次親者，授時十，大明八。疏者，授時一，大明三。疏遠者，授時無，大明六。

前代月食

宋元嘉十一年甲戌，七月丙子望食，四更二唱虧初，四更四唱食既。

授時曆，虧初四更三點，食既在四更四點。

大明曆，虧初在四更二點，食既在四更五點。

右授時虧初親，食既密合；大明虧初密合，食既親。

十三年丙子，十二月(己)〔癸〕巳望食，〔七〕一更三唱食既。

授時曆，食既在一更三點。

大明曆，食既在一更四點。

右授時密合，大明親。

十四年丁丑，十一月丁亥望食，二更四唱虧初，三更一唱食既。

授時曆，虧初在二更五點，食既在三更二點。

大明曆，虧初在二更四點，食既在三更二點。

右授時虧初、食既皆親，大明虧初密合，食既親。

梁中大通二年庚戌，五月庚寅望月食，在子。

授時曆，食甚在子正初刻。

大明曆，食甚在子正初刻。

右皆密合。

大同九年癸亥，三月乙巳望食，三更三唱虧初。

授時曆，虧初三更一點。

大明曆，虧初三更三點。

右授時次親，大明密合。

隋開皇十二年壬子，七月己未望食，一更三唱虧初。

授時曆，虧初在一更四點。

大明曆，虧初在一更五點。

右授時親，大明次親。

十五年乙卯，十一月庚午望食，一更四點虧初，二更三點食甚，三更一點復滿。

授時曆，虧初在一更三點，食甚在二更二點，復滿在二更五點。

大明曆，虧初在一更五點，食甚在二更三點，復滿在二更五點。

右授時虧初、食甚、復滿皆親，大明虧初、復滿皆親，食甚密合。

十六年丙辰，十一月甲子望食，四更三籌復滿。

授時曆，復滿在四更四點。

大明曆，復滿在四更五點。

右授時親，大明次親。

後漢天福十二年丁未，十二月乙未望食，四更四點虧初。

授時曆，虧初四更五點。

大明曆，虧初四更一點。

右授時親，大明次親。

宋皇祐四年壬辰，十一月丙辰望食，寅四刻虧初。

授時曆，虧初在寅二刻。

大明曆，虧初在寅一刻。

右授時次親，大明疏。

嘉祐八年癸卯，十月癸未望食，卯七刻甚。

授時曆，食甚在辰初刻。

大明曆，食甚在辰初刻。

右皆親。

熙寧二年己酉，閏十一月丁未望食，亥六刻虧初，子五刻食甚，丑四刻復滿。

授時曆，虧初在亥六刻，食甚在子五刻，復滿在丑三刻。

大明曆，虧初在子初刻，食甚在子六刻，復滿在丑四刻。

右授時虧初、食甚密合，復滿親，大明虧初次親，食甚親，復滿密合。

四年辛亥，十一月丙申望食，卯二刻虧初，卯六刻甚。

授時曆，虧初在卯初刻，食甚在卯五刻。

大明曆，虧初在卯四刻，食甚在卯七刻。

右虧初皆次親，食甚皆親。

六年癸丑，三月戊午望食，亥一刻虧初，亥六刻甚，子四刻復滿。

授時曆，虧初在戌七刻，食甚在亥五刻，復滿在子三刻。

大明曆，虧初在亥二刻，食甚在亥七刻，復滿在子四刻。

右授時虧初次親，食甚、復滿皆親，大明虧初、食甚皆親，復滿密合。

七年甲寅，九月己酉望食，四更五點虧初，五更三點食既。

授時曆，虧初在四更五點，食既在五更三點。

大明曆，虧初在四更三點，食既在五更二點。

右授時虧初、食既皆密合，大明虧初次親，食既親。

崇寧四年乙酉，十二月戊寅望食，酉三刻甚，戌初刻復滿。

授時曆，食甚在酉一刻，復滿在酉七刻。

大明曆，食甚在酉三刻，復滿在戌二刻。

右授時食甚、復滿皆次親，大明食甚密合，復滿次親。

本朝至元七年庚午，三月乙卯望食，丑三刻虧初，寅初刻食甚，寅六刻復滿。

授時曆，虧初在丑二刻，食甚在寅初刻，復滿在寅六刻。

大明曆，虧初在丑四刻，食甚在寅一刻，復滿在寅七刻。

右授時虧初親，食甚、復滿密合，大明虧初、食甚、復滿皆親。

九年壬申，七月辛未望食，丑初刻虧初，丑六刻食甚，寅三刻復滿。

授時曆，虧初在子七刻，食甚在丑四刻，復滿在寅一刻。

大明曆，虧初在丑二刻，食甚在丑六刻，復滿在寅二刻。

右授時虧初親，食甚、復滿皆次親，大明虧初次親，食甚密合，復滿親。

十四年丁丑，四月癸酉望食，子六刻虧初，丑三刻食既，丑五刻甚，丑七刻生光，寅四刻復滿。

授時曆，虧初在子六刻，食既在丑四刻，食甚在丑五刻，生光丑六刻，復滿寅四刻。

大明曆，虧初在丑初刻，食既丑七刻，食甚在丑七刻，生光在丑八刻，復滿寅六刻。

右授時虧初、食甚、復滿皆密合，食既、生光皆親；大明虧初、食甚、復滿皆次親，食既疏遠，生光親。

十六年己卯，二月癸酉望食，[六]子五刻虧初，丑二刻甚，丑七刻復滿。

授時曆，虧初在子五刻，食甚在丑二刻，復滿在丑七刻。

大明曆，虧初在子七刻，食甚在丑三刻，復滿在丑七刻。

右授時虧初、食甚、復滿皆密合；大明虧初次親，食甚親，復滿密合。

八月己丑望食，丑五刻虧初，寅初刻甚，寅四刻復滿。

授時曆，虧初在丑三刻，食甚在寅初刻，復滿在寅四刻。

大明曆，虧初在丑七刻，食甚在寅二刻，復滿在寅四刻。

右授時虧初次親，食甚、復滿皆密合；大明虧初、食甚皆次親，復滿密合。

十七年庚辰，八月甲申望食，在晝，戌一刻復滿。

授時曆，復滿在戌一刻。

大明曆，復滿在戌四刻。

右授時密合，大明疏。

已上四十五事：密合者，授時十有八，大明十有一；親者，授時十有八，大明十有七；次

親者，授時九，大明十有四；疏者，授時無，大明二；疏遠者，授時無，大明一。

定朔

日平行一度，月平行十三度十九分度之七，一晝夜之間，月先日十二度有奇，歷二十九日五十三刻，復追及日，與之同度，是謂經朔。經朔云者，謂合朔大量不出此也。日有盈縮，月有遲疾，以盈縮遲疾之數損益之，始爲定朔。

古人立法，簡而未密，初用平朔，一大一小，故日食有在朔二，月食有在望前後者。漢張衡以月行遲疾，分爲九道；宋何承天以日行盈縮，推定小餘；故月有三大二小。隋劉孝孫、劉焯欲遵用其法，時議排抵，以爲迂怪，卒不能行。唐傅仁均始采用之，至貞觀十九年九月後，四月頻大，復用平朔。訖麟德元年，始用李淳風甲子元曆，定朔之法遂行。淳風又以晦月頻見，故立進朔之法，謂朔日小餘在日法四分之三已上者，虛進一日，後代皆循用之。然虞劆嘗曰：「朔在會同，苟躔次既合，何疑於頻大；日月相離，何拘於間小。」一行亦曰：「天事誠密，雖四大三小，庸何傷。」今但取辰集時刻所在之日以爲定朔，朔雖小餘在進限，亦不之進。甚矣，人之安於故習也。

初曆法用平朔，止知一大一小，爲法之不可易，初聞三大二小之說，皆不以爲然。自有

曆以來，下訖麟德，而定朔始行，四大三小，理數自然，唐人弗克若天，而止用平朔。迨本朝至元，而常議方革。至如進朔之意，止欲避晦日月見，殊不思合朔在酉戌亥，距前日之卯十八九辰矣，若進一日，則晦不見月，此論誠然。苟合朔在辰申之間，法不當進，距前日之卯巳踰十四五度，則月見於晦，庸得免乎？且月之隱見，本天道之自然，朔之進退，出人爲之牽强，孰若廢人用天，不復虛進，爲得其實哉。至理所在，奚恤乎人言，可爲知者道也。

不用積年日法

曆法之作，所以步日月之躔離，候氣朔之盈虛，不揆其端，無以測知天道，而與之脗合，然日月之行遲速不同，氣朔之運參差不一，昔人立法，必推求往古生數之始，謂之演紀上元。當斯之際，日月五星同度，如合璧連珠然。惟其世代綿遠，馴積其數至踰億萬，後人厭其布算繁多，互相推考，斷截其數而增損日法，以爲得改憲之術，此歷代積年日法所以不能相同者也。然行之未遠，浸復差失，蓋天道自然，豈人爲附會所能苟合哉。夫七政運行於天，進退自有常度，苟原始要終，候驗周匝，則象數昭著，有不容隱者，又何必舍目前簡易之法，而求億萬年宏闊之術哉。

今授時曆以至元辛巳爲元，所用之數，一本諸天，秒而分，分而刻，刻而日，皆以百爲

率，比之他曆積年日法，推演附會，出於人爲者，爲得自然。

或曰：「昔人謂建曆之本，必先立元，元正然後定日法，法定然後度周天以定分至，然則曆之有積年日法尙矣。自黃帝以來，諸曆轉相祖述，殆七八十家，未聞舍此而能成者。今一切削去，無乃昧於本原，而考求未得其方歟？」是殆不然。晉杜預有云：「治曆者，當順天以求合，非爲合以驗天。」前代演積之法，不過爲合驗天耳。今以舊曆頗疏，乃命釐正，法之不密，在所必更，奚暇踵故習哉。遂取漢以來諸曆積年日法及行用年數，具列于後，仍附演積數法，以釋或者之疑。

三統曆　西漢太初元年丁丑鄧平造，行一百八十八年，至東漢元和乙酉，後天七十八刻。

積年，一十四萬四千五百一十一。

日法，八十一。

四分曆　東漢元和二年乙酉編訢造，行一百二十一年，至建安丙戌，後天七刻。

積年，一萬五百六十一。

日法，四。

乾象曆　建安十一年丙戌劉洪造，行三十一年，至魏景初丁巳，後天七刻。

積年，八千四百五十二。

日法，一千四百五十七。
景初曆 魏景初元年丁巳楊偉造，行二百六年，至宋元嘉癸未，先天五十刻。
積年，五千八十九。
日法，四千五百五十九。
元嘉曆 宋元嘉二十年癸未何承天造，行二十年，至大明七年癸卯，先天五十刻。
積年，六千五百四十一。
日法，七百五十二。
大明曆 宋大明七年癸卯宋祖沖之造，行五十八年，至魏正光辛丑，後天二十九刻。
積年，五萬二千七百五十七。
日法，三千九百三十九。
正光曆 後魏正光二年辛丑李業興造，行一十九年，至興和庚申，先天十三刻。
積年，一十六萬八千五百九。
日法，七萬四千九百五十二。
興和曆 興和二年庚申李業興造，行一十年，至齊天保庚午，先天九十九刻。
積年，二十萬四千七百三十七。

日法，二十萬八千五百三十。
天保曆 北齊天保元年庚午宋景業造，行一十七年，至周天和丙戌，後天一日八十七刻。
積年，一十一萬一千二百五十七。
日法，二萬三千六百六十。
天和曆 後周天和元年丙戌甄鸞造，行一十三年，至大象己亥，先天四十刻。
積年，八十七萬六千五百七。
日法，二萬三千四百六十。
大象曆 大象元年己亥（馮）〔馬〕顯造，〔九〕行五年，至隋開皇甲辰，後天十刻。
積年，四萬二千二百五十五。
日法，一萬二千九百九十二。
開皇曆 隋開皇四年甲辰張賓造，行二十四年，至大業戊辰，後天七刻。
積年，四百一十二萬九千六百九十七。
日法，一十萬二千九百六十。
大業曆 大業四年戊辰張冑玄造，行一十一年，至唐武德己卯，後天七刻。
積年，一百四十二萬八千三百一十七。

日法，一千一百四十四。
戊寅曆 唐武德二年己卯道士傅仁均造，行四十六年，至麟德乙丑，後天四十七刻。
積年，一十六萬五千三。
日法，一萬三千六（百）。〔一〇〕
麟德曆 麟德二年乙丑李淳風造，行六十三年，至開元戊辰，後天一十二刻。
積年，二十七萬四百九十七。
日法，一千三百四十。
大衍曆 開元十六年戊辰僧一行造，行三十四年，至寶應壬寅，先天一十三刻。
積年，九千六百九十六萬一千二百九十七。
日法，三千四十。
五紀曆 寶應元年壬寅郭獻之造，行二十三年，至貞元乙丑，後天二十四刻。
積年，二十七萬四百九十七。
日法，一千三百四十。
貞元曆 貞元元年乙丑徐承嗣造，行三十七年，至長慶壬寅，先天十五刻。
積年，四十萬三千三百九十七。

日法，一千九十五。
宣明曆 長慶二年壬寅徐昂造，行七十一年，至景福癸丑，先天四刻。
積年，七百七萬五百九十七。
日法，八千四百。
崇玄曆 景福二年癸丑邊岡造，行十四年，後六十三年，至周顯德丙辰，先天四刻。
積年，五千三百九十四萬七千六百九十七。
日法，一萬三千五百。
欽天曆 五代周顯德三年丙辰王朴造，行五年，至宋建隆庚申，先天二刻。
積年，七千二百六十九萬八千七百七十七。
日法，七千二百。
應天曆 宋建隆元年庚申王處訥造，行二十一年，至太平興國辛巳，後天二刻。
積年，四百八十二萬五千八百七十七。
日法，一萬單二。
乾元曆 太平興國六年辛巳吳昭素造，行二十年，至咸平辛丑，合。
積年，三千五十四萬四千二百七十七。

日法，二千九百四十。

儀天曆 咸平四年辛丑史序造，行二十三年，至天聖甲子，合。

積年，七十一萬六千七百七十七。

日法，一萬一百。

崇天曆 天聖二年甲子宋行古造，行四十年，至治平甲辰，後天五十四刻。

積年，九千七百五十五萬六千五百九十七。

日法，一萬五百九十。

明天曆 治平元年甲辰周琮造，行一十年，至熙寧甲寅，合。

積年，七十一萬一千九百七十七。

日法，三萬九(十)[千]。[一]

奉元曆 熙寧七年甲寅衛朴造，行十八年，至元祐壬申，後天七刻。

積年，八千三百一十八萬五千二百七十七。

日法，二萬三千七百。

觀天曆 元祐七年壬申皇居卿造，行一十一年，至崇寧癸未，先天六刻。

積年，五百九十四萬四千九百九十七。

日法，一萬二千三十。

占天曆 崇寧二年癸未姚舜輔造，行三年，至丙戌，後天四刻。

積年，二千五百五十萬一千九百三十七。

日法，二萬八千八十。

紀元曆 崇寧五年丙戌姚舜輔造，行二十一年，至金天會丁未，合。

積年，二千八百六十一萬三千四百六十七。

日法，七千二百九十。

大明曆 金天會五年丁未楊級造，行五十三年，至大定庚子，合。

積年，三億八千三百七十六萬八千六百五十七。

日法，五千二百三十。

重修大明曆 大定二十年庚子趙知微重修，行一百一年，至元朝至元辛巳，後天一十九刻。

積年，八千八百六十三萬九千七百五十七。

日法，五千二百三十。

統元曆 後宋紹興五年乙卯陳(德)[得]一造，[二]行三十二年，至乾道丁亥，合。

積年，九千四百二十五萬一千七百三十七。

日法，六千九百三十。

乾道曆 乾道三年丁亥劉孝榮造，行九年，至淳熙丙申，後天一刻。

積年，九千一百六十四萬五千九百三十七。

日法，三萬。

淳熙曆 淳熙三年丙申劉孝榮造，行一十五年，至紹熙辛亥，合。

積年，五千二百四十二萬二千七十七。

日法，五千六百四十。

會元曆 紹熙二年辛亥劉孝榮造，行八年，至慶元己未，後天一十刻。

積年，二千五百四十九萬四千八百五十七。

日法，三萬八千七百。

統天曆 慶元五年己未楊忠輔造，行八年，至開禧丁卯，先天六刻。

積年，三千九百一十七。

日法，一萬二千。

開禧曆 開禧三年丁卯鮑澣之造，行四十四年，至淳祐辛亥，後天七刻。

積年，七百八十四萬八千二百五十七。

日法，一萬六千九百。

淳祐曆 淳祐十年庚戌李德卿造，行一年，至壬子，合。

積年，一億二千二十六萬七千六百七十七。

日法，三千五百三十。

會天曆 寶祐元年癸丑譚玉造，行十八年，至咸淳辛未，後天一刻。

積年，一千一百三十五萬六千一百五十七。

日法，九千七百四十。

成天曆 咸淳七年辛未陳鼎造，行四年，至至元辛巳，後天一刻。

積年，七千一百七十五萬八千一百五十七。

日法，七千四百二十。

此下不曾行用，見於典籍經進者二曆。

皇極曆 大業間劉焯造，阻難不行，至唐武德二年己卯，先天四十三刻。

積年，一百萬九千五百一十七。

日法，一千二百四十二。

乙未曆 大定二十年庚子耶律履造，不曾行用，至辛巳，後天一十九刻。

積年，四千四十五萬三千一百二十六。

日法，二萬六百九十。

授時曆 元至元十八年辛巳爲元。

積年日法不用。

實測到至元十八年辛巳歲。

氣應，五十五日六百分。

閏應，二十日一千八百五十分。

經朔，三十四日八千七百五十分。

日法，二千一百九十，演紀上元己亥，距至元辛巳九千八百二十五萬一千四百二十二算。

氣應，五十五日六百二分。

閏應，二十日一千八百五十三分。

經朔，三十四日八千七百四十九分。

日法，八千二百七十，演紀上元甲子，距辛巳五百六十七萬五百五十七算，日命甲子。

氣應，五十五日五百三十三分。

閏應，二十日一千八百八分。

經朔，三十四日八千七百二十五分。

日法，六千五百七十，演紀上元甲子，距辛巳三千九百七十五萬二千五百三十七算。

氣應，五十五日六百三十一分。

閏應，二十日一千九百一十九分。

經朔，三十四日八千七百一十二分。

校勘記

〔一〕杜預云不書〔日〕〔朔〕史官失之 據春秋左傳注疏卷三注改。

〔二〕秋七月庚戌朔日有食之 按春秋左傳注疏卷三四經襄公二十一年作「九月庚戌朔，日有食之」。下文十月有「比月而食」、「頻食」等語，卽指九、十月連食，證此處「秋七月」當作「九月」。

〔三〕比月而食宜在〔薄〕〔誤〕條 從殿本改。

〔四〕開元〔元〕〔九〕年辛酉 從道光本改。按新唐書卷五玄宗紀、卷三二天文志皆作「九年」。

〔五〕巳初二刻〔甚〕 從道光本補。

〔六〕午正初〔刻〕虧初 從道光本補。

〔七〕十三年丙子十二月〔己〕〔癸〕巳望食 按宋書卷一二曆志，「十三年十二月十六日望」，「到一更三唱蝕既」。是月戊寅朔，無己巳日，十六日爲癸巳，「己」誤，今改。

〔八〕二月癸酉望食 二月戊寅朔，無癸酉日。據推算，是月望，食時應在甲午日凌晨一時後。古人多以凌晨爲前一日夜，則「癸酉」爲「癸巳」之誤。

〔九〕大象元年己亥〔馮〕〔馬〕顯造 據隋書卷一七律曆志改。

〔一〇〕日法一萬三千六〔百〕 據新唐書卷二五曆志戊寅曆刪。

〔一一〕日法三萬九〔十〕〔千〕 據宋史卷七四律曆志明天曆改。

〔一二〕後宋紹興五年乙卯陳〔德〕〔得〕一造 據宋史卷八一律曆志改。

元史卷五十四

志第六

曆三

授時曆經上

步氣朔第一

至元十八年歲次辛巳爲元。上考往古，下驗將來，皆距立元爲算。周歲消長，百年各一，其諸應等數，隨時推測，不用爲元。

日周，一萬。

歲實，三百六十五萬二千四百二十五分。

通餘，五萬二千四百二十五分。

朔實，二十九萬五千三百五分九十三秒。

通閏，十萬八千七百五十三分八十四秒。

歲周，三百六十五日二千四百二十五分。

朔策，二十九日五千三百五分九十三秒。

氣策，十五日二千一百八十四分三十七秒半。

望策，十四日七千六百五十二分九十六秒半。

弦策，七日三千八百二十六分四十八秒少。

氣應，五十五萬六百分。

閏應，二十萬一千八百五十分。

沒限，七千八百一十五分六十二秒半。

氣盈，二千一百八十四分三十七秒半。

朔虛，四千六百九十四分七秒。

旬周，六十萬。

紀法，六十。

推天正冬至

置所求距算，以歲實上推往古，每百年長一；下算將來，每百年消一。乘之，爲中積。加氣應，爲

通積。滿旬周，去之，不盡，以日周約之爲日，不滿爲分。其日命甲子算外，即所求天正冬至日辰及分。如上考者，以氣應減中積，滿旬周，去之；不盡，以減旬周。餘同上。

求次氣

置天正冬至日分，以氣策累加之，其日滿紀法，去之，外命如前，各得次氣日辰及分秒。

推天正經朔

置中積，加閏應，爲閏積。滿朔實，去之不盡，爲閏餘，以減通積，爲朔積。滿旬周，去之，不盡，以日周約之，爲日，不滿爲分，即所求天正經朔日及分秒。上考者，以閏應減中積，滿朔實，去之不盡，以減朔實，爲閏餘。以日周約之爲日，不滿爲分，以減冬至日及分，不及減者，加紀法減之，命如上。

求弦望及次朔

置天正經朔日及分秒，以弦策累加之，其日滿紀法，去之，各得弦望及次朔日及分秒。

推沒日

置有沒之氣分秒，如沒限已上爲有沒之氣。以十五乘之，用減氣策，餘滿氣盈而一，爲日，并恆氣日，命爲沒日。

推滅日

置有滅之朔分秒，在朔虛分已下爲有滅之朔。以三十乘之，滿朔虛而一，爲日，并經朔日，命爲滅日。

步發斂第二

土王策，三日四百三十六分八十七秒半。

月閏，九千六十二分八十二秒。

辰法，一萬。

半辰法，五千。

刻法，一千二百。

推五行用事

各以四立之節，爲春木、夏火、秋金、冬水首用事日。以土王策減四季中氣，各得其季土始用事日。

氣候

正月

立春，正月節。　東風解凍。　蟄蟲始振。　魚陟負冰。

雨水，正月中。　獺祭魚。　候鴈北。　草木萌動。

二月

驚蟄，二月節。　桃始華。　倉鶊鳴。　鷹化爲鳩。

春分，二月中。　玄鳥至。　雷乃發聲。　始電。

三月

清明，三月節。　桐始華。　田鼠化爲鴽。　虹始見。

穀雨，三月中。　萍始生。　鳴鳩拂其羽。　戴勝降于桑。

四月

立夏，四月節。　螻蟈鳴。　蚯蚓出。　王瓜生。

小滿，四月中。　苦菜秀。　靡草死。　麥秋至。

五月

芒種，五月節。　螳螂生。　鵙始鳴。　反舌無聲。

夏至，五月中。　鹿角解。　蜩始鳴。　半夏生。

六月

小暑，六月節。　溫風至。　蟋蟀居壁。　鷹始摯。

大暑，六月中。　腐草爲螢。　土潤溽暑。　大雨時行。

七月

立秋，七月節。　涼風至。　白露降。　寒蟬鳴。

處暑，七月中。　鷹乃祭鳥。　天地始肅。　禾乃登。

八月

白露，八月節。　鴻鴈來。　玄鳥歸。　羣鳥養羞。

秋分，八月中。　雷始收聲。　蟄虫壞戶。　水始涸。

九月

寒露，九月節。　鴻鴈來賓。　雀入大水爲蛤。　菊有黃華。

霜降，九月中。　豺乃祭獸。　草木黃落。　蟄蟲咸俯。

十月

立冬，十月節。　水始冰。　地始凍。　雉入大水爲蜃。

小雪，十月中。　虹藏不見。　天氣上升，地氣下降。　閉塞而成冬。

十一月

大雪，十一月節。　鶡鴠不鳴。　虎始交。　荔挺出。

冬至，十一月中。　蚯蚓結。　麋角解。　水泉動。

十二月

小寒，十二月節。　鴈北鄉。　鵲始巢。　雉雊。

大寒，十二月中。　鷄乳。　征鳥厲疾。　水澤腹堅。

推中氣去經朔

置天正閏餘，以日周約之，爲日，命之，得冬至去經朔。以月閏累加之，各得中氣去經朔日算。滿朔策，去之，乃全置閏，然後定朔無中氣者裁之。

推發斂加時

置所求分秒，以十二乘之，滿辰法而一，爲辰數，餘以刻法收之，爲刻，命子正算外，即所在辰刻。如滿半辰法，通作一辰，命起子初。

步日躔第三

周天分，三百六十五萬二千五百七十五分。

周天，三百六十五度二十五分七十五秒。

半周天，一百八十二度六十二分八十七秒半。

象限，九十一度三十一分四十三秒太。

歲差，一分五十秒。

周應，三百一十五萬一千七十五分。

半歲周，一百八十二日六千二百一十二分半。

盈初縮末限，八十八日九千九十二分少。

縮初盈末限，九十三日七千一百二十分少。

推天正經朔弦望入盈縮曆

置半歲周，以閏餘日及分減之，即得天正經朔入縮曆。冬至後盈，夏至後縮。以弦策累加之，各得弦望及次朔入盈縮曆日及分秒。滿半歲周去之，即交盈縮。

求盈縮差

視入曆盈者，在盈初縮末限已下，爲初限，已上，反減半歲周，餘爲末限；縮者，在縮初盈末限已下，爲初限，已上，反減半歲周，餘爲末限。其盈初縮末者，置立差三十一，以初末限乘之，加平差二萬四千六百，又以初末限乘之，用減定差五百一十三萬三千二百，餘再以初末限乘之，滿億爲度，不滿退除爲分秒。縮初盈末者，置立差二十七，以初末限乘之，加平差二萬二千一百，又以初末限乘之，用減定差四百八十七萬六百，餘再以初末限乘之，滿億爲度，不滿退除爲分秒，即所求盈縮差。

又術：置入限分，以其日盈縮分乘之，萬約爲分，以加其下盈縮積，萬約爲度，不滿爲分秒，亦得所求盈縮差。

赤道宿度

角十二一十　亢九二十　氐十六三十　房五六十

心六五十　尾十九一十　箕十四十

右東方七宿，七十九度二十分。

斗二十五二十　牛七二十　女十一三十五　虛八九十五太

危十五四十　室十七一十　壁八六十

右北方七宿，九十三度八十分太。

奎十六六十　婁十一八十　胃十五六十　昴十一三十

畢十七四十　觜初五　參十一一十

右西方七宿，八十三度八十五分。

井三十三三十　鬼二二十　柳十三三十　星六三十

張十七二十五　翼十八七十五　軫十七三十

右南方七宿，一百八度四十分。

右赤道宿次，並依新製渾儀測定，用爲常數，校天爲密。若考往古，卽用當時宿度爲準。

推冬至赤道日度

置中積，以加周應爲通積，滿周天分，上推往古，每百年消一；下算將來，每百年長一。去之，不盡，以日周約之爲度，不滿，退約爲分秒。命起赤道虛宿六度外，去之，至不滿宿，卽所求天正冬至加時日躔赤道宿度及分秒。上考者，以周應減中積，滿周天，去之；不盡，以減周天，餘以日周約之爲度；餘同上。如當時有宿度者，止依當時宿度命之。

求四正赤道日度

置天正冬至加時赤道日度，累加象限，滿赤道宿次，去之，各得春夏秋正日所在宿度及分秒。

求四正赤道宿積度

置四正赤道宿全度，以四正赤道日度及分減之，餘爲距後度；以赤道宿度累加之，各得四正後赤道宿積度及分。

黃赤道率

積度至後黃道分後赤道	度率	積度至後赤道分後黃道	度率	積差	差率
初	一		一○八六五		八十二秒
一	一	一○八六五	一○八六三	八十二秒	二分四六
二	一	二一七二八	一○八六○	三分二八	四分一一
三	一	三二五八八	一○八五七	七分三九	五分七六
四	一	四三四四五	一○八四九	十三分一五	七分四一
五	一	五四二九四	一○八四三	二十分五六	九分○七
六	一	六五一三七	一○八三三	二十九分(三六)〔六三〕	十分七(一)〔三〕〔一〕
七	一	七五九七○	一○八二三	四十分三六	十二分四○
八	一	八六七九三	一○八一二	五十二分七六	十四分○八
九	一	九七六○五	一○八○一	六十六分八四	十五分七六

積度至後黃道分後赤道	度率	積度至後赤道分後黃道	度率	積差	差率
十	一	十八四○六	一○七八六	八十二分六○	十七分四五
十一	一	十一九一九二	一○七七二	一○○○五	十九分一六
十二	一	十二九九六四	一○七五五	一一九二一	二十分八七
十三	一	十四○七一九	一○七四○	一四○○八	二十二分五八
十四	一	十五一四五九	一○七二○	一六二六六	二十四分三○
十五	一	十六二一七九	一○七○四	一(六八)〔八六〕九六〔二〕	二十六分○五
十六	一	十七二八八三	一○六八四	二一三○〔一〕〔三〕	二十七分七九
十七	一	十八三五六七	一○六六三	二四○八○	二十九分五五
十八	一	十九四二三○	一○六四二	二七○三五	三十一分三(一)〔○〕〔四〕
十九	一	二十四八七二	一○六二二	三○一六五	三十三分○七
二十	一	二十一五四九四	一○五九九	三三四七二	三十四分八五

二十一	一	二十二六〇九三	一〇五七五	三六九五七	三十六分六三
二十二	一	二十三六六六八	一〇五五四	四〇六二〇	三十八分四二
二十三	一	二十四七二二二	一〇五三〇	四四四六二	四十分二〇
二十四	一	二十五七七五二	一〇五〇六	四八四八二	四十二分
二十五	一	二十六八二五八	一〇四八二	五二六八二	四十三分七九
二十六	一	二十七八七四〇	一〇四五六	五七〇六一	四十五分五九
二十七	一	二十八九一九六	一〇四三二	六一六二〇	四十七分三八
二十八	一	二十九九六二八	一〇四〇八	六六三五八	四十九分一七
二十九	一	三十一〇〇(六三)〔三六〕〔五〕	一〇三八二	七一二七五	五十分九五
三十	一	三十二〇四一八	一〇三五五	七六三七〇	五十二分(三七)〔七三〕〔六〕
三十一	一	三十三〇七七三	一〇三三(三)〔二〕〔七〕	八一六四三	五十四分五〇

三十二	一	三十四一一〇五	一〇三〇六	八七〇九三	五十六分二六
三十三	一	三十五一四一一	一〇二八〇	九二七一九	五十八分〇一
三十四	一	三十六一六九一	一〇二五四	九八五二〇	五十九分七四
三十五	一	三十七一九四五	一〇二二九	十四四九四	六十一分四五
三十六	一	三十八二一七四	一〇二〇三	十〔一〕〇六三九〔八〕	六十三分一四
三十七	一	三十九二三七七	一〇一七七	十一六九五三	六十四分八一
三十八	一	四十二五五四	一〇一五二	十二三四三四	六十六分四七
三十九	一	四十一二七〇六	一〇一二六	十三〇〇八一	六十八分〇八
四十	一	四十二二八三二	一〇一〇(一)〔二〕〔九〕	十三六八八九	六十九分六七
四十一	一	四十三二九三四	一〇〇七五	十四三八五六	七十一分二四
四十二	一	四十四三〇〇九	一〇〇四九	十五〇九八〇	七十二分七六

四十三	一	四十五三〇五八	一〇〇二七	十五八二五六	七十四分二六
四十四	一	四十六三〇八五	一〇〇〇〇	十六五(三)〔六〕八(六)〔二〕	七十五分(一七)〔七二〕〔一〇〕
四十五	一	四十七三〇八五	九九七四	十七三二五三	七十七分一(三)〔二〕〔一一〕
四十六	一	四十八三〇五九	九九五一	十八〇九六五	七十八分五〇
四十七	一	四十九三〇一〇	九九二五	十八八八一五	七十九分八四
四十八	一	五十二九三五	九九〇一	十九六七九九	八十一分一二
四十九	一	五十一二八三六	九八七六	二十四九一一	八十二分三七
五十	一	五十二二七一二	九八五一	二十一三一四八	八十三分五七
五十一	一	五十三二五六三	九八二七	二十二一五〇五	八十四分七二
五十二	一	五十四二三九〇	九八〇三	二十二九九七七	八十五分八三
五十三	一	五十五二一九三	九七八〇	二十三八五六〇	八十六分八八

五十四	一	五十六一九七三	九七五五	二十四七二四八	八十七分八九
五十五	一	五十七一七二八	九七三一	二十五六〇三七	八十八分八五
五十六	一	五十八一四五九	九七〇八	二十六四九二二	八十九分七七
五十七	一	五十九一一六七	九六八五	二十七三八九九	九十分六三
五十八	一	六十〇八五二	九六六一	二十八二九六二	九十一分四四
五十九	一	六十一〇五一三	九六三九	二十九二一〇六	九十二分二二
六十	一	六十二〇一五二	九六一六	三十一三二八	九十二分九四
六十一	一	六十二九七六八	九五九四	三十一〇六二二	九十三分六一
六十二	一	六十三九三六二	九五(二七)〔七二〕〔一二〕	三十一九九八三	九十四分二六
六十三	一	六十四八九(四三)〔三四〕	九五五一	三十二九四〇九	九十四分(五八)〔八五〕〔一三〕
六十四	一	六十五八四八五	九五二九	三十三八八九四	九十五分三八

六十五	一	六十六八〇一四	九五〇九	三十四八四三二	九十五分九〇
六十六	一	六十七七五二三	九四八七	三十五八〇二二	九十六分三八
六十七	一	六十八七〇一〇	九四七〇	三十六七六六〇	九十六分八一
六十八	一	六十九六四八〇	九四五〇	三十七七三四一	九十七分一九
六十九	一	七十五九三〇	九四二七	三十八七〇六〇	九十七分五六
七十	一	七十一五三五七	九四一二	三十九六八一六	九十七分八九
七十一	一	七十二四七六九	九三九二	四十六六〇五	九十八分一八
七十二	一	七十三四一六一	九三八五	四十一六四二三	九十八分四五
七十三	一	七十四三五四六	九三五三	四十二六二六八	九十八分六八
七十四	一	七十五二八九九	九三四三	四十三六一三六	九十八分(六)〔九〕一〔四〕
七十五	一	七十六二三四二	九三二九	四十四六〇二七	九十九分一〇

七十六	一	七十七一五七一	九三一五	四十五五九三七	九十九分二五
七十七	一	七十八〇八八六	九三〇四	四十六五八六二	九十九分四〇
七十八	一	七十九〇一九〇	九二八六	四十七五八〇二	九十九分五二
七十九	一	七十九九四七六	九二七五	四十八五七五四	九十九分六二
八十	一	八十八七五一	九二六五	四十九五七一六	九十九分七二
八十一	一	八十一八〇一六	九二五五	五十五六八八	九十九分七九
八十二	一	八十二七二七一	九二四四	五十一五六六七	九十九分八四
八十三	一	八十三六五一五	九二三八	五十二五六五一	九十九分八九
八十四	一	八十四五七五三	九二二八	五十三五六四〇	九十九分九三
八十五	一	八十五四九八一	九二二二	五十四五六三三	九十九分九六
八十六	一	八十六四二〇三	九二一五	五十五五六二九	九十九分九七

八十七	一	八十七三四一八	九二一二	五十六五六二六	九十九分九九
八十八	一	八十八二六三〇	九二〇二	五十七五六二五	一
八十九	一	八十九一八四〇	九二〇四	五十八五六二五	一
九十	一	九十一〇四四	九二〇四	五十九五六二五	一
九十一	三一	九十一〇二四八	二八七七	六十五六二五	三一二五
九十一〔一五〕		九十一三一二五		六十八七五〇	

推黃道宿度

置四正後赤道宿積度，以其赤道積度減之，餘以黃道率乘之，如赤道率而一；所得，以加黃道積度，爲二十八宿黃道積度；以前宿黃道積度減之，爲其宿黃道度及分。其秒就近爲分。

黃道宿度

角十二八十七　亢九五十六　氐十六四十　房五四十八

心六二十七　尾十七九十五　箕九五十九

右東方七宿，七十八度一十二分。

斗二十三四十七　牛六九十　女十一一十二　虛九分空太

危十五九十五　室十八三十二　壁九三十四

右北方七宿，九十四度一十分太。

奎十七八十七　婁十二三十六　胃十五八十一　昴十一〇八

畢十六五十　觜初〇五　參十二十八

右西方七宿，八十三度九十五分。

井三十一〇三　鬼二二十一　柳十三　星六三十一

張十七七十九　翼二十〇九　軫十八七十五

右南方七宿，一百九度八分。

右黃道宿度，依今曆所測赤道准冬至歲差所在算定，以憑推步。若上下考驗，據歲差每移一度，依術推變，各得當時宿度。

推冬至加時黃道日度

置天正冬至加時赤道日度，以其赤道積度減之，餘以黃道率乘之，如赤道率而一；所得，以加黃道積度，卽所求年天正冬至加時黃道日度及分秒。

求四正加時黃道日度

置所求年冬至日躔黃赤道差，與次年黃赤道差相減，餘四而一，所得，加象限，爲四正定象度。置冬至加時黃道日度，以四正定象度累加之，滿黃道宿次，去之，各得四正定氣加時黃道宿度及分。

求四正晨前夜半日度

置四正恒氣日及分秒，冬夏二至，盈縮之端，以恒爲定。以盈縮差命爲日分，盈減縮加之，卽爲四正定氣日及分。置日下分，以其日行度乘之，如日周而一；所得，以減四正加時黃道日度，各得四正定氣晨前夜半日度及分秒。

求四正後每日晨前夜半黃道日度

以四正定氣日距後正定氣日爲相距日，以四正定氣晨前夜半日度距後正定氣晨前夜半日度爲相距度，累計相距日之行定度，與相距度相減，餘如相距日而一，爲日差；相距度多爲加，相距度少爲減。以加減四正每日行度率，爲每日行定度；累加四正晨前夜半黃道日度，滿宿次，去之，爲每日晨前夜半黃道日度及分秒。

求每日午中黃道日度

置其日行定度，半之，以加其日晨前夜半黃道日度，得午中黃道日度及分秒。

志第六　曆三　一三二一

元史卷五十四　一三二二

求每日午中黃道積度

以二至加時黃道日度距所求日午中黃道日度，爲二至後黃道積度及分秒。

求每日午中赤道日度

置所求日午中黃道積度，滿象限，去之，餘爲分後；內減黃道積度，以赤道率乘之，如黃道率而一；所得，以加赤道積度及所去象限，爲所求赤道積度及分秒；以二至赤道日度加而命之，[六]卽每日午中赤道日度及分秒。

黃道十二次宿度

危，十二度六十四分九十一秒。入娵訾之次，辰在亥。

奎，一度七十三分六十三秒。入降婁之次，辰在戌。

胃，三度七十四分五十六秒。入大梁之次，辰在酉。

畢，六度八十八分五秒。入實沈之次，辰在申。

井，八度三十四分九十四秒。入鶉首之次，辰在未。

柳，三度八十六分八十秒。入鶉火之次，辰在午。

張，十五度二十六分六秒。入鶉尾之次，辰在巳。

軫，十度七分九十七秒。入壽星之次，辰在辰。

氐，一度一十四分五十二秒。入大火之次，辰在卯。

尾，三度一分一十五秒。入析木之次，辰在寅。

斗，三度七十六分八十五秒。入星紀之次，辰在丑。

女，二度六分三十八秒。入玄枵之次，辰在子。

求入十二次時刻

各置入次宿度及分秒，以其日晨前夜半日度減之，餘以日周乘之，爲實；以其日行定度爲法；實如法而一，所得，依發斂加時求之，卽入次時刻。

步月離第四

轉終分，二十七萬五千五百四十六分。

轉終，二十七日五千五百四十六分。

轉中，十三日七千七百七十三分。

初限，八十四。

中限，一百六十八。

周限，三百三十六。

志第六　曆三　一三二三

元史卷五十四　一三二四

月平行，十三度三十六分八十七秒半。

轉差，一日九千七百五十九分九十三秒。

弦策，七日三千八百二十六分四十八秒少。

上弦，九十一度三十一分四十三秒太。

望，一百八十二度六十二分八十七秒半。

下弦，二百七十三度九十四分三十一秒少。

轉應，一十三萬一千九百四分。

推天正經朔入轉

置中積，加轉應，減閏餘，滿轉終分，去之；不盡，以日周約之爲日，不滿爲分，卽天正經朔入轉日及分。上考者，中積內加所求閏餘，減轉應，滿轉終，去之；不盡，以減轉終，餘同上。

求弦望及次朔入轉

置天正經朔入轉日及分，以弦策累加之，滿轉終，去之，卽弦望及次朔入轉日及分秒。如徑求次朔，以轉差加之。

求經朔弦望入遲疾曆

各視入轉日及分秒，在轉中已下，爲疾曆；已上，減去轉中，爲遲曆。

遲疾轉定及積度

入轉日	初末限	遲疾度	轉定度	轉積度
初	初	疾初	十四六七六四	初
一	一十二二十	疾一三〇七七	十四五五七三	十四六七六四
二	二十四四十	疾二四九六三	十四四〇二九	二十九二三三七
三	三十六六十	疾三五三〇五	十四二一三〇	四十三六三六六
四	四十八八十	疾四三七四八	十三九八七七	五十七八四九六
五	六十一	疾四九九三八	十三七二七一	七十一八三七三
六	七十三二十	疾五三五二二	十三四四四六	八十五五六四四
七	末八十二六十	疾五四二八一	十三二三五三	九十九〇〇九〇
八	七十四十	疾五二九四七	十二九四七五	一百一十二二四四三
九	五十八二十	疾四八七三五	十二六九四八	一百二十五一九一八
十	四十六	疾四一九九六	十二四七七七	一百三十七八八六六
十一	三十三八十	疾三三〇八六	十二二九六〇	一百五十三六四三
十二	二十一六十	疾二二三五九	十二一四九六	一百六十二六六〇三
十三	九四十	疾一〇一六八	十二〇四六二	一百七十四八〇九九
十四	初二八十	遲初〔三〇八八〕〔一七〕	十二〇八五二	一百八十六八五六一
十五	一十五	遲一五九二三	十二二一二二	一百九十八九四一三
十六	二十七二十	遲二七四八八	十二三七五二	二百一十一一五三五
十七	三十九四十	遲三七四二二	十二五七三〇	二百二十三五二八七
十八	五十一六十	遲四五三八〇	十二八〇六(二)〔三〕〔一八〕	二百三十六一〇一七
十九	六十三八十	遲五一〇〇四	十三〇七五三	二百四十八九〇八〇
二十	七十六	遲五三九三八	十三三三七七	二百六十一九八三三
二十一	末七十九八十	遲五四二四八	十三五七一二	二百七十五三二一〇
二十二	六十七六十	遲五二二二三	十三八五一一	二百八十八八九二二
二十三	五十五四十	遲四七三九九	十四〇九五五	三百二七四三三
二十四	四十三二十	遲四〇一三一	十四三〇四六	三百一十六八三八八
二十五	三十一	遲三〇七七二	十四四七八二	三百三十一一四三四
二十六	一十八八十	遲一九六七七	十四六一六三	三百四十五六二一六
二十七	六六十	遲七二〇一	十四七一五四	三百六十二三七九

求遲疾差

置遲疾曆日及分，以十二限二十分乘之，在初限已下爲初限，已上覆減中限，餘爲末限。置立差三百二十五，以初末限乘之，加平差二萬八千一百，又以初末限乘之，用減定差一千一百一十一萬，餘再以初末限乘之，滿億爲度，不滿退除爲分秒，卽遲疾差。

又術：置遲疾曆日及分，以遲疾曆日率減之，餘以其下損益分乘之，如八百二十而一，益加損減其下遲疾度，亦爲所求遲疾差。

求朔弦望定日

以經朔弦望盈縮差與遲疾差，同名相從，異名相消，盈遲縮疾爲同名，盈疾縮遲爲異名。以八百二十乘之，以所入遲疾限下行度除之，卽爲加減差，盈遲爲加，縮疾爲減。以加減經朔弦望日及分，卽定朔弦望日及分。若定弦望分在日出分已下者，退一日，其日命甲子算外，各得定朔弦望日辰。定朔干名與後朔干同者，其月大；不同者，其月小；內無中氣者，爲閏月。

推定朔弦望加時日月宿度

置經朔弦望入盈縮曆日及分，以加減差加減之，爲定朔弦望入曆，在盈，便爲中積，在縮，加半歲周，爲中積；命日爲度，以盈縮差盈加縮減之，爲加時定積度；以冬至加時日躔黃道宿度加而命之，各得定朔弦望加時日度。

凡合朔加時，日月同度，便爲定朔加時月度；其弦望各以弦望度加定積，爲定弦望月行定積度；依上加而命之，各得定弦望加時黃道月度。

推定朔弦望加時赤道月度

各置定朔弦望加時黃道月行定積度，滿象限，去之，以其黃道積度減之，餘以赤道率乘

之，如黃道率而一，用加其下赤道積度及所去象限，各爲赤道加時定積度，以冬至加時赤道日度加而命之，各爲定朔弦望加時赤道月度及分秒。象限已下及半周，去之，爲至後；滿象限及三象，去之，爲分後。

推朔後平交入轉遲疾曆

置交終日及分，內減經朔入交日及分，爲朔後平交日；以加經朔入轉，爲朔後平交入轉；在轉中已下，爲疾曆；已上，去之，爲遲曆。

求正交日辰

置經朔，加朔後平交日，以遲疾曆依前求到遲疾差，遲加疾減之，爲正交日及分，其日命甲子算外，卽正交日辰。

推正交加時黃道月度

置朔後平交日，以月平行度乘之，爲距後度；以加經朔中積，爲冬至距正交定積度；以冬至日躔黃道宿度加而命之，爲正交加時月離黃道宿度及分秒。

求正交在二至後初末限

置冬至距正交積度及分，在半歲周已下，爲冬至後；已上，去之，爲夏至後。其二至後，在象限已下，爲初限；已上，減去半歲周，爲末限。

求定差距差定限度

置初末限度，以十四度六十六分乘之，如象限而一，爲定差；反減十四度六十六分，餘爲距差。以二十四乘定差，如十四度六十六分而一，所得，交在冬至後名減，夏至後名加，皆加減九十八度，爲定限度及分秒。

求四正赤道宿度

置冬至加時赤道度，命爲冬至正度；以象限累加之，各得春分、夏至、秋分正積度；各命赤道宿次去之，爲四正赤道宿度及分秒。

求月離赤道正交宿度

以距差加減春秋二正赤道宿度，爲月離赤道正交宿度及分秒。冬至後，初限加，末限減，視春正；夏至後，初限減，末限加，視秋正。

求正交後赤道宿積度入初末限

各置春秋二正赤道所當宿全度及分，以月離赤道正交宿度及分減之，餘爲正交後積度；以赤道宿次累加之，滿象限去之，爲半交後；又去之，爲中交後；再去之，爲半交後；視各交積度在半象已下，爲初限；已上，用減象限，餘爲末限。

求月離赤道正交後半交白道舊名九道出入赤道內外度及定差

置各交定差度及分，以二十五乘之，如六十一而一，所得，視月離黃道正交在冬至後宿度爲減，夏至後宿度爲加，皆加減二十三度九十分，爲月離赤道後半交白道出入赤道內外度及分；以周天六之一，六十度八十七分六十二秒半，除之，爲定差。月離赤道正交後爲外，中交後爲內。

求月離出入赤道內外白道去極度

置每日月離赤道交後初末限，用減象限，餘爲白道積；用其積度減之，餘以其差率乘之，所得，百約之，以加其下積差，爲每日積差；用減周天六之一，餘以定差乘之，爲每日月離赤道內外度；內減外加象限，爲每日月離白道去極度及分秒。

求每交月離白道積度及宿次

置定限度，與初末限相減相乘，退位爲分，爲定差；正交、中交後爲加，半交後爲減。以差加減正交後赤道積度，爲月離白道定積度；以前宿白道定積度減之，各得月離白道宿次及分。

推定朔弦望加時月離白道宿度

各以月離赤道正交宿度距所求定朔弦望加時月離赤道宿度，爲正交後積度；滿象限，去之，爲半交後；又去之，爲中交後；再去之，爲半交後；視交後積度在半象已下，爲初限；已上，用減象限，爲末限；以初末限與定限度相減相乘，退位爲分，分滿百爲度，爲定差；正交

中交後爲加，半交後爲減。以差加減月離赤道正交後積度，爲定積度，以正交宿度加之，以其所當月離白道宿次去之，各得定朔弦望加時月離白道宿度及分秒。

求定朔弦望加時及夜半晨昏入轉

置經朔弦望入轉日及分，以定朔弦望加減差加減之，爲定朔弦望加時入轉；以定朔弦望日下分減之，爲夜半入轉；以晨分加之，爲晨轉；昏分加之，爲昏轉。

求夜半月度

置定朔弦望日下分，以其入轉日轉定度乘之，萬約爲加時轉度，以減加時定積度，餘爲夜半定積度；依前加而命之，各得夜半月離宿度及分秒。

求晨昏月度

置其日晨昏分，以夜半入轉日轉定度乘之，萬約爲晨昏轉度；各加夜半定積度，爲晨昏定積度；加命如前，各得晨昏月離宿度及分秒。

求每日晨昏月離白道宿次

累計相距日數轉定度，爲轉積度；與定朔弦望晨昏宿次前後相距度相減，餘以相距日數除之，爲日差；距度多爲加，距度少爲減。以加減每日轉定度，爲行定度；以累加定朔弦望晨昏月度，加命如前，卽每日晨昏月離白道宿次。朔後用昏，望後用晨，朔望晨昏俱用。

校勘記

〔一〕二十九分(三六)〔六三〕十分七(一)〔三〕　上項爲積差數，卽此度前各度黃赤道差率之積；下項爲差率，可由下行積差減本行積差求得。此誤。高麗史卷五一曆志授時曆經與驗算合，據改正。律曆融通已校。

〔二〕一(六八)〔八六〕九六　高麗史卷五一曆志授時曆經與驗算合，據改正。律曆融通已校。

〔三〕二二三〇〔一〕　據驗算補。律曆融通已校。

〔四〕三十一分三(一)〔〇〕　高麗史卷五一曆志授時曆經與驗算合，據改。律曆融通已校。

〔五〕三十一〇〇(六三)〔三六〕　此係積度數，卽第四欄度率累加之積，亦可用前行積度加度率驗算。

〔六〕五十二分(三七)〔七三〕　高麗史卷五一曆志授時曆經與驗算合，據改正。律曆融通已校。高麗史卷五一曆志授時曆經與驗算合，據改正。律曆融通已校。

〔七〕一〇三三(三)〔二〕　高麗史卷五一曆志授時曆經與驗算合，據改。律曆融通已校。

〔八〕十〔一〕〇六三九　高麗史卷五一曆志授時曆經與驗算合，據補。律曆融通已校。

〔九〕一〇一〇(一)〔二〕　高麗史卷五一曆志授時曆經與驗算合，據改。律曆融通已校。

〔一〇〕十六五(二)〔六〕八(六)〔二〕七十五分(一七)〔七一〕　高麗史卷五一曆志授時曆經與驗算合，據改正。律曆融通已校。

〔一一〕七十七分一(三)〔二〕　高麗史卷五一曆志授時曆經與驗算合，據改。律曆融通已校。

〔一二〕九五(二七)〔七二〕　高麗史卷五一曆志授時曆經與驗算合，據改正。律曆融通已校。

〔一三〕六十四八九(四三)〔三四〕九十四分(五八)〔八五〕　高麗史卷五一曆志授時曆經與驗算合，據改正。律曆融通已校。

〔一四〕九十八分(六)〔九〕一　高麗史卷五一曆志授時曆經與驗算合，據改。律曆融通已校。

〔一五〕九十一　按此項卽前行積度九十一度與度率三十一分之和。梅文鼎曆學駢枝作「九十一三一」，是。

〔一六〕以二至赤道日度加而命之　此下疑有脫文。朱載堉律曆融通、聖壽萬年曆此句後有「滿赤道宿度去之」一句，黃宗羲授時曆故有「滿赤道宿次去之」一句。

〔一七〕遲初〔三〇八八〕　按此表「入轉日」爲月離近地點日數。以一近點月日數分爲三百三十六辰，故每日爲十二二十限。「遲疾度」爲本日前月平均行度與實際行度差之和。「轉定度」爲月本日實際行度。「轉積度」爲本日前月實際行度之和。此處有脫誤，據驗算補。律曆融通已校。

〔一八〕十二八〇六(二)〔三〕　高麗史卷五一曆志授時曆經與驗算合，據改。律曆融通已校。

元史卷五十五

志第七

曆四

授時曆經下

步中星第五

大都北極，出地四十度太强。

冬至，去極一百一十五度二十一分七十三秒。

夏至，去極六十七度四十一分一十三秒。

冬至晝，夏至夜，三千八百一十五分九十二秒。

夏至晝，冬至夜，六千一百八十四分八秒。

昏明，二百五十分。

黃道出入赤道內外去極度及半晝夜分

黃道積度	內外度	內外差	冬至前後去極	夏至前後去極	冬晝夏夜	夏晝冬夜	晝夜差
初	二十三九〇三〇	三三	一百一十五度(三)〔二〕一七三〔一〕	六十七度四一一三	一千九百〇七九六	三千九二〇四	〇九
一	二十三八九九七	九九	一百一十五二一四〇	六十七四一四六	一千九百〇八〇五	三千九一九五	二九
二	二十三八八九八	一分六六	一百一十五二〇四一	六十七四二四五	一千九百〇八三四	三千九一六六	四七
三	二十三八七三二	二分三一	一百一十五一八七五	六十七四四一一	一千九百〇八八一	三千九一一九	六六
四	二十三八五〇一	二分九九	一百一十五一六四四	六十七四六四二	一千九百〇九四七	三千九〇五三	八五
五	二十三八二〇二	三分六五	一百一十五一三四五	六十七四九四一	一千九百一〇三二	三千〇八九六八	一分〇四
六	二十三七八三七	四分三二	一百一十五〇九八〇	六十七五三〇六	一千九百一一三六	三千〇八八六四	一分二二
七	二十三七四〇五	四分九八	一百一十五〇五四八	六十七五七三八	一千九百一二五八	三千〇八七四二	一分四二
八	二十三六九〇七	五分六五	一百一十五〇〇五〇	六十七六二三六	一千九百一四〇〇	三千〇八六〇〇	一分六一

九	二十三六五(二四)〔四二〕	六分三六	一百一十四九四八(一)〔五〕	六十七六八〇(五)〔一〕	一千九百一五六(七)〔一〕〔二〕	三千〇八四三九	一分七九
十	二十三五七〇六	七分〇二	一百一十四八八四九	六十七七四三七	一千九百一(四)七〔四〕〇〔三〕	三千〇八二六〇	一分九九
十一	二十三五〇〇四	七分六九	一百一十四八一四七	六十七八一三九	一千九百一九三九	三千〇八〇六一	二分一八
十二	二十三四二三五	八分三九	一百一十四七三七八	六十七八九〇八	一千九百二一五七	三千〇七八四三	二分三七
十三	二十三三三九六	九分〇八	一百一十四六五三九	六十七九(四)〔七〕四七〔四〕	一千九百二五九四	三千〇七六〇六	二分五六
十四	二十三二四八八	九分七五	一百一十四五六三一	六十八〇六五五	一千九百二六五〇	三千〇七三五〇	二分七四
十五	二十三一五一三	十分四七	一百一十四四六五六	六十八一六三〇	一千九百二九二四	三千〇七〇七六	二分九四
十六	二十三〇四六六	十一分一四	一百一十四三六〇九	六十八二六七七	一千九百三三一八	三千〇六七八二	三分一四
十七	二十二九三五二	十一分八五	一百一十四二四九五	六十八三七九一	一千九百三五三三	三千〇六四六八	三分三〇
十八	二十二八一六七	十二分五四	一百一十四一三一〇	六十八四九七六	一千九百三八六二	三千〇六一三八	三分五一
十九	二十二六九一三	十三分二五	一百一十四〇〇五六	六十八六二三〇	一千九百四二一(二)〔三〕〔五〕	三千〇五七八七	三分六九

二十	二十二五五八八	十三分九五	一百一十三八七三一	六十八七五五五	一千九百四五八二	三千〇五四一八	三分八八
二十一	二十二四一(五)〔九〕三〔六〕	十四分六六	一百一十三七三三六	六十八八九五〇	一千九百四九七〇	三千〇五〇三〇	四分〇七
二十二	二十二二七二七	十五分三七	一百一十三五八七〇	六十九〇四一六	一千九百五三七七	三千〇四六二三	四分二六
二十三	二十二一一九〇	十六分〇六	一百一十三四三三三	六十九一九五三	一千九百五八〇三	三千〇四一九七	四分四三
二十四	二十一九五八四	十六分七八	一百一十三二七二七	六十九三五五九	一千九百六二四六	三千〇三七五四	四分六二
二十五	二十一七九〇六	十七分四七	一百一十三一〇四九	六十九五二三七	一千九百六七〇八	三千〇三二九二	四分八〇
二十六	二十一六一五九	十八分二〇	一百一十二九三〇二	六十九六九八四	一千九百七一八八	三千〇二八一二	四分九八
二十七	二十一四三三九	十八分九〇	一百一十二七四八二	六十九八八〇四	一千九百七六八六	三千〇二三一四	五分一六
二十八	二十一二四四九	十九分六〇	一百一十二五五九二	七十〇六九四	一千九百八二〇二	三千一七九八	五分三五
二十九	二十一〇四八九	二十分二七	一百一十二三六三二	七十二六五四	一千九百八七三七	三千一二六三	五分四九
三十	二十八四六二	二十分九九	一百一十二一六〇五	七十四六八一	一千九百九二八六	三千〇七一四	五分六七

三十一	二十六五六三	二十一分六八	一百一十一九五〇六	七十六七八〇	一千九百九八五三	三千〇一四七	五分八五
三十二	二十四一九五	二十二分三五	一百一十一七三三八	七十八九四八	三千〇四三八	二千九百九五六二	六分〇一
三十三	二十一九六〇	二十三分〇三	一百一十一五一〇三	七十一一一八三	三千一〇三九	二千九百八九六一	六分一六
三十四	十九九六五七	二十三分七一	一百一十一二八〇〇	七十一三四八六	三千一六五五	二千九百八三四五	六分三三
三十五	十九七二八六	二十四分三七	一百一十一〇四二九	七十一五八五七	三千二三八八	二千九百七七一二	六分四八
三十六	十九四八四九	二十五分〇三	一百一十七九九二	七十一八二九四	三千二九三六	二千九百七〇六四	六分六三
三十七	十九二三四六	二十五分六六	一百一十五四八九	七十二〇七九七	三千〇三五九九	二千九百六四〇一	六分七八
三十八	十八九七八〇	二十六分三一	一百一十二九二三	七十二三三六三	三千〇四二七七	二千九百五七二三	六分九二
三十九	十八七一四九	二十六分九三	一百一十〇二九二	七十二五九九四	三千〇四九六九	二千九百五〇三一	七分〇五
四十	十八四四五六	二十七分五二	一百〇九七五九九	七十二八六八七	三千〇五六七四	二千九百四三二六	七分一九
四十一	十八一七〇四	二十八分一四	一百〇九四八四七	七十三一四三九	三千〇六三九三	二千九百三六〇七	七分三二

四十二	十七八八九〇	二十八分七二	一百〇九二〇三三	七十三四二五三	三千〇七一二五	二千九百二八七五	七分四四
四十三	十七六〇一八	二十九分二九	一百〇八九一六一	七十三七一二五	三千〇七八六九	二千九百二一三一	七分五六
四十四	十七三〇八九	二十九分八四	一百〇八六二三三	七十四〇〇五八	三千〇八六二五	二千九百一三一五	七分六八
四十五	十七〇一〇五	三十分三八	一百〇八三三四八	七十四三〇三八	三千〇九三九三	二千九百〇六〇七	七分七八
四十六	十六七〇六七	三十分九〇	一百〇八〇二一〇	七十四六〇六七	三千一百〇二七一	二千八百九八二九	七分八九
四十七	十六三九七七	三十一分四一	一百〇七七一二〇	七十四九一六六	三千一百〇九六〇	二千八百九〇四〇	七分九八
四十八	十六〇八三六	三十一分九一	一百〇七三九七九	七十五二三〇七	三千一百一七五八	二千八百八二四二	八分〇八
四十九	十五七六四五	三十二分三六	一百〇七〇七八八	七十五五四九八	三千一百二五六六	二千八百七四三四	八分一七
五十	十五四四〇九	三十二分八五	一百〇六七五五二	七十五八七三四	三千一百三三八三	二千八百六六一七	八分二六
五十一	十五一一二四	三十三分二六	一百〇六四二六七	七十六二〇一九	三千一百四二〇九	二千八百五七九一	八分三三
五十二	十四七七九八	三十三分六四	一百〇六〇九四一	七十六五三四五	三千一百五〇四一	二千八百四九五九	八分四〇

五十三	十四 四四三四	三十四分 〇七	一百〇五 七五七七	七十六 八七〇九	三千一百 五八八一	三千八百 四一一九	八分 四六
五十四	十四 一〇二七	三十四分 四五	一百〇五 四一七〇	七十七 二一一六	三千一百 六七二七	三千八百 三二七三	八分 五四
五十五	十三 七五八二	三十四分 八一	一百〇五 〇七二五	七十七 五五六一	三千一百 七五八一	三千八百 二四一九	八分 五九
五十六	十三 四一〇一	三十五分 一五	一百〇四 七二四四	七十七 九〇四二	三千一百 八四四〇	三千八百 一五六〇	八分 六四
五十七	十三 〇五八六	三十五分 四七	一百〇四 三七二九	七十八 二五五七	三千一百 九三〇四	三千八百 〇六九六	八分 六九
五十八	十二 七〇三九	三十五分 七八	一百〇四 〇一八二	七十八 六一〇四	三千二百 〇一七三	三千七百 九八二七	八分 七五
五十九	十二 三四六一	三十六分 〇七	一百〇三 六六〇四	七十八 九六八(一)[二] [七]	三千二百 一〇四八	三千七百 八九五二	八分 七八
六十	十一 九八五四	三十六分 三三	一百〇三 二九九七	七十九 三二八九	三千二百 一九二六	三千七百 八〇七四	八分 八一
六十一	十一 六二二一	三十六分 五九	一百〇二 九三六四	七十九 六九二二	三千二百 二八〇七	三千七百 七一九三	八分 八四
六十二	十一 二五六二	三十六分 八三	一百〇二 五七〇五	八十〇 〇(六)[五][八]二(五) [八]	三千二百 三六九一	三千七百 六三〇九	八分 八九
六十三	十 八八七九	三十七分 〇五	一百〇二 二〇二二	八十〇 四二六四	三千二百 四五八〇	三千七百(四五)[五四]二〇 [九]	八分 九〇

六十四	十 五一七四	三十七分 二四	一百〇一 八三一七	八十〇 七九六九	三千二百(四五)[五四]七〇 [一〇]	三千七百 四五三〇	八分 九二
六十五	十 一四五〇	三十七分 四四	一百〇一 四五九三	八十一 一(九)[六]九三 [一一]	三千二百 六三六二	三千七百 三六三八	八分 九四
六十六	九 七七〇六	三十七分 六一	一百〇一 〇八四九	八十一 五四三七	三千二百 七二五六	三千七百 二七四四	八分 九七
六十七	九 三九四五	三十七分 七六	一百〇〇 七〇八八	八十一 九一九八	三千二百 八一五三	三千七百 一八四七	八分 九七
六十八	九 〇一六九	三十七分 九一	一百〇〇 三三一二	八十二 二九七四	三千二百 九〇五〇	三千七百 〇九五〇	八分 九八
六十九	八 六三七八	三十八分 〇七	九十九 九五二一	八十二 六七六五	三千二百 九九四(七)[八] [一二]	三千七百 〇〇五三	九分 〇〇
七十	八 二五七一	三十八分 一七	九十九 五七一四	八十三 〇五七二	三千三百 〇八四八	三千六百 九一五二	九分 〇〇
七十一	七 八七五四	三十八分 二八	九十九 一八九七	八十三 四三八九	三千三百 一七四八	三千六百 八二五二	九分 〇一
七十二	七 四九二六	三十八分 三八	九十八 八〇六九	八十三 八二一七	三千三百 二六四九	三千六百 七三五一	九分 〇一
七十三	七 一〇八八	三十八分 四七	九十八 四二三一	八十四 二〇五五	三千三百(二)[三]五五〇 [一三]	三千六百 六四五〇	九分 〇一
七十四	六 七二四一	三十八分 五四	九十八 〇三八四	八十四 五九〇二	三千三百 四四五一	三千六百 五五四九	九分 〇一

七十五	六 三三八七	三十八分 六二	九十七 六五三〇	八十四 九七五六	三千三百 五三五二	三千六百 四六四八	九分 〇一
七十六	五 九五二五	三十八分 六七	九十七 二六六八	八十五 三六一八	三千三百 六二五三	三千六百 三七四七	九分 〇一
七十七	五 五六五八	三十八分 七三	九十(七)[六] 八八〇一 [一四]	八十五 七四八五	三千三百 七一五四	三千六百 二八四六	九分 〇〇
七十八	五 一七八五	三十八分 七七	九十六 四九二八	八十六 一三五八	三千三百 八〇五四	三千六百 一九四六	九分 〇〇
七十九	四 七九〇八	三十八分 八一	九十六 一〇五一	八十六 五二三五	三千三百 八九五四	三千六百 一〇四六	九分 〇〇
八十	四 四〇二七	三十八分 八五	九十五 七一七〇	八十六 九一一六	三千三百 九八五四	三千六百 〇一四六	九分 〇〇
八十一	四 〇一四二	三十八分 八八	九十五 三二八五	八十七 三〇〇一	三千四百 〇七五四	三千五百 九二四六	九分 〇〇
八十二	三 六二五四	三十八分 八九	九十四 九(四)[三](六四)[九七]	八十七 六八(三)[八九] [一五]	三千四百 一六五四	三千五百 八三四六	八分 九七
八十三	三 二三六五	三十八分 九〇	九十四 五五〇(九)[八]	八十八 〇七七(七)[八] [一六]	三千四百 二五五一	三千五百 七四四九	八分 九七
八十四	二 八四七五	三十八分 九二	九十四 一六一八	八十八 四六六八	三千四百 三四四八	三千五百 六五五二	八分 九七
八十五	二 四五八三	三十八分 九三	九十三 七七二六	八十八(六)[八]五六〇 [一七]	三千四百 四三四五	三千五百 五六五五	八分 九七

八十六	二 〇六九〇	三十八分 九四	九十三 三八三三	八十九 二四五三	三千四百 五二四二	三千五百 四七五八	八分 九六
八十七	一 六七九六	三十八分 九四	九十二 九九三九	八十九 六三四七	三千四百 六一三八	三千五百 三八六二	八分 九六
八十八	一 二九〇二	三十八分 九五	九十二 六〇四五	九十〇 〇二四一	三千四百 七〇三四	三千五百 二九六六	八分 九六
八十九	九〇〇七	三十八分 九五	九十二 二一五〇	九十〇 四一三六	三千四百 七九三〇	三千五百 二〇七〇	八分 九六
九十	五一一二	三十八分 九五	九十一 八二五五	九十〇 八〇三一	三千四百 八八二六	三千五百 一一七四	八分 九五
九十一	一二一七	一十二分 一七	九十一 四三六〇	九十一 一九二六	三千四百 九七二一	三千五百 〇二七九	二分 七九
九十一 三一	空	空	九十一 三一四三	九十一 三一四三	三千五百	三千五百	空

求每日黃道出入赤道內外去極度

置所求日晨前夜半黃道積度，滿半歲周，去之，在象限已下，爲初限；已上，復減半歲周，餘爲入末限；滿積度，去之，餘以其段內外差乘之，百約之，所得，用減內外度，爲出入赤道內外度；內減外加象限，卽所求去極度及分秒。

求每日半晝夜及日出入晨昏分

置所求入初末限，滿積度，去之，餘以晝夜差乘之，百約之，所得，加減其段半晝夜分，爲所求日半晝夜分；前多後少爲減，前少後多爲加。以半夜分便爲日出分，用減日周，餘爲日入分；以昏明分減日出分，餘爲晨分；加日入分，爲昏分。

求晝夜刻及日出入辰刻

置半夜分，倍之，百約，爲夜刻，以減百刻，餘爲晝刻。以日出入分依發斂求之，卽得所求辰刻。

求更點率

置晨分，倍之，五約，爲更率；又五約更率，爲點率。

求更點所在辰刻

置所求更點數，以更點率乘之，加其日昏分，依發斂求之，卽得所求辰刻。

求距中度及更差度

置半日周，以其日晨分減之，餘爲距中分；以三百六十六度二十五分七十五秒乘之，如日周而一，所得，爲距中度，用減一百八十三度一十二分八十七秒半，倍之，五除，爲更差度及分。

求昏明五更中星

置距中度，以其日午中赤道日度加而命之，卽昏中星所臨宿次，命爲初更中星；以更差度累加之，滿赤道宿次去之，爲逐更及曉中星宿度及分秒。其九服所在晝夜刻分及中星諸率，並准隨處北極出地度數推之。已上諸率，與晷漏所推自相符契。

求九服所在漏刻

各於所在以儀測驗，或下水漏，以定其處冬至或夏至夜刻，與五十刻相減，餘爲至差刻。置所求日黃道，去赤道內外度及分，以至差刻乘之，進一位，如二百三十九而一，所得內減外加五十刻，卽所求夜刻；以減百刻，餘爲晝刻。其日出入辰刻及更點等率，依術求之。

步交會第六

交終分，二十七萬二千一百二十二分二十四秒。

交終，二十七日二千一百二十二分二十四秒。

交中，十三日六千六十一分一十二秒。

交差，二日三千一百八十三分六十九秒。

交望，十四日七千六百五十二分九十六秒半。

交應，二十六萬一百八十七分八十六秒。

交終，三百六十三度七十九分三十四秒。

交中，一百八十一度八十九分六十七秒。

正交，三百五十七度六十四分。

中交，一百八十八度五分。

日食陽曆限，六度。　定法，六十。

陰曆限，八度。　定法，八十。

月食限，十三度五分。　定法，八十七。

推天正經朔入交

置中積，加交應，減閏餘，滿交終分，去之；不盡，以日周約之爲日，不滿爲分秒，卽天正經朔入交汎日及分秒。上考者，中積內加所求閏餘，減交應，滿交終去之；不盡，以減交終，餘如上。

求次朔望入交

置天正經朔入交汎日及分秒，以交望累加之，滿交終日，去之，卽爲次朔望入交汎日及分秒。

求定朔望及每日夜半入交

各置入交汎日及分秒，減去經朔望小餘，卽爲定朔望夜半入交。若定日有增損者，亦

如之。否則因經爲定，大月加二日，小月加一日，餘皆加七千八百七十七分七十六秒，卽次朔夜半入交，累加一日，滿交終日，去之，卽每日夜半入交汎日及分秒。

求定朔望加時入交

置經朔望入交汎日及分秒，以定朔望加減差加減之，卽定朔望加時入交日及分秒。

求交常交定度

置經朔望入交汎日及分秒，以月平行度乘之，爲交常度；以盈縮差盈加縮減之，爲交定度。

求日月食甚定分

日食：視定朔分在半日周已下，去減半周，爲中前；已上，減去半周，爲中後；與半周相減，相乘，退二位，如九十六而一，爲時差；中前以減，中後以加，皆加減定朔分，爲食甚定分；以中前後分各加時差，爲距午定分。

月食：視定望分在日周四分之一已下，爲卯前；已上，覆減半周，爲卯後；在四分之三已下，減去半周，爲酉前；已上，覆減日周，爲酉後。以卯酉前後分自乘，退二位，如四百七十八而一，爲時差；子前以減，子後以加，皆加減定望分，爲食甚定分；各依發斂求之，卽食甚辰刻。

求日月食甚入盈縮曆及日行定度

置經朔望入盈縮曆日及分，以食甚日及定分加之，以經朔望日及分減之，卽爲食甚入盈縮曆，依日躔術求盈縮差，盈加縮減之，爲食甚入盈縮曆定度。

求南北差

視日食甚入盈縮曆定度，在象限已下，爲初限；已上，用減半歲周，爲末限，以初末限度自相乘，如一千八百七十而一，爲度，不滿，退除爲分秒；用減四度四十六分，餘爲南北汎差；以距午定分乘之，以半晝分除之，所得，以減汎差，爲定差。汎差不及減者，反減之爲定差，應加者減之，應減者加之。在盈初縮末者，交前陰曆減，陽曆加，交後陰曆加，陽曆減；在縮初盈末者，交前陰曆加，陽曆減，交後陰曆減，陽曆加。

求東西差

視日食甚入盈縮曆定度，與半歲周相減相乘，如一千八百七十而一，爲度，不滿，退除爲分秒，爲東西汎差，以距午定分乘之，以日周四分之一除之，爲定差。若在汎差已上者，倍汎差減之，餘爲定差，依其加減。在盈中前者，交前陰曆減，陽曆加，交後陰曆加，陽曆減；中後者，交前陰曆加，陽曆減，交後陰曆減，陽曆加。在縮中前者，交前陰曆加，陽曆減，交後陰曆減，陽曆加；中後者，交前陰曆減，陽曆加，交後陰曆加，陽曆減。

求日食正交中交限度

置正交、中交度，以南北東西差加減之，爲正交、中交限度及分秒。

求日食入陰陽曆去交前後度

視交定度，在中交限已下，以減中交限，爲陽曆交前度；已上，減去中交限，爲陰曆交後度；在正交限已下，以減正交限，爲陰曆交前度；已上，減去正交限，爲陽曆交後度。

求月食入陰陽曆去交前後度

視交定度，在交中度已下，爲陽曆；已上，減去交中，爲陰曆。視入陰陽曆，在後準十五度半已下，爲交後度；前準一百六十六度三十九分六十八秒已上，覆減交中，餘爲交前度及分。

求日食分秒

視去交前後度，各減陰陽曆食限，不及減者不食。餘如定法而一，各爲日食之分秒。

求月食分秒

視去交前後度，不用南北東西差者。用減食限，不及減者不食。餘如定法而一，爲月食之分秒。

求日食定用及三限辰刻

置日食分秒，與二十分相減、相乘，平方開之，所得，以五千七百四十乘之，如入定限行度而一，爲定用分，以減食甚定分，爲初虧；加食甚定分，爲復圓；依發斂求之，爲日食三限辰刻。

求月食定用及三限五限辰刻

置月食分秒，與三十分相減、相乘，平方開之，所得，以五千七百四十乘之，如入定限行度而一，爲定用分；以減食甚定分，爲初虧，加食甚定分，爲復圓；依發斂求之，卽月食三限辰刻。

月食既者，以既內分與一十分相減、相乘，平方開之，所得，以五千七百四十乘之，如入定限行度而一，爲既內分；用減定用分，爲既外分；以定用分減食甚定分，爲初虧；加既外，爲食既；又加既內，爲食甚；再加既內，爲生光；復加既外，爲復圓；依發斂求之，卽月食五限辰刻。

求月食入更點

置食甚所入日晨分，倍之，五約，爲更法；又五約更法，爲點法。乃置初末諸分，昏分已上，減去昏分，晨分已下，加晨分，以更法除之，爲更數；不滿，以點法收之，爲點數；其更點數，命初更初點算外，各得所入更點。

求日食所起

食在陽曆，初起西南，甚於正南，復於東南；食在陰曆，初起西北，甚於正北，復於東北；食八分已上，初起正西，復於正東。此據午地而論之。

求月食所起

食在陽曆，初起東北，甚於正北，復於西北；食在陰曆，初起東南，甚於正南，復於西南；食八分已上，初起正東，復於正西。此亦據午地而論之。

求日月出入帶食所見分數

視其日日出入分，在初虧已上、食甚已下者，爲帶食。各以食甚分與日出入分相減，餘爲帶食差，以乘所食之分，滿定用分而一，如月食既者，以既內分減帶食差，餘進一位，如既外分而一，所得，以減既分，卽月帶食出入所見之分；不及減者，爲帶食既出入。以減所食分，卽日月出入帶食所見之分。其食甚在晝，晨爲漸進，昏爲已退；其食甚在夜，晨爲已退，昏爲漸進。

求日月食甚宿次

置日月食甚入盈縮曆定度，在盈，便爲定積；在縮，加半歲周，爲定積。望卽更加半周天度。以天正冬至加時黃道日度，加而命之，各得日月食甚宿次及分秒。

步五星第七

曆度

三百六十五度二十五分七十五秒。

曆中

一百八十二度六十二分八十七秒半。

曆策

一十五度二十一分九十秒六十二微半。

木星

周率，三百九十八萬八千八百分。

周日，三百九十八日八十八分。

曆率，四千三百三十一萬二千九百六十四分八十六秒半。

度率，一十一萬八千五百八十二分。

合應，一百一十七萬九千七百二十六分。

曆應，一千八百九十九萬九千四百八十一分。

盈縮立差，二百三十六加。

平差，二萬五千九百一十二減。

定差，一千八十九萬七千。

伏見，一十三度。

段目	段日	平度	限度	初行率
合伏	一十六日八十六	三度八十六	二度九十三	二十三分
晨疾初	二十八日	六度一十一	四度六十四	二十二分
晨疾末	二十八日	五度五十一	四度一十九	二十一分
晨遲初	二十八日	四度三十一	三度二十八	一十八分
晨遲末	二十八日	一度九十一	一度四十五	一十二分
晨留	二十四日			
晨退	四十六日五十八	四度八十八一十二半	空三十二八十七半	
夕退	四十六日五十八	四度八十八一十二半	空三十二八十七半	一十六分
夕留	二十四日			
夕遲初	二十八日	一度九十一	一度四十五	
夕遲末	二十八日	四度三十一	三度二十八	一十二分
夕疾初	二十八日	五度五十一	四度一十九	一十八分
夕疾末	二十八日	六度一十一	四度六十四	二十一分
夕伏	一十六日八十六	三度八十六	二度九十三	二十二分

火星

周率，七百七十九萬九千二百九十分。

周日，七百七十九日九十二分九十秒。

曆率，六百八十六萬九千五百八十分四十三秒。

度率，一萬八千八百七分半。

合應，五十六萬七千五百四十五分。

曆應，五百四十七萬二千九百三十八分。

盈初縮末立差，一千一百三十五減。

平差，八十三萬一千一百八十九減。

定差，八千八百四十七萬八千四百。

縮初盈末立差，八百五十一加。

平差，三萬二百三十五負減。

定差，二千九百九十七萬六千三百。

伏見，一十九度。

段目	段日	平度	限度	初行率
合伏	六十九日	五十度	四十六度五十	七十三分
晨疾初	五十九日	四十一度八十	三十八度八十七	七十二分
晨疾末	五十七日	三十九度〇八	三十六度三十四	七十分
晨次疾初	五十三日	三十四度一十六	三十一度七十七	六十七分

晨次疾末	四十七日	二十七度〇(六)〔四〕〔八〕	二十五度一十五	六十二分
晨遲初	三十九日	一十七度七十二	一十六度四十八	五十三分
晨遲末	二十九日	六度二十	五度七十七	三十八分
晨留	八日			
晨退	二十八日九十六四十五	八度六十五六十七半	六度四十六三十二半	
夕退	二十八日九十六四十五	八度六十五六十七半	六度四十六三十二半	四十四分
夕留	八日			
夕遲初	二十九日	六度二十	五度七十七	
夕遲末	三十九日	一十七度七十二	一十六度四十八	三十八分
夕次疾初	四十七日	二十七度〇四	二十五度一十五	五十三分
夕次疾末	五十三日	三十四度一十六	三十一度七十七	六十二分
夕疾初	五十七日	三十九度〇八	三十六度三十四	六十七分
夕疾末	五十九日	四十一度八十	三十八度八十七	七十分
夕伏	六十九日	五十度	四十六度五十	七十二分

土星

周率，三百七十八萬九百一十六分。

周日，三百七十八日九分一十六秒。

曆率，一億七百四十七萬八千八百四十五分六十六秒。

度率，二十九萬四千二百五十五分。

合應，一十七萬五千六百四十三分。

曆應，五千二百二十四萬五百六十一分。

盈立差，二百八十三加。

平差，四萬一千二十二減。

定差，一千五百一十四萬六千一百。

縮立差，三百三十一加。

平差，一萬五千一百二十六減。

定差，一千一百一萬七千五百。

伏見，一十八度。

段目	段日	平度	限度	初行率
合伏	二十日四十	二度四十	一度四十九	一十二分
晨疾	三十一日	三度四十	二度一十一	一十一分
晨次疾	二十九日	二度七十五	一度七十一	一十分
晨遲	二十六日	一度五十	初八十三	八分
晨留	三十日			
晨退	五十二日六十四五十八	三度六十二五十四半	初二十八四十五半	
夕退	五十二日六十四五十八	三度六十二五十四半	初二十八四十五半	一十分
夕留	三十日			
夕遲	二十六日	一度五十	初八十三	
夕次疾	二十九日	二度七十五	一度七十一	八分
夕疾	三十一日	三度四十	二度一十一	一十分
夕伏	二十日四十	二度四十	一度四十九	一十一分

金星

周率，五百八十三萬九千二十六分。

周日，五百八十三日九十分二十六秒。

曆率，三百六十五萬二千五百七十五分。

度率，一萬。

合應，五百七十一萬六千三百三十分。

曆應，一十一萬九千六百三十九分。

盈縮立差，一百四十一加。

平差，三減。

定差，三百五十一萬五千五百。

伏見，一十度半。

段目	段日	平度	限度	初行率
合伏	三十九日	四十九度五十	四十七度六十四	一度二十七分半
夕疾初	五十二日	六十五度五十	六十三度〇四	一度二十六分半
夕疾末	四十九日	六十一度	五十八度七十〔一〕〔一九〕	一度二十五分半
夕次疾初	四十二日	五十度二十五	四十八度三十六	一度二十三分半
夕次疾末	三十九日	四十二度五十	四十度九十	一度一十六分
夕遲初	三十三日	二十七度	二十五度九十九	一度二分
夕遲末	一十六日	四度二十五	四度〇九	六十二分

段目	段日	平度	限度	初行率
夕留	五日			
夕退	一十日九十五一十三	三度六十九八十七	一度五十九一十三	
夕退伏	六日	四度三十五	一度六十三	六十一分
合退伏	六日	四度三十五	一度六十〔二〕〔三〕〔二〇〕	八十二分
晨退	一十日九十五一十三	三度六十九八十七	一度五十九一十三	六十一分
晨留	五日			
晨遲初	一十六日	四度二十五	四度〇九	
晨遲末	三十三日	二十七度	二十五度九十九	六十二分
晨次疾初	三十九日	四十二度五十	四十度九十	一度二分
晨次疾末	四十二日	五十度二十五	四十八度三十六	一度一十六分
晨疾初	四十九日	六十一度	五十八度七十一	一度二十〔二〕〔三〕分半〔二一〕

晨疾末	五十二日	六十五度五十	六十三度〇四	一度二十五分半
晨伏	三十九日	四十九度五十	四十七度六十四	一度二十六分半

水星

周率，一百一十五萬八千七百六十分。

周日，一百一十五日八十七分六十秒。

曆率，三百六十五萬二千五百七十五分。

度率，一萬。

合應，七十萬四百三十七分。

曆應，二百五萬五千一百六十一分。

盈縮立差，一百四十一加。

平差，二千一百六十五減。

定差，三百八十七萬七千。

晨伏夕見，一十六度半。

夕伏晨見，一十九度。

段目	段日	平度	限度	初行率
合伏	一十七日七十五	三十四度二十五	二十九度〇八	二度一十五分五十八
夕疾	一十五日	二十一度三十八	一十八度一十六	一度七十分三十四
夕遲	一十二日	一十度一十二	八度五十九	一度一十四分七十二
夕留	二日			
夕退伏	一十一日一十八八十	七度八十一二十	二度一十八十	
合退伏	一十一日一十八八十	七度八十一二十（八）〔二二〕	二度一十八十	一度三分四十六
晨留	二日			
晨遲	一十二日	一十度一十二	八度五十九	
晨疾	一十五日	二十一度三十八	一十八度一十六	一度一十四分七十二
晨伏	一十七日七十五	三十四度二十五	二十九度〇八	一度七十分三十四

推天正冬至後五星平合及諸段中積中星

置中積，加合應，以其星周率去之，不盡，爲前合；復減周率，餘爲後合；以日周約之，得其星天正冬至後平合中積中星。命爲日，日中積；命爲度，日中星。以段日累加中積，卽諸段中積；以〔平〕度累加中星，〔三〕經退則減之，卽爲諸段中星。上考者，中積內減合應，滿周率去之，不盡，便爲所求後合分。

推五星平合及諸段入曆

各置中積，加曆應及所求後合分，滿曆率，去之；不盡，如度率而一爲度，不滿，退除爲分秒，卽其星平合入曆度及分秒；以諸段限度累加之，卽諸段入曆。上考者，中積內減曆應，滿曆率去之，不盡，反減曆率，餘加其年後合，餘同上。

求盈縮差

置入曆度及分秒，在曆中已下，爲盈；已上，減去曆中，餘爲縮。視盈縮曆，在九十一度三十一分四十三秒太已下，爲初限；已上，用減曆中，餘爲末限。其火星，盈曆在六十度八十七分六十二秒半已下，爲初限；已上，用減曆中，餘爲末限。縮曆在一百二十一度七十五分二十五秒已下，爲初限；已上，用減曆中，餘爲末限。置各星立差，以初末限乘之，去加減平差，得，又以初末限乘之，去加減定差，再以初末

限乘之，滿億爲度，不滿退除爲分秒，卽所求盈縮差。

又術：置盈縮曆，以曆策除之，爲策數，不盡爲策餘；以其下損益率乘之，曆策除之，所得，益加損減其下盈縮積，亦爲所求盈縮差。

求平合諸段定積

各置其星其段中積，以其盈縮差盈加縮減之，卽其段定積日及分秒；以天正冬至日分加之，滿紀法去之，不滿，命甲子算外，卽得日辰。

求平合及諸段所在月日

各置其段定積，以天正閏日及分加之，滿朔策，除之爲月數，不盡，爲入月已來日數及分秒。其月數，命天正十一月算外，卽其段入月經朔日數及分秒；以日辰相距，爲所在定〔朔〕月日。〔四〕

求平合及諸段加時定星

各置其段中星，以盈縮差盈加縮減之，金星倍之，水星三之。卽諸段定星；以天正冬至加時黃道日度加而命之，卽其星其段加時所在宿度及分秒。

求諸段初日晨前夜半定星

各以其段初行率，乘其段加時分，百約之，乃順減退加其日加時定星，卽其段初日晨前夜半定星；加命如前，卽得所求。

求諸段日率度率

各以其段日辰距後段日辰爲日率，以其段夜半宿次與後段夜半宿次相減，餘爲度率。

求諸段平行分

各置其段度率，以其段日率除之，卽其段平行度及分秒。

求諸段增減差及日差

以本段前後平行分相減，爲其段汎差；倍而退位，爲增減差；以加減其段平行分，爲初末日行分。前多後少者，加爲初，減爲末；前少後多者，減爲初，加爲末。倍增減差，爲總差；以日率減一，除之，爲日差。

求前後伏遲退段增減差

前伏者，置後段初日行分，加其日差之半，爲末日行分。

後伏者，置前段末日行分，加其日差之半，爲初日行分；以減伏段平行分，餘爲增減差。

前遲者，置前段末日行分，倍其日差，減之，爲初日行分。

後遲者，置後段初日行分，倍其日差，減之，爲末日行分；以遲段平行分減之，餘爲增減差。前後近留之遲段。

木火土三星，退行者，六因平行分，退一位，爲增減差。

金星，前後退伏者，三因平行分，半而退位，爲增減差。

前退者，置後段初日行分，以其日差減之，爲末日行分。

後退者，置前段末日行分，以其日差減之，爲初日行分；乃以本段平行分減之，餘爲增減差。

水星，退行者，半平行分，爲增減差；皆以增減差加減平行分，爲初末日行分。前多後少者，加爲初，減爲末；前少後多者，減爲初，加爲末。又倍增減差，爲總差，以日率減一，除之，爲日差。

求每日晨前夜半星行宿次

各置其段初日行分，以日差累損益之，後少則損之，後多則益之，爲每日行度及分秒；乃順加退減，滿宿次去之，卽每日晨前夜半星行宿次。

求五星平合見伏入盈縮曆

置其星其段定積日及分秒，若滿歲周日及分秒，去之，餘在次年天正冬至後。如在半歲周已下，爲入盈曆；滿半歲周，去之，爲入縮曆；各在初限已下，爲初限；已上，反減半歲周，餘爲末限；卽得五星平合見伏入盈縮曆日及分秒。

求五星平合見伏行差

各以其星其段初日星行分，與其段初日太陽行分相減，餘爲行差。若金、水二星退行在退合者，〔二五〕以其段初日星行分，併其段初日太陽行分，爲行差；內水星夕伏晨見者，直以其段初日太陽行分爲行差。

求五星定合定見定伏汎積

木火土三星，以平合晨見夕伏定積日，便爲定合伏見汎積日及分秒。

金水二星，置其段盈縮差度及分秒，水星倍之。各以其段行差除之，爲日；不滿，退除爲分秒。在平合夕見晨伏者，盈減縮加；在退合夕伏晨見者，盈加縮減；各以加減定積爲定合伏見汎積日及分秒。

求五星定合定積定星

木火土三星，各以平合行差除其段初日太陽盈縮積，爲距合差日；不滿，退除爲分秒，以太陽盈縮積減之，爲距合差度。各置其星定合汎積，以距合差日盈減縮加之，爲其星定合定積日及分秒；以距合差度盈減縮加之，爲其星定合定星度及分秒。

金水二星，順合退合者，各以平合退合行差，除其日太陽盈縮積，爲距合差日；不滿，退除爲分秒，順加退減太陽盈縮積，爲距合差度。順合者，盈加縮減其星定合汎積，爲其星定合定積日及分秒；退合者，以距合差日盈（加）〔減〕縮（減）〔加〕、距合差度盈加縮減其星退

定合汎積，〔二六〕爲其星退定合定積日及分秒；命之，爲退定合定星度及分秒。以天正冬至日及分秒，加其星定合定積日及分秒，滿旬周，去之，命甲子算外，卽得定合日辰及分秒。以天正冬至加時黃道日度及分秒，加其星定合定星度及分秒，滿黃道宿次，去之，卽得定合所躔黃道宿度及分秒。徑求五星合伏定日：木、火、土三星，以夜半黃道日度，減其星夜半黃道宿次，餘在其日太陽行分已下，爲其日伏合；金、水二星，以其星夜半黃道宿次，減夜半黃道日度，餘在其日金、水二星行分已下者，爲其日伏合。金、水二星伏退合者，視其日太陽夜半黃道宿次，未行到金、水二星宿次，又視次日太陽行過金、水二星宿次，金、水二星退行過太陽宿次，爲其日定合伏退定日。

求木火土三星定見伏定積日

各置其星定見定伏汎積日及分秒，晨加夕減九十一日三十一分六秒，如在半歲周已下，自相乘，已上，反減歲周，餘亦自相乘，滿七十五，除之爲分，滿百爲度，不滿，退除爲秒；以其星見伏度乘之，一十五除之，所得，以其段行差除之，爲日，不滿，退除爲分秒；見加伏減汎積，爲其星定見伏定積日及分秒；加命如前，卽得定見定伏日辰及分秒。

求金水二星定見伏定積日

各以伏見日行差，除其段初日太陽盈縮積，爲日，不滿，退除爲分秒；若夕見晨伏，盈加縮減；如晨見夕伏，盈減縮加；以加減其星定見定伏汎積日及分秒，爲常積。如在半歲周已下，爲冬至後，已上，去之，餘爲夏至後。各在九十一日三十一分六秒已下，自相乘，已上，反減半歲周，亦自相乘。冬至後晨，夏至後夕，一十八而一，爲分；冬至後夕，夏至後晨，七十五而一，爲分；又以其星見伏度乘之，一十五除之，所得，滿行差，除之，爲日，不滿，退除爲分秒，加減常積，爲定積。在晨見夕伏者，冬至後加之，夏至後減之；夕見晨伏者，冬至後減之，夏至後加之；爲其星定見定伏定積日及分秒；加命如前，卽得定見定伏日晨及分秒。

校勘記

〔一〕一百一十五度（三）〔二〕一七三　按此表「黃道積度」爲太陽在黃道之度數。「內外度」爲黃道與赤道相距度數，黃道在赤道北爲內度，黃道在赤道南爲外度。內外度最大值爲二十三度九十分三十秒，卽「黃赤大距」。「內外差」卽內外度前後項之差。「冬、夏至前後去極」指太陽在冬、夏至之前或之後黃道積度之去極度數。冬至前後太陽在赤道南，故去極度減一象限爲外度。夏至前後太陽在赤道北，故一象限減去極度爲內度。「冬晝夏夜」指冬至前後半晝刻分及夏至前後半夜刻分，以五千分相減爲「夏晝冬夜」數。據冬夏至去極度數、大都地理緯度可求日出沒時間，而定晝夜刻分數，半之則爲半晝夜刻分數。「晝夜差」爲前後刻分數之差。此處「三」誤。高麗史卷五一曆志授時曆經與驗算合，據改。古今律曆考已校。

〔二〕二十三六三（二四）〔四二〕一百一十四九四八（一）〔五〕六十七六八〇（五）〔一〕一千九百一五六（七）〔一〕　據驗算改。第一、四項律曆融通已校。

〔三〕一千九百一（四）七〔四〕〇　高麗史卷五一曆志授時曆經與驗算合，據改正。律曆融通已校。

〔四〕六十七九（四）〔七〕四七　高麗史卷五一曆志授時曆經與驗算合，據改。

〔五〕一千九百四二一（二）〔三〕　高麗史卷五一曆志授時曆經與驗算合，據改。律曆融通已校。

〔六〕二十二四一（五）〔九〕三　據驗算改。律曆融通已校。

〔七〕七十八九六八（一）〔二〕　高麗史卷五一曆志授時曆經與驗算合，據改。

〔八〕八十〇〇（六）〔五八〕一（五）　高麗史卷五一曆志授時曆經與驗算合，據改。

〔九〕二千七百（四五）〔五四〕二〇　高麗史卷五一曆志授時曆經與驗算合，據改正。律曆融通已校。

〔一〇〕二千二百（四五）〔五四〕七〇　高麗史卷五一曆志授時曆經與驗算合，據改正。律曆融通已校。

〔一一〕八十一一（九）〔六〕九三　高麗史卷五一曆志授時曆經與驗算合，據改。

〔一二〕二千二百九九四（七）〔八〕　高麗史卷五一曆志授時曆經與驗算合，據改。律曆融通已校。

〔一三〕二千三百（二）〔三〕五五〇　高麗史卷五一曆志授時曆經與驗算合，據改。律曆融通已校。

〔一四〕九十（七）〔六〕　高麗史卷五一曆志授時曆經與驗算合，據改。

〔一五〕九十四九（四）〔三〕（六四）〔九七〕八十七六八（二二）〔八九〕　高麗史卷五一曆志授時曆經與驗算合，據

改。

〔一六〕九十四五五〇（九）〔八〕八十八〇七七（七）〔八〕　高麗史卷五一曆志授時曆經與驗算合，據改。

〔一七〕八十八（六）〔八〕五六〇　高麗史卷五一曆志授時曆經與驗算合，據改。

〔一八〕二十七度〇（六）〔四〕　據高麗史卷五二曆志授時曆經改。按此係晨次疾末平度數，應與夕次疾初同。律曆融通已校。

〔一九〕五十八度七十〔一〕　按此係夕疾末限度數，應與晨疾初限度同。今從殿本補。

〔二〇〕一度六十（二）〔三〕　據高麗史卷五二曆志授時曆經改。按此係合退伏限度數，應與夕退伏限度同。律曆融通已校。

〔二一〕一度二十（二）〔三〕分半　據高麗史卷五二曆志授時曆經改。按此係晨疾初初行率數，應與夕次疾初初行率同。律曆融通已校。

〔二二〕七度八十二十（八）　按此係合退伏平度，應與夕退伏平度同。今從北監本刪。

〔二三〕以〔平〕度累加中星　據高麗史卷五二曆志授時曆經補。

〔二四〕爲所在定〔朔〕月日　據庚午元曆、金大明曆補。

〔二五〕若金水二星退行在退合者　庚午元曆、金大明曆作「若金在退行，水在退合」，授時曆此句文字略有改動，然應作「若金水二星在退行退合者」，意始合，此處史文疑有倒誤。

〔二六〕以距合差日盈（加）〔減〕縮（減）〔加〕　據庚午元曆、金大明曆改正。律曆融通已校。

明　宋濂等撰

元史

第五册

卷五六至卷六三（志）

中華書局

中華書局

元史卷五十六

志第八

曆五

庚午元曆上

演紀上元庚午，距太(宗)〔祖〕庚辰歲，(一)積年二千二十七萬五千二百七十算外，上考往古，每年減一算，下驗將來，每年加一算。

步氣朔術

日法，五千二百三十。

歲實，一百九十一萬二百二十四。

通餘，二萬七千四百二十四。

朔實，一十五萬四千四百四十五。

通閏，五萬六千八百八十四。

歲策，三百六十五，餘一千二百七十四。

朔策，二十九，餘二千七百七十五。

氣策，一十五，餘一千一百四十二，秒六十。

望策，一十四，餘四千二，秒四十五。

象策，七，餘二千一，秒二十二半。

沒限，四千八十七，秒三十。

朔虛分，二千四百五十五。

旬周，三十一萬三千八百。

紀法，六十。

秒母，九十。

求天正冬至

置上元庚午以來積年，以歲實乘之，為通積分，滿旬周，去之，不盡，以日法約之，為日，不盈為餘，命壬戌算外，即得所求天正冬至大小餘也。先以里差加減通積分，然後求之。求里差術，具月離篇中。

求次氣

置天正冬至大小餘，以氣策及餘累加之，秒盈秒母從分，分滿日法從日，即得次氣日及餘分秒。

求天正經朔

置通積分，滿朔實去之，不盡，為閏餘，以減通積分，為朔積分，滿旬周，去之，不盡，如日法而一，為日，不盡，為餘，即得所求天正經朔大小餘也。

求弦望及次朔

置天正經朔大小餘，以象策累加之，即各得弦望及次朔經日及餘秒也。

求沒日

置有沒之氣恒氣小餘，如沒限以上，為有沒之氣，以秒母乘之，內其秒，用減四十七萬七千五百五十六，餘，滿六千八百五十六而一，所得，并入恒氣大餘內，命壬戌算外，即得為沒日也。

求滅日

置有滅之朔小餘，經朔小餘不滿朔虛分者。六因之，如四百九十一而一，所得，并經朔大餘，

命為滅日。

步卦候發斂術

候策，五，餘三百八十，秒八十。

卦策，六，餘四百五十七，秒六。

貞策，三，餘二百二十八，秒四十八。

秒母，九十。

辰法，二千六百一十五。

半辰法，一千三百七半。

刻法，三百一十三，秒八十。

辰刻，八，分一百四，秒六十。

半辰刻，四，分五十二，秒三十。

秒母，一百。

求七十二候

置節氣大小餘，命之為初候，以候策累加之，即得次候及末候也。

求六十四卦

置中氣大小餘，命之爲公卦，以卦策累加之，得辟卦，又加，得〔侯〕內卦，〔三〕以貞策加之，得節氣之初，爲侯外卦，又以貞策加之，得大夫卦，又以卦策加之，爲卿卦也。

求土王用事

以貞策減四季中氣大小餘，卽得土王用事日也。

求發斂

置小餘，以六因之，如辰法而一，爲辰數，不盡，以刻法除爲刻，命子正算外，卽得加時所在辰刻分也。如加半辰法，卽命子初。

求二十四氣卦候

恒氣 月中節 四正卦	初候	次候	末候	始卦	中卦	終卦
冬至 十一月中 坎初六	蚯蚓結	麋角解	水泉動	公中孚	辟復	侯屯內
小寒 十二月節 坎九二	鴈北鄉	鵲始巢	野鷄始鴝	侯屯外	大夫謙	卿睽
大寒 十二月中 坎六三	鷄始乳	鷙鳥厲疾	水澤腹堅	公升	辟臨	侯小過內
立春 正月節 坎六四	東風解凍	蟄蟲始振	魚上冰	侯小過外	大夫蒙	卿益
雨水 正月中 坎九五	獺祭魚	鴻鴈來	草木萌動	公漸	辟泰	侯需內
驚蟄 二月節 坎上六	桃始華	鶬鶊鳴	鷹化爲鳩	侯需外	大夫隨	卿晉
春分 二月中 震初九	玄鳥至	雷乃發聲	始電	公解	辟大壯	侯豫內
清明 三月節 震六二	桐始華	田鼠化爲鴽	虹始見	侯豫外	大夫訟	卿蠱
穀雨 三月中 震六三	萍始生	鳴鳩拂其羽	戴勝降于桑	公革	辟夬	侯旅內
立夏 四月節 震九四	螻蟈鳴	蚯蚓出	王瓜生	侯旅外	大夫師	卿比
小滿 四月中 震六五	苦菜秀	靡草死	小暑至	公小畜	辟乾	侯大有內
芒種 五月節 震上六	螳螂生	鵙始鳴	反舌無聲	侯大有外	大夫家人	卿井
夏至 五月中 離初九	鹿角解	蜩始鳴	半夏生	公咸	辟姤	侯鼎內
小暑 六月節 離六二	溫風至	蟋蟀居壁	鷹乃學習	侯鼎外	大夫豐	卿渙
大暑 六月中 離九三	腐草化爲螢	土潤溽暑	大雨時行	公履	辟遯	侯恒內
立秋 七月節 離九四	涼風至	白露降	寒蟬鳴	侯恒外	大夫節	卿同人
處暑 七月中 離六五	鷹乃祭鳥	天地始肅	禾乃登	公損	辟否	侯巽內
白露 八月節 離上九	鴻鴈來	玄鳥歸	羣鳥養羞	侯巽外	大夫萃	卿大畜
秋分 八月中 兌初九	雷乃收聲	蟄蟲坏戶	水始涸	公賁	辟觀	侯歸妹內
寒露 九月節 兌九二	鴻鴈來賓	雀入大水化爲蛤	菊有黃花	侯歸妹外	大夫無妄	卿明夷
霜降 九月中 兌六三	豺乃祭獸	草木黃落	蟄蟲咸俯	公困	辟剝	侯艮內
立冬 十月節 兌九四	水始冰	地始凍	野鷄入水化爲蜃	侯艮外	大夫既濟	卿噬嗑
小雪 十月中 兌九五	虹藏不見	天氣上騰地氣下降	閉塞成冬	公大過	辟坤	侯未濟內
大雪 十一月節 兌上六	鶡鳥不鳴	虎始交	荔挺出	侯未濟外	大夫蹇	卿頤

步日躔術

周天分，一百九十一萬二千九百九十二，秒九十八。

歲差，六十八，秒九十八。

秒母，一百。

周天度，三百六十五，分二十五，秒六十七。

象限，九十一，分三十一，秒九。

分秒母，一百。

二十四氣日積度盈縮

恒氣	日積度	分秒	損益率	初末率	日差	盈縮積
冬至	空		益七千五十九	初四百九十八 八十 六十五 末四百(七)〔二〕十八 八十八 一十一〔三〕	四 九十一 七十九	盈空
小寒	一十五	九十二 四十三	益五千九百三十	初四百三十五 八十九 七十三 末三百(二十五)〔五十二〕 一十 四十一〔四〕	五 一十八 九十九	盈七千五十九
大寒	三十一	七十三 四十八	益四千七百一十八	初三百四十八 八十四 八十 末二百七十一 一十八 七十四	五 四十六 一十九	盈一万二千九百七十九

立春	四十七	四十二 五十一	益三千四百五十三	初二百六十七 六十二 八十六 末一百八十六 一十六 一十六	五 七十二 九十六	盈一万七千六百九十七
雨水	六十二	九十八 八十九	益二千一百二十六	初一百八十二 二十七 三十八 末九十七 一十二 三十二	五 九十八 八十七	盈二万一千一百五十
驚蟄	七十八	四十二 空	益七百三十九	初九十一 一十三 四十六 末五 九十八 四十	五 九十八 八十七	盈二万三千二百七十六
春分	九十三	七十一 二十四	損七百三十九	初五 九十八 四十 末九十一 一十三 四十六	五 九十八 八十七	盈二万四千一十五
清明	一百八	八十五 六十九	損二千一百二十六	初九十八 九十六 五十 末一百八十 四十三 二十	五 七十二 (六十九)〔九十六〕〔五〕	盈二万三千二百七十六
穀雨	一百二十三	八十六 二十八	損三千四百五十三	初一百八十八 六 四十八 末二百六十五 七十二 五十四	五 四十六 一十九	盈二万一千一百五十
立夏	一百三十八	七十三 六十	損四千七百一十八	初二百七十三 一十一 九十七 末三百四十六 九十一 四十三	五 一十八 九十(七)〔九〕〔六〕	盈一万七千六百九十七
小滿	一百五十三	四十八 二十七	損五千九百二十	初三百五十四 三 七十九 末四百二十三 九十六 三十二	四 九十一 七十九	盈一万二千九百七十九
芒種	一百六十八	一十 九十二	損七千五十九	初四百三十六 八十八 一十一 末四百九十〔八〕 八十 六十五〔七〕	四 九十一 七十九	盈七千五十九
夏至	一百八十二	六十二 一十八	益七千五十九	初四百九十六 八十 六十五 末四百二十八 八十八 一十一	四 九十一 七十九	縮空
小暑	一百九十七	一十三 四十三	益五千九百二十	初四百二十五 八十九 七十二 末三百五十二 一十 四十一	五 一十八 九十九	縮七千五十九
大暑	二百一十一	七十六 八	益四千七百一十八	初三百四十八 八十四 八十 末二百七十一 一十八 七十四	五 四十六 一十九	縮一万二千九百七十九
立秋	二百二十六	五十 七十五	益三千四百五十三	初二百六十七 六十二 八十六 末一百八十六 一十六 一十六	五 七十二 九十六	縮一万七千六百九十七
處暑	二百四十一	三十八 七	益二千一百二十六	初一百八十二 二十七 三十八 末九十七 一十二 三十二	五 九十八 八十七	縮(一)〔二〕万二千一百五十〔八〕
白露	二百五十六	三十八 六十六	益七百三十九	初九十一 一十三 四十六 末五 九十八 四十	五 九十八 八十七	縮(一)〔二〕万三千二百七十六〔九〕
秋分	二百七十一	三十三 一十二	損七百三十九	初五 九十八 四十 末九十一 一十三 四十六	五 九十八 八十七	縮二万四千一十五
寒露	二百八十六	八十二 (二)〔三〕十五〔一〇〕	損二千一百二十六	初九十八 九十六 五十 末一百八十 四十三 二十	五 七十二 九十六	縮二万三千二百七十六
霜降	三百二	二十五 四十六	損三千四百五十三	初一百八十八 六 四十八 末二百六十五 七十二 五十四	五 四十六 一十九	縮二万一千一百五十
立冬	三百一十七	八十一 八十四	損四千七百一十八	初二百七十三 一十一 九十七 末三百四十六 九十一 四十三	五 一十八 九十九	縮一万七千六百九十七
小雪	三百三十三	五十 八十七	損五千九百二十	初三百五十四 三(十) 〔七〕十九 末四百二十三 九十六 三十二〔一一〕	四 九十一 七十九	縮一万二千九百七十九
大雪	三百四十九	三十一 九十二	損七千五十九	初四百三十六 八十八 一十一 末四百九十八 八十 六十五	四 九十一 七十九	縮七千五十九

二十四氣中積及朓朒

恒氣	中積	經分	約分	損益率	初末率	日差	朓朒積
冬至	空			益三百七十六	初一十九 四十(九)〔八〕 六十四 末一十六 七十八 五十二〔一三〕	一十九	朒空
小寒	一十五	一千一百四十二 六十	三十一 八十四	益三百三十三	初一十六 六十八 七十四 末一十三 八十 一十九	二十 二十九	朒三百七十六
大寒	三十	二千二百八十五 三十	四十三 六十九	益二百八十五	初一十三 六十九 一十一 末一十 六十二 一十四	二十一 五十九	朒五百八
立春	四十五	三千四百二十八	六十五 五十四	益一百三十五	初一十 四十六 七十 末七 二十七 四十(三)〔五〕〔一二〕	二十二 四十五	朒六百九十三
雨水	六十	四千五百七十 六十	八十七 三十九	益八十三	初七 一十一 一十四 末三 七十九 六十三	二十三 三十二	朒八百(三)〔二〕十八〔一四〕
驚蟄	七十六	四百八十三 三十	九 二十四	益二十九	初三 五十六 三十一 末空 二十四 八十	二十三 三十二	朒九百一十一
春分	九十一	一千六百二十六	三十一 九	損二十九	初空 二十四 八十 末三 五十六 三十一	二十三 三十二	朒九百四十
清明	一百六	二千七百六十八 六十	五十二 九十三	損八十三	初三 八十五 七十六 末七 五 一	二十二 四十五	朒九百一十一
穀雨	一百二十一	三千九百一十一 三十	七十四 七十八	損一百三十五	初七 (二)〔三〕十(五)〔三〕 五十九 末一十 四十 五十六〔一五〕	二十一 五十九	朒八百二十八
立夏	一百三十六	五千五十四	九十六 六十三	損一百八十五	初一十 七十一 三十六 末一十三 五十九 九十一	二十 二十九	朒六百九十三
小滿	一百五十二	九百九十六 六十	一十八 四十八	損三百三十三	初一十三 八十九 四十 末一十六 五十九 五十二	一十九	朒五百八
芒種	一百六十七	二千一百九 三十	四十 三十(二)〔三〕〔一六〕	損三百七十六	初一十六 七十八 五十二 末一十九 四十九 六十四	一十九	朒三百七十六
夏至	一百八十二	三千三百五十二	六十二 一十八	益三百七十六	初一十九 四十(九)〔八〕 六十四 末一十六 七十八 五十二〔一七〕	一十九	朓空
小暑	一百九十七	四千三百九十四 六十	八十四 二	益三百三十三	初一十六 六十八 七十四 末一十三 八十 一十九	二十 二十九	朓三百七十六
大暑	二百一十三	三百七 三十	五 八十七	益二百八十五	初一十三 六十九 (八)〔一〕十一〔一八〕 末一十 六十二 一十四	二十一 五十九	朓五百八
立秋	二百二十八	一千四百五十	二十七 七十二	益一百三十五	初一十 四十六 七十 末七 二十七 四十五	二十二 四十五	朓六百九十三
處暑	二百四十三	二千五百九十(三)〔二〕 六十	四十九 五十七〔一九〕	益八十三	初七 一十一 一十四 末三 七十九 六十三	二十三 三十二	朓八百二十八
白露	二百五十八	(二)〔三〕千七百(三)〔二〕十五 三十	七十一 四十二〔二〇〕	益二十九	初三 五十六 三十一 末空 二十四 八十	二十三 三十二	朓九百一十一
秋分	二百七十三	四千八百七十八	九十三 二十七	損二十九	初空 二十四 八十 末三 五十六 三十一	二十三 三十二	朓九百四十
寒露	二百八十九	七百九十 六十	一十五 一十二	損八十三	初三 八十五 七十六 末七 (一十一)〔五〕 一〔二一〕	二十二 四十五	朓九百一十一
霜降	三百四	一千九百三十三 三十	三十六 九十六	損一百三十五	初七 二十五 五十九 末一十 四十 五十六	二十一 五十九	朓八百二十八

立冬	三百一十九	三千七十六 五十八	八十一	損一百八十五	初一十 七十一 三十六 末一十三 五十九 九十一	三十 二十九	朓六百九十三
小雪	三百三十四	四千二百一十八 八十	六十 六十六	損二百三十二	初一十五 八十九 四十 末一十六 五十九 五十二	一十九	朓五百八
大雪	三百五十	一百三十一 三	三十 (三)〔五〕十一〔三二〕	損二百七十六	初一十六 七十八 五十二 末一十九 四十八 六十四	一十九	朓二百七十六

求每日盈縮朓朒

各置其氣損益率，求盈縮，用盈縮之損益；求朓朒，用朓朒之損益。六因，如象限而一，爲其氣中率；與後氣中率相減，爲合差；〔半合差，〕加減其氣中率，〔三三〕爲初末汎率。至後，加初減末；分後，減初加末。又置合差，六因，如象限而一，爲日差；半之，加減初末汎率，爲初末定率；至後，減初加末；分後，加初減末。以日差累加減氣初定率，爲每日損益分；至後，減；分後，加。各以每日損益分加減氣下盈縮朓朒，爲每日盈縮朓朒。二分前一氣無後率相減爲合差者，皆用前氣合差。

求經朔弦望入氣

置天正閏餘，以日法除爲日，不滿，爲餘；如氣策以下，以減氣策，爲入大雪氣；以上，去之，餘亦以減氣策，爲入小雪氣；卽得天正經朔入氣日及餘也；以象策累加之，滿氣策去之，卽爲弦望入次氣日及餘；因加得後朔入氣日及餘也。便爲中朔望入氣。

求每日損益盈縮朓朒

以日差益加損減其氣初損益率，爲每日損益率；馴積損益其氣盈縮朓朒積，爲每日盈縮朓朒積。

求經朔弦望入氣朓朒定數

以各所求入氣小餘，以乘其日損益率，如日法而一；所得，損益其下朓朒積，爲定數。便爲中朔弦望朓朒定數。

赤道宿度

斗二十五　牛七少　女十一少　虛九少六十七秒

危十五度半　室十七　壁八太

右北方七宿，九十四度六十七秒。

奎十六半　婁十二　胃十五　昴十一少

畢十七少　觜半　參十半

右西方七宿，八十三度。

井三十三少　鬼二半　柳十三太　星六太

張十七少　翼十八〔太〕〔三四〕　軫十七

右南方七宿，一百九度少。

角十二　亢九少　氐十六　房五太

心六少　尾十九少　箕十半

右東方七宿，七十九度。

求冬至赤道日度

置通積分，以周天分去之；餘，日法而一，爲度，不滿，退除爲分秒；以百爲母，命起赤道虛宿(六)〔七〕度外，〔三五〕去之，不滿宿，卽得所求年天正冬至加時日躔赤道宿度及分秒。其在尋斯干之東西者，先以里差加減通積分。

求春分夏至秋分赤道日度

置天正冬至加時赤道日度，累加象限，滿赤道宿次，去之，卽各得春分、夏至、秋分加時日在宿度及分秒。

求四正赤道宿積度

置四正赤道宿全度，以四正赤道日度及分秒減之，餘爲距後度；以赤道宿度累加之，各得四正後赤道宿〔積〕度及分秒。〔三六〕

求赤道宿積度入初〔末〕限〔三七〕

視四正後赤道宿積度及分，在四十五度六十五分五十四秒半以下，爲入初限；以上者，用減象限，餘爲入末限。

求二十八宿黃道度

置四正後赤道宿入初末限度及分，減一百一度；餘，以初末限度及分乘之，進位，滿百爲分，分滿百爲度；至後以減、分後以加赤道宿積度，爲其宿黃道積度；以前宿黃道積度減之，其四正之宿，先加象限，然後以前(縮)〔宿〕減之。〔三八〕爲其宿黃道度及分。其分就近約爲太半少。

黃道宿度

斗二十三　牛七　女十一　虛九少六十七秒

危十六　室十八少　壁九半

右北方七宿，九十四度六十七秒。

奎十七太　婁十二太　胃十五半　昴十一

畢十六半　觜半　參九太

右西方七宿，八十三度太。

井三十半　鬼二半　柳十三少　星六太

張十七太　翼二十　軫十八半

右南方七宿，一百九度少。

角十二太　亢九太　氐十六少　房五太

心六　尾十八少　箕九半

右東方七宿，七十八度少。

前黃道宿度，依今曆歲差所在算定。如上考往古，下驗將來，當據歲差，每〔移〕一度，〔二九〕依術推變當時宿度，然後可步七曜，知其所在。

求天正冬至加時黃道日度

以冬至加時赤道日度分秒，減一百一度，餘以冬至加時赤道日度及分秒乘之，進位，滿百爲分，分滿百爲度，命曰黃赤道差；用減冬至加時赤道日度及分秒，卽得所求年天正冬至加時黃道日度及分秒。

求二十四氣加時黃道日度

置所求年冬至日〔躔〕黃赤道差，〔三〇〕以次年黃赤道差減之，餘以所求氣數乘之，二十四而一，所得，以加其氣中積度及約分，以其氣初日盈縮數盈加縮減之，用加冬至加時黃道日度，依宿次去之，卽各得其氣加時黃道日躔宿度及分秒。如其年冬至加時（黃）〔赤〕道宿度空分秒在歲差以下者，〔三一〕卽加前宿全度，然求黃赤道差，餘依術算。

求二十四氣及每日晨前夜半黃道日度

副置其恒氣小餘，以其氣初日損益率乘之，盈縮之損益。萬約之，應益者盈加縮減，應損者盈減縮加，其副日法除之，爲度，不滿，退除爲分秒，以減其氣加時黃道日度，卽得其氣初日晨前夜半黃道日度。每日加一度，以萬乘之，又以每日損益數，盈縮之損益。應益者盈加縮減，應損者盈減縮加，爲每日晨前夜半黃道日度及分秒。

求每日午中黃道日度

置一萬分，以所求入氣日損益數加減，益者，盈加縮減；損者，盈減縮加。半之，滿百爲分，不滿爲秒，以加其日晨前夜半黃道日度，卽其日午中日躔黃道宿度及分秒。

求每日午中黃道積度

以二至加時黃道日度，距至所求日午中黃道日度，爲入二至後黃道日積度及分秒。

求每日午中黃道入初末限

視二至後黃道積度，在四十三度一十二分八十七秒之以下爲初限；以上，用減象限，餘爲入末限。其積度，滿象限去之，爲二分後黃道積度；在四十八度一十八分二十（一）〔二〕秒之以下，爲初限；〔三二〕以上，用減象限，餘爲入末限。

求每日午中赤道日度

以所求日午中黃道積度，入至後初限、分後末限度及分秒，進三位，加二十萬二千五十少，開平方除之，所得減去四百四十九半；餘在初限者，直以二至赤道日度加而命之；在末限者，以減象限，餘以二分赤道日度加而命之，卽每日午中赤道日度。

以所求日午中黃道積度，入至後末限、分後初限度及分秒，進三位，（同）〔用〕減三十萬三千五十少，〔三三〕開平方除之，所得，以減五百五十半，其在初限者，以所減之餘，直以二分赤道日度加而命之；在末限者，以減象限，餘以二至赤道日度加而命之，卽每日午中赤道日度。

太陽黃道十二次入宮宿度

危　十三度三十九分五十九秒外入衞分陬訾之次，辰在亥。

奎　二度三十五分八十五秒外入魯分降婁之次，辰在戌。

胃　四度二十四分三十三秒外入趙分大梁之次，辰在酉。

畢　七度九十（六）〔五〕分（六）〔二十〕秒外入晉分實沈之次，辰在申。〔三四〕

井　九度四十七分一十秒外入秦分鶉首之次，辰在未。

柳　四度九十五分（三）〔一〕十六秒外入周分鶉火之次，辰在午。〔三五〕

張　十五度五十六分三十五秒外入楚分鶉尾之次，辰在巳。

軫　十度四十四分五秒外入鄭地壽星之次，辰在辰。

氐　一度七十七分七十七秒外入宋分大火之次，辰在卯。

尾　三度九十七分七十二秒外入燕分析木之次，辰在寅。

斗　四度三十六分六十六秒外入吳越分星紀之次，辰在丑。

女　二度九十一分九十一秒外入齊分玄枵之次，辰在子。

求入宮時刻

各置入宮宿度及分秒，以其日（辰）〔晨〕前夜半日度減之，〔三六〕相近一度之間者求之。餘以日法乘其分，其秒從於下，亦通乘之。爲實；以其日太陽行分爲法；實如法而一，所得，依發斂加時求之，卽得其日太陽入宮時刻及分秒。

步晷漏術

中限，一百八十二日六十二分一十八秒。

冬至初限、夏至末限，六十二日二十分。

夏至初限、冬至末限，一百二十日四十二分。

冬至永安晷影常數，一丈二尺八寸三分。

夏至永安晷影常數，一尺五寸六分。

周法，一千四百二十八。

內外法，一萬八百九十六。

半法，二千六百一十五。

日法四分之三，三千九百二十二半。

日法四分之一，一千三百七半。

昏明分，一百三十分七十五秒。

昏明刻，二刻一百五十六分九十秒。

刻法，三百一十三分八十秒。

秒母，一百。

求午中入氣中積

置所求日大餘及半法，以所入氣大小餘減之，為其日午中入氣；以加其氣中積，為其日午中中積。小餘以日法除，為約分。

求二至後午中入初末限

置午中中積及分，如中限以下，為冬至後；以上，去中限，為夏至後。其二至後，如在初

限以下，為初限；以上，覆減中限，餘為入末限也。

求午中晷影定數

視冬至後初限、夏至後末限，百通日內分，自相乘，副置之，以一千四百五十除之，所得，加五萬三百八，折半限分併之，除其副為分，分滿十為寸，寸滿十為尺，用減冬至地中晷影常數，為〔所〕求晷影定數。〔三七〕

視夏至後初限、冬至後末限，百通日內分，自相乘，為上位；下置入限分，以二百二十五乘之，百約之，加一十九萬八千七十五，為法。夏至前後半限以上者，減去半限，列於上位，下置半限，各百通日內分，先相減，後相乘，以七千七百除之，所得以加其法。(及)〔反〕除上位為分，〔三八〕分滿十為寸，寸滿十為尺，用加夏至地中晷影常數，為所求晷影定數。

求四方所在晷影

各於其處測冬夏二至晷數，乃相減之，餘為其處二至晷差；亦以地中二至晷數相減，為地中二至晷差。其所求日在冬至後初限、夏至後末限者，如在半限以下，倍之；半限以上，覆減全限，餘亦倍之，併入限日，三因，折半，以日為分，十分為寸，以減地中二至晷差，為法。置地中冬至晷影常數，以所求日地中晷影定數減之，餘以其處二至晷差乘之，為實。實如法而一，所得，以減其處冬至晷數，即得其處其日晷影定數。所求日在夏至後初限、冬至

後末限者，如在半限以下，倍之；半限以上，覆減全限，餘亦倍之，併入限日，三因，四除，以日為分，十分為寸，以加地中二至晷差，為法；置所求日地中晷影定數，以地中夏至晷影常數減之，餘以其處二至晷差乘之，為實，實如法而一，所得，以加其處夏至晷數，即得其處其日晷影定數。

二十四氣陟降及日出分

恆氣	增損差	加減差	陟降率	初末率	日出分
冬至	增 初九二十六 末七九十六	減十	陟十四十	初空五五十 末一二十六四	一千五百六十七九十(三)〔二〕〔三九〕
小寒	增 初七八十九 末六五十九	減十	陟二十八七十三	初一三十六 末二三十七(三)〔三〕十六〔四〇〕	一千五百五十七五十二
大寒	增 初六五十三 末五二十三	減十	陟四十三五十六	初二四十三 末三二十五一十八	一千五百二十八七十九
立春	增 初五一十八 末四八十八	減十	陟五十五二十九	初三二十九 末三九十二四十二	一千四百八十五六十三
雨水	增 初四八十三 末三五十二	減十	陟六十三九十	初四九十五五十 末四三十九八十八	一千四百三十四
驚蟄	增 初二四十八 末一三十八	減十	陟六十九二十八	初四四十四 末四六十七一十六	一千三百六十六一十四

恆氣	增損差	加減差	陟降率	初末率	日出分
春分	損 初一三十(八)〔六〕 末二四十(八)〔四一〕	(減十)〔加八〕〔四二〕	陟六十四六十九	初四三十七六十八 末四一十	一千二百九十六九十六
清明	損 初(三)〔二〕五十 末三五十〔四三〕	加八	陟五十九九	初四八五十 末三六十六二十二	一千二百三十二二十七
穀雨	損 初三六十八 末四六十九	加八	陟五十八十四	初三六十二 末三三六十二	一千一百七十三一十八
立夏	損 初四八十 末五八十四	加八	陟三十九八十六	初二九十八 末二二十四五十	一千一百二十三三十四
小滿	損 初五九十八 末七二	加八	陟二十六六	初(一)〔二〕一十六 末一二十五〔四四〕	一千八十二四十八
芒種	損 初七一十九 末八二十三	加八	陟九三十五	初一一十五 末空七六	一千五十六四十二
夏至	增 初八三十七 末七三十三	減八	降九三十五	初空四五十 末一一十四四十	一千四十七七
小暑	增 初七二十 末六一十六	減八	降二十六六	初一二十三 末二一十六五十二	一千五十六四十二
大暑	增 初六 末四九十六	減八	降三十九八十六	初二二十二五〔十〕 末二九十九二十二〔四五〕	一千八十二四十八
立秋	增 初四八十 末三七十六	減八	降五十八十四	初三三 末三六十二九十二	一千一百二十三三十四
處暑	增 初三六十 末二五十六	減八	降五十九九	初三六十五五十 末四八六十二	一千一百七十(二)〔三〕一十八〔四六〕

白露	增 初二四十 末一三十六	減八	降六十四六十九	初四一十五十 末四三十六八十三	一千二百三十二二十七
秋分	損 初一六十 末(一)[二]六十 [四七]	加十	降六十九一十八	初四六十八 末四四十四九十	一千二百九十六九十六
寒露	損 初二六十二 末三九十二	加十	降六十三九十	初四四十二 末三九十六二十三	一千三百六十六一十四
霜降	損 初三九十八 末五二十八	加十	降五十五一十九	初三九十四 末三二十九一十八	一千四百三十四
立冬	損 初五三十三 末六六十二	加十	降四十三五十六	初(二)[三]二十七 末二四十三四十(三)[二] [四八]	一千四百八十五二十三
小雪	損 初六六十六 末七九十六	加十	降二十八七十三	初二三十九五十 末一三十七一十六	一千五百二十八七十九
大雪	損 初八三 末九三十二	加十	降十四十	初一二十八五十 末空七一十二	一千五百五十七五十三

二分前後陟降率

春分前三日，太陽入赤道內，秋分後三日，太陽出赤道外，故其陟降與他日不倫，今各別立數而用之。

驚蟄，十二日陟四六十七一十六。此爲末率，於此用畢。其減差亦止於此也。

十三日陟四四十一六。十四日陟四三十八九十。

十五日陟四。

秋分，初日降四三十八。一日降四三十九。

二日降四五十九。三日降四六十八。

此爲初率，始用之。其加差亦始於此也。

求每日日出入晨昏半晝分

各以陟降初率，陟減降加其氣初日日出分，爲一日下日出分；以增損差乃加減加減差。增損陟降率，馴積而加減之，卽爲每日日出分；覆減日法，餘爲日入分；以日出分減日入分，半之，爲半晝分；以昏明分減日出分，爲晨分；加日入分，爲昏分。

求日出入辰刻

置日出入分，以六因之，滿辰法而一，爲辰數；不盡，刻法除之，爲刻，不滿爲分；命子正算外，卽得所求。

求晝夜刻

置日出分，十二乘之，刻法而一，爲刻，不滿爲分，卽爲(刻夜)[夜刻]；[四九]覆減一百，餘爲晝刻及分秒。

求更點率

置晨分，四因之，退位，爲更率；二因更率，退位，爲點率。

求更點所在辰刻

置更點率，以所求更點數因之，又六因之，內加昏明分，滿辰法而一，爲辰數；不盡，滿刻法，除之，爲刻數；不滿，爲分；命其日辰刻算外，卽得所求。

求四方所在漏刻

各於所在下水漏，以定其處冬至或夏至夜刻，乃與五十刻相減，餘爲至差刻。置所求日黃道去赤道內外度及分，以至差刻乘之，進一位，如二百三十九而一，爲刻；不盡，以刻法乘之，退除爲分；內減外加五十刻，卽得所求日夜刻；以減百刻，餘爲晝刻。其日出入辰刻及更點差率等，並依前術求之。

求黃道內外度

置日出之分，如日法四分之一以上，去之，餘爲外分；如日法四分之一以下，覆減之，餘爲內分。置內外分，千乘之，如內外法而一，爲度，不滿，退除爲分秒，卽爲黃道去赤道內外度，內減外加象限，卽得黃道去極度。

求距中度及更差度

置半法，以晨分減之，餘爲距中分；百乘之，如周法而一，爲距中度；用減一百八十三度

一十二分八十三秒半，餘四因，退位，爲每更差度。

求昏明五更中星

置距中度，以其日午中赤道日度加而命之，卽昏中星所格宿次；因爲初更中星；以更差度累加之，滿赤道宿次，去之，卽得逐更及明中星。

步月離術

轉終分，一十四萬四千一百一十，秒六千二十，微六十。

轉終日，二十七，餘二千九百，秒六千二十，微六十。

轉中日，一十三，餘四千六十五，秒三千一十，微三十。

朔差日，一，餘五千一百四，秒三千九百七十九，微四十。

象策，七，餘二千一，秒二千五百。

秒母，一萬。

微母，一百。

上弦度，九十一，分三十一，秒四十一太。

望度，一百八十二，分六十二，秒八十三半。

下弦度，二百七十三，分九十四，秒二十五少。

月平行度，十三，分三十六，秒八十七半。

分秒母，一百。

七日初數，四千六百四十八。末數，五百八十二。

十四日初數，四千六十五。末數，一千一百六十五。

二十一日初數，三千四百八十三。末數，一千七百四十七。

二十八日初數，二千九百一。

求經朔弦望入轉 凡稱秒者，微從之，他倣此。

置天正朔積分，以轉終分及秒去之，不盡，如日法而一，爲日，不滿爲餘秒，卽天正十一月經朔入轉日及餘秒；以象策累加之，去命如前，得弦望經日加時入轉及餘秒；徑求次朔入轉，卽以朔差加之。加減里差，卽得中朔弦望入轉及餘秒。

求轉定分及積度朓朒

一日	一千四百六十八	度初	疾初	益五百一十三	朓初
二日	一千四百五十七	一十四度六十八	疾一度三十一	益四百六十九	朓五百一十三
三日	一千四百四十二	二十九度二十五	疾二度五十一	益四百一十二	朓九百八十二
四日	一千四百二十二	四十三度六十七	疾三度五十六	益三百三十二	朓一千三百九十三
五日	一千三百九十九	五十七度八十九	疾四度四十一	益二百四十三	朓一千七百二十五
六日	一千(七)〔三〕百七十三〔五〇〕	七十一度八十八	疾五度三	益一百四十一	朓一千九百六十八
七日	一千三百四十七	八十五度六十一	疾五度三十九	初益四十三 末損四	朓二千一百九
八日	一千三百二十一	九十九度八	疾五度四十九	損六十三	朓二千一百四十八
九日	一千二百九十五	一百一十二度二十九	疾五度三十四	損一百六十四	朓二千八十五
十日	一千二百七十一	一百二十五度二十四	疾四度九十一	損二百五十八	朓一千九百二十一
十一日	一千二百四十七	一百三十七度九十五	疾四度二十五	損三百(二十五)〔五十二〕〔五一〕	朓一千六百六十三
十二日	一千二百二十八	一百五十度四十二	疾三度三十五	損四百二十(三)〔七〕〔五二〕	朓一千三百一十一
十三日	一千二百一十四	一百六十二度七十	疾二度二十六	損四百八十一	朓八百八十四
十四日	一千二百四	一百七十四度八十四	疾一度三	初損四百三 末益二百一十七	朓四百三
十五日	一千二百八	一百八十六度八十八	遲空三十	益五百五	朒一百一十七
十六日	一千二百一十九	一百九十八度九十六	遲一度五十九	益四百六十二	朒六百二十二
十七日	一千二百三十六	二百一十一度一十五	遲二度七十七	益三百九十五	朒一千八十四
十八日	一千二百五十八	二百二十三度五十一	遲三度七十八	益三百九	朒一千四百七十九
十九日	一千二百八十一	二百三十六度九	遲四度五十(六)〔七〕〔五三〕	益二百一十九	朒一千七百八十八
二十日	一千三百七	二百四十八度九十	遲五度一十三	益一百一十七	朒二千七
二十一日	一千三百三十三	二百六十一度九十七	遲五度四十三	初益二十七 末損一十二	朒二千一百二十四
二十二日	一千三百五十九	二百七十五度三十	遲五度四十七	損八十六	朒二千一百四十一
二十三日	一千三百八十四	二百八十八度八十九	遲五度二十五	損一百八十四	朒二千五十四
二十四日	一千四百八	三百二度七十三	遲四度七十八	損二百七十八	朒一千八百七十
二十五日	一千四百三十一	三百一十六度八十一	遲四度七	損三百六十八	朒一千五百九十二
二十六日	一千四百四十九	三百三十一度一十(一)〔二〕〔五四〕	遲三度一十三	損四百三十八	朒一千二百二十四
二十七日	一千四百六十三	三百四十五度(八)〔六〕十一〔五五〕	遲二度一	損四百九十三	朒七百八十六
二十八日	一千四百七十二	三百六十度二十四	遲空七十五	損二百九十三	朒二百九十(三)〔三〕〔五六〕

求中朔弦望入轉朓朒定數

置入轉小餘，以其日算外損益率乘之，如日法而一，所得，以損益朓朒積，爲定數。其四七日下餘，如初數以下，初率乘之，如初數而一，以損益朓朒積，爲定數；如初數以上，以初數減之，餘乘末率，如末數而一，用減初率，餘如朓朒積，爲定數。其十四日下餘，如初數以上，以初數減之，餘乘末率，如末數而一，爲〔朓〕朒定數。〔五七〕

求朔弦望中日

以尋斯干城爲準，置相去地里，以四千三百五十九乘之，退位，萬約爲分，曰里差；以加減經朔弦望小餘，滿與不足，進退大餘，卽中朔弦望日及餘。以東加之，以西減之。

求朔弦望定日

置中朔弦望小餘，朓減朒加入氣入轉朓朒定數，滿與不足，進退大餘，命壬戌算外，各得定朔弦望日辰及餘。定朔干名與後朔同者，其月大；不同者，其月小；月內無中氣者，爲閏。視定朔小餘，秋分後在日法四分之三以上者，進一日；春分後，定朔日出分與春分日出分相減之，餘者，三約之，用減四分之三；定朔小餘及此分以上者，亦進一日；或有交，虧初於日入前者，不進之。定弦望小餘，在日出分以下者，退一日；或有交，虧初於日出前者，小餘雖在日出後，亦退之。如望在十七日者，又視定朔小餘在四分之三以下之數春分後用減定之數。與定望小餘在日出分以上之數相校之，朔少望多者，望不退，而朔猶進之；望少朔多者，朔不進，而望猶退之。日月之行，有盈縮遲疾；加減之數，或有四大三小。若循常當察加時早晚，隨所近〔而進〕退之，〔五八〕使不過四大三小。

求定朔弦望中積

置定朔弦望小餘，與中朔弦望小餘相減之，餘以加減經朔弦望入氣日餘，中朔弦望，少即加之，多即減之。即爲定朔弦望入氣；以加其氣中積，即爲定朔弦望中積。其餘，以日法退除爲分秒。

求定朔弦望加時日度

置定朔弦望約餘，以所入氣日損益率乘之，盈縮之損益。萬約之，以損益其下盈縮積，乃盈加縮減定朔弦望中積，又以冬至加時日躔黃道宿度加之，依宿次去之，即得定朔弦望加

時日所在度分秒。

又法：置定朔弦望約餘，副之，以乘其日盈縮之損益率，萬約之，應益者盈加縮減，應損者盈減縮加，其副滿百爲分，分滿百爲度，以加其日夜半日度，命之，各得其日加時日躔黃道宿次。若先於曆中注定每日夜半日度，即用此法爲妙也。

求定朔弦望加時月度

凡合朔加時日月同度，其定朔加時黃道日度即爲定朔加時黃道月度；弦望，各以弦望度加定朔弦望加時黃道日度，依宿次去之，即得定朔弦望加時黃道月度及分秒。

求夜半午中入轉

置中朔入轉，以中朔〔小〕餘減之，〔五九〕爲中朔夜半入轉。又中朔小餘，與半法相減之，餘以加減中朔加時入轉，中朔少如半法，加之；多如半法，減之。爲中朔午中入轉。若定朔大餘有進退者，亦加減轉日，否則因中爲定，每日累加一日，滿轉終日及餘秒，去命如前，各得每日夜半午中入轉。求夜半，因定朔夜半入轉累加之；求午中，因定朔午中入轉累加之；求加時入轉者，如求加時入氣之術法。

求加時及夜半月度

置其日入轉算外轉定分，以定朔弦望小餘乘之，如日法而一，爲加時轉分，分滿百爲度。減定朔弦望加時月度，〔爲夜半月度。〕〔六〇〕以相次轉定分累加之，即得每日夜半月度。或朔至弦望，或至後朔，皆可累加之。然近則差少，遠則差多。置所求前後夜半相距月度爲行度，計其日相距入轉積度，與行度相減，餘以相距日數除之，爲日差行度。多日差加每日轉定分行度，少日差減每日轉定分而用之可也。欲求速，即用此數。欲究其微，而可用後術。

求晨昏月度

置其日晨分，乘其日算外轉定分，日法而一，爲晨轉分；用減轉定分，餘爲昏轉分。又以朔望定小餘，乘轉定分，日法而一，爲加時分，以減晨昏轉分，爲前；不足，覆減之，爲後；乃前加後減加時月度，即晨昏月度所在宿度及分秒。

求朔弦望晨昏定程

各以其朔昏定月減上弦昏定月，餘爲朔後昏定程。以上弦昏定月，減望昏定月，餘爲上弦後昏定程。以望晨定月，減下弦晨定月，餘爲望後晨定程。以下弦晨定月，減後朔晨定月，餘爲下弦後晨定程。

求每日轉定度

累計每定程相距日下轉積度，與晨昏定程相減，餘以相距日數除之，爲日差；定程多，加之；定程少，減之。以加減每日轉〔定〕分，爲轉定度；〔六一〕因朔弦望晨昏月，每日累加之，滿宿

次去之，爲每日晨昏月度及分秒。凡注曆，朔日已後注昏月，望後一日注晨月。古曆有九道月度，其數雖繁，亦難削去，具其術如後。

求平交日辰

置交終日及餘秒，以其月經朔加時入交汎日及餘秒減之，餘爲平交〔入〕其月經朔加時後日算及餘秒；〔六二〕中朔同。以加其月中朔大小餘，其大餘命壬戌算外，即得平交日辰及餘秒。求次交者，以交終日及餘秒加之，如大餘滿紀法，去之，命如前，即得次平〔交〕日辰及餘秒也。〔六三〕

求平交入轉朓朒定數

置平交小餘，〔加〕其日夜半入轉，餘以乘其〔日〕損益率，〔六四〕日法而一，所得，以損益其日下朓朒積，爲定數。

求正交日辰

置平交小餘，以平交入轉朓朒定數朓減朒加之，滿與不足，進退日辰，即得正交日辰及餘秒；與定朔日辰相距，即得所在月日。

求中朔加時中積

各以其月中朔加時入氣日及餘，加其氣中積及餘，其日命爲度，其餘，以日法退除爲分秒，即其月中朔加時中積度及分秒。

求正交加時黃道月度

置平交入中朔加時後日算及餘秒，以日法通日內餘進二位，如三萬九千一百二十一爲度，不滿，退除爲分秒，以加其月中朔加時中積，然後以冬至加時黃道日度加而命之，卽得其月正交加時月離黃道宿度及分秒。如求次交者，以交中度及分秒加而命之，卽得所求。

求黃道宿積度

置正交加時黃道宿全度，以正交加時月離黃道宿度及分秒減之，餘爲距後度及分秒；以黃道宿度累加之，卽各得正交後黃道宿積度及分秒。

求黃道宿積度入初末限

置黃道宿積度及分秒，滿交象度及分秒去之，餘在半交象以下爲初限；以上者，減交象度，餘爲末限。入交積度、交象度，並在交會篇中。

求月行九道宿度

凡月行所交，冬入陰曆，夏入陽曆，月行青道；冬至夏至後，青道半交在春分之宿，當黃道東；立冬立夏後，青道半交在立春之宿，當黃道東南；至所衝之宿，亦皆如之也。宜細推。冬入陽曆，夏入陰曆，月行白道；冬至夏至後，白道半交在秋分之宿，當黃道西；立冬立夏後，白道半交在立秋之宿，當黃道西北；至所衝之宿，亦如之也。春入陽曆，秋入陰曆，月行朱道；春分秋分後，朱道半交在夏至之宿，當黃道南；立春立秋後，朱

道半交在立夏之宿，當黃道西南；至所衝之宿，亦如之也。春入陰曆，秋入陽曆，月行黑道。春分秋分後，黑道半交在冬至之宿，當黃道北；立春立秋後，黑道半交在立冬之宿，當黃道東北；至所衝之宿，亦如之也。四序離爲八節，至陰陽之所交，皆與黃道相會，故月行有九道。各以所入初末限度及分，減一百一度，餘以所入(初入)初末限度及分乘之，〔六三〕半而退位爲分，分滿百爲度，命爲月道與黃道汎差。

凡日以赤道內爲陰，外爲陽；月以黃道內爲陰，外爲陽。故月行正交，入夏至後宿度內爲同名，入冬至後宿度內爲異名。其在同名者，置月行與黃道汎差，九因之，八約之，爲定差；半交後，正交前，以差減；正交後，半交前，以差加；此加減出入六度，正如黃赤道相交同名之差，若較之漸異，則隨交所在遷變不常。仍以正交度距秋分度數，乘定差，如象限而一，所得，爲月道與赤道定差；前加者爲減，減者爲加。其在異名者，置月行與黃道汎差，七因之，八約之，爲定差；半交後，正交前，以差減；正交後，半交前，以差加；此加減出入六度，異(名)〔如〕黃赤道相交異名之差，〔六六〕若較之漸同，則隨交所在遷變不常。仍以正交度距春分度數，乘定差，如象限而一，所得，爲月道與赤道定差；前加者爲減，減者爲加，各加減黃道宿積度，爲九道宿積度；以前宿九道積度減之，爲其宿九道度及分秒。其分就近約爲太、半、少，論春夏秋冬，以四時日所在宿度爲正。

求正交加時月離九道宿度

以正交加時黃道日度及分，減一百一度，餘以正交度及分乘之，半而退位爲分，分滿百爲度，命爲月道與黃道汎差。其在同名者，置月行與黃道汎差，九因之，八約之，爲定差，以加；仍以正交度距秋分度數乘定差，如象限而一，所得，爲月道與赤道定差，以減。其異名者，置月行與黃道汎差，七因之，八約之，爲定差，以減；仍以正交度距春分度數，乘定差，如象限而一，所得，爲月道與赤道定差，以加。置正交加時黃道月度及分，以二差加減之，卽爲正交加時月離九道宿度及分。

求定朔弦望加時月所在度

置定朔加時日躔黃道宿次，凡合朔加時，月行潛在日下，與太陽同度，是爲加時月離宿次；各以弦望度及分秒，加其所當弦望加時日躔黃道宿度，滿宿次，去之，命如前，各得定朔弦望加時月所在黃道宿度及分秒。

求定朔弦望加時九道月度

各以定朔弦望加時月離黃道宿度及分秒，加前宿正交後黃道積度，爲定朔弦望加時正交後黃道積度；如前求九道積度，以前宿九道積度減之，餘爲定朔弦望加時九道月離宿度及分秒。其合朔加時，若非正交，則日在黃道，月在九道，所入宿度雖多少不同，考其兩極若繩準。故云月行潛在日下，與太陽同度，卽爲加時。九道月度，求其晨昏夜半月度，並依前術。

校勘記

〔一〕太(宗)〔祖〕庚辰歲　見卷五二校勘記〔一〕。

〔二〕又加得(侯)〔侯〕內卦　按庚午元曆概本諸金大明曆見金史卷二一、二二曆志，金大明曆作「侯內」，據補。

〔三〕末四百(七)〔二〕十八　按此表「恒氣」卽二十四節氣名。「日積度」「分秒」爲本氣前累計太陽實行度及分秒。「損益率」，以一萬除得度分秒，爲本氣內太陽實行與平行之差。「初末率」，一氣內各日損益率並非平派，係漸加與漸減。氣初爲初率，氣末爲末率。以初率加末率，折半，乘一平氣日數，得本氣損益率。「日差」，卽本氣內每日損益率之差。以初率與末率之較，于一平氣內日數內減一日後除，卽得日差。「盈縮積」，卽本氣前損益率之累計數。此處「七」爲「二」之誤，據驗算改。以下倣此。

〔四〕末三百(二十五)〔五十二〕　金大明曆與驗算合，據改正。

〔五〕五七十二(六十九)〔九十六〕　殿本與金大明曆及驗算合，從改正。

〔六〕五一十八九十(七)〔九〕　金大明曆與驗算合，據改。

〔七〕末四百九十〔八〕　金大明曆與驗算合，據補。

〔八〕縮(一)〔二〕萬一千一百五十　殿本與金大明曆及驗算合，從改。

〔九〕縮(一)〔二〕萬三千二百七十六　殿本與金大明曆及驗算合，從改。

〔一〇〕八十(二)〔三〕十五　金大明曆與驗算合，據改。

〔一一〕初三百五十四三(十)〔七〕十九　金大明曆與驗算合，據删、補。

〔一二〕初一十九四十(九)〔八〕六十四　按此表「中積」爲截止至本氣前平氣累計日數。「經分」爲未經日法約後之分數，「約分」爲約後實數。「損益率」，二十四氣日積度盈縮中損益率數以月每日平行度十三度三十六分八十七秒半除後，再乘以日法，卽得。其餘各項同此。此處數字有誤，金大明曆與驗算合，據改。

〔一三〕末七二十七四十(三)〔五〕　金大明曆與驗算合，據改。

〔一四〕朒八百(三)〔一〕十八　道光本與金大明曆及驗算合，從改。

〔一五〕初七(二)〔三〕十(五)〔三〕五十九　金大明曆與驗算合，據改。

〔一六〕四十三十(二)〔三〕　金大明曆與驗算合，據改。

〔一七〕初一十九四十(九)〔八〕六十四　金大明曆與驗算合，據改。

〔一八〕初一十三六十九(八)〔一〕十一　金大明曆與驗算合，據改。

〔一九〕二千五百九十(三)〔二〕　金大明曆與驗算合，據改。

〔二〇〕(二)〔三〕千七百(二)〔三〕十五三十　據驗算改。

〔二一〕末七(二十二)〔五〕一　金大明曆與驗算合，據改。

〔二二〕二(三)〔五〕十一　據驗算改。

〔二三〕〔半合差〕加減其氣中率　據宋史卷七九律曆志紀元曆、金大明曆補。

〔二四〕翼十八〔太〕　諸曆測黃赤道宿，一般只標度數，「其分就近約爲太、半、少」，卽分別相當四分之三、二、一度。此處南方七宿共一百九度少，減去翼宿以外之六宿度數，餘數應爲十八度太。金大明曆與驗算合，據補。

〔二五〕命起赤道虛宿(六)〔七〕度外　據宋紀元曆、金大明曆改。

〔二六〕各得四正後赤道宿〔積〕度及分秒　據本段標題及宋紀元曆、金大明曆補。

〔二七〕求赤道宿積度入初〔末〕限　據下文及宋紀元曆、金大明曆補。

〔二八〕以前(縮)〔宿〕減之　道光本與上文及宋紀元曆、金大明曆合，從改。

〔二九〕每〔移〕一度　據宋紀元曆、金大明曆補。

〔三〇〕置所求年冬至日〔躔〕黃赤道差　據宋紀元曆、金大明曆補。

〔三一〕如其年冬至加時(黃)〔赤〕道宿度　據宋紀元曆、金大明曆改。

〔三二〕四十八度一十八分二十(一)〔二〕秒之以下爲初限　二至後黃道積度兩限數之和應爲一象限，宋紀元曆、金大明曆與驗算合，據改。

〔三三〕(同)〔用〕減三十萬三千五十少　道光本與宋紀元曆、金大明曆合，從改。

〔三四〕畢七度九十(六)〔五〕分(六)〔二十〕秒　此係太陽黃道十二次入宮宿度。先求十二次入宮赤道宿度。按本曆太陽赤道宿度命起虛宿七度外，而大定庚子冬至太陽赤道宿度在斗一度七十分，於是推得太陽赤道交宮於斗三度十四分二十九秒。由此累加一宮度數，求得各宮入赤道宿度。其次，依本曆求黃赤道差公式，求得太陽黃道十二次入宮宿度。此處數字有誤，據驗算改。以下倣此。

〔三五〕柳四度九十五分(二)〔一〕十六秒　據驗算改。

〔三六〕以其日(辰)〔晨〕前夜半日度減之　殿本與金大明曆合，從改。

〔三七〕爲〔所〕求晷影定數　據宋紀元曆、金大明曆補。

〔三八〕(及)〔反〕除上位爲分　道光本與金大明曆合，從改。

〔三九〕一千五百六十七九十(三)〔二〕　按此表「日出分」，指本氣氣初日出時分。「初末率」指一氣內初日至末日對日出分之增減數，自初至末，等加或等減。「陟降率」卽初日至末日之累計總數，陟率爲減，降率爲加。以本氣氣初日出分，加或減陟降率卽得次氣氣初日出分。「增損差」，指初末率內每日之增減數，自初至末，等加或等減。「加減差」，指增損差內每日平均增減數。用內插法求差及求和公式，可得表中各數。以下倣此。此處「三」誤，金大明曆與驗算合，據改。

〔四〇〕末二三十七(二)〔三〕十六　金大明曆與驗算合，據改。

〔四一〕損初一三十(八)〔六〕末二四十(八)　金大明曆與驗算合，據改、删。

〔四二〕(減十)〔加八〕　金大明曆與驗算合，據改。

〔四三〕初(三)〔二〕五十　殿本與金大明曆合，從改。

〔四四〕初(一)〔二〕一十六　據驗算改。

〔四五〕初二二十二五〔十〕　金大明曆與驗算合，據補。

〔四六〕一千一百七十(二)〔三〕一十八　金大明曆與驗算合，據改。

〔四七〕末(一)〔二〕六十　金大明曆與驗算合，據改。

〔四八〕初(三)〔二〕二十七末二四十三四十(三)〔二〕　金大明曆與驗算合，據改。

〔四九〕卽爲(刻夜)〔夜刻〕　道光本與本段標題及金大明曆合，從改正。

〔五〇〕一千(七)〔三〕百七十三　按此表第二欄爲「轉定分」，卽月在本日之實行分，以百除卽得度及分。第三欄爲「轉定度」，卽月在本日前實行度分之累計數。第四欄爲「遲疾度」，卽月在本日前實行與平行之差之累計數。第五欄爲「損益率」，月在本日實行與平行之差，以月之每日平行度十三度三十六分八十七秒半除後，乘以日法，卽得。第六欄爲「朓朒積」，卽本日前損益率之累計數。以下倣此。此處「七」誤，金大明曆與驗算合，據改。

〔五一〕損三百(三十五)〔五十二〕　據驗算改正。

〔五二〕損四百二十(五)〔七〕　金大明曆與驗算合，據改。

〔五三〕遲四度五十(六)〔七〕　金大明曆與驗算合，據改。

〔五四〕三百三十一度一十(一)〔二〕　金大明曆與驗算合，據改。

〔五五〕三百四十五度(八)〔六〕十一　據驗算改。

〔五六〕朒二百九十(三)〔二〕　金大明曆與驗算合，據改。

〔五七〕爲〔朓〕朒定數　據本段標題及金大明曆補。

〔五八〕隨所近〔而進〕退之　據上文及金大明曆補。

〔五九〕以中朔〔小〕餘減之　據下文及金大明曆補。

〔六〇〕減定朔弦望加時月度〔爲夜半月度〕　據上文及金大明曆補。

〔六一〕以加減每日轉〔定〕分爲轉定度　據金大明曆補。

〔六二〕餘爲平交〔入〕其月經朔加時後日算及餘秒　據宋紀元曆、金大明曆補。

〔六三〕卽得次平〔交〕日辰及餘秒也　據本段標題、正文及宋紀元曆、金大明曆補。

〔六四〕置平交小餘〔加〕其日夜半入轉餘以乘其〔日〕損益率　據宋紀元曆、金大明曆補。

〔六五〕餘以所入(初入)初末限度及分乘之　據宋紀元曆、金大明曆刪。

〔六六〕此加減出入六度異(名)〔如〕黃赤道相交異名之差　據宋紀元曆、金大明曆改。

元史卷五十七

志第九

曆六

庚午元曆下

步交會術

交終分，一十四萬二千三百一十九，秒九千三百六，微二十。

交終日，二十七，餘一千一百九，秒九千三百六，微二十。

交中日，一十三，餘三千一百六十九，秒四千六百五十三，微一十。

交朔日，二，餘一千六百六十五，秒六百九十三，微八十。

交望日，一十四，餘四千二，秒五千。

秒母，一萬。

微母，一百。

交終度，三百六十三，分七十九，秒三十六。

交中度，一百八十一，分八十九，秒六十八。

交象度，九十，分九十四，秒八十四。

半交象度，四十五，分四十七，秒四十二。

日食既前限，二千四百。定法，二百四十八。

日食既後限，三千一百。定法，三百二十。

月〔食〕限，〔二〕五千一百。

月食既限，一千七百。定法，三百四十。

分秒母，皆一百。

求朔望入交　先置里差，半之，如九而一，所得依其加減天正朔積分，然後求之。

置天正朔積分，以交終分去之，不盡，如日法而一，爲日，不滿爲餘，卽得天正十一月中朔入交汎日及餘秒。便爲中朔加時入交汎日及餘。交朔加之，得次朔；交望加之，得望；再加交望，亦得次朔，各爲朔望入交汎日及餘秒。凡稱餘秒者，微亦從之，餘倣此。

求定朔及每日夜半入交

各置入交汎日及餘秒，減去中朔望小餘，卽爲定朔望夜半入交汎日及餘秒。若定朔望有進退者，亦進退交日，否則因中爲定，大月加二日，小月加一日，餘皆〔加〕四千一百二十，〔二〕秒六百九十三，微八十，卽次朔夜半入交；累加一日，滿交終日及餘秒，去之，卽每日夜半入交汎日及餘秒。

求定朔望加時入交

置中朔望加時入交汎日及餘秒，以入氣入轉朓朒定數朓減朒加之，卽得定朔望加時入交汎日及餘秒。

求定朔望加時入交積度及陰陽曆

置定朔望加時入交汎日，以日法通之，內餘進二位，如三萬九千一百二十一而一，爲度，不滿，退除爲分秒，卽得定朔望加時月行入交積度；以定朔望加時入轉遲疾度遲減疾加之，卽爲月行入(定交)〔交定〕積度；〔三〕如交中度以下，爲入陽曆積度，以上，去之，爲入陰曆積度。每日夜半準此求之。

求月去黃道度

視月入陰陽曆積度及分，交象以下，爲少象；以上，覆減交中，餘爲老象。置所入老少象度於上位，列交象〔度〕於下，〔四〕相減，相乘，倍之，退位爲分，分滿百爲度，用減所入老少

象度及分；餘，又與交中度相減、相乘，八因之，以一百一十除之，爲分，分滿百爲度，卽得月去黃道度及分。

求朔望加時入交常日及定日

置朔望入交汎日，以入氣朓朒定數朓減朒加，爲入交常日。又置入轉朓朒定數，進一位，以一百二十七而一，所得，朓減朒加交常日，爲入交定日及餘秒。

求入交陰陽曆交前後分

視入交定日，如交中以下，爲陽曆；以上，去之，爲陰曆。如一日上下，以日法通日內分，內餘爲交後分；十三日上下，覆減交中日，餘爲交前分。

求日月食甚定餘

置朔望入氣入轉朓朒定數，同名相從，異名相消，以一千三百三十七乘之，以定朔望加時入轉算外轉定分除之，所得，以朓減朒加中朔望小餘，爲汎餘。日食，視汎餘，如半法以下，爲中前，半法以上，去之，爲中後。置中前後分，與半法相減、相乘，倍之，萬約爲分，曰時差。中前以時差減汎餘，爲定餘；覆減半法，餘爲午前分；中後以時差加汎餘，爲定餘；減去半法，餘爲午後分。月食，視汎餘，在日入後夜半前，如日法四分之三以下，減去半法，爲酉前分；四分之三以上，覆減日法，餘爲酉後分。又視汎餘，在夜半後日出前者，如日法四分之一以下，爲卯(酉)〔前〕分；〔五〕四分之一以上，覆減半法，餘爲卯後分。其卯酉前後分，自相乘，四因，退位，萬約爲分，以加汎餘，爲定餘。各置定餘，以發斂加時法求之，卽得日月食甚辰刻及分秒。

求日月食甚日行積度

置〔定〕朔望食甚大小餘，〔六〕與中朔〔望〕大小餘相減之，〔七〕餘以加減中朔望入氣日餘，以中朔望少加多減。卽爲食甚入氣；以加其氣中積，爲食甚中積。又置食甚入氣餘，以所入氣〔日〕損益率盈縮之損益。乘之，〔八〕如日法而一，以損益其日盈縮積，盈加縮減食甚中積，卽爲食甚日行積度及分。先以食甚中積經分爲約分，然後加減之，餘類此者，依而求之。

求氣差

置日食食甚日行積度及分，滿中限去之，餘在象限以下，爲初限；以上，覆減中限，爲末限；皆〔自〕相乘，〔九〕進二位，以四百七十八而一，所得，用減一千七百四十四，餘爲氣差恒數；以午前後分乘之，半晝分除之，所得，以減恒數，爲定數。如不及減者，覆減爲定數，應加者減之，應減者加之。春分後，陽曆減陰曆加；秋分後，陽曆加陰曆減。春分前秋分後，各二日二千一百分爲定氣，於此宜加減之。

求刻差

置日食食甚日行積度及分，滿中限去之，餘與中限相減、相乘，進二位，如四百七十八而一，所得，爲刻差恒數；以午前後分乘之，日法四分之一除，所得，爲定數。若在恒數以上者，倍恒數，以所得之數減之，爲定數，依其加減。冬至後，午前陽加陰減，午後陽減陰加；夏至後，午前陽減陰加，午後陽加陰減。

求日食去交前後定分

置氣刻二差定數，同名相從，異名相消，爲食差；依其加減〔去〕交前後分，爲去交前後定分。〔一〇〕視其前後定分，如在陽曆，卽不食；如在陰曆，卽有食之。如交前陰曆不及減，反減之，反減食差。爲交後陽曆；交後陰曆不及減，反減之，爲交前陽曆；卽不食。交前陽曆不及減，反減之，爲交後陰曆；交後陽曆不及減，反減之，爲交前陰曆；卽日有食之。

求日食分

視去交前後定分，如二千四百以下，爲既前分；以二百四十八除，爲大分；二千四百以上，覆減五千五百，不足減者不食。爲既後分；以三百二十除，爲大分，〔不盡〕，退〔除〕爲秒。〔一一〕其一分以下者，涉交太淺，太陽光盛，或不見食。

求月食分

視去交前後分，不用氣刻差者。一千七百以下者，食既；以上，覆減五千一百，不足減者不

食。餘以三百四十除之，爲大分；不盡，退除爲秒，卽月食之分秒。去交分在既限以下，覆減既限，亦以三百四十除之，爲既內之大分。

求日食定用分

置日食之大分，與三十分相減、相乘，又以二千四百五十乘之，如定朔入轉算外轉定分而一，所得，爲定用分；減定餘，爲初虧分；加定餘，爲復圓分；各以發斂加時法求之，卽得日食三限辰刻也。

求月食定用分

置月食之大分，與三十五分相減、相乘，又以二千一百乘之，如定望入轉算外轉定分而一，所得，爲定用分；加減定餘，爲初虧復圓分。各如發斂加時法求之，卽得月食三限辰刻。月食既者，以既內大分，以一十五分相減相乘，又以四千二百乘之，如定望入轉算外轉定分而一，所得爲既內分；用減定用分，爲既外分。置月食定餘，減定用分，爲初虧分；因加既外分，爲食既分；又加既內分，爲食甚分；卽定餘分是也。再加既內分，爲生光分；復加既外分，爲復圓分。各以發斂加時法求之，卽得月食五限辰刻及分。如月食既者，以十分併既內大分，如其法而求其定用分也。

求月食所入更點

置食甚所入日晨分，倍之，五約之，爲更法；又五約之，爲點法。乃置月食初末諸分，昏分以上者，減昏分；晨分以下者，加晨分；如不滿更法，爲初更；不滿點法，爲一點。依法以次求之，卽得更點之數。

求日食所起

食在既前，初起西南，甚於正南，復於東南。食在既後，初起西北，甚於正北，復於東北。其食八分以上者，皆起正西，復正東。此據正午地而論之。

求月食所起

月在陽曆，初起東北，甚於正北，復於西北。月在陰曆，初起東南，甚於正南，復於西南。其食八分以上，皆起正東，復正西。此亦據正午地而論之。

求日月出入帶食所見分數

各以食甚小餘，與日出入分相減，餘爲帶食差；以乘所食之分，滿定用分而一，月食既者，以既內分減帶食差，餘乘所食分，如既外分而一，不及減者，爲帶食既出入。以減所食分，卽日月出入帶食所見之分。其食甚在晝，晨爲漸進，昏爲已退；食甚在夜，晨爲已退，昏爲漸進也。

求日月食甚宿次

置日月食甚日行積度，望卽更加望度。以天正冬至加時黃道日度加而命之，依黃道宿次去之，卽各得日月食甚宿度及分秒。

步五星術

木星

周率，二百八萬六千一百四十二，秒九。

曆率，二千二百六十五萬五百五十七。

曆度法，六萬二千一十四。

周日，三百九十八日八十八分。

曆度，三百六十五度二十四分九十秒。

曆中，一百八十二度六十二分四十五秒。

曆策，一十五度二十一分八十七秒。

伏見，一十三度。

段目	段日	平度	限度	初行率
合伏	一十六日八十六	三度八十六	二度九十三	二十三
晨順疾	二十八日	六度一十一	四度六十四	二十二
晨次疾	二十八日	五度五十一	四度一十九	二十一
晨順遲	二十八日	四度三十一	三度二十八	一十八
晨末遲	二十八日	一度九十一	一度四十五	一十二
晨留	二十四日			
晨退	四十六日五十八	四度八十八一十八	空度三十二八十二	
夕退	四十六日五十八	四度八十八一十八	空度三十二八十二	一十六
夕留	二十四日			
夕末遲	二十八日	一度九十一	一度四十五	
夕順遲	二十八日	四度三十一	三度二十八	一十二
夕次疾	二十八日	五度五十一	四度一十九	一十八

段目	段日	平度	限度	初行率
夕順疾	二十八日	六度一十一	四度六十四	二十一
夕伏	一十六日八十六	三度八十六	二度九十三	二十二

策數	損益率	盈積度	損益率	縮積度
一	益一百五十九	初	益一百五十九	初
二	益一百四十二	一度五十九	益一百四十二	一度五十九
三	益一百二十	三度一	益一百二十	三度一
四	益九十三	四度二十一	益九十三	四度二十一
五	益六十一	五度一十四	益六十一	五度一十四
六	益二十四	五度七十五	益二十四	五度七十五
七	損二十四	五度九十九	損二十四	五度九十九
八	損六十一	五度七十五	損六十一	五度七十五
九	損九十三	(四)[五]度一十四[一二]	損九十三	五度一十四
十	損一百二十	四度二十一	損一百二十	四度二十一
十一	損一百四十二	三度一	損一百四十二	三度一
十二	損一百五十九	一度五十九	損一百五十九	一度五十九

火星

周率，四百七萬九千四十二，秒一十四半。

曆率，三百五十九萬二千七百五十七，秒四十四少。

曆度法，九千八百三十六半。

周日，七百七十九日九十三分一十六秒。

曆度，三百六十五度二十四分七十五秒。

曆中，一百八十二度六十二分三十七秒半。

曆策，一十五度二十一分八十六秒。

伏見，一十九度。

段目	段日	平度	限度	初行率
合伏	六十七日	四十八度	四十五度四十八	七十二
晨順疾	六十三日	四十四度六十	四十二度二十六	七十(二)[一][一三]
晨次疾	五十八日	四十度九	三十七度九十九	七十
晨中疾	五十二日	三十四度六	三十二度三十二	六十八
晨末疾	四十五日	二十六度三十二	二十四度九十九	六十三
晨順遲	三十七日	一十六度六十八	一十五度八十	五十四
晨末遲	二十八日	五度七十五	五度四十五	三十七
晨留	一十一日			
晨退	二十八日九十六五十八	八度六十一十五	三度五四十	
夕退	二十八日九十六五十八	八度六十一十五	三度五四十	四十一
夕留	一十一日			
夕末遲	二十八日	五度七十五	五度四十五	
夕順遲	三十七日	一十六度六十八	一十五度八十	三十七
夕末疾	四十五日	二十六度三十二	二十四度九十九	五十四
夕中疾	五十二日	三十四度六	三十二度三十二	六十三
夕次疾	五十八日	四十度九	三十七度九十九	六十八
夕順疾	六十三日	四十四度六十	四十二度二十六	七十
夕伏	六十七日	四十八度	四十五度四十八	七十一

策數	損益率	盈積度	損益率	縮積度
一	益一千一百六十	初	益四百五十八	初

二	益八百	一十〔一〕度六十〔一四〕	益四百五十三	四度五十八
三	益四百六十四	一十九度六十	益四百三十三	九度一十一
四	益一百五十二	二十四度二十四	益三百九十六	一十三度四十四
五	損五十七	二十五度七十六	益三百四十一	一十七度四十
六	損一百七十二	二十五度一十九	益二百六十六	二十度八十一
七	損二百六十六	二十三度四十七	益一百七十二	二十三度四十七
八	損三百四十一	二十度八十一	損五十七	二十五度一十九
九	損三百九十六	一十七度四十	損一百五十二	二十五度七十六
十	損四百三十三	一十三度四十四	損四百六十四	二十四度二十四
十一	損四百五十三	九度一十一	損八百	一十九度〔六十〕〔一五〕
十二	損四百五十八	四度五十八	損一千一百六十	一十〔一〕度六十〔一六〕

土星

周率，一百九十七萬七千四百一十一，秒六十九。

曆率，五千六百二十二萬三千二百四十八半。

曆度法，一十五萬三千九百二十八。

周日，三百七十八日九分二秒。

曆度，三百六十五度二十五分六十八秒。

曆中，一百八十二度六十二分八十四秒。

曆策，一十五度二十一分九十秒。

伏見，一十七度。

段目	段日	平度	限度	初行率
合伏	一十九日四十八	二度四十八	一度五十六	一十三
晨順疾	二十七日五十	三度二十二	二度二	一十二
晨次疾	二十七日五十	二度六十四	一度六十五	一十一
晨遲	二十七日五十	一度四十八	空度九十一	八
晨留	三十六日			
晨退	五十一日六五十一	三度三十九六十六	空度二十八三十三	
夕退	五十一日六五十一	三度三十九六十六	空度二十八三十三	九七十五
夕留	三十六日			
夕遲	二十七日五十	一度四十八	空度九十一	
夕次疾	二十七日五十	二度六十四	一度六十五	八
夕順疾	二十七日五十	三度二十二	二度二	一十一
夕伏	一十九日四十八	(四)〔二〕度四十八〔一七〕	一度五十六	一十二

策數	損益率	盈積度	損益率	縮積度
一	益二百一十三	初	益一百六十三	初
二	益一百九十七	二度一十三	益一百四十九	一度六十三
三	益一百六十八	四度一十	益一百二十八	三度一十二
四	益一百二十八	五度七十八	益一百	四度四十
五	益八十一	七度六	益六十五	五度四十
六	益三十三	七度八十七	益二十三	六度五
七	損三十三	八度二十(二)〔一八〕	損二十三	六度二十八
八	損八十一	七度八十七	損六十五	六度五
九	損一百二十八	七度六	損一百	五度四十
十	損一百六十八	五度七十八	損一百二十八	四度四十
十一	損一百九十七	四度一十	損一百四十九	三度一十二
十二	損二百一十三	二度一十三	損一百六十三	一度六十三

金星

周率，三百五萬三千八百四，秒六十三太。

曆率，一百九十一萬二百四十，秒七十六半。

曆度法，五千二百三十。

周日，五百八十三日九十分一十四秒。

合日，二百九十一日九十五分七秒。

曆度，三百六十五度二十四分六十八秒。

曆中，一百八十二度六十二分三十四秒。

曆策，一十五度二十一分八十六秒。

伏見，一十度半。

段目	段日	平度	限度	初行率
合伏	三十九日二十五	四十九度七十五	四十七度七十六	一百二十七
夕順疾	四十七日七十五	六十度一十六五十	五十七度七十六	一百二十六
夕次疾	四十七日七十五	五十九度三十九	五十七度一	一百二十五
夕中疾	四十七日七十五	五十七度	五十四度七十二	一百二十三
夕末疾	三十九日二十五	四十二度二十九	四十度六十	一百一十五
夕順遲	二十九日二十五	二十四度七十二	二十三度七十(二)[三][一九]	一百
夕末遲	一十八日二十五	六度九十三五十	六度六十六	六十九
夕留	七日			
夕退	九日七十七	三度七十九九十三	一度六十九七	
夕退伏	六日	四度五十	二度二	六十八
合退伏	六日	四度五十	二度二	八十二
晨退	九日七十七	三度七十九九十三	一度六十九七	六十八
晨留	七日			
晨末遲	一十八日二十五	六度九十三五十	六度六十六	
晨順遲	二十九日二十五	二十四度七十二	二十三度七十三	六十九
晨末疾	三十九日二十五	四十二度二十九	四十度六十	一百
晨中疾	四十七日七十五	五十七度	五十四度七十二	一百一十五
晨次疾	四十七日七十五	五十九度三十九	五十七度一	一百二十三
晨順疾	四十七日七十五	六十度一十六五十	五十七度七十六	一百二十五
晨伏	三十九日二十五	四十九度七十(六)[五]	四十七度七十(五)[六][二〇]	一百二十六

策數	損益率	盈積度	損益率	縮積度
一	益五十二	初	益五十二	初
二	益四十八	空度五十二	益四十八	空度五十二
三	益四十(八)[一半][二一]	一度	益四十一半	一度
四	益三十二半	一度四十一半	益三十二半	一度四十一半
五	益二十一	一度七十四	益二十一	一度七十四
六	益七	一度九十五	益七	一度九十五
七	損七	二度二	損七	二度二
八	損二十一	一度九十五	損二十一	一度九十五
九	損三十二半	一度七十四	損三十二半	一度七十四
十	損四十一半	一度四十一半	損四十一半	一度四十一半
十一	損四十八	一度	損四十八	一度
十二	損五十二	空度五十二	損五十二	空度五十二

水星

周率，六十萬六千三十一，秒七十七半。

曆率，一百九十一萬二百四十二，秒一十三半。

曆度法，五千二百三十。

周日，一百一十五日八十七分六十秒。

合日，五十七日九十三分八十秒。

曆度，三百六十五度二十四分七十秒。

曆中，一百八十二度六十二分三十五秒。

曆策，一十五度二十一分八十五秒。

晨伏夕見，一十四度。

夕伏晨見，一十九度。

段目	段日	平度	限度	初行率
合伏	一十五日	二十九度	二十四度三十六	二百五
夕順疾	一十五日	二十三度七十五	一十九度九十五	一百八十一
夕順遲	一十五日	一十三度二十五	一十一度一十三	一百三十五

段目	段日	平度	限度	初行率
夕留	二日			
夕退伏	一十日九十三八十	八度六二十	二度四十九八十	
合退伏	一十日九十三八十	八度六二十	二度四十九八十	一百八
晨留	二日			
晨順遲	一十五日	一十三度二十五	一十一度一十三	
晨順疾	一十五日	二十三度七十五	一十九度九十五	一百三十五
晨伏	一十五日	二十九度	二十四度三十六	一百八十一

策數	損益率	盈積度	損益率	縮積度
一	益五十七	初	益五十七	初
二	益五十三	空度五十七	益五十三	空度五十七
三	益四十五	一度一十	益四十五	一度一十
四	益三十五	一度五十五	益三十五	一度五十五
五	益二十二	一度九十	益二十二	一度九十
六	益八	二度一十二	益八	二度一十二
七	損八	二度二十	損八	二度二十
八	損二十二	二度一十二	損二十二	二度一十二
九	損三十五	一度九十	損三十五	一度九十
十	損四十五	一度五十五	損四十五	一度五十五
十一	損五十三	一度一十	損五十三	一度一十
十二	損五十七	空度五十七	損五十七	空度五十七

求五星天正冬至後平合及諸段中積中星

置通積分，先以里差加減之。各以其星周率去之，不盡，爲前合分，覆減周率，餘爲後合分；

如日法而一，不滿，退除爲分秒，卽得其星天正冬至後平合中積中星。命爲日，日中積；命爲度，日中星。以段日累加中積，卽爲諸段中積；以平度累加中星，經退則減之，卽爲〔諸〕段中星。〔二二〕

求五星平合及諸段入曆

置通積分，各加其星後合分，以曆率去之，不盡，各以其曆度法除爲度，不滿，退除爲分秒，卽爲其星平合入曆度及分秒；以諸段限度累加之，卽得諸段入曆度及分秒。

求五星平合及諸段盈縮定差

各置其星段入曆度及分秒，如在曆中以下，爲盈，以上，〔爲〕減去曆中，〔二三〕餘爲縮。以其星曆策除之，爲策數，不盡，爲入策度及分。命〔策〕數算外，〔二四〕以其策損益率乘之，如曆策而一，爲分，以損益其下盈縮積度，卽爲其星段〔盈〕縮定差。〔二五〕

求五星平合及諸段定積

各置其星段中積，以其段盈縮定差盈加縮減之，卽得其段定積日及分；加天正冬至大餘及約分，滿紀法，去之，不滿，命壬戌算外，卽得日辰也。

求五星平合及諸段所在月日

各置其〔段〕定積，〔二六〕以加天正閏日及約分，以朔策及約分除之，爲月數，不盡，爲入月以來日數及分。其月數，命天正十一月算外，即得其段入月中朔日數及分；乃以日辰相距，爲所在定朔月日。

求五星平合及諸段加時定星

各置中星，以盈縮定差盈加縮減，金星倍之，水星三之，然後加減。即爲五星諸段定星；以加天正冬至加時黃道日度，依宿次命之，即其(日)〔星〕其段加時所在宿度及分秒。〔二七〕

求五星諸段初日晨前夜半定星

各以其段初行率，乘其段定積日下加時分，百約之，乃順減(卽)〔退〕加其日加時定星，〔二八〕即其段初日晨前夜半所在宿度及分秒。

求諸段日率度率

各以其段日辰，距後段日辰爲日率。以其段夜半宿次，與後段夜半宿次相減，餘爲度率。

求諸段平行分

各置其段度率及分秒，以其段日率除之，即得其段平行度及分秒。

求諸段總差及日差

本段前後平行分相減，爲其段汎差；假令求木星次疾汎差，乃以順疾順遲平行分相減，餘爲次疾汎差，

他皆倣此。倍而退位，爲增減差，加減其〔段〕平行分，〔二九〕爲初末日行分，前多後少者，加爲初，減爲末；前少後多者，減爲初，加爲末。倍增減差，爲總差，以日率減一除之，爲日差。

求前後伏遲退段增減差

前伏者，置後段初日行分，加其日差之半，爲末日行分；後伏者，置前段末日行分，加其日差之半，爲初日行分；以減伏段平行分，餘爲增減差。前遲者，置前段末日行分，倍其日差減之，爲初日行分；後遲者，置後段初日行分，倍其日差減之，爲末日行分；以遲段平行分減之，餘爲增減差。前後近留遲段。木火土三星，退行者，六因平行分，退一位，爲增減差。金星，前後伏退者，三因平行分，半而退位，爲增減差。前退者，置後段初日之行分，以其日差減之，爲末日行分。後退者，置前段末日之行分，以其日差減之，爲初日行分；以本段平行分減之，餘爲增減差。水星，〔半〕平行分爲增減差，〔三〇〕皆以增減差加減平行分，爲初末日行分。前多後少，加初減末；前少後多，減初加末。又倍增減差爲總差，以日率減一，除之，爲日差。

求每日晨前夜半星行宿次

各置其段初日行分，以日差累損益之，後少則損之，後多則益之。爲每日行度及分秒；乃順加退減之，滿宿次去之，即得每日晨前夜半星行宿次。視前段末日後段初日行分相較之數，不過一二日差爲妙；或多日差數倍，或顛倒不倫，當類同前後增減差稍損益之，使其有倫，然後用之。或前後平行分俱多俱少，則平注之；或總差之秒不盈一分，亦平注之；若有不倫而平注得倫者，亦平注之。

求五星平合及見伏入氣

置定積，以氣策及約分除之，爲氣數；不滿，爲入氣日及分秒；命天正冬至算外，即得所求平合及見伏入氣日及分秒。

求五星平合及見伏行差

各以其段初日星行分與太陽行分相減，餘爲行差。若金在退行、水在退合者，相併爲行差。如水星夕伏晨見者，直以太陽行分爲行差。

求五星定合及見伏汎積

木火土三星，各以平合晨疾夕伏定積，爲定合定見定伏汎積。金水二星，置其段盈縮定差，水星倍之。各以行差除之，爲日，不滿，退除爲分秒；若在平合夕見晨伏者，盈減縮加；如在退合夕伏晨見，盈加縮減；皆以加減定積爲定合定見定伏汎積。

求五星定合定積定星

木火土三星，各以平合行差除其日太陽盈縮差，爲距合差日，以太陽盈縮差減之，爲距合差度；日在盈(縮)〔曆〕，以差日差度減之；〔三一〕在縮曆，加之；加減其星定合汎積，爲定合定積定星。金水二星，順合退合，各以平合退合行差，除其日太陽盈縮差，爲距合差日；順

加退減太陽盈縮差，爲距合差度；順在盈曆，以差日差度加之；在縮曆，減之；退在盈曆，以差日減之，差度加之，在縮曆，以差日加之，差度減之；皆以加減其定星定合再定合汎積，爲定合再定合定積定星，以冬〔至〕大餘及約分加定積，〔三二〕滿紀法，去之，命得定合日辰；以冬至加時黃道日度加定星，滿宿次，去之，即得定合所在宿次。其順退所在盈縮，即太陽盈縮。

求木火土三星定見伏定日

各置其星定見伏汎積，晨加夕減象限日及分秒；半中限爲象限。如中限以下，自相乘；以上，覆減歲周日及分秒，餘亦自相乘，滿七十五而一，所得，以其星伏見度乘之，一十五除之，爲差。其差，如其段行差而一，爲日，不滿，退除爲分秒；見加伏減汎積，爲定積；加命如前，即得日辰。

求金水二星定見伏定日

各以伏見日行差，除其日太陽盈縮差，爲日。若晨伏夕見，日在盈曆，加之；在縮曆，減之；如夕伏晨見，日在盈曆，減之；在縮曆，加之；加減其星汎積，爲常積。視常積，如中限以下，爲冬至後；以上，去之，餘爲夏至後。其二至後，如象限以下，自相乘；以上，覆減中限，餘亦自相乘；各如法而一，〔爲分〕，〔三三〕冬至後晨，夏至後夕，以一十八爲法；冬至後夕，夏至後晨，以七十五爲法。以伏見度乘之，一十五除之，爲差。其差，滿行差而一，爲日，不滿，退除爲分秒；加減常

積，爲定積；冬至後，晨見夕伏，加之；夕見晨伏，減之。夏至後，晨見夕伏，減之；夕見晨伏，加之。加命如前，卽得定見伏日辰。

其水星，夕疾在大暑氣初日至立冬氣九日三十五分以下者，不見；晨留在大寒氣初日至立夏氣九日三十五分以下者，不見。春不晨見，秋不夕見者，亦舊曆有之。

校勘記

〔一〕月〔食〕限　據上下文及金大明曆補。

〔二〕餘皆〔加〕四千一百二十　據宋紀元曆、金大明曆補。

〔三〕卽爲月行入（定交）〔交定〕積度　據上下文及宋紀元曆、金大明曆改正。

〔四〕列交象〔度〕於下　據上文及宋紀元曆、金大明曆補。

〔五〕爲卯（酉）〔前〕分　北監本與上下文及金大明曆合，從改。

〔六〕置〔定〕朔望食甚大小餘　據金大明曆補。

〔七〕與中朔〔望〕大小餘相減之　據上下文及宋紀元曆、金大明曆補。

〔八〕以所入氣〔日〕損益率盈縮之損益乘之　據宋紀元曆、金大明曆補。

〔九〕皆〔自〕相乘　據宋紀元曆、金大明曆補。

〔一〇〕依其加減〔去〕交前後分爲去交前後定分　據上下文與金大明曆補。

〔一一〕爲大分〔不盡〕退〔除〕爲秒　據宋紀元曆、金大明曆補。

〔一二〕（四）〔五〕度一十四　此係盈積度數，乃該策前各策盈損益率累加減益加損減之積。宋紀元曆、金大明曆與驗算合，據改。以下算法同。

〔一三〕七十（三）〔一〕　按本曆五星段目表伏、順各段數字係襲用宋紀元曆各數，惟初行率秒數七十以上進位，以下捨除。但實際運算時，仍用紀元曆原數。順行之時以本段初行率加下段初行率，半之，乘段日，得平度。如晨順疾初行率在紀元曆爲七十一分三十六秒，下段晨次疾初行率爲七十分二十四秒，相加，半之，乘六十三日，得平度四十四度六十分。故晨順疾之初行率捨去秒數，當爲七十一。金大明曆與驗算合，據改。以下算法同。

〔一四〕一十〔一〕度六十　宋紀元曆、金大明曆與驗算合，據補。

〔一五〕一十九度〔六十〕　此係縮積度數，乃該策前各策縮損益率累加減益加損減之積。殿本與宋紀元曆、金大明曆及驗算合，從補。以下算法同。

〔一六〕一十〔一〕度六十　宋紀元曆、金大明曆與驗算合，據補。

〔一七〕（四）〔一〕度四十八　宋紀元曆、金大明曆與驗算合，據改。

〔一八〕八度二十〔二〕　宋紀元曆、金大明曆與驗算合，據刪。

〔一九〕二十三度七十（二）〔三〕　宋紀元曆、金大明曆與驗算合，據改。

〔二〇〕四十九度七十（六）〔五〕四十七度七十（五）〔六〕　金大明曆與驗算合，據改。

〔二一〕益四十（八）〔一半〕　殿本與宋紀元曆、金大明曆及驗算合，從改。

〔二二〕卽爲〔諸〕段中星　據本段標題與金大明曆補。

〔二三〕以上（爲）減去曆中　據宋紀元曆、金大明曆刪。

〔二四〕命〔策〕數算外　據上文與宋紀元曆、金大明曆補。

〔二五〕卽爲其星段〔盈〕縮定差　殿本與本段標題及宋紀元曆、金大明曆合，從補。

〔二六〕各置其〔段〕定積　據上下文及宋紀元曆、金大明曆補。

〔二七〕卽其（日）〔星〕其段加時所在宿度及分秒　據本段標題、宋紀元曆、金大明曆及本書卷五五授時曆經改。

〔二八〕乃順減（卽）〔退〕加其日加時定星　殿本與宋紀元曆、金大明曆及授時曆經合，從改。

〔二九〕加減其〔段〕平行分　據宋紀元曆、金大明曆及授時曆經補。

〔三〇〕〔半〕平行分爲增減差　據金大明曆及授時曆經補。

〔三一〕日在盈（縮）〔曆〕以差日差度減之　據金大明曆及授時曆經改。

〔三二〕以冬〔至〕大餘及約分加定積　殿本與宋紀元曆、金大明曆及授時曆經合，從補。

〔三三〕各如法而一〔爲分〕　據宋紀元曆、金大明曆及授時曆經補。

元史卷五十八

志第十

地理一

自封建變爲郡縣，有天下者，漢、隋、唐、宋爲盛，然幅員之廣，咸不逮元。漢梗於北狄，隋不能服東夷，唐患在西戎，宋患常在西北。若元，則起朔漠，併西域，平西夏，滅女眞，臣高麗，定南詔，遂下江南，而天下爲一。故其地北踰陰山，西極流沙，東盡遼左，南越海表。蓋漢東西九千三百二里，南北一萬三千三百六十八里，唐東西九千五百一十一里，南北一萬六千九百一十八里，元東南所至不下漢、唐，而西北則過之，有難以里數限者矣。

初，太宗六年甲午，滅金，得中原州郡。七年乙未，下詔籍民，自燕京、順天等三十六路，戶八十七萬三千七百八十一，口四百七十五萬四千九百七十五。憲宗二年壬子，又籍之，增戶二十餘萬。世祖至元七年，又籍之，又增三十餘萬。十三年，平宋，全有版圖。二

十七年，又籍之，得戶一千一百八十四萬八百有奇。於是南北之戶總書于策者，一千三百一十九萬六千二百有六，口五千八百八十三萬四千七百一十有一，而山澤溪洞之民不與焉。立中書省一，行中書省十有一：曰嶺北，曰遼陽，曰河南，曰陝西，曰四川，曰甘肅，曰雲南，曰江浙，曰江西，曰湖廣，曰征東，分鎭藩服，路一百八十五，府三十三，州三百五十九，軍四，安撫司十五，縣一千一百二十七。文宗至順元年，戶部錢糧戶數一千三百四十萬六百九十九，視前又增二十萬有奇，漢、唐極盛之際，有不及焉。蓋嶺北、遼陽與甘肅、四川、雲南、湖廣之邊，唐所謂羈縻之州，往往在是，今皆賦役之，比於內地；而高麗守東藩，執臣禮惟謹，亦古所未見。地大民衆，後世狃於治安，而不知詰戎兵、愼封守，積習委靡，一旦有變，而天下遂至於不可爲。嗚呼！盛極而衰，固其理也。

唐以前以郡領縣而已，元則有路、府、州、縣四等。大率以路領州、領縣，而腹裏或有以路領府、府領州、州領縣者，其府與州又有不隸路而直隸省者，具載于篇；而其沿革則泝唐而止焉。作地理志。凡路，低於省一字。府與州直隸省者，亦低於省一字。其有宣慰司、廉訪司，亦止低於省一字。〔一〕各路錄事司與路所親領之縣與府、州之隸路者，低於路一字。府與州所領之縣，低於府與州一字。府領州、州又領縣者，又低於縣一字。路所親領之縣若府若州，曰領縣若干、府若干、州若干；府與州所領之縣，則曰若干縣，所以別之也。

中書省統山東西、河北之地，謂之腹裏，爲路二十九，州八，屬府三，屬州九十一，屬縣三百四十六。各路立站，總計一百九十八處。

大都路，唐幽州范陽郡。遼改燕京。金遷都，爲大興府。元太祖十年，克燕，初爲燕京路，總管大興府。太宗七年，置版籍。世祖至元元年，中書省臣言：「開平府闕庭所在，加號上都，燕京分立省部，亦乞正名。」遂改中都，其大興府仍舊。四年，始於中都之東北置今城而遷都焉。京城右擁太行，左挹滄海，枕居庸，奠朔方。城方六十里，十一門：正南曰麗正，南之右曰順承，南之左曰文明，北之東曰安貞，北之西曰健德，正東曰崇仁，東之右曰齊化，東之左曰光熙，正西曰和義，西之右曰肅清，西之左曰平則。海子在皇城之北、萬壽山之陰，舊名積水潭，聚西北諸泉之水，流入都城而匯於此，汪洋如海，都人因名焉。恣民漁採無禁，擬周之靈沼云。九年，改大都。十九年，置留守司。二十一年，置大都路總管府。戶一十四萬七千五百九十，口四十萬一千三百五十。用至元七年抄籍數。領院二、縣六、州十。州領十六縣。

右警巡院。

左警巡院。初設警巡院三，至元四年，省其一，止設左右二院，〔二〕分領坊市民事。

縣六

大興，赤。宛平，赤。與大興分治郭下。金水河源出玉泉山，流入皇城，故名金水。良鄉，下。永清，下。寶坻，下。至元十六年，於縣立屯田所。收子粒赴太倉及醴源倉輸納。昌平。下。

州十

涿州，下。唐范陽縣，復改涿州。宋因之。元太宗八年，爲涿州路。中統四年，復爲涿州。領二縣：

范陽，下。倚郭。房山。下。金奉先縣，至元二十七年，改今名。

霸州，下。唐隸幽州。周始置霸州。宋升永清郡。金置信安軍。元仍爲霸州。領四縣：

益津，下。倚郭。中統四年省，至元二年置。文安，下。大城，下。保定。下。至元二年，省入益津，四年置。

通州，下。唐爲潞縣。金改通州，取漕運通濟之義，有豐備、通濟、太倉以供京師。領二縣：

潞縣，倚郭。三河。下。

薊州，下。唐置，後改漁陽郡，仍改薊州。宋爲廣川郡。金爲中都。〔三〕元太祖十年，定其地，仍爲薊州。領五縣：

漁陽，下。倚郭。豐閏，下。至元二年，省入玉田，四年，以路當衝要復置。二十二年，立豐閏署，領屯田八百三十七戶。玉田，下。遵化，下。平谷。下。至元二年，省入漁陽，十三年復置。

漷州，下。遼、金爲漷陰縣。元初爲大興府屬邑，至元十三年，升漷州，割大興府之武清、香河二邑來屬。領二縣：

香河，下。武清。

順州，下。唐初改燕州，復爲歸德郡，復爲順州，復爲歸順州。遼爲歸化軍。宋爲順興軍。金仍爲順州，置溫陽縣。元廢縣存州。

檀州，下。唐改密雲郡，又復爲檀州。遼爲武威軍。宋爲鎭遠軍。金仍爲檀州。元因之。

東安州，下。唐以前爲安次縣。遼、金因之。元初隸大興府。太宗七年，隸霸州。中統四年，升爲東安州，隸大都路。

固安州，下。唐仍隋舊爲固安縣，隸幽州。宋隸涿水郡。金隸涿州。元憲宗九年，隸霸州，又改隸大興府。中統四年，升固安州。

龍慶州，唐爲嬀川縣。金爲縉山縣。元至元三年，省入懷來縣，五年復置，本屬上都路宣德府奉聖州。二十二年，仁宗生於此。延祐三年，割縉山、懷來來隸大都，升縉山爲龍慶州。領一縣：

懷來。下。

上都路，唐爲奚、契丹地。金平契丹，置(恒)〔桓〕州。〔四〕元初爲札剌兒部、兀魯郡王營幕地。

憲宗五年，命世祖居其地，爲巨鎭。明年，世祖命劉秉忠相宅於桓州東、灤水北之龍岡。中統元年，爲開平府。五年，以闕庭所在，加號上都，歲一幸焉。至元二年，置留守司。五年，升上都路總管府。十八年，升上都留守司，兼行本路總管府事。戶四萬一千六十二，口一十一萬八千一百九十一。領院一、縣一、府一、州四。州領三縣。府領三縣、二州，州領六縣。

警巡院。

縣一

開平。上。

府一

順寧府，唐爲武州。遼爲德州。〔五〕金爲宣德州。元初爲宣寧府。太宗七年，改山〔西〕東路總管府。〔六〕中統四年，改宣德府，隸上都路。仍至元三年，以地震改順寧府。領三縣、二州。

三縣

宣德，下。倚郭。至元二年，省本府之錄事司并龍門縣並入焉。二十八年，又割龍門去屬雲州。宣平，下。順聖。下。本隸弘州，今來屬。

二州

保安州，下。唐新州。遼改奉聖州。金爲(興德)〔德興〕府。〔七〕元初因之。舊領永興、縉山、懷來、礬山四縣。至元二年，省礬山入永興。三年，省縉山入懷來，仍改爲奉聖州，隸宣德府。五年，復置縉山。延祐三年，以縉山、懷來隸大都。仍至元三年，以地震改保安州。領一縣：

永興。下。倚郭。

蔚州，下。唐改爲安邊郡，又改爲興唐縣，〔八〕又仍爲蔚州。遼爲忠順軍。金仍爲蔚州。元至元二年，省州爲靈仙縣，隸弘州。其年，復改爲蔚州，隸宣德府。領五縣：

靈仙，下。靈丘，下。飛狐，下。定安，下。廣靈。下。

州四

興州，下。唐爲奚地。金初爲興化(郡)〔軍〕，〔九〕隸北京，後爲興州。元中統三年，屬上都路。領二縣：

興安，下。至元二年置。宜興。中。至元二年置。

松州，下。本松林南境，遼置松山州。金爲松山縣，隸北京〔路〕大定府(路)。〔一〇〕元中統三年，升爲松州，仍存縣。至元二年，省縣入州。

桓州，下。本上谷郡地，金置桓州。元初廢，至元二年復置。

雲州，下。古望雲川地，契丹置望雲縣。金因之。元中統四年，升縣爲雲州，治望雲縣。至元二年，州存縣廢。二十八年，復升宣德之龍門鎭爲望雲縣，隸雲州。領一縣：

望雲。

興和路，上。唐屬新州。金置柔遠鎭，後升爲縣，又升撫州，屬西京。元中統三年，以郡爲內輔，升隆興路總管府，建行宮。〔一一〕戶八千九百七十三，口三萬九千四百九十五。領縣四、州一。

縣四

高原，下。倚郭。中統二年隸宣德府，三年來屬。懷安，下。元初隸宣德府，中統三年來屬。天成，下。元初隸宣德府，中統三年來屬。(威)〔威〕寧。〔一二〕下。元初隸宣德府，中統三年來屬。

州一

寶昌州，下。金置昌州。元初隸宣德府，中統三年隸本路，置鹽使司。延祐六年，改寶昌州。

永平路，下。唐平州。遼爲盧龍軍。金爲興平軍。元太祖十年，改興平府。中統元年，升平灤路，置總管府，設錄事司。大德四年，以水患改永平路。〔一三〕戶一萬三千五百一十九，口三萬五千三百。領司一、縣四、州一。州領二縣。

錄事司。

縣四

盧龍，下。倚郭。遷安，下。至元二年，省入盧龍縣，後復置。撫寧，下。至元二年，與海山俱省入昌黎。三年復置。四年，又與海山俱入昌黎。七年復置，仍省昌黎、海山入焉。十二年，復置昌黎，以屬灤州，今昌黎屬本縣。〔一四〕昌黎。下。至元十二年復置，仍併海山入焉。詳見撫寧縣。

州一

灤州，下。在盧龍塞南，金領義豐、馬城、石城、樂亭四縣。元至元二年，省義豐入州。三年復置，先以石城省入樂亭，其年改入義豐。四年，馬城亦省。領二縣：

義豐，下。倚郭。至元二年省入州，三年復置。樂亭。下。元初嘗於縣置灤州，尋廢，復爲樂亭縣，隸灤州。

德寧路，下。領縣一：德寧。下。

淨州路，下。領縣一：天山。下。

泰寧路，下。領縣一：泰寧。下。

集寧路，下。領縣一：集寧。下。

應昌路，下。領縣一：應昌。下。

全寧路，下。領縣一：全寧。下。

寧昌路，下。領縣一：寧昌。下。

砂井總管府，領縣一：砂井。

以上七路、一府、八縣皆闕。

保定路，上。本清苑縣，唐隸鄚州。宋升保州。金改順天軍。元太宗十(一)〔三〕年，升順天路，〔一五〕置總管府。至元十二年，改保定路，設錄事司。戶七萬五千一百八十二，口一十三萬九百四十。領司一、縣八、州七。州領十一縣。

錄事司。

縣八

清苑，中。附郭。滿城，中。唐縣，下。金隸定州，後來屬。慶都，下。元初隸眞定府，太宗十一年來屬。行唐，下。曲陽，中。古恒州地，唐爲曲陽縣。宋屬中山府。金因之。元初改恒州，立元帥府，割阜平、靈壽、行唐、慶都、唐縣以隸之。逮移鎭歸德，還隸中山府，復爲曲陽縣，後隸保定，北嶽恒山在焉。新安，下。金置新安州渥城縣。元至元二年，州縣俱廢，改爲新安鎭，入歸信縣。四年，割入容城。九年，置新安縣來屬。博野。下。至元三十一年立。

州七

易州，中。唐改上谷郡，又復爲易州。元太宗十一年，割隸順天府。至元十年，隸大都路。二十三年，還隸保定。領三縣：

易縣，中。倚郭。元初存州廢縣，至元三年復置。淶水，下。定興。下。金隸涿州，今來屬。

祁州，中。唐爲義豐縣，屬定州。宋改爲蒲陰縣。金於縣置祁州，屬眞定路。元至元三年，立附郭蒲陰縣及以束鹿、深澤二縣來屬，隸保定。領三縣：

蒲陰，中。倚郭。深澤，下。至元二年，併入束鹿縣，三年又來屬。束鹿。中。

雄州，下。唐歸義縣。五代爲瓦橋關，周世宗克三關，於關置雄州。宋爲易陽郡。金爲永定軍。元太宗十一年，割雄州三縣屬順天路。至元十年，改屬大都路。十二年改(屬)順天路爲保定路，〔一六〕二十三年，復以雄州隸之。領三縣：

歸信，下。容城，下。金隸安肅州，今來屬。新城。太宗二年，改新泰州。七年，復爲縣，隸大都路。十一年，隸順天路。至元二年，隸雄州。十年，隸大都。二十三年復來屬。

安州，下。唐爲唐興縣，隸鄚州。宋升順安軍。金改安州，治渥城縣。元初移治葛城。至元二年，廢爲鎭，入高陽縣，後復改安州，隸保定。領二縣：

葛城，下。倚郭。高陽。下。

遂州，下。唐爲遂城縣，屬易州。宋改廣信軍。金廢爲遂城縣，隸保州。元至元二年，省

入安肅州爲鎭，後復置州而縣廢，隸保定。

安肅州，下。本易州宥戎鎭地，宋創立靜戎軍，又改安肅軍。金爲安肅州。元隸保定。

完州，下。唐爲北平縣，隸定州。宋升北平軍。金更爲永平縣，又改完州。元至元二年，改永平縣，後復爲完州。

燕南河北道肅政廉訪司。

眞定路，〔一七〕唐恒山郡，又改鎭州。宋爲眞定府。元初置總管府，領中山府，趙、邢、洺、磁、滑、相、濬、衞、祁、威、完十一州。後割磁、威隸廣平，濬、滑隸大名，祁、完隸保定，又以邢入順德，洺入廣平，相入彰德，衞入衞輝；又以冀、深、晉、蠡四州來屬。戶一十三萬四千九百八十六，口二十四萬六百七十。領司一、縣九、府一、州五。府領三縣，州領十八縣。

錄事司。

縣九

眞定，中。倚郭。藁城，中。太宗六年，爲永安州，無極、寧晉、新樂、平棘四縣隸焉。七年，廢州爲藁城縣，屬眞定。欒城，下。元氏，中。獲鹿，中。太宗在潛邸改西寧州，既卽位七年，復爲獲鹿縣，隸眞定。平山，下。靈壽，下。阜平，下。涉縣。元初爲崇州，隸眞定路，後廢州復置涉縣。至元二年，省入磁州，後復來屬。

府一

中山府，唐定州。宋爲中山郡。金爲中山府。元初因之。舊領祁、完二州。太宗十一年，割二州隸順天府，後爲散府，隸眞定。領三縣：

安喜，中。新樂，下。無極。中。

州五

趙州，中。唐趙州。宋爲慶源軍。〔一八〕金改沃州。元仍爲趙州。舊領平棘、臨城、欒城、元氏、高邑、贊皇、寧晉、隆平、柏鄉九縣。太祖十五年，割欒城、元氏隸眞定。領七縣：

平棘，中。寧晉，下。隆平，下。臨城，中。柏鄉，下。高邑，下。贊皇。下。至元二年，併入高邑。七年復置。

冀州，上。唐改魏州，後仍爲冀州。宋升安武軍。元仍爲冀州。領五縣：

信都，中。至元初與冀州錄事司俱省入冀州，後復置。三年，省錄事司入焉，爲冀州治所。南宮，上。棗彊，中。武邑，中。新河。中。太宗四年置。

深州，下。唐改饒陽郡，後仍爲深州。元初隸河間，置帥府。太宗十年，隸眞定路，領饒陽、安平、武彊、束鹿、靜安五縣。後割安平、饒陽、武彊隸晉州，束鹿隸祁州，以冀州之衡水來屬。領二縣：

靜安，中。衡水。下。

晉州，〔一九〕唐、宋皆爲鼓城縣。元太祖十年，改晉州。太宗十年，立鼓城等處軍民萬戶(所)〔府〕。〔二〇〕中統二年，復爲晉州。領四縣：

鼓城，中。倚郭。饒陽，中。安平，下。太祖十九年，爲南平州，於此行千戶總管府事，領饒陽一縣。太宗七年，復改爲縣，隸深州。憲宗在潛，隸鼓城等處軍民萬戶府。中統二年，改立晉州，仍爲安平縣隸焉。武彊。下。元初創立東武州，領武邑、靜安。太宗六年，廢州復爲縣，改隸深州。十一年，割屬祁州。憲宗在潛，隸鼓城等處軍民萬戶府。中統二年，置晉州，縣隸焉。

蠡州，下。唐始置。宋改永寧軍。金仍爲蠡州。元初隸眞定，領司候司、博野縣。至元三年，省司候司，博野縣入蠡州。十七年，直隸省部。二十一年，仍屬眞定。

順德路，下。唐邢州。宋爲信德府。金改邢州。元初置元帥府，後改安撫司。憲宗分洺水民戶之半於武道鎭，置司總管。五年，以武道鎭置廣宗縣，併以來屬。中統三年，升順德府。至元元年，以洺州、磁州來屬。二年，洺、磁自爲一路，以順德爲順德路總管府。戶三萬五百一，口一十二萬四千四百六十五。領司一、縣九。

錄事司。

縣九

邢臺，中。倚郭。鉅鹿，中。內丘，中。至元二年，併唐山縣入焉，後復置唐山，與內丘並。平鄉，中。廣宗，中。憲宗五年置。中統三年以後屬順德府。至元二年，省入平鄉縣，後復置，隸順德路。沙河，下。至元二年，省南和縣入焉。後復置南和，與沙河並。南和，下。唐山，下。任縣。下。至元二年，省入邢臺縣，後復置。

廣平路，下。唐洺州，又爲廣平郡。元太宗八年，置邢洺路總管府，以邢、磁、威隸之。憲宗二年，爲洺磁路，止領磁、威二州。至元十五年，升廣平路總管府。戶四萬一千四百四十六，口六萬九千八十二。領司一、縣五、州二。州領六縣。

錄事司。

縣五

永年，中。倚郭。曲周，中。肥鄉，中。雞澤，下。元初併入永年，後復置。廣平。下。

州(一)〔二〕〔二一〕

磁州，中。唐磁州。宋爲滏陽郡。金以隸彰德。元太祖十年，升爲滏源軍節度，隸眞定路。太宗八年，隸邢洺路。憲宗二年，改邢洺路爲洺磁路。至元二年，以眞定之涉縣及成安縣併入滏陽，武安縣併入邯鄲，止以滏陽、邯鄲二縣及錄事司來屬。後復置涉縣歸眞定，以滏陽、武安、邯鄲、成安、錄事司隸焉。至元三年，併錄事司入滏陽縣。至元十五年，改洺磁路爲廣平路總管府，磁州仍隸焉。領四縣：

滏陽，中。倚郭。武安，中。邯鄲，下。成安。下。

威州，中。舊無此州，金始置。元太宗六年，割隸邢洺路，以洺水縣來屬。憲宗二年，隸洺磁路，徙州治於洺水。領二縣：

洺水，中。倚郭。太宗八年，隸洺州。定宗二年，改隸威州。憲宗二年，徙威州治此。井陘。下。威州本治此，憲宗二年，移州治於洺水縣，井陘爲屬縣。

彰德路，下。唐相州，又改鄴郡。石晉升彰德軍。金升彰德府。元太宗四年，立彰德總帥府，領衞、輝二州。憲宗二年，割出衞、輝，以彰德爲散府，屬眞定路。至元二年，復立彰德總管府，領懷、孟、衞、輝四州，及本府安陽、臨漳、湯陰、輔岩、林慮五縣。四年，又割出懷、孟、衞、輝，仍立總管，以林慮升爲林州，復立輔岩縣隸之。六年，併輔岩入安陽。戶三萬五千二百四十六，口八萬八千二百六。領司一、縣三、州一。

錄事司。

縣三

安陽，上。至元六年，併輔岩入焉。湯陰，中。臨漳。中。

州一

林州，下。本林慮縣，金升爲州。元太宗七年，行縣事。憲宗二年，復爲州。至元二年，復爲縣，又併輔岩入焉。未幾復爲州，割輔岩入安陽，仍以州隸彰德路。

大名路,(中)〔上〕。〔二二〕唐魏州。五代南漢改大名府。〔二三〕金改安武軍。〔二四〕元因舊名,爲大名府路總管府。戶六萬八千六百三十九,口一十六萬三百六十九。領司一、縣五、州三。州領六縣。

錄事司。

縣五

元城,中。倚郭。至元二年,併入大名縣,後復置。大名,中。倚郭。太宗六年,立縣治。憲宗二年,遷縣事於府城內。至元二年,省元城來屬,尋析大名、元城爲二縣。九年,還縣治於故所。南樂,中。魏縣,中。清河。本恩州地,太宗七年,籍爲清河縣,隸大名路。

州三

開州,上。唐澶州。宋升開德府。金爲開州。元割開封之長垣、曹州之東明來屬。領四縣:

濮陽,上。倚郭。東明,中。太宗七年,割隸大名路。至元二年來屬。長垣,中。初隸大名路,至元二年始隸開州。清豐。中。

滑州,中。唐改靈昌郡。宋改武成軍。元仍爲滑州。領二縣:

白馬,上。爲州治所。內黃。

濬州,下。唐置黎州,後廢。石晉置濬州。宋爲通利軍,又改平川軍。金復爲濬州。元初隸眞定。至元二年,隸大名。

懷慶路,下。唐懷州,復改河內郡,又仍爲懷州。宋升爲防禦。金改南懷州,又改沁南軍。元初復爲懷州。太宗四年,行懷孟州事。憲宗六年,世祖在潛邸,以懷孟二州爲湯沐邑。〔二五〕七年,改懷孟路總管府。至元元年,以懷孟路隸彰德路。〔二六〕二年,復以懷孟自爲一路。延祐六年,以仁宗潛邸改懷慶路。戶三萬四千九百九十三,口一十七萬九百二十六。領司一、縣三、州一。州領三縣。

錄事司。

縣三

河內,中。修武,中。武陟。中。

州一

孟州,下。唐置河陽軍,又升孟州。〔二七〕宋隸河北道。〔二八〕金大定中,爲河水所害,北去故城十五里,築今城,徙治焉。故城謂之下孟州,新城謂之上孟州。元初治下孟州。憲宗八年,復立上孟州,河陽、濟源、王屋、溫四縣隸焉。設司候司。至元三年,省王屋入濟源,併司候司入河陽。領三縣:

河陽,下。濟源,下。太宗六年,改濟源爲原州。七年,州廢,復爲縣。至元三年,省王屋縣入焉。溫縣。

衞輝路,下。唐義州,又爲衞州,又爲汲郡。金改河平軍。元中統元年,升衞輝路總管府,設錄事司。戶二萬二千一百一十九,口一十二萬七千二百四十七。領司一、縣四、州二。

錄事司。

縣四

汲縣,下。倚郭。新鄉,中。獲嘉,下。胙城。下。舊以胙城爲倚郭。憲宗元年,遷州治于汲,以胙城爲屬邑。

州二

輝州,下。唐以共城縣置共州。宋隸衞州。金改爲河平縣,又改蘇門縣,又升蘇門縣爲輝州,置山陽縣屬焉。至元三年,省蘇門縣,廢山陽爲鎭,入本州。

淇州,下。唐、宋、金並爲衞縣之域,曰鹿臺鄉。元憲宗五年,以大名、彰德、衞輝籍餘之民,立爲淇州,因又置縣曰臨淇,爲倚郭。中統元年,隸大名路宣撫司。至元三年,立衞輝路,以州隸之,而臨淇縣省。

河間路,上。唐瀛州。宋河間府。元至元二年,置河間路總管府。戶七萬九千二百六十六,口一十六萬八千五百三十六。領司一、縣六、州六。州領十七縣。

錄事司。

縣六

河間,中。倚郭。肅寧,下。至元二年,廢爲鎭,入河間縣,後復舊。齊東,下。憲宗三年,隸濟南路。至元二年,還屬河間路。寧津,下。憲宗二年,屬濟南路。至元二年,隸河間。臨邑,下。本屬濟南府,太宗七年,割屬河間。憲宗三年,還屬濟南。至元二年,復屬河間。青城。下。本青平鎭,太宗七年,析臨邑、寧津地置縣,隸濟南。中統置青城縣,隸陵州。至元二年,隸河間。

州六

滄州,中。唐改景城郡,復仍爲滄州。金升(臨)〔橫〕海軍。〔二九〕元復爲滄州。領五縣:

清池,中。樂陵,中。南皮,下。無棣,下。至元二年,併入樂陵縣,以縣治入濟南之棣州,尋復置。鹽山。下。

景州,中。唐觀州,又改景州。宋改永靜軍。金仍改觀州。元因之。至元二年,復爲景州。領五縣:

蓨縣,中。舊屬觀州,元初升元州,後復爲蓨縣。故城,中。元初隸河間路。至元二年,併爲故城鎭,屬景州。是年,復置縣還來屬。阜城,下。東光,下。吳橋。中。

清州,下。五代置乾寧軍。宋爲乾寧郡,大觀間以河清,改清州。〔三〇〕金爲乾寧(郡)〔軍〕。〔三一〕元太宗二年,改清寧府。七年,又改清州。至元二年,以靖海、興濟兩縣及本州司候司併爲會川縣，後復置清州。領三縣：

會川，中。靖海，下。興濟。下。

獻州，下。本樂壽縣，宋隸瀛州，又隸河間府。金改爲壽州，又改獻州。元至元二年，以州併入樂壽，直隸河間路，未幾復舊。領二縣：

樂壽，中。附郭。交河。中。至元二年，入樂壽，未幾如故。

莫州，下。唐置鄚州，尋改爲莫。舊領二縣，至元二年，省入河間，未幾仍領二縣：

莫亭，下。倚郭。至元二年，與任丘俱省入河間縣，後復置。任丘。下。

陵州，下。本將陵縣，宋、金皆隸景州。〔三〕憲宗三年，割隸河間府。是年升陵州，隸濟南路。至元二年，復爲縣。三年，復爲州，仍隸河間路。

東平路，下。唐鄆州，又改東平郡，又號天平軍。宋改東平府，隸河南道。〔三〕金隸山東〔西〕路。〔四〕元太祖十五年，嚴實以彰德、大名、磁、洺、恩、博、濬、滑等戶三十萬來歸，以實行臺東平，領州縣五十四。實沒，子忠濟爲東平路管軍萬戶總管，行總管府事，州縣如舊。至元五年，以東平爲散府。九年，改下路總管府。戶四萬四千七百三十一，口五萬二百四十七。

領司一、縣六。

錄事司。

縣六

須城，下。爲東平治所。東阿，中。陽穀，中。汶上，中。壽張，下。平陰。下。至元十一年，以縣之辛鎭寨、孝德等四鄉分析他屬。明年，改寨爲肥城，作中縣，隸濟寧路，以平陰爲下縣，仍屬東平。

東昌路，下。唐博州。宋隸河北東路。金隸大名府。元初隸東平路。至元四年，析爲博州路總管府。十三年，改東昌路，仍置總管府。戶三萬三千一百二，口一十二萬五千四百六。

領司一、縣六。

錄事司。

縣六

聊城，中。倚郭。堂邑，中。莘縣，中。宋隸大名府，元割以來屬。博平，中。茌平，中。丘縣。下。本爲鎭，隸曲周。至元二年，併入堂邑。二十六年，山東宣慰司言：「丘縣併入堂邑，差稅詞訴相去二百餘里，往復非便。平恩有戶二千七百，升縣爲宜。」遂立丘縣，隸東昌。

濟寧路，下。唐麟州。周於此置濟州。元太宗七年，割屬東平府。至元六年，以濟州還治鉅野，仍析鄆城之四鄉來屬。八年，升濟寧府，治任城，尋還治鉅野。十二年，復立濟州，治任城，屬濟寧府。十五年，遷府於濟州，却以鉅野行濟州事。其年又以府治歸鉅野，而濟州仍治任城，但爲散州。十六年，濟寧升爲路，置總管府。戶一萬五百四十五，口五萬九千八百一十八。領司一、縣七、州三。州領九縣。

錄事司。

縣七

鉅野，中。倚郭。金廢，屬鄆州。至元六年復立。鄆城，上。金以水患，徙置盤溝村。元至元八年，復來屬。肥城，〔中〕。〔三五〕宋、金爲平陰縣。元至元十二年，以平陰辛鎭寨東北十五里舊城改設今縣。金鄉，下。初隸濟州，至元二年來屬。碭山，金爲水蕩沒。元憲宗七年，始復置縣治，隸東平路。至元二年，以戶口稀少，併入單父。三年復置，屬濟州。八年，屬濟寧路。虞城，下。金圮於水。元憲宗二年，始復置縣，隸東平路。至元二年，以戶口稀少，併入單父。三年，復立縣，屬濟州。八年，隸濟寧路。豐縣。唐屬徐州。元憲宗二年，屬濟州。至元二年，以沛縣併入豐縣。三年，復立沛縣。八年，以豐縣直隸濟寧路。

州三

濟州，下。唐以前爲濟北郡，治單父。〔三六〕唐初爲濟州，又爲濟陽郡，仍改濟州。周顯濟水立濟州。宋因之。金遷州治任城，以河水湮沒故也。元至元二年，以戶不及千數，併隸任城。六年，還州於鉅野，而任城爲屬邑。八年，升州爲濟寧府，治任城，復還府治鉅野。十二年，以任城當江淮水陸衝要，復立濟州，屬濟寧(路)〔府〕，〔三七〕而任城廢。十五年，遷府於濟州，以鉅野行濟州事。其年復於鉅野立府，仍於此爲州。二十三年，復置任城，隸州。領三縣：

任城，倚郭。魚臺，太宗七年，屬濟州。至元二年，併入金鄉。三年復故。八年，屬濟寧府。十三年來屬。沛縣。太宗七年，移滕州治此。憲宗二年，州廢，復爲縣。至元二年，省入豐縣。三年復置。八年，隸濟寧府。十三年來屬。

兗州，下。唐初爲兗州，復升泰寧軍。宋改襲慶府。金改泰定軍。元初復爲兗州，屬濟州。憲宗二年，分隸東平路。至元五年，復屬濟州。十六年，隸濟寧路總管府。二十三年，立尙珍署，領屯田四百五十六戶，收子粒赴濟州官倉輸納，餘糧糶賣，所入鈔納于光祿寺。領四縣：

嵫陽，曲阜，泗水，至元二年，省入曲阜。三年復置。寧陽。至元二年，省入嵫陽。大德元年復置。

單州，下。唐置輝州，治單父。後唐改爲單州。宋升團練州。金隸歸德府。元初屬濟州。憲宗二年，屬東平府。至元五年，復屬濟州。十六年，隸濟寧路。領二縣：

單父，縣在郭下。元初與單州併屬濟州。憲宗二年，隸東平府。至元二年，復立單父縣。五年，還屬濟州，今屬單州。嘉祥。舊屬濟州。憲宗二年，割隸東平路。至元三年，還屬濟州。今爲單州屬縣。

曹州，上。唐初爲曹州，後改濟陰郡，又仍爲曹州。宋改興仁府。金復爲曹州。元初隸東平路總管府。至元二年，直隸省部。戶三萬七千一百五十三，口一十九萬五千三百三十五。領縣五：

濟陰，上。成武，中。定陶，中。禹城，中。楚丘。中。

濮州，上。唐初為濮州，後改濮陽郡，又仍為濮州。宋升防禦郡。金為刺史州。元初隸東平路，後割大名之館陶、朝城，恩州之臨清，開州之觀城來屬。至元五年，析隸省部。戶一萬七千三百一十六，口六萬四千二百九十三。領縣六：

鄄城，上。朝城，中。初隸東平府，至元五年來屬。館陶，中。初屬東平路，至元三年來屬。臨清，觀城，下。金屬開州，元初來屬。范縣。下。初屬東平府路，至元二年來屬。

高唐州，中。唐為縣，屬博州。宋、金因之。元初隸東平，至元七年升州。戶一萬九千一百四，口二萬三千一百二十一。領縣三：

高唐，中。夏津，中。初隸東平，至元七年來屬。武城。中。初隸東平，至元七年來屬。

泰安州，中。本博城縣，唐初於縣置東泰州，後廢州，改為乾封縣，屬兗州。宋改奉符縣。金置泰安州。元初屬東平路。至元二年，省新泰縣入萊蕪縣。五年，析隸省部。三十一年，復立新泰縣。東嶽泰山在焉。戶九千五百四十，口一萬七千七百九十五。領縣四：

奉符，中。長清，中。舊屬濟南府，元初來屬。萊蕪，下。新泰。金屬泰安州，至元二年，省入萊蕪，三十一年復立。

德州，唐初為德州，後改平原郡，又仍為德州。金屬山東西路。元初隸東平路總管府，割大

名之清平、濟南之齊河縣來屬。戶二萬四千四百二十四，口一十五萬六千九百五十二。領縣五：

安德，下。平原，下。齊河，金創置此(州)〔縣〕，[三八]隸濟南府，至元二年來屬。清平，[三九]宋、金隸大名府，元初來屬。德平。[四〇]

恩州，中。唐貝州，又為清河郡。宋改恩州。金隸大名府路。元初割清河縣隸大名府，以武城隸高唐，惟存歷亭一縣及司候司。至元二年，縣及司俱省入州。七年，自東平析隸省部。戶一萬五百四十五，口三萬七千四百七十九。

冠州，[四一]本冠氏縣，唐因隋舊，置毛州，後州廢，縣屬魏州。宋、金並屬大名府。元初屬東平路。至元六年，升冠州，直隸省。戶五千六百九十七，口二萬三千四十。

山東東西道宣慰司。

益都路，唐青州，又升盧龍軍。[四二]宋改鎮海軍。金為益都路總管府。[四三]戶七萬七千一百六十四，口二十一萬二千五百二。領司一、縣六、州八。州領十五縣。

錄事司。

縣六

益都，中。倚郭。至元二年，以行淄州及行淄川縣併入。三年，又併臨淄、臨朐二縣入焉。十五年，割臨淄、臨朐復置縣，並屬本路。臨淄，下。臨朐，下。高苑，下。舊屬淄州。樂安，下。壽光，下。

州八

濰州，下。唐初為濰州，後廢。宋為北海軍，復升濰州。金屬益都路。元初領北海、昌邑、昌樂三縣及司候司。憲宗三年，省司候司入北海。至元三年，省昌樂縣入北海。領二縣：

北海，下。昌邑。下。

膠州，下。唐初為膠西縣。宋置臨海軍。金仍改為膠西縣，屬密州。元太祖於縣置膠州。領三縣：

膠西，中。即墨，下。宋、金皆隸萊州，元太祖二十二年來屬。高密。下。宋、金並隸密州。

密州，[四四]唐初改為高密郡，後仍為密州。宋為臨海軍，復為密州。元初因之，以膠西、高密屬膠州。憲宗三年，省司候司入諸城縣，隸益都。領二縣：

諸城，州治所。安丘。下。

莒州，下。唐廢莒州，以莒縣隸密州。宋沿其舊。金復為莒州，隸益都府。元初因之。領四縣：

莒縣，下。州治所。憲宗三年，省司候司入焉。沂水，下。有沂山，為東鎮。日照，下。蒙陰。下。元初，

因舊名為新泰縣。中統三年，以李璮亂，人民逃散，省入沂水。皇慶二年，復置為蒙陰縣。

沂州，下。唐初改為琅邪郡，後仍為沂州。宋屬京東東路。金屬山東東路。元屬益都路。領二縣：

臨沂，中。州治所。憲宗三年，省司候司入焉。費縣。下。

滕州，下。唐為滕縣，屬徐州。宋仍舊。金改為滕州，屬兗州。元隸益都路。領二縣：

滕縣，下。憲宗三年，省司候司入焉。鄒縣。下。

嶧州，下。唐置鄫州，又改蘭陵縣為承縣，後州廢，以縣屬沂州。宋仍舊。金改蘭陵縣，於縣置嶧州。元初以嶧州隸益都路，至元二年，省蘭陵入本州。

博興州，下。唐博昌縣。後唐改博興。宋屬青州。金屬益都府。元初升為州。

山東東西道肅政廉訪司。

濟南路，上。唐(濟)〔齊〕州，又改臨淄郡，又改濟南郡，又為(青)〔齊〕州。[四五]宋為濟南府。金因之。元初改濟南路總管府，舊領淄、陵二州。至元二年，淄州割入淄萊路，陵州割入河間路，又割臨邑縣隸河間路，長清縣入泰安州，禹城縣隸曹州，齊河縣入德州，割淄州之鄒平縣來屬，置總管府。戶六萬三千二百八十九，口一十六萬四千八百八十五。領司一、縣四、州二。州領七縣。

錄事司。

縣四

歷城，中。倚郭。章丘，上。鄒平，上。唐、宋皆屬淄州，至元間來屬。濟陽。中。

州二

棣州，上。唐析滄州之陽信、商河、樂陵、厭次置棣州。宋、金因之。元初濱、棣自爲一道，中統三年，改置濱棣路安撫司。至元二年，與濱州俱隸濟南路。領四縣：

厭次，中。倚郭。初立司候司，至元二年，省入本縣。商河，中。陽信，中。無棣。下。宋、金屬滄州，元初割無棣之半屬滄州，半以來屬。

濱州，中。唐屬棣州。周始置濱州。金隸益都。元初以棣州爲濱棣路。至元二年，省路爲州，隸濟南路。領三縣：

渤海，中。初設司候司，至元二年，省入此縣。利津，下。霑化。下。

般陽府路，下。唐淄州，宋屬河南道。〔四六〕金屬山東東路。元初太宗在濳，置新城縣。中統四年，割濱州之蒲臺來屬。先是，淄州隸濟南路總管府，五年，升淄州路，置總管府。是歲改元至元，割鄒平屬濟南路、高苑屬益都路。二年，改淄州路爲淄萊路。二十四年，改般陽路，取漢縣以爲名。戶二萬一千五百三十，口一十二萬三千一百八十五。領司一、縣四、州

二。州領八縣。

錄事司。

縣四

淄川，中。倚郭。長山，中。初屬濟南路，中統五年來屬。新城，中。本長山縣驛臺，太宗在濳，以人民完聚，創置城曰新城，以田、索二鎭屬焉。蒲臺。下。金屬濱州，元初隸濱棣路。中統五年，屬淄州。至元二年，改屬淄萊路，升中縣。

州二

萊州，中。唐初改東萊郡爲萊州。宋爲防禦州。金升定海軍，屬山東東路。元初屬益都路。中統五年，屬淄（萊）〔州〕路。〔四七〕舊設錄事司。至元二年，省入掖縣，又省卽墨入掖與膠水，仍隸般陽路。領四縣：

掖縣，中。倚郭。至元二年，省錄事司，析卽墨縣入焉。膠水，下。至元二年，析卽墨縣入焉。招遠，下。萊陽。下。

登州，下。唐初爲牟州，復改登州，宋屬河南道。〔四八〕元初屬益都路。中統五年，別置淄（萊）〔州〕路，以登州隸之。至元二十四年，改屬般陽路。領四縣：

蓬萊，下。黃縣，下。福山，下。僞齊以登州之兩水鎭爲福山縣，楊疃鎭爲棲霞縣。棲霞。下。

寧海州，下。僞齊劉豫以登州之文登、牟平二縣立寧海軍。金升寧海州。元初隸益都路。至元九年，直隸省部。戶五千七百一十三，口一萬五千七百四十三。領縣二：

牟平，中。文登。下。

河東山西道宣慰使司。

大同路，上。唐爲北恒州，又爲雲州，又改雲中郡。遼爲西京大同府。金改總管府。元初置警巡院。至元二十五年，改西京爲大同路。戶四萬五千九百四十五，口一十二萬八千四百九十六。領司一、縣五、州八。州領四縣。大德四年，於西京黃華嶺立屯田。六年，立萬戶府，所屬山陰、雁門、馬邑、鄯陽、洪濟、金城、寧武凡七屯。

錄事司。

縣五

大同，中。倚郭。至元二年，省西縣入焉。白登，下。至元二年，廢爲鎭，屬大同縣，尋復置。宣寧，下。平地，下。本號平地裊，至元二年，省入豐州。三年，置縣，曰平地。懷仁。下。

州八

弘州，下。唐爲清塞軍，隸蔚州。遼置弘州。金仍舊。舊領襄陰、順聖二縣。元至元中，割順聖隸宣德府，惟領襄陰及司候司，後並省入州。

渾源州，下。唐爲渾源縣，隸應州。金升爲州，仍置縣在郭下，併置司候司。元至元四年省入州。

應州，下。唐末置。後唐升彰國軍。元初仍爲應州。領二縣：

金城，下。州治所。山陰。下。至元二年，併入金城，後復置。

朔州，下。唐改馬邑郡爲朔州。後唐升（鎭）〔振〕武軍。〔四九〕宋爲朔寧府。金爲朔州。元因之。領二縣：

鄯陽，下。至元四年，省錄事司入焉。馬邑。下。

武州，下。唐隸定襄、馬邑二郡。遼置武州宣威軍。元至元二年，割寧邊州之半來屬。舊領寧邊一縣及司候司，四年省入州。

豐州，下。唐初爲豐州，又改九原郡，又仍爲豐州。金爲天德軍。元復爲豐州。舊有錄事司幷富民縣，元至元四年省入州。

東勝州，下。唐勝州，又改楡林郡，又復爲勝州。張仁愿築三受降城，東城南直楡林，後以東城濱河，徙置綏遠峯南郡今東勝州是也。〔五〇〕金初屬西夏，後復取之。元至元二年，省寧邊州之半入焉。舊有東勝縣及錄事司，四年省入州。

雲內州，下。唐初立雲中都督府，復改橫塞軍，又改天德軍，卽中受降城之地。金爲雲內

中華書局

州。舊領雲川、柔服二縣，元初廢雲川，設錄事司。至元四年，省司、縣入州。

河東山西道肅政廉訪司。

冀寧路，上。唐幷州，又爲太原府。宋、金因之。元太祖十(二)〔三〕年，立太原路總管府。[五一]大德九年，以地震改冀寧路。戶七萬五千四百四，口一十五萬五千三百二十一。領司一、縣十、州十四。州領九縣。

錄事司。

縣十

陽曲，中。倚郭。文水，中。平晉，下。祁縣，下。舊隸晉州，後州廢，隸太原路。榆次，下。至元二年，隸太原路。太谷，下。清源，下。壽陽，下。交城，下。徐溝。下。

州十四

汾州，中。唐改西河郡爲浩州，又改汾州，又改西河郡，又爲汾州。金置汾陽軍。元初立汾州元帥府，割靈石縣隸平陽路之霍州，仍析置小靈石縣，後廢府。至元二年，復行州事，省小靈石入介休。三年，併溫泉入孝義。領四縣：

西河，中。孝義，下。至元三年，割溫泉縣之半置巡檢司，隸本縣。平遙，下。元初屬太原府，至元二年來屬。介休。下。元初直隸太原府，至元二年來屬，仍省小靈石縣入焉。

石州，下。唐初改離石郡爲石州，又改昌化郡，又仍爲石州。宋、金因其名。元中統二年，省離石縣入本州。三年，復立。至元三年，省溫泉入孝義，以臨泉爲臨州。[五二]舊置司候司，後與孟門、方山俱省入離石。領二縣：

離石，下。倚郭。寧鄉。下。太宗九年，隸太原府。定宗三年，隸石州。憲宗九年，又隸太原府。[五三]至元三年，復來屬。

忻州，下。唐初置新興郡，後改忻州，又改定襄郡，又爲忻州。金隸太原府。元因之。領二縣：

秀容，下。倚郭。至元二年，省入忻州。四年復置。定襄。下。

平定州，下。唐爲廣陽縣。宋爲平定軍。金爲平定州。元至元二年，省倚郭平定、樂平二縣入本州。[五四]七年，復立樂平。領一縣：

樂平。下。倚郭。至元二年，省縣爲鄉，入本州。立巡檢司。七年復立。

臨州，下。唐置臨泉縣，又置北和州，後州廢，隸石州。宋置晉寧軍。[五五]金廢軍，置臨水縣，隸石州。元中統二年，仍改臨泉縣，直隸太原府。[五六]三年，升臨州。

保德州，下。本嵐州地，宋始置州。[五七]舊有倚郭縣，元憲宗七年廢縣。至元二年，省隩州、芭州入本州。三年，又併岢嵐軍入焉。四年，割岢嵐隸管州，隩州仍來屬。

崞州，下。本崞縣，元太(宗)〔祖〕十四年升崞州。[五八]

管州，下。唐以靜樂縣置，後州廢，屬嵐州。後又爲憲州。宋爲靜樂軍。[五九]金爲靜樂郡，又改爲管州。元太祖十六年，以嵐州之岢嵐、寧化、樓煩併入本州。至元二十二年，割岢嵐隸嵐州，而寧化、樓煩併入本州。

代州，下。唐置代州總管府。金改都督府。元中統四年，併雁門縣入州。

臺州，下。唐爲五臺縣，隸代州。金升臺州，隸太原路。[六〇]元因之。

興州，下。唐臨津縣，隸嵐州，又改合河縣。金升興州，隸太原路。元因之。

堅州，下。唐繁畤縣。金爲堅州，隸太原路。元因之。

嵐州，下。唐、宋並爲嵐州。金升鎮西節度。至元二年，省入管州。五年復立。

盂州，下。本盂縣，金升爲州。元因之。

晉寧路，上。唐晉州。金爲平陽府。元初爲平陽路，大德九年，以地震改晉寧路。戶一十二萬六百三十，口二十七萬一百二十一。領司一、縣六、府一、州九。府領六縣，州領四十縣。

錄事司。

縣六

臨汾，中。倚郭。襄陵，中。洪洞，中。浮山，下。汾西，下。岳陽。下。本(猗)〔冀〕氏縣，屬平陽府。[六一]

至元三年，省入岳陽縣。四年，以縣當東西驛路之要復置，併岳陽、和川二縣入焉。後復改爲岳陽縣。

府一

河中府，唐蒲州，又改河中府，又改河東郡，又仍爲河中府。宋爲護國軍。金復爲河中府。元憲宗在潛，置河解萬戶府，領河、解二州。河中府領錄事司及河東、臨晉、虞鄉、猗氏、萬泉、河津、(滎)〔榮〕河七縣。[六二]至元三年，省虞鄉入臨晉，省萬泉入猗氏，併錄事司入河東，罷萬戶府，而河中府仍領解州。八年，割解州直隸平陽路，河中止領五縣。十五年，復置萬泉縣來屬。領六縣：

河東，下。府治所。萬泉，下。猗氏，下。(滎)〔榮〕河，下。金隸(滎)〔榮〕州，[六三]元初廢(滎)〔榮〕州，復爲(滎)〔榮〕河縣。臨晉，下。河津。下。

州九

絳州，中。唐初爲絳郡，又改絳州。宋置防禦。金改晉安府。元初爲絳州行元帥府，河、解二州諸縣皆隸焉。後罷元帥府，仍爲絳州，隸平陽路。領七縣：

正平，下。倚郭。至元二年，省錄事司入焉。太平，中。曲沃，下。翼城，下。金爲翼州，元初復爲翼城縣，隸絳州。稷山，下。絳縣，下。至元二年，省垣曲縣入焉。十六年，復立垣曲縣，絳縣如故。垣曲。下。

潞州，下。唐初爲潞州，後改上黨郡，又仍爲潞州。宋改隆德軍。金復爲潞州。元初爲隆德府，行都元帥府事。太宗三年，復爲潞州，隸平陽路。至元三年，以涉縣割入眞定府，以錄事司併入上黨縣。領七縣：

上黨，下。壺關，下。長子，下。潞城，下。屯留，下。至元三年，省入襄垣。十五年復置。襄垣，下。黎城。下。至元二年，併涉縣偏城等十三村入焉。

澤州，下。唐初爲澤州，後爲高平郡，又仍爲澤州。宋屬河東道。金爲平陽府。〔六四〕元初置司候司及領晉城、高平、陽城、沁水、端氏、陵川六縣。至元三年，省司候司、陵川縣入晉城，省端氏入沁水。後復置陵川。領五縣：

晉城，下。高平，下。陽城，下。沁水，下。陵川。下。至元三年，省入晉城，後復置。

解州，下。本唐蒲州之解縣。五代漢乾祐中置解州。宋屬京兆府。〔六五〕金升寶昌軍。元至元四年，併司候司入解縣。有鹽池，方一百二十里。領六縣：

解縣，下。安邑，下。聞喜，下。夏縣，下。平陸，下。芮城。下。

霍州，下。唐初爲霍山郡，又改呂州，又廢州而以縣隸晉州。金改霍州。元因之。領三縣：

霍邑，下。倚郭。有霍山爲中鎭。趙城，舊屬平陽府。靈石。下。舊屬汾州。

隰州，下。唐初爲隰州，又改大寧郡，又仍爲隰州。元以州隸晉寧路。領五縣：

隰川，中。州治所。至元三年，省大寧、蒲、溫泉三縣入焉。大寧，下。至元三年，省入隰川，二十三年復置。

石樓，下。永和，下。蒲縣。下。〔六六〕

沁州，下。唐初爲沁州，又改陽城郡，又仍爲沁州。宋置威勝軍。金仍爲沁州。元因之。領三縣：

銅鞮，下。州治所。至元三年，省錄事司、武鄉縣入焉。沁源，下。至元三年，省綿上縣入焉。武鄉。下。至元三年，省入銅鞮，後復立。

遼州，下。唐初置遼州，又改箕州，又改儀州。宋復爲遼州。〔六七〕元隸晉寧路。領三縣：

遼山，下。倚郭。榆社，下。至元三年，省入遼山，六年復立。和順。下。至元三年，省儀城縣入焉。

吉州，下。唐初爲西汾州，〔六八〕又爲南汾州，又改慈州。宋置吉鄉軍。金改耿州，又改吉州。元初領司候司、吉鄉、鄉寧二縣。中統二年，併司候司入吉鄉縣。至元二年，省吉鄉。三年，又省鄉寧並入州。後復置鄉寧。領一縣：

鄉寧。下。

嶺北等處行中書省統和寧路總管府。

和寧路，上。始名和林，以西有哈剌和林河，因以名城。太祖十五年，定河北諸郡，建都於此。初立元昌路，後改轉運和林使司，前後五朝都焉。太宗乙未年，城和林，作萬安宮。丁酉，治伽堅茶寒殿，在和林北七十餘里。戊戌，營圖蘇胡迎駕殿，去和林城三十餘里。世祖中統元年，遷都大興，和林置宣慰司都元帥府。後分都元帥府於金山之南，和林止設宣慰司。至元二十六年，諸王叛兵侵軼和林，宣慰使怯伯等乘隙叛去。二十七年，立和林等處都元帥府。大德十一年，立和林等處行中書省，以淇陽王月赤察兒爲右丞相，太傅答剌罕爲左丞相，罷和林宣慰司都元帥府，置和林總管府。至大二年，改行中書省爲行尚書省。四年，罷尚書省，復爲行中書省。皇慶元年，改嶺北等處行中書省，改和林路總管府爲和寧路總管府。至元二十年，令西京宣慰司送牛一千，赴和林屯田。二十二年，併和林屯田入五條河。三十年，命戍和林漢軍四百，留百人，餘令耕屯杭海。元貞元年，於六衛漢軍內撥一千人赴稱海屯田，北方立站帖里干、木憐、納憐等一百一十九處。

校勘記

〔一〕凡路低於省一字至亦止低於省一字　今按標點本格式排印：凡省皆低兩字起行，路、省直隸府州、宣慰司、廉訪司頂格，以下遞低一字。

〔二〕初設警巡院三至元四年省其一止設左右二院　「四年」疑當作「二十四年」。按趙萬里輯本元一統志有「元初設大都警巡院及左右二院。」「建置於至元十二年，至二十四年省併，止設左右二院，分領京師城市民事」。

〔三〕金爲中都　按金史卷二四地理志，中都路領薊州。考異云：「當云金屬中都路，轉寫脫譌耳。」

〔四〕金平契丹置(恒)〔桓〕州　從道光本改。按金史卷二四地理志，西京路領桓州。

〔五〕遼爲德州　按金史卷二四地理志，宣德州，下，刺史。遼改晉武州爲歸化州雄武軍。遼史卷四一地理志，歸化州雄武軍，唐升武州，晉高祖割獻於遼，改今名。此處「德州」當爲「歸化州」之誤。

〔六〕太宗七年改山(西)東路總管府　據本書卷八一選舉志及至正集卷四四上都孔子廟碑所見「山西東路」補。

〔七〕金爲(興德)〔德興〕府　道光本與本書卷六世祖紀至元三年十月庚申條及金史卷二四地理志合，從改正。

〔八〕又改爲興唐縣　按舊唐書卷三九地理志，蔚州，至德二年九月改爲興唐郡。此處「縣」當作「郡」。

〔九〕金初爲興化(郡)〔軍〕　按金史卷二四地理志，興州，寧朔軍節度使，本遼北安州興化軍。遼史卷三九地理志亦作「興化軍」。據改。

〔一〇〕金爲松山縣隸北京(路)大定府(路)　按金史卷二四地理志，北京路，府四，有大定府，大定府領縣十一，有松山。據改正。新編已校。

〔一一〕元中統三年以郡爲內輔升隆興路總管府建行宮　本證云：「是年升撫州爲隆興府，其升路在至元四年。」

〔一二〕(咸)〔威〕寧　考史拾遺云：「金志，撫州有威寧縣，永安二年以撫州新城鎮置。元之興和路卽金撫州，則威寧乃威寧之譌信矣。」從改。參見卷五校勘記〔一〇〕。

〔一三〕大德四年以水患改永平路　按本書卷二一成宗紀大德七年十月乙未條有「改平灤爲永平路」。疑此處「四」當作「七」。

〔一四〕今昌黎屬本縣　本證云：「案本縣疑當作本路。」

〔一五〕元太宗十(一)〔三〕年升順天路　按混一方輿勝覽，辛丑年，割出雄、易、保、遂、安肅五州立順天路。又本書卷一四七張柔傳有「辛丑，升保州爲順天府」。元太宗十三年辛丑，「一」誤，今改。本證已校。

〔一六〕十二年改(屬)順天路爲保定路　按本書卷八世祖紀至元十二年十一月壬午條有「改順天(府)〔路〕爲保定(府)〔路〕」。此處「屬」字涉上文而衍，今刪。

〔一七〕眞定路　原闕上下等差。按本書卷九一百官志，「十萬戶之上者爲上路」。本路戶十三萬四千餘，當屬上路。事林廣記前集卷四郡邑類作「眞定路上」。

〔一八〕宋爲慶源軍　按宋史卷八六地理志，慶源府，「崇寧四年賜軍額，宣和元年升爲府」。考異云：「其初雖有慶源軍節度之名，乃升刺史州爲節度州，非改州爲軍也。當云宋爲慶源府。」

〔一九〕晉州　原闕上中下等差。事林廣記前集卷四郡邑類作「晉州中」。

〔二〇〕太宗十年立鼓城等處軍民萬戶(所)〔府〕　下文晉州安平、武彊下皆有「憲宗在潛，隸鼓城等處軍民萬戶府」。據改。

〔二一〕州(一)〔二〕　從道光本改。按上文作「州二」，下文有「磁州」、「威州」。

〔二二〕大名路(中)〔上〕　按本書卷九一百官志：「二十年，定十萬戶之上者爲上路，十萬戶之下者爲下路，當衝要者雖不及十萬戶亦爲上路。」元路只分上下，無中路。事林廣記前集卷四郡邑類有「大名路上」，據改。

〔二三〕五代南漢改大名府　按太平寰宇記卷五四，魏州，漢乾祐元年改爲大名府。乾祐係五代漢隱帝年號，五代漢亦稱後漢。南漢爲五代十國之一，轄境在今廣東、廣西一帶，與大名路無涉。新編改作「五代後漢」。

〔二四〕金改安武軍　金史卷二六地理志有「大名府，上，天雄軍」。按唐時在魏州設立魏博節度，唐末改稱天雄軍節度。金仍以大名府軍額爲天雄軍，非改大名路爲天雄軍。安武軍爲冀州節度之軍額。此處當作「金稱天雄軍」。

〔二五〕世祖在潛邸以懷孟二州爲湯沐邑　考異云：「案中統五年重立孟州三城記稱：『河南甫定，孟猶邊鄙，版籍仍希，爲懷所并。』蓋太宗初定中原，以孟州地併於懷，故有懷孟州之稱。曷思麥里傳云『歲壬辰，授懷孟州達魯花赤。乙卯卒，子密里吉復爲懷孟達魯花赤』，是其證也。」此處「二」字衍。

〔二六〕七年改懷孟路總管府至元元年以懷孟路隸彰德路　考異云：「予家藏中統元年祭濟瀆記碑，後列宣授懷孟州達魯花赤蜜里及卽密里吉、宣授懷孟州總管覃澄、提領懷孟州課稅所官石伯濟名。碑立於世祖初，尚稱州而不稱路，然則憲宗之世，但置總管，未嘗改爲懷孟路也。」

〔二七〕唐置河陽軍又升孟州　按舊唐書卷三八地理志，河陽，隋縣。此處「置」似當作「爲」。又孟州係會昌三年由河陽縣升，當時河陽節度以懷州爲理所。迨建孟州後，始自懷州遷來。此處「河陽軍」當爲「河陽縣」之誤。

〔二八〕宋隸河北道　考異云：「案十道之名，立于唐世。宋分天下爲十五路，後又析爲十八路，又析爲二十三路，無諸道之名也。」

〔二九〕金升(臨)〔橫〕海軍　從道光本改。考異云：「案滄州自唐時爲橫海軍節度治所，宋、金皆因其名。此作臨海，誤。」

〔三〇〕宋爲乾寧郡大觀間以河清改清州　此處文字有倒舛，當作「宋大觀間以河清改清州，爲乾寧郡」。按宋史卷八六地理志，清州，下，本乾寧軍，大觀二年升爲州，政和三年賜郡名曰乾寧。是先升爲清州，後名乾寧郡。

〔三一〕金爲乾寧(郡)〔軍〕　從道光本改。按金史卷二五地理志，清州，中，宋乾寧郡軍，國初因置軍。

〔三二〕宋金皆隸景州　按輿地廣記卷一〇，永靜軍，「唐置景州。周降爲定遠軍」。「景德元年改爲永靜」。是唐之景州，在宋先稱定遠軍，後稱永靜軍，金初始陞爲景州。此處「宋、金」當作「唐、金」。

〔三三〕宋改東平府隸河南道　考異云：「宋無十道之名，當云隸京東西路。」

〔三四〕金隸山東〔西〕路　按金史卷二五地理志，山東西路，府一，東平府。據補。新元史已校。

〔三五〕肥城〔中〕　上文東平路平陰條有「明年，改寨爲肥城，作中縣，隸濟寧路」。據補。新編已校。

〔三六〕唐以前爲濟北郡治單父　考史拾遺云：「唐以前濟北郡治單父，不知何據。考太平寰宇記，單州單父縣後魏嘗置北濟陰郡，或因是誤以爲濟北郡邪？」

〔三七〕復立濟州屬濟寧(路)〔府〕　按上文濟寧路，「十二年，復立濟州，治任城，屬濟寧府」，「十六年，濟寧升爲路」。據改。

〔三八〕齊河金創置此(州)〔縣〕　從道光本改。按金史卷二五地理志，濟南府屬縣七，有齊河。又，原闕上中下等差。齊乘作「齊河縣中」。

〔三九〕清平　原闕上中下等差。齊乘作「清平縣中」。

〔四〇〕德平　原闕上中下等差。齊乘作「德平縣下」。

〔四一〕冠州　原闕上中下等差。事林廣記卷四作「冠州下」。按冠州戶五千六百九十七。不足六千戶，依元制爲下州。

〔四二〕益都路唐青州又升盧龍軍　按齊乘卷三：「乾元元年，復爲青州，置平盧淄青節度。」此作「盧龍」誤。考異已校。原闕上下等差。事林廣記卷四作「益都路上」。

〔四三〕金爲益都路總管府　按金史卷二五地理志，山東東路，府二，有益都府。元時始稱益都路。志文此處當有訛脫。

〔四四〕密州　原闕上中下等差。事林廣記、齊乘作「密州下」。

〔四五〕唐(濟)〔齊〕州又改臨淄郡又改濟南郡又爲(青)〔齊〕州　按舊唐書卷三八地理志，齊州，隋爲齊郡。武德元年，改爲齊州。天寶元年，改爲臨淄郡，五載爲濟南郡。乾元元年，復爲齊州。據改。

〔四六〕唐淄州宋屬河南道　按齊乘卷三，般陽府路，唐武德元年置淄州，屬河南道。宋置淄、萊、登三州，屬京東路。此處「宋」字疑衍誤。

〔四七〕中統五年屬淄(萊)〔州〕路　按上文般陽府路淄州，中統「五年升淄州路」，至元「二年，改淄州路爲淄萊路」。據改。下同。本證已校。

〔四八〕唐初爲牟州復改登州宋屬河南道　按新唐書卷三八地理志，河南道領登州。宋史卷八五地理志，京東東路，領登州。此處「宋」字衍。考異已校。

〔四九〕後唐升(鎭)〔振〕武軍　按宋史卷九〇地理志，朔州，唐置。後唐爲振武軍。「鎭」爲「振」之誤，今

改。考異已校。

〔五〇〕後以東城濱河徙置綏遠峯南郡今東勝州是也　按新唐書卷三七地理志，豐州東受降城，寶曆元年，振武節度使張惟清以東城濱河，徙置綏遠峯南。按唐無「綏遠峯南郡」，「郡」當係「卽」之誤。

〔五一〕元太祖十(二)〔三〕年立太原路總管府　按元一統志，太原路，「元戊寅歲九月，太師國王撫定其地，立太原路」。戊寅爲元太祖十三年。本書卷一太祖紀十三年戊寅秋八月條有「木華黎自西京入河東，克太原、平陽及忻、代、澤、潞、汾、霍等州」。是十三年前，太原屬金，作「十二年」誤，今改。新元史已校。

〔五二〕至元三年省溫泉入孝義以臨泉爲臨州　此處志文有顚倒，當作「以臨泉爲臨州。至元三年，省溫泉入孝義」。以臨泉爲臨州，事在中統三年。本書卷五世祖紀中統三年十二月戊寅條有「陞太原臨泉縣爲臨州」。又下文臨州，「元中統二年，仍改臨泉縣，直隸太原府。三年，升臨州」。此處繫至元三年，誤。

〔五三〕憲宗九年又隸太原府　永樂大典卷五二〇〇引太原志，寧鄉縣，「至辛亥又隸總管府」。辛亥爲憲宗元年，疑此處「九年」爲「元年」之誤。

〔五四〕元至元二年省倚郭平定樂平二縣入本州　按元一統志，平定州，「至元三年，省平定、樂平二縣入平定州」。永樂大典卷五二〇〇引太原志，平定州，至元三年，「省平定縣」。又樂平縣，「至元三年，省入平定州親管」。此處「二」當作「三」。

〔五五〕宋置晉寧軍　按宋史卷八六地理志，晉寧軍，元符二年，以葭蘆砦爲晉寧軍，割石州之臨泉隸焉。永樂大典卷五二〇〇引太原志同。此處「置」疑應作「隸」。

〔五六〕金廢軍置臨水縣隸石州元中統二年仍改臨泉縣直隸太原府　按金史卷二六地理志，石州屬縣有臨泉。「臨水」當爲「臨泉」之誤。又金既有臨泉縣，元中統二年「仍改臨泉縣」，於文義不通。考永樂大典卷五二〇〇引太原志，金臨泉縣，「元己卯年，置臨州行兵馬都元帥府」，己卯爲元太祖十四年。則太祖時又有臨州之建制，而志文此處失書，遂使「仍改」一辭無法理解。

〔五七〕本嵐州地宋始置州　按宋史卷八六地理志，保德軍，同下州。淳化四年，析嵐州地置定羌軍，景德元年改。金史卷二六地理志，保德州，下，刺史。本宋保德軍，大定二十二年升爲州。是宋置保德軍，金置保德州。此處「宋」當作「金」。

〔五八〕元太(宗)〔祖〕十四年升崞州　按清類天文分野之書，崞縣，元己卯年陞爲崞州，隸太原路。又永樂大典卷五二〇〇引太原志，「興定三年升崞縣爲崞州」。己卯年與金興定三年均爲元太祖十四年，據改。

〔五九〕唐以靜樂縣置後州廢屬嵐州後又爲憲州宋爲靜樂軍　此處史文有顚倒。按舊唐書卷三九地理志，武德四年置管州，領靜樂，五年改管州爲北管州，六年省北管州，遂以靜樂屬嵐州，更無「後

又爲憲州」事。唐之憲州，設在樓煩，不在靜樂。宋史卷八六地理志，憲州，初治樓煩。咸平五年移治靜樂軍，縣遂廢，軍又廢。熙寧三年廢憲州，十年，復憲州，仍領靜樂縣。又據宋會要卷八方域，靜樂縣，咸平二年陞縣爲軍。五年，徙憲州于靜樂縣。此處「又爲憲州」句當置「宋爲靜樂軍」句之後。

〔六〇〕金升臺州隸太原路　按金河東北路領府一，太原府。此處及其下興州、堅州條俱作「太原路」，「路」字疑誤。

〔六一〕本(猗)〔冀〕氏縣屬平陽府　按宋史卷八六、金史卷二六地理志，平陽府領縣十，有冀氏，無猗氏。據改。本證已校。

〔六二〕(滎)〔榮〕河　據混一方輿勝覽、宋會要輯稿方域五、宋史卷八七地理志改。下同。

〔六三〕(滎)〔榮〕州　據本書卷一一九木華黎傳及金史卷一六宣宗紀元光元年冬十月乙未條改。下同。

〔六四〕宋屬河東道金爲平陽府　按宋史卷八六地理志，河東路領州十四，有澤州。此作「河東道」誤。考異已校。又按金史卷二六地理志，河東南路領府二，有平陽府，又領刺郡六，有澤州。澤州與平陽府皆隸河東南路。此處史文有誤。新元史作「金故州屬河東南路」。

〔六五〕宋屬京兆府　按宋史卷八七地理志，永興軍路領府二，有京兆府。領州十五，有解州。解州不屬京兆府，屬永興軍路。考異云：「府下當有路，京兆府路卽永興軍路也。」

〔六六〕蒲縣　按隰川下注明蒲縣在至元三年省入隰川，而此處復有蒲縣，前後牴牾。本書卷一八成宗紀至元三十一年秋七月己未條有「復立平陽路之蒲、武鄉」。則蒲縣在至元三年省併後，至元三十一年復立。此處當脫相應史文。

〔六七〕宋復爲遼州　按舊唐書卷三九地理志，遼州，武德八年改遼州爲箕州。中和三年八月復爲遼州。是宋之遼州，乃承用唐舊名。此處「宋」字衍。

〔六八〕唐初爲西汾州　按舊唐書卷三九地理志，慈州，武德元年改爲汾州。五年，改爲南汾州。新唐書卷三九地理志、唐會要皆作「汾州」，無「西」字。此處「西」字當衍。

元史卷五十九

志第十一

地理二

遼陽等處行中書省，爲路七、府一，屬州十二，屬縣十。徒存其名而無城邑者，不在此數。本省計站一百二十處。

遼陽路，上。唐以前爲高句驪及渤海大氏所有。梁貞明中，阿保機以遼陽故城爲東平郡。後唐升爲南京。石晉改爲東京。金置遼陽府，領遼陽、鶴野二縣；後復改爲東京，宜(風)〔豐〕、澄、復、蓋、瀋、貴德州、廣寧府、來遠軍並屬焉。〔一〕元初廢貴德、澄、復州、來遠軍，以廣寧府、婆娑府、懿州、蓋州作四路，直隸省。至元六年，置東京總管府，降廣寧爲散府隸之。十五年，割廣寧仍自行路事，直隸省。十七年，又以婆娑府、懿州、蓋州來屬。二十四年，始立行省。二十五年，改東京爲遼陽路，後廢婆娑府爲巡檢司。戶三千七百八，口三萬

三千二百三十一。壬子年抄籍數。領縣一、州二。

縣一

遼陽。下。倚郭。至元六年，以鶴野縣、警巡院入焉。

州二

蓋州，下。初爲蓋州路。至元六年，併爲東京支郡，併熊岳、(陽)〔湯〕池二縣入建安縣。〔二〕八年，又併建安縣入本州。

懿州，下。初爲懿州路。至元六年爲東京支郡，所領豪州及同昌、靈山二縣省入順安縣，入本州。

廣寧府路，下。金爲廣寧府。元封孛魯古歹爲廣寧王，舊立廣寧行帥府事；後以地遠，遷治臨潢，立總管府。至元六年，以戶口單寡，降爲東京路總管府屬郡。十五年，復分爲路，行總管府事。有醫巫閭山爲北鎮，在府城西北一十里。至順錢糧戶數四千五百九十五。領縣二：

閭陽，下。初立千戶所，至元十五年，以戶口繁夥，復立行千戶所。後復爲閭陽縣。望平。至元六年，省鍾秀縣入焉。十五年，爲望平軍民千戶所，今復爲縣。

肇州。按哈剌八都魯傳：至元三十年，世祖謂哈剌八都魯曰：「乃顏故地曰阿八剌忽者產魚，吾今立城，而以兀速、憨哈納思、乞里吉思三部人居之，名其城曰肇州，汝往爲宣慰使。」既至，定市里，安民居，得魚九尾皆千斤來獻。又成宗

紀，元貞元年，立肇州屯田萬戶府，以遼陽行省左丞阿散領其事。而大一統志與經世大典皆不載此州，不知其所屬所領之詳。今以廣寧爲乃顏分地，故附注於廣寧府之下。乃顏，孛魯古歹之孫也。

山北遼東道肅政廉訪司。

大寧路，上。本奚部，唐初其地屬營州，貞觀中奚酋可度內附，乃置饒樂郡。遼爲中京大定府。金因之。元初爲北京路總管府，領興中府及義、瑞、興、高、錦、利、惠、川、建、和十州。中統三年，割興州及松山縣屬上都路。至元五年，併和州入利州爲永和鄉。七年，興中府降爲州，仍隸北京，改北京爲大寧。二十五年，改爲武平路，後復爲大寧。戶四萬六千六，口四十四萬八千一百九十三。壬子年數。領司一、縣七、州九。

錄事司。初置警巡院，至元二年，改置錄事司。

縣七

大定，下。中統二年，省長興入焉。龍山，下。初屬大定府。至元四年，屬利州，後復來屬。富庶，下。至元三年，省入興中州，後復置。和衆，下。金源，下。惠和，下。武平。下。

州九

義州。下。

興中州，下。元初因舊爲興中府，後省。至元七年，又降府爲州。

瑞州。下。至元二十三年，伯顏奏准以唆都、哈解等拘收戶計，種田立屯於瑞州之西，撥瀕海荒閑地及時開耕，設打捕屯田總管府，仍以唆都、哈解等爲屯田官。

高州。下。

錦州。下。

利州。下。

惠州。下。

川州。下。

建州。下。

東寧路，本高句驪平壤城，亦曰長安城。漢滅朝鮮，置樂浪、玄菟郡，此樂浪地也。晉義熙後，其王高璉始居平壤城。唐征高麗，拔平壤，其國東徙，在鴨綠水之東南千餘里，非平壤之舊。至王建，以平壤爲西京。元至元六年，李延齡、崔坦、玄元烈等以府州縣鎭六十城來歸。八年，改西京爲東寧府。十三年，升東寧路總管府，設錄事司，割靜州、義州、麟州、威遠鎭隸婆娑府。本路領司一，餘城堙廢，不設司存，今姑存舊名。

錄事司。土山縣。中和縣。鐵化鎭。

都護府，自唐之季，地入高麗，置府州縣鎭六十餘城，此爲都護府，雖仍唐舊名，而無都護府之實。至元六年，李延齡等以其地來歸，後城治廢毀，僅存其名，屬東寧路。

定遠府。郭州。撫州。黃州。領安岳、三和、龍岡、咸從、江西五縣，長命一鎭。靈州。慈州。嘉州。順州。殷州。宿州。德州。領江東、永淸、通海、順化四縣，寧遠、柔遠、安戎三鎭。昌州。鐵州。領定戎一鎭。泰州。价州。朔州。宣州。領寧朔、席島二鎭。成州。領樹德一鎭。熙州。孟州。領三登一縣，椒島、椴島、寧德三鎭。延州。領陽巖一鎭。雲州。

瀋陽路，本挹婁故地，渤海大氏建定理府，都督瀋、定二州，此爲瀋州地。契丹爲興遼軍，金爲昭德軍，〔三〕又更顯德軍，後皆燬於兵火。元初平遼東，高麗國麟州神騎都領洪福源率西京、都護、龜州四十餘城來降，各立鎭守司，設官以撫其民。後高麗復叛，洪福源引衆來歸，授高麗軍民萬戶，徙降民散居遼陽瀋州，初創城郭，置司存，僑治遼陽故城。中統二年，改爲安撫高麗軍民總管府。及高麗舉國內附，四年，又以質子（淳）〔綧〕爲安撫高麗軍民總管，〔四〕分領二千餘戶，理瀋州。元貞二年，併兩司爲瀋陽等路安撫高麗軍民總管府，仍治遼陽故城，轄總管五、千戶二十四、百戶二十五。至順錢糧戶數五千一百八十三。

開元路，古肅愼之地，隋、唐曰黑水靺鞨。唐初，渠長阿固郎始來朝，後乃臣服，以其地爲燕州，置黑水府。其後渤海盛，靺鞨皆役屬之。又其後渤海浸弱，爲契丹所攻，黑水復擅其地，東瀕海，南界高麗，西北與契丹接壤，卽金鼻祖之部落也。初號女眞，後避遼興宗諱，改

曰女直。太祖烏古打既滅遼，卽上京設都，海陵遷都於燕，改爲會寧府。金末，其將蒲鮮萬奴據遼東。元初癸巳歲，出師伐之，生禽萬奴，師至開元、恤品，東土悉平。開元之名，始見於此。乙未歲，立開元、南京二萬戶府，治黃龍府。至元四年，更遼東路總管府。二十三年，改爲開元路，領咸平府，後割咸平爲散府，俱隸遼東道宣慰司。至順錢糧戶數四千三百六十七。

咸平府，古朝鮮地，箕子所封，漢屬樂浪郡，後高麗侵有其地。唐滅高麗，置安東都護以統之，繼爲渤海大氏所據。遼平渤海，以其地多險隘，建城以居流民，號咸州安東軍，領縣曰咸平。金升咸平府，領平郭、安東、新興、慶雲、淸安、歸仁六縣，兵亂皆廢。元初因之，隸開元路，後復割出，隸遼東宣慰司。

合蘭府水達達等路，土地曠闊，人民散居。元初設軍民萬戶府五，撫鎭北邊。一曰桃溫，距上都四千里。一曰胡里改，距上都四千二百里、大都三千八百里。有胡里改江幷混同江，又有合蘭河流入于海。一曰斡朶憐。一曰脫斡憐。一曰孛苦江。各有司存，分領混同江南北之地。其居民皆水達達、女直之人，各仍舊俗，無市井城郭，逐水草爲居，以射獵爲業。故設官牧民，隨俗而治，有合蘭府水達達等路，以相統攝焉。有俊禽曰海東靑，由海外飛來，至奴兒干，土人羅之，以爲土貢。至順錢糧戶數二萬九百六。

河南江北等處行中書省，爲路十二，府七，州一，屬州三十四，屬縣一百八十二。本省陸站一百六處，水站九十處。

河南江北道肅政廉訪司。

汴梁路，上。唐置汴州總管府。石晉爲開封府。宋爲東京，建都於此。金改南京，宣宗南遷，都焉。金亡，歸附。舊領歸德府，延、許、裕、唐、陳、亳、鄧、汝、潁、徐、邳、嵩、宿、申、鄭、鈞、睢、蔡、息、盧氏行襄樊二十州。至元八年，令歸德自爲一府，割亳、徐、邳、宿四州隸之；升申州爲南陽府，割裕、唐、汝、鄧、嵩、盧氏行襄樊隸之。九年，廢延州，以所領延津、陽武二縣屬南京路，統蔡、息、鄭、鈞、許、陳、睢、潁八州，開封、祥符倚郭，而屬邑十有五。舊有警巡院，十四年改錄事司。二十五年，改南京路爲汴梁路。二十八年，以瀕河而南、大江以北，其地衝要，又新入版圖，置省南京以控治之。三十年，升蔡州爲汝寧府，屬行省，割息、潁二州以隸焉。本路戶三萬一十八，口一十八萬四千三百六十七。壬子年數。領司一、縣十七、州五。州領二十一縣。

錄事司。

縣十七

開封，下。倚郭。祥符，下。倚郭。中牟，下。原武，下。舊以此縣隸延州，元初隸開封府，後復爲延州，縣如

舊。至元九年，州廢，復來屬。鄢陵，中。滎澤，下。舊隸鄭州，至元二年來屬。封丘，中。金大定中，河水湮沒，遷治新城。元初，新城又爲河水所壞，乃因故城遺址，稍加完葺而遷治焉。扶溝，下。陽武，下。舊隸延州，至元九年，州廢來屬。杞縣，中。元初河決，城之北面爲水所圮，遂爲大河之道，乃於故城北二里河水北岸，築新城置縣，繼又修故城，號南杞縣。蓋黃河至此分爲三，其大河流於二城之間，其一流於新城之北郭睢河中，其一在故城之南，東流，俗稱三叉口。延津，下。舊爲延州，隸河南路。至元九年，州廢，以縣來屬。蘭陽，下。通許，下。尉氏，下。太康，下。洧川，下。陳留，下。

州五

鄭州，下。唐初爲鄭州，又改滎陽郡。宋爲奉寧軍。金仍爲鄭州。元初領管城、滎陽、汜水、河陰、原武、新鄭、密、滎澤八縣及司候司，後割新鄭、密屬鈞州，滎澤、原武隸開封府，併司候司入管城。領四縣：

管城，下。倚郭。滎陽，下。汜水，下。河陰，下。

許州，下。唐初爲許州，後改潁川郡，又仍爲許州。宋升潁昌府。金改(武昌)〔昌武〕軍。[五]元初復爲許州。領五縣：

長社，下。長葛，下。郾城，下。襄城，下。臨潁，下。

陳州，下。唐初爲陳州，後改淮陽郡，又仍爲陳州。宋升懷德府。[六]金復爲陳州。元初因之。舊領宛丘、南頓、項城、商水、西華、清水六縣。至元二年，南頓、項城、清水皆廢，後復置南頓、項城。領五縣：

宛丘，西華，商水，至元二年，省南頓、項城入焉，後復置。南頓，項城。

鈞州，下。唐、宋皆不置郡，僞齊置潁順軍。金改(潁)順州，[七]又改鈞州。元至元二年，又割鄭州密縣來屬。領三縣：

陽翟，下。新鄭，下。密縣。下。

睢州，下。唐屬曹州。宋改拱州，又升保慶軍。金改睢州。元因之。領四縣：

襄邑，下。倚郭。考城，下。儀封，下。柘城。下。

河南府路，唐初爲洛州，後改河南府，又改東京。宋爲西京。金爲中京金昌府。元初爲河南府，府治即周之王城。舊領洛陽、宜陽、永寧、登封、鞏、偃師、孟津、新安、澠池九縣，後割澠池隸陝州。戶九千五百二，口六萬五千七百五十一。壬子年數。領司一、縣八、州一。州領四縣。

錄事司。

縣八

洛陽，宜陽，下。永寧，下。登封，下。中嶽嵩山在焉。鞏縣，下。孟津，下。新安，偃師。下。

州一

陝州，下。唐初爲陝州，又改陝府，又改陝郡。宋爲保義軍。[八]元仍爲陝州。領四縣：

陝縣，下。靈寶，下。至元三年，省入陝縣。八年，廢虢州爲虢縣，隸陝州。併虢略治靈寶，以虢爲巡檢司，併朱陽縣入焉。閿鄉，下。至元二年，省湖城縣入焉。澠池。下。金升爲韶州，置澠池司候司。元至元三年，省司候司。八年，省韶州，復爲縣，隸河南府路，後割以來屬。

南陽府，唐初爲宛州，而縣名南陽，後州廢，以縣屬鄧州。歷五代至宋皆爲縣。金升爲申州。元至元八年，升爲南陽府，以唐、鄧、裕、嵩、汝五州隸焉。二十五年，改屬汴梁路，後直隸行省。戶六百九十二，口四千八百九十三。壬子年數。領縣二、州五。州領十一縣。

縣二

南陽，下。倚郭。鎮平。下。

州五

鄧州，下。唐初爲鄧州，後改南陽郡，又仍爲鄧州。宋屬京西南路。金屬南京開封府。舊領穰縣、南陽、內鄉、淅川、順陽五縣。元初以淅川、順陽省入內鄉。舊設錄事司，至元二年併入穰縣。領三縣：

穰縣，下。倚郭。內鄉，下。至元二年，以順陽來屬。新野。下。

唐州，下。唐初爲顯州，後改唐州。宋屬京西南路。金改裕州。元初復爲唐州。至元三年，以民力不及，廢湖陽、比陽、桐柏三縣。領一縣：

泌陽。倚郭。

嵩州，下。唐爲陸渾、伊闕二縣。宋升順州。金改嵩州，領伊陽、福昌二縣。元初以福昌隸河南。至元三年，省伊陽入州。領一縣：

盧氏。下。至元二年，隸南京路。八年，屬南陽府。十一年來屬。

汝州，下。唐初爲伊州，又改汝州。宋屬京西北路。元至元三年，廢郟城、寶豐二縣入梁縣，後復置郟縣。領三縣：

梁縣，下。魯山，下。郟縣。下。

裕州，下。唐初置北澧州，又改魯州，後廢爲縣，屬唐州。金升爲裕州。舊領方城、舞陽、葉縣。元初卽葉縣行隨州事，就置昆陽縣爲屬邑。至元三年，罷州，併昆陽、舞陽二縣入葉縣，後復置舞陽。領三縣：

方城，下。倚郭。葉縣，下。舞陽。下。

汝寧府，唐蔡州。上蔡、西平、確山、遂平、平輿爲屬邑。至元七年，省遂平、平輿入汝陽，隸汴梁路。三十年，河南江北行省平章伯顏言：「蔡州去汴梁地遠，凡事稽誤，宜升散府。」

遂升汝寧府，直隸行省，以息、潁、信陽、光四州隸焉，復置遂平縣。抄籍戶口闕，至順錢糧戶數七千七十五。領縣五、州四。州領十縣。

縣五

汝陽，下。元初廢，後置蔡州治此，仍復置縣。上蔡，下。西平，下。確山，下。遂平。下。元初省入汝陽，後復置。

州四

潁州，下。唐初爲信州，後改汝陰郡，又改潁州。宋升順昌府。金復爲潁州。舊領汝陰、(泰)〔太〕和、[九]沈丘、潁上四縣。元至元二年，省四縣及錄事司入州。後復領三縣：

太和，下。沈丘，下。潁上。下。

息州，下。唐初爲息州，後爲新息縣，隸蔡州。五代至宋皆因之。金復置息州。舊領新息、新蔡、眞陽、褒信四縣。元中統三年，以李璮叛，廢州。四年，復置。至元三年，以四縣併入州。後復領二縣：

新蔡，下。眞陽。下。

光州，下。唐初爲光州，後改弋陽郡，又復爲光州。宋升光山軍。元至元十二年歸附，屬蘄黃宣慰司。二十三年，同蘄、黃等州，直隸行省。三十年，隸汝寧府。領三縣：

定城，固始，下。宋末兵亂，徙治無常。至元十二年復舊治。光山。下。兵亂地荒，至元十二年復立舊治。

信陽州，下。唐初爲申州，又改義陽郡。宋改信陽軍，端平間，兵亂地荒，凡四十餘年。元至元十四年，改立信陽府，領羅山、信陽二縣。十五年，改爲信陽州。二十年，以羅山縣當驛置要衝，徙州治此，而移縣治於西南，號曰羅山新縣，今州治卽舊縣。戶三千四百一十四，口二萬三千七百五十一。至元七年數。領二縣：

羅山，倚郭。信陽。

歸德府，唐宋州，又爲睢陽郡。後唐爲歸德軍。宋升南京。金爲歸德府。金亡，宋復取之。舊領宋城、寧陵、下邑、虞城、穀熟、碭山六縣。元初與亳之酇縣同時歸附，置京東行省，未幾罷。歲壬子，又立司府州縣官，以綏定新居之民。中統二年，審民戶多寡，定官吏員數。至元二年，以虞城、碭山二縣在枯黃河北，割屬濟寧府，又併穀熟入睢陽，酇縣入永州，降永州爲永城縣，與寧陵、下邑隸本府。八年，以宿、亳、徐、邳並隸焉。壤地平坦，數有河患。府爲散郡，設知府、治中、府判各一員，直隸行省。抄籍戶數闕，至順錢糧戶數二萬三千三百一十七。領縣四、州四。州領八縣。

縣四

睢陽，下。倚郭。唐曰宋城，亦曰睢陽。金曰睢陽。宋曰宋城。元仍曰睢陽。永城，下。下邑，下。寧陵。下。

州四

徐州，下。唐初爲徐州，又改彭城郡，又升武寧軍。宋因之。金屬山東西路。金亡，宋復之。元初歸附後，凡州縣視民多少設官吏。至元二年，例降爲下州。舊領彭城、蕭、永固三縣及錄事司，至是永固併入蕭縣，彭城幷錄事司併入州。領一縣：

蕭縣。下。至元二年，併入徐州，十二年復立。

宿州，中。唐置，宋升保靜軍，金置防禦使。金亡，宋復之。元初隸歸德府，領臨渙、蘄、靈壁、符離四縣幷司候司。至元二年，以四縣一司併入州。四年，以靈壁入泗州，十七年復來屬。領一縣：

靈壁。下。

邳州，下。唐初爲邳州，後廢屬泗州，又屬徐州。宋置淮陽軍。金復爲邳州。金亡，宋暫有之。元初以民少，併三縣入州。至元八年，以州屬歸德府。十二年，復置睢寧、宿遷兩縣，屬淮安。十五年，還來屬。領三縣：

下邳，下。州治所。宿遷，下。睢寧。下。

亳州，下。唐初爲亳州，後改譙郡，又仍爲亳州。宋升集慶軍。金復爲亳州。金亡，宋復之。元初領縣六：譙、酇、鹿邑、城父、衞眞、穀熟。後以民戶少，併城父入譙，衞眞入鹿邑，穀熟入睢陽，酇入永城，其睢陽、永城去隸歸德，後復置城父。領三縣：

譙縣，下。鹿邑，下。此邑數有水患，歷代民不寧居。城父，下。

襄陽路，唐初爲襄州，後改襄陽郡。宋爲襄陽府。元至元十年，兵破樊城，襄陽守臣呂文煥降，罷宋京西安撫司，立河南等路行中書省，更襄陽府爲散府，未幾罷省。十一年，改襄陽府爲總管府，又立荆湖等路行樞密院。十二年，立荆湖行中書省，後復罷。本府領四縣、一司，十九年割均、房二州，光化、棗陽二縣來屬。抄籍戶口數闕，至順錢糧戶數五千九十。領司一、縣六、州二。州領四縣。

錄事司。

縣六

襄陽，下。倚郭。南漳，下。宜城，下。穀城，下。光化，至元十三年南伐，明年設官置縣，屬南陽，十九年來屬。棗陽。至元十四年，屬南陽，十九年來屬。

州二

均州，下。唐初爲均州，又爲武當郡。宋爲武當軍。元至元十二年，江陵歸附，割隸湖北道宣慰司。十九年，還屬襄陽。領二縣：

武當，下。兵亂遷治無常，至元十四年復置。鄖縣。下。兵後僑治無常，至元十四年復置。

房州，下。唐初爲遷州，後爲房州，又改房陵郡。宋置保（寧）〔康〕軍。〔一〇〕德祐中，知州黃思賢納土，命千戶鎭守，仍令思賢領州事。至元十九年，隸襄陽路。領二縣：

房陵，下。竹山。下。

蘄州路，下。唐初爲蘄州，後改蘄春郡，又仍爲蘄州。宋爲防禦州。至元十二年，立淮西宣撫司。十四年，改總管府，設錄事司。戶三萬九千一百九十，口二十四萬九千三百二十一。自此以後至德安府，皆用至元二十七年數。領司一、縣五。

錄事司

縣五

蘄春，中。倚郭。蘄水，中。廣濟，中。宋嘉熙兵亂，徙治大江中洲，歸附後復舊治。黃梅，中。嘉熙兵亂，僑治中洲，後復舊。羅田。下。兵亂縣廢，歸附後始立。

黃州路，下。唐初爲黃州，後改齊安郡，又仍爲黃州。宋爲團練軍州。元至元十二年歸附。十四年，立總管府。十八年，又爲黃蘄州宣慰司治所。二十三年，罷宣慰司，直隸行省。戶一萬四千八百七十八，口三萬六千八百七十九。領司一、縣三。

錄事司。

縣三

黃岡，中。州治所。黃陂，下。兵亂僑治（鄂）〔鄂〕州靑山磯，〔一一〕歸附還舊治。麻城。下。兵亂徙治什子山，歸附還舊治。

淮西江北道肅政廉訪司。

廬州路，上。唐改廬江郡，又仍爲廬州。宋爲淮〔南〕西路。〔一二〕元至元十三年，設淮西總管府。明年，於本路立總管府，隸淮西道。二十八年，以六安軍爲縣來屬，後升六安縣爲州。戶三萬一千七百四十六，口二十二萬九千四百五十七。領司一、縣三、州三。州領八縣。

錄事司。

縣三

合肥，上。倚郭。梁縣，中。舒城。中。

州三

和州，中。唐改歷陽郡，後仍爲和州。宋隸淮南西（道）〔路〕。〔一三〕元至元十三年，置鎭守萬戶府。明年，改立安撫司。又明年，升和州路。二十八年，降爲州，隸廬州路。舊設錄事司，後入州自治。領三縣：

歷陽，上。倚郭。含山，中。烏江。中。

無爲州，中。唐初隸光州。宋始以城口鎭置無爲軍，思與天下安於無事，取「無爲而治」之

意以名之。元至元十四年，升爲路。二十八年，降爲州，罷（鎭）巢州爲縣以屬焉。〔一四〕領三縣：

無爲，上。倚郭。廬江，中。巢縣。下。

六安州，下。唐以霍山縣置霍州，後州廢仍爲縣。梁改灊山縣。宋改六安軍。元至元十二年歸附，二十八年降爲縣，隸廬州路，後升爲州。領二縣：

六安，中。英山。中。

安豐路，下。唐初爲壽州，後改壽春郡。宋爲壽春府，又以安豐縣爲安豐軍，繼遷安豐軍於壽春府。元至元十四年，改安豐路總管府。十五年，定爲散府，領壽春、安豐、霍丘三縣。二十八年，復升爲路，以臨濠府爲濠州，與下蔡、蒙城俱來屬。戶一萬七千九百九十二，口九萬七千六百一十一。領司一、縣五、州一。州領三縣。

錄事司。

縣五

壽春，中。倚郭。安豐，下。至元二十一年，江淮行省言：「安豐之芍陂可溉田萬頃，若立屯開耕，實爲便益。」從之。於安豐縣立萬戶府，屯戶一萬四千八百有奇。霍丘，下。下蔡，下。至元十三年，隸壽春府。二十八年罷府，與蒙城皆來屬。蒙城。下。

州一

濠州，下。唐初爲濠州，後改鍾離郡，又仍爲濠州。阻淮帶山，與壽陽俱爲淮南之險郡，名初從豪，後加水爲濠。南唐置定遠軍。宋爲團練州，初隸淮南路，後隸淮南西路。元至元十三年歸附，設濠州安撫司。十五年，定爲臨濠府。二十八年，復爲濠州，革懷遠爲下縣來屬。領三縣：

鍾離，下。倚郭。定遠，下。懷遠。下。宋爲懷遠軍，領荆山一縣。至元二十八年，以軍爲縣，隸濠州，省荆山入焉。

安慶路，下。唐初爲東安州，又改舒州，又改同安郡，又復爲舒州。宋爲安慶府。元至元十三年，立安撫司。十四年，改安慶路總管府，屬蘄黄宣慰司。二十三年，罷宣慰司，直隸行省。戶三萬五千一百六，口二十一萬九千四百九十。領司一、縣六。

錄事司。

縣六

懷寧，中。宿松，中。望江，下。太湖，中。桐城，中。潛山。至治三年初立。

淮東道宣慰使司。

江北淮東道肅政廉訪司。

揚州路，上。唐初改南兗州，又改邗州，又改廣陵郡，又復爲揚州。宋爲淮〔南〕東路。〔一三〕元至元十三年，初建大都督府，置江淮等處行中書省。十四年，改爲揚州路總管府。十五年，置淮東道宣慰司，本路屬焉。十九年，省宣慰司，以本路總管府直隸行省。二十一年，行省移杭州，復立淮東道宣慰司，止統本路幷淮安二郡，而本路領高郵府及眞、滁、通、泰、崇明五州。二十三年，行省復還，宣慰司遂廢，所屬如故。後改立河南江北等處行中書省，移治汴梁路，復立淮東道宣慰司，割出高郵府爲散府，直隸宣慰司。戶二十四萬九千四百六十六，口一百四十七萬一千一〔十〕九十四。領司一、縣二、州五。州領九縣。

錄事司。

縣二

江都，上。倚郭。泰興。上。

州五

眞州，中。五代以前地屬揚州，宋以迎鑾鎭置建安軍，又升爲眞州。元至元十三年，初立眞州安撫司。十四年，改眞州路總管府。二十一年，復爲州，隸揚州路。領二縣：

揚子，上。倚郭。至元二十年，省錄事司入焉。六合。下。

滁州，下。唐初析揚州地置，又改永陽郡，又復爲滁州。元至元十五年，改滁州路總管府。二十年，仍爲州，隸揚州路。領三縣：

清流，中。至元十四年，省錄事司入焉。來安，下。全椒。中。

泰州，上。唐更海陵縣曰吳陵，置吳州，尋廢。南唐升泰州。元至元十四年，立泰州路總管府。二十一年，改爲州，隸揚州路。領二縣：

海陵，上。倚郭。如皋。上。

通州，中。唐屬揚州。南唐於海陵東境置靜海鎭。周平淮南，改爲通州。宋改靜海郡。元至元十五年，改通州路總管府。二十一年，復爲州，隸揚州路。領二縣：

靜海，上。倚郭。海門。中。

崇明州，下。本通州海濱之沙洲，宋建炎間有昇州句容縣姚、劉姓者，因避兵於沙上，其後稍有人居焉，遂稱姚劉沙。嘉定間置鹽場，屬淮東制司。元至元十四年，升爲崇明州。

淮安路，上。唐楚州，又改臨淮郡，又仍爲楚州。宋爲淮安州。元至元十三年，行淮東安撫司。十四年，改立總管府，領山陽、鹽城、淮安、淮陰、新城、清河、桃園七縣，設錄事司。二十年，升爲淮安府路，併淮安、新城、淮陰三縣入山陽，兼領臨淮府、海寧、泗、安東四郡，其盱眙、天長、臨淮、虹、五河、贛榆、朐山、沭陽各歸所隸。二十七年，革臨淮府，以盱眙、天長隸泗州。戶九萬一千二十二，口五十四萬七千三百七十七。領司一、縣四、州三。州領八縣。至元二十三年，於本路之白水塘、黄家疃等處立洪澤屯田萬戶府。

錄事司。

縣四

山陽，上。至元十二年，安東州歸附，以本縣馬羅軍寨作山陽縣。十三年，淮安路歸附，仍存淮安縣。二十年，省淮安、新城入焉。鹽城，上。桃園，下。清河。下。本泗州之清河口，宋立清河軍，至元十五年爲縣。

州三

海寧州，下。唐海州。宋隸淮〔南〕東路。元至元十五年，升爲海州路總管府，復改爲海寧府，未幾降爲州，隸淮安路。初設錄事司，二十年，與東海縣併入朐山。領三縣：

朐山，中。沭陽，下。贛榆。下。

泗州，下。唐改臨淮郡，後復爲泗州。宋隸淮〔南〕東路。元至元十三年，降爲下州。舊領臨淮、淮平、虹、靈璧、睢寧五縣。十六年，割睢寧屬邳州。十七年，割靈璧入宿州，以五河縣來屬。二十一年，併淮平入臨淮。二十七年，廢臨淮府，以盱眙、天長二縣隸焉。領五縣：

臨淮，下。虹縣，下。五河，下。元隸臨淮府，十七年來屬。盱眙，上。宋（昭）〔招〕信軍。〔一六〕至元十三年，行招信軍安撫司事，領盱眙、天長、招信、五河四縣。明年，升（昭）〔招〕信路總管府。十五年，改爲臨淮府。十七年，以五河縣在淮之北，改屬泗州。二十年，併招信入盱眙。二十七年，廢臨淮府爲盱眙縣。天長。中。

安東州。下。

高郵府，唐爲縣。宋升爲軍。元至元十四年，升爲高郵路總管府，領錄事司及高郵、興化二縣。二十年，廢安宜府爲寶應縣來屬，又併錄事司，改高郵路爲府，屬揚州路。今隸宣慰司。抄籍戶口數闕，至順錢糧戶數五萬九十有八。領縣三：

高郵，上。興化，中。寶應。上。舊爲寶應軍，至元十六年改爲安宜府。二十年，廢府爲縣，來屬本府。

荆湖北道宣慰司。

山南江北道肅政廉訪司。

中興路，上。唐荆州，復爲江陵府。宋爲荆南府。元至元十三年，改上路總管府，設錄事司。天曆二年，以文宗潛藩，改爲中興路。戶一十七萬六百八十二，口五十九萬九千一百二十四。領司一、縣七。

錄事司。

縣七

江陵，上。公安，中。石首，中。松滋，中。枝江，下。潛江，中。監利。中。宋末兵亂民散，收附後始復舊。

峽州路，下。唐改夷陵郡，又爲峽州。宋隸荆湖北路，後徙治江南。元至元十三年歸附，十七年升爲峽州路。戶三萬七千二百九十一，口九萬三千九百四十七。領縣四：

夷陵，中。宋末隨州遷治不常，歸附後，復歸江北舊治。宜都，下。長陽，下。遠安。下。

安陸府，唐郢州，又改富水郡，又爲郢州。宋隸京西〔南〕路。〔七〕元至元十三年歸附，十五年升爲安陸府。戶一萬四千六百六十五，口三萬三千五百五十四。領縣二：

長壽，中。京山。中。兵亂移治漢濱，至元十二年還舊治。

沔陽府，唐復州，又改竟陵郡，又爲復州。宋端平間，移州治于沔陽鎮。至元十二年歸附，改爲復州路，十五年升爲沔陽府。戶一萬七千七百六十六，口三萬九百五十五。領縣二：

玉沙，中。倚郭。景陵。中。兵亂徙治無常，歸附後還舊治。

荆門州，下。唐爲縣。宋升爲軍，端平間移治當陽縣。元至元十三年歸附，十四年升爲府，十五年還府治于古城，降爲州。戶二萬九千四百七十一，口一十六萬五千四百三十五。領縣二：

長林，上。當陽。中。

德安府，唐安州，又改安陸郡，又仍爲安州。宋爲德安府，咸淳間徙治漢陽。元至元十三年還舊治，隸湖北道宣慰司。十八年罷宣慰司，直隸鄂州行省，爲散府，後割以來屬。戶一萬九百二十三，口三萬六千二百一十八。領縣四、州一。州領二縣。

縣四

安陸，下。孝感，下。應城，中。雲夢。下。

州一

隨州，下。唐初爲隨州，又改漢東郡，又復爲隨州。宋爲崇信軍，又爲棗陽軍，後因兵亂遷徙無常。元至元十二年歸附。十三年，卽黃仙洞爲州治。戶一萬五千九百六十六，口五萬二千六十四。領二縣：

隨縣，下。應山。下。

校勘記

〔一〕宜(風)〔豐〕　據遼史卷三八地理志、金史卷二四地理志改。

〔二〕(陽)〔湯〕池　據遼史卷三八地理志、金史卷二四地理志改。

〔三〕契丹爲興遼軍金爲昭德軍　按金史卷二四地理志，潘州昭德軍刺史，中。遼太宗置軍曰興(遼)〔遼〕，後爲昭德軍。按「昭德軍」爲遼稱，此處「金」當誤。

〔四〕又以質子(淳)〔綧〕爲安撫高麗軍民總管　據本書卷一六六王綧傳改。

〔五〕金改(武昌)〔昌武〕軍　按金史卷二五地理志，許州，下，昌武軍節度使。據改正。考異已校。

〔六〕宋升懷德府　按宋史卷八五地理志，淮寧府，輔，淮陽郡鎮安軍節度，本陳州。金史卷二五地理志，陳州，下，防禦使。宋淮寧府淮陽郡鎮安軍。此處「懷德」應作「淮寧」。新編已校。

〔七〕金改〔潁〕順州　從道光本補。按金史卷二五地理志，鈞州，僞齊升爲潁順軍。大定二十二年升爲州，仍名潁順。

〔八〕宋爲保義軍　按宋史卷八七地理志，陝州，大都督府陝郡。太平興國初，改保平軍。金史卷二五地理志，陝州，下，防禦。宋陝郡保平軍節度。此處「義」當作「平」。考異已校。

〔九〕(泰)〔太〕和　見卷五〇校勘記〔一二〕。按下文卽作「太和」。

〔一〇〕宋置保(寧)〔康〕軍　從道光本改。按宋史卷八五地理志，房州，下，房陵郡，保康軍節度。元一統志，宋太宗雍熙三年十一月癸丑，置保康軍於房州。

〔一一〕兵亂僑治(鄭)〔鄂〕州青山磯　按本書卷一二八阿朮傳有「循岸西上，對青山磯止泊」，「宋將程鵬飛來拒，大戰中流，鵬飛敗走」，「追擊至鄂東門而還」。青山磯在鄂州，與鄭州無涉。「鄭」誤，今改。新編已校。

〔一二〕宋爲淮〔南〕西路　按宋史卷八八地理志，淮南西路，府，壽春。州七，廬、蘄、和、舒、濠、光、黃。寰宇通志卷一七，廬州路，宋分淮南爲兩路，廬州爲西路。據補。

〔一三〕宋隸淮南西（道）〔路〕 按宋史卷八八地理志，淮南西路州七，有和州。據改。考異已校。

〔一四〕罷（鎮）巢州爲縣以屬焉 按本書卷一四世祖紀，至元二十三年二月，降鎮巢府爲巢州。又卷一六世祖紀，至元二十八年正月，降巢州爲縣入無爲。據改。本證已校。

〔一五〕宋爲淮〔南〕東路 按宋史卷八八地理志，淮南東路，州十，楊、亳、宿、楚、海、泰、泗、滁、眞、通。據補。新編已校。下同。

〔一六〕宋（昭）〔招〕信軍 據下文及宋史卷八八地理志改。下同。

〔一七〕宋隸京西〔南〕路 按宋史卷八五地理志，京西南路，州七，鄧、隨、金、房、均、郢、唐。據補。

元史卷六十

志第十二

地理三

陝西諸道行御史臺。

陝西等處行中書省，爲路四、府五、州二十七，屬州十二，屬縣八十八。本省陸站八十處，水站一處。

奉元路，上。唐初爲雍州，後改關內道，〔一〕又改京兆府，又以京城爲西京，又曰中京，又改上都。宋分陝西〔永興〕、秦鳳、熙河、涇原、環慶、鄜延爲六路。〔二〕金併陝西爲四路。元中統三年，立陝西四川行省，治京兆。至元初，併雲陽縣入涇陽，櫟陽縣入臨潼，終南縣入盩厔。十六年，改京兆爲安西路總管府。二十三年，四川置行省，改此省爲陝西等處行中書省。大德元年，移雲南行臺於此，爲陝西行臺。皇慶元年，改安西爲奉元路。戶三萬三

千九百三十五，口二十七萬一千三百九十九。壬子年數。領司一、縣十一、州五。州領十五縣。

錄事司。

縣十一

咸寧，下。長安，下。咸陽，下。興平，下。臨潼，下。屯田一千二十頃有奇。藍田，下。涇陽，下。至元二年，併入高陵縣。三年復立。屯田一千二十頃有奇。高陵，下。鄠縣，下。盩厔，下。屯田九百四十三頃有奇。郿縣。下。舊爲郿州，添置柿林縣。至元元年，省郿州爲郿縣，廢柿林。

州五

同州，下。唐初爲同州，又改馮翊郡，又復爲同州。宋爲定國軍。金因之。元仍爲同州。領五縣：

朝邑，下。白水，下。郃陽，下。澄城，下。韓城。下。唐、宋爲（郃）〔韓〕城縣，〔三〕金曰（禎）〔楨〕州。〔四〕至元元年，州廢。二年再立。六年，州又廢，止設縣。

華州，下。唐改鎮國軍。宋改鎮潼軍。金改金安軍。元復爲華州。西嶽華山在焉。領三縣：

華陰，下。蒲城，下。渭南。下。屯田一千二百二十二頃有奇。

耀州，下。唐初立宜州，後爲華原縣，後又爲耀州。宋爲感義軍，又改感德軍，又爲耀州如

故。金因之。元至元元年，併華原縣入州，又併美原入富平。領三縣：

三原，下。富平，下。同官。下。

乾州，下。唐以高宗乾陵所在，改醴泉縣爲奉天，又升爲乾州。宋改醴州。金復改乾州。元至元元年，併奉天縣入州。五年，復置奉天，省好畤入焉，又割永壽來屬，後又改奉天爲醴泉。領三縣：

醴泉，下。武功，下。永壽。下。宋、金屬邠州。至元十五年，徙縣治于麻亭。

商州，下。唐初爲商州，又改上洛郡，又復爲商州。宋及元皆因之。領一縣：

洛南。下。

延安路，下。唐初爲延州，又改延安郡，又爲延州。宋爲延安府。金爲鄜延路。元改延安路。戶六千五百三十九，口九萬四千六百四十一。壬子年數。領縣八、州三。州領八縣。本路屯田四百八十餘頃。

縣八

膚施，下。甘泉，下。宜川，下。元初置司候司。至元六年，省入宜川。延長，下。延川，下。安定，下。本宋舊堡，元壬子年升爲安定縣。至元元年，析置丹頭縣。四年，併丹頭入本縣。安塞，下。本金舊堡，壬子年升爲縣。保安。下。金爲保安州，至元六年，降爲縣。

州三

鄜州，下。唐初爲鄜州，又改洛交郡，又復爲鄜州。宋、金因之。舊領洛交、洛川、鄜城、直羅四縣。元至元四年，併鄜城入洛川，又併洛交、直羅入州。六年，廢坊州，以中部、宜君二縣來屬。領三縣：

洛川，下。中部，下。宜君。下。

綏德州，下。唐綏州，又改上郡，又爲綏州。宋爲綏德軍。金爲州，領八縣。歸附後，併嗣武入米脂，綏平入懷寧。至元四年，併定戎入米脂，懷寧入青澗，又併義合、綏德入本州。領二縣：

青澗，下。米脂。下。

葭州，下。唐銀州。宋爲晉寧軍。金改爲葭州。元至元六年，併通秦、彌川、葭蘆入州，併太和入神木，建寧入府谷。領三縣：

神木，下。元初創立雲州於古麟州之神木寨。至元六年，廢州爲縣。吳堡，下。府谷。下。後唐爲府州。元初建州治。至元六年，廢爲縣。

興元路，下。唐爲梁州，又改漢中郡，又爲興元府。宋仍舊名。元立興元路總管府，久之，以鳳、金、洋三州隸焉。宋時領南鄭、西縣、褒城、廉水、城固五縣，後廢廉水入南鄭。元初割出西縣屬沔州，以洋州西鄉縣來屬。戶二千一百四十九，口一萬九千三百七十八。至元二十七年數。領縣四、州三。

縣四

南鄭，下。城固，下。褒城，下。西鄉。下。

州三

鳳州，下。唐初爲鳳州，後升節度府。宋爲團練州。至元五年，以在郭梁泉縣併入州，隸興元路。

洋州，下。唐改洋(州)〔川〕郡，〔五〕又復爲洋州，後更革不常。宋復爲洋州。元至元二年，省興道、眞符二縣入州。

金州，下。唐改西城郡爲金州。宋升爲金房開達四州路。元爲散州。

陝西漢中道肅政廉訪司。

鳳翔府，唐爲扶風郡，又爲鳳翔府，號西京。宋、金因其名。元初割平涼府、秦、隴、德順、西寧、鎭(寧)〔原〕州隸鞏昌路，〔六〕廢恒州，以所領盩厔縣隸安西府路，尋立鳳翔路總管府。至元九年，更爲散府。戶二千八十一，口一萬四千九百八。壬子年數。領縣五：

鳳翔，下。屯田九十頃有奇。扶風，下。岐山，下。寶雞，下。麟游。下。

邠州，下。唐豳州，以字類幽，改爲邠。宋、金以來皆因之。領縣二：

新平，下。淳化。下。至元七年，併三水入本縣。

涇州，下。唐改安定郡，後仍爲涇州。宋改彰化軍。舊領保定、長武、靈臺、良原四縣。金改保定縣爲涇(州)〔川〕。〔七〕元初以隸都元帥府，立總司轄邠州，後屬鞏昌都總帥府，或隸平涼府、陝西省，所隸不一，今直隸省。領縣二：

涇川，下。涇州治此，即保定。靈臺。下。至元七年，併歸涇川。十一年復立，以良原併入，而長武仍併於涇(州)〔川〕。

開成州，下。唐原州。宋爲鎭戎軍。金升鎭戎州。元初仍爲原州。至元十年，皇子安西王分治秦、蜀，遂立開成府，仍視上都，號爲上路。至治三年，降爲州。領縣一、州一。

縣一

開成。

州一

廣安州。本鎭戎地，金升爲縣，隸鎭戎州，經亂荒廢。元至元十年，安西王封守西土，既立開成路，遂改爲廣安縣，募民居止，未幾戶口繁夥。十五年升爲州，仍隸本路。

莊浪州。下。沿革闕。成宗大德八年二月，降莊浪路爲州。

鞏昌等處總帥府。

鞏昌府，唐初置渭州，後曰隴西郡，尋陷入吐蕃。宋復得其地，置鞏州。金爲鞏昌府。元初改鞏昌路便宜都總帥府，統鞏昌、平涼、臨洮、慶陽、隆慶五府及秦、隴、會、環、金、德順、徽、金洋、安西、河、洮、岷、利、巴、沔、龍、大安、褒、涇、邠、寧、定西、鎭原、階、成、西和、蘭二十七州，又於成州行金洋州事。至元五年，割安西州屬脫思麻路總管府。六年，以河州屬吐蕃宣慰司都元帥府。七年，併洮州入安西州。八年，割岷州屬脫思麻路。十三年，立鞏昌路總管府。十四年，復行便宜都總帥府事，其年割隆慶府，利、巴、大安、褒、沔、龍等州隸廣元路。二十一年，又以涇、邠二州隸陝西漢中道宣慰司，而帥府所統者，鞏昌、平涼、臨洮、慶陽，府凡四；秦、隴、寧、定西、鎭原、階、成、西和、蘭、會、環、金、德順、徽、金洋，州凡十有五。戶四萬五千一百三十五，口三十六萬九千二百七十二。壬子年數。領司一、縣五。

錄事司。

縣五

隴西，下。寧遠，下。伏羌，下。本舊寨，至元十三年升縣。通渭，下。鄣縣。下。宋名鹽川寨，金爲鎭，至元十七年，置今縣。

平涼府，唐爲馬監，隸原州。宋爲涇原路，升平涼軍。金立平涼府。元初併潘原縣入平涼，

化平入華亭，隸鞏昌帥府。領縣三：

平涼，下。屯田一百一十五頃。崇信，下。華亭。下。

臨洮府，唐臨洮軍。宋爲鎭洮軍，又爲熙州。金爲臨洮府。元至元十三年，復以渭源堡升爲縣。領縣二：

狄道，下。渭源。下。

慶陽府，唐慶州。宋環慶路，改慶陽軍，又升府。金爲慶（源）〔原〕路。〔八〕元初改爲慶陽散府，至元七年，併安化、彭原入焉。領縣一：

合水。下。

秦州，中。唐初爲秦州。宋爲天水郡。金爲秦州。舊領六縣。元至元七年，併雞川、隴城入秦安，治坊入清水。領縣三：

成紀，中。清水，中。秦安。下。

隴州，中。唐改汧陽郡，復爲隴州。宋、金置防禦使。舊領四縣。元至元七年，省吳山、隴安入汧源。十三年，罷防禦使爲散郡。有吳山爲西鎭。領縣二：

汧源，中。汧陽。下。

寧州，下。唐初改北地郡爲寧州。宋、金因之。元至元七年，併襄樂、安定、定平入州。領縣一：

眞寧。下。

定西州，下。本唐渭州西市，五代淪于先零。宋置定西城。金改定西縣，復升爲州，仍置安西縣，倚郭，通西二寨，並置縣來屬。〔九〕元至元三年，併三縣入本州。屯田四百六十七頃。

鎭原州，下。唐原州，又爲平涼郡。宋、金因之。元改鎭原州，以鎭戎州之東山、三川二縣來屬。至元七年，例併州縣，遂以臨涇、彭陽及東山、三川四縣入本州。屯田四百二十六頃有奇。

西和州，下。唐岷州，又改和政郡，又仍爲岷州。宋改曰西和。舊領縣三，大潭、祐川軍興久廢，惟有長道一縣，元至元七年，亦併入本州。

環州，下。唐改威州。宋復爲環州，後與慶州定爲環慶路。金隸慶陽府。元初爲散郡。舊領通遠一縣，元至元七年併入本州。

金州，下。本蘭州龕谷寨，金升寨爲縣，以龕谷爲金州治所。元至元七年，併縣入州。

靜寧州，下。宋慶曆中，以渭州隴干城置德順軍，復置隴干縣。金升爲州。元初併治平、（永）〔水〕洛入隴干，〔一〇〕後復省隴干，改爲靜寧州。領縣一：

隆德。下。

蘭州，下。唐初置，後改金城郡，又仍爲蘭州。宋、金因之。元初領阿干一縣及司候司，至元七年併司縣入本州。

會州，下。唐初改西會州，又爲（栗）〔粟〕州，〔一一〕又爲會寧郡，又爲會州。宋置敷川縣。金置（寶）〔保〕川縣，〔一二〕陷于河西，僑治州西南百里會川城，名新會州。元初棄新會州，還於所隸西寧縣。至元七年，併縣入州。

徽州，下。元兵入蜀，鳳州二縣首降，以鳳州仍治梁泉，別置南鳳州治于河池。後又升永寧鄉爲縣，與兩當同爲屬邑。至元元年，改爲徽州。七年，併河池、永寧二縣入州。領縣一：

兩當。下。

階州，下。唐初置武州，又改武都郡，又更名階州。宋因之。今州治在柳樹城，距舊城東八十里。舊領福津、將利二縣，至元七年併入本州。

成州，下。唐初爲成州，又改同谷郡，後仍爲成州。宋因之。舊領同谷、栗亭二縣。元初歲壬寅，以田世顯挈成都府歸附，令遷於栗亭，行栗亭管民司事，不隸成州，割天水縣來屬。至元七年，併同谷、天水二縣入州。

金洋州，本隸興元路，戊戌歲，有雷、李二將挈民戶歸附，令遷至成州，自行金洋州事。

土蕃等處宣慰司都元帥府。至元九年，於土蕃西〔川〕界立寧河站。〔一三〕

河州路。下。領縣三：

定羌，下。寧河，下。安鄉。下。

雅州，下。憲宗戊午歲，攻破雅州，石泉守將趙順以城降。領縣五：

(石)〔名〕山，[一四]下。盧山，下。百丈，下。榮經，下。嚴道。下。

黎州。下。至元十八年，給黎、雅州民千一百五十四戶鈔二千三百八錠，以資牛具種實。領縣一：

漢源。下。

洮州。下。領縣一：

可當。下。

貴德州。下。

茂州。下。領縣二：

(文)〔汶〕山，[一五]下。汶川。下。

脫思麻路。

岷州。下。

鐵州。下。

碉門魚通黎雅長河西寧〔遠〕等處宣撫司。[一六]至元二年，授雅州碉門安撫使高保四虎符，高保四言：「碉門舊有城邑，中統初爲宋人所廢，衆依山爲柵，去碉門半舍，欲復戍故城，便於守佃。」敕秦蜀行省：「彼中緩急，卿等相度，須得其宜，城如可復，當助成之。」三年，諭四川行樞密院，遣人於碉門、岩州西南沿邊，丁寧告諭官吏軍民，有願來歸

者，方便接納，用意存恤，百姓貧者賑之，願徙近裏城邑者以屋舍給之。

禮店文州蒙古漢兒軍民元帥府。自河州以下至此多闕，其餘如朶甘思、烏思藏、積石州之類尙多，載籍疏略，莫能詳錄也。

四川等處行中書省，爲路九、府三，屬府二，屬州三十六，軍一，屬縣八十一。蠻夷種落，不在其數。本省陸站四十八處，水站八十四處。鹽場十二處，俱鹽井所出。井凡九十五眼，在成都、夔府、重慶、敍南、嘉定、順慶、廣元、潼川、紹慶等路所管州縣萬山之間。

西蜀四川道〔肅政〕廉訪司。[一七]

成都路，上。唐改蜀郡爲益州，又改成都府。宋爲益州路，又爲成都府路。元初撫定，立總管府，設錄事司。至元十三年，領成都、嘉定、崇慶三府，眉、邛、隆、黎、雅、威、茂、簡、漢、彭、綿十一州，後嘉定自爲一路，以眉、雅、黎、邛隸之。二十年，又割黎、雅屬吐蕃招討司，降崇慶爲州，隆州併入仁壽縣，隸本府。戶三萬二千九百一十二，口二十一萬五千八百八十八。至元二十七年數。領司一、縣九、州七。州領十一縣。

錄事司。

縣九

成都，下。唐、宋爲成都府治所。至元十三年，以本縣元管大城內西北隅併入錄事司。華陽，下。新都，下。郫縣，下。溫江，下。雙流，下。新繁，下。仁壽，下。唐爲陵州。宋爲隆州。元至元二十年，以此州地荒民散，併爲仁壽縣，隸成都府路。金堂。下。宋屬懷安軍。元初升爲懷州，而縣屬如故。至元二十年，併州入金堂縣，隸成都府路。

州七

彭州，下。唐置濛州，又爲彭州。宋及元因之。領二縣：

濛陽，下。崇寧。下。

漢州，下。唐爲德陽郡，又爲漢州。自唐至宋，苦於兵革，民不聊生。元中統元年，復立漢州。領三縣：

什邡，下。德陽，下。至元八年，升爲德州。十三年，仍爲縣，隸成都路。十八年，復來屬。綿竹。下。至元十三年，以戶少併入州，後復置。

安州，下。唐置石泉縣。宋升爲軍。元中統五年，升爲安州。領一縣：

石泉。下。

灌州，下。唐導江縣。五代爲灌州。宋爲永康軍，後廢爲灌口寨。元初復立灌州。至元十三年，以導江、青城二縣戶少，省入州。青城陶壩立屯田萬戶府。

崇慶州，下。唐爲唐安郡，又爲蜀州。宋爲崇慶軍。元至元十二年，立總管府。二十年，改爲崇慶州，併江原縣入州。本州有屯田萬戶府。領二縣：

晉原，下。新津。下。

威州，下。唐維州。宋改威州，領保寧、通化二縣。元至元十九年，併保寧入州。領一縣：

通化。下。

簡州，下。唐析益州置。宋因之。元至元二十年，併附郭陽安縣入州。二十二年，併成都府所屬靈泉縣來隸。而本州有平泉，以地荒，竟廢之。

嘉定府路，下。唐初爲嘉州，又改犍爲郡，又仍爲嘉州。宋升嘉定府。元至元十三年，立總管府。舊領龍游、夾江、峨眉、犍爲、洪雅五縣。二十年，併洪雅入夾江。領司一、縣四、州二。州領三縣。戶口數闕。

錄事司。

縣四

龍游，下。夾江，下。峨眉，下。犍爲。下。

州二

眉州，下。唐改嘉州，又仍爲眉州。元至元十四年，隸嘉定路。領二縣：

彭山，下。青神。下。

邛州，唐初置邛州，又改臨邛郡，又仍爲邛州。元至元十四年，立安撫司，兼行州事。二十一年，併臨邛、依政、蒲江三縣入州。領一縣：

大邑。下。

廣元路，下。唐初爲利州，又改益昌郡，又復爲利州。宋爲利州路，端平後兵亂無寧歲，地荒民散者十有七年。元憲宗三年，立利州治，設都元帥府。至元十四年，罷帥府，改爲廣元路。戶一萬六千四百四十二，口九萬六千四百六。至元二十七年數。領縣二、府一、州四。府領三縣，州領七縣。本路屯田九頃有奇。

縣二

綿谷，下。昭化。下。元初併葭萌入焉。

府一

保寧府，下。唐隆州，又改閬州，又爲閬中郡。後唐爲保寧軍。元初立東川路元帥府。至元十三年，升保寧府。二十年，罷元帥府，改保寧路。初領新得、小寧二州，後併入閬中縣，又併奉國入蒼溪縣，新井、新政、西水總入南部縣，仍改爲府，隸廣元路。本府屯田一百一十八頃有奇。領三縣：

閬中，下。倚郭。蒼溪，下。南部。下。

州四

劍州，下。唐爲始州，後改劍州。宋升普安軍，又爲隆慶府。元至元二十年，改劍州。領二縣：

普安，下。至元二十年，併普城、劍門入焉。梓潼。下。

龍州，下。唐初爲龍門郡，又改龍州，又改江油郡，又改應靈郡。宋改政州，繼復舊。元憲宗歲戊午，宋守將王知府以城降。至元二十二年，併江油、清川二縣入焉。

巴州，下。唐初改巴州，又改清化郡，又爲巴州。宋領化城、難江、恩陽、曾口、上通江、下通江六縣。元至元二十年，併(南)〔難〕江、恩陽二縣入化城，〔一八〕上、下通江二縣入曾口。領二縣：

化城，下。曾口。下。

沔州，下。唐初爲興州，又爲順政郡，又改興州。宋改沔州。元至元十四年，隸廣元路。二十年，廢褒州，止設鐸水縣，遷沔州而治焉。領三縣：

鐸水，下。倚郭。大安，下。本大安州，至元二十年，降爲縣以來屬。略陽。下。至元二十年，併長舉及西縣入焉。

順慶路，下。唐爲南充郡，又改(梁)〔果〕州，〔一九〕又改充州。宋升順慶府。元中統元年，立征南都元帥府。至元四年，置東川路統軍司，後改東川府。十五年，復爲順慶。二十年，升爲路，設錄事司。戶二千八百二十一，口九萬五千一百五十六。至元二十七年數。領司一、縣二、府一、州二。府領二縣，州領五縣。

錄事司

縣二

南充，下。至元二十年，併漢初入焉。西充。下。至元二十年，併流溪舊縣入焉。

府一

廣安府，唐屬宕渠、巴西、洛陵三郡。宋置廣安軍，又改寧西軍。元至元十五年，廢寧西軍。二十年，升爲廣安府。舊領渠江、岳池、和溪、新明四縣，後併和溪、新明入岳池。領二縣：

渠江，下。倚郭。岳池。下。

州二

蓬州，下。唐改蓬(州)〔山〕郡，〔二〇〕又仍爲蓬州。元初立宣撫都元帥府，後罷。至元二十年，立蓬州路總管府，後復爲蓬州。領三縣：

相如，至元二十年，以金城寨入焉。營山，下。至元二十年，併良山入焉。儀隴。下。至元二十年，併蓬池、伏虞入焉。

渠州，下。唐初爲渠州，又改潾山郡，又爲渠州。宋屬潼川府。元至元十一年，立渠州安撫司。二十年，罷安撫司，以渠州爲散郡。領二縣：

流江，下。大竹。下。至元二十年，併鄰山、鄰水入焉。

潼川府，唐梓州，又改梓潼郡，又爲梓州。宋改靜戎軍，又改(安靜)〔靜安〕軍，〔二一〕又升潼川府。兵後地荒，元初復立府治。至元二十年，併涪城及錄事司入郪縣，通泉入射洪，東關入鹽亭，銅山入中江。領縣四、州二。戶口闕。

縣四

郪縣，下。倚郭。中江，下。射洪，下。鹽亭。下。

州二

遂寧州，下。唐遂州，又改遂寧郡。宋爲遂寧府。元初因之。至元十九年，併遂寧、青石二縣入小溪，長江入蓬溪，後復改爲州。領二縣：

小溪，下。蓬溪。下。

綿州，下。唐更改不常。元初隸成都路。元至元二十年，併魏城入本州，改隸潼川路。領二縣：

彰明，下。羅江。下。

永寧路。下。闕。領州一。

筠連州。下。闕。至元十七年，樞密院言：「四川行省參政行諸蠻夷部宣慰司答順言，先是奉旨以高州、筠連州騰川縣隸安撫郭漢傑立站，今漢傑已併蠻洞五十六。有旨答順所陳，卿等與中書議，臣等以爲宜遣使行視之。」帝曰：「此五十六洞如舊隸高州、筠連，則與郭漢傑立站，否則還之答順。」領一縣：

騰川。下。

四川南道宣慰司。至元十六年立。

重慶路，上。唐渝州。宋更名恭州，又升重慶府。元至元十六年，立重慶路總管府。二十一年，升爲上路，割忠、涪二州爲屬郡。二十二年，又割瀘、合來屬，省璧山入巴縣，廢南平軍入南川縣爲屬邑，置錄事司。戶二萬二千三百九十五，口九萬三千五百三十五。至元二十七年數。領司一、縣三、州四。州領十縣。本路三堆、中嶆、趙市等處屯田四百二十頃。

錄事司。

縣三

巴縣，下。倚郭。江津，下。至元十六年，賜四川行省參政答順田民百八十戶於江津縣。南川。下。

州四

瀘州，下。唐改瀘川郡爲瀘州。宋爲瀘川軍。元至元二十年，併瀘川縣入焉。二十二年，隸重慶路。領三縣：

江安，下。納溪，下。合江。下。

忠州，下。唐改爲南賓郡，又爲忠州。宋升咸淳府。元仍爲忠州。領三縣：

臨江，下。南賓，下。豐都。下。

合州，下。唐爲合州，又改巴川郡，又仍爲合州。宋因之。元至元十五年，宋安撫使王立以城降。二十年，爲散郡，併錄事司、赤水入石照縣。二十二年，改爲州，隸重慶路。領三縣：

銅梁，下。元初併巴川入焉。定遠，下。本宋地，名女菁平。元至元四年，便宜都總帥部兵創爲武勝軍，後爲定遠州。二十四年，降爲縣。石照。下。

涪州，下。唐改爲涪陵郡，又改涪州。宋因之。元至元二十年，併涪陵、樂溫二縣入焉。領一縣：

武龍。下。

紹慶府，下。唐黔州，又黔中郡。宋升爲紹慶府。元至元二十年，仍置府。戶三千九百四十四，口一萬五千一百八十九。至元二十七年數。領縣二：

彭水，下。黔江。下。

懷德府。領州四。闕。

來寧州，下。柔遠州，下。酉陽州，下。服州。下。皆闕。

夔路，下。唐初爲信州，又爲夔州，又爲雲安郡，又仍爲夔州。宋升爲帥府。元至元十五年，立夔州路總管府，以施、雲安、萬、大寧四州隸焉。二十二年，又以開、達、梁山三州來屬。戶二萬二十四，口九萬九千五百九十八。至元二十七年數。領司一、縣二、州七。州領五縣。本路屯田五十六頃。

錄事司。

縣二

奉節，下。巫山。下。

州七

施州，下。唐改清江郡，又改清化郡，又復爲施州。宋因之。舊領清江、建始二縣。元至元二十二年，併清江入州。領一縣：

建始。下。

達州，下。唐爲通州，又改通川郡，又仍爲通州。宋更名達州。元至元十五年，隸四川東道宣慰司。二十二年，改隸夔路。領二縣：

通川，下。新寧。下。

梁山州，下。本梁山縣，宋升梁山軍。元至元二十年，升爲州。領一縣：

梁山。下。

萬州，下。唐改浦州爲萬(川)〔州〕，〔三〕又改南浦郡。宋爲浦州。〔三〕元至元二十年，以南浦爲萬州。領一縣：

武寧。

雲陽州，下。唐雲安監。宋置安義縣，後復爲監。元至元十五年，立雲安軍。二十年，升雲陽州，併雲陽縣入焉。

大寧州，下。舊大昌縣，宋置監。元至元二十年，升爲州，併大昌縣入焉。

開州，下。唐改爲盛山郡，又復爲開州。宋及元皆因之。

敍南等處蠻夷宣撫司。

敍州路，古僰國，唐戎州。貞觀初徙治僰道，在蜀江之西三江口。宋升爲上州，屬東川路，後易名敍州，咸淳中城登高山爲治所。元至元十二年，郭漢傑挈城歸附。十三年，立安撫司。未幾，毀山城，復徙治三江口，罷安撫司，立敍州。十八年，復升爲路，隸諸部蠻夷宣撫司。領縣四、州二。

縣四

宜賓，下。慶符，下。南溪，下。宣化。下。元貞二年，於本縣置萬戶府，領軍屯田四十餘頃。

州二

富順州，下。唐富義縣。宋富義監，後改富順縣。元至元十二年，改立富順監安撫司。二十年，罷安撫司，升富順州。

高州，下。古夜郎之屬境，隣烏蠻，與長寧軍地相接，均爲西南羌族，前代以爲化外，置而不論。唐開拓邊地，於本部立高州。宋設長寧軍，十州族姓俱效順。元至元十五年，雲南行省遣官招諭內附。十七年，知州郭安復行州事，蠻人散居村囤，無縣邑鄉鎮。

馬湖路，下。古牂柯屬地，漢、唐以下名馬湖部。宋時蠻主屯湖內。元至元十三年內附後，立總管府，遷於夷部溪口，瀕馬湖之南岸創府治。其民散居山箐，無縣邑鄉鎮。領軍一、州一。初，馬湖蠻來朝，嘗以獨本葱爲獻，由是歲至，郡縣疲於遞送，元貞二年敕罷之。

軍一

長寧軍，唐置長寧等羈縻十四州、五十六縣，并隸瀘州都督府。宋以長寧地當衝要，升爲

長寧軍，立安寧縣。元至元十二年，郡守黃立挈城效順。二十二年，設錄事司，後與安寧縣俱省入本軍。

州一

戎州，下。本夜郎國西南蠻種，號大壩都掌，分族十有九，前代以化外，置而弗論。唐武后時，恢拓蠻徼，設十四州、五團、二十九縣，於本部置晏州。元至元十三年，以昝順爲蠻夷部宣撫司，遣官招諭。十七年，本部官得蘭紐來見，授以大壩都總管。二十二年，升爲戎州。叛服不常，州治在箐前。所領俱村囤，無縣邑鄉鎮。

上羅計長官司，領蠻地羅計、羅星，乃古夜郎境，爲西南種族，前代置之化外。宋設長寧軍，十州族姓俱效順，各命之官。其後分姓他居，遂有上、下羅計之分，蓋亦如唐羈縻之，以爲西蜀後戶屏蔽。元至元十三年，蠻夷部宣撫昝順引本部夷酋得賴阿當歸順。十五年，授得賴阿當千戶。十八年，黎州同知李奇以武略將軍來充羅星長官。二十二年，夷人叛，誘上羅星夷，行樞密院討平之。其民人散居村箐，無縣邑鄉鎮。

下羅計長官司，領蠻地。其境近烏蠻，與敍州、長寧軍相接，均爲西南夷族，與上羅計同。至元十二年，長寧知軍率先內附。十三年，昝順引本部夷酋得顏箇詣行樞密院降，奏充下羅計蠻夷千戶。二十二年，諸蠻皆叛，惟本部無異志。

四十六囤蠻夷千戶所，領冢蛾夷地，在(參)〔慶〕符向南抵定川，〔二四〕古夜郎之屬，唐羈縻定州之支江縣也。至元十三年收附，於慶符縣僑置千戶所，領四十六囤：

黃水口上下落骨，山落夅許滿吳，麼落財，麼落賢，騰息奴，屯莫面，落搔，麼落梅，麼得幸，上落松，麼得會，麼得惡，落魂，落昧下村，落島，麼得享，落燕，落得慮，麼得了，麼騰斛，許宿，麼九色，落播屯右，麼得晏，落能，山落寡，水落寡，落得播，麼得具，麼得淵，騰日影，落昧上村，賴扇，許焰，騰郎，周頭，賨落炎，落女，愛答落，愛答速，麼得奸，阿郎頭，下得辛，上得辛，愛得婁，落鷗。

諸部蠻夷：

秦加大散等洞。以下各設蠻夷官。

斜崖冒朱等洞。

隴堤紂皮等洞。

石耶洞。

散毛洞。

彭家洞。

黑土石等處。

市備洞。

樂化兀都剌布白享羅等處。

洪望册德等族。

大江九姓羅氏。

水西。

鹿朝。

阿永蠻部。至元二十一年，酋長阿泥入覲，自言阿永隣境烏蒙等蠻悉隸皇太子位，願依例附屬。詔從其請，以阿永蠻隸宮府。

師壁洞安(宣)撫司。〔二五〕

永順等處軍民安撫司。

阿者洞。以下各設蠻夷官。

謝甲洞。

上安下壩。

阿渠洞。

下役洞。

驢虔洞。

錢滿等處。

水洞下曲等寨。

必臧等處。

酌宜等處。

雍邦等寨。

崖箭等寨。

冒朱洞。

麻峡柘歌等寨。

新附嵬羅金井。

沙溪等處。

宙窄洞。

新容氺洞。

甘肅等處行中書省，爲路七、州二，屬州五。本省馬站六處。

河西隴北道肅政廉訪司。

甘州路，上。唐爲甘州，又爲張掖郡。宋初爲西夏所據，改鎮夷郡，又立宣化府。元初仍稱甘州。至元元年，置甘肅路總管府。八年，改甘州路總管府。十八年，立行中書省，以控制河西諸郡。戶一千五百五十，口二萬三千九百八十七。至元二十七年數。本路黑山、滿峪、泉水渠、鴨子翅等處屯田，計一千一百六十餘頃。

永昌路，下。唐涼州。宋初爲西涼府，景德中陷入西夏。元初仍爲西涼府。至元十五年，以永昌王宮殿所在，立永昌路，降西涼府爲州隸焉。

西涼州。下。

肅州路，下。唐爲肅州，又爲酒泉郡。宋初爲西夏所據。元太祖二十一年，西征，攻肅州下之。世祖至元七年，置肅州路總管府。戶一千二百六十二，口八千六百七十九。至元二十七年數。

沙州路，下。唐爲沙州，又爲燉煌郡。宋仍爲沙州，景祐初，西夏陷瓜、沙、肅三州，盡得河西故地。金因之。元太祖二十二年，破其城以隸八都大王。至元十四年，復立州。十七年，升爲沙州路總管府，瓜州隸焉。沙州去肅州千五百里，內附貧民欲乞糧沙州，必須白之肅州，然後給與，朝廷以其不便，故升沙州爲路。

瓜州，下。唐改爲晉昌郡，復爲瓜州。宋初陷於西夏。夏亡，州廢。元至元十四年復立。二十八年徙居民於肅州，但名存而已。

亦集乃路，下。在甘州北一千五百里，城東北有大澤，西北俱接沙磧，乃漢之西海郡居延故城，夏國嘗立威福軍。元太祖二十一年內附。至元二十三年，立總管府。二十三年，亦集乃總管忽都魯言：「所部有田可以耕作，乞以新軍二百人鑿合卽渠於亦集乃地，幷以傍近民西僧餘戶助其力。」從之。計屯田九十餘頃。

寧夏府路，下。唐屬靈州。宋初廢爲鎮，領蕃部。自唐末有拓拔思恭者鎮夏州，世有銀、夏、綏、宥、靜五州之地。宋天禧間，傳至其孫德明，城懷遠鎮爲興州以居，後升興慶府，又改中興府。元至元二十五年，置寧夏路總管府。至元八年，立西夏中興等路行尚書省。元貞元年，革寧夏路行中書省，併其事於甘肅行省。領州三。本路棗園、納憐站等處屯田一千八百頃。

靈州，下。唐爲靈州，又爲靈武郡。宋初陷於夏國，改爲翔慶軍。

鳴沙州，下。隋置環州，立鳴沙縣。唐革州以縣隸靈州。宋沒於夏國，仍舊名。元初立鳴沙州。屯田四百四十餘頃。

應理州，下。與蘭州接境，東阻大河，西據沙山，考之圖志，乃唐靈武郡地。其州城未詳建立之始，元初仍立州。

山丹州，下。唐爲删丹縣，隸甘州。宋初爲夏國所有，置甘肅軍。元初爲阿只吉大王分地。至元六年，行山丹城事，删訛爲山。二十二年，升爲州，隸甘肅行省。

西寧州，下。唐置鄯州，理湟水縣，上元間沒於土蕃，號青唐城。宋改爲西寧州。元初爲章吉駙馬分地。至元二十三年，立西寧州等處拘榷課程所。二十四年，封章吉爲寧濮郡王，以鎮其地。

兀剌海路。闕。太祖四年，由黑水城北兀剌海西關口入河西，獲西夏將高令公，克兀剌海城。

校勘記

〔一〕唐初爲雍州後改關內道　考異云：「案唐太宗分天下爲十道，非改州爲道也。當云屬關內道。」

〔二〕宋分陝西〔永興〕秦鳳熙河涇原環慶鄜延爲六路　按宋史卷八七地理志，陝西路，以永興、鄜延、環慶、秦鳳、涇原、熙河分六路。據補。

〔三〕唐宋爲（郃）〔韓〕城縣　按新唐書卷三七地理志，同州縣八，有韓城。宋史卷八七地理志，同州縣六，有韓城。唐、宋時皆稱韓城，此「郃城」涉「郃陽」而誤，今改。

〔四〕金曰（禎）〔楨〕州　按金史卷二六地理志，韓城縣，貞祐三年升爲楨州。本書卷六世祖紀至元六年十二月有「改楨州復爲韓城縣」。據改。元書已校。

〔五〕唐改洋（州）〔川〕郡　按舊唐書卷三九地理志，洋州，天寶元年改爲洋川郡。據改。考異已校。

〔六〕元初割平凉府秦隴德順西寧鎮（寧）〔原〕州隸鞏昌路　按下文作「鎮原州」。又有「唐原州」，「元改鎮原州」。據改。

〔七〕金改保定縣爲涇（州）〔川〕　按金史卷二六地理志，涇州，縣四，涇川本保定縣，大定七年更。本書卷八世祖紀至元十一年十二月癸亥條有「長武縣省入涇川」。據改。下同。

〔八〕金爲慶（源）〔原〕路　按金史卷二六地理志，慶原路，舊作陝西西路。金史卷一三四西夏傳，夏人攻慶原、延安、積石州。據改。考異已校。

〔九〕仍置安西縣倚郭通西二寨並置縣來屬　金史卷二六地理志「安西」作「定西」，並注「貞祐四年六月升爲州，以通西、安西隸焉」。此處「安西」當作「定西」，「通西」下當有「安西」。

〔一〇〕（永）〔水〕洛　據金史卷二六地理志、宋史卷八七地理志改。

〔一一〕（栗）〔粟〕州　據新唐書卷三七地理志、元一統志改。

〔一二〕宋置敷川縣金置（寶）〔保〕川縣　宋史卷八七地理志，會州，崇寧三年置倚郭縣曰敷文。道光本改「敷川」爲「敷文」。又「寶川」誤。金史卷二六地理志，會州，縣一，保川。據改。新編已校。

〔一三〕至元九年於土蕃西（川）界立寧河站　按本書卷七世祖紀至元九年四月己丑條有「詔於土蕃、西川界立寧河驛」。據補。

〔一四〕（石）〔名〕山　據本書卷八七百官志及隋書卷二九地理志改。

〔一五〕（文）〔汶〕山　按混一方輿勝覽，茂州，煬帝爲汶山郡，唐曰南會州，宋改茂州，領汶山、汶川兩縣。宋史卷八九地理志，茂州，縣一，汶山。據改。元書已校。

〔一六〕碉門魚通黎雅長河西寧〔遠〕等處宣撫司　本書卷八七百官志有「碉門魚通黎雅長河西寧遠等處軍民安撫使司」。據補。本證已校。

〔一七〕西蜀四川道〔肅政〕廉訪司　據上文例補。

〔一八〕併（南）〔難〕江恩陽二縣入化城　按上文作「難江」。宋史卷八九地理志，巴州縣五，有難江。據改。新編已校。

〔一九〕唐爲南充郡又改（梁）〔果〕州　按舊唐書卷四一地理志，果州，武德四年割隆州之南充、相如二縣置果州，因果山爲名。天寶元年，改爲南充郡。乾元元年，復爲果州。據改。考異已校。

〔二〇〕唐改蓬（州）〔山〕郡　按舊唐書卷三九地理志，蓬州，至德二年改爲蓬山郡。新唐書卷四〇地理志、混一方輿勝覽亦作「蓬山郡」。據改。

〔二一〕宋改靜戎軍又改（安靜）〔靜安〕軍　按宋史卷八九地理志，潼川府，乾德四年改靜戎軍，置東關縣。太平興國中，改靜安軍。據改正。新編已校。

〔二二〕唐改浦州爲萬（川）〔州〕　按舊唐書卷三九地理志，武德八年復立浦州。貞觀八年，改爲萬州。混一方輿勝覽亦作「萬州」。據改。新編已校。

〔二三〕宋爲浦州　考異云：「案宋志，萬州領南浦、武寧二縣，初無浦州之名，此誤。」

〔二四〕在（夢）〔慶〕符向南抵定川　按下文作「慶符縣」。宋史卷八九地理志，敍州慶符，本敍州徼外地。據改。又「向」字於此費解，疑誤，新編改作「南」。

〔二五〕師壁洞安（宣）撫司　按本書卷一六世祖紀至元二十八年七月癸丑條有「賜師壁洞安撫司、師壁鎮撫所、師羅千戶所印」。卷九一百官志亦有師壁洞安撫司。據改。本證已校。

元史卷六十一

志第十三

地理四

雲南諸路行中書省,爲路三十七、府二,屬府三,屬州五十四,屬縣四十七。其餘甸寨軍民等府不在此數。馬站七十四處,水站四處。

雲南諸路道肅政廉訪司。大德三年,罷雲南行御史臺,立肅政廉訪司。

中慶路,上。唐姚州。閣羅鳳叛,取姚州,其子鳳伽異增築城曰柘東,六世孫劵豐祐改曰善闡,歷五代迄宋,羈縻而已。元世祖征大理,凡收府八,善闡其一也,郡四,部三十有七。其地東至普安路之橫山,西至緬地之江頭城,凡三千九百里而遠;南至臨安路之鹿滄江,北至羅羅斯之大渡河,凡四千里而近。憲宗五年,立萬戶府十有九,分善闡爲萬戶府四。至元七年,改爲路。八年,分大理國三十七部爲南北中三路,路設達魯花赤幷總管。十三年,立雲南行中書省,初

置郡縣,遂改善闡爲中慶路。領司一、縣三、州四。州領八縣。本路軍民屯田二萬二千四百雙有奇。

錄事司。

縣三

昆明,中。倚郭。唐置。元憲宗四年,分其地立千戶二。至元十二年,改善州,領縣。二十一年,州革,縣如故。其地有昆明池,五百餘里,夏潦必冒城郭。張立道爲大理等處勸農使,求泉源所出,洩其水,得地萬餘頃,皆爲良田云。

富民,下。至元四年,立黎灢千戶。十二年,卽黎灢立縣。宜良。下。唐匡州,卽其地。爨酋羅氏於此立城居之,名曰羅裒龍,乃今縣也。元憲宗六年,立太池千戶,隸嵩明萬戶。至元十三年,升宜良州,治太池縣。二十一年,州罷爲縣,後廢太池來屬。

州四

嵩明州,下。州在中慶東北,治沙札臥城,烏蠻車氏所築,白蠻名爲嵩明。昔漢人居之,後烏、白蠻强盛,漢人徙去,盟誓於此,因號嵩盟,今州南有土臺,盟會處也。漢人嘗立長州,築金城、阿葛二城。蒙氏興,改長州爲嵩盟部,段氏因之。元憲宗六年,立嵩明萬戶。至元十二年,復改長州。十五年,升嵩明府。二十二年,降爲州。領二縣:

楊林,下。在州東南,治楊林城,乃雜蠻枳氏、車氏、斗氏、褻氏四種所居之地,城東門內有石如羊形,〔一〕故又作羊。唐有羊林部落,卽此地。元憲宗七年,立羊林千戶。至元十二年,改爲縣。邵甸。下。在州西,治白邑村,無城郭,車蠻、斗蠻舊地,名爲東甸,以東爲郚,憲宗七年,立郚甸千戶。至元十二年,改爲縣。

晉寧〔州〕,〔二〕下。唐晉寧縣,蒙氏、段氏皆爲陽城堡部。元憲宗七年,立陽城堡萬戶。至元十二年,改晉寧州。領二縣:

呈貢,下。西臨滇澤之濱,在路之南,州之北,其間相去六十里,有故城曰呈貢,世爲些莫强宗部蠻所居。元憲宗六年,立呈貢千戶。至元十二年,割昭營、切龍、呈貢、雌甸、塔羅、和羅忽六城及烏納山立呈貢縣。歸化。下。在州東北,呈貢縣南,西濱滇澤,地名大吳龍,(背)〔昔〕吳氏所居,〔三〕後爲些莫徒蠻所有,世隸善闡。憲宗六年,分隸呈貢千戶。至元十二年,割大吳龍、安江、安湖立歸化縣。

昆陽州,下。在滇池南,僰、獵雜夷所居,有城曰巨橋,今爲州治。閣羅鳳叛唐,令曲轄蠻居之。段氏興,隸善闡。元憲宗併羅碞等十二城,立巨橋萬戶。至元十二年,改昆陽州。領二縣:

三泊,下。至元十三年,於那龍城立縣。易門。下。在州之西,治市坪村,世爲烏蠻所居。段氏時,高智昇治善闡,奄而有之。至元四年,立洟門千戶。十二年,改爲縣。縣西有泉曰洟源,訛作易門。

安寧州,下。唐初置安寧縣,隸昆州。閣羅鳳叛唐後,烏、白蠻遷居。蒙氏終,善闡酋孫氏爲安寧城主,及袁氏、高氏互有其地。元憲宗七年,隸陽城〔堡〕萬戶。〔四〕至元三年,立安寧千戶。十二年,改安寧州。領二縣:

祿豐,下。在州西,治白村,其地瘴熱,非大會所居,惟烏、雜蠻居之,〔五〕遷徙不常。至元十二年,割安寧千戶之碌琫、化泥、驃琮龍三處立祿豐縣。因江中有石如甑,俗名碌琫,譯謂碌爲石,琫爲甑,訛爲今名。羅次。下。在州北,治壓磨呂白村,本烏蠻羅部,地險俗悍。至元十二年,因羅部立羅次州,隸中慶路。二十四年,改州爲縣。二十七年,隸安寧州。

威楚開南等路,下。爲雜蠻耕牧之地,夷名俄碌,歷代無郡邑,後爨酋威楚築城俄碌睒居之。唐時蒙舍詔閣羅鳳合六詔爲一,侵俄碌,取和子城,今鎮南州是也。後閣羅鳳叛,於本境立郡縣,諸爨盡附。蒙氏立二都督、六節度,銀生節度卽今路也。及段氏興,銀生隸姚州,又名當筋瞼。〔六〕及高昇泰執大理國柄,封其姪子明量於威楚,築外城,號德江城,傳至其裔長壽。元憲宗三年征大理,平之。六年,立威楚萬戶。至元八年,改威楚路,置總管府。領縣二、州四。州領一縣。本路軍民屯田共七千一百雙。

縣二

威楚,下。倚郭。至元十五年,升威州,仍立富民、淨樂二縣。二十一年,降州爲威楚縣,革二縣爲鄉來屬。定遠。下。在路北,地名目直睒,雜蠻居之。諸葛孔明征南中,經此睒,後號爲牟州。唐蒙氏遣爨蠻酋摿夢鎮牟州,築城曰耐籠。至高氏專大理國政,命雲南些莫徒酋夷羨徙民二百戶於黃蓬穽,其摿夢故城隸高氏。元憲宗四年,立牟州千戶,黃蓬穽爲百戶。至元十二年,改爲定遠州,黃蓬穽爲南寧縣,後革縣爲鄉,改州爲縣,隸本路。

州四

鎭南州，下。州在路北，昔樸、落蠻所居。川名欠舍，中有城曰雞和。至唐時，蒙氏併六詔，征東蠻，取和子、雞和二城，置石鼓縣，又於沙却置俗富郡。沙却卽今州治。至段氏封高明量爲楚公，欠舍、沙却皆隸之。元憲宗三年，其酋內附。七年，立欠舍千戶、石鼓百戶。至元二十二年，改欠舍千戶爲鎭南州，立定邊、石鼓二縣。二十四年，革二縣爲鄉，仍隸本州。

南安州，下。州在路東南，山嶺稠疊，內一峯竦秀，林麓四周，其頂有泉。昔黑爨蠻祖瓦晟吳立柵居其上，子孫漸盛，不隸他部，至高氏封威楚方隸焉。憲宗立摩芻千戶，隸威楚萬戶。至元十二年，改千戶爲南安州，隸本路。領一縣：

廣通。下。縣在州之北，夷名爲路賧，雜蠻居之。南詔閣羅鳳會立路賧縣，至段氏封高明量於威楚，其後宣州酋些莫徒裔易裒等附之，至高長壽遂處於路賧，易裒去舊堡二十里，山上築城白龍戲新柵。憲宗七年，長壽內附，立路賧千戶。至元十二年改爲廣通縣，隸南安州。

開南州，下。州在路西南，其川分十二甸，昔樸、和泥二蠻所居也。莊蹻王滇池，漢武開西南夷，諸葛孔明定益州，皆未嘗涉其境。至蒙氏興，立銀生府，後爲金齒、白蠻所陷，移府治於威楚，開南遂爲生蠻所據。自南詔至段氏，皆爲徼外荒僻之地。元中統三年平之，

以所部隸威楚萬戶。至元十二年，改爲開南州。

威遠州，下。州在開南州西南，其川有六，昔撲、和泥二蠻所居。至蒙氏興，開威楚爲郡，而州境始通。其後金齒、白夷蠻酋阿只步等奪其地。中統三年征之，悉降。至元十二年，立開南州及威遠州，隸威楚路。

武定路軍民府，下。唐隸姚州，在滇北，昔獹鹿等蠻居之。至段氏使烏蠻阿歷治納洟脡共龍城於共甸，又築城名曰易龍，其裔孫法瓦浸盛，以其遠祖羅婺爲部名。元憲宗四年內附。七年，立爲萬戶，隸威楚。至元八年，併仁德、于矢入本部爲北路。十一年，割出二部，改本路爲武定。領州二。州領四縣。本路屯田七百四十八雙。

州二

和曲州，下。州在路西南，蠻名巨簉甸，僰、𤜶諸種蠻所居。地多漢冢，或謂漢人曾居。蒙氏時，白蠻據其地，至段氏以烏蠻阿歷併吞諸蠻聚落三十餘處，分兄弟子姪治之，皆隸羅婺部。元憲宗六年，改巨簉甸曰和曲。至元二十六年，升爲州。領二縣：

南甸，下。路治本縣，蠻曰濮甸，又稱濮陬籠。至元二十六年改爲縣。元謀。下。夷中舊名環州，元治五甸，至元十六年改爲縣。

祿勸州，下。州在路東北，甸名洪農碌券，雜蠻居之，無郡所。至元二十六年，立祿勸州。

領二縣：

易籠，下。易籠者，城名，在州北，地名倍場。縣境有二水，蠻語謂洟爲水，籠爲城，因此爲名。昔羅婺部大酋居之，爲羣酋會集之所。至元二十六年，立縣。石舊。下。縣在州東，有四甸：曰掌鳩，曰法塊，曰抹捻，曰曲藏。掌鳩甸有溪遶其三面，凡數十渡，故名，今訛名石舊。至元二十六年，立縣。

鶴慶路軍民府，下。府治在麗江路東南，大理路東北，夷名其地曰鶴川、樣共。昔隸越析詔，漢、唐未建城邑。開元末，閣羅鳳合六詔爲一，稱南詔，徙治羊苴〔咩〕城，〔七〕地近龍尾、鶴柘，今府卽其地也。大和中，蒙勸封祐於樣共立謀統郡。蒙氏後，經數姓如故。元憲宗三年內附，爲鶴州。七年，立二千戶，仍稱謀統，隸大理上萬戶。至元十一年，罷謀統千戶，復爲鶴州。二十年，爲燕王分地，隸行省。二十三年，升爲鶴慶府。領一縣：

劍川。下。縣治在劍川湖西，夷云羅魯城。按唐史南詔有六節度，劍川其一也。初蒙氏未合六詔時，有浪穹詔與南詔戰，不勝，遂保劍川，更稱（浪劍）〔劍浪〕。〔八〕貞元中，南詔擊破之，奪劍、共諸川地，其酋徙居劍賧西北四百里，號劍羌。蒙氏終，至段氏，改劍川爲義督賧。憲宗四年內附。七年，立義督千戶。至元十一年，罷千戶，立劍川縣，隸鶴州。軍民屯田共一千餘雙。

雲遠路軍民總管府，元貞二年置。

徹里軍民總管府，大德中置。大德中，雲南省言：「大徹里地與八百媳婦犬牙相錯，勢均力敵。今大徹里胡念已

降，小徹里復控扼地利，多相殺掠，胡念日與相拒，不得離，遣其弟胡倫入朝，指畫地形，乞別立徹里軍民宣撫司，擇通習蠻夷情狀者爲之帥，招其來附，以爲進取之地。」乃立徹里軍民總管府。

廣南西路宣撫司。闕。

麗江路軍民宣撫司，路因江爲名，謂金沙江出沙金，故云。源出吐蕃界。今麗江卽古麗水，兩漢至隋、唐皆爲越嶲郡西徼地，昔麼些蠻、些蠻居之，遂爲越析詔。二部皆烏蠻種，居鐵橋。貞元中，其地歸南詔。元憲宗三年，征大理，從金沙濟江，麼、些負固不服。四年春，平之，立茶罕章管民官。至元八年，立宣慰司。十三年，改爲麗江路，立軍民總管府。二十二年，府罷，於通安、巨津之間立宣撫司。領府一、州七。州領一縣。

府一

北勝府，在麗江之東。唐南詔時，鐵橋西北有施蠻者，貞元中爲異牟尋所破，遷其種居之，號劍羌，名其地曰成偈賧，又改名善巨郡。蒙氏終，段氏時，高智昇使其孫高大惠鎭此郡。後隸大理。元憲宗三年，其酋高俊內附。至元十五年，立爲施州。十七年，改爲北勝州。二十年，升爲府。〔九〕

州七

順州，在麗江之東，俗名牛賧。昔順蠻種居劍、（川共）〔共川〕。〔一〇〕唐貞元間，南詔異牟尋

破之，徙居鐵橋、大婆、小婆、三探覽等川。其酋成斗族漸盛，自爲一部，遷於牛睒。至十三世孫自瞠猶隸大理。元憲宗三年內附。至元十五年，改牛睒爲順州。

蒗蕖州，治羅共睒，在麗江之東，北勝、永寧南北之間，羅落、麼、些三種蠻世居之。憲宗三年，征大理。至元九年內附。十六年，改羅共睒爲蒗蕖州。

永寧州，昔名樓頭睒，接吐蕃東徼，地名答藍，麼、些蠻祖泥月烏逐出吐蕃，遂居此睒，世屬大理。憲宗三年，其三十一世孫和字內附。至元十六年，改爲州。

通安州，治在麗江之東，雪山之下。昔名三睒。僕繲蠻所居，其後麼、些蠻葉古乍奪而有之，世隸大理。憲宗三年，其二十三世孫麥良內附。中統四年，以麥良爲察罕章管民官。至元九年，其子麥兀襲父職。十四年，改三睒爲通安州。

蘭州，在蘭滄水之東。漢永平中始通博南山道，渡蘭滄水，置博南縣。唐爲盧鹿蠻部。至段氏時，置蘭溪郡，〔一二〕隸大理。元憲宗四年內附，隸茶罕章管民官。至元十二年，改蘭州。

寶山州，在雪山之東，麗江西來，環帶三面。昔麼、些蠻居之。其先自樓頭徙居此，二十餘世。世祖征大理，自卞頭濟江，由羅邦至羅寺，圍大匱等寨，其酋內附，名其寨曰察罕忽魯罕。至元十四年，以大匱七處立寶山縣，十六年升爲州。

巨津州，昔名羅波九睒，北接三川、鐵橋，西鄰吐蕃。按唐書，南詔居鐵橋之南，西北與吐蕃接。今州境實大理西北陬要害地，麼、些大酋世居之。憲宗三年內附。至元十四年，於九睒立巨津州，蓋以鐵橋自昔爲南詔、吐蕃交會之大津渡，故名。領一縣：

臨西。下。縣在州之西北，乃大理極邊險僻之地，夷名羅裒間，居民皆麼、些二種蠻。至元十四年，立大理州縣，於羅裒間立臨西縣，以西臨吐蕃境故也，隸巨津州。

東川路，下。至元二十八年立。

茫部路軍民總管府。下。

益良州。下。

强州。下。

孟傑路。自東川路以下闕。泰定三年，八百息婦蠻請官守，置木安、孟傑二府於其地。

普安路，下。治在盤町山陽，巴盤江東。古夜郎地。秦爲黔中地，兩漢隸牂柯郡，蜀隸興古郡，隋立牂州。唐置西平州，後改興古郡爲盤州。蒙氏叛唐，其地爲南詔東鄙，東爨烏蠻七部落居之。其後爨酋阿宋逐諸蠻據其地，號于失部，世爲酋長。元憲宗七年，其酋內附，命爲于失萬戶。至元十三年，改普安路總管府。明年，更立招討司。十六年，改爲宣撫司。二十二年，罷司爲路。

曲靖等路宣慰司軍民萬戶府，〔一三〕曲、靖二州在漢爲夜郎味縣地。蜀分置興古郡。隋初爲恭州、協州。唐置南寧州。東、西爨分烏、白蠻二種，自曲靖州西南昆川距龍和城，通謂之西爨白蠻，自彌鹿、升麻二川南至步頭，通謂之東爨烏蠻。貞觀中，以西爨歸王爲南寧都督，襲殺東爨首領蓋聘。南詔閣羅鳳以兵脅西爨，徙之至龍和，皆殘於兵。東爨烏蠻復振，徙居西爨故地，世與南詔爲婚，居故曲靖州。天寶末，征南詔，進次曲靖州，大敗，其地遂沒于蠻。元憲宗六年，立磨彌部萬戶。至元八年，改爲中路。十三年，改曲靖路總管府。二十年，以隸皇太子。二十五年，升宣撫司。領縣一、州五。州領六縣。本路屯田四千四百八十雙，歲輸金三千五百五十兩、馬一百八十四。

縣一

南寧。下。倚郭。唐以爨歸王爲南寧州都督，治石城。及閣羅鳳叛，州廢，蒙氏改石城郡。至段氏，烏蠻莫彌部酋據石城。元憲宗三年內附。六年，立千戶，隸莫彌部萬戶。至元十三年，升南寧州。二十一年，革爲縣。

州五

陸涼州，下。卽漢牂柯郡之平夷縣。南詔叛後，落溫部蠻世居之。憲宗三年內附，立落溫千戶，屬落蒙萬戶。至元十三年，改爲陸涼州。領二縣：

芳華，下。在州西。河納。下，在州南，治蔡村。

越州，下。在路之南，其川名魯望，普麼部蠻世居之。憲宗四年內附。六年，立千戶，隸末迷萬戶。至元十二年，改越州，隸曲靖路。

羅雄州，下。與溪洞蠻獠接壤，歷代未嘗置郡，夷名其地爲塔敝納夷甸。俗傳盤瓠六男，其一曰蒙由丘，後裔有羅雄者居此甸。至其孫普恐，名其部曰羅雄。憲宗四年內附。七年，隸普摩千戶。至元十三年，割夜苴部爲羅雄州，隸曲靖路。

馬龍州，下。夷名曰撒匡。昔僰、剌居之，盤瓠裔納垢逐舊蠻而有其地。至羅苴內附，於本部立千戶。至元十三年，改爲州，卽舊馬龍城也。領一縣：

通泉。下。在州西南，與嵩明州楊林縣接壤，納垢之孫易陬分居其地。元初爲易龍百戶，隸馬龍千戶。至元十三年，改名通泉縣，隸馬龍州。

霑益州，下。在本路之東北，據南盤江、北盤江之間。唐初置州，天寶末，沒于蠻，爲僰、剌二種所居。後磨彌部奪之。元初其孫普垢剷內附。憲宗七年，以本部隸曲靖磨彌萬戶府。至元十三年，改霑益州。領三縣：

交水，下。治易陬龍城。其先磨彌部酋蒙提居之，後大理國高護軍逐其子孫爲私邑。憲宗五年內附。至元十三年，卽其城立縣。石梁，下。係磨彌部，又名伍勒部。其酋世爲巫，居石梁原山。至元十三年爲縣。羅山。下。夷名落蒙山，乃磨彌部東境。

澂江路，下。治在滇池東南。唐屬牂州，隸黔州都督府。開元中，降爲羈縻州。今夷中名其地曰羅伽甸。初，麼、些蠻居之，後爲僰蠻所奪。南詔蒙氏爲河陽郡，至段氏，麼、些蠻之裔復居此甸，號羅伽部。元憲宗四年內附，六年以羅伽部爲萬戶。至元三年，改萬戶爲中路。十六年，升爲澂江路。領縣三、州二。州領三縣。本路屯田四千一百雙。

縣三

河陽，下。內附後爲千戶。至元十六年，爲河陽州。二十六年，降爲縣。江川，下。在澂江路南，星雲湖之北。蒙氏叛唐，使白蠻居之。至段氏，些麼徒蠻之裔居此城，更名步雄部。其後弄景內附，卽本部爲千戶。至元十三年，改千戶爲江川州。二十年，降爲縣。陽宗。下。在本路西北，明湖之南。昔麼、些蠻居之，號曰强宗部，其酋廬舍內附，立本部千戶。至元十三年，改爲縣。

州二

新興州，下。漢新興縣。唐初隸牂州，後南詔叛，降爲羈縻州。蒙氏爲溫富州。段氏時麼、些蠻分居其地。內附後，立爲千戶。至元十三年，改新興州，隸澂江路。領二縣：

普舍，下。在州西北。昔有强宗部蠻之裔，長曰部傍，據普具龍城，次曰普舍，據普札龍城。二城之西有白城，漢人所築。二酋屢爭其地，莫能定。後普舍孫苴㕵內附，立本部爲千戶。十三年，改千戶爲普舍縣，治普札龍城，隸新興州。研和。下。麼些徒蠻步雄居之，[一三]其孫龍錙內附，立百戶。至元十三年，改爲縣。

路南州，下。州在本路之東，夷名路甸，有城曰撒呂，黑爨蠻之裔落蒙所築，子孫世居之，因名落蒙部。憲宗朝內附，卽本部立萬戶。至元七年，併落蒙、羅伽、末迷三萬戶爲中路。十三年，分中路爲二路，改羅伽爲澂江路，落蒙爲路南州，隸澂江路。領一縣：

邑市。下。至元十三年，卽邑市、彌至二城立邑市縣，彌沙等五城立彌沙縣。二十四年，併彌沙入本縣，隸路南州。

普定路，本普里部，歸附後改普定府。至元二十七年，初斡羅思、呂國瑞入賄丞相桑哥及要束木等，請創羅甸宣慰司。至是，言招到羅甸國札哇幷龍家、宋家、犵狫、苗人諸種蠻夷四萬六千六百戶。阿卜、阿牙者來朝，爲曲靖路宣慰同知脫因及普安路官所阻。會雲南行省言：「羅甸卽普里也，歸附後改普定府，印信具存，隸雲南省三十餘年，賦役如期。今所創羅甸宣慰安撫司，隸湖南省。斡羅思等擅以兵脅降普定土官矣資男、札哇、希古等，勅令同其入覲，邀功希賞，乞罷之，仍以其地隸雲南。」制可。大德七年，改爲路。大德七年，中書省臣言：「蛇節、宋隆濟等作亂，普定知府容苴率衆效順。容苴沒，其妻適姑亦能宣力戎行，乞令襲其夫職。」仍改普定爲路，隸曲靖宣慰司，以適姑爲本路總管，虎符。」

仁德府，昔僰、剌蠻居之，無郡縣。其部曰仲扎溢源，後烏蠻之裔新丁奪而有之。至四世孫，因其祖名新丁，以爲部號，語訛爲仁地。憲宗五年內附。明年，立本部爲仁地萬戶。至元初復叛，四年降之，仍爲萬戶。十三年，改萬戶爲仁德府。本府屯田五百六十雙。領縣二：

爲美，下。縣治在府北，地名溢浦邁侶睒甸，卽仁地故部。至元二十四年置縣。歸厚。下。縣治在府西，地名易浪浦龍，舊隸仁地部。至元二十四年，分立二縣，曰倘俸，曰爲美。二十五年，改倘俸曰歸厚。

羅羅蒙慶等處宣慰司都元帥府。[一四]

建昌路，下。本古越嶲地，唐初設中都〔督〕府，治越嶲。[一五]至德中，沒于吐蕃。貞元中復之，懿宗時，蒙詔立城曰建昌府，以烏、白二蠻實之。其後諸酋爭强，不能相下，分地爲四，推段興爲長。其裔浸强，遂併諸酋，自爲府主，大理不能制。傳至阿宗，娶落蘭部建蒂女沙智。元憲宗朝，建蒂內附，以其壻阿宗守建昌。至元十二年，析其地置總管府五、州二十三，建昌其一路也，設羅羅宣慰司以總之。本路領縣一、州九。州領一縣。本路立軍民屯田。

縣一：

中縣。縣治在住頭回甸，蓋越嶲之東境也。所居烏蠻自別爲沙麻部，以酋長所立處爲中州。至元十年內附。十四年，仍爲中州。二十二年，降爲縣，隸建昌路。

州九

建安州，下。卽總府所治。建蒂旣平，分建昌府爲萬戶二，又置千戶二。至元十五年，割建鄉城十四村及建蒂四村立寶安州。十七年，改本千戶爲建安州。二十六年，革寶安州，以其鄉村來屬。

永寧州，下。在建昌之東郭。唐時南詔立建昌郡，領建安、永寧二州。元至元九年，西平王平建蒂。十六年，分建昌爲二州，在城曰建安，東郭曰永寧，俱隸建昌路。

瀘州，下。州在路西，昔名沙城睔，卽諸葛武侯禽孟獲之地。有瀘水，深廣而多瘴，鮮有行者，冬夏常熱，其源可燖雞豚。至段氏時，於熱水甸立城，名溓籠，隸建昌。憲宗時，建蒂內附，復叛，至元九年平之。十五年，改溓籠爲瀘州。

禮州，下。州在路西北，瀘沽水東，所治曰籠麼城。南詔末，諸蠻相侵奪，至段氏興，併有其地。裔孫阿宗內附，復叛，至元九年平之，設千戶。十五年，改爲禮州。領一縣：

瀘沽。縣在州北。昔羅落蠻所居，至蒙氏羈諸部，以烏蠻酋守此城，後漸盛，自號曰落蘭部，或稱羅落。其裔蒲德遣其姪建蒂內附。建蒂繼叛，殺蒲德，自爲酋長，併有諸部。至元九年平之，設千戶。十三年升萬戶，十五年改縣。

里州，下。唐隸嶲州都督。蒙詔時落蘭部小酋阿都之裔居此，因名阿都部。傳至納空，隨建蒂內附。中統三年叛。至元十年，其子耶吻效順，隸烏蒙。十八年，設千戶。二十二年，同烏蠻叛，奔羅羅斯。二十三年，升軍民總管府。二十六年，府罷爲州，隸建昌路。

闊州，下。州治蜜納甸。古無城邑，烏蒙所居。昔仲由蒙之裔孫名科居此，因以名爲部號，後訛爲闊。至三十七世孫僰羅內附。至元九年，設千戶。二十六年，改爲州。

邛部州，下。州在路東北，大渡河之南，越嶲之東北。君長十數，笮都最大。唐立邛部縣，後沒于蠻。至宋歲貢名馬土物，封其酋爲邛都王。今其地夷稱爲邛部川，治烏弄城，昔麼、些蠻居之，後仲由蒙之裔奪其地。元憲宗時內附。中統五年，立邛部川安撫招討使，隸成都元帥府。至元十年，割屬羅羅斯宣慰司。二十一年，改爲州。

隆州，下。州在路之西南，與漢邛（部）〔都〕縣接境，〔一六〕唐會川縣之西北。蒙氏改會川爲會同邏，立五瞼，本州爲邊府瞼。其後瞼主楊大蘭於瞼北塏上立城，分派而居，名曰大隆城，卽今州治也。元至元十三年內附。十四年，設千戶。十七年，改隆州。

姜州，下。姜者蠻名也。烏蠻仲牟由之裔阿壇絳始居閟畔部，其孫阿羅仕大理國主高泰，是時會川有城曰龍納，羅落蠻世居焉。阿羅挾高氏之勢，攻拔之，遂以祖名曰絳部。憲宗時，隨閟畔內附，因隸焉。至元八年，爲落蘭部酋建蔕所破。九年平之，遂隸會川，後屬建昌。十五年，改爲姜州。二十七年，復屬閟畔部，後又屬建昌。

德昌路軍民府，下。漢邛都縣地，唐沒於南詔。路在建昌西南，所居蠻號屈部。元至元九年內附。十二年，立定昌路，以本部爲昌州。二十三年，罷定昌路，併入德昌路，治本州葛魯城。領州四。本路立軍民屯田。

昌州，下。路治本州。初，烏蠻阿屈之裔褒强，用祖名爲屈部。其孫烏則，至元九年內附。

十二年，改本部爲州，兼領普濟、威龍，隸定昌路。二十三年，罷定昌路，併隸德昌。

德州，下。在路之北。其地今名吾越甸，城曰亦苴龍，所居蠻苴郎，以遠祖名部曰賴緌。憲宗時內附。至元十二年，立千戶。十三年，改爲德州，隸德平路。二十三年，改隸德昌。

威龍州，下。州在路西南，夷名巴翠部，領小部三，一曰沙媧普宗，二曰烏鷄泥祖，三曰媧諾龍莒蒲，皆獷魯蠻種也。至元十五年，合三部立威龍州，隸德昌。

普濟州，下。州在路西北，夷名玕甸。昔爲荒僻之地，獷魯蠻世居之，後屬屈部。至元九年，隨屈部內附。十五年，於玕甸立定昌路。二十三年，路革，改隸德昌。

會川路，下。路在建昌南。唐移邛都於此。其地當征蠻之要衝，諸酋聽會之所，故名。天寶末，沒於南詔，立會川都督府，又號清寧郡。至段氏仍爲會川府。元至元九年內附，十四年立會川路，治武安州。領州五。本路立軍民屯田。

武安州，下。蠻稱龍泥城。至元十四年，立管民千戶。十七年，改爲武安州。

黎溪州，下。古無城邑，蠻云黎彊，訛爲今名。初，烏蠻與漢人雜處，及南詔閣羅鳳叛，徙白蠻守之。蒙氏終，羅羅逐去白蠻。段氏興，令羅羅蠻乞夷據其地。至元九年，其裔阿夷內附，改其部爲黎溪州。

永昌州，下。州在路北，治故歸依城，卽古會川也。唐天寶末，沒於南詔，置會川都督。至蒙氏改會同府，置五瞼，徙張、王、李、趙、楊、周、高、段、何、蘇、龔、尹十二姓於此，以趙氏爲府主，居今州城。趙氏弱，王氏據之。及段氏（與）〔興〕，高氏專政，〔一七〕逐王氏，以其子高政治會川。元憲宗三年，征大理，高氏逃去。九年，故酋王氏孫阿龍率衆內附。至元八年，以其男阿禾領會川。十四年，改管民千戶。十七年，立永昌州，隸會川路。

會理州，下。州在會川府東南。唐時南詔屬會川節度，地名昔陀。有蠻名阿壇絳，亦仲由蒙之遺種。其裔羅於則，得昔陀地居之，取祖名曰絳部，後强盛，盡有四州之地，號蒙歪。元憲宗八年，其孫亦蘆內附，隸閟畔萬戶。至元四年，屬落蘭部。十三年，改隸會川路。十五年，置會理州，仍隸會川。二十七年，復屬閟畔部。

麻龍州，下。麻龍者，城名也，地名棹羅能。烏蠻蒙次次之裔，祖居閟畔東川，後普恐遷苗臥龍，其孫阿麻內附。至元五年，爲建蔕所併。十二年，屬會川。十四年，立管民千戶，隸會川路。十七年，立爲州。二十七年，割屬閟畔部。

柏興府，昔摩沙夷所居。漢爲定（笮）〔莋〕縣，〔一八〕隸越嶲郡。唐立昆明縣。天寶末沒於吐蕃。後復屬南詔，改香城郡。元至元十年，其鹽井摩沙酋羅羅將𤣿鹿、茄庫內附。十四年，立鹽井管民千戶。十七年，改爲閏鹽州，以𤣿鹿部爲普樂州，俱隸德平路。二十七年，併普樂、閏鹽二州爲閏鹽縣，立柏興府，隸羅羅宣慰司。領縣二：

閏鹽，下。倚郭。夷名爲賀頭甸，以縣境有鹽井故名。

金縣。下。縣在府北，夷名利賓揭勒。所居蠻因茹庫，〔一九〕乃漢越嶲郡北境，與土蕃接。至元十五年，立爲金州，後降爲縣，以縣境鮮𤣿和山出金，故名焉。

臨安廣西元江等處宣慰司兼管軍萬戶府。

臨安路，下。唐隸牂州，天寶末沒於南詔。蒙氏立都督府二，其一曰通海郡，段氏改爲秀山郡，阿僰部蠻居之。元憲宗六年內附，以本部爲萬戶。至元八年改爲南路，十三年又改爲臨安路。領縣二、千戶一、州三。州領二縣。宣慰司所領屯田六百雙，本路有司所管三千四百雙，爨僰軍千戶所管一千一百五十雙有奇。

縣二

河西，下。縣在杞麓湖之南，夷名其地曰休臘。昔莊蹻王其地。唐初於姚州之南置西宗州，領三縣，河西其一也。天寶後沒於蠻，爲步雄部，後阿僰蠻易渠奪而居之。元憲宗六年內附。七年，卽阿僰部立萬戶，休臘隸之。至元十三年，改爲河西州，隸臨安路。二十六年，降爲縣。

蒙自。下。縣界南隣交趾，西近建水州。縣境有山名（自）〔目〕則，漢語訛爲蒙自，〔二〇〕上有故城，白夷所築，卽今縣治，下臨巴甸。南詔時以趙氏鎭守，至段氏，阿僰蠻居之。憲宗六年內附，繼叛，七年平之，立千戶，隸阿僰萬戶。至元十三年，改阿僰萬戶爲臨安路，以本千戶爲縣。

捨資千戶。蒙自縣之東，阿僰蠻所居地。昔名褒古，又曰部𡞋踵甸。傳至裔孫捨資，因以爲名。內附後，隸蒙自千戶。至元十三年，改蒙自爲縣，其地近交趾，遂以捨資爲安南道防送軍千戶，隸臨安路。

州三

建水州，下。在本路之南，近接交趾，爲雲南極邊。治故建水城，唐元和間蒙氏所築，古稱步頭，亦云巴甸。每秋夏溪水漲溢如海，夷謂海爲惠，劚爲大，故名惠劚，漢語曰建水。歷趙、楊、李、段數姓，皆仍舊名，些麼徒蠻所居。內附後，立千戶，隸阿僰萬戶。至元十三年，改建水州，隸臨安路。

石平州，〔二〕下。在路之西南，阿僰蠻據之，得石坪，聚爲居邑，名曰石坪。至元七年，改邑爲州，隸臨安路。

寧州，下。在本路之東。唐置(黎)〔棃〕州，〔三〕天寶末沒于蠻。地號浪曠，夷語謂旱龍也。步雄部蠻些麼徒據之，後屬爨蠻酋阿幾，以浪曠割與寧酋豆圭。元憲宗四年，寧酋內附。至元十三年，改爲寧州，隸臨安路。舊領三縣：通海，嶍峨，西沙。西沙在州東，寧部蠻世居之。其裔孫西沙築城於此，因名西沙籠。憲宗四年，其酋普提內附，就居此城爲萬戶。至元十三年，立爲西沙縣。二十六年，以隸寧州。至治二年，併入州。領二縣：

通海，下。倚郭。元初立通海千戶，隸善闡萬戶。至元十三年，改通海縣，隸寧海府。二十七年，府革，直隸臨安路，今割隸寧州。

嶍峨。下。縣在河西縣之西，控扼山谷，北接滇池，亦屬滇國。昔嶍猳蠻居之，後阿僰酋逐嶍猳據其地。至其孫阿次內附，以其部立千戶。至元十三年，改爲州，領邛洲、平甸二縣。二十六年，降爲縣，併二縣

爲鄉，隸臨安路。今割隸寧州。

廣西路，下。東爨烏蠻彌鹿等部所居。唐爲羈縻州，隸黔州都督府。後師宗、彌勒二部浸盛，蒙氏、段氏莫能制。元憲宗七年，二部內附，隸落蒙萬戶。至元十二年，籍二部爲軍，立廣西路。十八年，復爲民。領州二。

師宗州，下。在路之東南。昔爨蠻逐獠、僰等居之，其後師宗據匿弄甸，故名師宗部。至元十二年，立爲千戶。十八年，復爲民。二十七年，改爲州。

彌勒州，下。在路南。昔些莫徒蠻之裔彌勒得郭甸、巴甸、部籠而居之，故名其部曰彌勒。至元十二年，爲千戶。十八年，復爲民。二十七年，改爲州。

元江路，下。古西南夷地。今元江在梁州之西南，又當在黑水之西南也。阿僰諸部蠻自昔據之。憲宗四年內附，七年復叛，率諸部築城以拒命。至元十三年，遙立元江府以羈縻之。二十五年，命雲南王討平之，割羅槃、馬籠、步日、思麼、羅丑、羅陀、步騰、步竭、台威、台陽、設栖、你陀十二部於威遠，立元江路。

步日部。在本路之西。蒙氏立此甸，徙白蠻鎮之，名步日瞼。

馬籠部。因馬籠山立寨，在本路之北，所居蠻阿僰。元初立爲千戶，屬寧州萬戶。至元十三年，改隸元江萬戶。二十五年，屬元江路。

大理金齒等處宣慰司都元帥府。

大理路軍民總管府，上。本漢楪榆縣地。唐於昆明之梇棟(州)〔川〕置姚州都督府，〔二三〕治楪榆洱河蠻。後蒙舍詔皮羅閣逐河蠻取太和城，至閣羅鳳號大蒙國。雲南先有六詔，至是請於朝，求合爲一，從之。蒙舍在其南，故稱南詔。徙治太和城。至異牟尋又遷於喜郡史城，又徙居羊苴(乖)〔咩〕城，〔二四〕即今府治。改號大禮國。其後鄭、趙、楊三氏互相篡奪，至石晉時，段思平更號大理國。元憲宗三年收附。六年，立上下二萬戶。至元七年，併二萬戶爲大理路。有點蒼山在大理城西，周廣四百里，爲雲南形勝要害之地。城中有五花樓，唐大中十年，南詔王券豐佑所建。樓方五里，高百尺，上可容萬人。世祖征大理時，駐兵樓前。至元三年，嘗賜金重修焉。領司一、縣一、府二、州五。府領一縣，州領二縣。

錄事司。憲宗七年，立中千戶，屬大理萬戶。至元十一年，罷千戶，立錄事司。十二年，升理州。二十一年，州罷，復立錄事司。

縣一

太和。倚郭。憲宗七年，於城內外立上中下三千戶。至元二十六年，即中千戶立錄事司，上下二千戶立縣。

府二

永昌府，唐時蒙氏據其地，歷段氏、高氏皆爲永昌府。元憲宗七年，分永昌之永平立千

戶。至元十一年，立永昌州。十五年升爲府，隸大理路。領一縣：

永平。下。縣在府東，鹿滄江之東，即漢博平縣。〔二五〕唐蒙氏改勝鄉郡，屬永昌。至元十一年，改永平縣，隸永昌府。

騰衝府，在永昌之西，即越睒地。唐置羈縻郡。蒙氏九世孫異牟尋取越睒，逐諸蠻有其地，爲軟化府。其後白蠻徙居之，改騰衝府。元憲宗三年，府酋高救內附。至元十一年，改藤越州，又立藤越縣。十四年，改騰衝府。二十五年，罷州縣，府如故。永昌、騰衝二府軍民屯田共二萬二千一百五雙。

州五

鄧川州，下。在本路北。夷有六詔，遼睒其一也。唐置遼川州，〔二六〕治大釐。蒙氏襲而奪之，後改德原城，隸大理。段氏因之。元憲宗三年內附。七年，立德原千戶，隸大理上萬戶。至元十一年，改德原城爲鄧川州。領一縣：

浪穹。下。本名彌茨，乃浪穹詔所居之地。唐初，其王鐸羅望與南詔戰，不勝，保劍川，更稱(浪劍)〔劍浪〕。貞元中，南詔破之，以浪穹、施浪、鄧睒總三浪爲浪穹州。元憲宗七年內附，立浪穹千戶，隸大理上萬戶。至元十一年降爲縣，隸鄧川州。

蒙化州，下。本蒙舍城。唐置陽瓜州。天寶間，鳳伽異爲州刺史。段氏爲開南縣。元憲

宗七年，以蒙舍立千戶，屬大理上萬戶。至元十一年，立蒙化府。十四年，升爲路。二十年，降爲州，復隸大理路。

趙州，下。昔爲羅落蠻所居地。蒙氏立國，有十瞼，趙(州賧)〔川瞼〕共一也。〔二七〕夷語瞼若州。皮羅閣置趙郡，閤羅鳳改爲州，段氏改天水郡。憲宗七年立趙瞼千戶，隸大理下萬戶。至元十一年改爲州，又於白崖瞼立建寧縣，隸本州，卽古勃弄地。二十五年縣革入州，隸大理路。

姚州，下。唐於梇棟川置姚州都督府。天寶間，閤羅鳳叛，取姚州，附吐蕃。終段氏爲姚州。元憲宗三年內附。七年，立統矢千戶、大姚堡千戶。至元十二年，罷統矢，立姚州，隸大理路。領一縣：

大姚。下。唐置西濮州，後更名擊州，南接姚州，統縣四，一曰青蛉，卽此地。夷名大姚堡，與梇棟川相接。元憲宗七年，立千戶，隸大理下萬戶。至元十一年，罷千戶，立大姚縣，隸姚州。

雲南州，下。唐以漢雲南縣置郡。蒙氏至段氏並爲雲南州。元憲宗七年立千戶，隸大理下萬戶。至元十一年，立雲南州。

蒙憐路軍民府。至元二十七年，從雲南行省請，以蒙憐甸爲蒙憐路軍民總管府，蒙萊甸爲蒙萊路軍民總管府。其餘闕。

蒙萊路軍民府。闕。

金齒等處宣撫司。其地在大理西南，蘭滄江界其東，與緬地接其西。土蠻凡八種：曰金齒，曰白夷，曰僰，曰峨昌，曰驃，曰繲，曰渠羅，曰比蘇。按唐史，茫施蠻本關南種，〔二八〕在永昌之南，樓居，無城郭。或漆齒，或金齒，故俗呼金齒蠻。自漢開西南夷後，未嘗與中國通。唐南詔蒙氏興，異牟尋破羣蠻，盡虜其人以實其南東北，取其地，南至青石山緬界，悉屬大理。及段氏時，白夷諸蠻漸復故地，是後金齒諸蠻浸盛。元憲宗四年，平定大理，繼征白夷等蠻。中統初，金齒、白夷諸酋各遣子弟朝貢。二年，立安撫司以統之。至元八年，分金齒、白夷爲東西兩路安撫使。十二年，改西路爲建寧路，東路爲鎮康路。十五年，改安撫爲宣撫，立六路總管府。二十三年，罷兩路宣撫司，併入大理金齒等處宣撫司。

柔遠路，在大理之西，永昌之南。其地曰潞江，曰普坪瞼，曰申瞼僰寨，曰烏摩坪。僰蠻卽通典所謂黑爨也。中統初，僰酋阿八思入朝。至元十三年，與茫施、鎮康、鎮西、平緬、麓川俱立爲路，隸宣撫司。

茫施路，在柔遠路之南，瀘江之西。其地曰怒謀，曰大枯賧，曰小枯賧。卽唐史所謂茫施蠻也。中統初內附。至元十三年，立爲路，隸宣撫司。

鎮康路，在柔遠路之南，蘭江之西。其地曰石賧，亦黑僰所居。中統初內附。至元十三年，

立爲路，隸宣撫司。

鎮西路，在柔遠路正西，東隔麓川。其地曰于賴賧，曰渠瀾賧，〔二九〕白夷蠻居之。中統初內附，至元十三年立爲路，隸宣撫司。

平緬路，北近柔遠路。其地曰驃賧，曰羅必四庄，曰小沙摩弄，曰驃賧頭，白夷居之。中統初內附，至元十三年立爲路，隸宣撫司。

麓川路，在茫施路東。〔三〇〕其地曰大布茫，曰賧頭附賽，曰賧中彈吉，曰賧尾福祿培，皆白夷所居。中統初內附，至元十三年立爲路，隸宣撫司。

南賧，在鎮西路西北。其地有阿賽賧、午眞賧，白夷、峨昌所居。元初內附，至元十五年隸宣撫司。金齒六路一賧，歲賦金銀各有差。

烏撒烏蒙宣慰司，在本部巴的甸。烏撒者蠻名也。其部在中慶東北七百五十里，舊名巴凡兀姑，今曰巴的甸，自昔烏雜蠻居之。今所轄部六，曰烏撒部、阿頭部、易溪部、易娘部、烏蒙部、閟畔部。其東西又有芒布、阿晟二部。後烏蠻之裔折怒始强大，盡得其地，因取遠祖烏撒爲部名。憲宗征大理，累招不降。至元十年始附。十三年，立烏撒路。十五年，爲軍民總管府。二十一年，改軍民宣撫司。二十四年，升烏撒烏(蠻)〔蒙〕宣慰司。〔三一〕

木連路軍民府。以下闕。

蒙光路軍民府。

木邦路軍民府。

孟定路軍民府。

謀粘路軍民府。

南甸軍民府。

六難路甸軍民府。

陋廊和管民官。

雲龍甸軍民府。

縹甸軍民府。

二十四寨達魯花赤。

孟隆路軍民府。

木朶路軍民總管府。至元三十年，以金齒木朶甸戶口增殖，立下路總管府，其爲長者給兩珠虎符。

金齒孟定各甸軍民官。

孟愛等甸軍民府。至元三十一年，金齒新附孟愛甸酋長遣其子來朝，卽其地立軍民總管府。

蒙兀路。

通西軍民總管府。大德元年，蒙陽甸酋領緬吉納款，遣其弟阿不剌等赴闕進方物，且請歲貢銀千兩及置郡縣驛傳，遂立通西軍民府。

木來軍民府。至元二十九年，雲南省言：「新附金齒遮當忙兀禿兒迷失出征軍馬之衝，資其芻糧，擬立爲木來路。」中書省奏置散府，以布伯爲達魯花赤，用其土人馬列知府事。

校勘記

〔一〕城東門內有石如羊形　讀史方輿紀要卷一一四有「又楊林山，在廢縣治東，羣峰屏列，山麓有石如羊，本名羊林」。道光本「東門內」作「東門外」。

〔二〕晉寧〔州〕　據下文「至元十二年，改晉寧州」補。本證已校。

〔三〕（背）〔昔〕吳氏所居　從北監本改。

〔四〕元憲宗七年隸陽城〔堡〕萬戶　上文晉寧〔州〕下有「元憲宗七年，立陽城堡萬戶」。據補。

〔五〕惟烏雜蠻居之　寰宇通志卷一一一、王圻續文獻通考卷二三一、讀史方輿紀要卷一一四皆作「烏爨蠻」。疑「雜」爲「爨」之誤。

〔六〕又名當筋驗　按新唐書卷二二二上南詔傳，「夷語瞼若州」。道光本「驗」作「瞼」，是。

〔七〕徙治羊苴〔咩〕城　從道光本補。按新唐書卷二二二上南詔傳有「王都羊苴咩城」。

〔八〕遂保劍川更稱（浪劍）〔劍浪〕　按新唐書卷二二二中南詔傳，「更稱劍浪」。蠻書，鐸羅望「退保劍川，故盛稱劍浪」。據改正。下同。新元史已校。

〔九〕二十年升爲府　按本書卷一五世祖紀至元二十五年五月己亥條有「以北勝施州爲北勝府」。疑此處「年」上脫「五」。

〔一〇〕昔順蠻種居劍（川共）〔共川〕　按新唐書卷二二二上南詔傳，順蠻本與施蠻雜居劍、共諸川。據改正。

〔一一〕至段氏時置蘭溪郡　寰宇通志卷一一三、明一統志卷八七皆作「蘭滄郡」。上文有「在蘭滄水之東」。此處「溪」爲「滄」之誤。

〔一二〕曲靖等路宣慰司軍民萬戶府　按本書卷一六世祖紀至元二十八年二月己卯條有「以雲南曲靖路宣撫司所轄地廣，民心未安，改立曲靖等處宣慰司管軍萬戶府以鎮之」。又卷九一百官志，「曲靖等路」有「宣慰司兼管軍萬戶府」。又卷一〇〇兵志有「曲靖等處宣慰司兼管軍萬戶府」。此處「軍民」疑當作「管軍」。

〔一三〕麼些徒蠻步雄居之　按上文徹江路江川縣、下文臨安路寧州皆作「些麼徒」。此名明譯「撒摩都」。疑「麼些」二字倒誤。

〔一四〕羅羅蒙慶等處宣慰司都元帥府　按本書卷九一百官志，蒙慶等處宣慰使司都元府、羅羅斯宣慰使司兼管軍萬戶府係兩地兩署。前者在今雲南之南，後者在今四川。此處誤混爲一，當是錯簡。

〔一五〕唐初設中都〔督〕府治越巂　按舊唐書卷四一地理志，巂州，中都督府。據補。新元史已校。

〔一六〕與漢邛（部）〔都〕縣接境　按漢書卷二八上地理志，越巂郡，縣十五，有邛都。據改。

〔一七〕及段氏（與）〔興〕高氏專政　上文昆陽州下有「段氏興」句，又威楚開南等路下有「段氏興」，「高昇泰執大理國柄」。據改。新編已校。

〔一八〕漢爲定（筰）〔作〕縣　漢書卷二八上地理志，越巂郡屬縣有定莋。後漢書志二三郡國志同。據改。

〔一九〕所居蠻因茹庫　按上文謂至元十年「其鹽井摩沙酋羅羅將鹿鹿、茹庫內附」。「茹庫」爲族名，混一方輿勝覽、淸類天文分野之書卷一四作「如庫」或「茹庫」。「所居蠻因茹庫」不通，新編改「因」作「曰」，疑是。

〔二〇〕縣境有山名（自）〔目〕則漢語訛爲蒙自　從道光本改。寰宇通志卷一一二，目則山，「在蒙自縣西三十里，卽蒙自山也，百里外舉目則見，因名」。讀史方輿紀要卷一一五，蒙自縣，「以目則山而名，漢語譌爲蒙自」。

〔二一〕石平州　按下文有「石坪」，疑「平」當作「坪」。

〔二二〕唐置（棃）〔黎〕州　按舊唐書卷四一地理志，黎州，武德七年析南寧州置西寧州。貞觀八年改爲黎州。又，黎州，雅州之漢源縣，大足元年割漢源、飛越二縣及巂州之陽山置黎州。新唐書卷

四三下、卷四二地理志同。據改。按黎州在今雲南，黎州在今四川，相距甚遠。

〔二三〕唐於昆明之栟棟（州）〔川〕置姚州都督府　按舊唐書卷四一地理志，姚州，「麟德元年，移姚州治於弄棟川」。據改。新編已校。

〔二四〕羊苴（乖）〔咩〕城　見本卷校勘記〔七〕。

〔二五〕卽漢博平縣　按後漢書志二三郡國志，永昌郡，「博南永平中置」。本書卷六一地理志，蘭州，「漢永平中始通博南山道，渡蘭滄水，置博南縣」。此處「平」當作「南」。

〔二六〕唐置澄川州　按新唐書卷四三下地理志，澄備州，隸姚州都督府。此處「川」當作「備」。新編已校。

〔二七〕蒙氏立國有十瞼趙（州瞼）〔川瞼〕其一也　新唐書卷二二二上南詔傳，「有十瞼，夷語瞼若州」。十瞼中有澄川瞼、趙川瞼諸名。按寰宇通志卷一一一，「閣羅鳳改趙州」，「元立趙瞼千戶所，至元間仍爲趙州」。趙州之下則不可再綴「瞼」字，此處「州瞼」爲「川瞼」之誤，今改。

〔二八〕茫施蠻本闢南種　按上文開南州下有「至蒙氏興，立銀生府，後爲金齒、白蠻所陷，移府治于威楚，開南遂爲生蠻所據」。此處「闢南」疑爲「開南」之誤。

〔二九〕其地曰于賴睒曰渠瀾睒　按混一方輿勝覽，鎭西路下領乾崖睒、渠闌睒、大明睒。明一統志卷八七干崖宣撫司，「其地舊名干賴睒、曰渠瀾睒」。「于賴睒」當作「干賴睒」。

〔三〇〕麓川路在茫施路東　按寰宇通志卷一一三,「麓川宣撫司在雲南布政司西南二十六程」。又「芒市長官司在雲南布政司西南二十三程」。麓川宣撫司設在麓川,芒市長官司設在茫施,是麓川在茫施西。讀史方輿紀要有「麓川宣撫司東至芒市長官司界」。「芒市禦夷長官司東至鎮康州界,西、南俱至麓川宣撫司界」。亦云麓川在茫施西。疑此處「東」爲「西」之誤。

〔三一〕二十四年升烏撒烏(蠻)〔蒙〕宣慰司　按清類天文分野之書卷一四,「元至元十五年置烏蒙路、烏撒路總管二府。二十五年,置烏撒烏蒙等處宣慰司。」此處「蠻」字誤,今改。

元史卷六十二

志第十四

地理五

江浙等處行中書省,爲路三十、府一、州二,屬州二十六,屬縣一百四十三。本省陸站一百八十處,水站八十二處。

江南浙西道肅政廉訪司。

杭州路,上。唐初爲杭州,後改餘杭郡,又仍爲杭州。五代錢鏐據兩浙,號吳越國。宋高宗南渡,都之,爲臨安府。元至元十三年,平江南,立兩浙都督府,又改爲安撫司。十五年,改爲杭州路總管府。二十一年,自揚州遷江淮行省來治于杭,改曰江浙行省。本路戶三十六萬八百五十,口一百八十三萬四千七百一十。至元二十七年抄籍數。領司二、縣八、州一。

左、右錄事司。宋高宗建炎三年,遷都杭州,設九廂。元至元十四年,分爲四隅錄事司。泰定二年,併爲左右二錄

事司。

縣八

錢塘,上。仁和,上。與錢塘分治城下。餘杭,中。臨安,中。新城,中。富陽,中。於潛,中。昌化。中。

州一

海寧州,中。唐以來爲鹽官縣。元元貞元年,以戶口繁多,升爲鹽官州。是年,升江南平陽等縣爲州,以戶爲差,戶至四萬五萬者爲下州,五萬至十萬者爲中州。凡爲中州者二十八,下州者十五。泰定四年,海圮鹽官。天曆二年,改海寧州。海寧東南皆濱巨海,自唐、宋常有水患,大德、延祐間亦嘗被其害。泰定四年春,其害尤甚,命都水少監張仲仁往治之,沿海三十餘里下石囤四十四萬三千三百有奇,木櫃四百七十餘,工役萬人。文宗卽位,水勢始平,乃罷役,故改曰海寧云。

湖州路,上。唐改吳興郡,又改湖州。宋改安吉州。至元十三年,升湖州路。戶二十五萬四千三百四十五。抄籍戶口數闕,用至順錢糧數。領司一、縣五、州一。

錄事司。舊設東西南北四廂。至元十三年,立總督四廂。十四年,改錄事司。

縣五

烏程，上。歸安，上。與烏程皆爲倚郭。安吉，中。德清，中。武康，中。

州一

長興州，中。唐爲綏州，又更名雉州，又爲長城縣。朱梁改曰長興。宋因之。元元貞元年，升爲州。

嘉興路，上。唐爲嘉興縣。石晉置秀州。宋爲嘉禾郡，又升嘉興府。戶四十二萬六千六百五十六，口二百二十四萬五千七百四十二。領司一、縣一、州二。

錄事司。舊置廂官，元初改爲兵馬司。至元十四年，置錄事司。

縣一

嘉興。上。倚郭。

州二

海鹽州，中。唐爲縣，宋因之。元元貞元年升州。

崇德州，中。石晉置，宋因之。元元貞元年升州。

平江路，上。唐初爲蘇州，又改吳郡，又仍爲蘇州。宋爲平江府。元至元十三年升平江路。戶四十六萬六千一百五十八，口二百四十三萬三千七百。領司一、縣二、州四。

錄事司。

縣二

吳縣，上。長洲。上。與吳縣並爲倚郭。

州四

崑山州，中。唐以來爲縣，元元貞元年升州。

常熟州，中。唐以來爲縣，元元貞元年升州。

吳江州，中。唐以來爲縣，元元貞元年升州。

嘉定州，中。本崑山縣地，宋置縣，元元貞元年升州。

常州路，上。唐初爲常州，又改晉陵郡，又復爲常州，宋因之。元至元十四年升爲路。戶二十萬九千七百三十二，口一百二萬一十一。領司一、縣二、州二。

錄事司。

縣二

晉陵，中。倚郭。武進。中。倚郭。

州二

宜興州，中。唐義興縣。宋改義爲宜。〔元〕至元十五年，升宜興府。二十年，仍爲縣。二十一年，復升爲府，仍置宜興縣以隸之。（元）元貞元年，府縣俱廢，〔二〕止立宜興州。

無錫州，中。唐無錫縣。元元貞元年升州。

鎮江路，下。唐潤州，又改丹陽郡，又爲鎮海軍。宋爲鎮江府。元至元十三年，升爲鎮江路。戶一十萬三千三百一十五，口六十二萬三千六百四十四。領司一、縣三。

錄事司。

縣三

丹徒，中。倚郭。丹陽，中。金壇。中。

建德路，上。唐睦州，又爲嚴州，又改新定郡。宋爲建德軍，又爲遂安軍，後升建德府。元至元十三年，改建德府安撫司。十四年，改建德路。戶一十萬三千四百八十一，口五十萬四千二百六十四。領司一、縣六。

錄事司。

縣六

建德，中。倚郭。淳安，中。遂安，下。桐廬，中。分水，中。壽昌。中。

松江府，唐爲蘇州屬邑。宋爲秀州屬邑。元至元十四年，升爲華亭府。十五年，改松江府，仍置華亭縣以隸之。戶一十六萬三千九百三十一。至順錢糧數。領縣二：

華亭，上。倚郭。上海。上。本華亭縣地，至元二十七年，以戶口繁多，置上海縣，屬松江府。

江陰州，上。唐初爲暨州，後爲江陰縣，隸常州。宋爲軍。元至元十二年，依舊置軍，行安撫司事。十四年，升爲江陰路總管府，今降爲江陰州。戶五萬三千八百二十一，口三十萬一百七十七。

浙東道宣慰司都元帥府。元治婺州，大德六年移治慶元。

慶元路，上。唐爲鄞州，又爲明州，又爲餘姚郡。宋升慶元府。元至元十三年，改置宣慰司。十四年，改爲慶元路總管府。戶二十四萬一千四百五十七，口五十一萬一千一百一十三。領司一、縣四、州二。

錄事司。

縣四

鄞縣，上。倚郭。象山，中。慈溪，中。定海。中。

州二

奉化州，下。唐析鄮縣地置奉化縣，隸明州。元元貞元年，升爲奉化州，隸慶元。

昌國州，下。宋置昌國縣。元至元十四年，升爲州，仍置昌國縣以隸之。後止立昌國州，隸慶元。

衢州路，上。本太末地，唐析婺州之西境置衢州，又改信安郡，又改爲衢州。元至元十三年，改衢州路總管府。戶一十萬八千五百六十七，口五十四萬三千六百六十。領司一、縣五。

錄事司。

縣五

西安，中。倚郭。龍游，上。江山，下。常山，下。宋改信安，今復舊名。開化。中。

浙東海右道肅政廉訪司。

婺州路，上。唐初爲婺州，又改東陽郡。宋爲保寧軍。元至元十三年，改婺州路。戶二十二萬一千一百一十八，口一百七萬七千五百四十。領司一、縣六、州一。

錄事司。

縣六

金華，上。倚郭。東陽，上。義烏，上。永康，中。武義，中。浦江。中。

州一

蘭溪州，下。本金華之西部三河戍，唐析置蘭溪縣，宋因之。元元貞元年，升州。

紹興路，上。唐初爲越州，又改會稽郡，又仍爲越州。宋爲紹興府。元至元十三年，改紹興路。戶一十五萬一千二百三十四，口五十二萬一千五百八十八。領司一、縣六、州二。

錄事司。

縣六

山陰，上。會稽，中。與山陰俱倚郭。有會稽山爲南鎮。上虞，上。蕭山，中。嵊縣，上。新昌。中。

州二

餘姚州，下。唐餘姚縣，宋因之。元元貞元年，升州。

諸暨州，下。宋諸暨縣。元元貞元年，升州。

溫州路，上。唐初爲東嘉州，又改永嘉郡，又爲溫州。宋升瑞安府。元至元十三年，置溫州路。戶一十八萬七千四百三，口四十九萬七千八百四十八。領司一、縣二、州二。

錄事司。

縣二

永嘉，上。倚郭。樂清。下。

州二

瑞安州，下。唐瑞安縣，宋因之。元元貞元年，升州。

平陽州，下。唐平陽縣，宋因之。元元貞元年，升州。

台州路，上。唐初爲海州，復改台州，又改臨海郡，又爲德化軍，宋因之。元至元十三年，置安撫司。十四年，改台州路總管府。戶一十九萬六千四百一十五，口一百萬三千八百三十三。領司一、縣四、州一。

錄事司。

縣四

臨海，上。倚郭。仙居，上。寧海，上。天台。中。

州一

黃巖州，下。唐爲縣，宋因之。元元貞元年，升州。

處州路，上。唐初爲括州，又改縉雲郡，又爲處州，宋因之。元至元十三年，立處州路總管府。戶一十三萬二千七百五十四，口四十九萬三千六百九十二。領司一、縣七。

錄事司。

縣七

麗水，中。倚郭。龍泉，中。松陽，中。遂昌，中。青田，中。縉雲，中。慶元。中。

江東建康道肅政廉訪司。

寧國路，上。唐爲宣州，又爲宣城郡，又升寧國軍。宋升寧國府。元至元十四年，升寧國路總管府。戶二十三萬二千五百三十八，口一百一十六萬二千六百九十。領司一、縣六。

錄事司。舊立四廂，元至元十四年，廢四廂創立。

縣六

宣城，上。倚郭。南陵，中。涇縣，寧國，中。旌德，中。太平。中。

徽州路，上。唐歙州。宋改徽州。元至元十四年，升徽州路。戶一十五萬七千四百七十一，口八十二萬四千三百四。領司一、縣五、州一。

錄事司。舊設四廂，至元十四年改置。

縣五

歙縣，上。倚郭。休寧，中。祁門，中。黟縣，下。績溪。中。

州一

婺源州，下。本休寧縣之回玉鄉，唐析之置婺源縣。元元貞元年，升州。

饒州路，上。唐改鄱陽郡，仍改饒州，宋因之。元至元十四年，升饒州路總管府。戶六十八萬二百三十五，口四百三萬六千五百七十。領司一、縣三、州三。

錄事司。舊設三廂，至元十四年改立。

縣三

鄱陽，上。倚郭。德興，上。安仁。中。

州三

餘干州，中。唐以來爲縣，元元貞元年，升州。

浮梁州，中。唐以來爲縣，元元貞元年，升州。

樂平州，中。唐以來爲縣，元元貞元年，升州。

江南諸道行御史臺。

集慶路，上。唐武德初，置揚州東南道行臺尚書省。後復爲蔣州，罷行臺，移揚州江都，改金陵曰白下，以其地隸潤州。貞觀中，更白下曰江寧。至德中，置江寧郡。乾元中，改昇州。其後楊氏有其地，改爲金陵府。南唐李氏又改爲江寧府。宋平南唐，復爲昇州。仁宗以昇王建國，升建康軍。高宗改建康府，建行都，又爲沿江制置司治所。元至元十二年歸附。十四年，升建康路。初立行御史臺于揚州，既而徙杭州，又徙江州，又還杭州，二十三年，自杭州徙治建康。天曆二年，以文宗潛邸，改建康路爲集慶路。戶二十一萬四千五百三十八，口一百七萬二千六百九十。領司一、縣三、州二。

錄事司。

縣三

上元，中。倚郭。江寧，中。倚郭。句容。中。

州二

溧水州，中。唐以來皆爲縣，元元貞元年，升州。

溧陽州，中。唐以來並爲縣，元至元十六年，升爲溧陽路。二十七年，復降爲縣，後復升爲州。

太平路，下。唐置南豫州。宋爲太平州。至元十四年，升爲太平路。戶七萬六千二百二，口四十四萬六千三百七十一。領司一、縣三。

錄事司。舊設四廂，至元十四年改立。

縣三

當塗，中。倚郭。蕪湖，中。繁昌。下。

池州路，下。唐於秋浦縣置池州，後廢，以縣隸宣州，未幾復置。宋仍爲池州。元至元十四年，升爲路。戶六萬八千五百四十七，口三十六萬六千五百六十七。領司一、縣六。

錄事司。

縣六

貴池，下。倚郭。即秋浦縣，吳改爲貴池。青陽，下。建德，下。銅陵，下。石埭，中。東流。下。

信州路，上。唐乾元以前，爲衢、饒、撫、建四州之地。乾元元年，始割衢之玉山、常山，饒之弋陽及撫、建二州之地置信州。宋因之。元至元十四年，升爲路。戶一十三萬二千二百九十，口六十六萬二千二百五十八。領司一、縣五。

錄事司。

縣五

上饒，上。倚郭。玉山，中。弋陽，中。貴溪，中。永豐。中。

廣德路，下。唐初，以綏安縣置桃州，後廢州，改綏安爲廣德縣。宋爲廣德軍。元至元十四年，升爲路。戶五萬六千五百一十三，口三十三萬九千七百八十。領司一、縣二。

錄事司。

縣二

廣德，中。倚郭。建平。中。

鉛山州，中。本建、撫二州之地，山產銅鉛。後唐析上饒、弋陽五鄉爲銅場，繼升爲縣，〔二〕屬信州。宋因之。元至元二十九年，割上饒之乾元、永樂二鄉，弋陽之新政、善政二鄉來屬，升爲鉛山州，直隸行省。戶二萬六千三十五。至順錢糧數。

福建道宣慰司都元帥府。大德元年立。

福建閩海道肅政廉訪司。

福州路，上。唐爲閩州，後改福州，又爲長樂郡，又爲威武軍。宋爲福建路。元至元十五年，爲福州路。十八年，遷泉州行省於本州。十九年，復還泉州。二十年，仍遷本州。二十二年，併入杭州。戶七十九萬九千六百九十四，口三百八十七萬五千一百二十七。領司一、縣九、州二。州領二縣。

錄事司。至元十五年，行中書省於在城十二廂分四隅，置錄事司。十六年，併其二，置東西二司。二十年，復併爲一。

縣九

閩縣，中。倚郭。候官，中。倚郭。懷安，中。古田，上。閩清，中。長樂，中。連江，中。羅源，中。永福。中。

州二

福清州，下。唐析長樂八鄉置萬安縣，又改福唐，又改福清。元元貞元年，升爲州。

福寧州，上。唐長溪縣，元升爲福寧州。領二縣：

寧德，中。福安。中。

建寧路，下。唐初爲建州，又改建安郡。宋升建寧軍。元至元二十六年，升爲路。〔三〕戶一十二萬七千二百五十四，口五十萬六千九百二十六。領司一、縣七。

錄事司。

縣七

建安，中。甌寧，中。與建安俱倚郭。浦城，中。建陽，中。崇安，中。松溪，下。政和。下。

泉州路，上。唐置武榮州，又改泉州。宋爲平海軍。元至元十四年，立行宣慰司，兼行征南元帥府事。十五年，改宣慰司爲行中書省，升泉州路總管府。十八年，遷行省於福州路。十九年，復還泉州。二十年，仍還福州路。戶八萬九千六十，口四十五萬五千五百四十五。領司一、縣七。

錄事司。至元十五年，立南北二司。十六年，併爲一。

縣七

晉江，中。倚郭。南安，中。惠安，下。同安，下。永春，下。安溪，下。德化。下。

興化路，下。宋置太平軍，又改興化軍，先治興化，後遷莆田。元至元十四年，升興化路。戶六萬七千七百三十九，口三十五萬二千五百三十四。領司一、縣三。

錄事司。

縣三

莆田，中。宋置興化軍，遷治莆田。元至元十三年，割左右二廂屬錄事司，縣如故。仙游，下。興化。下。軍治元在此，後移於莆田，此縣爲屬邑。

邵武路，下。唐邵武縣，屬建州。宋置邵武軍。元至元十三年，爲邵武路。戶六萬四千一百二十七，口二十四萬八千七百六十一。領司一、縣四。

錄事司。

縣四

邵武，中。倚郭。光澤，中。泰寧，中。建寧。中。

延平路，下。五代爲延平鎮，王延政始以鎮爲鐔州。南唐置劍州。宋以利州路亦有劍州，乃稱此爲南劍州。元至元十五年，升南劍路，後改延平路。戶八萬九千八百二十五，口四十三萬五千八百六十九。領司一、縣五。

錄事司。

縣五

南平，中。倚郭。尤溪，中。沙縣，中。順昌，中。將樂。中。

汀州路，下。唐開福、撫二州山洞置州，治新羅，後改臨汀郡，又仍爲汀州。宋隸福建路。元至元十五年，升爲汀州路。戶四萬一千四百二十三，口二十三萬八千一百二十七。領司一、縣六。本路屯田二百二十五頃。

錄事司。

縣六

長汀，中。倚郭。寧化，中。清流，下。蓮城，下。上杭，下。武平。下。

漳州路，下。唐析閩州西南境置，後改漳浦郡，又復爲漳州。宋因之。元至元十六年，升漳州路。戶二萬一千六百九十五，口一十萬一千三百六。領司一、縣五。本路屯田二百五十頃。

錄事司。

縣五

龍溪，下。倚郭。漳浦，下。龍巖，下。長泰，下。南靖。下。本南勝，改今名。

江西等處行中書省，爲路一十八、州九，屬州十三，屬縣七十八。本省馬站八十五處，水站六十九處。

江西湖東道肅政廉訪司。

龍興路，上。唐初爲洪州，又爲豫章郡，又仍爲洪州。宋升隆興府。元至元十二年，設行都元帥府及安撫司，仍領南昌、新建、豐城、進賢、奉新、靖安、分寧、武寧八縣，置錄事司。十四年，改元帥府爲江西道宣慰司，本路爲總管府，立行中書省。十五年，立江西湖東道提刑

按察司，移省於贛州。十六年，復還(龍)〔隆〕興。〔四〕十七年，併入福建行省，止立宣慰司。十九年復立，罷宣慰司，隸皇太子位。二十一年，改隆興府爲龍興。二十三年，豐城縣升富州，武寧縣置寧州，領武寧、分寧二縣。大德(五)〔八〕年，以分寧縣置寧州，武寧縣隸龍興路。〔五〕戶三十七萬一千四百三十六，口一百四十八萬五千七百四十四。至元二十七年抄籍數。

領司一、縣六、州二。

錄事司。宋以南昌、新建二縣分置九廂。元至元十三年，廢城內六廂，置錄事司。

縣六

南昌，上。倚郭。至元二十年，割錄事司所領城外二廂、東南兩關來屬。新建，上。倚郭。進賢，中。奉新，中。靖安，中。武寧。中。至元二十三年，置寧州，縣爲倚郭。大德八年，於分寧縣置寧州，武寧直隸本路。

州二

富州，上。本富城縣，又曰豐城。唐自豐水之西徙治章水東，卽今治所。宋屬隆興府。元至元十九年，隸皇太子位。二十三年，升爲富州。

寧州，中。唐分寧縣。宋因之。元至元二十三年，於武寧縣置寧州，(分)〔武〕寧爲倚郭縣。〔六〕大德八年，割武寧直隸本路，遂徙州治於分寧。

吉安路，上。唐爲吉州，又爲廬陵郡。宋升爲上州。元至元十四年，升吉州路總管府，置錄

事司，領一司，八縣。元貞元年，吉水、安福、太和、永新四縣升州，改吉州爲吉安路。〔七〕戶四十四萬四千八十三，口二百二十二萬四百一十五。領司一、縣五、州四。大德二年，吉、贛立屯田。

錄事司。

縣五

廬陵，上。倚郭。永豐，上。萬安，中。龍泉，中。永寧。下。至順間，分永新州立。

州四

吉水州，中。舊爲縣。元元貞元年，升州。

安福州，中。唐初以縣置潁州，後廢，復爲縣。元元貞元年，升州。

太和州，下。唐初置南平州，後廢爲縣。元元貞元年，升州。

永新州，下。唐爲縣。元元貞元年，升州。

瑞州路，上。唐改建成縣曰高安，即其地置靖州，又改筠州。宋爲高安郡，又改瑞州。元至元十四年，升瑞州路，領一司、三縣。元貞元年，升新昌縣爲州。戶一十四萬四千五百七十二，口七十二萬二千三百二。領司一、縣二、州一。

錄事司。至元十四年始立。

縣二

高安，上。倚郭。上高。中。

州一

新昌州，下。唐爲建成縣，屬靖州，後省入高安。宋割高安、上高二縣地，升鹽步鎭爲新昌縣。元元貞元年，升州。

袁州路，上。唐爲袁州，又爲宜春郡。元至元十三年，〔置〕安撫司。〔八〕十四年，改總管府，領四縣，設錄事司，隸湖南行省。十九年，升路，隸江西行省。元貞元年，萍鄉縣升州。戶一十九萬八千五百六十三，口九十九萬二千八百一十五。領司一、縣三、州一。

錄事司。至元十三年，設兵馬司。十四年，改錄事司。

縣三

宜春，上。倚郭。分宜，上。萬載。中。

州一

萍鄉州，中。本爲縣。元貞元年，升州。

臨江路，上。唐改建成爲高安，而蕭灘鎭實高安境內。南唐升鎭爲清江縣，屬洪州，後又屬筠州。宋即清江縣置臨江軍，隸江南西道。元至元十三年，隸江西行都元帥府。十四年，改臨江路總管府。元貞元年，新淦、新喩二縣升州。戶一十五萬八千三百四十八，口七十九萬一千七百四十。領司一、縣一、州二。

錄事司。宋隸都監司。元至元十三年，設兵馬司。十五年，改錄事司。

縣一

清江。上。宋即縣治置臨江軍。元至元十四年，升軍爲路，而縣爲倚郭。

州二

新淦州，中。唐以來爲縣。元元貞元年，升州。

新喩州，中。唐以來爲縣。元元貞元年，升州。

撫州路，上。唐初爲撫州，又爲臨川郡，又仍爲撫州。元至元十二年，復爲撫州。十四年，升撫州路總管府。戶二十一萬八千四百五十五，口一百九萬二千二百七十五。領司一、縣五。

錄事司。至元十四年，廢宋三廂立。

縣五

臨川，上。崇仁，上。金溪，上。宜黃，中。樂安。中。

江州路，下。唐初爲江州，又改（尋）〔潯〕陽郡，〔九〕又仍爲江州。宋爲定（海）〔江〕軍。〔一〇〕元至

元十二年，置江東西宣撫司。十三年，改爲江西大都督府，隸揚州行省。十四年，罷都督府，升江州路，隸龍興行都元帥府，後置行中書省，江州直隸焉。十六年，隸黃蘄等路宣慰司。二十二年，復隸行省。戶八萬三千九百七十七，口五十萬三千八百五十二。領司一、縣五。

錄事司。宋隸都監司。元至元十二年，設兵馬司。十四年，置錄事司。

縣五

德化，中。唐潯陽縣。瑞昌，中。彭澤，中。湖口，中。德安。中。

南康路，下。唐屬江州。宋置南康軍，治星子縣。元至元十四年，升南康路，隸江淮行省。二十二年，割屬江西，領一司、三縣。戶九萬五千六百七十八，口四十七萬八千三百九十。領司一、縣二、州一。

錄事司。

縣二

星子，下。南康治所。都昌。上。

州一

建昌州，下。唐初置南昌州，後廢，屬洪州。宋屬南康軍。元元貞元年，升州。

贛州路，上。唐初爲虔州，又爲南康郡，又仍爲虔州。宋改贛州。元至元十四年，升贛州路總管府。十五年，設錄事司，領一司、十縣，隸江西省。二十四年，併龍南入信豐，安遠入會昌。大德元年，寧都、會昌二縣升州，割瑞金隸會昌。至大三年，復置龍南、安遠二縣，屬寧都。戶七萬一千二百八十七，口二十八萬五千一百四十八。領司一、縣五、州二。州領三縣。本路屯田五百二十餘頃。

錄事司。

縣五

贛縣，上。州治所。興國，中。信豐，下。雩都，下。石城。下。

州二

寧都州，下。唐爲縣。元大德元年，升寧都州。領二縣：

龍南，下。至元二十四年，併入信豐縣。至大三年復置。安遠。下。至元二十四年，省入會昌縣。至大三年復置。

會昌州，下。本雩都地。唐屬虔州。宋升縣之九州鎮爲會昌縣，復升爲軍。元大德元年，升會昌州。領一縣：

瑞金。下。舊屬虔州，大德元年來屬。

建昌路，下。本南城縣，屬撫州。南唐升建武軍。宋升建昌軍。元至元十四年，改建昌路總管府，割南城置錄事司。十九年，南豐縣升州，直隸行省。戶九萬二千二百二十三，口五十五萬三千三百三十八。領司一、縣三。

錄事司。至元十四年立。

縣三

南城，上。新城，中。廣昌。中。

南安路，下。唐升大庾鎮爲縣，屬虔州。宋以縣置南安軍。元至元十四年，改南安路總管府。十五年，割大庾縣在城四坊，設錄事司。十六年，廢錄事司。戶五萬六百一十一，口三十萬三千六百六十六。領縣三：

大庾，中。倚郭。南康，中。上猶。下。南唐爲上猶。宋改南安。至元十六年，改永清，後復爲上猶。

南豐州，下。唐爲南豐縣，隸撫州。宋改隸建昌軍。元至元十九年，升爲州，直隸行省。戶二萬五千七十八，口一十二萬八千九百。

廣東道宣慰使司都元帥府。

海北廣東道肅政廉訪司。

廣州路，上。唐以廣州爲嶺南五府節度五管經略使治所，又改南海郡，又仍爲廣州。宋升爲帥府。元至元十三年內附，後又叛。十五年克之，立廣東道宣慰司，立總管府幷錄事司。元領八縣，而懷集一縣割屬賀州。戶一十七萬二百一十六，口一百二萬一千二百九十六。領司一、縣七。

錄事司。至元十六年立，以州之東城、西城、子城幷番禺、南海二縣在城民戶隸之。

縣七

南海，中。番禺，下。與南海俱倚郭。東莞，中。增城，中。香山，下。新會，下。清遠。

韶州路，下。唐初爲番州，又更名東衡州，又改韶州，又爲始興郡，又仍爲韶州。元至元十三年內附，未幾廣人叛，十五年始定，立總管府，設錄事司。戶一萬九千五百八十四，口一十七萬六千二百五十六。領司一、縣四。

錄事司。

縣四

曲江，中。元初分縣城西廂地及城外三廂，屬錄事司。樂昌，下。仁化，下。乳源。下。

惠州路，下。唐循州。宋改惠州，又改博羅郡，又復爲惠州。元至元十六年，改惠州路總管府。戶一萬九千八百三，口九萬九千一十五。領縣四：

歸善，下。倚郭。博羅，下。海豐，下。河源。下。

南雄路，下。本始興縣。唐初屬韶州。五代劉氏割韶之湞昌、始興二縣置雄州。宋以河北有雄州，改爲南雄州。元至元十五年，改南雄路總管府。戶一萬七百九十二，口五萬三千九百六十。領縣二：

保昌，下。本湞昌，宋改今名。始興。下。

潮州路，下。唐初爲潮州，又改潮陽郡，又復爲潮州。元至元十五年歸附。十六年，改爲總管府，以孟招討鎮守，未幾移鎮漳州，土豪各據其地。二十一年，廣東道宣慰使月的迷失以兵來招諭。二十三年，復爲江西等處行樞密院副使兼廣東道宣慰使以鎮之，始定。戶六萬三千六百五十，口四十四萬五千五百五十。領司一、縣三。

錄事司。至元二十二年始立。

縣三

海陽，下。倚郭。潮陽，下。揭陽。下。

德慶路，下。唐初爲南康州，又名康州，又改晉康郡。宋升德慶府。元至元十三年，徇廣東，既取廣州，而德慶未下。十四年，廣西宣慰司以兵取之，改隸廣西道。十七年，立德慶路總管府，後仍屬廣東道。戶一萬三千七百五，口三萬二千九百九十七。領縣二：

端溪，下。瀧水。下。

肇慶路，下。唐初爲端州，又改高要郡，又仍爲端州。宋升肇慶府。元至元十三年，徇廣東，惟肇慶未附。十六年，廣南西道宣慰司定之，因隸廣西。十七年，改爲下路總管府，仍屬廣東。〔一一〕戶三萬三千三百三十八，口五萬五千四百二十九。領縣二：

高要，中。倚郭。四會。中。

英德州，下。唐湞州。五代南漢爲英州。宋升英德府。元至元十三年歸附。十五年，立英德路總管府。二十三年，降爲散州。大德(五)〔四〕年，復爲路。〔一二〕本州素爲寇盜淵藪。大德四年，達魯花赤脫歡察兒此歲招降羣盜至二千餘戶，遂升英德爲路，命脫歡察兒爲達魯花赤兼萬戶以鎮之。至大元年，復降爲州。領縣一：

翁源。大德五年置。

梅州，下。唐爲程鄉縣，屬潮州。五代南漢置敬州。宋改梅州。元至元十三年歸附。十六年，置總管府。二十三年，改爲散州。戶二千四百七十八，口一萬四千八百六十五。領縣一：

程鄉。

南恩州，下。唐恩州，又爲齊安郡。宋改南恩州。元至元十三年置南恩路總管府，十九年降爲散州。戶一萬九千三百七十三，口九萬六千八百六十五。領縣二：

陽江，下。陽春。下。

封州，下。唐改爲臨封郡，後復爲封州。元至元十三年歸附。明年，廣人叛，廣西宣慰司以兵定之，遂隸西道。十六年，立封州路總管府，後又降爲散州，仍屬東道。戶二千七十七，口一萬七百四十二。領縣二：

封川，下。開建。下。

新州，下。唐改爲新昌郡，後復爲新州。元至元十六年，置新州路總管府。十九年，降爲散州。戶一萬一千三百一十六，口六萬七千八百九十六。領縣一：

新興。下。

桂陽州，下。本桂陽縣，唐、宋因之。元至元十三年內附。十九年，升桂陽縣爲散州，割連州陽山縣來屬，爲蒙古解忽都虎郡王分地，元隸湖南道宣慰司，後隸廣東道。戶六千三百五十六，口二萬五千六百五十五。領縣一：

陽山。下。唐屬連州，宋因之。至元十九年割以來屬。

連州，下。唐改連山郡，復改連州。元至元十三年，置安撫司，直隸行中書省。十七年，廢安撫司，升爲連州路總管府，隸湖南道宣慰司。十九年，降爲散州，隸廣東道。戶四千一百五十四，口七千一百四十一。領縣一：

連山。下。

循州，下。唐改爲海豐郡，仍改循州。宋爲博羅郡。元至元十三年，立總管府。二十三年，降爲散州。戶一千六百五十八，口八千二百九十。領縣三：

龍川，下。興寧，下。長樂。下。

校勘記

〔一〕(元)至元十五年升宜興府至(元)元貞元年府縣俱廢　「元」字錯倒，今改正。新編已校。

〔二〕後唐析上饒弋陽五鄉爲銅場繼升爲縣　按太平寰宇記卷一〇七，鉛山縣，唐昇元四年，於上饒、弋陽二縣，析以爲場，後昇爲縣。昇元爲南唐年號。「後唐」當作「南唐」。

〔三〕元至元二十六年升爲路　本書卷一〇世祖紀至元十六年十二月丁酉條有「改惠州、建寧、梧州、柳州、象州、邕州、慶遠、賓州、橫州、容州、潯州幷爲路」。又卷一一世祖紀至元十七年十二月丙申條有「改建寧、雷州、封州、廉州、化州、高州爲路」。紀兩次記建寧改爲路，一作十六年，一作十七年，此處「二」字當衍。本證已校。

〔四〕十六年復還(龍)〔隆〕興　本書卷一〇世祖紀至元十六年正月甲寅條有「敕移贛州行省還隆興」。據改。下文有「二十一年，改隆興府爲龍興」，證十六年當作「隆興」。本證已校。

〔五〕大德(五)〔八〕年以分寧縣置寧州武寧縣隸龍興路　本書卷二一成宗紀大德八年三月庚辰條有「陞分寧縣爲寧州」。又本志下文武寧，「大德八年，於分寧縣置寧州，武寧直隸本路」。又寧州，「大德八年，割武寧直隸本路，遂徙州治于分寧」。據改。

〔六〕元至元二十三年於武寧縣置寧州(分)〔武〕寧爲倚郭縣　本書卷一四世祖紀至元二十三年正月丁酉條有「陞龍興武寧縣爲寧州，以分寧隸之」。又本志上文，「武寧。中。至元二十三年，置寧州，縣爲倚郭」。考異云：「案大德八年，分寧始爲倚郭縣，至元置州之始，武寧爲倚郭，非分寧也。」從改。

〔七〕元貞元年吉水安福太和永新四縣升州改吉州爲吉安路　本書卷二四仁宗紀皇慶元年二月辛未條有改「吉州路爲吉安路」。此處「改吉州」上疑脫「皇慶元年」四字。

〔八〕〔置〕安撫司　原空闕，從北監本補。

〔九〕唐初爲江州又改(尋)〔潯〕陽郡　從殿本改。

〔一〇〕宋爲定(海)〔江〕軍　從道光本改。按宋史卷八八地理志，江州，建炎元年，升定江軍節度。輿地紀勝卷三〇，江州，「本朝升爲定江軍節度」。

〔一一〕十七年改爲下路總管府仍屬廣東　本書卷一七世祖紀至元二十九年六月壬申條有「江西省臣言：『肇慶、德慶二路，封、連二州，宋時隸廣東，今隸廣西不便，請復隸廣東。』從之」。按十七年改爲下路總管府，至二十九年仍屬廣東。本志上文德慶路，「十七年，立德慶路總管府，後仍屬

廣東道」。此處「仍屬廣東」上當有脫文。本證已校。

〔二〕大德(五)〔四〕年復爲路　本書卷二〇成宗紀大德四年九月壬戌條有「廣東英德州達魯花赤脫歡察而招降羣盜二千餘戶，陞英德州爲路」。下文注亦作「大德四年」。據改。本證已校。

元史卷六十三

志第十五

地理六

湖廣等處行中書省，爲路三十、州十三、府三、安撫司十五、軍三，屬府三，屬州十七，屬縣一百五十，管番民總管一。本省(六)〔陸〕站一百處，水站七十三處。[一]

江南湖北道肅政廉訪司。

武昌路，上。唐初爲鄂州，又改江夏郡，又升武昌軍。宋爲荆湖北路。元憲宗末年，世祖南伐，自黃州陽羅洑，橫橋梁，貫鐵鎖，至鄂州之白鹿磯，大兵畢渡，進薄城下，圍之數月，既而解去，歸即大位。至元十一年，丞相伯顏從陽羅洑南渡，權州事張晏然以城降，自是湖北州郡悉下。是年，立荆湖等路行中書省，并本道安撫司。十三年，設錄事司。十四年，立湖北宣慰司，改安撫司爲鄂州路總管府，併鄂州行省入潭州行省。十八年，遷潭州行省於鄂州，

移宣慰司于潭州。十九年，隨省處例罷宣慰司，本路隸行省。大德五年，以鄂州首來歸附，又世祖親征之地，改武昌路。戶一十一萬四千六百三十二，口六十一萬七千一百一十八。至元二十七年抄籍數。領司一、縣七。

錄事司。

縣七

江夏，中。倚郭。咸寧，下。嘉魚，下。蒲圻，中。崇陽，中。通城，中。武昌。下。宋升壽昌軍，以其爲江西衝要地也。元因之。至元十四年，升散府，治本縣。後革府，以縣屬本路。戶一萬五千八百五，口六萬四千五百九十八。

岳州路，上。唐巴州，又改岳州。宋爲岳陽軍。元至元十二年歸附。十三年，立岳州路總管府。戶一十三萬七千五百八，口七十八萬七千七百四十三。領司一、縣三、州一。

錄事司。

縣三

巴陵，上。倚郭。臨湘，中。華容。中。

州一

平江州，下。唐平江縣，[二]宋因之。元元貞元年，升州。

常德路，上。唐朗州。宋常德府。元至元十二年，置常德府安撫司。十四年，改爲總管府。戶二十萬六千四百二十五，口一百二萬六千四十二。領司一、縣一、州二。州領一縣。

錄事司。

縣一

武陵。上。

州二

桃源州，中。宋置縣，元元貞元年，升州。

龍陽州，下。宋辰陽縣，元元貞元年，升州。領一縣：

沅江。下。本屬朗州，後來屬。

澧州路，上。唐改澧陽郡，復改澧州。元至元十二年，立安撫司。十四年，改澧州路總管府。戶二十萬九千九百八十九，口一百一十一萬一千五百四十三。領司一、縣三、州二。

錄事司。

縣三

澧陽，上。倚郭。石門，上。安鄉。下。

州二

慈利州，中。唐、宋皆爲縣，元元貞元年，升州。

柿溪州。下。

辰州路，下。唐改（唐）〔盧〕溪郡，〔四〕復改辰州。宋因之。元改辰州路。戶八萬三千二百二十三，口一十一萬五千九百四十五。領縣四：

沅陵，中。辰溪，下。盧溪。下。敍浦。下。

沅州路，下。唐巫州，又改沅州，又爲潭陽郡，又改敍州。宋爲鎮遠州。〔五〕元至元十二年，立沅州安撫司。十四年，改沅州路總管府。戶四萬八千六百三十二，口七萬九千五百四十五。領縣三：

盧陽，下。黔陽，下。麻陽。下。

興國路，下。本隋永興縣。宋置永興軍，又改興國軍。元至元十四年，升興國路總管府，舊隸江西。三十年，自江西割隸湖廣。戶五萬九百五十二，口四十萬七千六百一十六。領司一、縣三。

錄事司。至元十七年立。

縣三

永興，下。倚郭。大冶，下。通山。下。

漢陽府，唐初爲沔州，又改沔陽郡。〔六〕宋爲漢陽軍。咸淳十年，郡守孟琦以城來歸。元至元十四年，升漢陽府。戶一萬四千四百八十六，口四萬八千四百六十六。領縣二：

漢陽，至元二十二年，升中縣。漢川。下。

歸州，下。唐初爲歸州，又改巴東郡，又復爲歸州。宋端平三年，元兵至江北，遂遷郡治于江南曲沱，次新灘，又次白沙南浦，今州治是也。德祐初歸附。元至元十二年，立安撫司。十四年，改歸州路總管府。十六年，降爲州。戶七千四百九十二，口一萬九百六十四。領縣三：

秭歸，下。倚郭。巴東，下。興山。

靖州路，下。唐爲夷、播、敍（二）〔三〕州之境。〔七〕宋爲誠州，復改靖州。元至元十二年，立安撫司，明年，改靖州路總管府。戶二萬六千五百九十四，口六萬五千九百五十五。領縣三：

永平，下。會同，下。通道。下。

湖南道宣慰司。

嶺北湖南道肅政廉訪司。

天臨路，上。唐爲潭州長沙郡。宋爲湖南安撫司。元至元十三年，立安撫司。十四年，立行省，改潭州路總管府。十八年，遷行省於鄂州，徙湖南道宣慰司治潭州。天曆二年，以潛邸

所幸，改天臨路。戶六十萬三千五百一，口一百八萬一千一十。領司一、縣五、州七。

錄事司。宋有兵馬司，都監領之。元至元十四年改置。

縣五

長沙，上。倚郭。善化，倚郭。衡山，上。南嶽衡山在焉。寧鄉，上。安化。下。

州七

醴陵州，中。唐、宋皆爲縣。元元貞元年，升州。

瀏陽州，中。唐、宋皆爲縣。元元貞元年，升州。

攸州，中。唐爲縣，屬南雲州。宋屬潭州。元元貞元年，升州。

湘鄉州，下。唐、宋皆爲縣。元元貞元年，升州。

湘潭州，中。唐、宋皆爲縣。元元貞元年，升州。

益陽州，中。唐新康縣。宋安化縣。元元貞元年，升爲益陽州。

湘陰州，下。唐、宋皆爲縣。元元貞元年，升州。

衡州路，上。唐初爲衡州，又改衡陽郡，又仍爲衡州。宋因之。元至元十三年，置安撫司。十四年，改衡州路總管府。十五年，置湖南宣慰司，以衡州爲治所。十八年，移司於潭，衡州隸焉。戶一十一萬三千三百七十三，口二十萬七千五百二十三。領司一、縣三。本路屯田

一百二十頃。

錄事司。宋立兵馬司，分在城民戶爲五廂。元至元十三年改立。

縣三

衡陽，上。倚郭。安仁，下。酃縣。

道州路，下。唐爲南營州，復改道州，復爲江華郡。宋仍爲道州。元至元十三年，置安撫司。十四年，改道州路總管府。戶七萬八千一十八，口一十萬九百八十九。領司一、縣四。

錄事司。

縣四

營道，中。倚郭。寧遠，中。江華，中。永明。下。

永州路，下。唐改零陵郡爲永州，宋因之。元至元十三年，置安撫司。十四年，改永州路總管府。戶五萬五千六百六十六，口一十萬五千八百六十四。領司一、縣三。本路屯田一百三頃。

錄事司。

縣三

零陵，上。倚郭。東安，上。祁陽。中。

郴州路，下。唐改桂陽郡爲郴州，宋因之。元至元十三年，置安撫司。十四年，改郴州路總管府。戶六萬一千二百五十九，口九萬五千一百一十九。領司一、縣六。

錄事司。舊有兵馬司，至元十四年改立。

縣六

郴陽，中。倚郭。舊爲敦化縣，至元十三年，改今名。宜章，中。永興，中。興寧，下。桂陽，下。桂東。下。

全州路，下。石晉於清湘縣置全州，宋因之。元至元十三年，置安撫司。十四年，改全州路總管府。戶四萬一千六百四十五，口二十四萬五百一十九。領司一、縣二。

錄事司。舊有兵馬司，至元十五年改立。

縣二

清湘，上。倚郭。灌陽。下。

寶慶路，下。唐邵州，又爲邵陽郡。宋仍爲邵州，又升寶慶府。元至元十二年，立安撫司。十四年，改寶慶路總管府。戶七萬二千三百九，口一十二萬六千一百五。領司一、縣二。

錄事司。

縣二

邵陽，上。倚郭。新化。中。

武岡路，下。唐武岡縣。宋升爲軍。元至元十三年，置安撫司。十四年，升武岡路總管府。戶七萬七千二百七，口三十五萬六千八百六十三。領司一、縣三。本路屯田八十六頃。

錄事司。舊有兵馬司，領四廂。至元十五年改立。

縣三

武岡，上。倚郭。新寧，下。綏寧。下。

桂陽路，下。唐郴州。宋升桂陽軍。元至元十三年，置安撫司。十四年，升桂陽路總管府。戶六萬五千五十七，口一十萬二千二百四。〔領司一、縣三〕。〔七〕

錄事司。

縣三

平陽，上。臨武，中。藍山。下。

茶陵州，下。唐爲縣，隸南雲州。宋隸衡州，升爲軍，復爲縣。元至元十九年，升爲州。戶三萬六千六百四十二，口一十七萬七千二百二。

耒陽州，下。唐、宋皆爲縣，隸湘東郡。元至元十九年，升爲州。戶二萬五千三百一十一，口一十一萬一十。

常寧州，下。唐爲縣，隸衡州。宋因之。元至元十九年，升爲州。戶一萬八千四百三十一，口六萬九千四百二。

廣西兩江道宣慰使司都元帥府。大德二年，廣西兩江道宣慰司都元帥府言：「比者黃聖許叛亂，逃竄交趾，遺棄水田五百四十五頃，請募溪洞猺、獞民丁，於上浪、忠州諸處開屯耕種，緩急則令擊賊，深爲便益。」從之。

嶺南廣西道肅政廉訪司。

靜江路，上。唐初爲桂州，又改始安郡，又改建陵郡，又置桂管，又升靜江軍。宋仍爲靜江軍。元至元十三年，立廣西道宣撫司。十四年，改宣慰司。十五年，爲靜江路總管府。元貞元年，併左右兩江宣慰司都元帥府爲廣西兩江道宣慰司都元帥府，仍分司邕州。戶二十一萬八百五十二，口一百三十五萬二千六百七十八。領司一、縣十。

錄事司。

縣十

臨桂，上。倚郭。興安，下。靈川，下。理定，下。義寧，下。修仁，下。荔浦，下。陽朔，下。永福，下。古縣。下。

南寧路，下。唐初爲南晉州，又改邕州，又爲永寧郡。〔八〕元至元十三年，立安撫司。十六年，改爲邕州路總管府兼左右兩江溪洞鎮撫。泰定元年，改爲南寧路。戶一萬五百四十二，口二萬四千五百二十。領司一、縣二。

錄事司。

縣二

宣化，下。武緣。下。

梧州路，下。唐改蒼梧郡，又仍爲梧州。宋因之。元至元十四年，置安撫司。十六年，改梧州路總管府。戶五千二百，口一萬九百一十。領縣一：

蒼梧。下。

潯州路，下。唐改潯江郡，又仍爲潯州。元至元十三年，置安撫司。十六年，改爲總管府。戶九千二百四十八，口三萬八十九。領縣二：

桂平，下。平南。下。

柳州路，下。唐改龍城郡，又改柳州。元至元十三年，置安撫司。十六年，改柳州路總管府。戶一萬九千一百四十三，口三萬六百九十四。領縣三：

柳城，下。倚郭。馬平，下。洛容。下。

慶遠南丹溪洞等處軍民安撫司，唐爲龍水郡，又改粵州。宋爲慶遠府。元至元十三年，置安撫司。十六年，改慶遠路總管府。大德元年，中書省臣言：「南丹州安撫司及慶遠路相去

爲近，所隸戶少，請省之。」遂立慶遠南丹溪洞等處軍民安撫司。戶二萬六千五百三十七，口五萬二百五十三。領縣五：

宜山，下。忻城，下。天河，下。思恩，下。河池。下。

平樂府，唐以平樂縣置樂州，復改昭州，又爲平樂郡，又仍爲昭州。宋因之。元改爲平樂府。戶七千六十七，口三萬三千八百二十。領縣四：

平樂，下。倚郭。恭城，下。立山，下。龍平。下。

鬱林州，下。唐爲南尹州，又改貴州，又爲鬱林州。宋因之。元至元十四年，仍行州事。戶九千五十三，口五萬一千五百二十八。領縣三：

南流，下。興業，下。博白。下。

容州，下。唐改銅州爲容州，又改普寧郡，又置管內經略使。宋爲寧遠軍。至元十三年，改安撫司。十六年，改容州路總管府。戶二千九百九十九，口七千八百五十四。領縣三：

普寧，下。北流，下。陸川。下。

象州，下。唐改爲象郡，又改象州。元至元十三年，立安撫司。十五年，改象州路總管府。戶一萬九千五百五十八，口九萬二千一百二十六。領縣三：

陽壽，下。來賓，下。武仙。下。

賓州，下。唐以嶺方縣地置南方州，又爲賓州，又改安城郡，又改嶺方郡，又仍爲賓州。元至元十三年，置安撫司。十六年，改下路總管府。戶六千二百四十八，口三萬八千八百七十九。領縣三：

嶺方，下。倚郭。上林，下。遷江。下。

橫州，下。唐初爲簡州，又改南簡州，又改橫州，又爲寧浦郡。元至元十四年，立安撫司。十六年，改總管府。戶四千九十八，口三萬一千四百七十六。領縣二：

寧浦，下。倚郭。永淳。下。

融州，下。唐初爲融州，又改融水郡，後仍爲融州。宋爲清遠軍。元至元十四年，置安撫司。十六年，改融州路總管府。二十二年，改散州。戶二萬一千三百九十三，口三萬九千三百三十四。領縣二：

融水，下。懷遠。下。

藤州，下。唐改感義郡，後仍爲藤州。宋徙州治於大江西岸。元至元十三年，仍行州事。戶四千二百九十五，口一萬一千二百一十八。領縣二：

鐔津，下。岑溪。下。

賀州，下。唐改臨賀郡，後仍爲賀州。宋因之。元至元十三年，仍行州事。戶八千六百七十六，口三萬九千二百三十五。領縣四：

臨賀，下。倚郭。富川，下。桂嶺，下。懷集。下。宋屬廣州，至元十五年，以隸本州。

貴州，下。唐改懷澤郡，後仍爲貴州。元至元十四年，領鬱林縣。大德九年，省縣，止行州事。戶八千八百九十一，口二萬八百一十一。貴州地接八番，與播州相去二百餘里，乃湖廣、四川、雲南喉衿之地。大德六年，雲南行省右丞劉深征八百媳婦，至貴州科夫，致宋隆濟等糾合諸蠻爲亂，水東、水西、羅鬼諸蠻皆叛，劉深伏誅。

左江。左江出源州界，至合江鎮與右江水合爲一，流入橫州號鬱江。

思明路，戶四千二百二十九，口一萬八千五百一十。

太平路，戶五千三百一十九，口二萬二千一百八十六。

右江。右江源出峩利州，與大理大槃水通。大槃在大理之威楚州。

田州路軍民總管府，戶二千九百九十一，口一萬八千九百一。

來安路軍民總管府。

鎮安路。以上並闕。

海北海南道宣慰司。

二十四史

海北海南道肅政廉訪司。至元三十年立。

雷州路，下。唐初爲南合州，又更名東合州，又爲海康郡，又改雷州。元至元十五年，平章政事阿里海牙南征海外四州，雷州歸附，初置安撫司。十七年，即此州爲海北海南道宣慰司治所，改安撫司爲總管府，隸宣慰司。戶八萬九千五百三十五，口一十二萬五千三百一十。本路屯田一百六十五頃有奇。領縣三：

海康，中。徐聞，下。遂溪。下。

化州路，下。唐置羅州、辯州。宋廢羅州入辯州。復改辯州曰化州。元至元十五年，立安撫司。十七年，改總管府。戶一萬九千七百四十九，口五萬二千三百一十七。本路屯田五十五頃有奇。領縣三：

石龍，下。吳川，下。石城。下。

高州路，下。唐爲高涼郡，又爲高州。宋廢高州入竇州，後復置。元至元十五年，置安撫司。十七年，改總管府。戶一萬四千六百七十五，口四萬三千四百九十三。本路屯田四十五頃。領縣三：

電白，下。茂名，下。信宜。下。

欽州路，下。唐爲寧越郡，又爲欽州。宋因之。元至元十五年，置安撫司。〔九〕十七年，改總

管府。戶一萬三千五百五十九，口六萬一千三百九十三。領縣二：

安遠，下。靈山。下。

廉州路，下。唐爲合浦郡，又改廉州。元至元十七年，設總管府。戶五千九百九十八，口一萬一千六百八十六。本路屯田四頃有奇。領縣二：

合浦，下。倚郭。石康。下。

乾寧軍民安撫司，唐以崖州之瓊山置瓊州，又爲瓊山郡。宋爲瓊管安撫都監。元至元十五年，隸海北海南道宣慰司。天曆二年，以潛邸所幸，改乾寧軍民安撫司。戶七萬五千八百三十七，口一十二萬八千一百八十四。本路屯田二百九十餘頃。領縣七：

瓊山，下。倚郭。澄邁，下。臨高，下。文昌，下。樂會，下。會同，下。安定。下。

南寧軍，唐儋州，改昌化郡。宋改昌化軍，又改南寧軍。元至元十五年，隸海北海南道宣慰司。戶九千六百二十七，口二萬三千六百五十二。領縣三：

宜倫，下。昌化，下。感恩。下。

萬安軍，唐萬安州。宋更爲軍。元至元十五年，隸海北海南道宣慰司。戶五千三百四十一，口八千六百八十六。領縣二：

萬安，下。倚郭。陵水。下。

吉陽軍，唐振州。宋改崖州，又爲（珠崖郡）〔朱崖軍〕，〔一〇〕又改吉陽軍。元至元收附後，隸海北海南道宣慰司。戶一千四百三十九，口五千七百三十五。領縣一：

寧遠。下。

八番順元蠻夷官。至元十六年，潭州行省遣兩淮招討司經歷劉繼昌招降西南諸番，以龍方零爲小龍番靜蠻軍安撫使，龍文求臥龍番南寧州安撫使，龍延三大龍番應天府安撫使，程延隨程番武盛軍安撫使，洪延暢洪番永盛軍安撫使，韋昌盛方番河中府安撫使，石延異石番太平軍安撫使，盧延陵盧番靜海軍安撫使，羅阿資羅甸國遏蠻軍安撫使，並懷遠大將軍、虎符，仍以兵三千戍之。是年，宣慰使塔海以西南八番、羅氏等國已歸附者，具以來上，洞寨凡千六百二十有六，戶凡十萬一千一百六十有八。西南五番千一百八十六寨，戶八萬九千四百。西南番三百一十五寨，大龍番三百六十寨。二十八年，從楊勝請，割八番洞蠻，自四川行省隸湖廣行省。三十年，四川行省官言：「思、播州元隸四川，近改入湖廣，今土人願仍其舊。」有旨遣問，還云，田氏、楊氏言，昨赴闕廷，取道湖廣甚便，況百姓相隣，驛傳已立，願隸平章答剌罕。

羅番遏蠻軍安撫司。

程番武（勝）〔盛〕軍安撫司。〔一一〕

金石番太平軍安撫司。

臥龍番南寧州安撫司。

小龍番靜蠻軍安撫司。

大龍番應天府安撫司。

木瓜犵狫蠻夷軍民長官。

韋番蠻夷長官。

洪番永盛軍安撫司。

方番河中府安撫司。

盧番靜海軍安撫司。

盧番蠻夷軍民長官。

定遠府。

桑州。

章龍州。

必化州。

小羅州。

下思同州。

朝宗縣。　上橋縣。　新安縣。

中華書局

麻峡縣。 甕蓬縣。 小羅縣。
章龍縣。 烏山縣。 華山縣。
都雲縣。 羅博縣。

管番民總管。

小程番。以下各設蠻夷軍民長官。

中曹百納等處。

底窩紫江等處。

甕眼納八等處。

獨塔等處。

客當剋地等處。

天臺等處。

梯下。

黨兀等處。

勇都朱砂古堖等處。

大小化等處。

洛甲洛屯等處。

低當低界等處。

獨石寨。

百眼佐等處。

羅來州。

那歷州。

重州。

阿孟州。

上龍州。

峽江州。

羅賴州。

桑州。

白州。

北島州。

羅那州。

龍里等寨。

六寨等處。

帖犵狫等處。

本當三寨等處。

山齋等處。

羡塘帶夾等處。

都雲桑林獨立等處。

六洞柔遠等處。

竹古弄等處。

中都雲(棺)[板]水等處。[二]

金竹府。古堖縣。

都雲軍民府。

萬平等處。

南寧。

丹竹等處。

陳蒙。

李稍李殿等處。

陽安等處。

八千蠻。

恭焦溪等處。

都鎮。

平溪等處。

平月。

李崖等處。

楊並等處。

盧山等處。

乖西軍民府。皇慶元年立，以土官阿馬知府事，佩金符。

順元等路軍民安撫司。至元二十年，四川行省討平九溪十八洞，以其酋長赴闕，定其地之可以設官者與其人之可以入官者，大處爲州，小處爲縣，并立總管府，聽順元路宣慰司節制。

雍眞乖西葛蠻等處。

葛蠻雍眞等處。
曾竹等處。大德七年，順元同知宣撫事阿重嘗爲曾竹蠻夷長官，以其叔父宋隆濟結諸蠻爲亂，棄家朝京師，陳其事宜，深入烏撒、烏蒙，至于水東，招諭木樓苗、猺，生獲隆濟以獻。
龍平寨。
骨龍等處。
底寨等處。
茶山百納等處。
納壩紫江等處。
磨坡雷波等處。
漕泥等處。
青山遠地等處。
木窩普冲普得等處。
武當等處。
養龍坑宿徵等處。
骨龍龍里清江木樓雍眼等處。

高橋青塘鴨水等處。
落邦札佐等處。
平遲安德等處。
六廣等處。
貴州等處。
施溪樣頭。
朶泥等處。
水東。
市北洞。
思州軍民安撫司。婺川縣。
鎮遠府。
楠木洞。
古州八萬洞。
偏橋中寨。
野雞平。

德勝寨偏橋四甲等處。
思印江等處。
石千等處。
曉愛瀘洞赤溪等處。
卑帶洞大小田等處。
黃道溪。
省溪壩場等處。
金容金(遠)[達]等處。[一三]
臺蓬若洞住溪等處。
洪安等處。
葛章葛商等處。
平頭著可通達等處。
溶江芝子平[茶]等處。[一四]
亮寨。
沿河。

龍泉平。思州舊治龍泉，及火其城，卽移治清江。至元十七年，敕徙安撫司還舊治。
祐溪。
水特姜。
楊溪公俄等處。
麻勇洞。
恩勒洞。
大萬山蘇葛辦等處。
五寨銅人等處。
銅人大小江等處。
德明洞。
烏羅龍干等處。
西山大洞等處。
禿羅。
浦口。
高丹。

福州。
永州。
迺州。〔一三〕
鑾州。
程州。
三旺州。
地州。
忠州。
天州。
文州。
合鳳州。
芝山州。
安習州。
茆難等團。
荔枝。

安化上中下蠻。
曹滴等洞。
洛卜寨。
麥着土村。
衙迪洞。
會溪施容等處。
感化州等處。
契鋤洞。
臘惹洞。
勞岩洞。
驢遲洞。
來化州。
客團等處。
中古州樂墩洞。
上里坪。

洪州泊李等洞。
張家洞。

沿邊溪洞宣慰使司。至元二十八年，播州楊賽因不花言：「洞民近因籍戶，懷疑竄匿，乞降詔招集。」又言：「向所授安撫職任，隸順元宣慰司，其所管地，於四川行省爲近，乞改爲軍民宣撫司，直隸四川行省。」從之。以播州等處管軍萬戶楊漢英爲紹慶珍州南平等處沿邊宣慰使，行播州軍民宣撫使、播州等處管軍萬戶，仍虎符。漢英即賽因不花也。仍頒所請詔旨，詔曰：「爰自前宋歸附，十五餘年，閱實戶數，乃有司當知之事，諸郡皆然，非獨爾播。自今以往，咸奠厥居，流移失所者，招諭復業，有司常加存恤，毋致煩擾，重困吾民。」

播州軍民安撫司。
黃平府。
平溪上塘羅駱家等處。
水車等處。
石粉羅家永安等處。
六洞柔遠等處。
錫樂平等處。
白泥等處。

南平綦江等處。
珍州思寧等處。
水煙等處。
溱洞涪洞等處。
洞天觀等處。
葛浪洞等處。
寨壩埡黎焦溪等處。
小姑單張。
倒柞等處。
烏江等處。
舊州草堂等處。
恭溪杳洞。
水囤等處。
平伐月石等處。
下壩。

寨章。

橫坡。

平地寨。

寨勞。

寨勇。

上塘。

寨坦。

㖃奔。

平莫。

林種密秀。

沿河祐溪等處。

新添葛蠻安撫司。大德元年，授葛蠻安撫驛券一。

南渭州。

落葛谷鵝羅椿等處。〔一六〕

昔不梁駱杯密約等處。〔一七〕

乾溪吳地等處。

曦聳古平等處。

甕城都桑等處。

都鎮馬乃等處。

平普樂重塽等處。

落同當等處。

平族等處。

獨緣。

三陂地蓬等處。

小葛龍洛邦到駱豆虎等處。

羅月和。

麥傲。

大小田陂帶等處。

都雲洞。

洪安畫剤等處。

谷霞寨。

剌客寨。

吾狂寨。

割利寨。

必郎寨。

谷底寨。

都谷郎寨。〔一八〕

犵狫寨。

平伐等處。大德元年，平伐酋領內附，乞隸於亦奚不薛，從之。

安剌速。

思樓寨。

落暮寨。

梅求望懷寨。

甘長寨。

桑州郎寨。

永縣寨。

平里縣寨。

鎖州寨。

雙隆。

恩母。

歸仁。

各丹。

木當。

雍郎客都等處。

雍門犵狫等處。

栖求等處仲家蠻。

婁木等處。

樂賴蒙囊吉利等處。

華山谷津等處。

青塘望懷甘長不列獨娘等處。

二十四史

光州。
者者寨。
安化思雲等洞。
北遐洞。
茅難思風北郡都變等處。
必際縣。
上黎平。
潘樂盈等處。
誠州富盈等處。
赤畲洞。
羅章特團等處。
福水州。
允州等處。
欽村。
硬頭三寨等處。

顏村。
水曆吾洞等處。
順東。
六龍圖。
推寨。
橘叩寨。
黃頂寨。
金竹等寨。
格慢等寨。
客蘆寨。
地省等寨。
平魏。
白崖。
雍門客當樂賴蒙囊大化木瓜等處。
嘉州。

分州。
平珠。
洛河洛腦等處。
寧溪。
甕除。
麥穰。
孤頂得同等處。
甕包。
三陂。
控州。
南平。
獨山州
木洞。
瓢洞。
窖洞。

大青山骨記等處。
百佐等處。
九十九寨蠻。
當橘山齊朱谷列等處。
虎列谷當等處。
眞滁杜珂等處。
楊坪楊安等處。
棣甫都城等處。
楊友閬。
百也客等處。
阿落傳等寨。
蒙楚。
公洞龍木。
三寨苗犵剌等處。
黑土石。

中華書局

洛賓洛咸。

益輪沿邊蠻。

割和寨。

王都谷浪寨。

王大寨。

只蛙寨。

黄平下寨。

林拱章秀拱江等處。

密秀丹張。

林種拱幫。

西羅剖盆。

杉木(管)〔箐〕。〔一九〕

各郎西。

恭溪望成崖嶺等處。

孤把。

焦溪篤住等處。

草堂等處。

上桑直。

下桑直。

米坪。

令其平尾等處。

保靖州。

特圍等處。

征東等處行中書省，領府二、司一、勸課使五。大德三年，立征東行省，未幾罷。至治元年復立，命高麗國王爲左丞相。

高麗國。事蹟見高麗傳。至元十八年，王(睶)〔賰〕言：「本國置站凡四十，民畜凋弊。」〔二〇〕敕併爲二十站。三十年，沿海立水驛，自耽羅至鴨淥江并楊村、海口凡十三所。

瀋陽等路高麗軍民總管府。

征東招討司。

各道勸課使。

慶尙州道。

東界交州道。

全羅州道。

忠清州道。

西海道。

耽羅軍民總管府。大德五年立。

河源附錄

河源古無所見。禹貢導河，止自積石。漢使張騫持節，道西域，度玉門，見二水交流，發葱嶺，趨于闐，匯鹽澤，伏流千里，至積石而再出。唐薛元鼎使吐蕃，訪河源，得之於悶磨黎山。然皆歷歲月，涉艱難，而其所得不過如此。世之論河源者，又皆推本二家。其說怪迂，總其實，皆非本眞。意者，漢、唐之時，外夷未盡臣服，而道未盡通，故其所往，每迂廻艱阻，不能直抵其處而究其極也。

元有天下，薄海內外，人迹所及，皆置驛傳，使驛往來，如行國中。至元十七年，命都實

爲招討使，佩金虎符，往求河源。都實既受命，是歲至河州。州之東六十里，有寧河驛。驛西南六十里，有山曰殺馬關，林麓穹隘，舉足浸高，行一日至巓。西去愈高，四閱月，始抵河源。是冬還報，并圖其城傳位置以聞。其後翰林學士潘昂霄從都實之弟闊闊出得其說，撰爲河源志。臨川朱思本又從八里吉思家得帝師所藏梵字圖書，而以華文譯之，與昂霄所志，互有詳略。今取二家之書，考定其說，有不同者，附注于下。

按河源在土蕃朵甘思西鄙，有泉百餘泓，沮洳散渙，弗可逼視，方可七八十里，履高山下瞰，燦若列星，以故名火敦腦兒。火敦，譯言星宿也。思本曰：河源在中州西南，直四川馬湖蠻部之正西三千餘里，雲南麗江宣撫司之西北一千五百餘里，帝師撒思加地之西南二千餘里。水從地涌出如井。其井百餘，東北流百餘里，匯爲大澤，曰火敦腦兒。羣流奔輳，近五七里，匯二巨澤，名阿剌腦兒。自西而東，連屬吞噬，行一日，迤邐東鶩成川，號赤賓河。又二三日，水西南來，名亦里出，與赤賓河合。又三四日，水南來，名忽闌。又水東南來，名也里朮，合流入赤賓，其流浸大，始名黃河，然水猶清，人可涉。思本曰：忽闌河源，出自南山，其地大山峻嶺，綿亘千里，水流五百餘里，注也里出河。也里出河源，亦出自南山，西北流五百餘里，始與黃河合。又一二日，岐爲八九股，名也孫斡論，譯言九渡，通廣五七里，可度馬。又四五日，水渾濁，土人抱革囊，騎過之。聚落糾木幹象舟，傅髦革以濟，僅容兩人。自是兩山峽束，廣可一里、二里或半里，其深叵測。朵甘思東北有大雪山，名亦耳

麻不莫剌，其山最高，譯言騰乞里塔，卽崑崙也。山腹至頂皆雪，冬夏不消。土人言，遠年成冰時，六月見之。自八九股水至崑崙，行二十日。思本曰：自渾水東北流二百餘里，與懷里火禿河合。懷里火禿河源自南山，水正北偏西流八百餘里，與黃河合，又東北流一百餘里，過郞麻哈地。又正北流一百餘里，乃折而西北流二百餘里，又折而正北流一百餘里，又折而東流，過崑崙山下，番名亦耳麻不〔莫〕剌。〔二〕其山高峻非常，山麓綿亘五百餘里，河隨山足東流，過撒思加闊卽、闊提地。

河行崑崙南半日，又四五日，至地名闊卽及闊提，二地相屬。又三日，地名哈剌別里赤兒，四達之衝也，多寇盜，有官兵鎭之。近北二日，河水過之。思本曰：河過闊提，與亦西八思今河合。亦西八思今河源自鐵豹嶺之北，正北流凡五百餘里，而與黃河合。崑崙以西，人簡少，多處山南。山皆不穹峻，水亦散漫，獸有髦牛、野馬、狼、狍、羱羊之類。其東，山益高，地亦漸下，岸狹隘，有狐可一躍而越之處。行五六日，有水西南來，名納鄰哈剌，譯言細黃河也。思本曰：哈剌河自白狗嶺之北，水西北流五百餘里，與黃河合。又兩日，水南來，名乞兒馬出。二水合流入河。思本曰：自哈剌河與黃河合，正北流二百餘里，過阿以伯站，折而西北流，經崑崙之北二百餘里，與乞里馬出河合。乞里馬出河（原）〔源〕自威、茂州之西北〔三〕，岷山之北，水北流，卽古當州境，正北流四百餘里，折而西北流，又五百餘里，與黃河合。

河水北行，轉西流，過崑崙北，一向東北流，約行半月，至貴德州，地名必赤里，始有州治官府。州隸吐蕃等處宣慰司，司治河州。又四五日，至積石州，卽禹貢積石。五日，至河

州安鄉關。一日，至打羅坑。東北行一日，洮河水南來入河。思本曰：自乞里馬出河與黃河合，又西北流，與鵬拶河合。鵬拶河源自鵬拶山之西北，水正西流七百餘里，過札塞塔失地，與黃河合。折而西北流三百餘里，又折而東北流，過西寧州、貴德州、馬嶺凡八百餘里，與邈水合。邈水源自青唐宿軍谷，正東流五百餘里，過三巴站與黃河合。又東北流，過土橋站古積石州來羌城、廓州搆米站界都城凡五百餘里，過河州與野龐河合。野龐河源自西傾山之北，水東北流凡五百餘里，與黃河合。又東北流一百餘里，過踏白城銀川站與湟水、浩亹河合。湟水源自祁連山下，正東流一千餘里，注浩亹河。浩亹河源自刪丹州之南刪丹山下，水東南流七百餘里，注湟水，然後與黃河合。又東北流一百餘里，與洮河合。洮河源自羊撒嶺北，東北流，過臨洮府凡八百餘里，與黃河合。又一日，至蘭州，過北卜渡。至鳴沙（河）〔州〕，〔三〕過應吉里州，正東行。至寧夏府南，東行，卽東勝州，隸大同路。自發源至漢地，南北澗溪，細流傍貫，莫知紀極。山皆草石，至積石方林木暢茂。世言河九折，彼地有二折，蓋乞兒馬出及貴德必赤里也。思本曰：自洮水與河合，又東北流，過達達地，凡八百餘里。過豐州西受降城，折而正東流，過達達地古天德軍中受降城、東受降城凡七百餘里。折而正南流，過大同路雲內州、東勝州與黑河合。黑河源自漁陽嶺之南，水正西流，凡五百餘里，與黃河合。又正南流，過保德州、葭州及興州境，又過臨州，凡一千餘里，與吃那河合。吃那河源自古宥州，東南流，過陝西省綏德州，凡七百餘里，與黃河合。又南流三百里，與延安河合。延安河源自陝西蘆子關亂山中，南流三百餘里，過延安府，折而正東流三百里，與黃河合。又南流三百里，與汾河合。汾河源自河東朔、武州之南亂山中，西南流，過管州、冀寧路汾州、霍州，晉寧路絳州，又西流，至龍門，凡一千二百餘里，始與黃河合。又南流二百里，過河中府，過潼關與太華大山綿亘，水勢不可復南，乃折而東流。大概河源東北流，所歷皆西番地，至蘭州凡四千五百餘里，始入中國。又東北流，過達達地，凡二千五百餘里，始入河東境內。又南流至河中，凡一千八百餘里。通計九千餘里。

西北地附錄

篤來帖木兒

途魯吉。〔四〕

柯耳魯地。

畏兀兒地。至元二十年，立畏兀兒四處站及交鈔庫。

哥疾寧。

可不里。

巴達哈傷。

途思。

忒耳迷。

不花剌。

那黑沙不。

的里安。

撒麻耳干。

忽氊。

麻耳亦囊。

可失哈耳。

忽炭。

柯提。

兀提剌耳。

巴補。

訛跡邗。

倭赤。

（苦）〔苦〕叉〔五〕

柯散。

阿忒八失。

八里茫。

察赤。

也云赤。

赤剌八里。

普剌。

也迷失。〔二六〕

阿里麻里。諸王海都行營于阿力麻里等處，蓋其分地也。自上都西北行六千里，至回鶻五城，唐號北庭，置都護府。又西北行四五千里，至阿力麻里。至元五年，海都叛，舉兵南來，世祖逆敗之于北庭，又追至阿力麻里，則又遠遁二千餘里。上令勿追，以皇子北平王統諸軍于阿力麻里以鎮之，命丞相安童往輔之。

哈剌火者。

魯古塵。

別失八里。至元十五年，授八撒察里虎符，掌別失八里畏兀城子里軍站事。十七年，以萬戶綦公直戍別失八里。十八年，從諸王阿只吉請，自大和嶺至別失八里置新站三十。二十年，立別失八里和州等處宣慰司。二十一年，阿只吉使來言：「元隸只必帖木兒二十四城之中，有察帶二城置達魯花赤，就付闊端，遂不隸省。」至是奉旨：「誠如所言，其還正之。」二十三年，遣侍衞新附兵千人屯田別十八里，置元帥府，卽其地以總之。

他古新。

仰吉八里。

古塔巴。

彰八里。至元十五年，授朶魯知金符，掌彰八里軍站事。

月祖伯

撒耳柯思。

阿蘭阿思。

欽察。太宗甲午年，命諸王拔都征西域欽叉、阿速、斡羅思等國。歲乙未，亦命憲宗往焉。歲丁酉，師至寬田吉思海傍，欽叉酋長八赤蠻逃避海島中，適值大風，吹海水去而乾，生禽八赤蠻，遂與諸王拔都征斡羅思，至也列贊城，七日破之。歲丁巳，出師南征，以駙馬剌眞之子乞歹爲達魯花赤，鎭守斡羅思、阿思。歲癸丑，括斡羅思、阿思戶口。〔二七〕

阿羅思。

不里阿耳。

撒吉剌。

花剌子模。

賽蘭。

巴耳赤邗。

氈的。

不賽因

八哈剌因。

怯失。

八吉打。

孫丹尼牙。

忽里模子。

可咱隆。

設剌子。

泄剌失。

苦法。

瓦夕的。

兀乞八剌。

毛夕里。

設里汪。

羅耳。

乞里茫沙杭。

蘭巴撒耳。

那哈完的。

亦思法杭。

撒瓦。

柯傷。

低廉。

胡瓦耳。

西模娘。

阿剌模忒。

可疾云。

阿模里。

撒里牙。

塔米設。

贊章。

阿八哈耳。

撒里茫。

朱里章。

的希思丹。

巴耳打阿。

打耳班。

巴某。

塔八辛。

不思忒。

法因。

乃沙不耳。

撒剌哈歹。〔二八〕

巴瓦兒的。

麻里兀。

塔里干。

巴里黑。

吉利吉思、撼合納、謙州、益蘭州等處。吉利吉思者，初以漢地女四十人，與烏斯之男結婚，取此義以名其地。南去大都萬有餘里。相傳乃滿部始居此，及元朝析其民爲九千戶。其境長一千四百里，廣半之，謙河經其中，西北流。又西南有水曰阿浦，東北有水曰玉須，皆巨浸也，會於謙，而注於(昻)〔昂〕可剌河，〔二九〕北入於海。俗與諸國異。其語言則〔與〕畏吾兒同。〔三〇〕廬帳而居，隨水草畜牧，頗知田作，遇雪則跨木馬逐獵。土產名馬、白黑海東青。(昻)〔昂〕可剌者，因水爲名，附庸於吉利吉思，去大都二萬五千餘里。其語言與吉利吉思特異。晝長夜短，日沒時炙羊肋熟，東方已曙矣，卽唐史所載骨利(斡)〔幹〕國也。〔三一〕烏斯亦因水爲名，在吉利吉思東，謙河之北。其俗每歲六月上旬，刑白馬牛羊，灑馬湩，咸就烏斯沐漣以祭河神，謂其始祖所從出故也。撼合納猶言布囊也，蓋口小腹巨，地形類此，因以爲名。在烏斯東，謙河之源所從出也。其境上惟有二山口可出入，山水林樾，險阻爲甚，野獸多而畜字少。貧民無恒產者，皆以樺皮作廬帳，以白鹿負其行裝，取鹿乳，採松實，及劚山丹、芍藥等根爲食。冬月亦乘木馬出獵。謙州亦以河爲名，去大都九千里，

在吉利吉思東南，謙河西南，唐麓嶺之北。居民數千家，悉蒙古、回紇人。有工匠數局，蓋國初所徙漢人也。地沃衍宜稼，夏種秋成，不煩耘耔。或云汪罕始居此地。益蘭者，蛇之稱也。初，州境山中居人，見一巨蛇，長數十步，從穴中出飲河水，腥聞數里，因以名州。至元七年，詔遣劉好禮爲吉利吉思撼合納謙州益蘭州等處斷事官，卽於此州修庫廩，置傳舍，以爲治所。先是，數部民俗，皆以杞柳爲杯皿，刳木爲槽以濟水，不解鑄作農器，好禮聞諸朝，乃遣工匠，教爲陶冶舟楫，土人便之。

安南郡縣附錄

安南，古交趾也。陳氏叛服之蹟，已見本傳，今取其城邑之可紀者，錄于左方。

大羅城路，漢交趾郡。唐置安南都護府。宋時郡人李公蘊立國於此。及陳氏立，以其屬地置龍興、天長、長安府。

龍興府，本多岡鄉。陳氏有國，置龍興府。

天長府，本多墨鄉，陳氏祖父所生之地。建行宮於此，歲一至，示不忘本，故改曰天長。

長安府，本華閭洞，丁部領所生之地。五代末，部領立國於此。

歸化江路，地接雲南。

宣化江路，地接特磨道。

沱江路，地接金齒。

諒州江路，地接左右兩江。

北江路，在羅城東岸，瀘江水分入北江，江有六橋。

如月江路。

南册江路。

大黃江路。

烘路。

快路。

國威州，在羅城南。此以下州，多接雲南、廣西界，雖名州，其實洞也。

古州，在北江。

仙州，古龍編。

富良。

司農。一云楊舍。

定邊。一云明媚。

萬涯。一云明黃。

文周。一云門州。
七源。
思浪。
太原。一云黃源。
通農。
羅順。一云來神。
梁舍。一云梁个。
平源。
光州。一云明蘇。
渭龍。一云乙舍。
道黃。卽平林場。
武寧。此以下縣，接雲南、廣西界，雖名縣，其實洞也。
萬載。
丘溫。
新立。

恍縣。
紙縣。
歷縣。
闌橋。
烏延。
古勇。
供縣。
竆縣。
上坡。
門縣。

清化府路，漢九眞。隋、唐爲愛州。其屬邑更號曰江、曰場、曰甲、曰社。

梁江。
波龍江。
古農江。
宋舍江。
茶江。
安還江。
分場。古文場。〔三〕
古藤甲。
支明甲。
古弘甲。
古戰甲。
綠甲。

乂安府路，漢日南。隋、唐爲驩州。

偕江。
惡江。
偈江。
尙路社。
唐舍社。
張舍社。

演州路，本日南屬縣，曰扶演、安仁。唐改演州。

孝江。
多壁場。
巨賴社。
他袁社。

布政府路，本日南郡象林縣，東濱海，西際眞蠟，南接扶南，北連九德。東漢末，區連殺象林令，自立國，稱林邑。唐時有環王者，徙國于占，曰占城。今布政乃林邑故地。

自安南大羅城至燕京，約一百一十五驛，計七千七百餘里。

邊氓服役

占城。
王琴。
蒲伽。
道覽。
淥淮。

稔婆邏。

療。

校勘記

〔一〕本省（六）〔陸〕站一百處　從北監本改。按經世大典站赤作「陸」。

〔二〕唐平江縣　按太平寰宇記卷一一三，岳州平江縣，唐神龍三年析湘陰地，又于吳昌故城置，以界內昌江爲邑之名。後唐改爲平江縣。新、舊唐書地理志、元和郡縣志皆稱昌江縣，後唐始改平江。此處「唐」當作「後唐」。

〔三〕唐改（唐）〔盧〕溪郡　從道光本改。按舊唐書卷四〇地理志，辰州，天寶元年改爲盧溪郡。新唐書卷四一地理志，辰州盧溪郡。

〔四〕宋爲鎭遠州　按宋史卷八八地理志，沅州，潭陽郡，本懿州。輿地紀勝卷七一，沅州，本朝神宗命章子厚收復其地，置沅州。此稱「鎭遠州」，疑誤。

〔五〕唐初爲沔州又改沔陽郡　按新唐書卷四一地理志，鄂州漢陽，本沔州漢陽郡。通典卷一八三、元和郡縣志卷二七皆作「漢陽」。疑此處「沔」當作「漢」。

〔六〕唐爲夷播敍（二）〔三〕州之境　按新唐書卷四一地理志，江南道有敍州、夷州、播州三州，據改。

新編已校。

〔七〕〔領司一縣三〕　從道光本補。

〔八〕唐初爲南晉州又改邕州又爲永寧郡　按輿地廣記卷三六，邕州，唐武德四年，立南晉州。貞觀八年更名。天寶元年，曰朗寧郡。宋曰永寧郡。疑此處「邕州」下脫「宋」字。

〔九〕元至元十五年置安撫司　本書卷九世祖紀至元十四年五月癸卯條有「廣西欽、橫二州改立安撫司」。紀于欽、橫並稱，而本志上文橫州作「元至元十四年，立安撫司」，與紀合。是證欽州在十四年置。此處「五」當作「四」。本證已校。

〔一〇〕宋改崖州又爲（珠崖郡）〔朱崖軍〕　按宋史卷九〇地理志，吉陽軍，本朱崖軍，卽崖州。輿地紀勝，改振州爲崖州，改崖州爲朱崖軍，改朱崖軍爲吉陽軍。據改。珠崖郡爲漢之舊稱，宋時稱朱崖軍。

〔一一〕程番武（勝）〔盛〕軍安撫司　本志上文八番順元蠻夷官下有「程番武盛軍安撫司」。元文類卷四一經世大典序錄招捕有「武盛軍蕃主程延隨」。事林廣記前集卷四，「八番羅甸宣慰司」下有「程番（威）〔武〕盛軍安撫司」。據改。

〔一二〕中都雲（棓）〔板〕水等處　按寰宇通志卷一一五，都勻衞軍民指揮使司，「邦水長官司　在衞城西二十里。元爲中都雲板水之地」。混一方輿勝覽與新編事文類要啓劄青錢皆作「中都雲板水等處」。據改。

〔一三〕金容金（遠）〔達〕等處　按混一方輿勝覽作「金容、金達、楊溪、公俄等處」。寰宇通志卷一一四亦載「鎭遠金容金達蠻夷長官司」。此作「金遠」誤，今改。

〔一四〕溶江芝子平（茶）等處　按寰宇通志卷七〇，平茶洞長官司，宋政和間分其地置平茶洞。元初改溶溪芝子平茶長官司。據補。王圻續文獻通考卷二二八、讀史方輿紀要卷七三皆作「溶溪芝子平茶」。

〔一五〕迺州　按寰宇通志卷一〇八，慶遠府南丹州，「元因之。國朝洪武初，省永、𤄷、福、延四州入焉」。王圻續文獻通考卷二二九同。疑「迺」當作「延」。

〔一六〕落葛谷鵝羅椿等處　事林廣記卷四作「落葛谷鵝羅橋等處」。混一方輿勝覽同。「羅椿」疑爲「羅橋」之誤。

〔一七〕昔不梁騃杯密約等處　按混一方輿勝覽、事林廣記卷四、新編事文類要啓箚青錢均作「昔不梁騃杯密納」。「約」當爲「納」之誤。

〔一八〕都谷郎寨　下文有「王都谷浪寨」。明史卷三一六貴州土司傳，洪武七年，平伐、谷霞、谷浪等苗攻劫的敖諸寨。此處疑有脫誤。

〔一九〕杉木（箐）〔箐〕　按寰宇通志卷一一五，新添衞軍民指揮使司「北至杉木箐界五十里」。平越衞軍民指揮使司有杉木箐山。讀史方輿紀要卷一二一，楊義長官司有杉木箐山。據改。按「箐」字

在元明貴州等地用作山名或地名。

〔二〇〕王（睹）〔睹〕　見卷九校勘記〔六〕。

〔二一〕番名亦耳麻不（莫）剌　按上文有「大雪山，名亦耳麻不莫剌」。朱思本黃河圖亦作「亦耳麻不莫剌」。據補。

〔二二〕（原）〔源〕自威茂州之西北　從北監本改。

〔二三〕至鳴沙（河）〔州〕　輟耕錄卷二二、說郛卷三七河源志作「鳴沙州」。據改。按本書卷六〇地理志，寧夏府路領州三，有鳴沙州。

〔二四〕途魯吉　按途魯吉、柯耳魯、畏兀兒皆部族名，「柯耳魯」、「畏兀兒」下均有「地」字。此「途魯吉」下疑脫「地」。

〔二五〕（若）〔苦〕叉　據經世大典圖改。按此卽今庫車縣。

〔二六〕也迷失　元史譯文證補卷二六上云：「也迷失，城名無可徵引，惟速不台傳，平奇卜察克，軍歸，略也迷里、霍只部，獲馬萬餘。望文生義，差可附會。圖在普剌東北，西人考之，謂元史憲宗本紀、耶律希亮傳之葉迷里卽此也迷失。」按也迷里爲窩闊台封地城名，在今新疆額敏縣東、額敏河南岸，「也迷失」疑係「也迷立」之誤。

〔二七〕歲丁巳出師南征以駙馬剌眞之子乞歹爲達魯花赤鎭守斡羅思阿思歲癸丑括斡羅思阿思戶口

二十四史

此處文有顚倒。丁巳爲憲宗七年，癸丑爲憲宗三年，癸丑年事當列丁巳前。本書卷三憲宗紀三年癸丑正月條有「遣必闍別兒哥括斡羅思戶口」。又七年丁巳九月條有「出師南征，以駙馬剌眞之子乞解爲達魯花赤，鎭守斡羅思」。

〔二八〕撒剌哈歹　蒙史卷一六〇西北三宗藩地通釋，撒剌哈西「城名大典圖失載，舊錄原作撒剌哈歹。元代疆域圖改歹作西，是也。」按撒剌哈夕名見志費尼世界征服者傳，此城在呼羅珊境馬里之西南，徒思以東。疑此處「歹」爲「夕」之誤。

〔二九〕注於（昴）〔昂〕可剌河　按昂可剌河卽今安加拉河，此處「昂」誤爲「昴」，今改。新編已校。

〔三〇〕其語言則（與）〔畏〕吾兒同　據文義補。蒙史已校。

〔三一〕卽唐史所載骨利（幹）〔幹〕國也　舊唐書卷一九九下鐵勒傳、新唐書卷二一七下回鶻傳皆作「骨利幹」。據改。

〔三二〕分場古文場　「古文場」疑當作小字注。嘉慶重修一統志作「分場古文場」，謂分場卽古之文場，與安南志略卷一作「文場」相符。

史

明宋濂等撰

第六册

卷六四至卷七七（志）

中華書局

元史卷六十四

志第十六

河渠一

水爲中國患，尚矣。知其所以爲患，則知其所以爲利，因其患之不可測，而能先事而爲之備，或後事而有其功，斯可謂善治水而能通其利者也。昔者，禹堙洪水，疏九河，陂九澤，以開萬世之利。而周禮地官之屬，所載瀦防溝遂之法甚詳。當是之時，天下蓋無適而非水利也。自先王疆理井田之制壞，而後水利之說興。魏史起鑿漳河，秦鄭國引涇水，漢鄭當時、王安世輩，或獻議穿漕渠，或建策防水決，是數君子者，皆嘗試其術而卒有成功，太史公河渠一書猶可考。自時厥後，凡好事喜功之徒，率多爲興利之言，而其患顧有不可勝言者矣。夫潤下，水之性也，而欲爲之防，以殺其怒，遏其衝，不亦甚難矣哉。惟能因其勢而導之，可蓄則儲水以備旱暵之災，可洩則瀉水以防水潦之溢，則水之患息，而於是蓋有無窮之

利焉。

元有天下，內立都水監，外設各處河渠司，以興舉水利、修理河隄爲務。決雙塔、白浮諸水爲通惠河，以濟漕運，而京師無轉餉之勞。導渾河，疏灤水，而武清、平灤無墊溺之虞。浚冶河，障滹沱，而眞定免決嚙之患。開會通河於臨清，以通南北之貨。疏陝西之三白，以溉關中之田。泄江湖之淫潦，立捍海之横塘，而浙右之民得免於水患。當時之善言水利，如太史郭守敬等，蓋亦未嘗無其人焉。一代之事功，所以爲不可泯也。今故著其開修之歲月、工役之次第，歷敘其事而分紀之，作河渠志。

通惠河

通惠河，其源出於白浮、甕山諸泉水也。世祖至元二十八年，都水監郭守敬奉詔興舉水利，因建言：「疏鑿通州至〔大〕都河，〔一〕改引渾水溉田，於舊牐河蹤跡導清水，上自昌平縣白浮村引神山泉，西折南轉，過雙塔、榆河、一畝、玉泉諸水，至西〔水〕門入都城，〔二〕南匯爲積水潭，東南出文明門，東至通州高麗莊入白河。總長一百六十四里一百四步。塞清水口一十二處，共長三百一十步。壩牐一十處，共二十座，節水以通漕運，誠爲便益。」從之。首事於至元二十九年之春，告成於三十

年之秋，賜名曰通惠。凡役軍一萬九千一百二十九，工匠五百四十二，水手三百一十九，沒官囚隸百七十二，計二百八十五萬工，用楮幣百五十二萬錠，糧三萬八千七百石，木石等物稱是。役興之日，命丞相以下皆親操畚鍤爲之倡。置牐之處，往往於地中得舊時磚木，時人爲之感服。船既通行，公私兩便。先時通州至大都五十里，陸輓官糧，歲若干萬，民不勝其悴，至是皆罷之。

其壩牐之名曰：廣源牐；〔三〕西城牐二，上牐在和義門外西北一里，下牐在和義水門西三步；海子牐，在都城內；〔四〕文明牐二，上牐在麗正門外水門東南，下牐在文明門西南一里；魏村牐二，上牐在文明門東南一里，下牐西至上閘一里；籍東牐二，在都城東南王家莊；郊亭牐二，〔五〕在都城東南二十五里銀王莊；通州牐二，上牐在通州西門外，下牐在通州南門外；〔六〕楊尹牐二，在都城東南三十里；朝宗牐二，上牐在萬億庫南百步，下牐去上閘百步。

成宗元貞元年四月，中書省臣言：「新開運河牐，宜用軍一千五百，以守護兼巡防往來船內姦宄之人。」從之。七月，工部言：「通惠河創造牐壩，所費不貲，雖已成功，全藉主守之人，上下照略修治，今擬設提領三員，管領人夫，專一巡護，降印給俸。」其西城牐改名會川，海子牐改名澄清，文明牐仍用舊名，魏村牐改名惠和，籍東牐改名慶豐，郊亭牐改名平津，

通州牐改名通流，河門牐改名廣利，楊尹牐改名溥濟。」武宗至大四年六月，省臣言：「通州至大都運糧河牐，始務速成，故皆用木，歲久木朽，一旦俱敗，然後致力，將見不勝其勞。今爲永固計，宜用磚石，以次修治。」從之。後至泰定四年，始修完焉。

文宗天曆三年三月，中書省臣言：「世祖時開挑通惠河，安置閘座，全藉上源白浮、一畝等泉之水以通漕運。今各枝及諸寺觀權勢，私決隄堰，澆灌稻田、水碾、園圃，致河淺妨漕事，乞禁之。」奉旨：白浮、甕山直抵大都運糧河隄堰泉水，諸人毋挾勢偸決，大司農司、都水監可嚴禁之。

壩河

壩河，亦名阜通七壩。成宗大德六年三月，京畿漕運司言：「歲漕米百萬，全藉船壩夫力。自冰開發運至河凍時止，計二百四十日，日運糧四千六百餘石，所轄船夫一千三百餘人，壩夫七百三十，占役俱盡，晝夜不息。今歲水漲，衝決壩隄六十餘處，雖已修畢，恐霖雨衝圮，走泄運水，以此點視河隄淺澀低薄去處，請加修理。」自五月四日入役，六月十二日畢。深溝壩九處，計一萬五千一百五十三工。王村壩二處，計七百十三工。鄭村壩一處，計一千一百二十五工。

西陽壩三處，計一千二百六十二工。郭村壩三處，計一千九百八十七工。千斯壩下一處，計一萬工。總用工三萬二百四十。

金水河

金水河，其源出於宛平縣玉泉山，流至(義和)〔和義〕門南水門入京城，〔七〕故得金水之名。

至元二十九年二月，中書右丞馬速忽等言：「金水河所經運石大河及高良河、西河俱有跨河跳槽，今已損壞，請新之。」是年六月興工，明年二月工畢。

至大四年七月，奉旨引金水河水注之光天殿西花園石山前舊池，置牐四以節水。閏七月興工，九月成，凡役夫匠二十九，為工二千七百二十三，除妨工，實役六十五日。

隆福宮前河

隆福宮前河，其水與太液池通。

英宗至治二年五月，奉敕云：「昔在世祖時，金水河濯手有禁，今則洗馬者有之，比至秋疏滌，禁諸人毋得污穢。」於是會計修浚，三年四月興工，五月工畢，凡役軍八百，為工五千

六百三十五。

海子岸

海(水)〔子〕岸，〔八〕上接龍王堂，以石甃其四周。海子一名積水潭，聚西北諸泉之水，流行入都城而匯于此，汪洋如海，都人因名焉。

仁宗延祐六年二月，都水監計會前後，與元修舊石岸相接。凡用石三百五，各長四尺，闊二尺五寸，厚一尺，石灰三千斤，該三百五工，丁夫五十，石工十，九月五日興工，十一日工畢。

至治三年三月，大都河道提舉司言：「海子南岸東西道路，當兩城要衝，金水河浸潤於其上，海子風浪衝嚙於其下，且道狹，不時潰陷泥濘，車馬艱於往來，如以石砌之，實永久之計也。」泰定元年四月，工部應副工物，七月興工，八月工畢，凡用夫匠二百八十七人。

雙塔河

雙塔河，源出昌平縣孟村一畝泉，經雙塔店而東，至豐善村，入榆河。

至元三年四月六日，巡河官言：「雙塔河時將泛溢，不早為備，恐至潰決，臨期卒難措手。乃計會閉水口工物，開中都水監，創開雙塔河，未及堅久。今已及水漲之時，倘或決壞，走泄水勢，悞運船不便。」省準制國用司給所需，都水監差夫修治焉。凡合閉水口五處，用工二千一百五十五。

盧溝河

盧溝河，其源出於代地，名曰小黃河，以流濁故也。自奉聖州界，流入宛平縣境，至都城四十里東麻谷，分為二派。

太宗七年歲乙未八月，敕：「近劉冲祿言：『率水工二百餘人，已依期築閉盧溝河元破牙梳口，若不修隄固護，恐不時漲水衝壞，或貪利之人盜決溉灌，請令禁之。』劉冲祿可就主領，毋致衝塌盜決。犯者以違制論，徒二年，決杖七十。如遇修築時，所用丁夫器具，應差處調發之。其舊有水手人夫內，五十人差官存留不妨。已委管領，常切巡視體究，歲一交番，所司有不應副者罪之。」

白浮甕山

白浮甕山，即通惠河上源之所出也。白浮泉水在昌平縣界，西折而南，經甕山泊，自

西水門入都城焉。

成宗大德七年六月，甕山等處看牐提領言：「自閏五月二十九日始，晝夜雨不止，六月九日夜半，山水暴漲，漫流隄上，衝決水口。」於是都水監委官督軍夫，自九月二十一日入役，至是月終輟工，實役軍夫九百九十三人。十一年三月，都水監言：「巡視白浮甕山河隄，崩三十餘里，宜編荊笆為水口，以泄水勢。」計修笆口十一處，四月興工，十月工畢。

仁宗皇慶元年正月，都水監言：「白浮甕山隄，多低薄崩陷處，宜修治。」來春二月入役，八月修完，總修長三十七里二百十五步，計七萬三千七百七十三工。延祐元年四月，都水監言：「自白浮甕山下至廣源牐隄堰，多淤澱淺塞，源泉微細，不能通流，擬疏滌。」由是會計工程，差軍千人疏治。

泰定四年八月，都水監言：「八月三日至六日，霖雨不止，山水泛溢，衝壞甕山諸處笆口，浸沒民田。」計料工物，移文工部關支修治。自八月二十六日興工，九月十三日工畢，役軍夫二千名，實役九萬工，四十五日。

渾河

渾河，本盧溝水，從大興縣流至東安州、武清縣，入漷州界。

至大二年十月，渾河水決左都威衞營西大隄，泛溢南流，沒左右二翊及後衞屯田麥，由是左都威衞言：「十月五日，水決武淸縣王甫村隄，闊五十餘步，深五尺許，水西南漫平地流，環圓營倉局，水不沒者無幾。恐來春冰消，夏雨水作，衝決成渠，軍民被害，或遷置營司，或多差軍民修塞，庶免墊溺。」三年二月十二日，省準下左右翊及後衞、大都路委官督工修治，至五月二十日工畢。

皇慶元年二月十七日，東安州言：「渾河水溢，決黃堝隄一十七所。」都水監計工物移文工部。二十七日，樞密知院塔失帖木兒奏：「左衞言渾河決隄口二處，屯田浸不耕種，已發軍五百修治。臣等議，治水有司職耳，宜令中書戒所屬用心修治。」從之。七月，省委工部員外郎張彬言：「巡視渾河，六月三十日霖雨，水漲及丈餘，決隄口二百餘步，漂民廬，沒禾稼，乞委官修治，發民丁刈雜草興築。」

延祐元年六月十七日，左衞言：「六月十四日，渾河決武淸縣劉家莊隄口，差軍七百與東安州民夫協力同修之。」三年三月，省議：「渾河決隄堰，沒田禾，軍民蒙害，旣已奏聞。差官相視，上自石徑山金口，下至武淸縣界舊隄，長計三百四十八里，中間因舊修築者大小四十七處，漲水所害合修補者一十九處，無隄創修者八處，宜疏通者二處，計工三十八萬一百，役軍夫三萬五千，九十六日可畢。如通築則役大難成，就令分作三年爲之，省院差官先

發軍民夫匠萬人，興工以修其要處。」是月二十日，樞府奏撥軍三千，委中衞僉事督修治之。

七年五月，營田提舉司言：「去歲十二月二十一日，屯戶巡視廣（賦）〔武〕屯北渾河隄二百餘步將崩，〔九〕恐春首土解水漲，浸沒爲患，乞修治。」都水監委濠寨，會營田提舉司官、武淸縣官，督夫修完廣武屯北陷薄隄一處，計二千五百工；永興屯北低薄隄一處，計四千一百六十六工；落垡村西衝圮一處，計三千七百三十三工；永興屯北崩圮一處，計六千五百十八工；北王村莊西河東岸至白墳兒，南至韓村西道口，計六千九十三工；劉邢莊西河東岸北至寶僧百戶屯，南至白墳兒，計三萬七千十二工。總用工五萬三千七百二十二。

泰定四年四月，省議：「三年六月內霖雨，山水暴漲，泛沒大興縣諸鄉桑棗田園。移文樞府，於七衞屯田及見有軍內，差三千人修治。」

白河

白河，在漷州東四里，北出通州潞縣，南入于通州境，又東南至香河縣界，又流入于武淸縣境，達于靜海縣界。

至元三十年九月，漕司言：「通州運糧河全仰白、榆、渾三河之水，合流名曰潞河，舟楫之行有年矣。今歲新開牐河，分引渾、榆二河上源之水，故自李二寺至通州三十餘里，河道淺澀。今春夏天旱，有止深二尺處，糧船不通，改用小料船搬載，淹延歲月，致虧糧數。先是，都水監相視白河，自東岸吳家莊前，就大河西南，斜開小河二里許，引榆河合流至深溝壩下，以通漕舟。今丈量，自深溝、榆河上灣，至吳家莊龍王廟前白河，西南至壩河八百步。及巡視，知榆河上源築閉，其水盡趨通惠河，止有白佛、靈溝、一子母三小河水入榆河，泉脈微，不能勝舟。擬自吳家莊就龍王廟前閉白河，於西南開小渠，引水自壩河上灣入榆河，庶可漕運。又深溝樂歲五倉，積貯新舊糧七十餘萬石，站車輓運艱緩，由是訪視通州城北通惠河積水，至深溝村西水渠，去樂歲、廣儲等倉甚近，擬自積水處由舊渠北開四百步，至樂歲倉西北，以小料船運載甚便。」都省准焉。通惠河自通州城北，至樂歲西北，水陸共長五百步，計役八萬六百五十工。

大德二年五月，中書省劄付都水監：「運糧河隄自楊村至河西務三十五處，用葦一萬九千一百四十束，軍夫二千六百四十九名，度三十日畢。於是本監分官率濠寨至楊村歷視壞隄，督巡河夫修理，以霖雨水溢，故工役倍元料，自寺洵口北至蔡村、淸口、孫家務、辛莊、河西務隄，就用元料葦草，修補卑薄，創築月隄，頗有成功。其楊村兩岸相對出水河口四處，葦草不敷，就令軍夫採刈，至九月住役。楊村河上接通惠諸河，下通滹沱入江淮，使官民舟楫直達都邑，利國便民。奈楊村隄岸，隨修隨圮，蓋爲用力不固，徒煩工役，其未修者，候來春水涸土乾，調軍夫修治。

延祐六年十月，省臣言：「漕運糧儲及南來諸物商賈舟楫，皆由直沽達通惠河，今岸崩泥淺，不早疏浚，有礙舟行，必致物價翔湧。都水監職專水利，宜分官一員，以時巡視，遇有頹圮淺澀，隨宜修築，如工力不敷，有司差夫助役，怠事者究治。」從之。

至治元年正月十一日，漕司言：「夏運海糧一百八十九萬餘石，轉漕往返，全藉河道通便，今小直沽汊河口潮汐往來，淤泥壅積七十餘處，漕運不能通行，宜移文都水監疏滌。」工部議：「時農作方興，兼民多艱食，若不差軍助役，民力有所不逮。」樞密院言：「軍人不敷。」省議：「若差民丁，方今東作之時，恐妨歲事。其令大都募民夫三千，日給傭鈔一兩、糙粳米一升，委正官提調，驗日支給，令都水監暨漕司官同督其事。」四月十一日入役，五月十日工畢。

泰定元年二月，（福）〔樞〕府臣奏：「〔一〇〕臨淸萬戶府言，至治元年霖雨，決壞運糧河岸，宜差軍修築。臣等議，誠利益事，令本府差軍三百執役。」從之。三年三月，都水監言：「河西務菜市灣水勢衝囓，與倉相近，將來爲患，宜於劉二總管營相對河東岸，截河築隄，改水道與舊河合，可杜後患。」四年正月，省臣奏准，樞府差軍五千，大都路募夫五千人，日支糙米五升、中統鈔一兩，本監工部委官與前衞董指揮同監役，是年三月十八日興工，六月十

一日工畢。

致和元年六月六日，臨清御河萬戶府言：「泰定四年八月二日，河溢，壞營北門隄約五十步，漂舊椿木百餘，崩圮猶未已。」工部議：「河岸崩摧，理宜修治，既都水監會計工物，各處支給，其役夫三千人，若擬差民，方春恐妨農務，宜移文樞密院撥軍。」省准修舊隄岸，展闊新河口東岸，計工五萬九千九百三十七，用軍三千、木匠十人。

天曆二年三月，漕司言：「元開劉二總管營相對河，比舊河運糧迂遠，乞委官相視，復開舊河便。」四月九日，奏准，差軍七千，委兵部員外郎鄧衡、都水監丞阿里、漕使太不花等督工修浚。後以冬寒，候凍解興役。三年，工部移文大都，於近甸募民夫三千，日支糙粳米三升、中統鈔一兩，兵部改委辛侍郎暨元委官修闢。

至順元年六月，都水監言：「二十三日夜，白河水驟漲丈餘，觀音寺新修護倉隄，已督有司差夫救護，今水落尺餘，宜候伏槽興作。」

御河

御河，自大名路魏縣界，經元城縣泉源鄉于村渡，南北約十里，東北流至包家渡，下接(管)〔館〕陶縣界三口。〔一〕御河上從交河縣，下入清池縣界。又永濟河在清池縣西三十里，

自南皮縣來，入清州，今呼爲御河也。

至元三年七月六日，都水監言：「運河二千餘里，漕公私物貨，爲利甚大。自兵興以來，失於修治，清州之南，景州以北，頹闕岸口三十餘處，淤塞河流十五里。至癸巳年，朝廷役夫四千，修築浚滌，乃復行舟。今又三十餘年，無官主領。滄州地分，水面高於平地，全藉隄隁防護。其園圃之家掘隄作井，深至丈餘，或二丈，引水以漑蔬花。復有瀕河人民就隄取土，漸至闕破，走洩水勢，不惟澀行舟，妨運糧，或致漂民居，沒禾稼。其長蘆以北，索家馬頭之南，水內暗藏椿橛，破舟船，壞糧物。」部議以濱河州縣佐貳之官兼河防事，於各地分巡視，如有闕破，即率衆修治，拔去椿橛，仍禁園圃之家毋穿隄作井，栽樹取土。都省准議。

七年，省臣言：「御河水泛武清縣，計疏浚役夫一十，〔二〕工八十日可畢。」從之。

至大元年六月二十九日，左翼屯田萬戶府呈：「五月十八日申時，水決會川縣孫家口岸約二十餘步，南流灌本管屯田，已移文河間路、武清縣、清州有司，多發丁夫，管領修治。」由是樞密院檄河間路、左翊屯田萬戶府，差軍併工築塞。十月，大名路濬州言：「七月十一日連雨至十七日，清、石二河水溢李家道，東南橫流。詢社長高良輩，稱水源自衞輝路汲縣東北，連本州淇門西舊黑蕩泊，溢流出岸，漫黃河古隄，東北流入本州齊賈泊，復入御河，漂及門民舍。竊計今歲水勢逆行，及下流漳水漲溢，遏絕不能通，以致若此，實非人力可勝。又

西關水手佐聚稱，七月十二日卯時，御河水驟漲三尺，十八日復添四尺，其水逆流，明是下流漲水壅逆，擬差官巡治。」

延祐三年七月，滄州言：「清池縣民告，往年景州吳〔橋〕縣諸處御河水溢，〔三〕衝決隄岸，萬戶千奴爲恐傷(誤)〔其〕屯田，〔四〕差軍築塞舊洩水郎兒口，故水無所洩，浸民廬及已熟田數萬頃，乞遣官疏闢，引水入海。及七月四日，決吳橋縣柳斜口東岸三十餘步，千戶移僧又遣軍閉塞郎兒口，水壅不得洩，必致漂蕩張管、許河、孟村三十餘村黍穀廬舍，故本州摘官相視，移文約會開闢，不從。」四年五月，都水監遣官與河間路官相視元塞郎兒口，東西長二十五步，南北闊二十尺，及隄南高一丈四尺，北高二丈餘，復按視郎兒口下流故河，至滄州約三十餘里，上下古跡寬闊，及減水故道，名曰盤河。今爲開闢郎兒口，增濬故河，決積水，由滄州城北達滹沱河，以入于海。

泰定元年九月，都水監遣官督丁夫五千八百九十八人，是月二十八日興工，十月二日工畢。

灤河

灤河，源出金蓮川中，由松亭北，經遷安東、平州西，瀕灤州入海也。王曾北行錄云：

「自偏槍嶺四十里，過烏灤河，東有灤州，因河爲名。」

至元二十八年八月，省臣奏：「姚演言，奉敕疏濬灤河，漕運上都，乞應副沿河蓋露囷工匠什物，仍預備來歲所用漕船五百艘，水手一萬，牽船夫二萬四千。臣等集議，近歲東南荒歉，民力凋弊，造舟調夫，其事非輕，一時並行，必致重困。請先造舟十艘，量撥水手試行之，如果便，續增益。」制可其奏，先以五十艘行之，仍選能人同事。

大德五年八月十三日，平灤路言：「六月九日霖雨，至十五日夜，灤河與淝、洳三河並溢，衝圮城東西二處舊護城隄、東西南三面城牆，橫流入城，漂郭外三關瀕河及在城官民屋廬糧物，沒田苗，溺人畜，死者甚衆，而雨猶不止。至二十四日夜，灤、漆、淝、洳諸河水復漲入城，餘屋漂蕩殆盡。」乃委吏部馬員外同都水監官修之。東西二隄，計用工三十一萬一千五十，鈔八千八十七錠十五兩，糙粳米三千一百一十石五斗，椿木等價鈔二百七十四錠二十六兩四錢。

延祐四年六月十六日，上都留守司言：〔五〕「正月一日，城南御河西北岸爲水衝嚙，漸至頹圮，若不修治，恐來春水泛漲，漂沒民居。又開平縣言，四月二十六日霖雨，至二十八日夜，東關灤河水漲，衝損北岸，宜擬修築。本司議，即目仲夏霖雨，其水復溢，必大爲害。乃委官督夫匠興役。開平發民夫，幼小不任役，請調軍供作，庶可速成。」五月二十一日，留守

司言：「灤河水漲決隄，計修築用軍六百，宜令樞密院差調，官給其食。」制曰：「今維其時，移文樞密院發軍速爲之。」虎賁司發軍三百治焉。

泰定二年三月十三日，永平路屯田總管府言：「國家經費咸出於民，民之所生，無過農作。本屯闢田收糧，以供億內府之用，不爲不重。訪馬城東北五里許張家莊龍灣頭，在昔有司差夫築隄，以防灤水，西南連清水河，至公安橋，皆本屯地分。去歲霖雨，水溢，衝盪皆盡，浸死屯民田苗，終歲無收。方今農隙，若不預修，必致爲害。」工部移文都水監，差濠寨洎本屯官及灤州官親詣相視，督令有司差夫補築。三年五月十日，上都留守司及本路總管府言：「巡視大西關南馬市口灤河遞北隄，侵嚙漸崩，不預治，恐夏霖雨水泛，貽害居民。」於是委都城所丈量，計用物修治，工部移文上都分部施行。七月二日，右丞相塔失帖木兒等奏：「斡耳朶思住冬營盤，爲灤河走凌河水衝壞，將築護水隄，宜令樞密院發軍千二百人以供役。」從之。樞密院請遣軍千二百人。

河間河

河間河在河間路界。

泰定三年三月，都水監言：「河間路水患，古儉河，自北門外始，依舊疏通，至大成縣界，

以洩上源水勢，引入鹽河；古陳玉帶河，自軍司口浚治，至雄州歸信縣界，以導淀灤積潦，注之易河；黃龍港，自鎖井口開鑿，至文安縣玳瑁口，以通灤水，經火燒淀，轉流入海。計河宜疏者三十處，總役夫三萬，三十日可畢。」是月省臣奏准，遣斷事官定住，同元委都水孫監丞洎本處有司官，於旁近州縣發丁夫三萬，日給鈔一兩、米一升，先詣古陳玉帶河。尋以歲旱民饑，役興人勞罷，候年登爲之。

冶河

冶河在眞定路平山縣西門外，經井陘縣流來本縣東北十里，入滹沱河。

元貞元年正月十八日，丞相完澤等言：「往年先帝嘗命開眞定冶河，已發丁夫入役，適值先帝昇遐，以聚衆罷之。今請遵舊制，俾卒其事。」從之。

皇慶元年七月二日，眞定路言：「龍花、判官莊諸處壞隄，計工物，申請省委都水監及本路官，自平山縣西北，歷視滹沱、冶河合流，急注眞定西南關，由是再議，照冶河故道，自平山縣西北河內，改修滾水石隄，下修龍塘隄，東南至水碾村，改引河道一里，蒲吾橋西，改闢河道一里。上至平山縣西北，下至寧晉縣，疏其淤澱，築隄分其上源入舊河，以殺其勢。復有程同、程章二石橋阻咽水勢，擬開減水月河二道，可久且便。下相欒城縣，南視趙州寧晉縣，諸河北之下源，地形低下，恐水泛，經欒城、趙州，壞石橋，阻河流爲害。由是議於欒城縣北，聖母堂東冶河東岸，開減水河，可去眞定之患。」省准，於二年二月，都水監委官與本路及廉訪司官，同詣平山縣相視，會計修治，總計冶河，始自平山縣北關西龍神廟北獨石，通長五千八百六步，共役夫五千，爲工十八萬八百七，無風雨妨工，三十六日可畢。

滹沱河

滹沱河，源出於西山，在眞定路眞定縣南一里，經藁城縣北一里，經平山縣北十里。寰宇記載經靈壽縣西南二十里。此河連貫眞定諸郡，經流去處，皆曰滹沱水也。

延祐七年十一月，眞定路言：「眞定縣城南滹沱河，北決隄，寖近城，每歲修築。聞其源本微，與冶河不相通，後二水合，其勢遂猛，屢壞金大隄爲患。本路達魯花赤哈散於至元三十年言，准引闢冶河自作一流，滹沱河水十退三四。至大元年七月，水漂南關百餘家，淤塞冶河口，其水復滹河。自後歲有潰決之患，略舉大德十年至皇慶元年，節次修隄，用捲埽葦草二百餘萬，官給夫糧備傭直百餘萬錠。及延祐元年三月至五月，修隄二百七十餘步，其明堂、判官、勉村三處，就用橋木爲樁，徵夫五百餘人，執役月餘不能畢。近年米價翔貴，民匱於食，有丁者正身應役，單丁者必須募人，人日傭直不下三五貫，前工未畢，後役迭至。

至七月八日，又衝塌李玉飛等莊及木方、胡營等村三處隄，長一千二百四十步，申請委官相視，差夫築月隄。延祐二年，本路前總管馬思忽嘗闢冶河，已復湮塞。今歲霖雨，水溢北岸數處，浸沒田禾。其河元經康家莊村南流，不記歲月，徙於村北。數年修築，皆於隄北取土，故南高北低，水愈就下侵嚙。西至木方村，東至護城隄，數約二千餘步，比來春，必須修治。用樁梢築土隄，亦非永久之計。若濬木方村南舊湮枯河，引水南流，牐閉北岸河口，於南岸取土築隄，下至合頭村北與本河合，如此去城稍遠，庶可無患。」都水監差官相視，截河築隄，闊千餘步，新開古岸，止闊六十步，恐不能制禦千步之勢。若於北岸闕破低薄處，比元料，增夫力，葦草捲埽補築，便計葦草丁夫，若令責辦民間，緣今歲旱澇相仍，民食匱乏，擬均料各州縣上中戶，價錢及食米於官錢內支給。限二月二十日興工，役夫五千，爲工十六萬七百一十九，度三十二日可畢。總計補築滹沱河北岸防水隄十處，長一千九百一十步，高闊不一，計三百四十萬七千七百五十尺，用推埽梯二十五，每梯用大檁三、小檁三，計大小檁一百五十，草三十五萬八百束，葦二十八萬六百四十束，梢柴七千二百束。

至治元年三月，眞定路言：「眞定縣滹沱河，每遇水泛，衝隄岸，浸沒民田，已差募丁夫修築，與廉訪司官相視講究，如將木方村南舊堙河道疏闢，導水東南行，牐閉北岸，却於河南取土，修築至合頭村，合入本河，似望可以民安。」都水監與眞定路官相視議：「夫治水者，

行其所無事，蓋以順其性也。牐閉滹沱河口，截河築隄一千餘步，開掘故河老岸，闊六十步，長三十餘里，改水東南行流，霖雨之時，水拍兩岸，截河隄堰，阻逆水性，新開故河，止闊六十步，焉能吞授千步之勢？上嚥下滯，必致潰決，徒糜官錢，空勞民力。若順其自然，將河北岸舊隄比之元料，增添工物，如法捲埽，堅固修築，誠爲官民便益。」省准補築滹沱河北岸縷水隄一十處，通長一千九百一十步，役夫五百名，計一十六萬七百三十九工。

泰定四年八月七日，省臣奏：「眞定路言，滹沱河水連年泛溢爲害，都水監、廉訪司、眞定路及瀕河州縣官洎耆老會議，其源自五臺諸山來，至平山縣王母村山口下，與平定州娘子廟石泉冶河合。夏秋霖雨水漲，瀰漫城郭，每年勞民築隄，莫能除害，宜自王子村、辛安村鑿河，長四里餘，接魯家灣舊澗，復開二百餘步，合入冶河，以分殺其勢。又木方村滹沱河南岸故道，疏滌三十里，北岸下樁捲埽，築隄捍水，令東流。今歲儲材，九月興役，期十一月功成。所用石鐵石灰諸物，夫匠工糧，官爲供給，力省功多，可永無害。工部議，若從所請，二河並治，役大民勞，擬先開冶河，其眞定路徵民夫，如不敷，可於鄰郡順德路差募人夫，日給中統鈔一兩五錢，如侵礙民田，官酬其直。中書省都水監差官，率知水利濠寨，督本路及當該州縣用工，廉訪司添力成就，滹河近後再議。」從之。九月，委都水監官洎本道廉訪司眞定路同監督有司併工修治。後眞定路言：「閏九月五日爲始興工間，據趙州臨城

諸縣申，天寒地凍，難於用工，候春暖開關便，已於十月七日放散人民。」部議，人夫既散，宜准所擬。凡已給夫鈔二萬六千八百三十二錠，地價錢六百三十錠。

會通河

會通河，起東昌路須城縣安山之西南，由壽張西北至東昌，又西北至于臨清，以逾于御河。

至元二十六年，壽張縣尹韓仲暉、太史院令史邊源相繼建言，開河置牐，引汶水達舟于御河，以便公私漕販。省遣漕副馬之貞與源等按視地勢，商度工用，於是圖上可開之狀。詔出楮幣一百五十萬緡、米四(百)〔萬〕石、〔二六〕鹽五萬斤，以爲傭直，備器用，徵旁郡丁夫三萬，驛遣斷事官忙速兒、禮部尚書張孔孫、兵部尚書李處巽等董其役。首事於是年正月己亥，起於須城安山之西南，止於臨清之御河，其長二百五十餘里，中建牐三十有一，度高低，分遠邇，以節蓄洩。六月辛亥成，凡役工二百五十一萬七百四十有八，賜名曰會通河。

二十七年，省以馬之貞言霖雨岸崩，河道淤淺，宜加修濬，奏撥放罷輸運站戶三千，專供其役，仍俾採伐木石等以充用。是後，歲委都水監官一員，佩分監印，率令史、奏差、濠寨官往職巡視，且督工，易牐以石，而視所損緩急爲後先。至泰定二年，始克畢事。

會通鎮牐三、土壩二，在臨清縣北。頭牐長一百尺，闊八十尺，兩直身各長四十尺，兩鴈翅各斜長三十尺，高二丈，牐空闊二丈，自至元三十年正月一日興工，凡役夫匠六百六十名，至十月二十九日工畢。中牐南至隘船牐三里，元貞二年七月二十三日興工，至大德二年三月十三日工畢，夫匠四百四十三，長廣與上牐同。隘船〔牐〕南至李海務牐一百五十二里，〔二七〕延祐元年八月十五日興工，九月二十五日工畢，夫匠五百，牐空闊九尺，長廣同上。土壩二。

李海務牐南至周家店牐一十二里，元貞二年二月二日興工，五月二十日工畢，夫匠五百二十七名，長廣與會通鎮牐同。

周家店牐南至七級牐一十二里，大德四年正月二十一日興工，八月二十日工畢，夫匠四百四十二，長廣與上同。

七級牐二：北牐南至南牐三里，大德元年五月一日興工，十月六日工畢，夫匠四百四十三名，長廣如周家店牐；南牐南至阿城牐一十二里，元貞二年正月二十日興工，十月五日工畢，夫匠四百五十名，長廣同北牐。

阿城牐二：北牐南至南牐三里，大德三年三月五日興工，七月二十八日工畢，夫匠四百四十一名，長廣上同；南牐南至荊門北牐一十里，大德二年正月二十五日興工，十月一日工

畢，夫匠四百四十六名，長廣上同。

荊門牐二：北牐南至荊門南牐二里半，大德三年六月初一日興工，至十月二十五日工畢，役夫三百一十名，長廣同；南牐南至壽張牐六十五里，大德六年正月二十三日興工，六月二十九日工畢，長廣同北牐。

壽張牐南至安山牐八里，至元三十一年正月一日興工，五月二十日工畢。

安山牐南至開河牐八十五里，至元二十六年建。

開河牐南至濟州牐一百二十四里。

濟州牐三：上牐南至中牐三里，大德五年三月十二日興工，七月二十八日工畢；中牐南至下牐二里，至治元年三月一日興工，六月六日工畢；下牐南至趙村牐六里，大德七年二月十三日興工，五月二十一日工畢。

趙村牐南至石佛牐七里，泰定四年二月十八日興工，五月二十日工畢。

石佛牐南至辛店牐一十三里，延祐六年二月十日興工，四月二十九日工畢。

辛店牐南至師家店牐二十四里，大德元年正月二十七日興工，四月一日工畢。

師家店牐南至棗林牐一十五里，大德二年二月三日興工，五月二十三日工畢。

棗林牐南至孟陽泊牐九十五里，延祐五年二月四日興工，五月二十二日工畢。

孟陽泊牐南至金溝牐九十里，大德八年正月四日興工，五月十七日工畢。

金溝牐南至隘船牐一十二里，大德十年閏正月二十五日興工，四月二十三工畢。

沽頭牐二：北隘船牐南至下牐二里，延祐二年二月六日興工，五月十五日工畢；南牐南至徐州一百二十里，大德十一年二月興工，五月十四日工畢。

三汊口牐入鹽河，南至土山牐一十八里，泰定二年正月十九日興工，四月十三日工畢。

土山牐南至三汊口牐二十五里，入鹽河。

兗州牐。

堽城牐。

延祐元年二月二十日，省臣言：「江南行省起運諸物，皆由會通河以達于都，爲其河淺澀，大船充塞於其中，阻礙餘船不得來往。每歲省臺差人巡視，其所差官言，始開河時，止許行百五十料船，近年權勢之人，幷富商大賈，貪嗜貨利，造三四百料或五百料船，於此河行駕，以致阻滯官民舟楫，如於沽頭置小石牐一，止許行百五十料船便。臣等議，宜依所言，中書及都水監差官於沽頭置小牐一，及於臨清相視宜置牐處，亦置小牐一，禁約二百料之上船，不許入河行運。」從之。

至治三年四月十日，都水分監言：「會通河沛縣東金溝、沽頭諸處，地形高峻，旱則水淺

舟澀，省部已准置二滾水隁。近延祐二年，沽頭牐上增置隘牐一，以限巨舟，每經霖雨，則三牐月河、截河土隁，盡爲衝決。自秋摘夫刈薪，至冬水落，或來歲春首修治，工夫浩大，動用丁夫千百，束薪十萬之餘，數月方完，勞費萬倍。又況延祐六年雨多水溢，月河、土隁及石牐雁翅日被衝嚙，土石相離，深及數丈，其工倍多，至今未完。今若運金溝、沽頭幷隘牐三處見有石，於沽頭月河內修隁牐一所，更將隘牐移置金溝牐月河、或沽頭牐月河內，水大則大牐俱開，使水得通流，水小則閉金溝大牐，上開隘牐，沽頭則閉隘牐，而啓正牐行舟，如此歲省修治之費，亦可免丁夫冬寒入水之苦，誠爲一勞永逸。」

移文工部，令委官與有司同議。於是差濠寨約會濟寧路官相視，就問金溝牐提領周德興，言每歲夏秋霖雨，衝失牐隄，必候水落，役夫採薪修治，不下三兩月方畢，冬寒水作，苦不勝言。會驗監察御史言，延祐初，元省臣亦嘗請置隘牐以限巨舟，臣等議，其言當，請從之。於是議：梭板等船乃御河、江、淮可行之物，宜遣出任其所之，於金溝、沽頭兩牐中置隘牐二，各闊一丈，以限大船。若欲於通惠、會通河行運者，止許一百五十料，違者罪之，仍沒其船。其大都、江南權勢紅頭花船，一體不許來往。准擬拆移沽頭隘牐，置於金溝大牐之南，仍作運環牐，其間空地北作滾水石堰，水漲即開大小三牐，水落即鎖閉大牐，止於隘牐通舟。果有小料船及官用巨物，許申稟上司，權開大牐，仍添金溝牐板積水，以便行舟。其

沽頭截河土隁，依例改修石隁，盡除舊有土隁三道。金溝牐月河內創建滾水石隁，長一百七十尺，高一丈，闊一丈。沽頭牐自河內修截河隁，長一百八十尺，高一丈一尺，底闊二丈，上闊一丈。

泰定四年四月，御史臺臣言：「巡視河道，自通州至眞、揚，會集都水分監及瀕河州縣官民，詢考利病，不出兩端，一曰壅決，二曰經行。卑職參詳，自古立國，引漕皆有成式。自世祖屈羣策，濟萬民，疏河渠，引清、濟、汶、泗，立牐節水，以通燕薊、江淮，舟楫萬里，振古所無。後人篤守成規，苟能舉其廢墜而已，實萬世無窮之利也。蓋水性流變不常，久廢不修，舊規漸壞，雖有智者，不能善後。以故詳歷考視，酌古准今，參會衆議，輒有管見，倘蒙采錄，責任水監，謹守勿失，能事畢矣。不窮利病之源，頻歲差人，具文巡視，徒爲煩擾，無益於事。都水監元立南北隘牐，各闊九尺，二百料下船梁頭八尺五寸，可以入牐。愚民嗜利無厭，爲隘牐所限，改造減舷添倉長船至八九十尺，甚至百尺，皆五六百料，入至牐內，不能回轉，動輒淺閣，阻礙餘舟，蓋緣隘牐之法，不能限其長短。今卑職至眞州，問得造船作頭，稱過牐船梁八尺五寸船，該長六丈五尺，計二百料。由是參詳，宜於隘牐下岸立石則，遇船入牐，必須驗量，長不過則，然後放入，違者罪之。牐內舊有長船，立限遣出。」省下都水監，委濠寨官約會濟寧路委官同歷視議擬，隘牐下約八十步河北立二石則，中間相離六十五

尺，如舟至彼，驗量如式，方許入牐，有長者罪遣退之。又與東昌路官親詣議擬，於元立隘牐西約一里，依已定丈尺，置石則驗量行舟，有不依元料者罪之。

天曆三年三月，詔諭中外：「都水監言：世祖費國家財用，開闢會通河，以通漕運。往來使臣、下番百姓，及隨從使臣、各枝斡脫權勢之人，到牐不候水則，恃勢捶撻看牐人等，頻頻啓放。又漕運糧船，凡遇水淺，於河內築土壩，積水以漸行舟，以故壞牐。乞禁治事。命後諸王駙馬各枝往來使臣，及斡脫權勢之人、下番使臣等，幷運官糧船，如到牐，依舊定例啓閉，若似前不候水則，恃勢捶拷守牐人等，勒令啓牐，及河內用土築壩壞牐之人，治其罪。如守牐之人，恃有聖旨，合啓牐時，故意遲延，阻滯使臣客旅，欺要錢物，乃不畏常憲也。」仍令監察御史、廉訪司常加體察。

兗州牐

兗州牐已見前。

至元二十七年四月，都漕運副使馬之貞言：

淮山東東西道宣慰使司牒文，相視兗州牐隁事。先於至元十二年，蒙丞相伯顏訪問自江淮達大都河道，之貞乃言，宋、金以來，汶、泗相通河道，郭都水按視，可以通漕。

於二十年中書省奏准，委兵部李尚書等開鑿，擬修石牐十四。二十一年省委之貞與尚監察等同相視，擬修石牐八、石堰二，除已修畢外，有石牐一、石堰一、堽城石堰一，至今未修。據濟州以南，徐、邳沿河縴道橋梁，二十三年添立邳州水站，移文沿河州縣，修治已完。二十三年調之貞充漕運副使，委管牐接放綱船。沿河縴道，元無崩損去處，在前年例，當麻麥盛時，差官修理縴道，督責地主割刈麻麥，并滕州開決稻堰，泗源磨堰，差人於呂梁百步等洪，及濟州牐監督江淮綱運船隻，過洪出牐，不令阻滯客旅，苟取錢物。據新開會通并濟州汶、泗相通河，非自然長流河道，於兗州立牐堰，約泗水西流，堽城立牐堰，分汶水入河，南會于濟州，以六牐撙節水勢，啓閉通放舟楫，南通淮、泗，以入新開會通河，至於通州。

近去歲四月，江淮都漕運使司言，本司糧運，經濟河至東阿交割，前者濟州運司，不時移文瀕河官司，修治縴道，若有緩急處所，正官取招呈省，路經歷、縣達魯花赤以下就便斷罪。今濟州漕司革罷，其河道撥屬都漕運司管領，本司糧運未到東阿，凡有阻滯，並是本司遲慢。迤南河道，從此無人管領，不時水勢泛溢，隄岸摧塌，澀滯河道。又濟州牐，前濟州運司正官親臨監視，其押綱船戶不敢分爭。卽目各處官司差人管領，與綱官船戶各無統攝，爭要水勢，及攙越過牐，互相毆打，以致損壞船隻，浸沒官糧。擬將東阿河道撥付江淮都漕運司提調管領，庶幾不誤糧運。都省准焉。

又准江淮都漕運司副使言，除委官看管牐堰外，據汶、泗、堽城二牐一堰、泗河兗州牐堰、濟州城南牐，乃會通河上源之喉衿，去歲流水衝壞堽城汶河土堰、兗州泗河土堰，必須移文兗州、泰安州差夫修閉。又被漲水衝破梁山一帶隄堰，走洩水勢，通入舊河，以致新河水小，澀糧船，乞移文斷事等官，轉下東平路修閉。上流撥屬江淮漕運司，下流屬之貞管領。若已後新河水小，直下濟州監牐官，並泰安、兗州、東平修理。據兗州石牐一所、石堰一道，堽城石牐一道，合用材物已行措置完備，必須修理，雖初經之貞相視會計，卽今不隸管領，乞移文江淮漕司修治。其泰安州堽城安、梁山一帶隄岸，濟州牐等處，雖是撥屬江淮漕司，今後倘若水漲，衝壞隄堰，亦乞照會東平、濟寧、泰安，如承文字，亦仰奉行。又東阿、須城界安山牐，爲糧船不由舊河來往，江淮所委監牐官已去，目今無人看管，必須之貞修理，以此權委人守焉。

校勘記

〔一〕疏鑿通州至〔大〕都河　據本書卷一七世祖紀至元二十九年八月丙午條補。本證已校。

〔二〕至西〔水〕門入都城　據下文白浮甕山條及本書卷一六四郭守敬傳補。新元史已校。

〔三〕其壩牐之名曰廣源牐　此處當有脫文。元一統志有「凡置閘二十有四，護國仁王寺西廣源閘二」。按下文例「廣源牐」下當書「二」及「在護國仁王寺西」等字。

〔四〕海子牐在都城內　元一統志有「海子東澄淸閘三」。海子牐卽澄淸牐，此處「牐」下當脫「三」字。

〔五〕郊亭牐二　元一統志有「郊亭北平津閘三」。郊亭牐卽平津牐。疑此處「二」爲「三」之誤。

〔六〕通州牐二上牐在通州西門外下牐在通州南門外　此下有脫文。按下文「通州牐改名通流，河門牐改名廣利，楊尹牐改名溥濟」，可知通州牐與楊尹牐之間原有河門牐。元一統志有「高麗莊廣利閘二」。此處疑脫「河門牐二，在高麗莊」等字。

〔七〕(義和)〔和義〕門　據上文及本書卷五八地理志改。

〔八〕海(水)〔子〕岸　從北監本改。

〔九〕廣(賦)〔武〕屯北渾河隄二百餘步將崩　按下文作「廣武屯」。據改。新編已校。

〔一〇〕泰定元年二月(福)〔樞〕府臣奏　從道光本改。按元無「福府」。

〔一一〕(管)〔館〕陶縣　從道光本改。按本書卷五八地理志，濮州，領縣六，有館陶。

〔一二〕計疏浚役夫一十　按疏浚河道，當非十人之工役。疑此處史文有誤。

〔一三〕景州吳〔橋〕縣　按本書卷五八地理志，景州，領五縣，有吳橋。據補。

〔一四〕萬戶千奴爲恐傷(淇)〔其〕屯田　按淇屬衛輝路，在河南；吳橋屬河間路，在河北，地區不合。

「淇」爲「其」字之誤，今改。

〔一五〕延祐四年六月十六日上都留守司言　按「六月十六日，上都留守司言」，不應列在「五月二十一日，留守司言」之前。且下文言「卽目仲夏霖雨」，倘作「六月」，卽非「仲夏」。「六月」疑當作「五月」。

〔一六〕米四(百)〔萬〕石　按本書卷一五世祖紀至元二十五年十月庚午條有「安山至臨淸，爲渠二百六十五里，若開浚之，爲工三百萬，當用鈔三萬錠、米四萬石、鹽五萬斤」。據改。本證已校。

〔一七〕隘船〔牐〕南至李海務牐一百五十二里　據上下文所見「隘船牐」補。

元史卷六十五

志第十七上

河渠二

黃河

黃河之水，其源遠而高，其流大而疾，其爲患於中國者莫甚焉。前史載河決之患詳矣。

世祖至元九年七月，衞輝路新鄉縣廣盈倉南河北岸決五十餘步。八月，又崩一百八十三步，其勢未已，去倉止三十步。於是委都水監丞馬良弼與本路官同詣相視，差丁夫併力修完之。二十五年，汴梁路陽武縣諸處，河決二十二所，漂蕩麥禾房舍，委宣慰司督本路差夫修治。

成宗大德三年五月，河南省言：「河決蒲口兒等處，浸歸德府數郡，百姓被災。差官修築計料，合修七隄二十五處，共長三萬九千九十二步，總用葦四十萬四千束，徑尺椿二萬四

千七百二十株，役夫七千九百二人。」

武宗至大三年十一月，河北河南道廉訪司言：

黃河決溢，千里蒙害。浸城郭，漂室廬，壞禾稼，百姓已罹其毒。然後訪求修治之方，而且衆議紛紜，互陳利害，當事者疑惑不決，必須上請朝省，比至議定，其害滋大，所謂不預已然之弊。大抵黃河伏槽之時，水勢似緩，觀之不足爲害，一遇霖潦，湍浪迅猛。自孟津以東，土性疏薄，兼帶沙鹵，又失導洩之方，崩潰決溢，可翹足而待。

近歲亳、潁之民，幸河北徙，有司不能遠慮，失於規劃，使陂濼悉爲陸地。東至杞縣三汊口，播河爲三，分殺其勢，蓋亦有年。往歲歸德、太康建言，相次湮塞南北二汊，遂使三河之水合而爲一。下流既不通暢，自然上溢爲災。由是觀之，是自奪分泄之利，故其上下決溢，至今莫除。卽今水勢趨下，有復鉅野、梁山之意。蓋河性遷徙無常，苟不爲遠計預防，不出數年，曹、濮、濟、鄆蒙害必矣。

今之所謂治水者，徒爾議論紛紜，咸無良策。水監之官，既非精選，知河之利害者，百無一二。雖每年累驛而至，名爲巡河，徒應故事。問地形之高下，則懵不知；訪水勢之利病，則非所習。既無實才，又不經練。乃或妄興事端，勞民動衆，阻逆水性，翻爲後患。

爲今之計，莫若於汴梁置都水分監，妙選廉幹、深知水利之人，專職其任，量存員數，頻爲巡視，謹其防護。可疏者疏之，可堙者堙之，可防者防之。職掌既專，則事功可立。較之河已決溢，民已被害，然後鹵莽修治以勞民者，烏可同日而語哉。

於是省令都水監議，檢照大德十年正月省臣奏準，昨都水監陞正三品，添官二員，鑄分監印，巡視御河，修缺潰，疏淺澀，禁民船越次亂行者，令擬就令分巡提點修治。本監議：「黃河泛漲，止是一事，難與會通河有壩牐漕運分監守治爲比。先爲御河添官降印，兼提點黃河，若使專一，分監在彼，則有妨御河公事。況黃河已有拘該有司正官提調，自今莫若分監官吏以十月往，與各處官司巡視缺破，會計工物督治，比年終完，來春分監新官至，則一交割，然後代還，庶不相誤。」

工部照大德九年黃河決徙，逼近汴梁，幾至浸沒。本處官司權宜開闢董盆口，分入巴河，以殺其勢，遂使正河水緩，併趨支流。緣巴河舊隘，不足吞伏，明年急遣蕭都水等閉塞，而其勢愈大，卒無成功，致連年爲害，南至歸德諸處，北至濟寧地分，至今不息。本部議：「黃河爲害，難同餘水。欲爲經遠之計，非用通知古今水利之人專任其事，終無補益。河南憲司所言詳悉，今都水監別無他見，止依舊例議擬未當。如量設官，精選廉幹奉公、深知地形水勢者，專任河防之職，往來巡視，以時疏塞，庶可除害。」省準令都水分監官專治河患，任滿交代。

仁宗延祐元年八月，河南等處行中書省言：「黃河涸露舊水泊汙池，多爲勢家所據，忽遇泛溢，水無所歸，遂致爲害。由此觀之，非河犯人，人自犯之。擬差知水利都水監官，與行省廉訪司同相視，可以疏闢隄障，比至泛溢，先加修治，用力少而成功多。又汴梁路睢州諸處，決破河口數十，內開封縣小黃村計會月隄一道，都水分監修築障水隄堰，所擬不一，宜委請行省官與本道憲司、汴梁路都水分監官及州縣正官，親歷按驗，從長講議。」由是委太常丞郭奉政、前都水監丞邊承務、都水監卿朵兒只、河南行省石右丞、本道廉訪副使站木赤、汴梁判官張承直，上自河陰，下至陳州，與拘該州縣官一同沿河相視。開封縣小黃村河口，測量比舊淺減六尺。陳留、通許、太康舊有蒲葦之地，後因閉塞西河、塔河諸水口，以便種蒔，故他處連年潰決。

各官公議：「治水之道，惟當順其性之自然。嘗聞大河自陽武、胙城，由白馬河間，東北入海。歷年既久，遷徙不常。每歲泛溢兩岸，時有衝決，強爲閉塞，正及農忙，科椿梢，發丁夫，動至數萬，所費不可勝紀，其弊多端，郡縣嗷嗷，民不聊生。蓋黃河善遷徙，惟宜順下疏泄。今相視上自河陰，下抵歸德，經夏水漲，甚於常年，以小黃口分洩之故，並無衝決，此其明驗也。詳視陳州，最爲低窪，瀕河之地，今歲麥禾不收，民饑特甚。欲爲拯救，奈下流無

可疏之處。若將小黃村河口閉塞，必移患鄰郡。決上流南岸，則汴梁被害；決下流北岸，則山東可憂。事難兩全，當遺小就大。如免陳村差稅，賑其饑民，陳留、通許、太康縣被災之家，依例取勘賑恤，其小黃村河口仍舊通流外，據修築月隄，幷障水隄，閉河口，別難擬議。」於是凡汴梁所轄州縣河隄，或已修治，及當疏通與補築者，條列具備。

至五年正月，河北河南道廉訪副使奧屯言：「近年河決杞縣小黃村口，滔滔南流，莫能禦遏，陳、潁瀕河膏腴之地浸沒，百姓流散。今水迫汴城，遠無數里，儻值霖雨水溢，倉卒何以防禦。方今農隙，宜爲講究，使水歸故道，達于江、淮，不惟陳、潁之民得遂其生，竊恐將來浸灌汴城，其害匪輕。」於是大司農司下都水監移文汴梁分監修治，自六年二月十一日興工，至三月九日工畢，總計北至槐疙疸兩舊隄，南至窰務汴隄，通長二十里二百四十三步。下地修隄，下廣十六步，上廣四步，高一丈，六十尺爲一工。隄東二十步外取土，內河溝七處，深淺高下闊狹不一，計工二十五萬三千六百八十，用夫八千四百五十三，除風雨妨工，三十日畢。內流水河溝，南北闊二十步，水深五尺。河內修隄，底闊二十四步，上廣八步，高一丈五尺，積十二萬尺，取土稍遠，四十尺爲一工，計三萬工，用夫百人。每步用大樁二，計四十，各長一丈二尺，徑四寸。每步雜草千束，計二萬。每步簽樁四，計八十，各長八尺，徑三寸。水手二十，木匠二，大船二艘，梯鑁一副，繩索畢備。

七年七月，汴梁路言：「滎澤縣六月十一日河決塔海莊東隄十步餘，橫隄兩重，又缺數處。二十三日夜，開封縣蘇村及七里寺復決二處。」本省平章站馬赤親率本路及都水監官，併工修築，於至治元年正月興工，修隄岸四十六處，該役一百二十五萬六千四百九十四工，凡用夫三萬一千四百一十三人。

文宗至順元年六月，曹州濟陰縣河防官本縣尹郝承務言：「六月五日，魏家道口黃河舊隄將決，不可修築，以此差募民夫，創修護水月隄，東西長三百九步，下闊六步，高一丈。又緣水勢瀚漫，復於近北築月隄，東西長一千餘步，下廣九步，其功未竟。至二十一日，水忽泛溢，新舊三隄一時咸決，明日外隄復壞，急率民閉塞，而湍流迅猛，有蛇時出沒於中，所下樁土，一掃無遺。又舊隄歲久，多有缺壞，差夫併工築成二十餘步。其魏家道口缺隄，東西五百餘步，深二丈餘，外隄缺口，東西長四百餘步。又磨子口護水隄，低薄不足禦水，東西長一千五百步。魏家道口卒未易修，先差夫補築。磨子口七月十六日興工，二十八日工畢。二十二日，按視至朱從馬頭西，舊隄缺壞，東西長一百七十餘步，計料隄外貼築五步，增高一丈二尺，與舊隄等，上廣二步。於磨子口修隄夫內，摘差三百一十人，於是月二十三日入役，至閏七月四日工畢。」

郝承務又言：「魏家道口塼堌等村，缺破隄堰，累下樁土，衝洗不存，若復閉築，緣缺隄周回皆泥淖，人不可居，兼無取土之處。又沛郡安樂等保，去歲旱災，今復水澇，漂禾稼，壞室廬，民皆缺食，難於差倩。其不經水害村保民人，先已遍差補築黃家橋、磨子口諸處隄堰，似難重役。如候秋涼水退，倩夫修理，庶蘇民力。今衡破新舊隄七處，共長一萬二千二百二十八步，下廣十二步，上廣四步，高一丈二尺，計用夫六千三百四人，樁九百九十，葦箔一千三百二十，草一萬六千五束。六十尺爲一工，無風雨妨工，度五十日可畢。」本縣準言，至八月三十日差夫二千四百二十，闕請郝承務督役。

郝承務又言：「九月三日興工修築，至十八日大風，十九日雨，二十四日復雨，緣此辛馬頭、孫家道口障水隄堰又壞，計工役倍於元數，移文本縣，添差二千人同築。二十六日，元與（武成）〔成武〕、定陶二縣分築魏家道口八百二十步修完。〔一〕十月二日，至辛馬頭、孫家道口，從實丈量元缺隄，南北闊一百四十步，內水地五十步，深者至二丈，淺者不下八九尺，依元料用樁箔補築，至七日完。又於本處創築月隄一道，西北東南斜長一千六百二十七步，內（武成）〔成武〕、定陶分築一百五十步，實築一千四百七十七步，外有元料堌頭魏家道口外隄未築。卽欲興工，緣冬寒土凍，擬候來春，併工修理，官民兩便。」

濟州河

濟州河者，新開以通漕運也。

世祖至元十七年七月，耿參政、阿里尚書奏：「爲姚演言開河事，令阿合馬與耆舊臣集議，以鈔萬錠爲傭直，仍給糧食。」世祖從之。十八年九月，中書丞相火魯火孫等奏：「姚總管等言，請免益都、淄萊、寧海三州一歲賦，入折傭直，以爲開河之用。平章阿合馬與諸老臣議，以爲一歲民賦雖多，較之官給傭直，行之甚便。」遂從之。十月。火魯火孫等奏：「阿八失所開河，經濟州，而其地又有一河，傍有民田，開之甚便。臣等議，若開此河，阿八失所管一方屯田，宜移之他處，不阻水勢。」世祖令移之。十二月，差奧魯赤、劉都水及精算數者一人，給宣差印，往濟州，定開河夫役。令大名、衞州新附軍亦往助工。

三十一年，御史臺言：「膠、萊海道淺澀，不能行舟。」臺官玉速帖木兒奏：「阿八失所開河，省遣牙亦速失來，謂漕船泛河則失少，泛海則損多。」既而漕臣囊加䚟、萬戶孫偉又言：「漕海舟疾且便。」右丞麥朮丁又奏：「斡奴兀奴䚟凡三移文，言阿八失所開河，益少損多，不便轉漕。水手軍人二萬，舟千艘，見閑不用，如得之，可歲漕百萬石。昨奉旨，候忙古䚟來共議，海道便，則阿八失河可廢。今忙古䚟已自海道運糧回，有一二南人，自願運糧萬石，已許之。」囊加解、孫萬戶復請用軍驗試海運。省院官暨衆議：「阿八失河所用水手五千、軍五千、船千艘，畀揚州省敎習漕運。今擬以此水手軍人，就用平灤船，從利津海漕運。」世祖從之。阿八失所開河遂廢。

滏河

滏河者，引滏水以通洺州城濠者也。

至元五年十月，洺磁路言：「洺州城中，井泉鹹苦，居民食用，多作疾，且死者衆。請疏滏舊渠，置壩牐，引滏水分灌洺州城濠，以濟民用。計會河渠東西長九百步，闊六尺，深三尺，二尺爲工，役工四百七十五，民自備用器，歲二次放牐，且不妨漕事。」中書省準其言。

廣濟渠

廣濟渠在懷孟路，引沁水以達于河。

世祖中統二年，提舉王允中、大使楊端仁奉詔開河渠，凡募夫千六百五十一人，內有相合爲夫者，通計使水之家六千七百餘戶，一百三十餘日工畢。所修石堰，長一百餘步，闊三十餘步，高一丈三尺。石斗門橋，高二丈，長十步，闊六步。渠四道，長闊不一，計六百七十

七里，經濟源、河內、河陽、溫、武陟五縣，村坊計四百六十三處。渠成甚益於民，名曰廣濟。三年八月，中書省臣忽魯不花等奏：「廣濟渠司言，沁水渠成，今已驗工分水，恐久遠權豪侵奪。」乃下詔依本司所定水分，已後諸人毋得侵奪。

至文宗天曆三年三月，懷慶路同知阿合馬言：「天久亢旱，夏麥枯槁，秋穀種不入土，民匱於食。近因訪問耆老，咸稱(舟)[丹]水澆漑近山田土，(二)居民深得其利，有沁水亦可漑田，中統間王學士亦爲天旱，奉詔開此渠，募自願人戶，於太行山下沁口古蹟，置分水渠口，開濬大河四道，歷溫、陟入黃河，約五百餘里，渠成名曰廣濟。設官提調，遇旱則官爲斟酌，驗工多寡，分水澆漑，濟源、河內、河陽、溫、武陟五縣民田三千餘頃咸受其賜。二十餘年後，因豪家截河起堰，立碾磨，壅遏水勢。又經霖雨，渠口淤塞，隄堰頹圮。河渠司尋亦革罷，有司不爲整治，因致廢壞。今五十餘年，分水渠口及舊渠跡，俱有可考，若蒙依前浚治，引水漑田，於民大便。可令河陽、河內、濟源、溫、武陟五縣使水人戶，自備工力，疏通分水渠口，立牐起堰，仍委諳知水利之人，多方區畫。遇旱，視水緩急，撤牐通流，驗工分水以灌漑，若霖雨泛漲，閉牐退還正流。禁治不得截水置碾磨，栽種稻田。如此，則澇旱有備，民樂趨利。請移文孟州、河內、武陟縣委官講議。」

尋據孟州等處申，親詣沁口，諮詢耆老，言舊日沁水正河內築土堰，遮水入廣濟渠，岸

北雖有減水河道，不能吞伏，後値霖雨，蕩沒田禾，以此堵閉。今若枋口上連土岸，及於淺水正河置立石堰，與枋口相平，如遇水溢，閉塞牐口，使水漫流石堰，復還本河，又從減水河分殺其勢，如此庶不爲害。約會河陽、武陟縣尹與耆老等議，若將舊廣濟渠依前開濬，減水河亦增開深闊，禁安磨碾，設立牐堰，自下使水，遇旱放牐澆田，値澇閉牐退水，公私便益。懷慶路備申工部牒，都水監回文本路，委官相視施行。

三白渠

京兆舊有三白渠，自元伐金以來，渠堰缺壞，土地荒蕪。陝西之人雖欲種蒔，不獲水利，賦稅不足，軍興乏用。

太宗之十二年，梁泰奏：「請差撥人戶牛具一切種蒔等物，修成渠堰，比之旱地，其收數倍，所得糧米，可以供軍。」太宗準奏，就令梁泰佩元降金牌，充宣差規措三白渠使，郭時中副之，直隸朝廷，置司於雲陽縣。所用種田戶及牛畜，別降旨，付塔海紺不於軍前應副。是月，敕喻塔海紺不：「近梁泰奏修三白渠事，可於汝軍前所獲有妻少壯新民，量撥二千戶，及木工二十人，官牛內選肥腯齒小者一千頭，內乳牛三百，以畀梁泰等。如不敷，於各千戶、百戶內貼補，限今歲十一月內交付數足，趁十二月入工。其耕種之人，所收之米，正爲接濟

軍糧。如發遣人戶之時，或闕少衣裝，於各千戶、百戶內約量支給，差軍護送出境，沿途經過之處，亦爲防送，毋致在逃走逸。驗路程給以行糧，大口一升，小者半之。」

洪口渠

洪口渠在奉元路。

英宗至治元年十月，陝西屯田府言：

自秦、漢至唐、宋，年例八月差使水戶，自涇陽縣西仲山下截河築洪堰，改涇水入白渠，下至涇陽縣北白公斗，分爲三限，并平石限，蓋五縣分水之要所。北限入三原、櫟陽、雲陽，中限入高陵，南限入涇陽，澆漑官民田七萬餘畝。近至大三年，陝西行臺御史王承德言，涇陽洪口展修石渠，爲萬世之利。由是會集奉元路三原、涇陽、臨潼、高陵諸縣，洎涇陽、渭南、櫟陽諸屯官及耆老議，如準所言，展修石渠八十五步，計四百二十五尺，深二丈，廣一丈五尺。計用石十二萬七千五百尺，人日採石積方一尺，工價二兩五錢，石工二百，丁夫三百，金火匠二，用火焚水淬，日可鑿石五百尺，二百五十五日工畢。官給其糧食用具，丁夫就役使水之家，顧匠傭直使水戶均出。

陝西省議，計所用錢糧，不及二年之費，可謂一勞永逸，準所言便。都省準委屯田

府達魯花赤只里赤督工，自延祐元年二月十日發夫匠入役，至六月十九日委官言，石性堅厚，鑿僅一丈，水泉湧出，近前續展一十七步，石積二萬五千五百尺，添夫匠百人，日鑿六百尺，二百四十二日可畢。

文宗天曆二年三月，屯田總管兼管河渠司事郭嘉議言：「去歲六月三日驟雨，涇水泛漲，元修洪堰及小龍口盡圮。水歸涇，白渠內水淺。爲此計用十四萬九千五百十一工，役丁夫一千六百，度九十三日畢。於使水戶內差撥，每夫就持麻一斤，鐵一斤，繫囤取泥索各一，長四十尺，草苫一，長七尺，厚二寸。」

陝西省準屯田府照，洪口自秦至宋一百二十激，經由三限，自涇陽下至臨潼五縣，分流澆漑民田七萬餘頃，驗田出夫千六百人，自八月一日修堰，至十月放水漑田，以爲年例。近因奉元亢旱，五載失稔，人皆相食，流移疫死者十七八。今差夫又令就出用物，實不能辦集。竊詳涇陽水利，雖分三限引水漑田，緣三原等縣地理遙遠，不能依時周遍，涇陽北近，俱在上限，并南限中限，用水最便。今次修堰，除見在戶依例差役，其逃亡之家合出夫數，宜令涇陽縣近限水利戶添差一人，官日給米一升，併工修治。省準出鈔八百錠，委耀州同知李承事，洎本府總管郭嘉議及各處正官，計工役，照時直糴米給散。李承事督夫修築，至十一月十六日畢。

揚州運河

運河在揚州之北。宋時嘗設軍疏滌，世祖取宋之後，河漸壅塞。至元末年，江淮行省嘗以爲言，雖有旨濬治，有司奉行，未見實效。

仁宗延祐四年十一月，兩淮運司言：「鹽課甚重，運河淺澀無源，止仰天雨，請加修治。」明年二月，中書移文河南省，選官洎運司有司官相視，會計工程費用。於是河南行省委都事張奉政及淮東道宣慰司官、運司官，會州縣倉場官，徧歷巡視集議：河長二千三百五十里，有司差瀕河有田之家，顧倩丁夫，開修一千八百六十九里，倉場鹽司不妨辦課，協濟有司，開修四百八十二里。

運司言：「近歲課額增多，而船竈戶日益貧苦，宜令有司通行修治，省減官錢。」省臣奏準：諸色戶內顧募丁夫萬人，日支鹽糧錢二兩，計用鈔二萬錠，於運司鹽課及減駁船錢內支用。差官與都水監、河南行省、淮東宣慰司官專董其事，廉訪司體察，樞密院遣官鎮遏，乘農隙併工疏治。

練湖

練湖在鎮江。元有江南之後，豪勢之家於湖中築隄圍田耕種，侵占旣廣，不足受水，遂致泛溢。世祖末年，參政暗都剌奏請依宋例，委人提調疏治，其侵占者驗畝加賦。

至治三年十二月，省臣奏：「江浙行省言，鎮江運河全藉練湖之水爲上源，官司漕運，供億京師，及商賈販載，農民來往，其舟楫莫不由此。宋時專設人夫，以時修濬。練湖瀦蓄潦水，若運河淺阻，開放湖水一寸，則可添河水一尺。近年淤淺，舟楫不通，凡有官物，差民運遞，甚爲不便。委官相視，疏治運河，自鎮江路至呂城壩，長百三十一里，計役夫萬五百十三人，六十日可畢。又用三千餘人浚滌練湖，九十日可完。人日支糧三升、中統鈔一兩。行省、行臺分官監督。所用船物，今歲預備，來春興工。合行事宜，依江浙行省所擬。」旣得旨，都省移文江浙行省，委參政董中奉率合屬正官，親臨督役。

於是董中奉言：「所委前都水少監崇明州知州任奉政、鎮江路總管毛中議等議：練湖、運河此非一事，宜依假山諸湖農民取泥之法，用船千艘，船三人，用竹籥撈取淤泥，日可三載，月計九萬載，三月之間，通取二十七萬載，就用所取泥增築湖岸。自鎮江在城程公壩，至常州武進縣呂城壩，河長百三十一里一百四十六步，擬開河面闊五丈，底闊三丈，深四尺，與見有水二尺，可積深六尺。所役夫於平江、鎮江、常州、江陰州及建康路所轄溧陽州田多上戶內差倩。若濬湖開河，二役並興，卒難辦集。宜趁農隙，先開運河，工畢就濬練

湖。」省準所言，與都事王徵事等於泰定元年正月至鎮江丹陽縣，洎各監工官沿湖相視，上湖沙岡黃土，下湖茭根叢雜，泥亦堅硬，不可篙取。又議兩役並興，相離三百餘里，往來監督，供給爲難，願以所督夫一萬三千五百十二人，先開運河，期四十七日畢，次濬練湖，二十日可完。繼有江南行臺侍御史及浙西廉訪司副使俱至，乃議首事運河，備文咨禀，遂於是月十七日入役。

二月十八日，省臣奏：「開濬運河、練湖，重役也，宜依行省所議，仍令便宜從事。」後各監工官言：「已分運河作三壩，依元料深闊丈尺開浚，至三月四日工畢。數內平江崑山、嘉定二州，實役二十六日，常熟、吳江二州，長洲、吳縣，實役二十八日，餘皆役三十日，已於三月七日積水行舟。」又監修練湖官言：「任奉議指劃元料，增築隄堰及舊有土基，共增闊一丈二尺，平面至高底灘脚，增築共量斜高二丈五尺。依中堰西石䃌東舊隄臥羊灘修築，如舊隄高闊已及所料之上者，遇有崩缺，修築令完。中堰西石䃌至五百婆隄西上增高土一尺，有缺亦補之。五百婆隄至馬林橋隄水勢稍緩，不須修治，其隄底間有滲漏者，窒塞之。三月六日破土，九日入役，至十一日工畢，實役三日。歸勘任少監元料，開運河夫萬五百十三人，六十日畢，濬練湖夫三千人，九十日畢，人日支鈔一兩、米三升，共該鈔萬八千一十四錠二十兩，米二萬七千二十一石六斗，實徵夫萬三千五百十二人，共役三十三日，支鈔八千六

百七十九錠三十六兩，糧萬三千十九石五斗八升。比附元料，省鈔九千三百三十四錠三十四兩，糧萬四千二石二升。其練湖未畢，相視地形水勢再議。」

參政董中奉又言：「練湖舊有湖兵四十三人，添補五十七名，共百人，於本路州縣苗糧三石之下、二石之上差充，專任修築湖岸。設提領二員、壕寨二人、司吏三人，於有出身人內選用。」工部議：「練湖所設提領人等印信，即同湖兵，宜咨本省遍行議擬。」又鎮江路言：「運河、練湖今已開濬，若不設法關防，徒勞民力。除關本路達魯花赤兀魯失海牙總治其事，同知哈散、知事程郇專管啓閉斗門。」行省從之。

吳松江

浙西諸山之水受之太湖，下爲吳松江，東匯澱山湖以入海，而潮汐來往，逆湧濁沙，上湮河口，是以宋時設置撩洗軍人，專掌修治。元既平宋，軍士罷散，有司不以爲務，勢豪租占爲蕩爲田，州縣不得其人，輒行許準，以致湮塞不通，公私俱失其利久矣。

至治三年，江浙省臣方以爲言，就委嘉興路治中高朝列、湖州路知事丁將仕同本處正官，體究舊曾疏濬通海故道，及新生沙漲礙水處所，商度開滌圖呈。據丁知事等官按視講究，合開濬河道五十五處。內常熟州九處，十三段，該工百三十二萬一千五百六十二；崑山

州十一處，九十五里，用工二萬七千四，日役夫四百五十六，宜於本州有田一頃之上戶內，驗田多寡，算量里步均派，自備糧赴功疏濬。正月上旬興工，限六十日工畢，二年一次舉行。嘉定州三十五處，五百三十八里，該工百二十六萬七千五十九，日支糧一升，計米萬二千六百七十石五斗九升，日役夫二萬一千一百一十七，六十日畢。工程浩大，米糧數多，乞依年例，勸率附河有田用水之家，自備口糧，佃戶傭力開濬。奈本州連年被災，今歲尤甚，力有不逮，宜從上司區處。

高治中會集松江府各州縣官按視，議合濬河渠，華亭縣九處，計五百二十八里，該工九百六十八萬四千八百八十二，役夫十六萬一千四百一十四，人日支糧二升，計米十九萬三千六百九十七石六斗四升。上海縣十四處，計四百七十一里，該工千二百三十六萬八千五十二，日役夫二萬六千一百三十四，人日支糧二升，計二十四萬七千三百六十一石四升，六十日工畢。官給之糧，傭民疏治。如下年豐稔，勸率有田之家，五十畝出夫一人，十畝之上驗數合出，止於本保開濬。其權勢之家，置立魚斷幷沙塗栽葦者，依上出夫。

其上海、嘉定連年旱澇，皆緣河口湮塞，旱則無以灌溉，澇則不能流洩，累致凶歉，官民俱病。至元三十年以後，兩經疏闢，稍得豐稔。比年又復壅閉，勢家愈加租占，雖得徵賦，實失大利。上海縣歲收官糧一十七萬石，民糧三萬餘石，略舉似延祐七年災傷五萬八千七百餘石，至治元年災傷四萬九千餘石，二年十萬七千餘石，水旱連年，殆無虛歲，不惟虧欠官糧，復有賑貸之費。近委官相視地形，講議疏濬，其通海大江，未易遽治，舊有河港聯絡官民田土之間、藉以灌溉者，今皆塡塞，必須疏通，以利耕種。欲令有田人戶自爲開濬，而工役浩繁，民力不能獨成。由是議，上海、嘉定河港，宜令本處所管軍民站竈僧道諸色有田者，以多寡出夫，自備糧(作)〔修〕治，〔三〕州縣正官督役。其豪勢租占蕩田、妨水利者，並與除闢。本處民田稅糧全免一年，官租減半。今秋收成，下年農隙舉行。行省、行臺、廉訪司官巡鎮。外據華亭、崑山、常熟州河港，比上海、嘉定緩急不同，難爲一體，從各處勸農正官督有田之家，備糧併工修治。若遽興工，陰陽家言癸亥年動土有忌，預爲咨稟可否。

至泰定元年十月十九日，右丞相旭邁傑等奏：「江浙省言，吳松江等處河道壅塞，宜爲疏滌，仍立牐以節水勢。計用四萬餘人，今歲十二月爲始，至正月終，六十日可畢，用二萬餘人，二年可畢。其丁夫於旁郡諸色戶內均差，依練湖例，給傭直糧食。行省、行臺、廉訪司幷有司官同提調。臣等議，此事官民兩便，宜從其請。若丁夫有餘，止令一年畢。命脫歡答剌罕諸臣同提調，專委左丞朶兒只班及前都水任少監董役。」得旨，移文行省，準擬疏治。江浙省下各路發夫入役，至二年閏正月四日工畢。

澱山湖

太湖爲浙西巨浸，上受杭、湖諸山之水，瀦蓄之餘，分匯爲澱山湖，東流入海。

世祖末年，參政暗都剌言：「此湖在宋時委官差軍守之，湖旁餘地，不許侵占，常疏其壅塞，以洩水勢。今既無人管領，遂爲勢豪絕水築隄，繞湖爲田。湖狹不足瀦蓄，每遇霖潦，泛溢爲害。昨本省官忙古䚟等興言疏治，因受曹總管金而止。張參議、潘應武等相繼建言，識者咸以爲便。臣等議，此事可行無疑。然雖軍民相參，選委廉幹官提督，行省山住子、行院董八都兒子、行臺哈剌解令親詣相視，會計合用軍夫擬稟。」世祖曰：「利益美事，舉行已晚，其行之。」既而平章鐵哥言：「委官相視，計用夫十二萬，百日可畢。昨奏軍民共役，今民丁數多，不須調軍。」世祖曰：「有損有益，咸令均齊，毋自疑惑，其均科之。」

至元三十一年，世祖崩，成宗即位。平章鐵哥奏：「太湖、澱山湖昨嘗奏過先帝，差倩民夫二十萬疏掘已畢。今諸河日受兩潮，漸致沙漲，若不依舊宋例，令軍屯守，必致坐隳成功。臣等議，常時工役撥軍，樞府猶且悋惜，屯守河道用軍八千，必辭不遣。澱山湖圍田賦糧二萬石，就以募民夫四千，調軍士四千與同屯守。立都水防田使司，職掌收捕海賊，修治河渠圍田。」命伯顏察兒暨樞密院議畢聞奏。於是樞府言：「嘗奏澱山湖在宋時設軍屯守，

范殿帥、朱、張輩必知其故，擬與省官集議定稟奏，有旨從之。乃集樞府官及范殿帥等(兵)〔共〕議。〔四〕朱、張言：『宋時屯守河道，用手號軍，大處千人，小處不下三四百，隸巡檢司管領。』范殿帥言：『差夫四千，非動搖四十萬戶不可，若令五千軍屯守，就委萬戶一員提調，事或可行。』臣等亦以爲然，與都水巡防萬戶府職名，俾隸行院。」樞府官又言：「若與知源委之人詢其詳，候至都定議。」從之。

鹽官州海塘

鹽官州去海岸三十里，舊有捍海塘二，後又添築鹹塘，在宋時亦嘗崩陷。成宗大德三年，塘岸崩，都省委禮部郎中游中順，洎本省官相視。虛沙復漲，難於施力。至仁宗延祐己未、庚申間，海汛失度，累壞民居，陷地三十餘里。其時省憲官共議，宜於州後北門添築土塘，然後築石塘，東西長四十三里，後以潮汐沙漲而止。

至泰定即位之四年二月間，風潮大作，衝捍海小塘，壞州郭四里。杭州路言：「與都水庸田司議，欲於北地築塘四十餘里，而工費浩大，莫若先修鹹塘，增其高闊，塡塞溝港，且濬深近北備塘濠塹，用樁密釘，庶可護禦。」江浙省準下本路修治。都水庸田司又言：「宜速差丁夫，當水入衝堵閉，其不敷工役，於仁和、錢塘及嘉興附近州縣諸色人戶內斟酌差倩，即

目淪沒不已，旦夕誠爲可慮。」工部議：「海岸崩摧重事也，宜移文江浙行省，督催庸田使司、鹽運司及有司發丁夫修治，毋致侵犯城郭，貽害居民。」五月五日，平章禿滿迭兒、茶乃、史參政等奏：「江浙省四月內，潮水衝破鹽官州海岸，令庸田司官徵夫修堵，又令僧人誦經，復差人令天師致祭。臣等集議，世祖時海岸嘗崩，遣使命天師祈祀，潮即退，今可令直省舍人伯顏奉御香，令天師依前例祈祀。」制曰「可」。既而杭州路又言：「八月以來，秋潮洶湧，水勢愈大，見築沙地塘岸，東西八十餘步，造木櫃石囤以塞其要處。本省左丞相脫歡等議，安置石囤四千九百六十，抵禦鏜嚙，以救其急，擬比浙江立石塘，可爲久遠。計工物，用鈔七十九萬四千餘錠，糧四萬六千三百餘石，接續興修。」

致和元年三月，省臣奏：「江浙省幷庸田司官修築海塘，作竹籧篨，內實以石，鱗次壘疊以禦潮勢，今又淪陷入海，見圖修治，儻得堅久之策，移文具報。臣等集議，此重事也，旦夕駕幸上都，分官扈從，不得圓議。今差戶部尙書李家奴、工部尙書李嘉賓、樞密院屬衛指揮青山、副使洪灝、宣政僉院南哥班與行省左丞相脫歡及行臺、行宣政院、庸田使司諸臣，會議修治之方。合用軍夫，除戍守州縣關津外，酌量差撥，從便添支口糧。合役丁力，附近有田之民，及僧、道、也里可溫、答失蠻等戶內點倩。凡工役之時，諸人毋或沮壞，違者罪之。合行事務，提調官移文稟奏施行。」有旨從之。四月二十八日，朝廷所委官，洎行省臺院及庸田司等官議：「大德、延祐欲建石塘未就。泰定四年春，潮水異常，增築土塘，不能抵禦，議置板塘，以水湧難施工，遂作籧篨木櫃，間有漂沉，欲踵前議，疊石塘以圖久遠。爲地脈虛浮，比定海、浙江、海鹽地形水勢不同，由是造石囤於其壞處疊之，以救目前之急。已置石囤二十九里餘，不曾崩陷，略見成效。」庸田司與各路官同議，東西接疊石囤十里，其六十里塘下舊河，就取土築塘，鑿東山之石以備崩損。

文宗天曆元年十一月，都水庸田司言：「八月十日至十九日，正當大汛，潮勢不高，風平水穩。十四日，祈請天妃入廟，自本州嶽廟東海北護岸鱗鱗相接。十五日至十九日，海岸沙漲，東西長七里餘，南北廣或三十步、或數十百步，漸見南北相接。西至石囤，已及五都，修築捍海塘與鹽塘相連，直抵巖門，障禦石囤。東至十一都六十里塘，東至東大尖山嘉興、平湖三路所修處海口。自八月一日至二日，探海二丈五尺。至十九日、二十日探之，先二丈者今一丈五尺，先一丈五尺者今一丈。西自六都仁和縣界赭山、雷山爲首，添漲沙塗，已過五都四都，鹽官州廓東西二都，沙土流行，水勢俱淺。二十日，復巡視自東至西岸脚漲沙，比之八月十七日漸增高闊。二十七日至九月四日大汛，本州嶽廟東西，水勢俱淺，漲沙東過錢家橋海岸，元下石囤木植，並無頹圮，水息民安。」於是改鹽官州曰海寧州。

龍山河道

龍山河在杭州城外，歲久淤塞。武宗至大元年，江浙省令史裴堅言：「杭州錢塘江，近年以來，爲沙塗壅漲，潮水遠去，離北岸十五里，舟楫不能到岸。商旅往來，募夫搬運十七八里，使諸物翔湧，生民失所，遞運官物，甚爲煩擾。訪問宋時並江岸有南北古河一道，名龍山河，今浙江亭南至龍山牐約一十五里，糞壤塡塞，兩岸居民間有侵占。迹其形勢，宜改修運河，開掘沙土，對牐搬載，直抵浙江，轉入兩處市河，免擔負之勞，生民獲惠。」省下杭州路相視，錢塘縣城南上隅龍山河至橫河橋，委係舊河，居民侵占，起建房屋，若疏闢以接運河，公私大便。計工十五萬七千五百六十六，日役夫五千二百五十二，度可三十日畢。所役夫於本路錄事司、仁和、錢塘縣富實之家差倩，就持篋檐鍬钁應役。人日支官糧二升，該米三千一百五十一石三斗二升。河長九里三百六十二步，造石橋八，立上下二牐，計用鈔一百六十三錠二十三兩四錢七分七釐。省準咨請丞相脫脫總治其事，於仁宗延祐三年三月七日興工，至四月十八日工畢。

校勘記

〔一〕元與（武成）〔成武〕定陶二縣分築魏家道口八百二十步修完　本書卷五八地理志，曹州，領縣五，有成武、定陶。元無「武成縣」建置，而另有武城縣則屬高唐州，非黄河所經流。此處「武成」爲「成武」之倒誤，今改正。下同。

〔二〕咸稱（舟）〔丹〕水澆溉近山田土　從道光本改。按讀史方輿紀要，澤州丹水下流入於沁河。

〔三〕自備糧（作）〔修〕治　從殿本改。

〔四〕乃集樞府官及范殿帥等（兵）〔共〕議　從道光本改。

元史卷六十六

志第十七下

河渠三

黄河

至正四年夏五月，大雨二十餘日，黄河暴溢，水平地深二丈許，北決白茅隄。六月，又北決金隄。並河郡邑濟寧、單州、虞城、碭山、金鄉、魚臺、豐、沛、定陶、楚丘、武城，〔一〕以至曹州、東明、鉅野、鄆城、嘉祥、汶上、任城等處皆罹水患，民老弱昏墊，壯者流離四方。水勢北侵安山，沿入會通、運河，延袤濟南、河間，將壞兩漕司鹽場，妨國計甚重。省臣以聞，朝廷患之，遣使體量，仍督大臣訪求治河方略。

九年冬，脱脱既復爲丞相，慨然有志於事功，論及河決，卽言于帝，請躬任其事，帝嘉納之。乃命集羣臣議廷中，而言人人殊，唯都漕運使賈魯，昌言必當治。先是，魯嘗爲山東道

奉使宣撫首領官，循行被水郡邑，具得修捍成策，後又爲都水使者，奉旨詣河上相視，驗狀爲圖，以二策進獻。一議修築北隄以制横潰，其用功省；一議疏塞並舉，挽河使東行以復故道，其功費甚大。至是復以二策對，脱脱韙其後策。議定，乃薦魯于帝，大稱旨。

十一年四月初四日，下詔中外，命魯以工部尚書爲總治河防使，進秩二品，授以銀印。發汴梁、大名十有三路民十五萬人，廬州等戍十有八翼軍二萬人供役，一切從事大小軍民，咸禀節度，便宜興繕。是月二十二日鳩工，七月疏鑿成，八月決水故河，九月舟楫通行，十一月水土工畢，諸埽諸隄成。河乃復故道，南匯于淮，又東入于海。帝遣貴臣報祭河伯，召魯還京師，論功超拜榮祿大夫、集賢大學士，其宜力諸臣遷賞有差。賜丞相脱脱世襲答剌罕之號，特命翰林學士承旨歐陽玄製河平碑文，以旌勞績。

玄既爲河平之碑，又自以爲司馬遷、班固記河渠溝洫，僅載治水之道，不言其方，使後世任斯事者無所考則，乃從魯訪問方略，及詢過客，質吏牘，作至正河防記，欲使來世罹河患者按而求之。其言曰：

治河一也，有疏、有濬、有塞，三者異焉。釃河之流，因而導之，謂之疏。去河之淤，因而深之，謂之濬。抑河之暴，因而扼之，謂之塞。疏濬之別有四：曰生地，曰故道，曰河身，曰減水河。生地有直有紆，因直而鑿之，可就故道。故道有高有卑，高者

平之以趨卑，高卑相就，則高不壅，卑不瀦，慮夫壅生潰，瀦生堙也。河身者，水雖通行，身有廣狹。狹難受水，水(溢)〔益〕悍，[二]故狹者以計闢之；廣難爲岸，岸善崩，故廣者以計禦之。減水河者，水放曠則以制其狂，水隳突則以殺其怒。

治隄一也，有創築、修築、補築之名，有刺水隄，有截河隄，有護岸隄，有縷水隄，有石船隄。

治埽一也，有岸埽、水埽，有龍尾、欄頭、馬頭等埽。其爲埽臺及推卷、牽制、薶掛之法，有用土、用石、用鐵、用草、用木、用杙、用絙之方。

塞河一也，有缺口，有豁口，有龍口。缺口者，已成川。豁口者，舊常爲水所豁，水退則口下於隄，水漲則溢出於口。龍口者，水之所會，自新河入故道之漈也。

此外不能悉書，因其用功之次第，而就述於其下焉。

其濬故道，深廣不等，通長二百八十里百五十四步而强。功始自白茅，長百八十二里。繼自黃陵岡至南白茅，闢生地十里。口初受，廣百八十步，深二丈有二尺，已下停廣百步，高下不等，相折深二丈及泉。曰停、曰折者，用古算法，因此推彼，知其勢之低昂，相準折而取匀停也。南白茅至劉莊村，接入故道十里，通折墾廣八十步，深九尺。劉莊至專固，百有二里二百八十步，通折停廣六十步，深五尺。專固至黃固，墾生地八

里，面廣百步，底廣九十步，高下相折，深丈有五尺。黃固至哈只口，長五十一里八十步，相折停廣墾六十步，深五尺。乃濬凹里減水河，通長九十八里百五十四步。凹里村缺河口生地，長三里四十步，面廣六十步，底廣四十步，深一丈四尺。自凹里生地以下舊河身至張贊店，長八十二里五十四步。上三十六里，墾廣二十步，深五尺；中三十五里，墾廣二十八步，深五尺；下十里二百四十步，墾廣二十六步，深五尺。張贊店至楊青村，接入故道，墾生地十有三里六十步，面廣六十步，底廣四十步，深一丈四尺。

其塞專固缺口，修隄三重，并補築凹里減水河南岸豁口，通長二十里三百十有七步。其創築河口前第一重西隄，南北長三百三十步，面廣二十五步，底廣三十三步，樹置樁橛，實以土牛、草葦、雜梢相兼，高丈有三尺，隄前置龍尾大埽。言龍尾者，伐大樹連梢繫之隄旁，隨水上下，以破嚙岸浪者也。築第二重正隄，并補兩端舊隄，通長十有一里三百步。缺口正隄長四里。兩隄相接舊隄，置樁堵閉河身，長百四十五步，用土牛、草葦、梢土相兼修築，底廣三十步，修高二丈。其岸上土工修築者，長三里二百十有五步有奇，高廣不等，通高一丈五尺。補築舊隄者，長七里三百步，表裏倍薄七步，增卑六尺，計高一丈。築第三重東後隄，并接修舊隄，高廣不等，通長八里。補築凹里減水河南岸豁口四處，置樁木，草土相兼，長四十七步。

於是塞黃陵全河，水中及岸上修隄長三十六里百三十六步。其修大隄刺水者二，長十有四里七十步。其西復作大隄刺水者一，長十有二里百三十步。內創築岸上土隄，西北起李八宅西隄，東南至舊河岸，長十里百五十步，顚廣四步，趾廣三之，高丈有五尺。仍築舊河岸至入水隄，長四百三十步，趾廣三十步，顚殺其六之一，接修入水。

兩岸埽隄並行。作西埽者夏人水工，徵自靈武；作東埽者漢人水工，徵自近畿。其法以竹絡實以小石，每埽不等，以蒲葦綿腰索徑寸許者從鋪，廣可一二十步，長可二三十步。又以曳埽索綯徑三寸或四寸、長二百餘尺者衡鋪之。相間復以竹葦麻檾大繂，長三百尺者爲管心索，就繫綿腰索之端於其上，以草數千束，多至萬餘，匀布厚鋪於綿腰索之上，橐而納之，丁夫數千，以足踏實，推卷稍高，卽以水工二人立其上，而號於衆，衆聲力舉，用小大推梯，推卷成埽，高下長短不等，大者高二丈，小者不下丈餘。又用大索或五爲腰索，[三]轉致河濱，選健丁操管心索，順埽臺立踏，或掛之臺中鐵猫大橛之上，以漸縋之下水。埽後掘地爲渠，陷管心索渠中，以散草厚覆，築之以土，其上復以土牛、雜草、小埽梢土，多寡厚薄，先後隨宜。修疊爲埽臺，務使牽制上下，縝密堅壯，互爲掎角，埽不動搖。日力不足，火以繼之。積累既畢，復施前法，卷埽以壓先下之埽，量水淺深，制埽厚薄，疊之多至四埽而止。兩埽之間置竹絡，高二丈或三丈，

圍四丈五尺，實以小石、土牛。既滿，繫以竹纜，其兩旁並埽，密下大樁，就以竹絡上大竹腰索繫於樁上。東西兩埽及其中竹絡之上，以草土等物築爲埽臺，約長五十步或百步，再下埽，卽以竹索或麻索長八百尺或五百尺者一二，雜厠其餘管心索之間，俟埽入水之後，其餘管心索如前薶掛，隨以管心長索，遠置五七十步之外，或鐵猫，或大樁，曳而繫之，通管束累日所下之埽，再以草土等物通修成隄。又以龍尾大埽密掛於護隄大樁，分折水勢。其隄長二百七十步，北廣四十二步，中廣五十五步，南廣四十二步，自顚至趾，通高三丈八尺。

其截河大隄，高廣不等，長十有九里百七十七步。其在黃陵北岸者，長十里四十一步。築岸上土隄，西北起東西故隄，東南至河口，長七里九十七步，顚廣六步，趾倍之而强二步，高丈有五尺，接修入水。施土牛、小埽梢草雜土，多寡厚薄隨宜修疊，及下竹絡，安大樁，繫龍尾埽，如前兩隄法。唯修疊埽臺，增用白闌小石。并埽上及前(洊)〔游〕修埽隄一，[四]長百餘步，直抵龍口。稍北，欄頭三埽並行，埽大隄廣與刺水二隄不同，通前列四埽，間以竹絡，成一大隄，長二百八十步，北廣百一十步，其顚至水面高丈有五尺，水面至澤腹高二丈五尺，通高三丈五尺；中流廣八十步，其顚至水面高丈有五尺，水面至澤腹高五丈五尺，通高七丈。並創築縷水橫隄一，東起北截河大隄，西

抵西刺水大隄。又一隄東起中刺水大隄，西抵西刺水大隄，通長二里四十二步，亦顚廣四步，趾三之，高丈有二尺。修黃陵南岸，長九里百六十步，內創岸土隄，東北起新補白茅故隄，西南至舊河口，高廣不等，長八里二百五十步。

乃入水作石船大隄。蓋由是秋八月二十九日乙巳道故河流，先所修北岸西中刺水及截河三隄猶短，約水尚少，力未足恃。決河勢大，南北廣四百餘步，中流深三丈餘，益以秋漲，水多故河十之八。兩河爭流，近故河口，水刷岸北行，洄漩湍激，難以下埽。且埽行或遲，恐水盡湧入決河，因淤故河，前功遂隳。魯乃精思障水入故河之方，以九月七日癸丑，逆流排大船二十七艘，前後連以大桅或長樁，用大麻索、竹絙絞縛，綴爲方舟。又用大麻索、竹絙(用)[周]船身繳繞上下，(三)令牢不可破，乃以鐵猫於上流硾之水中。又以竹絙絕長七八百尺者，繫兩岸大橛上，每絙或硾二舟或三舟，使不得下，船腹略鋪散草，滿貯小石，以合子板釘合之，復以埽密布合子板上，或二重，或三重，以大麻索縛之急，復縛橫木三道於頭桅，皆以索維之，用竹編笆，夾以草石，立之桅前，約長丈餘，名曰水簾桅。復以木樁拄，使簾不偃仆，然後選水工便捷者，每船各二人，執斧鑿，立船首尾，岸上搥鼓爲號，鼓鳴，一時齊鑿，須臾舟穴，水入，舟沉，遏決河。水怒溢，故河水暴增，卽重樹水簾，令後復布小埽土牛白闌長梢，雜以草土等物，隨宜

塡垜以繼之。石船下詣實地，出水基趾漸高，復卷大埽以壓之。前船勢略定，尋用前法，沉餘船以竟後功。昏曉百刻，役夫分番甚勞，無少間斷。船隄之後，草埽三道並舉，中置竹絡盛石，並埽置樁，繫纜四埽及絡，一如修北截水隄之法。第以中流水深數丈，用物之多，施功之大，數倍他隄。船隄距北岸纔四五十步，勢迫東河，流峻若自天降，深淺叵測。於是先卷下大埽約高二丈者，或四或五，始出水面。修至河口一二十步，用工尤艱。薄龍口，喧豗猛疾，勢撼埽基，陷裂欹傾，俄遠故所，觀者股弁，衆議騰沸，以爲難合，然勢不容已。魯神色不動，機解捷出，進官吏工徒十餘萬人，日加獎諭，辭旨懇至，衆皆感激赴功。十一月十一日丁巳，龍口遂合，決河絕流，故道復通。又於隄前通卷欄頭埽各一道，多者或三或四，前埽出水，管心大索繫前埽，硾後闌頭埽之後，後埽管心大索亦繫小埽，硾前闌頭埽之前，後先羈縻，以錮其勢。又於所交索上及兩埽之間，壓以小石白闌土牛，草土相半，厚薄多寡，相勢措置。

埽隄之後，自南岸復修一隄，抵已閉之龍口，長二百七十步。船隄四道成隄，用農家場圃之具曰轆軸者，穴石立木如比櫛，薶前埽之旁，每步置一轆軸，以橫木貫其後，又穴石，以徑二寸餘麻索貫之，繫橫木上，密掛龍尾大埽，使夏秋潦水、冬春凌簁，不得肆力於岸。此隄接北岸截河大隄，長二百七十步，南廣百二十步，顚至水面高丈有七尺，水面至澤腹高四丈二尺，中流廣八十步，顚至水面高丈有五尺，水面至澤腹高五丈五尺，通高七丈。仍治南岸護隄埽一道，通長百三十步，南岸護岸馬頭埽三道，通長九十五步。修築北岸隄防，高廣不等，通長二百五十四里七十一步。白茅河口至板城，補築舊隄，長二十五里二百八十五步。曹州板城至英賢村等處，高廣不等，長一百三十三里二百步。稍岡至碭山縣，增培舊隄，長八十五里二十步。歸德府哈只口至徐州路三百餘里，修完缺口一百七處，高廣不等，積修計三里二百五十六步。亦思剌店縷水月隄，高廣不等，長六里三十步。

其用物之凡，椿木大者二萬七千，榆柳雜梢六十六萬六千，帶梢連根株者三千六百，藁秸蒲葦雜草以束計者七百三十三萬五千有奇，竹竿六十二萬五千，葦蓆十有七萬二千，小石二千艘，繩索小大不等五萬七千，所沉大船百有二十，鐵纜三十有二，鐵猫三百三十有四，竹篾以斤計者十有五萬，硾石三千塊，鐵鑽萬四千二百有奇，大釘三萬三千二百三十有二。其餘若木龍、蠶椽木、麥稭、扶樁、鐵叉、鐵吊、枝麻、搭火鉤、汲水、貯水等具皆有成數。官吏俸給，軍民衣糧工錢，醫藥、祭祀、賑恤，驛置馬乘及運竹木、沉船、渡船、下樁等工，鐵、石、竹、木、繩索等匠傭貲，兼以和買民地爲河，併應用雜物等價，通計中統鈔百八十四萬五千六百三十六錠有奇。

魯嘗有言：「水工之功，視土工之功爲難；中流之功，視河濱之功爲難；決河口視中流又難，北岸之功視南岸爲難。用物之效，草雖至柔，柔能狎水，水漬之生泥，泥與草并，力重如碇。然維持夾輔，纜索之功實多。」蓋由魯習知河事，故其功之所就如此。

玄之言曰：「是役也，朝廷不惜重費，不吝高爵，爲民辟害。脫脫能體上意，不憚焦勞，不恤浮議，爲國拯民。魯能竭其心思智計之巧，乘其精神膽氣之壯，不惜劬瘁，不畏譏評，以報君相知人之明。宜悉書之，使職史氏者有所考證也。」

先是歲庚寅，河南北童謠云：「石人一隻眼，挑動黃河天下反。」及魯治河，果於黃陵岡得石人一眼，而汝、潁之妖寇乘時而起。議者往往以謂天下之亂，皆由賈魯治河之役，勞民動衆之所致。殊不知元之所以亡者，實基於上下因循，狃於宴安之習，紀綱廢弛，風俗偸薄，其致亂之階，非一朝一夕之故，所由來久矣。不此之察，乃獨歸咎於是役，是徒以成敗論事，非通論也。設使賈魯不興是役，天下之亂，詎無從而起乎？今故具錄玄所記，庶來者得以詳焉。

蜀隁

江水出蜀西南徼外，東至于岷山，而禹導之。秦昭王時，蜀太守李冰鑿離堆，分其江以

灌川蜀，民用以饒。歷千數百年，所過衝薄蕩嚙，又大爲民患。有司以故事，歲治隄防，凡一百三十有三所，役兵民多者萬餘人，少者千人，其下猶數百人。役凡七十日，不及七十日，雖事治，不得休息。不役者，日出三緡爲庸錢。由是富者屈於貲，貧者屈於力，上下交病，會其費，歲不下七萬緡。大抵出於民者，十九藏于吏，而利之所及，不足以償其費矣。

元統二年，僉四川肅政廉訪司事吉當普巡行周視，得要害之處三十有二，餘悉罷之。召灌州判官張弘，計曰：「若甃之以石，則歲役可罷，民力可蘇矣。」弘曰：「公慮及此，生民之福，國家之幸，萬世之利也。」弘遂出私錢，試爲小堰。堰成，水暴漲而堰不動。乃具文書，會行省及蒙古軍七翼之長、郡縣守宰，下及鄉里之老，各陳利害，咸以爲便。復禱于冰祠，卜之吉。於是徵工發徒，以仍改至元元年十有一月朔日，肇事于都江堰，卽禹鑿之處，分水之源也。鹽井關限其西北，水西關據其西南。江南北皆東行。北舊無江，冰鑿以辟沫水之害，中爲都江堰，少東爲大、小釣魚，又東跨二江爲石門，以節北江之水，又東爲利民臺，臺之東南爲侍郎、楊柳二堰，其水自離堆分流入于南江。

南江東至鹿角，又東至金馬口，又東(道)〔過〕大安橋，〔六〕入于成都，俗稱大皂江，江之正源也。北江少東爲虎頭山，爲鬬鷄臺。臺有水則，以尺畫之，凡十有一。水及其九，其民喜，過則憂，沒其則則困。又書「深淘灘，高作堰」六字其旁，〔七〕爲治水之法，皆冰所爲也。

又東爲離堆，又東過凌虛、步雲二橋，又東至三石洞，釃爲二渠。其一自上馬騎東流，過(郫)〔郫〕，入于成都，〔古謂之內江，今府江是也；其一自三石洞北流，過將軍橋，又北過四石洞，折而東流，過新繁，入於成都，〕古謂之外江。〔八〕此冰所穿二江也。

南江自利民臺有支流，東南出萬工堰，又東爲駱駝，又東爲碓口，繞青城而東，鹿角之北涯，有渠曰馬灞，東流至成都，入于南江。渠東行二十餘里，水決其南涯四十有九，每歲疲民力以塞之。乃自其北涯鑿二渠，與楊柳渠合，東行數十里，復與馬灞渠會，而渠成安流。自金馬口之西鑿二渠，合金馬渠，東南入于新津江，罷藍淀、黃水、千金、白水、新興至三利十二堰。

北江三石洞之東爲外應、顏上、五斗諸堰，外應、顏上之水皆東北流，入于外江。五斗之水，南入馬灞渠，皆內江之支流也。外江東至崇寧，亦爲萬工堰。堰之支流，自北而東，爲三十六洞，過清白堰東入于彭、漢之間。而清白堰水潰其南涯，延袤三里餘，有司因潰以爲堰。堰輒壞，乃疏其北涯舊渠，直流而東，罷其堰及三十六洞之役。

嘉定之青神，有堰曰鴻化，則授成其長吏，應期而功畢。若成都之九里隄，崇寧之萬工堰，彭之堋口、豐潤、千江、石洞、濟民、羅〔江、馬〕脚諸堰，〔九〕工未及施，則召長吏勉諭，使及農隙爲之。諸堰都江及利民臺之役最大，侍郎、楊(林)〔柳〕、外應、顏上、五斗次之，〔一〇〕鹿

角、萬工、駱駝、碓口、三利又次之。而都江又居大江中流，故以鐵萬六千斤，鑄爲大龜，貫以鐵柱，而鎮其源，然後卽工。

諸堰皆甃以石，範鐵以關其中，取桐實之油，和石灰，雜麻絲，而搗之使熟，以苴罅漏。岸善崩者，密築江石以護之，上植楊柳，旁種蔓荊，櫛比鱗次，賴以爲固，蓋以數百萬計。所至或疏舊渠以導其流，或鑿新渠以殺其勢。遇水之會，則爲石門，以時啓閉而泄蓄之，用以節民力而資民利，凡智力所及，無不爲也。初，郡縣及兵家共掌都江之政，延祐七年，其兵官奏請獨任郡縣，民不堪其役，至是復合焉。常歲獲水之利僅數月，堰輒壞，至是，雖緣渠所置碓磑紡績之處以千萬計，四時流轉而無窮。

其始至都江，水深廣莫可測，忽有大洲湧出其西南，方可數里，人得用事其間。入山伐石，崩石已滿，隨取而足。蜀故多雨，自初役至工畢，無雨雪，故力省而功倍，若有相之者。五越月，功告成，而吉當普以監察御史召，省臺上其功，詔揭(徯)〔傒〕斯製文立碑以旌之。〔一一〕

是役也，凡石工、金工皆七百人，木工二百五十人，役徒三千九百人，而蒙古軍居其二千。糧爲石千有奇，石之材取于山者百萬有奇，石之灰以斤計者六萬有奇，油半之，鐵六萬五千斤，麻五千斤。最其工之直、物之價，以緡計者四萬九千有奇，皆出於民之庸，而在官

之積者，尙餘二十萬一千八百緡，責灌守以貸于民，歲取其息，以備祭祀及淘灘修堰之費。仍蠲灌之兵民所常徭役，俾專其力於堰事。

涇渠

涇渠者，在秦時韓使水工鄭國說秦，鑿涇水，自仲山西抵瓠口爲渠，並北山，東注于洛，三百餘里以溉田，蓋欲以罷秦之力，使無東伐。秦覺其謀，欲殺之，鄭曰：「臣爲韓延數年之命，而爲秦建萬世之利。」秦以爲然，使迄成之，號鄭渠。漢時有白公者，奏穿渠引涇水，起谷口，入櫟陽，注渭中，袤二百里，溉田四千五百餘頃，因名曰白渠。歷代因之，皆享其利。至宋時，水衝嚙，失其故蹟。熙寧間，詔賜常平息錢，助民興作，自仲山旁開鑿石渠，從高瀉水，名豐利渠。

元至元間，立屯田府督治之。大德八年，涇水暴漲，毀堰塞渠，陝西行省命屯田府總管夾谷伯顏帖木兒及涇陽尹王琚疏導之。起涇陽、高陵、三原、櫟陽用水人戶及渭南、櫟陽、涇陽三屯所人夫，共三千餘人興作，水通流如舊。其制編荆爲囤，貯之以石，復填以草以土爲堰，歲時葺理，未嘗廢止。

至大元年，王琚爲西臺御史，建言於豐利渠上更開石渠五十一丈，闊一丈，深五尺，積

一十五萬三千工，每方一尺爲一工。自延祐元年興工，至五年渠成。是年秋，改堰至新口。泰定間，言者謂石渠歲久，水流漸穿逾下，去岸益高。至正三年，御史宋秉亮相視其堰，謂渠積年坎取淤土，疊壘於岸，極爲高崇，力難送土於上，因請就岸高處開通鹿巷，以便夫行。廷議允可。四年，屯田同知牙八胡、涇尹李克忠發丁夫開鹿巷八十四處，削平土壘四百五十餘步。二十年，陝西行省左丞相帖里帖木兒遣都事楊欽修治，凡溉農田四萬五千餘頃。

金口河

至正二年正月，中書參議孛羅帖木兒、都水傅佐建言，起自通州南高麗莊，直至西山石峽鐵板開水古金口一百二十餘里，創開新河一道，深五丈，廣十五丈，放西山金口水東流至高麗莊，合御河，接引海運至大都城內輸納。是時，脫脫爲中書右丞相，以其言奏而行之。廷臣多言其不可，而左丞許有壬言尤力，脫脫排羣議不納，務於必行。有壬因條陳其利害，略曰：

大德二年，渾河水發爲民害，大都路都水監將金口下閉閘板。五年間，渾河水勢浩大，郭太史恐衝沒田薛二村、南北二城，又將金口已上河身，用砂石雜土盡行堵閉。至順元年，因行都水監郭道壽言，金口引水過京城至通州，其利無窮。工部官幷

河道提舉司、大都路及合屬官員耆老等相視議擬，水由二城中間窒礙。又盧溝河自橋至合流處，自來未嘗有漁舟上下，此乃不可行船之明驗也。且通州去京城四十里，盧溝止二十里，此時若可行船，當時何不於盧溝立馬頭，百事近便，却於四十里外通州爲之？

又西山水勢高峻，亡金時，在都城之北流入郊野，縱有衝決，爲害亦輕。今則在都城西南，與昔不同。此水性本湍急，若加以夏秋霖潦漲溢，則不敢必其無虞，宗廟社稷之所在，豈容僥倖於萬一。若一時成功，亦不能保其永無衝決之患。且亡金時此河未必通行，今所有河道遺跡，安知非作而復輟之地乎？又地形高下不同，若不作閘，必致走水淺澀，若作閘以節之，則沙泥渾濁，必致淤塞，每年每月專人挑洗，蓋無窮盡之時也。且郭太史初作通惠河時，何不用此水，而遠取白浮之水，引入都城，以供閘壩之用？蓋白浮之水澄清，而此水渾濁不可用也。此議方興，傳聞於外，萬口一辭，以爲不可。若以爲成大功者不謀於衆，人言不足聽，則是商鞅、王安石之法，當今不宜有此。

議既上，丞相終不從。遂以正月興工，至四月功畢。起閘放金口水，流湍勢急，沙泥壅塞，船不可行。而開挑之際，毀民廬舍墳塋，夫丁死傷甚衆。又費用不貲，卒以無功。繼而御史糾劾建言者，孛羅帖木兒、傅佐俱伏誅。今附載其事于此，用爲妄言水利者之戒。

校勘記

〔一〕武城　疑爲「成武」之倒誤，而又訛「成」爲「城」。參看卷六五校勘記〔一〕。

〔二〕狹難受水水(溢)〔益〕悍　道光本與類編卷一五賈魯傳引至正河防記合，從改。按「水益悍」與下文「岸善崩」相對。

〔三〕又用大索或五爲腰索　王圻續文獻通考卷七引至正河防記「或」作「四」，語義始通。腰索，類編卷一五引至正河防記作「接索」。按上文稱細埽之索爲「腰索」，此拉埽之索疑當另稱「接索」。

〔四〕幷埽上及前(游)〔游〕修埽隄一　據類編所引至正河防記改。按游云水再至，「前游」不辭，誤。

〔五〕又用大麻索竹絙(用)〔周〕船身繳繞上下　據類編所引至正河防記改。

〔六〕又東(道)〔過〕大安橋　道光本與揭文安集卷一二大元勅賜修堰碑下簡稱修堰碑合，從改。

〔七〕深淘灘高作堰　按修堰碑「高」作「低」，新編從改，疑是。

〔八〕其一自上馬騎東流過(郫)〔郫〕入于成都〔古謂之內江今府江是也其一自三石洞北流過將軍橋又北過四石洞折而東流過新繁入於成都〕古謂之外江　道光本與修堰碑合，從改補。

〔九〕彭之堋口豐潤千江石洞濟民羅〔江馬〕脚諸堰　道光本與修堰碑合，從補。

〔一〇〕侍郎楊(林)〔柳〕外應顏上五斗次之　道光本與修堰碑合，從改。按本篇上文已書「又東爲利民

臺，臺之東南爲侍郎、楊柳二堰」。

〔一一〕揭(傒)〔傒〕斯　據本書卷一八一揭傒斯傳改。

元史卷六十七

志第十八

禮樂一

傳曰：「禮者，天地之序也；樂者，天地之和也。」致禮以治躬，外貌斯須不莊不敬，則慢易之心入之矣。致樂以治心，中心斯須不和不樂，則鄙詐之心入之矣。古之禮樂，壹本於人君之身心，故其爲用，足以植綱常而厚風俗。後世之禮樂，既無其本，唯屬執事者從事其間，故僅足以美聲文而侈觀聽耳。此治之所以不如古也。

前聖之制，至周大備。周公相成王，制禮作樂，而教化大行，邈乎不可及矣。秦廢先代典禮，漢因秦制，起朝儀，作宗廟樂。魏、晉而後，五胡雲擾，秦、漢之制亦復不存矣。唐初襲用隋禮，太常多肆者，教坊俗樂而已。至宋，承五季之衰，因唐禮，作太常因革禮，而所製大晟樂，號爲古雅。及乎靖康之變，禮文樂器，掃蕩無遺矣。

元之有國，肇興朔漠，朝會燕饗之禮，多從本俗。太祖元年，大會諸侯王于阿難河，即皇帝位，始建九斿白旗。世祖至元八年，命劉秉忠、許衡始制朝儀。自是，皇帝即位、元正、天壽節，及諸王、外國來朝，册立皇后、皇太子，羣臣上尊號，進太皇太后、皇太后册寶，暨郊廟禮成、羣臣朝賀，皆如朝會之儀。而大饗宗親、錫宴大臣，猶用本俗之禮爲多。

若其爲樂，則自太祖徵用舊樂於西夏，太宗徵金太常遺樂於燕京，及憲宗始用登歌樂，祀天於日月山。而世祖命宋周臣典領樂工，又用登歌樂享祖宗于中書省。既又命王鏞作大成樂，詔括民間所藏金之樂器。至元三年，初用宮縣、登歌、文武二舞于太廟，烈祖至憲宗八室，皆有樂章。三十年，又撰社稷樂章。成宗大德間，製郊廟曲舞，復撰宣聖廟樂章。仁宗皇慶初，命太常補撥樂工，而樂制日備。大抵其於祭祀，率用雅樂，朝會饗燕，則用燕樂，蓋雅俗兼用者也。

元之禮樂，揆之於古，固有可議。然自朝儀既起，規模嚴廣，而人知九重大君之尊，至其樂聲雄偉而宏大，又足以見一代興王之象，其在當時，亦云盛矣。今取其可書者著於篇，作禮樂志。

制朝儀始末

世祖至元八年秋八月己未，初起朝儀。先是，至元六年春正月甲寅，太保劉秉忠、大司農孛羅奉旨，命趙秉溫、史杠訪前代知禮儀者肄習朝儀。既而，秉忠奏曰：「二人習之，雖知之，莫能行也。」得旨，許用十人。遂徵儒生周鐸、劉允中、尙文、岳忱、關思義、侯祐賢、蕭琬、徐汝嘉，從亡金故老烏古倫居貞、完顏復昭、完顏從愈、葛從亮、于伯儀及國子祭酒許衡、太常卿徐世隆，稽諸古典，參以時宜，沿情定制，而肄習之，百日而畢。

秉忠復奏曰：「無樂以相須，則禮不備。」奉旨，搜訪舊教坊樂工，得杖鼓色楊皓、笛色曹楫、前行色劉進、教師鄭忠，依律運譜，被諸樂歌。六月而成，音聲克諧，陳于萬壽山便殿，帝聽而善之。

秉忠及翰林太常奏曰：「今朝儀既定，請備執禮員。」有旨，命丞相安童、大司農孛羅擇蒙古宿衞士可習容止者二百餘人，肄之期月。七年春二月，奏以丙子觀禮。前期一日，布綿蕝金帳殿前，帝及皇后臨觀于露階，禮文樂節，悉無遺失。冬十有一月戊寅，秉忠等奏請建官典朝儀，帝命與尙書省論定以聞。

八年春二月，立侍儀司，以忽都于思、也先乃爲左右侍儀，奉御趙秉溫爲禮部侍郎兼侍儀司事，周鐸、劉允中爲左右侍儀使，尙文、岳忱爲左右直侍儀事，關思義、侯祐賢爲左右侍儀副使，蕭琬、徐汝嘉爲僉左右侍儀事，烏古倫居貞爲承奉班都知，完顏復昭爲引進副使，

葛從亮爲侍儀署令，于伯儀爲尙衣局大使。夏四月，侍儀司奏請製內外仗，如歷代故事。從之。秋七月，內外仗成。遇八月帝生日，號曰天壽聖節，用朝儀自此始。

元正受朝儀

前期三日，習儀于聖壽萬安寺。或大興教寺。前二日，陳設于殿庭。至期大昕，侍儀使引導從護尉，各服其服，入至寢殿前，捧牙牌跪報外辦。內侍入奏，出傳制曰「可」，侍儀〔使〕俛伏興。〔一〕皇帝出閤陞輦，鳴鞭三。侍儀使幷通事舍人，分左右，引擎執護尉、劈正斧中行，導至大明殿外。劈正斧直正門北向立，導從倒卷序立，惟扇置于錡。侍儀使導駕時，引進使同內侍官，引宮人擎執導從，入至皇后宮庭，捧牙牌跪報外辦。內侍入啓，出傳旨曰「可」，引進使俛伏興。皇后出閤陞輦，引進使引導從導至殿東門外，引進使分退押直至塈塗之次，引導從倒卷出。俟兩宮升御榻，鳴鞭三，劈正斧退立於露階東。司晨報時雞唱畢，尙引引殿前班，皆公服，分左右入日精、月華門，就起居位，相向立。通班舍人唱曰「左右衞上將軍兼殿前都點檢臣某以下起居」，尙引唱曰「鞠躬」，曰「平身」，引至丹墀拜位，知班報班齊。宣贊唱曰「拜」，通贊贊曰「鞠躬」，曰「拜」，曰「興」，曰「拜」，曰「興」，曰「都點檢稍前」。宣贊報曰「聖躬萬福」，通贊贊曰「復位」，曰「拜」，曰「興」，曰「拜」，曰「興」，曰「平身」，曰「搢

笏」，曰「鞠躬」，曰「三舞蹈」，曰「跪左膝，三叩頭」，曰「山呼」，曰「山呼」，曰「再山呼」，凡傳「山呼」，控鶴呼譟應和曰「萬歲」；傳「再山呼」，應曰「萬萬歲」。後倣此。曰「出笏」，曰「就拜」，曰「興」，曰「拜」，曰「興」，曰「拜」，曰「興」，曰「平立」，宣贊唱曰「各恭事」。兩班點檢、宣徽將軍分左右升殿，宿直以下分立殿前，尙廐分立仗南，管旗分立大明門南楹。

俟后妃、諸王、駙馬以次賀獻禮畢，典引引丞相以下，皆公服，入日精、月華門，就起居位。通班唱曰「文武百僚、開府儀同三司、錄軍國重事、監修國史、右丞相具官無常。臣某以下起居」，典引贊曰「鞠躬」，曰「平身」，引至丹墀拜位。知班報班齊。宣贊唱曰「拜」，通贊贊曰「鞠躬」，曰「拜」，曰「興」，曰「拜」，曰「興」，曰「平身」，曰「搢笏」，曰「鞠躬」，曰「三舞蹈」，曰「跪左膝，三叩頭」，曰「山呼」，曰「山呼」，曰「再山呼」，曰「出笏」，曰「就拜」，曰「興」，曰「拜」，曰「興」，曰「拜」，曰「興」，曰「平身」。侍儀使詣丞相前請進酒，雙引升殿。前行樂工分左右，引登歌者及舞童舞女，以次升殿門外露階上。登歌之曲各有名，音中本月之律。先期，儀鳳司運譜，翰林院譔辭肄之。丞相至宇下褥位立，侍儀使分左右北向立。俟前行色曲將半，舞旋列定，通贊唱曰「分班」，樂作。侍儀使引丞相由南東門入，宣徽使奉隨至御榻前。丞相跪，宣徽使立于東南，曲終。丞相祝贊曰：「溥天率土，祈天地之洪福，同上皇帝、皇后億萬歲壽。」宣徽使答曰：「如所祝。」丞相俛伏興，退詣進酒位。尙醞官以觴授丞相，丞相搢笏

捧觴，北面立，宣徽使復位。前行色降，舞旋至露階上。敎坊奏樂，樂舞至第四拍，丞相進酒，皇帝舉觴。宣贊唱曰「殿上下侍立臣僚皆再拜」，通贊贊曰「鞠躬」，曰「拜」，曰「興」，曰「拜」，曰「興」，曰「平身」。丞相三進酒畢，以觴授尙醞官，出笏，侍儀使雙引自南東門出，復位，樂止。至元七年進酒儀：班首至殿前褥位立，前行進曲，尙醞官執空杯，自正門出，授班首。班首搢笏執空杯，由正門入，至御榻前跪。俟曲終，以杯授尙醞官，出笏祝贊。宣徽使曰「諾」，班首俛伏興。班首、宣徽使由南東門出，各復位。班首以下舞蹈山呼五拜，百官分班，敎坊奏樂，尙醞官進酒，殿上下侍立臣僚皆再拜。三進酒畢，班首降至丹墀。至元十八年十二月二十八日改今儀。

通贊贊曰「合班」。禮部官押進奏表章、禮物二案至橫階下，宣禮物舍人進讀禮物目，至第二重階。俟進讀表章官等，翰林國史院屬官一人。至宇下齊跪。宣表目舍人先讀中外百司表目，翰林院官讀中書省表畢，皆俛伏興，退，降第一重階下立。俟進讀禮物舍人陞階，至宇下，跪讀禮物目畢，俛伏興，退。同降至橫階，隨表章西行，至右樓下，侍儀仍領之，禮物東行至左樓下，太府受之。宣贊唱曰「拜」，通贊贊曰「鞠躬」，曰「拜」，曰「興」，曰「平身」，曰「搢笏」，曰「鞠躬」，曰「三舞蹈」，曰「跪左膝，三叩頭」，曰「山呼」，曰「山呼」，曰「再山呼」，曰「出笏」，曰「就拜」，曰「興」，曰「拜」，曰「興」，曰「拜」，曰「興」，曰「平立」。僧、道、耆老、外國蕃客，以次而賀。

禮畢，大會諸王宗親、駙馬、大臣，宴饗殿上，侍儀使引丞相等陞殿侍宴。凡大宴，馬不過一，羊雖多，必以獸人所獻之鮮及脯鱐，折其數之半。預宴之服，衣服同制，謂之質孫。宴饗樂節，見宴樂篇。四品以上，賜酒殿上。典引引五品以下，賜酒于日精、月華二門之下。宴畢，鳴鞭三。侍儀使導駕，引進使導后，還寢殿，如來儀。

天壽聖節受朝儀 如元正儀。

郊廟禮成受賀儀 如元正儀。

皇帝卽位受朝儀

前期三日，習儀于萬安寺。前二日，陳設于殿庭。前一日，設宣詔位于闕前。至期大昕，侍儀使引導從護尉，各服其服，至皇太子寢閤前，捧牙牌跪報外辦。內侍傳旨曰「可」，侍儀使俛伏興。皇太子出閤，侍儀使前導，由崇天門入，升大明殿。引進使引導從至皇太子妃閤前，跪報外辦。內侍出傳旨曰「可」，引進使俛伏興，前導由鳳儀門入。俟諸王以國禮扶皇帝登寶位畢，鳴鞭三。尙引引點檢以下，皆公服，入就起居位。起居贊拜，如元正朝儀。兩班點檢、宣徽將軍、宿直、尙廐、管旗，各恭事。俟后妃、諸王、駙馬以次賀獻禮畢，參議中書

省事四人，以篚奉詔書，由殿左門入，至御榻前。參議中書省事跪奏詔文，俛伏興，以詔授典瑞使押寶畢，置于篚，對舉由正門出，樂作，至闕前，以詔置于案。文武百僚各公服就位北向立。侍儀使稱有制，宣贊唱曰「拜」，通贊贊曰「鞠躬」，曰「拜」，曰「興」，曰「拜」，曰「興」，曰「平身」，曰「班首稍前」，典引引班首至香案前。通贊贊曰「跪」，曰「在位官皆跪」，司香贊曰「搢笏」，通贊贊曰「上香」，曰「上香」，曰「三上香」，曰「出笏」，曰「就拜」，曰「興」，曰「復位」，宣贊唱曰「拜」，通贊贊曰「鞠躬」，曰「拜」，曰「興」，曰「拜」，曰「興」，曰「平身」。侍儀使以詔授左司郎中，郎中跪受，同譯史稍西，陞木榻，東向宣讀。通贊贊曰「在位官皆跪」。讀詔，先以國語宣讀，隨以漢語譯之。讀畢，降榻，以詔授侍儀使，侍儀使置于案。通贊贊曰「就拜」，曰「興」，曰「拜」，曰「興」，曰「拜」，曰「興」，曰「搢笏」，曰「鞠躬」，曰「三舞蹈」，曰「跪左膝，三叩頭」，曰「山呼」，曰「山呼」，曰「再山呼」，曰「出笏」，曰「就拜」，曰「興」，曰「拜」，曰「興」，曰「拜」，曰「興」，曰「平立」。典引引丞相以下皆公服入起居位。起居拜舞，祝頌，進酒，獻表，賜宴，並同元正受朝儀。宴畢，鳴鞭三。侍儀使導駕，引進使導后，入寢殿，如來儀。次日，以詔頒行。

羣臣上皇帝尊號禮成受朝賀儀

前期二日，儀鸞司設大次于大明門外，又設進册案于殿內御座前之西，進寶案于其東，設受册案于御座上之西，受寶案于其東。侍儀司設册案于香案南，寶案又于其南。禮儀使位于前，册使、册副位于廷中，北面。引册、奉册、舉册、讀册、捧册官，位于右，引寶、奉寶、舉寶、讀寶、捧寶官位于左，以北爲上。百官自金玉府迎册寶，奉安中書省，如常儀。

前期一日，右丞相率公卿朝服，儀衞音樂，導册寶二案出自中書，至闕前，控鶴舁案，方輿中道。册使等奉隨入大次內，方輿奠案。侍儀使引册使以下，由左門以出，百官趨退。

至期大昕，右丞相以下百官，各公服集闕廷，儀仗護尉就位。侍儀使、禮儀使引導從導皇帝升大明殿，引進使引導從導皇后升殿。尚引引殿前班入起居位，起居山呼拜舞畢，宣贊唱曰「各恭事」。皇太子、諸王、后妃、公主以次升殿，鳴鞭三。侍儀使、引册、引寶導册寶由正門入，樂作。奉册使、右丞相率册官由右門入，奉寶使、御史大夫率寶官由左門入，至殿下，置册案于香案南，寶案又奠于其南，樂止。侍儀使引册使以下就起居位，典引引羣臣入就位。通班舍人唱曰「文武百僚具官臣某以下起居」，典引贊曰「鞠躬」，曰「平身」，引至丹墀拜位。宣贊唱曰「拜」，通贊贊拜、舞蹈、山呼，如常儀。

畢，承奉班都知唱曰「奉册使以下進上册寶」。侍儀司引册使以下進就位。樂作。掌儀贊曰「奉册寶官稍前，搢笏，捧册寶」。侍儀使前導，由中道升正階，立宇下。俟奉册使諸

册官由右階隮，奉寶使諸寶官由左階隮畢，俱由左門入，奉册寶至御榻褥位前，册西寶東。樂止。掌儀贊曰「捧册寶官稍前，以册寶跪置于案」，曰「出笏」，曰「就拜」，曰「興」，曰「平身」，曰「復位」，曰「奉册使以下皆跪」，曰「舉册官興，俱至案前跪」，曰「搢笏，取册于匣，置于盤，對舉」，曰「讀册官興，俱至案前跪」，曰「讀册」。讀册官稱臣某謹讀册。讀畢，舉册官納册于匣，興，以授典瑞使，出笏，立于册案西南，典瑞使置于受册案。掌儀贊曰「舉寶官興，俱至案前跪」，曰「搢笏，取寶于盝，對舉」，曰「讀寶官興，俱至案前跪」，曰「讀寶」。讀寶官稱臣某謹讀寶。

讀畢，舉寶官納寶于盝，興，以授典瑞使，出笏，立于寶案東南，典瑞使置于受寶案。掌儀贊曰「奉册使以下皆就拜」，曰「興」，曰「平身」。參議中書省事四人，以篚奉詔書，由左門入，至御榻前，跪讀詔文，如常儀，授典瑞使押寶畢，置于篚，對舉，由正門出，至丹墀北，置于詔案。册使以下由南東門出，就位聽詔，如儀。儀鸞使四人，舁進册寶案，由左門出。侍儀使引班首由左階隮，前行色樂作，至宇下，樂止，舞旋至露階立。班首入殿，宣徽使奉隨，班首跪，宣徽使西北向立。班首致詞曰：「册寶禮畢，願上皇帝、皇后萬萬歲壽。」宣徽使應曰：「如所祝。」樂作。通贊唱曰「分班」。進酒畢，班首由南東門出，降階，復位。樂止。通贊唱曰「合班」。奏進表章禮物，贊拜、舞蹈、山呼，錫宴，並如元正之儀。

册立皇后儀

前期二日，儀鸞司設發册寶案于大明殿御座前稍西，設發寶案稍東。掌謁設香案于皇后殿前，設册案于殿內座榻前稍西，寶案稍東，設受册案于座榻上稍西，設受寶案于稍東。侍儀司設板位，册使副位于廷中，北面，册官位于右，寶官位于左，禮儀使位于册案前，主節位于太尉左。皇后殿廷亦如之。

至期大昕，引贊敍太尉以下于闕廷，各公服。侍儀使、禮儀使、引册使，引册、奉册、舉册、讀册、捧册官，由月華門入，侍儀使、禮儀使、引册副，引寶、奉寶、舉寶、讀寶、捧寶官，由日精門入。至露階下，依板位立。侍儀使捧牙牌入至寢殿前，跪報外辦。內侍入奏，出傳制曰「可」，侍儀使俛伏興。皇帝出閤升輦，鳴鞭三。侍儀使引導從導皇帝入大明殿，陞御座。鳴鞭三。

司晨報時雞唱畢，尚引引殿前班入起居位，起居、贊拜、舞蹈、山呼，如儀。宣贊唱曰「各恭事」。引贊引册使以下入就位，掌儀舍人引承奉班都知、侍儀使、禮儀使、主節、捧册、捧寶官，升自左階，由南東門入，至御座前，分左右相向立。掌儀贊曰「禮儀使稍前跪」，曰「太尉以下皆跪」。禮儀使跪奏請進發皇后册寶。掌儀贊曰「就拜」，曰「興」，曰「平身」，曰「太尉以

下皆興」，曰「復位」。掌儀贊曰「內謁者稍前」，曰「搢笏」，曰「捧册寶跪進皇帝」，曰「以册寶授捧册寶官」，捧册寶官跪受，興。掌儀贊曰「主節官搢笏持節」，禮儀使引節導册寶由正門出，至露階，南向立。禮儀使稱有制，承奉班都知唱曰「太尉以下皆再拜」，通贊曰「鞠躬」，曰「拜」，曰「興」，曰「拜」，曰「興」，曰「平身」。禮儀使宣制曰「命太尉某等持節授皇后册寶」，通贊贊曰「鞠躬」，曰「拜」，曰「興」，曰「拜」，曰「興」，曰「平身」。降至露階下，依次就位。掌儀唱曰「以册寶置于案」，曰「出笏」，曰「復位」。方輿舁以行，樂作。侍儀使、禮儀使引太尉及册寶官，奉隨至皇后宮庭奠案，樂止。掌儀唱曰「捧册寶官稍前，搢笏」。捧册寶使、太尉以下奉隨由正階隮，至案前。掌儀贊曰「以册寶置于案」，曰「出笏」，曰「復位」。侍儀使稍前跪報外辦，內侍入啓，出傳旨曰「可」，侍儀使俛伏興。

皇后出閤，詣褥位。太尉稱制遣臣某等恭授皇后册寶。內侍贊禮曰「跪」，掌儀贊曰「太尉以下皆跪」。內侍贊皇后曰「上香」，曰「上香」，曰「三上香」，曰「拜」，曰「興」，曰「拜」，曰「興」。掌儀贊曰「太尉以下皆興」。皇后陞殿，立于座榻前。承奉班都知唱曰「太尉以下進册寶」，掌儀唱曰「捧册寶官稍前，搢笏」。捧册寶由正門至殿內。掌儀贊曰「以册寶跪置于案」，曰「捧册寶官出笏，興，復位」，曰「太尉以下皆跪」，曰「舉册官興，至案前跪」，曰「搢笏，取册于匣，置于盤，對舉」，曰「讀册官興，至案前跪」，曰「讀册」。讀册官稱臣某謹讀册，

讀畢，納册于匣。掌儀贊曰「出笏，舉寶官興，至案前跪，搢笏，取寶于盝，對舉」，曰「讀寶官興，至案前跪」，曰「讀寶」。讀寶官稱臣某謹讀寶，讀畢，納寶于盝。掌儀贊曰「出笏」，曰「太尉以下皆就拜」，曰「興」，曰「平身」。捧册寶官以册寶授太尉，太尉以授掌謁，掌謁以册寶置于受册寶案。掌儀唱曰「太尉以下跪」，曰「衆官皆跪」。太尉致祝辭曰：「册寶禮畢，伏願皇后與天同算。」司徒應曰：「如所祝。」就拜，興，平身。太尉進酒，樂作；皇后飲畢，樂止。禮儀使引節引主節由正門以出。侍儀使引太尉以下，由左門至階下，北面立。承奉班都知唱曰「太尉以下皆再拜」，通贊曰「鞠躬」，曰「拜」，曰「興」，曰「拜」，曰「興」，曰「平立」。侍儀使引太尉以下還詣皇帝御座前，跪奏曰：「奉制授皇后册寶，謹以禮畢。」就拜，興，由左門以出，降詣旁折位。

侍儀使引導從導皇后詣大明殿前謝恩，掌謁贊曰「拜」，曰「興」，曰「拜」，曰「興」。侍儀使分退，掌謁導皇后升御座。典引引丞相以下入起居位，起居贊拜如儀。侍儀使詣右丞相前請進酒，雙引升殿，至宇下褥位立。侍儀使分左右北向立，俟前行色曲將半，舞旋列定，通贊唱曰「分班」。樂作。侍儀使引右丞相由南東門入，宣徽使奉隨至御榻前，右丞相跪，宣徽使立于東南。曲終。右丞相祝贊曰：「册寶禮畢，臣等不勝慶抃，同上皇帝、皇后萬萬歲壽。」宣徽使應曰：「如所祝。」右丞相俛伏興，退詣進酒位。進酒、進表章禮物、贊拜、僧道賀獻、大宴殿上，並

如元正儀。宴畢，鳴鞭三。侍儀使導駕，引進使導后，還寢殿，如來儀。

册立皇太子儀

前期三日，右丞相率百僚至金玉局册寶案前，舍人贊曰「鞠躬」，曰「拜」，曰「興」，曰「拜」，曰「興」，曰「平身」。曰「班首稍前」，曰「跪」，曰「在位官皆跪」，曰「搢笏」，曰「上香」，曰「上香」，曰「三上香」，曰「出笏」，曰「就拜」，曰「興」，曰「拜」，曰「興」，曰「拜」，曰「興」，曰「平身」。侍儀使、舍人分引羣臣，儀衞音樂導至中書省，正位安置。

前期二日，儀鸞司設發册案于大明殿御座西，發寶案于東。典寶官設香案于太子殿前階上，設册案于西，寶案于東；又設受册案于殿內座榻之西，受寶案于東。侍儀司設板位，太尉、册使副位于大明殿廷，太尉位居中，册官位于右，寶官位于左，禮儀使位于前，主節官位于太尉之左。太子殿廷亦如之，樂位布置亦如之。右丞相率百僚朝服，至中書省册寶案前，敍立定。舍人贊曰「鞠躬」，曰「拜」，曰「興」，曰「拜」，曰「興」，曰「平身」。曰「班首稍前」，曰「跪」，曰「搢笏」，曰「在位官皆跪」，曰「上香」，曰「上香」，曰「三上香」，曰「出笏」，曰「就拜」，曰「興」，曰「拜」，曰「興」，曰「拜」，曰「興」，曰「平立」。舍人分引羣臣，儀衞導從，音樂傘扇，導至闕前。控鶴舁案，方輿官舁之，由中道入崇天門，册使以下奉隨至露階下。方輿官置册案于西，寶案于東，分退立于兩廡。册使副北面，引册官、舉册官、讀册官、捧册官位于册案西，東向；引寶官、舉寶官、讀寶官、捧寶官位于寶案東，西向。掌儀舍人贊曰「捧册官稍前」，曰「搢笏」，曰「捧册」。又贊曰「捧寶官稍前」，曰「搢笏」，曰「捧寶」。侍儀使、引進使、引册官、引寶官前導，捧册寶官次之，册使副以下奉隨升大明殿午階，由正門入，至進發册寶案前，册使副北面立，引册官、引寶官、舉册官、舉寶官以下，分左右夾册寶案立。掌儀贊曰「以册寶置于案」，曰「出笏」，曰「復位」。侍儀使引奉册使以下由左門出，百辟趨退。

至期大昕，引贊引册使以下，皆公服，敍位于闕廷。侍儀使導從皇帝出閤，鳴鞭三，陞大明殿，登御座。尙引引殿前班入起居位，起居贊拜如儀，宣贊唱曰「各恭事」。引贊引册使以下入就位，掌儀舍人引承奉班都知、侍儀使、禮儀使、主節郎、捧册、捧寶官，升自左階，由左門入，至御座前，分左右立。掌儀贊曰「禮儀使稍前」，曰「跪」，曰「衆官皆跪」。禮儀使奏請發皇太子册寶，掌儀唱曰「就拜」，曰「興」，曰「平身」，曰「衆官皆興」，曰「復位」。曰「內謁者稍前」，曰「搢笏」，曰「捧册寶跪進皇帝」，曰「以册寶授捧册寶官」，捧册寶官跪受，興。掌儀贊曰「主節郎搢笏持節」，禮儀使引節導册寶由正門以出，至露階南向立。禮儀使稱有制，承奉班都知唱曰「太尉以下皆再拜」，掌儀贊曰「鞠躬」，曰「拜」，曰「興」，曰「拜」，曰「興」，曰「平身」。禮儀使宣制曰「上命太尉等持節授皇太子册寶」，掌儀贊曰「鞠躬」，曰

「拜」，曰「興」，曰「拜」，曰「興」，曰「平身」。禮儀使引節導册寶，降至露階下，依次就位。掌儀贊曰「以册寶置于案」，曰「出笏」，曰「復位」。方輿舁以行，樂作。侍儀使、禮儀使、主節前導，册使以下奉隨由正門出。至闕前，方輿奠案，控鶴舁以行。至皇太子殿廷，控鶴奠案，方輿舁以行。入至露階下奠案，方輿退，樂止。册使以下以次立，掌儀贊曰「捧册寶官稍前，搢笏，捧册寶」。侍儀使引節，主節導册寶以行，册使以下由正階隮，節立于香案之西。掌儀贊曰「捧册寶官跪，以册寶置于案」，曰「出笏」，曰「興」，曰「就位」。右庶子跪報外備，內侍入啓，出傳旨曰「可」，右庶子俛伏興。

皇太子出閤，立于香案前。掌儀贊曰「皇太子跪」，曰「上香」，曰「上香」，曰「三上香」，曰「拜」，曰「興」，曰「拜」，曰「興」。太尉前稱制遣臣某等恭授皇太子册寶，復位。掌儀贊曰「皇太子拜」，曰「興」，曰「拜」，曰「興」。請皇太子詣褥位，南向立。曰「皇太子跪」，曰「諸執事官皆跪」。曰「舉册官興，至案前」，曰「跪」，曰「讀册」。讀畢，曰「納册于匣」，曰「出笏」。掌儀唱曰「舉寶官興，至案前」，曰「跪」，曰「讀寶」。讀畢，曰「納寶于盝」，曰「出笏」，曰「舉册寶官、讀册寶官皆興，復位」。掌儀贊曰「太尉進授册寶」，侍儀使引太尉、司徒至册寶案前，搢笏，以册寶跪進。皇太子恭受，以授左、右庶子，左、右庶子搢笏跪受。掌儀贊曰「皇太子興，册使以下皆興」。右庶子捧册，左庶子捧寶，導皇太子入殿。右庶子奠册于受册

案，左庶子奠寶于受寶案。引節引主節立于殿西北，引贊引太尉以下降階復位，北向立。承奉班都知唱曰「太尉以下皆再拜」，掌儀贊曰「鞠躬」，曰「拜」，曰「興」，曰「拜」，曰「興」，曰「平身」。樂作。侍儀使詣太尉前請進酒，太尉入至殿內，進酒畢，降復位。樂止。

侍儀使、禮儀使、主節導太尉以下還詣大明殿御座前，跪奏曰：「奉制授皇太子冊寶，謹以禮畢。」俛伏興，降詣位。侍儀使、左右庶子導皇太子詣大明殿御座前謝恩，右庶子贊曰「拜」，曰「興」，曰「拜」，曰「興」。進酒，又贊曰「拜」，曰「興」，曰「拜」，曰「興」。降殿，還府。

侍儀使詣右丞相前請進酒，雙引升殿，至宇下褥位立，侍儀使分左右，北向立。俟前行色曲將半，舞旋列定，通贊唱曰「分班」。樂作。侍儀使、右丞相由南東門入，宣徽使奉隨至御榻前。右丞相跪，宣徽使立于東南。曲終。右丞相祝贊曰：「皇太子冊寶禮畢，臣等不勝慶抃，同上皇帝、皇后萬萬歲壽。」宣徽使應曰：「如所祝。」右丞相俛伏興，退詣進酒位。進酒、進表章禮物、贊拜，如元正儀。駕興，鳴鞭三。侍儀使導駕還寢殿，如來儀。

皇太子還府，陞殿。典引引羣臣入就起居位，通班，自班西行至中道，唱曰「具官某以下起居」，典引贊曰「鞠躬」，曰「平身」。進就拜位，宣贊唱曰「拜」，通贊贊曰「鞠躬」，曰「拜」，曰「興」，曰「拜」，曰「興」，曰「平身」。侍儀使詣班首前請進酒，雙引由左階至殿宇下褥位立，

侍儀分左右，北向立。俟前行色曲將半，舞旋列定，通贊唱曰「分班」。班首入自左門，右庶子隨至座前。班首跪，右庶子立于東南。俟曲終，班首致祝詞曰：「冊寶禮畢，願上殿下千秋之壽。」右庶子應曰：「如所祝。」班首俛伏興，退至進酒位，搢笏，捧觴，北向立，右庶子退復位。俟舞旋至露階，樂舞至第四拍，班首進酒。宣贊唱曰「文武百僚皆再拜」，通贊贊曰「鞠躬」，曰「拜」，曰「興」，曰「拜」，曰「興」，曰「平身」。班首自東門出，復位。樂止。通贊唱曰「合班」。中書押進箋及禮物案至橫階下，進讀箋官由左階隮，進讀禮物官至階下。俟進讀箋官至宇下，先讀箋目，次讀箋，讀畢，俛伏興，降至階下。進讀禮物官升階，至宇下，跪讀禮物狀畢，俛伏興，退，同讀箋官至橫階，隨箋案西行，至右廡下，禮物案東行，至左廡下，各付所司。宣贊唱曰「拜」，通贊贊曰「鞠躬」，曰「拜」，曰「興」，曰「拜」，曰「興」，曰「平立」。右庶子導皇太子還閤。

太皇太后上尊號進冊寶儀

前期二日，儀鸞司設進發冊寶案于大明殿御座之前，掌謁設進冊寶案于太皇太后殿座榻前，設受冊寶案于座榻上，並冊西寶東。侍儀司設冊使副位于廷中，北面，冊官位右，寶官位左，禮儀使位于前，以北爲上。太皇太后殿廷亦如之。

至期大昕，羣臣皆公服，敍位闕前。侍儀使、禮儀使、引冊使，引冊、奉冊、舉冊、讀冊、捧冊官，由月華門入。侍儀使、禮儀使、引冊副，引寶、奉寶、舉寶、讀寶、捧寶官，由日精門入。至露階下，依板位立。侍儀使捧牙牌入至寢殿前，跪報外辦，內侍入奏，出傳制曰「可」，侍儀使俛伏興。皇帝出閤升輦，鳴鞭三；入大明殿，陞御座，鳴鞭三。司晨報時雞唱畢，侍儀使、禮儀使、引冊使以下陞自東階，由左門入，至御榻前，相向立。掌儀贊曰「奏中嚴」，侍儀使捧牙牌跪奏曰「中嚴」，又贊曰「就拜」，曰「興」，曰「平身」，曰「復位」，曰「禮儀使稍前跪」，曰「冊使以下皆跪」。禮儀使奏請進發太皇太后冊寶，掌儀贊曰「就拜」，曰「興」，曰「平身」，曰「復位」，曰「內謁者稍前」，曰「搢笏，奉冊寶上進」，曰「冊使副、捧冊寶官稍前」，曰「搢笏」，曰「內謁者跪進冊寶」。皇帝興，以冊授冊使，冊使跪受，興，以授捧冊官，出笏；以寶授冊副，冊副跪受，興，以授捧寶官，出笏。侍儀使、禮儀使、引冊、引寶官，導冊寶由正門出，冊使以下奉隨，至階下。掌儀贊曰「以冊寶置于案」，曰「出笏，復位」。方輿舁行，樂作。侍儀使、禮儀使、引冊、引寶前導，冊使以下奉隨，至興聖宮前，奠案，樂止。

侍儀使以導從入至太皇太后寢殿前，跪報外辦。掌謁入啓，出傳旨曰「可」，侍儀使俛伏興。侍儀使、掌謁前導太皇太后陞殿。導太皇太后時，侍儀使入至大明殿，跪奏冊寶至興聖宮，請行禮。駕興，鳴鞭三，侍儀使前引導從至興聖宮，陞御座。侍儀使出，至案所，樂

作。方輿入，至露階下奠案。冊使副立于案前，冊官東向，寶官西向。方輿分退，立于兩廡，樂止。

尚引引殿前班入起居位，相向立，起居拜舞，如元正儀。禮畢，宣贊唱曰「各恭事」，贊引冊使以下退至起居位。通班舍人唱曰「攝某官具官或太尉，具官無常。臣某以下起居」，引贊贊曰「鞠躬」，曰「平身」。進入丹墀，知班唱曰「班齊」，宣贊唱曰「拜」，通贊贊曰「鞠躬」，曰「拜」，曰「興」，曰「拜」，曰「興」，曰「平身」，宣贊唱曰「各恭事」。進至案前，依位立。宣贊唱曰「太尉以下進上冊寶」，掌儀贊曰「捧冊寶官稍前，搢笏，捧冊寶」。侍儀使引冊寶官前導，冊使奉隨，至御榻，進冊寶案前。掌儀唱曰「跪」，捧冊寶官不跪，〔三〕曰「以冊寶置于案」，曰「捧冊寶官出笏復位」，曰「太尉以下皆跪」，曰「讀、舉冊寶官興，俱至案前跪」。掌儀贊曰「舉冊官搢笏，取冊于匣，置于盤，對舉」。曰「讀冊」，讀冊官稱臣某謹讀冊。讀畢，舉冊官納冊于匣。掌儀贊曰「出笏」，曰「舉寶官搢笏，取寶于盝，對舉」。曰「讀寶」，讀寶官稱臣某謹讀寶。讀畢，舉寶官納寶于盝。掌儀贊曰「出笏」，曰「就拜」，曰「興」，曰「平身」，曰「衆官皆興」，曰「復位」。曰「太尉、司徒、奉冊寶官稍前」，曰「捧冊寶官稍前」，曰「搢笏」，曰「捧冊寶上進」，曰「皇帝躬授太皇太后冊寶」，太皇太后以冊寶授內掌謁，內掌謁置于案。皇帝興，進酒。太皇太后舉觴飲畢，皇帝復御座畢，掌儀贊曰「衆官皆復位」。侍儀使、引冊使以

中華書局

下,分左右,出就位。皇帝率皇后及后妃、公主,降丹墀,北面拜賀,陞殿。皇太子及諸王拜賀,陞殿。典引引百官入就起居位,通班舍人唱曰「文武百僚具官臣某以下起居」,曰「鞠躬」,曰「平身」,引至丹墀拜位。知班報班齊,宣贊唱曰「拜」,通贊贊曰「鞠躬」,曰「拜」,曰「興」,曰「拜」,曰「興」,曰「平身」。侍儀使詣班首前請進酒,雙引至殿宇下褥位立,俟舞旋列定,通贊唱曰「分班」,樂作。侍儀使引班首由南東門入,宣徽使奉隨,至御榻前,班首跪,曲終。班首祝贊曰:「冊寶禮畢,臣等不勝欣抃,願上太皇太后、皇帝億萬歲壽。」宣徽使應曰:「如所祝。」班首俛伏興,退詣進酒位。以下並同元正儀。

皇太后上尊號進冊寶儀 同前儀。

太皇太后加上尊號進冊寶儀 同前儀。

進發冊寶導從

清道官二人,警蹕二人,並分左右,皆攝官,服本品朝服。雲和樂一部:署令二人,分左右。次前行戲竹二,次排簫四,次簫管四,次板二,次歌四,並分左右。前行內琵琶二十,次箏十六,次箜篌十六,次蓁十六,次方響八,次頭管二十

八,次龍笛二十八,爲三十三重。重四人。次仗鼓三十,爲八重。次板八,爲四重。板內大鼓二,工二人,舁八人。樂工服並與鹵簿同。法物庫使二人,服本品服。次朱團扇八,爲二重。次小雉扇八,次中雉扇八,次大雉扇八,分左右,爲十二重。次朱團扇八,爲二重。次大傘二,次華蓋二,次紫方傘二,次紅方傘二,次曲蓋二,並分左右。執傘扇所服,並同立仗。

圍子頭一人,中道。次圍子八人,分左右。服與鹵簿內同。

安和樂一部:署令二人,服本品服。札鼓六,爲二重,前四後二。次和鼓一,中道。次板二,分左右。次龍笛四,次頭管四,並爲二重。次羌管二,次笙二,並分左右。次雲璈一,中道。次蓁二,分左右。樂工服與鹵簿內同。

傘一,中道。椅左,踏右。執人,皂巾,大團花緋錦襖,金塗銅束帶,行縢鞋韈。

拱衞使一人,服本品服。

舍人二人,次引寶官二人,並分左右,服四品服。

香案,中道。輿士控鶴八人,服同立仗內表案輿士。侍香二人,分左右,服四品服。

寶案,中道。輿士控鶴十有六人,服同香案輿士。方輿官三十人,夾香案寶案,分左右而趨。至殿門,則控鶴退,方輿官舁案以陞。唐巾,紫羅窄袖衫,金塗銅束帶,烏靴。

引冊二人,四品服。

香案,中道。輿士控鶴八人,服同寶案輿士。侍香二人,分左右,服四品服。

冊案,中道。輿士控鶴十有六人,服同寶案輿士。方輿官三十人,夾香案冊案,分左右而趨。至殿門,則控鶴退,方輿官舁案以陞。巾服與寶案方輿官同。

葆蓋四十人,次閱仗舍人二人,服四品服。次小戟四十人,次儀鍠四十人,夾雲和樂傘扇,分左右行,服同立仗。

(供)〔拱〕衞使二人,〔三〕服本品朝服。次班劍十,次梧杖十二,次斧十二,次鐙杖二十,次列絲十,皆分左右。次水甖左,金盆右。次列絲十,次立瓜十。次金杌左,鞭桶右,蒙鞍左,(散)〔繖〕手右。〔四〕次立瓜十,次臥瓜三十,並夾葆蓋、小戟、儀鍠,分左右行。服並同鹵簿內。

拱衞外舍人二人,服四品服,引導冊諸官。次從九品以上,次從七品以上,次從五品以上,並本品朝服。

金吾折衝二人,牙門旗二,每旗引執五人。次青矟四十人,赤矟四十人,黃矟四十人,白矟四十人,紫矟四十人,並兜鍪甲靴,各隨矟之色,行導冊官外。

冊案後舍人二人,服四品服。次太尉右,司徒左。次禮儀使二人,分左右。次舉冊官

四人右,舉寶官四人左。次讀冊官二人右,讀寶官二人左。次閤門使四人,分左右,並本品服。

知班六人,分左右,服同立仗,往來視諸官之失儀者而行罰焉。

冊寶攝官

上尊號冊寶,凡攝官二百(一)〔五〕十有六人:〔五〕奉冊官四人,奉寶官四人,捧冊官二人,捧寶官二人,讀冊官二人,讀寶官二人,引冊官五人,引寶官五人,典瑞官三人,糾儀官四人,殿中侍御史二人,監察御史四人,閤門使三人,清道官四人,點試儀衞五人,司香四人,備顧問七人,代禮官三十人,拱衞使二人,押仗二人,方輿〔官〕一百六十人。〔六〕

上皇太后冊寶,凡攝官〔二〕百五十人:〔七〕攝太尉一人,攝司徒一人,禮儀使四人,奉冊官二人,奉寶官二人,引冊官二人,引寶官二人,舉冊官二人,舉寶官二人,讀冊官二人,讀寶官二人,捧冊官二人,捧寶官二人,奏中嚴一人,主當內侍十人,閤門使六人,充內臣十三人,糾儀官四人,代禮官四十二人,掌謁四人,司香十二人,折衝都尉二人,拱衞使二人,清道官四人,警蹕官四人,方輿官百二十人。

上太皇太后冊寶攝官,同前。

授皇后册寶，凡攝官百八十人：攝太尉一人，攝司徒一人，主節官二人，禮儀使四人，奉册官二人，奉寶官二人，引册官二人，引寶官二人，舉册官二人，舉寶官二人，讀册官二人，讀寶官二人，內臣職掌十人，宣徽使二人，閤門使四人，代禮官三十七人，侍香二人，清道官四人，折衝都尉二人，警蹕官四人，中宮內臣九人，糾儀官四人，接册內臣二人，接寶內臣二人，方輿官七十四人。

授皇太子册，凡攝官四十有九人：攝太尉一人，奉册官二人，持節官一人，捧册官二人，讀册官二人，引册官二人，攝禮儀使二人，主當內侍六人，副持節官五人，侍從官十一人，〔八〕代禮官十六人。

攝行告廟儀 如受尊號，上太皇太后、皇太后册寶，册立皇后、皇太子，凡國家大典禮，皆告宗廟。

前期二日，太廟令掃除內外，翰林國史院學士譔寫祝文。前一日，告官等致齋一日。其日，告官等各服紫服，奉祝版，進請御署訖，差控鶴，用紅羅銷金案擡舁，覆以黃羅帕，并奉御香、御酒，如常儀，迎至祀所齋宿。告日質明前三刻，禮直官引太廟令，率其屬入廟殿，開室，陳設如儀。禮直官引告官等，各服紫服，以次入就位，東向立定。禮直官稍前，贊曰「有司謹具，請行事」。贊者曰「再拜」，在位者皆再拜。禮直官先引執事者各就位，次引告

官詣盥洗、爵洗位，北向立。搢笏，盥手，帨手，洗爵，拭爵訖，執笏，請詣酒尊所，搢笏，執爵，司尊者舉冪，良醞令酌酒，以爵授奉爵官，執笏，詣太祖室，再拜。執事者奉香，告官搢笏跪，三上香，執爵三祭酒，以虛爵授奉爵官，執笏，俛伏興。舉祝官搢笏跪，對舉祝版，讀祝官跪讀祝文訖，奠祝於案，執笏，俛伏興。禮直官、贊告官再拜畢，每室並如上儀。告畢，引告官以下降，復位。再拜訖，詣望瘞燔祝，再拜，半燎，告官以下皆退。

國史院進先朝實錄儀

是日大昕，諸司官具公服，立于光天門外，侍儀使引實錄案以入，監修國史以下奉隨，至光天殿前，分班立，皇帝陞御座。宣贊唱曰「拜」，通贊贊曰「鞠躬」，曰「拜」，曰「興」，曰「拜」，曰「興」，曰「平身」。待制四人奉實錄，陞自午階，監修國史以下奉隨，至御前香案南立，衆官降，復位。應奉翰林文字陞，至實錄前，跪讀表，讀畢，俛伏興，復位。翰林學士承旨陞，至御前，分班立，俟御覽畢，降復位。宣贊唱曰「監修國史以下皆再拜」，通贊贊曰「鞠躬」，曰「拜」，曰「興」，曰「拜」，曰「興」，曰「平身」。待制陞，取實錄，降自午階，置于案，由光天門以出，音樂儀從前導，還國史院，置于堂上。通贊贊曰「鞠躬」，曰「拜」，曰「興」，曰「拜」，曰「興」，曰「平身」，曰「搢笏」，曰「上香」，曰「上香」，曰「三上香」，曰「出笏」，曰「就拜」，曰「興」，曰「拜」，曰「興」，曰「拜」，曰「興」，曰「平立」。百僚趨退。

校勘記

〔一〕侍儀〔使〕俛伏興　按上下文皆作「侍儀使」，據補。

〔二〕捧册寶官不跪　按上文册立皇后儀，「以册寶跪置于案」；册立皇太子儀，「捧册寶官跪以册寶置于案」。而于册太皇太后則云「不跪」，疑此處有誤。王圻續通考「不」作「皆」。

〔三〕（供）〔拱〕衞使二人　從道光本改。

〔四〕（㪚）〔繖〕手　據本書卷七九輿服志改。

〔五〕凡攝官二百（一）〔五〕十有六人　按總計以下所列攝官人數爲二百五十六人。王圻續通考作「二百五十有六人」，從改。

〔六〕方輿〔官〕一百六十人　按下文「方輿官」屢見，據補。

〔七〕凡攝官〔二〕百五十人　按總計下列攝官人數爲二百五十人，此脫「二」字。王圻續通考作「二百五十人」，從補。

〔八〕侍從官十一人　按上文言「凡攝官四十有九人」，侍從官爲其中之一類。若侍從官爲十一人，則較攝官總數多一人。王圻續通考作「十人」，疑是。

元史卷六十八

志第十九

禮樂二

制樂始末

太祖初年，以河西高智耀言，徵用西夏舊樂。太宗十年十一月，宣聖五十一代孫衍聖公元措來朝，言于帝曰：「今禮樂散失，燕京、南京等處，亡金太常故臣及禮册、樂器多存者，乞降旨收錄。」於是降旨，令各處管民官，如有亡金知禮樂舊人，可并其家屬徙赴東平，令元措領之，於本路稅課所給其食。十一年，元措奉旨至燕京，得金掌樂許政、掌禮王節及樂工翟剛等九十二人。十二年夏四月，始命製登歌樂，肄習于曲阜宣聖廟。十六年，太常用許政所舉大樂令苗蘭詣東平，〔一〕指授工人，造琴十張，一絃、三絃、五絃、七絃、九絃者各二。憲宗二年三月五日，命東平萬戶嚴忠濟立局，製冠冕、法服、鐘磬、筍簴、儀物肄習。五

月十三日，召太常禮樂人赴日月山。八月七日，學士魏祥卿、徐世隆，郎中姚樞等，以樂工李明昌、許政、吳德、段楫、寇忠、杜延年、趙德等五十餘人，見于行宮。帝問制作禮樂之始，世隆對曰：「堯、舜之世，禮樂興焉。」時明昌等各執鐘、磬、笛、簫、篪、塤、巢笙，於帝前奏之。曲終，復合奏之，凡三終。十一日，始用登歌樂祀昊天上帝于日月山。祭畢，命驛送樂工還東平。

三年，時世祖居潛邸，命勾當東平府公事宋周臣兼領大樂禮官、樂工人等，常令肄習，仍令萬戶嚴忠濟依已降旨存恤。六年夏五月，世祖以潛邸次灤州，下教命嚴忠濟督宋周臣以所得禮樂舊人肄習，宜如故事勉行之，毋忽。冬十有一月，敕樂工老不堪任事者，以子孫代之，不足者，以他戶補之。

中統元年春正月，命宣撫廉希憲等，召太常禮樂人至燕京。夏六月，命許唐臣等製樂器、公服、法服。秋七月七日，工畢。十一日，用新製雅樂，享祖宗于中書省。禮畢，賜預祭官及禮樂人百四十九人鈔有差。八月，命太常禮樂人復還東平。二年秋九月，敕太常少卿王鏞領東平樂工，常加督視肄習，以備朝廷之用。

五年，太常寺言：「自古帝王功成作樂，樂各有名，盛德形容，於是乎在。伏覩皇上踐阼以來，留心至治，聲名文物，思復承平之舊。首敕有司，修完登歌、宮縣、八佾樂舞，以備郊廟之用。若稽古典，宜有徽稱。謹案歷代樂名，黃帝曰咸池，龍門、大卷，少昊大淵，顓頊六莖，高辛五英，唐堯大咸、大章，虞舜大韶，夏禹大夏，商湯大濩，周武大武。降及近代，咸有厥名。宋總名曰大晟，金總名曰大和。今採輿議，權以數名，伏乞詳定。曰大成，按尚書『簫韶九成，鳳凰來儀』。樂記曰『王者功成作樂』，詩云『展也大成』。曰大明，按白虎通言『如唐堯之德，能大明天人之道』。曰大順，易曰『天之所助者順』，又曰『順乎天而應乎人』。曰大同，樂記曰『樂者爲同，禮者爲異』。禮運曰『大道之行也，故人不獨親其親，不獨子其子，是之謂大同』。曰大豫，易曰『豫順以動，故天地如之』。象曰『雷出地奮，豫。先王以作樂崇德，殷薦之上帝，以配祖考』。」中書省遂定名曰大成之樂，乃上表稱賀。表曰：「離日中天，已覩文明之化；豫雷出地，又聞正大之音。神人以和，祖考來格。欽惟皇帝陛下，潤色洪業，游意太平，爰從龍邸之潛，久敬鳳儀之奏。及登寶位，申命鼎司，謂雖陳堂上之登歌，而尚闕庭前之佾舞。方嚴禋祀，當備聲容。屬天語之一宣，迺春官之畢會。臣等素無學術，徒有汗顏。聿求舊署之師工，仍討累朝之典故。按圖索器，永言和聲，較鐘律於積黍之中，續琴調於絕絃之後。金而模，石而琢，簴斯堅，筍斯橫，合八音而克諧，閱三歲而始就。列文武兩階之干羽，象帝王四面之宮庭，一洗哇淫之聲，可謂盛大之舉。既完雅器，未錫嘉名。蓋聞軒、昊以來，俱有咸、雲之號，莖、英、章、韶以象德，夏、濩、武、勺以表功。洪惟國朝，誕受

天命，地大物鉅，人和歲豐。宜符古記之文，稱曰大成之樂。漢庭聚議，作章敢望於一夔；舜殿鳴弦，率舞願觀於百獸。」

至元元年冬十有一月，括金樂器散在寺觀民家者。先是，括到燕京鐘、磬等器，凡三百九十有九事，下翟剛辨驗給價。至是，大興府又以所括鐘、磬樂器十事來進。太常因言：「亡金散失樂器，若止於燕京拘括，似爲未盡，合於各路寺觀民家括之，庶省鑄造。」於是奏檄各道宣慰司，括到鐘三百六十有七，磬十有七，錞一，送于太常。又中都、宣德、平灤、順天、河東、眞定、西京、大名、濟南、北京、東平等處，括到大小鐘、磬五百六十有九。其完者，景鐘二，鎛鐘十六，大聲鐘十，中聲鐘一，少聲鐘二十有七，編鐘百五十有五，編磬七。其不完者，景鐘四，鎛鐘二十有三，大聲鐘十有三，中聲鐘一，少聲鐘四十有五，編鐘二百五十有一，編磬十有四。

三年，初用宮縣、登歌樂、文武二舞于太廟。先是，東平萬戶嚴（光）〔忠〕範奏：〔二〕「太常登歌樂器樂工已完，宮縣樂、文武二舞未備，凡用人四百一十二，請以東平漏籍戶充之，合用樂器，官爲置備。」制可。命中書省臣議行。於是中書命左三部、太常寺、少府監，於興禪寺置局，委官楊天祐、太祝郭敏董其事，大樂正翟剛辨驗音律，充收受樂器官。丞相耶律鑄又言：「今製宮縣大樂，內編磬十有二簴，宜於諸處選石材爲之。」太常寺以新撥宮縣樂工、

文武二舞四百一十二人，未習其藝，遣大樂令許政往東平敎之。大樂署言：「堂上下樂舞官員及樂工，合用衣服、冠冕、鞾履等物，乞行製造。」中書禮部移準太常博士，議定制度，下所屬製造。宮縣樂器既成，大樂署郭敏開坐名數以上：編鐘、磬三十有六簴，樹鼓四，建鞞、應同一座。晉鼓一，路鼓二，鼗鼓二，相鼓二，雅鼓二，柷一，敔一，笙二十有七，巢和竽。塤八，篪、簫、籥、笛各十，琴二十有七，瑟十有四，單鐸、雙鐸、鐃、錞、鉦、麾、旌、纛各二，補鑄編鐘百九十有二，靈璧石磬如其數。省臣言：「太廟殿室向成，宮縣樂器咸備，請徵東平樂工，赴京師肄習，以俟享廟。」制可。秋七月，新樂服成，樂工至自東平，敕翰林院定撰八室樂章，大樂署編運舞節，俾肄習之。

冬十有一月，有事于太廟，宮縣、登歌樂、文武二舞咸備。其迎送神曲曰來成之曲，烈祖曰開成之曲，太祖曰武成之曲，太宗曰文成之曲，皇伯考朮赤曰弼成之曲，皇伯考察合帶曰協成之曲，睿宗曰明成之曲，定宗曰熙成之曲，憲宗曰威成之曲。初獻、升降曰肅成之曲，司徒奉俎曰嘉成之曲，文舞退、武舞進曰和成之曲，亞終獻、酌獻曰順成之曲，徹豆曰豐成之曲。文舞曰武定文綏之舞，武舞曰內平外成之舞。第一成象滅王罕，二成破西夏，三成克金，四成收西域、定河南，五成取西蜀、平南詔，六成臣高麗、服交趾。詳見樂舞篇。

十有二月，籍近畿儒戶三百八十四人爲樂工。先是，召用東平樂工凡四百一十二人。

中書以東平地遠，惟留其戶九十有二，餘盡遣還，復入民籍。

十一年秋八月，製內庭曲舞。中書以上皇帝冊寶，下太常太樂署編運無射宮大寧等曲，及上壽曲譜。當時議殿庭用雅樂，後不果用。

十三年，以近畿樂戶多逃亡，僅得四十有二，復徵用東平樂工。十六年冬十月，命太常卿忽都于思召太常樂工。是月十一日，大樂令完顏椿等以樂工見于香閣，文郎魏英舞迎神黃鍾〔宮〕曲，〔三〕武郎安仁舞亞獻無射宮曲。十八年冬十月，昭睿順聖皇后將祔廟，製昭睿順聖皇后室曲舞。

十九年，王積翁奏請徵亡宋雅樂器至京師，置於八作司。二十一年，大樂署言「宜付本署收掌」，中書命八作司與之。鑄鐘二十有七，編鐘七百二十有三，特磬二十有二，編磬二十有八，鐃六，單鐸、雙鐸各五，鉦、錞各八。二十二年冬閏十有一月，太常卿忽都于思奏：「大樂見用石磬，聲律不協。稽諸古典，磬石莫善於泗濱，女直未嘗得此。今泗在封疆之內，宜取其石以製磬。」從之。選審聽音律大樂正趙榮祖及識辨磬材石工牛全，詣泗州採之，得磬璞九十，製編磬二百三十。命大樂令陳革等料簡，應律者百有五。二十三年，忽都于思又奏：「太廟樂器，編鐘、笙匏，歲久就壞，音律不協。」遂補鑄編鐘八十有一，合律者五十，造笙匏三十有四。二十九年四月，太常太卿香山請采石增製編磬，遣孔鑄馳驛往泗州，

得磬璞五十八，製磬九十。大樂令毛莊等審聽之，得應律磬五十有八，於是編磬始備。

三十年夏六月，初立社稷，命大樂許德良運製曲譜，翰林國史院撰樂章。其降送神曰鎮寧之曲，初獻、盥洗、升壇、降壇、望瘞位皆肅寧之曲，正配位奠玉幣曰億寧之曲，司徒奉俎徹豆曰豐寧之曲，正配位酌獻曰保寧之曲，亞終獻曰咸寧之曲。按祭社稷、先農及大德六年祀天地五方帝，樂章皆用金舊名。釋奠宣聖，亦因宋不改。詳樂章篇。三十一年，世祖、裕宗祔廟，命大樂署編運曲譜舞節，翰林定撰樂章。世祖室曰混成之曲，裕宗室曰昭成之曲。

成宗大德九年，新建郊壇既成，命大樂署編運曲譜舞節，翰林撰樂章。十一月二十八日，祀圜丘用之。其迎送神曰天成之曲，初獻奠玉幣曰欽成之曲，酌獻曰明成之曲，登降曰隆成之曲，亞終酌獻曰和成之曲，奉饌徹豆曰寧成之曲，望燎如登降，惟用黃鍾宮。文舞曰崇德之舞，武舞曰定功之舞。

十年命江浙行省製造宣聖廟樂器，以宋舊樂工施德仲審較應律，運至京師。秋八月，用于廟祀宣聖。先令翰林新撰樂章，命樂工習之。降送神曰凝安之曲，初獻、盥洗、升殿、降殿、望瘞皆同安之曲，奠幣曰明安之曲，奉俎曰豐安之曲，酌獻曰成安之曲，亞終獻曰文安之曲，徹豆曰娛安之曲。蓋舊曲也，新樂章不果用。

十一年，武宗卽位，祭告天地，命大樂署編運皇地祇酌獻大呂宮一曲及舞節，翰林譔樂

章。無曲名。九月，順宗、成宗二室祔廟，下大樂署編運曲譜舞節，翰林譔樂章。順宗室曰慶成之曲，成宗室曰守成之曲。

至大二年，親享太廟。皇帝入門奏順成之曲，盥洗、升殿用至元中初獻升降肅成之曲，亦曰順成之曲，出入小次奏昌寧之曲，迎神用至元中來成之曲，改曰思成，初獻、攝太尉盥洗、升殿奏肅寧之曲，酌獻太祖室仍用舊曲，改名開成，開成本至元中烈祖曲名，其詞則太祖舊曲也。睿宗室仍用舊曲，改名武成，此亦至元中太祖曲名，其詞則「神祖創業」以下仍舊。皇帝飲福、登歌奏釐成之曲，新製曲。文舞退、武舞進仍用舊曲，改名肅寧，舊名和成，其詞「天生五材，孰能去兵」以下是也。亞終獻、酌獻仍用舊曲，改名肅寧，舊名順成，其詞「幽明精禋」以下是也。徹豆曰豐寧之曲，舊名豐成，詞語亦異。送神曰保成之曲，皇帝出廟廷亦曰昌寧之曲。太常集禮曰：「樂章據孔思逮本錄之。國朝樂章皆用成字，凡用寧字者，金曲也。國初禮樂之事，悉用前代舊工，循習故常，遂有用其舊者。亦有不用其詞，而冒以舊號者，如郊祀先農等樂是也。」

冬十有二月，始製先農樂章，以太常登歌樂祀之。先是，有命祀先農以登歌樂，如祭社稷之制。大樂署言「禮祀先農如社」，遂錄祭社林鐘宮鎮寧等曲以上，蓋金曲也。三年冬十月，置曲阜宣聖廟登歌樂。初，宣聖五十四代孫左三部照磨思逮言：「闕里宣聖祖廟，釋奠行禮久闕，祭服登歌之樂，未蒙寵賜。如蒙移咨江浙行省，於各處贍學祭餘子粒內，製造登

歌樂器及祭服，以備祭祀，庶盡事神之禮。」中書允其請，移文江浙製造。至是，樂器成，運赴闕里用之。十有一月，敕以二十三日冬至，祀昊天上帝于南郊，配以太祖，令大樂署運製配位及親祀曲譜舞節，翰林譔樂章。皇帝出入中壝黃鍾宮曲二，盥洗黃鍾宮曲一，升殿登歌大呂宮曲一，酌獻黃鍾宮曲一，飲福登歌大呂宮曲一，出入小次黃鍾宮曲一。皆無曲名。四年夏六月，武宗祔廟，命樂正謝世寧等編曲譜舞節，翰林侍講學士張士觀譔樂章，曲名威成之曲。

仁宗皇慶二年秋九月，用登歌樂祀太上皇睿宗。于眞定玉華宮。自是歲用之，至延祐七年春三月奏罷。延祐五年，命各路府宣聖廟置雅樂，選擇習古樂師教肄生徒，以供春秋祭祀。六年秋八月，議置三皇廟樂，不果行。七年，仁宗祔廟，命樂正劉瓊等編運酌獻樂譜舞節，翰林譔樂章，曲名曰歆成之曲。英宗至治二年冬十月，用登歌樂于太廟。是月，英宗祔廟，〔四〕下大樂署編運樂譜舞節，翰林譔樂章，曲曰獻成之曲。文宗天曆二年春三月，明宗祔廟，〔五〕下大樂署編運樂譜舞節，翰林定譔樂章，曲曰永成之曲。

登歌樂器

金部

編鍾一簴，鍾十有六，範金爲之。筍簴橫曰筍，植曰簴。皆雕繪樹羽，塗金雙鳳五，中列博山，崇牙十有六，縣以紅絨組。簴趺青龍籍地，以綠油臥梯二，加兩跗焉。筍兩端金螭首，銜鍮石(璧)〔璧〕翣，〔六〕五色銷金流蘇，絛以紅絨維之。鐵杙者四，所以備欹側。在太室以礙地甓，因易以石麟。簴額識以金飾篆字。擊鍾者以茱萸木爲之，合竹爲柄。凡鍾，未奏，覆以黃羅，雨，覆以油絹。磬亦然。元初，鐘用宋、金舊器，其識曰「大晟」、「大和」、「景定」者是也。後增製，兼用之。

石部

編磬一簴，磬十有六，石爲之。縣以紅絨紃，簴跗狻猊。捎磬者，以牛角爲之。餘筍簴、崇牙、樹羽、(璧)〔璧〕翣、流蘇之制，並與鐘同。元初，磬亦用宋、金舊器。至元中，始采泗濱靈壁石爲之。

絲部

琴十，一絃、三絃、五絃、七絃、九絃者各二。斲桐爲面，梓爲底，冰絃，木軫，漆質，金徽。長三尺九寸。首闊五寸二分，通足中高二寸七分，旁各高二寸；尾闊四寸一分，通足中高二寸，旁各高一寸五分。俱以黃綺夾囊貯之。琴卓髹以綠。

瑟四。其制，底面皆用梓木，面施采色，兩端繪錦。長七尺。首闊尺有一寸九分，通足中高四寸，旁各高三寸；尾闊尺有一寸七分，通足中高五寸，旁各高三寸五分。朱絲爲絃，凡二十有五，各設柱，兩頭有孔，疏通相連。以黃綺夾囊貯之。架四，髹以綠，金飾鳳首八。

竹部

簫二，編竹爲之。每架十有六管，闊尺有六分。黑捻金鸞鳳爲飾，鍮石釘鉸。以黃絨紃維於人項，左右復垂紅絨條結。架以木爲之，高尺有二寸，亦號排簫。韜以黃囊。

笛二，斷竹爲之。長尺有四寸，七孔，亦號長笛。纏以朱絲，垂以紅絨條結。韜以黃囊。

籥二，制如笛，三孔。纏以朱絲，垂以紅絨條結。韜以黃囊。

簴二，髹色如桐葉，七孔。纏以朱絲，垂以紅絨條結。韜以黃囊。

匏部

巢笙四，和笙四，七星匏一，九曜匏一，閏餘匏一，皆以班竹爲之。玄髹底，置管匏中，施簧管端，參差如鳥翼。大者曰巢笙，次曰和笙，管皆十九，簧如之。十三簧者曰閏餘匏，九簧者曰九曜匏，七簧者曰七星匏。皆韜以黃囊。

土部

塤二，陶土爲之。圍五寸半，長三寸四分，形如稱錘。六孔，上一，前二，後三。韜以黃囊。

革部

搏拊二，制如鼓而小，中實以糠，外髹以朱，繪以綠雲，繫以青絨條。兩手用之，或搏或拊，以節登歌之樂。

木部

柷一，以桐木爲之，狀如方桶，繪山於上，髹以粉，旁爲圓孔，納椎於中。椎以杞木爲之，撞之以作樂。

敔一，製以桐木，狀如伏虎，彩繪爲飾，背有二十七鉏鋙刻，下承以槃。用竹長二尺四寸，破爲十莖，其名曰籈，櫟其背以止樂。

宮縣樂器

金部

鎛鐘十有二簴，簴一鐘，制視編鐘而大，依十二辰位特縣之，亦號辰鐘。筍簴朱髹、塗金，彩繪飛龍。趺東青龍，西白虎，南赤豸，北玄麟。素羅五色流蘇。餘制並與編鐘同。

編鐘十有二簴，簴十有六鐘，制見登歌。此下樂器制與登歌同者，皆不重載。

石部

編磬十有六簴，簴十有二磬，制見登歌。筍簴與鎛鐘同。

絲部

琴二十有七，一絃者三，三絃、五絃、七絃、九絃者各六。

瑟十有二。

竹部

簫十，籥十，篪十，笛十。

匏部

巢笙十。

竽十，竹爲之。與巢笙皆十九簧，惟指法各異。

七星匏一，九曜匏一，閏餘匏一。

土部

塤八。

革部

晉鼓一，長六尺六寸，面徑四尺，圍丈有二尺，穹隆者居鼓面三之一，穹徑六尺六寸三分寸之一。面繪雲龍爲飾，其皐陶以朱髹之，下承以彩繪趺座，并鼓高丈餘。在郊祀者，鞔以馬革。

樹鼓四，每樹三鼓。其制高六尺六寸，中植以柱，曰建鼓。柱末爲翔鷺，下施小圓輪。又爲重斗，方蓋，並繚以彩繪。四角有竿，各垂璧翣流蘇，下以青狻猊四爲趺。建旁挾二小鼓，曰鞞，曰應，樹樂縣之四隅。路床、鼓桴，並髹以朱。

雷鼓二，制如鼓而小，鞔以馬革，持其柄播之，旁耳自擊。郊祀用之。

雷鼗二，亦以馬革鞔之，爲大小鼓三，交午貫之以柄。郊祀用之。

路鼓二，制如雷鼓，惟非馬革。祀宗廟用之。

路鼗二，其制爲小大二鼓，午貫之，旁各有耳，以柄搖之，耳往還自擊，不以馬革。祀宗廟用之。

木部

柷一，敔一。

節樂之器

麾一，製以絳繒，長七尺，畫升龍於上，以塗金龍首朱杠縣之。樂長執之，舉以作樂，偃

以止樂。

照燭二，以長竿置絳羅籠於其末，然燭於中。夜暗，麾遠難辨，樂正執之，舉以作樂，偃以止樂。

文舞器

纛二，制若旌幢，高七尺，杠首刻象牛首，下施朱繒蓋爲三重，以導文（武）〔舞〕（七）。

籥六十有四，木爲之。象籥之制，舞人所執。

翟六十有四，木柄，端刻龍首，飾以雉羽，綴以流蘇。舞人所執。

武舞器

旌二，制如纛，杠首栖以鳳，以導武舞。

干六十有四，木爲之，加以彩繪。舞人所執。

戚六十有四，制若劍然。舞人所執。禮記注「戚，斧也」。今制與古異。

金錞二，範銅爲之，中虛，鼻象狻猊，木方趺。二人轝錞，築於趺上。

金鉦二，制如銅槃，縣而擊之，以節樂。

金鐃二，制如火斗，有柄，以銅爲匡，疏其上如鈴，中有丸。執其柄而搖之，其聲鐃鐃然，用以止鼓。

單鐸、雙鐸各二，制如小鐘，上有柄，以金爲舌，用以振武舞。兩鐸通一柄者，號曰雙鐸。

雅鼓二，制如漆筩，輓以羊革，旁有兩紐。工人持之，築地以節舞。

相鼓二，制如搏拊，以韋爲表，實之以糠。拊其兩端，以相樂舞節。

鼗鼓二。

舞表

表四，木杆，鑿方石樹之，用以識舞人之兆綴。

校勘記

〔一〕十六年太常用許政所舉大樂令苗蘭詣東平　按太宗十三年死，無十六年。死後六皇后乃馬眞氏稱制。新元史作「六皇后稱制三年」，是。

〔二〕東平萬戶嚴（光）〔忠〕範　據本書卷四、五世祖紀中統二年六月癸卯、三年閏九月辛卯條、卷一四八嚴實傳附嚴忠濟傳改。考異已校。

〔三〕文郎魏英舞迎神黃鐘〔宮〕曲　按下文皆作「黃鐘宮曲」，據補。新元史已校。

〔四〕英宗至治二年冬十月用登歌樂于太廟是月英宗祔廟　按本書卷二八英宗紀、卷二九泰定帝紀載英宗祔廟在泰定元年二月，非至治二年十月。此處「太廟」二字下疑有脫誤。

〔五〕文宗天曆二年春三月明宗祔廟　按本書卷三三文宗紀稱天曆二年八月明宗卒，十月祔廟。又卷三四文宗紀稱至順元年三月祔廟。文宗改元至順在天曆三年五月，至順元年三月亦即天曆三年三月。紀文兩處互異，未詳孰是。但志作「天曆二年三月」當誤。

〔六〕筍兩端金螭首銜鍮石（璧）〔璧〕翣　按禮記卷九明堂位有「夏后氏之龍簨，殷之崇牙，周之璧翣」。注云「簨簴所以懸鐘磬，周又畫繒爲翣，戴以璧」。此誤「璧」爲「壁」，今改。下同。

〔七〕以導文（武）〔舞〕　從殿本改。

元史卷六十九

志第二十

禮樂三

郊祀樂章

成宗大德六年，合祭天地五方帝樂章：

降神，奏乾寧之曲，六成：

圜鐘宮三成

惟皇上帝，監德昭明。祖考承天，治底隆平。孝思維則，禋祀薦誠。神其降格，萬福來幷。

黃鐘角一成　詞同前。

太簇徵一成　詞同前。

姑洗羽一成　詞同前。

初獻盥洗，奏肅寧之曲：

黃鐘宮

明水在下，鐘鼓既奏。有孚顒若，陟降左右。辟公處止，多士祼將。吉蠲以祭，上帝其饗。

初獻升降，奏肅寧之曲：

大呂宮

禋祀孔肅，盥薦初升。〔一〕攝齊恭敬，以薦惟馨。肅雝多士，來格百靈。降福受釐，萬世其承。

奠玉幣，奏：

大呂宮

宗祀配饗，肇舉明禋。嘉玉既設，量幣斯陳。惟德格天，惟誠感神。於萬斯年，休命用申。

迎俎，奏豐寧之曲：

黃鐘宮

有碩斯俎，有滌斯牲。鑾刀屢奏，血膋載升。禮崇蕭栗，氣達倘腥。上帝臨止，享于克誠。

酌獻，奏嘉寧之曲：

大呂宮

崇崇泰畤，穆穆昊穹。神之格思，肸蠁斯通。犧尊載列，黃流在中。酒既和止，萬福攸同。

亞獻，奏咸寧之曲：

黃鐘宮

六成既闋，三獻云終。神其醉止，穆穆雍雍。和風慶雲，賁我郊宮。受茲祉福，億載無窮。

終獻詞同前。

徹籩豆，奏豐寧之曲：

大呂宮

禋禮既備，神具宴娭。籩豆有楚，廢徹不遲。多士駿奔，樂且有儀。乃錫純嘏，永佐丕基。

送神奏：

圜鐘宮

殷祀既畢，靈馭載旋。禮洽和應，降福自天。動植咸若，陰陽不愆。明明天子，億萬斯年。

望燎奏：

黃鐘宮

享申百禮，慶洽百靈。奠玉高壇，燔柴廣庭。祥光遠矚，粲若景星。神之降福，萬國咸寧。

大德九年以後，定擬親祀樂章：

皇帝入中壝：

黃鐘宮

赫赫有臨，洋洋在上。克配皇祖，於穆來饗。肇此大禋，乾文弘朗。被袞圜丘，巍巍玄象。

皇帝盥洗：

黃鐘宮

翼翼孝思，明德洽禮。功格玄穹，有光帝始。著我精誠，潔茲薦洗。幣玉攸奠，永集嘉祉。

皇帝升壇：降同。

大呂宮

天行惟健，盛德御天。日月龍章，筍簴宮縣。蘘秫尙明，禮璧蒼圜。神之格思，香升燔煙。

降神，奏天成之曲：

圜鐘宮三成

烝哉皇元，丕承帝眷。報本貴誠，于郊殷薦。蘘秫載陳，雲門六變。神之格思，來處來燕。

黃鐘角一成

太簇徵一成

姑洗羽一成詞並同前。

初獻盥洗，奏隆成之曲：

黃鐘宮

肇禋南郊，百神受職。齊潔惟先，匪馨于稷。迺沃迺盥，祠壇是陟。上帝監觀，其儀不忒。

初獻升壇，降同。奏隆成之曲：

大呂宮

於穆圜壇，陽郊奠位。孔惠孔時，吉蠲爲饎。降登祇若，百禮既至。願言居歆，允集熙事。

奠玉幣，正配位同。奏欽成之曲：

黃鐘宮

謂天蓋高，至誠則格。克祀克禋，駿奔百辟。制幣斯陳，植以蒼璧。神其降康，俾我來益。

司徒捧俎，奏寧成之曲：

黃鐘宮

我牲既潔，我俎斯實。笙鏞克諧，籩豆有飶。神來宴娭，歆茲明德。永錫繁禧，如幾如式。

昊天上帝位酌獻，奏明成之曲：

黃鐘宮

於昭昊天，臨下有赫。陶匏薦誠，馨聞在德。酌言獻之，上靈是格。降福孔偕，時萬時億。

皇地祇位酌獻：

大呂宮

至哉坤元，與天同德。函育羣生，玄功莫測。合饗圜壇，舊典時式。申錫無疆，聿寧皇國。

太祖位酌獻：

黃鐘宮

禮大報本，郊定天位。皇皇神祖，反始克配。至德難名，玄功宏濟。帝典式敷，率育攸塈。

皇帝飲福：

大呂宮

特牲享誠，備物循質。上帝居歆，百神受職。皇武昭宣，孝祀芬苾。萬福攸同，下民陰騭。

皇帝出入小次：

黃鐘宮

惟天惟大，惟帝饗帝。以配祖考，肅贊靈祉。定極崇功，永我昭事。升中于天，象物畢至。

文舞退，武舞進，奏和成之曲：

黃鐘宮

羽籥既竣，載揚玉戚。一弛一張，匪舒匪棘。八音克諧，萬舞有奕。永觀厥成，純嘏是錫。

亞終獻，奏和成之曲：

黃鐘宮

有嚴郊禋，恭陳幣玉。大禧是承，載祇載肅。上帝居歆，馨香既飫。惠我無疆，介以景福。

徹籩豆，奏寧成之曲：

大呂宮

三獻攸終，六樂斯徧。既右享之，徹其有踐。洋洋在上，默默靈眷。明禋告成，於皇錫羨。

送神，奏天成之曲：

圜鐘宮

神之來歆，如在左右。神保聿歸，靈斿先後。恢恢上圓，無聲無臭。日監孔昭，思皇多祜。

望燎，奏隆成之曲：

黃鐘宮

熙事備成，禮文郁郁。紫煙聿升，靈光下燭。神人樂康，永膺戩穀。祚我丕平，景命有僕。

皇帝出中壝：

黃鐘宮

泰壇承光，寥廓玄曖。暢我揚明，饗儀惟大。九服敬宣，聲教無外。皇拜天祐，照臨斯屆。

宗廟樂章

世祖中統四年至至元三年，七室樂章：太常集禮藁云，此係卷牘所載。

太祖第一室：

天垂靈顧，地獻中方。帝力所拓，神武莫當。陽谿昧谷，咸服要荒。昭孝明禋，神祖皇皇。

太宗第二室：

和林勝域，天邑地宮。（闕）〔四方賓貢〕，〔一〕南北來同。（闕）〔百〕司分置，〔二〕冑教肇崇。潤色祖業，德仰神宗。

睿宗第三室：

珍符默授，疇昔自天。爰生聖武，寶祚開先。霓旌迴狩，龍駕遊僊。追遠如生，皇慕顒然。

皇伯考朮赤第四室：

威（闕）〔武〕鷹揚，冢位（闕）〔克〕當。〔四〕從龍遠拓，千萬里疆。誕總虎旅，駐壓西方。航海梯山，東西來王。

皇伯考察合帶第五室：

有僕。

武宗至大以後，親祀攝樂章：太常集禮云，孔思逮本所錄。

皇帝入門，奏順成之曲。別本，親祀禘祫樂章，詞律同。

皇帝盥洗，奏順成之曲。至元四年，名肅（寧）〔成〕之曲，〔九〕詞律同。

皇帝升殿，登歌樂奏順成之曲。別本，親祀樂章，詞律同。

皇帝出入小次，奏昌寧之曲。太常集禮云，此金曲，思逮取之。詳見制樂始末。

無射宮

於皇神宮，象天清明。肅肅來止，相維公卿。威儀孔彰，君子攸寧。神之休之，綏我思成。

迎神，奏思成之曲：至元四年，名來成之曲，詞律同。

黃鍾宮三成

齊明盛服，翼翼靈眷。禮備多儀，樂成九變。烝烝孝心，若聞且見。肸蠁端臨，來寧來燕。

大呂角二成

太簇徵二成

應鍾羽二成 詞並同上。

初獻盥洗，奏肅成之曲。別本，親祀樂章，名順成之曲，詞律同。

初獻升殿，降同。登歌樂奏肅寧之曲。至元四年，名肅成之曲，詞律同。

司徒捧俎，奏嘉成之曲。至元四年，曲名詞律同。

太祖第一室，奏開成之曲。至元四年，名武成之曲，詞同。

睿宗第二室，奏武成之曲。至元四年，名明成之曲，詞同。

世祖第三室，奏混成之曲：

無射宮

於昭皇祖，體健乘乾。龍飛應運，盛德光前。神功耆定，澤被垓埏。詒厥孫謀，何千萬年。

裕宗第四室，奏昭成之曲：

無射宮

天啓深仁，須世而昌。追惟顯考，敢後光揚。徽儀肇舉，禮備音鏘。皇靈（監）〔鑒〕止，〔一〇〕降釐無疆。

順宗第六室，〔一一〕奏慶成之曲：

無射宮

龍潛于淵，德昭于天。承休基命，光被紘埏。洋洋如臨，籩豆牲牷。惟明惟馨，皇祚綿延。

成宗第七室，奏守成之曲：

無射宮

天開神聖，繼世清寧。澤深仁溥，樂協韶英。宗枝嘉會，氣和惟馨。繁禧來格，永被皇靈。

武宗第八室，奏威成之曲：

無射宮

紹天鴻業，繼世隆平。惠孚中國，威靖邊庭。厥功惟茂，清廟妥靈。歆茲明祀，福祿來成。

仁宗第九室，奏歆成之曲：

無射宮

紹隆前緒，運啓文明。深仁及物，至孝躬行。惟皇建極，盛德難名。居歆萬祀，福祿崇成。

英宗第十室，奏獻成之曲：

無射宮

神聖繼作，式是憲章。誕興禮樂，躬事烝嘗。翼翼清廟，煒有耿光。于千萬年，世仰明良。

皇帝飲福，登歌樂奏釐成之曲：

夾鍾宮

穆穆天子，禋祀太宮。禮成樂備，敬徹誠通。神胥樂止，錫之醇醲。天子萬世，福祿無窮。

文舞退，武舞進，奏肅成孔本作肅寧。之曲。至元四年，名和成之曲，詞律同。

亞終獻行禮，宮縣奏肅成之曲。至元四年，名順成之曲，詞律同。

徹籩豆，登歌樂奏豐寧之曲。至元四年，名豐成之曲，詞律同。

送神，奏保成之曲。至元四年，名來成之曲，詞律同。

皇帝出廟廷，奏昌寧之曲：

無射宮

緝熙維清，吉蠲致誠。上儀具舉，明德薦馨。已事而竣，歡通三靈。先祖是皇，來燕來寧。

文宗天曆三年，明宗祔廟酌獻，奏永成之曲：

無射宮

猗那皇明，世纘神武。敬天弗違，時潛時旅。龍旗在塗，言受率土。不遐有臨，永錫多嘏。

社稷樂章

降神，奏鎭寧之曲：

林鐘宮二成

以社以方，國有彝典。大哉元德，基祚綿遠。農功萬世，於焉報本。顯相默佑，降監壇壝。

太簇角二成

錫民地利，厥功甚溥。昭代典禮，淸聲律呂。穀旦于差，洋洋來下。相此有年，根本日固。

姑洗徵二成

平厥水土，百穀用成。長扶景運，宜歆德馨。五祀爲大，千古舉行。感通肸蠁，登歌鎭寧。

南宮羽二成

幣齊虔修，粢盛告備。倉庾坻京，繄(維)〔誰〕之賜。〔三〕崇壇致恭，幽光孔邇。享于精誠，休祥畢至。

初獻盥洗，奏肅寧之曲：

太簇宮

禮備樂陳，辰良日吉。挹彼櫓罍，罄哉黍稷。濯漑揭虔，維巾及冪。萬年嚴祀，蹌蹌受職。

初獻升壇，奏肅寧之曲：降同。

應鐘宮

春祈秋報，古今彝章。民天是資，神靈用彰。功崇禮嚴，人阜時康。雍雍爲儀，燔芬苾香。

正配位奠玉幣，奏億寧之曲：

太簇宮

地祇嚮德，稽古美報。幣帛斯陳，圭璋式繅。載烈載燔，肴羞致告。雨暘時若，丕圖永保。

司徒捧俎，奏豐寧之曲：

太簇宮

我稼既同，羣黎徧德。我祀如何，牲牷孔碩。有翼有嚴，隨方布色。報功求福，其儀不忒。

正位酌獻，奏保寧之曲：

太簇宮

異世同德，於皇垩造。降茲嘉祥，衞我大寶。生乃烝民，俾德覆燾。厥作祼將，有相之道。

配位酌獻，奏保寧之曲：

太簇宮

以御田祖，皇家秩祀。有民人焉，盍究本始。惟敍惟修，誰實介止。酒旨且多，盛德宜配。

亞終獻，奏咸寧之曲：

太簇宮

以引以翼，來處來燕。豆籩牲牢，有楚有踐。庸答神休，神亦錫羡。土穀是依，成此醻獻。

徹豆，奏豐寧之曲：

應鐘宮

文治修明，相成田功。功爲特殊，儀爲特隆。終如其初，誠則能通。明神毋忘，時和歲豐。

送神，奏鎭寧之曲：

林鐘宮

不屋受陽，國所崇敬。以興來歲，苞秀堅穎。雲軿莫駐，神其諦聽。景命有僕，與國同永。

望瘞位，奏肅寧之曲：

太簇宮

雅奏肅寧，繁釐降格。篚厥玄黃，丹誠烜赫。肇祀以歸，瞻言咫尺。萬年攸介，丕承帝德。

先農樂章

降神，奏鎭寧之曲：

林鐘宮二成

民生斯世，食爲之天。恭惟大聖，盡心於田。仲春劭農，明祀吉蠲。馨香感神，用祈豐年。

太簇角二成

耕種務農，振古如茲。爰粒烝庶，功德茂垂。降嘉奏艱，國家攸宜。所依惟神，肅潔明粢。

姑洗徵二成

俶載平疇，農功肇敏。千耦耕耘，同徂隰畛。田祖丕靈，爲仁至盡。豐歲穰穰，延洪有引。

南呂羽二成

羣黎力耕，及茲方春。維時東作，篤我農人。我黍既華，我稷宜新。由天降康，永賴

明神。

初獻盥洗，奏肅寧之曲：

太簇宮

泂酌行潦，眞足爲薦。奉茲潔清，神在乎前。分作甘霖，沾溉芳甸。愼于其初，誠意攸見。

初獻升壇，奏肅寧之曲：

應鐘宮

有椒其馨，維多且旨。式愼爾儀，降登庭止。黍稷稻粱，民無渴饑。神嗜飮食，永綏嘉祉。

正配位奠玉幣，奏億寧之曲：

太簇宮

奉幣維恭，前陳嘉玉。聿昭盛儀，肅雝純如。南畝深耕，麻麥禾菽。用祈三登，膺受多福。

司徒捧俎，奏豐寧之曲

太簇宮

奉牲孔嘉，登俎豐備。地官駿奔，趨進光輝。肥碩蕃孳，歆此誠意。有年斯今，均被神賜。

正位酌獻，奏保寧之曲：

太簇宮

寶壇巍煌，神應如響。備腯咸有，牲體苾芳。洋洋如在，降格來享。秉誠罔忘，羣生瞻仰。

配位酌獻，奏保寧之曲：

太簇宮

酒清斯香，牲碩斯大。具列觴俎，精意先會。民命維食，稗莠毋害。我倉萬億，神明攸介。

亞終獻，奏咸寧之曲：

〔太簇〕宮〔一二〕

至誠攸感，肸蠁潛通。百穀嘉種，爰降時豐。祈年孔夙，稼穡爲重。俯歆醴齊，載揚歌頌。

徹豆，奏豐寧之曲：

應鐘宮

有來雍雍，存誠敢匱。廢徹不遲，靈神攸嗜。孔惠孔時，三農是宜。眉壽萬歲，穀成丕乂。

送神，奏鎭寧之曲：

林鐘宮

焄蒿悽愴，萬靈來唉。靈神具醉，聿言旋歸。歲豐時和，風雨應期。皇圖萬年，永膺洪禧。

望瘞位，奏肅寧之曲：

〔太簇〕宮〔一三〕

禮成文備，歆受清祀。加牲兼幣，陳玉如儀。靈馭言旋，面陰昭瘞。集茲嘉祥，常致豐歲。

宣聖樂章

迎神，奏凝安之曲：

黃鐘宮三成

大哉宣聖，道尊德崇。維持王化，斯文是宗。典祀有常，精純並隆。神其來格，於昭盛容。

大呂角二成

生而知之，有教無私。成均之祀，威儀孔時。惟茲初丁，潔我盛粢。永言其道，萬世之師。

太簇徵二成

巍巍堂堂，其道如天。清明之象，應物而然。時維上丁，備物薦誠。維新禮典，樂諧中聲。

應鍾羽二成

聖王生知，闡乃儒規。詩書文教，萬世昭垂。良日惟丁，靈承丕爽。揭此精虔，神其來享。

初獻盥洗，奏同安之曲：

姑洗宮

右文興化，憲古師經。明祀有典，吉日惟丁。豐犧在俎，雅奏在庭。周廻陟降，福祉是膺。

初獻升殿，奏同安之曲：降同。

南呂宮

誕興斯文，經天緯地。功加于民，實千萬世。笙鏞和鳴，粢盛豐備。肅肅降登，歆茲秩祀。

奠幣，奏明安之曲：

南呂宮

自生民來，誰底其盛。惟王神明，度越前聖。粢幣具成，禮容斯稱。黍稷惟馨，〔二〕惟神之聽。

捧俎，奏豐安之曲：

姑洗宮

道同乎天，人倫之至。有享無窮，其興萬世。既潔斯牲，粢明醑旨。不懈以忱，神之來塈。

大成至聖文宣王位酌獻，奏成安之曲：

南呂宮

大哉聖王，實天生德。作樂以崇，時祀無斁。清酤惟馨，嘉牲孔碩。薦羞神明，庶幾昭格。

兗國復聖公位酌獻，奏成安之曲：

南呂宮

庶幾屢空，淵源深矣。亞聖宣猷，百世宜祀。吉蠲斯辰，昭陳尊簋。旨酒欣欣，神其來止。

郕國宗聖公酌獻，奏成安之曲：

南呂宮

心傳忠恕，一以貫之。爰述大學，萬世訓彝。惠我光明，尊聞行知。繼聖迪後，是享是宜。

沂國述聖公酌獻，奏成安之曲：

南呂宮

公傳自曾，孟傳自公。有嫡緒承，允得其宗。提綱開蘊，乃作中庸。侑于元聖，億載是崇。

鄒國亞聖公酌獻，奏成安之曲：

南呂宮

道之由興，於皇宣聖。維公之傳，人知趨正。與饗在堂，情文斯稱。萬年承休，假哉天命。

亞獻，奏文安之曲：終獻同。

姑洗宮

百王宗師，生民物軌。瞻之洋洋，神其寧止。酌彼金罍，惟清且旨。登獻惟三，於嘻成禮。

飲福受胙。與盥洗同，惟國學釋奠親祀用之，攝事則不用，外路州縣並皆用之。

徹豆，奏娛安之曲：

南呂宮

犧象在前，豆籩在列。以享以薦，既芬既潔。禮成樂備，人和神悅。祭則受福，率尊無越。

送神，奏凝安之曲：

黃鐘宮

有嚴學宮，四方來崇。恪恭祀事，威儀雍雍。歆茲惟馨，飇馭回復。明禋斯畢，咸膺百福。

望瘞。與盥洗同。

右釋奠樂章，皆舊曲。元朝嘗擬譔易，而未及用，今并附于此。

迎神，奏文明之曲：

天縱之聖，集厥大成。立言垂教，萬世準程。廟庭孔碩，尊俎既盈。神之格思，景福來并。

盥洗，奏昭明之曲：

神既寧止，有孚顒若。罍洗在庭，載盥載濯。匪惟潔修，亦新厥德。對越在茲，敬恭惟則。

升殿，奏景明之曲：降同。

大哉聖功，薄海內外。禮隆秩宗，光垂昭代。陟降在庭，攝齊委佩。莫不肅雝，洋洋如在。

奠幣，奏德明之曲：

圭衮尊崇，佩紳列侑。籩豆有楚，樂具和奏。式陳量幣，駿奔左右。天睠斯文，緊神之祐。

文宣王酌獻，奏誠明之曲：

惟聖監格，享于克誠。有樂在縣，有碩斯牲。奉醴以告，嘉薦惟馨。綏以多福，永底隆平。

兗國公酌獻，奏誠明之曲：

濳心好學，不違如愚。用舍行藏，乃與聖俱。千載景行，企厥步趨。廟食作配，祀典弗渝。

郕國公酌獻。闕。

沂國公酌獻。闕。

鄒國公酌獻，奏誠明之曲：

洙泗之傳，學窮性命。力距楊墨，以承三聖。遭時之季，孰識其正。高風仰止，莫不肅敬。

亞獻，奏靈明之曲：終獻同。

廟成奕奕，祭祀孔時。三爵具舉，是饗是宜。於昭聖訓，示我民彝。紀德報功，配于兩儀。

送神，奏慶明之曲：

禮成樂備，靈馭其旋。濟濟多士，不懈益虔。文教茲肯，儒風是宜。佑我闕。〔一六〕

校勘記

〔一〕盥薦初升 王圻續通考作「盥洗初升」。按「盥洗」與「薦」爲祭禮中兩項不同儀節。升壇後始捧俎、酌獻，卽薦，本志中屢見。薦在升壇前與祭儀不合，下文又有「以薦惟馨」，此處「薦」字當係「洗」字之誤。

〔二〕〔四方賓貢〕 原注「闕」。道光本據經世大典增入，從補。

〔三〕〔百〕司分置 原注「闕」。道光本據經世大典增入，從補。

〔四〕威〔武〕鷹揚冢位〔克〕當 原注「闕」。道光本據經世大典增入，從補。

〔五〕（孔）〔禮〕容翼翼 據元文類卷二太廟樂章改。王圻續通考作「禮」。

〔六〕禮成樂（闋）〔闋〕 按「樂闋」，文義不協。下文有「禮畢樂闋」之句，闋言曲調之終，謂禮成樂終。王圻續通考作「樂闋」，從改。

〔七〕〔黃鐘宮〕 按本書卷六八禮樂志制樂始末有「酌獻，黃鐘宮曲一」，據補。王圻續通考有「黃鐘宮」。

〔八〕濟濟（闕）〔宣〕威 原注「闕」。道光本據經世大典增入，從補。

〔九〕名肅（聿）〔成〕之曲 據上文改。

〔一〇〕皇靈（監）〔鑒〕止 據元文類卷二太廟樂章改。

〔一一〕順宗第六室 道光本考證云：「第六室上闕第五室樂章。以樂舞篇所載十室考之，其第五乃顯宗之室，樂名德成之曲，無射宮一成。其餘室數皆與此合，所謂泰定十室也。」

〔一二〕緊（維）〔誰〕之賜 按「緊維」文義不通，據元文類卷二社稷樂章改。新元史已校。

〔一三〕〔太簇〕宮 原空白。據元文類卷二先農樂章補。王圻續通考亦作「太簇宮」。

〔一四〕〔太簇〕宮 原空白。據元文類卷二先農樂章補。

〔一五〕黍稷惟馨 道光本改「惟」爲「非」，其考證云：「原本非誤惟，今據闕里文獻考改。」

〔一六〕佑我闕 按元文類卷二釋奠樂章送神，此處闕文當爲「皇家，億載萬年」。

元史卷七十

志第二十一

禮樂四

郊祀樂舞

降神文舞，崇德之舞。乾寧之曲六成。

圜鐘宮三成。始聽三鼓。一擊鐘，一擊鼓，凡三作，後倣此。一鼓稍前，開手立；二鼓合手，退後；三鼓相顧蹲。三鼓畢，間聲作。二擊鐘，一擊鼓。一鼓稍前，舞蹈；二鼓舉左手，收，左揖；三鼓舉右手，收，右揖；四鼓高呈手；五鼓兩兩相向蹲；六鼓稍前，開手立；七鼓退後，俛伏；八鼓舉左手，收，左揖；九鼓舉右手，收，右揖；十鼓稍前，開手立；十一鼓合手，退後，躬身；十二鼓伏，興，仰視；十三鼓舞蹈，相向立；十四鼓復位，交籥，正蹲；十五鼓躬身，受。終聽三鼓。止。

黃鐘角一成。始聽三鼓。一鼓稍前，舞蹈；二鼓合手，退後；三鼓相顧蹲。三鼓畢，間聲作。一鼓稍前，舞蹈；二鼓高呈手；三鼓兩兩相向蹲；四鼓舉左手，收，左揖；五鼓舉右手，收，右揖；六鼓稍前，開手；七鼓復位，正揖；八鼓兩兩相向，交籥，正蹲；九鼓復位立；十鼓稍前，開手立；十一鼓合手，退後，躬身；十二鼓伏，興，仰視；十三鼓舉左手，收，開手，正蹲；十四鼓舉右手，收，開手，正蹲；十五鼓躬身，受。終聽三鼓。止。

太簇徵一成。始聽三鼓。一鼓稍前，開手立；二鼓合手，退後；三鼓相顧蹲。三鼓畢，間聲作。一鼓稍前，舞蹈；二鼓復位，躬身；三鼓高呈手；四鼓舉左手，收，左揖；五鼓舉右手，收，右揖；六鼓兩兩相向，交籥，正蹲；七鼓復位，躬身；八鼓舞蹈，相向立；九鼓復位，俛伏；十鼓舉左手，收，左揖；十一鼓舉右手，收，右揖；十二鼓伏，興，仰視；十三鼓舞蹈，相向立；十四鼓復位，交籥，正蹲；十五鼓躬身，受。終聽三鼓。止。

姑洗羽一成。始聽三鼓。一鼓稍前，開手立；二鼓合手，退後；三鼓相顧蹲。三鼓畢，間聲作。一鼓稍前，舞蹈；二鼓復位，正揖；三鼓高呈手；四鼓推左手，收，左揖；五鼓推右手，收，右揖；六鼓兩兩相向，交籥，正蹲；七鼓復位，俛伏；八鼓舞蹈，相向立；九鼓復位，躬身；十鼓伏，興，仰視；十一鼓舉左手，收，左揖；十二鼓舉右手，收，右揖；十三鼓舞蹈，相向立；十四鼓復位，交籥，正蹲；十五鼓躬身，受。終聽三鼓。止。

昊天上帝位酌獻文舞，崇德之舞。明成之曲，黃鐘宮一成。始聽三鼓。一鼓稍前，開手立；二鼓合手，退後；三鼓相顧蹲。三鼓畢，間聲作。一鼓稍前，舞蹈，相向立；二鼓復位，相顧蹲；三鼓復位，開手立；四鼓合手，正揖；五鼓舉左手，收，左揖；六鼓舉右手，收，右揖；七鼓兩兩相向，交籥，正蹲；八鼓復位，正揖；九鼓稍前，開手立；十鼓退後，俛伏；十一鼓稍前，開手立；十二鼓推左手，收；十三鼓推右手，收；十四鼓三叩頭，拜舞；十五鼓躬身，受。終聽三鼓。止。

皇地祇酌獻，大呂宮一成。始聽三鼓。一鼓稍前，開手立；二鼓合手，退後；三鼓相顧蹲。三鼓畢，間聲作。一鼓稍前，舞蹈，相向立；二鼓復位，正揖；三鼓舉左手，收，左揖；四鼓舉右手，收，右揖；五鼓高呈手；六鼓兩兩相向，交籥，正蹲；七鼓復位，俛伏；八鼓舞蹈，相向立；九鼓復位，躬身；十鼓交籥，正蹲；十一鼓兩兩相向，開手，正蹲；十二鼓伏，興，仰視；十三鼓舞蹈，相向立；十四鼓三叩頭，拜舞；十五鼓躬身，受。終聽三鼓。止。

太祖位酌獻，黃鐘宮一成。始聽三鼓。一鼓稍前，開手立；二鼓合手，退後；三鼓相顧蹲。三鼓畢，間聲作。一鼓稍前，舞蹈；二鼓復位，正揖；三鼓舉左手，收，左揖；四鼓舉右手，收，右揖；五鼓高呈手；六鼓兩兩相向，交籥，正蹲；七鼓復位，俛伏；八鼓舞蹈，相向立；九

鼓復位，躬身；十鼓交籥，正蹲；十一鼓兩兩相向，開手，正蹲；十二鼓伏，興，仰視；十三鼓合手，正揖；十四鼓叩頭，拜舞；十五鼓躬身，受。終聽三鼓。止。

亞獻、酌獻武舞，定功之舞。黃鐘宮一成。始聽三鼓。一鼓稍前，開手立；二鼓合手，退後，按腰立；三鼓相顧蹲。三鼓畢，間聲作。一鼓稍前，左右揚干戚；二鼓退後，相顧蹲；三鼓舉左手，收；四鼓舉右手，收；五鼓左右揚干戚，相向立；六鼓復位，相顧蹲；七鼓呈干戚；八鼓復位，按腰立；九鼓刺干戚；十鼓復位，推左手，收；十一鼓推右手，收；十二鼓稍前，開手立；十三鼓左右揚干戚；十四鼓復位，按腰，相顧蹲；十五鼓躬身，受。終聽三鼓。止。

終獻武舞，黃鐘宮一成。始聽三鼓。一鼓稍前，開手立；二鼓合手，退後，按腰立；三鼓相顧蹲。三鼓畢，間聲作。一鼓稍前，左右揚干戚；二鼓退後，高呈手；三鼓復位，相顧蹲；四鼓左右揚干戚，相向立；五鼓復位，舉左手，收；六鼓舉右手，收；七鼓面向西，開手，正蹲；八鼓呈干戚；九鼓復位，按腰立；十鼓刺干戚；十一鼓兩兩相向立；十二鼓復位，左右揚干戚；十三鼓退後，相顧蹲；十四鼓三叩頭，拜舞；十五鼓躬身，受。終聽三鼓。止。

宗廟樂舞

世祖至元三年，八室時享，文舞武定文綏之舞。降神，來成之曲九成。

黃鐘宮三成。始聽三鼓。一鼓稍前，開手立；二鼓退後，合手；三鼓相顧蹲。三鼓畢，間聲作。一鼓稍前，舞蹈，次合手而立；二鼓正面高呈手，住；三鼓退後，收手蹲；四鼓正面躬身，興身立；五鼓推左手，右相顧，左揖；六鼓皆推右手，左相顧，右揖；〔一〕七鼓稍前，正面開手立；八鼓舉左手，右相顧，左揖；九鼓舉右手，左相顧，右揖；十鼓稍退後，俛身而立；十一鼓稍前，開手立；十二鼓合手，退後，相顧蹲；十三鼓稍進前，舞蹈；十四鼓退後，合手，相顧蹲；十五鼓正面躬身，受。終聽三鼓。止。

大呂角二成。始聽三鼓。一鼓稍前，開手立；二鼓退後，合手；三鼓相顧蹲。三鼓畢，間聲作。一鼓稍進前，舞蹈，合手立；二鼓舉左手，住，收右足；三鼓舉右手，住，收左足；四鼓兩兩相向而立；五鼓稍前，高呈手，住；六鼓舞蹈，退後立；七鼓稍前，開手立；八鼓合手，退後蹲；九鼓正面歸佾立；十鼓推左手，收右足，推右手，收左足；十一鼓舉左手，收右足，舉右手，收左足；十二鼓稍進前，正面仰視；十三鼓稍退後，相顧蹲；十四鼓合手，俛身立；十五鼓正面躬身，受。終聽三鼓。止。

太簇徵二成。始聽三鼓。一鼓稍前，開手立；二鼓退後，合手；三鼓相顧蹲。三鼓畢，間聲作。一鼓稍進前，舞蹈，次合手立；二鼓俛身而正面揖；三鼓稍進前，高呈手立；四鼓收手，正面蹲；五鼓舉左手，住，收右足；六鼓舉右手，收左足，收手；七鼓兩兩相向而立；八鼓稍前，高仰視；九鼓稍退，收手蹲；十鼓舉左手，住而蹲；十一鼓舉右手，收手而蹲；十二鼓正面歸佾，舞蹈；十三鼓俛身，正揖；十四鼓交籥翟，相顧蹲；十五鼓正面躬身，受。終聽三鼓。止。

應鐘羽二成。始聽三鼓。一鼓稍前，開手立；二鼓退後，合手；三鼓相顧蹲。三鼓畢，間聲作。一鼓稍進前，舞蹈，次合手立；二鼓兩兩相向立；三鼓舉左手，收右足，左揖；四鼓舉右手，收左足，右揖；五鼓歸佾，正面立；六鼓稍進前，高呈手，住；七鼓收手，稍退，相顧蹲；八鼓兩兩相向立；九鼓稍前，開手蹲；十鼓退後，合手對揖；十一鼓正面歸佾立；十二鼓稍進前，舞蹈，次合手立；十三鼓垂左手而右足應；十四鼓垂右手而左足應；十五鼓正面躬身，受。終聽三鼓。止。

烈祖第一室文舞，開成之曲，無射宮一成。始聽三鼓。一鼓稍前，開手立；二鼓稍退，合手；三鼓相顧蹲。三鼓畢，間聲作。一鼓稍進前，舞蹈，合手立；二鼓稍退，俛身，開手立；三鼓垂左手，住，收右足；四鼓垂右手，〔住〕，〔二〕收左足；五鼓左側身相顧，左揖；六鼓右側身相顧，右揖；七鼓正面躬身，興身立；八鼓兩兩相向，合手立；九鼓相顧高呈手，住；十鼓收手，舞蹈；十一鼓舞左而收手立；十二鼓舞右而收手立；十三鼓揚左手，相顧蹲；十四鼓揚右手，相顧蹲；十五鼓稍前，正面躬身，受。終聽三鼓。止。

太祖第二室文舞，武成之曲，無射宮一成。始聽三鼓。一鼓稍前，開手立；二鼓退後，合手；三鼓相顧蹲。三鼓畢，間聲作。一鼓稍前，舞蹈，次合手立；二鼓正面高呈手，住；三鼓兩兩相向而對揖；四鼓正面歸佾，舞蹈，次合手立；五鼓稍前，開手蹲，收手立；六鼓稍退，合手蹲，收手立；七鼓舉左手而左揖；八鼓舉右手而右揖；九鼓推左手住而正蹲；十鼓推右手正蹲；十一鼓開手執籥翟，正面俯視；十二鼓垂左手，收右足；十三鼓垂右手，收左足；十四鼓稍前，正面仰視而立；十五鼓稍前，正面躬身，受。終聽三鼓。止。

太宗第三室文舞，文成之曲，無射宮一成。始聽三鼓。一鼓稍前，開手立；二鼓退後，合手；三鼓相顧蹲。三鼓畢，間聲作。一鼓稍進前，舞蹈；二鼓兩相向而高呈手立；三鼓稍前，開手立，相顧蹲；四鼓退後，合手立，相顧蹲；五鼓垂左手而右足應；六鼓垂右手而左足應；七鼓推左手，住，左揖；八鼓推右手，住，右揖；九鼓稍前，仰視，正揖；十鼓舉左手，住，收右足；十一鼓舉右手，住，收左足；十二鼓稍前，舞蹈；十三鼓稍前，開手而相顧立；十四鼓退

後，合手立；十五鼓稍前，正面躬身，受。終聽三鼓。止。

皇伯考朮赤第四室文舞，弼成之曲，無射宮一成。始聽三鼓。一鼓稍前，開手立；二鼓退後，合手；三鼓相顧蹲。三鼓畢，間聲作。一鼓稍進前，舞蹈；二鼓合手，俛身相顧蹲；三鼓正面高呈手，住；四鼓稍前，舞蹈，次合手立；五鼓垂左手，右相顧，收手立；六鼓垂右手，左相顧，收手立；七鼓稍前，高仰視，收手，正面立；八鼓再退，高執籥翟，相顧蹲；九鼓舞蹈，次合手而立；十鼓舉左手，住，收右足；十一鼓舉右手，住，收左足；十二鼓稍前，開手立，收手蹲；十三鼓稍前，退後，合手立；十四鼓俛身，合手而立；十五鼓稍前，正面躬身，受。終聽三鼓。止。

皇伯考察合帶第五室文舞，協成之曲，無射宮一成。始聽三鼓。一鼓稍前，開手立；二鼓退後，合手；三鼓相顧蹲。三鼓畢，間聲作。一鼓稍進前，舞蹈，次合手立；二鼓開手，相顧蹲；三鼓合手，相顧蹲；四鼓稍前，高呈手，住；五鼓舉左手，右相顧，左揖；六鼓舉右手，左相顧，右揖；七鼓推左手，住，收右足；八鼓推右手，住，收左足；九鼓稍前，舞蹈，次合手立；十鼓開手，正蹲，收，合手立；十一鼓稍前，正面仰視立；十二鼓交籥翟，相顧蹲；十三鼓各盡舉左手而住；十四鼓各盡舉右手，收手立；十五鼓稍前，正面躬身，受。終聽三鼓。止。

睿宗第六室文舞，明成之曲，無射宮一成。始聽三鼓。一鼓稍前，開手立；二鼓退後，合

手，三鼓相顧蹲。三鼓畢，間聲作。一鼓稍前，舞蹈，二鼓稍前，開手立，三鼓退後，合手立；四鼓垂左手，相顧蹲，五鼓垂右手，相顧蹲，六鼓稍前，正面仰視立，七鼓舞左手，住，收右足，收手，八鼓舞右手，住，收左足，收手，九鼓兩相向，合手而立，十鼓推左手，推右手，十一鼓皆舉左右手，十二鼓正面高呈手，立，十三鼓退後，合手，俛身，十四鼓開手，高呈籥翟，相顧蹲，十五鼓正面稍前，躬身，受。終聽三鼓。止。

定宗第七室文舞，熙成之曲，無射宮一成。始聽三鼓。一鼓稍前，開手立，二鼓退後，合手，三鼓相顧蹲。三鼓畢，間聲作。一鼓稍前，舞蹈，二鼓兩相向，高呈手立，三鼓垂左手而右足應，四鼓垂右手而左足應，五鼓稍前，開手立，相顧蹲，六鼓退後，合手立，相顧蹲，七鼓舉左手，住，收右足，八鼓舉右手，住，收左足，九鼓推左手，左揖，十鼓推右手，右揖，十一鼓稍前，舞蹈，十二鼓退後，正揖，十三鼓稍前，開手相顧立，十四鼓退後，合手立，十五鼓稍前，正面躬身，受。終聽三鼓。止。

憲宗第八室文舞，威成之曲，無射宮一成。始聽三鼓。一鼓稍前，開手，二鼓退後，合手，三鼓相顧蹲。三鼓畢，間聲作。一鼓進前，舞蹈，次合手立，二鼓高呈手，住，三鼓舉左手，右顧，四鼓舉右手，左顧，五鼓推左手，右揖，六鼓推右手，左揖，七鼓兩相向，交籥翟，立，八鼓正面歸佾，合手立，九鼓稍前，舞蹈，收手立，十鼓退後，正揖，十一鼓俛身，正面揖，

十二鼓高仰視，十三鼓垂左手，十四鼓垂右手，十五鼓正面躬身，受。終聽三鼓。止。

亞獻武舞，內平外成之舞。順成之曲，無射宮一成。始聽三鼓。一鼓側身開手，二鼓合手，三鼓相顧蹲。三鼓畢，間聲作。一鼓皆稍進前，舞蹈，次按腰立，二鼓按腰，相顧蹲，三鼓左右揚干戚，收手按腰，右以象滅王罕。[三]四鼓稍退，舞蹈，按腰立，五鼓兩兩相向，按腰立，六鼓歸佾，開手，蹲，七鼓面西，收手按腰立，八鼓側身擊干戚，收，立，右以象破西夏。九鼓正面歸佾，躬身，次興身立，十鼓稍進前，舞蹈，次按腰立，十一鼓左右推手，次按腰立，十二鼓跪左膝，疊手，呈干戚，住，右以象克金國。十三鼓收手，按腰，興身立，十四鼓兩相向而相顧，蹲，十五鼓正面躬身，受。終聽三鼓。止。

終獻武舞，順成之曲，無射宮一成。始聽三鼓。一鼓側身，開手立，二鼓合手，按腰，三鼓相顧蹲。三鼓畢，間聲作。一鼓稍進前，舞蹈，次按腰立，二鼓開手，正面蹲，收手按腰，三鼓面西，舞蹈，次按腰立，四鼓面南，左右揚干戚，收手按腰，五鼓側身擊干戚，收手按腰，立，右以象收西域、定河南。六鼓兩兩相向立，七鼓歸佾，正面開手，蹲，收手按腰，八鼓東西相向，躬身，受，右以象收西蜀、平南詔。九鼓歸佾，舞蹈，退後，次按腰立，十鼓推左右手，躬身，次興身立，十一鼓進前，舞蹈，次按腰立，右以象臣高麗、服交趾。十二鼓兩兩相向，按腰蹲，十三鼓歸佾，左右揚手，按腰立，十四鼓正面開手，俯視，十五鼓收手按腰，躬身，受。終聽三鼓。止。

泰定十室樂舞

迎神文舞，思成之曲。[四]

黃鍾宮三成。始聽三鼓。一鼓稍前，開手立，二鼓合手，退後，三鼓相顧蹲。三鼓畢，間聲作。一鼓稍前，舞蹈，二鼓高呈手，三鼓舉左手，收，左揖，四鼓舉右手，收，右揖，五鼓退後，相顧蹲，六鼓兩兩相向立，七鼓復位，俛伏，八鼓舉左手，開手，正蹲，九鼓舉右手，開手，正蹲，十鼓稍前，開手立，十一鼓合手，退後，躬身，十二鼓伏，興，仰視，十三鼓舞蹈，相向立，十四鼓復位，交籥，正蹲，十五鼓躬身，受。終聽三鼓。止。

大呂角二成。始聽三鼓。一鼓稍前，舞蹈，二鼓合手，退後，三鼓相顧蹲。三鼓畢，間聲作。一鼓稍前，舞蹈，二鼓舉左手，收，左揖，三鼓舉右手，收，右揖，四鼓高呈手，五鼓兩兩相顧蹲，六鼓稍前，開手立，七鼓復位，正揖，八鼓兩兩相向，交籥，正蹲，九鼓復位，正揖，十鼓舉左手，收，左揖，十一鼓舉右手，收，右揖，十二鼓伏，興，仰視，十三鼓舞蹈，相向立，十四鼓復位，立，十五鼓躬身，受。終聽三鼓。止。

太簇徵二成。始聽三鼓。一鼓稍前，開手立，二鼓合手，退後，三鼓相顧蹲。三鼓畢，間

聲作。一鼓稍前，舞蹈，二鼓復位，躬身，三鼓高呈手，四鼓兩兩相向，交籥，正蹲，五鼓復位立，六鼓舞蹈，相向立，七鼓舉左手，收，左揖，八鼓舉右手，收，右揖，九鼓稍前，舞蹈，十鼓退後，俛伏，十一鼓稍前，開手立，十二鼓推左手，收，十三鼓推右手，收，十四鼓三叩頭，拜舞，十五鼓躬身，受。終聽三鼓。止。

應鍾羽二成。始聽三鼓。一鼓稍前，開手立，二鼓合手，退後，三鼓相顧蹲。三鼓畢，間聲作。一鼓稍前，舞蹈，二鼓復位，正揖，三鼓高呈手，四鼓稍前，開手立，五鼓退後，躬身，六鼓推左手，收，七鼓推右手，收，八鼓舞蹈，相向立，九鼓復位，躬身，十鼓交籥，正蹲，十一鼓兩兩相向，開手，正蹲，十二鼓舉左手，收，左揖，十三鼓舉右手，收，右揖，十四鼓三叩頭，拜舞，十五鼓躬身，受。終聽三鼓。止。

初獻、酌獻太祖第一室文舞，開成之曲，無射宮一成。始聽三鼓。一鼓稍前，開手立，二鼓合手，退，[五]三鼓相顧蹲。三鼓畢，間聲作。一鼓稍前，舞蹈，相向立，二鼓復位，正揖，三鼓推左手，收，四鼓推右手，收，五鼓三叩頭，拜舞，六鼓兩兩相向，交籥，正蹲，七鼓復位立，八鼓稍前，舞蹈，九鼓復位，俛伏，十鼓高呈手，正揖，十一鼓兩兩相向蹲，十二鼓復位，開手立，十三鼓合手，正揖，十四鼓伏，興，仰視，十五鼓躬身，受。終聽三鼓。止。

睿宗第二室文舞，武成之曲，無射宮一成。始聽三鼓。一鼓稍前，開手立；二鼓合手，退後；三鼓相顧蹲。三鼓畢，間聲作。一鼓稍前，舞蹈；三鼓復位，正揖；三鼓高呈手；四鼓稍前，開手立；五鼓退後，躬身；六鼓舉左手，收，左揖；七鼓舉右手，收，右揖；八鼓舞蹈，相向立；九鼓復位立；十鼓推左手，收；十一鼓推右手，收；十二鼓伏，興，仰視；十三鼓兩兩相向蹲；十四鼓復位，交籥，正蹲；十五鼓躬身，受。終聽三鼓。止。

世祖第三室文舞，混成之曲，無射宮一成。始聽三鼓。一鼓稍前，開手立；二鼓合手，退後；三鼓相顧蹲。三鼓畢，間聲作。一鼓稍前，舞蹈；二鼓高呈手；三鼓交籥，正蹲；四鼓兩兩相向，開手，正蹲；五鼓伏，興，仰視；六鼓舉左手，收，左揖；七鼓舉右手，收，右揖；八鼓退後，躬身；九鼓稍前，開手立；十鼓舉左手，收，左揖；十一鼓舉右手，收，右揖；十二鼓高呈手，正揖；十三鼓舞蹈，相顧蹲；十四鼓三叩頭，拜舞；十五鼓躬身，受。終聽三鼓。止。

裕宗第四室文舞，昭成之曲，無射宮一成。始聽三鼓。一鼓稍前，開手立；二鼓合手，退後；三鼓相顧蹲。三鼓畢，間聲作。一鼓稍前，舞蹈；二鼓退後，高呈手；三鼓舉左手，收，左揖；四鼓舉右手，收，右揖；五鼓稍前，開手立；六鼓退後，躬身；七鼓兩兩相向，交籥，正蹲；八鼓伏，興，仰視；九鼓推左手，收，左揖；十鼓推右手，收，右揖；十一鼓稍前，舞蹈；十二鼓退後，相顧蹲；十三鼓高呈手；十四鼓三叩頭，拜舞；十五鼓躬身，受。終聽三鼓。止。

顯宗第五室文舞，德成之曲，無射宮一成。始聽三鼓。一鼓稍前，開手立；二鼓合手，退後；三鼓相顧蹲。三鼓畢，間聲作。一鼓稍前，舞蹈，相向立；二鼓復位，正揖；三鼓舉左手，收；四鼓舉右手，收；五鼓伏，興，仰視；六鼓兩兩相向立；七鼓復位，交籥，正蹲；八鼓退後，躬身；九鼓稍前，開手立；十鼓舉左手，收，左揖；十一鼓舉右手，收，右揖；十二鼓高呈手；十三鼓復位，正蹲；十四鼓三叩頭，拜舞；十五鼓躬身，受。終聽三鼓。止。

順宗第六室文舞，慶成之曲，無射宮一成。始聽三鼓。一鼓稍前，開手立；二鼓合手，退後；三鼓相顧蹲。三鼓畢，間聲作。一鼓稍前，舞蹈；二鼓復位，相顧蹲；三鼓稍前，開手立；四鼓合手，正揖；五鼓舉左手，收，左揖；六鼓舉右手，收，右揖；七鼓兩兩相向，交籥，正蹲；八鼓復位立；九鼓稍前，開手立；十鼓伏，興，仰視；十一鼓舉左手，收，相顧蹲；十二鼓舉右手，收，相顧蹲；十三鼓高呈手，正揖；十四鼓三叩頭，拜舞；十五鼓躬身，受。終聽三鼓。止。

成宗第七室文舞，守成之曲，無射宮一成。始聽三鼓。一鼓稍前，開手立；二鼓合手，退後；三鼓相顧蹲。三鼓畢，間聲作。一鼓稍前，舞蹈；二鼓退後，躬身；三鼓舉左手，收，左揖；四鼓舉右手，收，右揖；五鼓伏，興，仰視；六鼓兩兩相向，交籥，正蹲；七鼓復位，正揖；八鼓高呈手；九鼓舉左手，收，左揖；十鼓舉右手，收，右揖；十一鼓開手立；十二鼓合手，正揖；十三鼓稍前，舞蹈；十四鼓三叩頭，拜舞；十五鼓躬身，受。終聽三鼓。止。

武宗第八室文舞，威成之曲，無射宮一成。始聽三鼓。一鼓稍前，開手立；二鼓合手，退後；三鼓相顧蹲。三鼓畢，間聲作。一鼓稍前，舞蹈；二鼓復位，正揖；三鼓高呈手；四鼓稍前，開手立；五鼓退後，躬身；六鼓舉左手，收，左揖；七鼓舉右手，收，右揖；八鼓舞蹈，相向立；九鼓復位立；十鼓舉左手，收，左揖；十一鼓舉右手，收，右揖；十二鼓伏，興，仰視；十三鼓兩兩相向立；十四鼓復位，交籥，正蹲；十五鼓躬身，受。終聽三鼓。止。

仁宗第九室文舞，歆成之曲，無射宮一成。始聽三鼓。一鼓稍前，開手立；二鼓合手，退後；三鼓相顧蹲。三鼓畢，間聲作。一鼓稍前，舞蹈，相向立；二鼓復位，正揖；三鼓高呈手；四鼓推左手，收；五鼓推右手，收；六鼓稍前，開手立；七鼓退後，躬身；八鼓兩兩相向立；九鼓復位，交籥，正蹲；十鼓舉左手，收，左揖；十一鼓舉右手，收，右揖；十二鼓稍前，舞蹈；十三鼓復位，正揖；十四鼓伏，興，仰視；十五鼓躬身，受。終聽三鼓。止。

英宗第十室文舞，獻成之曲，無射宮一成。始聽三鼓。一鼓稍前，開手立；二鼓合手，退後；三鼓相顧蹲。三鼓畢，間聲作。一鼓稍前，舞蹈，相向立；二鼓舉左手，收，左揖；三鼓舉右手，收，右揖；四鼓高呈手；五鼓伏，興，仰視；六鼓兩兩相向蹲；七鼓退後，俛伏；八鼓復位，交籥，正蹲；九鼓稍前，開手立；十鼓復位，躬身；十一鼓稍前，舞蹈；十二鼓復位，正揖；十三鼓舞蹈，兩兩相向立；十四鼓三叩頭，拜舞；十五鼓躬身，受。終聽三鼓。止。

亞獻武舞，肅寧之曲，無射宮一成。始聽三鼓。一鼓稍前，開手立；二鼓合手，退後，按腰立；三鼓相顧蹲。三鼓畢，間聲作。一鼓稍前，左右揚干戚；二鼓退後，相顧蹲；三鼓高呈手；四鼓左右揚干戚；五鼓呈干戚；六鼓復位，按腰立；七鼓刺干戚；八鼓兩兩相向，開手，正蹲；九鼓復位，舉左手，收；十鼓舉右手，收；十一鼓稍前，開手立；十二鼓退後，按腰立；十三鼓左右揚干戚，相向立；十四鼓復位，按腰，相顧蹲；十五鼓躬身，受。終聽三鼓。止。

終獻武舞，肅寧之曲，無射宮一成。始聽三鼓。一鼓稍前，開手立；二鼓合手，退後，按腰立；三鼓相顧蹲。三鼓畢，間聲作。一鼓稍前，左右揚干戚；二鼓退後，高呈手；三鼓舉左手，收；四鼓舉右手，收；五鼓面向西，開手，正蹲；六鼓復位，左右揚干戚；七鼓躬身，受；八鼓呈干戚；九鼓復位，按腰立；十鼓刺干戚；十一鼓兩兩相向立；十二鼓復位，按腰立；十三鼓退後，相顧蹲；十四鼓三叩頭，拜舞；十五鼓躬身，受。終聽三鼓。止。

天曆三年新製樂舞。明宗酌獻文舞，永成之曲，無射宮一成。始聽三鼓。一鼓合手，稍前，開手立；二鼓退後立；三鼓相顧蹲。三鼓畢，間聲作。一鼓向前，舞蹈，相向立；二鼓復位，三叩頭，拜舞；三鼓兩兩開手，正蹲；四鼓復位，俛伏；五鼓交籥，正蹲；六鼓伏，興，仰視，七鼓躬身，八鼓稍前，開手立；九鼓復位，正揖，高呈手；十鼓舉左手，收，左揖；十一鼓舉右手，收，右揖；十二鼓正揖；十三鼓兩兩交籥，相揖；十四鼓復位；十五鼓躬身，受。終聽三鼓。止。

校勘記

〔一〕五鼓推左手右相顧左揖六鼓皆推右手左相顧右揖　按下文所記類似舞蹈動作，均兩相對舞，左右互稱，無「皆」字，此處「皆」字疑衍。王圻續通考亦無「皆」字。

〔二〕四鼓垂右手〔住〕　據上下文補。

〔三〕右以象滅王罕　道光本考證云：「按此下小注凡六處，原本皆誤作正文，今據經世大典釐正。」從改作注。下倣此。

〔四〕迎神文舞思成之曲　按上文郊祀樂舞、宗廟樂舞，「降神」所奏曲調皆記有成數，六成或九成。此處僅言所奏之曲，未嘗成數，疑有脫文。又按下文所載黃鐘宮等四調共九成，此處疑脫「九成」二字。

〔五〕二鼓合手退　王圻續通考「退」字下尚有「後」字。按「二鼓合手退後」此一舞蹈動作，在本書本卷郊祀樂舞、宗廟樂舞、泰定十室樂舞皆多見。除宗廟樂舞中二鼓舞蹈統作「退後，合手」外，其他二樂舞二鼓動作皆作「合手，退後」。此處疑脫「後」字。

元史卷七十一

志第二十二

禮樂五

樂服

樂正副四人，舒脚幞頭，紫羅公服，烏角帶，木笏，皂鞾。

照燭二人，服同前，無笏。

樂師二人，服緋，冠、笏同前。

運譜二人，服綠，冠、笏同前。

舞師二人，舒脚幞頭，黃羅繡抹額，紫服，金銅荔枝帶，皂鞾，各執伎。伎，牙伎也。

執旌二人，平冕，前後各九旒五就，青生色鸞袍，黃綾帶，黃絹袴，白絹韈，赤革履。平冕鸞袍，皆倣金制，惟冕之旒數不同，詳見後至元二年博士議。

執纛二人，青羅巾，餘同執旌。

樂工，介幘冠，緋羅生色鸞袍，黃綾帶，皁鞾。冠以皮爲之，黑油如熊耳，亦金制也。

歌工，服同樂工。

執麾，服同上，惟加平巾幘。狀若籠金幘，以革爲之。

舞人，青羅生色義花鸞袍，緣以皂綾，平冕冠。冠前後有旒，青白硝石珠相間。

執器二十人，服同樂工，綠油母追冠，革爲之，一名武弁。加紅抹額。

至元二年閏五月，大樂署言，堂上下樂舞官員及樂工，合用衣服冠冕鞾履等物，乞行製造。太常寺下博士議定：樂正副四人、樂師二人、照燭二人、運譜二人，皆服紫羅公服，皁紗幞頭舒脚，紅鞓角帶，木笏，皂鞾。引舞色長四人，紫羅公服，皂紗幞頭展脚，黃羅繡南花抹額，金銅帶，皂鞾。樂工二百四十有六人，緋繡義花鸞袍，縣黃插口，介幘冠，紫羅帶，全黃羅抹帶，黃絹夾袴，白綾韈，朱履。金太常寺掌故張珍所著疊代世範載金制：舞人服黑衫，皆四褑，有黃插口，左右垂之，黃綾抹帶，其衫以紬爲之，胸背二答、兩肩二答，前後各一答，皆綵色，繡二鸞盤飛之狀，綴之於衫。冠以平冕，亦有天板、口圈，天門納言以紫絹摞背，銅裹邊圈，前後各五旒，以青白硝石珠相間。大備集所載，二舞人皂繡義花鸞衫，縣紫插口，黃綾抹帶，朱履，平冕。其冠有口圈，亦有天門納言繫帶，口圈高一尺許，天板長二尺，闊一尺，前微高後低，裏外紫絹糊，銅楞道粧釘，無旒。執器二十人，緋繡義花鸞袍，縣黃插口，綠油革冠，黃羅抹帶，黃絹夾袴，白綾韈，朱履。旌纛四人，青綉義花鸞袍，縣紫插口，平冕冠二，青包巾二，黃羅抹帶，黃絹夾袴，白綾韈，朱履。七月，中書吏部再準太常博士議定，行下所司製造。三年九月服成，緋鸞袍二百六十有七，青鸞袍一百三十二，黃絹袴一百五十二，紫羅公服一十四，黃綾帶三百九十七，介幘冠二百四十有四，平冕冠百三十，鬠全，木笏十有六，幞頭十有四，平巾幘二，綠油革冠二十，荔枝銅帶四，角帶十，皂韡二百六十對，朱履百五十對。宣聖廟樂工，黑漆冠三十五，綠羅生色胸背花袍三十五，皂韡三十五對，黃絹囊三十五，黃絹夾袱三十五。

大樂職掌

大樂署，令一人，丞一人，掌郊社、宗廟之樂。凡樂，郊社、宗廟，則用宮縣，工三百六十有一人；社稷，則用登歌，工五十有一人；二樂用工四百一十有二人，代事故者五十人。前祭之月，召工習樂及舞。祀前一日，宿縣於庭中。東方西方設十二鎛鐘，各依辰位。編鐘處其左，編磬處其右。黃鐘之鐘起子位，在通街之西。蕤賓之鐘居午位，在通街之東。每辰三簴，謂之一肆，十有二辰，凡三十六簴。樹建鞞應於四隅，左柷右敔，設縣中之北。歌工

次之，三十二人，重行相向而坐。巢笙次之，簫次之，竽次之，籥次之，篪次之，塤次之，長笛又次之。夾街之左右，瑟翼柷敔之東西，在前行。路鼓、路鼗次之。郊祀則雷鼓、雷鼗。閏餘匏在簫之東，七星匏在西，九曜匏次之。一絃琴列路鼓之東西，東一，西二。三絃、五絃、七絃、九絃次之。一絃琴三，三絃以下皆六。凡坐者，高以杌，地以氈。立四表於橫街之南，少東。設舞位於縣北。文郎左執籥，右秉翟；武郎左執干，右執戚；皆六十有四人。享日，與工人先入就位。舞師二人，執纛二人，引文舞分立於表南。武舞及執器者，俟立於宮縣之左右。器鼗二，雙鐸二，單鐸二，鐃二，錞二，二錞用六人。鉦二，相鼓二，雅鼓二，凡二十人。文舞退，舞師二人、執旌二人，引武舞進，立其處。文舞還立於縣側。又設登歌樂於殿之前楹，殿陛之旁，設樂床二，樂工列於上。搏拊二，歌工六，柷一，敔一，在門內，相向而坐。鐘一簴，在前楹之東。一絃、三絃、五絃、七絃、九絃琴五，次之。瑟二，在其東，笛一、籥一、篪一在琴之南，巢笙、和笙各二次之。塤一，在笛之南。閏餘匏、排簫各一，次之，皆西上。磬一簴，在前楹之西。一絃、三絃、五絃、七絃、九絃琴五，次之。塤一，在笛之南。[一]七星匏、九曜匏、排簫各一，次之，皆東上。凡宗廟之樂九成，舞九變。黃鐘之宮，三成，三變。大呂之角，二成，二變。太簇之徵，二成，二變。應鐘之羽，二成，二變。圜丘之樂六成，舞六變。夾鐘之宮，三成，三變。黃鐘之角，一成，一變。太簇之徵，一成，一變。姑洗之羽，一成，一

變。社稷之樂八成：林鐘之宮二成，太簇之角二成，姑洗之徵二成，南呂之羽二成。凡有事于宗廟，大樂令位于殿楹之東，西向；丞位於縣北，通街之東，西向；以肅樂舞。

協律郎二人，掌和律呂，以合陰陽之聲。陽律六：黃鐘子，太簇寅，姑洗辰，蕤賓午，夷則申，無射戌。陰呂六：大呂丑，夾鐘卯，仲呂巳，林鐘未，南呂酉，應鐘亥。文之以宮、商、角、徵、羽、變宮、變徵，播之以金、石、絲、竹、匏、土、革、木。凡律管之數九，九九相乘，八十一以爲宮；三分去一，五十四以爲徵；三分益一，七十二以爲商；三分去一，四十八以爲羽；三分益一，六十四以爲角。如黃鐘爲宮，則林鐘爲徵，太簇爲商，南呂爲羽，姑洗爲角，應鐘爲變宮，蕤賓爲變徵，是爲七聲十二律，還相爲宮，爲八十四調。凡大祭祀皆法服，一人立於殿楹之西，東向；一人立於縣北通街之西，東向；以節樂。堂上者主登歌，堂下者主宮縣。凡樂作，則跪，俛伏，舉麾以興，工鼓柷以奏；樂止則偃麾，工戛敔而樂止。今執麾者代執之，協律郎特拜而已。

樂正二人，副二人，掌肄樂舞、展樂器、正樂位。凡祭，二人立於殿內，二人立於縣間，以節樂。殿內者視獻者奠獻用樂作止之節，以笏示照燭，照燭舉偃以示堂下。若作登歌，則以笏示柷敔而已。縣間者示堂上照燭。及引初獻，照燭動，亦以笏示柷敔。

樂師一人，運譜一人，掌以樂教工人。凡祭，立於縣間，皆北上，相向而立。

舞師四人，皆執梃，梃，牙仗也。執纛二人，執旌二人，祭則前舞以爲舞容。舞人從南表向第一表，爲一成，則一變。從第二至第三，爲二成。從第三至北第四表，爲三成。舞人各轉身南向於北表之北，還從第一至第二，爲四成。從第二至第三，爲五成。從第三至南第一表，爲六成。若八變者，更從南北向第二，爲七成。又從第二至第三，爲八成。若九變者，又從第三至北第一，爲九變。

執麾一人，從協律郎以麾舉偃而節樂。

照燭二人，掌執籠燭而節樂。凡樂作止，皆舉偃其籠燭。一人立於堂上門東，視殿內獻官禮節，麾燭以示縣間。一人立於堂下縣間，俟三獻入導初獻至位，立於其左。初獻行，皆前導，亞、終則否。凡殿下禮節，則麾其燭以示上下。初獻詣盥洗位，乃偃其燭，止亦如之。俟初獻動爲節，宮縣樂作，詣盥洗位，洗拭瓚訖，樂止。詣階，登歌樂作，升自東階，至殿門，樂止，乃立於陛側以俟。晨祼訖，初獻出殿，登歌樂作，至版位，樂止。司徒迎饌至橫街，轉身北向，宮縣樂作，司徒奉俎至各室遍奠訖，樂止。酌獻，初獻詣盥洗位，宮縣樂作，詣爵洗位，洗拭爵訖，樂止。出笏，登歌樂作，升自東階，至殿門，樂止。初獻至酒尊所，酌訖，宮縣樂作，詣神位前，祭酒訖，拜、興、讀祝，樂止。讀訖，樂作，再拜訖，樂止。次詣每室，作止如初。每室各奏本室樂曲，俱獻畢，還至殿門，登歌樂作，降自東階，至版位，樂止。文舞退，

武舞進，宮縣樂作，舞者立定，樂止。亞獻行禮，無節步之樂，至酒尊所，酌酒訖，出笏，宮縣樂作，詣神位前，奠獻畢，樂止。次詣每室，作止如初。俱畢，還至版位，皆無樂。終獻樂作同亞獻，助奠以下升殿，奠馬湩，至神位，蒙古巫祝致詞訖，宮縣樂作，同司徒進饌之曲，禮畢，樂止。出殿，登歌樂作，各復位，樂止。太祝徹籩豆，登歌樂作，卒徹，樂止。奉禮贊拜，衆官皆再拜訖，送神，宮縣樂作，一成而止。

宴樂之器

興隆笙，制以楠木，形如夾屏，上銳而面平，縷金雕鏤枇杷、寶相、孔雀、竹木、雲氣，兩旁側立花板，居背三之一。中爲虛櫃，如笙之匏。上豎紫竹管九十，管端實以木蓮苞。櫃外出小橛十五，上豎小管，管端實以銅杏葉。下有座，獅象遶之，座上櫃前立花板一，雕鏤如背，板間出二皮風口，用則設朱漆小架于座前，繫風囊於風口，囊面如琵琶，朱漆雜花，有柄，一人按小管，一人鼓風囊，則簧自隨調而鳴。中統間，回回國所進。以竹爲簧，有聲而無律。玉宸樂院判官鄭秀乃考音律，分定清濁，增改如今制。其在殿上者，盾頭兩旁立刻木孔雀二，飾以眞孔雀羽，中設機。每奏，工三人，一人鼓風囊，一人按律，一人運動其機，則孔雀飛舞應節。

殿庭笙十，延祐間增製，不用孔雀。

琵琶，制以木，曲首，長頸，四軫，頸有品，闊面，四絃，面飾雜花。

箏，如瑟，兩頭微垂，有柱，十三絃。

火不思，制如琵琶，直頸，無品，有小槽，圓腹如半瓶榼，以皮爲面，四絃，皮絣同一孤柱。

胡琴，制如火不思，卷頸，龍首，二絃，用弓捩之，弓之絃以馬尾。

方響，制以鐵，十六枚，懸于磬簴，小角槌二。廷中設，下施小交足几，黃羅銷金衣。

龍笛，制如笛，七孔，橫吹之，管首制龍頭，銜同心結帶。

頭管，制以竹爲管，卷蘆葉爲首，竅七。

笙，制以(瓠)〔匏〕爲底，[二]列管于上，管十三，簧如之。

箜篌，制以木，闊腹，腹下施橫木，而加軫二十四，柱頭及首，並加鳳喙。

雲璈，制以銅，爲小鑼十三，同一木架，下有長柄，左手持，而右手以小槌擊之。

簫，制如笛，五孔。

戲竹，制如籈，長二尺餘，上繫流蘇香囊，執而偃之，以止樂。

鼓，制以木爲匡，冒以革，朱漆雜花，面繪復身龍，長竿二。廷中設，則有大木架，又有

擊撾高座。

杖鼓，制以木爲匡，細腰，以皮冒之，上施五綵繡帶，右擊以杖，左拍以手。

札鼓，制如杖鼓而小，左持而右擊之。

和鼓，制如大鼓而小，左持而右擊之。

纂，制如箏而七絃，有柱，用竹軋之。

羌笛，制如笛而長，三孔。

拍板，制以木爲板，以繩聯之。

水盞，制以銅，凡十有二，擊以鐵箸。

樂隊

樂音王隊：元旦用之。引隊大樂禮官二員，冠展角幞頭，紫袍，塗金帶，執笏。次執戲竹二人，同前服。次樂工八人，冠花幞頭，紫窄衫，銅束帶。龍笛三，杖鼓三，金鞚小鼓一，板一，奏萬年歡之曲。從東階升，至御前，以次而西，折繞而南，北向立。後隊進，皆倣此。次二隊，婦女十人，冠展角幞頭，紫袍，隨樂聲進至御前，分左右相向立。次婦女一人，冠唐帽，黃袍，進北向立定，樂止，念致語畢，樂作，奏長春柳之曲。次三隊，男子三人，戴紅髮青面

具，雜綵衣，次一人，冠唐帽，綠襴袍，角帶，舞蹈而進，立於前隊之右。次四隊，男子一人，戴孔雀明王像面具，披金甲，執叉，從者二人，戴毗沙神像面具，紅袍，執斧。次五隊，男子五人，冠五梁冠，戴龍王面具，繡氅，執圭，與前隊同進，北向立。次六隊，男子五人，爲飛天夜叉之像，舞蹈以進。次七隊，樂工八人，冠霸王冠，青面具，錦繡衣，龍笛三，觱栗三，杖鼓二，與前大樂合奏吉利牙之曲。次八隊，婦女二十人，冠廣翠冠，銷金綠衣，執牡丹花，舞唱前曲，與樂聲相和，進至御前，北向，列爲九重，[三]重四人，曲終，再起，與後隊相和。次九隊，婦女二十人，冠金梳翠花鈿，繡衣，執花鞚稍子鼓，舞唱前曲，與前隊相和。次十隊，婦女八人，花髻，服銷金桃紅衣，摇日月金鞚稍子鼓，舞唱同前。次男子五人，作五方菩薩梵像，摇日月鼓。次一人，作樂音王菩薩梵像，執花鞚稍子鼓，齊聲舞前曲一闋，樂止。次婦女三人，歌新水令、沽美酒、太平令之曲終，念口號畢，舞唱相和，以次而出。

壽星隊：天壽節用之。引隊禮官樂工大樂冠服，並同樂音王隊。次二隊，婦女十人，冠唐巾，服銷金紫衣，銅束帶。次婦女一人，冠平天冠，服繡鶴氅，方心曲領，執圭，以次進至御前，立定，樂止，念致語畢，樂作，奏長春柳之曲。次三隊，男子三人，冠服舞蹈，並同樂音王隊。次四隊，男子一人，冠金漆弁冠，服緋袍，塗金帶，執笏，從者二人，錦帽，繡衣，執金字福祿牌。次五隊，男子一人，冠捲雲冠，青面具，綠袍，塗金帶，分執梅、竹、松、椿、石，同

前隊而進，北向立。次六隊，男子五人，爲烏鴉之像，作飛舞之態，進立於前隊之左，樂止。次七隊，樂工十有二人，冠雲頭冠，銷金緋袍，白裙，龍笛三，觱栗三，札鼓三，和鼓一，板一，與前大樂合奏山荆子帶祆神急之曲。次八隊，婦女二十人，冠鳳翹冠，翠花鈿，服寬袖衣，加雲肩、霞綬、玉佩，各執寶蓋，舞唱前曲。次九隊，婦女三十人，冠玉女冠，翠花鈿，服青銷金寬袖衣，加雲肩、霞綬、玉佩，各執櫻毛日月扇，舞唱前曲，與前隊相和。次十隊，婦女八人，服雜綵衣，被槲葉、魚鼓、簡子。次男子八人，冠束髮冠，金掩心甲，銷金緋袍，執戟。次爲龜鶴之像各一。次男子五人，冠黑紗帽，服繡鶴氅，朱履，策龍頭籐杖，齊舞唱前曲一闋，樂止。次婦女三人，歌新水令、沽美酒、太平令之曲終，念口號畢，舞唱相和，以次而出。

禮樂隊：朝會用之。引隊禮官樂工大樂冠服，並同樂音王隊。次二隊，婦女十人，冠黑漆弁冠，服青素袍，方心曲領，白裙，束帶，執圭；次婦女一人，冠九龍冠，服繡紅袍，玉束帶，進至御前，立定，樂止，念致語畢，樂作，奏長春柳之曲。次三隊，男子三人，冠服舞蹈同樂音王隊。次四隊，男子三人，皆冠捲雲冠，服黄袍，塗金帶，執圭。次五隊，男子五人，皆冠三龍冠，服紅袍，各執劈正金斧，同前隊而進，北向立。次六隊，童子五人，三髻，素衣，各執香花，舞蹈而進，樂止。次七隊，樂工八人，皆冠束髮冠，服錦衣白袍，龍笛三，觱栗三，杖鼓二，與前大樂合奏新水令、水仙子之曲。次八隊，婦女二十人，冠籠巾，服紫袍，金帶，

執笏，歌新水令之曲，與樂聲相和，進至御前，分爲四行，北向立，鞠躬拜，興，舞蹈，叩頭，山呼，就拜，再拜，畢，復趁聲歌水仙子之曲一闋，再歌青山口之曲，與後隊相和。次九隊，婦女二十人，冠車髻冠，服銷金藍衣，雲肩，佩綬，執孔雀幢，舞唱與前隊相和。次十隊，婦女八人，冠翠花唐巾，服錦綉衣，執寶蓋，舞唱前曲。次男子八人，冠鳳翅兜牟，披金甲，執金戟。次男子一人，冠平天冠，服繡鶴氅，執圭，齊舞唱前曲一闋，樂止。次婦女三人，歌新水令、沽美酒、太平令之曲終，念口號畢，舞唱相和，以次而出。

說法隊：引隊禮官樂工大樂冠服，並同樂音王隊。次二隊，婦女十人，冠僧伽帽，服紫禪衣，皂絛；次婦女一人，服錦袈裟，餘如前，持數珠，進至御前，北向立定，樂止，念致語畢，樂作，奏長春柳之曲。次三隊，男子三人，冠、服、舞蹈，並同樂音王隊。次四隊，男子一人，冠隱士冠，服白紗道袍，皂絛，執麈拂；從者二人，冠黄包巾，服錦繡衣，執令字旗。次五隊，男子五人，冠金冠，披金甲，錦袍，執戟，同前隊而進，北向立。次六隊，男子五人，爲金翅雕之像，舞蹈而進，樂止。次七隊，樂工十有六人，冠五福冠，服錦繡衣，龍笛六，觱栗六，杖鼓四，與前大樂合奏金字西番經之曲。次八隊，婦女二十人，冠珠子菩薩冠，服銷金黄衣，瓔珞，佩綬，執金浮屠白傘蓋，舞唱前曲，與樂聲相和，進至御前，分爲五重，重四人，曲終，再起，與後隊相和。次九隊，婦女二十人，冠金翠菩薩冠，服銷金紅衣，執寶蓋，舞唱與

前隊相和。次十隊，婦女八人，冠青螺髻冠，服白銷金衣，執金蓮花。次男子八人，披金甲，爲八金剛像。次一人，爲文殊像，執如意；一人爲普賢像，執西番蓮花；一人爲如來像；齊舞唱前曲一闋，樂止。次婦女三人，歌新水令、沽美酒、太平令之曲終，念口號畢，舞唱相和，以次而出。

凡吉禮，郊祀、享太廟、告謚，見祭祀志。軍禮，見兵志。喪禮五服，見刑法志。水旱賑卹，見食貨志。內外導從，見儀衞志。

校勘記

〔一〕塤一在笛之南　道光本據經世大典于此句之上增入「瑟二在其西，笛一、籥一、篪一在瑟之南，巢笙、和笙各二次之」二十三字。按東西兩方樂器應對稱，志文無此二十三字，則東方缺六種樂器。

〔二〕笙制以（瓠）〔匏〕爲底　從北監本改。

〔三〕列爲九重　按婦女二十人，每重四人，當列五重。下文說法隊八隊婦女二十人，重四人，正作「五重」。此處「九」當作「五」。

元史卷七十二

志第二十三

祭祀一

禮之有祭祀，其來遠矣。天子者，天地宗廟社稷之主，於郊社禘嘗有事守焉。以其義存乎報本，非有所爲而爲之，故其禮貴誠而尙質，務在反本修古，不忘其初而已。漢承秦弊，郊廟之制，置周禮不用，謀議巡守封禪，而方士祠官之說興，兄弟相繼共爲一代，而統緒亂。迨其季世，乃合南北二郊爲一。雖以唐、宋盛時，皆莫之正，蓋未有能反其本而求之者。彼籩豆之事，有司所職，又豈足以盡仁人孝子之心哉。

元之五禮，皆以國俗行之，惟祭祀稍稽諸古。其郊廟之儀，禮官所考日益詳愼，而舊禮初未嘗廢，豈亦所謂不忘其初者歟。然自世祖以來，每難於親其事。英宗始有意親郊，而志弗克遂。久之，其禮乃成於文宗。至大間，大臣議立北郊而中輟，遂廢不講。然武宗親

享于廟者三，英宗親享五。晉王在帝位四年矣，未嘗一廟見。文宗以後，乃復親享。豈以道釋禱祠薦禳之盛，竭生民之力以營寺宇者，前代所未有，有所重則有所輕歟。或曰，北陲之俗，敬天而畏鬼，其巫祝每以爲能親見所祭者，而知其喜怒，故天子非有察于幽明之故、禮俗之辨，則未能親格，豈其然歟？

自憲宗祭天日月山，追崇所生與太祖並配，世祖所建太廟，皇伯朮赤、察合帶皆以家人禮祔于列室。既而太宗、定宗以世天下之君俱不獲廟享，而憲宗亦以不祀。則其因襲之弊，蓋有非禮官之議所能及者。而況乎不爾所受國之君，而兄弟共爲一世，乃有徵於前代者歟。夫郊廟國之大祀也，本原之際既已如此，則中祀以下，雖有闕略，無足言者。

其天子親遣使致祭者三：曰社稷，曰先農，曰宣聖。而嶽鎭海瀆，使者奉璽書卽其處行事，稱代祀。其有司常祀者五：曰社稷，曰宣聖，曰三皇，曰嶽鎭海瀆，曰風師雨師。其非通祀者五：曰武成王，曰古帝王廟，曰周公廟，曰名山大川、忠臣義士之祠，曰功臣之祠，而大臣家廟不與焉。其儀皆禮官所擬，而議定于中書。日星始祭于司天臺，而回回司天臺遂以禜星爲職事。五福太乙有壇畤，以道流主之，皆所未詳。

凡祭祀之事，其書爲太常集禮，而經世大典之禮典篇尤備。參以累朝實錄與六條政類，序其因革，錄其成制，作祭祀志。

郊祀上

元興朔漠，代有拜天之禮。衣冠尙質，祭器尙純，帝后親之，宗戚助祭。其意幽深古遠，報本反始，出於自然，而非强爲之也。憲宗卽位之二年，秋八月八日，始以冕服拜天於日月山。其十二日，又用孔氏子孫元措言，合祭昊天后土，始大合樂作牌位，以太祖、睿宗配享。歲甲寅，會諸王于顆顆腦兒之西，丁巳秋，駐蹕于軍腦兒，皆祭天於其地。世祖中統二年，親征北方。夏四月(乙)〔己〕亥，躬祀天于舊桓州之西北。〔一〕灑馬湩以爲禮，皇族之外，無得而與，皆如其初。

〔至元〕十二年十二月，以受尊號，〔二〕遣使豫告天地，下太常檢討唐、宋、金舊儀，於國陽麗正門東南七里建祭臺，設昊天上帝、皇地祇位二，行一獻禮。自後國有大典禮，皆卽南郊告謝焉。十三年五月，以平宋，遣使告天地，中書下太常議定儀物以聞。制若曰：「其以國禮行事。」

三十一年，成宗卽位。夏四月壬寅，始爲壇于都城南七里。甲辰，遣司徒兀都帶率百官爲大行皇帝請謚南郊，爲告天請謚之始。大德六年春三月庚戌，合祭昊天上帝、皇地祇、五方帝于南郊，遣左丞相哈剌哈孫攝事，爲攝祀天地之始。

大德九年二月二十四日，右丞相哈剌哈孫等言：「去年地震星變，雨澤愆期，歲比不登。祈天保民之事，有天子親祀者三：曰天，曰祖宗，曰社稷。今宗廟、社稷，歲時攝官行事。祭天國之大事也，陛下雖未及親祀，宜如宗廟、社稷，遣官攝祭，歲用冬至，儀物有司豫備，日期至則以聞。」制若曰：「卿言是也，其豫備儀物以待事。」

於是翰林、集賢、太常禮官皆會中書集議。博士疏曰：「冬至，圜丘惟祀昊天上帝，至西漢元始間，始合祭天地。歷東漢至宋千有餘年，分祭合祭，迄無定論。」集議曰：「周禮，冬至圜丘禮天，夏至方丘禮地，時旣不同，禮樂亦異。王莽之制，何可法也。今當循唐、虞、三代之典，惟祀昊天上帝。其方丘祭地之禮，續議以聞。」按周禮，壇壝三成，近代增外四成，以廣天文從祀之位。集議曰：「依周禮三成之制。然周禮疏云每成一尺，不見縱廣之度。恐壇上陿隘，器物難容，擬四成制內減去一成，以合陽奇之數。每成高八尺一寸，以合乾之九九。上成縱廣五丈，中成十丈，下成十五丈。四陛，陛十有二級。外設二壝，內壝去壇二十五步，外壝去內壝五十四步，壝各四門。壇設於丙巳之地，以就陽位。」按古者，親祀冕無旒，服大裘而加衮。臣下從祀，冠服歷代所尙，其制不同。集議曰：「依宗廟見用冠服制度。」按周禮大司樂云：「凡樂，圜鍾爲宮，黃鍾爲角，太簇爲徵，姑洗爲羽，雷鼓雷鼗，孤竹之管，雲和之琴瑟，雲門之舞，冬至日於地上之圜丘奏之。若樂六變，則天神皆降，可得而禮矣。」

集議曰：「樂者所以動天地，感鬼神，必訪求深知音律之人，審五聲八音，以司肄樂。」

夏四月壬辰，中書復集議。博士言：「舊制神位版用木。」中書議，改用蒼玉金字，白玉爲座。博士曰：「郊祀尚質，合依舊制。」遂用木主，長二尺五寸，闊一尺二寸，上圓下方，丹漆金字，木用松柏，貯以紅漆匣，黃羅帕覆之。造畢，有司議所以藏。議者復謂，神主廟則有之，今祀於壇，對越在上，非若他神無所見也。所製神主遂不用。

七月九日，博士又言：「古者祀天，器用陶匏，席用藁秸。自漢甘泉雍畤之祀，以迄後漢、（晉魏）〔魏、晉〕、〔三〕南北二朝、隋、唐，其壇壝玉帛禮器儀仗，日益繁縟，浸失古者尚質之意。宋、金多循唐制，其壇壝禮器，考之於經，固未能全合，其儀法具在。當時名儒輩出，亦未嘗不援經而定也，酌古今以行禮，亦宜焉。今檢討唐、宋、金親祀、攝行儀注，幷雅樂節次，合從集議。」太常議曰：「郊祀之事，聖朝自平定金、宋以來，未暇舉行，今欲修嚴，不能一舉而大備。然始議之際，亦須酌古今之儀，垂則後來。請從中書會翰林、集賢、禮官及明禮之士，講明去取以聞。」中書集議曰：「合行禮儀，非草創所能備。唐、宋皆有攝行之禮，除從祀受胙外，一切儀注悉依唐制修之。」

八月十二日，太常寺言：「尊祖配天，其禮儀樂章別有常典，若俟至日議之，恐匆遽有誤。」於是中書省臣奏曰：「自古漢人有天下，其祖宗皆配天享祭，臣等與平章何榮祖議，宗

廟已依時祭享，今郊祀止祭天。」制曰「可」。是歲南郊，配位遂省。

十一年，武宗卽位。秋七月甲子，命御史大夫鐵古迭兒卽南郊告謝天地，主用柏，素質玄書，爲卽位告謝之始。

至大二年冬十月乙酉，〔四〕尚書省臣及太常禮官言：「郊祀者國之大禮，今南郊之禮已行而未備，北郊之禮尚未舉行。今年冬至南郊，請以太祖聖武皇帝配享。明年夏至北郊，以世祖皇帝配。」帝皆是之。十二月甲辰朔，尚書太尉右丞相、太保左丞相，田司徒、郝參政等復奏曰：「南郊祭天於圜丘，大禮已舉。其北郊祭皇地祇於方澤，幷神州地祇、五岳四瀆、山林川澤及朝日夕月，此有國家所當崇禮者也。當聖明御極而弗舉行，恐遂廢弛。」制若曰：「卿議甚是，其卽行焉。」

至大三年春正月，中書禮部移太常禮儀院，下博士擬定北郊從祀、朝日夕月禮儀。博士李之紹、蔣汝礪疏曰：「按方丘之禮，夏以五月，商以六月，周以夏至，其丘在國之北。禮神之玉以黃琮，牲用黃犢，幣用黃繒，配以后稷。其方壇之制，漢去都城四里，爲壇四陛。唐去宮城北十四里，爲方壇八角三成，每成高四尺，上闊十六步，設陛。上等陛廣八尺，中等陛一丈，下等陛廣一丈二尺。宋至徽宗始定爲再成。歷代制雖不同，然無出於三成之式。今擬取坤數用六之義，去都城北六里，於壬地選擇善地，於中爲方壇，三成四陛，外爲三壝。仍依古制，自外壝之外，治四面稍令低下，以應澤中之制。宮室、牆圍、器皿色，並用黃。其再成八角八陛，非古制，難用。其神州地祇以下從祀，自漢以來，歷代制度不一，至唐始因隋制，以嶽鎭海瀆、山林川澤、丘陵墳衍原隰，各從其方從祀。今盍參酌舉行。」秋九月，太常禮儀院復下博士，檢討合用器物。十一月丙申，有事於南郊，以太祖配，五方帝日月星辰從祀。

仁宗延祐元年夏四月丁亥，太常寺臣請立北郊。帝謙遜未遑，北郊之議遂輟。

英宗至治二年九月，有旨議南郊祀事。中書平章買閭，御史中丞曹立，禮部尚書張埜，學士蔡文淵、袁桷、鄧文原，太常禮儀院使王緯、田天澤，博士劉致等會都堂議：

一曰年分。按前代多三年一祀，天子卽位已及三年，常有旨欽依。

二曰神位。周禮大宗伯「以禋祀祀昊天上帝」。註謂：「昊天上帝，冬至圜丘所祀天皇大帝也。」又曰「蒼璧禮天」。注云：「此禮天以冬至，謂天皇大帝也。在北極，謂之北辰。」又云：「北辰天皇耀魄寶也，又名昊天上帝，又名太一帝君，以其尊大，故有數名。」今按晉書天文志中宮「鉤陳口中一星曰天皇大帝，其神耀魄寶」。鄭氏以星經推之，乃謂卽天皇大帝。然漢、魏以來，名號亦復不一。漢初曰上帝，曰太一，曰皇天上帝。魏曰皇皇帝天。梁曰天皇大帝。惟西晉曰昊天上

帝，與周禮合。唐、宋以來，壇上旣設昊天上帝，第一等復有天皇大帝，其五天帝與太一、天一等，皆不經見。本朝大德九年，中書圓議，止依周禮，祀昊天上帝。至大三年圓議，五帝從享，依前代通祭。

三曰配位。孝經曰：「孝莫大於嚴父，嚴父莫大於配天。」又曰：「郊祀后稷以配天。」此郊之所以有配也。漢、唐已下，莫不皆然。至大三年冬十月三日，奉旨十一月冬至合祭南郊，太祖皇帝配，圓議取旨。

四曰告配。禮器曰：「魯人將有事於上帝，必先有事於頖宮。」註：「告后稷也，告之者，將以配天也。」告用牛一。宋會要於致齋二日，宿廟告配，凡遣官犧尊豆籩，行一獻禮。至大三年十一月二十一日，質明行事。初獻攝太尉同太常禮儀院官赴太廟奏告，圓議取旨。

五曰大裘冕。周禮司裘「掌爲大裘，以共王祀天之服」，鄭司農云，黑羊裘，服以祀天，示質也。弁師「掌王之五冕」，注：「冕服有六，而言五者，大裘之冕蓋無旒，不聯數也。」禮記郊特牲曰：「郊之祭也，迎長日之至也。祭之日，王被衮以象天，戴冕〔璪〕十有二旒，〔五〕則天數也。」陸佃曰：「禮不盛服不充，蓋服大裘以衮襲之也。謂冬祀服大裘，被之以衮。」開元及開寶通禮，鸞駕出宮，服衮冕至大次，質明改服大裘冕而出次。

宋會要紹興十三年，車駕自廟赴青城，服通天冠、絳紗袍，祀日服大裘袞冕。圓議用袞冕，取旨。

六曰匏爵。郊特牲曰：「郊之祭也，器用陶匏，以象天地之性也。」注謂：「陶瓦器，匏用酌獻酒。」開元禮、開寶禮，皆有匏爵。大德九年，正配位用匏爵有坫。圓議正位用匏，配位飲福用玉爵，取旨。

七曰戒誓。唐通典引禮經，祭前期十日親戒百官及族人，太宰總戒羣官。唐前祀七日，宋會要十日。纂要太尉南向，司徒、亞終獻、一品、二品從祀北向，行事官以次北向，禮直官以誓文授之太尉讀。今天子親行大禮，止令禮直局管勾讀誓文。圓議令管勾代太尉讀誓，刑部尚書涖之。

八曰散齋、致齋。禮經前期十日，唐、宋、金皆七日，散齋四日，致齋三日。國朝親祀太廟七日，散齋四日於別殿，致齋三日於大明殿。圓議依前七日。

九曰藉神席。郊特牲曰：「莞簟之安，而蒲越槀鞂之尚。」注：「蒲越槀鞂，藉神席也。」漢舊儀高帝配天紺席，祭天用六綵綺席六重。成帝卽位，丞相衡、御史大夫譚以爲天地尚質，宜皆勿修，詔從焉。唐麟德二年詔曰：「自處以厚，奉天以薄，改用裀褥。上帝以蒼，其餘各視其方色。」宋以褥加席上，禮官以爲非禮。元豐元年，奉旨不設。

國朝大德九年，正位槀鞂，配位蒲越，冒以青繒。至大三年，加青綾褥，青錦方座。圓議合依至大三年於席上設褥，各依方位。

十曰犧牲。郊特牲曰：「郊特牲而社稷太牢。」又曰：「天地之牛角繭栗。」秦用騮駒。漢文帝五帝共一牲。武帝三年一祀，用太牢。光武采元始故事，天地共犢。隋上帝、配帝，蒼犢二。唐開元用牛。宋正位用蒼犢一，配位太牢一。國朝大德九年，蒼犢二，羊豕各九。至大三年，馬純色肥腯一，牲正副一，鹿一十八，野猪一十八，羊一十八。圓議依舊儀。

十一曰香鼎。大祭有三，始煙爲歆神，始宗廟則焫蕭祼鬯，所謂臭陽達於牆屋者也。後世焚香，蓋本乎此，而非禮經之正。至大三年，用陶瓦香鼎五十，神座香鼎、香盒案各一。圓議依舊儀。

十二曰割牲。周禮，司士「凡祭祀，帥其屬而割牲，羞俎豆」。又諸子，「大祭祀正六牲之體」。禮運云「腥其俎，熟其殽」，「體其犬豕牛羊」。注云：「腥其俎，謂豚解而腥之，爲七體也。熟其殽，謂體解而爓之，爲二十一體也。體其犬豕牛羊，謂分別骨肉之貴賤，以爲衆俎也。」七體，謂脊、兩肩、兩拍、兩髀。二十一體，謂肩、臂、臑、膊、骼、正脊、脡脊、橫脊、正脅、短脅、代脅并腸三、胃三、拒肺一、祭肺三也。宋元豐三年，詳定

禮文所言，古者祭祀用牲，有豚解，有體解。豚解則爲七，以薦腥；體解則爲二十一，以薦熟。蓋犬豕牛羊，分別骨肉貴賤，其解之爲體，則均也。皇朝馬牛羊豕鹿，並依至大三年割牲用國禮。圓議依舊儀。

十三曰大次、小次。周禮掌次，「王旅上帝，張氈案皇邸」。〔六〕唐通典前祀三日，尚舍直長施大次於外壝東門之內道北，南向。宋會要前祀三日，儀鸞司帥其屬，設大次于外壝東門之內道北，南向；小次於午階之東，西向。曲禮曰：「踐阼，臨祭祀。」正義曰：「阼主階也。天子祭祀履主階行事，故云踐阼。」宋元豐詳定禮文所言，周禮宗廟無設小次之文。古者人君臨位於阼階。蓋阼階者東階也，惟人主得位主階行事。今國朝太廟儀注，大次、小次皆在西，蓋國家尚右，以西爲尊也。圓議依祀廟儀注。

續具末議：

一曰禋神玉。周禮大宗伯，「以禋祀祀昊天上帝」。注：「禋之言煙也，周人尚臭，煙氣之臭聞者。積柴實牲體焉，或有玉帛。」正義曰：「或有玉帛，或不用玉帛，皆不定之辭也。」崔氏云，天子自奉玉帛牲體於柴上，引詩「圭璧既卒」，是燔牲玉也。蓋卒者終也，謂禮神既終，當藏之也。正經卽無燔玉明證。漢武帝祠太乙，胙餘皆燔之，無玉。晉燔牲幣，無玉。唐、宋乃有之。顯慶中，許敬宗等修舊禮，乃云郊天之有四圭，猶宗廟

之有圭瓚也，並事畢收藏，不在燔列。宋政和禮制局言：「古祭祀無不用玉，周官典瑞掌玉器之藏，蓋事已則藏焉，有事則出而復用，未嘗有燔瘞之文。今後大祀，禮神之玉時出而用，無得燔瘞。」從之。蓋燔者取其煙氣之臭聞。玉既無煙，又且無氣，祭之日但當奠於神座，既卒事，則收藏之。

二曰飲福。特牲饋食禮曰，尸九飯，親嘏主人。少牢饋食禮尸十一飯，尸嘏主人。嘏長也，大也。行禮至此，神明已饗，盛禮俱成，故膺受長大之福於祭之末也。自漢以來，人君一獻纔畢而受嘏。唐開元禮太尉未升堂，而皇帝飲福。宋元豐三年，改從亞終獻。既行禮，皇帝飲福受胙。國朝至治元年親祀廟儀注，亦用一獻畢飲福。

三曰升煙。禋之言煙也，升煙所以報陽也。祀天之有禋柴，猶祭地之瘞血，宗廟之祼鬯。歷代以來，或先燔而後祭，或先祭而後燔，皆爲未允。祭之日，樂六變而燔牲首，牲首亦陽也。祭終，以爵酒饌物及牲體，燎於壇。天子望燎，柴用柏。

四曰儀注。禮經出於秦火之後，殘闕脫漏，所存無幾。至漢，諸儒各執所見。後人所宗，惟鄭康成、王子雝，而二家自相矛盾。唐開元禮、杜佑通典，五禮略完。至宋，開寶禮并會要與郊廟奉祠禮文，中間講明始備。金國大率依唐、宋制度。聖朝四海一家，禮樂之興，政在今日。況天子親行大禮，所用儀注，必合講求。大德九年，中書集

議，合行禮儀依唐制。至治元年已有祀廟儀注，宜取大德九年、至大三年并今次新儀，與唐制參酌增損修之。侍儀司編排鹵簿，太史院具報星位，分獻官員數及行禮并諸執事官，合依至大三年儀制亞終獻官，取旨。是歲太皇太后崩，有旨冬至南郊祀事，可權止。

泰定四年春正月，御史臺臣言：「自世祖迄英宗，咸未親郊，惟武宗、英宗親享太廟，陛下宜躬祀郊廟。」制曰：「朕當遵世祖舊典，其命大臣攝行祀事。」閏九月甲戌，郊祀天地，致祭五嶽四瀆、名山大川。

至順元年，文宗將親郊，十月辛亥太常博士言：「親祀儀注已具，事有未盡者，按前代典禮。親郊七日，百官習儀於郊壇。今既與受戒誓相妨，合於致齋前一日，告示與祭執事者，各具公服赴南郊習儀。親祀太廟雖有防禁，然郊外尤宜嚴戒，往來貴乎清肅。凡與祭執事齋郎樂工，舊不設盥洗之位，殊非涓潔之道。今合於饌殿齋班廳前及齋宿之所，隨宜設置盥洗數處，俱用鍋釜溫水置盆杓巾帨，令人掌管省諭，必盥洗然後行事，違者治之。祭日，太常院分官提調神廚，監視割烹。上下燈燭糺燎，已前雖有巍燭提調糺盆等官，率皆虛應故事；或減刻物料，燭燎不明。又嘗見奉禮贊賜胙之後，獻官方退，所司便服徹俎，壇上燈燭一時俱滅，因而雜人登壇攘奪，不能禁止，甚爲褻慢。今宜禁約，省牲之前，凡入壝門之

人，皆服窄紫，有官者公服。禁治四壝紅門，宜令所司添造關木鎖鑰，祭畢卽令關閉，毋使雜人得入。其藁秸匏爵，事畢合依大德九年例焚之。」壬子，御史臺臣言：「祭日，宜敕股肱近臣及諸執事人毋飲酒。」制曰：「卿言甚善，其移文中書禁之。」丙辰，監察御史楊彬等言：「禮，享帝必以始祖爲配，今未聞設配位，竊恐禮文有闕。又，先祀一日，皇帝必備法駕出宿郊次，其扈從近侍之臣未嘗經歷，宜申加戒敕，以達孚誠。」命與中書議行。十月辛酉，始服大裘袞冕，親祀昊天上帝于南郊，以太祖配。自世祖混一六合，至文宗凡七世，而南郊親祀之禮始克舉焉，蓋器物儀注至是益加詳愼矣。

自至元十二年冬十二月，用香酒脯臡行一獻禮。而至治元年冬二祭告，泰定元年之正月，咸用之。自大德九年冬至，用純色馬一，蒼犢一，羊鹿野豕各九。十一年秋七月，用馬一，蒼犢正副各一，羊鹿野豕各九。而至大中告謝五，皇慶至延祐告謝七，與至治三年冬告謝二，泰定元年之二月，咸如大德十一年之數。泰定四年閏九月，特加皇地祇黃犢一，將祀之夕敕送新獵鹿二。惟至大三年冬至，正配位蒼犢皆一，五方帝犢各一，皆如其方之色，大明青犢、夜明白犢皆一，馬一，羊鹿野豕各十有八，兔十有二，而四年四月如之。其犧牲品物香酒，皆參用國禮，而豐約不同。告謝非大祀，而用物無異，豈所謂未能一舉而大備者乎。

南郊之禮，其始爲告祭，繼而有大祀，皆攝事也，故攝祀之儀特詳。

壇壝：地在麗正門外丙位，凡三百八畝有奇。壇三成，每成高八尺一寸，上成縱橫五丈，中成十丈，下成十五丈。四陛午貫地子午卯酉四位陛十有二級。外設二壝。內壝去壇二十五步，外壝去內壝五十四步。壝各四門，外垣南櫺星門三，東西櫺星門各一。圜壇周圍上下俱護以甓，內外壝各高五尺，壝四面各有門三，俱塗以赤。至大三年冬至，以三成不足以容從祀版位，以青繩代一成。繩二百，各長二十五尺，以足四成之制。

燎壇在外壝內丙巳之位，高一丈二尺，四方各一丈，周圍亦護以甓，東西南三出陛，開上南出戶，上方六尺，深可容柴。香殿三間，在外壝南門之外，少西，南向。饌幕殿五間，在外壝南門之外，少東，南向。省饌殿一間，在外壝東門之外，少北，南向。

外壝之東南爲別院。內神廚五間，南向；祠祭局三間，北向；酒庫三間，西向。獻官齋房二十間，在神廚南垣之外，西向。外壝南門之外，爲中神門五間，諸執事齋房六十間以翼之，皆北向。兩翼端皆有垣，以抵東西周垣，各爲門，以便出入。齊班廳五間，在獻官齋房之前，西向。儀鸞局三間，法物庫三間，都監庫五間，在外垣內之西北隅，皆西向。雅樂庫十間，在外垣西門之內，少南，東向。演樂堂七間，在外垣內之西南隅，東向。獻官廚三間，在外垣內之東南隅，西向。滌養犧牲所，在外垣南門之外，少東，西向。內犧牲房三間，南向。

神位：昊天上帝位天壇之中，少北，皇地祇位次東，少却，皆南向。神席皆緣以繒，綾褥素座，昊天上帝色皆用青，皇地祇色皆用黃，藉皆以藁秸。配位居東，西向。神席綾褥錦方座，色皆用青，藉以蒲越。

其從祀圜壇，第一等九位。青帝位寅，赤帝位巳，黃帝位未，白帝位申，黑帝位亥，主皆用柏，素質玄書；大明位卯，夜明位酉，北極位丑，天皇大帝位戌，用神位版，丹質黃書。神席綾褥座各隨其方色，藉皆以藁秸。

第二等內官位五十有四。鈎星、天柱、玄枵、天廚、柱史位于子，其數五；女史、星紀、御女位于丑，其數三；自子至丑，神位皆西上。帝座、歲星、大理、河漢、析木、尙書位于寅，帝座居前行，其數六，南上。陰德、大火、天槍、玄戈、天床位于卯，其數五，北上。太陽守、相星、壽星、輔星、三師位于辰，其數五，南上。天一、太一、內廚、熒惑、鶉尾、勢星、天理位于巳，天一、太一居前行，其數七，西上。北斗、天牢、三公、鶉火、文昌、內階位于午，北斗居前行，其數六；塡星、鶉首、四輔位于未，其數三；自午至未，皆東上。太白、實沈位于申，其數二，北上。八穀、大梁、杠星、華蓋位于酉，其數四；五帝內座、降婁、六甲、傳舍位于戌，五帝

內座居前行，其數四；自酉至戌，皆南上。紫微垣、辰星、陬訾、鉤陳位于亥，其數四，東上。神席皆藉以莞席，內壝外諸神位皆同。

第三等中官百五十(八)〔九〕位。〔七〕虛宿、〔女宿〕、牛宿、〔八〕織女、人星、司命、司非、司危、司祿、天津、離珠、羅堰、天桴、奚仲、左旗、河鼓、右旗位于子，虛宿、女宿、牛宿、織女居前行，其數十有七；月星、建星、斗宿、箕宿、天雞、輦道、漸臺、敗瓜、扶筐、瓠瓜、天弁、天棓、帛度、屠肆、宗星、宗人、宗正位于丑，月星、建星、斗宿、箕宿居前行，其數十有七；自子至丑，皆西上。日星、心宿、天紀、尾宿、罰星、東咸、列肆、天市垣、斛星、斗星、車肆、天江、宦星、市樓、候星、女床、天籥位于寅，日星、心宿、天紀、尾宿居前行，其數十有七，南上。房宿、七公、氐宿、帝席、大角、亢宿、貫索、鍵閉、鉤鈐、西咸、天乳、招搖、梗河、亢池、周鼎位于卯，房宿、七公、氐宿、帝席、大角、亢宿居前行，其數十有五，北上。太子星、太微垣、軫宿、角宿、攝提、常陳、幸臣、謁者、三公、九卿、五內諸侯、郎位、郎將、進賢、平道、天田位于辰，太子星、太微垣、軫宿、角宿、攝提居前行，其數十有六，南上。張宿、翼宿、明堂、四帝座、黃帝座、長垣、少微、靈臺、虎賁、從官、內屏位于巳，張宿、翼宿、明堂居前行，其數十有一，西上。軒轅、七星、三臺、柳宿、內平、太尊、積薪、積水、北河位于午，軒轅、七星、三臺、柳宿居前行，其數九；鬼宿、井宿、參宿、天(尊)〔罇〕、〔九〕五諸侯、鉞星、座旗、司怪、天關位于未，鬼

宿、井宿、參宿居前行，其數九；自午至未，皆東上。畢宿、五車、諸王、觜宿、天船、天街、礪石、天高、三柱、天潢、咸池位于申，畢宿、五車、諸王、觜宿居前行，其數十有一，北上。月宿、昴宿、胃宿、積水、天讒、卷舌、天河、積尸、太陵、左更、天大將軍、軍南門位于酉，月宿、昴宿、胃宿居前行，其數十有二；婁宿、奎宿、壁宿、右更、附路、閣道、王良、策星、天廄、土公、雲雨、霹靂位于戌，婁宿、〔奎宿〕、壁宿居前行，〔一〇〕其數十有二；自酉至戌，皆南上。危宿、室宿、車府、墳墓、虛梁、蓋屋、臼星、杵星、土公吏、造父、離宮、雷電、騰蛇位于亥，危宿、室宿居前行，其數十有三，東上。

內壝內外官一百六位。天壘城、離瑜、代星、齊星、周星、晉星、韓星、秦星、魏星、燕星、楚星、鄭星位于子，其數十有二；越星、趙星、九坎、天田、狗國、天淵、狗星、鼈星、農丈人、杵星、糠星位于丑，其數十有一；自子至丑，皆西上。(車)騎〔陣〕將軍、〔一一〕天輻、從官、積卒、神宮、傳說、龜星、魚星位于寅，其數八，南上。陣車、車騎、騎官、頓頑、〔一二〕折威、陽門、五柱、天門、衡星、庫樓位于卯，其數十，北上。土司空、長沙、青丘、南門、平星位于辰，其數五，南上。酒旗、天廟、東甌、器府、軍門、左右轄位于巳，其數六，西上。天相、天稷、爟星、天記、外廚、天狗、南河位于午，其數七；天社、矢星、水位、(關)〔闕〕丘、〔一三〕狼星、弧星、老人星、四瀆、野雞、軍市、水府、孫星、子星位于未，其數十有三；自午至未，皆東上。天節、九州殊口、附耳、參旗、九斿、玉井、軍井、屏星、伐星、天廁、天矢、丈人位于申，其數十有二，北上。天園、天陰、天廩、天苑、天囷、芻藁、天庾、天倉、鈇鑕、天溷位于酉，其數十；外屏、大司空、八魁、羽林位于戌，其數四；自酉至戌，皆南上。哭星、泣星、天錢、天綱、北落師門、敗臼、斧鉞、壘壁陣位于亥，其數八，東上。

內壝外衆星三百六十位，每辰神位三十自第二等以下，神位版皆丹質黃書。內官、中官、外官則各題其星名；內壝外三百六十位，惟題曰衆星位。凡從祀位皆內向，十二次微左旋，子居子陛東，午居午陛西，卯居卯陛南，酉居酉陛北。

器物之等，其目有八：

一曰圭幣。昊天上帝蒼璧一，有繅藉，青幣一，燎玉一。皇地祇黃琮一，有繅藉，黃幣一。配帝青幣一，黃帝黃琮一，青帝青圭一，赤帝赤璋一，白帝白琥一，黑帝玄璜一，幣皆如其方色。大明青圭有邸，夜明白圭有邸，天皇大帝青圭有邸，北極玄圭有邸，幣皆如其玉色。內官以下皆青幣。

二曰尊罍。上帝太尊、著尊、犧尊、山罍各二，在壇上東南隅，皆北向，西上；設而不酌者，象尊、壺尊各二，山罍四，在壇下午陛之東，皆北向，西上。皇地祇亦如之，在上帝酒尊

之東，皆北向，西上。配帝著尊、犧尊、象尊各二，在地祇酒尊之東，皆北向，西上。設而不酌者，犧尊、壺尊各二，山罍四，在壇下酉陛之北，東向，北上。五帝、日月、北極、天皇，皆太尊一，著尊二。內官十二次，各象尊二。中官十二次，各壺尊二。外官十二次，各概尊二。衆星十二次，各散尊二。凡尊各設於神座之左而右向，皆有坫，有勺，加冪，冪之繪以雲，惟設而不酌者無勺。

三曰籩豆登俎。昊天上帝、皇地祇及配帝，籩豆皆十二，登三，簠二，簋二，俎八，皆有匕筯，玉幣篚二，匏爵一，有坫，沙池一，青甆牲盤一。從祀九位，籩豆皆八，簠一，簋一，登一，俎一，匏爵一，有坫，沙池一，玉幣篚一。內官位五十四，籩豆皆二，簠一，簋一，登一，俎一，匏爵有坫，沙池，幣篚，十二次各一。中官百五十八，皆籩一，豆一，簠一，簋一，俎一，匏爵有坫，沙池，幣篚，十二次各一。外官位一百六，皆籩一，豆一，簠一，簋一，俎一，匏爵，沙池，幣篚，十二次各一。衆星位三百六十，皆籩一，豆一，簠一，簋一，俎一，匏爵，沙池，幣篚，十二次各一。此籩、豆、簠、簋、登、爵、篚之數也。凡籩之設，居神位左，豆居右，登、簠、簋居中，俎居後，籩皆有巾，巾之繪以斧。

四曰酒齊。以太尊實泛齊，著尊實醴齊，犧尊實盎齊，山罍實三酒，皆有上尊。馬湩設于尊罍之前，注于器而羃之。設而不酌者，以象尊實醴齊，壺尊實沈齊，山罍二實三酒，皆

有上尊，以祀昊天上帝。皇地祇亦如之。以著尊實泛齊，犧尊實醴齊，象尊實盎齊，山罍實清酒，皆有上尊。馬湩如前設之。設而不酌者，以犧尊實醍齊，壺尊實沈齊，山罍三實清酒，皆有上尊，以祀配帝。以太尊實泛齊，以著尊實醍齊，皆有上尊，九位同，以祀五帝、日月、北極、天皇大帝。以象尊實醴齊，有上尊，十二次同，以祀內官。以壺尊實沈齊，有上尊，十二次同，以祀中官。以槪尊實清酒，有上尊，十二次同，以祀外官。以散尊實昔酒，有上尊，十二次同，以祀衆星。凡五齊之上尊，必皆實明水；山罍之上尊，必皆實玄酒；散尊之上尊，亦實明水。

五曰牲齊庶器。昊天上帝蒼犢，皇地祇黃犢，配位蒼犢，大明青犢，夜明白犢，天皇大帝蒼犢，北極玄犢皆一，馬純色一，鹿十有八，羊十有八，野豕十有八，兔十有二；蓋參以國禮。割牲爲七體：左肩臂臑兼代脅、長脅爲一體，右肩臂臑、代脅、長脅爲一體，〔左髀肫胳爲一體〕，右髀肫胳爲一體，〔四〕脊連背膂短脅爲一體，膺骨臍腹爲一體，項脊爲一體，馬首報陽升烟則用之。毛血盛以豆，或青甆盤，饌未入置俎上，饌入徹去之。籩之實，魚鱐、糗餌、粉餈、棗、乾䕩、形鹽、鹿脯、榛、桃、菱、芡、栗。豆之實，芹菹、韭菹、菁菹、筍菹、脾析菹、酏食、魚醢、〔兔醢〕、豚拍、鹿臡、醓醢、糝食。〔五〕凡籩之用八者，無糗餌、粉餈、菱、栗。豆之用八者，無脾析菹、酏食、兔醢、糝食。用皆二者，籩以鹿脯、乾棗，豆以鹿臡、菁葅。用

皆一者，籩以鹿脯，豆以鹿臡。凡簠、簋用皆二者，簋以黍、稷，簠以稻、粱；用皆一者，簋以稷，簠以黍。實登以大羹。

六曰香祝。洗位正位香鼎一，香合一，食案一，祝案一，皆有衣，拜褥一，盥爵洗位一，罍一，洗一，白羅巾一，親祀匜二，盤二。地祇配位咸如之。香用龍腦沉香。祝版長各二尺四寸，闊一尺二寸，厚三分，木用楸柏。從祀九位，香鼎、香合、香案、綾拜褥皆九，褥各隨其方之色，盥爵洗位二，罍二，洗二，巾二。第二等，盥爵洗位二，罍二，洗二，巾二。第三等亦如之。內壝內，盥爵洗位一，罍一，洗一，巾一。內壝外亦如之。凡巾，皆有篚。從祀而下，香用沈檀降眞，鼎用陶瓦。第二等十二次而下，皆紫綾拜褥十有二。親祀御版位一，飮福位及大小次盥洗爵洗版位各一，皆靑質金書。亞獻、終獻飮福版位一，黑質黃書。御拜褥八，亞終獻飮福位拜褥一，黃道裀褥寶案二，黃羅銷金案衣，水火鑑。

七曰燭燎。天壇椽燭四，皆銷金絳紗籠。自天壇至內壝外及樂縣南北通道，絳燭三百五十，素燭四百四十，皆絳紗籠。御位椽，燭六，銷金絳紗籠。獻官椽燭四，雜用燭八百，秈盆二百二十，有架。黃桑條去膚一車，束之置燎壇，以焚牲首。

八曰獻攝執事。亞獻官一，終獻官一，攝司徒一，助奠官二，大禮使一，侍中二，門下侍郎二，禮儀使二，殿中監二，尙輦官二，太僕卿二，控馬官六，近侍官八，導駕官二十有四，典

寶官四，侍儀官五，太常卿丞八，光祿卿丞二，刑部尙書二，禮部尙書二，奉玉幣官一，定撰祝文官一，書讀祝册官二，舉祝册官二，太史令一，御奉爵官一，奉匜盤官二，御爵洗官二，執巾官二，割牲官二，溫酒官一，太官令一，太官丞一，良醞令丞二，廩犧令丞二，糾儀御史四，太常博士二，郊祀令丞二，太樂令一，太樂丞一，司尊罍二，亞終獻盥洗官二，爵洗官二，巾篚官二，奉爵官二，祝史四，太祝十有五，奉禮郞四，協律郞二，爇燭官四，禮直官管勾一，禮部點視儀衞官二，兵部淸道官二，拱衞使二，大都兵馬使二，齋郞百，司天生二，看守秈盆軍官一百二十。

校勘記

〔一〕夏四月(乙)〔己〕亥躬祀天于舊桓州之西北　從道光本改。按王惲中堂事記述此事繫四月八日己亥。中統二年四月壬辰朔，無乙亥日，四月八日正是己亥。

〔二〕〔至元〕十二年十二月以受尊號　按中統紀元止于四年，此「十二年」以及下文「十三年」、「三十一年」，係世祖改元至元以後事。本書卷八世祖紀繫上皇帝尊號事于至元十二年十二月戊申，證「十二年」三字之上脫「至元」二字，今補。考異已校。

〔三〕以迄後漢(晉魏)〔魏晉〕　按此處倒誤，今改正。

〔四〕至大二年冬十月乙酉　按是年十月庚戌朔，無乙酉日。本書卷二三武宗紀繫此次議禮儀事于是年十一月乙酉。十一月庚辰朔，乙酉爲初六日。

〔五〕戴冕〔璪〕十有二旒　道光本與禮記郊特牲合，從補。

〔六〕王旅上帝張氈案皇邸　按周禮天官作「王大旅上帝則張氈案，設皇邸」，此處疑脫「設」字。

〔七〕百五十(八)〔九〕位　從道光本改。其考證云：「考集禮作九，核之志中所載星名，實係百五十九位，謹據改。」

〔八〕虛宿〔女宿〕牛宿　道光本與永樂大典卷五四五三所錄太常集禮合，從補。按此處有女宿方足十七之數。

〔九〕天(尊)〔罇〕　據永樂大典卷五四五三所錄太常集禮改。按天罇星在紫微垣，天罇星在井宿。此上連井宿，下接五諸侯，自是天罇。

〔一〇〕婁宿〔奎宿〕壁宿居前行　道光本與永樂大典卷五四五三所錄太常集禮合，從補。按上文所列十二星位，婁宿與壁宿之間有奎宿，此脫。

〔一一〕(車)騎〔陣〕將軍　據永樂大典卷五四五三所錄太常集禮改。

〔一二〕頡頏　按古星名無「頡頏」，頓頑與折威星、陽門星並屬亢宿。疑此處「頡」「頓」形近致誤。

〔一三〕(關)〔闕〕丘　從道光本改。按古星名無「關丘」。

〔一四〕〔左髀肫胳爲一體〕按此言割牲爲七體，而所列體數僅六，則右髀肫胳之上顯有脫文。今從王圻續通考補。

〔一五〕豆之實芹菹韭菹菁菹筍菹脾析菹醓食魚醢〔兔醢〕豚拍鹿臡醢醢糝食 從道光本補。其考證云：「按魚醢下原文無兔醢。考籩豆之數皆用十二，下文云豆之用八者無兔醢，則十二豆者當有兔醢。原文脫佚無疑，謹據元郊壇陳設圖增。」

元史卷七十三

志第二十四

祭祀二

郊祀下

儀注之節，其目有十：

一曰齋戒。祀前七日，皇帝散齋四日於別殿，致齋三日，其二日於大明殿，一日於大次，有司停奏刑罰文字。致齋前一日，尚舍監設御幄於大明殿西序，東向。致齋之日質明，諸衞勒所部屯門列仗。晝漏上水一刻，通事舍人引侍享執事文武四品以上官，俱公服詣別殿奉迎。晝漏上水二刻，侍中版奏請中嚴，皇帝服通天冠、絳紗袍。晝漏上水三刻，侍中版奏外辦，皇帝結佩出別殿，乘輿華蓋傘扇侍衞如常儀，奉引至大明殿御幄，東向坐，侍臣夾侍如常。一刻頃，侍中前跪奏「臣某言，請降就齋」，俛伏興。皇帝降座入室，解嚴。侍享執

事官各還本司，宿衞者如常。凡侍祠官受誓戒于中書省，散齋四日，致齋三日。守壝門兵衞與大樂工人，俱清齋一宿。光祿卿以陽燧取明火供爨，以方諸取明水實尊。

二曰告配。祀前二日，攝太尉與太常禮儀院官恭詣太廟，以一獻禮奏告太祖法天啓運聖武皇帝之室。寅刻，太尉以下公服自南神門東偏門入，至橫街南，北向立定。奉禮郎贊曰「拜」，禮直官承傳曰「鞠躬」，曰「拜」，曰「興」，曰「拜」，曰「興」，曰「平立」。又贊曰「各就位」。禮直官詣太尉前曰「請詣盥洗位」，引太尉至盥洗位，曰「盥手」，曰「帨手」，曰「詣爵洗位」，曰「滌爵」，曰「拭爵」，曰「請詣酒尊所」，曰「酌酒」，曰「請詣神座前」，曰「北向立」，曰「稍前」，曰「搢笏」，曰「跪」，曰「上香」，曰「再上香」，曰「三上香」，曰「授幣」，曰「奠幣」，曰「執爵」，曰「祭酒」，曰「祭酒」，曰「三祭酒」。祭酒於沙池訖，曰「讀祝」。舉祝官搢笏，跪對舉祝版。讀祝官跪讀祝文畢，舉祝官奠祝版於案，執笏興，讀祝官俛伏興。禮直官贊曰「出笏」，曰「俛伏興」，曰「拜」，曰「興」，曰「拜」，曰「興」，曰「平立」，曰「復位」，司尊彝、良醞令從降復位，北向立。奉禮郎贊曰「拜」，禮直官承傳再拜畢，太祝捧祝幣降自太階，詣望瘞位。太尉以下俱詣坎位焚瘞訖，自南神門東偏門以次出。

三曰車駕出宮。祀前一日，所司備儀從內外仗，侍祠官兩行序立於崇天門外，太僕卿控御馬立於大明門外，諸侍臣及導駕官二十有四人，俱於齋殿前左右分班立俟。通事舍人

引侍中，奏請中嚴，俛伏興。皇帝服通天冠、絳紗袍。少頃，侍中版奏外辦，皇帝出齋室，即御座。羣臣起居訖，尙輦進輿，侍中奏請皇帝升輿，華蓋傘扇侍衞如常儀。導駕官導至大明門外，侍中進當輿前，跪奏請降輿乘馬，導駕官分左右步導。門下侍郎跪奏請進發，俛伏興，前稱警蹕。至崇天門外，門下侍郎奏請權停，敕衆官上馬，侍中承旨稱「制可」，門下侍郎傳制稱「衆官上馬」，贊者承傳「衆官出櫺星門外上馬」。門下侍郎奏請進發，前稱警蹕。華蓋傘扇儀仗與衆官分左右前引，敎坊樂鼓吹不作。至郊壇南櫺星門外，侍中傳制「衆官下馬」，贊者承傳「衆官下馬」。下馬訖，自卑而尊，與儀仗倒卷而北，兩行駐立。駕至櫺星門，侍中奏請皇帝降馬，步入櫺星門，由西偏門稍西。侍中奏請升輿。尙輦奉輿，華蓋傘扇如常儀。導駕官前導皇帝乘輿至大次前，侍中奏請降輿。皇帝降輿入就次，簾降，侍衞如式。通事舍人承旨，敕衆官各還齋次。尙食進饍訖，禮儀使以祝册奏請御署訖，奉出，郊祀令受之，各奠於坫。

四曰陳設。祀前三日，尙舍監陳大次於外壝西門之〔外〕道北，南向。〔一〕設小次於內壝西門之外道南，東向。設黃道裀褥，自大次至於小次，版位及壇上皆設之。所司設兵衞，各具器服，守衞壝門，每門兵官二員。外垣東西南櫺星門外，設蹕街清路諸軍，諸軍旗服各隨其方之色。去壇二百步，禁止行人。祀前一日，郊祀令率其

屬設登歌樂於壇上，稍南，北向；設宮縣二舞，位於壇南內壝南門之外，如式。奉禮郎設御版位於小次之前，東向；設御飮福位於壇上，午陛之西，亞終獻飮福位於午陛之東，皆北向。又設亞終獻、助奠、門下侍郎以下版位壇下御版位之後，稍南東向，異位重行，以北爲上。又設司徒太常卿以下位於其東，相對北上，皆如常儀。又分設糾儀御史位於其東西二壝門之外，相向而立。又設御盥洗、爵洗位於內壝南門之內道西，北向。又設亞終獻、盥洗、爵洗位於內壝南門之外道西，北向。又設省牲饌等位，如常儀。未後二刻，郊祀令同太史令俱公服，升設昊天上帝位於壇上北方，南向，席以藁秸，加神席褥座。又設配位於壇上西方，東向，席以蒲越，加神席褥座。禮神蒼璧置於繅藉，青幣設于篚，正位之幣加燎玉，置尊所。俟告潔畢，權徹。(畢)祀日丑前重設。〔二〕執事者實柴于燎壇，及設籩豆、簠簋、尊罍、匏爵、俎坫等事，如常儀。

五曰省牲器。祀前一日未後二刻，郊祀令率其屬又掃除壇之上下，司尊罍、奉禮郎率祠祭局以祭器入設于位。郊祀令率執事者以禮神之玉，置於神位前。未後三刻，廩犧令與諸太祝、祝史以牲就位，禮直官分引太常卿、光祿卿丞、監祭、監禮官、太官令丞等詣省牲位，立定。禮直官引太常卿、監祭、監禮由東壝北偏門入，自卯陛陞壇，視滌濯。司尊罍跪舉冪曰「潔」。告潔畢，俱復位。禮直官稍前曰「請省牲」。太常卿稍前，省牲畢，退復位。

次引廩犧令巡牲一匝，西向折身曰「充」。告充畢，復位。諸太祝俱巡牲一匝，復位。上一員出班，西向折身曰「腯」。告腯畢，復位。禮直官引太常卿、光祿卿丞、太官令丞、監祭、監禮詣省饌位，東西相向立。禮直官請太常卿省饌畢，退還齋所。廩犧令與諸太祝、祝史以次牽牲詣厨，授太官令。次引光祿卿、監祭、監禮等詣厨，省鼎鑊，視滌溉畢，還齋所。晡後一刻，太官令率宰人以鸞刀割牲，祝史各取血及左耳毛實於豆，仍取牲首貯於盤，用馬首。俱置于饌殿，遂烹牲。刑部尙書涖之，監實水納烹之事。

六曰習儀。祀前一日未後三刻，獻官諸執事各服其服，習儀于外壝西南隙地。其陳設、樂架、禮器等物，並如行事之儀。

七曰奠玉幣。祀日丑前五刻，太常卿設燭於神座，太史令、郊祀令各服其服，升設昊天上帝及配位神座，執事者陳玉幣於篚，置尊所。禮部尙書設祝册于案。光祿卿率其屬，入實籩豆、簠簋、尊罍如式。祝史以牲首盤設于壇，大樂令率工人二舞入就位。禮直官分引監祭禮、郊祀令及諸執事官、齋郎入就位。禮直官引監祭禮按視壇之上下，退復位。奉禮贊再拜。禮直官承傳，監祭禮以下皆再拜訖，又贊各就位。太官令率齋郎出詣饌殿，俟于門外；禮直官分引攝太尉及司徒等官入就位；符寶郎奉寶陳於宮縣之側，隨地之宜。太尉之將入也，禮直官引博士，博士引禮儀使，對立於大次前。侍中版奏請中嚴，皇帝服大裘衮

冕。侍中奏外辦，禮儀使跪奏禮儀使臣某請皇帝行禮，俛伏興。凡奏二人皆跪，一人贊之。簾捲出次，禮儀使前導，華蓋傘扇如常儀。至西壝門外，殿中監進大圭，禮儀使奏請執大圭，皇帝執圭。華蓋傘扇停於門外。近侍官與大禮使皆後從皇帝入門，宮縣樂作。請就小次，釋圭，樂止。禮儀使以下分立左右。少頃，禮儀使奏有司謹具，請行事。降神樂作，天成之曲六成。太常卿率祝史捧馬首，詣燎壇升烟訖，復位。禮儀使跪奏請就版位，俛伏興。皇帝出次，請執大圭，至位東向立，再拜。皇帝再拜，奉禮贊衆官皆再拜訖，奉玉幣官跪取玉幣於篚，立於尊所。禮儀使奏請行事，遂前導，宮縣樂作，由南壝西偏門入，詣盥洗位，北向立，樂止。搢大圭，盥手。奉匜官奉匜沃水，奉盤官奉盤承水，執巾官奉巾以進。盥帨手訖，執大圭，樂作，至午陛，樂止。升階，登歌樂作，至壇上，樂止。宮縣欽成之樂作，殿中監進鎭圭，殿中監二員，一員執大圭，一員執鎭圭。禮儀使奏請搢大圭，執鎭圭，請詣昊天上帝神位前，北向立。內侍先設繅席於地，禮儀使奏請跪奠鎭圭於繅席。奉玉幣官加玉於幣以授侍中，侍中西向跪進，禮儀使奏請奠玉幣。皇帝受奠訖，禮儀使奏請執大圭，俛伏興，少退再拜。皇帝再拜興，平立。內侍取鎭圭授殿中監，又取繅藉置配位前。禮儀使前導，請詣太祖皇帝神位前，西向立，奠鎭圭及幣並如上儀。樂止。禮儀使前導，請還版位。登歌樂作，降階，樂止。宮縣樂作，殿中監取鎭圭、繅藉以授有司。皇帝至版位，東向立，樂止。請還小

次，釋大圭。祝史奉毛血豆，升自午陛，以進正位，升自卯陛，以進配位。太祝各迎奠于神座前，俱退立尊所。

八曰進饌。皇帝奠玉幣還位，祝史取毛血豆以降，禮直官引司徒、太官令率齋郎奉饌入自正門，升殿如常儀。禮儀使跪奏請行禮，俛伏興。皇帝出次，宮縣樂作。請執大圭，前導由正門西偏門入，詣盥洗位，北向立，樂止。搢圭盥手如前儀。執圭，詣爵洗位，北向立，搢圭。奉爵官跪取匏爵於篚，以授侍中，侍中以進皇帝，受爵。執罍官酌水洗爵，執巾官授巾拭爵訖，侍中受之，以授捧爵官。執圭，樂作，至午陛，樂止；升階，登歌樂作，至壇上，樂止。詣正位酒尊所，東向立，搢圭。捧爵官進爵，皇帝受爵。司尊者舉冪，侍中贊酌太尊之泛齊。以爵授捧爵官，執圭。宮縣樂作，奏明成之曲。請詣昊天上帝神座前北向立，搢圭跪，三上香，侍中以爵跪進皇帝。執爵，三祭酒，以爵授侍中。太官丞注馬湩於爵，以授侍中，侍中跪進皇帝。執爵，亦三祭之，今有蒲萄酒與尚醞馬湩各祭一爵，爲三爵。以爵授侍中，執圭，俛伏興，少退立。讀祝，舉祝官搢笏跪舉祝册，讀祝官西向跪讀祝文，讀訖，俛伏興。舉祝官奠祝於案，奏請再拜。皇帝再拜興，平立。請詣配位酒尊所，西向立。司尊者舉冪，侍中贊酌著尊之泛齊。以爵授捧爵官，執圭。請詣太祖皇帝神位前西向立。宮縣樂作。侍中贊搢圭跪，三上香，三祭酒及馬湩訖，贊執圭，俛伏興，少退立。舉祝官舉祝，讀祝官北向跪

讀祝文，讀訖，俛伏興。奠祝版訖，奏請再拜。皇帝再拜興，平立。樂止。請詣飲福位北向立。登歌樂作。太祝各以爵酌上尊福酒，合置一爵以授侍中，侍中西向以進。禮儀使奏請再拜，皇帝再拜興。奏請搢圭、跪受爵。祭酒啐酒以爵授侍中，侍中再以温酒跪進。禮儀使奏請受爵。皇帝飲福酒訖，侍中受虛爵興，以授太祝。太祝又減神前胙肉加於俎，以授司徒。司徒以俎西向跪進皇帝，受以授左右。奏請執圭，俛伏興，平立，少退。奏請再拜，皇帝再拜訖，樂止。禮儀使前導，還版位。登歌樂作，降自午陛，樂止。宮縣樂作，至位，東向立，樂止。請還小次，至次釋圭。文舞退，武舞進，宮縣樂作，奏和成之曲，樂止。禮直官引亞終獻官陞自卯陛，行禮如常儀，惟不讀祝，皆飲福而無胙俎。降自卯陛，復位。禮直官贊太祝徹籩豆。登歌樂作，奏寧成之曲，卒徹，樂止。奉禮贊賜胙，衆官再拜，在位者皆再拜。禮儀使奏請詣版位，出次執圭，至位東向立，再拜。皇帝再拜。奉禮贊曰「再拜」，贊者承傳「在位者皆再拜」。送神樂作，天成之曲一成，止。禮儀使奏禮畢，遂前導皇帝還大次。宮縣樂作，出門樂止，至大次釋圭。

九曰望燎。皇帝既還大次，禮直官引攝太尉以下監祭禮詣望燎位，太祝各捧篚詣神位前，進取燔玉、祝幣、牲俎并黍稷、飯籩、爵酒，各由其陛降詣燎壇，以祝幣、饌物置柴上，禮直官贊「可燎半柴」，又贊「禮畢」，攝太尉以下皆出。禮直官引監祭禮、祝史、太祝以下從壇南，北向立定，奉禮贊曰「再拜」，監祭禮以下皆再拜訖，遂出。

十曰車駕還宮。皇帝既還大次，侍中奏請解嚴。皇帝釋衮冕，停大次。五刻頃，所司備法駕，序立於欞星門外，以北爲上。侍中版奏請中嚴，皇帝改服通天冠、絳紗袍。少頃，侍中版奏外辦，皇帝出次升輿，導駕官前導，華蓋傘扇如常儀。至欞星門外，太僕卿進御馬如式。侍中前奏請皇帝降輿乘馬訖，太僕卿執御，門下侍郎奏請車駕進發，俛伏興退。車駕動，稱警蹕。至欞星門外，門下侍郎跪奏曰「請權停，敕衆官上馬。」侍中承旨曰「制可」，門下侍郎傳制，贊者承傳。衆官上馬畢，導駕官及華蓋傘扇分左右前導。門下侍郎跪請車駕進發，俛伏興。車駕動，稱警蹕。教坊樂鼓吹振作。駕至崇天門欞星門外，門下侍郎跪奏曰「請權停，敕衆官下馬」，侍中承旨曰「制可」，門下侍郎俛伏興，退傳制，贊者承傳。衆官下馬畢，左右前引入內，與儀伏倒卷而北駐立。駕入崇天門至大明門外，降馬升輿以入。駕既入，通事舍人承旨敕衆官皆退，宿衛官率衛士宿衛如式。

攝祀之儀，其目有九：

一曰齋戒。祀前五日質明，奉禮郎率儀鸞局，設獻官諸執事版位於中書省。獻官諸執事位俱藉以席，仍加紫綾褥。初獻攝太尉設位於前堂階上，稍西，東南向。監察御史二位，

一位在甬道上，西稍北，東向；一位在甬道上，東稍北，西向。監禮博士二位，各次御史，以北爲上。次亞獻官、終獻官、攝司徒位于其南。次助奠官，次太常太卿、太常卿、光祿卿，次太史令、禮部尚書、刑部尚書，次奉璧官、奉幣官、讀祝官、太常少卿、拱衞直都指揮使，次太常丞、光祿丞、太官令、良醞令、司尊罍，次廩犧令、舉祝官、奉爵官，次太官丞、盥洗官、爵洗官、巾篚官，次爇燭官，次與祭官。其禮直官分直于左右，東西相向。西設版位四列，皆北向，以東爲上：郊祀令、太樂令、太祝、祝史，次齋郎。東設版位四列，皆北向，以西爲上：郊祀丞、太樂丞、協律郎、奉禮郎，次齋郎、司天生。禮直官引獻官諸執事各就位。獻官諸執事俱公服，五品以上就服其服，六品以下皆借紫服。禮直局管勾進立于太尉之右，宣讀誓文曰：「某年某月某日，祀昊天上帝于圜丘，各揚其職，其或不敬，國有常刑。」散齋三日宿於正寢，致齋二日於祀所。散齋日治事如故，不弔喪問疾，不作樂，不判署刑殺文字，不決罰罪人，不與穢惡事。致齋日惟祀事得行，其餘悉禁。凡與祀之官已齋而闕者，通攝行事。讀畢，稍前唱曰「七品以下官先退」，復贊曰「對拜」，太尉與餘官皆再拜乃退。凡與祭者，致齋之宿，官給酒饌。守壝門兵衞及大樂工人，皆清齋一宿。

二曰告配。祀前二日，初獻官與太常禮儀院官恭詣太廟，奏告太祖皇帝本室，即還齋次。

三日迎香。祝祀前二日，翰林學士赴禮部書寫祝文，太常禮儀院官亦會焉。書畢，於公廨嚴潔安置。祀前一日質明，獻官以下諸執事皆公服，禮部尚書率其屬捧祝版，同太常禮儀院官俱詣闕廷，以祝版授太尉，進請御署訖，同香酒迎出崇天門外。香置于輿，祝置香案，御酒置輦樓，俱用金覆覆之。太尉以下官比上馬，淸道官率京官行于儀衞之先，兵馬司巡兵執矛幟夾道次之，金鼓又次之，京尹儀從左右成列前導，諸執事官東西二班行于儀仗之外，次儀鳳司奏樂，禮部官點視成列，太常禮儀院官導于香輿之前，然後控鶴舁輿案行，太尉等官從行至祀所。輿案由南櫺星門入，諸執事官由左右偏門入，奉安御香、祝版于香殿。

四日陳設。祀前三日，樞密院設兵衞各具器服守衞壝門，每門兵官二員，及外垣東西南櫺星門外，設蹕街淸路諸軍，諸軍旗服，各隨其方色。去壇二百步，禁止行人。祀前一日，郊祀令率其屬掃除壇上下。大樂令率其屬設登歌樂于壇上，稍南，北向。編磬一簴在西，編鐘一簴在東。擊鐘磬者，皆有坐杌。大樂令位在鐘簴東，西向。協律郎位在磬簴西，東向。執麾者立於後。柷一，在鐘簴北，稍東。敔一，在磬簴北，稍西。搏拊二，一在柷北，一在敔北。歌工八人，分列于午陛左右，東西相向坐，以北爲上，凡坐者皆藉以席加氈。琴一絃、三絃、五絃、七絃、九絃者，各二。瑟四，籥二，篪二，笛二，簫二，巢笙四，和笙四，閏餘匏一，

九曜匏一，七星匏一，塤二，各分立於午陛東西樂榻上。琴瑟者分列于北，皆北向坐。匏竹者分立于琴瑟之後，爲二列重行，皆北向相對爲首。又設圜宮懸樂於壇南，內壝南門之外。東方西方，編磬起北，編鐘次之。南方北方，編磬起西，編鐘次之。又設十二鎛鐘於編懸之間，各依辰位，每辰編磬在左，編鐘在右，謂之一肆。每面三辰，共九架，四面三十六架。設晉鼓於懸內通街之東，稍南，北向。置雷鼓、單鼗、雙鼗各二柄於北懸之內，通街之左右，植四楹雷鼓於四隅，皆左鞞右應。北懸之內，歌工四列。內二列在通街之東，二列於通街之西。每列八人，共三十二人，東西相向坐，以北爲上。柷一在東，敔一在西，皆在歌工之南。大樂丞位在北懸之外，通街之東，西向。協律郎位於通街之西，東向。執麾者立于後，舉節樂正立于東，副正立于西，並在歌工之北。樂師二員，對立于歌工之南。運譜二人，對立于樂師之南。照燭二人，對立于運譜之南，祀日分立于壇之上下，掌樂作樂止之標準。琴二十七，設于東西懸內：一絃者三，東一，西二，俱爲第一列；三絃、五絃、七絃、九絃者各六，東西各四列；每列三人，皆北向坐。瑟十二，東西各六，共爲列，在琴之後坐。巢笙十，簫十，閏餘匏一在東，七星匏一、九曜匏一，皆在竽笙之側。竽笙十、籥十、篪十、塤八、笛十，每色爲一列，各分立于通街之東西，皆北向。又設文舞位于北懸之前，植四表于通街之東，舞位行綴之間。導文舞執衙仗舞師二員，執旌二人，分立于舞者行綴之外。舞者八佾，

每佾八人，共六十四人，左手執籥，右手秉翟，各分四佾，立于通街之東西，皆北向。又設武舞，俟立位于東西縣外。導武舞執衙仗舞師二員，執纛二人，執器二十人，內單鼗二、單鐸二、雙鐸二、金鐃二、鉦二、金錞二，執扃者四人，扶錞二、相鼓二、雅鼓二，分立于東西縣外。舞者如文舞之數，左手執干，右手執戚，各分四佾，立于執器之外。俟文舞自外退，則武舞自內進，就立文舞之位，惟執器者分立于舞人之外。文舞亦退于武舞俟立之位。太史令、郊祀令各公服，率其屬升設昊天上帝神座於壇上，北方，南向，席以藁秸，加褥座，置璧於繅藉，設幣於篚，置酌尊所。皇地祇神座，壇上稍東，北方，南向，席以藁秸，加褥座，置玉於繅藉，設幣於篚，置酌尊所。配位神座，壇上東方，西向，席以蒲越，加褥座，置璧於繅藉，設幣於篚，置酌尊所。設五方五帝、日、月、天皇大帝、北極等九位，在壇之第一等，席以莞，各設玉幣於神座前。設內官五十四位於圜壇第二等，設中官一百五十九位於圜壇第三等，設外官一百六位於內壝內，設衆星三百六十位於內壝外，席皆以莞，各設青幣于神座之首，皆內向。候告潔畢，權徹第一等玉幣，至祀日丑前重設。執事者實柴于燎壇，仍設葦炬于東西。執炬者東西各二人，皆紫服。奉禮郎率儀鸞局，設獻官以下及諸執事官版位，設三獻官版位於內壝西門之外道南，東向，以北爲上。次助奠位稍却，次第一等至第三等分獻官，第四等、第五等分奠官，次郊祀令、太官令、良醞令、廩犧令、司尊彝，次郊祀丞、讀祝官、舉

祝官、奉璧官、奉幣官、奉爵官、太祝、盥洗官、爵洗官、巾篚官、祝史，次齋郎，位于其後。每等異位重行，俱東向，北上。攝司徒位于內壝東門之外道南，與亞獻相對。次太常禮儀使、光祿卿、同知太常禮儀院事、太史令、分獻分奠官、僉太常禮儀院事、(供)〔拱〕衞直都指揮使、〔三〕太常禮儀院同僉院判、光祿丞，位於其南，皆西向，北上。監察御史二位，一位在內壝西門之外道北，東向；一位在內壝東門之外道北，西向。博士二位，各次御史，以北爲上。設奉禮郎位于壇上稍南，午陛之東，西向；司尊彝位于尊所，北向。又設望燎位于燎壇之北，南向。設牲榜于外壝東門之外，稍南，西向；太祝、祝史位于牲後，俱西向。設省牲位于牲北；太常禮儀使、光祿卿、太官令、光祿丞、太官丞位于其北，太官令以下位皆少却。監祭、監禮位在太常禮儀使之西，稍却，南向。廩犧令位于牲西南，北向。又設省饌位于牲位之北，饌殿之南。太常禮儀使、光祿卿丞、太官令丞位在東，西向；監祭、監禮位在西，東向；俱北上。祠祭局設正配三位，各左十有二籩，右十有二豆，俱爲四行。登三，鉶三，簠、簋各二，在籩豆間。登居神前，鉶又居前，簠左、簋右，居鉶前，皆藉以席。設牲首俎一，居中；牛羊豕俎七，次之。香案一，沙池、爵坫各一，居俎前。祝案一，設於神座之右。又設天地二位各太尊二、著尊二、犧尊二、山罍二於壇上東南，俱北向，西上。又設配位著尊一、犧尊二、象尊二、山罍二，在二尊所之東，皆有坫，加勺冪，惟玄酒有冪無勺，以北爲上。馬湩三

器，各設於尊所之首，加冪勺。又設玉幣篚二於尊所西，以北爲上。又設正位象尊二、壺尊二、山罍四于壇下午陛之西。又設地祇尊罍，與正位同，於午陛之東，皆北向，西上。又設配位犧尊二、壺尊二、山罍四在酉陛之北，東向，北上，皆有坫、冪，不加勺，設而不酌。又設第一等九位各左八籩，右八豆，登一，在籩豆間，簠、簋各一，在登前，俎一，爵、坫各一，在簠、簋前。每位太尊二、著尊二，於神之左，皆有坫，加勺、冪，沙池、玉幣篚各一。又設第二等諸神每位籩二，豆二，簠、簋各一，登一，俎一，於神座前。每陛間象尊二，爵、坫、沙池、幣篚各一，於神中央之座首。又設第三等諸神，每位籩、豆、簠、簋各一，俎一，於神座前。每陛間設壺尊二，爵尊二，爵、坫、沙池、幣篚各一，於神中央之座首。又設內壝內諸神，每位籩、豆各一，簠、簋各一，於神座前。每道間概尊二，爵、坫、沙池、幣篚各一，於神中央之座首。又設內壝外衆星三百六十位，每位籩、豆、簠、簋、俎各一，於神座前。每道間散尊二，爵、坫、沙池、幣篚各一，於神中央之座前。自第一等以下，皆用匏爵先滌訖，置於坫上。又設正配位各籩一，豆一，簠一，簋一，俎四，及毛血豆各一，牲首盤一。幷第一等神位，每位俎二，於饌殿內。又設盥洗、爵洗於壇下，卯階之東，北向，罍在洗東加勺，篚在洗西南肆，實以巾，爵洗之篚實以匏，爵加坫。又設第一等分獻官盥洗、爵洗位，第二等以下分獻官盥洗位，各於陛道之左，罍在洗左，篚在洗右，俱內向。凡司尊罍篚位，各于其後。

五曰省牲器，見親祀儀。

六曰習儀，見親祀儀。

七曰奠玉幣。祀日丑前五刻，太常卿率其屬，設椽燭於神座四隅，仍明壇上下燭、內外燎。太史令、郊祀令各服其服，陞，設昊天上帝神座，藁秸、席褥如前。執事者陳玉幣於篚，置於尊所。禮部尚書設祝版於案。光祿卿率其屬入實籩、豆、簠、簋。籩四行，以右爲上。第一行魚鱐在前，糗餌、粉餈次之。第二行乾棗在前，乾䕩形鹽次之。第三行鹿脯在前，榛實、乾桃次之。第四行菱在前，芡、栗次之。豆四行，以左爲上。第一行芹菹在前，筍菹、葵菹次之。第二行菁菹在前，韭菹、酏食次之。第三行魚醢在前，兔醢、豚拍次之。第四行鹿臡在前，醓醢、糝食次之。簠實以稻、粱，簋實以黍、稷，登實以大羹。良醞令率其屬入實尊、罍。太尊實以泛齊，著尊醴齊，犧尊盎齊，象尊醍齊，壺尊沈齊，山罍爲下尊，實以玄酒，其酒、齊皆以尚醞酒代之。太官丞設革囊馬湩于尊所。祠祭局以銀盒貯香，同瓦鼎設于案。司香官一員立于壇上。祝史以牲首盤，設于壇上。獻官以下執事官，各服其服，就次所，會于齊班幕。拱衞直都指揮使率控鶴，各服其服，擎執儀仗，分立于外壝內東西，諸執事位之後；拱衞使亦就位。大樂令率工人二舞，自南壝東偏門以次入，就壇上下位。奉禮郎先入就位。禮直官分引監祭御史、監禮博士、郊祀令、太官令、良醞令、廩犧令、

司尊罍、太官丞、讀祝官、舉祝官、奉玉幣官、太祝、祝史、奉爵官、盥爵洗官、巾篚官、齋郎，自南壝東偏門入，就位。禮直官引監祭、監禮，按視壇之上下祭器，糾察不如儀者。及其按視也，太祝先徹去蓋冪，按視訖，禮直官引監祭、監禮退復位。奉禮郎贊「再拜」，禮直官承傳曰「拜」，監祭禮以下皆再拜。奉禮郎贊曰「各就位」，太官令率齋郎以次出詣饌殿，俟立于南壝門外。禮直官分引三獻官、司徒、助奠官、太常禮儀院使、光祿卿、太史令、太常禮儀院同知僉院、同僉院判、光祿丞，自南壝東偏門，經樂縣內入就位。禮直官進太尉之左，贊曰「有司謹具，請行事」，退復位。宮縣樂作降神天成之曲六成，內圜鐘宮三成，黃鐘角、太簇徵、姑洗羽各一成。文舞崇德之舞。初樂作，協律郎跪，俛伏舉麾興，工鼓柷，偃麾，戛敔而樂止。凡樂作、樂止，皆倣此。禮直官引太常禮儀院使率祝史，自卯陛陞壇，奉牲首降自午陛，由南壝正門經宮縣內，詣燎壇北，南向立。祝史奉牲首陞自南陛，置於戶內柴上。東西執炬者以火燎柴，升烟燔牲首訖，禮直官引太常禮儀院使祝史捧盤血，詣坎位瘞之。禮直官引太常禮儀院使、祝史，各復位。奉禮郎贊「再拜」，禮直官承傳曰「拜」，太尉以下皆再拜訖，其先拜者不拜。執事者取玉幣於篚，立於尊所。禮直官引太尉詣盥洗位，宮縣樂奏黃鐘宮隆成之曲，至位北向立，樂止。搢笏、盥手、帨手訖，執笏詣壇，陞自午陛，登歌樂作大呂宮隆成之曲，至壇上，樂止。詣正位神座前，北向立，宮縣樂奏黃鐘宮欽成之曲，搢笏跪，

三上香。執事者加璧於幣，西向跪，以授太尉，太尉受玉幣奠於正位神座前，執笏，俛伏興，少退立，再拜訖，樂止。次詣皇地祇位，奠獻如上儀。次詣配位神主前，奠幣(於)〔如〕上儀。〔三〕降自午陛，登歌樂作如陞壇之曲，至位樂止。祝史奉毛血豆，入自南壝門詣壇，陞自午陛。諸太祝迎取於壇上，俱跪奠於神座前，執笏，俛伏興，退立于尊所。

至大三年大祀，奠玉幣儀與前少異，今存之以備互考。祀日丑前五刻，設壇上及第一等神位，陳其玉幣及明燭，實籩、豆、尊、罍。樂工各入就位畢，奉禮郎先入就位。禮直官分引分獻官、監祭御史、監禮博士、諸執事、太祝、祝史、齋郎，入自中壝東偏門，當壇南重行西上，北向立定。奉禮郎贊曰「再拜」，分獻官以下皆再拜訖，奉禮贊曰「各就位」。禮直官引子丑寅卯辰巳陛道分獻官，詣版位，西向立，北上；午未申酉戌亥陛道分獻官，詣版位，東向立，北上。禮直官分引監祭禮點視陳設，按視壇之上下，糾察不如儀者，退復位。太史令率齋郎出俟。禮直官引三獻官幷助奠等官入就位，東向立，司徒西向立。禮直官贊曰「有司謹具，請行事」，降神六成樂止。太常禮儀使率祝史二員，捧馬首詣燎壇，升烟訖，復位。奉禮郎贊曰「再拜」，「三獻」，司徒等皆再拜訖，奉禮郎贊曰「諸執事者各就位」，立定。禮直官請初獻官詣盥洗位，樂作，至位，樂止。盥畢詣壇，樂作，陞自卯陛，至壇，樂止。詣正位神座前，北向立，樂作，搢笏跪，太祝加玉於

幣，西向跪以授初獻，初獻受玉幣奠訖，執笏俛伏興，再拜訖，樂止。次詣配位神座前立，樂作，奠玉幣如上儀，樂止。降自卯陛，樂作，復位，樂止。初獻將奠正位之幣，禮直官分引第一等分獻官詣盥洗位，盥畢，執笏各由其陛陛，詣各神位前，搢笏跪，太祝以玉幣授分獻官，奠訖，俛伏興，再拜訖，還位。初第一等分獻官將陛，禮直官分引第二等內壝內、內壝外分獻官盥畢，洗盥官俱從至酌尊所立定，各由其陛道詣各神首位前奠，並如上儀。退立酌尊所，伺候終獻酌奠，詣各神首位前酌奠。祝史奉正位毛血豆由午陛陛，配位毛血豆由卯陛陛，太祝迎於壇上，進奠於正配位神座前，太祝與祝史俱退於尊所。

八曰進熟。太尉既陛奠玉幣，太官令丞率進饌齋郎詣厨，以牲體設於盤，馬牛羊豕鹿各五盤，宰割體段，並用國禮。各對舉以行至饌殿，俟光祿卿出實籩、豆、簠、簋。籩以粉餈，豆以糝食，簠以粱，簋以稷。齋郎上四員，奉籩、豆、簠、簋者前行，舉盤者次之。各奉正配位之饌，以序立於南壝門之外，俟禮直官引司徒出詣饌殿，齋郎各奉以序從司徒入自南壝正門。配位之饌，入自偏門。宮縣樂奏黃鍾宮寧成之曲，至壇下，俟祝史進徹毛血豆訖，降自卯陛以出。司徒引齋郎奉正位饌詣壇，陛自午陛，太官令丞率齋郎奉配位及第一等之饌，陛自卯陛，立定。奉禮贊諸太祝迎饌，諸太祝迎于壇陛之間，齋郎各跪奠于神座前。設

籩于糗餌之前，豆於醓醢之前，簠於稻前，簋於黍前。又奠牲體盤于俎上，齋郎出笏，俛伏興，退立定，樂止。禮直官引司徒降自卯陛，太官令率齋郎從司徒亦降自卯陛，各復位。其第二等至內壝外之饌，有司陳設。禮直官贊，太祝搢笏，立茅苴于沙池，出笏，俛伏興，退立于本位。禮直官引太尉詣盥洗位，宮縣樂作，奏黃鍾宮隆成之曲，至位北向立，樂止。搢笏，盥手、帨手訖，出笏詣爵洗位，北向立。搢笏，執事者奉匏爵以授太尉，太尉洗爵、拭爵訖，以爵授執事者。太尉出笏，詣壇，陛自午陛，一作卯陛。登歌樂作，奏黃鍾宮明成之曲，至壇上，樂止。詣酌尊所，西向立，搢笏，執事者以爵授太尉，太尉執爵，司尊罍舉冪，良醞令酌太尊之泛齊，凡舉冪、酌酒，皆跪。〔五〕以爵授執事者。太尉出笏，詣正位神座前，北向立，宮縣樂作，奏黃鍾宮明成之曲、文舞崇德之舞。太尉搢笏跪，三上香。執事者以爵授太尉，太尉執爵三祭酒于茅苴，以爵授執事者，執事者奉爵退，詣尊所。太官丞傾馬湩于爵，跪授太尉，亦三祭于茅苴，復以爵授執事者，執事者受虛爵以興。太尉出笏，俛伏興，少退，北向立，樂止。舉祝官搢笏跪，對舉祝版，讀祝官搢笏跪，讀祝文。讀訖，舉祝官奠版于案，出笏興，讀祝官出笏，俛伏興，宮縣樂奏如前曲。舉祝、讀祝官俱先詣皇地祇位前，北向立。太尉再拜訖，樂止。次詣皇地祇位，並如上儀，惟樂奏大呂宮。次詣配位，並如上儀，惟樂奏黃鍾宮。降自午陛，一作卯陛。登歌樂作如前降神之曲，至位，樂止。讀祝、舉祝官降自卯陛，

復位。文舞退，武舞進，宮縣樂作，奏黃鍾宮和成之曲，立定，樂止。禮直官引亞獻官詣盥洗位，北向立。搢笏、盥手、帨手訖，出笏詣爵洗位，北向立。搢笏、執爵、洗爵、拭爵，以爵授執事者。出笏詣壇，陛自卯陛，至壇上酌尊所，東向一作西向。立。搢笏授爵執爵，司尊罍舉冪，良醞令酌著尊之醴齊，以爵授執事者。出笏，詣正位神座前，北向立。宮縣樂奏黃鍾宮熙成之曲、武舞定功之舞。搢笏跪，三上香，授爵執爵，三祭酒于茅苴，復祭馬湩如前儀，以爵授執事者。出笏，俛伏興，少退立，再拜訖，次詣皇地祇位、配位，並如上儀訖，樂止，降自卯陛，復位。禮直官引終獻官詣盥洗位，盥手、帨手訖，詣爵洗位，授爵執爵，洗爵拭爵，以爵授執事者。出笏，陛自卯陛，至酌尊所，搢笏授爵執爵，良醞令酌犧尊之盎齊，以爵授執事者。出笏，詣正位神座前，北向立。宮縣樂作，奏黃鍾宮熙成之曲，武舞定功之舞。上香、祭酒、馬湩，並如亞獻之儀，降自卯陛。初終獻將陛壇時，禮直官分引第一等分獻官詣盥洗位，搢笏，盥手、帨手、滌爵、拭爵訖，以爵授執事者。出笏，各由其陛詣酌尊所，搢笏，執事者以爵授分獻官，執爵，酌太尊之泛齊，以爵授執事者。各詣諸神位前，搢笏跪，三上香、三祭酒訖，出笏，俛伏興，少退，再拜興，降復位。第一等分獻官將陛壇時，禮直官引第二等、第三等、內壝內、內壝外衆星位分獻官，各詣盥洗位，搢笏，盥手、帨手，酌奠如上儀訖，禮直官各引獻官復位，諸執事者皆退復位。禮直官贊太祝徹籩豆。登歌樂作大呂宮寧

成之曲，太祝跪以籩豆各一少移故處，卒徹，出笏，俛伏興，樂止。奉禮郎贊曰「賜胙」，衆官再拜，禮直官承傳曰「拜」，在位者皆再拜，平，立定。送神宮縣樂作，奏圜鍾宮天成之曲一成止。

九曰望燎。禮直官引太尉，亞獻助奠一員，太常禮儀院使，監祭、監禮各一員等，詣望燎位。又引司徒，終獻助奠、監祭、監禮各一員，及太常禮儀院使等官，詣望瘞位。樂作，奏黃鍾宮隆成之曲，至位，南向立，樂止。上下諸執事各執篚進神座前，取燔玉及幣祝版。日月已上，齋郎以俎載牲體黍稷，各由其陛降，南行，經宮縣樂，出東，詣燎壇。陛自南陛，以玉幣、祝版、饌食致於柴上戶內。諸執事又以內官以下之禮幣，皆從燎。禮直官贊曰「可燎」，東西執炬者以炬燎火半柴。執事者亦以地祇之玉幣、祝版、牲體、黍稷詣瘞坎。焚瘞畢，禮直官引太尉以下官以次由南壝東偏門出，禮直官引監祭、監禮、奉玉幣官、太祝、祝史、齋郎俱復壇南，北向立。奉禮郎贊曰「再拜」，禮直官承傳曰「拜」，監祭、監禮以下皆再拜訖，各退出。太樂令率工人二舞以次出。禮直官引太尉以下諸執事官至齊班幕前立，禮直官贊曰「禮畢」，衆官圓揖畢，各退于次。太尉等官、太常禮儀院使、監祭、監禮展視胙肉酒醴，奉進闕庭，餘官各退。

祭告三獻儀，大德十一年所定。告前三日，三獻官、諸執事官，具公服赴中書省受誓戒。前一日未正二刻，省牲器。告日質明，三獻官以下諸執事官，各具法服。禮直官引監祭禮以下諸執事官，先入就位，立定。監祭禮點視陳設畢，復位，立定。太官令率齋郎出，禮直官引三獻司徒、太常禮儀院使、光祿卿入就位，立定。禮直官贊曰「有司謹具，請行事」，降神樂作六成止。太常禮儀院使燔牲首，復位，立定。奉禮贊三獻以下皆再拜，就位。禮直官引初獻詣盥洗位，盥手訖，陞壇詣昊天上帝位前，北向立。搢笏跪，三上香，奠玉幣，出笏，俛伏興，再拜訖，降復位。禮直官引初獻詣盥洗位，盥手訖，詣爵洗位，洗拭爵訖，詣酒尊所，酌酒訖，請詣昊天上帝神位前，北向，搢笏跪，三上香，執爵三祭酒於茅苴，出笏，俛伏興，俟讀祝訖，再拜，平立。請詣皇地祇酒尊所，酌獻並如上儀，俱畢，復位。禮直官引亞獻，並如初獻之儀，惟不讀祝，降復位。禮直官引終獻，並如亞獻之儀，降復位。奉禮贊「賜胙」，衆官再拜，在位者皆再拜。禮直官引三獻司徒、太常卿、光祿卿、監祭、監禮等官，請詣望燎位，南向立定，俟燎玉幣祝版。禮直官贊「可燎」，禮畢。

祭告一獻儀，至元十二年所定。告前二日，郊祀令掃除壇壝內外，翰林國史院學士撰寫祝文。前一日，告官等各公服捧祝版，進請御署訖，同御香上尊酒如常儀，迎至祠所齋

宿。告日質明前三刻，禮直官引郊祀令帥其屬詣壇，鋪筵陳設如儀。禮直官二員引告官等各具紫服，以次就位，東向立定。禮直官稍前曰「有司謹具，請行事」，贊者曰「鞠躬」，曰「拜」，曰「興」，曰「拜」，曰「興」，曰「平身」。禮直官先引執事官各就位，次詣告官前曰「請詣盥爵洗位」。至位，北向立，曰「搢笏」，曰「盥手」，曰「帨手」，曰「洗爵」，曰「拭爵」，曰「出笏」，曰「詣酒尊所」，曰「搢笏」，曰「執爵」，曰「司尊者舉冪」，曰「酌酒」。良醞令酌酒，曰「以爵授執事者」，告官以爵授執事者。曰「出笏」，曰「詣昊天上帝、皇地祇神位前，北向立」，曰「稍前」，曰「搢笏」，曰「跪」，曰「上香」，曰「上香」，曰「三上香」，曰「祭酒」，曰「祭酒」，曰「三祭酒」，曰「以爵授捧爵官」，曰「出笏」，曰「俛伏興」，曰「舉祝官跪」，曰「舉祝」，曰「讀祝官跪」，曰「讀祝」。讀訖，曰「舉祝官奠祝版於案」，曰「俛伏興」。告官再拜，曰「鞠躬」，曰「拜」，曰「興」，曰「拜」，曰「興」，曰「平身」，引告官以下降復位。禮直官贊曰「再拜」，曰「鞠躬」，曰「拜」，曰「興」，曰「拜」，曰「興」，曰「平身」，曰「詣望燎位」，燔祝版半燎，告官以下皆退。瘞之其坎於祭所壬地，方深足以容物。

校勘記

〔一〕尚舍監陳大次於外壝西門之〔外〕道北南向　按本書本卷及卷七二文例，凡言陳設于某門者，均書明在門之內或門之外，以表明陳設之方位。此脫「外」字，今從古今圖書集成經濟彙編禮儀典補。

〔二〕俟告潔畢權徹（畢）祀日丑前重設　從道光本刪。

〔三〕（供）〔拱〕衞直都指揮使　從道光本改。

〔四〕奠幣（於）〔如〕上儀　從北監本改。

〔五〕凡舉冪酌酒皆跪　道光本考證云：「按舉冪酌酒句原本作正文，與上下文氣不甚相屬。考攝祀之儀一篇，皆太常集禮泰定四年之文，此句本係小注，志誤入正文耳。謹改。」從改作注。

爲三間，壁以紅泥，以準東西序，南向爲門，如今室戶之制，虛前以準廂，所謂夾室前堂也。雖未盡合於古，於今事爲宜。」六月，上都中書省以聞，制若曰「可」。壬申，敕以太廟前殿十有五間，東西二間爲夾室，南向。秋七月辛卯，太廟落成。俄，國有大故，晉王卽皇帝位。十二月戊辰，追尊皇考晉王爲皇帝，廟號顯宗，皇妣晉王妃爲皇后。庚午，盜入太廟，失仁宗及慈聖皇后神主。壬申，重作仁廟二金主。丙午，御史趙成慶言：「太廟失神主，乃古今莫大之變。由太常禮官不恭厥職，宜正其罪，以謝宗廟，以安神靈。」制命中書定罪。泰定元年春正月甲午，奉安仁宗及慈聖皇后二神主。丁丑，御史宋本、趙成慶、李嘉賓言：「太廟失神主，已得旨，命中書定太常失守之罪。中書以爲事在太廟署令，而太常官屬居位如故。昔唐陵廟皆隸宗正。盜斫景陵門戟架，旣貶陵令丞，而宗正卿亦皆貶黜。且神門戟架比之太廟神主，孰爲輕重。宜定其罪名，顯示黜罰，以懲不恪。」不報。

先是，博士劉致建議曰：

竊以禮莫大於宗廟。宗廟者天下國家之本，禮樂刑政之所自出也。唐、虞、三代而下，靡不由之。聖元龍興朔陲，積德累功，百有餘年，而宗廟未有一定之制。方聖天子繼統之初，定一代不刊之典，爲萬世法程，正在今日。

周制，天子七廟，三昭三穆，昭處於東，穆處於西，所以別父子親疏之序，而使不亂也。聖朝取唐、宋之制，定爲九世，遂以舊廟八室而爲六世，昭穆不分，父子並坐，不合禮經。新廟之制，一十五間，東西二間爲夾室，太祖室既居中，則唐、宋之制不可依，惟當以昭穆列之。父爲昭，子爲穆，則睿宗當居太祖之東，爲昭之第一世，世祖居西，爲穆之第一世。裕宗居東，爲昭之第二世。兄弟共爲一世，則成宗、順宗、顯宗三室皆當居西，爲穆之第二世。武宗、仁宗二室皆當居東，爲昭之第三世。〔英宗居西，爲穆之第三世。〕〔七〕昭之后居左，穆之后居右，西以左爲上，東以右爲上也。苟或如此，則昭穆分明，秩然有序，不違禮經，可爲萬世法。

若以累朝定制，依室次於新廟遷安，則顯宗躋順宗之上，順宗躋成宗之上。以禮言之，春秋閔公無子，庶兄僖公代立，其子文公遂躋僖公於閔公之上，史稱逆祀。及定公正其序，書曰「從（事）〔祀〕先公」。〔八〕然僖公猶是有位之君，尚不可居故君之上，況未嘗正位者乎。

國家雖曰以右爲尊，然古人所尙，或左或右，初無定制。古人右社稷而左宗廟，國家宗廟亦居東方。豈有建宗廟之方位既依禮經，而宗廟之昭穆反不應禮經乎。且如今朝賀或祭祀，宰相獻官分班而立，居西則尙左，居東則尙右。及行禮就位，則西者復

尙右，東者復尙左矣。

致職居博士，宗廟之事所宜建明，然事大體重，宜從使院移書集議取旨。

四月辛巳，中書省臣言：「（始）〔世〕祖皇帝始建太廟。〔九〕太祖皇帝居中南向，睿宗、世祖、裕宗神主以次祔西室，順宗、成宗、武宗、仁宗以次祔東室。邇者集賢、翰林、太常諸臣言，國朝建太廟遵古制。古尙左，今尊者居右爲少屈，非所以示後世。太祖皇帝居中南向，宜奉睿宗皇帝神主祔左一室，世祖祔右一室，裕宗祔睿宗室之左。顯宗、順宗、成宗兄弟也，以次祔世祖室之右，武宗、仁宗亦兄弟也，以祔裕宗室之左，英宗祔成宗室之右。臣等以其議近是，謹繪室次爲圖以獻，惟陛下裁擇。」從之。五月戊戌，祔顯宗、英宗凡十室。

四年夏四月辛未，盜入太廟，失武宗神位及祭器。壬申，重作武宗金主及祭器。甲午，奉安武宗神主。天曆元年冬十月丁亥，毀顯宗室。重改至元之六年六月，詔毀文宗室。其宗廟之事，本末因革，大概如此。

凡大祭祀，尤貴馬湩。將有事，敕太僕（司）〔寺〕挏馬官，〔一〇〕奉尙飲者革囊盛送焉。其馬牲旣與三牲同登于俎，而割奠之饌，復與籩豆俱設。將奠牲盤酹馬湩，則蒙古太祝升詣第一座，呼帝后神諱，以致祭年月日數、牲齊品物，致其祝語。以次詣列室，皆如之。禮畢，則以割奠之餘，撒於南欞星門外，名曰抛撒茶飯。蓋以國禮行事，尤其所重也。始至元初，金

太祝魏友諒者仕於朝，詣中書言太常寺奉祀宗廟禮不備者數事。禮部移太常考前代典禮，以勘友諒所言，皆非是，由是禮官代有討論。割奠之禮，初惟太常卿設之。桑哥爲初獻，乃有三獻等官同設之儀。博士議曰：「凡陳設祭品、實罇罍等事，獻官皆不與也，獨此親設之，然後再升殿，恐非誠慤專一之道。且大禮使等官，尤非其職。」大樂署長言：「割奠之禮，宜別撰樂章。」博士議曰：「三獻之禮，實依古制。若割肉，奠葡萄酒、馬湩，別撰樂章，是又成一獻也。」又議：「燔膋膟與今燒飯禮合，不可廢。形鹽、糗餌、粉餈、酏食、糝食非古。雷鼓、路鼓，與播鼗之制不同。攝祀大禮使終夕竪立，無其義。」知禮者皆有取於其言。英宗之初，博士又言：「今冬祭卽烝也。天子親祼太室，功臣宜配享。」事亦弗果行。

廟制：至元十七年，新作于大都。前廟後寢。正殿東西七間，南北五間，內分七室。殿陛二成三階，中曰泰階，西曰西階，東曰阼階。寢殿東西五間，南北三間。環以宮城，四隅重屋，號角樓。正南、正東、正西宮門三，門各五門，皆號神門。殿下道直東西神門曰橫街，直南門曰通街，甓之。通街兩旁井二，皆覆以亭。宮城外，繚以崇垣。饌幕殿七間，在宮城南門之東，南向。齊班廳五間，在宮城之東南，西向。省饌殿一間，在（東）〔宮〕城東門少北，南向。〔一一〕初獻齋室，在宮城之東，東垣門內少北，西向。其南爲亞終獻、司徒、大禮使、助奠、

七祀獻官等齋室，皆西向。雅樂庫在宮城西南，東向。法物庫、儀鸞庫在宮城之東北，皆南向。都監局在其東少南，西向。東垣之內，環築牆垣爲別院。內神廚局五間，在北，南向。井在神廚之東北，有亭。酒庫三間，在井亭南，西向。祠祭局三間，對神廚局，北向。院門西向。百官廚五間，在神廚院南，西向。宮城之南，復爲門，與中神門相值，左右連屋六十餘間，東掩齋班廳，西值雅樂庫，爲諸執事齋房。築崇墉以環其外，東西南開欞星門三，門外馳道，抵齊化門之通衢。

至治元年，詔議增廣廟制。三年，別建大殿一十五間於今廟前，用今廟爲寢殿，中三間通爲一室，餘十間各爲一室，東西兩旁際牆各留一間，以爲夾室。室皆東西橫闊二丈，南北入深六間，每間二丈。宮城南展後，鑿新井二于殿南，作亭。東南隅、西南隅角樓，南神門、東西神門，饌幕殿、省饌殿、獻官百執事齋室，中南門、齊班廳、雅樂庫、神廚、祠祭等局，皆南徙。建大次殿三間於宮城之西北，東西欞星門亦南徙。東西欞星門之內，鹵簿房四所，通五十間。

神主：至元三年，始命太保劉秉(中)〔忠〕考古制爲之。〔三〕高一尺二寸，上頂圜徑二寸八分，四廂合剡一寸一分。上下四方穿，中央通孔，徑九分，以光漆題尊謚於背上。匱趺底蓋

俱方。底自下而上，蓋從上而下。底齊趺，方一尺，厚三寸。皆準元祐古尺圖。主及匱趺皆用栗木，匱趺並用玄漆，設祏室以安奉。帝主用曲几，黃羅帕覆之。后主用直几，紅羅帕覆之。祏室，每室紅錦厚褥一，紫錦薄褥一，黃羅複帳一，龜背紅簾一，緣以黃羅帶飾。六年十二月十八日，國師奉旨造木質金表牌位十有六，亦號神主。設大榻金椅位，置祏室前。帝位於右，后位於左，題號其面，籠以銷金絳紗，其制如櫝。

祝有二：祝册，親祀用之。製以竹，每副二十有四簡，貫以紅絨條。面用膠粉塗飾，背飾以絳金綺。藏以楠木縷金雲龍匣。塗金鎖鑰，韜以紅錦囊，蒙以銷金雲龍絳羅覆。擬撰祝文、書祝、讀祝，皆翰林詞臣掌之。至大二年親祀，竹册長一尺二寸，廣一寸二分，厚三分。至治二年正月親祀，竹册八副，每册二十有四簡，長一尺一寸，廣一寸，厚一分二釐。祝版，攝祀用之，制以楸木，長二尺四寸，廣一尺二寸，厚一分。其面背飾以精潔楮紙。

祝文，至元時，享於太祖室，稱孝孫嗣皇帝臣某；睿宗室，稱孝子嗣皇帝臣某。天曆時，享自太祖至裕宗四室，皆稱孝曾孫嗣皇帝臣某；順宗室，稱孝孫嗣皇帝臣某；成宗至英宗三室，皆稱嗣皇帝臣某；武宗室，稱孝子嗣皇帝臣某。

幣：以白繒爲之，每段長一丈八尺。

牲齊庶品：大祀，馬一，用色純者，有副；牛一，其角握，其色赤，有副；羊，其色白；豕，其色黑；鹿。凡馬、牛、羊、豕、鹿牲體，每室七盤，單室五盤。太羹，每室三登；和羹，每室三鉶。籩之實，每室十有二品；豆之實，每室十有二品。凡祀，先期命貴臣率獵師取鮮獐鹿兔，以供脯臡醓醢。稻粱爲飯，每室二簠；黍稷爲飯，每室二簋。彝尊之實，每室十有一。明水玄酒，用陰鑑取水于月，與井水同，鬯用鬱金爲之。五齊三酒，醞於光祿寺。膟膋蕭蒿，至元十八年五月弗用，後遂廢。茅香以縮酒，至元十七年，始用沅州麻陽縣包茅。天鵝、野馬、塔剌不花、其狀如獺。野雞、鶬、黃羊、胡寨兒、其狀如鳩。湩乳、葡萄酒，以國禮割奠，皆列室用之。羊一，豕一，籩之實二栗、鹿脯，豆之實二菁菹、鹿臡，簠之實黍，簋之實稷，爵尊之實酒，皆七祀位各用之。薦新鮪、野彘，孟春用之。雁、天鵝，仲春用之。葑韭、鴨雞卵，季春用之。冰、羔羊，孟夏用之。櫻桃、竹筍、蒲筍、羊，仲夏用之。瓜、豚、大麥飯、小麥麪，季夏用之。雛雞，孟秋用之。菱芡、栗、黃鼠，仲秋用之。梨、棗、黍、粱、鶩老，季秋用之。芝麻、兔、鹿、稻米飯，孟冬用之。麕、野馬，仲冬用之。鯉、黃羊、塔剌不花，季冬用之。至大元年

春正月，皇太子言薦新增用影堂品物，羊羔、炙魚、饅頭、䭔子、西域湯餅、圜米粥、砂糖飯羹，每月用以配薦。

祭器：籩十有二，冪以青巾，巾繪綵雲。豆十有四，一實毛血，一實膟膋。登三，鉶三，有柶。簠二，簋二，有匕箸。俎七，以載牲體，皆有鼎。後以盤貯牲體，盤置俎上，鼎不用。香案一，銷金絳羅衣。銀香鼎一，銀香奩一，茅苴盤一，實以沙。已上並陳室內。燎爐一，實以炭。篚一，實以蕭蒿黍稷。祝案一，紫羅衣，置祝文于上，銷金絳羅覆之。雞彝一，有舟；鳥彝一，有舟，加勺，春夏用之。斝彝一，有舟；黃彝一，有舟，加勺，秋冬用之。虎彝一，有舟；蜼彝一，有舟，加勺；特祭用之。凡鷄彝、斝彝、虎彝以實明水，鳥彝、黃彝、蜼彝以實鬯。犧尊二，象尊二，春夏用之。著尊二，壺尊二，秋冬用之。太尊二，山尊二，特祭用之。尊皆有坫勺，冪以白布巾，巾繪黼文。著尊二，山罍二，皆有坫加冪。已上並陳室外。壺尊二，太尊二，山罍四，皆有坫加冪，藉以莞席，並陳殿下，北向西上，設而不酌，每室皆同。通廊御香案一，銷金黃羅衣，銀香奩一，貯御祝香，銷金帕覆之，並陳殿中央。罍洗所罍二，洗二，一以供爵滌，一以供盥潔。篚二，實以璋瓚巾、塗金銀爵。七祀神位，籩二，豆二，簠一，簋一，俎一，爵一有坫，香案一，沙池一，壺尊二有坫加冪，七祀皆同。罍一、洗一、篚一，中

統以來，雜金、宋祭器而用之。至治初，始造新器於江浙行省，其舊器悉置几閣。

親祀時享儀，其目有八：

一曰齋戒。前祀七日，皇帝散齋四日於別殿，治事如故，不作樂，停奏刑名事，不行刑罰。致齋三日，惟專心祀事，其二日於大明殿，一日於大次。致齋前一日，尙舍監設御幄於大明殿西序，東向。致齋之日質明，諸衞勒所部屯列。晝漏下一刻，通事舍人引侍享執事文武四品以上官，俱公服詣別殿奉迎。二刻，侍中版奏請中嚴，皇帝服通天冠、絳紗袍。三刻，侍中版奏外辦，皇帝結佩出別殿，乘輿，華蓋傘扇侍衞如常儀，奉引至大明殿御幄，東向坐，侍臣夾侍如常。一刻頃，侍中前跪奏言請降就齋，俛伏興。皇帝降座入室，侍享執事官各還所司，宿衞者如常。凡應祀官受誓戒於中書省。散齋四日，致齋三日。光祿卿鑑取明水、火。〔三〕火以供爨，水以實尊。

二曰陳設。祀前三日，尙舍監陳大次於西神門外道北，南向。設小次於西階西，東向。設版位於西神門內，橫街南，東向。設飲福位於太室尊彝所，稍東，西向。設黃道裀褥於大次前，至西神門，至小次版位西階及殿門之外。設御洗位於御版位東，稍北，北向。設亞終獻位於西神門內御版位稍南，東向，以北爲上，罍洗在其東北。設亞終獻飲福位於御飲

福位後，稍南，西向。陳設八寶黃羅案於西階西，隨地之宜。設享官宮縣樂、省牲位、諸執事公卿御史位，並如常儀。殿上下及各室，設簠、簋、籩、豆、尊、罍、彝、斝等器，並如常儀。

三曰車駕出宮。祀前一日，所司備法駕鹵簿於崇天門外。太僕卿率其屬備玉輅於大明門外。千牛將軍執刀於輅前，北向。其日質明，諸侍享執事官，先詣太廟祀所。諸侍臣直衞及導駕官於致齋殿前，左右分班立。通事舍人引侍中跪奏請中嚴，俛伏興。皇帝服通天冠、絳紗袍。少頃，侍中版奏外辦，皇帝出齋室，卽御座。羣臣起居訖，尙輦進輿，侍中奏請皇帝升輿。皇帝升輿，華蓋傘扇侍衞如常儀。導駕官前導至大明門外，侍中進當輿前，跪奏請皇帝降輿升輅。皇帝升輅，太僕執御，導駕官分左右步導。門下侍郎進當輅前，跪奏請車駕進發。車駕動，稱警蹕。千牛將軍夾而趨至崇天門外，門下侍郎跪奏請車駕少駐，敕衆官上馬。侍中承旨退，稱曰「制可」。門下侍郎退，傳制稱衆官上馬。贊者承傳敕衆官上馬。上馬訖，門下侍郎奏請敕車右升，侍中前承制，退稱曰「制可」。千牛將軍升訖，門下侍郎奏請車駕進發。車駕動，稱警蹕。符寶郎奉八寶與殿中監部從在黃鉞內，教坊樂前引，鼓吹不振作。將至太廟，禮直官引諸侍享執事官於廟門外，左右立班，奉迎駕至廟門，回輅南向。將軍降立於輅左，侍中於輅前奏稱侍中臣某請皇帝降輅，步入廟門。皇帝降輅，導駕官前導，皇帝步入廟門稍西。侍中奏請皇帝升輿，尙輦奉輿，華蓋傘扇如常儀。皇帝乘輿至大次，侍中奏請皇帝降輿入就大次，簾降，宿衞如式。尙食進饍如儀。禮儀使以祝版奏御署訖，奉出，太廟令受之，各奠於坫，置各室祝案上。通事舍人承旨，敕衆官各還齋次。

四曰省牲器。祀前一日未後三刻，廩犧令丞、太官令丞、太祝以牲就位。禮直官引太常卿、光祿卿丞、監祭禮等官就位。禮直官請太常、監祭、監禮由東神門北偏門入，升自東階。每位視滌祭器，司尊彝舉冪曰「潔」。俱畢，降自東階，由東神門北偏門出，復位，立定。禮直官稍前曰「請省牲」，引太常卿視牲，退復位。次引廩犧令出班，巡牲一匝，西向折身曰「充」。諸太祝巡牲一匝，上一員出班西向折身曰「腯」畢，俱復位。蒙古巫祝致詞訖，禮直官稍前曰「請詣省饌位」，引太常卿、光祿卿、監祭、監禮、光祿丞、太官令丞詣省饌位，東西相向立定，以北爲上。禮直官引太常卿詣饌殿內省饌。視饌訖，禮直官引太常卿還齋所。次引廩犧令丞、諸太祝以次牽牲詣廚，授太官令。次引光祿卿丞、監祭、監禮詣廚省鼎鑊，視滌溉訖，各還齋所。太官令帥宰人以鸞刀割牲，祝史各取毛血，每位共實一豆，以肝洗於鬱鬯及取膟膋，每位共實一豆，置於各位。饌室內，庖人烹牲。

五曰晨祼。祀日丑前五刻，諸享陪位官各服其服。光祿卿、良醞令、太官令入，實籩、

豆、簠、簋、尊、罍，各如常儀。太樂令率工人二舞，以次入。奉禮郎贊者先入就位，禮直官引御史、博士及執事者以次各入，就位，並如常儀。禮直官引司徒以下官升殿，分香設酒，如常儀。禮直官引太常官、御史、博士升殿，視陳設，就位。復與太廟令、太祝、宮闈令升殿。太祝出帝主，宮闈令出后主訖，御史及以上升殿官於當陛近西，北向立。奉禮於殿上贊奉神主訖，奉禮曰「再拜」，贊者承傳，諸官及執事者皆再拜，各就位。禮直官引亞終獻等官，由南神門東偏門入，就位，立定。禮直官贊有司謹具，請行事。協律郎俛伏興，舉麾(興)，工鼓柷，〔一四〕宮縣樂作思成之曲，以黃鐘爲宮，大呂爲角，太簇爲徵，應鐘爲羽，作文舞九成止。樂奏將終，通事舍人引侍中版奏請中嚴。皇帝服袞冕，坐少頃，禮直官引博士，博士引禮儀使，對立於大次門外，當門北向。侍中奏外辦，禮儀使跪奏請皇帝行禮，俛伏興，簾捲。符寶郎奉寶陳於西陛之西黃羅案上。皇帝出大次，博士、禮儀使前導，華蓋傘扇如儀，大禮使後從。至西神門外，殿中監跪進鎭圭，皇帝執圭，華蓋傘扇停於門外，近侍從入門。協律郎跪俛伏興，舉麾，工鼓柷，宮縣順成之樂作。至版位東向，協律郎偃麾，工戞敔，樂止。引禮官分左右侍立，禮儀使前奏請再拜，皇帝再拜。奉禮曰「衆官再拜」，贊者承傳，凡在位者皆再拜。禮儀使奏請皇帝詣盥洗位，宮縣(作樂)〔樂作〕，〔一五〕至洗位，樂止。內侍跪取匜，興，沃水。又內侍跪取盤，興，承水。禮儀使奏請搢鎭圭，皇帝搢圭，盥手訖，內侍跪取巾於篚，

興，以進，帨手訖，皇帝詣爵洗位，奉瓚官以瓚跪進，皇帝受瓚，內侍奉匜沃水。又內侍跪，奉盤承水，洗瓚訖，內侍奉巾以進，皇帝拭瓚訖，內侍奠盤匜，又奠巾於篚，奉瓚官跪受瓚。禮儀使奏請執鎮圭，前導皇帝升殿，宮縣樂作，至西階下，樂止。皇帝升自西階，登歌樂作，禮儀使前導皇帝詣太祖室尊彝所，東向立，樂止。奉瓚官以瓚莅鬯，司尊者舉冪，侍中跪酌鬱鬯訖，禮儀使前導，入詣太祖神座前，北向立。禮儀使奏請搢鎮圭跪，奉瓚官西向立，以瓚跪進。禮儀使奏請執瓚、以鬯祼地，皇帝執瓚以鬯祼地，以瓚授奉瓚官。禮儀使奏請執鎮圭、俛伏興。皇帝俛伏興，禮儀使前導出戶外褥位。禮儀使奏請再拜。皇帝再拜訖，禮儀使前導詣第二室以下，祼鬯並如上儀。祼訖，禮儀使奏請還版位。登歌樂作，皇帝降自西階，樂止。宮縣樂作，至版位東向立，樂止。禮儀使奏請還小次，前導皇帝行，宮縣樂作。將至小次，禮儀使奏請釋鎮圭，殿中監跪受，皇帝入小次，簾降，樂止。

六曰進饌。皇帝祼將畢，光祿卿詣饌殿視饌，復位。太官令率齋郎詣饌幕，以牲體設於盤，各對舉以行，自南神門入。司徒出迎饌，宮縣樂作，奏無射宮嘉成之曲。禮直官引司徒、齋郎奉饌升自太階，由正門入。諸太祝迎於階上，各跪奠於神座前。齋郎執笏俛伏興，遍奠訖，樂止。禮直官引司徒、太官令率齋郎降自東階，各復位。饌之升殿也，太官丞率七祀齋郎奉饌，以序跪奠于七祀神座前，退從殿上齋郎以次復位。諸太官令率割牲官詣各室，

進割牲體置俎上，皆退。

七曰酌獻。禮直官於殿上贊太祝立茅苴，禮儀使奏請詣盥洗位。簾捲，出次，宮縣樂作。殿中監跪進鎮圭，皇帝執鎮圭至盥洗位，樂止，北向立。禮儀使奏請搢鎮圭，執事者跪取匜，興，沃水，又跪取盤，承水。禮儀使奏請皇帝盥手，執事者跪取巾於篚，興，進。帨手訖，禮儀使奏請執鎮圭，請詣爵洗位，北向立。禮儀使奏請搢鎮圭，奉爵官以爵跪進。皇帝受爵，執事者奉匜沃水，奉盤承水。皇帝洗爵訖，執事者奉巾跪進。皇帝拭爵，執事者奠盤匜，又奠巾於篚，奉爵官受爵。禮儀使奏請執鎮圭，升殿。宮縣樂作，至西階下，樂止。升自西階，登歌樂作，禮儀使前導詣太祖室尊彝所，東向立，樂止。禮儀使奏請搢鎮圭執爵，奉爵官以爵跪進。皇帝受爵，司尊者舉冪，良醞令跪酌犧尊之泛齊，以爵授執事者。禮儀使奏請執鎮圭，皇帝執圭，入詣太祖神位前，北向立。宮縣樂作，奏開成之曲。禮儀使跪奏請搢鎮圭跪，又奏請三上香。三上香訖，奉爵官以爵授進酒官，進酒官東向以爵跪進。禮儀使奏請執爵，三祭酒於茅苴，以虛爵授進酒官，進酒官以授奉爵官，奉爵官退立尊彝所。進酒官進取神案上所奠玉爵馬湩，東向跪進，禮儀使奏請執爵祭馬湩。祭訖，以虛爵授進酒官，進酒官進奠神案上，退。禮儀使奏請執圭，俛伏興，司徒搢笏跪於俎前，奉牲西向以進。禮儀使奏請搢鎮圭，皇帝搢圭，俯受牲盤，北向跪奠神案上。蒙古祝史致辭訖，禮儀使奏請執鎮圭興，前導，出戶外褥位，北向立，樂止。舉祝官搢笏跪，對舉祝版，讀祝官北向跪，讀祝文訖，俛伏興，舉祝官奠祝版訖，先詣次室。禮儀使奏請再拜。拜訖，禮儀使前導詣各室，各奏本室之樂。其酌獻、進牲、祭馬湩，並如第一室之儀。既畢，禮儀使奏請詣飲福位。登歌樂作，至位，西向立，樂止。登歌釐成之樂作，禮直官引司徒立於飲福位側，太祝以爵酌上尊飲福酒，合置一爵，以奉侍中，侍中受爵，奉以立。禮儀使奏請皇帝再拜。拜訖，奏請搢鎮圭跪。侍中東向以爵跪進，禮儀使奏請執爵，三祭酒，又奏請啐酒。啐酒訖，以爵授侍中。禮儀使奏請受胙，太祝以黍稷飯籩授司徒，司徒東向跪進。皇帝受，以授左右。太祝又以胙肉俎跪授司徒，司徒跪進。皇帝受，以授左右。禮直官引司徒退立。侍中再以爵酒跪進，禮儀使奏請皇帝受爵飲福。飲福訖，侍中受虛爵，興，以授太祝。禮儀使奏請執鎮圭，俛伏興，又奏請再拜。拜訖，樂止。禮儀使前導還版位，登歌樂作，降自西階，樂止。宮縣樂作，至位樂止。禮儀使奏請還小次。宮縣樂作。將至小次，禮儀使奏請釋鎮圭，殿中監跪受。入小次，簾降，樂止。文舞退，武舞進。先是皇帝酌獻訖，將至小次，禮直官引亞獻官詣盥洗位。盥洗訖，升自阼階，酌獻並如常儀。酌獻訖，禮直官引亞獻官詣東序，西向立。諸太祝各以（酌罍）〔罍酌〕福酒，〔一六〕合置一爵，一太祝捧爵進亞獻之左，北向立。亞獻再拜受爵，跪祭酒，遂啐飲。太祝進受爵，退，復於坫上。亞獻興再拜，禮直

官引亞獻官降復位。終獻如亞獻之儀。初終獻既升，禮直官引七祀獻官各詣盥洗位，搢笏盥帨訖，執笏詣神位，搢笏跪執爵，三祭酒，奠爵執笏，俛伏興，再拜訖，詣次位，如上儀。終獻畢，贊者唱「太祝徹籩豆」。諸太祝進徹籩豆，登歌豐成之樂作，卒徹樂止。奉禮曰「賜胙」，贊者唱「衆官再拜」，在位者皆再拜。禮儀使奏請詣版位。簾捲，出次，殿中監跪進鎮圭。皇帝執圭行，宮縣樂作，至位樂止。送神保成之樂作，一成止。禮儀使奏請皇帝再拜，贊者承傳，凡在位者皆再拜。禮儀使前奏禮畢，前導皇帝還大次。宮縣昌寧之樂作，出門樂止。禮儀使奏請釋鎮圭，殿中監跪受，華蓋傘扇引導如常儀。入大次，簾降。禮直官引太常卿、御史、太廟令、太祝、宮闈令升殿納神主，降就拜位，奉禮贊升納神主訖，再拜，御史以下諸執事者皆再拜，以次出。禮直官各引享官以次出，太樂令率工人二舞以次出，太廟令闔戶以降乃退。祝册藏於匱。

八曰車駕還宮。皇帝既還大次，侍中奏請解嚴。皇帝釋袞冕，停大次。五刻頃，尙食進膳。所司備法駕鹵簿，與侍祠官序立於太廟欞星門外，以北爲上。侍中版奏請中嚴，皇帝改服通天冠、絳紗袍。少頃，侍中版奏皇帝出次升輿，導駕官前導，華蓋傘扇如儀。至廟門外，太僕卿率其屬進金輅如式。侍中前奏請皇帝降輿升輅。升輅訖，太僕御。門下侍郎奏請車駕進發，俛伏興，退。車駕動，稱警蹕。至欞星門外，門下侍郎奏請車駕權停，敕衆

官上馬。侍中承旨退稱曰「制可」。門下侍郎退傳制，贊者承傳。衆官上馬畢，門下侍郎奏請敕車右升。侍中承旨退稱「制可」，千牛將軍升訖，導駕官分左右前導，門下侍郎奏請車駕進發。車駕動，稱警蹕。符寶郎奉八寶與殿中監從，教坊樂鼓吹振作。駕至崇天門外垣欞星門外，門下侍郎奏請車駕權停，敕衆官下馬。贊者承傳，衆官下馬。車駕動，衆官前引入內石橋，與儀仗倒捲而北，駐立。駕入崇天門，至大明門外降駕，升輿以入。駕既入，通事舍人承旨敕衆官皆退，宿衞官率衞士宿衞如式。

校勘記

〔一〕世祖〔中統〕元年秋七月丁丑設神位于中書省　據元文類卷四一經世大典序錄禮典總序補。考異已校。

〔二〕王(盤)〔磐〕　見卷五校勘記〔一八〕。

〔三〕皇伯(考)朮赤　從道光本補。

〔四〕八年(八)〔九〕月太廟柱朽至丙子敕冬享毋用犧牛　從道光本改。按是年八月壬辰朔，無丙子日。丙子爲九月十五日。

〔五〕分(寺)〔議〕可否以聞　從北監本改。

〔六〕同禮曰西夾南向　「同禮曰」，不詞。「西夾南向」，語出尚書周書顧命。五禮通考「同禮」作「周書」。

〔七〕武宗仁宗二室皆當居東爲昭之第三世〔英宗居西爲穆之第三世〕　據元文類卷一五劉致太廟室次議補。按三昭三穆制，志文僅書三昭二穆，顯脫穆之第三世。

〔八〕書曰從(事)〔祀〕先公　據元文類卷一五劉致太廟室次議改。

〔九〕(始)〔世〕祖皇帝始建太廟　從道光本改。按上文及本書卷五世祖紀中統四年三月癸卯條，始建太廟者爲世祖。

〔一〇〕敕太僕(司)〔寺〕挏馬官　據本書卷九十百官志改。新元史已校。

〔一一〕省饌殿一間在(東)〔宮〕城東門少北南向　按此言廟制，「東城」不通。據上下文改。清續通考已校。

〔一二〕太保劉秉(中)〔忠〕　據本書卷一五七劉秉忠傳改。王圻續通考已校。

〔一三〕光祿卿鑑取明水火　按盛水之鑑不可取火。周禮秋官，司烜「掌以夫遂取明火于日，以鑑取明水于月」。此處「明水」下當脫「燧取明」三字，王圻續通考已校。

〔一四〕協律郎俛伏興舉麾(興)工鼓柷　從道光本刪。

〔一五〕宮縣(作樂)〔樂作〕　從道光本改正。

〔一六〕諸太祝各以(酌罍)〔罍酌〕福酒　從道光本改正。

元史卷七十五

志第二十六

祭祀四

宗廟下

親謝儀，其目有八：

一曰齋戒。前享三日，皇帝散齋二日於別殿，致齋一日於大次。應享官員受誓戒於中書省，如常儀。

二曰陳設，如前親祀儀。

三曰車駕出宮。前享一日，所司備儀從、內外仗，與應享之官兩行序立於崇天門外，太僕卿控御馬立於大明門外，諸侍臣及導駕官二十四人，俱於齋殿前左右分班立俟。通事舍人引侍中跪奏請中嚴，俛伏興。少頃，侍中版奏外辦，皇帝卽御座。四品以上應享執事官

起居訖，侍中奏請升輿。皇帝出齋殿，降自正階，乘輿，華蓋繖扇如常儀。導駕官前導至大明門外，侍中進當輿前，奏請降輿，乘馬訖，導駕官分左右步導。門下侍郎跪奏請進發，俛伏興，前稱警蹕。至崇天門，門下侍郎奏請權停，敕衆官上馬。侍中承旨退，稱制可，門下侍郎退傳制，稱衆官上馬，贊者承傳，衆官出欞星門外，上馬訖，門下侍郎奏請進發，前稱警蹕，華蓋繖扇儀仗與衆官左右前引，教坊樂鼓吹不振作。至太廟欞星門外，紅橋南，贊者承傳衆官下馬。下馬訖，自卑而尊與儀仗倒卷而北，兩行駐立。駕至廟門，侍中奏請皇帝下馬，步入廟門。入廟門訖，侍中奏請升輿，尙輦奉輿，華蓋繖扇如常儀。導駕官前導，皇帝乘輿至大次前，侍中奏請降輿。皇帝降輿入就位，簾降，侍衞如式。尙食進饍，如常儀。禮儀使以祝册奏御署訖，奉出，太廟令受之，各奠於坫，置各室祝案上。通事舍人承旨，敕衆官各還齋次。

四曰省牲器，見前親祀儀。

五曰晨祼。享日丑前五刻，光祿卿、良醞令、太官令入實籩豆簠簋尊罍，各如常儀。太樂令率工人二舞，以次入就位。禮直官引御史及執事者以次入就位。禮直官引太常卿、御史升殿點視陳設，退復位。禮直官引司徒等官詣各室，分香設酒如常儀。禮直官復引太常卿及御史、太廟令、太祝、宮闈令升殿，奉出帝后神主訖，各退降就拜位，立定。奉禮於殿上

贊奉神主訖，奉禮贊曰「再拜」，贊者承傳，御史以下皆再拜訖，各就位。禮直官引攝太尉由南神門東偏門入就位，立定。協律郎跪俛伏，舉麾興，工鼓柷，宮縣樂作思成之曲，以黃鍾爲宮，大呂爲角，太簇爲徵，應鍾爲羽，作文舞九成止。太尉以下皆再拜訖，禮直官引太尉詣盥洗位，宮縣樂作肅寧之曲，至位樂止，北向立，搢笏、盥手、帨手，執笏詣爵洗位，北向立，搢笏、洗瓚、拭瓚，以瓚授執事者。執笏升殿，宮縣樂作，至阼階下，樂止。陞自阼階，登歌樂作，詣太祖尊彝所，西向立，樂止。執事者以瓚奉太尉，太尉搢笏執瓚。司尊者舉冪酌鬱鬯訖，太尉以瓚授執事者，執笏詣太祖神位前，搢笏跪，三上香。執事者以瓚奉太尉，太尉執瓚以鬯祼地訖，以虛瓚授執事者。執笏俛伏興，退出戶外，北向再拜訖，次詣各室，並如上儀。禮畢，降自阼階，復位。

六曰進饌。太尉祼將畢，進饌如前儀。

七日酌獻。太尉旣升祼，禮直官引博士，博士引禮儀使至大次前，北向立。通事舍人引侍中詣大次前，版奏請中嚴，皇帝服衮冕。坐少頃，侍中奏外辦，禮儀使跪奏請皇帝行禮，俛伏興。簾捲出次，禮儀使前導至西神門，華蓋繖扇停於門外，近侍從入，太禮使後從。殿中監跪進鎭圭，皇帝執圭入門，協律郎跪，俛伏興，舉麾，宮縣順成之樂作，至版位東向立，樂止。引禮官分左右侍立，禮儀使奏請皇帝再拜。奉禮曰「衆官再拜」，贊者承傳，凡在

位者皆再拜。禮儀使奏請皇帝詣盥洗位，宮縣樂作，至位樂止。內侍跪取匜，興，沃水，又內侍跪取盤，承水。禮儀使奏請搢鎭圭，皇帝搢圭盥手。內侍跪取巾於篚，興，進。帨手訖，奉爵官以爵跪進。皇帝受爵，內侍奉匜沃水，又內侍奉盤承水。皇帝洗爵訖，內侍奉巾跪進。皇帝拭爵訖，內侍奠盤匜，又奠巾於篚，奉爵官受爵。禮儀使奏請執鎭圭，導升殿，宮縣樂作，至西階下樂止。升自西階，登歌樂作。禮儀使前導詣太祖室尊彝所，東向立，樂止。宮縣樂作，奏開成之曲。奉爵官以爵莅尊，執事者舉冪，侍中跪酌犧尊之泛齊，以爵授執事者。禮儀使前導，入詣太祖神位前，北向立。禮儀使奏請搢鎭圭，跪，又奏請三上香訖，奉爵官以爵授進酒官，進酒官東向以爵跪進，禮儀使奏請執爵祭酒。執爵三祭酒於茅苴訖，以虛爵授進酒官，進酒官受爵以授奉爵官，退立尊彝所。進酒官進徹神案上所奠玉爵馬湩，東向跪進，禮儀使奏請執爵祭馬湩。祭訖以虛爵授進酒官，進酒官進奠神案上訖，退。禮儀使奏請執圭，俛伏興，司徒搢笏跪俎前，舉牲盤西向以進。禮儀使奏請搢鎭圭，皇帝搢圭，俯受牲盤，北向跪，奠神案上訖，禮儀使奏請執圭興，前導出戶外褥位，北向立，樂止。舉祝官搢笏跪，對舉祝版。讀祝官北向跪，讀祝文訖，俛伏興。舉祝官奠祝版訖，先詣次室。次蒙古祝史詣室前致祠訖，禮儀使奏請再拜。拜訖，禮儀使前導詣各室，奏各室之樂。其酌獻、進牲體、祭馬湩，並如第一室之儀。旣畢，禮儀使奏請詣飲福位。登歌樂

作，至位，西向立，樂止。宮縣釐成之樂作，禮直官引司徒立於飲福位側，太祝以爵酌上尊福酒，合置一爵，以奉侍中，侍中受爵奉以立。禮儀使奏請皇帝再拜。拜訖，奏搢鎮圭跪，侍中東向以爵跪進。禮儀使奏請執爵三祭酒，又奏請啐酒。啐訖，以爵授侍中。禮儀使奏請受胙，太祝以黍稷飯籩授司徒，司徒東向跪進，皇帝受，以授左右。太祝又以胙肉俎跪授司徒，司徒跪進，皇帝受，以授左右，禮直官引司徒退立。侍中再以爵酒跪進，禮儀使奏請皇帝受爵，飲福酒訖，侍中受虛爵興，以授太祝。禮儀使奏請執鎮圭，俛伏興，又奏請再拜。拜訖，樂止。禮儀使前導還版位。登歌樂作，降自西階，樂止。宮縣樂作，至位樂止。奉禮於殿上唱太祝徹籩豆。宮縣豐寧之樂作，卒徹，樂止。奉禮曰「賜胙」，贊者唱「衆官再拜」，在位者皆再拜。送神樂作，保成之曲作，一成止。禮儀使奏請皇帝再拜，贊者承傳，在位者皆再拜。拜訖，禮儀使前奏禮畢，皇帝還大次。宮縣昌寧之樂作，出門，樂止。禮儀使奏請釋鎮圭，殿中監跪受，華蓋繖扇如常儀。入次，簾降。禮直官引太常卿、御史、太祝、宮闈令升殿納神主訖，各降就位。贊者於殿上唱升納神主訖，奉禮曰「再拜」，御史以下諸執事者皆再拜訖，以次出。通事舍人、禮直官各引享官以次出，太樂令率工人二舞以次出，太廟令闔戶以降乃退。祝版藏於匱。

八曰車駕還宮。皇帝既還大次，侍中奏請解嚴。皇帝釋衮冕，停大次。五刻頃，尚食

進膳，如常儀。所司備儀從、內外仗，與從祀諸執事官兩行序立於太廟櫺星門外。侍中版奏外辦，皇帝出次升輿，導駕官前導，華蓋繖扇如常儀。至廟門，太僕卿進御馬，侍中奏請皇帝降輿乘馬。乘馬訖，門下侍郎奏請進發，俛伏興退，前稱警蹕。至櫺星門外，門下侍郎奏請權停，敕衆官上馬。侍中承旨退稱曰「制可」，門下侍郎退傳制，贊者承傳，衆官上馬畢，導駕官及華蓋繖扇分左右前導，稱警蹕，教坊樂鼓吹振作。至崇天門櫺星門外，門下侍郎奏請權停，敕衆官下馬。贊者承傳，衆官下馬訖，左右前引入內石橋北，與儀仗倒捲而北，駐立。駕入崇天門，至大明門外降馬，升輿以入。駕既入，通事舍人承旨敕衆官皆退，宿衞官率衞士宿衞如式。

攝祀儀，其目有九：

一曰齋戒。享前三日，三獻官以下凡與祭員，皆公服受誓戒於中書省。是日質明，有司設金椅於省庭，一人執紅羅繖立於其左。奉禮郎率儀鸞局陳設版位，獻官諸執事位，俱藉以席，仍加紫綾褥。設初獻太尉位於省階少西，南向；大禮使位於其東，少南，西向；監祭御史位二，于通道之西，東向；監禮博士位二，于通道之東，西向；俱北上。設司徒亞終獻位於其南，北向，西上。次助奠七祀獻官，次太常卿、光祿卿、光祿丞、書祝官、讀祝官、太官令、良

醞令、廩犧令、司尊彝、舉祝官、太官丞、廩犧丞、奉爵官、奉瓚官、盥爵官二、巾篚官、蒙古太祝、巫祝、點視儀衞、清道官及與祭官，依品級陳設，皆異位重行。太廟令、太樂令、郊社令、太祝位於通道之西，北向，東上。太廟丞、太樂丞、郊社丞、奉禮郎、協律郎、司天生位於通道之東，北向，西上。齋郎位於其後。贊者引行事等官，各就位，立定。次引初獻官立定。禮直官搢笏，讀誓文曰「某年某月某日，享于太廟，各揚其職，其或不敬，國有常刑」。散齋二日宿于正寢，致齋一日宿於祠所。散齋日治事如故，不弔喪問病，不作樂，不判署刑殺文字，不決罰罪人，不與穢惡事。致齋日惟享事得行，餘悉禁。凡與享之官，已齋而闕者，通攝行事。七品以下官先退，餘官再拜。禮直官贊「鞠躬」，「拜」，「興」，「拜」，「興」，「平立」，「禮畢」。守廟兵衞與太樂工人，俱清齋一宿。赴祀所之日，官給酒饌。

二曰陳設。享前二日，所司設兵衞於廟門，禁斷行人。儀鸞局設幄幔於饌殿，所司設三獻官以下行事執事官次於齋房之所。前一日，太樂令率其屬設宮縣之樂於庭中。東方西方磬簴起北，鐘簴次之；南方北方磬簴起西，鐘簴次之。設十二鎛鐘於編縣之間。各依辰位，樹建鼓於四隅，置柷敔於北縣之內。柷一在道東，敔一在道西。路鼓一在柷之東南，晉鼓一在其後，又路鼓一在柷之西南。諸工人各於其後。東方西方，以北爲上；南方北方，以西爲上。文舞在北，武舞在南，立舞表於酇綴之間。又設登歌之樂於殿上前楹間。玉磬

一簴在西，金鐘一簴在東，柷一在金鐘北稍西，敔一在玉磬北稍東。搏拊二，〔一〕一在柷北，一在敔北，東西相向。歌工次之，餘工各位於縣後。其匏竹者立於階間，重行北向，相對爲首。

享前一日，太廟令率其屬掃除廟庭之內外；樞密院軍官一員，率軍人剗除草穢，平治道路。又設七祀燎柴於廟門之外。又於室內鋪設神位於北牖下，當戶南向。每位設黼扆一，紫綾厚褥一，薄褥一，莞席一，繅席二，虎皮次席二。時暄則用桃枝竹席，几在筵上。又設三獻官拜跪褥位二，一在室內，一在室外。學士院定撰祝册訖，書祝官於饌幕具公服書祝訖，請初獻官署御名訖，以授太廟令。又設祝案於室戶外之右。又設三獻官位於殿下橫街之南，稍西，東向；亞獻終獻位稍却，助奠七祀獻官又於其南；書祝官、讀祝官、舉祝官、太廟令、太官令、良醞令、廩犧令、太廟丞、太官丞位，又於其南；司尊彝、奉瓚官、奉爵官、盥洗巾篚、爵洗巾篚、蒙古太祝、蒙古巫祝、太祝、宮闈令及七祀司尊彝、盥洗巾篚，以次而南。又設齋郎位於其後。每等異位，重行，東向，北上。又設大禮使位於南神門東偏門稍北，北向。又設司徒、太常卿等位於橫街之南，稍東，西向，與亞終獻相對，司徒位在北，太常卿稍却；太常同知、光祿卿、僉院、同僉、院判、光祿丞、拱衞使，以次而南。又設監祭御史位二、監禮博士位二于橫街之北，西向，以北爲上。又設協律郎位在宮縣樂簴西北，東向，太樂丞

在樂簴之間。又設太樂令、協律郎位於登歌樂簴之間。又設牲榜于東神門外，南向。設太常卿位於牲位，南向。監祭御史位在太常卿之左，太官令次之，光祿丞、太官丞又次之，廩犧令位在牲西南，廩犧丞稍却，俱北向，以右爲上。又設諸太祝位於牲東，西向，以北爲上。又設蒙古巫祝位於牲東南，北向。又設省饌位於省饌殿前，太常卿、光祿卿、光祿丞、太官令位於東，西向；監祭、監禮位於西，東向；皆北上。太廟令陳祝版於室右之祝案，又率祠祭局設籩豆簠簋。每室左十有二籩，右十有二豆，俱爲四行。登三在籩豆之間，鉶三次之，簠二、簋二又次之，簠左簋右，俎七在簠簋之南，香案一次之，沙池又次之。又設每室尊罍于通廊，斝彝、黃彝各一，春夏用雞彝、鳥彝，犧尊二、象尊二，秋冬用著尊、壺尊、(著)〔太〕尊二、山罍二，〔三〕以次在本室南之左，皆加勺冪。爲酌尊所，北向，西上。彝有舟坫冪。又設壺尊二、太尊二、山罍四，在殿下階間，俱北向，望室戶之左，皆有坫加冪，設而不酌。凡祭器，皆藉以席。又設七祀位於橫階之南道東，西向，以北爲上。席皆以莞。設神版位，各於座首。又設祭器，每位左二籩，右二豆，簠一、簋一在籩豆間，俎一在籩前，爵坫一次之，壺尊二在神位之西，東向，以北爲上，皆有坫勺冪。又設三獻盥洗、爵洗在通街之西，橫街之南，北向。罍在洗西加勺，篚在洗東，皆實以巾。爵洗仍實以瓚，爵加盤坫。執罍篚者各位于後。又設七祀獻官盥洗位於七祀神位前，稍北。罍在洗西，篚在洗東，實以巾。又實爵於坫。執罍篚者各位於後。

三日習儀。享前二日，三獻以下諸執事官員赴太廟習儀。次日早，各具公服乘馬赴東華門，迎接御香至廟省牲。

四日迎香。享前一日，有司告諭坊市，灑掃經行衢路，祗備香案。享前一日質明，三獻官以下及諸執事官，各具公服，六品以下官皆借紫服，詣崇天門下。太常禮儀院官一員奉御香，一員奉酒，二員奉馬湩，自內出；監祭、監禮、奉禮郎、太祝，分兩班前導；控鶴五人，一人執繖，從者四人，執儀仗在前行。至大明門，由正門出，教坊大樂作。至崇天門外，奉香、酒、馬湩者安置腰輿，導引如前。行至外垣欞星門外，百官上馬，分兩班行於儀仗之外，清道官行於儀衞之先，兵馬司巡兵夾道次之，金鼓又次之，京尹儀從又次之，教坊大樂爲一隊次之。控鶴弩手各服其服，執儀仗左右成列次之，拱衞使居其中，儀鳳司細樂又次之。太常卿與博士、御史導於輿前，獻官、司徒、大禮使、助奠官從於輿後。至廟，入自南門。至神門外，百官及儀衞皆止。太常卿、博士、御史導輿，三獻、司徒、大禮使、助奠官從入至殿下，獻官奉香酒馬湩陞自太階，入殿內通廊正位安置。禮直官引獻官降自東階，由東神門北偏門出，釋服。

五日省牲器，見親祀儀。

六日晨祼。祀日丑前五刻，太常卿、光祿卿、太廟令率其屬設燭於神位，遂同三獻官、司徒、大禮使等每室一人，分設御香酒醴，以金玉爵斝，酌馬湩、蒲萄尚醞酒奠於神案。又陳籩豆之實。籩四行，以右爲上。第一行，魚鱐在前，糗餌、粉餈次之。第二行，乾䕩在前，乾棗、形鹽次之。第三行，鹿脯在前，榛實、乾桃次之。第四行，菱在前，芡、栗次之。豆四行，以左爲上。第一行，芹菹在前，筍菹、葵菹次之。第二行，菁菹在前，韭菹、酏食次之。第三行，魚醢在前，兔醢、豚拍次之。第四行，鹿臡在前，醓醢、糝食次之。簠實以稻粱，簋實以黍稷，登實以大羹，鉶實以和羹，尊彝、斝彝實以明水，黃彝實以鬱鬯，犧尊實以泛齊，象尊實以醴齊，著尊實以盎齊，山罍實以三酒，壺尊實以醍齊，太尊實以沈齊。凡齊之上尊實以明水，酒之上尊實以玄酒，其酒齊皆以上醞代之。又實七祀之祭器，每位左二籩，栗在前，鹿脯次之；右二豆，菁菹在前，鹿臡次之。簠實以黍，簋實以稷，壺尊實以醍齊，其酒齊亦以上醞代之。陳設訖，獻官以下行事執事官，各服其服，會於齊班廳。禮直官引太常卿、監祭、監禮、太廟令、太祝、宮闈令、諸執事官、齋郎，自南神門東偏門入就位，東西相向立定。俟監祭、監禮按視殿之上下，徹去蓋冪，糾察不如儀者，退復位。禮直官引太常卿、監祭、監禮、太廟令、太祝、宮闈令陞自東階，詣太祖室。蒙古太祝起帝主神冪，宮闈令起后主神冪。次詣每室，並如常儀畢，禮直官引太常卿以下諸執事官，當橫街間，重行，以西爲上，

北向立定。奉禮郎贊曰「奉神主訖，再拜」。禮直承傳，太常卿以下皆再拜訖，奉禮郎又贊曰「各就位」。禮直官引諸執事官各就位，次引太官令率齋郎由南神門東偏門以次出。贊者引三獻官、司徒、大禮使、七祀獻官、諸行事官，由南神門東偏門入，各就位，立定。禮直官進於初獻官之左，贊曰「有司謹具，請行事」，退復位。協律郎跪，俛伏興，舉麾(興)，〔四〕工鼓柷，宮縣樂奏思成之曲九成，文舞九變。奉禮郎贊再拜，在位者皆再拜。奉禮又贊諸執事者各就位，禮直官引奉瓚、奉爵、盥爵、洗巾篚執事官各就位，立定。禮直官引初獻官詣盥洗位，宮縣樂作無射宮肅寧之曲，至位北向立定；搢笏、盥手、帨手，執笏詣爵洗位，至位北向立定；搢笏、執瓚、洗瓚、拭瓚，以瓚授執事者，執笏，樂止。登歌樂作，奏夾鍾宮肅寧之曲，升自東階，樂止。詣太祖酌尊所，西向立，搢笏，執事者以瓚授初獻官，執瓚。司尊彝跪舉冪，良醞令跪酌黃彝鬱鬯，初獻以瓚授執事者，執笏詣太祖神位前，北向立，搢笏跪，三上香。執事者以瓚授初獻，初獻執瓚以鬯灌於沙池，以瓚授執事者，執笏，俛伏興，出室戶外，北向立。再拜訖，詣每室祼鬯如上儀。俱畢，禮直官引初獻降自東階，登歌樂作，奏夾鍾宮肅寧之曲。復位，樂止。

七日饋食。初獻既祼，如前進饌儀。

八日酌獻。太祝立茅苴于盤。禮直官引初獻詣盥洗位，宮縣樂作，奏無射宮肅寧之

曲，至位北向立，搢笏、盥手、帨手，執笏詣爵洗位，至位，搢笏、執爵、洗爵、拭爵，以爵授執事者，執笏，樂止。登歌樂作，奏夾鐘宮肅寧之曲。陞自東階，樂止。詣太祖酒尊所，西向立，搢笏執爵。司尊彝搢笏跪舉冪，良醞令搢笏跪酌犧尊之泛齊，以爵授執事者，執笏。宮縣樂作，奏無射宮開成之曲。詣太祖神座前，北向立，稍前，搢笏跪，三上香。執爵，三祭酒于茅苴，以爵授執事者，執笏，俛伏興，平立。請出室戶外，北向立，樂止，俟讀祝。舉祝官搢笏跪，對舉祝版，讀祝官跪讀祝文。讀訖，舉祝官奠祝版于案，執笏興，讀祝官俛伏興。禮直官贊再拜訖，次詣每室，酌獻如上儀，各奏本室之樂。獻畢，宮縣樂止。降自東階，登歌樂作，奏夾鐘宮肅寧之曲。初獻復位，立定。文舞退，武舞進，宮縣樂作，奏無射宮肅寧之曲。舞者立定，樂止。禮直官引亞獻詣盥洗位，至位北向立，搢笏、執爵、洗爵、拭爵，以爵授執事者。陞自東階，詣太祖酌尊所，西向立，搢笏，執爵。司尊彝搢笏跪舉冪，良醞令搢笏跪酌象尊之醴齊，以爵授執事者，執笏。宮縣樂作，奏無射宮肅寧之曲。詣太祖神座前，北向立，稍前，搢笏跪，三上香，執爵三祭酒于茅苴，以爵授執事者，執笏俛伏興，平立，請出室戶外，北向立。再拜訖，次詣每室，酌獻並如上儀。獻畢，樂止。降自東階，復位立定。禮直官引終獻，如亞獻之儀，唯酌著尊之盎齊。禮畢，降復位。初終獻將行，贊者引七祀獻官詣盥洗位，搢笏、盥手、帨手訖，執笏詣酒尊所，搢笏、執爵、酌酒，以爵授執事者，執笏詣首

位神座前，東向立，稍前，搢笏跪執爵，三祭酒于沙池，奠爵于案，執笏俛伏興，少退立，再拜訖，每位並如上儀。俱畢，七祀獻官俟終獻官降復位，立定。

九曰祭馬湩。終獻酌獻將畢，禮直官分引初獻亞獻官、司徒、大禮使、助奠官、七祀獻官、太常卿、監祭、監禮、太廟令丞、蒙古庖人、巫祝等陞殿。每室獻官一員各立於戶外，太常卿、監祭、監禮以下立於其後。禮直官引獻官詣神座前，蒙古庖人割牲體以授獻官。獻官搢笏跪奠于帝主神位前，次奠于后主神位前訖，出笏退就拜位，搢笏跪。太廟令取案上先設金玉爵斝馬湩、蒲萄尚醞酒，以次授獻官，獻官皆祭于沙池。蒙古巫祝致詞訖，宮縣樂作同進饌之曲。初獻出笏就拜興，請出室戶外，北向立。俟衆獻官畢立，禮直官通贊曰「拜」，「興」，凡四拜。監祭、監禮以下從拜。皆作本朝跪禮。拜訖退，登歌樂作，降階，樂止。太祝徹籩豆，登歌樂作，奏夾鐘宮豐寧之曲。奉禮贊賜胙，贊者承傳，衆官再拜興。送神樂作，奏黃鐘宮保成之曲，一成而止。太祝各奉每室祝版，降自太階望瘞位，禮直官引三獻、司徒、大禮使、助奠、七祀獻官、太常卿、光祿卿、監祭、監禮視燔祝版，至位坎北南向跪，以祝版奠于柴，就拜興。俟半燎，禮直官贊可瘞。禮直官引三獻以下及諸執事者齋郎等，由南神門東偏門出至揖位，圓揖。樂工二舞以次從出。三獻之出也，禮直官分引太常卿、太廟令、監祭、監禮、蒙古太祝、宮闈令及各室太祝，陞自東階，詣太祖神座前，陞納神主，每室

如儀。俱畢，降自東階，至橫街南，北向西上立定。奉禮贊曰「陞納神主訖，再拜」，贊者承傳，再拜訖，以次出。禮畢，三獻官、司徒、大禮使、太常禮儀院使、光祿卿等官，奉胙進于闕庭。駕幸上都，則以驛赴奉進。

攝行告謝儀：告前三日，三獻官以下諸執事官，各具公服赴中書省受誓戒。告前一日未正二刻，省牲器。至期質明，三獻官以下諸執事者各服法服，禮直官引太常卿、監祭御史、監禮博士、五令諸執事官先入就位。禮直官引監祭、監禮點視陳設畢，復位。禮直官引太常卿、監祭、監禮、太廟令、太祝、宮闈令奉遷各室神主訖，降自橫街，〔四〕北向立定。奉禮郎贊再拜，在位官皆再拜訖，奉禮郎贊各就位訖，太官令、齋郎出。禮直官引三獻、司徒、光祿卿、捧瓚、爵盥、爵洗官入就位，立定。禮直官贊「有司謹具，請行事」，降神樂作，九成止。奉禮郎贊再拜，三獻以下再拜訖，奉禮郎贊諸執事者各就位，立定。禮直官引初獻詣盥洗位，盥手，詣爵洗位，洗瓚。詣第一室酒尊所，酌鬱鬯。詣神座前北向跪，搢笏三上香，奠幣執瓚，以鬯灌於沙池，執笏俛伏興。出室戶外，再拜訖，次詣各室，並如上儀。俱畢，降復位。司徒率齋郎進饌，如常儀。奠畢，降復位。禮直官引初獻詣盥洗位，盥手，詣爵洗位，洗爵。詣第一室酒尊所，酌酒。詣神座前，北向搢笏跪，三上香，執爵三祭酒於茅苴，以爵

授執事者，執笏俛伏興，出室戶外，北向立。俟讀祝官讀祝文訖，再拜。詣每室，並如上儀。俱畢，降復位。禮直官引亞獻官盥手、洗爵、酌獻，並如初獻儀，惟不讀祝。俱畢，降復位。禮直官引終獻，並如亞獻儀。俱畢，復位。太祝徹籩豆，奉禮郎贊賜胙，衆官再拜。在位官皆再拜訖，禮直官引三獻官、司徒、太常卿、監祭、監禮視焚祝版幣帛，禮直官贊可瘞。禮畢，太常卿、監祭、監禮升納神主訖，降自橫階。奉禮郎贊再拜，在位官皆再拜訖，退。

薦新儀：至日質明，太常禮儀院官屬赴廟所，皆公服俟于次。太廟令率其屬升殿，開室戶，不出神主，設籩豆俎、酒醴、馬湩及室戶內外褥位。又設盥洗位于階下，少東，西向。奉禮郎率儀鸞局設席褥版位于橫街南，又設盥盆巾帨二所于齊班幕前。凡與祭執事官皆盥手訖，太常官詣神廚點視神饌。執事者奉所薦饌物，各陳饌幕內。太常官以下入就位，東西重行，北向立定。禮直官贊「皆再拜」，「鞠躬」，「拜」，「興」，「拜」，「興」，「平立」，「各就位」。禮直官引太常次官一員，率執事者出詣饌所，奉饌入自正門，升自太階，奠各室神位前。執事者進時食，院官搢笏受而奠之。禮直官引太常禮儀使詣盥洗位，盥手帨手。升殿詣第一室神位前，搢笏，執事者注酒于杯，三祭酒，又注馬湩于杯，亦三祭之，奠杯于案。出笏，就拜興，出室戶外，北向立，再拜。每室俱畢，降復位，執事者皆降。禮直官贊「再拜」，「鞠躬」，

「拜」、「興」、「拜」，「興」、「平立」。餘官率執事者升徹饌，出殿闔戶。禮直官引太常官以下俱出東神門外，圓揖。

神御殿

神御殿，舊稱影堂。所奉祖宗御容，皆紋綺局織錦爲之。影堂所在：世祖帝后大聖壽萬安寺，裕宗帝后亦在焉；順宗帝后大普慶寺，仁宗帝后亦在焉；成宗帝后大天壽萬寧寺；武宗及二后大崇恩福元寺，爲東西二殿；明宗帝后大天源延聖寺；英宗帝后大永福寺；也可皇后大護國仁王寺。世祖、武宗影堂，皆藏玉册十有二牒，玉寶一鈕。仁宗影堂，藏皇太子玉册十有二牒，皇后玉册十有二牒，玉寶一鈕。英宗影堂，藏皇帝玉册十有二牒，玉寶一鈕，皇太子玉册十有二牒。凡帝后册寶，以匣匱金鎖鑰藏於太廟，此其分置者。

其祭器，則黃金餅斝盤盂之屬以十數，黃金塗銀香合椀楪之屬以百數，銀壺釜盃匜之屬稱是。玉器、水晶、瑪瑙之器爲數不同，有玻瓈瓶、琥珀勺。世祖影堂有眞珠簾，又皆有珊瑚樹、碧甸子山之屬。

其祭之日，常祭每月初一日、初八日、十五日、二十三日，節祭元日、清明、蕤賓、重陽、冬至、忌辰。其祭物，常祭以蔬果，節祭忌辰用牲。祭官便服，行三獻禮。加薦用羊羔、炙

魚、饅頭、𩜾子、西域湯餅、圜米粥、砂糖飯羹。泰定二年，亦作顯宗影堂于大天源延聖寺，天曆元年廢。舊有崇福、殊祥二院，奉影堂祀事，乃改爲泰禧院。二年，又改爲太禧宗禋院，秩二品。既而，復以祖宗所御殿尙稱影堂，更號神御殿。殿皆製名以冠之：世祖曰元壽，昭睿順聖皇后曰睿壽，南必皇后曰懿壽，裕宗曰明壽，成宗曰廣壽，順宗曰衍壽，武宗曰仁壽，文獻昭聖皇后曰昭壽，仁宗曰文壽，英宗曰宣壽，明宗曰景壽。且命學士擬其祭祀儀注，今闕。

又有玉華宮孝思殿在眞定，世祖所立。以忌日享祀太上皇、皇太后御容。本路官吏祭奠，太常博士按宋會要定其儀。所司前期置辦茶食、香果。質明，禮直官、引獻官與陪位官以下，並公服入廟庭，西向立。俱再拜訖，引獻官詣殿正階下再拜，升階至案前褥位，三上香，三奠酒訖，就拜興。又再拜訖，引獻官復位，與陪位官以下俱再拜，退。仁宗皇慶二年秋八月庚辰，命大司徒田忠良詣眞定致祭，依歲例給御香酒幷犧牲祭物錢中統鈔壹百錠。延祐四年，始用登歌樂，行三獻禮。七年，太常博士言影堂用太常禮樂非是，制罷之，歲時本處依舊禮致祭。

其太祖、太宗、睿宗御容在翰林者，至元十五年十一月，命承旨和禮霍孫寫太祖御容。二十四年十六年二月，復命寫太上皇御容，與太宗舊御容，俱置翰林院，院官春秋致祭。二十四年

二月，翰林院言舊院屋敝，新院屋纔六間，三朝御容宜於太常寺安奉，後仍遷新院。至大四年，翰林院移署舊尙書省，有旨月祭。中書平章完澤等言：「祭祀非小事，太廟歲一祭，執事諸臣受戒誓三日乃行事，今此輕易非宜。舊置翰林院御容，春秋二祭，不必增益。」制若曰「可」。至治三年遷置普慶寺，祀禮廢。泰定二年八月，中書省臣言當祭如故，乃命承旨斡赤齎香酒至大都，同省臣祭于寺。四年，造影堂於石佛寺，未及遷。至順元年七月，即普慶寺祭如故事。二年，復祀于翰林國史院。重改至元之六年，翰林院言三朝御容祭所甚隘，兼歲久屋漏，於石佛寺新影堂奉安爲宜。中書省臣奏，此世祖定制，當仍其舊，制可。

校勘記

〔一〕搏拊二〔一在柷北〕一在敔北東西相向　按此言宗廟祭祀攝祀儀注之陳設。既言搏拊有二，而下文僅書其一之陳設位置。本書卷七三祭祀志有「搏拊二，一在柷北，一在敔北」。據補。

〔二〕秋冬用著尊壺尊（著）〔太〕尊二山罍二　按「著尊」重出，顯有舛訛。下文述晨祼儀注言：「著尊實以盎齊，山罍實以三酒，壺尊實以醍齊，太尊實以沈齊。」此處第二「著尊」乃「太尊」之誤，今改。

〔三〕俛伏興擧麾（興）　從道光本刪。

〔四〕降自横街　按本書卷七四祭祀志有「殿下道直東西神門曰横街，直南門曰通街」。自横街不能再降，「降自横街」不可解。下文有「降自横階」，此處「街」字當係「階」字之誤。

元史卷七十六

志第二十七

祭祀五

太社太稷

至元七年十二月，有詔歲祀太社太稷。三十年正月，始用御史中丞崔彧言，於和義門內少南，得地四十畝，爲壝垣，近南爲二壇，壇高五丈，方廣如之。〔一〕社東稷西，相去約五丈。社壇土用青赤白黑四色，依方位築之，中間實以常土，上以黃土覆之。築必堅實，依方面以五色泥飾之。四面當中，各設一陛道。其廣一丈，亦各依方色。稷壇一如社壇之制，惟土不用五色，其上四周純用一色黃土。壇皆北向，立北墉於社壇之北，以磚爲之，飾以黃泥；瘞坎二於稷壇之北，少西，深足容物。

二壇周圍壝垣，以磚爲之，高五丈，廣三十丈，四隅連飾。內壝垣欞星門四所，外垣欞

星門二所，每所門三，列戟二十有四。外壝內北垣下屋七間，南望二壇，以備風雨，曰望祀堂。堂東屋五間，連厦三間，曰齊班廳。廳之南，西向屋八間，曰獻官幕。又南，西向屋三間，曰院官齋所。又其南，屋十間，自北而南，曰祠祭局，曰儀鸞庫，曰法物庫，曰都監庫，曰雅樂庫。又其南，北向屋三間，曰百官廚。外垣南門西壝垣西南，北向屋三間，曰太樂署。其西，東向屋三間，曰樂工房。又其北，北向屋一間，曰饌幕殿。又北，南向屋三間，曰饌幕。〔二〕又北稍東，南向門一間。院內南，南向屋三間，曰神廚。東向屋三間，曰酒庫。近北少却，東向屋三間，曰犧牲房。井有亭。望祀堂後自西而東，南向屋九間，曰執事齋郎房。自北折而南，西向屋九間，曰監祭執事房。此壇壝次舍之所也。

社主用白石，長五尺，廣二尺，剡其上如鍾。於社壇近南，北向，埋其半於土中。稷不用主。后土氏配社，后稷氏配稷。神位版二，用栗，素質黑書。社樹以松，於社稷二壇之南各一株。此作主樹木之法也。

祝版四，以楸木爲之，各長二尺四寸，闊一尺二寸，厚一分。文曰：「維年月日，嗣天子敬遣某官某，敢昭告于太社之神。」配位曰后土之神。稷曰太稷之神，配位曰后稷之神。玉幣，社稷皆黝圭一，繅藉，瘞玉一，以黝石代之，玄幣一。配位皆玄幣一，各長一丈八尺。此祝文玉幣之式也。

牛一，其色黝，其角握，有副。羊四，野豕四。籩之實皆十，無糗餌、粉餈。豆之實亦十，無酏食、糝食。簠簋之實皆四，鉶之實和羹五，齊皆以尙醞代之。香用沉龍涎。神席一，緣以黑綾，黑綾褥方七尺四寸。太尊、著尊、犧尊、山罍各二，有坫，加勺冪。象尊、壺尊、山罍各二，有坫冪，設而不酌。籩豆各十有一，其一設於饌幕。鉶三，簠三，簋三，其一設於饌幕。俎八，其三設於饌幕。盤一，毛血豆一，爵一，有坫。沙池一，玉幣篚一，木柶一，勺一，香鼎一，香盒一，香案一，祝案一，皆有衣。紅髹器一，以盛馬湩。盥洗位二，罍二，洗二。白羅巾四，實以篚。朱漆盤五。已上，社稷皆同。配位有象尊，無太尊。設而不酌者，無象尊，餘皆與正位同。此牲齊祭器之等也。

饌幕、省饌殿、香殿，黃羅幕三，黃羅額四，黃絹帷一百九十五幅，獻攝版位三十有五，紫綾拜褥百，蒲、葦席各二百，木燈籠四十，絳羅燈衣百一十，紅挑燈十，剪燭刀二，鐵籸盆三十有架，黃燭二百，雜用燭二百，麻籸三百，松明、清油各百斤。此饌幕版位燭燎之用也。

初獻官一，亞獻官一，終獻官一，攝司徒一，助奠官二，太常卿一，光祿卿一，廩犧令一，太官令一，巾篚官四，祝史四，監祭御史二，監禮博士二，司天監二，良醞令一，奉爵官一，司尊罍二，盥洗官二，爵洗官二，太社令一，太社丞一，太樂令一，太樂丞一，協律郎二，奉禮郎二，讀祝官一，舉祝官二，奉幣官四，剪燭官二，太祝七，齋郎四十有八，贊者一，禮直官三，

與祭官無定員。此獻攝執事之人也。

凡祭之日，以春秋二仲月上戊。延祐六年改用中戊。其儀注之節有六：

一曰迎香。前一日，有司告諭坊市，洒掃經行衢路，設香案。至日質明，有司具香酒樓轝，三獻官以下及諸執事官各具公服，五品以下官、齋郎等皆借紫，詣崇天門。三獻官及太常禮儀院官入，(奏)〔奉〕祝及御香、尙尊酒、馬湩自內出。〔三〕監祭御史、監禮博士、奉禮郎、太祝分左右兩班前導。控鶴五人，一人執繖，四人執儀仗，由大明門正門出。教坊大樂作。至崇天門外，奉香酒、馬湩者各安置於輿，導引如儀。至紅門外，百官乘馬分班行於儀仗之外，清道官行於儀衞之先，兵馬司巡兵夾道次之，金鼓又次之，京尹儀從左右成列又次之，教坊大樂一隊次之。控鶴弩手各服其服，執儀仗左右成列次之。拱衞使行其中，儀鳳司細樂又次之。太常卿與博士御史導於輿前，獻官、司徒、助奠官從於輿後。若駕幸上都，三獻官以下及諸執事官則詣健德門外，皆具公服於香輿前北向立，異位重行。俟奉香酒官驛至，太常官受而奉之，各置於輿。禮直官贊「班齊」、「鞠躬」、「再拜興」、「平立」。班首稍前搢笏跪，衆官皆跪，三上香，出笏就拜興，平立退復位，北向立，鞠躬，再拜興，平立。衆官上馬，分班前導如儀。至社稷壇北神門外皆下馬，分左右入自北門，序立如儀。太常卿、博士、御史前導，獻官、司徒、助奠等官後從。至望祀堂下，三獻奉香、酒、馬湩陞階，置於堂中

黃羅幕下。禮直官引三獻官以次而出，各詣齋次，釋服。

二日齋戒。前期三日質明，有司設三獻官以下行事執事官位於中書省。太尉南向，監祭御史位二於其西，東向，監禮博士位二於其東，西向，俱北上。司徒、亞獻、終獻位於其南，北向。次助奠，稍却。次太常卿、光祿卿、太官令、司尊彝、良醞令、太社令、廩犧令、光祿丞、太樂令、太社丞。次讀祝官、奉爵官、太祝、祝史、奉禮郎、協律郎、司天生、諸執事齋郎。每等異位重行，俱北向，西上。贊者引行事執事官各就位，立定。禮直官引太尉、初獻就位，讀誓曰：「某年某月某日上戊日，祭於太社太稷，各揚其職，其或不敬，國有常刑。」散齋二日，宿於正寢，致齋一日於祠所。散齋日治事如故，不弔喪問疾，不作樂，不判署刑殺文字，不決罰罪人，不與穢惡事。致齋日，惟祭事得行，其餘悉禁。凡與祭之官已齋而闕者，通攝行事。七品以下官先退，餘官對拜。守壝門兵衞與大樂工人，俱清齋一日。行禮官，前期習儀於祠所。

三日陳設。前期三日，所司設三獻以下行事執事官次於齋房之內，又設饌幕四於西神門之外，稍南，西向，北上。今有饌幕殿在西壝門外，近北，南向。陳設如儀。前祭二日，所司設兵衞，各以其方色器服守衞壝門，每門二人，每隅一人。太樂令帥其屬設登歌之樂於兩壝上，稍北，南向。磬簴在東，鐘簴在西，柷一在鐘簴南稍東，敔一在磬簴南稍西。搏拊

二，一在柷南，一在敔南，東西相向。歌工次之，餘工位在縣後。其匏竹者位於壇下，重行南向，相對爲首。太社令帥其屬掃除壇之上下，爲瘞坎二於壬地，方深足以容物，南出陛。前祭一日，司天監、太社令帥其屬升，設太社、太稷神座各於壇上，近南，北向。設后土神座於太社神座之左，后稷神座於太稷神座之左，俱東向。席皆以莞，裀褥如幣之色，設神位版各於座首。奉禮郎設三獻官位於西神門之內道南，亞獻、終獻位稍却。司徒位道北，太常卿、光祿卿次之，稍却。司天監、光祿丞又次之。太社令、太官令、良醞令、廩犧令、太社丞、讀祝官、奉爵官、太祝以次位於其北，諸執事者及祝史、齋郎位於其後。每等異位重行，俱東向，南上。又設監祭御史位二，監禮博士位二，於太社壇子陛之東北，俱西向，南上。設奉禮郎位於稷壇之西北隅，贊者位於北稍却，俱東向。協律郎位二，於各壇上樂簴東北，俱西向。太樂令位於兩壝樂簴之間南向，司尊彝位於酌尊所，俱南向。設望瘞位於坎之南，北向。又設牲榜於西神門外，東向。諸太祝位於牲西，祝史次之，東向。太常卿、光祿卿、太官令位在南，北向，東上。監祭、監禮位於太常卿之東稍却，俱北向，東上。廩犧令位於牲東北，南向。又設禮饌於牲東，設省饌於禮饌之北，今有省饌殿設位於其北，東西相向，南上。太常卿、光祿卿、太官令位於西，東向，監祭、監禮位於東，西向，俱南上。禮部設版案各於神位之側，司尊彝、奉禮郎帥執事者設玉幣篚於酌尊所。次設籩豆之位，每位各籩十、豆十、簠二、簋二、鉶三、俎五、盤一。又各設籩一、豆一、簠一、簋一、俎三於饌幕內。毛血別置一豆。設尊罍之位，社稷正位各太尊二、著尊二、犧尊二、山罍二，于壇上酉陛之西北隅，南向，東上。設配位各著尊二、犧尊二、象尊二、山罍二，在正位酒尊之西，俱南向，東上。又設正位各象尊二、壺尊二、山罍二，于壇下子陛之東，南向，東上。配位各壺尊二、山罍二，在卯陛之南，西向，南上。又設洗位二，于各壇子陛之西北，南向。篚在洗東北肆，執罍篚者各位於其後。

祭日丑前五刻，司天監、太社令各服其服，帥其屬升，設正配位神位版於壇上。又陳玉幣，正位禮神之玉一，兩圭有邸，置於匣。正配位幣皆以玄，各長一丈八尺，陳於篚。太祝取瘞玉加於幣，實於篚，瘞玉以玉石爲之，及禮神之玉各置於神座前。光祿卿帥其屬，入實籩豆簠簋。每位籩三行，以右爲上。第一行，乾藤在前，乾棗、形鹽、魚鱐次之。第二行，鹿脯在前，榛實、乾桃次之。第三行，菱在前，芡、栗次之。豆三行，以左爲上。第一行，芹菹在前，筍菹、葵菹、菁菹次之。第二行，韭菹在前，魚醢、兔醢次之。第三行，豚拍在前，鹿臡、醓醢次之。簠實以稻粱，簋實以黍稷，鉶實以羹。良醞令帥其屬，入實尊罍。正位太尊爲上，實以泛齊，著尊實以醴齊，犧尊實以盎齊，象尊實以醍齊，壺尊實以沈齊，山罍實以三酒。配位著尊爲上，實以泛齊，犧尊實以醴齊，象尊實以盎齊，壺尊實以醍齊，山罍實

以三酒。凡齊之上尊實以明水，酒之上尊實以玄酒，酒齊皆以尚醞代之。太常卿設燭于神座前。

四日省牲器。前期一日午後八刻，諸衞之屬禁止行人。未後二刻，太社令帥其屬，掃除壇之上下。司尊彝、奉禮郎帥執事者，以祭器入設於位。司天監、太社令升，設神位版及禮神之玉幣如儀。俟告潔畢，權徹，祭日重設。未後二刻，廩犧令與諸太祝、祝史以牲就位，禮直官、贊者分引太常卿、監祭、監禮、太官令於西神門外省牲位，立定。禮直官引太常卿，贊者引監祭、監禮，入自西神門，詣太社壇，自西陛升，視滌濯於上，執事者皆舉冪曰「潔」。次詣太稷壇，如太社之儀訖，降復位。禮直官稍前曰「告潔畢，請省牲」，引太常卿稍前省牲訖，退復位。次引廩犧令出班巡牲一匝，東向折身曰「充」，復位。諸太祝俱巡牲一匝，上一員出班東向折身曰「腯」，復位。禮直官稍前曰「省牲畢，請就省饌位」，引太常卿以下各就位，立定。省饌畢，還齋所。廩犧令與太祝、祝史以次牽牲詣廚，授太官令。次引光祿卿以下詣廚省鼎鑊，視滌溉畢，乃還齋所。晡後一刻，太官令帥宰人以鸞刀割牲，祝史以豆取〔毛〕血各置於饌幕。〔五〕祝史又取瘞血貯於盤，遂烹牲。

五曰奠玉幣。祭日丑前五刻，三獻官以下行事執事官，各服其服。有司設神位版，陳玉幣，實籩豆簠簋尊罍。俟監祭、監禮按視壇之上下，及徹去蓋冪。未明二刻，太樂令帥工

人入，奉禮郎、贊者入就位，禮直官、贊者入就位。禮直官、贊者分引監祭、監禮、諸太祝、祝史、齋郎及諸執事官，自西神門南偏門入，當太社壇北墉下，重行南向立，以東爲上。奉禮曰「再拜」，贊者承傳，監祭、監禮以下皆再拜。次贊者分引各就壇上下位，祝史奉盤血，太祝奉玉幣，由西階升壇，各於尊所立。次引監祭、監禮按視壇之上下，糾察不如儀者，退復位。質明，禮直官、贊者各引三獻以下行禮執事官入就位，皆由西神門南偏門以入。禮直官進初獻之左，曰「有司謹具，請行事」，退復位。協律郎跪，俛伏舉麾興，工鼓柷，樂作八成，偃麾，戛敔樂止。禮直官引太常卿瘞血于坎訖，復位，祝史以盤還饌幕，以俟奉毛血豆。奉禮曰「衆官再拜」，在位者皆再拜。又贊諸執事者各就位，禮直官、贊者分引執事官各就壇上下位。諸太祝各取玉幣於篚，立於尊所。禮直官引初獻詣太社壇盥洗位，樂作，至位南向立，樂止。搢笏，盥手，帨手，執笏詣壇，樂作，升自北陛，至壇上，樂止。詣太社神座前，南向立，樂作，搢笏跪。太祝加玉於幣，東向跪以授初獻，初獻受玉幣奠訖，執笏俛伏興，少退，再拜訖，樂止。禮直官引初獻降自北陛，詣太稷壇盥洗位，樂作，至位樂止。盥洗訖，升壇奠玉幣，並如太社后土之儀。奠畢，降自北陛，樂作，復位樂止。初獻奠玉幣將畢，祝史各奉毛血豆立於西神門外，俟奠玉幣畢，樂止。祝史奉正位毛血入自中門，配位毛血入自偏門。至壇下，正位者升自北陛，配位者升自西陛，諸太祝迎取於壇上，各進奠於神

位前，太祝、祝史俱退立於尊所。

六曰進熟。初獻既奠玉幣，有司先陳鼎八於神厨，各在於鑊右。太官令出，帥進饌者詣厨，以匕升羊豕於鑊，各實於一鼎，冪之。祝史以扃對舉鼎，有司執匕以從，各陳於饌幕內。俟光祿卿出，帥其屬實籩豆簠簋訖，乃去鼎之扃冪，匕加於鼎。太官令以匕升羊豕，各載於俎，俟初獻還位，樂止。禮直官引司徒出詣饌所，帥進饌者各奉正配位之饌，太官令引以次自西神門入。正位之饌入自中門，配位之饌入自偏門。饌初入門，樂作，饌至陛，樂止。祝史俱進，徹毛血豆，降自西陛以出。正位之饌升自北陛，配位之饌升自西陛，諸太祝迎取於壇上，各跪奠於神座前訖，俛伏興。禮直官引司徒、太官令及進饌者，自西陛各復位。諸太祝還尊所，贊者曰「太祝立茅苴於沙池」。禮直官引初獻官詣太社壇盥洗位，樂作，至位南向立，樂止。搢笏，盥手，帨手，執笏詣爵洗位，至位南向立，搢笏，洗爵，拭爵，以爵授執事者，執笏詣壇，樂作，升自北陛，至壇上，樂止。詣太社酌尊所，東向立，執事者以爵授初獻，初獻搢笏執爵，司尊者舉冪，良醞令跪酌太尊之泛齊，樂作。初獻以爵授執事者，執笏詣太社神座前，南向立，搢笏跪。執事者以爵授初獻，初獻執爵三祭酒，奠爵，執笏俛伏興，少退立，樂止。舉祝官跪，對舉祝版。讀祝官西向跪，讀祝文。讀訖，俛伏興，舉祝官奠祝版於案，興。初獻再拜訖，樂止。次詣后土氏酌尊所，東向立。執事者以爵授初獻，

初獻搢笏執爵，司尊彝舉冪，良醞令跪酌著尊之泛齊，樂作。初獻以爵授執事者，執笏詣后土神座前，西向立，搢笏跪。執事者以爵授初獻，初獻執爵三祭酒，奠爵訖，執笏俛伏興，少退立，樂止。舉祝官跪，對舉祝版。讀祝官南向跪，讀祝文。讀訖，俛伏興，舉祝官奠祝版於案，興。初獻再拜訖，樂止。降自北陛，詣太稷壇盥洗位，樂作，至位樂止。盥洗升獻並如太社后土之儀。降自北陛，樂作，復位，樂止。讀祝、舉祝官亦降復位。亞獻詣兩壇盥洗升獻，並如初獻之儀。終獻盥洗升獻，並如亞獻之儀。終獻奠獻畢，降復位，樂止，執事者亦復位。太祝各進徹籩豆，樂作，卒徹樂止。奉禮曰「賜胙，衆官再拜」。贊者承傳，在位者皆再拜訖，送神樂作，一成止。禮直官進初獻之左，曰「請詣望瘞位」，御史、博士從，樂作，至位北向立，樂止。初在位官將拜，諸太祝各執篚進於神座前，取瘞玉及幣，齋郎以俎載牲體并黍稷爵酒，各由其陛降，置於坎訖，贊者曰「可瘞」，東西各二人置土半坎。禮直官進初獻之左，曰「禮畢」，禮直官各引獻官以次出。禮直官引監祭、太祝以下執事官，俱復於壇北墉下，南向立定。奉禮曰「再拜」，監祭以下皆再拜訖，出。祝史、齋郎及工人以次出。祝版燔於齋所。光祿卿、監祭、監禮展視酒胙訖，乃退。

其告祭儀，告前三日，三獻官以下諸執事官，各具公服，赴中書省受誓戒。告前一日，省牲器。告日質明，三獻官以下諸執事各服其服，禮直官引監祭、監禮以下諸執事官入自

北墉下，南向立定。奉禮郎贊曰「再拜」。在位官皆再拜訖，奉禮郎贊曰「各就位」，「立定」。禮直官贊「有司謹具，請行事」。降神樂作，八成止。太常卿瘞血，復位立定。奉禮郎贊「再拜」。監祭、監禮視陳設畢，復位立定。禮直官引三獻、司徒、太常卿、光祿卿入就位，立定。禮直官贊「有司謹具，請行事」。降神樂作，八成止。太常卿瘞血，復位立定。奉禮郎贊「再拜」。皆再拜訖，禮直官引初獻官詣盥洗位，盥手訖，詣社壇正位神座前南〔向〕，〔五〕搢笏跪，三上香，奠玉幣，執笏俛伏興。再拜訖，詣配位神座前西向，搢笏跪，三上香，奠幣，執笏俛伏興。再拜訖，詣稷壇盥洗位，盥手訖，升壇，並如上儀。俱畢，降復位。司徒率齋郎進饌，奠訖，降復位。禮直官引初獻官詣盥洗位，盥手訖，詣爵洗位，洗爵訖，詣酒尊所酌酒訖，詣社壇神位座前，南向立，搢笏跪，三上香，執爵，三祭酒於茅苴，爵授執事者，執笏俛伏興。俟讀祝官讀祝文訖，再拜興，詣酒尊所酌酒訖，詣配位神座前，西向，搢笏跪，三上香，執爵，三祭酒於茅苴，爵授執事者，執笏俛伏興。俟讀祝文訖，再拜興，詣稷壇盥洗位，盥手，洗爵，酌獻，並如上儀。俱畢，降復位。禮直官引亞獻，並如初獻之儀，惟不讀祝。俱畢，降復位。禮直官引終獻，並如亞獻之儀。俱畢，降復位。太祝徹籩豆訖，奉禮郎贊「賜胙」。衆官再拜訖，禮直〔官〕引三獻、司徒、太常卿詣瘞坎位，〔六〕南向立定。禮直官贊「可瘞」，禮畢出。禮直官引監祭、監禮、太祝、齋郎至北墉下，南向立定。奉禮贊「再拜」，皆再拜訖，出。

先農

先農之祀，始自至元九年二月，命祭先農如祭社之儀。十四年二月戊辰，祀先農東郊。十五年二月戊午，祀先農，以蒙古胄子代耕籍田。二十一年二月丁亥，又命翰林學士承旨撒里蠻祀先農于籍田。武宗至大三年夏四月，從大司農請，建農、蠶二壇。博士議：二壇之式與社稷同，縱廣一十步，高五尺，四出陛，外壝相去二十五步，每方有櫺星門；今先農、先蠶壇位在籍田內，若立外壝，恐妨千畝，其外壝勿築。是歲命祀先農如社稷，禮樂用登歌，日用仲春上丁，後或用上辛或甲日。祝文曰：「維某年月日，皇帝敬遣某官，昭告于帝神農氏。」配神曰「于后稷氏」。

祀前一日未後，禮直官引三獻、監祭禮以下省牲饌如常儀。祀日丑前五刻，有司陳燈燭，設祝幣，太官令帥其屬入實籩豆尊罍。丑正，禮直官引先班入就位，立定，次引監祭禮按視壇之上下，糾察不如儀者。畢，退復位，東向立。奉禮曰「再拜」。贊者承傳再拜訖，奉禮又贊「諸執事者各就位」。禮直官各引執事官各就位，立定。次引三獻官幷與祭等官以次入就位，西向立。禮直官於獻官之右，贊「請行事」，樂作三成止。奉禮贊「再拜」，在位者皆再拜。太祝跪取幣於篚，立於尊所。禮直官引初獻官詣盥洗位，北向立，盥手帨手畢，升自東階，詣神位前北向立，搢笏跪，三上香，受幣奠幣，執笏俛伏興，少退，再拜訖，降復位，

立定。太官令率齋郎設饌於神位前畢，俛伏興，退復位。禮直官引初獻再詣盥洗位，北向立，盥手、帨手，詣爵洗位，洗爵拭爵，詣酒尊所酌酒畢，詣正位神位前，北向立。搢笏跪，三上香，三祭酒於沙池，爵授執事者，執笏俛伏興，北向立。俟讀祝畢，再拜興。次詣配位酒尊所，酌酒訖，詣神位前，東向立。搢笏跪，三上香，三祭酒於沙池，爵授執事者，執笏俛伏興，東向立。俟讀祝畢，再拜，退復位。次引亞終獻行禮，並如初獻之儀，惟不讀祝，退復位，立定。禮直官贊徹籩豆，樂作，卒徹，樂止。奉禮贊賜胙，衆官再拜。贊者承傳，在位者皆再拜訖，樂作送神之曲，一成止。禮直官引齋郎升自東階，太祝跪取幣祝，齋郎捧俎載牲體及籩豆簠簋，各由其階至坎位，北向立。俟三獻畢，至立定。各跪奠訖，執笏俛伏興。禮直官贊「可瘞」，乃瘞。焚瘞畢，三獻以次詣耕地所，耕訖而退。此其儀也。先蠶之祀未聞。

宣聖

宣聖廟，太祖始置于燕京。至元十年三月，中書省命春秋釋奠，執事官各公服如其品，陪位諸儒襴帶唐巾行禮。成宗始命建宣聖廟于京師。大德十年秋，廟成。至大元年秋七月，〔七〕詔加號先聖曰大成至聖文宣王。延祐三年秋七月，詔春秋釋奠于先聖，以顏子、曾子、子思、孟子配享。封孟子父爲邾國公，母爲邾國宣獻夫人。皇慶二年六月，〔八〕以許衡從祀，又以先儒周惇頤、程顥、程頤、張載、邵雍、司馬光、朱熹、張栻、呂祖謙從祀。至順元年，以漢儒董仲舒從祀。齊國公叔梁紇加封啓聖王，魯國太夫人顏氏啓聖王夫人，顏子，兗國復聖公，曾子，郕國宗聖公，子思，沂國述聖公，孟子，鄒國亞聖公，河南伯程顥，豫國公，伊(楊)〔陽〕伯程頤，〔九〕洛國公。

其祝幣之式，祝版三，各一尺二寸，廣八寸，木用楸梓柏，文曰：「維年月日，皇帝敬遣某官等，致祭于大成至聖文宣王。」於先師曰：「維年月日，某官等致祭于某國公。」幣三，用絹，各長一丈八尺。

其牲齊器皿之數，牲用牛一、羊五、豕五。以犧尊實泛齊，象尊實醴齊，皆三，有上尊，加冪有勺，設堂上。太尊實泛齊，山罍實醴齊，有上尊。著尊實盎齊，犧尊實醴齊，象尊實沈齊，壺尊實三酒，皆有上尊，設堂下。盥洗位，在阼階之東。以象尊實醴齊，有上尊，加冪有勺，設於兩廡近北。盥洗位，在階下近南。〔一〇〕籩十，豆十，簠二，簋二，登三，鉶三，俎三，有毛血豆，正配位同。籩豆皆二，簋一，簠一，俎一，從祀皆同。凡銅之器六百八十有一，宣和爵坫一，豆二百四十有八，簠簋各一百一十有五，登六，犧尊、象尊各六，山尊二，壺尊六，著尊、太尊各二，罍二，洗二，龍杓二十有七，坫二十有八，爵一百一十有八。竹木之器三百八十有四，籩二百四十有八，篚三，俎百三十有三。陶器三，瓶二，香爐一。籩巾二百四

十有〔八〕，〔一一〕簠簋巾二百四十有八，俎巾百三十有三，黃巾蒙單十。

其樂用登歌。其日用春秋二仲月上丁，有故改用中丁。

其釋奠之儀，省牲前期一日晡時，三獻官、監祭官各具公服，詣省牲所阼階，東西向立，以北爲上。少頃，引贊者引三獻官、監祭官巡牲一匝，北向立，以西爲上。(侍)〔俟〕禮牲者折身曰「充」，贊者曰「告充」畢，禮牲者又折身曰「腯」，贊〔者〕曰「告腯」畢，〔一二〕贊者復引三獻官、監祭官詣神廚，視滌漑畢，還齋所，釋服。釋奠，是日丑前五刻，初獻官及兩廡分奠官二員，各具公服於幕次，諸執事者具儒服，先於神門外西序東向立，以北爲上。明贊、承傳贊先詣殿庭前再拜畢，明贊升露階東南隅西向立，承傳贊立於神門階東南隅西向立。掌儀先引諸執事者各司其事，引贊者引初獻官、兩廡分奠官點視陳設。引贊者進前曰「請點視陳設」。至階，曰「升階」，至殿簷下，曰「詣大成至聖文宣王神位前」，至位，曰「北向立」。點視畢，曰「詣兗國公神位前」。至位，曰「東向立」。點視畢，曰「詣鄒國公神位前」。至位，曰「西向立」。點視畢，曰「詣東從祀神位前」。至位，曰「東向立」。點視畢，曰「詣西從祀神位前」。至位，曰「西向立」。點視畢，曰「詣酒尊所」，曰「西向立」。點視畢，曰「詣三獻爵洗位」。至階，曰「降階」，至位，曰「北向立」。點視畢，曰「詣三獻官盥洗位」。至位，曰「北向立」。點視畢，曰「請就次」。

方初獻點視時，引贊二人各引東西廡分奠官曰「請詣東西廡神位前」，至位東曰東西曰西向立。點視畢，曰「詣先儒神位前」。至位，曰「南向立」。點視畢，曰「退詣酒尊所」。至酒尊所，東西向立。點視畢，曰「退詣分奠官爵洗位」。至位，曰「南向立」。點視畢，曰「請就次」。（西）〔兩〕廡分奠官點視畢，[三]引贊曰「請詣望瘞位」。至位，曰「北向立」。點視畢，曰「請就次」。初獻官釋公服，司鐘者擊鏞，初獻已下各服其服，齊班於幕次。

掌儀點視班齊，詣明贊報知，引禮者引監祭官、監禮官就位。進前曰「請就位」。至位，曰「就位，西向立」。明贊唱曰「典樂官以樂工進，就位」。承傳贊曰「典樂官以樂工進，就位」。明贊唱曰「諸執事者就位」，承傳贊曰「諸執事者就位」。明贊唱曰「諸生就位」，承傳贊曰「諸生就位」，引班者引諸生就位。明贊唱曰「陪位官就位」，承傳贊曰「陪位官就位」，引班者引陪位官就位。明贊唱曰「獻官就位」，承傳贊曰「獻官就位」，引贊者進前曰「請就位」，至位，曰「西向立」。明贊唱曰「闢戶」，俟戶闢，迎神之曲九奏。

樂止，明贊唱曰「初獻官以下皆再拜」，〔承〕傳贊曰「鞠躬，拜，興，拜，興，平身」。[四]明贊唱曰「諸執事者各司其事」。俟執事者立定，明贊唱曰「初獻官奠幣」。引贊者進前曰「請詣盥洗位」。盥洗之樂作，至位，曰「北向立」。搢笏，盥手、帨手，出笏，樂止。及階，曰「升階」。升殿之樂作。樂止，入門，曰「詣大成至聖文宣王神位前」。至位，曰「就位，北向立，稍前」。

奠幣之樂作。搢笏跪，三上香，奉幣者以幣授初獻，初獻受幣奠訖，出笏就拜興，平身少退，再拜，鞠躬，拜興，拜興，平身。曰「詣兗國公神位前」。至位，曰「就位，東向立」，奠幣如上儀。曰「詣鄒國公神位前」。至位，曰「就位，西向立」，奠幣如上儀。樂止，曰「退復位」。及階，降殿之樂作。樂止，至位，曰「就位，西向立」。

俟立定，明贊唱曰「禮饌官進俎」。奉俎之樂作，乃進俎，樂止，進俎畢。明贊唱曰「初獻官行禮」，引贊者進前曰「請詣盥洗位」。盥洗之樂作，至位，曰「北向立」。搢笏，盥手、帨手，出笏。請詣爵洗位，至位，曰「北向立」。搢笏，執爵、滌爵、拭爵，以爵授執事者，如是者三，出笏。樂止，曰「請詣酒尊所」。及階，升殿之樂作，曰「升階」。樂止，至酒尊所，曰「西向立」。搢笏，執爵舉冪，司尊者酌犧尊之泛齊，以爵授執事者，如是者三，出笏。曰「詣大成至聖文宣王神位前」。至位，曰「就位，北向立」。酌獻之樂作，稍前，搢笏跪，三上香，執爵三祭酒，奠爵，出笏，樂止。祝人東向跪讀祝，祝在獻官之左。讀畢興，先詣左配位，南向立。引贊曰「就拜興」，「平身」，「少退」，「再拜」，「鞠躬」，「拜，興」，「拜，興」，「平身」。曰「詣兗國公神位前」。至位曰「就位，東向立」，酌獻之樂作。樂止，讀祝如上儀。曰「詣鄒國公神位前」。至位，曰「就位，西向立」，酌獻之樂作。樂止，讀祝如上儀。曰「退，復位」。至階，降殿之樂作。樂止，至位，曰「就位，西向立」。

俟立定，明贊唱曰「亞獻官行禮」，引贊者進前曰「請詣盥洗位」。至位，曰「北向立」。搢笏，盥手，出笏。請詣爵洗位，至位，曰「北向立」。搢笏，執爵、滌爵、拭爵，以爵授執事者，如是者三，出笏。請詣酒尊所，曰「西向立」。搢笏，執爵舉冪，司尊者酌象尊之醴齊，以爵授執事者，如是者三，出笏。曰「詣大成至聖文宣王神位前」。至位，曰「就拜，北向立」。酌獻之樂作。稍前，搢笏跪，三上香，執爵三祭酒，奠爵出笏，就拜興，平身少退，鞠躬，拜興，拜興，平身。曰「詣兗國公神位前」。至位，曰「西向立」。酌獻如上儀。曰「詣鄒國公神位前」。至位，曰「東向立」，酌獻如上儀。樂止，曰「退，復位」。及階，曰「降階」，至位，曰「就位，西向立」。

明贊唱曰「終獻官行禮」，引贊者進前曰「請詣盥洗位」，至位，曰「北向立」。搢笏，盥手、帨手，出笏。請詣爵洗位，至位，曰「北向立」。搢笏，執爵、滌爵、拭爵，以爵授執事者，如是者三，出笏。請詣酒尊所，至階，曰「升階」，至酒尊所，曰「西向立」。搢笏，執爵舉冪，司尊者酌象尊之醴齊，以爵授執事者，如是者三，出笏。曰「詣大成至聖文宣王神位前」。至位曰「就位，北向立，稍前」。酌獻之樂作。搢笏跪，三上香，執爵三祭酒，奠爵，出笏，就拜興，平身少退，鞠躬，拜興，拜興，平身。曰「詣兗國公神位前」。至位，曰「東向立」，酌獻如上儀。曰「詣鄒國公神位前」。至位，曰「西向立」，酌獻如上儀。樂止，曰「退復位」。及階，

曰「降階」，至位，曰「就位，西向立」。

俟終獻將升階，明贊唱曰「分獻官行禮」。引贊者分引東西從祀分獻官進前曰「詣盥洗位」，至位曰「北向立」。搢笏，盥手、帨手，出笏，詣爵洗位，至位曰「北向立」。搢笏，執爵、滌爵、拭爵，以爵授執事者，出笏，詣酒尊所。至階，曰「升階」，至酒尊所，曰「西向立」。搢笏，執爵舉冪，司尊者酌象尊之醴齊，以爵授執事者，出笏，詣東從祀神位前。至位，曰「就位，東向立，稍前」。搢笏跪，三上香，執爵三祭酒，奠爵，出笏，就拜興，平身少退，鞠躬，拜興，拜興，平身，退復位。及階，曰「降階」，至位，曰「就位，西向立」。

引西從祀分獻官同上儀，唯至神位前東向立。俟十哲分獻官離位，明贊唱曰「兩廡分奠官行禮」。引贊者進前曰「詣盥洗位」，至位，曰「南向立」。搢笏，盥手、帨手，出笏，詣爵洗位。至位，曰「南向立」。搢笏，執爵、滌爵、拭爵，以爵授執事者，出笏。曰「詣東廡酒尊所」。及階，曰「升階」，至酒尊所，曰「北向立」。搢笏，執爵舉冪，酌象尊之醴齊，以爵授執事者，出笏，詣東廡神位前。至位，曰「東向立，稍前」。搢笏跪，三上香，執爵三祭酒，奠爵，出笏，就拜興，平身稍退，鞠躬，拜興，拜興，平身，退復位。至階，曰「降階」，至位，曰「就位，西向立」。

引西廡分奠官同上儀，唯至神位前，東向立作西向立。俟終獻十哲，兩廡分奠官同時

復位。明贊唱曰「禮饌者徹籩豆」。徹豆之樂作，禮饌者跪，移先聖前籩豆，略離席，樂止。明贊唱曰「諸執事者退復位」。俟諸執事者至版位立定，送神之樂作。明贊唱曰「初獻官以下皆再拜」，承傳贊曰「鞠躬，拜，興，拜，興，平身」。樂止。明贊唱曰「祝人取祝，幣人取幣，詣瘞坎」。俟徹祝幣者出殿門，北向立。望瘞之樂作。明贊唱曰「三獻官詣望瘞位」，引贊者進前曰「請詣望瘞位」。至位，曰「就位北向立」，曰「可瘞」。埋畢，曰「退，復位」。至殿庭前，俟樂止，明贊唱曰「典樂官以樂工出就位」，明贊唱曰「闔戶」。又唱曰「初獻官以下退詣圓揖位」，引贊者引獻官退詣圓揖位。至位，初獻在西，亞終獻及分獻已下在東，陪位官東班在東，西班在西。俟立定，明贊唱曰「圓揖」。禮畢，退復位，引贊者各引獻官詣幕次更衣。

其飲福受胙，除國學外，諸處仍依常制。

闕里之廟，始自太宗九年，令先聖五十一代孫襲封衍聖公元措修之，官給其費。而代祠之禮，則始於武宗。牲用太牢，禮物別給白金一百五十兩，綵幣表裏各十有三匹。四年冬，復遣祭酒劉賡往祀，牲禮如舊。延祐之末，泰定、天曆初載，皆循是典，錦幣雜綵有加焉。

嶽鎮海瀆

嶽鎮海瀆代祀，自中統二年始。凡十有九處，分五道。後乃以東嶽、東海、東鎮、北鎮爲東道，中嶽、淮瀆、濟瀆、北海、南嶽、南海、南鎮爲南道，北嶽、西嶽、后土、河瀆、中鎮、西海、西鎮、江瀆爲西道。既而，又以驛騎迂遠，復爲五道，道遣使二人，集賢院奏遣漢官，翰林院奏遣蒙古官，出璽書給驛以行。中統初，遣道士，或副以漢官。至元二十八年正月，帝謂中書省臣言曰：「五嶽四瀆祠事，朕宜親往，道遠不可。大臣如卿等又有國務，宜遣重臣代朕祠之，漢人選名儒及道士習祀事者。」

其禮物，則每處歲祀銀香合一重二十五兩，五嶽組金幡二、鈔五百貫，四瀆織金幡二、鈔二百五十貫，四海、五鎮銷金幡二、鈔二百五十貫，至則守臣奉詔使行禮。皇帝登寶位，遣官致祭，降香幡合如前禮，惟各加銀五十兩，五嶽各中統鈔五百貫，四瀆、四海、五鎮各中統鈔二百五十貫。或他有禱，禮亦如之。

其封號，至元二十八年春二月，加上東嶽爲天齊大生仁聖帝，南嶽司天大化昭聖帝，西嶽金天大利順聖帝，北嶽安天大貞玄聖帝，中嶽中天大寧崇聖帝。加封江瀆爲廣(元)〔源〕順濟王，〔三〕河瀆靈源弘濟王，淮瀆長源溥濟王，濟瀆清源善濟王，東海廣德靈會王，南海廣利靈孚王，西海廣潤靈通王，北海廣澤靈祐王。成宗大德二年二月，加封東鎮沂山爲元德東安王，南鎮會稽山爲昭德順應王，西鎮吳山爲成德永靖王，北鎮醫巫閭山爲貞德廣寧王，中鎮霍山爲崇德應靈王，敕有司歲時與嶽瀆同祀。

郡縣社稷

至元十〔一〕年八月甲辰朔，〔六〕頒諸路立社稷壇壝儀式。十六年春三月，中書省下太常禮官，定郡縣社稷壇壝、祭器制度、祀祭儀式，圖寫成書，名至元州郡通禮。元貞二年冬，復下太常，議置壇於城西南二壇，方廣視太社、太稷，殺其半。壺尊二，籩豆皆八，而無樂。牲用羊豕，餘皆與太社、太稷同。三獻官以州長貳爲之。

郡縣宣聖廟

中統二年夏六月，詔宣聖廟及所在書院有司，歲時致祭，月朔釋奠。八月丁酉，命開平守臣釋奠于宣聖廟。成宗卽位，詔曲阜林廟，上都、大都諸路府州縣邑廟學、書院，贍學土地及貢士莊〔田〕，〔七〕以供春秋二丁、朔望祭祀，修完廟宇。自是天下郡邑廟學，無不完葺，釋奠悉如舊儀。

郡縣三皇廟

元貞元年，初命郡縣通祀三皇，如宣聖釋奠禮。太皞伏羲氏以勾芒氏之神配，炎帝神農氏以祝融氏之神配，軒轅黃帝氏以風后氏、力牧氏之神配。黃帝臣兪跗以下十人，姓名載于醫書者，從祀兩廡。有司歲春秋二季行事，而以醫師主之。

嶽鎮海瀆常祀

至元三年夏四月，定歲祀嶽鎮海瀆之制。正月東嶽、鎮、海瀆，土王日祀泰山於泰安州，沂山於益都府界，立春日祀東海於萊州界，大淮於唐州界。三月南嶽、鎮、海瀆，立夏日遙祭衡山，土王日遙祭會稽山，皆於河南府界，立夏日遙祭南海、大江於萊州界。六月中嶽、鎮，土王日祀嵩山於河南府界，霍山於平陽府界。七月西嶽、鎮、海瀆，土王日祀華山於華州界，吳山於隴縣界，立秋日遙祭西海、大河於河中府界。十月北嶽、鎮、海瀆，土王日祀恒山於曲陽縣界，醫巫閭於遼陽廣寧路界，立冬日遙祭北海於登州界，濟瀆於濟源縣。祀官，以所在守土官爲之。既有江南，乃罷遙祭。

風雨雷師

風、雨、雷師之祀，自至元七年十二月，大司農請於立春後丑日，祭風師於東北郊，立夏後申日，祭雷、雨師於西南郊。仁宗延祐五年，乃即二郊定立壇壝之制，其儀注闕。

武成王

武成王立廟於樞密院公堂之西，以孫武子、張良、管仲、樂毅、諸葛亮以下十人從祀。每歲春秋仲月上戊，以羊一、豕一、犧尊、象尊、籩、豆、俎、爵，樞密院遣官，行三獻禮。

古帝王廟

堯帝廟在平陽。舜帝廟，河東、山東濟南歷山、濮州、湖南道州皆有之。禹廟在河中龍門。至元元年七月，龍門禹廟成，命侍臣持香致敬，有祝文。十二年二月，立伏羲、女媧、舜、湯等廟于河中解州、洪洞、趙城。十五年四月，修會川縣盤古王祠，祀之。二十四年閏二月，敕春秋二仲丙日，祀帝堯廟。致和元年，禮部移太常送博士議，舜、禹之廟合依堯祠故事，每歲春秋仲月上旬卜日，有司蠲潔致祭，官給祭物。至順元年三月，從太常奉禮郎薛元德言，彰德路湯陰縣北故羑里城周文王祠，命有司奉祀如故事。

周公廟

周公廟在鳳翔府岐山之陽。天曆二年六月，以岐陽廟爲岐陽書院，設學官，春秋釋奠周文憲王如孔子廟儀。凡有司致祭先代聖君名臣，皆有牲無樂。

名山大川忠臣義士之祠

凡名山大川、忠臣義士在祀典者，所在有司主之。惟南海女神靈惠夫人，至元中，以護海運有奇應，加封天妃神號，積至十字，廟曰靈慈。直沽、平江、周涇、泉、福、興化等處，皆有廟。皇慶以來，歲遣使齎香遍祭，金幡一合，銀一鋌，付平江官漕司及本府官，用柔毛酒醴，便服行事。祝文云：「維年月日，皇帝特遣某官等，致祭于護國庇民廣濟福惠明著天妃。」

功臣祠

功(神)〔臣〕之祠，〔一四〕惟故淮安忠武王立廟于杭，春秋二仲月次戊，祀以少牢，用籩豆簠簋，行酌獻禮。若魏國文正公許衡廟在大名，順德忠獻王哈剌哈孫廟在順德、武昌者，皆歲時致祭。自古帝王而下，祭器不用籩豆簠簋，儀非酌奠者，有司便服行禮，三上香奠酒而已。

大臣家廟

大臣家廟，惟至治初右丞相拜住得立五廟，同堂異室，而牲器儀式未聞。

校勘記

〔一〕壇高五丈方廣如之　按下文述先農壇先蠶壇稱「博士議：二壇之式與社稷同，縱廣一十步，高五尺」。本書卷一七世祖紀至元二十九年七月壬申條有「建社稷壇和義門內，壇各方五丈，高五尺」。永樂大典卷二〇四二四錄太常集禮稱「壇之制，高五尺，方廣十之」。道光本作「壇高五尺，方廣十之」。

〔二〕又其北北向屋一間曰饌幕殿又北南向屋三間曰饌幕　按下文有饌幕殿與省饌殿，卷七二郊祀壇壝之制，卷七四宗廟廟制，亦有饌幕殿與省饌殿，均與此不合。永樂大典卷二〇四二四錄太常集禮稱「北向，曰省饌，設一間。又南，東向，曰樂工房，三間。門北，南向，曰饌幕殿，三間」。此處「饌幕殿」當作「省饌殿」，「饌幕」當作「饌幕殿」。

〔三〕(奏)〔奉〕祝及御香尙尊酒馬湩自內出　從道光本改。

〔四〕祝史以豆取(毛)〔毛〕血各置於饌幕　從道光本補。

〔五〕詣社壇正位神座前南〔向〕　從北監本補。

〔六〕禮直〔官〕引三獻司徒太常卿詣瘞坎位　從北監本補。

〔七〕至大元年秋七月　按本書卷二二武宗紀繫加號孔子事于大德十一年七月辛巳，寰宇訪碑錄所錄加封孔子制誥碑亦題大德十一年七月。此處史文有誤。考異已校。

〔八〕皇慶二年六月　按皇慶紀元在延祐紀元之前，皇慶二年紀事應在延祐三年紀事之前，志文倒置。考異已校。

〔九〕伊(暘)〔陽〕伯程頤　據本書卷三四文宗紀至順元年閏七月戊申條、宋史卷四二七程頤傳改。新編已校。

〔一〇〕盥洗位在階下近南　按上文既言盥洗位在阼階之東，此處又言在階下近南，前後矛盾，且「盥洗位」不應重出。此處史文有誤。清續通考作「爵洗位」。

〔一一〕籩巾二百四十有〔八〕　王圻續通考作「二百四十有八」，從補。按上文有「籩二百四十有八」。

〔一二〕(侍)〔侯〕禮牲者折身曰充贊者曰告充畢禮牲者又折身曰腯贊〔者〕曰告腯畢　從道光本改、補。

〔一三〕(西)〔兩〕廡分奠官點視畢　從道光本改。

〔一四〕〔承〕傳贊曰　從北監本補。

〔一五〕加封江瀆爲廣〔元〕〔源〕順濟王　道光本與元文類卷九加封五嶽四瀆四海詔合，從改。按四瀆封號曰廣源、曰靈源、曰長源、曰清源，皆用「源」字。

〔一六〕至元十〔一〕年八月甲辰朔　本書卷八世祖紀繫頒諸路立社稷壇壝儀式于至元十一年八月甲辰朔。據補。按至元十年八月庚戌朔，無甲辰日；十一年八月甲辰適爲朔日。

〔一七〕贍學土地及貢士莊〔田〕　據通制條格卷五、元典章卷三一補。

〔一八〕功〔詩〕〔臣〕之祠　從北監本改。

元史卷七十七

志第二十七下

祭祀六

至正親祀南郊

至正三年十月十七日，親祀昊天上帝于圜丘，以太祖皇帝配享，如舊行儀制。右丞相脫脫爲亞獻官，太尉、樞密知院阿魯禿爲終獻官，御史大夫伯撒里爲攝司徒，樞密知院汪家奴爲大禮使，中書平章也先帖木兒、鐵木兒達識二人爲侍中，御史大夫也先帖木兒、中書右丞太平二人爲門下侍郎，宣徽使達世帖睦爾、太常同知李好文二人爲禮儀使，宣徽院使也先帖木兒執劈正斧，其餘侍祀官依等第定擬。

前期八月初七日，太常禮儀院移關禮部，具呈都省，會集翰林、集賢、禮部等官，講究典禮。九月內，承奉班都知孫玉鉉具錄親祀南郊儀注云：致齋日停奏刑殺文字，應享執事官

員沿誓於中書省。享前一日質明，所司備法駕儀仗暨侍享官分左右敍立於崇天門外，太僕卿控御馬立於大明門外，侍儀官、導駕官各具公服，備擎執，立於致齋殿前。通事舍人二員引門下侍郎、侍中入殿相向立。侍中跪奏請皇帝中嚴，就拜興，退出。少頃，引侍中跪奏外辦，就拜興。皇帝出致齋殿，侍中跪奏請皇帝升輿，侍儀官、導駕官引擎執前導，巡輦路至大明殿西陛下。侍中跪奏請皇帝降輿升殿，就拜興。皇帝入殿，即御座。舍人引執事等官，敍於殿午陛下，相向立。通班舍人贊起居，引〔班〕贊鞠躬平身。〔一〕舍人引門下侍郎、侍中入殿至御座前，門下侍郎、侍中相向立。侍中跪奏請皇帝降殿升輿，就拜興。侍儀官前導，至大明殿門外，侍中跪奏請皇帝升輿，就拜興。至大明門外，侍中跪奏請皇帝降輿乘馬，門下侍郎跪奏請車駕進發，就拜興，動稱警蹕。至崇天門外，門下侍郎跪奏請車駕少駐，敕衆官上馬，就拜興。侍中承旨，退稱曰「制可」，門下侍郎退傳制，敕衆官上馬，贊者承傳，敕衆官於欞星門外上馬。少頃，門下侍郎跪奏請車駕進發，就拜興，動稱警蹕。華蓋繖扇儀仗百官左右前導，教坊樂鼓吹不作。至郊壇南欞星門外，門下侍郎跪奏請皇帝權停，敕衆官下馬。侍中傳制，敕衆官下馬，自卑而尊與儀仗倒捲而〔北〕，左右駐立。〔二〕駕至內欞星門，侍中跪奏請皇帝降馬，步入欞星門，由右偏門入。稍西，侍中跪奏請皇帝升輿，就拜興。侍儀官暨導駕官引擎執前導，至大次殿門前，侍中跪奏請皇帝降輿，入就大次殿，就拜興。

南呂宮

爲衣爲裳，法乾效坤。三辰順序，萬國來賓。典祀有常，多儀具陳。純精皀達，匪籍彌文。

配位酌獻，奏闕成之曲：

南呂宮

三聖儼臨，孰侑其食。惟爾有神，同功合德。丕擁靈休，留娛嘉席。歷世昭配，永永無極。

初獻降殿。與前同。

亞獻，奏闕成之曲：終獻同。

姑洗宮

綏節安歌，載升貳觴。禮成三終，申薦令芳。凡百有職，罔敢怠遑。神具醉止，欣欣樂康。

徹豆，奏闕成之曲：

南呂宮

籩豆有踐，殷薦亶時。禮文疏洽，廢徹不遲。愼終如始，進退無違。神其祚我，綏以繁釐。

送神，奏闕成之曲：

黃鍾宮

夜如何其，明星煌煌。靈逝弗留，飇舉雲翔。瞻望靡及，德音不忘。庶回景貺，發爲禎祥。

望瘞，奏闕成之曲：

姑洗宮

工祝致告，禮備樂終。加牲兼幣，訖薶愈恭。精神斯磬，[四]惠澤無窮。儲休錫美，萬福來崇。

顏子考妣封謚

至順元年冬十一月望，曲阜兗國復聖公新廟落成。元統二年，改封顏子考曲阜侯爲杞國公，謚文裕；妣齊姜氏爲杞國夫人，謚端獻；夫人戴氏兗國夫人，謚貞素。又割益都鄒縣牧地三十頃，徵其歲入，以給常祀。

宋五賢從祀

至正十九年十一月，江浙行省據杭州路申備本路經歷司呈，准提控案牘兼照磨承發架閣胡瑜牒，嘗謂：

文治興隆，宜舉行於曠典；儒先褒美，期激勵於將來。凡在聞知，詎容緘默。葢國家化民成俗，莫先於學校。而學校之設，必崇先聖先師之祀者，所以報功而示勸也。我朝崇儒重道之意，度越前古。旣已加封先聖大成之號，又追崇宋儒周敦頤等封爵，俾從祀廟庭，報功示勸之道，可謂至矣。然有司討論未盡，尚遺先儒楊時等五人，未列從祀，遂使盛明之世，猶有闕典。惟故宋龍圖閣直學士、謚文靖、龜山先生楊時，親得程門道統之傳，排王氏經義之謬，南渡後，朱、張、呂氏之學，其源委脈絡，皆出於時者也。故宋處士、延平先生李侗，傳河洛之學，以授朱熹，凡集註所引師說，卽其講論之旨也。故宋中書舍人、謚文定胡安國，聞道伊洛，志在春秋，纂爲集傳，羽翼正經，明天理而扶世教，有功於聖人之門者也。故宋處士、贈太師榮國公、謚文正、九峯先生蔡沈，從學朱子，親承指授，著書集傳，發明先儒之所未及，深有功於聖經者也。故宋翰林學士、參知政事、謚文忠、西山先生眞德秀，博學窮經，踐履篤實。當時立僞學之

禁，以錮善類，德秀晚出，獨以斯文爲己任，講習躬行，黨禁解而正學明。此五人者，學問接道統之傳，著述發儒先之祕，其功甚大。況科舉取士，已將胡安國春秋、蔡沈尚書集傳表章而尊用之，眞德秀大學衍義亦備經筵講讀，是皆有補於國家之治道者矣。各人出處，詳見宋史本傳，俱應追錫名爵，從祀先聖廟庭，可以敦厚儒風，激勸後學。如蒙備呈上司，申達朝省，命禮官討論典禮，如周敦頤等例，聞奏施行，以補闕典，吾道幸甚。

本省以其言具咨中書省，仍遣胡瑜赴都投呈。至正二十一年七月，中書判送禮部，行移翰林、集賢、太常三院會議，俱准所言，回呈中書省。二十二年八月，奏准送禮部定擬五先生封爵謚號。俱贈太師。楊時追封吳國公，李侗追封越國公，胡安國追封楚國公，蔡沈追封建國公，眞德秀追封福國公。各給詞頭宣命，遣官齎往福建行省，訪問各人子孫給付。如無子孫者，於其故所居鄉里郡縣學，或書院祠堂內，安置施行。

朱熹加封齊國父追謚獻靖

至正二十二年十二月，追謚朱熹父爲獻靖，其制詞云：「考德而論時，灼見風儀之俊；覩子而知父，追聞詩禮之傳。久閟幽堂，丕昭公論。故宋左承議郎、守尚書吏部員外郎、兼

史館校勘、累贈通議大夫朱松，仕不躁進，德合中行。遡鄒魯之淵源，式開來學；闢圖書之蘊奧，妙契玄機。奏對雖忤於權姦，嗣續篤生於賢哲。化民成俗，著書滿家。既志述事之光前，何節惠易名之孔後。才高弗展，嗟沉滯於下僚；道大莫容，竟昌明於永世。神靈不昧，休命其承。可諡獻靖。」

其改封熹爲齊國公制詞云：「聖賢之蘊載諸經，義理實明於先正；風節之厲垂諸世，褒崇豈間於異時。不有鉅儒，孰膺寵數。故宋華文閣待制、累贈寶謨閣直學士、太師、追封徽國公、諡文朱熹，挺生異質，蚤擢科名。試用於郡縣，而善政孔多；迴翔於館閣，而直言無隱。權姦屢挫，志慮不回。著書立言，嘉乃簡編之富；愛君憂國，負其經濟之長。正學久違於中原，渙號申行於仁廟。詢諸僉議，宜易故封。國啓營丘，爰錫太公之境土；壤鄰洙泗，尙覿尼父之宮牆。緬想英風，載欽新命。可追封齊國公，餘並如故。」

國俗舊禮

每歲，太廟四祭，用司禋監官一員，名蒙古巫祝。當省牲時，法服，同三獻官升殿，詣室戶告腯，還至牲所，以國語呼累朝帝后名諱而告之。明旦，三獻禮畢，獻官、御史、太常卿、博士復陞殿，分詣各室，蒙古博兒赤跪割牲，太僕卿以朱漆盂奉馬乳酌奠，巫祝以國語告神

訖，太祝奉祝幣詣燎位，獻官以下復版位載拜，禮畢。

每歲，駕幸上都，以六月二十四日祭祀，謂之洒馬妳子。用馬一，羯羊八，綵段練絹各九匹，以白羊毛纏若穗者九，貂鼠皮三，命蒙古巫覡及蒙古、漢人秀才達官四員領其事，再拜告天。又呼太祖成吉思御名而祝之，曰：「托天皇帝福蔭，年年祭賽者。」禮畢，掌祭官四員，各以祭幣表裏一與之；餘幣及祭物，則凡與祭者共分之。

每歲，九月內及十二月十六日以後，於燒飯院中，用馬一，羊三，馬湩，酒醴，紅織金幣及裏絹各三匹，命蒙古達官一員，偕蒙古巫覡，掘地爲坎以燎肉，仍以酒醴、馬湩雜燒之。巫覡以國語呼累朝御名而祭焉。

每歲，十二月下旬，擇日，於西鎮國寺內牆下，灑掃平地，太府監供綵幣，中尙監供細氈鍼線，武備寺供弓箭環刀，束稈草爲人形一，爲狗一，剪雜色綵段爲之腸胃，選達官世家之貴重者交射之。非別速、札剌爾、乃蠻、忙古、台列班、塔達、珊竹、雪泥等氏族，不得與列。射至糜爛，以羊酒祭之。祭畢，帝后及太子嬪妃併射者，各解所服衣，俾蒙古巫覡祝讚之。祝讚畢，遂以與之，名曰脫災。國俗謂之射草狗。

每歲，十二月十六日以後，選日，用白黑羊毛爲線，帝后及太子，自頂至手足，皆用羊毛線纏繫之，坐于寢殿。蒙古巫覡念呪語，奉銀槽貯火，置米糠于其中，沃以酥油，以其煙薰帝之身，斷所繫毛線，納諸槽內。又以紅帛長數寸，帝手裂碎之，唾之者三，併投火中。卽解所服衣帽付巫覡，謂之脫舊災、迎新福云。

凡后妃姙身，將及月辰，則移居于外氈帳房。若生皇子孫，則錫百官以金銀綵段，謂之撒答海。及彌月，復還內寢。其帳房，則以頒賜近臣云。

凡帝后有疾危殆，度不可愈，亦移居外氈帳房。有不諱，則就殯殮其中。葬後，每日用羊二次燒飯以爲祭，至四十九日而後已。其帳房亦以賜近臣云。

凡宮車晏駕，棺用香楠木，中分爲二，刳肖人形，其廣狹長短，僅足容身而已。殮用貂皮襖、皮帽，其靴韈、繫腰、盒鉢，俱用白粉皮爲之。殉以金壺瓶二，盞一，椀楪匙筯各一。

殮訖，用黃金爲箍四條以束之。輿車用白氈青緣納失失爲簾，覆棺亦以納失失爲之。前行，用蒙古巫媼一人，衣新衣，騎馬，牽馬一匹，以黃金飾鞍轡，籠以納失失，謂之金靈馬。日三次，用羊奠祭。至所葬陵地，其開穴所起之土成塊，依次排列之。棺既下，復依次掩覆之。其有剩土，則遠置他所。送葬官三員，居五里外。日一次燒飯致祭，三年然後返。

世祖至元七年，以帝師八思巴之言，於大明殿御座上置白傘蓋一，頂用素段，泥金書梵字於其上，謂鎭伏邪魔護安國剎。自後每歲二月十五日，於大〔明〕殿啓建白傘蓋佛事，[三]用諸色儀仗社直，迎引傘蓋，周遊皇城內外，云與衆生祓除不祥，導迎福祉。歲正月十五日，宣政院同中書省奏，請先期中書奉旨移文樞密院，八衞撥傘鼓手一百二十人，殿後軍甲馬五百人，擡舁監壇漢關羽神轎軍及雜用五百人。宣政院所轄官寺三百六十所，掌供應佛像、壇面、幢幡、寶蓋、車鼓、頭旗三百六十壇，每壇擎執擡舁二十六人，鈸鼓僧一十二人。大都路掌供各色金門大社一百二十隊，教坊司雲和署掌大樂鼓、板杖鼓、篳篥、龍笛、琵琶、箏、纂七色，凡四百人。興和署掌妓女雜扮隊戲一百五十人，祥和署掌雜把戲男女一百五十人，儀鳳司掌漢人、回回、河西三色細樂，每色各三隊，凡三百二十四人。凡執役者，皆官給鎧甲袍服器仗，俱以鮮麗整齊爲尙，珠玉金繡，裝束奇巧，首尾排列三十餘里。都城士女，

闔闥聚觀。禮部官點視諸色隊仗，刑部官巡綽喧鬧，樞密院官分守城門，而中書省官一員總督視之。先二日，於西鎮國寺迎太子遊四門，舁高塑像，具儀仗入城。十四日，帝師率梵僧五百人，於大明殿內建佛事。至十五日，恭請傘蓋于御座，奉置寶輿，諸儀衞隊仗列于殿前，諸色社直暨諸壇面列于崇天門外，迎引出宮。至慶壽寺，具素食，食罷起行，從西宮門外垣海子南岸，入厚載紅門，由東華門過延春門而西。帝及后妃公主，於玉德殿門外，搭金脊吾殿綵樓而觀覽焉。及諸隊仗社直送金傘還宮，復恭置御榻上。帝師僧衆作佛事，至十六日罷散。歲以爲常，謂之游皇城。或有因事而輟，尋復舉行。夏六月中，上京亦如之。

校勘記

〔一〕引〔班〕贊鞠躬平身　道光本據續太常集禮增入，從補。

〔二〕自卑而尊與儀仗倒捲而〔北〕左右駐立　道光本據續太常集禮增入，從補。

〔三〕近侍官代禮官　按本書卷七三、七四、七五均作「近侍官」、「大禮使」。疑此處「代禮官」爲「大禮使」之誤。

〔四〕精神斯馨　按黄金華集卷四三皇廟樂章作「精誠斯馨」，疑此處「神」當作「誠」。

〔五〕於大〔明〕殿啓建白傘蓋佛事　據上下文所見「大明殿」補。

明　宋濂等撰

元史

第七册

卷七八至卷八八（志）

中華書局

元史卷七十八

志第二十八

輿服一 儀衞附

若稽往古，黃帝、堯、舜垂衣裳而天下治，蓋取諸乾坤；服牛乘馬，引重致遠，蓋取諸大壯。冕服車輿之制，其來尚矣。虞書舜作十二章，五服以命有德，車服以賞有功。禮記虞鸞車，夏鉤車，商大輅。至周，損益前代，弁師掌王之五冕，巾車掌王之五輅，而儀文始備。然孔子論治天下之大法，於殷輅取其質而得中，周冕取其文而得中也。至秦併天下，兼收六國車旗服御，窮極侈靡，有大駕、法駕以及鹵簿。漢承秦後，多因其舊。由唐及宋，亦效秦法，以爲盛典。於文質適中之義，君子或得而議焉。

元初立國，庶事草創，冠服車輿，並從舊俗。世祖混一天下，近取金、宋，遠法漢、唐。至英宗親祀太廟，復置鹵簿。今考之當時，上而天子之冕服，皇太子冠服，天子之質孫，天子

之五輅與腰輿、象轎，以及儀衞隊仗，下而百官祭服、朝服，與百官之質孫，以及於士庶人之服色，粲然其有章，秩然其有序。大抵參酌古今，隨時損益，兼存國制，用備儀文。於是朝廷之盛，宗廟之美，百官之富，有以成一代之制作矣。作輿服志，而儀衞附見于後云。

冕服

天子冕服：衮冕，制以漆紗，上覆曰綖，青表朱裏。綖之四周，匝以雲龍。冠之口圍，縈以珍珠。綖之前後，旒各十二，以珍珠爲之。綖之左右，繫黈纊二，繫以玄紞，承以玉瑱，纊色黃，絡以珠。冠之周圍，珠雲龍網結，通翠柳調珠。綖上橫天河帶一，左右至地。珠鈿窠網結，翠柳朱絲組二，屬諸笄，爲纓絡，以翠柳調珠。簪以玉爲之，橫貫於冠。

衮龍服，制以青羅，飾以生色銷金帝星一、日一、月一、昇龍四、複身龍四、山三十八、火四十八、華蟲四十八、虎蜼四十八。

裳，制以緋羅，其狀如裙，飾以文繡，凡一十六行。每行藻二、粉米一、黼二、黻二。

中單，制以白紗，絳緣，黃勒帛副之。

蔽膝，制以緋羅，有褾。緋絹爲裏，其形如襜，袍上着之，繡複身龍。

玉佩，珩一、琚一、瑀一、衝牙一、璜二。衝牙以繫璜，珩下有銀獸面，塗以黃金，雙璜夾

之。次又有衡，下有衝牙。傍别施雙的以鳴，用玉。

大帶，制以緋白二色羅，合縫爲之。

玉環綬，制以納石失。金錦也。上有三小玉環，下有青絲織網。

紅羅鞾，制以紅羅爲之，高勒。

履，制以納石失，有雙耳二，帶鉤，飾以珠。

韈，制以紅綾。

右按太常集禮，至元十二年十一月，博士議擬：冕天板長一尺六寸，廣八寸，前高八寸五分，後高九寸五分，身圍一尺八寸三分，并納言，用青羅爲表，紅羅爲裏，周迴緣以黃金。天板下四面，珠網結子，花素墜子，前後共二十有四旒，以珍珠爲之。青碧線織天河帶，兩頭各有珍珠金翠旒三節，玉滴子節花全。紅線組帶二，上有珍珠金翠旒，玉滴子，下有金鐸二。梅紅繡款幔帶一，黈纊二，珍珠垂繫，上用金萼子二。簪窠款幔組帶鈿窠各二，內組帶窠四，並鏤玉爲之。玉簪一，頂面鏤雲龍。衮衣，用青羅夾製，五采間金，繪日、月、星辰、山、龍、華蟲、宗彝。[一]正面日一，月一，升龍四，山十二，上下襟華蟲、火各六對，虎蜼各闕對，[二]背星一，升龍四，山十二，華蟲、火各十二對，虎蜼各六對。中單，用白羅單製，羅領褾襈。裳一，帶褾襈全，紅羅八幅夾造。上繡藻、

粉米、黼、黻，藻三十（三）〔二〕，[三]粉米十六，黼三十二，黻三十二。蔽膝一，帶褾襈，紅羅夾造八幅，上繡升龍二。綬一幅，六采織造，紅羅托裏。小綬三，色同大綬，銷金黃羅綬頭全，上間施三玉環，並碾雲龍。緋白大帶一，銷金黃帶頭，[四]鈿窠二十有四。紅羅勒帛一，青羅抹帶一。佩二，玉上、中、下璜各一，半月各二，並碾玉爲雲龍文。玉滴子各二，並珍珠穿造。金篦鉤，獸面，水葉環釘全。涼帶一，紅羅裏，鏤金爲之；上爲玉鵝七，撻尾束各一，金攀龍口，玳瑁襯釘。舄一，重底，紅羅面，白綾托裏，如意頭，銷金黃羅緣口，玉鼻，人飾以珍珠。金緋羅錦襪一兩。

大德十一年九月，博士議：唐制，天子衮冕，垂白珠十有二旒，以組爲纓，色如其綬，黈纊充耳，玉簪導。玄衣纁裳，凡十二章。八章在衣，日、月、星辰、山、龍、華蟲、火、宗彝；四章在裳，藻、粉米、黼、黻。褾領爲升龍，皆織成之。龍章以下，每章一行，每行十二。白紗中單，黼領，青褾襈裾，黻加龍、山、火三章。毳冕以上，火、山二章。繡冕，山一章。玄冕無章。革帶、大帶、玉佩、綬、襪，與上同。舄加金飾。享廟、謁廟及朝遣上將、征還飲至、踐阼加元服、納后、元日受朝及臨軒册拜王公則服之。又宋制，天子服有衮冕，廣尺二寸，長〔二尺〕四寸，[五]前後十有二旒，二纊，並貫珍珠。又有（珠）〔翠〕旒十二，碧鳳銜之，在珠旒外。[六]冕板，以龍鱗錦表，上綴玉爲七星，傍施琥

珀(琲)〔鉼〕、犀〔鉼〕各二十四，〔七〕周綴金絲網鈿，以珍珠雜寶玉，加紫雲白鶴錦裏。四柱飾以七寶，紅綾裏。金飾玉簪導，紅絲絛組帶。亦謂之平天冠。衮服青色，日、月、星、山、龍、雉、虎蜼七章。紅裙，藻、火、粉米、黼、黻五章。紅蔽膝，升龍二，並織成，間以雲彩，飾以金鈒花鈿窠，裝以珍珠、琥珀、雜寶玉。紅羅襦裙，繡五章，青褾襈裾。六采綬一，小綬三，結三，玉環三。素大帶，朱裏。青羅四(紳)〔神〕帶二，繡四(紳)〔神〕盤結。〔八〕綬帶飾並同衮服。白(帶)〔羅〕中單，〔九〕青羅(襪)〔抹〕帶，〔一〇〕紅羅勒帛，鹿盧玉具劍，玉(標)〔鏢〕首鏤白玉雙佩，〔一一〕金飾，貫珍珠。金龍鳳革帶，紅襪赤舄，金鈒花，四神玉鼻。祭天地宗廟、受册尊號、元日受朝、册皇太子則服之。事未果行。

至延祐七年七月，英宗命禮儀院使八思吉斯傳旨，令省臣與太常禮儀院速製法服。八月，中書省會集翰林、集賢、太常禮儀院官講議，依祕書監所藏前代帝王衮冕法服圖本，命有司製如其式。

鎮圭，制以玉，長一尺二寸，有袋副之。

皇太子冠服：衮冕，玄衣，纁裳，中單，蔽膝，玉佩，大綬，朱韈，赤舄。

按太常集禮，至元十二年，博士擬衮冕制，用白珠九旒，紅絲組爲纓，青纊充耳，犀

簪導。青衣、朱裳，九章。五章在衣，山、龍、華蟲、火、宗彝；四章在裳，藻、粉米、黼、黻。白紗中單，青褾襈裾。革帶，塗金銀鉤䚢。蔽膝，隨裳色，爲火、山二章。瑜玉雙佩，四采織成大綬，間施玉環三。白韈朱舄，舄加金塗銀釦。

大德十一年九月，照擬前代制度。唐制，皇太子衮冕，垂白珠九旒，紅絲組爲纓，青纊充耳，犀簪導。玄衣、纁裳，九章。五章在衣，龍、山、華蟲、火、宗彝；四章在裳，藻、粉米、黼、黻，織成之，每行一章，黼、黻重以爲等，每行九。〔一二〕白紗中單，黼領，青褾襈裾。革帶，金鉤䚢，大帶。蔽膝，隨裳色，火、山二章。玉具劍，金寶飾玉(標)〔鏢〕首，瑜玉雙佩。朱組帶大綬，四采赤白縹紺，純朱質，長丈八尺，首廣九寸。小雙綬，長二尺六寸，色同大綬，而首半之，間施玉環三。朱韈赤舄，加金飾。侍從祭祀及謁廟、加元服、納妃服之。宋制，皇太子衮冕，垂白珠九旒，紅絲組爲纓，青纊充耳，犀簪導。青衣、朱裳，九章。五章在衣，山、龍、華蟲、火、宗彝；四章在裳，藻、粉米、黼、黻。白紗中單，青褾襈裾。革帶，塗金銀鉤䚢。蔽膝，隨裳(衣)〔色〕，〔一三〕火、山二章。瑜玉雙佩，四采織成大綬，間施玉環三。白韈、朱舄，舄加塗金銀飾。加元服、從祀、受册、謁廟、朝會服之。已擬其制，未果造。

三獻官及司徒、大禮使祭服：籠巾貂蟬冠五，青羅服五，領、袖、襴俱用皁綾。紅羅裙五，皁綾爲襴。紅羅蔽膝五，其羅花樣俱係牡丹。白紗中單五，黃綾帶。紅組金綬紳五，紅組金譯語曰納石失，各佩玉環二。象笏五，銀束帶五，玉佩五，白羅方心曲領五，赤革履五對，白綾韈五對。

助奠以下諸執事官冠服：貂蟬冠、獬豸冠、七梁冠、六梁冠、五梁冠、四梁冠、三梁冠、二梁冠二百，青羅服二百，領、袖、襴俱用皁綾。紅綾裙二百，皁綾爲襴。紅羅蔽膝二百，紫羅公服二百，用梅花羅。白紗中單二百，黃綾帶。織金綬紳二百，紅一百九十八，青二，各佩銅環二。銅束帶二百，白羅方心曲領二百，銅佩二百，展角幞頭二百，塗金荔枝帶三十，烏角帶一百七十，皁韡二百對，赤革履二百對，白綾韈二百對，象笏三十，銀杏木笏一百七十。

凡獻官諸執事行禮，俱衣法服。惟監察御史二，冠獬豸，服青綬。凡迎香、讀祝及祀日遇陰雨，俱衣紫羅公服。六品以下，皆得借紫。

都監庫、祠祭局、儀鸞局、神廚局頭目長行人等：交角幞頭五十，窄袖紫羅服五十，塗金束帶五十，皁韡五十對。

初憲宗壬子年秋八月，祭天于日月山，用冕服自此始。成宗大德六年春三月，祭

天于麗正門外丙地，命獻官以下諸執事，各具公服行禮。是時，大都未有郊壇，大禮用公服自此始。九年冬至祭享，用冠服，依宗廟見用者製。其後節次祭祀，或合祀天地，增配位從祀，獻攝職事，續置冠服，於法服庫收掌。〔一四〕法服二百九十有九，公服二百八十，窄紫二百九十有五。至大間，太常博士李之紹、王天祐疏陳，親祀冕無旒，服大裘而加衮，裘以黑羔皮爲之。臣下從祀冠服，歷代所尚，其制不同。集議得依宗廟見用冠服制度。

社稷祭服：青羅袍一百二十三，白紗中單一百二十三，紅梅花羅裙一百二十三，藍織錦銅環綬紳二，紅織錦銅環綬紳一百一十七，紅織錦玉環綬紳四，紅梅花羅蔽膝一百二十三，革履一百二十三，白綾襪一百二十三，白羅方心曲領一百二十三，黃綾帶一百二十三，佩一百二十三，銅珩璜者一百一十九，玉珩璜者四，藍素紵絲帶一百二十三，銀帶四，銅帶一百一十九，冠一百二十三，水角簪金梁冠一百七，紗冠一十，獬豸冠二，籠巾紗冠四，木笏一百二十三，紫羅公服一百二十三，黑漆幞頭一百二十三，展角全二色羅插領一百二十三，鍍金銅荔枝帶一十，角帶一百一十三，象笏一十三枝，木笏一百一十枝，黃絹單包複一百二十三，紫紵絲抹口青氈襪一百二十三，皁韡一百二十三，窄紫羅衫三十，黑漆幞頭三十，銅束

帶三十，黃絹單包複三十，皂鞾三十，紫紵絲抹口青氈襪三十。

宣聖廟祭服：

獻官法服，七梁冠三，鞾全。鴉青袍三，絨錦綬紳三，各帶青絨網并銅環二。方心曲領三，藍結帶三，銅佩三，紅羅裙三，白絹中單三，紅羅蔽膝三，革履三。白絹襪全。

執事儒服，軟角唐巾，白襴插領，黃鞓角帶，皂鞾，各九十有八。

曲阜祭服，連蟬冠四十有三，七梁冠三，五梁冠三十有六，三梁冠四，皂紵絲鞋三十有六緉，舒角幞頭二，軟角唐巾四十，角簪四十有三，冠纓四十有三副，凡八十有六條。象牙笏七，木笏三十有八，玉佩七，凡十有四繫。銅佩三十有六，凡七十有二繫。帶八十有五，藍鞓帶七，紅鞓帶三十有六，烏角帶二，黃鞓帶、烏角偏帶四十，大紅金綬結帶七，上用玉環十有四。青羅大袖夾衣七，紫羅公服二，褐羅大袖衣三十有六，白羅衫四十，白絹中單三十有六，白紗中單七，大紅羅夾蔽膝七，大紅夾裳、緋紅羅夾蔽膝三十有六，緋紅夾裳四，黃羅夾裳三十有六，黃羅大帶七，白羅方心曲領七，紅羅綬帶七，黃絹大帶三十有六，皂鞾、白羊毳襪各四十有二對，大紅羅鞋七緉，白絹夾襪四十有三緉。

質孫，漢言一色服也，內庭大宴則服之。冬夏之服不同，然無定制。凡勳戚大臣近侍，賜則服之。下至於樂工衞士，皆有其服。精粗之制，上下之別，雖不同，總謂之質孫云。

天子質孫，冬之服凡十有一等，服納石失、金錦也。怯綿里，翦茸也。則冠金錦暖帽。服大紅、桃紅、紫藍、綠寶里，寶里，服之有襴者也。則冠七寶重頂冠。服紅黃粉皮，則冠紅金答子暖帽。服白粉皮，則冠白金答子暖帽。服銀鼠，則冠銀鼠暖帽，其上並加銀鼠比肩。俗稱曰襻子答忽。夏之服凡十有五等，服答納都納石失，綴大珠於金錦。則冠寶頂金鳳鈸笠。服速不都納石失，綴小珠於金錦。則冠珠子捲雲冠。服納石失，則帽亦如之。服大紅珠寶里紅毛子答納，則冠珠緣邊鈸笠。服白毛子金絲寶里，則冠白藤寶貝帽。服駝褐毛子，則帽亦如之。服大紅、綠、藍、銀褐、棗褐、金繡龍五色羅，則冠金鳳頂笠，各隨其服之色。服金龍青羅，則冠金鳳頂漆紗冠。服珠子褐七寶珠龍答子，則冠黃牙忽寶貝珠子帶後簷帽。服青速夫金絲闌子，速夫，回回毛布之精者也。則冠七寶漆紗帶後簷帽。

百官質孫，冬之服凡九等，大紅納石失一，大紅怯綿里一，大紅官素一，桃紅、藍、綠官素各一，紫、黃、鴉青各一。夏之服凡十有四等，素納石失一，聚線寶里納石失一，棗褐渾金間絲蛤珠一，大紅官素帶寶里一，大紅明珠答子一，桃紅、藍、綠、銀褐各一，高麗鴉青雲袖羅一，駝褐、茜紅、白毛子各一，鴉青官素帶寶里一。

百官公服：

公服，制以羅，大袖，盤領，俱右衽。一品紫，大獨科花，徑五寸。二品小獨科花，徑三寸。三品散答花，徑二寸，無枝葉。四品、五品小雜花，徑一寸五分。六品、七品緋羅小雜花，徑一寸。八品、九品綠羅，無文。

幞頭，漆紗爲之，展其角。

笏，制以牙，上圓下方。或以銀杏木爲之。

偏帶，正從一品以玉，或花，或素。二品以花犀。三品、四品以黃金爲荔枝。五品以下以烏犀。並八胯，鞓用朱革。

鞾，以皂皮爲之。

儀衞服色：

交角幞頭，其制，巾後交折其角。

鳳翅幞頭，制如唐巾，兩角上曲，而作雲頭，兩旁覆以兩金鳳翅。

學士帽，制如唐巾，兩角如匙頭下垂。

唐巾，制如幞頭，而撱其角，兩角上曲作雲頭。

控鶴幞頭，制如交角，金縷其額。

花角幞頭，制如控鶴幞頭，兩角及額上，簇象生雜花。

錦帽，制以漆紗，後幅兩旁，前拱而高，中下，後畫連錢錦，前額作聚文。

平巾幘，黑漆革爲之，形如進賢冠之籠巾，或以靑，或以白。

武弁，制以皮，加漆。

甲騎冠，制以皮，加黑漆，雌黃爲緣。

抹額，制以緋羅，繡寶花。

巾，制以絁，五色，畫寶相花。

兜鍪，制以皮，金塗五色，各隨其甲。

襖甲，制如雲肩，青錦質，緣以白錦，衷以氊，裏以白絹。

雲肩，制如四垂雲，青緣，黃羅五色，嵌金爲之。

裲襠，制如衫。

襯袍，制用緋錦，武士所以裼裲襠。

士卒袍，制以絹絁，繪寶相花。

窄袖袍，制以羅或絁。

辮線襖，制如窄袖衫，腰作辮線細摺。

控鶴襖，制以青緋二色錦，圓答寶相花。

窄袖襖，長行輿士所服，紺緅色。

樂工襖，制以緋錦，明珠琵琶窄袖，辮線細摺。

甲，覆膊、掩心、扞背、扞股，制以皮，或爲虎文、獅子文，或施金鎧鎖子文。

臂韝，制以錦，綠絹爲裏，有雙帶。

錦螣蛇，束麻長一丈一尺，裏以紅錦。

束帶，紅鞓雙獺尾，黃金塗銅胯，餘同腰帶而狹小。

條環，制以銅，黃金塗之。

汗胯，制以青錦，緣以銀褐錦，或繡撲獸，間以雲氣。

行縢，以絹爲之。

鞋，制以麻。

鞾鞋，制以皮爲履，而長其靿，縛於行縢之內。

雲頭韉，制以皮，幫嵌雲朵，頭作雲象，韉束于脛。

服色等第：仁宗延祐元年冬十有二月，定服色等第，詔曰：「比年以來，所在士民，靡麗相尚，尊卑混淆，僭禮費財，朕所不取。貴賤有章，益明國制，儉奢中節，可阜民財。」命中書省定立服色等第于後。

一，蒙古人不在禁限，及見當怯薛諸色人等，亦不在禁限，惟不許服龍鳳文。龍謂五爪二角者。

一，職官除龍鳳文外，一品、二品服渾金花，三品服金答子，四品、五品服雲袖帶襴，六品、七品服六花，八品、九品服四花。職事散官從一高。繫腰，五品以下許用銀，并減鐵。

一，命婦衣服，一品至三品服渾金，四品、五品服金答子，六品以下惟服銷金，并金紗答子。首飾，一品至三品許用金珠寶玉，四品、五品用金玉珍珠，六品以下用金，惟耳環用珠玉。同籍不限親疏，期親雖別籍，并出嫁同。

一，器皿，謂茶酒器。除鈒造龍鳳文不得使用外，一品至三品許用金玉，四品、五品惟臺盞用金，六品以下臺盞用鍍金，餘並用銀。

一，帳幕，除不得用赭黃龍鳳文外，一品至三品許用金花刺繡紗羅，四品、五品用刺繡紗羅，六品以下用素紗羅。

一，車輿，除不得用龍鳳文外，一品至三品許用間金粧飾銀螭頭、繡帶、青幔，四品、五品用素獅頭、繡帶、青幔，六品至九品用素雲頭、素帶、青幔。

一，鞍轡，一品許飾以金玉，二品、三品飾以金，四品、五品飾以銀，六品以下並飾以鍮石銅鐵。

一，內外有出身，考滿應入流，見役人員服用，與九品同。

一，授各投下令旨、鈞旨，有印信，見任勾當人員，亦與九品同。

一，庶人除不得服赭黃，惟許服暗花紵絲紬綾羅毛毳，帽笠不許飾用金玉，鞾不得裁制花樣。首飾許用翠花，并金釵鉔各一事，惟耳環用金珠碧甸，餘並用銀。酒器許用銀壺瓶臺盞盂鏇，餘並禁止。帳幕用紗絹，不得赭黃，車輿黑油，齊頭平頂皁幔。

一，諸色目人，除行營帳外，其餘並與庶人同。

一，諸職官致仕，與見任同。解降者，依應得品級。不敍者，與庶人同。

一，父祖有官，既沒年深，非犯除名不敍之限，其命婦及子孫與見任同。

一，諸樂藝人等服用，與庶人同。凡承應粧扮之物，不拘上例。

一，皁隸公使人，惟許服紬絹。

一，娼家出入，止服皁褙子，不得乘坐車馬，餘依舊例。

一，今後漢人、高麗、南人等投充怯薛者，並在禁限。

一，服色等第，上得兼下，下不得僭上。違者，職官解見任，期年後降一等敍，餘人決五十七下。違禁之物，付告捉人充賞。有司禁治不嚴，從監察御史、廉訪司究治。

御賜之物，不在禁限。

輿輅

玉輅。青質，金裝，青綠藻井，栲栳輪蓋。外施金裝雕木雲龍，內盤碾玉褔海圓龍一，頂上匝以金塗鍮石耀葉八十一。上圍九者二，中圍九者三，下圍九者四。頂輪衣三重，上二重青繡雲龍瑞草，下一重無文。輪衣內黃屋一，黃素紵絲瀝水，下周垂朱絲結網，青紵絲繡小帶四十八，帶頭綴金塗小銅鈴，[三]青紵絲繡絡帶二。頂輪平素面夾用青紵絲。蓋四周垂流蘇八，飾以五色茸線結網五重，金塗銅鈒五，金塗木珠二十有五。又繫玉雜佩八，珩璜衝瑀全，金塗鍮石鉤掛十六，黃茸貫頂天心直下十字繩二，各長三丈。蓋下立朱漆柱四。柱下直平盤，虛櫃，中櫺三十，下外桄二。漆繪犀、象、鸚鵡、錦雉、孔雀，隔窠嵌裝花板。櫃周朱漆勾闌，雲拱地霞葉百七十有九，下垂牙護泥虛板，并朱漆畫瑞草。勾闌上玉行龍十，碾玉蹲龍十，孔雀羽臺九，水精面火珠七，金圈焰銅照八。輿下周垂朱絲結網，飾以金塗鍮石鐸三百，綵畫鍮石梅萼嵌網眼中。輿之長轅三，界轅勾心各三，上下龍頭六。前轅引手玉螭頭三，並繫以蹲龍。後轅方罨頭三，枕頭十六，絟以蹲龍三。轅頭衡一，兩端玉龍頭二，上列金塗銅鳳十二，含以金塗銅鈴。輿之軸一，輪二。軸之𥥛羅二，明轄蹲龍絟，並青漆。輪之輻各二十四，轂首壓貼金塗銅轂葉八十一，金塗鍮石鑿耳戀攀四。櫃之前，朱漆金裝雲龍輅牌一，牌字以玉裝綴。輅之箱，四壁雕鏤漆畫塡心隔窠龜文華板。上層左畫青龍，右畫白虎，前畫朱雀，後畫玄武。輅之前額，玉行龍二，奉一水精珠，後額如之。前兩柱青茸鈴索五，貼金鸞和大響銅鈴十，金塗鍮石雙魚五。下朱漆軾櫃一，櫃上金香毬、金香寶、金香合、銀灰盤各一，並黃絲綬帶。〔一六〕輅之後，朱漆後𨍏一，金塗曲戌，黃紵絲銷金雲龍門簾一，緋紵絲繡雲龍帶二。輅之中，金塗鍮石較碾玉龍椅一，靠背上金塗圈焰玉明珠一。左建太常旂，十有二斿，青羅繡日、月、五星、升龍。右建闟戟一，九斿，青羅繡雲龍。中央黃羅繡青黑黼文兩旗，綢杠，並青羅，旗首金塗鍮石龍頭二，金塗銅鈴二，金塗鍮石鈒青纓綏十二重，金塗木珠流蘇十二重。龍椅上，方坐一，綠褥一，皆錦。銷金黃羅夾帕一，方輿地褥二，勾闌內褥八，皆用雜錦綺。青漆金塗鍮石鉸葉踏道一，小褥五重。青漆雕木塗金龍頭行馬一，小青漆梯一，青漆柄金塗長托叉二，短托叉二，金塗首青漆推竿一，青茸引輅索二，各長六丈餘，金塗銅環二，黃茸〔執〕綏一。〔一七〕輅馬、誕馬，並青色。鞍

轡鞦勒纓拂靷，並青韋，金飾。誕馬青織金紵絲屜四〔副〕。〔一八〕青羅銷金絹裏韀鞍六。蓋輅黃絹大蒙帕一，黃油絹帕一。駕士平巾大袖，並青繪紵絲爲之。

至治元年，英宗親祀太廟，詔中書及太常禮儀院、禮部定擬制鹵簿五輅。以平章政事張珪、留守王伯勝、將作院使明里董阿、侍儀使乙剌徒滿董其事。是年，玉輅成。明年，親祀御之。後復命造四輅，工未成而罷。

金輅。赤質，金粧，青綠藻井，栲栳輪蓋。外施金粧雕木雲龍，內盤鬒金福海圓龍一，頂上匝以金塗鍮石耀葉八十一。上圍九者二，中圍九者三，下圍九者四。頂輪衣三重，上二重大紅繡雲龍瑞草，下一重無文。輪衣內黃屋一，黃素紵絲瀝水，下垂朱絲結網一周，大紅紵絲繡小帶四十八，帶頭綴金塗小銅鈴三百，大紅紵絲繡絡帶二。頂輪平素面夾用緋紵絲。蓋之四周垂流蘇八，飾以五色茸線結網五重，〔一九〕金塗鍮石雜佩八，珩璜衝瑀全，金塗鍮石鈎掛十有六，黃絨貫頂天心直下十字繩二。蓋下立朱漆柱四，柱下直平盤，虛櫃，中櫺三十，其下外枕二，漆繪犀、象、鸚鵡、錦雉、孔雀，隔窠嵌粧花板。櫃上周遭朱漆勾闌，雲拱地霞葉一百七十有九，下垂牙護泥虛板，並朱漆畫瑞草。勾闌上金塗鍮石行龍十二，〔二〇〕金塗鍮石蹲龍十，孔雀羽臺九，水精面火珠七，金圈焰銅照八。輿下垂朱絲結網一遭，飾以金塗鍮石鐸子三百，綵畫鍮石梅萼嵌網眼中。輿之長轅三，界轅勾心各三，上下龍頭六。前

轅引手金塗鍮石螭頭三，並繫以蹲龍。後轅方罨頭三，枕頭十六，繫以蹲龍三。轅頭衡一，兩端金塗鍮石龍頭二，上列金塗銅鳳十二，含以金塗銅鈴。輿之軸一，輪二。軸之𥥛羅二，明轄蹲龍絟，並漆以赤。輪之輻各二十有四，轂首壓貼金塗銅轂葉八十有一，金塗鍮石鑿耳戀攀四。櫃之前，朱漆金粧雲龍輅牌一，金塗鐵曲戌。輅之箱，四壁雕鏤漆畫塡心隔窠龜文花板，上層左畫青龍，右畫白虎，前畫朱雀，後畫玄武。輅之前額，金行龍二，奉一水精珠，後額亦如之。前兩柱緋絨鈴索五，貼金鸞和大響銅鈴十，金塗鍮石雙魚五。下朱漆軾櫃一，櫃上金香毬一，金香寶一，金香合，銀灰盤一，並黃紵絲綬帶。輅之後，朱漆後𨍏一，金塗曲戌，黃紵絲銷金雲龍門簾一，緋紵絲繡雲龍帶二。輅之中，黃金粧鉸龍椅一，靠背上金塗圈焰玉明珠一。左建太常旂，十有二斿，緋羅繡日、月、五星、升龍。右建闟戟一，九斿，緋羅繡雲龍。中央黃羅繡青黑黼文兩旗，(綢)〔綢〕杠，〔二一〕並大紅羅。旗首金塗鍮石龍頭二，金塗銅鈴二，金塗鍮石鈒朱纓綏十二重，金塗木珠流蘇十二重。龍椅上，金錦方坐子一，綠可貼金錦也。褥一，銷金黃羅夾帕一，方輿地金錦褥一，綠可貼褥一。勾闌內，可貼條褥四，藍紵絲條褥四，朱漆金塗鍮石鉸葉踏道一，小可貼條褥五重。朱漆雕木塗金龍頭行馬一，小朱漆梯一，朱漆柄金塗長托叉二，短托叉二，金塗首朱漆推竿一，紅絨引輅索二，金塗銅環二，黃絨執綏一。輅馬、誕馬，並赤色。鞍轡鞦勒纓拂套項，並赤韋，金粧。誕馬

紅織金紵絲屜四副，紅羅銷金紅絹裏韀鞍六。蓋輅黃絹大蒙帕一，黃油絹帕一。駕士平巾大袖，並緋繡紵絲爲之。

象輅。黃質，金粧，青綠藻井，栲栳輪蓋。外施金粧雕木雲龍，內盤描金象牙雕福海圓龍一，頂上匝以金塗鍮石耀葉八十有一。上圍九者二，中圍九者三，下圍九者四。頂輪衣三重，上二重黃繡雲龍瑞草，下一重無文。輪衣內黃屋一，黃素紵絲瀝水，下垂朱絲結網一遭，黃紵絲繡小帶四十有八，帶頭綴金塗小銅鈴三百，黃紵絲繡絡帶二。頂輪平素面夾用黃紵絲。蓋之四周垂流蘇八，飾以五色茸線結網五重，金塗銅鈒五，金塗木珠二十有五。又繫金塗鍮石雜佩八，珩璜衝瑀全，金塗鍮石鈎掛十有六，黃絨貫頂天心直下十字繩二。蓋下立朱漆柱四，柱下直平盤，虛櫃，中櫺三十，下外枕二，漆繪犀、象、鸚鵡、錦雉、孔雀，隔窠嵌粧花板。櫃上周遭朱漆勾闌，雲拱地霞葉百七十有九，下垂牙護泥虛板，並朱漆畫瑞草。勾闌上描金象牙雕行龍十，蹲龍十，孔雀羽臺九，水精面火珠七，金圈焰銅照八。輿下垂朱絲結網一遭，飾以金塗鍮石鐸子三百，采畫鍮石梅萼嵌網眼中。輿之長轅三，界轅勾心各三，上下龍頭六。前轅引手描金象牙雕螭頭三，並繫以蹲龍。後轅方罨頭三，枕頭十有六，繫以蹲龍三。轅頭衡一，兩端描金象牙雕龍頭二，上列金塗銅鳳十二，含以金塗銅鈴。輿之軸一，輪二。軸之𥥛羅二，明轄蹲龍絟，並漆以黃。輪之輻各二十有四，轂首壓貼金塗銅

轂葉八十有一，金塗鍮石擎耳戀攀四。櫃之前，朱漆金粧雲龍輅牌一，金塗鐵曲戌。輅之箱，四傍雕鏤漆畫填心隔窠龜文花板，上層左畫青龍，右畫白虎，前畫朱雀，後畫玄武。輅之前額，描金象牙雕行龍二，奉一水精珠，後額如之。前兩柱黃絨鈴索五，貼金鸞和大響銅鈴十，金塗鍮石雙魚五。下朱漆軾櫃一，櫃上金香毬一，金香寶一，金香合一，銀灰盤一，並黃紵絲綬帶。輅之後，朱漆後轓一，金塗曲戌，黃紵絲銷金雲龍門簾一，緋紵絲繡雲龍帶二。輅之中，黃金粧鉸描金象牙雕龍椅一，靠背上金塗圈焰玉明珠一。左建太常旂一，十有二斿，黃羅繡日、月、五星、升龍。右建闟戟一，九斿，黃羅繡雲龍。中央黃羅繡青黑黻文兩旗，綢杠，並黃羅。旗首金塗鍮石龍頭二，金塗銅鈴二，金塗鍮石鈸黃纓綏十二重，金塗木珠流蘇十二重。龍椅上，金錦方坐一，綠可貼褥一。勾闌內，可貼條褥四，藍紵絲條褥四，黃漆金塗鍮石鉸葉踏道一，小可貼條褥五重。黃漆木塗金龍頭行馬一，小黃漆梯一，黃漆柄金塗長托叉二，短托叉二，金塗首黃漆推竿一，黃絨引輅索二，金塗銅環二，黃絨執綏一。輅馬、誕馬，皆黃色。鞍轡鞦勒纓拂套項，並金粧，黃韋。誕馬銀褐織金紵絲屜四副，黃羅銷金黃絹裹籠鞍六。蓋輅黃絹大蒙帕一，黃油絹帕一。駕士平巾大袖，並黃繡紵絲爲之。

革輅。白質，金粧，青綠藻井，栲栳輪蓋。外施金粧雕木雲龍，內盤描金白檀雕福海圓

龍一，頂上匝以金塗鍮石耀葉八十有一。上圍九者二，中圍九者三，下圍九者四。頂輪衣三重，上二重素白繡雲龍瑞草，下一重無文。輪衣內黃屋一，黃素(地)紵絲瀝水，〔三〕下垂朱絲結網一遭，素白紵絲繡小帶四十有八，帶頭綴金塗小銅鈴三百，素白紵絲繡絡帶二。頂輪平素面夾用白素紵絲。蓋之四周垂流蘇八，飾以五色絨線結網五重，金塗銅鈸五，金塗木珠二十有五。又繫金塗鍮石雜佩八，珩璜衝瑀全，金塗鍮石鉤掛十有六，黃絨貫頂天心直下十字繩二。蓋下立朱漆柱四，柱下直平盤，虛櫃，中檽三十，下外桄二，漆繪革輓犀、象、鸂鶒、錦雉、孔雀，隔窠嵌粧花板。櫃上周遭朱漆勾闌，雲拱地霞葉百七十有九，下垂牙護泥虛板，並朱漆畫瑞草。勾闌上描金白檀行龍十，擺白蹲龍十，孔雀羽臺九，水精面火珠七，金圈焰銅照八。輿下垂朱絲結網一遭，飾以金塗鍮石鐸子三百，綵畫鍮石梅萼嵌網眼中。輿之長轅三，界轅勾心各三，上下龍頭六。前轅引手擺白螭頭三，並繫以蹲龍。後轅方罨頭三，桄頭十有六，繫以蹲龍三。轅頭衡一，兩端擺白龍頭二，上列金塗銅鳳十二，含以金塗銅鈴。輿之軸一，輪二。軸之箏羅二，明轄蹲龍絟，皆漆以白。其輪之輻各二十有四，轂首壓貼金塗銅轂葉八十有一，金塗鍮石擎耳戀攀四。櫃之前，朱漆金粧雲龍輅牌一，金塗鐵曲戌。輅箱之四傍，雕鏤革輓漆畫填心，隔窠龜文花板，上層左畫青龍，右畫白虎，前畫朱雀，後畫玄武。輅之前額，白檀行龍二，奉一水精珠，後額如之。前兩柱素白絨鈴索

五，貼金鸞和大響銅鈴十，金塗鍮石雙魚五。下朱漆革輓軾櫃一，櫃上金香毬一，金香寶一，金香合一，銀灰盤一，皆黃紵絲綬帶。輅之後，朱漆革輓後轓一，金塗曲戌，黃紵絲銷金雲龍門簾一，緋紵絲繡雲龍帶二。輅之中，金粧鉸白檀雕龍椅一，靠背上金塗圈焰玉明珠一。左建太常旂一，十有二斿，白羅繡日、月、五星、升龍。右建闟戟一，九斿，素白羅繡雲龍。中央黃羅繡青黑黻文兩旗，綢杠，並素白羅，旗首金塗鍮石龍頭二，金塗銅鈴二，金塗鍮石鈸素白纓綏十有二重，金塗木珠流蘇十有二重。龍椅上，金錦方座一，綠可貼褥一，銷金黃羅夾帕一，方輿地金錦褥一，綠可貼褥一。勾闌內，可貼條褥五重。素白漆雕木塗金龍頭行馬一，小白漆梯一，白漆柄金塗長托叉二，短托叉二，金塗首白漆推竿一，白絨引輅索二，金塗銅環二，黃絨執綏一。輅馬、誕馬，皆白色。鞍轡鞦勒纓拂套項，皆白韋，金粧。誕馬白織金紵絲屜四副，白羅銷金白絹裹籠鞍六。蓋輅黃絹大蒙帕一，黃油絹帕一。駕士平巾大袖，皆白繡紵絲爲之。

木輅。黑質，金粧，青綠藻井，栲栳輪蓋。外施金粧雕木雲龍，內盤描金紫檀雕福海圓龍一，頂上匝以金塗鍮石耀葉八十有一。上圍九者二，中圍九者三，下圍九者四。頂輪衣三重，上二重皂繡雲龍瑞草，下一重無文。輪衣內黃屋一，黃素紵絲瀝水，下垂朱絲結網一遭，皂紵絲繡小帶四十有八，帶頭綴金塗小銅鈴三百，皂紵絲繡絡帶二。頂輪平素面夾用檀

褐紵絲。蓋之四周垂流蘇八，飾以五色絨線結網五重，金塗銅鈸五，金塗木珠二十五。又繫金塗鍮石雜佩八，珩璜衝瑀全，金塗鍮石掛鉤十有六，〔三〕黃絨貫頂天心直下十字繩二。蓋下立朱漆柱四，柱下直平盤，虛櫃，中檽三十，下外桄二，漆繪犀、象、鸂鶒、錦雉、孔雀，隔窠嵌粧花板，櫃上周遭朱漆勾闌，雲拱地霞葉百七十有九，下垂牙護泥虛板，皆朱漆畫瑞草。勾闌上金嵌鑌鐵行龍十，蹲龍十，孔雀羽臺九，水精面火珠七，金圈焰銅照八。輿下垂朱絲結網一遭，飾以金塗鍮石鐸子三百，綵畫鍮石梅萼嵌網眼中。輿之長轅三，界轅勾心各三，上下龍頭六。前轅引手金嵌鑌鐵螭頭三，皆絟以蹲龍。後轅方罨頭三，桄頭十有六，繫以蹲龍三。轅頭衡一，兩端金嵌鑌鐵龍頭二，上列金塗銅鳳十二，含以金塗銅鈴。輿之軸一，輪二。軸之箏羅二，明轄蹲龍絟，並漆以黑。輪之輻各二十有四，轂首壓貼金塗銅轂葉八十有一，金塗鍮石擎耳戀攀四。櫃之前，朱漆金粧雲龍輅牌一，金塗鐵曲戌。輅之箱，四傍雕鏤漆畫填心，隔窠龜文花板，上層左畫青龍，右畫白虎，前畫朱雀，後畫玄武。輅之前額，金嵌鑌鐵行龍二，奉一水精珠，後額如之。前兩柱皂絨鈴索五，貼金鸞和大響銅鈴十，金塗鍮石雙魚五。下朱漆軾櫃一，櫃上金香毬一，金香寶一，金香合一，銀灰盤一，皆黃紵絲綬帶。輅之後，朱漆後轓一，金塗曲戌，黃紵絲銷金雲龍門簾一，緋紵絲繡雲龍帶二。輅之中，金粧烏木雕龍椅一，靠背上金塗圈焰玉明珠一。左建太常旂一，十有二斿，皂羅繡

日、月、五星、升龍。右建闟戟一，九斿，皂羅繡雲龍。中央黃羅繡青黑黼文兩旗，綢杠，並皂羅，旗首金塗鍮石鈸紫纓綏十有二重，金塗流蘇十有二重。龍椅上，金錦方座一，綠可貼褥一，銷金黃羅夾帕一，方輿地金錦褥一，綠可貼褥一。勾闌內，可貼條褥四，藍紵絲條褥四，黑漆金塗鍮石鉸葉踏道一，小可貼條褥五重。黑漆雕木塗金龍頭行馬一，小黑漆梯一，黑漆柄金塗長托叉二，短托叉二，金塗首黑漆推竿一，皂絨引輅索二，金塗銅環二，黃絨執綏一。輅馬、誕馬，並黑色。鞍轡鞦勒纓拂套項，皆以淺黑韋，金粧。誕馬紫織金紵絲屜四副，紫羅銷金紫絹裏籠鞍六。蓋輅黃絹大蒙帕一，黃油絹帕一。駕士平巾大袖，皆紫繡紵絲爲之。

腰輿。制以香木。後背作山字牙，嵌七寶粧雲龍屏風，上施金圈焰明珠，兩傍引手。屏風下施雕鏤雲龍牀。坐前有踏牀，可貼錦褥一。坐上貂鼠緣金錦條褥，綠可貼方坐。

象轎。駕以象，凡巡幸則御之。

校勘記

〔一〕繪日月星辰山龍華蟲宗彝　新唐書卷二四車服志云「八章在衣」，金、元皆上承唐制，而此僅七章，且下文明言「上下襟華蟲、火各六對」，此處「華蟲」之下當有「火」字。

〔二〕虎雌各(闕)對　按王圻續通考作「虎雌各六對」。大金集禮、金史卷四三輿服志所記金制均作「六對」。此處闕文疑爲「六」字。

〔三〕藻三十(三)〔二〕　從道光本改。王圻續通考作「藻三十二」，大金集禮、金史卷四三輿服志所記金制均作「藻三十二」。

〔四〕緋白大帶一銷金黃帶頭　按志文言服飾均說明其材料，此只言黃帶頭，未言材料，疑有脫文。元制多襲金制，金史卷四三輿服志述金制稱「銷金黃羅帶頭」。「黃」「帶」二字之間疑脫「羅」字。

〔五〕廣尺二寸長〔二尺〕四寸　按太常因革禮卷二三、永樂大典卷一九七八五祕府書林、宋史卷一五一輿服志所記宋制均作「長二尺四寸」，據補。

〔六〕又有(珠)〔翠〕旒十二碧鳳銜之在珠旒外　從道光本改。太常因革禮卷二三及宋史卷一五一輿服志所言宋制均作「又有翠旒十二，碧鳳銜之，在珠旒外」。

〔七〕傍施琥珀(餅)〔鉼〕犀〔鉼〕各二十四　按此亦宋制。「鉼」誤作「餅」，「犀」字下脫一「鉼」字。據太常因革禮卷二三、宋史卷一五一輿服志改、補。

〔八〕青羅四(紳)〔神〕帶二繡四(紳)〔神〕盤結　從道光本改。此言宋制，太常因革禮卷二三述宋制稱：「青羅四神帶二，繡四神盤結。」宋史卷一五一輿服志同。四神，古時指青龍、白虎、朱雀、玄武，常見於各種裝飾中。

〔九〕白(帶)〔羅〕中單　從道光本改。此亦言宋制，太常因革禮卷二三、宋史卷一五一輿服志述宋制均作「白羅中單」。中單爲一種內衣，用羅、紗一類絲織物製成。

〔一〇〕青羅(絲)〔抹〕帶　按宋史卷一五一輿服志記宋制，本志上文記元制，均作「青羅抹帶」，據改。

〔一一〕鹿盧玉具劍玉(縹)〔鏢〕首鏤白玉雙佩　從道光本改。「鏢」，言刀劍鞘下飾，不能用青白色之絲織品「縹」。下同。

〔一二〕四章在裳藻粉米黼黻織成之每行一章黼黻重以爲等每行九　按此言章飾、每章行數與每行章數。志文「每行」重出，而未言章之行數，顯有舛誤。由上文唐代皇帝袞服之制凡十二章，「每章一行，每行十二」，可推知此「每行一章」之「章」「行」二字誤倒，應作「每章一行」。

〔一三〕蔽膝隨裳(衣)〔色〕　從道光本改。按「隨裳衣」，不通。上文言宋皇帝袞服，「蔽膝，隨裳色」；言唐太子袞服，亦同。

〔一四〕於法服庫收掌　按本書卷八五、卷九〇百官志，「法服庫」當作「法物庫」。疑「服」誤。

〔一五〕帶頭綴金塗小銅鈴　按下文所記金輅、象輅、革輅、木輅之帶頭綴金塗小銅鈴下均有「三百」二字。此處「銅鈴」下當有脫文。王圻續通考有「三百」二字。

〔一六〕並黃絲綬帶　按下文金輅、象輅、革輅、木輅皆作「並黃紵絲綬帶」，此處「黃」下當脫「紵」字。

〔一七〕黃茸〔執〕綏一　據下文金輅、象輅、革輅、木輅所見補。

〔一八〕誕馬青織金紵絲屜四〔副〕　據下文金輅、象輅、革輅、木輅所見補。

〔一九〕蓋之四周垂流蘇八飾以五色茸線結網五重　按玉、象、革、木四輅在「五重」二字下均有「金塗銅鈸五，金塗木珠二十有五」。此處疑脫此十三字。

〔二〇〕勾闌上金塗鍮石行龍十二　按玉、象、革、木四輅皆作「行龍十」，疑此處「二」字衍。

〔二一〕中央黃羅繡青黑黼文兩旗(稠)〔綢〕杠　從道光本改。

〔二二〕黃素(地)紵絲瀝水　按玉、金、象、木四輅均作「黃素紵絲瀝水」，「地」字衍，今刪。

〔二三〕金塗鍮石掛鉤十有六　按玉、金、象、革四輅皆作「金塗鍮石鉤掛十有六」。疑「掛鉤」二字誤倒。

元史卷七十九

志第二十九

輿服二

儀仗

皂纛，國語讀如秃。建纓于素漆竿。凡行幸，則先驅建纛，夾以馬鼓。居則置纛于月華門西之隅室。

絳麾，金塗竿，上施圓盤朱絲拂，三層，紫羅袋韜之。

金節，制如麾，八層，韜以黃羅雲龍袋。又引導節，金塗龍頭朱漆竿，懸五色拂，上施銅鈸。

朱雀幢，制如節而五層，韜以紅繡朱雀袋。

青龍幢，制如前，韜以碧繡青龍袋。

白虎幢，制如前，韜以素繡白虎袋。

玄武幢，制如前，韜以皂繡玄武袋。

犦矟，制如節，頂刻犦牛首，有袋，上加碧油。

絳引旛，四角，朱綠蓋，每角垂羅文雜佩，繫于金銅鈎竿，竿以朱飾，懸五色間暈羅，下有橫木板，作碾玉文。

告止旛，緋帛錯綵爲告止字，承以雙鳳，立仗者紅羅銷金升龍，餘如絳引。

傳教旛，制如告止旛，錯綵爲傳教字，承以雙白虎，立仗者白羅繪雲龍。

信旛，制如傳教旛，錯綵爲信字，承以雙龍，立仗者繪飛鳳。

黃麾旛，制如信旛，錯綵爲黃麾篆。

龍頭竿繡氅，竿如戟，無鈎，下有小橫木，刻龍頭，垂朱綠蓋，每角綴珠佩一帶，帶末有金銅鈴。

圍子，制以金塗攢竹杖，首貫銅錢，而以紫絹冒之。

副竿，制以木，朱漆之。

火輪竿，制以白鐵，爲小車輪，建于白鐵竿首。輪及竿皆金塗之，上書西天呪語，帝師所制。常行爲親衞中道，正行在劈正斧之前，以法佛衞，以祛邪僻，以鎮轟雷焉。蓋辟惡車之意也。

豹尾竿，制如戟，繫豹尾，朱漆竿。

寶(與)〔輿〕方案，〔一〕緋羅銷金雲龍案衣，緋羅銷金蒙櫬複，案傍有金塗鐵鞘四，龍頭竿結綬二副之。

香(蹬)〔鐙〕朱漆案，〔二〕黃羅銷金雲龍案衣，上設金塗香爐一、燭臺二，案旁金塗鐵鞘四，龍頭竿結綬二副之。

香案朱漆案，緋羅銷金雲龍案衣，上設金香爐、合各一，餘同香(蹬)〔鐙〕，殿庭陳設，則除龍頭竿結綬。

詔案，制如香案。

册案，制如前。

寶案，制如前。

表案，制如香案，上加矮闌，金塗鐵鞘四，竿二副之，緋羅銷金蒙複。

禮物案，制如表案。

交椅，銀飾之，塗以黃金。

杌子，四脚小床，銀飾之，塗以黃金。

鳴鞭，綠柄，鞭以梅紅絲爲之，梢用黃茸而漬以蠟。

鞭桶，制以紫絁表，白絹裏，皮緣兩末。

蒙鞍，青錦緣，緋錦複。

水瓶，制如湯瓶，有蓋，有提，有觜，銀爲之，塗以黃金。

鹿盧，制如乂字，兩頭卷，塗金粧鈒，朱絲繩副之。

水盆，黃金塗銀粧鈒爲之。

淨巾，緋羅銷金雲龍，有裏。

香毬，制以銀，爲座上插蓮花爐，爐上罩以圓毬，鏤細縕旋轉文于上，黃金塗之。

香合，制以銀，徑七寸，塗黃金鈒雲龍於上。

金拂，紅犛牛尾爲之，黃金塗龍頭柄。

唾壺，制以銀，寬緣，虛腹，有蓋，黃金塗之。

唾盂，制以銀，形圓如缶，有蓋，黃金塗之。

外辦牌，制以象牙，書國字，背書漢字，塡以金。

外備牌，制如前。

中嚴牌，制如前。

時牌，制同外備而小。

版位，制以木，長一尺二寸，闊一尺，厚六分，白髹黑字。

大繖，赤質，正方，四角銅螭首，塗以黃金，紫羅表，緋絹裏。諸繖蓋，宋以前皆平頂，今加金浮屠。

紫方繖，制如大繖而表以紫羅。

紅方繖，制如大繖而表以緋羅。

華蓋，制如繖而圓頂隆起，赤質，繡雜花雲龍，上施金浮屠。

曲蓋，制如華蓋，緋瀝水，繡瑞草，曲柄，上施金浮屠。

導蓋，制如曲蓋，緋羅瀝水，繡龍，朱漆直柄。

朱繖，制如導蓋而無文。

黃繖，制如朱繖而色黃。

葆蓋，金塗龍頭竿，懸以纓絡，銷金圓裙，六角葆蓋。

孔雀蓋，朱漆，竿首建小蓋，蓋頂以孔雀毛，徑尺許，下垂孔雀尾，簷下以青黃紅瀝水圍之，上施金浮屠，蓋居竿三之一，竿塗以黃金，書西天呪語，與火輪竿義同。

朱團扇，緋羅繡盤龍，朱漆柄，金銅飾，導襯團扇，蹙金線。

大雉扇，制稍長，下方而上揜，緋羅繡象雉尾，中有雙孔雀，間以雜花，下施朱漆橫木連柄，金銅裝。

中雉扇，制如大雉扇而減小。

小雉扇，制如中雉扇而減小。

青瀝水扇，制圓而青色，四周瀝水以青絹。

罼，朱縢結網，二螭首，銜紅絲拂，中有獸面，朱漆柄，金銅裝。

罕，制形如扇，朱縢網，中有獸面，朱漆柄，金銅裝。

旗、扇錡，卽坐也。旗錡，制十字木于下，上四枝交拱，置竅于其上以樹旗。扇錡，制如梔，形小，六木拱于上，而制作精于旗錡，並漆以朱。

風伯旗，青質，赤火焰脚，畫神人，犬首，朱髮，鬼形，豹汗胯，朱袴，負風囊，立雲氣中。

雨師旗，青質，赤火焰脚，畫神人，冠五梁冠，朱衣，黃袍，黑襴，黃帶，白袴，皂舄，右手杖劍，左手捧鍾。

雷公旗，青質，赤火焰脚，畫神人，犬首，鬼形，白擁項，朱犢鼻，黃帶，右手持斧，左手持鑿，運連鼓于火中。

電母旗，青質，赤火焰脚，畫神人爲女子形，纁衣，朱裳，白袴，兩手運光。

金星旗，素質，赤火焰脚，畫神人，冠五梁冠，素衣，皂襴，朱裳，秉圭。

水星旗，黑質，赤火焰脚，畫神人，冠五梁冠，皂衣，皂襴，綠裳，秉圭。

木星旗，青質，赤火焰脚，畫神人，冠五梁冠，青衣，皂襴，朱裳，秉圭。

火星旗，赤質，青火焰脚，畫神人，冠五梁冠，朱衣，皂襴，綠裳，秉圭。

土星旗，黃質，赤火焰脚，畫神人，冠五梁冠，黃衣，皂襴，綠裳，秉圭。

攝提旗，赤質，赤火焰脚，畫神人，冠五梁冠，素中單，黃衣，朱蔽膝，綠裳，杖劍。

北斗旗，黑質，赤火焰脚，畫七星。

角宿旗，青質，赤火焰脚，畫神人爲女子形，露髮，朱袍，黑襴，立雲氣中，持蓮荷。外仗角、亢以下七旗，並青質，青火焰脚。角宿繪二星，下繪蛟。

亢宿旗，青質，赤火焰脚，畫神人，冠五梁冠，素衣，朱袍，皂襴，皂帶，黃裳，持黑笏子。外仗繪四星，下繪龍。

氐宿旗，青質，赤火焰脚，畫神人，冠小冠，衣金甲，朱衣，綠包肚，朱擁項，白袴，左手杖劍，乘一鱉。外仗繪四星，下繪貉。

房宿旗，青質，赤火焰脚，畫神人，烏巾，白中單，碧袍，黑襴，朱蔽膝，黃帶，黃裙，朱舄，左手杖劍。外仗繪四星，下繪兔。

心宿旗，青質，赤火焰脚，畫神人，冠五梁冠，朱袍，皂襴，右手持杖。外仗繪三星，下繪狐。

尾宿旗，青質，赤火焰脚，畫神人，冠束髮冠，素衣，黃袍，朱裳，青帶，右手杖劍，左手持弓。外仗繪九星，下繪虎。

箕宿旗，青質，赤火焰脚，畫神人，烏巾，衣淺朱袍，皂襴，杖劍，乘白馬于火中。外仗繪四星，下繪豹。

斗宿旗，青質，赤火焰脚，畫神人，被髮，素腰裙，朱帶，左手持杖。外仗斗牛以下七旗，並黑質，黑火焰脚。斗宿繪六星，下繪獬。

牛宿旗，青質，赤火焰脚，畫神人，牛首，皂襴，黃裳，皂舄。外仗繪六星，下繪牛。

女宿旗，青質，赤火焰脚，畫神人，烏牛首，衣朱服，皂襴，黃帶，烏鞾，左手持蓮。外仗繪四星，下繪蝠。

虛宿旗，青質，赤火焰脚，畫神人，被髮裸形，坐于甕中，右手持一珠。外仗繪二星，下繪鼠。

危宿旗，青質，赤火焰脚，畫神人，虎首，金甲，衣朱服，貔皮汗胯，青帶，烏鞾。外仗上繪三星，下繪燕。

室宿旗，青質，赤火焰脚，畫神人，丫髮，朱服，乘舟水中。外仗繪二星，下繪豬。

壁宿旗，青質，赤火焰脚，繪神人爲女子形，被髮，朱服，皁襴，綠帶，白裳，烏舄。外仗繪二星，下繪㺄。

奎宿旗，青質，赤火焰脚，繪神人，狼首，朱服，金甲，綠包肚，白汗胯，黃帶，烏韡，杖劍。

外仗奎、婁以下七旗，並素質，素火焰脚。奎宿繪十六星，下繪狼。

婁宿旗，青質，赤火焰脚，繪神人，烏巾，素衣，皁袍，朱蔽膝，黃帶，綠裳，烏舄，左手持烏牛角，右手杖劍。外仗繪三星，下繪狗。

胃宿旗，青質，赤火焰脚，繪神人，被髮，裸形，披豹皮白腰裙，黃帶，右手杖劍。外仗繪三星，下繪雉。

昴宿旗，青質，赤火焰脚，繪神人，黃牛首，朱服，皁襴，黃裳，朱舄，左手持如意。外仗繪七星，下繪鷄。

畢宿旗，青質，赤火焰脚，繪神人，作鬼形，朱裩，持黑杖，乘赤馬，行于火中。外仗上繪八星，下繪烏。

觜宿旗，青質，赤火焰脚，繪神人，冠緇布冠，朱服，皁襴，綠裳，持一蓮，坐于雲氣中。

外仗繪三星，下繪猴。

參宿旗，青質，赤火焰脚，繪神人，被髮，衣黃袍，綠裳，朱帶，朱舄，左手持珠。外仗上繪十星，下繪猿。

井宿旗，青質，赤火焰脚，繪神人，烏巾，素衣，朱袍，皁襴，坐于雲氣中，左手持蓮。外仗井、鬼以下七旗，並赤質，赤火焰脚。井宿繪八星，下繪犴。

鬼宿旗，青質，赤火焰脚，繪神人作女子形，被髮，素衣，朱袍，黃帶，黃裳，烏舄，右手持杖。外仗繪五星，下繪羊。

柳宿旗，青質，赤火焰脚，繪神人作女子形，露髻，朱衣，黑襴，黃裳，皁舄，撫一青龍。

外仗繪八星，下繪麞。

星宿旗，青質，赤火焰脚，繪神人，冠五梁冠，淺朱袍，皁襴，青帶，黃裳，烏舄，持黃稱。

外仗繪七星，下繪馬。

張宿旗，青質，赤火焰脚，繪神人，衣豹皮，朱帶，素韡，右手杖劍，坐于雲氣中。外仗繪六星，下繪鹿。

翼宿旗，青質，赤火焰脚，繪神人，冠道冠，皁袍，黃裳，朱蔽膝，杖劍，履火于雲氣中。

外仗繪二十二星，下繪蛇。

軫宿旗，青質，赤火焰脚，繪神人，冠道冠，衣朱袍，黃帶，黃裳，左手持書。外仗繪四星，下繪蚓。

日旗，青質，赤火焰脚，繪日于上，奉以雲氣。

月旗，青質，赤火焰脚，繪月于上，奉以雲氣。

祥雲旗，青質，赤火焰脚，繪五色雲氣。

合璧旗，青質，赤火焰脚，繪雲氣日月。

連珠旗，青質，赤火焰脚，繪五星。

東嶽旗，青質，赤火焰脚，繪神人，冠七梁冠，黃襴，青袍，綠裳，白中單，素蔽膝，執圭。

南嶽旗，赤質，青火焰脚，繪神人，冠七梁冠，黑襴，緋袍，綠裳，黃中單，朱蔽膝，執圭。

中嶽旗，黃質，赤火焰脚，繪神人，冠七梁冠，皁襴，黃袍，綠裳，白中單，朱蔽膝，執圭。

西嶽旗，白質，赤火焰脚，繪神人，冠七梁冠，青襴，白袍，緋裳，白中單，素蔽膝，執圭。

北嶽旗，黑質，赤火焰脚，繪神人，冠七梁冠，紅襴，皁袍，綠裳，白中單，素蔽膝，執圭。

江瀆旗，赤質，青火焰脚，繪神人，冠七梁冠，青襴，朱袍，跨赤龍。

河瀆旗，黑質，赤火焰脚，繪神人，冠七梁冠，皁襴，黃袍，跨青龍。

淮瀆旗，素質，赤火焰脚，繪神人，冠七梁冠，皁襴，素袍，乘青鯉。

濟瀆旗，青質，赤火焰脚，繪神人，冠七梁冠，皁襴，青袍，乘一鱉。

天下太平旗，赤質，青火焰脚，錯采爲字。

皇帝萬歲旗，赤質，青火焰脚，錯采爲字。

吏兵旗，黑質，赤火焰脚，繪神人，具甲兜鍪、綠臂韝，杖劍。

力士旗，白質，赤火焰脚，繪神人，武士冠，緋袍，金甲，汗胯，皁履，執戈盾。

東天王旗，青質，赤火焰脚，繪神人，武士冠，衣金甲，緋裲襠，右手執戟，左手捧塔，履石。

南天王旗，赤質，青火焰脚，繪神人，冠服同前。

西天王旗，白質，赤火焰脚，繪神人，冠服同前。

北天王旗，黑質，赤火焰脚，繪神人，冠服同前。

大神旗，黃質，黃火焰脚，詳見牙門旗下。

牙門旗，赤質，赤火焰脚，繪神人，冠武士冠，鎧甲，裲襠，襯肩，包脚，汗胯，束帶，長帶，大口袴，執戈戟。

金鼓旗，黃質，黃火焰脚，書金鼓字。

朱雀旗，赤質，赤火焰脚，繪朱雀，其形如鸞。

玄武旗，黑質，黑火焰脚，繪龜蛇。

青龍旗，青質，赤火焰脚，繪蹲龍。

白虎旗，白質，赤火焰脚，繪蹲虎。

龍君旗，青質，赤火焰脚，繪神人，冠通眞冠，服青繡衣，白裙，朱履，執戟，引青龍。

虎君旗，白質，赤火焰脚，繪神人，冠流精冠，服素羅繡衣，朱裙，朱履，執斬蛇劍，引白虎。

大黃龍負圖旗，青質，青火焰脚，繡複身黃龍，背八卦。

小黃龍負圖旗，赤質，青火焰脚，繪複身黃龍，背八卦。

五色龍旗，五色質，五色直脚，無火焰。

大四色龍旗，青赤黃白四色質，具火焰脚。

小四色龍旗，制同大四色，直脚，無火焰脚。

應龍旗，赤質，赤火焰脚，繪飛龍。

金鸞旗，赤質，火焰脚，〔三〕繪鸞而金色。

鸞旗，制同前，而繪以五采。

金鳳旗，赤質，青火焰脚，繪鳳而金色。

鳳旗，制同前，而繪以五采。

五色鳳旗，五色質，五色直脚，無火焰。

大四色鳳旗，青赤黃白四色質，火焰脚，色隨其質，繪鳳。

小四色鳳旗，制同前，直脚，無火焰。

玉馬旗，赤質，青火焰脚，繪白馬，兩膊有火焰。

駃騠旗，赤質，青火焰脚，繪白馬。

飛黃旗，赤質，赤火焰脚，形如馬，色黃，有兩翼。

騼騳旗，青質，青火焰脚，繪獸形如馬，白首，虎文，赤尾。

龍馬旗，赤質，青火焰脚，繪龍馬。

麟旗，赤質，青火焰脚，繪麒麟。

飛麟旗，赤質，青火焰脚，繪飛麟，其形五色身，朱翼，兩角，長爪。

黃鹿旗，赤質，青火焰脚，繪獸如鹿，而色深黃。

兕旗，赤質，青火焰脚，繪獸似牛，一角，青色。

犀牛旗，赤質，青火焰脚，繪犀牛。

金牛旗，赤質，青火焰脚，繪獸形如牛，金色。

白狼旗，赤質，青火焰脚，繪白狼。

辟邪旗，赤質，赤火焰脚，繪獸形似鹿，長尾，二角。

赤熊旗，赤質，赤火焰脚，繪獸如熊，色黃。

三角獸旗，赤質，赤火焰脚，繪獸，其首類白澤，綠髮，三角，青質，白腹，跋尾綠色。

角端旗，赤質，赤火焰脚，繪獸如羊而小尾，頂有獨角。

騶牙旗，赤質，青火焰脚，繪獸形似麋，齒前後一齊。

太平旗，赤質，青火焰脚，金描蓮花四，上金書天下太平字。

鵕鸃旗，赤質，青火焰脚，繪鳥似山鷄而小，冠背黃，腹赤，項綠，尾紅。

蒼烏旗，赤質，青火焰脚，繪烏如烏而色蒼。

白澤旗，赤質，赤火焰脚，繪獸虎首朱髮而有角，龍身。

東方神旗，綠質，赤火焰脚，繪神人，金兜牟，金鎧甲，杖劍。已下四旗，所繪神同。

西方神旗，白質，赤火焰脚。

中央神旗，黃質，赤火焰脚。

南方神旗，赤質，青火焰脚。

北方神旗，黑質，赤火焰脚。

凡立仗諸旗，各火焰脚三條，色與質同，長一丈五尺，杠長二丈一尺。牙門　太平、萬

歲，質長一丈，橫闊五尺。日、月、龍君、虎君，橫竪並八尺。餘旗並竪長八尺，橫闊六尺。

車輻，朱漆，八稜，施以銅釘，形如柯舒。

吾杖，朱漆，金飾兩末。

鐙杖，朱漆棒首，標以金塗馬鐙。

殳，制如矟而短，黑飾兩末，中畫雲氣，上綴朱絲拂。

骨朶，朱漆棒首，貫以金塗銅鎚。

列絲骨朶，制如骨朶，加紐絲文。

臥瓜，制形如瓜，塗以黃金，臥置，朱漆棒首。

立瓜，制形如瓜，塗以黃金，立置，朱漆棒首。

長刀，長丈有奇，闊上窄下，單刃。

儀刀，制以銀，飾紫絲紛鉻。

橫刀，制如儀刀而曲，鞘以沙魚皮，飾絛革紛鉻。

千牛刀，制如長刀。

劍，班鞘，飾以沙魚皮，劍口兩刃。

班劍，制劍，〔四〕鞘黃質，紫班文，金銅裝，紫絲紛鉻。

刀盾之刀，制如長刀而柄短，木爲之，青質有環，紫絲紛鎝。

刀盾之盾，制以木，赤質，畫異獸，執人右刀左盾。

朱縢絡盾，制同而朱其質。

綠縢絡盾，制同而綠其質。

戟，制以木，有枝，塗以黃金，竿以朱漆。

小戟飛龍掌，制如戟，畫雲氣，上綴飛掌，垂五色帶，末有銅鈴，掌下方而上兩角微擀，繪龍於其上。

鈒戟，制如戟，無飛掌而有橫木。

矟，制以木，黑質，畫雲氣，上刻刃，塗以青，五色矟並同而質異。

獚，制如戟，鋒兩旁微起，下有鐏鋭。

叉，制如戟而短，青飾兩末，中白，畫雲氣，上綴紅絲拂。

斧，雙刃，斧貫于朱漆竿首。

鉞，金塗鐵鉞，單刃，腦後繫朱拂，朱漆竿。

劈正斧，制以玉，單刃，金塗柄，銀鐏。

儀鍠斧，制如斧，刻木爲之，柄以朱，上綴小錦旛，五色帶。

弓矢。

弩，制如弓而有臂。

服，制以虎豹皮，或暴綠文，金銅裝。

韔，制以黑革。

箙，弩矢室。

象韉鞍，五采裝明金木蓮花座，緋繡攀鞍絛，紫繡襜襦紅錦屜，鍮石蓮花跋塵，錦緣氈盤，紅犛牛尾纓拂，并胸攀鞦。攀上各帶紅犛牛尾纓拂，鍮石胡桃鈸子，杏葉鈒具，緋皮轡頭鈒具。蓮花座上，金塗銀香爐一。元初，既定占城、交趾、眞(獵)[臘]，[五]歲貢象，育于析津坊海子之陽。行幸則蕃官騎引，以導大駕，以駕巨輦。

駝鼓，設金裝鈒具，花罽鞍褥橐篋，前峯樹皂纛，或施采旗，後峯樹小旗，絡腦、當胸、後鞦，並以毛組爲轡勒，五色璀玉，毛結纓絡，周綴銅鐸小鏡，上施一面有底銅擱小鼓，一人乘之，繫以毛繩。凡行幸，先鳴鼓于駝，以威振遠邇，亦以試橋梁伏水而次象焉。

騾鼓，制似駝而小。

馬鼓，轡勒、後勒、當胸，皆綴紅纓拂銅鈴，杏葉鈒具，金塗鈀，上插雉尾，上負四足小架，上施以革鼓一面，一人前引。凡行幸，負鼓于馬以先馳，與纛並行。

誕馬，纓轡緋涼鍊。

御馬，鞍轡纓複全。

珂馬，銅面，雉尾鼻拂，胸上綴銅杏葉、紅絲拂，又胸前腹下，皆有攀，綴銅鈴，後有跋塵，錦包尾。

崇天鹵簿

中道。

頓遞隊：象六，飾以金裝蓮座，香寶鞍韂鞦轡罽勒，犛牛尾拂，跋塵，鈒具。導者六人，馭者南越軍六人，皆弓花角唐帽，緋絁銷金襖衫，鍍金束帶，烏鞾，橫列而前行。次駝鼓九，飾以鍍金鈒具，轡飾罽籠旗鼓纓槍。馭者九人，服同馭象者，中道相次而行。次舍人二人，四品服，騎分左右，夾駝而行。次青衣二人，武弁，青絁衫，青勒帛，青鞾，執青杖。次清道官四人，本品服，騎。次信旛二，執者二人，引護者四人，武弁，黃絁生色寶相花袍，黃勒帛，黃鞾。次騾鼓六，飾騾以鍍金鈒具，轡罽籠旗鼓纓槍。馭者六人，服同馭駝者。次告止旛二，執者二人，引護者四人，武弁，緋絁生色寶相花袍，紅勒帛，紅鞾。次傳教旛二，執者二人，引護者四人，武弁，黃絁生色寶相花袍，黃勒帛，黃鞾，並分左右。次橋道頓遞使一人，

本品服，騎。中道，舍人、清道官、橋道頓遞使從者凡七人，錦帽，紫襖衫，小銀束帶，行縢鞋襪。後凡從者之服，皆同此。

纛矟隊：金吾將軍二人，交角幞頭，緋羅繡抹額，紫羅繡辟邪裲襠，紅錦襯袍，錦縢蛇，金帶，烏鞾，橫刀，佩符，騎，分左右。次弩而騎者五人，錦帽，青絁生色寶相花袍，銅帶，綠雲鞾。次矟而騎者五人，錦帽，緋絁生色寶相花袍，銅帶，朱雲鞾。次纛一，執者一人，夾者四人，護者二人，皆錦帽，紫生色寶相花袍，鍍金帶，紫雲鞾。押纛官二人，皆騎，本品服。次馬鼓四，飾如騾鼓，馭者四人，服同御騾。次佩弓矢而騎者五人，服同執弩者。押衙四人，騎而佩劍，錦帽，紫絁生色寶相花袍，鍍金帶，雲頭鞾。穳矟者四人，騎，錦帽，緋絁生色寶相花袍，銅帶，朱鞾。控馬八人，錦帽，紫衫，銀帶，烏鞾。次矟而騎者五人，服佩同執弩者。金吾將軍、押纛官從者四人，服同前隊。

朱雀隊：舍人一人，四品服，騎而前。次朱雀旗一，執者一人，引護者四人，錦帽，緋絁生色鳳花袍，銅帶，朱雲鞾，皆佩劍而騎，護者加弓矢。次金吾折衝一人，交角幞頭，緋絁繡抹額，紫羅繡辟邪裲襠，紅錦襯袍，金帶，錦縢蛇，烏鞾，橫刀，佩弓矢而騎，帥甲騎凡二十有五，弩五人，次弓五人，次矟五人，次弓五人，次矟五人，皆冠甲騎冠，朱畫甲，青勒甲條，鍍金環，白繡汗胯，束帶，紅鞾，帶弓箭器仗，馬皆朱甲、具裝珂飾全。舍人、金吾折衝從者凡

二人，服同前隊。

十二旗隊：舍人一人，四品服，騎而前。金吾果毅二人，交角幞頭，緋羅繡抹額，紫羅繡辟邪裲襠，紅錦襯袍，金帶，錦縢蛇，烏鞾，橫刀，佩弓矢，騎分左右。帥引旗騎士五，皆錦帽，黃生色寶相花袍，銀帶，烏鞾。次風伯旗左，雨師旗右，雷公旗左，電母旗右，執者四人，騎，青甲騎冠，綠甲，青勒甲條，鍍金環，白繡汗胯，束帶，青雲鞾，馬皆青甲珂飾。次五星旗五，執者五人，甲騎冠，五色畫甲，青勒甲條，鍍金環，白繡汗胯，束帶，五色鞾，馬甲如其甲之色，珂飾。次北斗旗一，執者一人，甲騎冠，紫畫甲，青勒甲條，鍍金環，白繡汗胯，束帶，紫雲鞾，馬甲隨其甲之色，珂飾。左右攝提旗二，執者二人，甲騎冠，朱畫甲，青勒甲條，鍍金環，白繡汗胯，束帶，紅雲鞾，馬朱甲，珂飾。執副竿者二人，騎，錦帽，黃生色寶相花袍，銀帶，烏鞾。執矟而護者五人，騎，服同執副竿者。舍人、金吾果毅從者凡三人，服同前隊。

門旗隊：舍人二人，四品服。監門將軍二人，皆交角幞頭，緋絁繡抹額，紫羅繡師子裲襠，紅錦襯袍，金帶，烏鞾，橫刀，佩弓矢，騎，馬甲、珂飾全。次門旗二，執者二人，錦帽，緋絁生色師子文袍，銅革帶，紅雲鞾，劍而騎。引護者四人，服佩同執人，而加弓矢，騎。次監門校尉二人，騎，服佩同監門將軍，分左右行。次鸞旗一，執者一人，引護者四人，錦帽，五色絁生色瑞鸞花袍，束帶，五色雲鞾，佩劍，護人加弓矢，皆騎。舍人、監門將軍、監門校尉從者凡六人，服同前隊。

雲和樂：雲和署令二人，朝服，騎，分左右。引前行，凡十有六人，戲竹二，排簫四，簫管二，龍笛二，板二，歌工四，皆展角花幞頭，紫絁生色雲花袍，鍍金帶，紫鞾。次琵琶二十，箏十有六，箜篌十有六，纂十有六，方響八，頭管二十有八，龍笛二十有八，已上工百三十有二人，皆花幞頭，緋絁生色雲花袍，鍍金帶，朱鞾。次杖鼓三十，工人花幞頭，黃生色花襖，紅生色花袍，錦臂韝，鍍金帶，烏鞾。次板八，工人服色同琵琶工人。次大鼓二，工十人，服色同杖鼓工人。雲和署令從者二人，服同前隊。

殿中黃麾隊：舍人二人，四品服。殿中侍御史二人，本品服，皆騎。次黃麾一，執者一人，夾者二人，騎，武弁，緋絁生色寶相花袍，紅勒帛，紅雲鞾。舍人、殿中侍御史從者凡四人，服同前隊。

太史鉦鼓隊：太史一人，本品服，騎。引交龍掆鼓左，金鉦右，舁四人，工二人，皆武弁，緋絁生色寶相花袍，紅勒帛，紅鞾。次司辰郎一人，左，典事一人，右，並四品服，騎。太史、司辰郎、典事從者三人，服同前隊。

武衞鈒戟隊：武衞將軍一人，交角幞頭，緋羅繡抹額，紫羅繡瑞鷹裲襠，紅錦襯袍，錦縢蛇，金帶，橫刀，騎。領五色繡旛一，金節八，罕右，畢左，朱雀、青龍、白虎幢三，橫布導蓋一，中道叉四。武衞果毅二人，服佩同武衞將軍。鈒二十，戟二十，徒五十有九人，武弁，緋絁生色寶相花袍，紅勒帛，紅鞾。武衞將軍、武衞果毅從者凡三人，服同前隊。

龍墀旗隊：舍人二人，四品服。中郎將二人，服佩同鈒戟隊武衞將軍，騎，分左右。帥騎士凡二十有四人，執旗者八人。天下太平旗，中道，中嶽帝旗左，中央神旗右。次日旗左，月旗右。次祥雲旗二，分左右。次皇帝萬歲旗，中道。執人皆黃絁巾，黃絁生色寶相花袍，黃勒帛，黃雲鞾，橫刀。引者八人，青絁巾，青絁生色寶相花袍，青勒帛，青雲鞾，橫刀，執弓矢。護者八人，緋絁巾，緋絁生色寶相花袍，紅勒帛，紅雲鞾，橫刀，執弓矢。舍人、中郎將從者凡四人，服同前隊。

御馬隊：舍人二人，四品服。引左右衞將軍二人，緋羅繡抹額，紫羅繡瑞馬裲襠，紅錦襯袍，錦縢蛇，金帶，烏鞾，橫刀，皆騎，分左右行。御馬十有二匹，分左右，飾以纓轡鞍複。次尚乘奉御二人，四品服，騎，分左右行。舍人、左右衞將軍從者四人，服同前隊。

拱衞控鶴第一隊：拱衞指揮使二人，本品服，騎，分左右。帥步士凡二百五十有二人，負劍者三十人，次執吾杖者五十人，次執斧者五十人，次執鐙杖者六十人，次執列絲骨朵者三十人，皆分左右。次携金水瓶者一人，左，金盆者一人，右。次執列絲骨朵者三十人，皆

分左右，皆金縷額交角幞頭，青質孫控鶴襖，塗金荔枝束帶，鞾鞋。拱衞指揮使從者二人，服同前隊。

安和樂：安和署令二人，本品服，騎，分左右行。領押職二人，弓角鳳翅金花幞頭，紅質孫加襴袍，金束帶，花鞾。次扎鼓八，爲二重，次和鼓一，中道，次板二，次龍笛四，次頭管二，次羌笛二，次笙二，次纂二，左右行，次雲璈一，中道，工二十有四人，皆弓角鳳翅金花幞頭，紅錦質孫襖，金荔枝束帶，花鞾。從者二人，服同前隊。

金吾援寶隊：舍人二人，四品服。引金吾將軍二人，交角幞頭，緋羅繡抹額，紫羅繡辟邪裲襠，紅錦襯袍，錦縢蛇，橫刀，佩弓矢，皆騎，分左右。前引駕十二重，甲士一十二騎，弩四，次弓四，次矟四，爲三重。次香案二，金爐、合各二，分左右，舁士十有六人，侍香二人，騎而從。次典瑞使二人，本品服，騎而左右引八寶。受命寶左，傳國寶右，次天子之寶左，皇帝之寶右，次天子行寶左，皇帝行寶右，次天子信寶左，皇帝信寶右。每輿寶盝，銷金蒙複，襯複，案輿紅銷金衣，龍頭竿，結綬，舁士八人，朱團扇四人，凡九十有六人，皆交角金花幞頭，青紅錦質孫襖，每輿前青後紅，金束帶，鞾鞋。援寶三十人，交角金花幞頭，窄紫衫，銷金紅汗胯，金束帶，烏鞋，執金縷黑杖。次符寶郎二人，四品服，騎，分左右。次金吾果毅二人，服佩同金吾將軍，騎，分左右。次矟四人，次弓四人，次弩四人，爲三重。舍人、金

吾將軍、侍香、典瑞使、符寶郎、金吾果毅從者凡十有二人，服同前隊。

殿中繖扇隊：舍人二人，四品服，騎，分左右。領騎而執旗者四人，日月合璧旗左，五星連珠旗右，次金龍旗左，金鳳旗右，黃絁巾，黃絁生色寶相花袍，黃勒帛，黃韡，佩劍。騎而引旗者四人，青絁巾，青絁生色寶相花袍，青勒帛，青韡，佩劍，執弓矢。騎而護旗者四人，紅絁巾，紅絁生色寶相花袍，紅勒帛，紅韡，佩劍，執弓矢。次朱團扇十有六，次小雉扇八，次中雉扇八，次大雉扇八，爲十重，重四人。次曲蓋二，紅方繖二，次紫方繖二，次華蓋二，次大繖二，執者五十人，武弁，紅絁生色寶相花袍，紅勒帛，紅韡。舍人從者二人，服同前隊。

控鶴圍子隊：圍子頭一人，執骨朶，由中道，交角幞頭，緋錦質孫襖，鍍金荔枝帶，鞾鞋。次朱領執圍子十有六人，分左右，交角金花幞頭，白襯肩，青錦質孫襖，鍍金荔枝帶，鞾鞋。次朱繖，中道，次金脚踏左，金椅右，服如圍子頭。拱衞指揮使一人，本品服，騎，中道。控鶴二十人，服同上。拱衞指揮使從者二人，服同前隊。

天樂一部：天樂署令二人，本品服，騎，分左右。領押職二人，弓角鳳翅金花幞頭，紅錦質孫襖，加襴，金束帶，花韡。次琵琶二，箜篌二，火不思二，板二，箏二，胡琴二，笙二，頭管二，龍笛二，響鐵一，工十有八人，[六]徒二人，皆弓角鳳翅金花幞頭，紅錦質孫襖，鍍金束

帶，花韡。

控鶴第二隊：僉拱衞司事二人，本品服，騎，分左右。帥步士凡七十有四人，執立瓜者三十有六人，分左右，次捧金杌一人左，鞭桶一人右，次蒙鞍一人左，繖手一人右，次執立瓜者三十有四人，分左右，皆交角金花幞頭，緋錦質孫襖，鍍金荔枝帶，鞾鞋。僉拱衞司事從者二人，服同前隊。

殿中導從隊：舍人二人，四品服，騎，左右。引香鐙案一，黃銷金盤龍衣，金爐合，結綬，龍頭竿，舁者十有二人，交角金花幞頭，紅錦質孫控鶴襖，鍍金束帶，鞾鞋。侍香二人，騎，分左右。次警蹕三人，交角幞頭，紫窄袖衫，鍍金束帶，烏韡。次舍人二人，四品服，騎。引天武官二人，執金鉞，金鳳翅兜牟，金鎖甲，青勒甲條，金環繡汗胯，金束帶，馬珂飾。次金骨朶二，次幢二，次節二，分左右。次金水盆左，金椅右，次蒙複左，副執椅右，次金水瓶、鹿盧左，銷金淨巾右。次金香毬二，金香合二，分左右。次金唾壺左，金唾盂右。金拂四，扇十，分左右。次黃繖，中道，繖衣從。凡騎士三十人，服如警蹕，加白繡汗胯。步卒四人，執椅二人，蒙複一人，繖衣一人。服如舁香鐙徒。舍人、天武官從者凡六人，服同前隊。

控鶴第三隊：拱衞直鈐轄二人，本品服，騎。引執臥瓜八十人，服如第二隊。

導駕官：引進使二人，分左右前行。次給事中一人左，起居注一人右，侍御史一人左，

殿中侍御史一人右，次翰林學士一人左，集賢學士一人右，次御史中丞一人左，同知樞密院事一人右，次御史大夫一人左，知樞密院事一人右。次侍儀使四人，中書侍郎二人，黃門侍郎二人，侍中二人，皆分左右。次儀仗使一人左，鹵簿使一人右。次禮儀使二人，分左右。持劈正斧一人，中道。次大禮使一人左，太尉一人右，皆本品服，騎。從者三十人，惟執劈正斧官從者二人，服同前隊。

羽林宿衞：舍人二人，四品服，前行。次羽林將軍二人，交角幞頭，緋羅繡抹額，紫羅繡瑞鷹裲襠，紅錦襯袍，錦縢蛇，金帶，烏韡，横刀，佩弓矢，皆騎，分左右。領宿衞騎士二十人，執骨朶六人，次執短戟六人，次執斧八人，皆弓角金鳳翅幞頭，紫袖細摺辮線襖，束帶，烏韡，横刀。舍人、羽林將軍從者凡四人，服同前隊。

檢校官：分布中道之外，外仗之內。頓遞隊，監察御史二人，本品服。次纛矟隊，循仗檢校官二人。次朱雀隊，金吾中郎將二人，皆交角幞頭，緋羅繡抹額，紫羅繡辟邪裲襠，紅錦襯袍，錦縢蛇，金帶，烏韡，佩儀刀，加弓矢。次十二旗隊，兵部侍郎二人，本品服。次門旗隊，糾察儀仗官二人，本品服。次雲和樂部，金吾將軍二人，服佩如金吾中郎將。知隊仗官二人，本品服。次武衞鈒戟隊，監察御史二人，本品服。次外道左右牙門巡仗，監門中郎將二人，交角幞頭，緋羅繡抹額，紫羅繡獅子裲襠，紅錦襯袍，錦縢蛇，金帶，烏韡，佩儀刀，弓矢。次

金吾援寶隊，兵部尚書二人，次循仗檢校官二人。次殿中繖扇隊，監察御史二人，次禮部尚書二人，皆本品服。次圍子隊，知隊仗官二人。次金吾大將軍二人，服同金吾將軍，各纓矟從。次殿中導從隊，糾察儀仗官二人。次循仗檢校官二人。次羽林宿衞隊，左點檢一人左，右點檢一人右，紫羅繡瑞麟裲襠，餘同金吾大將軍。領大黃龍負圖旗二，執者二人，夾者八人，騎，錦帽，五色絁巾，五色絁生色雲龍袍，塗金束帶，五色雲韡，佩劍，夾者加弓矢，並行中道。控鶴外，外仗內。前後檢校，仗內知班六人，展角幞頭，紫窄衫，塗金束帶，烏韡。承奉班都知一人，太常博士一人，皆朝服，騎，同檢校官。前後巡察宿直將軍八人，服佩同左右點檢，夾輅檢校三衞。

陪輅隊：誕馬二匹，珂飾，纓轡，青屜。乘黃令二人，本品服，分左右。次殿前將軍二人，交角幞頭，緋羅繡抹額，紫羅繡辟邪裲襠，紅錦襯袍，錦縢蛇，金帶，烏韡，横刀，騎。玉輅，太僕卿馭，本品服。千牛大將軍驂乘，交角幞頭，紅抹額，繡瑞牛裲襠，紅錦襯袍，錦縢蛇，金帶，烏韡，横刀。左右衞將軍，服如千牛大將軍，惟裲襠繡瑞虎文。陪輅輅馬六匹，珂飾，纓轡，青屜，牽套鞶帶。步卒凡八十有二人，馭士四人，駕士六十有四人，行馬二人，踏道八人，推竿二人，托叉一人，梯一人，皆平巾，青幘，青繡雲龍花袍，塗金束帶，青韡。教馬官二人，進輅職長二人，[七]皆本品服。夾輅將軍二人，金鳳翅兜牟，金鎖甲，條環，繡汗胯，

金束帶，緣雲花韠。青瀝水扇二。次千牛備身二人，皆分左右，交角幞頭，緋羅繡抹額，紫羅繡瑞牛裲襠，紅錦襯袍，金帶，烏韠，橫刀，佩弓矢。獻官二人，殿中監六人，內侍十人，皆本品朝服，騎，分左右。千牛備身後，騎而執弓矢者十人，尙衣奉御四人，尙食奉御二人，尙藥奉御二人，皆騎，本品服。次腰輿，黃紵絲銷金雲龍蒙複，步卒凡十有三人，舁八人，道扇四人，黃繖一人，皆交角金花幞頭，紅質孫控鶴襖，金束帶，鞾鞋。尙舍奉御二人，騎〔左〕，尙輦奉御二人，騎右，〔八〕皆朝服。從者三十有四人，服同前隊。

大神牙門旗隊：都點檢一人，騎，交角幞頭，緋羅繡抹額，紫羅繡瑞麟裲襠，紅錦襯袍。次監門大將軍二人，分左右，騎，服如都點檢，惟裲襠紫繡獅文。門凡三重。親衛郎將帥甲士，分左右，夾輅而陣，繞出輅後，合執鼈者二，爲第一門。翊衛郎將帥護尉，夾親衛而陣，繞出輅後，合爲第二門，監門校尉二人，騎。左右衛大將軍帥甲士，執五色龍鳳旗，夾護尉而陣，繞出輅後，合牙門旗二，爲第三門，監門校尉二人主之。服色詳見外仗。

雲和樂後部：雲和署丞二人，本品服，騎，分左右。領前行，戲竹二，排簫二，簫管二，歌工二，凡十人，皆騎，花幞頭，紫絁生色花袍，塗金帶，烏韠。次琵琶四，箏四，箜篌四，纂四，頭管六，方響二，龍笛六，杖鼓十，工四十人，皆騎，服同上，惟絁色紅。從者二人，服同前隊。

後黃麾隊：玄武幢一，絳麾二，徒三人，皆武弁，紫絁生色龜雲花袍，紫羅勒帛，紫韠。次黃麾，執者一人，夾者二人，皆騎。豹尾一，執者一人，夾者二人，皆騎，武弁，紫生色寶相花袍，紫勒帛，紫韠。

玄武黑甲掩後隊：金吾將軍一人，騎，中道，交角幞頭，緋羅繡抹額，紫羅繡辟邪裲襠，紅錦襯袍，金帶，錦縢蛇，烏韠，佩刀。後衛指揮使二人，騎，分左右，服同各衛指揮使，帥甲騎五十有七人。玄武旗一，執者一人，夾者二人。小金龍鳳黑旗二，執者二人，皆黑兜牟，金飾，黑甲條環，汗胯，束帶，韠，帶弓矢器仗，馬黑金色獅子甲，珂飾。矟四十人，弩十人，黑兜牟，黑甲條環，汗胯，束帶，韠，帶弓矢器仗，馬黑甲，珂飾。執衛司㶁矟二人，錦帽，紫生色辟邪文袍，鍍金帶，烏韠。從者三人，服同前隊。

外仗

金鼓隊：金鼓旗二，執者二人，引護者八人，皆五色絁巾，生色寶相花五色袍，五色勒帛，韠，佩劍，引護者加弓矢，分左右。次折衝都尉二人，交角幞頭，緋羅繡抹額，紫羅繡辟邪裲襠，紅錦襯袍，金帶，錦縢蛇，騎。帥步士凡百二十人，鼓二十四人，鉦二十四人，並黃絁巾，黃絁生色寶相花袍，黃勒帛，黃韠。角二十四人，紅絁巾，紅絁生色寶相花袍，紅勒帛，紅韠。車輻棒二十四人，長刀二十四人，並金飾青兜牟，青甲條環，白繡汗胯，束帶，青雲韠。

清游隊：舍人二人，四品服，騎導。金吾折衝二人，交角幞頭，緋羅繡抹額，紫羅繡辟邪裲襠，紅錦襯袍，金帶，錦縢蛇，橫刀，佩弓矢，騎，分左右，帥步士凡百有十人。白澤旗二，執者二人，引護者八人。次執弩二十人，次執矟二十人，次執弓二十人，次執矟二十人，次執弓二十人，皆甲騎冠，金飾，綠畫甲條環，白繡汗胯，束帶，綠雲韠，佩弓矢器仗，馬金飾朱畫甲，珂飾，分左右。

佽飛隊：鐵甲佽飛，執矟者十有二人，甲騎冠，鐵甲，佩弓矢器仗，馬鐵甲，珂飾。次金吾果毅二人，交角幞頭，緋絁繡抹額，紫羅繡辟邪裲襠，紅錦襯袍，金帶，錦縢蛇，橫刀，弓矢，騎。次虞候佽飛，執弩二十人，錦帽，紅生色寶相花袍，塗金帶，烏韠。

殳仗〔前〕隊：〔九〕領軍將軍二人，交角幞頭，緋絁繡抹額，紫羅繡白澤裲襠，紅錦襯袍，金帶，錦縢蛇，烏韠，橫刀，騎。帥步士五十人，執殳二十五人，執叉二十五人，錯分左右，皆五色絁生色巾，寶相花五色袍，五色勒帛，五色雲頭韠。領軍將軍從者二人，錦帽，紫裌衫，小銀束帶，行縢，鞋韈。

諸衛馬前隊：舍人二人，四品服，騎導。左右衛郎將二人，交角幞頭，緋絁繡抹額，紫繡瑞馬裲襠，〔一〇〕紅錦襯袍，金帶，錦縢蛇，烏韠，橫刀，佩弓矢，騎，分左右，帥騎士百五十有六人。前辟邪旗左，應龍旗右，次玉馬旗左，三角旗右，次黃龍負圖旗左，黃鹿旗右，次飛麟旗左，駃騠旗右，次鸞旗左，鳳旗右，次飛黃旗左，麒麟旗右。執旗十有二人，生色黃袍，巾，勒帛，韠。引旗十有二人，服同執人，惟袍色青。護旗十有二人，生色紅袍，巾，勒帛，韠。執弓六十人，錦帽，青生色寶相花袍，塗金帶，烏韠。執矟六十人，服如執弓者，惟袍色紅。每旗，弓五，矟五。從者四人，服同前隊。

二十八宿前隊：舍人二人，四品服，騎導。領軍將軍二人，紫羅繡白澤裲襠，餘如前隊。左右衛郎將皆騎，帥步士百十有二人。前井宿旗左，參宿旗右，各五盾從。次鬼宿旗左，觜宿旗右，各五弓從。次柳宿旗左，畢宿旗右，各五盾從。次星宿旗左，昴宿旗右，各五盾從。次張宿旗左，胃宿旗右，各五弓從。次翼宿旗左，婁宿旗右，各五䂎從。次軫宿旗左，奎宿旗右，各五盾從。執旗十有四人，生色黃袍，巾，勒帛，韠。引旗十有四人，服如執人，惟袍巾色青。護旗十有四人，服如執人，惟袍巾色紅。執刀盾者三十人，弓矢者二十人，䂎者二十人，皆五色兜牟，甲，條環，白繡汗胯，束帶，五色雲韠。舍人、領軍將軍從者四人，服同前隊。

〔左右〕領軍黃麾仗前隊：〔一一〕舍人二人，四品服，騎導。領軍將軍二人，服佩如二十八宿旗隊領軍將軍，騎，分左右，帥步士凡一百五十人。絳引旛十，次龍頭竿繡氅十，皆分左右。次江瀆旗左，濟瀆旗右。次小戟十，次弓十，皆分左右。次南方神旗左，西方神旗右。次鍠十，次綠縢絡盾加刀十，皆分左右。次南嶽帝旗左，西嶽帝旗右。次龍頭竿氅十，次朱縢絡盾加刀十，皆分左右。次南天王旗左，西天王旗右。次小戟十，次弓十，皆分左右。次龍君旗左，虎君旗右。次鍠十，次綠縢絡盾加刀十，皆分左右。執人一百三十人，武弁，五色生色寶相花袍，勒帛，鞾。引旗十人，青生色寶相花袍，巾，勒帛，鞾。護旗十人，服同，惟袍巾色紅。

殳仗後隊：領軍將軍二人，騎，帥步士凡五十人。殳二十有五，叉二十有五，錯分左右，服佩同前隊。

左右牙門旗隊：監門將軍二人，騎，紫繡獅子裲襠，餘如殳仗隊領軍將軍之服佩。次牙門旗四，每旗執者一人，引夾者二人，並黃絁巾，黃絁生色寶相花袍，黃勒帛，黃雲鞾，皆騎。次監門校尉二人，騎，服佩同監門將軍。從者四人，服同前隊。

左右青龍白虎隊：舍人二人，四品服，騎導。領軍將軍二人，服佩同殳仗隊之領軍將軍，騎，分左右，帥甲士凡五十有六人，騎。青龍旗左，執者一人，夾者二人，從以執弩五人，弓十人，矟十人，皆冠青甲騎冠，青鐵甲，青條金環，束帶，白繡汗胯，青雲鞾。白虎旗右，

執者一人，夾者二人，從以執弩五人，弓十人，矟十人，皆冠白甲騎冠，白鐵甲，青條金環，束帶，白繡汗胯，白雲鞾。舍人、領軍將軍從者四人，服同前隊。

二十八宿後隊：舍人二人，四品服，騎導。領軍將軍二人，騎，分左右，帥步士百十有二人。角宿旗左，壁宿旗右，〔各〕從以執弓者五人。〔二〕次亢宿旗左，室宿旗右，各從以執穳者五人。次氐宿旗左，危宿旗右，各從以執盾者五人。次房宿旗左，虛宿旗右，各從以執弓者五人。次心宿旗左，女宿旗右，各從以執穳者五人。次尾宿旗左，牛宿旗右，各從以執盾者五人。次箕宿旗左，斗宿旗右，各從以執弓者五人。舍人、領軍將軍從者四人，執夾、引從服佩，皆同前隊。

諸衞馬後隊：舍人二人，四品服，騎導。左右衞果毅都尉二人，騎，分左右，帥衞士百五十有六人。角端旗左，赤熊旗右，次兕旗左，太平旗右，次驌驦旗左，騶牙旗右，次犀牛旗左，鵕鸃旗右，次蒼烏旗左，白狼旗右，次龍馬旗左，金牛旗右。舍人、左右衞果毅都尉從者四人，執夾、引從服佩，同前隊。

左右領軍黃麾後隊：舍人二人，四品服，騎導。領軍將軍二人，騎，分左右，帥步士百六十人。龍頭氅十，次朱縢絡盾加刀十，皆分左右。次吏兵旗左，力士旗右。次小戟十，次弓十，皆分左右。次東天王旗左，北天王旗右。次鍠十，次綠縢絡盾加刀十，皆分左右。次東

嶽帝旗左，北嶽帝旗右。次龍頭竿氅十，次朱縢絡盾加刀十，皆分左右。次東方神旗左，北方神旗右。次小戟十，次弓十，皆分左右。淮瀆旗左，河瀆旗右。次鍠十，次綠縢絡盾加刀十，皆分左右。次絳引旛十，分左右，掩後。舍人、領軍將軍從者四人，執夾服佩，並同前隊。

左右衞儀刀班劍隊：舍人二人，四品服，騎導。左右衞中郎將二人，交角幞頭，緋羅繡抹額，紫羅繡瑞馬裲襠，紅錦襯袍，錦縢蛇，金帶，烏鞾，騎，分左右。帥步士凡四十人，班劍二十人，儀刀二十人，並錦帽，紅生色寶相花袍，塗金束帶，烏鞾。舍人、左右衞中郎將從者四人，服同前隊。

供奉宿衞步士隊：供奉中郎將二，交角幞頭，緋絁繡抹額，紫羅繡瑞馬裲襠，紅錦襯袍，錦縢蛇，金帶，烏鞾，橫刀，佩弓矢，騎，分左右，帥步士凡五十有二人，執短戟十有二人，次執列絲十有二人，次叉戟十有二人，次斧十有六人，分左右，夾玉輅行。皆弓角金鳳翅幞頭，紫細摺辮線襖，塗金束帶，烏鞾。

親衞步甲隊：親衞郎將二人，服同供奉中郎將，騎，分左右，帥步士凡百四十有八人。執龍頭竿氅四人，次小戟十人，次氅二人，次儀鍠十人，次氅二人，次小戟十人，次氅二人，次儀鍠十人，次氅二人，次小戟十人，次氅二人，次儀鍠十人，次氅二人，次小戟十人，次氅

二人，次儀鍠十人，次氅二人，次小戟十人，皆分左右，夾供奉宿衞隊。次氅二人，次儀鍠十人，次氅二人，次小戟十人，次氅二人，次儀鍠十人，次氅二人，折繞宿衞隊後，而合其端爲門。〔三〕士皆金兜牟，甲，青勒甲條，金環，綠雲鞾。

翊衞護尉隊：翊衞郎將二人，服同親衞郎將，騎。帥護尉騎士百有二人，皆交角金花幞頭，窄袖紫衫，紅銷金汗胯，塗金束帶，烏鞾。執金裝骨朶，分左右，夾親衞隊行，折繞隊後，而合其端爲第二門。

左右衞甲騎隊：左右衞大將軍二人，服如翊衞郎將，帥騎士百人。執青龍旗五人左，青鳳旗五人右。次赤龍旗五人左，赤鳳旗五人右。次黃龍旗五人左，黃鳳旗五人右。次白龍旗五人左，白鳳旗五人右。次黑龍旗五人左，黑鳳旗五人右。次五色鳳旗二十五居左，五色龍旗二十五居右，曲繞輅後，合牙門旗爲第三門。士皆冠甲騎冠，金飾，朱畫甲，青勒甲條，鍍金環，白繡汗胯，紅鞾，佩弓矢器仗，馬青金毛獅子甲，珂飾。

左衞青甲隊：左衞指揮使二人，騎，服紫羅繡雕虎裲襠，餘同左右衞大將軍，帥騎士三十有八人。執大青龍旗一人左，大青鳳旗一人右，次小青龍旗一人左，小青鳳旗一人右，次大青鳳旗一人左，大青龍旗一人右，每旗從以持青矟者四人。次小青鳳旗一人左，小青龍旗一人右，皆從以持青矟者三人。皆青兜牟，金飾青畫甲，青條，塗金環，汗胯，束帶，鞾，佩

弓矢器仗，馬青金毛獅子甲，珂飾。折繞陪門。

前衛赤甲隊：前衛指揮使二人，騎，服佩同左衛指揮使，帥騎士凡四十有八人。執大赤鳳旗一人左，大赤龍旗一人右。次小赤鳳旗一人左，小赤龍旗一人右，次大赤龍旗一人左，大赤鳳旗一人右，次小赤龍旗一人左，小赤鳳旗一人右，每旗從以持朱矟者四人。次執大赤鳳旗一人左，大赤龍旗一人右，皆從以持朱矟者三人。皆朱兜牟，金飾朱畫甲，條環，汗胯，束帶，鞾，佩弓矢器仗，馬朱甲，珂飾。從者二人，服同前隊。折繞陪門。

中衛黄甲隊：中衛指揮使二人，騎，服同前衛指揮使，帥騎士凡五十有八人。執大黄龍旗一人左，大黄鳳旗一人右，次小黄龍旗一人左，小黄鳳旗一人右，次大黄鳳旗一人左，大黄龍旗一人右，次小黄鳳旗一人左，小黄龍旗一人右，次大黄龍旗一人左，大黄鳳旗一人右，每旗從以持黄矟者四人。次小黄龍旗一人左，小黄鳳旗一人右，皆從以持黄矟者三人。皆黄兜牟，金飾黄甲，條環，汗胯，束帶，鞾，佩弓矢器仗，馬〔黄〕甲，〔一四〕珂飾。從者二人，服同前隊。折繞陪門。

右衛白甲隊：右衛指揮使二人，騎，服同中衛指揮使，帥騎士凡七十有四人。執大白鳳旗一人左，大白龍旗一人右，次小白鳳旗一人左，小白龍旗一人右，次大白龍旗一人左，大白鳳旗一人右，次小白龍旗一人左，小白鳳旗一人右，次大白鳳旗一人左，大白龍旗一人

右，每旗從以持白矟者四人。次小白鳳旗一人左，小白龍旗一人右，次大白龍旗一人左，大白鳳旗一人右，皆從以持白矟者五人。皆兜牟，金飾白甲，條環，汗胯，束帶，鞾，佩弓矢器仗，馬白甲，珂飾。從者二人，服同前隊。折繞陪門。

牙門四：監門中郎將二人，服佩同各衛指揮使，騎，分左右。次左衛，次前衛，次中衛，次右衛。牙門旗各二，色並赤。監門校尉各二人，騎，服佩同各衛之執旗者。從者十人，服同前隊。

校勘記

〔一〕寶（舆）〔輿〕方案　從道光本改。

〔二〕香（蹬）〔鐙〕朱漆案　從道光本改。下同。

〔三〕金鸞旗赤質火焰脚　按上下文例，凡言「火焰脚」，皆著明其色，此無，當有脫文。王圻續通考作「赤火焰脚」，道光本作「青火焰脚」。

〔四〕斑劍制劍　疑「制劍」二字之間脫「如」字，應作「制如劍」，如下文「制如長刀」、「制如戟」、「制如斧」等。

〔五〕眞（獵）〔臘〕　從道光本改。

〔六〕次琵琶二箜篌二火不思二板二箏二胡琴二笙二頭管二龍笛二響鐵一工十有八人　按志文所記樂工細數相加，總數爲十九人，與「工十有八人」不符。道光本作「龍笛一」。

〔七〕進輅職長二人　按宋史卷一四六、大金集禮卷二七、金史卷四一皆作「進輅職掌二人」。疑作「職掌」是。

〔八〕尚舍奉御二人騎〔左〕尚輦奉御二人騎右　從北監本補。

〔九〕殳仗〔前〕隊　從道光本補。按後文作「前隊」。

〔一〇〕紫繡瑞馬裲襠　按王圻續通考「紫」下有「羅」字，疑是。

〔一一〕〔左右〕領軍黄麾仗前隊　從道光本補。按下文有「左右領軍黄麾後隊」。

〔一二〕角宿旗左壁宿旗右〔各〕從以執弓者五人　從道光本補。

〔一三〕而合其端爲門　「爲門」，北監本作「爲第一門」。按下文有「爲第二門」、「爲第三門」，作「爲第一門」是。

〔一四〕馬〔黄〕甲　從北監本補。

元史卷八十

志第三十

輿服三

儀衞

殿上執事

挈壺郎二人，掌直漏刻。冠學士帽，服紫羅窄袖衫，塗金束帶，烏鞾。漏刻直御榻南。

司香二人，掌侍香，以主服御者國語曰速古兒赤。攝之。冠服同挈壺。香案二，在漏刻東西稍南。司香侍案側，東西相向立。

酒人，凡六十人，主酒國語曰答剌赤。二十人，主湩國語曰邻剌赤。二十人，主膳國語曰博兒赤。二十人。冠唐帽，服同司香。酒海直漏南，酒人北面立酒海南。

護尉四十人，以質子在宿衞者攝之。質子，國語曰覩魯花。冠交角幞頭，紫梅花羅窄袖衫，

塗金束帶，白錦汗胯，帶弓矢，佩刀，執骨朵，分立東西宇下。

警蹕三人，以控鶴衞士爲之。冠交角幞頭，服紫羅窄袖衫，塗金束帶，烏靴，捧立于露階。每乘輿出入，則鳴其鞭以警衆。

殿下執事

司香二人，亦以主服御者攝之。冠服同殿上司香。香案直露階南，司香東西相向立。

護尉，凡四十人，以戶郎國語曰玉典赤。二十人、質子二十人攝之。服同宇下護尉，夾立階戺。

右階之下，伍長凡六人，都點檢一人，右點檢一人，左點檢一人。凡宿衞之人及諸門者、戶者，皆屬焉。如怯薛歹、八剌哈赤、玉典赤之類是也。殿內將軍一人，凡殿內佩弓矢者、佩刀者、諸司禦者皆屬焉。如火兒赤、溫都赤之類是也。殿外將軍一人，宇下護尉屬焉。宿直將軍一人，黃麾立仗及殿下護尉屬焉。右無常官，凡朝會，則以近侍重臣攝之。服白帽，白衲襖，行縢，履襪，或服其品之公服，恭事則侍立。舍人授以骨朵而易笏，都點檢以玉，右點檢以瑪瑙，左點檢以水精，殿內將軍以瑪瑙，殿外將軍以水精，宿直將軍以金。

左階之下，伍長凡三人，殿內將軍一人，殿外將軍一人，宿直將軍一人，冠服同右，恭事則侍立。舍人授以骨朵而易笏，殿內將軍以瑪瑙，殿外將軍以水精，宿直將軍以金。

司辰郎二人，一人立左樓上，服視六品，候時，北面而雞唱；一人立樓下，服視八品，候時，捧牙牌趨丹墀跪報。露階之下，左黃麾仗內，設表案一，禮物案一，輿士凡八人，每案四人。前二人冠縷金額交角幞頭，緋錦寶相花窄袖襖，塗金束帶，行縢，鞋襪。後二人冠服同前，惟襖色青。

圉人十人，國語曰阿塔赤。冠唐巾，紫羅窄袖衫，青錦緣白錦汗胯，銅束帶，烏靴，馭立仗馬十，覆以青錦緣緋錦鞍復，分左右，立黃麾仗南。

侍儀使二人，引進使一人，通班舍人一人，尙引舍人一人，閣仗舍人一人，奉引舍人一人，先輿舍人一人。糾儀官凡四人，尙書一人，侍郎一人，監察御史二人。知班三人，視班內失儀者，白糾儀官而行罰焉。皆東向，立右仗之東，以北爲上。

侍儀使二人，引進使一人，承奉班都知一人，宣表目舍人一人，宣表修撰一人，宣禮物舍人一人，奉表舍人一人，奉幣舍人一人，尙引舍人一人，閣仗舍人一人，奉引舍人一人，先輿舍人一人。押禮物官凡二人，工部侍郎一人，禮部侍郎一人。糾儀官凡四人，尙書一人，侍郎一人，監察御史二人。知班三人，視班內如左右鞏路。宣贊舍人一人，通贊舍人一人，戶郎二人，承傳贊席前，皆西向，立左仗之西，以北爲上。凡侍儀使、引進使、尙書、侍郎、御

史，各服其本品之服。承奉班都知、舍人，借四品服。知班，冠展角幞頭，服紫羅窄袖衫，塗金束帶，烏靴。

護尉三十人，以質子在宿衞者攝之，立大明門闑外，冠服同宇下護尉。

承傳二人，控鶴衞士爲之，立大明門楹間，以承傳于外仗。冠服同警蹕，執金柄小骨朵。

殿下黃麾仗

黃麾仗凡四百四十有八人，分布于丹墀左右，各五行。

右前列，執大蓋二人，執華蓋二人，執紫方蓋二人，執紅方蓋二人，執曲蓋二人，冠展角幞頭，服緋絁生色寶相花袍，勒帛，烏靴。

次二列，執朱團扇八人，執大雉扇八人，執中雉扇八人，執小雉扇八人，執朱團扇八人，冠武弁，服同前執蓋者。

次三列，執黃麾幡十人，武弁，青絁生色寶相花袍，青勒帛，烏靴。執絳引幡十人，武弁，緋絁生色寶相花袍，緋勒帛，烏靴。執信幡十人，冠服同上，其色黃。執傳敎幡十人，冠服同上，其色白。執告止幡十人，冠服同上，其色紫。

次四列以下，執葆蓋四十人，(服緋)〔武弁〕，服緋絁生色寶相花袍，〔二〕勒帛，烏靴。執

儀鍠斧四十人，冠服同上，其色黃。執小戟蛟龍掌四十人，冠服同上，其色青。左列亦如之。皆以北爲上。押仗四人，行視仗內而檢校之，冠服同警蹕者。

〔殿下旗仗〕〔二〕旗仗執護引屏，凡五百二〔十〕有八人，〔三〕分左右以列。

左前列，建天下太平旗第一，牙門旗第二，每旗執者一人，護者四人，皆五色緋巾，五色絁生色寶相花袍，勒帛，雲頭靴，執人佩劍，護人加弓矢；後屏五人，執矟，朱兜鍪，朱甲，雲頭靴。

左二列，日旗第三，龍君旗第四，每旗執者一人，護者四人，後屏五人，巾服執佩同前列。

右前列，建皇帝萬歲旗第一，牙門旗第二，每旗執者一人，護者四人，後屏五人，巾服執佩同左前列。

右二列，月旗第三，虎君旗第四，每旗執者一人，護者四人，後屏五人，巾服執佩同前列。

左次三列，青龍旗第五，執者一人，黃絁巾，黃絁生色寶相花袍，勒帛，花靴，佩劍；護者二人，朱白二色絁巾，二色絁生色寶相花袍，勒帛，花靴，佩劍，加弓矢。天王旗第六，執者

一人，巾服同上；護者二人，青白二色絁巾，二色生色寶相花袍，〔四〕勒帛，花靴，佩劍，加弓矢。後屏五人，執矟，朱兜鍪，朱甲，雲頭靴。風伯旗第七，執者一人，護者二人，後屏五人，巾服佩執同青龍旗。雨師旗第八，執者一人，護者二人，後屏五人，巾服佩執同天王旗。雷公旗第九，執者一人，巾服佩同上；護者二人，青紫二色絁巾，二色絁生色寶相花袍，勒帛，花靴，佩劍，加弓矢；後屏五人，執矟，白兜鍪，白甲，雲頭靴。電母旗第十，執者一人，護者二人，後屏五人，巾服執佩同風伯旗。吏兵旗第十一，執者一人，護者二人，巾服佩同雷公旗；後屏五人，執矟，黃兜鍪，黃甲，雲頭靴。

右次三列，白虎旗第五，執者一人，黃絁巾，黃絁生色寶相花袍，勒帛，花靴，佩劍；護者二人，青朱二色絁巾，二色絁生色寶相花袍，勒帛，花靴，佩劍，加弓矢；後屏五人，執矟，朱兜鍪，朱甲，雲頭靴。江瀆旗第七，〔五〕執者一人，護者二人，後屏五人，巾服執佩同天王旗。河瀆旗第八，執者一人，巾服佩同上；護者二人，青紫二色絁巾，二色絁生色寶相花袍，勒帛，花靴，佩劍，加弓矢；後屏五人，執矟，黃兜鍪，黃甲，雲頭靴。淮瀆旗第九，執者一人，巾服佩同上；護者二人，青朱〔二色絁巾〕，二色絁生色寶相花袍，〔六〕勒帛，花靴，佩劍，加弓矢；後屏五人，巾服執佩同白虎旗。濟瀆旗第十，執者一人，巾服佩同上；護者二人，朱白二色絁巾，二色絁生色寶相花袍，勒帛，花靴，佩劍，加弓矢；後屏五人，執矟，青兜鍪，青甲，雲

頭靴。力士旗第十一，執者一人，護者二人，後屏五人，巾服佩執同河瀆旗。二十二旗內，拱衞直指揮使二人，分左右立，服本品朝服，執玉斧。次臥瓜一列，次立瓜一列，次列絲一列，冠縷金額交角幞頭，緋錦寶相花窄袖襖，塗金荔枝束帶，行縢，履襪。次鐙仗一列，次吾仗一列，次班劍一列，並分左右立，冠縷金額交角幞頭，青錦寶相花窄袖襖，塗金荔枝束帶，行縢，履襪。

左次四列，朱雀旗第十二，執者一人，黃絁巾，黃絁生色寶相花袍，勒帛，花靴，佩劍；護者二人，青白二色絁巾，二色絁生色寶相花袍，勒帛，花靴，佩劍，加弓矢；後屏五人，執矟，朱兜鍪，朱甲，雲頭靴。木星旗第十三，執者一人，巾服佩同上；護者二人，青朱二色絁巾，二色絁生色寶相花袍，勒帛，花靴，佩劍，加弓矢；後屏五人，執矟，青兜鍪，青甲，雲頭靴。熒惑旗第十四，執者一人，巾服佩同上；護者二人，青紫二色絁巾，二色絁生色寶相花袍，勒帛，花靴，佩劍，加弓矢；後屏五人，巾服執佩同朱雀旗。土星旗第十五，執者一人，護者二人，巾服佩同熒惑旗；後屏五人，執矟，黃兜鍪，黃甲，雲頭靴。太白旗第十六，執者一人，護者二人，巾服佩同木星旗；後屏五人，執矟，白兜鍪，白甲，雲頭靴。水星旗第十七，執者一人，護者二人，〔巾〕服佩同太白旗；〔七〕後屏五人，執矟，紫兜鍪，紫甲，雲頭靴。鸞旗第十八，執者一人，巾服佩同上；護者二人，朱白二色絁巾，二色絁生色寶相花袍，勒帛，花靴，佩

劍，加弓矢；後屏五人，巾服執同木星旗。

右次四列，玄武旗第十二，執者一人，黃絁巾，黃絁生色寶相花袍，勒帛，花靴，佩劍；護者二人，朱白二色絁巾，二色絁生色寶相花袍，勒帛，花靴，佩劍，加弓矢；後屏五人，紫兜鍪，紫甲，雲頭靴，執矟。東嶽旗第十三，執者一人，護者二人，巾服佩同玄武旗；後屏五人，執矟，青兜鍪，青甲，雲頭靴。南嶽旗第十四，執者一人，巾服佩同上；護者二人，青白二色絁巾，二色絁生色寶相花袍，勒帛，花靴，佩劍，加弓矢；後屏五人，執矟，朱兜鍪，朱甲。中嶽旗第十五，執者一人，巾服佩同上；護者二人，紫青二色絁巾，二色絁生色寶相花袍，勒帛，花靴，佩劍，加弓矢；後屏五人，執矟，黃兜鍪，黃甲，雲頭靴。西嶽旗第十六，執者一人，巾服佩同上；護者二人，朱青二色絁巾，二色絁生色寶相花袍，勒帛，花靴，佩劍，加弓矢；後屏五人，執矟，白兜鍪，白甲。北嶽旗第十七，執者一人，護者二人，巾服佩同南嶽旗；後屏五人，巾服執同玄武旗。麟旗第十八，執者一人，護者二人，後屏五人，巾服執佩同西嶽旗。

左次五列，角宿旗第十九，亢宿旗第二十，氐宿旗第二十一，房宿旗第二十二，心宿旗第二十三，尾宿旗第二十四，箕宿旗第二十五。每旗，執者一人，黃絁巾，黃絁生色寶相花袍，勒帛，花靴，佩劍；護者二人，青朱二色絁巾，二色絁生色寶相花袍，勒帛，花靴，佩劍，加弓矢；後屏五人，青兜鍪，青甲，執矟。

右次五列，奎宿旗第十九，婁宿旗第二十，胃宿旗第二十一，昴宿旗第二十二，畢宿旗第二十三，觜宿旗第二十四，參宿旗第二十五。每旗，執者一人，黃絁巾，黃絁生色寶相花袍，勒帛，花靴，佩劍，護者二人，青朱二色絁巾，二色絁生色寶相花袍，勒帛，花靴，佩劍，加弓矢，後屏五人，執矟，白兜鍪，白甲。

左次六列，斗宿旗第二十六，牛宿旗第二十七，女宿旗第二十八，虛宿旗第二十九，危宿旗第三十，室宿旗第三十一，壁宿旗第三十二。每旗，執者一人，黃絁巾，黃絁生色寶相花袍，勒帛，花靴，佩劍，護者二人，朱白二色絁巾，二色絁生色寶相花袍，勒帛，花靴，佩劍，加弓矢，後屏五人，執矟，紫兜鍪，紫甲。

右次六列，井宿旗第二十六，鬼宿旗第二十七，柳宿旗第二十八，星宿旗第二十九，張宿旗第三十，翼宿旗第三十一，軫宿旗第三十二。每旗，執者一人，黃絁巾，黃絁生色寶相花袍，勒帛，花靴，佩劍，護者二人，朱白二色絁巾，二色絁生色寶相花袍，勒帛，花靴，佩劍，加弓矢，後屏五人，執矟，朱兜鍪，朱甲。

宮內導從

警蹕三人，以控鶴衞士爲之，並列而前行，掌鳴其鞭以警衆。服見前。

天武二人，執金鉞，分左右行，金兜鍪，金甲，蹙金素汗胯，金束帶，綠雲靴。

舍人二人，服視四品。

主服御者凡三十人，速古兒赤也。執骨朶二人，執幢二人，執節二人，皆分左右行。擎金盎一人，由左，負金椅一人，由右。擎金水瓶，鹿盧一人，由左，執巾一人，由右。捧金香毬二人，捧金香合二人，皆分左右行。捧金唾壺一人，由左，捧金唾盂一人，由右。執金拂四人，執升龍扇十人，皆分左右行。冠交角幞頭，服紫羅窄袖衫，塗金束帶，烏靴。

劈正斧官一人，由中道，近侍重臣攝之。侍儀使四人，分左右行。

佩弓矢十人，國語曰火兒赤。分左右，由外道行，服如主服御者。

佩寶刀十人，國語曰溫都赤。分左右行，冠鳳翅唐巾，服紫羅辮線襖，金束帶，烏鞾。

中宮導從

舍人二人，引進使二人，中政院判二人，同僉中政院事二人，僉中政院事二人，中政院副使二人，同知中政院事二人，中政院使二人，皆分左右行，各服其本品公服。內侍二人，分左右行，服視四品。

押直二人，冠交角幞頭，紫羅窄袖衫，塗金束帶，烏鞾。小內侍凡九人，執骨朶二人，執

葆蓋四人，皆分左右行，執繖一人，由中道行，擎金盎一人由左，負金椅一人由右。服紫羅團花窄袖衫，冠、帶、鞾如押直。

中政使一人，由中道，捧外辦象牌，服本品朝服。

宮人，凡二十〔二〕人。〔六〕擎水瓶、金鹿盧一人，由右，執銷金淨巾一人，由左。捧金香毬二人，捧金香合二人，分左右。捧金唾壺一人，由左，捧金唾盂一人，由右。執金拂四人，執雉扇十人，各分左右行。冠鳳翅縷金帽，銷金緋羅襖，銷金緋羅結子，銷金緋羅繫腰，紫羅衫，五色嵌金黃雲扇，瓘玉束帶。

進發册寶

清道官二人，警蹕二人，並分左右，皆攝官，服本品朝服。

雲和樂一部，署令二人，分左右。次前行戲竹二，次排簫四，次簫管四，次板二，次歌四，並分左右。前行內琵琶二十，次箏十六，次箜篌十六，次蓁十六，次方響八，次頭管二十八，次龍笛二十八，爲三十三重。重四人。次杖鼓三十，爲八重。次板八，爲四重。板內大鼓二，工二人，舁八人。樂工服並與鹵簿同。法物庫使二人，服本品服。次朱團扇八，爲二重。次小雉扇八，次中雉扇八，次大雉扇八，分左右，爲十二重。次朱團扇八，爲二重。

次大繖二，次華蓋二，次紫方繖二，次紅方繖二，次曲蓋二，並分左右。執繖扇所服，並同立仗。

團子頭一人，中道。次團子八人，分左右。服與鹵簿內同。

安和樂一部，署令二人，服本品服。札鼓六，爲二重，前四，後二。次和鼓一，中道。次板二，分左右。次龍笛四，次頭管四，並爲二重。次羌管二，次笙二，並分左右。次雲璈一，中道。次蓁二，分左右。樂工服與鹵簿內同。

繖一，中道，椅左，踏右，執人皂巾，大團花緋錦襖，金塗銅束帶，行縢，鞋襪。

拱衞使一人，服本品服。

舍人二人，次引寶官二人，並分左右，服四品服。

香案，中道，輿士控鶴八人，服同立仗內表案輿士。侍香二人，分左右，服四品服。

寶案，中道，輿士控鶴十有六人，服同香案輿士。方輿官三十人，夾香案寶案，分左右而趨，至殿門，則控鶴退，方輿官舁案以陞。唐巾，紫羅窄袖衫，金塗銅束帶，烏靴。

引册二人，四品服。

香案，中道，輿士控鶴八人，服同寶案輿士。侍香二人，分左右，服四品服。

册案，中道，輿士控鶴十有六人，服同寶案輿士。方輿官三十人，夾香案册案，分左右

而趨，至殿門，則控鶴退，方輿官舁案以陞。巾服與寶案方輿官同。

葆蓋四十人，次閦仗舍人二人，服四品服。次小戟四十人，次儀鍠四十人，夾雲和樂繖扇，分左右行，服同立仗。

拱衞使二人，服本品朝服。次班劍十，次(梧)〔吾〕杖十二，〔九〕次斧十二，次鐙仗二十，次列絲十，皆分左右。次水瓶左，金盆右。次列絲十，次立瓜十。次金杌左，鞭桶右；蒙鞍左，繖手右。次立瓜十，次臥瓜三十。並夾葆蓋、小戟、儀鍠，分左右行。服並同鹵簿內。

拱衞外舍人二人，服四品服，引導册諸官。次從九品以上，次從七品以上，次從五品以上，並本品朝服。

金吾折衝二人，牙門旗二，每旗引執五人。次青矟四十人，赤矟四十人，黃矟四十人，白矟四十人，紫矟四十人，並兜鍪甲靴，各隨矟之色，行導册官外。

册案後，舍人二人，服四品服。次太尉右，司徒左。次禮儀使二人，分左右。次舉册官四人右，舉寶官四人左；次讀册官二人右，讀寶官二人左。次閤門使四人，分左右。並本品服。

知班六人，分左右，服同立仗，往來視諸官之失儀者而行罰焉。

册寶攝官

上尊號册寶，凡攝官二百〔五〕十有六人：〔一〇〕奉册官四人，奉寶官四人，捧册官二人，捧寶官二人，讀册官二人，讀寶官二人，引册官五人，引寶官五人，典瑞官三人，糾儀官四人，殿中侍御史二人，監察御史四人，閤門使三人，清道官四人，點試儀衞五人，司香四人，備顧問七人，代禮三十人，拱衞使二人，押仗二人，方輿一百六十人。

上皇太后册寶，凡攝官〔二〕百五十人：〔一一〕攝太尉一人，攝司徒一人，禮儀使四人，奉册官二人，奉寶官二人，引册官二人，引寶官二人，舉册官二人，舉寶官二人，讀册官二人，讀寶官二人，捧册官二人，捧寶官二人，奏中嚴一人，主當內侍十人，閤門使六人，充內臣十三人，糾儀官四人，代禮官四十二人，掌謁四人，司香十二人，折衝都尉二人，拱衞使二人，清道官四人，警蹕官四人，方輿官百二十人。

太皇太后册寶，攝官同前。

授皇后册寶，凡攝官百八十人，攝太尉一人，攝司徒一人，主節官二人，禮儀使四人，奉册官二人，奉寶官二人，引册官二人，引寶官二人，舉册官二人，舉寶官二人，讀册官二人，讀寶官二人，內臣職掌十人，宣徽使二人，閤門使(二)〔四〕人，〔一二〕代禮官三十七人，侍香二人，清道官四人，折衝都尉二人，警蹕官四人，中宮內臣九人，糾儀官四人，接册內臣二人，接寶內臣二人，方輿官七十四人。

授皇太子册，凡攝官四十有九人，攝太尉一人，奉册官二人，持節官一人，捧册官二人，讀册官二人，引册官二人，攝禮儀使二人，主當內侍六人，副持節官五人，侍從官十一人，〔一三〕代禮官十六人。

班序

先期，侍儀使糾庀陳設。

殿內兩楹北，香案二。

殿門內，殿內將軍版位二。其外，殿外將軍版位二。宇下，斜界護尉版位二。軒溜前斜外出畫白蓮六，右點檢版位三，左宣徽版位三。蓮南一步，橫列鳴鞭版位三。左右階南兩隅，天武版位二。宇下左右第二第三重，斜界導從版位二。

殿東門兩磌斜界出導從二道三層，各圈十五，先扇錡各五，寶蓋錡各二。

殿東階下各圈十，直至東門階下，爲回倒導從位。

正階下二十四甓，香案一。護尉席內各戺迤內第四螭首取直，邊北，左右護尉第五席相向布席，北二席宿直。次殿中，次典瑞，次起居，每席函丈五尺。設殿前版位八，各以左右戺道內邊丹墀迤內第五甓縱直，北空路五丈五尺，東西走路各違四丈九尺，中布席四十，席函九尺，設護尉版位二。

輦路東西各五道，袤二丈一仞五寸。南北兩道，廣丈有奇。北至道當中，第一北三南一，自兩端各函六丈。第二北起十一，各函丈咫，南起九，各函丈三尺。第三北起十三，各函丈五尺，南起十二，各函丈五寸。第四北起十六，各函丈二尺，南起十四，各函九尺。第五北起，同上南起，各函八尺，北頭曲尺路內，各函九尺，設黃麾仗錡二百二十。仗南畫闌約丈許，左右同，中央置席，設尙廐版位二。仗內丹墀橫界一十八道，道函五尺，縱引橫引三丈，中設九品版位一十八。尙廐南左右縱畫各一十八道，道函仞，左右向，設起居旁折版位三十六，以內爲上。

大明門中兩楹外，斜界二道，護尉版位二，外設管旗版位二。門下左右闕邊各六丈，南北各畫一道，廣一引七丈一仞六寸，空各二丈一仞，內橫二引二丈五寸，空各三丈五尺。每錡後丈五尺屏風渠一道，長五尺，坐各違四壁丈五尺，設牙旗錡七十四。闕下兩觀內各六丈，縱各界一十八道，道違仞，左右設外序班版位三十六。自序班北入闕左右門邊兩外仗往北折，西至月華門，東至日精門，道中央入至起居旁折界一道導引。

校勘記

〔一〕次四列以下執葆蓋四十人（服緋）〔武弁〕服緋絁生色寶相花袍　按「服緋」二字重出，從道光本改。

〔二〕〔殿下旗仗〕　從北監本補。

〔三〕凡五百二〔十〕有八人　從北監本補。

〔四〕護者二人青白二色絁巾二色生色寶相花袍　按上下文例，「生色」上當脫「絁」字。

〔五〕江瀆旗第七　按此句以上缺第六旗。左右列旗數當對稱。左三列有第六旗，卽天王旗，此右三列不能無第六旗，志文有脫漏。

〔六〕青朱〔二色絁巾〕二色絁生色寶相花袍　從北監本補。按此言袍不及巾，不合上下文例。

〔七〕護者二人〔巾〕服佩同太白旗　從北監本補。

〔八〕宮人凡二十〔二〕人　從道光本補。其考證云：「原本訛二十人，與下文人數不合。謹據經世大典元中宮導從圖改。」

〔九〕次（梧）〔吾〕杖十二　從北監本改。按吾杖爲儀仗器物之一，見本書卷七九輿服志。

〔一〇〕凡攝官二百〔五〕十有六人　按總計下列攝官細數爲二百五十六，此脫「五」字。王圻續通考作

「二百五十六」，從改。

〔一一〕凡攝官〔二〕百五十人　見卷六七校勘記〔七〕。

〔一二〕授皇后册寶凡攝官百八十人至閤門使（二）〔四〕人　據本書卷六七禮樂志改。按作「二人」則攝官細數之總合爲百七十八人，不足百八十人之數。

〔一三〕侍從官十一人　見卷六七校勘記〔八〕。

元史卷八十一

志第三十一

選舉一

選舉之法尙矣。成周庠序學校，以鄉三物教萬民而賓興之，舉於鄉，升於司徒、司馬論定，而後官之。兩漢有賢良方正、孝弟力田等科，或奉對詔策，事猶近古。隋、唐有秀才、明經、進士、明法、明算等科，或兼用詩賦，士始有棄本而逐末者。宋大興文治，專尙科目，雖當時得人爲盛，而其弊遂至文體卑弱，士習委靡，識者病焉。遼、金居北方，俗尙弓馬。遼景宗、道宗亦行貢試，金太宗、世宗屢闢科場，亦粗稱得士。

元初，太宗始得中原，輒用耶律楚材言，以科舉選士。世祖既定天下，王鶚獻計，許衡立法，事未果行。至仁宗延祐間，始斟酌舊制而行之，取士以德行爲本，試藝以經術爲先，士褒然舉首應上所求者，皆彬彬輩出矣。

然當時仕進有多岐，銓衡無定制，其出身於學校者，有國子監學，有蒙古字學、回回國學，有醫學，有陰陽學。其策名於薦舉者，有遺逸，有茂異，有求言，有進書，有童子。其出於宿衞、勳臣之家者，待以不次。其用於宣徽、中政之屬者，重爲內官。（文）〔又〕廕敍有循常之格，〔一〕而超擢有選用之科。由直省、侍儀等入官者，亦名清望。以倉庾、賦稅任事者，例視冗職。捕盜者以功敍，入粟者以貲進，至工匠皆入班資，而輿隸亦躋流品。諸王、公主，寵以投下，俾之保任。遠夷、外徼，授以長官，俾之世襲。凡若此類，殆所謂吏道雜而多端者歟。矧夫儒有歲貢之名，吏有補用之法。曰掾史、令史，曰書寫、銓寫，曰書吏、典吏，所設之名，未易枚舉。曰省、臺、院、部，曰路、府、州、縣，所入之途，難以指計。雖名卿大夫，亦往往由是躋要官，受顯爵，而刀筆下吏，遂致竊權勢，舞文法矣。

故其銓選之備，考覈之精，曰隨朝、外任，曰省選、部選，曰文官、武官，曰考數，曰資格，一毫不可越。而或援例，或借資，或優陞，或回降，其縱情破律，以公濟私，非至明者不能察焉。是皆文繁吏弊之所致也。

今採摭舊編，載於簡牘，或詳或略，條分類聚，殆有不勝其紀述者，姑存一代之制，作選舉志。

科目

太宗始取中原，中書令耶律楚材請用儒術選士，從之。九年秋八月，下詔命斷事官朮忽斛與山西東路課稅所長官劉中，歷諸路考試。以論及經義、詞賦分爲三科，作三日程，專治一科，能兼者聽，但以不失文義爲中選。其中選者，復其賦役，令與各處長官同署公事。得東平楊(英)[奐]等凡若干人，[一]皆一時名士，而當世或以爲非便，事復中止。

世祖至元初年，有旨命丞相史天澤條具當行大事，嘗及科舉，而未果行。四年九月，翰林學士承旨王鶚等，請行選舉法，遠述周制，次及漢、隋、唐取士科目，近舉遼、金選舉用人，與本朝太宗得人之效，以爲「貢舉法廢，士無入仕之階，或習刀筆以爲吏胥，或執僕役以事官僚，或作技巧販鬻以爲工匠商賈。以今論之，惟科舉取士，最爲切務，矧先朝故典，尤宜追述」。奏上，帝曰：「此良法也，其行之。」中書左三部與翰林學士議立程式，又請「依前代立國學，選蒙古人諸職官子孫百人，專命師儒教習經書，俟其藝成，然後試用，庶幾勳舊之家，人材輩出，以備超擢」。十一年十一月，裕宗在東宮時，省臣復啓，謂「去年奉旨行科舉，今將翰林老臣等所議程式以聞」。奉令旨，准蒙古進士科及漢人進士科，參酌時宜，以立制度。事未施行。至二十一年九月，丞相火魯火孫與留夢炎等言，十一月中書省臣奏，皆以

爲天下習儒者少，而由刀筆吏得官者多。帝曰：「將若之何？」對曰：「惟貢舉取士爲便。凡蒙古之士及儒吏、陰陽、醫術，皆令試舉，則用心爲學矣。」帝可其奏。繼而許衡亦議學校科舉之法，罷詩賦，重經學，定爲新制。事雖未及行，而選舉之制已立。

至仁宗皇慶二年十月，中書省臣奏：「科舉事，世祖、裕宗累嘗命行，成宗、武宗尋亦有旨，今不以聞，恐或有沮其事者。夫取士之法，經學實修己治人之道，詞賦乃摛章繪句之學，自隋、唐以來，取人專尚詞賦，故士習浮華。今臣等所擬將律賦省題詩小義皆不用，專立德行明經科，以此取士，庶可得人。」帝然之。十一月，乃下詔曰：

惟我祖宗以神武定天下，世祖皇帝設官分職，徵用儒雅，崇學校爲育材之地，議科舉爲取士之方，規模宏遠矣。朕以眇躬，獲承丕祚，繼志述事，祖訓是式。若稽三代以來，取士各有科目，要其本末，舉人宜以德行爲首，試藝則以經術爲先，詞章次之。浮華過實，朕所不取。爰命中書，參酌古今，定其條制。其以皇慶三年八月，天下郡縣，興其賢者能者，充賦有司，次年二月會試京師，中選者朕將親策焉。具合行事宜于後：

科場，每三歲一次開試。舉人從本貫官司於諸色戶內推舉，[三]年及二十五以上，鄉黨稱其孝悌，朋友服其信義，經明行修之士，結罪保舉，以禮敦遣，(貪)[貢]諸路府。[四]其或徇私濫舉，并應舉而不舉者，監察御史、肅政廉訪司體察究治。

考試程式：蒙古、色目人，第一場經問五條，大學、論語、孟子、中庸內設問，用朱氏章句集註。其義理精明，文辭典雅者爲中選。第二場策一道，以時務出題，限五百字以上。漢人、南人，第一場明經經疑二問，大學、論語、孟子、中庸內出題，並用朱氏章句集註，復以己意結之，限三百字以上；經義一道，各治一經，詩以朱氏爲主，尚書以蔡氏爲主，周易以程氏、朱氏爲主，已上三經，兼用古註疏，春秋許用三傳及胡氏傳，禮記用古註疏，限五百字以上，不拘格律。第二場古賦詔誥章表內科一道，古賦詔誥用古體，章表四六，參用古體。第三場策一道，經史時務內出題，不矜浮藻，惟務直述，限一千字以上成。蒙古、色目人，願試漢人、南人科目，中選者加一等注授。蒙古、色目人作一榜，漢人、南人作一榜。第一名賜進士及第，從六品，第二名以下及第二甲，皆正七品，第三甲以下，皆正八品，兩榜並同。

所在官司遲慢開試日期，監察御史、肅政廉訪司糾彈治罪。

流官子孫廕敍，並依舊制，願試中選者，優陞一等。

在官未入流品，願試者聽。若中選之人，已有九品以上資級，比附一高，加一等注授。若無品級，止依試例從優銓注。

鄉試處所，并其餘條目，命中書省議行。

於戲！經明行修，庶得眞儒之用；風移俗易，益臻至治之隆。咨爾多方，體予至意。

中書省所定條目：

鄉試中選者，各給解據、錄連取中科文，行省移咨都省，送禮部，腹裏宣慰司及各路關申禮部，拘該監察御史、廉訪司，依上錄連科文申臺，轉呈都省，以憑照勘。

鄉試，八月二十日，蒙古、色目人，試經問五條；漢人、南人，明經經疑二問，經義一道。二十三日，蒙古、色目人，試策一道；漢人、南人，古賦詔誥章表內科一道。二十六日，漢人、南人，試策一道。

會試，省部依鄉試例，於次年二月初一日試第一場，初三日第二場，初五日第三場。

御試，三月初七日，前期奏委考試官二員、監察御史二員、讀卷官二員，入殿廷考試。每舉子一名，怯薛歹一人看守。漢人、南人，試策一道，限一千字以上成。蒙古、色目人，時務策一道，限五百字以上成。

選考試官，行省與宣慰司及腹裏各路，有行臺及廉訪司去處，與臺憲官一同商議選差。上都、大都從省部選差在內監察御史、在外廉訪司官一員監試。每處差考試官、同考試官各一員，並於見任幷在閑有德望文學常選官內選差；封彌官一員、謄錄官一員，選廉幹文資

正官充之。凡謄錄試卷并行移文字，皆用朱書，仍須設法關防，毋致容私作弊。省部會試，都省選委知貢舉、同知貢舉官各一員，考試官四員，監察御史二員，彌封、謄錄、對讀官、監門等官各一員。

鄉試，行省一十一：河南、陝西、遼陽、四川、甘肅、雲南、嶺北、征東、江浙、江西、湖廣。宣慰司二：河東、山東。直隸省部路分四：眞定、東平、大都、上都。

天下選合格者三百人赴會試，於內取中選者一百人，內蒙古、色目、漢人、南人分卷考試，各二十五人。蒙古人取合格者七十五人：大都十五人，上都六人，河東五人，眞定等五人，東平等五人，山東四人，遼陽五人，河南五人，陝西五人，甘肅三人，嶺北三人，江浙五人，江西三人，湖廣三人，四川一人，雲南一人，征東一人。色目人取合格者七十五人：大都十人，上都四人，河東四人，東平等四人，山東五人，眞定等五人，河南五人，四川三人，甘肅二人，陝西三人，嶺北二人，遼陽二人，雲南二人，征東一人，湖廣七人，江浙一十人，江西六人。漢人取合格者七十五人：大都一十人，上都四人，眞定等十一人，東平等九人，山東七人，河東七人，河南九人，四川五人，雲南二人，甘肅二人，嶺北一人，陝西五人，遼陽二人，征東一人。南人取合格者七十五人：湖廣一十八人，江浙二十八人，江西二十二人，河南七人。

鄉試、會試，許將禮部韻略外，餘並不許懷挾文字。差搜檢懷挾官一員，每舉人一名差軍一名看守，無軍人處，差巡軍。

提點摒掠試院，差廉幹官一員，度地安置席舍，務令隔遠，仍自試官入院後，常川妨職，監押外門。

鄉試、會試，彌封、謄錄、對讀官下吏人，於各衙門從便差設。

試卷不考格，犯御名廟諱及文理紕繆，[五]塗注乙五十字以上者，不考。謄錄所承受試卷，並用朱書謄錄正文，實計塗注乙字數，標寫對讀無差，將朱卷逐旋送考試所。如朱卷有塗注乙字，亦皆標寫字數，謄錄官書押。候考校合格，中選人數已定，抄錄字號，索上元卷，請監試官、知貢舉官、同試官，對號開拆。

舉人試卷，各人自備三場文卷并草卷，各一十二幅，於卷首書三代、籍貫、年甲，前期半月於印卷所投納。置簿收附，用印鈐縫訖，各還舉人。

凡就試之日，日未出入場，黃昏納卷。受卷官送彌封所，撰字號，封彌訖，送謄錄所。

科舉既行之後，若有各路歲貢及保舉儒人等文字到官，並令還赴本鄉應試。

倡優之家及患廢疾、若犯十惡奸盜之人，不許應試。

舉人於試場內，毋得喧譁，違者治罪，仍殿二舉。

舉人與考試官有五服內親者，自須迴避，仍令同試官考卷。若應避而不自陳者，殿一舉。

鄉試、會試，若有懷挾及令人代作者，漢人、南人有居父母喪服應舉者，並殿二舉。

國子監學歲貢生員及伴讀出身，並依舊制，願試者聽。中選者，於監學合得資品上從優銓注。

別路附籍蒙古、色目、漢人，大都、上都有恒產、住經年深者，從兩都官司，依上例推舉就試。其餘去處冒貫者，治罪。

知貢舉以下官會集至公堂，議擬合行事目云：

諸輒於彌封所取問舉人試卷封號姓名及漏泄者，治罪。諸試題未出而漏泄者，許人告首。諸對讀試卷官不躬親而輒令人吏對讀，其對讀訖而差誤有礙考校者，有罰。諸謄錄人書寫不愼及錯誤有礙考校者，重事責罰。諸官司故縱舉人私將試卷出院，及祗應人知而爲傳送者，許人告首。諸監試官掌試院事，不得干預考校。諸試院官在簾內者，不許與簾外官交語。諸色人無故不得入試廳。諸舉人謗毀主司，率衆喧競，不服止約者，治罪。諸舉人就試，無故不冠及擅移坐次者，或偶與親姻隣坐而不自陳者，懷挾代筆傳義者，並扶出。

諸拆毀試卷首家狀者，推治。諸舉人於試卷書他語者，駮放；涉謗訕者，推治。諸試日，爲舉人傳送文書，及因而受財者，並許人告。諸舉人於別紙上起草者，出榜退落。諸科文內不得自敍苦辛門第，委謄錄所點檢得，如有違犯，更不謄錄，移文考試院出榜退落。諸冒名就試，別立姓名，及受財爲人懷挾代筆傳義者，並許人告。諸被黜而妄訴者，治罪。諸監門官譏察出入，其物應入者，拆封點檢。諸巡鋪官及兵級，[六]不得喧擾，及輒視試文，并容縱舉人無故往來，非因公事，不得與舉人私語。諸試卷彌封用印訖，以三不成字爲號標寫，仍於塗注乙處用印。

每舉人一名，給祗應巡軍一人，隔夜入院，分宿席房。試日，擊鐘爲節。一次，院官以下皆盥漱。二次，監門官啓鑰，舉人入院，搜檢訖，就將解據呈納。禮生贊曰「舉人再拜」，知貢舉官隔簾受一拜，跪答一拜，試官受一拜，答一拜。鐘三次，頒題，就次。日午，賜膳。其納卷首，赴受卷所揖而退，不得交語。受卷官書舉人姓名于曆，舉人揖而退，取解據出院，巡軍亦出。至晚，鳴鐘一次，鎖院門。第二場，舉人入院，依前搜檢，每十人一甲，序立至公堂下，作揖畢，頒題就次。第三場，如前儀。

其受卷官具受到試卷，逐旋關發彌封官，將家狀草卷，腰封用印，蒙古、色目、漢人、南人分卷，以三不成字撰號。每名累場同用一號，於卷上親書，及於曆內標附訖，牒送謄錄官置曆，分給吏人，並用朱書謄錄正文，仍具元卷塗注乙及謄錄塗注乙字數，卷末書謄錄人姓名，謄錄官具銜書押，用印鈐縫，牒送對讀所。翰林掾史具謄錄訖試卷總數，呈報監察御史。對讀官以元卷與朱卷躬親對讀無差，具銜書押，呈解貢院，元卷發還彌封所。各所行移，並用朱書，試卷照依元號附簿。

試官考卷，知貢舉居中，試官相對向坐，公同考校，分作三等，逐等又分上中下，用墨筆批點。考校既定，收掌試卷官於號簿內標寫分數，知貢舉官、同試官、監察御史、彌封官，公同取上元卷對號開拆，知貢舉於試卷家狀上親書省試第幾名。拆號既畢，應有試卷並付禮部架閣，貢舉諸官出院。中書省以中選舉人分爲二榜，揭于省門之左右。

三月初四日，中書省奏准，以初七日御試舉人於翰林國史院，定委監試官及諸執事。初五日，各官入院。初六日，譔策問進呈，俟上采取。初七日，執事者望闕設案於堂前，置策題於上。舉人入院，搜檢訖，蒙古人作一甲，序立，禮生導引至於堂前，望闕兩拜，賜策題，又兩拜，各就次。色目人作一甲，漢人、南人作一甲，如前儀。每進士一人，差蒙古宿衞士一人監視。日午，賜膳。進士納卷畢，出院。監試官同讀卷官，以所對策第其高下，分爲三甲進奏。作二榜，用敕黃紙書，揭于內前紅門之左右。

前一日，禮部告諭中選進士，以次日詣闕前，所司具香案，侍儀舍人唱名，謝恩，放榜。

擇日賜恩榮宴于翰林國史院，押宴以中書省官，凡預試官並與宴。預宴官及進士並簪華至所居。擇日恭詣殿廷，上謝恩表。次日，詣中書省參見。又擇日，諸進士詣先聖廟行舍菜禮，第一人具祝文行事，刻石題名於國子監。

延祐二年春三月，廷試進士，賜護都答兒、張起巖等五十有六人，及第、出身有差。五年春三月，廷試進士護都達兒、霍希賢等五十人。

至治元年春三月，廷試進士達普化、宋本等六十有四人。

泰定元年春三月，廷試進士捌刺、張益等八十有六人。四年春三月，廷試進士阿察赤、李黼等八十有六人。

天曆三年春三月，廷試進士篤列圖、王文燁等九十有七人。

元統癸酉科，廷試進士同同、李齊等，復增名額，以及百人之數。稍異其制，左右榜各三人，皆賜進士及第，餘賜出身有差。科舉取士，莫盛於斯。後三年，其制遂罷。又七年而復興，遂稍變程式，減蒙古、色目人明經二條，增本經義；易漢、南人第一場四書疑一道爲本經疑，增第二場古賦外，於詔誥、章表內又科一道。此有元科目取士之制，大略如此。

若夫會試下第者，自延祐創設之初，丞相帖木迭兒、阿散及平章李孟等奏：「下第舉人，

年七十以上者，與從七品流官致仕；六十以上者，與教授；元有出身者，於應得資品上稍優加之；無出身者，與山長、學正。受省劄，後舉不爲例。今有來遲而不及應試者，未曾區用。取旨。」帝曰：「依下第例恩之，勿著爲格。」

泰定元年三月，中書省臣奏：「下第舉人，仁宗延祐間，命中書省各授教官之職，以慰其歸。今當改元之初，恩澤宜溥。蒙古、色目人，年三十以上并兩舉不第者，與教授；以下，與學正、山長。漢人、南人，年五十以上并兩舉不第者，與教授；以下，與學正、山長。先有資品出身者，更優加之。不願仕者，令備國子員。後勿爲格。」從之。自餘下第之士，恩例不可常得，間有試補書吏以登仕籍者。惟已廢復興之後，其法始變，下第者悉授以路府學正及書院山長。又增取鄉試備榜，亦授以郡學錄及縣教諭。於是科舉取士，得人爲盛焉。

學校

世祖至元八年春正月，始下詔立京師蒙古國子學，教習諸生，於隨朝蒙古、漢人百官及怯薛歹官員，選子弟俊秀者入學，然未有員數。以通鑑節要用蒙古語言譯寫教之，俟生員習學成效，出題試問，觀其所對精通者，量授官職。成宗大德十年春二月，增生員廩膳，通前三十員爲六十員。武宗至大二年，定伴讀員四十人，以在籍上名生員學問優長者補之。

仁宗延祐二年冬十月，以所設生員百人，蒙古五十人，色目二十人，漢人三十人，而百官子弟之就學者，常不下二三百人，宜增其廩餼，乃減去庶民子弟一百一十四員，聽陪堂學業，於見供生員一百名外，量增五十名。元置蒙古二十人，漢人三十人，其生員紙札筆墨止給三十人，歲凡二次給之。

至元六年秋七月，置諸路蒙古字學。十二月，中書省定學制頒行之，命諸路府官子弟入學，上路二人，下路二人，府一人，州一人。餘民間子弟，上路三十人，下路二十五人。願充生徒者，與免一身雜役。以譯寫通鑑節要頒行各路，俾肄習之。至成宗大德五年冬十月，又定生員，散府二十人，上、中州十五人，下州十人。元貞元年，命有司割地，給諸路蒙古學生員餼廩。其學官，至元十九年，定擬路府(路)〔州〕設教授，〔七〕以國字在諸字之右，府州教授一任，准從八品，再歷路教授一任，准正八品，任回本等遷轉。大德四年，添設學正一員，上自國學，下及州縣，舉生員高等，從翰林考試，凡學官譯史，取以充焉。

世祖至元二十六年夏五月，尚書省臣言：「亦思替非文字宜施於用，今翰林院益福的哈魯丁能通其字學，乞授以學士之職，凡公卿大夫與夫富民之子，皆依漢人入學之制，日肄習之。」帝可其奏。是歲八月，始置回回國子學。至仁宗延祐元年四月，復置回回國子監，設監官，以其文字便於關防取會數目，令依舊制，篤意領教。泰定二年春閏正月，以近歲公卿

大夫子弟與夫凡民之子入學者衆，其學官及生員五十餘人，已給飲膳者二十七人外，助教一人、生員二十四人廩饍，並令給之。學之建置在於國都，凡百司庶府所設譯史，皆從本學取以充焉。

太宗六年癸巳，以馮志常爲國子學總教，命侍臣子弟十八人入學。世祖至元七年，命侍臣子弟十有一人入學，以長者四人從許衡，童子七人從王恂。至二十四年，立國子學，而定其制。設博士，通掌學事，分教三齋生員，講授經旨，是正音訓，上嚴教導之術，下考肄習之業。復設助教，同掌學事，而專守一齋；正、錄，申明規矩，督習課業。凡讀書必先孝經、小學、論語、孟子、大學、中庸，次及詩、書、禮記、周禮、春秋、易。博士、助教親授句讀、音訓，正、錄、伴讀以次傳習之。講說則依所讀之序，正、錄、伴讀亦以次而傳習之。次日，抽籤，令諸生復說其功課。對屬、詩章、經解、史評，則博士出題，生員具藁，先呈助教，俟博士既定，始錄附課簿，以憑考校。其生員之數，定二百人，先令一百人及伴讀二十人入學。其百人之內，蒙古半之，色目、漢人半之。許衡又著諸生入學雜儀，及日用節目。七年，命生員八十人入學，俾永爲定式而遵行之。

成宗大德八年冬十二月，始定國子生，蒙古、色目、漢人三歲各貢一人。十年冬閏十月，國子學定蒙古、色目、漢人生員二百人，三年各貢二人。

武宗至大四年秋閏七月，定生員額三百人。冬十二月，復立國子學試貢法，蒙古授官六品，色目正七品，漢人從七品。試蒙古生之法宜從寬，色目生宜稍加密，漢人生則全科場之制。

仁宗延祐二年秋八月，增置生員百人，陪堂生二十人，用集賢學士趙孟頫、禮部尚書元明善等所議國子學貢試之法更定之。一曰陞齋等第。六齋東西相向，下兩齋左曰游藝，右曰依仁，凡誦書講說、小學屬對者隸焉。中兩齋左曰據德，右曰志道，講說四書、課肄詩律者隸焉。上兩齋左曰時習，右曰日新，講說易、書、詩、春秋科，習明經義等程文者隸焉。每齋員數不等，每季考其所習經書課業，及不違規矩者，以次遞陞。二曰私試規矩。漢人驗日新、時習兩齋，蒙古色目取志道、據德兩齋，本學舉實歷坐齋二周歲以上，未嘗犯過者，許令充試。限實歷坐齋三周歲以上，以充貢舉。漢人私試，孟月試經疑一道，仲月試經義一道，季月試策問、表章、詔誥科一道。蒙古、色目人，孟、仲月各試明經一道，季月試策問一道。辭理俱優者爲上等，準一分；理優辭平者爲中等，準半分。每歲終，通計其年積分，至八分以上者陞充高等生員，以四十名爲額，內蒙古、色目各十名，漢人二十名。歲終試貢，員不必備，惟取實才。有分同闕少者，以坐齋月日先後多少爲定。其未及等，并雖及等無闕未補者，其年積分，並不爲用，下年再行積算。每月初二日蚤旦，圓揖後，本學博士、助教公座，面引應試生員，各給印紙，依式出題考試，不許懷挾代筆，各用印紙，眞楷書寫，本學正、錄彌封謄錄，餘並依科舉式，助教、博士以次考定。次日，監官覆考，於名簿內籍記各得分數，本學收掌，以俟歲終通考。三曰黜罰科條。應私試積分生員，其有不事課業及一切違戾規矩者，初犯罰一分，再犯罰二分，三犯除名，從學正、錄糾舉，正、錄知見而不糾舉者，從本監議罰之。應已補高等生員，其有違戾規矩者，初犯殿試一年，再犯除名，從學正、錄糾舉之，正、錄知見而不糾舉者，亦從本監議罰之。應在學生員，歲終實歷坐齋不滿半歲者，並行除名。除月假外，其餘告假，並不準算。學正、錄歲終通行考校應在學生員，除蒙古、色目別議外，其餘漢人生員三年不能通一經及不肯勤學者，勒令出學。其餘責罰，並依舊規。

泰定三年夏六月，更積分而爲貢舉，並依世祖舊制。其貢試之法，從監學所擬，大概與前法略同，而防閑稍加嚴密焉。其本學正、錄各二員，司樂一員，典籍二員，管勾一員，及侍儀舍人，舊例舉積分生員充之，後以積分既革，於上齋舉年三十以上、學行堪範後學者爲正、錄，通曉音律、學業優贍者爲司樂，幹局通敏者爲典籍、管勾。其侍儀舍人，於上、中齋，舉禮儀習熟、音吐洪暢、曾掌春秋釋奠、每月告朔明贊、衆與其能者充之。文宗天曆二年春三月，惟伴讀員數，自初二十人歲貢二人，後於大德七年定四十人歲貢六人，至大四年定四十人歲貢四人，延祐二年歲貢八人爲淹滯，既額設四十名，宜充部令史者四人、路教授者四

人。是後，又命所貢生員，每大比選士，與天下士同試於禮部，策於殿廷，又增至備榜而加選擇焉。

國初，燕京始平，宣撫王檝請以金樞密院爲宣聖廟。太宗六年，設國子總教及提舉官，命貴臣子弟入學受業。憲宗四年，世祖在潛邸，特命修理殿廷；及卽位，賜以玉斝，俾永爲祭器。至元十三年，授提舉學校官六品印，遂改爲大都路學，署曰提舉學校所。二十四年，既遷都北城，立國子學于國城之東，迺以南城國子學爲大都路學，自提舉以下，設官有差。仁宗延祐四年，大興府尹馬思忽重修殿門堂廡，建東西兩齋。泰定三年，府尹曹偉增建環廊。文宗天曆二年，復增廣之，提舉郝義恭又增建齋舍。自府尹郝朵而別至曹偉，始定生員凡百人，每名月餼，京畿漕運司及本路給之。泰定四年夏四月，諸生始會食于學焉。

太宗始定中原，卽議建學，設科取士。世祖中統二年，始命置諸路學校官，凡諸生進修者，嚴加訓誨，務使成材，以備選用。至元十九年夏四月，命雲南諸路皆建學以祀先聖。二十三年二月，帝御德興府行宮，詔江南學校舊有學田，復給之以養士。二十八年，令江南諸路學及各縣學內，設立小學，選老成之士敎之，或自願招師，或自受家學于父兄者，亦從其便。其他先儒過化之地，名賢經行之所，與好事之家出錢粟贍學者，並立爲書院。凡師儒之命於朝廷者，曰敎授，路府上中州置之。命於禮部及行省及宣慰司者，曰學正、山長、學

錄、教諭，路州縣及書院置之。路設教授、學正、學錄各一員，散府上中州設教授一員，下州設學正一員，縣設教諭一員，書院設山長一員。中原州縣學正、山長、學錄、教諭，並受禮部付身。各省所屬州縣學正、山長、學錄、教諭，並受行省及宣慰司劄付。凡路府州書院，設直學以掌錢穀，從郡守及憲府官試補。直學考滿，又試所業十篇，陞爲學錄、教諭。凡正、長、(論)〔學〕錄、教諭，〔六〕或由集賢院及臺憲等官舉充之。諭、錄歷兩考，陞正、長。正、長一考，陞散府上中州教授。上中州教授又歷一考，陞路教授。教授之上，各省設提舉二員，正提舉從五品，副提舉從七品，提舉凡學校之事。後改直學考滿爲州吏，例以下第舉人充正、長，備榜舉人充諭、錄，有薦舉者，亦參用之。自京學及州縣學以及書院，凡生徒之肄業於是者，守令舉薦之，臺憲考覈之，或用爲教官，或取爲吏屬，往往人材輩出矣。

世祖中統二年夏五月，太醫院使王猷言：「醫學久廢，後進無所師授。竊恐朝廷一時取人，學非其傳，爲害甚大。」乃遣副使王安仁授以金牌，往諸路設立醫學。其生員擬免本身檢醫差占等役，俟其學有所成，每月試以疑難，視其所對優劣，量加勸懲。後又定醫學之制，設諸路提舉綱維之。凡宮壼所需，省臺所用，轉入常調，可任親民，其從太醫院自遷轉者，不得視此例，又以示仕途不可以雜進也。然太醫院官既受宣命，皆同文武正官五品以上遷敍，餘以舊品職遞陞，子孫廕用同正班敍。其掌藥，充都監直長，充御藥院副使，陞

至大使，考滿依舊例於流官銓注。諸教授皆從太醫院定擬，而各路主善亦擬同教授皆從九品。凡隨朝太醫，及醫官子弟，及路府州縣學官，並須試驗。其各處名醫所述醫經文字，悉從考校。其諸藥所產性味眞僞，悉從辨驗。其隨路學校，每歲出降十三科疑難題目，具呈太醫院，發下諸路醫學，令生員依式習課醫義，年終置簿解納送本司，以定其優劣焉。

世祖至元二十八年夏六月，始置諸路陰陽學。其在腹裏、江南，若有通曉陰陽之人，各路官司詳加取勘，依儒學、醫學之例，每路設教授以訓誨之。其有術數精通者，每歲錄呈省府，赴都試驗，果有異能，則於司天臺內許令近侍。延祐初，令陰陽人依儒、醫例，於路府州設教授〔一〕員，〔九〕凡陰陽人皆管轄之，而上屬於太史焉。

舉遺逸以求隱跡之士，擢茂異以待非常之人。世祖中統間，徵許衡，授懷孟路教官，詔於懷孟等處選子弟之俊秀者教育之。是年，又詔徵金進士李治，授翰林學士。徵劉因爲集賢學士，不至。又用平章咸寧王野仙薦，徵蕭𣂏不起，卽授陝西儒學提舉。至元十八年，詔求前代聖賢之後，儒醫卜筮，通曉天文曆數，幷山林隱逸之士。二十年，復召拜劉因右贊善大夫，辭，不允。未幾以親老，乞終養，俸給一無所受。後遣使授命于家，辭疾不起。二十八年，復詔求隱晦之士，俾有司具以名聞。成宗大德六年，徵臨川布衣吳澄，擢應奉翰林文字，拜命卽歸。九年，詔求山林間有德行文學、識治道者，遣使徵蕭𣂏，且曰：「或不樂於仕，可試一來，與朕語而遣歸。」至大三年，復召吳澄，拜國子司業，以病還，延祐三年，召拜集賢直學士，以疾不赴，至治三年，召拜翰林學士。武宗、仁宗累徵蕭𣂏，授集賢學士、國子司業，未赴，改集賢侍講學士。又以太子右諭德徵，始至京師，授集賢學士、國子祭酒，諭德如故。仁宗延祐七年十一月，詔曰：「比歲設立科舉，以取人材，尙慮高尙之士，晦跡丘園，無從可致。各處其有隱居行義、才德高邁、深明治道、不求聞達者，所在官司具姓名，牒報本道廉訪司，覆奏察聞，以備錄用。」又屢詔求言於下，使得進言於上，雖指斥時政，並無譴責，往往采擇其言，任用其人，列諸庶位，以圖治功。其他著書立言、裨益教化、啓迪後人者，亦斟酌錄用，著爲常式云。

童子舉，唐、宋始著于科，然亦無常員。成宗大德三年，舉童子楊山童、海童。五年，大都提舉學校所舉安西路張秦山，江浙行省舉張昇甫。武宗至大元年，舉武福安。仁宗延祐三年，江浙行省舉兪傳孫、馮怙哥。六年，河南路舉張答罕，學士完者不花舉丁頑頑。七年，河間縣舉杜山童，大興縣舉陳聃。英宗至治元年，福州路連江縣舉陳元麟。至治三年，河南行省舉張英。泰定四年，福州舉葉留畊。文宗天曆二年，舉杜夙靈。至順二年，制舉答不歹子買來的。皆以其天資穎悟，超出兒輩，或能默誦經文，書寫大字，或能綴緝辭章，講說經史，並令入國子學教育之。惟張秦山尤精篆籀，陳元麟能通性理，葉留畊問以四書

大義，則對曰：「無過事父母能竭其力，事君能致其身。」時人以遠大期之。

校勘記

〔一〕(文)〔又〕廕敍有循常之格　從道光本改。

〔二〕東平楊(英)〔奐〕　據本書卷一五三楊奐傳及還山遺稿附錄元好問楊奐神道碑改。考異已校。

〔三〕舉人從本貫官司於諸色戶內推舉　按元典章卷三一科舉條制、通制條格卷五科舉，「諸色戶」上有「路府州縣學及」六字。此處疑脫。

〔四〕(貢)〔貢〕諸路府　據元典章卷三一科舉條制、通制條格卷五科舉改。新元史已校。

〔五〕犯御名廟諱及文理紕繆　按元典章卷三一科舉程式目、通制條格卷五科舉，「御名廟諱」下有「偏犯者非」四字。此處疑脫。

〔六〕諸巡鋪官及兵級　王圻續通考作「諸巡捕官及兵役」，疑是。

〔七〕定擬路府(路)〔州〕設教授　按下文有「府州教授」、「路教授」，此第二「路」字顯爲「州」字之誤，今改。新元史已校。

〔八〕凡正長(論)〔學〕錄教諭　從北監本改。

〔九〕令陰陽人依儒醫例於路府州設教授〔一〕員　道光本與本書卷九一百官志合，從補。

元史卷八十二

志第三十二

選舉二

銓法上

凡怯薛出身：元初用左右宿衞爲心膂爪牙，故四怯薛子孫世爲宿衞之長，使得自舉其屬。諸怯薛歲久被遇，常加顯擢，惟長官薦用，則有定制。至元二十年議：「久侍禁闥、門地崇高者，初受朝命散官，減職事一等，否則量減二等。」至大四年，詔蒙古人降一等，色目人降二等，漢人降三等。

凡臺憲遷用：大德元年，省議：「臺官舊無選法，俱於民職選取，後互相保選，省、臺各爲一選。宜令臺官，幕官聽自選擇，惟廉訪司官，則省、臺共選。若臺官於省部選人，則與省官共議之，省官於臺憲選人，亦與臺官共議之。」至元八年，定監察御史任滿，在職無異

政，元係七品以下者例加一等，六品以上者陞擢。其有不顧權勢，彈劾非違，及利國便民者，別議陞除。或有不稱者，斟酌銓注。

凡選舉守令：至元八年，詔以戶口增、田野闢、詞訟簡、盜賊息、賦役均五事備者，爲上選。九年，以五事備者爲上選，陞一等。四事備者，減一資。三事有成者爲中選，依常例遷轉。四事不備者，添一資。五事俱不舉者，黜降一等。二十三年，詔：「勸課農桑，克勤奉職者，以次陞奬。其怠於事者，笞罷之。」二十八年，詔：「路府州縣，除達魯花赤外，長官並宜選用漢人素有聲望，及勳臣故家，并儒吏出身，資品相應者，佐貳官遴選色目、漢人參用，庶期於政平訟理，民安盜息，而五事備矣。」

凡進用武官：至元十五年，詔：「軍官有功而陞職者，舊以其子弟襲職，陣亡者許令承襲，若罷去者，以有功者代之。」十七年，詔：「渡江總把、百戶有功陞遷者，總把依千戶降等承襲，百戶無遞降職名，則從其本等。」十九年，奏擬：「萬戶、千戶、百戶物故，視其子孫堪承襲者，依例承襲外，都元帥、招討使、總管、總把，視其子孫堪承襲者，止令管其元軍。元帥、招討子孫爲萬戶，總管子孫爲千戶，總把子孫爲百戶，給元佩金銀符。病故者降等，惟陣亡者本等承襲。」二十〔一〕年，〔一〕詔：「萬戶、千戶、百戶分上中下三等，定立條格，通行遷轉。以三年爲滿，理算資考，陞加品級。若年老病故者，令其子弟依例廕敍。」是年，以舊制父子相繼，管領元軍，不設蒙古軍官，故定立資考，三年爲滿，通行遷轉。後各翼大小軍官俱設蒙古軍官，又兼調遣征進，俱已離翼，難與民官一體遷轉廕敍，合將萬戶、千戶、鎮撫自奏准日爲始，以三年爲滿，通行遷轉。百戶以下，不拘此例。凡軍官征戰有功過者，驗實跡陞降。又定蒙古奧魯官，大翼萬戶下設奧魯總管府，從四品。小翼萬戶下設奧魯官，從五品。各千戶奧魯，亦設奧魯官，受院劄。各千戶奧魯，不及一千戶者，或二百戶、三百戶，以遠就近，以小就大，合併爲千戶翼奧魯官，受院劄。若干礙投下，難以合併，宜再議之。又定首領官受敕牒，元帥、招討司經歷、知事，就充萬戶府經歷、知事，換降敕牒，如元翼該革，別與遷除。若王令旨、并行省劄付、樞密院劄付經歷，充中、下萬戶府知事。行省諸司劄付，充提領案牘，并各翼萬戶自設經歷、知事，一例俱作提控案牘，受院劄。又議：「隨朝各衞千戶鎮撫所提控案牘，已擬受院劄，外任千戶鎮撫所提控案牘，合從行省許准，受萬戶府付身。」二十四年，詔：「諸求襲其父兄之職者，宜察其人而用之。凡舊臣勳閥及有戰功者，其子弟當先任以小職，若果有能，則大用之。」二十五年，軍官陣亡者，本等承襲。病故者，降二等。雖陣亡，其子弟無能，勿用。雖病故，其子弟果能，不必降等，於本等用之。大德四年，以上都虎賁司并武衞內萬戶、千戶、百戶達魯花赤亡歿，而無奏准承襲定例，似爲偏負。今後各翼達魯花赤亡歿，宜察其子弟有能者用之，無能則止。五年，詔：「軍官有不赴任者，有患病

因事不行者，有已赴任、被差委而出、公事已辦爲私事稱故不迴者，今後宜限以六月。越限者以他人代之，期年後以他職授之。」十一年，詔：「色目鎮撫已歿，其子有能，依例用之。子幼，則取其兄弟之子有能者用之，俟其子長，即以其職還之。」至大二年，議：「各衞翼首領官，至經歷以上，不得陞除，似與官軍一體，其子孫乃不得承襲。今後年踰七十，而散官至正從四品者，宜正從五品軍官內任用。」四年，詔：「軍官有故，令其嫡長子，〔二〕亡歿，令嫡長孫爲之。嫡長孫亡歿，則令嫡長孫之嫡長子爲之。若嫡長俱無，則以其兄弟之子相應者爲之。」

太禧院。天曆元年，罷會福、殊祥二院而立之，秩正二品。其所轄諸司，則從其擢用。

宣徽院。皇慶二年，省臣奏：「其所轄倉庫、屯田官員，半由都省，半由本院用之。」奉旨，宜俱從省臣用之。

中政院。至大四年言：「諸司錢糧選法，悉令中書省掌之，可更選人任用，移文中書，給降宣敕。」延祐七年，院臣啓：「皇后位下中政院用人，奉懿旨，依樞密院、御史臺等例行之。」

直省舍人，內則侍相臣之興居，外則傳省闥之命令，選宿衞及勳臣子弟爲之。又擇其高等二人，專掌奏事。至元二十五年，省臣奏：「其充是職者，俾受宣命。」大德八年，擬歷六十月者，始令從政。

中華書局

凡禮儀諸職：有太常寺檢討，至元十三年，擬歷一百月，除從八品。有御史臺殿中司知班，十五年，擬歷九十月，除正八品。有通事舍人，二十年，議：「從本司選已入流品職官爲之，考滿驗應得資品，陞一等遷用。未入流官人員，擬充侍儀舍人，受中書省劄，一考除從九品。」三十年，議：「於二品、三品官子內選用，不限廕敍，兩考從七品遷敍。」有侍儀舍人，三十年，議：「於四品、五品官子內選用，不限廕敍，一考從九品。」大德三年，議：「有闕，宜令侍儀司於到部正從九品流官內選用，仍受省劄，三十月爲滿，依朝官內陞轉，如不敷，於應得府州儒學教授內選用，歷一考，正九品敍。」有禮直管勾，大德三年，省選合用到部人員，俱從太常寺舉保，非常選除充者，任迴止於本衙門敍用。有郊壇庫藏都監二人，至大三年，議：「受省劄者歷一考之上，受部劄者歷兩考之上，再歷本院屬官一任，擬於從九品內敍。」天曆二年，擬在朝文翰衙門，於國子生員內舉充。

至元九年，部議：「巡檢流外職任，擬三十月爲一考，任迴於從九品遷敍。」二十年，議：「巡檢六十月，陞從九品。」大德七年，議：「各處所委巡檢，自立格月日爲始，已歷兩考之上者，循舊例九十月出職；不及兩考者，須歷一百二十月，方許出職遷轉。」十年，省奏：「奉旨腹裏巡檢，任迴及考者，止於巡檢內注授。所歷未及者，於錢穀官內定奪，通理巡檢月日。各處行省所設巡檢，考滿者，咨省定奪；未及考滿者，行省於錢穀官等職內委用，通理月日，

依舊陞轉；不及一考，如係告廕幷提控案牘例應轉充者，於雜職內委用，考滿各理本等月日，依例陞轉。」

腹裏諸路行用鈔庫，至元十九年，部擬：「州縣民官內選充，係八品、九品人員，三十月爲滿，任回驗元資品，減一資歷，通理遷敍。庫使，受都省劄付，任滿從優遷敍。庫副，受本路劄付，二十月爲滿，於本處上戶內公選交替。陝西、四川、西夏中興等路提舉司鈔庫，俱係行省管領，合就令依上選擬庫官，移文都省，給降敕牒劄付。」省議：「除鈔庫使副咨各省選擬外，提領省部選注。」腹裏官員，二十六年，定選充倉庫等官，擬於應得資品上陞一等，通理月日陞轉。江南官員，若曾腹裏歷仕，前資相應依例陞轉。遷去江淮歷仕人員，所歷月日一考之上者，除一考准爲根腳，餘有月日，後任通理；不及考者，添一資。若選充倉庫等官，擬於應得資品上，例陞一等，任回依上於腹裏陞轉。接連官員選充倉庫等官，應本地面從七品者，准算腹裏從七資品。歷過一考者，爲始理算月日，後任通理；一考之上，餘有月日，後任通理；不及考者，添一資陞轉。福建、兩廣官員選充倉庫等官，應得本地面從七品者，准算江南從七資品。歷過一考者，爲始理算月日；一考之上，餘有月日，後任通理；不及考者，添一資陞轉。元係流官，任回，止於流官內任用。雜職者，雜職內遷敍。萬億庫、寶鈔總庫、八作司，以一年滿代，錢物甚多，未易交割。宜以二年爲滿，少者以一年

爲滿。上都稅務官，止依上例遷轉。都省所轄去處，二周歲爲滿者：各處都轉運使司官、司屬官、首領官，各處都漕運使司官、首領官，諸路寶鈔都提舉司官，腹裏、江南隨路平準行用庫官，印造寶鈔庫官，鐵冶提舉司官、首領官，採金提舉司官、首領官，銀場提舉司官、首領官，新舊運糧提舉司官、首領官，都提舉萬億庫、八作司、寶鈔總庫首領官。一周歲爲滿者：泉府司所轄富藏庫官，廩給司、四賓庫、薄斂庫官，大都稅課提舉司官、首領官，酒課提舉司官、首領官，提舉太倉官、首領官，提舉醴源倉官、首領官，大都省倉官，河倉官，通州等處倉官，應受省部劄付管錢穀院務雜職等官，大都平準行用庫官，燒鈔四庫官，抄紙坊官，弊源庫官。行省所轄去處，二周歲爲滿者：各處都轉運使司官、司屬官、首領官，各處都漕運使司官、首領官，行諸路寶鈔都提舉司官，腹裏、江南隨路平準行用庫官，甘州、寧夏府等處都轉運使司官，市舶提舉司官、首領官，榷茶提舉司官、首領官。一周歲爲滿者：行泉府司所轄阜通庫官，各處行省收支錢帛諸物庫官。三十年，部議：「凡內外平準行用庫官，提領從七品，大使從八品，副使從九品。若流官內選充者，任迴減一資陞轉。雜職人員，止理本等月日。」元貞二年，部議：「凡倉官有闕，於到選相應職官，幷諸衙門有出身令譯史、通事、知印、宣使，奏差兩考之上人內選用，依驗難易收糧多寡陞等，任回於應去地方遷敍。通州、河西務、李二寺等倉官，於應得資品上陞一等，任滿，交割別無短少，減一資通理。

在都幷城外倉分，收糧五萬石之上倉官，於應得資品上陞一等，任滿，交割別無短少，依例遷敍；收糧一萬石之上倉官，止依應得品級除授，任滿，交割別無短少，減一資通理。」大德元年，省擬：「大都萬億四庫、富寧庫、寶鈔總庫、上都萬億庫官，止依合得資品選注，須二周歲滿日，別無短少，擬同隨朝例陞一等。」二年，省議：「上都、應昌倉官，比同萬億庫官例，二周歲爲滿，於應得資品上擬陞一等。」六年，部議：「在都平準行用庫官，擬合與外路一體二周歲爲滿，元係流官內選充者，任回減一資陞轉。萬億四庫知事例陞一等，提控案牘減資遷轉。和林、昔寶赤八剌哈孫、孔古烈倉改立從五品提舉司。提舉一員，從五品，同提舉一員，從六品，副提舉一員，從七品，周歲爲滿，於到選人內選充，應得資品上擬陞二等，任回遷用，所歷月日通理。甘、肅二路，每處設監支納一員，正六品，倉使一員，從六品，倉副一員，正七品，二周歲爲滿，於到選人內銓注，入倉先陞一等，任滿交割，別無短少，又陞一等。受給庫提領，從九品，使、副受省劄，攢典、合干人各設二名。」七年，部擬：「大都路永豐庫提領從七，大使從八，副使從九，於到選相應人內銓注。江西省英德路、河西務兩處，設立平準行用庫，擬合設官員，係從七以下人員，依例銓注。英德路平準行用庫，提領一員，從七，大使一員，從八，副使一員，從九品。河西務行用庫，大使一員，從八品，副使一員，吏部劄。甘肅行省豐備庫，提領一員，從七品，大使一員，正八品，於到選遙

西資品人內陞等銓注。大同倉官，擬二周歲交代，永盈倉例陞一等，其餘六倉，任回擬減一資陞轉。」八年，部議：「湖廣行省所轄散府司吏充倉官，依河南行省散府司吏充倉官，比總管府司吏取充者，降等定奪。」至大二年，部呈：「凡平準行用庫設官二員，常平倉設官三員，於流官內銓注，以二年爲滿，依例減資。」四年，部議：「上都兩倉，二周歲爲滿，於應得資品上陞一等，歷過月日，今後比例通理。」皇慶元年，部議：「上都平盈庫，二周歲爲滿，減一資陞轉。」延祐四年，部議：「江浙行省各路見役司吏，已及兩考，選充倉官，五萬石之上，比同考滿出身充典史，一考陞吏目。五萬石之下者，於典史添一考，依例遷敍。湖廣行省倉官，如係路吏及兩考，選充倉官一界，同考滿出身充典史，一考陞吏目，遷敍庫官，周歲准理本等月日，考滿依例陞轉。」

凡稅務官陞轉：至元二十一年，省議：「應敍辦課官分三等。一百錠之上，設提領一員、使一員。五十錠之上，設務使一員。五十錠之下，設都監一員。十錠以下，從各路差人管辦。都監歷三界，陞務使，一周歲爲滿，月日不及者通理。務使歷三界，陞提領。提領歷三界，受省劄錢穀官，再歷三界，始於資品錢穀官幷雜職任用。各處就差相副官，增及兩酬者，聽各處官司再差。增及三酬以上及後界又增者，申部定奪。」二十九年，省判所辦諸課增虧分數，陞降人員。增六分陞二等，增三分陞一等。其增不及分數，比全無增

者，到選量與從優。虧兌一分，降一等。三十年，省擬：「提領二年爲滿，省部於流官內銓注，一萬錠之上擬從六品，五千錠之上擬正七品，二千錠之上擬從七品，一千錠之上正八品，五百錠之上從八品。大使、副使俱周歲交代，大使從行省吏部於解由合敍相應人內遷調，〔三〕副使從各路於本處係籍近上戶內公選。」至大三年，詔定立辦課例。一百錠之下院務官分爲三等：五十錠之上爲上等，設提領一員，受省劄，大使一員，受部劄；二十錠之上爲中等，設大使、副使各一員；二十錠之下爲下等，設都監、同監各一員，俱受部劄。並以一年爲滿，齊界交代。都監、同監四界陞副使，又四界陞大使，又三界陞提領，又三界入資品錢穀官幷雜職內遷用。行省差設人員，各添兩界陞轉，仍自立界以後爲始，理算月日，並於有陞轉出身人員內定奪，不許濫用白身。議得例前部劄，提領於大使內銓注，都監、同監本等擬注，止依歷一十二界。至大三年例後，創入錢穀人員，及正從六品七品取廕子孫，亦依先例陞轉，不須添界外，其餘雜進之人，依今次定例遷用，通歷一十四界，依上例陞轉。至元九年，部議：「凡總府續置提控案牘，多係入仕年深，似比巡檢例同考滿轉入從九。緣從九係銓注巡檢闕，提領案牘吏員文資出職，難應捕捉，兼從九員多闕少，本等人員不敷銓注。凡陞轉資考，從九三任陞從八，正九兩任陞從八，巡檢提領案牘等考滿轉入從九，從九再歷三考陞從八，通理一百二十月陞。巡檢依已擬，提領案牘權擬六十月正九，再歷兩

任，通理一百二十月陞從九，較之陞轉資考，卽比巡檢庶員闕易就。都、吏目，擬吏目一考，轉充都目，一考，轉充提領案牘，考滿依上轉入流品。都、吏目應陞無闕，止注本等職名，驗理陞轉。」二十年，部擬：「提控案牘九十月陞九品。」二十五年，部擬：「各路司吏實歷六十月，吏目兩考陞都目，歷一考陞提控案牘，兩考陞正九。若依路司吏九十月，吏目歷一考與都目，餘皆依上陞轉。」省議：「江南提控案牘，除各路司吏比附腹裏路司吏至元二十五年呈准定例遷除，其餘已行直補，幷自行踏逐歷案牘兩考者，再添資遷除。」三十年，省准：「提控案牘補注巡檢，陞轉資品，不相爭懸，如已歷提控案牘月日者，任回止於提控案牘內遷敍。」三十一年，省議：「都目、巡檢員闕，雖不相就，若不從宜調用，似涉壅滯，下部先儘到選巡檢，餘闕准告銓注，任回各理本等月日。」大德二年，省准：「京城內外省倉典吏，例於大都路州司吏、縣典史內勾補，二周歲轉陞吏目。除行省所轄外，腹裏下州幷雜職等衙門，計設吏目一百餘處，其籍記未注者，以次銓注，俱擬三十月爲滿，任回本等內不次銓注。」三年，部擬：「提控案牘、都吏目有三周歲、二周歲、一周歲爲滿者，俱以三十月爲滿。」八年，省准：「和林兵馬司掌管案牘人等，比依下州，合設吏目一員，於籍記吏目外發補，任回從九品遷用，添一資陞轉。司吏量擬四名，從本司選補通吏業者，六十月，提控案牘內任用。」九年，部呈：「都、吏目已於典史內銓注，宜將籍記案牘驗歷仕，以遠就近，

於吏目闕內參注，各理本等月日。」十一年，江浙省臣言：「各路提控案牘改受敕牒，不見通例。」部照：「江北提控案牘，皆自府州司縣轉充路吏，請俸九十月方得吏目，一考陞都目，一考，陞提控案牘，兩考正九品，通理二百一十月入流，其行省所委者，九十月與〔從〕九品。〔四〕今議行省委用例革提控案牘，合於散府諸州案牘、都吏目幷雜職錢穀官內，行省依例銓注，通理月日陞轉。之後行省所設提控案牘、都吏目，合依江北由司縣府州轉充路吏，通理月日，考滿方許入流。」

凡選取宣使奏差：至元十九年，部擬：「六部奏差額設數目，每一十名內，令各部選取四名，九十月與從九品，餘外合設數目，俱於到部巡檢、提領案牘、都吏目內選取，候考滿日，驗下項資品銓注。」省准：「解由到部，關會完備人員內選取。應入吏目，選充奏差，三考與從九品。吏目一考應入都目人員，選充奏差，兩考與從九品。都目一考應入提領案牘人員，選充奏差，一考與從九品。巡檢、提領案牘一考，選充奏差，一考與正九品。」二十六年，省准：「上都留守司兼本路都總管府典吏出身，歷九十月，比通政院例，合轉補本司宣使，考滿依例定奪。」二十九年，省議：「行省、行院宣使於正從九品有解由職官內選取，如是不敷，於各道宣慰司一考之上奏差、本衙門三考典吏內選取。〔行臺止於正從九品職官內選取〕，不敷，於各道廉訪司三考奏差內幷本衙門三考典史內選取，〔五〕仍須色目、

漢人相參選取。自行踏逐者，亦須相應人員，考滿例降一等，須歷九十月，方許出職。內外諸衙門宣使，以色目、漢人相參，九十月爲滿。自行踏逐者降一等。凡內外諸衙門宣使、通事、知印、奏差，都省宣使有闕，於臺、院等衙門一考之上宣使、幷有解由正從八品職官內選補，如係都省直選人員，不拘此例，仍須色目、漢人相參選取。自行踏逐者，考滿例降一等，須歷九十月，方許出職。樞密院宣使，正從九品職官內選取，仍須色目、漢人相參選用。自行踏逐者，亦須相應人員，考滿例降一等，須歷九十月，方許出職。御史臺宣使，正從九品職官內選取。自行踏逐者，考滿例降一等，須歷九十月，方許出職。宣政院宣使，選補同。宣慰司奏差，於本衙門三考典吏內選取。自行踏逐者，考滿降等敍，須色目、漢人參用，歷九十月，方許出職。山東運司奏差，九十月，於近下錢穀官內任用。大都運司，一體定奪。」七年，〔六〕省准：「肇昌等處便宜都總帥府令史人等，已擬依各道宣慰司令史人等一體出身，自行踏逐者降等敍，有闕於本司三考典吏內選取。」八年，部呈：「各寺監保本處典吏補奏差，若元係請俸典吏、本把人等補充者，考滿同自行踏逐者，降等敍。」九年，擬宣徽院典吏九十月補宣使，幷所轄寺監令史。十年，省擬：「中政院宣使於本衙門三考之上典吏及正從九品職官內選用，以色目、漢人相參，自行踏逐者降等。」十一年，省擬：「燕南廉訪司奏差，州吏內選補，考滿於都目內遷用。」延祐三年，省議：「各衙門典吏，

須歷九十月，方許轉補奏差。」

凡匠官：至元九年，工部驗各管戶數，二千戶之上至一百戶之上，隨路管匠官品級。省議：「除在都總提舉司去處，依准所擬。東平雜造提舉司幷隨路織染提舉司，二千戶之上，提舉正五品，同提舉從六品，副提舉從七品。一千戶之上，提舉從五品，同提舉正七品，副提舉正八品。五百戶之上至一千戶之下，提舉正六品，同提舉從七品，副提舉從八品。三百戶之上，大使正七品，副使正八品。一百戶之上，大使從七品，副使從八品。一百戶之下，院長一員，同院務，例不入流品，量給食錢。凡一百戶之下管匠官資品，受上司劄付者，依已擬充院長。已受宣牌充局使者，比附一百戶之上局使資品遞降，量作正九資品。」二十二年，凡選取陞轉匠官資格，元定品給員數，〔七〕提舉司二千戶之上者，無之。一千戶之上，提舉從五品，同提舉正七品，副提舉正八品。五百戶之上、一千戶之下，提舉正六品，同提舉從七品，副提舉從八品。使副，三百戶之上，局使正七品，副使正八品。一百戶之上，局使從七品，副使從八品。一百戶之下，院長一員，比同務院，例不入流品。工部議：「三百戶之上局副從八，一百戶之上局副正九，遇有闕，於一百戶之下院長內選充。院長一百二十月陞正九，正九兩考陞從八，從八三考、正八兩考，俱陞從七。如正八有闕，別無資品相應人員，於已授從八匠官內選注，通歷九十月，陞從七。從七三考陞正七，正七兩

考陞從六。從六三考、正六兩考，俱陞從五。（爲）〔如〕所轄司屬無從六，〔八〕名闕，如已歷正七兩考，擬陞加從六散官，止於正七匠官內遷轉，九十月陞從五。如正六匠官有闕，於已授從六散官人員內選注，通歷九十月陞從五。從五三考擬陞正五，別無正五匠官，名闕，陞加正五散官，止於從五匠官內遷轉。如歷仕年深，至日斟酌定奪。至元十二年以前受宣敕省劄人員，依管民官例，擬准已受資品。十三年以後受宣敕省劄人員，若有超陞越等者，驗實歷俸月定擬，合得資品上例存一等遷用。管匠官遇有闕員去處，如無資品相應之人，擬於雜職資品相應到選人內銓用。凡中原、江淮匠官，正從五品子從九品匠官內廕敍，六品、七品子於院長內敍用。以匠官無從九，名闕，擬正從五品子應廕者，於正九匠官內銓注，任回，理算從九月日。」二十三年，詔：「管匠官，其造作有好惡虧少，勿令遷轉。」二十四年，部言：「管匠衙門首領官，宜於本衙門內選委知會造作相應人員區用，勿令遷轉，合依舊例，從本部於常選內選差相應人員掌管案牘，任滿交代遷敍。」元貞元年，准湖廣行省所擬：「三千戶之上提舉司從五品，提舉從五品，同提舉正七品，副提舉正八品。二千戶之上提舉司正六品，提舉正六品，同提舉從七品，副提舉從八品。一千戶之上局，局使正七品，副使正八品。〔九〕五百戶之上局，局使從七品，副使正九品。五百戶之下，院長一員。」

凡諸王分地與所受湯沐邑，得自舉其人，以名聞朝廷，而後授其職。至元二年，詔以各

投下總管府長官不遷外，其所屬州縣長官，於本投下分到城邑內遷轉。四年，省劄：「應給印官員，若受宣命及諸王令旨、或投下官員批劄、省府樞密院制府左右部劄付者，驗戶給印。」五年，詔：「凡投下官，必須用蒙古人員。」六年，以隨路見任幷各投下創差達魯花赤內，多女直、契丹、漢人，除回回、畏吾兒、乃蠻、唐兀同蒙古例許敍用，其餘擬合革罷，曾歷仕者，於管民官內敍用。十九年，詔：「各投下長官，宜依例三年一次遷轉。」省臣奏：「江南諸王分地長官，已令如例遷轉，其間若有兼管軍鎭守爲達魯花赤者，一體代之，似爲不宜。合令於投下長官之上署字，一同莅事。」二十年，議：「諸王各投下千戶，於江南分地已於長官內委用，其州縣長官，亦令如之，似爲相宜。」二十三年，諸王、駙馬幷百官保送人員，若曾仕者，驗資歷於州縣內相間用，如無歷仕，從本投下自用。三十年，各投下州縣長官，三年一次給由互相遷轉，如無可遷轉，依例給由申呈省部，仍牒廉訪司體訪。大德元年，諸投下達魯花赤從七以下者，依例顯選。十年，議：「各投下官員，非奉省部明文，毋得擅自離職。」皇慶二年，〔一〇〕詔：「各投下分地城邑長官，其常選所用者，居衆人之上；投下所委者爲添設，其常選內路府州及各縣內減一員。」三年，以中下縣主簿、錄事司錄判掌錢糧捕盜等事，不宜減去，幷增置副達魯花赤一員。四年，凡投下郡邑，令自置達魯花赤，其爲副者罷之。各投下有闕用人，自於其投下內選用，不許冒用常選內人。

凡壕寨官：至元十九年，省部擬：「都水監併入本部，其壕寨官比依各部奏差出身。」大德二年，擬考滿除從九品。

凡入粟補官：天曆三年，河南、陝西等處民饑。省臣議：「江南、陝西、河南等處富實之家願納粟補官者，驗糧數等第，從納粟人運至被災處所，隨卽出給勘合朱鈔，實授茶鹽流官，咨申省部除授。凡錢穀官隸行省者行省銓注，腹裏省者吏部注擬，考滿依例陞轉。其願折納價鈔者，並以中統鈔爲則。江南三省每石四十兩，陝西省每石八十兩，河南幷腹裏每石六十兩。其實授茶鹽流官，如不願仕而讓封父母者聽。陝西省：一千五百石之上，從七品。一千石之上，正八品。五百石之上，從八品。三百石之上，正九品。二百石之上，從九品。一百石之上，上等錢穀官。八十石之上，中等錢穀官。五十石之上，下等錢穀官。三十石之上，旌表門閭。河南幷腹裏：二千石之上，從七品。一千五百石之上，正八品。一千石之上，從八品。五百石之上，正九品。三百石之上，從九品。二百石之上，上等錢穀官。一百五十石之上，中等錢穀官。一百石之上，下等錢穀官。江南三省：一萬石之上，正七品。五千石之上，從七品。三千石之上，正八品。二千石之上，從八品。一千石之上，正九品。五百石之上，從九品。三百石之上，上等錢穀官。二百五十石之上，中等錢穀官。二百石之上，下等錢穀官。凡先嘗入粟遙授虛名者，今再入粟，則依驗糧數，照依資品，今

實授茶鹽流官。陝西省：一千石之上，從七品。六百六十石之上，正八品。三百三十石之上，從八品。二百石之上，正九品。一百三十石之上，從九品。河南幷腹裏：一千三百〔三十〕石之上，從七品。〔二〕一千石之上，正八品。六百六十石之上，從八品。三百三十石之上，正九品。二百石之上，從九品。江南三省：六千六百六十石之上，正七品。三千三百三十石之上，從七品。二千石之上，正八品。一千三百三十石之上，從八品。六百六十石之上，正九品。三百三十石之上，從九品。先嘗入粟實授茶鹽流官者，今再入粟，則依驗糧數，加等陞職。陝西省：七百五十石之上，五百石之上，二百五十石之上，一百五十石之上，一百石之上。河南幷腹裏：一千石之上，七百五十石之上，五百石之上，二百五十石之上，一百五十石之上。僧道能以自己衣鉢濟饑民者，三百石之上，六字師號，都省出給。二百石之上，四字師號；一百石之上，二字師號；俱禮部出給。四川省所轄地分富實民戶，有能入粟赴江陵者，依河南省入粟補官例行之。其糧合用之時，從長處置。江浙、江西、湖廣三省已糴官糧，見在價鈔於此差人赴河南省別與收貯，合用之時，從長處置。」

凡獲盜賞官：大德五年，詔：「獲强盜五人，與一官。捕盜官及應捕人，本境失盜而獲他境盜者，聽功過相補。獲强盜過五人，捕盜官減一資，至十五人陞一等，應捕人與一官，不在論賞之列。」

凡控鶴傘子：至元二十二年，擬：「控鶴受省劄，保充御前傘子者，除充拱衛（都直）〔直都〕指揮使司鈐轄，〔三〕官進義副尉。」二十八年，控鶴提控受敕進義副尉，管控鶴百戶，及一考，擬元除散官從八，職事正九，於從八內遷注。元貞元年，控鶴提控奉旨充速古兒赤一年，受省劄充御前傘子，歷三百三十二月，詔於從六品內遷用。大德六年，控鶴百戶，部議於巡檢內任用。其離役百戶人等擬從八品，傘子從七品。延祐三年，控鶴百戶歷兩考之上，擬於正九品遷用。

凡玉典赤：至元二十七年，定擬歷三十月至九十月者，並與縣達魯花赤、進義副尉。一百月以上者，官敦武校尉。至大二年，令玉典赤權於州判、縣丞內銓注。三年，令依舊例，九十月除從七下縣達魯花赤，任回添一資。

凡蠻夷官：議：「播州宣撫司保蠻夷軍民副長官，係遠方蠻夷，不拘常調之職，合准所保。其蠻夷地分，雖不拘常調之處，而所保之人，多有泛濫。今後除襲替土官外，急闕久任者，依例以相應人舉用，不許預保，違者罪及所由官司。」

校勘記

〔一〕二十〔一〕年　據元典章卷九定奪軍官品級補。新元史已校。

〔二〕詔軍官有故令其嫡長子　按此下有脫文。道光本補「繼，嫡長子」四字。新元史補「爲之，嫡長子」五字。

〔三〕大使從行省吏部於解由合敍相應人內遷調　按元典章卷九委用商稅務官作「大使從行省吏部於有解由合敍相應人員內依例遷調」。疑此處「解由」上脫「有」字。

〔四〕其行省所委者九十月與（從）九品　據元典章卷八提控案牘月日通例補。

〔五〕（行臺止於正從九品職官內選取）不敷於各道廉訪司三考奏差內幷本衙門三考典史內選取　據元典章卷十二書吏、宣使奏差補。

〔六〕七年　按此係至元後、延祐前事，中有元貞、大德、至大、皇慶，唯大德有十一年，餘均不滿七年。此處七年後又有八、九、十、十一年。「七年」上當有「大德」二字。

〔七〕元定品給員數　按「品給」不詞。新編作「品級」，疑是。

〔八〕（爲）〔如〕所轄司屬無從六　按元典章卷九工匠官升轉例作「如無從六」，據改。

〔九〕一千戶之上局局使正七品副使正八品　按元典章卷九工匠局官品級千戶之上局副使作「從八」品，疑此處「正」係「從」之誤。

〔一〇〕皇慶二年　按元典章卷九設副達魯花赤繫延祐二年，所載甚詳。此作「皇慶」誤。

〔一一〕河南幷腹裏一千三百〔三十〕石之上從七品　據本書卷九六食貨志補。新編已校。

〔三〕拱衞(都直)〔直都〕指揮使司　據本書卷七世祖紀至元九年十二月癸丑條、卷七三祭祀志、卷八五百官志改正。

元史卷八十三

志第三十三

選舉三

銓法中

至元四年，詔：「諸官品正從分等，職官用廕，各止一名。諸廕官不以居官、去任、致仕、身故，其承廕之人，年及二十五以上者聽。諸用廕者，以嫡長子。若嫡長子有廢疾，立嫡長子之子孫，曾玄同。如無，立嫡長子同母弟，曾玄同。如無，立繼室所生。如無，立次室所生。如無，立婢子。如絕嗣者，傍廕其親兄弟，各及子孫。如無，傍廕伯叔及其子孫。諸用廕者，孫降子、曾孫降孫、婢生子及傍廕者，皆於合敍品從降一等。諸廕子入品職，循其資考，流轉陞遷。廉愼幹濟者，依格超陞。特恩擢用者，不拘此例。其有不務廉愼，違犯禮法者，依格降罰，重者除名。諸自九品依例遷至正三品，止於本等流轉，二品以上選自

特旨。諸職官廕子之後，若有餘子，不得於諸官府自求職事，諸官府亦不許任用。」五年，詔：「諸廕官各具父祖歷仕緣由、去任身故歲月幷所受宣敕劄付、彩畫宗支，指實該承廕人姓名年甲，本處官司體勘房親，揭照籍册，別無詐冒，及無廢疾過犯等事，上司審驗相同，保結申覆，令親齎文解赴部。諸廕敍人員，除蒙古及已當禿魯花人數別行定奪外，三品以下、七品以上、年二十五之上者，當儤使一年，並不支俸。滿日，三品至五品子孫量材敍用外，六品七品子准上銓注監當差使，已後通驗各界增虧定奪。」十六年，部擬：「管匠官止於管匠官內遷用。其身故匠官之子，若依管民官品級承廕，緣匠官至正九品以下，止有院長、同院務，例不入流品，似難一例廕用。比附承廕例，量擬正從五品子於九品匠官內敍，六品、七品子於院長內敍。凡儤直曾當怯薛身役，已經歷仕及止有一子，五十以上者，並免。」二十七年，詔：「凡軍民官陣亡，軍官襲父職，民官陣亡者，其子比父職降二等敍，其孫若弟復降一等。」大德四年，省議：「諸職官子孫廕敍，正一品子，正五品敍。從一品子，從五品敍。正二品子，正六品敍。從二品子，從六品敍。正三品子，正七品敍。從三品子，從七品敍。正四品子，正八品敍。從四品子，從八品敍。正五品子，正九品敍。從五品子，從九品敍。正六品子，流官於巡檢內用，雜職於省劄錢穀官內用。從六品子，近上錢穀官。正七品子，酌中錢穀官。從七品子，近下錢穀官。諸色目人比漢人優一等廕敍，達魯花赤子孫

與民官子孫一體廕敍，傍廕照例降敍。」至大四年，詔：「諸職官子孫承廕，須試一經一史，能通大義者免儤使，不通者發還習學，蒙古、色目願試者聽，仍量進一階。」延祐六年，部呈：「福建、兩廣、海北、海南、左右兩江、雲南、四川、甘肅等處廕敍之人，如父祖始仕本處，止以本地方敍用。據腹裏、江南歷仕陞等遷往者，其子孫弟姪承廕，又注遠方，誠可憐憫。今將承廕人等量擬敍用，福建、兩廣、八番官員擬江南廕敍，海北、海南、左右兩江官員擬接連廕敍，雲南官員擬四川廕敍，四川、甘肅官員擬陝西廕敍。」

凡遷調閩廣、川蜀、雲南官員：每三歲，遣使與行省銓注，而以監察御史往涖之。至元十九年，省議：「江淮州郡遠近險易不同，似難一體，今量分爲三等，若腹裏常調官員遷入兩廣、福建溪洞州郡者，於本等資歷上，例陞二等，其餘州郡，例陞一等。福建、兩廣官員五品以上，照勘員闕，移咨都省銓注，六品以下，就便委用，開具咨省。」二十年，部擬：「遷敍江淮官員，擬定應得資品，若於接連福建、兩廣溪洞州郡任用，陞一等。甘肅、中興行省所轄係西夏邊地，除本處籍貫見任官外，腹裏遷去甘肅者，擬陞二等，中興府擬陞一等。」二十一年，詔：「管民官腹裏遷去四川陞一等，接連溪洞陞二等。四川見任官遷往接連溪洞陞一等，若遷去溪洞諸蠻夷，別議定奪。達魯花赤就彼處無軍蒙古軍官內選擬，不爲常例。」二十二年，江淮官員遷於龍南、安遠縣地分者，擬陞二等，仍以三十月爲滿陞轉。二十八

年，詔：「腹裏官員遷去雲南近裏城邑，擬陞二等，若極邊重地，更陞一等。行省咨保人員，比依定奪。其蒙古、土人及招附百姓有功之人，不拘此例。」省臣奏准：「福建、兩廣官員多闕，都省差人與彼處行省、行臺官，一同以本土周迴相應人員委用。」部議：「雲南六品以下任滿官員，依御史臺所擬，選資品相應人，擬定名闕，具歷仕脚色，咨省奏准，敕牒到日，許令之任。若有急闕，依上選取，權令之任，歷過月日，依上准理。」二十九年，詔：「福建、兩廣官員歷兩任滿者，遷於接連去處，一任滿日，歷江南一任，許入腹裏通行遷轉，願於兩廣、福建者聽，依例陞等。」至治元年，省臣奏：「江浙、江西、湖廣、四川、雲南五處行省所轄邊遠地分官員，三年一次差人與行省、行臺官一同遷調。」泰定四年，部擬：「諸職官子孫承廕，已有元定廕敍地方通例，別難議擬，如願於廣海廕敍者，聽其所請，依例陞等遷敍。其已咨到都省，應合本省地分廕敍而未受除者，依例咨行省，令差去遷調官就便銓注。廣海闕官，於任滿得代，有由應得路府州縣儒學教授、學正、山長內願充者，借注正九品以下名闕，任迴，止理本等月日。廣海應設巡檢，於本省應得常選上等錢穀官選擬，權設，理本等月日。行省自用并不應之人，不許委用，如受敕巡檢到彼，即聽交代。」

凡遷調循行：各省所轄路府州縣諸司，應合遷調官員，先儘急闕，次及滿任。急闕須憑各官在任解由、依驗月日、應得資品、及解由到行省月日，依次就便遷調。若有急闕，委無相應之人，或員闕不能相就者，於應敍職官內選用，驗(各)〔合〕得資品上，〔一〕雖有超越，不過一等。本管地面，若有邊荒煙瘴險惡重地，除土官外，依例公選銓注，其有超用人員，多者不過二等。軍官、匠官、醫官、站官、各投下人等，例不轉入流品者，雖資品相應，不許銓注。都省已除人員，例應到任，若有違限一年者，聽別行補注。應有合就彼遷敍人員，如在前給由已咨都省聽除，未經遷注照會，不曾咨到本省者，即聽就便開咨。無解由人員，不許銓注。諸犯贓經斷應敍人員，照例銓注。令譯史、奏差人等，須驗實歷月日已滿，方許銓注。邊遠重難去處，如委不可闕官，從差去官與本省官公同選注能幹人員，開具歷仕元由，并所注職名，擬咨都省，候回准明文，方許之任。應遷調官員，三品、四品擬定咨呈，五品以下先行照會之任。

凡文武散官：多采用金制，建官之初，散官例降職事二等。至元二十年，始陞官職對品，九品無散官，謂之平頭敕。蒙古、色目，初授散官或降職事，再授職，雖不降，必俟官資合轉，然後陞職。漢人初授官，不及職，再授則降職授官。惟封贈廕敍官職，各從一高，必歷官至二品，則官必從職，不復用理算法矣。至治初，稍改之，尋復其舊。此外月日不及者，惟歷繁劇得優，獲功賞則優，由內地入邊遠則優，憲臺舉廉能政績則優，以選出使絕域則優，然亦各有其格也。

凡保舉職官：大德二年制：「各廉訪司所按治城邑內，有廉慎幹濟者，歲舉二人。」九年，詔：「臺、院、部五品以上官，各舉廉能識治體者三人，行省臺、宣慰司、廉訪司各舉五人。」

凡翰林院、國子學官：大德七年議：「文翰師儒難同常調，翰林院宜選通經史、能文辭者，國子學宜選年高德劭、能文辭者，須求資格相應之人，不得預保布衣之士。若果才德素著，必合不次超擢者，別行具聞。」

凡遷官之法：從七以下屬吏部，正七以上屬中書，三品以上非有司所與奪，由中書取進止。自六品至九品爲敕授，則中書牒署之。自一品至五品爲宣授，則以制命之。三品以下用金寶，二品以上用玉寶，有特旨者，則有告詞。其理算論月日，遷轉憑散官，內任以三十月爲滿，外任以三歲爲滿，錢穀典守以二歲爲滿。而理考通以三十月爲則。內任官率一考陞一等，十五月進一階。京官率一考，視外任減一資。外任官或一考進一階，或兩考陞一等，或三考陞二等。四品則內外考通理。此秋毫不可越。然前任少，則後任足之，或前任多，則後任累之。一考者及二十七月，兩考者及五十七月，〔二〕三考者及八十一月以上，遇陞則借陞，而補以後任。此又其權衡也。

凡選用不拘常格：省參議、都司郎中、員外高第者，拜參預政事、六曹尚書、侍郎，及臺幕官、監察御史出爲憲司官。外補官已制授，入朝或用敕除，朝覲秩視六品，外任或爲

長伯。在朝諸院由判官至使，寺監由丞至卿，館閣由屬官至學士，有遞陞之法，用人重於用法如此。又覃官，或准實授，或普減資陞等，或內陞等，或外減資，或外減內不減，斯則恩數之不常有者，惟四品以下者有之。三品則遞進一階，至正議大夫而止。若夫勳臣世胄、侍中貴人，上命超遷，則不可以選格論。亦有傳敕中書，送部覆奏，或致繳奏者，斯則歷代以來封駁之良法也。

凡吏部月選：至元十九年議：「到部解由卽行照勘，合得七品者呈省，從七以下本部注擬，其餘流外人員，不拘多寡，並以一月一次銓注。」

凡官吏遷敍：至元十年，議：「舊以三十月遷轉太速，以六十月遷轉太遲。」二十八年，定隨朝以三十月爲滿，在外以三周歲爲滿，錢穀官以得代爲滿，吏員以九十月日出職，職官轉補，與職官同。

凡覃官：至大二年，詔：「內〔外〕官四品以下，普覃散官一等，[三]服色、班次、封廕皆憑散官。三品者遞進一階，至正三品上階而止。其應入流品者，有出身吏員譯史等，考滿加散官一等。」三年，蒙古儒學教授，一體普覃。四年，詔在任官員，普覃散官一等。泰定元年，詔：「內外流官已帶覃官，准理實授。所有軍官及其餘未覃人員，四品以下並覃散官一等，三品遞進一階，至三品上階止，[四]服色、班次、封廕，悉從一高。其有出身應入流

品人等，如在恩例之前入役支俸者，考滿亦依上例覃授。」二年，省議：「應覃人員，依例先理月日，後准實授，其正五品任回已歷一百三十五月者，九十月該陞從四，餘有四十五月，既循行舊例，覃官三品，擬合准理實授，月日未及者，依驗散官，止於四品內遷用，所有月日，任回，四品內通行理算。」

凡減資陞等：大德九年，詔：「外任流官，陞轉甚遲，但歷在外兩任，五品以下並減一資。」部議：「外任五品以下職官，若歷過隨朝及在京倉庫官鹽鐵等職，曾經陞等減資外，以後至大德九年格前，歷及在外兩任或一任、六十月之上者，並與優減，未及者不拘此格。」至治二年，太常禮儀院臣奏：「皇帝親祭太廟，恩澤未加。」詔四品以下諸職官，不分內外，普減一資，有出身應入流品者，考滿任回，依上優減。天曆元年，詔：「以兵興，內外官吏供給繁勞，在京者陞一等，至三品止，在外者減一資。」

凡注官守闕：至元八年議：「已除官員，無問月日遠近，許准守闕外，未奏未注者，許注六月滿闕，六月以上不得預注。」二十二年，詔：「員多闕少，守闕一年，年月滿者照闕注授，餘無闕者令候一年。」大德元年，以員多闕少，宜注二年。

凡注官避籍：至元五年，議：「各路地里闊遠，若更避路，恐員闕有所礙，止宜斟酌避籍銓選。」

凡除官照會：至元十年，議：「受除民官，若有守闕人員，當前官任滿，預期一月檢擧照會。錢穀官候見界官任滿，至日行下合屬照會。」二十四年，議：「受除官員省劄到部照勘，急闕任滿者，比之滿期，預先一月照會。」

凡赴任程限：大德八年，定赴任官在家裝束假限，二千里內三十日，三千里內四十日，遠不過五十日。馬日行七十里，車日行四十里。乘驛者日兩驛，百里以上止一驛。舟行，上水日八十里，下水百二十里。職當急赴者，不拘此例。違限百日外，依例作闕。

凡赴任公參：至元二年，定散府州縣赴任官，去上司百里之內者公參，百里之外者申到任月日，上司官不得非理勾擾，失誤公事。

凡官員給假：中統三年，省議：「職官在任病假及緣親病假滿百日，所在官司勘當申部作闕，仍就任所給據，期年後給由求敍，自願休閑者聽。」至元八年，省准：「在任因病求醫幷告假侍親者，擬自離職住俸日爲始，限一十二月後聽仕。」部擬：「凡外任官日久不行赴任，除行程幷裝束假限外，違者計日斷罪。」二十七年，議：「祖父母、父母喪亡幷遷葬者，許給假限，其限內俸鈔，擬合支給，違例不到，[五]停俸定罪。」二十八年，部議：「官吏遠離鄉土，不幸患病，難議截日住俸，果有患病官吏，百日內給俸，百日外停俸作闕。」大德元年，議：「雲南

官員，如遇祖父母、父母喪葬，其家在中原者，並聽解任奔赴。」二年，詔：「凡值喪，除蒙古、色目人員各從本俗外，管軍官幷朝廷職不可曠者，不拘此例。」五年，樞密院臣議：「軍官宜限以六月，越限日以他人代之，期年後，授以他職。」七年，議：「已除官員，若有病故及因事不能赴任者，卽牒所在官司，否則親鄰主首，呈報上司，別行銓注。」八年，吏部言：「赴任官卽將署事月日飛申，以憑標附，有犯贓事故，並仰申聞。」天曆二年，詔：「官吏丁憂，各依本俗，蒙古、色目倣效漢人者，不用。」部議：「蒙古、色目人願丁父母憂者聽。」

凡官員便養：至大三年，詔：「銓選官員，父母衰老氣力單寒者，得就近遷除，尤爲便益。果有親年七十以上，別無以次侍丁，合從元籍官司保勘明白，斟酌定奪。」

凡遠年求敍：元貞元年，部擬：「自至元二十八年三月爲限，於本處官司明具實跡保勘，申覆上司遷敍。」大德七年，議：「求敍人員，具由陳告，州縣體覆相同，明白定奪，依例敍用。」

銓法下

凡省部令史、譯史、通事等：至元六年，省議：「舊例一百二十月出職，今案牘繁冗，難同舊日，會量作九十月爲滿。其通事、譯史繁劇，合與令史一體。近都省未及兩考省令史

譯史授宜，注六品職事，部令史已授省劄，注從七品職事。今擬省令譯史、通事，由六部轉充者，中統四年正月已前，合與直補人員一體，擬九十月考滿，注六品職事，回降正七一任，還入六品。中統四年正月已後，將本司歷過月日，三折二，驗省府月日考滿通理，九十月出職，與正七職事，並免回降。職官充省令譯史，舊例文資右職參注，一考滿，合得從七品，注從六品，未合得從七品，注正七品，如更勒留一考，合同隨朝陞一等。一考滿，未得從七注正七品者，回降從七，還入正七。一考滿，合得從七注從六品，合得正七注六品者，免回降。正從六品人員不合收補省令史、譯史，如有已補人員，合同隨朝一考陞一等注授。中統四年正月已前，收補部令史、譯史、通事，擬九十月爲考滿，照依已除部令史例，注從七品，回降正八一任，還入從七。中統四年正月已後，充部令譯史、通事人員，亦擬九十月爲考滿，依舊例正八品職事，仍免回降。省宣使，舊例無此職名，中統以來，初立中書省，曾受宣命充宣使者，擬出職正七品職，外有非宣授人員，擬九十月爲考滿，與正八品。」至元二十年，吏部言：「准內外諸衙門令譯史、通事、知印、宣使、奏差等，病故作闕，未及九十月，並令貼補，値例革者，比至元九年例定奪。」省准：「宣使、各部令史出職同，三考從七。一考之上，驗月日定奪。一考之下，二十月以上者正九，十五月以上者從九，十五月以下擬充巡檢。臺院、大司農司譯史、令史出身同，三考正七。一考之上，驗月日定奪。一考之下，二十月以上從八，十五月以上正九，十五月以下、十月之上從九，添〔一〕資，〔六〕十月以下巡檢。宣使三考正八品。一考之上，驗月日定奪。一考之下，二十月以上從九，十五月以上巡檢，十五月以下酒稅醋使。部令史、譯史、通事三考從七。一考之上，驗月日定奪。一考之下，二十月以上者正九，十五月以上從九，十五月以下令史提控案牘，通事、譯史巡檢。奏差三考從八品。一考之上，驗月日定奪。一考之下，二十月以上巡檢，十五月之上酒稅醋使，十五月之下酒稅醋都監。」大德四年，中書省准：「吏部擬腹裏、江南都吏目、提控案牘陞轉通例，凡腹裏提控案牘、都吏目，京畿漕運司令史，元擬六十月考滿，今准九十月考滿，都漕運司令史九十月。諸路寶鈔提舉司司吏，元擬六十月考滿，今准九十月考滿。萬億四庫司吏，元擬六十月考滿，今准九十月考滿。大都路令史，元擬六十月考滿，任回減資陞轉，今准六十月考滿，不須減資。大都運司令史，九十月考滿都目。寶鈔總庫司吏，元擬六十月都目，九十月提控案牘，今准九十月都目。富寧庫司吏，元擬六十月提控案牘，今准九十月都目。左右八作司司吏，元擬六十月，今准九十月都目。」又議：「已經改擬出職人員，各路司吏轉充提控案牘、都目，比同陞用，其餘直補人數，並循至元二十一年之例遷用。江南提控案牘、都〔吏〕目：〔七〕至元二十五年呈准，各路司吏六十月吏目，兩考陞都目，一考陞提控案牘，兩考正九。路司吏九十月吏目，一考轉都目，餘皆依上陞轉。江南提控案牘除各路司吏，比腹裏路司吏至元二十五年呈准例遷除，其餘已行直補，并自行保舉，自呈准月日立格，實歷案牘兩考者，止依至元二十一年定例，九十月入流。未及兩考者，再添一資遷除。例後違越創補者，雖歷月日不准。」大德十一年，省臣奏：「凡內外諸司令史、譯史、通事、知印、宣使有出身者，一半於職官內選用，依舊一百二十月爲滿，外任減一資。」又議：「選補吏員，除都省自行選用外，各部依元設額數，遇闕職官，與籍記內相參發補，〔八〕合用一半職官，從各部自行選用。通事、知印從長官選用。譯史則從翰林院試發都省書寫典吏考滿人內，挨次上名補用，其有不敷，從翰林發補。奏差亦於職官內選一半，餘於籍記應例人內發補。歲貢人吏，依已擬在役聽候。」省議：「六部令史如正從九品不敷，從八品內亦聽選取。省掾，正從七品得代有解由并見任未滿、已除未任文資流官內選取，考滿於應得資品上陞一等，除元任地方，雜職不〔用〕〔預〕。〔九〕院臺令史如元係七品之人，亦在選補之例。譯史、通事選識蒙古、回回文字，通譯語正從七品流官，考滿驗元資陞一等，注元任地方，雜職不預。知印於正從七品流官內選取，考滿並依上例注授，雜職不預。宣使於正從八品流官內選取，仍須色目、漢人相參，歷一考，於應得資品上陞一等，除元任地方，雜職不預。」

凡歲貢吏員：至元十九年，省議：「中書省掾於樞密院、御史臺令史內取，臺、院令史於六部令史內取，六部令史以諸路歲貢人吏補充，內外職官材堪省掾及院、臺、部令史者，亦許擢用。省掾考滿，資品既高，責任亦重，皆自歲貢中出，若不教養銓試，必致人材失眞，今擬定例于後：諸州府隸省部者，儒學教授選本管免差儒戶子弟入學讀書習業，非儒戶而願學者聽。遇按察司、本路總管府歲貢之時，於學生內選行義修明、文學優贍、通經史、達時務者，保申解貢。各路司吏有闕，於所屬衙門人吏內選取。委本路長官參佐，同儒學教授考試，習行移算術，字畫謹嚴，語言辯利，詩、書、論、孟內通一經者爲中式，然後補充。按察司書吏有闕，府州司吏內勾補，至歲貢時，本州本路以上，再試貢解。諸歲貢吏，當該官司於見役人內公選，以性行純謹、儒吏兼通者爲上，才識明敏、吏事熟閑者次之，月日雖多、才能無取者不許呈貢。」二十二年，省擬：「呈試吏員，先有定立貢法，各道按察司上路總管府凡三年一貢，儒、吏各一人，下路二年貢一人，以次籍記，遇各部令史有闕補用。若隨路司吏及歲貢儒人，先補按察書吏，然後貢之於部，按察書吏依先例選取考試，唯以經史吏業不失章指者爲中選。隨路貢舉元額，自至元二十三年爲始，各道按察司每歲於書吏內，以次貢二名，儒人一名必諳吏事，吏人一名必知經史者，遇各部令史有闕，以次勾補。」元貞元年，詔：「諸路有儒通吏事、吏通經術、性行修謹者，各路薦舉，廉訪司試選。每道歲貢二人，省臺委官立法考試，必中程式，方許錄用。」大德二年，貢部人吏，擬宣慰司、廉訪司每道歲貢二人儒吏兼通者，自大德三年爲始，依例歲貢，應合轉補各部寺監令史，依至元新格發遣，到部之日，公座試驗收補。　九年，省判：「凡選府州教授，年四十已下，願試吏員程式，許補各部令史。　除南人已試者，別無定奪到部，未試之人，依例考試。」　至治二年，省准：「各道廉訪司書吏，先儘儒人，不敷者吏員內充貢，各歷一考，依例試貢。」

凡補用吏員：　至元十一年，省議：「有出身人員，遇省掾有闕，擬合於正從七品文資職官并臺、院、六部令史內，從上名轉補。　翰林兩院擬同六部令史，有闕於隨路儒學教授通吏事人內選補。　樞密院、御史臺令史、省掾有闕，從上轉補，考滿依例除授，又於正從八品文資官及六部令史內轉補。　省斷事官令史與六部令史一體三考出身，於部令史內發補。　少府監令史，擬於六部并諸衙門考滿典吏內補用。」　十三年，省議：「行工部令史與六部令史一體，於應補人內挨次塡補。」　十四年，詔：「諸站都統領使司令史擬同各部令史，今既改通政院，與臺院令史一體出身，於各部令史內選補。」　十五年，部擬：「翰林兼國史院令史同臺令史一體出身，於各部令史內選取。」　二十一年，省議：「江淮、江西、荊湖等處行省令史，擬將至元十九年咨發各省貼補人員先行收補，不許自行踏逐，移咨都省，於六部見役令史內補充。　或參用職官，則從行省新除正從八品職官內選取，雜職官不預。」　二十二年，宣徽院令史，考滿正七品遷敍，於六部請俸令史內選取。　總制院與御史臺同品，令譯

史、通事一體如之。　二十四年，省准：「大都留守司兼少府監令史，依宣徽院、大司農司例選。」　二十八年，省議：「陝西行省令史，於各部及考令史并正從八品流官內選補。」　二十九年，大司農司令史，於各部一考之上令史及正從八品職官內選取。　省掾有闕，於正七品文資出身人員內選。　吏員於樞密院、御史臺令史元係六部令史內發充，歷二十月以上者選，如無，於上名內選。　三十一年，省准：「內史府令史，於各部下名令史內選。」　大德三年，省准：「遼陽省令史宜從本省選正從八品文資職官補用。　復令各部見役令史內，不限歲月，或願充、或籍貫附近、或選到職官，逐旋選解。　國子監令譯史，於籍記寺監令史內發補。

上都留守司令史，於籍記各部令史內，或於正八品職官內選用，考滿從七品遷用。　宣徽院闌遺監令史，准本院依驗元准月日挨補，考滿同，自行踏逐者降等。　遇闕如係籍記令史并常調提控案牘內及本院兩考之上典吏內補充者，考滿依例遷敍，自行選用者，止於本衙門就給付身，不入常調。」　四年，部擬：「上都留守司令史，仍聽本司於正從八品流官內，或於上都見役寺監令史、河東、山北二道廉訪司上名書吏內，就便選用。　上都兵馬司司吏，發補附近隆興、大同、大寧路司吏相應。」　部擬：「各處行省令史，除雲南、甘肅、征東外，其餘合依至元二十一年定例，於六部見役上名令史、或正從八品流官參補。　不敷，聽於各道宣慰司元係廉訪按察司轉補見役兩考之上令史內選充，以宣慰司役過月日，折半准

算，通理一百二十月，方許出職。」　大德五年，擬：「檀景等處採金鐵冶都提舉司人吏，於附近州縣司吏內遴選。」　六年，省擬：「太醫院令史，於各部令史并相應職官內選取。　長信寺令史，於元保內選補，考滿降等敍用，有闕於籍記令史內發補。」　七年，擬：「刑部人吏，於籍記令史內公選，不許別行差補，考滿離役，依例選取，餘者依次發補。　禮部省判，許於籍記部令史內選取儒吏一名，續准一名，於籍記部令史內從上選補。　戶部令史，於籍記部令史內從上以通曉書算、練達錢穀者發遣，從本部試驗收補。」　八年，省准：「隨路補用吏員，令各路先以州吏入役月日籍爲一簿。　府吏有闕，從上勾補；州吏有闕，則於本州籍記司縣人吏內從上勾補。　各道宣慰司令史，遇闕以籍記部令史下名發補，新除正從九品流官內選取。」　九年，省准：「都城所係在京五品衙門司吏，歷兩考轉補京畿都漕運兩司令史。　遇闕以倉庫攢典歷一考者選充，及兩考則京畿都漕運兩司籍名，遇闕依次收補。　上都寺監令史有闕，先儘省部籍記常調人員發補，仍於正從九品流官內、并應得提控案牘內選取。　不敷，就取元由路吏考滿陞充都吏目典史准吏目月日及大同、大寧、隆興三路司吏歷兩考之上者參用。」　十年，省准：「司縣司吏有闕，於巡尉司吏內依次勾補。　巡尉司吏有闕，從本處耆老上戶循衆推舉，仍將祗應月日均以歲爲滿。　州吏有闕，縣吏內勾補。　路吏有闕，州吏內勾補。　若無所轄府州，於附近府州吏內勾補，縣吏發補附近府州司吏。　戶、刑、禮部合

選令史有闕，於籍記令史上十名內、并職官到選正從九品文資流官內試選。」　十一年，省准：「縣吏如歷一考，取充庫子一界，再發縣吏，准理州吏月日，路吏有闕，依次勾補。」　至大元年，省准：「典寶監令史，就用前典寶署典書蒙古必闍赤一名，例從翰林院試補，知印、通事各一名，從長官選保。」　二年，立資國院二品，及司屬衙門令史一十名，半用職官，從本院選，半於上名部令史內發補。　譯史二名，內職官一名，從本院選，外一名翰林院發。　通事、知印各一名，從本院長官選。　宣使八名，半參用職官，餘許本院自用一名，外三名常選相應人內發。　典吏六名，從本院選。　所轄庫二處，每處司庫六名，本把四名，於常選人內發。　泉貨監六處，各設令史八名，於各路上名司吏內選；譯史一名，從翰林院發；通事二名，從本監長官選；奏差六名，各州司吏內選；典吏二名，本監選。　以上考滿，同都漕運司例出身，所轄一十九處，兩提舉司設吏目一人，常選內選，司吏五名，縣司吏內選。　三年，省准：「泉貨監令史，於各處行省應得提控案牘人內選，參用正從九品流官。　山東、河東二監，從本部於相應人內發補，考滿依例遷用，見役自用之人，考滿降等敍，有闕以相應人補。」　四年，省准：「江西等處儒學提舉司吏，舊從本司公選，後從國子監發補，宜從本司選補。　典瑞監首領官、令譯史等，依典寶監例選用，考滿遷敍。」　部議：「長信寺通事一名，例從所保。　譯史、知印、令史、奏差，從本衙門選一半職官，餘相應人內選，考滿同自用遷敍。　典吏

二名，就便定奪，其自用者降等敍。」皇慶元年，省准：「羣牧監令譯史、知印、怯里馬赤、奏差人等，據諸色譯史例，從翰林院發補。知印、通事，長官選。令史、奏差、典吏俱有發補定例。其已選人，考滿降等敍，有闕於相應人內選發。」大都路令史，歷六十月，依至元二十九年例陞提控案牘，減一資陞轉。有過者，雖貼滿月日，不減資。遇闕於所轄南北兩兵馬司幷各州見役上名司吏內勾補，有闕從本路於左右巡院、大興、宛平與其餘縣吏通籍從上挨補，月日雖多，不得無故替罷，違例補用者不准，除已籍記外，有闕依上勾補。覆實司司吏，於諸州見役司吏內選，不敷則以在都倉庫見役上名攢典發充，歷九十月除都目，年四十五之下歷一考之上，亦許轉補京畿都漕運司令史，違例收補，別無定奪。」二年，省准：「中瑞司譯史，從翰林院發，知印長官選保，令史、奏差參取職官一半所選相應，考滿依例遷敍，奉懿旨委用者，考滿本司區用，有闕以相應人補。征東行省令譯史、宣使人等，舊考滿從本省區用，若經省部擬發，相應之人依例遷用，如不應者，雖省發亦從本省區用。」延祐二年，省准：「河間等路都轉運鹽使司所轄場，分二十九處，二處改陞從七〔品〕，〔一〇〕司吏有闕，依各縣人吏，一體於附近各處巡尉捕盜司吏依次以上名勾補，再歷一考，與各場鄰縣吏互相遷調。」和林路總管府司吏，以本處兵馬司吏歷一考者轉補，再歷一考，轉稱海宣慰令史，考滿除正八品。補不盡者，六十月受部劄充提控案牘。沙、瓜二州屯儲總管萬戶府邊

遠比例，一體出身相應。會福院令譯史、通事、宣使人等，若省部發去者依例遷敍，自用者考滿同二品衙門出身例，降一等添一資陞轉。於常選教授儒人職官幷見役各部令史內取補，〔一一〕宣使於常〔選〕職官內參補，〔一二〕通事、知印從長官選用，仍須參用職官，典吏從本衙門補用。」五年，省准：「詹事院立家令司、府正司，知印、怯里馬赤俱令長官選用。令史六名，內取教授二名，職官二名，廉訪司書吏二名。譯史一名，於蒙古字教授及都省見役蒙古書寫內選補。奏差二名，以相應人補。」

凡宣使、奏差、委差、巡鹽官出身：中書省宣使，至元九年，曾受宣命補充者，九十月考滿正七品。省劄宣使，九十月考滿比依部令史例從七品。其臺院宣使、各部奏差，比例定擬。二十三年，省准：「省部臺院令譯史、通事、宣使、奏差人等，未滿九十月，不許預告遷轉。都省元定六部奏差遷轉格例，應入吏目選充者，三考從八品。應入提控案牘人員選充者，三考從八品，任回減一資陞轉。巡檢提控案牘選充者，一考正九品。」二十四年，省准：「大都留守司兼少府監奏差改充宣使，合於各部奏差內選取，改陞宣使月日爲始，考滿比依宣徽院、大司農司一體出身，自行踏逐者降等遷敍。大司農司所轄各道勸農營田內書吏，於各路司吏內選取，考滿提控案牘內任用。奏差就令本司選委。」二十九年，省准：「各道廉訪司通事、譯史出身，比依書吏一體，考滿正九。奏差考滿，依通事、譯史降二等量

擬，於錢穀官幷巡檢內任用。」三十年，省准：「延慶司奏差，比依家令司奏差一體，考滿正九品，自行踏逐者降一等。」大德四年，省准：「諸路寶鈔提舉司奏差，改稱委差，九十月爲滿，於酌中錢穀官內任用。」五年，部議：「山東運司奏差，九十月近下錢穀官內任用。大都運司，一體定奪。」六年，部擬：「河間運司巡鹽官，依奏差出身，九十月近下錢穀官內任用。」七年，部擬：「凡奏差自改立廉訪司爲始，九十月歷巡檢三考，轉從九。」皇慶元年，各道廉訪司奏差出身，於本道所轄上名州司吏內選取，九十月都目內任用。若有路吏幷典吏內取充者，歷兩考，比依上例，都目內陞轉。

凡庫藏司吏庫子等出身：至元二十六年，省准：「上都資乘庫庫子、本把，九十月近上錢穀官內任用。衛尉院利器庫、壽武庫庫子，踏逐者九十月近上錢穀官內任用。」二十八年，省擬：「泉府司富藏庫本把、庫子，六十月近下錢穀官內任用。太府監行（由）〔內〕藏庫子，〔一三〕三周年爲滿，省劄錢穀官內遷敍。備用庫提控三十月，庫子、本把三周歲，近上錢穀官內任用。」三十年，省准：「大都留守司兼少府監器備庫庫子、本把，六十月近下錢穀官內任用。」三十年，〔一四〕省准：「宣徽院生料庫庫子、本把幷太醫院所轄御藥局院本把出身，例六十月，近上錢穀官一體遷敍。」大德元年，部擬：「中御府奉宸庫庫子，以三周歲爲滿，擬受省劄錢穀官。本把六十月，近上錢穀官內任用。」三年，省擬：「萬億四庫、左右八作

司、富寧、寶源等庫，〔一五〕各設色目司庫二名，俱於樞密院各衞色目軍內選差，考滿巡檢內任用，自行踏逐者一考並同，循行如此。又漢人司庫，於院務提領、大使、都監內發補，二周歲滿日，減一界陞轉；其色目司庫於到選錢穀官內選發，考滿優減兩界。都提舉萬億庫提控案牘，比常選人員，任迴減一資陞用。司吏三十五人，除色目四人外，漢人有闕，於大都總管府、轉運司、漕運司下名司吏內選取，三十月擬充吏目，四十五月之上、六十月之下都目，六十月以上轉提控案牘。省擬六十月以上、四十五月以下，願充寺監令史者聽。司庫五十人，除色目一十四人另行定奪外，漢人於大都路人戶內選用，二周歲爲滿，院務提領內任用；都監內充司庫，二年爲滿，於受省劄錢穀官內任用；務使充司庫，二年爲滿，於從九品雜職內任用。秤子五人，於大都人戶內選充，二年爲滿，於近下錢穀官內任用。太醫院御藥局本把，六十月近上錢穀官內任用。」四年，受給庫依油磨坊設攢典、庫子，從工部選。會同館收支庫攢典，與長秋庫同。上都廣積、萬盈二倉係正六品，永豐係正七品，比之大都平准庫品級尤高，擬各倉攢典轉寺監本把，幷萬億庫司吏相應。提舉廣惠司庫子，考滿近下錢穀官內任用。侍儀司法物庫所設攢典、庫子，依平准行用庫例補用。五年，大都尚食局本把，擬於錢穀官內遷敍，本院自行踏逐者，就給付身，考滿不入常調。都提舉萬億寶源庫色目司庫，擬於巡檢內任用，添一資陞轉。京畿都漕運司司倉，於到選錢穀官內

還發。六年，部呈：「凡路府諸州提控案牘、都吏目等，諸衙門吏員出身，應得案牘、都吏目，如係路府司吏轉充之人，依舊遷除。其由倉庫攢典雜進者，得提控案牘改省劄錢穀官，都目近上錢穀官，吏目改酌中錢穀官。提控案牘，都吏目月日考滿，於流官內遷用。廣勝庫子，合從武備寺給付身，考滿本衙門定奪。大積等倉典吏，與四庫案牘所掌事同，任回減一資陞用。」七年，各路攢典、庫子，部議：「江北及行省所轄路分庫子，依已擬於司縣司吏內差補，周歲發充縣司吏，遇州司吏有闕，挨次勾補。諸倉庫攢典有闕，於各部籍記典吏內發補。左右八作司等五品衙門內司吏有闕，却於各倉庫上名攢典內發補。若萬億庫四品衙門司吏有闕，亦於上項司吏內從上轉補，將役過五品衙門月日，五折四准算，通理九十月考滿，提控案牘內遷用。如轉補不盡，五品衙門司吏考滿，止於都目內任用。油磨坊、抄紙坊攢典有闕，並依上例。回回藥物院本把，六十月酌中錢穀內定奪。」九年，省准：「提舉和林倉、昔寶赤八剌哈孫倉、孔古列倉司吏，六十月酌中錢穀官內委用。資成庫庫子出身，部議比依太府、利用、章佩、中尚等監。武備寺庫有闕，如係本衙門典吏請俸一考轉補者，六十月爲近上錢穀官，其餘補充之人，九十月依上遷用。和林等處宣慰司都元帥府所轄廣濟庫庫子、攢典，自行踏逐者比依三倉例，六十月於近下錢穀官內定奪。」至大二年，省准：「廣禧庫庫子，依奉宸庫例出身，如係本把一考之上轉充者，四十五月受省劄錢穀

官，其餘補充之人，六十月依上例遷用。本把元係本衙門請俸一考典吏轉補者，六十月近上錢穀官，其餘補充者，九十月亦依上例遷用。上都東西萬盈、廣積二倉司倉，與倉官一體，二周歲爲滿。」三年，省准：「各路庫子於各處錢穀官內發補，擬不滅界，考滿從優定奪。江北庫子，止依舊例。和林設立平准行用庫庫子，宜從本省相應人內量選二名，二周歲爲滿，近下錢穀官內定奪。」皇慶元年，部議：「文成、供須、藏珍三庫本把、庫子，依太府監庫子例，常選內委用，考滿比例遷除，有闕於常調人內發補，自行選用者，考滿從本院定奪，若係常選任用者，考滿依例遷敍。」二年，殊祥院所轄萬聖庫庫子、攢典，依崇祥院諸物庫例出身。部議：「如比上例，三十月轉補五品衙門司吏，再歷三十月，於四品衙門司吏內補用，其庫子合於常調籍記倉庫攢典人內發補，六十月爲滿，於務都監內任用，自行委用者，考滿本衙門定奪。」延祐元年，省議：「腹裏路分司倉庫子，於州縣司吏內勾補，滿日同舊例陞轉。」

凡書寫、銓寫、書吏、典吏轉補：至元二十五年，省准：「通政等二品衙門典吏，九十月補本院宣使。各寺監典吏，比依上例，考滿轉補本衙門奏差。戶部塡寫勘合典吏，與管勘合令史一體，考滿從優定奪。參議府、左右司、客省使令史、書寫，四十五月轉補，如補不盡，於提控案牘內任用，於各部銓寫及典吏內收補。會總房、承發司、照磨所、架閣庫典吏，各

部銓寫，六十月轉補，已上，都目內任用。各部典吏并左右部照磨所、架閣庫典吏，於都省參議府、左右司、客省使令史、書寫內以次轉補，如補不盡，六十月轉補各監令史，已上，吏目內任用。樞密院典吏、銓寫，依御史臺典吏一體，六十月轉部，轉補不盡，六十月已上，於都目內任用。御史臺典吏，遇察院書吏有闕，從上挨次轉補，通理六十月，補各道按察司書吏，部令史有闕，亦行收補。」二十六年，省准：「上都留守司兼本路都總管府典吏，九十月補本司宣使，考滿依例定奪。」二十七年，省准：「漕運使司令史，九十月提控案牘內任用，如年四十五以下，願充寺監令史者聽。省院臺部書寫、銓寫、典吏人等出身，與各道宣慰司、按察司、隨路總管府歲貢吏員一體轉部，書寫人等止令轉寺監等衙門令史。」二十八年，省准：「參議府、左右司、客省使令史、各房書寫有闕，擬於都省典吏內選補，五折四令史、書寫月日，通折四十月轉部。及六部銓寫、典吏一考之上選充，三折二令史、書寫月日，通折四十五月轉補各部令史。如已行選用者，四十五月補寺監令史。參議府、左右司、客省使令史、各房書寫有闕，擬於都省典吏內選補，五折四令史、書寫月日，通折四十五月轉部。如及六部銓寫、典吏一考之上選充，三折二令史、書寫月日，通折四十五月轉補各部令史。如自行選用者，四十五月補寺監令史。」部議：「執總會總房、照磨〔所〕、承發司、架閣庫典吏，〔六〕一考之上轉補參議府、左右司、客省使令史，補不盡者，四十五月補寺監令史。有

闕，於六部銓寫、典吏一考之上選充，三折二省典吏月日，通折六十月轉補各部令史。若轉充參議府、左右司、客省使令史、都省書寫，五折四令史、書寫月日，通折四十五月轉部。如自行選用者，六十月補寺監令史。六部銓寫、典吏并左右部照磨所、架閣庫典吏，一考之上，遇省書寫、典吏月日補不盡者，六十月轉補寺監令史。」省議：「除見役外，後有闕，擬於都省各房寫發人內公舉發補，除轉充參議府、左右司、客省使令史、都省書寫、典吏者，依前例轉補，不盡者六十月充都目。」二十九年，部擬：「御史臺典吏三十月，依廉訪司書吏轉補察院，三十月轉部，補不盡者，考滿從八品遷用外，行臺典吏三十月轉補行臺察院書吏，再歷三十月發補各道宣慰司令史。參議府令史，四十五月轉部令史。光祿寺典吏，考滿轉補本衙門奏差。」元貞元年，省准：「省部見役典吏實歷俸月，名排籍記，遇都省書寫、典吏有闕，從上挨次發補。樞密院銓寫，一考之上補都省書寫，通折月日陞轉外，本院銓寫有闕，補請俸上名典吏。」大德元年，省准：「兩淮本道書吏，轉補行臺察院書吏、江南宣慰司令史。雲南、四川、河西三道書吏，在邊遠者三十月爲格，依上遷補。江浙行省檢校書吏，於行省請俸典吏內選補，以典吏月日五折四，通折書吏六十月轉各道宣慰司。」四年，省准：「徽政院掌儀、掌膳、掌醫署書吏宜從本院通定名排，若本院典吏有闕，以次轉補。」八年，省議：「院臺以下諸司吏員，俱從吏部發補，據曾經省發并省判籍定典吏、令史，從吏

部依次試補，元籍記典吏，見在寫發者，遇各庫攢典試補。　省掾每名，設貼書二名，就用已籍記者，呈左右司關吏部籍定，遇部典吏闕收補，歷兩考從上名轉省典吏，除一考外，餘者折省典吏月日，兩考陞補參議府、左右司、客省使令史、書寫、檢校、書吏，通折四十五月。補不盡省典吏，六十月，遇寺監令史、宣慰司令史有闕，依次發補。　除宣慰司令史，已有貢部定例，寺監令史歷一考，與籍記部令史通籍發補各部令史。　寺監見役人等，雖經准設，未曾補闕，不許轉部，考滿依舊例遷敍，其省部典吏、書寫人等轉入寺監、宣慰司，願守考滿者聽。　御史臺令史一名，選貼書二名，依次選試相應充架閣庫子，轉補典吏，三十月發充各道廉訪司書吏，再歷一考，依例歲貢。　三品衙門典吏，〔一七〕歷三考陞宣使，補不盡，本衙門於相應闕內委用。　部典吏一考之上，轉省典吏，補不盡者，三考補本衙門奏差，兩考之上發寺監宣慰司奏差外，據六部係名貼書合與都省寫發人相參轉補各部典吏，補不盡者，發各庫攢典。　都省寫發人有闕，於六部係名貼書內參選，不盡者依舊發各庫攢典。」九年，省准：「獄典歷一考之上，轉各部典吏。」　翰林國史院書寫考滿，除從七品，有闕從本院於籍記教授試准應補部令史內指名選用。　太常寺典吏，歷九十月注吏目。　工部符牌局典吏，三十月轉各部典吏。　翰林國史院蒙古書寫，四十五月轉補寺監蒙古必闍赤。宣徽院所轄寺監令史有闕，於到部籍記寺監令史與本院考滿典吏挨次發補。」　十年，省

准：「陝西諸道行御史臺察院書吏，若係腹裏歲貢廉訪司見役書吏選取人數，須歷一考，以上名貢部，下名轉補察院。　總管府獄典轉州司吏，府州者補縣吏，須歷一考，方許轉補。江浙行省運司書吏，九十月陞都目，添一資陞轉，如非各路散府上州司吏補充，役過月日，別無定奪。」　十一年，省准：「左司言照磨所典吏遇闕，宜於左右部照磨所典吏內從上發補。　各路府州獄典遇闕，於廉訪司寫發人及各路通曉刑名貼書內參補。」　至大元年，省准：「各部蒙古必闍赤，如係翰林院選發之人，四十五月遇各衙門譯史有闕，依次與職官相參補用，不敷從翰林院發補。」　三年，省准：「詹事院蒙古書寫，如係翰林院選發之人，四十五月遇典用等監衙門譯史有闕，依次與職官相參補用，不敷從翰林院選發。　和林行省典吏，轉理問所令史，四十五月發補稱海宣慰司令史，轉補不盡典吏，須歷六十月依上發補。中瑞司、掌謁司典書，九十月與寺監令史一體除正八品。　行臺察院書吏，俱歷九十月依舊出身敍，任迴添一資陞轉。　內臺察院轉部、行臺察院轉江南宣慰司令史，北人貢內臺察院各道廉訪司書吏，先役書吏歷九十月，擬正九品，任迴添一資陞轉。」　省議：「廉訪司書吏，上名貢部，下名轉察院，不盡者通九十月，除正九品。　察院書吏三十月轉部，不盡者九十月除從八品，非廉訪司取充則四十五月轉部，不盡者考滿除正九品。」　二年，〔一八〕議：「廉訪司書吏、貢察院書吏，不盡者九十月除正九品，行臺察院書吏轉補不盡者如之。　內臺

察院書吏轉部，年高不願轉部者，九十月除從八品。」　皇慶元年，部議：「廉訪司職官書吏，合依通例選取，不許遷敍，候書吏考滿，通理敍用。　職官先嘗爲廉訪司書吏者，避元役道分，并其餘相應職官，歷三十月，減一資。　又教授、學正、學錄并府州提控案牘、都吏目內委充職官，各理本等月日，其餘歲貢儒吏，依例選用。　又廉訪司奏差、內臺行臺典吏有能者，歷一考之上選充書吏，通儒書者充儒人數，通吏業者充吏員數。　參議府、左右司、客省使令史、書寫、檢校書吏，依至元二十八年例，以省典吏選充，五折四令史、書寫、書吏月日，通折五十五月轉部。　省典吏係六部銓寫、典吏轉充，三折二省典吏月日，通折六十月轉各部令史。　自用之人并轉補不盡省典吏，考滿發補寺監、各道宣慰司令史。」　二年，省准：「河東宣慰司選河東山西道廉訪司書吏充令史，合迴避按治道分選取，其餘亦合一體。」　延祐三年，部擬：「行臺察院書吏、各道廉訪司掌書，元係吏員出身者，並依舊例，以九十月爲滿，依漢人吏員降等於散府諸州案牘內選用，任迴依例陞轉。　大宗正府蒙古書寫，四十五月依樞密院轉各衛譯史除正八品例，籍定發補諸寺監譯史。　察院書吏與宣慰司令史，皆係八品出身轉部者，宜以五折四理算，宣慰司令史出身正八品，察院從八品，其轉補到部者以五折四准算太優，今三折二。　其廉訪司徑發貢部及已除者，難議理算。」　天曆元年，臺議：「各道書吏，額設一十六人，有闕宜用終場下第舉子四人，教授四人，各路司吏四人，通吏職

官四人，委文資正官試驗相應，方許入部。」

凡衛翼吏員陞轉：　皇慶元年，樞密院議：「各處都府并總管高麗、女直、漢軍萬戶府及臨清萬戶府秩三品，本府令史有闕，於一考都目、兩考吏目并各衛三考典吏內，呈院發補，九十月歷提控案牘一任，於各萬戶府知事內選用。」　延祐六年，樞密院議：「各衛翼都目得代兩考者，擬受院劄提控案牘內銓注，三考陞千戶所知事，月日不及者，各衛翼挨次前後得代日期，於都目內貼補。　各衛提控案牘，年過五旬已歷四考者，陞千戶所知事。　及兩考年四十五以下，發補各衛令史。　不及兩考者，止於案牘內銓注，受院劄，通理一百二十月，於千戶所知事內選用。　各處蒙古都元帥府額設令史有闕，於本府所轄萬戶府并奧魯府上名司吏年四十以下者選取，呈院准設，歷一百二十月，再歷提控案牘一任，於萬戶府知事內遷用。」　泰定三年，樞密院議：「行省所轄萬戶府司吏有闕，於本翼上千戶所上名司吏內取補，須行省准設，九十月充吏目，一考轉都目，一考除千戶所提領案牘，一考陞萬戶府提控案牘，歷兩考，通歷省除一百五十月，行省照勘相同，咨院於萬戶府知事內區用。」

凡各萬戶府司吏：　蒙古都萬戶府司吏有闕，於千戶所司吏內選補，歷一百二十月，陞千戶所提領案牘，一考萬戶府案牘，通理九十月，轉萬戶府知事。　漢軍萬戶府并所轄萬戶府及奧魯府司吏，於千戶所司吏內補用，呈院准設，九十月充吏目，一考都目，一考陞千戶

所或都千戶所、奧魯府提控案牘，再歷萬戶府或都府、奧魯府提控案牘兩任，於萬戶府知事內用。　各處都府令史，於一考都目、兩考吏目并各衞請俸三考典吏內，呈院發補，九十月爲滿，再歷提控案牘一任，於各萬戶府知事內遷用。　各處蒙古軍元帥府令史，大德十年擬於本府所轄萬戶府并奧魯府上名司吏內，年四十以下者選補，呈院准設，歷一百二十月，再歷提控案牘一任，於萬戶府知事內遷用。　各省鎭撫司令史，於各萬戶府上名六十月司吏內選取，受行省劄，三十月爲滿，再於各萬戶府提控案牘內，歷一百二十月知事內定奪。

各衞翼令史，有出身轉補者，九十月正八，無出身者從八內定奪。

凡提控案牘、都目：至元二十一年三月已後受院劄，九十月爲滿，行省、行院劄一百二十月爲滿，於萬戶府知事內用。大德四年，案牘年過五旬，已歷四考者，於千戶所知事內定奪外，及兩考四十五以下發補各衞令史，若不及考者，止於案牘內銓注，受院劄，通理一百二十月，於千戶所知事內用。　各衞翼都目，延祐六年，請俸兩考者，院劄提控案牘內銓注，歷三考，陞千戶所知事，月日不及者，各衞翼都目內貼補。　如各衞典吏轉充者，六十月直隸本院萬戶府提控案牘、弩軍屯田千戶所、鎭撫司提控案牘內銓注。　無俸人轉充者，九十月依上陞轉。　鎭撫司、屯田弩軍千戶所都目，依中州例，改設案牘，止請都目俸，三十月爲滿，依例注代。

校勘記

〔一〕驗(各)〔合〕得資品上　據元典章卷八遷調官員改。

〔二〕兩考者及五十七月　清續通考改作「兩考者及五十四月」，並注：「志作五十七月，疑誤。」

〔三〕詔內〔外〕官四品以下普覃散官一等　據本書卷二三武宗紀至大二年正月丙申條、元典章卷八內外四品以下普覃散官一等補。

〔四〕三品遞進一階至三品上階止　按上文有「三品者遞進一階，至正三品上階而止」。元典章卷八內外四品以下普覃散官一等亦與此合。疑「至」下脫「正」字。

〔五〕違例不到　按元典章卷十一奔喪遷葬假限、奔喪違限勒停，「例」皆作「限」，疑此誤。

〔六〕十五月以下十月之上從九添〔一〕資　據本書卷八四選舉志考課補。

〔七〕江南提控案牘都〔吏〕目　據元典章卷九江南提控吏目遷轉、卷十二司吏補。

〔八〕各部依元設額數遇闕職官與籍記內相參發補　按元典章卷十二官職吏員，「各部」、「籍記」下皆有「令史」，疑此脫。

〔九〕雜職不(用)〔預〕　據後文及元典章卷十二官職吏員改。

〔一〇〕從七〔品〕　原空闕，從北監本補。

〔一一〕於常選教授儒人職官并見役各部令史內取補　本書卷八四選舉志隆禧院取補令史，文字與此處同，「於常選」上有「令史」二字，疑此脫。

〔一二〕宣使於常〔選〕職官內參補　據前後多見之文補。

〔一三〕太府監行(由)〔內〕藏庫子　據本書卷十六世祖紀至元二十八年十一月甲辰條、卷九〇百官志改。

〔一四〕三十年　按前文已書「三十年」，此處疑衍或爲「三十一年」之誤。

〔一五〕萬億四庫左右八作司富寧寶源等庫　按寶源庫爲萬億四庫之一，此復書，疑衍誤。

〔一六〕執總會總房照磨〔所〕承發司架閣庫典吏　按照磨所爲官府名，本志屢見，據補。

〔一七〕三品衙門　按元典章卷八省部臺院典吏月日事理作「二品衙門」，疑此處「三」爲「二」之誤。

〔一八〕二年　按前文已書「三年」，此倒書「二年」，有誤。

元史卷八十四

志第三十四

選舉四

考課

凡隨朝職官：至元六年格，一考陞一等，兩考通陞二等止。六部侍郎正四品，依舊例通理八十月，陞〔正〕三品。〔一〕左右司郎中、員外郎、都事，考滿陞二等。六部郎中、員外郎、主事，三十月考滿陞一等，兩考通陞二等。

凡官員考數：省部定擬：從九品擬歷三任，陞從八。正九品歷兩任，陞從八。〔二〕正八品歷三任，陞從七。〔三〕從七歷三任，〔四〕呈省。正七歷兩任，陞從六。從六品通歷三任，陞從五。正六歷兩任，陞從五。從五轉至正五，緣四品闕少，通歷兩任，須歷上州尹一任，方入四品。內外正從四品，通理八十月，陞三品。

凡取會行止：中統三年，詔置簿立式，取會各官姓名、籍貫、年甲、入仕次第。至元十九年，諸職官解由到省部，考其功過，以憑黜陟。大德元年，外任官解由到吏部，止於刑部照過，將各人所歷，立行止簿，就檢照定擬。

凡職官迴降：至元十九年，定江淮官已受宣敕，資品相應，例陞二等還去。江淮官員依舊於江淮任用。其已考滿者，並免回降。〔五〕不及考者，例存一等。有出身未合入流品受宣者，任迴，三品擬同六品，四品擬同七品，正從五品同正八品；受敕者，正從六品同從八品，七品、八品同正從九品，正從九品同提領案牘、巡檢。無出身及白身人受宣者，三品同七品，四品同八品，正從五品同正九品；受敕者，正從六品同從九品，七品、八品同提領案牘、巡檢，正從九品擬院務監當官。其上項有資品人員，再於接連福建、兩廣溪洞州郡任用，擬陞一等。兩廣、福建，別議陞轉。至元十四年，都省未注江淮官已前，創立官府，招撫百姓，實有勞績者，其見受職名，若應受宣者，三品同七品，四品、五品擬同八品；若應受敕者，正從六品同正從九品，其七品、八品擬同提控案牘、巡檢，正從九品擬同院務監當官。無出身不應敍白身人，其見受職名，應受宣者，三品同八品，四品、五品同九品；應受敕者，正從六品同提控案牘、巡檢，七品以下擬院務監當官。其上項人員，若再於接連福建、兩廣溪洞州郡任用，擬陞一等。兩廣、福建，別議陞轉。至元十四年已後，新收撫州郡、淮上例定奪。

前資不應又陞二等還去江淮官員，任迴，擬定前資合得品級，於上例陞二等，止於江淮遷轉，若於腹裏任用，並依上例。七品以下，已歷三品、四品者，比附上項有出身未入流品人員例，從一高。前三件於見擬資品上增一等銓注。二十一年，詔：「軍官轉入民職，已受宣敕不曾之任者，擬自准定資品換授，從禮任月日爲始，理算資考陞轉。若先受宣敕已經禮任，資品相應者，通理月日陞轉外，據驟陞人員前任所歷月日除一考外，餘月日與後任月日依准定資品通理陞轉，不及考者，擬自准定資品換授，從禮任月日爲始，理算資考陞轉。腹裏常調官，除資品相應者依例陞轉外，有前資未應入流品受宣敕者，六品以下人員，照勘有無出身，依驗職事品秩，自受敕以後歷一考者，同江淮例定擬，不及考者，更陞一等。五品以上人員，斟酌比附議擬，呈省據在前已經除授者，任迴通理定奪。」

凡吏屬年勞差等：至元六年，吏部呈：「省部譯史、通事，舊以一百二十月出職，今案牘繁冗，合以九十月爲滿。」十九年，部擬：「行省通事、譯史、令史、宣使或經例革替罷，所歷月日不等，如元經省掾發去，不及一考者，擬令貼補，及一考之上者，比臺院令史出身例定奪。自行踏逐者，降一等敍，不及一考者，發還本省區用。宣慰司人吏，經省院發，不及一考者，擬貼補，及一考之上者，比部令史出身降一等定奪。自行踏逐者，又降一等；不及一考者，別無定奪。」二十年，省擬：「雲南行省極邊重地令譯史人等，六十月考滿。甘肅

行省令譯史人等，六十五月考滿，本土人員，依舊例用。」二十五年，省准：「緬中行省令史，依雲南行省一體出身。」大德元年，省臣奏：「以省、臺、院諸衙門令譯史、通事、知印、宣使等，舊以九十月爲滿，陞遷太驟，今以一百二十月爲滿，於應得職事內陞用。又寫聖旨、掌奏事選法、應辦刑名文字必闍赤等，以八月折十月，今後毋令折算。」四年，制以諸衙門令譯史、宣使人等一百二十月爲滿。部議：「遠方令譯史人等，甘肅、福建、四川於此發去，九十月爲滿。兩廣、海北海南道於此發去，八十月滿。雲南省八十月滿。土人一百二十月滿。」都省議：「俱以九十月爲考滿，土人依例一百二十月爲滿。」至大元年，部議：「和林行省卽係遠方，其人吏比四川、甘肅行省九十月出職。」二年，詔：「中外吏員人等，依世祖定制，以九十月滿，參詳，歷一百二十月已受除者，依大德十一年內制，外任減一資。所有詔書已後在選未曾除受，幷見告滿之人，歷一百二十月者，合同四考理算，外任一資不須再減。」省擬：「以九十月爲滿，餘有月日，後任理算。應滿而不離役者，雖有役過月日，不准。」三年，省准：「河西廉訪司書吏人等月日。」部議：「合准舊例，雲南六十月，河西、四川六十五月，土人九十月爲滿。」皇慶二年，部議：「凡內外諸司吏員，舊以九十月爲滿，大德元年改一百二十月爲滿，至大二年復舊制。一紀之間，受除者衆。其元除有以三十月爲一考者，亦有四十月爲一考者，以所除不等，往往援例陳訴，有礙選法。擬合依已降詔條爲

格，係大德元年三月七日以後入役，至未復舊制之前，已除未除俱以四十月爲一考，通理一百二十月爲滿，減資陞轉。其未滿受除者，一體理考定擬，餘二十六月已上，准陞一等，十五月之上，減外任一資，十五月之下，後任理算。改格之後應滿而不離役者，役過月日，別無定奪。」

凡吏員考滿授從六品：至元九年，省准：「省令史出身，中統四年已前，六品陞遷，已後七品除授，至元之後，事繁責重，宜依准中統四年已前考滿一體注授。」三十一年，省議：「三師僚屬，蒙古必闍赤、掾史、宣使等，依都省設置，若不由臺院轉補者，降等敍。」元貞元年，省議：「監修國史僚屬，依三師所設，非臺院轉補者，降等敍。」大德五年，部呈考滿省掾各資品。省議：「今後院臺并行省令史選充省掾者，雖理考滿，須歷三十月方許出職，仍分省發、自行踏逐者，各部令史毋得直理省掾月日。」

凡吏員考滿授正七品：至元九年，部擬：「院、臺、大司農司令史出身，三考正七品。一考之上，驗月日定奪。一考之下，二十月以上爲從八品；十五月以上正九品；十五月以下，十月之上爲從九品，添一資，歷十月以下爲巡檢。」十一年，部議：「扎魯火赤令史、譯史考滿，合依樞密院、御史臺令史、譯史出身，三考出爲正七品，自用者降一等，有闕於部令史內選取。」十四年，部擬：「前諸站統領使司令史，同部令史出身，今既改通政院從二品，通

事、譯史、令史人等，宜同臺、院人吏一體出身。」十五年，翰林國史院言：「本院令史係省准人員，其出身與御史臺一體，遇闕省掾時，亦合勾補。准吏部牒，本院令史以九十月考滿，同部令史出身，本院與御史臺皆隨朝二品，令史亦合與臺令史一體出身，有闕於部令史內選用。」十九年，部擬：「泉府司隨朝從二品，令史、譯史人等，由省部發者，考滿依通政院例定奪，自行用者降一等。」二十年，定擬安西王王相府首領官令史，與臺、院吏屬一體遷轉。二十二年，部擬：「宣徽院陞爲二品，與臺、院品秩相同，令史出身合依正七品遷除貢補，省、院有闕，於部令史內選取。」總制院與御史臺俱爲正二品，部擬：「令譯史考滿，亦合一體出身。」二十三年，省准：「詹事院掾史，若六部選充者，考滿出爲正七品，自用者降等。」二十四年，集賢院言：「本院與翰林國史院品級相同。」省議：「令史考滿，一體定奪。」二十五年，省議：「上都留守司兼本路總管府令史出身，三考正八品，其自部令史內選取者，同宣徽院、太醫院令史一體出身。上都留守司陞爲正二品，見設令史，自行踏逐者，考滿不爲例，從七品內選用，部令史內選取，考滿宣徽院、大司農司令史一體出身。」部議：「都護府人吏依通政院令譯史人等出身，由省部發者，考滿出爲正七品，自用者降一等。」二十六年，省准：「都功德使司隨朝二品，令譯史人等，比臺、院人吏一體陞轉。」二十九年，部呈：「大司徒令史，若各部選發者，三考出爲正〔九〕〔七〕，〔六〕自用者降等。崇福司與都護府、泉府司品秩相同，所設人吏，由省部發者，考滿出爲正七品，自用者降一等。福建省征爪哇所設人吏，出征迴還，俱同考滿。」部議：「如係六部選發，考滿除正七品，自用者本衙門敍。」三十年，省准：「將作院令史，依通政院等衙門令史，考滿除正七品。」元貞元年，內史府秩正二品，令史亦於部令史內收補，考滿除正七品，自用者降等。大德九年，部擬：「闊闊出大司徒令史，若各部選發，考滿正七，自用者降等。」至大四年，省准：「會福院令史、知印、通事、譯史、宣使、典吏俱自用，前擬不拘常調，考滿本衙門區用。隆禧院令史人等，如常選者，考滿依例遷敍，自用者不入常調，於本衙門區用。」皇慶二年，部議：「崇祥院人吏，係部令史發補者，依例遷用，不應者降等敍。」延祐四年，部議：「隆禧院令史、譯史、通事、知印、典吏同五臺殊祥院人吏一體，常選內委付。其出身若有曾歷寺監并籍記各部令史人等，考滿同二品衙門出身，降等敍，白身者降等，添一資陞轉，省部發去者，依例遷敍。後有闕，令史須於常選教授儒人職官并部令史見役上名內取補，宣使於職官并相應內參補，通事、知印從長官保選，仍參用職官，違例補充，別無定奪。殊祥院人吏，先未定擬，亦合一體。」

凡吏員考滿授從七品：至元六年，省擬：「部令史、譯史、通事人等，中統四年正月以前收補者，擬九十月爲滿，注從七品，回降正八一任，還入從七。以後充者，亦擬九十月爲

滿，正八品，仍免回降。」九年，吏、禮部擬：「凡部令史〔二〕〔三〕考，注從七品。〔七〕一考之上，驗月日定奪。一考之下，二十月以上者正九品。十五月以上從九品，十五月以下，令史〔充〕提控案牘，通事、譯史〔充〕巡檢。〔八〕太府監改擬正三品，與六部同，人吏自行踏逐，將已歷月日准爲資考，似爲不倫，擬自改陞月日爲始，九十月爲滿，同部令史出職，有闕於籍記部令史內挨次收補。」十一年，省議：「省斷事官令史，與六部令史一體出身，若是實歷俸月九十月，考滿遷除，有闕於應補部令史人內挨次補用。」省議：「中御府正三品，擬同太府監令史出身，九十月於從七品內除授，自行踏逐者降一等，歇下名闕，於應補部令史人內補填。」十三年，省議：「行工部令史，與六部令史一體出身。四怯薛令史，九十月同部令史出身，有闕以籍記部令史內補填。」〔三〕〔二〕十年，〔九〕部呈：「行省令、譯史人等，比臺、院一體出身。行臺、行院令譯史、通事人等，九十月考滿，元係都省臺院發去及應補之人，合降臺院一等。」二十三年，省判：「大都留守司兼少府監令史，如係省部發去相應人員，同部令史出身，九十月考滿，從七品，自行踏逐者降等。」二十四年，省判：「中尚監令史人等，若係省部發去人員，同太府監令譯史等出身，自行踏逐者降等。」太史院令史，部議：「如省部發去人員，從七品內遷除，自行踏逐者，降等敍用。」部擬：「行省臺院令史，九十月考滿，若係都省臺院發去腹裏請俸人員，行省令史同臺院令史出身，行臺、行院降一

等，俱於腹裏遷用，自行踏逐遞降一等，於江南任用。」二十九年，省判：「鞏昌等處便宜都總帥府令史人等出身，擬與各道宣慰司一體，自行踏逐者降等敍用。」大德三年，省准：「上都留守司令史，舊以見役部令史發補，以籍居懸遠，擬於籍記部令史內選發，與六部見役令史一體轉陞二品衙門令史，轉補不盡者，考滿從七品敍用。」八年，部擬：「利用監自大德三年八月已前入役者，若充各衙門有俸令史，及本監奏差、典吏轉補，則於應得資品內遷用；由庫子、本把就陞，幷白身人，於雜職內通理定奪；自用之人，本監委用。」皇慶元年，制：「典瑞監人吏俱與七品出身。」部議：「太府、利用等四監同。省發者考滿與六部一體敍，其餘寺監令譯史正八品，奏差正九品。令典瑞監、前典寶監人吏出身同太府等監，係奉旨事理。」省議：「已除者，依舊例定奪。」三年，省准：「章慶使司秩正二品，見役人吏，若同隨朝二品衙門，考滿除正七品，緣係徽政院所轄司屬，量擬考滿除從七品，自用者降等，如係及考部令史轉充，考滿正七品，未及考者止除從七品。有闕須依例補，不許自用。」

凡吏員考滿授正八品：至元十一年，省議：「祕書監從三品，令史擬九十月出爲正八品，自用者降一等，有闕諸衙門考滿典吏內補塡。」省議：「太常寺正三品，令史以九十月出爲從八品，有闕於應補監令史內取用。」省議：「少府監正四品，准軍器監令史出身，是省部發去者，三考於正八品任用，自行踏逐人員，考滿降一等。」省議：「尚牧監正四品，省

部發去令史，擬九十月出爲正八品，自用者降一等，有闕於諸衙門典吏內選補。」部擬：「河南等路宣慰司係外任從二品，與隨朝各部正三品衙門相同，准令史以九十月同部令史遷轉。開元等路宣撫司外任正三品，令譯史比前例降一等，九十月於正八品內遷轉。」十四年，部擬：「樞密院斷事官令史，擬以九十月出爲從八品，有闕於諸衙門考滿典吏內補用。」十六年，部擬：「樞密院斷事官今改從三品，所設人吏，若係上司發去人員，歷九十月，比省斷事官令史降等於正八品內遷除，自用者降一等，遇闕於相應人內發遣。」二十一年，部擬：「廣西、海北海南道宣慰司令史、譯史、奏差人等，與嶺南廣西道等處按察司書吏人等一體，二十月理算一考，擬六十月同考滿。」省准：「廣東宣慰司其地倚山瀕海，極邊煙瘴，令史議合優陞，依泉州行省令譯史等，以二十月理算一考。」二十二年，省准：「詹事院府正、家令二司，給侍宮闈，正班三品，令史卽非各司自用人員，俸秩與六部同，若遇院掾史有闕，於兩司令史內選補，擬定資品出身，依樞密院所轄各衞令史出身，考滿出爲正八品。尚醞監令史，與六部令史同議，諸監令史考滿，正八品內遷用，及非省部發去者例降一等，尚醞監令史亦合一體。」二十三年，省准：「太常寺令史，歷九十月，正八品內任用，有闕於呈准籍記人內選取。雲南省羅羅斯宣慰司兼管軍萬戶府首領官、令史人等，依雲南行省令史例，六十月考滿，首領官受敕，例以三十月爲一考。武備寺正三品，令譯史等出身，擬先司農寺令譯史人等，依各監例，考滿出爲正八品，武備寺令史亦合依例遷敍。尙舍監令史，擬同諸寺監令史，考滿授正八品，自行用者降一等，尙舍監亦如之。陝西四川行省順元等路軍民宣慰司，依雲南令譯史人等，六十月爲滿遷轉。」二十四年，部擬：「太史院、武備寺、光祿寺等令史，九十月正八品內遷用，自用者降一等。太醫院係宣徽院所轄，令史人等，若係省部發去，考滿同諸監令史，擬正八品，自用者降等任用。」二十六年，省准：「給事中兼修起居注人吏，依諸寺監令史出身例，考滿一體定奪。侍儀司令史，依給事中兼起居注人吏遷轉。」二十七年，省准：「延慶司令史，九十月，依已准家令、府正兩司例，由省部發者出爲正八品，自用者降等敍。」二十八年，省准：「太僕寺擬比尙乘等寺令史，以九十月出爲正八品，自用者降一等。拱衞直都指揮使司與武備寺同品，令史考滿，出爲從八品，自用者降一等遷用。蒙古等衞令史，卽係在先考滿令史，合於正八品內遷敍，各衞令史有闕，由省部籍記選發者，考滿出爲正八品。樞密院所轄都元帥府、萬戶府各衞幷屯田等司官吏，俱從本院定奪、遷調，見役令史，自用者考滿，合從本院定奪。宣政院斷事官令史，與樞密院及蒙古必闍赤，由翰林院發者，以九十月爲從七品，通事、令史以九十月爲正八品，奏差以九十月爲正九品，典吏九十月轉本府奏差，自用者降等。」二十九年，部擬：「左右兩江宣慰司都元帥府令譯史人等，依雲南、兩廣、福建人吏，六十月

爲滿。兩廣敍用譯史，除從七品，非翰林院選發，別無定奪。令史省發，考滿正八品，奏差省發，考滿正九品，自用者降等敍。儀鳳司令史，比同侍儀司令史，考滿爲正八品，自用者降一等。哈迷爲頭只哈赤八剌哈孫達魯花赤令史，吏部議，與阿速拔都兒達魯花赤必闍赤考滿正八品任用，雖必闍赤、令史月俸不同，各官隨朝近侍一體，比依例出身相應。」三十年，省准：「孛可孫係正三品，令譯史人等，比依各寺監令譯史出身相應。都水監從三品，令譯史等寺監令史一體出身，考滿正八品敍，自用者降等。只兒哈忽昔寶赤八剌哈孫達魯花赤本處隨朝正三品，與只哈赤八剌哈孫達魯花赤令史等卽係一體，擬合依例，考滿出爲正八品。」元貞元年，省准：「闌遺監令譯史人等，省部發去者，考滿正八品內任用，自行踏逐者降等。家令司、府正司改內宰、宮正，其人吏依元定爲當。拱衞直都指揮使司陞爲正三品，其令譯史等俸，俱與光祿寺相同，擬係相應人內發補者考滿與正八品，奏差正九，自用者降等敍。」五年，部擬：「和林宣慰司都元帥府人吏，合與隨朝二品衙門一體，及量減月日。」部議：「各道宣慰司令史，一百二十月正八品敍，自用者降等遷用。其和林宣慰司無應取司屬，又係酷寒之地，人吏已蒙都省從優以九十月爲滿，今擬考滿，不分自用，俱於正八品內遷用。」八年，部言：「行都水監准設人吏，令史八人，奏差六人，壕寨一十人，通事、知印各

一人，譯史一人，公使人二十人。都水監令譯史、通事、知印考滿，俱於正八品遷用，奏差考滿，正九品，自用者降等，壕寨出身幷俸給同奏差。行都水監係江南創立衙門，令史比例，合於行省所轄常調提控案牘內選取，奏差、壕寨人等亦須選相應人，考滿比都水監人吏降等江南遷用，典吏公使人，從本監自用。」九年，部言：「尙乘寺援武備寺、太府、章佩等監例，求陞加其人吏出身俸給。」議得，各監人吏皆係奉旨陞加，尙乘寺人吏合依已擬。」至大三年，部言：「和林係邊遠酷寒之地，兵馬司司吏歷一考餘，轉本路總管府司吏。補不盡者，六十月陞都目。總管府司吏，再歷一考，轉稱海宣慰司令史，考滿除正八品，不係本路司吏轉補者，降等敍，補不盡者，六十月，部劄提控案牘內任用，蒙古必闍赤比上例定奪。」部議：「晉王位下斷事官正三品，除怯里馬赤、知印例從長官所保，蒙古必闍赤翰林院發，令史以內史府考滿典吏幷籍記寺監令史發補，九十月除正八品，與職官相參用。奏差亦須選相應人，九十月依例遷用，自用者，考滿本衙門定奪。」皇慶元年，部言：「衞率府勾當人員，令都省與常選出身。」議得，令史係軍司勾當之人，未有轉受民職定奪，合自奏准日爲格，係皇慶元年二月九日以前者，同典牧監一體遷敍，以後者若係籍記寺監令史，常選提控案牘補充，依上銓除，自用者不入常調。」部議：「徽政院繕珍司見役令史，若係籍記寺監令史、常調提控案牘、院兩考之上典吏補充，內宰司令史例，考滿除正八，通事、譯史、知印

亦依上遷敍，自用者降等。後有闕，須依例發補，違例補充，別無定奪。」二年，部議：「徽政院延福司見役令史，若係籍記寺監令史、常調提控案牘、本院兩考之上典吏補充者，依內宰司令史例，考滿除正八品，通事、譯史、知印依上遷敍，自用者降等。後有闕，須依例發補，不許自用。」延祐三年，省准：「徽政院所轄衞候司，奉旨陞正三品，與拱衞直都指揮使司同品，合設令譯史，考滿除正八，自用者降等。衞候司就用前衞候司人吏，擬自呈准月日理算，考滿同自用遷敍，後有闕，以相應人補，考滿依例敍。徽政院掌飲司人吏，部議常選發補令譯史，考滿從八，奏差從九，自用者降等，後有闕須以相應人補，違例補充，考滿本衙門用。」四年，省准：「屯儲總管萬戶府司吏譯史出身，至大三年尙書省劄，和林路司吏未定出身，和林係邊遠酷寒去處，兵馬司司吏如歷一考之上，轉補本路司吏幷總管府司吏，再歷一考之上，轉補稱海宣慰司令史，考滿正八品遷除，補不盡人數，從優，擬六十月於部劄提控案牘內任用，蒙古必闍赤比依上例定奪。其沙州、瓜州立屯儲總管萬戶府衙門，卽係邊遠酷寒地面，依和林路總管府司吏人員一體出身。」

凡吏員考滿授正九品：至元二十年，省准：「宮籍監係隨朝從五品，令史擬九十月正九品，例革人員，驗月日定奪，自行踏逐，降一等。」二十八年，省擬：「廉訪司所設人吏，擬選取書吏，止依按察司舊例，上名者依例貢部，下名轉補察院，貢補不盡人數，廉訪司月日爲始理算，考滿者正九品敍，須令迴避本司分治及元籍路分。」部議：「察院書吏出身，除見役人三十月，轉補不盡者，九十月出爲從八品。察院書吏有闕，止於各道廉訪司書吏內選取，依上三十月轉部，九十月從八品。如非廉訪司書吏取充者，四十五月轉部，補不盡者，九十月考滿，降一等，出爲正九品。」三十年，省准：「行臺察院書吏歷一考之上者，轉江南宣慰司令史、幷內臺察院書吏，於見役人內用之。若有用不盡人數，以九十月出爲正九品。江南有闕，依內臺察院書吏，於各道廉訪司書吏內選取，依例轉補。」大德四年，省擬：「各道廉訪司書吏，至元二十八年七月元定出身，上名貢部，下名轉補察院書吏。貢補不盡者，廉訪司爲始理算月日，考滿正九品用。今議廉訪司先役書吏，歷九十月依已定出身，正九品注，任迴，添一資陞轉。大德元年三月七日已後充廉訪司人吏，九十月考滿，須歷提控案牘一任，於從九品內用。通事、譯史，比依上例。察院書吏，至元二十八年十二月元定出身，於各道廉訪司書吏內選取，三十月轉部，九十月從八品內用。如非廉訪司書吏取充者，四十五月轉部。補用不盡者，九十月考滿，降一等，正九品用。今議先役書吏，九十月依已定出身遷用，任迴，添一資陞轉。大德元年三月七日爲始創入役者，止依舊例轉部。行臺察院書吏，至元三十年正月元定出身，於廉訪司書吏內選取，歷一考之上，轉補江南宣慰司令史、幷內臺察院書吏，用不盡者，九十月正九品，江南用。省議先役書吏，

歷俸九十月，依已定出身，任迴，添一資陞轉。大德元年三月七日爲始創入者，止依舊例，轉補江南宣慰司令史，北人貢內臺察院。」

凡吏員考滿除錢穀官、案牘、都吏目：至元十三年，吏、禮部言：「各路司吏四十五以下，以次轉補按察司書吏。補不盡者，歷九十月，於都目內任用；六十月以上，於吏目內任用。」省議：「上都、大都路司吏，難同其餘路分出身，依按察司書吏遷用。」十四年，省准：「覆實司司吏，俱授吏部劄付，如歷九十月，擬於中州都目內遷，若不滿考及六十月，於下州吏目內任用，有闕以相應人發充。」二十一年，省准：「諸色人匠總管府與少府監不同，又其餘相體管匠衙門人吏，俱未定擬出身，量擬比外路總管府司吏，考滿於都目內任用。」二十二年，省准：「大都等路都轉運使司令史，與河間等路都轉運鹽使司書吏出身同。外路總管府司吏三名，貢舉儒吏二名，貢不盡，年四十五之上，考滿都目內任用。」二十三年，省准：「各路司吏、轉運司書吏，年四十五以上，歷俸六十月充吏目，九十月充都目，餘有役過月日不用。奏差宜從行省斟酌月日，量於錢穀官內就便銓用。」省准：「覆實司係正五品，令史出身比交鈔提舉司吏出身，九十月務使，六十月都監，六十月之下、四十五月之上都監添一界遷用，四十五月之下轉補運司令史。」部擬：「京畿漕運司吏轉補察院書吏，不盡，四十五以上，九十月依例於都目內任用。」二十四年，部議：「各道巡行勸

農官書吏，於各路總管府上名司吏內選取，考滿於提控案牘內任用，奏差從大司農司選委。」省准：「諸司局人匠總管府令史，於都目內任用。」二十五年，省准：「大護國仁王寺、昭應宮財用規運總管府令譯史人等，比大都路總管府正三品司吏，九十月提控案牘內任用。」部議：「甘肅、寧夏等處巡行勸農司係邊陲遠地，人吏依甘肅行省并河西隴北道提刑按察司，以二十二月准一考，六十五月爲滿。」省准：「供膳司司吏，比覆實司司吏，九十月出身，於務使內任用。」二十六年，省准：「巡行勸農司書吏，役過路司吏月日，三折二准算，通理九十月，於提控案牘內遷敍。尙書省右司郎中、管領大都等路打捕民匠等戶總管令史，比依諸司局人匠總管府令史例，九十月，於都目內任用。」省准：「諸路寶鈔都提舉司司吏，有闕於諸路轉運司、漕運司上名司吏內選取，三十月充吏目，四十五月之上、六十月之下都目，六十月已上轉提控案牘，充寺監令史者聽。諸路寶鈔提舉司同。」奏准：「大都路都總管府添設司吏一十名，委差五名。司吏六十月，於提控案牘內任用，委差於近上錢穀官內委用，有闕以有根脚請俸人補充，不及考滿，不許無故替換。」二十七年，省准：「京畿都漕運司令史，九十月充提控案牘，年四十五之上，比依都提舉萬億庫司吏，願充寺監令史者聽。」二十九年，部擬：「大都路令史四十五以上，六十月提控案牘內任用，任迴減一資陞轉，四十五以下、六十月之上選舉貢部，每歲二名。奏差六十月，酌中錢穀官內任用。」

省准：「京畿都漕運司令史，比依諸路寶鈔提舉司吏出身例，三十月吏目，四十五月之上、六十月之下都目，六十月之上提控案牘。」三十年，省准：「提舉八作司係正六品，司吏四十五月之上吏目，六十月之上都目。」元貞元年，省准：「大都等路都轉運司令史，九十月提控案牘。」大德三年，省准：「諸路寶鈔提舉司、都提舉萬億四庫司吏，九十月提控案牘內任用，如六十月之上，自願告敍者，於都目內遷除，有闕於平準行用庫攢典內挨次轉補。」省准：「寶鈔總庫司、提舉富寧庫司俱係從五品，其司吏九十月，都目內任用。如六十月之上，自願告敍，於吏目內遷除。有闕須於在京五品衙門及左右巡院、大興、宛平二縣，及諸州司吏并籍記各部典吏內選。」省准：「提舉左右八作司吏，九十月都目內任用，六十月之上，自願告敍，於吏目內遷除，有闕於在都諸倉攢典內選補。京畿都漕運使司令史，六十月之上，於提控案牘內用，遇闕於路府諸州并在京五品等衙門上名司吏內選。大都路司吏改爲令史，六十月之上，年及四十五以下，貢部不過二名，四十五以上，六十月提控案牘內遷用，任迴減資陞轉。大都路都總管府令史，依舊六十月，於提控案牘內遷敍，不須減資，有闕於府州兵馬司、左右巡院、大興、宛平二縣上名司吏內選補。」大德五年，省准：「河東宣慰使司軍儲所司吏、譯史，九十月爲滿，譯史由翰林院發補，司吏由州縣司吏取充，與各路總管府譯史、司吏一體陞轉，自用譯史，別無定奪，司吏除酌中錢穀官，委差

近下錢穀官。」七年，部擬：「濟南、萊蕪等處鐵冶都提舉司及廣平、彰德等處鐵冶都提舉司秩四品，司吏九十月比散府上州例，陞吏目。蒙古必闍赤擬酌中錢穀官，奏差近下錢穀官，典吏三考，轉本司奏差。」省准：「陝西省敍州等處諸部蠻夷宣撫司正三品，其令譯史考滿，比各路司吏人等一體遷用奏差，行省定奪。」九年，宣慰司大同等處屯儲軍民總管萬戶府從三品，司吏、譯史、委差人等，九十月爲滿，司吏除酌中錢穀官，委差近下錢穀官。大德十年，省准：「諸路吏六十月，須歷五萬石之上倉官一界，陞吏目，一考陞都目，一考陞中州案牘或錢穀官，通理九十月入流。五萬石之下倉官一界，陞吏目，兩考都目，一考依上陞轉。補不盡路吏，九十月陞吏目，兩考陞都目，依上流轉，如非州縣司吏轉補者，役過月日，別無定奪。」

凡通事、譯史考滿遷敍：至元二年，部擬：「雲南行省極邊重地，令譯史等人員，擬二十月爲一考，歷六十月，准考滿敍用。」九年，省准：「省部臺院所設知印人等，所請俸給，元擬出身，俱在勾當官之上，既將勾當官陞作從八品，其各部知印考滿，亦合陞正八品，據例減知印除有前資人員，驗前資定奪，無前資者，各驗實歷月日，定擬遷敍。」二十年，各道按察司奏差、通事、譯史、奏差已有定例，通事九十月考滿，擬同譯史一體遷敍。部議：「行省、行臺、行院五品以下官員并首領官，亦合比依臺院例，一考陞一等任用。據行省人

吏比同臺院人吏出身，已有定例，行院、行臺令史、譯史、通事、宣使人等，九十月滿考，元係都省臺院發及應補者，擬降臺院一等定奪。」部擬：「甘肅行省令譯史、通事、宣使人等，量擬以六十五月遷敍，若係都省發去人員，如部議，自用者仍舊例。」二十一年，部擬：「四川行省人吏，比甘肅行省所歷月日，一體遷除。」二十三年，部擬：「福建、兩廣行省令譯史、通事、宣使人等，擬歷六十月同考滿，止於江南遷用，若行省咨保福建、兩廣必用人員，於資品上陞一等。」二十四年，部議：「行省、行臺、行院令史，九十月考滿，若係都省臺院發去腹裏相應人員，行省令史同臺院令史出身，行臺、行院降臺院一等，俱於腹裏遷用，自用者遞降一等，止於江南任用。」二十七年，省議：「中書省蒙古必闍赤俱係正從五品遷除，今蒙古字敎授擬比儒學敎授例高一等，其必闍赤擬高省掾一等，內外諸衙門蒙古譯史，一體陞等遷敍。」二十八年，部擬：「諸路寶鈔都提舉司蒙古必闍赤，三十月吏目，四十五月都目，六十月提控案牘，役過月日，擬於巡檢內敍用。奏差九十月，近上錢穀官，六十月，酌中錢穀官內任用。翰林院寫聖旨必闍赤，比依都省蒙古必闍赤內管宣敕者，八月算十月遷轉正六品。」部議：「寫聖旨必闍赤比依管宣敕蒙古必闍赤一體，亦合八折十准算月日外，據出身已有定例。崇福司令譯史、知印，省部發補者，考滿出爲正七品，自用者降一等。宣使省部發去者，考滿出爲正八品，自用者降一等。各道廉訪司通事、譯史出身，比依書吏

擬合一體考滿正九。奏差考滿，依通事、譯史降二等量擬，於省劄錢穀官并巡檢內任用。」三十年，省准：「將作院令譯史人等，由省部選發者，考滿正七品遷敍，自用者止從本衙門定奪。大都路蒙古必闍赤若係例後入役人員，擬六十月於巡檢內遷用，任回減一資陞轉。」大德三年，省議：「各路譯史如係翰林院選發人員，九十月考滿。除蒙古人依准所擬外，其餘色目、漢人先歷務使一界，陞提控一界，於巡檢內遷用。」四年，省准：「雲南諸路廉訪司寸白通事、譯史出身，比依書吏出身，九十月爲滿，歷巡檢一任，轉陞從九品，雲南地面遷用。」七年，宣慰司奏差，除應例補者，一百二十月考滿，依例自行保舉者降等，任回，添資定奪任用。廉訪司通事、譯史，大德元年三月七日已後創入補者，九十月歷巡檢一任，轉從九，如書吏役九十月，充巡檢者聽，如違不准。各路譯史，如係各道提舉學校官選發腹裏各路譯史，九十月考滿，先歷務使一界陞提領，再歷一界充巡檢，三考從九，違者雖歷月日，不准。會同館蒙古必闍赤，九十月務提領內遷用。十年，省准：「中政院寫懿旨必闍赤，依寫聖旨必闍赤一體出身。八番順元、海北海南宣慰司都元帥府極邊重地令譯史人等，考滿依兩廣、福建例，於江南遷用。」

凡官員致仕：至元二十八年，省議：「諸職官年及七十，精力衰耗，例應致仕。今到選

官員，多有年已七十或七十之上者，合令依例致仕。」大德七年，省臣言：「內外官員年至七十者，三品以下，於應授品級，加散官一等，令致仕。」十年，省臣言：「官員年老不堪仕宦者，於應得資品，加散官、遙授職事，令致仕。」皇慶二年，省臣言：「蒙古、色目官員所授散官，卑於職事，擬三品以下官員，職事、散官俱陞一等，令致仕。」

凡封贈之制：至元初，唯一二勳舊之家以特恩見褒，雖略有成法，未悉行之。至元二十年，制：「考課雖以五事責辦管民官，爲無激勸之方，徒示虛文，竟無實效。自今每歲終考課，管民官五事備具，內外諸司官職任內各有成效者，爲中考。第一考，對官品加妻封號。第二考，令子弟承廕敍仕。第三考，封贈祖父母、父母。品格不及封贈者，量遷官品，其有政績殊異者，不（須）〔次〕陞擢。〔一〇〕仰中書參酌舊制，出給誥命。」至大二年，詔：「流官五品以上父母、正妻，七品以上正妻，令尚書省議行封贈之制。」禮部集吏部、翰林國史院、集賢院、太常等官，議封贈諡號等第，制以封贈非世祖所行，其令罷之。至治三年，省臣言：「封贈之制，本以激勸將來，比因泛請者衆，遂致中輟。」詔從新設法議擬與行，毋致冗濫。禮部從新分立等第：正從一品封贈三代，爵國公，勳正上柱國，從柱國，母、妻並國夫人。正從二品封贈二代，爵郡公，勳正上護軍，從護軍，母、妻並郡夫人。正從三品封贈二代，爵郡侯，勳正上輕車都尉，從輕車都尉，母、妻並郡夫人。正從四品封贈父母，爵郡伯，勳正

上騎都尉，從騎都尉，母、妻並郡君。正五品封贈父母，爵縣子，勳驍騎尉，母、妻並縣君。從五品封贈父母，爵縣男，勳飛騎尉，母、妻並縣君。正從六品封贈父母，父止用散官〔，母、妻並恭人。正從七品封贈父母，父止用散官〕，母、妻並宜人。〔一一〕正從一品至五品宣授，六品至七品敕牒。如應封贈三代者，曾祖父母一道，祖父母一道，父母一道，生者各（號）〔另〕給降。〔一二〕封贈者，一品至五品並用散官勳爵，六品七品止用散官職事，從一高。封贈曾祖，降祖一等，祖降父一等，父母妻並與夫、子同。父母在仕者不封，已致仕并不在仕者封之，雖在仕棄職就封者聽。父母應封，而讓曾祖父母、祖父母者聽。諸子應封父母，嫡母在，所生之母不得封。嫡母亡，得並封。若所生母未封贈者，不得先封其妻。諸職官曾受贓，不許申請，封贈之後，但犯取受之贓，並行追奪。其父祖元有官進一階，不在追奪之例。父祖元有官者，隨其所帶文武官上封贈，若已是封贈之官，止於本等官上許進一階，階滿者更不在封贈之限。如子官至四品，其父祖已帶四品上階之類。或兩子當封者，從一高。文武不同者，從所請。婦人因其〔夫〕、子封贈，〔一三〕而夫、子兩有官者，從一高。職官居喪，應封贈曾祖父母、祖父母、〔父母〕者聽。〔一四〕其應受封之人，居曾祖父母、祖父母、父母、舅姑、夫喪者，服闋申請。應封贈者，有使遠死節，有臨陣死事者，驗事特議加封。應

封妻者，止封正妻一人，如正妻已歿，繼室亦止封一人，餘不在封贈之例。婦人因夫、子得封者，不許再嫁，如不遵守，將所受宣敕追奪，斷罪離異。父（母）〔祖〕曾任三品以上官，〔一五〕亡歿，生前有勳勞，爲上知遇者，子孫雖不仕，具實跡赴所在官司保結申請，驗事跡可否，量擬封贈。無後者，許有司保結申請。曾祖父母、祖父母、父母曾犯十惡奸盜除名等罪，及例所封妻不是以禮娶到正室，或係再醮倡優婢妾，並不許申請。凡告請封贈者，隨朝并京官行省、行臺、宣慰司、廉訪司見任官，各於任所申請。其餘官員，見任并已除未任，至得替日，隨其解由申請。致仕官於所在官司申請。正從七品至正從六品，止封一次。陞至正從五品，封贈一次。陞至正從四品，封贈一次。陞至正從三品，封贈一次。陞至正從二品，封贈一次。陞至正從一品，封贈一次。凡封贈流官父祖曾任三品以上者，許請諡。如立朝有大節，功勳在王室者，許加功臣之號。至治三年，詔：「封贈之典，本以激勸忠孝，今後散官職事勳爵，依例加授，外任官員並許在任申請，其餘合行事理，仰各依舊制。」泰定元年，詔：「犯贓官員，不得封贈，沉鬱既久，宜許自新，有能滌慮改過，再歷兩任無過者，許所管上司正官從公保明，監察御史、廉訪司覆察是實，並聽依例申請。」

校勘記

〔一〕六部侍郎正四品依舊例通理八十月陞〔正〕三品　據元典章卷八內官陞轉補。

〔二〕省部定擬從九品擬歷三任陞從八正九品歷兩任陞從八　元典章卷八循行選法體例有「從九三考陞從八，正九兩考陞從八，從八兩考陞正八，從八三考陞從七」。按典章自從九至正四陞轉皆書，本志唯從八陞轉未書外，余皆同典章，此處「正九品歷兩任，陞從八」下疑脫「從八歷兩任陞正八，從八歷三任陞從七」。

〔三〕正八品歷三任陞從七　元典章卷八循行選法體例作「正八兩考陞從七」，疑此處「三」誤。

〔四〕從七歷三任　元典章卷八循行選法體例作「從七三考陞正七」，疑「歷三任」後脫「陞正七」三字。

〔五〕江淮官員依舊於江淮任用其已考滿者並免回降　元典章卷八官員遷轉例，「其已考滿者」上有「若選於腹裏任用」七字，疑此脫。

〔六〕大司徒令史若各部選發者三考出爲正（九）〔七〕　按此在「凡吏員考滿授正七品」項下，令史均爲三考授正七品，此處「九」字誤，今改。

〔七〕凡部令史（二）〔三〕考注從七品　據本書卷八三選舉志及元典章卷八循行選法體例改。

〔八〕十五月以下令史〔充〕提控案牘通事譯史〔充〕巡檢　據元典章卷八循行選法體例補。

〔九〕（三）〔二〕十年　從道光本改。

〔一〇〕其有政績殊異者不（須）〔次〕陞擢　從道光本改。

〔一一〕正從六品封贈父母父止用散官〔母妻並恭人正從七品封贈父母父止用散官〕母妻並宜人　道光本據元典章增入，從補。

〔一二〕生者各（號）〔另〕給降　據元典章卷十一流官封贈通例改。

〔一三〕婦人因其〔夫〕子封贈　據元典章卷十一流官封贈通例補。

〔一四〕職官居喪應封贈曾祖父母祖父母〔父母〕者聽　據元典章卷十一流官封贈通例補。

〔一五〕父（母）〔祖〕曾任三品以上官　據元典章卷十一封贈流官通例改。

元史卷八十五

志第三十五

百官一

王者南面以聽天下之治，建邦啓土，設官分職，其制尙矣。漢、唐以來，雖沿革不同，恒因周、秦之故，以爲損益，亦無大相遠。大要欲得賢才用之，以佐天子、理萬民也。

元太祖起自朔土，統有其衆，部落野處，非有城郭之制，國俗淳厚，非有庶事之繁，惟以萬戶統軍旅，以斷事官治政刑，任用者不過一二親貴重臣耳。及取中原，太宗始立十路宣課司，選儒臣用之。金人來歸者，因其故官，若行省，若元帥，則以行省、元帥授之。草創之初，固未暇爲經久之規矣。

世祖卽位，登用老成，大新制作，立朝儀，造都邑，遂命劉秉忠、許衡酌古今之宜，定內外之官。其總政務者曰中書省，秉兵柄者曰樞密院，司黜陟者曰御史臺。體統旣立，其次

在內者，則有寺，有監，有衞，有府；在外者，則有行省，有行臺，有宣慰司，有廉訪司。其牧民者，則曰路，曰府，曰州，曰縣。官有常職，位有常員，其長則蒙古人爲之，而漢人、南人貳焉。於是一代之制始備，百年之間，子孫有所憑藉矣。

大德以後，承平日久，彌文之習勝，而質簡之意微，僥倖之門多，而方正之路塞。官冗於上，吏肆於下，言事者屢疏論列，而朝廷訖莫正之，勢固然也。

大抵元之建官，繁簡因乎時，得失係乎人，故取其簡牘所載，而論次之。若其因事而置，事已則罷，與夫異敎雜流世襲之屬，名類實繁，亦姑舉其大概。作百官志。

三公，太師、太傅、太保各一員，正一品，銀印。以道燮陰陽，經邦國。有元襲其名號，特示尊崇。太祖十二年，以國王置太師一員。太宗卽位，建三公，其拜罷歲月，皆不可考。世祖之世，其職常缺，而僅置太保一員。至成宗、武宗而後，三公並建，而無虛位矣。又有所謂大司徒、司徒、太尉之屬，或置，或不置。〔一〕其置者，或開府，或不開府。而東宮嘗置三師、三少，蓋亦不恒有也。

中書令一員，銀印。典領百官，會決庶務。太宗以相臣爲之，世祖以皇太子兼之。至

元十年，立皇太子，行中書令。大德十一年，以皇太子領中書令。延祐三年，復以皇太子行中書令。置屬，監印二人。

右丞相、左丞相各一員，正一品，銀印。統六官，率百司，居令之次。令缺，則總省事，佐天子，理萬機。國初，職名未創。太宗始置右丞相一員、左丞相一員。世祖中統元年，置丞相一員。二年，復置右丞相二員、左丞相二員。至元二年，增置丞相五員。七年，立尚書省，置丞相三員。八年，罷尚書省，乃置丞相二員。二十四年，復立尚書省，其中書省丞相二員如故。二十九年，以尚書再罷，專任一相。武宗至大二年，復置尚書省，丞相二員。中書丞相二員。四年，尚書省仍歸中書，丞相凡二員，自後因之不易。文宗至順元年，專任右相，其一或置或不置。

平章政事四員，從一品。掌機務，貳丞相，凡軍國重事，無不由之。世祖中統元年，置平章二員。二年，置平章四員。至元七年，置尚書省，設尚書平章二員。八年，尚書併入中書，平章復設三員。二十三年，詔清冗職，平章汰爲二員。二十四年，復尚書省，中書、尚書兩省平章各二員。二十九年，罷尚書省，增中書平章爲五員，而一員爲商議省事。三十年，又增平章爲六員。成宗元貞元年，改商議省事爲平章軍國重事。武宗至大二年，再立尚書省，平章三員。中書五員。四年，罷尚書省歸中書，平章仍五員。文宗至順元年，定置四

員，自後因之。

右丞一員，正二品。左丞一員，正二品。副宰相裁成庶務，號左右轄。世祖中統二年，置左、右丞各一員。三年，增爲四員。至元七年，立尚書省，中書右丞、左丞仍四員。八年，尚書併入中書省，右、左丞各一員。二十三年，汰冗職，右、左丞如故。二十四年，復立尚書省，右、左丞各一，而中書省缺員。二十八年，復罷尚書省。三十年，設右丞二員，而一員爲商議省事。成宗元貞元年，右丞商議省事者，又以昭文大學士與中書省事。武宗至大二年，復立尚書省，右、左丞二員。中書右、左丞五員。四年，罷尚書右、左丞，中書右、左丞止設四員。文宗至順元年，定置右丞一員、左丞一員，而由是不復增損。

參政二員，從二品。副宰相以參大政，而其職亞於右、左丞。世祖中統元年，始置參政一員。二年，增爲二員。至元七年，立尚書省，參政三員。八年，尚書併入中書，參政二員。二十三年，汰冗職，參政二員如故。二十四年，復立尚書省，參政二員。中書參政二員。二十八年，罷尚書省參政。武宗至大二年，復置尚書省，參政二員。中書參政二員。四年，併尚書省入中書，參政三員。文宗至順元年，定參政爲二員，自後因之。

參議中書省事，秩正四品。典左右司文牘，爲六曹之管轄，軍國重事咸預決焉。中統元年，始置一員。至元二十二年，累增至六員。大德元年，止置四員，後遂爲定額。其治曰參議府，令史二人。

左司，郎中二員，正五品；員外郎二員，正六品；都事二員，正七品。中統元年，置左右司。至元十五年，分置兩司。左司所掌：吏禮房之科有九，一曰南吏，二曰北吏，三曰貼黃，四曰保舉，五曰禮，六曰時政記，七曰封贈，八曰牌印，九曰好事。知除房之科有五，一曰資品，二曰常選，三曰臺院選，四曰見闕選，五曰別里哥選。戶雜房之科有七，一曰定俸，二曰衣裝，三曰羊馬，四曰置計，五曰田土，六曰太府監，七曰會總。科糧房之科有六，一曰海運，二曰儹運，三曰邊遠，四曰賑濟，五曰事故，六曰軍匠。銀鈔房之科有二，一曰鈔法，二曰課程。應辦房之科有二，一曰飲膳，二曰草料。令史二人，蒙古書寫二十人，回回書寫一人，漢人書寫七人，典吏十五人。

右司，郎中二員，正五品；員外郎二員，正六品；都事二員，正七品。中統元年，置左右司。至元十五年，分置兩司。右司所掌：兵房之科有五，一曰邊關，二曰站赤，三曰鋪馬，四曰屯田，五曰牧地。刑房之科有六，一曰法令，二曰弭盜，三曰功賞，四曰禁治，五曰枉勘，六曰斷訟。工房之科有六，一曰橫造軍器，二曰常課段匹，三曰歲賜，四曰營造，五曰應辦，六曰河道。令史二人，蒙古書寫三人，回回書寫一人，漢人書寫一人，典吏五人。

中書省掾屬：

監印二人，掌監視省印，有中書令則置。

知印四人，掌執用省印。

怯里馬赤四人。

蒙古必闍赤二十二人，左司十六人，右司六人。

漢人省掾六十人，左司三十九人，右司二十一人。

回回省掾十四人，左司九人，右司五人。

宣使五十人。

省醫三人。

玉典赤四十一人。

斷事官，秩〔正〕三品。〔二〕掌刑政之屬。國初，嘗以相臣任之。其名甚重，其員數增損不常，其人則皆御位下及中宮、東宮、諸王各投下怯薛丹等人爲之。中統元年，一十六位下置三十一員。至元六年，十七位下置三十四員。七年，十八位下置三十五員。八年，始給印。二十七年，分立兩省，而斷事官隨省並置。二十八年，十八位下置三十六員，併入中書。三十一年，增二員。後定置，自御位下及諸王位下共置四十一員。首領官：經歷一員，知事一員。吏屬：蒙古必闍赤二人，令史一十二人，回回令史一人，怯里馬赤二人，

知印二人，奏差八人，典吏一人。

客省使，秩正五品。使四員，正五品；副使二員，正六品。令史二人。掌直省舍人、宣使等員選舉差遣之事。至元九年，置使二員，一員兼通事，一員不兼。大德元年，增置四員，副二員。直省舍人二員，至元七年始置，後增至三十三員。掌奏事給使差遣之役。檢校官四員，正七品。掌檢校左右司、六部公事程期、文牘稽失之事。書吏六人。大德元年置。

照磨一員，正八品。掌磨勘左右司錢穀出納、營繕料例，凡數計、文牘、簿籍之事。中統元年，置二員。至元八年，省爲一員。典吏八人。

管勾一員，正八品。掌出納四方文移緘縢啓拆之事。郵遞之程期，曹屬之承受，兼主之。中統元年，置二員。至元三年，定爲一員。典吏八人。

架閣庫管勾二員，正八品。掌庋藏省府籍帳案牘，凡備稽考之文，即掌故之任。至元三年，始置三員，其後增置員數不一。至順初，定爲二員。典吏十人。蒙古架閣庫兼管勾一員，典吏二人。回回架閣庫管勾一員，典吏二人。

吏部，尚書三員，正三品；侍郎二員，正四品；郎中二員，從五品；員外郎二員，從六品。

掌天下官吏選授之政令。凡職官銓綜之典，吏員調補之格，勳封爵邑之制，考課殿最之法，悉以任之。世祖中統元年，以吏、戶、禮爲左三部。尚書二員，侍郎二員，郎中四員，員外郎六員。至元元年，以吏禮自爲一部。尚書三員，侍郎仍二員，郎中仍四員，員外郎三員。三年，復爲左三部。五年，又合爲吏禮部。尚書仍二員，侍郎、郎中、員外郎各一員。七年，始列尚書六部。吏部尚書一員，侍郎一員，郎中二員，員外郎二員。八年，仍爲吏禮部。尚書、侍郎、郎中各一員，員外郎仍二員。十三年，分置吏部，尚書增置七員，侍郎三員，郎中二員，員外郎四員。十九年，尚書裁爲二員，侍郎一員，郎中一員，員外郎二員。二十一年，尚書三員，侍郎一員，郎中、員外郎如故。二十三年，定六部尚書、侍郎、郎中、員外郎員額各二員。二十八年，增尚書爲三員。主事三員，蒙古必闍赤三人，令史二十五人，回回令史二人，怯里馬赤一人，知印二人，奏差六人，蒙古書寫二人，銓寫五人，典吏一十九人。

戶部，尚書三員，正三品；侍郎二員，正四品；郎中二員，從五品；員外郎三員，從六品。掌天下戶口、錢糧、田土之政令。凡貢賦出納之經，金幣轉通之法，府藏委積之實，物貨貴賤之直，斂散准駁之宜，悉以任之。中統元年，以吏、戶、禮爲左三部。尚書二員，侍郎二員，郎中四員，員外郎六員。至元元年，分立戶部。尚書三員，侍郎、郎中四員，員外郎省爲三員。三年，復爲左三部。五年，復分爲戶部。尚書一員，侍郎、郎中各一員，員外郎又省爲二員。七年，始列尚書六部。尚書一員，侍郎二員，郎中二員，員外郎如故。十三年，尚書增置一員，侍郎、郎中、員外郎如故。十九年，郎中、員外郎俱增至四員。二十三年，六部尚書、侍郎、郎中定以二員爲額。〔三〕明年，以戶部所掌，視他部特爲繁劇，增置二員。〔四〕成宗大德五年，省尚書一員，員外郎亦省一員，各設三員。主事八員，蒙古必闍赤七人，令史六十一人，回回令史六人，怯里馬赤一人，知印二人，奏差三十二人，蒙古書寫一人，典吏二十二人，司計官四員。其屬附見于後：

都提舉萬億寶源庫，掌寶鈔、玉器。至元二十五年始置。都提舉一員，正四品；提舉一員，正五品；同提舉一員，從五品；副提舉一員，從六品；知事一員，從八品。提控案牘一員，司吏二十三人，譯史二人，司庫四十六人，內以色目二人參之。

都提舉萬億廣源庫，掌香藥、紙劄諸物。設置同上。提控案牘二員，司吏一十二人，譯史一人，司庫一十三人。

都提舉萬億綺源庫，掌諸色段匹。設置並同上，而副提舉則增一員。提控案牘設三員，後省二員。司吏二十二人，譯史一人，司庫二十六人，內參用色目二人。

都提舉萬億賦源庫，掌絲綿、布帛諸物。設置並同上。提控案牘二員，其後省一員。司

吏一十七人，譯史一人，司庫一十五人，內參用色目二人。

四庫照磨兼架閣庫，管勾一員，從九品。世祖至元二十八年，以四庫錢帛事繁，始置一員，仍給印。

提舉富寧庫，至元二十七年始創。提舉一員，從五品；同提舉一員，從六品；副提舉一員，從七品。分掌萬億寶源庫出納金銀之事。吏目一人，其後司吏增至六人，譯史一人，司庫八人。

諸路寶鈔〔都〕提舉司，〔五〕達魯花赤一員，正四品；都提舉一員，正四品；副達魯花赤一員，正五品；提舉一員，正五品；同提舉二員，從五品；副提舉二員，從六品；知事一員，從八品；照磨一員，從九品。國初，戶部兼領交鈔公事。世祖至元，始設交鈔提舉司，秩正五品。二十四年，改諸路寶鈔都提舉司，陞正四品，增副達魯花赤、提控案牘各一員。其後定置已上官員，提控案牘又增一員。設司吏十二人，蒙古必闍赤一人，回回令史一人，奏差七人。

寶鈔總庫，達魯花赤一員，從五品；大使一員，從五品；副使三員，正七品。世祖至元二十五年，改元寶庫爲寶鈔〔總〕庫，〔六〕秩正六品。二十六年，陞從五品，增大使、副使，設司庫。其後遂定置已上官員。司吏七人，譯史一人，司庫五十人。

印造寶鈔庫，達魯花赤一員，正七品；大使二員，從七品；副使二員，正八品。中統四年始置，秩從八品。至元二十四年，陞從七品，增達魯花赤一人。其後遂定置已上官員。

燒鈔東西二庫，達魯花赤一員，正八品；大使一員，從八品；副使一員，從九品。至元元年，始置昏鈔庫，用正九品印，置監燒昏鈔官。二十四年，分立燒鈔東西二庫，秩從八品，各置達魯花赤、大使、副使等員。

行用六庫。中統元年，初立中都行用庫，秩從七品。提領一員，從七品；大使一員，從八品；副使一員，從九品。至元二十四年，京師改置庫者三：曰光熙，曰文明，曰順承。因城門之名爲額。二十六年，又置三庫：曰健德，曰和義，曰崇仁。並因城門以爲名。

大都宣課提舉司，掌諸色課程，併領京城各市。提舉二員，從五品；同提舉一員，從六品；副提舉一員，從七品。提控案牘一員，司吏六人。世祖至元十九年，併大都舊城兩稅務爲大都稅課提舉司。至武宗至大元年，改宣課提舉司。其屬四：

馬市、豬羊市，秩從七品。提領一員，從七品；大使一員，從八品；副使一員，從九品。世祖至元三十年始置。

牛驢市、果木市，品秩、設官同上。

魚蟹市，大使一員，副使一員。至大元年始置。

煤木所，提領一員，從八品；大使一員，從九品；副使一員。至元二十二年始置。

大都酒課提舉司，掌酒醋榷酤之事。至元十九年始置。提舉一員，從五品；同提舉二員，從六品；副提舉二員，從七品。提控案牘二員，司吏五人。二十八年，省同提舉一員、副提舉一員，餘如故。

抄紙坊，提領一員，正八品；大使一員，從八品；副使二員，從九品。中統四年始置，用九品印，止設大使、副使各一員。至元二十七年，陞正八品，增置提領、副使各一員。

印造鹽茶等引局，大使一員，副使一員。至元二十四年置。掌印造腹裏、行省鹽、茶、礬、鐵等引。仍置攢典、庫子各一人。

右以上屬戶部。其萬億四庫，國初以太府掌內帑之出納，既設左藏等庫，而國計之領在戶部，仍置萬億等庫，爲收藏之府。中統元年，置庫官六員，而未有品秩俸給。至元十六年，始爲提舉萬億庫，秩正五品。二十四年，改陞都提舉萬億庫，秩正四品。二十五年，分立四庫，以分掌出納。至二十七年，又別立富寧庫焉。

京畿都漕運使司，秩正三品。運使二員，正三品；同知二員，正四品；副使二員，正五品；判官二員，正六品；經歷一員，正七品；知事一員，從八品。提控案牘兼照磨二員。掌凡漕運之事。世祖中統二年，初立軍儲所，尋改漕運所。至元五年，改漕運司，秩五品。十二年，改都漕運司，秩四品。十九年，改京畿都漕運使司，秩正三品。二十四年，內外分立兩運司，而京畿都漕運司之額如舊。止領在京諸倉出納糧斛，及新運糧提舉司站車攢運公事。省同知、運判、知事各一員，而押綱官隸焉。延祐六年，增同知、副使、運判各一員。其後定置官員已上正官各二員，首領官四員。吏屬：令史二十一人，譯史二人，回回令史一人，通事一人，知印二人，奏差一十六人，典吏二人。其屬二十有四：

新運糧提舉司，秩正五品。至元十六年始置，管站車二百五十輛，隸兵部。開設運糧壩河，改隸戶部。定置達魯花赤一員，都提舉一員，同提舉二員，副提舉一員，吏目一員，司吏八人，奏差十二人。

京師二十二倉，秩正七品。

萬斯北倉，中統二年置。萬斯南倉，至元二十四年置。千斯倉，中統二年置。永平倉，至元十六年置。永濟倉，至元四年置。惟億倉，既盈倉，大有倉，並係皇慶元年置。〔七〕屢豐倉，積貯倉。並係皇慶元年增置。

已上十倉，每倉各置監支納一員，正七品；大使二員，從七品；副使二員，正八品。

豐穰倉，皇慶元年置。廣濟倉，皇慶元年置。廣衍倉，至元二十九年置。大積倉，至元二十八年置。既積倉，盈衍倉，至元二十六年置。相因倉，中統二年置。順濟倉。至元二十九年置。

已上八倉，每倉各置監支納一員，正七品；大使一員，從七品；副使二員，正八品。

通濟倉，中統二年置。(慶)〔廣〕貯倉，〔八〕至元四年置。豐潤倉，至元十六年置。豐實倉。

已上四倉，每倉各置監支納一員，正七品；大使一員，從七品；副使一員，正八品。

通惠河運糧千戶所，秩正五品。掌漕運之事。至元三十一年始置。中千戶一員，中副千戶二員。

都漕運使司，秩正三品。掌御河上下至直沽、河西務、李二寺、通州等處儹運糧斛。至元二十四年，自京畿運司分立都漕運司，於河西務置總司，分司臨清。運使二員，正三品；同知二員，正四品；副使二員，正五品；運判三員，正六品；經歷一員，從七品；知事一員，從八品。提控案牘二員，內一員兼照磨，司吏三十三人，通事、譯史各一人，奏差一十六人，典吏一人。其屬七十有五：

河西務十四倉，秩正七品。

永備南倉，永備北倉，廣盈南倉，廣盈北倉，充溢倉。

已上五倉，各置監支納一員，正七品；大使二員，從七品；副使二員，正八品。

崇墉倉，大盈倉，大京倉，大稔倉，足用倉，豐儲倉，豐積倉，恒足倉，既備倉。

已上九倉，各置監支納一員，正七品；大使一員，從七品；副使一員，正八品。

通州十三倉，秩正七品。

有年倉，富有倉，廣儲倉，盈止倉，及秭倉，迺積倉，樂歲倉，慶豐倉，延豐倉。

已上九倉，各置監支納一員，正七品；大使二員，從七品；副使二員，正八品。

足食倉，富儲倉，富衍倉，及衍倉。

已上四倉，各置監支納一員，正七品；大使一員，從七品；副使一員，正八品。

河倉一十有七，用從七品印。

館陶倉，舊縣倉，陵州倉，傅家池倉。

已上各置監支納一員，從七品；大使一員，從八品；副使一員。

秦家渡倉，尖塚西倉，尖塚東倉，長蘆倉，武强倉，夾馬營倉，上口倉，唐宋倉，唐村倉，安陵倉，四柳樹倉，淇門倉，伏恩倉。

已上各置監支納一員，從八品；大使一員，從九品；副使一員。

直沽廣通倉，秩正七品。大使一員。

(榮)〔滎〕陽等綱，〔九〕凡三十：曰濟源，曰陵州，曰獻州，曰白馬，曰滏陽，曰完州，曰河內，曰南宮，曰沂莒，曰霸州，曰東明，曰獲嘉，曰鹽山，曰武强，曰膠水，曰東昌，曰武安，曰汝寧，曰修武，曰安陽，曰開封，曰儀封，曰蒲臺，曰鄒平，曰中牟，曰膠西，曰衞

輝，曰濬州，曰曹濮州，每綱皆設押綱官二員，計六十員。秩正八品。每編船三十隻爲一綱。船九百餘隻，運糧三百餘萬石，船戶八千餘戶，綱官以常選正八品爲之。

檀景等處採金鐵冶都提舉司，秩正四品。提舉一員，正四品；同提舉一員，正五品；副提舉一員，從六品。掌各冶採金煉鐵，榷貨以資國用。國初，中統始置景州提舉司，管領景州、灤陽、新匠三冶。至元十四年，又置檀州提舉司，管領雙峯、暗峪、大峪、五峯等冶。大德五年，檀州、景州三提舉司，併置檀州等處採金鐵冶都提舉司，而灤陽、雙峯等冶悉隸焉。他如河東、山西、濟南、萊蕪等處鐵冶提舉司，及益都、般陽等處淘金總管府，其沿革蓋不一也。

大都河間等路都轉運鹽使司，秩正三品。掌場竈榷辦鹽貨，以資國用。使二員，正三品；同知一員，正四品；副使一員，正五品；運判二員，正六品。首領官：經歷一員，從七品；知事一員，從八品；照磨一員，從九品。國初，立河間稅課達魯花赤清滄鹽使所，後創立運司，立提舉鹽榷所，又改爲河間路課程所，提舉滄清課鹽使所。中統三年，改都提領拘榷滄清課鹽所。至元二年，以刑部侍郎、右三部郎中兼滄清課鹽使司，尋改立河間都轉運鹽使司，立清、滄課三鹽司。〔一〇〕十二年，改爲都轉運使司。十九年，以戶部尚書行河間等路都轉運使司事，尋罷，改立清、滄二鹽使司。二十三年，改立河間等路都轉運司。二十七年，改令戶部尚書行河間等路都轉運使司事。二十八年，改河間等路都轉運司。延祐六年，頒分司印，巡行郡邑，以防私鹽之弊。

鹽場二十二所，每場設司令一員，從七品；司丞一員，從八品。辦鹽各有差。

利國場，利民場，海豐場，阜民場，阜財場，益民場，潤國場，海阜場，海盈場，海潤場，嚴鎮場，富國場，興國場，厚財場，豐財場，三叉沽場，蘆臺場，越支場，石碑場，濟民場，惠民場，富民場。

山東東路轉運鹽使司，品秩、職掌同上，運判止一員。國初，始置益都課稅所，管領山東鹽場，以總鹽課。後改置運司。中統四年，詔以中書左右部兼諸路都轉運司。至元二年，命有司兼辦其課，改立山東轉運司。至元十二年，改立都轉運司。延祐五年，以鹽法澀滯，降分司印，巡行各場，督收課程，罷膠萊鹽司所屬鹽場。

鹽場一十九所，每場設司令一員，從七品；司丞一員，從八品；管勾一員，從八品。

永利場，寧海場，官臺場，豐國場，新鎮場，豐民場，富國場，高家港場，永阜場，利國場，固堤場，王家岡場，信陽場，濤洛場，石河場，海滄場，行村場，登寧場，西由場。

河東陝西等處轉運鹽使司，品秩、職掌同前，運判增一員。國初，設平陽府以徵課程之利。〔一一〕中統二年，改置轉運司，置提舉解鹽司。至元二年，罷運司，命有司掌其務。尋復

置轉運司。二十三年，立陝西都轉運司，諸色稅課悉隸焉。二十九年，置鹽運司，專掌鹽課，其餘課稅歸有司，解鹽司亦罷。延祐六年，更爲河東陝西等處都轉運鹽使司，隸省部。其屬三：

解鹽場，管勾一員，正九品；同管勾一員，從九品。

河東等處解鹽管民提領所，正提領一員，從八品；副提領一員，從九品。

安邑等處解鹽管民提領所，正提領一員，從八品；副提領一員，從九品。

禮部，尚書三員，正三品；侍郎二員，正四品；郎中二員，從五品；員外郎二員，從六品。掌天下禮樂、祭祀、朝會、燕享、貢舉之政令。凡儀制損益之文，符印簡册之信，神人封謚之法，忠孝貞義之褒，送迎聘好之節，文學僧道之事，婚姻繼續之辨，音藝膳供之物，悉以任之。世祖中統元年，以吏、戶、禮爲左三部，置尚書二員，侍郎二員，郎中四員，員外郎六員，總領三部之事。至元元年，分立爲吏禮部。尚書三員，侍郎仍二員，郎中仍四員，員外郎四員。七年，別立禮部。尚書一員，侍郎一員，郎中二員，員外郎如舊。明年，又合爲吏禮部。十三年，又別爲禮部。二十三年，六部尚書、侍郎、郎中、員外郎定以二員爲額。成宗元貞元年，復增尚書一員，領會同館事。主事二員，蒙古必闍赤二人，令史一十九人，回回令史

二人，怯里馬赤一人，知印二人，奏差十二人，典吏三人。其屬附見：

左三部照磨所，秩正八品。照磨一員，掌吏、戶、禮三部錢穀計帳之事。典吏八人。

侍儀司，秩正四品。掌凡朝會、卽位、册后、建儲、奉上尊號及外國朝覲之禮。至元八年始置。左右侍儀奉御二員，禮部侍郎知侍儀事一員，引進使知侍儀事一員，左右侍儀使二員，左右直侍儀使二員，左右侍儀副使二員，左右侍儀僉事二員，引進副使、侍儀令、承奉班都知、尚衣局大使各一員。十二年，省左侍儀奉御，通曰左右侍儀。省引進副使及侍儀令、尚衣使等員，改置通事舍人十四員。三十年，減通事舍人七員爲侍儀舍人。大德十一年，陞秩正三品。至大二年，置典簿一員。延祐七年，定置侍儀使四員。至治元年，增置通事舍人六員、侍儀舍人四員。其後定置侍儀使四員，正三品；引進使知侍儀事二員，正四品。首領官：典簿一員，從七品。屬官：承奉班都知一員，正七品；通事舍人一十六員，從七品；侍儀舍人十四員，從九品。吏屬：令史二人，譯史一人，通事一人，知印一人。其屬法物庫，秩五品。掌大禮法物。提點一員，從五品；大使一員，從六品；副使一員，從七品；直長二員，正八品。

拱衞直都指揮使司，秩從四品。掌控鶴六百餘戶，及儀衞之事。至元三年始置。都指揮使一員，副使一員，鈐轄一員，提控案牘一員。十六年，陞正三品，降虎符，增置達魯花赤

一員，隸宣徽院。二十年，復爲從四品。二十五年，歸隸禮部。元貞元年，復陞正三品。皇慶元年，置經歷一員。二年，改鈐轄爲僉事。至順二年，撥隸侍正府，定置達魯花赤一員，正三品；都指揮使四員，正三品；副指揮使二員，從三品；僉事二員，正四品。首領官：經歷一員，從七品；知事一員，從八品。吏屬：令史四人，譯史一人，通事、知印各一人，奏差二人。其屬控鶴百戶所，秩從七品。色目百戶一十三員，漢人百戶一十三員。總十三所。

儀從庫，秩從七品。掌收儀衞器仗。大使一員，從七品；副使一員，從八品。

儀鳳司，秩正四品。掌樂工、供奉、祭饗之事。至元八年，立玉宸院，置樂長一員，樂副一員，樂判一員。二十年，改置儀鳳司，隸宣徽院。置大使、副使各一員，判官三員。二十五年，歸隸禮部，省判官三員。三十一年，置達魯花赤一員，副使一員。大德十一年，改陞玉宸樂院，秩從二品。置院使、副使、僉事、同僉、院判。至大四年，復爲儀鳳司，秩正三品。延祐七年，降從三品。定置大使五員，從三品；副使四員，從四品。首領官：經歷一員，從七品；知事一員，從八品。吏屬：令史二人，譯史、通事、知印各一人。其屬五：

雲和署，秩正七品。掌樂工調音律及部籍更番之事。至元十二年始置。至大二年，撥隸玉宸樂院。皇慶元年，陞正六品。二年，陞從五品。署令二員，署丞二員，管勾二員，協音一員，協律一員，書史二人，書吏四人，教師二人，提控四人。

安和署，秩正七品。職掌與雲和同。至元十三年始置。皇慶二年，陞從五品。署令二員，署丞二員，管勾二員，協音一員，協律一員，書史二人，書吏四人，教師二人，提控四人。

常和署，初名管勾司，秩正九品。管領回回樂人。皇慶元年初置。延祐三年，陞從六品。署令一員，署丞二員，管勾二員，教師二人，提控二人。

天樂署，初名昭和署，秩從六品。管領河西樂人。至元十七年始置。大德十一年，陞正六品。至大四年，改爲天樂署。皇慶元年，陞從五品。署令二員，署丞二員，管勾二員，協音一員，協律一員，書史二人，書吏四人，教師二人，提控四人。

廣樂庫，秩從九品。掌樂器等物。大使一員，副使一員。皇慶元年始置。

敎坊司，秩從五品。掌承應樂人及管領興和等署五百戶。中統二年始置。至元十二年，陞正五品。十七年，改提點敎坊司，隸宣徽院，秩正四品。二十五年，隸禮部。大德八年，陞正三品。延祐七年，復正四品。達魯花赤一員，正四品；大使三員，正四品；副使四員，正五品；知事一員，從八品。令史四人，譯史、知印、奏差各二人，通事一人。其屬三：

興和署，秩從六品。署令二員，署丞二員，管勾二員。

祥和署，秩從六品。署令一員，署丞一員，管勾一員。

廣樂庫，秩從九品。大使一員，副使一員。

會同館，秩從四品。掌接伴引見諸番蠻夷峒官之來朝貢者。至元十三年始置。〔三〕二十五年罷之。二十九年復置。元貞元年，以禮部尚書領館事，遂爲定制。禮部尚書領會同館事一員，正三品；大使二員，（正）〔從〕四品；〔四〕副使二員，從六品。提控案牘一員，掌書四人，蒙古必闍赤一人，典給官八人。其屬有收支諸物庫，秩從九品。大使一員，副使一員。至元二十九年，以四賓庫改置。

鑄印局，秩正八品。掌凡刻印銷印之事。大使一員，副使一員，直長一員。至元五年始置。

白紙坊，秩從八品。掌造詔旨宣敕紙劄。大使一員，副使一員。至元九年始置。

掌薪司，秩正七品。司令一員，正七品；司丞二員，正八品。典吏一人。

兵部，尚書三員，正三品；侍郎二員，正四品；郎中二員，從五品；員外郎二員，從六品。掌天下郡邑郵驛屯牧之政令。凡城池廢置之故，山川險易之圖，兵站屯田之籍，遠方歸化之人，官私芻牧之地，駞馬、牛羊、鷹隼、羽毛、皮革之徵，驛乘、郵運、祗應、公廨、皁隸之制，

悉以任之。世祖中統元年，以兵、刑、工爲右三部，置尚書二員，侍郎二員，郎中五員，員外郎五員，總領三部之事。至元元年，別置工部，以兵刑自爲一部。尚書四員，侍郎三員，郎中如舊，員外郎五員。三年，併爲右三部。五年，復爲兵刑部。尚書二員，省侍郎二員，郎中如故，員外郎一員。七年，始列六部。尚書一員，侍郎仍舊，郎中一員，員外郎仍一員。明年，又合爲兵刑部。十三年，復析兵部。二十三年，定尚書、侍郎、郎中、員外郎以二員爲額。至治三年，增尚書一員。主事二員，蒙古必闍赤二人，令史十四人，回回令史一人，怯里馬赤一人，知印二人，奏差八人，典吏三人。其屬附見：

大都陸運提舉司，秩從五品。掌兩都陸運糧斛之事。至元十六年，始置運糧提舉司。延祐四年，改今名。提舉二員，從五品；副提舉一員，從七品。吏目一員，司吏六人，委差一十人。海王莊、七里莊、魏家莊、臘八莊四所，各設提領一人，用從九品印。

管領隨路打捕鷹房民匠總管府，秩從三品。達魯花赤一員，總管一員，副總管二員，經歷、知事各一員，提控案牘一員，吏屬令史六人。初，太祖以隨路打捕鷹房民戶七千餘戶撥隸旭烈大王位下。中統二年始置。至元十二年，阿八合大王遣使奏歸朝廷，隸兵部。

管領本投下大都等路打捕鷹房諸色人匠都總管府，秩正三品。掌哈贊大王位下事。大德八年始置，官吏皆王選用。至大四年，省併衙門，以哈兒班答大王遠鎮一隅，別無官

屬，存設不廢。定置府官，達魯花赤二員，總管一員，同知一員，副總管一員，知事一員，提控案牘一員，令史四人，譯史二人，奏差二人，典吏一人。其屬東局織染提舉司，秩從五品。達魯花赤一員，提舉一員，副達魯花赤一員，副提舉一員，提控案牘一員，司吏二人。

隨路諸色民匠打捕鷹房等戶都總管府，秩從三品。達魯花赤一員，總管一員，同知一員，經歷一員，知事一員，提控案牘兼照磨一員，令史六人，譯史一人，知印通事一人，奏差二人。掌別吉大營盤事及管領大都路打捕鷹房等戶。至元三十年置。延祐四年，陞正三品。

管領本位下打捕鷹房民匠等戶都總管府，秩正三品。達魯花赤一員，總管一員，副達魯花赤一員，同知一員，副總管一員，判官一員，經歷一員，知事一員，提控案牘兼照磨一員，令史六人，譯史、通事、知印各一人。掌別吉大營盤城池阿哈探馬兒一應差發、薛徹干定王位下事。泰定元年始置。

刑部，尚書三員，正三品；侍郎二員，正四品；郎中二員，從五品；員外郎二員，從六品。掌天下刑名法律之政令。凡大辟之按覆，繫囚之詳讞，孥收產沒之籍，捕獲功賞之式，冤訟

疑罪之辨，獄具之制度，律令之擬議，悉以任之。世祖中統元年，以兵、刑、工爲右三部，置尚書二員，侍郎二員，郎中五員，員外郎五員。以郎中、員外郎各一員，專署刑部。至元元年，析置工部，而兵刑仍爲一部。尚書四員，侍郎仍二員，郎中四員，員外郎置五員。三年，復爲右三部。七年，始別置刑部。尚書一員，侍郎一員，郎中一員，員外郎二員。八年，改爲兵刑部。十三年，又爲刑部。二十三年，六部尚書、侍郎、郎中、員外郎定以二員爲額。大德四年，尚書增置一員。其首領官則主事三員。吏屬則蒙古必闍赤四人，令史三十人，回回令史二人，怯里馬赤一人，知印二人，奏差十人，書寫三人，典吏七人。其屬附見：

司獄司，司獄一員，正八品；獄丞一員，正九品。獄典一人。初以右三部照磨兼刑部繫獄之任，大德七年始置專官。部醫一人，掌調視病囚。

司籍所，提領一員，同提領一員。至元二十年，改大都等路斷沒提領所爲司籍所，隸刑部。

工部，尚書三員，正三品；侍郎二員，正四品；郎中二員，從五品；員外郎二員，從六品。掌天下營造百工之政令。凡城池之修濬，土木之繕葺，材物之給受，工匠之程式，銓注局院司匠之官，悉以任之。世祖中統元年，右三部置尚書二員，侍郎二員，郎中五員，員外郎五

員，內二員專署工部事。至元元年，始分立工部。尚書四員，侍郎三員，郎中四員，員外郎五員。三年，復合爲右三部。七年，仍自爲工部。尚書二員，侍郎仍二員，郎中三員，員外郎如舊。二十三年，定尚書、侍郎、郎中、員外郎各以二員爲額。明年，以曹務繁冗，增尚書二員。二十八年，省尚書一員。首領官：主事五員。蒙古必闍赤六人，令史四十二人，回回令史四人，怯里馬赤一人，知印一人，奏差三十人，蒙古書寫一人，典吏七人。又司程官四員，右三部照磨一員，典吏七人。其屬附見：

左右部架閣庫，秩正八品。管勾二員，典吏十二人。掌六部文卷簿籍架閣之事。中統元年，左右部各置。二十三年，併爲左右部架閣庫。

諸色人匠總管府，秩正三品。掌百工之技藝。至元十二年始置，總管、同知、副總管各一員。十六年，置達魯花赤一員，增同知、副總管各一員。二十八年，省同知一員。三十年，省副總管一員。後定置達魯花赤一員，總管一員，同知二員，副總管二員，經歷一員，知事一員，提控案牘一員，令史五人，譯史一人，奏差四人。其屬十有一：

梵像提舉司，秩從五品。提舉一員，同提舉一員，副提舉一員，吏目一員。董繪畫佛像及土木刻削之工。至元十二年，始置梵像局。延祐三年，陞提舉司，設今官。

出蠟局提舉司，秩從五品。提舉一員，同提舉一員，副提舉一員，吏目一員。掌出蠟鑄

造之工。至元十二年，始置局。延祐三年，陞提舉司，設今官。

鑄瀉等銅局，秩從七品。大使一員，副使一員。掌鑄瀉之工。至元十年，始置官三員。二十八年，省管勾一員，後定置二員。

銀局，秩從七品。大使一員，直長一員。掌金銀之工。至元十二年始置。

鑌鐵局，秩從八品。大使一員。掌鏤鐵之工。至元十二年始置。

瑪瑙玉局，秩從八品。直長一員。掌琢磨之工。至元十二年始置。

石局，秩從七品。大使一員，管勾一員。董攻石之工。至元十二年始置。

木局，秩從七品。大使一員，直長一員。董攻木之工。至元十二年始置。

油漆局，副使一員，用從七品印。董髹漆之工。至元十二年始置。

諸物庫，秩正九品。提領一員，副使一員。掌出納諸物之事。至元十二年始置。

管領隨路人匠都提領所，提領一員，大使一員，俱受省檄。掌工匠詞訟之事。至元十二年始置。

諸司局人匠總管府，秩正三品。達魯花赤一員，總管一員，副達魯花赤一員，同知一員，副總管一員，經歷一員，知事一員，提控案牘一員，令史四人。領兩都金銀器盒及符牌等一十四局事。至元十四年置。二十四年，以八局改隸工部及金玉府，止領五局一庫，掌

氈毯等事。其屬有六：

收支庫，秩正九品。大使一員。掌出納之物。

大都氈局，秩從七品。大使、副使各一員。管人匠一百二十有五戶。

大都染局，秩從九品。大使一員。管人匠六千有三戶。〔一四〕

上都氈局，秩從五品。大使一員，副使一員。管人匠九十有七戶。

隆興氈局，大使一員，副使一員。管人匠一百戶。

剪毛花毯蠟布局，大使一員，副使一員。管人匠一百一十有八戶。

提舉右八作司，秩正六品。提舉二員，同提舉一員，副提舉一員，吏目一人，司吏九人，司庫十三人，譯史一人，秤子一人。掌出納內府漆器、紅甕、捎隻等，幷在都局院造作鑌鐵、銅、鋼、鍮石、東南簡鐵，兩都支持皮毛、雜色羊毛、生熟斜皮、馬牛等皮、鬃尾、雜行沙里陀等物。中統三年，始置提領八作司，秩正九品。至元二十五年，改陞提舉八作司，秩正六品。二十九年，以出納委積，分爲左右兩司。

提舉左八作司，秩正六品。掌出納內府氈貨、柳器等物。其設置官員同上。

諸路雜造總管府，秩正三品。至元元年，改提領所爲提舉司。十四年，又改工部尚書行諸路雜造局總管府。定置達魯花赤一員，總管一員，同知一員，副總管一員，知事一員，

提控案牘一員，令史六人，譯史一人。其屬二：

簾網局，大使一員，副使一員，並受省劄。至元元年始置。

收支庫，大使一員，副使一員。至元三十年始置。

茶迭兒局總管府，秩正三品。管領諸色人匠造作等事。憲宗朝置。至元十六年，始設總管一員。二十七年，置同知一員。後定置府官，達魯花赤一員，總管一員，同知一員，知事一員，提控案牘一員，司吏四人。其屬二：

諸司局，用從七品印。提領一員，相副官二員。中統三年始置。

收支庫，提領一員，大使、副使各一員。掌造作出納之物。

大都人匠總管府，秩從三品。至元六年始置。達魯花赤一員，總管一員，同知一員，經歷一員，提控案牘一員，令史十人，通事一人。其屬四：

繡局，用從七品印。大使一員，副使一員。掌繡造諸王百官段匹。

紋錦總院，提領一員，大使一員，副使一員。掌織諸王百官段匹。

涿州羅局，提領一員，大使一員。掌織造紗羅段匹。

尙方庫，提領一員，大使、副使各一員。掌出納絲金顏料等物。

隨路諸色民匠都總管府，秩正三品。掌仁宗潛邸諸色人匠。延祐六年，撥隸崇祥院，後

又屬將作院。至治三年，歸隸工部。後定置達魯花赤一員，總管一員，同知一員，副總管一員，經歷一員，知事一員，提控案牘一員，照磨一員，令史八人，譯史二人，知印、通事各一人，奏差四人。其屬五：

織染人匠提舉司，秩從七品。至大二年設。達魯花赤一員，提舉一員，同提舉一員，副提舉一員，吏目一員。

雜造人匠提舉司，秩從七品。設置官屬同上。

大都諸色人匠提舉司，秩從五品。達魯花赤一員，提舉一員，同提舉一員，副提舉一員，吏目一員。

大都等處織染提舉司，秩從五品。管阿難答王位下人匠一千三百九十八戶。達魯花赤一員，提舉一員，同提舉一員，副提舉一員，吏目一員。

收支諸物庫，秩從七品。提領一員，大使一員，副使一員，庫子二人。

提舉都城所，秩從五品。提舉二員，同提舉二員，副提舉二員，吏目一員，照磨一員。掌修繕都城內外倉庫等事。至元三年置。其屬一：

左右廂，官四員，用從九品印。至元十三年置。

受給庫，秩正八品。提領一員，大使一員，副使一員。掌京城內外營造木石等事。至元

十三年置。

符牌局，秩正八品。大使一員，副使一員，直長一員。掌造虎符等。至元十七年置。

旋匠提舉司，秩從五品。提舉一員，副提舉一員。至元九年置。

撒答剌欺提舉司，秩正五品。提舉一員，副提舉一員，提控案牘一員。至元二十四年，以札馬剌丁率人匠成造撒答剌欺，與絲紬同局造作，遂改組練人匠提舉司爲撒答剌欺提舉司。

別失八里局，秩從七品。大使一員，副使一員。掌織造御用領袖納失失等段。至元十三年始置。

忽丹八里局，大使一員，給從七品印。至元三年置。

平則門窯場，提領一員，大使一員，副使一員，給從六品印。至元十三年置。

光熙門窯場，提領一員，大使一員，副使一員，給從八品印。至元二十五年置。

大都皮貨所，提領一員，大使一員，副使一員，用從九品印。至元二十九年置。

通州皮貨所，提領一員，大使一員，副使一員，用從九品印。延祐六年置。

晉寧路織染提舉司，提舉一員，照略案牘一員。其屬：

提領所一，係官織染人匠局一，雲內人匠東、西局二，本路人匠局一，河中府、襄陵、冀

城、潞州、隰州、澤州、雲州等局七。每局各設提領一員，副提領一員，惟澤州、雲州則止設提領一員。

冀寧路織染提舉司、眞定路織染提舉司，各置提舉一員，同提舉一員，副提舉一員，照略案牘一員。其屬二：

開除局，大使一員，副使一員，照略案牘一員。

眞定路紗羅兼雜造局，大使一員，副使一員。

南宮、中山織染提舉司，各設提舉一員，同提舉、副提舉一員，照略案牘一員。

中山劉元帥局，大使一員，副使一員。

中山察魯局，大使一員，副使一員。

深州織染局，大使一員，副使一員，照略案牘一員。

深州趙良局，大使一員，副使一員。

弘州人匠提舉司，提舉一員，同提舉一員，副提舉一員，照略案牘一員。

納失失毛段二局，院長一員。

雲內州織染局，大使一員，副使一員，照略案牘一員。

大同織染局，大使一員，副使一員，照略案牘一員。

朔州毛子局，大使一員。

恩州織染局，大使一員，副使一員，照略案牘一員。

恩州東昌局，提領一員。

保定織染提舉司，提舉一員，同提舉一員，副提舉一員，照略案牘一員。

大名人匠提舉司，提舉一員，同提舉一員，副提舉一員，照略案牘一員。

永平路紋錦等局提舉司，提舉一員，同提舉一員，副提舉一員，照略案牘一員。

大寧路織染局，大使一員，副使一員，照略案牘一員。

雲州織染提舉司，提舉一員，同提舉一員，副提舉一員，照略案牘一員。

順德路織染局，大使一員，副使一員，照略案牘一員。

彰德路織染人匠局，大使一員，副使一員，照略案牘一員。

懷慶路織染局，大使一員，副使一員，照略案牘一員。

別失八里局，官一員。

宣德府織染提舉司，提舉一員，同提舉一員，副提舉一員，照略案牘一員。

東聖州織染局，〔二五〕院長一員，局副一員。

宣德八魯局，提領一員，副使一員。

東平路疃局，直長一員。

興和路蕁麻林人匠提舉司，提舉一員，同提舉一員，副提舉一員，照略案牘一員。

陽門天城織染局，提領一員，副使一員，照磨案牘一員。

巡河提領所，提領二員，副提領一員。

校勘記

〔一〕又有所謂大司徒司徒太尉之屬或置或不置　本書卷一一〇三公表及元文類卷四〇經世大典序錄三公，「太尉」下皆有「司空」，此處疑脫。

〔二〕斷事官秩〔正〕三品　據元典章卷七官制職品補。按本書卷八四選舉志有「晉王位下斷事官，正三品」。新元史已校。

〔三〕二十三年六部尚書侍郎郎中定以二員爲額　前文吏部作「二十三年，定六部尚書、侍郎、郎中、員外郎員額各二員」。後文禮、兵、刑、工各部所載與吏部同。疑此脫。清續通考卷五三職官考元戶部增入「員外郎」。

〔四〕明年以戶部所掌視他部特爲繁劇增置二員　「增置二員」，所指不明，當有脫文。按前文戶部員額爲尚書三，侍郎二，郎中二，員外郎三。至元二十三年置六部尚書、侍郎、郎中、員外郎各二

員。下文又云大德五年戶部「省尚書一員，員外郎亦省一員」，核諸前後文，二十四年所增置者當爲尚書、員外郎各二員。疑「增置」下脫「尚書、員外郎各」六字。

〔五〕諸路寶鈔〔都〕提舉司　按下文，至元二十四年改交鈔提舉司爲「諸路寶鈔都提舉司」。本書卷八二、八四選舉志「諸路寶鈔都提舉司」數見。據補。新元史已校。

〔六〕世祖至元二十五年改元寶庫爲寶鈔〔總〕庫　上文作「寶鈔總庫」。本書世祖紀至元二十五年九月癸卯條作「寶鈔總庫」。本書選舉志「寶鈔總庫」數見。據補。

〔七〕惟億倉既盈倉大有倉並係皇慶元年置　按經世大典倉庫，惟億倉、既盈倉均係至元二十六年九月建，惟大有倉建於皇慶。此處既盈倉下當注「並係至元二十六年置」。大有倉下所注「並係」二字衍。

〔八〕(廢)〔廣〕貯倉　本書卷九九兵志宿衛作「廣貯」。經世大典倉庫、元典章卷九倉庫官、南村輟耕錄卷二一公宇亦均作「廣貯」。據改。

〔九〕(滎)〔榮〕陽等綱　從道光本改。按本書卷五九地理志，河南省鄭州有榮陽。

〔一〇〕立清滄課三鹽司　既稱「三鹽司」，其所冠地名應有三。本書卷二〇成宗紀大德五年二月己卯條有「清、滄、深三鹽司」。新元史改「課」爲「深」，疑是。

〔一一〕國初設平陽府以徵課程之利　按本書卷九四食貨志有「太宗庚寅年，始立平陽府徵收課稅所，

從實辦課」，另以本書卷二太宗紀二年庚寅十一月史文參證，「平陽府」下當脫「徵收課稅所」。新元史已校。

〔一二〕至元十三年始置　按本書卷七世祖紀，會同館初立於至元九年十月癸卯，卷八世祖紀至元十年九月壬寅條又見會同館。此作「十三」誤。

〔一三〕大使二員(正)〔從〕四品　按上文已書「會同館，秩從四品」。元典章卷七官制職品列會同館大使爲從四品。據改。新元史已校。

〔一四〕大都染局秩從九品大使一員管人匠六千有三戶　元典章卷七官制職品從七品局大使三百戶下一百戶上，列大都染局。新編改「千」爲「十」，疑是。

〔一五〕東聖州織染局　元無「東聖州」。「東聖」當爲「奉聖」或「東勝」之誤。

元史卷八十六

志第三十六

百官二

樞密院，秩從一品。掌天下兵甲機密之務。凡宮禁宿衞，邊庭軍翼，征討戍守，簡閱差遣，舉功轉官，節制調度，無不由之。世祖中統四年，置樞密副使二員、僉書樞密事一員。至元七年，置同知樞密院事一員、院判一員。二十八年，始置知院一員，增院判一員，又以中書平章商量院事。大德十年，增置知院二員、同知五員、副樞五員、僉院五員、同僉三員、院判二員。至大三年，知院七員，同知二員，副樞二員，僉院一員，同僉一員，院判二員，革去議事平章。延祐四年，以分鎭北邊，增知院一員。五年，增同知一員。後定置知院六員，從一品；同知四員，正二品；副樞二員，從二品；僉院二員，正三品；同僉二員，正四品；院判二員，正五品；參議二員，正五品；經歷二員，從五品；都事四員，正七品；承發兼照磨二員，

正八品；架閣庫管勾一員，正九品；同管勾一員，從九品；掾史二十四人，譯史一十四人，通事三人，司印二人，宣使一十九人，銓寫二人，蒙古書寫二人，典吏一十七人，院醫二人。

客省使，秩從五品。大使二員，副使二員。至元十四年，置大使一員。十六年，增一員。二十一年，置副使一員。延祐五年，增一員。天曆元年，又增一員。尋定置大使二員，從五品；副使二員，從六品；令史二人。

斷事官，秩正三品。掌處決軍府之獄訟。至元元年，始置斷事官二員。八年，增二員。十九年，又增一員。二十年，又增二員。大德十一年，又增四員。皇慶元年，省二員。後定置斷事官八員，正三品；經歷一員，從七品；令史六人，譯史一人，通事、知印、奏差、典吏各一人。

行樞密院。國初有征伐之事，則置行樞密院。大征伐，則止曰行院。爲一方一事而設，則稱某處行樞密院，或與行省代設，事已則罷。

西川行樞密院，中統四年始置，設官二員，管四川軍民課稅交鈔、打捕鷹房人匠，及各投下應管公事，節制官吏諸色人等，幷軍官遷授征進等事。始置於成都。至元十年，又於重慶別置東川行樞密院，設官一員。十三年，併爲一院，尋復分東川行院。十六年，罷兩川行院。二十八年，復立四川行院於成都。

江南行樞密院。至元十年，罷河南省統軍司、漢軍都元帥、山東行院，置荆湖等路行院，設官三員；淮西行院，設官二員。掌調度軍馬之事。十二年，罷行院。十九年，詔於揚州、岳州俱立行院，各設官五員。二十一年，立沿江行院。二十二年，立江西行院，馬軍戍江州，步軍戍撫州。二十八年，徙岳州行院於鄂州，徙江淮行院於建康，其後行院悉併歸行省。

甘肅行樞密院。至大四年，置行院於甘州，爲甘肅等處行樞密院，設官四員，提調西路軍馬。後以甘肅省丞相提調，遂罷行院。

河南行樞密院，致和元年分置，專管調遣之事。天曆元年罷。

嶺北行樞密院，天曆二年置。知院一員，同知二員，副樞一員，僉院二員，同僉一員，院判二員，經歷一員，都事二員，蒙古必闍赤四人，掾史二人，怯里馬赤一人，知印一人，宣使四人。掌邊庭軍務，凡大小事宜，悉從裁決。

右衞，秩正三品。中統三年，初置武衞。至元元年，改爲侍衞。八年，改爲左、右、中三衞。掌宿衞扈從，兼屯田。國有大事，則調度之。二十年，增都指揮使一員、副都指揮使一員。〔一〕二十一年，置僉事二員。大德十一年，增都指揮使二員、副都指揮使一員。至大元年，增都指揮使三員、副都指揮使一員。四年，省都指揮使五員、副都指揮使二員。

後定置都指揮使三員，正三品；副都指揮使二員，從三品；僉事二員，正四品；經歷二員，從七品；知事二員，照磨一員，俱從八品；令史七人，譯史、通事、知印各一人。又其屬十有五：

鎭撫所，鎭撫二員。

行軍千戶所十，秩正五品。達魯花赤十員，副達魯花赤十員，千戶十員，副千戶十員，彈壓二十員，百戶二百員，知事十員。

弩軍千戶所一，秩正五品。達魯花赤一員，千戶一員，彈壓二員，百戶十員。

屯田左右千戶所二，秩正五品。達魯花赤二員，千戶二員，彈壓二員，百戶四十員。

敎官二，蒙古字敎授一員，儒學敎授一員。掌諸屯衞行伍耕戰之暇，使之習學國字，通曉書記。初由樞府選舉，後歸吏部。

左衞，秩正三品。至元八年，以侍衞改置。掌宿衞扈從，兼屯田。國有大事，則調度之。是年，增副指揮使一員。十六年，增副都指揮使一員。二十年，置僉事一員。二十二年，增僉事一員。二十四年，省都指揮使、副都指揮使一員。大德十一年，增都指揮使五員、副都指揮使二員、僉事二員。至大四年，省都指揮使六員、副都指揮使二員。其後定制，衞官：都指揮使三員，正三品；副都指揮使二員，從三品；僉事二員，正四品；經歷二員，從七品；知事二員，照磨一員，俱從八品；令史七人，譯史、通事、知印各一人。其屬十有五：

鎭府所，鎭撫二員。

行軍千戶所凡十，秩正五品。達魯花赤十員，副達魯花赤十員，千戶十員，副千戶十員，彈壓二十員，百戶二百員，知事十員。

弩軍千戶所一，秩正五品。達魯花赤一員，千戶一員，彈壓二員，百戶十員。

屯田左右千戶所二，秩正五品。達魯花赤一員，千戶二員，〔二〕彈壓二員，百戶四十員。

敎官二，蒙古字敎授一員，儒學敎授一員。

中衞，秩正三品。至元八年，以侍衞改置。掌宿衞扈從，兼營屯田。國有大事，則調度之。是年，置都指揮使一員、副都指揮使一員。二十年，增副都指揮使一員。二十一年，置僉事二員。二十三年，增都指揮使一員。大德十一年，增都指揮使二員、副使三員。至大元年，增都指揮使一員。四年，省都指揮使三員、副都指揮使三員。其後定置都指揮使三員，正三品；副都指揮使二員，從三品；僉事二員，正四品；經歷二員，從七品；知事二員，承發架閣照磨一員，俱從八品；令史七人，譯史、通事、知印各一人。其屬十有五：

鎭撫所，鎭撫二員。

行軍千戶所十，秩正五品。達魯花赤十員，副達魯花赤十員，千戶十員，副千戶十員，

彈壓二十員，百戶二百員，知事十員。

弩軍千戶一，秩正五品。達魯花赤一員，千戶一員，彈壓二員，百戶十員。

屯田左右千戶所二，秩正五品。達魯花赤二員，千戶二員，彈壓二員，百戶四十員。

敎官二，蒙古字敎授一員，儒學敎授一員。

前衞，秩正三品。至元十六年，以侍衞親軍創置前、後二衞。掌宿衞扈從，兼營屯田。國有大事，則調度之。是年，置都指揮使一員、副都指揮使二員。十八年，增都指揮使二員。二十年，置僉事一員。大德十一年，增都指揮使五員、副都指揮使一員、僉事三員。至大四年，省都指揮使五員、副都指揮使一員、僉事三員。後定置衞官，都指揮使三員，正三品；副都指揮使二員，從三品；僉事二員，正四品；經歷二員，從七品；知事二員，承發架閣照磨一員，俱從八品；令史七人，譯史、通事、知印各一人。又其屬十有七：

鎭撫所，鎭撫二員。

行軍千戶所十，秩正五品。達魯花赤十員，副達魯花赤十員，千戶十員，副千戶十員，彈壓二十員，百戶二百員。

弩軍千戶一，秩正五品。達魯花赤一員，千戶一員，（壓彈）〔彈壓〕二員，〔三〕百戶十員。

屯田千戶所二，秩正五品。達魯花赤二員，千戶二員，彈壓二員，百戶四十員。

門尉二，平則門尉一員，順承門尉一員。

教官二，蒙古字教授一員，儒學教授一員。

後衞，秩正三品。至元十六年，以侍衞親軍創置。掌宿衞扈從，兼營屯田。國有大事，則調度之。是年，置都指揮使二員、副都指揮使二員，後增設副都指揮使一員。十八年，增都指揮使二員。二十年，置僉事二員。大德十一年，增都指揮使五員、副都指揮使一員、僉事二員。至大四年，省都指揮使五員、副指揮使二員、〔四〕僉事二員。後定置都指揮使三員，正三品；副都指揮使二員，從三品；僉事二員，正四品；經歷二員，從七品；知事二員，照磨一員，俱從八品；令史七人，譯史二人，知印一人，通事二人。其屬十有四：

鎭撫所，鎭撫二員。

行軍千戶所十，秩正五品。達魯花赤十員，副達魯花赤十員，千戶十員，副千戶十員，彈壓二十員，百戶二百員。

弩軍千戶所一，秩正五品。達魯花赤一員，千戶一員，彈壓二員，百戶十員。

屯田千戶所一，秩正五品。達魯花赤一員，千戶二員，彈壓二員，百戶四十員。

教官二，蒙古字教授一員，儒學教授一員。

武衞親軍都指揮使司，秩正三品。掌修治城隍及京師內外工役，兼大都屯田等事。至元

二十六年，樞密院以六衞六千人，大都屯田三千人，近路迤南萬戶府一千人，總一萬人，立武衞，設官五員。元貞、大德年間，累增都指揮使四員。至大三年，省都指揮使四員、副都指揮使一員。後定置衞官，達魯花赤一員，正三品；都指揮使三員，正三品；副都指揮使二員，從三品；僉事二員，正四品；經歷二員，從七品；知事二員，照磨一員，俱從八品；令史七人，譯史、通事、知印各一人。其屬十有五：

鎭撫所，鎭撫二員。

行軍千戶所七，秩正五品。達魯花赤七員，副達魯花赤七員，千戶七員，副千戶七員，百戶一百四十員，彈壓一十四員。

屯田千戶所六，秩正五品。達魯花赤各一員，千戶六員，百戶六十員，彈壓六員。

教官二，蒙古字教授一員，儒學教授一員。

隆鎭衞親軍都指揮使司，秩正三品。掌屯軍徼巡盜賊於居庸關南、北口，統領欽察、阿速護軍三千六百九十三人，屯駐東西四十三處。皇慶元年，陞隆鎭萬戶府爲隆鎭衞，置都指揮使三員，副都指揮使二員，僉事二員。延祐二年，又以哈兒魯軍千戶所，併隸東衞。四年，置色目經歷一員。至治二年，置愛馬知事一員。後定置衞官，都指揮使三員，正三品；副指揮使二員，從三品；僉事二員，正四品；經歷二員，從七品；知事二員，承發兼照磨一員，俱從八品；令史七人，譯史、通事、知印各一人。其屬十有二：

鎭撫所，鎭撫二員。

北口千戶所，秩正五品。達魯花赤一員，千戶一員，百戶七員。於上都路龍慶州東口置司。

南口千戶所，秩正五品。達魯花赤一員，千戶一員，百戶一員，彈壓一員。於大都路昌平縣居庸關置司。

白羊口千戶所，秩正五品。達魯花赤一員，千戶一員，百戶二員，彈壓一員。於大都路昌平縣東口置司。

碑樓口千戶所，秩正五品。達魯花赤一員，千戶一員，百戶一員，彈壓一員。於應州金城縣東口置司。

古北口千戶所，秩正五品。達魯花赤一員，千戶一員，百戶六員，彈壓一員。於檀州北面東口置司。

遷民鎭千戶所，秩正五品。達魯花赤一員，〔千戶一員〕，〔五〕百戶六員，彈壓一員。於大寧路東口置司。

黃花鎭千戶所，秩正五品。達魯花赤一員，千戶一員，百戶六員，彈壓一員。於昌平縣

東口置司。

蘆兒嶺千戶所，秩五品。達魯花赤一員，千戶一員，百戶六員，彈壓一員。於昌平縣本口置司。

太和嶺千戶所，秩五品。達魯花赤一員，千戶一員，百戶六員，彈壓一員。於大同路(昌)〔馬〕邑縣本隘置司。〔六〕

紫荆關千戶所，秩五品。達魯花赤一員，千戶一員，百戶六員，彈壓一員。於易州易縣本隘置司。

隆鎭千戶所，秩五品。達魯花赤一員，千戶一員，百戶八員，彈壓一員。於龍慶州北口置司。

左右翼屯田萬戶府二，秩從三品。分掌斡端、別十八里迴還漢軍，及大名、衞輝新附之軍，并迤東迴軍，合爲屯田。至元二十六年置。延祐五年，隸詹事院，併入衞率府。復改隸樞密院。定置兩府達魯花赤各一員，萬戶各一員，副萬戶各一員，經歷各一員，知事各一員，提控案牘各一員，令(使)〔史〕各五人。〔七〕屬官鎭撫各二員。

千戶八所，達魯花赤八員，千戶八員，副千戶八員，百戶五十九員，彈壓一十六員。

千戶四所，達魯花赤四員，千戶四員，副千戶四員，百戶五十二員，彈壓八員。

左衛率府，秩正三品。至大元年，撥江南行省萬戶府精銳漢軍爲東宮衛軍，立衛率府，設官十一員。延祐四年，始改爲中翊府，又改爲御臨親軍指揮司，又以御臨非古典，改爲羽林。六年，復隸東宮，仍爲左衛率府。定置率使三員，正三品；副使二員，從三品；僉事二員，正四品；經歷一員，從七品；知事一員，照磨一員，俱從八品；令史七人，譯史、通事、知印各二人。其屬十有五：

鎭撫所，鎭撫二員。

行軍千戶所十，秩正五品。達魯花赤十員，千戶十員，副千戶十員，百戶二百員，彈壓二十員。

弩軍千戶所一，秩正五品。達魯花赤一員，千戶一員，百戶十員。

屯田千戶所三，秩正五品。達魯花赤三員，千戶三員，百戶六十員，彈壓三員。

教官三員，蒙古字教授一員，儒學教授一員，陰陽教授一員。

右衛率府，秩正三品。延祐五年，以速怯那兒萬戶府、〔八〕迤東女直兩萬戶府、右翼屯田萬戶府兵，合爲右衛率府，置官十二員。後定置率使二員，正三品；副使二員，從三品；僉事二員，正四品；經歷二員，從七品；知事二員，照磨一員，俱從八品；令史七人，譯史、通事、知印各二人。其屬七：

鎭撫所，鎭撫二員。

千戶所五，秩正五品。千戶五員，百戶四十五員，彈壓二員。

教官一，儒學教授一員。

河南淮北蒙古軍都萬戶府，秩正三品。至元二十四年，以四萬戶奧魯赤改爲蒙古軍都萬戶府，設府官四員、奧魯官四員。大德七年後，改爲河南淮北蒙古軍都萬戶府。延祐五年，罷奧魯官、副鎭撫等員。定置都萬戶一員，正三品；副都萬戶一員，從三品；經歷一員，從七品；知事一員，提控案牘一員，俱從八品；令史七人，譯史、通事各一人。屬官鎭撫二員。

八撒兒萬戶府，萬戶一員，副萬戶一員，經歷、知事、提控案牘各一員。鎭撫一員。

千戶所一十翼，達魯花赤一十員，千戶十員，副千戶十員，百戶七十三員，彈壓一十員。

札忽兒台萬戶府，萬戶一員，經歷、知事、提控案牘各一員。鎭撫一員。

千戶所七翼，千戶七員，百戶三十八員，彈壓七員。

脫烈都萬戶府，萬戶一員，副萬戶一員，經歷一員，知事一員，提控案牘一員。鎭撫一員。

千戶所九翼，千戶九員，百戶六十二員，彈壓九員。

和尚萬戶府，萬戶一員，副萬戶一員，經歷一員，知事、提控案牘各一員。鎭撫一員。

千戶所六翼，達魯花赤四員，千戶六員，副千戶四員，百戶四十七員，彈壓六員。

砲手千戶所一翼，千戶一員，百戶六員，彈壓一員。

哨馬千戶所一翼，達魯花赤一員，千戶一員，副千戶一員，彈壓二員，百戶九員，奧魯官二員。

右阿速衛親軍都指揮使司，秩正三品。掌宿衛城禁，兼營潮河、蘇沽兩川屯田，供給軍儲。至元九年，初立阿速拔都達魯花赤，置屬官。二十三年，遂名爲阿速之軍。至大二年，改立右阿速衛親軍都指揮使司，置達魯花赤三員、都指揮使三員、副都指揮使二員、僉事二員。四年，省達魯花赤三員。後定置達魯花赤一員，正三品；都指揮使三員，正三品；副都指揮使二員，從三品；僉事二員，正四品；經歷二員，從七品；知事二員，承發架閣照磨一員，從八品；令史七人，譯史、通事、知印各一人。鎭撫二員。其屬五：

行軍千戶所，千戶七員，百戶九員。

把門千戶二員，百戶五員，門尉一員。

本投下達魯花赤一員，長官一員，副長官一員。

廬江縣達魯花赤一員，主簿一員。

教官，儒學教授一員。

左阿速衛親軍都指揮使司，品秩職掌同右阿速衛。至元九年，初立阿速拔都達魯花赤，置屬官。二十三年，遂名爲阿速之軍。至大二年，改立左衛阿速親軍都指揮使司，置達魯花赤二員、都指揮使六員、副都指揮使四員、僉事二員。四年，省達魯花赤一員、都指揮使三員。後定置達魯花赤一員，都指揮使三員，副都指揮使二員，僉事二員，經歷二員，知事二員，照磨一員。鎭撫二員。其屬四：

本投下達魯花赤二員，長官二員。

鎭巢縣達魯花赤二員，主簿一員。

圍宿把門千戶所一十三翼，千戶二十六員，百戶一百三十員，彈壓一十三員。

教官，儒學教授一員。

回回砲手軍匠上萬戶府，秩正三品。至元十一年，置砲手總管府。十八年，始立爲都元帥府。二十二年，改爲萬戶府。後定置達魯花赤一員，萬戶一員，副萬戶一員，經歷、知事、提控案牘各一員，令史四人，譯史一人。鎭撫二員。

千戶所三翼，達魯花赤三員，千戶三員，副千戶三員，百戶三十二員，彈壓六員。

唐兀衛親軍都指揮使司，秩正三品。總領河西軍三千人，以備征討。至元十八年始立，置都指揮使二員、副都指揮使二員。二十二年，增都指揮使一員、僉事一員。大德五年，增指揮使二員。至大元年，增都指揮一員。四年，省都指揮使三員、副都指揮使一員。後定置都指揮使三員，正三品；副都指揮使二員，從三品；僉事二員，正四品；經歷一員，從七品；知事一員，照磨一員，俱從八品；令史七人，通事、譯史、知印各一人。鎮撫二員，奧魯官正副各一員。

千戶所九翼，正千戶九員，副千戶九員，百戶七十五員，彈壓九員，奧魯官正副各九員。門尉三，(建)〔健〕德門一，〔九〕和義門一，肅清門一。

教官二，儒學教授一員，蒙古字教授一員。

貴赤衞親軍都指揮使司，秩正三品。至元二十四年立，置都指揮使二員，副都指揮二員，僉事二員。二十九年，置達魯花赤一員。大德十一年，增達魯花赤一員、都指揮使四員、副都指揮使四員、副都指揮一員。至大元年，省達魯花赤一員、都指揮使四員、副都指揮使三員。後定置達魯花赤一員，正三品；都指揮使二員，(從)〔正〕三品；〔一〇〕副都指揮使二員，從三品；僉事二員，正四品；經歷二員，從七品；知事二員，照磨一員，令史七人，知印一人，通事、譯史各一人。鎮撫二員。

千戶所八翼，每所置達魯花赤一員，千戶一十六員，百戶八十員，彈壓八員，門尉二員。

延安屯田打捕總管府，秩從三品。管析居放良人戶，并兀里吉思田地北來蒙古人戶。至

元十八年始設，定置達魯花赤一員，總管一員，同知一員，經歷、知事各一員。屬官打捕屯田官一十二員。

大寧海陽等處屯田打捕所，秩從七品。掌北京、平灤等路析居放良不蘭奚等戶。至元二十二年，置總管府。元貞元年，罷總管府，置打捕所。定置達魯花赤一員，長官一員。教官，蒙古字教授一員，儒學教授一員。

忠翊侍衞親軍都指揮使司，秩正三品。至元二十九年，始立屯田府。大德十一年，增軍數，立爲大同等處指揮使司。至大四年，屬徽政院。延祐元年，改中都威衞使司，仍隸徽政院，尋復改屬樞密院。至治元年，改爲忠翊侍衞。後定置都指揮使三員，正三品；副都指揮使二員，從三品；僉事二員，正四品；經歷二員，從七品；知事二員，照磨一員，俱從八品；令史七人，譯史、通事、知印各一人。鎮撫二員。

行軍千戶所一十翼，達魯花赤一十員，副達魯花赤一十員，千戶一十員，副千戶一十員，百戶二百六員，彈壓二十員。

弩軍千戶所一翼，達魯花赤一員，千戶一員，百戶一十員，彈壓一十員。

屯田左右手千戶所二翼，達魯花赤二員，千戶二員，百戶四十員，彈壓四員。

西域親軍都指揮使司，秩正三品。元貞元年始立，設官十一員。大德十一年，增都指揮使二員，又增指揮使三員、副都指揮使二員、僉事二員。至大四年，省都指揮使五員、副都指揮使二員、僉事二員。後定置達魯花赤一員，正三品；都指揮使二員，正三品；副都指揮使二員，從三品；僉事二員，正四品；經歷二員，從七品；知事二員，承發架閣兼照磨一員，並從八品；令史七人，通事、譯史、知印各一人。鎮撫二員。

行軍千戶所，千戶一十三員，百戶二十九員。

把門千戶二員，百戶八員，門尉一員。

教官，儒學教授一員。

宗仁蒙古侍衞親軍都指揮使司，秩正三品。至治二年，以亦乞列思人氏一百戶，與所收蒙古子女通三千戶，及清州匠二千戶，屯田漢軍二千戶，立宗仁衞以統之。定置都指揮使三員，正三品；副都指揮使二員，從三品；僉事二員，正四品；經歷二員，從七品；知事二員，照磨一員，俱從八品；令史七人，知印二人，怯里馬赤二人，譯史二人。鎮撫二員。

蒙古軍千戶所一十翼，千戶二十員，百戶一百員，彈壓一十員。

屯田千戶所，千戶四員，百戶四十員，彈壓四員。

教官二，儒學教授一員，蒙古〔字〕教授一員。〔一一〕

山東河北蒙古軍大都督府，秩從二品。掌各路軍民科差征進，及調遣總攝軍馬公事。至

元二十一年，罷統軍司都元帥府，立蒙古軍都萬戶府。大德七年，改山東河北蒙古軍都萬戶府。延祐五年罷。天曆二年，改立爲大都督府。定置正官大都督三員，從二品；同知一員，從三品；副使一員，從四品；經歷一員，從六品；都事二員，從七品；承發兼照磨一員，正八品；令史八人，譯史、通事、知印各二人，宣使五人，典吏三人。鎮撫二員。

左手萬戶府，萬戶一員，副萬戶一員，經歷一員，知事一員，提控案牘一員。鎮撫一員。

千戶九翼，千戶一十一員，百戶七十四員，彈壓一十一員。

右手萬戶府，萬戶一員，副萬戶一員，經歷一員，知事一員，提控案牘一員。鎮撫一員。

千戶九翼，千戶九員，百戶六十三員，彈壓九員。

拔都萬戶府，達魯花赤一員，萬戶一員，副萬戶一員，經歷一員，知事一員，提控案牘一員。鎮撫一員。

千戶六翼，千戶七員，百戶四十一員，彈壓五員。

哈答萬戶府，達魯花赤一員，萬戶一員，經歷一員，知事一員，提控案牘一員。鎮撫一員。

千戶八翼，千戶八員，百戶二十四員，彈壓八員。

蒙古回回水軍萬戶府，達魯花赤一員，萬戶一員，副萬戶一員，經歷、知事、提控案牘各一員。鎮撫二員。

千戶八翼，達魯花赤二員，千戶六員，百戶四十六員，彈壓九員。

玨都哥萬戶府，初隸都府七千戶翼，延祐三年樞密院奏，改立萬戶府。達魯花赤一員，萬戶一員，副萬戶一員，經歷、知事、提控案牘各一員。鎮撫二員。

千戶七翼，千戶九員，百戶三十五員，彈壓八員。

哈必赤千戶翼，千戶一員，百戶四員，彈壓一員。直隸大都督府。

洪澤屯田千戶趙國宏翼，達魯花赤一員，千戶一員，副千戶一員，百戶一十四員，彈壓二員。直隸大都督府。

左翊蒙古侍衛親軍都指揮使司，秩正三品。至元十八年，以蒙古侍衛總管府依五衛之例，為指揮使司，設官十二員，奧魯官二員。大德七年，奏改為左翊蒙古侍衛親軍都指揮使司。延祐五年，罷奧魯官。後定置司官，都指揮使三員，正三品；副都指揮使二員，從三品；僉事二員，正四品；經歷二員，從七品；知事二員，承發架閣兼照磨一員，並從八品；令史七人，譯史、通事、知印各一人，典吏二人。鎮撫二員。

千戶所七翼，正千戶七員，副千戶七員，知事七員，彈壓七員，百戶六十二員。

教官二，蒙古字教授一員，儒學教授一員。

右翊蒙古侍衛親軍都指揮使司，品秩同左衛。至元十八年，以蒙古侍衛總管府依五衛

例，為指揮使司，設官十二員，奧魯官二員。大德七年，奏改為右翊蒙古侍衛親軍都指揮使司。延祐五年，罷奧魯官。後定置司官，都指揮使三員，正三品；副都指揮使二員，從三品；僉事二員，正四品；經歷二員，從七品；知事二員，承發兼照磨架閣一員，並從八品；令史七人，譯史、通事、知印各一人，典吏二人。鎮撫二員。

千戶所一十二翼，正千戶一十二員，副千戶一十二員，知事一十二員，彈壓一十二員，百戶一百九員。

教官，蒙古字教授一員，儒學教授一員。

虎賁親軍都指揮使司，秩正三品。管領上都路元籍軍人，兼奧魯之事。至元十六年，立虎賁軍，設官二員。十七年，置都指揮使二員、副都指揮使一員，又增置副都指揮使一員。元貞三年，以虎賁軍改為虎賁親軍都指揮使司。十一年，〔三〕增置都指揮使六員。至大四年，省都指揮使九員。後定置司官，都指揮使三員，正三品；副都指揮使二員，從三品；僉事二員，正四品；經歷一員，從七品；知事、照磨兼承發各一員，並從八品；令史七人，譯史、通事、知印各一人，典吏二人。鎮撫二員，都目一員。

撒的赤千戶翼，正達魯花赤一員，副達魯花赤一員，正千戶一員，副千戶一員，知事一員，百戶二十員，彈壓二員。

不花千戶翼，正達魯花赤一員，副達魯花赤一員，正千戶一員，副千戶一員，百戶二十二員，彈壓二員。

脫脫木千戶翼，正達魯花赤一員，副達魯花赤一員，正千戶一員，副千戶一員，知事一員，百戶二十八員，彈壓二員。

大忽都魯千戶翼，正達魯花赤一員，副達魯花赤一員，正千戶一員，副千戶一員，知事一員，百戶二十四員，彈壓二員。

暢千戶翼，正達魯花赤一員，副達魯花赤一員。正千戶一員，副千戶一員，知事一員，百戶二十二員，彈壓二員。

迷里火者千戶翼，正達魯花赤一員，副達魯花赤一員，正千戶一員，副千戶一員，知事一員，百戶二十員，彈壓二員。

大都督府，正二品。管領左右欽察兩衛、龍翊侍（御）〔衛〕、〔四〕東路蒙古軍元帥府、東路蒙古軍萬戶府、哈剌魯萬戶府。天曆二年，始立欽察親軍都督府，秩從二品。後改大都督府。置大都督三員，正二品；同知二員，正三品；副都督三員，從三品；僉都督事二員，正四品；經歷二員，從六品；都事二員，從七品；管勾一員，照磨一員，俱正八品；令史八人，蒙古必闍赤二人，怯里馬赤二人，知印二人，宣使六人。

右欽察衛，秩正三品。至元二十三年，依河西等衛例，立欽察衛，設官十員。至治二年，分為左右衛。天曆二年，撥隸大都督府。定置達魯花赤一員，正三品；都指揮二員，正三品；副使二員，從三品；僉事二員，正四品；經歷二員，從七品；知事二員，照磨二員，並從八品；令史七人，譯史、通事、知印各一人。鎮撫一員。

行軍千戶十八所，達魯花赤各一員，千戶三十六員，百戶一百八十員，彈壓一十八員。

屯田千戶所二，達魯花赤二員，千戶二員，百戶二十員，彈壓二員。

門尉二員。

儒學教授一員，至大四年始置。蒙古字教授一員，延祐四年始置。

左欽察衛，秩正三品。至治二年，依阿速衛例，分為兩衛，設官十員。天曆二年，撥隸大都督府。定置衛官，都指揮使三員，正三品；副都指揮二員，從三品；僉事二員，正四品；經歷二員，從七品；知事二員，照磨一員，從八品；令史七人，譯史、通事、知印各一人。屬官鎮撫二員。

行軍千戶所一十翼，千戶一十員，百戶八十二員，彈壓九員，奧魯官四員。

守城千戶所一翼，達魯花赤一員，千戶一員，百戶九員，彈壓一員。

屯田千戶所一翼，達魯花赤一員，千戶一員，百戶十員，彈壓一員。

教官，儒學教授一員。

龍翊侍衛親軍都指揮使司，秩正三品。天曆元年始立，設官十四員。二年，又置愛馬知事一員，又以左欽察衞唐吉失九千戶隸本衞。定置官，都指揮使三員，正三品；副都指揮使二員，從三品；僉事二員，正四品；經歷一員，從七品；知事二員，照磨一員，並從八品；令史七人，譯史二人，怯里馬赤二人，知印二人。鎭撫二員。

行軍千戶所九翼，達魯花赤一員，千戶六員，副千戶一員，百戶四十五員，彈壓五員。

屯田一翼欽察千戶所，達魯花赤一員，千戶一員，百戶二十二員，彈壓二員。

教官二，蒙古字教授一員，儒學教授一員。

哈剌魯萬戶府，掌守禁門等處應直宿衞。至元二十四年，招集哈剌魯軍人，立萬戶府。尋移屯襄陽。後征交阯。大德二年置司南陽。天曆二年，奏隸大都督府。定置官，達魯花赤一員，萬戶一員，經歷、知事各一員，提控案牘一員。鎭撫一員，吏目一員。

千戶所三翼，千戶三員，百戶九員，彈壓三員。

御史臺，秩從一品。大夫二員，從一品；中丞二員，正二品；侍御史二員，從二品；治書侍御史二員，（從二）〔正三〕品。〔一四〕掌糾察百官善惡、政治得失。至元五年，始立臺建官，設官

七員。大夫從二品，中丞從三品，侍御史從五品，治書侍御史從六品，典事從七品，檢法二員，獄丞一員。七年，改典事爲都事。十九年，罷檢法、獄丞。二十一年，陞大夫爲從一品，中丞爲正三品，侍御史爲正五品，治書爲正六品。二十七年，大夫以下品從各陞一等，始置〔蒙古〕經歷一員。〔一五〕大德十一年，陞中丞爲正二品，侍御史爲從二品，治書侍御史爲正三品。皇慶元年，增中丞爲三員。二年，減一員。至治二年，大夫一員。後定置御史大夫二員，中丞二員，侍御史二員，治書侍御史二員，品秩如上。經歷一員，從五品；都事二員，正七品；照磨一員，正八品，承發管勾兼獄丞一員，正八品；架閣庫管勾兼承發一員，正九品；掾史一十五人，譯史四人，知印二人，通事二人，宣使十人，臺醫二人，蒙古書寫二人，典吏六人，庫子二人。其屬有二：

殿中司，殿中侍御史二員，正四品。至元五年始置，秩正七品，後陞正四品。凡大朝會，百官班序，其失儀失列，則糾罰之；在京百官到任假告事故，出三日不報者，則糾舉之；大臣入內奏事，則隨以入，凡不可與聞之人，則糾避之。知班四人，通事、譯史各一人。

察院，秩正七品。監察御史三十二員。司耳目之寄，任刺舉之事。至元五年，始置御史十（一）〔二〕員，〔一六〕悉以漢人爲之。八年，增置六員。十九年，增置一十六員，〔一七〕始參用蒙古人爲之。至元二十二年，參用南儒二人。書吏三十二人。

江南諸道行御史臺，設官品秩同內臺。至元十四年，始置江南行御史臺于揚州，尋徙杭州，又徙江州。二十三年，遷于建康，以監臨東南諸省，統制各道憲司，而總諸內臺。初置大夫、中丞、侍御史、治書侍御史各一員，統淮東、淮西、湖北、浙東、浙西、江東、江西、湖南八道提刑按察司。十五年，增江南湖北、嶺南廣西、福建廣東三道。二十三年，以淮東、淮西、山南三道，撥隸內臺。三十年，增海北海南一道。大德元年，定爲江南諸道行御史臺，設官九員，以監江浙、江西、湖廣三省，統江東、江西、浙東、浙西、湖南、湖北、廣東、廣西、福建、海南十道。大夫一員，中丞二員，侍御史二員，治書侍御史二員，經歷一員，都事二員，照磨一員，架閣庫管勾一員，承發管勾兼獄丞一員，令史一十六人，譯史四人，回回掾史、通事、知印各二人，宣使十人，典吏、庫子、臺醫各有差。

察院，品秩如內察院。至元十四年，置監察御史十員。〔書吏十員〕。〔一八〕二十三年，增蒙古御史十四員、書吏十四人，又增漢人御史四員、書吏四人。後定置御史二十八員、書吏二十八人。

陝西諸道行御史臺，設官品秩同內臺。至元二十七年，始置雲南諸路行御史臺，官止四員。大德元年，移雲南行臺於京兆，爲陝西行臺，而雲南改立廉訪司。延祐元年罷。二

年復立，統漢中、隴北、四川、雲南四道。定置大夫一員、御史中丞二員、侍御史二員、治書侍御史二員、經歷一員、都事二員、照磨一員、架閣庫管勾一員、承發司管勾兼獄丞一員、掾史一十二人、蒙古必闍赤二人、回回掾史一人、通事二人、知印一人、宣使十人、典吏五人、庫子二人。

察院，品秩同內察院。監察御史二十員，書吏二十人。

肅政廉訪司。國初，立提刑按察司四道：曰山東東西道，曰河東陝西道，曰山北東西道，曰河北河南道。至元六年，以提刑按察司兼勸農事。八年，置河東山西道、陝西四川道。十二年，分置燕南河北道。十三年，以省併衙門，罷按察司。十四年復置，增立八道：曰江北淮東道，曰淮西江北道，曰山南江北道，曰浙東海右道，曰江南浙西道，曰江東建康道，曰江西湖東道，曰嶺北湖南道。十五年，復增三道：曰江南湖北道，曰嶺南廣西道，曰福建廣東道。十九年，增西蜀四川道。二十年，增海北廣東道，改福建廣東道曰福建閩海道。以雲南七路，置雲南道。以女直之地，置海西遼東道。二十三年，以淮東、淮西、山南三道，撥隸內臺。二十四年，增河西隴右道。是年，罷雲南道。二十五年，罷海西遼東。二十七年，以雲南按察司所治，立雲南行御史臺。二十八年，改按察司曰肅政廉訪司。大德元年，徙雲南行臺于陝西，復立雲南道。三十年，增海北海南道，其後遂定爲二十二道。〔一九〕每道

廉訪使二員，正三品；副使二員，正四品；僉事四員，兩廣、海南止二員，正五品；經歷一員，從七品；知事一員，正八品；照磨兼管勾一員，正九品；書吏十六人，譯史、通事各一人，奏差五人，典吏二人。

內道八，隸御史臺：

山東東西道，濟南路置司。

河東山西道，冀寧路置司。

燕南河北道，眞定路置司。

江北河南道，汴梁路置司。

山南江北道，中興路置司。

淮西江北道，廬州路置司。

江北淮東道，揚州路置司。

山北遼東道，大寧路置司。

江南十道，隸江南行臺：

江東建康道，寧國路置司。

江西湖東道，龍興路置司。

江南浙西道，杭州路置司。

浙東海右道，婺州路置司。

江南湖北道，武昌路置司。

嶺北湖南道，天臨路置司。

嶺南廣西道，靜江府置司。

海北廣東道，廣州路置司。

海北海南道，雷州路置司。

福建閩海道，福州路置司。

陝西四道，隸陝西行臺：

陝西漢中道，鳳翔府置司。

河西隴北道，甘州路置司。

西蜀四川道，成都路置司。

雲南諸路道，中慶路置司。

校勘記

〔一〕至元元年改爲侍衞八年改爲左右中三衞掌宿衞扈從兼屯田國有大事則調度之二十年增都指揮使一員副都指揮使一員　道光本考證云：「按經世大典，至元三年改武衞爲侍衞親軍，已分左右翼，置都指揮使，唯無中衞耳。至元八年乃增設。」按此處失書置都指揮使事。下左衞同。

〔二〕達魯花赤一員千戶二員　按兩千戶所各有達魯花赤，此處「一」當爲「二」之誤。

〔三〕（照彈）〔彈壓〕二員　從北監本改正。

〔四〕省都指揮使五員副指揮使二員　按上文所述始置、增置之官，均爲都指揮使、副都指揮使，此處疑「副」下脫「都」。

〔五〕〔千戶一員〕　從道光本補。

〔六〕大同路（昌）〔馬〕邑縣　按本書卷五八地理志，昌邑縣屬益都路濰州，與大同路無涉，大同路朔州有馬邑縣。據改。

〔七〕令（使）〔史〕　從北監本改。

〔八〕速怯那兒萬戶府　本書卷二六仁宗紀延祐五年二月戊午、六年七月壬戌條皆作「者連怯耶兒萬戶府」。卷一〇〇兵志有「折連怯呆兒」。按此地名漢譯「黃羊川」。此處脫「者」字，「連」誤爲「速」，「耶」誤爲「那」。

〔九〕（建）〔健〕德門一　據本書卷五八地理志改。

〔一〇〕都指揮使二員（從）〔正〕三品　從道光本改。按上文已書「貴赤衞親軍都指揮使司，秩正三品」。

〔一一〕蒙古〔字〕教授　從道光本補。

〔一二〕十一年　上有「元貞三年」，下有「至大四年」，此處「十一年」上當脫「大德」二字。

〔一三〕龍翊侍（御）〔衞〕　據後文及本書卷九九兵志改。

〔一四〕治書侍御史二員（從二）〔正三〕品　按下文及經世大典御史臺均稱大德十一年治書侍御史定爲「正三品」。下文又稱定置時「品秩如上」，卽與大德十一年同。證「從二」爲「正三」之誤。今改。

〔一五〕始置〔蒙古〕經歷一員　本書卷一六世祖紀至元二十七年三月庚申條有「增蒙古經歷一員，從五品」。經世大典御史臺云至元二十七年三月「蒙古都事一員，改陞經歷」。據補。

〔一六〕始置御史十（一）〔二〕員　據經世大典御史臺改。按經世大典列有首任御史王炳等十二人姓名，此作「十一」誤。

〔一七〕十九年增置一十六員　經世大典御史臺有「十九年三月省二員，十二月增置一十六員」。此處「十九年」下當有「省二員，又」等字，始合定置三十二員之數。

〔一八〕置監察御史十員〔書吏十員〕　據經世大典御史臺補。如此前後相加，始能得下文定置書吏二十八人之數。

〔九〕大德元年徙雲南行臺于陝西復立雲南道三十年增海北海南道其後遂定爲二十二道　按本書卷一七世祖紀至元三十年十一月丁巳條有「立海北海南道肅政廉訪司」，卷二〇成宗紀大德三年十月甲寅條有「復立海北海南道肅政廉訪司」。此處三十年事當在大德元年之前。

元史卷八十七

志第三十七

百官三

大宗正府，秩從一品。國初未有官制，首置斷事官，曰札魯忽赤，會決庶務。凡諸王駙馬投下蒙古、色目人等，應犯一切公事，及漢人姦盜詐僞、蠱毒厭魅、誘掠逃驅、輕重罪囚，及邊遠出征官吏、每歲從駕分司上都存留住冬諸事，悉掌之。至元二年，置十員。三年，置八員。九年，降從一品銀印，止理蒙古公事。以諸王爲府長，餘悉御位下及諸王之有國封者。又有怯薛人員，奉旨署事，別無頒受宣命。十四年，置十四員。十五年，置十三員。二十一年，置二十一員。二十二年，增至三十四員。二十八年，增至四十六員。大德四年，省五員。十一年，四十一員。皇慶元年，省二員，以漢人刑名歸刑部。泰定元年，復命兼理，置札魯忽赤四十二員，令史改爲掾史。致和元年，以上都、大都所屬蒙古人并怯薛軍站色

目與漢人相犯者，歸宗正府處斷，其餘路府州縣漢人、蒙古、色目詞訟，悉歸有司刑部掌管。正官札魯忽赤四十二員，從一品；郎中二員，從五品；員外郎二員，從六品；都事二員，從七品；承發架閣庫管勾一員，從八品；掾史十人，蒙古必闍赤十三人，通事、知印各三人，宣使十人，蒙古書寫一人，典吏三人，庫子一人，醫人一人，司獄二員。

大司農司，秩正二品。凡農桑、水利、學校、饑荒之事，悉掌之。至元七年始立，置官五員。十四年罷，以按察司兼領勸農事。十八年，改立農政院，置官六員。二十年，又改立務農司，秩從三品，置達魯花赤一員、務農使一員、同知二員。是年，又改司農寺，達魯花赤一員，司農卿二員，司丞一員。二十三年，仍爲大司農司，秩仍正二品。大德元年，增領大司農事一員。皇慶二年，陞從一品，增大司農一員。定置大司農四員，從一品；大司農卿二員，正二品；少卿二員，從二品；大司農丞二員，從三品；經歷一員，從五品；都事二員，從七品；架閣庫管勾一員，照磨一員，並正八品；掾史十二人，蒙古必闍赤二人，回回掾史一人，知印二人，通事一人，宣使八人，典吏五人。

籍田署，秩從六品。掌耕種籍田，以奉宗廟祭祀。至元七年始立，隸大司農。十四年，罷司農，隸太常寺。二十三年，復立大司農司，仍隸焉。署令一員，從六品；署丞一員，從七

品；司吏一人。

供膳司，秩從五品。掌供給應需，貨買百色生料，并桑哥籍入貲產。至元二十二年始置，隸司農。置達魯花赤一員，提點一員，並從五品；司令一員，正六品；丞一員，正七品；吏一人。

輔用庫，秩正九品。掌規運息錢，以給供需。大使一員，副使一員。

興中州等處油戶提領所，秩從九品。提領一員，大使一員，副使一員。歲辦油十萬斤，以供內庖。至元二十九年始置。

蔚州麵戶提領所，提領一員，副使一員。掌辦白麵葱菜，以給應辦，歲計十餘萬斤。

右屬供膳。

永平屯田總管府，秩從三品。達魯花赤一員，總管一員，同知一員，知事一員，司吏四人。至元二十四年，始立於永平路南馬城縣，以北京採木三千人隸之。所轄昌國、濟民、豐贍三署，各置署令一員，署丞一員，直長一人、吏目二人、吏二人。

翰林兼國史院，秩正二品。中統初，以王鶚爲翰林學士〔承旨〕，〔一〕未立官署。至元元年始置，秩正三品。六年，置承旨三員、學士二員、侍讀學士二員、侍講學士二員、直學士二

員。八年，陞從二品。十四年，增承旨一員。十六年，增侍讀學士一員。十七年，增承旨二員。二十年，省併集賢院爲翰林國史集賢院。二十一年，增學士二員。二十二年，復分立集賢院。二十三年，增侍講學士一員。二十六年，置官吏五員，掌管教習亦思替非文字。二十七年，增承旨一員。大德九年，陞正二品，改典簿爲司直，置都事一員。至大元年，置承旨九員。皇慶元年，陞從一品，改司直爲經歷。延祐元年，別置回回國子監學，以掌亦思替非官屬歸之。五年，置承旨八員。後定置承旨六員，從一品；學士二員，正二品；侍讀學士二員，從二品；侍講學士二員，從二品；直學士二員，從三品。屬官：待制五員，正五品；修撰三員，從六品；應奉翰林文字五員，從七品；編修官十員，正八品；檢閱四員，正八品；典籍二員，正八品；經歷一員，從五品；都事一員，從七品；掾史四人，譯史、通事、知印各二人，蒙古書寫五人，書寫十人，接手書寫十人，典吏三人，典書二人。

蒙古翰林院，秩從二品。掌譯寫一切文字，及頒降璽書，並用蒙古新字，仍各以其國字副之。至元八年，始立新字學士於國史院。十二年，別立翰林院，置承旨一員、直學士一員、待制二員、修撰一員、應奉四員、寫聖旨必闍赤十有一人、令史一人、知印一人。十八年，增承旨一員、學士三員，省漢兒令史，置蒙古必闍赤四人。二十九年，增承旨一員、侍讀學士一員、知印一人。三十年，增管勾一員。大德五年，陞正二品。九年，置司直一員、都事一員。皇慶元年，改陞從一品，設官二十有八，吏屬二十有四。延祐二年，改司直爲經歷。後定置承旨七員、學士二員、侍讀學士二員、侍講學士二員、直學士二員、待制四員、修撰二員、應奉五員、經歷一員、都事一員，品秩並同翰林國史院。承發架閣庫管勾一員，正九品；必闍赤一十四人，掾史三人，通事一人，譯史一人，知印二人，書寫一人，典吏三人。

蒙古國子監，秩從三品。至元十四年始立，置司業一員。二十九年，准漢人國學例，置祭酒、司業、監丞。延祐四年，陞正三品。七年，復降爲從三品。後定置祭酒一員，從三品；司業二員，正五品；監丞一員，正六品；令史一人，必闍赤一人，知印一人。

蒙古國子學，秩正七品。博士二員，助教二員，教授二員，學正、學錄各二員。掌教習諸生。於隨朝百官、怯薛台、蒙古、漢兒官員家，選子弟俊秀者入學。至元八年，置官五員。後以每歲從駕上都，教習事繁，設官員少，增學正二員、學錄二員。三十一年，增助教一員，典給一人。後定置博士二員，正七品；助教二員，教授二員，並正八品；學正、學錄各二員，典書一人，典給一人。

內八府宰相，掌諸王朝覲儐介之事。遇有詔令，則與蒙古翰林院官同譯寫而潤色之。謂之宰相云者，其貴似侍中，其近似門下，故特寵之以是名。雖有是名，而無授受宣命，品

秩則視二品焉。大德九年，以滅怯禿等八人爲之。天曆元年，爲內八府宰之職，故附見于此云。

集賢院，秩從二品。掌提調學校、徵求隱逸、召集賢良，凡國子監、玄門道教、陰陽祭祀、占卜祭遁之事，悉隸焉。國初，集賢與翰林國史院同一官署。至元二十二年，分置兩院，置大學士三員、學士一員、直學士二員、典簿一員、吏屬七人。二十四年，增置學士一員、侍讀學士一員、待制一員。尋陞正二品，置院使一員，正二品；大學士二員，從二品；學士三員，從二品；〔二〕侍讀學士一員，從三品；侍講學士一員，從三品；直學士二員，從四品；司直一員，從五品；待制一員，正五品。二十五年，增都事一員，從七品；修撰一員，從六品。元貞元年，增院使一員。大德十一年，陞從一品，置院使六員、經歷二員。至大四年，省院使六員。皇慶二年，省漢人經歷一員。後定置大學士五員，從一品；學士二員，正二品；侍讀學士二員，正二品；侍講學士二員，並從二品；直學士二員，從三品；經歷一員，從五品；都事二員，從七品；待制一員，正五品；修撰一員，從六品；兼管勾承發架閣庫一員，正八品；掾史六人，譯史、知印各二人，通事一人，宣使七人，典吏三人。

國子監。至元初，以許衡爲集賢館大學士、國子祭酒，教國子與蒙古大姓四怯薛人員。選

七品以上朝官子孫爲國子生，隨朝三品以上官得舉凡民之俊秀者入學，爲陪堂生伴讀。至元二十四年，始置監祭酒一員，從三品，司業二員，正五品，掌學之教令，皆德尊望重者爲之。監丞一員，正六品，專領監務。典簿一員，令史二人，譯史、知印、典吏各一人。國子學，秩正七品。置博士二員，掌教授生徒、考較儒人著述、教官所業文字。助教四員，分教各齋生員。大德八年，爲分職上都，增置助教二員、學正二員、學錄二員，督習課業。典給一員，掌生員膳食。至元二十四年，定置生員額二百人、伴讀二十人。至大四年，生員三百人。延祐二年，增置生員一百人、伴讀二十人。興文署，秩從六品。署令一員，以翰林修撰兼之。署丞一員，以翰林應奉兼之。至治二年罷，置典簿一員，從七品，掌提調諸生飲膳，與凡文牘簿書之事。仍置典吏一人。

宣政院，秩從一品。掌釋敎僧徒及吐蕃之境而隸治之。遇吐蕃有事，則爲分院往鎭，亦別有印。如大征伐，則會樞府議。其用人則自爲選。其爲選則軍民通攝，僧俗並用。至元初，立總制院，而領以國師。二十五年，因唐制吐蕃來朝見於宣政殿之故，更名宣政院。置院使二員、同知二員、副使二員、參議二員、經歷二員、都事四員、管勾一員、照磨一員。二十六年，置斷事官四員。二十八年，增僉院、同僉各一員。元貞元年，增院判一員。大德

四年，罷斷事官。至大初，省院使一員。至治三年，置院使六員。天曆二年，罷功德使司歸宣政，定置院使一十員，從一品；同知二員，正二品；副使二員，從二品；僉院二員，正三品；同僉三員，正四品；院判三員，正五品；參議二員，正五品；經歷二員，從五品；都事三員，從七品；照磨一員，管勾一員，並正八品；掾史十五人，蒙古必闍赤二人，回回掾史二人，怯里馬赤四人，知印二人，宣使十五人，典吏有差。

斷事官四員，從三品。經歷、知事各一員，令史五人，知印、奏差、譯史、通事各一人。至元二十五年始置。

客省使，秩從五品。大使二員，副使一員。至元二十五年置。

大都規運提點所，秩正四品。達魯花赤一員，提點一員，大使一員，副使一員。至元二十八年置。

上都規運提點所，秩正四品。達魯花赤一員，提點一員，大使一員，副使一員，知事一員。至元二十八年置。

大都提舉資善庫，秩從五品。達魯花赤一員，提舉一員，同提舉一員，副提舉一員。掌錢帛之事。至元二十六年置。

上都利貞庫，秩從七品。提領一員，副使一員。掌飲膳好事金銀諸物。元貞元年置。

大濟倉，監支納一員，大使一員。

興教寺，管房提領一員。

吐蕃等處宣慰司都元帥府，秩從二品。宣慰使五員，經歷二員，都事二員，照磨一員，捕盜官二員，儒學教授一員，鎭撫二員。其屬二：

脫思麻路軍民萬戶府，秩正三品。達魯花赤一員，萬戶一員，副達魯花赤一員，副萬戶一員，經歷一員，知事一員，鎭撫一員。

西夏中興河州等處軍民總管府，秩正三品。達魯花赤一員，總管一員，同知一員，治中一員，府判一員，經歷一員，知事一員。屬官：稅務提領，寧河縣官，寧河脫脫禾孫五員，寧河弓甲匠達魯花赤。

洮州元帥府，秩從三品。達魯花赤一員，元帥二員，知事一員。

十八族元帥府，秩從三品。達魯花赤一員，元帥一員，同知一員，知事一員。

積石州元帥府，達魯花赤一員，元帥一員，同知一員，知事一員，脫脫禾孫一員。

禮店文州蒙古漢軍西番軍民元帥府，秩正三品。達魯花赤一員，元帥一員，同知一員，經歷、知事各一員，鎭撫二員，蒙古奧魯官一員，蒙古奧魯相副官一員。

禮店文州蒙古漢軍奧魯軍民千戶所，秩從五品。達魯花赤一員，千戶一員，副千戶一

員，總把五員，百戶八員。

禮店文州蒙古漢軍西番軍民上千戶所，秩正四品。達魯花赤一員，千戶一員，百戶一員，新附千戶二員。

禮店階州西水蒙古漢軍西番軍民總把二員。

吐番等處招討使司，秩正三品。招討使二員，知事一員，鎭撫一員。其屬附：

脫思麻探馬軍四萬戶府，秩正三品。萬戶五員，千戶八員，經歷一員，鎭撫一員。

脫思麻路新附軍千戶所，秩從五品。達魯花赤一員，千戶一員，副千戶一員。

文扶州西路南路底牙等處萬戶府，秩從三品。達魯花赤一員，萬戶二員。

鳳翔等處千戶所，秩從五品。達魯花赤一員，千戶一員，百戶二員。

慶陽寧環等處管軍總把一員。

文州課程倉糧官一員。

岷州十八族遇迴捕盜官二員。

常陽帖城阿不籠等處萬戶府，秩從三品。達魯花赤一員，千戶一員。

階文扶州等處番漢軍上千戶所，秩正五品。達魯花赤一員，千戶二員。

貴德州，達魯花赤、知州各一員，同知、州判各一員，脫脫禾孫一員，捕盜官一員。

必呈萬戶府，達魯花赤二員，萬戶四員。

松潘（宕）〔宕〕疊威茂州等處軍民安撫使司，〔三〕秩正三品。達魯花赤一員，安撫使一員，同知一員，僉事一員，經歷、知事、照磨各一員，鎮撫一員。威州保寧縣，茂州（文）〔汶〕山縣，〔四〕（文）〔汶〕川縣皆隸焉。〔五〕

靜州茶上必里溪安鄉等二十六族軍民千戶所，達魯花赤一員，千戶一員。

龍木頭都留等一十二族軍民千戶所，達魯花赤一員，千戶一員。

岳希蓬蘿葡村等處二十二族軍民千戶所，達魯花赤一員，千戶一員。

折藏萬戶府，達魯花赤一員，萬戶一員。

土蕃等路宣慰使司都元帥府，宣慰使四員，同知二員，副使一員，經歷、都事各二員，捕盜官三員，鎮撫二員。

朵甘思田地裏管軍民都元帥府，都元帥一員，經歷一員，鎮撫一員。

剌馬兒剛等處招討使司，達魯花赤一員，招討使一員，經歷一員。

奔不田地裏招討使司，招討使一員，經歷一員，鎮撫一員。

奔不兒亦思剛百姓，達魯花赤二員。

碉門魚通黎雅長河西寧遠等處軍民安撫使司，秩正三品。達魯花赤一員，安撫使一員，

同知一員，副使一員，僉事一員，經歷、知事、照磨各一員，鎮撫二員。

六番招討使司，達魯花赤一員，招討使一員，經歷一員，知事一員。雅州嚴道縣、名山縣隸之。

天全招討使司，達魯花赤一員，招討二員，經歷、知事各一員。

魚通路萬戶府，達魯花赤一員，萬戶二員，經歷、知事各一員。黎州隸之。

碉門魚通等處管軍守鎮萬戶府，達魯花赤一員，萬戶二員，經歷、知事各一員，鎮撫二員，千戶八員，百戶二十員，彈壓四員。

長河西管軍萬戶府，達魯花赤一員，萬戶二員。

長河西裏管軍招討使司，招討使二員，經歷一員。

朵甘思招討使一員。

朵甘思哈答李唐魚通等處錢糧總管府，達魯花赤一員，總管一員，副總管一員，荅剌荅脫脫禾孫一員，哈裏脫脫禾孫一員，朵甘思瓮吉剌滅吉思千戶一員。

亦思馬兒甘萬戶府，達魯花赤一員，萬戶二員。

烏思藏納里速古魯孫等三路宣慰使司都元帥府，宣慰使五員，同知二員，副使一員，經歷一員，鎮撫一員，捕盜司官一員。其屬附見：

納里速古兒孫元帥二員。

烏思藏管蒙古軍都元帥二員。

擔裏管軍招討使一員。

烏思藏等處轉運一員。

沙魯（思）〔田〕地裏管民萬戶一員。〔六〕

搽里八田地裏管民萬戶一員。

烏思藏田地裏管民萬戶一員。

速兒麻加瓦田地裏管民官一員。

撒剌田地裏管民官一員。

出密萬戶一員。

嗸籠答剌萬戶一員。

思答籠剌萬戶一員。

伯木古魯萬戶一員。

湯卜赤八千戶四員。

加麻瓦萬戶一員。

札由瓦萬戶一員。

牙里不藏思八萬戶府，達魯花赤一員，萬戶一員，千戶一員，擔裏脫脫禾孫一員。

迷兒軍萬戶府，達魯花赤一員，萬戶一員，初厚江八千戶一員，卜兒八官一員。

宣徽院，秩正三品。掌供玉食。凡稻粱牲牢酒醴蔬菓庶品之物，燕享宗戚賓客之事，及諸王宿衞、怯憐口糧食，蒙古萬戶、千戶合納差發，係官抽分，牧養孳畜，歲支芻草粟菽，羊馬價直，收受闌遺等事，與尚食、尚藥、尚醞三局，皆隸焉。所轄內外司屬，用人則自爲選。至元十五年置院使一員，同知、同僉各二員，主事二員，照磨一員。二十年，陞從二品，增院使一員，置經歷二員、典簿三員。二十三年，陞正二品，置院判二員，省典簿，置都事三員。三十一年，院使四員。大德二年，增同知二員。三年，陞從一品。四年，置副使二員。皇慶元年，增院使三員，始定怯薛丹一萬人，本院掌其給授。後定置院使六員，從一品；同知二員，正二品；副使二員，從二品；僉院二員，正三品；同僉二員，正四品；院判二員，正五品；經歷二員，從五品；都事三員，從七品；照磨一員，承發架閣庫一員，並正八品；掾史二十人，蒙古必闍赤六人，回回掾史二人，怯里馬赤二人，知印二人，典吏六人，蒙古書寫二人。其屬附見：

光祿寺，秩正三品。掌起運米麴諸事，領尚飲、尚醞局，沿路酒坊，各路布種事。至元十五年，罷都提點，置寺。設卿一員、少卿三員、主事一員、照磨一員、管勾一員。二十年，改尚醞監，正四品。二十三年，復爲光祿寺，卿二員，少卿、丞各一員。二十四年，增少卿一員。二十五年，撥隸省部。三十一年，復隸宣徽。延祐七年，降從三品。後復正三品。定置卿四員，正三品；少卿二員，從四品；丞二員，從五品；主事二員，從七品；令史八人，譯史、知印各二人，通事一人，奏差二十四人，典吏三人，蒙古書寫一人。

大都尚飲局，秩從六品。中統四年始置。設大使、副使各一員，併帶金符。掌醞造上用細酒。至元十二年，增副使二員。十五年，陞從五品，置提點一員。後定置提點一員，從五品；大使一員，正六品；副使二員，正七品。

上都尚飲局，秩正五品。〔七〕皇慶中始置。提點一員，大使、副使各一員，品秩同上。

大都尚醞局，秩從六品。掌醞造諸王百官酒醴。中統四年，立御酒庫，設金符宣差。至元十一年，始設提點。十六年，改尚醞局，從五品。置提點一員，從五品；大使一員，正六品；副使二員，正七品；直長一員，正八品。

上都尚醞局，秩從五品。至元二十九年始置。設提點一員，大使一員，副使、直長各一員，品秩同上。

大都醴源倉，秩從六品。掌受香莎蘇門等酒材糯米，鄉貢麴藥，以供上醞及歲賜諸王百官者。至元二十五年始置。設提舉一員，從六品；大使一員，從七品；副使一員，正八品。

上都醴源倉，秩從九品。掌受大都轉輸米麴，并醞造車駕臨幸次舍供給之酒。至元二十五年始置。設大使一員，直長一員。

尚珍署，秩從五品。掌收濟寧等處田土子粒，以供酒材。至元十三年始立。十五年，罷入有司。二十三年復置。設達魯花赤一員，令一員，並從五品；丞一員，正七品；吏目一員。

安豐懷遠等處稻田提領所，秩從九品。掌稻田布種，歲收子粒，轉輸醴源倉。定置提領二員。

尚舍寺，秩正四品。掌行在帷幙帳房陳設之事，牧養駱駝，供進愛蘭乳酪。至元三十一年始置監。至大元年，改爲寺，陞正三品。四年，仍爲監，尋復爲寺。延祐三年，復降爲正四品。定置太監二員，少監二員，監丞二員，知事一員。

諸物庫，秩從七品。掌出納。大德四年置。設提領一員，大使一員，副使一員。

闌遺監，秩正四品。掌不闌奚人口、頭匹諸物。至元二十年，初立闌遺所，秩九品。二十五年，改爲監，正四品。二十八年，陞正三品。至大四年，復正四品，尋復正三品。延祐七年，復爲正四品。定置太監一員，正四品；少監二員，正五品；監丞二員，正六品；知事一員，從八品；提控案牘一員，從九品，令史五人，譯史一人，知印兼通事一人，奏差五人。

尚食局，秩從五品。掌供御膳，及出納油麪酥蜜諸物。至元二年置提點，領進納百色生料。二十年，省併尚藥局爲尚食局，別置生料庫。本局定置提點一員，從五品；大使一員，正六品；副使二員，正七品；直長一員，正八品。

大都生料庫，秩從五品。至元十一年，置生料野物庫，隸尚食局。二十年，別置庫，擬內藏庫例，置提點二員，從五品；大使二員，正六品；副使三員，正七品。

上都生料庫，秩從五品。掌受弘州、大同虎賁、司農等歲辦油麪，大都起運諸物，供奉內府，放支宮人宦者飲膳。提點一員，大使一員，副使二員，品秩同上；直長一人，正八品。

大都太倉、上都太倉，秩正六品。掌內府支持米豆，及酒材米麴藥物。至元五年初立，設官三員，俱受制國用使司劄付。十二年，改立提舉太倉，設官三員，隸宣徽。二十五年，陞正六品。定置二倉各設提舉一員，正六品；大使一員，從六品；副使一員，從七品。

大都、上都柴炭局各一，至元十二年置，秩從六品。十六年，改提舉司，陞五品。大德八年，仍爲局，降正七品。置達魯花赤各一員，正七品；大都大使一員，上都大使二員，各正七品；副使各二員，正八品；直長各一人，掌葦場，典吏各一人。

尚牧所，秩從五品。至大四年始置。設提舉二員，從五品；同提舉一員，從六品；副提舉一員，從七品；吏目一員。

沙糖局，秩從五品。掌沙糖、蜂蜜煎造，及方貢菓木。至元十三年始置，秩從六品。十七年，置提點一員。十九年，陞從五品，置達魯花赤一員，從五品；提點一員，從五品；大使一員，正六品；副使一員，正七品。

永備倉，秩從五品。至元十四年始置，給從九品印。掌受兩都倉庫起運省部計置油麪諸物，及雲需府所辦羊物，以備車駕行幸膳羞。二十四年，陞從五品，置提點一員，從五品；大使一員，正六品；副使(各)一員，〔八〕正七品。

豐儲倉，秩從九品。大使一員。掌出納車駕行幸支持膳羞。

淮東淮西屯田打捕總管府，秩正三品。掌獻田歲入，以供內府，及湖泊山場漁獵，以供內膳。至元十四年，始立總管府，并管(連)〔漣〕海高郵湖泊提舉司、〔九〕沂州等處提舉司事。十六年，置揚州鷹房打捕達魯花赤總管府。二十二年，省併爲淮東淮西屯田打捕總管府。二十五年，以兩淮新附手號軍千戶所隸本府，及分置提舉司一十處。定置達魯花赤一員，正三品；總管一員，正三品；同知一員，正五品；府判一員，正六品；經歷一員，從七品；知事一員，從八品；提控案牘一員，從九品；司吏六人。

淮安州屯田打捕提舉司，高郵屯田打捕提舉司，招泗屯田打捕提舉司，安東海州屯田打捕提舉司，揚州通泰屯田打捕提舉司，安豐廬州等處打捕提舉司，鎮巢等處打捕提舉司，塔山徐邳沂州等處山場屯田提舉司，凡九處，秩俱從五品。每司各設達魯花赤一員，提舉一員，並從五品；同提舉一員，從六品；副提舉一員，從七品；吏目二人。

抽分場提領所，凡十處：曰柴墟東西口，曰海州新壩，曰北砂太倉，曰安河桃源，曰大湖東西口，曰時堡興化，曰高郵寶應，曰汶湖等處，曰雲山白水，曰安東州。每所各設提領一員、同提領一員、副提領一員，俱受宣徽院劄付。

滿浦倉，秩正八品。掌收受各處子粒米麵等物，以待轉輸京師。至元二十五年始置。設大使一員，正八品；副使一員，正九品。

圓米棋子局、軟皮局，各置提領一員、同提領一員、副提領一員，俱受宣徽院劄付。

手號軍人打捕千戶所，秩從四品。管軍人打捕野物皮貨。至元二十五年始置。設達魯花赤一員、上千戶一員、上副千戶一員、彈壓一員。

上百戶七所，各置百戶二員。

下百戶二所，各置百戶一員。

鍾離縣，定遠縣，真揚州，安慶，安豐，招泗，和州。

漣海，懷遠軍。

龍慶栽種提舉司，秩從五品。管領縉山歲輸粱米，幷易州、龍門、淨邊官園瓜菓桃梨等物，以奉上供。至元十七年，始置提舉司。延祐七年，縉山改爲龍慶州，因以名之。定置達魯花赤一員，提舉一員，並從五品；同提舉一員，從六品；副提舉一員，從七品。

弘州種田提舉司，秩正六品。掌輸納麥麵之事，以供內府。定置達魯花赤一員，提舉一員，並正六品；同提舉一員，正七品；副提舉一員，正八品；直長一員。

豐（潤）〔閏〕署，〔一〇〕秩從五品。掌歲入芻粟，以給飼養駝馬之事。定置達魯花赤一員，令一員，並從五品；丞一員，從六品；直長一員，正八品。

常湖等處茶園都提舉司，秩正四品。掌常、湖二路茶園戶二萬三千有奇，採摘茶芽，以貢內府。至元十三年置司，統提領所凡十有三處。十六年，陞都提舉司。又別置平江等處榷茶提舉司，掌歲貢御茶。二十四年，罷平江提舉司，併掌其職。定置達魯花赤一員，提舉一員，俱從五品；同提舉一員，從六品；副提舉一員，從七品；提控案牘一員，都目一員。提領所七處，每所各設正、同、副提領各一員，俱受宣徽院劄付，掌九品印。

烏程，武康德清，長興，安吉，歸安，湖汶，宜興。

建寧北苑武夷茶場提領所，提領一員，受宣徽院劄。掌歲貢茶芽。直隸宣徽。

太禧宗禋院，秩從一品。掌神御殿朔望歲時諱忌日辰禋享禮典。天曆元年，罷會福、殊祥二院，改置太禧院以總制之。初，院官秩正二品，陞從一品，置參議二員，改令史爲掾史。二年，改太禧宗禋院，置院使六員，增副使二員，立諸總管府爲之屬。凡錢糧之出納，營繕之作輟，悉統之。定置院使都典制神御殿事六員，同知兼佐儀神御殿事二員，副使兼奉贊神御殿事二員，僉院兼祗承神御殿事二員，同僉兼肅治神御殿事二員，院判供應神御殿事二員，參議二員，經歷二員，都事二員，管勾、照磨各一員，掾史二十人，譯史四人，知印二人，怯里馬赤二人，宣使一十五人，斷事官四員，客省使大使、副使各二員。

隆禧總管府，秩正三品。至大元年，建立南鎮國寺，初立規運提點所。二年，改爲規運都總管府。三年，陞爲隆禧院。天曆元年，罷會福、殊祥二院，以隆禧、殊祥併立殊祥總管府，尋又改爲隆禧總管府。定置達魯花赤一員，總管一員，副達魯花赤一員，同知一員，治中一員，判官一員，經歷一員，知事、照磨各一員，令史六人，譯史、知印各一人，怯里馬赤一人，奏差四人。

福元營繕司，秩正五品。達魯花赤一員，司令一員，大使一員，副使一員，吏目一人，司吏一人。天曆元年，以南鎮國寺所立怯憐口事產提舉司，改爲崇恩福元提點所。三

年，又改爲福元營繕司。

普安智全營繕司，秩五品。〔一一〕達魯花赤一員，司令一員，大使、副使各一員，吏目一人，司吏一人。天曆元年，以太玉山普安寺、大智全寺兩規運提點所併爲一，置提點二員。三年，又改爲營繕司。

祐國營繕都司，秩〔正〕（五）〔四〕品。〔一二〕達魯花赤一員，司令一員，大使、副使各一員，知事一員，提控案牘一員。天曆元年，初置萬聖祐國營繕提點所。三年，改爲營繕都司。

平松等處福元田賦提舉司，秩五品。置達魯花赤一員，提舉一員，同提舉、副提舉各一員。

田賦提舉司，〔一三〕秩五品。置提舉一員、同提舉一員、副提舉一員。

資用庫，提領一員，大使一員。

萬聖庫，提領一員，大使一員，副使一員。

會福總管府，秩正三品。至元十一年，建大護國仁王寺及昭應宮，始置財用規運所，秩正四品。十六年，改規運所爲總管府。至大元年，改都總管府，從二品。尋陞會福院，置院使五員。延祐三年，陞正二品。天曆元年，改爲會福總管府，正三品。定置達魯花赤一員，總管一員，同知一員，治中一員，府判一員，經歷、知事、提控案牘各一員，令史八人，

譯史、通事、知印各一人，奏差四人。

仁王營繕司，正五品。至元八年，立護國仁王寺鎮遏提舉司。十九年，改鎮遏所。二十八年，併三提領所爲諸色人匠提領所。天曆元年，改爲鎮遏民匠提領所。三年，改爲仁王營繕司。置達魯花赤一員，司令一員，大使一員，副使一員。

襄陽營田提舉司，秩從五品。初置襄陽等處水陸地土人戶提領所，設官四員。大德元年，改提舉司。天曆二年，仍爲襄陽營田提舉司。定置達魯花赤一員，提舉一員，同提舉一員，副提舉一員。

江淮等處營田提舉司，秩從五品。至元二十七年始置。達魯花赤一員，提舉一員，同提舉一員，副提舉一員。

大都等路民佃提領所，至元二十九年，以武清等一十處，併立大都水陸地土種田人民提領所。十五年，又設隨路管民都提領所。天曆元年，併爲大都等路民佃提領所。定置提領一員，大使、副使各一員。

會福財用所，秩從七品。掌大護國仁王寺糧草諸物。至元十七年，始立財用庫。二十六年，立盈益倉。天曆元年，併財用、盈益爲所。提領一員，大使一員，副使二員。

崇祥總管府，秩正三品。至大元年，立大承華普慶寺都總管府。二年，改延禧監，尋改崇

祥監。四年，陞爲崇祥院，秩[正]二品。[三]泰定四年，復改爲大承華普慶寺總管府。天曆元年，改爲崇祥總管府。定置達魯花赤一員，總管一員，副達魯花赤一員，同知、治中、府判各一員，經歷、知事、提控案牘兼照磨各一員，令史六人，譯史、知印各一人，怯里馬赤一人，奏差四人。

永福營繕司，秩正五品。延祐三年，以起建新寺，始置營繕提點所。天曆元年，改爲永福營繕提點所。三年，改營繕司。設達魯花赤一員，司令一員，大使一員，副使一員，都目一員。

昭孝營繕司，秩正五品。天曆元年，立壽安山規運提點所。三年，改昭孝營繕司。定置達魯花赤一員，司令一員，大使、副使各一員。

普慶營繕司，[秩正五品]。[四]天曆元年，始置普慶營繕提點所。三年，改爲營繕司。定置達魯花赤一員，司令一員，大使、副使各一員。

崇祥財用所，至大二年，始置諸物庫。四年，置普贍倉。天曆二年，併諸物庫、普贍倉，改爲崇祥財用所。定置官，提領一員，大使、副使各一員。

永福財用所，掌出納顏料諸物。延祐三年，始置諸物庫，又置永積倉。天曆二年，以諸物庫、永積倉併改置爲所，設提領、大使、副使各一員。

鎮江稻田提舉司，達魯花赤、提舉、同提舉、副提舉各一員。

汴梁稻田提舉司，達魯花赤、提舉、同提舉、副提舉各一員。

平江等處田賦提舉司，達魯花赤、提舉、同提舉、副提舉各一員。

冀寧提舉所，提領二員。

隆祥使司，秩正三品。天曆二年，中宮建大承天護聖寺，立隆祥總管府，設官八員。至順二年，陞爲隆祥使司，秩從二品。置官：司使四員，同知、副使、司丞各二員，經歷一員，都事二員，照磨兼架閣一員，令史十人，譯史、通事、知印各二人，宣使十人，典吏六人。

普明營繕都司，秩正四品。天曆元年，創大(龍興)[興龍]普明寺于海南，[六]置規運提點所，設官六員。二年，撥隸(龍)[隆]祥總管府。[七]三年，改爲都司，品秩仍舊，以掌營造出納錢糧之事。定置達魯花赤、司令、大使、副使各一員，知事一員，提控案牘一員。

集慶萬壽營繕都司，秩正四品。天曆二年，建龍翔、萬壽兩寺于建康，立龍翔萬壽營繕提點所，爲隆祥總管府屬。三年，改爲營繕都司，秩仍舊，以掌營造錢糧之事。定置達魯花赤、司令、大使、副使各一員，知事、提控案牘各一員。

元興營繕都司，秩正四品。掌營造錢糧之事。天曆元年，始置大元興規運提點所，置官五員。三年，改都司，置達魯花赤一員，司令、大使、副使各一員，知事、提控案牘各

一員。

宣農提舉司，秩從五品。達魯花赤、提舉、同提舉、副提舉各一員。掌徵收田賦子粒之事。天曆二年，以大都等處田賦提舉司隸隆祥總管府。三年，改提舉司。

護聖營繕司，秩正五品。達魯花赤、司令、大使、副使各一員。掌營造工匠、寺僧衣糧、收徵房課之事。天曆二年，始立大承天護聖營繕提點所。三年，改爲司。

平江善農提舉司，秩從五品。達魯花赤、提舉、同提舉、副提舉各一員。天曆二年，立田賦提舉司，設官四員。三年，改爲善農提舉司。

善盈庫，天曆二年，隸隆祥總管府。置提領一員，大使、副使各一員。掌金銀錢糧之事。

荆襄等處濟農香戶提舉司，秩正五品。天曆三年，以荆襄提舉司所領河南、湖廣田土爲大承天護聖寺常住，改爲荆襄濟農香戶提舉司，隸隆祥總管府。置達魯花赤、司令、提舉、同提舉、副提舉各一員。

龍慶州等處田賦提領所，秩九品。提領、副提領各一員。天曆二年置。掌龍慶州所有土田歲賦。

平江集慶崇禧田賦提領所，提領、同提領、副提領各一員。天曆三年始置。

集慶崇禧財用所，大使、副使各一員。天曆三年始置。

壽福總管府，掌祭供錢糧之事，秩正三品。至大四年，因建大聖壽萬安寺，置萬安規運提點所，秩正五品。延祐二年，陞都總管府，秩正三品。尋陞爲壽福院，正二品。天曆元年，改立總管府，仍正三品。定置官：達魯花赤、總管、副達魯花赤、同知、治中、府判各一員，經歷、知事、案牘照磨各一員，令史六人，知印、通事、譯史各一人，奏差四人，典吏二人。

萬安營繕司，秩正五品。〔天曆〕三年，〔一〕以萬安規運提點所既廢，復立萬安營繕司。定置達魯花赤、司令、大使、副使、都目各一人。

萬寧營繕司，秩正四品。大德十年，始置萬寧規運提點所。天曆元年，改營繕司。定置達魯花赤，司令、大使、副使、都目各一員。

收支庫，提領一員，大使一員。

延聖營繕司，秩正五品。初立天源營繕提點所，天曆三年，改營繕司。定置達魯花赤、司令、大使、副使、都目各一員。

諸物庫，提領一員，大使一員。

校勘記

〔一〕以王鶚爲翰林學士〔承旨〕　據本書卷四世祖紀中統元年七月癸酉條、卷一六〇王鶚傳及王惲中堂事記補。

〔二〕大學士二員從二品學士三員從二品　疑學士當作「正三品」，此處涉上文而誤。按學士品秩，當低於大學士。元典章卷七官制所載集賢職品，自集賢院使至直學士，除學士外，均與此處所記至元二十四年之品秩相同，其中學士作「正三品」。

〔三〕松潘（客）〔宕〕疊威茂州等處軍民安撫使司　道光本與本書卷二三武宗紀至大二年七月壬辰條合，從改。

〔四〕（文）〔汶〕山縣　見卷六〇校勘記〔一五〕。新編已校。

〔五〕（文）〔汶〕川縣　據本書卷二三武宗紀至大二年七月壬辰條及卷六〇地理志改。新編已校。

〔六〕沙魯（思）〔田〕地裏管民萬戶一員　「沙魯」爲烏思藏地名，此處「思」字誤，今改。

〔七〕上都尙飲局秩正五品　下文云「品秩同上」，卽同大都尙飲局。按前文大都尙飲局，「十五年，陞從五品」，「後定置提點一員，從五品」。元典章卷七官制職品尙飲局提點亦列爲從五品。據此，則上都尙飲局秩當爲「從五品」。疑此處「正」字誤。

〔八〕副使（各）一員　王圻續通考卷九四職官考作「副使一員」，從刪。

〔九〕（連）〔漣〕海高郵湖泊提舉司　從道光本改。按此處「連」指漣水，宋曾置軍，廢軍時復爲縣，前後分別隸於楚州、海州。下文有「漣海百戶」，本書「漣海」多見。

〔一〇〕豐（潤）〔閏〕署　據本書卷一六世祖紀至元二十七年正月辛未條、卷一〇〇兵志改。

〔一一〕普安智全營繕司秩五品　「秩五品」，正、從不明。按本書卷三四文宗紀至順元年二月庚寅條，改萬安規運、普慶營繕等八提點所並爲營繕司，「秩正五品」。本卷所載福元、仁王、永福、昭孝、護聖、萬安、延聖等營繕司，凡天曆三年改司者，秩均爲正五品惟普慶營繕司秩品脫書，與文宗紀合。此處疑「秩」下脫「正」。

〔一二〕祐國營繕都司秩〔正〕（五）〔四〕品　道光本與本書卷三四文宗紀至順元年二月庚寅條及後文普明營繕都司、集慶萬壽營繕都司秩品合，從改。

〔一三〕田賦提舉司　按本書卷三四文宗紀至順元年正月戊寅條有「賜隆禧總管府田千頃，立荆襄等處、平松等處田賦提舉司，並隸太禧宗禋院」。上文已見平松等處福元田賦提舉司，未見荆襄等處田賦提舉司，疑此處「田賦」上脫「荆襄等處」。

〔一四〕陞爲崇祥院秩〔正〕二品　據本書卷二四仁宗紀皇慶元年正月己未條補。新元史已校。

〔一五〕普慶營繕司〔秩正五品〕　道光本與本書卷三四文宗紀至順元年二月庚寅條合，從補。

〔一六〕大（龍興）〔興龍〕普明寺　據本書卷三四、三五文宗紀至順元年正月丁丑、二月庚寅、二年十一月

癸未條改正。

〔一七〕（龍）〔隆〕祥總管府　道光本與本書卷三三文宗紀天曆二年九月己未條合，從改。

〔一八〕〔天曆〕三年　道光本與本書卷三四文宗紀至順元年二月庚寅條合，從補。

元史卷八十八

志第三十八

百官四

太常禮儀院，秩正二品。掌大禮樂、祭享宗廟社稷、封贈諡號等事。中統元年，中都立太常寺，設寺丞一員。至元二年，翰林兼攝太常寺。九年，立太常寺，設卿一員，正三品，少卿以下五員，品秩有差。十三年，省併衙門，以侍儀司併入太常寺。十四年，增博士一員。十六年，又增法物庫子，掌公服法服之藏。二十年，陞正三品，別置侍儀司。至大元年，改陞院，設官十二員，正二品。四年，復爲太常寺，正三品。延祐元年，復改陞院，正二品，以大司徒領之。七年，降從二品。天曆二年，復陞正二品。定置院使二員，正二品；同知二員，正三品；僉院二員，從三品；同僉二員，正四品；院判二員，正五品；經歷一員，從五品；都事一員，從七品；照磨兼管勾承發架閣一員，正八品。屬官：博士二員，正七品；奉禮郎二員，

奉禮兼檢討一員，並從八品；協律郎二員，從八品；太祝十員，從八品；禮直管勾一員，從九品；令史四人，通事、知印、譯史各二人，宣使四人，典吏三人。

太廟署，秩從六品。掌宗廟行禮，兼廩犧署事。至元三年始置。令二員，從六品；丞一員，從七品。

郊祀署，秩從六品。大德九年始置。掌郊祀行禮，兼廩犧署事。令二員，從六品；丞二員，從七品。

社稷署，秩從六品。大德元年始置。令二員，從六品；丞一員，從七品。

大樂署，秩從六品。中統五年始置。令二員，從六品；丞一員，從七品。掌管禮生樂工四百七十九戶。

典瑞院，秩正二品。掌寶璽、金銀符牌。中統元年，始置符寶郎二員。至元十六年，立符寶局，給六品印。十七年，陞正五品。十八年，改典瑞監，秩三品。二十年，降爲正四品，省卿二員。二十九年，復正三品，仍置監卿二員。大德十一年，陞典瑞院，正二品。置院使四員，正二品；同知二員，正三品；僉院二員，從三品；同僉二員，正四品；院判二員，正五品；經歷二員，從五品；都事二員，從七品；照磨兼管勾承發架閣庫一員，正八品；令史四人，譯史四人，知印、通事各一人，宣使四人，典吏三人。

太史院，秩正二品。掌天文曆數之事。至元十五年，始立院，置太史令等官七員。至大元年，陞從二品，設官十員。延祐三年，陞正二品，設官十五員。後定置院使五員，正二品；同知二員，正三品；僉院二員，從三品；同僉二員，正四品；院判二員，正五品；經歷一員，從五品；都事一員，從七品；管勾一員，從九品；令史三人，譯史一人，知印二人，通事一人，宣使二人，典吏二人。

春官正兼夏官正一員，正五品。

秋官正兼冬官〔正〕中官正一員，〔一〕正五品。

保章正五員，正七品。

保章副五員，正八品。

掌曆二員，正八品。

腹裏印曆管勾一員，從九品。

各省司曆十二員，正九品。

印曆管勾二員，從九品。

靈臺郎一員，正七品。

監候六員，從八品。

副監候六員，正九品。

星曆生四十四員。

挈壺正一員，從八品。

司辰郎二員，正九品。

燈漏直長一人。

教授一員，從八品。

學正一員，從九品。

校書郎二員，正八品。

太醫院，秩正二品。掌醫事，製奉御藥物，領各屬醫職。中統元年，置宣差，提點太醫院事，給銀印。〔至元〕二十年，〔二〕改爲尚醫監，秩正四品。二十二年，復爲太醫院，給銀印，置提點四員，院使、副使、判官各二員。大德五年，陞正二品，設官十六員。十一年，增院使二員。皇慶元年，增院使一員。二年，增院使一員。至治二年，定置院使一十二員，正

二品，同知二員，正三品；僉院二員，從三品；同僉二員，正四品；院判二員，正五品；經歷二員，從七品；都事二員，從七品；照磨兼承發架閣庫一員，正八品；令史八人，譯史二人，知印二人，通事二人，宣使七人。

廣惠司，秩正三品。掌修製御用回回藥物及和劑，以療諸宿衞士及在京孤寒者。至元七年，始置提舉二員。十七年，增置提舉一員。延祐六年，陞正三品。七年，仍正五品。至治二年，復爲正三品，置卿四員，少卿、丞各二員。後定置司卿四員，少卿二員，司丞二員，經歷、知事、照磨各一員。

大都、上都回回藥物院二，秩從五品。掌回回藥事。至元二十九年始置。至治二年，撥隸廣惠司。定置達魯花赤一員，大使二員，副使一員。

御藥院，秩從五品。掌受各路鄉貢、諸蕃進獻珍貴藥品，修造湯煎。至元六年始置。達魯花赤一員，從五品；大使二員，從五品；副使三員，正七品；直長一員，都監二員。

御藥局，秩從五品。掌兩都行篋藥餌。至元十年始置。大德九年，分立行御藥局，掌行篋藥物。本局但掌上都藥倉之事。定置達魯花赤二員，從五品；局使二員，從五品；副使二員，正七品。

行御藥局，秩從五品。達魯花赤一員，大使二員，副使三員，品秩同上。掌行篋藥餌。大德九年始置。

御香局，秩從五品。提點一員，司令一員。掌修合御用諸香。至大元年始置。

大都惠民局，秩從五品。掌收官錢，經營出息，市藥修劑，以惠貧民。中統二年始置，受太醫院劄。至元十四年，定從六品秩。二十一年，陞從五品。

上都惠民司，提點一員，司令一員。中統四年始置。品秩並同上。

醫學提舉司，秩從五品。至元九年始置。十三年罷，十四年復置。掌考較諸路醫生課義，試驗太醫教官，校勘名醫撰述文字，辨驗藥材，訓誨太醫子弟，領各處醫學。提舉一員，副提舉一員。

官醫提舉司，秩從五品。掌醫戶差役、詞訟。至元二十五年置。大都、保定、彰德、東平四路，設提舉、同提舉、副提舉各一員。河間、大名、晉寧、大同、濟寧、廣平、冀寧、濟南、遼陽、興和十路，設提舉、副提舉各一員。衞輝、懷慶、大寧，設提舉一員。

奎章閣學士院，秩正二品。天曆二年，立於興聖殿西，命儒臣進經史之書，考帝王之治。大學士二員，正三品。尋陞爲學士院。大學士，正二品；侍書學士，從二品；承制學士，正三品；供奉學士，正四品；參書，從五品。多以它官兼領其職。至順元年，增大學士二員，共四員。侍書學士二員，承制學士二員，供奉學士二員。首領官：參書二員，典籤二員，照磨一員，內掾四人，譯文內掾二人，知印二人，怯里馬赤一人，宣使四人，典書五人。屬官：

授經郎二員。

羣玉內司，秩正三品。天曆二年始置。掌奎章圖書寶玩，及凡常御之物。監司一員，正三品；司尉一員，從三品；亞尉二員，正四品；僉司二員，從四品；司丞二員，正五品；典簿一員，正七品；令史二人，知印一人，怯里馬赤一人，奏差、典吏各二人，給使八人，司膳四人。

藝文監，秩從三品。天曆二年置。專以國語敷譯儒書，及儒書之合校讎者俾兼治之。太監檢校書籍事二員，從三品；少監同檢校書籍〔事〕二員，〔三〕從四品；監丞參檢校書籍事二員，從五品；典簿一員，照磨一員，令史四人，譯史一人，怯里馬赤一人，奏差二人，典吏三人。

監書博士，秩正五品。天曆二年始置。品定書畫，擇朝臣之博識者爲之。博士二員，正五品；書吏一人。

藝林庫，秩從六品。提點一員，從六品；大使一員，副使一員，正七品；庫子二人，本把二人。掌藏貯書籍。天曆二年始置。

廣成局，秩七品。掌傳刻經籍，及印造之事。天曆二年始置。大使一員，從七品；副使一員，正八品；直長二人，正九品；司吏二人。

侍正府，秩正二品。至順二年置。侍正一十四員，正二品；同知二員，正三品；僉府二員，從三品；侍判二員，正四品；經歷一員，從六品；都事一員，從七品；照磨一員，從八品。掌內廷近侍之事，領速古兒赤四百人、奉御二十四員，拱衞直都指揮使司爲其屬。掾史八人，譯史四人，通事、知印各二人，宣使八人，典吏五人。

奉御二十四員，秩五品。尙冠奉御二員，從五品；尙冠副奉御二員，從六品；尙衣奉御二員，從五品；尙衣副奉御二員，從六品；尙輦奉御二員，從五品；尙輦副奉御二員，從六品；尙沐奉御二員，從五品；尙沐副奉御二員，從六品；尙飾兼尙輦奉御二員，正六品；尙飾兼尙輦副奉御二員，正七品；奉御掌簿四員，從七品。天曆初置，以四怯薛之速古兒赤爲之。

給事中，秩正四品。至元六年，始置起居注、左右補闕，掌隨朝省、臺、院、諸司凡奏聞之事，悉紀錄之，如古左右史。十五年，改陞給事中兼修起居注，左右補闕改爲左右侍儀奉御兼修起居注。皇慶元年，陞正三品。延祐七年，仍〔正〕四品。[四]後定置給事中兼修起居注二員、右侍儀奉御同修起居注一員、左侍儀奉御同修起居注一員、令史一人、譯史四人、通事兼知印一人。

將作院，秩正二品。掌成造金玉珠翠犀象寶貝冠佩器皿，織造刺繡段匹紗羅，異樣百色造作。至元三十年始置。院使一員，經歷、都事各一員。三十一年，增院使二員。元貞元年，又增二員。延祐七年，省院使二員。後定置院使七員，正二品；同知二員，正三品；同僉二員，正四品；院判二員，正五品；經歷一員，從五品；都事一員，從七品；照磨管勾一員，正八品；令史六人，譯史、知印各二人，宣使四人。

諸路金玉人匠總管府，秩正三品。掌造寶貝金玉冠帽、繫腰束帶、金銀器皿，幷總諸司局事。中統二年，初立金玉局，秩正五品。至元三年，改總管府，置總管一員，經歷、提控案牘各一員。十二年，又置同知、副總管各一員。二十五年，置達魯花赤一員。大德四年，

又置副達魯花赤、副總管各一員。後定置達魯花赤二員，正三品；總管二員，正三品；副達魯花赤二員，正四品；同知二員，從四品；副總管二員，正五品；經歷一員，從七品；知事一員，從八品；照磨、管勾各一員，令史五人，譯史一人，奏差二人。

玉局提舉司，秩從五品。提舉一員，正七品；[五]同提舉一員，從七品；[六]副提舉一員，正八品。中統二年，以和林人匠置局造作，始設直長。至元三年，立玉匠局，用正七品印。十五年，改提舉司。

金銀器盒提舉司，秩從五品。提舉一員，同提舉一員，副提舉一員，品秩同上；吏目一員。至元十五年，始置金銀局，秩從七品。二十四年，改爲提舉司，秩正六品。大德間，陞從五品。

瑪瑙提舉司，秩從五品。提舉一員，同提舉一員，吏目一員。至元九年，置大都等處瑪瑙局，秩從七品，管領瑪瑙匠戶五百有奇，置提舉三員，受金玉府劄。十五年，改立提舉司，領大都、弘州兩處造作，陞從五品。三十年，減副提舉一員，定置如上。

陽山瑪瑙提舉司，秩從五品。至元十五年置。提舉一員，同提舉一員，副提舉一員，品秩同前。

金絲子局，秩從五品。大使一員，從五品；副使一員，正七品；直長一員。中統二年，設

二局。二十四年，併爲一。

鞓帶斜皮局，秩從八品。至元十五年置。大使、副使各一員。

瓘玉局，秩從八品。至元十五年置。大使一員。

浮梁磁局，秩正九品。至元十五年立。掌燒造磁器，幷漆造馬尾椶藤笠帽等事。大使、副使各一員。

畫局，秩從八品。掌描造諸色樣製。至元十五年置。大使一員。

管領珠子民匠官，正七品。掌採撈蛤珠於楊村、直沽等處。中統二年立。管領官子孫世襲。

粧釘局，從八品。至元十五年置。大使一員。

大小雕木局，秩從八品。至元十五年置。大使一員。

宣德隆興等處瑪瑙人匠提舉司，秩正六品。至元十五年置。提舉一員，從七品；副提舉一員，從八品。[七]

溫犀玳瑁局，秩從八品。至元十五年置。大使一員。

上都金銀器盒局，秩從六品。至元十六年置。大使一員，副使一員，直長一員。

漆紗冠冕局，至元十五年置。大使、副使各一員。

大同路採砂所，至元十六年置。管領大同路撥到民一百六戶，歲採磨玉夏水砂二百石，起運大都，以給玉工磨礲之用。大使一員。

管匠都提領所，秩從七品。至元十三年置。掌金玉府諸人匠詞訟。都提領一員。

監造諸般寶貝官，秩正五品。至元二十一年置。達魯花赤二員。

收支諸物庫，秩從八品。至元十五年置。大使、副使各一員。

行諸路金玉人匠總管府，秩從三品。至大間，始置于杭州路。[八]達魯花赤、總管各一員，並從三品；同知一員，正五品；副總管一員，從五品；經歷一員，從七品；知事一員，從八品；提控案牘一員。

異樣局總管府，秩正三品。中統二年，立提點所。至元六年，改爲總管府，總管一員。十四年，置同知、副總管各一員。二十一年，增總管一員。二十九年，置達魯花赤一員。三十年，減同知、副總管各一員。後定置達魯花赤一員，總管一員，並正三品；同知一員，從四品；副總管一員，從五品；經歷一員，從七品；知事一員，從八品。

異樣紋綉提舉司，秩從五品。中統二年立局。至元十四年，改提舉司。提舉一員，從五品；同提舉一員，正七品；副提舉一員，正八品。

綾錦織染提舉司，秩從五品。至元二十四年，改局置提舉司。提舉一員，同提舉一員，

副提舉一員，品秩同上。

紗羅提舉司，秩從五品。至元十二年，改局置提舉司。提舉、同提舉、副提舉各一員，品秩同上。

紗金顏料總庫，秩從九品。中統二年置。大使、副使各一員，從九品。

大都等路民匠總管府，秩正三品。府官：總管一員，從三品；同知一員，正五品；副總管一員，從五品；經歷一員，從七品；知事一員，從八品；提控案牘一員。至元七年，初立府，秩從三品。十四年，改陞正三品。

備章總院，秩正六品。大使、副使各一員。至元十三年，省併楊蘭等八局爲總局。

尚衣局，秩從五品。至元二年置。達魯花赤一員，從五品；提舉一員，從五品；同提舉一員，正七品；副提舉一員，正八品；都目一人。

御衣局，秩從五品。至元二年置。達魯花赤、提舉各一員，從五品；同提舉一員，正七品；副提舉一員，正八品；都目一人。

御衣史道安局，秩從六品。至元二年置。以史道安掌其職，因以名之。大使、副使各一員。

高麗提舉司，秩從五品。至元二十二年置。提舉一員。

織佛像提舉司，秩從五品。延祐四年，改提領所爲提舉司。提舉、副提舉各二員。

通政院，秩從二品。國初，置驛以給使傳，設脫脫禾孫以辨奸僞。至元七年，初立諸站都統領使司以總之，設官六員。十三年，改通政院。十四年，分置大都、上都兩院。二十九年，又置江南分院。大德七年罷。至大元年，陞正二品。四年罷，以其事歸兵部。是年，兩都仍置，止管達達站赤。延祐七年，復從二品，仍兼領漢人站赤。大都院使四員，從二品；同知二員，正三品；副使二員，從三品；僉院一員，正四品；同僉一員，從四品；院判一員，正五品；經歷一員，從五品；都事一員，從七品；照磨兼管勾承發架閣一員，正八品；令史十三人，通事一人，知印二人，宣使十人。上都院使、同知、副使、僉院、判官各一員，經歷、都事各一員，品秩並同大都；令史四人，譯史三人，通事一人，知印一人，宣使十人。

廩給司，秩從七品。掌諸王諸蕃各省四方邊遠使客飲食供張等事。至元十九年置。提領，司令、司丞各一員。

中政院，秩正二品。院使七員，正二品；同知二員，正三品；僉院二員，從三品；同僉二員，正四品；院判二員，正五品。掌中宮財賦營造供給，并番衞之士，湯沐之邑。元貞二年，始置中御府，秩正三品。大德四年，陞中(正)〔政〕院，〔六〕秩正二品。至大三年，陞從一品，院使七員，同知、僉院、同僉、院判各二員。四年，省併入典內院。皇慶二年，復爲中政院，設官如舊。其幕職則司議二員，從五品；長史二員，正六品；照磨兼管勾承發架閣一員，正八品。吏屬：蒙古必闍赤四人，掾史十二人，回回掾史二人，怯里馬赤二人，知印二人，宣使十人。

中瑞司，秩正三品。掌奉寶册。卿五員，正三品；丞二員，正四品；典簿二員，從七品；寫懿旨必闍赤四人，譯史一人，令史四人，知印一人，通事一人，奏差二人，典吏二人。

內正司，秩正三品。掌百工營繕之役，地產孳畜之儲，以供膳服，備賜予。卿四員，正三品；少卿二員，正四品；丞二員，從五品；典簿二員，從七品；照磨兼管勾一員，正九品。吏屬各有差。領署二、提舉司一，及其司屬凡十有六。歲賦之額，工作之程，終歲則會其數以達焉。

尚工署，秩從五品。令一員，從五品；丞二員，從六品；書史一人，書吏四人。掌營繕雜作之役，凡百工名數，興造程式，與其材物，皆經度之，而責其成功。皇慶元年始置，隸內正司。

玉列赤局，秩從七品。提領一員，大使一員，副使一員，直長二員。掌裁製縫綫之

事。延祐六年始置，隸尚工署。

贊儀署，秩正五品。提領一員，大使一員，副使一員，直長二員。掌車輿器備雜造之事。皇慶二年始置，隸內正司。

管領六盤山等處怯憐口民匠都提舉司，秩正四品。達魯花赤一員，都提舉一員，同提舉二員，副提舉二員，知事一員，提控案牘一員，吏四人，奏差二人。至大四年始置。

國初，未有官署，賦無所稽。後遣使覈實，始著爲籍，設司以領之。

奉元等路、平涼等處、開(城)〔成〕等處、〔一○〕甘肅寧夏等路、察罕腦兒等處長官司，凡五處，秩正五品。各設達魯花赤一員，長官一員，副長官一員，提控案牘一員，都目一員，吏十人。延祐二年，以民匠提舉司所領，地里闊遠，人戶散處，於政不便，乃酌遠近衆寡，立長官司提領所，以分理之。

提領所凡十，並正七品，奉元等路、鳳翔等處、平涼寧環等處、開(城)〔成〕等處、察罕腦兒等處、甘州等路、肅沙等路、永昌寧夏等路、長城等路，各設提領一員，同提領一員，副提領一員，典史一人，分掌怯憐口地方隸各長官司。

翊正司，秩正三品。令五員，正三品；丞四員，正四品；典簿二員，從七品；照磨一員，從八品；譯史二人，令史六人，知印二人，通事、奏差、典吏各二人。掌怯憐口民匠五千餘戶，

歲辨錢糧造作，以供公上。至元三十一年，始置御位下管領隨路民匠打捕鷹房納綿等戶總管府，正三品，復隸正宮位下。延祐六年，改翊正司。歲終，會其出納以達于院，而糾其弊。領提舉司二、提領所一：

管領上都等處諸色人匠提舉司，秩從五品。達魯花赤一員，提舉一員，並從五品；同提舉一員，從六品；副提舉一員，從七品；直長一員，都目一員，吏目一員，司吏四人，部役二人。元貞元年始置，管戶二千五百有奇，隸翊正司。

管領隨路打捕鷹房納綿等戶提舉司，秩從五品。達魯花赤一員，提舉一員，同提舉一員，副提舉一員，品秩同上；直長一員，都目一員，吏目一員，司吏四人，部役二人。元貞元年始置，隸翊正司。

管領歸德亳州等處管民提領所，秩從七品。提領一員，同提領一員，副提領一員，典史一員，司吏一人。國初平江南，收附歸德楚通等三百五十六戶，令脫忽伯管領。大德二年，始置提領所，隸翊正司。

典飲局，秩正七品。大使二員，副使二員，典史一員，攢典二人。掌醞造酒醴，以供內府，及祭祀宴享賓客賜頒之給。初置嘉醞局，秩六品，隸家令。至大二年，改典飲，兩都分置。皇慶元年，撥隸中宮。

管領大都等路打捕民匠等戶總管府，秩正三品。達魯花赤一員，總管一員，並正三品；同知一員，正四品；副總管一員，正五品；經歷一員，從七品；知事一員，從八品；提控案牘照磨一員，譯史一人，令史、奏差各四人。掌錢糧造作之事。國初平定河南諸郡，收聚人戶一萬五千有奇，置官管領。至元八年，屬有司。二十年，改隸中尚監。二十六年，始置總管府。領提舉司十有一，提領所二十有五。

在京提舉司二，秩從五品。達魯花赤一員，提舉一員，從五品；同提舉一員，從六品；副提舉一員，從七品；都目一員。分管各處人戶。至元十六年，給從七品印。大德四年，省併為十一處，改提舉司，陞從五品。

涿州、保定、眞定、冀寧、河南、大名、東平、東昌、濟南等路提舉司，凡九處。各設達魯花赤一員、提舉一員、同提舉一員、副提舉一員、都目一員。

提領所凡二十五處：大都等路、東安州、濟寧、曹州、沂州、〔一〕完州、河間、濟南、濟陽、大同、元氏、冀寧、晉寧、歸德、南陽、懷孟、汝寧、衞輝、曹州、〔二〕涿州、眞定、中山、平山、大名、高唐等。每處各設提領一員、同提領一員、副提領一員、典史一員。

管領諸路打捕鷹房民匠等戶總管府，秩正三品。達魯花赤一員，總管一員，正三品；同知一員，正五品；副總管二員，從五品；經歷一員，從七品；知事一員，從八品；提控案牘一員，照磨一員，譯史一人，令史四人，奏差二人。掌錢糧造作之事。大德三年始置。元貞元年，撥隸中宮位下。〔一三〕領提舉司四、提領所十有一。

管民提舉司，大都等路、冀寧等路、南陽唐州等處、河南（路府）〔府路〕等處，〔一四〕凡四司。秩從五品。每司設達魯花赤一員、提舉一員、同提舉一員、副提舉一員、都目一員、吏二人。

提領所凡十有一：〔一五〕大都保定、河間眞定、南陽鄧州、濟南嵩汝、〔一六〕汴梁裕州、汝濟陳州、〔一七〕唐州泌陽、襄陽湖陽、晉寧、冀寧等處各設所，秩正七品。每所提領二員，同提領一員，副提領一員，典史一員，司吏二人。至元十六年置。至大元年，改提領所。

江浙等處財賦都總管府，秩正三品。達魯花赤一員，都總管一員，並正三品；同知一員，正五品；副總管一員，從五品；經歷一員，從七品；知事一員，從八品；照磨一員，提控案牘一員，從九品；譯史一人，令史一十五人，奏差一十五人，典吏二人。掌江南沒入貲產，課其所賦，以供內儲。至大元年置。領提舉司三，庫、局各一。

平江、松江、建康等處提舉司凡三處，秩並正五品。每司各設達魯花赤一員、提舉一員、同提舉一員、副提舉一員、都目一員、吏目一員、司吏六人。

豐盈庫，提領一員，大使一員，副使一員，典吏一人，掌收本府錢帛。

織染局，局使一員，典史一人。掌織染歲造段匹。

管領種田打捕鷹房民匠等戶萬戶府，秩正三品。掌歸德、亳州、永、宿二十餘城各蒙古、漢軍種田戶差稅。中統二年置。初隸塔察兒王位下，其後改屬中宮。萬戶一員，經歷一員，知事一員，提控案牘一員，令史四人。領司屬凡十處。

管領大名等處種田諸色戶總管府，秩正五品。總管一員，副總管一員，都目一員。中統二年置。至元二十三年，置府大名。

管領本投下大都等處諸色戶計都達魯花赤，秩正五品。達魯花赤一員，提控案牘一員，都目一員。中統二年置。至元十五年，置司大都。

管領大都河間等路打捕鷹房總管府，秩正五品。總管一員，副總管一員，都目一員，司吏二人。中統二年置，三年給印。

管領東平等路管民官，秩正五品。總管一員，相副官一員，都目一員，吏一人。中統二年置，至元二十二年給印。

管領大名等路宣撫司、燕京路管民千戶所，秩從七品。提領一員，副提領一員。中統二年置。

管領曹州等處本投下民戶、管領東明等處本投下戶計、管領蒲城等處本投下諸色戶計，管領汴梁等路本投下種田打捕軀戶四提領所，秩正七品。提領各二員，同提領、副提領各一員，典史各一人，司吏各一人。中統二年置，至元十四年頒印。

海西遼東哈思罕等處鷹房諸色人匠怯憐口萬戶府，秩正三品。達魯花赤一員，萬戶一員，副萬戶一員，經歷一員，知事一員，提控案牘兼照磨一員，譯史一人。掌錢糧造作之事，管領哈思罕等處、肇州、朵因溫都兒諸色人匠四千戶，仍領鎮撫所、千戶所。

鎮撫司，鎮撫一員，吏一人。延祐四年始置。

哈思罕等處打捕鷹房怯憐口千戶所，秩從五品。達魯花赤一員，千戶一員，副千戶一員，吏目一員，司吏四人，彈壓一人，部役二人。至大三年，置提舉司。延祐六年，改千戶所。

諸色人匠怯憐口千戶所，秩從五品。達魯花赤一員，千戶一員，副千戶一員，都目一員，司吏四人，部役二人。初爲提舉司，後改千戶所。

肇州等處女直千戶所，達魯花赤一員，千戶一員，副千戶一員，吏目一員，司吏四人。延祐三年置。

朵因溫都兒(乃)〔兀〕良哈千戶所，〔八〕延祐三年置。

灰亦兒等處怯憐口千戶所，至治元年置。

開元等處怯憐口千戶所，至治元年置。

古州等處怯憐口千戶所，延祐七年置。

瀋陽等處怯憐口千戶所，至治元年置。

遼陽等處怯憐口千戶所，至治二年置。

蓋州等處怯憐口千戶所，延祐五年置。

幹盤等處怯憐口千戶所，至治元年置。

遼陽等處金銀鐵冶都提舉司，秩正四品。都提舉一員，同提舉一員，副提舉一員，提控案牘一員，譯史一人，吏六人，奏差二人。掌辦金銀礦鐵等課，分納中書省及中政院。〔延祐〕七年，〔九〕以其賦盡歸中宮。

管領本位下怯憐口隨路諸色民匠打捕鷹房都總管府，秩正三品。達魯花赤一員，都總管一員，並正三品；同知一員，正五品；副總管一員，從五品。掌怯憐口二萬九千戶，田萬五千餘頃，出賦以備供奉營繕之事。中統二年置府。大德十年，隸詹事院。至大三年，隸徽政院。延祐三年，改善政司。至治二年，徽政院及其屬盡廢。天曆三年，復立府，仍正三品，設官如上。其首領官則經歷一員，從七品；知事一員，從八品；照磨一員，從九品。吏屬：令史一十二人，譯史四人，通事、知印各二人，奏差一十人，典吏六人。

管領諸路打捕鷹房民匠等戶總管府，〔一〇〕秩正三品。達魯花赤一員，總管一員，同知一員，副總管一員，品秩如上；經歷一員，知事一員，提控案牘一員，照磨一員，令史四人，譯史一人，奏差二人。大德三年置。其屬附見：

大都等路管民提舉司，達魯花赤一員，同提舉一員，副提舉一員，〔一一〕都目一員。

大都保定提領所，提領二員，同提領一員，副提領一員，典史一員。

河間眞定提領所，提領二員，同提領一員，副提領一員，典史一員。

唐州提舉司，達魯花赤一員，提舉一員，同提舉一員，副提舉一員，都目一員。

南陽鄧州提領所，提領二員，同提領一員，副提領一員，典史一員。

唐州泌陽提領所，提領二員，同提領一員，副提領一員，典史一員。

襄陽湖陽提領所，提領二員，同提領一員，副提領一員，典史一員。

汝寧陳州提領所，提領二員，同提領一員，副提領一員，典史一員。

河南提舉司，達魯花赤一員，提舉一員，同提舉一員，都目一員。

汴梁裕州提領所，提領二員，同提領一員，副提領一員，典史一員。

河南嵩汝提領所，提領二員，同提領一員，副提領一員，典史一員。

南陽唐州提領所，提領二員，同提領一員，副提領一員，典史一員。

冀寧提舉司，達魯花赤一員，提舉一員，都目一員。

冀寧提領所，提領二員，同提領一員，副提領一員，典史一員。

晉寧提領所，提領二員，同提領一員，副提領一員，典史一員。

寶昌庫，提領一員，大使一員，掌受金銀礦鐵之課，以待儲運。

金銀場提領所凡七，梁家寨銀場、明世銀場、密務銀場、寶山銀場、燒炭峪銀場、胡寶峪金場、七寶山礦炭場，俱從七品。每所各設提領一員，同提領一員，副提領一員。

鐵冶管勾所凡二處，各設管勾一員，同管勾一員，副管勾一員。

奉宸庫，秩五品。提點四員，副使二員，提控案牘一員，庫子六人。掌中藏寶貨錢帛給納之事。大德元年置。

廣禧庫，達魯花赤一員，提舉一員，大使一員，副使二員，提控案牘一員，庫子四人。大德八年置。掌收支御膳野物，職視生料庫。

校勘記

〔一〕秋官正兼冬官〔正〕中官正　從北監本補。

〔二〕〔至元〕二十年　原脫年號。中統、大德間之「二十年」爲「至元」，今補。本證已校。

中華書局

〔三〕少監同檢校書籍〔事〕　據南村輟耕錄卷二宣文閣補。

〔四〕延祐七年仍〔正〕四品　據本書卷二七英宗紀延祐七年三月庚子條補。新元史已校。

〔五〕提舉一員正七品　按上文有「秩從五品」，元典章卷七官制職品、事林廣記別集卷一官制類皆作「從五品」。此作「正七品」，誤。

〔六〕同提舉一員從七品　按元典章卷七官制職品、事林廣記別集卷一官制類皆作正七品，疑此誤。

〔七〕提舉一員從七品副提舉一員從八品　按元典章卷七官制職品，本提舉司提舉爲正六品，同提舉爲從七品，副提舉爲從八品。疑此處「提舉一員」下脫「正六品；同提舉一員」等字。

〔八〕至大間始置于杭州路　本證云：「案紀，至元十七年立杭州路金玉總管府。此至大疑至元之誤。」

〔九〕中〔正〕〔政〕院　據前後文及本書卷二〇成宗紀大德四年九月甲子條改。

〔一〇〕開〔城〕〔成〕等處　見卷一〇校勘記〔一〇〕。下同。

〔一一〕祈州　史無「祈州」其地。王圻續通考改作「沂州」，新編、新元史改作「祁州」。

〔一二〕曹州　按上文已書「曹州」，此處「曹州」重出，如删則提領所之數與上文所云「二十五處」不符。「曹」字有誤。新元史改作「濬州」。

〔一三〕大德三年始置元貞元年撥隸中宮位下　按此「元貞」在「大德三年」後，當是訛文。

〔一四〕河南〔路府〕〔府路〕　據本書卷五九地理志改正。

〔一五〕提領所凡十有一　按下文列舉者僅十所。與後文重出者對勘，缺「南陽唐州提領所」。下文中脫「南陽唐州」四字。

〔一六〕濟南嵩汝　後文重出者作「河南嵩汝」。按本書卷五九地理志，嵩州、汝州屬南陽府，與河南府比隣，與濟南不相涉。作「河南」是。

〔一七〕汝濟陳州　後文重出者作「汝寧陳州」。按本書卷五九地理志，陳州屬汴梁路，與汝寧府接壤。「濟」當爲「寧」之誤。

〔一八〕朶因溫都兒〔乃〕〔兀〕良哈千戶所　按華夷譯語載脫兒豁察兒書有「吾兀良罕林木百姓，自國主成吉思汗之世以降，至今未離多延溫都兒、擱河之地」。原爲蒙語，今漢譯。朶因溫都兒爲兀良哈部累世駐地之一。此處「乃」係「兀」之誤，今改。新編已校。

〔一九〕〔延祐〕七年　據本書卷二七英宗紀延祐七年七月辛丑條補。本證已校。

〔二〇〕管領諸路打捕鷹房民匠等戶總管府　考異云：「此總管府及所領四提舉司、十一提領所，俱與前一條無別。雖繁簡不同，其實重出也。」

〔二一〕達魯花赤一員同提舉一員副提舉一員　按前文，管民提舉司「設達魯花赤一員、提舉一員、同提舉一員、副提舉一員」，後文重出之「唐州提舉司」所置官員與前文合。此處「達魯花赤一員」下當脫「提舉一員」。

元史

明　宋濂等撰

第　八　册

卷八九至卷九九（志）

中　華　書　局

二十四史

中華書局

元史卷八十九

志第三十九

百官五

儲〔正〕〔政〕院，〔一〕秩正二品。至元十九年，立詹事院，備左右輔翼皇太子之任。置左、右詹事各一員，副詹事、詹事丞、院判各二員，吏屬六十有二人。別置宮臣賓客二員，左右諭德、左右贊善各一員，校書郎二員，中庶子、中允各一員。三十一年，太子裕宗旣薨，乃以院之錢糧選法工役，悉歸太后位下，改爲徽政院以掌之。大德九年，復立詹事院，尋罷。十一年，更置詹事院，秩從一品，設官十二員。至大四年罷。延祐四年復立，七年罷。泰定元年，罷徽政院，改立詹事如前。天曆元年，改詹事院爲儲慶使司。二年罷，復立詹事院。未幾，改儲政院。院使六員，正二品；同知二員，正三品；僉院二員，從三品；同僉二員，正四

品；院判二員，正五品；司議二員，從五品；長史二員，正六品；照磨二員，管勾二員，俱正八品；掾史一十二人，譯史四人，回回掾史二人，通事、知印各二人，宣使十人，典吏六人。其屬附見：

家令司，秩三品。家令、家丞各二員，典簿二員，照磨一員。掌太子飲膳供帳倉庫。至元二十年置。三十一年，改內宰司，隸徽政。大德十一年復立，秩陞從二。至大四年罷。延祐四年復立，秩正三品。七年罷。泰定元年，復以內宰司爲家令司。天曆元年罷，未幾復立。二年又罷。

典幄署，掌太子供帳。令、丞各二員，書史、書吏各二人。

府正司，秩從三品。掌鞍轡弓矢等物。至元二十年置。府正、府丞各二員，典簿二員，照磨一員。三十一年，改宮正司。大德十一年，復爲府正司。至大四年罷。延祐四年復立，七年罷。泰定元年復立。天曆二年，增府正、府丞各二員，尋罷。

資武庫，掌軍器。提點一員，大使一員。

（驥）〔驥〕用庫，〔二〕掌鞍轡。提點一員，大使一員。

延慶司，秩正三品。掌修建佛事。使二員，同知一員，副使、典簿各二員，照磨一員。至元二十一年始立，隸詹事院。三十一年，隸徽政院。大德十一年，立詹事院，別立延慶司，秩仍正三品，置卿、丞等員。泰定元年，改隸詹事院。天曆元年罷，二年復立，增丞二員。

典用監，卿四員，太監二員，少監二員，丞二員，經歷、知事各一員，照磨一員。掌供須、文成、藏珍三庫，內府供給段匹寶貨等物。至大元年立。天曆二年，設官如故，以三庫隸內宰司。

典醫監，秩正三品。領東宮太醫，修合供進藥餌。至元十九年，置典醫署，秩從五品。三十一年，改掌醫署，尋罷。大德十一年，復立典醫監。至大四年罷。泰定四年，復立署。天曆二年，改典醫監，秩正三品。置達魯花赤二員，卿三員，太監二員，少監二員，丞二員，經歷、知事各一員，吏屬凡十八人。其屬司一、局二。

廣濟提舉司，達魯花赤一員，提舉、同提舉、副提舉各一員。掌修合藥餌，以施貧民。

行典藥局，達魯花赤一員，大使、副使各二員。掌供奉東宮藥餌。

典藥局，達魯花赤一員，大使、副使、直長各二員。掌修製東宮藥餌。

典牧監，秩正三品。卿二員，太監二員，少監二員，丞二員，經歷、知事各一員，照磨一〔員〕，〔三〕吏屬凡十六人。掌孳畜之事。天曆二年始置。〔四〕

儲膳司，秩正三品。卿四員，少卿二員，丞二員，主事二員，照磨一員，令史六人，譯史、通事、知印各二人，奏差六人，典吏四人。掌皇太子飲膳之事。天曆二年立。

典寶監，秩正三品。卿、太監、少監、丞各二員，經歷、知事各一員，吏屬八人。至元十九

年，立典寶署，從五品。二十年，陞正五品。三十一年罷。大德十一年，立監，秩正三品。至大四年罷。延祐四年復立，七年罷。泰定元年復置。天曆元年罷，二年復置。

以上俱係詹事院司屬。

掌謁司，秩正三品。司卿四員，少卿四員，丞二員，典簿二員，典書九人，奏差二人，知印、譯史、通事各一人。至元三十一年，改典寶署爲掌謁司，秩從五品，設官如之。元貞元年，陞四品，設官四員。大德十一年，陞正三品。至治三年罷。

甄用監，秩正三品。卿三員，太監、少監、丞各二員，經歷、知事、照磨各一員。掌供須、文成、藏珍三庫出納之事。至大元年設，至治三年罷。

延福司，秩正三品。令、丞各四員，典簿二員，照磨一員。掌供帳及扈從蓋造之人。大德十一年置，後併入羣牧監。

章慶使司，秩正三品。司使四員，同知、副使、司丞各二員，經歷、都事各二員，照磨、管勾各一員。至大三年立，至治三年罷。

奉徽庫，秩從五品。提點、大使各二員，副使四員，庫子六人。掌內府供給。至治三年罷，併入文成等庫。

壽和署，秩正五品。署令四員，署丞六員。舊隸儀鳳司，皇慶元年，改隸徽政院，遂爲章

慶使司之屬。至治二年罷。

上都掌設署，秩正五品。署令五員，署丞二員。至大四年立，至治三年罷。

掌醫監，秩正五品。領監官一員、達魯花赤一員、卿四員、太卿五員、太監五員、少監六員、丞二員。至元三十一年，改典醫爲掌醫署，秩五品。至大元年陞監，設已上官員。至治三年罷。

修合司藥正司，秩從五品。達魯花赤一員，副使、直長各二員，掌藥六人。掌修合御用藥餌。至治三年罷。

行篋司藥局，秩從五品。達魯花赤一員，使、副使各二員。掌供奉御用藥餌。至治三年罷。

廣濟提舉司，秩從五品。達魯花赤、提舉、同提舉、副提舉各一員。掌修合藥餌，以濟貧民。

羣牧監，秩正二品。[三]掌中宮位下孳畜。卿三員，太卿、少卿、監丞各二員。至大四年立，至治三年罷。

掌儀署，秩正五品。令、丞各二員。掌戶口房舍等。至元二十年立，隸詹事院。三十一年，改隸徽政院。泰定元年，改典設署。

上都掌儀署，秩五品。令、丞各二員。掌戶口房舍等。大德十一年立，至治三年罷。

江西財賦提舉司，秩從五品。達魯花赤一員，提舉、同提舉、副提舉各一員。掌事產戶口錢糧造作[等]事。[四]至元二十七年立，至治二年罷。

織染局，局使、副使、局副各一員，相副官一員。

桑落娥眉洲管民提領所，提領、副提領各一員。

封郭等洲管民提領所，提領、同提領、副提領各一員。

龍興打捕提領所，提領、副提領各一員。

鄂州等處民戶水陸事產提舉司，達魯花赤一員，提舉、同提舉、副提舉各一員。掌太子位下江南園囿地土莊宅人戶。至元二十一年立，隸詹事，後改隸徽政。至治三年罷。

瑞州上高縣戶計長官司，秩從五品。達魯花赤一員，長官、副長官各一員。領本處戶八千。後隸徽政院，至治三年罷。

以上俱係徽政院司屬。

左都威衞使司，秩正三品。使三員，副使二員，僉事二員，經歷、知事、照磨各一員。至元十六年，以侍衞親軍一萬戶撥屬東宮，立侍衞都指揮使司。三十一年，改隆福宮左都威衞使司，隸中宮。至大三年，選造作軍士八百人，立千戶所一、百戶翼八以領之，而分局造作。延祐二年，置教授二。至治三年，罷軍匠千戶所。

鎮撫所，鎮撫二員，都目一員。

行軍千戶所，千戶二員，副千戶二員，知事、彈壓各一員，百戶二十員。

屯田左右千戶二所，千戶二員，都目一員，彈壓一員，百戶每所二十員。

弩軍千戶所，千戶二員，都目一員，彈壓一員。

資食倉，大使一員，副使一員。

右都威衞使司，秩正三品。衞使三員，副使二員，僉事二員，經歷、知事、照磨各一員。中統三年，(以)世祖[以]五投下探馬赤立總管府，[七]秩四品，設總管一員。二十一年，撥屬東宮。二十二年，改蒙古侍衞親軍都指揮使司，秩正三品。三十一年，改隆福宮右都威衞使司，秩仍舊。延祐二年，置儒學教授一員。四年，增蒙古字教授一員。其屬附見：

鎮撫司，[八]鎮撫二員，都目一員。

行軍千戶凡五所，秩正四品。千戶五員，副千戶五員，知事五員，百戶五十員，彈壓五員。

屯田千戶所，秩正五品。千戶二員，彈壓一員，百戶七員，都目一人。

廣貯倉，秩從九品。大使一員，副使一員，攢典一人。

衞候直都指揮使司，秩正四品。至元二十年，以控鶴一百三十五人，隸府正司。三十年，隸家令司。三十一年，增控鶴六十五人，立衞候司以領之，兼掌東宮儀從金銀器物。置衞候一員，副衞候二員，及儀從庫百戶。大德十一年，復增懷孟從行控鶴二百人，陞都指揮使司，秩正四品。延祐元年，陞正三品。七年，降正四品。至治三年罷。四年，以控鶴六百三十人，歸中宮位下。[九]泰定四年，復立司，秩仍正四品。達魯花赤二員，佩三珠虎符；都指揮使二員，佩三珠虎符；副指揮使二員，佩雙珠虎符；知事一員，提控案牘一員，令史四人，譯史、通事各一人，奏差二人。其屬附見：

百戶所凡六，秩從七品。每所置百戶二員。

儀從庫，秩從七品。大使二員，副使一員。

內宰司，秩三品。至元三十一年，既立徽政院，改家令爲內宰司。泰定元年，復爲家令司。天曆元年罷，未幾復立。二年罷，復改內宰司。內宰六員，司丞四員，典簿二員，照磨一員，令史十有二人，譯史、知印、通事各二人，奏差六人，典吏四人。其屬附見：

典膳署，秩五品。令二員，丞二員，書史一員，倉赤三十五人。掌內府飲膳之事。至元十九年始立，隸家令司。三十一年，改掌膳，隸內宰。泰定元年，復改爲典膳。

洪濟鎮，提領三員。掌辦納雁隻。隸典膳署。

柴炭局，秩從七品。提領一員，大使一員，副使一員。至元二十年，以東宮位下民一百戶燒炭二月，軍一百人採薪二月，供內府歲用，立局以主其出納，設官三員，俱受詹事院劄。大德十一年，隸徽政院。

藏珍、文成、供須三庫，秩俱從五品。各設提點二員、大使二員、副使二員。分掌金銀珠玉寶貨、段匹絲綿、皮氈鞍轡等物。國初，詹事出納之事，未有官署印信，至元二十七年分爲三庫，各設官六員，及庫子有差。

提舉備用庫，秩從五品。達魯花赤一員，提舉一員，大使一員，提控案牘一員。掌出納田賦財賦、差發課程、一切錢糧規運等事。至元二十年置。二十二年，設達魯花赤及首領官。

嘉醞局，秩五品。至元十七年，立掌飲局。大德十一年，改掌飲司，秩陞正四品。延祐六年，降掌飲司爲局。至治三年罷。泰定四年復立。天曆二年，改嘉醞局。提點二員，大使二員，副使二員，書史一員，書吏四人。

西山煤窯場，提領一員，大使一員，副使二員，俱受徽政院劄。至元二十四年置。領馬安山大峪寺石灰煤窯辦課，奉皇太后位下。

保定等路打捕提領所，秩從七品。提領四員，典史一員。至元十一年，收集人戶爲打捕戶計，及招到管絲銀差發稅糧等戶，立提領所。

廣平彰德課麥提領所，秩從七品。至元三十年，以二路渡江時駐蹕之地，召民種佃，遂立所，置官統之。

廣惠庫，大使一員，副使一員。至元三十年，以鈔本五千錠立庫，放典收息，納于備用庫。

豐裕倉，秩從七品。掌收貯中宮位下糯米。至治二年，設提領等官。三年罷。天曆二年，立儲政院，復給印。置監支納一員、倉使一員、攢典二人。

備物庫，秩從七品。掌東宮造作顏料，及雜器等物。至元二十五年置，隸詹事院。大德元年給印。十一年，置官四員。至治三年罷，泰定三年復立。大使二員，副使二員，庫子二人，攢典二人。

管領怯憐口諸色民匠都總管府，秩正三品。達魯花赤一員，總管一員，並正三品；同知員，正四品；副總管二員，正五品；經歷一員，從七品；知事一員，從八品；提控案牘、照磨、管勾各一員，令史十人，知印二人，通事一人，譯史二人，奏差六人，典吏四人。領怯憐口人匠造作等事。至大三年，立總管府。至治三年罷。天曆二年復立，隸儲政院。其屬附見：

管領大都怯憐口諸色人匠提舉司，秩正五品。達魯花赤一員，提舉一員，同提舉、副提舉各一員，首領官一員，司吏四人，部役二人。

管領上都怯憐口諸色人匠提舉司，秩正五品。達魯花赤一員，提舉一員，同提舉、副提舉各一員，首領官一員，司吏四人，部役二人。

典製局，秩從七品。大使、副使各一員，直長二員。

典設署，秩從五品。令丞各四員，書史一員，書吏四人。掌內府朮剌赤二百二十戶。至元二十年置。三十一年，改掌儀署，隸內宰司。泰定元年，復爲典設。天曆二年，隸本府。

雜造人匠提舉司，秩從四品。達魯花赤一員，提舉一員，同提舉、副提舉各一員，都目一員，司吏二人，部役二人。至元八年置。初隸繕珍司，至大三年改隸章慶司。章慶罷，凡造作之事悉歸之。天曆二年，隸本府。

雜造局，秩正九品。院長一員，直長一員，管勾一員。

隨路諸色人匠都總管府，秩正三品。中統五年，命招集析居放良還俗僧道等戶，習諸色匠藝，立管領怯憐口總管府，以司其造作，秩正四品。至元九年，陞正三品。大德十一年，改繕珍司。延祐六年，陞徽儀使司，秩正二品。七年，仍爲繕珍司，官屬如舊。至治三年，復改都總管府。達魯花赤一員，總管二員，並正三品；同知一員，正五品；副總管二員，從五品；經歷、知事、照磨、提控案牘各一員，令史四人，譯史一人，奏差二人，典吏一人。其屬附見：

上都諸色民匠提舉司，秩從五品。提舉一員，同提舉、副提舉、吏目各一員。至元十九年立。至大元年，增達魯花赤一員。至治三年，省增置之員，設官如舊。

金銀器盒局，秩從八品。大使一員，副使一員。至元七年置。

染局，秩正八品。大使一員，副使一員。至元七年置。

雜造局，正八品。大使、副使各一員。至元七年置。

泥瓦局，大使、副使各一員。至元七年置。

鐵局，大使一員，副使一員。至元七年置。

上都葫蘆局，大使一員，副使一員。至元七年置。

器物局，副使一員。中統五年置。

研金局，大使一員。至元二十年置。

鞍子局，大使一員。至元七年置。

雲州管納色提領所，提領一員。掌納色人戶。至元七年置。

大都等路諸色人匠提舉司，秩從五品。提舉、同提舉、副提舉各一員。至元十六年置。其屬附見：

雙線局，提領一員，副使一員。至元十八年置，受詹事院劄。

大小木局，大使一員，副使一員，直長一員。至元十八年置，受詹事院劄。元貞元年，併領皇后位下木局。

盒鉢局，大使一員，副使一員，直長一員。至元七年立，受府劄。

管納色提領一員，受府劄。管銅局、筋局、鎖兒局、粧釘局、雕木局。至元三十年置。

成製提舉司，秩從五品。達魯花赤一員，提舉一員，同提舉、副提舉各一員，吏目一員，司吏四人，部役二人。掌縫製之事。至元二十九年置，設官四員，受院劄。大德三年，陞提舉司。至治三年罷，泰定四年復置。

上都、大都貂鼠軟皮等局提領所，提領二員。至元九年置，受府劄。二十七年，給從七品印，改受省劄。大德十一年，給從六品印，改受敕牒。至治三年，仍改受省劄。其屬

附見：

大都軟皮局，使一員，副使一員。至元十三年置。

斜皮局，局使一員，副使一員。至元十三年置。

上都軟皮局，局使一員，副使一員。至元十三年置。

牛皮局，大使一員。至元十三年置。

金絲子局，大使一員，副使一員，直長一員。至元十二年置。掌金絲子匠造作之事。

畫油局，大使一員，副使一員，直長一員。至元二十年置，受詹事院劄。

氈局，提領一員，大使一員，副使一員，直長一員。至元十三年，收集人戶為氈匠。二十六年，始立局。

材木庫，大使、副使各二員。至元十六年置。掌造作材木。

瑪瑙玉局，大使、副使各一員，直長二員。至元十四年置。

大都輿魯提領所，提領一員。掌理人匠詞訟。至元十八年置，受詹事院劄。

上都輿魯提領所，提領一員，同提領一員。掌理人匠詞訟。至元十八年置，受詹事院劄。

上都異樣毛子局，大使一員，副使一員。至元二十年置，受詹事院劄。

上都氈局，大使一員，副使一員，直長二員。至元二十年置，受詹事院劄。

上都斜皮等局，大使一員，副使一員。至元二十年置，受詹事院劄。

蔚州定安等處山場採木提領所，秩正八品。提領一員，大使一員，副使二員。至元十二年置。

上都隆興等路雜造鞍子局，提領一員，大使一員，直長二員。至元二十三年置，受詹事院劄。

眞定路冀州雜造局，大使一員，副使一員。掌造作之事。至元十九年置。

珠翠局，大使、副使各一員，直長一員。至元三十年置。

管領大都等路打捕鷹房臙粉人戶總管府，秩正四品。至元十四年，打捕鷹房達魯花赤，招集平灤散逸人戶。二十九年，立總管府。大德十一年，撥隸皇太后位下。延祐六年，陞正四品。置達魯花赤一員，總管一員，首領官一員，令史四人，譯史一人，奏差二人。

管領本投下大都等路怯憐口民匠總管府，國初招集怯憐口哈赤民匠一千一百餘戶，中統元年，立總管府。二年，給六品印，掌戶口錢帛差發等事。至元九年，撥隸安西王位下。皇慶元年，又屬公主皇后位下。延祐元年，改隸章慶司。天曆二年，又改隸儲政院。達魯

花赤一員，總管一員，俱受御寶聖旨，同知一員，副總管一員，俱受安西王令旨，知事一員，令史二人。其屬附見：

織染提舉司，秩正七品。掌織造段匹。提舉一員，受安西王令旨，同提舉一員，本府擬人，副提舉一員，都目一員，俱受安西王傅劄，司吏一人。

管民提領所，凡三。大都路兼奉聖州提領六員，曹州提領二員，河間路提領三員，受本府劄。

管地提領所，凡二。奉聖州提領三員，東安州提領三員，受本府劄。

管領諸路怯憐口民匠都總管府，秩正三品。至元七年，招集析居從良還俗僧道，編籍人戶為怯憐口，立總管府以領之。十四年，以所隸戶口普造作，屬中宮。十六年，立織染、雜造二局以司造作，立提領所以司徭役。二十五年，改陞正三品。延祐六年，改繕用司，仍三品。七年，復改府。達魯花赤一員，總管一員，並正三品；同知二員，正五品；副總管二員，從五品；經歷、知事、提控案牘兼照磨各一員，令史五人，譯史一人。其屬附見：

各處管民提領所，秩正七品。

河間、益都、保定、冀寧、晉寧、大名、濟寧、衛輝、宣德。

以上九所，提領、副提領各一員，相副官二員，典史一人，司吏二人。

汴梁、曹州、大同、開元、大寧、上都、濟南、眞定。

以上八所，提領、副提領、相副官各一員，典史一人，司吏一人。

大都、歸德、鄂漢。

以上三所，提領、同提領、副提領各一員，相副官一員，大都增一員，典史、司吏各一人。

織染局，秩正七品。大使、副使、相副官各一員，典史、司吏各一人。

雜造局，秩正七品。大使、副使、相副官各一員，典史、司吏各一人。

弘州衣錦院，秩正七品。大使、副使、直長各一員，典史、司吏各一人。

豐州毛子局，秩正七品。大使、副使各一員，典史、司吏各一人。

緡山毛子旋匠局，秩正七品。大使一員，典史、司吏各一人。

徐邳提舉司，秩正五品。提舉、同提舉、副提舉各一員，吏目、司吏各一人。

廣備庫，大使、副使各一員，俱受院劄。

汴梁等路管民總管府，秩正三品。達魯花赤、總管、同知、府判各一員，經歷、知事、提

控案牘各一員。國初，立息州總管府，領歸附六千三百餘戶。元貞元年，又併壽潁歸附民戶二千四百餘戶，改汴梁等路管民總管府，掌各屯佃戶差發子粒，隸徽政院。泰定元年，改隸詹事院，後隸儲政院。其屬庫一、提領所八、管佃提領十二。

常盈庫，大使、副使各一員。

提領所：

新降戶，眞陽，新蔡，息州，汝寧，陳州，汴梁，鄭州，眞定。

以上八所，每所提領各一員，副提領、相副官有差。

管佃提領：

汝陽五里岡，許州(堰)[郾]城縣，[一〇]青龍宋岡，陳州(須)[項]城商水等屯，[一一]分山曲堰，許州臨潁屯，許州襄城屯，汝陽金鄉屯，潁豐堰，遂平橫山屯，上蔡浮召屯，汝陽縣烟亭屯。

以上十有二處，各設提領二員。

江淮等處財賦都總管府，秩正三品。達魯花赤、總管各一員，並正三品；同知一員，正五品；副總管二員，從五品；經歷、知事、照磨兼提控案牘各一員，令史十五人，奏差十五人，

譯史一人，典吏三人。至元十六年，以宋謝太后、福王所獻事產，及賈似道地土、劉堅等田，立總管府以治之。大德四年罷，命有司掌其賦。天曆二年復立，其賦復歸焉。

儲用庫，提領、大使、副使各一員。

杭州織染局，大使、副使、相副官各一員。

揚州等處財賦提舉司，達魯花赤、提舉、同提舉、副提舉各一員，提控案牘、都目各一員。

其屬附見：

安慶等處河泊所，提領、大使、副使各一員。

建康等處財賦提舉司，達魯花赤、提舉、同提舉、副提舉各一員，提控案牘、都目各一員。

建康織染局，大使、副使、相副官各一員。

黃池織染局，大使、副使、相副官各一員。

建康等處三湖河泊所，提領、大使、副使、相副官各一員。

池州等處河泊所，提領、大使、副使各一員。

平江等處財賦提舉司，達魯花赤、提舉、同提舉、副提舉各一員，提控案牘、都目各一員。

杭州等處財賦提舉司，設官同上。

陝西等處管領毛子匠提舉司，達魯花赤、提舉各一員。國初，收集織造毛子人匠。至元

三年，置官二員，皆世襲。

昭功萬戶都總使司，秩正三品。都總使二員，正三品；同知一員，從三品；副使二員，正四品；經歷、知事、照磨各一員，令史六人，譯史六人，知印二人，怯里馬赤二人，奏差六人，典吏四人。至順二年立，凡文宗潛邸扈從之臣，皆領於是府。其屬則宮相、膳工等司。

宮相都總管府，秩正三品。達魯花赤二員，都總管一員，副達魯花赤二員，同知二員，副總管二員，經歷、知事、提控案牘承發架閣各一員。至順二年，罷宮相府幷鶻叚司，改怯憐口錢糧總管府爲本府。

織染雜造人匠都總管府，秩正三品。達魯花赤一員，總管一員，同知一員，副總管二員，經歷、知事、提控案牘、照磨各一員。至元二十年，爲管領織染段匹匠人設總管府。元貞二年，以營繕浩繁，事務冗滯，陞爲都總管府，隸徽政院。天曆元年，改隸儲慶使司。三年，改屬宮相。

織染局，秩從七品。大使一員，副使一員。至元二十三年，改織染提舉司爲局。

綾錦局，秩從七品。大使一員，副使一員。至元八年置。九年，以招收析居放良還俗僧道爲工匠，二百八十有二戶，敎習織造之事，遂定置以上官。

紋錦局，秩從七品。大使一員，副使一員。國初，以招收漏籍人戶，各管教習立局，領送納絲銀物料織造段匹。至元八年，設長官。十二年，以諸人匠賜東宮。十三年，罷長官，設以上官掌之。

中山局，秩從七品。大使一員，副使一員。國初，以招收隨路漏籍不當差人戶，立局管領，教習織造。至元十二年，以賜東宮，遂定置局官如上。

眞定局，秩從七品。大使一員。國初，招收戶計。中統元年置。掌織染造作。至正十六年，以賜東宮，設官悉如舊。

弘州、蕁麻林納失失局，秩從七品。二局各設大使一員，副使一員。至元十五年，招收析居放良等戶，教習人匠織造納失失，於弘州、蕁麻林二處置局。十六年，併爲一局。三十一年，徽政院以兩局相去一百餘里，管辦非便，後爲二局。

大名織染雜造兩提舉司，秩正六品。至元二十一年置。掌大名路民戶內織造人匠一千五百四十有奇。各置提舉、同提舉、副提舉一員。三十年，增置雜造達魯花赤一員。

供用庫，秩從九品。大使、副使各一員，受徽政院劄。國初，爲綾錦總庫。至元二十一年，改爲供用庫。

管領諸路打捕鷹房納綿等戶總管府，秩正三品。達魯花赤、都總管、同知、治中、府判各一員，經歷、知事、提控案牘各一員。掌人匠一萬三千有奇，歲辦稅糧皮貨，採捕野物鷹鶻，以供內府。至元十二年，賜東宮位下，遂以眞定所立總管府移置大都，隸詹事。十六年，合併所管之戶，置都總管以總治之。三十一年，詹事院罷，隸徽政。至大四年，隸崇祥院。延祐六年，又隸詹事。天曆元年，隸儲慶使司。至順元年，改屬宮相府。

管領上都等處打捕鷹房納綿等戶大使司，大使、副使各一員。

管領順德等處打捕鷹房納綿等戶提領所，達魯花赤、提領、副提領各一員。

管領冀寧等處打捕鷹房納綿等戶提領所，提領、副提領各一員。

管領大都左右巡院等處打捕鷹房納綿等戶提領所，提領、副提領各一員。

管領固安等處打捕鷹房納綿等戶提領所，提領、副提領各一員。

管領中山等處打捕鷹房納綿等戶提領所，提領、副提領各一員。

管領濟南等處打捕鷹房納綿等戶提領所，提領、副提領各一員。

管領德州等處打捕鷹房納綿等戶提領所，提領、副提領各一員。

管領益都等處打捕鷹房納綿等戶提領所，提領、副提領各一員。

管領大同等處打捕鷹房納綿等戶提領所，提領、副提領各一員。

管領濟寧等處打捕鷹房納綿等戶提領所，提領、副提領各一員。

管領興和等處打捕鷹房納綿等戶提領所，提領、副提領各一員。

管領晉寧等處打捕鷹房納綿等戶提領所，提領、副提領各一員。

管領順州稻田提領所，提領、副提領各一員。

管領懷慶稻田提領所，提領一員。

管領檀州等處打捕鷹房納綿等戶提領所，提領、副提領各一員。

管領大寧等處打捕鷹房納綿等戶提領所，提領、副提領各一員。

管領薊州等處打捕鷹房納綿等戶提領所，提領、副提領各一員。

管領眞定等處打捕鷹房納綿等戶提領所，設官同上。

管領趙州等處打捕鷹房納綿等戶提領所，設官同上。

管領保定等處打捕鷹房納綿等戶提領所，設官同上。

管領冀州等處打捕鷹房納綿等戶提領所，設官同上。

管領汴梁等處打捕鷹房納綿等戶提領所，設官同上。

廣衍庫，大使一員。

管領滑山炭場所。〔三〕

繕工司，秩正三品。卿二員，少卿二員，丞二員，經歷、知事、照磨兼提控案牘、管勾承發架閣各一員，令史四人，譯史二人，知印二人，怯里馬赤一人，典吏三人。掌人匠營造之事。天曆二年置。其屬附見：

金玉珠翠提舉司，達魯花赤、提舉、同提舉、副提舉各一員，吏目一員，司吏四人。

大都織染提舉司，提舉二員，同提舉、副提舉各一員，吏目一員，司吏四人。

大都雜造提舉司，達魯花赤、提舉、同提舉、副提舉各一員，吏目一員，司吏四人。

富昌庫，大使一員，副使一員，庫子二人，攢典一人。

內史府，秩正二品。內史九員，正二品；中尉六員，正三品；司馬四員，正四品；諮議二員，從五品；記室二員，從六品；照磨兼管勾承發架閣庫，從八品；掾史八人，譯史四人，知印、通事各二人，宣使五人，典吏二人。至元二十九年，封晉王于太祖四斡耳朵之地，改王傅爲內史，秩從二，置官十四員。延祐五年，陞正二品，給印，分司京師，并分置官屬。

延慶司，秩正三品。掌王府祈禳之事。使三員，正三品；同知二員，正四品；典簿一員，從七品；令史二人，譯史、知印、通事各一人，奏差二人。至元二十七年置。

斷事官，秩正三品。理王府詞訟之事。斷事官一十六員，正三品；經歷、知事各一員，令史三人。

典軍司，秩從七品。掌控鶴百二十有六人。典軍二員，副使二員。大德四年置。

隨路諸色民匠打捕鷹房都總管府，秩正三品。總四斡耳朵位下戶計民匠造作之事。達魯花赤二員，都總管一員，同知一員，副總管二員，經歷、知事、提控案牘各一員，令史四人，奏差二人。至元二十四年置。官吏不入常調，凡斡耳朵之事，復置四總管以分掌之。

管領保定等路阿哈探馬兒諸色人匠總管府，秩從三品。掌太祖大斡耳朵一切事務。達魯花赤、總管、同知、副總管各一員，知事一員，吏二人。至元十七年置。

管領曹州東平等路民匠提舉司，秩從五品。達魯花赤、提舉、同提舉、副提舉各一員。至元十七年置。

管領大都納綿提舉司，秩從六品。達魯花赤、提舉、副提舉各一員。至元十七年置。

管領上都大都奉聖州長官司，秩從六品。管領出征軍五十有一戶。達魯花赤、長官各一員。至元十七年置。

管領保定織染局，秩從六品。管匠一百有一戶。達魯花赤、提舉、同提舉、副提舉各一

員。至元十七年置。

管領豐州揑只局，頭目一員。掌織造花毯。至元十七年置。

管領打捕鷹房民匠達魯花赤總管府，秩正四品。掌二皇后斡耳朵位下歲賜財物造作等事。達魯花赤、總管、同知、副總管、知事各一員，吏二人。至元二十一年置。

管領口子迤北長官司，秩從五品。掌領戶計二百有六。達魯花赤、長官、副長官各一員。至元二十一年置。

管領隨路諸色民匠達魯花赤等官，秩正五品。統民匠一千五百二十有五戶。達魯花赤、總管、同知、副總管各一員。至元二十一年置。

管領隨路打捕納綿民匠長官司，秩從五品。掌民匠一百七十有九戶。達魯花赤、長官各一員。至元二十一年置。

管領大都民匠提舉司，秩正七品。掌民匠二百有二戶。提舉、同提舉、副提舉各一員。至元二十一年置。

管領涿州成錦局人匠提舉司，秩從五品。領匠一百有二戶。達魯花赤、提舉、同提舉、副提舉各一員。至元二十一年置。

管領河間民匠提舉司，秩從四品。掌民匠二百一十戶。達魯花赤、提舉、同提舉、副提舉各一員。至元二十一年置。

管領河間滄州等處長官司，秩正五品。領戶計五百四十有八。達魯花赤、長官、副長官各一員。至元二十一年置。

管領河間臨邑等處軍民長官司，秩正七品。掌軍民二百有二戶。達魯花赤、長官、副長官各一員。至元二十一年置。

管領隨路諸色民匠打捕鷹房等戶總管府，秩從四品。掌太祖斡耳朵四季行營一切事務。達魯花赤、總管、同知、副總管、知事各一員，司吏二人。大德二年置。

管領涿州等處民匠異錦局，秩正五品。掌民匠一百五十戶。達魯花赤、提舉、同提舉、副提舉各一員。大德二年置。

管領上用織染局，秩從七品。掌工匠七十有八戶。提舉、同提舉、副提舉各一員。大德二年置。

管領上都大都麪米等長官司，秩從七品。領民匠七十有九戶。達魯花赤、長官、副長官各一員。大德二年置。

管領彰德等處長官司，秩從七品。掌民一百一十有七戶。達魯花赤、長官、副長官各一員。大德二年置。

管領上都大都等處長官司，秩從五品。掌民二百六十有一戶。達魯花赤、長官、副長官各一員。大德二年置。

管領泰安等處長官司，秩正七品。掌民一百有一戶。達魯花赤、長官、副長官各一員。大德二年置。

管領曹州等處長官司，秩從五品。管民一百有五戶。達魯花赤、長官、副長官各一員。大德二年置。

管領隨路打捕鷹房諸色民匠怯憐口總管府，秩從三品。掌太祖四皇后位下四季行營幷歲賜造作之事。達魯花赤、總管、同知、副總管各一員，經歷、知事、提控案牘兼照磨各一員，司吏二人。延祐五年置。

管領大都上都打捕鷹房納米麪提舉司，秩從五品。統領一百九十有五戶。達魯花赤、提舉各一員。延祐五年置。

管領大都涿州織染提舉司，秩從七品。掌領九十有六戶。達魯花赤、提舉各一員。延

中華書局

祐五年置。

管領河間路清州人匠提舉司，秩從五品。掌戶計二百三十有四戶。達魯花赤、提舉各一員。延祐五年置。

隨路打捕鷹房諸色民匠總管府，秩正四品。掌北安王位下歲賜錢糧之事。達魯花赤、總管、同知、副總管、知事各一員。至元二十二年置。

管領大都等處納綿提舉司，秩正七品。掌納綿戶計七百有三戶。達魯花赤、提舉、副提舉各一員。至元二十二年置。

管領大都等處金玉民匠稻田提舉司，秩從五品。掌納綿人匠五百二十有一戶。達魯花赤、提舉、副提舉各一員。至元二十二年置。

管領大都薊州等處打捕提舉司，秩從五品。掌打捕戶及民匠六百餘戶。達魯花赤、提舉、副提舉各一員。至元二十二年置。

雜造局，秩正六品。達魯花赤一員，提舉、同提舉、副提舉各一員。至元十六年置。

怯憐口諸色民匠達魯花赤幷管領上都納綿提舉司，秩正五品。掌迭只斡耳朶位下怯

憐口諸色民匠及歲賜錢糧等事。達魯花赤、長官、同知、副長官各一員，提控案牘一員。

上都人匠提領所，秩從七品。達魯花赤、提領、同提領、副提領各一員。至元二十四年置。

上都大都提領所，秩從七品。掌本位下怯憐口等事。達魯花赤、大使、副使各一員。至元二十七年置。

歸德長官司，秩從六品。達魯花赤、長官、副長官各一員。至治三年置。

管領上都大都諸色人匠納綿戶提舉司，秩從五品。掌斡耳朶位下歲賜等事。達魯花赤、提舉、同提舉各一員。至元十七年置。

致用庫，秩從七品。提領、大使各一員，副使二員。至元二十七年置。

提領司，秩從八品。提領三員，副提領一員。至元十一年置。

上都人匠局，秩從七品。達魯花赤二員，副使二員。至元二十七年置。

諸王傅官，寬徹不花太子至齊王位下，凡四十五王，每位下各設王傅、傅尉、司馬三員。傅尉，唯寬徹不花、也不干、斡羅溫〔孫〕三王有之。〔一三〕自此以下，皆稱府尉，別於王傅之下，司馬之上。而三員並設，又多寡不同，或少至一員，或多至三員者。齊王則又獨設王傅一員。

都護府，秩從二品。掌領舊州城及畏吾兒之居漢地者，有詞訟則聽之。大都護四員，從二品；同知二員，從三品；副都護二員，從四品；經歷一員，從六品；都事一員，從七品；照磨兼承發架閣庫管勾一員，正八品；令史四人，譯史二人，通事、知印各一人，宣使四人，典吏二人。至元十一年，初置畏吾兒斷事官，秩三品。十七年，改領北庭都護府，秩〔從〕二品，〔一四〕置官十二員。二十年，改大理寺，秩正三品。二十二年，復爲大都護，品秩如舊。延祐三年，陞正二品。七年，復從二品，定官制如上。

崇福司，秩〔從〕二品。〔一五〕掌領馬兒哈昔列班也里可溫十字寺祭享等事。司使四員，從二品；同知二員，從三品；副使二員，從四品；司丞二員，從五品；經歷一員，從六品；都事一員，從七品；照磨一員，正八品；令史二人，譯史、通事、知印各一人，宣使二人。至元二十六年置。延祐二年，改爲院，置領院事一員，省併天下也里可溫掌教司七十二所，悉以其事歸之。七年，復爲司，後定置已上官員。

校勘記

〔一〕儲(正)〔政〕院　從北監本改。

〔二〕(冀)〔驥〕用庫　據本書卷二二武宗紀至大元年三月戊寅條改。本證已校。

〔三〕照磨一〔員〕　從道光本補。

〔四〕天曆二年始置　按本書卷二二武宗紀，大德十一年九月丙子已置典牧監，疑「始」字有誤。本證云「當是復置」。

〔五〕羣牧監秩正二品　按本書卷二四仁宗紀至大四年十月壬辰條作「秩正三品」。羣牧監爲徽政院附屬，徽政院秩正二品，其附屬據本卷所載，多爲三品、五品。疑志誤。

〔六〕造作〔等〕事　原空闕，從北監本補。

〔七〕(以)世祖〔以〕五投下探馬赤立總管府　據本書卷九九兵志改正。

〔八〕鎭撫司　按前文左都威衞爲「鎭撫所」，本書卷八六百官志右、左、中、前、後五衞及武衞、隆鎭衞等亦均爲「鎭撫所」。新編改「司」爲「所」，疑是。

〔九〕四年以控鶴六百三十人歸中宮位下　道光本考證云：「按英宗建元至治，在位三年。此云四年以控鶴六百三十人歸中宮位下，誤也。兵志與此正同。」

〔一〇〕許州(堰)〔郾〕城縣　道光本與本書卷五九地理志合，從改。

〔一二〕陳州（須）〔項〕城　按本書卷五八地理志，須城縣屬東平路，與此無涉。本書卷五九地理志汴梁路陳州屬縣有「項城」，據改。

〔一三〕管領滑山炭場所　本所官員名數脫書，殿本有「大使一員」。

〔一三〕斡羅溫（孫）　據本書卷二五仁宗紀延祐二年七月甲寅、卷二八英宗紀至治二年三月己丑條、卷一〇八諸王表補。

〔一四〕十七年改領北庭都護府秩（從）二品　據前後文及本書卷一一世祖紀至元十八年二月乙酉條補。本證已校。

〔一五〕崇福司秩（從）二品　據下文及本書卷一五世祖紀至元二十六年二月癸亥條、元典章卷七官制職品補。新元史已校。

元史卷九十

志第四十

百官六

大都留守司，秩正二品。掌守衛宮闕都城，調度本路供億諸務，兼理營繕內府諸邸、都宮原廟、尚方車服、殿廡供帳、內苑花木，及行幸湯沐宴游之所，門禁關鑰啓閉之事。留守五員，正二品；同知二員，正三品；副留守二員，正四品；判官二員，正五品；經歷一員，從六品；都事二員，從七品；管勾承發架閣庫一員，正八品；照磨兼覆料官一員，部役官兼壕寨一員，令史十八人，宣使十七人，典吏五人，知印二人，蒙古必闍赤三人，回回令史一人，通事一人。至元十九年，罷宮殿府行工部，置大都留守司，兼本路都總管，知少府監事。二十一年，別置大都路都總管府治民事，幷少府監歸留守司。皇慶元年，別置少府監。延祐七年，罷少府監，復以留守兼監事。其屬附見：

修內司，秩從五品。領十四局人匠四百五十戶，掌修建宮殿及大都造作等事。提點一員，大使一員，副使一員，直長五員，吏目一員，照磨一員，部役七員，司吏六人。中統二年置。至元中，增工匠，計一千二百七十有二戶。其屬附見：

大木局，提領七員，管勾三員。掌殿閣營繕之事。中統二年置。

小木局，提領二員，同提領一員，副提領三員，管勾二員，提控四員。中統四年置。

泥厦局，提領八員，管勾二員。中統四年置。

車局，提領二員，管勾一員。中統五年置。

粧釘局，提領二員，同提領二員。中統四年置。

銅局，提領一員，同提領一員，管勾一員。中統四年置。以上六局，秩從八品。

竹作局，提領二員，提控一員。中統四年置。

繩局，提領二員。中統五年始置。

祗應司，秩從五品。掌內府諸王邸第異巧工作，修禳應辦寺觀營繕，領工匠七百戶。大使一員，從五品；副使一員，正七品；直長三員，正八品；吏目一員，司吏二人。國初，建兩京殿宇，始置司以備工役。其屬附見：

油漆局，提領五員，同提領、副提領各一員。掌兩都宮殿髹漆之工。中統元年置。

畫局，提領五員，管勾一員。掌諸殿宇藻繪之工。中統元年置。

銷金局，提領一員，管勾二員。掌諸殿宇裝鍙之工。中統四年置。

裱褙局，提領一員。掌諸殿宇裝潢之工。中統二年置。

燒紅局，提領二員。掌諸宮殿所用心紅顏料。至元元年置。

器物局，秩從五品。掌內府宮殿、京城門戶、寺觀公廨營繕，及御用各位下鞍轡、忽哥轎子、帳房車輛、金寶器物，凡精巧之藝，雜作匠戶，無不隸焉。大使一員，從五品；副使員，正七品；直長二員，正八品；吏目一員，司吏二人。中統四年，始立御用器物局，受省劄。至元七年，改為器物局，秩如上。其屬附見：

鐵局，提領三員，管勾三員，提控一人。掌諸殿宇輕細鐵工。中統四年置。

減鐵局，管勾一員，提控二人。掌造御用及諸宮邸繫腰。中統四年置。

盒鉢局，提領二員。掌製御用繫腰。中統四年置。

成鞍局，提領三員。掌造御用鞍轡、象轎。中統四年置。

羊山鞍局，提領一員，提控一員。掌造常課鞍轡諸物。至元十八年置。

網局，提領二員，管勾一員。掌成造宮殿網扇之工。中統四年置。

刀子局，提控二員。掌造御用及諸宮邸寶貝佩刀之工。中統四年置。

旋局，提領二員。掌造御用異樣木植器物之工。中統四年置。

銀局，提領一員。掌造御用金銀器盒繫腰諸物。中統四年置。

轎子局，提領一員。掌造御用異樣木植鞍子諸物。中統四年置。

採石局，秩從七品。大使、副使各一員。掌夫匠營造內府殿宇寺觀橋牐石材之役。至元四年，置石局總管。十一年，撥採石之夫二千餘戶，常任工役，置大都等處採石提舉司。二十六年罷，立採石局。

山場，提領一員，管勾五員。至元四年置。

大都城門尉，秩正六品。尉二員，副尉一員。掌門禁啓閉管鑰之事。至元二十年置，以四怯薛八剌哈赤為之。二十四年，復以六衞親軍參掌。凡十有一門：曰麗正，曰文明，曰順承，曰平則，曰和義，曰肅清，曰安貞，曰健德，曰光熙，曰崇仁，曰齊化。每門設官如上。

犀象牙局，秩從六品。大使、副使、直長各一員，司吏一人。掌兩都宮殿營繕犀象龍床卓器繫腰等事。中統四年置，設官一員。至元五年，增副使〔一員〕。〔一〕管匠戶一百有五十。其屬附見：

雕木局，提領一員。掌宮殿香閣營繕之事。至元十一年置。

牙局，提領一員，管勾一員。掌宮殿象牙龍床之工。至元十一年置。

大都四窰場，秩從六品。提領、大使、副使各一員。領匠夫三百餘戶，營造素白琉璃磚瓦，隸少府監。至元十三年置。其屬三：

南窰場，大使、副使各一員。中統四年置。

西窰場，大使、副使各一員。至元四年置。

琉璃局，大使、副使各一員。中統四年置。

凡山採木提舉司，秩從五品。掌採伐車輛等雜作木植，及造只孫繫腰刀把諸物。達魯花赤、提舉各一員，並從五品；同提舉一員，正七品；副提舉一員，正八品；吏目一員，司吏六人。至元十四年置。

上都採山提領所，秩從八品。提領、副提領、提控各一員。至元九年，以採伐材木，鍊石為灰，徵發夫匠一百六十三戶，遂置官以統之。

凡山宛平等處管夫匠所，提領二員，同提領二員，管領催車材戶提領一員。至元十五年置。

器備庫，秩從五品。提點一員，從五品；大使一員，從六品；副使二員，正七品；直長四員，正八品。掌殿閣金銀寶器二千餘事。至元二十七年置。

甸皮局，秩正七品。大使一員。管匠三十餘戶。至元七年置。十四年，始定品秩。二十一年，改隸留守司。歲辦熟造紅甸羊皮二千有奇。

上林署，秩從七品。署令、署丞各一員，直長一員。掌宮苑栽植花卉，供進蔬菓，種苜蓿以飼駝馬，備煤炭以給營繕。至元二十四年置。

養種園，提領二員。掌西山淘煤，羊山燒造黑白木炭，以供修建之用。中統三年置。

花園，管勾二員。掌花卉果木。至元二十四年置。

苜蓿園，提領三員。掌種苜蓿，以飼馬駝膳羊。

儀鸞局，秩正五品。掌殿庭燈燭張設之事，及殿閣浴室門戶鎖鑰，苑中龍舟，圈檻珍異禽獸，給用內府諸宮太廟等處祭祀庭燎，縫製簾帷，灑掃掖庭，領燭剌赤、水手、樂人、禁蛇人等二百三十餘戶。輪直怯薛大使四員，正五品；副使二員，從六品；直長二員，正八品；都目一員，書吏二人，庫子一人。至元十一年置局，秩正七品。二十三年，陞正五品。至大四年，仁宗御西宮，又別立儀鸞局，設置亦同。延祐七年，增大使二員，以宦者為之。領四提領所：

燭剌赤，提領八員，提控四員。

水手，提領二員。

針工，提領一員。

蠟燭局，提領一員。

木場，提領一員，大使一員，副使一員。掌受給營造宮殿材木。至元四年，置南東二木場。十七年，併爲一場。

大都路管領諸色人匠提舉司，秩從五品。掌大都諸色匠戶理斷昏田詞訟等事。提舉一員，從五品；同提舉一員，正七品；副提舉一員，正八品；吏目一人，司吏二人。中統四年，置人匠奧魯總管府，秩從四品。至元十二年，改提舉司。十五年，兼管採石人戶，秩如舊。

眞定路、東平路管匠官，秩從七品。每路大使一員，副使一員。中統四年置。

保定路、宣德府管匠官，秩從七品。保定大使一員，副使一員，管匠官一員，宣德二員。中統四年置。

大名路管匠官，秩從七品。大使一員，管匠官三員。中統四年置。

晉寧、冀寧、大同、河間四路管匠官，秩從七品。每路大使、副使各一員。中統四年置。

收支庫，秩正九品。掌受給營繕。提點一員，大使一員，副使二員，直長二員，庫子二人。至元四年置。

諸色庫，秩從八品。掌修內材木，及江南徵索異樣木植，并應辦官寺齋事。大使一員，副

使一員，司庫二人。至大四年置。

太廟收支諸物庫，秩從八品。大使、副使各一員，司庫四人。至治二年，以營治太廟始置。

南寺、北寺收支諸物二庫，秩從七品。提領、大使各一員，副使二員，司庫之屬凡十人。至治元年，以建壽安山寺始置。

廣誼司，秩正三品。司令二員，正三品；同知二員，正四品；副使二員，正五品；判官二員，正六品；經歷、知事各二員，照磨一員。總和顧和買、營繕織造工役、供億物色之務。至元十四年，改覆實司辨驗官，兼提舉市令司。大德五年，又分大都路總管府官屬，置供需府。至順二年罷之，立廣誼司。

武備寺，秩正三品。掌繕治戎器，兼典受給。卿四員，正三品；同判六員，從三品；少卿四員，從四品；丞四員，從五品；經歷、知事各一員，照磨兼提控案牘一員，承發架閣庫管勾一員，辨驗弓官二員，辨驗筋角翎毛等官二員，令史十有三人。至元五年，始立軍器監，秩四品。十九年，陞正三品。二十年，立衞尉院。改軍器監爲武備監，秩正四品，隸衞尉院。二十一年，改監爲寺，與衞尉並立。大德十一年，陞爲院。至大四年，復爲寺，設官如舊。

其所轄屬官，則自爲選擇其匠戶之能者任之。

壽武庫，秩從五品。提點二員，從五品；大使二員，正六品；副使四員，正七品；庫子一十人。至元十年，以衣甲庫改置。

利器庫，秩從五品。提點三員，大使二員，副使三員，秩品同壽武庫，庫子一十人。至元五年，始立軍器庫。十年，通掌隨路軍器，改利器庫。

廣勝庫，秩從五品。掌平陽、太原等處歲造兵器，以給北邊征戍軍需。達魯花赤一員，大使、副使各一員，庫子一人。

大同路軍器人匠提舉司，秩從五品。達魯花赤一員，提舉一員，並從五品；同提舉一員，正七品；副提舉一員，正八品。其屬：豐州甲局，院長一員；應州甲局，院長一員；平地縣甲局，院長一員；山陰縣甲局，院長一員；白登縣甲局，頭目一人；豐州弓局，使一員；賽甫丁弓局，頭目一人。

平陽路軍器人匠提舉司，秩正六品。達魯花赤一員，提舉、同提舉、副提舉各一員。其屬：本路投下雜造局，大使一員，副使一員；絳州甲局，大使一員。

太原路軍器人匠局，秩正七品。達魯花赤一員，局使一員，副使一員，吏目一員。

保定軍器人匠提舉司，秩從六品。達魯花赤、提舉、同提舉、副提舉各一員。其屬：河間

甲局，院長一員；祁州安平縣甲局，(三)院長一員；陵州箭局，頭目一人。

眞定路軍器人匠提舉司，秩從六品。達魯花赤、提舉、同提舉、副提舉各一員。其屬：冀州甲局，院長一人。

懷孟河南等路軍器人匠局，秩正七品。局使、局副各一員。其屬：懷孟路弓局，院長一員。

汴梁路軍器局，秩正七品。局使、局副各一員。其屬：常課弓局，院長一員；常課甲局，院長一員。

益都濟南箭局，秩正七品。局使一員。

彰德路軍器人匠局，秩正七品。大使一員，副使一員。

大名軍器局，秩正七品。大使、副使各一員。

上都甲匠提舉司，秩從五品。提舉、同提舉、副提舉各一員。其屬：興州白局子甲局，院長一員；興州千戶寨甲局，院長一員；松州五指崖甲局，院長一員；松州滕安甲局，院長一員。

遼河等處諸色人匠提舉司，秩從五品。達魯花赤、提舉、同提舉各一員。其屬：遼蓋弓局，大使、副使各一員；蓋州甲局，局使一員。

上都雜造局，秩正七品。大使、副使各一員。

奉聖州軍器局，秩從七品。大使、副使各一員。

蔚州軍器人匠提舉司，秩正六品。達魯花赤、提舉、同提舉、副提舉各一員。

宣德府軍器人匠提舉司，秩正六品。達魯花赤、提舉、同提舉、副提舉各一員。

廣平路甲局，院長一員。

東平等路軍器人匠提舉司，秩從五品。達魯花赤、提舉、同提舉、副提舉各一員。

通州甲匠提舉司，秩正六品。達魯花赤、提舉、同提舉、副提舉各一員。

薊州甲匠提舉司，秩正五品。達魯花赤、提舉、同提舉、副提舉各一員。

欠州武器局，秩從五品。大使、副使各一員。

大都甲匠提舉司，秩正六品。達魯花赤、提舉、同提舉、副提舉各一員。

大都箭局，秩從七品。大使、副使各一員。

大寧路軍器人匠提舉司，秩從六品。達魯花赤、提舉、同提舉、副提舉各一員。

豐州雜造局，秩正六品。達魯花赤、大使、副使各一員。

歸德府軍器局，院長一員。

汝寧府軍器局，院長一員。

陳州軍器局，院長一員。

許州軍器局，秩從七品。大使、副使各一員。

咸平府軍器人匠局，秩從七品。達魯花赤、大使、副使各一員。

大都弓匠提舉司，秩正五品。達魯花赤、提舉、同提舉、副提舉各一員。其屬：雙搭弓局，大使、副使各一員；成吉里弓局，大使、副使各一員；通州弓局，院長一員。

大都弦局，大使、副使各一員。至元三十年，改提舉司置局。

隆興路軍器人匠局，達魯花赤、大使、副使各一員。至元三十年置。

平灤路軍器人匠局，大使、副使各一員。至元三十年置。

大都雜造局，提領二員。元貞二年置。

太僕寺，秩從二品。掌阿塔思馬匹，受給造作鞍轡之事。中統四年，設羣牧所。至元十六年，改尚牧監。十九年，又改太僕院。二十年，改衞尉院。二十四年，罷院，立太僕寺。又別置尚乘寺以管鞍轡，而本寺止管阿塔思馬匹。二十五年，隸中書，置提調官二員。大德十一年，復改太僕院。至大四年，仍爲寺。卿二員，從二品；少卿二員，從四品；丞二員，從五品；經歷、知事、照磨、管勾各一員，令史七人，譯史、知印、通事各二人，奏差四人，回回令史一人，典吏二人。

尚乘寺，秩(從)[正]三品。[三]掌上御鞍轡輿輦，阿塔思羣牧騸馬驢騾，及領隨路局院鞍轡等造作，收支行省歲造鞍轡，理四怯薛阿塔赤詞訟，起取南北遠方馬匹等事。卿四員，正三品；少卿二員，從四品；丞二員，從五品；經歷、知事、照磨、管勾各一員，令史六人，譯史二人，知印二人，通事二人，奏差五人，典吏二人。至元二十四年，罷衞尉院，始設尚乘寺，領資乘庫。大德十一年，陞爲院，秩從二品。至大四年，復爲寺。延祐七年，降從三品。

資乘庫，秩從五品。提點四員，從五品；大使三員，正六品；副使四員，正七品；庫子四人。

掌收支鞍轡等物。至元十三年置。二十年，隸衞尉。二十四年，隸尚乘寺。

長信寺，秩正三品。領大斡耳朵怯憐口諸事。卿四員，正三品；少卿二員，從四品；寺丞二員，從五品；經歷、知事各一員，令史六人，譯史、知印各二人，通事一人，奏差四人。大德五年置。至大元年，改陞爲院。四年，仍爲寺，卿五員，增少卿一員，以宦者爲之。延祐七年，省寺卿、少卿各一員，定置如上。

怯憐口諸色人匠提舉司，秩從五品。領大都、上都二鐵局并怯憐[口]人匠，[四]以材木鐵炭皮貨諸色，備斡耳朵各枝房帳之需。達魯花赤一員，提舉、同提舉、副提舉各一員，吏目一人，司吏四人。至元二十五年置。

大都鐵局，秩從五品。掌斡耳朵上下往來造作粧釘房車。大使一員，副使一員，直長一員。至元十二年置。

上都鐵局，大使一員，副使一員。至元十六年置。掌職如前。

長秋寺，秩正三品。掌武宗五斡耳朵戶口錢糧營繕諸事。寺卿五員，正三品；少卿二員，從四品；寺丞二員，從五品；經歷、知事各一員，令史六人，譯史、知印各二人，通事一人，奏差四人。皇慶二年置。其屬二：

怯憐口諸色人匠提舉司，秩從五品。掌正宮造作之役。達魯花赤一員，同提舉、副提舉各一員，[五]吏目一人，司吏四人。至大元年，斡耳朵三位下撥到人匠五百九十三戶，始置提舉司，隸中政院，後屬長信寺。

怯憐口諸色人匠提舉司，秩從五品。掌領武宗軍上北來人匠。達魯花赤一員，提舉一員，同提舉、副提舉各一員，吏目一人，司吏二人。至大元年置。

承徽寺，秩正三品。掌答兒麻失里皇后位下錢糧營繕等事。寺卿五員，正三品；少卿二員，從四品；寺丞二員，從五品；經歷、知事各一員，令史六人，譯史、知印各二人，通事一人，奏差四人。至治元年置。其屬二：

怯憐口諸色人匠提舉司二，秩正五品。各設達魯花赤一員，提舉、同提舉、副提舉各一員，吏目一人，司吏三人。至治三年置。

長寧寺，秩正三品。掌英宗速哥八剌皇后位下戶口錢糧營繕等事。寺卿六員，正三品；少卿二員，從四品；寺丞二員，從五品；經歷、知事各一員，吏屬令史六人，譯史、知印各二人，怯里馬赤一人，奏差四人。至治三年置。

長慶寺，秩正三品。掌成宗斡耳朵及常歲管辦禾失房子、行幸怯薛台人等衣糧之事。寺卿六員，少卿二員，寺丞二員，品秩同長寧寺；經歷、知事各一員，令史六人，譯史、知印各二人，怯里馬赤一人，奏差四人。泰定元年置。

寧徽寺，秩正三品。隸八不沙皇后位下。寺卿六員，少卿四員，丞二員，品秩同長慶寺；經歷、知事各一員。天曆二年置。

太府監，秩正三品。領左、右藏等庫，掌錢帛出納之數。太卿六員，正三品；太監六員，從三品；少監五員，從四品；丞五員，正五品；經歷、知事、照磨各一員，令史八人，譯史三人，通事、知印各一人，奏差四人。中統四年置。至元四年，爲宣徽太府監，凡內府藏庫悉隸焉。八年，陞正（二）〔三〕品。〔六〕大德九年，改爲院，秩從二品，院判參用宦者。至大四年，復爲監，定置如上。

內藏庫，秩從五品。掌出納御用諸王段匹納失失紗羅絨錦南綿香貨諸物。提點四員，從五品；大使二員，正六品；副使二員，正七品。至元二年，置署上都。十九年，始署大都，以宦者領之。復有行內藏，二十八年省之，止存內藏及左右二庫。

右藏，提點四員，大使二員，副使二員，品秩同上。掌收支金銀寶鈔、只孫段匹、水晶瑪瑙玉璞諸物。至元十九年置。

左藏，提點四員，大使二員，副使二員，品秩同上。掌收支常課和買紗羅布絹絲綿絨錦木綿鋪陳衣服諸物。至元十九年置。

度支監，秩正三品。掌給馬駝芻粟。卿三員，正三品；太監二員，從三品；少監三員，從

四品；監丞二員，從五品；經歷二員，知事一員，提控案牘一員，照磨兼管勾一員，令史十四人，譯史四人，通事、知印三人，奏差四人，典吏五人。國初，置孛可孫。至元八年，以重臣領之。十三年，省孛可孫，以宣徽兼其任。至大二年，改立度支院。四年，改爲監。

利用監，秩正三品。掌出納皮貨衣物之事。監卿八員，正三品；太監五員，從三品；少監五員，從四品；監丞四員，正五品；經歷、知事、照磨、管勾各一員，令史八人，譯史二人，通事、知印各一人，奏差六人，典吏三人。至元十年置。二十年罷，二十六年復置。大德十一年，改爲院。至大四年，復爲監。

資用庫，秩從五品。提點二員，從五品；大使三員，正六品；副使五員，正七品；庫子五人。至元二年置，隸太府。十年，隸利用。

怯憐口皮局人匠提舉司，秩正五品。提舉二員，同提舉一員，提控案牘一員。中統元年置局。至元六年，改提舉司。

雜造雙線局，秩從八品。造內府皮貨鷹帽等物。大使、副使、直長、典史各一員。

熟皮局，掌每歲熟造野獸皮貨等物。大使、副使、直長各一員。至元二十年置。

軟皮局，掌內府細色銀鼠野獸諸色皮貨。大使、副使、直長各一員。至元二十五年置。

斜皮局，掌每歲熟造內府各色野馬皮胯。副使二員。至元二十年置。

貂鼠局提舉司，秩從五品。提舉一員，同提舉、副提舉各一員。至元二十年置，

貂鼠局，副使二員，直長一員。至元十九年立。

染局，副使一員，直長一員，管勾一員。掌每歲變染皮貨。至元二十年始置。

熟皮局，秩從七品。大使一員，副使一員，典史一人，司吏一人。至元六年置。

中尚監，秩正三品。掌大斡耳朵位下怯憐口諸務，及領資成庫氈作，供內府陳設帳房帟幕車輿雨衣之用。監卿八員，正三品；太監二員，從三品；少監二員，從四品；監丞二員，正五品；經歷、知事、照磨各一員，令史七人，譯史三人，通事二人，知印二人，奏差五人。至元十五年，置尚用監。二十年罷。二十四年，改置中尚監。三十年，分置兩都灤河三庫怯憐口雜造等九司局而總領之。至大元年，陞爲院。四年，復爲監，參用宦者三人。

資成庫，秩從五品。掌造氈貨。提點三員，從五品；大使三員，正六品；副使三員，正七品。至元二年置，隸太府。二十三年，始歸于監。

章佩監，秩正三品。掌宦者速古兒赤所收御服寶帶。監卿五員，正三品；太監四員，從

三品，少監二員，從四品；監丞二員，正五品；經歷、知事、照磨各一員，令史七人，譯史二人，通事二人，奏差四人。至元二十二年置。至大元年，陞爲院，秩從二品。四年，復爲監，定置如上。

御帶庫，秩從五品。掌繫腰偏束等帶併條環諸物，供奉御用，以備賜予。提點三員，大使三員，副使二員，品秩同資成。至元二十八年置，俱以中官爲之。元貞二年，增二員，兼署上都之事。

異珍庫，秩從五品。掌御用珍寶、后妃公主首飾寶貝。提點三員，大使三員，副使二員，品秩同上。至元二十八年置。

經正監，秩正三品。掌營盤納鉢及標撥投下草地，有詞訟則治之。太卿一員，正三品；太監二員，從三品；少監二員，從四品；監丞二員，正五品；經歷、知事各一員，令史八人，譯史四人。至大四年置。監卿、太監、少監並奴都赤爲之，監丞流官爲之。

都水監，秩從三品。掌治河渠并隄防水利橋梁牐堰之事。都水監二員，從三品；少監一員，正五品；監丞二員，正六品；經歷、知事各一員，令史十人，蒙古必闍赤一人，回回令史

一人，通事、知印各一人，奏差十人，壕寨十六人，典吏二人。至元二十八年置。二十九年，領河道提舉司。大德六年，陞正三品。延祐七年，仍從三品。

大都河道提舉司，秩從五品。提舉一員，從五品；同提舉一員，從六品；副提舉一員，從七品。

祕書監，秩正三品。掌歷代圖籍并陰陽禁書。卿四員，正三品；太監二員，從三品；少監二員，從四品；監丞二員，從五品；典簿一員，從七品；令史三人，知印、奏差各二人，譯史、通事各一人，典書二人，典吏一人。屬官：著作郎二員，從六品；著作佐郎二員，正七品；祕書郎二員，正七品；校書郎二員，正八品；辨驗書畫直長一員，正八品。至元九年置。其監丞皆用大臣奏薦，選世家名臣子弟爲之。大德九年，陞正三品，給銀印。延祐元年，定置卿四員，參用宦者二人。

司天監，秩正四品。掌凡曆象之事。提點一員，正四品；司天監三員，正四品；少監五員，正五品；丞四員，正六品；知事一員，令史二人，譯史一人，通事兼知印一人。屬官：提學二員，教授二員，並從九品；學正二員，天文科管勾二員，算曆科管勾二員，三式科管勾二員，測驗科管勾二員，漏刻科管勾二員，並從九品；陰陽管勾一員，押宿官二員，司辰官八員，天文生七十五人。中統元年，因金人舊制，立司天臺，設官屬。至元八年，以上都承應闕官，增置行司天監。十五年，別置太史院，與臺並立，頒曆之政歸院，學校之設隸臺。二十三年，置行監。二十七年，又立行少監。皇慶元年，陞正四品。〔七〕延祐元年，特陞正三品。七年，仍正四品。

回回司天監，秩正四品。掌觀象衍曆。提點一員，司天監三員，少監二員，監丞二員，品秩同上；知事一員，令史二員，通事兼知印一人，奏差一人。屬官：教授一員，天文科管勾一員，算曆科管勾一員，三式科管勾一員，測驗科管勾一員，漏刻科管勾一員，陰陽人一十八人。世祖在潛邸時，有旨徵回回爲星學者，札馬剌丁等以其藝進，未有官署。至元八年，始置司天臺，秩從五品。十七年，置行監。皇慶元年，改爲監，秩正四品。延祐元年，陞正三品，置司天監。二年，命祕書卿提調監事。四年，復正四品。

上都留守司兼本路都總管府，品秩職掌如大都留守司，而兼治民事。車駕還大都，則領上都諸倉庫之事。留守六員，正二品；同知二員，正三品；副留守二員，正四品；判官二

員，正五品；經歷二員，都事四員，照磨兼管勾一員，令史四十四人，譯史六人，回回令史三人，通事、知印各二人，宣使一十二人。國初，置開平府。中統四年，改上都路總管府。至元三年，又給留守司印。十九年，併爲上都留守司兼本路都總管府。其屬附見：

修內司，秩從五品。掌營修內府之事。大使一員，從五品；副使三員，正七品；直長三員，正八品。至元八年置。

祗應司，秩從五品。掌粧鑾油染裱褙之事。大使一員，從五品；副使二員，正七品；直長三員，正八品。

器物局，秩從五品。掌造鐵器，內府營造釘線之事。大使一員，副使一員，直長二員。

儀鸞局，秩正五品。大使二員，副使三員，直長二員。至大四年，罷典設署，改置爲局。

兵馬司，秩正四品。指揮使三員，副指揮使二員，知事一員，提控案牘一員，司吏八人。至元二十九年置。

警巡院，秩正六品。達魯花赤一員，警巡使一員，副使二員，判官二員，司吏八人。

開平縣，秩正六品。達魯花赤一員，尹一員，丞一員，主簿一員，尉一員，典史一員，司吏八人。

平盈庫，大使一員，副使一員。至元三十年置。

萬盈庫，達魯花赤、監支納、大使、副使各一員。中統初置。

廣積倉，達魯花赤、監支納、大使、副使各一員。中統初，置永盈倉。大德間，改爲廣積倉。

萬億庫，秩正五品。達魯花赤一員，提舉一員，同提舉、副提舉各一員，提控案牘一員，司吏六人，譯史一人。至元二十三年置。

行用庫，提點一員，大使一員，副使一員。

稅課提舉司，秩正五品。提舉二員，同提舉、副提舉、提控案牘各一員。元貞元年置。

八作司，品秩職掌，悉與大都左右八作司同。達魯花赤一員，提領、大使、副使各一員。至元十七年置。

儀廩司，掌諸王駙馬使客飲食。大使一員，副使一員。至元二年，置上都廳辦所。延祐五年，改爲儀廩司。

尙供總管府，秩正三品。掌守護東涼亭行宮，及游獵供需之事。達魯花赤一員，總管一員，並正三品；同知一員，從四品；副總管一員，從五品；判官一員，正六品；經歷、知事、提控案牘各一員，令史、譯史、知印、奏差有差。至元十三年，置只哈赤八剌哈孫達魯花赤。延祐二年，改總管府。其屬附見：

香河等處巡檢司，巡檢一員，司吏一人。

景運倉，秩從五品。提點一員，從五品；大使一員，正六品；副使一員，正七品。至元二十一年置。

法物庫，秩從九品。大使、副使各一員。至元二十九年置。

雲需總管府，秩正三品。掌守護察罕腦兒行宮，及行營供辦之事。達魯花赤一員，總管一員，並正三品；同知一員，從四品；副總管一員，從五品；判官一員，正六品；經歷一員，知事一員，提控案牘一員。延祐二年置。

大都路都總管府，秩正三品。達魯花赤二員，都總管一員，副達魯花赤二員，同知二員，治中二員，判官二員，推官二員，經歷二員，知事二員，提控案牘四員，照磨兼管勾一員，令史九十有五人，譯史二人，回回令史一人，通事、知印各二人，奏差二十一人。國初，爲燕京路，總管大興府。中統五年，稱中都路。至元九年，改號大都。二十一年，始專置大都路總管府，秩從三品，置都達魯花赤、都總管等官。二十七年，陞爲都總管府，進秩正三品，領府一，州十有一。凡本府官吏，唯達魯花赤一員及總管、推官專治路政，其餘皆分任供需之事，故又號曰供需府焉。其屬附見：

大都路兵馬都指揮使司，凡二，秩正四品。掌京城盜賊姦僞鞫捕之事。都指揮使二員，副指揮使五員，知事一員，提控案牘一員，吏十四人。至元九年，改千戶所爲兵馬司，隸大都路。而刑部尙書一員提調司事，凡刑名則隸宗正，且爲宗正之屬。二十九年，置都指揮使等官，其後因之。一置司於北城，一置司於南城。

司獄司，凡三，秩正八品。司獄一員，獄丞一員，獄典二人。掌囚繫獄具之事。一置於大都路，一置於北城兵馬司，通領南城兵馬司獄事。皇慶元年，以兩司異禁，遂分置一司於南城。

左、右警巡二院，秩正六品。達魯花赤各一員，使各一員，副使、判官各三員，典史各三人，司吏各二十五人。至元六年置。領民事及供需，視大都路。大德五年，分置供需院，以副使、判官、典史各一員主之。

大都警巡院，品職分置如左、右院。達魯花赤一員，使一員，副使二員，判官二員，典史二員，司吏二十人。大德九年置，以治都城之南。

大都路提舉學校所，秩正六品。提舉一員，教授二員，學正二員，學錄一員。至元二十四年，旣立國學，以故孔子廟爲京學，而提舉學事者，仍以國子祭酒繫銜。

管領諸路打捕鷹房總管府，秩正三品。達魯花赤一員，總管一員，副達魯花赤一員，同知一員，副總管一員，經歷、知事各一員。至元十七年置。

宛平縣，秩正六品。達魯花赤一員，尹一員，丞三員，主簿三員，尉一員，典史三員，司吏二十六人。至元十一年置，治大都麗正門以西。

大興縣，秩正六品。達魯花赤一員，尹一員，丞一員，主簿二員，尉一員，典史三員，司吏一十五人。至元十一年置，治大都麗正門以東。

東關廂巡檢司，秩從九品。巡檢三員，司吏一人。掌巡捕盜賊奸宄之事。至元二十一年置。

西北、南關廂兩巡檢司，設置並同上。

校勘記

〔一〕至元五年增副使〔一員〕　據經世大典犀象牙局補。新元史已校。

〔二〕祈州安平縣　元無「祈州」。按本書卷五八地理志，安平自中統二年即爲晉州屬縣。此處史文有誤。

〔三〕尚乘寺秩（從）〔正〕三品　據下文及本書泰定帝紀泰定二年九月庚戌條改。

〔四〕怯憐〔口〕　據前後文補。

〔五〕達魯花赤一員同提舉副提舉各一員　按下文長秋寺所屬之另一怯憐口諸色人匠提舉司以及前文長信寺、後文承徽寺所屬之怯憐口諸色人匠提舉司俱設達魯花赤、提舉、同提舉、副提舉各一員，唯此處獨缺提舉一員。新元史增「提舉」，疑是。

〔六〕八年陞正（二）〔三〕品　據本書卷七世祖紀至元八年五月己卯條及卷八四選舉志改。本證已校。

〔七〕皇慶元年陞正四品　本證云：「按紀，皇慶元年陞四品者乃回回司天臺，非司天監也。至大元年陞司天臺秩正四品，疑卽此監。」

元史卷九十一

志第四十一上

百官七

行中書省，凡十〔一〕，〔一〕秩從一品。掌國庶務，統郡縣，鎭邊鄙，與都省爲表裏。國初，有征伐之役，分任軍民之事，皆稱行省，未有定制。中統、至元間，始分立行中書省，因事設官，官不必備，皆以省官出領其事。其丞相，皆以宰執行某處省事繫銜。其後嫌於外重，改爲某處行中書省。凡錢糧、兵甲、屯種、漕運、軍國重事，無不領之。至元二十四年，改行尚書省，尋復如舊。至大二年，又改行尚書省，二年復如舊。每省丞相一員，從一品；平章二員，從一品；右丞一員，左丞一員，正二品；參知政事二員，從二品，甘肅、嶺北二省各減一員；郎中二員，從五品；員外郎二員，從六品；都事二員，從七品；掾史、蒙古必闍赤、回回令史、通事、知印、宣使，各省設員有差。舊制參政之下，有僉省、有同僉之屬，後罷不

置。丞相或置或不置，尤愼於擇人，故往往缺焉。

河南江北等處行中書省。至元五年，罷隨路奧魯官，詔參政阿里僉行省事，于河南等路立省。二十八年，以河南、江北係要衝之地，又新入版圖，宜於汴梁立省以控治之，遂署其地，統有河南十二路、七府。

江浙等處行中書省。至元十三年，初置江淮行省，治揚州。二十一年，以地理民事非便，遷于杭州。二十二年，割江北諸郡隸河南，改曰江浙行省，統有三十路、一府。

江西等處行中書省，至元十四年置。十五年，併入福建行省。十七年，仍置省于龍興府，而福建自爲行省，治泉州。二十二年，以福建行省併入江西。二十三年，又以福建省併入江浙。本省統有十八路。

湖廣等處行中書省。至元十一年，右丞相伯顏伐宋，行中書省事于襄陽，尋以別將分省鄂州，爲荆湖等路行中書省。十三年，取潭州，卽署省治之。十八年，復徙置鄂州，統有三十路、三府。

陝西等處行中書省。中統元年，以商挺領秦蜀五路四川行省事。三年，改立陝西四川行中書省，治京兆。至元三年，移治利州。十七年，復還京兆。十八年，分省四川，尋改立四川宣慰司。二十一年，仍合爲陝西四川行省。二十三年，四川立行樞密院。〔二〕本省所轄

之地，惟陝西四路、五府。

四川等處行中書省。國初，其地總于陝西。至元十八年，以陝西行中書分省四川。二十三年，始置四川行省，署成都，統有九路、五府。

遼陽等處行中書省，至元二十四年置，治遼陽路，統有七路、一府。

甘肅等處行中書省。中統二年，立行省于中興。〔至元〕十年，罷之。〔三〕十八年復立，二十二年復罷，改立宣慰司。二十三年，徙置中興省于甘州，立甘肅行省。三十一年，分省按治寧夏，尋併歸之。本省治甘州路，統有七路、二州。

嶺北等處行中書省。國初，太祖定都于哈剌和林河之西，因名其城曰和林，立元昌路。中統元年，世祖遷都中興，始置宣慰司都元帥府。大德十一年，改立和林等處行中書省，右丞相、左丞相各一員。至大四年，省右丞相。皇慶元年，改嶺北等處行中書省，設官如上，治和寧路，統有北邊等處。

雲南等處行中書省，卽古南詔之地。初，世祖征取以爲郡縣，嘗封建宗王鎭撫其軍民。至元十一年，始置行省，治中慶路，統有三十七路、五府。

征東等處行中書省。至元二十年，以征日本國，命高麗王置省，典軍輿之務，師還而罷。大德三年，復立行省，以中國之法治之。既而王言其非便，詔罷行省，從其國俗。至治

元年復置，以高麗王兼領丞相，得自奏選屬官，治瀋陽，統有二府、一司、五道。

各省屬官：

檢校所，檢校一員，從七品；書吏二人。

照磨所，照磨一員，正八品。

架閣庫，管勾一員，正八品。

理問所，理問二員，正四品；副理問二員，從五品；知事一員，提控案牘一員。

都鎭撫司，都鎭撫一員，副都鎭撫一員。

宣慰司，掌軍民之務，分道以總郡縣，行省有政令則布于下，郡縣有請則爲達于省。有邊陲軍旅之事，則兼都元帥府，其次則止爲元帥府。其在遠服，又有招討、安撫、宣撫等使，品秩員數，各有差等。

宣慰使司，秩從二品。每司宣慰使三員，從二品；同知一員，從三品；副使一員，正四品；經歷一員，從六品；都事一員，從七品；照磨兼架閣管勾一員，正九品。凡六道：山東東西道，益都路置。河東山西道，大同路置。淮東道，揚州置。浙東道，慶元路〔置〕。〔四〕荊湖北道，中興路置。湖南道。天臨〔路〕置。〔五〕

宣慰使司都元帥府，秩從二品。使三員，同知二員，副使二員，經歷二員，知事二員，照磨兼架閣管勾一員。

廣東道，廣州置。大理金齒等處，蒙慶等處。

右二府，設官如上。唯蒙慶一府，使二員，同知、副使各一員，經歷、都事亦減一員。

廣西兩江道，靜江路置。海北海南道，福建道，八番順元等處，察罕腦兒等。

右五府，宣慰使都元帥三員，副都元帥、僉都元帥事各二員，餘同上。

宣慰使兼管軍萬戶府，每府宣慰使三員，同知、副使各一員，經歷一員，都事二員，照磨兼管勾一員。

曲靖等路，羅羅斯，臨安廣西道元江等處。

都元帥府，都元帥二員，副元帥二員，〔六〕經歷、知事各一員。

北庭，隸土番宣慰司。曲先塔林，都元帥三員。蒙古軍，征東。二府，都元帥各一員，副一員。

元帥府，秩正三品。達魯花赤一員，元帥一員，經歷、知事各一員。

李店文州，帖城河里洋脫，朶甘思，（當）〔常〕陽，〔七〕岷州，積石州，洮州路，脫思馬路，十八族。

右九府，唯李店文州增置同知、副元帥各一員；其餘八府，隸土蕃宣慰司，設官並同。

宣撫司，秩正三品。每司達魯花赤一員，宣撫一員，同知、副使各二員，僉事一員，計議、經歷、知事各一員，提控案牘架閣一員。損益不同者，各附見于後。

廣南西道，不置副使、僉事。麗江路，以上隸雲南省。順元等處，播州，思州，以上隸湖廣省。敍南等處。隸四川行省，不置僉事、計議。

安撫司，秩正三品。每司達魯花赤一員，安撫使一員，同知、副使、僉事各一員，經歷、知事各一員。損益不同者，各附見于後。

師壁洞，不置達魯花赤。永順等處，散毛洞，以上隸四川省。羅番遏蠻軍，不置達魯花赤。程番武盛軍，金石番太平軍，臥龍番南寧州，小龍番靜蠻軍，不置同知、副使。大龍番應天府，洪番永盛軍，方番河中府，盧番靜海軍，不置知事。新添葛蠻。以上隸湖廣省。

招討司，秩正三品。達魯花赤一員，招討使一員，經歷一員。

土番，剌馬剛等處，天全，俈不思，沿邊溪洞，以下各置副使一員，無達魯花赤。唆尼，諸番，征沔，長河西裏管軍，檐裏管軍，脫思馬田地。

諸路萬戶府：

上萬戶府，管軍七千之上。達魯花赤一員，萬戶一員，俱正三品，虎符；副萬戶一員，從三品，虎符。

中萬戶府，管軍五千之上。達魯花赤一員，萬戶一員，俱從三品，虎符；副萬戶一員，正四品，金牌。

下萬戶府，管軍三千之上。達魯花赤一員，萬戶一員，俱從三品，虎符；副萬戶一員，從四品，金牌。其官皆世襲，有功則陞之。每府設經歷一員，從七品；知事一員，從八品；提控案牘一員。

鎮撫司，鎮撫二員，蒙古、漢人參用。上萬戶府正五品，中萬戶府從五品，俱金牌；下萬戶府正六品，銀牌。

上千戶所，管軍七百之上。達魯花赤一員，千戶一員，俱從四品，金牌；副千戶一員，正五品，金牌。

中千戶所，管軍五百之上。達魯花赤一員，千戶一員，俱正五品，金牌；副千戶一員，從五品，金牌。

下千戶所，管軍三百之上。達魯花赤一員，千戶一員，俱從五品，金牌；副千戶一員，正六品，銀牌。

彈壓二員，蒙古、漢人參用。上千戶所從八品，中下二所正九從九品內銓注。

上百戶所，百戶二員，蒙古一員，漢人一員，俱從六品，銀牌。

下百戶所，百戶一員，從七品，銀牌。

儒學提舉司，秩從五品。各處行省所署之地，皆置一司，統諸路、府、州、縣學校祭祀教養錢糧之事，及考校呈進著述文字。每司提舉一員，從五品；副提舉一員，從七品；吏目一人，司吏二人。

蒙古提舉學校官，秩從五品。提舉一員，從五品；同提舉一員，從七品。至元十八年置。惟江浙、湖廣、江西三省有之，餘省不置。

官醫提舉司，秩從六品。提舉一員，同提舉一員，副提舉一員。掌醫戶差役詞訟。至元二十五年置。河南、江浙、江西、湖廣、陝西五省各立一司，餘省並無。

兩淮都轉運鹽使司，秩正三品。國初，兩淮內附，以提舉馬里范章專掌鹽課之事。至元十四年，始置司于揚州。使二員，正三品；同知二員，正四品；副使一員，正五品；運判二員，正六品；經歷一員，從七品；知事一員，從八品；照磨一員，從九品。三十年，悉罷所轄鹽司，以其屬置場官。大德四年，復置批驗所于眞州、采石等處。

鹽場二十九所，每場司令一員，從七品；司丞一員，從八品；管勾一員，從九品。辦鹽各

有差。

呂四場，餘東場，餘中場，餘西場，西亭場，金沙場，石堰場，掘港場，豐利場，馬塘場，拼茶場，角斜場，富安場，安豐場，梁垛場，東臺場，河垛場，丁（奚）〔溪〕場，〔八〕小海場，草堰場，白駒場，劉莊場，五祐場，新興場，廟灣場，莞瀆場，板浦場，臨洪場，徐瀆浦場。

批驗所，每所提領一員，正七品；大使一員，正八品；副使一員，正九品。掌批驗鹽引。

兩浙都轉運鹽使司，秩正三品。使二員，同知二員，運判二員，經歷、知事各一員，照磨一員。至元十四年，置司杭州。大德三年，定其產鹽之地，立場有差，仍於杭州、嘉興、紹興、溫、台等處，設檢校四所，專驗鹽袋，毋過常度。

鹽場三十四所，每所司令一員，從七品；司丞一員，從八品；管勾一員，從九品。

仁和場，許村場，西路場，下沙場，青村場，袁部場，浦東場，橫浦場，蘆瀝場，海沙場，鮑郎場，西興場，錢清場，三江場，曹娥場，石堰場，鳴鶴場，清泉場，長山場，穿山場，（袋）〔岱〕山場，〔九〕玉泉場，蘆花場，大嵩場，昌國場，永嘉場，雙穗場，天富南監，長林場，黃巖場，杜瀆場，天富北監，長亭場，龍頭場。

福建等處都轉運鹽使司，秩正三品。使二員，同知二員，運判二員，經歷、知事各一員，照磨一員。至元十四年，始置市舶司，領煎鹽徵課之事。二十四年，改立鹽運司。二十九

年罷，立提舉司。大德四年，復爲運司。九年復罷，併入元帥府兼掌之。十年，復立都提舉司。至大四年，復陞運司，徑隸行省。凡置鹽場七所：

鹽場七所，每所司令一員，從七品；司丞一員，從八品；管勾一員，從九品。

海口場，牛田場，上里場，惠安場，潯美場，浯（州）〔洲〕場，〔一〇〕汭（州）〔洲〕場。〔一一〕

廣東鹽課提舉司。至元十三年，始從廣州煎辦鹽課。十六年，隸江西鹽鐵茶都轉運司。二十二年，併入宣慰司。二十三年，置市舶提舉司。大德四年，改廣東鹽課提舉司。提舉一員，從五品；同提舉一員，從六品；副提舉一員，從七品。其屬附見：

鹽場十三所，每所司令一員，從七品；司丞一員，從八品；管勾一員，從九品。

靖康場，歸德場，東莞場，黃田場，香山場，矬峒場，雙恩場，鹹水場，（溙）〔淡〕水場，〔一二〕石橋場，隆井場，招收場，小江場。

四川茶鹽轉運司。成都鹽井九十五處，散在諸郡山中。至元二年，置興元四川轉運司，專掌煎熬辦課之事。八年罷之。十六年，復立轉運司。十八年，併入四道宣慰司。十九年，復立陝西四川轉運司，通轄諸課程事。二十二年，置四川茶鹽運司，秩從三品。使一員，同知、副使、運判各一員，經歷、知事、照磨各一員。

鹽場一十二所，每所司令一員，從七品；司丞一員，從八品；管勾一員，從九品。

簡鹽場、隆鹽場、綿鹽場、潼川場、遂實場、順慶場、保寧場、嘉定場、長寧場、紹慶場、雲安場、大寧場。

廣海鹽課提舉司，至元三十一年置。專職鹽課。秩正四品。都提舉二員，從四品；同提舉二員，從五品；副提舉二員，從六品。知事一員，提控案牘一員。

市舶提舉司。至元二十三年，立鹽課市舶提舉司，隸廣東宣慰司。三十年，立海南博易提舉司。至大四年罷之，禁下番船隻。延祐元年，弛其禁，改立泉州、廣東、慶元三市舶提舉司。每司提舉二員，從五品；同提舉二員，從六品；副提舉二員，從七品；知事一員。

海道運糧萬戶府，至元二十年置。秩正三品。掌每歲海道運糧供給大都。達魯花赤一員，萬戶一員，並正三品；副萬戶四員，從三品；經歷一員，從七品；知事一員，從八品；照磨一員，從九品；鎮撫二員，正五品。其屬附見：

海運千戶所，秩正五品。達魯花赤一員，千戶二員，並正五品；副千戶三員，從五品。若溫台，若慶元紹興，若杭州嘉興，若崑山崇明，常熟江陰等處，凡五所，而平江又有海運香莎糯米千戶所。

諸路總管府，至元初置。二十年，定十萬戶之上者爲上路，十萬戶之下者爲下路。當衝要者，雖不及十萬戶亦爲上路。上路秩正三品。達魯花赤一員，總管一員，並正三品，兼管勸農事，江北則兼諸軍奧魯。同知、治中、判官各一員。下路秩從三品，不置治中員，而同知如治中之秩，餘悉同上。至元二十三年，置推官二員，專治刑獄，下路一員。經歷一員，知事一員或二員，照磨兼承發架閣一員，司吏無定制，隨事繁簡以爲多寡之額；譯史、通事各一人。其屬附見：

儒學教授一員，秩九品。[二]諸路各設一員，及學正一員、學錄一員。其散府、上中州，亦設教授一員，下州設學正一員。

蒙古教授一員，正九品。

醫學教授一員。

陰陽教授一員。

司獄司，司獄一員，丞一員。

平準行用庫，提領、大使、副使各一員。

織染局，局使一員，副使一員。

雜造局，大使一員，副使一員。

府倉，大使一員，副使一員。

惠民藥局，提領一員。

稅務，提領一員，大使、副使各一員。

錄事司，秩正八品。凡路府所治，置一司，以掌城中戶民之事。中統二年，詔驗民戶，定爲員數。二千戶以上，設錄事、司候、判官各一員；二千戶以下，省判官不置。至元二十年，置達魯花赤一員，省司候，以判官兼捕盜之事，典史一員。若城市民少，則不置司，歸之倚郭縣。在兩京，則爲警巡院。獨杭州置四司，後省爲左、右兩司。

散府，秩正四品。達魯花赤一員，知府或府尹一員。領勸農奧魯與路同。同知一員，判官一員，推官一員，知事一員，提控案牘一員。所在有隸諸路及宣慰司、行省者，有直隸省部者，有統州縣者，有不統縣者，其制各有差等。

諸州。中統五年，併立州縣，未有等差。至元三年，定一萬五千戶之上者爲上州，六千戶之上者爲中州，六千戶之下者爲下州。江南既平，二十年，又定其地五萬戶之上者爲上州，三萬戶之上者爲中州，不及三萬戶者爲下州。於是陞縣爲州者四十有四。縣戶雖多，附路府者不改。上州：達魯花赤、州尹秩從四品，同知秩正六品，判官秩正七品。中州：達

魯花赤、知州並正五品，同知從六品，判官從七品。下州：達魯花赤、知州並從五品，同知正七品，判官正八品，兼捕盜之事。參佐官：上州，知事、提控案牘各一員，中州，吏目、提控案牘各一員，下州，吏目一員或二員。

諸縣。至元三年，合併江北州縣。六千戶之上者爲上縣，二千戶之上者爲中縣，不及二千戶者爲下縣。二十年，又定江淮以南，三萬戶之上者爲上縣，一萬戶之上者爲中縣，一萬戶之下者爲下縣。上縣，秩從六品。達魯花赤一員，尹一員，丞一員，簿一員，尉一員，典史二員。中縣，秩正七品。不置丞，餘悉如上縣之制。下縣，秩從七品。置官如中縣，民少事簡之地，則以簿兼尉。後又別置尉，尉主捕盜之事，別有印。典史一員。巡檢司，秩九品。巡檢一員。

諸軍，唯邊遠之地有之，各統屬縣，其秩如下州，其設官置吏亦如之。

諸蠻夷長官司。西南夷諸溪洞各置長官司，秩如下州。達魯花赤、長官、副長官，參用其土人爲之。

各處脫脫禾孫，掌辨使臣奸僞。正一員，從五品；副一員，正七品。

勳一十階：

上柱國，正一品。　柱國，從一品。　上護軍，正二品。
護軍，從二品。　上輕車都尉，正三品。　輕車都尉，從三品。
上騎都尉，正四品。　騎都尉，從四品。　驍騎尉，正五品。
飛騎尉。從五品。

爵八等：

王，正一品。　郡王，從一品。　國公，正二品。
郡公，從二品。　郡侯，正三品。　郡侯，從三品。
郡伯，正四品。　郡伯，從四品。　縣子，正五品。
縣男。從五品。

右勳爵，若上柱國、郡王、國公，時有除拜者，餘則止於封贈用之。

文散官四十二：

開府儀同三司，　儀同三司，
特進，　崇進，
金紫光祿大夫，　銀青榮祿大夫，以上俱正一品。
光祿大夫，　榮祿大夫，以上從一品。

資德大夫，　資政大夫，
資善大夫，以上正二品。　正奉大夫，
通奉大夫，　中奉大夫，以上從二品。
正議大夫，　通議大夫，
嘉議大夫，以上正三品。　太中大夫，
中大夫，　亞中大夫，以上從三品，舊爲少中，延祐改亞中。
中議大夫，　中憲大夫，
中順大夫，以上正四品。　朝請大夫，
朝散大夫，　朝列大夫，以上從四品。
奉政大夫，　奉議大夫，以上正五品。
奉直大夫，　奉訓大夫，以上從五品。
承德郎，　承直郎，以上正六品。
儒林郎，　承務郎，以上從六品。
文林郎，　承事郎，以上正七品。
徵事郎，　從事郎，以上從七品。
登仕郎，　將仕郎，以上正八品。
登仕佐郎，　將仕佐郎。以上從八品。

右文散官四十二階，由一品至五品爲宣授，六品至九品爲敕授。敕授則中書署牒，宣授則以制命之。一品至五品者服紫，六品至七品者服緋，八品至九品者服綠，武官以下皆如之。其官常對品，惟九品無散官，則但舉其職而已，武官雜職亦如之。

武散官三十四階：

龍虎衞上將軍，　金吾衞上將軍，
驃騎衞上將軍，以上正二品。　奉國上將軍，
輔國上將軍，　鎮國上將軍，以上從二品。
昭武大將軍，　昭勇大將軍，
昭毅大將軍，以上正三品。　安遠大將軍，
定遠大將軍，　懷遠大將軍，以上從三品。
廣威將軍，　宣威將軍，
明威將軍，以上正四品。　信武將軍，
顯武將軍，　宣武將軍，以上從四品。

武節將軍，　武德將軍，以上正五品。
武義將軍，　武略將軍，以上從五品。
承信校尉，　昭信校尉，以上正六品。
忠武校尉，　忠顯校尉，以上從六品。
忠勇校尉，　忠翊校尉，以上正七品。
修武校尉，　敦武校尉，以上從七品。
保義校尉，　進義校尉，以上正八品。
保義副尉，　進義副尉。以上從八品。

右武散官三十四階，自龍虎衞上將軍至進義副尉，由正二品至從八品，其除授具前。

內侍散官一十四：

中散大夫，正二品。　中引大夫，從二品。
中御大夫，正三品。　侍中大夫，〔一四〕從三品。
中衞大夫，正四品。　中涓大夫，從四品。
通侍郎，正五品。　通御郎，從五品。
侍直郎，正六品。　內直郎，從六品。

司謁郎，正七品。　司閤郎，從七品。
司奉郎，正八品。　司引郎。從八品。

右內侍品秩一十四階，自中散至司引，由正二品至從八品，其除授具前。

司天散官一十四：

欽象大夫，從三品。　明時大夫，
頒朔大夫，以上正四品。　保章大夫，從四品。
司玄大夫，正五品。　授時郎，從五品。
靈臺郎，正六品。　候儀郎，從六品。
司正郎，正七品。　平秩郎，從七品。
正紀郎，　挈壺郎，以上正八品。
司曆郎，　司辰郎。以上從八品。

右司天品秩一十四階，自欽象至司辰，由從三品至從八品，其除授具前。

太醫散官一十五：

保宜大夫，　保康大夫，以上從三品。
保安大夫，　保和大夫，以上正四品。

保順大夫，從四品。　保沖大夫，正五品。
保全郎，從五品。　成安郎，正六品。
成和郎，從六品。　成全郎，正七品。
醫正郎，從七品。　醫效郎，
醫候郎，以上正八品。　醫痊郎，
醫愈郎。以上從八品。

右太醫品秩一十五階，自保宜至醫愈，亦由從三品至從八品，其除授具前。

教坊司散官十五：

雲韶大夫，　儷韶大夫，以上從三品。
長寧大夫，　德和大夫，以上正四品。
協律大夫，從四品。　嘉成大夫，正五品。
純和郎，從五品。　調音郎，正六品。
司樂郎，從六品。　協樂郎，正七品。
和樂郎，從七品。　司音郎，
司律郎，以上正八品。　和聲郎，
和節郎。以上從八品。

右教坊品秩一十五階，自雲韶至和節，由從三品至從八品，其除授具前。

校勘記

〔一〕行中書省凡十〔一〕　據下文省數及本書卷五八地理志補。

〔二〕二十三年四川立行樞密院　考異云：「據下文，當云行中書省。」

〔三〕〔至元〕十年罷之　據本書卷八世祖紀至元十年三月癸酉條補。本證已校。

〔四〕慶元路〔置〕　從北監本補。

〔五〕天臨〔路〕置　原空闕。據本書卷六三地理志補。

〔六〕都元帥府都元帥二員副元帥二員　按都元帥府應置都元帥、副都元帥。本書卷五世祖紀中統三年十月丙寅條見都元帥府、副都元帥。疑此處「副」下脫「都」。

〔七〕（當）〔常〕陽　據本書卷八七百官志改。明太祖實錄卷六〇洪武四年正月辛卯條作「常陽」。

〔八〕丁（奚）〔溪〕場　據本書卷一九一許維禎傳及元典章卷九場務官改。

〔九〕（袋）〔岱〕山場　據元典章卷九場務官改。按岱山在浙江定海縣北，爲舟山羣島之一，其上有鹽場。

〔一〇〕浯（州）〔洲〕場　元無「浯州」。按此「浯州」實指「浯洲嶼」，即福建金門島，今金門縣。其上舊有鹽場。「州」當作「洲」，今改。

〔一一〕泗（州）〔洲〕場　元無「泗州」。按此「泗州」實指「泗洲嶼」，在今福建同安縣南四十里。其上舊有鹽場。「州」當作「洲」，今改。

〔一二〕（滐）〔淡〕水場　據元典章卷九場務官改。

〔一三〕儒學教授一員秩九品　按元典章卷九諸教官遷轉例，儒學教授「府、州一任准正九，再歷路教授一任准從八」。事林廣記別集卷二官制類有「各路教授正九品」。新元史「秩」下補「正」，疑是。

〔一四〕侍中大夫　按元典章卷七資品、事林廣記別集卷一官制類、南村輟耕錄卷七官制資品，「侍中」均作「中儀」。疑「侍中」爲「中儀」之誤。

元史卷九十二

志第四十一下

百官八

元之官制，其大要具見于前。自元統、至元以來，頗有沿革增損之異。至正兵興，四郊多壘，中書、樞密，俱有分省、分院；而行中書省、行樞密院增置之外，亦有分省、分院。自省院以及郡縣，又各有添設之員。而各處總兵官以便宜行事者，承制擬授，具姓名以軍功奏聞，則宜命敕牒隨所索而給之，無有考覈其實者。於是名爵日濫，紀綱日紊，疆宇日蹙，而遂至于亡矣。惜其掌故之文，缺軼不完，今據有司所送上者，緝而載之，以附前志，庶覽者得以參考其得失治亂之概云。

中書省。元統三年七月，中書省奏請自今不置左丞相。十月，命伯顏獨長台司，詔天下。至元五年十月，加右丞相伯顏爲大丞相。六年十月，命脫脫爲右丞相，復置左丞相。

至正七年，置議事平章四人。十二年二月，以賈魯爲添設左丞。三月，以悟良哈台爲添設參知政事。〔一〕七月，又以杜秉彝爲添設參政。八月，以哈麻爲添設右丞。十三年六月，命皇太子領中書令，如舊制。十四年九月，以呂思誠爲添設左丞。二十七年八月，以樞密知院蠻子爲添設第三平章，以太尉帖里帖木兒爲添設左丞相。

中書分省。至正十一年，置中書分省于濟寧，以松壽爲參知政事。十二年二月，中書右丞玉樞虎兒吐華、左丞韓大雅開分省于彰德。十四年，升濟寧分省參政帖里帖木兒爲平章政事，是後嘗置右丞以守禦焉。十五年四月，彰德分省除右丞、左丞各一員。十七年七月，以平章答蘭，參政俺普、崔敬分省陵州。十一月，平章減卜分省冀寧。十八年三月，掃地王、沙劉陷冀寧，〔二〕減卜遁。五月，王、劉北行，總兵官察罕帖木兒遣瑣住院判來冀寧鎮守，減卜復回。十九年，減卜卒。二十年正月，以右丞不花、參政王時分省冀寧。三月，鐵甲韓至，分省官皆遁。二十一年，以平章答蘭鎮守。二十二年，答蘭還京師，以左丞刺馬乞刺、參政脫禾兒領分省事。二十三年三月，又以平章愛不花鎮之。八月，擴廓帖木兒兵至，冀寧分省遂罷。二十七年八月，以添設平章蠻子兼知院，分省保定。九月，命太保、（左）〔右〕丞相也速統領軍馬，〔三〕分省山東；沙藍答里仍中書左丞相、知樞密院，分省大同。以哈剌那海爲大同分省平章，阿剌不花爲參知政事。又置分省于冀寧，陞冀寧總管爲參政，鑄印與之，凡事必咨大同分省而後行之。十月，又置分省于眞定。

六部。至元三年十二月，伯顏太師等奏准，吏部考功郎中、員外郎、主事各設一員。至正元年四月，吏部置司績一員，正七品，掌百官行止，以憑敍用廕襲。六月，中書奏准，戶部事繁，見設司計四員，宜依前至元二十八年例，添設二員。十一月，吏、禮、兵、刑分爲二庫，戶、工二部分二庫，各設管勾一員。十二年正月，刑部添設倘書、侍郎、郎中、員外郎各一員。十五年十月，濟寧分省置兵、刑、工、戶四部。

樞密院。至正七年，知樞密院阿吉剌奏：「樞密院故事，亦設議事平章二人。」有旨令復置。十三年六月，令皇太子領樞密使，如舊制。十五年四月，添設僉院一員、院判二員。

樞密分院。至正十五年三月，置樞密分院于衞輝。四月，彰德分院添設同知、副樞各一員，都事一員。直沽分院添設副樞一員、都事一員。十六年，又置分樞密院于沂州，以指揮使司隸焉。

大宗正府。至元元年閏十二月，中書省奏准，世祖時立大宗正府，至仁宗時減去大字，今宜遵世祖舊制，仍爲大宗正府。至正十年十二月，大宗正府添設掌判二員。

宣文閣。至元六年十一月，罷奎章閣學士院。至正元年九月，立宣文閣，不置學士，唯授經郎及監書博士以宣文閣繫銜云。

崇文監。至元六年十二月，改藝文監爲崇文監。至正元年三月，奉旨，令翰林國史院領之。

詳定使司。至正十七年七月，置四方獻言詳定使司，正三品，掌考其所陳之言，擇其善者以聞于上，而舉行之。詳定使二員，正三品；副使二員，正四品；掌書記二員，正七品。中書官提調之。

司禋監。至正元年十二月，奉旨，依世祖故事，復立司禋監，給四品印，掌師翁祭祀祈禳之事。置內監、少監、監丞各二員，知事一員，譯史、令史、奏差各二名。自後復升爲三品。

延徽寺。至元六年二月，中書省奉旨，依累朝故事，起蓋懿璘質班皇帝斡耳朵，置延徽寺以掌之。

規運提點所。至元六年十一月，罷太禧宗禋院隆祥使司。十二月，中書奏以宗禋院所轄會福、崇（福）〔祥〕、隆禧、壽福四總管府，〔四〕幷隆祥使司，俱改爲規運提點所，正五品，仍添置萬寧提點所一處，並隸宣政院。

諸路寶泉都提舉司，至正十年十月置。其屬有鼓鑄局，正七品；永利庫，從七品。掌鼓鑄至正銅錢，印造交鈔。

徽政院。元統元年十二月，依太皇太后故事，爲皇太后置徽政院，設立官屬三百六十有六員。

資正院。至元六年十二月，中書省奉旨爲完者忽都皇后置資正院，正二品。院使六員，同知、僉院、同僉、院判各二員。首領官：經歷、都事各二員，管勾、照磨各一員。將昭功萬戶府司屬，除已罷繕工司外，集慶路錢糧幷入，有司每年驗數，撥付資正院。其餘司屬，並付資正院領之。自後正宮皇后崩，册立完者忽都爲皇后，改置崇政院。

東宮官屬。至正六年四月，立皇太子宮傅府，以長吉等爲宮傅官，時太子猶未受册寶。至九年冬，立端本堂爲皇太子學宮。置諭德一員，正二品；贊善二員，正三品；文學二員，正五品；正字二員，正七品；司經二員，正七品。十三年六月，册立皇太子，定置皇太子賓客二員，正二品；左、右諭德各一員，從二品；左、右贊善各一員，從三品；文學二員，從五品；中庶子、中允各一員，從六品。

詹事院。至正十三年六月，立詹事院，罷宮傅府。置詹事三員，從一品；同知詹事二員，正二品；副詹事二員，從二品；詹事丞二員，正三品；首領官四員，中議二員，從五品；長史二員，從六品；管勾、照磨各一員，正八品；蒙古必闍赤六人，回回掾史二人，掾史十人，知印二人，怯里馬赤二人，宣使十人。其屬有家令司，家令二員，正三品，二員，正四品；家丞二員，正五品；典簿二員，從七品；照磨一員，正九品。有府正司，府正二員，正三品；府丞

二員，正五品；典簿二員，從七品；照磨一員，正九品。有典寶監，典寶卿二員，正三品；太監二員，從三品；少監二員，從四品；監丞二員，正五品；經歷一員，從七品；知事一員，從八品；照磨一員，正九品。有儀衞司，指揮二員，從四品；副二員，從五品；知事一員，從八品。十一月，置典藏庫，從五品，掌收皇太子錢帛。十七年十月，置分詹事院。詹事一員，同知、副使各一員，詹事丞二員，經歷一員，都事二員，照磨兼架閣一員，斷事官二員，知事一員。

大撫軍院。〔至正〕二十七年八月乙巳，命皇太子總天下軍馬。〔五〕九月，皇太子置大撫軍院，從一品。知院四員，同知二員，副使一員，同僉一員。首領官：經歷、都事各二員，照磨兼管勾一員。二十八年閏七月，詔罷之。

大都分府。至正十八年三月，東安、漷州、柳林日有警報，京師備禦四隅，俱立大都分府。其官吏數，視都府減半。

警巡院。至正十一年七月，陞左、右兩巡院爲正五品。十八年，又於大都在城四隅，各立警巡分院，官吏視本院減半。

行中書省。至正十二年正月，江西、江浙行省皆除添設平章，陝西行省除添設右丞。閏三月，置淮南江北等處行中書省于揚州，以淮西宣慰司、兩淮鹽運司、揚州、淮安、徐州、唐州、安豐、蘄、黃皆隸焉。〔六〕除平章二員，右丞、左丞各一員，參政二員，及首領官、屬官共

二十五員。爲頭平章，兼提調（淮）〔鎮〕南王傅府事。〔七〕至十一月，始鑄淮南江北等處行中書省印給之。是年，江浙行省添設右丞、參政，四川行省添設參政。十六年五月，置福建等處行中書省于福州，鑄印設官，一如各處行省之制。以江浙行中書省平章左答納失里、南臺中丞阿魯溫沙爲福建行中書省平章政事，福建閩海道廉訪使莊嘉爲右丞，福建元帥吳鐸爲左丞，司農丞訥都赤、益都路總管卓思誠爲參政。以九月至福州，罷帥府，開省署。十七年九月，置山東行省，以大司農哈剌章爲平章政事，鑄印與之。十八年，福建行省右丞朶歹分省建寧，參政訥都赤分省泉州。二十三年三月，置廣西行中書省，以廉訪使也兒吉尼爲平章政事。又置膠東行省于萊陽，總制東方事。二十六年八月，置福建江西等處行中書省。

行樞密院。至元三年，伯顏右丞相奏准，於四川及湖廣、江西之境，及江浙，凡三處，各置行樞密院，以鎮遏好亂之民。每處設知院一員，同知、僉院、院判各一員。湖廣、江西二省所轄地里險遠，添設同僉一員。各院經歷一員，都事二員，照磨一員，客省副使一員，斷事官二員，蒙古必闍赤二人，掾史六人，宣使六人，知印、怯里馬赤各一人，斷事官譯史一人，令史二人，怯里馬赤、知印各一人，奏差二人。至四年二月，遂罷之。至正十三年五月，嶺北行樞密院添設斷事官二員，先已設四員，共六員。又立鎮撫司，除鎮撫二員。立管勾

所，置管勾一員，兼照磨。後又添設僉院二員、都事一員。十五年十月，置淮南江北等處行樞密院于揚州。十二月，河南行樞密院添設院判一員。十六年三月，置江浙行樞密院于杭州。知院二員，同知二員，副樞二員，僉院二員，同僉二員，院判二員。首領官：經歷、知事各一員，斷事官二員，經歷一員。〔八〕十八年，以參政崔敬爲山東等處行樞密院副使，分院於漷州，兼領屯田事。十九年八月，以察罕帖木兒爲河南行省平章政事，兼河南山東等處行樞密院知院。二十六年八月，置福建江西等處行樞密院。

行御史臺。至正十六年九月二十八日，命太尉納麟爲江南諸道行御史臺御史大夫，以次官員，各依等第選用。是日，御史臺奉旨，移置行臺于紹興。十二月，合臺官屬，開臺署事。是年，置河南廉訪司于沂州。十八年，御史臺奏准，江西湖東道肅政廉訪司，權於建寧路開司署事。二十二年九月，權置山北廉訪司于惠州。二十三年六月，濟南路復置肅政廉訪司。二十五年閏十月，御史大夫完者帖木兒奏：「江南諸道行御史臺衙門，嘗奉旨於紹興路開設，近因道梗，湖南、湖北、廣東、廣西、海北、江西、福建等處，凡有文書，北至南臺，風信不便，徑申內臺，未委事情虛實。宜於福建置分臺，給降印信，俾湖南、湖北、廣東、廣西、海北、江西、福建各道文書，由分臺以達內臺，於事體爲便。」有旨從之。十一月，仍置河東廉訪司于冀寧。

行宣政院。元統二年正月，革罷廣教總管府一十六處，置行宣政院于杭州。除院使二員，同知二員，副使二員，同僉、院判各一員。首領官：經歷二員，都事、知事、照磨各一員，令史八人，譯史二人，宣使八人。至元二年五月，西番寇起，置行宣政院，以也先帖木兒爲院使往討之。至正二年，江浙行宣政院設崇教所，擬行中書省理問官，秩四品，〔九〕以理僧民之事。

河南山東都水監。至正六年五月，以連年河決爲患，置都水監，以專疏塞之任。

行都水監。至正八年二月，河水爲患，詔於濟寧鄆城立行都水監。九年，又立山東河南等處行都水監。十一年十二月，立河防提舉司，隸行都水監，掌巡視河道，從五品。十二年正月，行都水監添設判官二員。十六年正月，又添設少監、監丞、知事各一員。

都水庸田使司。至元二年正月，置都水庸田使司于平江，既而罷之。至五年，復立。至正十二年，因海運不通，京師闕食，詔河南窪下水泊之地，置屯田八處，於汴梁添立都水庸田使司，正三品，掌種植稻田之事。庸田使二員，副使二員，僉事二員。首領官：經歷、知事、照磨各一員，司吏十二人，譯史二人。

都總制庸田使司。至正十年，置河南江北等處都總制庸田使司。定置都總制庸田使二員，從二品；副使二員，從三品；僉司六員，從四品。首領官：經歷二員，從六品；都事二

員，從七品；照磨兼管勾承發架閣一員，從八品；蒙古必闍赤、回回令史、怯里馬赤、知印各一人，令史十八人，宣使十八人，壕寨十八人，典吏四人。其屬官，則有軍民屯田總管府，凡五處，置達魯花赤各一員，從三品；總管各一員，正五品；同知各一員，正六品；府判各一員，從七品。首領官：經歷各一員，從八品；知事各一員，從九品；提控案牘兼管勾承發架閣各一員，蒙古譯史各一人，司吏各六人，典吏各二人。又有農政司，置農政一員，正五品；農丞一員，正六品；提控一員，司吏二人。又有豐盈庫，置提領一員，正八品；大使、副使各一員，正九品。

分司農司。至正十三年正月，命中書右丞悟良哈台、左丞烏古孫良楨兼大司農卿，給分司農司印。西自西山，南至保定、河間，北至檀、順州，東至遷民鎮，凡係官地，及元管各處屯田，悉從分司農司立法募民佃種之。

大兵農司。至正十五年，詔有水田去處，置大兵農司，招誘夫丁，有事則乘機招討，無事則栽植播種。所置司之處，曰保定等處大兵農使司、河間等處大兵農使司、武清等處大兵農使司、景薊等處大兵農使司。其屬，有兵農千戶所，共二十四處；百戶所，共四十八處；鎮撫司各一。

大都督兵農司。至正十九年二月，置大都督兵農司于西京，以孛羅帖木兒領之，從其

所請也。仍置分司十道，專掌屯種之事。

茶運司。元統元年十一月，復置湖廣江西榷茶都轉運司。

鹽運司。至正二年十一月，中書省奉旨講究鹽法，奏准於杭州、嘉興、紹興、溫台四處，各置檢校批驗所，直隸運司，專掌批驗鹽商引目，均平袋法稱盤等事。每所置檢校批驗官一員，從六品；相副官一員，正七品。

漕運司。至元二年五月，京畿都漕運司添設提調官、運副、運判各一員。〔至正〕九年，添設海道巡防官，〔一〇〕給降正七品印信，掌統領軍人水手，防護糧船。巡防官二員，相副官二員。

防禦海道運糧萬戶府。至正十五年七月，陞台州海道巡防千戶所爲防禦海道運糧萬戶府。九月，置分府于平江。

添設兵馬司。至正十年十月，中書省奏：「東南千里外，妖氣見，合立兵馬司四處，掌防禦之職。」遂置大名兵馬司、東平兵馬司、濟南兵馬司、徐州兵馬司。每司置都指揮、指揮各二員，副指揮各四員，經歷、知事、提控案牘各一員，譯史各二人，司吏各十二人，奏差各八人，貼書各二十四人，忽剌罕赤各三十人，司獄各一員，獄丞各一員。十一年，罷沂州分元帥府，改立兵馬指揮使司。十五年十月，濟寧兵馬司添設副指揮二員。

各處寶泉提舉司。〔至正〕十一年十月，〔一一〕置寶泉提舉司于河南行省及濟南、冀寧等處，凡九所。江浙、江西、湖廣行省各一所。十二年三月，置銅冶場于饒州路德興縣、信州路鉛山州、韶州岑水，凡三處。每所置提領一員，正八品；大使一員，從八品；副使一員，正九品。流官內銓注。直隸寶泉提舉司，掌浸銅事。

湖南道宣慰使司都元帥府。至元元年六月奏准，湖南道宣慰使司兼都元帥府，總領所轄路分鎮守萬戶軍馬。

邦牙等處宣慰使司都元帥府，至元四年十二月置。先是，以緬地處雲南極邊，就立其酋長爲帥，三年一貢方物。至是來貢，故改立官府以獎異之。

永昌等處宣慰使司都元帥府。至正三年七月，中書省奏：「闊端阿哈所分地方，接連西番，自脫脫木兒既沒之後，無人承嗣。達達人口頭匹，時被西番劫奪殺傷，深爲未便。」遂定置永昌等處宣慰使司都元帥府以治之。置宣慰使三員、同知二員、副使二員。首領官：經歷、知事、照磨各一員，令史十人，蒙古譯史四人，知印二人，怯里馬赤一人，奏差八人，典吏二人。

山東東西道宣慰使司都元帥府，至正六年十二月改立，掌開設屯田、屯駐軍馬之事。

荆湖北道宣慰使司都元帥府。至正十一年十一月奏准，荆湖北道宣慰使司兼都元

帥府。

浙東宣慰司。至正十二年正月，添設宣慰使一員、同知一員、都事二員。

淮東等處宣慰使司都元帥府。至正十五年二月置。統率濠泗義兵萬戶府，并洪澤等處義兵。招誘富民，出丁壯五千名者爲萬戶，五百名者爲千戶，一百名者爲百戶，降宣敕牌面與之，命置司于泗州天長縣。

興元等處宣慰使司都元帥府。至正十五年十二月置。

江州等處宣慰使司都元帥府。至正十六年九月奏准，宣慰使都元帥廷授，佐貳僚屬，命江西行省平章政事道童、火你赤承制署之。

河南宣慰司。至正十九年十月，罷洛陽招討軍民萬戶府，置宣慰司，以張俊爲宣慰使。

東路都蒙古軍都元帥府。至正八年正月置。

分元帥府。至正八年十二月，以福建盜起，詔汀、漳二州立分元帥府，以討捕之。[一二]十一月，命買列的開分元帥府于沂州，以鎮禦東海羣盜。十一年正月，湖南寶慶路置分元帥府，又置寶武分元帥府。三月，置山東分元帥府于登州，提調登、萊、寧海三州三十六處海口事。十二年二月，置安東、安豐二處分元帥府。

水軍元帥府。至正二十六年二月，置河淮水軍元帥府于孟津縣。

紹熙軍民宣撫司。至元四年，因監察御史言：「四川在宋時，有紹熙一府，統六州、二十縣、一百五十二鎮。近年雍、梁、淮甸人民，見彼中田疇廣闊，開墾成業者，凡二十餘萬戶。」省部議定，遂奏准置紹熙等處軍民宣撫司。正官六員，宣撫使、同知、副使各二員。首領官三員，經歷、知事、提控案牘各一員。司獄一員，蒙古、儒學教授各一員，令史八人，譯使、知印、怯里馬赤各一人，奏差四人。所隸資、普、昌、隆下州四處，盤石、內江、安岳、昌元、貴平下縣五處，巡檢司一十三處，各設官如制。又置都總使司，命御史大夫脫脫兼都總使，治書侍御史吉當普爲副都總使。至元六年十一月，中書又因臺臣言裁減冗官事，遂罷紹熙軍民宣撫司。

永順宣撫司。至正十一年四月，改陞永順安撫司爲宣撫司。

平緬宣撫司。至正十五年八月，以雲南死可伐等降，令其子莽三入貢方物，乃置平緬宣撫司以羈縻之。

忠孝軍民安撫司。至正十一年七月，革罷四川省所轄大奴管勾等洞長官司，立忠孝軍民府。至十五年四月，詔改爲忠孝軍民安撫司。

忠義軍民安撫司。至正十五年四月，罷四川羊母甲洞、奧南王洞長官司，置忠義軍民安撫司。又罷盤順府，置盤順軍民安撫司。

宣化鎮南五路軍民府。至正十五年四月，命於四川置立提調軍民鎮撫所、蠻夷軍民千戶所。

團練安撫勸農使司。至正十八年九月，置奉元延安等處團練安撫勸農使司于耀州，鞏昌等處團練安撫勸農使司于邠州，以行省丞相朶朶、行臺大夫完者帖木兒領之。各設參謀一人。每道置使二人，同知、副使各二人，檢督六人，經歷、知事、照磨各一人。

防禦使。至正十七年正月，淮山東分省咨，團結義兵，每州添設州判一員，每縣添設主簿一員，詔有司正官俱兼防禦使事，聽宣慰使司節制。

屯田使司。至正十五年十二月，置軍民屯田使司于沛縣，正三品。

屯田打捕總管府。至元四年五月，升兩淮屯田打捕總管府爲正三品。

黎兵萬戶府。元統二年十月，湖廣行省咨：「海南僻在極邊，南接占城，西隣交趾，環海四千餘里，中盤百洞，黎、獠雜居，宜立萬戶府以鎮之。」中書省奏准，依廣西屯田萬戶府例，置黎兵萬戶府。萬戶三員，正三品。千戶所一十三處，正五品。每所領百戶所八處，正七品。

水軍萬戶府。至正十三年十月，置水軍都萬戶府于崑山州，以浙東宣慰使納麟哈剌爲正萬戶，宣慰使董摶霄爲副萬戶。十四年二月，立鎮江水軍萬戶府，命江浙行省右丞佛家

閭領之。十五年十月，置水軍萬戶府于黃河小清(河)口。[一三]

義兵萬戶府。至正十四年二月，詔河南、淮南兩省並立義兵萬戶府。五月，置南陽、鄧州等處毛胡蘆義兵萬戶府，募土人爲軍，免其差役，令討賊自效。先是，鄉人自相團結，號毛胡蘆，故因以名之。十五年四月，置汴梁等處義兵萬戶府。十二月，置忠義、忠勤萬戶府于宿州及武安州。

招討軍民萬戶府。至正二十年，以鞏縣爲招討軍民萬戶府。二十六年三月，置嵩州軍民招討萬戶府。

義兵千戶所。至正十年七月中書奏准，於廣西平樂等古城竹山院、桑江隘、會化鄉、剌場嶺，湖南道州路、武岡路，湖北靖州路等處，置義兵千戶所。每所置千戶一員，彈壓一員，百戶十員。仍於義兵內推選才勇功能，充千戶、彈壓、百戶之職。首領官、都目各一員，於本省都吏目選內注授，並從本道帥府節制。湖南道州二處千戶所，於帥府分司處設立，本司調遣。湖北靖州一處，從本省摽撥鎮守調遣。總定九十六員，給降宣敕牌面印信。十三年十一月，立義兵千戶水軍千戶所于江西。

奉使宣撫。至正五年十月，遣官分道奉使宣撫，布宣德意，詢民疾苦，疏滌冤滯，蠲除煩苛，體察官吏賢否，明加黜陟。有罪者，四品以上停職申請，五品以下就便處決，民間一

切與利除害之事，悉聽舉行。其餘必合上聞者，條具入告。兩浙江東道，以江西行省左丞忽都不丁、吏部尚書何執禮爲之，宣政院都事吳密爲首領官。江西福建道，以雲南行省右丞散散、將作院使王士弘爲之，國子典簿孟昉爲首領官。江南湖廣道，以大都路達魯花赤拔實、江浙參政秦從德爲之，留守司都事月忽難爲首領官。海北廣東道，以平江路達魯花赤左答納失理、都水使賈惟(冀)[貞]爲之，〔一四〕都水照磨楊文在爲首領官。燕南山東道，以資正院使蠻子、兵部尚書李獻爲之，太醫院都事賈魯爲首領官。河東陝西道，以兵部尚書不花、樞密院判官靳義爲之，翰林應奉王繼善爲首領官。山北遼東道，以宣政院同知伯家奴、宣徽僉院王也速迭兒爲之，工部主事明理不花爲首領官。雲南省，以荆湖宣慰阿乞剌、兩浙鹽運使杜德遠爲之，通政院都事楊矩爲首領官。甘肅永昌道，以上都留守阿牙赤、陝西行省左丞王紳爲之，沁源縣尹喬遜爲首領官。四川省，以大都留守答爾麻失里、河南參政王守誠爲之，宣政院都事武祺爲首領官。京畿道，以西臺中丞定定、集賢侍講學士蘇天爵爲之，太史院都事留思誠爲首領官。河南江北道，以吏部尚書定僧、宣政院僉院魏景道爲之，中書檢校哈爾丹爲首領官。至正十七年九月，詔以中書(左)[右]丞也先不花〔一五〕御史中丞成遵奉使宣撫彰德、大名、廣平、東昌、東平、曹、濮等處，獎厲將帥。

經略使。至正十八年九月初六日，命經略使問民疾苦，招諭叛逆，果有怙終不悛，總督

一應大小官吏，治兵裒粟，精練士卒，審用成算，申明紀律。先定江西、湖廣、江浙、福建諸處，併力掎角，務收平復之效，不尚屠戮之威。江南各省民義，忠君親上，姓名不能上達者，優加撫存，量才驗功，授以官爵。旌表孝子順孫、義夫節婦、高年耆德，常令有司存恤鰥寡孤獨。選官二員爲經略使參謀官，辟名士一人掌案牘。設行軍司馬一員，秩正五品，掌軍律。

選舉附錄

科目

元以科目取士，自延祐至元統凡七科，具見前志。既罷復興之後，至正二年三月戊寅，廷試舉人，賜拜住、陳祖仁等進士及第、進士出身、同進士出身有差，凡七十有八人。國子生員十有八人：蒙古人六名，從六品出身，色目人六名，正七品出身，漢人、南人共六名，從七品出身。五年三月辛卯，廷試舉人，賜普顏不花、張士堅等進士及第、進士出身、同進士出身有差，如前科之數。國子生員亦如之。八年三月癸卯，廷試舉人，賜阿魯輝帖穆爾、王宗哲等進士及第、進士出身、同進士出身有差，如前科之數。國子生員亦如之。是年四月，中書省奏准，監學生員每歲取及分生員四十人，三年應貢會試者，凡一百二十八人。除例取十八人外，今後再取副榜二十人，於內蒙古、色目各四名，前二名充司鑰，下二名充侍儀舍人。漢人取一十二人，前三名充學正、司樂，次四名充學錄、典籍管勾，以下五名充舍人。不願者，聽其還齋。十一年三月丙辰，廷試舉人，賜朶列圖、文允中等進士及第、進士出身、同進士出身有差，凡八十有三人。國子生員如舊制。

十二年三月，有旨：「省院臺不用南人，似有偏負。天下四海之內，莫非吾民，宜依世祖時用人之法，南人有才學者，皆令用之。」自是累科南方之進士，始有爲御史、爲憲司官、爲尚書者矣。十四年三月(乙)[己]巳，〔一六〕廷試舉人，賜薛朝晤、牛繼志等進士及第、進士出身、同進士出身有差，凡六十有二人。國子生員如舊制。十七年三月，廷試舉人，賜倪徵、王宗嗣等進士及第、進士出身、同進士出身有差，凡五十有一人。國子生員如舊制。

十九年，中書左丞成遵建言：「宋自景祐以來，百五十年，雖無兵禍，常設寓試名額，以待四方遊士。今淮南、河南、山東、四川、遼陽等處，及江南各省所屬州縣，避兵士民，會集京師。如依前代故事，別設流寓鄉試之科，令避兵士民就試，許在京官員及請俸掾譯史人等，類其鄉里親戚者，結罪保舉，行移大都路印卷，驗其人數，添差試官，別爲考校，依各處元額，選合格者充之，則國有得人之效，野無遺賢之歎矣。」既而監察御史亦建言此事，中書

送禮部定擬：「會經殘破處所，其鄉試元額，蒙古、色目、漢人、南人總計一百三十有二人。如今流寓儒人，應試名數，難同全盛之時，其寓試解額，合照依元額減半量擬，取合格蒙古、色目各十五名，漢人二十名，南人十五名，通六十有五名。」中書省奏准，如所擬行之。而是歲福建行中書省初設鄉試，定取七人爲額，而江西流寓福建者亦與試焉，通取十有五人，充貢于京師。而陝西行省平章政事察罕帖木兒又請：「今歲八月鄉試，河南舉人及避兵儒士，不拘籍貫，依河南省元額數，就陝州置貢院應試。」詔亦從之。二十年三月，廷試舉人，賜買住、魏元禮等進士及第、進士出身、同進士出身有差，凡三十有五人。國子生員如舊制。二十三年三月丁未，廷試舉人，賜寶寶、楊輗等進士及第、進士出身、同進士出身有差，凡六十有二人。國子生員如舊制。是年六月，中書省奏：「江浙、福建舉人，涉海道以赴京，有六人者，已後會試之期，宜授以教授之職，其下第三人，亦以教授之職授之。非徒慰其跋涉險阻之勞，亦及激勸遠方忠義之士。」

二十五年，皇太子撫軍河東，適當大比之歲，擴廓帖木兒以江南、四川等處皆阻于兵，其鄉試不廢者，唯燕南、河南、山東、陝西、河東數道而已，乃啓皇太子倍增鄉貢之額。二十六年三月，廷試舉人，賜赫德溥化、張棟等進士及第、進士出身、同進士出身有差，凡七十有三人，優其品秩。第一甲，授承直郎，正六品。第二甲，授承務郎，從六品。第三甲，授從仕

郎，從七品。國子生員：蒙古七名，正六品；色目六名，從六品；漢人七名，正七品；通二十人。兵興已後，科目取士，莫盛于斯，而元之設科，亦止於是歲云。

校勘記

〔一〕三月以悟良哈台爲添設參知政事　按本書卷四二順帝紀，此事繫于至正十二年閏三月庚子。是年三月無庚子，紀當不誤。新元史改作「閏三月」，疑是。

〔二〕沙劉　按本書卷四五順帝紀至正十七年六月所見作「沙劉二」，庚申外史至正十七年、十八年所見均作「沙劉二」。新編據補「二」字，疑是。

〔三〕太保（左）〔右〕丞相也速　據本書卷四七順帝紀至正二十七年八月辛酉、九月甲戌條及卷一一三宰相表改。

〔四〕宗禋院所轄會福崇（福）〔祥〕隆禧壽福四總管府　據本書卷三二文宗紀天曆元年十月癸巳條、卷八七百官志改。

〔五〕〔至正〕二十七年八月乙巳命皇太子總天下軍馬　從道光本補。

〔六〕置淮南江北等處行中書省于揚州以淮西宣慰司兩淮鹽運司揚州淮安徐州唐州安豐蘄黃皆隸焉　本書卷四二順帝紀至正十二年閏三月乙酉條有「立淮南江北等處行中書省，治揚州，轄

揚州、高郵、淮安、滁州、和州、廬州、安豐、安慶、蘄州、黃州」。按唐州非兩淮地，壤土隔越，不得屬淮南行省。以紀、志之文對勘，疑「唐」爲「廬」之誤。

〔七〕粂提調（淮）〔鎭〕南王傅府事　據本書卷四二順帝紀至正十二年閏三月辛丑條及卷一〇八諸王表改。

〔八〕經歷一員　按上文已書「經歷、知事各一員」，此係重出，新編删，疑是。

〔九〕江浙行宣政院設崇教所儗行中書省理問官秩四品　按本書卷九一百官志及元典章卷七職品，行省理問所理問正四品。新元史增「正」字，疑是。

〔一〇〕〔至正〕九年添設海道巡防官　從道光本補。

〔一一〕〔至正〕十一年十月　從道光本補。

〔一二〕至正八年十二月以福建盜起詔汀漳二州立分元帥府以討捕之　下文書「十一月，命買列的開分元帥府于沂州」，「十二月」不當書於「十一月」前。按本書卷四一順帝紀，此事繫於至正八年三月壬寅。疑「十二」爲「三」之誤。

〔一三〕置水軍萬戶府于黃河小清（河）口　據本書卷四四順帝紀至正十五年十月己卯條删。按至正十一年賈魯治河後，黃河走淮、泗故道。淮、泗匯合處謂之淸口。淮安路淸河縣有大、小淸口。大、小淸河在今山東境內，非當時黃河入海道。

〔一四〕賈惟（賓）〔貞〕　據本書卷四一順帝紀至正五年十月辛酉條、至正八年二月所見改。

〔一五〕中書（左）〔右〕丞也先不花　據本書卷四五順帝紀至正十七年九月辛丑條、卷一一三宰相表改。

〔一六〕十四年三月（乙）〔己〕巳　據本書卷四三順帝紀至正十四年三月己巳條改。按是月癸亥朔，無乙巳日。己巳爲初七日。

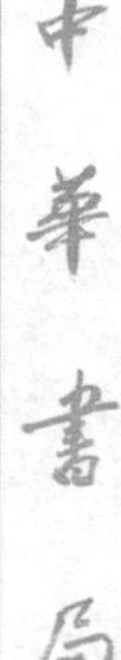

元史卷九十三

志第四十二

食貨一

洪範八政，食爲首而貨次之，蓋食貨者養生之源也。民非食貨則無以爲生，國非食貨則無以爲用，是以古之善治其國者，不能無取於民，亦未嘗過取於民，其大要在乎量入爲出而已。傳曰：「生財有大道，生之者衆，食之者寡，爲之者疾，用之者舒。」此先王理財之道也。後世則不然。以漢、唐、宋觀之，當其立國之初，亦頗有成法，及數傳之後，驕侈生焉。往往取之無度，用之無節。於是漢有告緡、算舟車之令，唐有借商、稅間架之法，宋有經、總制二錢，皆掊民以充國，卒之民困而國亡，可歎也已。元初，取民未有定制。及世祖立法，一本於寬。其用之也，於宗戚則有歲賜，於凶荒則有賑恤，大率以親親愛民爲重，而尤惓惓於農桑一事，可謂知理財之本者矣。世祖嘗語中

書省臣曰：「凡賜與雖有朕命，中書其斟酌之。」成宗亦嘗謂丞相完澤等曰：「每歲天下金銀鈔幣所入幾何？諸王駙馬賜與及一切營建所出幾何？其會計以聞。」完澤對曰：「歲入之數，金一萬九千兩，銀六萬兩，鈔三百六十萬錠，然猶不足於用，又於至元鈔本中借二十萬錠矣。自今敢以節用爲請。」帝嘉納焉。世稱元之治以至元、大德爲首者，蓋以此。

自時厥後，國用寖廣。除稅糧、科差二者之外，凡課之入，日增月益。至于天曆之際，視至元、大德之數，蓋增二十倍矣，而朝廷未嘗有一日之蓄，則以其不能量入爲出故也。雖然，前代告緡、借商、經總等制，元皆無之，亦可謂寬矣。其能兼有四海，傳及百年者，有以也夫。故倣前史之法，取其出入之制可考者：一曰經理，二曰農桑，三曰稅糧，四曰科差，五曰海運，六曰鈔法，七曰歲課，八曰鹽法，九曰茶法，十曰酒醋課，十有一曰商稅，十有二曰市舶，十有三曰額外課，十有四曰歲賜，十有五曰俸秩，十有六曰常平義倉，十有七曰惠民藥局，十有八曰市糴，十有九曰賑卹，具著于篇，作食貨志。

經理

經界廢而後有經理，魯之履畝，漢之覈田，皆其制也。夫民之強者田多而稅少，弱者產去而稅存，非經理固無以去其害；然經理之制，苟有不善，則其害又將有甚焉者矣。

仁宗延祐元年，平章章閭言：「經理大事，世祖已嘗行之，但其間欺隱尚多，未能盡實。以熟田爲荒地者有之，懼差而析戶者有之，富民買貧民田而仍其舊名輸稅者亦有之。由是歲入不增，小民告病。若行經理之法，俾有田之家，及各位下、寺觀、學校、財賦等田，一切從實自首，庶幾稅入無隱，差徭亦均。」於是遣官經理。以章閭等往江浙，尚書你咱馬丁等往江西，左丞陳士英等往河南，仍命行御史臺分臺鎭遏，樞密院以軍防護焉。

其法先期揭榜示民，限四十日，以其家所有田，自實于官。或以熟爲荒，以田爲蕩，或隱占逃亡之產，或盜官田爲民田，指民田爲官田，及僧道以田作弊者，並許諸人首告。十畝以下，其田主及管幹佃戶皆杖七十七。二十畝以下，加一等。一百畝以下，一百七；以上，流竄北邊，所隱田沒官。郡縣正官不爲查勘，致有脫漏者，量事論罪，重者除名。此其大略也。

然期限猝迫，貪刻用事，富民黠吏，並緣爲姦，以無爲有，虛具于籍者，往往有之。於是人不聊生，盜賊並起，其弊反有甚於前者。仁宗知之，明年，遂下詔免三省自實田租。二年，時汴梁路總管塔海亦言其弊，於是命河南自實田，自延祐五年爲始，每畝止科其半，汴梁路凡減二十二萬餘石。至泰定、天曆之初，又盡革虛增之數，民始獲安。今取其數之可考者，列于後云：

河南省，總計官民荒熟田一百一十八萬七百六十九頃。

江西省，總計官民荒熟田四十七萬(石)四千六百九十三頃。[一]

江浙省，總計官民荒熟田九十九萬五千八十一頃。

農桑

農桑，王政之本也。太祖起朔方，其俗不待蠶而衣，不待耕而食，初無所事焉。世祖卽位之初，首詔天下，國以民爲本，民以衣食爲本，衣食以農桑爲本。於是頒農桑輯要之書于民，俾民崇本抑末。其睿見英識，與古先帝王無異，豈遼、金所能比哉。

中統元年，命各路宣撫司擇通曉農事者，充隨處勸農官。二年，立勸農司，以陳邃、崔斌等八人爲使。至元七年，立司農司，以左丞張文謙爲卿。司農司之設，專掌農桑水利。仍分布勸農官及知水利者，巡行郡邑，察舉勤惰。所在牧民長官提點農事，歲終第其成否，轉申司農司及戶部，秩滿之日，注於解由，戶部照之，以爲殿最。又命提刑按察司加體察焉。其法可謂至矣。

是年，又頒農桑之制一十四條，條多不能盡載，載其所可法者：縣邑所屬村疃，凡五十家立一社，擇高年曉農事者一人爲之長。增至百家者，別設長一員。不及五十家者，與近

村合爲一社。地遠人稀，不能相合，各自爲社者聽。其合爲社者，仍擇數村之中，立社長官司長以教督農民爲事。〔二〕凡種田者，立牌橛於田側，書某社某人於其上，社長以時點視勸誡。不率教者，籍其姓名，以授提點官責之。其有不敬父兄及兇惡者，亦然。仍大書其所犯于門，俟其改過自新乃毀，如終歲不改，罰其代充本社夫役。社中有疾病凶喪之家不能耕種者，衆爲合力助之。一社之中災病多者，兩社助之。凡爲長者，復其身，郡縣官不得以社長與科差事。農桑之術，以備旱暵爲先。凡河渠之利，委本處正官一員，以時濬治。或民力不足者，提舉河渠官相其輕重，官爲導之。地高水不能上者，命造水車。貧不能造者，官具材木給之。俟秋成之後，驗使水之家，俾均輸其直。田無水者鑿井，井深不能得水者，聽種區田。其有水田者，不必區種。仍以區田之法，散諸農民。種植之制，每丁歲種桑棗二十株。土性不宜者，聽種楡柳等，其數亦如之。種雜果者，每丁十株，皆以生成爲數，願多種者聽。其無地及有疾者不與。所在官司申報不實者，罪之。仍令各社布種苜蓿，以防饑年。近水之家，又許鑿池養魚并鵝鴨之數，及種蒔蓮藕、雞頭、菱(芡)〔角〕、蒲葦等，〔三〕以助衣食。凡荒閑之地，悉以付民，先給貧者，次及餘戶。每年十月，令州縣正官一員，巡視境內，有蟲蝗遺子之地，多方設法除之。其用心周悉若此，亦仁矣哉。

九年，命勸農官舉察勤惰。於是高唐州官以勤陞秩，河南陝縣尹王仔以惰降職。自是

每歲申明其制。十年，令探馬赤隨處入社，與編民等。二十五年，立行大司農司及營田司於江南。二十八年，頒農桑雜令。是年，又以江南長吏勸課擾民，罷其親行之制，命止移文諭之。二十九年，以勸農司併入各道肅政廉訪司，增僉事二員，兼察農事。是年八月，又命提調農桑官帳册有差者，驗數罰俸。故終世祖之世，家給人足。天下爲戶凡一千一百六十三萬三千二百八十一，爲口凡五千三百六十五萬四千三百三十七，此其敦本之明效可睹也已。

成宗大德元年，罷妨農之役。十一年，申擾農之禁，力田者有賞，游惰者有罰，縱畜牧損禾稼桑棗者，責其償而後罪之。由是大德之治，幾於至元。然旱暵霖雨之災迭見，饑毀荐臻，民之流移失業者亦已多矣。

武宗至大二年，淮西廉訪僉事苗好謙獻種蒔之法。其說分農民爲三等，上戶地一十畝，中戶五畝，下戶二畝或一畝，皆築垣牆圍之，以時收採桑椹，依法種植。武宗善而行之。其法出齊民要術等書，茲不備錄。三年，申命大司農總挈天下農政，修明勸課之令，除牧養之地，其餘聽民秋耕。

仁宗皇慶二年，復申秋耕之令，惟大都等五路許耕其半。蓋秋耕之利，掩陽氣於地中，蝗蝻遺種皆爲日所曝死，次年所種，必盛於常禾也。延祐三年，以好謙所至，植桑皆有成

效，於是風示諸道，命以爲式。是年十一月，令各社出地，共蒔桑苗，以社長領之，分給各社。四年，又以社桑分給不便，令民各畦種之。法雖屢變，而有司不能悉遵上意，大率視爲具文而已。五年，大司農司臣言：「廉訪司所具栽植之數，書于册者，類多不實。」觀此，則惰於勸課者，又不獨有司爲然也。致和之後，莫不申明農桑之令。天曆二年，各道廉訪司所察勤官內丘何主簿等凡六人，惰官濮陽裴縣尹等凡四人。其可考者，蓋止於此云。

稅糧

元之取民，大率以唐爲法。其取於內郡者，曰丁稅，曰地稅，此做唐之租庸調也。取於江南者，曰秋稅，曰夏稅，此倣唐之兩稅也。

丁稅、地稅之法，自太宗始行之。初，太宗每戶科粟二石，後又以兵食不足，增爲四石。至丙申年，乃定科徵之法，令諸路驗民戶成丁之數，每丁歲科粟一石，驅丁五升，新戶丁驅各半之，老幼不與。其間有耕種者，或驗其牛具之數，或驗其土地之等徵焉。丁稅少而地稅多者納地稅，地稅少而丁稅多者納丁稅。工匠僧道驗地，官吏商賈驗丁。虛配不實者杖七十，徒二年。仍命歲書其數于册，由課稅所申省以聞，違者各杖一百。逮及世祖，申明舊制，於是輸納之期、收受之式、關防之禁、會計之法，莫不備焉。

中統二年，遠倉之糧，命止於沿河近倉輸納，每石帶收腳錢中統鈔三錢，或民戶赴河倉輸納者，每石折輸輕齎中統鈔七錢。五年，詔僧、道、也里可溫、答失蠻、儒人凡種田者，白地每畝輸稅三升，水地每畝五升。軍、站戶除地四頃免稅，餘悉徵之。至元三年，詔窩戶種田他所者，其丁稅於附籍之郡驗丁而科，地稅於種田之所驗地而取。漫散之戶逃於河南等路者，依見居民戶納稅。八年，又定西夏中興路、西寧州、兀剌海三處之稅，其數與前僧道同。

十七年，遂命戶部大定諸例：全科戶丁稅，每丁粟三石，驅丁粟一石，地稅每畝粟三升。減半科戶丁稅，每丁粟一石。新收交參戶，第一年五斗，第三年一石二斗五升，〔四〕第四年一石五斗，第五年一石七斗五升，第六年入丁稅。協濟戶丁稅，每丁粟一石，地稅每畝粟三升。隨路近倉輸粟，遠倉每粟一石，折納輕齎鈔二兩。富戶輸遠倉，下戶輸近倉，郡縣各差正官一員部之，每石帶納鼠耗三升，分例四升。凡糧到倉，以時收受，出給朱鈔。權勢之徒結攬稅石者罪之，仍令倍輸其數。倉官、攢典、斗腳人等飛鈔作弊者，並置諸法。輸納之期，分爲三限：初限十月，中限十一月，末限十二月。違者，初犯笞四十，再犯杖八十。成宗大德六年，申明稅糧條例，復定上都、河間輸納之期。上都，初限次年五月，中限六月，末限七月。河間，初限九月，中限十月，末限十一月。

秋稅、夏稅之法，行于江南。初，世祖平宋時，除江東、浙西，其餘獨徵秋稅而已。至元十九年，用姚元之請，命江南稅糧依宋舊例，折輸綿絹雜物。是年二月，又用耿左丞言，令輸米三之一，餘並入鈔以折焉。以七百萬錠爲率，歲得羨鈔十四萬錠。其輸米者，止用宋斗斛，蓋以宋一石當今七斗故也。二十八年，又命江淮寺觀田，宋舊有者免租，續置者輸稅，其法亦可謂寬矣。

成宗元貞二年，始定徵江南夏稅之制。於是秋稅止命輸租，夏稅則輸以木綿布絹絲綿等物。其所輸之數，視糧以爲差。糧一石或輸鈔三貫、二貫、一貫，或一貫五百文、一貫七百文。輸三貫者，若江浙省婺州等路、江西省龍興等路是已。輸二貫者，若福建省泉州等五路是已。輸一貫五百文者，若江浙省紹興路、福建省漳州等五路是已。皆因其地利之宜，人民之衆，酌其中數而取之。其折輸之物，各隨時估之高下以爲直，獨湖廣則異於是。初，阿里海牙克湖廣時，罷宋夏稅，依中原例，改科門攤，每戶一貫二錢，蓋視夏稅增鈔五萬餘錠矣。大德二年，宣慰張國紀請科夏稅，於是湖、湘重罹其害。俄詔罷之。三年，又改門攤爲夏稅而併徵之。每石計三貫四錢之上，視江浙、江西爲差重云。其在官之田，許民佃種輸租。江北、兩淮等處荒閑之地，第三年始輸。大德四年，又以地廣人稀更優一年，令第四年納稅。凡官田，夏稅皆不科。

泰定之初，又有所謂助役糧者。其法命江南民戶有田一頃之上者，於所輸稅外，每頃量出助役之田，具書于册，里正以次掌之，歲收其入，以助充役之費。凡寺觀田，除宋舊額，其餘亦驗其多寡令出田助役焉。民賴以不困，因并著于此云。

天下歲入糧數，總計一千二百十一萬四千七百八石。

腹裏，二百二十七萬一千四百四十九石。

行省，九百八十四萬三千二百五十八石。

遼陽省七萬二千六十六石。

河南省二百五十九萬一千二百六十九石。

陝西省二十二萬九千二十三石。

四川省一十一萬六千五百七十四石。

甘肅省六萬五百八十六石。

雲南省二十七萬七千七百一十九石。

江浙省四百四十九萬四千七百八十三石。

江西省一百一十五萬七千四百四十八石。

湖廣省八十四萬三千七百八十七石。

江南三省天曆元年夏稅鈔數，總計中統鈔一十四萬九千二百七十三錠三十三貫。

江浙省五萬七千八百三十錠四十貫。

江西省五萬二千八百九十五錠一十一貫。

湖廣省一萬九千三百七十八錠二貫。

科差

科差之名有二：曰絲料，曰包銀。其法各驗其戶之上下而科焉。絲料之法，太宗丙申年始行之。每二戶出絲一斤，并隨路絲線、顏色輸于官；五戶出絲一斤，并隨路絲線、顏色輸于本位。包銀之法，憲宗乙卯年始定之。初漢民科納包銀六兩，至是止徵四兩，二兩輸銀，二兩折收絲絹、顏色等物。逮及世祖，而其制益詳。

中統元年，立十路宣撫司，定戶籍科差條例。然其戶大抵不一，有元管戶、交參戶、漏籍戶、協濟戶。於諸戶之中，又有絲銀全科戶、減半科戶、止納絲戶、止納鈔戶；外又有攤絲戶、儲也速䚟兒所管納絲戶、復業戶，并漸成丁戶。戶既不等，數亦不同。元管戶內，絲銀全科係官戶，每戶輸係官絲一斤六兩四錢、包銀四兩；全科係官五戶絲戶，每戶輸係官絲一

斤、五戶絲六兩四錢，包銀之數與係官戶同；減半科戶，每戶輸係官絲八兩、五戶絲三兩二錢、包銀二兩；止納係官絲戶，若上都、隆興、西京等路十戶十斤者，每戶輸一斤，大都以南等路十戶十四斤者，每戶輸一斤六兩四錢；止納係官五戶絲戶，每戶輸係官絲一斤、五戶絲六兩四錢。交參戶內，絲銀戶每戶輸係官絲一斤六兩四錢、包銀四兩。漏籍戶內，止納絲戶每戶輸絲之數，與交參絲銀戶同；止納鈔戶，初年科包銀一兩五錢，次年遞增五錢，增至四兩，併科絲料。協濟戶內，絲銀戶每戶輸係官絲十兩二錢、包銀四兩；止納絲戶，每戶輸係官絲之數，與絲銀戶同。攤絲戶，每戶科攤絲四斤。儲也速䚟兒所管戶，每戶科細絲，其數與攤絲同。復業戶并漸成丁戶，初年免科，第二年減半，第三年全科，與舊戶等。然絲料、包銀之外，又有俸鈔之科，其法亦以戶之高下爲等，全科戶輸一兩，減半戶輸五錢。於是以合科之數，作大門攤，分爲三限輸納。被災之地，聽輸他物折焉，其物各以時估爲則。凡儒士及軍、站、僧、道等戶皆不與。

二年，復定科差之期，絲料限八月，包銀初限八月，中限十月，末限十二月。三年，又命絲料無過七月，包銀無過九月。及平江南，其制益廣。至元二十八年，以至元新格定科差法，諸差稅皆司縣正官監視人吏置局均科。諸夫役皆先富强，後貧弱；貧富等者，先多丁，後少丁。

成宗大德六年，又命止輸絲戶每戶科俸鈔中統鈔一兩，包銀戶每戶科二錢五分，攤絲戶每戶科攤絲五斤八兩；絲料限八月，包銀、俸鈔限九月，布限十月。大率因世祖之舊而增損云。

科差總數：

中統四年，絲七十一萬二千一百七十一斤，鈔五萬六千一百五十八錠。

至元二年，絲九十八萬六千九百一十二斤，包銀等鈔五萬六千八百七十四錠，布八萬五千四百一十二匹。

至元三年，絲一百五萬三千二百二十六斤，包銀等鈔五萬九千八十五錠。

至元四年，絲一百九萬六千四百八十九斤，鈔七萬八千一百二十六錠。

天曆元年，包銀差發鈔九百八十九錠，𧴌一百一十三萬三千一百一十九索，絲一百九萬八千八百四十三斤，絹三十五萬五百三十四匹，綿七萬二千一十五斤，布二十一萬一千二百二十三匹。

海運

元都于燕，去江南極遠，而百司庶府之繁，衞士編民之衆，無不仰給於江南。自丞相伯顏獻海運之言，而江南之糧分爲春夏二運。蓋至于京師者一歲多至三百萬餘石，民無輓輸之勞，國有儲蓄之富，豈非一代之良法歟。

初，伯顏平江南時，嘗命張瑄、朱清等，以宋庫藏圖籍，自崇明州從海道載入京師。而運糧則自浙西涉江入淮，由黃河逆水至中灤旱站，陸運至淇門，入御河，以達于京。後又開濟州泗河，自淮至新開河，由大清河至利津，河入海，因海口沙壅，又從東阿旱站運至臨清，入御河。又開膠、萊河道通海，勞費不貲，卒無成效。至元十九年，伯顏追憶海道載宋圖籍之事，以爲海運可行，於是請于朝廷，命上海總管羅璧、朱清、張瑄等，造平底海船六十艘，運糧四萬六千餘石，從海道至京師。然創行海洋，沿山求嶼，風信失時，明年始至直沽。時朝廷未知其利，是年十二月立京畿、江淮都漕運司二，仍各置分司，以督綱運。每歲令江淮漕運司運糧至中灤，京畿漕運司自中灤運至大都。二十年，又用王積翁議，令阿八赤等廣開新河。然新河候潮以入，船多損壞，民亦苦之。而忙兀䚟言海運之舟悉皆至焉。於是罷新開河，頗事海運，立萬戶府二，以朱清爲中萬戶，張瑄爲千戶，忙兀䚟爲萬戶府達魯花赤。未幾，又分新河軍士水手及船，於揚州、平灤兩處運糧，命三省造船(一)〔三〕千艘於濟州河運糧，〔二〕猶未專於海道也。

二十四年，始立行泉府司，專掌海運，增置萬戶府二，總爲四府。是年遂罷東平河運糧。二十五年，內外分置漕運司二。其在外者於河西務置司，領接運海道糧事。二十八年，又用朱清、張瑄之請，併四府爲都漕運萬戶府二，止令清、瑄二人掌之。其屬有千戶、百戶等官，分爲各翼，以督歲運。

至大四年，遣官至江浙議海運事。時江東寧國、池、饒、建康等處運糧，率令海船從揚子江逆流而上。江水湍急，又多石磯，走沙漲淺，糧船俱壞，歲歲有之。又湖廣、江西之糧運至眞州泊入海船，船大底小，亦非江中所宜。〔六〕於是以嘉興、松江秋糧，并江淮、江浙財賦府歲辦糧充運。海漕之利，蓋至是博矣。

凡運糧，每石有脚價鈔。至元二十一年，給中統鈔八兩五錢，其後遞減至于六兩五錢。至大三年，以福建、浙東船戶至平江載糧者，道遠費廣，通增爲至元鈔一兩六錢，香糯一兩七錢。四年，又增爲二兩，香糯二兩八錢，稻穀一兩四錢。延祐元年，斟酌遠近，復增其價。福建船運糙粳米每石一十三兩，溫、台、慶元船運糙粳、香糯每石一十〔一〕兩五錢，〔七〕紹興、浙西船每石一十一兩，白粳價同，稻穀每石八兩，黑豆每石依糙白糧例給焉。

初，海運之道，自平江劉家港入海，經揚州路通州海門縣黃連沙頭、萬里長灘開洋，沿山嶼而行，抵淮安路鹽城縣，歷西海州、海寧府東海縣、密州、膠州界，放靈山洋投東北，路

多淺沙，行月餘始抵成山。計其水程，自上海至(揚)〔楊〕村馬頭，〔八〕凡一萬三千三百五十里。至元二十九年，朱清等言其路險惡，復開生道。自劉家港開洋，至撐脚沙轉沙觜，至三沙、洋子江，過匾(檐)〔擔〕沙、〔九〕大洪，又過萬里長灘，放大洋至青水洋，又經黑水洋至成山，過劉島，至芝罘、沙門二島，放萊州大洋，抵界河口，其道差爲徑直。明年，千戶殷明略又開新道，從劉家港入海，至崇明州三沙放洋，向東行，入黑水大洋，取成山轉西至劉家島，又至登州沙門島，於萊州大洋入界河。當舟行風信有時，自浙西至京師，不過旬日而已，視前二道爲最便云。然風濤不測，糧船漂溺者無歲無之，間亦有船壞而棄其米者。至元二十三年始責償於運官，人船俱溺者乃免。然視河漕之費，則其所得蓋多矣。

歲運之數：

至元二十年，四萬六千五十石，至者四萬二千一百七十二石。二十一年，二十九萬五百石，至者二十七萬五千六百一十石。二十二年，一十萬石，至者九萬七百七十一石。二十三年，五十七萬八千五百二十石，至者四十三萬三千九百五石。二十四年，三十萬石，至者二十九萬七千五百四十六石。二十五年，四十萬石，至者三十九萬七千六百五十五石。二十六年，九十三萬五千石，至者九十一萬九千九百四十三石。二十七

年，一百五十九萬五千石，至者一百五十一萬三千八百五十六石。二十八年，一百五十二萬七千二百五十石，至者一百二十八萬一千六百一十五石。二十九年，一百四十萬七千四百石，至者一百三十六萬一千五百一十三石。三十年，九十萬八千石，至者八十八萬七千五百九十一石。三十一年，五十一萬四千五百三十三石，至者五十萬三千五百三十四石。

元貞元年，三十四萬五百石，至者三十三萬七千二十六石。

大德元年，六十五萬八千三百石，至者六十四萬八千一百三十六石。二年，七十四萬二千七百五十一石，至者七十萬五千九百五十四石。三年，七十九萬四千五百石。四年，七十九萬五千五百石，至者七十八萬八千九百一十八石。五年，七十九萬六千五百二十八石，至者七十六萬九千六百五十石。六年，一百三十八萬三千八百八十三石，至者一百三十二萬九千一百四十八石。七年，一百六十五萬九千四百九十一石，至者一百六十二萬八千五百八石。八年，一百六十七萬二千九百九石，至者一百六十六萬三千三百一十三石。九年，一百八十四萬三千三石，至者一百七十九萬五千三百四十七石。十年，一百八十萬八千一百九十九石，至者一百七十九萬七千七十八石。十一年，一百六十六萬五千四百二十二石，至者一百六十四萬四千六百七十九石。

至大元年，一百二十四萬一百四十八石，至者一百二十萬二千五百三石。二年，二百四十六萬四千二百四石，至者二百三十八萬六千三百石。三年，二百九十二萬六千五百三十三石，至者二百七十一萬六千九百十三石。四年，二百八十七萬三千二百一十二石，至者二百七十七萬三千二百六十六石。

皇慶元年，二百八萬三千五百五石，至者二百六萬七千六百七十二石。二年，二百三十一萬七千二百二十八石，至者二百一十五萬八千六百八十五石。

延祐元年，二百四十萬三千二百六十四石，至者二百三十五萬六千六百六石。二年，二百四十三萬五千六百八十五石，至者二百四十二萬二千五百五石。三年，二百四十五萬八千五百一十四石，至者二百四十三萬七千七百四十一石。四年，二百三十七萬五千三百四十五石，至者二百三十六萬八千一百一十九石。五年，二百五十五萬三千七百一十四石，至者二百五十四萬三千六百一十一石。六年，三百二萬一千五百八十五石，至者二百九十八萬六千一十七石。[一〇]七年，三百二十六萬四千六石，至者三百二十四萬七千九百二十八石。

至治元年，三百二十六萬九千四百五十一石，至者三百二十三萬八千七百六十五石。二年，三百二十五萬一千一百四十石，至者三百二十四萬六千四百八十三石。三年，二百八十一萬一千七百八十六石，至者二百七十九萬八千六百一十三石。

泰定元年，二百八萬七千二百三十一石，至者二百七萬七千二百七十八石。二年，二百六十七萬一千一百八十四石，至者二百六十三萬七千五十一石。[一一]三年，三百三十七萬五千七百八十四石，至者三百三十五萬一千三百六十二石。四年，三百一十五萬二千八百二十石，至者三百一十三萬七千五百三十二石。

天曆元年，三百二十五萬五千二百二十石，至者三百二十一萬五千四百二十四石。二年，三百五十二萬二千一百六十三石，至者三百三十四萬三百六石。

鈔法

鈔始于唐之飛錢、宋之交會、金之交鈔。其法以物爲母，鈔爲子，子母相權而行，卽周官質劑之意也。元初倣唐、宋、金之法，有行用鈔，其制無文籍可考。

世祖中統元年，始造交鈔，以絲爲本。每銀五十兩易絲鈔一千兩，諸物之直，並從絲例。是年十月，又造中統元寶鈔。其文以十計者四：曰一十文、二十文、三十文、五十文。以百計者三：曰一百文、二百文、五百文。以貫計者二：曰一貫文、二貫文。每一貫同交鈔一兩，兩貫同白銀一兩。又以文綾織爲中統銀貨。其等有五：曰一兩、二兩、三兩、五兩、十

兩。每一兩同白銀一兩，而銀貨蓋未及行云。五年，設各路平準庫，主平物價，使相依準，不至低昂，仍給鈔一萬二千錠，以爲鈔本。至元十二年，添造釐鈔。其例有三：曰二文、三文、五文。初，鈔印用木爲版，十三年鑄銅易之。十五年，以釐鈔不便於民，復命罷印。然元寶、交鈔行之既久，物重鈔輕。二十四年，遂改造至元鈔，自二貫至五文，凡十有一等，與中統鈔通行。每一貫文當中統鈔五貫文。依中統之初，隨路設立官庫，貿易金銀，平準鈔法。每花銀一兩，入庫其價至元鈔二貫，出庫二貫五分；赤金一兩，入庫二十貫，出庫二十貫五百文。僞造鈔者處死，首告者賞鈔五錠，仍以犯人家產給之。其法爲最善。至大二年，武宗復以物重鈔輕，改造至大銀鈔，自二兩至二釐定爲一十三等。每一兩準至元鈔五貫，白銀一兩，赤金一錢。元之鈔法，至是蓋三變矣。大抵至元鈔五倍於中統，至大鈔又五倍於至元。然未及期年，仁宗卽位，以倍數太多，輕重失宜，遂有罷銀鈔之詔。而中統、至元二鈔，終元之世，蓋常行焉。

凡鈔之昏爛者，至元二年，委官就交鈔庫，以新鈔倒換，除工墨三十文。三年，減爲二十文。二十二年，復增如故。其貫伯分明，微有破損者，並令行用，違者罪之。所倒之鈔，每季各路就令納課正官，解赴省部焚毀，隸行省者就焚之。大德二年，戶部定昏鈔爲二十五樣。泰定四年，又定焚毀之所，皆以廉訪司官監臨，隸行省者，行省官同監。其制之大略

如此。

若錢，自九府圜法行于成周，歷代未嘗或廢。元之交鈔、寶鈔雖皆以錢爲文，而錢則弗之鑄也。武宗至大三年，初行錢法，立資國院、泉貨監以領之。其錢曰至大通寶者，一文準至大銀鈔一釐；曰大元通寶者，一文準至大通寶錢一十文。歷代銅錢，悉依古例，與至大錢通用。其當五、當三、折二，並以舊數用之。明年，仁宗復下詔，以鼓鑄弗給，新舊資用，其弊滋甚，與銀鈔皆廢不行，所立院、監亦皆罷革，而專用至元、中統鈔云。

歲印鈔數：

中統元年，中統鈔七萬三千三百五十二錠。二年，中統鈔三萬九千一百三十九錠。三年，中統鈔八萬錠。四年，中統鈔七萬四千錠。

至元元年，中統鈔八萬九千二百八錠。二年，中統鈔一十一萬六千二百八錠。三年，中統鈔七萬七千二百五十二錠。四年，中統鈔一十萬九千四百八十八錠。五年，中統鈔二萬九千八百八十錠。六年，中統鈔二萬二千八百九十六錠。七年，中統鈔九萬六千七百六十八錠。八年，中統鈔四萬七千錠。九年，中統鈔八萬六千二百五十六錠。十年，中統鈔一十一萬一百九十二錠。十一年，中統鈔二十四萬七千四百四十錠。十二

年，中統鈔三十九萬八千一百九十四錠。十三年，中統鈔一百四十一萬九千六百六十五錠。十四年，中統鈔一百二萬一千六百四十五錠。十五年，中統鈔一百二萬三千四百錠。十六年，中統鈔七十八萬八千三百二十錠。十七年，中統鈔一百一十三萬五千八百錠。十八年，中統鈔一百九萬四千八百錠。十九年，中統鈔九十六萬九千四百四十四錠。二十年，中統鈔六十一萬六百二十錠。二十一年，中統鈔六十二萬九千九百四錠。二十二年，中統鈔二百四萬三千八十錠。二十三年，中統鈔二百一十八萬一千六百錠。二十四年，中統鈔八萬三千二百錠，至元鈔一百萬一千一十七錠。二十五年，至元鈔九十二萬一千六百一十二錠。二十六年，至元鈔一百七十八萬九十三錠。二十七年，至元鈔五十萬二百五十錠。二十八年，至元鈔五十萬錠。二十九年，至元鈔五十萬錠。三十年，至元鈔二十六萬錠。三十一年，至元鈔一十九萬三千七百六錠。

元貞元年，至元鈔三十一萬錠。二年，至元鈔四十萬錠。

大德元年，至元鈔四十萬錠。二年，至元鈔二十九萬九千九百一十錠。三年，至元鈔九十萬七十五錠。四年，至元鈔六十萬錠。五年，至元鈔五十萬錠。六年，至元鈔二百萬錠。七年，至元鈔一百五十萬錠。八年，至元鈔五十萬錠。九年，至元鈔五十萬錠。十年，至元鈔一百萬錠。十一年，至元鈔一百萬錠。

至大元年，至元鈔一百萬錠。二年，至元鈔一百萬錠。三年，至大銀鈔一百四十五萬三百六十八錠。四年，至元鈔二百一十五萬錠，中統鈔一十五萬錠。

皇慶元年，至元鈔二百二十二萬二千三百三十六錠，中統鈔一十萬錠。二年，至元鈔二百萬錠，中統鈔二十萬錠。

延祐元年，至元鈔二百萬錠，中統鈔一十萬錠。二年，至元鈔一百萬錠，中統鈔一十萬錠。三年，至元鈔四十萬錠，中統鈔一十萬錠。四年，至元鈔四十八萬錠，中統鈔一十萬錠。五年，至元鈔四十萬錠，中統鈔一十萬錠。六年，至元鈔一百四十八萬錠，中統鈔一十萬錠。七年，至元鈔一百四十八萬錠，中統鈔一十萬錠。

至治元年，至元鈔一百萬錠，中統鈔五萬錠。二年，至元鈔八十萬錠，中統鈔五萬錠。三年，至元鈔七十萬錠，中統鈔五萬錠。

泰定元年，至元鈔六十萬錠，中統鈔一十五萬錠。二年，至元鈔四十萬錠，中統鈔一十萬錠。三年，至元鈔四十萬錠，中統鈔一十萬錠。四年，至元鈔四十萬錠，中統鈔一十萬錠。

天曆元年，至元鈔三十一萬九百二十錠，中統鈔三萬五百錠。二年，至元鈔一百一十九

萬二千錠，中統鈔四萬錠。

校勘記

〔一〕總計官民荒熟田四十七萬（石）四千六百九十三頃　從道光本删。

〔二〕立社長官司長以敎督農民爲事　按通制條格卷一六田令有「選立社長，官司並不得將社長差占別管餘事，專一照管敎勸本社之人」。元典章卷二三立社同。此處「官司長」三字當是節錄中衍抄之文。

〔三〕及種蒔蓮藕雞頭菱（芡）〔角〕蒲葦等　據通制條格卷一六田令、元典章卷二三立社改。按芡卽雞頭。

〔四〕第一年五斗第三年一石二斗五升　按此中無第二年稅糧數。道光本據續通考增「第二年七斗五升」七字。

〔五〕命三省造船（二）〔三〕千艘於濟州河運糧　按永樂大典所收經世大典海運兩作「三千」，據改。

〔六〕又湖廣江西之糧運至眞州泊入海船船大底小亦非江中所宜　按「泊入海船」不文。經世大典海運有「又將湖廣、江西等處起運糧米至眞州泊水灣，與海船對裝。其海船重大底小，止可海內行使」。「泊」字與「入」字之間當脫「水灣，裝」或類似文字。

〔七〕溫台慶元船運糙粳香糯每石一十〔一〕兩五錢　按經世大典海運有「溫、台、慶元船運糙粳每石一十一兩五錢，香糯每石一十一兩五錢」，據補。新元史已校。

〔八〕自上海至〔揚〕〔楊〕村馬頭　從北監本改。按經世大典海運作「楊」。

〔九〕匾〔檐〕〔擔〕沙　據經世大典海運改。新元史已校。

〔一〇〕至者二百九十八萬六千一十七石　按經世大典海運作「二百九十八萬六千七百一十七石九斗七升八合」，疑此處脫「七百」二字。

〔一一〕至者二百六十三萬七千五十一石　按經世大典海運作「二百六十三萬七千七百五十一石八斗九升四合」，疑此處脫「七百」二字。

元史卷九十四

志第四十三

食貨二

歲課

山林川澤之產，若金、銀、珠、玉、銅、鐵、水銀、朱砂、碧甸子、鉛、錫、礬、硝、鹻、竹、木之類，皆天地自然之利，有國者之所必資也，而或以病民者有之矣。元興，因土人呈獻，而定其歲入之課，多者不盡收，少者不强取，非知理財之道者，能若是乎。

產金之所，在腹裏曰益都、檀、景，遼陽省曰大寧、開元，江浙省曰饒、徽、池、信，江西省曰龍興、撫州，湖廣省曰岳、澧、沅、靖、辰、潭、武岡、寶慶，河南省曰江陵、襄陽，四川省曰成都、嘉定，雲南省曰威楚、麗江、大理、金齒、臨安、曲靖、元江、羅羅、會川、建昌、德昌、柏興、烏撒、東川、烏蒙。

產銀之所，在腹裏曰大都、眞定、保定、雲州、般陽、晉寧、懷孟、濟南、寧海，遼陽省曰大寧，江浙省曰處州、建寧、延平，江西省曰撫、瑞、韶，湖廣省曰興國、郴州，河南省曰汴梁、安豐、汝寧，陝西省曰商州，雲南省曰威楚、大理、金齒、臨安、元江。

產珠之所，曰大都，曰南京，曰羅羅，曰水達達，曰廣州。

產玉之所，曰于闐，曰匪力沙。

產銅之所，在腹裏曰益都，遼陽省曰大寧，雲南省曰大理、澂江。

產鐵之所，在腹裏曰河東、順德、檀、景、濟南，江浙省曰饒、徽、寧國、信、慶元、台、衢、處、建寧、興化、邵武、漳、福、泉，江西省曰龍興、吉安、撫、袁、瑞、贛、臨江、桂陽，湖廣省曰沅、潭、衡、武岡、寶慶、永、全、常寧、道州，陝西省曰興元，雲南省曰中慶、大理、金齒、臨安、曲靖、澂江、羅羅、建昌。

產朱砂、水銀之所，在遼陽省曰北京，湖廣省曰沅、潭，四川省曰思州。

產碧甸子之所，曰和林，曰會川。

產鉛、錫之所，在江浙省曰鉛山、台、處、建寧、延平、邵武，江西省曰韶州、桂陽，湖廣省曰潭州。

產礬之所，在腹裏曰廣平、冀寧，江浙省曰鉛山、邵武，湖廣省曰潭州，河南省曰廬州、河南。

產硝、鹻之所，曰晉寧。若竹、木之產，所在有之，不可以所言也。

初，金課之興，自世祖始。其在益都者，至元五年，命于從剛、高興宗以漏籍民戶四千，於登州棲霞縣淘焉。十五年，又以淘金戶二千簽軍者，付益都、淄萊等路淘金總管府，依舊淘金。其課於太府監輸納。在遼陽者，至元十年，聽李德仁於龍山縣胡碧峪淘採，每歲納課金三兩。十三年，又於遼東雙城及和州等處採焉。在江浙者，至元二十四年，立提舉司，以建康等處淘金夫凡七千三百六十五戶隸之，所轄金場凡七十餘所。未幾以建康無金，革提舉司，罷淘金戶，其徽、饒、池、信之課，皆歸之有司。在江西者，至元二十三年，撫州樂安縣小曹周歲辦金一百兩。在湖廣者，至元二十年，撥常德、澧、辰、沅、(靜)[靖]民萬戶，[一]付金場轉運司淘焉。在四川者，元貞元年，以其病民罷之。在雲南者，至元十四年，諸路總納金一百五錠。此金課之興革可考者然也。

銀在大都者，至元十一年，聽王庭璧於檀州奉先等洞採之。十五年，令關世顯等於薊州豐山採之。在雲州者，至元二十七年，撥民戶於望雲煽煉，設從七品官掌之。二十八年，又開聚陽山銀場。二十九年，遂立雲州等處銀場提舉司。在遼陽者，延祐四年，惠州銀洞三十六眼，立提舉司辦課。在江浙者，至元二十一年，建寧南劍等處立銀場提舉司煽煉。

在湖廣者，至元二十三年，韶州路曲江縣銀場聽民煽煉，[二]每年輸銀三千兩。在河南者，延祐三年，李允直包羅山縣銀場，課銀三錠。四年，李珪等包霍丘縣豹子崖銀洞，課銀三十錠，其所得礦，大抵以十分之三輸官。此銀課之興革可考者然也。

珠在大都者，元貞元年，聽民於(揚)[楊]村、直沽口撈採，[三]命官買之。在南京者，至元十一年，命滅怯、安山等於宋阿江、阿爺苦江、忽呂古江採之。在廣州者，採於大步海。他如兀難、曲朵剌、渾都忽三河之珠，至元五年，徙鳳哥等戶撈焉。勝州、延州、乃延等城之珠，十三年，命朵魯不䚟等撈焉。此珠課之興革可考者然也。

玉在匪力沙者，至元十一年，迷兒、麻合馬、阿里三人言，淘玉之戶舊有三百，經亂散亡，存者止七十戶，其力不充，而匪力沙之地旁近有民戶六十，每同淘焉。於是免其差徭，與淘戶等所淘之玉，於忽都、勝忽兒、舍里甫丁三人所立水站，遞至京師。此玉課之興革可考者然也。

銅在益都者，至元十六年，撥戶一千，於臨朐縣七寶山等處採之。在遼陽者，至元十五年，撥採木夫一千戶，於錦、瑞州雞山、巴山等處採之。在澂江者，至元二十二年，撥漏籍戶於薩矣山煽煉，凡一十有一所。此銅課之興革可考者然也。

鐵在河東者，太宗丙申年，立爐於西京州縣，撥冶戶七百六十煽焉。丁酉年，立爐於交城縣，撥冶戶一千煽焉。至元五年，始立洞冶總管府。七年罷之。十三年，立平陽等路提舉司。十四年又罷之。其後廢置不常。大德十一年，聽民煽煉，官爲抽分。至武宗至大元年，復立河東都提舉司掌之。所隸之冶八：曰大通，曰興國，曰惠民，曰利國，曰益國，曰閏富，曰豐寧，豐寧之冶蓋有二云。在順德等處者，至元三十一年，撥冶戶六千煽焉。大德元年，設都提舉司掌之，其後亦廢置不常。至延祐六年，始罷兩提舉司，併爲順德廣平彰德等處提舉司。所隸之冶六：曰神德，曰左村，曰豐陽，曰臨水，曰沙窩，曰固鎮。在檀、景等處者，太宗丙申年，始於北京撥戶煽焉。中統二年，立提舉司掌之，其後亦廢置不常。大德五年，始併檀、景三提舉司爲都提舉司，所隸之冶有七：曰雙峯，曰暗峪，曰銀崖，曰大峪，曰五峪，曰利貞，曰錐山。在濟南等處者，中統四年，拘漏籍戶三千煽焉。至元五年，立洞冶總管府，其後亦廢置不常。至至大元年，復立濟南都提舉司，所隸之監有五：曰寶成，曰通和，曰昆吾，曰元國，曰富國。其在各省者，獨江浙、江西、湖廣之課爲最多。凡鐵之等不一，有生黃鐵，有生青鐵，有青瓜鐵，有簡鐵。每引二百斤。此鐵課之興革可考者然也。

朱砂、水銀在北京者，至元十一年，命蒙古都喜以恤品人戶於吉思迷之地採煉。[四]在湖廣者，沅州五寨蕭雷發等每年包納朱砂一千五百兩，羅管賽包納水銀二千二百四十兩。潭州安化縣每年辦朱砂八十兩、水銀五十兩。碧甸子在和林者，至元十年，命烏馬兒採之。

在會川者，二十一年，輸一千餘塊。此朱砂、水銀、碧甸子課之興革可考者然也。

鉛、錫在湖廣者，至元八年，辰、沅、靖等處轉運司印造錫引，每引計錫一百斤，官收鈔三百文，客商買引，赴各冶支錫販賣。無引者，比私鹽減等杖六十，其錫沒官。此鉛、錫課之興革可考者然也。

礬在廣平者，至元二十八年，路鵬舉獻磁州武安縣礬窰一十所，周歲辦白礬三千斤。在潭州者，至元十八年，李日新自具工本，於瀏陽永興礬場煎烹，每十斤官抽其二。在河南者，二十四年，立礬課所於無爲路，每礬一引重三十斤，價鈔五兩。此礬課之興革可考者然也。

竹之所產雖不一，而腹裏之河南、懷孟，[五]陝西之京兆、鳳翔，皆有在官竹園。國初，皆立司竹監掌之，每歲令稅課所官以時採斫，定其價爲三等，易于民間。至元四年，始命制國用使司印造懷孟等路司竹監竹引一萬道，每道取工墨一錢，凡發賣皆給引。至二十二年，罷司竹監，聽民自賣輸稅。明年，又用郭畯言，於衞州復立竹課提舉司，凡輝、懷、嵩、洛、京襄、益都、宿、蘄等處竹貨皆隸焉。[六]在官者辦課，在民者輸稅。二十三年，又命陝西竹課提領司差官於輝、懷辦課。二十九年，丞相完澤言：「懷孟竹課，頻年斫伐已損。課無所出，科民以輸。宜罷其課，長養數年。」世祖從之。此竹課之興革可考者也。若夫硝、

中華書局

礶、木課，其興革無籍可考，故不著焉。

天曆元年歲課之數：

金課：

腹裏，四十錠四十七兩三錢。

江浙省，一百八十錠一十五兩一錢。

江西省，二錠四十兩五錢。

湖廣省，八十錠二十兩一錢。

河南省，三十八兩六錢。

四川省，麩金七兩二錢。

雲南省，一百八十四錠一兩九錢。

銀課：

腹裏，一錠二十五兩。

江浙省，一百一十五錠三十九兩二錢。

江西省，四百六十二錠三兩五錢。

湖廣省，二百三十六錠九兩。

雲南省，七百三十五錠三十四兩三錢。

銅課：

雲南省，二千三百八十斤。

鐵課：

江浙省，額外鐵二十四萬五千八百六十七斤，課鈔一千七百三錠一十四兩。

江西省，二十一萬七千四百五十斤，課鈔一百七十六錠二十四兩。

湖廣省，二十八萬二千五百九十五斤。

河南省，三千九百三十斤。

陝西省，一萬斤。

雲南省，一十二萬四千七百一斤。

鉛錫課：

江浙省，額外鉛粉八百八十七錠九兩五錢，鉛丹九錠四十二兩二錢，黑錫二十四錠一十兩二錢。

江西省，錫一十七錠七兩。

湖廣省，鉛一千七百九十八斤。

礬課：

腹裏，三十三錠二十五兩八錢。

江浙省，額外四十二兩五錢。

河南省，額外二千四百一十四錠三十三兩一錢。

硝礶課：

晉寧路，二十六錠七兩四錢。

竹木課：

腹裏，木六百七十六錠一十五兩四錢，額外木七十三錠二十五兩三錢，竹二錠四十兩，額外竹一千一百三錠二兩二錢。

江浙省，額外竹木九千三百五十五錠二十四兩。

江西省，額外竹木五百九十錠二十三兩三錢。

河南省，竹二十六萬九千六百九十五竿，板木五萬八千六百條，額外竹木一千七百四十八錠三十兩一錢。

鹽法

國之所資，其利最廣者莫如鹽。自漢桑弘羊始榷之，而後世未有遺其利者也。元初，以酒醋、鹽稅、河泊、金、銀、鐵冶六色，取課於民，歲定白銀萬錠。太宗庚寅年，始行鹽法，每鹽一引重四百斤，其價銀一十兩。世祖中統二年，減銀爲七兩。至元十三年既取宋，而江南之鹽所入尤廣，每引改爲中統鈔九貫。二十六年，增爲五十貫。元貞丙申，每引又增爲六十五貫。至大己酉至延祐乙卯，七年之間，累增爲一百五十貫。凡僞造鹽引者皆斬，籍其家產，付告人充賞。犯私鹽者徒二年，杖七十，止籍其財產之半；有首告者，於所籍之內以其半賞之。行鹽各有郡邑，犯界者減私鹽罪一等，以其鹽之半沒官，半賞告者。然歲辦之課，難易各不同。有因自凝結而取者，解池之顆鹽也。有煑海而後成者，河間、山東、兩淮、兩浙、福建等處之末鹽也。惟四川之鹽出於井，深者數百尺，汲水煑之，視他處爲最難。今各因其所產之地言之。

大都之鹽：太宗丙申年，初於白陵港、三叉沽、大直沽等處置司，設熬煎辦，每引有工本錢。世祖至元二年，又增寶坻三鹽場，竈戶工本，每引爲中統鈔三兩，與清、滄等。八年，以大都民戶多食私鹽，因虧國課，驗口給以食鹽。十九年，罷大都及河間、山東三鹽運司，設戶部尙書、員外郎各一員，別給印，令於大都置局賣引，鹽商買引，赴各場關鹽發賣。每歲竈戶工本，省臺遣官逐季分給之。十九年，改立大都蘆臺越支三叉沽鹽使司一。二十五年，復立三叉〔沽〕、蘆臺、越支三鹽使司。〔七〕二十八年，增竈戶工本，每引爲中統鈔八兩。二十九年，以歲饑減鹽課一萬引，入京兆鹽運司添辦。大德元年，遂罷大都鹽運司，併入河間。

河間之鹽：太宗庚寅年，始立河間稅課所，置鹽場，撥竈戶二千三百七十六隸之，每鹽一袋，重四百斤。甲午年，立鹽運司。庚子年，改立提舉鹽榷所，歲辦三萬四千七百袋。癸卯年，改立提舉滄清鹽課使所，歲辦鹽九萬袋。定宗四年，改眞定河間等路課程所爲提舉鹽榷滄清鹽使所。憲宗二年，又改河間課程所爲提舉滄清深鹽使所。八年，每袋增鹽至四百五十斤。世祖中統元年，改立宣撫司提領滄清深鹽使所。四年，改滄清深鹽提領所爲轉運司。是年，辦銀七千六十五錠，米三萬三千三百餘石。至元元年，又增三之一焉。二年，改立河間都轉運司，歲辦九萬五千袋。七年，始定例歲煎鹽十萬引，辦課銀一萬錠。十二年，改立都轉運使司，添竈戶九百餘，增鹽課二十萬引。十八年，以河間竈戶勞苦，增工本爲中統鈔三貫。是年，又增竈戶七百八十六。十九年，罷河間都轉運司，改立清、滄鹽使司(十)〔二〕。〔八〕二十二年，復立河間等路都轉運鹽使司，增鹽課爲二十九萬六百引。二十三

年，改立河間都轉運司，通辦鹽酒稅課。二十五年，增工本爲中統鈔五貫。二十七年，增竈戶四百七十，辦鹽三十五萬引。至大元年，又增至四十五萬引。延祐元年，以虧課，停煎五萬引。自是至天曆，皆歲辦四十萬引，所隸之場，凡二十有二。

山東之鹽：太宗庚寅年，始立益都課稅所，撥竈戶二千一百七十隸之，每銀一兩，得鹽四十斤。甲午年，立山東鹽運司。中統元年，歲辦銀二千五百錠。三年，命課稅隸山東都轉運司。四年，令益都山東民戶，月買食鹽三斤；竈戶逃亡者，招民戶補之。是歲，辦銀三千三百錠。至元二年，改立山東轉運司，辦課銀四千六百錠一十九兩。是年，戶部造山東鹽引。六年，增歲辦鹽爲七萬一千九百九十八引，自是每歲增之。至十二年，改立山東都轉運司，歲辦鹽一十四萬七千四百八十七引。十八年，增竈戶七百，又增鹽爲一十六萬五千四百八十七引，竈戶工本錢亦增爲中統鈔三貫。二十三年，歲辦鹽二十七萬一千七百四十二引。二十六年，減爲二十二萬引。大德十年，又增爲二十五萬引。至大元年之後，歲辦正、餘鹽爲三十一萬引，所隸之場，凡一十有九。

河東之鹽：出解州鹽池，池方一百二十里，每歲五月，場官伺池鹽生結，令夫撈摝鹽花。其法必値亢陽，池鹽方就，或遇陰雨，則不能成矣。太宗庚寅年，始立平陽府徵收課稅所，從實辦課，每鹽四十斤，得銀一兩。癸巳年，撥新降戶一千，命鹽使姚行簡等修理鹽池損壞

處所。憲宗壬子年，又增撥一千八十五戶，歲撈鹽一萬五千引，辦課銀三千錠。世祖中統二年，初立陝西轉運司，仍置解鹽司於路村。三年，以太原民戶自煎小鹽，歲辦課銀一百五十錠。五年，又增小鹽課銀爲二百五十錠。至元三年，諭陝西四川，以所辦鹽課赴行制國用使司輸納，鹽引令制國用使司給降。四年，立陝西四川轉運司。六年，立太原提舉鹽使司，直隸制國用使司。十年，命撈鹽戶九百八十餘，每丁撈鹽一石，給工價鈔五錢。歲辦鹽六萬四千引，計中統鈔一萬一千五百二十錠。二十三年，改立陝西都轉運司，兼辦鹽、酒、醋、竹等課。二十九年，減大都鹽課一萬引，入京兆鹽司添辦。是年五月，又革京兆鹽司一，止存鹽運司。大德十一年，增歲額爲八萬二千引。至大元年，又增煎餘鹽爲二萬引，通爲一十萬二千引。延祐三年，以池爲雨所壞，止辦課鈔八萬二千餘錠。於是晉寧、陝西之民改食常仁紅鹽，〔九〕懷孟、河南之民改食滄鹽。五年，乃免河南、懷孟、南陽三路今歲陝西鹽課，仍授鹽運使暨所臨路府州縣正官兼知渠堰事，責以疏通壅塞。六年，改陝西運司爲河東解鹽等處都轉運鹽使司，直隸中書省。十月，罷陝西行省所委巡鹽官六十八員，添設通判一員，別鑄分司印二。又罷撈鹽提領二十員，改立提領所二，增餘鹽五百料。是年，實撈鹽一十八萬四千五百引。天曆二年，辦課鈔三十九萬五千三百九十五錠。

四川之鹽：爲場凡一十有二，爲井凡九十有五，在成都、夔府、重慶、敍南、嘉定、順慶、

潼川、紹慶等路萬山之間。元初，設拘榷課稅所，分撥竈戶五千九百餘隸之，從實辦課。後爲鹽井廢壞，四川軍民多食解鹽。至元二年，立興元四川鹽運司，修理鹽井，仍禁解鹽不許過界。八年，罷四川茶鹽運司。十六年，復立之。十八年，併鹽課入四川道宣慰司。十九年，復立陝西四川轉運司，通辦鹽課。(三)〔二〕十二年，改立四川鹽茶運司，〔一〇〕分京兆運司爲二，歲煎鹽一萬四百五十一引。二十六年，一萬七千一百五十二引。皇慶元年，以竈戶艱辛，減煎餘鹽五千引。天曆二年，辦鹽二萬八千九百一十引，計鈔八萬六千七百三十錠。

遼陽之鹽：太宗丁酉年，始命北京路徵收課稅所，以大鹽泊硬鹽立隨車隨引載鹽之法，每鹽一石，價銀七錢半，帶納匠人米五升。癸卯年，合懶路歲辦課白布二千匹，恤品路布一千匹。至元四年，立開元等路運司。五年，禁東京懿州乞石兒硬鹽，不許過塗河界。是年，諭各位下鹽課如例輸納。二十四年，灤州四處鹽課，舊納羊一千者，亦令如例輸鈔。延祐二年，又命食鹽人戶，歲辦課鈔，每兩率加五焉。

兩淮之鹽：至元十三年命提舉馬里范張依宋舊例辦課，每引重三百斤，其價爲中統鈔八兩。十四年，立兩淮都轉運使司，每引始改爲四百斤。十六年，額辦五十八萬七千六百二十三引。十八年，增爲八十萬引。二十六年，減一十五萬引。三十年，以襄陽民改食揚州鹽，又增八千二百引。大德四年，諭兩淮鹽運司設關防之法，凡鹽商經批驗所發賣者，所

官收批引牙錢，其不經批驗所者，本倉就收之。八年，以竈戶艱辛，遣官究議，停煎五萬餘引。天曆二年，額辦正餘鹽九十五萬七十五引，計中統鈔二百八十五萬二百二十五錠，所隸之場凡二十有九，其工本鈔亦自四兩遞增至十兩云。

兩浙之鹽：至元十四年，立運司，歲辦九萬二千一百四十八引。每引分作二袋，每袋依宋十八界會子，折中統鈔九兩。十八年，增至二十一萬八千五百六十二引。十九年，每引於舊價之上增鈔四貫。二十一年，置常平局，以平民間鹽價。二十三年，增歲辦爲四十五萬引。二十六年，減十萬引。三十年，置局賣鹽魚鹽於海濱漁所。三十一年，併煎鹽地四十四所爲三十四場。大德三年，立兩浙鹽運司檢校所四。五年，增額爲四十萬引。至大元年，又增餘鹽五萬引。延祐六年，罷四檢校所，立嘉興、紹興等處鹽倉官，三十四場各場監運官一員，歲辦五十萬引。七年，各運司鹽課以十分爲率，收白銀一分，每銀一錠，準鹽課四十錠。其工本鈔，浙西一十一場正鹽每引遞增至二十兩，餘鹽至二十五兩；浙東二十三場正鹽每引遞增至二十五兩，餘鹽至三十兩云。

福建之鹽：至元十三年，始收其課，爲鹽六千五十五引。十四年，立市舶司，兼辦鹽課。二十年，增至五萬四千二百引。二十四年，改立福建等處轉運鹽使司，歲辦鹽六萬引。二十九年，罷福建鹽運司及鹽使司，改立福建鹽課提舉司，增鹽爲七萬引。大德四年，復立鹽

運司。九年，又罷之，併入本道宣慰司。十年，又立鹽課都提舉司，增鹽至十萬引。至大元年，又增至十三萬引。四年，改立福建鹽運司。至順元年，實辦課三十八萬七千七百八十三錠。其工本鈔，煎鹽每引遞增至二十貫，曬鹽每引至一十七貫四錢。所隸之場有七。

廣東之鹽：至元十三年，克廣州，因宋之舊，立提舉司，從實辦課。十六年，立江西鹽鐵茶都轉運司，所轄鹽使司六，各場立管勾。是年，辦鹽六百二十一引。二十二年，分江西鹽隸廣東宣慰司，歲辦一萬八百二十五引。二十三年，併廣東鹽司及市舶提舉司爲廣東鹽課市舶提舉司，每歲辦鹽一萬一千七百二十五引。大德四年，增至正餘鹽二萬一千九百八十二引。十年，又增至三萬引。十一年，三萬五千五百引。至大元年，又增餘鹽一萬五千引。延祐二年，歲煎五萬五百引。五年，又增至五萬五百五十二引。所隸之場凡十有三。

廣海之鹽：至元十三年，初立廣海鹽課提舉司，辦鹽二萬四千引。三十年，又立廣西石康鹽課提舉司。大德十年，增一萬一千引。至大元年，又增餘鹽一萬五千引。延祐二年，正餘鹽通爲五萬一百六十五引。

凡天下一歲總辦之數，唯天曆爲可考，今併著于後：

鹽，總二百五十六萬四千餘引。

鹽課鈔，總七百六十六萬一千餘錠。

茶法

榷茶始于唐德宗，至宋遂爲國賦，額與鹽等矣。元之茶課，由約而博，大率因宋之舊而爲之制焉。

世祖至元五年，用運使白賡言，榷成都茶，於京兆、鞏昌置局發賣，私自採賣者，其罪與私鹽法同。六年，始立西蜀四川監榷茶場使司掌之。十(二)〔三〕年，既平宋，復用左丞呂文煥言，榷江西茶，〔二〕以宋會五十貫準中統鈔一貫。十三年，定長引短引之法，以三分取一。長引每引計茶一百二十斤，收鈔五錢四分二釐八毫。短引計茶九十斤，收鈔四錢二分八毫。是歲，徵一千二百餘錠。十四年，取三分之半，增至二千三百餘錠。十五年，又增至六千六百餘錠。十七年，置榷茶都轉運司于江州，總江淮、荆湖、福廣之稅，而遂除長引，專用短引。每引收鈔二兩四錢五分，草茶每引收鈔二兩二錢四分。十八年，增額至二萬四千錠。十九年，以江南茶課官爲置局，令客買引，通行貨賣。歲終，增二萬錠。二十一年，廉運使言：「各處食茶課程，抑配于民，非便。」於是革之。而以其所革之數，於正課每引增一兩五分，通爲三兩五錢。二十三年，又以李起南言，增爲五貫。是年徵四萬錠。二十五年，改

立江西等處都轉運司。二十六年，丞相桑哥增引稅爲一十貫。三十年，又改江南茶法。凡管茶提舉司一十六所，罷其課少者五所，併入附近提舉司。每茶商貨茶，必令賫引，無引者與私茶同。引之外，又有茶由，以給賣零茶者。初，每由茶九斤，收鈔一兩，至是自三斤至三十斤分爲十等，隨處批引局同，每引收鈔一錢。

元貞元年有獻利者言：「舊法江南茶商至江北者又稅之，其在江南賣者，亦宜更稅，如江北之制。」於是朝議復增江南課三千錠，而弗稅。是年凡征八萬三千錠。至大元年，以龍興、瑞州爲皇太后湯沐邑，其課入徽政院。四年，增額至一十七萬一千一百三十一錠。皇慶二年，更定江南茶法，又增至一十九萬二千八百六十六錠。延祐元年，改設批驗茶由局官。五年，用江西茶副法忽魯丁言，立減引添課之法，每引增稅爲一十二兩五錢，通辦鈔二十五萬錠。七年，遂增至二十八萬九千二百一十一錠。天曆二年，始罷榷司而歸諸州縣，其歲征之數，蓋與延祐同。至順之後，無籍可考。他如范殿帥茶、西番大葉茶、建寧胯茶，亦無從知其始末，故皆不著。

酒醋課

元之有酒醋課，自太宗始。其後皆著定額，爲國賦之一焉，利之所入亦厚矣。初，太宗

辛卯年，立酒醋務坊場官，榷沽辦課，仍以各州府司縣長官充提點官，隸徵收課稅所，其課額驗民戶多寡定之。甲午年，頒酒麴醋貨條禁，私造者依條治罪。世祖至元十六年，以大都、河間、山東酒醋商稅等課併入鹽運司。二十二年，詔免農民醋課。是年二月，命隨路酒課依京師例，每石取一十兩。三月，用右丞盧世榮等言，罷上都醋課，其酒課亦改榷沽之制，令酒戶自具工本，官司拘賣，每石止輸鈔五兩。二十八年，詔江西酒醋之課不隸茶運司，福建酒醋之課不隸鹽運司，皆依舊令有司辦之。二十九年，丞相完澤等言：「杭州省酒課歲辦二十七萬餘錠，湖廣、龍興歲辦止九萬錠，輕重不均。」於是減杭州省十分之二，令湖廣、龍興、南京三省分辦。大德八年，大都酒課提舉司設槽房一百所。九年，併爲三十所，每所一日所醞，不許過二十五石之上。十年，復增三所。至大三年，又增爲五十四所。其制之可考者如此。若夫累朝以課程撥賜諸王公主及各寺者，凡九所云。

天下每歲總入之數：

酒課：

腹裏，五萬六千二百四十三錠六十七兩一錢。〔二〕

遼陽行省，二千二百五十錠一十一兩二錢。

河南行省，七萬五千七十七錠一十一兩五錢。

陝西行省，一萬一千七百七十四錠三十四兩四錢。

四川行省，七千五百九十錠二十兩。

甘肅行省，二千七十八錠三十五兩九錢。

雲南行省，䝙二十萬一千一百一十七索。

江浙行省，一十九萬六千六百五十四錠二十一兩三錢。

江西行省，五萬八千六百四十錠一十六兩八錢。

湖廣行省，五萬八千八百四十八錠四十九兩八錢。

醋課：

腹裏，三千五百七十六錠四十八兩九錢。

遼陽行省，三十四錠二十六兩五錢。

河南行省，二千七百四十錠三十六兩四錢。

陝西行省，一千五百七十三錠三十九兩二錢。

四川行省，六百一十六錠一十二兩八錢。

江浙行省，一萬一千八百七十錠一十九兩六錢。

江西行省，九百五十一錠二十四兩五錢。

湖廣行省，一千二百三十一錠二十七兩九錢。

商稅

商賈之有稅，本以抑末，而國用亦資焉。元初，未有定制。太宗甲午年，始立徵收課稅所，凡倉庫院務官并合干人等，命各處官司選有產有行之人充之。其所辦課程，每月赴所輸納。有貿易借貸者，並徒二年，杖七十；所官擾民取財者，其罪亦如之。世祖中統四年，用阿合馬、王光祖等言，凡在京權勢之家爲商賈，及以官銀賣買之人，並令赴務輸稅，入城不弔引者同匿稅法。至元七年，遂定三十分取一之制，以銀四萬五千錠爲額，有溢額者別作增餘。是年五月，以上都商旅往來艱辛，特免其課。凡典賣田宅不納稅者，禁之。二十年，詔各路課程，差廉幹官二員提調，增羨者遷賞，虧兌者陪償降黜。凡隨路所辦，每月以其數申部，違期不申及雖申不圓者，其首領官初犯罰俸，再犯決一十七，令史加一等，三犯正官取招呈省。其院務官俸鈔，於增餘錢內給之。是年，始定上都稅課六十分取一；舊城市肆院務遷入都城者，四十分取一。二十二年，又增商稅契本，每一道爲中統鈔三錢。減

上都稅課，於一百兩之中取七錢半。二十六年，從丞相桑哥之請，遂大增天下商稅，腹裏爲二十萬錠，江南爲二十五萬錠。二十九年，定諸路輸納之限，不許過四孟月十五日。三十一年，詔天下商稅有增餘者，毋作額。元貞元年，用平章剌眞言，又增上都之稅。至大三年，契本一道復增作至元鈔三錢。逮至天曆之際，天下總入之數，視至元七年所定之額，蓋不啻百倍云。

商稅額數：

大都宣課提舉司，一十萬三千六錠一十一兩四錢。

大都路，八千二百四十二錠九兩七錢。

上都留守司，一千九百三十四錠五兩。

上都稅課提舉司，一萬五百二十五錠五兩。

興和路，七百七十錠一十七兩一錢。

永平路，二千二百七十二錠四兩五錢。

保定路，六千五百七錠二十三兩五錢。

嘉定路，〔三〕一萬七千四百八錠三兩九錢。

順德路，二千五百七錠九兩九錢。

廣平路，五千三百七錠二十兩二錢。

彰德路，四千八百五錠四十二兩八錢。

大名路，一萬七百九十五錠八兩五錢。

懷慶路，四千九百四十九錠二兩。

衞輝路，三千六百六十三錠七兩。

河間路，一萬四百六十六錠四十七兩二錢。

東平路，七千一百四十一錠四十八兩四錢。

東昌路，四千八百七十九錠三十二兩。

濟寧路，一萬二千四百三錠四兩一錢。

曹州，六千一十七錠四十六兩三錢。

濮州，二千六百七十一錠七錢。

高唐州，四千二百五十九錠六兩。

泰安州，二千一十三錠二十五兩四錢。

冠州，七百三十八錠一十九兩七錢。

寧海州，九百四十四錠三錢。

德州，二千九百一十九錠四十二兩八錢。

益都路，九千四百七十七錠一十五兩。

濟南路，一萬二千七百五十二錠三十六兩六錢。

般陽路，三千四百八十六錠九兩。

大同路，八千四百三十八錠一十九兩一錢。

冀寧路，一萬七百一十四錠三十四兩六錢。

晉寧路，二萬一千三百五十九錠四十兩二錢。

嶺北行省，四百四十八錠四十五兩六錢。

遼陽行省，八千二百七十三錠四十一兩四錢。

河南行省，一十四萬七千四百二十八錠三十二兩三錢。

陝西行省，四萬五千五百七十九錠三十九兩二錢。

四川行省，一萬六千六百七十六錠四兩八錢。

甘肅行省，一萬七千三百六十一錠三十六兩一錢。

江浙行省，二十六萬九千二十七錠三十兩三錢。

江西行省，六萬二千五百一十二錠七兩三錢。

湖廣行省，六萬八千八百四十四錠九兩九錢。

市舶

互市之法，自漢通南粵始，其後歷代皆嘗行之，至宋置市舶司于浙、廣之地，以通諸蕃貨易，則其制爲益詳矣。

元自世祖定江南，凡鄰海諸郡與蕃國往還互易舶貨者，其貨以十分取一，粗者十五分取一，以市舶官主之。其發舶迴帆，必著其所至之地，驗其所易之物，給以公文，爲之期日，大抵皆因宋舊制而爲之法焉。於是至元十四年，立市舶司一於泉州，令忙古觔領之。立市舶司三於慶元、上海、澉浦，令福建安撫使楊發督之。每歲招集舶商，於蕃邦博易珠翠香貨等物。及次年迴帆，依例抽解，然後聽其貨賣。

時客船自泉、福販土產之物者，其所徵亦與蕃貨等，上海市舶司提控王楠以爲言，於是定雙抽、單抽之制。雙抽者蕃貨也，單抽者土貨也。十九年，又用耿左丞言，以鈔易銅錢，令市舶司以錢易海外金珠貨物，仍聽舶戶通販抽分。二十年，遂定抽分之法。是年十月，忙古觔言，舶商皆以金銀易香木，於是下令禁之，唯鐵不禁。

二十一年，設市舶都轉運司於杭、泉二州，官自具船、給本，選人入蕃，貿易諸貨。其所獲之息，以十分爲率，官取其七，所易人得其三。凡權勢之家，皆不得用己錢入蕃爲賈，犯者罪之，仍籍其家產之半。其諸蕃客旅就官船賣買者，依例抽之。

二十二年，併福建市舶司入鹽運司，改曰都轉運司，領福建漳、泉鹽貨市舶。二十三年，禁海外博易者，毋用銅錢。二十五年，又禁廣州官民，毋得運米至占城諸蕃出(糴)[糶]。〔一四〕二十九年，命市舶驗貨抽分。是年十一月，中書省定抽分之數及漏稅之法。凡商旅販泉、福等處已抽之物，於本省有市舶司之地賣者，細色於二十五分之中取一，粗色於三十分之中取一，免其輸稅。其就市舶司買者，止於賣處收稅，而不再抽。漏舶物貨，依例斷沒。三十年，又定市舶抽分雜禁，凡二十(一)[二]條，〔一五〕條多不能盡載，擇其要者錄焉。泉州、上海、澉浦、溫州、廣東、杭州、慶元市舶司凡七所，獨泉州於抽分之外，又取三十分之一以爲稅。自今諸處，悉依泉州例取之，仍以溫州市舶司併入慶元，杭州市舶司併入稅務。凡金銀銅鐵男女，並不許私販入蕃。行省行泉府司、市舶司官，每年於迴帆之時，皆前期至抽解之所，以待舶船之至，先封其堵，以次抽分，違期及作弊者罪之。

三十一年，成宗詔有司勿拘海舶，聽其自便。元貞元年，以舶船至岸，隱漏物貨者多，命就海中逆而閱之。二年，禁海商以細貨於馬八兒、唄喃、梵答剌亦納三蕃國交易，別出鈔五萬錠，令沙不丁等議規運之法。大德元年，罷行泉府司。二年，併澉浦、上海入慶元市舶提舉司，直隸中書省。是年，又置制用院。七年，以禁商下海罷之。至大元年，復立泉府院，整治市舶司事。二年，罷行泉府院，以市舶提舉司隸行省。四年，又罷之。延祐元年，復立市舶提舉司，仍禁人下蕃，官自發船貿易，迴帆之日，細物十分抽二，粗物十五分抽二。七年，以下蕃之人將絲銀細物易于外國，又併提舉司罷之。至治二年，復立泉州、慶元、廣東三處提舉司，申嚴市舶之禁。三年，聽海商貿易，歸徵其稅。泰定元年，諸海舶至者，止令行省抽分。其大略如此。

若夫中買寶貨之制，泰定三年命省臣依累朝呈獻例給價。天曆元年，以其蠹耗國財，詔加禁止，凡中獻者以違制論云。

額外課

元有額外課。謂之額外者，歲課皆有額，而此課不在其額中也。然國之經用，亦有賴焉。課之名凡三十有二：其一曰曆日，二曰契本，三曰河泊，四曰山場，五曰窰冶，六曰房地租，七曰門攤，八曰池塘，九曰蒲葦，十曰食羊，十一曰荻葦，十二曰煤炭，十三曰撞岸，十四曰山查，十五曰麴，十六曰魚，十七曰漆，十八曰酵，十九曰山澤，二十曰蕩，二十一曰柳，二

十二曰牙例，二十三曰乳牛，二十四曰抽分，二十五曰蒲，二十六曰魚苗，二十七曰柴，二十八曰羊皮，二十九曰磁，三十曰竹葦，三十一曰薑，三十二曰白藥。其歲入之數，唯天曆元年可考云。

曆日：總三百一十二萬三千一百八十五本，計中統鈔四萬五千九百八十錠三十二兩五錢。內腹裏，七萬二千一十本，計鈔八千五百七十錠三十一兩一錢；行省，二百五十五萬一千一百七十五本，〔一六〕計鈔三萬七千四百一十錠一兩四錢。大曆，二百二十萬二千二百三本，每本鈔一兩，計四萬四千四十四錠三兩。小曆，九十一萬五千七百二十五本，每本鈔一錢，計一千八百三十一錠三十二兩五錢。〔一七〕回回曆，五千二百五十七本，每本鈔一兩，計一百五錠七兩。

契本：總三十萬三千八百道，每道鈔一兩五錢，計中統鈔九千一百一十四錠。內腹裏，六萬八千三百三十二道，計鈔二千四十九錠四十八兩；行省，二十三萬五千四百六十八道，計鈔七千六十四錠二兩。

河泊課：總計鈔五萬七千六百四十三錠二十三兩四錢。內腹裏，四百六錠四十六兩二錢；行省，五萬七千二百三十六錠二十七兩一錢。

山場課：總計鈔七百一十九錠四十九兩一錢。內腹裏，二百三十九錠一十三兩四錢；行省，四百八十錠三十五兩六錢。

窰冶課：總計鈔九百五十六錠四十五兩九錢。內腹裏，一百九十七錠三十二兩四錢；行省，七百五十九錠一十三兩。

房地租錢：總計鈔一萬二千五十三錠四十八兩四錢。內腹裏，九百六十六錠五兩三錢；行省，一萬一千八十七錠四十三兩一錢。

門攤課：總計鈔二萬六千八百九十九錠一十九兩一錢。內湖廣省，二萬六千一百六十七錠三兩四錢；江西省，三百六十錠一兩五錢；河南省，三百七十二錠一十四兩一錢。

池塘課：總計鈔一千九錠二十六兩五錢。內江浙省，二十四錠二十二兩七錢；江西省，九百八十五錠三兩八錢。

蒲葦課：總計鈔六百八十六錠三十三兩四錢。內腹裏，一百四十一錠五兩八錢；行省，五百四十五錠二十七兩六錢。

食羊等課：總計鈔一千七百六十錠二十九兩七錢。內大都路，四百三十八錠；上都路，三百錠；興和路，三百錠；大同路，三百九十三錠；羊市，二百二十九錠二十九兩七錢；煤木所，一百錠。

荻葦課：總計鈔七百二十四錠六兩九錢。內河南省，六百四十四錠五兩八錢；江西省，八

十錠一兩八錢。

煤炭課：總計鈔二千六百一十五錠二十六兩四錢。內大同路，一百二十九錠一兩九錢，煤木所，二千四百九十六錠二十四兩五錢。

撞岸課：總計鈔一百八十六錠三十七兩五錢。內般陽路，一百六十錠二十四兩；寧海州，二十六錠一十三兩五錢；恩州，一十三兩八錢。〔一八〕

山查課：總計鈔七十五錠二十六兩四錢。內眞定路一錠二十五兩八錢；廣平路，四十錠五兩一錢；大同路，三十三錠四十五兩四錢。

麴課：江浙省鈔五十五錠三十七兩四錢。

魚課：江浙省鈔一百四十三錠四十兩四錢。

漆課：總計鈔一百一十二錠二十六兩。內四川省廣元路一百一十一錠二十五兩八錢。

酵課：總計鈔二十九錠三十七兩八錢。內腹裏永平路二十三錠二十五兩四錢；江西行省，六錠一十二兩五錢。

山澤課：總計鈔二十四錠二十一兩一錢。內彰德路，一十三錠四十兩；懷慶路，一十錠三十一兩一錢。

蕩課：平江路，八百八十六錠七錢。
柳課：河間路，四百二錠一十四兩八錢。
牙例課：河間路，二百八錠三十三兩八錢。
乳牛課：眞定路，二百八錠三十兩。
抽分課：黃州路，一百四十四錠四十四兩五錢。
蒲課：晉寧路，七十二錠。
魚苗課：龍興路，六十五錠八兩五錢。
柴課：安豐路，三十五錠一十一兩七錢。
羊皮課：襄陽路，一十錠四十八兩八錢。
磁課：冀寧路，五十八錠。
竹葦課：奉元路，三千七百四十六錠三兩六錢。
薑課：興元路，一百六十二錠二十七兩九錢。
白藥課：彰德路，一十四錠二十五兩。

校勘記

〔一〕常德澧辰沅(靜)〔靖〕民　見卷一校勘記〔一四〕。

〔二〕在湖廣者至韶州路曲江縣銀場聽民煽煉　按韶州路屬江西行省，不屬湖廣，此處史文有脫誤。

〔三〕聽民於(揚)〔楊〕村直沽口撈採　見卷九三校勘記〔八〕。

〔四〕吉思迷之地　本書卷五、六、八世祖紀至元元年十一月辛巳、至元二年三月癸酉、至元十二年二月甲辰條有「吉里迷」，此處「思」當爲「里」之誤。吉里迷，部族名。

〔五〕腹裏之河南懷孟　按本書卷五八地理志，中書省統山東西、河北之地，謂之腹裏。河南府不屬腹裏。此「河南」或係「河間」之誤。

〔六〕輝懷嵩洛京襄益都宿蘄等處　「京」，北監本作「荆」。又「蘄」原作「䖵」，係「蘄」字俗寫，今改用正體字。

〔七〕三叉(沽)〔沽〕蘆臺越支　據本書多見之文補。

〔八〕十九年罷河間都轉運司改立清滄鹽使司(工)〔二〕　按本書卷八五百官志，十九年以戶部尙書行河間等路都轉運使司，尋罷，改立清、滄二鹽使司。「工」「二」形近而訛，今改。

〔九〕於是晉寧陝西之民改食常仁紅鹽　按本書卷九七食貨志鹽法，仍至元二年陝西行臺曾請令陝西之民改食「韋紅鹽」。「常仁紅鹽」疑係「韋紅鹽」之誤。

〔一〇〕(三)〔二〕十二年改立四川鹽茶運司　按至元紀元止三十一年，無「三十二年」。本書卷九一百官志有「二十二年，置四川茶鹽運司」。「三十二」誤，從道光本改。

〔一一〕十(三)〔三〕年既平宋復用左丞呂文煥言榷江西茶　按平宋在至元十三年。元文類卷四〇經世大典序錄茶法有「十三年，江南平，左丞呂文煥首以主茶稅爲言」。據改。

〔一二〕五萬六千二百四十三錠六十七兩一錢　按元制，鈔五十兩爲一錠。此數實指五萬六千二百四十四錠一十七兩一錢。疑此處史文有誤。

〔一三〕嘉定路　按此處所列商稅額數，自大都宣課提舉司至晉寧路皆腹裏諸路，不應有四川行省之嘉定路。疑「嘉定」爲「眞定」之誤。

〔一四〕至占城諸蕃出(羅)〔糴〕　從道光本改。

〔一五〕凡二十(一)〔二〕條　按元典章卷二二市舶則法條作「二十二件」，具體條文亦二十二則，據改。

〔一六〕曆日總三百一十二萬三千一百八十五本至內腹裏七萬二千一十本計鈔八千五百七十錠三十一兩一錢行省二百五十五萬一千一百七十五本　按腹裏本數與行省本數之和僅得二百六十二萬三千一百八十五，與總數不符，少五十萬本。又腹裏本數內，大曆、小曆、回回曆應全有。卽令全爲大曆與回回曆，其價每本鈔一兩，總值亦遠不及八千五百七十錠。短少之五十萬本之數當在腹裏本數內，腹裏本數應爲五十七萬二千一十本。此處「七萬二千一十本」七字之上當脫「五十」二字。

〔一七〕小曆九十一萬五千七百二十五本每本鈔一錢計一千八百三十一錠三十二兩五錢　按以每本鈔價乘本數，得九萬一千五百七十二兩五錢。鈔五十兩爲一錠，卽一千八百三十一錠二十二兩五錢。此處「三十二兩」應作「二十二兩」。

〔一八〕總計鈔一百八十六錠三十七兩五錢內般陽路一百六十錠二十四兩寧海州二十六錠一十三兩五錢恩州一十三兩八錢　按般陽路、寧海州二細數之和已與總計數等，總計數當係漏計恩州數額。

元史卷九十五

志第四十四

食貨三

歲賜

自昔帝王於其宗族姻戚必致其(後)〔厚〕者，[一]所以明親親之義也。元之爲制，其又厚之至者歟。凡諸王及后妃公主，皆有食采分地。其路府州縣得薦其私人以爲監，秩祿受命如王官，而不得以歲月通選調。其賦則五戶出絲一斤，不得私徵之，皆輸諸有司之府，視所當得之數而給與之。其歲賜則銀幣各有差，始定於太宗之時，而增於憲宗之日。及世祖平江南，又各益以民戶。時科差未定，每戶折支中統鈔五錢，至成宗復加至二貫。其親親之義若此，誠可謂厚之至矣。至於勳臣亦然，又所以大報功也。故詳著其所賜之人，及其數之多寡于後。

諸王

太祖叔答里眞官人位：

歲賜，銀三十錠，段一百匹。

五戶絲，丙申年，分撥寧海州一萬戶。延祐六年，實有四千五百三十二戶，計絲一千八百一十二斤。

江南戶鈔，至元十八年，撥南豐州一萬一千戶，計鈔四百四十錠。

太祖弟搠只哈撒兒大王(子)淄川王位：[二]

歲賜，銀一百錠，段三百匹。

五戶絲，丙申年，分撥般陽路二萬四千四百九十三戶。延祐六年，實有七千九百五十四戶，計絲三千六百五十六斤。

江南戶鈔，至元十三年，分撥信州路三萬戶，計鈔一千二百錠。

太祖弟哈赤溫大王子濟南王位：

歲賜，銀一百錠，綿六百二十五斤，小銀色絲五千斤，段三百匹，羊皮一千張。

五戶絲，丙申年，分撥濟南路五萬五千二百戶。延祐六年，實有二萬一千七百八十五戶，計絲九千六百四十八斤。

江南戶鈔，至元十八年，分撥建昌路六萬五千戶，計鈔二千六百錠。

太祖弟斡眞那顏位：

歲賜，銀一百錠，絹五千九十八匹，綿五千九十八斤，段三百匹，諸物折中統鈔一百二十錠，羊皮五百張，金一十六錠四十五兩。

五戶絲，丙申年，分撥益都路等處六萬二千一百五十六戶。延祐六年，實有二萬八千三百一戶，計絲一萬一千四百二十五斤。

江南戶鈔，至元十八年，分撥建寧路七萬一千三百七十七戶，計鈔二千八百五十五錠。

太祖弟孛羅古䚟大王子廣寧王位：[三]

歲賜，銀一百錠，段三百匹。

五戶絲，丙申年，分撥恩州一萬一千六百三戶。[四]延祐六年，實有二千四百二十戶，計絲一千三百五十九斤。

江南戶鈔，至元十八年，分撥鉛山州一萬八千戶，[五]計鈔七百二十錠。

太祖長子朮赤大王位：

歲賜，段三百匹，常課段一千匹。

五戶絲，丙申年，分撥平陽四萬一千三百二戶。戊戌年，眞定晉州一萬戶。

江南戶鈔，至元十八年，分撥永州六萬戶，計鈔二千四百錠。

太祖次子茶合䚟大王位：

歲賜，銀一百錠，段三百匹，綿六百二十五斤，常課金六錠六兩。

五戶絲，丙申年，分撥太原四萬七千三百三十戶。戊戌年，眞定深州一萬戶。延祐六年，實有一萬七千二百一十一戶，計絲六千八百三十八斤。

江南戶鈔，至元十八年，分撥澧州路六萬七千三百三十戶，計鈔二千六百九十三錠。

太祖第三子太宗子定宗位：

歲賜，銀一十六錠三十三兩，段五十匹。

五戶絲，丙申年，分撥大名六萬八千五百九十三戶。延祐六年，實有一萬二千八百三十五戶，計絲五千一百九十三斤。

太祖第四子睿宗子阿里不哥大王位：

歲賜，銀一百錠，段三百匹。

五戶絲，丙申年，分撥眞定路八萬戶。延祐六年，實有一萬五千二十八戶，計絲五千一十三斤。

江南戶鈔，至元十八年，分撥撫州路一十萬四千戶，計鈔四千一百六十錠。

太祖第五子兀魯赤太子。無嗣。

太祖第六子闊列堅太子子河間王位：

歲賜，銀一百錠，段三百匹。

五戶絲，丙申年，分撥河間路四萬五千九百三十戶。延祐六年，實有一萬一百四十戶，計絲四千四百七十九斤。

江南戶鈔，至元十八年，分撥衡州路五萬三千九百三十戶，計鈔二千一百五十七錠。

太宗子合丹大王位：

歲賜，銀一十六錠三十三兩，段五十匹。

五戶絲，丁巳年，分撥汴梁在城戶。至元三年，改撥鄭州。延祐六年，實有二千三百五十六戶，計絲九百三十六斤。

江南戶鈔，至元十八年，分撥常寧州二千五百戶，計鈔一百錠。

太宗子滅里大王位：

歲賜，銀一十六錠三十三兩，段五十匹。

五戶絲，丁巳年，分撥汴梁在城戶。至元三年，改撥鈞州一千五百八十四戶。延祐六

年，實有二千四百九十六戶，計絲九百九十七斤。

太宗子合失大王位：

歲賜，銀一十六錠三十三兩，段五十匹。

五戶絲，丁巳年，分撥汴梁路在城戶。至元三年，改撥蔡州三千八百一十六戶。延祐六年，實有三百八十八戶，計絲一百五十四斤。

太宗子闊出太子位：

歲賜，銀六十六錠三十三兩，段一百五十匹。

五戶絲，丁巳年，分撥汴梁路在城戶。至元三年，改撥睢州五千二百一十四戶。延祐六年，實有一千九百三十七戶，計絲七百六十四斤。

太宗子闊端太子位：

歲賜，銀一十六錠三十三兩，段五十匹。

五戶絲，丙申年，分撥東（京）〔平〕路四萬七千七百四十一戶。〔七〕延祐六年，實有一萬七千八百二十五戶，計絲三千五百二十四斤。

江南戶鈔，至元十八年，分撥常德路四萬七千七百四十戶，計鈔一千九百九錠。

睿宗長子憲宗子阿速台大王位：

歲賜，銀八十二錠，段三百匹。

又泰定二年，晃兀帖木兒大王改封幷王，增歲賜銀一十錠，班禿大王銀八錠。

又泰定三年，明里忽都魯皇后位下，添歲賜中統鈔一千錠，段五十匹，絹五十匹。

五戶絲，癸丑年，查過衞輝路三千三百四十二戶。延祐六年，實有二千二百八十戶，計絲九百一十六斤。

睿宗子世祖次子裕宗位：

裕宗妃伯藍也怯赤：

歲賜，銀五十錠。

江南戶鈔，延祐三年，分撥江州路德化縣二萬九千七百五十戶，計鈔一千一百九十錠。

裕宗子順宗子武宗：

五戶絲，丁巳年，分撥懷孟一萬一千二百七十三戶。

江南戶鈔，大德八年，分撥瑞州路六萬五千戶，計鈔二千六百錠。

睿宗子旭烈大王位：

歲賜，銀一百錠，段三百匹。

五戶絲，丁巳年，分撥彰德路二萬五千五十六戶。延祐六年，實有二千九百二十九戶，

計絲二千二百一斤。

睿宗子阿里不哥大王位。見前。

睿宗子末哥大王位：

歲賜，銀五十錠，段三百匹。

五戶絲，丁巳年，分撥河南府五千五百五十二戶。延祐六年，實有八百九戶，計絲三百三十三斤。

江南戶鈔，至元十八年，分撥茶陵州八千五十二戶，計鈔三百二十四錠。

睿宗子撥綽大王位：

歲賜，銀五十錠，段三百匹。

五戶絲，丁巳年，分撥眞定蠡州三千三百四十七戶。延祐六年，實有一千四百七十二戶，計絲六百一十二斤。

江南戶鈔，至元十八年，分撥耒陽州五千三百四十七戶，計鈔二百一十三錠。

睿宗子歲哥都大王位：

五戶絲，壬子年，元查認濟南等處五千戶。延祐六年，實有五十戶，計絲二十斤。

世祖長子朵兒只太子位：

腹裏、江南無分撥戶。

世祖次子裕宗后位：

歲賜，段一千匹，絹一千匹。

江南戶鈔，至元十八年，分撥龍興路一十萬五千戶，計鈔四千二百錠。

又四怯薛伴當江南戶鈔，至元十八年，撥瑞州上高縣八千戶，計鈔三百三十錠。

世祖次子安西王忙哥剌位：

歲賜，段一千匹，絹一千匹。

江南戶鈔，至元十八年，分撥吉州路六萬五千戶，計鈔二千六百錠。

世祖次子北安王那木罕位：

歲賜，段一千匹，絹一千匹。

江南戶鈔，至元二十二年，分撥臨江路六萬五千戶，計鈔二千六百錠。

世祖次子（平）〔寧〕遠王闊闊出位：〔七〕

歲賜，段四物料，折鈔一千六百五十六錠，銀五十錠，折鈔一千錠。

江南戶鈔，泰定元年，分撥永福縣一萬三千六百四戶，計鈔五百四十四錠。

世祖次子西平王奧魯赤位：

歲賜，段四物料，折鈔一千六百五十六錠，銀五十錠，折鈔一千錠。

江南戶鈔，大德七年，分撥南恩州一萬三千六百四戶，計鈔五百四十四錠。

世祖次子愛牙赤大王位：

歲賜，銀五十錠，折鈔一千錠，段四物料，折鈔一千六百五十六錠。

江南戶鈔，皇慶元年，分撥邵武路光澤縣一萬三千六百四戶，計鈔五百四十四錠。

世祖次子鎮南王脫歡位：

歲賜，銀五十錠，段四物料，折鈔一千六百五十六錠。

江南戶鈔，皇慶元年，分撥福州路寧德縣一萬三千六百四戶，計鈔五百四十四錠。

世祖次子雲南王忽哥赤位：

歲賜，銀五十錠，折鈔一千錠，段四物料，折鈔一千六百五十六錠。

江南戶鈔，皇慶元年，分撥福州路福安縣一萬三千六百四戶，計鈔五百四十四錠。

世祖次子忽都怙木兒太子位：

歲賜，銀五十錠，折鈔一千錠，段四物料，折鈔一千六百五十六錠。

江南戶鈔，皇慶元年，分撥泉州路南安縣一萬三千六百四戶，計鈔五百四十四錠。

裕宗長子晉王甘麻剌位：

歲賜，段一千匹，絹一千匹。

又朶兒只，延祐元年爲始，年例支中統鈔一千錠。

五戶絲，闊闊不花所管益都二十九戶。

江南戶鈔，皇慶元年，分撥南康路六萬五千戶。

又迭里哥兒不花湘寧王分撥湘鄉（州、寧鄉）縣六萬五千戶，〔八〕計鈔二千六百錠。

順宗子阿木哥魏王位：

江南戶鈔，皇慶元年，分撥慶元路六萬五千戶，計鈔二千六百錠。

順宗子武宗子明宗位：

江南戶鈔，延祐二年，分撥湘潭州六萬五千戶，計鈔二千六百錠。

合丹大王位：

五戶絲，戊午年，分撥濟南漏籍二百戶。延祐六年，實有一百九十三戶，計絲七十七斤。

阿魯渾察大王：

五戶絲，丁巳年，分撥廣平三十戶。延祐三年，實有五戶，計絲二斤。

霍里極大王：

五戶絲，丁巳年，分撥廣平等處一百五十戶。延祐三年，實有八十七戶，計絲三十

四斤。

阿剌忒納失里豫王：

天曆元年，分撥江西行省南康路。

后妃公主

太祖四大斡耳朶：

大斡耳朶：

歲賜，銀四十三錠，紅紫羅二十匹，染絹一百匹，雜色絨五千斤，針三千箇，段七十五匹，常課段八百匹。

五戶絲，乙卯年，分撥保定路六萬戶。延祐六年，實有一萬二千六百九十三戶，計絲五千二百七斤。

江南戶鈔，至元十八年，分撥贛州路二萬戶，計鈔八百錠。

第二斡耳朶：

歲賜，銀五十錠，段七十五匹，常課段一千四百九十匹。

五戶絲，丁巳年，分撥河間青城縣二千九百戶。延祐六年，實有一千五百五十六戶，計

絲六百五十七斤。

江南戶鈔，至元十八年，分撥贛州路一萬五千戶，計鈔六百錠。

第三斡耳朵：

歲賜，銀五十錠，段七十五匹，常課段六百八十二匹。

五戶絲，壬子年，查認過眞定等處畸零三百一十八戶。延祐六年，實有一百二十一戶，計絲四十八斤。

第四斡耳朵：

歲賜，銀五十錠，段七十五匹。

江南戶鈔，至元十八年，分撥贛州路二萬一千戶，計鈔八百四十錠。

五戶絲，壬子年，分撥眞定等處二百八十三戶。延祐六年，實有一百一十六戶，計絲四十六斤。

又八不別及妃子位，至元二十五年，分撥河間清州五百一十戶，計絲二百四斤。

世祖四斡耳朵：

大斡耳朵：

歲賜，銀五十錠。

江南戶鈔，大德三年，分撥袁州路宜春縣一萬戶，計鈔一千六百錠。

第二斡耳朵：

歲賜，銀五十錠，又七錠，段一百五十匹。

江南戶鈔，至元二十一年，分撥袁州路分宜縣四千戶，計鈔一百六十錠。大德四年，分撥袁州路萍鄉州四萬二千戶，計鈔一千六百八十錠。

第三斡耳朵：

歲賜，銀五十錠。

江南戶鈔，大德十年，分撥袁州路宜春縣二萬九千七百五十戶，計鈔一千一百九十錠。

第四斡耳朵：

歲賜，銀五十錠。

江南戶鈔，大德十年，分撥袁州路萬載縣二萬九千七百五十戶，計鈔一千一百九十錠。

順宗后位：

歲賜，段五百匹。

江南戶鈔，大德二年，分撥三萬二千五百戶。

武宗斡耳朵：

眞哥皇后位：

歲賜，銀五十錠，鈔五百錠。

江南戶鈔，延祐二年，分撥湘陰州四萬二千戶，計鈔一千六百八十錠。

完者台皇后位：

歲賜，銀五十錠。

江南戶鈔，延祐二年，分撥潭州路衡山縣二萬九千七百五十戶，計鈔一千一百九十錠。

阿昔倫公主位：

至元六年，分撥葭州等處種田三百戶。

趙國公主位：

五戶絲，丙申年，分撥高唐州二萬戶。延祐六年，實有六千七百二十九戶，計絲二千三百九十九斤。

江南戶鈔，至元十八年，分撥柳州路二萬七千戶，計鈔一千八十錠。

魯國公主位：

五戶絲，丙申年，分撥濟寧路三萬戶。延祐六年，實有六千五百三十戶，計絲二千二百九斤。

江南戶鈔，至元十八年，分撥汀州四萬戶，計鈔一千六百錠。

昌國公主位：

五戶絲，丙申年，分撥一萬二千六百五十二戶。延祐六年，實有三千五百三十一戶，計絲二千七百六十六斤。

江南戶鈔，至元十八年，分撥廣州路二萬七(十)〔千〕戶，計鈔一千八十錠。〔六〕

鄆國公主位：

五戶絲，丙申年，分撥濮州三萬戶。延祐六年，實有五千九百六十八戶，計絲一千八百三十六斤。

江南戶鈔，至元十八年，分撥橫州等處四萬戶，計鈔一千六百錠。

塔出駙馬：

五戶絲，壬子年，元查眞定等處畸零二百七十戶。延祐六年，實有二百三十二戶，計絲九十五斤。

帶魯罕公主位：

歲賜，銀四錠八兩，段一十二匹。

五戶絲，延祐六年，實有代支戶六百三十戶，計絲二百五十四斤。

(大)〔火〕雷公主位:〔一〇〕

五戶絲,丙申年,分撥延安府九千七百九十六戶。延祐六年,實有代支戶一千八百九戶,計絲七百二十二斤。

奔忒古兒駙馬:

五戶絲,庚辰年,分撥眼戶五百七十三戶。〔一一〕延祐六年,實有五十六戶,計絲二十二斤。

獨木干公主位:

五戶絲,丁巳年,分撥平陽一千一百戶。延祐六年,實有五百六十戶,計絲二百二十四斤。

江南戶鈔,至元十八年,分撥梅州程鄉縣一千四百戶,計鈔五十六錠。

勳臣

木華黎國王:

五戶絲,丙申年,分撥東平三萬九千一十九戶。延祐六年,實有八千三百五十四戶,計絲三千三百四十三斤。

江南戶鈔,至元十八年,分撥韶州等路四萬一千一十九戶,計(絲)〔鈔〕一千六百四十(斤)〔錠〕。〔一二〕

孛羅先鋒:

五戶絲,丙申年,分撥廣平等處種田一百戶。延祐六年,實有七十戶,計絲二十八斤。

行丑兒:

五戶絲,丙申年,分撥大名種田一百戶。延祐六年,實有三十八戶,計絲一十五斤。

闊闊不花先鋒:

五戶絲,壬子年,元查益都等處畸零二百七十五戶。延祐六年,實有一百二十七戶,計絲一十五斤。

撒吉思不花先鋒:

五戶絲,壬子年,元查汴梁等處二百九十一戶。延祐六年,實有一百二十七戶,計絲一十五斤。

阿里侃斷事官:

五戶絲,壬子年,元查濟寧等處三十五戶,計絲一十四斤。

乞里歹拔都:

五戶絲,丙申年,分撥東平一百戶,計絲四十斤。

孛羅海拔都:

五戶絲,壬子年,元查德州等處一百五十三戶,計絲六十一斤。

拾得官人:

五戶絲,壬子年,元查東平等處畸零一百一十二戶,計絲八十四斤。

伯納官人:

五戶絲,壬子年,元查東平三十二戶。延祐六年,實有四十五戶,計絲一十八斤。

笑乃帶先鋒:

五戶絲,丙申年,分撥東平一百戶。延祐六年,實有七十八戶,計絲三十一斤。

帶孫郡王:

五戶絲,丙申年,分撥東平東阿縣一萬戶。延祐六年,實有一千六百七十五戶,計絲七百二十斤。

江南戶鈔,至元十八年,分撥韶州路樂昌縣一萬七千戶,計鈔四百二十八錠。〔一三〕

慍里答兒薛禪:

五戶絲,丙申年,分撥泰安州二萬戶。延祐六年,實有五千九百七十一戶,計絲二千四

百二十五斤。

江南戶鈔,至元十八年,分撥桂陽州二萬一千戶,計鈔八百四十錠。

朮赤台郡王:

五戶絲,丙申年,分撥德州二萬戶。延祐六年,實有七千一百四十六戶,計絲二千九百四十八斤。

江南戶鈔,至元十八年,分撥連州路二萬一千戶,計鈔八百四十錠。

阿兒思蘭官人:

江南戶鈔,至元十八年,分撥潯州路三千戶,計鈔一百二十錠。

孛魯古妻佟氏:

五戶絲,丙申年,分撥眞定一百戶。延祐六年,實有三十九戶,計絲一十五斤。

八答子:

五戶絲,丙申年,分撥順德路一萬四千八十七戶。延祐六年,實有四千四百四十六戶,計絲二千四百六斤。

江南戶鈔,至元十八年,分撥欽州路一萬五千八十七戶,計鈔六百三錠。

右手萬戶三投下孛羅台萬戶:

五戶絲，丙申年，分撥廣平路洺水(州)〔縣〕一萬七千三百三十三戶。〔一四〕延祐六年，實有四千七百三十三戶，計絲一千七百三十八斤。

江南戶鈔，至元十八年，分撥全州路清湘縣一萬七千九百一十九戶，計鈔七百一十六錠。

忒木台駙馬：

五戶絲，丙申年，分撥廣平路磁州九千四百五十七戶。延祐六年，實有二千四百七戶，計絲九百八十九斤。

江南戶鈔，至元二十二年，分撥全州路錄事司九千八百七十六戶，計鈔三百九十五錠。

斡闊烈闍里必：

五戶絲，丙申年，分撥廣平路一萬五千八百七戶。延祐六年，實有一千七百三戶，計絲六百八十斤。

江南戶鈔，至元二十年，分撥全州路灌陽縣一萬六千一百五十七戶，計鈔六百四十六錠。

左手九千戶合丹大息千戶：

五戶絲，丙申年，分撥河間路齊東縣一千二十三戶。延祐六年，實有三百六十六戶，計

絲一百六十斤。

江南戶鈔，至元十八年，分撥藤州、蒼梧縣一千二百四十四戶，計鈔九錠。〔一五〕

也速不花等四千戶：

五戶絲，丙申年，分撥河間路陵州一千三百一十七戶。延祐六年，實有五百五十九戶，計絲二百二十三斤。

也速兀兒等三千戶：

五戶絲，丙申年，分撥河間路寧津縣一千七百七十五戶。延祐六年，實有七百二十二戶，計絲二百八十八斤。

江南戶鈔，至元十八年，分撥藤州等處三千七百三十二戶，計絲二百八十八斤。〔一六〕

帖柳兀禿千戶：

五戶絲，丙申年，分撥河間路臨邑縣一千四百五十戶。延祐六年，實有三百五十四戶，計絲二百六斤。

江南戶鈔，至元十八年，分撥藤州一千二百四十四戶，計鈔四十九錠。

和(斛)〔斜〕溫兩投下一千二百戶：〔一七〕

五戶絲，丙申年，分撥曹州一萬戶。延祐六年，實有一千九百二十八戶，計絲七百四十八斤。

江南戶鈔，至元十八年，分撥貴州一萬五百戶，計鈔四百二十錠。

忽都虎官人：

五戶絲，壬子年，查認過廣平等處四千戶。

江南戶鈔，至元十八年，分撥韶州曲江縣五千三百九戶，計鈔二百一十二錠。

滅古赤：

五戶絲，丙申年，分撥鳳翔府實有一百三十戶。

江南戶鈔，至元二十二年，分撥永州路祁陽縣五千戶，計鈔二百錠。

塔思火兒赤：

五戶絲，丙申年分撥東平種田戶，并壬子年續查戶，共六百八十戶。延祐六年，實有三百八十九戶，計絲一百五十五斤。

塔丑萬戶：

五戶絲，壬子年，元查平陽等處一百八十六戶。延祐六年，實有八十一戶，計絲三十七斤。

察罕官人：

五戶絲，壬子年，元查懷孟等處三千六百六戶。延祐六年，實有五百六十戶，計絲二百二十四斤。

孛羅渾官人：

五戶絲，壬子年，元查保定等處四百一十五戶。丁巳年，分撥衞輝路淇州一千一百戶。延祐六年，實有一千九十九戶，計絲四百四十九斤。

江南戶鈔，至元二十七年、大德六年，分撥四千戶，計鈔一百六十錠。

速不台官人：

五戶絲，丁巳年，分撥汴梁等處一千一百戶。延祐六年，實有五百七十七戶，計絲二百三十斤。

江南戶鈔，至元二十年，分撥欽州靈山縣一千六百戶，計鈔六十四錠。

宿敦官人：

五戶絲，丁巳年，分撥眞定一千一百戶。延祐六年，實有六十四戶，計絲二十八斤。

也苦千戶：

五戶絲，丁巳年，分撥東平等處一千一百戶。延祐六年，實有二百九十五戶，計絲一百一十八斤。

江南戶鈔，至元十八年，分撥梅州一千四百戶，計鈔五十六錠。

阿可兒：

五戶絲，癸丑年，分撥益都路高苑縣一千戶。延祐六年，實有一百九十六戶，計絲七十八斤。

伯八千戶：

五戶絲，丁巳年，分撥太原一千一百戶。延祐六年，實有三百五十一戶，計絲一百四十斤。

兀里羊哈歹千戶：

五戶絲，戊午年，分撥東平等處一千戶。延祐六年，實有四百七十九戶，計絲一百九十一斤。

禿薛官人：

五戶絲，丁巳年，分撥興元等處種田六百戶。延祐六年，實有二百戶，計絲八十斤。

塔察兒官人：

五戶絲，壬子年，元查平陽二百戶。延祐六年，實有二百戶，計絲八十斤。

折米思拔都兒：

五戶絲，丙申年，分撥懷孟等處一百戶。延祐六年，實有五十戶，計絲二十斤。

猱虎官人：

五戶絲，丁巳年，分撥平陽一千戶。延祐六年，實有六百戶，計絲二百四十斤。

孛哥帖木兒：

五戶絲，丙申年，分撥眞定等處五十八戶，計絲二十三斤。

也速魯千戶：

五戶絲，壬子年，分撥眞定路一百六十九戶。延祐六年，實有四十戶，計絲一十六斤。

鎭海相公：

五戶絲，壬子年，元查保定九十五戶。延祐六年，實有五十三戶，計絲二十一斤。

按察兒官人：

五戶絲，壬子年，分撥太原等處五百五十戶。延祐六年，實有九十八戶，計絲二十九斤。

按攤官人：

五戶絲，中統元年，元查平陽路種田戶六十戶。延祐六年，實有四十戶，計絲一十六斤。

阿术魯拔都：

五戶絲，壬子年，查大名等處三百一十戶。延祐六年，實有三百一戶，計絲一百二十斤。

孛羅口下裴太納：

五戶絲，壬子年，元查廣平等處八十二戶。延祐六年，實有三十戶，計絲一十二斤。

忒木台行省：

五戶絲，壬子年，元查大同等處七百五十一戶。延祐六年，實有二百五十五戶，計絲一百一十斤。

撒禿千戶：

江南戶鈔，至元二十年，分撥潯州三千戶，計鈔一百二十錠。

也可太傅：

五戶絲，壬子年，元查上都五百四十戶。延祐六年，實有三百戶，計絲一百二十斤。

迭哥官人：

五戶絲，丙申年，分撥大名清豐縣一千七百一十三戶。延祐六年，實有一千三百七戶，計絲五百七斤。

卜迭捏拔都兒：

五戶絲，壬子年，元查懷孟八十八戶。延祐六年，實有四十戶，計絲一十六斤。

黃兀兒塔海：

五戶絲，丙申年，分撥平陽一百四十四戶。延祐六年，實有一百戶，計絲四十斤。

怯來千戶：

江南戶鈔，至元二十年，分撥潯州路三千戶，計鈔一百二十錠。

哈剌口溫：

五戶絲，壬子年，元查眞定三十二戶。

曳剌中書兀圖撒罕里：

五戶絲，壬子年，元查大都等處八百七十戶。延祐六年，實有四百四十九戶，計絲一百一十七斤。

欠帖木：

五戶絲，壬子年，元查曹州三十四戶。延祐六年，實有三十四戶。

欠帖溫：

歲賜絹一百匹，弓絃一千條。

中華書局

江南戶鈔，至元十九年，分撥梅州、安仁縣四千戶，計鈔一百六十錠。

扎八忽娘子：

歲賜常課段四百七十四。

魚兒泊八剌千戶：

五戶絲，大德元年，分撥眞定等處一千戶。延祐三年，實有六百戶，計絲二百四十斤。

昔寶赤：

江南戶鈔，至元二十一年，分撥衡州路安仁縣四千戶，計鈔一百六十錠。

八剌哈赤：

江南戶鈔，至元二十一年，分撥台州路天台縣四千戶，計鈔一百六十錠。

阿塔赤：

江南戶鈔，至元二十一年，分撥常德路沅江縣四千戶，計鈔一百六十錠。

必闍赤：

江南戶鈔，至元二十一年，分撥袁州路萬載縣三千戶，計鈔一百二十錠。

貴赤：

江南戶鈔，至元二十一年，分撥和州歷陽縣四千戶，計鈔一百六十錠。

厥列赤：

江南戶鈔，至元二十一年，分撥婺州永康縣五十戶，計鈔二十錠。〔一八〕

八兒赤、不魯古赤：

江南戶鈔，至元二十一年，分撥衡州路酃縣六百戶，計鈔二十四錠。

阿速拔都：

江南戶鈔，至元二十一年，分撥廬州等處三千四百九戶，計鈔一百三十六錠。

也可怯薛：

江南戶鈔，至元二十一年，分撥武岡路武〔岡〕縣五千戶，〔一九〕計鈔二百錠。

忽都答兒怯薛：

江南戶鈔，至元二十一年，分撥武岡路新寧縣五千戶，計鈔二百錠。

怙古迭兒怯薛：

江南戶鈔，至元二十一年，分撥常德路龍陽縣五千戶，計鈔二百錠。

月赤察兒怯薛：

江南戶鈔，至元二十一年，分撥武岡路綏寧縣五千戶，計鈔二百錠。

玉龍怗木兒千戶：

江南戶鈔，至元二十年，分撥潯州三千戶，計鈔一百二十錠。

別苦千戶：

江南戶鈔，至元二十年，分撥潯州三千戶，計鈔一百二十錠。

憧兀兒王：

江南戶鈔，延祐二年爲始，支中統鈔二百錠，無城池。

霍木海：

五戶絲，壬子年，元查大〔明〕〔名〕等處三十三戶。〔二〇〕

哈剌赤禿禿哈：

江南戶鈔，至元二十一年，分撥饒州路四千戶，計鈔一百六十錠。

添都虎兒：

五戶絲，丙申年，分撥眞定一百戶。

買答剌罕：

五戶絲，壬子年，元查大都一十四戶。

阿剌博兒赤：

五戶絲，壬子年，元查眞定五十五戶。

忽都那顏：

五戶絲，壬子年，元查大名二十戶。

忽辛火者：

五戶絲，壬子年，元查眞定二十七戶。

大忒木兒：

五戶絲，壬子年，元查眞定二十二戶。

布八火兒赤：

五戶絲，壬子年，元查大都八十四戶。

塔蘭官人：

五戶絲，壬子年，元查大寧三戶。

憨剌哈兒：

五戶絲，壬子年，元查保定二十一戶。

昔里吉萬戶：

五戶絲，壬子年，元查大都七十九戶。

清河縣達魯花赤也速：

五戶絲，壬子年，元查大名二十戶。

塔剌罕劉元帥：

五戶絲，壬子年，元查順德一十九戶。

怯薛台蠻子：

五戶絲，壬子年，元查泰安州七戶。

必闍赤汪古台：

五戶絲，壬子年，元查汴梁等處四十六戶。

阿剌罕萬戶：

五戶絲，壬子年，元查保定一戶。

徐都官人：

五戶絲，壬子年，元查大都三十一戶。

西川城左翼蒙古漢軍萬戶脫力失：

歲賜，常課段三十三匹。

伯要歹千戶：

歲賜，段二十四匹。

典迭兒：

歲賜，常課段六十四匹。

燕帖木兒太平王：

歲賜，天曆元年，定金十錠、銀五十錠、鈔一萬錠，分撥江東道太平路地五百頃。

校勘記

〔一〕自昔帝王於其宗族姻戚必致其(後)〔厚〕者　從北監本改。

〔二〕太祖弟搠只哈撒兒大王〔子〕淄川王位　按淄川王名也苦，係搠只哈撒兒之子。此脫「子」字，從道光本補。

〔三〕太祖弟孛羅古䚟大王子廣寧王位　按本書卷一〇七宗室世系表、卷一〇八諸王表、卷一一七別里古台傳，廣寧王名爪都，係也速不花之子，孛羅古䚟之孫，此作「子」誤。

〔四〕分撥恩州一萬一千六百三戶　按本書卷一一七別里古台傳有「賜以蒙古百姓三千戶及廣寧路、恩州二城戶一萬一千六百三」。此當脫「廣寧路」三字。

〔五〕分撥鉛山州一萬八千戶　按本書卷一一七別里古台傳有「江南平，加賜信州路及鉛山州二城戶一萬八千」。此當脫「信州路」三字。

〔六〕丙申年分撥東(京)〔平〕路四萬七千七百四十一戶　按本書卷二太宗紀，八年丙申以中原諸州民戶分賜諸王貴戚，皇子闊端等「並於東平府戶內撥賜有差」。東京路卽後之遼陽路，不屬中原。此處「東京」爲「東平」之誤，今改。新編已校。

〔七〕世祖次子(平)〔寧〕遠王闊闊出位　據本書卷一五世祖紀至元二十六年十二月丁亥條及卷一〇八諸王表改。

〔八〕又迭里哥兒不花湘寧王分撥湘鄉(州寧鄉)縣六萬五千戶　按湘鄉縣已於元貞元年升爲州，見本書卷六三地理志，皇慶元年不得仍稱縣。本書卷二四仁宗紀至大四年四月丁卯條有「改封親王迭里哥兒不花爲湘寧王，賜金印，食湘鄉州、寧鄉縣六萬五千戶」。據補。湘鄉州與寧鄉縣並隸潭州路。

〔九〕二萬七(十)〔千〕戶計鈔一千八十錠　按二萬七十戶每戶輸二貫，卽二兩，僅得鈔八百二錠四十兩，不及「一千八十錠」。一千八十錠實二萬七千戶之輸額。「十」、「千」形近而訛，今改。

〔一〇〕(大)〔火〕雷公主位　據本書卷一〇九諸公主表及元朝秘史譯音改。考異已校。

〔一一〕分撥眼戶五百七十三戶　按「眼戶」無解，道光本改作「銀戶」。

〔一二〕江南戶鈔至四萬一千一十九戶計(絲)〔鈔〕一千六百四十(斤)〔錠〕　按江南戶鈔收中統鈔，不收

絲，鈔以錠、兩計，不以斤計。四萬一千一十九戶，每戶例輸二兩，得一千六百四十錠三十八兩。志文省略尾數，適爲一千六百四十錠。「絲」、「斤」二字並誤，今從道光本改。

〔一三〕一萬七千戶計鈔四百二十八錠　按戶數與鈔數不符。以戶數計鈔數，一萬七千戶每戶例輸鈔二貫，卽二兩，應輸鈔六百八十錠。以鈔數計戶數，應得一萬七百戶。戶數或鈔數必有一誤，疑戶數應作「一萬七百戶」。

〔一四〕分撥廣平路洛水(州)〔縣〕一萬七千三百三十三戶　據本書卷五八地理志改。本證已校。

〔一五〕江南戶鈔至一千二百四十四戶計鈔九錠　按江南戶鈔每戶例輸二貫，卽二兩，一千二百四十四戶應輸四十九錠三十八兩，不只九錠。下文帖柳兀秃千戶撥賜人戶亦一千二百四十四戶，但「計鈔四十九錠」。此處省尾數亦應作「計鈔四十九錠」。

〔一六〕三千七百三十二戶計絲二百八十八斤　按江南戶鈔徵鈔不徵絲。每戶徵二貫，卽二兩，三千七百三十二戶應徵鈔一百四十九錠。「計絲二百八十八斤」疑涉上文而誤，應作「計鈔一百四十九錠」。

〔一七〕和(斜)〔斜〕溫　按此名本書卷二太宗紀八年七月條作「火斜」，秋澗集卷八五曹州禹城縣隸側近州郡事狀作「和斜」。據改。

〔一八〕分撥婺州永康縣五十戶計鈔二十錠　按二十錠爲五百戶所輸數，疑「五十戶」爲「五百戶」之誤。

〔一九〕分撥武岡路武〔岡〕縣五千戶　按元無「武縣」。本書卷六三地理志武岡路屬有武岡縣，據補。
新編已校。

〔二〇〕元査大〔明〕〔名〕等處三十三戶　從道光本改。按元無「大明」建置。

元史卷九十六

志第四十五上

食貨四

俸秩

官必有祿，所以養廉也。元初未置祿秩，世祖卽位之初，首命給之。內而朝臣百司，外而路府州縣，微而府史胥徒，莫不有祿。大德中，以外有司有職田，於是無職田者，復益之以俸米。其所以養官吏者，不亦厚乎。

祿秩之制，凡朝廷職官，中統元年定之；六部官，二年定之；隨路州縣官，是年十月定之。至元六年，又分上中下縣，爲三等。提刑按察司官吏，六年定之。自經歷以下，七年復增之。轉運司官及諸匠官，七年定之。其運司依民官例，於差發內支給。至十七年，定奪俸祿，凡內外官吏皆住支。十八年，更命公事畢而無罪者給之，公事未畢而有罪者逐之。二

十二年，重定百官俸，始於各品分上中下三例，視職事爲差，事大者依上例，事小者依中例。二十三年，又命內外官吏俸以十分爲率，添支五分。二十九年，定各處儒學教授俸，與蒙古、醫學同。

成宗大德三年，詔益小吏俸米。六年，又定各處行省、宣慰司、致用院、宣撫司、茶鹽運司、鐵冶都提舉司、淘金總管府、銀場提舉司等官循行俸例。七年，始加給內外官吏俸米。凡俸一十兩以下人員，依小吏例，每〔十〕〔一〕兩給米一斗。〔一〕十兩以上至二十五兩，每員給米一石。餘上之數，每俸一兩給米一升。無米，則驗其時直給價，雖貴每石不過二十兩。上都、大同、隆興、甘肅等處，素非產米之地，每石權給中統鈔二十五兩，俸三錠以上者不給。至大二年，詔隨朝官員及軍官等俸改給至元鈔，而罷其俸米。延祐七年，又命隨朝官吏俸以十分爲率，給米三分。

凡諸官員上任者不過初二日，罷任者已過初五日，給當月俸。各路官擅割官吏俸者罪之。諸職官病假百日之外，及因病求醫、親老告侍者，不給祿。後官已至，而前官被差者，其俸兩給之。隨朝官吏每月給俸，如告假事故，當官立限者全給，違限託故者追罰。軍官差出者許借俸，歿於王事者借俸免徵。各投下保充路府州縣等官，其俸與王官等。

職田之制，路府州縣官至元三年定之，按察司官十四年定之，江南行省及諸司官二十

一年定之，其數減腹裏之半。至武宗至大二年，外官有職田者，三品給祿米一百石，四品給六十石，五品五十石，六品四十五石，七品以下四十石；俸鈔改支至元鈔，其田拘收入官。四年，又詔公田及俸皆復舊制。延祐三年，外官無職田者，量給粟麥。凡交代官芒種已前去任者，其租後官收之，已後去任者前官分收。後又以爭競者多，俾各驗其俸月以爲多寡。其大略如此。今取其制之可考者，具列于後。

至元二十二年百官俸例，各品分上中下三等：

從一品：六錠，五錠。

正二品：四錠二十五兩，四錠一十五兩。

從二品：四錠，三錠三十五兩，三錠二十五兩。

正三品：三錠二十五兩，三錠一十五兩，三錠。

從三品：三錠，二錠三十五兩，二錠二十五兩。

正四品：二錠二十五兩，二錠一十五兩，二錠。

從四品：二錠，一錠四十五兩，一錠四十兩。

正五品：一錠四十兩，一錠三十兩。

從五品：一錠三十兩，一錠二十兩。

正六品：一錠二十兩，一錠一十五兩。

從六品：一錠一十五兩，一錠一十兩。

正七品：一錠一十兩，一錠五兩。

從七品：一錠五兩，一錠。

正八品：一錠，四十五兩。

從八品：四十五兩，四十兩。

正九品：四十兩，三十五兩。

從九品：三十五兩。

內外官俸數：

太師府：太師，俸一百四十貫，米一十五石。諸議、參軍，俸四十五貫，米四石五斗。長史，俸三十四貫六錢六分，米三石。太傅、太保府同。監修國史、參軍、長史同。

中書省：右丞相，俸一百四十貫，米一十五石；左丞相同。平章政事，俸一百二十八貫六錢六分六釐，米一十二石。右丞，俸一百一十八貫六錢六分六釐，米一十二石；左丞同。參知政事，俸九十五貫三錢三分三釐，米九石五斗。參議，俸五十九貫，米六石。郎中，俸四十二貫，米四石五斗。員外郎，俸三十四貫六錢六分六釐，米三石。都事，俸二十八貫，米三石。承發管勾，俸二十五貫三錢三分三釐，米二石；照磨、省架閣庫管勾、回回架閣庫管勾並同。檢校官，俸二十八貫，米三石五斗。斷事官，內一十八員俸各八十二貫六錢六分六釐，米八石五斗；一十四員俸各五十九貫三錢三分三釐，米六石；一員俸五十四貫六錢六分六釐，米五石五斗；一員俸四十貫六錢六分六釐，米四石。經歷，俸二十三貫六錢六分六釐，米二石五斗。知事，俸二十二貫，米二石。客省使，俸三十九貫三錢三分三釐，米三石五斗；副使，俸二十八貫，米三石。直省舍人，俸三十四貫六錢六分六釐，米三石。六部尚書，俸七十八貫，米八石。侍郎，俸五十三貫三錢三分三釐，米五石。郎中，俸三十四貫六錢六分六釐，米三石。員外郎，俸二十八貫，米三石。主事，

俸二十六貫六錢六分六釐，米二石五斗。戶部司計，俸二十八貫，米三石。工部司程，俸一十八貫，米二石五斗。刑部獄丞，俸一十一貫，米一石。司籍提領，俸一十二貫六錢六分六釐，米一石。同提領，俸一十一貫三錢〔三分〕三釐，〔三〕米五斗。

樞密院：知院，俸一百二十九貫三錢三分三釐，米一十三石五斗。同知，俸一百六貫，米一十一石。副樞，俸九十五貫三錢三分三釐，米九石五斗。僉院，俸九十貫一錢八分六釐，米九石五斗。同僉，俸五十九貫三錢三分三釐，米六石。院判，俸四十二貫，米四石五斗。參議，俸三十九貫三錢三分三釐，米三石五斗。經歷，俸三十四貫六錢六分六釐，米三石。都事，俸二十八貫，米二石。照磨，俸二十二貫，米二石；管勾同。斷事官，俸五十九貫三錢三分三釐，米六石。經歷，俸二十五貫三錢三分三釐，米二石。知事，俸二十貫六錢六分六釐，米一石五斗。客省使，俸三十一貫三錢三分三釐，米三石；副使俸二十二貫，米二石。右衞都指揮使，俸七十貫，米七石五斗。副都指揮使，俸五十九貫三錢三分三釐，米六石。僉事，俸四十八貫六錢六分六釐，米四石五斗。經歷，俸二十五貫三錢三分三釐，米二石。知事，俸二十貫六錢六分六釐，米一石五斗。照磨，俸一十八貫六錢六分六釐，米一石五斗。鎭撫，俸二十貫六錢六分六釐，米一石五斗。行軍官：千戶，俸二十五貫三錢三分三釐，米二石。副千戶，俸二十貫六錢六分六釐，米一石五

斗。百戶，俸一十七貫三錢三分三釐，米一石五斗。彈壓，俸一十二貫六錢六分六釐，米一石。知事，俸一十一貫三錢三分三釐，米一石。弩軍官：千戶，俸二十貫六錢六分六釐，米一石五斗。百戶，俸一十二貫六錢六分六釐，米一石。彈壓，俸一十一貫三錢三分三釐，米五斗。都目，俸一十貫，米五斗。屯田千戶所同弩軍官例。左衞、前衞、後衞、中衞、武衞、左阿速衞、右阿速衞、左都威衞、右都威衞、左欽察衞、右欽察衞、左衞率府、宗仁衞、西域司、唐兀司、貴赤司並同右衞例。忠翊侍衞都指揮使，俸一百貫。副使，俸八十三貫三錢三分三釐。僉事，俸六十六貫六錢六分六釐。經歷，俸三十三貫三錢三分三釐。知事，俸二十六貫六錢六分六釐。照磨，俸二十四貫六錢六分六釐。行軍官：千戶，俸三十三貫三錢三分三釐。副千戶，俸二十六貫六錢六分六釐。百戶，俸二十三貫三錢三分三釐。彈壓，俸一十六貫六錢六分六釐。知事，俸一十五貫三錢三分三釐。弩軍官：千戶，俸二十六貫六錢六分六釐。百戶，俸一十六貫六錢六分六釐。彈壓，俸一十三貫三錢三分三釐。右手屯田千戶所：千戶，俸二十六貫六錢六分六釐。百戶，俸一十六貫六錢六分六釐。左手屯田千戶所同。隆鎮衞、右翊蒙古侍衞並同忠翊侍衞例。

御史臺：御史大夫，俸一百一十八貫六錢六分，米一十二石。中丞，俸一百六貫，米一十一石。侍御史，俸九十六貫三錢五分，米九石五斗。治書侍御史，俸九十貫一錢八分，米九

石五斗。經歷，俸三十四貫六錢六分，米三石。都事，俸二十八貫，米三石。殿中，俸四十八貫六錢六分，米四石五斗。知班，俸一十四貫，米一石五斗。監察御史，俸二十八貫，米三石。

奎章閣學士院：大學士，俸一百一貫三錢三分三釐，米一十石五斗。侍書學士，俸九十五貫三錢三分三釐，米九石五斗。承制學士，俸七十八貫，米八石。供奉學士，俸五十九貫三錢三分三釐，米六石。參書，俸三十四貫三錢三分三釐，米三石。典籤，俸二十八貫，米三石。鑑書博士，俸四十一貫，米四石五斗。授經郎，俸二十八貫，米三石。

太禧宗禋院：院使，俸一百一十八貫六錢六分六釐，米一十二石。同知，俸一百貫，米一十石。副使，俸九十五貫三錢三分三釐，米九石五斗。僉院，俸九十貫一錢八分，米九石。同僉，俸五十九貫三錢三分三釐，米六石。院判，俸四十二貫，米四石五斗。參議，俸三十九貫三錢三分三釐，米三石五斗。經歷，俸三十四貫六錢六分六釐，米三石。都事，俸二十八貫，米三石。照磨，俸二十二貫，米二石；管勾同。斷事官，俸五十九貫三錢三分，米六石。經歷，俸二十五貫三錢三分，米二石。知事，俸二十貫六錢六分，米一石五斗。客省使，俸三十一貫三錢三分，米三石。副使，俸二十二貫，米二石。

宣政院：院使，俸一百一十八貫六錢六分，米一十二石。同知，俸一百六貫，米一十一石。副使，俸九十五貫三錢三分，米九石五斗。僉院，俸九十貫一錢八分，米九石五斗。同僉，俸五十九貫三錢三分，米六石。院判，俸四十二貫，米四石五斗。參議，俸三十九貫三錢三分，米三石五斗。都事，俸二十八貫，米三石。照磨，俸二十二貫，米二石；管勾同。斷事官、客省使並同太禧宗禋院例。宣徽院同。

翰林國史院：承旨，俸一百一十八貫六錢六分，米一十二石。學士，俸一百六貫，米一十一石。侍讀學士，俸九十五貫三錢三分，米九石五斗；侍講學士同。直學士，俸五十九貫三錢三分三釐，米六石。經歷，俸三十四貫六錢六分六釐，米三石。都事，俸二十八貫，米三石。待制，俸三十九貫三錢三分三釐，米三石五斗。修撰，俸二十八貫，米三石。應奉，俸二十五貫三錢三分三釐，米二石。編修，俸二十二貫，米二石；檢閱同。典籍，俸二十貫六錢六分六釐，米一石五斗。翰林院、集賢院，大學士同承旨，餘並同上例。

中政院：院使，俸一百一貫三錢三分三釐，米一十石五斗。同知，俸八十二貫六錢六分六釐，米八石五斗。僉院，俸七十貫，米七石五斗。同僉，俸五十九貫三錢三分三釐，米六石。院判，俸四十三貫，米四石五斗。司議，俸三十四貫六錢六分六釐，米三石。長史，俸二十八貫，米三石。照磨，俸二十二貫，米二石；管勾同。太醫院、典瑞院、將作院、太史院、儲政院並同。

太常禮儀院：院使，俸八十二貫六錢六分，米八石五斗。同知，俸七十二貫，米七石五斗。僉院，俸四十八貫六錢六分六釐，米四石五斗。同僉，俸四十二貫，米四石五斗。院判，俸三十七貫三錢三分三釐，米四石。經歷，俸二十八貫，米三石。都事，俸二十五貫三錢三分，米二石。照磨，俸二十二貫，米二石。太祝，俸二十貫六錢六分，米一石五斗；奉禮、協律同。

通政院：院使，俸八十二貫六錢六分六釐，米八石五斗。同知，俸七十貫，米七石五斗。副使，俸五十九貫三錢三分三釐，米六石。僉院，俸四十八貫六錢六分六釐，米四石五斗。同僉，俸四十四貫，米四石五斗。院判，俸三十九貫三錢三分三釐，米三石五斗。經歷，俸三十四貫六錢六分六釐，米三石。都事，俸二十六貫六錢六分六釐，米二石五斗。照磨，俸二十二貫，米二石。

大宗正府：也可扎魯忽赤，內一員俸一百一十八貫六錢六分六釐，米一十二石；二十七員俸八十二貫六錢六分六釐，米八石；五員俸六十七貫三錢三分三釐，米六石五斗。郎中，俸三十六貫，米三石五斗。員外郎，俸三十一貫三錢三分三釐，米三石。都事，俸二十六貫六錢六分六釐，米二石五斗。照磨，俸二十二貫，米二石；管勾同。

大司農司：大司農，俸一百一十八貫六錢六分，米一十二石。大司農卿，俸一百三貫，米一

十一石。大司農少卿，俸九十五貫三錢三分，米九石五斗。大司農丞，俸九十貫一錢八分，米九石五斗。經歷，俸三十四貫六錢六分，米三石。都事，俸二十八貫，米三石。照磨，俸二十二貫，米二石，管勾同。

內史府：內史，俸一百四十三貫三錢三分。中尉，俸一百一十六貫六錢六分六釐。司馬，俸八十三貫三錢三分三釐。諮議，俸四十六貫六錢六分六釐。記室，俸四十貫。照磨，俸三十貫。

大都留守司：留守，俸一百一貫三錢三分，米一十石五斗。同知，俸八十二貫六錢六分，米八石五斗。副留守，俸五十九貫三錢三分三釐，米六石。留判，俸四十二貫，米四石五斗。經歷，俸三十四貫六錢六分六釐，米三石。都事，俸二十八貫，米三石。照磨，俸二十二貫，米二石。

都護府：大都護，俸八十二貫六錢六分六釐，米八石五斗。同知，俸七十二貫，米七石五斗。副都護，俸五十九貫三錢三分三釐，米六石。經歷，俸二十八貫，米三石。都事，俸二十六貫六錢六分六釐，米二石五斗。照磨，俸二十二貫，米二石。

崇福司：司使，俸八十二貫六錢六分六釐，米八石。同知，俸七十貫，米七石五斗。副使，俸五十九貫三錢三分，米六石。司丞，俸三十九貫三錢三分，米三石五斗。經歷，俸二十八

貫，米三石。都事，俸二十六貫六分六釐，米二石五斗。照磨，俸二十二貫，米二石。

給事中，俸五十三貫三錢三分三釐，米五石。左右侍儀奉御，俸四十八貫六錢六分六釐，米四石五斗。

武備寺：卿，俸七十貫，米七石五斗。同判，俸五十九貫三錢三分三釐，米六石。少卿，俸四十二貫，米四石五斗。寺丞，俸三十九貫三錢三分三釐，米三石五斗。經歷，俸二十五貫三錢三分三釐，米二石。知事，俸二十四貫，米二石。照磨，俸二十二貫，米二石。

太僕寺：卿，俸七十貫，米七石五斗。少卿，俸四十二貫，米四石五斗。寺丞，俸三十九貫三錢三分，米三石五斗。經歷，俸二十五貫三錢三分三釐，米二石。知事，俸二十二貫，米二石。照磨，俸二十貫六錢六分，米一石五斗。光祿、長慶、長新、長秋、承徽、長寧、尚乘、長信等寺並同。

尚舍寺：太監，俸四十八貫六錢六分，米四石。少監，俸三十九貫三錢三分，米三石五斗。監丞，俸三十一貫三錢三分，米二石。知事，俸二十二貫，米二石。

侍儀司：侍儀使，俸七十貫，米七石五斗。引進使，俸四十八貫六錢六分，米四石五斗。典簿，俸二十五貫三錢三分，米二石。承奉班都知，俸二十六貫六錢六分，米二石五斗。通事舍人，俸二十五貫三錢三分，米二石。侍儀舍人，俸一十七貫三錢三分，米一石五斗。

拱衛司：都指揮使，俸七十貫，米七石五斗。副都指揮使，俸五十九貫三錢三分三釐，米六石。僉事，俸四十八貫六錢六分六釐，米四石五斗。經歷，俸二十五貫三錢三分三釐，米二石。知事，俸二十貫六錢六分六釐，米一石五斗。

內宰司：內宰，俸七十貫，米七石五斗。司丞，俸四十五貫，米四石五斗。典簿，俸二十五貫三錢三分，米二石。照磨，俸二十貫六錢六分，米一石五斗。翊正司同。

延慶司：延慶使，俸一百貫。同知，俸六十三貫三錢三分三釐。副使，俸四十六貫六錢六分六釐。司丞，俸三十四貫六錢六分六釐，米三石。典簿，俸二十五貫三錢三分三釐，米二石。照磨，俸二十貫六錢六分六釐，米一石五斗。

內正司：司卿，俸七十貫，米七石五斗。少卿，俸四十七貫，米四石五斗。司丞，俸三十九貫三錢三分三釐，米三石五斗。典簿，俸二十五貫三錢三分三釐，米二石。照磨，俸二十貫六錢六分，米一石五斗。中瑞司同。

京畿運司：運使，俸五十六貫，米六石。同知，俸三十九貫三錢三分，米三石五斗。運副，俸三十四貫六錢六分，米三石。運判，俸二十六貫六錢六分，米二石五斗。經歷，俸二十貫六錢六分，米一石五斗。知事，俸一十四貫，米一石五斗。提控案牘，俸一十四貫六錢六分，米一石。

太府監：卿，俸七十貫，米七石五斗。太監，俸五十九貫三錢三分，米六石。少監，俸四十二貫，米四石五斗。監丞，俸三十九貫三錢三分，米三石五斗。經歷，俸二十五貫三錢三分，米二石。知事，俸二十四貫，米二石。照磨，俸二十二貫，米二石。祕書、章佩、利用、中尚、度支等監並同。

國子監：祭酒，俸五十九貫三錢三分，米六石。司業，俸三十九貫三錢三分，米三石五斗。監丞，俸三十貫三錢三分，米三石。典簿，俸一十五貫三錢三分，米二石。博士，俸二十六貫六錢六分，米二石五斗；太常博士、回回國子博士同。助教，俸二十二貫，米二石；教授同。學錄，俸一十一貫三錢三分，米五斗。蒙古國子監同。

經正監：卿，俸七十貫，米七石五斗。太監，俸五十貫，米五石。少監，俸四十二貫，米四石五斗。監丞，俸三十四貫六錢六分六釐，米三石。經歷，俸二十五貫三錢三分三釐，米二石。知事，俸二十二貫，米二石。

闌遺監：太監，俸四十八貫六錢六分，米四石。少監，俸三十九貫三錢三分三釐，米三石。監丞，俸三十一貫三錢三分，米三石。知事，俸二十二貫，米二石。提控案牘，俸二十貫六錢六分，米一石五斗。

司天監：提點，俸五十九貫三錢三分，米六石。司天監，俸五十三貫三錢三分，米五石。監

丞，俸三十一貫三錢三分，米三石。知事，俸二十貫六錢六分六釐，米一石五斗。教授，俸一十貫六錢六分，米一石；管勾同。司辰，俸八貫六錢六分，米五斗；學正、押宿並同。回回司天監：少監，俸四十二貫，米四石五斗，餘同上。

都水監：都水卿，〔三〕俸五十三貫，米六石。少監，俸三十九貫三錢三分，米三石五斗。監丞，俸三十貫，米三石。經歷，俸二十五貫三錢三分，米二石。知事，俸二十二貫，米二石。

大都路達魯花赤，俸一百三十貫，總管同。副達魯花赤，一百二十貫。同知八十貫，治中同。判官，五十五貫。推官，五十貫。經歷，四十貫。知事，三十貫。提控案牘，二十五貫，照磨同。並中統鈔。

行省：左丞相，俸二百貫。平章政事，一百六十六貫六錢六分六釐，右丞、左丞同。參知政事，一百三十三貫三錢三分三釐。郎中，四十六貫六錢六分六釐。員外郎，三十貫。都事，二十六貫六錢六分六釐，檢校同。管勾，二十三貫三錢三分三釐。理問所：理問，俸四十六貫六錢六分六釐。副理問，俸三十貫。知事，俸一十六貫六錢六分六釐，提控案牘同。

宣慰司：腹裏宣慰使，俸中統鈔五百八十貫三錢三分。同知，五百貫。副使，四百一十六貫六錢六分。經歷，四百貫。都事，一百八十三貫三錢三分。照磨，一百五十貫。行省宣

慰使，俸至元鈔八十七貫五錢。同知，四十九貫。副使，四十二貫。經歷，二十八貫。都事，二十四貫。照磨，一十七貫五錢。

廉訪司：廉訪使，俸中統鈔八十貫。副使，四十五貫。僉事，三十貫。經歷，二十貫。知事，一十五貫。照磨，一十二貫。

鹽運司：腹裏運使，俸一百二十貫。同知，五十貫。副使，三十五貫。判官，三十貫。經歷，二十貫。知事，一十五貫。照磨，一十三貫。行省運使，八十貫。同知，五十貫。運副，四十貫。判官，三十貫。經歷，二十五貫。知事，一十七貫。提控案牘，一十五貫。

上路達魯花赤，俸八十貫，總管同。同知，四十貫。治中，三十貫。判官，二十貫。推官，一十九貫。經歷，一十七貫。知事，一十二貫。提控案牘，一十貫。下路達魯花赤，俸七十貫，總管同。同知，三十五貫。判官，二十貫。推官，一十九貫。經歷，一十七貫。知事，一十二貫。提控案牘，一十貫。

散府達魯花赤，俸六十貫，知府同。同知，三十貫。判官，一十八貫，推官同。知事，一十二貫。提控案牘，一十貫。

上州達魯花赤，俸五十貫，州尹同。同知，二十五貫。判官，一十八貫。知事，一十二貫。提控案牘，一十貫。中州達魯花赤，俸四十貫，知州同。同知，二十貫。判官，一十五貫。提控案牘，一十貫。都目，八貫。下州達魯花赤，俸三十貫，知州同。同知，一十八貫。判官，一十三貫。吏目，四十貫。

上縣達魯花赤，俸二十貫，縣尹同。縣丞，一十五貫。主簿，一十三貫。縣尉，一十二貫。典史，三十五貫。巡檢，一十貫。中縣達魯花赤，俸一十八貫，縣尹同。主簿，一十三貫。縣尉，一十二貫。典史，三十五貫。下縣達魯花赤，俸一十七貫，縣尹同。主簿，一十二貫，縣尉同。典史，三十五貫。

諸署、諸局、諸庫等官及掾吏之屬，其目甚多，不可勝書。然其俸數之多寡，亦皆以品級之高下為則。覽者可以類推，故略而不錄。

職田數：

至元三年，定隨路府州縣官員職田：上路達魯花赤一十六頃，總管同。同知八頃，治中六頃。府判五頃。下路達魯花赤一十四頃，總管同。同知七頃。府判五頃。散府達魯花赤一十〔二〕頃，〔四〕知府同。同知六頃。府判四頃。上州達魯花赤一十頃，州尹同。同知五頃。州判四頃。中州達魯花赤八頃，知州同。同知四頃。州判三頃。下州達魯花赤六頃，知州同。州判三頃。警巡院達魯花赤五頃，警使同。警副四頃。警判三

頃。錄事司達魯花赤三頃，錄事同。錄判二頃。縣達魯花赤四頃，縣尹同。縣丞三頃。主簿二頃，縣尉、主簿兼尉並同。經歷四頃。〔五〕

至元十四年，定按察司職田：各道按察使一十六頃。副使八頃。僉事六頃。

至元二十一年，定江南行省及諸司職田比腹裏減半。上路達魯花赤八頃，總管同。同知四頃。治中三頃。府判二頃五十畝。下路達魯花赤七頃，總管同。同知三頃五十畝。府判二頃五十畝。經歷二頃。知事一頃，提控案牘同。散府達魯花赤六頃，知府同。同知三頃。府判二頃。提控案牘一頃。上州達魯花赤五頃，知州同。同知二頃，州判同。〔六〕提控案牘一頃。中州達魯花赤四頃，知州同。同知二頃。州判一頃五十畝。都目五十畝。下州達魯花赤三頃，知州同。同知二頃。州判一頃五十畝。上縣達魯花赤二頃，縣尹同。縣丞一頃五十畝。主簿一頃，縣尉同。中縣同上。（無縣丞。）下縣達魯花赤一頃五十畝，縣尹同。主簿兼尉一頃。錄事司達魯花赤一頃五十畝，錄事同。錄判一頃。司獄一頃，巡檢同。

按察司使八頃。副使四頃。僉事三頃。經歷二頃。知事一頃。運司官：運使八頃。同知四頃。運副三頃，運判同。經歷二頃。知事一頃，提控案牘同。〔七〕鹽司官：鹽使二頃。鹽副二頃。鹽判一頃。各場正、同、管勾各一頃。

常平義倉

常平起于漢之耿壽昌，義倉起于唐之戴冑，皆救荒之良法也。元立義倉于鄉社，又置常平于路府，使饑不損民，豐不傷農，粟直不低昂，而民無菜色，可謂善法漢、唐者矣。

今考其制，常平倉世祖至元六年始立。其法：豐年米賤，官爲增價糴之；歉年米貴，官爲減價糶之。於是八年以和糴糧及諸河倉所撥糧貯焉。二十三年定鐵法，又以鐵課糴糧充焉。義倉亦至元六年始立。其法：社置一倉，以社長主之，豐年每親丁納粟五斗，驅丁二斗，無粟聽納雜色，歉年就給社民。於是二十一年新城縣水，二十九年東平等處饑，皆發義倉賑之。皇慶二年，復申其令。然行之既久，名存而實廢，豈非有司之過與。

惠民藥局

周官有醫師，掌醫之政令，凡邦有疾病疕瘍者造焉，則使醫分而治之，此民所以無夭折之患也。元立惠民藥局，官給鈔本，月營子錢，以備藥物，仍擇良醫主之，以療貧民，其深得周官設醫師之美意者與。

初，太宗九年，始於燕京等十路置局，以奉御田闊闊、太醫王壁、齊楫等爲局官，給銀五

百錠爲規運之本。世祖中統二年，又命王祐開局。四年，復置局於上都，每中統鈔一百兩，收息錢一兩五錢。至元二十五年，以陷失官本，悉罷革之。至成宗大德三年，又準舊例，於各路置焉。凡局皆以各路正官提調，所設良醫，上路二名，下路府州各一名，其所給鈔本，亦驗民戶多寡以爲等差。今併著于後：

腹裏，三千七百八十錠。

河南行省，二百七十錠。

湖廣行省，一千一百五十錠。

遼陽行省，二百四十錠。

四川行省，二百四十錠。

陝西行省，二百四十錠。

江西行省，三百錠。

江浙行省，二千六百一十五錠。

雲南行省，真䍶一萬一千五百索。

甘肅行省，一百錠。

市糴

和糴自唐始，所以備邊庭軍需也，其弊至於害民者，蓋有之矣。元和糴之名有二，曰市糴糧，曰鹽折草，率皆增其直而市於民。於是邊庭之兵不乏食，京師之馬不乏芻，而民亦用以不困，其爲法不亦善乎。

市糴糧之法，世祖中統二年，始以鈔一千二百錠，於上都、北京、西京等處糴三萬石。四年，以解鹽引一萬五千道，和中陝西軍儲。是年三月，又命扎馬剌丁糴糧，仍敕軍民官毋沮。五年，諭北京、西京等路市糴軍糧。至元三年，以南京等處和糴四十萬石。四年，命沔州等處中納官糧，續還其直。八年，驗各路糧粟價直，增十分之一，和糴三十九萬四千六百六十石。十六年，以兩淮鹽引五萬道，募客旅中糧。十九年，以鈔三萬錠，市糴於隆興等處。二十年，以鈔五千錠市於北京，六萬錠市於上都，二千錠市於應昌。二十一年，以河間、山東、兩浙、兩淮鹽引，募諸人中糧。是年四月，以鈔四千錠，於應昌市糴。九月，發鹽引七萬道、鈔三萬錠，於上都和糴。二十二年，以鈔五萬錠，令木八剌沙和糴於上都。是年二月，詔江南民田秋成，官爲定例收糴，次年減價出(糴)〔糶〕。〔八〕二十三年，發鈔五千錠，市糴沙、(靜)〔淨〕、隆興軍糧。〔九〕二十四年，官發鹽引，聽民中糧。是年十二月，以揚州、杭

州鹽引五十萬道，兌換民糧。二十七年，和糴西京糧，其價每一十兩之上增一兩。延祐三年，中糴和林糧二十三萬石。五年、六年，又各和中二十萬石。

鹽折草之法，成宗大德八年，定其則例。每年以河間鹽，令有司於五月預給京畿郡縣之民，至秋成，各驗鹽數輸草，以給京師秣馬之用。每鹽二斤折草一束，重一十斤。歲用草八百萬束，折鹽四萬引云。

賑恤

救荒之政，莫大於賑恤。元賑恤之名有二：曰蠲免者，免其差稅，卽周官大司徒所謂薄征者也；曰賑貸者，給以米粟，卽周官大司徒所謂散利者也。然蠲免有以恩免者，有以災免者。賑貸有以鰥寡孤獨而賑者，有以水旱疫癘而賑者，有以京師人物繁湊而每歲賑糶者。若夫納粟補官之令，亦救荒之一策也。其爲制各不同，今並著于後，以見其仁厚愛民之意云。

恩免之制：世祖中統元年，量減絲料、包銀分數。二年，免西京、北京、燕京差發。是年二月，以真定、大名、河南、陝西、東平、益都、平陽等路，兵興之際，勞於轉輸，其差發減輕科取。三年，北京等路，以兵興供給繁重，免本歲絲料、包銀。是年閏九月，以濟南路遭李壇

中華書局

之亂，軍民皆譏，盡除差發。四年，以西涼民戶值渾都海、阿藍解兒之亂，人民流散，免差稅三年。至元元年，詔減明年包銀十分之三，全無業者十之七。是年四月，逃戶復業者，免差稅三年。三年，減中都包銀四分之一。十二年，蠲免包銀、絲線、俸鈔。是年八月，免河南路包銀三分之二，其餘路府亦免十之五。十九年，免諸路民戶明年包銀、俸鈔，及逃移戶差稅。二十年，免大都、平灤民戶絲線、俸鈔。二十二年，除民間包銀三年，不使帶納俸鈔，盡免大都軍民地稅。二十四年，免東京軍民絲線、包銀、俸鈔。是年九月，除北京馬五百匹。二十五年，免遼陽、武平等處差發。二十七年，減河間、保定、平灤三路絲線之半，大都全免。二十八年，詔免腹裏諸路包銀、俸鈔；其大都、上都、隆興、平灤、大同、太原、河間、保定、武平、遼陽十路絲線並除之。二十九年，免上都、隆興、平灤、保定、河間五路包銀、俸鈔。三十年，免大都差稅。三十一年，成宗即位，詔免天下差稅有差。是年六月，免腹裏軍、站、匠、船、鹽、鐵等戶稅糧，及江南夏稅之半。元貞元年，除大都民戶絲線、包銀、稅糧。大德元年，以改元免大都、上都、隆興民戶差稅三年。三年，詔免腹裏包銀、俸鈔，及江南夏稅十分之三。四年，詔免上都、大都、隆興明年絲銀稅糧，其數亦如之，江南租稅減十分之一。九年，又下寬免之令，以恤大都、上都、隆興、腹裏、江淮之民。十年，逃移民戶復業者，免差稅三年。十一年，武宗卽位，詔免內外郡縣差稅有差。至大二年，上尊號，詔免腹裏、

江淮差稅。三年，又免大都、上都、中都秋稅，及民間差稅之負欠者。四年，免腹裏包銀及江南夏稅十分之三。是年四月，免大都、上都、中都差稅三年。延祐元年，以改元免大都、上都差稅二年，其餘被災經賑者免一年，流民復業者免差稅三年。二年，免各路差稅、絲料。七年，免腹裏絲綿十分之五，外郡十分之三，江淮夏稅所免之數，與外郡絲綿同，民間逋欠差稅並除之。是年，免丁地稅糧、包銀、絲料各有差。至治二年，寬恤軍民站戶。三年，免臨(青)〔清〕萬戶府軍民船戶差稅三年，〔一〇〕福建蜑戶差稅一年。泰定三年，罷江淮以南包銀。天曆元年，免諸路差稅、絲料有差，及海北鹽課三年。二年，免達達軍站之貧乏者及各路差稅有差。是年十月，免人民逋欠官錢，及奉元商稅，各處竈戶雜役。至順元年，以改元免諸路差稅有差，減方物之貢，免河南府、懷慶路門攤，海北鹽課，存恤紅城兒屯田軍三年。

災免之制：世祖中統元年，以各處被災，驗實減免科差。三年，以蠻寇攻掠，免三叉沽竈戶一百六十五戶其年絲料、包銀。四年，以秋旱霜災，減大名等路稅糧。至元三年，以東平等處蠶災，減其絲料。五年，以益都等路禾損，蠲其差稅。六年，以濟南、益都、懷孟、德州、淄萊、博州、曹州、眞定、順德、河間、濟州、東平、恩州、南京等處桑蠶災傷，量免絲料。七年，南京、河南蝗旱，減差徭十分之六。十九年，減京師民戶科差之半。二十年，以水旱相仍，免江南稅糧十分之二。二十四年，免北京饑民差稅。是年，揚州及浙西水，其地稅在揚州者全免，浙西減二分。二十五年，南安等處被寇兵者，稅糧免徵。二十六年，紹興路水，免地稅十之三。是年六月，以禾稼不收，免遼陽差稅。二十七年，大都、遼陽被災，免其包銀、俸鈔。是年六月，以霖雨免河間等路絲料之半。十月，以興、松二州霜，免其地稅。二十八年，遼陽被災者，稅糧皆免徵，其餘量徵其半。是年五月，以太原去歲不登，杭州被水，其太原丁地稅糧、杭州地稅並除之。九月，又免州路所負歲糧。二十九年，以北京地震，量減歲課。是年，以大都去歲不登，流移者衆，免其稅糧及包銀、俸鈔。元貞元年，以供給繁重及水傷禾稼，免咸平府邊民差稅。大德三年，以旱蝗，除揚州、淮安兩路稅糧。五年，各路被災重者，其差稅並除之。六年，免大都、平灤差稅。七年，以內郡饑，荊湖、川蜀供給軍餉，其差稅減免各有差。八年，以平陽、太原地震，免差稅三年。至大元年，以江南、江北水旱民饑，其科差、夏稅並免之。二年，以腹裏、江淮被災，其科差、夏稅亦並免之。皇慶二年，免益都饑民貸糧。延祐二年，河南、歸德、南陽、徐、邳、陳、蔡、許州、荊門、襄陽等處水，三年，肅州等處連歲被災，皆免其民戶稅糧。天曆元年，陝西霜旱，免其科差一年，鹽官州海潮，免其秋糧夏稅。是年十二月，詔經寇盜剽掠州縣，免差稅一年。二年，以關陝旱，免差稅三年。至順元年，以河南、懷慶旱，其門攤課程及逋欠差稅皆免徵。

鰥寡孤獨賑貸之制：世祖中統元年，首詔天下，鰥寡孤獨廢疾不能自存之人，天民之無告者也，命所在官司，以糧贍之。至元元年，又詔病者給藥，貧者給糧。八年，令各路設濟衆院以居處之，於糧之外，復給以薪。十年，以官吏破除入己，凡糧薪並敕於公廳給散。十九年，各路立養濟院一所，仍委憲司點治。二十年，給京師南城孤老衣糧房舍。二十八年，給寡婦冬夏衣。二十九年，給貧子柴薪，日五斤。三十一年，特賜米絹。元貞二年，詔各處孤老，凡遇寬恩，人給布帛各一。大德三年，詔遇天壽節，人給中統鈔二貫，永爲定例。六年，給死者棺木錢。

水旱疫癘賑貸之制：中統元年，平陽旱，遣使賑之。二年，還曳揑卽地貧民就食河南、平陽、太原。三年，濟南饑，以糧三萬石賑之。是年七月，以課銀一百五十錠濟甘州貧民。四年，以錢糧幣帛賑東平濟河貧民，〔一一〕鈔四千錠賑諸王只必帖木兒部貧民。至元二年，以鈔百錠賑闊闊出所部軍。五年，益都民饑，驗口賑之。六年，東平、河間一十五處饑，亦驗口賑之。八年，以糧賑西京路急遞鋪兵卒。十二年，濮州等處饑，貸糧五千石。十六年，以江南所運糯米不堪用者賑貧民。十九年，眞定饑，賑糧兩月。二十年，以帛千匹、鈔三百錠，賑水達達地貧民。二十三年，大都屬郡六處饑，賑糧三月。二十四年，幹端民饑，賑鈔萬錠。是年四月，以陳米給貧民。七月，以糧給諸王阿只吉部貧民，大口二斗，小口一斗。

二十六年，京兆旱，以糧三萬石賑之。是年，又賑左右翼屯田蠻軍及月兒魯部貧民糧，各三月。二十七年，大都民饑，減直糶糧五萬石。二十八年，以去歲隕霜害稼，賑宿衞士怯憐口糧二月，以饑賑徽州、溧陽等路民糧三月。三十一年，復賑宿衞士怯憐口糧三月。元貞元年，諸王阿難答部民饑，賑糧二萬石。是年六月，以糧一千三百石賑隆興府饑民，二千石賑千戶滅禿等軍。七月，以遼陽民饑，賑糧二月。大德元年，以饑賑遼陽、水達達等戶糧五千石，公主囊加真位糧二千石。是年，臨江、揚州等路亦饑，賑糧有差，腹裏并江南災傷之地賑糧三月。二年，賑龍興、臨江兩路饑民，又賑金復州屯田軍糧二月。四年，鄂州等處民饑，發湖廣省糧十萬石賑之。七年，以鈔萬錠賑歸德饑民。九年，澧陽縣火，賑糧二月。十一年，以饑賑安州高陽等縣糧五千石，漷州穀一萬石，奉符等處鈔二千錠，兩浙、江東等處鈔三萬餘錠、糧二十萬餘石。又勸率富戶賑糶糧一百四十餘萬石，凡施米者，驗其數之多寡，而授以院務等官。是年，又以鈔一十四萬七千餘錠、鹽引五千道、糧三十萬石，賑紹興、慶元、台州三路饑民。皇慶元年，寧國饑，賑糧兩月。自延祐之後，腹裏、江南饑民歲加賑恤，其所賑或以糧，或以鹽引，或以鈔。

京師賑糶之制，至元二十二年始行。其法於京城南城設鋪各三所，分遣官吏，發海運之糧，減其市直以賑糶焉。凡白米每石減鈔五兩，南粳米減鈔三兩，歲以為常。成宗元貞

元年，以京師米貴，益廣世祖之制，設肆三十所，發糧七萬餘石糶之，白粳米每石中統鈔一十五兩，白米每石一十二兩，糙米每石六兩五錢。二年，減米肆為一十所，其每年所糶，多至四十餘萬石，少亦不下二十餘萬石。至大元年，增兩城米肆為一十五所，每肆日糶米一百石。四年，增所糶米價為中統鈔二十五貫。自是每年所糶，率五十餘萬石。泰定二年，減米價為二十貫。致和元年，又減為一十五貫云。賑糶糧之外，復有紅貼糧。紅貼糧者，成宗大德五年始行。初，賑糶糧多為豪強嗜利之徒，用計巧取，弗能周及貧民。於是令有司籍兩京貧乏戶口之數，置半印號簿文貼，各書其姓名口數，逐月對貼以給。大口三斗，小口半之。其價視賑糶之直，三分常減其一，與賑糶並行。每年撥米總二十萬四千九百餘石，閏月不與焉。其愛民之仁，於此亦可見矣。

入粟補官之制，元初未嘗舉行。天曆三年，內外郡縣亢旱為災，於是用太師答剌罕等言，舉而行之。凡江南、陝西、河南等處定為三等，令其富實民戶依例出米，無米者折納價鈔。陝西每石八十兩，河南并腹裏每石六十兩，江南三省每石四十兩，實授茶鹽流官，如不仕讓封父母者聽。錢穀官考滿，依例陞轉。陝西省：一千五百石之上，從七品；一千石之上，正八品；五百石之上，從八品；三百石之上，正九品；二百石之上，從九品；一百石之上，上等錢穀官；八十石之上，中等錢穀官；五十石之上，下等錢穀官；三十石之上，旌表門閭。

河南并腹裏：二千石之上，從七品；一千五百石之上，正八品；一千石之上，從八品；五百石之上，正九品；三百石之上，從九品；二百石之上，上等錢穀官；一百五十石之上，中等錢穀官；一百石之上，下等錢穀官。江南三省：一萬石之上，正七品；五千石之上，從七品；三千石之上，正八品；二千石之上，從八品；一千石之上，正九品；五百石之上，從九品；三百石之上，上等錢穀官；二百五十石之上，中等錢穀官；二百石之上，下等錢穀官。先已入粟，遙授虛名，今再入粟者，驗其糧數，照依資品，實授茶鹽流官。陝西：一千石之上，從七品；六百六十石之上，正八品；三百三十石之上，從八品；二百石之上，正九品；一百三十石之上，從九品。河南并腹裏：一千三百三十石之上，從七品；一千石之上，正八品；六百六十石之上，從八品；三百三十石之上，正九品；二百石之上，從九品。江南三省：六千六百六十石之上，正七品；三千三百三十石之上，從七品；二千石之上，正八品；一千三百三十石之上，〔從八品；六百六十石之上，正九品；三百三十石之上〕，從九品。〔二〕先已入粟，實授茶鹽流官，今再入粟者，驗其糧數，加等升除。陝西：七百五十石之上，五百石之上，二百五十石之上，一百五十石之上，一百石之上。河南并腹裏：一千石之上，七百五十石之上，五百石之上，二百五十石之上，〔一百五十石之上〕。〔三〕僧道入粟：三百石之上，賜六字師號，都省給之；二百石之上，四字師號，一百石之上，二字師號，禮部給之。四川省富實民戶，有能入粟赴江

陵者，依河南省補官例行之。夫入粟補官，雖非先王之政，然荒札之餘，民賴其助者多矣，故特識于篇末而不敢略云。

校勘記

〔一〕每(十)〔一〕兩給米一斗　據元典章卷一五官吏添支俸給改。

〔二〕同提領俸一十一貫三錢〔三分〕三釐　按本卷所載諸官俸錢尾數或作「三錢三分三釐」，或作「六錢六分六釐」，此脫「三分」，今補。

〔三〕都水監都水卿　按本書卷九〇百官志都水監不設卿，其主官稱「都水監」。此作「都水卿」，疑誤。

〔四〕散府達魯花赤一十〔二〕頃　按通制條格卷一三祿令，腹裏官職田「每俸鈔五貫給公田一頃」，散府達魯花赤俸六十貫，其職田當為十二頃。元典章卷一五祿廩作「十二頃」。此脫「二」字，今從道光本補。

〔五〕經歷四頃　按元制縣無經歷，按察司屬官有經歷一員，從七品，位正五品僉事下。「經歷四頃」四字疑為錯簡，當在下文按察司「僉事六頃」四字之下。

〔六〕同知二頃州判同　按上文言腹裏上州「同知五頃，州判四頃」，至元二十一年定江南行省及諸司

職田比腹裏減半，則行省上州同知職田應如通制條格卷一三祿令，作「同知二頃半，州判二頃」。

〔七〕運副三頃運判同經歷二頃知事二頃提控案牘同　通制條格卷十三祿令作「運判二頃半」、「知事一頃」。按本書卷八五百官志，運副正五品，運判正六品，經歷從七品，知事從八品，品秩不同，職田亦有等差，當以通制條格爲是。此處史文疑有誤。

〔八〕次年減價出（糴）〔糶〕　從北監本改。

〔九〕沙（靜）〔淨〕隆興　見卷一校勘記〔一四〕。

〔一〇〕兗臨（青）〔清〕萬戶府軍民船戶差稅三年　從北監本改。

〔一一〕四年以錢糧幣帛賑東平濟河貧民　按本書述賑恤事例書路府州縣，或某地某部，而不以水，此「濟河」疑爲「齊河」之誤。元初，齊河縣屬東平路。

〔一二〕二千石之上正八品一千三百三十石之上〔從八品六百六十石之上正九品三百三十石之上〕從九品　據本書卷八二選舉志補。

〔一三〕二百五十石之上〔一百五十石之上〕　據本書卷八二選舉志補。

元史卷九十七

志第四十五下

食貨五

食貨前志，據經世大典爲之目，凡十有九，自天曆以前，載之詳矣。若夫元統以後，海運之多寡，鈔法之更變，鹽茶之利害，其見於六條政類之中，及有司采訪事蹟，凡有足徵者，具錄于篇，以備參考，而喪亂之際，其亡逸不存者，則闕之。

海運

元自世祖用伯顏之言，歲漕東南粟，由海道以給京師，始自至元二十年，至于天曆、至順，由四萬石以上增而爲三百萬以上，其所以爲國計者大矣。歷歲既久，弊日以生，水旱相仍，公私俱困，疲三省之民力，以充歲運之恒數，而押運監臨之官，與夫司出納之吏，恣爲貪

黷，脚價不以時給，收支不得其平，船戶貧乏，耗損益甚。兼以風濤不測，盜賊出沒，剽刼覆亡之患，自仍改至元之後，有不可勝言者矣。由是歲運之數，漸不如舊。至正元年，益以河南之粟，通計江南三省所運，止得二百八十萬石。二年，又令江浙行省及中（正）〔政〕院財賦總管府，〔一〕撥賜諸人寺觀之糧，盡數起運，僅得二百六十萬石而已。及汝、潁倡亂，湖廣、江右相繼陷沒，而方國珍、張士誠竊據浙東、西之地，雖縻以好爵，資爲藩屏，而貢賦不供，剝民以自奉，於是海運之舟不至京師者積年矣。

至十九年，朝廷遣兵部尚書伯顏帖木兒、戶部尚書齊履亨徵海運于江浙，〔二〕由海道至慶元，抵杭州。時達識帖睦邇爲江浙行中書省丞相，張士誠爲太尉，方國珍爲平章政事，詔命士誠輸粟，國珍具舟，達識帖睦邇總督之。既達朝廷之命，而方、張互相猜疑，士誠慮方氏載其粟而不以輸于京也，國珍恐張氏掔其舟而因乘虛以襲己也。伯顏帖木兒白于丞相，正辭以責之，巽言以諭之，乃釋二家之疑，克濟其事。先率海舟俟于嘉興之澉浦，而平江之粟展轉以達杭之石墩，又一舍而後抵澉浦，乃載于舟。海灘淺澀，躬履艱苦，粟之載于舟者，爲石十有一萬。二十年五月赴京。是年秋，又遣戶部尚書王宗禮等至江浙。二十一年五月，運糧赴京，如上年之數。九月，又遣兵部尚書徹徹不花、侍郎韓祺往徵海運一百萬石。二十二年五月，運糧赴京，視上年之數，僅加二萬而已。九月，遣戶部尚書脫脫歡察

爾，兵部尚書帖木至江浙。二十三年五月，仍運糧十有三萬石赴京。九月，又遣戶部侍郎博羅帖木兒、監丞賽因不花往徵海運。士誠託辭以拒命，由是東南之粟給京師者，遂止於是歲云。

鈔法

至正十年，右丞相脫脫欲更鈔法，乃會中書省、樞密院、御史臺及集賢、翰林兩院官共議之。先是，左司都事武祺嘗建言云：「鈔法自世祖時已行之後，除撥支料本、倒易昏鈔以布天下外，有合支名目，於寶鈔總庫料鈔轉撥，所以鈔法疏通，民受其利。比年以來，失祖宗元行鈔法本意，不與轉撥，故民間流轉者少，致僞鈔滋多。」遂准其所言，凡合支名目，已於總庫轉支。至是，吏部尚書偰哲篤及武祺，俱欲迎合丞相之意。偰哲篤言更鈔法，以楮幣一貫文省權銅錢一千文爲母，而錢爲子。衆人皆唯唯，不敢出一語，惟集賢大學士兼國子祭酒呂思誠獨奮然曰：「中統、至元自有母子，上料爲母，下料爲子。比之達達人乞養漢人爲子，是終爲漢人之子而已，豈有故紙爲父，而以銅爲過房兒子者乎！」一坐皆笑。思誠又曰：「錢鈔用法，以虛換實，其致一也。今歷代錢及至正錢，中統鈔及至元鈔、交鈔，分爲五項，若下民知之，藏其實而棄其虛，恐非國之利也。」偰哲篤、武祺又曰：「至元鈔多僞，故

更之爾。」思誠曰：「至元鈔非僞，人爲僞爾，交鈔若出，亦有僞者矣。且至元鈔猶故戚也，家之童稚皆識之矣。交鈔猶新戚也，雖不敢不親，人未識也，其僞反滋多爾。況祖宗成憲，豈可輕改。」偰哲篤曰：「祖宗法弊，亦可改矣。」思誠曰：「汝輩更法，又欲上誣世皇，是汝又欲與世皇爭高下也。且自世皇以來，諸帝皆謚曰孝，改其成憲，可謂孝乎！」武祺又欲錢鈔兼行，思誠曰：「錢鈔兼行，輕重不倫，何者爲母，何者爲子？汝不通古今，道聽塗說，何足以行，徒以口舌取媚大臣，可乎？」偰哲篤曰：「我等策既不可行，公有何策？」思誠曰：「我有三字策，曰行不得，行不得。」又曰：「丞相勿聽此言。如向日開金口河，成則歸功汝等，不成則歸罪丞相矣。」脫脫見其言直，猶豫未決。御史大夫也先帖木兒言曰：「呂祭酒言有是者，有非者，但不當坐廟堂高聲厲色。若從其言，此事終不行耶！」明日，諷御史劾之，思誠歸臥不出，遂定更鈔之議而奏之。下詔云：「朕聞帝王之治，因時制宜，損益之方，在乎通變。惟我世祖皇帝，建元之初，頒行中統交鈔，以錢爲文，雖鼓鑄之規未遑，而錢幣兼行之意已具。厥後印造至元寶鈔，以一當五，名曰子母相權，而錢實未用。歷歲滋久，鈔法偏虛，物價騰踴，姦僞日萌，民用匱乏。爰詢廷臣，博采輿論，僉謂拯弊必合更張。其以中統交鈔壹貫文省權銅錢一千文，准至元寶鈔二貫，仍鑄至正通寶錢與歷代銅錢並用，以實鈔法。至元寶鈔，通行如故。子母相權，新舊相濟，上副世祖立法之初意。」

十一年，置寶泉提舉司，掌鼓鑄至正通寶錢、印造交鈔，令民間通用。行之未久，物價騰踊，價逾十倍。又值海內大亂，軍儲供給，賞賜犒勞，每日印造，不可數計。舟車裝運，軸轤相接，交料之散滿人間者，無處無之。昏軟者不復行用。京師料鈔十錠，易斗粟不可得。既而所在郡縣，皆以物貨相貿易，公私所積之鈔，遂俱不行，人視之若弊楮，而國用由是遂乏矣。

鹽法

大都之鹽：元統二年四月，御史臺備監察御史言：「竊覩京畿居民繁盛，日用之中，鹽不可闕。大德中，因商販把握行市，民食貴鹽，乃置局設官賣之。中統鈔一貫，買鹽四斤八兩。後雖倍其價，猶敷民用。及泰定間，因所任局官不得其人，在上者失於鈐束，致有短少之弊。於是巨商趨利者營屬當道，以局官侵盜爲由，輒奏罷之，復從民販賣。自是鈔一貫，僅買鹽一斤。無籍之徒，私相犯界，煎賣獨受其利，官課爲所侵礙。而民食貴鹽益甚，貧者多不得食，甚不副朝廷恤小民之意。如朝廷仍舊設局，官爲發賣，庶課不虧，而民受賜矣。」

既而大都路備三巡院及大興、宛平縣所申，又戶部尚書建言，皆如御史所陳。戶部乃言，以謂「榷鹽之法，本以裕國而便民。始自大德七年罷大都運司，令河間運司兼辦。每歲

存留鹽數，散之米鋪，從其發賣。後因富商專利，遂於南北二城設局，凡十有五處，官爲賣之。當時立法嚴明，民甚便益。泰定二年，因局官綱船人等多有侵盜之弊，復從民販賣，而罷所置之局。未及數載，有司屢言富商高擡價直之害。運司所言綱船作弊，蓋因立法不嚴，失於關防所致。且各處俱有官設鹽鋪，與商賈販賣並無窒礙，豈有京城之內，乃革罷官賣之局。宜准本部尚書所言，及大都路所申，依舊制於南北二城置局十有五處。每局日賣十引，設賣鹽官二員，以歲一周爲滿，責其奉公發賣。每中統鈔一貫，買鹽二斤四兩，毋令雜灰土其中，及權衡不得其平。凡買鹽過十貫者禁之，不及貫者從所買與之。如滿歲無短少失陷及元定分數者，減一界升用之；若有侵盜者，依例追斷其合賣鹽數。令河間運司分爲四季，起赴京廒，用官定法物，兩平稱收，分給各局。其所賣價鈔，逐旬起解，委本部官輪次提調之。仍委官巡視，如有豪强兼利之徒，頻買局鹽而增價轉賣於外者，從提調巡督官痛治之。仍令運司嚴督押運之人，設法防禁，毋致縱令綱船人等作弊。其客商鹽貨，從便相參發賣。」四月二十六日，中書省上奏，如戶部所擬行之。

至元三年三月，大都京廒申戶部云：「近奉文帖，起運至元二年京廒發賣食鹽一萬五千引，令兩平稱收，如數具實申部。除各綱湰沒短少鹽計八百四十八引，本廒實收一萬四千一百五十有二引，已支一萬一百引付各局發賣，見存鹽四千五十有二引，支撥欲盡。所據至

元三年食鹽，宜依例於河間運司起運一萬五千引赴都，庶民間食用不闕。」戶部准其所言，乃議：「京廒食鹽，今歲宜從河間運一萬五千引，其脚價蓆索等費，令運司於鹽課錢內通算支用。仍召募有產業船戶，互相保識，每一千引爲一綱，就差各該場官一員，并本司奏差或監運巡鹽官，每名管押一綱，於大都興國等場見收鹽內驗數，分派分司官監視，如數兩平支收，限三月內赴京廒交卸，取文憑赴部銷照。但有雜和沙土，濕潤短少數，並令本綱船戶、押運場官、奏差監運諸人，如數均賠，依例坐罪。」中書如戶部所議行之。

至正三年，監察御史王思誠、侯思禮等建言：「京師自大德七年罷大都鹽運司，設官賣鹽，置局十有五處，泰定二年以其不便罷之，元統二年又復之，迨今十年，法久弊生。在船則有侵盜滲溺之患，入局則有和雜灰土之奸。名曰一貫二斤四兩，實不得一斤之上。其潔淨不雜，而斤兩足者，唯上司提調數處耳。又常白鹽一千五百引，用船五十艘，每歲以四月起運，官鹽二萬引，用船五十艘，每歲以七月起運，而運司所遣之人，擅作威福，南抵臨清，北自通州，所至以索截河道，舟楫往來，無不被擾。名爲和顧，實乃强奪。一歲之中，千里之內，凡富商巨賈之載米粟者，達官貴人之載家室者，一概遮截，得重賄而放行，所拘留者，皆貧弱無力之人耳。其舟小而不固，滲溺侵盜，弊病多端。既達京廒，又不得依時交收，淹延歲月，困守無聊，鬻妻子、質舟楫者，往往有之。此客船所以狠顧不前，使京師百物湧貴

者，實由於此。竊計官鹽二萬引，每引脚價中統鈔七貫，總爲鈔三千錠，而十五局官典俸給，以一歲計之又五百七十六錠，其就支賃房之資，短脚之價，蓆草諸物，又在外焉。當時置局設官，但爲民食貴鹽，殊不料官賣之弊，反不如商販之賤，豈忍徒費國家，而使百物貴也。宜從憲臺具呈中書省，議罷其（監）〔鹽〕局，〔三〕及來歲起運之時，出榜文播告鹽商，從便入京興販。若常白鹽所用船五十艘，亦宜於江南造小料船處如數造之。既成之後，付運司顧人運載，庶舟楫通而商賈集，則京師百物賤，而鹽亦不貴矣。」御史臺以其言具呈中書，而河間運司所申，亦如前議。

戶部言：「運司及大都路講究，卽同監察御史所言，元設（監）〔鹽〕局，合准革罷，聽從客旅興販。其常白鹽繫內府必用之物，起運如故，宜從都省聞奏。」二月初五日，中書省上奏，如戶部所擬行之。

河間之鹽：至正二年，河間運司申戶部云：「本司歲辦額餘鹽共三十八萬引，計課鈔一百一十四萬錠，以供國用，不爲不重。近年以來，各處私鹽及犯界鹽販賣者衆，蓋因軍民官失於禁治，以致侵礙官課，鹽法澀滯，實由於此。乞轉呈都省，頒降詔旨，宣諭所司，欽依規辦。」本部具呈中書省，遂於四月十七日上奏，降旨戒飭之。

七月，又據河間運司申：「本司辦課，全藉郡縣行鹽地方買食官鹽。去歲河間等路旱蝗闕食，累蒙賑恤，民力未蘇，食鹽者少。又因古北口等處，把隘官及軍人不爲用心詰捕，大都路所屬有司，亦不奉公巡禁，致令諸人裝載疙疸鹽於街市賣之，或量以斗，或盛以盤，明相饋送。今紫荆關捕獲犯人張狡羣等所載疙疸鹽，計一千六百餘斤。自至元六年三月迄今犯者，將及百起。若不申聞，恐年終課不如數，虛負其咎。」本部具呈中書省，照會樞密院給降榜文禁治之。

三年，又據河間運司申：「生財節用，固治國之常經，薄賦輕徭，實理民之大本。本司歲額鹽三十五萬引，近年又添餘鹽三萬引，元簽竈戶五千七百七十四戶，除逃亡外，止存四千三百有一戶。每年額鹽，勒令見在疲乏之戶勉强包煎。今歲若依舊煎辦，人力不足。又兼行鹽地方旱蝗相仍，百姓焉有買鹽之資。如蒙矜閔，自至正二年爲始，權免餘鹽三萬引，俟豐稔之歲，煎辦如舊。」本部以錢糧支用不敷，權擬住煎一萬引，具呈中書省。正月二十八日上奏，如戶部所擬行之。

既而運司又言：「至元三十一年，本司辦鹽額二十五萬引，自後累增至三十有五萬。元統元年，又增餘鹽三萬引，已經具呈。蒙都省奏准，住煎一萬引。外有二萬引，若依前勒令見戶包煎，實爲難堪。如并將餘鹽二萬引住煎，誠爲便益。」戶部又以所言具呈中書省，權

擬餘鹽二萬引住煎一年，至正四年煎辦如故。四月十二日上奏，如戶部所擬行之。

山東之鹽：元統二年，戶部呈：「據山東運司准濟南路牒，依副達魯花赤完者、同知闊里帖木兒所言，比大都、河間運司，改設巡鹽官一十二員，專一巡禁本部。詳山東運司，歲辦鈔七十五萬餘錠，行鹽之地，周圍三萬餘里，止是運判一員，豈能遍歷，恐私鹽來往，侵礙國課。本司既與濟南路講究便益，宜准所言。」中書省令戶部復議之，本部言：「河間運司定設奏差一十二名，巡鹽官一十六名，山東運司設奏差二十四名，今既比例添設巡鹽官外，據元設奏差內減去一十二名。」具呈中書省，如所擬行之。

三年二月，又據山東運司備臨朐、沂水等縣申：「本縣十山九水，居民稀少，元係食鹽地方，後因改爲行鹽，民間遂食貴鹽，公私不便。如蒙仍舊改爲食鹽，令居民驗戶口多寡，以輸納課鈔，則官民俱便，抑且可革私鹽之弊。」運司移文分司，并益都路及下滕、嶧等州，從長講究，互言食鹽爲便。及准本司運使辛朝列牒云：「所據零鹽，擬依登、萊等處，銓注局官，給印置局，散賣於民，非惟大課無虧，官釋私鹽之憂，民免刑配之罪。」戶部議：「山東運司所言，於滕、嶧等處增置十有一局，如登、萊三十五局之例，於錢穀官內通行銓注局官，散賣食鹽，官民俱便。既經有司講究，宜從所議。」具呈中書省，如所擬行之。

至元二年，御史臺據山東肅政廉訪司申：「准濟南路備章丘縣申『見奉山東運司爲本司額辦鹽課二十八萬引，除客商承辦之外，見存十三萬引，絕無買者，將及年終，歲課不能如數。所據新城、章丘、長山、鄒平、濟南俱近鹽場，與大、小清河相接，客旅興販，宜依商河、滕、嶧等處，改爲食鹽，權派八千引，責付本處有司自備席索脚力，赴已擬固堤等場，於元統三年依例支出，均散於民』等事，竊照山東運司，初無上司明文，輒擅散民食鹽，追納課鈔，使民不得安業。今於至元元年正月、二月，兩次奉到中書戶部符文，行鹽食鹽地分已有定例，毋得椿配於民。本司不遵省部所行，寢匿符文，依前差人馳驛，督責州縣，臨逼百姓，追徵食鹽課鈔，不無擾害。據本司恣意行事，玩法擾民，理應取問，緣繫辦課之時，宜從憲臺區處。又據監察御史所呈，亦爲茲事。若便行取問，卽繫辦課時月，具呈中書省區處。」戶部議呈：「行鹽食鹽已有定所，宜從改正。若准御史臺所呈，取問運司，却緣鹽法例應從長規畫，似難別議。」中書省如所擬行之。

陝西之鹽：至元二年九月，御史臺准陝西行臺咨備監察御史帖木兒不花建言：「近蒙委巡歷奉元東道，至元元年各州縣戶口額辦鹽課，其陝西運司官不思轉運之方，每年豫期差人，分道齎引，遍散州縣，甫及旬月，杖限追鈔，不問民之無有。竊照諸處運司之例，皆運官

召商發賣，惟陝西等處鹽司，近年散於民戶。且如陝西行省食鹽之戶，該辦課二十萬三千一百六十四錠有餘。於內鞏昌、延安等處認定課鈔一萬六千二百七十一錠，慶陽、環州、鳳翔、興元等處歲辦課一萬七千九百八十五錠，其餘課鈔，先因關陝旱饑，民多流亡，准中書省咨，至順三年鹽課，十分爲率，減免四分，于今三載，尚有虧負。蓋因戶口凋殘，十亡八九，縱或有復業者，家產已空，爾來歲頗豐收，而物價甚賤，得鈔爲艱。本司官皆勒有司徵辦，無分高下，一概給散，少者不下二三引，每一引收價三錠，富家無以應辦，貧下安能措畫。糴終歲之糧，不酬一引之價，緩則輪息而借貸，急則典鬻妻子。縱引目到手，力窘不能裝運，止從各處鹽商，勒價收買。舊債未償，新引又至，民力有限，官賦無窮。又寧夏所產韋紅鹽池，不辦課程，除鞏昌等處循例認納乾課，從便食用外，其池隣接陝西環州百餘里，紅鹽味甘而價賤，解鹽味苦而價貴，百姓私相販易，不可禁約。以此參詳，河東鹽池，除撈鹽戶口食鹽外，辦課引數，今後宜從運官設法，募商興販。但遇行鹽之處，諸人毋得侵擾韋紅鹽法。運司每歲分輪官吏監視，聽民采取，立法抽分，依例發賣，每引收價鈔三錠。自黃河以西，從民食用，通辦運司元額課鈔。因時夾帶至黃河東南者，同私鹽法罪之，陝西興販解鹽者不禁。如此庶望官民兩便，而課亦無虧矣。」

又據陝西漢中道肅政廉訪使胡通奉所陳云：「陝西百姓，許食解鹽，近脫荒儉，流移漸

復，正宜安輯，而鹽吏不察民瘼，止以恢辦爲名，不論貧富，散引收課，或納錢入官，動經歲月，猶未得鹽。蓋因地遠，脚力艱澀。今後若令大河以東之民，分定課程，買食解鹽，其以西之民，計口攤課，任食韋紅之鹽，則官不被擾，民無蕩產之禍矣。且解鹽結之於風，韋紅之鹽產之於地，東鹽味苦，西鹽味甘，又豈肯舍其美而就其惡乎。使陝西百姓，一概均攤解鹽之課，令食韋紅之鹽，則鹽吏免巡禁之勞，而民亦受惠矣。」本臺詳所言鹽法，宜從省部定擬，具呈中書省，送戶部議之。本部議云：「陝西行臺所言鹽事，宜從都省選官，前赴陝西，與行省、行臺及河東運司官一同講究，是否便益，明白咨呈。」

三年，都省移咨陝西行省，仍摘委河東運司正官一員赴省，一同再行講究。三月初二日，陝西行省官及李御史、運司同知郝中順會鞏昌、延安、興元、奉元、鳳翔、邠州等官，與總帥汪通議等，俱稱當從御史帖木兒不花及廉使胡通奉所言，限以黃河爲界，令陝西之民從便食用韋紅二鹽，〔四〕解鹽依舊西行，紅鹽不許東渡。其咸寧、長安錄事司三處未散者，依已散州縣，一體斟酌，認納乾課，與運司已散食鹽引價同。見納乾課，辦鈔七萬錠，通行按季輸納，運司不須散引。如此則民不受害，而課以無虧矣。郝同知獨言：「運司每歲辦課四十五萬錠，陝西該辦二十萬錠，今止認七萬錠，餘十三萬錠，從何處恢辦？」議不合而散。本省檢照運司逐年申報文册，陝西止辦七萬二千六十餘錠，郝遂稱疾不出，其後訖無

定論。

戶部參照至順二年中書省嘗遣兵部郎中井朝散，與陝西行省官一同講究，以涇州白家河永爲定界，聽民食用。仍督所在軍民官嚴行禁約，毋致韋紅二鹽犯境侵課。中書如所擬行之。

兩淮之鹽：至元六年八月，兩淮運司准行戶部尚書運使王正奉牒：「本司自至元十四年創立，當時鹽課未有定額，但從實恢辦，自後累增至六十五萬七十五引。客人買引，自行赴場支鹽，場官逼勒竈戶，加其斛面，以通鹽商，壞亂鹽法。大德四年，中書省奏准，改法立倉，設綱攢運，撥袋支發，以革前弊。本司行鹽之地，江浙、江西、河南、湖廣所轄路分，上江下流，鹽法通行。至大間，煎添正額餘鹽三十萬引，通九十五萬七十五引。客商運至揚州東關，俱於城河內停泊，聽候通放，不下三四十萬餘引，積疊數多，不能以時發放。至順四年，前運使韓大中等又言：『歲賣額鹽九十五萬七十五引。客商買引，關給勘合，赴倉支鹽，雇船脚力，每引遠倉該鈔十二三貫，近倉不下七八貫，運至揚州東關，俟候以次通放。其船梢人等，恃以鹽主不能照管，視同己物，恣爲侵盜，弊病多端。及事敗到官，非不嚴加懲治，莫能禁止。其所盜鹽，以鈔計之，不過折其舊船以償而已，安能如數徵之。是以裏河客商，

虧陷資本，外江興販，多被欺侮，而百姓高價以買不潔之鹽，公私俱受其害。』竊照揚州東關城外，沿河兩岸，多有官民空閑之地。如蒙聽從鹽商自行賃買基地，起造倉房，支運鹽袋到（橋）〔場〕，〔五〕籍定資次，貯置倉內，以俟通放，臨期用船，載往眞州發賣，既防侵盜之患，可爲悠久之利，其於鹽法非小補也。」

既申中書戶部及河南行省，照勘議擬，文移往復，紛紜不決。久之，戶部乃定議，令運司於已收在官客商帶納挑河錢內，撥鈔一萬錠，起蓋倉房，仍從都省移咨河南行省，委官與運司偕往，相視空地，果無違礙，而後行之。

兩浙之鹽：至元五年，兩浙運司申中書省云：

本司自至元十三年創立，當時未有定額。至十五年始立額，辦鹽十五萬九千引。自後累增至四十五萬引，元統元年又增餘鹽三萬引，每歲總計四十有八萬。每引初定官價中統鈔五貫，自後增爲九貫、十貫，以至三十、五十、六十、一百，今則爲三錠矣。每年辦正課中統鈔一百四十四萬錠，較之初年，引增十倍，價增三十倍。課額愈重，煎辦愈難，兼以行鹽地界所拘戶口有限。前時聽從客商就場支給，設立檢校所，稱檢出場鹽袋。又因支查停積，延祐七年，比兩淮之例，改法立倉，綱官押船到場，運鹽赴倉收

貯，客旅就倉支鹽。始則爲便，經今二十餘年，綱場倉官任非其人，惟務掊克。況淮、浙風土不同，兩淮跨涉四省，課額雖大，地廣民多，食之者衆，可以辦集。本司地界，居江枕海，煎鹽亭竈，散漫海隅，行鹽之地，裏河則與兩淮鄰接，海洋則與遼東相通，番船往來，私鹽出沒，侵礙官課，雖有刑禁，難盡防禦。鹽法隳壞，亭民消廢，其弊有五：

本司所轄場司三十四處，各設令、丞、管勾、典史，管領竈戶火丁。用工之時，正當炎暑之月，晝夜不休。纔值陰雨，束手彷徨。貧窮小戶，餘無生理，衣食所資，全籍工本，稍存抵業之家，十無一二。有司不體其勞，又復差充他役。各場元簽竈戶一萬七千有餘，後因水旱疫癘，流移死亡，止存七千有餘。即今未蒙簽補，所據拋下額鹽，唯勒見戶包煎而已。若不早爲簽補，優加存恤，將來必致損見戶而虧大課。此弊之一也。

又如所設三十五綱監運綱司，專掌召募船戶，照依隨場日煎月辦課額，官給水脚錢，就場支裝所煎鹽袋，每引元額四百斤，又加折耗等鹽十斤，裝爲二袋，綱官押運前赴所撥之倉而交納焉。客人到倉支鹽，如自二月至於十月河凍之時，以運足爲度，其立法非不周密也。今綱運鹽船戶，經行歲久，奸弊日滋。凡遇到場裝鹽之時，私屬鹽場官吏司秤人等，重其斤兩，裝爲硬袋，出場之後，沿途盜賣，雜以灰土，補其所虧。

及到所赴之倉，而倉官司秤人又各受賄，既不加辨，秤盤又不如法。在倉日久，又復消折。袋法不均，誠非細故。不若仍舊令客商就場支給，既免綱運俸給水脚之費，又鹽法一新。此弊之二也。

本司歲辦額鹽四十八萬引，行鹽之地，兩浙、江東凡一千九百六萬餘口。每日食鹽四錢一分八釐，總而計之，爲四十四萬九千餘引。雖賣盡其數，猶剩鹽三萬一千餘引。每年督勒有司，驗戶口請買。又值荒歉連年，流亡者衆，兼以瀕江並海，私鹽公行，軍民官失於防禦，所以各倉停積累歲未賣之鹽，凡九十餘萬引，無從支散。如蒙早降定制，以憑遵守，賞罰既明，私鹽減少，戶口食鹽，不致廢弛。此弊之三也。

又每季拘收退引，凡遇客人運鹽到所賣之地，先須住報水程及所止店肆，繳納退引。豈期各處提調之官，不能用心檢舉，縱令吏胥坊里正等，需求分例錢，不滿所欲，則多端留難。客人或因發賣遲滯，轉往他所，水程雖住，引不拘納，遂有埋沒，致容姦民藏匿在家，影射私鹽，所司亦不檢勘拘收。其懦善者，賣過官鹽之後，即將引目投之鄉胥。又有狡猾之徒，不行納官，通同鹽徒，執以爲憑，興販私鹽。如蒙將有司官吏，明定黜降罪名，使退引盡實還官，不致影射私鹽。此弊之四也。

本司自延祐七年改立杭州等七倉，設置部轄，掌收各綱船戶，運到鹽袋，貯頓在

倉，聽候客人，依次支鹽，俱有定制。比年以來，各倉官攢，肆其貪欲，出納之間，兩收其利。凡遇綱船到倉，必受船戶之賄，縱其雜和灰土，收納入倉。或船戶運至好鹽，無錢致賄，則故生事留難，以致停泊河岸，侵欺盜賣。其倉官與監運人等爲弊多端，是以各倉積鹽九十餘萬引，新舊相並，充溢廊屋，不能支發，走鹵消折，利害非輕。雖繫客人買過之物，課鈔入官，實恐年復一年，爲患益甚。若仍舊令客商自備脚力，就場支裝，庶免停積。此弊之五也。

五者之中，各倉停積，最爲急務。驗一歲合賣之數，止該四十四萬餘引，儘賣二年，尚不能盡，又復煎運到倉，積累轉多。如蒙特賜奏聞，選委德望重臣，與拘該官府，從長講究，參酌時宜，更張法制，定爲良規，惠濟黎元，庶望大課無虧。見爲住煎餘鹽三萬引，差人齎江浙行省咨文赴中書省，請照詳焉。

戶部詳運司所言，除餘鹽三萬引別議外，其餘事理，未經行省明白定擬，呈省移咨，從長講究。六年五月，中書省奏，選官整治江浙鹽法，命江浙行省右丞納麟及首領官趙郎中等提調，既而納麟又以他故辭。

至正元年，運使霍亞中又言：「兩淮、福建運司，俱有餘鹽，已行住免。本司繫同一體，如蒙依例住煎三萬引，庶大課易爲辦集。」中書省上奏，得旨權將餘鹽三萬引倚閣，俟鹽法

通行而後辦之。

二年十月，中書右丞相脫脫、平章鐵木兒塔識等奏：「兩浙食鹽，害民爲甚，江浙行省官、運司官屢以爲言。擬合欽依世祖皇帝舊制，除近鹽地十里之內，令民認買，革罷見設鹽倉綱運，聽從客商赴運司買引，就場支鹽，許於行鹽地方發賣，革去派散之弊。及設檢校批驗所四處，選任廉幹之人，直隸運司，如遇客商載鹽經過，依例秤盤，均平袋法，批驗引目，運司官常行體究。又自至元十三年歲辦鹽課，額少價輕，今增至四十五萬，額多價重，轉運不行。今戶部定擬，自至正三年爲始，將兩浙額鹽量減一十萬引，俟鹽法流通，復還元額，散派食鹽，擬合住罷。」有旨從之。

福建之鹽：至元六年正月，江浙行省據福建運司申：「本司歲辦額課鹽，十有三萬九引一百八十餘斤，今查勘得海口等七場，至元四年閏八月終，積下附餘增辦等鹽十萬一千九百六十二引二百六十二斤。看詳，既有積儹附餘鹽數，據至正五年額鹽，擬合照依天曆元年住煎正額五萬引，不給工本，將上項餘鹽五萬，准作正額，省官本鈔二萬錠，免致亭民重困。本年止辦額鹽八萬九引一百八十餘斤，計鹽十有三萬九引有奇，通行發賣，辦納正課。除留餘鹽五萬餘引，預支下年軍民食鹽，實爲官民便益。」本省如所擬，咨呈中書省。送戶

部參詳，亦如所擬。其下餘鹽五萬一千九百六十二引，發賣爲鈔，通行起解。回咨本省，從所擬行之。

至正元年，詔：「福建、山東俵賣食鹽，病民爲甚。行省、監察御史、廉訪司拘該有司官，宜公同講究。」二年六月，江浙行省左丞與行臺監察御史、福建廉訪司官及運使常山李鵬舉、漳州等八路正官講究得食鹽不便，其目有三：一曰餘鹽三萬引，難同正額，擬合除免。二曰鹽額太重，比依廣海例，止收價二錠。三曰住罷食鹽，並令客商通行。

福建鹽課始自至元十三年，見在鹽六千五十五引，每引鈔九貫。二十年，煎賣鹽五萬四千二百引，每引鈔十四貫。二十五年，增爲一錠。三十一年，始立鹽運司，增鹽額爲七萬引。元貞二年，每引增價十五貫。大德八年，罷運司，併入宣慰使司恢辦。十年，立都提舉司，增鹽額爲十萬引。至大元年，各場煎出餘鹽三萬引。四年，復立運司，遂定額爲十三萬引，增價鈔爲二錠。延祐元年，又增爲三錠，運司又從權改法，建、延、汀、邵仍舊客商興販，而福、興、漳、泉四路椿配民食，流害迄今三十餘年。本道山多田少，土瘠民貧，民不加多，鹽額增重。八路秋糧，每歲止二十七萬八千九百餘石，夏稅不過一萬一千五百餘錠，而鹽課十三萬引，該鈔三十九萬錠。民力日弊，每遇催徵，貧者質妻鬻子以輸課，至無可規措，往往逃移他方。近年漳寇擾攘，亦由於此。運司官耳聞目見，蓋因職專恢辦，惠無所施。如蒙欽依詔書事意，罷餘鹽三萬引，革去散賣食鹽之弊，聽從客商八路通行發賣，誠爲官民兩便。其正額鹽，若依廣海鹽價，每引中統鈔二錠，宜從都省區處。

江浙行省遂以左丞所講究，咨呈中書省，送戶部定擬，自至正三年爲始，將餘鹽三萬引，權令減免，散派食鹽擬合住罷。其減正額鹽價，卽與廣海提舉司事例不同，別難更議。十月二十八日，右丞相脫脫、平章帖木兒達失等，以所擬奏而行之。

廣東之鹽：至元二年，御史臺准江南諸道行御史臺咨備監察御史韓承務建言：「廣東道所管鹽課提舉司，自至元十六年爲始，止辦鹽額六百二十一引，自後累增至三萬五千五百引，延祐間又增餘鹽，通正額計五萬五百五十二引。竈戶窘於工程，官民迫於催督，呻吟愁苦，已逾十年。泰定間，蒙憲臺及奉使宣撫，交章敷陳，減免餘鹽一萬五千引。元統元年，都省以支持不敷，權將已減餘鹽，依舊煎辦，今已三載，未蒙住罷。竊意議者，必謂廣東控制海道，連接諸蕃，船商輳集，民物富庶，易以辦納，是蓋未能深知彼中事宜。本道所轄七路八州，平土絕少，加以嵐瘴毒癘，其民刀耕火種，巢顚穴岸，崎嶇辛苦，貧窮之家，經歲淡食，額外辦鹽，賣將誰售。所謂富庶者，不過城郭商賈與舶船交易者數家而已。竈戶鹽丁，十逃三四，官吏畏罪，止將見存人戶，勒令帶煎。又有大可慮者，本道密邇蠻獠，民俗頑惡，

誠恐有司責辦太嚴，斂怨生事，所繫非輕。如蒙捐此微利，以示大信，疲民幸甚。」具呈中書省，送戶部定擬，自元統三年爲始，廣東提舉司所辦餘鹽，量減五千引。十月初九日，中書省以所擬奏聞，得旨從之。

廣海之鹽：至元五年三月，湖廣行省咨中書省云：「廣海鹽課提舉司額鹽三萬五千一百六十五引，餘鹽一萬五千引。近因黎賊爲害，民不聊生，正額積虧四萬餘引，卧收在庫。若復添辦餘鹽，困苦未甦，恐致不安。事關利害，如蒙憐憫，聞奏除免，庶期元額可辦，不致遺患邊民。」戶部議云：「上項餘鹽，若全恢辦，緣非元額，兼以本司僻在海隅，所轄竈民，累遭劫掠，死亡逃竄，民物凋弊，擬於一萬五千引內，量減五千引，以紓民力。」中書以所擬奏聞，得旨從之。

四川之鹽：元統三年，四川行省據鹽茶轉運使司申：「至順四年，中書坐到添辦餘鹽一萬引外，又帶辦兩浙運司五千引，與正額鹽通行煎辦，已後支用不闕，再行議擬。卑司爲各場別無煎出餘鹽，不免勒令竈戶承認規劃，幸已足備。以後年分，若不申覆，誠恐竈戶逃竄，有妨正課。如蒙憐憫，備咨中書省，於所辦餘鹽一萬引內，量減帶辦兩浙之數。」又准分

司運官所言云：「四川鹽井，俱在萬山之間，比之腹裏、兩淮，優苦不同，又行帶辦餘鹽，竈民由此而疲矣。」行省咨呈中書省，上奏得旨，權以帶辦餘鹽五千引倚閣之。

茶法

至元二年，江西、湖廣兩行省具以茶運司同知萬家閭所言添印茶由事，咨呈中書省云：「本司歲辦額課二十八萬九千二百餘錠。除門攤批驗鈔外，數內茶引一百萬張，每引十二兩五錢，共爲鈔二十五萬錠。末茶自有官印筒袋關防，其零斤草茶由帖，每年印造一千三百八萬五千二百八十九斤，該鈔二萬九千八十餘錠。茶引一張，照茶九十斤，客商興販。其小民買食及江南產茶去處零斤採賣，皆須由帖爲照。春首發賣茶由，至於夏秋，茶由盡絕，民間闕用。以此考之，茶由數少課輕，便於民用而不敷，茶引課重數多，止於商旅興販，年終尚有停閑未賣者。每歲合印茶由，以十分爲率，量添二分，計二百六十一萬七千五十八斤。算依引目內官（鈔）〔茶〕，〔六〕每斤收鈔一錢三分八釐八毫八絲，計增鈔七千二百六十九錠七兩，比驗減去引目二萬九千七十六張，庶幾引不停閑，茶無私積。中書戶部定擬，江西茶運司歲辦公據十萬道，引一百萬，計鈔二十八萬九千二百餘錠。茶引便於商販，而山場小民全憑茶由爲照，歲辦茶由一千三百八十八萬五千二百八十九斤，每斤一錢一分一釐一毫二絲，

計鈔五千八百一十六錠七兩四錢一分，減引二萬三千二百六十四張。茶引一張，造茶九十斤，納官課十二兩五錢。如於茶由量添二分，計二百六十一萬七千五十八斤，每斤添收鈔一錢三分八釐八毫八絲，計鈔七千二百六十九錠七兩，積出餘零鈔數，官課無虧，而便於民用。」合准本省所擬，具呈中書省，移咨行省，如所擬行之。

至正二年，李宏陳言內一節，言江州茶司據引不便事云：「榷茶之制，古所未有，自唐以來，其法始備。國朝既於江州設立榷茶都轉運司，仍於各路出茶之地設立提舉司七處，專任散據賣引，規辦國課，莫敢誰何。每至十二月初，差人勾集各處提舉司官吏，關領次年據引。及其到司，旬月之間，司官不能偕聚。吏貼需求，各滿所欲，方能給付據引。此時春月已過。及還本司，方欲點對給散，又有分司官吏，到各處驗戶散據賣引。每引十張，除正納官課一百二十五兩外，又取要中統鈔二十五兩，名爲搭頭事例錢，以爲分司官吏饋饍之資。提舉司雖以榷茶爲名，其實不能專散據賣引之任，不過爲運司官吏營辦資財而已。上行下效，勢所必然。提舉司既見分司官吏所爲若是，亦復倣效遷延。及茶戶得據還家，已及五六月矣。中間又存留茶引二三千本，以茶戶消乏爲名，轉賣與新興之戶。每據又多取中統鈔二十五兩，上下分派，各爲己私。不知此等之錢，自何而出，其爲茶戶之苦，有不可言。至如得據在手，碾磨方興，吏卒踵門，催併初限。不知茶未發賣，何從得錢。間有充裕之家，

必須別行措辦。其力薄者，例被拘監，無非典鬻家私，以應官限。及終限不能足備，上司緊併，重復勾追，非法苦楚。此皆由運司給引之遲，分司苛取之過。茶戶本圖求利，反受其害，日見消乏逃亡，情實堪憫。今若申明舊制，每歲正月，須要運司盡將據引給付提舉司，隨時派散，無得停留在庫，多收分例，妨誤造茶時月；如有過期，別行定罪。仍不許運司似前分司自行散賣據引，違者從肅政廉訪司依例糾治。如此，庶茶司少革貪黷之風，茶戶免損乏之害。」中書省以其言送戶部定擬，復移咨江西行省，委官與茶運司講究，如果便益，如所言行之。

校勘記

〔一〕中（正）〔政〕院　見卷三三校勘記〔一〕。

〔二〕戶部尚書齊履亨　按「齊履亨」本書卷四五順帝紀至正十九年九月條作「曹履亨」，官名事跡均同。卷四七順帝紀至正二十六年六月己未條又有命「曹履亨撫諭沿海竈戶」事。疑此處「齊」當作「曹」。

〔三〕議罷其（監）〔鹽〕局　按本書卷三八順帝紀元統二年四月癸未有「立鹽局于京師南北城，官自賣鹽，以革專利之弊」。此處之請罷置者，卽京師南北城十五處鹽局，「監」爲「鹽」字之誤，今改。下同。

〔四〕令陝西之民從便食用韋紅二鹽　「二」字疑爲「之」字之誤。「韋紅二鹽」應如上文作「韋紅之鹽」，卽原韋州地面紅鹽池之鹽。下同。

〔五〕支運鹽袋到（橋）〔場〕　從道光本改。

〔六〕算依引目內官（鈔）〔茶〕　據文義改。新元史已校。

元史卷九十八

志第四十六

兵一

兵者，先王所以威天下，而折奪姦宄、戡定禍亂者也。三代之制遠矣，漢、唐而下，其法變更不一。大抵用得其道，則兵力富，而國勢强；用失其宜，則兵力耗，而國勢弱。故兵制之得失，國勢之盛衰繫焉。

元之有國，肇基朔漠。雖其兵制簡略，然自太祖、太宗，滅夏翦金，霆轟風飛，奄有中土，兵力可謂雄勁者矣。及世祖即位，平川蜀，下荆襄，繼命大將帥師渡江，盡取南宋之地，天下遂定于一，豈非盛哉。

考之國初，典兵之官，視兵數多寡，爲爵秩崇卑。長萬夫者爲萬戶，千夫者爲千戶，百夫者爲百戶。世祖時，頗修官制，內立五衞，以總宿衞諸軍，衞設親軍都指揮使；外則萬戶

之下置總管，千戶之下置總把，百戶之下置彈壓，立樞密院以總之。遇方面有警，則置行樞密院，事已則廢，而移都鎭撫司屬行省。萬戶、千戶、百戶分上中下。萬戶佩金虎符。符趺爲伏虎形，首爲明珠，而有三珠、二珠、一珠之別。千戶金符，百戶銀符。萬戶、千戶死陣者，子孫襲爵，死病則降一等。總把、百戶老死，萬戶遷他官，皆不得襲。是法尋廢，後無大小，皆世其官，獨以罪去者則否。

若夫軍士，則初有蒙古軍、探馬赤軍。蒙古軍皆國人，探馬赤軍則諸部族也。其法，家有男子，十五以上、七十以下，無衆寡盡簽爲兵。十人爲一牌，設牌頭，上馬則備戰鬭，下馬則屯聚牧養。孩幼稍長，又籍之，曰漸丁軍。既平中原，發民爲卒，是爲漢軍。或以貧富爲甲乙，戶出一人，曰獨戶軍，合二三而出一人，則爲正軍戶，餘爲貼軍戶。或以男丁論，嘗以二十丁出一卒，至元七年十丁出一卒。或以戶論，二十戶出一卒，而限年二十以上者充。士卒之家，爲富商大賈，則又取一人，曰餘丁軍，至十五年免。或取匠爲軍，曰匠軍。或取諸侯將校之子弟充軍，曰質子軍，又曰禿魯華軍。是皆多事之際，一時之制。

天下既平，嘗爲軍者，定入尺籍伍符，不可更易。詐增損丁產者，覺則更籍其實，而以印印之。病死戍所者，百日外役次丁；死陣者，復一年。貧不能役，則聚而一之，曰合併；貧甚者、老無子者，落其籍。戶絕者，別以民補之。奴得縱自便者，俾爲其主貼軍。其戶逃而還者，復三年，又逃者杖之，投他役者還籍。其繼得宋兵，號新附軍。又有遼東之糺軍、契丹軍、女直軍、高麗軍，雲南之寸白軍，福建之畬軍，則皆不出戍他方者，蓋鄉兵也。又有以技名者，曰炮軍、弩軍、水手軍。應募而集者，曰答刺罕軍。

其名數，則有憲宗二年之籍，世祖至元八年之籍、十一年之籍，而新附軍有二十七年之籍。以兵籍係軍機重務，漢人不閱其數。雖樞密近臣職專軍旅者，惟長官一二人知之。故有國百年，而內外兵數之多寡，人莫有知之者。

今其典籍可考者，曰兵制，曰宿衞，曰鎭戍，而馬政、屯田、站赤、弓手、急遞鋪兵、鷹房捕獵，非兵而兵者，亦以類附焉，作兵志。

兵制

太宗元年十一月，詔：「兄弟諸王諸子幷衆官人等所屬去處簽軍事理，有妄分彼此者，達魯花赤幷官員皆罪之。每一牌子簽軍一名，限年二十以上、三十以下者充，仍定立千戶、百戶、牌子頭。其隱匿不實及知情不首幷隱藏逃役軍人者，皆處死。」

七年七月，簽宣德、西京、平陽、太原、陝西五路人匠充軍，命各處管匠頭目，除織匠及和林建宮殿一切合干人等外，應有回回、河西、漢兒匠人，幷札魯花赤及札也、種田人等，通

驗丁數，每二十人出軍一名。

八年七月，詔：「燕京路保州等處，每二十戶簽軍一名，令答不葉兒統領出軍。眞定、河間、邢州、大名、太原等路，除先簽軍人外，於斷事官忽都虎新籍民戶三十七萬二千九百七十二人數內，每二十丁起軍一名，亦令屬答不葉兒領之。」

十三年八月，諭總管萬戶劉黑馬，據斜烈奏，忽都虎等元籍諸路民戶一百萬四千六百五十六戶，除逃戶外，有七十二萬三千九百一十戶，隨路總簽軍一十萬五千四百七十一名，點數過九萬七千五百七十五人，餘因近年蝗旱，民力艱難，往往在逃。有旨，今後止驗見在民戶簽軍，仍命逃戶復業者免三年軍役。

世祖中統元年六月，詔罷解鹽司軍一百人。初，解鹽司元籍一千鹽戶內，每十戶出軍一人，後阿藍答兒倍其役。世祖以重困其民，罷之。七月，以張榮實從南征，多立功，命爲水軍萬戶兼領霸州民戶。諸水軍將吏河陰(路)〔縣〕達魯花赤胡玉、〔一〕千戶王端臣軍七百有四人，八柳樹千戶斡來軍三百六十一人，孟州龐抄兒赤、張信軍一百九十人，濱棣州海口總把張山軍一百人，滄州海口達魯花赤塔剌海軍一百人，睢州李總管麾下孟春等五十五人，霸州蕭萬戶軍一百九十五人，悉聽命焉。

三年三月，詔：「眞定、彰德、邢州、洺磁、東平、大名、平陽、太原、衞輝、懷孟等路各處，有舊屬按札兒、孛羅、笑乃䚟、闊闊不花、不里合拔都兒等官所管探馬赤軍人，乙卯歲籍爲民戶，亦有簽充軍者。若壬寅、甲寅兩次簽定軍，已入籍册者，令隨各萬戶依舊出征；其或未嘗爲軍，及蒙古、漢人民戶內作數者，悉簽爲軍。」六月，以軍士訴貧乏者衆，命貧富相兼應役，實有不能自存者優恤三年。十月，諭山東東路經略司：「益都路匠軍已前曾經簽把者，可遵別路之例，俾令從軍。」以鳳翔府屯田軍人準充平陽軍數，仍於鳳翔屯田，勿遣從軍。刁國器所管重簽軍九百一十五人，卽日放罷爲民。陝西行省言：「士卒戍金州者，諸奧魯已嘗服役，今重勞苦。」詔罷之。併罷山東、大名、河南諸路新簽防城戍卒。

四年二月，詔：「統軍司及管軍萬戶、千戶等，可遵太祖之制，令各官以子弟入朝充禿魯花。」其制：萬戶，禿魯花一名，馬一十匹，牛二具，種田人四名。千戶見管軍五百或五百已上者，禿魯花一名，馬六匹，牛一具，種田人二名。雖所管軍不及五百，其家富強子弟健壯者，亦出禿魯花一名，馬匹、牛具、種田人同。萬戶、千戶子弟充禿魯花者，挈其妻子同至，從人不拘定數，馬匹、牛具，除定去數目已上，復增餘者聽。若有貧乏不能自備者，於本萬戶內不該出禿魯花之人，通行津濟起發，不得因而科及衆軍。萬戶、千戶或無親子，或親子幼弱未及成人者，以弟姪充，候親子年及十五，却行交換。若委有親子，不得隱匿代替，委

有氣力，不得妄稱貧乏，及雖到來，氣力却有不完者，並罪之。是月，帝以太宗舊制，設官分職，軍民之事，各有所司。後多故之際，不暇分別，命阿海充都元帥，專於北京、東京、平灤、懿州、蓋州路管領見管軍人，凡民間之事毋得預焉。五月，立樞密院，凡蒙古、漢軍並聽樞密節制。統軍司、都元帥府，除遇邊面緊急事務就便調度外，其軍情一切大小公事，並須申覆。合設奧魯官，並從樞密院設置。七月，詔免河南保甲丁壯、射生軍三千四百四十一戶雜泛科差，專令守把巡哨。八月，諭成都路行樞密院：「近年軍人多逃亡事故者，可於各奧魯內盡實簽補，自乙卯年定入軍籍之數，悉簽起赴軍。」十一月，女直、水達達及乞烈賓地合簽鎭守軍，命亦里不花簽三千人，付塔匣來領之；並達魯花赤官之子及其餘近上戶內，亦令簽軍，聽亦里不花節制。

至元二年八月，陝西五路西蜀四川行省言：「新簽軍七千人，若發民戶，恐致擾亂。今鞏昌已有舊軍三千，諸路軍二千，餘二千人亦不必發民戶，當以便宜起補。」從之。十一月，省院官議，收到私走間道、盜販馬匹、曾過南界人三千八百四戶，悉令充軍，以一千九百七十八人與山東路統軍司，一千人與蔡州萬戶，餘八百二十六戶，有旨留之軍中。

三年七月，添內外巡軍，外路每百戶選中產者一人充之，其賦令餘戶代輸，在都增武衞軍四百。

四年正月，簽蒙古軍，每戶二丁、三丁者一人，四丁、五丁者二人，六丁、七丁者三人。二月，詔遣官簽平陽、太原人戶爲軍，除軍、站、僧、道、也里可溫、答失蠻、儒人等戶外，於係官、投下民戶、運司戶、人匠、打捕鷹房、金銀鐵冶、丹粉錫碌等，不以是何戶計，驗酌中戶內丁多堪當人戶，簽軍二千人，定立百戶、牌子頭，前赴陝西五路西蜀四川行中書省所轄東川出征。復於京兆、延安兩路簽軍一千人，如平陽、太原例。五月，詔：「河南路驗酌中戶內丁多堪當軍人戶，簽軍四百二十名，歸之樞密院，俾從軍，復其徭役。南京路，除邳州、南宿州外，依中書省分間定應簽軍人戶，驗丁數，簽軍二千五百八十名，管領出征。」十二月，簽女直、水達達軍三千人。

五年閏正月，詔益都李璮元簽軍，仍依舊數充役。二月，詔諸路奧魯毋隸總管府，別設總押所官，聽樞密院節制。六月，省臣議：「簽起禿魯花官員，皆已遷轉，或物故黜退者，於內復有貧難蒙古人氏，除隨路總管府達魯花赤、總管及掌兵萬戶，合令應當，其次官員禿魯花，宜放罷，其自願留質者聽之。」十月，禁長軍之官不得侵漁士卒，違者論罪。十一月，簽山東、河南沿邊州城民戶爲軍，遇征進，則選有力之家同元守邊城漢軍一體出征，其無力之家代守邊城及屯田勾當。

六年二月，簽懷孟、衞輝路丁多人戶充軍，益都、淄萊所轄登、萊州李璮舊軍內，起簽一

萬人，差官部領出征。其淄萊路所轄淄、萊等處有非李璮舊管者，簽五百二十六人，其餘諸色人戶，亦令酌驗丁數，簽軍起遣，至軍前赴役。十月，從山東路統軍司言，應係逃軍未獲者，令其次親丁代役，身死軍人亦令親丁代補，無親丁則以少壯驅丁代之。

七年三月，定軍官等級，萬戶、千戶、百戶、總把以軍士爲差。六月，成都府括民三萬一千七十五戶，簽義士軍八千六十七人。七月，分揀隨路砲手軍。始太祖、太宗征討之際，於隨路取發，幷攻破州縣，招收鐵木金火等人匠充砲手，管領出征，壬子年俱作砲手附籍。中統四年揀定，除正軍當役外，其餘戶與民一體當差。後爲出軍正戶煩難，至元四年取元充砲手民戶津貼，其間有能與不能者，影占不便，至是分揀之。

八年二月，以瓜州、沙州鷹房三百人充軍。

九年正月，河南省請益兵，敕諸路簽軍三萬。詔元帥府、統軍司、總管萬戶府閱實軍籍。二月，命阿朮典行省蒙古軍，劉整、阿里海牙典漢軍。四月，詔：「諸路軍戶驅丁，除至元六年前從良入民籍者當差。七年後，凡從良文書寫從便爲民者，亦如之。餘雖從良，並令津助本戶軍役。」七月，閱大都、京兆等處探馬赤戶名籍。九月，詔樞密：「諸路正軍貼戶及同籍親戚僮奴，丁年堪役，依諸王權要以避役者，並還之軍，惟匠藝精巧者以名聞。」十二月，命府州司縣達魯花赤及治民長官，不妨本職，兼管諸軍奧魯。各路總管府達魯花赤、總

管，別給宣命印信，府州司縣達魯花赤長官止給印信，任滿則別具解由，申樞密院。

十年正月，合剌請於渠江之北雲門山及嘉陵西岸虎頭山立二戍，以其圖來上，仍乞益兵二萬，敕給京兆新簽軍五千人益之。陝西京兆、延安、鳳翔三路諸色人戶，約六萬戶內，簽軍六千。五月，禁乾討虜人，其願充軍者，於萬戶、千戶內結成牌甲，與大軍一體征進。八月，禁軍吏之長舉債，不得重取其息，以損軍力，違者罪之。九月，襄陽生券軍至都釋械繫免死，聽自立部伍，俾征日本，仍於蒙古、漢人內選官率領之。

十一年正月，初立軍官以功陞散官格。五月，便宜總帥府言：「本路軍經今四十年間，或死或逃，無丁不能起補，見在軍少，乞選擇堪與不堪丁力，放罷貧乏無丁者，於民站內別選充役。」從之。詔延安府、沙井、(靜)〔淨〕州等處種田白達達戶，〔三〕選其可充軍者，簽起出征。六月，潁州屯田總管李珣言：「近爲簽軍事，乞依徐、邳州屯田例，每三丁內，一丁防城，二丁納糧，可簽丁壯七百餘人，并元撥保甲丁壯，令珣通領，鎮守潁州，代見屯納合監戰軍馬別用。」從之。

十二年三月，遣官往遼東，簽揀蒙古達魯花赤、千戶、百戶等官子弟出軍。詔隨處所置襄陽生券軍之爲農者，或自願充軍，具數以聞。五月，正陽萬戶劉復亨言：「新下江南三十餘城，俱守以兵，及江北、淮南、潤、揚等處未降，軍力分散，調度不給，以致鎮巢軍、滁州兩

處復叛。乞簽河西等戶爲軍，併力勦除，庶無後患。」有旨，命肅州達魯花赤，并遣使同往驗各色戶計物力富強者簽起之。六月，簽平陽、西京、延安等路達魯花赤弟男爲軍。萊州酒稅官王貞等上言：「國家討平殘宋，弔伐爲事，何嘗以賄利爲心。彼不紹事業小人，貪圖貨利，作乾討虜名目，侵掠彼地，所得人口，悉皆貨賣，以充酒食之費，勝則無益朝廷，敗則實爲辱國。其招討司所收乾討虜人，可悉罷之，第其高下，籍爲正軍，命各萬戶管領征進，一則得其實用，二則正王師弔伐之名，實爲便益。」從之。

十四年正月，詔：「上都、隆興、西京、北京四路編民捕獵等戶，簽選丁壯軍二千人，防守上都。」中書省議：「從各路搭配，二十五戶內取軍一名，選善騎射者充，官給行資中統鈔一錠，仍自備鞍馬衣裝器仗，編立牌甲，差官部領，前來赴役。」十二月，樞密院臣言：「收附亡宋州城，新附請糧官軍，并通事馬軍人等，軍官不肯存恤，多逃散者，乞招誘之。」命左丞陳巖等，分揀堪當軍役者，收係充軍，依舊例月支錢糧。其生券不堪當軍者，官給牛具糧食，屯田種養。

十五年正月，定軍官承襲之制。凡軍官之有功者陞其秩，元受之職，令他有功者居之，不得令子姪復代。陣亡者始得承襲，病死者降一等。總把、百戶老病死，不在承襲之例。凡將校臨陣中傷、還營病創者，亦令與陣亡之人一體承襲。禁長軍之官不恤士卒，及士卒

亡命避役，侵擾初附百姓者，俱有罪。雲南行省言：「雲南舊屯駐蒙古軍甚少，遂取漸長成丁怯困都等軍，以備出征。雲南闊遠，多未降之地，必須用兵，已簽爨、僰人一萬爲軍，續取新降落落、和泥等人，亦令充軍。然其人與中原不同，若赴別地出征，必致逃匿，宜令就各所居一方未降處用之。」九月，併軍士。初，至元九年簽軍三萬，止擇精銳年壯者，不復問其貲產，且無貼戶之助，歲久多貧乏不堪。樞密院臣奏，宜縱爲民，遂併爲一萬五千。諸軍戶投充諸侯王怯憐口、人匠，或託爲別戶以避其役者，復令爲軍，有良匠則別而出之。樞密臣又言：「至元八年，於各路軍之爲富商大賈者一百四十三戶，各增一軍，號餘丁軍。今東平等路諸奧魯總管府言，往往人死產乏，不能充二軍，乞免餘丁充役者。」制可。十二月，樞密院官議：「諸軍官在軍籍者，除百戶、總把權準軍役，其元帥、招討、萬戶、總管、千戶或首領官，俱合再當正軍一名。」

十六年正月，罷五翼探馬赤重役軍。三月，括兩淮造回回礮新附軍匠六百人，及蒙古、回回、漢人、新附人能造礮者，至京師。五月，淮西道宣慰司官昂吉兒請招諭亡宋通事軍，俾屬之麾下。初，亡宋多招納北地蒙古人爲通事軍，遇之甚厚，每戰皆列於前行，願效死力。及宋亡，無所歸。朝議欲編入版籍未暇也，人人疑懼，皆不自安。至是，昂吉兒請招集，列之行伍，以備征戍，從之。九月，詔河西地未簽軍之官，及富強戶有物力者，簽軍六百

人。十月，壽州等處招討使李鐵哥，請召募有罪亡命之人充軍，其言：「使功不如使過。始南宋未平時，蒙古、諸色人等，因得罪皆亡命往依焉，今已平定，尙逃匿林藪。若釋其罪而用之，必能效力，無不一當十者矣。」十一月，罷太原、平陽、西京、延安路新簽軍還籍。

十七年七月，詔江淮諸路招集答剌罕軍。初平江南，募死士願從軍者，號答剌罕，屬之劉萬戶麾下。〔四〕南北既混一，復散之，其人皆無所歸，率羣聚剽掠。至是，命諸路招集之，令萬奴部領如故，聽范左丞、李拔都二人節制。

十八年二月，併貧乏軍人三萬戶爲一萬五千，取貼戶津貼正軍充役。四月，置蒙古、漢人、新附軍總管。六月，樞密院議：「正軍貧乏無丁者，令富強丁多貼戶權充正軍應役，驗正軍物力，却令津濟貼戶，其正軍仍爲軍頭如故。或正軍實係單丁者，許傭雇練習之人應役，丁多者不得傭雇，軍官亦不得以親從人代之。」

十九年二月，諸侯王阿只吉遣使言：「探馬赤軍凡九處出征，各奧魯內復徵雜泛徭役，不便。」詔免之，并詔有司毋重役軍戶。六月，禁長軍之官，毋得占役士卒。散定海答剌罕軍還各營，及歸戍城邑。十月，簽發漸丁軍士。遵舊制，家止一丁者不作數，凡二丁至五丁、六丁之家，止存一人，餘皆充軍。

二十年二月，命各處行樞密院造新附軍籍册。六月，從丞相伯顏議，所括宋手號軍八

萬三千六百人，立牌甲，設官以統之。十月，定出征軍人亡命之罪，爲首者斬，餘令滅死一等。

二十一年八月，江東道僉事馬奉訓言：「劉萬奴乾討虜軍，私相糾合，結爲徒黨，張弓挾矢，或詐稱使臣，莫若散之各翼萬戶、千戶、百戶、牌甲內管領爲便。」省院官以聞，有旨，可令問此軍：「欲從脫歡出征虜掠耶？欲且放散還家耶？」回奏：「衆軍皆言，自圍襄樊渡江以來，與國效力，願令還家少息。」遂從之。籍亡宋手記軍。宋時有是軍，死則以兄弟若子承代。有旨，依漢軍例籍之，毋涅其手。

二十二年正月，立行樞密院於江南三省，其各處行省見管軍馬悉以付焉。九月，詔福建黃華畲軍，有恒產者放爲民，無恒產與妻子者編爲守城軍。征交趾蒙古軍五百人、漢軍二千人，除留蒙古軍百人、漢軍四百人，爲鎮南王脫歡宿衞，餘悉遣還，別以江淮行樞密院蒙古軍戍江西。十月，從月的迷失言，以乾討虜軍七百人，籍名數，立牌甲，命將官之無軍者領之。十一月，御史臺臣言：「昔宋以無室家壯士爲鹽軍，內附之初，有五千人，除征占城運糧死亡者，今存一千一百二十二人。此徒皆性習凶暴，民患苦之，宜給以衣糧，使屯田自贍，庶絕其擾。」從之。十二月，從樞密院請，嚴立軍籍條例，選壯士及有力之家充軍。舊例，丁力强者充軍，弱者出錢，故有正軍、貼戶之籍。行之既久，而强者弱，弱者强，籍亦如

故。其同戶異居者，私立年期，以相更代，故有老稚不免從軍，而强壯家居者，至是革焉。江浙省募鹽徒爲軍，得四千七百六十六人，選軍官麾下無士卒者，相參統之，以備各處鎮守。

二十四年閏二月，樞密院臣言：「諸軍貼戶，有正軍已死者，有充工匠者，放爲民者，有元係各投下戶回付者，似此歇閑一千三百四十戶，乞差人分揀貧富，定貼戶、正軍。」制可。

二十六年八月，樞密院議：「諸管軍官萬戶、千戶、百戶等，或治軍有法、鎮守無虞、鎧仗精完、差役均平、軍無逃竄者，許所司薦舉以聞，不次擢用。諸軍吏之長，非有上司之命，毋擅離職。諸長軍者，及蒙古、漢軍，毋得妄言邊事。」

成宗大德二年十二月，定各省提調軍馬官員。凡用隨從軍士，蒙古長官三十名，次官二十名；漢人一十名；萬戶、千戶、百戶人等，俱不得占役。行省鎮撫止用聽探外，亦不得多餘役占。

十一年四月，詔禮店軍還屬土番宣慰司。初，西川也速迭兒、按住奴、帖木兒等所統探馬赤軍，自壬子年屬籍禮店，隸王相府，後王相府罷，屬之陝西省，桑哥奏屬土番宣慰司，咸以爲不便，大德十年命依壬子之籍，至是復改屬焉。

武宗至大元年正月，以通惠河千戶劉燊所領運糧軍九百二十人，屬萬戶赤因帖木爾兵籍。十二月，丞相三寶奴等言：「國制，行省佐貳及宣慰使不得提調軍馬，若遙授平章、揚州宣慰使阿憐帖木兒者，嘗與成宗同乳母，故得行之，非常憲也。今命沙的代之，宜遵國制，勿令提調。」制可。

仁宗皇慶元年三月，中書省臣奏李馬哥等四百戶爲民。初，李馬哥等四百戶屬諸侯王脫脫，乙未年定籍爲民，高麗林衍及乃顏叛，皆嘗簽爲軍。至元八年置軍籍，以李馬哥等非七十二萬戶內軍數，復改爲民。至大四年，樞密院復奏爲軍。至是，省官以爲言，命遵乙未年已定之籍。後樞密復奏，竟以爲軍戶。十二月，省臣言：「先是樞密院奏準，雲南省宜遵各省制，其省官居長者二員，得佩虎符，提調軍馬，餘佐貳者不得預，已受虎符者悉收之。今雲南省言，本省籍軍士之力，以辦集錢穀，遇有調遣，則省官親率衆上馬，故舊制雖牧民官亦得佩虎符，領軍務，視他省爲不同。臣等議，已受虎符者依故事，未受者宜頒賜之。」制可。

二年正月，詔：「雲南省鎮遠方，掌邊務，凡事涉軍旅者，自平章至僚佐須同署押，其長官二員，復與哈必赤。」

延祐元年二月，四川省軍官闕員，詔：「依民官遷調之制，差人與本省提調官及監察御史同銓注。」

三年三月，命伯顏都萬戶府及紅胖襖總帥府各調軍九千五百人，往諸侯王所，更代守邊士卒。其屬都萬戶府者，軍一名，馬三匹；屬總帥府者，軍一名，馬二匹。令人自爲計，其貧不能自備者，則命行伍之長及百戶、千戶等助之。悉遣精銳練習騎射之士。每軍一百名，百戶一員；五百名，千戶一員。復命買住、囊加䚟二人分左右部領之。

校勘記

〔一〕河陰（路）〔縣〕　按元無「河陰路」，有「河陰縣」，屬汴梁路鄭州。「路」誤，今改。

〔二〕（靜）〔淨〕州　見卷一校勘記〔一四〕。

〔三〕劉萬戶　下文逕作「萬奴」。本卷至元二十一年八月下有「劉萬奴乾討虜軍」，本書卷九九有「劉萬奴所領乾討虜軍」。新元史改「劉萬戶」爲「劉萬奴」，疑是。

元史卷九十九

志第四十七

兵二

宿衞

宿衞者，天子之禁兵也。元制，宿衞諸軍在內，而鎮戍諸軍在外，內外相維，以制輕重之勢，亦一代之良法哉。方太祖時，以木華黎、赤老溫、博尔忽、博尔朮爲四怯薛，領怯薛歹分番宿衞。及世祖時，又設五衞，以象五方，始有侍衞親軍之屬，置都指揮使以領之。而其後增置改易，於是禁兵之設，殆不止於前矣。夫屬櫜鞬，列宮禁，宿衞之事也，而其用非一端。用之於大朝會，則謂之圍宿軍；用之於大祭祀，則謂之儀仗軍；車駕巡幸用之，則曰扈從軍；守護天子之帑藏，則曰看守軍；或夜以之警非常，則爲巡邏軍；或歲漕至京師用之以彈壓，則爲鎮遏軍。今總之爲宿衞，而以餘者附見焉。

四怯薛：太祖功臣博尔忽、博尔朮、木華黎、赤老溫，時號掇里班曲律，猶言四傑也，太祖命其世領怯薛之長。怯薛者，猶言番直宿衞也。凡宿衞，每三日而一更。申、酉、戌日，博尔忽領之，爲第一怯薛，卽也可怯薛。博尔忽早絕，太祖命以別速部代之，而非四傑功臣之類，故太祖以自名領之。其云也可者，言天子自領之故也。亥、子、丑日，博尔朮領之，爲第二怯薛。寅、卯、辰日，木華黎領之，爲第三怯薛。巳、午、未日，赤老溫領之，爲第四怯薛。赤老溫後絕，其後怯薛常以右丞相領之。

凡怯薛長之子孫，或由天子所親信，或由宰相所薦舉，或以其次序所當爲，卽襲其職，以掌環衞。雖其官卑勿論也，及年勞既久，則遂擢爲一品官。而四怯薛之長，天子或又命大臣以總之，然不常設也。其它預怯薛之職而居禁近者，分冠服、弓矢、食飲、文史、車馬、廬帳、府庫、醫藥、卜祝之事，悉世守之。雖以才能受任，使服官政，貴盛之極，然一日歸至內庭，則執其事如故，至於子孫無改，非甚親信，不得預也。

其怯薛執事之名：則主弓矢、鷹隼之事者，曰火兒赤、昔寶赤、怯憐赤。書寫聖旨，曰扎里赤。爲天子主文史者，曰必闍赤。親烹飪以奉上飲食者，曰博尔赤。侍上帶刀及弓矢者，曰云都赤、闊端赤。司閽者，曰八剌哈赤。掌酒者，曰答剌赤。典車馬者，曰兀剌赤、莫倫赤。掌內府尚供衣服者，曰速古兒赤。牧駱駝者，曰帖麥赤。牧羊者，曰火你赤。捕盜者，曰忽剌罕赤。奏樂者，曰虎兒赤。又名忠勇之士，曰霸都魯。勇敢無敵之士，曰拔突。其名類蓋不一，然皆天子左右服勞侍從執事之人，其分番更直，亦如四怯薛之制，而領於怯薛之長。

若夫宿衞之士，則謂之怯薛歹，亦以三日分番入衞。其初名數甚簡，後累增爲萬四千人。揆之古制，猶天子之禁軍。是故無事則各執其事，以備宿衞禁庭；有事則惟天子之所指使。比之樞密各衞諸軍，於是爲尤親信者也。

然四怯薛歹，自太祖以後，累朝所御斡耳朶，其宿衞未嘗廢。是故一朝有一朝之怯薛，總而計之，其數滋多，每歲所賜鈔幣，動以億萬計，國家大費每敝於此焉。

右衞：中統三年，以侍衞親軍都指揮使董文炳兼山東路經略使，共領武衞軍事。命益都行省大都督撒吉思驗壬子年已定民籍，及照李璮總籍軍數，每千戶內選練習軍士二人充侍衞軍，幷海州、東海、漣州三處之軍屬焉。至元元年，改武衞爲侍衞親軍，分左右翼，置都指揮使。八年，改立左、右、中三衞，掌宿衞扈從，兼屯田，國有大事，則調度之。

左衞、中衞，並至元八年侍衞親軍改立。

前衞：至元十六年，以侍衞親軍創置前、後二衞，掌宿衞扈從，兼營屯田，國有大事，

則調度之，置都指揮使。

後衞：亦至元十六年置。

武衞：至元二十五年，尚書省奏，那海那的以漢軍一萬人，如上都所立虎賁司，營屯田，修城隍。二十六年，樞密院官暗伯奏，以六衞六千人，塔剌海孛可所掌大都屯田三千人，及近路迤南萬戶府一千人，總一萬人，立武衞親軍都指揮使司，掌修治城隍及京師內外工役之事。

左都威衞：至元十六年，世祖以新取到侍衞親軍一萬戶，屬之東宮，立侍衞親軍都指揮使司。三十一年，復以屬皇太后，改隆福宮左都威衞使司。至大三年，選其軍之善造作者八百人，立千戶所一及百戶翼八以掌之，而分局造作。皇慶元年，以王平章舊所領軍一千人，立屯田。至治三年，罷匠軍千戶所。

右都威衞：國初，木華黎奉太祖命，收扎剌兒、兀魯、忙兀、納海四投下，以按察兒、孛羅、笑乃䚟、不里海拔都兒、闊闊不花五人領探馬赤軍。既平金，隨處鎮守。中統三年，世祖以五投下探馬赤立蒙古探馬赤總管府。至元十六年，罷其軍，各於本投下應役。十九年，仍令充軍。二十一年，樞密院奏，以五投下探馬赤軍俱屬之東宮，復置官屬如舊。二十二年，改蒙古侍衞親軍指揮使司。三十一年，改隆福宮右都威衞使司。

唐兀衞：至元十八年，阿沙、阿束言：「今年春，奉命總領河西軍三千人，但其所帶虎符金牌者甚衆，征伐之重，若無官署，何以防閑之。」樞密院以聞，遂立唐兀衞親軍都指揮使司以總之。

貴赤衞：至元二十四年立。

西域親軍：元貞元年，依貴赤、唐兀二衞例，始立西域親軍都指揮使司。

衞候直都指揮使司：至元元年，裕宗招集控鶴一百三十五人。三十一年，徽政院增控鶴六十五人，立衞候司以領之，且掌儀從金銀器物。元貞元年，皇太后復以晉王校尉一百人隸焉。大德十一年，益以懷孟從行控鶴二百人，陞衞候直都指揮使司。至大元年，復增控鶴百人，總六百人，設百戶所六，以爲其屬。至治三年罷之。四年，以控鶴六百三十人，歸于皇后位下，後復置立。〔一〕

右阿速衞：至元九年，初立阿速拔都達魯花赤，後招集阿速正軍三千餘名，復選阿速揭只揭了溫怯薛丹軍七百人，扈從車駕，掌宿衞城禁，兼營潮河、蘇沽兩川屯田，幷供給軍儲。二十三年，爲阿速軍南攻鎭巢，殘傷者衆，遂以鎭巢七百戶屬之，幷前軍總爲一萬戶，隸前後二衞。至大二年，始改立右衞阿速親軍都指揮使司。

左阿速衞：亦至大二年改立。

隆鎭衞：睿宗在潛邸，嘗於居庸關立南、北口屯軍，徼巡盜賊，各設千戶所。至元二十五年，以南、北口上千戶所總領之。至大四年，改千戶所爲萬戶府，分欽察、唐兀、貴赤、西域、左右阿速諸衞軍三千人，幷南、北口、太和嶺舊隘漢軍六百九十三人，屯駐東西四十三處，立十千戶所，置隆鎭上萬戶府以統之。皇慶元年，始改爲隆鎭衞親軍都指揮使司。延祐二年，又以哈兒魯軍千戶所隸焉。至治元年，置蒙古、漢軍籍。

左衞率府：至大元年，命以中衞兵萬人立衞率府，屬之東宮。時仁宗爲皇太子，曰：「世祖立五衞，象五方也，其制猶中書之六部，殆不可易。」遂命江南行省萬戶府，選漢軍之精銳者一萬人，爲東宮衞兵，立衞率府。延祐（元）〔四〕年，改爲（忠）〔中〕翊府，〔二〕未幾復改爲御臨親軍都指揮使司，又以御臨非古典，改爲羽林。六年，英宗立爲皇太子，復以隸東宮，仍爲左衞率府。

右衞率府：延祐五年，以詹事禿滿迭兒所管速怯那兒萬戶府，〔三〕及迤東、女直兩萬戶府，右翼屯田萬戶府兵，合爲右衞率府，隸皇太子位下。

康禮衞：武宗至大三年，定康禮軍籍。凡康禮氏之非者，皆別而黜之，驗其實，始得入籍。及諸侯王阿只吉、火郎撒所領探馬赤，屬康禮氏者，令樞密院康禮衞遣人乘傳，往置籍焉。

忠翊侍衞：至元二十九年，始立屯田府。大德十一年，增軍數，立爲大同等處侍衞親軍都指揮使司。至大四年四月，皇太后修五臺寺，遂移屬徽政院，幷以京兆軍三千人增入。延祐元年，改中都威衞使司，仍隸徽政院。至治元年，始改爲忠翊侍衞親軍都指揮使司。

宗仁衞：至治二年，右丞相拜住奏：「先脫別鐵木叛時，沒入亦乞列思人一百戶，與今所收蒙古子女三千戶，清州徹匠二千戶，合爲行軍五千，請立宗仁衞以統之。」於是命右丞相拜住總衞事，給降虎符牌面，如右衞率府，又置行軍千戶所隸焉。

右欽察衞：至元二十三年，依河西等衞例，立欽察衞。至治二年，分爲左右兩衞。天曆二年，以本衞屬大都督府。

左欽察衞：亦至治二年立。始至元中立衞時，設行軍千戶十有九所，屯田三所。大德中，置只兒哈郎、鐵哥納兩千戶所。至大元年，復設四千戶所。至是始分爲左右二衞，亦屬大都督府。

龍翊侍衞：天曆元年十二月，立龍翊衞親軍都指揮使司，以左欽察衞唐吉失等九千戶隸焉。

虎賁親軍都指揮使司。

左翊蒙古侍衞親軍都指揮使司。

右翊蒙古侍衞親軍都指揮使司。

宣忠斡羅思扈衞親軍都指揮使司。

威武阿速衞親軍都指揮使司。

東路蒙古侍衞親軍都指揮使司。

女直侍衞親軍萬戶府。

高麗女直漢軍萬戶府管女直侍衞親軍萬戶府。

鎭守海口侍衞親軍屯儲都指揮使司。

宣鎭侍衞。

世祖中統元年四月，諭隨路管軍萬戶，有舊從萬戶三哥西征軍人，悉遣至京師充防城軍：忙古䚟軍三百一十九人，嚴萬戶軍一千三百四十五人，濟南路軍一百四十人，脫赤剌軍一百四十九人，糺查剌軍一百四十五人，馬總管軍一百四十四人。

三年十月，諭益都大小管軍官及軍人等：「先李璮懷逆，蒙蔽朝廷恩命，驅駕爾等以爲己惠，爾等雖有效過功勞，殊無聞報，一旦泯絕，此非爾等不忠之愆，實李璮懷逆之罪也。今侍衞親軍都指揮使董文炳來奏其詳，言爾等各有願爲朝廷出力之語，此復見爾等存忠之久也。今命董文炳仍爲山東東路經略使，收集爾等，直隸朝廷，充武衞軍近侍勾當。比及應職，且當守把南邊，隄防外隙，庶內境軍民各得安業。爾等宜益盡心，以圖勳效。」

至元二年十二月，增侍衞親軍一萬人，內選女直軍三千，高麗軍三千，阿海三千，益都路一千。每千人置千戶一員，百人置百戶一員，以領之。仍選丁力壯銳者，以應役焉。

三年五月，帝謂樞密臣曰：「侍衞親軍，非朕命不得發充夫役。修瓊華島士卒，即日放還。」

四年七月，諭東京等路宣撫司，命於所管戶內，以十等爲率，於從上第三等戶，簽選侍衞親軍一千八百名。若第三等戶不敷，於第二等戶內簽補。仍定立千戶、百戶、牌子頭，并其家屬同來，赴中都應役。

十四年五月，以蒙古軍與漢軍相參，備都城內外及萬壽山宿衞，仍以也速不花領圍宿事。

十五年五月，總管胡翔請還侍衞軍。先是，宿州蘄縣等萬戶府士卒百人，有旨俾充侍衞軍，後從僉省嚴忠範征西川，既而嘉定、重慶、夔府皆下，忠範回軍，留西道。翔上言，從之。九月，以總管張子良所匿軍二千二百三十二人，充侍衞軍士。

十六年四月，選揚州省新附軍二萬人，充侍衞親軍，併其妻子，遷赴京師。

二十四年十月，總帥汪惟和選麾下銳卒一千人，請擇昆弟中一人統之，以備侍衞，從之。

成宗元貞四年八月，〔四〕詔：「蒙古侍衞所管探馬赤軍人子弟，投充諸王位下身役者，悉遵世祖成憲，發還元役充軍。」

大德六年二月，調蒙古侍衞等軍一萬人，往官山住夏。

仁宗延祐六年九月，知樞密院事塔失鐵木兒言：「諸漢人不得點圍宿軍士，圖籍係軍數者，雖御史亦不得預知，此國制也。比者，領圍宿官言，中書命司計李處恭巡視守倉庫軍卒，有曠役者則罪之，以懲其後，使無怠而已。而李司計擅取軍數，葦士卒，在法爲過。臣等議，宜自中書與樞密遣人案之，驗實以聞。」制可。七年六月，以紅城中都威衞係掌軍務之司，屬徽政院不便，命遵舊制，俾樞密總之。

圍宿軍

世祖至元二十六年七月，命大都侍衞軍內，復起一萬人赴上都，以備圍宿。

成宗元貞二年十月，樞密院臣言：「昔大朝會時，皇城外皆無牆垣，故用軍環繞，以備圍宿。今牆垣已成，南北西三畔皆可置軍，獨御酒庫西，地窄不能容。臣等與丞相完澤議，各城門以蒙古軍列衞，〔五〕及於周橋南置戍樓，以警昏旦。」從之。

武宗至大四年正月，省臣等傳皇太子命，以大朝會調蒙古、漢軍三萬人備圍宿，仍遣使發山東、河北、河南、淮北諸路軍至京師。復命都府、左右翼、右都威衞整器仗車騎。六月，以諸侯王、駙馬等來朝，命發各衞色目、漢軍八百二十六人至上京，復命指揮使也干不花領之。

仁宗皇慶元年六月，命衞率府軍士備圍宿，守隆福宮內外禁門。十一月，樞密院臣言：「皇太后有旨，禁掖門可嚴守衞。臣等議，增置百戶一員，及於欽察、貴赤、西域、唐兀、阿速等衞調軍士九十人，增守諸掖門，復命千戶一員，帥領百戶一員，備巡邏。」從之。延祐三年十月，以諸侯王來朝，命圍宿軍士六千人增至一萬人；復命也了干、禿魯分左右部領其事。十一月，詔圍宿軍士，除舊有者，更增色目軍萬人，以備禁衞。十二月，樞密院臣言：「圍宿軍士不及數，其已發各衞者，地遠至不能如期，可遷刈葦草及青塔寺工役軍先備守衞。其各衞還家軍士，亦發二萬五千人，令備車馬器械，俱會京師。」制可。六年閏八月，命知樞密院事衆嘉領圍宿，發五衞軍代羽林軍士，仍以千戶二員、百戶十員，擇士卒精銳者二百人屬之。

英宗至治元年正月，帝詣石佛寺，以其牆垣疏壞，命副樞朮溫台、僉院阿散領圍宿士卒，以備巡邏。八月，東內皇城建宿衞屋二十五楹，命五衞內摘軍二百五十人居之，以備禁衞。

文宗天曆二年二月，樞密院臣言：「去歲嘗奉旨，依先制調軍守把圍宿，此時各翼軍人，皆隨處出征，亦有潰散者，故不及依次調遣，止於右翼侍衞及右都威衞內，發軍一千一百二十六名以備圍宿。今歲車駕行幸，臣等議於河南、山東兩都府內，起遣未差軍士一千三名，以備扈從。」制可。五月，樞密臣又言：「比奉令旨，放散軍人。臣等議，常制以三月一日放散，六月一日赴限，今放散既遲，可令於八月一日赴限。」從之。

儀仗軍

世祖至元十二年十二月，上尊號、受册，告祭天地宗廟，調左、右、中三衞軍五十人爲蹕街清路軍。

武宗至大二年十二月，上尊號，百官行朝賀禮，樞密院調軍一千人備儀仗。三年十月，上皇太后尊號，行册寶禮，用內外儀仗軍數，及防護五色甲馬軍二百人。四年二月，合祭天地、太廟、社稷，用蹕街清道及守內外壝門軍一百八十人，命以圍宿軍爲之，事畢還役。七月，以奉迎武宗玉冊祔廟，用清路蹕街軍一百五十人，管軍千戶、百戶各一員。九月，以祭享太廟，用蹕街清路軍一百五十人，千戶、百戶各一員。

仁宗皇慶元年三月，天壽節行禮，用內外儀仗軍一千人。

英宗至治元年十一月，命有司選控鶴衞士，及色目、漢軍以備鹵簿儀仗。十二月，定鹵簿隊仗，用軍士二千三百三十人，萬戶、千戶、百戶四十五員。仍議用軍士一千九百五十人，萬戶、千戶、百戶五十九員，以備儀仗。

致和元年六月，以享太廟，用蹕街清路軍一百名，看鞀盆軍一百名，管軍官千戶、百戶各一員。九月，行大禮，用擎執儀仗蒙古、漢軍一千名。

文宗天曆元年十一月，親祭太廟，內外用儀仗并五色甲馬軍一千六百五十名，仍命指揮青山及洪副使攝折衝都尉提調。二年，正旦行禮，用儀仗軍一千人。享太廟，用蹕街清路軍一百名，看鞀盆軍一百名，管軍千戶、百戶各一員。天壽節行禮，用儀仗軍一千名。皇后冊寶擎執儀仗，用軍一千二百名，軍官四員。

扈從軍

世祖至元十七年三月，發忙古解、抄兒赤所領河西軍士，及阿魯黑麾下二百人，入備

扈從。

武宗至大二年，太后將幸五臺，徽政院官請調軍扈從。省臣議：「昔大太后嘗幸五臺，於住夏探馬赤及漢軍內，各起扈從軍三百人，今遵故事。」從之。十一月，樞密院臣言：「去歲六衞漢軍內，以諸處興建工役，故用六千軍士於上都。臣等議，來歲車駕行幸，復令騎卒六千人，備車馬器仗，與步卒二千人扈從。」制可。

看守軍

世祖至元二十五年十一月，以軍守都城外倉。初，大都城內倉敖有軍守之，城外豐閏、豐實、廣貯、通濟四倉無守者。至是收糧頗多，丞相桑哥以為言，乃依都城內倉例，每倉發軍五人守之。十二月，中書省臣言：「樞密院公廨後，有倉貯糧，乞調軍五人看守。」從之。

成宗大德四年二月，調軍五百人，於新浚河內看閘。

武宗至大四年六月，帝御大安閣，樞密院官奏：「嘗奉旨，令各門置軍守備。臣等議，探馬赤軍士去其所戍地遠，卒莫能至，擬發阿速、唐兀等軍，參漢軍用之，各門置五十人。」制可。

仁宗延祐元年閏三月，隆禧院官言：「初，世祖影殿，有軍士守之。今武宗御容於大崇

恩福元寺安置，宜依例調軍守衞。」從之。三年二月，嶺北省乞軍守衞倉庫，命於丑漢所屬萬戶三千探馬赤軍內，摘軍三百人與之。

英宗至治元年，增守太廟牆垣軍。初，以衞士軍人共守圍宿，故止用蒙古軍四百人，至是以衞士守內牆垣，其外壖止用軍士，乃增至八百人，復命僉院哈散、院判阿剌鐵木兒領之。四月，敕撒思吉斡節兒八哈失寺內，常令軍士五人守衞。

巡邏軍

仁宗皇慶元年三月，丞相鐵木迭兒奏：「每歲旣幸上京，於各宿衞中留衞士三百七十人，以備巡邏，今歲多盜賊，宜增百人，以嚴守禦。」制可。仍命樞密與中書分領之。延祐七年五月，詔留守司及虎賁司官，親率衆於夜巡邏。

鎮遏軍

仁宗延祐元年閏三月，樞密院官奏：「中書省言，江浙春運糧八十三萬六千二百六十石，取日開洋，前來直沽，請預差軍人鎮遏。」詔依年例，調軍一千名，命右衞副都指揮使伯顏往鎮遏之。三年四月，海運至直沽，樞密院官奏：「今歲軍數不敷，乞調軍士五百人巡

鎮。」從之。七年四月，調海運鎮遏軍一千人，如舊制。

鎮戍

元初以武功定天下，四方鎮戍之兵亦重矣。然自其始而觀之，則太祖、太宗相繼以有西域、中原，而攻取之際，屯兵蓋無定向，其制殆不可考也。世祖之時，海宇混一，然後命宗王將兵鎮邊徼襟喉之地，而河洛、山東據天下腹心，則以蒙古、探馬赤軍列大府以屯之。淮、江以南，地盡南海，則名藩列郡，又各以漢軍及新附等軍戍焉。皆世祖宏規遠略，與二三大臣之所共議，達兵機之要，審地理之宜，而足以貽謀於後世者也。故其後江南三行省，嘗以遷調戍兵為言，當時莫敢有變其法者，誠以祖宗成憲，不易於變更也。然卒之承平既久，將驕卒惰，軍政不修，而天下之勢遂至於不可為，夫豈其制之不善哉，蓋法久必弊，古今之勢然也。今故著其調兵屯守之制，而列之為鎮戍焉。

世祖中統元年五月，詔漢軍萬戶，各於本管新舊軍內摘發軍人，備衣甲器仗，差官領赴燕京近地屯駐：萬戶史天澤一萬四百三十五人，張馬哥二百四十八人，解成一千七百六十人，〔六〕乣叱剌四百六十六人，斜良拔都八百九十六人，扶溝馬軍奴一百二十九人，內黃鐵

木兒一百四十四人，趙奴懷四十一人，鄢陵勝都古六十五人。十一月，命右三部尚書怯烈門、平章政事趙璧領蒙古、漢軍，於燕京近地屯駐；平章塔察兒領武衛軍一萬人，屯駐北山；漢軍、質子軍及簽到民間諸投下軍，於西京、宣德屯駐。復命怯列門爲大都督，管領諸軍勾當，分達達軍爲兩路，一赴宣德、德興，一赴興州。其諸萬戶漢軍，則令赴潮河屯守。後復以興州達達軍合入德興、宣德，命漢軍各萬戶悉赴懷來、縉山川中屯駐。

三年十月，詔田德實所管固安質子軍九百十六戶，及平灤州劉不里剌所管質子軍四百戶，還元管地面屯駐。

至元七年，以金州軍八百隸東川統軍司，還成都，忽朗吉軍戍東川。十一年正月，以忙古帶等新舊軍一萬一千人戍建都。調襄陽府生券軍六百人、熟券軍四百人，由京兆府鎮戍鴨池，命金州招討使欽察部領之。十二月，調西川王安撫、楊總帥軍與火尼赤相合，與丑漢、黃兀剌同鎮守合答之城。

十二年二月，詔以東川新得城寨，逼近夔府，恐南兵來侵，發鞏昌路補簽軍三千人戍之。三月，海州丁安撫等來降，選五州丁壯四千人，守海州、東海。

十三年十月，命別速解、忽別列八都兒二人爲都元帥，領蒙古軍二千人、河西軍一千人，守幹端城。

十五年三月，分揚州行省兵於隆興府。初，置行省，分兵諸路調遣，江西省軍爲最少，至是以南廣地闊，阻山谿之險，命鐵木兒不花領兵一萬人赴之，合元帥塔出軍，以備戰守。四月，詔以伯顏、阿朮所調河南新簽軍三千人，還守廬州。六月，命荊湖北道宣慰使塔海調遣夔府諸軍士。七月，詔以塔海征夔軍之還戍者，及揚州、江西舟師，悉付水軍萬戶張榮實將之，守禦江中。八月，命江南諸路戍卒，散歸各所屬萬戶屯戍。初，渡江所得城池，發各萬戶部曲士卒以戍之，久而亡命死傷者衆，續至者多不着行伍，至是縱還各營，以備屯戍。安西王相府言：「川蜀既平，城邑山寨洞穴凡八十三所，其渠州禮義城等處凡三十三所，宜以兵鎮守，餘悉撤去。」從之。九月，詔發東京、北京軍四百人，往戍應昌府，其應昌舊戍士卒，悉令散歸。十一月，定軍民異屬之制，及蒙古軍屯戍之地。先是，以李璮叛，分軍民爲二，而異其屬，後因平江南，軍官始兼民職，遂因之。凡以千戶守一郡，則率其麾下從之，百戶亦然，不便。至是，令軍民各異屬，如初制。士卒以萬戶爲率，擇可屯之地屯之，諸蒙古軍士，散處南北及還各奧魯者，亦皆收聚。令四萬戶所領之衆屯河北，阿朮二萬戶屯河南，以備調遣，餘丁定其版籍，編入行伍，俾各有所屬，遇征伐則遣之。

十六年二月，命萬戶孛朮魯敬，領其麾下舊有士卒守湖州。先是，以唐、鄧、均三州士卒二百八十八人屬敬麾下，後遷戍江陵府，至是還之。四月，定上都戍卒用本路元籍軍士。國制，郡邑鎮戍士卒，皆更相易置，故每歲以他郡兵戍上都，軍士罷於轉輸。至是，以上都民充軍者四千人，每歲令備鎮戍，罷他郡戍兵。六月，碉門、魚通及黎、雅諸處民戶，不奉國法，議以兵戍其地。發新附軍五百人、蒙古軍一百人、漢軍四百人，往鎮戍之。七月，以西川蒙古軍七千人、新附軍三千人，付皇子安西王。命闊里鐵木兒以戍杭州軍六百九十人赴京師，調兩淮招討小厮蒙古軍，及自北方迴探馬赤軍代之。八月，調江南新附軍五千駐太原，五千駐大名，五千駐衞州。又發探馬赤軍一萬人，及夔府招討張萬之新附軍，俾四川西道宣慰使也罕的斤將之，戍幹端。

十七年正月，詔以他令不罕守建都，布吉解守長河西之地，無令遷易。三月，同知浙東道宣慰司事張鐸言：「江南鎮戍軍官不便，請以時更易置之。」國制，既平江南，以兵戍列城，其長軍之官，皆世守不易，故多與富民樹黨，因奪民田宅居室，蠹有司政事，爲害滋甚。鐸上言，以爲皆不遷易之弊，請更其制，限以歲月遷調之，庶使初附之民，得以安業也。五月，命樞密院調兵六百人，守居庸關南、北口。七月，〔敕更代〕廣州鎮戍士卒。〔七〕初以丞相伯顏等麾下合必赤軍二千五百人，從元帥張弘範征廣王，因留戍焉。歲久皆貧困，多死亡者。至是，命更代之。復以揚州行省四萬戶蒙古軍，更戍潭州。十月，發砲卒千人入甘州，備戰守。十二月，八番羅甸宣慰司請增戍卒。先是，以三千人戍八番，後征亦奚不薛，分摘其

半。至是師還，宣慰司復請益兵，以備戰守，從之。

十八年正月，命萬戶張珪率麾下往就潭州，還其祖父所領亳州士卒，并統之。二月，以合必赤軍三千戍揚州。十月，高麗王并行省皆言，金州、合浦、固城、全羅州等處，沿海上下，與日本正當衝要，宜設立鎮邊萬戶府屯鎮，從之。十一月，詔以征東留後軍，分鎮慶元、上海、澉浦三處上船海口。

十九年二月，命唐兀解於沿江州郡，視便宜置軍鎮戍，及諭鄂州、揚州、隆興、泉州等四省，議用兵戍列城。徙浙東宣慰司於溫州，分軍戍守江南，自歸州以及江陰至三海口，凡二十八所。四月，調揚州合必〔赤〕軍三千人鎮泉州。〔八〕又潭州行省以臨川鎮地接占城及未附黎洞，請立總管府，一同鎮戍，從之。七月，以隆興、西京軍士代上都戍卒，還西川。先是，上都屯戍士卒，其奧魯皆在西川，而戍西川者，多隆興、西京軍士，每歲轉餉，不勝勞費，至是更之。

二十年八月，留蒙古軍千人戍揚州，餘悉縱還。揚州所有蒙古士卒九千人，行省請以三分爲率，留一分鎮戍。史塔剌渾曰：「蒙古士卒悍勇，孰敢當，留一千人足矣。」從之。十月，發乾討虜軍千人，增戍福建行省。先是，福建行省以其地險，常有盜負固爲亂，兵少不足戰守，請增蒙古、漢軍千人。樞密院議以劉萬奴所領乾討虜軍益之。

二十一年四月，詔潭州蒙古軍依揚州例，留一千人，餘悉放還諸奧魯。十月，增兵鎮守金齒國，以其地民戶剛狠，舊嘗以漢軍、新附軍三千人戍守，今再調探馬赤、蒙古軍二千人，令藥剌海率赴之。

二十二年二月，詔改江淮、江西元帥招討司爲上、中、下三萬戶府，蒙古、漢人、新附諸軍，相參作三十七翼。上萬戶：宿州、蘄縣、眞定、沂郯、益都、高郵、沿海，七翼。中萬戶：棗陽、十字路、邳州、鄧州、杭州、懷州、孟州、眞州，八翼。下萬戶：常州、鎮江、潁州、廬州、亳州、安慶、江陰水軍、益都新軍、湖州、淮安、壽春、揚州、泰州、弩手、保甲、處州、上都新軍、黃州、安豐、松江、鎮江水軍、建康，二十二翼。每翼設達魯花赤、萬戶、副萬戶各一人，以隸所在行院。

二十四年五月，調各衞諸色軍士五百人於平灤，以備鎮戍。十月，詔以廣東係邊徼之地，山險人稀，兼江西、福建賊徒聚集，不時越境作亂，發江西行省忽都鐵木兒麾下軍五千人，往鎮守之。

二十五年二月，調揚州省軍赴鄂州，代鎮戍士卒。三月，詔黃州、蘄州、壽昌諸軍還隸江淮省。始三處舊置鎮守軍，以近鄂州省，嘗分隸領之，至是軍官以爲言，遂仍其舊。遼陽行省言，懿州地接賊境，請益兵鎮戍，從之。四月，調江淮行省全翼一下萬戶軍，移鎮江西省。

從皇子脫歡士卒及劉二拔都麾下一萬人，皆散歸各營。十一月，增軍戍咸平府，以察忽、亦兒思合言其地實邊徼，請益兵鎮守，以備不虞故也。

二十六年二月，命萬戶劉得祿以軍五千人，鎮守八番。

二十七年六月，調各行省軍於江西，以備鎮戍，俟盜賊平息，而後縱還。九月，以元帥那懷麾下軍四百人守文州。調江淮省下萬戶府軍於福建鎮戍。十一月，江淮行省言：「先是丞相伯顏及元帥阿朮、阿塔海等守行省時，各路置軍鎮戍，視地之輕重，而爲之多寡，厥後忙古䚟代之，悉更其法，易置將吏士卒，殊失其宜。今福建盜賊已平，惟浙東一道，地極邊惡，賊所巢穴，請復還三萬戶以鎮守之。合剌帶一軍戍沿海、明、台，亦怯烈一軍戍溫、處，札忽帶一軍戍紹興、婺州。其寧國、徽州初用土兵，後皆與賊通，今盡遷之江北，更調高郵、泰州兩萬戶漢軍戍之。揚州、建康、鎮江三城，跨據大江，人民繁會，置七萬戶府。杭州行省諸司府庫所在，置四萬戶府。水戰之法，舊止十所，今擇瀕海沿江要害二十二所，分兵閱習，伺察諸盜。錢塘控扼海口，舊置戰艦二十艘，今增置戰艦百艘，海船二十艘。」樞密院以聞，悉從之。

二十八年二月，調江淮省探馬赤軍及漢軍二千人，於脫歡太子側近揚州屯駐。

二十九年，以咸平府、東京所屯新附軍五百人，增戍女直地。

三十年正月，詔西征探馬赤軍八千人，分留一千或二千，餘令放還。皇子奧魯赤、大王朮伯言，切恐軍散釁生，宜留四千，還四千，從之。五月，命思播黃平、鎮遠拘刷亡宋避役手號軍人，以增鎮守。七月，調四川行院新附軍一千人，戍松山。

成宗元貞元年七月，樞密院官奏：「劉二拔都兒言，初鄂州省安置軍馬之時，南面止是潭州等處，後得廣西海外四州、八番洞蠻等地，疆界闊遠，闕少戍軍，復增四萬人。今將元屬本省四翼萬戶軍分出，軍力減少。臣等謂劉二拔都兒之言有理，雖然江南平定之時，沿江安置軍馬，伯顏、阿朮、阿塔海、阿里海牙、阿剌罕等，俱係元經攻取之人，又與近臣月兒魯、孛羅等樞密院官同議安置者。乞命通軍事、知地理之人，同議增減安置，庶後無弊。」從之。

二年五月，江浙行省言：「近以鎮守建康、太平保定萬戶府全翼軍馬七千二百一十二名，調屬湖廣省，乞分兩淮戍兵，於本省沿海鎮遏。」樞密院官議：「沿江軍馬，係伯顏、阿朮安置，勿令改動，止於本省元管千戶、百戶軍內，發兵鎮守之。」制可。九月，詔以兩廣海外四州城池戍兵，歲一更代，往來勞苦。給俸錢，選良醫，往治其疾病者。命三二年一更代之。

三年二月，調揚州翼鄧新萬戶府全翼軍馬，分屯蘄、黃。

大德元年三月，陝西平章政事脫烈伯領總帥府軍三千人，收捕西番回，詔留總帥軍百人及階州舊軍、禿思馬軍各二百人守階州，餘軍還元翼。湖廣省請以保定翼萬人，移鎮郴州，樞密院官議：「此翼乃張柔所領征伐舊軍，宜遷入鄂州省屯駐，別調兵守之。」七月，招收亡宋左右兩江土軍千人，從思明上思等處都元帥昔剌不花言也。十一月，河南行省言：「前揚州立江淮行省，江陵立荊湖行省，各統軍馬，上下鎮遏。後江淮省移於杭州，荊湖省遷於鄂州，黃河之南，大江迤北，汴梁古郡設立河南江北行省，通管江淮、荊湖兩省元有地面。近年併入軍馬，通行管領，所屬之地，大江最爲緊要，兩淮地險人頑，宋亡之後，始來歸順。當時沿江一帶，斟酌緩急，安置定三十一翼軍馬鎮遏，後遷調十二翼前去江南，餘有一十九翼，於內調發，止存元額十分中一二。況兩淮、荊襄自古隘要之地，歸附至今，雖卽寧靜，宜慮未然。乞照沿江元置軍馬，遷調江南翼分，并各省所占本省軍人，發還元翼，仍前鎮遏。」省院官議，以爲「沿江安置三十一翼軍馬之說，本院無此簿書，問之河南省官孛魯歡，其省亦無樞密院文卷，內但稱至元十九年，伯顏、玉速鐵木兒等共擬其地安置三萬二千軍，後增二千，總三萬四千，今悉令各省差占及逃亡事故者還充役足矣。又孛魯歡言，去年伯顏點視河南省見有軍五萬二百之上，又若還其占役事故軍人，則共有七八萬人。此數之外，脫歡太子位下有一千探馬赤、一千漢軍，阿剌八赤等哈剌魯亦在其地，設有非常，皆可調用。據各省占役，總計軍官、軍人一萬三千六百七十二名，內漢軍五千五百八十名，新附軍八千二十八名，蒙古軍六十四名。江浙省占役軍官、軍人四千九百五十七名，湖廣省占役軍官、軍人七千六百三名，福建省占役軍官、軍人一千二百七十二名，江西省出征收捕未回新附軍四十九名，悉令還役。」江浙省亦言：「河南行省見占本省軍人八千八百三十三名，亦宜遣還鎮遏。」有旨，兩省各差官赴闕辨議。

二年正月，樞密院臣言：「阿剌䚟、脫忽思所領漢人、女直、高麗等軍二千一百三十六名內，有稱海對陣者，有久戍四五年者，物力消乏，乞於六衞軍內分一千二百人，大同屯田軍八百人，徹里台軍二百人，總二千二百人往代之。」制可。三月，詔各省合併鎮守軍，福建所置者合爲五十三所，江浙所置者合爲二百二十七所，江西元立屯軍鎮守二百二十六所，減去一百六十二所，存六十四所。

三年三月，沅州賊人嘯聚，命以毗陽萬戶府鎮守辰州，鎮巢萬戶府鎮守沅州、靖州，上均萬戶府鎮守常（州）〔德〕、澧州。〔九〕

五年三月，詔河南省占役江浙省軍一萬一千四百七十二名，除洪澤、芍陂屯田外，餘令發還元翼。

七年四月，調碙門四川軍一千人，鎮守羅羅斯。

八年二月，以江南海口軍少，調蘄縣王萬戶翼漢軍一百人、寗萬戶翼漢軍一百人、新附軍三百人守慶元，自乃顏來者蒙古軍三百人守定海。

武宗至大二年七月，樞密院臣言：「去年日本商船焚掠慶元，官軍不能敵。江浙省言，請以慶元、台州沿海萬戶府新附軍往陸路鎮守，以蘄縣、宿州兩萬戶府陸路漢軍移就沿海屯鎮。臣等議，自世祖時，伯顏、阿朮等相地之勢，制事之宜，然後安置軍馬，豈可輕動。前行省忙古䚟等亦言，以水陸軍互換遷調，世祖有訓曰：『忙古䚟得非狂醉而發此言！以水路之兵習陸路之伎，驅步騎之士而從風水之役，難成易敗，於事何補。』今欲禦備姦宄，莫若從宜於水路沿海萬戶府新附軍三分取一，與陸路蘄縣萬戶府漢軍相參鎮守。」從之。

四年十月，以江浙省嘗言：「兩浙沿海瀕江隘口，地接諸蕃，海寇出沒，兼收附江南之後，三十餘年，承平日久，將驕卒惰，帥領不得其人，軍馬安置不當，乞斟酌衝要去處，還調鎮遏。」樞密院官議：「慶元與日本相接，且爲倭商焚毀，宜如所請，其餘遷調軍馬，事關機務，別議行之。」十二月，雲南八百媳婦、大、小徹里等作耗，調四川省蒙古、漢軍四千人，命萬戶囊加䚟部領，赴雲南鎮守。其四川省言：「本省地方，東南控接荊湖，西北襟連秦隴，阻山帶江，密邇蕃蠻，素號天險，古稱極邊重地，乞於存恤歇役六年軍內，調二千人往。」從之。

仁宗皇慶元年十一月，詔江西省瘴地內諸路鎮守軍，各移近地屯駐。

延祐四年四月，河南行省言：「本省地方寬廣，關係非輕，所屬萬戶府俱於臨江沿淮上下鎮守方面，相離省府，近者千里之上，遠者二千餘里，不測調度，卒難相應。況汴梁係國家腹心之地，設立行省，別無親臨軍馬，較之江浙、江西、湖廣、陝西、四川等處，俱有隨省軍馬，惟本省未蒙撥付。」樞密院以聞，命於山東河北蒙古軍、河南淮北蒙古軍兩都萬戶府，調軍一千人與之。十一月，陝西都萬戶府言：「碙門探馬赤軍一百五十名，鎮守多年，乞放還元翼。」樞密院臣議：「彼中亦係要地，不宜放還，止令於元翼起遣一百五十名，三年一更鎮守。元調四川各翼漢軍一千名，鎮守碙門、黎、雅，亦令一體更代。」

泰定四年三月，陝西行省嘗言：「奉元建立行省、行臺，別無軍府，唯有蒙古軍都萬戶府，遠在鳳翔置司，相離三百五十餘里，緩急難用。乞移都萬戶府於奉元置司，軍民兩便。」及後陝西都萬戶府言：「自大德三年命移司酌中安置，經今三十餘年，鳳翔離大都、土番、甘肅俱各三千里，地面酌中，不移爲便。」樞密議：「陝西舊例，未嘗提調軍馬，況鳳翔置司三十

餘年，不宜移動。」制可。十二月，河南行省言：「所轄之地，東連淮、海，南限大江，北抵黃河，西接關陝，洞蠻草賊出沒，與民爲害。本省軍馬俱在瀕海沿江安置，遠者二千，近者一千餘里，乞以砲手、弩軍兩翼，移於汴梁，并各萬戶府摘軍五千名，設萬戶府隨省鎮遏。」樞密院議：「自至元十九年，世祖命知地理省院官共議，於瀕海沿江六十三處安置軍馬。時汴梁未嘗置軍，揚州衝要重地，置五翼軍馬并砲手、弩軍。今親王脫歡太子鎮遏揚州，提調四省軍馬，此軍不宜更動。設若河南省果用軍，則不塔剌吉所管四萬戶蒙古軍內，三萬戶在黃河之南、河南省之西，一萬戶在河南省之南，脫別台所管五萬戶蒙古軍俱在黃河之北、河南省東北，阿剌鐵木兒、安童等兩侍衞蒙古軍在河南省之北，共十一衞翼蒙古軍馬，俱在河南省周圍屯駐。又本省所轄一十九翼軍馬，俱在河南省之南，沿江置列。果用兵，卽馳奏於諸軍馬內調發。」從之。

校勘記

〔一〕四年以控鶴六百三十人歸于皇后位下後復置立　見卷八九校勘記〔九〕。

〔二〕延祐（元）〔四〕年改爲（忠）〔中〕翊府　據本書卷二六仁宗紀延祐四年五月戊寅條、卷八六百官志改。本證已校。

〔三〕速怯那兒萬戶府　見卷八六校勘記〔八〕。

〔四〕成宗元貞四年八月　道光本改作「成宗大德二年八月」，其考證云：「按成宗元貞三年二月改元大德，其四年實大德二年也。」

〔五〕各城門以蒙古軍列衞　道光本據經世大典補改，作「各城以蒙古、漢軍列衞」。

〔六〕解成　見卷四校勘記〔一四〕。

〔七〕〔較更代〕廣州鎮戍士卒　道光本據經世大典增入，從補。

〔八〕調揚州合必〔赤〕軍三千人鎮泉州　據上下文屢見之「合必赤軍」補。新元史已校。

〔九〕上均萬戶府鎮守常（州）〔德〕澧州　據本書卷二〇成宗紀大德三年十二月己酉條改。按常德與澧州毗隣，常州則遠在江浙，地望不合。

明　宋濂等撰

第九册

卷一〇〇至卷一一三（志表）

中華書局

元史卷一百

志第四十八

兵三

馬政

西北馬多天下，秦、漢而下，載籍蓋可考已。元起朔方，俗善騎射，因以弓馬之利取天下，古或未之有，蓋其沙漠萬里，牧養蕃息，太僕之馬，殆不可以數計，亦一代之盛哉。

世祖中統四年，設羣牧所，隸太府監。尋陞尚牧監，又陞太僕院，改衞尉院。院廢，立太僕寺，屬之宣徽院。後隸中書省，典掌御位下、大斡耳朵馬。其牧地，東越耽羅，北踰火里禿麻，西至甘肅，南暨雲南等地，凡一十四處，自上都、大都以至玉你伯牙、折連怯呆兒，周迴萬里，無非牧地。

馬之羣，或千百，或三五十，左股烙以官印，號大印子馬。其印，有兵古、貶古、闊卜川、

月思古、斡欒等名。牧人曰哈赤、哈剌赤；有千戶、百戶，父子相承任事。自夏及冬，隨地之宜，行逐水草，十月各至本地。朝廷歲以九月、十月遣寺官馳驛閱視，較其多寡，有所產駒，卽烙印取勘，收除見在數目，造蒙古、回回、漢字文册以聞，其總數蓋不可知也。凡病死者三，則令牧人償大牝馬一，二則償二歲馬一，一則償牝羊一，其無馬者以羊、駝、牛折納。

太廟祀事暨諸寺影堂用乳酪，則供牝馬；駕仗及宮人出入，則供尚乘馬。車駕行幸上都，太僕卿以下皆從，先驅馬出健德門外，取其肥可取乳者以行，汰其羸瘦不堪者還於羣。自天子以及諸王百官，各以脫羅氈置撒帳，爲取乳室。車駕還京師，太僕卿先期遣使徵馬五十醞都來京師。醞都者，承乳車之名也。既至，俾哈赤、哈剌赤之在朝爲卿大夫者，親秣飼之，日釀黑馬乳以奉玉食，謂之細乳。每醞都，牝馬四十。每牝馬一，官給芻一束、菽八升。駒一，給芻一束、菽五升。菽貴，則其半以小稻充。自諸王百官而下，亦有馬乳之供，醞都如前之數，而馬減四之一，謂之粗乳。芻粟要旬取給於度支，寺官亦以旬詣閑廐閱肥瘠。又自世祖而下山陵，各有醞都，取馬乳以供祀事，號金陵擠馬，越五年，盡以與守山陵使者。

凡御位下、正宮位下、隨朝諸色目人員，甘肅、土番、耽羅、雲南、占城、蘆州、河西、亦奚卜薛、和林、斡難、怯魯連、阿剌忽馬乞、哈剌木連、亦乞里思、亦思渾察、成海、阿察脫不罕、折連怯呆兒等處草地，內及江南、腹裏諸處，應有係官孳生馬、牛、駝、騾、羊點數之處，一十四道牧地，各千戶、百戶等名目如左：

東路折連怯呆兒等處，玉你伯牙、上都周圍，哈剌木連等處，阿剌忽馬乞等處，斡斤川等處，阿察脫不罕，甘州等處，左手永平等處，右手固安州等處，雲南亦奚卜薛，蘆州，益都，火里禿麻，高麗耽羅國。

一，折連怯呆兒等處御位下：　折連怯呆兒地哈剌赤千戶買買、買的、撒台、怯兒八思、闊闊來、塔失鐵木兒、哈剌那海、伯要觧、也兒的思、撒的迷失、教化、太鐵木兒、塔都、也先、木薛肥、不思塔八、不兒都、麻失不顏台、撒敦。按赤、忽里哈赤千戶下百戶脫脫木兒。兀魯兀內土阿八剌哈赤闊闊出。徹徹地撒剌八。薛裏溫你里溫斡脫忽赤哈剌鐵木兒。哈思罕地僧家奴。玉你伯牙斷頭山百戶哈只。

一，玉你伯牙等處御位下：　玉你伯牙地哈剌赤百戶忽兒禿哈、兀都蠻、燕鐵木兒、暗出忽兒、也先禿滿、玉龍鐵木兒、月思哥、明里不蘭。

大斡耳朵位下：　乞剌里郭羅赤馬某等。哈里牙兒苟赤別鐵木兒。伯只剌苟赤阿藍答兒。阿察兒伯顏苟赤教化的等。塔魯內亦兒哥赤、塔里牙赤等。伯只剌阿塔赤忽兒禿哈。桃山太師月赤察兒分出鐵木兒等。伯顏只魯(于)[干]阿塔赤禿忽魯

等。[一]　玉你伯牙奴禿赤、火你赤。

一，(塔)[哈]剌木連等處御位下：[二]　阿失溫忽都地八都兒。希徹禿地吉兒觧。哈察木敦。火石腦兒哈塔、咬羅海牙、撒的。換撒里眞按赤哈答。須知忽都哈剌赤別乞。軍腦兒哈剌赤火羅思。玉龍黏徹。雲內州拙里牙赤昌罕。察罕腦兒欠昔思。棠樹兒安魯罕。石頭山禿忽魯。牙不罕你里溫脫脫木兒。開(城)[成]路黑水河不花。[三]

大斡耳朵位下：　完者。

一，阿剌忽馬(兒)[乞]等處御位下：[四]　阿剌忽馬乞地哈剌赤百戶按不憐、乾鐵哥、火石鐵木兒、末赤、卯罕、不蘭奚、孛羅罕。怯魯連地哈剌赤千戶床八失，百戶怯兒的、小薛干、別鐵列不作、孛羅、串都、也速、典列、坦的里、也里迷失、忙兀觧。斡難地蘭盞兒、未者、哈只不花等。

大斡耳朵位下：　阿剌忽馬乞按灰等。闊苦地闊赤斤等。

一，斡斤川等處御位下：　斡斤川地哈剌赤千戶月魯、阿剌鐵木兒、塔塔塔察兒。拙里牙赤斡羅孫，馬塔哈兒哈地哈剌赤千戶當失、燕忽里、歡差太難。闊闊地兀奴忽赤忙兀觧。怯魯連八剌哈赤八兒麻思。

大斡耳朵位下：　馬塔哈兒哈怯連口只兒哈忽。

一，阿察脫不罕等處御位下：阿察脫不罕地哈赤守納。斡川札馬昔寶赤忙哥撒兒。火羅罕按赤禿忽赤。成海後火義罕塔兒罕、按赤也先。黃兀兒不剌按赤未兒哥、忽林失。應里哥地按赤哈丹、忽台迭失。應吉列古哈剌赤不魯。赤兒渾察西哈剌赤。答蘭速魯哈剌赤八只吉兒。哈兒哈孫不剌哈剌赤阿兒禿。

大斡耳朶位下：怯魯連火你赤塔剌海。

一，甘州等處御位下：口千子哈剌不花一所。奧魯赤一所。阿剌沙阿蘭山兀都蠻。亦不剌金一所。寬徹干。塔塔安地普安。勝回地劉子總管。闊闊思地太鐵木兒等。甘州等處楊住普。撥可連地撒兒吉思。只哈禿屯田地安童一所。哈剌班忽都拙(思)［里］牙赤耳眉。〔五〕

一，左手永平等處御位下：永平地哈剌赤千戶六十。樂亭地拙里牙赤、阿都赤、答剌赤迷里迷失，亦兒哥赤馬某撒兒答。香河按赤定住、亦馬赤速哥鐵木兒。河西務愛牙赤孛羅鮮。潮州哈剌赤脫忽察。桃花島青昔寶赤班等。

大斡耳朶位下：河西務玉提赤百戶馬札兒。

一，右手固安州四怯薛八剌哈赤平章那懷爲長：固安州哈剌赤脫忽察，哈赤忽里哈赤、按赤不都兒。眞定昔寶赤脫脫。左衞哈剌赤塔不䚟。青州哈剌赤阿哈不花。涿

州哈剌赤不魯哈思。

一，雲南亦奚卜薛鐵木兒不花爲長。

一，蘆州。

一，益都哈剌赤忽都鐵木兒。

一，火里禿麻太勝忽兒爲長。

一，高麗耽羅。

屯田

古者寓兵於農，漢、魏而下，始置屯田爲守邊之計。有國者善用其法，則亦養兵息民之要道也。國初，用兵征討，遇堅城大敵，則必屯田以守之。海內既一，於是內而各衞，外而行省，皆立屯田，以資軍餉。或因古之制，或以地之宜，其爲慮蓋甚詳密矣。大抵(勺)［芍］陂、〔六〕洪澤、甘、肅、瓜、沙，因昔人之制，其地利蓋不減於舊，和林、陝西、四川等地，則因地之宜而肇爲之，亦未嘗遺其利焉。至於雲南八番，海南、海北，雖非屯田之所，而以爲蠻夷腹心之地，則又因制兵屯旅以控扼之。由是而天下無不可屯之兵，無不可耕之地矣。今故著其建置增損之概，而內外所轄軍民屯田，各以次列焉。

樞密院所轄

左衞屯田：世祖中統三年三月，調樞密院二千人，於東安州南、永清縣東荒土，及本衞元占牧地，立屯開耕，分置左右手屯田千戶所，爲軍二千名，爲田一千三百一十頃六十五畝。

右衞屯田：世祖中統三年三月，調本衞軍二千人，於永清、益津等處立屯開耕，分置左右手屯田千戶所。其屯軍田畝之數，與左衞同。

中衞屯田：世祖至元四年，於武清、香河等縣置立。十一年，以各屯地界，相去百餘里，往來耕作不便，遷於河西務、荒莊、楊家口、青臺、楊家白等處。其屯軍之數，與左衞同，爲田一千三十七頃八十二畝。

前衞屯田：世祖至元十五年九月，以各省軍入備侍衞者，於霸州、保定、涿州荒閑地土屯種，分置左右手屯田千戶所。屯軍與左衞同，爲田一千頃。

後衞屯田：置立歲月，與前衞同。後以永清等處田畝低下，遷昌平縣之太平莊。泰定三年五月，以太平莊乃世祖經行之地，營盤所在，春秋往來，牧放衞士頭匹，不宜與漢軍立屯，遂罷之，止於舊立屯所，耕作如故。屯軍與左衞同，爲田一千四百二十八頃一十

四畝。

武衞屯田：世祖至元十八年，發迤南軍人三千名，於涿州、霸州、保定、定興等處置立屯田，分設廣備、萬益等六屯，別立農政院以領之。二十二年，罷農政院爲司農寺，自後與民相參屯種。二十五年，別立屯田萬戶府，分管屯種軍人。二十六年，以屯軍屬武衞親軍都指揮使司，兼領屯田事。仁宗皇慶元年，改屬衞率府，後復歸之武衞。英宗至治元年，命以廣備、利民二千戶軍人所耕地土，與左衞率府忙古䚟屯田千戶所互相更易。屯軍三千名，爲田一千八百四頃四十五畝。

左翼屯田萬戶府：世祖至元二十六年二月，罷蒙古侍衞軍從人之屯田者，別以斡端、別十八里回還漢軍，及大名、衞輝兩翼新附軍，與前、後二衞迤東還戍士卒合併屯田，設左、右翼屯田萬戶府以領之。遂於大都路霸州及河間等處立屯開耕，置漢軍左右手二千戶、新附軍六千戶所，爲軍二千五十一名，爲田一千三百九十九頃五十二畝。

右翼屯田萬戶府：其置立歲月，與左翼同。成宗大德元年十一月，發眞定軍人三百名，於武清縣崔黃口增置屯田。仁宗延祐五年四月，立衞率府，以本府屯田併屬詹事院，後復歸之樞密，分置漢軍千戶所三，別置新附軍千戶所一，爲軍一千五百四十人，爲田六百九十九頃五十畝。

忠翊侍衞屯田：世祖至元二十九年十一月，命各萬戶府，摘大同、隆興、太原、平陽等處軍人四千名，於燕只哥赤斤地面及紅城周迴，置立屯田，開耕荒田二千頃，仍命西京宣慰司領其事，後改立大同等處屯儲萬戶府以領之。成宗大德十一年，改侍衞親軍都指揮使司，仍領屯田。武宗至大四年，以黃華（領）〔嶺〕新附屯田軍一千人，〔七〕併歸本衞，別立屯署。是年，改大同侍衞爲中都威衞，〔八〕屬之徽政院，分屯軍二千置弩軍翼，止以二千人分置左右手屯田千戶所，黃華（領）〔嶺〕新附軍屯如故。仁宗延祐二年，遷紅城屯軍於古北口、太平莊屯種。五年，復簽中都威衞軍八百人，於左都威衞所轄地內，別立屯署。七年十二月，罷左都威衞及太平莊、白草營等處屯田，復於紅城周迴立屯，仍屬中都威衞。英宗至治元年，始改爲忠翊侍衞，屯田如故，爲田二千頃。後移置屯所，不知其數。

左、右欽察衞屯田：世祖至元二十四年，發本衞軍一千五百一十二名，分置左右手屯田千戶所，及欽察屯田千戶所，於清州等處屯田。英宗至治二年，始分左、右欽察衞，以左右手屯田千戶所分屬之。文宗天曆二年，創立龍翊侍衞，復以隸焉。爲軍左手千戶所七百五名，右手千戶所四百三十七名，欽察千戶所八百名。爲田左手千戶所一百三十七頃五十畝，右手千戶所二百一十八頃五十畝，欽察千戶所三百頃。

左衞率府屯田：武宗至大元年六月，命於大都路漷州武清縣及保定路新城縣置立屯田。英宗至治元年，以武衞與左衞率府屯田地界，相離隔絕，不便耕作，命以兩衞屯地互更易之，分置三翼屯田千戶所，爲軍三千人，爲田一千五百頃。

宗仁衞屯田：英宗至治二年八月，發五衞漢軍二千人，於大寧等處創立屯田，分置兩翼屯田千戶所，爲田二千頃。

宣忠扈衞屯田：文宗至順元年十二月，命收聚訖一萬斡羅斯，給地一百頃，立宣忠扈衞親軍萬戶府屯田，依宗仁衞例。

大〔司〕農司所轄〔九〕

永平屯田總管府：世祖至元二十四年八月，以北京採取材木百姓三千餘戶，於灤州立屯，設官署以領其事，爲戶三千二百九十，爲田一萬一千六百一十四頃四十九畝。

營田提舉司：不詳其建置之始，其設立處所在大都漷州之武清縣，爲戶軍二百五十三，民一千一百三十五，析居放良四百八十，不蘭奚二百三十二，火者一百七十口，獨居不蘭奚一十二口，黑瓦木丁八十二名，爲田三千五百二頃九十三畝。

廣濟署屯田：世祖至元二十二年正月，以崔黃口空城屯田，歲澇不收，遷於清、滄等處。後大司農寺以尙珍署舊領屯夫二百三十戶歸之，既又遷濟南、河間五百五十戶，平灤、眞定、保定三路屯夫四百五十戶，併入本屯，爲戶共一千二百三十，爲田一萬二千六百頃三十八畝。

宣徽院所轄

淮東淮西屯田打捕總管府：世祖至元十六年，募民開耕（漣）〔漣〕、海州荒地，〔一〇〕官給禾種，自備牛具，所得子粒官得十之四，民得十之六，仍免屯戶徭役，屢欲中廢不果。二十七年，所轄提舉司一十九處，併爲十二。其後再併，止設八處，爲戶一萬一千七百四十三，爲田一萬五千一百九十三頃三十九畝。

豐閏署：世祖至元二十二年，創立於大都路薊州之豐閏縣，爲戶八百三十七，爲田三百四十九頃。

寶坻屯：世祖至元十六年，簽大都屬邑編民三百戶，立屯於大都之寶坻縣，爲田四百五十頃。

尙珍署：世祖至元二十三年，置立於濟寧路之兗州，爲戶四百五十六，爲田九千七百一十九頃七十二畝。

腹裏所轄軍民屯田

大同等處屯儲總管屯田：成宗大德四年，以西京黃華嶺等處田土頗廣，發軍民九千餘人，立屯開耕。六年，始設屯儲軍民總管萬戶府。十一年，放罷漢軍還紅城屯所，止存民夫在屯。仁宗時，改萬戶府爲總管府，爲戶軍四千二十，民五千九百四十五，爲田五千頃。

虎賁親軍都指揮使司屯田：世祖至元十七年十二月，月兒魯官人言：「近於滅捏怯土、赤納赤、高州、忽蘭若班等處，改置驛傳，臣等議，可於舊置驛所設立屯田。」從之。二十八年，發虎賁親軍二千人入屯。二十九年，增軍一千，凡立三十四屯，於上都置司，爲軍三千人，佃戶七十九，爲田四千二百二頃七十九畝。

嶺北行省屯田

世祖至元二十一年，併和林阿剌解元領軍一千人入五條河。成宗元貞元年，摘六衞漢軍一千名，赴稱海屯田。大德三年，以五條河漢軍悉併入稱海。仁宗延祐三年，罷稱海屯田，復立屯於五條河。六年，分揀蒙古軍五千人，復屯田稱海。七年，命依世祖舊制，稱海、五條河俱設屯田，發軍一千人於五條河立屯。英宗時，立屯田萬戶府，爲戶四千六百四十八，爲田六千四百餘頃。

遼陽等處行中書省所轄屯田

大寧路海陽等處打捕屯田所：世祖至元二十三年，以大寧、遼陽、平灤諸路拘刷漏籍、放良、孛蘭奚人戶，及僧道之還俗者，立屯於瑞州之西瀕海荒地開耕，設打捕屯田總管府。成宗大德四年，罷之，止立打捕屯田所，爲戶元撥并召募共一百二十二，爲田二百三十頃五十畝。

浦峪路屯田萬戶府：世祖至元二十九年十月，以蠻軍三百戶、女直一百九十戶，於咸平府屯種。三十年，命本府萬戶和魯古䚟領其事，仍於茶剌罕、剌憐等處立屯。三十一年，罷萬戶府屯田。仁宗大德二年，撥蠻軍三百戶屬肇州蒙古萬戶府，止存女直一百九十戶，依舊立屯，爲田四百頃。

金復州萬戶府屯田：世祖至元二十一年五月，發新附軍一千二百八十一戶，於忻都察置立屯田。二十六年，分京師應役新附軍一千人，屯田哈思罕關東荒地。三十年，以玉龍帖木兒、塔失海牙兩萬戶新附軍一千三百六十戶，併入金復州，立屯耕作，爲戶三千六百四十一，爲田二千五百二十三頃。

肇州蒙古屯田萬戶府：成宗元貞元年七月，以乃顏不魯古赤及打魚水達達、女直等戶，於肇州旁近地開耕，爲戶不魯古赤二百二十戶，水達達八十戶，歸附軍三百戶，續增漸丁五十二戶。〔一〕

河南行省所轄軍民屯田

南陽府民屯：世祖至元二年正月，詔孟州之東，黃河之北，南至八柳樹、枯河、徐州等處，凡荒閑地土，可令阿朮、阿剌罕等所領士卒，立屯耕種，并摘各萬戶所管漢軍屯田。六年，以攻襄樊軍餉不足，發南京、河南、歸德諸路編民二萬餘戶，於唐、鄧、申、裕等處立屯。八年，散還元屯戶，別簽南陽諸色戶計，立營田使司領之，尋罷，改立南陽屯田總管府。後復罷，止隸有司，爲戶六千四十一，爲田一萬六百六十二頃七畝。

洪澤萬戶府屯田：世祖至元二十三年，立洪澤南北三屯，設萬戶府以統之。先是，江淮行省言：「國家經費，糧儲爲急，今屯田之利，無過兩淮，況(兮)〔芍〕陂、洪澤皆漢、唐舊嘗立屯之地，若令江淮新附漢軍屯田，可歲得糧百五十餘萬石。」至是從之。三十一年，罷三屯萬戶，止立洪澤屯田萬戶府以統之。其置立處所，在淮安路之白水塘、黃家疃等處，爲戶一萬五千九百九十四名，爲田三萬五千三百一十二頃二十一畝。

芍陂屯田萬戶府：世祖至元二十一年二月，江淮行省言：「安豐之芍陂，可溉田萬餘頃，乞置三萬人立屯。」中書省議：「發軍士二千人，姑試行之。」後屯戶至一萬四千八百八名。

德安等處軍民屯田總管府：世祖至元十八年，以各翼取到漢軍，及各路拘收手號新附軍，分置十屯，立屯田萬戶府。三十一年，改立總管府，爲民九千三百七十五名，軍五千九百六十五名，爲田八千八百七十九頃九十六畝。

陝西等處行中書省所轄軍民屯田

陝西屯田總管府：世祖至元十一年正月，以安西王府所管編民二千戶，立櫟(楊)〔陽〕、〔二〕涇陽、終南、渭南屯田。十八年，立屯田所。十九年，以軍站屯戶拘收爲怯憐口戶計，放還而無所歸者，籍爲屯戶，立安西、平涼屯田，設提領所以領之。二十九年，立鳳翔、鎮原、彭原屯田，放罷至元十年所簽接應成都、延安軍人，置立民屯，設立屯田所，尋改爲軍屯，令千戶所管領。三十年，復更爲民屯，爲戶鳳翔一千一百二十七戶；鎮原九百一十三戶；櫟(楊)〔陽〕七百八十六戶，後存六百五十戶；涇陽六百九十六戶，後存六百五十八戶；彭原一千二百三十八戶；安西七百二十四戶，後存二百六十二戶；平涼二百八十八戶；終南七百七十一戶，後存七百一十三戶；渭南八百一十一戶，後存七百六十六戶。爲田鳳翔九十頃一十二畝，鎮原四百二十六頃八十五畝，櫟陽一千二十頃九十九畝，涇陽一千二十頃九十九畝，彭原五百四十五頃六十八畝，安西四百六十七頃七十八畝，平涼一百一十五頃二十畝，終南九百四十三頃七十六畝，渭南一千二百二十二頃三十一畝。

陝西等處萬戶府屯田：世祖至元十九年二月，以盩厔南係官荒地，發歸附軍，立孝子林、張馬村軍屯。二十年，以南山把口子巡哨軍人八百戶，於盩厔縣之杏園莊、寧州之大昌原屯田。二十一年，發文州鎮戍新附軍九百人，立亞柏鎮軍屯。復以燕京戍守新附軍四百六十三戶，於德順州之威戎立屯開耕。爲戶孝子林屯三百一戶，張馬村屯三百一十三戶，杏園莊屯二百三十三戶，大昌原屯四百七十四戶，亞柏鎮屯九百戶，威戎屯四百六十三戶。爲田孝子林二十三頃八十畝，張馬村七十三頃八十畝，杏園莊一百一十八頃三十畝，大昌原一百五十八頃七十九畝，亞柏鎮二百六十八頃五十九畝，威戎一百六十四頃八十畝。

貴赤延安總管府屯：世祖至元十九年，以拘收贖身、放良、不蘭奚及漏籍戶計，於延安路探馬赤草地屯田，爲戶二千二十七，爲田四百八十六頃。

甘肅等處行中書省所轄軍民屯田

寧夏等處新附軍萬戶府屯田：世祖至元十九年三月，發迤南新附軍一千三百八十二戶，往寧夏等處屯田。二十一年，遣塔塔裏千戶所管軍人九百五十八戶屯田，爲田一千四百九十八頃三十三畝。

管軍萬戶府屯田：世祖至元十八年正月，命肅州、沙州、瓜州置立屯田。先是，遣都元帥劉恩往肅州諸郡，視地之所宜，恩還言宜立屯田，遂從之。發軍於甘州黑山子、滿峪、泉水渠、鴨子翅等處立屯，爲戶二千二百九十，爲田一千一百六十六頃六十四畝。

寧夏營田司屯田：世祖至元八年正月，簽發已未年隨州、鄂州投降人民一千一百七戶，往中興居住。十一年，編爲屯田戶，凡二千四百丁。二十三年，續簽漸丁，得三百人，爲田一千八百頃。

寧夏路放良官屯田：世祖至元十一年，從安撫司請，以招收放良人民九百四戶，編聚屯田，爲田四百四十六頃五十畝。

亦集乃屯田：世祖至元十六年，調歸附軍人於甘州，十八年，以充屯田軍。二十二年，遷甘州新附軍二百人，往屯亦集乃合卽渠開種，爲田九十一頃五十畝。

江西等處行中書省所轄屯田

贛州路南安寨兵萬戶府屯田：成宗大德二年正月，以贛州路所轄信豐、會昌、龍南、安遠等處，賊人出沒，發寨兵及宋舊役弓手，與抄數漏籍人戶，立屯耕守，以鎮遏之，爲戶三千二百六十五，爲田五百二十四頃六十八畝。

江浙等處行中書省所轄屯田

汀、漳屯田：世祖至元十八年，以福建調軍糧儲費用，依腹裏例，置立屯田，命管軍總管鄭楚等，發鎮守士卒年老不堪備征戰者，得百有十四人，又募南安等縣居民一千八百二十五戶，立屯耕作。成宗元貞三年，命於南詔、黎、畲各立屯田，摘撥見戍軍人，每屯置一千五百名，及將所招陳弔眼等餘黨入屯，與軍人相參耕種。爲戶汀州屯一千五百二十五名，漳州屯一千五百一十三名。爲田汀州屯二百二十五頃，漳州屯二百五十頃。

高麗國立屯

高麗屯田：世祖至元七年創立，是時東征日本，欲積糧餉，爲進取之計，遂以王綧、洪茶丘等所管高麗戶二千人，及發中衞軍二千人，合婆娑府、咸平府軍各一千人，於王京東寧府、鳳州等一十處，置立屯田，設經略司以領其事，每屯用軍五百人。

四川行省所轄軍民屯田二十九處

廣元路民屯：世祖至元十三年，從利〔州〕路元帥言，[一三]廣元實東西兩川要衝，支給浩繁，經理係官田畝，得九頃六十畝，遂以褒州刷到無主人口，偶配爲十戶，立屯開種。十八年，發新得州編民七十七戶屯田，爲戶共八十七。

敍州宣撫司民屯：世祖至元十一年，命西蜀四川經略使起立屯田。十五年，簽長寧軍、富順州等處編民四百七十五戶，立屯耕種。十九年，續簽一百六十戶。二十年，敍州簽民一千九百戶。二十五年，富順州復簽民六百八戶，增入舊屯。二十七年，取勘析出屯戶，得二百八十四。成宗元貞二年，復放罷站戶一千一十七戶，依舊屯田。總之爲戶四千四百四十四。

紹慶路民屯：世祖至元十九年，於本路未當差民戶內，簽二十三(名)〔戶〕，置立屯田。[一四]二十年，於彭水縣籍管萬州寄戶內，簽撥二十戶。二十一年，簽彭水縣未當差民戶三十二戶增入。二十六年，屯戶貧乏者多負逋，復簽彭水縣編民一十六戶補之。爲戶九十一。

嘉定路民屯：世祖至元十九年，簽亡宋編民四戶，置立屯田。成宗元貞元年，撥成都

義士軍八戶增入。爲戶一十二。

順慶路民屯：世祖至元十二年，簽順慶民三千四百大十八戶，置立屯田。十九年，復於民戶內，差撥一千三百三十六戶置民屯。二十年，復簽二百一十二戶增入。總之五千一十六戶。

潼川府民屯：世祖至元十一年，簽本府編民及義士軍二千二百二十四戶，立屯。十三年，復簽民一百四十二戶。二十一年，行省遣使於遂寧府擇監夫之老弱廢疾者，得四十六戶，簽充屯戶。總之二千四百一十二戶。

夔路總管府民屯：世祖至元十一年置，累簽本路編民至五千二十七戶，續於新附軍內簽老弱五十六戶增入。

重慶路民屯：世祖至元十一年置，累於江津、巴縣、瀘州、忠州等處，簽撥編民二千三百八十七戶，幷召募，共三千五百六十六戶。

成都路民屯：世祖至元十三年，簽陰陽人四十戶，辦納屯糧。二十二年，續簽瀘州編民九(千)〔十〕七戶，充屯田戶。三十一年，續簽千戶高德所管民一十四戶。[一五]

保寧萬戶府軍屯：世祖至元二十六年，保寧府言：「本管軍人，一戶或二丁三丁，父兄子弟應役，實爲重併，若又遷於成都屯種，去家隔遠，逃匿必多。乞令本府在營士卒，及夔

路守鎮軍人，止於保寧沿江屯種。」從之。簽軍一千二百名。二十七年，發屯軍一百二十九人，從萬戶也速迭兒西征，別簽漸丁軍人入屯，爲戶一千三百二十九名，爲田一百一十八頃二十七畝。

敘州等處萬戶府軍屯：成宗元貞二年，改立敘州軍屯，遷遂寧屯軍二百三十九人，於敘州宣化縣喁口上下荒地開耕，爲田四十一頃八十三畝。

重慶五路守鎮萬戶府軍屯：仁宗延祐七年，發軍一千二百人，於重慶路三堆、中嶆、趙市等處屯耕，爲田四百二十頃。

夔路萬戶府軍屯：世祖至元二十一年，從四川行省議，除沿邊重地，分軍鎮守，餘軍一萬人，命官於成都諸處擇膏腴地，立屯開耕，爲戶三百五十一人，爲田五十六頃七十畝，凡創立十四屯。

成都等路萬戶府軍屯：於本路崇慶州義興鄉楠木園置立，爲戶二百九十九人，爲田四十二頃七十畝。

河東陝西等路萬戶府軍屯：置立於灌州之青城、陶壩及崇慶州之大(冊)〔柵〕頭等處，〔一六〕爲戶一千三百二十八名，爲田二百八頃七畝。

廣安等處萬戶府軍屯：置立於成都路崇慶州之七寶壩，爲戶一百五十名，爲田二十

六頃二十五畝。

保寧萬戶府軍屯：置立於(重)〔崇〕慶州晉(源)〔原〕縣之金馬，〔一七〕爲戶五百六十四名，爲田七十五頃九十五畝。

敘州萬戶府軍屯：置立於灌州之青城，爲戶二百二十一名，爲田三十八頃六十七畝。

五路萬戶府軍屯：置立於成都路崇慶州之大柵鎮孝感鄉及灌州青城縣之懷仁鄉，爲戶一千一百六十一名，爲田二百三頃一十七畝。

興元金州等處萬戶府軍屯：置立於崇慶州晉(源)〔原〕縣孝感鄉，爲戶三百四十四名，爲田五十六頃。

隨路八都萬戶府軍屯：置立於灌州青城、溫江縣，爲戶八百三十二名，爲田一百六十二頃五十七畝。

舊附等軍萬戶府軍屯：置立於灌州青城縣、崇慶州等處，爲戶一千二名，爲田一百二十九頃五十畝。

砲手萬戶府軍屯：置立於灌州青城縣龍池鄉，爲戶九十六名，爲田一十六頃八十畝。

順慶軍屯：置立於晉(源)〔原〕縣義興鄉、江源縣將軍橋，爲戶五百六十五名，爲田九十八頃八十七畝。

平(暘)〔陽〕軍屯：〔一八〕置立於灌州青城、崇慶州大柵頭，爲戶三百九十八名，爲田六十九頃六十五畝。

遂寧州軍屯：爲戶二千名，爲田三百五十頃。

嘉定萬戶府軍屯：世祖至元二十一年，摘蒙古、漢軍及嘉定新附軍三百六十人，於崇慶州、青城等處屯田。二十八年，還之元翼，止餘屯軍一十三名，爲田二頃二十七畝。

順慶等處萬戶府軍屯：世祖至元二十六年，發軍於沿江下流漢初等處屯種，爲戶六百五十六名，爲田一百一十四頃八十畝。

廣安等處萬戶府軍屯：世祖至元二十七年，撥廣安舊附漢軍一百一十八名，於新明等處立屯開耕，爲田二十頃六十五畝。

雲南行省所轄軍民屯田一十二處

威楚提舉司屯田：世祖至元十五年，於威楚提舉鹽使司拘刷漏籍人戶充民屯，本司就領其事，與中原之制不同，爲戶三十三，爲田一百六十五雙。

大理金齒等處宣慰司都元帥府軍民屯：世祖至元十二年，命於所轄州縣，拘刷漏籍人戶，得(六)〔二〕千六十有六戶，置立屯田。〔一九〕十四年，簽本府編民四百戶益之。十八年，

續簽永昌府編民一千二百七十五戶增入。二十六年，立大理軍屯，於爨僰軍內撥二百戶。二十七年，復簽爨僰軍人二百八十一戶增入。二十八年，續增一百一十九戶。總之民屯三千七百四十一戶，軍屯六百戶，爲田軍民己業二萬二千一百五雙。

鶴慶路軍民屯田：世祖至元十二年，簽鶴慶路編民一百戶立民屯。二十七年，簽爨僰軍一百五十二戶立軍屯，爲田軍屯六百八雙，民屯四百雙，俱己業。

武定路總管府軍屯：世祖至元二十七年，以雲南戍軍糧餉不足，於和曲、祿勸二州爨僰軍內，簽一百八十七戶，立屯耕種，爲田七百四十八雙。

威楚路軍民屯田：世祖至元十二年，立威楚民屯，拘刷本路漏籍人戶，得一千一百一戶，內八百六十六戶官給無主荒田四千三百三十雙，餘戶自備己業田一千一百七十五雙。二十七年，始立屯軍，於本路爨僰軍內簽三百九十九戶，內一十五戶官給荒田六十雙，餘戶自備己業田一千五百三十六雙。

中慶路軍民屯田：世祖至元十二年，置立中慶民屯，於所屬州縣內拘刷漏籍人戶，得四千一百九十七戶，官給田一萬七千二十二雙，自備己業田二千六百二雙。二十七年，始立軍屯，用爨僰軍人七百有九戶，官給田二百三十四雙，自備己業田二千六百一雙。

曲靖等處宣慰司兼管軍萬戶府軍民屯田：世祖至元十二年，立曲靖路民屯，拘刷所

轄州郡諸色漏籍人戶七百四十戶立屯。十八年，續簽民一千五百戶增入，其所耕之田，官給一千四百八十雙，自備己業田三千雙。十二年，立瀓江民屯，所簽屯戶，與曲靖同，凡一千二百六十戶。二十六年，始立軍屯，於爨僰軍內簽一百六十九戶。二十七年，復簽二百二十六戶增入。十二年，立仁德府民屯，所簽屯戶，與瀓江同，凡八十戶，官給田一百六十雙。二十六年，始立軍屯，簽爨僰軍四十四戶。二十七年，續簽五十六戶增入，所耕田畝四百雙，俱係軍人己業。

烏撒宣慰司軍民屯田：世祖至元二十七年，立烏撒路軍屯，以爨僰軍一百一十四戶屯田。又立東川路民屯，屯戶亦係爨僰軍人，八十六戶，皆自備己業。

臨安宣慰司兼管軍萬戶府軍民屯田：世祖至元十二年，立臨安民屯二處，皆於所屬州縣拘刷漏籍人戶開耕。宣慰司所管民屯二千戶，田三千四百雙。二十七年，續立爨僰軍屯，爲戶二百八十八，爲田一千一百五十二雙。

梁千戶翼軍屯：世祖至元三十年，梁王遣使詣雲南行省言，以漢軍一千人置立屯田。三十一年，發三百人備鎭戍巡邏，止存七百人，於烏蒙屯田，後還於新興州，爲田三千七百八十九雙。

羅羅斯宣慰司兼管軍萬戶府軍民屯田：世祖至元二十七年，立會通民屯，屯戶係爨

僰土軍二戶。十六年，立建昌民屯，撥編民一百四戶。二十三年，發爨僰軍一百八十戶，立軍屯。是年，又立會川路民屯，發本路所轄州邑編民四十戶。十六年，立德昌路民屯，發編民二十一戶。二十年，始立軍屯，發爨僰軍人一百二十戶。

烏蒙等處屯田總管府軍屯：仁宗延祐三年，立烏蒙軍屯。先是雲南行省言：「烏蒙乃雲南咽喉之地，別無屯戍軍馬，其地廣闊，土脈膏腴，皆有古昔屯田之蹟，乞發畏吾兒及新附漢軍屯田鎭遏。」至是從之。爲戶軍五千人，爲田一千二百五十頃。

湖廣等處行中書省所轄屯田三處

海北海南道宣慰司都元帥府民屯：世祖至元三十年，召募民戶并發新附士卒，於海南、海北等處置立屯田。成宗元貞元年，以其地多瘴癘，縱屯田軍二千人還各翼，留二千人與召募民之屯種。大德三年，罷屯田萬戶府，屯軍悉令還役，止令民戶八千四百二十八戶屯田，瓊州路五千一十一戶，雷州路一千五百六十六戶，高州路九百四十八戶，化州路八百四十三戶，廉州路六十戶。爲田瓊州路二百九十二頃九十八畝，雷州路一百六十五頃五十一畝，高州路四十五頃，化州路五十五頃二十四畝，廉州路四頃八十八畝。

廣西兩江道宣慰司都元帥撞兵屯田：〔一〇〕成宗大德二年，黃聖許叛，逃之交趾，遺棄水田五百四十五頃七畝。部民有呂瑛者，言募牧蘭等處及融慶溪洞徭、撞民丁，於上浪、忠州諸處開屯耕種。十年，平大任洞賊黃德寧等，以其地所遺田土，續置藤州屯田。爲戶上浪屯一千二百八十二戶，忠州屯六百一十四戶，那扶屯一千九戶，雷留屯二百八十七戶，水口屯一千五百九十九戶。續增藤州屯，二百八頃一十九畝。

湖南道宣慰司衡州等處屯田：世祖至元二十五年，調德安屯田萬戶府軍士一千四百六十七名，分置衡州之清化、永州之烏符、武岡之白倉，置立屯田。二十七年，募衡陽縣無土產居民，得九戶，增入清化屯。爲戶清化屯軍民五百九戶；烏符屯軍民五百戶，白倉屯同。爲田清化屯一百二十頃一十九畝，烏符屯一百三頃五十畝，白倉屯八十六頃九十二畝。

校勘記

〔一〕伯顏只魯(于)〔干〕 蒙古語「伯顏」言「富」，「只魯干」義爲「心臟」。「于」誤，今改。

〔二〕(塔)〔哈〕剌木連等處御位下 據上文改。按哈剌木連卽黃河。新編已校。

〔三〕開(城)〔成〕路 見卷一〇校勘記〔一〇〕。

〔四〕阿剌忽馬(兒)〔乞〕 據前後文所見改。此名蒙古語，義爲「斑駁之沙」。新編已校。

〔五〕哈剌班忽都拙(思)〔里〕牙赤耳眉 按「拙里牙赤」，官職名，本卷多見。此處「思」字誤，今改。

〔六〕(匀)〔岢〕陂 據本書卷五九地理志改。下同。

〔七〕黃華(領)〔嶺〕 從道光本改。下同。

〔八〕是年改大同侍衞爲中都威衞 承上文，「是年」指至大四年。按本書卷二五仁宗紀、卷八六百官志，卷九九兵志俱繫于延祐元年。此處疑有脫誤。

〔九〕大〔司〕農司所轄 從道光本補。

〔一〇〕募民開耕(連)〔漣〕海州荒地 從道光本改。按元連州屬江西行省廣東道，與淮東、淮西屯田事無涉。

〔一一〕續增漸丁五十二戶 此下闕田畝數。道光本據經世大典補入「田一千五百四十頃」八字。

〔一二〕櫟(楊)〔陽〕 從北監本改。下同。

〔一三〕利〔州〕路 據本書卷六〇地理志廣元路條補。

〔一四〕簽二十三(名)〔戶〕置立屯田 從道光本改。按作「二十三戶」方與下文總戶數合。

〔一五〕簽陰陽人四十戶至續簽瀘州編民九(千)〔十〕七戶至續簽千戶高德所管民一十四戶 按元文類卷四一經世大典序錄屯田有「成都路屯，一百五十戶」。作「十」字，志文三項戶數之和適與此總數相近。「千」誤，今改。

〔一六〕崇慶州之大(册)〔栅〕頭等處 道光本與下文及元文類卷四一經世大典序錄屯田合，從改。

〔一七〕置立於（重）〔崇〕慶州晉（源）〔原〕縣之金馬　按「重」字誤，據下文及元文類卷四一經世大典序錄屯田改。又「源」誤，據本書卷六〇地理志及元一統志改。下同。

〔一八〕平（楊）〔陽〕軍屯　從北監本改。

〔一九〕得（六）〔二〕千六十有六戶置立屯田　道光本據經世大典改「六」爲「二」，從改。按此處作「二千」方與下文總數合。

〔二〇〕廣西兩江道宣慰司都元帥撞兵屯田　按本卷通篇文例皆以官司或地名冠屯田，無以官名者，疑「都元帥」下脫「府」字。

元史卷一百一

志第四十九

兵四

站赤

元制站赤者，驛傳之譯名也。蓋以通達邊情，布宣號令，古人所謂置郵而傳命，未有重於此者焉。凡站，陸則以馬以牛，或以驢，或以車，而水則以舟。其給驛傳璽書，謂之鋪馬聖旨。遇軍務之急，則又以金字圓符爲信，銀字者次之；內則掌之天府，外則國人之爲長官者主之。其官有驛令，有提領，又置脫脫禾孫於關會之地，以司辨詰，皆總之於通政院及中書兵部。而站戶闕乏逃亡，則又以時僉補，且加賑䘏焉。於是四方往來之使，止則有館舍，頓則有供帳，饑渴則有飲食，而梯航畢達，海宇會同，元之天下，視前代所以爲極盛也。今故著其驛政之大者，然後紀各省水陸凡若干站，而遼東狗站，亦因以附見云。

太宗元年十一月，敕：「諸牛鋪馬站，每一百戶置漢車一十具。各站俱置米倉，站戶每年一牌內納米一石，令百戶一人掌之。北使臣每日支肉一斤、麵一斤、米一升、酒一瓶。」四年五月，諭隨路官員並站赤人等：「使臣無牌面文字，始給馬之驛官及元差官，皆罪之。有文字牌面，而不給驛馬者，亦論罪。若係軍情急速，及送納顏色、絲線、酒食、米粟、段匹、鷹隼，但係御用諸物，雖無牌面文字，亦驗數應付車牛。」

世祖中統四年三月，中書省定議乘坐驛馬，長行馬使臣、從人及下文字曳剌、解子人等分例。乘驛使臣換馬處，正使臣支粥食、解渴酒，從人支粥。宿頓處，正使臣白米一升，麵一斤，酒一升，油鹽雜支鈔一十文，冬月一行日支炭五斤，十月一日爲始，正月三十日終住支；從人白米一升，麵一斤。長行馬使臣齎聖旨、令旨及省部文字，幹當官事者，其一二居長人員，支宿頓分例，次人與粥飯，仍支給馬一匹、草一十二斤、料五升，十月爲始，至三月三十日終止，白米一升，麵一斤，油鹽雜用鈔一十文。投呈公文曳刺、解子，依部擬宿頓處批支。五月，雲州設站戶，取迤南州城站戶籍內，選堪中上戶應當。馬站戶，馬一匹，牛站戶，牛二隻，於各戶選堪當站役之人，不問親軀，每戶取二丁，及家屬於立站去處安置。

五年八月，詔：「站戶貧富不等，每戶限四頃，除免稅石，以供鋪馬祗應，已上地畝，全納地稅。」

至元六年二月，詔：「各道憲司，如總管府例，每道給鋪馬劄子三道。」

七年正月，省部官定議：「各路總〔管〕府在城驛，〔一〕設官二員，於見役人員內選用；州縣驛，設頭目二名，如見役人卽是相應站戶，就令依上任事，不係站戶，則就本站馬戶內別行選用；除脫脫禾孫依舊存設，隨路見設總站官，罷之。」十一月，立諸站都統領使司，往來使臣，令脫脫禾孫盤問。

八年正月，中書省議：「鋪馬劄子，初用蒙古字，各處站赤未能盡識，宜繪畫馬匹數目，復以省印覆之，庶無疑惑。」因命今後各處取給鋪馬標附文籍，其馬匹數付（驛）〔譯〕史房書寫畢，〔二〕就左右司用墨印，印給馬數目，省印印訖，別行附籍發行墨印，左右司封掌。

九年八月，諸站都統領使司言：「朝省諸司局院，及外路諸官府應差馳驛使臣所齎劄子，從脫脫禾孫辨詰，無脫脫禾孫之處，令總管府驗之。」

十一年十月，命隨處站赤，直隸各路總管府，其站戶家屬，令元籍州縣管領。

十三年正月，改諸站都統領使司爲通政院，命降鑄印信。

十七年二月，詔：「江淮諸路增置水站。除海靑使臣，及事干軍務者，方許馳驛。餘者

自濟州水站爲始，並令乘船往來。」

十八年閏八月，詔：「除上都、楡林迤北站赤外，隨路官錢，不須支給，驗其閑劇，量增站戶，協力自備首思當站。」

十九年四月，詔給各處行省鋪馬聖旨，揚州行省、鄂州行省、泉州行省、隆興行省、占城行省、安西行省、四川行省、西夏行省、甘州行省，每省五道。南方驗田糧及七十石者，准當站馬一匹。九月，通政院臣言：「隨路站赤三五戶，共當正馬一匹，十三戶供車一輛，自備一切什物公用。近年以來，多爲諸王公主及正宮太子位下頭目識認招收，或冒入投下戶計者，遂致站赤損弊，乞換補站戶。」從之。十月，增給各省鋪馬聖旨，西川、京兆、泉州十道，甘州、中興各五道。

二十年二月，和林宣慰司給鋪馬聖旨二道。〔五月〕，江淮行省增給十道，〔三〕都省遣使繁多，亦增二十道給之。七月，免站戶和顧和買、一切雜泛差役，仍令自備首思。十一月，增給甘州行省鋪馬聖旨十道，總之爲二十道。十二月，增各省及轉運司、宣慰司鋪馬聖旨三十五道：江淮行省十道，四川行省十道，安西轉運司分司二道，荊湖行省所轄湖南宣慰司三道，福建行省十道。

二十一年二月，增給各處鋪馬劄子：荊湖、占城等處本省一十道，荊湖北道宣慰司二道，所轄路分一十六處，每處二道；山東運司二道；河間運司七道；宣德府三道；江西行省五道；福建行省所轄路分七處，每處二道；司農司五道；四川行省所轄順元路宣慰司三道，思州、播州兩處宣撫司各三道；都省二十道。四月，定增使臣分例：正使宿頓支米一升、麪一斤、羊肉一斤、酒一升、柴一束，油鹽雜支增鈔二分，通作三分，經過減半。從者每名支米一升，經過減半。九月，給阿里海牙所治之省鋪馬聖旨十道，所轄宣慰司二處，各三道。

二十二年四月，給陝西行省并各處宣慰司、行工部等處鋪馬劄子一百二十六道。

二十三年四月，福建、東京兩行省各給圓牌二面。奧魯赤出使交趾，先給圓牌二面，今再增二面，於脫歡太子位下給發。南京行省起馬三十匹，給圓牌二面。創立三處宣慰司，給劄子起馬三十匹。

二十四年四月，增給尙書省鋪馬聖旨一百五十道，并先給降一百五十道，共三百道。五月，揚州省言：「徐州至揚州水馬站，兩各分置，夏月水潦，使臣勞苦。請徙馬站附倂水站一處安置，馳驛者白日馬行，夜則經由水路，況站戶皆是水濱居止者，庶幾官民兩便。」從之。七月，給中興路、陝西行省、廣東宣慰司、沙不丁等官鋪馬聖旨一十三道。

二十五年正月，腹裏路分三十八處，年銷祗應錢不敷，增給鈔三千九百八十一錠，倂元額七千一百六十九錠，總中統鈔一萬一千一百五十錠，分上下半年給降。二月，命南方站

戶，以糧七十石出馬一匹爲則，或十石之下八九戶共之，或二三十石之上兩三戶共之，惟求稅糧僅足當站之數，不至多餘，却免其一切雜泛差役。若有納糧百石之下、七十石之上，自請獨當站馬一匹者聽之。五月，增給遼陽行省鋪馬劄子五道。十一月，福建行省元給鋪馬聖旨二十四道，增給劄子六道。

二十六年正月，給光祿寺鋪馬劄子四道。二月，從沿海鎭守官蔡澤言，以舊有水軍二千人，於海道置立水站。三月，給海道運糧萬戶府鋪馬聖旨五道。四月，四川紹慶路給鋪馬劄子二道，成都府六道。龍興行省增給鋪馬聖旨五道，太原府宣慰司及儲峙提舉司給降二道。八月，給遼東宣慰司鋪馬聖旨五道，大理、金齒宣慰司四道。九月，增給西京宣慰司鋪馬劄子五道，江淮行省所轄浙東道宣慰司三道，紹興路總管府給降二道，甘肅行省所轄亦集乃總管府、沙州、肅州三路給六道。十一月，增給甘肅行省鋪馬聖旨七道。

二十七年正月，增給陝西行省鋪馬聖旨五道。二月，都省增給鋪馬聖旨一百五十道，江淮行省一十五道。六月，給營田提舉司鋪馬聖旨二道。九月，江淮行省所轄徽州路水道不通，給鋪馬聖旨二道。

二十八年六月，隨處設站官二員，大都至上都置司吏三名，餘設二名，祗應頭目、攢典各一名。站戶及百者，設百戶一名。七月，詔各路府州縣達魯花赤長官，依軍戶例，兼管站

赤與魯，非奉通政院明文，不得擅科差役。十二月，增給省除之任官鋪馬聖旨三百五十道。

二十九年三月，命通政院分官四員，於江南四省整理站赤，給印與之。

三十年正月，南丹州洞蠻來朝，立安撫司於其地，給鋪馬聖旨二道。三月，兩淮都轉運鹽使司，增給鋪馬聖旨起馬五匹。五月，給淘金運司鋪馬聖旨起馬五匹，大司農司起馬二十匹。六月，江浙行省言：「各路遞運站船，若止以六戶供船一艘，除苗不過十四五石，力寡不能當役。請令各路除苗不過元額二十四石，自六戶之上，或至十戶，通融簽撥。」從之。八月，給劉二拔都兒圓牌三面，鋪馬聖旨一十五道。十月，增給濟南府鹽運司鋪馬聖旨一道。

三十一年六月，給福建運司鋪馬聖旨起馬五匹。

成宗大德八年正月，御史臺臣言：「各處站赤合用祇應官錢，多不依時撥降，又或數少不給，遂令站戶輪當庫子，陪備應辦。莫若驗使臣起數，實支官錢，所在官司，依時撥降，令各站提領收掌祇待，毋得科配小民，似爲便益。」詔都省定議行之。

十年，從江浙省言，命站官仍領祇待，選站戶之有餘糧者，以充庫子，止設一名，上下半年更代，就准本戶里正、主首身役。

武宗至大三年五月，給嘉興、松江、瑞州三路及汴梁等處管民總管府，鋪馬聖旨各三道。

四年三月，詔拘收各衙門鋪馬聖旨，命中書省定議以聞。省臣言：「始者站赤隸兵部，後屬通政院，今通政院怠於整治，站赤消乏，合依舊命兵部領之。」制可。四月，中書省臣又言：「昨奉旨以站赤屬兵部，今右丞相鐵木迭兒等議，漢地之驛，命兵部領之，其鐵烈干、納隣、末隣等處蒙古站赤，仍付通政院。」帝曰：「何必如此，但令罷通政院，悉隸兵部可也。」閏七月，復立通政院，領蒙古站赤。八月，詔：「大都至上都，每站除設驛令、丞外，設提領三員、司吏三名。腹裏路分，衝要水陸站赤，設提領二員、司吏二名。其餘閑慢驛分，止設提領一員、司吏一名。如無驛令，量擬提領二員。每一百戶，設百戶一名，從拘該路府州縣提調正官，於站戶內選用，三歲爲滿。凡濫設官吏頭目人等，盡罷之。」十一月，給中政院鋪馬聖旨二十道。

仁宗皇慶二年四月，增給陝西行臺鋪馬聖旨八道。

〔延祐元年〕六月，中書省臣言：「典瑞監掌金字圓牌及鋪馬聖旨三百餘道。至大四年，凡聖旨皆納之于翰林院，以金字圓牌不敷，增置五十面。蓋圓牌遣使，初爲軍情大事而設，不宜濫給，自今求給牌面，不經中書省、樞密院者，宜勿與。」從之。〔延祐元年〕十月，沙、瓜州立屯儲總管萬戶府，[四]給鋪馬聖旨六道。

五年十月，中書兵部言：「各站設置提領，止受部劄，行九品印，職專車馬之役，所領站赤多者三二千，少者五七百戶，比之軍民，體非輕細。奈何俸祿不給，三年一更，貪邪得以自縱。今擬各處舘驛，除令、丞外，見役提領不許交換。」從之。

七年四月，詔蒙古、漢人站，依世祖舊制，悉歸之通政院。十一月，從通政院官請，詔腹裏、江南漢地站赤，依舊制，命各路達魯花赤、總管提調，州縣官勿得預。

泰定元年三月，遣官賑給怗里干、木憐、納憐等一百一十九站鈔二十一萬三千三百錠，糧七萬六千二百四十四石八斗。北方站赤，每加津濟，至此爲最盛。

中書省所轄腹裏各路站赤，總計一百九十八處：

陸站一百七十五處，馬一萬二千二百九十八匹，車一千六十九輛，牛一千九百八十二隻，驢四千九百八頭。

水站二十一處，船九百五十隻，馬二百六十六匹，牛二百隻，驢三百九十四頭，羊五百口。

牛站二處，牛三百六隻，車六十輛。

河南江北等處行中書省所轄，總計一百七十九處，該一百九十六站：

陸站一百六處，馬三千九百二十八匹，車二百一十七輛，牛一百九十二隻，驢五百三十四頭。

水站九十處，船一千五百一十二隻。

遼陽等處行中書省所轄，總計一百二十處：

〔陸站一百五處〕，[五]馬六千五百一十五匹，車二千六百二十一輛，牛五千二百五十九隻。

狗站一十五處，元設站戶三百，狗三千隻，後除絕亡倒死外，實在站戶二百八十九，狗二百一十八隻。

江浙等處行中書省所轄，總計二百六十二處：

馬站一百三十四處，馬五千一百二十三匹。

轎站三十五處，轎一百四十八乘。

步站一十一處，遞運夫三千三十二戶。

水站八十二處，船一千六百二十七隻。

江西等處行中書省所轄，總計一百五十四處：

馬站八十五處，馬二千一百六十五匹，轎二十五乘。

水站六十九處，船五百六十八隻。

湖廣等處行中書省所轄，總計一百七十三處：

陸站一百處，馬二千五百五十五匹，車七十輛，牛五百四十五隻，坐轎一百七十五乘，臥轎三十乘。

水站七十三處，船五百八十隻。

陝西行中書省所轄八十一處：

陸站八十處，馬七千六百二十九匹。

水站一處，船六隻。

四川行中書省所轄：

陸站四十八處，馬九百八十六匹，牛一百五十頭。

水站八十四處，船六百五十四隻，牛七十六頭。

雲南諸路行中書省所轄站赤七十八處：

馬站七十四處，馬二千三百四十五匹，牛三十隻。

水站四處，船二十四隻。

甘肅行中書省所轄三路：

脫脫禾孫馬站六處，馬四百九十一匹，牛一百四十九頭，驢一百七十一頭，羊六百五十口。

弓手

元制，郡邑設弓手，以防盜也。內而京師，有南北兩城兵馬司，外而諸路府所轄州縣，設縣尉司、巡檢司、捕盜所，皆置巡軍弓手，而其數則有多寡之不同。職巡邏，專捕獲。官有綱運及流徙者至，則執兵仗導送，以轉相授受。外此則不敢役，示專其職焉。

世祖中統五年，隨州府驛路設置巡馬及馬步弓手，驗民戶多寡，定立額數。除本管頭目外，本處長官兼充提控官。其夜禁之法，一更三點，鐘聲絕，禁人行；五更三點，鐘聲動，聽人行。有公事急速及喪病產育之類，則不在此限。違者笞二十七下，有官者笞七下，准贖元寶鈔一貫。州縣城池相離遠處，其間五七十里，所有村店及二十戶以上者，設立巡防弓手，合用器仗，必須完備，令本縣長官提調。不及二十戶者，依數差（捕）〔補〕。〔六〕若無村店去處，或五七十里，創立聚落店舍，亦須及二十戶數。其巡軍別設，不在戶數之內。關津渡口，必當設立店舍弓手去處，不在五七十里之限。於本路不以是何投下當差戶計，及軍站人匠、打捕鷹房、斡脫、竈治諸色人等戶內，每一百戶內取中戶一名充役，與免本戶合着差發，其當戶推到合該差發數目，却於九十九戶內均攤。若有失盜，勒令當該弓手，定立（二）〔三〕限盤捉，每限一月。〔七〕如限內不獲，其捕盜官，強盜停俸兩月，竊盜一月。外據弓手，如一月不獲，強盜決（二）〔一〕十七下，〔八〕竊盜七下；兩月不獲，強盜二十七下，竊盜一十七下；三月不獲者，強盜三十七下，竊盜二十七下。如限內獲賊，數及一半者，全免正罪。

至元三年，省部議：「隨路戶數，多寡不同，兼軍站不該差發，似難均攤。擬合斟酌京府司縣合用人數，止於本處包銀絲線，並止納包銀戶計內，每一百戶選差中戶一名當役，本戶合當差發稅銀，却令九十九戶包納。」從之。

四年，除上都、中都已有巡軍，其所轄州縣合設弓手，俱於本路包銀等戶選丁多強壯者充，驗各處州縣戶數多寡、驛程緊慢設置，合用器仗，各人自備。

八年，御史臺言：「諸路宜選年壯熟閑弓馬之人，以備巡捕之職。弓手數少者，亦宜增置。除捕盜防轉，不得別行差占。」

十六年，分大都南北兩城兵馬司，各主捕盜之任。南城三十二處，弓手一千四百名；北城一十七處，弓手七百九十五名。

二十三年，省臺官言：「捕賊巡馬，先令執持悶棍以行，賊衆多有弓箭，反致巡軍被傷。今議給各路弓箭十副，府州七副，司縣五副，各令置備防盜。」從之。

仁宗延祐二年，從江南行御史臺請，以各處弓手人等，往往致害人命，役三年者罷之，還當民役，別於相應戶內補換。

急遞鋪兵

古者置郵而傳命，示速也。元制，設急遞鋪，以達四方文書之往來，其所繫至重，其立法蓋可考焉。

世祖時，自燕京至開平府，復自開平府至京兆，始驗地里遠近，人數多寡，立急遞站鋪。每十里或十五里、二十五里，則設一鋪，於各州縣所管民戶及漏籍戶內，簽起鋪兵。

中統元年，詔：「隨處官司，設傳遞鋪驛，每鋪置鋪丁五人。各處縣官，置文簿一道付鋪，遇有轉遞文字，當傳鋪所卽注名件到鋪時刻，及所轄轉遞人姓名，置簿，令轉送人取下鋪押字交收時刻還鋪。本縣官司時復照刷，稽滯者治罪。其文字，本縣官司絹袋封記，以牌書號。其牌長五寸，闊一寸五分，以綠油黃字書號。若係邊關急速公事，用匣子封鎖，於上重別題號，及寫某處文字、發遣時刻，以憑照勘遲速。其匣子長一尺，闊四寸，高三寸，用黑油紅字書號。已上牌匣俱係營造小尺，上以千字文爲號，仍將本管地境、置立鋪驛卓望地名，遞相傳報。」鋪兵一晝夜行四百里。各路總管府委有俸正官一員，每季親行提點。州縣亦委有俸末職正官，上下半月照刷。如有怠慢，初犯事輕者笞四十贖銅，再犯罰俸一月，三犯者決。總管府提點官比總管減一等，仍科三十，初犯贖銅，再犯罰俸半月，三犯者決。鋪兵鋪司，痛行斷罪。

至元八年，申命州縣官，用心照刷及點視闕少鋪司鋪兵。凡有遞轉文字到，鋪司隨卽分明附籍，速令當該鋪兵，裹以軟絹包袱，更用油絹捲縛，夾版束繫，齎小回曆一本，作急走遞，到下鋪交割附曆訖，於回曆上令鋪司驗到鋪時刻，幷文字總計角數，及有無開拆、磨擦損壞，或亂行批寫字樣，如此附寫一行，鋪司畫字，回還。若有違犯，易爲挨問。隨路鋪兵，不許顧人頂替，須要本戶少壯人力正身應役。每鋪安置十二時輪子一枚、紅綽屑一座，幷牌額及上司行下、諸路申上鋪曆二本。每遇夜，常明燈燭。其鋪兵每名備夾版、鈴攀各一付，纓槍一，軟絹包袱一，油絹三尺，蓑衣一領，回曆一本。各處往來文字，先用淨檢紙封裹於上，更用厚夾紙印信封皮。各路承發文字人吏，每日逐旋發放，及將承發到文字，驗視有無開拆、磨擦損壞、批寫字樣，分朗附簿。

九年，左補闕祖立福合言：「諸路急遞鋪名，不合人情。急者急速也，國家設官署名字，

必須吉祥者爲美，宜更定之。」遂更爲通遠鋪。

二十年，留守司官言：「初立急遞鋪時，取不能當差貧戶，除其差發充鋪兵，又不敷者，於漏籍戶內貼補。今富人規避差發，求充鋪兵，乞擇其富者，令充站戶，站戶之貧者，却充鋪兵。」從之。

二十八年，中書省定議：「近年入遞文字，封緘雜亂，發遣無時，今後省部幷諸衙門入遞文字，其常事皆付承發司隨所投下去處，類爲一緘。如往江淮行省者，凡江淮行省不以是何文字，通爲一緘。其他官府同。省部臺院，凡有急速之事，別置匣子發遣，其匣子入遞，隨到卽行。鋪司須能附寫文曆，辨定時刻，鋪兵須壯健善走者，不堪之人，隨卽易換。」

三十一年，大都設置總急遞鋪提領所，降九品銅印，設提領三員。

英宗至治三年，各處急遞鋪，每十鋪設一郵長，於州縣籍記司吏內差充，使之專督其事。一歲之內，能盡職者，從優補用；不能者，提調官量輕重罪之。

凡鋪卒皆腰革帶，懸鈴，持槍，挾雨衣，齎文書以行。夜則持炬火，道狹則車馬者、負荷者，聞鈴避諸旁，夜亦以驚虎狼也。響及所之鋪，則鋪人出以俟其至。囊板以護文書不破碎，不襞積，摺小漆絹以禦雨雪，不使濡濕之。及各鋪得之，則又展轉遞去。

鷹房捕獵

元制自御位及諸王，皆有昔寶赤，蓋鷹人也。是故捕獵有戶，使之致鮮食以薦宗廟，供天庖，而齒革羽毛，又皆足以備用，此殆不可闕焉者也。然地有禁，取有時，而違者則罪之。冬春之交，天子或親幸近郊，縱鷹隼搏擊，以爲游豫之度，謂之飛放。故鷹房捕獵，皆有司存。而打捕鷹房人戶，多取析居、放良及漏籍孛蘭奚、還俗僧道，與凡曠役無賴者，及招收亡宋舊役等戶爲之。其差發，除納地稅、商稅，依例出軍等六色宣課外，並免其雜泛差役。自太宗乙未年，抄籍分屬御位下及諸王公主駙馬各投下。及世祖時，行尚書省嘗重定其籍，厥後永爲定制焉。

御位下打捕鷹房官：一所，權官張元，大都路寶坻縣置司，元額七十七戶。一所，王阿都赤，世襲祖父職，掌十投下、中都、順天、眞定、宣德等路諸色人匠打捕等戶，元額一百四十七戶。一所，管領大都等處打捕鷹房民戶達魯花赤石抹也先，世襲祖父職，元額一百一十七戶。一所，管領大都路打捕鷹房等官李脫歡怙木兒，世襲祖父職，元額二百二十八戶。一所，宣授管領大都等處打捕鷹房人匠等戶達魯花赤黃也速觧兒，世襲祖父職，元額五十戶。一所，管領鷹房打捕人匠等戶達魯花赤移剌帖木兒，世襲祖父職，元額一

百五十七戶。一所，宣授管領打捕鷹房等戶達魯花赤阿八赤，世襲祖父職，元額三百五十五戶。一所，宣授管領大都等路打捕鷹房人戶達魯花赤寒食，世襲祖父職，元額二百四十三戶。

諸王位下：汝寧王位下，管領民匠打捕鷹房等戶官，元額二百一戶。普賽因大王位下，管領本投下大都等路打捕鷹房諸色人匠達魯花赤都總管府，元額七百八十戶。

天下州縣所設獵戶：腹裏打捕戶，總計四千四百二十三戶。河東宣慰司打捕戶，五百九十八戶。晉寧路打捕戶，三百三十二戶。大同路打捕戶，一十五戶。(翼)[冀]寧路打捕戶，[九]二百五十一戶。上都留守司打捕戶，三百九十七戶。宣德提領所打捕戶，一百八十二戶。山東宣慰司打捕戶，三百九十七戶。宣德提領所打捕戶，一百八十二戶。山東宣慰司打捕戶，一百戶。[一〇]益都路打捕戶，四十三戶。濟南路打捕戶，三十六戶。般陽路二十一戶。東平路三十四戶。曹州八十四戶。德州一十戶。濮州三十一戶。泰安州五戶。東昌路一戶。眞定路九十一戶。順德路一十九戶。廣平路一十九戶。冠州五戶。恩州二戶。彰德三十七戶。衞輝路一十六戶。大名路二百八十六戶。保(安)[定]路三十一戶。[一一]河間路二百五十二戶。隨路提舉司一千一百九十一戶。河間鷹房府二百七十六名。都總管府七百五十六戶。

遼陽大寧等處打捕鷹房官捕戶，七百五十九戶。東平等路打捕鷹房官捕戶，三百九戶。隨州德安河南襄陽懷孟等處打捕鷹房官捕戶，一百七十二戶。扠捕提領所捕戶，四十戶。高麗鷹房總管捕戶，二百五十戶。河南等路打捕鷹房官捕戶，一千一百四十二戶。益都等處打捕鷹房官捕戶，五百二十一戶。河北河南東平等處打捕鷹房官捕戶，三百戶。隨路打捕鷹房總管捕戶，一百五十九戶。眞定保定等處打捕鷹房官捕戶，五十戶。淮安路鷹房官捕戶，四十七戶。揚州等處打捕鷹房官捕戶，七十二戶。宣徽院管轄淮東淮西屯田打捕總管府司屬打捕衙門，提舉司十處，千戶所一處，總一萬四千三百二戶。淮安提舉司八百五十八戶。安東提舉司九百一十二戶。招泗提舉司四百六十五戶。鎭巢提舉司二千五百四十戶。蘄黃提舉司一千一百一十二戶。通泰提舉司七百四十九戶。塔山提舉司六百四十四戶。魚網提舉司二千五百一十九戶。打捕手號軍上千戶所打捕軍，六百四戶。

校勘記

〔一〕各路總〔管〕府在城驛　從道光本補。

〔二〕其馬匹數付(驛)〔譯〕史房書寫畢　據經世大典站赤改。

〔三〕二十年二月和林宣慰司給鋪馬聖旨二道〔五月〕江淮行省增給十道　據經世大典站赤補。

〔四〕〔延祐元年〕六月中書省臣言至(延祐元年)十月沙瓜州立屯儲總管萬戶府　按經世大典站赤，六月十月兩月記事均係延祐元年之事，「十月」上之「延祐元年」四字應置于「六月」之上。據改正。

〔五〕〔陸站一百五處〕　道光本據經世大典增入，從補。

〔六〕不及二十戶者依數差(捕)〔補〕　從道光本改。

〔七〕定立(二)〔三〕限盤捉每限一月　據元文類卷四一經世大典序錄弓手改。按旣言「每限一月」，而下文有「一月不獲」、「兩月不獲」、「三月不獲者」等語，證作「二限」誤。

〔八〕如一月不獲强盜決(二)〔一〕十七下　按「決二十七下」乃兩月不獲之罰格，此誤。今據元文類卷四一經世大典序錄弓手改。

〔九〕(冀)〔冀〕寧路打捕戶　據本書卷五八地理志改。

〔一〇〕宣德提領所打捕戶一百八十二戶山東宣慰司打捕戶三百九十七戶宣德提領所打捕戶一百八十二戶山東宣慰司打捕戶一百戶　「宣德提領所」、「山東宣慰司」均重出。「宣德提領所」兩條戶數相同，後一條當係衍文。

〔一一〕保(安)〔定〕路三十一戶　按元無「保安路」，有「保定路」，「安」「定」形近而誤，今改。

元史卷一百二

志第五十

刑法一

自古有天下者，雖聖帝明王，不能去刑法以爲治，是故道之以德義，而民弗從，則必律之以法，法復違焉，則刑辟之施，誠有不得已者。是以先王制刑，非以立威，乃所以輔治也。故書曰：「士制百姓于刑之中，以教祗德。」後世專務黷刑任法以爲治者，無乃昧於本末輕重之義乎！歷代得失，考諸史可見已。

元興，其初未有法守，百司斷理獄訟，循用金律，頗傷嚴刻。及世祖平宋，疆理混一，由是簡除繁苛，始定新律，頒之有司，號曰至元新格。仁宗之時，又以格例條畫有關於風紀者，類集成書，號曰風憲宏綱。至英宗時，復命宰執儒臣取前書而加損益焉，書成，號曰大元通制。其書之大綱有三：一曰詔制，二曰條格，三曰斷例。凡詔制爲條九十有四，條格爲

條一千一百五十有一，斷例爲條七百十有七，大概纂集世祖以來法制事例而已。其五刑之目：凡七下至五十七，謂之笞刑；凡六十七至一百七，謂之杖刑；其徒法，年數杖數，相附麗爲加減，鹽徒盜賊旣決而又鐐之；流則南人遷於遼陽迤北之地，北人遷於南方湖廣之鄉；死刑，則有斬而無絞，惡逆之極者，又有陵遲處死之法焉。

蓋古者以墨、劓、剕、宮、大辟爲五刑，後世除肉刑，乃以笞、杖、徒、流、死備五刑之數。元因之，更用輕典，蓋亦仁矣。世祖謂宰臣曰：「朕或怒，有罪者使汝殺，汝勿殺，必遲回一二日乃覆奏。」斯言也，雖古仁君，何以過之。自後繼體之君，惟刑之恤，凡郡國有疑獄，必遣官覆讞而從輕，死罪審錄無冤者，亦必待報，然後加刑。而大德間，王約復上言：「國朝之制，笞杖十減爲七，今之杖一百者，宜止九十七，不當又加十也。」此其君臣之間，唯知輕典之爲尙，百年之間，天下乂寧，亦豈偶然而致哉。

然其弊也，南北異制，事類繁瑣，挾情之吏，舞弄文法，出入比附，用譎行私，而兇頑不法之徒，又數以赦宥獲免；至於西僧歲作佛事，或恣意縱囚，以售其奸宄，俾善良者喑啞而飮恨，識者病之。然則元之刑法，其得在仁厚，其失在乎緩弛而不知檢也。今按其實，條列而次第之，使後世有以考其得失，作刑法志。

名例

五刑

笞刑：七下，十七，二十七，三十七，四十七，五十七。

杖刑：六十七，七十七，八十七，九十七，一百七。

徒刑：一年，杖六十七。一年半，杖七十七。二年，杖八十七。二年半，杖九十七。三年。杖一百七。

流刑：遼陽，湖廣，迤北。

死刑：斬，陵遲處死。

五服

斬衰：三年。子爲父、婦爲夫之父之類。

齊衰：三年，杖期，期，五月，三月。子爲母、婦爲夫之母之類。

大功：九月，長殤九月，中殤七月。〔一〕爲同堂兄弟、爲姑姊妹適人者之類。

小功：五月，殤。爲伯叔祖父母、爲再從兄弟之類。

緦麻：三月，殤。爲族兄弟、爲族曾祖父母之類。

十惡

謀反：謂謀危社稷。

謀大逆：謂謀毀宗廟、山陵及宮闕。

謀叛：謂謀背國從僞。

惡逆：謂毆及謀殺祖父母、父母，殺伯叔父母、姑、兄、姊、外祖父母、夫、夫之祖父母、父母者。

不道：謂殺一家非死罪三人，及支解人、造畜蠱毒、魘魅。

大不敬：謂盜大祀神御之物、乘輿服御物，盜及僞造御寶，合和御藥，誤不如本方，及封題誤，若造御膳，誤犯食禁，御幸舟船，誤不牢固，指斥乘輿，情理切害，及對捍制使，而無人臣之禮。

不孝：謂告言詛詈祖父母、父母，及祖父母、父母在，別籍異財，若供養有闕，居父母喪，身自嫁娶，若作樂釋服從吉，聞祖父母、父母喪，匿不舉哀，詐稱祖父母、父母死。

不睦：

謂謀殺及賣緦麻以上親，毆告夫及大功以上尊長、小功尊屬。

不義：謂殺本屬府主、刺史、縣令、見受業師，吏卒殺本部五品以上官長，及聞夫喪匿不舉哀，若作樂釋服從吉及改嫁。

內亂：謂姦小功以上親、父祖妾，及與和者。

八議

議親：謂皇帝袒免以上親，及太皇太后、皇太后緦麻以上親，皇后小功以上親。

議故：謂故舊。

議賢：謂有大德行。

議能：

謂有大才業。

議功：

謂有大功勳。

議貴：

謂職事官三品以上，散官二品以上，及爵一品者。

議勤：

謂有大勤勞。

議賓：

謂承先代之後，爲國賓者。

贖刑 附

諸牧民官，公罪之輕者，許罰贖。

諸職官犯夜者，贖。

諸年老七十以上，年幼十五以下，不任杖責者，贖。

諸罪人癃篤殘疾，有妨科決者，贖。

衛禁

諸掌宿衛，三日一更直，掌四門之鑰，昏閉晨啓，毋敢不愼。 諸欲言事人，闌入宮殿，呼冀上聞，杖一百七，發元籍。 諸擅帶刀闌入殿庭者，杖八十七，流遠。 諸登皇城角樓，因爲盜者，處死。 諸闌入禁衛，盜金玉寶器者，處死。 諸輒入禁苑，盜殺官獸者，爲首杖八十七，徒二年，爲從減一等，並刺字；知見不首者，笞四十七。掌門衛受財縱放者，五十七；坐鋪守把軍人不訶問，二十七。 諸漢人、南人投充宿衛士，總宿衛官輒收納之，並坐罪。 諸大都、上都諸城門，夜有急務須出入者，遣官以夜行象牙圓符及織成聖旨啓門，門尉辯驗明白，乃許啓。 雖有牙符而無織成聖旨者，不以何人，並勿啓，違者處死。

職制〔上〕〔三〕

諸官府印章，長官掌收，次官封之，差故即以牒發次官，次其下者第封之，不得付其私人。 諸郡縣城門鎖鑰，並從有司掌之。 諸有司，凡薦舉刑名出納等文字，非有故，並須圓署行之。 諸職官到任，距上司百里之內者公參，百里之外者免；上司輒非理徵會，稽失公務者，禁之。 諸內外百司呈署文字，並須由下而上論定而後行之。 諸省府以下百司，凡行公務，置朱銷簿，按治官以時考之。 諸職官公坐，同職者以先到任居上，輒越次而坐者，正之。 諸有司公事，各官連銜申禀其上司者，並自書其名。 有故，從對讀首領官代書之，具述其故於名下，曹吏輒代書其名者，罪之。 諸職官受代聽除之處，從所便，具載解由。 私赴都者，禁之。 諸有司案牘籍帳，編次架閣。 各路，提控案牘兼架閣庫官與經歷、知事同掌之；散府州縣，知事、提控案牘、都吏目、典史掌之。 任滿相沿交割，毋敢不愼。 諸樞密院行省文卷，除軍數及邊關兵機不在考閱，餘並從監察御史考閱之。 諸職官承上司他委，所治闕官者，許回申。 不得擅令首領官吏攝事。 諸職官押運官物赴都，除常所不差者，餘並置籍輪差。 徇私不均者，罪其上司。 諸吏員遷調，廉訪司書吏、奏差避道，路府州縣吏避貫。 諸有司遺失印信，隨即尋獲者，罰俸一月，追尋不獲者，具申禮部別鑄。 元掌印官解職坐罪，非獲元印，不得給由求敍。 諸毀匿邊關文字者，流。 諸蒙古人居官犯法，論罪既定，必擇蒙古官斷之，行杖亦如之。 諸四怯薛及諸王、駙馬、蒙古、色目之人，犯姦盜詐僞，從大宗正府治之。 諸以親女獻當路權貴求進用，已得者追奪所受命，仍沒入其家。 諸官吏在任，與親戚故舊及禮應追往之人追往者聽，餘並禁之。

諸職官到任，輒受所部贄見儀物，比受贓減等論。 諸職官受部民事後致謝食用之物者，笞二十七，記過。 諸上司及出使官，於使所受其燕饗餽遺者，准不枉法減二等論，經

過而受者各減一等，從臺憲察之。 諸職官及有出身人，因事受財枉法者，除名不敍，不枉法者，殿三年，再犯不敍，無祿者減一等。 以至元鈔爲則，枉法：一貫至十貫，笞四十七，不滿貫者，量情斷罪，依例除名；一十貫以上至二十貫，五十七；二十貫以上至五十貫，杖七十七；〔五十貫以上至一百貫，八十七〕；一百貫之上，一百七。〔四〕不枉法：一貫至二十貫，笞四十七，本等敍，不滿貫者，量情斷罪，解見任，別行求仕；二十貫以上至五十貫，五十七，注邊遠一任；五十貫以上至一百貫，杖六十七，降一等；一百貫以上至一百五十貫，七十七，降二等；一百五十貫以上至二百貫，八十七，降三等；二百貫以上至三百貫，九十七，降四等；三百貫以上，一百七，除名不敍。 諸內外百司官吏，受贓悔過自首，無不盡不實者免罪，有不盡不實，止坐不盡之贓。 若知人欲告而首及以贓還主，並減罪二等。 聞知他處事發首者，計其日程雖不知，亦以知人欲告而首論。 詭名代首者勿聽。 犯人實有病故，許親屬代首。 臺憲官吏受贓，不在准首之限。 有司受人首告者，罪之。 諸職官恐嚇有罪人求賂，未得財者，笞二十七。 諸告官吏贓，有實取之者，有爲過度人所誆而官吏初不知者，有官吏已知而姑付過度之家，事畢而後取之者，有本未嘗言而故以錢物置人家，指作過度而誣陷人者，止以錢物所在坐之，與錢人俱坐。 諸職官但犯贓私，有罪狀明白者，停職聽斷。 諸奴賤爲官，但犯贓罪，除名。 諸職官犯贓，生前贓狀明白，雖死猶責家屬納贓。 諸官吏犯

贓罪，遇原免，或自首免罪，過錢人卽因人致罪，不坐。諸官吏贓罰，臺官問者歸臺，省官問者歸省。諸職官犯贓，罪狀已明，反誣告臨問官者，斷後仍徒。諸官吏家人受贓，減官吏法二等坐。官吏初不知，及知卽首，官吏家人俱免；不卽首，官吏減家人法二等坐，家人依本法。若官吏知情，故令家人受財，官吏依本法，家人免坐。官吏實不知者，止坐家人。諸職官受除未任，因承差而犯贓者，同見任論。邊遠遷轉官，已任而未受文憑犯贓者，亦如之。吏未出職受贓，旣出職事發，罷所受職。諸錢穀官吏受贓，不枉法者，止計贓論罪，不殿年敍。諸職官受贓，聞知事發，回付到主，同知人欲告自首論，減二等科罪。枉法者降先職三等敍，不枉法者解職別敍。諸職官侵用官錢者，以枉法論，雖會赦，仍除名不敍。諸職官在任犯贓，被問贓狀已明而稱疾者，停其職歸對。諸職官所將親屬傔從，受所部財而無入己之贓，會赦還職。諸外任牧守受贓，被問垂成，近臣奏徵入朝者，執付元問官。諸職官犯贓在逃者，同獄成。諸職官受贓，丁憂，終制日究問。軍官不丁憂者，不在終制之限。諸職官犯贓，已承伏會赦者，免罪徵贓，黜降如條；未承伏者勿論。諸職官受贓，卽改悔還主，其主猶執告者勿論。諸職官受財爲人請託者，計贓論罪。諸小吏犯贓，並斷罪除名。諸庫子等職，已有出身，無添給祿米者，不與小吏犯贓同論。諸掾吏出身應入流，或以職官轉補，但犯贓，並同吏員坐除名。府州縣首領官非朝命者，同吏員。

諸吏員取受非眞犯者，不除名。

諸流外官越受民詞者，笞一十七，首領官二十七，記過。諸臨民官於無職田州縣，虛徵其入於民者，斷罪解職，記過。諸職官頻入茶酒市肆及倡優之家者，斷罪罷職。諸監臨官私役弓手，笞二十七，三名已上加一等。占騎弓手馬，笞一十七，並記過名。本管官吏輒應(副)[付]者，〔四〕各減一等。諸內外官吏疾病滿百日者，作闕，期年後仕。諸職官違犯二罪，輕罪已斷，重罪始發，罪從已斷，殿降從後發。諸有過被問，詐死逃罪者，杖六十七，有官者罷職不敍，贓多者從重論。諸行省以下大小司存長官，非理折辱其首領官者，禁之。首領官有過失，聽申上司，不得擅問。長官處決不公，首領官執覆不從，許直申上司。

諸隨朝官無故不公聚者，坐罪選待。

諸職官已受宣敕，以地遠官卑，輒稱故不赴者，奪所受命，謫種田。或在任詐稱病而去者，三年後降二等敍，其同僚徇私與文書者，降一等敍。諸受命職官，闕期已及，或有辨證勾稽喪葬疾病公私諸務，妨阻不能之任者，許具始末詣本處有司自陳，保勘給據再敍，並任元注地方。有司保勘不實者，並坐之。諸受除官員，闕次未及，輒先往任所居住守代者，從本管上司究之。諸各衙門，輒將聽除及罷閑無祿私己之人差遣者，禁。諸職官親死不奔喪，杖六十七，降先職二等，雜職敍。未終喪赴官，笞四十七，降一等，終制日敍。若有罪詐稱親喪，杖八十七，除名不敍。親久沒稱始死，笞五十七，解見任，雜職敍。凡不丁父母憂者，罪與不奔喪同。諸官吏私罪被逮，無問已招未招，罹父母大故者，聽其奔赴丁憂，終制日追問，公罪並矜恕之。諸職官父母亡，匿喪縱宴樂，遇國哀，私家設音樂，並罷不敍。諸外任官員謁告，應有假故，具曹狀報所屬，仍置籍以記之。有託故者，風憲官糾而罪之。諸官吏遷葬祖父母、父母，〔三〕給假二十日，並除馬程日七十里，限內俸錢仍給之，違限不至者勒停。諸職官任滿解由，應給而不給，不應給而給，及有過而不開寫者，罪及有司。解由到部，增損功罪不以實者，亦如之。諸罷免官吏，敍復給由而匿其過名者，罪及初給由有司。諸匿過求仕，已除事覺者，笞四十七，追奪不敍。諸職官年及致仕而不知止者，廉訪司糾黜之。諸職官被罪，理算殿年，以被問停職月日爲始。諸遠方官員親年七十以上者，許元籍有司保勘，量注近闕便養，冒濫者坐罪。諸職官沒於王事者，其應繼之人，降二等蔭敍。

諸內外百司五品以上進上表章，並以蒙古字書，毋敢不敬，仍以漢字書其副。諸內外百司，凡進賀表箋，繕寫謄籍印識各以式，其輒犯廟諱御名者，禁之。諸內外百司應出給劄付，有額設譯史者，並以蒙古字書寫。諸內外百司有兼設蒙古、回回譯史者，每遇行移及勘合文字，標譯關防，仍兼用之。諸內外百司公移，尊卑有序，各守定制，惟執政出典外

郡，中部公文，書姓不書名。諸人臣口傳聖旨行事者，禁之。

諸大小機務，必由中書，惟樞密院、御史臺、徽政、宣政諸院許自言所職，其餘不由中書而輒上聞，旣上聞而又不由中書徑下所司行之者，以違制論。所司亦不禀白而輒受以行之者，從監察御史、廉訪司糾之。諸中書機務，有泄其議者，量所泄事，聞奏論罪。諸省部官名隸宿衞者，晝出治事，夜入番直。諸檢校官勾檢中書及六曹之務，其有稽違，省掾呈省論罰，部吏就錄罪名開呈。

諸行省擅役軍人營繕，雖公廨，不奏請，猶議罪。諸行省差使軍官，非軍情者，禁之。諸行省長官二員，給金虎符典軍，惟雲南行省官皆給符。諸各處行省所轄軍官，軍情怠慢，從提調軍馬長官斷遣。其餘雜犯，受宣官以上咨禀，受敕官以下就斷。諸行省歲支錢糧，各處正官季一照勘，歲終會其成于行省，以式稽考，濫者徵之，實者籍之，總其概，咨都省臺憲官閱實之。諸方面大臣，受金縱賊成亂者斬，僚佐受金，或阿順不能匡正，並坐罪，會赦仍除名。諸樞密院及各省所部軍官，其麾下征者、戍者、出者、處者，饑寒不贍，役使不均，代以私人，舉債倍息，在家曰逃，有力曰乏，惟單窮是使，惟貨賄是圖，以苦士卒，以耗兵籍，百戶有罪，罪及千戶，千戶有罪，罪及萬戶。萬戶有罪，從樞密院及行省帥府以其狀聞，隨事論罪。諸宣徽院所抽分馬牛羊，官嚴其程期，制其供億，謹其鈐束之法，以譏察之。

其有欺官擾民者，廉訪司糾之。諸翰林院應譯寫制書，必呈中書省，共議其藁。其文卷非邊遠軍情重事，並從監察御史考閱之。諸宣政院文卷，除修佛事不在照刷外，其餘文卷及所隸內外司存，並照刷之。諸徽政院及怯憐口人匠，舊設諸府司文卷，並從臺憲照刷。

諸臺官職掌，飭官箴，稽吏課，內秩羣祀，外察行人，與聞軍國奏議，理達民庶冤辭，凡有司刑名、賦役、銓選、會計、調度、徵收、營繕、鞫勘、審讞、勾稽，及庶官廉貪，厲禁張弛，編民惸獨流移，强暴兼并，悉糾舉之。諸行臺官，主察行省宣慰司已下諸軍民官吏之作姦犯科者，窮民之流離失業者，豪强家之奪民利者，按察官之不稱職任者，餘視內臺立法同。諸御史臺所轄各道憲司，民有冤滯赴愬于臺者，咸著于籍，歲終則會以考其各道之殿最，而黜陟之。諸臺憲所察天下官吏贓污、欺詐、稽違，罪入于刑書者，歲會其數及其罪狀上之，藏于中書。諸內外臺，歲遣監察御史刷磨各省文卷，幷察各道廉訪司官吏臧否，官弗稱者呈臺黜罰，吏弗稱者就罷之。諸風憲，薦舉必考其最績，彈劾必著其罪狀，舉劾失當，並坐之。諸殿中侍御史，凡遇廷臣奏事，必隨入內，在廷有不可與聞之人，即糾斥之；朝會祭祀，一切行禮，失儀越次及託故不至者，即糾罰之；文武百官謁假事故，三日以外者，以曹狀報之。凡官府創置，百官禮任，及被差往還，報曹狀並同。諸廉訪分司官，每季孟夏初旬，出錄囚，仲秋中旬，出按治，明年孟夏中旬還。其憚遠違期、託故避事者，從監察御史劾之。

諸廉訪司分巡各路軍民，官吏有過，得罪狀明白者，六品以下牒總司論罪，五品以上申臺聞奏。諸廉訪司官，擅封點軍器庫者，笞三十七，解職別敍。諸官吏受贓，事主雖不告言，監察御史廉訪司察之，實者糾之。諸行省官及首領官受賂，隨省廉訪司察知者，上之臺，已下就問。諸行省理問所見問公事，廉訪司輒逮問者，禁之。諸職官受贓，廉訪司必親臨聽決，有必不能親臨者，摘敵品有司老成廉能正官問之。諸被按官吏，有冤抑者，詣御史臺陳理。所言實，罪被告，所言虛，罪告者，仍加等。其有故撫按問官吏以事者，禁之。諸按問職官贓，毋遽施刑，惟衆證已明而不款伏者，加刑問之，軍官則先奪所佩符而問之。諸風憲官吏但犯贓，加等斷罪，雖不枉法亦除名。諸方面之臣入覲，輒斂所部官吏俸錢備禮物者，禁之。違者罪之。

諸湖南北、江西、兩廣接境溪洞蠻獠竊發，諸監臨禁治不嚴及故縱者，軍官笞三十七，管民官二十七，並削所受階一等，記過。諸邊隅鎮守不嚴，他盜輒入境殺掠者，軍官坐罪，民官不坐。諸軍民官鎮撫邊陲，三年無嘯聚之盜者，民官減一資，軍官陞散官一階；五年無者，軍民官各陞散官一等。諸郡縣版籍，所司謹庋置之，正官相沿掌之。

諸劭農官，每歲終則上其所治農桑水利之成績于本屬上司，本屬上司會所部之成績，以上于大司農。若部，部考其勤惰成否，以上于省而殿最之。其在官怠其事，隳其法者，

罪之。諸職官行田，受民戶齊斂錢者，以一多科斷。諸受財占民差徭者，以枉法論。諸額課所在，管民正官董其事，若以他故出，次官通攝之。諸額收錢糧，各處計吏，歲一詣省會之。有齊斂者，從按治官舉劾。諸郡縣歲以三限徵收稅糧，初限十月終，中限十一月終，末限十二月終。違者初限笞四十，再犯杖八十，但結攬及自願與結攬人等，並沒入其家財，仍依元科之數倍徵之。若不差正官部糧，而以權官部之，或致失陷及輸不足者，達魯花赤管民官同坐。諸州縣義倉糧數不實，監臨失舉察者，罪之。

諸職官於禁刑之日決斷公事者，罰俸一月，吏笞二十七，記過。諸有司斷諸小罪，輒以杖頭非法杖人致死，罪坐判署官吏。諸嘗訴官吏之人有罪，其被訴官吏勿推。諸有司輒憑妄言帷薄私事逮繫人者，笞四十七，解職，期年後敍。諸職官得代及休致，凡有追會，並同見任。其婚姻田債諸事，止令子孫弟姪陳訴，有司輒相侵陵者究之。諸職官告吏民毀罵，非親聞者勿問，違者罪之。諸職官聽訟者，事關有服之親幷婚姻之家及嘗受業之師與所讎嫌之人，應迴避而不迴避者，各以其所犯坐之。有輒以官法臨決尊長者，雖會赦，仍解職降敍。

諸有司事關蒙古軍者，與管軍官約會問。諸管軍官、奧魯官及鹽運司、打捕鷹坊軍匠、各投下管領諸色人等，但犯强竊盜賊、僞造寶鈔、略賣人口、發塚放火、犯姦及諸死罪，

並從有司歸問。其鬬訟、婚田、良賤、錢債、財產、宗從繼絕及科差不公自相告言者，從本管理問。若事關民戶者，從有司約會歸問，並從有司追逮，三約不至者，有司就便歸斷。諸州縣鄰境軍民相關詞訟，元告就被論官司歸斷，不在約會之例。斷不當理，許赴上司陳訴，罪及元斷官吏。諸僧、道、儒人有爭，有司勿問，止令三家所掌會問。諸哈的大師，止令掌教念經，回回人應有刑名、戶婚、錢糧、詞訟並從有司問之。諸僧人但犯姦盜詐僞，致傷人命及諸重罪，有司歸問。其自相爭告，從各寺院住持本管頭目歸問。若僧俗相爭田土，與有司約會；約會不至，有司就便歸問。諸各寺院稅糧，除前宋所有常住及世祖所賜田土免納稅糧外，已後諸人布施幷己力典買者，依例納糧。諸管民官以公事攝所部，並用信牌，其差人擾衆者，禁之。

諸掩骼埋胔，有司之職。或饑歲流莩，或中路暴死，無親屬收認，應聞有司檢覆者，檢覆既畢，就付地主鄰人收葬；不須檢覆者，亦就收葬。諸救災卹患，鄰邑之禮。歲饑輒閉糴者，罪之。〔六〕諸郡縣災傷，過時而不申，或申不以實，及按治官不以時檢踏，皆罪之。諸蟲蝗爲災，有司失捕，路官各罰俸一月，州官各笞一十七，縣官各二十七，並記過。諸水旱爲災，人民艱食，有司不以時申報賑卹，以致轉徙饑莩者，正官笞三十七，佐官二十七，各解見任，降先職一等敍。諸有司檢覆災傷，或以熟作荒，或以可救爲不可救，一頃已上者

罰俸，二十頃者笞一十七，二百頃已上者笞二十七，五百頃已上笞三十七，惟以荒作熟，抑民納糧者，笞四十七，罷之。託故不行，妨誤檢覆者，笞三十七。

諸義夫、節婦、孝子、順孫，其節行卓異，應旌表者，從所屬有司舉之，監察御史廉訪司察之，但有冒濫，罪及元舉。諸賜高年帛，應受賜而有司不以實報者，正官笞四十七，解職別敍。諸州縣舉茂異秀才，非經監察御史廉訪司體察者，不得開申。

諸民犯弒逆，有司稱故不聽理者，杖六十七，解見任，殿三年，雜職敍。諸檢屍，有司故遷延及檢覆牒到不受，以致屍變者，正官笞三十七，首領官吏各四十七。其不親臨或使人代之，以致增減不實，移易輕重，及初覆檢官相符同者，正官隨事輕重論罪黜降，首領官吏各笞五十七罷之，仵作行人杖七十七，受財者以枉法論。諸有司，在監囚人因病而死，虛立檢屍文案及關覆檢官者，正官笞三十七，解職別敍。已代會赦者，仍記其過。諸職官覆檢屍傷，屍已焚瘞，止傳會初檢申報者，解職別敍。若已改除，仍記其過。

諸藩王及軍馬經過，郡縣委積館勞，並許於應給官物內支遣，隨申行省知會，或擅移易齊斂者，禁之。諸郡縣非遇聖旨令旨，諸王駙馬大臣經過，官吏並免郊迎，妨奪公務，仍不得贓以錢物，按治官常糾察之。諸職官但犯軍情違誤，受敕官各路就斷，受宣官從都省行省處分。其餘公罪，各路並不得輒斷。

諸部送囚徒，中路所次州縣，不寄囚於獄而監收旅舍，以致反禁而亡者，部送官笞二十七，還職本處，防護官笞四十七，就責捕賊，仍通記過名。諸有司各處遞至流囚，輒主意故縱者，杖六十七，解職，降先品一等敍，刑部記過。

諸和顧和買，依時置估，對物給價。官吏權豪，因緣結攬，營私害公者，罪之。諸有司和買諸物，多餘估計，分受其價者，準盜官錢論，不分受，以冒估多寡論。監臨及當該官吏詭名中納者，物價全沒之。尅落價鈔者，準不枉法贓論。不即支價者，臺憲官糾之。諸職官輒以親故人事之物，爲散之民，鳩斂錢財者，計其時直，以餘利爲坐，減不枉法贓二等科罪，錢物各歸其主。諸職官私用民力者，笞二十七，記過，追顧直給其民。諸尅除所屬官吏俸錢，爲公用及備進上禮物，既去職者，並勿論。諸在任官斂屬吏俸贈去官者，笞四十七，還職。諸職官輒借騎所部內驛馬者，笞三十七，降先職一等敍，記過。諸職官於所部非親故及理應往復之家，輒行慶弔之禮者，禁之。違者罪之。

校勘記

〔一〕長殤九月中殤七月　按元典章卷三〇三殤服，長殤九月、中殤七月而外，尚有「下五月」，卽下殤五月，此疑脫。

〔二〕職制〔上〕　從北監本補。

〔三〕二十貫以上至五十貫杖七十七〔五十貫以上至一百貫八十七〕一百貫之上一百七　道光本與元典章卷四六諸贓、事林廣記別集卷三大元通制合，從補。

〔四〕本管官吏輒應（副）〔付〕者　從北監本改。

〔五〕諸官吏遷葬祖父母父母　按本書卷八三選舉志作「祖父母、父母喪亡並遷葬者」，元典章卷一一奔喪遷葬假限作「職官奔喪、遷葬」。此處「遷葬」上疑脫「奔喪」二字。

〔六〕歲饑輒閉糴者罪之　按文義，「閉糴」當係「閉糶」之誤。

元史卷一百三

志第五十一

刑法二

職制下

諸職官戶在軍籍，管軍官輒追逮其身者，禁之。　諸中外大小軍官，不能以法撫循軍人而又害之者，從監察御史廉訪司糾察之；行省官及宣慰司元帥府官無故以軍官自衞者，亦如之。　諸軍官不法，各處憲司就問之，樞府不得委官同問。　諸管軍官，輒以所佩金銀符充典質者，笞五十七，降散官一等，受質者減二等。　諸軍官犯贓，應罷職殿降者，上所佩符，再敍日給之。　諸軍官役使軍人，萬戶八名，千戶減萬戶之半，彈壓減千戶之半，過是數者坐罪。　諸軍官驅役軍人，致死非命者，量事斷罪並罷職，徵燒埋銀給苦主。　諸管軍官擅放正軍，及分受雇役錢者，以枉法論，除名不敍。　諸管軍官吏剋除軍人衣糧鹽菜錢，并

全未給散，會赦，剋除已招者追給，未招者免徵，未給散者給散。　其私役軍人官牛，帶種官地，并管民官占種官地，所收子粒，已招者追沒，未招者免徵。　諸軍官役其出征軍人家屬，又借之錢而多取息者，並坐之。　諸軍官輒縱軍人誣民以罪，嚇取錢物而分贓自厚者，計贓科罪，除名不敍。　諸民間失火，鎮守軍官坐視不救，而反縱軍剽掠者，從臺憲官糾之。　諸軍官輒斷民訟者，禁之，違者罪之。　諸軍官挾仇犯分，輒持刃欲殺連帥者，杖六十七，解職別敍。

諸投下官吏受贓，與常選官同論。　諸投下雜職犯贓罪者罷之，不以常調殿降論。　諸投下妄稱上旨，影占民站，除其徭役，故縱爲民害者，杖七十七，沒其家財之半，所占民杖一百七，還元籍。　諸王傅文卷，監察御史考閱，與有司同。　諸位下置財賦營田等司，歲終則會；會畢，從廉訪司考閱之。　諸投下輕重囚徒，並從廉訪司審錄。　諸藩邸事務，大者奏裁，小者移中書，擅以敎令行者，禁之。

諸倉庾官吏與府州司縣官吏人等，以百姓合納稅糧，通同攬納，接受折價飛鈔者，十石以上，各刺面，杖一百七；十石以下，九十七；官吏除名不敍。　退閑官吏、豪勢富戶、行鋪人等違犯者，十石之上，杖九十七；十石之下，八十七。　其部糧官吏知情分受，笞五十七，除名不敍。　有失覺察者，監臨部糧官吏，二十七；府州總部糧官吏，一十七。　若能捕獲犯人者，與免本罪。　若倉官人吏等盜糶官糧，與攬納飛鈔同論。　知情糴買，十石以上，杖一百七；十石之下，九十七。　其漕運官吏有失覺察者，驗糧數多寡治罪。　其盜糶糧價，結攬飛鈔，追徵沒官，正糧於倉官，并結攬糴買人均徵還官。　諸倉庫官吏人等盜所主守錢糧，一貫以下，決五十七，至十貫杖六十七，每二十貫加一等；一百二十貫，徒一年，每三十貫加半年；二百四十貫，徒三年；三百貫處死。　計贓以至元鈔爲則，諸物以當時價估折計之。　諸倉庫官、知庫子、攢典、斗脚人等，侵盜移易官物，匿不舉發者，與犯人同罪；失覺察者，減犯人罪四等。　諸倉庫錢糧出納，所設首領官及提舉監支納以下攢典合干人以上，互相覺察，若有違法短少，一體均陪，任內收支錢糧，正收倒除皆完，方許給由。　諸典守鈔庫官，已倒昏鈔，不用退印，笞五十七，解見任。　提調官失計點，笞一十七，並記過名。　諸鈔庫官，輒以自己昏鈔，詭名倒換者，笞三十七，記過。　諸平準行用庫倒換昏鈔，多取工墨錢，庫官知而不會分贓者，減一等，並解職別敍。　主謀又受贓者，以枉法論，除名不敍。　諸白紙坊典守官，私受桑楮皮折價者，計贓以枉法論，除名不敍，仍追贓，收買本色還官。　諸京倉受糧，部官董之，外倉收糧，州縣長官董之。　收不如法致腐敗者，按治官通究之。　諸倉官委任親屬爲家丁，致盜糶官糧者，笞五十七，解職殿敍；同僚相容隱，四十七，解職。　諸倉官輒翻釘官斛，多收民租，主謀者笞五十七，同僚初不知情，既知而不能改正者，三十七，並解職別敍。　諸

京師每日散糶官米，人止一斗，權豪勢要及有祿之家，輒糴買者，笞二十七，追中統鈔二十五貫，付告人充賞。　諸官局造作典守，輒剋除材料者，計贓以枉法論，除名不敍。

諸運司辦課官，取受事發，辦課畢日追問；受代離職者，就問之。　諸鹽場官勘問人致死者，從轉運司差官攝其職，發犯人歸有司。　諸稅務官，輒以民到務文契，枉作匿稅，私其罰錢者，以枉法論，除名不敍。　諸財賦總管淘金提舉司存，雖有護持制書，事應糾劾者，監察御史廉訪司準法行之。　諸守庫藏軍官，夜不直宿，致有盜者，笞三十七，還職。　捕盜不獲者，團宿軍官軍人追陪所失物貨，俟獲盜徵贓給還。　若遇强劫，軍官軍人力所不及者，不在追斷之限。　諸雜造局院，輒與諸人帶造軍器者，禁之。　諸兩浙財賦府隸徽政者，掌治錢穀造作，歲終報成，以次年正月至于二月，從廉訪司稽其文書，違者糾之。

諸有司橋梁不修，道塗不治，雖修治而不牢强者，按治及監臨官究治之。　諸有司不以時修築隄防，霖雨既降，水潦並至，漂民廬舍，溺民妻子，爲民害者，本郡官吏各罰俸一月，縣官各笞二十七，典史各一十七，並記過名。

諸漕運官，輒受贓，縱水手人等以稻糠盜換官糧者，以枉法計贓論罪，除名不敍。　諸海道都漕運萬戶府所轄千戶已下有罪，萬戶問之；萬戶有罪，行省問之。　徇情者，監察御史廉訪司察之，漕事畢，然後廉訪司考其案

贖。諸海道運糧船戶，盜糶官糧，詐稱遭風覆沒者，計贓刺斷，雖會赦，仍刺之。

諸使臣行李，脫脫禾孫及驛吏輒敢搜檢者，禁之。諸使臣行橐過重，壓損驛馬，而脫脫禾孫與使臣交贈為好，不以法稱盤者，笞二十七，記過。諸急遞鋪，輒開所遞實封文書，妄入無名文字者，笞五十七。諸急遞鋪，每上下半月，府州判官縣主簿親臨檢視，所遞文字但有稽違、磨擦、沉匿，鋪司鋪兵即驗事重輕論罪，各路正官一員總之，廉訪司察之。其有弗職，親臨官初犯笞一十七，再犯加一等，三犯呈省別議，總提調官減親臨官一等。每季具申上司，有無稽違，仍於各官任滿日，解由開寫，而黜陟之。諸使臣輒騎懷駒馬者，取與各笞五十七，及以車易馬者，俱坐之。諸公主下嫁，迎送往還，並不得由傳置。諸使臣在城，輒騎占驛馬者禁之，違者罪之。諸驛使在道，奪回馬易所乘馬，馳至死者，償其直。若以私事故選良馬馳至死者，笞二十七，仍償其直。諸使臣多取分例，笞一十七，追所多還官，記過。使還人員，除軍情急務外，日不過三驛，驛官仍於關文標寫起止程期，違者各笞二十七，再犯罷役。諸乘驛使臣，或枉道營私，橫索祗待，或訪舊逸遊，餓損馬乘，並申聞斷治。諸使臣枉道馳驛者，笞五十七；脫脫禾孫擅依隨給驛者，依例科罰。諸驛使詐改公牒，多起馬者，杖八十七；其部押官馬，輒夾帶私馬，多取草料者，并沒入其私馬。諸朝廷軍情大事，奉旨遣使者，佩以金字圓符給驛，其餘小事，止用御寶聖旨。諸王公主駙馬

亦為軍情急務遣使者，佩以銀字圓符給驛，其餘止用御寶聖旨。若濫給者，從臺憲官糾察之。諸高麗使臣，所帶徒從，來則俱來，去則俱去，輒留中路郡邑買賣者，禁之；易馬出界者，禁之。諸出使官員，所至輒受官吏筵宴，及官吏輒相邀請，並從風憲糾察。諸使臣所過州縣，無故不得入城。有故入城者，止於公館安宿，輒宿於官民之家者，從風憲糾之。諸遣使開讀詔書，所過州郡就便開讀者聽，非所經由而輒往者禁之。若本宗事須親往者，不在此限。諸使臣所至之處，有親戚故舊，禮應追往者聽。諸受命出使還，匿給驛文字符節及錫貢之物，久不進者，杖六十七，記過。諸進表使臣，五日外不還職，託故稽留，他有營者，止所給驛，籍其姓名，罷黜之。諸出使郡國，使事之外，毋有所與，有必須上聞者，實封以聞。諸銜命出使，輒將有司刑囚審斷者，罪之。諸奉使循行郡縣，有告廉訪司官不法者，若其人嘗為風憲所黜罷，則與監察御史雜問之，餘聽專問。諸官吏公差，輒受人贐行禮物者，隨事論罪，官還職，吏發隣道貼補。

諸捕盜，境內若失過盜賊，却獲他境盜賊，許令功過相補。如獲他境强盜，或偽造寶鈔二起，各准境內强盜一起，無强者准竊盜二起。如獲竊盜，准亦如之。如境內無失，但獲强竊盜賊，依例理賞。若應捕之人，及事主等告指捕獲者，不賞。諸捕盜官，不得差遣，違者臺憲官糾之。諸捕盜官，任內失過盜賊，除獲別境盜準折外，三限不獲，强盜三起，竊盜五起，各笞一十七；强盜五起，竊盜十起，各笞二十七；强盜十起，竊盜十五起，各笞三十七。鎮守軍官一體捕限者同罪，親民提控捕盜〔官〕，減罪二等。〔二〕其限內獲賊及半者免罪，若諸人獲盜應賞者，賞之。諸南北兵馬司，職在巡警非違，捕逐盜賊，輒理民訟者，禁之。諸南北兵馬司，罪囚八十七以下，決遣；應刺配者，就刺配之。諸各路在城錄事錄判，分番巡捕，若有失盜，止坐巡捕官。諸職官非應捕之人，告獲反賊者，陞二等用。諸告獲强盜，每名官給賞錢至元鈔五十貫，竊盜二十五貫，親獲者倍之，獲强盜至五人與一官。諸捕獲弒逆兇徒，比獲强盜給賞。諸隨處鎮守軍官軍人，親獲强竊盜賊者，減半給賞。諸都城失盜，一年不獲者，勒巡軍陪償所盜財物，其敢差占巡軍者禁之。諸捕盜官捕獲强竊盜賊，不即牒發，淹禁死亡者，杖七十七，罷職。諸盜牛馬，悔過放還者，以竊盜已行不得財論，不徵倍贓賞錢；有司輒以常盜刺斷者，以刑名違錯科罰。諸捕盜官，輒受人遞至匿名文字，枉勘平人為盜，致因死獄中者，杖九十七，罷職不敍；正問官六十七，降先職二等敍；首領官笞四十七，注邊遠一任；承吏杖六十七，罷役不敍；主意寫匿名文書者，杖一百七，流遠；遞送匿名文書者，減二等；受命主事遞送者，減三等。諸捕盜官搜捕逆賊，輒將平人審問蹤跡，乘怒毆之，邂逅致死者，杖六十七，解職別敍，記過，徵燒埋銀給苦主。諸捕盜官受財故縱賊囚者，與犯人同罪，已敗獲者，徒杖並減一等。諸父有罪，不坐其子；兄

有罪，不坐其弟。

諸大宗正府理斷人命重事，必以漢字立案牘，以公文移憲臺，然後監察御史審覆之。諸有司非法用刑者，重罪之。已殺之人，輒欒割其肉而去者禁之，違者重罪之。諸鞫獄不能正其心，和其氣，感之以誠，動之以情，推之以理，輒施以大披挂及王侍郎繩索，并法外慘酷之刑者，悉禁止之。諸鞫問罪囚，除朝省委問大獄外，不得寅夜問事，廉訪司察之。諸各路推官專掌推鞫刑獄，平反冤滯，董理州縣刑名之事，其餘庶務，毋有所與，按治官歲錄其殿最，秩滿則上其事而黜陟之。凡推官若受差不聞上司，輒離職者，亦坐罪。諸處斷重囚，雖叛逆，必令臺憲審錄，而後斬於市曹。諸內外囚禁，從各路正官及監察御史廉訪司以時審錄，輕者斷遣，重者結案，其有冤滯，就糾察之。諸正蒙古人，除犯死罪，監禁依常法，有司毋得拷掠，仍日給飲食。犯真姦盜者，解束帶佩囊，散收。餘犯輕重者，以理對證，有司勿執拘之，逃逸者監收。諸奏決天下囚，值上怒，勿輒奏。上欲有所誅，必遲回一二日，乃覆奏。諸有司因公依理決罰，邂逅身死者，不坐。諸累過不悛，年七十以上，應罰贖者，仍減等科決。諸犯罪，二罪俱發，以重者論，罪等從一。若一罪先發，已經論決，餘罪後發，其輕若等，勿論，重者，更論之，通計前罪，以充後數。諸職官輒以微故，乘怒不取招詞，斷決人邂逅致死，又誘苦主焚瘞其屍者，笞五十七，解職別敍，記過。諸鞫獄輒以私

怨暴怒，去衣鞭背者，禁之。諸鞫問囚徒，重事須加拷訊者，長貳僚佐會議立案，然後行之，違者重加其罪。諸弓兵祗候獄卒，輒毆死罪囚者，爲首杖一百七，爲從減一等，均徵燒埋銀給苦主，其枉死應徵倍贓者，免徵。諸有司輒收禁無罪之人者，正官並笞一十七，記過。無招枉禁，致自縊而死者，笞三十七，期年後敍。諸有司輒將無辜枉禁，瘐死者，解職，降先品一等敍。諸有司承告被盜，輒將(景)〔警〕跡人，〔二〕非理枉勘身死，却獲正賊者，正問官笞五十七，解職，期年後，降先職一等敍；首領官及承吏，各五十七，罷役不敍；均徵燒埋銀給苦主，通記過名。諸有司受財故縱正賊，誣執非罪，非法拷訊，連逮妻子，衔冤赴獄，事未曉白，身已就死，正官杖一百七，除名，佐官八十七，降二等雜職敍，仍均徵燒埋銀。諸有司故入人罪，若未決者及囚自死者，以所入罪減一等論，入人全罪，以全罪論，若未決放，仍以減等論。諸故出人之罪，應全科而未決放者，從減等論，仍記過。諸失入人之罪者，減三等，失出人罪者減五等，未決放者又減一等，並記過。諸有司失出人死罪者，笞五十七，解職，期年後降先品一等敍，記過，正犯人追禁結案。諸有司輒將革前雜犯，承問斷遣者，以故入論。諸監臨挾仇，違法枉斷所監臨職官者，抵罪不敍。諸審囚官强愎自用，輒將蒙古人刺字者，杖七十七，除名，將已刺字去之。諸爲盜，並從有司歸問，各投下輒擅斷遣者，坐罪。諸鬬毆殺人，無輕重，並結案上省部詳讞。有司輒任情擅斷者，笞

五十七，解職，期年後，降先品一等敍。諸禁囚因械梏不嚴，致反獄者，直日押獄杖九十七，獄卒各七十七，司獄及提牢官皆坐罪，百日內全獲者不坐。諸罪在大惡，官吏受贓縱令私和者，罷之。諸司獄受財，縱犯姦囚人，在禁疏枷飲酒者，以枉法科罪，除名。

諸流囚，强盜持仗不曾傷人，但得財，若得財至二十貫，爲從；不持仗，不曾傷人，得財四十貫，爲從；及竊盜，割車剜房，傷事主，爲從；不曾傷事主，但曾得財；不曾得財，內有舊賊；初犯怯烈司盜駝馬牛，爲從；略賣良人爲奴婢一人；詐雕都省、行省印；套畫省官押字，動支錢糧，干礙選法；或妄造妖言犯上：並杖一百七，流奴兒干。初犯盜駝馬牛，爲首；及盜財三百貫以上；盜財十貫以下，經斷再犯；發塚開棺傷屍，內應流者；挑剜裨湊寶鈔，以眞作僞，再犯；知情買使僞鈔，三犯：並杖一百七，發肇州屯種。諸犯罪流遠逃歸，再獲，仍流。諸流囚居役，非遇元正、寒食、重午等節，並勿給假。諸配役囚徒，遇閏月，通理之。諸應徒流，未行，會赦者釋之；已行未至，會赦者亦釋之。諸囚徒配役，役所停罷者，會赦，免放。諸有罪，奉旨流遠，雖會赦，非奏請不得放還。諸徒罪，晝則帶鐐居役，夜則入囚牢房。其流罪發各處屯種者，止令監臨關防屯種。諸流遠囚徒，惟女直、高麗二族流湖廣，餘並流奴兒干及取海青之地。諸徒罪，無配役之所者，發鹽司居役。諸主守失囚者，減囚罪三等，長押流囚官中路失囚者，

視提牢官減主守罪四等，既斷還職。諸大小刑獄應監繫之人，並送司獄司，分輕重監收。諸掌刑獄，輒縱囚徒在禁飲博，及帶刀刃紙筆陰陽文字入禁者，罪之。

諸獄具，枷長五尺以上，六尺以下，闊一尺四寸以上，一尺六寸以下，〔三〕死罪重二十五斤，徒流二十斤，杖罪一十五斤，皆以乾木爲之，長闊輕重各刻誌其上。杻長一尺六寸以上，二尺以下，横三寸，厚一寸。鎖長八尺以上，一丈二尺以下，鐐連(環)〔鐶〕重三斤。〔四〕笞大頭徑二分七厘，小頭徑一分七厘，罪五十七以下用之。杖大頭徑三分二厘，小頭徑二分二厘，罪六十七以上用之。訊杖大頭徑四分五厘，小頭徑三分五厘，長三尺五寸，並刊削節目，無令筋膠諸物裝釘。應決者，並用小頭，其決笞及杖者，臀受；拷訊者，臀若股分受，務令均停。

諸郡縣佐貳及幕官，每月分番提牢，三日一親臨點視，其有枉禁及淹延者，即舉問。月終則具囚數牒次官，其在上都囚禁，從留守司提之。諸南北兵馬司，每月分番提牢，仍令提控案牘兼掌囚禁。諸鹽運司監收鹽徒，每月佐貳官分番董視，與有司同。諸內郡官仕雲南者，有罪依常律；土官有罪，罰而不廢。諸左右兩江所部土官，輒興兵相讎殺者，坐以叛逆之罪。其有妄相告言者，以其罪罪之。有司受財妄聽者，以枉法論。諸土官有能愛撫軍民，境內寧謐者，三年一次，保勘陞官。其有勳勞，及應陞賞承襲，文字

至帥府，輒非理疏駁，故爲難阻者，罷之。

祭令

諸國家有事于郊廟，凡獻官及百執事之人，受誓戒之後，散齊宿於正寢，致齊於祀所。散齊日治事如故，不弔喪問疾，不作樂，不判署刑殺文字，不決罰罪人，不與穢惡事。致齊日惟祀事得行，餘悉禁之。諸嶽鎮名山，國家之所秩祀，小民輒僭禮犯義，以祈禱褻瀆者，禁之。諸五嶽、四瀆、五鎮，國家秩祀有常，諸王公主駙馬輒遣人降香致祭者，禁之。諸郡縣宣聖廟，凡官員使臣軍馬，輒敢舘穀於內，有司輒敢聽訟宴飲於內，工官輒敢營造於內，並行禁之。諸書院同。諸每月朔望，郡縣長吏率其參佐僚屬，詣孔子廟拜謁禮畢，從學官升堂講說。其鄉村市鎮，亦擇有學問德行，可爲師長者，於農隙之時，以教導民。其有視爲迂緩而不務者，糾之。

學規

諸蒙古、漢人國子監學官任內，驗其教養出格生員多寡，以爲陞遷。博士教授有闕，從監察御史舉之，其不稱職者黜之，坐及元舉之官。諸國子生悖慢師長、及行禮失儀、言行

不謹、講誦不熟、功課不辨、無故廢學、有故不告輒出、告假違限、執事失愼、忿戾鬭爭，並委正、錄糾舉。除悖慢師長別議，餘者初犯戒諭，再犯、三犯約量責罰。其厨人、僕夫、門子，常切在學，供給使令，違者就便決責。諸國學居首善之地，六舘諸生，以次陞齋，毋或躐等。其有未應陞而求陞，及曾犯學規者，輕者降之，重者黜之。其敎之不以道者，監察御史糾之。諸國子監私試積分生員，其有不事課業，及一切違戾規矩，初犯罰一分，再犯罰二分，三犯除名。已補高等生員，其有違戾規矩，初犯殿試一年，再犯除名，並從學正、錄糾舉。正、錄知見不糾舉者，從本監議罰。在學生員，歲終實歷坐齋不滿半周歲者，並除名。除月假外，其餘告假，不用準算。學〔正〕、錄歲終通行考較。〔五〕漢人生員，三年不能通一經，及不肯篤勤者，勒令出學。諸奎章閣授經郎生員，每月朔望上弦下弦，給假四日；當入宿衛者，給假三日；餘有故須請假者，於授經郎稟說，附曆給假。無故不入學，第一次罰當日會食，第二次於師席前罰拜及當日會食，第三次於學士院及師席前罰拜及當日會食，三次不改，奏聞懲戒黜退。

諸隨路學校，計其錢糧多寡，養育生徒，提調正官時一詣學督視，必使課講有程，訓迪有法，賞勤罰惰，作成人材，其學政不舉者究之。諸敎官在任，侵盜錢糧，荒廢廟宇，敎養無實，行止不臧，有忝師席，從廉訪司糾之；任滿，有司輒朦朧給由者究之。諸贍學田土，

學官職吏或賣熟爲荒，減額收租，或受財縱令豪右占佃，陷沒兼幷，及巧名冒支者，提調官究之。諸貧寒老病之士，必爲衆所尊敬者，保申本路體覆無異，下本學養贍，仍移廉訪司察之；但有冒濫，從提調官改正。諸各處學校，爲講習作養之地，有司輒侵借其錢糧者，禁之。敎官不稱職者，廉訪司糾之。諸在任及已代敎官，輒攜家入學，褻瀆居止者，從廉訪司糾之。

諸各路醫學大小生員，不令坐齋肄業，有名無實，及在學而訓誨無法，課講鹵莽，苟應故事者，敎授、正、錄、提調官罰俸有差。諸醫人於十三科內，不能精通一科者，不得行醫。太醫院不精加考試，輒以私妄舉充隨朝太醫及內外郡縣醫官，內外郡縣醫學不依法考試，輒縱人行醫者，並從監察御史廉訪司察之。

軍律

諸軍官離職，屯軍離營，行軍離其部伍者，皆有罪。諸軍官不得擅離部署。赴闕言事，有必合言者，實封附遞以聞。諸隨處軍馬，有久遠營屯，或時暫經過，並從官給糧食，輒妨擾農民，阻滯客旅者，禁之。諸臨陣先退者，處死。諸統軍捕逐寇盜，分守要害，約相爲聲援，稽留失期，致殺死將士，仍不卽追襲者，處死，雖會赦，罷職不敍。諸軍民官，鎭守邊陲，帥兵擊賊，紀律無統，變易號令，背約失期，形分勢格，致令破軍殺將，或未戰逃歸，或棄城退走，復能建招徠之功者，減其罪，無功者，各以其罪罪之。諸防戍軍人於屯所逃者，杖一百七，再犯者處死。若科定出征，逃匿者，斬以徇。諸軍戶貧乏已經存恤而復逃者，杖八十七，發遣當軍。隱藏者減二等，兩隣知而不首者，又減隱藏罪二等。諸軍戶告乏求替者，從有司覆實之，其詐妄者，廉訪司究之。諸各衞扈從漢軍，每戶選練習壯丁一人常充，仍於貼戶內選兩人輪番供役，其有故必合替換者，自萬戶至于百戶，相視所換之可用，然後用之。百戶、千戶、萬戶私換者，驗名數多寡，論罪解降。諸管軍官吏，受錢代替軍空名者，驗入己錢數，以枉法科罪除名。令兄弟子姪驅丁代替者，驗名數多寡，論罪解降。諸軍馬征伐，虜掠良民，兇徒射利，略賣人口，或自賊殺，或以病亡棄屍道路，暴骸溝壑者，嚴行禁止。

戶婚

諸匠戶子女，使男習工事，女習黹繡，其輒敢拘刷者，禁之。諸係官當差人戶，非奉朝省文字，輒投充諸王及各投下給使者，論罪。諸僧道還俗，兄弟析居，奴放爲良，未入于籍者，應諸王諸子公主駙馬毋拘藏之。民有敢隱藏者，罪之。諸庶民有妄以漏籍戶及土田，

於諸王公主駙馬呈獻者，論罪；諸投下輒濫收者，亦罪之。諸官吏占人戶供給私用者，治罪。

諸有司治賦斂急，致貧民鬻男女爲輸者，追還所鬻男女，而正有司罪，價勿償。諸生女溺死者，沒其家財之半以勞軍。首者爲奴，卽以爲良。有司失舉者，罪之。諸民戶流移，所在有司起遣復業，輒以闌遺人收之者，禁之。諸鰥寡孤獨，老弱殘疾，窮而無告者，於養濟院收養。應收養而不收養，不應收養而收養者，罪其守宰，按治官常糾察之。諸被災流民，有司招諭復業。其年深不能復業及失所在者，蠲其賦。輒抑民包納者，從臺憲官糾之。諸年穀不熟，人民轉徙，所至旣經賑濟，復聚黨持仗，剽劫財物，毆傷平民者，除孤老殘疾不能自贍，任便居住，有司依前存養，其餘有子弟者，驗其家口，計程遠近，支與行糧，次第押還元籍，沿路復爲民害者，從所在有司斷遣。

諸蒙古、回回、契丹、女直、漢人軍前所俘人口，留家者爲奴婢，居外附籍者卽爲良民，已居外復認爲奴婢者，沒入其家財。諸收捕叛亂軍人，掠取生口，並從按治官及軍民官一同審閱，實爲賊黨妻屬者，給公據付之，無公據者，以掠良民之罪罪之。諸群盜降附，以所劫掠男女，充收捕官饋獻者，勿受，仍還爲民。無親屬可收係者，使男女相配，聽爲民。其留賊所者，悉縱之。諸收到被掠婦人，忘其鄉里，幷無親屬可歸者，有司與之嫁聘，所得聘

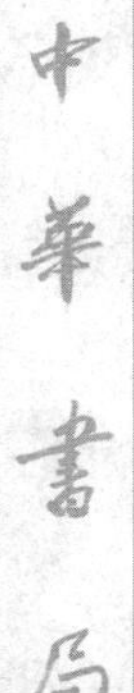

財，與資粧束。　諸軍民官輒隱藏降附人民，不令復業者，罪之。　諸籍沒人口，元主私典賣者，追收入官，徵價還主。　諸投下官員，招占已籍係官民匠戶計者，沒其家財，所占戶歸本籍。　諸投下所籍戶，令出五戶絲，餘悉勿與。　其有橫斂於民，從臺憲究之。

諸願棄俗出家爲僧道，若本戶丁多，差役不闕，及有兄弟足以侍養父母者，於本籍有司陳請，保勘申路，給據簪剃，違者斷罪歸俗。　諸河西僧人有妻子者，當差發、稅糧、鋪馬、次舍與庶民同。　其無妻子者，蠲除之。　諸父母在，分財異居，父母困乏，不共子職，及同宗有服之親，鰥寡孤獨，老弱殘疾，不能自存，寄食養濟院，不行收養者，重議其罪。　親族亦貧不能給者，許養濟院收錄。

諸典賣田宅，從有司給據立契，買主賣主隨時赴有司推收稅糧。　若買主權豪，官吏阿徇，不即過割，止令賣主納稅，或爲分派別戶包納，或爲立詭名，但受分文之贓，笞五十七，仍於買主名下，驗元價追徵，以半沒官，半付告者。　首領官及所掌吏，斷罪罷役。　諸典賣田宅，須從尊長書押，給據立帳，歷問有服房親，及隣人典主，不願交易者，限十日批退，違限不批退者，笞一十七。　願者限十五日議價，立契成交，違限不酬價者，笞二十七。　任便交易，親隣典主故相邀阻，需求書字錢物者，笞二十七。　業主虛張高價，不相由問成交者，笞三十七，仍聽親隣典主百日收贖，限外不得爭訴。　業主欺昧，故不交業者，笞四十七。　親隣

典主在他所者，百里之外，不在由問之限。　若違例事覺，有司不以理聽斷者，監察御史廉訪司糾之。　諸軍官軍人不歸營屯，到任官員不歸官舍，往來使臣不歸館驛，輒於民家居止，爲民害者，行省行臺起遣究治。　到任官無官舍，出私錢僦居者聽。　諸造謀以已賣田宅，誣買主占奪，脅取錢物者，計贓論罪，仍紅泥粉壁書過于門。　諸婚田訴訟，必於本年結絕，已經務停而不結絕者，從廉訪司及本管上司，正官吏之罪。　果經務停，而不結絕者，即與歸結，不在務停之限，違者罪亦如之。　其所爭田內租入，納稅之外，並從有司收貯，斷後隨田給付。

諸以女子典雇於人，及典雇人之子女者，並禁止之。　若已典雇，願以婚嫁之禮爲妻妾者，聽。　諸受錢典雇妻妾者，禁。　其夫婦同雇而不相離者，聽。　諸受財嫁賣妻妾，及過房弟妹者，禁。　諸乞養過房男女者，聽；轉賣爲奴婢者，禁之。　奴婢過房良民者，禁之。　諸守宰抑取部民男女爲奴婢者，杖七十七，期年後降二等雜職敍。　諸妄認良人爲奴，非理殘虐者，杖八十七，有官者罷之。　諸訴良得實，給據居住，候元籍親屬收領，無親屬者聽令自便。　諸奴婢背主在逃，杖七十七。

諸男女議婚，有以指腹割衿爲定者，禁之。　諸嫁娶之家，飲食宴好，求足成禮，以華侈相尙，暮夜不休者，禁之。　諸男女婚姻，媒氏違例多索聘財，及多取媒利者，諭衆決遣。

諸女子已許嫁而未成婚，其夫家犯叛逆，應沒入者，若其夫爲盜及犯流遠者，皆聽改嫁。　已成婚有子，其夫雖爲盜受罪，勿改嫁。　諸男女既定婚，其女犯姦事覺，夫家欲棄，則追還聘財，不棄則減半成婚。　若夫家輒詭以風聞姦事，恐脅成親者，笞五十七，離之。　諸遭父母喪，忘哀拜靈成婚者，杖八十七，離之，有官者罷之，仍沒其聘財，婦人不坐。　諸服內定婚，各減服內成親罪二等，仍離之，聘財沒官。　諸有女許嫁，已報書及有私約，或已受聘財而輒悔者，笞三十七；更許他人者，笞四十七；已成婚者，五十七；後娶知情者，減一等，女歸前夫。　男家悔者，不坐，不追聘財，五年無故不娶者，有司給據改嫁。　諸有女納壻，復逐壻，納他人爲壻者，杖六十七。　後壻同其罪，女歸前夫，聘財沒官。　諸職官娶娼爲妻者，笞五十七，解職，離之。　諸有妻妾，復娶妻妾者，笞四十七，離之。　在官者，解職記過，不追聘財。　諸先通姦被斷，復娶以爲妻妾者，雖有所生男女，猶離之。　諸轉嫁已歸未成婚男婦者，杖六十七，婦歸宗，聘財沒官。　諸受財以妻轉嫁者，杖六十七，追還聘財；娶者不知情，不坐，婦人歸宗。　諸以書幣娶人女爲妾，復受財轉嫁他人者，笞五十七，聘財沒官，妾歸宗，有官者罷之。　諸僧道悖教娶妻者，杖六十七，離之，僧道還俗爲民，聘財沒官。　諸典賣佃戶者，禁。　佃戶嫁娶，從其父母。　諸兄收弟婦者，杖一百七，婦九十七，離之。　雖出首，仍坐。　主婚笞五十七，行媒三十七。　諸居父母喪，姦收庶母者，各杖一百七，離之，有

官者除名。　諸漢人、南人，父沒子收其庶母，兄沒弟收其嫂者，禁之。　諸姑表兄弟嫂叔不相收，收者以姦論。　諸奴收主妻者，以姦論；强收主女者，處死。　諸爲子輒以亡父之妾與人，人輒受而私之，與者杖七十七，受者笞五十七。　諸受財强嫁所監臨妻，以枉法論，杖七十七，除名，追財沒官，妻還前夫。　諸良家女願與人奴爲婚者，即爲奴婢。　娶良家女爲妻，以爲奴婢賣之者，即改正爲良，賣主買主同罪，價沒官。　諸以童養未成婚男婦，轉配其奴者，笞五十七，婦歸宗，不追聘財。　諸逃奴有女，嫁爲良人妻，已有男女，而本主覺察者，追其聘財歸本主，婦人不離。　諸棄妻，已歸宗改嫁者，從其後夫。　諸棄妻改嫁，後夫亡，復納以爲妻者，離之。　諸夫婦不相睦，賣休買休者禁之，違者罪之，和離者不坐。　諸出妻妾，須約以書契，聽其改嫁。　以手模爲徵者，禁之。　諸婦人背夫、棄舅姑出家爲尼者，杖六十七，還其夫。　諸賣買良人爲倡，賣主買主同罪，婦還爲良，價錢半沒官，半付告者。　或婦人自陳，或因事發覺，全沒入之。　良家婦犯姦，爲夫所棄，或倡優親屬，願爲倡者聽。　諸倡女孕，勒令墮胎者，犯人坐罪，倡放爲良。　諸勒妻妾爲倡者，杖八十七。　以乞養良家女，爲人歌舞，給宴樂，及勒爲倡者，杖七十七，婦人並歸宗。　勒奴婢爲倡者，笞四十七，婦人放從良。　諸受財縱妻妾爲倡者，本夫與姦婦姦夫各杖八十七，離之。　其妻妾隨時自首者，不坐；若日月已久，纔自首者，勿聽。

校勘記

〔一〕親民提控捕盜〔官〕減罪二等　據上下文及元典章卷五一失盜的決不罰俸補。

〔二〕(景)〔警〕跡人　道光本與元典章合，從改。

〔三〕枷長五尺以上六尺以下闊一尺四寸以上一尺六寸以下　事林廣記別集卷三大元通制在「一尺六寸以下」之下尚有「厚二寸以下，一寸八分以上」十一字，此疑脫。

〔四〕鐐連(環)〔鐶〕重三斤　據事林廣記別集卷三大元通制改。

〔五〕學〔正〕錄歲終通行考較　本書卷八一選舉志作「學正、錄歲終通行考校」，據補。

元史卷一百四

志第五十二

刑法三

食貨

諸犯私鹽者，杖七十，徒二年，財產一半沒官，於沒物內一半付告人充賞。鹽貨犯界者，減私鹽罪一等。提點官禁治不嚴，〔一〕初犯笞四十，再犯杖八十，本司官與總管府官一同歸斷，三犯聞奏定罪。如監臨官及竈戶私賣鹽者，同私鹽法。諸僞造鹽引者斬，家產付告人充賞。失覺察者，鄰佑不首告，杖一百。商賈販鹽，到處不呈引發賣，及鹽引數外夾帶，鹽引不相隨，並同私鹽法。鹽已賣，五日內不赴司縣批納引目，杖六十，徒一年，因而轉用者同賣私鹽法。犯私鹽及犯界斷後，發鹽場充鹽夫，帶鐐居役，役滿放還。諸給散煎鹽竈戶工本，官吏通同剋減者，計贓論罪。諸大都南北兩城關廂，設立鹽局，官爲發賣，其餘

州縣鄉村並聽鹽商興販。諸賣鹽局官、煎鹽竈戶、販鹽客旅行鋪之家，輒插和灰土硝鹻者，笞五十七。諸蒙古人私煮鹽者，依常法。諸犯私鹽，會赦，家產未入官者，革撥。諸私鹽再犯，加等斷徒如初犯，三犯杖斷同再犯，流遠，婦人免徒，其博易諸物，不論巨細，科全罪。諸轉買私鹽食用者，笞五十七，不用斷沒之令。諸捕獲私鹽，止理見發之家，勿聽攀指平民。有榷貨，無犯人，以榷貨解官；無榷貨，有犯人，勿問。諸巡捕私鹽，非承告報明白，不得輒入人家搜檢。諸犯私鹽，被獲拒捕者，斷罪流遠，因而傷人者處死。諸巡鹽軍官，輒受財脫放鹽徒者，以枉法計贓論罪，奪所佩符及所受命，罷職不敍。

諸茶法，客旅納課買茶，隨處驗引發賣畢，三日內不赴所在官司批納引目者，杖六十，因而轉用，或改抹字號，或增添夾帶斤重，及引不隨茶者，並同私茶法。但犯私茶，杖七十，茶一半沒官，一半付告人充賞，應捕人同。若茶園磨戶犯者，及運茶船主知情夾帶，同罪。〔二〕有司禁治不嚴，致有私茶生發，罪及官吏。茶過批驗去處，不批驗者，杖七十。其僞造茶引者斬，家產付告人充賞。諸私茶，非私自入山採者，不從斷沒法。

諸產金之地，有司歲徵金課，正官監視人戶，自執權衡，兩平收受。其有巧立名色，廣取用錢，及多秤金數，剋除火耗，爲民害者，從監察御史廉訪司糾之。

諸出銅之地，民間敢私鍊者禁之。

諸鐵法，無引私販者，比私鹽減一等，杖六十，鐵沒官，內一半折價付告人充賞。僞造鐵引者，同僞造省部印信論罪，官給賞鈔二錠付告人。監臨正官禁治私鐵不嚴，致有私鐵生發者，初犯笞三十，再犯加一等，三犯別議黜降。客旅赴冶支鐵引後，不批月日出給，引鐵不相隨，引外夾帶，鐵沒官。鐵已賣，十日內不赴有司批納引目，笞四十，因而轉用，同私鐵法。凡私鐵農器鍋釜刀鎌斧杖及破壞生熟鐵器，不在禁限。江南鐵貨及生熟鐵器，不得於淮、漢以北販賣，違者以私鐵論。

諸衞輝等處販賣私竹者，竹及價錢並沒官，首告得實者，於沒官物約量給賞。犯界私賣者，減私竹罪一等。若民間住宅內外幷闌檻竹不成畝，本主自用外貨賣者，依例抽分。有司禁治不嚴者罪之，仍於解由內開寫。

諸私造唆魯麻酒者，同私酒法，杖七十，徒二年，財產一半沒官，有首告者，於沒官物內一半給賞。諸蒙古、漢軍輒醞造私酒醋麴者，依常法。諸犯禁飲私酒者，笞三十七。諸犯界酒，十瓶以下，罰中統鈔一十兩，笞二十，七十瓶以上，罰鈔四十兩，笞四十七，酒給元主。酒雖多，罰止五十兩，罪止六十。

諸匿稅者，物貨一半沒官，於沒官物內一半付告人充賞，但犯笞五十，入門不弔引，同匿稅法。諸辦課官，估物收稅而輒抽分本色者，禁之。其監臨官吏輒於稅課務求索什物

者，以盜官物論，取與同坐。諸辦課官所掌應稅之物，並三十分中取一，輒冒估直，多收稅錢，別立名色，巧取分例，及不應收稅而收稅者，各以其罪罪之，廉訪司常加體察。諸在城及鄉村有市集之處，課稅有常法。其在城稅務官吏，輒於鄉村妄執經過商賈匿稅者，禁之。諸辦課官，侵用增餘稅課者，以不枉法贓論罪。諸職官，印契不納稅錢者，計應納稅錢，以不枉法論。

諸市舶金銀銅錢鐵貨、男女人口、絲綿段匹、銷金綾羅、米糧軍器等，不得私販下海，違者舶商、船主、綱首、事頭、火長各杖一百七，船物沒官，有首告者，以沒官物內一半充賞，廉訪司常加糾察。諸市舶司於回帆物內，三十分抽稅一分，輒以非理受財者，計贓，以枉法論。諸舶商、大船給公驗，小船給公憑，每大船一，帶柴水船、八櫓船各一，驗憑隨船而行。或有驗無憑，及數外夾帶，即同私販，犯人杖一百七，船物並沒官，內一半付告人充賞。公驗內批寫物貨不實，及轉變滲泄作弊，同漏舶法，杖一百七，財物沒官，舶司官吏容隱，斷罪不敍。諸番國遣使奉貢，仍具貢物，報市舶司稱驗，若有夾帶，不與抽分者，以漏舶論。諸中賣寶貨，耗蠹國財者，禁之。諸雲南行使肌法，官司商賈輒以他肌入境者，禁之。

大惡

諸大臣謀危社稷者誅。諸無故議論謀逆，爲倡者處死，和者流。諸潛謀反亂者處死，安主及兩隣知而不首者同罪，內能悔過自首者免罪給賞，不應捕人首告者官之。諸謀反已有反狀，爲首及同情者陵遲處死，爲從者處死，知情不首者減爲從一等流遠，並沒入其家。其相須連坐者，各以其罪罪之。諸父謀反，子異籍不坐。諸謀反事覺，捕治得實，行省不得擅行誅殺，結案待報。諸匿反叛不首者，處死。諸妖言惑衆，嘯聚爲亂，爲首及同謀者處死，沒入其家；爲所誘惑相連而起者，杖一百七。諸假託神異，狂謀犯上者，處死。諸亂言犯上者處死，仍沒其家。諸指斥乘輿者，非特恩，必坐之。諸妄撰詞曲，誣人以犯上惡言者，處死。諸職官輒指斥詔旨亂言者，雖會赦，仍除名不敍。

諸子孫弒其祖父母、父母者，陵遲處死，因風狂者處死。諸醉後毆其父母，父母無他子，告乞免死養老者，杖一百七，居役百日。諸子弒其繼母者，與嫡母同。諸部內有犯惡逆，而隣佑、社長知而不首，有司承告而不問，皆罪之。諸子弒其父母，雖瘐死獄中，仍支解其屍以徇。諸毆傷祖父母、父母者，處死。諸謀殺已改嫁祖母者，仍以惡逆論。諸挾仇毆死義父，及殺傷幸獲生免者，皆處死。諸圖財殺傷義母者，處死。諸爲人子孫，或因

貧困，或信巫覡說誘，發掘祖宗墳墓，盜其財物，賣其塋地者，驗輕重斷罪。移棄屍骸，不爲祭祀者，同惡逆結案。買者知情，減犯人罪二等，價錢沒官；不知情，臨事詳審，有司仍不得出給賣墳地公據。諸爲人子孫，爲首同他盜發掘祖宗墳墓，盜取財物者，以惡逆論，雖遇大赦原免，仍刺字徙遠方屯種。諸婦毆舅姑者，處死。諸因姦毆死其夫及其舅姑者，陵遲處死。

諸弟殺其兄者，處死。諸父子同謀殺其兄，欲圖其財而收其嫂者，父子並陵遲處死。諸兄因爭，毆其弟，弟還毆其兄，邂逅致死，會赦，仍以故殺論。諸嫂叔爭，殺死其嫂者，處死。諸因爭虐殺其兄者，雖死仍戮其屍。諸因爭移怒，戳傷其兄者，於市曹杖一百七，流遠。諸挾仇毆死其伯叔母者，處死。諸因爭，兄弟同謀毆死諸父者，皆處死。諸挾仇，故殺其從父，偶獲生免者，罪與已死同。諸妻因爭，殺其夫者，處死。諸婦人問醫人買毒藥殺其夫者，醫人同處死。諸妻殺傷其夫，幸獲生免者，同殺死論。諸婿因醉，殺其婦翁，偶獲生免者，罪與已死同。

諸奴殺傷本主者，處死。諸奴詬詈其主不遜者，杖一百七，居役二年，役滿日歸其主。諸奴故殺其主者，陵遲處死。諸奴毆死主婿者，處死。

諸挾仇殺傷人一家，俱獲生免者，與已死同。其同謀悔過不至者，減等論。諸以姦盡殺其母黨一家者，陵遲處死。諸兄挾仇，與子同謀殺其弟一家者，皆處死。

諸支解人，煮以爲食者，以不道論，雖瘐死，仍徵燒埋銀給苦主。諸魘魅大臣者，處死。諸妻魘魅其夫，子魘魅其父，會大赦者，子流遠，妻從其夫嫁賣。諸造蠱毒中人者，處死。諸採生人支解以祭鬼者，陵遲處死，仍沒其家產。其同居家口，雖不知情，並徙遠方。已行而不曾殺人者，比強盜不曾傷人、不得財，杖一百七，徒三年。〔三〕謀而未行者，九十七，徒二年半。其應死之人，能自首，或捕獲同罪者，給犯人家產，應捕者減半。

姦非

諸和姦者，杖七十七；有夫者，八十七。誘姦婦逃者，加一等，男女罪同，婦人去衣受刑。未成者，減四等。強姦有夫婦人者死，無夫者杖一百七，未成者減一等，婦人不坐。其媒合及容止者，各減姦罪三等，止理見發之家，私和者減四等。諸指姦不坐。諸無夫婦人有孕，稱與某人姦，卽同指姦，罪止本婦。諸宿衞士與宮女姦者，出軍。諸翁欺姦男婦，已成者處死，未成者杖一百七，男婦歸宗。和姦者皆處死。男婦虛執翁姦已成，有司已加翁拷掠，男婦招虛者，處死；虛執翁姦未成，已加翁拷掠，男婦招虛者，杖一百七，發付夫家從其嫁賣。婦告或翁告同。若男婦告翁強姦已成，却問得翁欲欺姦未成，男婦妄告重事，笞三十七，歸宗。諸欺姦義男婦，杖一百七，欺姦不成，杖八十七，婦並不坐。婦及其

夫異居當差，雖會赦，仍異居。諸男婦與姦夫謀誣翁欺姦，買休出離者，杖一百七，從夫嫁賣，姦夫減一等，買休錢沒官。諸與弟妻姦者，各杖一百七，姦夫流遠，姦婦從夫所欲。諸嫂寡守志，叔強姦者，杖九十七。諸與同居姪婦姦，各杖一百七，有官者除名。諸強姦姪婦未成者，杖一百七。諸與兄弟之女姦，皆處死；與從兄弟之女姦，減一等；與族兄弟之女姦，減二等。諸居父母喪欺姦父妾者，各杖九十七，婦人歸宗。諸姦私再犯者，罪加二等，婦人聽其夫嫁賣。諸因姦偷遞家財，止以姦論。諸雇人之妻爲妾，年滿而歸，雇主復與通，卽以姦論。因又與殺其夫者，皆處死。諸子犯姦，父出首，仍坐之，諸姦不理首原。諸姦生男女，男隨父，女隨母。諸僧尼道士女冠犯姦，斷後並勒還俗。諸強姦人幼女者處死，雖和同強，女不坐。凡稱幼女，止十歲以下。諸年老姦人幼女，杖一百七，不聽贖。諸十五歲未成丁男，和姦十歲以下女，雖和同強，減死，杖一百七，女不坐。諸強姦十歲以上女者，杖一百七。諸強姦妻前夫男婦未成，及強姦妻前夫女已成，並杖一百七，妻離之。諸三男強姦一婦者，皆處死，婦人不坐。諸職官犯姦者，如常律，仍除名，但有祿人犯者同。諸職官求姦未成者，笞五十七，解見任，雜職敍。諸職官因詣部民妻，致其夫棄妻者，杖六十七，罷職，降二等雜職敍，記過。諸職官強姦部民妻未成，杖一百七，除名不敍。諸職官因姦，買部民妾，姦非姦所捕

獲，止以買部民妾論，笞三十七，解職別敍。諸監臨官與所監臨囚人妻姦者，杖九十七，除名。諸職官與倡優之妻姦，因娶爲妾者，杖七十七，罷職不敍。諸監臨令人姦汚所部寡婦者，杖八十七，除名。諸蠻夷官，擅以籍沒婦人爲妻者，杖八十七，罷職記過，婦人笞四十七。

諸主姦奴妻者，不坐。諸奴有女，已許嫁爲良人妻，卽爲良人，其主輒欺姦者，杖一百七，其妻縱之者，笞五十七，其女夫家仍願爲婚者，減元議財錢之半，不願者，追還元下聘財，令父收管，爲良改嫁。諸強姦主妻者，處死。諸奴姦主女者，處死。諸以傔從與命婦姦，以命婦從姦夫逃者，皆處死。諸奴與主妾姦者，各杖九十七。諸奴婢相姦，笞四十七。諸良民竊奴婢生子，子隨母還主，奴竊良民生子，子隨母爲良，仍異籍當差。

諸夫受財，縱妻爲倡者，夫及姦婦、姦夫各杖八十七，離之。若夫受財，勒妻妾爲倡者，要量情論罪。諸和姦，同謀以財買休，却娶爲妻者，各杖九十七，姦婦歸其夫。諸夫妻不睦，夫以威虐，逼其妻指與人姦者，杖七十七，妻不坐，離之。諸壻誣妻父與女姦者，杖九十七，妻離之。諸夫指姦而棄其妻，所指姦夫輒停妻而娶之者，兩離之。

諸姦夫姦婦同謀殺其夫者，皆處死，仍於姦夫家屬徵燒埋銀。諸因姦殺其本夫，姦婦不知情，以減死論。諸妻與人姦，同謀藥死其夫，偶獲生免者，罪與已死同，依例結案。

諸婦人爲首，與衆姦夫同謀，親殺其夫者，陵遲處死，姦夫同謀者如常法。諸夫獲妻姦，妻拒捕，殺之無罪。諸與無夫婦姦，約爲妻，却毆死正妻者，處死。諸與姦婦同謀藥死其正妻者，皆處死。諸妻妾與人姦，夫於姦所殺其姦夫及其妻妾，及爲人妻殺其強姦之夫，並不坐。若於姦所殺其姦夫，而妻妾獲免，殺其妻妾，而姦夫獲免者，杖一百七。諸姦夫殺死姦婦者，與故殺常人同。諸求姦不從，毆死其婦，以強盜持仗殺人論。諸兩姦夫與一姦婦，皆有宿約，其先至者因鬬，殺其後至者，以故殺論。

盜賊

諸盜賊共盜者，併贓論，仍以造意之人爲首，隨從者各減一等。或二罪以上俱發，從其重者論之。諸竊盜初犯，刺左臂，謂已得財者。再犯刺右臂，三犯刺項。強盜初犯刺項，並充(景)〔警〕跡人，〔四〕官司以法拘檢關防之。其蒙古人有犯，及婦人犯者，不在刺字之例。諸評盜(賊)〔贓〕者，〔五〕皆以至元鈔爲則，除正贓外，仍追倍贓。其有未獲賊人，及雖獲無可追償，並於有者名下追徵。諸犯徒者，徒一年，杖六十七；一年半，杖七十七；二年，杖八十七；二年半，杖九十七；三年，杖一百七。皆先決訖，然後發遣合屬，帶鐐居役。應配役人，隨有金銀銅鐵洞冶、屯田、隄岸、橋道一切等處就作，令人監視，日計工程，滿日放還，充(景)

〔警〕跡人。　諸盜未發而自首者，原其罪；能捕獲同伴者，仍依例給賞。其於事主有所損傷，及准首再犯，不在原免之例。　諸杖罪以下，府州追勘明白，即聽斷決。徒罪，總管府決配，仍申合干上司照驗。流罪以上，須牒廉訪司官，審覆無冤，方得結案，依例待報。其徒伴有未獲，追會有不完者，如復審既定，贓驗明白，理無可疑，亦聽依上歸結。

諸強盜持仗但傷人者，雖不得財，皆死。不曾傷人，不得財，徒二年半；但得財，徒三年；至二十貫，爲首者死，餘人流遠。不持仗傷人者，惟造意及下手者死。不曾傷人，不得財，徒一年半；十貫以下徒二年；每十貫加一等，至四十貫，爲首者死，餘人各徒三年。若因盜而姦，同傷人之坐，其同行人止依本法，謀而未行者，於不得財罪上，各減一等坐之。

諸竊盜始謀而未行者，笞四十七；已行而不得財者，五十七；得財十貫以下，六十七；至二十貫，七十七。每二十貫加一等，一百貫，徒一年，每一百貫加一等，罪止徒三年。　諸盜庫藏錢物者，比常盜加一等，贓滿至五百貫以上者流。

諸盜駝馬牛驢騾，一陪九。盜駱駝者，初犯爲首九十七，徒二年半，爲從八十七，徒二年；再犯加等；三犯不分首從，一百七，出軍。盜馬者，初犯爲首八十七，徒二年，爲從七十七，徒一年半；再犯加等，罪止一百七，出軍。盜牛者，初犯爲首七十七，徒一年半，爲從六十七，徒一年；再犯加等，罪止一百七，出軍。盜驢騾者，初犯爲首六十七，徒一年，爲從五

十七，刺放；再犯加等，罪止徒三年。盜羊猪者，初犯爲首五十七，刺放，爲從四十七，刺放；再犯加等，罪止徒三年。盜係官駝馬牛者，比常盜加一等。

諸劫賊既款附得官，復以捕賊爲由，虐取民財者，計贓論罪，流遠。　諸強盜再犯，仍刺。

諸強盜殺傷事主，不分首從，皆處死。　諸強奪人財，以強盜論。　諸以藥迷瞀人，取其財者，以強盜論。　諸白晝持仗，剽掠得財，毆傷事主；若得財，不曾傷事主，並以強盜論。　諸官民行船，遭風著淺，輒有搶虜財物者，比同強盜科斷。若會赦，仍不與眞盜同論，徵贓免罪。　諸強盜出外國，其邊臣執以來獻者，賜金帛以旌之。　諸盜乘輿服御器物者，不分首從，皆處死。知情領賣，剋除價錢者，減一等。

諸盜官錢，追徵未盡，到官禁繫既久，實無可折償者，除之。　諸守庫軍，但盜庫中財物者，處死，會赦者仍刺之。　諸內藏典守，輒盜庫中財物者，處死。　諸造鈔庫工匠，私藏合毀之鈔出庫者，杖一百七。監臨失關防者，笞三十七。　諸盜印鈔庫鈔者，處死。　諸檢昏鈔行人，盜取昏鈔，爲監臨搜獲，不得財者，以盜庫藏錢物不得財，加等論，杖七十七。　諸燒鈔庫合干檢鈔行人，輒盜昏鈔出庫分使者，刺斷。　諸盜局院官物，雖贓不滿貫，仍加等，杖七十七，刺字。　諸工匠已關出庫物料，成造及額餘外，不曾還官，因盜出局者，斷罪，免刺。　諸盜已到倉官糧，而未離倉事覺者，以不得財論，免刺。　諸盜官員符節，比常盜加一

等，計贓坐罪。　諸盜官府文卷，作故紙變賣者，杖七十七，同竊盜，刺字。買卷人，笞四十七。

諸圖財謀故殺人多者，陵遲處死，仍驗各賊所殺人數，於家屬均徵燒埋銀。　諸圖財陷溺人于死，幸獲生免者，罪與已死同。　諸圖財殺死他人奴婢，即以圖財殺人論。　諸奴盜主財而逃，送其逃者，輒殺其奴，而取其財，即以強盜殺人論。

諸發塚，已開塚者同竊盜，開棺槨者同強盜，毀屍骸者同傷人，仍於犯人家屬徵燒埋銀。　諸挾仇發塚，盜棄其屍者，處死。　諸發塚得財不傷屍，杖一百七，刺配。　諸盜發諸王駙馬墳寢者，不分首從，皆處死。看守禁地人，杖一百七，三分家產，一分沒官，同看守人杖六十七。

諸事主殺死盜者，不坐。　諸寅夜潛入人家，被毆傷而死者，勿論。

諸於迴野盜伐人材木者，免刺，計贓科斷。　諸被脅從上盜，至盜所，復逃去，不以爲從論。　諸竊盜贓不滿貫，斷罪，免刺。　諸子爲盜，父殺之，不坐。　諸爲盜，初經刺斷，再犯姦私，止以姦爲坐，不以爲盜再犯論。　諸奴婢數爲盜，應識過於門者，其主不知情，不得輒書於其主之門。　諸被誘脅上盜，不曾分贓，而容隱不首者，杖六十七，免刺。　諸先盜親屬財，免刺，再盜他人財，止作初犯論。　諸先犯誘姦婦人在逃，後犯竊盜，二事俱發，以誘姦

爲重，杖從姦，刺從盜。　諸瘖啞爲盜，不論瘖啞。　諸詐稱搜稅，攔頭剽奪行李財物者，以盜論，刺斷，充(景)〔警〕跡人。　諸盜米糧，非因饑饉者，仍刺斷。　諸盜塔廟神像服飾，無人看守者，斷罪，免刺。　諸事主及盜私相休和者，同罪；所盜錢物頭匹、倍贓等，沒官。　諸竊盜應徒，若有祖父母、父母年老，無兼丁侍養者，刺斷免徒；再犯而親尚存者，候親終日，發遣居役。　諸女直人爲盜，刺斷同漢人。　諸年饑民窮，見物而盜，計贓斷罪，免刺配及徵倍贓。　諸竊盜，一歲之中頻犯者，從一重，論刺斷。　諸爲盜以所得贓與人博不勝，失所得贓，事覺追正贓，仍坐博者罪。　諸年饑，迫其子若壻同持仗行劫，子若壻減死一等，坐免刺，充(景)〔警〕跡人。　諸父爲人誘爲盜，疾不能往，命其子從之，而分其贓者，父減爲從一等，免刺，子以爲從論。　諸兄逼未成丁弟同上盜，減爲從一等論，仍罰贖。　諸兄弟同盜，罪皆至死，父母老而乏養者，內以一人情罪可逭者，免死養親。　諸兄弟同盜，皆刺。　諸父子兄弟頻同上盜，從凡盜首從論。　諸父子兄弟同爲強盜者，皆處死。　諸夫謀爲強盜，妻不諫，反從之盜者，減爲從一等論罪。

諸親屬相盜，謂本服緦麻以上親，及大功以上共爲婚姻之家，犯盜止坐其罪，並不在刺字、倍贓、再犯之限。　其別居尊長於卑幼家竊盜，若強盜及卑幼於尊長家行竊盜者，緦麻小功減凡人一等，大功減二等，期親減三等，強盜者準凡盜論，殺傷者各依故殺傷法。　若同居

卑幼將人盜己家財物者，五十貫以下，笞二十七，每五十貫加一等，罪止五十七，他人依常盜減一等。　諸姑表姪盜姑夫財，同親屬相盜論。　諸女在室，喪其父，不能自存，有祖父母而不之卹，因盜祖父母錢者，不坐。　諸弟爲首强劫從兄財，卽以强盜論。　諸嘗過房他人子孫以爲子孫，輒盜所過房之家財物者，卽以親屬相盜論。

諸奴盜主財，應流遠，而主求免者聽。　諸奴盜主財，斷罪，免刺。　諸盜雇主財者，免刺，不追倍贓。　盜先雇主財者，同常盜論。　諸佃客盜地主財，同常盜論。　諸同主奴相盜，斷罪，免刺配，不追倍贓。　諸盜同受雇人財，不以同居論。　諸賃屋與房主同居，而盜房主財者，與常盜論。　諸盜同本財者，笞五十七，不以眞盜計贓論。

諸巡捕軍兵因自爲盜者，比常盜加一等論罪；若自相覺察，告捕到官，或嘗共爲盜，首獲同伴者，免罪給賞。　諸軍人爲盜，刺斷，免充(景)〔警〕跡人，仍追賞錢給告者。　諸守庫藏軍人，輒爲首誘引外人偷盜官物，但經二次三次入庫爲盜，及提鈴把門軍人，受贓縱賊者，皆處死。　爲從者杖一百七，刺字流遠。　諸見役軍人在逃，因爲竊盜得財，杖一百七，仍刺字，杖從逃軍，刺從盜。　諸軍人在路奪人財物，又迫逐人致死非命者，爲首杖一百七，爲從七十七，徵燒埋銀給苦主。

諸婦人爲盜，斷罪，免刺配及〔充〕(景)〔警〕跡人，〔六〕免徵倍贓，再犯并坐其夫。　諸婦人寡居與人姦，盜舅姑財與姦夫，令娶己爲妻者，姦非姦所捕獲，止以同居卑幼盜尊長財爲坐，笞五十七，歸宗，姦夫杖六十七。

諸爲僧竊取佛像腹中裝者，以盜論。　諸僧道爲盜，同常盜，刺斷，徵倍贓，還俗充(景)〔警〕跡人。　諸僧道盜其親師祖、師父及同師兄弟財者，免刺，不追倍贓，斷罪還俗。

諸幼小爲盜，事發長大，以幼小論。　未老疾爲盜，事發老疾，以老疾論。　其所當罪，聽贖，仍免刺配，諸犯罪亦如之。　諸年未出幼，再犯竊盜者，仍免刺贖罪，發充(景)〔警〕跡人。　諸竊盜年幼者爲首，年長者爲從，爲首仍聽贖免刺配，爲從依常律。　諸掏摸人身上錢物者，初犯、再犯、三犯，刺斷徒流，並同竊盜法，仍以赦後爲坐。　諸以七十二局欺誘良家子弟、富商大賈，博塞錢物者，以竊盜論，計贓斷配。　諸夜發同舟橐中裝，取其財者，與竊盜眞犯同論。

諸略賣良人爲奴婢者，略賣一人，杖一百七，流遠；二人以上，處死；爲妻妾子孫者，一百七，徒三年，因而殺傷人者，同强盜法。　若略而未賣者，減一等，和誘者又各減一等，及和同相賣爲奴婢者，各一百七。　略誘奴婢，貨賣爲奴婢者，各減誘略良人罪一等；爲妻妾子孫者，七十七，徒一年半；知情娶(賣)〔買〕及藏匿受錢者，〔七〕各遞減犯人罪一等。　假以過房乞養爲名，因而貨賣爲奴婢者，九十七，引領牙保知情，減二等，價沒官，人給親。　如無元買契券，有司輒給公據者，及承告不卽追捕者，並笞四十七。　關津主司知而受財縱放者，減犯人罪三等，除名不敍，失檢察者笞二十七。　如能告獲者，略人每人給賞三十貫，和誘每人二十貫，以至元鈔爲則，於犯人名下追徵，無財者徵及知情安主，牙保應捕人減半。　其事未發而自首者，若同黨能悔過自首，擒獲其徒黨者，並原其罪，仍給賞之半。　再犯及因略傷人者，不在首原之例。　諸婦人誘賣良人，罪應徒者，免徒。　諸職官誘略良人爲奴，革後不首，仍除名不敍，所誘略人給親。

諸兄盜牛，脅其弟同宰殺者，弟不坐。　諸白晝剽奪驛馬，爲首者處死，爲從減一等流遠。

諸盜親屬馬牛，事未覺自首，願償價，不從，既送官，仍以自首論免刺。　諸强盜行劫，爲主所逐，分散奔走，爲首者殺傷隣人，爲從者不知，不以殺傷事主不分首從論，爲首者處死，爲從者杖一百七，刺配。　諸竊盜棄財拒捕，毆傷事主者，杖一百七，免刺。　諸爲盜先竊後强，會赦，其下手殺傷事主者，不赦，餘仍刺而釋之。　諸盜賊分贓不均，從賊欲首，爲首賊所殺者，仍以謀故殺人論。　諸盜賊聞赦，故殺捕盜之人者，不赦。

諸藏匿强竊盜賊，有主謀糾合，指引上盜，分受贓物者，身雖不行，合以爲首論。　若未行盜，及行盜之後，知情藏匿之家，各減强竊從賊一等科斷，免刺，其已經斷，怙終不改者，與從賊同。　諸謀欲圖人所質之田，輒遣人强劫贖田之價者，主謀、下手一體刺斷，其卑幼爲尊長驅役者免刺。

諸盜賊應徵正贓及燒埋銀，貧無以備，令其折庸。　凡折庸，視各處庸價而會之。　庸滿，發元籍，充(景)〔警〕跡人。　婦人日準男子工價三分之二，官錢役於旁近之處，私錢役於事主之家。　諸盜賊得財，用於酒肆倡優之家，不知情，止於本盜追徵。　其所盜卽官錢，雖不知情，於所用之家追徵。　若用買貨物，還其貨物，徵元贓。　諸奴婢盜人牛馬，既斷罪，其贓無可徵者，以其人給物主，其主願贖者聽。　諸盜官錢，追徵未盡，到官禁繫既久，實無可折償者，除之。　諸係官人口盜人牛馬，免徵倍贓。　諸盜賊正贓已徵給主，倍贓無可追理者，免徵。　諸盜賊正贓，或典質於人，典主不知情，而歸其贓，仍徵還元價。　諸遐荒盜賊，盜駝馬牛驢羊，倍贓無可徵者，就發配役出軍。

諸盜先犯後發，與後犯先發罪同者，勿論。　諸先犯强盜刺斷，再犯竊盜，止依再犯竊盜刺配。　諸出軍賊徒在逃，初犯杖六十七，再犯加二等，罪止一百七，仍發元流所出軍。

諸强竊盜充(景)〔警〕跡人者，五年不犯，除其籍。　其能告發，及捕獲强盜一名，減二年，二名比五年，竊盜一名減一年，應除籍之外，所獲多者，依常人獲盜理賞，不及數者，給憑通理。　籍既除，再犯，終身拘籍之。　凡(景)〔警〕跡人緝捕之外，有司毋差遣出入，妨其理生。

諸(景)〔警〕跡人，有不告知隣佑，輒離家經宿，及游惰不事生産作業者，有司究之，鄰佑有失覺察者，亦罪之。諸(景)〔警〕跡人受命捕盜，既獲其盜，却挾恨殺其盜而取其財，不以平人殺有罪賊人論。諸色目人犯盜，免刺科斷，發本管官司設法拘檢，限內改過者，除其籍。無本管官司發付者，從有司收充(景)〔警〕跡人。

諸爲盜經刺，自除其字，再犯非理者，補刺。五年不再犯，已除籍者，不補刺，年未滿者仍補刺。諸盜賊赦前擅去所刺字，不再犯，赦後不補刺。諸應刺左右臂，而臂有雕青者，隨上下空歇之處刺之。諸犯竊盜已經刺臂，却偏文其身，覆蓋元刺，再犯竊盜，於手背刺之。諸累犯竊盜，左右項臂刺徧，而再犯者，於項上空處刺之。

諸子盜父首，弟盜兄首，壻盜翁首，並同自首者免罪。諸奴盜主首者，斷罪免刺，不徵倍贓，仍付其主爲奴。諸奮從上盜，而不受贓者，止以不首之罪罪之，杖六十七，不刺。諸爲盜悔過，以所盜贓還主者免罪。諸爲盜得財者，聞有涉疑根捕，却以贓還主者，減二等論罪，免徒刺及倍贓。諸竊盜因事主盤詰，而自首服，其贓未還主者，計贓減二等論罪，刺字。諸盜賊，爲首者自首，免罪，爲從不首仍全科。諸無服之親，相首爲盜，止科其罪，免刺配倍贓。諸竊盜悔過，以贓還主不盡，其餘贓猶及刺罪者，仍刺之。

校勘記

〔一〕提點官禁治不嚴　「提點」，元典章卷二二恢辦課程條畫作「提調」。此處疑「點」當作「調」。

〔二〕及運茶船主知情夾帶　道光本據元典章補字，「運茶船主」作「運茶車船主」。

〔三〕已行而不曾殺人者比强盜不曾傷人不得財杖一百七徒三年　按本卷下文有「諸强盜持仗但傷人者，雖不得財，皆死。不曾傷人，不得財，徒二年半，但得財，徒三年」，與此互異。疑此處「不得財」之「不」字係「但」字之誤。

〔四〕(景)〔警〕跡人　見卷一〇三校勘記〔三〕。下同。

〔五〕諸詐盜(賊)〔贓〕者　據元典章卷四九强竊盜賊通例改。

〔六〕免刺配及〔充〕(景)〔警〕跡人　從道光本補。

〔七〕知情要(賣)〔買〕及藏匿受錢者　據元典章卷五七略賣良人新例改。

元史卷一百五

志第五十三

刑法四

詐僞

諸主謀僞造符寶，及受財鑄造者，皆處死。同情轉募工匠，及受募刻字者，杖一百七。僞造制敕者，與符寶同。諸妄增減制書者，處死。諸近侍官輒詐傳上旨者，杖一百七，除名不敍。諸僞造省府印信文字，但犯制敕者處死。若僞造省府劄付者，杖一百七，再犯流遠。知情不首者，八十七。其文理訛謬不堪行用者，九十七。若僞造司縣印信文字，追呼平民，勒取財物者，初犯杖七十七，累犯不悛者一百七。諸僞造宣慰司印信契本，及商稅務青由欺冒商賈者，杖一百七。諸赦前僞造省印，赦後不曾銷毀，杖七十七，有官者奪所受宣敕，除名不敍。諸掾屬輒造省官押字，盜用省印，賣放官職者，雖會赦，流遠。諸僞

造稅物雜印，私熬顏色，僞稅物貨者，杖八十七。告捕得實者，徵中統鈔一百貫充賞。物主知情，減犯人罪一等，其匿稅之物，一半沒官，於沒官物內一半付告人充賞，不知情者不坐，物給元主。其捕獲人擅自脫放者，減犯人罪二等，受財者與犯人同罪。諸省部小史，爲人誤毀行移檢扎，輒自刻印信，僞補署押，求蓋本罪，無他情弊者，杖七十七，發元籍。諸僧道僞造諸王印信及令旨抄題者，處死。諸盤獲僞造印信之人，同獲强盜給賞。諸告獲私造曆日者，賞銀一百兩。如無太史院曆日印信，便同私曆造者，以違制論。諸受財賣他人敕牒，及收買轉賣者，杖一百七，刺面發元籍，買者杖八十七，發元籍。諸職官被差，以疾輒令人代乘驛傳而往者，杖六十七，代者笞五十七。諸公差，於官船夾帶從人，冒支分例者，笞一十七，記過，支過分例米，追徵還官。

諸詐稱使臣，僞寫給驛文字，起馬匹舟船者，杖一百七。有司失覺察，輒憑無印信關牒倒給者，判署官笞三十七，首領官吏四十七。諸職官詐傳上司言語，擅起驛馬者，杖六十七。脫脫禾孫依隨擅給驛馬者，笞五十七，並解職別敍，記過，驛官二十七，還職。諸詐稱按部官，恐嚇官吏者，杖六十七。諸詐稱監臨長官署置差遣，欺取錢物者，杖八十七，錢物沒官。諸詐稱奉使所委官，聽理民訟者，杖九十七。詐稱隨行令史者，笞五十七。

諸僞造寶鈔，首謀起意，并雕板抄紙，收買顏料，書塡字號，窩藏印造，但同情者皆處

死，仍沒其家產。兩隣知而不首者，杖七十七。坊〔里〕正、主首、社長失覺察，〔一〕并巡捕軍兵，各笞四十七。捕盜官及鎮守巡捕軍官各三十七，未獲賊徒，依强盜立限緝捕。買使僞鈔者，初犯杖一百七，再犯加徒一年，三犯科斷流遠。諸捕獲僞鈔，賞銀五錠，給銀不給鈔。諸父子同造僞鈔者，皆處死。諸父造僞鈔，子聽給使，不與父同坐；子造僞鈔，父不同造，不與子同坐。諸夫僞造寶鈔者，妻不坐。諸僞造寶鈔，印板不全者，杖一百七。諸僞造寶鈔，沒其家產，不及其妻子。諸赦前收藏僞鈔，赦後行使者，杖一百七。不曾行使而不首者，減一等。諸僞造鈔罪應死者，雖親老無兼丁，不聽上請。諸捕獲僞造寶鈔之人，雖已身故，其應得賞錢，仍給其親屬。諸奴婢買使僞鈔，其主陳首者，不在理賞之例。諸挑剜裨輳寶鈔者，不分首從，杖一百七，徒一年，再犯流遠。年七十以上者，呈稟定奪，毋輒聽贖。買使者減一等。諸燒造僞銀者，徒。諸造賣僞銀，買主不知情，價錢給主，僞銀內銷，提真銀沒官，依本犯科罪。諸僞造各倉支發糧籌者，笞五十七，已支出官糧者，準盜保官錢物科罪。倉官人等有犯者，依監主自盜法，贓重者從重論。諸冒支官錢，計贓以枉法論，並除名不敍。

諸冒名入仕者，杖六十七，奪所受命，追俸發元籍，會赦不首，笞四十七，仍追奪之。諸奴受主命冒充職官者，杖九十七。其主及同僚相容隱者，八十七。諸子冒父官居職任

事者，杖七十七，犯在革前，革後不出首者，笞四十七，並追回所受宣敕，及支過俸祿還官。諸邊臣，輒以子婿詐稱招徠蠻獠，保充土官者，除名不敍，拘奪所授官。諸軍官承襲，僞增年者，監察御史廉訪司糾察之，濫保官吏，並坐罪。諸職官妄報出身履歷者，除名不敍。諸譯史、令史，有過不敍，詐稱作闕，別處補用者，笞五十七，罷役不敍。

諸輸納官物，輒增改朱鈔者，杖六十七，罷之。諸有司長官，輒以追到盜贓支使，却虛立給主文案者，雖會赦，解職，降先職二等敍。承吏，除名不敍。諸帥府上功文字，詐添有功軍人名數，主謀者杖八十七，除名不敍，隨從書寫者笞五十七。諸詐以軍功受舉入仕者，罷之，仍奪所受命。諸擅改已奏官員選目姓名者，雖會赦，除名發元籍。諸曹吏輒於公牘改易年月，圖逭罪責者，笞五十七，罷役別敍，記過。諸譁强之人，輒爲人僞增籍面者，杖八十七，紅泥粉壁識過其門。諸蒙古譯史，能辨出詐僞文字二起以上者，減一資陞轉。

訴訟

諸告人罪者，須明注年月，指陳實事，不得稱疑。誣告者抵罪反坐，越訴者笞五十七。本屬官司有過，及有寃抑，屢告不理，或理斷偏屈，并應合迴避者，許赴上司陳之。諸訴訟本爭事外，別生餘事者，禁。其本爭事畢，別訴者聽。諸軍民風憲官有罪，各從其所屬上司訴之。諸民間雜犯，赴有司陳首者聽。諸告言重事實，輕事虛，免坐；輕事實，重事虛，反坐。諸中外有司，發人家錄私書，輒興獄訟者，禁之。若本宗事須引用證驗者，仍聽追照。其搆飾傅會，以文致人罪者，審辨之。除本宗外，餘事並勿聽理。諸教令人告總麻以上親，及奴婢告主者，各減告者罪一等。若教令人告子孫，各減所告罪二等。其教令人告事虛應反坐，或得實應賞者，皆以告者爲首，教令爲從。諸老廢篤疾，事須爭訴，止令同居親屬深知本末者代之。若謀反大逆，子孫不孝，爲同居所侵侮，必須自陳者聽。諸致仕得代官，不得已與齊民訟，許其親屬家人代訴，所司毋侵撓之。諸婦人輒代男子告辨爭訟者，禁之。若果寡居，及雖有子男，爲他故所妨，事須爭訟者，不在禁例。諸子證其父，奴訐其主，及妻妾弟姪不相容隱，凡干名犯義，爲風化之玷者，並禁止之。諸親屬相告，並同自首。諸妻訐夫惡，比同自首原免。凡夫有罪，非惡逆重事，妻得相容隱，而輒告訐其夫者，笞四十七。諸妻曾背夫而逃，被斷復誣告其夫以重罪者，抵罪反坐，從其夫嫁賣。諸職官同僚相言者，並解職別敍，記過。諸告人罪者，自下而上，不得越訴。諸府州司縣應受理而不受理，雖受理而聽斷偏屈，或遷延不決者，隨輕重而罪罰之。諸訴官吏受賂不法，徑赴憲司者，不以越訴論。諸陳訴有理，路府州縣不行，訴之省部臺院，省部臺院不

行，經乘輿訴之。未訴省部臺院，輒經乘輿訴者，罪之。諸職官誣告人枉法贓者，以其罪罪之，除名不敍。諸奴婢〔誣〕告其主者處死，〔二〕本主求免者，聽減一等。諸以奴告主私事，主同自首，奴杖七十七。

鬭毆

諸鬭毆，以手足擊人傷者，笞二十七，以他物者三十七。傷及拔髮方寸以上，四十七。若血從耳目出及內損吐血者，加一等。折齒、毀缺耳鼻、眇一目及折手足指，若破骨及湯火傷人者，杖六十七。折二齒二指以上，及髡髮，并刃傷、折人肋、眇人兩目、墮人胎，七十七。以穢物污人頭面者，罪亦如之。折跌人肢體，及瞎其目者，〔三〕九十七。辜內平復者，各減二等。卽損二事以上，及因舊患，令至篤疾，若斷舌及毀敗人陰陽者，一百七。諸訴毆詈，有闌告者勿聽，違者究之。諸保辜者，手足毆傷人，限十日。以他物毆傷者，二十日。以刃及湯火傷人者，三十日。折跌肢體及破骨者，五十日。毆傷不相須，餘條毆傷，及殺傷者準此。限內死者，各依殺人論。其在限外，及雖在限內，以他故死者，各依本毆傷法。他故，謂別增餘患而死者。諸倡女鬭傷良人，辜限之外死者，杖七十七，單衣受刑。諸毆傷人，辜限外死者，杖七十七。諸以非理毆傷妻妾者，罪以本毆傷論，並離之。若妻不爲父

母悅，以致非理毆傷者，罪減三等，仍離之。　諸職官毆妻墮胎者，笞三十七，解職，期年後降先品一等，注邊遠一任，妻離之。　諸以非理苦虐未成婚男婦者，笞四十七，婦歸宗，不追聘財。　諸舅姑非理陵虐無罪男婦者，笞四十七，男婦歸宗，不追聘財。　諸蒙古人與漢人爭，毆漢人，漢人勿還報，許訴于有司。　諸蒙古人斫傷他人奴，知罪願休和者聽。　諸以他物傷人，致成廢疾者，杖七十七，仍追中統鈔一十錠，付被傷人，充養濟之資。　諸因鬭毆，斫傷人成廢疾者，杖八十七，徵中統鈔一十錠，付被(告)〔傷〕人，充養濟之資。〔四〕為父還毆致傷者，徵其鈔之半。　諸豪橫輒誣平人為盜，捕其夫婦男女，於私家拷訊監禁，非理陵虐者，杖一百七，流遠。其被害有致殘廢者，人徵中統鈔二十錠，充養贍之貲。　諸職官輒將義男去勢，以充閹官進納者，杖一百七，除名不敘，記過，義男歸宗。　諸以微故殘傷義男肢體廢疾者，加凡人折跌肢體一等論，義男歸宗，仍徵中統鈔五百貫，充養贍之貲。　諸尊長輒以微罪刺傷弟姪雙目者，與常人同罪，杖一百七，追徵贍養鈔二十錠給苦主，免流，識過于門；無罪者，仍流。　諸弟雖聽其兄之仇，同謀剜其兄之眼，即以弟為首，各杖一百七，流遠，而弟加遠。　諸卑幼挾仇，輒刺傷尊長雙目成廢疾者，杖一百七，流遠。　諸以刃刺破人兩目成篤疾者，杖一百七，流遠，仍徵中統鈔二十錠，充養贍之貲，主使者亦如之。　諸挾讎傷人之目者，若一目元損，又傷其一目，與傷兩目同論，雖會赦，仍流。　諸因爭誤瞎人一目

者，杖七十七，徵中統鈔五十兩，充醫藥之貲。

諸脫脫禾孫輒毆傷往來使臣者，笞四十七，解職記過。　諸職官，輒以他物毆傷使臣者，杖六十七。　諸司屬官，輒毆本管上司幕官者，笞四十七，解職記過。　諸方鎮僚屬，輒以他物毆傷主帥者，杖六十七，幕官使酒罵長官者，笞四十七，並解職別敘，記過。　諸按部官因爭辯，輒毆有司官，有司官還毆者，各笞三十七，解職。　諸監臨官挾怨，當廳扯捽屬官，屬官輒毆之者，笞四十七，解職。　諸方面大臣，不能以正率下，輒與幕屬公堂鬭爭，雖會赦，並罷免記過，赦前無招者還職。　諸職官輒毆傷所監臨，以所毆傷法論罪，記過。　諸職官毆傷同署長官者，笞五十七，解見任，降先品一等敘，仍記過名。　諸有司長官，輒毆同位正官者，笞三十七，毆佐貳官者，二十七，並解職記過。　諸同僚改除，復以私忿相毆詈者，皆罷其所受新命。　諸在閑職官，輒毆詈本籍在任長官者，杖六十七。　諸職官相毆，其官等，從所傷輕重論罪。　諸軍官縱酒，因戲而怒，故毆傷有司官者，笞三十七，記過。　諸幕僚因公，輒以惡言詈長官者，笞四十七，長官輒還毆者，笞一十七，並記過名。　諸職官乘醉，當街毆傷平人者，笞四十七，記過。　諸職官閒居與庶民相毆者，職官減一等，聽罰贖。　諸以他物毆傷職官者，加一等，笞五十七。　諸小民恃年老，毆詈所屬官長者，杖六十七，不聽贖。　諸惡少無賴，輒毆傷禁近之人者，杖七十七。

殺傷

諸殺人者死，仍於家屬徵燒埋銀五十兩給苦主，無銀者徵中統鈔一十錠，會赦免罪者倍之。　諸部民毆死官長，主謀及下手者皆處死，同毆傷非致命者，杖一百七，流遠，均徵燒埋銀。　諸殺人，還自殺不死者，仍處死。　諸殺人，從而加功，無故殺之情者，會赦仍釋之。　諸鬭毆殺人，先誤後故者，即以故殺論。　諸因鬭毆，以刃殺人，及他物毆死人者，並同故殺。　諸因爭，以刃傷人，幸獲生免者，杖一百七。　諸持刃方殺人，人覺而逃，却移怒殺所解勸者，與故殺同。　諸有司徵科急，民弗堪，致殺其徵科者，仍以故殺論。　諸醉中欲殺其妻不得，移怒殺死其解紛之人者，處死。　諸欲誘倡女逃，不從輒殺之者，與殺常人同。　諸鬭毆殺人者，結案待報。　諸人殺死其父，子毆之死者，不坐，仍於殺父者之家，徵燒埋銀五十兩。　諸蒙古人因爭及乘醉毆死漢人者，斷罰出征，並全徵燒埋銀。　諸因鬨爭，一人誤蹂死小兒，一人毆人致死，毆者結案，蹂者杖一百七，並徵燒埋銀。　諸有人戲調其妻，夫遇而毆之，因傷而死者，減死一等論罪，仍徵燒埋銀。　諸毆死應捕殺惡逆之人者，免罪，不徵燒埋銀。　諸以他物傷人，傷毒流注而死，雖在辜限之外，仍減殺人罪三等坐之。　諸因爭，以頭觸人，與人俱仆，肘抵其心，邂逅致死者，杖一百七，全徵燒埋銀。　諸出

使從人，毆死舘夫者，以毆殺論。　諸因戲言相毆，致傷人命者，杖一百七。　諸父亡，母復納他人為夫，即為義父。若逐其子出居於外，即同凡人，其有所鬭毆殺傷，即以凡人鬭毆殺傷論。　諸彼此有罪之人，相格致死者，與殺常人同。

諸職官以微故毆死齊民者，處死。　諸職官受贓，為民所告，輒毆死告者，以故殺論。　諸軍官，因公乘怒，輒命麾下毆人致死者，杖八十七，解職，期年後降先品一等敘，徵燒埋銀給苦主，若會赦，仍殿降徵銀。　諸閫帥侵盜係官錢糧，怒吏發其姦，輒令人毆死者，以故殺論，雖會大赦，仍追奪不敘，倍徵燒埋銀。　諸局院官輒以微故，毆死匠人者，處死。

諸父無故以刃殺其子者，杖七十七。　諸子不孝，父與弟姪同謀置之死地者，父不坐，弟姪杖一百七。　諸女已嫁，聞女有過，輒殺其女者，笞五十七，追還元受聘財，給夫別娶。　諸父有故毆其子女，邂逅致死者，免罪。　諸後夫毆死前夫之子者，處死。　諸妻故殺妾子者，杖九十七，從其夫嫁賣。　諸男婦雖有過，舅姑輒加殘虐致死者，杖一百七。　諸子不孝，父殺其子，因及其婦者，杖七十七，婦元有粧奩之物，盡歸其父母。　諸以細故殺其弟者，處死。　諸兄以立繼之子，主謀殺其嫡弟者，主謀下手皆處死，其田宅人口財物盡歸死者妻子，其子歸宗。　諸弟先毆其兄，兄還殺其弟，即兄殺有罪之弟，不以凡人鬭殺論。　諸因爭，誤毆死異居弟者，杖七十七，徵燒埋銀之半。　諸因爭，故殺族弟者，與殺常人同。

諸妹爲尼與人私，兄閙而諫之，不從，反詬詈扯捽其兄，兄殺之，卽兄殺有罪之妹，不以凡人鬬殺論。 諸兄毆弟妻，因傷而死者，杖一百七，徵燒埋銀。 諸嫂溺死其小姑者，以故殺論。 諸因爭，毆死族兄弟之子者，杖一百七；故以刃殺之者，處死，並徵燒埋銀。 諸毆死兄弟之子，而圖其財者，處死。 諸夫婦同謀，殺其兄弟之子者，皆處死。 諸尊長誤毆卑幼致死者，杖七十七，異居者仍徵燒埋銀。 諸以微過，輒殺其妻者，處死。 諸因夫妻反目，輒藥死其妻者，與故殺常人同。 諸妻悖慢其舅姑，其夫毆之致死者，杖七十七。 諸夫臥疾，妻不侍湯藥，又詬詈其舅姑，以傷其夫之心，夫毆之，邂逅致死者，不坐。 諸夫惡妻而愛妾，輒求妻微罪而殺之者，處死。 諸風聞涉疑，故殺定婚妻者，與殺凡人同論。 諸妻以殘酷，毆死其妾者，杖一百七，去衣受刑。 諸舅以無實之罪，故殺其甥者，與殺常人同論。 諸因爭挾仇，毆死其婿者，與殺常人同。

諸奴毆詈其主，主毆傷奴致死者，免罪。 諸故殺無罪奴婢，杖八十七，因醉殺之者，減一等。 諸毆死擬放良奴婢者，杖七十七。 諸謀殺已放良奴婢者，與故殺常人同。 諸良人以鬬毆殺人奴，杖一百七，徵燒埋銀五十兩。 諸良人戲殺他人奴者，杖七十七，徵燒埋銀五十兩。 諸奴毆死其弟，弟亦爲同主奴，主乞貸死者聽。 諸異主奴婢相犯死者，同常人，同主相犯至重刑者，仍依例結案。 諸地主毆死佃客者，杖一百七，徵燒埋銀五十兩。

諸醉中誤認他人爲仇人，故殺致命者，雖誤同故。 諸奴受本主命，執仇殺人者，減死流遠。 諸挾仇殺人會赦，爲首下手者不赦，爲從不曾下手者免死，徒一年。 諸以老病殺人者，不以老病免。 諸謀故殺人年七十以上，並枷禁歸勘結案。 諸兩家之子，昏暮奔還，中路相迎，撞仆于地，因傷致死者，不坐，仍徵鈔五十兩給苦主。 諸十五以下小兒，過失殺人者，免罪，徵燒埋銀。 諸十五以下小兒，因爭毀傷人致死者，聽贖，徵燒埋銀給苦主。 諸瞽者毆人，因傷致死，杖一百七，徵燒埋銀給苦主。 諸病風狂，毆傷人致死，免罪，徵燒埋銀。 諸庸醫以鍼藥殺人者，杖一百七，徵燒埋銀。 諸颺磚石剝鄰之果，誤傷人致死者，杖八十七，徵燒埋銀。 諸軍士習射，招箭者不謹，致被傷而死，射者不坐，仍徵燒埋銀。 諸過誤踏死小兒，杖七十七，徵燒埋銀給苦主。 諸昏夜馳馬，誤觸人死，杖七十七，徵燒埋銀。 諸驅車走馬，致傷人命者，杖七十七，徵燒埋銀。 諸昏夜行車，不知有人在地，誤致轢死者，笞三十七，徵燒埋銀之半給苦主。 諸幼小自相作戲，誤傷致死者，不坐。 諸戲傷人命，自願休和者聽。 諸兩人作戲爭物，一人放手，一人失勢跌死，放者不坐。 諸以物戲驚小兒，成疾而死者，杖六十七，追徵燒埋銀五十兩。 諸以戲與人相逐，致人跌傷而死者，其罪徒，仍徵燒埋銀給苦主。 諸駱駝在牧，嚙人而死者，牧人笞一十七，以駱駝給苦主。 諸驛馬在野，嚙人而死者，以其馬給苦主，馬主別買當役。 諸奴故殺其子女，以誣其主者，杖一百七。 諸因爭，以妻前夫男女溺死，誣賴人者，以故殺論。 諸後夫置毒飲食，與前夫子女食而死者，與藥死常人同。 諸故殺無罪子孫，以誣賴仇人者，以故殺常人論。 諸殺人無苦主者，免徵燒埋銀，犯人財產人口並付其妻子，仍爲民當差。 諸殺有罪之人，免徵燒埋銀。 諸圖財謀故殺人多者，皆陵遲處死，驗各賊所殺人數，於家屬均徵燒埋銀。 諸同居相毆而死，及殺人罪未結正而死者，並不徵燒埋銀。 諸殺人者，被殺之人或家住他所，官徵燒埋銀移本籍，得其家屬給之。 諸鬬毆殺人，應徵燒埋銀，而犯人貧窶，不能出備，并其餘親屬無應徵之人，官與支給。 諸致傷人命，應徵燒埋銀者，止徵銀價中統鈔一十錠。 諸因爭，同毆死人，會赦應倍徵燒埋銀者，爲首致命徵中統鈔一十錠，爲從均徵一十錠。 諸毆死人，雖不見屍，招證明白者，仍徵燒埋銀。 諸僧道殺人，燒埋銀於常住追徵。 諸庸作毆傷人命，徵燒埋銀，不及庸作之家。 諸奴毆人致死，犯在主家，於本主徵燒埋銀，不犯在主家，燒埋銀無可徵者，不徵於其主。

禁令

諸度量權衡不同者，犯人笞五十七。司縣正官，初犯罰俸一月，〔五〕再犯笞二十七，三犯別議，仍記過名。 路府州縣達魯花赤長官提調失職，初犯罰俸二十日，再犯別議。 諸奏

目及官府公文，並用國字，其有襲用畏兀字者，禁之。 諸但降詔旨條畫，民間輒刻小本賣于市者，禁之。 諸內外應佩符職官，輒以符付其傔從佩服者，禁之。 諸官員朝會，服其朝服，私致敬於人臣者罰。 諸隨朝文武百官，朝賀不至者，罰中統鈔十貫，失儀者罰中統鈔八貫。 諸宰相出入，輒敢衝犯者，罪之。

諸章服，惟蒙古人及宿衞之士，不許服龍鳳文，餘並不禁。 謂龍，五爪二角者。 職官一品、二品許服渾金花，三品服金答子，四品、五品服雲袖帶襴，六品、七品服六花，八品、九品服四花，職事散官從一高。 命婦一品至三品服渾金，四品、五品服金答子，六品以下惟服銷金并金紗答子。 首飾，一品至三品許用金珠寶玉，四品、五品用金玉眞珠，六品以下用金，惟耳環用珠玉。 同籍者，不限親疏，期親雖別籍幷出嫁同。 車輿並不得用龍鳳文，一品至〔二〕〔三〕品許用間金粧飾、銀螭頭、繡帶、青幔，〔六〕四品、五品用素獅頭、繡帶、青幔，六品至九品用素雲頭、素帶、青幔。 內外有出身考滿應入流見役人員，服用與九品同。 受各投下令旨鈞旨，有印信見任人員，亦與九品同。 庶人惟許服暗花紵絲、絲紬綾羅、毛毳，不許用赭黃，冒笠不得飾以金玉，鞾不得裁置花樣。 首飾許用翠花金釵篦各一事，惟耳環許用金珠碧甸，餘並用銀。 車輿，黑油齊頭平頂皂幔。 諸色目人，除行營帳外，餘並與庶人同。 職官致仕與見任同，解降者依應得品級，不敍者與庶人同。 父祖有官，既歿年深，非犯除名

不敍，其命婦及子孫與見任同。諸樂人工藝人等服用，與庶人同，凡承應粧扮之物，不拘上例。皂隸公使人，惟許服紬絹。倡家出入，止服皂（背）〔褙〕，〔七〕不許乘坐車馬。應服色等第，上得兼下，下不得僭上，違者，職官解見任，期年後降一等敍，餘人笞五十七，違禁之物，付告捉人充賞。御賜之物，不在禁限。諸官員以黃金飾甲者禁之，違者甲匠同罪。諸常人鞍轡，畫虎兔者聽，畫雲龍犀牛者，禁之，胸背小龍者勿禁。諸市造鞍轡箭鏃韡履及諸雜帶，用金爲飾者，禁之。

諸郡縣達魯花赤及諸投下，擅造軍器者，禁之。諸神廟儀仗，止以土木紙綵代之，用眞兵器者禁。諸都城小民，造彈弓及執者，杖七十七，沒其家財之半，在外郡縣不在禁限。諸打捕及捕盜巡馬弓手、巡鹽弓手，許執弓箭，餘悉禁之。諸漢人持兵器者，禁之；漢人爲軍者不禁。諸賣軍器者，賣與應執把之人者不禁。諸民間有藏鐵尺、鐵骨朶，及含刀鐵拄杖者，禁之。諸私藏甲全副者，處死；不成副者，笞五十七，徒一年；零散甲片不堪穿繫禦敵者，笞三十七。鎗若刀若弩私有十件者，處死；五件以上，杖九十七，徒三年；四件以下，七十七，徒二年；不堪使用，笞五十七。弓箭私有十副者，處死；五副以上，杖九十七，徒三年；四副以下，七十七，徒二年；不成副，笞五十七。凡弓一，箭三十，爲一副。

諸嶽瀆祠廟，輒敢觸犯作踐者，禁之。諸伏羲、媧皇、堯、舜、禹、湯、后土等廟，軍馬使

臣敢沮壞者，禁之。諸名山大川寺觀祠廟，幷前代名人遺蹟，敢拆毀者，禁之。諸改寺爲觀，改觀爲寺者，禁之。諸祠廟寺觀，模勒御寶聖旨及諸王令旨者，禁之。

諸爲子行孝，輒以割肝、刲股、埋兒之屬爲孝者，並禁止之。諸民間喪葬，以紙爲屋室，金銀爲馬，雜綵衣服帷帳者，悉禁之。諸墳墓以甎瓦爲屋其上者，禁之。諸家廟春秋祭祀，輒用公服行禮者，禁之。諸民間祖宗神主，稱皇字者，禁之。諸小民房屋，安置鵝項銜脊，有鱗爪瓦獸者，笞三十七，陶人二十七。諸職官居見任，雖有善政，不許立碑，已立而犯贓污者毀之，無治狀以虛譽立碑者毀之。

諸夜禁，一更三點，鐘聲絕，禁人行。五更三點，鐘聲動，聽人行。違者笞二十七，有官者聽贖。其公務急速，及疾病死喪產育之類不禁。諸有司曉鐘未動，寺觀輒鳴鐘者，禁之。諸江南之地，每夜禁鐘以前，市井點燈買賣，曉鐘之後，人家點燈讀書工作者，並不禁。其集衆祠禱者，禁之。

諸城郭人民，鄰甲相保，門置水甕，積水常盈，家設火具，每物須備，大風時作，則傳呼以徇于路。有司不時點視，凡救火之具不備者，罪之。諸遺火延燒係官房舍，杖七十七；延燒民房舍，笞五十七；因致傷人命者，杖八十七；所毀房舍財畜，公私俱免徵償。燒自己房舍者，笞二十七，止坐失火之人。諸煎鹽草地，輒縱野火延燒者，杖八十七；因致闕用

者，奏取聖裁。隣接管民官，專一關防禁治。諸縱火圍獵，延燒民房舍錢穀者，斷罪勒償，償未盡而會赦者，免徵。諸故燒太子諸王房舍者，處死。諸故燒官府廨宇，及有人居止宅舍，無問舍宇大小，財物多寡，比同强盜，免刺，杖一百七，徒三年；因傷人命，同殺人。其無人居止空房，幷損壞財物，及田場積聚之物，同竊盜，免刺，計贓斷罪。因盜取財物者，同强盜，刺斷，並追陪所燒物價；傷人命者，仍徵燒埋銀。再犯者決配，役滿，徙千里之外。諸挾仇放火，隨時撲滅，不曾延燎者，比强盜不曾傷人不得財，杖七十七，徒一年半，免刺，雖親屬相犯，比同常人。

諸每月朔望二弦，凡有生之物，殺者禁之。諸郡縣歲正月五月，各禁宰殺十日，其饑饉去處，自朔日爲始，禁殺三日。諸每歲，自十二月至來歲正月，殺母羊者，禁之。諸宴會，雖達官，殺馬爲禮者，禁之。其有老病不任鞍勒者，亦必與衆驗而後殺之。諸私宰牛馬者，杖一百，徵鈔二十五兩，付告人充賞。兩隣知而不首者，笞二十七。本管頭目失覺察者，笞五十七。有見殺不告，因脅取錢物者，杖七十七。〔八〕若老病不任用者，從有司辨驗，方許宰殺。已病死者，申驗開剝，其筋角卽付官，皮肉若不自用，須投稅貨賣，違者同匿稅法。有司禁治不嚴者，糾之。諸私宰官馬牛，爲首杖一百七，爲從八十七。諸助力私宰馬牛者，減正犯人二等論罪。諸牛馬驢騾死，而筋角不盡實輸官者，一副以上，笞二十七，

五副以上，四十七；十副以上，杖六十七，仍徵所犯物價，付告人充賞。

諸毀傷體膚以行丐於市者，禁之。諸城郭內外放鴿帶鈴者，禁之。諸諸王駙馬及諸權貴豪右，侵占山場，阻民樵採者，罪之。諸關譏不嚴，受財故縱者，罪之。諸江河津渡，或明知潮信已到，及風濤將起，貪索渡錢，淹延不渡，以致中流覆溺，傷害人命者，爲首處死，爲從減一等。

諸棄俗出家，不從有司體覆，輒度爲僧道者，其師笞五十七，受度者四十七，發元籍。諸以白衣善友爲名，聚衆結社者，禁之。諸色目僧尼女冠，輒入民家强行抄化者，禁之。諸僧道僞造經文，犯上惑衆，爲首者斬，爲從者各以輕重論刑。諸以非理迎賽祈禱，惑衆亂民者，禁之。諸俗人集衆鳴鐃作佛事者，禁之。諸軍官鳩財聚衆，張設儀衞，鳴鑼擊鼓，迎賽神社，以爲民倡者，笞五十七，其副二十七，並記過。諸陰陽家天文圖讖應禁之書，敢私藏者罪之。諸陰陽家僞造圖讖，釋老家私撰經文，凡以邪說左道誣民惑衆者，禁之，違者重罪之。在寺觀者，罪及主守，居外者，所在有司察之。諸妄言禁書者，徒。諸陰陽家者流，輒爲人燃燈祭星，蠱惑人心者，禁之。諸妄言星變災祥，杖一百七。諸陰陽法師，輒入諸王公主駙馬家者，禁之。諸以陰陽相法書符呪水，凡異端之術，惑亂人聽，希求仕進者，禁之，違者罪之。

諸寫匿名文書，所言重者處死，輕者流，沒其妻子，與捕獲人充賞。事主自獲者不賞。

諸寫匿名文字，訐人私罪，不涉官事者，杖七十七。 諸投匿名文字於人家，脅取錢物者，杖八十七，發元籍。 諸見匿名文書，非隨時敗獲者，即與燒毀；輒以聞官者，減犯人二等論罪。凡匿名文字，其言不及官府，止欲訐人罪者，如所訐論。

諸民間子弟，不務生業，輒於城市坊鎮，演唱詞話，教習雜戲，聚衆淫謔，並禁治之。 諸弄禽蛇、傀儡，藏擫撇鈸、倒花錢、擊魚鼓，惑人集衆，以賣僞藥者，禁之，違者重罪之。 諸棄本逐末，習用角觝之戲，學攻刺之術者，師弟子並杖七十七。 諸亂製詞曲，爲譏議者，流。

諸賭博錢物，杖七十七，錢物沒官，有官者罷見任，期年後雜職內敍。開張博房之家，罪亦如之，再犯加徒一年。 應捕故縱，笞四十七，受財者同罪。有司縱令攀指平人，及在前同賭人，罪及官吏。 賭飲食者，不坐。 諸賭博錢物，同賭之人自首者，勿論。 諸賭博，因事發露，追到攤場，賭具贓證明白者，即以本法科論，不以展轉攀指革撥。

諸故縱牛馬食踐田禾者，禁之。 諸所在鎮守蒙古、漢軍，各立營所。無故輒入人家，求索酒食，及縱頭匹食踐田禾桑果，罪及主將。 諸藩王無都省文書，輒於各處徵收差發，强取飲食草料，爲民害者，禁之。

諸有虎豹爲害之處，有司嚴勒官兵及打捕之人，多方捕之。其有不應捕之人，自能設機捕獲者，皮肉不須納官，就以充賞。 諸職官違例放鷹，追奪當日所服用鞍馬衣物沒官。 諸所撥各官圍獵山場，並毋禁民樵採，違者治之。 諸年穀不登，人民愁困，諸王達官應出圍獵者，並禁止之。 諸田禾未收，毋縱圍獵，於迤北不耕種之地圍獵者聽。 諸軍人受財，僞造火印，將所管官馬盜換與人者，杖九十七，追贓沒官。 諸年穀不登，百姓饑乏，遇禁地野獸，搏而食之者，毋輒沒入。 諸打捕鷹坊官，以合進御膳野物，賣價自私者，計贓以枉法論，除名不敍。 諸舟車之靡、器服之奇，方面大臣非錫貢，不得擅進。

諸闌遺人口到監，即移所稱籍貫，召主識認。半年之上無主識認者，匹配爲戶，付有司當差。 殘疾老病，給以文引，而縱遣之。 頭匹有主識認者，徵還已用草料價錢，然後給主；無主識認，則籍其毛齒而收養之。 諸闌遺奴婢，私相配合，雖生育子女，有主識認者，各歸其主，無本主者官與收係。 諸隱藏闌遺鷹犬者，笞三十七，沒其家財之半。 其收拾闌遺鷹犬之人，因以爲民害者，罪之。

諸鋤獲宿藏之物，在他人地內者，與地主中分，在官地內者一半納官，在己地內者即同業主。 得古器珍寶之物者，聞官進獻，約量給價，若有詐僞隱匿，斷罪追沒。

諸監臨官輒舉貸於民者，取與俱罪之。 諸稱貸錢穀，年月雖多，不過一本一息，有輒取贏於人，或轉換契券，息上加息，或占人牛馬財產，奪人子女以爲奴婢者，重加之罪，仍償多取之息，其本息沒官。 諸典質，不設正庫，不立信帖，違例取息者，禁之。

諸闌廂店戶，居停客旅，非所知識，必問其所奉官府文引，但有可疑者，不得容止，違者罪之。 諸官戶行錢商船，輒豎旗號，置弓箭鑼鼓，揭錢主銜門職名，往來江河者，禁之。 諸經商，及因事出外，必從有司會問鄰保，出給文引，違者究治。 諸投下幷其餘有印信衙門，並不得濫給文引。

諸有毒之藥，非醫人輒相賣買，致傷人命者，買者賣者皆處死。不曾傷人者，各杖六十七，仍追至元鈔一百兩，與告人充賞。不通醫術，製合僞藥，於市井貨賣者，禁之。

諸下海使臣及舶商，輒以中國生口、寶貨、戎器、馬匹遺外番者，從廉訪司察之。 諸商賈收買金銀下番者，禁之，違者罪之。 諸海濱豪民，輒與番商交通貿易銅錢下海者，杖一百七。

諸倡妓之家，所生男女，每季不過次月十日，會其數以上于中書省。有未生墮其胎、已生輒殘其命者，禁之。 諸倡妓之家，輒買良人爲倡，而有司不審，濫給公據，稅務無憑，輒與印稅，並嚴禁之，違者痛繩之。

雜犯

諸鬬爭折辨，輒提大名字者，罪之。 諸職官因公失口亂言者，笞二十七。 諸快意中，或酒後，及害風狂疾，失口亂言，別無情理者，免罪。

諸惡少無賴，結聚朋黨，陵轢善良，故行鬬爭，相與羅織者，與木偶連鎖，巡行街衢，得後犯人代之，然後決遣。 諸惡少白晝持刀劍於都市中，欲殺本部官長者，杖九十七。 諸無賴軍人，輒受財毆人，因奪取錢物者，杖八十七，紅泥粉壁識過其門，免徒。 諸先作過犯，曾經紅泥粉壁，後犯未應遷徙者，於元置紅泥粉壁，添錄過名。

諸豪右權移官府，威行鄉井，淫暴貪虐，累犯不悛者，徙遠惡之地屯種。 諸頻犯過惡，累斷不改者，流遠。 諸兇人殘害良善，强將男子去勢，絕滅人後，幸獲生免者，杖一百七，流遠。 諸貴勢之家，奴隸有犯，輒私置鐵枷，釘項禁錮，及擅刺其面者，禁之。 諸獲逃奴，輒刺面劓鼻，非理殘苦者，禁之。 諸無故擅刺其奴者，杖六十七。 諸囉哩、回回爲民害者，從所在有司禁治。

捕亡

諸失盜，捕盜官不立限捕盜，却令他戶陪償事主財物者，罰俸兩月，仍立限追捕。諸强盜殺人，三限不獲，會赦，捕盜官合得罪罰革撥，仍令捕盜，任滿不獲，解由內通行開寫，依例黜降。諸他境盜，入境逃藏，捕盜官輒分彼疆此界，不卽捕捉者，笞四十七，解職別敍，記過。

諸已斷流囚，在禁未發，反獄毆傷禁子，已逃復獲者，處死；未出禁者杖一百七，發已擬流所。諸解發囚徒，經過州縣止宿，不寄收牢房，輒於逆旅監繫，以致脫監在逃者，長押官笞二十七，還役；防送官四十七，記過。諸囚徒反獄而逃，主守減犯人罪二等，提牢官又減主守四等。隨時捉獲及半以上者，罰俸一月。

諸奴婢背主而逃，杖七十七；誘引窩藏者，六十七。鄰人、社長、坊里正知不首捕者，笞三十七；關譏應捕人受贓脫放者，以枉法論。寺觀、軍營、勢家影蔽，及投下冒收爲戶者，依藏匿論，自首者免罪。諸告獲逃奴者，於所將財物內，三分取一，付告獲人充賞。諸逃奴拒捕，不曾致傷人命者，杖一百七。

恤刑

諸獄囚，必輕重異處，男女異室，毋或參雜，司獄致其愼，獄卒去其虐，提牢官盡其

誠。諸在禁囚徒，無親屬供給，或有親屬而貧不能給者，日給倉米一升，三升之中，給粟一升，以食有疾者。凡油炭席薦之屬，各以時具。其饑寒而衣糧不繼，疾患而醫療不時，致非理死損者，坐有司罪。諸各處司獄司看守囚徒，夜支淸油一斤。諸路府州縣，但停囚去處，於鼠耗糧內放支囚糧。諸在禁無家屬囚徒，歲十二月至于正月，給羊皮爲披蓋，袴襪及薪草爲煖匣熏炕之用。諸獄訟，有必聽候歸對之人，召保知在，如無保識，有司給糧養濟，勿寄養於民家。諸流囚在路，有司日給米一升，有疾命良醫治之，疾愈隨時發遣。諸獄醫，囚之司命，必試而後用之，若有弗稱，坐掌醫及提調官之罪。諸獄囚病至二分，申報漸增至九分，爲死證，若以重爲輕，以急爲緩，誤傷人命者，究之。諸獄囚有病，主司驗實，給醫藥，病重者去枷鎖杻，聽家人入侍。職事散官五品以上，聽二人入侍。犯惡逆以上，及强盜至死，奴婢殺主者，給醫藥而已。諸有司，在禁囚徒饑寒，衣食不時，病不督醫看候，不脫枷杻，不令親人入侍，一歲之內死至十人以上者，正官笞二十七，次官三十七，還職；首領官四十七，罷職別敍，記過。諸孕婦有罪，產後百日決遣，臨產之月，聽令召保，產後二十日，復追入禁。無保及犯死罪者，產時令婦人入侍。諸犯死罪，有親年七十以上，無兼丁侍養者，許陳請奏裁。諸有罪年七十以上、十五以下，及篤廢殘疾罰贖者，每笞杖一，罰中統鈔一貫。諸疑獄，在禁五年之上不能明者，遇赦釋免。

平反

諸官吏平反冤獄，應賞者，從有司保勘，廉訪司體覆，而後議之。其有冒濫不實者，罪及保勘體覆官吏。諸路府軍民長官，因收捕反叛，輒羅織平民，强姦室女，殺虜人口財產，幷覆人之家，其同僚能理平民之寃，正犯人之罪，歸其俘虜，活其死命者，於本官上優陞一等遷用。凡職官能平反重刑一起以上，陞等同。諸職官能平反寃獄一起之上，與減一資。諸路府曹吏，能平反寃獄者，於各道宣慰司部令史補用。

校勘記

〔一〕坊〔里〕正主首社長失覺察　據元典章卷二〇鈔法、住罷銀鈔銅錢使中統鈔補。按元代基層行政單位，在鄉曰里，在城曰坊，此只言「坊正」而不言「里正」，係誤脫。

〔二〕諸奴婢〔誣〕告其主者處死　據元典章卷五三奴誣告主斷例補。按此處與下文「諸以奴告主私事，主同自首，奴杖七十七」及元典章卷五三禁止干名犯義「如主家有犯反逆謀故殺人之事，許令告首」抵牾，顯有脫誤。

〔三〕折跌人肢體及瞎其目者　元典章卷四四諸毆作「折跌支體，瞎一目者」，事林廣記集別卷三大元

通制同。疑「目」字之上脫「一」字。

〔四〕徵中統鈔一十錠付被（告）〔傷〕人充養濟之資　從道光本改。

〔五〕司縣正官初犯罰俸一月　據元典章卷五七諸禁，「正官」下有「禁治不嚴」，疑此脫。

〔六〕一品至（二）〔三〕品　道光本與本書卷七八輿服志、元典章卷二九服色合，從改。

〔七〕倡家出入止服皂（背）〔褙〕　據本書卷七八輿服志、元典章卷二九服色改。

〔八〕有見殺不告因脅取錢物者杖七十七　按元典章卷五七賞補私宰牛馬，除杖決七十七下外，尚有「徵鈔二十五兩，與告人充賞」。依上文「諸私宰牛馬者，杖一百，徵鈔二十五兩，付告人充賞」例，疑此脫。

元史卷一百六

表第一

后妃表

后妃之制，厥有等威，其來尚矣。元初，因其國俗，不娶庶姓，非此族也，不居嫡選。當時史臣以爲舅甥之貴，蓋有周姬、齊姜之遺意，歷世守之，固可嘉也。然其居則有曰斡耳朵之分，沒，復有繼承守宮之法。位號之淆，名分之瀆，則亦甚矣。累朝嘗詔有司修后妃傳，而未見成書。內廷事祕，今莫之考，則其氏名之僅見簡牘者，尚可遺而不錄乎？且一代之制存焉，闕疑而愼言，斯可矣。作后妃表。

太祖	太宗	定宗	憲宗
孛兒台旭眞太皇后	正宮孛剌合眞皇后	斡兀立海迷失三皇后	火里差皇后 火魯剌部人。

太祖	太宗	定宗	憲宗
弘吉烈氏，至元二年追諡光獻，[一]至大二年加諡光獻翼聖皇后。	脫列哥那六皇后 乃馬眞氏，歲壬寅，太宗崩，后攝國凡四年。至元二年追諡昭慈皇后。[二]	至元二年追諡欽淑皇后。[四]	忽〔都〕台皇后[五] 弘吉剌氏，按陳從孫女，至元二年追諡貞節皇后。[六]
忽魯渾皇后	昂灰二皇后		也速兒皇后 貞節妹也。
闊里桀担皇后	乞里吉忽帖尼三皇后		出卑三皇后 歲己未，從憲宗南伐，七月憲宗崩，九月八日后亦薨于六盤。
脫忽思皇后	禿納吉納六皇后[三]		明里忽都魯皇后 泰定三年詔守班禿營帳。
帖木倫皇后	業里訖納妃子 滅里之母。		
亦憐眞八剌皇后			
不顏渾禿皇后			
忽勝海妃子			
右大斡耳朵			
忽蘭皇后			
哈兒八眞皇后			

太祖	太宗	定宗	憲宗
亦乞剌眞皇后			
脫忽茶兒皇后			
也眞妃子			
也里忽禿妃子			
察眞妃子			
哈剌眞妃子			
右第二斡耳朵			
也速皇后			
忽魯哈剌皇后			
阿失倫皇后			
禿兒哈剌皇后			
察兒皇后			

太祖	太宗	定宗	憲宗
阿昔迷失皇后			
完者忽都皇后			
渾魯忽歹妃子			
忽魯灰妃子			
剌伯妃子			
右第三斡耳朵			
也速干皇后			
忽答罕皇后			
哈答皇后			
斡者忽思皇后			
燕里皇后			
禿干妃子			

中華書局

完者妃子

金蓮妃子

完者台妃子

奴倫妃子

卯眞妃子

鎖郎哈妃子

右第四斡耳朵

八不別及妃子

右見歲賜錄，不知所守斡耳朵，故附于此。

世祖

帖古倫大皇后

成宗

卜魯罕皇后　伯岳吾氏，勳

武宗

眞哥皇后　弘吉列氏。至大三

仁宗

〔阿納失舍里〕皇后〔七〕

右大斡耳朵

察必皇后　弘吉列氏，魯忠武王按陳那顏女也。中統初立爲皇后，至元十年授册寶，尋又上尊號曰貞懿昭聖順天睿文光應皇后。〔八〕十八年崩，三十一年上尊謚曰昭睿順聖皇后。后性明敏，達於事機，至元之政，左右彌縫，當時以爲蓋有力焉。

南必皇后　弘吉列氏。至元二十年納爲皇后，時世祖春秋高，后頗預政，相臣常不得見帝，輒因后奏事焉。

右第二斡耳朵

臣普化之孫，駙馬脫里忽思之女。元貞初立爲皇后，大德三年授册寶。十一年帝崩，武宗立，廢后，徙東安州，尋賜死。成宗晚年多疾，后居中用事，而能信任相臣哈剌哈孫，以卒成大德之治，識者猶有取焉。

失憐答里元妃　弘吉列氏，早薨。至大元年追尊謚曰貞慈靜懿皇后，配享成廟。

乞里吉忽帖尼皇后

年册爲皇后，泰定四年上尊謚曰宣慈惠聖皇后。

速哥失里皇后　眞哥妹也。

完者歹皇后

妃子亦乞列氏　明宗母也，天曆二年追謚仁獻章聖皇后。

妃子唐兀氏　文宗母也，天曆二年追謚文獻昭聖皇后。

弘吉烈氏。皇慶二年册爲皇后。延祐七年上尊謚曰莊懿慈聖皇后。

答里麻失里皇后

塔剌海皇后

奴罕皇后

右第三斡耳朵

伯要兀眞皇后

闊闊倫皇后

右第四斡耳朵

八八罕妃子

右見歲賜錄，不知所守斡耳朵。

速哥答〔思〕〔里〕皇后〔九〕　泰定三年詔守世祖斡耳朵。

撒不忽妃子

英宗

速哥八剌皇后　亦啓烈氏，昌國公主益里海涯女也。至治元年册爲皇后，泰定四年崩，謚曰莊〔靖〕〔靜〕懿聖皇后。〔一〇〕

牙八忽都魯皇后

朶而只班皇后

泰定

八不罕皇后　弘吉列氏。泰定元年册爲皇后，兗王買住罕女也。

亦憐眞八剌皇后　昌國公主益里海涯女也。

忽剌皇后

也速皇后

撒答八剌皇后　帝姊壽寧公主女也。

卜顏怯里迷失皇后

失烈帖木兒皇后

鐵你皇后

明宗

按出罕皇后

月魯沙皇后

不顏忽都皇后〔一一〕

八不沙皇后

野蘇皇后

脫忽思皇后

〔邁來迪貞裕徽聖皇后〕〔一二〕

文宗

卜答失里皇后　弘吉剌氏，魯國公主桑哥〔吉剌〕〔剌吉〕女也。〔一三〕天曆元年立爲皇后，二年授册寶，至順三年尊爲皇太后，臨朝稱制，元統元年又尊爲太皇太后，〔一四〕仍稱制。至元六年黜太皇太后之號，徙東安州，卒徙所。

	烈祖　宣懿皇后　諱月倫。至元二年追上尊謚。〔一五〕	順宗　答己妃子　弘吉列氏。大德十一年尊爲皇太后，延祐二年上尊號曰儀天興聖慈仁〔明〕〔昭〕懿壽元〔合〕〔全〕德泰寧福慶皇太后，〔一七〕七年又尊曰太皇太后，加徽文崇祐尊號。至治三年崩，〔一八〕謚曰昭獻元聖皇后。后性聰慧，然不事檢飭，及正位東朝，淫恣益甚，內則黑驢母亦列失八用事，外則幸臣失列門、紐鄰等及時宰迭木帖兒怙寵作非，濁亂朝政。及英宗立，羣倖誅，而後勢餘少熄焉。
必罕皇后　八不罕妹也。 速哥答里皇后　必罕妹也。	睿宗　唆魯和帖尼妃子　怯烈氏。至元二年追上尊謚曰莊聖皇后，〔一六〕至大三年加謚曰顯懿莊聖皇后。	
	裕宗　伯藍也怯赤妃子　弘吉列氏。至元三十一年尊爲皇太后，大德四年崩，謚曰徽仁裕聖皇后。 安眞迷失妃子	
	顯宗　普顏怯里迷失妃子　泰定元年追尊謚曰宣懿淑聖皇后。 拜拜海妃子 忽上海妃子	

校勘記

〔一〕至元二年追謚光獻　本證云：「世祖紀，至元三年太廟成，議制尊謚、廟號，是帝、后定謚俱在至元三年。此作二年，亦誤。」本證是，「二」當作「三」。參看卷一一四校勘記〔二〕。

〔二〕至元二年追謚昭慈皇后　「二」當作「三」。見本卷校勘記〔一〕。

〔三〕禿納吉納六皇后　此卽前見之「脫列哥那六皇后」，此處重衍。

〔四〕至元二年追謚欽淑皇后　「二」當作「三」。見本卷校勘記〔一〕。

〔五〕忽〔都〕台　從殿本補。按本書卷一一四后妃傳作「忽都台」。「忽都台」，蒙語，義爲「有福」。

〔六〕至元二年追謚貞節皇后　「二」當作「三」。見本卷校勘記〔一〕。

〔七〕〔阿納失舍里〕皇后　從殿本補。按本書卷一一四后妃傳作「阿納失失里」。

〔八〕貞懿昭聖順天睿文光應皇后　本書世祖紀卷八、一一至元十二年十二月戊申、十八年二月乙未、十月乙未各條均作「貞懿順聖昭天睿文光應皇后」。疑此處有倒錯。

〔九〕速哥答〔思〕〔里〕皇后　據本表泰定帝位下所見及本書卷一一四后妃傳改。本表所列各后妃，係按斡耳朵區分，繼承某帝斡耳朵者，卽列名于該帝位下，並非必爲該帝后妃。世祖位下速哥答里皇后，係繼承守宮，領受世祖歲賜者，實爲泰定后。表前言所云「其居則有曰斡耳朵之分；沒，復有繼承守宮之法。位號之淆，名分之瀆，則亦甚矣」，卽指此。

〔一〇〕莊〔靖〕〔靜〕懿聖皇后　據本書卷三〇泰定紀泰定四年八月癸巳條、卷一一四后妃傳改。本證已校。

〔一一〕不顏忽都　本書卷三四文宗紀至順元年正月丁巳條作「不顏忽魯都」。疑此處脫「魯」字。

〔一二〕〔邁來迪貞裕徽聖皇后〕　從殿本補。

〔一三〕桑哥〔吉剌〕〔剌吉〕　據本書卷一〇九諸公主表、卷一一八特薛禪傳及元文類卷二二程鉅夫應昌府報恩寺碑、中庵集卷三敕賜應昌府罔極寺碑改正。

〔一四〕元統元年又尊爲太皇太后　按本書卷三八順帝紀，尊爲太皇太后在仍至元元年十二月乙丑。此處「元統」當爲「至元」之誤。本證已校。

〔一五〕至元二年追上尊謚　「二」當作「三」。見本卷校勘記〔一〕。

〔一六〕至元二年追上尊謚曰莊聖皇后　「二」當作「三」。見本卷校勘記〔一〕。

〔一七〕儀天興聖慈仁〔明〕〔昭〕懿壽元〔合〕〔全〕德泰寧福慶皇太后　據本書卷二七英宗紀延祐七年十二月乙卯條、卷一一六后妃傳及元典章卷一上太皇太后尊號詔改。蒙史已校。

〔一八〕至治三年崩　本書卷二八英宗紀至治二年九月丙辰條有「太皇太后崩」。此處「三」當作「二」。蒙史已校。

元史卷一百七

表第二

宗室世系表

自昔帝王之興，莫不衆建子弟，以蕃王室，所以崇本支、隆國勢也。觀其屬籍有圖，玉牒有紀，大統小宗，秩乎不紊，蓋亦愼矣。然以唐室之盛，自玄宗後，諸王不出閤而史已失其世次，況後世乎。元之宗系，藏之金匱石室者甚祕，外廷莫能知也。其在史官，固特其概，而考諸簡牘，又未必盡得其詳，則因其所可知，而闕其所不知，亦史氏法也。作宗室世系表。

脫奔咩哩犍妻阿蘭〔一〕

博寒葛〔答黑〕

果火

博合覩撒里吉〔二〕

始祖孛端叉兒 一子。

八林昔黑剌禿哈 一子。

必畜 一子。

咩麻篤敦〔三〕七子。

旣拏篤兒罕 一子。

某

某

某

某

某

納眞 今兀察兀禿，〔四〕其子孫也。

海都 一子。

海都位

海都

拜〔住〕〔姓〕忽兒〔五〕一子。

敦必乃 六子。

葛朮虎 今那哈合兒，〔六〕其子孫也。

葛忽剌急哩担 今大八魯剌斯，〔七〕其子孫也。

合產 今小八魯剌斯，其子孫也。

哈剌喇歹 今博歹阿替，其子孫也。

葛赤渾 今阿答里急，其子孫也。

葛不律寒 七子。

窠斤八剌哈哈〔八〕今岳里斤，其子孫也。

八里丹 四子。

蒙哥睹黑顏

聶昆大司

烈祖也速該

答里眞

忽都魯咩聶兒〔九〕

忽〔魯〕〔都〕剌罕〔一〇〕

合丹八都兒

掇端斡赤斤

忽闌八都兒 庶子也。

中華書局

	察剌哈寧昆 收兄拜（住）〔姓〕忽兒妻，生一子。	直拏斯 今大丑兀禿，其子孫也。
	察忽眞兀（禿）〔兒〕迭葛〔一一〕今昔只兀剌，其子孫也。	

答里眞位

答里眞	大納耶耶	小哥大王			
		寧〔海〕王闊闊出〔一二〕	也里干大王	哈魯罕王	宣靖王買奴
					阿魯大王
				寧海王亦思蠻	
				寧海王拔都兒	
				寧海王阿海	

烈祖神元皇帝，五子：長太祖皇帝；次二搠只哈〔撒〕兒王；〔一三〕次三哈赤溫大王；次四鐵木哥斡赤斤，所謂皇太弟國王斡嗔那顏者也；次五別里古台王。

搠只哈〔撒〕兒王位

搠只哈〔撒〕兒	淄川王也苦	愛哥阿不干王			
	移相哥大王	勢都兒王	齊王八不沙		
			必烈虎大王		
			黃兀兒王	伯木兒王	
				齊王玉龍帖木兒	齊王月魯帖木兒
				別兒帖木兒王	
	脫忽大王				

哈赤溫大王位

哈赤溫	濟南王按只吉歹〔一四〕	哈丹大王	龎王忽剌出	濟南王勝納哈兒
		察忽剌大王	濟南王也（里只）〔只里〕〔一五〕	
		忽列虎兒王	吳王木喃子	西寧王阿答里迷失〔一六〕
		吳王朶列（担）〔捏〕〔一七〕	濟陽王潑皮	

鐵木哥斡赤斤國王位

鐵木哥斡赤斤	斡端大王	阿朮魯大王			
	只不干大王	愛牙哈赤王			
		塔察兒國王	壽王乃蠻台	孛羅大王	遼王脫脫
			也不干大王		
			兀剌兒吉歹大王		
			奧速海大王		
			察剌海大王		
			孛羅歹大王	西寧王搠魯蠻	卯罕大王
					本伯大王
					也只大王
					不只兒大王
		帖木迭兒王	八乞出大王		
			襲剌謀大王		

			撥里吉大王	八里牙大王	
				三寶大王	
	撒答吉大王				
	哈失歹大王				
	察只剌大王				
	壽王脫里出	愛牙哈赤大王	別里怗帖木兒王	囊家大王	
				斡羅思罕王	
	斡魯台大王	哈八兒都大王	某大王	忽剌歹大王	
		帖實大王	脫帖大王		
		氣都哥大王	脫帖木兒大王	燕鍚大王	
				也堅黃兀兒王	忻都大王
	白虎大王				

別里古台大王位

別里古台	也速不花大王	廣寧王（瓜）〔爪〕都〔一八〕	帖木兒大王		
			乃顏大王	脫鐵木兒大王	
	口溫不花大王	滅里吉歹大王	瀆察大王		
			抹札兒王		
			撒里蠻王		
			闊闊出大王	定王薛徹干	定王察兒台
		斧吉剌歹王	廣寧王徹里帖木兒	廣寧王（渾按）〔按渾〕察〔一九〕	
	罕禿忽大王	霍歷極大王	塔出大王		

太祖皇帝，六子：長朮赤太子；次二察合台太子；次三太宗皇帝；次四拖雷，卽睿宗也；次五兀魯赤，無嗣；次六闊列堅太子。

朮赤太子位

朮赤	拔都大王				
	撒里答大王				
	忙哥帖木兒王				
	脫脫蒙哥王				
	寧肅王脫脫	肅王寬徹			
	伯忽大王				
	月卽（列）〔別〕大王〔二〇〕	札尼（列）〔別〕大王〔二一〕			

察合台太子位

察合台	也速蒙哥王				
	合剌旭烈大王	阿魯忽大王			
		八剌大王	兖王買住韓〔二二〕		

		威遠王阿只吉	威遠王忽都鐵木兒	越王禿剌	
			赤因鐵木兒		
		帖木而不花王	南答失（里）王〔二三〕		

闊列堅太子位

闊列堅	河間王忽察	忽魯歹大王	也不干大王	八八大王	允禿思帖木兒王
					合賓帖木兒王
			八八剌大王	安定王脫歡	安定王朶兒只班
			也滅干大王	伯答罕王	

太宗皇帝，七子：長定宗皇帝，次二闊端太子，次三闊出太子，次四哈剌察兒王，次五合

失大王，次六合丹大王，次七滅里大王。

按憲宗紀有云：太宗以子月良不材，故不立爲嗣。今考經世大典帝系篇及歲賜錄，並不見月良名字次序，故不敢列之世表，謹著于此，以俟知者。

闊端太子位

闊端	滅里吉歹王	也速不花大王		
	蒙哥都大王	亦憐眞大王		
	只必帖木兒王			
	帖必烈大王			
	曲列魯大王	汾陽王別帖木兒	荆王也速也不干	

闊出太子位

闊出	昔列門太子	孛羅赤大王	靖遠王哈歹	襄寧王也速不干
			襄寧王阿魯灰	

哈剌察兒王位

哈剌察兒	脫脫大王	月別吉		
		沙藍朵兒只		

合失大王位

合失	海都大王	汝寧王察八兒	汝寧王完者帖木兒	汝寧王忽剌台

合丹大王位

合丹	覩爾赤王	小薛大王	星吉班大王	
	也不干大王	隴王火郎撒		
	也迭兒大王〔三四〕			
	也孫脫大王			

火你大王	咬住大王			
	那海大王			

滅里大王位

滅里	脫忽大王	俺都剌大王	愛牙赤大王	陽翟王太平	陽翟王帖木兒赤
			陽翟王禿滿	陽翟王曲春	

定宗皇帝，三子：長忽察大王，次二腦忽太子，次三禾忽大王。

忽察大王位

忽察	亦兒監藏王	完者也不干王

腦忽太子位

腦忽		

禾忽大王位

禾忽	南平王禿魯	

睿宗皇帝，十一子：長憲宗皇帝，次二忽覩都，次三失其名，次四世祖皇帝，次五失其名，次六旭烈兀大王，次七阿里不哥大王，次八撥綽大王，次九末哥大王，次十歲（都哥）〔哥都〕大王，〔三五〕次十一雪別台大王。

忽覩都大王位

忽覩都		

旭烈兀大王位

旭烈兀	阿八哈王	阿魯〔渾〕大王〔三六〕	靖遠王合贊〔三七〕		
			廣平王哈兒班答〔三八〕	豳王出伯	豳王喃忽里

二十四史

亦憐眞朶兒只王	脫脫木兒王	某	亦憐眞八的王		

阿里不哥大王位

阿里不哥	威定王玉木忽爾				
	乃剌忽不花大王	魏王孛顏帖木兒〔三九〕			
		完者帖木兒王			
		冀王孛羅	鐵木兒脫		
		定王藥木忽兒〔四〇〕	某	燕大王	
	剌甘失甘大王	鎭寧王那海			

撥綽大王位

撥綽	薛必烈傑兒大王	楚王牙忽都	楚王脫烈鐵木兒	楚王八都兒	燕帖木兒王

					速哥帖木兒王
					朶羅不花王

末哥大王位

末哥	昌童大王	伯帖木兒大王	永寧王伯顏木兒〔三一〕		

歲（都哥）〔哥都〕大王位

歲（都哥）〔哥都〕	速不歹大王	荊王脫脫木兒	荊王也速不堅		
		哈魯孫大王			

雪別台大王位

雪別台	某	月魯帖木兒			
		買閭也先			

憲宗皇帝，五子：長班禿大王；次二阿速歹大王；次三玉龍答失大王；次四河平王昔里吉；次五辯都，早卒無嗣。

班禿大王位

班禿					

阿速歹大王位

阿速歹					

玉龍答失大王位

玉龍答失	撒里蠻王				
	衞王完澤	郯王徹徹禿			

河平王昔里吉位

昔里吉	兀魯思不花王				
	幷王晃火帖木兒	嘉王火兒忽			

		答沙亦思的王			
		完者帖木兒王			

世祖皇帝，十子：長朶而只王；次二皇太子眞金，卽裕宗也；次三安西王忙哥剌；次四北安王那木罕，無後；次五雲南王忽哥赤；次六愛牙赤大王；次七西平王奥魯赤；次八寧王闊闊出；次九鎭南王脫歡；次十忽都魯帖木兒王。

朶兒只王位

朶兒只					

安西王忙哥剌位

忙哥剌	安西〔王〕阿難答〔三二〕	月魯帖木兒王			
	按檀不花				

雲南王忽哥赤位

忽哥赤	營王也先帖木兒			

愛牙赤大王位

愛牙赤	阿木干大王	也的古不花王		
	孛顏帖木兒王			

西平王奧魯赤位

奧魯赤	鎭西武靖王鐵木兒不花	雲南王老的罕	豫王阿(忒納)〔納忒〕納失里〔三三〕	
		武靖王搠思班	乞八大王	
			亦只班大王〔三四〕	
	西平王八的麻的加	貢哥班大王		

寧王闊闊出位

闊闊出	寧王薛徹禿			
	寧王阿都赤			

鎭南王脫歡位

脫歡	鎭南王老章	鎭南王脫(木)不花〔三五〕	鎭南王孛羅不花	
		威順王寬徹普化		
		宣讓王帖木兒不花		

	文濟王蠻子			
	宣德王不答失里			

忽都魯帖木兒王位

忽都魯帖木兒	阿八也不干王	八魯朵而只王		

裕宗皇帝，三子：長晉王甘麻剌，卽顯宗也；次二答剌麻八剌太子，卽順宗也；次三成宗皇帝。

顯宗皇帝，三子：長梁王松山，次二泰定皇帝，次三湘寧王迭里哥兒不花。

梁王松山位

松山	梁王王禪	雲南王帖木兒不花		

湘寧王迭里哥兒不花位

迭里哥兒不花	湘寧王八剌失里			

順宗皇帝，三子：長魏王阿木哥，次二武宗皇帝，次三仁宗皇帝。

魏王阿木哥位

阿木哥	脫不花大王			
	蠻子大王			
	西靖王阿魯			
	魏王孛羅帖木兒			
	唐兀台王			
	答兒蠻失里王			
	孛羅大王			

成宗皇帝，一子：皇太子德壽，早薨，無後。

武宗皇帝，二子：長明宗皇帝，次文宗皇帝。

仁宗皇帝，二子：長英宗皇帝，次安王兀都思不花，早隕，無後。

英宗皇帝，無子。

泰定皇帝，四子：長皇太子阿里吉八，次二晉王八的麻亦兒間卜，次三小薛太子，次四允丹藏卜太子，俱早隕，無後。

明宗皇帝，二子：長子順皇帝，次寧宗皇帝。

文宗皇帝，三子：長皇太子阿剌忒〔納〕答剌，[三六]早薨，無後；次二燕帖古思太子，次三太平訥太子，俱早隕，無後。

寧宗皇帝，蚤世，無子。

順皇帝，三子：長皇太子愛猷識理達臘，餘二子，蚤世。

按十祖世系錄云：始祖孛端叉兒收統急里忽魯人氏民戶時，[三七]嘗得一懷妊婦人曰插只來，納之，其所生遺腹兒，因其母名曰插只來，自後別爲一種，亦號達靼。今以非始祖親子，故不列之世表，附著于此云。

校勘記

〔一〕博寒葛〔答黑〕　據本書卷一太祖紀補。元朝秘史作「不忽合答吉」。

〔二〕博合覩撒里吉　本書卷一太祖紀「吉」作「直」，與元朝秘史「不合禿撒勒只」語音合。「吉」字見于南村輟耕錄卷一大元宗室世系，係元代訛文。

〔三〕咩麻篤敦　考異云：「本紀麻作撚，秘史作蔑年土敦。年、撚音相同，表作麻者，誤也。」考異是，「麻」字見于南村輟耕錄卷一大元宗室世系，係元代訛文。

〔四〕兀察兀禿　本書卷一二〇朮赤台傳及元朝秘史、拉施特史集均稱納眞爲兀魯兀部之祖，此處「察」當作「魯」。新元史已校。

〔五〕拜（住）〔姓〕忽兒　考異云：「紀作拜姓忽兒，秘史作拜升豁兒多黑申。升與姓音相近，此作住者，誤也。」考異是，從改。下同。

〔六〕那哈合兒　蒙古無此部族、姓氏，當有誤。此處似指那牙斤部人，卽那牙吉歹氏。

〔七〕葛忽剌急哩担　元朝秘史作「合出剌」，拉施特史集譯音同。此處「葛忽剌」有訛文，依前見譯例，「忽」當作「朮」。

〔八〕寒斤八剌哈哈　元朝秘史作「斡勤巴兒合黑」，拉施特史集譯音同。蒙古語「斡勤」，義爲「女郎」。「寒」字誤，當作「窩」。

〔九〕忽都魯咩聶兒　元朝秘史作「忽禿黑禿蒙古兒」，拉施特史集譯音同。蒙古語「忽禿黑禿」，言「有福」。此處「魯」字誤，依本表譯例，當作「都」。

〔一〇〕忽（魯）〔都〕剌罕　據本書卷一太祖紀改。元朝秘史作「忽圖剌合罕」。

〔一一〕獠忽眞兀（禿）〔兒〕迭葛　元朝秘史作「抄眞斡兒帖該」。此處「禿」誤，今改。

〔一二〕寧〔海〕王闊闊出　據本書卷一〇八諸王表補。按寧王闊闊出爲元世祖第八子，與此處寧海王非一人。本證已校。

〔一三〕撒只哈〔撒〕兒　據本書卷九五食貨志補。「哈撒兒」，元朝秘史傍譯「犬名」，拉施特史集誌作「猛獸」。考異已校。下同。

〔一四〕按只吉歹　此人本書又作「按只帶」、「按只台」、「按赤帶」、「按赤台」，與元朝秘史「阿勒赤台」寫音相符。「吉」字見于南村輟耕錄卷一大元宗室世系，係元代衍誤。

〔一五〕也（里只）〔只里〕　據本書卷一六世祖紀至元二十七年五月庚午、卷一九成宗紀大德元年十二月戊戌條、卷一〇八諸王表改正。新編已校。

〔一六〕西寧王阿魯里迷失　本書卷三三文宗紀天曆二年二月癸卯條有「西寧王忽答的迷失」。「忽答的迷失」，突厥語，言「有慶」。疑此處「阿」、「里」爲誤譯之文。蒙史改作「忽答的迷失」。

〔一七〕吳王朶列（担）〔捏〕　據本書多見之「吳王多列納」語音改。殿本作「多列納」。

〔一八〕廣寧王（瓜）〔爪〕都　見卷五校勘記〔三〕。

〔一九〕廣寧王（渾按）〔按渾〕察　據本書卷三二文宗紀天曆元年八月丙午、卷三四至順元年七月辛亥條、卷一〇八諸王表改正。新編已校。

〔二〇〕月卽（列）〔別〕　據本書卷一一七朮赤傳改。新編已校。

〔二一〕札尼（列）〔別〕　據本書卷一一七朮赤傳改。新編已校。

〔二二〕兖王買住韓　蒙史云：「舊表八剌大王下一格有兖王買住韓，若八剌之子然，大誤。按特薛禪舊傳云，脫憐卒，子迸不剌嗣。迸不剌卒，子買住罕嗣。又云，泰定后諱八不罕，按陳孫斡留察兒之女，其諱必罕、諱速哥答里者，皆脫憐孫買住罕之女。又后妃傳云，泰定帝妃二人，曰必罕，曰速哥答里，皆弘吉剌氏，兖王買住罕之女也。二傳世系同。買住罕卽買住韓。翁吉剌氏中原分地在濟寧，爲禹貢兖州之域，亦卽春秋魯地，故弘吉剌氏子孫皆封濟寧王，或封魯王，或封兖王，皆因地制名也。若察阿歹，中原分地在太原，古冀州之域，其子孫封號不當以兖爲稱。」

〔二三〕南答失（里）　據本書屢見之「喃答失」刪。隴右金石錄卷五泰定三年重修文殊寺碑作「喃答失太子」。

〔二四〕也迭兒　按拉施特史集及顯貴世系，合丹諸子中有「也速迭兒」，疑此處脫「速」字。

〔二五〕歲（都哥）〔哥都〕　據本書卷九五食貨志改正。拉施特史集譯音證作「歲哥都」是。蒙史已校。

下同。

〔二六〕阿魯〔渾〕大王　據本書卷一三四愛薛傳補。元史譯文證補已校。

〔二七〕靖遠王合贊　蒙史云：「舊表誤稱靖遠王，涉太宗皇子闊端之曾孫靖遠王合歹而誤。」按合贊無國邑封號，此誤見于南村輟耕錄卷一大元宗室世系，係元代衍誤。

〔二八〕廣平王哈兒班答　蒙史云：「舊表稱廣平王，涉廣平王合班而誤。」按廣平王阿兒剌氏，非元宗室。「廣平王」衍誤，南村輟耕錄卷一大元宗室世系作「康平王」，于本書無徵。

〔二九〕魏王孛顏帖木兒　蒙史云：「舊表作魏王，涉魏王阿不哥子魏王孛羅帖木兒而誤。」

〔三〇〕定王藥木忽兒　蒙史云：「定王藥木忽兒，至元十四年與河平王昔里吉、諸王脫黑帖木兒等合謀，夜刼皇子北平王那木罕營于阿力麻里，並械繫丞相安童以叛。元貞二年秋，與昔里吉之子兀魯思不花反正入朝。大德三年正月，封定遠王，賜金塗銀印龜紐。九年二月，由定遠王改封威定王，換賜金印駝紐。至大元年六月，由威定王進封定王」，「舊表威定王玉木忽兒列于阿里不哥長子之位，別出定王藥木忽兒，列于阿里不哥子乃剌忽不花大王第四子之位。本是一人，誤分爲二。」

〔三一〕永寧王伯顏木兒　蒙史云：「舊表脫帖字，諸王表作卜顏帖木兒。」按本書卷一〇八諸王表有「永寧王卜顏帖木兒」。蒙語「伯顏」言「富」，「卜顏」言「福」，「帖木兒」義爲「鐵」。此處有脫誤。

〔三二〕安西〔王〕阿難答　從殿本補。

〔三三〕豫王阿（忒納）〔納忒〕納失里　據本書多見之「豫王阿剌忒納失里」譯音改正。此名梵語，義爲「寶吉祥」。

〔三四〕亦只班大王　本書卷三五、三六文宗紀至順二年四月甲子條作「亦失班」，至順三年五月己卯條作「也失班」。此名藏語，義爲「智吉祥」。疑此處「只」當作「失」。

〔三五〕脫（木）不花　從殿本删。本書卷三三文宗紀天曆二年十二月乙未條、卷一〇八諸王表、卷一一七帖木兒不花傳皆作「脫不花」。

〔三六〕阿剌忒〔納〕答剌　據本書文宗紀多見之文補。「阿剌忒納答剌」，梵語，義爲「寶賢」。

〔三七〕統急里忽魯　當作「統急里忽魯罕」。見卷一校勘記〔一〕。

元史卷一百八

表第三

諸王表

昔周封列國七十，而同姓者五十三人；漢申丹書之信，而外戚侯者恩寖廣矣。詩曰：「大邦維屏，大宗維翰。」其此之謂乎？元興，宗室駙馬，通稱諸王，歲賜之頒，分地之入，所以盡夫展親之義者，亦優且渥。然初制簡朴，位號無稱，惟視印章，以爲輕重。厥後遂有國邑之名，而賜印之等猶前日也。得諸掌故，具著于篇。作諸王表。

金印獸紐	
燕王	眞金，中統二年封，至元十四年册爲皇太子。〔一〕 阿剌忒〔納〕答納，天曆二年封，三年立爲皇太子，其年薨。〔二〕
秦王	忙哥剌，至元十年詔安西王益封秦王，別賜金印，其府在長安者爲安西，在六盤者爲開成，皆聽爲宮邸。十七年薨。〔三〕廿四年中書奏王次子按檀不花襲秦王印，詔阿難答既爲安西王，其秦王印宜上之。然其後猶稱秦王阿難答。
晉王	甘麻剌，至元二十九年由梁王改封，出鎭大斡耳朶。大德六年薨，諡獻武，即顯宗也。 也孫帖木兒，大德六年襲封，至治三年立爲皇帝。 八的麻亦兒間卜，泰定元年封，天曆元年隕

金印螭紐	
安西王	忙哥剌，至元九年封，出鎭長安。 阿難答，至元十七年襲封，大德十一年誅。 月魯帖木兒，至治三年封。
北安王	那木罕，至元十九年賜印。大德五年薨，延祐七年賜諡昭定。
鎭南王	脫歡，至元二十一年封，出鎭揚州。二十二年奉旨征安南，大德五年薨。 老章，大德五年襲封。 脫不花□□□年襲封。 帖木兒不花□□□年襲封，〔四〕天曆二年改封宣讓王。 孛羅不花，天曆二年襲封。
懷寧王	海山，大德八年封，出鎭稱海。十一年立爲皇帝。

（續）	梁王	越王	營王	鄃王	寧
于上都。	甘麻剌，至元二十七年封，出鎮雲南。二十九年改封晉王。 松山，至元三十年封，以皇曾孫出鎮雲南。 王禪，泰定元年由雲南王進封。天曆元年帥師與太平王燕帖木兒戰于柳林，兵敗見殺。	禿剌，大德十一年從仁宗平內難有功封。至大二年以怨望誅。	也先帖木兒，大德十一年由雲南王進封。	聶古䚟駙馬，由北平王進封。 抽忽難駙馬，至大元年襲封。	闊闊出，大德十一年由寧遠王進封。

北寧王	湘寧王	陽翟王	雲陽王	恩平王	北
迭里哥兒不花，大德十一年封，至大二年徙封湘寧王。	迭里哥兒不花，至大二年徙封。 八剌失里，至治三年襲封。	禿滿，至大元年封。 曲春。 太平，泰定元年襲封。 帖木兒赤。		塔思不花，至大四年封。	聶古䚟駙馬，□□□年封，後進封鄃王。

王	齊王	楚王	豳王	濟王
薛徹禿，皇慶二年由寧遠王進封。〔五〕 阿都赤。	八不沙，大德十一年封。 玉龍帖木兒，□□□年由恩王改封。 月魯帖木兒，泰定元年封。	牙忽都，大德十一年由鎮遠王進封。 朵列帖木兒，至大□年封。〔六〕延祐二年被黜，天曆元年復故封。 八都兒。	出伯，大德十一年由威武西寧王進封。 喃忽里，延祐七年襲封。	朵列納，大德十一年封，皇慶元年改封吳王。

平王	安遠王	汝寧王	宣德王	文濟王	保恩王	武寧
那木罕，至元二年封，十九年改封北安王。	丑漢駙馬，皇慶元年改封。	察八兒，延祐元年封。 忽剌台，泰定元年襲封。	不答失里，皇慶二年封。〔七〕	蠻子。	玉龍帖木兒，延祐三年封，□□□年進封恩王。	徹徹禿，泰定三年封，至順二年進封郯王。

魏王	魯王	定王	隴王
阿木哥。 孛羅帖木兒。	蠻子台駙馬，由濟寧王進封。 阿不歹駙馬，大德十一年襲封。 阿里加失立，至大四年襲封。 桑哥八剌駙馬，元統元年襲封。〔八〕	要木忽爾，至大元年由〔威〕定〔遠〕王進封。〔九〕 薛徹干，至治三年封。 察里台，泰定四年封。	火郎撒，至大元年封。 忽魯歹。 忻都察。

王	威順王	威靖王	西安王	宣讓王	西寧王	柳城王
	寬徹普化，□□□年賜金印。〔一〇〕	火里兀察兒駙馬，泰定皇后父也，泰定二年封。	阿〔剌〕忒納〔荅〕失里，〔一一〕天曆元年封。	帖木兒不花，天曆二年由鎮南王改封。	忽答里迷失，〔一二〕天曆二年封。 速來蠻，天曆三年封。	亦憐真八，天曆三年封。

趙王	嘉王	荆王	昌王
主忽駙馬，至大元年封。〔一三〕 阿魯禿□□，〔一四〕延祐元年封。 馬札罕駙馬，泰定元年封。	晃火帖木兒，延祐四年封，〔一五〕後徙封并王。 火兒忽。	也速不堅。 脫脫木兒。 脫火赤，□□□年封，至順二年來朝。	忽鄰駙馬。 阿失駙馬，延祐四年封。 八剌失里駙馬，□□□年封。 沙藍朵兒□□□□年由懿德王進封。〔一六〕

西靖王	廣寧王	保寧王	無國邑名	金印駝紐	河間王
阿魯，至順元年封。	爪都，中統三年封，至元十三年賜印。 徹里帖木兒。 按渾察，至順元年封。	斡卽，天曆二年封。	移相哥大王，□□□年賜印。〔一七〕		兀〔古〕〔魯〕帶，〔一八〕至元二年封。

衞王	兗王	吳王	壽王	周王	安王
完澤，至大三年由衞安王進封。	買住韓，至大三年封。	朶列納，皇慶元年由濟王徙封。 潑皮，□□年封，天曆三年改封濟陽王。 木南子，天曆三年由濟陽王徙封。	脫里出。 乃蠻歹，至大元年封。	禾失剌，延祐二年封，天曆元年立爲皇帝。	兀都思不花，延祐二年封，七年降封順陽王，尋被殺。

河平王	雲南王	濟南王	威武西寧王	鎭寧王	衞安王
昔里吉，至元四年封。	忽哥赤。 也先帖木兒，至元十七年襲封。 老的，至大二年封。	也只里，至元二十四年封。	出伯，大德八年封，十一年進封豳王。	孛羅，大德九年封，延祐四年進封冀王。 那懷，至大三年封。	完澤，大德九年封，至大三年進封衞王。

遼王	冀王	恩王	岐王	并王	懷王	豫
脫脫，延祐三年封。 牙納失里。	孛羅，延祐四年由鎭(遠)〔寧〕王進封。〔一九〕	月魯帖木兒，延祐四年封。 玉龍帖木兒，由保恩王進封。	脫脫木兒駙馬，延祐四年由濮陽王進封。 瓊南管卜，泰定四年封。	晃火帖木兒，泰定二年由嘉王徙封。	脫帖木兒，泰定(三)〔元〕年封，〔二〇〕天曆元年立爲皇帝。	阿〔剌〕忒(思)納失里，〔二一〕天曆元年封。

威定王	寧肅王	襄寧王	安南王	武陽王	安定王	永豐
藥木忽爾，大德九年由定遠王徙封。	脫脫，至大元年封。	也速不干，至大元年封。 阿魯灰。	迭哥兒不花，至大四年封。		朶兒只班。 脫歡，皇慶二年封。	丑漢駙馬，皇慶元年封，旋改封安遠王。

王	肅王	鄆王	邠王	鄘王	慶王	瀋王〔二四〕
	寬徹，天曆二年封。	徹徹禿，至順二年由武寧王進封。	卜顏帖木(花)〔兒〕，〔二二〕至順二年封。	懿璘只班，至順〔元〕年封，〔二三〕至順三年立爲皇帝。		高麗王昛，大德十一年以駙馬封。 高麗王璋，延祐六年以駙馬襲封。

郡王	安德王	永寧王	汾陽王	威遠王	武平王	
	不答失里，皇慶二年封。	卜顏帖木兒。 卯澤，至順元年封。	別帖木兒，延祐七年封。	巴都帖木兒，〔二五〕至治三年封。	帖古思不花，泰定三年封。 禿滿帖木兒，延祐五年封。 不花帖木兒，至順元年封。	闊闊出。

	無國名者	駙馬高麗國王
高麗王暠，泰定三年以駙馬襲封。	按只吉歹大王。〔二六〕	王諶，至元□□年封。〔二七〕

寧海王	昭武王	順陽王	延安王	濟寧王	高唐王
亦思蠻。 八都兒，延祐五年。〔二八〕 阿海。	合伯駙馬，大德十年封。	兀都思不花，延祐七年由安王降封，尋見殺。	也不干。	蠻子台駙馬，後進封魯王。	闊里吉思駙馬。

緬國王	
安南國王	陳光昞。
高昌王	紐林的斤駙馬，延祐三年封。 帖睦爾普化，至治□年封，〔二九〕天歷二年讓其弟。 籛吉，天曆二年襲封。 太平奴，至順三年封。
白蘭王	瑣南藏卜，至治元年封，後出家，泰定四年還俗，復封。
無國邑名	也速不花，至元二年賜印。 玉龍答失大王，至元三年賜印。 帖失帖木兒王，大德二年。 南木忽里王，至大元年。 斡羅溫孫王，延祐二年。 察兀都兒王，延祐四年。 八八剌大王，延祐元年。 別失帖木兒王，泰定元年。

金鍍銀印駝紐	
西平王	奧魯赤，至元□年封。〔三〇〕 八剌麻力。 管不八。
鎮西武靖王	鐵木兒不花，大德元年封。 搠思班。
雲南王	忽哥赤，至元五年封，出鎮雲南。 王禪，延祐七年封，泰定元年進封梁王。 帖木兒不花，泰定元年襲封。
威順王	寬徹普化，泰定三年封，分鎮武昌。
金鍍銀印龜紐	
寧遠王	闊闊出，至元二十一年封，大德十一年進封寧王。 徹徹篤，延祐七年封，□年進封寧王。〔三一〕
鎮遠王	牙忽都，至元二十一年封，〔三二〕大德十一年進封楚王。
靖遠王	合(贊)〔帶〕，〔三三〕至元二十七年。
定遠王	藥木忽兒，大德二年封。
肅遠王	帖木兒不花，至元二十八年封。 也先鐵木兒，至元二十八年封。

宣靖王	買奴，泰定二年由泰寧王徙封，分鎮益都。〔三四〕
綏寧王	阿都赤，泰定三年封。
靖安王	闊不花，泰定四年封。
廣平王	木剌忽駙馬。 哈班，天曆二年封。
靖恭王	脫隣忽都魯，至順元年封。
懿德王	沙藍朵兒駙馬，至順元年封，〔三五〕後進封昌王。
鎮東王	
泰寧王	買奴，至治二年封，泰定二年徙封宣靖王。〔三六〕 亦連眞多兒加，〔三七〕泰定元年封。
無國邑	完澤大王，□□□年賜印，〔三八〕大德九年改封衞安王。
銀印龜紐	
南平王	禿剌，至元九年封，仍賜金銀符各五。
永豐郡王	孛羅。

寧海王	
南平王	
廣寧王	爪都，中統(二)〔三〕年封。〔三九〕
建昌王	
無國邑名	拜答寒大王，至元七年賜印，仍賜海靑金符。 頭答大王。 帖木兒大王。 伯帖木兒大王。 孛羅赤大王。 月魯帖木兒王，延祐六年。
寧昌郡王	唆都哥駙馬，至元二十二年封。 不憐吉歹駙馬。
宣寧郡王	帖木兒不花，至大四年封。 阿憐帖木兒，至順元年封。〔四〇〕
懷仁郡王	亦思丹，至大四年封。
保德郡王	
寧濮郡王	昌吉駙馬。
駙馬濮陽王	脫帖木兒，大德十年封，延祐四年進封岐王。
	不花駙馬，至元四年。

別乞帖木兒王，至元十七年。

怯里歹郡王，至元十一年。

阿渾帖木兒王。

完者也不干王。

那木忽（思）〔里〕大王。[四一]

合必赤大王。

八八大王。延祐四年詔復以世祖所賜印，賜其子合賓帖木兒王。

忽都魯帖木兒王。

出伯大王，至元二十五年，後改封威武西（靖）〔寧〕王。[四二]

昌吉駙馬，後改封寧濮郡王。

岳忽難王，大德二年賜印。

無國邑名者

校勘記

〔一〕至元十四年册爲皇太子　本書卷八世祖紀至元十年二月丙戌條、卷一一五裕宗傳、卷一二六安童傳及元典章卷一立后建儲詔，皆繫册皇太子事于至元十年。此處「四」字實衍。本證已校。

〔二〕阿剌忒（納）答納天曆二年封三年立爲皇太子其年薨　據本書文宗紀多見之「阿剌忒納答剌」補。蒙史已校。又，本證云：「案紀，至順元年三月封燕王，十二月立爲皇太子，二年正月薨。」

〔三〕至元十年詔安西王益封秦王至十七年薨　此段史文似本自姚燧延釐寺碑。據碑文，「十年」應作「十一年」。疑表有脫誤。又「十七年薨」，本證云「當作十五年」，勘以碑文，以作十五年爲是。疑「七」字誤。

〔四〕帖木兒不花□□□年襲封　原墨釘，本書卷三〇泰定帝紀繫泰定三年十一月戊午。新編已校。

〔五〕薛徹秃皇慶二年由寧遠王進封　按後文金鍍銀印龜紐寧遠王條有「徹徹篤延祐七年封」，與本書卷二七英宗紀延祐七年四月乙卯條相符。先封寧遠王已在延祐七年，進封寧王自不當在皇慶二年。「皇慶二年」誤。新編已校。

〔六〕朶列帖木兒至大□年封　原墨釘。蒙史作「至大四年」，幷注云：「南監本元史闕年數。北監本作二年，誤。」按本書卷一一七牙忽都傳史文推測，作四年較爲可信。

〔七〕不答失里皇慶二年封　後文有「安德王不答失里，皇慶二年封」，與本書卷二四仁宗紀皇慶二年十月己卯條相符。疑此處似誤「安」爲「宣」而重衍。

〔八〕桑哥八剌駙馬元統元年襲封　按本書卷一一八特薛禪傳及道光鉅野縣志卷二〇胡祖廣加封相哥八剌魯王元勳世德碑，桑哥八剌封魯王在元統二年三月。疑「元年」爲「二年」之誤。

〔九〕要木忽爾至大元年由（威）定（遠）王進封　從道光本改。按後文，金印駝紐威定王有「藥木忽爾，大德九年由定遠王徙封」，與本書卷二一成宗紀大德九年二月丁酉條相符。卷二二武宗紀至大元年六月戊戌條有「封藥木忽兒爲定王」。此處「定遠王」顯係「威定王」之誤。

〔一〇〕寬徹普化□□□年賜金印　原墨釘，本書卷三〇泰定紀繫泰定三年正月壬子。新編已校。

〔一一〕阿（剌）忒納（答）失里　據本書卷三二文宗紀致和元年三月、天曆元年十二月丁巳條所見「西安王阿剌忒納失里」補刪。蒙史已校。

〔一二〕忽答里迷失　疑「里」字誤。見卷一〇七校勘記〔一六〕。

〔一三〕主忽駙馬至大元年封　本證云：「繼培案，紀至大二年封駙馬注安爲趙王，注安卽朮安。闊里吉思傳：子朮安幼，以弟朮忽難襲高唐王，至大二年加封趙王，卽以讓朮安。此作主忽，蓋誤合朮安、朮忽難爲一人。紀在二年，而此云元年，亦誤。」按本證是，「主忽」有脫誤，當作「主忽難」或「主安」。

〔一四〕阿魯秃□□　原墨釘。內蒙古出土林子良王傳德風堂碑記載趙王阿剌忽秃尙趙國公主吉剌實思。「阿剌忽都」卽「阿魯秃」，既尙公主，當稱「駙馬」。

〔一五〕晃火帖木兒延祐四年封　本書卷二六仁宗紀延祐五年二月丁酉條有「封諸王晃火鐵木兒爲嘉王」，秃滿鐵木兒爲武平王」，本表後文金印駝紐武平王秃滿帖木兒恰作「延祐五年封」，證此處四年爲五年之誤。

〔一六〕沙藍朶兒□□□□年　本書卷三五文宗紀至順二年八月甲辰條作「沙藍朶兒只」，蒙史據補「只」字，當是。藏語「沙藍朶兒只」，義爲「智慧金剛」。又下有闕文，按後文金鍍銀印駝紐「懿德王沙藍朶兒駙馬」，應有「駙馬」二字。封年無考。

〔一七〕移相哥大王□□□年賜印　原墨釘，本書卷五世祖紀繫中統三年四月戊申。本證已校。

〔一八〕兀（古）〔魯〕帶　據本書卷六世祖紀至元二年二月戊申條改。此名本書又作「兀魯歹」、「兀魯台」、「兀魯忽帶」、「忽魯帶」。新編已校。

〔一九〕孛羅延祐四年由鎭（遠）〔寧〕王進封　據本卷金印駝紐鎭寧王孛羅條、本書卷二一成宗紀大德十年二月丙辰條改。新編已校。

〔二〇〕脫帖木兒泰定（三）〔元〕年封　據本書卷二九泰定紀泰定元年十月丁丑、卷三二文宗紀泰定元年十月條改。蒙史已校。

〔二一〕阿(剌)〔忒〕(思)納失里　據本書多見之文改。參見卷一〇七校勘記〔三三〕。

〔二二〕卜顏帖木(花)〔兒〕　據本書卷三五文宗紀至順二年八月丁巳條所見「邠王不顏帖木兒」改。蒙語，「卜顏」言「福」，「帖木兒」言「鐵」。蒙史已校。

〔二三〕懿憐只班至順〔元〕年封　原空闕，據本書卷三四文宗紀至順元年二月乙巳條補。新編已校。

〔二四〕瀋王　蒙史云：「高麗忠(憲)〔宣〕王世家云：忠(憲)〔宣〕王(章)〔璋〕，以世子入宿衞成宗者十年，武宗、仁宗潛邸與王同臥起。大德十一年，王與丞相答剌罕等定策，奉仁宗掃內亂，以迎武宗，功第一，封瀋陽王。據此則舊表謂延祐六年以駙馬襲封，誤也。瀋陽王既爲王(章)〔璋〕始封，則舊表謂王昛大德十一年以駙馬封，誤也。又按東史輯略，王(章)〔璋〕在元，皇慶元年，元欲(章)〔璋〕歸國，(章)〔璋〕不欲，無以爲辭，請于元主傳位于子江陵大君燾。燾即位燕邸，(章)(章)〔璋〕爲上王，於是上王自號瀋陽王，以兄子暠爲瀋世子。延祐三年三月，上王傳瀋陽王位于世子暠，自稱太尉王，時上王爲元太尉故也。據此，舊表稱王暠泰定三年以駙馬襲封，亦誤。」按本書卷二二、二三武宗紀、卷二五仁宗紀，王璋始封瀋陽王在大德十一年六月戊午，改封瀋王在至大三年四月己酉，王暠襲封瀋王在延祐三年三月辛亥。表文多有訛誤。

〔二五〕巴都帖木兒　本書卷二八英宗紀至治三年七月己酉條有「封諸王忽都鐵木兒威遠王」，卷一〇七宗室世系表有「威遠王忽都鐵木兒」。新編謂「巴」爲「忽」字之訛，疑是。

〔二六〕按只吉歹大王　應作「按只歹」。見卷一〇七校勘記〔一四〕。

〔二七〕王諶至元□□年封　原空闕，本書卷八世祖紀繫至元十一年七月癸巳。

〔二八〕八都兒延祐五年　文義不全，下似應有「賜印」二字。本書卷二六仁宗紀延祐五年三月己巳條有「賜寧海王八都兒金印」。

〔二九〕帖睦爾普化至治□年封　原墨釘，北監本作「三」。按本書卷一二二巴而朮阿而忒的斤傳及元文類卷二六虞集高昌王世勳碑，帖睦爾普化襲封高昌王在延祐年間。疑北監本涉前行「紐林的斤駙馬，延祐三年封」而衍抄「三」字。

〔三〇〕奧魯赤至元□年封　原墨釘。本書卷六世祖紀至元六年十月庚子條有「賜諸王奧魯赤駝紐金鍍銀印」，蒙史據書「至元六年封」。

〔三一〕徹徹篤延祐七年封□年進封寧王　原墨釘。北監本作「十一」。按延祐止于七年，無十一年，北監本似涉前行「大德十一年」衍抄。

〔三二〕牙忽都至元二十一年封　按本書卷一六世祖紀，至元二十七年正月己未賜牙忽都塗金銀印，卷一一七牙忽都傳書至元二十七年「賜爵鎮遠王，塗金銀印」。蒙史改「一」爲「七」，是。

〔三三〕合(贊)〔帶〕　據本書卷一六世祖紀至元二十七年正月己未條所見「靖遠王合帶」改。參看卷一〇七校勘記〔二七〕。蒙史已校。

〔三四〕買奴泰定二年由泰寧王徙封分鎮益都　「二」當作「三」，「由泰寧王徙」五字誤衍。詳本卷校勘記〔三六〕。

〔三五〕沙藍朶兒駙馬至順元年封　「兒」下當脫「只」字，見本卷校勘記〔一六〕。

〔三六〕買奴至治二年封泰定二年徙封宣靖王　考異云：「案本紀，泰定元年三月，泰寧王買奴卒，以其子亦憐眞朶兒赤嗣，卽此買奴也。又，泰定三年，封諸王買奴爲宣靖王，鎮益都。順帝至元二年，進封宣靖王買奴爲益王。蓋同時有兩買奴，一爲泰寧王，一爲宣靖王。封宣靖者，答里眞官人之後，益都乃其分地。封泰寧者，未詳其世系。表誤合爲一人，因有徙封之說。」考異是。按本書卷二九泰定紀至治三年十二月丙戌條，買奴以效忠泰定帝封泰寧王，表書「至治二年封」，誤，「二」當作「三」。又，「泰定二年徙封宣靖王」九字誤衍。

〔三七〕亦連眞多兒加　本書卷二九泰定帝紀泰定元年三月己酉條作「亦憐眞朶兒赤」。此名藏語，義爲「寶金剛」。「加」訛，疑爲「知」字之誤書。蒙史改「加」爲「赤」。

〔三八〕完澤大王□□□年賜印　原墨釘，本書卷一九成宗紀繫元貞二年七月辛未。本證已校。

〔三九〕爪都中統(二)〔三〕年封　據本卷金印螭紐廣寧王爪都條、本書卷五世祖紀中統三年正月癸未條改。蒙史已校。

〔四〇〕阿憐帖木兒至順元年封　蒙史改作「乃蠻台，至順元年封」，幷注云：「舊紀是年閏七月丁酉，授阿憐帖木兒大司徒。戊戌，甘肅行省平章乃馬台封宣寧郡王，授以金印。舊表宣寧郡王下列阿憐帖木兒，誤。」

〔四一〕那木忽(思)〔里〕　據本書卷二三武宗紀至大三年正月癸未條、三月乙酉條所見「諸王那木忽里」改。「那木忽里」，本書又作「南木忽里」、「南忽里」、「喃忽里」。蒙史改作「喃忽里」。

〔四二〕威武西(靖)〔寧〕王　從道光本改。按本書卷二一成宗紀大德八年十二月辛丑條、本卷金印駝紐諸王項皆作「威武西寧王」。

元史卷一百九

表第四

諸公主表

昔者史臣有言，婦人內夫家，雖天姬之貴，史氏猶外而弗詳。然元室之制，非勳臣世族及封國之君，則莫得尚主，是以世聯戚畹者，親視諸王，其藩翰屏垣之寄，蓋亦重矣。則其世次，顧可以弗之著耶？且秦漢以來，惟帝姬得號公主，而元則諸王之女亦概稱焉，是又不可不知也。惜乎記載弗備，所可見者，僅此而已。作諸公主表。

昌國公主位	趙國公主位	魯國公主位	鄆國公主位
昌國大長公主帖木倫，烈祖女，適昌忠武王孛禿。主薨，繼室以太祖女昌國大長公主火臣別吉。	趙國大長公主阿剌海別吉，太祖女，適趙武毅王孛要合。	魯國大長公主也速不花，睿宗女也，適皇國舅魯忠武王按嗔那顏子斡陳駙馬。	禿滿倫公主，適赤窟駙馬。
昌國大長公主亦乞列思，適孛禿子帖堅干，〔二〕繼室以昌國大長公主茶倫。	獨木干公主，睿宗女，適拜哈弟鄃王聶古䚟。	魯國公主薛只干，太祖孫女，適斡陳弟納陳駙馬。	瓮吉八忽公主，〔一〕適赤窟孫懷都駙馬。
昌國大長公主安禿，太宗子闊出女，適孛禿子昌武定王瑣兒哈。〔三〕	趙國大長公主月烈，世祖女，適拜哈子趙武襄王愛不花。	魯國長公主完澤，適斡陳男斡羅真駙馬。	采真公主，適〔懷〕都弟愛不哥駙馬。〔七〕
吾魯真公主，世祖女，適帖木干子孛花。	趙國大長公主葉里迷失，定宗女，適孛（答）〔要合〕子趙忠襄王君不花。〔五〕	魯國大長公主囊家真，世祖女，適納陳子帖木兒，再適帖木兒弟蠻子台。	鄆國大長公主忙哥台，適愛不哥子寧濮郡王昌吉。
昌國大長公主也孫真，適鎖兒哈子昌（武）〔忠〕靖王札忽爾陳。〔四〕	趙國大長公主忽答迭迷失，裕宗女，適（君）〔愛〕不花子趙忠獻王闊里吉思，〔六〕繼室以趙國大長公主愛牙（迷）失〔里〕，〔八〕成宗女也。	魯國大長公主南阿不剌，裕宗女，適蠻子台。	大長公主桑哥不剌，適愛不哥子岐王脫脫木兒。
魯魯罕公主，適孛花弟寧昌郡王唆都哥。繼室以魯倫公主。	趙國大長公主亦憐真，適君不花子趙忠烈王囊家台。	魯國徽文懿福（眞）〔貞〕壽大長公主祥哥剌吉，〔一一〕順宗女，適帖木兒子琱阿不剌。	札牙八剌公主，適駙馬。
昌國大長公主伯雅倫，憲宗女，適札忽爾陳子昌忠宣王忽鄰。繼室以昌國大長公主卜蘭奚。	趙國大長公主回紇，適君不花弟趙康禧王喬鄰察。〔九〕	魯國大長公主普納，適帖木兒子魯王桑哥不剌。	
普顏可里美思公主，適唆都哥子寧昌郡王不鄰吉歹。	趙國大長公主阿失禿魯，適愛不花子鄃忠襄王朮忽難。	肅雍賢寧公主朵兒只班，適琱阿八剌子阿里嘉實利。	
昌國大長公主益里海涯，成宗女，適忽鄰子昌王阿失。繼室以昌國大長公主買的，憲宗〔曾〕孫女也。〔一三〕	大長公主（桑）〔速〕哥八剌，〔一〇〕適囊家台子趙王馬札罕。	大長公主拜塔沙，適按陳裔孫買住罕。	
昌國大長公主烟合牙，適昌王八剌失里。		台忽普都公主，〔一二〕適按陳裔孫安遠王丑漢。	
昌國大長公主月魯，適八剌失里子昌王沙藍朵兒。〔一四〕		唆兒哈罕公主，太宗女，適按陳孫納合。	
奴兀倫公主，安西王女，適忽鄰弟瑣郎哈。		斡可真公主，適火忽孫不只兒。	
		不魯罕公主，適特薛禪孫脫羅禾，繼室以仁宗女闊闊倫公主。	

高昌公主位	高麗公主位	阿昔倫公主位	帶魯罕公主位
也立（可）〔安〕敦公主，〔一五〕太祖女，適亦都護巴而述阿兒忒的斤。	齊國大長公主忽都魯堅迷失，世祖之女，適高麗王愖，卽王昛也。	阿昔倫公主，適阿脫駙馬。	帶魯罕公主，適拔都駙馬。
		捌只蠻公主，適阿脫弟忽都虎駙馬。	捌思蠻公主，適拔都子阿朮魯駙馬。

	巴巴哈兒公主，定宗女，適巴而述阿而忒的斤曾孫亦都護火赤哈兒的斤。	不魯罕公主，太宗孫女，適火赤哈兒子高昌王紐林的斤。主薨，繼室以其妹八卜叉公主。又薨，繼室以兀剌眞公主，世祖之孫安西王阿難答女也。	朶而只思蠻公主，太宗之子闊(瑞)〔端〕之女，〔一六〕適高昌王帖睦兒補化。
	薊國大長公主，高麗王妃卜答失利，顯宗女，適瀋王王源。卽王璋也。	濮國長公主，高麗王妃亦憐只班，世祖之孫營王也先帖木兒女，適瀋王王燾。主薨，繼室以曹國長公主高麗王妃金童，順宗子魏王女也。	□國公主，顯宗之子梁王松山女，適瀋王王暠。
獨木罕公主位	獨木罕公主，適察忽駙馬。	伯要眞公主，適察忽子也先駙馬。	也里侃公主，適也先子迭木迭兒駙馬。
脫烈公主位	脫烈公主，適阿爾思蘭子也先不花駙馬。	八八公主，適也先不花子忽納答兒駙馬。	□公主，〔一七〕適忽納答兒子剌海涯里那駙馬。

延安公主位	火魯公主，適哈答駙馬。	闊闊干公主，〔一八〕適脫(赤禾)〔欒〕赤駙馬。〔一九〕	脫脫灰公主，世祖孫女，適禿滿答兒駙馬。	□□公主，適別里迷失駙馬。	□□公主，適沙藍駙馬。	延安公主，適延安王也不干。
□□公主位	□□□公主，適塔出駙馬。〔二〇〕	□□公主，適塔出子朮眞伯駙馬。〔二一〕	□□公主，適朮眞伯子別合剌駙馬。	□□公主，適別合剌子塔八駙馬。		
□□公主位	□□公主，適忒不歹駙馬。	□□公主，適忒不歹曾孫塔賽駙馬。	□□公主，適塔賽子哈丹駙馬。	□□公主，適哈丹子朶忽駙馬。		
各公主位	完者台公主，適永寧王卯澤。	英壽大長公主妥(安)〔妥〕懽，世祖孫女也。〔二二〕	壽寧大長公主，顯宗女，泰定皇帝伯姊也。			

	明慧貞懿大長公主不答昔你，明宗之女。	□□公主，適合納那顏孫奔忒古兒駙馬。	買買公主	阿剌歹公主	木答里公主	雪雪的斤公主	阿失禿公主	失憐答里公主

校勘記

〔一〕 瓮吉八忽公主　錢大昕十駕齋養新錄卷一五朝城縣令旨碑云：「朝城縣興國寺有令旨碑」，「第

三道旨云，據公主百戶、駙馬會都地面裏朝城縣。按食貨志，鄆國公主位丙申年分撥濮州三萬戶。朝城爲濮州屬縣，卽其分地。又，公主表有瓮吉八忽公主適赤窟孫懷都駙馬。懷都卽碑所稱會都，聲相近也。」按本書卷五世祖紀中統四年正月甲午、六月癸酉、七月乙酉各條有「公主拜忽」，「八忽」、「百戶」、「拜忽」當是同名異譯，皆公主名。疑此處「瓮吉」當作「瓮吉剌」，指駙馬姓氏。

〔二〕 帖堅干　通制條格卷二戶例作「帖里干駙馬」，與拉施特史集譯音相符。疑「堅」爲「里」之誤。

〔三〕 昌武定王瑣兒哈　元文類卷二五張士觀駙馬昌王世德碑云：「追封昌王，諡忠定。」蒙史改「武」爲「忠」，疑是。

〔四〕 昌(武)〔忠〕靖王札忽爾陳　據本書卷一一八孛秃傳及元文類卷二五張士觀駙馬昌王世德碑改。蒙史已校。

〔五〕 孛(答)〔要合〕　據本書卷一一八阿剌兀思剔吉忽里傳改。元文類卷二三閻復駙馬高唐忠獻王碑、中庵集卷四駙馬趙王先德加封碑銘皆作「孛要合」。蒙史已校。

〔六〕 (君)〔愛〕不花子趙忠獻王闊里吉思　據本書卷一一八阿剌兀思剔吉忽里傳改。前條校勘記所列碑、碑銘均謂闊里吉思爲愛不花子。表涉前見「君不花」而誤。蒙史已校。

〔七〕 采眞公主適〔懷〕都弟愛不哥　從殿本補。

〔八〕 愛牙(迷)失〔里〕　據本書卷一一八阿剌兀思剔吉忽里傳删補。元文類卷二三閻里吉思碑作「愛失里」，中庵集卷四駙馬趙王先德加封碑銘作「愛牙失里」，內蒙古出土林子良王傅德風堂碑記作「愛雅失里」。表涉前見「忽答迭迷失」而誤。蒙史已校。

〔九〕 君不花弟趙康禧王喬鄰察　「弟」當作「子」，疑「禧」應作「僖」。前條校勘記所列碑、碑銘均謂喬鄰察係君不花次子，蒙史改「弟」爲「子」，是。又柳待制集卷七趙王追封三代制有「追封趙王，謚康僖」，疑此處「禧」字訛。

〔一〇〕 (桑)〔速〕哥八剌　據本書卷二七英宗紀至治元年八月庚戌條所見改。林子良王傅德風堂碑記作「速哥八剌」。

〔一一〕 魯國徽文懿福(眞)〔貞〕壽大長公主祥哥剌吉　據尚師簡、張起巖張氏先塋之碑，馬祖常、尚師簡張應瑞先德之碑，胡祖廣加封相哥八剌魯王元勳世德碑改。蒙史已校。

〔一二〕 台忽普都　本書卷一一八特薛禪傳作「台忽魯都」。蒙史改「普」爲「魯」，疑是。

〔一三〕 買的憲宗(會)〔曾〕孫女也　據本書卷一一八孛禿傳補。卷二九泰定紀泰定元年四月丁卯條稱買的爲皇妹，證其爲元憲宗曾孫女。

〔一四〕 昌王沙藍朶兒　疑「兒」下脫「只」字。見卷一〇八校勘記〔一六〕。

〔一五〕 也立(可)〔安〕敦　據本書卷一二二巴而朮阿而忒的斤傳及元文類卷二六虞集高昌王世勳碑改。

〔一六〕 朶而只思蠻公主太宗之子闊(瑞)〔端〕之女　「瑞」訛，從殿本改。又，本書卷一二二巴而朮阿而忒的斤傳及元文類卷二六虞集高昌王世勳碑皆云「朶而只思蠻，闊端太子孫女也」。蒙史改「之女」爲「之女孫」，疑是。

〔一七〕 □公主　原墨釘，北監本補「鐵」字。

〔一八〕 闊闊干公主　蒙史改作「扯扯亦堅」，并注云：「原作闊闊千，音差。且蒙兀語花曰扯扯，靑曰闊闊，義旣不同，聲又不近，當是元史之訛。」勘以元朝秘史、拉施特史集譯音，「闊闊」二字當爲「闍闍」之誤。

〔一九〕 脫(赤禾)〔欒〕赤　「赤禾」係誤析簡體「欒」字爲二，今改。「脫欒赤」，元朝秘史作「脫劣勒赤」，爲斡亦剌部主忽都花別吉之子。

〔二〇〕 □□□公主適塔出駙馬　原墨釘。拉施特史集云：塔出駙馬尙成吉思汗幼女，名阿勒塔侖。按元史譯音用字例，闕文當作「按塔倫」。

〔二一〕 □□公主適塔出子朮眞伯駙馬　原墨釘。拉施特史集云：塔出駙馬有子名朮眞伯，尙蒙哥汗之女名失鄰者。闕文當作「失鄰」。

〔二二〕 英壽大長公主妥(安)〔妥〕輝世祖孫女也　「安」訛，從殿本改。本書卷三八順帝紀元統二年二月丁丑條有「封皇姑妥妥輝爲英壽大長公主」。按順帝爲世祖五世孫，旣稱妥妥輝爲皇姑，妥妥輝當非世祖孫女。疑「世祖」下脫「裔」或「玄」字。

元史卷一百十

表第五上

三公表

古者三公之職，寅亮天地，燮理陰陽，以論道經邦者也。元初，以太師、太傅、太保爲三公，自木華黎國王始爲太師，後凡爲三公者，皆國之元勳，而漢人則惟劉秉忠嘗爲太保，其後鮮有聞矣。其制又有大司徒、司徒、太尉、司空之屬，然其置否不常，人品或混，故置者又或開府不開府焉。若夫東宮，亦嘗置三師、三少，而不恒有也。今固不得而悉著之，惟自木華黎而下，得拜三公者若干人，作三公表。

太祖皇帝

干支	年	太師	太傅	太保
丙寅	元年			
丁卯	二年			
戊辰	三年			
己巳	四年			
庚午	五年			
辛未	六年			
壬申	七年			
癸酉	八年			
甲戌	九年			
乙亥	十年			
丙子	十一年			
丁丑	十二年	木華黎		
戊寅	十三年	木華黎		
己卯	十四年	木華黎		
庚辰	十五年	木華黎		
辛巳	十六年	木華黎		
壬午	十七年	木華黎		
癸未	十八年	木華黎		
甲申	十九年			
乙酉	二十年			
丙戌	二十一年			
丁亥	二十二年			
戊子				

太宗皇帝

干支	年	太師	太傅	太保
己丑	元年	阿海	禿懷	明安
庚寅	二年			
辛卯	三年			
壬辰	四年			
癸巳	五年			
甲午	六年			
乙未	七年			
丙申	八年			
丁酉	九年			
戊戌	十年			

按和林廣記多載國初之事，內有太師阿海、太傅禿懷、太保明安之名，及他公牘所報，亦間見之；然拜罷歲月之先後，不可考矣。故著于此。

干支	紀年			
己亥	十一年			
庚子	十二年			
辛丑	十三年			
壬寅				
癸卯				
甲辰				
乙巳				
定宗皇帝				
丙午	元年			
丁未	二年			
戊申	三年			

干支	紀年			
己酉				
庚戌				
憲宗皇帝				
辛亥	元年			
壬子	二年			
癸丑	三年			
甲寅	四年			
乙卯	五年			
丙辰	六年			
丁巳	七年			
戊午	八年			

干支	紀年			
己未	九年			
世祖皇帝				
庚申	中統元年			
辛酉	二年			
壬戌	三年			
癸亥	四年			
甲子	至元元年			劉秉忠
乙丑	二年			劉秉忠
丙寅	三年			劉秉忠
丁卯	四年			劉秉忠
戊辰	五年			劉秉忠

干支	紀年			
己巳	六年			劉秉忠
庚午	七年			劉秉忠
辛未	八年			劉秉忠
壬申	九年			劉秉忠
癸酉	十年			劉秉忠
甲戌	十一年			劉秉忠
乙亥	十二年			
丙子	十三年			
丁丑	十四年			
戊寅	十五年			
己卯	十六年			

庚辰	十七年			
辛巳	十八年			
壬午	十九年			
癸未	二十年			
甲申	二十一年			
乙酉	二十二年			
丙戌	二十三年			
丁亥	二十四年			
戊子	二十五年			
己丑	二十六年			
庚寅	二十七年			

辛卯	二十八年			
壬辰	二十九年			
癸巳	三十年			
甲午	三十一年			

成宗皇帝

乙未	元貞元年			月赤察兒
丙申	二年			月赤察兒
丁酉	大德元年			月赤察兒
戊戌	二年			月赤察兒
己亥	三年			月赤察兒
庚子	四年	月赤察兒	完澤	

辛丑	五年	月赤察兒		
壬寅	六年	月赤察兒		
癸卯	七年	月赤察兒		
甲辰	八年			
乙巳	九年			
丙午	十年			
丁未	十一年		哈剌哈孫	塔剌海

武宗皇帝

戊申	至大元年			
己酉	二年			
庚戌	三年	阿剌不花	乞台普濟	三寶奴

		脫兒赤顏		
辛亥	四年	脫兒赤顏	忽魯忽答	
			乞台普濟	
			帖可	

仁宗皇帝

壬子	皇慶元年	阿撒罕	帖可	曲出
癸丑	二年	阿撒罕	伯忽	曲出
甲寅	延祐元年	阿撒罕	伯忽	曲出
乙卯	二年	阿撒罕	伯忽	曲出
丙辰	三年	鐵木迭兒	伯忽	曲出
丁巳	四年	鐵木迭兒	伯忽	曲出

年		太師	太傅	太保
戊午	五年		伯忽	曲出
己未	六年	鐵木迭兒〔一〕	伯忽	曲出
庚申	七年	鐵木迭兒	朶䚟	曲出
英宗皇帝				
辛酉	至治元年	鐵木迭兒	朶䚟	曲出
壬戌	二年	鐵木迭兒	朶䚟	曲出
癸亥	三年		朶䚟	
泰定皇帝				
甲子	泰定元年	伯忽	朶䚟	伯顏察兒
乙丑	二年	按塔出	朶䚟	禿忽魯
丙寅	三年		朶䚟	禿忽魯

年		太師	太傅	太保
丁卯	四年		朶䚟	禿忽魯
文宗皇帝				
戊辰	天曆元年	燕鐵木兒	伯答沙	伯顏
己巳	二年	燕鐵木兒	伯答沙	伯顏
庚午	至順元年	燕鐵木兒	伯答沙	伯顏
辛未	二年	燕鐵木兒	伯答沙	伯顏
〔壬申〕	〔三年〕	〔燕鐵木兒〕〔二〕		

校勘記

〔一〕鐵木迭兒　考異云：「案是年四月以鐵木迭兒爲太子太師，非太師也。至次年三月，始復除太師。表於是年已書鐵木迭兒，誤也。」

〔二〕〔壬申〕〔三年〕〔燕鐵木兒〕　從殿本補。

元史卷一百一十一

表第五下

三公表二

年		太師	太傅	太保
順帝				
癸酉	元統元年	燕鐵木兒	撒敦	
		伯顏		
甲戌	二年	伯顏	撒敦	燕不鄰
乙亥	至元元年	伯顏	撒敦	定住

年		太師	太傅	太保
			完者帖木兒	（定住）〔一〕
丙子	二年	伯顏		定住
丁丑	三年	伯顏		（馬札兒台）〔定住〕〔二〕
				馬札兒台
戊寅	四年	伯顏		馬札兒台
己卯	五年	伯顏		馬札兒台
庚辰	六年	伯顏	塔失海牙	探馬赤
		馬札兒台		
辛巳	至正元年	馬札兒台		
壬午	二年	馬札兒台		
癸未	三年	馬札兒台		

甲申 四年	馬札兒台		
乙酉 五年	馬札兒台		伯撒里
丙戌 六年	馬札兒台		伯撒里
丁亥 七年	馬札兒台		別兒怯不花
戊子 八年		脫脫	
己丑 九年		脫脫	
庚寅 十年		脫脫	
辛卯 十一年		脫脫	阿魯圖
壬辰 十二年	脫脫		
癸巳 十三年	脫脫		
甲午 十四年	脫脫	汪家奴	伯撒里

乙未 十五年	汪家奴	衆家奴	定住 伯撒里
丙申 十六年	汪家奴	衆家奴	定住
丁酉 十七年	汪家奴	衆家奴	定住
戊戌 十八年	汪家奴	衆家奴	搠思監 定住
己亥 十九年	汪家奴		搠思監
庚子 二十年	汪家奴	太平	搠思監 太平
辛丑 二十一年	汪家奴	老章	搠思監
壬寅 二十二年	汪家奴	老章	搠思監

癸卯 二十三年	汪家奴	老章	
甲辰 二十四年			孛羅帖木兒
乙巳 二十五年	伯撒里	擴廓帖木兒	禿堅帖木兒
丙午 二十六年	伯撒里	擴廓帖木兒	
丁未 二十七年			也速
戊申 二十八年		擴廓帖木兒	也速

校勘記

〔一〕（定住） 從殿本刪。

〔二〕（馬札兒台）（定住） 此處馬札兒台之名重書，從殿本刪、補。本書卷三九順帝紀至元三年二月丙申條有「太保定住薨」，十二月有「是月，以馬札兒台爲太保」。

元史卷一百一十二

表第六上

宰相年表

宰相者，上承天子，下統百司，治體繫焉。元初，將相大臣，年月疏闊，簡牘未詳者則闕之。中統建元以來，宰執之官，其拜罷歲月之可考者，列而書之。作宰相年表。

太祖皇帝	中書令	右丞相	左丞相	平章政事	右丞	左丞	參知政事
丙寅 元年							
丁卯 二年							
戊辰 三年							

己巳 四年							
庚午 五年							
辛未 六年							
壬申 七年							
癸酉 八年							
甲戌 九年							
乙亥 十年							
丙子 十一年							
丁丑 十二年							
戊寅 十三年							
己卯 十四年							
庚辰 十五年							

辛巳 十六年							
壬午 十七年							
癸未 十八年							
甲申 十九年							
乙酉 二十年							
丙戌 二十一年							
丁亥 二十二年							
戊子							
太宗皇帝							
己丑 元年							
庚寅 二年							
辛卯 三年							

壬辰 四年							
癸巳 五年							
甲午 六年							
乙未 七年							
丙申 八年							
丁酉 九年							
戊戌 十年							
己亥 十一年							
庚子 十二年							
辛丑 十三年							
壬寅							
癸卯							

年	中書令	右丞相	左丞相	平章政事	右丞	左丞	參知政事
甲辰							
乙巳							
定宗皇帝							
丙午　元年							
丁未　二年							
戊申　三年							
己酉							
庚戌							
憲宗皇帝							
辛亥　元年							
壬子　二年							
癸丑　三年							
甲寅　四年							
乙卯　五年							
丙辰　六年							
丁巳　七年							
戊午　八年							
己未　九年							
世祖皇帝							
庚申　中統元年　是年置丞相一員。		禡禡		王文統　趙璧	〔廉希憲〕〔一〕	〔張文謙〕〔二〕	張啓元
辛酉　二年		不花	忽魯不花	塔察兒	張〔啓元〕〔三〕	張文謙	商挺

年	中書令	右丞相	左丞相	平章政事	右丞	左丞	參知政事
		史天澤	耶律鑄	王文統　賽典赤　廉希憲			楊果
壬戌　三年		不花　史天澤	忽魯不花　耶律鑄	塔察兒　王文統　賽典赤　廉希憲	粘合〔南合〕〔四〕　張〔啓元〕	闊闊　張文謙	商挺　楊果
癸亥　四年		不花　六月。線眞代。　史天澤	忽魯不花　六月。塔察兒代。　耶律鑄	塔察兒　六月陞左丞相。　（王文統）〔五〕　趙璧　賽典赤　廉希憲	粘合〔南合〕　張〔啓元〕	闊闊　張文謙　姚樞	商挺　楊果
甲子　至元元年		線眞　史天澤	塔察兒　耶律鑄	賽典赤　廉希憲	張〔啓元〕　阿里別	張文謙	商挺　楊果
乙丑　二年　是年置丞相五員。		安童　忽都察兒〔六〕　史天澤　耶律鑄〔七〕　伯顏〔八〕		趙璧　廉希憲　阿合馬　（賽）〔寶〕合丁〔九〕	張〔啓元〕　阿里別	姚樞	商挺　王〔晉〕〔一〇〕
丙寅　三年　是年置丞相五員。		安童　忽都察兒　史天澤　耶律鑄		廉希憲　宋子貞	阿里別	張〔文謙〕〔一一〕	王〔一二〕　商挺

		伯顏					
丁卯 四年		安童	史天澤	忽都察兒 耶律鑄	伯顏	廉希憲	阿里別 張惠〔一三〕
戊辰 五年		安童	史天澤	忽都察兒 耶律鑄〔一四〕	伯顏	廉希憲	阿里別 張惠
己巳 六年		安童	史天澤〔一五〕	忽都察兒 耶律鑄	伯顏	廉希憲	阿里別 張惠
庚午 七年 是年置尚書省，惟設平章政事以下員。		安童 中書省。	忽都察兒 耶律鑄	阿合馬 張易 尚書省。	伯顏 趙（璧）〔一六〕	廉希憲 許衡	阿里別 張惠 張惠 李（堯咨）〔一七〕 麥朮督丁

辛未 八年 是年置尚書省，十二月罷。		安童 中書省。	忽都察兒 耶律鑄〔一八〕	阿合馬 張易 尚書省。	伯顏〔一九〕 趙（璧）	廉希憲〔二〇〕 許衡	阿里別 張惠 張惠 李（堯咨） 麥朮督丁
壬申 九年		安童	忽都察兒	哈伯〔二一〕 張易	趙（璧）		李（堯咨） 麥朮督丁
癸酉 十年		安童	忽都察兒	哈伯 阿合馬 張易〔二二〕	趙（璧）〔二三〕	張（惠）〔二四〕	李（堯咨） 麥朮督丁
甲戌 十一年		安童	忽都察兒	哈伯 阿合馬 張易	趙（璧）	張（惠）〔二五〕	李（堯咨） 麥朮督丁

乙亥 十二年		安童	忽都察兒	哈伯 阿合馬 張易	趙（璧）	張（惠）	李（堯咨） 麥朮督丁
丙子 十三年			忽都察兒	哈伯 阿合馬 趙			郝禎
丁丑 十四年			忽都察兒	哈伯 阿合馬	張（惠）		郝禎
戊寅 十五年				哈伯 阿里 阿合馬	張（惠）		耿仁
己卯 十六年				阿合馬 哈伯	張（惠）		郝禎 耿仁

庚辰 十七年				阿合馬 哈伯	張（惠）		郝禎 耿仁
辛巳 十八年				阿合馬	張（惠）	耿仁 郝禎	阿里
壬午 十九年		甕吉剌䚟 正月至三月。 和禮霍孫 四月至十二月。	阿合馬 耶律鑄		扎珊 張（惠） 麥朮督丁	耿仁 郝禎 張阿亦伯	阿里 張鵬舉
癸未 二十年		和禮霍孫	耶律鑄	扎珊	麥朮督丁		張鵬舉 溫迪罕
甲申 二十一年		和禮霍孫	耶律鑄〔二六〕	扎珊〔二七〕	麥朮督丁		張鵬舉 溫迪罕
乙酉 二十二年		安童		阿必失哈	盧世榮	史（樞）〔二八〕	撒的迷失

				忽都魯			廉〔不魯迷〕 失海牙〔二九〕
丙戌	二十三年		安童		薛闍干	麥朮督丁	也速䚟兒	楊〔居寬〕 〔三〇〕 郭〔佑〕〔三一〕 廉〔不魯迷〕 失海牙
丁亥	二十四年 是年置尙書省，設官如七年制。		安童 中書省。		薛闍干 麥朮督丁 桑哥 帖木兒 尙書省。	阿魯渾薩理	葉李	楊〔居寬〕 不顏里海牙 馬紹 忻都

戊子	二十五年 是年置尙書省，始增丞相一員。		安童 中書省。 桑哥 尙書省。		伯答兒〔三二〕 麥朮督丁 帖木兒 阿魯渾薩理	崔〔彧〕〔三三〕 葉李	馬紹	何〔榮祖〕 〔三四〕 張住哥 忻都 夾谷
己丑	二十六年 是年置尙書省。		安童 中書省。 桑哥 尙書省。		伯答兒 麥朮督丁 帖木兒 阿魯渾薩理	崔〔彧〕 葉李	忻都	張吉甫 張住哥 何〔榮祖〕 夾谷
庚寅	二十七年 是年置尙書省。		安童 中書省。 桑哥		伯答兒 麥朮督丁 帖木兒	崔〔彧〕 葉李	馬紹	張吉甫 張住哥 何〔榮祖〕

			尙書省。		阿魯渾薩理	忻都		夾谷　十一月 燕眞忽都魯 代。
辛卯	二十八年 是年罷尙書省，正月至五月罷。		完澤 中書省。 桑哥 尙書省。		不忽木 咱喜魯丁 帖木兒 阿魯渾薩理	何榮祖 葉李 忻都	馬紹 馬紹	賀勝 杜〔思敬〕 〔三五〕 何〔榮祖〕 燕眞忽都魯
壬辰	二十九年		完澤		帖可 剌眞 麥朮督丁 商議省事。	何榮祖 商議省事。 阿里	馬紹	杜〔思敬〕 梁暗都剌

					不忽木 咱喜魯丁			
癸巳	三十年		完澤		賽典赤 帖可 麥朮督丁 商議省事。 剌眞 不忽木 咱喜魯丁	何榮祖 商議省事。 阿里	張〔九思〕 〔三六〕	杜〔思敬〕 梁暗都剌
甲午	三十一年		完澤		賽典赤 帖可 剌眞 麥朮督丁	何榮祖 商議省事。 阿里 張〔九思〕	梁暗都剌	杜〔思敬〕 何〔瑋〕〔三七〕

					不忽木	十一月創增。		
乙未	成宗皇帝　元貞元年		完澤		賽典赤 帖可 剌眞 麥朮督丁 不忽木	何榮祖 阿里 張九思	梁暗都剌 楊〔炎龍〕 〔三八〕	阿老瓦丁 三月改除。 何〔瑋〕
丙申	二年		完澤		伯顏 帖可 剌眞 不忽木 段那海 三月至十二月。	張九思 阿里 三月至十二月。	梁暗都剌 楊〔炎龍〕	呂〔天麟〕 〔三九〕 何〔瑋〕

丁酉	大德元年		完澤		賽典赤 段那海 帖可 剌眞 也先帖木兒 四月至十二月。	阿里 正月至三月。 張九思 梁暗都剌 四月至閏十二月。	梁暗都剌 正月至三月。 八都馬辛 四月至閏十二月。 楊〔炎龍〕	呂〔天麟〕 張〔斯立〕 〔四〇〕六月至十二月。 何〔瑋〕 正月至五月。
戊戌	二年		完澤		賽典赤 段那海 帖可 剌眞 也先帖木兒 正月一月。	梁暗都剌 正月至三月。〔四一〕 張九思 正月至二月。	楊〔炎龍〕 八都馬辛 正月至六月。	呂〔天麟〕 張〔斯立〕

					梁暗都剌 四月至十二月。			
己亥	三年		完澤	哈剌哈孫	賽典赤 帖可 剌眞 正月至七月。 段那海 梁暗都剌	楊〔炎龍〕 八都馬辛	月古不花 五月至十二月。	迷兒火者 三月至十二月。 呂〔天麟〕 正月一月。 張斯立
庚子	四年		完澤	哈剌哈孫	賽典赤 段那海 梁俺都剌 阿魯渾薩理 八月至十二月。	八都馬辛 楊〔炎龍〕	月古不花 呂〔天麟〕	迷兒火者 張斯立 哈剌蠻子

辛丑	五年		完澤	哈剌哈孫	賽典赤 段那海 梁俺都剌 阿魯渾薩理	八都馬辛 楊〔炎龍〕	呂〔天麟〕 月古不花	迷兒火者 張斯立 哈剌蠻子
壬寅	六年		完澤	哈剌哈孫	賽典赤 阿魯渾薩理 正月至七月。 段那海 梁暗都剌	八都馬辛 楊〔炎龍〕 正月至三月。	月古不花 呂〔天麟〕 正月至八月。	迷兒火者 正月至七月。 哈剌蠻子 正月至七月。 張斯立
癸卯	七年		完澤 正月至四月。	阿忽台 八月至十二月。	賽典赤 正月至二月。	八都馬辛 正月一月。	月古不花 正月一月。	哈剌蠻子 正月一月。

			哈剌哈孫 九月至十二月。		阿老瓦丁 三月至十二月。 段那海 正月一月。 阿魯渾薩理 正月一月。 梁暗都剌 正月一月。 木八剌沙 三月至十二月。	洪雙叔 四月至十二月。	尙文 三月至十二月。	朶䚟 三月至七月。 迷兒火者 正月一月。 張〔斯立〕 正月一月。 董〔士珍〕〔四二〕 四月至十二月。
甲辰	八年		哈剌哈孫	阿忽台	阿老瓦丁 正月至九月。	洪雙叔 正月一月。	尙文 火失海牙	朶䚟 迷兒火者

					伯顏 十月至十二月。 帖可 阿里 十月至十二月。	塔思不花 二月至十二月。 八都馬辛 十一月至十二月。	十一月一月。	十月至十二月。 董〔士珍〕 正月一月。 趙〔仁榮〕〔四三〕 二月至九月。 張〔祐〕〔四四〕 十月至十二月。
乙巳	九年		哈剌哈孫	阿忽台	伯顏 阿里 正月至七月。 八都馬辛 八月至十二月。 段那海	長壽 正月至八月。 八都馬辛 正月至七月。	尙文 正月至七月。	脫歡 正月至六月。 迷兒火者 正月至八月。 張〔祐〕 正月至十月。

					九月至十二月。			
丙午	十年		哈剌哈孫	阿忽台	帖可 三月至十二月。 阿散 三月至十二月。 伯顏 正月至閏正月。 段那海 正月至閏正月。 八都馬辛 徹里 二月至十月。	哈剌蠻子	章閭 四月至十二月。 迷兒火者 正月至閏正月。 杜〔思敬〕〔四五〕 三月至十二月。	也先伯 三月至十二月。
丁未	十一年		哈剌哈孫	阿忽台	帖可	哈剌蠻子	杜〔思敬〕	也先伯

			正月至八月。	正月至二月。又八月至十二月。〔四六〕	正月至二月。 阿散 正月至八月。 教化 八月至十二月。 八都馬辛 正月至二月。 牀兀兒 五月至十二月。 塔失海牙 八月至十二月。 脫脫 八月至九月。	正月至二月。 孛羅帖木兒 九月至十二月。 孛羅答失 八月至十二月。 王〔壽〕〔四七〕 八月一月。 劉〔正〕〔四八〕 十一月至十二月。 郝〔天挺〕〔四九〕 十一月至十二月。 抄兒赤	正月至三月。 章閭 正月至三月。 阿都赤 正月至七月。 阿里伯 五月至十二月。 斡羅思 七月至十二月。	正月至八月。 劉〔五〇〕 正月至三月。 撒剌兒 六月至九月。 于璋 十一月至十二月。 烏伯都剌 九月至十二月。 欽察

					法忽魯丁 八月至九月。 別不花 八月至九月。 阿沙不花 五月至十二月。 乞台普濟 六月至十二月。 明里不花 六月至十二月。	六月至十二月。 塔海 六月至十二月。		

武宗皇帝

戊申	至大元年		答剌海 正月至三月。	脫脫 閏十一月至十二月。	塔失海牙 床兀兒	孛羅帖木兒	尚文 八月至十二月。	烏伯都剌 正月至十一月。

			塔思不花 九月至十二月。 乞台普濟 閏十一月至十二月。	乞台普濟 二月至十一月。	正月至三月。 乞台普濟 正月至二月。 教化 正月一月。 阿沙不花 右丞相行平章政事，二月至十二月。 阿散 四月至六月。 脫脫木兒 四月至十二月。 赤因帖木兒	劉〔正〕 十二月一月。 孛羅答失 正月至十一月。 扎忽兒觧 閏十一月至十二月。	忽都不丁 八月至十二月。 郝〔天挺〕 劉〔楫〕〔五一〕 正月至十月。 何〔瑋〕〔五二〕 十月至十一月。 烏伯都剌 閏十一月至十二月。	郝〔彬〕〔五三〕 十月至十一月。 于〔璋〕〔五四〕 正月至九月。 伯都 閏十一月至十二月。 高昉 閏十一月至十二月。

					閏十一月至十二月。 察乃 閏十一月至十二月。			
己酉	二年		塔思不花 乞台普濟 中書省。	脫脫 九月至十二月。	(哈)〔塔〕失海牙〔五五〕 三月至十月。 阿散 三月至十月。〔五六〕 赤因帖木兒 九月至十二月。 察乃 八月至十二月。	扎忽兒觧 劉〔正〕	郝〔天挺〕 正月至十一月。 烏伯都剌 正月至十二月。 脫脫 九月至十二月。	伯都 正月至十月。 高昉

	是年置尚書省。		乞台普濟 八月至十二月。尚書省。	脫脫	三寶奴 八月至九月。 伯顏 十一月至十二月。 樂實 八月至十二月。	保八 八月至十二月。	忙哥帖木兒 八月至十二月。	王羆 八月至十二月。 郝彬 八月至十二月。
庚戌	三年 是年置尚書省，明年正月罷。		塔思不花 中書省。 脫脫 尚書省。	脫脫 三寶奴	赤因帖木兒 阿散 察乃 樂實 伯顏	伯都 正月一月。 忽都不丁 七月至十一月。 保八	忽都不丁 正月至六月。 斡只 八月至十一月。 忙哥帖木兒	帖里脫歡 賈〔鈞〕〔五七〕 正月至十一月。 回回 八月至十二月。 王羆 郝彬

辛亥	壬子	癸丑
四年	仁宗皇帝 皇慶元年	二年
帖木迭兒	帖木迭兒	帖木迭兒 正月一月。 禿忽魯 正月至十二月。
脫脫 正月一月。	阿散 九月至十二月。	阿散
察乃 赤因帖木兒 李孟 二月至十二月。 完澤 二月至八月。 阿散 十二月一月。		章閭 張珪 正月至五月。 烏伯都剌 六月至十二月。
忽都不丁 正月至三月。 烏伯都剌 四月至八月。	烏伯都剌	烏伯都剌 正月至五月。 八剌脫因 六月至十二月。
斡只 正月一月。 李〔士英〕〔五八〕 二月至十二月。	李〔士英〕 正月至二月。 八剌脫因 三月至十二月。	八剌脫因 正月至五月。 阿卜海牙 六月至十二月。
帖里脫歡 正月至八月。 賈〔鈞〕 正月至八月。	察罕 正月至九月。 阿卜海牙 十月至十二月。 賈〔鈞〕 正月至三月，又九月至十二月。 許師敬 九月至十二月。	許師敬 阿卜海牙 正月至五月。 禿魯花帖木兒 六月至七月。 薛〔居敬〕〔五九〕 九月至十二月。

甲寅	乙卯	丙辰	丁巳
延祐元年	二年	三年	四年
禿忽魯 正月至二月。	帖木迭兒	帖木迭兒	帖木迭兒 正月至六月。 伯答沙 九月至十二月。
阿散	阿散	阿散	阿散
章閭 正月至十月。 烏伯都剌 正月至八月。	烏伯都剌 李孟	烏伯都剌 李孟 伯帖木兒 六月至十二月。 拜住 六月至十二月。	伯帖木兒 正月至七月。 赤因帖木兒 六月至十二月。 拜住 正月至五月。 阿里海牙
八剌脫因 正月至十一月。 拜住 十二月一月。	拜住	拜住 正月至五月。 阿里海牙 六月至八月。	阿卜海牙 正月至五月。 乞塔 六月至十二月。
阿卜海牙	阿卜海牙	阿卜海牙 六月至八月。〔六二〕 （王毅）、〔郭貫〕〔六三〕 六月至八月。 王〔毅〕〔六四〕 十月至十二月。	王毅 正月至五月。 高昉 六月至十二月。
趙世延	曹〔從革〕〔六〇〕 趙世延 正月至九月。 郭〔貫〕〔六一〕 十一月一月。	郭〔貫〕 正月至五月。 不花 六月至十二月。 曹〔從革〕 正月至七月。 乞塔 九月至十二月。	乞塔 正月至五月。 煥住 六月至十二月。 高昉 正月至五月。 張〔思明〕〔六五〕 六月一月。

				六月至十二月。 李孟 正月至六月。 王毅 八月至十二月。 烏伯都剌			王〔桂〕〔六六〕 七月至十二月。
戊午 五年		伯答沙	阿散	赤因帖木兒 正月至九月。 阿里海牙 亦列赤 十月至十二月。 烏伯都剌 王毅	乞塔 正月至四月。 亦列赤 六月至九月。 高昉 十月至十二月。	高昉 正月至九月。 煥住 十月至十二月。	煥住 正月至九月。 王〔桂〕 正月至四月。 敬儼 五月至十二月。 燕只哥 十月至十二月。
己未 六年		伯答沙	阿散	烏伯都剌 阿里海牙 王毅 亦列赤 正月至十一月。	高昉	煥住	敬儼 正月至八月。 燕只哥 正月至九月。 張思明 閏八月至十二月。 欽察 十月至十二月。
庚申 七年		伯答沙 正月一月。 帖木迭兒 二月至十二月。	阿散 正月至四月。 拜住 六月至十二月。	答失海牙 六月至十二月。 乃剌忽 六月至七月。 帖木兒脫	高昉 正月至二月。 木八剌 三月至十二月。	煥住 正月一月。 張思明 三月至十二月。	欽察 正月至五月。 張思明 只兒哈郎 六月至十二月。

				六月至十二月。 拜住 五月一月。 烏伯都剌 正月一月。 廉米只兒海牙 十一月至十二月。 亦列赤 正月一月。 阿里海牙 正月至二月。 秃滿迭兒 正月至二月。 赫驢 三月至四月。 趙〔世榮〕〔六七〕 三月至七月。			速速 六月至十二月。
英宗皇帝 辛酉 至治元年		帖木迭兒	拜住	廉米只兒海牙 帖木兒脫 正月至十月。 塔失海牙 正月至八月。 只兒哈郎	只兒哈郎	張思明	速速 薛〔處敬〕 五月至十二月。〔六八〕

壬戌	癸亥
二年	三年
帖木迭兒 正月至八月。 拜住 十一月至十二月。	拜住 正月至八月。
拜住 正月至十月。	
七月至十二月。 廉米只兒海牙 正月至十一月。 欽察 五月至十二月。 只兒哈郎 正月至五月。 買驢 四月至十二月。	欽察 赤因帖木兒
只兒哈郎 薛	只兒哈郎 正月至十月。 乃馬䚟
張思明	速速 正月至八月。 善僧
速速 薛〔處敬〕 正月至二月。 王居仁 閏五月至十二月。	馬剌 王居仁

（癸亥續）	甲子
	泰定皇帝 泰定元年
	旭邁傑
	倒剌沙 二月至十二月。
張珪 十月一月。	倒剌沙 正月一月。 烏伯都剌 欽察 正月至二月。 張珪 乃蠻䚟 二月至十二月。 禿滿迭兒 五月至十二月。
十月至十二月。	乃蠻䚟 正月一月。 善僧 二月至十二月。
九月至十二月。	善僧 正月一月。 潑皮 六月至十二月。
	馬剌 正月至四月。 王居仁 正月至二月。 楊庭玉 三月至十二月。 朶朶 五月至十二月。

乙丑	丙寅
二年	三年
旭邁傑 正月至八月。 塔失帖木兒 十二月一月。	塔失帖木兒
倒剌沙	倒剌沙
禿滿迭兒 烏伯都剌 乃蠻䚟 張珪 正月至二月。 善僧 五月至十二月。	禿滿迭兒 乃蠻䚟 正月至二月。 烏伯都剌 察乃 三月至十二月。
善僧 正月至二月。 潑皮 三月至十二月。	潑皮 正月至五月。 許師敬 十月至十二月。
潑皮 正月至二月。 許師敬 四月至十二月。	許師敬 正月至十月。 朶朶 十一月至十二月。
朶朶 楊庭玉 正月至四月。 馮不花 五月至十二月。	朶朶 正月至十月。 史惟良 十一月至十二月。 馮不花

（丙寅續）	丁卯	戊辰
	四年	文宗皇帝 天曆元年
	塔失帖木兒	燕鐵木兒
	倒剌沙	別不花
善僧 正月至十月。 伯顏察兒 十二月一月。	禿滿迭兒 察乃 烏伯都剌 伯顏察兒	塔失海牙 九月至十月。 速速
	許師敬 正月至十月。 趙世延 十月至十二月。	趙世延 回回 九月至十一月。
	朶朶	史惟良 九月至十一月。
	馮不花 史惟良 正月至九月。 王士熙 十一月至十二月。	張友諒 十月至十二月。 月魯帖木

				九月至十月。 闊闊台 九月至十二月。 明里董阿 九月至十二月。 欽察台 十月至十二月。 敬儼 十月至十二月。	月魯不花 十一月至十二月。		兒 十月至十一月。
己巳 二年		燕鐵木兒	別不花 帖木兒不花 正月至八月。	闊闊台 正月至八月。 明里董阿 正月至四月。	徹里帖木兒 正月至五月。 闊兒吉思	月魯帖木兒 正月至八月。 趙世安	趙世安 正月。 左吉 正月至五月。

				敬儼 正月。 王毅 正月至八月。 哈八兒禿 五月至八月。 徹里帖木兒 五月至八月。 阿兒思蘭海牙 九月至十二月。 朶兒只 十一月。	四月至八月。 朶兒只 八月至十一月。 撒迪	十月至十二月。	王結 正月至八月。 阿榮 八月至十二月。

				趙世延 十一月。 欽察台	撒迪〔六九〕	史惟良〔七〇〕	
庚午 至順元年		燕鐵木兒	伯顏 二月。	欽察台 阿兒思蘭海牙 三月。 趙世延 正月至閏七月。 阿里海牙 朶兒只 亦列赤 正月至二月。		趙世安 二月。 張友諒	蔡文淵 正月至五月。 和尚 正月至閏七月。 張友諒 五月至九月。 脫亦納 姚庸

辛未 二年		燕鐵木兒		欽察台 阿里海牙 亦列赤 伯撒里 禿兒哈帖木兒	撒迪	張友諒	脫亦納 正月。 姚庸 燕帖木兒 耿煥

校勘記

〔一〕〔廉希憲〕　從殿本補。按本書卷四世祖紀，廉希憲任中書右丞在中統元年八月己酉。

〔二〕〔張文謙〕　從殿本補。按本書卷四世祖紀，張文謙任中書左丞在中統元年四月戊戌。

〔三〕張〔啓元〕　考異云：「案世祖紀，是年六月以張啓元爲中書右丞，表逸其名。又據本紀，是年十月以右丞張啓元行中書省於平陽、太原等路，而表于三年、四年、至元元年、二年俱有張字，蓋元初行中書省，卽以省臣爲之，初未有內外之分。」按考異是，今從道光本補。下同。

〔四〕粘合〔南合〕　考異云：「案世祖紀，中統二年八月以宣撫使粘合南合爲中書右丞」，「表書於三年，又失書粘合之名。」按考異是，今從道光本補「南合」。下同。

〔五〕（王文統）　據本書卷五世祖紀中統三年二月己酉條、卷二〇六王文統傳刪。按王文統已於中統三年被殺，此誤衍。本證已校。

〔六〕忽都察兒　考異云：「案世祖紀，至元三年十一月以忽都答兒卽忽都察兒爲中書左丞相，表系之二年，又以左爲右。」

〔七〕耶律鑄　按本書卷一四六耶律楚材傳附耶律鑄傳、卷一五九宋子貞傳，耶律鑄至元二年以左丞相行省山東。本證云「表誤」，疑是。

〔八〕伯顏　按本書卷六世祖紀至元二年八月己卯條、卷一二七伯顏傳及元文類卷二四元明善伯顏碑、中庵集卷一五伯顏廟碑，皆作左丞相。本證云「當作左丞相」，是。

〔九〕（賽）〔寶〕合丁　據本書卷六世祖紀至元二年二月甲子條改。按此名本書多見。新編已校。

〔一〇〕王〔晉〕　考異云：「表逸其名。以世祖紀考之，蓋王晉也。」道光本與本書卷六世祖紀至元二年二月甲子條合，從補。

〔一一〕張〔文謙〕　考異云：「以本紀考之，蓋張文謙也。」道光本與本書卷六世祖紀至元三年二月丙寅條合，從補。

〔一二〕王　此處似仍指王晉。按本書卷六世祖紀，王晉至元二年六月己卯罷參政，三年三月己未被

殺。新編刪此「王」字，疑是。

〔一三〕張惠　本證云：「案紀，至元元年八月立諸路行中書省，以參知政事張惠等行省事；三年二月以參知政事張惠爲制國用副使；七年正月制國用使張惠參知尚書省事。是元年至三年張惠以參知政事出爲行省，援趙璧、廉希憲、張啟元之例，表當列名。四年參知政事則是六月由左丞降之張文謙，非惠也。表於元年至三年不書張惠，四年至七年又誤文謙爲惠，誤矣。」

〔一四〕耶律鑄　本證云：「五年復拜左丞相，見本傳，七年罷，見紀。」疑此處誤列爲平章。

〔一五〕史天澤　本證云：「案紀，九月復爲樞密副使；六年正月同忽剌出董師襄陽，九月與忽剌出並平章政事，乃河南行省也。表五年不注月，六年猶書左丞相，不書平章，皆誤。」

〔一六〕趙〔璧〕　道光本與本書卷七世祖紀至元八年二月癸卯條、卷一五九趙璧傳合，從補。下同。又，按趙璧至元八年二月始由左丞遷右丞，表于七年卽列爲右丞，疑誤。

〔一七〕李〔堯咨〕　考異云：「以本紀考之，蓋李堯咨也。」道光本與本書卷七世祖紀至元七年正月丙午、九年正月甲子條合，從補。下同。

〔一八〕耶律鑄　按本書卷七世祖紀至元七年正月丙午條、卷一二六廉希憲傳，耶律鑄于七年罷。本證云「此誤衍」，疑是。

〔一九〕伯顏　本證云：「案本傳，七年遷同知樞密院事，此誤衍。」

〔二〇〕廉希憲　本證云：「案希憲於七年出省，此誤衍。」

〔二一〕哈伯　考異云：「案世祖紀，至元十年九月，以合伯爲平章政事，卽哈伯也。表繫之九年，似誤。」

〔二二〕張易　按本書卷七世祖紀，張易至元九年十月癸巳改任樞密副使。蒙史此下三年平章刪張易名，疑是。

〔二三〕趙〔璧〕　本證云：「當列平章政事。」按本書卷七世祖紀至元九年十月癸巳條、卷一五九趙璧傳，璧至元十年至十二年爲平章，表此三年皆列右丞，疑誤。

〔二四〕張〔惠〕　考異云：「此左丞蓋張惠也。」道光本與本書卷八世祖紀至元十年三月癸酉條合，從補。下同。

〔二五〕張〔惠〕　按本書卷八世祖紀，張惠至元十年三月癸酉由左丞遷右丞，此處及次年誤列左丞。考異已校。

〔二六〕耶律鑄　按本書卷一二世祖紀至元二十年十月庚子條、卷一四六耶律楚材傳附耶律鑄傳，皆作二十年罷相。本證云「此誤衍」，是。

〔二七〕扎珊　按本書卷一二世祖紀至元二十年十月甲午條有「以平章政事札散爲樞密副使」，本證云「此誤衍」，疑是。

〔二八〕史〔樞〕　考異云：「以本紀考之，蓋史樞也。」道光本與本書卷一三世祖紀至元二十一年十一月

辛丑條、卷二〇五盧世榮傳合，從補。

〔二九〕廉〔不魯迷失海牙〕　考異云：「表失其名。考世祖紀，二十一年十一月以不魯迷失海牙、撒的迷失並參知政事，則不魯迷失海牙必廉氏也。」從補。下同。

〔三〇〕楊〔居寬〕　考異云：「參知政事楊、郭，表失書二人名。以本紀考之，蓋楊居寬、郭祐也。」道光本與本書卷一四世祖紀至元二十三年七月壬午條、卷二〇五桑哥傳合，從補。下同。

〔三一〕郭〔佑〕　道光本與本書卷一三世祖紀至元二十二年五月甲戌條、卷二〇五桑哥傳合，從補。參見前條校勘記。

〔三二〕伯答兒　考異云：「案世祖紀，二十六年二月以伯答兒爲中書平章政事。表先書一年。」

〔三三〕崔〔彧〕　本證云：「此卽崔彧。」道光本與本書卷一七三崔彧傳合，從補。下同。

〔三四〕何〔榮祖〕　考異云：「以本紀考之，蓋何榮祖也。」道光本與本書卷一五世祖紀至元二十五年十一月丁亥、二十六年五月丙申條合，從補。下同。

〔三五〕杜〔思敬〕　本證云：「案名思敬。」道光本與本書卷一五一杜豐傳合，從補。下同。

〔三六〕張〔九思〕　考異云：「卽張九思。」道光本與本書卷一七世祖紀至元三十年十二月壬辰條合，從補。下同。

〔三七〕何〔瑋〕　考異云：「以本紀考之，蓋何瑋也。」道光本與本書卷一八成宗紀至元三十一年十一月

甲子條、卷一五〇何瑋傳合，從補。下同。

〔三八〕楊〔炎龍〕 考異云：「以本紀考之，蓋楊炎龍也。」道光本與本書卷一八成宗紀元貞元年正月癸亥、卷一九大德二年二月丙子條合，從補。下同。

〔三九〕呂〔天麟〕 考異云：「卽呂天麟也。」今據本書卷一八成宗紀元貞元年二月癸卯條補。下同。

〔四〇〕張〔斯立〕 考異云：「案成宗紀，是年正月以張斯立爲中書參知政事，卽其人也。」道光本與本書卷一九成宗紀大德元年正月辛卯條合，從補。下同。按本表大德三至六年參知政事欄有張斯立。

〔四一〕正月至三月 殿本「三月」作「二月」。按本書卷一九成宗紀，梁德珪梁暗都剌大德二年二月丙子爲平章政事。

〔四二〕董〔士珍〕 考異云：「董士珍也。」道光本與本書卷二一成宗紀大德七年二月辛未條合，從補。下同。

〔四三〕趙〔仁榮〕 考異云：「趙仁榮也。」道光本與本書卷二一成宗紀大德八年正月丙寅條合，從補。

〔四四〕張〔祐〕 考異云：「張祐也。」道光本與本書卷二一成宗紀大德八年九月庚午條合，從補。下同。

〔四五〕杜〔思敬〕 考異云：「杜思敬也。」道光本與本書卷二一成宗紀大德十年閏正月甲午條合，從補。下同。

〔四六〕又八月至十二月 本證云：「案紀，阿忽台於(二)〔三〕月伏誅，安得八月復相乎！此誤。」

〔四七〕王〔壽〕 考異云：「王壽也。紀作左丞。」道光本與本書卷二二武宗紀大德十一年七月辛巳、八月丁巳條合，從補。

〔四八〕劉〔正〕 考異云：「劉正也。是年五月除左丞，九月改右。」道光本與本書卷二二武宗紀大德十一年九月丁丑條、卷一七六本傳合，從補。下同。

〔四九〕郝〔天挺〕 本證云：「案紀，名天挺，七月以江浙行省左丞爲左丞。表于至大元年、二年俱列左丞，是年列于右丞，誤也。」道光本與本書卷二二武宗紀大德十一年七月辛巳、九月丁丑條合，從補。下同。

〔五〇〕劉 考異云：「劉源也。紀作前年閏正月。」

〔五一〕劉〔楫〕 本證云：「案紀，二年八月中書左丞劉楫改尙書左丞、商議尙書省事，當卽此人。」今據本書卷二三武宗紀至大二年八月癸酉條補。

〔五二〕何〔瑋〕 本證云：「案名瑋。」今據本書卷一五〇本傳補。

〔五三〕郝〔彬〕 本證云：「案名彬，見本傳。」今據本書卷一七〇郝彬傳及本表至大二、三年參知政事欄補。

〔五四〕于〔璋〕 本證云：「案名璋，見表大德十一年。」道光本與本書卷二二武宗紀大德十一年九月丁丑條及本表大德十一年參知政事欄合，從補。

〔五五〕(哈)〔塔〕失海牙 據本書卷二二武宗紀大德十一年七月丙子條及本表大德十一年、至大元年平章政事欄改。蒙史已校。

〔五六〕阿散三月至十月 本證云：「案紀，十月以遼陽行尙書省平章政事爲左丞〔相〕、行中書省平章政事，注『三月至』三字誤衍。」

〔五七〕賈〔鈞〕 考異云：「紀作賈鈞。」道光本與本書卷二三武宗紀至大三年二月乙丑條及卷一五三本傳合，從補。下同。

〔五八〕李〔士英〕 考異云：「李士英也。」道光本與本書卷二四仁宗紀至大四年三月辛卯條合，從補。下同。

〔五九〕薛〔居敬〕 考異云：「薛居敬也。」今據本書卷二四仁宗紀皇慶二年八月庚午條補。

〔六〇〕曹〔從革〕 考異云：「曹從革也。」今據本書卷二〇五鐵木迭兒傳補。

〔六一〕郭〔貫〕 考異云：「郭貫也。」道光本與本書卷二五仁宗紀延祐二年十月庚辰、三年五月庚申條合，從補。

〔六二〕阿卜海牙六月至八月 本證云：「案紀，五月爲右丞，注『六月至八月』當作『正月至五月』。」

〔六三〕(王毅)〔郭貫〕 考異云：「案仁宗紀，是年五月陞參政郭貫爲左丞，九月以左丞郭貫爲集賢大學

士，集賢大學士王毅爲中書左丞。然則表所云六月至八月者當是郭貫，十月至十二月者當是王毅。」按考異是，今改。

〔六四〕王〔毅〕 道光本與本書卷二五仁宗紀延祐三年九月辛丑條合，從補。參見前條校勘記。

〔六五〕張〔思明〕 考異云：「張思明也。」道光本與本書卷二六仁宗紀延祐四年五月己丑條、卷一七七本傳合，從補。

〔六六〕王〔桂〕 考異云：「王桂也。」道光本與本書卷二六仁宗紀延祐四年六月壬子、十月壬寅條合，從補。下同。

〔六七〕趙〔世榮〕 本證云：「案紀，名世榮。」道光本與本書卷二七英宗紀延祐七年二月丙寅條合，從補。

〔六八〕薛〔處敬〕五月至十二月 考異云：「薛處敬也。」道光本與本書卷二七英宗紀延祐七年十二月己巳、卷二八至治二年二月癸卯條合，從補。下同。又，注文北監本作「正月至十二月」。按本書卷二七英宗紀，薛處敬延祐七年十二月己巳任參政，「五月」當是「正月」之誤。

〔六九〕撒迪 考異云：「案撒迪、史惟良二人，俱當列於至順元年，刊本誤移於前。」

〔七〇〕史惟良 見前條校勘記。

元史卷一百一十三

表第六下

宰相年表二

順帝

	中書令	右丞相	左丞相	平章政事	右丞	左丞	參知政事
癸酉 元統元年		燕鐵木兒 伯顏	撒敦	欽察歹 脫別歹〔一〕 阿里海牙 撒迪 阿昔兒 闊兒吉思	闊兒吉思 孛羅	史惟良 王結	忽都海牙 高履亨

	中書令	右丞相	左丞相	平章政事	右丞	左丞	參知政事
甲戌 二年		伯顏	撒敦	脫別歹 阿里海牙 正月除河南丞相。 撒迪 阿息兒 闊兒吉思	孛羅	王結	忽都海牙 許有壬 十月由侍御史除。
乙亥 至元元年		伯顏 七月初二日命獨相。	撒敦 唐其勢 六月伏誅。	脫別歹 定住 九月初七日由樞密知院除爲頭平章。 阿昔兒 闊兒吉思 七月遷知院。 撒迪 七月初一日由中丞除第二平章，十月爲御史大夫。 徹里帖木兒 孛羅 七月初四日替闊里吉思。 阿吉剌 十一月由知院除。 塔失海牙	孛羅 七月升平章。 鞏卜班 十月。	王結 耿煥 十一月。	普化 四月由南臺中丞除。 納麟 七月由南臺中丞除。 許有壬

	中書令	右丞相	左丞相	平章政事	右丞	左丞	參知政事
丙子 二年		伯顏		定住 塔失海牙 帖木兒不花 孛羅 阿吉剌	鞏卜班	王懋德	納麟 許有壬

	中書令	右丞相	左丞相	平章政事	右丞	左丞	參知政事
丁丑 三年		伯顏		定住 二月卒于位。 塔失海牙 孛羅 阿吉剌	鞏卜班	王懋德	納麟 許有壬
戊寅 四年		伯顏		探馬赤 哈八兒禿 孛羅 阿吉剌 只兒瓦歹	鞏卜班	王懋德	納麟 傅巖起
己卯 五年		伯顏		哈八兒禿	鞏卜班		納麟

					孛羅 阿吉剌 三月出爲遼陽平章。 只兒瓦歹 後罷爲承旨。	三月出爲甘肅平章。		傅巖起
庚辰	六年		伯顏 二月黜爲河南左丞相。 馬札兒台 三月拜，十月罷。 脫脫 十月。	鐵木兒不花 十月。	孛羅 沙剌班 汪家奴 四月由樞密同知爲平章，十月除樞密知院。	鐵木兒塔識	傅巖起	納麟 四月除樞密同知。 阿魯 傅巖起 二月升左丞。 許有壬
辛巳	至正元年		脫脫	鐵木兒不花	別兒怯不花 十二月除江浙左丞相。	鐵木兒塔識 四月升平章。	許有壬	阿魯 四月升右丞。

					脫歡 也先帖木兒 鐵木兒塔識	阿魯		定住 許有壬 四月升左丞。 吳忽都不花
壬午	二年		脫脫		也先帖木兒 鐵木兒塔識 也滅怯歹 三月由知院除第四平章。	太平 六月。	許有壬	定住 吳忽都不花
癸未	三年		脫脫	別兒怯不花 十二月。	也先帖木兒 鐵木兒塔識 也滅怯歹 納麟 正月辭。	太平	許有壬 正月辭。	定住 吳忽都不花 伯顏 韓元善 十月由樞密僉院除。

甲申	四年		脫脫 五月辭位。 阿魯圖 五月。	別兒怯不花	鐵木兒塔識 三月。〔二〕 太平 納麟 三月由河南平章除。 伯顏 納哈赤	太平 二月升平章。 伯顏 二月至八月，升平章。 達識帖睦邇 九月。	吳忽都不花 姚庸 三月由集賢大學士除，九月爲承旨。 董守簡 九月由中丞除。	伯顏 二月升右丞。 搠思監 二月。 韓元善 趙德壽 正月由兵部尚書除。
乙酉	五年		阿魯圖	別兒怯不花	鐵木兒塔識 七月爲御史大夫。 納哈赤 後罷爲承旨。 太平 十月爲御史大夫。	達識帖睦邇 九月罷爲承旨。 搠思監	董守簡 後遷中丞。	搠思監 九月升右丞。 朶兒只班 前資正院使。 韓元善 十月除司農太卿。

					鞏卜班 七月。 納麟 伯顏			呂思誠 十月。
丙戌	六年		阿魯圖	別兒怯不花	鐵木兒塔識 鞏卜班 納麟 教化 帖木哥	朶兒只班 後除遼陽平章。	呂思誠	朶兒只班 〔升右丞〕〔三〕 答兒麻 七月。 瑣南班 呂思誠 四月升左丞。 魏中立
丁亥	七年		別兒怯不花	鐵木兒塔識	鐵木兒塔識	瑣南班	呂思誠	瑣南班

	戊子
	八年
正月初九日。四月十八再命，五月罷。 朵兒只 十二月。	朵兒只
九月薨于位。 朵兒只 九月由大夫拜。 太平 十二月。	太平
四月升左丞相。 太平 六月至十二月。升左丞相。 教化 定住 帖木哥 朶朶 韓加訥 十二月除大夫。	教化 定住 後以疾辭。 韓加訥
後遷中丞。 定住 四月由承旨除。 脫歡 七月。 忽都不花 十月。	忽都不花〔四〕
	呂思誠
二月升右丞。 道童 三月。 福壽 六月。 魏中立 孔思立 七月。	福壽 孔思立

	己丑	庚寅
	九年	十年
	朵兒只 七月罷爲國王。 脫脫 閏七月復相。	脫脫
	太平 七月罷爲承旨。	
太不花 忽都不花	柏顏 韓加訥 太不花 欽察台 忽都不花 定住	柏顏 太不花 定住 搠思監 正月。
	禿滿迭兒 閏七月除四川右丞。 搠思監	玉樞虎兒吐 華 正月。
	呂思誠 後遷中丞。 韓元善 四月。	韓元善
	撒馬篤 玉樞虎兒吐 華 閏七月。 秦從德	脫列 韓鏞

	辛卯	壬辰
	十一年	十二年
	脫脫	脫脫 二月總兵，八月出師，十一月還朝。
普化	太不花 定住 搠思監 普化 朶兒只班	定住 搠思監 普化 忽都海牙 月魯不花 正月由宣政院使除。
	玉樞虎兒吐 華	玉樞虎兒吐 華 哈麻 八月添設。
	韓元善	韓元善 八月卒。 賈魯 二月添設。
	脫列 韓鏞 松壽 分省濟寧。 烏古孫良楨 十二月。	帖里帖穆爾 十一月出爲江浙添設(右)〔左〕丞。〔五〕 烏古孫良楨 悟良哈台 三月添設。〔六〕 杜秉彝

	癸巳	甲午
	十三年	十四年
	脫脫	脫脫 九月總兵出征，十二月詔削官爵，淮(南)〔安〕安置。〔八〕
		定住
	定住 搠思監 普化 忽都海牙 答失八都魯〔七〕	定住 十二月升左丞相。 搠思監 普化 月(赤)〔闊〕察兒〔九〕
	哈麻 正月代玉樞虎兒吐華爲正。 禿禿 悟良哈台 正月代哈麻，四月爲正。	悟良哈台 桑哥失理 十二月由中政院使除添設。
	烏古孫良楨 正月。	烏古孫良楨 呂思誠 十二月由湖廣左丞召爲添設。
十月添設。	蠻子 正月由侍御，除。 杜秉彝 正月代烏古孫良楨。	蠻子 臧卜 九月由將作院使除。 杜秉彝

	乙未 十五年
	汪家奴 二月。 定住 十一月辭，以太保就第治病。
	定住 四月拜右丞相。 哈麻
九月由知院除。 哈麻 十二月。 鎖南班 十二月。	搠思監 正月出爲陝西平章，九月復入中書。 哈麻 四月升左丞相。 達識帖睦邇 八月除江浙左丞相。 紐的該 桑哥失理
	悟良哈台 正月除河南平章。 蠻子 九月除中政院使。 拜住 九月代蠻子。 幹欒 由樞密同知代拜住。 臧卜
	許有壬 九月爲集賢大學士。 呂思誠 烏古孫良楨 杜秉彝
	臧卜 實理門 李稷 成遵 月倫失不花 陳敬伯 分省彰德。

	丙申 十六年	丁酉 十七年
	定住 正月辭不允，復命。	搠思監 五月。
	哈麻 二月黜罷。 搠思監 四月。	太平 五月。
瑣南班 帖里帖木兒 黑廝 拜住	搠思監 二月除大夫。 帖里帖木爾 桑哥失里 悟良哈台 實理門〔一〇〕	帖里帖木爾 三月除大夫。 悟良哈台
	幹欒	別帖木兒 完者帖木兒 七月由中丞除。
	呂思誠 十月除大司農卿。 烏古孫良楨	烏古孫良楨 成遵 九月除中丞。
	別怯木兒 完者不花 答蘭 李稷 成遵	完者帖木兒 十一月除宣政同知。 俺普

	戊戌 十八年
	搠思監
	太平
幹欒 臧卜 十一月分省太原。 老的沙 完不花 答蘭 十一月。	幹欒
埜仙普化 九月。 失列門 分省濟寧。 八都麻失里	八都麻失里
李獻 十一月由中丞除。	李獻
七月。 卜顏帖木爾 十二月。 哈剌那海 十二月。 崔敬 十二月。 陳敬伯 十二月。 李稷 賈魯 分省濟寧。〔一一〕	燕只不花

	己亥 十九年
定住 太不花	
紐的該	太平
完不花 老的沙 脫脫帖木兒 燕古思 也先不花 莊嘉 八都麻失里	幹欒 完不花
六月升平章。 完者帖木兒 塔失帖木兒	塔失帖木兒 不花
正月除翰林學士。 成遵 失你不花	成遵
禿魯 三月由治書除。 忙哥帖木兒 孛羅帖木兒 安童 普顏不花 十月由經略使除。〔一二〕 馬某火者 十一月除崇福司使。 瑣住 崔敬	孛羅帖木兒 伯顏

					帖里帖木兒 九月除陝西左丞相。 朶兒只班 莊嘉 也先不花 八都麻失里			忙哥帖木兒 脫火赤 分省太原。 王時 二月由詳定使除。 趙中
庚子	二十年		搠思監 三月。	太平 二月罷爲太保。	老的沙 二月由大夫入中書，後復爲大夫。 斡欒 完不花 完者帖木兒 達識帖木兒 絆住馬	不花 分省太原。	陳敬伯	也先不花 七十 王時 分省太原。 危素 丁好禮

					失列門			
辛丑	二十一年				斡欒 失列門 佛家奴 達識帖木兒 定住 九月出爲陝西平章。 答蘭 分省太原。	也先不花	也先不花 陳敬伯	哈剌章 七十 達禮麻失里 袁渙 不顏 危素
壬寅	二十二年		搠思監 三月。		斡欒 擴廓帖木兒 失列門 愛不花	也先不花	玉也速迭兒 七十 剌馬乞剌 分省太原。	達禮麻失里 伯顏帖木兒 哈剌那海 脫木兒

					佛家奴 十二月爲大夫。 塔失帖木兒 絆住馬 孛羅帖木兒			分省太原。 危素
癸卯	二十三年		搠思監		愛不花 分省太原。 完不花 普化 絆住馬 咬住 完不花 孛羅帖木兒	也先不花	七十 袁渙	伯顏帖木兒 札剌兒台 危素 馬良 七月。

甲辰	二十四年		搠思監 四月貶嶺北。 孛羅帖木兒 八月。	也速 孛羅帖木兒 七月。	瑣住 禿堅帖木兒 七月除大夫。 山僧 佛家奴 老的沙	不花帖木兒 脫脫卜兒	帖木兒	八都哥 危素 五月除承旨。 王時 李士瞻 李國鳳
乙巳	二十五年		孛羅帖木兒 七月伏誅。 伯撒里 九月二十七。	擴廓帖木兒	山僧 老的沙 三月除右大夫。 擴廓帖木兒 禿堅帖木兒 失列門 沙藍答里	不花帖木兒 孛羅 十月升平章。 曲木 答兒麻失里 脫脫木兒	帖木兒 袁渙 八月除河南右丞。 王時 哈剌章 張晉	明安帖木兒 定住 八都兒 達識帖木兒 黎安道 帖林沙

	丙午	丁未
	二十六年	二十七年
	伯撒里	完者帖木兒 五月至八月除知院。 也速 八月拜相，總兵分省山東。
	擴廓帖木兒 總兵河南。 沙藍答里 正月。	帖里帖木兒 八月除爲添設。 擴廓帖木兒 總兵，十月罷爲河南王。 沙藍答里
十月升爲頭平章。 上都馬 帖古思不花 別帖木兒 三月除左大夫。 禿魯 脫脫 匡福 慶童 塔失帖木兒 洪寶寶 揑烈秃 不花帖木兒 忽憐台 金那海	失列門 不花帖木兒 月魯帖木兒 七十 蠻子 札剌爾台	札剌兒[二] 七十 俺普 七月除大宗正札魯火赤。 臧家奴
	月魯帖木兒 帖林沙 七十 札剌爾台	帖林沙 陳敬伯 八月升平章。 定住
	袁瑍 李國鳳 八月升。	定住 八月升右丞。 董幼安 張守禮 劉益
	帖林沙 亦老溫 陳祖仁 董幼安 李國鳳 王朶羅歹	哈海 完者帖木兒 朶兒只 孫景益 阿剌不花

	戊申
	二十八年
	也速
九月分省大同，十一月薨。	失列門 慶童
月魯帖木兒 伯顏帖木兒 哈剌章 十一月爲頭平章，分省大同。 蠻子 完者帖木兒 不顏帖木兒 哈剌那海 分省河東。 陳敬伯 李克彝 火里赤 板築兒 丁好禮 帖林沙 忽林台 陳秉直 愓誠 貊高 闊保	哈剌章 臧家奴 月魯帖木兒 伯顏帖木兒 完者帖木兒 燕赤不花
	定住 火里忽答
孫景益 分省河東。	董幼安 張守禮 孫景益
尹炳文 蓋元魯 董守訓 十月由嶺北參議升。 胡濬 普顏不花 陝思丁 鐵古思帖木兒 分省保定。 莊家 法都忽剌 供給山東。	哈海 張裕 郭庸

魏賽因不花
李思齊
俺普
瑣住

校勘記

〔一〕脫別歹 按元憲台通紀，脫別歹于元統元年六月二十四日任御史大夫，本書卷三八順帝紀元統二年正月辛卯條有「以御史大夫脫別台爲中書平章政事」，疑此元統元年平章脫別歹爲衍誤之文。本證已誌表不符紀。

〔二〕三月 按本書卷四〇、四一順帝紀，鐵木兒塔識任平章在至正元年四月庚寅，改任御史大夫在至正五年七月丙午，卷一四〇鐵木兒塔識傳與紀相符。本表自至正元年至至正五年，平章政事皆有鐵木兒塔識，故此處不當有「三月」之文。又按本年平章政事有太平，本年右丞有太平「二月升平章」，疑此「三月」二字錯簡，實應書平章太平下。

〔三〕〔升右丞〕 從殿本補。按本書卷四一順帝紀，朶兒只班於至正六年七月丙申升中書右丞。

〔四〕忽都不花 殿本注「十一月拜平章」。

〔五〕江浙添設(右)〔左〕丞 見卷四二校勘記〔一三〕。

〔六〕三月添設 疑「三月」上脫「閏」字。見卷九二校勘記〔一〕。

〔七〕答失八都魯 按本書卷四三順帝紀，答失八都魯于至正十三年正月丙戌任四川省右丞，十四年三月升任四川省平章政事，卷一四二答失八都魯傳所載亦大體相同，不見任中書平章事。蒙史宰相表作衍文删，疑是。

〔八〕淮(南)〔安〕安置 據本書卷四三順帝紀至正十四年十二月丁酉條、卷一三八脫脫傳改。蒙史已校。

〔九〕月(赤)〔闊〕察兒 見卷四三校勘記〔八〕。

〔一〇〕實理門 按本書卷四四、四五順帝紀，實理門于至正十六年正月丙子以知樞密院事兼太府監卿，四月丁卯分院濟寧，十七年六月甲辰爲中書分省右丞，守濟寧，七月己丑濟寧被田豐攻占，實理門逃遁，不載任中書平章事。蒙史宰相表作衍文删，疑是。

〔一一〕分省濟寧 按買奮死于至正十三年，此處當係衍誤。蒙史改「買奮」爲「張晉」。

〔一二〕十月由經略使除 按本書卷四五順帝紀至正十八年九月壬寅條有「詔命中書參知政事普顏不花、治書侍御史李國鳳經略江南」，與卷一九六普顏不花傳相符，而與「十月由經略使除」文義相反。此處史文當有舛誤。蒙史改作「九月以本官經略江南」。

〔一三〕札剌兒 按上年有右丞「札剌爾台」、平章政事「札剌爾台」，蒙史據補「台」字，疑是。

明 宋濂等撰

第十冊

卷一一四至卷一三〇（傳）

中華書局

元史卷一百一十四

列傳第一

后妃一

太祖光獻翼聖皇后，名「孛兒台」旭眞，〔一〕弘吉剌氏，特薛禪之女也。特薛禪與子按陳從太祖征伐有功，賜號國舅，封王爵，以統其部族。有旨：「生女爲后，生男尚公主，世世不絕。」世祖至元二年十二月，追諡光獻翼聖皇后。冊文曰：〔二〕「尊祖宗，致誠孝，實王政之攸先；法天地，建鴻名，亦母儀之克稱。肆先虔於太室，庸昭示於後昆。體茲至公，節以大惠。欽惟光獻皇后，宅心淵靜，稟德柔嘉。當聖神創業之初，有夙夜求賢之助。功施社稷，垂慈訓於景襄；慶衍宮闈，流徽音於莊聖。協贊龍飛之運，永詒燕翼之謀。惟周人著稱思齊，亦推本興王之迹；在漢世始諡光烈，蓋篤申追遠之情。是用稽迪舊章，增崇遺美。謹遣攝太尉某，奉玉冊玉寶，加上尊諡曰光獻翼聖皇后。伏惟淑靈降格，典禮備膺，於億萬年，茂隆

丕祚。」升祔太祖廟。其餘后妃有四斡耳朵四十餘人，不記氏族，其名悉見于表。後皆倣此。

太宗昭慈皇后，名脫列哥那，乃馬眞氏，生定宗。歲辛丑十一月，太宗崩，后稱制攝國者五年。丙午，會諸王百官，議立定宗。朝政多出於后。至元二年崩，追諡昭慈皇后，〔三〕升祔太宗廟。

定宗欽淑皇后，名斡兀立海迷失。定宗崩，后抱子失列門垂簾聽政者六月。至元二年，〔四〕追諡欽淑皇后。

憲宗貞節皇后，名忽都台，弘吉剌氏，特薛禪孫忙哥陳之女也。蚤崩。后妹也速兒繼爲妃。至元二年，〔五〕追諡貞節皇后，升祔憲宗廟。

世祖昭睿順聖皇后，名察必，弘吉剌氏，濟寧忠武王按陳之女也。生裕宗。中統初，立爲皇后。至元十年三月，授册寶，上尊號貞懿昭聖順天睿文光應皇后。〔六〕

一日，四怯薛官奏割京城外近地牧馬，帝既允，方以圖進，后至帝前，將諫，先陽責太保劉秉忠曰：「汝漢人聰明者，言則帝聽，汝何爲不諫。向初到定都時，若以地牧馬則可，今軍藴俱分業已定，奪之可乎？」帝默然，命寢其事。

后嘗於太府監支繒帛表裏各一，帝謂后曰：「此軍國所需，非私家物，后何可得支？」后自是率宮人親執女工，拘諸舊弓絃練之，緝爲紬，以爲衣，其韌密比綾綺。宣徽院羊臑皮置不用，后取之合縫爲地毯。其勤儉有節而無棄物，類如此。

十三年，平宋，幼主朝于上都。大宴，衆皆歡甚，唯后不樂。帝曰：「我今平江南，自此不用兵甲，衆人皆喜，爾獨不樂，何耶？」后跪奏曰：「妾聞自古無千歲之國，毋使吾子孫及此則幸矣。」帝以宋府庫故物各聚置殿庭上，召后視之，后徧視卽去。帝遣宦者追問后，欲何所取。后曰：「宋人貯蓄以遺其子孫，子孫不能守，而歸於我，我何忍取一物耶！」時宋太后全氏至京，不習北方風土，后爲奏令回江南，帝不允，至三奏，帝乃答曰：「爾婦人無遠慮，若

使之南還，或浮言一動，卽廢其家，非所以愛之也。苟能愛之，時加存卹，使之便安可也。」后退，益厚待之。

胡帽舊無前簷，帝因射日色炫目，以語后，后卽益前簷。帝大喜，遂命爲式。又製一衣，前有裳無衽，後長倍於前，亦無領袖，綴以兩襻，名曰比甲，以便弓馬，時皆倣之。后性明敏，達於事機，國家初政，左右匡正，當時與有力焉。

十(四)[八]年二月崩。〔七〕三十一年，成宗卽位，五月，追謚昭睿順聖皇后，其册文曰：「奉先思孝，臣子之至情；節惠勿名，古今之大典。惟殷娥有明德之號，而周任著思齊之稱。爰考舊章，式崇尊謚。恭惟先皇后，厚德載物，正位承天。隆內治於公宮，綱大倫於天下。先物曩事龍潛之邸，及乘虎變之秋。鄂渚班師，洞識事機之會；上都践祚，居多輔佐之謀。先物之明，獨斷于衷；進賢之志，允叶于上。左右我聖祖，建帝王之極功；撫育我前人，嗣社稷之重託。臣下之勤勞灼見，生民之疾苦周知。儼宸極二十年，垂慈範千萬世。惟全美聖而益聖，宜顯册書而屢書。不勝倦倦懇懇之誠，敬展尊尊親親之義，以揚盛烈，以對耿光。謹遣某官某奉玉册玉寶，上尊謚曰昭睿順聖皇后。欽惟淑靈在天，明鑒逮下。增輝煒管，茂揚徽懿之音；合饗太宮，益衍壽昌之福。」升祔世祖廟。

南必皇后，弘吉剌氏，納陳孫仙童之女也。至元二十年，納爲皇后，繼守正宮。時世祖春秋高，頗預政，相臣常不得見帝，輒因后奏事焉。有子一人，名鐵蔑赤。

成宗貞慈靜懿皇后，名失憐答里，弘吉剌氏，斡羅陳之女也。大德三年十月，立爲后。〔八〕生皇子德壽，早薨。武宗至大三年十月，追尊謚貞慈靜懿皇后，其册文曰：「宗祧定位，象天地之有陰陽；今古同符，通幽明以行典禮。哀榮斯備，孝敬兼陳。恭惟先元妃弘吉剌氏，慶毓仙源，德昭彤史。春宮主饋，共瞻采翟之輝；椒掖正名，莫際飛龍之會。惟貞協在中之美，而慈推成物之仁。靜旣合夫坤元，懿益彰於壼則。雖小星之逮下，豈衆曜之敢齊。嗣服云初，追懷曷已。是用究成先志，式闡徽稱。謹遣某官某，上尊謚曰貞慈靜懿皇后，升祔於成宗皇帝殿室。伏惟淑靈，永伸配侑，介以景福，佑我無疆。」

卜魯罕皇后，伯岳吾氏，駙馬脫里思之女。元貞初，立爲皇后。大德三年十月，授册寶。成宗多疾，后居中用事，信任相臣哈剌哈孫，大德之政，人稱平允，皆后處決。京師創建萬寧寺，中塑祕密佛像，其形醜怪，后以手帕蒙覆其面，尋傳旨毀之。省院臺臣奏上尊號，帝

不允。車駕幸上都，后方自奏請。帝曰：「我病日久，國家大事多廢不舉，尚寧理此等事耶！」事遂寢。大德十年，后嘗謀貶順宗妃答吉與其子仁宗往懷州。明年，成宗崩。時武宗在北邊，恐其歸，必報前怨。后乃命取安西王阿難答失里來京師，謀立之。仁宗自懷州入清宮禁，旣誅安西王，幷構后以私通事，出居東安州。

武宗宣慈惠聖皇后，名眞哥，弘吉剌氏，脫憐子迸不剌之女。至大三年四月，册爲皇后，其文曰：「乾爲天，坤爲地，四時由是以相成。日宗陽，月宗陰，萬象以之而並著。后職有關於世教，先猷具載於邦彝。惟慈旨之親承，亦僉言之允若。咨爾皇后弘吉剌氏，睿聰淑哲，端懿誠莊。寶婺分輝，源天潢之自出；纓徽迪慶，系紱組以相仍。後逸」皇慶二年，立長秋寺，掌皇后宮政，秩三品。泰定四年十一月崩，上尊謚曰宣慈惠聖皇后，〔九〕升祔武宗廟。

速哥失里皇后，按陳哈兒只之女，〔一〇〕眞哥皇后之從妹也。

妃二人：亦乞烈氏，奴兀倫公主之女，實生明宗，天曆二年追諡仁獻章聖皇后；唐兀氏，生文宗，天曆二年追諡文獻昭聖皇后。

仁宗莊懿慈聖皇后，名阿納失失里，弘吉剌氏，生英宗。皇慶二年三月，册爲皇后，上册寶，遣官祭告天地於南郊及太廟。改典內院爲中政院，秩正二品。

英宗即位，上尊號皇太后，其册文曰：「坤承乾德，所以著兩儀之稱，母統父尊，所以崇一體之號。故因親而立愛，宜考禮以正名。恭惟聖母，溫慈惠和，淑哲端懿。上以奉宗祏之重，下以敍倫紀之常。恢王化于二南，嗣徽音於三母。輔佐先考，憂勤警戒之慮深；擁佑眇躬，撫育提攜之恩至。迨于今日，紹我丕基。規摹一出於慈闈，付托益彰於祖訓。致天下之養以爲樂，未足盡於孝心；極域中之大以爲尊，庶可稱其懿美。式遵貴貴之義，用罄親親之情。謹遣某官某奉册，上尊號曰皇太后。伏惟周宗縣縣，長信穆穆，備洛書之錫福，粲坤極之儀天。啓佑後人，永錫胤祚。」明日，受百官朝賀于興聖宮。

至治二年崩，〔二〕上諡莊懿慈聖皇后，其册文曰：「致孝所以揚親，易名所以表行。矧爲天下母而奉弗逮，履天子位而報則豐。曷勝孺慕之心，必盡欽崇之禮。欽惟先皇太后，夙

明壼則，克嗣徽音。輔佐先朝，有恭儉節用之實；誕育眇質，有劬勞顧復之恩。九族咸育於仁，四海仰遵其化。昊天不弔，景命靡融。愴聖善之長違，念風猷之未泯。是用揄揚于彤史，正宜敷繹于寶慈。爰據彝經，追嚴徽號。謹遣攝太尉某官某奉玉册玉寶，上尊號曰莊懿慈聖皇后。伏惟淑靈如在，合饗太宮。鑒格孔昭，膺茲鉅典。陰相丕祚，億萬斯年。」升祔仁宗廟。

英宗莊靜懿聖皇后，名速哥八剌，亦啓烈氏，昌國公主益里海涯女也。至治元年，册爲皇后。泰定四年六月崩，諡曰莊靜懿聖皇后。

泰定帝八不罕皇后，弘吉剌氏，按陳孫斡留察兒之女。泰定元年，册爲皇后。

妃二人：一曰必罕，一曰速哥答里，皆弘吉剌氏，兖王買住罕之女也。文宗天曆初，俱安置東安州。

明宗貞裕徽聖皇后，名邁來迪，生順帝而崩。文宗立，諡貞裕徽聖皇后。〔三〕

八不沙皇后，成宗朔壽寧公主之女也。侍明宗潛邸，生寧宗。天曆二年，立寧徽寺，掌明宗皇后宮事，以鈔萬錠、幣帛二千匹，供后宮費用。十一月，后請爲明宗資冥福，命帝師率諸僧作佛事七日于大天源延聖寺，道士建醮于玉虛、天寶、太乙、萬壽四宮，及武當、龍虎二山。至順元年，敕有司供明宗后宮幣帛二百匹。是年四月崩。

文宗卜答失里皇后，弘吉剌氏，父駙馬魯王琱阿不剌，母魯國公主桑哥（吉剌）〔剌吉〕。〔四〕文宗居建業，后亦在行。天曆元年，文宗即位，立爲皇后。二年，授册寶。十一月，后以銀五萬兩，助建大承天護聖寺。至順元年，以籍沒張珪家田四百頃，賜護聖寺爲永業。后與宦者拜住謀殺明宗后八不沙。

三年八月，文宗崩于上都，后導揚末命，申帝初志，遂立明宗次子懿璘質班，是爲寧宗。十一月，奉玉册玉寶尊皇后爲皇太后。十二月，〔五〕御興聖殿受朝賀。寧宗崩，大臣請立太子燕帖古思。后曰：「天位至重，吾子尙幼，明宗長子妥懽帖睦爾在廣西，今十三歲矣，理當立之。」於是奉旨迎至京師，以明年六月即位，是爲順帝。元統元年，尊爲太皇太后，〔六〕仍稱制臨朝。至元六年六月，詔去尊號，安置東安州，尋崩。

寧宗答里也忒迷失皇后，弘吉剌氏。至順三年十月，立爲后。至正二十八年崩，升祔寧宗廟。

順帝答納失里皇后，欽察氏，太師太平王燕鐵木兒之女。至順四年，立爲后。元統二年，授册寶，其册文曰：「天之元統二氣，配莫厚於坤儀；月之道循右行，明同貞於乾曜。若昔帝王之宅后，居多輔相之世勳。蓋選德於亢宗，亦疇庸於先正。造周資任、姒之化，興漢表馬、鄧之功。杳爾皇后欽察氏，雍肅惠慈，謙裕靜淑。迺祖迺父，夙堅翼亮之心；于國于家，實獲修齊之助。朕纘丕圖之初載，親承太后之睿謨。眷我元臣，簡茲碩媛。相嚴禋而

率典，奉慈極以愉顏。用彰褘翟之華，式著旂常之舊。令攝太尉某官授以玉册寶章，命爾爲皇后。備成嘉禮，宏賁大猷。於戲！嵩高生賢，予篤懷于良佐；關雎正始，爾勉嗣於徽音。永錫壽康，昭示悠久。」三年，后兄御史大夫唐其勢以謀逆誅，弟塔剌海走匿后宮，后以衣蔽之，因還后出宮，丞相伯顏鴆后于開平民舍。

伯顏忽都皇后，弘吉剌氏，宣慈惠聖皇后眞哥姪毓德王孛羅帖木兒之女也。至元三年三月，立爲皇后。其册文曰：「帝王之道，齊其家而天下平；風教所基，正乎位而人倫厚。爰擇配以承宗事，若稽古以率典常。咨爾弘吉剌氏淑哲溫恭，齊莊貞一。屬選賢於中壼，躬受命於慈闈。勖帥來嬪，蹈榘儀之有度；動容中禮，謹夙夜以無違。茲表式於宮庭，宜推崇其位號。乃蠲吉旦，庸舉彝章。遣攝太尉某持節授以玉册寶章，命爾爲皇后。於戲！乾施坤承，克順成於四序；日明月儷，久照臨於萬方。朕欲躋世於乂安，爾其助予之德化。共御亨嘉之運，益延昌熾之期。勉爾徽音，聿修內治。」生皇子眞金，二歲而夭。

后性節儉，不妬忌，動以禮法自持。第(三)〔二〕皇后奇氏素有寵，〔二六〕居興聖西宮，帝希幸東內。后左右以爲言，后無幾微怨望意。從帝時巡上京，次中道，帝遣內官傳旨，欲臨幸，后辭曰：「暮夜非至尊往來之時。」內宮往復者三，竟拒不納，帝益賢之。帝嘗問后：「中

政院所支錢糧，皆傳汝旨，汝還記之否？」后對曰：「妾當用則支。關防出入，必己選人司之，妾豈能盡記耶？」居坤德殿，終日端坐，未嘗妄踰戶閾。至正二十五年八月崩，年四十二。奇氏后見其所遺衣服弊壞，大笑曰：「正宮皇后，何至服此等衣耶！」其樸素可知。踰月，皇太子自冀寧歸，哭之甚哀。

完者忽都皇后奇氏，高麗人，生皇太子愛猷識理達臘。家微，用后貴，三世皆追封王爵。初，徽政院使禿滿迭兒進爲宮女，主供茗飲，以事順帝。后性穎黠，日見寵幸。後答納失里皇后方驕妬，數箠辱之。答納失里既遇害，帝欲立之，丞相伯顏爭不可。伯顏罷相，沙剌班遂請立爲第二皇后，居興聖宮，改徽政院爲資正院。

后無事，則取女孝經、史書，訪問歷代皇后之有賢行者爲法。四方貢獻，或有珍味，輒先遣使薦太廟，然後敢食。至正十八年，京城大饑，后命官爲粥食之。又出金銀粟帛命資正院使朴不花於京都十一門置冢，葬死者遺骼十餘萬，復命僧建水陸大會度之。時帝頗怠於政治，后與皇太子愛猷識理達臘遂謀內禪，遣朴不花諭意丞相太平，太平不答。復召太平至宮，舉酒賜之，自申前請，太平依違而已，由是后與太子銜之。而帝亦知后意，怒而疏之，兩月不見。朴不花因后而寵幸，既被劾黜，后諷御史大夫佛家奴爲之辯明。佛家奴乃謀再劾朴不花，后知之，反嗾御史劾佛家奴，謫居潮河。

初，奇氏之族在高麗者，怙勢驕橫，高麗王怒，盡殺之。二十三年，后謂皇太子曰：「汝何不爲我復讎耶？」遂立高麗王族人留京師者爲王，以奇族之子三寶奴爲元子。遣同知樞密院事崔帖木兒爲丞相，用兵一萬，幷招倭兵，共往納之。過鴨綠水，伏兵四起，乃大敗，餘十七騎而還，后大慚。

二十四年七月，孛羅帖木兒稱兵犯闕，皇太子出奔冀寧，下令討孛羅帖木兒。孛羅帖木兒怒，嗾監察御史武起宗言后外撓國政，奏帝宜遷后出于外，帝不答。二十五年三月，遂矯制幽于諸色總管府，令其黨姚伯顏不花守之。四月庚寅，孛羅帖木兒逼后還宮，取印章，僞爲后書召太子。后仍回幽所，後又數納美女於孛羅帖木兒，至百日，始還宮。及孛羅帖木兒死，召皇太子還京師，后傳旨令廓擴帖木兒以兵擁皇太子入城，欲脅帝禪位。廓擴帖木兒知其意，至京城三十里外，卽遣軍還營，皇太子復銜之。事見擴廓帖木兒傳。

會伯顏忽都皇后崩，十二月，中書省臣奏言，后宜正位中宮，帝不答。又奏改資正院爲崇政院，而中政院亦兼主之，帝乃授之册寶，其册文曰：「坤以承乾元，人道莫先於夫婦；后以母天下，王化實始於家邦。典禮之常，古今攸重。咨爾肅良合氏，篤生名族，來事朕躬。儆戒相成，每勤於夙夜；恭儉率下，多歷於歲年。既發祥元子於儲闈，復流慶孫枝於甲觀。

眷若中宮之位，允宜淑配之賢。宗戚大臣，況僉言而敷請；掖庭諸御，咸傾望以推尊。乃屢遜辭，尤可嘉尚。今遣攝太尉某持節授以玉册玉寶，命爾爲皇后。於戲！愼修壼政，益勉爾輔佐之心；昭嗣徽音，同保我延洪之福。其欽寵命，以衍壽祺。」二十八年，從帝北奔。

校勘記

〔一〕名〔孛兒台〕旭眞　據本書卷一〇六后妃表補。按「旭眞」爲漢語「夫人」之音轉，係稱號，非名。

〔二〕世祖至元二年十二月追謚光獻翼聖皇后册文曰　考異云：「案后妃表，至元二年追謚光獻皇后，至大二年加謚光獻翼聖皇后。傳但書至元追謚，而不及至大之加謚，其所載謚册，乃至大加謚之册，而誤以爲至元之册。又案祭祀志，至元三年十月太廟成，命平章政事趙璧等集議，制尊謚廟號世祖紀同，定爲八室，是累代帝、后之謚，皆定于至元之三年，而表與傳皆作二年，亦誤也。又案至元上謚，在三年十月，至大加謚則在二年十二月，此云十二月，則爲至大之謚號册審矣。」按考異是，此段文字有奪誤，本書后妃表、傳至元三年追謚記載，「三」皆誤爲「二」。此處實應作「世祖至元三年十月追謚光獻皇后，武宗至大二年十二月加謚光獻翼聖皇后，册文曰」。

〔三〕至元二年崩追謚昭慈皇后　「二年」當作「三年」，詳前條校勘記。又按拉施特史集，定宗卽位後兩三月，脫列哥那卽死。元史譯文證補云此處「崩」字妄增，是。

〔四〕至元二年　「二年」當作「三年」，見本卷校勘記〔三〕。

〔五〕至元二年　「二年」當作「三年」，見本卷校勘記〔三〕。

〔六〕貞懿昭聖順天睿文光應皇后　疑有倒錯。見卷一〇六校勘記〔八〕。

〔七〕十(四)〔八〕年二月崩　道光本與本書卷一一世祖紀至元十八年二月乙未條、卷一〇六后妃表合，從改。

〔八〕大德三年十月立爲后　考異云：「案后妃表，失憐答里元妃早薨，至大元年追尊謚曰貞慈靜懿皇后。册文云『先元妃宏吉剌氏』，又云『椒掖正名，莫際龍飛之會』，是貞慈之薨在成宗御極以前，成宗朝亦未加后謚。傳稱大德三年立爲后者，誤也。考成宗紀，大德三年册立爲皇后者，乃伯牙吾氏，非宏吉剌氏。」

〔九〕泰定四年十一月崩上尊謚曰宣慈惠聖皇后　本證云：「案紀，上謚在八月，則非十一月崩也。」

〔一〇〕速哥失里皇后按陳哈兒只之女　「按陳」二字下有脫文。本書卷一一八特薛禪傳作「按陳從孫哈兒只之女」。下文又稱速哥失里爲「眞哥皇后之從妹」，按本書卷一一八特薛禪傳考其世次，則哈兒只當爲按陳從曾孫，非從孫。

〔一一〕英宗卽位上尊號皇太后至明日受百官朝賀于興聖宮至治二年崩　考異云：「案英宗紀，延祐七年八月祔仁宗聖文欽孝皇帝、莊懿慈聖皇后于太廟。英宗卽位之始，紀祇有尊太后及太皇

太后受朝賀于興聖宮事，別無尊皇太后之文。又其册文云『爲天下母而養弗逮』，知后之崩當在仁宗朝，紀不書者，史之失也。此傳所云『上尊號』、『受百官朝賀』及『至治二年崩』者，皆是太皇太后順宗宏吉剌氏，史誤以爲皇太后耳。」

〔一二〕文宗立謚貞裕徽聖皇后　考異云：「案順帝紀，至元二年二月追尊帝生母曰貞裕徽聖皇后，此傳以爲文宗時謚者，誤也。文宗方詔諭中外，謂順帝非明宗子，肯尊其生母爲后，且加美謚乎？」

〔一三〕桑哥(吉剌)〔剌吉〕　見卷一〇六校勘記〔一三〕。

〔一四〕十二月　本書卷三七寧宗紀至順三年十一月戊寅條有「奉玉册玉寶，尊皇后曰皇太后。皇太后御興聖殿受朝賀」。壬辰條有「帝崩，年七歲」。事皆在十一月。「十二月」三字實衍，類編已刪。

〔一五〕元統元年尊爲太皇太后　考異云：「元統二年尊爲皇太后，至元元年尊皇太后爲太皇太后。此傳似有脫誤。」

〔一六〕第(三)〔二〕皇后奇氏　據下文奇氏本傳、卷二〇四朴不花傳改。按三皇后爲木納失里宏吉剌氏。類編已校。

元史卷一百一十五

列傳第二

睿宗

睿宗景襄皇帝，諱拖雷，太祖第四子，太宗母弟也。方太祖崩時，太宗留霍博之地，國事無所屬，拖雷實身任之。聞燕京盜賊白晝剽掠富民財物，吏不能禁，遂遣塔察、吾圖撒合里往窮治之，殺十有六人，盜始屏息。

己丑夏，太宗還京。八月，卽位。明年庚寅秋，太宗伐金，命拖雷帥師以從，破天城堡，拔蒲城縣，聞金平章合達、參政蒲阿守西邊，遂渡河，攻鳳翔。會前兵戰不利，從太宗援之，合達乃退。辛卯春，破洛陽、河中諸城。

太宗還官山，大會諸侯王，謂曰：「人言耗國家者，實由寇敵。今金未殄，實我敵也。諸君寧無計乎？」拖雷進曰：「臣有愚計，非衆可聞。」太宗屏左右，亟臨問之，其言祕，人莫知

也。鳳翔既下，有降人李昌國者，言：「金主遷汴，所恃者黃河、潼關之險爾。若出寶雞，入漢中，不一月可達唐、鄧。金人聞之，寧不謂我師從天而下乎。」拖雷然之，言於太宗。太宗大喜，語諸王大臣曰：「昔太祖嘗有志此舉，今拖雷能言之，眞賽因也。」賽因，猶華言大好云。遂大發兵。

太宗以中軍自碗子城南下，渡河，由洛陽進；斡陳那顏以左軍由濟南進；而拖雷總右軍自鳳翔渡渭水，過寶雞，入小潼關，涉宋人之境，沿漢水而下。期以明年春，俱會于汴。遣搠不罕詣宋假道，且約合兵。宋殺使者，拖雷大怒曰：「彼昔遣苟夢玉來通好，遽自食言背盟乎！」乃分兵攻宋諸城堡，長驅入漢中，進襲四川，陷閬州，過南部而還。遂由金取房，前鋒三千人破金兵十餘萬于武當山，趨均州。乘騎浮渡漢水，遣夔曲涅率千騎馳白太宗。太宗方詣漢水，將分兵應之，會夔曲涅至，卽遣慰諭拖雷，亟合兵焉。

拖雷既渡漢，金大將合達設伏二十餘萬于鄧州之西，據隘待之。時拖雷兵不滿四萬，及得諜報，乃悉留輜重，輕騎以進。十二月丙子，及金人戰于禹山，佯北以誘之，金人不動。拖雷舉火夜行，金合達聞其且至，退保鄧州，攻之，三日不下。遂將而北，以三千騎命札剌等率之爲殿。明旦，大霧迷道，爲金人所襲，殺傷相當。拖雷以札剌失律，罷之，而以野里知給歹代焉。未幾，敗金軍。

壬辰春，合達等知拖雷已北，合步騎十五萬躡其後。拖雷按兵，遣其將忽都忽等誘之，日且暮，令軍中曰：「毋令彼得休息，宜夜鼓譟以擾之。」太宗時亦渡河，遣親王口溫不花等將萬餘騎來會。天大雨雪，金人僵凍無人色，幾不能軍，拖雷卽欲擊之，諸將請俟太宗至破之未晚。拖雷曰：「機不可失，彼脫入城，未易圖也。況大敵在前，敢以遺君父乎。」遂奮擊于三峯山，大破之，追奔數十里，流血被道，資仗委積，金之精銳盡於此矣。餘衆迸走睢州，伏兵起，又敗之。合達走鈞州，僅遺數百騎。蒲阿走汴，至望京橋，復禽獲之。太宗尋至，按行戰地，顧謂拖雷曰：「微汝，不能致此捷也。」諸侯王進曰：「誠如聖諭，然拖雷之功，著在社稷。」蓋又指其定册云爾。拖雷從容對曰：「臣何功之有，此天之威，皇帝之福也。」聞者服其不伐。從太宗攻鈞州，拔之，獲合達。攻許州，又拔之，遂從太宗收定河南諸郡。四月，由半渡入眞定，過中都，出北口，住夏于官山。

五月，太宗不豫。六月，疾甚。拖雷禱于天地，請以身代之，又取巫覡祓除釁滌之水飮焉。居數日，太宗疾愈，拖雷從之北還，至阿剌合的思之地，遇疾而薨，壽四十有闕。妃怯烈氏。子十一人，長憲宗，次四則世祖也。憲宗立，追謚曰英武皇帝，廟號睿宗。二年，合祭昊天后土，以太祖、睿宗配享。世祖至元二年，改謚景襄皇帝。〔一〕

裕宗

裕宗文惠明孝皇帝，諱眞金，世祖嫡子也。母昭睿順聖皇后，弘吉烈氏。少從姚樞、竇默受孝經，及終卷，世祖大悅，設食饗樞等。

中統三年，封燕王，守中書令。丞相史天（倪）〔澤〕入啓事，〔二〕王曰：「我幼，未嘗習祖宗典則，閑於政體，一旦當大任，惟汝耆德賴焉。」復諭贊善王恂曰：「省臣所啓，等國事也。爾宜入與聞之。」四年，兼判樞密院事。至元初，省臣奏請王署敕，每月必再至中書。於是王將入中書，乳母進新衣，笑却之曰：「吾何事美觀也。」嘗從幸宜興，世祖違豫，憂形于色，夕不能寐。聞母皇后暴得風疾，卽悲泣，衣不及帶而行。

七年秋，受詔巡撫稱海，至冬還京。問謂諸王札剌忽及從官伯顏等曰：「吾屬適有茲暇，宜各悉乃心，愼言所守，俾吾聞之。」於是撒里蠻曰：「太祖有訓：欲治身，先治心；欲責人，先責己。」伯顏曰：「皇上有訓：欺罔盜竊，人之至惡。一爲欺罔，則後雖出善言，人終弗信。一爲盜竊，則事雖未覺，心常惴惴，若捕者將至。」札剌忽曰：「我祖有訓：長者梢，深者底。蓋言貴有終始，長必極其杪，深必究其底，不可中輟也。」王曰：「皇上有訓：毋持大心。大心一持，事卽隳敗。吾觀孔子之語，卽與聖訓合也。」至王恂陳說尤多，事見恂傳。

十年二月，立爲皇太子，仍兼中書令，判樞密院事。受玉册：「皇帝若曰：咨爾皇太子眞金，仰惟太祖皇帝遺訓，嫡子中有克嗣服繼統者，豫選定之。是用立太宗英文皇帝，以紹隆丕構。自時厥後，爲不顯立冢嫡，遂啓爭端。朕上遵祖宗宏規，下協昆弟僉同之議，乃從燕邸，卽立爾爲皇太子，積有日矣。比者，儒臣敷奏，國家定立儲嗣，宜有册命，此典禮也。今遣攝太尉、左丞相伯顏持節授爾玉册金寶。於戲！聖武燕謀，爾其承奉。昆弟宗親，爾其和協。使仁孝顯于躬行，抑可謂不負所托矣。尙其戒哉，勿替朕命。」九月丙戌，詔立宮師府，設官屬三十有八員。起處士楊恭懿于京兆。

太子嘗有疾，世祖臨幸，親和藥以賜之。遣侍臣李衆馳祀嶽瀆名山川，太子戒其所至郡邑，毋煩吏迎送，重擾民也。詔以侍衞親軍萬人隸東宮，太子命王慶端、董士亨選其驍勇者，教以兵法，時閱試焉。太子服綾袷，爲瀋所漬，命侍臣重加染治，侍臣請織綾更製之。太子曰：「吾欲織百端，非難也。顧是物未敝，豈宜棄之。」東宮香殿成，工請鑿石爲池，如曲水流觴故事。太子曰：「古有肉林酒池，爾欲吾效之耶！」不許。每與諸王近臣習射之暇，輒講論經典，若資治通鑑、貞觀政要，王恂、許衡所述遼、金帝王行事要略，下至武經等書，從容片言之間，苟有允愜，未嘗不爲之灑然改容。時侍經幄者，如王恂、白棟皆朝夕不出東宮，而待制李謙、太常宋衜尤加咨訪，蓋無間也。

十八年正月，昭睿順聖皇后崩，〔三〕太子自獵所奔赴，勺飮不入口者終日，設廬帳居之。太子命宋衜擇可備顧問者，衜以郭祐、何瑋、徐琰、馬紹、楊居寬、何榮祖、楊仁風等爲言。太子曰：「是數人者，盡爲我致之，宜自近者始。」遂召瑋于易州，琰于東平。贊善王恂卒，太子聞之嗟悼，賻鈔二千五百緡。一日，顧謂左右曰：「王贊善當言必言，未嘗顧惜，隨事規正，良多裨補，今鮮有其匹也。」時阿合馬擅國重柄，太子惡其姦惡，未嘗少假顏色。盜知阿合馬所畏憚者，獨太子爾。因爲僞太子夜入京城，召而殺之。及和禮霍孫入相，太子曰：「阿合馬死於盜手，汝任中書，誠有便國利民者，毋憚更張。苟或沮撓，我當力持之。」

中書啓以何瑋參議省事，徐琰爲左司郎中。瑋、琰入見，太子諭之曰：「汝等學孔子之道，今始得行，宜盡平生所學，力行之。」辟楊仁風于潞州、馬紹于東平，復辟楊恭懿置省中議事，以衞輝總管董文用練達官政，與恭懿同置省中。按察副使王惲進承華事略：一曰廣孝，二曰立愛，三曰端本，四曰進學，五曰擇術，六曰謹習，七曰聽政，八曰達聰，九曰撫軍，十曰明分，十一曰崇儒，十二曰親賢，十三曰去邪，十四曰納誨，十五曰幾諫，十六曰從諫，十七曰推恩，十八曰尙儉，十九曰戒逸，二十曰審官。太子聞漢成帝不絕馳道，唐肅宗改絳紗袍爲朱明服，大喜曰：「使吾行之，亦當若此。」及說邢峙止齊太子食邪蒿，顧宮臣曰：「菜名邪蒿，未必果邪也。雖食之，豈遽使人不正邪？」張九思對曰：「古人設戒，義固當爾。」

詔割江西龍興路爲太子分地，太子謂左右曰：「安得治民如邢州張耕者乎！誠使之往治，俾江南諸郡取法，民必安集。」於是召宋衜大選署守長。江西行省以歲課羨餘鈔四十七萬緡獻，太子怒曰：「朝廷令汝等安治百姓，百姓安，錢糧何患不足，百姓不安，錢糧雖多，安能自奉乎。」盡卻之。阿里以民官兼課司，請歲附輸羊三百，太子以其越例，罷之。參政劉思敬遣其弟思恭以新民百六十戶來獻，太子問民所從來，對曰：「思敬征重慶時所俘獲者。」太子蹙然曰：「歸語汝兄，此屬宜隨所在放遣爲民，毋重失人心。」烏蒙宣撫司進馬，踰歲獻之額，即諭之曰：「去歲嘗俾勿多進馬，恐道路所經，數勞吾民也。自今其勿復然。」

二十年春，辟劉因于保定，因以疾辭，固辟之，乃至，拜右贊善大夫，以吏部郎中夾谷之奇爲左贊善大夫。是時，已立國子學，李棟、宋衜、李謙皆以東宮僚友，繼典教事。至是，命因專領之，而以衜等仍備咨訪。嘗曰：「吾聞金章宗時，有司論太學生廩費太多，章宗謂養出一范文正公，所償顧豈少哉。其言甚善。」會因復以疾乞去。二十二年，以長史耶律有尚爲國子司業。中庶子伯必以其子阿八赤入見，諭令入學，伯必卽令其子入蒙古學。逾年又見，太子問讀何書，其子以蒙古書對，太子曰：「我命汝學漢人文字耳，其亟入胄監。」遣使辟宋工部侍郎倪堅于開元，既至，訪以古今成敗得失，堅對言：「三代得天下以仁，其失也以不仁。漢、唐之亡也，以外戚閹豎。宋之亡也，以姦黨權臣。」太子嘉納，賜酒，日

昃乃罷。諭德李謙、夾谷之奇嘗進言曰：「殿下睿性夙成，閱理久熟，方遵聖訓參決庶務。如視膳問安之禮，固無待於贊諭。至於軍民之利病，政令之得失，事關朝廷，責在臺院，有非宮臣所宜言者。獨有澄原固本，保守成業，殿下所當留心，臣等不容緘口者也。敬陳十事：曰正心，曰睦親，曰崇儉，曰親賢，曰幾諫，曰戢兵，曰尙文，曰定律，曰正名，曰革敝。」其論正心有云：「太子之心，天下之本也。太子心正，則天心有所屬，人心有所繫矣。唐太宗嘗言，人主一心，攻之者衆，或以勇力，或以辨口，或以諂諛，或以姦詐，或以嗜欲，輻湊攻之，各求自售。人主少懈，而受其一，則其害有不可勝言者。殿下至尊之儲貳，人求自售者亦不爲少，須常喚醒此心，不使爲物欲所撓，則宗社生靈之福。固本澄原，莫此爲切。」論睦親，以「宗親爲王室之藩屏，人主之所自衞者也。大分旣定，尊卑懸殊，必恩意俯逮，然後得盡其歡心。宗親之歡心得，則遠近之歡心得矣」。其論正名、革敝，尤切中時政。

太子在中書日久，明於聽斷，四方州郡科徵、輓漕、造作、和市，有係民休戚者，聞之，卽日奏罷。右丞盧世榮以言利進，太子意深非之。嘗曰：「財非天降，安得歲取贏乎。恐生民膏血，竭於此也。豈惟害民，實國之大蠹。」其後世榮果坐罪。桑哥素主世榮，聞太子有言，訖箝口不敢救。

至元以來，天下臻於太平，人材輩出，太子優禮遇之，在師友之列者，非朝廷名德，則布

衣節行之士，德意未嘗少衰。宋衜目疾，賜鈔千五百緡。王磐告老而歸，官其壻于東平，以終養。孔洙自江南入覲，則責張九思學聖人之道，不知有聖人之後。其大雅不羣，本於天性，中外歸心焉。於是世祖春秋高，江南行臺監察御史言事者請禪位於太子，太子聞之，懼。臺臣寢其奏，不敢遽聞，而小人以臺臣隱匿，乘間發之。世祖怒甚，太子愈益懼，未幾，遂薨，壽四十有三。成宗卽位，追謚曰文惠明孝皇帝，廟號裕宗，祔于太廟。

顯宗

顯宗光聖仁孝皇帝，諱甘麻剌，裕宗長子也。母曰徽仁裕聖皇后，弘吉剌氏。甘麻剌少育於祖母昭睿順聖皇后，日侍世祖，未嘗離左右，畏愼不妄言，言必無隱。

至元中，奉旨鎭北邊，叛王岳木忽兒等聞其至，望風請降。旣而都阿、察八兒諸王遣使求和，邊境以寧。嘗出征駐金山，會大雪，擁火坐帳內，歡甚，顧謂左右曰：「今日風雪如是，吾與卿處猶有寒色，彼從士亦人耳，腰弓矢、荷刃周廬之外，其苦可知。」遂命爨人大爲肉糜，親嘗而徧賜之。撫循部曲之暇，則命也滅堅以國語講通鑑。戒其近侍太不花曰：「朝廷以藩屏寄我，事有不逮，正在汝輩輔助。其或依勢作威，不用我命，輕者論遣，大者奏聞耳，宜各愼之。使百姓安業，主上無北顧之憂，則予與卿等亦樂處於此，乃所以報國家也。」

二十六年，世祖以其居邊日久，特命獵于柳林之地。率衆至灤州，恐廩膳不均，令左右司之，分給從士，仍飭其衆曰：「汝等飲食旣足，若復侵漁百姓，是汝自取罪譴，無悔。」衆皆如約，民賴以安。北還，覲世祖于上京，世祖勞之曰：「汝在柳林，民不知擾，朕實嘉焉。」明年冬，封梁王，授以金印，出鎭雲南。過中山，又明年春過懷、孟，從卒馬駝之屬不下千百計，所至未嘗橫取於民。

二十九年，改封晉王，移鎭北邊，統領太祖四大斡耳朶及軍馬、達達國土，更鑄晉王金印授之。中書省臣言于世祖曰：「諸王皆置傅，今晉王守太祖肇基之地，視諸王宜有加，請置內史。」世祖從之，遂以北安王傅禿歸、梁王傅木八剌沙、雲南行省平章賽陽並爲內史。明年，置內史府。又明年，世祖崩，晉王聞訃奔赴上都。諸王大臣咸在，晉王曰：「昔皇祖命我鎭撫北方，以衞社稷，久歷邊事，願服厥職。母弟鐵木耳仁孝，宜嗣大統。」於是成宗卽帝位，而晉王復歸藩邸。

元貞元年，塔塔兒部年穀不熟，檄宣徽院賑之。又答答剌民饑，請朝廷賑之。詔賜王鈔千萬貫，及銀帛有差。皇太后復以雲南所貢金器，遣朶年來賜。是歲冬，奉詔以知樞密院事札散、同知徽政院事阿里罕爲內史。大德二年，詔給秫米五百石。五年，成宗以邊士貧乏，分給鈔一千萬貫。

六年正月乙巳，王薨，年四十。王天性仁厚，御下有恩。元貞初，藩邸屬官審伯年老，請以其子代之。內史言於王，王曰：「惟天子所命。」其自守如此，故尤爲朝廷所重。然崇尚浮屠，命僧作佛事，歲耗財不可勝計。子三人：曰也孫帖木兒，曰松山，曰迭里哥兒不花。王薨後十年，仁宗卽位，諡王獻武。又十一年，英宗遇弑，也孫帖木兒以嗣晉王卽皇帝位，追尊曰光聖仁孝皇帝，廟號顯宗，祔享太室。又六年，文宗卽位，乃毀其廟室。

順宗

順宗昭聖衍孝皇帝，諱答剌麻八剌，裕宗第二子也。母曰徽仁裕聖皇后，弘吉剌氏。至元初，裕宗爲燕王，答剌麻八剌生于燕邸。明年，詔裕宗居潮河。八月，召至京師。凡乘輿巡幸及歲時朝賀，未嘗不侍裕宗以行。稍長，世祖賜女侍郭氏，其後乃納弘吉剌氏爲妃。二十二年，裕宗薨，答剌麻八剌以皇孫鍾愛，兩宮優其出閤之禮。

二十八年，始詔出鎭懷州，以侍衞都指揮使梭都、尙書王倚從行，至趙州，從卒有伐民桑棗者，民遮訴于道，答剌麻八剌怒，杖從卒以懲衆，遣王倚入奏，世祖大悅。未至，以疾召還。明年春，世祖北幸，留治疾京師，越兩月而薨，年二十有九。

子三人：長曰阿木哥，封魏王，郭出也，妃所生者曰海山，是爲武宗；曰愛育黎拔力八

達，是爲仁宗。大德十一年秋，武宗卽位，追諡曰昭聖衍孝皇帝，廟號順宗，祔享太廟。

校勘記

[一] 至元二年改諡景襄皇帝　按本書卷六世祖紀至元三年十月丁丑條、卷七四祭祀志，事在至元三年。元書改「二」作「三」，是。

[二] 丞相史天(倪)[澤]　據本書卷一四七史天倪傳、卷一五五史天澤傳改。按史天倪死于元太祖朝，史天澤中統二年拜相。新元史已校。

[三] 十八年正月昭睿順聖皇后崩　按本書卷一一世祖紀，察必皇后死于至元十八年二月乙未。疑此處「正」當作「二」。

元史卷一百一十六

列傳第三

后妃二

睿宗顯懿莊聖皇后名唆魯[和]帖尼，[一]怯烈氏，生子憲宗、世祖，相繼爲帝。至元二年，追上尊諡莊聖皇后，[二]升祔睿宗廟。

至大二年十二月，加諡顯懿莊聖皇后。三年十月，又上玉册，其文曰：「祖功宗德，稱諱於天。內則閫儀，受成於廟。行之大者名必顯，恩之隆者報則豐。上以增佐定之光，下以伸遹追之孝。欽惟莊聖皇后英明溥博，聖善柔嘉。肇儷景襄，陰教純被。逮事光獻，婦職勤修。勳聿著於承天，祥兩占於夢日。跡聖緒洪源之有漸，知深仁厚澤之無垠。玄符肇自塗山，顧前徽之未稱；耆籙興於文母，豈後嗣之能忘。是用參考彝經，丕揚景鑠。敷繹實慈之誼，形容青史之規。謹遣攝太尉某奉玉册玉寶，加上尊諡曰顯懿莊聖皇后。伏惟睿靈，昭垂鑒格。禮嚴閟宮，樂歌夷則。億萬斯年，承休無斁。」

裕宗徽仁裕聖皇后伯藍也怯赤，一名闊闊眞，弘吉剌氏，生順宗、成宗。

先是世祖出田獵，道渴，至一帳房，見一女子緝駝茸，世祖從覓馬湩。女子曰：「馬湩有之，但我父母諸兄皆不在，我女子難以與汝。」世祖欲去之。女子又曰：「我獨居此，汝自來自去，於理不宜。我父母卽歸，姑待之。」須臾果歸。出馬湩飮世祖。世祖既去，嘆息曰：「得此等女子爲人家婦，豈不美耶！」後與諸臣謀擇太子妃，世祖俱不允。有一老臣嘗知向者之言，知其未許嫁，言于世祖。世祖大喜，納爲太子妃。

后性孝謹，善事中宮，世祖每稱之爲賢德媳婦。侍昭睿順聖皇后，不離左右，至溷厠所用紙，亦以面擦，令柔軟以進。一日，裕宗有病，世祖往視，見牀上設織金臥褥。世祖慍而語之曰：「我嘗以汝爲賢，何乃若此耶？」后跪答曰：「常時不敢用，今爲太子病，恐有濕氣，因用之。」卽時徹去。

世祖崩，成宗至上都，諸王畢會。先是，御史中丞崔彧得玉璽于木華黎國王曾孫世德家，[三]其文曰「受命于天，既壽永昌」，上之于后。至是，后手授成宗。卽皇帝位，尊后爲皇太后，册文曰：「自家而國，治道必有所先；立愛惟親，君德莫先於孝。況恩深於鞠我，而禮

中華書局

重於正名。歷代以來，令儀可考。人子之職所在，天下之母宜尊。恭惟聖母，聖善本乎天資，靜專法乎地道。上以奉宗祏之重，下以敍倫紀之常。助我前人，守卷耳憂勤之志；保予沖子，成思齊雍肅之風。肆神器之有歸，知孫謀之素定。畀付雖由於曆數，規摹一出於庭闈。是用率籲衆心，章明鉅度，不勝拳拳大願。謹奉册寶，上尊稱曰皇太后。伏惟長信穆穆，周宗綿綿。備洛書之錫福，粲慈極之儀天。瑤圖寶運，於萬斯年。」命設官屬，置徽政院。後院官有受獻浙西田七百頃，籍於位下，太后曰：「我寡居婦人，衣食自有餘，況江南率土，皆國家所有，我曷敢私之。」卽命中書省盡易院官之受獻者。后之弟欲因后求官，后語之曰：「若欲求官耶？汝自爲之，勿以累我也。」其後，弟果被黜，人皆服后之先見。大德四年二月崩，祔葬先陵，謚曰裕聖皇后，升祔裕宗廟。至大三年十月，又追尊謚曰徽仁裕聖皇后。

顯宗宣懿淑聖皇后，名普顏怯里迷失，弘吉剌氏，顯宗居晉邸，納爲元妃，生泰定帝。泰定元年，追尊宣懿淑聖皇后，其册文曰：「祗續皇圖，方弘仁孝之化；追崇聖母，永懷鞠育之恩。匪建鴻名，曷彰厚德。欽惟皇妣晉王妃弘吉剌氏，淑侔周姒，賢邁虞嬪。儷我先王，恪守肇基之地；昭其懿範，益恢正始之風。順坤道以承乾，炯月輝以遡日。陰功久

積，衍聖緒於無疆；神器攸歸，知慶源之有自。仰徽音之如在，慨至養之莫加。聿選休辰，爰修縟典。謹遣攝太尉某奉玉册玉寶，上尊謚曰宣懿淑聖皇后。伏惟淑靈在上，式垂鑒臨，合享太宮，永錫繁祉。」升祔皇考顯宗廟。天曆初，復祧顯宗廟祀。

順宗昭獻元聖皇后名答(巳)〔己〕，〔四〕弘吉剌氏，按陳孫渾都帖木兒之女。裕宗居燕邸及潮河，順宗俱在侍，稍長，世祖賜女侍郭氏，後乃納后爲妃，生武宗及仁宗。大德九年，成宗不豫，卜魯罕皇后秉政，遣仁宗母子出居懷州。十年十二月，后至懷州。十一年正月，成宗崩。時武宗總兵北邊，(左)〔右〕丞相答剌罕哈剌哈孫陰遣使報仁宗，〔五〕與后奔還京師。后與仁宗入內哭，復出居舊邸，朝夕入奠。卽遣使迎武宗還，以五月卽位。

先是，太后以兩太子星命付陰陽家推算，問所宜立，對曰：「重光大荒落有災，旃蒙作噩長久。」重光爲武宗生年，旃蒙爲仁宗生年。太后頗惑其言，遣近臣朶耳諭旨武宗曰：「汝兄弟二人，皆我所出，豈有親疏。陰陽家所言，運祚修短，不容不思也。」武宗聞之默然，進康里脫脫而言曰：「我捍北邊十年，又胤次居長，太后以星命爲言，茫昧難信。使我設施合於天心民望，雖一日之短，亦足垂名萬世。何可以陰陽家言，而乖祖宗之託哉！」脫脫以聞，太后愕然曰：「修短之說，雖出術家，吾爲太子遠慮，所以深愛太子也。太子既如是言，今當速來耳。」詳見康里脫脫傳中。

五月，武宗既立，卽日尊太后爲皇太后。立仁宗爲皇太子。三宮協和。十一月，帝朝太后于隆福宮，上皇太后玉册玉寶。至大元年三月，帝爲太后建興聖宮，給鈔五萬錠、絲二萬斤。二年正月，太后幸五臺山作佛事，詔高麗王璋從之。三年二月，以上皇太后尊號，告祀南郊。四月，以興聖宮鷹坊等戶四千，分處遼陽，建萬戶府統之。十月戊申，帝率皇太子諸王羣臣朝興聖宮，上皇太后尊號册寶曰儀天興聖慈仁昭懿壽元皇太后。庚戌，后恭謝太廟，以皇太后受尊號，詔赦天下。四年，仁宗卽位。延祐二年三月，帝率諸王百官奉玉册玉寶，加上皇太后尊號曰儀天興聖慈仁昭懿壽元全德泰寧福慶皇太后。

延祐七年，英宗卽位。十二月，上尊號太皇太后，册文云：「王政之先，無以加孝；人倫之本，莫大尊親。肆予臨御之初，首舉推崇之典。恭惟太皇太后陛下，仁施溥博，明燭幽微。爰自居淵潛之宮，已有母天下之望。方武宗之北狩，適成廟之賓天。旋克振於乾綱，諒再安於宗祏。雖有在躬之歷數，實司創業之艱難。儀式表於慈闈，動協謀於先帝。莫究補天之妙，允如扶日之升。位履至尊，兩翼成於聖子；嗣登大寶，復擁佑於眇躬。矧德邁塗

山，功高文母。是宜加於四字，式益衍於徽稱。謹奉玉册玉寶，加上尊號曰儀天興聖慈仁昭懿壽元全德泰寧福慶徽文崇佑太皇太后。於戲！茲雖涉於强名，庶庸申於善頌。九州四海，養未足於孝心；萬歲千秋，願永膺於壽祉。」

丙辰，太后御大明殿，受朝賀。戊辰，告太廟。太后見明宗少時有英氣，而英宗稍柔懦，諸羣小以立明宗必不利於己，遂擁立英宗。及既卽位，太后來賀，英宗卽毅然見於色，后退而悔曰：「我不擬養此兒耶！」遂飲恨成疾。至治三年二月崩，升祔順宗廟配食。〔六〕

后性聰慧，歷佐三朝，敎宮中侍女皆執治女功，親操井臼。然不事檢飭，自正位東朝，淫恣益甚，內則黑驢母亦烈失八用事，外則幸臣失烈門、紐鄰及時宰迭木帖兒相率爲奸，以至箠辱平章張珪等，濁亂朝政，無所不至。及英宗立，羣倖伏誅，而後勢焰頓息焉。

校勘記

〔一〕唆魯〔和〕帖尼　據本書卷一〇六后妃表補。本書卷三憲宗紀作「唆魯禾帖尼」，元朝祕史作「莎兒合黑塔尼」。

〔二〕至元二年追上尊謚莊聖皇后　「二年」當作「三年」。見卷一一四校勘記〔二〕。

〔三〕木華黎國王曾孫世德　按本書卷一一九木華黎傳及黃金華集卷二五別里哥帖穆爾神道碑，「世

德」作「頵德」，爲木華黎玄孫，疑此處「曾」字誤。

〔四〕答（巳）〔己〕 據本書卷一〇六后妃表改。本書卷一一四后妃傳、卷一一八特薛禪傳作「答吉」。類編已校。

〔五〕（左）〔右〕丞相答剌罕哈剌哈孫 據本書卷一一二宰相年表改。按當時左丞相爲阿忽台。蒙史已校。

〔六〕至治三年二月崩升祔順宗廟 按本書卷二八英宗紀至治二年九月丙辰條有「太皇太后崩」，至治三年三月戊申條有「祔太皇太后于順宗廟室」，此處史文有誤。道光本作「至治二年九月崩。三年升祔順宗廟」。

元史卷一百一十七

列傳第四

別里古台

宗王別里古台者，烈祖之第五子，太祖之季弟也。天性純厚，明敏多智略，不喜華飾，軀幹魁偉，勇力絕人。幼從太祖平諸部落，掌從馬。國法：常以腹心遇敗則牽從馬。其子孫最多，居處近太祖行在所，南接按只台營地。嘗從太祖宴諸部族，或潛圖害別里古台，以刀斫其臂，傷甚。帝大怒，欲索而誅之。別里古台曰：「今將舉大事於天下，其可以臣故而生釁隙哉！且臣雖傷甚，幸不至死，請勿治。」帝尤賢之。嘗創業之初，征取諸國，王未嘗不在軍中，摧鋒陷陣，不避艱險。帝嘗曰：「有別里古台之力，哈撒兒之射，此朕之所以取天下也。」其見稱如此。嘗立爲國相，又長扎魯火赤，別授之印。賜以蒙古百姓三千戶，及廣寧路、恩州二城戶一萬一千六百三，以爲分地，又以斡難、怯魯〔連〕之地建營以居。〔一〕江南

平，加賜信州路及鉛山州二城戶一萬八千。王薨。子曰罕秃忽，曰也速不花，曰口溫不花。

罕秃忽，性剛猛，知兵。從憲宗征伐，多立戰功，及攻釣魚山而還，道由河南，招來流亡百餘戶，悉以入籍。罕秃忽子曰霍歷極，以疾廢，不能軍，世祖俾居于恩，以統其藩人。至大三年，霍歷極薨，子塔出嗣。塔出，性溫厚，謙恭好學，通經史，能撫恤其民云。

也速不花子曰爪都，中統三年，始以推戴功，封廣寧王。至元十三年，賜銀印。

口溫不花，領兵河南，屢建大功，子曰滅里吉台、甕吉剌台。

朮赤

朮赤者，太祖長子也。國初，以親王分封西北，其地極遠，去京師數萬里，驛騎急行二百餘日，方達京師。以故其地郡邑風俗皆莫得而詳焉。

朮赤薨，子拔都嗣。拔都薨，弟撒里答嗣。撒里答薨，弟忙哥帖木兒嗣。忙哥帖木兒薨，弟脫脫忙哥嗣。脫脫忙哥薨，弟脫脫嗣。脫脫薨，弟伯忽嗣。伯忽薨，弟月卽別嗣。至元二年，月卽別遣使來求分地歲賜，以賑給軍站，京師元無所領府治。三年，中書請置總管府，給正三品印。至大元年，月卽別薨，子札尼別嗣。其位下舊賜平陽、晉州、永州分地，歲賦中統鈔二千四百錠，自至元五年己卯歲始給之。

禿剌

禿剌，太祖次子察合台四世孫也。少以勇力聞。大德十一年春，成宗崩，左丞相阿忽台等潛謀立安西王阿難答，而推皇后伯岳吾氏稱制，中外洶洶。仁宗歸自懷孟，引禿剌入內，縛阿忽台等以出，誅之，大事遂定。武宗卽位，第功，封越王，錫金印，以紹興路爲其分地。禿剌居常怏怏，有怨望意。

至大元年秋，武宗幸涼亭，將御舟，禿剌前止之。帝曰：「爾何如？朕欲登舟。」禿剌曰：「人有常言：一箭中麋，毋曰自能；百兔未得，未可遽止。」此蓋國俗儕輩相靳之語，而禿剌言之，武宗由是銜焉。旣而大宴萬歲山，禿剌醉起，解其腰帶擲諸地，瞋目謂帝曰：「爾與我者，止此爾！」帝益疑其有異志。二年春，命楚王牙忽都、丞相脫脫、平章赤因鐵木兒鞫之，辭服，遂伏誅。

子西安王阿剌忒納失里，天曆初以推戴功，進封豫王。

牙忽都

牙忽都，祖父撥綽，憲宗庶子也。撥綽之母曰馬一實，乃馬眞氏。撥綽驍勇善騎射，憲

宗命大將軍，〔二〕北征欽察有功，賜號拔都。歲丁巳，分土諸侯王，賜蠡州三千三百四十七戶，爲其食邑。撥綽娶察渾滅兒乞氏，生薛必烈傑兒。薛必烈傑兒娶弘吉剌氏，生牙忽都。

牙忽都年十三，世祖命襲其祖父統軍。至元十二年，從北安王北征。十三年，失列吉叛，遣人誘脅之，牙忽都不從，事王益忠謹。八魯渾拔都兒、粘閭與海都通，相率引去，王遣牙忽都將兵追之，擒八魯渾等以獻。未幾，失列吉、約木忽兒、脫帖木兒等反，以兵攻王。脫帖木兒生致牙忽都，使失列吉拘縶之。牙忽都與王親臣那台等謀逃歸，事覺，那台等被殺，復縶牙忽都，困辱備至。十四年，兀魯兀台、伯顏帥師討叛，失(吉列)〔列吉〕、〔三〕約木忽兒迎戰，牙忽都潛結赤斤帖木兒、禿禿哈亂其陣。失列吉軍亂，因得脫走。見帝，鬚髮盡白。帝閔之，賞賚甚厚。至元十八年，加封耒陽州五千三百四十七戶。

二十一年，命與禿禿哈同討海都，牙忽都先進，邏得諜人，知其虛實，直前衝敵陣，破其精兵，海都敗走，得所俘掠軍民而還。朶兒朶哈上其功，詔賜鈔幣、鎧甲、弓矢。其後，北安王駐帖木兒河。乃顏、也不堅有異圖，也不堅引兵趨怯綠憐河大帳。王遣闊闊出、禿禿哈率衆追之。那懷之民擾攘不知所從。牙忽都將三百騎，進至阿赤怯地。會王帳下遜篤思部兵逃去，牙忽都諭之使還。時怯必禿忽兒霍台誘蒙古軍二萬從乃顏，牙忽都知之，夜襲其河上軍，突入帳中，遇忽都滅兒堅幾獲之，間道逸去。

二十七年，海都入寇。時朶兒朶哈方居守大帳，詔遣牙忽都同力備禦。軍未戰而潰，牙忽都妻帑輜重駐不思哈剌嶺上，悉爲藥木忽兒、明理帖木兒所掠。牙忽都與其子脫列帖木兒相失，獨與十三騎奔還。世祖撫慰嘉歎，賜爵鎭遠王，塗金銀印，以弘吉剌氏女賜之，資裝特厚。復命納里忽、徹徹不花往錫命其部屬同時被剽掠者，以故相桑哥家財分賜之，仍各賜白金五十兩、珠子一酒巵，鈔幣稱是。又命牙忽都居北安王第二帳。王薨，帝命掌大帳，固辭。

成宗立，命牙忽都常侍左右。武宗撫兵漠北，請以子脫列帖木兒從。大德五年，海都、篤哇合軍入寇，脫列帖木兒將兵千人擁護，先後力戰，功多，在軍十年。

成宗崩，安西王阿難答與明理帖木兒窺望神器。牙忽都曰：「世祖皇帝之嫡孫在，神器所當屬。安西藩王也，入繼非制。」武宗卽位，以其父子勞效忠勤，益厚遇之，進封楚王，賜金印，置王傅，以駙馬都尉都剌哈之女弟弘吉烈氏爲楚王妃，又以叛王察八兒親屬賜之。脫列帖木兒襲封鎭遠王。

至大三年，察八兒來歸，宗親皆會。牙忽都進曰：「太祖皇帝削平四方，惟南土未定，列聖嗣位，未遑統一。世祖皇帝混一四海，顧惟宗室諸王，弗克同堂而燕。今陛下洪福齊天，拔都罕之裔，首已附順，叛王察八兒舉族來歸，人民境土，悉爲一家。地大物衆，有可恃者

焉，有不可恃者焉。昔我太祖有訓，世祖誦之，臣與有聞，治亂國者，宜以法齊之，所以辨上下，定民志。今請有以整飭之，則人將有所勸懲，惟陛下鑒之。」帝嘉納其言。

牙忽都薨，仁宗命脫列帖木兒嗣楚王。延祐中，明宗西出，脫列帖木兒坐累，徙西番，沒入其家貲之半。明宗卽位，制曰：「脫列帖木兒何罪，其轉徙籍沒，豈不以我故耶。其復故號，人民貲帑悉歸之。」脫列帖木兒薨，子八都兒立。八都兒薨，有子三人：曰燕帖木兒，曰速哥帖木兒，曰朶羅不花。燕帖木兒嗣，時年十有二，妃弘吉剌氏，哈只兒駙馬之女孫，速哥失里皇后之從妹也。

寬徹普化

寬徹普化，世祖之孫，鎭南王脫歡子也。泰定三年，封威順王，鎭武昌，賜金印，撥付怯薛丹五百名，又自募至一千名。設王傅官屬。湖廣行省供億錢糧衣裝，歲支米三萬石，錢三萬二千錠，又日給王子諸妃飲饍。文宗天曆初，賜寬徹普化金銀各五十兩、幣三十匹，仍鎭湖廣，而寬徹普化縱怯薛等官侵奪民利，民頗患苦之。至元五年，太師伯顏矯制召赴京，貶之。及脫脫爲相，始明其無辜，命復還鎭。至正二年，湖北廉訪司糾言，寬徹普化恃以宗室，恣行不法。不報。

十一年，徐壽輝爲亂，起蘄、黃，寬徹普化與其子別帖木兒、答帖木兒引兵至金剛臺，壽輝部將倪文俊敗之，執別帖木兒。十二年，壽輝僞將鄒普勝陷武昌，寬徹普化與湖廣行省平章和尚棄城走，詔追奪寬徹普化印，而誅和尚。十三年，湖廣行省參知政事阿魯輝克復武昌及漢陽。寬徹普化復率領王子并本部怯薛丹，屢討賊立功。十四年，詔寬徹普化復鎭武昌，還其印。

十六年，命寬徹普化與宣讓王帖木兒不花以兵鎭遏懷慶，各賜黃金一錠、白金五錠、幣帛九匹、鈔二十錠。未幾，復還武昌，命其子報恩奴、接待奴、佛家奴以大船四十餘隻水陸並進，至沔陽攻徐壽輝僞將倪文俊，且載妃妾以行。兵至漢川縣雞鳴汊，水淺船閣不能行，文俊以火筏盡焚其船，接待奴、佛家奴皆遇害，而報恩奴自死，妃妾皆陷，寬徹普化走陝西。

二十五年，俟伯顏答失奉寬徹普化自雲南經蜀轉戰而去，至成州，欲之京師，李思齊以取蜀爲名，扼不令行，俾屯田于成州以沒。

其子曰和尚者，封義王，侍從順帝左右，多著勞效，帝出入，常與俱。至正二十四年，孛羅帖木兒稱兵犯闕，遂爲中書右丞相，總握國柄，恣爲淫虐。和尚心忿其無君，數爲帝言之。受密旨，與儒士徐士本謀，交結勇士上都馬、金那海、伯顏達兒、帖古思不花、火你忽

都、洪寶寶、黃哈剌八禿、龍從雲，陰圖刺孛羅帖木兒。帝期以事濟，放鴿鈴爲號，徐士本掌之。明年七月，孛羅帖木兒入奏事，行至延春閣李樹下，伯顏達兒自衆中奮出，斫孛羅帖木兒，中其腦，上都馬等競前斫死之。詳見孛羅帖木兒傳。

二十八年，順帝將北奔，詔淮王帖木兒不花監國，而以和尚佐之，及京城將破，卽先遁，不知所之。

帖木兒不花

帖木兒不花，世祖孫，鎭南王脫歡第四子也。初，世祖第九子脫歡以討安南無成功，終身不許見，遂封鎭南王，出鎭揚州。脫歡薨，子老章襲封鎭南王。老章薨，弟脫不花襲封鎭南王。脫不花薨，子孛羅不花幼，帖木兒不花乃嗣爲鎭南王。

文宗天曆初，賜帖木兒不花黃金五十兩、白金五十兩、幣三十匹。二年，孛羅不花已長，帖木兒不花請以其位復還孛羅不花，朝廷以其讓而不居也，改封宣讓王，賜金印，移鎭於廬州。

順帝至元元年，撥廬州、饒州牧地一百頃賜之。二年，賜市宅錢四千錠，命其王府官，凡班次，列于有司之右。五年，伯顏擅權，矯制貶帖木兒不花及威順王寬徹普化。至脫脫爲相，始言于帝，明此兩王者皆無辜，詔令復還鎭。

至正十二年，廬州境內賊起，淮西廉訪使陳思謙言于帖木兒不花曰：「王以帝室之胄，鎭撫淮甸，豈宜坐視，且府中官屬及怯薛丹人等，數甚多，必有可使摧鋒陷陣者，惟王圖之。」帖木兒不花大悟其言，曰：「此吾責也。」卽命以所部兵及諸王乞塔歹等，分道擊賊，擒其渠帥，廬州境內皆平。帝聞之，賜金帶、銀鈔，以賞其功。十六年，命帖木兒不花與寬徹普化以兵鎭遏懷慶路，賜金銀各一錠、幣帛九匹、鈔二十錠。旣而汝、潁之寇南渡淮，帖木兒不花復以便宜，調芍陂屯軍拒之。及廬州不守，乃挈身北歸，留京師。二十七年，進封淮王，賜金印，設王傅等官。

二十八年，大明兵逼京師，順帝北奔，詔以帖木兒不花監國，而拜慶童中書左丞相輔之。俄而城破，帖木兒不花死之，年八十三。

校勘記

〔一〕怯魯〔連〕　據本書卷一一八特薛禪傳補。按「怯魯連」，河名，卽今克魯倫河。

〔二〕憲宗命大將軍　道光本作「憲宗命將大軍」，於文義較長。

〔三〕失（吉列）〔列吉〕　據上文改正。新編已校。

元史卷一百一十八

列傳第五

特薛禪

特薛禪，姓孛思忽兒，弘吉剌氏，世居朔漠。本名特，因從太祖起兵有功，賜名薛禪，故兼稱曰特薛禪。女曰孛兒台，太祖光獻翼聖皇后。

子曰按陳，從太祖征伐，凡三十二戰，平西夏，斷潼關道，取回紇尋斯干城，皆與有功。歲丁亥，賜號國舅按陳那顏。壬辰，賜銀印，封河西王，以統其國族。丁酉，賜錢二十萬緡，有旨：「弘吉剌氏生女世以爲后，生男世尚公主，每歲四時孟月，聽讀所賜旨，世世不絕。」又賜所俘獲軍民五千二百，仍授萬戶以領之。按陳薨，葬官人山。元貞元年二月，追封濟寧王，謚忠武；妻哈眞，追封濟寧王妃。

子斡陳，歲戊戌授萬戶，尚睿宗女也速不花公主。斡陳薨，葬不海韓。

弟納陳，歲丁巳襲萬戶，奉旨伐宋，攻釣魚山。又從世祖南涉淮甸，下大清口，獲船百餘艘。又率兵平山東濟、兗、單等州。及阿里不哥叛，中統二年與諸王北伐，以其子哈海、脫歡、斡羅陳等十人自從，至于莽來，由失木魯與阿里不哥之黨八兒哈八兒思等戰，〔一〕追北至孛羅克禿，復戰，自旦及夕，斬首萬級，僵尸被野。薨，葬末懷禿。斡羅陳襲萬戶，尚完澤公主。完澤公主薨，繼尚囊加眞公主。至元十四年薨，葬拓剌里。無子。

弟曰帖木兒，至元十八年襲萬戶。二十四年，乃顏叛，從帝親征，以功封濟寧郡王，賜白傘蓋以寵之。二十五年，諸王哈丹禿魯干叛，與諸王及統兵官玉速帖木兒等率兵討之，由龜剌兒河與哈丹等遇，轉戰至惱木連河，殲其衆。帝賜名按〔察〕〔答〕兒禿那顏，〔二〕以旌其功。薨，葬末懷禿。

子二人：長曰琱阿不剌，次曰桑哥不剌，皆幼。至元二十七年，以其弟蠻子台襲萬戶，亦尚囊加眞公主。成宗卽位，封皇姑魯國大長公主，以金印封蠻子台爲濟寧王。奉旨率本部兵討叛王海都、篤哇，旣與之遇，方約戰，行伍未定，單騎突入陣中，往復數四，敵兵大擾，一戰遂大捷。時武宗在藩邸，統大軍以鎭朔方，有旨令蠻子台總領蒙古軍民官，輔武〔宗〕守莽來，〔三〕以遏北方。囊加眞公主薨，繼尚裕宗女喃哥不剌公主。蠻子台薨，年五十有二。

大德十一年三月，按答兒〔禿〕長子琱阿不剌襲萬戶，〔四〕尚祥哥剌吉公主，六月，封大長公主，賜琱阿不剌金印，加封魯王。至大二年，賜平江稻田一千五百頃。皇慶間，加封皇姊大長公主。天曆間，加號皇姑徽文懿福（眞）〔貞〕壽大長公主。〔五〕至大三年，琱阿不剌薨，葬末懷禿。

阿里嘉室利，琱阿不剌嫡子也。至大三年，甫八歲，襲萬戶。四年七月，襲封魯王，尚朵兒只班公主。元統元年，阿里嘉失利薨。至順間，封朵兒只班號肅雍賢寧公主。

桑哥不剌者，魯王琱阿不剌之弟、阿里嘉室利之叔也。自幼奉世皇旨，養于斡可珍公主所，是爲不只兒駙馬，後襲統其本部民四百戶。成宗時，奉旨尚普納公主；至順間，封鄆安大長公主，授桑哥不剌金印，封鄆安王，職千戶。元統元年，授萬戶。二年三月，加封鄆安公主號皇姑大長公主；加封桑哥不剌魯王。以疾薨，年六十一。此皆以駙馬襲封王爵者也。

唆兒火都者，亦按陳之子，以從征功，在太祖朝遙授左丞相，爲千戶，仍賜以塗金銀章，及金銀字海靑圓符五、驛馬券六。其子曰阿哈駙馬，當憲宗朝嘗率兵破徐州，以功受賞黃金一鋌、白金十鋌及銀鞍勒，仍命襲父官。至世祖時，有詔「弘吉剌萬戶所受驛券、圓符皆仍其舊，凡唆兒火都所受者，宜皆收之」，而唆兒火都之諸孫若孛羅沙、伯顏、蠻子、添壽不花、大都不花、掌吉等，及阿哈千戶之孫曰也速達兒與按陳之弟名冊者，在太祖世授官本藩蒙古軍站千戶。冊之子曰哈兒哈孫，以平金功，賜號拔都兒。哈兒哈孫之孫曰都羅兒，至元四年，授光祿大夫，以銀章封懿國公。

有脫憐者，亦按陳之裔孫也，世祖授本藩千戶，仍賜驛券、圓符各四，令以兵守朔土之怯魯連。二十四年，從族父按答兒禿征叛王乃顏有功，亦賜號拔都兒。脫憐卒，子迸不剌嗣。迸不剌卒，子買住罕嗣。買住罕尚拜答沙公主。卒，弟孛羅帖木兒嗣，以金章封毓德王。孛羅帖木兒薨，買住罕孫阿失襲千戶。

有名丑漢者，按陳次子必哥之裔孫，尚台忽魯都公主。仁宗朝，封安遠王，以兵守莽來。

有答兒罕者，亦特薛禪之裔孫也，以從軍功，世祖亦賜以拔都兒之號，加賜黃金一鋌。其子曰不只兒，從征乃顏，禽其黨金家奴，帝賞以金帶。其後有曰伯奢者，卽其孫也。

又按陳之孫納合，尚太宗唆兒哈罕公主。火忽之孫不只兒，尚斡可眞公主。又特薛禪諸孫有名脫羅禾者，尚不魯罕公主，繼尚闊闊倫公主。此皆尚公主爲駙馬者也。

凡其女之爲后者，自光獻翼聖皇后以降，憲宗貞節皇后諱忽〔都〕台，〔六〕及后妹也速兒，皆按陳從孫忙哥陳之女。世祖昭睿順聖皇后諱察必，濟寧忠武王按陳之女；其諱帖古倫者，按陳孫脫憐之女；諱喃必冊繼守正宮者，納陳孫僊童之女。成宗貞慈靜懿皇后諱實憐答里，斡羅陳之女也。順宗昭獻元聖皇后諱答吉，大德十一年十一月，武宗冊上皇太后，至大三年十月，加上尊號曰儀天興聖慈仁昭懿壽元皇太后，延祐七年，又加徽文崇祐四字，尊號太皇太后，則按陳孫渾都帖木兒之女。武宗宣慈惠聖皇后諱眞哥，脫憐子迸不剌之女；其諱速哥失里者，按陳從孫哈兒只之女。泰定皇后諱八不罕，按陳孫斡留察兒之女；其諱必罕、諱速哥答里者，皆脫憐孫買住罕之女。文宗皇后諱不答失里，琱阿不剌魯王之女。此則弘吉剌氏之爲后者也。

初，弘吉剌氏族居於苦烈兒溫都兒、斤、迭烈木兒、也里古納河之地。歲甲戌，太祖在迭蔑可兒時，有旨分賜按陳及其弟火忽、冊等農土，農土猶言經界也。若曰「是苦烈兒溫都兒、斤，以與按陳及哈撒兒爲農土」。申諭按陳曰：「可木兒溫都兒、答兒腦兒、迭蔑可兒等地，汝則居之。」諭冊曰：「阿剌忽馬乞迤東，蒜吉納禿山、木兒速拓、哈海斡連直至阿只兒哈溫都、哈老哥魯等地，汝則居之。當以胡盧忽兒河北爲鄰，按赤台爲界。」又諭火忽曰：「哈老溫迤東，塗河、潢河之間，火兒赤納慶州之地，與亦乞列思爲鄰，汝則居之。」又諭按陳之子唆魯火都曰：「以汝父子能輸忠于國，可木兒溫都兒迤東，絡馬河至于赤山，塗河迤南與國民

爲鄰，汝則居之。」

至至元七年，斡羅陳萬戶及其妃囊加眞公主請于朝曰：「本藩所受農土，在上都東北三百里答兒海子，實本藩駐夏之地，可建城邑以居。」帝從之。遂名其城爲應昌府。二十二年，改爲應昌路。元貞元年，濟寧王蠻子台亦尙囊加眞公主，復與公主請於帝，以應昌路東七百里駐冬之地創建城邑，復從之。大德元年，名其城爲全寧路。〔七〕

弘吉剌之分邑，得任其陪臣爲達魯花赤者，有濟寧路及濟、兗、單三州，鉅野、鄆城、金鄉、虞城、碭山、豐縣、肥城、任城、魚臺、沛縣、單父、嘉祥、磁陽、寧陽、曲阜、泗水一十六縣。此丙申歲之所賜也。至元六年，陞古濟州爲濟寧府，十八年始陞爲路，〔八〕而濟、兗、單三州隸焉。又汀州路長汀、寧化、淸流、武平、上杭、連城六縣，此至元十三年之所賜也。又有永平路灤州、盧龍、遷安、撫寧、昌黎、石城、樂亭六縣，此至大元年之所賜也。若平江稻田一千五百頃，則至大二年所賜也。其應昌、全寧等路則自達魯花赤總管以下諸官屬，皆得專任其陪臣，而王人不與焉。

此外，復有王傅府，自王傅六人而下，其羣屬有錢糧、人匠、鷹房、軍民、軍站、營田、稻田、烟粉千戶、總管、提舉等官，以署計者四十餘，以員計者七百餘，此可得而稽考者也。其五戶絲、金鈔之數：則丙申歲所賜濟寧路之三萬戶，至元十八年所賜汀州路之四萬戶，絲以斤計者，歲二千二百有奇；鈔以錠計者，歲一千六百有奇。此則所謂歲賜者也。

孛禿 〔鎖兒哈 忽憐〕〔九〕

孛禿，亦乞列思氏，善騎射。太祖嘗潛遣朮兒徹丹出使，至也兒古納河。孛禿知其爲帝所遣，值日暮，因留止宿，殺羊以享之。朮兒徹丹馬疲乏，復假以良馬，及還，孛禿待之有加。朮兒徹丹具以白帝，帝大喜，許妻以皇妹帖木倫。孛禿宗族乃遣也不堅歹等詣太祖，因致言曰：「臣聞威德所加，若雲開見日、春風解凍，喜不自勝。」帝問：「孛禿孳畜幾何？」也不堅歹對曰：「有馬三十四，請以馬之半爲聘禮。」帝怒曰：「婚姻而論財，殆若商賈矣。昔人有言，同心實難，朕方欲取天下，汝亦乞列思之民，從孛禿效忠於我可也，何以財爲！」竟以皇妹妻之。

既而札赤剌歹札木哈、脫也等以兵三萬入寇。孛禿聞之，遣波欒歹、磨里禿禿來告，乃與哈剌里、札剌兀、塔兒哈泥等討脫也等，掠其輜重，降其民。乃蠻叛，帝召孛禿以兵至，大戰敗之。

皇妹薨，復妻以皇女火臣別吉，而命哈兒八台之子也可忽林圖帶弓矢爲之侍。哈兒八台曰：「吾兒豈能爲人臣僕，寧死不爲也。」帝令孛禿與之敵，哈兒八台令月列等拒戰於碗圖

河。孛禿直前擒月列，刺殺也可忽林圖，哈兒八台走渡拙赤河，又擒之，盡殺其衆。

從太師國王木華黎略地遼東、西，以功封冠懿二州。從征西夏，病薨。贈推忠宣力佐命功臣、太師、開府儀同三司、駙馬都尉、上柱國，進封昌王，謚忠武。子鎖兒哈襲爵。

鎖兒哈，事太宗。與木華黎取嘉州，〔一〇〕降其民，遣伯禿兒哈拙赤碣來獻捷，帝曰：「若父宣力國家，朕昔見之。今鎖兒哈克光前烈。」賜以金錦、金帶、七寶鞍，召至中都，以疾薨。鎖兒哈娶皇子斡赤女安禿公主，生女是爲憲宗皇后。

子札忽兒臣，從定宗出討萬奴有功，太宗命親王安赤台以女也孫眞公主妻之。薨，贈推誠靖宣佐運贊治功臣、太師、開府儀同三司、駙馬都尉、上柱國，襲封昌王，謚忠靖。

札忽兒臣有子二人：長月列台，娶皇子賽因主卜女哈答罕公主，生脫別台，與乃顏戰，有功。次忽憐。

忽憐，尙憲宗女伯牙魯罕公主。後脫黑帖木兒叛，世祖命忽憐與失列及等討之，大戰終日，脫黑帖木兒敗走，帝嘉之，復令尙憲宗孫女不蘭奚公主。宋平，封以廣州。乃顏、嶭剌哈兒叛，世祖親征，薛徹堅等與哈（剌）〔答〕罕屢戰，〔一一〕帝召忽憐至，值薛徹堅等戰于程火

失溫之地，哈答罕衆甚盛，忽憐以兵二百迎敵，敗之。哈答罕等走度猱河，還其巢穴。踰年夏，帝命忽憐復征之。至曲列兒、塔兀兒二河之間，大戰，其衆皆度塔兀河遁去。餘百人逃匿山谷，忽憐卽率兵二百徒步追之。薛徹堅止之曰：「彼亡命者，安得徒行。」忽憐不聽，往殺其衆。薛徹堅以聞，賜金一鋌、銀五鋌。又踰年，復往征之，與哈答罕遇于兀剌河。忽憐夜率千人潛入其軍，盡殺之。帝賜鈔五萬貫、金一鋌、銀十鋌。忽憐薨，贈效忠保德輔運佐理功臣、太師、開府儀同三司、駙馬都尉、上柱國，追封昌王，謚忠宣。

子阿失，事成宗。篤哇叛于海都，帝遣晉王甘麻剌幷武宗帥師討之。大德五年，戰哈剌答山，阿失射篤哇中其膝，擒殺甚多，篤哇號哭而遁，武宗賜之衣。成宗加賜珠衣，封爲昌王，置王府官屬。仁宗朝，復賜以寧昌縣稅入。阿失尙成宗女亦里哈牙公主，復尙憲宗曾孫女買的公主。阿失薨，子八剌失里襲封昌王。忽憐從弟不花，尙世祖女兀魯眞公主；其弟鎖郎哈，娶皇子忙哥剌女奴兀倫公主，生女，是爲武宗仁獻章聖皇后，實生明宗。

阿剌兀思剔吉忽里（闊里吉思）[二]

阿剌兀思剔吉忽里，汪古部人，係出沙陀雁門之後。遠祖卜國，世爲部長。金源氏塹山爲界，以限南北，阿剌兀思剔吉忽里以一軍守其衝要。

時西北有國曰乃蠻，其主太陽可汗遣使來約，欲相親附，以同據朔方。部衆有欲從之者，阿剌兀思剔吉忽里弗從，乃執其使，奉酒六尊，具以其謀來告太祖。時朔方未有酒，太祖飲三爵而止，曰：「是物少則發性，多則亂性。」使還，酬以馬五百、羊一千，遂約同攻太陽可汗。阿剌兀思剔吉忽里先期而至。旣平乃蠻，從下中原，復爲嚮導，南出界垣。太祖留阿剌兀思剔吉忽里歸鎭本部，爲其部衆昔之異議者所殺，長子不顏昔班併死之。

其妻阿里黑携幼子孛要合與姪鎭國逃難，夜遁至界垣，告守者，縋城以登，因避地雲中。太祖旣定雲中，購求得之，賜與甚厚，乃追封阿剌兀思剔吉忽里爲高唐王，阿里黑爲高唐王妃，以其子孛要合尙幼，先封其姪鎭國爲北平王。鎭國薨，子聶古台襲爵，尙睿宗女獨木干公主，略地江淮，薨于軍，賜興州民千餘戶，給其葬。

孛要合幼從攻西域，還封北平王，尙阿剌海別吉公主。公主明睿有智略，車駕征伐四出，嘗使留守，軍國大政，諮稟而後行，師出無內顧之憂，公主之力居多。孛要合未有子，公主爲進姬妾，以廣嗣續，生三子：曰君不花，曰愛不花，曰拙里不花。公主視之，皆如己出。孛要合薨，追封高唐王，謚武毅。後加贈宣忠協力翊衞果毅功臣、太傅、儀同三司、上柱國、駙馬都尉，追封趙王。公主阿剌海別吉追封皇祖姑齊國大長公主，加封趙國。

子君不花，尙定宗長女葉里迷失公主。愛不花，尙世祖季女月烈公主。中統初，總兵討阿里不哥，敗闊不花於按檀火爾歡之地。三年，圍李璮于濟南，獨當一面。事平，又從征西北，敗叛王之黨撒里蠻(子)〔于〕孔古烈。[一三]愛不花卒。子闊里吉思。

闊里吉思，性勇毅，習武事，尤篤於儒術，築萬卷堂於私第，日與諸儒討論經史，性理、陰陽、術數，靡不該貫。尙忽答的迷失公主，繼尙愛牙失里公主。宗王也不干叛，率精騎千餘，晝夜兼行，旬日追及之。時方暑，將戰，北風大起，左右請待之，闊里吉思曰：「當暑得風，天贊我也。」策馬赴戰，騎士隨之，大殺其衆，也不干以數騎遁去。闊里吉思身中三矢，斷其髮。凱還，詔賜黃金三斤、白金千五百斤。

成宗卽位，封高唐王。西北不安，請於帝願往平之，再三請，帝乃許。及行，且誓曰：「若不平定西北，吾馬首不南。」大德元年夏，遇敵于伯牙思之地，衆謂當俟大軍畢至，與戰未晚，闊里吉思曰：「大丈夫報國，而待人耶！」卽整衆鼓躁以進，大敗之，擒其將卒百數以獻。詔賜世祖所服貂裘、寶鞍，及繒錦七百、介胄、戈戟、弓矢等物。

二年秋，諸王將帥共議防邊，咸曰：「敵往歲不冬出，且可休兵于境。」闊里吉思曰：「不然，今秋候騎來者甚少，所謂鷙鳥將擊，必匿其形，備不可緩也。」衆不以爲然，闊里吉思獨嚴兵以待之。是冬，敵兵果大至，三戰三克，闊里吉思乘勝逐北，深入險地，後騎不繼，馬躓

陷敵，遂爲所執。敵誘使降，惟正言不屈，又欲以女妻之，闊里吉思毅然曰：「我帝婿也，非帝后面命，而再娶可乎！」敵不敢逼。帝嘗遣其家臣阿昔思特使敵境，見於人衆中，闊里吉思一見輒問兩宮安否，次問嗣子何如，言未畢，左右卽引其去。明日，遣使者還，不復再見，竟不屈死焉。九年，追封高唐忠(憲)〔獻〕王，[一四]加贈推忠宣力崇文守正亮節保德功臣、太師、開府儀同三司、上柱國、駙馬都尉，追封趙王。公主忽答的迷失追封齊國長公主，愛牙失里封齊國公主，並加封趙國。

子朮安幼，詔以弟(木)〔朮〕忽難襲高唐王。[一五](木)〔朮〕忽難才識英偉，謹守成業，撫民御衆，境內乂安。痛其兄死節，遣使如京師，表請卹典，又請翰林承旨閻復銘諸石。敎養朮安過於己子，命家臣之謹厚者掌其兄之珍服祕玩，待朮安成立，悉以付之。至大二年，(木)〔朮〕忽難加封趙王，卽以讓朮安。三年，[一六]朮安襲趙王，尙晉王女阿剌的納八剌公主。一日，召王傅脫歡、司馬阿昔思謂曰：「先王旅殯卜羅，荒遠之地，神靈將何依，吾痛心欲無生，若請於上，得歸葬先塋，瞑目無憾矣。」二人言之知樞密院事也里吉尼以聞，帝嗟悼久之，曰：「朮安孝子也。」卽賜阿昔思黃金一瓶，得脫歡之子失忽都魯、[一七]王傅(木)〔朮〕忽難之子阿魯忽都、斷事官也先等一十九人，乘驛以往，復賜從者鈔五百貫。淇陽王月赤察兒、丞相脫禾出八都魯差兵五百人，護其行至殯所，奠告啓視，屍體如生，遂得歸葬。

校勘記

〔一〕失木魯　此地當卽本書世祖紀累見之昔木土，元世祖軍敗阿里不哥之處。卷一三二杭忽思傳作「失木里禿」，卷一三四朶羅台傳作「失畝里禿」，卷一二〇肖乃台傳作「失木禿」，卷一二二昔兒吉思傳、卷一三一囊加歹傳作「失門禿」。此名蒙語，義爲「有蚊之地」。此處「失木魯」當作「失木魯禿」。

〔二〕按（察）〔答〕兒禿　據下文及元文類卷二二程鉅夫應昌府報恩寺碑改。蒙語「按答兒禿」，義爲「有聲名」。考異已校。

〔三〕輔武〔宗〕守莽來　從道光本補。

〔四〕按答兒〔禿〕　見本卷校勘記〔二〕。

〔五〕徽文懿福（貞）〔貞〕壽大長公主　見卷一〇九校勘記〔一〕。

〔六〕忽〔都〕台　見卷一〇六校勘記〔五〕。

〔七〕大德元年名其城爲全寧路　本證云：「案成宗紀，是年陞全州爲全寧府，七年陞全寧府爲全寧路。此誤合爲一。」

〔八〕至元六年陞古濟州爲濟寧府十八年始陞爲路　本證云：「案地理志，陞府在八年，陞路在十六

年。」疑此處「六」當作「八」，「十八」當作「十六」。

〔九〕〔鎖兒哈忽憐〕　據本書體例補。

〔一〇〕嘉州　考異云：「『嘉州』恐是葭州之譌。」

〔一一〕哈（剌）〔答〕罕　據下文改。按此卽乃顏同黨合丹，又作「哈丹」。類編已校。

〔一二〕〔闊里吉思〕　據本書原目錄補。

〔一三〕敗叛王之黨撒里蠻（子）〔于〕孔古烈　據元文類卷二三閻復駙馬高唐忠獻王碑改。蒙史已校。

〔一四〕高唐忠（憲）〔獻〕王　據中庵集卷四駙馬趙王先德加封碑銘及元文類卷二三閻復闊里吉思碑改。蒙史已校。

〔一五〕（木）〔朮〕忽難　據中庵集卷四駙馬趙王先德加封碑銘改。下同。「朮忽難」，也里可溫教名。

〔一六〕三年　本證云：「武宗紀至大二年封駙馬注安爲趙王，此云三年，亦誤。」

〔一七〕失忽都魯　中庵集卷四駙馬趙王先德加封碑銘作「八失忽都魯」。疑此脫「八」字。

元史卷一百一十九

列傳第六

木華黎（孛魯　塔思　速渾察　乃燕　霸突魯　塔塔兒台　脫脫）〔一〕

木華黎，札剌兒氏，世居阿難水東。父孔溫窟哇，以戚里故在太祖麾下，從平篾里吉，征乃蠻部，數立功。後乃蠻叉叛，太祖與六騎走，中道乏食，擒水際橐駝殺之，燔以啖太祖。追騎垂及，而太祖馬斃，五騎相顧駭愕，孔溫窟哇以所乘馬濟太祖，身當追騎，死之。太祖獲免。

有子五人，木華黎其第三子也。生時有白氣出帳中。神巫異之，曰：「此非常兒也。」及長，沉毅多智略，猿臂善射，挽弓二石强。與博爾朮、博爾忽、赤老溫事太祖，俱以忠勇稱，號掇里班曲律，猶華言四傑也。

太祖軍嘗失利，會大雪，失牙帳所在，夜臥草澤中。木華黎與博爾朮張裘氈，立雪中，障

蔽太祖，達旦竟不移足。一日，太祖從三十餘騎行谿谷間，顧謂曰：「此中或遇寇，當奈何？」對曰：「請以身當之。」既而，寇果自林間突出，矢下如雨，木華黎引弓射之，三發中三人。其酋呼曰：「爾爲誰？」曰：「木華黎也。」徐解馬鞍持之，捍衞太祖以出，寇遂引去。克烈王可汗與乃蠻部讎戰，求援於太祖。太祖遣木華黎及博爾朮等救之，盡殺乃蠻之衆于按臺之下，獲甲仗、馬牛而還。既而，王可汗謀襲太祖，其下拔台知之，密告太祖。太祖遣木華黎選精騎夜斫其營，王可汗走死，諸部大人聞風款附。

歲丙寅，太祖卽皇帝位，首命木華黎、博爾朮爲左右萬戶。從容謂曰：「國內平定，汝等之力居多。我與汝猶車之有轅，身之有臂也。汝等切宜體此，勿替初心。」

金之降者，皆言其主璟殺戮宗親，荒淫日恣。帝曰：「朕出師有名矣。」辛未，從伐金，薄宣德，遂克德興。壬申，攻雲中、九原諸郡，拔之，進圍撫州。金兵號四十萬，陣野狐嶺北。木華黎曰：「彼衆我寡，弗致死力戰，未易破也。」率敢死士，策馬橫戈，大呼陷陣，帝麾諸軍並進，大敗金兵，追至澮河，殭尸百里。癸酉，攻居庸關，壁堅，不得入，遣別將闍別統兵趨紫荆口，金左監軍高琪引兵來拒，不戰而潰，遂拔涿州。因分兵攻下益都、濱、棣諸城，遂次霸州，史天倪、蕭勃迭率衆來降，並奏爲萬戶。

甲戌，從圍燕，金主請和，北還。命統諸軍征遼東，次高州，盧琮、金朴以城降。乙亥，

裨將蕭也先以計平定東京。進攻北京，金守將銀青率衆二十萬拒花道逆戰，敗之，斬首八萬餘級。城中食盡，契丹軍斬關來降，進軍逼之，其下殺銀青，推寅答虎爲帥，遂舉城降。木華黎怒其降緩欲坑之，蕭也先曰：「北京爲遼西重鎮，既降而坑之，後豈有降者乎？」從之。奏寅答虎留守北京，以吾也而權兵馬都元帥鎮之。遣高德玉、劉蒲速窩兒招諭興中府，同知兀里卜不從，殺蒲速窩兒，德玉走免。未幾，吏民殺兀里卜，推土豪石天應爲帥，舉城降，奏爲興中尹、兵馬都提控。

錦州張鯨聚衆十餘萬，殺節度使，稱臨海郡王，至是來降。詔木華黎以鯨總北京十提控兵，從掇忽闌南征未附州郡。木華黎密察鯨有反側意，請以蕭也先監其軍。至平州，鯨稱疾逗留，復謀遁去，監軍蕭也先執送行在，誅之。鯨弟致憤其兄被誅，據錦州叛，略平、(欒)〔灤〕、瑞、利、義、懿、廣寧等州。〔二〕木華黎率蒙古不花等軍數萬討之，州郡多殺致所署長吏降。進逼紅羅山，主將杜秀降，奏爲錦州節度使。

丙子，致陷興中府。七月，進兵臨興中。先遣吾也而等攻溜石山，諭之曰：「今若急攻，賊必遣兵來援，我斷其歸路，致可擒也。」又遣蒙古不花屯永德縣東候之。致果遣鯨子東平將騎兵八千、步卒三萬，援溜石。蒙古不花引兵趨之，馳報，木華黎夜半引兵疾馳，遇于神水縣東，夾擊之。分麾下兵之半，下馬步戰。選善射者數千，令曰：「賊步兵無甲，疾射之！」

乃麾騎兵齊進，大敗之，斬東平及士卒萬二千八百餘級。拔開義縣，進圍錦州。致遣張太平、高益出戰，又敗之，斬首三千餘級，溺死者不可勝數。圍守月餘，致憤將校不戮力，殺敗將二十餘人。高益懼，縛致出降，伏誅。廣寧劉琰、懿州田(禾)〔和〕尚降，〔三〕木華黎曰：「此叛寇，存之無以懲後。」除工匠優伶外，悉屠之。拔蘇、復、海三州，斬完顏衆家奴。咸平宣撫蒲鮮等率衆十餘萬，〔四〕遁入海島。

丁丑八月，詔封太師、國王、都行省承制行事，賜誓券、黃金印曰：「子孫傳國，世世不絕。」分弘吉剌、亦乞烈思、兀魯兀、忙兀等十軍，及吾也而契丹、蕃、漢等軍，並屬麾下。且諭曰：「太行之北，朕自經略，太行以南，卿其勉之。」賜大駕所建九斿大旗，仍諭諸將曰：「木華黎建此旗以出號令，如朕親臨也。」乃建行省于雲、燕，以圖中原。遂自燕南攻遂城及蠡州諸城，拔之。冬，破大名府，遂東定益都、淄、登、萊、濰、密等州。戊寅，自西京由太和嶺入河東，攻太原、忻、代、澤、潞、汾、霍等州，悉降之。遂徇平陽，金守臣棄城遁，以前鋒拓拔按察兒統蒙古軍鎮之拒金兵，以義州監軍李延植之弟守忠權河東南路帥府事。己卯，以蕭特末兒等出雲、朔，攻降岢嵐火山軍。以谷里夾打爲元帥達魯花赤，攻拔石、隰州，擊絳州，克之。

庚辰，復由燕徇趙，至滿城。武仙舉眞定來降。權知河北西路兵馬事史天倪進言曰：「今中原粗定，而所過猶縱兵抄掠，非王者弔民之意也。」木華黎曰：「善。」下令禁無剽掠，所獲老稚，悉遣還田里，軍中肅然，吏民大悅。兵至滏陽，金邢州節度使武貴迎降，進攻天平寨，破之。遣蒙古不花分兵略定河北衞、懷、孟州，入濟南。嚴實籍所隸相、魏、磁、洺、恩、博、滑、濬等州戶三十萬，詣軍門降。

時金兵屯黃陵岡，號二十萬，遣步兵二萬襲濟南。木華黎以輕兵五百擊走之。遂會大軍，薄黃陵岡。金兵陣河南岸，示以死戰。木華黎曰：「此不可用長兵，當以短兵取勝。」令騎下馬，引滿齊發，亦下馬督戰，果大敗之，溺死者衆。進攻楚丘。楚丘城小而固，四面皆水，令諸軍以草木塡塹，直抵城下。嚴實率所部先登，拔之。攻下單州，圍東平，以實權山東西路行省，戒之曰：「東平糧盡，必棄城走，汝伺其去，卽入城安輯之，勿苦郡縣，以敗事也。」留梭魯忽禿以蒙古軍三千屯守之。辛巳四月，東平糧盡，金行省忙古奔汴，梭魯忽禿邀擊之，斬七千餘級，忙古引數百騎遁去。實入城，建行省，撫其民。

先是，郡王帶孫攻洛不下，至是遣石天應拔之。五月，還軍野狐嶺。宋漣水忠義統轄石珪來降，以爲濟、兗、單三州都總管，予綉衣玉帶，勞之曰：「汝不憚跋涉數千里，慕義而來，尋當列奏，賜汝高爵，爾其勉之。」京東安撫使張琳皆來降，〔五〕以琳行山東東路益都滄景濱棣等州都元帥府事。鄭遵亦以棗鄉、蓨縣降，陞爲(完)〔元〕州，〔六〕以遵爲節度使，行

元帥府事。

秋八月，從駐青冢，監國公主遣使來勞，大饗將士，由東勝渡河，西夏國李王請以兵五萬屬焉。冬十月，復由雲中歷太和寨，入葭州，金將王公佐遁，以石天應權行臺兵馬都元帥。進取綏德，破馬蹄寨，距延安三十里止舍。金行省完顏合達出兵三萬陣于城東，蒙古不花以騎三千覘之，馳報曰：「彼見吾兵少，有輕敵心，明日合戰，當佯敗可以伏兵取勝也。」從之。夜半以大軍銜枚齊進，伏於城東十五里兩谷間。明日，蒙古不花進兵，望見金兵，卽棄鼓旗走。金兵果追之，伏發，鼓聲震天地，萬矢齊下，金兵大敗，斬七千級，獲馬八百。合達走保延安，圍之旬日，不下，乃南徇洛川，克鄜州。

北京權帥石天應擒送金驍將張鐵槍，木華黎責其不降，厲聲答曰：「我受金朝厚恩二十餘年，今事至此，有死而已！」木華黎義之，欲解其縛，諸將怒其不屈，竟殺之。遂降坊州，大饗士卒。聞金復取隰州，以軒成爲經略使，於是復由丹州渡河圍隰，克之。留合丑統蒙古軍鎮石、隰間，以田雄權元帥府事。

壬午秋七月，令蒙古不花引兵出秦隴，以張聲勢。視山川險夷，大兵道雲中，攻下孟州四蹄寨，〔七〕還其民于州。拔晉陽義和寨，進克三清巖，入霍邑山堡，還其人於趙城縣。薄青龍堡，金平陽公胡天(祚)〔作〕拒守，〔八〕裨將蒲察定住、監軍王和開壁降，遷天(祚)〔作〕于

平陽。

八月，有星晝見，隱士喬靜眞曰：「今觀天象，未可征進。」木華黎曰：「主上命我平定中原，今河北雖平，而河南、秦、鞏未下，若因天象而不進兵，天下何時而定耶？且違君命，得爲忠乎！」

冬十月，過晉至絳，拔榮州胡瓶堡，〔九〕所至望風歸附，河中久爲金有，至是復來歸。木華黎召石天應謂曰：「蒲爲河東要害，我擇守者，非君不可。」乃以天應權河東南北路陝右關西行臺，平陽李守忠、太原攸哈剌拔都、隰州田雄，並受節制。命天應造浮梁，以濟歸師，乃渡河拔同州，下蒲城，徑趨長安。金京兆行省完顏合達擁兵二十萬固守，不下。乃分麾下兀胡乃、太不花兵六千屯守之。遣按赤將兵三千斷潼關，遂西擊鳳翔，月餘不下，謂諸將曰：「吾奉命專征，不數年取遼西、遼東、山東、河北，不勞餘力；前攻天平、延安，今攻鳳翔皆不下，豈吾命將盡耶！」乃駐兵渭水南，遣蒙古不花南越牛嶺關，徇宋鳳州而還。

時中條山賊侯七等聚衆十餘萬，伺大兵旣西，謀襲河中。石天應遣別將吳權府引兵五百夜出東門，伏兩谷間，戒之曰：「候賊過半，急擊之，我出其前，爾攻其後，可克也。」吳權府醉酒失期，天應戰死。城陷，賊燒爇廬舍，殺掠人民，還走中條。先鋒元帥按察兒邀擊，敗之，斬數萬級，侯七復遁去。木華黎以天應子斡可襲領其衆。

癸未春，師還，浮梁未成，顧諸將曰：「橋未畢工，安可坐待乎！」復攻下河西堡寨十餘。三月，渡河還聞喜縣，疾篤，召其弟帶孫曰：「我爲國家助成大業，擐甲執銳垂四十年，東征西討，無復遺恨，第恨汴京未下耳！汝其勉之。」薨，年五十四。厥後太祖親攻鳳翔，謂諸將曰：「使木華黎在，朕不親至此矣！」至治元年，詔封孔溫窟哇推忠效節保大佐運功臣、太師、開府儀同三司、上柱國、魯國王，謚忠宣；木華黎體仁開國輔世佐命功臣、太師、開府儀同三司、上柱國、魯國王，謚忠武。子孛魯嗣。

孛魯，沈毅魁傑，寬厚愛人，通諸國語，善騎射，年二十七，入朝行在所。時太祖在西域，夏國主李王陰結外援，蓄異圖，密詔孛魯討之。甲申秋九月，攻銀州，克之，斬首數萬級，獲生口馬駝牛羊數十萬，俘監府塔海，命都元帥蒙古不華將兵守其要害而還。

乙酉春，復朝行在所。同知眞定府事武仙叛，殺都元帥史天倪，脅居民遁于雙門寨。仙弟質於軍中，挈家逃歸，遣撒寒追及於紫(金)〔荆〕關，〔一〇〕斬之，命天倪弟天澤代領帥府事。丙戌夏，詔封功臣戶口爲食邑，曰十投下，孛魯居其首。

宋將李全陷益都，執元帥張琳送楚州。秋九月，郡王帶孫率兵圍全于益都。冬十二月，孛魯引兵入齊，先遣李喜孫招諭全，全欲降，部將田世榮等不從，殺喜孫。丁亥春三月，

全突圍欲走，邀擊大敗之，斬首七千餘級，自相蹂踐溺死不可勝計。夏四月，城中食盡，全降。諸將皆曰：「全勢窮出降，非心服也，今若不誅，後必爲患。」孛魯曰：「不然，誅一人易耳。山東未降者尚多，全素得人心，殺之不足以立威，徒失民望。」表聞，詔孛魯便宜處之。乃以全爲山東淮南楚州行省，鄭衍德、田世榮副之，郡縣聞風款附，山東悉平。

時滕州尚爲金守，諸將或言炎暑未可進攻，孛魯曰：「主上親督大軍，平定西域數年，未聞當暑不戰，我等安敢自逸乎！」遂促進兵。金兵出戰，敗之，斬三千餘級，其餘老幼開門出降，以州屬石天祿。俾先鋒元帥蕭乃台統蒙古軍屯濟、兗，課課不花以兵三千屯濰、沂、莒，以備宋。千戶按札統大軍駐河北，備金。

九月，師還，至燕，獵于昌平，民持牛酒以獻，却之。及還，賜館人銀數百兩。聞太祖崩，趨赴北庭，哀毀遘疾。戊子夏五月薨，年三十二。至治元年，詔封純誠開濟保德輔運功臣、太師、開府儀同三司、上柱國、魯國王，謚忠定。

子七人：長塔思，次速渾察，次霸都魯，次伯亦難，次野蔑干，次野不干，次阿里乞失。

塔思，一名查剌溫，幼與常兒異，英才大略，綽有祖風。木華里常曰：「成吾志必此兒也。」及長，每語必先忠孝，曰：「大丈夫受天子厚恩，當效死行陣間，以圖報稱，安能委靡苟

且目前，以隳先世勳業哉！」年十八襲爵，遂至雲中。

庚寅秋九月，叛將武仙圍潞州，太宗命塔思救之，仙聞之，退軍十餘里。大兵未至，塔思率十餘騎覘賊形勢，仙恐有伏，不敢犯。塔思曰：「日暮矣，待明旦擊之。」是夜五鼓，金將移剌蒲瓦來襲，我師與戰不利，退守沁南。賊還攻潞州，城陷，主將任存死之。

冬十月，帝親征，遣萬戶因只吉台與塔思復取潞州，仙夜遁，邀擊之，斬首七千餘級，以任存姪代領其衆。十一月，帝攻鳳翔，命塔思守潼關以備金兵。河中自石天應死，復爲金有。辛卯，帝親攻拔之，金元帥完顏火燎遁，塔思追斬之。

壬辰春，睿宗與金兵相拒于汝、漢間，金步騎二十萬，帝命塔思與親王按赤台、口溫不花合軍先進渡河，以爲聲援。至三峯山，與睿宗兵合，金兵成列，將戰，會大雪，分兵四出，塔思冒矢石先挫其鋒，諸軍繼進，大敗金兵，擒移剌蒲瓦，完顏合達單騎走鈞州，追斬之，遂拔鈞州。三月，帝北還，詔塔思與忽都虎統兵，略定河南，諸郡皆降，惟汴京、歸德、蔡州未下。塔思遣使請曰：「臣之祖父，佐興大業，累著勳伐。臣襲世爵，曾無寸效，去歲復失利上黨，罪當萬死，願分攻汴城一隅，以報陛下。」帝壯其言，命卜之，不利，乃止。

癸巳秋九月，從定宗于潛邸東征，擒金咸平宣撫完顏萬奴于遼東。萬奴自乙亥歲率衆保東海，至是平之。

甲午秋七月，朝行在所。時諸王大會，帝顧塔思曰：「先皇帝肇開大業，垂四十年。今中原、西夏、高麗、回鶻諸國皆已臣附，惟東南一隅，尚阻聲教。朕欲躬行天討，卿等以爲何如？」羣臣未對，塔思對曰：「臣家累世受恩，圖報萬一，正在今日。臣雖駑鈍，願仗天威，掃清淮、浙，何勞大駕親臨不測之地哉！」帝悅曰：「塔思雖年少，英風美績，簡在朕心，終能成我家大事矣。」賜黃金甲、玻瓈帶及良弓二十，命與王子曲出總軍南征。乙未冬，拔棗陽。曲出別徇襄、鄧，塔思引兵攻郢。郢瀕漢江，城堅兵精，且多戰艦。塔思命造木筏，遣汝上達魯花赤劉拔都兒將死士五百，乘筏進擊。引騎兵沿岸迎射，大破之，溺死者過半，餘皆走郢，壁堅，不能下，俘生口、馬牛數萬而還。

丙申冬十月，復出鄧州，遂至蘄、黃。蘄州遣使獻金帛、牛酒犒師，請曰：「宋小國也，進貢大朝有年矣。惟王以生靈爲念。」乃捨之。遂進拔符鎮、六安縣焦家寨。

丁酉秋九月，由八柳渡河，入汴京。守臣劉甫置酒大慶殿。塔思曰：「此故金主所居，我人臣也，不可處此。」遂宴於甫家。冬十月，復與口溫不花攻光州，主將黃舜卿降。口溫不花別略黃州。塔思攻大蘇山，斬首數千級，獲生口、牛馬以千數。戊戌春正月，至安慶府，官民皆遁于江東。至北峽關，宋汪統制率兵三千降，遷之尉氏。三月，朝行在所。秋九月，帝宴羣臣于行宮，塔思大醉。帝語侍臣曰：「塔思神已逝矣，其能久乎。」冬十二月，還雲

中。己亥春三月，薨，年二十八。

子碩篤兒幼，弟速渾察襲。碩篤兒既長，詔別賜民三千戶爲食邑，得建國王旗幟，降五品印一、七品印二，付其家臣，置官屬如列侯故事。碩篤兒薨，子忽都華襲。忽都華薨，子忽都帖木兒襲。忽都帖木兒薨，子寶哥襲。寶哥薨，子道童襲。

速渾察，性嚴厲，賞罰明信，人莫敢犯。與兄塔思從太宗攻鳳翔有功。將兵抵潼關，與金人戰屢捷。既滅金，皇子闊出攻宋棗陽，入郢，速渾察皆與焉。

歲己亥，塔思薨，速渾察襲爵，卽上京之西阿兒查禿置營，總中都行省蒙古、漢軍。凡他行省監鎭事，必先白之，定其可否，而後上聞。帝嘗遣使至，見其威容凜然，倜儻有奇氣，所部軍士紀綱整肅，還朝以告。帝曰：「眞木華黎家兒也。」他國使有至者，每見皆倉皇失次，不能措辭，必慰撫良久，始得盡其所欲言。左右或諫曰：「諸王百司既莫敢越，而復示之以威，使人怖畏，盍少加寬恕以待之。」速渾察曰：「爾言誠是也，然時有不同，寬猛各有所宜施。天下初附，民心未安，萬一守者自縱，事變忽起，悔之晚矣。」尋薨。延祐三年，贈宣忠同德翊運功臣、太師、開府儀同三司、上柱國，追封爲東平郡王，諡忠宣。

子四人：曰忽林池，襲王爵；曰乃燕；曰相威；曰撒蠻。相威自有傳。

乃燕，性謙和，好學，以賢能稱。速渾察既薨，憲宗擇於諸子，命乃燕襲爵。乃燕力辭曰：「臣有兄忽林池當襲。」帝曰：「朕知之，然柔弱不能勝。」忽林池亦固讓，乃燕頓首涕泣力辭，不得命，既而曰：「若然則王爵必不敢受，願代臣兄行軍國之事。」於是忽林池襲爲國王，事無巨細，必與乃燕謀議，剖決精當，無所擁滯。

世祖在潛藩，常與論事。乃燕敷陳大義，又明習典故。世祖謂左右曰：「乃燕，後必可大用。」因號之曰薛禪，猶華言大賢也。乃燕雖居顯要，而小心謹畏，每誨羣從子弟曰：「先世從太祖皇帝出入矢石間，被堅執銳，斬將搴旗，勤勞四十餘年，遂成功名。以故一家蒙恩深厚，可謂極矣。愼勿驕惰，以墮先王之名，爾曹戒之。」病卒。世祖聞之，爲之悲悼。至正八年，贈中奉大夫、遼陽等處行中書省參知政事、護軍，追封魯郡公。子二人：曰碩德，曰伯顏察兒。

碩德，通敏有幹才。世祖卽位，入宿衞，典朝儀，後同知通政院事。嘗言遼東斡抽、吉烈滅二種民數爲寇，宜遣近臣諭之。帝方難其人，僉曰：「惟碩德元勳世胄，可使。」帝深然之，以問碩德。對曰：「先臣從太祖皇帝定天下，不辭險艱，以立勳業。陛下不以臣年少愚戇，願請行。」帝大喜，賜御衣，錫燕以行。碩德至，集諸萬戶陳兵衝要，詰其渠魁誅之。脅

從者皆降。帝大悅，賞賚有差。後從征乃顏及使西域，屢建殊勳。卒，贈推忠宣惠寧遠功臣，諡忠敏，加贈資善大夫、嶺北等處行中書省右丞、上護軍，追封魯郡公。

霸突魯，從世祖征伐，爲先鋒元帥，累立戰功。世祖在潛邸，從容語霸突魯曰：「今天下稍定，我欲勸主上駐蹕回鶻，以休兵息民，何如？」對曰：「幽燕之地，龍蟠虎踞，形勢雄偉，南控江淮，北連朔漠。且天子必居中以受四方朝覲。大王果欲經營天下，駐蹕之所，非燕不可。」世祖憮然曰：「非卿言，我幾失之。」

己未秋，命霸突魯率諸軍由蔡伐宋，且移檄諭宋沿邊諸將，遂與世祖兵合而南，五戰皆捷，遂渡大江，傅于鄂。會憲宗崩于蜀，阿里不哥搆亂和林，世祖北還，留霸突魯總軍務，以待命。世祖至開平，卽位，還定都于燕。嘗曰：「朕居此以臨天下，霸突魯之力也。」師還，中統二年卒于軍。大德八年，追贈推誠宣力翊衞功臣、太師、開府儀同三司、上柱國、東平王，諡武靖。夫人帖木倫，昭睿順聖皇后同母兄也。

子四人：長安童，次定童，次霸都虎台；他姬子曰和童，襲國王。安童別有傳。

塔塔兒台，孔溫窟哇第三子帶孫郡王之後。父曰忙哥，從憲宗征伐，累立戰功。歲己

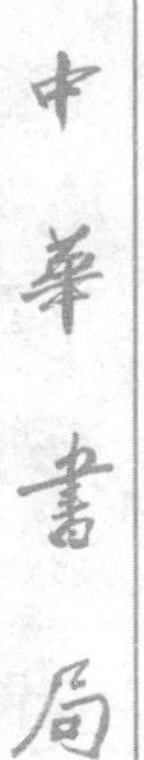

未，攻合州，會憲宗崩，命塔塔兒台護靈駕赴北。會阿里不哥叛，拘留數日，逃歸，追騎執以北還，將殺之，親王阿速台、玉龍塔思曰：「塔塔兒台乃太師國王之裔，不可殺也。」遂獲免。至元元年，從阿速台來歸，世祖嘉之，授懷遠大將軍，佩金虎符，世襲東平達魯花赤。命宿衞士四十人，給驛送之官所。莅官一紀，鎭靜不擾，鄆人賴之以安。卒年四十二，子四人。只必，幼嗜讀書，習翰墨。至元十四年監東平，官少中大夫，多善政，以清白稱。嘗出家藏書二千餘卷，置東平廟學，使學徒講肄之。尋授嘉議大夫、江南湖北道提刑按察使，改浙西。大德四年入覲，賜金段十匹。明年春卒，年五十一。子三人，皆早喪。自只必除按察使，弟禿不申嗣其職。

禿不申，性淳靖，喜怒不形，知民疾苦，而能以善道之。旱嘗致禱，卽雨。歲饑，請於朝，發廩以賑之。睦同僚，興學校。加太中大夫。士民刻石，紀其政績云。卒年五十一。子五人：長不老赤，次塔實脫因，次阿魯灰，次完者不花，次留住馬。皆以次嗣爲東平達魯花赤。

脫脫，祖嗣國王速渾察，沈深有智略。嘗奉命征討，所向克捷。父撒蠻，幼穎異，自襁褓時，世祖撫育之若子。嘗挾之南征，同舟濟大江，慮其有失，繫之御榻。及長，常侍左右，帝嘗詔之曰：「男女異路，古制也，況掖庭乎。禮不可不肅，汝其司之。」既而近臣孛羅銜命

遽出，行失其次。撒蠻怒其違禮，執而囚之別室。帝怪其久不至，詢知其故，命釋其罪。撒蠻因進曰：「令自陛下出，陛下乃自違之，何以責臣下乎？」帝曰：「卿言誠是也。」由是有意大任之。會以疾卒，不果，年僅一十有七。

脫脫幼既失怙，其母孛羅海篤意敎之，孜孜若恐不及。稍長，直宿衞，世祖復親誨導，尤以嗜酒爲戒。既冠，儀觀甚偉。喜與儒士語，每聞一善言善行，若獲拱璧，終身識之不忘。

至元二十四年，從征乃顏。帝駐驛於山巔，旌旗蔽野。鼓未作，候者報有隙可乘，脫脫卽擐甲率家奴數十人疾馳擊之。衆皆披靡不敢前。帝望見之，大加嗟賞，遣使者勞之，且召還曰：「卿勿輕進，此寇易擒也。」視其〔力〕〔刀〕已折，馬已中箭矣。〔二〕帝顧謂近臣曰：「撒蠻不幸早死，脫脫幼，朕撫而敎之，常恐其不立，今能如此，撒蠻可謂有子矣。」遂親解佩刀及所乘馬賜之。由是深加器重，得預聞機密之事。

其後哈丹復爲亂，成宗時在潛邸，督師往征之。脫脫引衆率先躍馬蹙之，其衆大潰。脫脫馬陷于淖泥中，哈丹兵復進挑戰，脫脫弟阿老瓦丁奮戈衝擊，遂大敗之。

成宗卽位，其寵顧爲尤篤，常侍禁闥，出入惟謹，退語家人曰：「我昔親承先帝訓，飭令毋嗜飲，今未能絕也。豈有爲人，知過而不能改者乎！自今以往，家人有以酒至吾前者，卽痛懲之。」帝聞之，喜曰：「扎剌兒台如脫脫者無幾，今能剛制于酒，眞可大用矣。」卽拜資德大夫、上都留守、通政院使、虎賁衞親軍都指揮使，政令嚴肅，克修其職。

三年，朝議以江浙行省地大人衆，非世臣有重望者，不足以鎭之。進拜榮祿大夫、江浙等處行中書省平章政事，有旨，命中書祖道都門外以餞之。始至，嚴飭左右，毋預公家事，且戒其掾屬曰：「僕從有私囑者，愼勿聽。若軍民諸事，有關於利害者，則言之。當言而不言，爾之責也；言而不聽，我之咎也。」聞者爲之悚慄。

時朱淸、張瑄以海運之故，致位參知政事，恃其勢位，多行不法，恐事覺，以黃金五十兩、珠三囊賂脫脫，求蔽其罪。脫脫大怒，繫之有司，遣使者以聞。帝喜曰：「脫脫我家老臣之子孫，其志固宜與衆人殊。」賜內府黃金五十兩，命回使寵賚之。有豪民白晝殺人者，脫脫立命有司按法誅之，自是豪猾屏息，民賴以安。帝以浙民相安之久，未及召還，大德十一年，卒于位，年四十四。子朶兒只，別有傳。

博爾朮〔玉昔帖木兒〕〔三〕

博爾朮，阿兒剌氏。始祖孛端察兒，以才武雄朔方。父納忽阿兒闌，與烈祖神元皇帝接境，敦睦隣好。博爾朮志意沉雄，善戰知兵，事太祖於潛邸，共履艱危，義均同氣，征伐四

出，無往不從。時諸部未寧，博爾朮每警夜，帝寢必安枕。寓直於內，語及政要，或至達旦。君臣之契，猶魚水也。

初，要兒斤部卒盜牧馬，博爾朮與往追之，時年十三，知衆寡不敵，乃出奇從旁夾擊之，盜舍所掠去。及戰于大赤兀里，兩軍相接，下令殊死戰，跬步勿退，博爾朮繫馬於腰，跽而引滿，分寸不離故處，太祖嘉其勇膽。又嘗潰圍於怯列，太祖失馬，博爾朮擁帝累騎而馳，頓止中野，會天雨雪，失牙帳所在，臥草澤中，與木華黎張氈裘以蔽帝，通夕植立，足蹟不移，及旦，雪深數尺，遂免於難。闕里期之戰，亦以風雪迷陣，再入敵中，求太祖不見，急趨輜重，則帝已還臥憩車中，聞博爾朮至，曰：「此天贊我也。」

丙寅歲，太祖卽皇帝位，君臣之分益密，嘗從容謂博爾朮及木華黎曰：「今國內平定，多汝等之力，我之與汝猶車之有轅，身之有臂，汝等宜體此勿替。」遂以博爾朮及木華黎爲左右萬戶，各以其屬翊衞，位在諸將上。

皇子察哈歹出鎭西域，有旨從博爾朮受敎，博爾朮敎以人生經涉險阻，必獲善地，所過無輕舍止。太祖謂皇子曰：「朕之敎汝，亦不踰是。」未幾，賜廣平路戶一萬七千三百有奇爲分地。以老病薨，太祖痛悼之。大德五年，贈推忠協謀佐運功臣、太師、開府儀同三司，追封廣平王，謚武忠。

子孛欒台，襲爵萬戶，贈推誠宣力保順功臣、太師、開府儀同三司，追封廣平王，諡忠定。孫玉昔帖木兒。

玉昔帖木兒，世祖時嘗寵以不名，賜號月呂魯那演，猶華言能官也。弱冠襲爵，統按台部衆，器量宏達，莫測其際。世祖聞其賢，驛召赴闕，見其風骨龐厚，解御服銀貂賜之。時重太官內膳之選，特命領其事。侍宴內殿，玉昔帖木兒起行酒，詔諸王妃皆爲答禮。至元十二年，拜御史大夫。時江南既定，徧封功臣後，遂賜全州淸湘縣戶爲分地。其在中臺，務振宏綱，弗親細故。興利之臣欲援金舊制，併憲司入漕府；當政者又請以郡府之吏，互照憲司檢底。玉昔帖木兒曰：「風憲所以戢奸，若是，有傷監臨之體。」其議乃沮。遇事廷辯，吐辭鯁直，世祖每爲之霽威。

至元二十四年，宗王乃顏叛東鄙，世祖躬行天討，命總戎者先之。世祖至半道，玉昔帖木兒已退敵，僵尸覆野，數旬之間，三戰三捷，獲乃顏以獻。詔還乘輿橐駝百蹄勞之。謝曰：「天威所臨，猶風偃草，臣何力之有。」世祖還，留玉昔帖木兒勦其餘黨，乃執其酋金家奴以獻，戮其同惡數人於軍前。

明年，乃顏之遺孽哈丹禿魯干復叛，再命出師，兩與之遇，皆敗之，追及兩河，其衆大衄，遂遁。時已盛冬，聲言俟春方進，乃倍道兼行過黑龍江，擣其巢穴，殺戮殆盡，哈丹禿魯干莫知所終，夷其城，撫其民而還。詔賜內府七寶冠帶以旌之，加太傅、開府儀同三司。申命禦邊杭海。二十九年，加錄軍國重事、知樞密院事。宗王帥臣咸稟命焉。特賜步輦入內。位望之崇，廷臣無出其右。

三十年，成宗以皇孫撫軍北邊，玉昔帖木兒輔行，請授皇孫以儲闈舊璽，詔從之。

三十一年，世祖崩，皇孫南還。宗室諸王會于上都。定策之際，玉昔帖木兒起謂晉王甘麻剌曰：「宮車晏駕，已踰三月，神器不可久虛，宗祧不可乏主。曏者儲闈符璽既有所歸，王爲宗盟之長，奚俟而不言。」甘麻剌遽曰：「皇帝踐祚，願北面事之。」於是宗親大臣合辭勸進，玉昔帖木兒復坐，曰：「大事已定，吾死且無憾。」皇孫遂卽位。進秩太師，賜以尙方玉帶寶服，還鎭北邊。

元貞元年冬，議邊事入朝，兩宮錫宴，如家人禮。賜其妻禿忽魯宴服，及他珍寶。十一月，以疾薨。大德五年，詔贈宣忠同德弼亮功臣，依前太師、開府儀同三司、錄軍國重事、御史大夫，追封廣平王，諡曰貞憲。

子三人：木剌忽，仍襲爵爲萬戶；次脫憐；次脫脫哈，爲御史大夫。

博爾忽〔塔察兒〕〔一三〕

博爾忽，許兀愼氏，事太祖爲第一千戶，歿於敵。子脫歡襲職，從憲宗四征不庭，有拓地功。子失里門，鎭徼外，從征六詔等城，亦歿于兵。

子月赤察兒，性仁厚勤儉，事母以孝聞。資貌英偉，望之如神。世祖雅聞其賢，且閔其父之死，年十六召見。帝見其容止端重，奏對詳明，喜而謂曰：「失烈門有子矣。」卽命領四怯薛太官。至元十七年，長一怯薛。明年詔曰：「月赤察兒，秉心忠實，執事敬愼，知無不言，言無不盡，曉暢朝章，言輒稱旨，不可以其年少，而弗陞其官。可代線眞爲宣徽使。」

二十六年，帝討叛者于杭海，衆皆陣，月赤察兒奏曰：「丞相安童、伯顏，御史大夫月呂祿，皆已受命征戰，三人者臣不可以後之。今勍賊逆命，敢禦天戈，惟陛下憐臣，使臣一戰。」帝曰：「乃祖博爾忽，佐我太祖，無征不在，無戰不克，其功大矣。卿以爲安童輩與爾家同功一體，各立戰功，自耻不逮。然親屬橐鞬，恭衞朝夕，爾功非小，何必身踐行伍，手事斬馘，乃快爾心耶！」

二十七年，桑哥既立尙書省，殺異己者，箝天下口，以刑爵爲貨。既而紀綱大紊。尙書平章政事也速答兒，太官屬也，潛以其事白月赤察兒，請奏劾之。桑哥伏誅，帝曰：「月赤察

兒口伐大姦，發其蒙蔽。」乃以沒入桑哥黃金四百兩、白金三千五百兩，及水田、水磑、別墅賞其淸彊。

桑哥既敗，帝以湖廣行省西連番洞諸蠻，南接交趾島夷，延袤數千里，其間土沃人稠，畬丁、溪子善驚好鬭，思得賢方伯往撫安之。月赤察兒舉哈剌哈孫答剌罕以爲行省平章政事，凡八年，威德交孚，洽于海外；入爲丞相，天下稱賢。世以月赤察兒爲知人。

二十八年，都水使者請鑿渠西導白浮諸水，經都城中，東入潞河，則江淮之舟既達廣濟渠，可直泊於都城之匯。帝亟欲其成，又不欲役其細民，敕四怯薛人及諸府人專其役，度其高深，畫地分賦之，刻日使畢工。月赤察兒率其屬，著役者服，操畚鍤，卽所賦以倡，趨者雲集，依刻而渠成，賜名曰通惠河，公私便之。帝語近臣曰：「是渠，非月赤察兒身率衆手，成不速也。」

成宗卽位，制曰：「月赤察兒，盡其誠力，深其謀議，抒忠於國，流惠於人，可加開府儀同三司、太保、錄軍國重事、樞密、宣徽使。」大德四年，拜太師。

初，金山南北，叛王海都、篤娃據之，不奉正朔垂五十年，時入爲寇。嘗命親王統左右部宗王諸帥，屯列大軍，備其衝突。五年，朝議北師少怠，紀律不嚴，命月赤察兒副晉王以督之。是年，海都、篤娃入寇。大軍分爲五隊，月赤察兒將其一。鋒既交，頗不利。月赤察

兒怒，被甲持矛，身先陷陣，一軍隨之，出敵之背，五軍合擊，大敗之。海都、篤娃遁去，月赤察兒亦罷兵歸鎮。厥後篤娃來請臣附。時武宗亦在軍，月赤察兒遣使詣武宗及諸王將帥議，曰：「篤娃請降，爲我大利，固當待命於上，然往返再閱月，必失事機。事機一失，爲國大患，人民困於轉輸，將士疲於討伐，無有已時矣。篤娃之妻，我弟馬兀合剌之妹也，宜遣使報之，許其臣附。」衆議皆以爲允。既遣，始以事聞，帝曰：「月赤察兒深識機宜。」既而馬兀合剌復命，由是叛人稍稍來歸。

十年冬，叛王滅里鐵木兒等屯于金山，武宗帥師出其不意，先踰金山，月赤察兒以諸軍繼往，壓之以威，啖之以利，滅里鐵木兒乃降。其部人驚潰，月赤察兒遣禿滿鐵木兒、察忽將萬人深入，其部人亦降。察八兒者海都長子也，海都死，嗣領其衆，至是掩取其部人，凡兩部十餘萬口。至大元年，月赤察兒遣使奏曰：「諸王禿苦滅本懷攜貳，而察八兒游兵近境，叛黨素無悛心，倘合謀致死，則垂成之功顧爲國患。臣以爲昔者篤娃先衆請和，雖死，宜遣使安撫其子款徹，使不我異。又諸部既已歸明，我之牧地不足，宜處諸降人於金山之陽，吾軍屯田金山之北，軍食既饒，又成重戍，就彼有謀，吾已擣其腹心矣。」奏入，帝曰：「是謀甚善，卿宜移軍阿答罕三撒海地。」月赤察兒既移軍，察八兒、禿苦滅果欲奔款徹，不見納，去留無所，遂相率來降，於是北邊始寧。

帝詔月赤察兒曰：「卿之先世，佐我祖宗，常爲大將，攻城戰野，功烈甚著。卿乃國之元老，宣忠底績，靖謐中外。朕入繼大統，卿之謀猷居多。今立和林等處行中書省，以卿爲右丞相，依前太師、錄軍國重事，特封淇陽王，佩黃金印。宗藩將領，實瞻卿麾進退。其益懋乃德，悉乃心力，毋替所服。」四年，月赤察兒入朝，帝宴于大明殿，眷禮優渥。尋以疾薨于第。詔贈宣忠安遠佐運弼亮功臣，謚忠武。

搭察兒，一名侔蓋，居官山。伯祖父博爾忽，從太祖起朔方，直宿衞爲火兒赤。火兒赤者，佩櫜鞬侍左右者也。由是子孫世其職。博爾忽從太祖平諸國，宣力爲多，當時與木華黎等俱以功號四傑。搭察兒，其從孫也，驍勇善戰，幼直宿衞。

太祖平燕，睿宗監國，聞燕京盜賊恣意殘殺，直指富庶之家，載運其物，有司不能禁。乃遣搭察兒、耶律楚材窮治其黨，誅首惡十有六人，由是巨盜屏迹。

太宗伐金，搭察兒從師，授行省兵馬都元帥，分宿衞與諸王軍士俾統之，下河東諸州郡，濟河破潼關，取陝洛。辛卯，從圍河中府，拔之。壬辰，從渡白坡，時睿宗已自西和州入興元，由武關出唐、鄧，太宗以睿宗與金兵相持久，乃遣使約期，會兵合進。即詔發諸軍至鈞州，連日大雪，睿宗與金人戰于三峯山，大破之。詔搭察兒等進圍汴城。金主即以兄子書王訛可爲質，太宗與睿宗還河北。搭察兒復與金兵戰于南薰門。癸巳，金主遷蔡州，搭察兒復帥師圍蔡。甲午，滅金，遂留鎮撫中原，分兵屯大河之上，以遏宋兵。丙申，破宋光、息諸州，事聞于朝，以息州軍民三千戶賜之。戊戌卒。

子別里虎䚟嗣爲火兒赤。憲宗即位，歲壬子，襲父職，總管四萬戶蒙古、漢軍，攻宋兩淮，悉定邊地。戊午，會師圍宋襄陽，逼樊城，力戰死之。

次曰宋都䚟，至元七年，賜金虎符，襲蒙古軍萬戶。八年，悉兵再攻襄陽，圍樊城，進戰鄂、岳、漢陽、江陵、歸、峽諸州，皆有功。十二年，加昭毅大將軍，受詔爲隆興出征都元帥，與李恒等長驅，而宋人莫當其鋒，戰勝攻取，望風迎降，盡平江西十一城，又徇嶺南、廣東。宋亡，還師，未及論功卒。

校勘記

〔一〕〔孛魯塔思速渾察乃燕霸突魯塔塔兒台脫脫〕　據本書原目錄補。原目錄脫脫錯列速渾察下，今據傳文次序改正。

〔二〕(欒)〔灤〕　道光本與元名臣事略卷一引東平王世家合，從改。

〔三〕田(禾)〔和〕尙　從北監本改。

〔四〕蒲鮮　本證云：「案卽蒲鮮萬奴，失書名。」

〔五〕張琳　見卷一校勘記〔一九〕。下同。

〔六〕(完)〔元〕州　據元名臣事略卷一引張匡衍木華黎行錄改。按本書卷五八地理志，河間路景州蓨縣「元初升元州」。

〔七〕盂州　按上文有「大兵道雲中」，下文稱行兵晉陽、霍邑、趙城，太原府盂州適處其間，而孟州在今河南境。「孟」當爲「盂」之誤。新編已校。

〔八〕胡天(祚)〔作〕　見卷一校勘記〔二〇〕。下同。

〔九〕拔滎州胡瓶堡　按金史卷一六宣宗紀有「元光元年冬十月乙未，大元兵下滎州之胡壁堡」，同書卷二六地理志河中府萬泉縣有鎭名胡壁。疑此處「瓶」當作「壁」。

〔一〇〕紫(金)〔荆〕關　據本書多見之文改。讀史方輿紀要謂關以山上多紫荆樹得名。新編已校。

〔一一〕親其(力)〔刀〕已折馬已中箭矣　從道光本改。按下文有「親解佩刀，及所乘馬賜之」。

〔一二〕〔玉昔帖木兒〕　據本書原目錄補。

〔一三〕〔搭察兒〕　據本書原目錄補。

元史卷一百二十

列傳第七

察罕 亦力撒合 立智理威

察罕，初名益德，唐兀烏密氏。父曲也怯律，爲夏臣。其妻方懷察罕，不容於嫡母，以配掌羊羣者及里木。察罕稍長，其母以告，且曰：「嫡母已有弟矣。」

察罕武勇過人，幼牧羊於野，植杖於地，脫帽置杖端，跪拜歌舞。太祖出獵，見而問之。察罕對曰：「獨行則帽在上而尊，二人行則年長者尊，今獨行，故致敬於帽。且聞有大官至，先習禮儀耳。」帝異之，乃挈以歸，語光獻皇后曰：「今日出獵得佳兒，可善視之。」命給事內廷。及長，賜姓蒙古，妻以宮人弘吉剌氏。嘗行困，脫靴藉草而寢。鵶鳴其旁，心惡之，擲靴擊之，有蛇自靴中墜。歸，以其事聞。帝曰：「是禽人所惡者，在爾則爲吉神，宜戒子孫勿殺其類。」

從帝略雲中、桑乾。金將定薛擁重兵守野狐嶺，帝遣察罕覘虛實，還言彼馬足輕動，不足畏也。帝命鼓行而前，遂破其軍。圍白樓七日，拔之，以功爲御帳前首千戶。從帝征西域孛哈里、薛迷思干二城。回回國主札剌丁拒守鐵門關，兵不得進。察罕先驅開道，斬其將，餘衆悉降。又從攻西夏，破肅州。師次甘州，察罕父曲也怯律居守城中，察罕射書招之，且求見其弟，時弟年十三，命登城於高處見之。且遣使諭城中，使早降。其副阿綽等三十六人合謀，殺曲也怯律父子，并殺使者，併力拒守。城破，帝欲盡坑之，察罕言百姓無辜，止罪三十六人。進攻靈州，夏人以十萬衆赴援，帝親與戰，大敗之。還次六盤，夏主堅守中興，帝遣察罕入城，諭以禍福。衆方議降，會帝崩，諸將擒夏主殺之，復議屠中興，察罕力諫止之，馳入，安集遺民。

太宗即位，從略河南。北還清水答蘭答八之地，賜馬三百、珠衣、金帶、鞍勒。皇子闊出，忽都禿伐宋，命察罕爲斥候。又從親王口溫不花南伐，歲乙未，克棗陽，及光化軍。未幾，召口溫不花赴行在，以全軍付察罕。丁酉，復與口溫不花進克光州。戊戌，授馬步軍都元帥，率諸翼軍攻拔天長縣，及滁、壽、泗等州。定宗即位，賜黑貂裘一、鑌刀十，命拓江淮地。

憲宗即位，召見，累賜金五十兩、珠衣一、金綺二匹，以都元帥兼領尚書省事，賜汴梁、歸德、河南、懷、孟、曹、濮、太原三千餘戶爲食邑，及諸處草地，合一萬四千五百餘頃，戶二萬餘。未幾，復召，賜金四百五十兩、金綺、弓矢等物。乙卯卒。贈推忠開濟翊運功臣、開府儀同三司、上柱國，追封河南王，謚武宣。子十人，長木花里。

木花里事憲宗，直宿衞，從攻釣魚山，以功授四斡耳朶怯憐口千戶，賜金幣及黃金馬鞍勒。世祖即位，賜金五十兩、珠二串。至元四年，攻宋，自江陵略地回，至安陽灘，宋兵扼其歸路，木花里奮擊敗之。都元帥阿朮墜馬，宋軍追及之，木花里挾之上馬鏖戰，退宋兵，由是得免。特賜銀二百五十兩，佩金虎符。爲蒙古軍萬戶。復攻襄樊有功，卒于軍。贈推誠宣力功臣、榮祿大夫、平章政事、柱國，追封梁國公，謚武毅。從孫亦力撒合。

亦力撒合，祖曲也怯祖。太祖時，得召見，屬皇子察哈台，爲扎魯火赤。父阿波古，事諸王阿魯忽，居西域。至元十年，擇貴族子備宿衞，召亦力撒合至闕下，以爲速古兒赤，掌服御事，甚見親幸，有大政時以訪之，稱之曰秀才而不名。

嘗奉使河西還，奏諸王只必帖木兒用官太濫，帝嘉之。擢河東提刑按察使，逐平陽路達魯花赤泰不花。召還，賜黃金百兩、銀五百兩，以旌其直。進南臺中丞。帝出內中寶刀賜之曰：「以鎮外臺。」時丞相阿合馬之子忽辛爲江浙行省平章政事，恃勢貪穢，亦力撒合發

其姦，得贓鈔八十一萬錠，奏而誅之。并劾江淮釋教總攝楊輦眞加諸不法事，諸道竦動。

二十一年，改北京宣慰使。諸王乃顏鎭遼東，亦力撒合察其有異志，必反，密請備之。二十三年，罷宣慰司，立遼陽行省，以亦力撒合爲參知政事。已而乃顏果反，帝自將征之。時諸軍皆會，亦力撒合掌運糧儲，軍供無乏。東方平，帝嘉其先見，且餉運有勞，加左丞。二十七年，命尙諸王算吉女，親爲資裝以送之，併贈玉帶一。改四川行省左丞。二十九年，再賜玉帶一。元貞元年，成宗即位，入朝，卒。弟立智理威。

立智理威，爲裕宗東宮必闍赤，典文書。至元十八年，蜀初定，帝閔其地久受兵，百姓傷殘，擇近臣撫安之，以立智理威爲嘉定路達魯花赤。時方以闢田、均賦、弭盜、息訟諸事課守令，立智理威奉詔甚謹，民安之，使者交薦其能。會盜起雲南，號數十萬，聲言欲寇成都。立智理威馳入告急，言辭懇切，繼以泣涕。大臣疑其不然，帝曰：「雲南朕所經理，未可忽也。」乃推食以勞之。又語立智理威曰：「南人生長亂離，豈不厭兵長禍耶？御之乖方，保之不以其道，故爲亂耳。其歸以朕意告諸將，叛則討之，服則捨之，毋多殺以傷生意，則人必定矣。」立智理威至蜀，宣布上旨。

俄召爲泉府卿，後還刑部尚書。有小吏誣告漕臣劉獻盜倉粟，宰相桑哥方事聚斂，衆

阿其意，鍛煉枉服。立智理威曰：「刑部天下持平，今輦轂之下，漕臣以寃死，何以正四方乎？」即以實聞。以是忤丞相，出爲江東道宣慰使。在官務興學，諸生有俊秀者，拔而用之，爲政嚴明，豪民猾吏，縮手不敢犯，然亦無所刑戮而治。元貞二年，遷四川行省參知政事。蜀有婦人殺夫者，繫治數十人，加以箠楚，卒不得其實，立智理威至，盡按得之。

大德三年，以參知政事爲湖南宣慰使，繼改荆湖。荆湖多弊政，而公田爲甚。部內實無田，隨民所輸租取之，戶無大小，皆出公田租，雖水旱不免。立智理威問民所不便凡十數事上於朝，而言公田尤切。朝議遣使理之。會有詔，凡官無公田者，始隨俸給之，民力少蘇。七年，再遷四川行省參知政事。八年，進左丞。雲南王入朝，所在以驛騎縱獵。立智理威曰：「驛騎所以傳命令，事非有急，且不得馳，況獵乎！」王憚，爲之止獵。蜀人饑，親勸分以賑之，所活甚衆。有死無葬者，則以己錢買地使葬。且修寬政以撫其民，部內以治。十年，入朝，帝以白金對衣賜之，加資德大夫、湖廣行省左丞。〔二〕湖廣歲織幣上供，以省臣領工作，遣使買絲他郡，多爲奸利，工官又爲刻剝，故匠戶日貧，造幣益惡。立智理威不遣使，令工視買人有藏絲者擇買之，工不告病，歲省費數萬貫。他郡推用之，皆便。

至大三年，以疾卒於官，年五十七。初贈資德大夫、陝西行省右丞、上護軍、寧夏郡公，諡忠憲。再贈推誠亮節崇德贊治功臣、榮祿大夫、中書平章政事、柱國、秦國公。子二人：

長買訥，翰林學士承旨；次韓嘉訥，御史大夫。孫達理麻，內府宰相。

札八兒火者

札八兒火者，賽夷人。賽夷，西域部之族長也，因以爲氏。火者，其官稱也。札八兒長身美髯、方瞳廣顙，雄勇善騎射。初謁太祖于軍中，一見異之。太祖與克烈汪罕有隙。一夕，汪罕潛兵來，倉卒不爲備，衆軍大潰。太祖遽引去，從行者僅十九人，札八兒與焉。至班朱尼河，餱糧俱盡，荒遠無所得食。會一野馬北來，諸王哈札兒射之，殪。遂刳革爲釜，出火于石，汲河水煑而啖之。太祖舉手仰天而誓曰：「使我克定大業，當與諸人同甘苦，苟渝此言，有如河水。」將士莫不感泣。

汪罕既滅，西域諸部次第亦平。乃遣札八兒使金，金不爲禮而歸。金人恃居庸之塞，冶鐵錮關門，布鐵蒺藜百餘里，守以精銳。札八兒既還報，太祖遂進師，距關百里不能前，召札八兒問計。對曰：「從此而北黑樹林中有間道，騎行可一人。臣向嘗過之。若勒兵銜枚以出，終夕可至。」太祖乃令札八兒輕騎前導。日暮入谷，黎明，諸軍已在平地，疾趨南口，金鼓之聲若自天下，金人猶睡未知也。比驚起，已莫能支吾，鋒鏑所及，流血被野。關既破，中都大震。已而金人遷汴。太祖覽中都山川形勢，顧謂左右近臣曰：「朕之所以至此者，札八兒之功爲多。」又謂札八兒曰：「汝引弓射之，隨箭所落，悉畀汝爲己地。」乘輿北歸，留札八兒與諸將守中都。授黃河以北鐵門以南天下都達魯花赤，賜養老一百戶，并四王府爲居第。

札八兒每戰，被重甲舞槊，陷陣馳突如飛。嘗乘橐駝以戰，衆莫能當。有丘眞人者，有道之士也，隱居崑(崙)〔崘〕山中。〔三〕太祖聞其名，命札八兒往聘之。丘語札八兒曰：「我嘗識公。」札八兒曰：「我亦嘗見眞人。」他日偶坐，問札八兒曰：「公欲極一身貴顯乎？欲子孫蕃衍乎？」札八兒曰：「百歲之後，富貴何在？子孫無恙，以承宗祀足矣。」丘曰：「聞命矣。」後果如所願云，卒年一百一十八。贈推忠佐命功臣、太傅、開府儀同三司、上柱國，追封涼國公，諡武定。二子：阿里罕，明里察。

阿里罕蚤從札八兒出入行陣，勇而善謀。憲宗伐蜀，爲天下質子兵馬都元帥。生哈只，終湖南宣慰使，贈推誠保德功臣、金紫光祿大夫、司徒，追封涼國公，諡安惠。生陝西行省平章政事養安、太府監丞阿思蘭、太僕寺丞補孛。養安生阿葩實，太僕寺卿。

明里察，贈開府儀同三司、上柱國，追封涼國公，諡康懿。生戶部尙書亦不剌金、陝西行省參知政事哈剌。

朮赤台

朮赤台，兀魯兀台氏。其先剌眞八都，以材武雄諸部。生子曰兀魯兀台，曰忙兀，與扎剌兒、弘吉剌、亦乞列思等五人。當開創之先，協贊大業。厥後太祖卽位，命其子孫各因其名爲氏，號五投下。朔方既定，舉六十五人爲千夫長，兀魯兀台之孫曰朮赤台，其一也。

朮赤台有膽略，善騎射，勇冠一時。初，怯列王可汗之子鮮昆有智勇，諸部畏之。怯列亦哈剌哈眞沙陀等帥衆來侵，兵戰不利。〔三〕近臣忽因答兒等馳告太祖曰：「事急矣，羣下忠勇無踰朮赤台者，宜急遣之拒敵。」從之。朮赤台承命，單騎陷陣，射殺鮮昆，降其大將失列門等，遂併有怯列之地。乃蠻、滅兒乞台合兵來侵，諸部有陰附之者，不虞太祖領兵卒至，諸部潰去，乘勝敗之，朮赤台俘其主扎哈堅普及二女以歸，諸部悉平，與扎哈堅普盟而歸之。未幾，乃蠻復叛，朮赤台以計襲扎哈堅普，殺之，遂平其國。

朮赤台始從征怯列亦，自罕哈啓行，歷班眞海子，間關萬里，每遇戰陣，必爲先鋒。帝嘗諭之曰：「朕之望汝，如高山前日影也。」賜嬪御(木)〔亦〕八哈別吉，〔四〕引者思百，俾統兀魯兀四千人，世世無替。

子怯台，材武過人，自太宗及世祖，歷事四朝，以勞封德清郡王，賜金印。丙申，賜德州戶二萬爲食邑。至元十八年，增食邑二萬一千戶，肇慶路、連州、德州洎屬邑俱隸焉。怯台薨，子端眞拔都兒襲爵爲郡王。太宗時與亦剌哈台戰，勝。帝即以亦剌哈〔台〕妻賜之。〔五〕

世祖之征阿里不哥也，怯台子哈答與忽都忽跪而自獻于前曰：「臣父祖幸在先朝，當軍旅征伐之寄，屢立戰功。今王師北征，臣等幸少壯，願如父祖以力戰自效。」既得請，於是戰于石木溫都之地。諸王哈丹、駙馬臘眞與兀魯、忙兀居右，諸王塔察兒及太丑台居左，合必赤將中軍。兵始交，獲其將合丹斬之，外剌之軍遂敗衄。又戰于失烈延塔兀之地，當帝前混戰，至日晡勝之。帝賜以黃金，將佐吏卒行賞各有差。李璮叛，帝遣哈必赤及兀里羊哈台闊闊出往討之，哈答與兀魯納兒台亦在行。璮平，與有功焉。

哈答子脫歡，亦嘗從諸王徹徹都討只兒火台，獲之。又嘗破失烈吉、要不忽兒于野孫漠連。及征乃顏，脫歡弟慶童亦在軍，雖病猶力戰。

怯台二子：曰端眞，曰哈答。哈答三子：曰脫歡，曰亦憐只班，曰慶童。脫歡二子：曰塔失帖木兒，曰朵來。塔失帖木兒一子，曰匣剌不花。自怯台而下凡九人，皆封郡王云。

鎭海

鎭海，怯烈台氏。初以軍伍長從太祖同飲班朱尼河水。與諸王百官大會兀難河，上

太祖尊號曰成吉思皇帝。歲庚午，從太祖征乃蠻有功，賜良馬一。壬申，從攻曲出諸國，〔六〕賜珍珠旗，佩金虎符，爲闍里必。從攻塔塔兒、欽察、唐兀、只溫、契丹、女直、河西諸國，所俘生口萬計，悉以上獻，賜御用服器白金等物。命屯田於阿魯歡，立鎭海城戍守之。

壬申，從太祖謀定漢地，師次隆興，與金將忽察虎戰，矢中臆間，裹瘡而出者復數四，軍聲爲之大振。既破燕，太祖命於城中環射四箭，凡箭所至園池邸舍之處，悉以賜之。尋拜中書右丞相。

己丑，太宗即位，扈從至西京，攻河中、河南、(均)〔鈞〕州。〔七〕癸巳，攻蔡州。以功賜恩州一千戶。先是，收天下童男童女及工匠，置局弘州。既而得西域織金綺紋工三百餘戶，及汴京織毛褐工三百戶，皆分隸弘州，命鎭海世掌焉。定宗即位，以鎭海爲先朝舊臣，仍拜中書右丞相。薨，年八十四。

子十人，〔八〕勃古思繼食其封邑。從世祖征花馬大理，率兵千人，結浮橋于金沙江以濟師。中統初，論功授益(州)〔都〕等路宣撫使，〔九〕賜金虎符、玉帶。三年，改東平路副達魯花赤，討平叛寇。尋遷濟南等路宣慰。至元二年，遷南京路達魯花赤。四年，討平蘄縣叛民。以病乞謝事，特授保定路達魯花赤，賜錢一萬貫，歸老于家，卒年八十一。

肖乃台〔抹兀答兒　兀魯台〕〔一〇〕

肖乃台，禿伯怯烈氏，以忠勇侍太祖。時木華黎、博兒朮既立爲左右萬戶，帝從容謂肖乃台曰：「汝願屬誰麾下爲我宣力？」對曰：「願屬木華黎。」即日命佩金符，領蒙古軍，從太師國王爲先鋒。

兵至河北，史天澤之父率老幼數千詣軍門降。國王承制，授天澤兄天倪河北西路都元帥，領眞定。乙酉，天澤送母還白霫，副帥武仙殺天倪，以眞定叛。經歷王縉追天澤至燕，請攝主帥。遣監軍李伯祐詣國王軍前言狀，且請援兵。國王命肖乃台率精甲三千，與天澤合兵進圍中山。仙遣其將葛鐵槍來援，肖乃台撤圍迎之，遇諸新樂，奮擊敗之。會日暮，阻水爲營。肖乃台料其氣索必宵遁，乘勝復進擊，大敗之，擒鐵槍。中山守將亦宵遁，遂克中山，取無極，拔趙州。仙棄眞定，奔西山抱犢寨。肖乃台與天澤入城，撫定其民。未幾，仙潛結水軍爲內應，夜開南門納仙，復據其城。肖乃台倉卒以步兵七十踰城奔藁城。遲明，部曲稍來集，兵威復振，襲取眞定。仙棄城遁。將士怒民之反覆，驅萬人出，將屠之。肖乃台曰：「金氏慕國威信，徯我來蘇，此民爲賊所驅脅，有何罪焉？若不勝一朝之忿，非惟自屈其力，且堅他城不降之心。」乃皆釋之。

初，仙之叛也，其弟質國王軍中，聞之遁去。肖乃台遣弟撒寒追及於紫荆關，斬之，俘其妻子而還。乃整兵前進，下太原，略太行，拔長勝寨，斬仙守將盧治中，圍仙於雙門寨，仙遁去。引兵出太行山東，遇宋將彭義斌，與戰，敗之，追至火炎山，破其營，擒義斌斬之。至大(明)〔名〕，〔一一〕守將蘇元帥以城降，遂引兵臨東平，敗安撫王立剛于陽穀，〔一二〕圍東平。立剛走(連)〔漣〕水，〔一三〕金守將棄城遁，他將邀擊敗之，遂定東平。又與蒙古不花徇河北、懷、孟、衞，從國王定益都。

壬辰，度河，略汴京，徇睢州，遇金將完顏慶山奴，與戰，敗之，追斬慶山奴。金主入蔡，諸軍圍之。肖乃台、史天澤攻城北面，汝水阻其前，結筏潛渡，血戰連日。金亡，朝廷以肖乃台功多，命併將史氏三萬戶軍以圖南征，賜東平戶三百，俾食其賦，命嚴實爲治第宅，分撥牧馬草地，日膳供二羊及衣糧等。以老病卒于東平，歸葬漠北。子七人，抹兀答兒、兀魯台知名。

抹兀答兒，歲戊戌，從國王忽林赤行省于襄陽，略地兩淮。己未，從渡江，攻鄂州，以功賞銀五十兩。中統元年，追阿蘭答兒、渾都海，預有戰功。二年，從北征，敗阿里不哥於失木禿之地。三年，又與李璮戰，有功。國王忽林赤上其功，奉旨賞銀五十兩，授提舉本投下

諸色匠戶達魯花赤。卒。子四人，火你赤，江南行臺御史大夫。

兀魯台，中統三年，從石高山奉旨拘集探馬赤軍，授本軍千戶。至元八年，授武略將軍，佩銀符。十年，攻樊城有功，換金符，武德將軍。十一年，渡江有功，賞銀三百兩，改武節將軍。十二年四月，軍至建安，[一四]卒于軍。

子脫落合察兒襲職，從參政阿剌罕攻獨松關有功，陞宣武將軍。尋命管領侍衛軍。樞密院錄其渡江以來累次戰功，十八年，陞懷遠大將軍。二十年，江西行省命討武寧叛賊董琦，平之，改授虎符，江州萬戶府達魯花赤。二十四年，移鎭潮州，值賊張文惠、羅半天等嘯聚江西，行樞密院檄討之，領兵破賊寨，斬賊首羅大老、李尊長等，獲其僞銀印三。卒于軍。

吾也而

吾也而，珊竹氏，狀貌甚偉，腰大十圍。父曰圖魯華察，以武勇稱。太祖五年，吾也而與折不那演克金東京，有功。[一五]九年，從太師木華黎取北京，[一六]領兵爲先驅，下之。捷聞，授金紫光祿大夫、北京總管都元帥。留撫其人，綏懷有方，自京以南，相繼來降。時金將撻魯，以惠州漁河口爲隘，有衆數萬，圖復北疆。吾也而以銳兵千人擊摧其鋒，

殺數千人，獲其旗鼓羊馬，斬撻魯於軍中。有趙守玉者，據興州，吾也而討平之。十一年，張致以錦州叛，又攻破之。木華黎大喜，以馬十四、甲五事，賞其功。十二年，興州監軍重兒以兵叛，吾也而往征之，賊軍射殺所乘馬，軍士憤怒，奮戈衝擊，大破賊軍。十五年，從征山東，大戰東平，馳赴陷陣，生擒二將以還。木華黎壯之，以功上聞。十六年，從征延安，矢中右股，力戰破之。俄又取葭、鄜二州，擒金梟將(金)[張]鐵槍以獻。[一七]十七年，克鳳翔及所屬州郡。十八年，從帝親征河西，明年下之。詔賜吾也而馬五匹、甲一事。二十年，從木華黎圍益都。[一八]越二年，下三十餘城。

太宗元年，入覲。命與撒里答火兒赤征遼東，下之。三年，又與撒里答征高麗，下受、開、龍、宣、泰、葭等十餘城。[一九]高麗懼，請和。吾也而諭之曰：「若能以子爲質，當休兵。」十三年，遣其子禑從吾也而來朝。帝大悅，厚加賜予，俾充北京東京廣寧蓋州平州泰州開元府七路征行兵馬都元帥，佩虎符。

憲宗元年，召問東夷事，對曰：「臣雖老，倘藉威靈，指麾三軍，敵國猶可克，況東夷小醜乎？」帝壯其言，問飲酒幾何？對曰「唯所賜」。時有一駙馬都尉在側，素以酒稱，命與之角飲，帝大笑，賜錦衣名馬。俄謝病歸。七年，復來朝，帝憫其老，謂曰：「自太祖時效勞至今者，獨卿無恙。」賜賚甚厚，以都元帥授其中子阿海。八年，秋九月辛亥，夜中，星隕帳前，光

數丈，有聲。吾也而曰：「吾死矣。」明日卒。年九十六。

子四人，霅禮最有名，太宗時授北京等路達魯花赤。至元七年，改授昭勇大將軍、河間路總管。

曷思麥里

曷思麥里，西域谷則斡兒朵人。初爲西遼闊兒罕近侍，後爲谷則斡兒朵所屬可散八思哈長官。太祖西征，曷思麥里率可散等城酋長迎降，大將哲伯以聞。帝命曷思麥里從哲伯爲先鋒，攻乃蠻，克之，斬其主曲出律。哲伯令曷思麥里持曲出律首往徇其地，若可失哈兒、押兒牽、斡端諸城，皆望風降附。

又從征你沙不兒城，諭下之。帝親征至薛迷思干，與其主扎剌丁合戰于月(赤心)[戀]揭赤之地，[二〇]敗之。追襲扎剌丁等於阿剌黑城，戰于禿馬溫山，又敗之。追至憨顏城西寨，又敗之。扎剌丁逃入于海。曷思麥里收其珍寶以還。取玉兒谷、德痕兩城。繼而憨顏城亦下。

帝遣使趣哲伯疾馳以討欽察。命曷思麥里招諭曲兒忒、失兒灣沙等城，悉降。至谷兒只部及阿速部，以兵拒敵，皆戰敗而降。又招降黑林城，進擊斡羅思於鐵兒山，克之，獲其

國主密只思臘，哲伯命曷思麥里獻諸朮赤太子，誅之。尋征康里，至孛子八里城，與其主霍脫思罕戰，又敗其軍，進至欽察亦平之。軍還，哲伯卒。

會帝親征河西，曷思麥里持所獲珍寶及七寶繖迎見于阿剌思不剌思，帝顧羣臣曰：「哲伯常稱曷思麥里之功，其軀幹雖小，而聲聞甚大。」就以所進金寶，命隨其力所勝，悉賜之。仍命與薛徹兀兒爲必闍赤。未幾，曷思麥里奏，往者嘗招安到士卒留亦八里城，宜令扈從征河西，許之，命常居左右。至也吉里海牙，又討平失的兒威。

從太祖征汴，[二一]至懷孟，令領奧魯事。帝由白坡渡黃河，會睿宗兵攻金將合達，敗之，回駐金蓮川。壬辰，授懷孟州達魯花赤，佩金符。癸巳，金將强元帥圍懷州，曷思麥里率其衆及昔里吉思、鎖剌海等力戰，金兵退。又遣蒲察寒奴、乞失烈札魯招諭金總帥范眞率其麾下軍民萬餘人來降。

己亥六月，帝以曷思麥里從軍西域，宣力居多，命其長子捏只必襲爲懷孟達魯花赤，次子密里吉襲爲必闍赤，令曷思麥里爲扎魯火赤，歸西域。大帥察罕、行省帖木迭兒奏留之，帝允其請。庚子，進懷孟河南二十八處都達魯花赤，所隸州郡不從命者，制令籍其家。乙卯五月卒。

子密里吉復爲懷孟達魯花赤。中統三年，從攻淮西，與宋戰死。

校勘記

〔一〕湖廣行省左丞　道園類稿卷四二立只理威神道碑「左丞」作「右丞」。按碑文，前有「八年，進左丞」，于此復云「進拜」，疑作「右丞」是。

〔二〕崑（崙）〔崙〕山　本書二〇二釋老傳有「自崑崙歷四載而始達雪山」，據改。按崑崙山在今山東。

〔三〕怯列亦哈剌哈眞沙陀等帥衆來侵兵戰不利　此句不文，史文倒舛。按怯列亦爲部名，哈剌哈眞沙陀爲地名。參以本書卷一太祖紀癸（丑）〔亥〕歲條、聖武親征錄、拉施特史集及元朝祕史，當讀作「怯列亦等帥衆來侵，兵戰哈剌哈眞沙陀，不利」。蒙史已校。

〔四〕（木）〔亦〕八哈別吉　按元朝祕史作「亦巴合別乞」，拉施特史集譯音同，據改。新編已校。

〔五〕亦剌哈〔台〕　據上文補。本書卷一二二昔兒吉思傳作「亦來哈解」。

〔六〕曲出　疑此卽本卷曷思麥里傳及聖武親征錄等書所見「曲出律」。按曲出律係人名，本書卷一二一抄思傳作「曲書律」，卷一太祖紀元年、三年條及遼史天祚帝紀附西遼天禧作「屈出律」，元朝祕史作「古出魯克」。

〔七〕攻河中河南（均）〔鈞〕州　從道光本改。按均州當時屬宋，此敍鎭海從元太宗攻金河南事，地望不符。本書卷二太宗紀四年正月壬寅條有「攻鈞州，克之」。

〔八〕子十人　按圭塘小藁卷一〇鎭海神道碑作「子男一十二人」，疑此處脫「二」字。

〔九〕授益（州）〔都〕等路宣撫使　據圭塘小藁卷一〇鎭海神道碑改。元書已校。

〔一〇〕〔抹兀答兒兀魯台〕　據本書原目錄補。

〔一一〕至大（明）〔名〕　道光本與本書卷一五一王玉傳、趙天錫傳、卷一五二王珍傳合，從改。

〔一二〕安撫王立剛　按此人卽金史卷一〇二之蒙古綱，其傳云「本名胡里綱」。本書卷一四八嚴實傳作「和立剛」，遺山集卷二六嚴實神道碑作「何立剛」。疑此處「王」字誤。

〔一三〕（漣）〔漣〕水　據金史卷二五地理志改。蒙史已校。

〔一四〕軍至建安　按本書卷八世祖紀與卷一二七伯顏傳，至元十二年二月元師次建康。十一月乙亥，參政阿剌罕等爲右軍自建康趨獨松嶺。元書改「安」爲「康」，疑是。

〔一五〕太祖五年吾也而與折不那演克金東京有功　本書卷一二二槊直腯魯華傳及聖武親征錄、元朝祕史、金史卷一三衞紹王紀、卷九九徒單鎰傳此事皆繫六年辛未，此處作「五年」，誤。元書已校。

〔一六〕九年從太師木華黎取北京　按本書卷一太祖紀十年乙亥三月條、卷一一九木華黎傳、卷一四七史天祥傳，事在元太祖十年。元書改「九」爲「十」，是。

〔一七〕擒金梟將（金）〔張〕鐵槍　道光本與本書卷一一九木華黎傳、卷一四七史天倪傳附史樞傳合，從改。按張鐵槍卽張資祿。

〔一八〕二十年從木華黎圍益都　按本書卷一太祖紀二十一年丙戌九月條、卷一一九木華黎傳附孛魯傳、卷一四七張柔傳，圍益都在元太祖二十一年，蒙史補「一」字，是。又，時木華黎已死，其子孛魯嗣國王，當是修傳者誤改「從國王」爲「從木華黎」。

〔一九〕下受開龍宣泰葭等十餘城　高麗無「受州」。按高麗史卷二三高宗世家辛卯十八年十月癸酉條，高麗軍與蒙古兵戰于安北，大敗，城隨陷。安北稱大都護府，領宣、龍、嘉、泰等防禦郡二十五，後置安州萬戶府。此處「受」疑爲「安」之誤。又高麗無「葭州」，疑「葭」爲「嘉」音同之誤。

〔二〇〕戰于月（赤心）〔戀〕揭赤之地　蒙史云：「月亦心揭赤上三字爲『月戀』之誤，卽烏龍傑赤異譯。」從改。

〔二一〕從太祖征汴　按本書卷二太宗紀，此處實記元太宗朝事，「祖」當作「宗」。新編已校。

元史卷一百二十一

列傳第八

速不台〔兀良合台〕〔一〕

速不台，蒙古兀良合人。其先世獵於斡難河上，遇敦必乃皇帝，因相結納，至太祖時，已五世矣。捏里必者生孛忽都，衆目爲折里麻。折里麻者，漢言有謀略人也。三世孫合赤温，生哈班。哈班二子，長忽魯渾，次速不台，俱驍勇善騎射。太祖在班朱尼河時，哈班嘗驅羣羊以進，遇盜，被執。忽魯渾與速不台繼至，以槍刺之，人馬皆倒，餘黨逸去，遂免父難，羊得達於行在所。忽魯渾以百戶從帝與乃蠻部主戰於長城之南，忽魯渾射却之，其衆奔闊赤檀山而潰。〔二〕

速不台以質子事帝，爲百戶。歲壬申，攻金桓州，先登，拔其城。帝命賜金帛一車。滅里吉部強盛不附。丙子，帝會諸將於禿兀剌河之黑林，問：「誰能爲我征滅里吉者？」速不台

請行，帝壯而許之。乃選裨將阿里出領百人先行，覘其虛實。速不台繼進。速不台戒阿里出曰：「汝止宿必載嬰兒具以行，去則遺之，使若挈家而逃者。」滅里吉見之，果以爲逃者，遂不爲備。己卯，大軍至蟾河，與滅里吉遇，一戰而獲其二將，盡降其衆。其部主霍都奔欽察，速不台追之，與欽察戰于玉峪，敗之。

壬午，帝征回回國，其主滅里委國而去。命速不台與只別追之，及于灰里河，只別戰不利，速不台駐軍河東，戒其衆人爇三炬以張軍勢，其王夜遁。復命統兵萬人由不罕川必里罕城追之，凡所經歷皆無水之地。既度川，先發千人爲游騎，繼以大軍晝夜兼行。比至，滅里逃入海，不月餘，病死，盡獲其所棄珍寶以獻。帝曰：「速不台枕干血戰，爲我家宣勞，朕甚嘉之。」賜以大珠、銀罌。

癸未，速不台上奏，請討欽察。許之。遂引兵繞寬定吉思海，展轉至太和嶺，鑿石開道，出其不意。至則遇其酋長玉里吉及塔塔哈兒方聚於不租河，縱兵奮擊，其衆潰走。矢及玉里吉之子，逃於林間，其奴來告而執之，餘衆悉降，遂收其境。又至阿里吉河，與斡羅思部大、小密赤思老遇，一戰降之，略阿速部而還。欽察之奴來告其主者，速不台縱爲民。還，以聞。帝曰：「奴不忠其主，肯忠他人乎？」遂戮之。又奏以滅里吉、乃蠻、怯烈、杭斤、欽察諸部千戶，通立一軍，從之。略也迷里霍只部，獲馬萬匹以獻。

帝欲征河西，以速不台比年在外，恐父母思之，遣令歸省。速不台奏，願從西征。帝命度大磧以往。丙戌，攻下撒里畏吾、特(勤)〔勒〕、〔三〕赤閔等部，及德順、鎮戎、蘭、會、洮、河諸州，得牝馬五千匹，悉獻於朝。丁亥，聞太祖崩，乃還。

己丑，太宗卽位，以禿滅干公主妻之。從攻潼關，軍失利，帝責之。睿宗時在藩邸，言兵家勝負不常，請令立功自效。遂命引兵從睿宗經理河南，道出牛頭關，遇金將合達帥步騎數十萬待戰。睿宗問以方略，速不台曰：「城居之人不耐勞苦，數挑以勞之，戰乃可勝也。」師集三峯山，金兵圍之數匝。會風雪大作，其士卒僵仆，師乘之，殺戮殆盡。自是金軍不能復振。壬辰夏，睿宗還駐官山，留速不台統諸道兵圍汴。癸巳，金主渡河北走，追敗之於黃龍岡，斬首萬餘級。金主復南走歸德府，未幾，復走蔡州。汴降，俘其后妃及寶器以獻，進圍蔡州。甲午，蔡州破，金主自焚死。時汴梁受兵日久，歲饑人相食，速不台下令縱其民北渡以就食。

乙未，太宗命諸王拔都西征八赤蠻，且曰：「聞八赤蠻有膽勇，速不台亦有膽勇，可以勝之。」遂命爲先鋒，與八赤蠻戰，繼又令統大軍，遂虜八赤蠻妻子於寬田吉思海。八赤蠻聞速不台至，大懼，逃入海中。

辛丑，太宗命諸王拔都等討兀魯思部主也烈班，爲其所敗，圍禿里思哥城，不克。拔都

奏遣速不台督戰，速不台選哈必赤軍怯憐口等五十人赴之，一戰獲也烈班。進攻禿里思哥城，三日克之，盡取兀魯思所部而還。經哈咂里山，攻馬札兒部主怯憐。速不台爲先鋒，與諸王拔都、吁里兀、昔班、哈丹五道分進。衆曰：「怯憐軍勢盛，未可輕進。」速不台出奇計，誘其軍至漷寧河。諸王軍於上流，水淺，馬可涉，中復有橋。下流水深，速不台欲結栰潛渡，繞出敵後。未渡，諸王先涉河與戰。拔都軍爭橋，反爲所乘，沒甲士三十人，幷亡其麾下將八哈禿。既渡，諸王以敵尙衆，欲要速不台還，徐圖之。速不台曰：「王欲歸自歸，我不至禿納河馬茶城，不還也。」及馳至馬茶城，諸王亦至，遂攻拔之而還。諸王來會，拔都曰：「漷寧河戰時，速不台救遲，殺我八哈禿。」速不台曰：「諸王惟知上流水淺，且有橋，遂渡而與戰，不知我於下流，結栰未成，今但言我遲，當思其故。」於是拔都亦悟。後大會，飲以馬乳及蒲萄酒。言征怯憐時事，曰：「當時所獲皆速不台功也。」壬寅，太宗崩。〔四〕癸卯，諸王大會，拔都欲不往。速不台曰：「大王於族屬爲兄，安得不往？」甲辰，遂會於也只里河。

丙午，定宗卽位，既朝會，還家于禿剌河上。戊申卒，年七十三。贈效忠宣力佐命功臣、開府儀同三司、上柱國，追封河南王，謚忠定。子兀良合台。

兀良合台，初事太祖。時憲宗爲皇孫，尙幼，以兀良合台世爲功臣家，使護育之。憲宗

在潛邸，遂分掌宿衞。歲(乙)〔癸〕巳，〔五〕領兵從定宗征女眞國，破萬奴於遼東。繼從諸王拔都征欽察、兀魯思、阿〔速〕、孛烈兒諸部。〔六〕丙午，又從拔都討孛烈兒乃、捏迷思部，平之。己酉，定宗崩。拔都與宗室大臣議立憲宗，事久未決。四月，諸王大會，〔七〕定宗皇后問所宜立，皆惶惑，莫敢對。兀良合台對曰：「此議已先定矣，不可復變。」拔都曰：「兀良合台言是也。」議遂定。

憲宗卽位之明年，世祖以皇弟總兵討西南夷烏蠻、白蠻、鬼蠻諸國，以兀良合台總督軍事。其鬼蠻，卽赤禿哥國也。癸丑秋，大軍自旦當嶺入雲南境。摩些二部酋長唆火脫因、塔裏馬來迎降，遂至金沙江。兀良合台分兵入察罕章，蓋白蠻也，所在寨柵，以次攻下之。獨阿塔剌所居半空和寨，依山枕江，牢不可拔。使人覘之，言當先絕其汲道。兀良合台率精銳立砲攻之。阿塔剌遣人來拒，兀良合台遣其子阿朮迎擊之，寨兵退走。遂幷其弟阿叔城俱拔之。進師取龍首關，翊世祖入大理國城。

甲寅秋，復分兵取附都善闡，轉攻合剌章水城，屠之。合剌章，蓋烏蠻也。前次羅部府，大酋高昇集諸部兵拒戰，大破之於洟可浪山下，遂進至烏蠻所都押赤城。城際滇池，三面皆水，既險且堅，選驍勇以砲摧其北門，縱火攻之，皆不克。乃大震鼓鉦，進而作，作而止，使不知所爲，如是者七日，伺其困乏，夜五鼓，遣其子阿朮潛師躍入，亂斫之，遂大潰。至昆

澤，擒其國王段(智興)〔興智〕及其渠帥馬合剌昔以獻。〔八〕餘衆依阻山谷者，分命裨將也里、脫伯、押眞掩其右，合台護尉掩其左，約三日捲而內向。及圍合，與阿朮引善射者二百騎，期以三日，四面進擊。兀良合台陷陣鏖戰，又攻纖寨，拔之。至乾德哥城，兀良合台病，委軍事於阿朮。環城立砲，以草塡塹，衆軍始集，阿朮已率所部搏戰城上，城遂破。

乙卯，攻不花合因、阿合阿因等城，阿朮先登，取其三城。又攻赤禿哥山寨，阿朮緣嶺而戰，遂拔之。乘勝擊破魯〔魯〕厮國塔渾城，〔九〕又取忽蘭城。魯魯厮國大懼，請降。阿伯國有兵四萬，不降。阿朮攻之，入其城，舉國請降。復攻阿魯山寨，進攻阿魯城，克之。乃搜捕未降者，遇赤禿哥軍於合打台山，追赴臨崖，盡殺之。自出師至此，凡二年，平大理五城八府四郡，洎烏、白等蠻三十七部。兵威所加，無不款附。

丙辰，征白蠻國、波麗國，阿朮生擒其驍將，獻俘闕下。詔以便宜取道，與鐵哥帶兒兵合，遂出烏蒙，趨瀘江，刬禿剌蠻三城，却宋將張都統兵三萬，奪其船二百艘於馬湖江，斬獲不可勝計。遂通道於嘉定、重慶，抵合州，濟蜀江，與鐵哥帶兒會。

丁巳，以雲南平，遣使獻捷於朝，且請依漢故事，以西南夷悉爲郡縣，從之。賜其軍銀五千兩、綵幣二萬四千匹，授銀印，加大元帥。還鎭大理，遂經六盤山至臨洮府，與大營合。月餘，復西征烏蠻。

秋九月，遣使招降交趾，不報。冬十月，進兵壓境。其國主陳日煚，隔江列象騎、步卒甚盛。兀良合台分軍爲三隊濟江，徹徹都從下流先濟，大(師)〔帥〕居中，〔一〇〕駙馬懷都與阿朮在後。仍授徹徹都方略曰：「汝軍既濟，勿與之戰，彼必來逆我，駙馬隨斷其後，汝伺便奪其船。蠻若潰走，至江無船，必爲我擒矣。」師既登岸，卽縱與戰，徹徹都違命，蠻雖大敗，得駕舟逸去。兀良合台怒曰：「先鋒違我節度，軍有常刑。」徹徹都懼，飲藥死。兀良合台入交趾，爲久駐計，軍令嚴肅，秋毫無犯。越七日，日煚請內附，於是置酒大饗軍士。還軍柙赤城。

戊午，引兵入宋境，其地炎瘴，軍士皆病，遇敵少却，亡軍士四人。阿朮還戰，擒其卒十二人，其援復至，阿朮以三十騎，阿馬禿繼以五十騎擊走之。時兀良合台亦病，將旋師，阿朮戰馬五十匹，夜爲禿剌蠻所掠，入告兀良合台曰：「吾馬盡爲盜掠去，將何以行？」卽分軍搜訪，知有三寨藏馬山顚。阿朮親率將士攀崖而上，破其諸寨，生擒賊酋，盡得前後所盜馬千七百匹，乃屠柙赤城。

憲宗遣使諭旨，約明年正月會軍長沙，乃率四王騎兵三千，蠻、僰萬人，破橫山寨，闢老蒼關，徇宋內地。宋陳兵六萬以俟。遣阿朮與四王潛自間道衝其中堅，大敗之，盡殺其衆。乘勝擊逐，蹴貴州，蹂象州，入靜江府，連破辰、沅二州，直抵潭州城下。潭州出兵二十萬，

斷我歸路。兀良合台遣阿朮與大納、玉龍帖木兒軍其前，而自與四王軍其後，夾擊破之。兵自入敵境，轉鬬千里，未嘗敗北。大小十三戰，殺宋兵四十餘萬，擒其將大小三人。其州又遣兵來攻，追至門濠，掩溺殆盡，乃不敢復出。壁城下月餘。時世祖已渡江駐鄂州，遣也里蒙古領兵二千人來援，且加勞問。遂自鄂州之滸黃洲北渡，與大軍合。

庚申，世祖卽位。夏四月，兀良合台至上都。後十二年卒，年七十二。子阿朮自有傳。

按竺邇

按竺邇，雍古氏。其先居雲中塞上，父黜公爲金羣牧使。歲辛未，驅所牧馬來歸太祖，終其官。

按竺邇幼鞠于外祖朮要甲家，訛言爲趙家，因姓趙氏。年十四，隸皇子察合台部。嘗從大獵，射獲數麋，有二虎突出，射之皆死。由是以善射名，皇子深器愛之。甲戌，太祖西征尋思干、阿里麻里等國，〔一一〕以功爲千戶。丁亥，從征積石州，先登，拔其城。圍河州，斬首四十級。破臨洮，攻德順，斬首百餘級。攻鞏昌，駐兵秦州。

太宗卽位，尊察合台爲皇兄，以按竺邇爲元帥。戊子，鎭刪丹州，自燉煌置驛抵玉關，通西域，從定關隴。辛卯，從圍鳳翔，按竺邇分兵攻西南隅，城上礧石亂下，選死士先登，拔

共城，斬金將劉興哥。分兵攻西和州，宋將彊俊領衆數萬，堅壁清野，以老我師。按竺邇率死士罵城下，挑戰。俊怒，悉衆出陣，按竺邇佯走，俊追之，因以奇兵奪其城，伏兵要其歸，轉戰數十里，斬首數千級，擒俊。餘衆退保仇池，進擊拔之，從拔平涼。慶陽、邠、原、寧皆降。涇州復叛，殺守將郭元恕，衆議屠之。按竺邇但誅首惡，師還原州，降民棄老幼，夜亡走。衆曰：「此必反也，宜誅之以警其餘。」按竺邇曰：「此輩懼吾驅之北徙耳。」遣人諭之曰：「汝等若走，以軍法治罪，父母妻子併誅矣。汝歸，保無他。明年草青，具牛酒迎師於此州。」民皆復歸。豪民陳苟集數千人潛新寨諸洞，衆議以火攻之。按竺邇曰：「招諭不出，攻之未晚。」遂偕數騎抵寨，縱馬解弓矢，召苟遙語，折矢與爲誓。苟卽相呼羅拜，謝更生之恩，皆降。

金人守潼關，攻之，戰於扇車回，不克。睿宗分兵由山南入金境，按竺邇爲先鋒，趣散關。宋人已燒絕棧道，復由兩當縣出魚關，軍沔州。宋制置使桂如淵守興元。按竺邇假道於如淵曰：「宋讎金久矣，何不從我兵鋒，一洗國耻。今欲假道南鄭，由金、洋達唐、鄧，會大兵以滅金，豈獨爲吾之利？亦宋之利也。」如淵度我軍壓境，勢不徒還，遂遣人導我師由武休關東抵鄧州，西破小關，金人大駭，謂我軍自天而下。其平章完顏合達、樞密使移剌蒲阿帥十七都尉，兵數十萬，相拒于鄧。我師不與戰，直趣鈞州，與親王按赤台等兵合，陣三

峯山下。會天大雪，金兵成列。按竺邇先率所部精兵，迎擊於前，諸軍乘之，金師敗績。癸巳，金主奔蔡。十二月從圍蔡。甲午，金亡。

初，金將郭斌自鳳翔突圍出，保金、蘭、定、會四州。至是命按竺邇往取之，圍斌于會州。食盡將走，敗之于城門。兵入城巷戰，死傷甚衆。斌手劍驅其妻子聚一室，焚之。已而自投火中。有女奴自火中抱兒出，泣授人曰：「將軍盡忠，忍使絕嗣，此其兒也，幸哀而收之。」言畢，復赴火死。按竺邇聞之惻然，命保其孤。遂定四州。金將汪世顯守鞏州，皇子闊端圍之，未下。遣按竺邇等往招之，世顯率衆來降。皇兄嘉其材勇，賞賚甚厚，賜名拔都，拜征行大元帥。

丙申，大軍伐蜀，皇子出大散關，分兵令宗王穆直等出陰平郡，期會于成都。按竺邇領砲手兵爲先鋒，破宕昌，殘階州。攻文州，守將劉祿，數月不下，諜知城中無井，乃奪其汲道，率勇士梯城先登，殺守陴者數十人，遂拔其城，祿死之。因招徠吐蕃酋長勘陁孟迦等十族，皆賜以銀符。略定龍州。遂與大散軍合，進克（城）〔成〕都。〔二〕師還，而成都復叛。

丁酉，按竺邇言於宗王曰：「隴州縣方平，人心猶貳，西漢陽當隴、蜀之衝，宋及吐蕃利於入寇，宜得良將以鎮之。」宗王曰：「安反側，制寇賊，此上策也，然無以易汝。」遂分蒙古千戶五人，隸麾下以往。按竺邇命侯和尙南戍沔州之石門，朮魯西戍階州之兩水，謹斥堠，嚴巡邏，西南諸州不敢犯之。

戊戌，從元帥塔海率諸翼兵伐蜀，克隆慶。己亥，攻重慶。庚子，圖萬州。宋人將舟師數百艘泝流迎戰。按竺邇順流率勁兵，乘巨筏，浮革舟於其間，弓弩兩射，宋人不能敵，敗諸夔門。辛丑，伐西川，破二十餘城。成都守將田顯開北門以納師。宋制置使陳隆之出奔，追獲之，縛至漢州，令誘降守將王夔。夔不降，進兵攻之。夔夜驅火牛，突圍出奔，遂斬隆之。壬寅，會大軍破遂寧、瀘、敍等州。癸（亥）〔卯〕，〔三〕破資州。庚戌，按竺邇安輯涇、邠二州。宋制置使余玠攻興元，文州降將王德新乘隙自階州叛，執扈、牛二鎭將，領衆千餘走江油。憲宗召按竺邇還舊鎭。按竺邇遣將直擣江油，奪扈、牛以歸。

中統元年，世祖卽位，親王有異謀者，其將阿藍答兒、渾都海圖據關隴。時按竺邇以老，委軍於其子。帝遣宗王哈丹、哈必赤、阿曷馬西討。按竺邇曰：「今內難方殷，浸亂關隴，豈臣子安臥之時耶？吾雖老，尚能破賊。」遂引兵出删丹之耀碑谷，從阿曷馬，與之合戰。會大風，晝晦，戰至晡，大敗之，斬馘無算。按竺邇與總帥汪良臣獲阿藍答兒、渾都海等。捷聞，帝錫璽書褒美，賜弓矢錦衣。四年，卒，年六十九。延祐元年，贈推忠佐運功臣、太保、儀同三司、上柱國，封秦國公，謚武宣。

子十人，徹理、國寶最知名。徹理襲職爲元帥。丁巳，從父攻瀘州，降宋將劉整。〔四〕

宋將姚德壁雲頂山，戊午，大軍圍之。徹理率部兵由水門先登，破其壁，德降。後以病廢，卒。

國寶一名黑梓，少擊劍學書，倜儻好義，有謀略。父爲元帥，軍務悉以委之，故所至多捷。從攻重慶，降宋都統張實，併掠合州以歸。

中統元年，從攻阿藍答兒有功。阿藍答兒叛將火都據吐蕃之點西嶺。國寶攝帥事，討之，衆欲速戰。國寶曰：「此窮寇也，宜少緩，以計破之。」遂以精兵襲其後。火都欲西走，國寶據險要之。挑戰則斂兵自固。相持兩月，潛兵出其不意，擒殺之。捷聞，賜弓矢、金綺。

初，按竺邇之告老，制命徹理襲征行元帥。徹理以病不視事。國寶乃謂諸弟曰：「昔我先人，耀兵西陲，大功旣集，關隴雖寧，而西戎未靖，此吾輩立功之秋也。」乃遣謝鼎與弟國能，持金帛說降吐蕃，酋長勘陁孟迦從國寶入覲。國寶奏曰：「文州山川險阨，控庸蜀，拒吐蕃，宜城文州，屯兵鎭之。」從之，授國寶三品印，爲蒙古漢軍元帥，兼文州吐蕃萬戶府達魯花赤，與勘陁孟迦皆賜金符。

時扶州諸羌未附，國寶宣上威德，於是呵哩禪波哩揭諸酋長皆歸款，從國寶入覲。國寶圖山川形勢以獻，詔授呵哩禪波哩揭爲萬戶，賜金虎符，諸酋長爲千戶，皆賜金符。賜國寶金幣。國寶治文州有善政。至元四年卒。延祐元年，贈推忠佐理功臣、光祿大夫、平章

政事、柱國，封梁國公，諡忠定。

子世榮、世延。初，國寶將卒，以世榮幼，命弟國安襲其職。國安既襲蒙古漢軍元帥，兼文州吐蕃萬戶府達魯花赤，後以其兄國寶安邊功，賜金虎符，進昭勇大將軍。十五年，討叛王吐魯于六盤，獲之，請解職授世榮。帝曰：「人爭而汝讓，可以敦薄俗。」錄其六盤功，進昭毅大將軍、招討使。世榮，襲懷遠大將軍、蒙古漢軍元帥，兼文州吐蕃萬戶府達魯花赤。後以功進安遠大將軍、吐蕃宣慰使議事都元帥，佩三珠虎符。世延，中書平章政事。

畏答兒

畏答兒，忙兀人。其先剌眞八都兒，有二子，次名忙兀兒，始別爲忙兀氏。畏答兒其六世孫也。與兄畏翼俱事太祖。時大疇强盛，畏翼率其屬歸之，畏答兒力止之，不聽，追之，又不肯還，畏答兒乃還事太祖。太祖曰：「汝兄既去，汝獨留此何爲？」畏答兒無以自明，取矢折而誓曰：「所不終事主者，有如此矢。」太祖察其誠，更名爲薛禪，約爲按達。薛禪者，聰明之謂也；按達者，定交不易之謂也。

太祖與克烈王罕對陣於哈剌眞，師少不敵。帝命兀魯一軍先發，其將朮徹台，橫鞭馬鬣不應。畏答兒奮然曰：「我猶鑿也，諸君斧也，鑿匪斧不入，我請先入，諸軍繼之，萬一不

還，有三黃頭兒在，唯上念之。」遂先出陷陣，大敗之，至晡時，猶追逐不已，敕使止之，乃還。腦中流矢，創甚，帝親傅以善藥，留處帳中，月餘卒，帝深惜之。及王罕滅，帝以其將只里吉實抗畏答兒，乃分只里吉（實）民百戶隸其子，〔一五〕且使世世歲賜不絕。仍令收完忙兀人民之散亡者。太宗思其功，復以北方萬戶封其子忙哥爲郡王。歲丙申，忽都忽大料漢民，分城邑以封功臣，授忙哥泰安州民萬戶。帝訝其少，忽都忽對曰：「臣今差次，惟視舊數多寡，忙哥舊纔八百戶。」帝曰：「不然，畏答兒封戶雖少，戰功則多，其增封爲二萬戶，與十功臣同。爲諸侯者，封戶皆異其籍。」兀魯爭曰：「忙哥舊兵不及臣之半，今封顧多於臣。」帝曰：「汝忘而先橫鞭馬鬣時耶？」兀魯遂不敢言。忙哥卒，孫只里瓦䚟、乞答䚟，曾孫忽都忽、兀乃忽里、哈赤，俱襲封爲郡王。

博羅歡　伯都

博羅歡，畏答兒幼子蘸木曷之孫，瑣魯火都之子也。時諸侯王及十功臣各有斷事官，博羅歡年十六，爲本部斷事官。從世祖討阿里不哥，數有功，帝喜而賜馬四十匹，金幣稱之。

中統三年，李璮叛。命帥忙兀一軍圍濟南，分兵掠益都、萊州，悉平之。詔錄燕南獄，讞決明允，賜衣一襲。皇子雲南王（愛）〔忽〕哥赤爲其省臣寶合丁毒死，〔一六〕事覺，中書擇可治其獄者四人，奏上，皆不稱旨。丞相線眞以博羅歡聞，帝可其奏。博羅歡辭曰：「臣不敢愛死，第年少不知書，恐誤事耳。」帝乃以吏部尚書別帖木兒輔其行。未至雲南，寶合丁密以金六籯迎餽，祈勿究其事。博羅歡慮其握兵徼外，拒之恐致變。陽諾曰：「吾橐不能容，可且持歸，待我取之。」博羅歡至，則覓其獄，誅毒王者，而歸其金于省。陛見，帝顧謂線眞曰：「卿舉得其人矣。」賜黃金五十兩，詔忙兀事無大小，悉統於博羅歡。授昭勇大將軍、右衞親軍都指揮使，大都則專右衞，上都則兼三衞。

會伐宋，授金吾衞上將軍、中書右丞。詔分大軍爲二，右軍受伯顏、阿朮節度，左軍受博羅歡節度。俄兼淮東都元帥，罷山東經略司，而以其軍悉隸焉。遂軍于下邳，召將佐謀曰：「清河城小而固，與昭信、淮安、泗州爲掎角，猝未易拔。海州、東海、石秋，遠在數百里之外，必不嚴備。吾頓大兵爲疑兵，以輕騎倍道襲之，其守將可擒也。」師至，三城果皆下，清河亦降。宋主以國內附，而淮東諸城猶爲之守。詔博羅歡進軍，拔淮安南堡，戰白馬湖及寶應，掠高郵，自西小河入漕河，（拨）〔據〕灣頭，斷通、泰援兵，〔一七〕遂下揚州，淮東平。益封桂陽、德慶二萬一千戶。

十四年，討叛臣只里斡台於（德）〔應〕昌，〔一八〕平之。賜玉帶文綺，與博羅同署樞密院事，

拜中書右丞，行省北京。未幾，召還。

時江南新附，尙多反側，詔募民能從大軍進討者，使自爲一軍，聽節度於其長，而毋役於他軍，制命符節，皆與正同。會博羅歡寢疾，乃附樞密董文忠奏曰：「今疆土寖廣，勝兵百萬，指揮可集，何假此無藉之徒。彼一踐南土，則掠人貨財，俘人妻孥，仇怨益滋，而叛者將愈衆矣。」奏上，召輿疾賜坐，與語，帝大悟，遂可其奏。而常德入訴唐兀一軍殘暴其境內，敕斬以徇。凡所募軍皆罷。

十六年，以哈剌斯、博羅思、斡羅罕諸部不相統，命博羅歡監之。十八年，以中書右丞行省甘肅。二十年，拜御史大夫，行御史臺事，以疾歸。

諸王乃顏叛，帝將親征。博羅歡諫曰：「昔太祖分封東諸侯，其地與戶，臣皆知之，以二十爲率，乃顏得其九，忙兀、兀魯、扎剌兒、弘吉剌、亦其烈思五諸侯得其十一，惟徵五諸侯兵，自足當之，何至上煩乘輿哉？臣疾且愈，請事東征。」帝乃賜鎧甲弓矢鞍勒，命督五諸侯兵，與乃顏戰，敗之。其黨塔不帶以兵來拒，會久雨，軍乏食，諸將欲退。博羅歡曰：「今兩陣相對，豈容先動。」俄塔不帶引兵退。博羅歡以其師乘之，轉戰二日，身中三矢，大破之，斬其駙馬忽倫。適太師月魯那演大軍來會，遂平乃顏，擒塔不帶。既而其黨哈丹復叛，詔與諸侯王乃馬帶討之。哈丹游騎猝至，博羅歡從三騎返走，抵絕澗，可二丈許，追騎垂及，

博羅歡策其馬一躍而過，三從騎皆沒，人以爲有神助云。哈丹死，斬其子老的於陣。往返凡四歲。凱旋，俘哈丹二妃以獻，敕以一賜乃馬帶，一賜博羅歡。陳其金銀器於延春閣，上召諸侯王將帥分賜之。博羅歡辭，帝曰：「卿可謂能讓。」乃賜金銀器五百兩以旌之。河南宣慰改行中書省，拜平章政事，有詔括馬毋及勳臣之家。博羅歡曰：「吾馬成羣，所治地方三千里，不先出馬，何以爲吏民之倡。」乃先入善馬十有八。汴南諸州，(莽)〔漭〕爲巨浸，〔二九〕博羅歡躬行決口，督有司繕完之。

三十一年，成宗立，遷陝西行中書省平章政事。未行，留鎭河南。入朝，請以泰安州所入五戶絲四千斤，易內庫繒帛，分給忙兀一軍。帝爲敕遞車送軍中，賜以銀百五十兩。陛辭，帝諭之曰：「卿今白鬚，世祖德言，實多聞之，宜加愼護。」因以世祖所佩弓矢鞶帶賜之。有頃，近臣奏：「伐宋時，右軍分屬伯顏、阿朮，左軍分屬博羅歡。今伯顏、阿朮皆受分地，而博羅歡未及，惟帝裁之。」帝曰：「何久不言，豈彼恥自請耶？」乃益封高郵五百戶。

大德元年，叛王藥木忽兒、兀魯速不花來歸。博羅歡聞之，遣使馳奏曰：「諸王之叛，皆由其父，此輩幼弱，無所與知。今茲來歸，宜棄其前惡，以勸未至。」帝深以爲然，賜金鞍勒，命以平章政事行省湖廣。會幷福建行省入江浙，拜光祿大夫、上柱國、江浙等處行中書省平章政事。居歲餘，卒，年六十三。

博羅歡勇有智略，戰常以身先之，所獲財物悉與將士，故得其死力。平居常以國事爲憂，聞變卽請行，至終其事乃止。其忠義蓋天性然也。累贈推忠宣力贊運功臣、太師、開府儀同三司、上柱國，加封(奉)〔泰〕安王，〔三〇〕謚武穆。

子渾都、伯都、埜先帖木兒、博羅。渾都，山東宣慰使，遙授中書平章政事。埜先帖木兒，河南江北等處行中書省左丞相。卒官開府儀同三司、翰林學士承旨。博羅，陝西等處行中書省平章政事。埜先帖木兒子：尼摩星吉，襲郡王；亦思剌瓦性吉，中政使。

伯都幼穎異，不以家世自矜，長嗜書史。大德五年，擢江東道廉訪副使，拜江南行臺侍御史。未幾，召入僉樞密院事，領舍兒別赤。至大二年，出爲江南行臺御史中丞，遷陝西行臺御史大夫。

延祐元年，拜甘肅行省平章政事。時米價騰湧，陸輓一石，費二百緡，乃爲經畫計，所省至四百餘萬緡，自是諸倉俱充溢。甘州氣寒地瘠，少稔歲。民饑，則發粟賑之，春闕種，則貸之。於是兵饟旣足，民食亦給。詔賜名鷹、甲冑、弓矢及鈔五千緡以勞焉。四年移江浙行省平章政事，入爲太子賓客。上書陳古先聖王正心修身之道，帝嘉納之。遷江南行臺御史大夫。皇太后謂東宮官不宜使外，止其行。遂以疾辭去，寓居高郵。

英宗卽位，復命爲江南行臺御史大夫。陛見，以疾固辭。帝慰諭久之，命以平章之祿歸養于家，復賜鈔十萬緡。所服藥須空青，詔遣使江南訪求之。伯都辭謝曰：「臣曩膺重寄，深懼弗稱，今已病廢，況敢叨濫厚祿以受重賜乎？」併以所給平章政事祿歸有司。

泰定元年，還京師，卒。朝廷知其貧，賻鈔二萬五千貫。御史臺奏賻三萬五千貫，仍還所辭祿，妻弘吉剌氏弗受，曰：「始伯都仕于朝，不敢虛受廩祿。今歿矣，苟受是祿，非其意也。」卒辭之。子篤爾只，將作院判官。

抄思 〔別的因〕〔三一〕

抄思，乃蠻部人。又號曰答祿。其先泰陽，爲乃蠻部主。祖曲書律。父敵溫。太祖舉兵討不庭，曲書律失其部落，敵溫奔契丹卒。抄思尙幼，與其母跋涉間行，歸太祖，奉中宮旨侍宮掖。

抄思年二十五，卽從征伐，破代、石二州，不避矢石，每先登焉。雁門之戰屢捷。會太宗命睿宗平金，抄思執銳以從，與金兵戰，所向無前。壬辰，兵次鈞州，金兵壘于三峯山，抄思察其營壁不堅，夜領精騎襲之，金兵驚擾，遂乘擊之，拔三峯山。睿宗以抄思功聞于朝，有旨以湯陰縣黃招撫等一百一十七戶賜之。抄思力辭不受。復賜以男女五十口，宅一區，

黃金盤帶、酒壺、盃盂各一。辭弗許，迺受之。制授萬戶，與內侍胡都虎、留乞簽起西京等處軍人征行及鎭守隨州。招集民戶，每千人以官一員領之。丁酉秋七月，奉旨調軍，得西京、大名、濱、棣、懷、孟、眞定、河間、邢、洺、磁、威、新、衞、保等府州軍四千六十餘人，統之。後移鎭潁，以疾歸大名。歲戊申正月卒，年四十四。子別的因。

別的因在襁褓時，父抄思方領兵平金，與其祖母康里氏在三皇后宮庭。戊申，父抄思卒，母張氏迎別的因以歸。祖母康里氏卒。張嘗從容訓之曰：「人有三成人，知畏懼成人，知羞恥成人，知艱難成人。否則禽獸而已。」別的因受教唯謹。

甲寅，世祖以宗王鎭黑水，有旨諭察罕那顏，命別的因襲抄思職，爲副萬戶，鎭守隨、潁等處。丙辰冬十有二月，世祖復諭征鎭軍士悉聽別的因等號令。別的因身長七尺餘，膂豐多力，善刀舞，尤精騎射，士卒咸畏服之。

明年，庚申，〔三二〕世祖卽位，委任尤專。癸亥正月，召赴行在所。冬十一月，謁見世祖於行在所，世祖賜金符，以別的因爲壽潁二州屯田府達魯花赤。時二州地多荒蕪，有虎食民妻，其夫來告，別的因默然良久，曰：「此易治耳。」迺立檻設機，縛羔羊檻中以誘虎。夜半，虎果至，機發，虎墮檻中，因取射之，虎遂死。自是虎害頓息。

至元十三年，授明威將軍、信陽府達魯花赤，佩金符。時信陽亦多虎，別的因至，未久，一日以馬褐置鞍上出獵，命左右燔山，虎出走，別的因以褐擲虎，虎搏褐，據地而吼，別的因旋馬視虎射之，虎立死。

十六年，進宣威將軍、常德路副達魯花赤，會同知李明秀作亂，別的因請以單騎往招之，直抵賊壘，賊輕之，不設備。別的因諭以朝廷恩德，使爲自新計，明秀素畏服，遂與俱來。別的因聞于朝，明秀伏誅，賊遂平。

三十一年，進懷遠大將軍，遷池州路達魯花赤。之官，道經潁上。潁近荆山，有野豕時出害民禾稼，民莫能制。聞別的因至，迎拜境上，告以其故。別的因曰：「毋慮也。」遂至荆山，以狼牙箭射之，豕走數里。大德十三年，〔二三〕進昭勇大將軍、台州路達魯花赤。卒，年八十一。

子不花，僉嶺南廣西道肅政廉訪司事；文圭，有隱德，贈祕書監著作郎；延壽，湯陰縣達魯花赤。孫守恭，曾孫與權，皆讀書登進士科，人多稱之。

校勘記

〔一〕〔兀良合台〕 據本書原目錄補。

〔二〕闊赤檀山 按元朝祕史有「闊亦田地面」，親征錄作「闕亦壇之野」。此名蒙語，義爲「寒」。新元史改「赤」爲「亦」，疑是。

〔三〕撒里畏吾特（勒）〔勤〕 據本書卷一二二雪不台傳改。秋澗集卷五〇兀良氏先廟碑「特勤」作「的斤」。

〔四〕壬寅太宗崩 考異云：「案本紀，太宗崩在辛丑年。」此處「壬寅」二字誤衍。

〔五〕歲（乙）〔癸〕巳 道光本與本書太宗紀五年癸巳二月、九月條合，從改。按癸巳年爲元太宗五年，乙巳係乃馬眞后稱制第四年。

〔六〕欽察兀魯思阿（速）孛烈兒諸部 按此處所列諸部，欽察本書多見，兀魯思卽斡羅思，孛烈兒又見下文。「阿」下顯有脫文，今據本書卷二定宗紀、卷六三地理志、卷一二二昔里鈐部傳、卷一二二四忙哥撒兒傳、卷一二九紐璘傳、卷一三二麥里傳所見補。

〔七〕己酉定宗崩至四月諸王大會 按本書卷二定宗紀，定宗死於戊申年。道光本改「己酉」爲「戊申」，是。諸王大會則爲己酉年四月事。

〔八〕段（智興）〔興智〕 據本書卷一六六信苴日傳及元文類卷二三程鉅夫平雲南碑改正。類編已校。

〔九〕魯〔魯〕斷國 據下文及秋澗集卷五〇兀良氏先廟碑補。按此卽本書多見之羅羅斯。蒙史已校。

〔一〇〕大（師）〔帥〕居中 道光本與秋澗集卷五〇兀良氏先廟碑合，從改。

〔一一〕甲戌太祖西征尋思干阿里麻里等國 本證云：「案太祖紀，西征始于己卯，克尋思干在庚辰，此誤。」

〔一二〕（城）〔成〕都 從北監本改。

〔一三〕癸（亥）〔卯〕 道光本與永樂大典卷一〇八八九元明善按竺邇神道碑合，從改。

〔一四〕丁巳從父攻瀘州降宋將劉整 蒙史云：「按整本傳及世祖紀，整以中統二年辛酉降，而云丁巳者必誤也。」

〔一五〕帝以其將只里吉實抗畏答兒乃分只里吉（實）民百戶隸其子 據元文類卷五九姚燧博羅驩神道碑刪。按只里吉，部名，元朝祕史作「只兒斤」。

〔一六〕雲南王（愛）〔忽〕哥赤 據本書卷一〇八諸王表、卷一六七張立道傳改。類編已校。

〔一七〕（撥）〔據〕灣頭斷通泰援 元文類卷五九姚燧博羅驩神道碑作「據灣頭堡，斷通、泰援」，據改。新元史已校。

〔一八〕討叛臣只里斡台於（德）〔應〕昌 據元文類卷五九姚燧博羅驩神道碑改。本書卷一二八土土哈傳、卷一四九移剌涅兒傳附移剌元臣傳皆作「應昌」。本證已校。

〔一九〕（莽）〔漭〕爲巨浸 據元文類卷五九姚燧博羅驩神道碑改。

〔二〇〕（奉）〔泰〕安王 據山左金石志卷二三姚燧博羅驩神道碑改。新編已校。

〔二一〕〔別的因〕 據本書原目錄補。

〔二二〕明年庚申 按上文有「丙辰」，「明年」二字顯係衍文。

〔二三〕大德十三年 大德無十三年，此誤。按黄金華集卷二八荅祿乃蠻氏先塋碑有「大德某年，公始至台州」，「至大二年六月十日卒」。至大二年係大德十一年後二年。

元史卷一百二十二

列傳第九

巴而朮阿而忒的斤

巴而朮阿而忒的斤亦都護，亦都護者，高昌國主號也。先世居畏兀兒之地，有和林山，二水出焉，曰禿忽剌，曰薛靈哥。一夕，有神光降于樹，在兩河之間，人卽其所而候之，樹乃生癭，若懷妊狀，自是光常見。越九月又十日而樹癭裂，得嬰兒者五，土人收養之。其最稚者曰不〔古〕可罕。〔一〕既壯，遂能有其民人土田，而爲之君長。傳三十餘君，是爲玉倫的斤，數與唐人相攻戰，久之議和親，以息民罷兵。於是唐以金蓮公主妻的斤之子葛勵的斤，居和林別力跛力答，言婦所居山也。又有山曰天哥里于答哈，言天靈山也。南有石山曰胡力答哈，言福山也。唐使與相地者至其國，曰：「和林之盛强，以有此山也。盍壞其山，以弱其國。」乃告諸的斤曰：「既爲婚姻，將有求於爾，其與之乎？福山之石，於上國無所用，而唐人

願見。」的斤遂與之石，大不能動，唐人以烈火焚之，沃以醲醋，其石碎，乃輦而去。國中鳥獸爲之悲號。後七日，玉倫的斤卒，災異屢見，民弗安居，傳位者又數亡，乃遷於交州。交州卽火州也。統別失八里之地，北至阿朮河，南接酒泉，東至兀敦、甲石哈，西臨西蕃。居是者凡百七十餘載，而至巴而朮阿而忒的斤，臣於契丹。

歲己巳，聞太祖興朔方，遂殺契丹所置監國等官，欲來附。未行，帝遣使使其國。亦都護大喜，卽遣使入奏曰：「臣聞皇帝威德，卽棄契丹舊好，方將通誠，不自意天使降臨下國，自今而後，願率部衆爲臣僕。」是時帝征大陽可汗，射其子脫脫殺之。脫脫之子（大）〔火〕都、〔二〕赤剌溫、馬札兒、禿薛干四人，以不能歸全屍，遂取其頭涉也兒的石河，將奔亦都護，先遣使往，亦都護殺之。四人者至，與大戰於襜河。亦都護遣其國相來報，帝復遣使還諭亦都護，遂以金寶入貢。

辛未，朝帝于怯綠連河，奏曰：「陛下若恩顧臣，使臣得與陛下四子之末，庶幾竭其犬馬之力。」帝感其言，使尚公主也立安敦，且得序於諸子。與者必那演征罕勉力、鎖潭回回諸國，將部曲萬人以先。紀律嚴明，所向克捷。又從帝征你沙卜里，征河西，皆有大功。既卒，而次子玉古倫赤的斤嗣。

玉古倫赤的斤卒，子馬木剌的斤嗣。將探馬軍萬人，從憲宗伐宋合州，攻釣魚山有功，還火州卒。

至元三年，世祖命其子火赤哈兒的斤嗣爲亦都護。海都、帖木迭兒之亂，畏兀兒之民遭亂解散，於是有旨命亦都護收而撫之，其民人在宗王近戚之境者，悉遣還其部，畏兀兒之衆復輯。

十二年，都哇、卜思巴等率兵十二萬圍火州，聲言曰：「阿只吉、奧魯只諸王以三十萬之衆，猶不能抗我而自潰，爾敢以孤城當吾鋒乎？」亦都護曰：「吾聞忠臣不事二主，吾生以此城爲家，死以此城爲墓，終不能從爾也。」受圍凡六月，不解。都哇以書繫矢射城中曰：「我亦太祖皇帝諸孫，何以不附我？且爾祖嘗尚公主矣。爾能以女與我，我則休兵；不然則急攻爾。」其民相與言曰：「城中食且盡，力已困，都哇攻不止，則相與俱亡矣。」亦都護曰：「吾豈惜一女而不以救民命乎！然吾終不能與之相見。」以其女也立亦黑迷失別吉，厚載以茵，引繩縋城下而與之，都哇解去。其後入朝，帝嘉其功，錫以重賞，妻以公主曰巴巴哈兒，定宗之女也。又賜鈔十萬錠以賑其民。還鎭火州，屯於州南哈密力之地，兵力尚寡，北方軍忽至其地，大戰力盡，遂死之。

子紐林的斤，尚幼，詣闕請兵北征，以復父讎。帝壯其志，賜金幣巨萬，妻以公主曰不魯罕，太宗之孫女也。公主薨，又尚其妹曰八卜叉。有旨師出河西，俟北征諸軍齊發，遂留

永昌。會吐蕃脫思麻作亂，詔以榮祿大夫平章政事，領本部探馬等軍萬人鎭吐蕃宣慰司。威德明信，賊用斂迹，其民賴以安。武宗召還，嗣爲亦都護，賜之金印，復署其部押西護司之官。仁宗始稽故實，封爲高昌王，別以金印賜之，設王傅之官。其王印行諸內郡，亦都護印行諸畏兀兒之境。八卜叉公主薨，復尚公主曰兀剌眞，安西王之女也。領兵火州，復立畏兀兒城池。延祐五年薨。子二人，長曰帖木兒補化，次曰籛吉，皆八卜叉公主所生也。

帖木兒補化，大德中，尚公主曰朶兒只思蠻，闊端太子孫女也。至大中，從父入覲，備宿衞。又事皇太后於東朝，拜中奉大夫，領大都護事。又以資善大夫出爲鞏昌等處都總帥達魯花赤。奔父喪於永昌，請以王爵讓其叔父欽察台，叔父力辭，乃嗣爲亦都護高昌王。至治中，領甘肅諸軍，仍治其部。泰定中召還，與威順王寬徹不花、宣靖王買奴、靖安王闊不花分鎭襄陽。俄拜開府儀同三司、湖廣行省平章政事。文宗召至京師，佐平大難。時湖廣左丞有以忌嫉害政者，詔命誅之。帖木兒補化乃爲申請曰：「是誠有罪，然不至死。」人服其雅量。天曆元年，拜開府儀同三司、上柱國、錄軍國重事、知樞密院事。明年正月，以舊官勳封拜中書左丞相。三月，加太子詹事；十月，拜御史大夫。其弟籛吉乃以讓嗣爲亦都護高昌王。

鐵邁赤 虎都鐵木祿 塔海

鐵邁赤，合魯氏。善騎射，初事忽蘭皇后帳前，嘗命爲掬馬官。從太祖定西夏。又從皇子闊出、忽都〔禿〕、〔三〕行省鐵木答兒定河南，累有戰功。

憲宗之伐宋也，世祖以皇弟受命攻鄂。大駕征西川，遣元帥兀良哈台自交趾擣宋，與諸軍合。歲己未，皇弟駐兵鄂渚，聞兀良哈台由廣西至長沙，遣鐵邁赤將練卒千人、鐵騎三千迎兀良哈台于岳州。兀良哈台得援，抵江夏，北涉黃州，鐵邁赤與有力焉。

世祖卽位，命從征叛王于失木土之地，勞績益著。至元七年，授蒙古諸萬戶府奧魯總管。十九年以疾卒。子八人，虎都鐵木祿最顯。

虎都鐵木祿好讀書，與學士大夫遊，字之曰漢卿。仁宗嘗顧左右曰：「虎都鐵木祿字漢卿，漢名卿不讓也，汝等以漢卿名之宜矣。」其母姓劉氏，故人又稱之曰劉漢卿云。

至元十一年，從丞相伯顏渡江。既取宋，遣視宋故宮室，護帑藏。諭下明、越等州。從平章奧魯入覲，授忠顯校尉總把，再轉昭信校尉。二十二年，授奉訓大夫、荆湖占城等處行中書省理問官。時行省之名曰荆湖占城，曰荆湖，曰湖廣，凡三改。理問一日以軍事入奏，

敷陳辨白有指趣。世祖大悅，若曰：「辭簡意明，令人樂於聽受，昔以其兄阿里警敏捷給，令侍左右，斯人顧不勝耶？」敕都護脫因納志之。

平章政事程鵬飛建議征日本，奏漢卿爲征東省郎中。帝顧脫因納，若曰：「鵬飛南士也，猶知其能。姑聽之，候還，朕自錄任。」征東省罷，徵漢卿還。丞相阿里海牙以湖廣行省機密事重，舍漢卿無可用者，遣郎中岳洛也奴奏留，從之。

二十一年，〔四〕從皇子鎭南王征交趾。比還鄂時，權臣方擅威福，遂退處于家。二十八年，詔太傅、右丞相順德王答剌罕擒權姦于鄂。答剌罕遂拜湖廣行中書省平章政事，詢舊人知方面之務者，衆薦漢卿，遣使卽南陽家居驛致武昌，奏事京師，帝嘉之，擢給事中。居再歲，提刑按察司改肅政廉訪司，臺臣奏授奉議大夫、廣西海北道副使，陛辭，留之仍舊職。既而湖廣行省平章政事劉〔國〕傑奏伐交趾，〔五〕造戰船五百于廣東，帝曰：「此重事也，須才幹臣乃濟用。」以漢卿督匠南方，敕曰：「汝還，當顯汝于衆。」因頓首謝。事既集，帝崩，遷福建行省郎中，朝列大夫、漢陽監府，中順大夫、湖南宣慰副使。

峒酋岑雄叛，奉詔開諭，頑獷怗服。改太中大夫、河南行中書省郎中，通議大夫、同僉樞密院事，拜禮部尚書。大臣奏覈實江南民田，漢卿奉詔使江西，以田額舊定，重擾民不便，置不問。止奏茶、漕置局十有七所，以七品印章敕授局官五十一員，增中統課緡五十萬。轉正議大夫、兵部尚書。未幾命爲中奉大夫、荆湖北道宣慰使，已命復留之。延祐三年，大臣以浙東倭奴商舶貿易致亂，奏遣漢卿宣慰閩、浙，撫戢兵民，海陸爲之靜謐云。從子塔海。

塔海，漢卿兄子也。世祖時，從土土哈充哈剌赤。至元二十四年，扈駕征乃顏。二十六年，入覲，帝命充寶兒赤，扈駕至和林，賜只孫冠服。大德四年，授中書直省舍人。遷中書客省副使。武宗卽位，賜中統鈔五百錠，以旌其能。尋進和林行省理問所官，改通政僉院。歷和寧路總管，改汴梁。

先是，朝廷令民自實田土，有司繩以峻法，民多虛報以塞命，其後差稅無所於徵，民多逃竄流移者。塔海以其弊言于朝。由是省民間虛糧二十二萬，民賴以安。後改任廬州，時有飛蝗北來，民患之，塔海禱于天，蝗乃引去，亦有墮水死者，人皆以爲異。民乏食，開廩減直，俾民糴之，所活甚衆。

天曆元年冬十月，樞密院臣奏以塔海充樞密僉院，守潼關及河中府。帝遣人馳賜白金鈔幣，宣授僉書樞密院事。未幾西軍犯南陽，督諸衞兵往平之。至其地，首率勇士與帖木哥等戰，摧其前鋒將，奪其旗鼓，西軍敗走。賜三珠虎符，進大都督，累官資善大夫。

按扎兒

按扎兒，拓跋氏，嘗扈從太祖南征。歲丙子，復從定諸部有功，命領蒙古軍爲前鋒，時木華黎暨博爾朮爲左右萬戶長，各以其屬爲翊衞。太祖命木華黎爲太師國王都行省承制行事，兵臨燕、遼、營、青、齊、魯、趙、韓、魏，皆下。

歲己卯，河中府降，兵北還，以按扎兒領前鋒總帥，仍統所部兵屯平陽以備金，攝國王事。時金將乞石烈氏擁兵數爲邊患，然畏按扎兒威名，不敢輕犯其境。歲壬午，元帥石天應守河中府，屯中條山，金侯將軍率昆弟兵十餘萬夜襲河中，天應遣偏裨吳權府率五百兵出東門，伏兩谷（關）〔間〕。〔六〕諭之曰：「俟其半過，卽翼擊之，俾腹背受敵，卽成禽矣。」吳醉，敵至，聲援弗繼，城遂陷，天應死焉，遂燔其城，屠其民。將趨中條，按扎兒進兵擊之，斬首數萬級，逃免者僅十數。

歲癸未春，至聞喜縣西下馬村，木華黎卒，詔以子孛魯襲其爵，時平陽重地，令按扎兒居守。歲庚寅，孛魯由雲中圍（緯）〔衞〕州，〔七〕金將武仙恐，退保潞東十餘里原上，孛魯馳至沁南，未立鼓，乞石烈引兵襲其後，孛魯戰失利，輜重人口皆陷沒，按扎兒妻奴丹氏亦被獲，拘于大梁。金主聞按扎兒威名，召奴丹氏見，奴丹氏色莊言正，不爲動。金主因謂之曰：

「今縱爾還，能偕爾夫來，當厚賞爾。」奴丹氏佯諾之，遂得還。太宗聞而義之，召見，褒賚甚厚，遂詔預其夫前鋒事。

帝率從弟按只吉歹、〔八〕口温不花大王、皇弟四太子，暨國王孛魯征潞州、鳳翔。〔九〕至鈞州三峯山，金將完顏合達引兵十五萬來戰，俘其同僉移剌不花等，悉誅之。明年壬辰春，三月，帝班師北還，命偕都元帥唆伯台圍汴。城中識按扎兒旗幟，懼曰：「其妻猶勇且義，況其夫乎。」

歲甲午，金亡，詔封功臣，賜平陽户六百一十有四、驅户三十、獵户四。未幾，以疾卒。子忙漢、拙赤哥。

至元十五年，忙漢爲管軍千户。二十四年，從征乃顏。二十六年，從征海都。二十七年，宣授蒙古侍衛親軍千户，佩金符。元貞元年，有旨命領探馬赤軍，偕哈伯元帥從宗王出伯西征，改授昭信校尉、右都威衛千户。大德元年，召還。至大四年卒。子乃蠻襲。

拙赤哥入宿衛，從世祖征鄂漢，以功賜白金。至元三年，從征李璮，〔一〇〕戰死之。子闊闊朮爲御史臺都事。至元三十一年，國王速渾察之子拾得既没，〔一一〕其家有故璽，王將鬻之，命闊闊朮以示中丞崔彧、御史楊桓，辯其文曰：「受命于天，既壽永昌。」蓋秦璽也。或請獻之徽仁裕聖皇后，后以鈔二千五百貫賜拾得家，金織文段二賜闊闊朮。成宗卽位，近臣

以其事聞，授闊闊朮漢中廉訪僉事，仕至湖南廉訪使。

雪不台〔一二〕

雪不台，蒙古部兀良罕氏。遠祖捏里弼生孛忽都，雄勇有智略。曾孫合飭温生哈班、哈不里。哈班生二子：長虎魯渾，次雪不台。

太祖初建興都于班朱泥河，〔一三〕今龍居河也。哈班驅羣羊入貢，遇盜見執，雪不台及兄虎魯渾隨至，刺盜殺之，衆潰去，哈班得以羊進帝所，由是父子兄弟以義勇稱。虎魯渾以百夫長西征，破乃蠻，立戰功。

雪不台以質子襲職，七年，攻桓州，先登，下其城，賜金幣凡一車。十一年，戰滅里吉衆于蟾河，追其部長玉峪，大破之，遂有其地。扈從征回鶻，其主棄國去，雪不台率衆追之，回鶻竟走死。其帑藏之積盡入内府，賜寶珠一銀罌。十八年，討定欽察，鏖戰斡羅思大、小密赤思老，降之，奏滅里吉、乃蠻、怯烈、〔杭〕斤、欽察部千户通立一軍。〔一四〕十九年，獻馬萬匹。二十一年，取騣里畏吾、特勤、赤憫等部，德順、鎮戎、蘭、會、洮等州，獻牝馬三千匹。

太宗二年，大舉伐金，渡河而南，睿宗以太弟將兵渡漢水而北，會河南之三峯山。金大臣合（鞑鞑）〔達〕諸將步騎數十萬待戰，〔一五〕雪不台從睿宗出牛頭關，謀曰：「城邑兵野戰不利，易破耳。」師集三峯，金圍之數匝，將士頗懼。俄而風雪大作，金卒僵踣，士氣遂奮，敵衆盡殪。河南諸州以次降破。四年夏，雪不台總諸道兵攻汴，金義宗走衞州，又走歸德，又走蔡州。癸巳秋，汴將以城降，〔一六〕其冬攻蔡。六年春，金亡。雪不台以汴民饑，縱使渡河就食，民德之。

是年詔宗王拔都西征，雪不台爲先鋒，戰大捷。十三年，討兀魯思部主野力班，禽之。攻馬剳部，與其酋怯憐戰漷寧河，遣偏師由下流擣其城，拔之。是時，北庭、西域、河南北、關隴皆底定，雪不台功力居多。

初，太祖征西夏，閔其久於行間，敕還省覲。〔一七〕雪不台對曰：「君勞臣佚，情所未安。」帝壯而聽之。又金帥合達見獲，以不屈死，猶問雪不台安在，請一識之。雪不台出謂曰：「汝須臾人耳，識我何爲？」曰：「人臣亦各爲其主，卿勇蓋諸將，天生英豪，其偶然邪。吾見卿甘心瞑目矣。」

定宗三年卒於篤列河之地，年七十有三。至大元年，贈效忠宣力佐命功臣、開府儀同三司、上柱國，河南王，謚忠定。

唵木海

唵木海，蒙古八剌忽觧氏，與父孛合出俱事太祖，征伐有功。帝嘗問攻城略地，兵仗何先，對曰：「攻城以砲石爲先，力重而能及遠故也。」帝悅，卽命爲砲手。歲甲戌，太師國王木華黎南伐，帝諭之曰：「唵木海言，攻城用砲之策甚善，汝能任之，何城不破。」卽授金符，使爲隨路砲手達魯花赤。唵木海選五百餘人教習之，後定諸國，多賴其力。

太宗卽位，留爲近侍，以講武藝。歲壬辰，從攻河南有功。壬子，憲宗特授虎符，陞都元帥。癸丑，從宗王旭烈兀征剌里西番、斜巨山、桃里寺、河西諸部，悉下之。卒，子忒木台兒以從戰功授金符，襲砲手總管。

至元十年，修立正陽東西二城，置砲二百餘座，與宋人戰，却之。十三年，從丞相伯顏伐宋，駐軍臨安之皐亭山，同忙古歹等八人，率甲三百入宋宮，取傳國寶。宋太后請解兵延見内殿，期明日奉寶乞降，至期，果遣賈餘慶等奉寶至軍前。以功授行省斷事官，復令其子忽都答兒襲砲手總管。

十四年，進昭勇大將軍砲手萬户，佩元降虎符，鎮平江之常熟。有叛民擁衆自號太尉者，行省會諸軍討之，與忽都答兒父子自爲一軍，奮戈陷陣，斬賊酋戴太尉，擒朱太尉，帝嘉

其功。十五年，兼平江路達魯花赤，尋遷徽州、湖州，卒。忽都答兒後陞砲手萬戶，改授達魯花赤，卒。

昔里鈐部〔愛魯〕〔一八〕

昔里鈐部，唐兀人，昔里氏。鈐部亦云甘卜，音相近而互用也。太祖時，西夏既臣服，大軍西征，復懷貳心。帝聞之，旋師致討。命鈐部同忽都鐵穆兒招諭沙州，州將僞降，以牛酒犒師，而設伏兵以待之。首帥至，伏發馬躓，鈐部以所乘馬與首帥使奔，自乘所躓馬而殿後，擊敗之。他日，帝問曰：「卿臨死地，而易馬與人，何也？」鈐部對曰：「小臣陣死，不足重輕，首帥乃陛下器使宿將，不可失也。」帝以爲忠。進兵圍肅州，守者乃鈐部之兄，懼城破害及其家，先以爲請。帝怒城久不下，有旨盡屠之，惟聽鈐部求其親族家人於死所，於是得免死者百有六戶，歸其田業。

歲乙未，定宗、憲宗皆以親王與速卜帶征西域，明年啓行，鈐部亦在中。又明年，至寬田吉思海，鈐部從諸王拔都征斡羅斯，至也里(替)〔贊〕城，〔一九〕大戰七日，拔之。己亥冬十有一月，至阿速滅怯思城，負固久不下。明年春正月，鈐部率敢死士十人，躡雲梯先登，俘十一人，大呼曰：「城破矣！」衆蟻附而上，遂拔之。賜西馬、西錦，錫名拔都。明年班師，授鈐

部千戶，賜只孫爲四時宴服，尋遷斷事官。丙午，定宗卽位，進秩大名路達魯花赤。憲宗以卜只兒來蒞行臺，命鈐部同署，既又別錫虎符，出監大名。己未，世祖南征，供給軍餉，未嘗乏絕。以疾輿歸，卒于家，年六十九。子愛魯。

愛魯襲爲大名路達魯花赤。至元五年，從雲南〔王〕征金齒諸部。〔二〇〕蠻兵萬人絕縹甸道，擊之，斬首千餘級，諸部震服。六年，再入，定其租賦，平火不麻等二十四寨，得七馴象以還。七年，改中慶路達魯花赤，兼管爨僰軍。十年，平章賽典赤行省雲南，令愛魯疆理永昌，增田爲多。十一年，閱中慶版籍，得隱戶萬餘，以四千戶卽其地屯田。十三年，詔開烏蒙道，帥師至玉連等州，〔二一〕所過城寨，未附者盡擊下之，水陸皆置驛傳，由是大爲賽典赤信任。十四年，忙部、也可不薛叛，以兵二千討平之，還廣南西道左右兩江宣撫使，兼招討使。十六年，遷雲南諸路宣慰使、副都元帥。十七年，復立雲南行省，拜參知政事。十八年，烏蒙羅佐山、白水江蠻殺萬戶阿忽以叛，復討平之。

十九年，召詣闕，進左丞。也可不薛復叛，詔與西川都元帥也速答兒、湖南行省脫里察

會師進討，禽也可不薛送京師，仁普諸酋長皆降，得戶四千。諸王相吾〔答〕兒帥諸將征緬，〔二二〕愛魯供餽餉，無乏絕。二十二年，烏蒙阿謀殺宣撫使以叛，與右丞拜答兒以愛魯習知其山川道里，令諸軍悉聽指授，分道進擊，生擒阿蒙以歸。

二十四年，進右丞。朝廷立尚書省，復改行尚書右丞。鎭南王征交趾，詔愛魯將兵六千人從之。自羅羅至交趾境，交趾將昭文王以兵四萬守木兀門，愛魯與戰破之，擒其將黎石、何英。比三月，大小一十八戰，乃至其王城，與諸軍會戰又二十餘合，功爲多。二十五年，感瘴癘卒。贈平章政事，諡毅敏。

子教化，中書平章政事，請于朝，贈其祖昔里鈐部太師，諡貞獻，加贈愛魯太師，追封魏國公，改諡忠節。

槊直腯魯華

槊直腯魯華，蒙古克烈氏。初，以其部人二百，從太祖征乃蠻、西夏有功，命將萬人，爲太師國王木華黎前鋒。下金桓州，得其監馬幾百萬匹，分屬諸軍，軍勢大振。歲辛未，破遼東、西諸州，唯東京未下，獲金使，遣往諭之。槊直腯魯華曰：「東京，金舊都，備嚴而守固，攻之未易下，以計破之可也。請易服與其使偕往說之，彼將不疑，俟其門開，繼以大軍赴

之，則可克矣。」卒如其計。徇地河北，攻大名，小大數十戰，城垂陷，中流矢而卒。武宗時，贈太傅，追封衞國公，諡武敏。

子撒吉思卜華，嗣將其軍。太宗元年己丑，錫金符，安輯河北、山東諸州。先是眞定同知武仙攻滅都元帥史天倪家，其弟天澤擊仙走，復眞定。以天澤爲眞定、河間、濟南、東平、大名五路萬戶。庚寅，命撒吉思卜華佩金虎符，以總師行省監其軍。

金宣宗之徙都于汴也，立河平軍於新衞以自固，恃爲北門。撒吉思卜華數攻之，不拔。壬(申)〔辰〕正月，〔二三〕太宗自白(波)〔坡〕濟河而南，〔二四〕睿宗由峭石灘涉漢而北。撒吉思卜華集西都水之舟，渡自河陰。至鄭，鄭守馬伯堅降。及金義宗勢力窮蹙出奔，帝命撒吉思卜華追躡之，會其節度斜捻阿卜棄衞入汴，撒吉思卜華遂據而有之。十二月，義宗自黃陵岡濟河，謀復衞。撒吉思卜華與其將白撒戰白公廟五日夜，俘斬萬計，餘衆盡潰。義宗竄歸德。撒吉思卜華追躡其後，薄北門而軍。左右皆水，其舟師日至。癸巳四月，其將官奴夜來斫營，腹背受敵，撒吉思卜華與一軍皆沒。

嗣國王塔思承制，以其弟明安答兒領其行營，尋有旨以爲蒙古漢軍萬戶。明安答兒善騎射，從征淮安，因糧於敵，未嘗匱乏，軍士免負擔之勞，咸樂爲用。癸丑，憲宗遣從昔烈門太子南伐，死于鈞州。五子，長腯虎，幼普闌溪。

腯虎從世祖北征叛王，挺戈出入其陣，帝壯之，賜號拔都，賞白金四百五十兩。及平李璮之亂，亦有戰功。普闌溪，光祿大夫、徽政使。金亡，命大臣忽都虎料民分封功臣，撒吉思卜華妻楊氏自陳曰：「吾舅及夫皆死國事，而獨爾見遺。」事聞，帝曰：「彼家再世死難，宜賜新衞民二百戶。」撒吉思卜華贈太師，諡忠武。明安答兒贈太保，諡武毅，爵皆衞國公。

昔兒吉思

昔兒吉思，幼從太祖征回回、河西諸國，俱有戰功。太宗時，從睿宗西征，師次京兆府，會亦來哈解率諸部兵作亂，昔兒吉思挺身斫賊陣，下馬搏戰，賊衆莫不披靡，俄失所乘馬，步走至睿宗軍中。賊退，睿宗嘉其勤勞，妻以侍女唆火台。世祖尤愛之，軍旅田獵，未嘗不在左右。初，昔兒吉思之妻爲皇子乳母，於是皇太后待以家人之禮，得同飲白馬湩。時朝廷舊典，白馬湩非宗戚貴冑不得飲也。

昔兒吉思子塔出，爲寶兒赤、迭只斡耳朶千戶。塔出子千家奴、撒里蠻。千家奴從征乃顏，力戰而死，帝命籍乃顏人口、財物以賜之。撒里蠻年十六，從世祖討阿里不哥，戰於失門禿，有功，賜號拔都兒，賞賚尤厚，授光祿少卿，仍襲爲迭只斡耳朶千戶，改同僉宣徽院，進僉院事。以管軍千戶，從征乃顏有功，賞金盞二、金五十兩，復入爲同知宣徽院事。成宗

時，拜宣徽使，加大司徒，卒。子帖木迭兒襲爲迭只斡耳朶千戶，累遷宣徽院使，遙授左丞相。

哈散納

哈散納，怯烈亦氏。太祖時，從征王罕有功，命同飲班朱尼河之水，且曰：「與我共飲此水者，世爲我用。」後管領阿兒渾軍，從太祖征西域，下薛迷則(于)〔干〕、〔三〕不花剌等城。至太宗時，仍命領阿兒渾軍，併回回人匠三千戶駐于蕁麻林。尋授平陽、太原兩路達魯花赤，兼管諸色人匠，後以疾卒。

子捏古伯襲，從憲宗攻釣魚山，有功，以疾卒。子撒的迷失襲。撒的迷失卒，子木八剌襲，充貴赤千戶，遷西域親軍副都指揮使，大德元年卒。弟禿滿答襲，禿滿答卒，子哈剌章襲。

校勘記

〔一〕不〔古〕可罕　元文類卷二六虞集高昌王世勳碑作「卜古可罕」，譯音與新疆出土摩尼教經卷合，據補。

〔二〕(大)〔火〕都　考異云：「當作火都。」「土土哈傳，太祖征蔑里乞，其主火都奔欽察。速不台傳，大軍至蟾河，與滅里吉遇，一戰而獲其二將，盡降其衆，其主霍都奔欽察。霍都卽火都也。」考異是，從改。

〔三〕皇子闊出忽都〔禿〕　據本書卷一二〇察罕傳、卷一二九阿剌罕傳、卷一三三脫歡傳所見「皇子闊出、忽都禿」補。本書卷一〇七宗室世系表作「忽覩都」，係拖雷次子。

〔四〕二十一年　按此「二十一年」在「二十二年」後，「二十八年」前，「一」字有誤。本書卷一三一奧魯赤傳有「二十三年」，「命佐鎭南王征交趾」。本證謂「一當作三」，疑是。

〔五〕劉〔國〕傑　據本書卷一六二劉國傑傳補。本證已校。

〔六〕伏兩谷(閑)〔間〕　從道光本改。按本書卷一一九木華黎傳作「伏兩谷間」。

〔七〕歲庚寅孛魯由雲中園(緯)〔衞〕州　考異云：「案孛魯卒于戊子歲。庚寅領兵者，孛魯之子塔思也。孛魯當作塔思。」考異是，事見本書卷一一九木華黎傳附孛魯、塔思傳。又本證云：「繼培案，緯當作衞。」按元無「緯州」，據本書卷一五五史天澤傳及金史卷一一八武仙傳改。

〔八〕按只吉歹　應作按只歹。見卷一〇七校勘記〔一四〕。

〔九〕國王孛魯征潞州鳳翔　考異云：「孛魯亦塔思之誤。」參見本卷校勘記〔七〕。

〔一〇〕至元三年從征李璮　按李璮叛元至敗死，俱在中統三年，此處「至元」係「中統」之誤。

〔一一〕國王速渾察之子拾得　考異云：「案木華黎傳，速渾察子四人，忽林池、乃燕、相威、撒蠻，別無名拾得者。惟乃燕子名碩德，當卽拾得。若然，則爲速渾察之孫，非其子矣。」

〔一二〕雪不台　殿本考證云：「祖庚按，一百二十一卷已載速不台傳，此傳詳略不同，實則一傳。」

〔一三〕太祖初建興都于班朱泥河　此句不可解。成吉思汗敗抵班朱泥，無「建興都」等事。此處史文當有舛訛。

〔一四〕滅里吉乃蠻怯烈〔杭〕斤欽察　本證云：「案速不台傳作怯烈、杭斤，此脫杭字。」從補。杭斤，卽康里之異譯。

〔一五〕金大臣合(緶緶)〔達〕　據下文改。本書卷一二一速不台傳、卷一三四和尙傳、卷一四九劉柏林傳附劉黑馬傳均作「合達」，金史卷一一二有完顏合達傳，元朝祕史作「合荅」。

〔一六〕癸巳秋汴將以城降　金西面元帥崔立以汴京降，本書卷二太宗紀與金史卷一八哀宗紀皆繫癸巳年正月戊辰，此處「秋」當爲「春」之誤。

〔一七〕敕還省覲　新編改作「敕還省親」，疑是。

〔一八〕〔愛魯〕　據本書體例補。

〔一九〕也里(替)〔贇〕　從北監本改。本書卷六三地理志作「也列贇」。

〔二〇〕從雲南〔王〕征金齒諸部　據雪樓集卷二五魏國公先世述補。

〔二一〕玉連等州　按「玉連州」于史無徵。本書卷一〇世祖紀至元十六年六月癸巳條、卷六〇地理志皆有鈞連州立站置驛記載，疑「玉」爲「鈞」之誤。

〔二二〕諸王相吾〔答〕兒帥諸將征緬　按本書卷一二、一三世祖紀至元二十年五月乙卯、二十一年正月丁卯條，卷一三三怯烈傳、卷二一〇緬國傳均有相吾答兒征緬事，據補「答」字。

〔二三〕壬（申）〔辰〕　按壬申爲元太祖七年，壬辰爲元太宗四年。「申」誤，今從道光本改。

〔二四〕白（波）〔坡〕　道光本與本書卷二太宗紀四年正月戊子條、卷一一九博爾忽傳附塔察兒傳、卷一二〇曷思麥里傳合，從改。

〔二五〕薛迷則（于）〔干〕　本書卷一太祖紀十六年辛巳春條作「薛迷思干」，據改。此名突厥語，義爲「肥城」。

元史卷一百二十三

列傳第十

布智兒

布智兒，蒙古脫脫里台氏。父紐兒傑，身長八尺，有勇力，善騎射，能造弓矢。嘗道逢太祖前驅騎士別那顏，邀與俱見太祖，視其所挾弓矢甚佳，問誰爲造者，對曰：「臣自爲之。」適有野鳧翔于前，射之，獲其二，幷以二矢獻而退。別那顏隨之，至所居，布智兒出見，別那顏奇之，許以女妻之，父子遂俱事太祖。嘗從征討，賜紐兒傑拔都名。從征回回、斡羅思等國，每臨陣，布智兒奮身力戰。身中數矢，太祖親視之，令人拔其矢，血流滿體，悶仆幾絕。太祖命取一牛，剖其腹，納布智兒于牛腹，浸熱血中，移時遂甦。紐兒傑卒，憲宗以布智兒爲大都行天下諸路也可扎魯忽赤，印造寶鈔。賜七寶金帶燕衣十襲，又賜蔚州、定安爲食邑。布智兒卒，有子四人。長好禮，事世祖，備宿衞。會丞相伯顏伐宋，奏好禮督水軍攻襄

樊，從渡江入臨安，以功授昭毅大將軍、水軍翼萬戶府達魯花赤。別帖木兒，吏部尚書。補兒答思，雲南宣慰使。不蘭奚，襲父職，爲水軍翼萬戶招討使，鎮守江陰，移通州。子完者不花，遼陽省理問。

召烈台抄兀兒

召烈台抄兀兒，初事太祖，時有哈剌赤、〔一〕散只（兒）〔兀〕、〔二〕朶魯班、塔塔兒、弘吉剌、亦乞列思等，居堅河之濱忽蘭也兒吉之地，謀奉扎木合爲帝，將不利於太祖。抄兀兒知其謀，馳以告太祖，遂以兵收海剌兒阿帶亦兒渾之地，盡誅扎木合等。惟弘吉剌入降。太祖賜以答剌罕之名。

其子那眞，事世祖，爲也可扎魯花赤。那眞歿，子伴撒襲其職。伴撒卒，子火魯忽台襲。致和元年八月，執倒剌沙起軍之使察罕不花，幷其金字圓牌以獻。天曆元年十一月，帝賜金帶，仍復其職。嘗奏言：「有犯法者治之，當自貴人始；窮乏不給者救之，當自下始。如此則可得衆心矣。」其言良切於事弊云。

闊闊不花

闊闊不花者，按攤脫脫里氏，爲人魁岸，有膂力，以善射知名。歲庚寅，〔三〕太祖命太師木華黎伐金，分探馬赤爲五部，各置將一人，闊闊不花爲五部前鋒都元帥，所向莫能支。然不嗜殺，惟欲以威信懷附，故所至無殘破。略定濱、棣諸州，俘獲焦林諸處民四百餘，但籍其姓名，遣歸鄉里。徇益都，守將降，得其財物馬畜，悉以分賜士卒。

歲壬辰，從太宗渡河，攻汴梁、歸德，分兵渡淮，攻壽州，守將無降意，射書城中諭之，城中人感泣，以綵輿奉金公主開門送款，闊闊不花下令軍中，輒入城虜掠者死，城中帖然。公主，義宗之姑也。

歲丙申，太宗命五部將分鎭中原，闊闊不花鎭益都、濟南，按察兒鎭平陽、太原，孛羅鎭眞定，肖乃台鎭大名，怯烈台鎭東平，括其民匠，得七十二萬戶，以三千戶賜五部將。闊闊不花得分戶六百，立官治其賦，得薦置長吏，歲從官給其所得五戶絲，以疾卒官。

子黃頭代領探馬赤爲元帥，從丞相伯顏取宋道死。子東哥馬襲其職，累遷右都威衞千戶，卒。

拜延八都魯

拜延八都魯，蒙古扎剌台氏，幼事太祖，賜名八都魯。歲乙未，太宗命領扎剌軍一千六

百人，與塔海甘卜同征關西，有功。

癸丑，憲宗命與阿脫、總帥汪世顯創立利州城。〔四〕甲寅，領兵紫金山，破宋軍鹿角寨，奪其軍餉器械。丁巳，從都元帥紐鄰城成都，及領兵圍雲頂山，下其城。帝親征，元帥紐鄰既進兵，涉馬湖江，留拜延八都魯鎭成都，降屬縣諸城，得其民，悉撫安之，賜黃金五十兩、衣九襲。諸王哈丹、朶歡、脫脫等征大理還，命拜延八都魯領兵迎之。道過新津寨，與宋潘都統遇，戰敗之，殺獲甚衆。中統二年，元帥紐鄰上其功，授蒙古奧魯官。

子外貌台，孫兀渾察。至元六年，拜延八都魯告老，兀渾察代其軍，從行省也速答兒征諸國有功。十六年，從大軍征斡端，又有功，賞銀五十兩。二十一年，諸王朮伯命兀渾察往乞失哈里之地爲遊擊軍。時敵軍二千餘，兀渾察以勇士五十人與戰，擒其將也班胡火者以獻。王壯之，以其功聞，賞銀六百兩、鈔四千五百貫，授蒙古軍萬戶，賜三珠虎符。三十年，以疾卒。次子襲授曲先塔林左副元帥，尋卒。弟塔海忽都襲，陞鎭國上將軍都元帥，改授四川蒙古副都萬戶。至治二年，以疾退。子孛羅帖木兒襲。

阿朮魯

阿朮魯，蒙古氏。太祖時，命同飲班朱尼河之水，扈駕親征有功，命領兵收附遼東女

直，還，賞金甲、珠衣、寶帶，他物稱是。復命總兵征西夏，與敵兵大戰于合剌合察兒之地。西夏勢蹙，其主懼，乞降，執之以獻，太宗殺之，賜以所籍貲產。繼領兵收附信安，下金二十餘城。其後告老，諸王塔察兒命其子不花代領其軍。

紹古兒

紹古兒，麥里吉台氏。事太祖，命同飲班朱尼河之水，扈從親征。已而從破信安，略地河西，賜金虎符，授洺磁等路都達魯花赤。領軍出征，復從伐金，破河南。太宗命領濟南、大名、信安等處軍馬，復從國王答石出征。歲辛亥，卒。

子拜都襲。拜都卒，子忽都虎襲，移睢州。從世祖渡江，攻鄂，還鎭恩州。中統三年，從征李壇有功，尋命修立邳州城，領兵鎭兩淮。十一年，從丞相伯顏渡江，有戰功。又從參政董文炳沿海出征，還，鎭嘉興，行安撫事。十二年加昭勇大將軍，職如故。十四年，授嘉興路總管府達魯花赤，尋陞鎭國上將軍、黃州路宣慰使，尋罷黃州宣慰司，復舊任。十六年，改授浙西道宣慰使，加招討使，仍鎭國上將軍，奉詔征占城，以其國降表、貢物入見，帝嘉之，厚加賞賚。二十四年，從征交趾，明年還師，授邳州萬戶府萬戶。三十年，沒于軍。

阿剌瓦而思

阿剌瓦而思，回鶻八瓦耳氏，仕其國爲千夫長。太祖征西域，駐蹕八瓦耳之地，阿剌瓦而思率其部曲來降。從帝親征，既破瀚海軍，又攻輪臺、高昌、于闐、尋斯干等，靡戰不克，沒于軍。

子阿剌瓦丁，從世祖北征有功，至元二十九年卒，壽一百二歲。

子贍思丁，有子五人：長烏馬兒，陳州達魯花赤；次不別，隆鎭衞都指揮使；次忻都，監察御史；次阿合馬，拱衞直司都指揮使；次阿散不別，驍勇善騎射，歷事成宗、武宗、仁宗，數被寵遇，計前後所賜楮幣餘四十萬緡，他物稱是，積官榮祿大夫，三珠虎符。

子斡都蠻襲職。致和元年八月，自上都逃來，丞相燕帖木兒任爲裨將，率壯士百人，圍滅里帖木兒等于陀羅臺驛，擒之以獻，特賜衣一襲，及禿禿馬失甲、金束帶各一，白金一百兩，鈔二百錠。天曆元年九月，充行院同僉。十月，從擊忽剌台、馬扎罕等軍于盧溝橋，敗之，追至紫荆關，多所俘獲，招降安童所將軍一千五百人，復以功受上賞。二年，進樞僉院。三年，以隆鎭衞都指揮使兼領拱衞司。

抄兒

抄兒，別速氏。世居汴梁陽武縣，從太祖收附諸國有功。又從征金，沒于陣。子抄海，從征河南、山東，復沒于陣。子別帖，將其父軍，從攻鄂州，以功賞銀帛衣甲等，繼從太子忽哥赤西征大理國，復沒于陣。子阿必察，至元五年授武略將軍、蒙古千戶，賜金符，從圍襄樊，復渡江，奪陽羅堡岸口，以功賞白金，進宣武將軍、蒙古軍總管，管領左右手兩萬戶軍。旣下廣德，從平章阿里海牙征海外國，率死士鼓戰船進，奪岸口，擒勇士趙安等，以功賞銀帛。十六年，命管領蒙古侍衞軍，以疾卒于軍。

也蒲甘卜

也蒲甘卜，唐兀氏。歲辛巳，率衆歸太祖，隸蒙古軍籍。奉旨同所管河西人，從木華黎出征，以疾卒。

子昂吉兒襲領其軍，[五]征諸國有功。至元六年，授金符千戶，從征蘄、黃、安慶等處。九年，易虎符，陞信陽萬戶，從平章阿朮南征，又有功，歷淮西道宣慰使、參知政事、都元帥、廬州蒙古漢軍萬戶府達魯花赤、行省左丞相、尙書左丞，積官龍虎衞上將軍。

二十一年，攜其子昂阿禿入見。世祖命昂阿禿充速古兒赤。二十四年，隨駕征乃顏有功，奉旨代其父職。二十六年，授廬州蒙古漢軍萬戶府達魯花赤。大德六年，領兵討宋隆濟等，以功受上賞。還鎭廬州，以私財築室一百二十餘間，以居軍士之貧者，省臺以其事聞，特命陞其秩，以金束帶賜之。泰定四年卒。昂阿禿之弟暗普，由速古兒赤授金符、唐兀禿魯花千戶，後改授海北海南道廉訪使。

趙阿哥潘

趙阿哥潘，土波思烏思臧掇族氏。始附宋，賜姓趙氏。世居臨洮。祖巴命，富甲諸羌。父阿哥昌，貌甚偉，有力兼人，金貞祐中，以軍功至熙河節度使。金亡，保蓮花山，以其衆來歸。皇子闊端之鎭西土也，承制以阿哥昌爲疊州安撫使。時兵興，城無居人，至則招逃亡立城壘，課耕桑以安輯之，年八十卒于官。

阿哥潘事親以孝聞，從伐蜀，與宋都統制曹友聞屢戰，勝負略相當，以破大安功最，授同知臨洮府事。斬朝天關，乘嘉陵江至閬州，獲蜀船三百艘。攻利州，生得其劉太尉，戰敗宋師于潼川。宋制置使劉雄飛進攻青居山，阿哥潘擊之，宵潰，四川大震。進逼成都，略嘉定，平峨眉太平寨，擒其將陳侍郎、田太尉，餘衆悉降。大小五十餘戰，皆先陷陣，皇子賜以

金甲、銀器。

歲壬子，世祖以皇弟南征大理，道出臨洮，見而奇之，命攝元帥，城益昌。時宋兵屯兩川，堡柵相望，矢石交擊，歷五年而城始完。憲宗出蜀，以阿哥潘爲選鋒，攻西安，下之，賜金符，授臨洮府元帥。帝駐釣魚山，合州守將王堅夜來斫營，阿哥潘率壯士逆戰，手殺數十百人，堅遂引去。明日陛見，帝喜曰：「有臣如此，朕復何憂。」賜黃金五十兩，名曰拔都。中統建元，詔還鎭臨洮。歲饑，發私廩以賑貧乏。給民農種粟二千餘石、蕪菁子百石，人賴不饑。郡當孔道，傳置旁午，有司歉于供給。阿哥潘以私馬百匹充驛騎，羊千口代民輸。帝聞而嘉之，詔京兆行省酬其直。阿哥潘曰：「我豈以私惠而邀公賞耶。」卒不受。以軍事赴青居山，道爲宋兵所邀，遂死于敵。

阿哥潘好畜良馬，常千蹄，歲擇其上驥五駟貢于朝，子孫遵之不替。先是勳臣子孫爲祖父請諡者，帝每靳之，至是敕大臣以美諡諡之，諡曰桓勇。

子重喜，始給侍皇子闊端，爲親衞。癸丑，從世祖征哈剌章，數有功。中統元年，渾都海反，從總帥汪良臣引兵至拔沙河納火石地逆戰，以功授征行元帥。四年，從討忽都、達吉、散竹台等，克之，制必帖木兒王承制，使襲父職爲元帥。入覲，賜金虎符，爲臨洮府達魯花赤。

時解軍職而轉民官者，例納所佩符。有旨：「趙氏世世勤勞，其金符勿拘常例，使終佩之。」重喜在郡，卹農興學，省刑敦教，以善治聞。請致事不許，詔其長子官卓斯結襲爲達魯花赤。陞重喜鞏昌二十四處宣慰使。卒，諡桓襄。

官卓斯結性靖退，辭官閑處二十餘年。仁宗聞其名，召不起。子德壽，雲南左丞。

純只海

純只海，散朮台氏。弱冠宿衞太祖帳下，從征西域諸國有功。歲癸巳，太宗命佩金虎符，充益都行省軍民達魯花赤，從大帥太出破徐州，擒金帥國用安。丁酉，以益都爲皇太子分土，遷京兆行省都達魯花赤。至懷，值大疫，士卒困憊，有旨以本部兵就鎭懷孟。未幾，代察罕總軍河南，尋復懷孟。

己亥，同僚王榮潛畜異志，欲殺純只海，伏甲縶之，斷其兩足跟，以帛緘純只海口，置佛祠中。純只海妻喜禮伯倫聞之，率其衆攻榮家奪出之。純只海裹瘡從二子馳旁郡，請兵討榮，殺之。朝廷遣使以榮妻孥貲產賜純只海家，且盡驅懷民萬餘口郭外，將戮之。純只海力爭曰：「爲惡者止榮一人耳，其民何罪。若果盡誅，徒守空城何爲。苟朝廷罪使者以不殺，吾請以身當之。」使者還奏，帝是其言，民賴不死。純只海給榮妻孥券，放爲民，遂以其

宅爲官廨，秋毫無所取。郡人德之。既入覲，太宗以純只海先朝舊臣，功績昭著，賜第一區於和林，尋以疾卒。敕葬山陵之側。

皇慶初，贈推忠宣力功臣、金紫光祿大夫、上柱國、溫國公，謚忠襄。仍敕詞臣劉敏中製文樹碑於懷，以旌其功云。子昂阿剌嗣。

苦徹拔都兒

苦徹拔都兒，欽察人。初事太宗，掌牧馬。從攻鳳翔，戰潼關，皆有功。後從大將速不台攻汴京，金人列木柵於河南，苦徹拔都兒率死士往拔之，賜良馬十匹。師還，金將高都尉率衆邀於中路，苦徹拔都兒迎擊斬其首以歸，賜白金五十兩、幣四匹。從攻蔡州，前鋒答答兒與金將戰，金將捽其鬢，苦徹拔都兒進斫金將，乃得脫。蔡州破，金守將佩虎符立城上。苦徹拔都兒以鐵椎擊殺之，取虎符以獻。帝嘉其能，命從皇子攻棗陽。繼從宗王口溫不花攻光州，一日五戰，光州下。賜黃金五十兩、白金酒器一事、馬三十匹。百戶愛不怯赤自以臨陣不勇，乞苦徹拔都兒自代，遂陞百戶。從攻滁州，與宋兵大戰，至暮，宋兵敗走西山，苦徹拔都兒與千戶忽孫追殺之。

歲己未，世祖伐宋，募能先絕江者，苦徹拔都兒首應命，率衆逼南岸。詔苦徹拔都兒與

脫歡領兵百人同宋使諭鄂州使降，抵城下，鄂守將殺使者以軍來襲，苦徹拔都兒與之遇，奮擊大破之。復賜黃金五十兩。

中統三年，授蔡州蒙古漢軍萬戶。冬，宋人犯西平。苦徹拔都兒逐北踰淮，獲其生口甚衆。至元二年秋，由安慶入廬州，聞宋兵至，亟設伏于竹林，擊殺之。四年秋九月，元帥阿朮軍襄陽安陽灘。宋兵據渡口，苦徹拔都兒擊破其衆。五年，從阿朮圍襄陽，擊奪宋將夏貴米舟。阿朮入漢江，以其有戰功，俾與扎剌兒引軍南略，獲八十人。十年八月，略地淮東。十一年，遣招鄂州。十二年，遣招滁州，誅王安撫。改武略將軍、管軍千戶。五月，伏兵大江北岸，擊宋軍，敗走之。十三年，復略地淮東，獲其總管二人以獻。遷滁州總管府達魯花赤。宋都統姜才率軍取糧高郵。苦徹拔都兒從史萬戶奪其馬及糧糗二萬，淮東平，入朝。十四年，從討叛人只里瓦(丁)〔歹〕于懷剌合都，〔六〕改宣武將軍、滁州路總管府達魯花赤。

十七年，率其子脫歡、孫廝兀入見。奏曰：「臣老矣，幸主上憐之。」帝命以脫歡爲宣武將軍、管軍總管，佩金符；廝兀爲滁州路總管府達魯花赤。其後脫歡以征倭功授明威將軍、滁州萬戶府達魯花赤，陞昭勇大將軍、征行軍萬戶府達魯花赤，佩三珠虎符。又以征爪哇功陞昭毅大將軍，鎮守無爲滁州萬戶府達魯花赤。次子鎖住，襲其職。

怯怯里

怯怯里，斡耳那氏。太宗七年南伐，以千戶從闊端攻安豐、壽州。〔七〕又從諸王塔察兒率蒙古軍二千攻荊山，破之，賜馬二匹。與萬戶納解以兵守沂、郯，略漣海，又從元帥懷都攻襄陽。卒。

子相兀速襲父職。率本部兵從丞相阿朮攻襄樊，又從塔出築正陽堡。瀘軍乘艦來窺壁壘，相兀速率征騎逆之，夾淮水而軍，射死者甚衆。至元十一年，賜金符，授武略將軍。明年，從御史大夫博羅罕平漣海。秋九月，從丞相伯顏渡淮，率兵一千騎攻淮安南門，破之。又從元帥博羅罕築灣頭堡。萬戶納兒解臥疾，令相兀速權領蒙古、女直、漢人三萬戶。夏五月，宋揚州都統姜才引兵來侵，相兀速率本部兵逆戰有功。又從丞相阿朮襲制置使李庭芝及姜才于泰州，皆殺之。十四年，加宣武將軍、管軍總管。十八年，爲蒙古侍衛親軍總管。二十三年，改千戶。三十年，陞蒙古侍衛親軍副指揮使司事，易金虎符，加顯武將軍。

子捏古解。元貞元年爲蒙古侍衛親軍百戶。大德六年，襲父職，佩金虎符，授宣武將軍。延祐四年，陞左翊蒙古侍衛親軍都指揮使，仍所佩符，進懷遠大將軍。

塔不已兒

塔不已兒，束呂糺氏。太宗時以招討使將兵出征，破信安、河南，以功授金虎符、征行萬戶。歲甲寅，以疾卒。

子脫察剌襲職。歲己未，率兵渡江，破十字寨。命其子重喜從行。〔八〕重喜率先引弓，射中敵兵，又多殺獲。既而與敵兵戰于洋隘口，奪戰艦一，流矢中左足，勇氣愈倍。時世祖駐蹕洋隘口北，親勞之曰：「汝年幼能宣力如是，深可嘉尚。然繼今尤當勉之。」

及脫察剌卒，以重喜襲職。中統三年，從征李璮有功。四年，以兵鎮莒州。至元二年，奉旨初築十字路城，以備守禦。重喜率兵南巡，爲游擊軍。四年，從抄不花出征，至泗州北古城。時蔡千戶爲敵兵所圍，重喜奮戰，救而出之。五年，入覲。帝嘉其功，賜白金、納失失段及金鞍弓矢等。十年，修正陽城。明年，宋兵圍正陽，從戰敗之。十二年，從下(連)〔漣〕海諸城。〔九〕俄奉旨率五千人從出征，道過衡陽店，與宋將李提轄等戰，大敗之，殺掠幾盡，遂駐兵瓜洲。十三年夏六月，宋都統姜才領諸軍來圍城堡，敗之。秋七月，從兵襲擊李庭芝等于泰州。十四年，進昭勇大將軍、婺州路總管府達魯花赤，佩已降虎符。未幾卒。

子慶孫襲職，初授宣武將軍、管軍總管，鎮守安樂州。十六年，移戍鎮江府。十八年，還鎮通州。二十年，進明威將軍。二十二年，移鎮十字路。二十四年，領諸翼軍鎮太湖，敎習水戰。二十九年，從征爪哇，陞昭勇大將軍、征行上萬戶。將行，有旨留之。皇慶二年卒。子孛蘭奚襲。

直脫兒

直脫兒，蒙古氏，父阿察兒，事太祖，爲博兒赤。直脫兒從太宗征欽察、康里、回回等部有功。四年，收河南、關西諸路，得民戶四萬餘，以屬莊聖皇太后爲脂粉絲線顏色戶。八年，建織染七局于涿州。明年，改涿州路，以直脫兒爲達魯花赤。卒。

子哈蘭朮襲，佩虎符。李璮叛，世祖命領諸萬戶爲監戰達魯花赤以討之。有功，授解萬戶翼監戰領軍。遷益都路蒙古萬戶，監戰密州，沒于軍。

從子忽剌出襲職，〔一〇〕授昭勇大將軍。至元十一年，攻宋六安軍，有功。行中書省命領諸軍戰艦衡宋軍，宋軍敗，有旨褒賞。九月，師次安慶。忽剌出及參政董文炳領山東諸軍順流東下，至丁家洲，遇宋臣夏貴、孫虎臣等，戰江中，宋軍大敗，擒其將校三十七人、軍五千餘、船四十艘。十二年三月，與宋軍戰朱金沙，復有功。七月，復與宋軍戰焦山江中。時

丞相阿朮等督戰，忽剌出與董文炳身冒矢石，沿流鏖戰八十餘里。忽剌出身被數傷，裹創力戰，遂勝之。九月，宋臣張殿帥攻奪呂城倉、丹陽縣。忽剌出與萬戶懷都往救，生擒之。十月，下常州，從丞相伯顏略蘇、湖、秀州，至長橋，遇宋軍，又敗之。

十三年，正月，師至杭州，丞相伯顏命忽剌出守浙江亭及宋北門。五月，揚州軍劫揚子橋，僅敗之。六月，敗眞州軍。七月，追李庭芝至通海口，降揚州及高郵、寶應、眞州、滁州等城，江南平。加昭毅大將軍，職如故。尋遷湖州路達魯花赤。十四年，進鎭國上將軍、淮東宣慰使。已而屯守上都。十五年授嘉議大夫、行御史臺中丞。十九年，進資善大夫、福建行省左丞。黃華叛，平之。二十年，授江淮行省左丞。二十三年，遷右丞。三月，進榮祿大夫、江浙行省平章政事。六月，卒。

月里麻思

月里麻思，乃馬氏。歲丁(丑)〔酉〕，〔一一〕太宗命與斷事官忽都那〔顏〕同署。〔一二〕歲戊戌，又同阿朮魯拔都兒充達魯花赤，破南宿州。

歲辛丑，使宋議和。從行者七十餘人，月里麻思語之曰：「吾與汝等奉命南下，楚人多詐，倘遇害當死焉，毋辱君命。」已而馳抵淮上，宋將以兵脅之，曰：「爾命在我，生死頃刻間

耳。若能降，官爵可立致。不然，必不汝貸。」月里麻思曰：「吾持節南來以通國好，反誘我以不義，有死而已。」言辭慷慨不少屈。宋將知其不可逼，乃囚之長沙飛虎寨三十六年而死。

世祖深悼之，詔復其家，以子忽都哈思爲答剌罕，日給糧食其家人。忽都哈思自陳於帝曰：「臣願爲國效死，爲父雪恥。」帝嘉納之，授以上均州監戰萬戶。十八年，以招討使將兵征日本，死於敵。

捏古剌

捏古剌，在憲宗朝，與也里牙阿速三十人來歸。後從征釣魚山，討李璮，皆有功。

子阿塔赤，世祖時圍襄陽，下江南，敗失列及，征乃顏，皆以功受賞。後事成宗、武宗，爲札撒兀孫。仁宗時，歷官至左阿速衞千戶。卒。

子敎化，初爲速古兒赤，繼襲父職。必里阿禿叛，奉旨往平之，凱還，賜衣一襲。天曆元年八月，從丞相燕帖木兒戰居庸北，有功。九月，進拱衞直都指揮使。尋遷章佩卿。

子者燕不花，初事仁宗爲速古兒赤。英宗時爲進酒寶兒赤。天曆元年，迎文宗于河南，賜白銀、綵段，命爲溫都赤。九月，往居庸關料敵，道逢二軍謂探馬赤諸軍曰：「今北兵且至，其避之。」者燕不花恐搖衆心，卽拔所佩刀斬之。授兵部郎中。招集阿速軍四百餘

人。十月，進兵部尙書，授雙珠虎符，領軍六百人迎敵通州。會丞相燕帖木兒至檀子山，與禿滿迭兒戰，敗之。遷大司農丞。

阿兒思蘭

阿兒思蘭，阿速氏。初，憲宗以兵圍阿兒思蘭之城，阿兒思蘭偕其子阿散眞迎謁軍門。帝賜手詔，命專領阿速人，且留其軍之半，餘悉還之，俾鎭其境內。以阿散眞置左右。道遇闊兒哥叛軍，阿散眞力戰死之。帝遣使裹屍還葬之。阿兒思蘭言于帝曰：「臣長子死，不能爲國效力，今以次子捏古來獻之陛下，願用之。」

捏古來至，帝命從兀良哈台征哈剌章，有功，兀良哈台賞以白金名馬。從伐宋，中流矢而死。

子忽兒都答，充管軍百戶。世祖命從不羅那顏使哈兒馬某之地，以疾卒。

子忽都帖木兒，武宗潛邸時從征海都，以功賞白金。至大元年，授宣武將軍、左衞阿速親軍副都指揮使。四年，卒。

哈八兒禿

哈八兒禿，薛亦氏。憲宗時，從攻釣魚山有功。還，又從親王塔察兒北征，充千戶所都鎮撫。從千戶脫倫伐宋，沒于陣。

子察罕，從塔察兒攻樊城西門，領揚州等處游擊軍與宋兵戰，有功。至元十一年，從忽都帖木兒攻江陵東南城堡，又從阿剌罕敗宋兵于陽邏堡之南。阿剌罕還爲本萬戶府副鎮撫。十二年，分隸脫脫總管出廣德游擊軍，與宋兵戰，敗之，賜以白金酒器。又從攻獨松、千秋、擬出等關，及諸山寨，其降民悉綏撫之，賜白金一百兩。十三年，中書省檄爲瑞安縣達魯花赤。始至，招集逃移民十萬餘戶。十四年，陞忠顯校尉、管軍總把，併領新附軍五百人，從宣慰唐兀台戰于司空山，有功，命以其職兼都鎮撫。十六年，授銀符、忠武校尉、管軍總把。二十四年，賜金符，授承信校尉、俄還充侍衛親軍。二十五年，進武義將軍、本所達魯花赤。二十七年，陞左翼屯田萬戶府副萬戶。大德五年卒。子太納襲。

艾貌

艾貌拔都，康里氏。初從雪不台那演征欽察，攻河西城，收西關，破河南，繼從定宗略地阿奴，皆有功。又從四太子南伐，命充怯憐口阿答赤孛可孫。又從兵渡江攻鄂，以疾卒

于軍。

子也速台兒，從討阿藍答、渾都海，征李璮，伐宋，累功授管軍總把。至元十四年，從攻福建興化，招古田等處民五千餘戶，以功陞武略將軍、千戶，賜金符。又招手號新軍二千五百餘人，陞宣武將軍、總管，賜虎符。有旨征日本。也速台兒願效力，賜以弓矢，進懷遠大將軍、萬戶。二十年，授泰州萬戶府達魯花赤。二十三年，遷昭勇大將軍、欽察親軍都指揮使。二十四年，從征乃顏有功。明年卒。後贈金吾衞上將軍，追封成武郡公，謚顯敏。

校勘記

〔一〕哈剌赤　本書卷一太祖紀作「哈答斤」。按此處述成吉思汗卽位前蒙古諸部爭戰，與欽察哈剌赤無涉。疑「剌赤」爲「答斤」之誤。

〔二〕散只(見)〔兀〕　據本書卷一太祖紀所見改。按此部元朝祕史作「撒勒只兀惕」。

〔三〕歲庚寅　按庚寅爲元太宗二年，此處紀年有誤。蒙史改作「戊寅」，卽元太祖十三年。

〔四〕憲宗命與阿脫總帥汪世顯創立利州城　本證云：「繼培案，憲宗紀癸丑，汪田哥修治利州。乃汪德臣賜名，非世顯也。」道光本改「汪世顯」作「汪德臣」。

〔五〕子昂吉兒　本證云：「案敍甘卜止三十一言，詳其子昂吉兒。昂吉兒自有傳，亦載甘卜事。」昂吉兒傳見卷一三二。

〔六〕只里瓦(丁)〔歹〕　據本書卷一三二玉哇失傳改。卷一二〇朮赤台傳作「只兒火台」，卷一二八土土合傳、卷一三五阿答赤傳、卷一四九移剌捏兒傳附移剌元臣傳作「只兒瓦台」，卷一三三脫歡傳作「只里瓦帶」。

〔七〕從闊端攻安豐壽州　按元太宗七、八年，闊端出師秦鞏，而經略河南者爲闊出。闊出，窩闊台三子，亦作「曲出」。新元史改「端」爲「出」，是。

〔八〕重喜　本證云：「案敍塔不已兒止三十五言，詳其孫重喜事。重喜自有傳，此較詳。」重喜傳見卷一三三。

〔九〕(漣)〔漣〕海諸城　見卷一〇〇校勘記〔八〕。

〔一〇〕從子忽剌出　本證云：「案敍直脫兒止七十五言，詳忽剌出事。忽剌出自有傳，此較詳。」忽剌出傳見卷一三三。

〔一一〕歲丁(丑)〔酉〕　按丁丑係元太祖十二年，非元太宗在位之年。丁酉，元太宗九年。「丑」誤，今改。本證已校。

〔一二〕忽都那〔顏〕　據本書卷九五食貨志所見補。按此名本書又作「忽都那演」、「忽都忽那顏」、「忽

都忽」。蒙語「那顏」，元譯「官人」。本證已校。

元史卷一百二十四

列傳第十一

塔本〔阿里乞失帖木兒　阿台　迭里威失　鎖咬兒哈的迷失〕〔一〕

塔本，伊吾廬人。人以其好揚人善，稱之曰揚公。父宋五設託陀，託陀者，其國主所賜號，猶華言國老也。

塔本初從太祖討諸部，屢阨艱危。復從圍燕，征遼西，下平灤、白霫諸城。軍士有妄殺人者，塔本戒之曰：「國之本，民也。殺人得地，何益於國。且殺無罪以堅敵心，非上意。」太祖聞而喜之，賜金虎符，俾鎮撫白霫諸郡，號行省都元帥，管內得承制除縣吏，死囚得專決。興平兵火傷殘，民慘無生意。塔本召父老問所苦，爲除之，薄賦斂，久之，徙治興平。民大悅，乃相與告敎，無違約束，歸者四集。塔本始至，戶止七百，不一二年，乃至萬戶。出己馬以寬驛人，貸廉吏銀，其子錢不能償者，焚其券。農不克耕，亦與之牛，比歲

告稔，民用以饒。庚寅，詔益中山、平定、平原隸行省。甲午，盜李仙、趙小哥等作亂，塔本止誅首惡，宥其詿誤。

癸卯立春日，宴羣僚，歸而疾作，遂卒。是夕星隕，隱隱有聲。遺命葬以紙衣瓦棺。贈推誠定遠佐運功臣、太師、開府儀同三司、上柱國，追封營國公，謚忠武。子阿里乞失鐵木兒。

阿里乞失帖木兒，嗣父職，爲興平等處行省都元帥。其爲治一遵先政，興學養士，輕刑薄徭，雖同僚不敢私役一民。從大軍伐高麗有功。歲丙辰卒。贈宣忠輔義功臣、榮祿大夫、平章政事、柱國，追封營國公，謚武襄。子阿台。

阿台，當襲父職，適罷行省爲平灤路總管府，丁巳，憲宗命阿台爲平灤路達魯花赤。始至，請蠲銀、鹽、酒等稅課八之一，細民不征。世祖即位，來朝，賜金虎符。諸侯王道出平灤，供給費銀七千五百兩，戶部不即償，阿台自陳上前，盡取償以歸。置甲乙籍，籍民丁力，民甚便之。至元十年，進階懷遠大將軍。歲饑，發粟賑民，或持不可，阿台曰：「朝廷不允，願以家粟償官。」於是全活甚衆。僚屬始

至，阿台必遺之鹽、米、羊畜、什器，曰：「非有他也，欲其不剝民耳。」姻族窮者，月有常給，民有喪不能葬者，與之棺槨、布帛、資糧。灤爲孤竹故國，乃廟祀伯夷、叔齊，以勵風俗。

二十一年，進昭武大將軍。二十四年，乃顏叛，獻馬五百匹佐軍，〔太〕〔世〕祖大喜。〔二〕已而得乃顏銀甕，亟以賜之。二十五年入朝，以疾卒。賜宣力功臣、資德大夫、中書右丞、上護軍，追封永平郡公，謚忠亮。子迭里威失。

迭里威失，少好讀書，成宗時入宿衛，授河西廉訪司僉事，拜監察御史，遷淮西廉訪副使，召爲中書左司員外郎，改樞密院參議，陞判官。

延祐四年，授翰林侍講學士，出爲河間路總管。屬歲饑，出俸金及官庫所積賑之，活數十萬人。河間當水陸要衝，四方供億皆取給焉，迭里威失立法調遣，民便之。復建言增置便習弓馬尉一人，益邏兵之數，於是盜賊屏息。陝州羣凶爲官民害，悉收繫死獄中。後陞遼陽行省參知政事。子鎖咬兒哈的迷失。

鎖咬兒哈的迷失，年十二，宿衛英宗潛邸，掌服御諸物。英宗即位，拜監察御史。至治元年春，詔起大刹于京西壽安山，鎖咬兒哈的迷失與御史觀音保、成珪、李謙亨上章極諫，以爲東作方始，而興大役，以耗財病民，非所以祈福也。且歲在辛酉，不宜興築。

初，司徒劉夔妄獻浙右民田，冒出內帑鈔六百萬貫，丞相帖木迭兒分取其半，監察御史發其姦，由是疾忌臺諫。至是，帖木迭兒之子瑣南爲治書侍御史，密奏曰：「彼宿衛舊臣，聞事有不便，弗即入白，今訕上以揚己之直，大不敬。」帝乃殺鎖咬兒哈的迷失與觀音保，杖珪、謙亨，黥之，竄諸遐裔。

泰定初，贈鎖咬兒哈的迷失資德大夫、御史中丞、上護軍，追封永平郡公，謚貞愍。賜其妻子鈔五百貫、良田千畝，仍詔樹碑神道。

哈剌亦哈赤北魯〔阿鄰帖木兒〕〔三〕

哈剌亦哈赤北魯，畏兀人也。性聰敏，習事。國王月仙帖木兒亦都護聞其名，自唆里迷國徵爲斷事官。月仙帖木兒卒，子八兒出阿兒忒亦都護年幼，西遼主鞠兒可汗遣使據其國，且召哈剌亦哈赤北魯，至則以爲諸子師。八兒出阿兒忒聞太祖明聖，乃殺西遼使，更遣阿憐帖木兒都督等四人使西遼。阿憐帖木兒都督者，哈剌亦哈赤北魯壻也。具語以其故，於是與其子月朵失野訥馳歸太祖，一見大悅，即令諸皇子受學焉。仍令月朵失野訥以質子入宿衛。

從帝西征。至別失八里東獨山，見城空無人，帝問：「此何城也？」對曰：「獨山城。往歲大饑，民皆流移之它所。然此地當北來要衝，宜耕種以爲備。臣昔在唆里迷國時，有戶六十，願移居此。」帝曰：「善。」遣月朶失野訥佩金符往取之，父子皆留居焉。後六年，太祖西征還，見田野墾闢，民物繁庶，大悅。問哈剌亦哈赤北魯，則已死矣。迺賜月朶失野訥都督印章，兼獨山城達魯花赤。月朶失野訥卒，子乞赤宋忽兒，在太宗時襲爵，賜號答剌罕。子四人：曰塔塔兒，曰忽棧，曰火兒思蠻，曰月兒思蠻。

世祖命火兒思蠻從雪雪的斤鎭雲南。

月兒思蠻事憲宗，襲父爵，兼領僧人。後因軍帥札忽兒台據別失八里，盡室徙居平涼。與其子阿的迷失帖木兒入覲，世祖詔入宿衞爲必闍赤，命從安西王忙哥剌出鎭六盤。安西王薨，其子阿難答嗣。成宗卽位，遣使入朝，因奏：「阿的迷失帖木兒父子，本先帝舊臣，來事先王，服勤二十餘年矣。若終老王府，非所以盡其才也，願以歸陛下用之。」成宗可其奏，授阿的迷失帖木兒汝州達魯花赤，積官祕書太監。卒。子阿鄰帖木兒。

阿鄰帖木兒，善國書，多聞識，歷事累朝，繇翰林待制累遷榮祿大夫、翰林學士承旨。英宗時，以舊學日侍左右，陳說祖宗以來及古先哲王嘉言善行。翻譯諸經，紀錄故實，總治

諸王、駙馬、番國朝會之事。

天曆初，北迎明宗入正大統，一見歡甚，顧左右曰：「此朕師也。」天曆三年，進光祿大夫、知經筵事。

子曰沙剌班，曰禿忽魯，曰六十，曰咱納祿。沙剌班，累拜中書平章政事、大司徒、宣政院使。

塔塔統阿

塔塔統阿，畏兀人也。性聰慧，善言論，深通本國文字。乃蠻大敭可汗尊之爲傅，掌其金印及錢穀。太祖西征，乃蠻國亡，塔塔統阿懷印逃去，俄就擒。帝詰之曰：「大敭人民疆土，悉歸於我矣，汝負印何之？」對曰：「臣職也，將以死守，欲求故主授之耳。安敢有他！」帝曰：「忠孝人也！」問是印何用，對曰：「出納錢穀，委任人材，一切事皆用之，以爲信驗耳。」帝善之，命居左右。是後凡有制旨，始用印章，仍命掌之。帝曰：「汝深知本國文字乎？」塔塔統阿悉以所蘊對，稱旨，遂命敎太子諸王以畏兀字書國言。

太宗卽位，命司內府玉璽金帛。命其妻吾和利氏爲皇子哈剌察兒乳母，時加賜予。塔塔統阿召諸子諭之曰：「上以汝母鞠育太子，賜予甚厚，汝等豈宜有之，當先供太子用，有餘

則可分受。」帝聞之，顧侍臣曰：「塔塔統阿以朕所賜先供太子，其廉介可知矣。」由是數加禮遇。以疾卒。至大三年，贈中奉大夫，追封雁門郡公。子四人：長玉笏迷失，次力渾迷失，次速羅海，次篤綿。

玉笏迷失，少有勇略，渾都海叛於三盤，[二]時玉笏迷失守護皇孫脫脫營壘，率其衆與渾都海戰，敗之。追至只必勒，適遇阿藍答兒與之合兵，復戰，玉笏迷失死之。

力渾迷失，有膂力，嘗獵于野，與衆相失，遇盜三人，欲奪其衣，力渾迷失搏之盡仆，遂縛以還。帝召見，選力士與之角，無與敵者，帝壯之，賜金，令備宿衞。

速羅海，襲父職，仍命司內府玉璽金帛。

篤綿，蚤事皇子哈剌察兒，世祖卽位，從其母入見，欲官之，以無功辭，命統宿衞。奉使遼東。卒，封雁門郡公。子阿必實哈，陝西行省平章政事。

岳璘帖穆爾

岳璘帖穆爾，回鶻人，畏兀國相暾欲谷之裔也。其兄仳理伽普華，年十六，襲國相、答剌罕。時西契丹方强，威制畏兀，命太師僧少監來臨其國，驕恣用權，奢淫自奉。畏兀王患之，謀於仳理伽普華曰：「計將安出？」對曰：「能

殺少監，挈吾衆歸大蒙古國，彼且震駭矣。」遂率衆圍少監斬之。以功，加號仳理傑忽底，進授明別吉，妻號赫思迭林。左右有疾其功者，譖于其王曰：「少監珥珠，先王寶也，仳理伽普華匿之，盍急索勿失。」其王怒，索寶甚急。仳理伽普華度無以自明，乃亡附太祖，賜以金虎符，獅紐銀印，金螭椅一，衣金直孫，校尉四人，仍食二十三郡。繼又賜銀五萬兩。以弟岳璘帖穆爾爲質。仳理伽普華以疾卒。

岳璘帖穆爾從太祖征討，多戰功。皇弟斡眞求師傅，帝命岳璘帖穆爾往，訓導諸王子以孝弟敦睦，仁厚不殺爲先，帝聞而嘉之。

從平河南，徙鄭縣民萬餘戶入樂安。俄授河南等處軍民都達魯花赤，佩金虎符，幷賜宮女四人。所得上方賞賚，悉輦歸故郡，以散親舊。且盛陳漢官儀衞以激厲之，國人羨慕。道出河西，所過榛莽，或時乏水，爲之鑿井置堠，居民使客相慶稱便。

太祖卽位，[三]以中原多盜，選充大斷事官。從斡眞出鎭順天等路，布德化，寬征徭，盜遁姦革，州郡清寧。尋復監河南等處軍民。年六十七，卒于保定。後贈宣力保德功臣、山東宣慰使，諡莊簡。

子合剌普華，見忠義傳。

李楨

李楨，字幹臣。其先，西夏國族子也。金末，楨以經童中選。既長，入爲質子，以文學得近侍，太宗嘉之，賜名玉出干必闍赤。

從皇子闊出伐金，帝命之曰：「凡軍中事，須訪楨以行。」及下河南諸郡，闊出遣楨偕吉登哥往唐、鄧二州數民實，兵餘歲凶，流散十八九。楨至，賑恤饑寒，歸者如市。

十年，從大將察罕下淮甸。楨以功佩金符，授軍前行中書省左右司郎中。楨奏尋訪天下儒士，令所在優贍之。十三年，師圍壽春，天雨不止，楨言於察罕曰：「頓師城下，暑雨疫作，將有不利。且城久拒命，破必屠之，則生靈何辜。請退舍數里，身往招之。」從之。楨遂單騎入敵壘，曉以利害，明日，與其將二人率衆來降。以功賜銀五千兩。

楨表言：「襄陽乃吳、蜀之要衝，宋之喉襟，得之則可爲他日取宋之基本。」定宗嘉其言。庚戌，賜虎符，授襄陽軍馬萬戶。丙辰，憲宗命楨率師巡哨襄樊。戊午，帝親征，召楨同議事。秋九月，卒于合州，年五十九。

速哥

速哥，蒙古怯烈氏，世傳李唐外族。父懷都，事太祖，嘗從飲班朮(居)〔尼〕河水。〔六〕速哥爲人，外若質直，而內實沉勇有謀，雅爲太宗所知。命使金，因俾覘其虛實，語之

曰：「即不還，子孫無憂不富貴也。」速哥頓首曰：「臣死，職耳。奉陛下威命以行，可無慮也。」帝悅，賜所常御馬。至河，金人閉之舟中，七日始登南岸，又三旬乃達汴。及見金主，曰：「天子念爾土地日狹，民力日疲，故遣我致命，爾能共修歲幣，通好不絕，則轉禍爲福矣。」謁者令下拜，速哥曰：「我大國使，爲爾屈乎！」金主壯之，取金卮飲之酒曰：「歸語汝主，必欲加兵，敢率精銳以相周旋，歲幣非所聞也。」速哥飲畢，即懷金卮以出。速哥雖佯爲不智，而默識其地理阨塞、城郭人民之强弱。既復命，備以虛實告，且以所懷金卮獻。帝喜曰：「我得金於汝手中矣。」復以賜之。始下令徵兵南伐，兵至河北岸，方舟欲渡，金軍陣於河南，帝令儀衞導速哥居中行，親率偏師乘陣西策馬沙河。〔七〕會睿宗軍亦由襄、鄧至，兩軍夾攻之。及金亡，詔賜金護駕士五人，曰：「此以旌汝爲使之不辱也。」昔使過崞州，崞人盜殺其良馬，至是，兼以崞民賜之。

歲乙未，帝從容謂速哥曰：「我將官汝，西域、中原，惟汝擇之。」速哥再拜曰：「幸甚！臣意中原爲便。」帝曰：「西山之境，八達以北，汝其主之。汝於城中構大樓，居其上，使人皆仰望汝，汝俯而諭之，顧不偉乎。」乃以爲山西大達魯花赤。

受命方出，有回回六人訟事不實，將抵罪，遇諸途，急止監者曰：「姑緩其刑，當入奏。」復見帝曰：「此六人者，名著西域，徒以小罪盡誅之，恐非所以懷遠人也。願以賜臣，臣得

困辱之，使自悔悟遷善，爲他日用，殺之無益也。」帝意解，召六人謂之曰：「生汝者速哥也，其竭力事之。」至雲中，皆釋之。後有至大官者。其寬大愛人多類此。卒年六十二。贈推忠翊運同德功臣、太師、開府儀同三司、上柱國，追封宣寧王，謚忠襄。

子六人：曰長罕，曰玉呂忽都，曰撒合里都，曰忽蘭，曰忽都兒不花，曰不花。長罕、玉呂忽都、撒合里都，皆從兀魯赤太子出征，以戰功顯。

忽蘭之母以后戚故，得襲職。鉏强植弱，均役平刑，闔郡賴以安輯。乙未之抄戶籍也，前賜崞人已入官籍，更賜山西戶三百。西方多盜，郡縣捕不得，則法當計所失物直倍償，郡縣苦之。有甄軍判者，率羣盜往來阜平、曲陽間，殺人渾源界而奪之財。縣以失捕當償，忽蘭曰：「此大盜也，縣豈能制哉！」即遣千人捕甄殺之，剿捕其餘黨，其害乃除。

忽蘭性純篤，然酷好佛，嘗施千金修龍宮寺，建金輪大會，供僧萬人。卒年四十二。贈太保、金紫光祿大夫、上柱國，追封雲國公，謚康忠。

子天德于思，穎悟過人，世祖聞其賢，令襲父爵，養母完顏氏以孝聞。自中山北來，適有邊釁，天德于思督造兵甲，撫循其民，無有寧息，形容盡瘁。帝聞而嘉之，賜馴豹、名鷹，使得縱獵禁地，當時眷顧最號優渥。卒年三十九。贈太傅、儀同三司、上柱國，追封雲國公，謚顯毅。子孫世多顯貴云。

忙哥撒兒 〔伯答沙〕〔八〕

忙哥撒兒，察哈札剌兒氏。曾祖赤老溫愷赤，祖搠阿，父那海，並事烈祖。及太祖嗣位，年尚幼，所部多叛亡，搠阿獨不去。皇弟槊只哈撒兒陰擿之去，亦謝不從。搠阿精騎射，帝甚愛之，號爲默爾傑，華言善射之尤者也。帝嘗與賊遇，將戰，有二飛鶩至，帝命搠阿射之。請曰：「射其雄乎？抑雌者乎？」帝曰：「雄者。」搠阿一發墜其雄。賊望見，驚曰：「是善射若此，飛鳥且不能逃，況人乎！」不戰而去。

從征乃蠻，敵率銳兵鼓而進，搠阿按兵屹不動，敵止。俄復鼓而進，搠阿亦不動，敵卒疑畏不敢前。(世)〔太〕祖征蔑里吉，〔九〕兵潰，搠阿與其弟左右力戰以衞帝。會兀良罕哲里馬來援，敵乃引退。

那海事太祖，〔一〇〕備歷艱險，未嘗形於言，帝嘉其忠，且念其世勳，詔封懷、洛陽百七十五戶。

忙哥撒兒事睿宗，恭謹過其父。嘗從攻鳳翔，首立奇功。定宗陞爲斷事官，剛明能舉職。

憲宗在藩邸，深知其人。從征斡羅思、阿(剌)〔速〕、〔一一〕欽察諸部，常身先諸將，及以所

俘寶玉頒諸將，則退然一無所取。憲宗由是益重之，使治藩邸之分民。間出游獵，則長其軍士，勒如紀律。雖太后及諸嬪御小有過失，知無不言，以故邸中人咸敬憚之。迺以爲斷事官之長，其位在三公之上，猶漢之大將軍也。

既拜命，出帳殿外，歛橐坐熊席，其僚列坐左右者四十人。忙哥撒兒問曰：「主上以我長此官，諸公其爲我言，當以何道守官？」衆皆默然。又問之，有夏人和斡居下坐，進曰：「夫札魯忽赤之道，猶宰之封羊也，解肩者不使傷其脊，在持平而已。」忙哥撒兒聞之，即起入帳內。衆不知所爲，皆咎和斡失言。既入，乃爲帝言和斡之言善。帝召和斡，命之步，曰：「是可用之才也。」和斡由是知名。

定宗崩，宗王八都罕大會宗親，議立憲宗。畏兀八剌曰：「失烈門，皇孫也，宜立。且先帝嘗言其可以君天下。」諸大臣皆莫敢言。忙哥撒兒獨曰：「汝言誠是，然先皇后立定宗時，汝何不言耶？八都罕固亦遵先帝遺言也。有異議者，吾請斬之。」衆乃不敢異，八都罕乃奉憲宗立之。

憲宗之幼也，太宗甚重之。一日行幸，天大風，入帳殿，命憲宗坐膝下，撫其首曰：「是可以君天下。」他日，用牸按豹，皇孫失烈門尚幼，曰：「以牸按豹，則犢將安所養。」太宗以爲有仁心，又曰：「是可以君天下。」其後太宗崩，六皇后攝政，竟立定宗。故至是，二人各舉以

爲言云。

憲宗既立，察哈台之子及按赤台等謀作亂，刳車轅，藏兵其中以入，轅折兵見，克薛傑見之，上變。忙哥撒兒即發兵迎之。按赤台不虞事遽覺，倉卒不能戰，遂悉就擒。憲宗親簡其有罪者，付之鞫治。忙哥撒兒悉誅之。帝以其奉法不阿，委任益專。有當刑者，輒以法刑之，乃入奏，帝無不報可。帝或臥未起，忙哥撒兒入奏事，至帳前，扣箭房，帝問何言，即可其奏，以所御大帳行扇賜之。其見親寵如此。

癸丑冬，病酒而卒。帝以忙哥撒兒當國時，多所誅戮，及是，咸騰謗言，迺爲詔諭其子，略曰：

汝高祖赤老溫愷赤，曁汝祖搠阿，〔一三〕事我成吉思皇帝，皆著勞績，惟朕皇祖實褒嘉之。汝父忙哥撒兒，自其幼時，事我太宗，朝夕忠勤，罔有過咎。從我皇考，經營四方。迨事皇妣及朕兄弟，亦罔有過咎。曁朕討定斡羅思、阿速、穩兒別里欽察之域，濟大川，造方舟，伐山通道，攻城野戰，功多於諸將。俘厥寶玉，大賚諸將，則退然無欲得之心。惟朕言是用，修我邦憲，治我蒐田，輯我國家，罔不咸乂。惟厥忠，雖其私親，與朕嬪御，小有過咎，一是無有比私。故朕皇妣，迨朕昆弟，無不嘉賴。朝之老臣、宿衞耆舊，無不嚴畏。錄其勤勞，命爲札魯忽赤，治朕皇考受民，布昭大公，以辨獄愼

民，爰作朕股肱耳目，衆無譁言，朕聽以安。

自時厥後，察哈台阿哈之孫，太宗之裔定宗、闊出之子，及其民人，越有他志。賴天之靈，時則有克薛傑者，以告于朕。汝父肅將大旅，以遏亂略，按赤台等謀是用潰，悉就拘執。朕取有罪者，使辨治之，汝父體朕之公，其刑其宥，克比于法。又使治也速、不里獄，亦克比于法。

惟爾脫歡、脫兒赤：自朕用汝父，用法不阿，兄弟親姻，咸麗于憲。今衆罔不怨，曰「爾亦有死耶」，若有慊志。人則雖死，朕將寵之如生。肆朕訓汝，爾克明時朕言，如是而有福，不如是而有禍。惟天惟君，能禍福人；惟天惟君，是敬是畏。立身正直，制行貞潔，是汝之福；反是勿思也。能用朕言，則不墜汝父之道，人亦不能間汝矣；不用朕言，則人將仇汝，伺汝，間汝。怨汝父者，必曰「汝亦與我夷矣」，汝則殆哉。汝於朕言，弗愼繹之，汝則有咎；克愼繹之，人將敬汝畏汝，無間伺汝，無慢汝怨汝者矣。

又，而母而婦，有讒欺巧佞構亂之言，愼勿聽之，則盡善矣。

至順四年，追封忙哥撒兒爲兗國公。子四人：長脫歡，次脫兒赤，次也先帖木爾，次帖木兒不花。脫歡爲萬戶，無子。脫兒赤子明禮帖木兒，累官翰林學士承旨，從征乃顏有功。明禮帖木兒子咬住，咬住子也先，延徽寺卿。也先帖木兒子曰哈剌合孫。帖木兒不花子曰

塔朮納，曰哈里哈孫，曰伯答沙。

伯答沙幼入宿衞，爲寶兒赤。歷事成宗、武宗，由光祿少卿擢同知宣徽院事，陞銀青光祿大夫、宣徽院使，遙授左丞相。武宗崩，護梓宮葬于北，守山陵三年，乃還。

仁宗即位，眷顧益厚。延祐二年，拜中書右丞相。〔一四〕時承平日久，朝廷清明，君臣端拱廟堂之上，而百姓乂安於下，一時號稱極治。

仁宗崩，帖木迭兒執政，改授集賢大學士，仍開府儀同三司、錄軍國重事。未幾，以大宗正札魯忽赤出鎭北方，亦以清靜爲治，邊民按堵。

泰定間還朝，加太保。及倒剌沙構兵上都，兵潰，伯答沙奉璽紱來上，文宗嘉之。拜太傅，仍爲札魯忽赤。至順三年薨。

伯答沙爲人清愼寬厚，號稱長者。其歿也，貧無以爲斂，人皆歎其廉。詔贈推忠佐理正德秉義功臣、開府儀同三司、太師、上柱國，追封威平王。

三子：長馬馬的斤，次潑皮，次八郎。八郎期而孤，其母乞咬契氏，二十而寡，守節不他適。八郎後爲大宗正府札魯忽赤，能繼其先。有成立者，母氏之教也。

孟速思

孟速思，畏兀人，世居別失八里，古北庭都護之地。幼有奇質，年十五，盡通本國書。太祖聞之，召至闕下，一見大悅，曰：「此兒目中有火，它日可大用。」以授睿宗，使視顯懿莊聖皇后分邑歲賦。復事世祖於潛藩，日見親用。

憲宗崩，孟速思言于世祖曰：「神器不可久曠，太祖嫡孫，唯王最長且賢，宜卽皇帝位。」諸王塔察兒、也孫哥、合丹等，咸是其言。世祖卽位，眷顧益重。南征時，與近臣不只兒爲斷事官。及諸王阿里不哥叛，相拒漠北，不只兒有二心，孟速思知之，奏徙之於中都，親監護以往，帝以爲忠。數命收召豪俊，凡所引薦，皆極其選。詔與安童並拜丞相，固辭。帝語安童及丞相伯顏、御史大夫月魯那演等曰：「賢哉孟速思，求之彼族，誠爲罕也。」孟速思爲人，剛嚴謹信。蚤居帷幄，謀議世莫得聞。至元四年卒，年六十有二。帝尤哀悼，特謚敏惠。武宗朝，贈推忠同德佐理功臣、太師、開府儀同三司、上柱國，追封武都王，改謚智敏。子九人，多至大官。

校勘記

〔一〕〔阿里乞失帖木兒阿台迭里威失鎖咬兒哈的迷失〕　據本書原目錄補。

〔二〕（太）〔世〕祖　從道光本改。按此敍至元二十四年乃顏叛元時事，隔元太祖之死六十年，「太」顯誤。

〔三〕〔阿鄰帖木兒〕　據本書原目錄補。

〔四〕三盤　按本書卷一五五汪世顯傳附汪良臣、汪惟正傳，卷一六二李忽蘭吉傳皆作「六盤」。新編改「三」爲「六」，疑是。

〔五〕太祖卽位　按前文已載太宗朝事，此處復云「太祖卽位」，顯誤。道光本作「太宗即位」。

〔六〕班朮（居）〔尼〕河　據本書卷一太祖紀，卷一二〇札八兒火者傳、鎮海傳，卷一二一速不台傳，卷一二二哈散納傳，卷一二三阿朮魯傳、紹古兒傳所見「班朱尼河」改。本書他處又作「班朱泥河」、「班眞河」、「班眞海子」。新編已校。

〔七〕策馬沙河　按前文，「河」指黃河。新編改「沙」爲「涉」，疑是。

〔八〕〔伯答沙〕　據本書原目錄補。

〔九〕（世）〔太〕祖征蔑里吉　從道光本改。按前後文俱言成吉思汗時事，與元世祖無涉。

〔一〇〕那海事太祖　新編云：「謂捌阿子那海亦事太祖，受封洛陽戶口，則太祖時洛陽尙爲金有，何得遽有封戶。蓋舊史誤以太宗平金後事爲太祖事。」

〔一一〕阿（剌）〔速〕　按後文憲宗追述前功，中有「討定斡羅思、阿速」，據改。阿速，部族名，本書多見。蒙史已校。

〔一二〕汝祖捌阿　考異云：「案上文，捌阿爲忙哥撒兒之祖，此諭其子，當稱汝曾祖，不當云汝祖也。」道光本「祖」作「曾祖」。

〔一三〕延祐二年拜中書右丞相　按本書卷二六仁宗紀延祐四年九月丙寅條、卷一一二宰相年表，伯答沙任右丞相在延祐四年。道光本改「二」爲「四」，是。

元史卷一百二十五

列傳第十二

賽典赤贍思丁 子納速剌丁　忽辛附

賽典赤贍思丁一名烏馬兒，回回人，別菴伯爾之裔。其國言賽典赤，猶華言貴族也。太祖西征，贍思丁率千騎以文豹白鶻迎降，命入宿衞，從征伐，以賽典赤呼之而不名。

太宗即位，授豐（靖）〔淨〕雲內三州都達魯花赤；〔一〕改太原、平陽二路達魯花赤；入爲燕京斷事官。憲宗即位，命同塔剌渾行六部事，遷燕京路總管，多惠政，擢採訪使。帝伐蜀，賽典赤主饋餉，供億未嘗闕乏。

世祖即位，立十路宣撫司，擢燕京宣撫使。中統二年，拜中書平章政事，皆降制獎諭。至元元年，置陝西五路西蜀四川行中書省，出爲平章政事。莅官三年，增戶九千五百六十五、軍一萬二千二百五十五、鈔六千二百二十五錠、屯田糧九萬七千二十一石，撙節和買鈔

三百三十一錠。中書以聞，詔賞銀五千兩，仍命陝西五路四川行院大小官屬並聽節制。

七年，分鎭四川，宋將昝萬壽擁强兵守嘉定，與賽典赤軍對壘，一以誠意待之，不爲侵掠，萬壽心服。未幾，賽典赤召還，萬壽請置酒爲好，左右皆難之，賽典赤竟往不疑。酒至，左右復言未可飲，賽典赤笑曰：「若等何見之小耶。昝將軍能毒我，其能盡毒我朝之人乎。」萬壽嘆服。八年，有旨：大軍見圍襄陽，各道宜進兵以牽制之。於是賽典赤偕鄭鼎率兵水陸並進，至嘉定，獲宋將二人，順流縱筏，斷其浮橋，獲戰艦二十八艘。尋命行省事于興元，專給糧餉。

十一年，帝謂賽典赤曰：「雲南朕嘗親臨，比因委任失宜，使遠人不安，欲選謹厚者撫治之，無如卿者。」賽典赤拜受命，退朝，即訪求知雲南地理者，畫其山川城郭、驛舍軍屯、夷險遠近爲圖以進，帝大悅，遂拜平章政事，行省雲南，賜鈔五十萬緡、金寶無算。

時宗王脫忽魯方鎭雲南，惑於左右之言，以賽典赤至，必奪其權，具甲兵以爲備。賽典赤聞之，乃遣其子納速剌丁先至王所，請曰：「天子以雲南守者非人，致諸國背叛，故命臣來安集之，且戒以至境即加撫循，今未敢專，願王遣一人來共議。」王聞，遽罵其下曰：「吾幾爲汝輩所誤。」明日，遣親臣撒滿、位哈乃等至，賽典赤問以何禮見，對曰：「吾等與納速剌丁偕來，視猶兄弟也，請用子禮見。」皆以名馬爲贄，拜跪甚恭，觀者大駭。乃設宴陳所賜金寶飲

器，酒罷，盡以與之，二人大喜過望。明日來謝，語之曰：「二君雖爲宗王親臣，未有名爵，不可以議國事，欲各授君行省斷事官，以未見王，未敢擅授。」令一人還，先稟王，王大悅。由是政令一聽賽典赤所爲。

十二年，奏：「雲南諸夷未附者尚多，今擬宣慰司兼行元帥府事，並聽行省節制。」又奏：「哈剌章、雲南壤地均也，而州縣皆以萬戶、千戶主之，宜改置令長。」並從之。十三年，以所改雲南郡縣上聞。雲南俗無禮儀，男女往往自相配偶，親死則火之，不爲喪祭。無秔稻桑麻，子弟不知讀書。賽典赤敎之拜跪之節，婚姻行媒，死者爲之棺槨奠祭，敎民播種，爲陂池以備水旱，創建孔子廟明倫堂，購經史，授學田，由是文風稍興。雲南民以貝代錢，是時初行鈔法，民不便之，賽典赤爲聞于朝，許仍其俗。又患山路險遠，盜賊出沒，爲行者病，相地置鎭，每鎭設土酋吏一人、百夫長一人，往來者或值劫掠，則罪及之。

有土吏數輩，怨賽典赤不已，用至京師誣其專僭數事。帝顧侍臣曰：「賽典赤憂國愛民，朕洞知之，此輩何敢誣告！」即命械送賽典赤處治之。既至，脫其械，且諭之曰：「若曹不知上以便宜命我，故訴我專僭，我今不汝罪，且命汝以官，能竭忠自贖乎？」皆叩頭拜謝曰：「某有死罪，平章既生之而又官之，誓以死報。」

交趾叛服不常，湖廣省發兵屢征不利，賽典赤遣人諭以逆順禍福，且約爲兄弟。交趾

王大喜，親至雲南，賽典赤郊迎，待以賓禮，遂乞永爲藩臣。

蘿槃甸叛，往征之，有憂色，從者問故，賽典赤曰：「吾非憂出征也，憂汝曹冒鋒鏑，不幸以無辜而死；又憂汝曹劫虜平民，使不聊生，及民叛，則又從而征之耳。」師次蘿槃城，三日不降，諸將請攻之，賽典赤不可，遣使以理諭之。蘿槃主曰：「謹奉命。」越三日又不降，諸將奮勇請進兵，賽典赤又不可。俄而將卒有乘城進攻者，賽典赤大怒，遽鳴金止之，召萬戶叱責之曰：「天子命我安撫雲南，未嘗命以殺戮也。無主將命而擅攻，於軍法當誅。」命左右縛之，諸將叩首，請俟城下之日從事。蘿槃主聞之曰：「平章寬仁如此，吾拒命不祥。」乃舉國出降。將卒亦釋不誅。由是西南諸夷翕然款附。夷酋每來見，例有所獻納，賽典赤悉分賜從官，或以給貧民，秋毫無所私，爲酒食勞酋長，製衣冠襪履，易其卉服草履。酋皆感悅。

賽典赤居雲南六年，至元十六年卒，年六十九，百姓巷哭，葬鄯闡北門。交趾王遣使者十二人，齊經爲文致祭，其辭有「生我育我，慈父慈母」之語，使者號泣震野。帝思賽典赤之功，詔雲南省臣盡守賽典赤成規，不得輒改。大德元年，贈守仁佐運安遠濟美功臣、太師、開府儀同三司、上柱國、咸陽王，謚忠惠。

子五人：長納速剌丁；次哈散，廣東道宣慰使都元帥；次忽辛；次苫速丁兀默里，建昌路總管；次馬速忽，雲南諸路行中書省平章政事。

納速剌丁，累官中奉大夫、雲南〔諸〕路宣慰使都元帥。[二]至元十六年，遷帥大理，以軍抵金齒、蒲驃、曲蠟、緬國，招安夷寨三百，籍戶十二萬二百，定租賦，置郵傳，立衞兵，歸以馴象十二入貢，有旨賞金五十兩、衣二襲，麾下士賞銀有差。

會其父贍思丁歿，雲南省臣於諸夷失撫綏之方，世祖憂之，近臣以納速〔剌〕丁爲言。[三]十七年，授資德大夫、雲南行中書省左丞，尋陞右丞。建言三事：其一謂雲南省規措所造金簿貿易病民，宜罷；其一謂雲南有省，有宣慰司，又有都元帥府，近宣慰司已奏罷，而元帥府尚存，臣謂行省既兼領軍民，則元帥府亦在所當罷；其一謂雲南官員子弟入質，臣謂達官子弟當遣，餘宜罷。奏可。

二十一年，進榮祿大夫、平章政事。奏減合剌章冗官，歲省俸金九百餘兩；屯田課程專人掌之，歲得五千兩。〔三十二〕〔二十三〕年，[四]以合剌章蒙古軍千人，從皇太子脫歡征交趾，論功賞銀二千兩。二十八年，進拜陝西行省平章政事。二十九年，以疾卒。贈推誠佐理協德功臣、太師、開府儀同三司、上柱國、中書左丞相，封延安王。

子十二人：伯顏，中書平章政事；烏馬兒，江浙行省平章政事；劉法兒，荊湖宣慰使；忽先，雲南行省平章政事；沙的，雲南行省左丞；阿容，太常禮儀院使；伯顏察兒，中書平章政

事，佩金虎符，贈太師、開府儀同三司、上柱國、中書左丞相、奉元王，諡忠憲。

忽辛，至元初以世臣子備宿衞，世祖善其應對。至元十四年，授兵部郎中。明年，出爲河南等路宣慰司同知。河南多強盜，往往羣聚山林，劫殺行路，官軍收捕失利，忽辛以招安自任，遣土豪持檄諭之。未幾，賊二人來自歸，忽辛賜之冠巾，且諭之曰：「汝昔爲賊，今既自歸，卽良民矣。」俾侍左右，出入房闥無間，悉放還，令遍諭其黨。數日後，招集其爲首者十輩來，身長各七尺餘，羅拜庭下，顧視異常，衆悉驚怖失措。忽辛命吏籍其姓名爲民，俾隨侍左右，夜則令臥戶外，時呼而飲食之，各得其歡心。羣盜聞之，相繼款附。

二十一年，授雲南諸路轉運使。明年，轉陝西道。又明年，授燕南河北道宣慰司同知，尋除南京總管。三十年，授兩浙鹽運使。大德九年，[五]進江東道宣慰使，改陝西行臺御史中丞，再改雲南行省右丞。

既至，條具諸不便事言于宗王，請更張之，王不可，忽辛與左丞劉正馳還京師，有旨令宗王協力施行。由是一切病民之政，悉革而新之。豪民規避徭役，往往投充王府宿衞，有司不勝供給，忽辛按朝廷元額所無者，悉籍爲民，去其宿衞三分之二。馬龍州酋謀叛，陰與外賊通，持所受宣敕納賊以示信，事覺，宗王爲左右所蔽，將釋不問，忽辛與劉正反覆研鞫，反狀盡得，竟斬之。軍糧支給，地理遠近不同，吏貪緣爲姦，忽辛籍軍戶姓名及倉廩處所，爲更番支給，吏姦始除。

先是，贍思丁爲雲南平章時，建孔子廟爲學校，撥田五頃，以供祭祀教養。贍思丁卒，田爲大德寺所有，忽辛按廟學舊籍奪歸之。乃復下諸郡邑遍立廟學，選文學之士爲之教官，文風大興。王府畜馬繁多，悉縱之郊，敗民禾稼，而牧人又在民家宿食，室無寧居。忽辛度地置草場，搆屋數十間，使爲牧所，民得以安。

廣南酋沙奴素強悍，宋時嘗賜以金印，雲南諸部悉平，獨此梗化。忽辛遣使誘致，待之以禮，留數月不遣，酋請還，忽辛曰：「汝欲還，可納印來。」酋不得已，齎印以納，忽辛置酒宴勞，諷令偕印入覲，帝大悅。

大德五年，緬國主負固不臣，忽辛遣人諭之曰：「我老賽典赤平章子也，惟先訓是遵，凡官府於汝國所不便事，當一切爲汝更之。」緬國主聞之，遂與使者偕來，獻白象一，且曰：「此象古來所未有，今聖德所致，敢效方物。」既入，帝賜緬國主以世子之號。烏蠻等租賦，歲發軍徵索乃集，忽辛以利害榜諭諸蠻，不遣一卒，而租賦咸足。俄有爲飛語及符讖以惑宗王者，忽辛引劉正密爲奏馳報，朝廷遣使臨問，凡造言之徒悉誅之，忽辛偕使者還覲。

大德八年，出爲四川行省左丞，改江浙行省。至大元年，拜榮祿大夫、江西行省平章政

事。明年，以母老謝職歸養。又明年正月卒。天曆元年，贈守德宣惠敏政功臣、上柱國、雍國公，諡忠簡。

子二人：伯杭，中慶路達魯花赤；曲列，湖南道宣慰使。

布魯海牙

布魯海牙，畏吾人也。祖牙兒八海牙，父吉臺海牙，俱以功爲其國世臣。布魯海牙幼孤，依舅氏家就學，未幾，卽善其國書，尤精騎射。年十八，隨其主內附，充宿衞。太祖西征，布魯海牙扈從，不避勞苦，帝嘉其勤，賜以羊馬氈帳，又以居里可汗女石抹氏配之。太祖崩，諸王來會，選使燕京總理財幣。使還，莊聖太后聞其廉謹，以名求之於太宗，凡中宮軍民匠戶之在燕京、中山者，悉命統之，又賜以中山店舍園田、民戶二十，授眞定路達魯花赤。

辛卯，拜燕南諸路廉訪使，佩金虎符，賜民戶十。未幾，授斷事官，使職如故。時斷事官得專生殺，多倚勢作威，而布魯海牙小心謹密，愼於用刑。有民誤毆人死，吏論以重法，其子號泣請代死，布魯海牙戒吏，使擒于市，懼則殺之。既而不懼，乃曰：「誤毆人死，情有可宥，子而能孝，義無可誅。」遂併釋之，使出銀以資葬埋，且呼死者家諭之，其人悅從。

是時法制未定，奴有罪者，主得專殺，布魯海牙知其非法而不能救，嘗出金贖死者數十人。征討之際，隸軍籍者，憚於行役，往往募人代之，又軍中多逃歸者，朝廷下制：募代者杖百，逃歸者死。命布魯海牙與斷事官卜只兒按順天等路，及至州縣，得募人代者萬一千戶、逃者十二人。然募者聞命將下，已潛遣家人易代募者，布魯海牙聞之，歎曰：「募者已懼罪往易，逃者因單弱思歸，情皆可矜，吾可不伸理耶。」遂奏其狀，皆得輕減。有丁多產富而家人不往，及未至役所而卽逃者，則曰：「此而不殺，何以戒後！」有竊妓逃者，吏論當死，布魯海牙曰：「敗亂綱常，罪固宜死；此妓也，豈可例論！」命杖之。其執法平允類如此。

世祖卽位，擇信臣宣撫十道，命布魯海牙使眞定。眞定富民出錢貸人者，不踰時倍取其息，布魯海牙正其罪，使償者息如本而止，後定爲令。中統鈔法行，以金銀爲本，本至，乃降新鈔。時莊聖太后已命取眞定金銀，由是眞定無本，鈔不可得。布魯海牙遣幕僚邢澤往謂平章王文統曰：「昔奉太后旨，金銀悉送至上京，眞定南北要衝之地，居民商賈甚多，今舊鈔旣罷，新鈔不降，何以爲政。且以金銀爲本，豈若以民爲本。又太后之取金帛，以賞推戴之功也，其爲本不亦大乎！」文統不能奪，立降鈔五千錠，民賴以便。俄遷順德等路宣慰使，佩金虎符。來朝，帝命坐，慰勞之，賜以海東青鶻。至元二年秋卒，年六十九。

布魯海牙性孝友，造大宅於燕京，自畏吾國迎母來居，事之，得祿不入私室。幼時叔父

阿里普海牙欺之，盡有其產，及貴顯，築室宅旁，迎阿里普海牙居之，弟益特思海牙以宿憾爲言，常慰諭之，終無間言。帝嘗賜以太府綾絹五千匹，絲絮相等，弟求四之一納其國賦，盡與之，無吝色。初布魯海牙拜廉使，命下之日，子希憲適生，喜曰：「吾聞古以官爲姓，天其以廉爲吾宗之姓乎！」故子孫皆姓廉氏。後或奏廉氏仕進者多，宜稍汰去，世祖曰：「布魯海牙功多，子孫亦朕所知，非汝當預。」大德初，贈儀同三司、大司徒，追封魏國公，謚孝懿。

子希閔、希憲、希恕、希尹、希顏、希愿、希魯、希貢、希中、希括，孫五十三人，登顯仕者代有之，希憲自有傳。

高智耀 子睿附

高智耀，河西人，世仕夏國。曾祖逸，大都督府尹；祖良惠，右丞相。智耀登本國進士第，夏亡，隱賀蘭山。太宗訪求河西故家子孫之賢者，衆以智耀對，召見將用之，遽辭歸。

皇子闊端鎭西涼，儒者皆隸役，智耀謁藩邸，言儒者給復已久，一旦與厮養同役，非便，請除之。皇子從其言。欲奏官之，不就。憲宗卽位，智耀入見，言：「儒者所學堯、舜、禹、湯、文、武之道，自古有國家者，用之則治，不用則否，養成其材，將以資其用也。宜蠲免徭役以教育之。」帝問：「儒家何如巫醫？」對曰：「儒以綱常治天下，豈方技所得比。」帝曰：「善。前此未有以是告朕者。」詔復海內儒士徭役，無有所與。

世祖在潛邸已聞其賢，及卽位，召見，又力言儒術有補治道，反覆辯論，辭累千百。帝異其言，鑄印授之，命凡免役儒戶，皆從之給公文爲左驗。時淮、蜀士遭俘虜者，皆沒爲奴，智耀奏言：「以儒爲驅，古無有也。陛下方以古道爲治，宜除之，以風厲天下。」帝然之，卽拜翰林學士，命循行郡縣區別之，得數千人。貴臣或言其詭濫，帝詰之，對曰：「士，譬則金也，金色有淺深，謂之非金不可，才藝有淺深，謂之非士亦不可。」帝悅，更寵賚之。智耀又言：「國初庶政草創，綱紀未張，宜倣前代，置御史臺以糾肅官常。」至元五年立御史臺，用其議也。

擢西夏中興等路提刑按察使。會西北藩王遣使入朝，謂：「本朝舊俗與漢法異，今留漢地，建都邑城郭，儀文制度，遵用漢法，其故何如？」帝求報聘之使以析其問，智耀入見，請行，帝問所答，畫一敷對，稱旨，卽日遣就道。至上京，病卒，帝爲之震悼。後贈崇文贊治功臣、金紫光祿大夫、司徒、柱國，追封寧國公，謚文忠。子睿。

睿，資稟直亮，智耀之北使也，攜之以行。及卒，帝問其子安在，近臣以睿見，時年十六。授符寶郎，出入禁闥，恭謹詳雅。久之，授唐兀衞指揮副使，歷翰林待制、禮部侍郎。

除嘉興路總管，境內有宿盜，白晝掠民財，捕者積十數輩莫敢近。睿下令，不旬日，生擒之，一郡以寧。擢江東道提刑按察使，部內草竊陸梁，聲言圍宣城，郡將怯懦，城門不開，睿召責之曰：「寇勢方熾，官先示弱，民何所憑。」卽命密治兵衞，而洞開城門，聽民出入貿易自便。旣而寇以有備，不敢進，遂討平之。除同僉行樞密院事，遷浙西道肅政廉訪使。鹽官州民，有連結黨與，持郡邑短長，其目曰十老，吏莫敢問，睿悉按以法，闔境快之。拜江南行臺侍御史，進御史中丞，除淮東道肅政廉訪使。盜竊眞州庫鈔三萬緡，有司大索，追逮平民數百人，吏因爲奸利，睿躬自詳讞而得其情，卽縱遣之。未幾，果得眞盜。復拜南臺御史中丞，務持大體，有儒者之風焉。延祐元年卒，年六十有六。累贈推忠佐理功臣、太傅、開府儀同三司、上柱國，追封寧國公，謚貞簡。

子納麟，官至太尉、江南諸道行御史臺大夫。

鐵哥

鐵哥，姓伽乃氏，迦葉彌兒人。迦葉彌兒者，西域築乾國也。父斡脫赤與叔父那摩俱學浮屠氏。斡脫赤兄弟相謂曰：「世道擾攘，吾國將亡，東北有天子氣，盍往歸之。」乃偕入

見，太宗禮遇之。定宗師事那摩，以斡脫赤佩金符，奉使省民瘼。憲宗尊那摩爲國師，授玉印，總天下釋教。斡脫赤亦貴用事，領迦葉彌兒萬戶，奏曰：「迦葉彌兒西陲小國，尚未臣服，請往諭之。」詔偕近侍以往。其國主不從，怒而殺之，帝爲發兵誅國主。元貞元年封代國公，謚忠遂。

斡脫赤之歿，鐵哥甫四歲，性穎悟，不爲嬉戲。從那摩入見，帝問誰氏子，對曰：「兄斡脫赤子也。」帝方食雞，輟以賜鐵哥，鐵哥捧而不食，帝問之，對曰：「將以遺母。」帝奇之，加賜一雞。世祖卽位，幸香山永安寺，見書畏吾字於壁，問誰所書，僧對曰：「國師兄子鐵哥書也。」帝召見，愛其容儀秀麗，語音清亮，命隸丞相孛羅備宿衞。

先是，世祖事憲宗甚親愛，後以讒稍疏，國師導世祖宜加敬慎，遂友愛如初。至是，帝將用鐵哥，曰：「吾以酬國師也。」於是鐵哥年十七，詔擇貴家女妻之，辭曰：「臣母漢人，每欲求漢人女爲婦，臣不敢傷母心。」乃爲娶冉氏女。久之，命掌饔膳湯藥，日益親密。

至元十六年，鐵哥奏曰：「武臣佩符，古制也。今長民者亦佩符，請省之，以彰武職。」從之。十七年，進正議大夫、尚膳監。帝嘗諭之曰：「朕聞父飲藥，子先嘗之，君飲藥，臣先嘗之。今卿典朕膳，凡飲食湯藥，宜先嘗之。」又曰：「朕以宿衞士隸卿，其可任使者，疏其才能，朕將用之。」詔賜第於大明宮之左，留守段圭言：「逼木局，不便。」帝曰：「俾居近禁闥，以

便召使。木局稍隘，又何害焉。」

高州人言，州境多野獸害稼，願捕以充貢。鐵哥曰：「捕獸充貢，徒濟其私耳，且擾民，不可聽。」從之。十九年，遷同知宣徽院事，領尚膳監。有食尚食餘餅者，帝察知之，怒。鐵哥曰：「失餅之罪在臣，食者何與焉。」內府食用圓米，鐵哥奏曰：「計粳米一石，僅得圓米四斗，請自今非御用，止給常米。」帝皆善之。進中奉大夫、司農寺達魯花赤。從獵百杳兒之地，獵人亦不剌金射兔，誤中名駝，駝死，帝怒，命誅之。鐵哥曰：「殺人償畜，刑太重。」帝驚曰：「誤耶，史官必書。」亟釋之。庾人有盜鑿秔米者，罪當死。鐵哥諫曰：「臣鞫庾人，其母病，盜秔欲食母耳，請貸之。」牧人有盜割駝峯者，將誅之。鐵哥曰：「生割駝峯，誠忍人也。然殺之，恐乖陛下仁恕心。」詔皆免死。

二十二年，進正奉大夫，奏：「司農寺宜陞爲大司農司，秩二品，使天下知朝廷重農之意。」制可。進資善大夫、司農。時司農供膳，有司多擾民，鐵哥奏曰：「屯田則備諸物，立供膳司甚便。」從之。桓州饑民鬻子女以爲食，鐵哥奏以官帑贖之。

二十四年，從征乃顏，至撒兒都之地，叛王塔不台率兵奄至。鐵哥奏曰：「昔李廣一將耳，尚能以疑退敵，況陛下萬乘之威乎。今彼衆我寡，不得地利，當設疑以退之。」於是帝張曲蓋，據胡床，鐵哥從容進酒。塔不台按兵覘伺，懼有伏，遂引去。帝以金章宗玉帶賜之。

二十九年，進榮祿大夫、中書平章政事。以病足，聽輿轎入殿門。帝嘗憶北征事，不能悉記，鐵哥條舉甚詳，帝悅，以金束帶賜之。初，詔遣宋新附民種蒲萄於野馬川晃火兒不剌之地，既獻其實，鐵哥以北方多寒，奏歲賜衣服，從之。

成宗卽位，以鐵哥先朝舊臣，賜銀一千兩、鈔十萬貫。他日，又賜以瑪瑙椀，謂鐵哥曰：「此器先皇所用，朕今賜卿，以卿久侍先皇故也。」大德元年，加光祿大夫。三年，乞解機務，從之。仍授平章政事、議中書省事。時諸王朝見，未有知典故者，帝曰：「惟鐵哥知之，俾專其事，凡廩餼金帛之數，皆遵世祖制詔，自今懷諸王之禮，悉命鐵哥掌之。」

七年，復拜中書平章政事。平灤大水，鐵哥奏曰：「散財聚民，古之道也。今平灤水災，不加賑恤，民不聊生矣！」從之。十年，丁母憂，詔奪情起復。遼王脫脫入朝，從者執兵入大明宮，鐵哥劾止之，王懼謝。從幸(晉)〔縉〕山，〔六〕饑民相望，鐵哥輒發廩賑之，既乃陳疏自劾，帝稱善不已。

武宗卽位，賜金一百兩，加金紫光祿大夫，遙授中書右丞相。有訴寧遠王闊闊出有逆謀者，命誅之。鐵哥知其誣，廷辨之，由是得釋，徙高麗。二年，〔七〕領度支院。尋賜江州稻田五千畝。

仁宗皇慶元年，授開府儀同三司、太傅、錄軍國重事。乃進奏：世祖子惟寧遠王在，宜賜還。從之。二年，奉命詣萬安寺祀世祖，感疾歸，皇太后令內臣問疾，鐵哥附奏曰：「臣死無日，願太后輔陛下布惟新之政，社稷之福也。」是年薨，賜賻禮加厚，敕有司治喪事，贈太師、開府儀同三司、上柱國，追封秦國公，謚忠穆。加贈推誠守正佐理翊戴功臣，封延安王，改謚忠獻。

子六人：忽察，淮東宣慰使；平安奴，太平路達魯花赤；也識哥，同知山東宣慰司事；虎里台，同知眞定總管府事；亦可麻，同知都護府事；重喜，隆禧院副使。孫八人，伯顏，中書平章政事；餘多居宿衞。

校勘記

〔一〕豐(靖)〔淨〕雲內三州　見卷一校勘記〔一四〕。

〔二〕雲南〔諸〕路宣慰使　據本書卷一二二昔里鈐部傳附愛魯傳所見補。按元雲南非路。

〔三〕納速〔剌〕丁　據前後文補。

〔四〕(三十二)〔二十三〕年　道光本與本書卷一四世祖紀至元二十三年四月壬子條合，從改正。按至元無三十二年。

〔五〕大德九年　按後文尚有大德五年、八年，此誤。道光本據類編改作「元年」。

〔六〕（晉）〔縉〕山　見卷四校勘記〔二五〕。

〔七〕二年　按前文有「武宗卽位」，後文有「仁宗皇慶」，此處指至大二年。蒙史云「奪脫至大二字」，是。

元史卷一百二十六

列傳第十三

安童〔兀都帶〕〔一〕

安童，木華黎四世孫，霸突魯長子也。中統初，世祖追錄元勳，召入長宿衞，年方十三，位在百僚上。母弘吉剌氏，昭睿皇后之姊，通籍禁中。世祖一日見之，問及安童，對曰：「安童雖幼，公輔器也。」世祖曰：「何以知之。」對曰：「每退朝必與老成人語，未嘗狎一年少，是以知之。」世祖悅。

四年，執阿里不哥黨千餘，將置之法，安童侍側，帝語之曰：「朕欲置此屬於死地，何如？」對曰：「人各爲其主，陛下甫定大難，遽以私憾殺人，將何以懷服未附。」帝驚曰：「卿年少，何從得老成語，此言正與朕意合。」由是深重之。

至元二年秋八月，拜光祿大夫、中書右丞相，增食邑至四千戶。辭曰：「今三方雖定，江

南未附，臣以年少，謬膺重任，恐四方有輕朝廷心。」帝動容有間曰：「朕思之熟矣，無以踰卿。」冬十月，召許衡至，傳旨令衡入省議事，衡以疾辭，安童卽親候其館，與語良久，既還，念之不釋者累日。三年，帝諭衡曰：「安童尚幼，未更事，善輔導之。汝有嘉謨，當先告之以達朕，朕將擇焉。」衡對曰：「安童聰敏，且有執守，告以古人所言，悉能領解，臣不敢不盡心。但慮中有人間之，則難行，外用勢力納人其中，則難行。臣入省之日淺，所見如此。」四年三月，安童奏：「內外官須用老成人，宜令儒臣姚樞等入省議事。」帝曰：「此輩雖閑，猶當優養，其令入省議事。」

五年，廷臣密議立尚書省，以阿合馬領之，乃先奏以安童宜位三公。事下諸儒議，商挺倡言曰：「安童，國之柱石，若爲三公，是崇以虛名而實奪之權也，甚不可。」衆曰然，事遂罷。七年四月，奏曰：「臣近言：『尚書省、樞密院各令奏事，並如常制，其大政令，從臣等議定，然後上聞。』既得旨矣，今尚書一切徑奏，似違前旨。」帝曰：「豈阿合馬以朕頗信用之，故爾專權耶。不與卿議，非是。」敕如前旨。

八年，陝西省臣也速迭兒建言，比因饑饉，盜賊滋橫，若不顯戮一二，無以示懲。敕中書詳議，安童奏曰：「強、竊均死，恐非所宜，罪至死者，宜仍舊待報。」從之。

十年春三月，奏以玉册玉寶上皇后弘吉剌氏，以玉册金寶立燕王爲皇太子，兼中書令、

中華書局

判樞密院事。冬十月，帝諭安童及伯顏等曰：「近史天澤、姚樞纂定新格，朕巳親覽，皆可行之典，汝等亦當一一留心參考，豈無一二可增減者。」各令紀錄促議行之。時天下待報死囚五十人，安童奏其中十三人因鬬毆殺人，餘無可疑。於是詔以所奏十三人免死從軍。十一年，奏阿合馬蠹國害民數事，又奏各部與大都路官多非才，乞加黜汰。從之。

十二年七月，詔以行中書省樞密院事，從太子北平王出鎮極邊，在邊十年。二十一年三月，從王歸，待罪闕下，帝卽召見慰勞之，頓首謝曰：「臣奉使無狀，有累聖德。」遂留寢殿，語至四鼓乃出。冬十一月，和禮霍孫罷，復拜中書右丞相，加金紫光祿大夫。二十二年，右丞盧世榮敗，詔與諸儒條其所用人及所爲事，悉罷之。

二十三年夏，中書奏擬漕司諸官姓名，帝曰：「如平章、右丞等，朕當親擇，餘皆卿等職也。」安童奏曰：「比聞聖意欲倚近侍爲耳目，臣猥承任使，若所行非法，從其舉奏，罪之輕重，惟陛下裁處。今近臣乃伺隙援引非類，曰某居某官、某居某職，以所署奏目付中書施行。臣謂銓選之法，自有定制，其尤無事例者，臣常廢格不行，慮其黨有短臣者，幸陛下詳察。」帝曰：「卿言是也。今後若此者勿行，其妄奏者，卽入言之。」奏徵前吏部尚書李昶，不起，復奏賜田十頃。

二十四年，宗王乃顏叛，世祖親討平之。宗室詿誤者，命安童按問，多所平反。嘗退

朝，自左掖門出，諸免罪者爭迎謝，或執轡扶上馬，安童毅然不顧。有乘間言於帝曰：「諸王雖有罪，皆帝室近親也，丞相雖尊，人臣也，何悖慢如此！」帝良久曰：「汝等小人，豈知安童所爲，特辱之使改過耳。」是歲，復立尚書省，安童切諫曰：「臣力不能回天，乞不用桑哥，別相賢者，猶或不至虐民誤國。」不聽。二十五年，見天下大權盡歸尚書，屢求退，不許。二十八年，罷相，仍領宿衞事。

三十年春正月，以疾薨于京師樂安里第，年四十九。〔二〕雨木冰三日，世祖震悼曰：「人言丞相病，朕固弗信，果喪予良弼。」詔大臣監護喪事。大德七年，成宗制贈推忠同德翊運功臣、太師、開府儀同三司、上柱國、東平忠憲王。碑曰開國元勳命世大臣之碑。子兀都帶。

兀都帶器度宏遠，世祖時襲長宿衞。父安童歿，凡賵賻之物，一無所受，以素車樸馬歸葬只蘭禿先塋。事母以孝聞。成宗卽位，拜銀青榮祿大夫、大司徒，領太常寺事。爲請謚(尙)〔南〕郊，〔三〕攝太尉，奉册上尊號、廟號、皇后尊號。常侍掖庭，贊畫大政，帝及中宮咸以家人禮待之。

大德六年正月薨，年三十一。至大二年，制贈輸誠保德翊運功臣、〔四〕太師、開府儀同三司、上柱國、東平王，謚忠簡。子拜住，自有傳。

廉希憲 〔希賢〕〔五〕

廉希憲字善甫，布魯海牙子也。幼魁偉，舉止異凡兒。九歲，家奴四人盜五馬逃去，既獲，時於法當死，父怒，將付有司，希憲泣諫止之，俱得免死。又嘗侍母居中山，有二奴醉出惡言，希憲曰：「是以我爲幼也。」卽送繫府獄，杖之。皆奇其有識。世祖爲皇弟，希憲年十九，得入侍，見其容止議論，恩寵殊絕。希憲篤好經史，手不釋卷。一日，方讀孟子，聞召，急懷以進。世祖問其說，遂以性善義利仁暴之旨爲對，世祖嘉之，目曰廉孟子，由是知名。嘗與近臣校射世祖前，希憲腰插三矢，有欲取以射者，希憲曰：「汝以我爲不能耶？但吾弓力稍弱耳。」左右授以勁弓，三發連中。衆驚服曰：「眞文武材也。」

歲甲寅，世祖以京兆分地命希憲爲宣撫使。京兆控制隴蜀，諸王貴藩分布左右，民雜羌戎，尤號難治。希憲講求民病，抑强扶弱。暇日從名儒若許衡、姚樞輩諮訪治道，首請用衡提舉京兆學校，敎育人材，爲根本計。國制，爲士者無隸奴籍，京兆多豪强，廢令不行。希憲至，悉令著籍爲儒。有民妻與卜者厭詛其夫，殺之，獄成，僚佐皆言方大旱，卜者宜減死，希憲議當伏法，已而大雨立應。

初，世祖受命憲宗，經理河南關右，居數歲，讒者謂王府人多專擅不法，至是，命阿藍答

兒、劉太平檢覈所部，用酷吏分領其事，大開告訐。希憲曰：「宣撫司事由己出，有罪固當獨任，僚屬何預。」及事竟，卒無獲罪者。己未，憲宗駐蹕合州，世祖渡江取鄂州，命希憲入籍府庫。希憲引儒生百餘，拜伏軍門，因言：「今王師渡江，凡軍中俘獲士人，宜官贖遣還，以廣異恩。」世祖嘉納之。還者五百餘人。

憲宗崩，訃音至，希憲啓曰：「殿下太祖嫡孫，先皇母弟，前征雲南，剋期撫定，及今南伐，率先渡江，天道可知。且殿下收召才傑，悉從人望，子惠黎庶，率土歸心。今先皇奄棄萬國，神器無主，願速還京，正大位以安天下。」世祖然之，且命希憲先行，審察事變。對曰：「劉太平、霍魯海在關右，渾都海在六盤，征南諸軍散處秦、蜀，太平要結諸將，其性險詐，素畏殿下英武，倘倚關中形勝，設有異謀，漸不可制，宜遣趙良弼往覘人情事宜。」從之。阿里不哥搆亂北邊，遣脫忽思發兵河朔，大肆凶暴。眞定名士李槃嘗奉莊聖太后命侍阿里不哥講讀，脫忽思怒槃不附己，械之，希憲訪槃於獄，言於世祖而釋之。世祖命希憲賜膳於宗王塔察兒，希憲卽以己意白王，宜首建翊戴之謀，王然之，許以身任其事。歸啓其言，世祖曰：「若此重事，卿何不懼之甚耶！」

庚申，至開平，宗室諸王勸進，謙讓未允，希憲復以天時人事進言。且曰：「阿里不哥於殿下爲母弟，居守朔方，專制有年，或覬望神器，事不可測，宜早定大計。」世祖然之。明日

卽位，建元中統。希憲上言：「高麗王子倎久留京師，今聞其父死，宜立爲王，遣還國，以恩結之。」又言：「鄂兵未還，宜遣使與宋講好，敕諸軍北歸。」帝皆從之。

趙良弼還自關右，奏劉太平、霍魯海反狀，皆如希憲言。初分漢地爲十道，乃併京兆、四川爲一道，以希憲爲宣撫使。太平、霍魯海聞之，乘驛急入京兆，密謀爲變。後三日，希憲至，宣布詔旨，遣使安諭六盤。未幾，斷事官闊闊出遣使來告：渾都海已反，殺所遣使者朶羅台，遣人諭其黨密里火者於成都，乞台不花於靑居，使各以兵來援，又多與蒙古軍奧魯官兀奴忽等金帛，盡起新軍，且約太平、霍魯海同日俱發。希憲得報，召僚屬謂曰：「上新卽位，責任吾等，正爲今日。不早爲之計，殆將無及。」遣萬戶劉黑馬、京兆治中高鵬霄、華州尹史廣，掩捕太平、霍魯海及其黨，獲之，盡得其奸謀，悉置於獄。復遣劉黑馬誅密里火者，總帥汪惟正誅乞台不花，具以驛聞。時關中無兵備，命汪惟良將秦、鞏諸軍進六盤，〔六〕惟良以未得上旨爲辭，希憲卽解所佩虎符銀印授之曰：「此皆身承密旨，君但辦吾事，制符已飛奏矣。」又付銀一萬五千兩，以充功賞，出庫幣製軍衣，惟良感激，遂行。又發蜀卒更戍，及在家餘丁，推節制諸軍蒙古官八春將之，謂之曰：「君所將之衆，未經訓練，六盤兵精，勿與爭鋒，但張聲勢，使不得東，則大事濟矣。」會有詔赦至，希憲命絞太平等於獄，尸於通衢，方出迎詔，人心遂安。乃遣使自劾停赦行刑、徵調諸軍、擅以惟良爲帥等罪，帝深善之。曰：

「經所謂行權，此其是也。」別賜金虎符，使節制諸軍，且詔曰：「朕委卿以方面之權，事當從宜，毋拘常制，坐失事機。」

西川將紐鄰奧魯官，將舉兵應渾都海，八春獲之，繫其黨五十餘人于乾州獄，送二人至京兆，請幷殺之。二人自分必死，希憲謂僚佐曰：「渾都海不能乘勢東來，保無他慮。今衆志未一，猶懷反側，彼軍見其將校執囚，或別生心，爲害不細。今因其懼死，並加寬釋，使之感恩效力，就發此軍餘丁，往隸八春，上策也。」初，八春旣執諸校，其軍疑懼，駭亂四出，莫可禁遏，及知諸校獲全，紐鄰奧魯官得釋，大喜過望。切諭其屬出兵效力，人人咸悅，八春亦釋然開悟，果得精騎數千，將與俱西。

詔以希憲爲中書右丞，行秦蜀省事。渾都海聞京兆有備，遂西渡河，趨甘州，阿藍答兒復自和林提兵與之合，分結隴、蜀諸將，又使紐鄰兄宿敦爲書招紐鄰。於是成都帥百家奴、興元忙古台，靑居汪惟正、欽察，俱遣使言，人心危疑，事不可測。希憲遣使深諭戒之，兩川諸將素憚希憲威名，按堵從命。渾都海、阿藍答兒合軍而東，諸將失利，河右大震，西土親王執畢帖木兒輜重皆空，就食秦雍。朝議欲棄兩川，退守興元，希憲力言不可，乃止。會親王合丹及汪惟良、八春等合兵復戰西涼，大敗之，俘斬略盡，得二叛首以送，梟之京兆市。事聞，帝大嘉之曰：「希憲眞男子也。」進拜平章政事，賜宅一區。時希憲年三十矣。

希憲奏：「四川降民，皆散處山谷，宜申敕軍吏，禁止俘掠，違者，千戶以下與犯人同罪。又禁諸人無販易生口。」由是四川遂安，降者益衆。又罷解鹽戶所摘軍，及京兆諸處無籍戶之戍靈州屯田者，以寬民力。欽察獲宋臣張炳震、王政二人，俱以母老，願賜矜放，希憲皆遣之還。因爲書與宋四川制置余玠，諭以天道人事，玠得書愧感自守，不敢復輕動。鞏昌帥府言，鎭戎州有謀爲叛者，連引四百餘人，希憲詳推之，惟誅首惡五人。宋將劉整以瀘州降，盡繫前歸宋者數百人待報。希憲奏釋之，且致書宰臣，待整以恩，當得其死力。整後首建取襄陽之策，果立勳效。宋將家屬之在北者，希憲歲給其糧，仕於宋者，子弟得越界省其親，人皆感之。

李璮反山東，事連王文統，平章趙璧素忌希憲勳名，因言文統由張易、希憲薦引，遂至大用，且關中形勝之地，希憲得民心，有商挺、趙良弼爲之輔，此事宜關聖慮。帝曰：「希憲自幼事朕，朕知其心，挺、良弼皆正士，何慮焉。」蜀降人費正寅以私怨譖希憲因李璮叛，〔七〕亦修城治兵，潛畜異志，帝因惑之，命中書右丞南合代希憲行省，且覆視所告事，卒無實狀。詔希憲還京師，陛見，言曰：「方關陝叛亂，川蜀未寧，事急星火，臣隨宜行事，不謀佐貳，如寅所言，罪止在臣，臣請逮繫有司。」帝撫御床曰：「當時之言，天知之，朕知之，卿果何罪！」慰諭良久。進拜中書平章政事。

一日夜半，召希憲入禁中，從容道藩邸時事，因及趙璧所言。希憲曰：「昔攻鄂時，賈似道作木柵環城，一夕而成，陛下顧扈從諸臣曰『吾安得如似道者用之』。劉秉忠、張易進曰『山東王文統，才智士也，今爲李璮幕僚』。詔問臣，臣對『亦聞之，實未嘗識其人也』。」帝曰：「朕亦記此。」

希憲在中書，振擧綱維，綜劾名實，汰逐冗濫，裁抑僥倖，興利除害，事無不便，當時翕然稱治，典章文物，粲然可考。又建言：「國家自開創已來，凡納土及始命之臣，咸令世守，至今將六十年，子孫皆奴視部下，都邑長吏，皆其皂隸僮使，前古所無，宜更張之，使考課黜陟。」始議行遷轉法。

至元元年，丁母憂，率親族行古喪禮，勺飲不入口者三日，慟則嘔血，不能起，寢臥草土，廬于墓傍。宰執以憂制未定，欲極力起之，相與詣廬，聞號痛聲，竟不忍言。未幾，有詔奪情起復，希憲雖不敢違旨，然出則素服從事，入必縗絰。及喪父，亦如之。

奸臣阿合馬領左右部，專總財賦，會其黨相攻擊，帝命中書推覆，衆畏其權，莫敢問。希憲窮治其事，以狀聞，杖阿合馬，罷所領歸有司。

帝諭希憲曰：「吏廢法而貪，民失業而逃，工不給用，財不贍費，先朝患此久矣。自卿等爲相，朕無此憂。」對曰：「陛下猶堯、舜，臣等未能以皐陶、稷、契之道，贊輔治化，以致太平，懷愧多矣。今日小治，未足多也。」因論及魏徵，對曰：「忠臣良臣，何代無之，顧人主用不用爾。」有內侍傳旨入朝堂，言某事當爾，希憲曰：「此閹宦預政之漸，不可啓也。」遂入奏，杖之。

言者訟丞相史天澤，親黨布列中外，威權日盛，漸不可制。詔罷天澤政事，使待鞫問。希憲進曰：「天澤事陛下久，知天澤深者，無如陛下。始自潛藩，多經任使，將兵牧民，悉有治效。陛下知其可付大事，用爲輔相，小人一旦有言，陛下當熟察其心跡，果有肆横不臣者乎？今日信臣，故臣得預此旨，他日有訟臣者，臣亦遭疑矣。臣等備員政府，陛下之疑信若此，何敢自保。天澤既罷，亦當罷臣。」帝良久曰：「卿且退，朕思之。」明日，帝召希憲諭曰：「昨思之，天澤無對訟者。」事遂解。

又有訟四川帥欽察者，帝敕中書急遣使誅之。明日，希憲覆奏，帝怒曰：「尙爾遲回耶！」對曰：「欽察大帥，以一小人言被誅，民心必駭，收繫至此，與訟者廷對，然後明其罪於天下爲宜。」詔遣能者按問，其後事竟無實，欽察得免。

希憲每奏議帝前，論事激切，無少回惜。帝曰：「卿昔事朕王府，多所容受，今爲天子臣，乃爾木强耶？」希憲對曰：「王府事輕，天下事重，一或面從，天下將受其害，臣非不自愛也。」

方士請煉大丹，敕中書給所需，希憲具以秦、漢故事奏，且曰：「堯、舜得壽，不因大丹也。」帝曰：「然。」遂却之。時方尊禮國師，帝命希憲受戒，對曰：「臣受孔子戒矣。」帝曰：「孔子亦有戒耶？」對曰：「爲臣當忠，爲子當孝，孔子之戒，如是而已。」

五年，始建御史臺，繼設各道提刑按察司。時阿合馬專總財利，乃曰：「庶務責成諸路，錢穀付之轉運，今繩治之如此，事何由辦？」希憲曰：「立臺察，古制也，內則彈劾奸邪，外則察視非常，訪求民瘼，裨益國政，無大於此。若去之，使上下專恣貪暴，事豈可集耶！」阿合馬不能對。

七年，詔釋京師繫囚。西域人匿贊馬丁，用事先朝，資累鉅萬，爲怨家所告，繫大都獄，既釋之矣，時希憲在告，實不預其事。是秋，車駕還自上都，怨家訴於帝，希憲取堂判補署之，曰：「天威莫測，豈可幸其獨不署以苟免耶。」希憲入見，以詔書爲言，帝曰：「詔釋囚耳，豈有詔釋匿贊馬丁耶？」對曰：「不釋匿贊馬丁，臣等亦未聞有此詔。」帝怒曰：「汝等號稱讀書，臨事乃爾，宜得何罪？」對曰：「臣等忝爲宰相，有罪當罷退。」帝曰：「但從汝言。」卽與左丞相耶律鑄同罷。一日，帝問侍臣，希憲居家何爲，侍臣以讀書對。帝曰：「讀書固朕所敎，然讀之而不肯用，多讀何爲。」意責其罷政而不復求進也。阿合馬因讒之曰：「希憲日與妻子宴樂爾。」帝變色曰：「希憲淸貧，何從宴設。」希憲嘗有疾，帝遣醫三人診視，醫言須用沙

糖作飲，時最艱得，家人求於外，阿合馬與之二斤，且致密意。希憲却之曰：「使此物果能活人，吾終不以奸人所與求活也。」帝聞而遣賜之。

嗣國王頭輦哥行省鎭遼陽，有言其擾民不便者。十一年，詔起希憲爲北京行省平章政事。將行，肩輿入辭，賜坐，帝曰：「昔在先朝，卿深識事機，每以帝道啓朕，及鄂漢班師，屢陳天命，朕心不忘，丞相卿實宜爲，顧退托耳。遼(霄)〔霫〕戶不下數萬，〔六〕諸王、國壻分地所在，彼皆素知卿能，故命卿往鎭，體朕此意。」遼東多親王，使者傳令旨，官吏立聽，希憲至，始革正之。

有西域人自稱駙馬，營于城外，繫富民，誣其祖父嘗貸息錢，索償甚急，民訴之行省，希憲命收捕之。其人怒，乘馬入省堂，坐榻上，希憲命捽下跪，而問之曰：「法無私獄，汝何人，敢擅繫民？」令械繫之。其人惶懼求哀，國王亦爲之請，乃稍寬，令待對，舉營夜遁。俄詔國王歸國，希憲獨行省事。朝廷降鈔買馬六千五百，希憲遣買於東州，得羨餘馬千三百。希憲曰：「上之則若自衒。」卽與他郡之不及者，以其直還官。長公主及國壻入朝，縱獵郊原，擾民爲甚，希憲面諭國壻，欲入奏之。國壻驚愕，入語公主，公主出，飲希憲酒曰：「從者擾民，吾不知也。請以鈔萬五千貫還斂民之直，幸勿遣使者。」自是貴人過者，皆莫敢縱。

十二年，右丞阿里海牙下江陵，圖地形上於朝，請命重臣開大府鎭之。帝急召希憲還，

使行省荊南，賜坐，諭曰：「荊南入我版籍，欲使新附者感恩、未來者向化，宋知我朝有臣如此，亦足以降其心。南土卑濕，於卿非宜，今以大事付託，度卿不辭。」賜田以養居者，馬五十以給從者。希憲曰：「臣每懼才識淺近，不能勝負大任，何敢辭疾。然敢辭新賜。」復有詔，令希憲承制授三品以下官。

希憲冒暑疾驅以進。至鎭，阿里海牙率其屬郊迎，望拜塵中，荊人大駭。卽日禁剽奪，通商販，興利除害，兵民按堵。首錄宋故宣撫、制置二司幕僚能任事者，以備采訪，仍擇二十餘人，隨材授職。左右難之，希憲曰：「今皆國家臣子也，何用致疑。」時宋故官禮謁大府，必廣致珍玩，希憲拒之，且語之曰：「汝等身仍故官，或不次遷擢，當念聖恩，盡力報效。今所餽者，若皆己物，我取之爲非義；一或係官，事同盜竊；若斂於民，不爲無罪。宜戒愼之。」皆感激謝去。令凡俘獲之人，敢殺者，以故殺平民論。爲軍士所虜，病而棄之者，許人收養；病愈，故主不得復有。立契券質賣妻子者，重其罪，仍沒入其直。先時，江陵城外蓄水扞禦，希憲命決之，得良田數萬畝，以爲貧民之業。發沙市倉粟之不入官籍者二十萬斛，以賑公安之饑。大綱既舉，乃曰：「敎不可緩也。」遂大興學，選敎官，置經籍，且日親詣講舍，以厲諸生。

西南溪洞，及思、播田、楊二氏，重慶制置趙定應，俱越境請降。事聞，帝曰：「先朝非用

兵不可得地，今希憲能令數千百里外越境納土，其治化可見也。」關吏得江陵人私書，不敢發，上之，樞密臣發之帝前，其中有曰：「歸附之初，人不聊生。皇帝遣廉相出鎭荆南，豈惟人漸德化，昆蟲草木，咸被澤矣。」帝曰：「希憲不嗜殺人，故能爾也。」

希憲疾久不愈，十四年春，近臣董文忠言：「江陵濕熱，如希憲病何？」卽召希憲還，江陵民號泣遮道留之不得，相與畫像建祠。希憲還，囊槖蕭然，琴書自隨而已。帝知其貧，特賜白金五千兩、鈔萬貫。

五月，至上都，太常卿田忠良來問疾，希憲謂曰：「上都，聖上龍飛之地，天下視爲根本。近聞龍岡遺火，延燒民居，此常事耳，愼勿令妄談地理者惑動上意。」未幾，果有數輩以徙置都邑事奏，樞密副使張易、中書左丞張文謙與之廷辨，力言不可，帝不悅。明日，召忠良質其事，忠良以希憲語對，帝曰：「希憲病甚，猶慮及此耶。」其議遂止。

詔徵揚州名醫王仲明視希憲疾，旣至，希憲服其藥，能杖而起，帝喜謂希憲曰：「卿得良醫，疾向愈矣。」對曰：「醫持善藥以療臣疾，苟能戒愼，則誠如聖諭；設或肆情，良醫何益。」蓋以醫諷諫也。

會議立門下省，帝曰：「侍中非希憲不可。」遣中使諭旨曰：「鞍馬之任，不以勞卿，坐而論道，時至省中，事有必須執奏，肩輿以入可也。」希憲附奏曰：「臣疾何足卹。輸忠效力，生

平所願。」皇太子亦遣人諭旨曰：「上命卿領門下省，無憚羣小，吾爲卿除之。」竟爲阿合馬所沮。

十六年春，賜鈔萬貫，詔復入中書，希憲稱疾篤。皇太子遣侍臣問疾，因問治道，希憲曰：「君天下在用人，用君子則治，用小人則亂。臣病雖劇，委之於天。所甚憂者，大奸專政，羣小阿附，誤國害民，病之大者。殿下宜開聖意，急爲屛除，不然，日就沉痾，不可藥矣。」戒其子曰：「丈夫見義勇爲，禍福無預於己，謂皐、夔、稷、契、伊、傅、周、召爲不可及，是自棄也。天下事苟無牽制，三代可復也。」又曰：「汝讀狄梁公傳乎？梁公有大節，爲不肖子所墜，汝輩宜愼之！」

十七年十一月十九夜，有大星隕于正寢之旁，流光照地，久之方滅。是夕，希憲卒，年五十。大德八年，贈忠淸粹德功臣、〔九〕太傅、開府儀同三司，追封魏國公，諡文正。加贈推忠佐理翊運功臣、太師、開府儀同三司、上柱國、恒陽王，諡如故。

子六人：孚，僉遼陽等處行中書事；恪，台州路總管；恂，中書平章政事；忱，邵武路總管；恒，御史中丞；惇，江西等處行中書省參知政事。從弟希賢。

希賢字達甫，一名中都海牙。伯父布魯海牙嘗曰：「是兒剛果，當大吾家。」年二十餘，

與從兄希憲同侍世祖，出入禁中，小心愼密。

至元初，北部王拘殺使者，世祖選使往諭之，廷臣推希賢。至則布上意，辭旨條暢，王悔謝，爲設宴，贈貂裘一襲、白金一笏。還奏，帝喜，賜以御膳。尋進中議大夫、兵部尙書。

左丞相伯顏伐宋，旣渡江，至元十二年春，授希賢禮部尙書，佩金虎符，與工部侍郎嚴忠範、祕書丞柴紫芝持國書使宋。三月丙戌，至廣德軍獨松關，守關者不知爲使，襲而殺之。張濡以爲己功，受賞，知廣德軍。明年宋亡，獲張濡殺之，詔遣使護希賢喪歸，後復籍濡家貲付其家。希賢死時，年二十九。

校勘記

〔一〕〔兀都帶〕　據本書原目錄補。

〔二〕年四十九　按前文及元文類卷二四元明善安童碑，安童中統初年十三，至元二年入相，時年十八，至元三十年死，死年應爲四十六。疑「九」字誤。

〔三〕請諡（尙）〔南〕郊　道光本與本書卷一七世祖紀至元三十一年夏四月甲辰條、卷一八成宗紀至元三十一年夏四月庚子條合，從改。

〔四〕輸誠保德翊運功臣　按元文類卷二四安童碑、黃金華集卷二四拜住神道碑「運」作「衞」，蒙史

據改，疑是。

〔五〕〔希賢〕　據本書原目錄補。

〔六〕汪惟良　按本書卷四世祖紀中統元年九月條、卷一五五汪世顯傳附汪良臣傳、卷一二一按竺邇傳、卷一二三趙阿哥潘傳、卷一五九商挺傳、卷一六二李忽蘭吉傳皆作「汪良臣」，此處「惟良」係「良臣」之誤。下同。類編已校。

〔七〕費正寅　本書卷一五九商挺傳、趙良弼傳及元名臣事略卷七引廉希憲家傳皆作「費寅」。按本書卷七世祖紀至元八年正月丁亥條、卷一六三張雄飛傳有「費正寅」，係參議樞密院事，與此與元判官費寅別爲一人。新元史删「正」字，疑是。

〔八〕遼（訔）〔轡〕　據元文類卷六五元明善廉希憲神道碑改。按古轡居潢水之北，故稱遼轡。

〔九〕贈忠淸粹德功臣　按元文類卷一二元明善廉希憲贈諡制、卷六五元明善廉希憲神道碑「忠淸」作「淸忠」，蒙史據改正，疑是。

元史卷一百二十七

列傳第十四

伯顏

伯顏，蒙古八鄰部人。曾祖述律哥圖，事太祖，爲八鄰部左千戶。祖阿剌，襲父職，兼斷事官，平忽禪有功，得食其地。父曉古台世其官，從宗王旭烈兀開西域。伯顏長於西域。

至元初，旭烈兀遣入奏事，世祖見其貌偉，聽其言厲，曰：「非諸侯王臣也，其留事朕。」與謀國事，恒出廷臣右，世祖益賢之，敕以中書右丞相安童女弟妻之，若曰「爲伯顏婦，不慚爾氏矣」。二年七月，拜光祿大夫、中書左丞相。諸曹白事，有難決者，徐以一二語決之。衆服曰：「眞宰輔也。」四年，改中書右丞。七年，遷同知樞密院事。十年春，持節奉玉册立燕王眞金爲皇太子。

十一年，大舉伐宋，與史天澤並拜中書左丞相，行省荆湖。時荆湖、淮西各建行省，天

澤言，號令不一，或致敗事。詔改淮西行省爲行樞密院。天澤又以病，表請專任伯顏，乃以伯顏領河南等路行中書省，所屬並聽節制。秋七月，陛辭，世祖諭之曰：「昔曹彬以不嗜殺平江南，汝其體朕心，爲吾曹彬可也。」

九月甲戌朔，會師于襄陽，分軍爲三道並進。丙戌，伯顏與平章阿朮，由中道，循漢江趨郢州。萬戶武秀爲前鋒，遇水濼，霖雨水溢，無舟不能涉。伯顏曰：「吾且飛渡大江，而憚此潢潦耶！」乃召一壯士，負甲仗，騎而前導，麾諸軍畢濟。癸巳，次鹽山，距郢州二十里。郢在漢水北，以石爲城，宋人又於漢水南築新郢，橫鐵繩，鎖戰艦，密樹樁木水中。下流黃家灣堡，亦設守禦之具，堡之西有溝，南通藤湖，至江僅數里。乃遣總管李庭、劉國傑攻黃家灣堡，拔之，破竹席地，盪舟由藤湖入漢江。諸將請曰：「郢城，我之喉襟，不取，恐爲後患。」伯顏曰：「用兵緩急，我則知之。攻城，下策也，大軍之出，豈爲此一城哉。」遂舍郢，順流下。伯顏、阿朮殿後，不滿百騎。十月戊午，行大澤中，郢將趙文義、范興以騎二千來襲，伯顏、(兀)〔阿〕朮未及介胄，[一]亟還軍迎擊之，伯顏手殺文義，擒范興殺之，其士卒死者五百人，生獲數十人。

甲子，次沙洋。乙丑，命斷事官楊仁風招之，不應。復使一俘持黃榜、檄文，傳趙文義首，入城，招其守將王虎臣、王大用。虎臣等斬俘，焚黃榜。裨將傅益以水軍十七人來降，虎臣等又斬其軍之欲降者。伯顏復命呂文煥招之，又不應。日暮，風大起，伯顏命順風掣金汁砲，焚其廬舍，烟焰漲天，城遂破。萬戶忙古歹生擒虎臣、大用等四人，餘悉屠之。丙寅，次新城，令萬戶帖木兒、史弼列沙洋所馘於城下，射黃榜、檄文於城中以招之。其守將邊居誼，邀呂文煥與語。丁卯，文煥至城下，飛矢中右臂，奔還。戊辰，其總制黃順踰城出降，即授招討使，佩以金符，令呼城上軍，其部曲即縋城下，居誼邀入城，悉斬之。己巳，其副都統制任寧亦降，居誼終不出，乃令總管李庭攻破其外堡，諸軍蟻附而登，拔之。餘衆三千，猶力戰而死，居誼舉家自焚。遂併誅王虎臣、王大用等四人。

十一月丙戌，次復州，知州翟貴以城降。諸將請點視其倉庫軍籍，遣官鎮撫，伯顏不聽，諭諸將不得入城，違者以軍法論。阿朮使右丞阿里海牙來言渡江之期，伯顏不答。明日又來，又不答。阿朮乃自來，伯顏曰：「此大事也，主上以付吾二人，可使餘人知吾實乎？」潛刻期而去。乙未，軍次蔡店。丁酉，往觀漢口形勢。宋淮西制置使夏貴等，以戰艦萬艘，分據要害，都統王達守陽邏堡，(荆)〔京〕湖宣撫朱禩孫以遊擊軍扼中流，[二]兵不得進。千戶馬福建言，淪河口可通沙蕪入江，伯顏使覘沙蕪口，夏貴亦以精兵守之。乃圍漢陽軍，聲言由漢口渡江，貴果移兵援漢陽。

十二月丙午，軍次漢口。辛亥，諸將自漢口開壩，引船入淪河，先遣萬戶阿剌罕以兵拒

沙蕪口，逼近武磯，巡視陽羅城堡，徑趨沙蕪，遂入大江。壬子，伯顏戰艦萬計，相踵而至，以數千艘泊于淪河灣口，屯布蒙古、漢軍數十萬騎於江北。諸將言：「沙蕪南岸，彼戰船在焉，可攻而取。」伯顏曰：「吾亦知其可必取，慮汝輩貪小功，失大事，一舉渡江，收其全功可也。」遂令修攻具，進軍陽羅堡。癸丑，遣人招之，不應。甲寅，再遣人招之，其將士皆曰：「我輩受宋厚恩，戮力死戰，此其時也，安有叛逆歸降之理。備吾甲兵，決之今日，我宋天下，猶賭博孤注，輸贏在此一擲爾。」伯顏麾諸將攻之，三日不克。有術者來言：「天道南行，金、木相犯，若二星交過，則江可渡。」伯顏却之，使勿言。乃密謀於阿朮曰：「彼謂我必拔此堡，方能渡江。此堡甚堅，攻之徒勞。汝今夜以鐵騎三千，泛舟直趨上流，爲擣虛之計，詰旦渡江襲南岸。已過，則速遣人報我。」乙卯，分遣右丞阿里海牙督萬戶張弘範、忽失海牙、折的迷失等，先以步騎攻陽羅堡，夏貴來援。遂俾阿朮出其不意，率萬戶晏徹兒、忙古歹、史格、賈文備四翼軍，泝流西上四十里，對青山磯而泊。是夜，雪大作，遙見南岸多露沙洲，阿朮登舟，指示諸將，令徑趨是洲，載馬後隨。萬戶史格一軍先渡，爲其都統程鵬飛所却。阿朮橫身蕩決，血戰中流，擒其將高邦顯等，死者無算，鵬飛被七創，敗走，得船千餘艘，遂得南岸。阿朮與鎮撫何瑋等數十人，攀岸步鬬，開而復合者數四，南軍阻水，不得相薄，遂起浮橋，成列而渡。阿里海牙繼遣張榮實、解汝楫等四翼軍，舳艫相銜，直抵夏貴。貴引麾

下軍數千先遁，諸軍乘之，斬溺不可數計，追至鄂州東門而還。丙辰，阿朮遣使來報，伯顏大喜，揮諸將急攻破陽羅堡，斬王達。宋軍大潰，數十萬衆，死傷幾盡。夏貴僅以身免，走至白虎山。諸將謂貴大將，不可使逸去，請追之。伯顏曰：「陽羅之捷，吾欲遣使前告宋人，而貴走代吾使，不必追也。」丁巳，伯顏登武磯山，大江南北，皆我軍也，諸將稱賀，伯顏辭謝之。

阿朮還渡江，議兵所向，或欲先取蘄、黃，阿朮曰：「若赴下流，退無所據，先取鄂、漢，雖遲旬日，可爲萬全計。」伯顏從之。己未，師次鄂州，遣呂文煥、楊仁風等諭之曰：「汝國所恃者，江、淮而已，今我大兵飛渡長江，如履平地，汝輩何不速降。」鄂恃漢陽，將戰，乃焚其戰艦三千艘，火照城中，兩城大恐。庚申，知鄂州張晏然、知漢陽軍王儀、知德安府來興國，皆以城降，程鵬飛以其軍降。壬戌，定新附官品級，撤宋兵，分隸諸將。先是，邊民戍卒陷入宋境者，悉縱遣之。丁卯，遣萬戶也的哥、總管忽都歹，入奏渡江之捷。分命阿剌罕先鋒黃頭，取壽昌糧四十萬斛，以充軍餉。留右丞阿里海牙等，以兵四萬，分省于鄂，規取荆湖。己巳，伯顏與阿朮以大軍水陸東下，俾阿朮先據黃州。

十二年春正月癸酉朔，至黃州。甲戌，沿江制置副使、知黃州陳奕降，伯顏承制授奕沿江大都督。奕遣書至漣水招其子巖，巖降。遣呂文煥、陳奕以書招蘄州安撫使管景模，復

遣阿朮以舟師造其城下。癸未，伯顏至蘄州，景模出降，卽承制授以淮西宣撫使，留萬戶帶塔兒守之。阿朮復以舟師先趨江州，兵部尚書呂師夔在江州，與知州錢眞孫遣人來迎降。丙戌，伯顏至江州，卽以師夔爲江州守。師夔設宴庾公樓，選宋宗室女二人，盛飾以獻，伯顏怒曰：「吾奉聖天子明命，興仁義之師，問罪於宋，豈以女色移吾志乎。」斥遣之。知南康軍葉閶來降，殿前都指揮使、知安慶府范文虎亦奉書納款，阿朮遂率舟師造安慶，文虎出降。伯顏至湖口，遣千戶甯玉繫浮橋以渡，風迅水駛，橋不能成，乃禱于大孤山神，有頃，風息橋成，大軍畢渡。

二月壬寅朔，伯顏至安慶，承制授文虎兩浙大都督，文虎以其從子友信知安慶府事，命萬戶喬珪戍之。丁未，次池州，都統制張林以城降；戊申，通判權州事趙昂發與其妻自經死，伯顏入城，見而憐之，令具衣衾葬焉。

宋宰臣賈似道遣宋京致書，請還已降州郡，約貢歲幣。伯顏遣武略將軍囊加歹同其介阮思聰報命，止京以待，且使謂似道曰：「未渡江，議和入貢則可，今沿江諸郡皆內附，欲和，則當來面議也。」囊加歹還，乃釋宋京。

庚申，發池州，壬戌，次丁家洲。賈似道都督諸路軍馬十三萬，號百萬，步軍指揮使孫虎臣爲前鋒，淮西制置使夏貴以戰艦二千五百艘橫亘江中，似道將後軍。伯顏命左右翼萬戶率騎兵夾江而進，砲聲震百里。宋軍陣動，貴先遁，以扁舟掠似道船，呼曰：「彼衆我寡，勢不支矣。」似道聞之，倉皇失措，遽鳴金收軍，軍潰。衆軍大呼曰：「宋軍敗矣。」諸戰艦居後者，阿朮促騎召之，挺身登舟，手柁衝敵船，舳艫相盪，乍分乍合。阿朮以小旗麾何瑋、李庭等並舟深入，伯顏命步騎左右掎之，追殺百五十餘里，溺死無算，得船二千餘艘，及其軍資器仗、圖籍符印。似道東走揚州，貴走廬州，虎臣走泰州。

甲子，攻太平州。丁卯，知州孟之縉及知無爲軍劉權、知鎭巢軍曹旺、知和州王喜，俱以城降。庚午，師次建康之龍灣，大賚將士。

三月癸酉，宋沿江制置趙溍遁，溍兄淮起兵溧陽，就執而死。都統徐王榮、翁福等以城降，命招討使唆都守之。知鎭江府洪起畏遁，總管石祖忠以城降。知寧國府趙與可遁，知饒州唐震死，而江東諸郡皆下。淮西滁州諸郡亦相繼降。

丙子，國信使廉希賢至建康，傳旨令諸將各守營壘，毋得妄有侵掠。希賢與嚴忠範等奉命使宋，請兵自衞，伯顏曰：「行人以言不以兵，兵多，徒爲累使事。」希賢固請，與之。丙戌，至獨松嶺，果爲宋人所殺。

庚寅，伯顏遣左右司員外郎石天麟詣闕奏事，世祖大悅，悉可其奏。伯顏以行中書省駐建康，阿塔海、董文炳以行樞密院駐鎭江，阿朮別奉詔攻揚州。江東歲饑，民大疫，伯顏

隨賑救之，民賴以安。

宋人遣都統洪模移書徐王榮等，言殺使之事太皇太后及嗣君實不知，皆邊將之罪，當按誅之，願輸幣，請罷兵通好。伯顏曰：「彼爲譎詐之計，以視我之虛實。當擇人以同往，觀其事體，宣布威德，令彼速降。」乃命議事官張羽等持王榮答書，至平江驛，宋人又殺之。

四月乙丑，有詔以時暑方熾，不利行師，俟秋再舉。伯顏奏曰：「宋人之據江海，如獸保險，今已扼其吭，少縱之則逸而逝矣。」世祖語使者曰：「將在軍，不從中制，兵法也。宜從丞相言。」

五月丁亥，復命奉御愛先傳旨，召伯顏赴闕，以阿剌罕爲參政，留治省事。伯顏至鎭江，會諸將計事，令各還鎭，乃渡江北行，入見於上都。七月癸未，進中書右丞相，讓功於阿朮，遂以阿朮爲左丞相。

八月癸卯，受命還行省，付以詔書，俾諭宋主。乃取道益都，行視沂州等軍壘，調淮東都元帥孛魯歡、副都元帥阿里伯，以所部兵泝淮而進。九月戊寅，會師淮安城下，遣新附官孫嗣武叩城大呼，又射書城中，諭守將使降，皆不應。庚辰，招討別〔吉〕里迷失拒北城西門，〔三〕伯顏與孛魯歡、阿里伯親臨南城堡，揮諸將長驅而登，拔之，潰兵欲奔大城，追襲至城門，斬首數百級，遂平其南堡。丙戌，次寶應軍。戊子，次高郵。十月庚戌，圍揚州。召

諸將指授方略，留孛魯歡、阿里伯守灣頭新堡，衆軍南行。壬戌，至鎮江，罷行院，以阿塔海、董文炳同署事。

十一月乙亥，伯顏分軍爲三道，期會于臨安。參政阿剌罕等爲右軍，以步騎自建康出四安，趨獨松嶺；參政董文炳等爲左軍，以舟師自江陰循海趨澉浦、華亭；伯顏及右丞阿塔海由中道，節制諸軍，水陸並進。

壬午，伯顏軍至常州。先是常州守王宗洙遁，通判王虎臣以城降，[四]其都統制劉師勇與張彥、王安節等復拒之，推姚訔爲守，固拒數月不下。伯顏遣人至城下，射書城中招諭：勿以已降復叛爲疑，勿以拒敵我師爲懼。皆不應。乃親督帳前軍臨南城，又多建火砲，張弓弩，晝夜攻之。浙西制置文天祥遣尹玉、麻士龍來援，皆戰死。甲申，伯顏叱帳前軍先登，豎赤旗城上，諸軍見而大呼曰：「丞相登矣。」師畢登。宋兵大潰，拔之，屠其城，姚訔及通判陳炤等死之，生獲王安節，斬之。劉師勇變服單騎奔平江，諸將請追之，伯顏曰：「勿追，師勇所過，城守者膽落矣。」以行省都事馬紹爲常州尹。

遣蒙古軍都元帥闊里帖木兒、萬戶懷都，先據無錫州，萬戶忙古歹、晏徹兒巡太湖，遣監戰亦乞里歹、招討使唆都、宣撫使游顯，會闊里帖木兒先趨平江。

庚寅，遣降人游介實，奉詔書副本使于宋，仍以書諭宋大臣。十二月辛丑，次無錫，宋

將作監柳岳等奉其國主及太皇太后書，併宋之大臣與伯顏書來見，垂泣而言曰：「太皇太后年高，嗣君幼冲，且在衰絰中。自古禮不伐喪，望哀恕班師，敢不每年進奉修好。今日事至此者，皆奸臣賈似道失信誤國耳。」伯顏曰：「主上卽位之初，奉國書修好，汝國執我行人一十六年，所以興師問罪。去歲，又無故殺害廉奉使等，[五]誰之過歟？如欲我師不進，將效錢王納土乎？李主出降乎？爾宋昔得天下於小兒之手，今亦失於小兒之手，蓋天道也，不必多言。」岳頓首泣不已。遣招討使抄兒赤，以柳岳來使事，及嚴奉使所齎國書入奏。

先是，平江守潛說友遁，通判胡玉等旣以城降，而復爲宋人所據。甲辰，衆軍次平江，都統王邦傑、通判王矩之率衆出降。

庚戌，遣囊加歹同其使柳岳還臨安。以忙古歹、范文虎行兩浙大都督事。遣甯玉修吳江長橋，不旬日而成。

庚申，囊加歹同宋尙書夏士林、侍郎呂師孟、宗正少卿陸秀夫以書來，請尊世祖爲伯父，而世修子姪之禮，且約歲幣銀二十五萬兩，帛二十五萬匹。癸亥，遣囊加歹同師孟等還臨安。遣忙古歹、范文虎，會阿剌罕、昔里伯取湖州，知州趙良淳死之。丙寅，趙與可以城降。伯顏發平江，留游顯、懷都、忽都不花，屯兵鎮守。別遣甯玉守長橋。

十三年正月己巳，次嘉興，安撫劉漢傑以城降，留萬戶忽都虎等戍之。癸酉，宋軍器監劉庭瑞以其宰臣陳宜中等書來，卽遣回。乙亥，宜中遣御史劉岊奉宋主稱臣表文副本，及致書伯顏，約會長安鎮。辛巳，衆軍至崇德。宜中又令都統洪模，持書同囊加歹來見。壬午，次長安鎮，宜中等不至。癸未，進軍臨平鎮。甲申，次皐亭山，宋主遣知臨安府賈餘慶，同宗室保康軍承宣使尹甫、和州防禦使吉甫，奉傳國璽及降表詣軍前。伯顏受訖，遣囊加歹以餘慶等還臨安，召宋宰臣出議降事。時宜中已遁，以文天祥代爲丞相，不拜，自請至軍前。乙酉，進軍至臨安北十五里，分遣董文炳、呂文煥、范文虎巡視城堡，安諭軍民。

囊加歹、洪模來報，宜中與張世傑、蘇〔劉〕義、[六]劉師勇等，挾益王、廣王下浙江，航海而南，惟謝太后及幼主在宮中。伯顏亟遣使諭右軍阿剌罕、奧魯赤，左軍董文炳、范文虎，據守浙江，以勁兵五千人追之，不及而還。

丙戌，禁軍士毋入城，遣呂文煥持黃榜諭臨安中外軍民，俾安堵如故。先是，三衙衞士，白晝殺人，閭里小民，乘亂剽掠，至是民皆安之。丁亥，遣程鵬飛、洪雙壽等入宮，慰諭謝后。戊子，謝后遣丞相吳堅、文天祥，樞密謝堂，安撫賈餘慶，內官鄧惟善，來見，伯顏慰遣之，顧天祥舉動不常，疑有異志，留之軍中。天祥數請歸，伯顏笑而不答。天祥怒曰：「我此來爲兩國大事，彼皆遣歸，何故留我？」伯顏曰：「勿怒。汝爲宋大臣，責任非輕，今日之事，政當與我共之。」令忙古歹、唆都館伴羈縻之。令程鵬飛、洪雙壽同賈餘慶易宋主削帝

號降表。己丑，駐軍臨安城北之湖州市。遣千戶囊加歹等以宋傳國璽入獻。

庚寅，伯顏建大將旗鼓，率左右翼萬戶，巡臨安城，觀潮於浙江。暮還湖州市，宋宗室大臣皆來見。辛卯，萬戶張弘範、郎中孟祺，同程鵬飛，以所易降表及宋主、謝后諭未附州郡手詔至軍前。令鎮撫唐古歹罷文天祥所招募義兵二萬餘人。壬辰，伯顏登獅子峯，觀臨安形勢。命唆都撫諭軍民，部分諸將，共守其城，護其宮。癸巳，謝后復使人來勞問，仍以溫言慰遣之。甲午，分置其三衙諸司兵于各翼，以俟調遣；其生募等軍，願歸者聽。

分遣蕭郁、王世英等，招諭衢、信諸州。二月丁酉，遣劉頡等往淮西招夏貴，仍遣別將徇地浙東、西，於是知嚴州方回、知婺州劉怡、知台州楊必大、知處州梁椅，並以城降。

命右丞張惠，參政阿剌罕、董文炳、呂文煥入見謝后，宣布德意，以慰諭之。辛丑，宋主率文武百僚，望闕拜發降表。伯顏承制，以臨安爲兩浙大都督府，忙古歹、范文虎入治府事。復命張惠、阿剌罕、董文炳、呂文煥等入城，籍其軍民錢穀之數，閱實倉庫，收百官誥命、符印圖籍，悉罷宋官府。取宋主居之別室。分遣新附官招諭〔湖〕南北、兩廣、四川未下州郡。[七]部分諸將，分屯要害，仍禁人不得侵壞宋氏山陵。是日，進軍浙江之滸，潮不至者三日，人以爲天助。

癸卯，謝后命吳堅、賈餘慶、謝堂、家鉉翁、劉岊與文天祥，並爲祈請使，楊應奎、趙若秀

爲奉表押璽官，赴闕請命。伯顏拜表稱賀曰：

臣伯顏言：國家之業大一統，海岳必明主之歸；帝王之兵出萬全，蠻夷敢天威之抗。始干戈之爰及，迄文軌之會同。區宇一清，普天均慶。

臣伯顏等誠歡誠忭，頓首頓首，恭惟皇帝陛下，道光五葉，統接千齡。梯航日出之邦，冠帶月支之域；際丹崖而述職，奄瀚海而爲家。獨此島夷，弗遵聲教，謂江湖可以保逆命，舟楫可以敵王師。連兵負固，逾四十年，背德食言，難一二計。當聖主飛渡江南之日，遣行人乞爲城下之盟。逮凱奏之言旋，輒詐謀之復肆。拘囚我信使，忘乾坤再造之恩；招納我叛臣，盜漣海三城之地。我是以有六載襄樊之討，彼居然無一介行李之來。禍既出于自求，怒致聞于斯赫。

臣伯顏等，肅將禁旅，恭行天誅。爰從襄漢之上流，復出武昌之故渡。藩屏一空于江表，烽烟直接於錢塘。尙無度德量力之心，荐有殺使毀書之事。屬廟謨之親稟，謂根本之宜先。乃命阿剌罕取道于獨松，董文炳進師于海渚，臣與阿塔海忝司中閫，直指僞都。掎角之勢既成，水陸之師並進。常州已下，列郡傳檄而悉平；臨安爲期，諸將連營而畢會。彼知窮蹙，迭致哀鳴。始則有爲姪納幣之祈，次則有稱藩奉璽之請。顧甘言何益於實事，率銳卒直抵于近郊。召來用事之大臣，放散思歸之衞士。崛强心

在，四郊之橫草都無；飛走計窮，一片之降旛始竪。其宋國主已於二月初五日，望闕拜伏歸附訖。所有倉廩府庫，封籍待命外，臣奉揚寬大，撫戢吏民，九衢之市肆不移，一代之繁華如故。茲惟睿算，卓冠前王，視萬里如目前，運天下于掌上。致令臣等，獲對明時，歌七德以告成，深切龍庭之想，上萬年而爲壽，敬陳虎拜之詞。

臣伯顏等，無任瞻天望聖激切屏營之至，謹奉表稱賀以聞。

戊申，堅等發臨安，堂不行。癸丑，宋福王與芮奉書于伯顏，辭甚懇切，伯顏曰：「爾國既以歸降，南北共爲一家，王勿疑，宜速來，同預大事。」且遣迓之。戊午，夏貴以淮(南)〔西〕降。〔八〕庚申，命囊加歹傳旨，召伯顏偕宋君臣入朝。

三月丁卯，伯顏入臨安，俾郎中孟(棋)〔祺〕〔九〕籍其禮樂祭器、册寶、儀仗、圖書。庚午，囊加歹至。甲戌，與芮來。伯顏議以阿剌罕、董文炳留治行省事，以經略閩、粵；忙古歹以都督鎭浙西；唆都以宣撫使鎭浙東；唐兀歹、李庭護送宋君臣北上。

乙亥，伯顏發臨安。丁丑，阿塔海等宣詔，趣宋主、母后入覲，聽詔畢，卽日俱出宮，惟謝后以疾獨留，隆國夫人黃氏、宮人從行者百餘人，福王與芮、沂王乃猷、謝堂、楊鎭而下，官屬從行者數千人，三學之士數百人。宋主求見，伯顏曰：「未入朝，無相見之禮。」

五月乙未，伯顏以宋主至上都，世祖御大安閣受朝，降授宋主開府儀同三司、檢校大司徒，封瀛國公。宋平，得府三十七、州百二十八、關監二、縣七百三十三。命伯顏告于天地宗廟，大赦天下。帝勞伯顏，伯顏再拜謝曰：「奉陛下成算，阿朮效力，臣何功之有。」復拜同知樞密院，賜銀鼠青鼠只孫二十襲。裨校有功者百二十三人，賞銀有差。

初，海都稱兵內向，詔以右丞相安童佐皇子北平王那木罕，統諸軍於阿力麻里備之。十四年，諸王昔里吉劫北平王，拘安童，脅宗王以叛，命伯顏率師討之，與其衆遇於斡魯歡河，夾水而陣，相持終日，俟其懈，麾軍爲兩隊，掩其不備，破之，昔里吉走死。〔一〇〕十八年二月，世祖命燕王撫軍北邊，以伯顏從，仍諭之曰：「伯顏才兼將相，忠於所事，故俾從汝，不可以常人遇之。」燕王每與論事，尊禮有加。是歲，頒羣臣食邑，詔益以藤州等處四千九百七十七戶。

伯顏之取宋而還也，詔百官郊迎以勞之，平章阿合馬，先百官半舍道謁，伯顏解所服玉鈎條遺之，且曰：「宋寶玉固多，吾實無所取，勿以此爲薄也。」阿合馬謂其輕己，思中傷之，乃誣以平宋時，取其玉桃盞，帝命按之，無驗，遂釋之，復其任。阿合馬既死，有獻此盞者，帝愕然曰：「幾陷我忠良！」別吉里迷失嘗誣伯顏以死罪，未幾，以它罪誅，敕伯顏臨視，伯顏與之酒，愴然不顧而返。世祖問其故，對曰：「彼自有罪，以臣臨之，人將不知天誅之公也。」

二十二年秋，宗王阿只吉失律，詔伯顏代總其軍。先是，邊兵嘗乏食，伯顏令軍中採

蔑怯葉兒及蓿敦之根貯之，人四斛，草粒稱是，盛冬雨雪，人馬賴以不饑。又令軍士有捕塔剌不歡之獸而食者，積其皮至萬，人莫知其意，既而遣使輦至京師，帝笑曰：「伯顏以邊地寒，軍士無衣，欲易吾繒帛耳。」遂賜以衣。二十四年春二月，或告乃顏反，詔伯顏窺覘之，乃多載衣裘入其境，輒以與驛人。既至，乃顏爲設宴，謀執之，伯顏覺，與其從者趨出，分三道逸去，驛人以得衣裘故，爭獻健馬，遂得脫，馳還白狀。夏四月，乃顏反，從世祖親征。奏李庭、董士選將漢軍，得以漢法戰。乃顏之黨金家奴、塔不歹進逼乘輿，漢軍力戰，乃皆潰，卒擒乃顏。二十六年，進金紫光祿大夫、知樞密院事，出鎭和林，和林置知院，自伯顏始。

二十九年秋，宗王明理鐵木兒挾海都以叛，詔伯顏討之，相值于阿撒忽禿嶺，矢下如雨，衆軍莫敢登，伯顏令之曰：「汝寒君衣之，汝饑君食之，政欲效力於此時爾。於此不勉，將何以報！」麾諸軍進，後者斬，伯顏先登陷陣，諸軍望風爭奮，大破之。明里鐵木兒挺身走，命速哥、梯迷禿兒等追之。伯顏引軍夜還，至必失禿，卒遇伏兵，伯顏堅壁不動，黎明，遂引去，伯顏輕騎追至別竭兒，速哥、梯迷禿兒等兵亦至，乃夾擊之，斬首二千級，俘其餘衆以歸。諸將言：古禮，兵勝必禡旗于所征之地。欲用囚虜爲牲，伯顏不可，衆皆歎服。軍中獲諜者，忻都欲殺之，伯顏不許，厚賜之，遣齎書諭明里鐵木兒以禍福，明里鐵木兒得書感泣，以衆來歸。

未幾,海都復犯邊,伯顏留拒之。廷臣有譖伯顏久居北邊,與海都通好,仍保守,〔一一〕無尺寸之獲者,詔以御史大夫玉昔帖木兒代之,居伯顏于大同,以俟後命。玉昔帖木兒未至三驛,會海都兵復至,伯顏遣人語玉昔帖木兒曰:「公姑止,待我翦此寇而來,未晚也。」伯顏與海都兵交,且戰且却,凡七日,諸將以爲怯,憤曰:「果懼戰,何不授軍於大夫!」伯顏曰:「海都懸軍涉吾地,邀之則遁,誘其深入,一戰可擒也。諸軍必欲速戰,若失海都,誰任其咎?」諸將曰:「請任之。」卽還軍擊敗之,海都果脫去。乃召玉昔帖木兒至軍,授以印而行。時成宗以皇孫奉詔撫軍北邊,舉酒以餞曰:「公去,將何以教我?」伯顏舉所酌酒曰:「可慎者,惟此與女色耳。軍中固當嚴紀律,而恩德不可偏廢。冬夏營駐,循舊爲便。」成宗悉從之。

三十年冬十二月,驛召至自大同,世祖不豫。明年正月,世祖崩,伯顏總百官以聽。兵馬司請日出鳴晨鐘,日入鳴昏鐘,以防變故,伯顏呵之曰:「汝將爲賊邪!其一如平日。」適有盜內府銀者,宰執以其幸赦而盜,欲誅之,伯顏曰:「何時無盜,今以誰命而誅之?」人皆服其有識。

成宗卽位于上都之大安閣,親王有違言,伯顏握劍立殿陛,陳祖宗寶訓,宣揚顧命,述所以立成宗之意,辭色俱厲,諸王股栗,趨殿下拜。五月,拜開府儀同三司、太傅、錄軍國重事,依前知樞密院事,賜金銀各有差。時相有忌之者,伯顏語之曰:「幸送我兩罌美酒,與諸

王飲於宮前,餘非所知也。」江南三省累請罷行樞密院,成宗問于伯顏,時已屬疾,張目對曰:「內而省、院各置爲宜,外而軍、民分隸不便。」成宗是之,三院遂罷。冬十二月丙申,有大星隕于東北。己亥,雨木冰。庚子,伯顏薨,年五十九。

伯顏深略善斷,將二十萬衆伐宋,若將一人,諸帥仰之若神明。畢事還朝,歸裝惟衣被而已,未嘗言功也。大德八年,特贈宣忠佐命開濟功臣、太師、開府儀同三司,追封淮安王,謚忠武。至正四年,加贈宣忠佐命開濟翊戴功臣,進封淮王,餘如故。

子買的,僉樞密院事;囊加歹,樞密副使。孫相嘉失禮,同僉樞密院事、集賢學士。至治末,省先塋於白只剌山,聞有變,赴上都,或勸少避之。曰:「我與國同休戚,今有難,可避乎!」至上都,果見囚。久之得釋,尋拜河南江北行省平章政事,遷江南行臺御史大夫。曾孫普達失理,皆能世其家。

校勘記

〔一〕(兀)〔阿〕朮 阿朮本書卷一二八有傳。阿朮本傳及全書皆作「阿朮」,「兀」誤,今改。

〔二〕(荆)〔京〕湖宣撫朱禩孫 據宋史卷四七瀛國公紀咸淳十年十一月癸酉、德祐元年四月戊申條改。參見卷八校勘記〔六〕。

〔三〕別(吉)里迷失 下文作「別吉里迷失」,據補。按本書卷九、一〇世祖紀至元十三年七月丙辰、十六年正月丙子條、卷一六五孔元傳、卷一六六賀祉傳作「別乞里迷失」,卷一三五阿答赤傳作「別急列迷失」,卷一六六王昔剌傳作「別急里迷失」。

〔四〕通判王虎臣以城降 「虎臣」當係「良臣」之誤。參見卷八校勘記〔一五〕。

〔五〕去歲又無故殺害廉奉使等 此係至元十二年十二月辛丑伯顏對宋使臣語。廉希賢等見殺于是年三月,「去歲」當係「今歲」之誤。

〔六〕蘇(劉)義 據本書卷九世祖紀至元十三年正月乙酉條及其前後文所見補。蒙史已校。

〔七〕招諭(湖)南北兩廣 「南北」不知所指。按平宋錄作「詔諭湖南、湖北、兩廣」,據補「湖」字。蒙史已校。

〔八〕夏貴以淮(南)〔西〕降 據本書卷九世祖紀至元十三年二月戊午條、卷一二八阿朮傳改。類編已校。

〔九〕孟(棋)〔祺〕 從殿本改。按本書卷一六〇有孟祺傳。

〔一〇〕昔里吉走死 蒙史云:「舊傳云走死,誤。世祖紀至元十九年正月明言撒里蠻悔過,執昔里吉。西書云,一二八二年卽至元十九年,昔里吉論罪流海島,旋卒。則非走死可知。」疑「死」字衍。

〔一一〕仍保守 道光本作「因仍保守」。其考證云:「原文脫因字,不成句。據紀事本末增。」

元史卷一百二十八

列傳第十五

阿朮

阿朮，兀良氏，都帥兀良合台子也。沉幾有智略，臨陣勇決，氣蓋萬人。憲宗時，從其父征西南夷，率精兵爲候騎，所向摧陷，莫敢當其鋒。至平大理，克諸部，降交趾，無不在行。事見兀良合台傳。憲宗嘗勞之曰：「阿朮未有名位，挺身奉國，特賜黃金三百兩，以勉將來。」

世祖卽位，留典宿衞。中統三年，從諸王拜出、帖哥征李璮有功。九月，自宿衞將軍拜征南都元帥，治兵于汴。復立宿州。至元元年八月，略地兩淮，攻取戰獲，軍聲大振。

四年八月，觀兵襄陽，遂入南郡，取僊人、鐵城等柵，俘生口五萬。軍還，宋兵邀襄、樊間。阿朮乃自安陽灘濟江，留精騎五千陣牛心嶺，復立虛寨，設疑火。夜半，敵果至，斬首

萬餘級。初，阿朮過襄陽，駐馬虎頭山，指漢東白河口曰：「若築壘於此，襄陽糧道可斷也。」五年，遂築鹿門、新城等堡，繼又築臺漢水中，與夾江堡相應，自是宋兵援襄者不能進。

六年七月，大霖雨，漢水溢，宋將夏貴、范文虎相繼率兵來援，復分兵出入東岸林谷間。阿朮謂諸將曰：「此張虛形，不可與戰，宜整舟師備新堡。」諸將從之。明日，宋兵果趨新堡，大破之，殺溺生擒五千餘人，獲戰船百餘艘。於是治戰船，教水軍，築圍城，以逼襄陽。文虎復率舟師來救，來興國又以兵百艘侵百丈山，前後邀擊於湍灘，俱敗走之。

九年三月，破樊城外郛，增築重圍以逼之。宋裨將張順、張貴裝軍衣百船，自上流入襄陽，阿朮攻之，順死，貴僅得入城。俄乘輪船順流東走，阿朮與元帥劉整分泊戰船以待，燃薪照江，兩岸如晝，阿朮追戰至櫃門關，擒貴，餘衆盡死。是年九月，加同平章事。先是，襄、樊兩城，漢水出其間，宋兵植木江中，聯以鐵鎖，中造浮梁，以通援兵，樊恃此爲固。至是，阿朮以機鋸斷木，以斧斷鎖，焚其橋，襄兵不能援。十二月，遂拔樊城。襄守將呂文煥懼而出降。

十年七月，奉命略淮東。抵揚州城下，宋以千騎出戰，阿朮伏兵道左，佯北，宋兵逐之，伏發，擒其騎將王都統。

十一年正月，入覲，與參政阿里海牙奏請伐宋。帝命相臣議，久不決。阿朮進曰：「臣

久在行間，備見宋兵弱於往昔，失今不取，時不再來。」帝卽可其奏，詔益兵十萬，與丞相伯顏、參政阿里海牙等同伐宋。三月，進平章政事。

秋九月，師次郢之鹽山，得俘民言：「宋沿江九郡精銳，盡聚郢江東、西兩城，今舟師出其間，騎兵不得護岸，此危道也。不若取黃家灣堡，東有河口，可由其中拖船入湖，轉以下江爲便。」從之。遂舍攻郢而去，行大澤中，忽宋騎兵千人突至。時從騎纔數十人，阿朮卽奮槊馳擊，所向畏避，追斬五百餘級，生擒其將趙、范二統制。進攻沙洋、新城，拔之。前次復州，守將翟貴迎降。

時夏貴鎖大艦扼江、漢口，兩岸備禦堅嚴。阿朮用軍將馬福計，回舟淪河口，穿湖中，從陽羅堡西沙蕪口入大江。十二月，軍至陽羅堡，攻之不克。阿朮謂伯顏曰：「攻城，下策也。若分軍船之半，循岸西上，對青山磯止泊，伺隙擣虛，可以得志。」從之。明日，阿朮遙見南岸沙洲，卽率衆趨之，載馬後隨。宋將程鵬飛來拒，大戰中流，鵬飛敗走。諸軍抵沙洲，急擊，攀岸步鬭，開而復合者數四，敵小却，出馬於岸，遂力戰破之，追擊至鄂東門而還。夏貴聞阿朮飛渡，大驚，引麾下兵三百艘先遁，餘皆潰走，遂拔陽羅堡，盡得其軍實。

伯顏議師所向，或欲先取蘄、黃，阿朮曰：「若赴下流，退無所據，上取鄂、漢，雖遲旬日，師有所依，可以萬全。」己未，水陸並趨鄂、漢，焚其船三千艘，煙燄漲天，漢陽、鄂州大恐，相

繼皆降。

十二年正月，黃、蘄、江州降。阿朮率舟師趨安慶，范文虎迎降。繼下池州。宋丞相賈似道擁重兵拒蕪湖，遣宋京來請和。伯顏謂阿朮曰：「有詔令我軍駐守，何如？」阿朮曰：「若釋似道而不擊，恐已降州郡今夏難守，且宋無信，方遣使請和，而又射我軍船，執我邏騎。今日惟當進兵，事若有失，罪歸於我。」二月辛酉，師次丁家洲，遂與宋前鋒孫虎臣對陣。夏貴以戰艦二千五百艘橫亘江中，似道將兵殿其後。時已遣騎兵夾岸而進，兩岸樹砲，擊其中堅，宋軍陣動，阿朮挺身登舟，手自持柂，突入敵陣，諸軍繼進，宋兵遂大潰。以上詳見伯顏傳。

世祖以宋重兵皆駐揚州，臨安倚之爲重，四月，命阿朮分兵圍守揚州。庚申，次眞州，敗宋兵于珠金砂，斬首二千餘級。既抵揚州，乃造樓櫓戰具于瓜洲，漕粟于眞州，樹柵以斷其糧道。宋都統姜才領步騎二萬來攻柵，敵軍夾河爲陣，阿朮麾騎士渡河擊之，戰數合，堅不能却。衆軍佯北，才逐之，遂奮而回擊，萬矢雨集，才軍不能支，擒其副將張林，斬首萬八千級。

七月庚午，宋兩淮鎮將張世傑、孫虎臣以舟師萬艘駐焦山東，每十船爲一舫，聯以鐵鎖，以示必死。阿朮登石公山，望之，舳艫連接，旌旗蔽江，曰：「可燒而走也。」遂選强健善

射者千人，載以巨艦，分兩翼夾射，阿朮居中，合勢進擊，繼以火矢燒其蓬檣，煙燄漲天。宋兵既碇舟死戰，至是欲走不能，前軍爭赴水死，後軍散走。追至圌山，獲黃〔鵠〕白鷂船七百餘艘，〔一〕自是宋人不復能軍矣。

十月，詔拜中書左丞相，仍諭之曰：「淮南重地，李庭芝狡詐，須卿守之。」時諸軍進取臨安，阿朮駐兵瓜洲，以絕揚州之援。伯顏所以兵不血刃而平宋者，阿朮控制之力為多。

十三年二月，夏貴舉淮西諸城來附。阿朮謂諸將曰：「今宋已亡，獨庭芝未下，以外助猶多故也。若絕其聲援，塞彼糧道，尚恐東走通、泰，逃命江海。」乃栅揚之西北丁村，以扼其高郵、寶應之餽運；貯粟灣頭堡，以備捍禦；留屯新城，以逼泰州。又遣千戶伯顏察兒率甲騎三百助灣頭兵勢，且戒之曰：「庭芝水路既絕，必從陸出，宜謹備之。如丁村烽起，當首尾相應，斷其歸路。」六月甲戌，姜才知高郵米運將至，果夜出步騎五千犯丁村栅。至曉，伯顏察兒來援，所將皆阿朮牙下精兵，旗幟畫雙赤月。衆軍望其塵，連呼曰：「丞相來矣！」宋軍識其旗，皆遁，才脫身走，追殺騎兵四百，步卒免者不滿百人。壬辰，李庭芝以朱煥守揚州，挾姜才東走。阿朮率兵追襲，殺步卒千人，庭芝僅入泰州，遂築壘以守之。七月乙巳，朱煥以揚州降。乙卯，泰州守將孫良臣開北門納降，執李庭芝、姜才，奉命戮揚州市。揚、泰既下，阿朮申嚴士卒，禁暴掠。有武衞軍校掠民二馬，即斬以徇。兩淮悉平，得府二、州

二十二、軍四、縣六十七。九月辛酉，入見世祖於大明殿，陳宋俘。第功行賞，實封泰興縣二千戶。

二十三年，受命北伐叛王昔剌木等。明年凱旋。繼又西征，至哈剌霍州，以疾卒，年五十四，追封河南王。

阿里海牙

阿里海牙，畏吾兒人也。初生，胞中剖而出。其父以為不祥，將棄之，母不忍。比長，果聰辨，有膽略。家貧，嘗躬耕，舍耒嘆曰：「大丈夫當立功朝廷，何至效細民事畎畝乎。」去，求其國書讀之，踰月，又棄去。用薦者得事世祖于潛邸。

世祖即位，漸見擢用，由左右司郎中，遷參議中書省事。至元二年，立諸路行中書省，進僉河南行省事。

五年，命與元帥阿朮、劉整取襄陽，又加參知政事。始，帝遣諸將，命毋攻城，但圍之，以俟其自降。乃築長圍，起萬山，包百丈、楚山，盡鹿門，以絕之。宋兵入援者，皆敗去。然城中糧儲多，圍之五年，終不下。九年(二)〔三〕月，破樊城外郛，〔二〕其將復閉內城守。阿里海牙以為襄陽之有樊城，猶齒之有脣也，宜先攻樊城，樊城下，則襄陽可不攻而得。乃入奏。帝始報可。會有西域人亦思馬因獻新礮法，因以其人來軍中。十年正月，為礮攻樊，破之。先是，宋兵為浮橋以通襄陽之援，阿里海牙發水軍焚其橋，襄援不至，城乃拔。詳具阿朮傳。

阿里海牙既破樊，移其攻具以向襄陽。一礮中其譙樓，聲如雷霆，震城中。城中洶洶，諸將多踰城降者。劉整欲立碎其城，執文煥以快其意。〔三〕阿里海牙獨不欲攻，乃身至城下，與文煥語曰：「君以孤軍城守者數年，今飛鳥路絕，主上深嘉汝忠。若降，則尊官厚祿可必得，決不殺汝也。」文煥狐疑未決。又折矢與之誓，如是者數四，文煥感而出降。遂與入朝。帝以文煥為昭勇大將軍、侍衞親軍都指揮使、襄漢大都督，阿里海牙行荆湖等路樞密院事，鎮襄陽。

阿里海牙奏曰：「襄陽，自昔用武之地也，今天助順而克之，宜乘勝順流長驅，宋可必平。」平章阿朮亦贊其說。帝命丞相史天澤議之。天澤曰：「朝廷若遣重臣，如丞相安童、同知樞密院事伯顏者一人，都督諸軍，則四海混同，可立待也。」帝曰：「伯顏可。」乃大徵兵，拜伯顏為行中書省左丞相，阿朮為平章。阿里海牙進行省右丞，賞鈔二百錠。

十一年九月，會師襄陽，遂破郢州及沙洋、新城。十二月，師出沙蕪口。宋制置夏貴守諸險，甚固。阿里海牙麾兵攻武磯堡，貴趨援之。阿朮遂以兵西渡青山磯，宋都統程鵬飛

來迎戰，敗之江中。會貴兵亦敗走廬州，宣撫朱禩孫夜遁還江陵，知鄂州張晏然以城降，鵬飛以本軍降。

伯顏與諸將會鄂城下，議曰：「鄂，襟山帶江，江南之要區也，且兵糧皆備。今蜀、江陵、岳、鄂皆未下，〔四〕不以一大將鎮撫之，上流一動，則鄂非我有也。」乃以兵四萬，遣阿里海牙戍鄂，而與阿朮將大兵以東。

阿里海牙集鄂民，宣上德惠，禁將士毋侵掠。其下恐懼，無敢取民之菜者，民大悅。遣人徇壽昌、信陽、德安諸郡，皆下。進徇江陵。十有二年春三月，與安撫高世傑兵遇巴陵，命張榮實擣其中堅，解汝楫率諸翼兵左右角之。世傑敗走，追降之于桃花灘。遂下岳州。四月，至沙市，城不下，縱火攻之，沙市立破，宣撫朱禩孫、制置高達恐，即以城降。乃入江陵，釋係囚，放戍券軍，除其徭賦及法令之繁細者。傳檄郢、歸、峽、常德、澧、隨、辰、沅、靖、復、均、房、施、荆門及諸洞，無不降者。盡奏官其所降官，以兵守峽，籍其戶口財賦來上。帝喜，大宴三日，語近臣曰：「伯顏兵東，阿里海牙以孤軍戍鄂，朕甚憂之。今荆南定，吾東兵可無後患矣。」乃親作手詔褒之，命右丞廉希憲守江陵，促阿里海牙急還鄂，且以沿江諸城新附者委之。

阿里海牙至鄂，招潭州守臣李芾，不聽。乃移兵長沙，拔湘陰。冬十月，至潭，為書射

城中以示芾，曰：「速下，以活州民，否則屠矣。」不答。乃決隍水，部分諸將，以礮攻之，破其木堡。流矢中胸，瘡甚，督戰益急，奪其城。潭人復作月城以相拒。凡攻七十日，大小數十戰。十有三年春正月，芾力屈，及轉運使鍾蜚英、都統陳義皆自殺，其將劉孝忠以城降。諸將欲屠之，阿里海牙曰：「是州生齒數百萬口，若悉殺之，非上諭伯顏以曹彬不殺意也，其屈法生之。」復發倉以食饑者。

遣使徇郴、全、道、桂陽、永、衡、武岡、寶慶、袁、韶、南雄諸郡，其守臣皆率其民來迎，曰：「聞丞相體皇帝好生之德，毋殺虜，所過皆秋毫無犯，民今復見太平。」各奉表來降。丞相，稱阿里海牙也。奏官其降官，皆如江陵。

獨宋經略使馬塈守靜江不下。使總管俞全等招之，皆爲所殺。會宋主以國降，降手詔遣湘山僧宗勉諭塈，塈復殺之。阿里海牙又爲書，以天命地利人心開塈，許以廣西大都督，反覆千餘言，終不聽。因入朝賀平宋，拜平章政事，使持詔如靜江諭之。十一月，前兵至嚴關，塈守關弗納，破其兵。又敗都統馬應麒於小溶江，遂逼靜江。錄上所賜靜江詔以示塈，塈焚之，斬其使。靜江以水爲固，乃築堰斷大陽、小溶二江，以遏上流，決東南埭，以涸其隍，破其城。民聞城破，卽縱火焚居室，多赴水死。塈及其總制黃文政、總管張虎，以殘兵突圍走，執之。阿里海牙以靜江民易叛，非潭比，不重刑之，則廣西諸州不服，因悉坑之，斬

塈於市。分遣萬戶脫溫不花徇賓、融、柳、欽、橫、邕、慶遠，齊榮祖徇鬱林、貴、廉、象，脫鄰徇潯、容、藤、梧，皆下之。特磨王儂士貴、南丹州牧莫大秀，皆奉表求內附，奏官其降官如潭州。以兵戍靜江、昭、賀、梧、邕、融，乃還潭。

既而宋二王稱制海中，雷、瓊、全、永與潭屬縣之民文才喻、周隆、張虎、羅飛咸起兵應之，舒、黃、蘄相繼亦起，大者衆數萬，小者不下數千。詔命討之，且略地海外。阿里海牙既定才喻等，至雷州，使人諭瓊州安撫趙與珞降，不聽。遂自航大海五百里，執與珞、冉安國、黃之紀，皆裂殺之，盡定瓊南寧、萬安、吉陽地。降八蕃羅甸蠻，以其總管（文龍皃）〔龍文貎〕入見，〔五〕置宣慰司。八蕃羅甸、臥龍、羅蕃、大龍、遏蠻、〔六〕（蘆）〔盧〕蕃、〔七〕小龍、石蕃、方蕃、（珙）〔洪〕蕃、〔八〕程蕃，並置安撫以鎭之。

十八年，奏請徙省鄂州。所定荆南、淮西、江西、海南、廣西之地，凡得州五十八，峒夷山獠不可勝計。大率以口舌降之，未嘗專事殺戮。又其取民悉定從輕賦，民所在立祠祀之。

二十三年，入朝，加光祿大夫、湖廣行省左丞相，卒，年六十。贈開府儀同三司、上柱國，封楚國公，謚武定。至正八年，進封江陵王。

子忽失海牙，湖廣行中書省左丞；貫只哥，江西行中書省平章政事。

相威

相威，國王速渾察之子也。性弘毅重厚，不飲酒，寡言笑。喜延士大夫，聽讀經史，論古今治亂，至直臣盡忠、良將制勝，必爲之擊節稱善。以故臨大事，決大議，言必中節。

至元十一年，世祖命相威總速渾察元統弘吉剌等五投下兵從伐宋。由正陽取安豐，略廬，克和，攻司空山，平野人原。道安慶，渡江東下，會丞相伯顏兵于潤州，分三道並進，相威率左軍，參政董文炳爲副，部署將校，申明約束。江陰、華亭、澉浦、上海悉望風款附，吏民按堵如故。進屯鹽官，伯顏已駐師臨安城下，得宋幼主降表。相威乃移兵瓜洲，與阿朮兵合。臨揚州，都統姜才以兵二萬攻揚子橋，率諸將擊敗之。

十三年夏，驛召相威。秋，入覲，大饗，賚功授金虎符、征西都元帥，仍賜弓矢甲鞍、文錦表裏四、鈔萬貫，從者賞賜有差。時親王海都叛，命領汪總帥兵以鎭西土。

十四年，召拜江南諸道行臺御史大夫。乃上奏曰：「陛下以臣爲耳目，臣以監察御史、按察司爲耳目。倘非其人，是人之耳目先自閉塞，下情何由上達。」帝嘉之，命御史臺淸其選。每除目至，必集幕僚御史議其可否，不協公論者卽劾去之。繼陳便民一十五事，其略曰：併行省，削冗官，鈐鎭戍，拘官船，業流民，錄故官，賑饋遺，淮浙鹽運司直隸行省，行大

司農營田司併入宣慰司，理訟勿分南北，公田召佃仍減其租，革宋公吏勿容作弊。帝皆納焉。浙東盜起，浙西宣慰使昔里伯縱兵肆掠，俘及平民，乃遣御史商琥據錢唐津渡閱治之，得釋者以數千計。昔里伯遁還都，奏執還揚州治其罪。

十六年，入覲，會左丞崔斌等言平章阿合馬不法事，〔九〕有旨命相威及知樞密院博羅，自開平馳驛大都共鞫之。阿合馬稱疾不出，博羅欲回，相威厲聲色曰：「奉旨按問，敢回奏耶！」令輿疾赴對，首責數事。既引伏，有旨釋免，仍喻相威曰：「朕知卿不惜顏面。」復命還南行臺。十七年，有旨命相威檢覈阿里海牙、忽都帖木兒等所俘三萬二千餘口，並放爲民。

十八年，（左）〔右〕丞范文虎，〔一〇〕參政李庭，以兵十萬，航海征倭。七晝夜至竹島，與遼陽省臣兵合。欲先攻太宰府，遲疑不發。八月朔，颶風大作，士卒十喪六七。帝震怒，復命行省左丞相〔阿〕塔海征之。〔一一〕一時無敢諫者。相威遣使入奏曰：「倭不奉職貢，可伐而不可恕，可緩而不可急。向者師行迫期，戰船不堅，前車已覆，後當改轍。今爲之計，預修戰艦，訓練士卒，耀兵揚武，使彼聞之，深自備禦。遲以歲月，俟其疲怠，出其不意，乘風疾往，一舉而下，萬全之策也。」帝意始釋，遂罷其役。又陳皇太子既令中書，宜領撫軍監國之任，選正人端士，立詹事、賓客、諭德、贊善，衛翼左右，所以樹國本也。帝深然之。

十九年，又奏阿里海牙占降民一千八百戶爲奴，阿里海牙以爲征討所得，有旨：「果降

民也，還之有司；若征討所得，令御史臺籍其數以聞，量賜有功者。」阿里海牙又自陳其功比伯顏，當賜養老戶，御史滕魯瞻劾之，阿里海牙自辨，有旨遣使赴行臺逮問。相威曰：「為臣敢爾欺誑邪，滕御史何罪。」即馳奏，使者竟歸。

二十年，以疾請入覲，進譯語資治通鑑，帝即以賜東宮經筵講讀。拜江淮行省左丞相。二十一年，啓行。四月，卒于蠡州，年四十四。訃聞，帝悼惜不已。

子阿老瓦丁，南行臺御史大夫；孫脫歡，集賢大學士。

土土哈 （牀兀兒）〔一二〕

土土哈，其先本武平北折連川按答罕山部族，自曲出徙居西北玉里伯里山，〔一三〕因以為氏，號其國曰欽察。其地去中國三萬餘里，夏夜極短，日暫沒即出。曲出生唆末納，唆末納生亦納思，世為欽察國主。

太祖征蔑里乞，其主火都奔欽察，亦納思納之。太祖遣使諭之曰：「汝奚匿吾負箭之麋？亟以相還，不然禍且及汝。」亦納思答曰：「逃鸇之雀，叢薄猶能生之，吾顧不如草木耶？」太祖乃命將討之。亦納思已老，國中大亂，亦納思之子忽魯速蠻遣使自歸於太（祖）〔宗〕。〔一四〕而憲宗受命帥師，已扣其境，忽魯速蠻之子班都察，舉族迎降，從征麥怯斯有功。率欽察百人從世祖征大理，伐宋，以強勇稱。嘗侍左右，掌尚方馬畜，歲時挏馬乳以進，色清而味美，號黑馬乳，因目其屬曰哈剌赤。

土土哈，班都察之子也。中統元年，父子從世祖北征，俱以功受上賞。班都察卒，乃襲父職，備宿衞。

宗王海都搆亂，世祖以國家根本之地，命皇太子北平王率諸王鎮守之。至元十四年，諸王脫脫木、失烈吉叛，寇抄諸部，掠（憲）〔祖〕宗所御大帳以去。〔一五〕土土哈率兵討之，敗其將脫兒赤顏於納蘭不剌，邀諸部以還。應昌部族只兒瓦台搆亂，脫脫木引兵應之，中途遇土土哈，將戰，先獲其候騎數十，脫脫木乃引去，遂滅只兒瓦台。追脫脫木等至禿兀剌河，三宿而後返。尋復敗之於斡歡河，奪回所掠大帳，還諸部之衆於北平。

十五年，大軍北征，詔率欽察驍騎千人以從。追失烈吉踰金山，擒扎忽台等以獻。又敗寬折哥等，裹瘡力戰，獲羊馬輜重甚衆。還朝，帝召至榻前，親慰勞之，賜金銀酒器及銀百兩、金幣九、歲時預宴只孫冠服全、海東白鶻一，仍賜以奪回所掠大帳，而諭之曰：「祖宗武帳，非人臣所得御，以卿能歸之，故以授卿。」嘗有旨：「欽察人為民及隸諸王者，皆別籍之以隸土土哈，戶給鈔二千貫，歲賜粟帛，選其材勇，以備禁衞。」

十九年，授昭勇大將軍、同知太僕院事。二十年，改同知衞尉院事，兼領羣牧司。請以

所部哈剌赤屯田畿內，詔給霸州文安縣田四百頃，益以宋新附軍人八百，俾領其事。二十一年，賜金虎符，并賜金貂、裘帽、玉帶各一，海東青鶻一，水磑壹區，近郊田二千畝，籍河東諸路蒙古軍子弟四千六百人隸其麾下。二十二年，拜鎮國上將軍、樞密院副使。二十三年，置欽察親軍衞，遂兼都指揮使，聽以宗族將吏備官屬。

海都兵犯金山，詔與大將朵兒朵懷共禦之。二十四年，宗王乃顏叛，陰遣使來結也不干、勝剌哈，為土土哈所執，盡得其情以聞。勝剌哈設宴邀二大將，朵兒朵懷將往，土土哈以為事不可測，遂止，勝剌哈計不得行。未幾，有旨令勝剌哈入朝，將由東道進，土土哈言於北安王曰：「彼分地在東，脫有不虞，是縱虎入山林也。」乃命從西道進。既而有言也不干叛者，衆欲先聞於朝，然後發兵。土土哈曰：「兵貴神速，若彼果叛，我軍出其不意，可即圖之；否則與約而還。」即日啓行，疾驅七晝夜，渡禿兀剌河，戰于孛怯嶺，大敗之，也不干僅以身免。世祖時親征乃顏，聞之，遣使命土土哈收其餘黨，沿河而下。遇叛王〔也〕鐵哥軍萬騎，〔一六〕擊走之，獲馬甚衆，并擒叛王哈兒魯等，獻俘行在所，誅之。欽察、康里之屬，自叛所來歸者，即以付土土哈，置哈剌魯萬戶府，欽察之散處安西諸王部下者，悉令統之。

時成宗以皇孫撫軍於北，詔以土土哈從。追乃顏餘黨於哈剌（溫），〔一七〕誅叛王兀塔海，盡降其衆。二十五年，諸王也只里為叛王火魯哈孫所攻，遣使告急。復從皇孫移師援之，敗諸兀魯灰。還至哈剌溫山，夜渡貴烈河，敗叛王哈丹，盡得遼左諸部，置東路萬戶府。世祖多其功，以也只里女弟塔倫妻之。

二十六年，從皇孫晉王征海都。抵杭海嶺，敵先據險，諸軍失利，惟土土哈以其軍直前鏖戰，翼晉王而出。追騎大至，乃選精銳設伏以待之，寇不敢逼。秋七月，世祖巡幸北邊，召見慰諭之，曰：「昔太祖與其臣同患難者，飲班朮河之水以記功。今日之事，何愧昔人，卿其勉之。」還至京師，大宴羣臣，復謂土土哈曰：「朔方人來，聞海都言：『杭海之役，使彼邊將皆如土土哈，吾屬安所置哉！』」論功行賞，帝欲先欽察之士。土土哈言：「慶賞之典，蒙古將吏宜先之。」帝曰：「爾毋飾讓，蒙古人誠居汝右，力戰豈在汝右耶？」召諸將頒賞有差。

初，世祖既取宋，命籍建康、廬、饒租戶千為哈剌赤戶，益以俘獲千七百戶賜土土哈，仍官一子，以督其賦。二十八年，土土哈奏：「哈剌赤軍以萬數，足以備用。」詔賜珠帽、珠衣、金帶、玉帶、海東青鶻各一，復賜其部曲氅衣、縑素萬匹。於是率哈剌赤萬人北獵於漢塔海，邊寇聞之，皆引去。

二十九年秋，略地金山，獲海都之戶三千餘還至和林。有詔進取乞里吉思。三十年春，師次欠河，冰行數日，始至其境，盡收其五部之衆，屯兵守之。奏功，加龍虎衞上將軍，仍給行樞密院印。海都聞取乞里吉思，引兵至欠河，復敗之，擒其將孛羅察。

三十一年，成宗卽位，詔以邊境事重，其免會朝，遣使就賜銀五百兩、七寶金壺盤盂各一、鈔萬貫、白氊帳一、獨峯駝五。冬，召至京師，賞賚有加，別賜其麾下士鈔千二百萬貫。元貞元年春，仍出守北邊。二年秋，諸王附海都者率衆來歸，邊民驚擾，身至玉龍罕界，饋餉安集之，導諸王岳木忽等入朝。帝解御衣以賜，又賜金五十兩、銀千五百兩、鈔五萬貫、轎輿各一。

大德元年正月，拜銀青榮祿大夫、上柱國、同知樞密院事、欽察親軍都指揮使，奉命還北邊。二月，至宣德府卒，年六十一。贈金紫光祿大夫、司空，追封延國公，謚武毅，後加封昇王。子八人，其第三子曰牀兀兒。

牀兀兒初以大臣子奉詔從太師月兒魯行軍，戰於百搭山，有功，拜昭勇大將軍、左衞親軍都指揮使。

大德元年，襲父職，領征北諸軍帥師踰金山，攻八鄰之地。八鄰之南有答魯忽河，其將帖良臺阻水而軍，伐木柵岸以自庇，士皆下馬跪坐，持弓矢以待我軍，矢不能及，馬不能進。牀兀兒命吹銅角，舉軍大呼，聲震林野。其衆不知所爲，爭起就馬。於是麾師畢渡，湧水拍岸，木柵漂散，因奮師馳擊，追奔五十里，盡得其人馬廬帳。還次阿雷河，與海都所遣援八

鄰之將孛伯軍遇。河之上有高山，孛伯陣於山上，馬不利下馳。牀兀兒麾軍渡河蹙之，其馬多顚躓，急擊敗之，追奔三十餘里，孛伯僅以身免。二年，北邊諸王都哇、徹徹禿等潛師襲火兒哈禿之地。其地亦有山甚高，敵兵據之。牀兀兒選勇而善步者，持挺刃四面上，奮擊，盡覆其軍。三年，入朝，成宗親解御衣賜之，慰勞優渥，拜鎭國上將軍、僉樞密院事、欽察親軍都指揮使、太僕少卿。復還邊。

是時武宗在潛邸，領軍朔方，軍事必諮於牀兀兒。及戰，牀兀兒嘗爲先。四年秋，叛王禿麥、斡魯思等犯邊，牀兀兒迎敵於闊客之地。及其未陣，直前搏之，敵不敢支，追之踰金山乃還。五年，海都兵越金山而南，止於鐵堅古山，因高以自保。牀兀兒急引兵敗之。復與都哇相持于兀兒禿之地。牀兀兒以精銳馳其陣，左右奮擊，所殺不可勝計，都哇之兵幾盡。武宗親視其戰，乃嘆曰：「何其壯耶！力戰未有如此者。」事聞，詔遣御史大夫禿只等卽赤訥思之地集諸王軍將問戰勝功狀，咸稱牀兀兒功第一。武宗既命尙雅忽禿楚王公主察吉兒，及使者以功籓奏，帝復出御衣遣使臨賜之。七年秋，入朝，帝親諭之曰：「卿鎭北邊，累建大功，雖以黃金周飾卿身，猶不足以盡朕意。」賜以衣帽、金珠等物甚厚，拜驃騎衞上將軍、樞密院副使、欽察親軍都指揮使、太僕少卿，仍賜其軍萬人，鈔四千萬貫。

九年，〔一八〕諸王都哇、察八兒、明里帖木兒等相聚而謀曰：「昔我太祖艱難以成帝業，奄有天下，我子孫乃弗克靖恭，以安享其成，連年搆兵，以相殘殺，是自墮祖宗之業也。今撫軍鎭邊者，皆吾世祖之嫡孫，吾與誰爭哉？且前與土土哈戰既弗能勝，今與其子牀兀兒戰又無功，惟天惟祖宗意可見矣。不若遣使請命罷兵，通一家之好，使吾士民老者得以養，少者得以長，傷殘疲憊者得以休息，則亦無負太祖之所望於我子孫者矣。」使至，帝許之。於是明里帖木兒等罷兵入朝，特爲置驛以通往來。十年，拜榮祿大夫、同知樞密院事，尋拜光祿大夫、知樞密院事，欽察左衞指揮、太僕少卿皆如故。

成宗崩，武宗時在渾麻出之海上，牀兀兒請急歸定大業，以副天下之望。武宗納其言，卽日南還。及卽位，賜以先朝所御大武帳等物，加拜平章政事，仍兼樞密、欽察左衞、太僕。還邊，復封容國公，授以銀印，賜尙服衣段及虎豹之屬。至大二年，入朝，加封句容郡王，改授金印。帝曰：「世祖征大理時所御武帳及所服珠衣，今以賜卿，其勿辭。」翌日，又以世祖所乘安輿賜之，且曰：「以卿有足疾，故賜此。」牀兀兒叩頭泣涕，固辭而言曰：「世祖所御之帳，所服之衣，固非臣所敢當，而乘輿尤非所宜蒙也。貪寵過當，臣實不敢。」帝顧左右曰：「他人不知辭此。」別命有司置馬轎賜之，俾得乘至殿門下。

仁宗卽位，入朝，特授光祿大夫、平章政事、知樞密院事、欽察親軍都指揮使、左衞親軍都指揮使、太僕少卿。延祐元年，敗叛王也先不花等軍于亦忒海迷失之地，遣使入報，賜以

尙服。二年，敗也〔先〕不花所遣將也不干、忽都帖木兒于赤麥干之地。〔一九〕追出其境，至鐵門關，遇其大軍於扎亦兒之地，又敗之。四年，帝念其功而憫其老，召入商議中書省事，知樞密院事。大理國進象牙、金飾轎，卽以賜之。每見必賜坐，每食必賜食，待以宗室親王之禮。牀兀兒常曰：「老臣受朝廷之賜厚矣，吾子孫當以死報國。」

至治二年卒，年六十三。後累封揚王。子六人：燕帖木兒，答剌罕、太師、右丞相、太平王；撒敦，左丞相；答里，襲封句容郡王。

校勘記

〔一〕黃〔鵠〕白鷂船　據本書卷八世祖紀至元十二年七月辛未條及元文類卷四一經世大典序錄平宋補。

〔二〕九年(二)〔三〕月破樊城外郛　從道光本改。按本書卷七世祖紀至元九年三月甲戌條、卷一二八阿朮傳、卷一六一劉整傳，「二月」皆作「三月」。

〔三〕執文煥以快其意　本證云：「案卽呂文煥。此傳數見，俱失書姓。」

〔四〕今蜀江陵岳鄂皆未下　按當時鄂州已爲元有，此處與上下文矛盾，當誤。道光本據類編改「鄂」爲「潭」。

〔五〕（文龍兒）〔龍文貌〕　據元文類卷五九姚燧阿里海牙神道碑、卷四一經世大典序錄招捕改。新元史已校。

〔六〕羅蕃大龍遏蠻　按本書卷六三地理志、卷九一百官志俱有「羅番遏蠻軍安撫司」，疑此處「遏蠻」下脫「軍」字。同上兩志又有「大龍番應天府」，不稱「遏蠻軍」，亦置安撫司，疑此處「羅蕃」、「大龍」錯倒。

〔七〕（蘆）〔盧〕蕃　據本書卷六三地理志及元文類卷四一經世大典序錄招捕改。按盧爲盧蕃首領姓氏。

〔八〕（珙）〔洪〕蕃　據本書卷六三地理志、卷九一百官志改。按洪爲洪蕃首領姓氏。

〔九〕十六年入覲至言平章阿合馬不法事　按本書卷一〇世祖紀至元十五年四月壬午條、卷一七三崔斌傳、卷二〇五阿合馬傳俱繫此事於至元十五年，蒙史改「六」爲「五」，是。

〔一〇〕（左）〔右〕丞范文虎　據本書卷一一世祖紀至元十七年八月戊戌條、卷二〇八日本傳、卷一五四洪福源傳附洪俊奇傳改。本證已校。

〔一一〕左丞相〔阿〕塔海　據本書卷一一世祖紀至元十八年六月庚寅條、卷一二九阿塔海傳、卷二〇八日本傳補。新元史已校。

〔一二〕〔脉兀兒〕　據本書原目錄補。

〔一三〕自曲出徙居西北玉里伯里山　按元文類卷二六虞集句容郡王世績碑、元名臣事略卷三引閻復土土哈紀績碑，「曲出」皆作「曲年」，疑「出」字誤。下同。

〔一四〕自歸於太（祖）〔宗〕　據元文類卷二六虞集句容郡王世績碑改。按此時成吉思汗死已十年。新元史已校。

〔一五〕掠（憲）〔祖〕宗所御大帳以去　據元名臣事略卷三引閻復土土哈紀績碑改。按後文即作「祖宗武帳」。

〔一六〕叛王〔也〕鐵哥　據元名臣事略卷三引閻復土土哈紀績碑、元文類卷二六虞集句容郡王世績碑補。蒙史已校。

〔一七〕追乃顏餘黨於哈剌（溫）　「哈剌溫」元名臣事略卷三引閻復土土哈紀績碑原作「海剌」，譯音較切；元文類卷二六虞集句容郡王世績碑作「哈剌」，指今海拉爾河流域。哈剌溫爲山名，即今大興安嶺。土土哈征乃顏餘黨，軍次哈剌，然後返至哈剌溫山。此處涉下文「哈剌溫」而衍，今刪。

〔一八〕九年　按本書卷二一成宗紀大德七年七月丁丑條有「都哇、察八而、滅里鐵木而等遣使請息兵」。蒙史云「碑與舊傳作九年，誤」。

〔一九〕敗也〔先〕不花所遣將　據前文及元文類卷二六虞集句容郡王世績碑補。新編已校。

元史卷一百二十九

列傳第十六

來阿八赤

來阿八赤，寧夏人。父朮速忽里，歸太祖，選居宿衞，繼命掌膳事。憲宗卽位，大舉伐宋，攻釣魚山，命諸將議進取之計，朮速忽里言於帝曰：「川蜀之地，三分我有其二，所未附者巴江以下數十州而已，地削勢弱，兵糧皆仰給東南，故死守以抗我師。蜀地巖險，重慶、合州又其藩屏，皆新築之城，依險爲固，今頓兵堅城之下，未見其利。曷若城二城之間，選銳卒五萬，命宿將守之，與成都舊兵相出入，不時擾之，以牽制其援師。然後我師乘新集之銳，用降人爲鄉導，水陸東下，破忠、涪、萬、夔諸小郡，平其城，俘其民，俟冬水涸，瞿唐三峽不日可下，出荆楚，與鄂州渡江諸軍合勢，如此則東南之事一舉可定。其上流重慶、合州，孤危無援，不降卽走矣。」諸將曰「攻城則功在頃刻」，反以其言爲迂，卒不用。

於是博選宿衞中材力可任用者，以阿八赤奉命往監元帥紐鄰軍，遏宋人援兵，駐重慶下流之銅羅峽，夾江據厓爲壘。宋都統甘順自夔州泝流西上，乘舟來攻。阿八赤預積薪於二壘，明火鼓譟，矢石如雨，順流而進，宋人力戰不能支，退保西岸，斂兵自固。黎明復至，阿八赤身率精兵，緣厓而下，戰艦復進，宋人敗走，殺傷數千人。帝聞而壯之，賜銀二鋌。

憲宗崩，阿八赤從父倍道歸燕。世祖卽位，問以川蜀之事，阿八赤歷陳始末，誦其父前所言以對，世祖撫掌曰：「當時若從此策，東南其足平乎。朕在鄂渚，日望上流之聲勢耳。」

至元七年，南征襄樊，發河南、北器械糧儲悉聚于淮西之義陽。慮宋人剽掠，命阿八赤督運，二日而畢。既還，世祖大悅，以銀一鋌賜之。十四年，立尚膳院，授中順大夫、同知尚膳院事。十八年，佩三珠虎符，授通奉大夫、益都等路宣慰使、都元帥。發兵萬人開運河，阿八赤往來督視，寒暑不輟。有兩卒自傷其手以示不可用，阿八赤檄樞密并行省奏聞，斬之以懲不律。運河既開，遷膠萊海道漕運使。二十一年，調同僉宣徽院事。遼左不寧，復降虎符，授征東招討使。阿八赤招徠降附，期以自新，遠近帖然。二十二年，授征東宣慰使、都元帥。

皇子鎮南王征交趾，授湖廣等處行中書省右丞，召見，世祖親解衣衣之，并金玉束帶及弓矢甲冑賜焉。二十四年，改湖廣等處行尚書省右丞，詔四省所發士馬，俾阿八赤閱視。

九月，領中衛親軍千人，翊導皇子至思明州。賊阻險拒守，於是選精銳與賊戰于女兒關，斬馘萬計，餘兵棄關走。於是大軍深入，進至交州，陳日烜空其城而遁。阿八赤曰：「賊棄巢穴而匿山海者，意待吾之斃而乘之耳。將士多北人，春夏之交瘴癘作，賊弗就擒，吾不能持久矣。今出兵分定其地，招降納附，勿縱士卒侵掠，急捕日烜，此策之善者也。」時日烜屢遣使約降，欲以賂緩我師。諸將皆信其說，且修城以居而待其至。久之，軍乏食，日烜不降，擁衆據竹洞、安邦海口。阿八赤率兵往攻之，屢與賊遇，晝夜迎戰，賊兵敗遁。會將士多疫不能進，而諸蠻復叛，所得關阨皆失守，乃議班師。還諸軍步騎，命先啓行，且戰且行，日數十合。賊據高險，射毒矢，將士裹瘡以戰，諸軍護皇子出賊境，阿八赤中毒矢三，首項股皆腫，遂卒。

子寄僧，爲水達達屯田總管府達魯花赤。乃顏叛，戰于高麗雙城。調萬安軍達魯花赤。平黎蠻有功，遷雷州路總管，卒。孫完者不花，同知潮州路總管府事；次禿滿不花、也先不花、太不花。

紐璘 也速（合）〔答〕兒附〔一〕

紐璘，珊竹帶人。祖孛羅帶，爲太祖宿衛，從太宗平金，戍河南。父太答兒，佐憲宗征

阿速、欽察等國有功，拜都元帥。歲壬子，率陝西西海、鞏昌諸軍攻宋，入蜀。癸丑，與總帥汪田哥立利州。甲寅，攻碉門、黎、雅等城。乙卯，入重慶，獲都統制張實。是歲卒。

紐璘偉貌長身，勇力絕人，且多謀略，常從父軍中。丁巳歲，憲宗命將兵萬人略地，自利州下白水，過大獲山，出梁山軍直抵夔門。戊午，還釣魚山，引軍欲會都元帥阿答胡等於成都。宋制置使蒲擇之，遣安撫劉整、都統制段元鑑等，率衆據遂寧江箭灘渡以斷東路。紐璘軍至不能渡，自旦至暮大戰，斬首二千七百餘級，遂長驅至成都。帝聞，賜金帛勞之。蒲擇之命楊大淵等守劍門及靈泉山，自將四川兵取成都。會阿答胡死，諸王阿卜干與諸將脫林帶等謀曰：「今宋兵日逼，聞我帥死，必悉衆來攻，其鋒不可當。我軍去朝廷遠，待上命建大帥，然後禦敵，恐無及已。不若推紐璘爲長，以號令諸將，出彼不意，敵可必破。」衆然之，遂推紐璘爲長。紐璘率諸將大破宋軍于靈泉山，乘勝追擒韓勇，斬之，蒲擇之兵潰。進圍雲頂山城，扼宋軍歸路。其主將倉卒失計，遂以其衆降。城中食盡，亦殺其守將以降。成都、彭、漢、懷、綿等州悉平，威、茂諸蕃亦來附。紐璘奉金銀、竹箭、銀銷刀，遣速哥入獻。帝賜黃金五十兩，卽軍中眞拜都元帥。

時紐璘軍止二萬，以五千命拜延八都魯等守成都，自將萬五千人從馬湖趨重慶。冬，帝進軍至大獲山，紐璘率步騎號五萬，戰船二百艘，發成都。遣張威以五百人爲前鋒，水陸

並進，謀鎖重慶江，以絕吳、蜀之路，縛橋資州之口以濟師。千戶暗都剌率舟師而下，紐璘將步騎而南，旌旗輜重百里不絕，鼓譟渡瀘，放舟而東。蒲擇之以兵分道要遮，遇輒敗之。紐璘至涪，造浮橋，駐軍橋南北，以杜宋援兵。聞大軍多瘧癘，遣人進牛犬豕各萬頭。明年春，朝行在所，還討思、播二州，獲其將一人。宋將呂文煥攻涪浮橋，〔二〕時新立成都，士馬不耐其水土，多病死，紐璘憂之。密旨督戰，不得已出師，大敗文煥軍，獲其將二人，斬之，遂班師。文煥以兵襲其後，紐璘戰却之。

中統元年，世祖卽位，紐璘入朝，賜虎符及黃金五十兩、白金二千五百兩、馬二匹。紐璘遣梁載立招降黎、雅、碉門、巖州、偏林關諸蠻，得漢、番二萬餘戶。未幾，詔速哥分西川兵及陝西諸軍屬紐璘，鎮秦、鞏、唐兀之地。三年，宋將劉整以瀘州降，〔三〕呂文煥圍之，詔以兵往援，文煥敗走，遂徙瀘州民於成都、潼川。四年，爲劉整所譖，徵至上都，驗問無狀，詔釋之。還至昌平，卒。子也速答兒。

也速答兒勇智類其父，至元十一年，入見世祖，以屬行樞密院火都赤，使習兵事。從圍嘉定，以三千人至三龜、九頂山相地形勢，敗宋安撫昝萬壽兵，斬首五百級，以功賜虎符，授六翼達魯花赤。昝萬壽尋遣部將李立以嘉定、三龜、九頂、紫雲諸城寨降。又從行樞密副

使忽敦，率兵徇下流諸城，皆望風來附。忽敦以兵二萬會東川行樞密院合答圍重慶，歲餘不下，帝命行樞密副使不花代將。不花將兵萬餘至城下，也速答兒率二十餘騎攻其門，宋都統趙安出戰，也速答兒三入其軍，再挾猛士以出，大兵四集，斬首五百餘級，趙安開門降，制置使張珏遁，追至涪州擒之。捷聞，帝賜玉帶、鈔五千貫，授西川蒙古軍馬六翼新附軍招討使，遷四川西道宣慰使，加都元帥。

羅氏鬼國亦奚不薛叛，詔以四川兵會雲南、江南兵討之。至會靈關，亦奚不薛遣先鋒阿麻、阿豆等將數萬衆迎敵，也速答兒馳入其軍，挾阿麻、阿豆出，斬之。亦奚不薛懼，率所部五萬餘戶降。以功拜西川等處行中書省右丞，加賜金帛鞍轡。

西南夷雄左、都掌蠻得蘭右叛，詔以兵討降之，改四川等處行樞密副使。冬，烏蒙蠻陰連都掌蠻以叛，詔以兵會雲南行院拜答力進討。也速答兒擒烏蒙蠻，帝賜玉帶、織金服，遷蒙古軍都萬戶，復賜銀鼠裘，鎮唐兀之地。進同知四川等處行樞密院事，仍居鎮。成宗卽位，拜四川等處行中書省平章政事。

武宗時，由四川遷雲南，加左丞相，仍爲平章政事。南征叛蠻，感瘴毒，還至成都卒。弟八剌，襲爲蒙古軍萬戶。八剌卒，次子拜延襲，拜四川行省左丞；長子南加台，官至四川行省平章政事。

阿剌罕

阿剌罕，札剌兒氏。祖撥徹，事太祖，爲火而赤，又爲博而赤，攻城掠地，數有戰功。太宗即位，仍以其職從征隴北、陝西，身先戰士，死焉。父也柳干，幼隸皇子岳里吉爲衞士長。歲乙未，從皇子闊出、忽都秃南征，累功授萬戶，遷天下馬步禁軍都元帥。及大將察罕卒，也柳干領其職，拜諸翼軍馬都元帥，統大軍攻淮東、西諸郡。戊午，戰死揚州。

阿剌罕襲爲諸翼蒙古軍馬都元帥。己未，從世祖渡江，至鄂而還。世祖即位，從至末黎伯顏孛剌。宗王阿里不哥稱兵內向，阿剌罕以所部軍擊破阿(監)〔藍〕帶兒、〔四〕渾都海之兵於昔門秃，追至河西，以功賜金五十兩。中統三年，李璮叛，據濟南，大軍討之。阿剌罕與璮戰於老倉口，敗之。璮伏誅，授都元帥，賜金虎符、銀印。

〔至元〕四年春，〔五〕改上萬戶，從都元帥阿朮伐宋。九月，師次襄陽西安陽灘，逆戰宋兵，敗之。五年，大軍圍襄樊，阿剌罕守南面百丈山、漫河灘，兵累交，宋不能師。十年春，樊城破，襄陽降。十一年秋，丞相伯顏與阿朮會師襄陽，遣阿剌罕率諸翼軍攻郢、復諸州。十月，奪郢州南門堡。丞相伯顏、阿朮親率騎兵行視漢陽城壁，欲取漢口渡江。宋人以精兵扼漢口，乃遣阿剌罕帥蒙古騎兵倍道兼行，擊破沙蕪堡，遂入江，取鄂州。阿剌罕同斷事

官楊仁風東略壽昌，得米四十萬斛，遂統左翼軍順流東下，沿江州郡悉降，乃撫輯其人民。

十二年六月，加昭毅大將軍、蒙古漢軍上萬戶，屯駐建康。丞相伯顏受詔赴闕，以阿剌罕留治省事，拜中奉大夫、參知政事。丞相伯顏還軍中，分軍爲三道並進。阿剌罕由西道趨溧水、溧陽，攻破銀樹東壩，至護牙山慶豐圩，敗宋軍，斬首七千級，又擒其將祝亮，并裨校七十二人，斬首三千級。又與宋兵戰，斬首七千級，逐其援兵退走數十里。又敗其都統等三人，斬首三千級。破建平縣，殺其守吏。進攻廣德軍獨松關。先是，宋廣德守張濡，殺國信使廉希賢、嚴忠範等于獨松關，及阿剌罕軍次安吉州上柏鎮，濡率兵來拒戰，大敗之，斬首二千級，生擒其副將馮翼，戮於軍前。濡遁走，追斬之。

十三年春，宋以國降，詔阿剌罕同左丞董文炳，率高興等，攻浙東溫、台、衢、婺、處、明、越及閩中諸郡，降其運使、提刑等五百人。追襲宋嗣秀王趙與檡至安福縣，與檡以軍三萬來拒戰，阿剌罕身先士卒，率高興、撒里蠻等渡江，鏖戰四十餘里，斬其步帥觀察使李世達、生擒與檡及其將吏百八十人，悉斬之，獲其銅印五、軍資器仗無算。泉州蒲壽庚降。江南平，以參知政事佩金虎符，行江東宣慰使。十四年，入覲，進資善大夫、行中書省左丞，俄遷右丞，仍宣慰江東。

十八年，召拜光祿大夫、中書左丞相、行中書省事，統蒙古軍四十萬征日本，行次慶元，卒于軍中。

子拜降襲，累遷江浙行中書省平章政事，仍領本軍萬戶。拜降卒，弟也速迭兒襲，由左手蒙古軍萬戶累遷河南江北行省平章政事，兼山東河北蒙古軍大都督。

阿塔海

阿塔海，遜都思人。祖塔海拔都兒，驍勇善戰，嘗從太祖同飲黑河水，以功爲千戶。父卜花襲職，卒。阿塔海魁偉有大度，才略過人。既襲千戶，從大帥兀良合歹征雲南，身先行陣。師還，事世祖于潛邸。

至元九年，命馳驛督諸軍攻襄陽。襄陽下，第功授鎮國上將軍、淮西行樞密院副使。築正陽東西城。五月霖雨，宋將夏貴乘淮水溢，來爭正陽。阿塔海率衆禦之，貴走，追至安豐城下而還。

拜中書右丞、行樞密院事。渡江，與丞相伯顏軍合。克池州。十二(月)〔年〕，師次建康。〔六〕宋鎮江攝守石祖忠遣使乞降。揚州守將李庭芝聞之，遣兵突圍出擊，阿塔海率師救之，宋兵望風退走。時眞、泰諸城尚爲宋守，鎮江地扼襟喉，城壁不固，阿塔海乃立木柵，以保障居民。又分兵屯瓜洲，以絕揚州之援。宋將張世傑、孫虎臣帥舟師陳于江中焦山下，

其勢甚張，阿塔海與平章阿朮登南岸督諸軍大破之。宋殿帥張彥與平江都統劉師勇襲呂城，遣萬戶懷都擊之，斬彥。十月，併行樞密院于行中書省，仍以阿塔海爲右丞。克常州，降平江、嘉興。十三年正月，會兵臨安，宋降，以其幼主、母后入覲。詔復趨瓜洲，與阿朮議淮南事宜，淮南平。詳見伯顏、阿朮傳。

十四年，授榮祿大夫、平章政事、行中書省事。十五年二月，召赴闕，拜光祿大夫、行中書省左丞相，移治臨安。二十年，遷征東行省丞相，征日本，遇風，舟壞，喪師十七、八。二十二年，行同知沿江樞密院事。二十三年，行江西中書省事，入朝。二十四年，扈從征乃顏。師還，奉朝請居京師。二十六年十二月卒，年五十六，贈推忠翊運宣力功臣、開府儀同三司、太師、上柱國，追封順昌郡王，謚武敏。

子阿里麻，江淮行樞密副使，累官至江南諸道行御史臺御史大夫，卒。

唆都 百家奴

唆都，扎剌兒氏。驍勇善戰，入宿衞，從征花馬國有功。李璮叛山東，從諸王哈必赤平之。還，言于朝曰：「郡縣惡少年，多從間道鬻馬于宋境，乞免其罪，籍爲兵。」從之，得兵三千人。以千人隸唆都，爲千戶，命守蔡州。

至元五年，阿朮等兵圍襄陽，命唆都出巡邏，奪宋金剛臺寨、胥基窩、青澗寨、大洪山、歸州洞諸隘。嘗猝遇宋兵千餘，持羈勒欲竊馬，唆都戰敗之，斬首三百級。六年，宋將范文虎率舟師駐灌子灘，丞相史天澤命唆都拒却之。陞總管，分東平卒八百隸之。九年，攻樊城，唆都先登，城遂破。襄陽降，再與卒五千，賜弓矢、襲衣、金鞍、白金等物。入見，陞郢復等處招討使。十一年，移戍郢州之高港，敗宋師，斬首三百級，獲裨校九人。從大軍濟江，鄂、漢降。

十二年，建康降，參政塔出命唆都入城招集，改建康安撫使。攻平江、嘉興，皆下之。帥舟師會伯顏于皐亭山。宋平，詔伯顏以宋主入朝，留參政董文炳守臨安，令其自擇可副者，文炳請留唆都，從之。時衢、婺諸州皆復起兵，文炳謂唆都曰：「嚴州不守，臨安必危，公往鎭之。」至嚴方十日，衢、婺、徽連兵來攻，唆都戰却之，獲章知府等二十二人。復婺州，敗宋將陳路鈐于梅嶺下，斬首三千級。又復龍游縣。攻衢州，衢守備甚嚴，唆都親率諸軍鼓譟登城，拔之，宋丞相留夢炎降。攻處州，斬首七百級。又攻建寧府松溪縣、懷安縣，皆下之。

十四年，陞福建道宣慰使，行征南元帥府事，聽參政塔出節制。塔出令唆都取道泉州，泛海會于廣州之富場。將行，信州守臣來求援曰：「元帥不來，信不可守，今邵武方聚兵觀

釁，元帥且往，邵武兵夕至矣。」唆都告于衆曰：「若邵武不下，則腹背受敵，豈獨信不可守乎！」乃遣周萬戶等往招降之。唆都趨建寧，遇宋兵于崇安，軍容甚盛。令其子百家奴及楊庭(壁)〔璧〕等數隊夾擊之，〔七〕范萬戶以三百人伏祝公橋，移剌答以四百人伏北門外。庭(壁)〔璧〕陷陣深入，宋兵敗走，伏兵起邀擊之，斬首千餘級。宋丞相文天祥、南劍州都督張清，合兵將襲建寧，唆都夜設伏敗之。轉戰至南劍，敗張清，奪其城。至福州，王積翁以城降。攻興化軍，知軍陳瓚乞降，復閉城拒守，唆都臨城諭之，矢石雨下，乃造雲梯砲石，攻破其城，巷戰終日，斬首三萬餘級，獲瓚，支解以徇。至漳州，漳州亦拒守，先遣百家奴往會塔出，留攻之，斬首數千級，知府何清降。攻潮州，知府馬發不降，唆都恐失富場之期，乃舍之而去。

十五年，至廣州，塔出令還攻潮。發城守益備，唆都塞塹塡濠，造雲梯、鵝車，日夜急攻，發潛遣人焚之，二十餘日不能下，唆都令于衆曰：「有能先登者，拜爵；已仕者，增秩。」總管兀良哈耳先登，諸將繼之，戰至夕，宋兵潰，潮州平。進參知政事，行省福州。徵入見，帝以江南既定，將有事于海外，陞左丞，行省泉州，招諭南夷諸國。十八年，改右丞，行省占城。

十九年，率戰船千艘，出廣州，浮海伐占城。占城迎戰，兵號二十萬。唆都率敢死士擊之，斬首并溺死者五萬餘人，又敗之于大浪湖，斬首六萬級。占城降，唆都造木爲城，闢田以耕。伐烏里、越里諸小夷，皆下之，積穀十五萬以給軍。二十一年，鎭南王脫歡征交趾，詔唆都帥師來會，敗交趾兵于淸化府，奪義安關，降其臣彰憲、昭顯。脫歡命唆都屯天長以就食，與大營相距二百餘里。俄有旨班師，脫歡引兵還，唆都不知也，交趾使人告之，弗信，及至大營，則空矣。交趾遮之于乾滿江，唆都戰死。事聞，贈榮祿大夫，謚襄愍。子百家奴。

百家奴至元五年從元帥阿朮攻襄陽，築新城，數立功。七年，以質子從郡王合達，敗宋兵於灌子灘。八年夏四月，宋殿帥范文虎等督促糧運，輸之襄陽，晝夜不絕。百家奴乘戰船順流至鹿門山，欲塞宋糧道，出擊范文虎軍，累獲戰功，於是河南行省命爲管軍總把。

後隸丞相伯顏麾下，擢爲知印。從攻鄂州，宋都統趙五帥諸軍來迎戰，百家奴深入却敵，身被數瘡。攻沙洋，立雲梯於東角樓，登城力戰，破之，奪其旗幟、弓矢、衣甲。攻新城，先登，拔之，宋將王安撫棄城宵遁。伯顏以百家奴前後戰功上聞，世祖大悅，曰：「此人之名，朕心不忘，兵還時大用之，朕不食言也。今且以良家女及銀椀一賜之，以爲左驗。」

從圍漢陽，自沙武口曳船入江，宋制置夏貴來迎戰，百家奴與瞎答孫突入敵陣擊之，宋兵奔潰，遂登江南岸，獲其戰船、器甲甚多。轉戰至黃州，會日暮，追擊夏貴至白虎山，夜分乃還。未幾，復攻破金牛壩。

十二年春正月，與千戶薛赤干取雞籠洞，還至瑞昌縣，遇夏貴潰兵，復擊敗之。是時，宋遣兵救瑞昌，未至而縣已下矣。復擊宋救兵，得宋所執北兵五人來歸。圍江州，宋安撫呂師夔以城降。東定池州，擊宋平章賈似道及孫虎臣于丁家洲，追逐百里餘，奪戰船五艘及旗幟器甲，擒宋統制王文虎，因定黃池。略地宣州，百家奴爲前鋒，與敵兵戰喃呢湖，敗之，奪其戰船三百艘。太平州亦望風款附。其父唆都因說下建康。於是伯顏令謁只里論諸將功，遂賞百家奴銀二錠以旌之，仍命爲管軍總把。俄從伯顏入朝，加進義校尉，賜銀符，爲管軍總把。攻丹陽、呂城，破常州，皆有功。至蘇州，宋守臣王安撫以城降。秀州、湖州皆不煩兵而下。諸軍乘勝直趨臨安，宋主出降。

十三年，領新附軍守鎭江。未幾，復從平章博魯歡攻泰、壽二州，中瘡，遂罷攻。後數日，與萬戶葉了虔將兵攻泰州新城，百家奴力疾先登，破之，復被兩瘡。已而從阿朮攻下揚州諸郡，得宋制置李庭芝、都統姜才，以功陞武略將軍，賜金符，爲管軍總管，鎭高郵白馬湖。是時，行省以百家奴襲父唆都郢復州招討使、建康宣撫使，仍領本翼軍。頃之，徇地福建，行定衢、婺、信等州城邑。至新安縣，擊斬宋趙監軍、詹知縣，擒江通判。道與畬軍遇，疾戰敗之。鼓行而東，沈安撫以建寧府降。攻陷南劍州，張淸、聶文慶遁去。閩淸、懷安二縣傳檄而定。至福州，諭以威德，王安撫率衆出降。攻破興化，擒陳安撫

及白牒都統。別擊東華鄉。張世傑軍于泉州，俄領諸軍乘戰船入海。追逐張世傑于惠州甲子門。進至同安縣答闌寨，瀕海縣鎮悉招諭下之。白望丹、(王)〔五〕虎陳以戰船三千餘艘來降。〔八〕冬十二月，宋二王遣倪宙奉表詣軍門降，遂進兵至廣州，諸郡縣以次降附。

明年春正月，振旅而還，復攻下德勝等寨。至蒲仙江，聶文慶復敗走。攻潮州，破之，誅馬發等數人，廣東遂平。三月，引宙奉降表來朝，未至，授昭勇大將軍，賜虎符，管軍萬戶。七月，遂朝于上都，陞鎮國上將軍、海外諸蕃宣慰使，兼福建道市舶提舉，仍領本翼軍守福建，俄兼福建道長司宣慰使都元帥。是時，福建多水災，百家奴出私錢市米以賑，貧民全活者甚衆。十七年，朝京師，加正奉大夫、宣慰使、都元帥。

二十二年，從父唆都征交趾，唆都力戰死之，百家奴遂與脫懽引兵薄交趾境，水陸轉戰，戰輒有功。二十五年，驛召至南京宣慰司，命括五路民馬。二十七年，除建康路總管。武宗卽位，遷鎮江路總管。至大四年，金瘡發，卒于家。

李恒

李恒字德卿，其先姓於彌氏，唐末賜姓李，世爲西夏國主。太祖經略河西，有守兀納剌城者，夏主之子也，城陷不屈而死。子惟忠，方七歲，求從父死，主將異之，執以獻宗王合撒

兒，王留養之。及嗣王移相哥立，惟忠從經略中原，有功。淄川王分地，以惟忠爲達魯花赤，佩金符。惟忠生恒，恒生有異質，王妃撫之猶己子。

中統三年，命恒爲尙書斷事官，恒以讓其兄。李璮反漣海，恒從其父棄家入告變，璮怒，繫恒闔門獄中，璮誅，得出。世祖嘉其功，授淄萊路奧魯總管，佩金符，併償其所失家貲。

至元七年，改宣武將軍、益都淄萊新軍萬戶，從伐宋。襄陽守將呂文煥時出拒敵，殿帥范文虎復援之。恒率本軍築堡萬山扼城西，絕其陸路。文煥等又以漁舟渡漢水窺伺軍形，恒設伏敗之，水路亦絕，遂進攻樊城。十年春，恒以精兵渡漢，自南面先登，樊城破，襄陽亦降。捷聞，帝賜以寶刀，還明威將軍，佩金虎符。十一年，丞相伯顏大會師襄陽，進至郢州。宋以舟師截漢水，伯顏由唐港入漢，捨郢而進攻沙洋、新城，留恒爲後拒，敗其追兵。至陽羅堡，宋制置夏貴遣其子松來逆戰，恒先陷陣，額中流矢，伯顏止之，恒戰益力，卒射松殺之。諸軍渡江，恒與宋兵戰，自寅至申，夏貴敗走，鄂州、漢陽俱下。以功遷宣威將軍，賜白金五百兩。遂從伯顏東下。

十二年春，宋將高世傑復窺漢、沔，乃遣恒還守鄂州。時豪民聚衆侵江陵，省命恒往討之，恒斂兵不動，但諭使出降，得生口十餘萬，悉縱爲民；仍禁軍毋得虜掠，饋獻充積一無所受。十二年，從右丞阿里海牙至洞庭，擒高世傑。下岳州，進攻沙市，拔之。宋制置高達以

江陵降，留恒鎮守。傳檄歸、峽、辰、沅、靖、澧、常德諸州，皆下。未幾，從鎮常德，以扼湖南之衝。

俄有詔分三道出師，以恒爲左副都元帥，從都元帥逊都台出江西。九月，開府于江州。師次建昌縣，擒都統熊飛。遂圍隆興，轉運使劉槃請降，恒察其詐，密爲之備，槃果以銳兵突至，恒擊敗之，殺獲殆盡，槃乃降。下撫、瑞、建昌、臨江。軍中有得宋相文天祥與建昌故吏民書，恒焚之，人心乃安。進攻吉州，知州周天驥降，遂定贛、南安。廣東經略徐直諒奉蠟書納其所部十四郡，前江西制置黃萬石亦以邵武降。隆興帥府誣富民與敵連，已誅百三十家，恒還，審其非罪，盡釋之。

宋丞相陳宜中及其大將張世傑立益王昰於閩中，郡縣豪傑爭起兵應之。恒遣將破吳浚兵於南豐。世傑遣都統張文虎與浚合兵十萬，期必復建昌。恒復遣將敗之兜港。浚走從文天祥於瑞金，又破之，天祥走汀州。遣鎮撫孔遵追之，併破趙孟濬軍，取汀州。元帥府罷，授昭勇大將軍、同知江西宣慰司事，加鎮國上將軍，遷福建宣慰使，改江西宣慰使。天祥復取汀州，兵出興國縣，連破諸邑，圍贛州尤急。或言天祥墳墓在吉州者，若遣兵發之，則必下矣。恒曰：「王師討不服耳，豈有發人墳墓之理。」乃分兵援贛，自率精兵潛至興國。天祥走，追至空坑，獲其妻女，擒招討使趙時賞已下二十餘人，降其衆二十萬。有旨令與右

丞阿里罕、左丞董文炳合兵追益王。衆議所向，皆謂宜趨福建，恒曰：「不可。若諸軍俱在福建，彼必竄廣東，則梅嶺、江西非我有矣，宜從廣東夾攻之。」衆以爲然。兵至梅嶺，果與宋兵遇，出其不意敗之，乃遁走碙州。十四年，拜參知政事，行省江西。

十五年，益王殂，其樞密張世傑、陸秀夫等復立衞王昺，守廣東諸郡，詔以恒爲蒙古漢軍都元帥經略之。恒進兵取英德府、清遠縣，敗其制置凌震、運使王道夫，遂入廣州，世傑等移屯崖山。時都元帥張弘範舟師未至，恒按兵不動，分遣諸將略定梅、循諸州。凌震等復抵廣州，恒擊敗之，皆棄舟走，赴水死，奪其船三百艘，擒將吏宋邁以下二百餘人，又破其餘軍於茭塘越。十六年二月，弘範至自漳州，直指崖山，恒率所部赴之。張世傑集海艦千餘艘，貫以亘索，爲柵以自固。恒遣斷其汲路，其勢日迫，諭降不可，乃陣於船尾，由北面逆行，擣其柵，索絕，世傑猶(戰死)〔死戰〕，〔九〕自朝至晡，弘範督南面諸軍合擊，大敗之。陸秀夫先沉妻子于海，乃抱衞王赴海死。從死者十餘萬人，獲其金璽、後宮及文武之臣。其大將翟國秀、凌震等皆解甲降。焚溺之餘，尙得八百餘艘。是日，黑氣如霧，有乘舟南遁者，恒以爲衞王，追至高、化，詢之降人，始知衞王已死，遁者乃世傑也。世傑繼亦溺死於海陵港。嶺海悉平，功成入覲，帝賞勞甚厚，將士預賜宴者二百餘人。

十七年，拜資善大夫、中書左丞，行省荊湖。掠民爲奴婢者，禁之；常德、澧、辰、沅、靖

中華書局

五郡之饑者，賑之，獵戶之籍於官者，奏請一千戶之外，悉放散之。

十九年，乞解軍職，乃命其長子同知江西宣慰司事散木䚟襲爲本軍萬戶。占城之役，恒奉旨給其糧餉器械、海艦百艘，久留瘴鄉，冒疾而還。俄有詔命恒從皇子鎮南王征交趾，結筏渡海，奪天長府。交趾遂空其國，航海而遁。恒封其宮庭府庫，追襲於海洋，敗之，得船二百艘，幾獲其世子。會盛夏，軍中疾作，霖潦暴漲，浸瀦營地。議者謂交趾且降，請班師，恒弗能奪，遂還。蠻兵追敗後軍，王乃改命恒殿後，且戰且行。毒矢貫恒膝，一卒負恒而趨。至思〔明〕州，〔一〇〕毒發，卒，年五十。後贈銀青榮祿大夫、平章政事，謚武愍，再贈推忠靖遠功臣、太保、儀同三司，追封滕國公。

子散木䚟，江西行省平章政事；囊加眞，益都淄萊萬戶；遜都台，同知湖南宣慰使司事。孫薛徹干，兵部侍郎；薛徹禿，益都般陽萬戶。

校勘記

〔一〕也速（合）〔答〕兒　據本書原目錄、本卷正文改。類編已校。

〔二〕宋將呂文煥攻涪浮橋　按本書卷一四七史天倪傳附史樞傳、卷一五五史天澤傳及宋史卷四四理宗紀開慶元年六月甲戌條、卷四一六向士璧傳，攻涪州浮橋者爲呂文德。蒙史改「煥」爲

「德」，疑是。下同。

〔三〕三年宋將劉整以瀘州降　按本書卷四世祖紀中統二年六月庚申條、卷一五九商挺傳、卷一六一劉整傳，「三年」皆作「二年」。元書改「三」爲「二」，是。

〔四〕阿（監）〔藍〕帶兒　據本書卷四世祖紀中統元年九月丙戌條所見「阿藍答兒」及道園學古錄卷二四阿剌罕勳德碑所見「阿藍歹兒」改。類編已校。

〔五〕〔至元〕四年春　考異云：「案阿剌罕從阿朮南伐乃至元四年事。此傳四年之上當有至元二字。」按圭塘小藁卷九阿剌罕祠堂碑作「至元四年」，據補。

〔六〕十二（月）〔年〕師次建康　按本書卷一二七伯顏傳，元師駐建康在至元十二年二月，據改。本證已校。

〔七〕楊庭（壁）〔璧〕　見卷一二校勘記〔七〕。下同。

〔八〕（王）〔五〕虎陳　據本書卷一二世祖紀至元二十年十一月癸丑條及卷一三一忙兀台傳改。按此人卽陳義，初名五虎。

〔九〕世傑猶（戰死）〔死戰〕　從道光本改正。按下文有「遁者乃世傑也」。

〔一〇〕思〔明〕州　據元文類卷二一姚燧李恒家廟碑補。按本書卷一三世祖紀至元二十二年五月戊戌條及柳待制集卷九李恒新廟碑、吳文正集卷一四李恒家傳後序皆云李恒死于思明州。

元史卷一百三十

列傳第十七

徹里

徹里，燕只吉台氏。曾祖太赤，爲馬步軍都元帥，從太祖定中原，以功封徐、邳二州，因家於徐。徹里幼孤，母蒲察氏教以讀書。

至元十八年，世祖召見，應對詳雅，悅之，俾常侍左右，民間事時有所咨訪。從征東北邊還，因言大軍所過，民不勝煩擾，寒餓且死，宜加賑給，帝從之，乃賜邊民穀帛牛馬有差，賴以存活者衆。擢利用監。二十三年，奉使江南，省風俗，訪遺逸。時行省理財方急，賣所在學田以價輸官。徹里曰：「學田所以供祭禮、育人才也，安可鬻。」遽止之。還朝以聞，帝嘉納焉。

二十四年，分中書爲尚書省。桑哥爲相，引用黨與，鉤考天下錢糧，凡昔權臣阿合馬積

年負逋，舉以中書失徵，奏誅二參政。行省乘風，督責尤峻。主無所償，則責及親戚，或逮繫鄰黨，械禁榜掠。民不勝其苦，自裁及死獄者以百數，中外騷動。廷臣顧忌，皆莫敢言。徹里乃於帝前，具陳桑哥姦貪誤國害民狀，辭語激烈。帝怒，謂其毀詆大臣，失禮體，命左右批其頰。徹里辯愈力，且曰：「臣與桑哥無讎，所以力數其罪而不顧身者，正爲國家計耳。苟畏聖怒而不復言，則姦臣何由而除，民害何由而息！且使陛下有拒諫之名，臣竊懼焉。」於是帝大悟，卽命帥羽林三百人往籍其家，得珍寶如內藏之半。桑哥既誅，諸枉繫者始得釋。復奉旨往江南，籍桑哥姻黨江浙省臣烏馬兒、蔑列、忻都、王濟，湖廣省臣要束木等，皆棄市，天下大快之。徹里往來，凡四道徐，皆過門不入。

進拜御史中丞，俄陞福建行省平章政事，賜黃金五十兩、白金五千兩。汀、漳劇盜歐狗久不平，遂引兵征之，號令嚴肅，所過秋毫無犯。有降者則勞以酒食而慰遣之，曰：「吾意汝豈反者耶，良由官吏汚暴所致。今既來歸，卽爲平民，吾安忍罪汝。其返汝耕桑，安汝田里，毋恐。」他栅聞之，悉款附。未幾歐狗爲其黨縛致于軍，梟首以徇，脅從者不戮一人，汀、漳平。三十一年，帝不豫，徹里馳還京師，侍醫藥。帝崩，與諸王大臣共定策，迎立成宗。

大德元年，拜江南諸道行臺御史大夫。一日召都事賈鈞謂曰：「國家置御史臺，所以肅清庶官、美風俗、興敎化也。乃者，御史不存大體，按巡以苛爲明，徵贓以多爲功，至有迫子

證父、弟證兄、奴訐主者。傷風敗教，莫茲爲甚。君爲我語諸御史，毋庸效尤爲也。」帝聞而善之，改江浙行省平章政事。江浙稅糧甲天下，平江、嘉興、湖州三郡當江浙什六七，而其地極下，水鍾爲震澤。震澤之注，由吳松江入海。歲久，江淤塞，豪民利之，封土爲田，水道淤塞，由是浸淫泛溢，敗諸郡禾稼。朝廷命行省疏導之，發卒數萬人，徹里董其役，凡四閱月畢工。

九年，召入爲中書平章政事。十月，以疾薨，〔一〕年四十七。薨之日，家貲不滿二百緡，人服其廉。贈推忠守正佐理功臣、太傅、開府儀同三司、上柱國，追封徐國公，謚忠肅。至治二年，加贈宣忠同德弼亮功臣、太師、開府儀同三司、上柱國，追封武寧王，謚正憲。子朶兒只，江浙行省左丞。

不忽木

不忽木一名時用，字用臣，世爲康里部大人。康里，卽漢高車國也。祖海藍伯，嘗事克烈王可汗。王可汗滅，卽棄家從數千騎望西北馳去，太祖遣使招之，答曰：「昔與帝同事王可汗，今王可汗既亡，不忍改所事。」遂去，莫知所之。

子十人，皆爲太祖所虜，燕眞最幼，年方六歲，太祖以賜莊聖皇后。后憐而育之，遣侍

世祖於藩邸。長從征伐，有功。世祖威名日盛，憲宗將伐宋，命以居守。燕眞曰：「主上素有疑志，今乘輿遠涉危難之地，殿下以皇弟獨處安全，可乎？」世祖然之，因請從南征。憲宗喜，卽分兵命趨鄂州，而自將攻蜀之釣魚山，令阿里不哥居守。憲宗崩，燕眞統世祖留部，覺阿里不哥有異志，奉皇后稍引而南，與世祖會于上都。

世祖卽位，燕眞未及大用而卒，官止衞率。不忽木其仲子也，資禀英特，進止詳雅，世祖奇之，命給事裕宗東宮，師事太子贊善王恂。恂從北征，乃受學於國子祭酒許衡。日記數千言，衡每稱之，以爲有公輔器。世祖嘗欲觀國子所書字，不忽木年十六，獨書貞觀政要數十事以進，帝知其寓規諫意，嘉歎久之。衡纂歷代帝王名謚、統系、歲年，爲書授諸生，不忽木讀數過卽成誦，帝召試，不遺一字。

至元十三年，與同舍生堅童、太答、秃魯等上疏曰：

臣等聞之，學記曰：「君子如欲化民成俗，其必由學乎！」「玉不琢不成器，人不學不知道。」故古之王者，建國君民，教學爲先。蓋自堯、舜、禹、湯、文、武之世，莫不有學，故其治隆於上，俗美於下，而爲後世所法。降至漢朝，亦建學校，詔諸生課試補官。魏道武帝起自北方，既定中原，增置生員三千，儒學以興。此歷代皆有學校之證也

臣等今復取平南之君建置學校者，爲陛下陳之。晉武帝嘗平吳矣，始起國子學。隋文帝嘗滅陳矣，俾國子寺不隸太常。唐高祖嘗滅梁矣，詔諸州縣及鄉並令置學。及至太宗數幸國學，增築學舍至千二百間，國學、太學、四門學亦增生員，其書、算各置博士，乃至高麗、百濟、新羅、高昌、吐蕃諸國酋長亦遣子弟入學，國學之內至八千餘人。高宗因之，遂令國子監領六學：一曰國子學，二曰太學，三曰四門學，四曰律學，五曰書學，六曰算學，各置生徒有差，皆承高祖之意也。然晉之平吳得戶五十二萬而已，隋之滅陳得郡縣五百而已，唐之滅梁得戶六十餘萬而已，而其崇重學校已如此。況我堂堂大國，奄有江嶺之地，計亡宋之戶不下千萬，此陛下神功，自古未有，而非晉、隋、唐之所敢比也。然學校之政，尚未全舉，臣竊惜之。

臣等嚮被聖恩，俾習儒學。欽惟聖意，豈不以諸色人仕宦者常多，蒙古人仕宦者尚少，而欲臣等曉識世務，以任陛下之使令乎？然以學制未定，朋從數少。譬猶責嘉禾於數苗，求良驥於數馬，臣等恐其不易得也。爲今之計，如欲人材衆多，通習漢法，必如古昔徧立學校然後可。若曰未暇，宜且於大都弘闡國學。擇蒙古人年十五以下、十歲以上質美者百人，百官子弟與凡民俊秀者百人，俾廩給各有定制。選德業充備足爲師表者，充司業、博士、助教而教育之。使其教必本於人倫，明乎物理，爲之講解經傳，授以修身、齊家、治國、平天下之道。其下復立數科，如小學、律、書、算之類。每科

設置教授，各令以本業訓導。小學科則令讀誦經書，教以應對進退事長之節；律科則專令通曉吏事；書科則專令曉習字畫；算科則專令熟閑算數。或一藝通然後改授，或一日之間更次爲之。俾國子學官總領其事，常加點勘，務要俱通，仍以義理爲主。有餘力者聽令學作文字。日月歲時，隨其利鈍，各責所就功課，程其勤惰而賞罰之。勤者則升之上舍，惰者則降之下舍，待其改過則復升之。假日則聽令學射，自非假日，無故不令出學。數年以後，上舍生學業有成就者，乃聽學官保舉，蒙古人若何品級，諸色人若何仕進。其未成就者，且令依舊學習，俟其可以從政，然後歲聽學官舉其賢者、能者，使之依例入仕。其終不可教者，三年聽令出學。凡學政因革、生員增減，若得不時奏聞，則學無弊政，而天下之材亦皆觀感而興起矣。然後續立郡縣之學，求以化民成俗，無不可者。

臣等愚幼，見於書、聞於師者如此。未敢必其可行，伏望聖慈下臣此章，令諸老先生與左丞王贊善等，商議條奏施行，臣等不勝至願。

書奏，帝覽之喜。

十四年，授利用少監。十五年，出爲燕南河北道提刑按察副使。帝遣通事脫虎脫護送西僧往作佛事，還過眞定，箠驛吏幾死，訴之按察使，不敢問。不忽木受其狀，以僧下獄。

脫虎脫直欲出僧，辭氣倔强，不忽木令去其冠庭下，責以不職。脫虎脫逃歸以聞，帝曰：「不忽木素剛正，必爾輩犯法故也。」繼而燕南奏至，帝曰：「我固知之。」

十九年，陞提刑按察使。有訟(靜)〔淨〕州守臣盜官物者，〔三〕(靜)〔淨〕州本隸河東，特命不忽木往按之，歸報稱旨，賜白金千兩、鈔五千貫。

二十一年，召參議中書省事。時權茶轉運使盧世榮阿附宣政使桑哥，言能用己，則國賦可十倍於舊。帝以問不忽木，對曰：「自昔聚斂之臣，如桑弘羊、宇文融之徒，操利術以惑時君，始者莫不謂之忠，及其罪稔惡著，國與民俱困，雖悔何及。臣願陛下無納其說。」帝不聽，以世榮爲右丞，不忽木遂辭參議不拜。二十二年，世榮以罪被誅，帝曰：「朕殊愧卿。」擢吏部尙書。時方籍沒阿合馬家，其奴張散札兒等罪當死，繆言阿合馬家貲隱寄者多，如盡得之，可資國用。遂鉤考捕繫，連及無辜，京師騷動。帝頗疑之，命丞相安童，集六部長貳官詢問其事，不忽木曰：「是奴爲阿合馬心腹爪牙，死有餘罪。爲此言者，蓋欲苟延歲月，徼幸不死爾。豈可復受其誑，嫁禍善良耶？急誅此徒，則怨謗自息。」丞相以其言入奏，帝悟，命不忽木鞫之，具得其實，散札兒等伏誅，其捕繫者盡釋之。

二十三年，改工部尙書。九月，遷刑部。河東按察使阿合馬，以貲財諂媚權貴，貸錢於官，約償羊馬，至則抑取部民所產以輸。事覺，遣使按治，皆不伏，及不忽木往，始得其不法

百餘事。會大同民饑，不忽木以便宜發倉廩賑之。阿合馬所善幸臣奏不忽木擅發軍儲，又鍛鍊阿合馬使自誣服。帝曰：「使行發粟以活吾民，乃其職也，何罪之有。」命移其獄至京師審視，阿合馬竟伏誅。吐土哈求欽察之爲人奴者增益其軍，而多取編民。中書僉省王遇驗其籍改正之。吐土哈遂奏遇有不臣語。帝怒欲斬之，不忽木諫曰：「遇始令以欽察之人奴爲兵，未聞以編民也。萬一他衞皆倣此，戶口耗矣。若誅遇，後人豈肯爲陛下盡職乎？」帝意解，遇得不死。

二十四年，桑哥奏立尙書省，誣殺參政楊居寬、郭佑。不忽木爭之不得，桑哥深忌之，嘗指不忽木謂其妻曰：「他日籍我家者此人也。」因其退食，責以不坐曹理務，欲加之罪，遂以疾免。車駕還自上都，其弟野禮審班侍坐輦中，帝曰：「汝兄必以某日來迎。」不忽木果以是日至。帝見其癯甚，問其祿幾何，左右對以滿病假者例不給，帝念其貧，命盡給之。

二十七年，拜翰林學士承旨、知制誥兼修國史。二十八年春，帝獵柳林，徹里等劾奏桑哥罪狀，帝召問不忽木，具以實對。帝大驚，乃決意誅之。罷尙書省，復以六部歸于中書，欲用不忽木爲丞相，固辭，帝曰：「朕過聽桑哥，致天下不安，今雖悔之，已無及矣。朕識卿幼時，使卿從學，政欲備今日之用，勿多讓也。」不忽木曰：「朝廷勳舊，齒爵居臣右者尙多，今不次用臣，無以服衆。」帝曰：「然則孰可？」對曰：「太子詹事完澤可。嚮者籍沒阿合馬家，其賂遺近臣，皆有簿籍，唯無完澤名，又嘗言桑哥爲相，必敗國事，今果如其言，是以知

其可也。」帝曰：「然非卿無以任吾事。」乃拜完澤右丞相，不忽木平章政事。上都留守木八剌沙言改按察司置廉訪司不便，宜罷去，乃求憲臣贓罪以動上聽。帝以責中丞崔彧，彧謝病不知。不忽木面斥彧不直言，因歷陳不可罷之說，帝意乃釋。

王師征交趾失利，復謀大舉，不忽木曰：「島夷詭詐，天威臨之，寧不震懼，獸窮則噬，勢使之然。今其子日燇襲位，若遣一介之使，諭以禍福，彼能悔過自新，則不煩兵而下矣。如或不悛，加兵未晚。」帝從之。於是交趾感懼，遣其僞昭明王等詣闕謝罪，盡獻前六歲所當貢物。帝喜曰：「卿一言之力也。」卽以其半賜之，不忽木辭曰：「此陛下神武不殺所致，臣何功焉。」惟受沉水假山、象牙鎭紙、水晶筆格而已。

麥朮丁請復立尙書省，專領右三部，不忽木庭責之曰：「阿合馬、桑哥相繼誤國，身誅家沒，前鑒未遠，奈何又欲效之乎！」事遂寢。或勸征流求，及賦江南包銀，皆諫止之。桑哥黨人納速剌丁等旣誅，帝以忻都長於理財，欲釋不殺。不忽木力爭之，不從。日中凡七奏，卒正其罪。

釋氏請以金銀幣帛祠其神，帝難之。不忽木曰：「彼佛以去貪爲寶。」遂弗與。或言京師蒙古人宜與漢人間處，以制不虞。不忽木曰：「新民乍遷，猶未寧居，若復紛更，必致失

業。此蓋姦人欲擅貨易之利，交結近幸，借爲納忠之說耳。」乃圖寫國中貴人第宅已與民居犬牙相制之狀上之而止。

有譖完澤徇私者，帝以問不忽木。對曰：「完澤與臣俱待罪中書，設或如所言，豈得專行。臣等雖愚陋，然備位宰輔，人或發其陰短，宜使面質，明示責降，若內懷猜疑，非人主至公之道也。」言者果屈，帝怒，命左右批其頰而出之。是日苦寒，解所御黑貂裘以賜。

帝每顧侍臣，稱塞咥旃之能，不忽木從容問其故，帝曰：「彼事憲宗，常陰資朕財用，卿父所知。卿時未生，誠不知也。」不忽木曰：「是所謂爲人臣懷二心者。今有以內府財物私結親王，陛下以爲若何？」帝急揮以手曰：「卿止，朕失言。」

三十年，有星孛于帝座。帝憂之，夜召入禁中，問所以銷天變之道，奏曰：「風雨自天而至，人則棟宇以待之；江河爲地之限，人則舟楫以通之。天地有所不能者，人則爲之，此人所以與天地參也。且父母怒，人子不敢疾怨，惟起敬起孝。故易震之象曰『君子以恐懼修省』，詩曰『敬天之怒』，又曰『遇災而懼』。三代聖王，克謹天戒，鮮不有終。漢文之世，同日山崩者二十有九，日食地震頻歲有之，善用此道，天亦悔禍，海內乂安。此前代之龜鑑也，臣願陛下法之。」因誦文帝日食求言詔。帝悚然曰：「此言深合朕意，可復誦之。」遂詳論款陳，夜至四鼓。明日進膳，帝以盤珍賜之。

三十年，帝不豫。故事，非國人勳舊不得入臥內。不忽木以謹厚，日視醫藥，未嘗去左右。帝大漸，與御史大夫月魯那顏、太傅伯顏並受遺詔，留禁中。丞相完澤至，不得入，伺月魯那顏、伯顏出，問曰：「我年位俱在不忽木上，國有大議而不預，何耶？」伯顏歎息曰：「使丞相有不忽木識慮，何至使吾屬如是之勞哉！」完澤不能對，入言於太后。太后召三人問之。月魯那顏曰：「臣受顧命，太后但觀臣等爲之。臣若誤國，卽甘伏誅，宗社大事，非宮中所當預知也。」太后然其言，遂定大策。其後發引、升祔、請謚南郊，皆不忽木領之。

成宗卽位，執政皆迎於上都之北。丞相常獨入，不忽木至數日乃得見，帝問知之，慰勞之曰：「卿先朝腹心，顧朕寡昧，惟朝夕啓沃，以匡朕不逮，庶無負先帝付託之重也。」成宗躬攬庶政，聽斷明果，廷議大事多采不忽木之言。太后亦以不忽木先朝舊臣，禮貌甚至。

河東守臣獻嘉禾，大臣欲奏以爲瑞。不忽木語之曰：「汝部內所產盡然耶，惟此數莖耶？」曰：「惟此數莖爾。」不忽木曰：「若如此，旣無益於民，又何足爲瑞。」遂罷遣之。西僧爲佛事，請釋罪人祈福，謂之禿魯麻。豪民犯法者，皆賄賂之以求免。有殺主、殺夫者，西僧請被以帝后御服，乘黃犢出宮門釋之，云可得福。不忽木曰：「人倫者，王政之本，風化之基，豈可容其亂法如是。」帝責丞相曰：「朕戒汝無使不忽木知，今聞其言，朕甚愧之。」使人謂不忽木曰：「卿且休矣！朕今從卿言，然自是以爲故事。」有奴告主者，主被誅，詔卽以其

主所居官與之。不忽木言：「若此必大壞天下之風俗，使人情愈薄，無復上下之分矣。」帝悟，爲追廢前命。執政奏以爲陝西行省平章政事，太后謂帝曰：「不忽木朝廷正人，先皇帝所付託，豈可出之於外耶！」帝復留之。竟以與同列多異議，稱疾不出。元貞二年春，召至便殿曰：「朕知卿疾之故，以卿不能從人，人亦不能從卿也。欲以段貞代卿，如何？」不忽木曰：「貞實勝於臣。」乃拜昭文館大學士、平章軍國重事。辭曰：「是職也，國朝惟史天澤嘗爲之，臣何功敢當此。」制去「重」字。

大德二年，御史中丞崔彧卒，特命行中丞事。三年，兼領侍儀司事。有因父官受賄賂，御史必欲歸罪其父，不忽木曰：「風紀之司，以宣政化、勵風俗爲先，若使子證父，何以興孝！」樞密臣受人玉帶，徵贓不敍，御史言罰太輕，不忽木曰：「禮，大臣貪墨，惟曰簠簋不飾，若加笞辱，非刑不上大夫之意。」人稱其平恕。四年，病復作，帝遣醫治之，不效，乃附奏曰：「臣孱庸無取，叨承眷渥，大限有終，永辭昭代。」引觴滿飲而卒，年四十六。帝聞之驚悼，士大夫皆哭失聲。

家素貧，躬自爨汲，妻織紝以養母。後因使還，則母已死，號慟嘔血幾不起。平居服儒素，不尚華飾。祿賜有餘，卽散施親舊。明於知人，多所薦拔，丞相哈剌哈孫答剌罕亦其所薦也。其學，先躬行而後文藝。居則簡默，及帝前論事，吐辭洪暢，引義正大，以天下之重自任，知無不言。世祖嘗語之曰：「太祖有言，人主理天下，如右手持物，必資左手承之，然後能固。卿實朕之左手也。」每侍燕閒，必陳說古今治要，世祖每拊髀歎曰：「恨卿生晚，不得早聞此言，然亦吾子孫之福。」臨崩，以白璧遺之，曰：「他日持此以見朕也。」武宗時，贈純誠佐理功臣、太傅、開府儀同三司、上柱國、魯國公，謚文貞。

子回回，陝西行省平章政事；（欒欒）〔巎巎〕，〔三〕由江浙行省平章政事入爲翰林學士承旨。

完澤

完澤，土別燕氏。祖土薛，從太祖起朔方，平諸部。太宗伐金，命太弟睿宗由陝右進師，以擊其不備，土薛爲先鋒，遂去武休關，越漢江，略方城而北，破金兵于陽翟。金亡，從攻興元、閬、利諸州，拜都元帥。取宋成都，斬其將陳隆之，賜食邑六百戶。父線眞，宿衞禁中，掌御膳。中統初，從世祖北征。四年，拜中書〔右〕丞相，〔四〕與諸儒臣論定朝制。

完澤以大臣子選爲裕宗王府僚屬。裕宗爲皇太子，署詹事長。入參謀議，出掌環衞，小心愼密，太子甚器重之。一日會燕宗室，指完澤語衆曰：「親善遠惡，君之急務。善人如完澤者，羣臣中豈易得哉！」自是常典東宮衞兵。裕宗薨，成宗以皇孫撫軍北方，完澤兩從

入北。

至元二十八年，桑哥伏誅，世祖咨問廷臣，特拜中書右丞相。完澤入相，革桑哥弊政，請自中統初積歲逋負之錢粟，悉蠲免之，民賴其惠。三十一年，世祖崩，完澤受遺詔，合宗戚大臣之議，啓皇太后，迎成宗卽位，詔諭中外，罷征安南之師，建議加上祖宗尊謚廟號，致養皇太后，示天下爲人子之禮。元貞以來，朝廷恪守成憲，詔書屢下散財發粟，不惜鉅萬，以頒賜百姓，當時以賢相稱之。

大德四年，加太傅、錄軍國重事。位望益崇，成宗倚任之意益重，而能處之以安靜，不急於功利，故吏民守職樂業，世稱賢相云。七年薨，年五十八，追封興元王，謚忠憲。

阿魯渾薩理 〔岳柱〕〔五〕

阿魯渾薩理，畏兀人。祖阿台薩理，當太祖定西域還時，因從至燕。會畏兀國王亦都護請于朝，盡歸其民，詔許之，遂復西還。精佛氏學。生乞台薩理，襲先業，通經、律、論。業旣成，師名之曰萬全。至元十二年，入爲釋敎都總統，拜正議大夫、同知總制院事，加資德大夫、統制使。〔六〕年七十卒。

子三人：長曰畏吾兒薩理，累官資德大夫、中書右丞、行泉府太卿；季曰烏瓦赤薩理；阿

魯渾薩理其中子也，以父字爲全氏，幼聰慧，受業於國師八哈思巴，旣通其學，且解諸國語。世祖聞其材，俾習中國之學，於是經、史、百家及陰陽、曆數、圖緯、方技之説皆通習之。後事裕宗，入宿衞，深見器重。

至元二十年，有西域僧自言能知天象，譯者皆莫能通其説。帝問左右，誰可使者。侍臣脱烈對曰：「阿魯渾薩理可。」卽召與論難，僧大屈服，帝悅，令宿衞內朝。會有江南人言宋宗室反者，命遣使捕至闕下。使已發，阿魯渾薩理趣入諫曰：「言者必妄，使不可遣。」帝曰：「卿何以言之？」對曰：「若果反，郡縣何以不知。言者不由郡縣，而言之闕庭，必其仇也。且江南初定，民疑未附，一旦以小民浮言輒捕之，恐人人自危，徒中言者之計。」帝悟，立召使者還，俾械繫言者下郡治之，言者立伏，果以嘗貸錢不從誣之。帝曰：「非卿言，幾誤，但恨用卿晚耳。」自是命日侍左右。

二十一年，擢朝列大夫、左侍儀奉御。遂勸帝治天下必用儒術，宜招致山澤道藝之士，以備任使。帝嘉納之，遣使求賢，置集賢館以待之。秋九月，命領館事，阿魯渾薩理曰：「陛下初置集賢以待士，宜擇重望大臣領之，以新觀聽。」請以司徒撒里蠻領其事，帝從之。仍以阿魯渾薩理爲中順大夫、集賢館學士，兼太史院事，仍兼左侍儀奉御。士之應詔者，盡命館穀之，凡飲食供帳，車服之盛，皆喜過望。其弗稱旨者，亦請加賚而遣之。有官於宣

徽者，欲陰敗其事，故盛陳所給廩餼於內前，冀帝見之。帝果過而問焉，對曰：「此一士之日給也。」帝怒曰：「汝欲使朕見而損之乎？十倍此以待天下士，猶恐不至，況欲損之，誰肯至者。」阿魯渾薩理又言於帝曰：「國學人材之本，立國子監，置博士弟子員，宜優其廩餼，使學者日盛。」從之。二十二年夏六月，遷嘉議大夫。二十三年，進集賢大學士、中奉大夫。

二十四年春，立尚書省，桑哥用事，詔阿魯渾薩理與同視事，固辭，不許，授資德大夫、尚書右丞，繼拜榮祿大夫、平章政事。桑哥爲政暴橫，且進其黨與。阿魯渾薩理數切諍之，久與乖剌，惟以廉正自持。桑哥奏立徵(利)〔理〕司，〔七〕理天下逋欠，使者相望於道，所在囹圄皆滿，道路側目，無敢言者。會地震北京，阿魯渾薩理請罷徵(利)〔理〕司，以塞天變。詔下之日，百姓相慶。未幾，桑哥敗，以連坐，亦籍其產。帝問：「桑哥爲政如此，卿何故無一言。」對曰：「臣未嘗不言，顧言不用耳。陛下方信任桑哥甚，彼所忌獨臣，臣數言不行，若抱柴救火，祇益其暴，不若彌縫其間，使無傷國家大本，陛下久必自悟也。」帝亦以爲然，且曰：「吾甚愧卿。」桑哥臨刑，吏猶以阿魯渾薩理爲問，桑哥曰：「我惟不用其言，故至於敗，彼何與焉。」帝益信其無罪，詔還所籍財產，仍遣張九思賜以金帛，辭不受。

二十八年秋，乞罷政事，并免太史院使，詔以爲集賢大學士。司天劉監丞言，阿魯渾薩理在太史院時，數言國家災祥事，大不敬，請下吏治。帝大怒，以爲誹謗大臣，當抵罪。阿

魯渾薩理頓首謝曰：「臣不佞，賴陛下天地含容之德，雖萬死莫報。然欲致言者罪，臣恐自是無爲陛下言事者。」力爭之，乃得釋。帝曰：「卿眞長者。」後雖罷政，或通夕召入論事，知無不言。

三十年，復領太史院事。明年，帝崩，成宗在邊，裕宗太后命爲書趣成宗入正大位，又命率翰林、集賢、禮官備禮册命。明年春，加守司徒、集賢院使，領太史院事。初，裕宗卽世，世祖欲定皇太子，未知所立，以問阿魯渾薩理，卽以成宗爲對，且言成宗仁孝恭儉宜立，於是大計乃決。成宗及裕宗皇后皆莫之知也。數召阿魯渾薩理不往，成宗撫軍北邊，帝遣阿魯渾薩理奉皇太子寶于成宗，乃一至其邸。及卽位，語阿魯渾薩理曰：「朕在潛邸，誰不願事朕者，惟卿雖召不至，今乃知卿眞得大臣體。」自是召對不名，賜坐視諸侯王等。嘗語左右曰：「若全平章者，眞全材也，於今殆無其比。」

大德三年，復拜中書平章政事。十一年，薨，年六十有三。延祐四年，贈推忠佐理翊亮功臣、太師、開府儀同三司、上柱國，追封趙國公，謚文定。

子三人：長岳柱；次久著，終翰林侍讀學士；次買住，蚤卒。岳柱自有傳。阿台薩理贈保德功臣、銀青榮祿大夫、司徒、柱國，追封趙國公，謚端愿；乞台薩理，累贈純誠守正功臣、太保、儀同三司、上柱國，追封趙國公，謚通敏。

岳柱字止所，一字兼山。自幼容止端嚴，性穎悟，有遠識。方八歲，觀畫師何澄畫陶母剪髮圖，岳柱指陶母手中金釧詰之曰：「金釧可易酒，何用剪髮爲也？」何大驚，卽異之。既長就學，日記千言。年十八，從丞相答失蠻備宿衞，出入禁中，如老成人。

至大元年，授集賢學士，階正議大夫，卽以薦賢舉能爲事。皇慶元年，陞中奉大夫、湖南道宣慰使。日接見儒生，詢求民瘼。延祐三年，進資善大夫、隆禧院使。七年，授太史院使。英宗覩其進止整暇，顧謂參政速速曰：「全院使眞故家令子也。」泰定元年，改太常〔禮儀〕院使。〔八〕四年，授禮部尚書，領會同館事，俄授江西等處行中書省參知政事。天曆元年，進榮祿大夫、集賢大學士。

至順二年，除江西等處行中書省平章政事。時有誣告富民負永寧王官帑錢八百餘錠者，中書遣使諸路徵之。使至江西，岳柱曰：「事涉誣罔，不可奉命。」僚佐重違宰臣意，岳柱曰：「民惟邦本，傷本以斂怨，亦非宰相福也。」令使者以此意復命。時燕帖木兒爲丞相，聞其言，感悟，命刑部詰治，得誣罔狀，罪誣告者若干人。宰相以奏，帝嘉之，特賜幣帛及上尊酒。

桂陽州民張思進等，嘯聚二千餘衆，州縣不能治，廣東宣慰司請發兵捕之。岳柱曰：

「有司不能撫綏邊民，乃欲僥倖興兵，以爲民害耶？不可。」宰執皆失色，憲司亦以興兵不便爲言，岳柱終持不可，遣千戶王英往問狀。英直抵賊巢，諭以禍福，賊曰：「致我爲非者，兩巡檢司耳，我等何敢有異心哉！」諭其衆，皆使復業，一方以寧。

三年，遷河南江北等處行中書省平章政事。旋以軍事至揚州，得疾，明年十二月，端坐而卒，年五十三。

岳柱天資孝友，母弟久住早卒，喪之盡哀。尤嗜經史，自天文、醫藥之書，無不究極。度量弘擴，有欺之者，恬不爲意。或問之，則曰：「彼自欺也，我何與焉。」母郜氏，亦常稱之曰：「吾子古人也。」

子四人：〔九〕長普達，同僉行宣政院事；次安僧，爲久住後，章佩監丞；次仁壽，中憲大夫、長秋寺卿。

校勘記

〔一〕九年召入爲中書平章政事十月以疾薨　按元文類卷五九姚燧徽里神道碑有「九年召入平章中書」，「纔一暑寒」，「以十月八日薨」。此十月爲大德十年十月，此處「十月」之上當有「十年」二字。蒙史已校。

〔二〕（靜）〔淨〕州　見卷一校勘記〔一四〕。下同。

〔三〕（慶慶）〔嚶嚶〕　見卷三四校勘記〔一〕。

〔四〕四年拜中書〔右〕丞相　據元名臣事略卷四引完澤勳德碑補。按本書卷五世祖紀中統四年六月癸酉條、卷一一二宰相年表均作「右丞相」。類編已校。

〔五〕〔岳柱〕　據本書原目錄補。

〔六〕統制使　按本書卷八七百官志，至元初立總制院，後改宣政院。蒙史改「統」爲「總」，疑是。

〔七〕徵（利）〔理〕司　據松雪齋集卷七阿魯渾薩理神道碑改。按元無「徵利司」，本書卷一五、一六世祖紀至元二十五年九月癸卯、二十八年二月丙子條、卷二〇五桑哥傳均作「徵理司」。類編已校。下同。

〔八〕太常〔禮儀〕院使　原空闕，從北監本補。

〔九〕子四人　考異云：「案岳柱子四人，傳僅載其三。考趙孟頫撰碑，稱阿魯渾薩理孫男三，曰普達、答里麻、安僧，則傳所遺一人，當卽答里麻也。」

明　宋濂等撰

第十一册

卷一三一至卷一四七（傳）

中華書局

中華書局

元史卷一百三十一

列傳第十八

速哥

速哥，蒙古人。父忽魯忽兒，國王木華黎麾下卒也。後更隸搭海、帖哥軍。以善馳馬、有口辯、愼重不泄，令佩銀符，常居軍中，奏白機務，往返未嘗失期。太宗以爲才，賜名動哥居。詔：「動哥居奏事，朝至朝入奏，夕至夕入奏。」嘗出金盤龍袍及宮女賜之。憲宗時，以疾卒。

速哥亦以壯勇居軍中，歲甲寅，憲宗命從都元帥帖哥火魯赤等入蜀。乙卯，萬戶劉七哥、阿剌魯阿力與宋兵戰巴州，失利，陷敵中。速哥馳入其軍，奪劉七哥等以歸。以功賜白金五十兩、馬二匹、紫羅團甲一注。又從都元帥紐璘敗宋將劉整，破雲頂山城。紐璘受詔會涪州，至馬湖江，速哥以革爲舟，夜渡江，至大獲山行在所，陳道梗失期，帝慰遣之。未

幾，復自涪州入奏事，遇宋軍於三曹山，速哥衆僅百餘，奮兵疾戰，敗之，奪其器械旗鼓以歸。己未，宋兵攻涪州浮橋，部將火尼赤戰陷，速哥破圍出之。又以白事諸王穆哥所，復敗宋軍於三曹山，還至石羊，與劉整遇，復擊敗之。

世祖卽位，賜白金、弓刀、鞍勒。中統二年，賜銀符，命隸紐璘軍。至元二年，四川行省遣速哥招收降民，得三千餘人。三年，從行院帖赤戰九頂山。四年，行省也速帶兒署爲本軍總管，從征瀘州，取瀘川。五年，立德州，以速哥爲達魯花赤，擢陝西五路四川行省左右司員外郎。從也速帶兒入朝，賞賚加厚。七年，從也速帶兒敗宋軍于馬湖江。用平章政事賽典赤薦，遷行尙書省員外郎。九年，建都蠻叛，詔諸王奧魯赤及也速帶兒討之。速哥將千人爲先鋒，破黎州水尾寨，攻連雲關，克之。軍至建都，戰於東山，斬其酋布庫，復與元帥八兒禿迎合剌軍于不魯思河，所過城邑皆下。十年，討磵樓諸蠻，〔一〕襲破連環城，還敗宋軍于七盤山，辟新軍萬戶。

十一年，賜虎符，眞授管軍萬戶，領成都高哇哥等六翼及京兆新軍，敎習水戰。也速帶兒進圍嘉定，速哥率舟師會平康城，修築懷遠等寨，守其要害。十二年，遣兵敗宋將昝萬壽於麻平。旣而行樞密副使忽敦等軍至，與也速帶兒會於紅崖，遣速哥守龍垻。城中大震，宋將陳都統、鮮于團練率舟師遁。速哥追擊，溺死者不可勝計，遂與中使沈答罕徇下流諸

城，紫雲、瀘、敍皆降。進圍重慶，速哥以所部兵鎭白水、馬湖江口。

十三年，帝遣脫朮、敎化的持詔諭其守臣使降，不聽，乃分兵爲五道，水陸並進攻之。衆軍不利，唯速哥獲戰艦三百艘，俘其衆百三十人。涪州守將遣書納降，速哥率千人往察其情僞，速哥至涪州，果降，遂入其城。重慶守臣張萬率衆來襲，速哥一日夜出兵凡與十八戰，斬首三百餘級，萬敗走，未幾，萬復以積兵三千人來攻，又戰敗之。

十四年，行院辟爲鎭守萬戶、嘉定總管府達魯花赤。時瀘州復叛，速哥從大軍討平之。重慶受圍久，其守將趙安開門出降，制置使張珏遁，速哥追破之，虜百餘人及其舟二十餘艘，以功授成都水軍萬戶，尋改重慶夔府等路宣撫、招討兩司軍民達魯花赤。十六年，除四川南道宣慰使，依前成都水軍萬戶，鎭重慶、夔、施、黔、忠、萬、雲、涪、瀘等州。

十九年，亦奚不薛蠻叛，置順元等路軍民宣慰司，以速哥爲宣慰使，經理諸蠻。二十四年，遷河東陝西等路萬戶府達魯花赤，播州宣撫賽因不花等赴闕請留之。降八番金竹〔等〕百餘（等）寨，〔二〕得戶三萬四千，悉以其地爲郡縣，置順元路、金竹府、貴州以統之。東連九溪十八峒，南至交趾，西至雲南，咸受節制。

二十九年，入朝，加都元帥，改河東陝西等處萬戶府達魯花赤。三十一年，僉書四川行樞密院事，詔開土番道，土番叛，以兵圍茂州，速哥率師敗之。元貞元年，行院罷，速哥家居數歲卒。

子壽不赤，襲河東陝西等處萬戶府達魯花赤。

囊加歹

囊加歹，乃蠻人。曾祖不蘭伯，仕其國，位羣臣之右。祖合折兒，管帳前軍，兼統國政，仕至太師。太祖平乃蠻，父麻察來歸。太宗命與察剌同總管蒙古、漢軍，由是從世祖伐宋，破阿里不哥於失門禿，從諸王哈必赤及闊闊歹平李璮，皆有功，賞賚甚厚，賜金符。後以子貴，贈太傅，追封梁國公，謚桓武。

囊加歹幼從麻察習戰陣，有謀略，佩金符，爲都元帥府經歷。從阿朮圍襄陽，襄陽降，以功授漢軍千戶。從丞相伯顏攻復州，與宋人戰，敗宋兵于風波湖。渡江後，伯顏南攻鄂州，阿朮北攻漢陽，分戰艦五十，囊加歹與張弘範等焚其蒙衝三千艘，兩城大恐，皆出降。伯顏軍次安慶。賈似道督師江上，遣宋京來請和。軍至池州，遣囊加歹偕宋京報似道。似道復遣阮思聰偕囊加歹至軍中，仍請議和。時暑雨方漲，世祖慮士卒不習水土，遣使令緩師。伯顏、阿朮與諸將議，乘勢徑前，遂進軍至丁家洲，似道師潰，大軍次建康。

帝聞囊加歹親與賈似道語，召赴闕，具陳其說，遣還諭旨於伯顏，以北邊未靖，勿輕入

敵境，而大軍已入平江矣。宋使柳岳、夏士林、呂師孟、劉岊等踵至，皆命囊加歹同往報之。師逼臨安，復遣囊加歹入取降表、玉璽，徵宋將相文武百官出迎王師。宋主乃遣賈餘慶等同囊加歹以降表、玉璽至皐亭山，伯顏遣囊加歹馳獻世祖。還傳密旨，遷宋君臣北上。賜金符，授懷遠大將軍、安撫司達魯花赤。與阿剌罕、董文炳等取台、溫、福州，尋領蒙古軍副都萬戶、江東道宣慰使，佩金虎符如故，擢江東道按察使，復爲本道宣慰使，領萬戶如故。

召爲都元帥，管領通事軍馬，東征日本，未至而還。詔以元管出役軍，與孛羅迷兒見管軍合爲一翼，充萬戶，守建康。改賜三珠虎符，拜雲南行省參知政事，討金齒、緬國，得疾，召還京師。授南京等路宣慰使，改河南道宣慰使，特旨命襲父職爲蒙古軍都萬戶。

武宗在潛邸，囊加歹嘗從北征，與海都戰于帖堅古，明日又戰，海都圍之山上，囊加歹力戰決圍而出，與大軍會。武宗還師，囊加歹殿，海都遮道不得過，囊加歹選勇敢千人直前衝之，海都披靡，國兵乃由旭哥耳溫、稱海與晉王軍合。是役也，囊加歹戰爲多，以疾而歸。

成宗崩，詔(聖元獻)〔獻元聖〕太后與仁宗在懷州，〔三〕太后召囊加歹、不憐吉歹、脫因不花、八思台等諭之曰：「今宮車晏駕，皇后欲立安西王阿難答，爾等當毋忘世祖、裕宗在天之靈，盡力奉二皇子。」囊加歹頓首曰：「臣等雖碎身，不能仰報兩朝之恩，願效死力。」既至京師，仁宗遣囊加歹與八思台詣諸王禿剌議事宜。時內外洶洶，猶豫莫敢言，囊加歹獨贊禿

剌，定計先發。歸白仁宗，意猶遲疑，固問可否，對曰：「事貴速成，後將受制於人矣。」太后與仁宗意乃決。內難既平，仁宗監國，命同知樞密院事。武宗卽位，眞拜同知樞密事，階資德大夫，賜以七寶束帶、鞍轡、衣甲、弓矢、黃金五十兩，以旌其定策之功。尋授蘄縣萬戶府達魯花赤，〔四〕仍同知樞密院事。仁宗嘗語近臣曰：「今春之事，吾與太后疑不能主，賴囊加歹一語而定。吾聞周文王有姜太公，囊加歹亦予家姜太公也。」其見稱許如此。尋以老病乞骸骨，不允。仁宗卽位，以其家河南，特授河南江北行省平章政事，佩金虎符，終其身。封浚都王。

子敎化，山東河北蒙古軍副都萬戶，執禮和台，河南江北行省平章政事。孫脫堅，山東河北軍大都督，世襲有位。

忙兀台

忙兀台，蒙古達達兒氏。祖塔思火兒赤，從太宗定中原有功，爲東平路達魯花赤，位在嚴實上。

忙兀台事世祖，爲博州路奧魯總管。至元七年，又爲監戰萬戶，佩金虎符。八年，改鄧州新軍蒙古萬戶，治水軍于萬山南岸。九月，以兵攻樊，拔古城，繼敗宋軍于安陽灘。轉戰

八十里，禽其將鄭高。十月，大軍攻樊，分軍爲五道，忙兀台當其一，率五翼軍以進，焚南岸舟，豎雲梯于北岸，登櫃子城，奪西南角入城，命部將據倉粟。功在諸將右，賞金百兩。襄陽降，同宋安撫呂文煥入覲，賜銀五十兩及翎根甲等物。

十一年，從丞相伯顏、平章阿朮南征，命與萬戶史格率麾下會鹽山嶺。遇宋兵，忙兀台突陣殺一人，諸軍繼進，與戰敗之。自郢州黃家原盪舟入湖，至沙洋堡，立砲座十有二，豎雲梯先登，焚其樓櫓，拔羊角壩，破沙洋堡，擒宋將四人。直抵新城，鏖戰自晨至晡，大敗之，宋復州守將翟貴以城降。將由漢口入江，至蔡店，聞宋兵屯漢口，乃率舟師經鬪龍口至沙步入江。遇宋兵三百餘艘分道來拒，進擊走之。次武磯堡，宋將夏貴堅守不下。十月乙卯，平章阿朮率萬戶晏徹兒、史格、賈文備同忙兀台四軍雪夜泝流西上，黎明至青山磯北岸，萬戶史格先渡，宋將程鵬飛拒敵，格被三創，喪卒二百人，諸將繼進，大戰中流，鵬飛被七創，敗走。舟泊中洲，宋兵阻水不得近，伯顏復遣萬戶張榮實等率舟來援。夏貴率麾下數千將奔，大軍乘之，大敗，走黃州，遂拔武磯堡，斬守將王達。阿朮既渡南岸，翼日丞相伯顏視師，則大江南北皆北軍旗幟，宋制置使朱禩孫遁還江陵。語在阿朮傳。己未，伯顏次鄂州，遣忙兀台諭宋守臣張晏然以城降，程鵬飛以本軍降，知漢陽軍王儀、知德安府來興國繼降，乃留軍鎮鄂、漢，率諸將水陸東下。

十二年正月，忙兀台諭蘄、黃、安慶、池州諸郡，皆下之。次丁家洲，宋賈似道、孫虎臣來拒，忙兀台擊之，奪虎臣所乘巨舟，與宋降將范文虎以兵五百，諭降和州及無爲、鎮巢二軍。九月，攻常州，拔其木城。宋降將趙潛叛於溧陽，伯顏命忙兀台擊之，戰於豐登莊，斬首五百餘級，擒其將三人，復招降湖州守將二人。十二月，行省第其功，承制授行兩浙大都督府事。

十四年，改閩廣大都督，行都元帥府事。時宋二王逃遁入海，忙兀台奉旨率諸軍，與江西右丞塔出會兵收之，次漳州，諭降宋守將何清。十五年，師還福州，拜參知政事，詔與唆都等行省于福，鎮撫瀕海八郡。十月，召赴闕，陞左丞。

十六年七月，沙縣盜起，詔忙兀台復行省事，討平之。初，忙兀台北還，左丞唆都行省福建。一日，帝命召唆都，李庭言：「若召唆都，則行省無人，宜令建康阿剌罕往。」帝曰：「何必阿剌罕，其命忙兀台卽往，候唆都還，則令移潭州可也。」未幾，中書言：「唆都在福建，麾下擾民，致南劍等路往往殺長吏叛。及忙兀台至，招來七十二寨，建寧、漳、汀稍獲安集，若移之他處，而唆都復往，恐重勞民。」有旨，忙兀台仍鎮閩。十八年，轉右丞。時宣慰使王剛中以土人饒賁，頗擅作威福，忙兀台慮其有變，奏移之他道。

二十一年，拜江淮行省平章政事。初，宋降將五虎陳義嘗助張弘範擒(史)〔文〕天祥，〔五〕

助完者都討陳大舉，又資阿塔海征日本戰艦三千艘。福建省臣言其有反側意，請除之。帝使忙兀台察之。至是忙兀台携義入朝，保其無事，且乞寵以官爵，丞相伯顏亦以爲言，乃授義同知廣東道宣慰司事，授明珠虎符，其從林雄等十人並上百戶。

二十二年，脫忽思、樂實傳旨中書省，令悉代江浙省臣。中書復奏，帝曰：「朕安得此言，傳者妄也，如忙兀台之通曉政事，亦可代耶？」俄以言者召赴闕，封其家貲，遣使按驗無狀。未幾，拜銀青榮祿大夫、行省左丞相，還鎭江浙。時浙西大饑，乃弛河泊禁，發府庫官貨，低其直，貿粟以賑之。浙東盜起，蠲田租，以紓民力。

二十三年，奏：「以販鬻私鹽者皆海島民，今征日本，可募爲水工。」從之，賜鈔五千貫。役旣罷，請以戰艦付海漕。又言：「省治在杭州，其兩淮、江東財賦軍實，旣南輸至杭，復自杭北輸京城，往返勞頓不便，請移省治于揚州。」復言：「淮東近地，宜置屯田，歲入糧以給軍，所餘餉京師。」帝悉從其言。

二十五年，詔江淮管內，並聽忙兀台節制。二十六年，朝廷以中原民轉徙江南，令有司遣還，忙兀台言其不可，遂止。閩、越盜起，詔與不魯迷失海牙等合兵討之，御史大夫玉速帖木兒奏宜選將，帝曰：「忙兀台已往，無慮也。」未幾，悉平之。屢以病，上疏乞骸骨，乃召還。

二十七年，以江西平章奥魯赤不稱職，特命爲丞相，兼樞密院事，出鎭江西。謹約束，鋤强暴，尊卑殊服，軍民安業，威德並著，在官四十日卒。忙兀台之在江浙專復自用，又易置戍兵，平章不憐吉台言其變更伯顏、阿朮成法，帝每戒敕之。旣死，臺臣劾郎中張斯立罪狀，而忙兀台迫死劉宣及其屯田無成事，始聞于帝云。

子三人：帖木兒不花，孛蘭奚，襲萬戶；亦剌出，中書參知政事。

奥魯赤

奥魯赤，札剌台人。曾祖豁火察，驍果善騎射，太祖出征，每提精兵爲前驅。祖朔魯罕，有膽力，嘗被讒不許入見，一日俟駕出，趨前曰：「臣無罪。若果有罪，速殺臣，臣將從先帝於地下，不然赦臣，願得自效。」帝笑而復用之。辛未，與金人戰于野（孤）〔狐〕嶺，〔六〕中流矢，戰愈力，克之。旣還，拔矢，血出昏眩，帝親撫視，傅以藥，竟不起。帝悲悼曰：「朔魯罕，朕之一臂，今亡矣！」賜其家馬四百匹，錦綺萬段。父忒木台，從太宗征杭里部，俘部長以獻。復從征西夏有功，特命行省事，領兀魯、忙兀、亦怯烈、弘吉剌、札剌兒五部軍。平河南，以功賜戶二千。嘗駐兵太原、平陽、河南，士人德之，皆爲立祠。

奥魯赤，性樸魯，智勇過人，早事憲宗，帶御器械，特見親任。戊午，扈駕征蜀，攻釣魚山。至元五年，攻襄陽，授金符、蒙古軍萬戶。明年，賜虎符，襲父職，領蒙古軍四萬戶。十一年春，詔丞相伯顏大舉伐宋，以所部從，渡江圍鄂。宋兵固守，奥魯赤白丞相，可遣使諭降，乃遣許千戶同所獲宋將持金符抵其城東南門，懸金符以招之。其夜，守門將崔立啓門出，遂引立見丞相，復遣入城，諭守臣張晏然，明日晏然以城降。遷奥魯赤昭毅大將軍，諸郡望風而靡。分兵出獨松關，宋兵堅守，奥魯赤令將校盆樹旗幟於山上，率精騎突之，守兵驚潰，棄關走，追逐百餘里，斬馘不可勝計。

十三年，宋主降，分討未下州郡，詔加鎭國上將軍、行中書省參知政事。未幾，以參知政事行湖北道宣慰使，兼領蒙古軍。時州郡初附，戍以重兵，民驚懼往往逃匿山澤間。奥魯赤止侵暴，恤單弱，號令嚴明，民悉復業。會詔所在括逃俘，有司拘男女千餘人，時軍士已還部，所括者無所歸，衆議悉以隸官。奥魯赤曰：「斯民不幸被兵，幸而骨肉完聚，復籍之，是重被兵也，不若籍之爲民。」衆從之。俄徵詣闕，賜賚優渥，及還，帝曰：「武昌襟帶江、湖，實要害地。朕嘗用師于彼，故遣卿往治，爲朕耳目。」陞驃騎衞上將軍、中書左丞，行宣慰使。

十八年，詔移行省于鄂，宣慰司于潭。時湖南劇賊周龍、張虎聚黨行劫，隨宜招捕，梟

二賊首，餘悉縱遣。復召入見，拜行省右丞，改荆湖等處行樞密院副使。

二十三年春，拜湖廣等處行中書省平章政事。夏四月，赴召上都，命佐鎭南王征交趾，帝慰諭之曰：「昔木華黎等戮力王室，榮名迄今不朽，卿能勉之，豈不並美于前人乎！」仍命其子脫桓不花襲萬戶。至交趾，啓王分軍爲三，因險制變，蠻不能支，竄匿海島，餘寇扼師歸路，奥魯赤轉戰以出。改江西行省平章政事。二十六年，以疾求退，不允。俄授同知湖廣等處行樞密院事。

成宗卽位，進光祿大夫、上柱國、江西等處行中書省平章政事。大德元年春三月卒，年六十六。贈金紫光祿大夫、大司徒、上柱國，追封鄭國公，謚忠宣。

子拜住，明威將軍、蒙古侍衞親軍副都指揮使；脫桓不花，驃騎衞上將軍、行中書省左丞、蒙古軍都萬戶。

完者都

完者都，欽察人。父哈剌火者，從憲宗征討有功。完者都廣顙豐頷，髯長過腹，爲人驍勇，而樂善好施，聽讀史書，聞忠良則喜，遇姦諛則怒。歲丙辰，以材武從軍。己未，從攻鄂州，先登，賞銀五十兩。

中統三年，從諸王合必赤討李璮于濟南，凡兩戰皆有功。至元元年，合必赤因樞密臣以其武勇聞，帝特賞賜之。四年十月，從萬戶木花里略地荆南，還至襄陽西安陽灘，遇宋軍，敗之。既而從丞相阿朮圍襄樊，水陸大戰者四，皆有功。嘗梯樊城，焚樓櫓，勇敢出諸軍右，幕府上其功。

十一年，授武略將軍，爲彰德南京新軍千戶。九月，從丞相伯顏南征。十一月，攻沙洋、新城。始授金符，領丞相帳前合必赤軍。十二月，統舟師由沙蕪口渡江。十二年春，與宋將孫虎臣戰于丁家洲，大捷，進武義將軍。攻泰州，戰揚子橋，戰焦山，破常州。十三年春，入臨安，下揚州，皆有功。江南平，入見，帝顧謂侍臣曰：「眞壯士也。」因賜名拔都兒，授信武將軍、管軍總管、高郵軍達魯花赤，佩虎符。既而軍升爲路，遂進懷遠大將軍、高郵路總管府達魯花赤。

十六年，授昭勇大將軍，還管軍萬戶。漳州陳吊眼聚黨數萬，刧掠汀、漳諸路，七年未平。十七年八月，樞密副使孛羅請命完者都往討，從之，加鎭國上將軍、福建等處征蠻都元帥，率兵五千以往。賜翎根甲，面慰遣之，且曰：「賊苟就擒，聽汝施行。」時黃華聚黨三萬人，擾建寧，號頭陀軍。完者都先引兵鼓行壓其境，軍聲大震，賊驚懼納款。完者都許以爲副元帥，凡征蠻之事，一以問之。且慮其姦詐莫測，因大獵以耀武，適有一鵰翔空，完者都

仰射之，應弦而落，遂大獵，所獲山積，華大悅服。乃聞于朝，請與之俱討賊，朝廷從之，制授華征蠻副元帥，與完者都同署。華遂爲前驅，至賊所，破其五寨。十九年三月，追陳吊眼至千壁嶺，擒之，斬首漳州市，餘黨悉平。軍還至揚州，奉旨，賞賜有差。至高郵，病。七月，入覲，帝嘉之，賜鈔及銀、金綺、鞍勒、弓矢，復授管軍萬戶、高郵路總管府達魯花赤。有虎爲害，完者都挾弓矢出郊，射殺之。

二十二年八月，〔七〕以疾召入朝，帝屢遣中使存問，仍命良醫視之。疾平，帝大喜，賜醫者鈔萬貫，拜完者都驃騎上將軍、江浙行省左丞，兼管軍萬戶。初，浙西私鹽，吏莫能禁，完者都躬詣松江上海，收鹽徒五千，隸軍籍。九月，授中書左丞，行浙西道宣慰使。二十五年，遙授尚書省左丞。二十六年，〔八〕陞資德大夫、江西等處行樞密院副使，兼廣東宣慰使。疾復作，召還。

成宗卽位，入見，賜玉帶，授榮祿大夫、江浙行省平章政事。大德二年十一月卒，〔九〕年五十九。贈效忠宣力定遠功臣、開府儀同三司、太尉、上柱國，追封林國公，諡武宣。子十四人，皆仕，而帖木禿古思、別里怯都尤顯。孫二十四人，〔一〇〕仕者亦多云。

伯帖木兒

伯帖木兒，欽察人也。至元中，充哈剌赤，入備宿衞，以忠謹，授武節將軍，僉左衞親軍都指揮使司事。二十四年，征叛王乃顏，隸御史大夫玉速帖木兒麾下，敗乃顏兵於忽爾阿剌河，追至海剌兒河，又敗之。乃顏黨金家奴、別不古率衆走山前，從大夫追戰于札剌馬禿河，殺其將二人，追至夢哥山，并擒金家奴。

二十五年，超授顯武將軍。冬，哈丹王叛，從諸王乃麻歹討之，至斡麻站、兀剌河等處，連敗其黨阿禿八剌哈赤軍，轉戰至帖麥哈必兒哈，又敗之。進至明安倫城，哈丹迎戰，敗走，追至忽蘭葉兒，又與阿禿一日三戰，手殺五人，擒裨將一人。至帖里揭，突擊哈丹，挺身陷陣，身中三十餘箭而還，大夫親視其創，而罪潰軍之不救者。車駕親征，駐蹕兀魯灰河，伯帖木兒以兵從大夫至貴列兒河，哈丹拒王師，伯帖木兒首戰却之，獲其黨駙馬阿剌渾，帝悅，以所獲賊將兀忽兒妻賜之。至霸郎兒，與忽都禿兒干戰，殺其裨將五人，生擒曲兒先。九月，大夫令率師往納兀河東等處，招集逆黨乞答眞一千戶、達達百姓及女直押兒撒等五百餘戶。

二十六年春正月，師還，復遣戍也眞大王之境。五月，海都謀擾邊，有旨令伯帖木兒以其軍先來，行至怯呂連河，值拜要叛，伯帖木兒卽移兵致討，擒其黨伯顏以獻，帝深加獎諭，賜以所得伯顏女荼倫。是年冬，立東路蒙古軍上萬戶府，統欽察、乃蠻、捏古思、那亦勤等

四千餘戶。陞懷遠大將軍、上萬戶，佩三珠虎符。

二十七年，哈丹復入高麗，伯帖木兒奉命偕徹里帖木兒進討。二十八年正月，至鴨綠江，與哈丹子老的戰，失利，伯帖木兒以聞，帝命乃麻歹、薛徹干等征之，仍命伯帖木兒爲先鋒。薛徹干軍先至禪定州，擊敗哈丹，踰數日，乃麻歹以兵至，合攻哈丹，又敗之。伯帖木兒將百騎追至一大河，虜其妻孥，追奔逐北，哈丹尙有八騎，伯帖木兒止餘三騎，再戰，兩騎士皆重傷不能進，伯帖木兒單騎追之，至一大山，日暮，遂失哈丹所在。乃麻歹嘉其勇，賞以老的妻完者，上其功于朝，賜金帶、衣服、鞍馬、弓矢、銀器等物，并厚賚其軍。

二十九年，聞叛王揑怯烈尙在濠來倉，伯帖木兒率兵擊，虜其妻子畜產，追至陳河，捏怯烈以二十餘騎脫身走，遂定其地。得所管女直戶五百餘以聞，帝命以充漁戶。伯帖木兒度地置馬站七所，令歲捕魚，馳驛以進。成宗卽位，俾仍其官，車駕幸上京，徵其兵千人從，歲以爲常云。

懷都

懷都，斡魯納台氏。祖父阿朮魯，〔一一〕與太祖同飲黑河水，屢從征討，賜銀印，總大軍伐遼東女直諸部。復帥師討西夏，大戰于合剌合察兒，擒夏主，太祖命盡賜以夏主遺物。繼

總軍南伐，攻拔信安、下宿、泗等州，諸王塔察兒以阿术魯年老，俾其子不花襲職。中統二年，不花卒，子幼，兄子懷都繼領其職。

中統三年春，李璮叛，詔懷都從親王哈必赤討之，圍璮濟南。夏四月，璮夜出兵，四面衝突求出，懷都直前奮擊，斬百餘級，俘二百餘人，奪兵仗數百，璮退走入城，懷都晝夜勒兵與戰。秋七月，破濟南，誅璮。哈必赤第其功，居最，詔賜金虎符，領蒙古、漢軍，攻海州，略淮南廬州。

至元三年，充邳州監戰萬戶。四年，領山東路統軍司，從主帥南征。至襄陽，西渡漢江，宋遣水軍絕歸路，懷都選士卒浮水殺宋軍，奪戰艦二十餘艘，斬首千餘級。六年，軍次淮南天長，至五河口，與宋兵戰，敗之。七年，詔守鹿門山、白河口、一字城。九年春，懷都請攻樊之古城堡，堡高七層，懷都夜勒士卒，親冒矢石，攻奪之，斬宋將韓撥發，擒蔡路鈐。襄陽既降，帥師屯蔡，息，出巡淮安，還城正陽，略地安豐，獲生口無算。

十一年夏，宋將夏貴來攻正陽，懷都領步卒薄淮西岸，至橫河口，逆戰退之。九月，略地安慶。十二年，北渡，至柵江堡，值宋軍三千餘，懷都與戰，敗之。復南渡江，駐兵鎮江，諜報宋平江軍出常州，懷都領兵千人，至無錫，與宋兵遇，大戰，殲其衆。秋七月，行省檄懷都領軍護焦山江岸，仍往揚州灣頭立木城，以兵守之。九月，權樞密院事，復守鎮江。宋殿

帥張彥、安撫劉師勇攻呂城，懷都與萬戶忽剌出、帖木兒追戰至常州，奪舟百餘艘，擒張殿帥、范總管。冬十月，從右丞阿塔海攻常州，宋朱都統自蘇州赴援，懷都提兵至橫林店，與之遇，奮擊大破之。十一月，取蘇州，徇秀州，仍撫治臨安迤東新附軍民。

十三年秋，同元帥撒里蠻、帖木兒、張弘範徇溫州、福建，所至州郡迎降。十四年，授鎮國上將軍、浙東宣慰使，討台、慶叛者，戰于黃奢嶺，又戰于溫州白塔屯寨，轉戰至于漳、泉、興化，平之。十六年，召至闕下，賜玉帶、弓矢，授行省參知政事，至處州，以疾卒。

子八忽台兒，官至通奉大夫、浙東道宣慰使都元帥，平浙東、建寧盜賊，數有功。不花子忽都答兒既長，分襲蒙古軍千戶，從平宋有功，授浙西招討使，改邳州萬戶，後加榮祿大夫、平章政事，卒。

亦黑迷失

亦黑迷失，畏吾兒人也。至元二年，入備宿衛。九年，奉世祖命使海外八羅孛國。十一年，偕其國人以珍寶奉表來朝，帝嘉之，賜金虎符。十二年，再使其國，與其國師以名藥來獻，賞賜甚厚。十四年，授兵部侍郎。

十八年，拜荊湖占城等處行中書參知政事，招諭占城。二十一年，召還。復命使海外僧迦剌國，觀佛鉢舍利，賜以玉帶、衣服、鞍轡。二十一年，自海上還，以參知政事管領鎮南王府事，復賜玉帶。與平章阿里海牙、右丞唆都征占城，戰失利，唆都死焉。亦黑迷失言於鎮南王，請屯兵大浪湖，觀釁而後動。王以聞，詔從之，竟全軍而歸。

二十四年，使馬八兒國，取佛鉢舍利，浮海阻風，行一年乃至。得其良醫善藥，遂與其國人來貢方物，又以私錢購紫檀木殿材并獻之。嘗侍帝於浴室，問曰：「汝踰海者凡幾？」對曰：「臣四踰海矣。」帝憫其勞，又賜玉帶，改資德大夫，遙授江淮行尚書省左丞，行泉府太卿。

二十九年，召入朝，盡獻其所有珍異之物。時方議征爪哇，立福建行省，亦黑迷失與史弼、高興並爲平章。詔軍事付弼，海道事付亦黑迷失，仍諭之曰：「汝等至爪哇，當遣使來報。汝等留彼，其餘小國即當自服，可遣招徠之。彼若納款，皆汝等之力也。」軍次占城，先遣郝成、劉淵諭降南巫里、速木都剌、不魯不都、八剌剌諸小國。

三十年，攻葛郎國，降其主合只葛當。又遣鄭珪招諭木（由來）〔來由〕諸小國，〔三〕皆遣其子弟來降。爪哇主婿土罕必闍耶既降，歸國復叛，事並見弼傳。諸將議班師，亦黑迷失欲如帝旨，先遣使入奏，弼與興不從，遂引兵還，以所俘及諸小國降人入見，帝罪其與弼縱土罕必闍耶，沒家貲三之一。尋復還之。以榮祿大夫、平章政事爲集賢院使，兼會同館事，告老家居。仁宗念其屢使絕域，詔封吳國公，卒。

拜降

拜降，北庭人。父忽都，武勇過人，由宿衞爲南宿州鎮將，分守蘄縣。後從世祖南征，年幾七十，每率先士卒，冒矢石，身被數十瘡，戰功居多。徙居大名路清豐縣，卒。贈廣平路總管，封漁陽郡侯。

忽都卒時，拜降生甫數月，母徐氏鞠育敎誨甚至，每曰：「吾惟一子，已童丱矣，不可使不知學。」顧縣僻左，無良師友，遂遣從師大名城中。郡守每旦望入學，見拜降容止講解，大異羣兒，甚愛奬之。比弱冠，美髭髯，儀表甚偉。

丞相阿朮南攻襄陽、江陵諸郡，以偏裨隸麾下。軍行至安陽灘，與宋軍遇。宋騎直前突陣，陣爲却。拜降即躍馬出陣前，引弓連斃數人，宋騎稍却，復率衆戰良久，宋師大潰。至元五年，圍襄樊，戰有功。十一年，從阿朮渡江，水陸遇敵，嘗先登陷陣，勇冠一軍。宋平，以功授江浙省理問官。時事方草創，省臣有所建白，及事有不可便宜自決須奏聞者，以拜降善敷奏，數令馳驛往咨于朝。及引見，世祖遙識之，喜曰：「黑髯使臣復來耶！」其見器使如此。

二十七年，遷江西行尚書省都鎮撫。適徭、獠擾邊，拜降從丞相忙兀臺討定之。二十九年，遷慶元路治中。歲大饑，狀累上行省，不報。拜降曰：「民饑如是而不賑之，豈爲民父母意耶！」即躬詣行省力請，得發粟四萬石，民賴全活。

元貞間，兩浙鹽運司同知范某陰賊爲姦，州縣吏以賂咸聽驅役，由是數侵暴細民。民有珍貨腴田，必奪爲己有。不與，則朋結無賴，妄訟以羅織之，無不蕩破家業者。兇燄鑠人，人咸側目，里人欲殺之，不果，顧被誣訴逮繫者，亡慮數十人，俱死獄中。蘭溪州民葉一、王十四有美田宅，范欲奪之，不可，因誣以事，繫獄十年不決。事聞于省，省下理問所推鞫之，適拜降至官，寃遂得直。置范于刑，而七人者先瘐死矣，惟葉一、王十四得釋，時論多焉。

大德元年，遷浙東廉訪副使，令行禁止，豪强懾伏。同寅有貪穢者，拜降抗章覈之于臺，遂免其官。後轉工部侍郎，賜侍燕服一襲，陞工部尚書，有能聲。

至大二年，仁宗奉皇太后避暑五臺，拜降供給道路，無有闕遺，恩賚尤渥。比至都，改資國院使。母徐氏卒，遂奔喪于杭。時酒禁方嚴，帝特命以酒十甖，官給傳致墓所，以備奠禮。初，徐氏盛年守節，敎子甚嚴，比拜降貴，事上于朝，特旌其門。及老，見拜降歷官有聲譽，喜曰：「有子如是，吾死可瞑目矣。」拜降居喪盡禮，未及起復，延祐二年，卒于家。贈資

政大夫、江浙左丞，諡貞惠。

校勘記

〔一〕碉樓　蒙史改「碉樓」爲「碉門」。按碉門東有七盤山，下文有「敗宋軍于七盤山」，疑蒙史是。

〔二〕降八番金竹〔等〕百餘(等)寨　據文義改正。按本書卷一四世祖紀至元二十四年十二月癸亥條有「金竹寨主搔驢等以所部百二十五寨內附」。

〔三〕昭(聖元獻)〔獻元聖〕太后　據本書卷一〇六后妃表、卷一一六后妃傳改正。

〔四〕蘄縣　原作「开縣」。按「开」係「蘄」字俗寫，今改用正體字。下拜降傳所見「蘄縣」同。

〔五〕(史)〔文〕天祥　據本書卷一〇世祖紀至元十六年二月庚寅條改。類編已校。

〔六〕野(孤)〔狐〕嶺　道光本與至正集卷四七札剌爾氏三世功臣碑銘合，從改。

〔七〕二十二年　按本書卷一三三完者(都)拔都傳與雪樓集卷六完者都神道碑皆作「二十三年」，疑「二十二」誤。

〔八〕二十六年　按本書卷一三三完者(都)拔都傳及雪樓集卷六完者都神道碑皆作「二十七年」。蒙史從改，疑是。

〔九〕大德二年十一月卒　按雪樓集卷六完者都神道碑云「大德元年閏十二月八日以官薨」。疑此處年月有脫誤。

〔一〇〕孫二十四人　按雪樓集卷六完者都神道碑作「孫男二十三人」，「曾孫男一人」。「孫二十四人」疑有誤。

〔一一〕祖父阿朮魯　本證云：「案阿朮魯自有傳，此贅。」阿朮魯傳見卷一二三。

〔一二〕木(由來)〔來由〕　據本書卷一一世祖紀至元十七年十二月戊寅、十八年六月壬辰條所見「木剌由」語音改正。按木來由，南洋島國名。

元史卷一百三十二

列傳第十九

杭忽思

杭忽思，阿速氏，主阿速國。太宗兵至其境，杭忽思率衆來降，賜名拔都兒，錫以金符，命領其土民。尋奉旨選阿速軍千人，及其長子阿塔赤扈駕親征。[一]既還，阿塔赤入直宿衛。杭忽思還國，道遇敵人，戰歿，敕其妻外麻思領兵守其國。外麻思躬擐甲冑，平叛亂，後以次子按法普代之。

阿塔赤從憲宗征西川軍于釣魚山，與宋兵戰有功，帝親飲以酒，賞以白金。阿里不哥叛，從也里可征之，至寧夏，與阿藍答兒、渾都海戰，率先赴敵，矢中其腹，不懼，世祖聞而嘉之，賞以白金，召入宿衛。中統二年，扈駕親征阿里不哥，追至失木里禿之地，以功復賞白金。三年，從征李璮，平之。至元五年，奉旨同不答台領兵南征，攻破金剛臺。六年，從攻

安慶府，戰有功。七年，從下五河口。十一年，從下沿江諸郡，戍鎮巢，民不堪命，宋降將洪福以計乘醉而殺之。世祖憫其死，賜其家白金五百兩、鈔三千五百貫，併鎮巢降民一千五百三十九戶，且命其子伯答兒襲千戶，佩金符。

時失烈吉叛，詔伯答兒領阿速軍一千往征之，與甕吉剌只兒瓦台軍戰于押里，復與藥木忽兒軍戰于禿剌及斡魯歡之地。十五年春，至伯牙之地，與赤憐軍合戰。五月，駐兵阿剌牙，與外剌台、寬赤哥思等軍合戰。其大將塔思不花樹木爲柵，積石爲城，以拒大軍。伯答兒督勇士先登，拔之，伯答兒矢中右股，別(里吉)〔吉里〕迷失以其功聞，[二]賞白金。二十年，授虎符、定遠大將軍、後衛親軍都指揮使，兼領阿速軍，充阿速拔都達魯花赤。

二十二年，征別失八里，軍于亦里渾察罕兒之地，與禿呵、不早麻軍戰，有功。二十六年，征杭海，敵勢甚盛，大軍乏食，其母乃咬眞輸己帑及畜牧等給軍食，世祖聞而嘉之，賜予甚厚。大德四年，伯答兒卒。

長子斡羅思，由宿衛仕至隆鎮衛都指揮使；次子福定，襲職，官懷遠大將軍，尋改右阿速衞達魯花赤，兼管後衞軍。至大四年，兄都丹充右阿速衞都指揮使；福定復職後衞，陞樞密同僉，命領軍一千守遷民鎮，尋授定遠大將軍、僉樞密院事、後衞親軍都指揮使，提調右衞阿速達魯花赤。二年，[三]進資善大夫、同知樞密院事。後至元間，進知樞密院事。

步魯合答

步魯合答，蒙古弘吉剌氏。祖按主奴，[四]太宗時率蒙古軍千人從諸王察合台征河西，至山丹。攻下定、會、階、文諸州，以功爲元帥，佩金符，駐軍漢陽禮店，戍守西和、階、文南界，及西蕃邊境。換金虎符，眞除元帥。父車里，襲職。從都元帥紐璘攻成都，宋將劉整以重兵守雲頂山，車里擊敗之，進圍其城，整遣裨校出戰，敗走，追至簡州斬之，殺三百餘人，遂拔其城。攻重慶，車里將兵千人爲先鋒，渡馬湖江，敗宋兵于馬老山，俘獲百餘人。戊午，諸軍還屯灰山，宋兵夜來劫營，車里擊敗之，斬首三百級。世祖卽位，賜金符，爲奧魯元帥，又改征行元帥。

至元二年，車里以老疾，不任事，諸王阿只吉命步魯合答代領其軍。至元八年，制授管軍千戶，佩金符。宋將昝萬壽攻成都，僉省嚴忠範遣步魯合答將兵七百人禦之于沙坎，流矢中右頰，拔矢，戰愈力，大敗其軍。十一年，行院汪田哥以兵圍嘉定，步魯合答卽率其衆攻九頂山，破之，嘉定降。進攻重慶，宋軍突圍出走銅鑼峽，行院忽敦遣步魯合答追之，至廣羊壩，斬首二百級。瀘州叛，還軍討之，步魯合答以所部兵攻寶子寨，歲餘不下，乃造雲梯先登，急擊，遂破之，殺虜殆盡。十六年，取重慶，以功遷武略將軍、征行元帥。

二十一年，命統蒙古探馬赤軍千人從征金齒蠻，平之。都元帥蒙古歹征羅必甸，步魯合答率游兵先行，江水暴溢，率衆泅水而渡，去城三百步而營。居七日，諸軍會城下，乃進攻之，步魯合答先登，拔其城，遂屠之。又從征八百媳婦國，至車厘，車厘者，其酋長所居也。諸王闊闊命步魯合答將游騎三百往招之降，不聽，進兵攻之，都鎮撫侯正死焉。步魯合答毀其北門木，遂入其寨，其地悉平。賜金虎符，授懷遠大將軍、雲南萬戶府達魯花赤，卒。子忙古不花，襲管軍千戶。

初，按主奴三子：長車里，次黑子，次帖木兒。[五]黑子別賜金符，爲奧魯元帥，兼文州吐蕃達魯花赤，卒。其子那懷幼，以帖木兒攝其官。那懷長，解職授之，遂改授帖木兒隨路拔都萬戶，後移鎮重慶，卒。

玉哇失

玉哇失，阿速人。父也烈拔都兒，從其國主來歸，太宗命充宿衞。歲戊午，從憲宗征蜀，爲游兵，前行至重慶，戰數有功。嘗出獵遇虎於隘，下馬搏虎，虎張吻欲噬之，以手探虎口，抶其舌，拔所佩刀刺而殺之。帝壯其勇，賞黃金五十兩，別立阿速一軍，使領其衆。從世祖征阿里不哥，又從親王哈必失征李璮，俱有功，賜金符，授本軍千戶。從下襄陽，又從

下沿江諸城，宋洪安撫既降復叛，誘其入城宴，乘醉殺之。長子也速歹兒代領其軍，從攻揚州，中流矢卒。

玉哇失襲父職，爲阿速軍千戶。從丞相伯顏平宋，賜巢縣二千五十二戶。只兒瓦歹叛，率所部兵擊之，至懷魯哈都，擒其將失剌察兒，斬于軍，其衆悉平。諸王和林及失剌等叛，從皇子北安王討之，[六]至斡耳罕河，無舟，躍馬涉流而渡，俘獲甚衆。時北安王方戰失利，陷敵陣中，玉哇失從諸王藥木忽兒追至金山，王乃得脫歸。賞白金五十兩、鈔二千五百貫，改賜金虎符，進定遠大將軍、前衞親軍都指揮使。

諸王乃顏叛，世祖親征，玉哇失爲前鋒。乃顏遣哈丹領兵萬人來拒，擊敗之。追至不里古都伯塔哈之地，乃顏兵號十萬，玉哇失陷陣力戰，又敗之，追至失列門林，遂擒乃顏。帝嘉其功，賜金帶、只孫、錢幣甚厚。乃顏餘黨塔不歹、金家奴聚兵滅捏該，從大軍討平之。既而哈丹復叛於曲連江，追擊其軍，渡河而遁。又與海都將八憐、帖里哥歹、必里察等戰於亦必兒失必兒之地，戰屢捷。

成宗時在潛邸，帝以海都連年犯邊，命出鎮金山，玉哇失率所部在行。從皇子闊闊出、丞相朶兒朶懷擊海都軍，突陣而入，大破之。復從諸王藥木忽兒、丞相朶兒朶懷擊海都將八憐，八憐敗。海都復以禿苦馬領精兵三萬人直趨撒剌思河，欲據險以襲我師。玉哇失率

善射者三百人守其隘，注矢以射，竟全軍而歸。帝嘉之，賜鈔萬五千緡、金織段三十四。海都、朶哇以兵來襲，擊走之。

武宗鎮北邊，海都復入寇，至兀兒禿，玉哇失敗之，獲其駝馬器仗以獻。時扎魯花赤孛羅帖木兒所將兵爲海都困於小谷，帝命玉哇失援出之。帝喜，謂諸將曰：「今日丈夫之事，舍玉哇失其誰能之，縱以黃金包其身，猶未足以厭朕志。」武宗南還，命玉哇失後從，敵懼莫敢近，因留之戍邊。賜以金察剌二，玉束帶、渾金段各一，仍賜秫米七十石，使爲酒以犒其軍。後海都子察八兒等遣人詣闕請和，朝廷許之，遂撤邊備，玉哇失乃還。帝錄其功，賜鈔五萬貫，進鎮國上將軍，仍舊職。

大德十年五月，晝寢于衞舍，不疾而卒。子亦乞里歹襲。亦乞里歹卒，子拜住襲。

麥里

麥里，徹兀臺氏。祖雪里堅那顏，從太祖與王罕戰，同飲班朮河水，以功授千戶，領徹里臺部，征討諸國，卒于河西。父麥吉襲職，從太宗定中原，以疾卒。麥里襲職，從定宗略定欽察、阿速、斡魯思諸國。從憲宗伐宋，有功。

世祖卽位，諸王霍忽叛，掠河西諸城。麥里以爲帝初卽位，而王爲首亂，此不可長，與其弟桑忽答兒率所部擊之，一月八戰，奪其所掠扎剌亦兒、脫脫憐諸部民以還。已而桑忽答兒爲霍忽所殺，帝聞而憐之，遣使者以銀鈔羊馬迎致麥里，賜號曰答剌罕，尋卒。子禿忽魯。

探馬赤

探馬赤，禿立不帶人。從諸王沒赤征蜀，後以兵從塔海紺卜、火魯赤、紐璘諸大帥。歲戊午，紐璘攻涪州，還至馬湖江，宋兵連艦絕江不得進，探馬赤率精兵二千擊之，奪其舟以濟。又於橫江、嘉定、宣化三縣造浮橋，以達成都，紐璘以爲能，命將千人，從萬戶昔力答略地硐門、黎、雅、土蕃。昔力答死，行院帖赤以探馬赤爲萬戶，領其軍。中統四年，授蒙古漢軍萬戶。

至元九年，從行省也速帶兒征建都，獨以銳卒千五百人，與建都兵戰于梅子嶺，大敗之，夜馳與速哥會，直擣其營，斬首數十級，生擒百餘人，獲其輜重以歸。復益兵三千人，與左丞曲立吉思乘勝進擊，建都勢蹙，請降。又從行院汪田哥、忽敦等，攻嘉定、重慶、瀘、敍諸州，以功兼崇慶府達魯花赤。十九年卒。子拜延，襲蒙古軍萬戶，戍甘州。

拔都兒

拔都兒，阿速氏，世居上都宜興。憲宗在潛邸，與兄兀作兒不罕及馬塔兒沙帥衆來歸。馬塔兒沙從憲宗征麥各思城，爲前鋒將，身中二矢，奮戰拔其城。又從征蜀，至釣魚山，歿于軍。

拔都兒從征李璮，圍濟南，身二十餘戰，世祖嘉其能，賞納失思段九，命領阿速軍一千，常居左右。尋於阿塔赤內充怯薛百戶。後從塔不台南征，與敵軍戰于金剛臺，又以功受賞。師還，言於帝曰：「臣願從軍，爲國效死。」世祖留之，仍命充孛可孫，兼領阿速軍，御馬必令鞚引。

至元二十三年，授廣威將軍、後衞親軍副都指揮使，賜虎符。明年夏，從征乃顏于亦迷河，擒僉家奴、塔不台以歸，賞鈔及衣段，加定遠大將軍。大德元年卒。

子別吉連襲。至大四年，河東、陝西、鞏昌、延安、燕南、河北、遼陽、河南、山東諸翼衞探馬赤爭草地訟者二百餘起，命往究之，悉正其罪，積官懷遠大將軍。致和元年，從丞相燕鐵木兒擒倒剌沙黨烏伯都剌等，領諸衞軍守居庸關及諸要害地。天曆元年十月，王禪兵掩至羊頭山，攻破隘口，勢甚張，別吉連從丞相擁衆奮擊之，突入其軍，王禪敗走，文宗賜御

衣二襲、三珠虎符，及弓矢、甲冑、金帛等物，以旌其功。尋以疾辭，子也連的襲。

昂吉兒

昂吉兒，張掖人，姓野蒲氏，世爲西夏將家。歲辛巳，父甘卜率所部歸太祖，〔七〕以其軍隸蒙古軍籍，仍以甘卜爲千戶主之。從木華黎出征，病卒。

昂吉兒領其父軍，從征諸國有功。至元六年，授本軍千戶，佩金符。俄略地淮南，所向無前。時國兵初南，塞馬當暑，往往疥癘，昂吉兒以所部馬入太行療之，所病良已。由是軍中馬病者，率以屬焉，歲療馬以萬數。宋輸糧金剛臺，意將深入，昂吉兒將兵馳往，斷其輸道，因上言：「河南邊郡與宋對境，宋兵時爲邊患，唐州東南皆大山，信陽在蔡州南，南直九里、武陽、平靖、五水等關，宋兵必經諸關以入，信陽實其咽喉，守禦莫急焉。往年金亡，朝廷得壽、泗、襄、郢，而不留兵守，卒使宋得之，請城信陽，以扼宋。」得旨，令率河西軍一千三百人城之，城成。

九年，加明威將軍、信陽軍萬戶，佩虎符，分木華黎及阿朮所將河西兵俾將之。加懷遠大將軍。丞相伯顏渡江，留阿朮定淮南東道，其西道則屬之昂吉兒，駐兵和州。宋淮西制置夏貴遣侯都統將兵四萬來攻，有謀內應者悉誅之，潛兵出千秋澗，塞其歸路，因出城奮

擊，大敗之，獲人馬千計。鎭巢軍降，阿速軍戍之，人不堪其橫，都統洪福盡殺戍者以叛。昂吉兒攻拔其城，擒福及董統制、譚正將。遂攻廬州，夏貴使人來言曰：「公毋吾攻爲也，吾主降，吾卽降矣。」宋亡，貴舉所部納款。昂吉兒入廬州，民按堵無所犯，遷鎭國上將軍、淮西宣慰使。

宋丞相文天祥復起兵海道，舒民張德興應之，襲破興國、德安諸郡，還據司空山。詔昂吉兒攻之，一戰而定，殺張德興，執其三子以獻。

江左初平，官制草創，權臣阿合馬納賂鬻爵，江南官僚冗濫爲甚，郡守而下佩金符者多至三四人，由行省官舉薦超授宣慰使者甚衆，民不堪命。昂吉兒入朝，具爲帝言之，且枚舉不循資歷而驟陞者數人。帝驚曰：「有是哉！」因謂姚樞等曰：「此卿輩所知，而不爲朕言，昂吉兒顧言之邪。」卽命偕平章哈伯、左丞崔斌、翰林承旨和魯火孫、符寶奉御董文忠減汰之，選曹以清。仍詔諭江淮軍民，俾通知之。

時兩淮兵革之餘，荆榛蔽野，昂吉兒請立屯田，以給軍餉，帝從之。既而阿塔海言：「屯田所用人牛農具甚衆，今方有事日本，若復調發民兵，將不勝動搖矣。」議遂寢。未幾，宣慰使燕〔公〕楠復以爲言，〔八〕帝乃遣數千人，卽芍陂、洪澤試之，果如昂吉兒所言，乃以二萬兵屯之，歲得米數十萬斛。加輔國上將軍、河南行省參知政事、淮西宣慰使都元帥，進驃騎衛

上將軍、行中書省左丞，加龍虎衛上將軍、行尚書省右丞，兩官皆兼淮西使、帥。

日本不庭，帝命阿塔海等領卒十萬征之。昂吉兒上疏，其略曰：「臣聞兵以氣爲主，而上下同欲者勝。比者連事外夷，三軍屢衄，不〔可〕以言氣，〔九〕海內騷然，一遇調發，上下愁怨，非所謂同欲也，請罷兵息民。」不從。既而師果無功。

昂吉兒屢爲直言，雖帝怒甚，其辭不少屈。臺臣慮昂吉兒難制，以牙以迷失不畏强禦，奏爲本道按察使以察之。牙以迷失時摭昂吉兒細故以聞，及廷辨，帝察其無他，輒還其官，後竟以微過罪之。元貞元年卒。

子五人，其顯者曰昂阿禿，廬州蒙古漢軍萬戶府達魯花赤；曰暗普，海北海南道肅政廉訪使。孫敎化的，世襲千戶。

哈剌䚟

哈剌䚟，哈魯氏。初從軍攻襄樊，蒙古四萬戶府辟爲水軍鎭撫。至元十二年，從丞相伯顏渡江，改管軍百戶，賞甲冑、銀鞘刀。十二年秋，從丞相阿朮與宋兵戰焦山，敗之，獲海舟二。阿朮與王世强招討造白鷂海船百艘，就四十一萬戶翼摘遣漢軍三千五百、新附軍一千五百，俾哈剌䚟、王世强幷統之。攻宋江陰、許浦、金山、上海、崇明、金浦皆下之，獲海船

三百餘艘，遂戍澉浦海口。

十三年春，行省檄充沿海招討副使。宋將張世傑舟師至慶元朐山東門海界，哈剌䚟追之，獲船四艘，上其功，行省增撥軍七百幷舊所領士卒，守定海港口。秋七月，宋昌國州、朐山、秀山戍兵舟師千餘艘，攻奪定海港口，哈剌䚟迎擊，虜其裨將幷海船三艘。八月，宋兵復攻定海港口，哈剌䚟擊退之，行省檄充蒙古漢軍招討使。十月，哈剌䚟引兵至溫州青嶼門，遇宋兵，奪船五艘，遣使諭溫州守臣家之柄以城降。十一月，至福州，奪宋海船二十艘，擒毛監丞等。

十四年，賜金符，宣武將軍、沿海招討副使，行省檄充沿海經略副使，俾與劉萬戶行元帥府事於慶元，鎭守沿海上下，南至福建，北距許浦。六月，行省檄充沿海經略使，兼左副都元帥，督造海船千艘。八月，有旨：江西省右丞塔出等進兵攻廣南，哈剌䚟以兵從。十月，進昭勇大將軍、沿海招討使。時宋處州兵復溫州，哈剌歹率兵復取之。進至潮陽縣，宋都統陳懿等兄弟五人以畬兵七千人降。塔出兵攻廣州，踰月未下，哈剌䚟引兵繼至，諭宋安撫張鎭孫、侍郞譚應斗以城降。從攻張世傑于大洋，獲其軍資器械不可勝計。諭南恩州，宋閤門宣贊、舍人梁國傑以畬軍萬人降。

十五年，還軍慶元。秋八月，入覲，帝問曰：「汝何氏族？」對曰：「臣哈魯人。」賜金織文

衣、鞍勒，擢昭武大將軍、沿海左副都元帥、慶元路總管府達魯花赤，將所部軍戍海口。十六年，日本商船四艘，篙師二千餘人至慶元港口，哈剌歹諜知其無他，言于行省，與交易而遣之。海賊賀文達、顧淵等寇掠海島，哈剌歹諭降之，得舟六十餘艘。十八年，擢輔國上將軍、都元帥，從國兵征日本，值颶風，舟回。明年二月，還戍慶元。二十二年，罷都元帥，改沿海上萬戶府達魯花赤。

二十四年，入朝，帝問日本事宜，哈剌歹應對甚悉，令還戍海道。授浙東宣慰使，賜金織文段、玉束帶、鞍勒、弓矢有差。二十五年，樞密以水軍乏帥，奏兼前職。冬，徵入見。明年，拜金吾衞上將軍、中書左丞，行浙東道宣慰使，領軍職如故。

大德五年，徵入見。擢資德大夫、雲南行省右丞，偕劉深征八百媳婦國。至順元(年)、宋龍濟等叛，〔一〇〕喪師而還，深誅，哈剌歹亦以罪廢。十一年，以疾卒于汝州。皇慶元年，贈榮祿大夫、平章政事、雍國公，謚武惠。子哈剌不花，襲沿海萬戶府達魯花赤。

沙全

沙全，哈剌魯氏。父沙的，世居沙漠，從太祖平金，戍河南柳泉，〔一一〕家焉。全初名(杪)〔抄〕兒赤，〔一二〕甫五歲，為宋軍所虜，年十八，留劉整幕下，宋人以其父名沙的，使以沙為姓，

而名曰全。全久居宋，險固備知之。

中統二年，整以瀘州來歸，全與之同行，宋軍追之，全力戰得脫，授管軍百戶。至元三年，整出兵雲頂山，與宋將夏貴兵遇，全擊殺甚衆。五年，命整領都元帥事，出師圍襄樊，以全為鎮撫。整遣全率軍攻仙人山、陳家洞諸寨，破之，陞千戶，賜銀符。敗宋將張貴，拔樊城，與劉整軍會。修正陽城，引兵渡淮，與宋將陳安撫戰，敗之。十二年，從丞相阿朮與宋將張世傑、孫虎臣大戰于焦山，水陸並進，宋人不能支，盡棄鼓旗走，獲其將士三十三人。從攻常州，克之，乘勝下沿海諸城。至華亭，戒士卒毋殺掠，遂傾城出降，以功授華亭軍民達魯花赤。

時民心未定，有未附鹽徒聚衆數萬掠華亭，全擊破之，籍其名得六千人，請于行省，遣屯田于淮之芍陂。行省以邑人新附，時有叛側，委萬戶忽都忽等體察，欲屠其城，全言：「鹽卒多非其土人，若屠之，枉死者衆。」以死保其不叛，遂止。賜金符，加武略將軍，兼領鹽場職如舊。尋陞華亭為府，以全為達魯花赤，賜虎符。時盜賊蠭起，其最盛者有衆數千人，全悉招來之，境內得安。改松江萬戶府達魯花赤，始專領軍政。

二十二年，召見，遷隆興萬戶府達魯花赤，得請，復舊名曰(杪)〔抄〕兒赤。未幾，帝以為松江瀕海重地，復命鎮之，賜三珠虎符，卒于官。

帖木兒不花

帖木兒不花，答答里帶人。父帖赤，歲乙未，同都元帥塔海紺卜將兵入蜀，幷將蒙古也可明安、和少馬賴及砲手諸軍，攻下興元、利、劍、成都諸郡，所降宋將小王太尉之衆，悉隸麾下。中統二年，賜虎符，授西川便宜都元帥。俄進行樞密院，率諸軍略定西川未下郡邑。至元元年，遷益都等路統軍使，死軍中。

帖木兒不花，中統初入備宿衞。至元七年，授虎符，代張馬哥為淄萊水軍萬戶，將其衆赴襄陽，與宋將范文虎戰于灌子灘，手殺四十餘人，奪其戰艦，追至雲勝洲，大敗之。行省上其功，賜白金五十兩、衣一襲、鞍轡一副。九年，授益都新軍萬戶。十一年，改益都、淄萊新軍萬戶。

從丞相伯顏伐宋，敗其大將夏貴於陽羅堡。大軍渡江，論其功最多，賜白金五百兩。又從下鄂、蘄、黃、江、建康、常、秀、蘇、杭諸郡，累加昭武大將軍。從參知政事阿剌罕略定紹興、溫、台、福建諸郡，授台州路總管府達魯花赤，遷廣東宣慰使。

十六年，加都元帥。追宋將張世傑於香山島，世傑死，降其衆數千人。廣東諸郡及海島盡平，領諸降臣及將校之有功者，入見於大安閣，命太府監視其身，製銀鼠裘成，親賜予

之，授中書左丞，行省江西，其餘爵賞有差。二十五年，拜四川等處行尚書省平章政事，兼總軍務，改行中書省平章政事。

其兄帖木脫斡，初以蒙古軍千戶從伐蜀有功，行樞密院承制授萬戶。幷將列別朮、塔海帖木兒、也速帶兒、匣剌撒兒四千戶軍，從大軍攻重慶。重慶降，收其衆，徇下流諸城，留鎮夔門，兼本路安撫司達魯花赤。進懷遠大將軍、蒙古軍萬戶。遷定遠大將軍，兼嘉定守鎮萬戶、本路總管府達魯花赤。尋陞鎮國上將軍、諸蠻夷部宣慰使，加都元帥。亦奚不薛蠻畔，與岳剌海會雲南兵討平之。改征緬都元帥，死于軍。子忽都答兒嗣。

校勘記

〔一〕長子阿塔赤　本證云：「案敍杭忽思止百餘言，詳其子阿塔赤事。阿塔赤自有傳作阿答赤，此較詳。」阿答赤傳見卷一三五。

〔二〕別(里吉)〔吉里〕迷失　據本書卷一二七伯顏傳改正。蒙史已校。

〔三〕二年　按前文有至大四年，後文為仍至元，此脫年號。蒙史補「天曆」。

〔四〕祖按主奴　本證云：「案按主奴即按竺邇，自有傳，此贅。」按竺邇傳見卷一二一。

〔五〕按主奴三子長車里次黑子次帖木兒　本證云：「案按竺邇傳，子十人，徹理、國寶最知名。徹里

卽車里，「國寶卽黑子，一名黑梓，帖木兒卽國安也。事詳彼傳，此并贅。」

〔六〕諸王和林及失剌等叛從皇子北安王討之　蒙史云：「按『及失剌』爲昔里吉之異譯倒誤，又以和林地名爲人名。且那木罕已被昔里吉等所刼質，玉哇失安得而從之。」

〔七〕父甘卜　考異云：「卽也蒲甘卜也。也蒲甘卜傳附書昂吉兒事，昂吉兒傳又追敍甘卜事，兩傳重出。」也蒲甘卜傳見卷一二三。

〔八〕燕〔公〕楠　從道光本補。按本書卷一七三有燕公楠傳。

〔九〕不〔可〕以言氣　原空闕，從道光本補。

〔一〇〕至順元(年)宋龍濟等叛　按元文類卷四一經世大典序錄招捕有「大德五年，雍眞葛蠻土官宋隆濟叛。初朝廷調湖廣、雲南兵二萬征八百媳婦蠻，湖廣兵命左丞劉深等領之，取道順元番」，「至順元」、「六月十七日，隆濟構木婁等族作亂」。據刪。

〔一一〕從太祖平金戍河南　蒙史改「太祖」爲「太宗」，並注云：「舊傳之太祖蓋太宗之誤，太祖未及平河南。」

〔一二〕(抄)〔抄〕兒赤　據揭文安集卷九送也速答兒赤序改。下同。蒙史已校。

元史卷一百三十三

列傳第二十

塔出

塔出，蒙古札剌兒氏。父札剌台，歷事太祖、憲宗。歲甲寅，奉旨伐高麗，命桑吉、忽剌出諸王並聽節制。其年，破高麗連城，奉國遁入海島。己未正月，高麗計窮，遂內附，札剌台之功居多。

塔出以勳臣子，至元十七年授昭勇大將軍、東京路總管府達魯花赤。十八年，召見，賜鈔六十錠，旌其廉勤。陞昭毅大將軍、開元等路宣慰使，改遼東宣慰使。二十二年，入覲，帝慰勞久之，且問曰：「太祖命爾父札剌台聖旨，爾能記否？」塔出應對周旋，不踰禮節，帝嘉之，賜以玉帶、弓矢，拜龍虎衞上將軍、東京等路行中書省右丞。復授遼東道宣慰使。

塔出探知乃顏謀叛，遣人馳驛上聞，有旨，命領軍一萬，與皇子愛也赤同力備禦。女

直、水達達官民與乃顏連結，塔出遂棄妻子，與麾下十二騎直抵建州。距咸平千五百里，與乃顏黨太撒拔都兒等合戰，兩中流矢。繼知其黨帖哥、抄兒赤等欲襲皇子愛也赤，以數十人退戰千餘人，扈從皇子渡遼水。乃顏軍來襲，塔出轉鬭而前，射其酋帖古歹，中其口，鏃出於項，墮馬死，追兵乃退。遂軍懿州，州老幼千餘人，焚香羅拜道傍，泣曰：「非宣慰公，吾屬無遺種矣。」塔出曰：「今日之事，上賴皇帝洪福，下賴將士之力，吾何功焉。」至遼西驟山北小龍泊，得叛酋史禿林台、盧全等納款書，期而不至，塔出卽遣將討擒之，又獲其黨王賽哥。復與曲迭兒大王等戰，破之，將士欲俘掠，塔出一切禁止。與僉院漢爪、監司脫脫台追乃顏餘黨，北至金山，戰捷。帝嘉其功，召賜黃金、珠璣、錦衣、弓矢、鞍勒。

二十八年，賜明珠虎符，充蒙古軍萬戶。是歲，復領軍討哈丹於女直，還攻建州，逐阿海投江死。明年，哈丹涉海南，襲高麗，塔出復進兵討之。入朝，世祖嘉其功，眷遇彌渥，復賜珍珠上服，拜榮祿大夫、遼陽等處行中書省平章政事，兼蒙古軍萬戶，卒于位。

子答蘭帖木兒，中奉大夫、遼陽省參知政事。

拜延

拜延，河西人。父火奪都，以質子從太祖征河西，太祖立質子軍，號禿魯花，遂以火奪

都爲禿魯花軍百戶。太宗朝，都元帥紐璘承制以爲千戶，從征西川。忽都叛於臨洮，世祖命火奪都等以蒙古、漢軍從大軍往討之。

火奪都卒，拜延襲。至元九年，制授征行千戶，佩金符。十年，宋師侵成都，四川僉省嚴忠範遣拜延迎擊，大敗之。又從行省也速帶兒攻嘉定，從行院忽敦取瀘、敘，攻重慶，數有戰功。十二年，行院承制以爲東西兩川蒙古漢軍萬戶。總帥汪田哥用兵忠州，命拜延將兵二千，往涪州策應之。宋人伺知田哥回，以舟師順流而下，邀于靑江，拜延引兵馳赴，擒其部將李春等十七人，取其軍資，焚其戰艦。

十三年，瀘州復叛，行院遣拜延領兵趨瀘之珍珠堡，敗其將王世昌，俘掠其民人孳畜，移兵戍暗溪寨。宋合州兵來援，拜延生擒百餘人，戮之，遂克瀘州。行院副使卜花進兵圍重慶，遣拜延將兵游擊，獲大良平李立所遣諜者四人。重慶降，制授宣武將軍、蒙古漢軍總管。

十九年，從總帥汪田哥入見，陞懷遠大將軍、管軍萬戶，改賜金虎符，卒。子荅察兒嗣，授明威將軍、興元金州萬戶府達魯花赤。

也罕的斤

也罕的斤，匣剌魯人。祖匣荅兒密立，以斡思堅國哈剌魯軍三千來歸於太祖，又獻羊牛馬以萬計。以千戶從征回回諸國，又從睿宗及折別兒諭降河西諸城，後從攻臨洮死焉。父密立火者，從太宗滅金，又從憲宗攻蜀，爲萬戶府達魯花赤，歿于軍。

中統二年，也罕的斤爲千戶，數有戰功，下五花、石城、白馬等寨。至元七年，宋兵入成都，也罕的斤以兵四百人與之相拒四日，宋兵退，追擊於眉州，大破之，授蒙古匣剌魯河西漢軍萬戶，戍眉州。從圍嘉定，築懷遠寨以守其要害，宋兵出戰，輒敗。

十二年，入朝，賜對衣、玉束帶、白金百兩，加昭勇大將軍、上萬戶，益兵萬人。會圍重慶，盡督馬湖江兩岸水陸軍馬。十四年，從圍瀘州，攻神臂門，先登拔之。從行樞密副使卜花攻重慶，屯佛圖關，屢戰有功，移屯堡子頭，宋守將趙安開門降。重慶既平，復將其衆，略地恩州，得降將百餘人，加昭毅大將軍。帝以西川新附，選能鎭撫之者，授嘉定軍民、西川諸蠻夷部宣撫司達魯花赤，增戶萬餘。進奉國上將軍、四川宣慰使、都元帥。

十七年，征斡端，拜雲南行省參知政事。二十一年，與右丞太卜、諸王相吾荅兒分道征緬，造舟于阿昔、阿禾兩江，得二百艘，進攻江頭城，拔之，獲其銳卒萬人，命都元帥（本）[袁]世安守之。[二]且圖其地形勢，遣使詣闕，具陳所以攻守之方。

先是，旣破江頭城，遣黑的兒、楊林等諭緬使降，不報，而諸叛蠻據建都太公城以拒大軍，復遣僧諭以禍福，反爲所害，遂督其軍水陸並進，擊破之，建都、金齒等十二城皆降，命都元帥合帶、萬戶不都蠻等以兵五千戍之。二十八年，改四川行樞密副使，卒。

子二人：火你赤的斤，雲南都元帥；也速沙，襲蒙古軍萬戶。

葉仙鼐

葉仙鼐，畏吾人。父土堅海牙，以才武從太祖、太宗平金及西夏，俱有功。

仙鼐幼事世祖於潛藩，從征土蕃、雲南，常爲前驅。歲己未，伐宋，至鄂州，先登奪其外城。中統元年，從征阿里不哥，與其黨遇，大呼馳擊之，其衆駭潰，賞白金貂裘。明年，討李璮，以功賞白金五百兩。授西道都元帥，金虎符，土蕃宣慰使。仙鼐素熟夷情，隨地阨塞設屯鎭撫之，恩威兼著，頑獷皆悅服。賜金幣鈔及玉束帶。爲宣慰使歷二十四年，遷雲南行省平章政事。尋改江西行省平章政事。巨盜鍾明亮積年爲害，仙鼐討擒之。

至元三十一年，成宗卽位，召還，賜玉帶，改陝西行省平章政事。謝事歸隴右，十年卒。[三]贈協恭保節功臣、太保、儀同三司、上柱國，鞏國公，謚敏忠。

子完澤，太子詹事，進金紫光祿大夫、中書平章政事。

脫力世官

脫力世官，畏吾人也。祖八思忽都探花愛忽赤，國初領畏吾、阿剌溫、滅乞里、八思四部，以兵從攻四川，歿于軍。父帖哥朮探花愛忽赤，憲宗命長渴密里及曲先諸宗藩之地。渾都海、阿藍荅兒叛，執帖哥朮械繫之。帖哥朮破械脫走，入覲世祖，賜金符，襲父職，命率所部兵就征之，以功賜衣服、弓矢、鞍勒。又命從諸王奧魯赤討建都，平之，陞昭勇大將軍、羅羅斯副都元帥、同知宣慰司事。至西番境上，番酋必剌充遮道不得進，帖哥朮戰却之，道遂通。事聞，賜金虎符，賞白金及衣二襲。卒于官。

脫力世官襲職，爲武德將軍、羅羅斯副都元帥、同知宣慰司事。其所部有產金戶叛服不常，脫力世官往討平之。定昌路總管谷納叛，與其千戶阿夷謀率衆渡不思魯河，脫力世官引兵戰，擒阿夷，殺之。德平路落來民又叛，脫力世官又討平之。

亦奚不薛地未附，民多立寨，依險自保。詔雲南行省調羅羅斯蒙古軍四百人、羅羅章六百人，屬脫力世官，從左丞愛魯往討之。脫力世官先至，拔其寨。愛魯命率兵攻羅羽，抵落穿，奪其關，獲馬牛羊以給士卒。又命與萬戶兀都蠻攻怯兒地，其酋長阿失據山寨不下，脫力世官先登，破之。愛魯遂命脫力世官總左手四翼兵，討平亦奚不薛。又有蠻子童者，立寨于納土原山，行省復命脫力世官以蒙古、爨、僰軍與行省參政阿合八失攻之，子童竄壄，遂降。進僉管軍副萬戶。蠻細狗、折興等及威龍州判官阿遮皆憑險爲亂，脫力世官夜入據其寨，賊散走，遣兵搜山谷，獲阿遮於深菁，斬之，籍其民五百餘戶爲農。脫力世官入覲，授三珠虎符，加懷遠大將軍、羅羅斯宣慰使，兼管軍萬戶。既還治，括戶口，立賦稅，以給屯戍。昌州蘇你、巴罕等作亂，脫力世官以雲南王命討降之，徙其衆於昌州平川。鎮守千戶任世祿以所部二千人乘間遁去，屯威龍州，脫力世官先據其要路阨之，世祿降。未幾入覲，卒於京師。

子唆南班，由宿衞襲職，佩三珠金虎符，官至鎮國上將軍。

忽剌出

忽剌出，蒙古氏。曾祖阿察兒，事太祖，爲博兒赤。祖赤脫兒，〔三〕從太宗征欽察、康里、回回等國有功，爲涿州達魯花赤，卒。伯父哈蘭朮襲職，佩金符，以功稍遷益都路蒙古萬戶，歿於軍。

忽剌出襲哈蘭朮職，初授昭勇大將軍。至元十二年，攻宋六安軍，行省命領諸軍戰艦，

遇宋軍，敗之，有旨褒賞。軍次安慶，忽剌出及參政董文炳領山東諸軍與宋孫虎臣等戰于丁家洲，大敗之，俘其將校三十七、軍五千、船四十。戰于朱金沙，又敗之。七月，及宋人戰于焦山江中，時丞相阿朮督戰，忽剌出與董文炳冒矢石沿流鏖戰八十里，身被數傷，裹創殊死戰。宋張殿帥攻呂城，忽剌出與萬戶懷都生擒之。從下常州，略地蘇、湖、秀州，至長橋，大敗宋軍。大軍至臨安，伯顏命忽剌出守浙江亭及北門，敗揚州軍于揚子橋，又敗眞州軍，追李庭芝至通州海口，盡降淮東諸州。江南平，加昭毅大將軍，尋遷湖州路達魯花赤。

十四年，進鎮國上將軍、淮東宣慰使。奉旨屯守上都，改嘉議大夫、行臺御史中丞。陞資善大夫、福建行省左丞。遷江淮行省，除右丞。拜榮祿大夫、江浙行省平章政事，以疾卒。

重喜

重喜，東呂糺氏。祖塔不已兒，〔四〕事太宗，爲招討使征信安、河南，授金虎符，改征行萬戶，卒。父脫察剌襲職，歲己未，從南征，破十字寨。時重喜從行，戰亦屢捷，左足中流矢，勇氣益倍，世祖親勞之，曰：「汝年幼，能爲朕宣力如是，深可嘉尙。」父卒，重喜襲職。中統三年，從征李璮有功。四年，命領兵鎮莒州。至元（十）二年，奉旨築十字路城，〔五〕備守禦，重喜常率兵游擊。四年，從抄不花征泗州。時蔡千戶爲宋兵所圍，重喜奮戰，救之。五年，入覲，帝嘉其功，賜白金、金鞍、弓矢。修正陽城。

十一年，宋兵圍正陽，從大軍戰，敗之。十二年，從下漣海諸城，又敗宋將李提轄，遂駐兵瓜洲。十三年夏六月，宋都統姜才率師來攻，迎戰，却之。秋七月，從大軍襲擊宋將李庭芝于泰州，進昭勇大將軍、婺州路總管府達魯花赤，卒。子慶孫襲。

旦只兒

旦只兒，蒙古答答帶人。至元七年，從征蜀，敗宋兵於馬湖江，斬首百餘級。九年，從征建都蠻。十一年，從攻嘉定，敗宋兵於夾江，又從攻下瀘、敍諸州，進圍重慶，敗宋將張萬。瀘州叛，諸軍將攻瀘，旦只兒先將其衆據紅米灣，與宋兵戰，敗之。進至安樂山，復敗宋軍，斬首五百餘級，獲戰艦四。宋兵邀漕舟於安樂山，擊走之，遂破其石磐寨。十四年春，抵瀘州，奪其戰艦五艘，還至安樂山，復與宋兵戰，殺數十人，從諸軍拔瀘州。張萬舉兵欲向合州，旦只兒以銳卒千人邀擊於龍坎，斬首百餘級，萬引却。賜銀符，授管軍千戶。

從征斡端，至甘州。賜金符，陞總管。十九年，從諸王合班、元帥忙古帶軍至斡端，與叛王兀盧等戰，勝之。二十年，諸王八巴叛，以兵來攻，旦只兒獨破其五百餘衆，拔亡卒二千餘人以出，進副萬戶，還戍長寧軍。宋好止寨以兵來襲，旦只兒擊走之，斬首百餘級，生

獲三十餘人。二十六年，賜金虎符，授信武將軍、平陽等路萬戶府達魯花赤，卒。子建都不花襲。

脫歡

脫歡，札剌兒台氏。祖菊者。父脫端，爲萬戶，從皇子闊出、忽都禿略汴、宋、睢、宿等州。歲癸丑，鎮蔡州。脫端卒，子不花襲。不花卒，弟阿藍答兒襲。阿藍答兒卒，弟長壽襲，並爲千戶守蔡。

長壽卒，脫歡襲，加武略將軍，佩金符。從丞相阿朮攻陽邏堡，累有戰功。渡江攻鄂漢諸州，下之。會宋軍于丁家洲，脫歡突入，奪戰艦數艘，攻建康、太平等郡，下之。宋都統姜才攻揚子橋堡，脫歡率精兵出堡東逆之，斬殺幾盡，俄而宋軍復集堡北，遂奮擊走，追至揚州，殺傷甚衆。會萬戶昔里罕入朝，道滁州，爲宋兵所遮，擊敗宋兵，出昔里罕。從攻揚州，至泥湖，遇宋軍，奪三十餘艘，遂進兵蘇州，與宋軍戰，擒柳奉使。

至元十三年，右丞相遣脫歡援高郵軍，未至二十里，會宋將率兵來漕高郵粟，與戰擒之。有頃，宋高郵都統復率二萬人至，擊敗之。

十四年春，授懷遠大將軍、太平路總管府達魯花赤。會只里瓦帶寇北邊，帝命脫歡往

討之，戰，左臂中流矢二，帝慰勞之，賜鎧甲、弓矢、鞍勒、鈔千五百緡。十五年春，從親王斡魯忽台、丞相孛羅西征有功，加定遠大將軍、福州路總管府達魯花赤。平閩盜，改武昌路，卒。

完者〔都〕拔都〔六〕

完者〔都〕拔都，欽察氏，其先彰德人。以才武從軍。歲己未，從世祖攻鄂州，登城斬馘，賞銀五十兩。中統三年，從諸王合必赤征李璮於濟南，力戰有功。至元四年，從萬戶木花里掠地荆南，至襄陽，與宋兵戰，屢勝之。遂爲梯登樊城，焚樓櫓，勇冠三軍。十一年，授武略將軍、彰德南京新軍千戶。攻沙洋、新城，始授金符，領丞相伯顏帳前合必赤軍。渡江論功，改武義將軍。戰于丁家洲及揚子橋、焦山，破常州，入臨安，攻泰州新城皆預焉。江南歸附，入見，賜號拔都兒，佩金虎符，遷信武將軍、管軍總管、高郵軍達魯花赤。首以興學勸農爲務，四方則之。郡有虎傷人，手格殺之。既而高郵陞爲路，進懷遠大將軍、高郵路達魯花赤。十六年，進昭勇大將軍、管軍萬戶。

十八年，閩賊陳吊眼作亂，擢鎭國上將軍、福建等處征蠻都元帥，賜翎根甲，命往討之。破其營，擒吊眼，至漳州斬以示衆。加管軍萬戶，兼高郵路達魯花赤，賞賜無算。二十三

年，進驃騎衞上將軍、江浙等處行中書省左丞，仍管軍萬戶。遷浙西行中書省右丞，行浙西宣慰使。二十七年，轉資德大夫、江西等處行樞密院副使，兼廣東宣慰使。元貞元年，入朝，拜榮祿大夫、江浙等處行中書省平章政事。卒于官，年五十九。贈效忠宣力定遠功臣、開府儀同三司、太尉、上柱國，追封林國公，謚武宣。

失里伯

失里伯，蒙古人。祖怯古里禿，從太祖經略西夏有功。又隸諸王朮赤台，領寶兒赤，與金人戰，歿于陣。父莫刺合嗣，從征阿藍答兒亦有功，世祖賜以白金五十兩。失里伯世其職，由樞密院斷事官爲河南行中書省斷事官。至元七年，佩金虎符，引水軍四萬攻襄陽。八年七月，宋將范文虎來援，失里伯敗其軍，進圍樊城，先登。戰于鹿門，與諸軍擒其將張貴。十年，遷昭勇大將軍，爲耽羅國招討使。奉旨入見上都，改管軍萬戶，領襄陽諸路新軍。從丞相伯顏等渡江，破獨松關，下長興，取湖州，行安撫司事。十四年，授湖州總管，進鎭國上將軍、淮西道宣慰使。十八年卒。子嗒剌赤，曲靖等路宣慰使。

孛蘭奚

孛蘭奚，雍吉烈氏，世居應昌。祖忙哥，以后族備太祖宿衞。父律實，狀貌魁偉，有謀，善騎射。太宗嘗問以軍旅之事，應對稱旨，卽命爲千戶。尋以爲齊王府司馬。後從睿宗伐金有功，詔還宿衞，以疾卒。

孛蘭奚英邁有父風，幼孤，能自刻厲如成人，暇日習弓馬，夜則讀書。其母嘗訓之曰：「汝父忠勇絕人，天不假年。汝能自立，則汝父歿無憾矣。」孛蘭奚由是感激，期以成父之志。從軍有功，襲父官，爲齊王司馬。

世祖親征乃顏，以齊王兵從，兵始交，孛蘭奚躍馬陷陣，斬其旗，所嚮披靡，世祖遙望見壯之。有頃，乃顏兵遁走，孛蘭奚馳歸以捷聞。世祖大悅，勞之曰：「無忝汝父矣。」賜黃金五十兩、金織文二匹，授宣威將軍、信州路達魯花赤。時江南初附，布宣上意，與民更始。期年，郡中大治，部使者以聞，帝獎嘆久之，卽遣使賜以上尊。俄以疾卒，年三十三。贈河間路達魯花赤，追封范陽郡侯。

子脫穎溥化，歷監察御史、河南廉訪副使、郴州路達魯花赤。

怯烈

怯烈，西域人，世居太原，由中書譯史從平章政事賽典赤經略川、陝。至元十二年，立雲南行省，署爲幕官，諸洞蠻夷酋長款附，怯烈功居多。十五年，分省大理，會緬人入寇，怯烈卽以戰具資軍士，討平之，授行中書省左右司員外郎。

十八年，平章納速剌丁遣詣闕敷奏邊事，世祖愛其聰辨練達，錫虎符，拜鎭西〔平〕緬麓川等路宣撫司達魯花赤，〔七〕兼管軍招討使。成都、烏蒙諸驛阻絕，怯烈市馬給傳，往來便之。俄被召上京，問以征緬事宜，奏對稱旨，賜幣帛及翎根甲。諸王相吾答兒、右丞太卜征緬，命怯烈率兵船爲鄉導，拔其江頭城，振旅而還。復從雲南王入緬，總兵三千屯鎭驃國，設方略招徠其黨，由是復業者衆。

後入覲，世祖慰勞之，詢以緬國始末。擢正議大夫、僉緬中行中書省事，佩金符。頒詔于緬，宣布威德，緬王稽顙稱謝，遣世子信合八的入貢。遷通奉大夫、雲南諸路行中書省參知政事。進資善大夫、雲南諸路行中書省左丞。大德四年，以疾卒。

暗伯

暗伯，唐兀人。祖僧吉陀，迎太祖于不倫答兒哈納之地。太祖嘉其效順，命爲禿魯哈必闍赤，兼怯里馬赤。父禿兒赤襲職，事憲宗，累官至文州禮店元帥府達魯花赤。

暗伯弱冠入宿衞，性嚴重剛果，有大志。嘗親迎于燉煌，阻兵不得歸，乃客居於于闐宗王阿魯忽之所。世祖遣薛徹干等使阿魯忽以通好，阿魯忽留使者數年弗遣，暗伯悉以己馬駝厚贐之，令逃去。薛徹干等得脫歸，具以白世祖，世祖稱歎久之。既而命元帥不花帖木兒等征于闐，暗伯乘間至行營，見薛徹干於帳中，薛徹干曰：「公之忠義，已上聞矣。」不花帖木兒遂承制命暗伯權充樞密院客省使。俄有旨護送暗伯妻子來京師。

未幾，宗王乃顏叛，世祖親征，暗伯在行間，屢捷，命爲克流速不魯合不周兀等處萬戶。又諸王哈魯、駙馬禿綿答兒等叛，暗伯率所部兵戰于克流速石巴禿之地，身中七創，所乘馬亦中二矢，自旦至晡，鏖戰愈力，剌禿綿答兒殺之，生擒哈魯以獻。世祖嘉其功，命長唐兀衞，兼僉樞密院事。凡分立諸色五衞軍職，襲替屯戍之法，多所更定。歷同僉、副樞、同知，至知樞密院事，以疾終于位。贈推忠保節功臣、資善大夫、甘肅等處行中書省右丞、上護軍、寧夏郡公，謚忠遂。

子阿乞剌，知樞密院事；亦憐眞班，湖廣省左丞。〔八〕

也速䚟兒

也速䚟兒，康里人。父愛伯，伯牙兀〔氏〕。〔九〕太祖時率衆來歸。初，以五十戶從軍南征，力戰而死。也速䚟兒世其官。從丞相伯顏經略襄樊，攻百丈山、鸕子灘功居最。及襄樊圍合，即被甲先登，賞銀鈔百兩。明年，破復州，殺其將，以功陞百戶。主帥言賞不足酹其勞，世祖賜金符，加爲千戶，督五路招討。至元十六年，改金虎符，管軍總管。江南平，錄功，進懷遠大將軍、管軍萬戶。領江淮戰艦數百艘，東征日本，全軍而還。有旨，特賜養老一百戶，衣服、弓矢、鞍轡有加。二十二年，移鎭泰州。時籍民丁爲兵，得萬人，以也速䚟兒爲欽察親軍指揮使統之。大德三年，以疾卒。

子七人：曰教化的；曰黑厮，襲父職，以疾卒；曰黑的，牧馬同知；曰延壽，襲兒職；曰拜顏；曰頜哈剌赤；曰完澤帖木兒，廣德路萬戶達魯花赤；曰哈剌章。

昔都兒

昔都兒，欽察氏。父禿孫，隸蒙古軍籍。中統三年，從丞相伯顏討李璮叛，以功授百戶。至元十年，告老，以昔都兒代之。十一年，昔都兒從大軍南征，攻取襄陽、唐、鄧、申、裕、鈞、許等州，累功授忠顯校尉、管軍總把，賜銀符，將其父軍。十四年，從諸王伯木兒追擊折兒凹台、岳不(思)〔忽〕兒等於黑城哈剌火林之地，〔一〇〕平之。十七年，賜金符，陞武略將軍、侍衞軍百戶。時亡宋猶有未附城邑，昔都兒言於省，願自舉兵下之，省從其請，諸城聞風而附。

二十四年，賜虎符，進宣武將軍、漢洞右江萬戶府達魯花赤。是年秋七月，領洞軍從鎭南王征交趾。冬十月，至其境，駐兵萬劫，(左)〔右〕丞阿八〔赤〕命進兵，〔一一〕拔其一字城，射交人，奪其戰艦七。明年春正月，大兵進逼僞興道王居，與交人戰于塔兒山，奮戈撞擊之，右臂中毒矢，流血盈掬，灑血奮戰，射死交人二十餘，仍督諸軍乘勝繼進，大敗之，遂入其都城。四月，戰于韓村堡，擒其將黃澤。是夜二鼓，交人突至，謀劫營，官軍堅壁以待，敵失計，詰旦，鳴鼓出營，交人却，追殺甚衆。還營，立木柵，增邏卒，交人不敢犯。五月，鎭南王引兵還，以昔都兒爲前軍，行次陷泥關，戰數十合，交人却，遂還迎鎭南王于女兒關。交人四萬餘截其要道，時我軍乏食，且疲於戰，將佐相顧失色，昔都兒率勇士奮戈衝擊之，交人却二十餘里，遂得全師而還。鎭南王閔其勞，命樞密臣奏陞其秩。

二十六年，賜虎符，授廣威將軍、炮手軍匠萬戶府達魯花赤。大德二年卒。子也先帖木兒襲。

校勘記

〔一〕(來)〔袁〕世安　道光本與本書卷一三世祖紀至元二十一年正月丁卯條及元文類卷四一經世大典序錄招捕合，從改。

〔二〕十年卒　蒙史作「家居十年卒」，並注云：「舊傳無家居二字，則十年上當補大德二字。」

〔三〕祖赤脫兒　考異云：「卽直脫兒也，列傳第十卷已爲立傳，幷附及忽剌出事矣。此傳重複。」

〔四〕祖塔不已兒　本證云：「案塔不已兒自有傳，幷詳重喜事，此複。」塔不已兒傳見卷一二三。

〔五〕至元(十)二年奉旨築十字路城　按下文有「四年」、「五年」、「十一年」、「十二年」，此處年序不合。本書卷一二三塔不已兒傳有「至元二年，奉旨初築十字路城」，據刪「十」字。本證已校。

〔六〕完者〔都〕拔都　按此卽本書卷一三一之完者都，已有傳，此傳重出。雪樓集卷六林國武宣公神道碑云「諱完者都」，傳文云「賜號拔都兒」，「完者都」爲名，「拔都」其號。今補「都」字。下同。

〔七〕鎭西〔平〕緬麓川等路宣撫司　從道光本補。

〔八〕亦憐眞班湖廣省左丞　考異云：「亦憐眞班，有傳在第三十二卷，官至湖廣行省左丞相，終於江西行省左丞相，非左丞也。」

〔九〕伯牙兀〔氏〕　據雪樓集卷一七伯牙烏公墓碑補。新元史已校。

〔一〇〕岳不（思）〔忽〕兒　本書卷一〇七宗室世系表作「藥木忽兒」，卷一〇八諸王表作「藥木忽兒」、「要木忽爾」，卷一一五顯宗傳作「岳木忽兒」，據改。蒙史已校。

〔一一〕（左）〔右〕丞阿八（赤）　據本書卷一四世祖紀至元二十三年十一月己巳條、卷一二九來阿八赤傳改補。本證已校。

元史卷一百三十四

列傳第二十一

撒吉思

撒吉思，回鶻人，其國阿大都督多和思之次子也。初爲太祖弟斡眞必闍赤，領王傅。斡眞薨，長子只不干蚤世，嫡孫塔察兒幼，庶兄脫迭狂恣，欲廢嫡自立。撒吉思與火魯和孫馳白皇后，乃授塔察兒以皇太弟寶，襲爵爲王。撒吉思以功與火魯和孫分治：黑山以南撒吉思理之，其北火魯和孫理之。

從憲宗攻釣魚山，建言乘勢定江南，帝嘉納焉。憲宗崩，阿里不哥爭立，諸王多附之者，撒吉思馳見塔察兒，力言宜協心推戴世祖，塔察兒從之。及世祖卽位，聞撒吉思所言，授北京宣撫，賜宮人甕吉剌氏，及金帛、章服。及至鎭，鋤奸抑强，遼東以寧。會高麗有異志，帝遣使究治，則委罪於其臣洪察忽，械送京師。道遼東，撒吉思訪知洪察忽以直諫忤

意，卽奏疏爲直其事，帝命釋之。

李璮叛，命撒吉思帥師從宗王哈必赤討之。李璮伏誅，哈必赤欲屠城，撒吉思力爭曰：「王者之師，誅止元惡，脅從罔治。」因撫摩其人，衆情大悅。授山東行省都督，遷經略、統軍二使，兼益都路達魯花赤，辭不拜，上言山東重鎭，宜選貴戚臨之，帝不許。賜京城宅一區、益都田千頃，及璮馬羣、園林、水磑、海青、銀鼠裘之屬。兵後民乏牛具，爲之上聞，驗民丁力，官給之。統軍抄不花田遊無度，害稼病民，元帥野速答爾據民田爲牧地，撒吉思隨事表聞。有旨，杖抄不花一百，令野速答爾還其田。璮故將毛璋欲率諸部謀執撒吉思以歸宋，璋黨上變，乃襲璋斬之。撒吉思嘗慕古人舉親舉讎之義，叛帥故卒，得與子姓參用，公論多之。山東歲屢歉，爲請於朝，發粟賑卹。又奏蠲其田租，山東人刻石頌德。卒年六十六。後贈安邊經遠宣惠功臣，謚襄惠。

月（乃合）〔合乃〕〔一〕

月（乃合）〔合乃〕字正卿，其先屬雍古部，徙居臨洮之狄道，金略地，盡室遷遼東。曾祖帖木爾越哥，仕金爲馬步軍指揮使，官名有馬，因以馬爲氏。祖把掃馬野禮屬，徙（靜）〔淨〕州之天山，〔二〕以財雄邊。宣宗遷汴，父昔里吉思辟尚書省譯史，試開封判官，改鳳翔府兵

馬判官，死國事，贈輔國上將軍、恒州刺史，廟號褒忠。

月（乃合）〔合乃〕好學負氣，父死時年方十七，奮然投冠于地曰：「吾父死國難，吾獨不能紓家難乎！」會國兵破汴，侍母北行，覊闕鋒鏑中。北見憲宗，辭容端謹，帝嘉賞之，命贊卜只兒斷事官事，以燕故城爲治所。月（乃合）〔合乃〕慨然以治道自任，政事修擧。

歲壬子，料民丁於中原，凡業儒者試通一經，卽不同編戶，著爲令甲。儒人免丁者，實月（乃合）〔合乃〕始之也。性好施予，嘗建言立常平倉。擧海內賢士楊春卿、張孝純輩，分布諸郡，號稱得人。又羅致名士敬鼎臣，授業館下，薦引馬文玉、牛應之輩爲參佐，後皆位至卿相。

歲己未，世祖以親王南征，從行至汴，令事饋餉，運濟南鹽百萬斤，以給公私之費。所過州郡汴、蔡、汝、潁之間，商農安業，軍政修擧，月（乃合）〔合乃〕與有力焉。及卽位，降詔褒獎。世祖將親征阿里不哥，月（乃合）〔合乃〕出私財，市馬五百以助軍。帝厚賚其家曰：「當償汝也。」拜禮部尚書，佩金虎符。

四年，南邊不靖，月（乃合）〔合乃〕建言光、潁等處立榷場，歲可得鐵一百三萬七千餘斤，鑄農器二十萬事，用易粟四萬石輸官，不惟官民兩便，因可以鎭服南方。詔以本職兼領已括戶三千，興煽鐵冶，其蒙古、漢軍並聽節制。未行，以疾卒，年四十八。贈推忠宣力翊運

功臣、正議大夫、僉書樞密院事、上輕車都尉、梁郡侯，謚忠懿。

子孫登仕籍者甚衆。至仁宗朝，詔行科擧，曾孫祖常，〔三〕博學能文章，鄉試、會試皆爲擧首。由翰林應奉，拜監察御史，直言忤上官意，去居浮光。數年，起爲翰林待制，累遷御史中丞，卒謚文貞。

昔班

昔班，畏吾人也。父闕里別斡赤，身長八尺，智勇過人，聞太祖北征，領兵來歸。從征回回國，數立功，將重賞之，自請爲本國坤閭城達魯花赤，從之，仍賜種田戶二百，卒。

昔班事世祖潛邸，命長必闍赤。中統元年，以爲眞定路達魯花赤，改戶部尚書、宗正府札魯花赤。阿里不哥之叛，帝命昔班詣河西，督糧運給軍。還至西京北，聞萬戶阿失鐵木兒等方選士卒，將從阿里不哥。昔班矯制召其軍赴行在，阿失鐵木兒狐疑未決，昔班委曲諭之，且曰：「皇帝兄也，阿里不哥弟也。從兄順事也，又何疑焉。」阿失鐵木兒等請夜議之，期以翌日復命，且以兵圍昔班以待。明日皆至，曰：「從爾之言矣。」卽便宜以西京錢糧給其軍，遂率之以行。入見，帝歎曰：「戰陣之間，得一夫之助，猶爲有濟。昔班以二萬軍至，其功豈少哉！」

海都叛，世祖大閱兵，將討之。先命昔班使海都，使之罷兵，置驛來朝。昔班至海都，傳旨諭之，海都聽命，旣退軍置驛，而丞相安童軍先已克火和大王部曲，盡獲其輜重。海都懼，將逃，謂昔班曰：「我不難於殺汝，念我父嘗受書於汝，姑遣汝歸，以安童之事聞，非我罪也。」昔班以聞，帝曰：「汝言是也。先是來者，亦嘗有此言。」尋命爲中書右丞，商議政事，妻以宗王之女不魯眞公主。明年，復使海都，諭之來歸，且曰：「苟不從我，爾能敵諸王蕃衞之兵乎！」海都辭以畏死不敢。昔班奉使，奔走三年，風沙翳目，時年已七十矣。命爲翰林承旨，給全俸養老，年八十九而卒。

子斡羅思密，至元二十三年，授浙東宣慰使。浙東盜起，僞鑄印璽，僭稱天降大王，斡羅思密討平之。移鎭廣西，峒蠻羅天佑作亂，招諭降之。年六十九卒。子咬住，至大三年，授典用監卿。有盜竊世祖御帶者，懸賞五千錠以購賊，咬住擒獲之，盜伏誅，咬住辭賞，武宗嘉其不伐，予之千錠。官至榮祿大夫、宗正府札魯火赤。

鐵連

鐵連，乃蠻人也，居絳州。祖伯不花，爲宗王拔都王傅。鐵連魁偉寡言，有謀略，早歲宿衞王府。拔都分地平陽，以鐵連監隰州。中統初，調平陽馬步站達魯花赤。

至元初，宗王海都叛，廷議欲伐之，世祖曰：「朕以宗室之情，惟當懷之以德，其擇謹密足任大事者往使焉。」左右以鐵連對，遂召見，語及大事，鐵連應對稱旨。帝嘉其辯慧，曰：「此事非汝不可，然必先詣拔都蒙哥鐵木王所，相與計事而後行。」使二人副之。鐵連旣奉命，欲直造海都境，視其虛實，然後議于諸王。副者弗從，曰：「上命我輩先議于王，今遽造敵境，不可。」鐵連曰：「親承密旨，汝輩違則當誅。」副者懼而從之行。旣至，海都日召宗親宴飲，將伺其隙謀害之。鐵連乃厲聲斥之曰：「且食，勿語！望語言脫口，相摭爲罪耶！」良久，海都曰：「直哉！」酒半，鐵連求衣爲歡，海都嘉其雄辯，將解與之，其妃止之，以皮服二襲付之。因語其屬曰：「爲使者當如是矣。」厚贈以行。旣至拔都蒙哥鐵木王所，具告以故，王曰：「祖宗有訓，叛者人得誅之。如通好不從，擧師以行天罰，我卽外應掩襲，剿絕不難矣。」鐵連還，悉以事聞，因言於帝曰：「海都兵繁而銳，不宜速戰，來則堅壘待之，去則勿追，自守旣固，則無虞矣。」帝深然之。敕所受海都皮服，全飾以金，凡朝會，宜服以表示焉。其賞賜不可勝計。

後屢使拔都王所，道遇海都游兵，副者前行，失對遇害，鐵連後至，曰：「我爲天子使，可以非禮犯之耶？」游兵語屈，乃曰：「前者僞使，此眞使也。」釋之，遂獨得還。帝嘗謂侍臣曰：「有鐵連，則朕之宗族將不失和矣。」海都覘伺拔都王爲備已嚴，意乃帖然。鐵連始終凡四

往返，歷十四年，帝謂鐵連曰：「在朝官之要重者，惟汝所擇。」對曰：「臣志在王室，其事未辦，不敢奉命。今臣母在絳州，老且病，得侍朝夕，幸也。」詔從其請，授絳州達魯花赤。至元十五年，平陽李二謀亂，鐵連捕問，盡得其狀。中書奏進其秩，帝曰：「鐵連豈惟能辦此耶！」加宣武將軍。至元十八年，病卒於官，年六十四。子答剌帶嗣，官信武將軍、同知大同路總管府事。

愛薛

愛薛，西域弗林人。通西域諸部語，工星曆、醫藥。初事定宗，直言敢諫。時世祖在藩邸，器之。中統四年，命掌西域星曆、醫藥二司事，後改廣惠司，仍命領之。世祖嘗詔都城大作佛事，集教坊妓樂，及儀仗以迎導。愛薛奏曰：「高麗新附，山東初定，江南未下，天下疲弊，此無益之費，甚無謂也。」帝嘉納之。至元五年，從獵保定，日且久，乃從容於帝前語供給之民曰：「得無妨爾耕乎！」帝爲罷獵。至元十三年，丞相伯顏平江南還，姦臣以飛語讒之，愛薛叩頭諫，得解。尋奉詔使西北宗王阿魯渾所。既還，拜平章政事，固辭。擢祕書監，領崇福使，遷翰林學士承旨，兼修國史。

大德元年，授平章政事。八年，京師地震，上弗豫。中宮召問：「災異殆下民所致耶？」對曰：「天地示警，民何與焉。」成宗崩，內旨索星曆祕文，愛薛厲色拒之。仁宗時，封秦國公。卒，追封太師、開府儀同三司、上柱國、拂林忠獻王。

子五人：也里牙，秦國公、崇福使；腆合，翰林學士承旨；黑厮，光祿卿；闊里吉思，同知泉府院事；魯合，廣惠司提舉。

闊闊

闊闊字子清，本蔑里吉氏部族，世居不里罕哈里敦之地。其俗驍勇，善騎射，諸族頗憚之。國初，舉族內附。世祖居潛邸，選闊闊爲近侍。

歲甲辰，世祖聞王鶚賢，避兵居保州，遣使徵至，問以治道，命闊闊與廉希憲皆師事之。既而闊闊出使于外，迨還，而鶚已行，思慕號泣，不食者累日，世祖聞而異之。歲庚戌，憲宗復召鶚至和林，仍命闊闊從之游。每旦起，盛飾其冠服，鶚讓之曰：「聖主好賢樂善，徵天下士，命若從學。若等不能稱主上心，惟誇衒鮮華以益驕貴之氣，恐窒於外而塞於中，道義之言，無自而入，吾所不取也。」闊闊深自悔悟。明日俱純素以進，鶚乃悅。

歲壬子，奉命簽諸路軍籍，以丁壯產多者充之，所至編籍無撓，人皆德之。及還，帝悅，

命領燕京匠局。世祖卽位，特授中書左丞。未幾，遷大名路宣撫使，以疾卒，年四十。

子堅童，字永叔，少孤，甫十歲，卽從王鶚游。既長，奉命入國學，復從許衡游。弱冠入侍禁廷，授中順大夫、侍儀奉御。遷中議大夫、同修起居注。及奉使濟南，見楊桓賢，遂力薦之。至元二十三年，授嘉議大夫、禮部尚書。遷吏部尚書，秩未滿，特授通議大夫、御史臺侍御史。

二十四年，扈從東征，屢戰有功，遷燕南河北道提刑按察使。二十八年，授正議大夫、燕南河北道肅政廉訪使，遂拜河南行省平章政事，驛召赴闕，未拜，以疾卒，年三十九。

禿忽魯

禿忽魯字親臣，康里亦納之孫亞禮達石第九子也。自幼入侍世祖，命與也先鐵木兒、不忽木從許衡學。帝一日問其所學，禿忽魯與不忽木對曰：「三代治平之法也。」帝喜曰：「康秀才，朕初使汝往學，不意汝卽知此。」除蒙古學士、奉議大夫、客省使，進兵部郎中，遷僉太史院。嘗宴見世祖，屢開說古今治亂政要，多所裨益。

至元二十年，遷中書右司郎中。未幾，大宗正薛徹干薦掌其府判署閱諸獄文案。嘗暮

歸，惻然若有求而未獲者，家人問之，曰：「今日所議，死案也，於我心有疑，欲求所以活之，未得其方耳。」他日歸，喜曰：「我得之矣，於法當流徙邊地。」遷吏部尚書。

時哈剌哈孫爲湖廣平章，嘗與禿忽魯同在大宗正，素知其賢，舉以自輔，遂授資德大夫、湖廣右丞。時湖南、北盜賊乘舟縱橫劫掠，哈剌哈孫患之，禿忽魯曰：「樹茂鳥集，樹伐則散，戮一人足矣。」盜首喬大使者，居九江，郡守曳剌馬丹取賂蔽之，遣使擒以來，獄成，殺而令諸市，群盜頓息。湖南宣慰張國紀創徵夏稅，民弗堪，禿忽魯屢請罷之。

至元二十九年，辰州蠻叛，副樞劉國傑、僉院唆木蘭往討之，不利，移文索辰、澧、沅民間弩士三千，哈剌哈孫以民弗習戰，强之徒傷吾民，弗許。禿忽魯曰：「兵貴訓練，乃可用也。漢軍不習弩，因蠻攻蠻，古所利。」遂與之，果以此獲勝。

成宗卽位，遷江浙右丞。適歲旱，方至而雨，民心大悅。未幾，平章不忽木卒，帝思之，問近侍曰：「群臣孰有似不忽木者？」賀伯顏對曰：「禿忽魯其人也，且先帝所知。」遂驛召還，賜雕鞍、弓矢，俄遷樞密副使。大德七年卒，年四十八。贈推忠翊亮佐理功臣、榮祿大夫、江浙等處行中書省平章政事、柱國、大司徒、趙國公，諡文肅。

子山僧，仕至晉寧路總管。

唐仁祖

唐仁祖字壽卿，畏兀人。祖曰唐古直，子孫因以唐爲氏。初，畏兀舉國效順，唐古直時年十七，給事太祖，因屬之睿宗，曰：「唐古直可任大事。」睿宗未及用，莊聖皇后擢爲札魯火赤。父驥，豪爽好射獵。世祖卽位，命驥爲裕宗潛邸必闍赤，陞達魯花赤。

仁祖少穎悟，父沒，母教之讀書，通諸方語言，尤邃音律。中統初，詔諸貴冑爲質，帝親閱之，見仁祖曰：「是唐古直孫邪？聰明無疑也。」俾習國字。至元六年，中書省選充蒙古掾。十六年，錄囚平陽，平反寃滯免死者凡十七人。十八年，授翰林直學士。時中書奏眞定、保定兩路錢穀逋負，屢歲不決，遣仁祖往閱其牘，皆中統舊案，亟還奏罷之。轉工部侍郎，除中書右司郎中，拜參議尚書省事。

時丞相桑哥秉政，威焰方熾，仁祖論議不回，屢忤桑哥，人皆危之，仁祖自若也。遷工部尚書，桑哥以曹務煩劇特重困之，仁祖處之甚安。尋出使雲中，桑哥考工部織課稍緩，怒曰：「誤國家歲用。」亟遣驛騎追還，就見桑哥相府中，遽命直吏拘往督工，且促其期，曰：「違期必致汝於法。」左右皆爲之懼。仁祖退，召諸署長從容諭之曰：「丞相怒在我，不在爾也。汝等勿懼，宜力加勉。」衆皆感激，晝夜倍其功，期未及而辦，乃罷。已而桑哥繫獄，有旨命

仁祖往籍其家。明日桑哥以左右之援得釋，來見駭然，目仁祖曰：「怒虎之威，可再犯邪！」悉踰垣以竄，仁祖獨不爲之動，桑哥竟敗。

二十八年，除翰林學士承旨、中奉大夫。遼陽饑，奉旨偕近侍速哥、左丞忻都往賑，忻都欲如戶籍口數大小給之，仁祖曰：「不可，昔籍之小口，今已大矣，可偕以大口給之。」忻都曰：「若要善名，而陷我于惡邪！」仁祖笑曰：「吾二人善惡，衆已的知，豈至是而始要名哉！我知爲國卹民而已，何卹爾言。」卒以大口給之。俄除通奉大夫、將作院使。

成宗卽位，尊大母元妃爲皇太后，以仁祖善書，特敕書册文。復奉詔督工織絲像世祖御容，越三年告成。大德五年，再授翰林學士承旨、資善大夫、知制誥兼修國史，以疾卒，年五十三。贈榮祿大夫、平章政事，追封洹國公，謚文貞。

子恕，初授奉訓大夫、壽武庫提點。至大中，遷翰林待制，後累遷至亞中大夫、侍儀使。

朶兒赤

朶兒赤字道明，西夏寧州人。父斡扎簀，世掌其國史。初守西涼，率父老以城降，太祖有旨副撒都忽爲中興路管民官。國兵西征，運餉不絕，無毫髮私，時號曰滿朝清。世祖卽位，斡扎簀寢疾卒。遺奏因高智耀以進，請謹名爵、節財用，帝嘉納焉。

朶兒赤年十五，通古注論語、孟子、尚書。帝以西夏子弟多俊逸，欲試用之，召見于香閣，帝曰：「朕聞儒者多嘉言。」朶兒赤奏曰：「陛下聖明仁智，奄有四海，唯當親君子，遠小人爾。自古帝王未有不以小人而亡者，惟陛下察焉。」帝曰：「朕於廷臣有戇直忠言，未嘗不悅而受之，違忤者，亦未嘗加罪。蓋欲養忠直，而退諛佞也。汝言甚合朕意。」因問欲何仕，朶兒赤對曰：「西夏營田，實占正軍，儻有調用，則又妨耕作。土瘠野壙，十未墾一。南軍屯聚以來，子弟蕃息稍衆，若以其成丁者，別編入籍，以實屯力，則地利多而兵有餘矣。請爲其總管，以盡措畫。」帝可之，乃授中興路新民總管。至官，錄其子弟之壯者墾田，塞黃河九口，開其三流。凡三載，賦額增倍，就轉營田使。秩滿入覲，帝大悅，陞潼川府尹。時公府無祿田，朶兒赤乃以官曠地給民，視秩分畝，而薄其稅。潼川仕者有祿，自此始。

未幾，臺臣奏爲雲南廉訪副使。時雲南諸蠻叛，僚佐悉稱故而去，朶兒赤獨居守。又八月，省臣大懼，歸符印欲遁，朶兒赤乃白于梁王，得檄而後出。遷山南廉訪副使，未幾，復調雲南廉訪使。會行省丞相帖木迭兒貪暴擅誅殺，羅織安撫使法花魯丁，將置于極刑，朶兒赤謂之曰：「生殺之柄，繫于天子，汝以方面之臣而專殺，意將何爲？小民罹法，且必審覆，況朝廷之臣耶！」法花魯丁竟獲免，尋復其官。僰夷與蠻相讐殺，時省臣受賄，助其報仇，乃詐奏蠻叛，起兵殺良民。朶兒赤奏劾，竟廢之。年六十二，卒于官。

子仁通，爲雲南省理問。天曆二年三月，雲南諸王與萬戶伯忽等叛，仁通率官軍抗之，沒於陣。

和尚〔千奴〕〔四〕

和尚，玉耳別里伯牙吾台氏。祖哈剌察兒，率所部歸太祖。父忽都思，膂力過人。歲壬辰，從睿宗破金大將合達軍于鈞州三峯山，以功賜號拔都魯。甲午，金亡。乙未，授管軍百戶，從攻宋唐、鄧、潁、蔡、襄陽、郢、復、信陽、光等州，屢立戰功。辛亥，賜名馬、文錦、白金、甲冑、弓矢。乙卯，從攻漢上鐵城寨，歿于軍，贈竭忠宣力功臣、資德大夫、中書右丞、上護軍、沇國公，謚武愍。

和尚襲父職。己未，從世祖攻鄂州。中統三年，李壇叛，從國兵討之，戰老僧口，斬獲甚衆，陞阿剌罕萬戶府經歷。至元五年，攻襄陽，軍務繁劇，贊畫一有方，都元帥阿朮薦其才可大用。

十一年，從丞相伯顏渡江，與宋軍戰于柳子、魯洑、新灘、沌口，伯顏上其功，世祖嘉奬不已。十(三)[二]年，〔五〕從平章阿里海牙攻拔岳州，取沙市。至江陵，宋安撫使高達城守拒戰，和尚直抵城下，諭以禍福，達遂開門出降，以功陞行省郎中。從國兵圍潭州，潭守臣

李芾堅守，攻之三月不下。十三年，城破，芾死。諸將利於虜略，欲屠其城，和尚宣言曰：「拒我師者，宋將耳。其民何罪。既受其降，卽是吾民，殺之何忍。且今列城多未附，降而殺之，是堅其效死之心也。」左丞崔斌曰：「郎中言是。」平章阿里海牙意亦與合，遂從之。一城之人，賴以全活。由是湖南諸郡，聞風皆下。世祖聞之，賞賜加厚，改行省斷事官。

徇地廣西，督前軍攻破靜江，遂兼行宣撫事。廣西平，授太中大夫、常德路達魯花赤，以治最聞，擢嶺南廣西道提刑按察使。時阿里海牙恃功頗驕恣，和尚劾奏不少貸。遷江南浙西道提刑按察使。浙西，宋故都，民衆事繁，在職惟務鎭靜，人服其知大體。卒于官，年四十九。贈宣忠守正功臣、銀青榮祿大夫、司徒、上柱國，追封沈國公，謚莊肅。子千奴。

千奴以御史大夫月魯那延薦，入見大安閣，世祖念其功臣子，卽以其父官授之，拜武德將軍、江南浙西道提刑按察使。時江浙行中書省，行御史臺皆治杭，千奴上言：「行省專控江浙，在杭爲宜。行臺總鎭江南，不宜偏在杭。且兩大府並立，勢偪則事窒，情通則威褻，盍移行臺於要便之所。」後數年，遂移行臺於江東。遷山南湖北道提刑按察使。

二十六年，加明威將軍，遷淮西江北道提刑按察使。時桑哥秉政擅權，勢焰熏灼，人莫敢言。千奴乘間入朝，見帝於柳林，極陳其罪狀，帝爲之改容。未幾，桑哥伏誅，又上言其

黨猶布中外，宜早處分。改立肅政廉訪司，進廣威將軍，授江北淮東道肅政廉訪使。

三十一年，遷江東建康道肅政廉訪使，丁祖母憂，服闋。東平、大名諸路有諸王牧馬草地，與民田相間，互相侵冒，有司視强弱爲予奪，連歲爭訟不能定。乃命起千奴治之，其訟遂息。

大德二年，授太中大夫、建康路總管，未行，奉詔使淮東、西問民疾苦，察官吏能否。千奴勤于咨訪，興利除害，還奏軍民便宜三十事，多見采用。歷江西湖東、江南湖北兩道廉訪使。時中書平章伯顏等固位日久，黨與衆盛，所任之人，徇情弄法，綱紀漸壞。千奴摭其實，上于憲臺以聞，伯顏等皆被黜。前後七持憲節，剛正不撓，聞朝廷事有不便，必上章極論，未嘗以內外爲嫌。

七年，授嘉議大夫、大都路總管，兼大興府尹。馭吏治民有方，以暇日正街衢，表里巷，國學興工，尤盡其力。俄進通議大夫、同僉樞密院事。上疏言：「蒙古軍在山東、河南者，往戍甘肅，跋涉萬里，裝槖鞍馬之資，皆其自辦，每行必鬻田產，甚則賣妻子。戍者未歸，代者當發，前後相仍，困苦日甚。今邊陲無事，而虛殫兵力，誠爲非計。請以近甘肅之兵戍之。而山東、河南前戍者，官爲出錢，贖其田產妻子，庶使少有瘳也。」詔從之。未幾，遷參議中書省事，贊決機務，精練明敏。凡干祿之人由他道進者，一切不用，時論翕然稱焉。

成宗崩，迎仁宗於潛邸，奉武宗卽位，危疑之際，彌綸補益之功爲多。拜榮祿大夫、平章政事、商議樞密院事、左翼萬戶府達魯花赤，提調屯田事。賜玉帶。

延祐五年，乞致仕，帝憫其衰老，從其請，仍給半俸終其身。退居濮上，築先聖宴居祠堂於歷山之下，聚書萬卷，延名師教其鄉里子弟，出私田百畝以給養之。有司以聞，賜額歷山書院。家居七年而卒，年七十一。贈推忠輔治功臣、光祿大夫、河南江北等處行中書省平章政事、上柱國，追封衞國公，謚景憲。

子龍寶，監察御史；壽童，洪澤屯萬戶，早卒；不蘭奚，南臺御史；觀音保，襲洪澤屯萬戶；孛顏忽都，起進士知鄭州，以治行第一，入爲翰林國史院經歷。

劉容

劉容字仲寬，其先西寧青海人。高祖阿華，西夏主尙食。西夏平，徙西寧民於雲京。容父海川，在徙中，後遂爲雲京人。

容幼穎悟，稍長，喜讀書。其俗素尙武，容亦善騎射，然弗之好也。中統初，以國師薦，入侍皇太子於東宮，命專掌庫藏。每退直，卽詣國子祭酒許衡，衡亦與進之。至元七年，世祖駐蹕鎭海，聞容知吏事，召至，命權中書省掾。事畢復前職，以忠直稱。

十五年，奉旨使江西，撫慰新附之民。或勸其頗受送遺，歸賂權貴人，可立致榮寵，容曰：「剝民以自利，吾心何安。」使還，惟載書籍數車，獻之皇太子。忌嫉者從而讒之，由是稍疏容，然容亦終不辯。會立詹事院，容上言曰：「太子天下本，苟不得端人正士左右輔翼之，使傾邪側媚之徒進，必有損令德。」聞者是之。俄命爲太子司議，改祕書監。

未幾，出爲廣平路總管。富民有同姓爭財產者，訟連年不決，容至，取籍考二人父祖名字，得其實，立斷之，爭者遂服。皇子雲南王至汴，其達魯花赤某欲厚斂，以通賄于王，容請自往，乃減其費。後以疾卒於官，年五十二。

迦魯納答思

迦魯納答思，畏吾兒人，通天竺教及諸國語。翰林學士承旨安藏扎牙答思薦於世祖，召入朝，命與國師講法。國師西番人，言語不相通。帝因命迦魯納答思從國師習其法，及言與字，期年皆通。以畏吾字譯西天、西番經論，旣成，進其書，帝命鋟版，賜諸王大臣。西南小國星哈剌的威二十餘種來朝，迦魯納答思於帝前敷奏其表章，諸國驚服。

朝議興兵討暹國、羅斛、馬八兒、俱藍、蘇木都剌諸國，迦魯納答思奏：「此皆蕞爾之國，縱得之，何益？興兵徒殘民命，莫若遣使諭以禍福，不服而攻，未晚也。」帝納其言。命岳剌

也奴、帖滅等往使，降者二十餘國。

至元二十四年，丞相桑哥奏爲翰林學士，帝曰：「迦魯納答思之官，非汝所當奏也。」既而擢翰林學士承旨、中奉大夫，遣侍成宗於潛邸，且俾以節飲致戒。成宗卽位，思其忠，遷榮祿大夫、大司徒；憐其老，命乘車入殿。仁宗卽位，廷議汰冗官，獨迦魯納答思爲司徒如故，仍加開府儀同三司，賜玉鞍一。是年八月卒。

闊里吉思

闊里吉思，蒙古按赤歹氏。曾祖八思不花，從攻乃蠻、欽察、兀羅思、馬扎兒、回回諸國，常爲先鋒破敵，太祖嘉之，賜以虎符。及諭降豐州、雲州，擢充宣撫使。祖忽押忽辛襲職，佩虎符。憲宗嘗語之曰：「汝所佩金符舊矣，何以旌世功。」命改製，以賜之。中統三年，改河中府達魯花赤，卒。父藥失謀，擢襄陽統軍司經歷，改宿州達魯花赤，皆不拜。樞密副使孛羅、御史中丞木八剌引見世祖，奏曰：「此忽押忽辛子也，乞以其祖父虎符授之。」擢中順大夫、金剛臺達魯花赤，繼改光州。屢遷安東州、河中府及濕州、潞州，以建康路達魯花赤致仕。

闊里吉思初以宿衞，充博兒赤。至元二十五年，擢朝列大夫、司農少卿，賜金束帶。遷

中議大夫、司農卿。陞資善大夫、司農卿。拜榮祿大夫、行湖廣平章，將兵討海南生黎諸峒寨。又明年，平之。師還，徵入見，賜玉束帶、金銀、幣帛、弓矢、甲冑，及寶鈔、鞍勒，得旨還鎭。

成宗卽位，入見，賜海東青鶻、白鶻各一，及衣服有差。大德二年，改福建行省平章。未幾，以福建隸江浙，改福建道宣慰使、都元帥。陞征東省平章政事。高麗刑政無節，官冗民稀，闊里吉思因悉加裁正以聞。有旨，徵入見，俾條析便民事宜。大德五年，復拜湖廣平章，踰年，改陝西，以目疾還京師。加官至金紫光祿大夫、雲南諸路行中書省左丞相，卒年六十六。

子完澤，湖廣右丞，征廣西賊，卒于軍。

小雲石脫忽憐 八丹附

小雲石脫忽憐，畏吾人，仕其國爲吾魯愛兀赤，猶華言大臣也。太祖時，與其父來歸。從征回回國還，事睿宗於潛邸。眞定，睿宗分地，以爲本路斷事官。

子八丹，事世祖爲寶兒赤，鷹房萬戶。從征哈剌張有功，賜男女各一人、金一鋌，及銀甕等物。征阿里不哥，戰於昔門禿，日三合，殺獲甚衆，賜金一錠。後以鷹房萬戶從裕宗北征，至鎭海你里溫，賜銀椅及鈔一萬五千貫，命歸守眞定。

未幾，命行省揚州，八丹辭曰：「臣自幼未嘗去陛下，願留侍左右。」改隆興府達魯花赤，遙授中書右丞，諭之曰：「是朕舊所居，汝往居之。」八丹又辭，帝不允。居三年，海都叛，奉旨從甘麻剌太子往征之，師還，以功賜金一鋌。卒贈銀青（光）〔榮〕祿大夫、〔六〕司徒。

子阿里，鷹房千戶；石得，安西王相府官；德眼，汝定府達魯花赤；〔七〕阿散，甘肅行省平章政事；臘眞，由會同舘使同知通政院，有政蹟，官至榮祿大夫、中書省平章政事，兼翰林學士承旨、通政院使，卒。子察乃，金紫光祿大夫、中書省平章政事。察乃子十人：老章，知樞密院事；撒馬篤，中書省參知政事。

斡羅思

斡羅思，康里氏。曾祖哈失伯要，國初款附，爲莊聖太后宮牧官。祖海都，從憲宗征釣魚山，歿于陣。父明里帖木兒，世祖時爲必闍赤，後爲太府少監。

斡羅思，至元十九年爲內府必闍赤。二十一年，拜監察御史。遷雲南行省理問，領雲南王府事。後以忤桑哥被譖，籍其家，唯金玉帶各一、黃金五十兩，皆上所賜者。乃以公用

係官孳畜，加之罪，帝曰：「口腹之事，其寢之。」二十六年，置八番羅甸宣慰司，進嘉議大夫、宣慰使。時諸蠻叛服不常，斡羅思平之，乃立安撫等司以守焉。二十八年，平楊都要等。九月，進中奉大夫，錫虎符。明年，爲八番順元等處宣慰使、都元帥，賜三珠虎符。

大德六年，授通奉大夫、羅羅思宣慰使，兼管軍萬戶。進正奉大夫。武宗立，召還，授資善大夫、中書左丞，領武衞親軍都指揮使，大都屯田府事。尋進榮祿大夫、中書右丞，兼翰林國史承旨，仍領武衞屯田。屢奉旨賜貲產第宅，固辭。遷四川行省平章政事。至大二年，召還，以瘴癘臥病不起。皇慶二年卒，年五十有六。贈光祿大夫、益國公。

子博羅普化，初直宿衞，爲速古兒赤。至大元年，爲翰林侍講學士，以父疾歸侍。延祐四年，復入侍爲速古兒赤扎撒孫。至治元年，爲速古兒赤五十人之長，兼領皇后宮寶兒赤。二年，襲授河南府同知。子察罕不花，領其所掌宿衞。天曆元年，見文宗于汴，入直宿衞，爲溫都赤。拜監察御史，繼遷御史臺經歷、中書右司郎中。授中憲大夫、隆禧總管府副達魯花赤。

朶羅台

朶羅台，唐兀氏。祖小丑，太祖既定西夏，括諸色人匠，小丑以業弓進，賜名怯延兀蘭，

命爲怯憐口行營弓匠百戶，徙居和林，卒。父塔兒忽台襲職。阿里不哥叛，塔兒忽台從戰于失畝里禿之地，死之。

朵羅台從萬戶也速觧兒、玉哇赤等累戰有功，授前衞親軍百戶。積官昭信校尉、芍陂屯田千戶所達魯花赤，後以疾退。

朵羅台之弟闊闊出，亦業弓，嘗獻所造弓，帝稱善，問其父何名，闊闊出對曰：「塔兒忽台，臣之父也。」帝見其狀貌魁偉，且問其能射乎？左右對曰：「能。」試之，果然，遂命爲近侍。明年，武備寺臣復以其弓獻，且奏用之。帝曰：「孔子言三綱五常。人能自治，而後能治人；能齊家，而後能治國。汝可以此言諭之，而後用之。」俄擢爲大同路廣勝庫達魯花赤。廣勝者，貯兵器之所。時總管唐兀海牙以庫作公署，置甲仗於虛廡中，多被蟲鼠之害，闊闊出言於帝，復之，且責其償兵器之旣壞者。使者薛綽不花、納速魯丁以檄取鷹房軍衣甲弓矢若干，闊闊出責其入文書，領去。時憲副速魯蠻令毋入文書，且命有司封鑰其庫，將點視之，闊闊出不從。事聞，帝命笞速魯蠻，罷之。

大德元年，陞大同路武州達魯花赤，兼管本州諸軍奥魯勸農事。又監建州、利州，改僉四川道廉訪司事，拜監察御史，累官中大夫、大寧路總管，卒于官。

朵羅台之子脫歡，初直宿衞，歷御史臺譯史，拜監察御史。遷四川行省左右司員外郎、

四川廉訪司僉事、樞密院都事，陞斷事官。其在四川時，嘗上疏曰：「內外修寺，雖支官錢，而一椽一瓦，皆勞民力，百姓嗟怨，感傷和氣。宜且停罷，仍減省供佛飯僧之費，以紓國用。如此則上應天心，下合民志，不求福而福自至矣。回回戶計，多富商大賈，宜與軍民一體應役，如此則賦役均矣。爲國以善爲寶，凡子女、玉帛、羽毛、齒革、珍禽、奇獸之類，皆喪德喪志之具。今後回回諸色人等，不許齎寶中賣，以虛國用，違者罪而沒之。如此則富商大賈無所施其奸僞，而國用有畜積矣。」其辭懇直剴切，當時稱之。

也先不花

也先不花，蒙古怯烈氏。祖曰昔剌斡忽勒，兄弟四人，長曰脫不花，次曰怯烈哥，季曰哈剌阿忽剌。方太祖微時，怯烈哥已深自結納，後兄弟四人皆率部屬來歸。太祖以舊好，遇之特異他族，命爲必闍赤長，朝會燕饗，使居上列。昔剌斡忽勒早世，其子孛魯歡幼事睿宗，入宿衞。憲宗卽位，與蒙哥撒兒密贊謀議，拜中書右丞相，遂專國政。賜眞定之束鹿爲其食邑。至元元年，以黨附阿里不哥論罪伏誅。子四人：長曰也先不花；次曰木八剌，初立御史臺，爲中丞；次曰答失蠻，累官至銀青榮祿大夫；次曰不花帖木兒，拜榮祿大夫、四川省平章政事。

也先不花初世其職，爲必闍赤長。裕宗封燕王，世祖命也先不花爲之傅，且謂之曰：「也先不花，吾舊臣子孫，端方明信，閑習典故，爾每事問之，必不使爾爲不善也。」

二十三年，拜上柱國、光祿大夫、雲南諸路行中書省平章政事。時阿郞、可馬丁諸種㚑夷爲變，討平之。遂立登雲等路、府、州、縣六十餘所，得戶二十餘萬，官其酋長，定其貢稅，邊境以寧。

大德二年，遷湖廣行省平章。爲政不怒而威，不察而明。大事集議，衆論不齊，徐決一言，切中事理，咸出人意表。會汴梁行省有妖獄，飛語連湖廣平章政事劉（漢）〔國〕傑、〔八〕右丞燕公楠，朝廷（譯）〔驛〕召二人者入。〔九〕二人與也先不花嘗有違言，也先不花急遣使附奏，明其無他，二人皆得釋。八年，遷平章河南行省，河決落黎堤，勢甚危，督有司先士卒以備之，汴以無患。九年，進拜上柱國、銀青榮祿大夫、湖廣等處行中書省左丞相，賞賜無虛月，方面以安。至大二年卒。天曆二年，贈推忠守正佐運翊戴功臣、太師、開府儀同三司、上柱國、恒陽王，謚文貞。子五人：曰亦憐眞，曰禿魯，曰答思，曰怯烈，曰按攤。

亦憐眞，事裕宗於東宮，爲家令。累拜銀青榮祿大夫、湖南等處行中書省左丞相。延祐元年卒。天曆元年，贈推誠輔治宣化保德功臣、太傅、開府儀同三司、上柱國，追封武昌王，謚忠定。

禿魯，歷事四朝，起家宗正府也可扎魯花赤，拜開府儀同三司、中書右丞相、御史大夫、太傅、錄軍國重事，薨。天曆二年，贈懷忠秉義昭宣弼亮功臣、太師、開府儀同三司、上柱國，追封廣陽王。

答思，仕至資德大夫、湖南宣慰使。怯烈，仕至中政使。

按攤，事成宗，襲長宿衞，有旨給七乘傳，使往侍其父也先不花于湖廣。諸道憲司以按攤孝行聞，拜中奉大夫、海北海南道宣慰使、都元帥。海康與安南、占城諸夷接境，海島生黎叛服不常，按攤威望素著，夷人帖服，生黎王高等二十餘洞，皆願輸貢稅。在鎭期年，以省親辭去。至大二年，拜資德大夫、中書右丞，行浙東道宣慰使司都元帥。未幾，奔父喪于武昌，以哀毀致疾卒。天曆二年，贈秉義效忠著節佐治功臣、太保、開府儀同三司、上柱國，追封特進趙國公、中書左丞相，謚貞孝。

子阿榮，〔一〇〕由宿衞起家，湖南道宣慰副使，歷拜奎章閣大學士、榮祿大夫、太禧宗禋院使都典制神御殿事。

校勘記

〔一〕月（乃合）〔合乃〕　據本書卷一四三馬祖常傳及石田集附許有壬馬祖常神道碑銘改正。下同。石

田集卷一三馬公神道碑作「月忽乃」，黃金華集卷四三馬氏世譜作「月忽難」。「月合乃」，也里可溫教名。

〔二〕(靜)〔淨〕州之天山　見卷一校勘記〔一四〕。

〔三〕曾孫祖常　考異云：「案馬祖常既別爲立傳，此復附見六十餘言，贅矣。」馬祖常傳見卷一四三。

〔四〕〔千奴〕　據本書原目錄補。

〔五〕十(三)〔二〕年　按本書卷八世祖紀至元十二年三月壬辰、四月丙午條、卷一二九李恒傳，元兵下岳州、沙市在至元十二年，據改。下文有「十三年」。

〔六〕銀青(光)〔榮〕祿大夫　據黃金華集卷二四亦輦真神道碑改。按本書卷九一百官志，文散官四十二階無「銀青光祿大夫」。新元史已校。

〔七〕汝定府　道光本改作「汝寧府」。按元無「汝定府」，汝寧府隸河南江北行省。

〔八〕劉(漢)〔國〕傑　據本書卷一六二劉國傑傳改。蒙史已校。

〔九〕朝廷(譯)〔驛〕召二人者入　從北監本改。

〔一〇〕子阿榮　考異云：「當云『阿榮自有傳』。『由宿衞起家』以下三十七字皆可删。」阿榮傳見卷一四三。

元史卷一百三十五

列傳第二十二

鐵哥朮

鐵哥朮，高昌人。世居五城，後徙京師。曾祖父達釋，〔一〕有謀略，爲國人所信服。太祖西征，高昌國主懼，以錦衣、白貂帽召達釋與謀。達釋知天命有歸，勸其主執贄稱臣，以安其國，由是號爲尚書。太祖班師，諸王言於帝曰：「達釋之子野里朮驍勇善戰，所將部落又强大。聞其人每思率衆效順而未有機便，盍致之乎？」太祖是其議，卽詔給驛馬五百，迎與俱來。既至，引見，甚器重之。丙午，太祖西征，〔二〕野里朮別從親王按只台與敵戰有功，甚見親遇。王方以絳蓋障日而坐，及聞野里朮議事，喜見顏色，稱善久之，既退，撤其蓋送之十里。遂得兼長四環衞之必闍赤。壬辰，從國兵討金，以戰功最多，賞賚優渥。甲午，副忽都虎籍漢戶口，籌其賦役，分諸功臣以地，人服其斂。

鐵哥朮，野里朮長子也，尤沉鷙有才。嘗有擁兵叛者，鐵哥朮率族人與戰于魚兒濼。時軍興，簿檄繁急，鐵哥朮一以其國書識之，無遺失者，帝甚嘉焉。至元中，擢爲(隸)〔棣〕州達魯花赤，〔三〕遷德安府達魯花赤。適土人蔡知府者以衆叛，鐵哥朮率衆先登，冒矢石，身被數槍，猶戰不已，遂討平之。主將怒，將屠其城。鐵哥朮請曰：「叛者蔡知府數人而已，城中之人何預焉。盍誅其黨與而止，毋令濫及非辜。」主將嘉其誠懇，城遂得全。累官至嘉議大夫、婺州路達魯花赤，所在咸著政蹟。大德己亥卒，成宗敕其孫海壽載其柩歸葬京師，贈榮祿大夫、江浙行省平章政事、柱國，封雲國公，諡簡肅。

子四人：義堅亞禮，幼給事裕宗宮。至元十五年，爲中書省宣使。嘗使河南，適汴、鄭大疫，義堅亞禮命所在村郭搆室廬，備醫藥，以畜病者，由是軍民全活者衆。還，直省舍人。承中書檄徵考上都儲偫，及還，帝賜錦衣貂裘一襲，以旌其能。出爲湖州路達魯花赤，卒于官。月連朮，同知安陸府事。八扎，同知宣政院事。孫九人，海壽，義堅亞禮子也。由宿衞世祖朝累官至太中大夫、杭州路達魯花赤，招復流民有恩惠。卒，贈翰林直學士，封范陽郡侯，諡惠敏。

塔出

塔出，布兀剌子也。幼孤，長善騎射。至元元年，入侍世祖，占對多稱旨，賜以寶貨衣物。四年，給以察罕食邑賦稅之半，又還其所俘逋戶三十。七年，降金虎符，授昭勇大將軍、山東統軍使，鎮莒、密、膠、沂、郯、邳、宿、卽墨等城，設方略，謹斥候，宋人不敢北嚮。九年，詔更統軍司爲行樞密院，改僉樞密院事。數將兵攻下瀕淮堡柵，略地漣海，獲人畜萬計。宋人蔣德勝來降，塔出表言宜加賞賚以勸來者，於是賜黃金五十兩，白金倍之。

十年，改僉淮西等處行樞密院事，城正陽以扼淮海諸州兵。宋陳奕率安豐、廬、壽等州兵數撓其役，塔出選精銳日十數戰，奕遁去，卒城正陽。宋人復造戰艦於六安，欲攻正陽，塔出詗知之，率騎兵焚其艦。餽饟久不繼，出兵據險，潛取安豐麥以餉軍，宋兵壁橫河口，塔出將奇兵大破之。

十一年，朝議：「淮上諸郡，宋之北藩，城堅兵精，攻之不可猝下，徒老我師。宜先渡江覆其根本，留兵淮甸絕其救援，則長江可乘虛而渡也。」於是以塔出爲鎮國上將軍、淮西行省參知政事，帥師攻安豐、廬、壽等州，俘生口萬餘來獻，賜蒲萄酒二壺，仍以曹州官園爲第宅，給城南閑田爲牧地。

宋夏貴帥舟師十萬圍正陽，決淮水灌城，幾陷，帝遣塔出往救之。道出潁州，遇宋兵攻潁，戍卒僅數百人，盛暑，塔出卽發公庫弓矢，驅市人出戰，預度潁之北關攻易破，乃急徙民

入城伏兵以待。是夜，宋人果焚北關，火光屬天，塔出率衆從暗中射之，矢下如雨，宋軍退走至沙河，大破之，溺死者不可勝計。明日，長驅直走正陽，時方霖雨，突圍入城，遂堅壁不出。俄復開霽，與右丞阿塔海分帥銳師以出，渡淮至中流，皆殊死戰，宋軍大潰，追數十里，斬首數千級，奪戰艦五百餘艘，遂解正陽之圍。塔出乃上奏：「方事之殷，宜明賞罰，俾將士有所懲勸。」帝納其言，頒賞有差。秋八月，淮西行省復爲行院。塔出引兵渡淮，屯廬、揚間。

十二年，從丞相伯顏以舟師與宋軍戰，宋軍大潰，其臣賈似道奔揚州，遂分兵四出，克池州，取太平，順流東下，至建康、丹徒、江陰、常州，皆望風迎降。時揚州未附，諜告揚州人將夜襲丹徒，守將乞援，塔出設伏以待，揚州軍果夜至，塔出扼西津邀擊之，殺獲溺死者甚衆。入朝，帝賜玉帶旌其功，授淮東左副都元帥，仍佩金虎符。十三年，加通奉大夫、參知政事，領淮西行中書省事。時沿淮諸州新附，塔出禁侵掠，撫瘡痍，練士卒，備姦宄，境內帖然。俄遷江西都元帥，征廣東，塔出宣布恩信，所至溪峒納款，廣東遂平。

十四年，加賜雙虎符，爲江西宣慰使。宋益王昰、廣王昺走保嶺海，復改江西宣慰司爲行中書省，還治贛州，授塔出資政大夫、中書(左)〔右〕丞，行中書省事。〔四〕十五年，以二王事入覲。帝命張弘範、李恒總兵進討，塔出留後，以供軍費。初江西甫定，帝命隳其城，塔出卽表言：「豫章諸郡皆瀕江爲城，霖潦泛溢，無城必至墊溺，隳之不便。」帝從之。降附之初，有謀畔者，既敗獲矣，塔出謂同僚曰：「撫治乖方之所致也，中間豈無詿誤。」止誅其渠魁，盡釋餘黨。瑞州張公明愬左丞呂師夔謀爲不軌，塔出廉知其誣，曰：「狂夫欲脅求貨耳，若以曖昧言遽聞之朝廷，則大獄茲興，連及無辜。且師夔既居相職，詎肯爲狂妄之事！若遲疑不決，恐彼驚疑，反生異謀。」乃斬公明而後聞，帝是之。十七年，入覲，賜勞有加，復命行省於江西，尋以疾卒於京師，時年三十七。妻明理氏，以貞節稱，旌其門閭。

二子：長宰牙，襲爵中奉大夫、江西宣慰使；次必宰牙，仕至征東行中書省左丞，妻伯牙倫，泰安郡武穆王孛魯歡之女，亦守義有賢行。

塔里赤

塔里赤，康里人。其父也里里白，太祖時以武功授帳前總校，奉旨南征至洛陽，得唐白樂天故址，遂家焉。

塔里赤幼穎異，好讀書，尤善騎射。襲父職，參佐戎幕，調度軍馬，動合事宜。行省奏充斷事官。時南北民戶主客良賤雜糅，蒙古軍牧馬草地互相占據，命塔里赤至其地理之，

軍民各得其所，由是世祖知其能。俾領蒙古軍圍樊襄，塔里赤躬冒矢石，所向摧陷，樊城破，襄陽降。從丞相伯顏渡江，駐臨安，尋命平章奧魯赤等分爲六路，追襲宋二王。塔里赤領軍至福建，所過秋毫無犯，降者如歸，宋都統陳宗榮率衆來降。以功遷福建招討使。

時諸郡盜起，其最盛者陳吊眼，擁衆五萬，陷漳州。行省承制命塔里赤爲閩廣大都督、征南都元帥，總四省軍，復漳州，生擒陳吊眼戮于市，餘黨悉伏誅。繼從征交趾，擊敗黃聖許等，積功加鎮國上將軍、三珠虎符、廣西兩江道宣慰使都元帥。賀州盜起，塔里赤討平之。改福建宣慰使，又改浙東。金瘡發卒，贈輔國上將軍、浙東道宣慰使都元帥、護軍，追封臨安郡公。

子二人：脫脫木兒，邵武汀州新軍萬戶府達魯花赤；萬奴，廣西宣慰使都元帥。

塔海帖木兒

塔海帖木兒，答答里帶人。其先在太祖時事國王木華黎，將左手大萬戶下蒙古軍，鎮太原以西八州。破金將王公佐軍，斬公佐。從攻陝右，征河西，滅金，皆有功，賜種田戶二百七十。曾祖忒木勒哥嗣，從都元帥塔海紺卜征蜀，死於興元。祖扎剌帶嗣。扎剌帶卒，父拜答兒尚幼，從祖扎里、答朮相繼襲其職。扎里從都元帥大答征蜀，以所統軍二百人破宋

軍于巴州，斬首三百級，生擒五十餘人。答朮以西川行樞密院檄領兵三千人救碉門，大敗宋軍，斬首三百餘級，俘百餘人以歸。拜答兒既長，始以父官從行省也速帶兒征建都，死軍中。

塔海帖木兒襲父職，初從行院忽敦圍嘉定，嘉定降。進圍重慶，守將張珏出師迎敵，塔海帖木兒力戰陷陣，功最多。十五年，又以都魯軍二百人破宋軍於白水江，〔五〕奪戰船一，俘其衆十三人。陞宣武將軍、管軍總管。從也速答兒征亦奚不薛，又從征都掌蠻，皆以爲前鋒，殺獲甚衆。

九溪蠻、散猫、大盤蠻尚木的世用等叛，從行省曲立吉思帥師往討，皆擒之，及殺其酋長頭狗等。也速答兒、藥剌罕率兵萬人會雲南兵討烏蒙蠻，至閟竈，其酋長阿蒙率五百餘衆奔麻布蠻地，塔海帖木兒以四百人追至山箐中，大敗之，擒阿蒙以歸。二十六年，又從也速答兒西征，不知所終。

口兒吉

口兒吉，阿速氏。憲宗時，與父福得來賜俱直宿衛，領阿速軍二十戶。世祖時，口兒吉以百戶從元帥阿朮伐宋有功，賜以白金等物。宋平，命充大宗正府也可扎魯花赤，領阿速

軍從征海都，以功授上賞。師還，成宗命宣撫湖廣等處，訪求民瘼，還仍舊職。至大元年，武宗命充左衛阿速親軍都指揮使，進階廣威將軍。四年，卒。

子的迷的兒，由玉典赤改百戶，領阿速軍，從指揮玉爪失征叛王乃顏，卻金剛奴軍于鐵寶直之地，降哈丹禿魯干，累以功受賞。至大四年，襲父職，授明威將軍、阿速親軍都指揮使。子香山，事武宗、仁宗，直宿衛。天曆元年九月，兵興，從戰宜興，擊殺敵兵七人，自旦至暮，卻敵兵凡一十三處。以功賜金帶一，授左阿速衛都指揮使。

忽都

忽都，蒙古兀羅帶氏。父孛罕，事太祖，備宿衛。至太宗時爲鎭西行省，領蒙古、漢軍從攻河中、潼關、河南，與拜只思、扎忽歹、阿思蘭攻秦鞏及仁和諸堡，又與拜只思守京兆。歲乙未，授左手萬戶，從都元帥答海紺卜出征，卒軍中。

憲宗命忽都將其軍從都元帥大答攻巴州，又從都元帥紐璘渡馬湖江，破宋敍州兵於老君山下。中統元年，宋將以舟師二千犯成都新津，忽都逆擊敗之，斬首百五十級。至元元年，授蒙古漢軍總管。二年，從都元帥百家奴敗宋將夏貴於懷安。五年，卒。

子扎忽帶，時在宿衛，弟忽都答立襲其職。忽都答立卒，札忽帶嗣，爲千戶，從行樞密院圍重慶。重慶守張珏遣勁兵數千出挑戰，札忽帶力戰大破之。回軍圍瀘州，未下，行樞密院遣入朝計事，授宣武將軍、管軍總管。復還攻瀘，登城，與瀘兵搏戰而死。子阿都赤嗣。

孛兒速

孛兒速，脫脫忒氏。世祖時直宿衛，扈駕征哈剌章還，帝駐蹕高阜，見河北有駕舟而來者，顧謂左右曰：「是賊也，奈何？」孛〔思〕〔兒〕速進曰：〔六〕「臣請禦之。」即解衣徑渡，揮戈刺死舟尾二人，挐其舟就岸，舟中之人倉惶失措，帝命左右悉擒之。哈剌章平，以功論賞。

子答答呵兒，從征孛可有功，由宿衛陞武德將軍、揭只揭烈溫千戶所達魯花赤。從征叛王乃顏、也不干等，奮戈擊死數人，擒也不干，收其所管欽察之民。武宗時，進懷遠大將軍、元帥，卒。

月舉連赤海牙

月舉連赤海牙，畏兀兒〔人〕。〔七〕從憲宗征釣魚山，奉命修麴藥以療師疫，賞白金五十兩。繼從太子滿哥都征雲南，戰數勝。中統三年，火都暨答離叛，領兵與討平之。至元十二年，佩虎符，爲隴右河西道提刑按察使。兀朗孫火石顏謀亂，從皇太子安西王往鎭之，皇

太子賜以白金五十兩。

十五年，與伯速帶平土魯，皇子復賜金衣腰帶金椀，且以其功聞。十七年，進官嘉議大夫，仍居舊職。二十年，進中奉大夫、四川等處行中書省參知政事，尋以疾歸秦州。大德八年卒。至順中，贈推忠宣力定遠功臣、資善大夫、陝西行省左丞、護軍，追封威寧郡公，諡襄靖。

阿答赤

阿答赤，阿速氏。父昂和思，〔八〕憲宗時佩虎符爲萬戶。

阿答赤扈從憲宗南征，與敵兵戰于劍州，以功賞白銀。阿里不哥叛，從也兒怯等征之，有功。世祖中統三年，從征李璮，身二十餘戰，累功授金符千戶。丞相伯顏、平章阿朮之平江南也，阿答赤皆在行中，著戰功，歿于陣，帝憐之，特賜鈔七十錠、白金五百兩，爲葬具，仍賜鎭巢之民一千五百三十九戶，命其子伯答兒襲職。

伯答兒從別急列迷失北征，與瓮吉剌只兒瓦台戰于牙里伴朶之地，以功受上賞。尋進定遠大將軍、後衛都指揮使，兼右阿速衛事，將阿速軍往征別失八里，與敵兵累戰累捷。樞密臣以其功聞，賞白金、貂裘、弓矢、鞍轡等，尋復以銀坐椅賜之。

子斡羅思，由宿衞陞僉隆鎭衞都指揮使司事，賜一珠虎符。天曆元年，諭降上都軍凡若干數，特賜三珠虎符，陞本衞都指揮使。

明安

明安，康里氏。至元十三年，世祖詔民之蕩析離居及僧道、漏籍諸色人不當差徭者萬餘人充貴赤，令明安領之。明安歲扈駕出入，克勤于事。二十年，授定遠大將軍、中衞親軍都指揮使。明年，賜佩虎符，領貴赤軍北〔征〕。〔九〕又明年，立貴赤親軍都指揮使司，命爲本衞達魯花赤。尋奉旨領蒙古軍八千北征，明年，至別失八剌哈思之地，與海都軍戰有功。

二十六年冬十二月，別乞憐叛，劫取官站脫脫火孫塔剌海等，明安率衆追擊之，五戰五捷，悉還之。至杭海，强民闊闊台、撒兒塔台等率衆作亂，奪三站地，劫脫脫火孫，明安引兵又追擊之，却其軍。二十七年秋七月，布四麻、當先別乞失、出春伯駙馬、兀者台、朶羅台、兀兒答兒、塔里雅赤等掠四怯薛牛馬畜牧，及劫滅烈太子昔博赤幷斡脫、布伯各投下民殆盡。明安將兵追擊于汪吉昔博赤之城，賊軍敗走，還所掠之民幷獲其牛馬畜牧等以歸。時出伯、伯都所領軍乏食，奉旨以明安所獲畜牧濟之。二十九年，以功陞定遠大將軍、貴赤親軍都指揮使司達魯花赤。時別失八哈孫盜起，詔以兵討之，戰于別失八里禿兒古闌，

有功，賊軍再合四千人於忽蘭兀孫，明安設方略與戰，大敗之。大德二年，復將兵北征，與海都戰。七年，歿于軍。子曰帖哥台，曰孛蘭奚。

帖哥台，初爲昭勇大將軍、貴赤親軍都指揮使司達魯花赤。及改充萬戶，則以其叔父脫迭出代之。帖哥台後以萬戶改中衞親軍都指揮使，進銀青榮祿大夫、平章政事。子曰普顏忽里，曰善住。普顏忽里，懷遠大將軍、貴赤親軍都指揮使司達魯花赤。善住，初直宿衞，歷中書直省舍人、諸色人匠達魯花赤，遷奉議大夫、僉中衞親軍都指揮使司事。天曆元年九月，賜佩一珠虎符，從丞相燕帖木兒禦敵檀州等處，又率其家人那海等一十一人，自出乘馬與遼軍戰，却其軍，俘八十四人以歸。丞相嘉之。

孛蘭奚，昭武大將軍、中衞親軍都指揮使，積官銀青榮祿大夫、太尉。子桑兀孫，中衞親軍都指揮使。桑兀孫卒，弟乞答海襲職。

忽林失

忽林失，八魯剌解氏。曾祖不魯罕罕劄，事太祖，從平諸國，充八魯剌思千戶，以其軍與太赤溫等戰，重傷墜馬，帝親勒兵救之，以功陞萬戶，賜黃金五十兩、白金五百兩，俾直宿衞。祖許兒台，年十五能馳射賊，以勇略稱。從定宗〔征〕欽察，〔一〇〕爲千戶。領兵下西番。

從世祖伐宋，至亳州，與宋人迎敵，敗之。父瓮吉剌帶，初爲軍器監官，從世祖親征阿里不哥，以功受上賞。俄奉旨使西域，籍地產，悉得其實。帝方欲大用之而卒。

忽林失初直宿衞，後以千戶從征乃顏，馳馬奮戈，衝擊敵營，矢下如雨，身被三十三創。成宗親督左右出其鏃，命醫療之，以其功聞。世祖以克宋所得銀甕及金酒器等賜之，命領太府監。後以千戶從皇子闊闊出出征，還，留鎭軍中。

後從成宗與海都、都瓦等戰有功，成宗嘉之，特命爲翰林承旨，俄改萬戶。與叛王斡羅思、察八兒等戰，以功授榮祿大夫、司徒，賜銀印。武宗嘗曰：「羣臣中能爲國宣力如忽林失者實鮮，其厚賚之。」於是遣使召見。未幾武宗崩，仁宗卽位，念其舊勳，賞賚特厚。

子燕不倫，初奉興聖太后旨，充千戶。俄改充萬戶，代其父職。尋罷，歸其父所受司徒印及萬戶符於有司，仍直宿衞。致和元年秋八月，在上都，思武宗之恩，與同志合謀奉迎文宗。會同事者見執，乃率其屬奔還大都。特賜龍衣一襲，命爲通政院使。天曆元年九月，同丞相燕帖木兒敗王禪等兵于紅橋，又戰于白浮，又戰于昌平東，又戰于石槽。帝嘉其功，拜榮祿大夫知樞密院事，以世祖常御金帶賜之。

失剌拔都兒

失剌拔都兒，阿速氏。父月魯達某，憲宗時領阿速十人入覲，充阿塔赤，從世祖至哈剌〔章〕之地，〔一一〕戰數勝，兀里羊哈台以其功聞，賜所俘人一口以賞之，後以金瘡發卒。

失剌拔都兒至自脫別之地，帝特賜白金、楮幣、牛馬等物。至元〔二〕十一年，從丞相伯顏南征有功，〔一二〕仍充阿塔赤。帝嘗命放海青，曰：「能獲新者賞之。」失剌拔都兒卽援弓射一兔二禽以獻，賞沙魚皮雜帶及貂裘，且命於尙乘寺爲少卿、於阿速爲千戶。二十四年，授武略將軍，管阿速軍千戶，賜金符。乃顏叛，從諸王和元魯往征之，力戰有功。乃顏平，帝賞以金腰帶及銀交牀等。二十五年，進武德將軍、尙乘寺少卿，兼阿速千戶。征哈答安等，敗之，獲其駝馬等物。成宗嘉其功，以軍二千益之。討叛王脫脫，擒之，以功受賞。大德六年卒。

子那海，襲其職。至大二年，進宣武將軍、右衞阿速親軍都指揮使，賜三珠虎符。泰定二年，覃加明威將軍。

徹里

徹里，阿速氏。父別吉八，在憲宗時從攻釣魚山，以功受賞。徹里事世祖，充火兒赤。從征海都，奮戈擊其前鋒，官軍二人陷陣，掖而出之，以功受賞。後從征杭海，獲其牛馬畜牧，悉以給軍食。帝嘉之，賞鈔三千五百錠，仍以分賚士卒。

成宗時，盜據博落脫兒之地，命將兵討之，獲三千餘人，誅其酋長還。奉命同客省使拔都兒等往八兒胡之地，以前所獲人口畜牧悉給其主。軍還，帝特賜鈔一百錠。武宗居潛邸，亦以銀酒器賞之。至大二年，立左阿速衞，授本衞僉事，賜金符。皇慶二年，從湘寧王北征，以功賜一珠虎符。

子失列門，直宿衞。致和元年秋八月，從知院脫脫木兒至潮河川，獲完者八都兒、愛的斤等十二人，戮八人，執四人歸京師。復於宜興遇失剌、乃馬台等，迎戰，奮戈擊死二人，以功賞白金、楮幣。天曆元年，從擊禿滿台兒之兵于兩家店，殺其四人，復以功受賞。從戰薊州，又殺其四人。十一月，又追殺十二人于檀子山，以功授左衞阿速親軍都指揮使司僉事。

曷剌

曷剌，兀速兒吉氏。至元九年，見世祖，詔入太官直。從討叛王乃顏，賜白金、楮幣、甲

冑、橐駝、鞍馬。以其才堪使遠，成宗時使高麗，使和林，使江西、福建，不失使指。授忠勇校尉、中書直省舍人。出監息州，遷奉訓大夫。武宗詔曰：「曷剌世祖舊臣，可授奉議大夫、都水監卿。」明年，加嘉議大夫。又明年，佩金虎符，兼直東水韃靼女直萬戶府達魯花赤。延祐元年，特授資善大夫、遼陽等處行中書省左丞，仍監其軍。三年，召還，特授榮祿大夫、大司農。卒，年六十三，贈推誠宣力保德功臣、太師、開府儀同三司、上柱國，追封薊國公，謚安穆。

子不花，宿衞仁宗潛邸。及即位，特授中順大夫、中書直省舍人，改客省副使，遷太中大夫、典瑞太監，改左司員外郎、參議中書省事，拜中奉大夫、中書參知政事，資德大夫、宣徽副使、同知宣徽事，改典瑞院使，兼世其父監軍，佩金虎符，改翰林學士。至治元年，仍翰林學士，監軍，領東藩諸部奏事。

乞台

乞台，察台氏。〔一三〕至元二十四年爲欽察衞百戶，從土土哈征叛王失烈吉及乃顏有功，賜金符，陞千戶。從征忽剌出，戰于阿里台之地。元貞二年，以疾卒。子哈贊赤襲職，從創兀兒於魁烈兒之地，與哈答安戰有功。大德五年，從戰杭海。從武宗親征哈剌阿答。復從創兀兒征不別、八憐，爲前鋒，以功受賞賚。皇慶二年，授金符，爲千戶。明宗居潛邸，延祐四年命從西征，與禿滿帖木兒戰于失剌塔兒馬失之地，以功復受厚賞，居其地十五年。〔一四〕天曆二年，賜金符，授昭勇大將軍、同知大都督府事。卒。

脫因納

脫因納，答答叉氏。世祖時從征乃顏，以功受上賞。大德七年，授欽察衞親軍千戶所達魯花赤、武德將軍，賜金符。八年，改太僕少卿。十年，遷阿兒魯軍萬戶府達魯花赤，易金虎符，進階懷遠大將軍。尋改中奉大夫、太僕少卿，仍兼前職。至大二年，拜甘肅行尚書省參知政事，通奉大夫。四年，入爲太僕卿，陞正奉大夫。皇慶元年，授阿兒魯萬戶府襄陽漢軍達魯花赤，仍領太僕卿。延祐三年，拜資德大夫，甘肅行中書右丞。至治二年，改通政使，轉會福院使，尋復通政。致和元年，分院上都。秋八月，爲倒剌沙所殺。文宗即位，特贈宣力守義功臣、榮祿大夫、上柱國、中書平章政事，追封冀國公，謚忠景。

有子曰定童、只（沈）〔兒〕哈朗。〔一五〕定童襲父職，阿兒魯萬戶府襄陽萬戶府漢軍達魯花赤，佩金虎符，明威將軍。只（沈）〔兒〕哈朗，初授欽察親軍千戶所達魯花赤，佩金符，武略將軍。改授朝列大夫、通政院副使，歷同知，陞院使，積官中奉大夫。

和尚

和尚，蒙古乃蠻台氏。祖海速，充昔烈木千戶所蒙古軍百戶。伯父兀魯不花，初充蒙古軍五十戶。至元七年，從昔烈木千戶南征，以功命權百戶，從僉省阿（速）〔剌〕海牙攻樊城。〔一六〕十一年，從攻新城，又從攻鄂東門，攻處州，屢立戰功。二十五年，賜銀符，授敦武校尉，後衞親軍百戶。是年秋卒。父怯烈吉襲。怯烈吉卒，和尚襲。

至大三年，進忠翊校尉，後衞親軍副千戶，賜金符。延祐二年，江西寧都寇起，殺守土官吏，從元帥乞住等總兵討之，生擒賊酋蔡五九誅之，擣其巢穴。致和元年八月，西安王以兵討倒剌沙，命從丞相燕帖木兒擒烏伯都剌，分兵備禦。

天曆元年九月，從戰通州，以功賞名馬。從擊犯紅橋之兵，手戈刺死二人，敗之，奪紅橋。及紐（鄰）澤大夫等力戰於白浮，〔一七〕殺其四人。和尚白丞相曰：「兩軍相戰，當有辨，今號纓俱黑，無辨，我軍宜易以白。」丞相然之。戰于昌平栗園，殺二人。又與亞失帖木兒戰于石槽，殺三人。十月，從擊禿滿台兒於檀州南桑口，敗之。又從丞相追擊其軍于檀州之北，有功。十一月，命領八衞把總金鼓都鎮撫司事。

校勘記

〔一〕曾祖父達釋　考異云：「案下文云達釋之子野里朮；又云鐵哥朮，野里朮之長子；則此云曾祖父者誤也。」

〔二〕丙午太祖西征　按丙午爲元定宗貴由元年，此處顯訛。元太祖西征在十四年至十八年。道光本改作「己卯」。

〔三〕(隸)〔棣〕州　按元無「隸州」，此誤。道光本作「棣州」，從改。

〔四〕中書(左)〔右〕丞　本證云：「繼培案，紀至元十四年置行中書省于江西，以塔出爲右丞，麥朮丁爲左丞，忙兀台、哈剌䚟、張榮實傳並作右丞，此作左丞誤。」本證是，從改。

〔五〕都魯軍二百人　按本書卷九九兵志有「又名忠勇之士曰霸都魯」。「霸都魯軍」即死士。此處當脫「霸」字。

〔六〕孛(思)〔兒〕速　據前文改。蒙史已校。

〔七〕畏兀兒〔人〕　從道光本補。

〔八〕父昂和思　本證云：「案即杭忽思，自有傳，幷敍阿答赤事彼傳作阿塔赤，此複。」杭忽思傳見卷一三二。

〔九〕領貴赤軍北〔征〕　原空闕，從北監本補。

〔一〇〕從定宗〔征〕欽察　從道光本補。

〔一一〕從世祖至哈剌〔章〕之地　按本書卷一二一速不台傳附兀良合台傳，卷一二三趙阿哥潘傳、阿兒思蘭傳皆載元世祖、兀里羊哈台征哈剌章，據補。哈剌章，漢譯烏蠻。蒙史已校。

〔一二〕至元(二)十一年從丞相伯顏南征有功　按伯顏南征在至元十一年，「二」字衍，今刪。蒙史已校。

〔一三〕察台氏　蒙史云：「舊傳作察台氏，乃欽察台氏之脫誤。」

〔一四〕居其地十五年　按自延祐四年至天曆二年當爲十三年。蒙史改「五」爲「三」，疑是。

〔一五〕只(沈)〔兒〕哈朗　「只沈哈朗」，於蒙古、突厥語無釋，「沈」爲「兒」字之誤，今改。下同。「只兒哈朗」蒙古語，言「幸福」。

〔一六〕從僉省阿(速)〔剌〕海牙　按本書卷七世祖紀至元八年正月己卯條、卷一二八阿里海牙傳，此即同僉河南等路行中書省事阿里海牙。卷七、八世祖紀至元九年九月甲子、十二年二月辛酉條，卷一七三崔彧傳又作「阿剌海牙」，據改。

〔一七〕紐(鄰)澤大夫　據本書卷三一明宗紀天曆元年九月、卷三二文宗紀致和元年八月己未條、卷一三八燕鐵木兒傳刪。蒙史已校。

元史卷一百三十六

列傳第二十三

哈剌哈孫

哈剌哈孫，斡剌納兒氏。曾祖啓昔禮，始事王可汗脫斡璘。王可汗與太祖約爲兄弟，〔一〕及太祖得衆，陰忌之，謀害太祖。啓昔禮潛以其謀來告，太祖乃與二十餘人一夕遁去，諸部聞者多歸之，還攻滅王可汗，併其衆。擢啓昔禮爲千戶，賜號答剌罕。從平河西、西域諸國。祖博理察，太宗時從太弟睿宗攻河南，取汴、蔡，滅金，賜順德以爲分邑。父囊加台，從憲宗伐蜀，卒于軍。

哈剌哈孫威重，不妄言笑，善騎射，工國書，又雅重儒術。至元九年，世祖錄勳臣後，命掌宿衛，襲號答剌罕而不名。帝嘗諭之曰：「汝家勳載王府，行且大用汝矣。」又語皇太子曰：「答剌罕非常人比，可善遇之。」十八年，割欽、廉二州，益其食邑。二十

二年，拜大宗正。用法平允，審錄寃滯，所活數百人。時相請以江南獄隸宗正。哈剌哈孫曰：「江南新附，教令未孚，且相去數千里，欲遙制其刑獄，得無寃乎。」事遂止。

二十八年，拜榮祿大夫、湖廣行省平章政事。臺臣言其在宗正決獄平，即去，恐難其繼者。帝曰：「湖廣之地，朕嘗駐蹕，非斯人不可。」遂行。時江湖間盜賊出沒，剽取商旅貨財。哈剌哈孫至，則發卒悉擒誅之，水陸之途始皆無梗。初，樞密置行院於各省，分兵民爲二，奸人植黨自蔽。後因入覲極陳其不便，帝爲罷之。因問曰：「風憲之職，人多言其撓吏治，信乎？」對曰：「朝廷設此以糾奸慝，貪吏疾之，妄爲謗耳。」帝然其言。

三十年，平章劉國傑將兵征交趾，哈剌哈孫戒將吏無擾民。會有奪民魚菜者，杖其千戶，軍中肅然。俄有旨發湖湘富民萬家，屯田廣西，以圖交趾。哈剌哈孫密遣使奏曰：「往年遠征無功，瘡痍未復，今又徙民瘴鄉，必將怨叛。」吏莫知其奏，抱卷請署，弗答。吏再請，則曰：「姑緩之。」未幾，使還報罷，民皆感悅。及廣西元帥府請募南丹五千戶屯田，事上行省，哈剌哈孫曰：「此土著之民，誠爲便之，內足以實空地，外足以制交趾之寇，可不煩士卒而饋餉有餘。」即命度地立爲五屯，統以屯長，給牛種農具與之。湖南宣慰張國紀建言，欲按唐、宋末徵民間夏稅。哈剌哈孫曰：「亡國弊政，失寬大之意，聖朝其可行耶？」奏止其議。

大德二年，入朝上都，成宗拜光祿大夫、江浙行省左丞相。視政七日，徵拜中書左丞

相，進階銀青(光)〔榮〕祿大夫。〔二〕既拜命，斥言利之徒，一以節用愛民爲務。有大政事，必引儒臣雜議。京師久闕孔子廟，而國學寓他署，乃奏建廟學，選名儒爲學官，采近臣子弟入學。又集羣議建南郊，爲一代定制。

五年，同列有以雲南行省左丞劉深計倡議曰：「世祖以神武一海內，功蓋萬世。今上嗣大歷服，未有武功以彰休烈，西南夷有八百媳婦國未奉正朔，請往征之。」哈剌哈孫曰：「山嶠小夷，遼絕萬里，可諭之使來，不足以煩中國。」不聽，竟發兵二萬，命深將以往。道出湖廣，民疲於餽餉。及次順元，深脅蛇節求金三千兩、馬三千匹。蛇節因民不堪，舉兵圍深於窮谷，首尾不能相救。事聞，遣平章劉國傑往援，擒蛇節，斬軍中，然士卒存者纔十一二，轉餉者亦如之，訖無成功。帝始悔不用其言。會赦，有司議釋深罪。哈剌哈孫曰：「徼名首釁，喪師辱國，非常罪比，不誅無以謝天下。」奏誅之。

七年，進中書右丞相。嘗言治道必先守令，近用多不得其人，於是精加遴選，定官吏贓罪十二章及丁憂、婚聘、盜賊等制，禁獻戶及山澤之利。每歲車駕幸上都，哈剌哈孫必留守京師。時帝弗豫，制出中宮，羣邪黨附，哈剌哈孫以身匡之，天下晏然。十年，加開府儀同三司、監修國史，置僚屬。冬十一月，帝寢疾篤甚，入侍醫藥，出總宿衞。藩王欲入侍疾者不聽，日理機務如故。

十一年春，成宗崩。時武宗撫軍北邊，仁宗侍太后在懷慶，諸奸臣謀斷北道，請成后垂簾聽政，立安西王阿難答。哈剌哈孫密遣使北迎武宗，南迎仁宗，悉收京城百司符印，封府庫，稱疾臥闕下，內旨日數至，並不聽，文書皆不署。衆欲害之，未敢發。及仁宗至近郊，衆猶未知也。三月朔，列牘請署，后決以三月三日御殿聽政，乃立署之，衆大喜，莫知所爲。明日，迎仁宗入，執左丞相阿忽台及安西王阿難答等就誅，內難悉平。自冬至春，未嘗一至家休沐。夏五月，武宗至自北，卽皇帝位，拜太傅、錄軍國重事，仍總百揆，賜宅一區，以其子脫歡入侍。

初仁宗之入也，阿忽台有勇力，人莫敢近，諸王禿剌實手縛之，以功封越王，三宮盡幸其第，賜與甚厚，以慶元路爲其食邑。哈剌哈孫力爭之，曰：「祖宗之制，非親王不得加一字之封。禿剌疏屬，豈得以一日之功廢萬世之制哉。」帝不聽。禿剌因譖於帝曰：「方安西王謀干大統，哈剌哈孫亦嘗署文書。」由是罷相出鎭北邊。詔曰：「和林爲北邊重鎭，今諸部降者又百餘萬，非重臣不足以鎭之，念無以易哈剌哈孫者。」賜黃金三百兩、白銀三千五百兩、鈔十五萬貫、帛四萬端、乳馬六十匹，以太傅、(右)〔左〕丞相行和林省事。〔三〕太后亦賜帛二百端、鈔五萬貫。

至鎭，斬爲盜者一人。分遣使者賑降戶。奏出鈔帛易牛羊以給之，近水者敎取魚食。

會大雪，民無取得食，命諸部置傳車，相去各三百里，凡十傳，轉米數萬石以餉饑民，不足則益以牛羊。又度地置內倉，〔四〕積粟以待來者。浚古渠，溉田數千頃。治稱海屯田，敎部落雜耕其間，歲得米二十餘萬。北邊大治。至大元年，賜大帳，如諸王諸藩禮。〔閏〕十一月，〔五〕寢疾，語其屬曰：「吾不復能佐理國事矣。行省之務，汝曹勉之，毋貽朝廷憂。」薨，年五十二。帝聞之，驚悼曰：「喪我賢相。」賻鈔二萬五千貫。詔歸葬昌平，追贈推誠履政佐運功臣、太師、開府儀同三司、上柱國，追封順德王，謚忠獻。

子脫歡，由太子賓客拜御史中丞，襲號答剌罕，進御史大夫，行臺江南。尋拜平章，行省江浙，進左丞相，兼領行宣政院。重厚有父風，喜讀書，爲政不尙苛暴，得衆心。致和元年，卒于官，年三十七。子蠻蠻。

阿沙不花

阿沙不花者，康里國王族也。初，太祖拔康里時，其祖母苦滅古麻里氏新寡，有二子，曰曲律、牙牙，皆幼，而國亂家破無所依，欲去而歸朝廷，念無以自達。一夕有數駝皆重負突入營中，驅之不去。且乃縶駝營外，置所負其旁，夜復納營中，候有求者歸之。如是十餘日，終無求者。乃發視其裝，皆西域重寶。驚曰：「殆天欲資我而東耶，不然，此豈吾所宜

有。」遂驅駝載二子越數國至京師。時太祖已崩，太宗立，盡獻其所有，帝深異之，命有司治邸舍、具廩餼以居焉。居二年，聞國中已定，謁帝欲歸。帝曰：「汝昔何爲而來，今何爲而去？」且問其所欲。對曰：「臣妾昔以國亂無主，遠歸陛下，今賴陛下威德，聞國已定，欲歸守墳墓耳。妾惟二子，雖愚無知，願留事陛下。」帝大喜，立召二子入宿衞，而禮遣之。後十三年復來，則二子已從憲宗伐蜀矣。逮至和寧，聞憲宗崩，諸將皆還，而二子獨後，心方以爲憂。過一古廟，因入禱焉，若聞神語，連稱「好好」而不知其故，問其國人通漢語者，知爲吉語。還至舍，則二子已至矣。遂留居焉。

曲律無子。牙牙後封康國王，生六子，阿沙不花最賢，年十四，入侍世祖。世祖賜土田、給奴隸，使居輿和之天城。會西蕃遣使者有所奏請，旣諭遣之，後數日，帝問近侍諸大臣曰：「前日西使何請，朕何辭以遣？」諸大臣莫能對，阿沙不花從旁代對甚詳悉。帝因怒諸大臣曰：「卿等任天下之重，如此反不若一童子耶？」嘗扈從上都，方入朝，而宮草多露，跣足而行，帝御大安閣，望而見之，指以爲侍臣戒。一日，故命諸門衞勿納阿沙不花。阿沙不花至，諸門衞皆不納，乃從水竇中入。帝問故，以實對，且曰：「臣一日不入侍，身將何歸？」帝大悅，更諭諸門衞聽其出入。命飭四宿衞兵器，無敢或慢；復使掌門，無敢闌入。帝曰：「可用矣。」

乃顏叛，諸王納牙等皆應之。帝問計將安出，對曰：「臣愚以爲莫若先撫安諸王，乃行天討，則叛者勢自孤矣。」帝曰：「善，卿試爲朕行之。」卽北說納牙曰：「大王聞乃顏反耶？」曰：「聞之。」曰：「大王知乃顏已遣使自歸耶？」曰：「不知也。」曰：「聞大王等皆欲爲乃顏外應，今乃顏既自歸矣，是獨大王與主上抗。幸主上聖明，亦知非大王意，置之不問。然二三大臣不能無惑，大王何不往見上自陳，爲萬全計。」納牙悅許之。於是諸王之謀皆解。阿沙不花還報，帝乃議親征，命徵兵遼陽，以千戶帥昔寶赤之衆從行。

及乃顏平，阿沙不花以大同、興和兩郡當車駕所經有帷臺嶺者，數十里無居民，請詔有司作室嶺中，徙邑民百戶居之，割境內昔寶赤牧地使耕種以自養，從之。阿沙不花既領昔寶赤，帝復欲盡徙興和桃山數十村之民，以其地爲昔寶赤牧地。阿沙不花固請存三千戶以給鷹食，帝皆聽納。民德之，至今飲食必祭。

至元三十年，海都叛，成宗以皇孫撫軍於北。阿沙不花從行，踰金山戰杭海有功。成宗卽位，會大宗正扎魯火赤脫兒速以贓汚聞，詔鞫問之，脫兒速伏罪，就命代之。成宗目之曰阿卽剌。阿卽剌，譯言閻羅王也。有訴朱清、張瑄陰私，既抵罪，帝遣兵馬都指揮使忽剌朮籍沒其家，以受賂誅。更命阿沙不花往，具以實聞，賜宅一區、鈔萬五千緡，兼兩城兵馬都指揮使事。武宗時爲懷寧王，總軍漠北，問：「今日材可大用者爲誰？」對曰：「母弟脫脫將

相才也，無以易之。」遂命從行，後果爲名臣。

成宗崩，安西王阿難答乘間謀繼大統，成后及丞相阿忽台、諸王迷里帖木兒皆陰爲之助。時武宗猶在北邊，太后及仁宗亦在懷孟未至。適武宗遣脫脫計事京師，丞相哈剌哈孫令急還報武宗，而成后已密諭通政使只兒哈郎止其驛馬。阿沙不花知事急，與同知通政院事察乃謀，作先日署文書給馬去。只兒哈郎聞脫脫已去，方詰問吏，閱案牘乃止。太后及仁宗既至京師，有言安西王謀以三月三日僞賀仁宗千秋節，因以舉事者。阿沙不花言之哈剌哈孫，且曰：「先人者勝，後人者敗。后一垂簾聽政，我等皆受制於人矣，不若先事而起。」哈剌哈孫曰：「善。」乃前二日白仁宗，詐稱武宗遣使召安西王計事，至卽執送上都。盡誅丞相阿忽台以下諸姦臣。與哈剌哈孫皆居禁中。

仁宗以太子監國，遣使北迎武宗，而武宗遲迴不進，遣使還報太后曰：「非阿沙不花往不可。」乃遣奉衣帽、尙醞以往，至野馬川，見武宗，備道兩宮意，及陳安西王謀變始末，且言：「太子監國所以備他變，以待陛下，臣萬死保其無他。」武宗大悅，解衣衣之，拜中書平章政事，軍國大事並聽裁決。因奏平內難之有功者燕只哥以下十人爲兵馬指揮、爲直省舍人。詔先奉蒲萄酒及錦綺還報兩宮。仁宗卽日率羣臣出迎。

武宗入上都，加阿沙不花特進、太尉，依前平章政事。命與丞相塔思不花還京師治安西王黨，諸連坐囊加眞等三十餘人，皆釋之。嘗命出太府金分賜諸王貴戚及近侍，方出朝，見一人倉皇若有所懼狀，曰：「此必盜金者。」召詰問之，果得黃金五十兩、白金百兩以聞，就以金賜之，命誅盜者。辭曰：「盜誅固當，金非臣所宜得，願還金以贖盜死。」帝悅而從之。有近臣蹴踘帝前，帝卽命出鈔十五萬貫賜之。阿沙不花頓首言曰：「以蹴踘而受上賞，則奇技淫巧之人日進，而賢者日退矣，將如國家何。臣死不敢奉詔。」乃止。

帝又嘗御五花殿，丞相塔思不花、三寶奴，中丞伯顏等侍。阿沙不花見帝容色日悴，乃進曰：「八珍之味不知御，萬金之身不知愛，此古人所戒也。陛下不思祖宗付託之重，天下仰望之切，而惟麯櫱是沉，姬嬪是好，是猶兩斧伐孤樹，未有不顚仆者也。且陛下之天下，祖宗之天下也，陛下之位，祖宗之位也，陛下縱不自愛，如宗社何？」帝大悅曰：「非卿孰爲朕言。繼自今毋愛於言，朕不忘也。」因命進酒。阿沙不花頓首謝曰：「臣方欲陛下節飲而反勸之，是臣之言不信於陛下也，臣不敢奉詔。」左右皆賀帝得直臣。遂進開府儀同三司、中書右丞相，行御史大夫。

俄復平章政事、錄軍國重事，兼廣武〔康里〕侍衞親軍都指揮使，〔六〕封康國公。有以左道惑衆者，諸世臣大家多信趨之，竟置于法。遷知樞密院事。以至大二年十月薨于位，年四十七。至正元年，贈純誠一德正憲保大功臣、開府儀同三司、中書右丞相、上柱國，追封

順寧王，諡忠烈。

其繼室別哥倫氏，亦有至行，寡居三十年，未嘗妄言笑，身不服華綵。詔旌其門，與元配達海的斤氏並封順寧王夫人。

子伯嘉訥，廉直剛敏，憂國如憂家。嘗爲京尹，屯儲衞誘小民梅凍兒誣首海商一百十有六人爲盜而掠其貲，獄具，械送刑部，命伯嘉訥審錄之，盡得其寃狀，白丞相釋之，還其貲。後遷翰林侍讀學士。

拜住

拜住，安童孫也。五歲而孤，太夫人教養之。稍長，宏遠端亮有祖風。至大二年，襲爲宿衞長。仁宗卽位，延祐二年，拜資善大夫、太常禮儀院使。四年，進榮祿大夫、大司徒。五年，進金紫光祿大夫。六年，加開府儀同三司，餘並如故。每議大政，必問曰：「合典故否？」同官有異見者，曰：「大朝止說典故耶？」拜住微笑曰：「公試言之，國朝何事不依典故？」同官不能對。太常事簡，每退食必延儒士諮訪古今禮樂刑政、治亂得失，盡日不倦。嘗曰：「人之仕宦，隨所職司，事皆可習。至於學問有本，施於事業，此儒者之能事，宰相之資也。」

英宗在東宮，聞宿衞之臣於左右，咸稱拜住賢。遣使召之，欲與語。拜住謂使者曰：

「嫌疑之際，君子所愼，我長天子宿衞而與東宮私相往來，我固得罪，亦豈太子福耶？」竟不往。英宗登極，拜中書平章政事。會諸侯王于大明殿，詔進讀太祖金匱寶訓，威儀整暇，語音明暢，莫不注目竦聽。夏五月，（宣徽）〔徽政〕使失烈門、〔七〕要束木妻也里失八等謀爲逆，帝密得其事，御穆清閣，召拜住謀之。對曰：「此輩擅權亂政久矣，今猶不懲，陰結黨與，謀危社稷，宜速施天威，以正祖宗法度。」帝動容曰：「此朕志也。」命率衞士擒斬之，其黨皆伏誅。

拜中書左丞相。先時，近侍傳旨以姓名赴中書銓注者六七百員，選曹爲之壅滯。拜住奏閣之，注授一依選格次第，吏無容姦。刑曹事有情可矜者寬恕之，貪暴不法必不少容。帝常諭左右曰：「汝輩愼之，苟陷國法，我雖曲赦，拜住不汝恕也。」

至治元年春正月，帝欲結綵樓於禁中，元夕張燈設宴。時居先帝喪，參議張養浩上疏，拜住謂當進諫，卽袖其疏入奏，帝悅而止，仍賜養浩帛，以旌直言。三月，從幸上都，次察罕腦兒。帝以行宮亨麗殿制度卑隘，欲更廣之。奏曰：「此地苦寒，入夏始種粟黍，陛下初登大寶，不求民瘼，而遽興大役以妨農務，恐失民望。」從之。帝嘗謂拜住曰：「朕委卿以大任者，以乃祖木華黎從太祖開拓土宇，安童相世祖克成善治也。卿念祖宗令聞，豈有不盡心者乎。」拜住再拜曰：「陛下委臣以大任，臣有所畏者三：畏辱祖宗；畏天下事大，識見有所未

盡；畏年少不克負荷，無以上報聖恩。惟陛下垂閔，時加訓飭，幸甚。」

延祐間，朔漠大風雪，羊馬駝畜盡死，人民流散，以子女鬻人爲奴婢。拜住以興王根本之地，其民宜加賑卹，請立宗仁衞總之，命縣官贖置衞中，以遂生養。至元十四年，始建太廟于大都，至是四十年，親享之禮未暇講肄。拜住奏曰：「古云禮樂百年而後興，郊廟祭享此其時矣。」帝悅曰：「朕能行之。」預敕有司，以親享太室儀注禮節，一遵典故，毋擅增損。冬十月，始有事于太廟。二年春正月，孟享，始備法駕，設黃麾大仗，帝服通天冠、絳紗袍，出自崇天門。拜住攝太尉以從。帝見羽衞文物之美，顧拜住曰：「朕用卿言舉行大禮，亦卿所共喜也。」對曰：「陛下以帝王之道化成天下，非獨臣之幸，實四海蒼生所共慶也。」致齋大次，行酌獻禮，升降周旋，儼若素習，中外肅然。明日還宮，鼓吹交作，萬姓聳觀，百年廢典一旦復見，有感泣者。拜住率百僚稱賀于大明殿，執事之臣賜金帛有差。又奏建太廟前殿，議行祫禘配享等禮。帝從容謂拜住曰：「朕思天下之大，非朕一人思慮所及，汝爲朕股肱，毋忘規諫，以輔朕之不逮。」拜住頓首謝曰：「昔堯、舜爲君，每事詢衆，善則舍己從人，萬世稱聖。桀、紂爲君，拒諫自賢，悅人從己，好近小人，國滅而身不保，民到于今稱爲無道之主。臣等仰荷洪恩，敢不竭忠以報。然事言之則易，行之則難。惟陛下力行，臣等不言，則臣之罪也。」帝嘉納之。

時右丞相鐵木迭兒貪濫譎險，屢殺大臣，鬻獄賣官，廣立朋黨，凡不附己者必以事去之，尤惡平章王毅、右丞高昉，因在京諸倉糧儲失陷，欲奏誅之。拜住密言於帝曰：「論道經邦，宰相事也，以金穀細務責之可乎？」帝然之，俱得不死。鐵木迭兒復引參知政事張思明爲左丞以助己。思明爲盡力，忌拜住方正，每與其黨密語，謀中害之。左右得其情，乘間以告，且請備之。拜住曰：「我祖宗爲國元勳，世篤忠貞，百有餘年。我今年少，叨受寵命，蓋以此耳。大臣協和，國之利也。今以右相讎我，我求報之，非特吾二人之不幸，亦國家之不幸。吾知盡吾心，上不負君父，下不負士民而已。死生禍福，天實鑒之，汝輩毋復言。」未幾，奉旨往立忠憲王碑于范陽。鐵木迭兒久稱疾，聞拜住行，將出蒞省事，入朝，至內門，帝遣速速賜之酒，且曰：「卿年老宜自愛，待新年入朝未晚。」遂怏怏而還。然其黨猶布列朝中，事必稟于其家，以拜住故不得大肆其奸，百計傾之，終不能遂。

在京倉漕管庫之職，歲終例應注代。時張思明亦稱疾不出，衆皆顧望。拜住雖朝夕帝前，以事不可緩，乃日坐省中謂僚屬曰：「左丞病，省事遂廢乎？」郎中李處恭曰：「金穀之職，須愼選擇，不得其人，未敢遽擬。」拜住曰：「汝爲賣官之計耳。」遣人善慰思明，乃出共畢銓事。

拜住每以學校政化大源，似緩實急，而主者不務盡心，遂致廢弛，請令內外官議拯治

之。有言佛教可治天下者，帝問之，對曰：「清淨寂滅，自治可也。若治天下，捨仁義，則綱常亂矣。」又嘗謂拜住曰：「今亦有如唐魏徵之敢諫者乎？」對曰：「槃圓則水圓，盂方則水方。有太宗納諫之君，則有魏徵敢諫之臣。」帝並善之。六月壬寅，敕賜平江腴田萬畝。拜住辭曰：「陛下命臣釐正庶務，若先受賜田，人其謂何？」帝曰：「汝勳舊子孫，加以廉愼，人或援例，朕自諭之。」秋七月，奏召張思明詣上都，數其罪，杖而逐之，鐵木迭兒繼亦病卒。拜住哭之慟。

初，浙民吳機以累代失業之田賣於司徒劉夔，夔賂宣政使八剌吉思買置諸寺，以益僧廩，矯詔出庫鈔六百五十萬貫酬其直。田已久爲他人之業，鐵木迭兒父子及鐵失等上下蒙蔽，分受之，爲贓鉅萬。眞人蔡道泰以奸殺人，獄已成，鐵木迭兒納其金，令有司變其獄。拜住舉奏二事。命臺察鞫之，盡得其情，以田歸主，劉、蔡、八剌吉思等皆坐死，餘論罪有差。特赦鐵失。

冬十二月，進右丞相、監修國史。帝欲爵以三公，懇辭，遂不置左相，獨任以政。首薦張珪，復平章政事，召用致仕老臣，優其祿秩，議事中書。不次用才，唯恐少後，日以進賢退不肖爲重務。患法制不一，有司無所守，奏詳定舊典以爲通制。帝幸五臺，拜住奏曰：「自古帝王得天下以得民心爲本，失其心則失天下。錢穀，民之膏血，多取則民困而國危，薄斂則

中華書局

民足而國安。帝曰：「卿言甚善。朕思之，民爲重，君爲輕，國非民將何以爲君？今理民之事卿等當熟慮而愼行之。」

三年春二月，將進仁宗實錄，先一日，詣翰林國史院聽讀。首卷書大德十一年事，不書左丞相哈剌哈孫定策功，惟書越王禿剌勇決從容。謂史官曰：「無左丞相，雖百越王何益？錄鷹犬之勞，而略發蹤指示之人，可乎？」立命書之。其他筆削未盡善者，一一正之，人皆服其識見。

夏六月，拜住以海運糧視世祖時頓增數倍，今江南民力困極，而京倉充滿，奏請歲減二十萬石。帝遂併鐵木迭兒所增江淮糧免之。時鐵木迭兒過惡日彰，拜住悉以奏聞。帝悟，奪其官，仆其碑。奸黨鐵失等甚懼。帝在上都，夜寐不寧，命作佛事。拜住以國用不足諫止之。既而懼誅者復陰誘羣僧言：「國當有厄，非作佛事而大赦無以禳之。」拜住叱曰：「爾輩不過圖得金帛而已，又欲庇有罪耶？」奸黨聞之益懼，乃生異謀。晉王也孫帖木兒時鎭北邊，鐵失潛遣人至王所，告以逆謀，約事成推王爲帝。王命囚之，遣使赴上都告變，未至，車駕南還，次南坡，鐵失與赤斤鐵木兒等夜以所領阿速衞兵爲外應，殺拜住，遂弑帝於行幄。晉王卽位，鐵失等伏誅。詔有司備儀衞，百官耆宿前導，輿拜住畫相於海雲寺，大作佛事，觀者萬數，無不歎惜泣下。

拜住憂國忘家，常直內庭，知無不言。太官以酒進，則憂形于色。有盜其家金器百餘兩，他寶直鉅萬，繼而獲盜得金，家僮來告，色無喜愠。自延祐末，水旱相仍，民不聊生。及拜住入相，振立紀綱，修舉廢墜，裁不急之務，杜僥倖之門，加惠兵民，輕徭薄斂。英宗倚之，相與勵精圖治。時天下晏然，國富民足，遠夷有古未通中國者皆朝貢請吏，而奸臣畏之，卒搆禍難云。

母怯烈氏，年二十二，寡居守節。初，拜住爲太常禮儀院使，年方二十，吏就第請署字，適在後圃閱羣戲，出稍後，母厲聲呵之曰：「官事不治，若爾所爲豈大人事耶？」拜住深自克責。一日入內侍宴，英宗素知其不飮，是日强以數巵，旣歸，母戒之曰：「天子試汝量，故强汝飮。汝當日益戒懼，無酣于酒。」又常代祀睿宗原廟，歸侍左右，母問之曰：「眞定官府待汝若何？」對曰：「所待甚重。」母曰：「彼以天子威靈、汝先世勳德故耳，汝何有焉？」拜住之賢，母之教也。後封東平王夫人。

泰定初，中書奏丞相拜住盡忠效節，殞于羣兇，乞賜褒崇以光後世。制贈清忠一德〔佐運〕功臣、〔八〕太師、開府儀同三司、上柱國，追封東平王，謚忠獻。至正初，改至仁孚道一德佐運功臣，餘如故。子篤麟鐵穆爾。

校勘記

〔一〕王可汗與太祖約爲兄弟　考異云：「案太祖紀，尊汪罕爲父，蓋約爲父子，非約爲兄弟也。」此處史文當有脫誤。

〔二〕進階銀青(光)〔榮〕祿大夫　據元文類卷二五劉敏中哈剌哈孫碑改。按元制散官無「銀青光祿大夫」。

〔三〕以太傅(右)〔左〕丞相行和林省事　據元文類卷二五劉敏中哈剌哈孫碑改。按當時行省右丞相爲月赤察兒。蒙史已校。

〔四〕又度地置內倉　按元文類卷二五劉敏中哈剌哈孫碑，「內」當作「兩」。類編已校。

〔五〕〔閏〕十一月　據元文類卷二五劉敏中哈剌哈孫碑及本書卷二二武宗紀至大元年閏十一月甲寅條補。類編已校。

〔六〕兼廣武〔康里〕侍衞親軍都指揮使　據黃金華集卷二八康里氏先塋碑及本書卷二二武宗紀至大元年七月庚申條補。蒙史已校。

〔七〕(宣徽)〔徽政〕使失烈門　據本書卷二七英宗紀延祐七年二月戊寅、五月戊戌條及卷一七五張珪傳改。類編已校。

〔八〕清忠一德〔佐運〕功臣　據黃金華集卷二四拜住神道碑及元文類卷一二袁桷拜住贈謚制補。

元史卷一百三十七

列傳第二十四

察罕

察罕，西域板勒紇城人也。父伯德那，歲庚辰，國兵下西域，舉族來歸。事親王旭烈，授河東民賦副總管，因居河中猗氏縣，後徙解州。贈榮祿大夫、宣徽使、柱國、芮國公。

察罕魁偉穎悟，博覽强記，通諸國字書，爲行軍府奧魯千戶。奧魯赤參政湖廣，辟爲蒙古都萬戶府知事。奧魯赤進平章，復辟爲理問，政事悉委裁決，且令諸子受學焉。至元二十四年，從鎭南王征安南，師次瀘江。安南世子遣其叔父詣軍門自陳無罪，王命察罕數其罪而責之，使者辭屈，世子舉衆逃去。二十八年，授樞密院經歷。〔一〕未幾從奧魯赤移治江西。寧都民言：「某鄉石上雲氣五色，有物焉，視之玉璽也。不以兵取，恐爲居人所有。」衆惑之。察罕曰：「妄也，是必搆害仇家者。」覈問之果然。前後從奧魯赤出入湖廣、江西兩省，

凡二十一年，多著勳績。

成宗大德四年，御史臺奏僉湖南憲司事，中書省奏爲武昌路治中。丞相哈剌哈孫曰：「察罕廉潔，固宜居風憲。然武昌大郡，非斯人不可治。」竟除武昌。廣西妖賊高仙道以左道惑衆，平民詿誤者以數千計。既敗，湖廣行省命察罕與憲司雜治之，鞫得其情，議誅首惡數人，餘悉縱遣，且焚其籍。衆難之。察罕曰：「吾獨當其責，諸君無累也。」以治最聞，擢河南省郎中。

成宗崩，仁宗自藩邸入誅羣臣之爲異謀者，迎武宗于邊。河南平章囊加台薦察罕，卽驛召至上都，賜廐馬二匹、鈔一千貫、銀五十兩，曰：「卿少留，行用卿矣。」武宗卽位，立仁宗爲皇太子，授察罕詹事院判，進僉詹事院事，賜銀百兩、錦二匹。遣先還大都立院事。仁宗至，謂曰：「上以故安西王地賜我，置都總管府，卿其領之，愼揀僚屬，勿以詹事位高不屑此也。進卿秩資德大夫。」察罕叩頭謝曰：「都府之職，敢不恭命，進秩非所敢當。」固辭，改正奉大夫，授以銀印。

至大元年，閱戶口江南諸省，還進太子府正，加昭文館大學士，遷家令。武宗崩，仁宗哀慟不已。察罕再拜啓曰：「庶民修短，尚云有數，聖人天命，夫豈偶然。天下重器懸於殿下，縱自苦，如宗廟太后何。」仁宗輟泣曰：「曩者大喪必命浮屠。何益？吾欲發府庫以賑鰥寡孤獨若何？」曰：「發政施仁，文王所以爲聖。殿下行之幸甚。」東宮故有左右衞兵，命囊加台、察罕總右衞，且令審擇官屬。

仁宗卽位，拜中書參知政事，但總持綱維，不屑細務，識者謂得大臣體。帝嘗賜枸杞酒，曰：「以益卿壽。」又語宰相曰：「察罕清素，可賜金束帶、鈔萬貫。」前後賞賚不可勝計。皇慶元年，進榮祿大夫、平章政事，商議中書省事。乞歸解州立碑先塋，許之。暮年，居德安白雲山別墅，以白雲自號。嘗入見，帝望見曰：「白雲先生來也。」其被寵遇如此。帝嘗問張良何如人，對曰：「佐高帝，興漢，功成身退，賢者也。」又問狄仁傑，對曰：「當唐室中衰，能卒保社稷，亦賢相也。」因誦范仲淹所撰碑詞甚熟。帝歎息良久曰：「察罕博學如此邪。」嘗譯貞觀政要以獻。帝大悅，詔繕寫徧賜左右。且詔譯帝範。又命譯脫必赤顏，名曰聖武開天紀，及紀年纂要、太宗平金始末等書，俱付史館。嘗以病請告，暨還朝，帝御萬歲山圓殿，與平章李孟入謝。帝曰：「白雲病愈邪？」頓首對曰：「老臣衰病，無補聖明，荷陛下哀矜，放歸田里，幸甚，不覺沉痾去體爾。」命賜茵以坐。顧李孟曰：「知止不辱，今見其人。朕始以答剌罕、不憐吉台、囊加台等言用之，誠多裨益。有言察罕不善者，其人卽非善人也。」又語及科舉幷前古帝王賜姓命氏之事，因賜察罕姓白氏。

初，察罕生於河中，其夜，天氣清肅，月白如晝。相者賀曰：「是兒必貴。」國人謂白爲察

罕，故名察罕。察罕天性孝友，田宅之在河中者，悉分與諸昆弟。昆弟貧來歸者，復分與田宅奴婢，縱奴爲民者甚衆。故人多稱長者。既致仕，優游八年，以壽終。

子外家奴，太中大夫、武岡路總管；李家奴，早卒；忽都篤，承直郎、高郵府判官。孫九人，仕者二人：闊闊不花、哈撒。

曲樞

曲樞，西土人。曾祖達不台，祖阿達台，父質理花台，世贈功臣，追封王爵。

曲樞七歲失怙恃。既壯，沉密靜專，爲徽仁裕聖皇太后宮臣。仁宗幼時，以曲樞可任保傅，左右擁翼。曲樞入則佐視食飲，出則抱負游衍，鞠躬盡力，夙夜匪懈。大德三年，武宗總戎北邊。九年，讒人亂國。仁宗侍皇太后之國于懷，未幾，復之雲中，連年奔走不暇。曲樞櫛風沐雨，跋涉艱險，無倦色。

成宗崩，仁宗奉太后入朝，殲姦黨，迎武宗卽皇帝位，仁宗爲皇太子，天下以安。拜曲樞榮祿大夫、平章政事，行大司農。未幾，進光祿大夫，領詹事院事，加特進，封應國公。至大元年，拜開府儀同三司、太子詹事、平章軍國重事、上柱國，依前大司農、應國公。進太子太保，領典醫監事。四年，授太保、錄軍國重事、集賢大學士，兼大司農，領崇祥院、司天臺

事，官爵勳封如故。後以疾薨于位。

子二人。長伯都，大德十一年特授翰林學士、嘉議大夫，遷中奉大夫、典寶監卿，加資德大夫、治書侍御史。至大元年，陞榮祿大夫，遙授中書平章政事，改侍御史。明年，拜中書參知政事，進右丞，年三十二而卒。子咬住。

次伯帖木兒，大德十一年，特授正議大夫、懷孟路總管府達魯花赤，兼管諸軍奧魯管內勸農事，改府正。至大二年，遷中奉大夫、陝西等處行尚書省參知政事。明年，入爲太子家令，遷正奉大夫。明年，遷資德大夫、大都留守，兼少府監。擢侍御史，改除翰林學士承旨、知制誥兼修國史。未幾復爲大都留守，兼少府監、武衞親軍都指揮使，佩金虎符。皇慶元年，加榮祿大夫。子二人：桓澤都，蠻子。

阿禮海牙

阿禮海牙，畏吾氏，集賢大學士脫列之子也。兄野訥，事仁宗於潛邸。大德九年，仁宗奉興聖太后出居懷州。從者單弱，多懷去計。野訥獨無所畏難。成宗崩，權臣阿附中宮，不遣使告哀宗藩。仁宗有聞，將自懷州入京，宮臣或持不可。野訥屏人密啓曰：「天子晏駕而皇子已早卒，天下無主，邪謀方興。懷寧王及殿下，世祖、裕皇賢孫，人心所屬久矣。宜

急奉太母入定大計，邪謀必止。迎立懷寧王以正神器，在此行矣。」仁宗卽白太后，以二月至京師，遂誅柄臣二人，遣使迎武宗。武宗卽位，召野訥，賜玉帶，授嘉議大夫、祕書監。仁宗居東宮，兼太子右庶子，遷侍御史、崇祥院使，兼將作院使。閭有綉工，工官大集民間子女居肆督責，吏因爲奸利，野訥奏罷之，閭人感悅。尋兼太醫院使。仁宗卽位，詔召文武老臣，咨以朝政。又請以中都苑囿還諸民。拜樞密院副使，進同知樞密院事。命爲中書平章政事，辭不拜。野訥之在臺及侍禁中，於國家事有不便，輒言之，言無不納。然韜晦惡盈，不泄於外。延祐四年卒，年四十。贈推誠保節翊運功臣、金紫光祿大夫，行中書省左丞相、上柱國，趙國公，謚忠靖。

阿禮海牙亦早事武宗、仁宗，爲宿衞，以清愼通敏與父兄並見信任。十餘年間，驟歷華近，入侍帷幄，出踐省闥，廷無間言。至治初，出爲平章政事，歷鎭江浙、湖廣、河南、陝西四省，皆有惠政，汴人尤懷思之。歸朝拜翰林學士承旨。丁父憂，解官家居。

天曆元年秋，文宗入承大統。阿禮海牙卽易服南迎，至於汴郊見焉。帝命復鎭汴省。時當艱難之際，阿禮海牙高價糴粟，以峙糧儲，命近郡分治戎器，閱士卒，括馬民間，以備不虞。先是，文宗卽位之詔已播告天下，而陝西官府結連靖安王等起兵，東擊潼關。阿禮海牙開府庫，量出鈔二十五萬緡，屬諸行省參政河南淮北蒙古軍都萬戶朶列圖、廉訪副使萬家閭犒軍河南以禦之。令都鎭撫卜伯率軍吏巡行南陽、高門、武關、荆子諸隘，南至襄、川二江之口，督以嚴備。萬戶博羅守潼關，不能軍。是月二十五日，只兒哈率小汪總帥、脫帖木兒萬戶等之兵，突出潼關，東掠閿鄉，披靈寶，逼陝州、新安諸郡邑，放兵四劫，迤邐前進。河南告急之使狎至，而朶列圖亦以兵寡爲言。

十月一日，阿禮海牙集省憲官屬，問以長策，無有言者。阿禮海牙曰：「汴在南北之交，使西人得至此，則江南三省之道不通于畿甸，軍旅應接何日息乎。夫事有緩急輕重，今重莫如足兵，急莫如足食。吾徵湖廣之平陽、保定兩翼軍，與吾省之鄧新翼、廬州、沂、郯砲弩手諸軍，以備虎牢，裕州哈剌魯、鄧州孫萬戶兩軍，以備武關、荆子口。以屬郡之兵及蒙古兩都萬戶、左右兩衞、諸部丁壯之可入軍者，給馬乘貲裝，立行伍，以次備諸隘。芍陂等屯兵本自襄、鄧諸軍來田者，還其軍，益以民之丁壯，使守襄陽、白土、峽州諸隘。別遣塔海以備自蜀至者，以汴、汝、荆、襄、兩淮之馬以給之，府庫不足，則命郡縣假諸殷富之家。安豐等郡之粟，遡黃河運至于陝，糴諸汴、汝、近郡者，則運諸滎陽以達於虎牢。吾與諸軍各奮忠義以從王事，宜無不濟者。」衆曰：「唯。」命卽日部分行事。自伯顏不花王以下省都事李元德等，凡省之屬吏與有官而家居者，各授以事而出。廉訪使董守中、僉事沙沙在南陽，右丞脫帖木兒、廉訪使卜顏在虎牢，分遣兵馬以聽其調用。餽餉之行，千車相望，阿禮海牙

親閱實之，必豐必良，信以期會。自虎牢之南至於襄、漢，無不畢給。蓋爲粟二十萬石，豆如之，兵甲五十五萬，芻萬萬。是時，朝廷置行樞密院以總西事。襄、漢、荆湖、河南郡縣皆缺官，阿禮海牙便宜擇材以處之，朝廷皆從其請。

是月，西兵逼河南，行院使來報，曰：「西人北行者度河中以趨懷、孟、磁，南行者帖木哥，過武關，掠鄧州而殘之，直趨襄陽，攻破郡邑三十餘，横絕數千里，所過殺官吏，焚廬舍，虜民人婦女財物，賊虐殄盡，西結囊家䚟以蜀兵至矣。」阿禮海牙益督餉西行，遣行院官塔海領兵攻帖木哥，而又設備於江、黃，置鐵繩於峽口，作舟艦以待戰。十九日，師與西兵遇於鞏縣之石渡，而湖廣所徵太原之兵最爲可用。甫至，未及食，或趣之倍道以進，轉戰及暮，兩軍殺傷與墮澗谷死者相等，而虎牢遂爲敵有。兵儲巨萬，阿禮海牙盡其心，民殫其力者，一旦悉亡焉。行省院與諸軍斂兵退。二十二日至汴，民大恐。阿禮海牙前後遣使告于朝，輒爲也先捏留不遣，不得朝廷音問已二十日，阿禮海牙亦憂之，親出行撫其民。乃修城闕以備衝突，立四門以通往來，戒卒伍以嚴守衞。時雖甚危急，阿禮海牙朝夕出入，聲色不動，怡然如平時，衆賴以安。

十一月六日，西師逼城將百里而近，阿禮海牙召行院將帥、憲司與凡在官者，而告之曰：「吾荷國厚恩，唯有一死以報上耳。行院之出，唯敵是圖，而退保吾城，不亦怯乎？然敵

中華書局

亦烏合之衆，何所受命而敢犯我乎？且吾甲兵非不堅勁，芻峙非不豐給，而弗利者，太平日久，將校不知兵，吏士不練習，彼所以得披猖至此。彼誠知我聖天子之命，則衆沮而散爾，何足慮乎。吾今遣使告于朝，請降詔大赦脅從詿誤。比詔下，先募士，以卽位詔及朝廷招諭之文入其軍，明示利害。吾整大軍西嚮以征之，別遣驍將率精騎數千上龍門，繞出其後，使之進無所投，退無所歸，成擒於鞏、洛之間必矣。而我軍所獲陝西官吏，命有司羈而食之，一無所戮。」衆曰：「諾，唯命。」卽日與行院整兵南薫門外以行。

會有使者自京師還，言齊王已克上都，奉天子寶璽來歸，刻日至京矣。阿禮海牙乃置酒高會於省堂以賀，發書告屬郡，報諸江南三省，而募士得蘭住者齎書諭之。西人猶搒掠蘭住，訊以其實，而朝廷亦遣都護月魯帖木兒從十餘人奉詔放散西軍之在虎牢者。西人殺其從者之半，械都護以送諸荊王所。荊王時在河南之白馬寺，以是西人雖未解散，各已駭悟。又聞行省院以兵至，猶豫不敢進。朝廷又使參政馮不花親諭之，乃信服。靖安王遣使四輩與蘭住來請命，逡巡而去，難平。阿禮海牙乃解嚴報捷，斂餘財以還民，從陝西求民人之被俘掠者歸其家，凡數千人。陝西官吏被獲者，皆遣還其所。後以功遷陝西行御史大夫，復拜中書省平章政事。

奕赫抵雅爾丁

奕赫抵雅爾丁字太初，回回氏。父亦速馬因，仕至大都南北兩城兵馬都指揮使。奕赫抵雅爾丁幼穎悟嗜學，所讀書一過目卽終身不忘。尤工其國字語。初爲中書掾，以年勞授江西行省員外郎，入爲吏部主事，不再閱月，固辭。擢刑部員外郎，四方所上獄，反復披閱成牘，多所平反。遷陝西漢中道肅政廉訪司僉事，不赴。改中書右司員外郎，尋陞郎中。

一日，與同列共議獄，有異其說者，奕赫抵雅爾丁曰：「公等讀律，苟不能變通以適事宜，譬之醫者，雖熟於方論，而不能切脈用藥，則於疾痛奚益哉。」同列雖不平，識者服其爲名言。大德八年肆赦，廷議惟官吏因事受賕者不預。奕赫抵雅爾丁曰：「不可。恩如雨露，萬物均被，贓吏固可嫉，比之盜賊則有間矣。宥盜而不宥吏，何耶？」

刑部嘗有獄事，上讞旣論決，已而丞相知其失，以譴右司主者。奕赫抵雅爾丁初未嘗署其案，因取成案閱之，竊署其名於下。或訝之曰：「茲獄之失，公實不與，丞相方譴怒而公反追署其案，何也？」奕赫抵雅爾丁曰：「吾偶不署此案耳，豈有與諸君同事而獨幸免哉。」丞相聞而賢之，同列因以獲免。

遷左司郎中。時左司闕一都事，平章梁暗都剌謂奕赫抵雅爾丁曰：「人之材幹固嘗有之，惟篤實不欺爲難得，公當以所知舉。」奕赫抵雅爾丁遂以王毅、李迪爲言，一時輿論莫不稱允。又嘗論朝士，如王仁卿、賈元播、高彥敬、敬威卿、李淸臣輩可大用，時諸公處下僚，後皆如其言。遷翰林侍講學士、知制誥兼修國史，轉中奉大夫、集賢大學士。未幾，除江東建康道肅政廉訪使。始視事，見以獄具陳列庭下甚備，問之，乃前官創製以待有罪者。奕赫抵雅爾丁蹙然曰：「凡逮至臬司，皆命官及有出身之吏，廉得其情，則將服罪，獄具毋庸施也。」卽屏去之。監憲一年，贓吏削跡。

至大初元，立尙書省，拜參議尙書省事，召至京師，懇辭不就。改立中書省，復拜參議中書省事，亦以疾辭。延祐元年卒，年四十有七。

脫烈海牙

脫烈海牙，畏吾氏。世居別失拔里之地。曾祖闊華八撒朮，當太祖西征，導其主亦都護迎降。帝嘉其有識，欲官之，辭以不敏。祖八剌朮，始徙眞定，仕至帥府鎭撫。富而樂施，或貸不償，則火其券，人稱（於）〔爲〕長者。〔二〕父闌里赤，性純正，知讀書。

脫烈海牙幼嗜學，警敏絕人。性整暇，雖居倉卒，未嘗見其急遽。喜從文士游，犬馬聲

色之娛，一無所好。由中書宣使，出爲寧晉主簿。改隆平縣達魯花赤，均賦興學，勸農平訟，橋梁、水防、備荒之政，無一不舉。及滿去，民勒石以紀其政。拜監察御史。時江西胡參政殺其弟，訟久不決，脫烈海牙一訊竟伏其辜。出僉燕南道肅政廉訪司事，務存大體，不事苛察。在任六年，黜汚吏百四十有奇。召爲戶部郎中，轉右司員外郎，陞右司郎中。贊畫之力居多。仁宗在東宮，知其嗜學，出祕府經籍及聖賢圖像以賜，時人榮之。母霍氏卒，哀毀骨立，事聞，賜鈔五萬貫，給葬事。起爲吏部尙書，量能敍爵，以平允稱。改禮部尙書，領會（通）〔同〕館事。〔三〕進中奉大夫、荊湖北道宣慰使。適峽人艱食，脫烈海牙先發廩賑之，而後以聞。朝議韙之。

至治三年，遷淮東宣慰使。七月，以疾卒于廣陵，年六十有七。贈通奉大夫、河南江北等處行中書省參知政事、護軍，追封恒山郡公。弟觀音奴，廉明材幹，亦仕至淸顯云。

校勘記

〔一〕樞密院經歷　按雪樓集卷一八伯德那神道碑作「行樞密經歷」，蒙史補「行」字，疑是。

〔二〕稱（於）〔爲〕長者　從北監本改。

〔三〕領會（通）〔同〕館事　據本書卷八五百官志改。會同館，本書多見。蒙史已校。

中華書局

元史卷一百三十八

列傳第二十五

康里脫脫

康里脫脫，父曰牙牙，由康國王封雲中王，阿沙不花之弟也。脫脫姿貌魁梧，少時從其兄斡禿蠻獵於燕南，斡禿蠻使歸獻所獲，世祖見其骨氣沉雄，步履莊重，歎曰：「後日大用之才，已生於今。」卽命入宿衛。成宗初，丞相伯顏在北鄙，脫脫奉詔以名鷹賜伯顏。伯顏見之，驚問曰：「汝爲何人子？」脫脫以實對，伯顏語之曰：「吾老矣，他日可大用者，未見汝比。」

大德三年，武宗以皇子撫軍北鄙，脫脫從行。五年，叛王海都犯邊，脫脫從武宗討之。師次杭海，進擊海都，大破其衆，脫脫手斬一士之首，連背胛以獻，武宗壯之。兵之始交也，武宗銳欲出戰，脫脫執轡力諫，武宗怒，揮鞭抶其手，不退，乃止。已而武宗與大將朶兒答

哈語及之，朶兒答哈曰：「太子在軍中，如身有首，如衣有領，脫有不虞，衆安所附？脫脫之諫可謂忠矣。」武宗深然之。

成宗大漸，丞相哈剌哈孫答剌罕稱疾臥直廬中。脫脫適以使事至京師，卽俾馳告武宗以國恤，語在阿沙不花傳。

時仁宗奉興聖太后至自懷孟，既定內難，而太后以兩太子星命付陰陽家推算，問所宜立者，曰：「重光大荒落有災，旃蒙作噩長久。」重光爲武宗年幹，旃蒙爲仁宗年幹。於是太后頗惑其言，遣近臣朶耳諭旨武宗曰：「汝兄弟二人皆我所出，豈有親疏？陰陽家所言運祚修短，不容不思。」武宗聞之，默然，進脫脫而言曰：「我捍禦邊陲，勤勞十年，又次序居長，神器所歸，灼然何疑。今太后以星命休咎爲言，天道茫昧，誰能豫知？設使我卽位之後，所設施者上合天心，下副民望，則雖一日之短，亦足垂名萬年，何可以陰陽之言而乖祖宗之託哉！此蓋近日任事之臣，擅權專殺，恐我他日或治其罪，故爲是奸謀動搖大本耳。脫脫，汝爲我往察事機，疾歸報我。」脫脫承命卽行。武宗親率大軍由西道進，按灰由中道，床兀兒由東道，各以勁卒一萬從。

脫脫馳至大都，入見太后，道武宗所授旨以聞。太后愕然曰：「修短之說雖出術家，爲太子周思遠慮乃出我深愛。貪慾已除，宗王大臣議已定，太子不速來何爲？」時諸王禿列等侍，咸曰：「臣下翊戴嗣君，無二心者。」既而太后、仁宗屏左右，留脫脫與語曰：「太子天性孝友，中外屬望。今聞汝所致言，殆有讒間。汝歸速爲我彌縫闕失，使我骨肉無間，相見怡愉，則汝功爲不細矣。」脫脫頓首謝曰：「太母、太弟不煩過慮，臣侍藩邸歷年，頗見信任，今歸當卽推誠竭忠以開釋太子。」

先是，太后以武宗遲迴不至，已遣阿沙不花往道諸王羣臣推戴之意。及是脫脫繼往，行至旺古察，武宗在馬轎中望見其來，趣使疾馳，與之共載。脫脫具致太后、仁宗之語，武宗乃大感悟，釋然無疑。遂遣阿沙不花還報。仁宗卽日命駕奉迎于上都。武宗正位宸極，尊太后爲皇太后，立仁宗爲皇太子，三宮協和，脫脫兄弟之力爲多。

脫脫之至京師也，武宗嘗命其同知樞密院，比還，問嘗視事否，脫脫對曰：「今正殿未御，宗親未見，爲扈從之臣攙取名位，誠恐有累聖德，是以未敢祇事。」武宗嘉歎久之。知樞密院只兒哈忽在潛邸時嘗有不遜語，將置于法，脫脫諫曰：「陛下新正位，大信未立而輒行誅戮，知者以爲彼自有罪，不知者以爲報仇，恐人人自危。況只兒哈忽習於先朝典故，今固不可少也。」乃宥之。繼海都而王者曰察八兒，素服武宗威名，至是率諸王內附，詔特設宴於大庭。故事，凡大宴，必命近臣敷宣王度，以爲告戒。脫脫薦只兒哈忽，令具其言以進，果稱旨。武宗歎曰：「博爾忽、博爾朮前朝人傑，脫脫今世人傑也。」卽以所進之言授脫脫。

及諸王大臣被宴服就列，脫脫卽席陳西北諸藩始終離合之由、去逆效順之義，辭旨明暢，聽者傾服。自同知樞密院事進中書平章政事，拜御史大夫。遷江南行臺御史大夫。尋召拜錄軍國重事、中書左丞相。脫脫知無不言，言無不行，中外翕然稱爲賢相。

至大三年，尚書省立，遷右丞相。三寶奴等勸武宗立皇子爲皇太子。脫脫方獵于柳林，遣使亟召之還。三寶奴曰：「建儲議急，故相召耳。」脫脫驚曰：「何謂也？」曰：「皇子寖長，聖體近日倦勤，儲副所宜早定。」脫脫曰：「國家大計不可不慎。曩者太弟躬定大事，功在宗社，位居東宮，已有定命，自是兄弟叔姪世世相承，孰敢紊其序者！我輩臣子，於國憲章縱不能有所匡贊，何可隳其成。」三寶奴曰：「今日兄已授弟，後日叔當授姪，能保之乎？」脫脫曰：「在我不可渝，彼失其信，天實鑒之。」三寶奴雖不以爲然，而莫能奪其議也。

是時，尚書省賜予無節，遷敍無法，財用日耗，名爵日濫。脫脫進言曰：「爵賞者，帝王所以用人也。今爵及比德，賞及罔功，緩急之際何所賴乎！中書所掌，錢糧、工役、選法、刑獄十有二事。若從臣言，恪遵舊制，則臣願與諸賢黽勉從事。不然，用臣何補！」遂有詔俾濫受宣敕者赴所屬繳納。僥倖之路既塞，奔競之風頓衰。中臺有贓罰鈔五百萬緡，脫脫請出以賑孤寡老疾諸窮而無告者。宗王南忽里部人告其主爲不軌，脫脫辯其誣，抵告者罪。宗王牙忽禿徵其舊民於齊王八不沙部中，鄰境諸王欲奉齊王攻牙忽禿，齊王懼，奔牙忽禿以避

二十四史

中華書局

之，遂告齊王反。脫脫簿問得實，乃釋齊王而徙諸王于嶺南。邊將脫火赤請以新軍萬人益宗王丑漢，廷議俾脫脫往給其資裝。脫脫謂時方寧謐，不宜挑釁生事，辭不行。遂遣丞相禿忽魯等二人往給之，幾以激變。四年正月，復爲中書左丞相。

仁宗卽位，眷待彌篤，欲使均逸于外，二月，拜江浙行省左丞相。下車，進父老問民利病，咸謂杭城故有便河通于江滸，堙廢已久，若疏鑿以通舟楫，物價必平。僚佐或難之，脫脫曰：「吾陛辭之日，密旨許以便宜行事。民以爲便，行之可也。」俄有旨禁勿興土功，脫脫曰：「敬天莫先勤民，民蒙其利則災沴自弭，土功何尤。」不一月而成。

是時，鐵木迭兒爲丞相，欲固位取寵，乃議立仁宗子英宗爲皇太子，而明宗以武宗子封周王，出鎮于雲南。又譖脫脫爲武宗舊臣。詔逮至京師。居數日，牀兀兒、失列門傳兩宮旨諭脫脫曰：「初疑汝親於所事，故召汝。今察汝無他，其復還鎮。」脫脫入謝太后曰：「臣雖被先帝知遇，而受太后及今上恩不爲不深，豈敢昧所自乎。」還江浙。未幾，遷江西行省左丞相。

英宗嗣位，召拜御史大夫。時帖赤先爲大夫，陰忌之，奏改江南行臺御史大夫。復嗾言者劾其擅離職守，將徙之雲南，會帖赤伏誅，乃解。家居不出者五年。泰定四年薨，年五十六。至正初，贈推誠全德守義佐運功臣、太師、開府儀同三司、上柱國，追封和寧王，諡

忠獻。

脫脫嘗卽宣德別墅延師以訓子，鄉人化之，皆向學。朝廷賜其精舍額曰景賢書院，爲設學官。其沒也，卽其中祠焉。

子九人，其最顯者二人：曰鐵木兒塔識，曰達識帖睦邇，各有傳。

燕鐵木兒（撒敦　唐其勢）〔一〕

燕鐵木兒，欽察氏，牀兀兒第三子，世系見土土哈傳。武宗鎭朔方，備宿衞十餘年，特愛幸之。及卽位，拜正奉大夫、同知宣徽院事。皇慶元年，襲左衞親軍都指揮使。泰定二年，加太僕卿。三年，遷同僉樞密院事。致和元年，進僉書樞密院事。

泰定帝崩于上都，丞相倒剌沙專政，宗室諸王脫脫、王禪附之，利於立幼。燕鐵木兒時總環衞事，留大都，自以身受武宗寵拔之恩，其子宜纂大位，而一居朔漠，一處南陲，實天之所置，將以啓之。由是與公主察吉兒、族黨阿剌帖木兒及腹心之士孛倫赤、剌剌等議，以八月甲午昧爽，率勇士納只禿魯等入興聖宮，會集百官，執中書平章烏伯都剌、伯顏察兒，兵皆露刃，誓衆曰：「祖宗正統屬在武皇帝之子，敢有不順者斬。」衆皆潰散。遂捕姦黨下獄，而與西安王阿剌忒納失里入守內庭，分處腹心於樞密，自東華門夾道重列軍士，使人傳命

往來其中，以防漏泄。卽命前河南行省參知政事明里董阿、前宣政院使答剌麻失里乘驛迎文宗于中興，且令密以意喩河南行省平章伯顏選兵備扈從。

於是封府庫，拘百司印，遣兵守諸要害。推前湖廣行省左丞相別不花爲中書左丞相，詹事塔失海涯爲平章，前湖廣行省右丞速速爲中書左丞，前陝西行省參政王不憐吉台爲樞密副使，蕭忙古觧仍爲通政院使，與中書右丞趙世延、樞密同僉燕鐵木兒、通政院使寒食分典庶務。貸在京寺觀鈔，募死士，買戰馬，運京倉粟以餉守禦士卒，復遣使於各行省徵發錢帛兵器。

當時有諸衞軍無統屬者，又有謁選及罷退軍官，皆給之符牌，以待調遣。旣受命，未知所謝，注目而立，乃指使南向拜，衆皆愕然，始知有定向矣。燕鐵木兒宿衞禁中，夜則更遷無定居，坐以待旦者，將一月。弟撒敦、子唐其勢時留上都，密遣塔失帖木兒召之，皆棄其妻子來歸。丁酉，再遣撒里不花、鎖南班往中興趣大駕早發，令塔失帖木兒設爲南使云：「諸王帖木兒不花、寬徹普化，湖廣、河南省臣及河南都萬戶合軍扈駕，旦夕且至，民勿疑懼。」丁未，命撒敦以兵守居庸關，唐其勢屯古北口。戊申，復令乃馬台爲北使，稱明宗從諸王兵整駕南轅，中外乃安。辛亥，撒里不花至自中興，云乘輿已啓塗，詔拜燕鐵木兒知樞密院事。丙辰，率百官備法駕郊迎。丁巳，文宗至京師，入居大內。

己未，上都王禪及太尉不花、丞相塔失帖木兒、平章買閭、御史大夫紐澤等軍次楡林。九月庚申，詔燕鐵木兒帥師禦之，撒敦先驅，至楡林西，乘其未陣薄之，北軍大敗。甲子，詔還都。戊辰，遼東平章禿滿迭兒以兵犯遷民鎭，斬關以入。遣撒敦往拒，至薊州東沙流河，累戰敗之。燕鐵木兒以爲擾攘之際，不正大名，不足以係天下之志，與諸王大臣伏闕勸進。文宗固辭曰：「大兄在朔方，朕敢紊天序乎。」燕鐵木兒曰：「人心向背之機，間不容髮，一或失之，噬臍無及。」文宗悟，乃曰：「必不得已，當明詔天下，以著予退讓之意而後可。」壬申，文宗卽位，改元天曆，赦天下。

癸酉，封燕鐵木兒爲太平王，以太平路爲其食邑。甲戌，加開府儀同三司、上柱國、錄軍國重事、中書右丞相、監修國史、知樞密院事；賜黃金五百兩、白金二千五百兩、鈔一萬錠、金素織段色繒二千匹、海東白鶻一、青鶻二、豹一、平江官地五百頃。卽日詔將兵出薊州拒禿滿迭兒。乙亥，次三河，而王禪等軍已破居庸關，遂進屯三塚。丙子，燕鐵木兒孽食倍道而還。丁丑，抵楡河，（關）〔聞〕帝出都城，〔二〕將親督戰，燕鐵木兒單騎請見，曰：「陛下出，民心必驚，凡剪寇事一以責臣，願陛下亟還宮以安黎庶。」文宗乃還。明日丁丑，〔三〕阿速衞指揮使忽都不花、塔海帖木兒，同知太不花構變，事覺，械送京師斬以徇。己卯，與王禪前軍遇于楡河北，我師奮擊敗之，追至紅橋北。王禪將樞密副使阿剌帖木兒、指揮忽都帖

木兒引兵會戰。阿剌帖木兒執戈入刺，燕鐵木兒側身以刀格其戈就斫之，中左臂。部將和尚馳擊忽都帖木兒亦中左臂。二人驍將也，敵爲奪氣，遂卻。因據紅橋。兩軍阻水而陣，命善射者射之，遂退，師于白浮南。命知院也速答兒、八都兒、亦訥思等分爲三隊，張兩翼以角之，敵軍敗走。辛巳，敵軍復合，鏖戰于白浮之野，周旋馳突，戈戟戛摩。燕鐵木兒手斃七人。會日晡，對壘而宿。夜二鼓，遣阿剌帖木兒、孛倫赤、岳來吉將精銳百騎鼓譟射其營，敵衆驚擾，互自相擊，至旦始悟，人馬死傷無數。明日，天大霧，獲敵卒二人，云王禪等脫身竄山谷矣。癸未，天清明，王禪集散卒成列出山，我師駐白浮西，堅壁不動。是夜，又命撒敦潛軍繞其後，部曲八都兒壓其前，夾營吹銅角以震盪之，敵不悟而亂，自相撾擊，三鼓後乃西遁。遲明，追及昌平北，斬首數千級，降者萬餘人。

帝遣賜上尊，諭旨曰：「丞相每戰親冒矢石，脫有不虞，其若宗社何！自今後但憑高督戰，察將士之用命不用命者以賞罰之可也。」對曰：「臣以身先之，爲諸將法。敢後者軍法從事。託之諸將，萬一失利，悔將何及。」是日，敵軍再戰再北，王禪單騎亡命。也速答兒、也不倫、撒敦追之，就命也速答兒及僉院徹里帖木兒統卒三萬守居庸關，還至昌平南。

俄報古北口不守，上都軍掠石槽。丙戌，遣撒敦爲先驅，燕鐵木兒以大軍繼其後，至石槽。敵軍方炊，掩其不備，直蹂之，大軍并進，追擊四十里，至牛頭山，擒駙馬孛羅帖木兒、

平章蒙古答失、牙失帖木兒，院使撒兒討溫等，獻俘闕下，戮之。各衞將士降者不可勝紀，餘兵奔竄。夜遣撒敦襲之，逐出古北口。

丁亥，禿滿迭兒及諸王也先帖木兒軍陷通州，將襲京師，燕鐵木兒急引軍還。十月己丑朔，日將昏，至通州，乘其初至擊之，敵軍狼狽走渡潞河。庚寅，夾河而軍。敵列植黍稭，衣以氈衣，然火爲疑兵，夜遁。辛卯，率師渡河追之。癸巳，駐檀子山之棗林，也（速）〔先〕帖木兒、〔四〕禿滿迭兒合陽翟王太平、國王朶羅台、平章塔海軍來鬭，士皆殊死戰。至晚，唐其勢陷陣，殺太平，死者蔽野，餘兵宵潰。已而撒敦將輕兵要之，弗及而還。

乙未，上都諸王忽剌台，指揮阿剌鐵木兒、安童入紫荆關，犯良鄉，游騎逼南城。燕鐵木兒即率諸將兵循北山而西，令脫銜繫囊，盛莝豆以飼馬，士行且食，晨夜兼程，至于盧溝河，忽剌台聞之，望風西走。是日凱旋，入自肅清門，都人羅拜馬首，以謝更生之惠。燕鐵木兒曰：「此皆天子威靈，吾何力焉。」入見，帝大悅，賜燕興聖殿，盡懽而罷。賜太平王黃金印，并降制書及賜玉盤、龍衣、珠衣、寶珠、金腰帶等物。

是日，撒敦遣報禿滿迭兒軍復入古北口，燕鐵木兒遂以師赴之，戰于檀州南野，敗之。東路蒙古萬戶哈剌那懷率麾下萬人降，餘兵東潰，禿滿迭兒走還遼東。獲忽剌台、阿剌帖木兒、安童、朶羅台、塔海等戮之。

先是，齊王月魯帖木兒、東路蒙古元帥不花帖木兒聞文宗即位，乃起兵趨上都圍之。時上都屢敗勢蹙。壬寅，倒剌沙肉袒奉皇帝寶出請死。齊王調兵護送至京師。庚戌，文宗御興聖殿，受皇帝寶，下倒剌沙于獄。兩都平。丁巳，加燕鐵木兒以答剌罕之號，使其世世子孫襲之。仍賜珠衣二、七寶束帶一、白金甕一、黃金瓶二、海東白鶻一、青鶻三、白鷹一、豹二十。十二月，置龍翊衞，命領其事。

先是，至治二年，以欽察衞士多，爲千戶所者凡三十五，故分置左右二衞，至是又析爲龍翊衞。二年，立都督府，以統左、右欽察、龍翊三衞，哈剌魯東路蒙古二萬戶府，東路蒙古元帥府，而以燕鐵木兒兼統之，尋陞爲大都督府。燕鐵木兒乞解相印還宿衞，帝勉之曰：「卿已爲省院，惟未入臺，其聽後命。」二月，遷御史大夫，依前開府儀同三司、上柱國、錄軍國重事、太平王。未幾，復拜中書右丞相、監修國史、知樞密院事、領都督府龍翊侍衞親軍都指揮使司事，就佩元降虎符，依前開府儀同三司、上柱國、錄軍國重事、答剌罕、太平王。

先是，文宗以天下既定，可行初志，遣治書侍御史撒迪迎大兄明宗于漠北。三月辛酉，乃詔燕鐵木兒護璽寶北上。明宗嘉其功。五月，特拜開府儀同三司、上柱國、錄軍國重事、中書右丞相、監修國史、大都督、領龍翊親軍都指揮使事、答剌罕、太平王。六月，加拜太師，餘如故。從明宗南還。八月朔，明宗次王忽察都之地，文宗以皇太子見。庚寅，明宗暴

崩。燕鐵木兒以皇后命奉皇帝璽寶授文宗，疾驅而還，晝則率宿衞士以扈從，夜則躬擐甲胄繞幄殿巡護。癸巳，達上都。遂與諸王大臣陳勸復正大位。己亥，文宗復即位於上都。

十二月丁亥，文宗以燕鐵木兒有大勳勞于王室，封其曾祖父班都察溧陽王，曾祖妣玉龍徹溧陽王夫人，祖父土土哈昇王，祖妣太塔你昇王夫人，父牀兀兒揚王，母也先帖你、公主察吉兒並爲揚王夫人。三年二月，文宗欲昭其勳，詔命禮部尚書馬祖常製文立石於北郊。至順元年五月乙丑，帝又以屢頒寵數未足以報大勳，下詔命獨爲丞相以尊異之。略曰：「燕鐵木兒勳勞惟舊，忠勇多謀，奮大義以成功，致治平於期月，宜專獨運，以重秉鈞。授以開府儀同三司、上柱國、太師、太平王、答剌罕、中書右丞相、錄軍國重事、監修國史、提調燕王宮相府事、大都督、領龍翊親軍都指揮使司事。凡號令、刑名、選法、錢糧、造作，一切中書政務，悉聽總裁。諸王、公主、駙馬、近侍人員、大小諸衙門官員人等，敢有隔越聞奏，以違制論。」

六月，知樞密院事闊徹伯、脫脫木兒等十人惡其權勢之重，欲謀害之。也的迷失、脫迷以其謀告燕鐵木兒，即率欽察軍掩捕按問，皆誅之。二年二月，爲建第於興聖宮之西南。三月，賜鷹坊百人。十一月癸未，詔養其子塔剌海爲子。辛酉，以燕鐵木兒兼奎章閣大學士，領奎章閣學士院事。〔五〕賜龍慶州之流盃園池水磑土田。又賜平江、松江、江陰蘆場、蕩山、

沙塗、沙田等地。因言平江、松江圩田五百頃有奇，糧七千七百石，願增爲萬石入官，以所得餘米贍弟撒敦，詔從之。

四年，文宗大漸，遺詔立兄明宗之子。已而文宗崩，明宗次子懿璘質班卽位，四十三日而崩。文宗后臨朝。燕鐵木兒與羣臣議立文宗子燕帖古思。文宗后曰：「天位至重，吾兒年方幼冲，豈能任耶！明宗有子妥懽貼睦爾，出居廣西，今年十三矣，可嗣大統。」於是奉太后命，召還京師，至良鄉，具鹵簿迎之。燕鐵木兒與之並馬而行，於馬上舉鞭指畫，告以國家多難遣使奉迎之故。而妥懽貼睦爾卒無一語酬之。燕鐵木兒疑其意不可測，且明宗之崩，實與逆謀，恐其卽位之後追舉前事，故宿留數月，而心志日以瞀亂。

先是，燕鐵木兒自秉大權以來，挾震主之威，肆意無忌。一宴或宰十三馬，取泰定帝后爲夫人，前後尚宗室之女四十人，或有交禮三日遽遣歸者，而後房充斥不能盡識。一日宴趙世延家，男女列坐，名鴛鴦會。見座隅一婦色甚麗，問曰：「此爲誰？」意欲與俱歸。左右曰：「此太師家人也。」至是荒淫日甚，體羸溺血而薨。

燕鐵木兒既死，妥懽貼睦爾始卽位，是爲順帝。乃以撒敦爲左丞相，唐其勢爲御史大夫。元統二年四月，命唐其勢總管高麗女直漢軍萬戶府達魯花赤。授撒敦開府儀同三司、

上柱國、錄軍國重事、答剌罕、榮王、太傅、中書左丞相，賜廬州路爲食邑，宥世世子孫九死。贈燕鐵木兒太師公忠開濟弘謨同德協運佐命功臣、開府儀同三司、太師、中書右丞相、上柱國，追封德王，謚忠武。至元元年三月，立燕鐵木兒女伯牙吾氏爲皇后。

是時，撒敦已死，唐其勢爲中書左丞相，伯顏獨用事。唐其勢忿曰：「天下本我家天下也，伯顏何人而位居吾上。」遂與撒敦弟答里潛蓄異心，交通所親諸王晃火帖木兒，謀援立以危社稷。帝數召答里不至。郯王徹徹禿遂發其謀。六月三十日，唐其勢伏兵東郊，身率勇士突入宮闕。伯顏及完者帖木兒、定住、闊里吉思等掩捕獲之。唐其勢及其弟塔剌海皆伏誅。而其黨北奔答里所，答里卽應以兵，殺使者哈兒哈倫、阿魯灰用以釁旗。帝遣阿弼諭之，又殺阿弼，而率其黨和尚、剌剌等逆戰，爲擲思監、火兒灰、哈剌那海等所敗，遂奔晃火帖木兒。命孛羅、晃火兒不花追襲之，力窮勢促，阿魯渾察執答里等送上都戮之。晃火帖木兒自殺。怯薛官阿察赤亦預唐其勢之謀，欲殺伯顏，後擒付有司，具伏其辜，伏誅。

初，唐其勢事敗被擒，攀折殿檻不肯出。塔剌海走匿皇后坐下，后蔽之以衣，左右曳出斬之，血濺后衣。伯顏奏曰：「豈有兄弟爲逆而皇后黨之者！」并執后。后呼帝曰：「陛下救我。」帝曰：「汝兄弟爲逆，豈能相救邪！」乃遷皇后出宮，尋酖之于開平民舍，遂籍錄唐其勢家。

伯顏

伯顏，蔑兒吉解氏。曾大父探馬哈兒，給事宿衞。大父稱海，從憲宗伐宋，歿於王事。父謹只兒，總宿衞隆福太后宮。

伯顏弘毅深沉，明達果斷。年十五，奉成宗命侍武宗于藩邸。大德三年，從北征海都。五年，從至迭怯里古之地，力戰，又至哈剌塔之地，累捷，功爲諸將先。十年，斡羅思、失班等逃奔察八兒之地，武宗命伯顏追降之。十一年，武宗大會諸王駙馬於和林，錫號曰伯顏拔都兒。

武宗卽位，拜吏部尚書，俄改尚服院使，又拜御史中丞。至大二年十一月，拜尚書平章政事，特賜蛟龍虎符，領右衞阿速親軍都指揮使司達魯花赤。三年，加特進。延祐三年，仁宗命爲周王常侍府常侍。四年，拜江南行臺御史中丞。五年，就陞御史大夫。六年，拜江浙行省平章政事。七年，拜陝西行臺御史大夫。至治二年，復遷南臺御史大夫。泰定二年，遷江西行省平章政事。三年，遷河南行省平章政事。舊所賜河南田五千頃，以二千頃奉帝師祝釐，八百頃助給宿衞，自取不及其半。宿姦頑豪嘗毒民者，必深治之。

致和元年七月，泰定帝崩。八月，丞相燕鐵木兒遣明里董阿迎立武宗子懷王於江陵，

道過河南，使以謀密告伯顏。伯顏嘆曰：「此吾君之子也。吾夙荷武皇厚恩，委以心膂，今爵位至此，非覬萬一爲己富貴計，大義所臨，曷敢顧望。」卽集僚屬明告以故。於是會計倉廩、府庫、穀粟、金帛之數，乘輿供御、牢餼膳羞、徒旅委積、士馬芻糒供億之須，以及賞賚犒勞之用，靡不備至。不足，則邀東南常賦之經河南者，輒止之以給其費。又不足，則檄州縣募民折輸明年田租，及貸商人貨貲，約倍息以償。徵發民丁，增置驛馬，補城櫓，浚濠池，修戰守之具，嚴徼邏斥堠，日被堅執銳，與僚佐曹掾籌其便宜。卽遣蒙哥不花以其事馳告懷王。又使羅里報燕鐵木兒曰：「公盡力京師，河南事我當自效。」伯顏別募勇士五千人以迎帝于南，而躬勒兵以俟。參政脫別台曰：「今蒙古軍馬與宿衞之士皆在上都，而令探馬赤軍守諸隘，吾恐此事之不可成也。我等圖保性命，他何計哉？」伯顏不從其言。其夜，脫別台手刃欲殺伯顏爲變，伯顏覺，遂拔劍殺之，奪其所部軍器，收馬千二百騎。懷王命撒里不花拜伯顏河南行省左丞相。懷王至河南，伯顏屬櫜鞬，擐甲冑，與百官父老導入，咸俯伏稱萬歲，卽上前叩頭勸進。懷王解金鎧、御服、寶刀及海東白鶻、文豹賜伯顏。明日扈從北行。

九月，懷王卽皇帝位，是爲文宗，特加伯顏銀青榮祿大夫，仍領宿衞。尋加太尉，賜黃金二百五十兩、白金一千兩、楮幣二十五萬緡，進開府儀同三司、錄軍國重事、御史大夫、中政院使。天曆二年正月，拜太保。二月，加授儲慶使，加賜虎符，特授忠翊侍衞親軍都指揮

中華書局

使。未幾，明宗卽位，文宗居東宮，拜太子詹事、太保，開府如故。八月，拜中書左丞相。明宗崩，文宗嗣位，加儲政院使。三年正月，拜知樞密院事。至順元年，文宗以伯顏功大，不有異數不足以報稱，特命尙世祖闊〔闊〕出太子女孫曰卜顏的斤，〔六〕分賜虎士三百：怯薛丹百、默而吉軍百、阿速軍百，隸左右宿衞。又賜黃金雙龍符，鐫文曰「廣忠宣義正節振武佐運功臣」，組以寶帶，世爲明券。又命凡宴飲視諸宗王禮。二年八月，進封浚寧王，特加授侍正府侍正，追封其先三世爲王。又加伯顏昭功宣毅萬戶、忠翊侍衞都指揮使。三年，拜太傅，加徽政使。八月，文宗崩。十月，伯顏奉太皇太后命，立明宗之子懿璘質班，是爲寧宗。十一月，寧宗崩。

四年六月，順帝至自南服，入踐大位，嘉伯顏翊戴之功，拜中書右丞相、上柱國、監修國史。元統二年，〔七〕進太師、奎章閣大學士，領太史院，兼領司天監、威武、阿速諸衞。奏復經筵，加知經筵事。十一月，進封秦王。繼領太禧宗禋院、中政院、宣政院、隆祥使司、宮相諸內府，總領蒙古、欽察、斡羅思諸衞親軍都指揮使。三年六月，唐其勢及其弟塔剌海私蓄異志，謀危社稷，伯顏奉詔誅之。餘黨稱兵，又親率師往上都，擊破其衆。七月，伯顏鴆殺皇后伯牙吾氏，爲匿唐其勢、塔剌海于后宮。伯顏怒曰：「豈有兄弟謀不軌而姊妹黨之者乎！」遂鴆之。詔諭天下，用國初故事，賜伯顏以答剌罕之號，俾世襲之。

至元元年，伯顏贊帝率遵舊章，奏寢妨農之務，停海內土木營造四年，息彰德、萊蕪冶鐵一年，蠲京圻漕戶雜傜，減河間、兩淮、福建鹽額歲十八萬五千有奇，賑沙漠貧戶及南北饑民至千萬計，帝允而行之。其知經筵日，當進講，必與講官敷陳格言，以盡啓沃之道。太皇太后賜第時雍坊，有旨雄麗視諸王邸，伯顏力辭，制度務從損約。四年，求解政柄，三宮交勉留。五年十月，詔爲大丞相，加號元德上輔，賜七寶玉書龍虎金符，〔八〕鐫刻如前。先數日，伯顏面奏請以賜田歲入所積鈔一萬錠，賑帖列堅、末隣、納隣三道驛置，及闕北十三驛之困乏者。

然伯顏自誅唐其勢之後，獨秉國鈞，專權自恣，變亂祖宗成憲，虐害天下，漸有姦謀。帝患之。初，伯顏欲以其姪脫脫宿衞，伺帝起居，懼涉物議，乃以樞密知院汪家奴、翰林承旨沙剌班同侍禁近，實屬意脫脫。故脫脫政令日修而衞士拱聽約束。伯顏自領諸衞精兵，以燕者不花爲屏蔽，導從之盛，塡溢街衢。而帝側儀衞反落落如晨星。勢燄薰灼，天下之人惟知有伯顏而已。脫脫深憂之，乘間自陳忘家徇國之意，帝猶未之信。遣阿魯、世傑班日以忠義與之往復論難，益知其心無他，遂聞于帝，帝始無疑。是年，車駕自上都還京，伯顏數以兵巡行紅城諸處，歸輒在後。三人謀益堅，伯顏不知，益逞凶虐，搆陷郯王徹徹篤，奏賜死，帝未允，輒傳旨行刑。復奏貶宣讓王帖木兒不花、威順王寬徹普化，辭色憤厲，不待旨而行。帝益忿之。伯顏且日益立威，鍛鍊諸獄延及無辜。

六年二月，伯顏自領兵衞，請帝出田。脫脫告帝托疾不往。伯顏固請太子燕帖古思出次柳林。脫脫欲有所爲，遂與世傑班、阿魯合議，白于帝。戊戌，脫脫悉拘門鑰，受密旨領軍，阿魯、世傑班侍帝側傳命。是夜，帝御玉德殿，主符檄，發號令，詳見脫脫傳。中夜二鼓，遣太子怯薛月可察兒率三十騎抵太子營，取之入城，夜半見帝。四鼓，命只兒瓦歹奉詔往柳林，出伯顏爲河南行省左丞相。己亥，伯顏遣人來城下問故。脫脫倨城門上宣言，有旨黜丞相一人，諸從官無罪，可各還本衞。伯顏奏乞陛辭，不許，遂行。道出眞定，父老奉觴酒以進。伯顏問曰：「爾曾見子殺父事耶？」父老曰：「不曾見子殺父，惟見臣殺君。」伯顏俛首有慚色。三月辛未，詔徙南恩州陽春縣安置，病死于龍興路驛舍。

馬札兒台

馬札兒台，世系見兄伯顏傳。馬札兒台蚤扈從武宗，後侍仁宗於潛邸，出入恭謹，洽敏達，仁宗說之。及立爲皇太子，以爲中順大夫、典用太監。尋遷吏部郎中，陞侍郎，進兵部尙書，遷利用卿，進度支卿，轉同知典瑞院事，陞院使，歷大都路達魯花赤，佩虎符，領虎賁親軍都指揮使。

泰定四年，拜陝西行臺治書侍御史，關陝大饑，賑貸有不及者，盡出私財以周貧民，所活甚衆。轉太府卿，又轉都功德使，改宣政使。三遷皆仍太府卿，佩元降虎符，領高麗女直漢軍萬戶府達魯花赤。拜御史大夫，仍領高麗女直漢軍，兼右衞阿速親軍都指揮使司達魯花赤，提調承徽寺。尋遷知樞密院事，兼前職，加提調武備寺事，加金牌，領欽察闖闖帖木兒千戶所，又仍以知樞密院事，加鎭守海口侍衞親軍屯儲都指揮使司達魯花赤，餘如故。至元三年，議進爵封王，辭以兄伯顏既封秦王，兄弟不宜並王，乃拜太保，分樞密院，往鎭北邊。至鎭，邊民歲有傜役，悉蠲除之，後爲定例。六年，伯顏既罷黜，召拜太師、中書右丞相。奏罷各處船戶提擧、廣東採珠提擧二司。兼領右衞阿速軍，又兼領羣牧監。未幾，以疾辭，帝優詔起之。其請益堅，遂以太師就第。明年，以其子脫脫爲右丞相，而封馬扎兒台爲忠王。至正七年，別兒怯不花譖于帝，詔安置甘肅，以疾薨，年六十三。

馬扎兒台所至不以察察爲明，赫赫爲威，僚屬各效其勤，至於事功既成，未嘗以爲己出也。以仁宗寵遇之深，忌日必先百官詣原廟致敬，或一食一果之美，必持獻廟中。仁宗嘗建寺雲州九峯山，未成而崩，馬扎兒台以私財成之，曰：「是雖未足以報先帝之恩，而先帝嘗駐蹕於茲，誠不忍過其所而坐視蕪廢也。」又建寺都城健德門東。十二年，特命改封德王，令翰林儒臣製詞立碑，仍賜旌忠昭德之額。長子脫脫，次子也先帖木兒。

〔脫脫〕〔九〕

脫脫字大用，生而岐嶷，異於常兒。及就學，請於其師浦江吳直方曰：「使脫脫終日危坐讀書，不若日記古人嘉言善行服之終身耳。」稍長，膂力過人，能挽弓一石。年十五，爲皇太子怯憐口怯薛官。天曆元年，襲授成製提舉司達魯花赤。二年，入覲，文宗見之悅，曰：「此子後必可大用。」遷內宰司丞，兼前職。五月，命爲府正司丞。至順二年，授虎符、忠翊侍衞親軍都指揮使。元統二年，同知宣政院事，兼前職。五月，遷中政使。六月，遷同知樞密院事。

至元元年，唐其勢陰謀不軌，事覺伏誅，其黨答里及剌剌等稱兵外應。脫脫選精銳與之戰，盡禽以獻。歷太禧宗禋院使，拜御史中丞、虎符親軍都指揮使，〔一〇〕提調左阿速衞。四年，進御史大夫，仍提調前職，大振綱紀，中外肅然。扈從上都還，至雞鳴山之渾河，帝將畋于保安州，馬蹶。脫脫諫曰：「古者帝王端居九重之上，日與大臣宿儒講求治道，至於飛鷹走狗，非其事也。」帝納其言，授金紫光祿大夫，兼紹熙宣撫使。

是時，其伯父伯顏爲中書右丞相，既誅唐其勢，益無所忌，擅爵人，赦死罪，任邪佞，殺無辜，諸衞精兵收爲已用，府庫錢帛聽其出納。帝積不能平。脫脫雖幼養於伯顏，常憂其

敗，私請於其父曰：「伯父驕縱已甚，萬一天子震怒，則吾族赤矣。曷若於未敗圖之。」其父以爲然，復懷疑久未決。質之直方，直方曰：「傳有之，『大義滅親』。大夫但知忠於國家耳，餘復何顧焉。」當是時，帝之左右前後皆伯顏所樹親黨，獨世傑班、阿魯爲帝腹心，日與之處。脫脫遂與二人深相結納。而錢唐楊瑀嘗事帝潛邸，爲奎章閣廣成局副使，得出入禁中，帝知其可用，每三人論事，使瑀參焉。

五年秋，車駕留上都，伯顏時出赴應昌。脫脫與世傑班、阿魯謀欲禦之東門外，懼弗勝而止。會河南范孟矯殺省臣，事連廉訪使段輔，伯顏風臺臣言漢人不可爲廉訪使。時別兒怯不花亦爲御史大夫，畏人之議己，辭疾不出，故其章未上。伯顏促之急，監察御史以告脫脫。脫脫曰：「別兒怯不花位吾上，且掌印，我安敢專邪？」別兒怯不花聞之懼，且將出。脫脫度不能遏，謀於直方。直方曰：「此祖宗法度，決不可廢，盍先爲上言之。」脫脫入告于帝，及章上，帝如脫脫言。伯顏知出於脫脫，大怒，言於帝曰：「脫脫雖臣之子，其心專佑漢人，必當治之。」帝曰：「此皆朕意，非脫脫罪也。」及伯顏擅貶宣讓、威順二王，帝不勝其忿，決意逐之。一日，泣語脫脫，脫脫亦泣下，歸與直方謀。直方曰：「此宗社安危所繫，不可不密。議論之際，左右爲誰？」曰：「阿魯及脫脫木兒。」直方曰：「子之伯父，挾震主之威，此輩苟利富貴，其語一泄，則主危身戮矣。」脫脫乃延二人于家，置酒張樂，晝夜不令出。遂與世傑

班、阿魯議，候伯顏入朝禽之。戒衞士嚴宮門出入，螭坳悉爲置兵。伯顏見之大驚，召脫脫責之。對曰：「天子所居，防禦不得不爾。」伯顏遂疑脫脫，益增兵自衞。

六年二月，伯顏請太子燕帖古思獵于柳林。脫脫與世傑班、阿魯合謀以所掌兵及宿衞士拒伯顏。戊戌，遂拘京城門鑰，命所親信列布城門下。是夜，奉帝御玉德殿，召近臣汪家奴、沙剌班及省院大臣先後入見，出五門聽命。又召瑀及江西范匯入草詔，數伯顏罪狀。詔成，夜已四鼓，命中書平章政事只兒瓦歹齎赴柳林。己亥，脫脫坐城門上，而伯顏亦遣騎士至城下問故。脫脫曰：「有旨逐丞相。」伯顏所領諸衞兵皆散，而伯顏遂南行。詳見伯顏傳中。事定，詔以馬扎兒台爲中書右丞相，脫脫知樞密院事，虎符，忠翊衞親軍都指揮使，提調武備寺、阿速衞千戶所，兼紹熙等處軍民宣撫都總使、宣忠兀羅思護衞親軍都指揮使司達魯花赤、昭功萬戶府都總使。十月，馬扎兒台移疾辭相位，詔以太師就第。

至正元年，遂命脫脫爲中書右丞相、錄軍國重事，詔天下。脫脫乃悉更伯顏舊政，復科舉取士法，復行太廟四時祭，雪郯王徹徹禿之寃，召還宣讓、威順二王，使居舊藩，以阿魯圖正親王之位，開馬禁，減鹽額，蠲負逋，又開經筵，遴選儒臣以勸講，而脫脫實領經筵事。中外翕然稱爲賢相。二年五月，用參議孛羅〔帖木兒〕等言，〔一一〕於都城外開河置閘，放金口水，欲引通州船至麗正門，役丁夫數萬，訖無成功。事見河渠志。

三年，詔修遼、金、宋三史，命脫脫爲都總裁官。又請修至正條格頒天下。帝嘗御宣文閣，脫脫前奏曰：「陛下臨御以來，天下無事，宜留心聖學。頗聞左右多沮撓者，設使經史不足觀，世祖豈以是教裕皇哉？」卽祕書監取裕宗所授書以進，帝大悅。皇太子愛猷識理達臘嘗保育于脫脫家，每有疾飲藥，必嘗之而進。帝嘗駐蹕雲州，遇烈風暴雨，山水大至，車馬人畜皆漂溺，脫脫抱皇太子單騎登山，乃免。至六歲還，帝慰撫之曰：「汝之勤勞，朕不忘也。」脫脫乃以私財造大壽元忠國寺於健德門外，爲皇太子祝釐，其費爲鈔十二萬二千錠。

四年閏月，領宣政院事。諸山主僧請復僧司，且曰：「郡縣所苦，如坐地獄。」脫脫曰：「若復僧司，何異地獄中復置地獄邪？」時有疾漸羸，且術者亦言年月不利，乃上表辭位，帝不允，表凡十七上始從之。有旨封鄭王，食邑安豐，賞賚巨萬，俱辭不受。乃賜松江田，爲立稻田提領所以領之。

七年，別兒怯不花爲右丞相，以宿憾譖其父馬扎兒台。詔徙甘肅。脫脫力請俱行，在道則閱騎乘廬帳，食則視其品之精粗，及至其地，馬扎兒台安之。復移西域撒思之地，〔一二〕至河，召還甘州就養。十一月，馬扎兒台薨。帝念脫脫勳勞，召還京師。

八年，命脫脫爲太傅，提調宮傅，綜理東宮之事。九年，朶兒只、太平皆罷相，遂詔脫脫復爲中書右丞相，賜上尊、名馬、襲衣、玉帶。脫脫既復入中書，恩怨無不報。時開端本堂，

中華書局

皇太子學於其中，命脫脫領端本堂事。又提調阿速、欽察二衞、內史府、宣政院、太醫院事。

十年五月，居母薊國夫人憂。帝遣近臣喻之，俾出理庶務。於是脫脫用烏古孫良楨、龔伯遂、汝中柏、伯帖木兒等爲僚屬，皆委以腹心之寄，小大之事悉與之謀，事行而羣臣不知也。吏部尚書偰哲篤建言更造至正交鈔，脫脫信之，詔集樞密院、御史臺、翰林、集賢院諸臣議之，皆唯唯而已，獨祭酒呂思誠言其不可，脫脫不悅。既而終變鈔法，而鈔竟不行。事見思誠傳。

河決白茅堤，又決金堤，方數千里，民被其患，五年不能塞。脫脫用賈魯計請塞之，以身任其事。出告羣臣曰：「皇帝方憂下民，爲大臣者職當分憂。然事有難爲，猶疾有難治，自古河患卽難治之疾也，今我必欲去其疾。」而人人異論，皆不聽。乃奏以賈魯爲工部尚書，總治河防，使發河南北兵民十七萬役之，築決堤成，使復故道。凡八月功成。事見河渠志。於是天子嘉其功，賜世襲答剌罕之號。又敕儒臣歐陽玄製河平碑以載其功。仍賜淮安路爲其食邑，郡邑長吏聽其自用。

已而汝、潁之間妖寇聚衆反，以紅巾爲號，襄、樊、唐、鄧皆起而應之。十一年，脫脫乃奏以弟御史大夫也先帖木兒爲知樞密院事，將諸衞兵十餘萬討之。克上蔡。既而駐兵沙河，軍中夜驚。也先帖木兒盡棄軍資器械，北奔汴梁，收散卒，屯朱仙鎭。朝廷以也先帖木

兒不習兵，詔別將代之。也先帖木兒徑歸，昏夜入城，仍爲御史大夫。陝西行臺監察御史十二人劾其喪師辱國之罪，脫脫怒，乃遷西行臺御史大夫朶兒直班爲湖廣行省平章政事，而御史皆除各府添設判官，由是人皆莫敢言事。

十二年，紅巾有號芝麻李者，據徐州。脫脫請自行討之，以逯魯曾爲淮南宣慰使，募鹽丁及城邑趫捷，通二萬人，與所統兵俱發。九月，師次徐州，攻其西門。賊出戰，以鐵翎箭射馬首，脫脫不爲動，麾軍奮擊之，大破其衆，入其外郛。明日，大兵四集，亟攻之，賊不能支，城破，芝麻李遁去。獲其黃繖旗鼓，燒其積聚，追擒其僞千戶數十人，遂屠其城。帝遣中書平章政事普化等卽軍中命脫脫爲太師，依前右丞相，趣還朝，而以樞密院同知禿赤等進師平潁、亳。師還，賜上尊、珠衣、白金、寶鞍。皇太子錫燕于私第。詔改徐州爲武安州，而立碑以著其績。

十三年三月，脫脫用左丞烏古孫良楨、右丞悟良哈台議，屯田京畿，以二人兼大司農卿，而脫脫領大司農事。西至西山，東至遷民鎭，南至保定、河間，北至檀、順州，皆引水利，立法佃種，歲乃大稔。

十四年，張士誠據高郵，屢招諭之不降。詔脫脫總制諸王諸省軍討之。黜陟予奪一切庶政，悉聽便宜行事；省臺院部諸司，聽選官屬從行，稟受節制。西域、西番皆發兵來助。旌旗累千里，金鼓震野，出師之盛，未有過之者。師次濟寧，遣官詣闕里祀孔子，過鄒縣祀孟子。十一月，至高郵。辛未至乙酉，連戰皆捷。分遣兵平六合，賊勢大蹙。俄有詔罪其老師費財，以河南行省左丞相太不花、中書平章政事月闊察兒、知樞密院事雪雪代將其兵，削其官爵，安置淮安。

先是，脫脫之西行也，別兒怯不花欲陷之死。哈麻屢言于帝，召還近地，脫脫深德之，至是引爲中書右丞。而是時脫脫信用汝中柏，由左司郎中參議中書省事，平章以下見其議事莫敢異同，惟哈麻不爲之下。汝中柏因譖之脫脫，改爲宣政院使，位居第三，於是哈麻深銜之。哈麻嘗與脫脫議授皇太子冊寶禮，脫脫每言：「中宮有子將置之何所？」以故久不行。脫脫將出師也，以汝中柏爲治書侍御史，使輔也先帖木兒居中。汝中柏恐哈麻必爲後患，欲去之。脫脫猶豫未決，令與也先帖木兒謀。也先帖木兒以其有功於己，不從。哈麻知之，遂譖脫脫於皇太子及皇后奇氏。會也先帖木兒方移疾家居，監察御史袁賽因不花等承哈麻風旨，上章劾之，三奏乃允，奪御史臺印，出都門外聽旨，以汪家奴爲御史大夫，而脫脫亦有淮安之命。

十二月辛亥，詔至軍中，參議龔伯遂曰：「將在軍，君命有所不受。且丞相出師時，嘗被密旨，今奉密旨一意進討可也。詔書且勿開，開則大事去矣。」脫脫曰：「天子詔我而我不

從，是與天子抗也，君臣之義何在？」弗從。既聽詔，脫脫頓首謝曰：「臣至愚，荷天子寵靈，委以軍國重事，蚤夜戰兢，懼弗能勝。一旦釋此重負，上恩所及者深矣。」卽出兵甲及名馬三千，分賜諸將，俾各帥所部以聽月闊察兒、雪雪節制。客省副使哈剌答曰：「丞相此行，我輩必死他人之手，今日寧死丞相前。」拔刀刎頸而死。初命脫脫安置淮安，俄有旨移置亦集乃路。

十五年三月，臺臣猶以謫輕，列疏其兄弟之罪，於是詔流脫脫于雲南大理宣慰司鎭西路，流也先帖木兒于四川碉門。脫脫長子哈剌章，肅州安置；次子三寶奴，蘭州安置。家產簿錄入官。脫脫行至大理騰衝，知府高惠見脫脫，欲以女事之，許築室一程外以居，雖有加害者可以無虞。脫脫曰：「吾罪人也，安敢念及此！」巽辭以絕之。九月，遣官移置阿輕乞之地，高惠以脫脫前不受其女，故首發鐵甲軍圍之。十二月己未，哈麻矯詔遣使鴆之，死，年四十二。訃聞，中書遣尚舍卿七十六至其地，易棺衣以殮。

脫脫儀狀雄偉，頎然出於千百人中，而器宏識遠，莫測其蘊。功施社稷而不伐，位極人臣而不驕，輕貨財，遠聲色，好賢禮士，皆出於天性。至於事君之際，始終不失臣節，雖古之有道大臣，何以過之。惟其惑於羣小，急復私讎，君子譏焉。

二十二年，監察御史張冲等上章雪其冤，於是詔復脫脫官爵，并給復其家產。召哈剌

章、三寶奴還朝。而也先帖木兒先是亦已死，乃授哈剌章中書平章政事，封申國公，分省大同；三寶奴知樞密院事。二十六年，監察御史聖奴、也先、撒都失里等復言：「奸邪構害大臣，以致臨敵易將，我國家兵機不振從此始，錢糧之耗從此始，盜賊縱橫從此始，生民之塗炭從此始。設使脫脫不死，安得天下有今日之亂哉！乞封一字王爵，定謚及加功臣之號。」朝廷皆是其言。然以國家多故，未及報而國亡。

校勘記

〔一〕〔撒敦唐其勢〕　據本書原目錄補。

〔二〕抵榆河（關）〔閘〕帝出都城　按榆河非關。石田集卷一四燕帖木兒定策元勳之碑作「趨榆河，未戰。聞大駕出宮」。「關」係「閘」字之誤，據改。蒙史已校。

〔三〕明日丁丑　按前文已書「丁丑」，此處不當再有「明日丁丑」。蒙史改爲「是日」。

〔四〕也（速）〔先〕帖木兒　據前文及石田集卷一四燕帖木兒定策元勳之碑改。蒙史已校。

〔五〕辛酉以燕鐵木兒兼奎章閣大學士領奎章閣學士院事　考異云：「此事據文宗紀在至順三年二月辛酉。傳繫於二年十一月，誤也。又據上文書十一月癸未，癸未至辛酉三十九日，不得在一月之內。」按至順二年十一月壬申朔，無辛酉日。考異說是。

〔六〕特命尙世祖闊（闊）出太子女孫曰卜顏的斤　據石田集卷一四伯顏佐命元勳之碑補。按元世祖諸子無闊闊出。蒙史已校。

〔七〕元統二年　按本書卷三八順帝紀元統元年六月辛未、十一月辛亥、十二月庚申各條及石田集卷一四伯顏佐命元勳之碑，「元統二年」皆作「元統元年」，蒙史改「二」爲「元」，是。

〔八〕龍虎金符　類編改「虎」爲「鳳」，疑是。見卷四〇校勘記〔一〕。

〔九〕〔脫脫〕　據本書原目錄補。

〔一〇〕虎符親軍都指揮使　按元制無「虎符親軍」。本書卷八六百官志、卷九九兵志有「虎賁親軍都指揮使司」，疑「符」或爲「賁」之誤。

〔一一〕孛羅〔帖木兒〕　據本書卷六六河渠志及卷一八二許有壬傳補。本證已校。

〔一二〕復移西域撒思之地　「撒思」似卽指元帝師八思巴故里撒思加，元人貶徙該地者屢見。類編改作「撒思加」，疑是。

元史卷一百三十九

列傳第二十六

乃蠻台

乃蠻台，木華黎五世孫。曾祖曰孛魯；祖曰阿禮吉失，追封莒王，謚忠惠；父曰忽速忽爾，嗣國王，追封薊王。

乃蠻台身長七尺，摯靜有威，性明果善斷，射能貫札。大德五年，奉命征海都、朶哇，以功賜貂裘白金，授宣徽院使，階榮祿大夫。七年，拜嶺北行省右丞。〔一〕舊制，募民中糧以餉邊，是歲中者三十萬石。用事者挾私爲市，殺其數爲十萬，民進退失措。乃蠻台請于朝，凡所輸者悉受之，以爲下年之數，民感其德。

至治二年，改甘肅行省平章政事，佩金虎符。甘肅歲糴糧於蘭州，多至二萬石，距寧夏各千餘里至甘州，自甘州又千餘里始達亦集乃路，而寧夏距亦集乃僅千里。乃蠻台下諭令

輓者自寧夏徑趨亦集乃，歲省費六十萬緡。

天曆二年，遷陝西行省平章政事。關中大饑，詔募民入粟予爵。四方富民應命輸粟，露積關下。初，河南饑，告糴關中，而關中民遏其糴。至是關吏乃河南人，修宿怨，拒粟使不得入。乃蠻台杖關吏而入其粟。京兆民掠人而食之，則命分健卒爲隊，捕强食人者，其患乃已。時入關粟雖多，而貧民乏鈔以糴。乃蠻台取官庫未燬昏鈔，得五百萬緡，識以省印，給民行用，俟官給賑饑鈔，如數易之。先時，民或就食他所，多毀牆屋以往。乃蠻台諭之曰：「明年歲稔，爾當復還，其勿毀之。」民由是不敢毀，及明年還，皆得按堵如初。拜西行臺御史大夫，賜金幣、玩服等物。奉命送太宗皇帝舊鑄皇兄之寶於其後嗣燕只哥䚟，乃蠻台威望素嚴，至其境，禮貌益尊。

至順元年，還上都留守，佩元降虎符，虎賁親軍都指揮使，進階開府儀同三司，知嶺北行樞密院事，封宣寧郡王，賜金印。尋奉命出鎭北邊，錫予尤重。國初，諸軍置萬戶、千戶、百戶，時金銀符未備，惟加纓於槍以爲等威。至是乃蠻台爲請于朝，皆得絹符。後至元三年，詔乃蠻台襲國王，授以金印。繼又以安邊睦鄰之功，賜珠絡半臂并海東名鷹、西域文豹，國制以此爲極恩。六年，拜嶺北行省左丞相，仍前國王、知行樞密院事。

至正二年，遷遼陽行省左丞相，以年踰六十，上疏辭職歸。念其軍士貧乏，以麥四百

石、馬二百四、羊五百頭徧給之。八年，薨于家，帝聞之震悼，命有司厚致賻儀，詔贈攄忠宣惠綏遠輔治功臣、太師、開府儀同三司、上柱國，追封魯王，謚忠穆。

子二：長野仙溥化，入宿衞，掌速古兒赤，特授朝列大夫、給事中，拜監察御史，繼除河西廉訪副使、淮西宣慰副使，累遷中書參知政事，由御史中丞爲中書右丞；次晃忽而不花。

朶兒只

朶兒只，木華黎六世孫，脫脫子也。朶兒只生一歲而孤，稍長，備宿衞，事母至孝，喜讀書，不屑屑事章句，於古君臣行事忠君愛民之道，多所究心。至治二年，授中奉大夫、集賢學士，時年未及冠。一時同寅如郭貫、趙世延、鄧文原諸老皆器重之。

天曆元年，朶羅台國王自上都領兵至古北口，與大都兵迎敵。事定，文宗殺朶羅台。二年，朶兒只襲國王位，扈蹕上都，詔便道至遼陽之國。順帝至元四年，朶羅台弟乃蠻台侍太師伯顏勢，謂國王位乃其所當襲，愬于朝。伯顏妻欲得朶兒只大珠環，價直萬六千錠。朶兒只無以應，則慨然曰：「王位我祖宗所傳，不宜從人求買。我縱不得爲，設爲之，亦我宗族人耳。」於是乃蠻台以賂故得爲國王，而除朶兒只遼陽行省左丞相。以安靖爲治，民用不擾。

六年，遷河南行省左丞相，爲政如在遼陽時。先是河南范孟爲亂，以詿誤連繫者千百計。朶兒只至，頗知其冤，力欲直之，而平章政事納麟乃元問官，執其說不從。已而納麟還，言于朝，以謂朶兒只心徇漢人。朶兒只爲人寬弘有度，亦不卹也。

至正四年，遷江浙行省左丞相。時杭城荐經災燬，別兒怯不花先爲相，庶務寬紓，朶兒只繼之，咸仍其舊，民心翕然。汀州寇竊發，朶兒只調遣將士招捕之，威信所及，數月卽平。帝嘉其績，錫九龍衣、上尊酒。居二年，方面晏然。杭之耆老請建生祠，如前丞相故事。朶兒只辭之曰：「昔者我父平章官浙省，我實生於此，宜爾父老有愛於我，我於爾杭人得無情乎。然今天下承平，我叨居相位於此，唯知謹守法度不辱先人足矣，何用虛名爲？」

七年，召拜御史大夫。會丞相虛位，秋，拜中書左丞相。冬，陞右丞相、監修國史，而太平爲左丞相。是時，朝廷無事，稽古禮文之事，有墜必舉，請賜經筵講官坐，以崇聖學，選清望官專典陳言，以求治道，覈守令六事，沙汰僧尼，舉隱逸士，事見太平傳。歲餘，留守司行致賀禮，其物先留鴻禧觀，將饋二相。朶兒只家臣寓觀中，察知物有豐殺，其致左相者特豐。家臣具白其事，請卻之。朶兒只曰：「彼縱不送我，亦又何怪。」卽命受之。鄭王家產既籍于官，朶兒只俾掾史錄其數。明日，掾史以復。韓嘉訥爲平章，不知出丞相命，勃然變色，叱掾史曰：「公事須自下而上，何竟白丞相！」命客省使扶出。朶兒只不爲動，知者咸服其量。九年，罷丞相位，復爲國王，之國遼陽。

十四年，詔脫脫總兵南討。中書參議龔伯遂建言：「宜分遣諸宗王及異姓王俱出軍。」吳王朶爾赤厚賂伯遂獲免。朶兒只獨曰：「吾國家世臣，天下有事，政效力之秋也，吾豈暇與小子輩通賄賂哉。」卽領兵出淮南，聽脫脫節制。脫脫遣朶兒只攻六合，拔之。既而詔削脫脫官爵，罷其兵權，朶兒只乃以本部兵守揚州。十五年，薨于軍，年五十二。

初，朶兒只爲集賢學士，從其從兄丞相拜住在上都。〔一〕南坡之變，拜住遇害。賊臣鐵失、赤斤鐵木兒等并欲殺朶兒只，其從子朶爾直班方八歲，走詣怯薛官失都兒求免，以故朶兒只得脫於難。朶兒只爲相，務存大體，而太平則兼理庶務，一時政權頗出於太平，趨附者衆，朶兒只處之凝然不與較。然太平亦能推讓盡禮，中外皆號爲賢相云。

二子：朶蠻帖木兒，翰林學士；俺木哥失里，襲國王。

朶爾直班

朶爾直班字惟中，木華黎七世孫。祖曰碩德，父曰別理哥帖木爾。朶爾直班甫晬而孤，育於從祖母。拜住，從父也，〔二〕請于仁宗，降璽書護其家。稍長，好讀書。年十四，見文宗，適將幸上都，親閱御衣，命錄于簿，顧左右無能書漢字者，朶爾直班引筆書之。文宗喜曰：「世臣之家乃能知學，豈易得哉。」命爲尙衣奉御，尋授工部郎中。

元統元年，擢監察御史。首上疏，請親祀宗廟，赦命不宜數。又陳時政五事，其一曰：「太史言三月癸卯望月食既，四月戊午朔，日又食。皇上宜奮乾綱，修刑政，疏遠邪佞，顯任忠良，庶可消弭災變以爲禎祥。」二曰：「親祀郊廟。」三曰：「博選勳舊世臣之子，端謹正直之人，前後輔導，使嬉戲之事不接於目，俚俗之言不及於耳，則聖德日新矣。」四曰：「樞機之臣固宜尊寵，然必賞罰公，則民心服。」五曰：「弭安盜賊，振救饑民。」是時日月薄蝕，烈風暴作，河北、山東旱蝗爲災，乃復條陳九事上之，一曰：「比日倖門漸啓，刑罰漸差，無功者覬覦希賞，有罪者僥倖求免。恐刑政漸隳，紀綱漸紊，勞臣何以示勸，姦臣無所警懼。」二曰：「天下之財皆出于民，民竭其力以佐公上，而用猶不足，則嗟怨之氣上干陰陽之和，水旱災變所由生也。宜顓命中書省官二員督責戶部詳定減省，罷不急之工役，止無名之賞賜。」三曰：「禁中常作佛事，權宜停止。」四曰：「官府日增，選法愈敝，宜省冗員。」五曰：「均公田。」六曰：「鑄錢幣。」七曰：「罷山東田賦總管府。」八曰：「蠲河南自實田糧。」九曰：「禁取姬妾於海外。」

正月元日，朝賀大明殿，朶爾直班當糾正班次，卽上言：「百官踰越班制者，當同失儀論，以懲不敬。」先是，敎坊官位在百官後，御史大夫撒迪傳旨俾入正班，朶爾直班執不可。

撒迪曰：「御史不奉詔耶。」朵爾直班曰：「事不可行，大夫宜覆奏可也。」西僧爲佛事內廷，醉酒失火，朵爾直班劾其不守戒律，延燒宮殿，震驚九重。撒迪傳旨免其罪，朵爾直班又執不可，一日間傳旨者八，乃已。

丞相伯顏、御史大夫唐其勢二家家奴怙勢爲民害，朵爾直班巡歷至漷州，悉捕其人致于法，民大悅。及還，唐其勢怒曰：「御史不禮我已甚，辱我家人，我何面目見人耶。」答曰：「朵爾直班知奉法而已，它不知也。」唐其勢從子馬馬沙爲欽察親軍指揮使，恣橫不法，朵爾直班劾奏之。馬馬沙因集無賴子欲加害，會唐其勢被誅乃罷。遷太府監，改奎章閣學士院供奉學士，進承制學士，皆兼經筵官，又陞侍書學士、同知經筵事。是時朵爾直班甫弱冠，又世家子，乃獨以經術侍帝左右，世以爲盛事。

至正元年，罷學士院，除翰林學士，陞資善大夫。於是經筵亦歸翰林，仍命朵爾直班知經筵事。〔四〕是時康里（巙巙）〔巎巎〕以翰林學士承旨亦在經筵，〔五〕在上前敷陳經義，朵爾直班則爲翻譯，曲盡其意，多所啓沃，禁中語祕不傳。俄遷大宗正府也可扎魯火赤，聽訟之際，引諭律令，曲當事情。有同僚年老者，歎曰：「吾居是官四十年，見公論事殆神人也。」宗王有殺其大母者，朵爾直班與同僚拔實力請于朝，必正其罪，時相難之。出爲淮東肅政廉訪使。遷江南行臺治書侍御史，未行，又遷江西行省左丞，以疾不赴。北還，養疾黃厓山中。

起爲資正院使。

五年，拜中書參知政事、同知經筵事，提調宣文閣。時纂集至正條格，朵爾直班以謂是書上有祖宗制誥，安得獨稱今日年號；又律中條格乃其一門耳，安可獨以爲書名。時相不能從，唯除制誥而已。有以善音樂得幸者，有旨用爲崇文監丞。朵爾直班它擬一人以聞。帝怒曰：「選法盡由中書省耶。」朵爾直班頓首曰：「用倖人居清選，臣恐後世議陛下。今選它人，臣之罪也，省臣無與焉。」帝乃悅。陞右丞，尋拜御史中丞。監察御史劾奏別兒怯不花，章甫上，黜御史大夫懿憐眞班爲江浙行省平章政事。朵爾直班曰：「若此則臺綱安在。」乃再上章劾奏，并留大夫，不允。臺臣皆上印綬辭職。帝諭朵爾直班曰：「汝其毋辭。」對曰：「憲綱隳矣，臣安得獨留。」帝爲之出涕。朵爾直班卽杜門謝賓客。

尋出爲遼陽行省平章政事，階榮祿大夫。至官，詢民所疾苦，知米粟羊豕薪炭諸貨皆藉鄉民販負入城，而貴室僮奴、公府隸卒爭强買之，僅酬其半直。又其俗編柳爲斗，大小不一，豪賈猾儈得以高下其手，民咸病之。卽飭有司厲防禁，齊稱量，諸物乃畢集而價自平。又存恤孤老，平準錢法，清銓選，汰胥吏，愼勾稽，興廢墜，鉅細畢舉。苟有罪，雖勳舊不貸。王邸百司聞風悚懼。召爲太常禮儀院使，俄遷中政使，又遷資正使。

會盜起河南，帝憂之。拜中書平章政事，階光祿大夫。首言：「治國之道綱常爲重。前

西臺御史張桓伏節死義，不污於寇，宜首旌之，以勸來者。」又言：「宜守荆襄、湖廣以絕後患。」又數論：「祖宗之用兵匪專於殺人，蓋必有其道焉，今倡亂者止數人，顧乃盡坐中華之民爲畔逆，豈足以服人心。」其言頗迕丞相脫脫意。時脫脫倚信左司郎中汝中柏、員外郎伯帖木兒，故兩人因擅權用事，而朵爾直班正色立朝無所附麗。適陝州危急，因出爲陝西行臺御史大夫。行至中途，聞商州陷，武關不守，卽輕騎晝夜兼程至奉元，而賊已至鴻門。吏白涓日署事，不許，曰：「賊勢若此，尙何顧陰陽拘忌哉。」卽就署。省、臺素以舉措爲嫌，不相聚論事。朵爾直班曰：「多事如此，惡得以常例論。」乃與行省平章朵朵約五日一會集。尋有旨，命與朵朵便宜同討賊，卽督諸軍復商州。乃修築奉元城壘。募民爲兵，出庫所藏銀爲大錢，射而中的者賞之，由是人皆爲精兵。金、商義兵以獸皮爲矢房，狀如瓠，號毛葫蘆軍，甚精銳，列其功以聞，賜敕書褒獎之，由是其軍遂盛，而國家獲其用。金州由興元、鳳翔達奉元，道里迴遠，乃開義谷，創置七驛，路近以便。

時御史大夫也先帖木兒師敗于河南，西臺御史蒙古魯海牙、范文等十二人劾奏之。朵爾直班當署字，顧謂左右曰：「吾其爲平章湖廣矣。」未幾命下，果然。也先帖木兒者，脫脫之弟，章既上，脫脫怒，故左遷朵爾直班，而御史十二人皆見黜。關中人遮道涕泣曰：「生我者公也，何遽去我而不留乎？」朵爾直班慰遣之，不聽，乃從間道得出。至重慶，聞江陵陷，

道路阻不可行，或請少留以俟之，不從，期必達乃已。

湖廣行省時權治澧州，既至，律諸軍以法，而授納粟者以官，人心翕然。汝中柏、伯帖木兒言於丞相曰：「不殺朵爾直班，則丞相終不安。」蓋謂其帝意所眷屬，必復用耳。乃命朵爾直班職專供給軍食。時官廩所儲無幾，卽延州民有粟者，親予酒諭勸之而貸其粟，約俟朝廷頒鈔至卽還以直，民無不從者。又遣官糴粟河南、四川之境，民聞其名，爭輸粟以助軍餉。右丞伯顏不花方總兵，承順風旨，數侵辱之。朵爾直班不爲動。會官軍復武昌，至蘄、黃。伯顏不花百計徵索，無不給之，猶欲言其供需失期。達剌罕軍帥王不花奮言曰：「平章國之貴臣，今坐不重茵，食無珍味，徒爲我曹軍食耳。今百需立辦，顧猶欲誣之，是無人心也。我曹便當散還鄉里矣。」脫脫遣國子助教完者至軍中，風使害之。完者至，則反加敬禮，語人曰：「平章勳舊之家，國之祥瑞，吾苟傷之，則人將不食吾餘矣。」朵爾直班素有風疾，軍中感霧露，所患日劇，遂卒于黃州蘭溪驛，年四十。

朵爾直班立朝，以扶持名教爲己任，薦拔人才而不以爲私恩。留心經術，凡伊、洛諸儒之書，未嘗去手。喜爲五言詩，於字畫尤精。翰林學士承旨臨川危素，嘗客於朵爾直班，諫之曰：「明公之學，當務安國家、利社稷，毋爲留神於末藝。」朵爾直班深服其言。其在經筵，開陳大義爲多。間采前賢遺言，各以類次，爲書凡四卷，一曰學本，二曰君道，三曰臣職，四

曰國政。明道、厚倫、制行、稽古、游藝，五者學本之目也。敬天、愛民、知人、納諫、治內，五者君道之目也。宰輔、臺察、守令、將帥、礬御，五者臣職之目也。興學、訓農、理財、審刑、議兵，五者國政之目也。帝覽而善之，賜名曰治原通訓，藏于宣文閣。二子：鐵固思帖木而、篤堅帖木而。

阿魯圖

阿魯圖，博爾朮四世孫。父木（忽剌）〔剌忽〕。〔六〕阿魯圖由經正監襲職爲怯薛官，掌環衛，遂拜翰林學士承旨，遷知樞密院事。至元三年，襲封廣平王。

至正四年，脫脫辭相位，順帝問誰可代脫脫爲相者，脫脫以阿魯圖薦。五月，詔拜中書右丞相，監修國史，而別兒怯不花爲左丞相，從駕行幸，每同車出入，一時朝野以二相協和爲喜。時詔修遼、金、宋三史，阿魯圖爲總裁。五年，三史成。十月，阿魯圖等既以其書進，帝御宣文閣，阿魯圖復與平章政事帖木兒塔識、太平上奏：「太祖取金，世祖平宋，混一區宇，典章圖籍皆歸祕府。今陛下以三國事績命儒士纂修，而臣阿魯圖總裁。臣素不讀漢人文書，未解其義。今者進呈，萬機之暇，乞以備乙覽。」帝曰：「此事卿誠未解，史書所繫甚重，非儒士汎作文字也。彼一國人君行善則國興，朕爲君者宜取以爲法；彼一朝行惡則國

廢，朕當取以爲戒。然豈止儆勸人君，其間亦有爲宰相事，善則卿等宜倣效，惡則宜監戒。朕與卿等皆當取前代善惡爲勉。朕或思有未至，卿等其言之。」阿魯圖頓首舞蹈而出。

右司郎中陳思謙建言諸事。阿魯圖曰：「左右司之職所以贊助宰相。今郎中有所言，與我輩共議見諸行事，何必別爲文字自有所陳耶。郎中若居他官，則可建言，今居左右司而建言，是徒欲顯一己自能言耳。將置我輩於何地。」思謙大慙服。一日與僚佐議除刑部尚書，宰執有所舉，或難之曰：「此人柔軟，非刑部所可用。」阿魯圖曰：「廟堂卽今選儈子耶？若選儈子須選强壯人。尚書欲其詳讞刑牘耳，若不枉人，不壞法，卽是好刑官，何必求强壯人耶。」左右無以答。其爲治知大體，類如此。

先是，別兒怯不花嘗與阿魯圖謀擠害脫脫。阿魯圖曰：「我等豈能久居相位，當亦有退休之日，人將謂我何？」別兒怯不花屢以爲言，終不從。六年，別兒怯不花乃諷監察御史劾奏阿魯圖不宜居相位，阿魯圖卽避出城。其姻黨皆爲之不平，請曰：「丞相所行皆善，而御史言者無理，丞相何不見帝自陳，帝必辯焉。」阿魯圖曰：「我博爾朮世裔，豈丞相爲難得耶。但帝命我不敢辭，今御史劾我，我宜卽去。蓋御史臺乃世祖所設置，我若與御史抗，卽與世祖抗矣。爾等無復言。」阿魯圖既罷去，明年，別兒怯不花遂爲右丞相，不久亦去。十一年，阿魯圖復起爲太傅，出守和林邊，薨，無嗣。

紐的該

紐的該，博爾朮之四世孫也。早歲備宿衛，累遷同知樞密院事，既而廢處于家。順帝至元五年，奉使宣撫達達之地，整理有司不公不法事三十餘條，由是朝廷知其才，陞知嶺北行樞密院事。

至正十五年，召拜中書平章政事，遷知樞密院事。十七年，以太尉總山東諸軍，守鎭東昌路，擊退田豐兵。十八年，田豐復陷濟寧，進逼東昌。紐的該以乏糧棄城，退屯柏鄉，東昌遂陷。還京師，拜中書添設左丞相，與太平同居相位。

紐的該有識量，處事平允。倭人攻金復州，殺紅軍據其州者，卽奏遣人往賞賚而撫安之。浙西張士誠既降，紐的該處置江南諸事，咸得其宜，士誠大服。興和路富民調戲子婦，繫獄，車載楮幣至京師行賂，以故刑部官持其事久不決。紐的該乃除刑部侍郎爲興和路達魯花赤，俾決其事，富民遂自縊死。凡授官，惟才是選，不用私人，衆稱其有大臣體。已而遽罷相，遷知樞密院事。嘗臥病，謂其所知曰：「太平眞宰相才也。我疾固不起，而太平亦不能久於位，此可歎也。」朝官至門候疾者，皆謝遣之。二十年正月卒。

校勘記

〔一〕七年拜嶺北行省右丞　考異云：「案此文在大德五年之下，則是大德七年矣。考大德十一年始置和林行省，皇慶元年改嶺北省。是大德以前，未有嶺北行省，傳文當有脫誤。」按此下爲至治二年事，自大德至至治，惟延祐有七年。蒙史作「延祐七年」，疑是。

〔二〕從其從兄丞相拜住　按本書卷一一九木華黎傳、卷一二六安童傳，朵兒只與拜住父兀都帶同輩，疑「從兄」當作「從兄子」。

〔三〕拜住從父也　按本書卷一一九木華黎傳、卷一二六安童傳，拜住與朵爾直班同輩，蒙史改「從父」爲「從兄」，疑是。

〔四〕仍命朵爾直班知經筵事　按前文，朵爾直班元統年間爲「同知經筵事」，後文至正五年仍爲「同知經筵事」。此處「知」上當有「同」字。蒙史已校。

〔五〕康里（巙巙）〔巙巙〕　見卷三四校勘記〔一〕。

〔六〕父木（忽剌）〔剌忽〕　據本書卷一〇八諸王表、卷一一九博爾朮傳附玉昔帖木兒傳改正。考異已校。

元史卷一百四十

列傳第二十七

別兒怯不花

別兒怯不花字大用，燕只吉䚟氏。曾祖忙怯禿以千戶從憲宗南征有功。父阿忽台事成宗為丞相，被誅，後贈和寧忠獻王。

別兒怯不花蚤孤，八歲，以興聖太后及武宗命，侍明宗于藩邸。尋入國子學為諸生。會明宗以周王出鎮雲南，別兒怯不花從行，至大同而還。仁宗召入宿衞。一日，從殿中望見其儀狀負異，即召對，慰諭之。八番宣撫司達魯花赤。既至，宣布國家恩信，峒民感悅。有累歲不服者，皆喜曰：「吾故賢帥子孫也，其敢違命。」率其十四部來受約束。別兒怯不花以其事入奏，天子嘉而留之。泰定三年，特授同知太常禮儀院事，益從耆老文學之士雍容議論。尋拜監察御史。明

年，遷中書右司郎中。又明年，陞參議中書省事。居二年，除吏部尚書。至順元年，其兄治書侍御史自當諫止明里董阿子閭閭不當為監察御史，并出別兒怯不花為廣西兩江道宣慰使司都元帥。未幾，丁內艱還京。起復為江浙行省參知政事。江浙歲漕米由海道達京師，別兒怯不花董其事。尋除禮部尚書，遷徽政院副使，擢侍御史，特命領宿衞，陞榮祿大夫、宣徽使，加開府儀同三司。凡宿衞士有從掌領官薦用者，往往所舉多其親暱。至別兒怯不花獨推擇歲久者舉之，衆論翕服。宣徽所造酒，橫索者衆，歲費陶瓶甚多。別兒怯不花奏製銀瓶以貯，而索者遂止。至元四年，拜御史大夫，知經筵事，尋遷中書平章。

至正二年，拜江浙行省左丞相。行至淮東，聞杭城大火燒官廨民廬幾盡，仰天揮涕曰：「杭，浙省所治，吾被命出鎮，而火如此，是我不德累杭人也。」疾馳赴鎮，即下令錄被災者二萬三千餘戶，戶給鈔一錠，焚死者亦如之，人給月米二斗，幼稺給其半。又請日減酒課，為錢千二百五十緡，織坊減元額之半，軍器、漆器權停一年，泛稅皆停。事聞，朝廷從之。又大作省治，民居附其旁者，增直買其基，募民就役，則厚其傭直。又請歲減江浙、福建鹽課十三萬引。或遇淫雨亢旱，輒出禱于神祠，所禱無不應。在鎮二年，雖兒童女婦莫不感其恩。召還，除翰林學士承旨，仍掌宿衞。

四年，拜中書左丞相。朝廷議選奉使宣撫，使問民疾苦，察吏貪廉，且選習北藩風土及知典故者，俾別兒怯不花周行沙漠，洗冤除弊，不可勝計。又奏發使諭諸王，賜以金衣重實，使各撫其民，毋踰法制，於是內外震肅。明年，歲大饑，流民載道，令有司賑之，欲還鄉者給路糧。又錄在京貧民，日糶以糧。帝還自上都，遣中使數輩趣使迎謁，比見，帝親酌酒勞之。七年，進右丞相。明年，御史劾奏別兒怯不花，而徽政院使高龍卜在帝側為解，帝遂不允。乃出御史大夫亦憐眞班為江浙左丞相，中丞以下皆辭職。詔復加太保。於是兩臺各道言章交至，別兒怯不花益不自安，尋謫居渤海縣。十年正月卒。後子達世帖木而用于朝，遂贈弘仁輔治秉文守正寅亮同德功臣、開府儀同三司、上柱國、太師，追封冀王，謚忠宣。達世帖木而字原理，仕至中書平章政事，有學識，能世其家。

太平

太平字允中，初姓賀氏，名惟一，後賜姓蒙古氏，名太平，仁傑之孫，勝之子也。初，勝以非罪死，太平年尚幼，泰定帝雪其父冤而撫卹之。

太平資性開朗正大，雖在弱齡，儼然如老成人，嘗受業於趙孟頫，又師事雲中呂弼。太平始襲父職，為虎賁親軍都指揮使，尋擢陝西漢中道廉訪副使。文宗召為工部尚書，都主管奎章閣工事，又除上都留守同知。順帝元統初，命為樞密副使，尋陞同知樞密院事，遷御

史中丞。時中書有參議佛家閭者，憸人也。御史劾其罪，時宰庇之，事寢不行。太平辭疾臥家。

至正二年，詔起為中書參知政事，辭。進右丞，又辭。會御史祁君（壁）〔璧〕復劾佛家閭，〔一〕黜之，乃起就職。宗室諸王歲賜廩食衣幣不均，太平請於帝，均其厚薄。守令多失職，請選臺閣名臣充之。仍遣使覈其治行，其治最者則增秩，賜金幣。遼、金、宋三史久未完修，至是太平力贊其事，為總裁官，修成之。時粟貴而金銀賤，太平請出官本，委官收市之，所得不貲，其後兵興，卒獲其用。四年，陞中書平章政事。五年，遷宣徽院使。宣徽典飲饍，權勢多橫索，太平取簿閱之，惟太常禮儀使阿剌不花一無所需，太平因言於帝，請擢居近職，且厚賜之。

六年，拜御史大夫。故事，臺端非國姓不以授，太平因辭，詔特賜姓而改其名。七年，遷中書平章政事，班同列上。國王朵而只為左丞相，請于帝曰：「臣藉先臣之廕，蚤襲位國王，昧於國家之理，今備位宰相，非得太平不足與共事。」十一月，拜太平左丞相，朵而只為右丞相，太平辭，帝不允，仍詔示天下。明年正月，詔修后妃、功臣傳，特命太平同監修國史，蓋異數也。太平請僧道有妻子者勒為民以減蠹耗，給校官俸以防虛冒，請賜經筵講官坐以崇聖學，立行都水監以治黃河。舉隱士完者篤、執禮哈郎、董立、張樞、李孝光。是時，

天下無事，朝廷稽古禮文之典，有墜必舉。平生好訪問人材，不問南北，必記錄于册，至是多進用之。

初，脫脫既罷相，出居西土。會其父馬札兒台卒，太平力請令脫脫歸葬，以全孝道。左右以爲難，太平曰：「脫脫乃心王室，大義滅親，今父歿而不克奔訃，爲善者不幾於怠乎。」爲之固請，以故脫脫得還。脫脫既得還朝，卽拜爲太傅，然不知太平之有德於己也，因汝中柏譏間成隙，遂欲中傷之。是時，中書參政孔思立等皆一時名人，太平所拔用者，悉誣以罪黜去。九年七月，罷爲翰林學士承旨，既又誣劾其過失，而幷論其子也先忽都不宜僭娶宗室女。脫脫之母聞之，謂脫脫兄弟曰：「太平好人也，何害於汝而欲去之。汝兄弟若違吾言，非吾子也。」侍御史撒馬篤揚言于朝曰：「御史欲害正人，壞臺綱，如天下後世何。」卽臥病不起。故吏田復勸太平自裁。太平曰：「吾無罪，當聽於天，若自殺，則誠有罪矣。」遂還奉元，杜門謝客，以書史自適。

河南盜起。十五年，詔命太平爲江浙行省左丞相。未行，改爲淮南行省左丞相，兼知行樞密院事，總制諸軍，駐于濟寧。時諸軍久出，糧餉苦不繼。太平命有司給牛具以種麥，自濟寧達于海州，民不擾而兵賴以濟。議立士兵元帥府，輪番耕戰。十六年，移鎮益都。未幾，除遼陽行省左丞相。糴粟以給京師，處置有法，所致甚多而民不擾。

十七年五月，召爲中書左丞相。時毛貴據山東，明年，由河間入寇，官軍屢敗，漸逼京都，中外大駭，廷議遷都以避之，和者如出一口。太平力爭以爲不可，起同知樞密院事劉哈剌不花于彰德，引兵擊之，大敗賊衆，京城遂安。會張士誠以浙西降，而晉、冀、關陝之間，察罕鐵木兒屢以捷奏聞。於是中外人心翕然，有中興之望矣。

太平又考求，凡死節之臣，雖布衣亦加贈謚，有官者就官其子孫，人尤感動。當時右丞相搠思監家人以造僞鈔事覺，刑部欲逮繫搠思監。太平力爲解之，曰：「堂堂宰相烏得有此事，四海聞之，若國體何。」搠思監既劾罷，太平所得俸祿多分饋之。

二皇后奇氏與皇太子謀，欲內禪，遣宦者資正院使朴不花諭意於太平，太平不答。皇后又召太平至宮中，舉酒申前意，太平依違而已。是時，皇太子欲盡逐帝近臣，又令監察御史劾帝親暱臣御史中丞禿魯鐵木兒，未及奏而所劾御史被遷爲他官，皇太子疑也先忽都泄其事，益決意去太平政柄。知樞密院事紐的該聞而歎曰：「善人國之紀也，苟去之，國將何賴乎。」數於帝前左右之，以故皇太子之志未及逞。會紐的該死，皇太子遂令監察御史買住、桑哥失理劾左丞成遵、參政趙中等下獄死，以二人爲太平黨也。太平知勢有不可留，數以疾辭位。二十年二月，拜太保，俾養疾于家。臺臣奏言以謂當時事之艱危，政賴賢材之宏濟，太平以師保兼相職爲宜。帝不能從。

會陽翟王阿魯輝鐵木兒倡亂，騷動北邊，勢逼上都，皇太子乃言于帝，命太平留守上都，實欲置之死地。太平遂往。有同知太常院事脫歡者，也先忽都故將也。聞陽翟王將至，乃引兵縛王至軍前，太平不受，令生致闕下，北邊以寧。太平終不以爲己功。

未幾，詔拜太傅，賜田若干頃，俾歸奉元。帝欲以伯撒里爲丞相，伯撒里辭曰：「臣老不足以任宰相，陛下必以命臣，非得太平同事不可。」於是密旨令伯撒里留太平毋行。太平至沙井，聞命而止，宿留久之。皇太子惡其旣去而復留也，二十三年，令御史大夫普化劾太平故違上命，當正其罪。詔乃悉拘所授宣命及所賜物，俾往陝西之西居焉。搠思監因誣奏之，安置土蕃，尋遣使者逼令自裁，太平至東勝，賦詩一篇，乃自殺。年六十三。二十七年，監察御史辯其非辜，請加褒贈。

也先忽都，名均，字公秉。少好學，有俊才，累遷殿中侍御史、治書侍御史、翰林侍讀學士，皆兼襲虎賁親軍都指揮使。太平之爲相也，務廣延才彥，而也先忽都以丞相子又傾己下士，以故名稱籍然。已而被劾罷，從親還奉元。居六年，召爲兵部尙書、同知樞密院事，除通政院使。太平再相，授知樞密院事，遷太子詹事。

十九年，羣盜由開平東屯遼陽。冬，詔也先忽都以知樞密院事兼太子詹事率師往討。太平以其年少，數請改命，不允。至則遣將拔懿州省治，盜踰遼河東奔。而朝廷讒搆日甚，

罷爲上都留守。尋改宣政院使，以丁內艱不起。搠思監再相，復奏强起之，卽日監察御史也先帖木、李好直又劾罷之。

已而搠思監銜皇太子旨，搆成大獄，誣老的沙、蠻子、按難達識理、沙加識理、也先忽都及脫懽等不軌，執脫懽煅鍊其獄，連逮不已。帝知其無辜，欲釋其事，特命大赦。而搠思監增入條畫內，獨不赦前獄。唯老的沙逃于孛羅鐵木兒大同軍中，蠻子、按難達識理等遂皆貶死。也先忽都當貶撒思嘉之地，道由朶思麻。行宣政院使桓州閭素受知太平，因留居其地。執政知其故，奏也先忽都違命，杖死之。年四十四。有詩集十卷。

鐵木兒塔識

鐵木兒塔識字九齡，國王脫脫之子。[二] 資稟宏偉，補國子學諸生，讀書穎悟絕人。事明宗於潛邸。文宗初，由同知都護府事累遷禮部尙書，進參議中書省事，擢陝西行臺侍御史，留爲奎章閣侍書學士，除大都留守，尋同知樞密院事。後至元六年，拜中書右丞。至正改元，陞平章政事。

伯顏罷相，庶務多所更張，鐵木兒塔識盡心輔贊。每入番直，帝爲出宣文閣，賜坐榻前，詢以政道，必夜分乃罷。二年，郊，[三] 鐵木兒塔識言大祀竣事，必有實惠及民，以當天

心，乃賜民明年田租之半。嶺北地寒，不任穡事，歲募富民和糴爲邊餉，民雖稍利，而費官鹽爲多。鐵木兒塔識乃請別輸京倉米百萬斛，儲于和林以爲備。日本商百餘人遇風漂入高麗，高麗掠其貨，表請沒入其人以爲奴。鐵木兒塔識持不可，曰：「天子一視同仁，豈宜乘人之險以爲利，宜資其還。」已而日本果上表稱謝。俄有日本僧告其國遣人刺探國事者。鐵木兒塔識曰：「刺探在敵國固有之，今六合一家，何以刺探爲。設果有之，正可令覩中國之盛，歸告其主，使知嚮化。」兩浙、閩鹽額累增而課愈虧，江浙行省請減額，鐵木兒塔識奏歲減十三萬引。

五年，拜御史大夫。務以靜重持大體，不爲苛嬈以立聲威。建言：「近歲大臣獲罪，重者族滅，輕者籍其妻孥。祖宗聖訓，父子罪不相及。請除之。」著爲令。近畿饑民爭赴京城，奏出贓罰鈔，糴米萬石，即近郊寺觀爲糜食之，所活不可勝計。居歲餘，遷平章政事，位居第一。大駕時巡，留鎭大都。舊法：細民糴於官倉，出印券，月給之者，其直五百文，謂之紅貼米；賦籌而給之，盡三月止者，其直三百文，謂之散籌米。貪民買其籌貼以爲利。鐵木兒塔識請別發米二十萬石，遣官坐市肆，使人持五十文即得米一升，姦弊遂絕。

七年，首相去位，帝召鐵木兒塔識諭旨，若曰：「爾先人事我先朝，顯有勞績，爾實能世其家，今命汝爲左丞相。」鐵木兒塔識叩頭固辭，不允，乃拜命。鐵木兒塔識修飭綱紀，立內

外通調之法：朝官外補，許得陞辭，親授帝訓，責以成效；郡邑賢能吏，次第甄拔，入補朝闕。分海漕米四十萬石置沿河諸倉，以備凶荒。先是，僧人與齊民均受役于官，其法中變，至是奏復其舊。孔子後襲封衍聖公，階止四品，奏陞爲三品。〔四〕歲一再詣國學，進諸生而獎勵之。中書故事，用老臣預議大政，久廢不設，鐵木兒塔識奏復其規，起腆合、張元朴等四人爲議事平章。會未半年，救偏補弊之政以次興舉，中外咸悅。從幸上京還，入政事堂甫一日，俄感暴疾薨。年四十六。贈開誠濟美同德翊運功臣、太師、中書右丞相，追封冀寧王，諡文忠。

鐵木兒塔識天性忠亮，學術正大，伊、洛諸儒之書，深所研究。帝嘗問爲治何先，對曰：「法祖宗。」帝曰：「王文統奇才也，朕恨不得如斯人者用之。」對曰：「世祖有堯、舜之資，文統不以王道告君，而乃尙霸術，要近利，世祖之罪人也。使今有文統，正當遠之，又何足取乎。」初，伯顏議罷科舉，鐵木兒塔識時在參議府，訖不署奏牘，及入中書乃議復行之。徵用處士，待以不次之擢，或疑爲太優，鐵木兒塔識曰：「隱士無求於朝廷，朝廷有求於隱士，區區名爵，奚足惜哉。」識者誦之。時修遼、金、宋三史，鐵木兒塔識爲總裁官，多所協贊云。

達識帖睦邇

達識帖睦邇字九成。幼與其兄鐵木兒塔識俱入國學爲諸生，讀經史，悉能通大義，尤好學書。初以世冑補官，爲太府監提點，擢治書侍御史，以言罷。除樞密院同知，陞中書右丞、翰林承旨，遷大司農。至正七年，出爲江浙行省平章政事。明年，又入爲大司農。九年，爲湖廣行省平章政事。沅、靖、柳、桂等路猺、獠竊發，朝廷以溪洞險阻，下詔招諭之。達識帖睦邇謂：「寇情不可料，請置三分省，一治靜江，一治沅、靖，一治柳、桂，以左右丞、參政分兵鎭其地。罷靖州路總管府，改立靖州軍民安撫司，設萬戶府，益以戍兵。」朝廷皆如其言。已而諸猺、獠悉降，召還，復爲大司農。

十一年，台州方國珍起海上。達識帖睦邇奉詔與江浙行省參知政事樊執敬往招諭之。明年，盜起河南。拜河南行省平章政事。至則修城池，飭備禦，賊不敢犯其境。遷淮南行省平章政事。十五年，入爲中書平章政事。時中書庶務多爲吏胥遲留，至則責委提控掾史二人分督左右曹，悉爲剖決。出爲江浙行省左丞相，尋兼知行樞密院事，許以便宜行事。時江淮盜勢日盛，南北阻隔。達識帖睦邇獨治方面，而任用非人，肆通賄賂，賣官鬻爵，一視貨之輕重以爲高下，於是謗議紛然。所部郡縣往往淪陷，亦恬不以爲意。

十六年正月，〔五〕張士誠陷平江。七月，逼杭州，達識帖睦邇即棄城遁于富陽。萬戶普賢奴力拒之，而苗軍帥楊完者時駐嘉興，亦引兵至，敗走張士誠。達識帖睦邇乃還。初，達

識帖睦邇以完者爲海北宣慰使都元帥，尋陞江浙行省參政，至是遂陞右丞。〔六〕而苗軍素無紀律，肆爲鈔掠，所過蕩然無遺，達識帖睦邇方倚完者以爲重，莫敢禁遏，故完者矜驕日而不可制。

明年，士誠寇嘉興，屢爲完者所敗。士誠乃遣蠻子海牙以書詐降。蠻子海牙嘗爲南行臺御史中丞，以軍結水寨，屯采石，爲大明兵所敗，因走歸士誠，故士誠使之來。而書詞多不遜。完者欲納之，達識帖睦邇不可，曰：「我昔在淮南，嘗招安士誠，知其反覆，其降不可信。」完者固勸乃許之。士誠始要王爵，達識帖睦邇不許。又請爵爲三公，達識帖睦邇曰：「三公非有司所定，今我雖便宜行事，然不敢專也。」完者又力以爲請，達識帖睦邇雖外爲正詞，然實幸其降，又恐忤完者意，遂授士誠太尉，其弟士德淮南行省平章政事，士信同知行樞密院事，其黨皆授官有差。士德尋爲大明兵所擒。復陞士信淮南行省平章政事。然士誠雖降，而城池府庫甲兵錢穀皆自據如故。於是朝廷以招安張士誠爲達識帖木兒功，詔加太尉。

當是時，徽州、建德皆已陷，完者屢出師不利。士誠素欲圖完者，而完者時又强娶平章政事慶童女，達識帖木兒雖主其婚，然亦甚厭之，乃陰與士誠定計除完者。揚言使士誠出兵復建德，完者營在杭城北，不爲備，遂被圍，苗軍悉潰，完者與其弟伯顏皆自殺。其後事

聞于朝，贈完者潭國忠愍公，伯顏衞國忠烈公。完者既死，士誠兵遂據杭州。十九年，朝廷因授士信江浙行省平章政事。士信乃大發浙西諸郡民築杭城。先是，海漕久不通，朝廷遣使來徵糧，士誠運米十餘萬石達京師。方面之權，悉歸張氏，達識帖睦邇徒存虛名而已。

俄而士誠令其部屬自頌功德，必欲求王爵。達識帖睦邇謂左右曰：「我承制居此，徒藉口舌以馭此輩，今張氏復要王爵，朝廷雖微，終不爲其所脅，但我今若逆其意，則目前必受害，當忍恥含垢以從之耳。」乃爲具文書聞于朝，至再三，不報。士誠遂自立爲吳王，卽平江治宮闕，立官屬。

時答蘭帖木兒爲江浙行省右丞，眞保爲左右司郎中，二人諂事士誠，多受金帛，數媒孽達識帖睦邇之短，以故張氏遂有不相容之勢。二十四年，士信乃使王晟等面數達識帖睦邇過失，勒其移咨省院自陳老病願退。又言：「丞相之任非士信不可。」士信卽逼取其諸所掌符印，而自爲江浙行省左丞相，徙達識帖睦邇居嘉興。事聞朝廷，卽就以士信爲江浙行省左丞相。

達識帖睦邇至嘉興，士信峻其垣牆，錮其門闥，所以防禁之者甚嚴。達識帖睦邇皆不以爲意，日對妻妾飲酒放歌自若。士誠令有司公牘皆首稱「吳王令旨」，又諷行臺爲請實授于朝，行臺御史大夫普化帖木兒皆不從。至是，既拘達識帖睦邇，卽使人至紹興從普化帖

木兒索行臺印章。普化帖木兒封其印置諸庫，曰：「我頭可斷，印不可與。」又迫之登舟，曰：「我可死，不可辱也。」從容沐浴更衣，與妻子訣，賦詩二章，乃仰藥而死。臨死，擲杯地上曰：「我死矣，逆賊當踵我亡也。」後數日，達識帖睦邇聞之，歎曰：「大夫且死，吾不死何爲。」遂命左右以藥酒進，飲之而死。士誠乃使載其柩及妻孥北返于京師。

普化帖木兒字兼善，答魯乃蠻氏，行臺御史大夫帖木哥子也。累遷福建行省平章政事，時境內皆爲諸豪所據，不能有所施設。及還南行臺，又爲張士誠所逼而死。然論者以爲其死視達識帖睦邇爲差勝云。

校勘記

〔一〕祁君(璧)〔壁〕　道光本與永樂大典卷三五二八鄭氏義門合，從改。

〔二〕國王脫脫之子　考異云：「案元時惟木華黎后裔，得襲國王之號，鐵木兒塔識系出康里氏，其父脫脫，雖追封和寧王，不得蒙國王之稱也。」蒙史云：「脫脫之父牙牙，追封康國王，故舊傳云國王脫脫之子，國王上脫康字。」

〔三〕二年郊　按本書卷四一順帝紀至正三年十月己酉條及卷七七祭祀志，皆繫此事于三年。蒙史改「二」爲「三」，疑是。

〔四〕階止四品奏陞爲三品　按本書卷三五文宗紀至順二年七月甲戌條、卷一八〇孔思晦傳，至順間衍聖公已升三品，疑「四」當作「三」。又按卷四一順帝紀至正八年四月乙亥條有「賜衍聖公銀印，升秩從二品」，黃金華集卷二八康里氏先塋碑作「加孔子後嗣襲者秩二品」。蒙史改「三」爲「二」，疑是。

〔五〕十六年正月　按本書卷四四順帝紀至正十六年二月條及輟耕錄卷二九紀隆平，此事在二月。蒙史改「正」爲「二」，疑是。

〔六〕至是遂陞右丞　按本書卷四五順帝紀至正十七年八月乙丑條及輟耕錄卷八志苗，楊完者係陞左丞。此處「右」當作「左」。

元史卷一百四十一

列傳第二十八

太不花

太不花，弘吉剌氏。世爲外戚，官最貴顯。太不花沉厚有大度，以世胄入官，累遷雲南行省右丞，歷通政使、上都留守、遼陽行省平章政事。至正八年，太平爲丞相，力薦太不花可大用，召入爲中書平章政事。明年，太平既罷，脫脫復爲相。太不花因黨於脫脫謀欲害太平，衆由是不平之。

十二年，盜起河南，知樞密院事老章出師久無功，詔拜太不花河南行省平章政事，加太尉，將兵往代之。未期月，平南陽、汝寧、唐、隨，又下安陸、德安等路，招降服叛，動合事宜，軍聲大振。十四年，脫脫以太師、右丞相總大兵征高郵，尋詔奪其兵柄，而陞太不花本省左丞相，與太尉月闊察兒、樞密知院雪雪代總其兵。山東、河北諸軍悉令太不花節制。而太

不花乃以軍士乏糧之故，頗驕傲不遵朝廷命令，軍士又往往剽掠爲民患。十五年，監察御史也里忽都等劾其慢功虐民之罪，於是天子下詔盡奪其職，俾率領火赤溫，從平章政事答失八都魯征進。

頃之，復拜湖廣行省左丞相，節制湖廣、荆襄諸軍，招捕沔陽、湖廣等處水陸賊徒。會朝廷復拜太平爲中書左丞相。太不花聞之，意不能平，歎曰：「我不負朝廷，朝廷負我矣。太平漢人，今乃復居中用事，安受逸樂，我反在外勤苦邪。」及擊賊，賊且退，諸將皆欲乘勝渡江，而太不花乃反勒兵而退，以養鋭爲名。其後賊犯汴梁，守臣請援兵，至十往反，太不花乃始率兵援汴梁，而猶按甲不進。時睢、亳、太康俱已陷，邊警日急。或諫之曰：「賊且夕且至，丞相兵不進何也。」太不花顧左右大言曰：「我在，何物小寇敢犯境邪。若等毋多言，我自有神算也。」既而縱軍出掠，百里之內，蕩然無遺。繼又渡師河北，聲取曹、濮，遂駐于彰德、衞輝。俄而曹、濮之賊奔竄晉、冀，大同亦相繼不守，遂蔓延不可制。朝廷以爲憂，兩遣重臣諭以密旨，授之成算，而太不花恬不爲意。是時，其子壽童以同知樞密院事將兵分討山東，久無功，嘗以事入奏，語言有驕慢意，帝由是惡之。

十八年，山東賊愈充斥，且逼近京畿，於是詔拜太不花中書右丞相，總其兵討山東。既渡河，卽上疏以謂：「賊勢張甚，軍行宜以糧餉爲先，昔漢韓信行軍，蕭何餽糧，方今措畫無

如丞相太平者，如令太平至軍中供給，事乃可濟，不然兵不能進矣。」其意實銜太平，欲其至軍中卽害之也。時參知政事卜顏帖木兒、張晉等分省山東，二人者嘗劾壽童不進兵，太不花至，則以其餽運不前斷遣之。又以知樞密院事完者帖木兒爲右丞之日嘗劾其非，亦加以失誤專制之罪，擅改其官，徵至軍欲害之。事聞，廷議喧然。而太平與太不花久有隙，會其疏來上，以其欲害己也，遂諷監察御史迷只兒海等劾其緩師拒命之罪，而於帝前力譖之。於是乃下詔削其官爵，奪其兵柄，安置于蓋州，以知樞密院事悟良哈台總其兵。

太不花聞有詔，夜馳詣劉哈剌不花求救解。劉哈剌不花者，太不花故部將也，以破賊累有功，拜淮南行省平章政事，時駐兵保定。見太不花來，因張樂大宴，舉酒慷慨言曰：「丞相國家柱石，有大勳勞如此，天子終不害丞相，是必讒言間之耳。我當自往見上言之，丞相毋憂也。」哈剌不花卽走至京，首見太平。太平問其來何故，哈剌不花具以其故告之。太平曰：「太不花大逆不道，今詔已下，爾乃敢輒妄言邪。不審處，禍將及爾矣。」哈剌不花聞太平言，畏懼，噤不能發。太平度太不花必在哈剌不花所，卽語之曰：「爾能致太不花以來，吾以爾見上，爾功不細矣。」哈剌不花因許之。太平乃引入見帝，賜賚良渥。初，劉哈剌不花之爲部將於太不花也，與倪晦者同在幕下，太不花每委任晦，而哈剌不花計多阻不行，哈剌不花心嘗以爲怨。及是，知事已不可解，還，縛太不花父子送京師，未至，皆殺之於路。

察罕帖木兒

察罕帖木兒字廷瑞，系出北庭。曾祖闊闊台，元初隨大軍收河南。至祖乃蠻台、父阿魯溫，皆家河南，爲潁州沈丘人。察罕帖木兒幼篤學，嘗應進士舉，有時名。身長七尺，修眉覆目，左頰有三毫，或怒則毫皆直指。居常慨然有當世之志。

至正十一年，盜發汝、潁，焚城邑，殺長吏，所過殘破，不數月，江淮諸郡皆陷。朝廷徵兵致討，卒無成功。十二年，察罕帖木兒乃奮義起兵，沈丘之子弟從者數百人。與信陽之羅山人李思齊合兵，同設奇計襲破羅山。事聞，朝廷授察罕帖木兒中順大夫、汝寧府達魯花赤。於是所在義士俱將兵來會，得萬人，自成一軍，屯沈丘，數與賊戰，輒克捷。

十五年，賊勢滋蔓，由汴以南陷鄧、許、嵩、洛。察罕帖木兒兵日益盛，轉戰而北，遂戍虎牢，以遏賊鋒。賊乃北渡盟津，焚掠至覃懷，河北震動。察罕帖木兒進戰，大敗之，餘黨柵河洲，殲之無遺類，河北遂定。朝廷奇其功，除中書刑部侍郎，階中議大夫。苗軍以滎陽叛，察罕帖木兒夜襲之，虜其衆幾盡，乃結營屯中牟。已而淮右賊衆三十萬，掠汴以西，來擣中牟營。察罕帖木兒結陳待之，以死生利害諭士卒。士卒賈勇決死戰，無不一當百。會大風揚沙，自率猛士鼓譟從中起，奮擊賊中堅，（城）〔賊〕勢遂披靡不能支，〔一〕棄旗鼓遁走，

追殺十餘里，斬首無算。軍聲益大振。

十六年，陞中書兵部尚書，階嘉議大夫。繼而賊西陷陝州，斷殽、函，勢欲趨秦、晉。知樞密院事荅失八都魯方節制河南軍，調察罕帖木兒與李思齊往攻之。察罕帖木兒即鼓行而西，夜拔殽陵，立柵交口。陝爲城，阻山帶河，險且固，而賊轉南山粟給食以堅守，攻之猝不可拔。察罕帖木兒乃焚馬矢營中，如炊烟狀以疑賊，而夜提兵拔靈寶城。守既備，賊始覺，不敢動，即渡河陷平陸，掠安邑，蹂晉南鄙。察罕帖木兒追襲之，蹙之以鐵騎。賊回扼下陽津，赴水死者甚衆。相持數月，賊勢窮，皆遁潰。以功加中奉大夫、僉河北行樞密院事。

十七年，賊尋出襄樊，陷商州，攻武關，官軍敗走，遂直趨長安，至灞上，分道掠同、華諸州，三輔震恐。陝西省臺來告急。察罕帖木兒即領大衆入潼關，長驅而前，與賊遇，戰輒勝，殺獲以億萬計。賊餘黨皆散潰，走南山，入興元。朝廷嘉其復關陝有大功，授資善大夫、陝西行省左丞。未幾，賊出自巴蜀，陷秦、隴，據鞏昌，遂窺鳳翔。察罕帖木兒即先分兵入守鳳翔城，而遣諜者誘賊圍鳳翔。賊果來圍之，厚凡數十重。察罕帖木兒自將鐵騎，晝夜馳二百里往赴，比去城里所，分軍張左右翼掩擊之。城中軍亦開門鼓譟而出，內外合擊，呼聲動天地。賊大潰，自相踐蹂，斬首數萬級，伏屍百餘里，餘黨皆遁還。關中悉定。

十八年，山東賊分道犯京畿。朝廷徵四方兵入衞，詔察罕帖木兒以兵屯涿州。察罕帖木兒即留兵戍淸湫、義谷，屯潼關，塞南山口，以備他盜。而自將銳卒往赴召。而曹、濮賊方分道踰太行，焚上黨，掠晉、冀，陷雲中、鴈門、代郡，烽火數千里，復大掠南且還。察罕帖木兒先遣兵伏南山阻隘，而自勒重兵屯聞喜、絳陽。賊果走南山，縱伏兵橫擊之，賊皆棄輜重走山谷，其得南還者無幾。乃分兵屯澤州，塞碗子城，屯上黨，塞吾兒谷，屯幷州，塞井陘口，以杜太行諸道。賊屢至，守將數血戰擊却之，河東悉定。進陝西行省右丞，兼陝西行臺侍御史、同知河南行樞密院事。於是天子乃詔察罕帖木兒守禦關陝、晉、冀，撫鎭漢、沔、荆、襄，便宜行閫外事。

是年，安豐賊劉福通等陷汴梁，造宮闕，易正朔，號召羣盜。巴蜀、荆楚、江淮、齊魯、遼海，西至甘肅，所在兵起，勢相聯結。察罕帖木兒乃北塞太行，南守鞏、洛，而自將中軍軍沔池。會叛將周全棄覃懷，入汴城，合兵攻洛陽。察罕帖木兒下令嚴守備，別以奇兵出宜陽，而自將精騎發新安來援。賊至城下，見堅壁不可犯，退引去，因追至虎牢，塞成皋諸險而還。拜陝西行省平章政事，仍兼同知行樞密院事，便宜行事。

十九年，察罕帖木兒圖復汴梁。五月，以大軍次虎牢。先發遊騎，南道出汴南，略歸、亳、陳、蔡，北道出汴東，戰船浮于河，水陸並下，略曹南，據黃陵渡。乃大發秦兵，出函關，

過虎牢，晉兵出太行，踰黃河，俱會汴城下，首奪其外城。察罕帖木兒自將鐵騎，屯杏花營。諸將環城而壘。賊屢出戰，戰輒敗，遂嬰城以守。乃夜伏兵城南，旦日，遣苗軍跳梁者略城而東。賊傾城出追，伏兵鼓譟起，邀擊敗之。又令弱卒立柵外城以餌賊。賊出爭之，弱卒佯走，薄城西，因突鐵騎縱擊，悉擒其衆。賊自是益不敢出。八月，諜知城中計窮，食且盡，乃與諸將閻思孝、李克彝、虎林赤、賽因赤、荅忽、脫因不花、呂文、完哲、賀宗哲、安童、張守禮、伯顏、孫翥、姚守德、魏賽因不花、楊履信、關關等議，各分門而攻。至夜，將士鼓勇登城，斬關而入，遂拔之。劉福通奉其僞主從數百騎出東門遁走。獲僞后及賊妻子數萬、僞官五千、符璽印章寶貨無算。全居民二十萬。軍不敢私，市不易肆，不旬日河南悉定。獻捷京師，歡聲動中外，以功拜河南行省平章政事，兼知河南行樞密院事、陝西行臺御史中丞，仍便宜行事。詔告天下。

先是，中原亂，江南海漕不復通，京師屢苦饑。至是，河南既定，檄書達江浙，海漕乃復至。察罕帖木兒既定河南，乃以兵分鎮關陝、荆襄、河洛、江淮，而重兵屯太行，營壘旌旗相望數千里。乃日修車船，繕兵甲，務農積穀，訓練士卒，謀大舉以復山東。

先是，山西晉、冀之地皆察罕帖木兒所平定。而荅失八都魯之子曰孛羅帖木兒，以兵駐大同，因欲幷據晉、冀，遂至兵爭，天子屢下詔和解之，終不聽，事見本紀及荅失八都魯傳中。

二十一年，諜知山東羣賊自相攻殺，而濟寧田豐降于賊。六月，察罕帖木兒乃輿疾自陝抵洛，大會諸將，與議師期。發幷州軍出井陘，遼、沁軍出邯鄲，澤、潞軍出磁州，懷、衞軍出白馬，及汴、洛軍，水陸俱下，分道並進。而自率鐵騎，建大將旗鼓，渡孟津，踰覃懷，鼓行而東，復冠州、東昌。八月，師至鹽河。遣其子擴廓帖木兒及諸將等，以精卒五萬擣東平。與東平賊兵遇，兩戰皆敗之，斬首萬餘級，直抵其城下。察罕帖木兒以田豐據山東久，軍民服之，乃遣書諭以逆順之理。豐及王士誠皆降。遂復東平、濟寧。時大軍猶未渡，羣賊皆聚于濟南，而出兵齊河、禹城以相抗。察罕帖木兒分遣奇兵，取間道出賊後，南略泰安，逼益都，北徇濟陽、章丘，中循瀕海郡邑。乃自將大軍渡河，與賊將戰于分齊，大敗之，進逼濟南城，而齊河、禹城俱來降，南道諸將亦報捷。再敗益都兵于好石橋，東至海濱，郡邑聞風皆送款。攻圍濟南三月，城乃下。詔拜中書平章政事、知河南山東行樞密院事，陝西行臺中丞如故。察罕帖木兒遂移兵圍益都，環城列營凡數十，大治攻具，百道並進。賊悉力拒守。復掘重塹，築長圍，遏南洋河以灌城中。仍分守要害，收輯流亡，郡縣戶口再歸職方，號令煥然矣。

二十二年，時山東俱平，獨益都孤城猶未下。六月，田豐、王士誠陰結賊，復圖叛。田

豐之降也，察罕帖木兒推誠待之不疑，數獨入其帳中。及豐既謀變，乃請察罕帖木兒行觀營壘。衆以爲不可往，察罕帖木兒曰：「吾推心待人，安得人人而防之。」左右請以力士從，又不許，乃從輕騎十有一人行。至王信營，又至豐營，遂爲王士誠所刺。訃聞，帝震悼，朝廷公卿及京師四方之人，不問男女老幼，無不慟哭者。

先是，有白氣如索，長五百餘丈，起危宿，掃太微垣。太史奏山東當大水。帝曰：「不然，山東必失一良將。」卽馳詔戒察罕帖木兒勿輕舉，未至而已及於難。詔贈推誠定遠宣忠亮節功臣、開府儀同三司、上柱國、河南行省左丞相，追封忠襄王，謚獻武。及葬，賜賻有加，改贈宣忠興運弘仁效節功臣，追封潁川王，改謚忠襄，食邑沈丘縣，所在立祠，歲時致祭。封其父阿魯溫汝陽王，後又進封梁王。

於是復起擴廓帖木兒，拜銀青榮祿大夫、太尉、中書平章政事、知樞密院事、皇太子詹事，仍便宜行事，襲總其父兵。

擴廓帖木兒既領兵柄，銜哀以討賊，攻城益急，而城守益固，乃穴地通道以入。十一月，拔其城，執其渠魁陳猱頭二百餘人獻闕下，而取田豐、王士誠之心以祭其父，餘黨皆就誅。卽遣關保以兵取莒州，於是山東悉平。擴廓帖木兒本察罕帖木兒之甥，自幼養以爲子。當是時，東至淄、沂，西踰關陝，皆晏然無事。擴廓帖木兒乃駐兵于汴、洛。朝廷方倚

之以爲安。孛羅帖木兒自察罕帖木兒既沒，復數以兵爭晉、冀。帝雖屢解諭之，而釁隙日深。

二十三年，御史大夫老的沙與知樞密院事禿堅帖木兒得罪於皇太子，皇太子欲誅之，皆奔于大同，爲孛羅帖木兒所匿。老的沙者，帝母舅，以故帝數爲皇太子寢其事，而皇太子不從，帝無如之何，則傳旨密令孛羅帖木兒隱其迹。而丞相搠思監、宦者朴不花皆附皇太子，必窮竟其事。皇太子又方倚重於擴廓帖木兒。時擴廓帖木兒駐太原與孛羅帖木兒搆兵，勢相持不可解。

二十四年，搠思監、朴不花因誣孛羅帖木兒、老的沙謀爲不軌，而皇太子亦怒不已。三月，天子以故下詔數孛羅帖木兒罪，削其官職而奪其兵。孛羅帖木兒不受詔，遂遣兵逼京師，必欲得搠思監、朴不花乃已。天子不得已，縛兩人與之。語在搠思監、孛羅帖木兒傳。七月，孛羅帖木兒又與老的沙合禿堅帖木兒兵同犯闕。時擴廓帖木兒遣部將白鎖住以萬騎衞京師，駐于龍虎臺，與戰不利，遂奉皇太子奔于太原。孛羅帖木兒既入朝，據相位。白鎖住又將二萬騎屯漁陽，爲朝廷聲援。

二十五年，擴廓帖木兒以兵擣大同取之。皇太子乃趣擴廓帖木兒大舉以討逆，發丞相也速兵屯東鄙，魏、遼、齊、吳、豫、豳諸王兵駐西邊，而自率擴廓帖木兒兵取中道，抵京師。

亡何，孛羅帖木兒既伏誅，帝詔白鎖住兵守京城，遂詔皇太子還京，而擴廓帖木兒亦扈從入朝。九月，詔拜伯撒里右丞相，擴廓帖木兒左丞相。伯撒里累朝舊臣，而擴廓帖木兒以後生晚出，乃與並相。居兩月，卽請南還視師。

是時，中原雖無事，而江淮、川蜀皆非我所有。皇太子累請出督師而帝難之，乃詔封擴廓帖木兒河南王，俾總天下兵而代之行。擴廓帖木兒於是分省以自隨，官屬之盛，幾與朝廷等，而用孫翥、趙恒等爲謀主。二十六年二月，自京師還河南，欲廬墓以終喪。左右咸以謂受命出師不可中止，乃復北渡，居懷慶，又移居彰德。

初，李思齊與察罕帖木兒同起義師，齒位相等。及是擴廓帖木兒總其兵，思齊心不能平。而張良弼首拒命，孔興、脫列伯等亦皆以功自恃，各懷異見，請別爲一軍，莫肯統屬。釁隙既開，遂成讎敵。擴廓帖木兒乃遣關保、虎林赤以兵西攻良弼于鹿臺，而思齊亦與良弼合，兵連不能罷。擴廓帖木兒始受命南征，而顧乃退居彰德，又惟務用兵陝西，天子之命置而不問，朝廷因疑其有異志。皇太子之奔太原也，欲用唐肅宗靈武故事，因而自立。擴廓帖木兒與孛蘭奚等不從。及還京師，皇后奇氏傳旨，令擴廓帖木兒以重兵擁太子入城，欲脅帝禪之位。擴廓帖木兒知其意，比至京城三十里，卽散遣其軍。由是皇太子心銜之。及是，屢趣其出師江淮，擴廓帖木兒第遣弟脫因帖木兒及部將完哲、貊高以兵往山東。而

西兵互相勝負，終不解。帝又下詔和解之，顧乃戕殺詔使天下奴等，而跋扈之跡成矣。

二十七年八月，帝乃下詔命皇太子親出總天下兵馬，而分命擴廓帖木兒以其兵自潼關以東，肅清江淮；李思齊以其兵自鳳翔以西，進取川蜀；禿魯以其兵與張良弼、孔興、脫列伯等取襄樊；王信以其兵固守山東信地。然詔書雖下，皇太子亦竟止不行，而分兵之命，擴廓帖木兒終扞拒不肯受。於是貊高、關保等皆叛擴廓帖木兒。

關保自察罕帖木兒起兵以來卽爲將，勇冠諸軍，功最高。而貊高善論兵，尤爲察罕帖木兒所信任。及是，兩人見擴廓帖木兒有不臣之心，故皆叛之，列其罪狀聞于朝，舉兵共攻之。而皇太子用沙藍答兒、帖林沙、伯顏帖木兒、李國鳳等計，立撫軍院，總制天下軍馬，專備擴廓帖木兒。以貊高等能倡大義，賜號忠義功臣。

十月，詔落擴廓帖木兒太傅、中書左丞相，依前河南王，以汝州爲食邑，與弟脫因帖木兒同居河南府，而以河南府爲梁王食邑，從行官屬悉令還朝。凡擴廓帖木兒所總諸軍，在帳前者白鎖住、虎林赤領之，在河南者李克彝領之，在山東者也速領之，在山西者沙藍答兒領之，在河北者貊高領之。擴廓帖木兒既受詔，卽退軍屯澤州。詔又命禿魯與李思齊、張良弼、孔興、脫列伯率兵東向，以正天討。

二十八年，朝廷命左丞孫景益分省太原，關保以兵爲之守。擴廓帖木兒卽遣兵據太

原，而盡殺朝廷所置官。皇太子乃命魏賽因不花及關保皆以兵與思齊、良弼諸軍夾攻澤州，而天子又下詔削奪擴廓帖木兒爵邑，令諸軍共誅之，其將士官吏效順者與免本罪，惟孫翥、趙恒罪在所不赦。二月，擴廓帖木兒退守于平陽，而關保遂據澤、潞二州以與貊高合。

時李思齊、張良弼、孔興、脫列伯與擴廓帖木兒相持既久，大明兵時已及河南，思齊、良弼皆遣使詣擴廓帖木兒告以出師非本心，乃解兵大掠西歸。七月，貊高、關保進攻平陽。當是時，擴廓帖木兒氣稍沮，而關保、貊高勢甚振，數請戰，擴廓帖木兒不應，或師出即復退。一日，諜知貊高分軍掠祁縣，即夜出師薄其營掩擊之，大敗其衆，貊高、關保皆就擒。朝廷聞之，遽罷撫軍院，而帖林沙、伯顏帖木兒、李國鳳等以誤國皆受黜。既而擴廓帖木兒上疏自陳其情悃，帝尋亦悔悟，下詔滌其前非。

於是大明兵已定山東及河、洛，中原俱不守。閏七月，帝乃下詔，復命擴廓帖木兒仍前河南王、太傅、中書左丞相，孫翥、趙恒並復舊職，以兵從河北南討，也速以兵趨山東，禿魯兵出潼關，李思齊兵出七盤、金、商，以圖復汴、洛。未幾，也速兵遂潰，禿魯、思齊兵亦未嘗出，而擴廓帖木兒又自平陽退守太原，不復敢南向，事已不可爲矣。已而大明兵迫京城，帝北奔，國遂以亡。及大明兵至太原，擴廓帖木兒即棄城遁，領其餘衆西奔于甘肅。

校勘記

〔一〕（城）〔賊〕勢遂披靡不能支　從殿本改。

元史卷一百四十二

列傳第二十九

答失八都魯

答失八都魯，曾祖紐璘、祖也速答兒，有傳。答失八都魯，南加台子也。以世襲萬戶鎮守羅羅宣慰司。土人作亂，答失八都魯捕獲有功，四川省舉充船橋萬戶。出征雲南，陞大理宣慰司都元帥。

至正十一年，特除四川行省參知政事，撥本部探馬赤軍三千，從平章咬住討賊於荊襄。九月，次安平站。時咬住兵既平江陵，答失八都魯請自攻襄陽。十二年，進次荊門。時賊十萬，官軍止三千餘，遂用宋廷傑計，招募襄陽官吏及土豪避兵者，得義丁二萬，編排部伍，申其約束。行至蠻河，賊守要害，兵不得渡，即令屈萬戶率奇兵由間道出其後，首尾夾攻，賊大敗。追至襄陽城南，大戰，生擒其僞將三十人，腰斬之。賊自是閉門不復出。

答失八都魯乃相視形勢，內列八翼，包絡襄城，外置八營，軍峴山、楚山，以截其援，自以中軍四千據虎頭山，以瞰城中。署從征人李復爲南漳縣尹，黎可舉爲宜城縣尹，拊循其民以賦軍餉。城中之民受圍日久，夜半，二人縋城叩營門，具告虛實，願爲內應。答失八都魯與之定約，以五月朔日四更攻城，授之密號而去。至期，民垂繩以引官軍，先登者近千人。時賊船百餘艘在城北，陰募善水者鑿其底。天將明，城破，賊巷戰不勝，走就船，船壞，皆溺水死。僞將王權領千騎西走，遇伏兵被擒。襄陽遂平。加答失八都魯資善大夫，賜上尊及黃金束帶，以其弟識里木爲襄陽達魯花赤，子孛羅帖木兒爲雲南行省理問。比賊再犯荊門、安陸、沔陽，答失八都魯輒引兵敗之。尋詔益兵五千，以烏撒烏蒙元帥成都不花聽其調發。

十三年，定青山、荊門諸寨。九月，率兵略均、房，平穀城，攻開武當山寨數十，獲僞將杜將軍。十二月，趨攻峽州，破僞將趙明遠木驢寨。陞四川行省右丞，賜金繫腰。

十四年正月，復峽州。三月，陞四川行省平章政事，兼知〔行〕樞密院事，〔一〕總荊襄諸軍。五月，命玉樞虎兒吐華代答失八都魯守中興、荊門，且令答失八都魯以兵赴汝寧。十月，詔與太不花會軍討安豐。是月，復苗軍所據鄭、（均）〔鈞〕、許三州。〔二〕十二月，復河陰、鞏縣。

十五年，命答失八都魯就管領太不花一應諸王藩將兵馬，許以便宜行事。六月，拜河南行省平章政事。進次許州長葛，與劉福通野戰，爲其所敗，將士奔潰。九月，至中牟，收散卒，團結屯種。賊復來劫營，掠其輜重，遂與孛羅帖木兒相失。劉哈剌不花進兵來援，大破賊兵，獲孛羅帖木兒歸之。復駐汴梁東南青堽。十二月，調兵進討，大敗賊于太康，遂圍亳州，僞宋主小明王遁。

十六年，加金紫光祿大夫。三月，朝廷差脫歡知院來督兵，答失八都魯父子親與劉福通對敵，自巳至酉，大戰數合，答失八都魯墜馬，孛羅帖木兒扶令上馬先還，自持弓矢連發以斃追者，夜三更步回營中。十月，移駐陳留。十一月，攻取夾河劉福通寨。十二月庚申，次高柴店，偪太康三十里。是夜二鼓，賊五百餘騎來劫，以有備亟遁。火而追之，比曉，督陣力戰，自寅至巳，四門皆陷，壯士緣城入其郛，斬首數萬，擒僞將軍張敏、孫韓等九人，殺僞丞相王、羅二人。辛酉，太康悉平，遣孛羅帖木兒告捷京師，帝賜勞內殿，王其先臣三世，拜河南行省左丞相，仍兼知〔行〕樞密院事，〔三〕守禦汴梁；識里木，雲南行省左丞；孛羅帖木兒，四川行省左丞，將校僚屬賞爵有差。

十七年三月，詔朝京師，加開府儀同三司、太尉、四川行省左丞相。九月，取溝城、東明、長垣三縣。〔四〕十月，詔遣知院達理麻失理來援，分兵雷澤、濮州，而達理麻失理爲劉福

通所殺，達達諸軍皆潰。答失八都魯力不能支，退駐石村。朝廷頗疑其玩寇失機，使者促戰相踵。賊覘知之，詐爲答失八都魯通和書，遺諸道路，使者果得之以進。答失八都魯覺知，一夕憂憤死，十二月庚子也。〔五〕子孛羅帖木兒別有傳。

慶童

慶童字明德，康里氏。祖明里帖木兒，父斡羅思，皆封益國公。慶童早以勳臣子孫受知仁廟，給事內廷，遂長宿衞。授大宗正府掌判，三遷爲上都留守。又累遷爲江西、河南二行省平章政事。入爲太府卿。復爲上都留守。出爲遼陽行省平章政事，以寬厚爲政，遼人德之。

至正十年，遷平章，行省江浙。適時承平，頗沉湎于宴樂，凡遺逸之士舉校官者，輒擯斥不用，由是不爲物論所與。明年，盜起汝、潁，已而蔓延于江浙，江東之饒、信、徽、宣、鉛山、廣德，浙西之常、湖、建德，所在不守。慶童分遣僚佐往督師旅，曾不踰時，以次克復。既乃令長吏按視民數，凡詿誤者悉置不問，招徠流離，俾安故業，發官粟以賑之。省治燬于兵，則拓其故址，俾之一新。募貧民爲工役而償之以錢，杭民賴以存活者尤衆。

十四年，脫脫以太師、右丞相統大兵南征，一切軍資衣甲器仗穀粟薪藁之屬，咸取具於

江浙。慶童規措有方，陸運川輸，千里相屬，朝廷賴之。明年，盜起常之無錫，衆議以重兵殲之，慶童曰：「赤子無知，迫於有司，故弄兵耳。苟諭以禍福，彼無不降之理。」盜聞之，果投戈解甲，請爲良民。

十六年，平江、湖州陷。義兵元帥方家奴以所部軍屯杭城之北關，鈎結同黨，相煽爲惡，劫掠財貨，白晝殺人，民以爲患。慶童言于丞相達識帖睦邇曰：「我師無律，何以克敵，必斬方家奴乃可出師。」丞相乃與慶童入其軍，數其罪，斬首以徇，民大悅。繼而苗軍帥楊完者以其軍守杭城。丞相達識帖睦邇既承制授完者江浙行省右丞，〔六〕而完者益以功自驕，因求娶慶童女。慶童初不許，時苗軍勢甚張，達識帖睦邇方倚以爲重，强爲主婚，慶童不得已以女與之。明年，出鎭海寧州，距杭百里，地瀕海磽瘠，民甚貧。居二年，盜息而民阜。至是，慶童在江浙已七年，涉歷險艱，勞績甚優著，召拜翰林學士承旨，改淮南行省平章政事，未行，仍任江浙。

十八年，遷福建行省平章政事，未行，拜江南行臺御史大夫，賜以御衣、上尊。時南行臺治紹興，所轄諸道皆阻絕不通。紹興之東，明、台諸郡則制於方國珍；其西杭、蘇諸郡則據於張士誠。憲臺綱紀不復可振，徒存空名而已。

二十年，召還朝，慶童乃由海道趨京師。拜中書平章政事。俄有譖其子剛僧私通宮人

者，帝怒殺之。慶童因鞅鞅不得志，移疾家居久之，日飲酒以自遣。二十五年，詔拜陝西行省左丞相。時李思齊擁兵關中，慶童至則御之以禮，待之以和。居三年，關陝用寧。召還京師。

二十八年七月，大明兵逼京城，帝與皇太子及六宮至於宰臣近戚皆北奔，而命淮王帖木兒不花監國，慶童爲中書左丞相以輔之。八月二日，京城破，淮王與慶童出齊化門，皆被殺。

也速

也速，蒙古人。倜儻有能名。由宿衞歷尙乘寺提點，遷宣政院參議。至正十四年，〔七〕河南賊芝麻李據徐州，也速從太師脫脫南征，徐州城堅不可猝拔。脫脫用也速計以巨石爲礮，晝夜攻之不息，賊困莫能支。也速又攻破其南關外城，賊遂遁走。以功除同知中政院事。繼又領軍從父太尉月闊察兒征淮西，會賊圍安豐，卽往援之，渡淮無舟，因策馬探水深淺，浮而過，賊大駭，撤圍去。進攻濠州，有詔班師乃還。陞將作院使。

復從太尉征淮東，取盱眙。遷淮南行樞密院副使，陞同知樞密院事。討賊海州，大敗之。賊走，航海襲山東，盡有其地。也速計賊必乘勝北侵，急引兵北還，表裏擊之，復滕、兗

二州，及費、鄒、曲阜、寧陽、泗水五縣，賊勢遂衄。未幾，復泰安州及平陰、肥城、萊蕪、新泰四縣，又平安水等五十三寨。

陞知樞密院事。討蒲臺賊杜黑兒，擒送京師磔之。東昌賊將北寇，道出陵州，也速邀擊於景州，斬獲殆盡。復阜城縣。有詔命也速以軍屯單家橋，斷賊北路。賊轉攻長蘆，也速往與戰，流矢貫左手不顧，轉鬬無前，殺賊五百餘人，奪馬三千匹。於是分兵下山寨，民爭來歸。

拜中書平章政事，改行省淮南。雄州、蔚州賊繼起，也速悉平之。知樞密院事劉哈剌不花所部卒掠懷來、雲州，欲爲亂，也速以輕騎擊滅其首禍者，降其衆隸麾下。賊陷大寧，詔也速往討之。賊兵次侯家店，也速遇賊卽前與戰，自昏抵曙，散而復合。也速遣別騎繞出賊後，賊腹背受敵大敗。遂拔大寧，擒首賊湯通、周成等三十五人，磔于都市。召入覲，賞賚優渥，進階金紫光祿大夫、知樞密院事。

既而賊雷帖木兒不花、程思忠等陷永平，詔也速出師，遂復灤州及遷安縣。時遼東郡縣惟永平不被兵，儲粟十萬，芻藁山積，居民殷富。賊乘間竊入，增土築城，因河爲塹，堅守不可下。也速乃外築大營，絕其樵采，數與賊戰，獲其僞帥二百餘人，平山寨數十。又復昌黎、撫寧二縣，擒雷帖木兒不花送京師。賊急，乃乞降于參政徹力帖木兒，爲請命于朝，詔

許之，命也速退師。也速度賊必以計怠我師，乃嚴備以偵之。程思忠果棄城遁去，亟追至瑞州，殺獲萬計。賊遂東走金復州。詔還京師。

拜遼陽行省左丞相，知行樞密院事，撫安迤東兵農，委以便宜，開省于永平，總兵如故。金、復、海、蓋、乾、王等賊並起，西侵與中州，陰由海道趨永平，聞也速開省乃止。也速亟分兵防其衝突。賊乃轉攻大寧，爲守將王聚所敗，斬其渠魁，衆潰，皆西走。也速慮賊窺上都，卽調右丞忽林台提兵護上都，簡精銳自躡賊後。賊果寇上都，忽林台擊破之，賊衆又大潰。永平、大寧於是始平。乃分命官屬，勞來安輯其民，使什伍相保以事耕種，民爲立石頌其勳德。

二十四年，孛羅帖木兒與右丞相搠思監、宦者朴不花有怨，遣兵犯闕，執二人以去，而也速遂拜中書左丞相。七月，孛羅帖木兒留兵守大同，自率兵復向闕。京師大震，百官從帝城守，皇太子統兵迎於清河，命也速軍於昌平。而孛羅帖木兒前鋒已度居庸關，至昌平，也速一軍皆無鬬志，不戰而潰，皇太子馳入城，尋出奔于太原。孛羅帖木兒遂入京城，爲中書右丞相，語具孛羅帖木兒傳。

二十五年，皇太子在太原，與擴廓帖木兒謀清內難，承制調甘肅、嶺北、遼陽、陝西諸省諸王兵入討孛羅帖木兒。孛羅帖木兒乃遣御史大夫禿堅帖木兒率兵攻上都附皇太子者，

且以禦嶺北之兵，又調也速率兵南禦擴廓帖木兒部將竹貞、貊高等。也速軍次良鄉不進，謀之於衆，皆以謂孛羅帖木兒所行狂悖，圖危宗社，中外同憤。遂勒兵歸永平，西連太原擴廓帖木兒，東連遼陽也先不花國王，軍聲大振。孛羅帖木兒患之，遣其將同知樞密院事姚伯顏不花以兵往討。軍過通州，白河水溢不能進，駐虹橋，築壘以待。姚伯顏不花素輕也速無謀，不設備。也速覘知之，襲破其軍，擒姚伯顏不花。孛羅帖木兒大恐，自將討也速，至通州，大雨三日，乃還。孛羅帖木兒先以部將保安不附己，殺之，至是又失姚伯顏不花，二人皆驍將也，如失左右手，鬱鬱不樂。事敗，遂伏誅。

二十七年，詔以也速爲中書右丞相，分省山東。二十八年，大明兵取山東。閏七月，也速與部將哈剌章、田勝、周達等禦於莫州，衆敗潰，乃盡掠莫州殘民北遁。

徹里帖木兒

徹里帖木兒，阿魯溫氏。祖父累立戰功，爲西域大族。徹里帖木兒幼沉毅有大志，早備宿衞，擢中書直省舍人，遂拜監察御史。時右丞相帖木迭兒用事，生殺予奪皆出其意，道路側目。徹里帖木兒抗言，歷詆其奸，帖木迭兒欲中傷之。會山東水，鹽課大損，除山東轉運司副使，甫浹月，補其虧數皆足。轉刑部尚書，京師豪右憚之，不敢犯法，而以非罪麗法

者多所全脫。

天曆二年，拜中書右丞，尋陞中書平章政事，出爲河南行省平章政事。黃河清，有司以爲瑞，請聞于朝。徹里帖木兒曰：「吾知爲臣忠、爲子孝、天下治、百姓安爲瑞，餘何益於治。」歲大饑，徹里帖木兒議賑之。其屬以爲必自縣上之府，府上之省，然後以聞。徹里帖木兒慨然曰：「民饑死者已衆，乃欲拘以常格耶。往復累月，民存無幾矣。此蓋有司畏罪，將歸怨于朝廷，吾不爲也。」大發倉廩賑之，乃請專擅之罪。文宗聞而悅之，賜龍衣、上尊。

至順元年，雲南伯忽叛，以知行樞密院事總兵討之，治軍有紀律，所過秋毫無犯。賊平，賞賚甚厚，悉分賜將士，師旋，囊裝惟巾櫛而已。除留守上都。先是，上都官買商旅之貨，其直不卽酬給，以故商旅不得歸，至有饑寒死者。徹里帖木兒爲之請。有旨，出鈔四百萬貫償之。遷江浙行省平章政事，以嚴厲爲政，部內肅然。尋召拜御史中丞，朝廷憚之，風紀大振。

至元元年，拜中書平章政事。首議罷科舉，又欲損太廟四祭爲一祭。監察御史呂思誠等列其罪狀劾之，帝不允，詔徹里帖木兒仍出署事。時罷科舉詔已書而未用寶，參政許有壬入爭之。太師伯顏怒曰：「汝風臺臣言徹里帖木兒邪？」有壬曰：「太師以徹里帖木兒宜力之故，擢置中書。御史三十人不畏太師而聽有壬，豈有壬權重於太師耶？」伯顏意解。有壬

乃曰：「科舉若罷，天下人才觖望。」伯顏曰：「舉子多以贓敗，又有假蒙古、色目名者。」有壬曰：「科舉未行之先，臺中贓罰無算，豈盡出於舉子？舉子不可謂無過，較之於彼則少矣。」伯顏因曰：「舉子中可任用者唯參政耳。」有壬曰：「若張夢臣、馬伯庸、丁文苑輩皆可任大事。又如歐陽元功之文章，豈易及邪？」伯顏曰：「科舉雖罷，士之欲求美衣美食者，皆能自向學，豈有不至大官者邪？」有壬曰：「所謂士者，初不以衣食爲事，其事在治國平天下耳。」伯顏又曰：「今科舉取人，實妨選法。」有壬曰：「古人有言，立賢無方。科舉取士，豈不愈於通事、知印等出身者。今通事等天下凡三千三百二十五名，歲餘四百五十六人。玉典赤、太醫、控鶴，皆入流品。又路吏及任子其途非一。今歲自四月至九月，白身補官受宣者七十二人，而科舉一歲僅三十餘人。太師試思之，科舉於選法果相妨邪？」伯顏心然其言，然其議已定不可中輟，乃爲溫言慰解之，且(爲)〔謂〕有壬爲能言。〔八〕有壬聞之曰：「能言何益於事。」徹里帖木兒時在座，曰：「參政坐，無多言也。」有壬曰：「太師謂我風人劾平章，可共坐邪？」徹里帖木兒笑曰：「吾固未嘗信此語也。」有壬曰：「宜平章之不信也，設有壬果風人言平章，則言之必中矣，豈止如此而已。」衆皆笑而罷。翌日，崇天門宣詔，特令有壬爲班首以折辱之。有壬懼及禍，勉從之。治書侍御史普化誚有壬曰：「參政可謂過河拆橋者矣。」有壬以爲大恥，遂移疾不出。

初，徹里帖木兒之在江浙也，會行科舉，驛請考官，供張甚盛，心頗不平，故其入中書以罷科舉爲第一。事先，論學校貢士莊田租可給怯薛衣糧，動當國者，以發其機，至是遂論罷之。徹里帖木兒嘗指斥武宗爲那壁，那壁者猶謂之彼也。又嘗以妻弟阿魯渾沙女爲己女，冒請珠袍等物。於是臺臣復劾其罪。而伯顏亦惡其忤己欲斥之。詔貶徹里帖木兒于南安，人皆快之。久之，卒于貶所。至正二十三年，監察御史野仙帖木兒等辨其罪，可依寒食國公追封王爵定謚加功臣之號，事不行。

納麟

納麟，智曜之孫，睿之子也。大德六年，納麟以名臣子，用丞相哈剌哈孫答剌罕薦，入備宿衞。十年，除中書舍人。至大四年，遷宗正府郎中。皇慶元年，擢僉河南廉訪司事。延祐初，拜監察御史。以言事忤旨，仁宗怒叵測，中丞朶兒只力救之乃解。又言風憲侍糾劾之權而受人賂者，宜刑而加流。四年，遷刑部員外郎。六年，出爲河南行省郎中。至治三年，入爲都漕運使。泰定中，擢湖南、湖北兩道廉訪使。

天曆元年，除杭州路總管。鋤奸去蠹，吏畏民悅。明年，改江西廉訪使。南昌歲饑，江西行省難於發粟。納麟曰：「朝廷如不允，我當以家貲償之。」乃出粟以賑民，全活甚衆。平章政事把失忽都貪縱不法，納麟劾罷之。至順元年，拜湖廣行省參知政事。元統初，召爲刑部尚書，未至，改江南行臺治書侍御史。尋陞中丞。至元元年，召拜中書參知政事，遷同知樞密院事。尋出爲江浙行省右丞，乞致仕，不允，除浙西廉訪使，力辭不赴。

至正二年，除行宣政院使。上天竺耆舊僧彌戒、徑山耆舊僧惠洲，恣縱犯法，納麟皆坐以重罪。請行宣政院設崇教所，儗行省理問官，秩四品，以治僧獄訟，從之。尋爲江浙行省平章政事。三年，遷河南行省平章政事。明年，入爲中書平章政事。七年，出爲江南行臺御史大夫。尋召拜御史大夫，所薦用御史，必老成更事者。八年，進金紫光祿大夫，請老，不許，加太尉。御史劾罷之。退居姑蘇。

十二年，江淮盜起，帝命爲南臺御史大夫。納麟承詔卽起。仍命兼太尉，設僚屬，總制江浙、江西、湖廣三省軍馬。詔遣直省舍人海玉傳旨慰諭之。納麟北面再拜曰：「臣雖耄老，敢不黽勉從事，盡餘生以報陛下。」至則修築集慶城郭。會江浙杭城失守，淮南行省平章政事失列門引兵往援，次于采石。納麟使止之曰：「聞杭賊易破不足憂，今宣城危急，先宜以兵救宣城。」乃調典瑞院使脫火赤率蒙古軍應之，大破賊于㠣下門，宣州以安。已而賊陷徽州、廣德、常州、宜興、溧水、溧陽，蔓延丹陽、金壇、句容，略上元、江寧，游兵至鍾山，集慶勢甚危。納麟乃力疾治兵，部署士卒，命治書侍御史左答納失理守城中，中丞伯家奴戍

東郊。是時湖廣行省平章政事也先帖木兒軍和州，納麟遣使求援。也先帖木兒曰：「我奉命鎭江北，不敢往援江東。」納麟復遣監察御史鄭郊力促其行，也先帖木兒引步騎度采石至臺城，入候納麟疾。納麟喜，卽以其故聞于朝。已而也先帖木兒兵東趨秣陵，殺賊二千餘人，平湖熟鎭，盡復上元、江寧境，乘勝入溧陽、溧水，賊潰奔廣德；其據龍潭、方山者奔常州。時江浙行省平章政事三旦八、右丞佛家閭亦引兵來會。所在羣賊皆敗北，州郡悉平。

十三年，納麟固請謝事，從之，命太尉如故，乃退居慶元。十六年九月，詔以江南行臺移置紹興，復以納麟爲御史大夫，仍太尉。明年，移治紹興。十八年，赴召，由海道入朝，至黑水洋，阻風而還。十九年，復由海道趨直沽。山東俞寶率戰艦斷糧道，納麟命其子安安及同舟人拒之，破其衆於海口。八月，抵京師。帝遣使勞以上尊，皇太子亦饋酒脯。而納麟感疾日亟，卒于通州。年七十有九。

校勘記

〔一〕兼知〔行〕樞密院事　據本書卷四三順帝紀至正十四年三月條補。蒙史已校。

〔二〕鄭(均)〔鈞〕許三州　按本書卷五九地理志，鄭、鈞、許三州皆屬河南汴梁路，此作「均」誤，今改。蒙史已校。

〔三〕仍兼知〔行〕樞密院事　據庚申外史及本書卷九二百官志補。蒙史已校。

〔四〕取溝城東明長垣三縣　元無「溝城」縣。按本書卷五八地理志，濮州觀城縣元初與東明、長垣兩縣同屬開州。蒙史改「溝」爲「觀」，疑是。

〔五〕十二月庚子　按至正十七年十二月庚午朔，無庚子日，庚子爲十八年正月朔日。此誤。

〔六〕授完者江浙行省右丞　見卷一四〇校勘記〔六〕。

〔七〕至正十四年　按本書卷四二順帝紀至正十二年七月己丑、八月丁卯、九月乙酉、辛卯條及卷一三八脫脫傳，芝痲李據徐州及脫脫攻下，皆至正十二年事。此處「四」當作「二」。

〔八〕且（爲）〔謂〕有壬爲能言　從北監本改。

元史卷一百四十三

列傳第三十

馬祖常

馬祖常字伯庸，世爲雍古部，居（靖）〔淨〕州天山。〔一〕有錫里吉思者，於祖常爲高祖，金季爲鳳翔兵馬判官，以節死贈恒州刺史，子孫因其官，以馬爲氏。曾祖月合乃，從世祖征宋，留汴，掌饋餉，累官禮部尚書。父潤，同知漳州路總管府事，家于光州。

祖常七歲知學，得錢即以市書。十歲時，見燭欹燒屋，解衣沃水以滅火，咸嗟異之。既長，益篤于學。蜀儒張𡕏講道儀眞，往受業其門，質以疑義數十，𡕏甚器之。延祐初，科舉法行，鄉貢、會試皆中第一，廷試爲第二人。授應奉翰林文字。拜監察御史。

是時，仁宗在御已久，猶居東宮，飲酒常過度。祖常上書請「御正衙，立朝儀，御史執簡，太史執筆，則雖有懷姦利己乞官求賞者，不敢出諸口。天子承天地祖宗之重，當極調

攝，至於酒醴，近侍進御，當思一獻百拜之義」。英宗爲皇太子，又上書請愼簡師傅。於是姦臣鐵木迭兒爲丞相，威權自恣。祖常知其盜觀國史，率同列劾奏其十罪，仁宗震怒黜罷之。秦州山移，祖常言：「山不動之物，今而動焉，由在野有當用不用之賢，在官有當言不言之佞，故致然爾。」疏聞，大臣皆家居待罪。祖常薦賢拔滯，知無不言。俄改宣政院經歷，月餘辭歸，起爲社稷署令。亡何，姦臣復相，左遷開平縣尹，因欲中傷之，遂退居光州。久之，姦臣既死，乃除翰林待制。泰定建儲，擢典寶少監、太子左贊善。尋兼翰林直學士，除禮部尚書。丁祖母憂，起爲右贊善，復除禮部尚書，尋辭歸。

天曆元年，召爲燕王內尉，仍入禮部，兩知貢舉，一爲讀卷官，時稱得人。陞參議中書省事，參定親郊禮儀，充讀册祝官，拜治書侍御史，歷徽政副使，遷江南行臺中丞。

元統元年，召議新政，賜白金二百兩、鈔萬貫。又歷同知徽政院事，遂拜御史中丞。帝以其有疾，詔特免朝禮，光祿日給上尊。祖常持憲務存大體。西臺御史劾其僚禁酤時面有酒容，以苛細黜之。山東廉訪司言孔氏訟事，以事關名教不行，按者亦引去。除樞密副使，頃之，辭職歸光州。復除江南行臺中丞，又遷陝西行臺中丞，皆以疾不赴。至元四年卒，年六十，贈攄忠宣憲協正功臣、河南行省右丞、上護軍、魏郡公，謚文貞。

祖常立朝既久，多所建明。嘗議：今國族及諸部既誦聖賢之書，當知尊諸母以厚彝倫。

又議：「將家子弟驕脆有孤任使，而庶民有挽强蹶張老死草野者，當建武學、武舉，儲材以備非常。」時雖弗用，識者韙之。祖常工於文章，宏贍而精核，務去陳言，專以先秦兩漢爲法，而自成一家之言。尤致力於詩，圓密淸麗，大篇短章無不可傳者。有文集行于世。嘗預修英宗實錄，又譯潤皇圖大訓、承華事略，又編集列后金鑑、千秋記略以進，受賜優渥。文宗嘗駐驆龍虎臺，祖常應制賦詩，尤被歎賞，謂中原碩儒唯祖常云。

(巙巙)〔巎巎〕〔一〕〔回回〕〔二〕

(巙巙)〔巎巎〕字子山，康里氏。父不忽木自有傳。祖燕眞，事世祖，從征有功。(巙巙)〔巎巎〕幼肄業國學，博通羣書，其正心修身之要得諸許衡及父兄家傳。長襲宿衞，風神凝遠，制行峻潔，望而知其爲貴介公子。其遇事英發，掀髯論辨，法家拂士不能過之。

始授承直郎、集賢待制，遷兵部郎中，轉祕書監丞。奉命往覈泉舶，芥視珠犀，不少留目。改同僉太常禮儀院事，拜監察御史，陞河東廉訪副使。未上，還祕書太監，陞侍儀使。尋擢中書右司郎中，遷集賢直學士，轉江南行臺治書侍御史。拜禮部尚書，監羣玉內司。(巙巙)〔巎巎〕正色率下。國制，大樂諸坊咸隸本部，遇公讌，衆伎畢陳。(巙巙)〔巎巎〕視之泊如，僚佐以下皆肅然。還領會同館事尚書，監羣玉內司如故。尋兼經筵官，復除江

南行臺治書侍御史。未行，留爲奎章閣學士院承制學士，仍兼經筵官。陞侍書學士、同知經筵事，復陞奎章閣學士院大學士、知經筵事。除浙西廉訪使，復留爲大學士、知經筵事。尋拜翰林學士承旨、知制誥兼修國史、知經筵事，提調宣文閣崇文監。

先是，文宗勵精圖治，(巙巙)〔巎巎〕嘗以聖賢格言講誦帝側，裨益良多。順帝卽位之後，剪除權奸，思更治化。(巙巙)〔巎巎〕侍經筵，日勸帝務學，帝輒就之習授，欲寵以師禮，(巙巙)〔巎巎〕力辭不可。凡四書、六經所載治道，爲帝紬繹而言，必使辭達感動帝衷敷暢旨意而後已。若柳宗元梓人傳、張商英七臣論，尤喜誦說。嘗於經筵力陳商英所言七臣之狀，左右錯愕，有嫉之之色，然素知其賢，不復肆惱。帝暇日欲觀古名畫，(巙巙)〔巎巎〕卽取郭忠恕比干圖以進，因言商王受不聽忠臣之諫，遂亡其國。帝一日覽宋徽宗畫稱善，(巙巙)〔巎巎〕進言，徽宗多能，惟一事不能。帝問何謂一事。對曰：「獨不能爲君爾。身辱國破，皆由不能爲君所致。人君貴能爲君，它非所尙也。」或遇天變民災，必憂見於色，乘間則進言于帝曰：「天心仁，愛人君，故以變示儆。譬如慈父於子，愛則教之戒之。子能起敬起孝，則父怒必釋。人君側身修行，則天意必回。」帝察其眞誠，虛己以聽。特賜只孫燕服九襲及玉帶楮幣，以旌其言。

(巙巙)〔巎巎〕嘗謂人曰：「天下事在宰相當言，宰相不得言則臺諫言之，臺諫不敢言則經筵言之。備位經筵，得言人所不敢言於天子之前，志願足矣。」故於時政得失有當匡救者，未嘗緘默。大臣議罷先朝所置奎章閣學士院及藝文監諸屬官。(巙巙)〔巎巎〕進曰：「民有千金之產，猶設家塾，延館客，豈有堂堂天朝，富有四海，一學房乃不能容耶。」帝聞而深然之。卽日改奎章閣爲宣文閣，藝文監爲崇文監，存設如初，就命(巙巙)〔巎巎〕董治。又請置檢討等職十六員以備進講。帝皆俞允。時科舉旣輟，(巙巙)〔巎巎〕從容爲帝言：「古昔取人材以濟世用，必由科舉，何可廢也。」帝采其論，尋復舊制。一日進讀司馬光資治通鑑，因言國家當及斯時修遼、金、宋三史，歲久恐致闕逸。後置局纂修，實由(巙巙)〔巎巎〕發其端。又請行鄉飲酒于國學，使民知遜悌，及請褒贈唐劉蕡、宋邵雍以旌道德正直。帝從其請，爲之下詔。

(巙巙)〔巎巎〕以重望居高位，而雅愛儒士甚於饑渴，以故四方士大夫翕然宗之，萃於其門。達官有怙勢者，言曰：「儒有何好，君酷愛之。」(巙巙)〔巎巎〕曰：「世祖以儒足以致治，命裕宗學於贊善王恂。今祕書所藏裕宗倣書，當時御筆於學生之下親署御名習書謹呈，其敬愼若此。世祖嘗暮召我先人坐寢榻下，陳說四書及古史治亂，至丙夜不寐。世祖喜曰：『朕所以令卿從許仲平學，正欲卿以嘉言入告朕耳，卿益加懋敬以副朕志。』今汝言不愛儒，寧不念聖祖神宗篤好之意乎？且儒者之道，從之則君仁、臣忠、父慈、子孝，人倫咸得，國家咸

治；違之則人倫咸失，家國咸亂。汝欲亂而家，吾弗能禦，汝愼勿以斯言亂我國也。儒者或身若不勝衣，言若不出口，然腹中貯儲有過人者，何可易視也。」達官色慚。

既而出拜江浙行省平章政事。明年，復以翰林學士承旨召還。時中書平章闕員，近臣欲有所薦用，以言覘帝意。帝曰：「平章已有其人，今行半途矣。」近臣知帝意在(巙巙)〔巎巎〕，不復薦人。至京七日，感熱疾卒，實至正五年五月辛卯也，年五十一。家貧，幾無以爲斂。帝聞爲震悼，賜賻銀五錠。其所負官中營運錢，臺臣奏以罰布爲之代償。(巙巙)〔巎巎〕善眞行草書，識者謂得晉人筆意，單牘片紙人爭寶之，不翅金玉。謚文忠。

兄回回，字子淵。敦默寡言，耆學能文。在成宗朝宿衞，擢太常寺少卿。寺改爲院，爲太常院使。武宗正位，以藩邸舊臣出使稱旨。至大間，調大司農卿，除山南廉訪使，改江南行臺治書侍御史，遷淮西廉訪使，皆有政聲。再改河南廉訪使。行省丞相行事多不法，太尉納璘爲郎中，每格不下，丞相怒欲出之。回回察其實，抗章舉任風憲，後歷三臺爲名臣。駙馬平章家奴强市人物，按之無所貸。

英宗卽位，丞相拜住首薦爲戶部尚書，尋拜南臺侍御史，改參議中書。以議定刑書如法，帝嘉納其奏。泰定初，廷議漕運事，奏減糧數以紓東南民力。授太子詹事丞，改山東廉

訪使，未上，陞翰林侍講學士，遷江浙行省右丞。文宗立，除宣政院使。上言乞沙汰僧道，其所有田宜同民間徵輸。擢中書右丞，力辭還第。聞明宗崩，流涕不能食，自是杜門不出者數年，以疾卒。與弟（巎巎）〔巙巙〕，皆爲時之名臣，世號爲雙璧云。（巎巎）〔巙巙〕子維山，材質清劭，侍禁廷，起崇文監丞，擢給事中，遷同僉太常禮儀院事，調崇文太監。

自當

自當，蒙古人也。英宗時，由速古兒赤擢監察御史。錄囚大興縣，有以冤事繫獄者，其人嘗見有橐駝死道傍，因舁至其家醢之，置數甕中，會官橐駝被盜，捕索甚亟，乃執而勘之，其人自誣服。自當審其獄辭，疑爲冤，卽以上御史臺。臺臣以爲贓旣具是，特御史畏殺人耳，不聽，改委他御史讞之，竟處死。後數日，遼陽行省以獲盜聞，冤始白，人以是服其明。

泰定二年，扈從至上都，糾言參知政事楊庭玉贓罪，不報，卽納印還京師。帝遣使追之，俾復任。卽再上章劾庭玉，竟如其言。又劾奏平章政事禿滿迭兒入怯薛之日，英宗被弒，必預聞其謀，不省，乃賜禿滿迭兒黃金繫腰，自當遂辭職。改工部員外郎，中書省委開

混河，〔四〕自當往視之，以爲水性不常，民力亦瘁，難以成功，言于朝，河役乃罷。

會次三皇后殂，命工部撤行殿車帳，皆新作之。自當未卽興工。尙書曰：「此奉特旨，員外有誤，則罪歸於衆矣。」自當曰：「卽有罪，我獨任之。」未幾，帝果問成否。省臣乃召自當責問之。自當請自入對。旣見帝，奏曰：「皇后行殿車帳尙新，若改作之，恐勞民費財。且先皇后無惡疾，居之何嫌。必欲捨舊更新，則大明殿乃自世祖所御，列聖嗣位豈皆改作乎？」帝大悅，語省臣曰：「國家用人，當擇如自當者，庶不誤大事。」特賜上尊、金幣，遷吏部員外郎。帝欲加號太后曰太皇太后，命朝堂議之。自當獨曰：「太后稱太皇太后，於典禮不合。」衆皆曰：「英宗何以加皇太后號曰太皇太后。」自當曰：「英宗孫也，今上子也，太皇太后之號孫可以稱之，子不可以稱之也。」議遂定。遷中書客省使，俄改同僉宣政院事。

文宗卽位，除中書左司郎中。有使持詔自江浙還，言行省臣意若有不服者。帝怒，命遣使問不敬狀，將悉誅之。自當言於丞相燕帖木兒曰：「皇帝新卽位，雲南、四川且猶未定，乃以使臣一言殺行省大臣，恐非盛德事。況江浙豪奢之地，使臣或不得厭其所需則造言以陷之耳。」燕帖木兒以言于帝，事乃止。旣而陞參議中書省事。燕帖木兒議封太保伯顏王爵，衆論附之。自當獨不言。燕帖木兒問故。自當曰：「太保位列三公，而復加王封，後再有大功將何以處之。且丞相封王，出自上意，今欲加太保王封，丞相宜請于上。王爵非中書選法也。」遂罷其議。拜治書侍御史。

初，文宗在集慶潛邸，欲創天靈寺，令有司起民夫。江南行臺監察御史亦乞剌台言曰：「太子爲好事，宜出錢募夫，若欲役民，則朝廷聞之非便也。」至是文宗悉召江南行臺監察御史，俾皆入爲監察御史，而欲黜亦乞剌台。自當諫曰：「當陛下在潛邸時，御史盡心爲陛下言，乃忠臣也。今無罪而黜之，非所以示天下。」乃除亦乞剌台僉憲湖南。文宗嘗欲游西湖，自當諫曰：「陛下以萬乘之尊而汎舟自樂，如天下何？」不聽。自當遂稱疾不從行。文宗在舟中，顧謂臺臣曰：「自當終不滿朕此游耶？」臺臣嘗奏除目，文宗以筆塗一人姓名，而綴將作院官閭閭之名。自當言：「閭閭爲人詼諧，惟可任敎坊司，若以居風紀，則臺綱掃地矣。」文宗乃止。已而出爲陝西行臺侍御史。

順帝初，除福建都轉運鹽使。先是，自當爲左司郎中時，泰定帝嘗欲以河間、江浙、福建鹽引六萬賜中書參議撒迪，自當執不可，僅以福建鹽引二萬賜之。至是，自當復建言鹽引宜盡資國用以紓民力。時撒迪方爲御史大夫，不以爲怨，數遣人省自當母于京師所居。旣而丁母憂，居閒久之，復起爲浙西肅政廉訪使。時有以駙馬爲江浙行省丞相者，其宦豎恃公主勢，坐杭州達魯花赤位，令有司強買民間物，不從輒毆之。有司來白自當，自當卽逮之械以令衆，自是丞相府無敢爲民害者。尋召爲同僉樞密院事。尋復爲治書侍御史、

同知經筵事。寧夏人有告買買等謀害太師伯顏者，伯顏委自當與中書、樞密等官往寧夏鞫問，無其情，乃以誣罔坐告者罪。伯顏怒。自當前曰：「太師所以令吾三人勘之者，以國法所在也。必以罪吾三人，則自當實主其事，宜獨當之。」伯顏乃左遷自當同知徽政院事。

自當歷事四朝，官自從仕郎累轉至通奉大夫，常行行在位，剛介弗回，終始一節，有古遺直之風。然卒以是忤權貴而不復柄用，君子皆惜焉。

阿榮

阿榮字存初，怯烈氏。父按攤，中書右丞。阿榮幼事武宗，備宿衞，累遷官，爲湖南道宣慰副使。溫迪罕奉使宣撫湖南，事無大小悉以委之。會列郡歲饑，阿榮分其廩祿爲粥，以食餓者，仍發粟賑之，所活甚衆。廣西寇起，衆皆洶懼。阿榮鎭之以靜，督有司治兵守其境，寇不敢入。遷湖廣行省左右司郎中，召僉會福院事，尋除吏部尙書。泰定初，出爲湖南宣慰使，改浙東道宣慰使都元帥，以疾辭。

天曆初，復起爲吏部尙書，尋參議中書省事。二年，拜中書參知政事、知經筵事。進奎章閣大學士、榮祿大夫、太禧宗禋院使、都典制神御殿事。文宗眷遇之甚，而阿榮亦盡心國政，知無不言。久之，心忽鬱鬱不樂，謁告南歸武昌。至元元年卒。〔五〕

初，阿榮閒居以文翰自娛，博究前代治亂得失，見其會心者，則扼腕曰：「忠臣孝子國家之寶，爲奇男子烈丈夫者固不當如是耶。」日與韋布之士游，所至山水佳處，鳴琴賦詩，日夕忘返。尤深於數學，逆推事成敗利不利及人禍福壽夭貴賤，多奇中。天曆三年春，策士于廷。阿榮與虞集會于直廬，慨然興歎，語集曰：「更一科後科舉當輟，輟兩科而復，復則人材彬彬大出矣。」又歎曰：「榮不復見之矣，君猶及見之。」集應曰：「得士之多，幸如存初言。今文治方興，未必有中輟之理。存初國家世臣，妙於文學，以盛年登朝，在上左右，斯文屬望。集老且衰，見亦何補耶。」阿榮又歎曰：「數當然耳。」集問何以知之，弗答。後三年卒。元統三年，科舉果罷，至正元年始復，如其言。

小雲石海涯

小雲石海涯，家世見其祖阿里海涯傳。其父楚國忠惠公，名貫只哥，小雲石海涯遂以貫爲氏，復以酸齋自號。母廉氏，夜夢神人授以大星使吞之，已而有娠。及生，神彩秀異。年十二三，膂力絕人，使健兒驅三惡馬疾馳，持槊立而待馬至騰上之，越二而跨三，運槊生風，觀者辟易。或挽彊射生，逐猛獸，上下峻阪如飛，諸將咸服其趫捷。稍長，折節讀書，目五行下。吐辭爲文，不蹈襲故常，其旨皆出人意表。

初，襲父官爲兩淮萬戶府達魯花赤。鎮永州，御軍極嚴猛，行伍肅然。稍暇，輒投壺雅歌，意所暢適，不爲形跡所拘。一日，呼弟忽都海涯語之曰：「吾生宦情素薄，顧祖父之爵不敢不襲，今已數年矣，願以讓弟，弟幸勿辭。」語已，卽解所綰黃金虎符佩之。北從姚燧學，燧見其古文峭厲有法及歌行古樂府慷慨激烈，大奇之。

仁宗在東宮，聞其以爵位讓弟，謂宮臣曰：「將相家子弟其有如是賢者邪。」俄選爲英宗潛邸說書秀才，宿衞禁中。仁宗踐祚，上疏條六事。一曰釋邊戍以修文德，二曰教太子以正國本，三曰設諫官以輔聖德，四曰表姓氏以旌勳冑，五曰定服色以變風俗，六曰舉賢才以恢至道。書凡萬餘言，未報。拜翰林侍讀學士、中奉大夫、知制誥同修國史。

會議科舉事，多所建明，忽喟然嘆曰：「辭尊居卑，昔賢所尚也。今禁林清選，與所讓軍資孰高，人將議吾後矣。」乃稱疾辭還江南，賣藥於錢唐市中，詭姓名，易服色，人無有識之者。偶過梁山濼，見漁父織蘆花爲被，欲易之以紬。漁父疑其爲人，陽曰：「君欲吾被，當更賦詩。」遂援筆立成，竟持被去。人間喧傳蘆花被詩。其依隱玩世多類此。晚年爲文日邃，詩亦冲澹。草隸等書，稍取古人之所長，變化自成一家，所至士大夫從之若雲，得其片言尺牘，如獲拱璧。其視死生若晝夜，絕不入念慮，翛翛若欲遺世而獨立云。泰定元年五月八日卒，年三十九。贈集賢學士、中奉大夫、護軍，追封京兆郡公，謚文靖。有文集若干卷、直解孝經一卷行于世。

子男二人：阿思蘭海牙，慈利州達魯花赤；次八三海涯。孫女一人，有學識，能詞章，歸懷慶路總管段謙云。

泰不華

泰不華字兼善，伯牙吾台氏。初名達普化，文宗賜以今名，世居白野山。父塔不台，入直宿衞，歷仕台州錄事判官，遂居於台。家貧，好讀書，能記問。集賢待制周仁榮養而教之。年十七，江浙鄉試第一。明年，對策大廷，賜進士及第，授集賢修撰，轉祕書監著作郎，拜江南行臺監察御史。時御史大夫脫歡怙勢貪暴，泰不華劾罷之。文宗建奎章閣學士院，擢爲典籤，拜中臺監察御史。

順帝卽位，加文宗后太皇太后之號，大臣燕鐵木兒、伯顏皆列地封王。泰不華率同列上章言：「嬸母不宜加徽稱，相臣不當受王土。」太后怒，欲殺言者。泰不華語衆曰：「此事自我發之，甘受誅戮，決不敢累諸公也。」已而太后怒解曰：「風憲有臣如此，豈不能守祖宗之法乎。」賜金幣二，以旌其直。出僉河南廉訪司事，俄移淮西。繼遷江南行御史臺經歷，辭不赴，轉江浙行省左右司郎中。浙西大水害稼，會泰不華入朝，力言於中書，免其租。擢祕

書監，改禮部侍郎。〔六〕

至正元年，除紹興路總管。革吏弊，除沒官牛租，令民自實田以均賦役。行鄉飲酒禮，教民興讓，越俗大化。召入史館，與修遼、宋、金三史，書成，授祕書卿。陞禮部尙書，兼會同館事。黃河決，奉詔以珪玉白馬致祭河神，竣事上言：「淮安以東，河入海處，宜倣宋置撩清夫，用輥江龍鐵掃，撼蕩沙泥，隨潮入海。」朝廷從其言，會用夫屯田，其事中廢。

八年，台州黃巖民方國珍爲蔡亂頭、王伏之讎逼，遂入海爲亂，劫掠漕運糧，執海道千戶德流于實。事聞，詔江浙參政朶兒只班總舟師捕之，追至福州五虎門，國珍知事危，焚舟將遁，官軍自相驚潰，朶兒只班遂被執。國珍迫其上招降之狀，朝廷從之，國珍兄弟皆授之以官，國珍不肯赴，勢益暴橫。九年，詔泰不華察實以聞，既得其狀，遂上招捕之策，不聽。尋除江東廉訪使，改翰林侍讀學士、知制誥同修國史。已而出爲都水庸田使。

十年十二月，國珍復入海，燒掠沿海州郡。十一年二月，詔孛羅帖木兒爲江浙行省左丞，總兵至慶元。以泰不華諳知賊情狀，遷浙東道宣慰使都元帥，分兵于溫州，使夾攻之。未幾，國珍寇溫，泰不華縱火筏焚之，一夕遁去。既而孛羅帖木兒密與泰不華約以六月乙未合兵進討。孛羅帖木兒乃以壬辰先期至大閭洋，國珍夜率勁卒縱火鼓譟，官軍不戰皆潰，赴水死者過半。孛羅帖木兒被執，反爲國珍飾辭上聞。泰不華聞之痛憤，輟食數日。朝

廷弗之知，復遣大司農達識帖木邇等至黃巖招之。國珍兄弟皆登岸羅拜，退止民間小樓。是夕，中秋月明，泰不華欲命壯士襲殺之，達識帖木邇適夜過泰不華，密以事白之，達識帖木邇曰：「我受詔招降耳，公欲擅命耶？」事乃止。檄泰不華親至海濱，散其徒衆，拘其海舟兵器，國珍兄弟復授官有差。旣而遷泰不華台州路達魯花赤。

十二年，朝廷征徐州，命江浙省臣募舟師守大江，國珍懷疑，復入海以叛。泰不華自分以死報國，發兵扼黃巖之澄江，而遣義士王大用抵國珍，示約信，使之來歸，國珍益疑，拘大用不遣，以小舸二百突海門，入州港，犯馬鞍諸山。泰不華語衆曰：「吾以書生登顯要，誠慮負所學。今守海隅，賊甫招徠又復爲變，君輩助我擊之，其克則汝衆功也，不克則我盡死以報國耳。」衆皆踴躍願行。時國珍戚黨陳仲達往來計議，陳其可降狀。泰不華率部衆，張受降旗乘潮而前，船觸沙不能行，垂與國珍遇，呼仲達申前議，仲達目動氣索，泰不華覺其心異，手斬之。卽前搏賊船，射死五人，賊躍入船，復斫死二人，賊舉槊來刺，輒斫折之。賊羣至，欲抱持過國珍船，泰不華嗔目叱之，脫起，奪賊刀，又殺二人。賊攢槊刺之，中頸死，猶植立不仆，投其屍海中。年四十九。時十二年三月庚子也。〔七〕僮名抱琴，及臨海尉李輔德、千戶赤盞、義士張君璧皆死之。泰不華旣沒，除江浙行省參知政事，行台州路達魯花赤事，不及聞命。已後三年，追贈榮祿大夫、江浙行省平章政事、柱國，封魏國公，謚忠介，立

廟台州，賜額崇節。

泰不華尙氣節，不隨俗浮沉。太平爲臺臣劾去相位，泰不華獨餞送都門外。太平曰：「公且止，勿以我累公。」泰不華曰：「士爲知己死，寧畏禍耶。」後雖爲時相擯斥，人莫不韙之。善篆隸，溫潤遒勁。嘗重類復古編十卷，考正訛字，於經史多有據云。

余闕

余闕字廷心，一字天心，唐兀氏，世家河西武威。父沙剌臧卜，官廬州，遂爲廬州人。少喪父，授徒以養母，與吳澄弟子張恒游，文學日進。

元統元年，賜進士及第，授同知泗州事，爲政嚴明，宿吏皆憚之。俄召入，應奉翰林文字，轉中書刑部主事。以不阿權貴棄官歸。尋以修遼、金、宋三史召，復入翰林，爲修撰。拜監察御史，改中書禮部員外郎，出爲湖廣行省左右司郎中。會莫徭蠻反，右丞沙班當帥師，堅不往，無敢讓之者。闕曰：「右丞當往，受天子命爲方嶽重臣，不思執弓矢討賊，乃欲自逸邪！右丞當往。」沙班曰：「郎中語固是，如犒餉不足何？」闕曰：「右丞第往，此不難致也。」闕下令趣之，三日皆集，沙班行。復以集賢經歷召入。遷翰林待制。出僉浙東道廉訪司事。丁母憂，歸廬州。

盜起河南，陷郡縣。至正十(三)〔二〕年，〔八〕行中書于淮東，改宣慰司爲都元帥府，治淮西，起闕副使、僉都元帥府事，分兵守安慶。于時南北音問隔絕，兵食俱乏，抵官十日而寇至，拒却之。乃集有司與諸將議屯田戰守計，環境築堡寨，選精甲外扞，而耕稼于中。屬縣灊山八社，土壤沃饒，悉以爲屯。明年，春夏大饑，人相食，乃捐俸爲粥以食之，得活者甚衆。民失業者數萬，咸安集之。請于中書，得鈔三萬錠以賑民。陞同知、副元帥。〔九〕又明年秋，大旱，爲文祈灊山神，三日雨，歲以不饑。盜方據石蕩湖，出兵平之，令民取湖魚而輸魚租。十五年夏，大雨，江漲，屯田禾半沒，城下水湧，有物吼聲如雷，闕祠以少牢，水輒縮。秋稼登，得糧三萬斛。闕度軍有餘力，乃浚隍增陴，隍外環以大防，深塹三重，南引江水注之，環植木爲柵，城上四面起飛樓，表裏完固。

俄陞都元帥。廣西猫軍五萬從元帥阿思蘭沿江下抵廬州，闕移文謂苗蠻不當使之窺中國，詔阿思蘭還軍。猫軍有暴於境者，卽收殺之，凜凜莫敢犯。時羣盜環布四外，闕居其中，左提右挈，屹爲江淮一保障。論功，拜江淮行省參知政事，仍守安慶，通道于江右，商旅四集。池州趙普勝帥衆攻城，連戰三日敗去，未幾又至，相拒二旬始退，懷寧縣達魯花赤伯家奴戰死。十七年，趙普勝同青軍兩道攻我，拒戰一月餘，竟敗而走。

秋，拜淮南行省(右)〔左〕丞。〔一〇〕安慶倚小孤山爲藩蔽，命義兵元帥胡伯顏統水軍戍焉。

十月，沔陽陳友諒自上游直擣小孤山，伯顏與戰四日夜不勝，急趣安慶。賊追至山口鎭，明日癸亥，遂薄城下。〔一一〕闕遣兵扼於觀音橋。俄饒州祝寇攻西門，闕斬却之。乙巳，賊乘東門紅旗登城，闕簡死士力擊，賊復敗去。戊申，賊并軍攻東西二門，又却之。賊恚甚，乃樹柵起飛樓。庚戌，復來攻我，金鼓聲震地，闕分諸將各以兵扞賊，晝夜不得息。癸卯，〔一二〕賊益生兵攻東門。丙午，普勝軍東門，友諒軍西門，祝寇軍南門，羣盜四面蟻集，外無一甲之援。西門勢尤急，闕身當之，徒步提戈爲士卒先，士卒號哭止之，揮戈愈力，仍分麾下將督三門之兵，自以孤軍血戰，斬首無算，而闕亦被十餘創。日中城陷，城中火起，闕知不可爲，引刀自剄，墮淸水塘中。闕妻耶卜氏及子德生、女福童皆赴井死。同時死者，守臣韓建一家被害，建方臥疾，罵賊不屈，賊執之以去，不知所終。城中民相率登城樓，自捐其梯曰：「寧俱死此，誓不從賊。」焚死者以千計。其知名者，萬戶李宗可、紀守仁、陳彬、金承宗，元帥府都事帖木補化，萬戶府經歷段桂芳，千戶火失不花、新李、盧廷玉、葛延齡、丘巹、許元琰，奏差兀都蠻，百戶黃寅孫，安慶推官黃禿倫歹，經歷楊恒，知事余中，懷寧尹陳巨濟，凡十八人。其城陷之日，則至正十八年正月丙午也。

闕號令嚴信，與下同甘苦，然稍有違令卽斬以徇。闕嘗病不視事，將士皆籲天求以身代，闕聞，强衣冠而出。當出戰，矢石亂下如雨，士以盾蔽闕，闕却之曰：「汝輩亦有命，何蔽

我爲。」故人爭用命。稍暇，卽注周易，帥諸生謁郡學會講，立軍士門外以聽，使知尊君親上之義，有古良將風烈。或欲挽闕入翰林，闕以國步危蹙辭不往，其忠國之心蓋素定也。卒時年五十六。事聞，贈闕攄誠守正清忠諒節功臣、榮祿大夫、淮南江北等處行中書省平章政事、柱國，追封豳國公，謚忠宣。議者謂自兵興以來，死節之臣闕與褚不華爲第一云。

闕留意經術，五經皆有傳注。爲文有氣魄，能達其所欲言。詩體尙江左，高視鮑、謝，徐、庾以下不論也。篆隸亦古雅可傳。初，闕既死，賊義之，求屍塘中，具棺斂葬於西門外。及安慶內附，大明皇帝嘉闕之忠，詔立廟於忠節坊，命有司歲時致祭云。

校勘記

〔一〕（靖）〔淨〕州 見卷一校勘記〔一四〕。

〔二〕（嶮𡂍）〔𡂍嶮〕 見卷三四校勘記〔一〕。下同。

〔三〕〔回回〕 據本書原目錄補。

〔四〕混河 此名不見元史他處。按本書卷六四河渠志，泰定三年渾河泛沒大興諸鄉。道光本改「混」爲「渾」，

〔五〕至元元年卒 按後文，天曆三年阿榮與虞集論科擧事，「後三年卒」。天曆三年之後三年，當元

統元年，元書改「至元」爲「元統」，疑是。

〔六〕擢祕書監改禮部侍郎 元制，祕書監卿正三品、太監從三品、少監從四品，禮部侍郎正四品。蒙史改「擢祕書監」爲「擢祕書少監」，疑是。

〔七〕十二年三月庚子 按是月乙巳朔，無庚子日。此處史文有誤。

〔八〕至正十（三）〔二〕年 據青陽集卷九題黃氏貞節集及明正統刊本青陽集忠節附錄卷一宋濂余左丞傳、答祿與權死節本末改。新編已校。

〔九〕陞同知副元帥 按前、後文及青陽集忠節附錄卷一宋濂余左丞傳、答祿與權死節本末，「元帥」上當有「都」字。蒙史已校。

〔一〇〕秋拜淮南行省（右）〔左〕丞 據本書卷四五順帝紀至正十七年八月乙丑條及上引宋濂余左丞傳、答祿與權死節本末改。蒙史已校。

〔一一〕賊追至山口鎭明日癸亥遂薄城下 按青陽集忠節附錄卷一答祿與權死節本末有「十一月壬寅，陳寇率衆萬餘水陸並進，屯于山口鎭，距安慶十五里。癸卯，寇兵至城下」。此處脫「十一月」，又「癸亥」當作「癸卯」。是年十一月辛丑朔，癸卯初三日，下文乙巳、戊申、庚戌日皆在十一月。

〔一二〕癸卯 按青陽集忠節附錄卷一答祿與權死節本末，此係至正十八年正月初四日。此處脫年月。蒙史已校。

元史卷一百四十四

列傳第三十一

答里麻

答里麻，高昌人。大父撒吉斯，〔一〕爲遼王傅，世祖稱其賢。從討李璮，以勳授山東行省大都督。

答里麻弱冠入宿衞。大德十一年，授御藥院達魯花赤，遷回回藥物院，尋出僉湖北、山南兩道廉訪司事，召拜監察御史。時丞相帖木迭兒專權貪肆，答里麻帥同寅亦憐眞、馬祖常劾其罪。高昌僧恃丞相威，違法娶婦南城，答里麻詰問之，奮不顧利害，風紀由是大振。擢河東道廉訪副使。隰州村民賽神，因醉毆殺姚甲，爲首者乘鬧逃去，有司逮同會者繫獄，歷歲不決。答里麻曰：「殺人者既逃，存亡不可知，此輩皆詿誤無罪而反桎梏耶？」悉縱之。

至治元年，帖木迭兒復相，以復讎爲事，答里麻辭去。明年，改燕南道廉訪副使。開州

達魯花赤石不花歹頗著政績，同僚忌之，嗾民誣其與民妻俞氏飮。答里麻察知俞氏乃八十老嫗，石不花歹實不與飮酒，於是抵誣告者罪，石不花歹復還職。行（堂）〔唐〕縣民斫桑道側，〔二〕偶有人借斧削其杖，其人夜持杖劫民財，事覺，幷逮斧主與盜同下獄。答里麻原其未嘗知情，卽縱之。深州民媪怒毆兒婦死，婦方抱其子，子亦誤觸死。媪年七十，同僚議免刑，答里麻不可，曰：「國制，罪人七十免刑，爲其血氣已衰不任刑也。媪既能殺二人，何謂衰老。」卒死獄中。至治元年，除濟寧路總管，〔三〕興學勸農，百廢具修，府無停事。濟陽縣有牧童持鐵連結擊野雀，誤殺同牧者，繫獄數歲。答里麻曰：「小兒誤殺同牧者，實無殺人意，難以定罪。」罰銅遣之。

泰定元年，陞福建廉訪使。朝廷遣宦官伯顏催督綉段，橫取民財，宣政院判官朮鄰亦取賂于富僧，答里麻皆劾之。遷浙西廉訪使。會文宗發江陵，阿兒哈禿來諭旨，求賂不獲，還譖于朝，召至京，處以重罪。比至，帝怒解，遷上都同知留守。

天曆（元）〔二〕年八月，明宗崩，〔四〕文宗入正大統，使者旁午。答里麻朝暮盡力，事無缺失，帝特賜錦衣以嘉之。天曆三年，遷淮東廉訪使。明年，召拜刑部尙書。國制，新君卽位，必賜諸王、駙馬、妃主及宿衞官吏金帛。答里麻曰：「必唱名給散，無虛增之數。」國費大省，帝復賜黃金腰帶以旌其能。

元統元年，陞遼陽行省參知政事。高麗國使朝京，道過遼陽，謁省官，各奉布四匹、書一幅，用征東省印封之。答里麻詰其使曰：「國制，設印以署公牘、防姦僞，何爲封私書？況汝出國時，我尙在京未爲遼陽省官，今何故有書遺我？汝君臣何欺詐如是耶。」使辭屈，還其書與布。

元統三年，遷山東廉訪使。時山東盜起，陳馬騾及新李白晝殺掠。答里麻以爲官吏貪污所致，先劾去之而後上擒賊方略。朝廷嘉納之，卽遣兵擒獲，齊魯以安。除大都路留守。先是，修繕必用赤綠金銀裝飾，答里麻獨務樸素，令畫工圖山林景物，左右年少皆不然。是歲秋，車駕自上京還，入觀之，乃大喜，以手撫壁嘆曰：「有心哉，留守也！」賜白金五十兩、錦衣一襲。帝嘗命答里麻修七星堂。至正六年，陞河南行省右丞，改翰林學士承旨。至正七年，遷陝西行臺中丞，時年六十九。致事後，召商議中書平章政事，不拜，全俸優養終身。

月魯帖木兒

月魯帖木兒，卜領勤多禮伯臺氏。曾祖貴裕，事太祖，爲管領怯憐口怯薛官。祖合剌，襲父職，事世祖。父普蘭奚，由宿衞爲中書右司員外郎，與丞相哈剌哈孫建議迎立武宗，累

遷至山北遼東道肅政廉訪使。

月魯帖木兒幼警穎，讀書强記，俶儻有大志。年十二，成宗命與哈剌哈孫之子脫歡同入國學。仁宗時入宿衞，一日帝顧問左右曰：「斯人容貌不凡，誰之子耶？」左右忘其父名，月魯帖木兒卽對曰：「臣父普蘭奚也。」帝曰：「汝父贊謀以定國難，朕未嘗忘。」因命脫忽台傳旨四怯薛扎撒火孫，令常侍禁廷，毋止其入。

哈剌哈孫欲用爲中書蒙古必闍赤，輒辭焉。哈剌哈孫曰：「汝年幼，欲何爲乎？」對曰：「欲爲御史爾。」人壯其志。久之，遂拜監察御史，巡按上都，劾奏太師、右丞相帖木迭兒受張弼賕六萬貫貸死。帝怒，碎太師印，賜月魯帖木兒鈔萬貫，除兵部郎中，拜殿中侍御史。遷給事中、左侍儀、同修起居注。尋爲右司郎中，賜坐便殿，帝顧左右謂曰：「月魯帖木兒識量明遠，可大用者也。」他日，帝語近臣曰：「朕聞前代皆有太上皇之號，今皇太子且長，可居大位，朕欲爲太上皇，與若等游觀西山以終天年。」御史中丞蠻子、翰林學士明里董阿皆稱善。月魯帖木兒獨起拜曰：「臣聞昔之所謂太上皇，若唐玄宗、宋徽宗，皆當禍亂，不得已而爲之者也。願陛下正大位，以保萬世無疆之業，前代虛名何足慕哉！」帝善其對。

仁宗崩，帖木迭兒復入中書，據相位。參議乞失監以受人金帶繫獄，帖木迭兒乃使乞失監愬月魯帖木兒爲御史時誣丞相受賕。皇太后命丞相哈散等卽徽政院推問不實，事遂釋。帖木迭兒乃奏以月魯帖木兒爲山東鹽運司副使，降亞中大夫爲承事郎，期月間鹽課增以萬計。丁外艱，扶喪西還。擢山南江北道肅政廉訪副使。泰定初，遷汴梁路總管，再調總管武昌，以養親不赴。

致和元年，河南行省平章伯顏矯制起月魯帖木兒爲本省參知政事，共議起兵。月魯帖木兒固辭曰：「皇子北還，問參政受命何人，則將何辭以對？」伯顏怒。會明里董阿逆皇子過河南，而月魯帖木兒爲御史時嘗劾其娶娼女冒受封，明里董阿因說伯顏收之，丞相別不花亦與之有隙，乃謫月魯帖木兒乾寧安撫司安置。至順四年，移置雷州。

至元六年，順帝召之還。至正二年，入覲，帝欲留之，以母喪未葬辭。四年，乃起同知將作院事。尋除大宗正府也可札魯花赤。九年，由太醫院使拜翰林學士承旨、知經筵事。進讀之際，引援經史，一本於王道，帝嘉納焉。

十二年，江南諸郡盜賊充斥，詔拜月魯帖木兒平章政事，行省江浙，因言于丞相脫脫曰：「守禦江南爲計已緩，若得從權行事，猶有可爲。」不從。陛辭，賜尙醞、御衣、弓矢、甲胄、衞卒十人、鈔萬五千貫以行。比至鎭，引僚屬集父老詢守備之方，招募民兵數千人，號令明肅。統師次建德，獲首賊何福斬于市，遂復淳安等縣，俘獲萬餘人，復業者三萬餘家。是年七月，次徽州，以疾卒于軍中。

卜顏鐵木兒

卜顏鐵木兒字珍卿，唐兀吾密氏。性明銳倜儻，早備宿衞，歷事武宗、仁宗、英宗。天曆初，由太常署丞拜監察御史，陞殿中侍御史，累除大都路達魯花赤、都轉運鹽使、肅政廉訪使，由行中書省參知政事陞左右丞，擢行御史臺中丞，遂拜江浙行省平章政事。

至正十二年春，蘄、黃賊徐壽輝遣兵陷湖廣，侵江東、西，詔卜顏鐵木兒率軍討之。卜顏鐵木兒益募壯健爲兵，得驍勇士三千人、戰艦三百艘。時湖廣平章政事也先帖木兒、江西平章政事星吉、江南行臺御史中丞蠻子海牙皆以兵駐太平，宿留不進。卜顏帖木兒至，乃與俱前。賊方聚丁家洲，官軍猝與遇，奮擊敗之，遂復銅陵縣，擒其賊帥，復池州。遂分遣萬戶普賢奴屯陽陵，王建中屯白面渡，閭兒討無爲州，而自率鎭撫不花、萬戶明安駐池口，以防遏上流，爲之節度。

已而江州再陷，星吉死之。蠻子海牙及威順王寬徹普化軍俱潰而東。安慶被圍益急，遣使來求援，諸將皆欲自守信地，卜顏鐵木兒曰：「何言之不忠耶！安慶與池止隔一水，今安慶固守是其節也，而救患之義我其可緩。且上流官軍雖潰，然皆百戰之餘，所乏者錢穀器具而已，吾受命總兵，其可視之而不恤哉！」卽大發帑藏以周之，潰軍皆大集，而兩軍之勢

復振，安慶之圍遂解。

十三年三月，賊衆復來攻池州，衆且十萬，諸縣皆應之。卜顏帖木兒會諸將謀曰：「賊表裏連結，若俟其築壘成而坐食諸縣之粟，破之實難。今新至疲弊，如乘其驕惰，盡銳攻之，則頃刻之間功可成矣。」衆曰：「諾。」遂分番與戰，果大敗之，擒其僞帥，俘斬無算，諸縣復平，遂乘勝率舟師以進。五月，與戰于望江，又戰小孤山及彭澤，又戰龍開河，皆破走之。進復江州，留兵守之。七月，進兵攻蘄州，擒其僞帥鄭普泰，遂克其城。進兵道士洑，焚其柵，抵蘭溪口，賊之巢曰黃連寨，又克而殲之。分兵平兩巴河，於是江路始通。十一月，與蠻子海牙、四川行省參知政事哈臨禿、左丞桑禿失里、[五]西寧王牙罕沙軍合，而湖廣左丞伯顏不花等軍皆會。十二月，分道進攻蘄水縣，拔其僞都，獲僞將相而下四百餘人，徐壽輝僅以身免。以功詔賜上尊、黃金帶。

時丞相脫脫方總戎南征，聞諸賊皆已破，乃檄伯顏不花征淮東，蠻子海牙守裕溪口，威順王還武昌，而卜顏鐵木兒獨控長江。十六年六月，復以軍守池州。十一月，卒。性至孝，幼養於叔父阿朮，事之如親父。常乘花馬，時稱爲花馬兒平章云。

星吉

星吉字吉甫，河西人。曾祖朵吉，祖搠思吉朵而只，父搠思吉，世事太祖、憲宗、世祖爲怯里馬赤。

星吉少給事仁宗潛邸，以精敏稱。至治初，授中尚監，改右侍儀，兼修起居注。拜監察御史，有直聲。自是十五遷爲宣政院使，出爲江南行御史臺御史大夫。時承平日久，內外方以觀望爲政，星吉獨持風裁，御史行部，必敕厲而遣之。湖東僉事三寶住，儒者也，性廉介，所至搏貪猾無所貸。御史有以自私請者，拒不納，則誣以事劾之。章至，星吉怒曰：「若人之廉，孰不知之，乃敢爲是言耶。」卽奏杖御史而白其誣。執政者惡之，移湖廣行省平章政事。

湖廣地連江北，威順王歲嘗出獵，民病之。又起廣樂園，多萃名倡巨賈以網大利，有司莫敢忤。星吉至，謁王，王闔中門，啓左扉，召以入。星吉引繩牀坐王中門西，言曰：「吾受天子命來作牧，非王私臣也，焉得由不正之道入乎！」閽者懼，入告王，王命啓中門。星吉入，責王曰：「王，帝室之懿，古之所謂伯父叔父者也。今德音不聞，而騁獵宣淫，賈怨於下，恐非所以自貽多福也。」王急握星吉手謝之，爲悉罷其所爲。有胡僧曰小住持者，服三品

命，恃寵橫甚，數以事凌轢官府。星吉命掩捕之，得妻妾女樂婦女十有八人，獄具，罪而籍之，由是豪強斂手，貧弱稱快。

至正十一年，汝、潁妖賊起，會僚屬議之，或曰：「有鄭萬戶，老將也，宜起而用之。」星吉乃命募土兵，完城池，修器械，嚴巡警，悉以其事屬鄭。賊聞之，遣其黨二千來約降。星吉與鄭謀曰：「此詐也，然降而卻之，於是爲不宜，宜受而審之可也。」果得其情，乃殲之，械其渠魁數十人以俟命。適有旨召爲大司農。同僚受賊賂，且嫉其功，乃誣鄭罪，釋其所械者。明日，[六]賊大至，內外響應，城遂陷。武昌之人駢首夜泣曰：「大夫不去，吾豈爲俘囚乎？」星吉旣入見，具陳賊本末。帝大喜，命賜食。

時宰不悅，奏爲江西行省平章政事，員外置。星吉至江東，詔令守江州。時江州已陷，賊據池陽。太平官軍止有三百人，賊號百萬，衆皆欲走。星吉曰：「畏賊而逃，非勇也；坐而待攻，非智也。汝等皆有妻子財物，縱逃其可免乎？」乃貸富人錢，募人爲兵。先是，行臺募兵，人給百五十千，無應者。至是，星吉募兵，人五十千，衆爭赴之，一日得三千人。乃具舟楫直趨銅陵，克之。又破賊白馬灣。賊敗走，分兵躡之，抵白湄，賊窮急回拒官軍，官軍乘勝奮擊，賊盡殪，擒其渠魁周驢，奪船六百艘，軍聲大振，遂復池州。乃命諸將分道討賊，復石埭諸縣。

賊復來攻，命王惟恭列陣當之，鋒始交，出小艦從旁橫擊，大破走之，進據淸水灣。伺者告賊艦至自上流，順風舉帆，衆且數十倍，諸將失色。星吉曰：「無傷也，風勢盛，彼倉卒必不得泊，但伏橫港中偃旗以待，俟過而擊之，無不勝矣。」風怒水駛，賊奄忽而過，乃命舉旗張帆鼓譟而薄之，官軍殊死戰，風反爲我用，又大破之。時賊久圍安慶，捷聞，遽燒營走。進復湖口縣，克江州，留兵守之。命王惟恭柵小孤山，而星吉自據番陽口，綴江湖要衝以圖恢復。

時湖廣已陷，江西被圍，淮、浙亦多故，卒無繼援之者，日久糧益乏，士卒咸困。或曰：「東南完實，盍因糧以圖再舉乎？」星吉曰：「吾受命守江西，必死於此。」衆莫敢復言。有頃，賊乘大船四集，來攻我軍，取蒹葦編爲大筏，塞上下流火之。我軍力戰，衆死且盡。星吉之從子伯不華與親兵數十人死之。星吉猶堅坐不動。賊發矢射星吉，乃昏仆。賊素聞星吉名，不忍害，舁置密室中，至旦乃蘇。賊羅拜，爭饋以食，星吉斥之，遂不復食，凡七日，乃自力而起，北面再拜曰：「臣力竭矣。」遂絕，年五十七。

星吉爲人公廉明決，及在軍中，能與將士同甘苦，以忠義感激人心，故能以少擊衆，得人死力云。

福壽

福壽，唐兀人。幼俊茂，知讀書，尤善應對。既長，入備環衞，用年勞授長寧寺少卿，改引進使，陞知侍儀使，進正使，出爲饒州路達魯花赤，擢淮西廉訪副使，入爲工部侍郎，僉太常禮儀院事，拜監察御史，改戶部侍郎，陞尚書，出爲燕南廉訪使，又五遷爲同知樞密院事。至正十一年，潁州以賊反告，時車駕在上都，朝堂皆猶豫未決，欲驛奏以待命。福壽獨以謂「比使得請還，則事有弗及矣」。於是決議調兵五百，遣衞官哈剌章、忻都、怯來討之而後以聞。順帝善其處事得宜，明年，改也可札魯忽赤。未幾出爲淮南行省平章政事。是時濠、泗俱已陷，師久無功。福壽至，督戰甚急，而上游賊勢甚洶湧，福壽乃議築石頭，斷江面，守禦有方，衆恃以爲固。

十五年，遷江南行臺御史大夫。先是，集慶嘗有警，阿魯灰以湖廣平章政事將苗軍來援，事平，其軍鎭揚州。而阿魯灰御軍無紀律，苗蠻素獷悍，日事殺虜，莫能治。俄而苗軍殺阿魯灰以叛，而集慶之援遂絕。及高郵、廬、和等州相繼淪陷，而集慶勢益孤，人心益震恐，且倉庫無積蓄，計未知所出，於是民乃願爲兵以自守。福壽因下令民多貲者皆助以糧餉，激厲士衆，爲完守計。朝廷知其勞，數賞賚焉。

十六年三月，大明兵圍集慶，福壽數督兵出戰，盡閉諸城門，獨開東門以通出入，而城中勢不復能支，城遂破。百司皆奔潰，福壽乃獨據胡牀坐鳳凰臺下，指麾左右。或勸之去，叱之曰：「吾爲國家重臣，城存則生，城破則死，尚安往哉！」達魯花赤達尼達思見其獨坐若有所爲者，從問所決，留弗去。俄而亂兵四集，福壽遂遇害，不知所在，達尼達思亦死之。又同時死者，有治書侍御史賀方。達尼達思字思明。賀方字伯京，晉寧人，以文學名。事聞，朝廷贈福壽金紫光祿大夫、江浙行省左丞相、上柱國，追封衞國公，謚忠肅。

道童

道童，高昌人，自號石巖。性深沉寡言，以世冑入官，授直省舍人，歷官清顯，素負能名。調信州路總管，移平江，皆以善政稱。至正元年，遷大都路達魯花赤，出爲江浙行省參知政事，尋召參政中書，頃之又出爲江浙行省右丞，遂陞本省平章政事。

十一年，詔仍以平章政事行省江西。是年，賊起蘄、黃，平章政事禿堅理不花將兵捍江州。既而土寇蠭起，道童素不知兵事，倉皇無所措。左右司郎中普顏不花曰：「今賊勢衝突，城中無備，萬一失守，柰何？有章伯顏左丞者，致仕居撫州，其人熟知軍務，宜以便宜禮請之，使署本省左丞事，專任調遣軍旅，庶幾事有可濟。」道童從其言，而伯顏亦欣然爲起，曰：「此正我報國之秋也。」至則與普顏不花設禦敵計，甚悉。

明年正月，湖廣陷，禿堅里不花由江州遁還。二月，普顏不花將兵往江州，至石頭渡，遇賊戰敗，道童聞之大恐，卽懷省印遁走。普顏不花還，與伯顏定爲城守之計。後數日，道童始自南昌民家來歸，遂議分門各守以備敵。三月，賊衆來圍城。城中置各廂官及各巷長，晝夕堅守，衆心翕然。而道童素恤民，能任人，有功者必賞，無功或不加罪，故多爲之用。賊圍城凡兩月而民無離志。道童密召死士數千人，面塗以靑，額抹黃布，衣黃衣，爲前鋒，又別選精銳數千爲中軍，而募助陣者殿後。命萬戶章妥因卜魯哈歹領之。夜半，開門伏兵柵下，黎明鉦鼓大震，因奮擊賊，賊驚以爲神，敗走。遂乘勝擣其營，復分兵掃其餘黨。是時，章伯顏、普顏不花之功居多。伯顏尋以疾卒。朝廷以道童捍城有功，加大司徒，開府，仍賜龍衣御酒。

及秋，朝廷命亦憐眞班爲江西行省左丞相，火你赤爲左丞，同將兵來江西。未幾，亦憐眞班卒，道童屬火你赤平富、瑞二州，分鎭其地。適歲大旱，公私匱乏，道童乃移咨江浙行省，借米數十萬石，鹽數十萬引，凡軍民約三日人糴官米一斗，入昏鈔貳貫，又三日買官鹽十斤，入昏鈔貳貫，民皆便之。由是按堵如故，而賊亦不敢犯其境。

十八年夏四月，陳友諒復攻江西城。時火你赤已陞平章政事，加營國公，行便宜事，任

專兵柄，而素與道童不相能，且貪忍不得將士心，見城且陷，遂夜遁去。道童亦棄城退保撫州路，欲集諸縣義兵以圖克復，而勢已不可爲。因嘆曰：「我爲元朝大臣，官至極品，今城陷不守，尚何面目復見人乎！」適賊追者至，道童欲迎敵，渡水，未登岸，賊衆乘之，遂爲所害。事聞，賜謚忠烈。

校勘記

〔一〕大父撒吉斯　考異云：「卽撒吉思，有傳。」撒吉思傳見本書卷一三四。

〔二〕行（堂）〔唐〕縣　從道光本改。

〔三〕至治元年除濟寧路總管　按上文有「至治元年，帖木迭兒復相，以復仇爲事，答里麻辭去」河東廉訪副使，「明年，改燕南道廉訪副使」，又列敍在任期間事，此處重書「至治元年」，當有衍誤。

〔四〕天曆（元）〔二〕年八月明宗崩　據本書卷三一、三三明宗紀、文宗紀天曆二年八月庚寅條改。

〔五〕桑禿失里　疑當作「桑哥失里」。見卷四三校勘記〔三〕。

〔六〕明日　按宋學士集卷七一星吉神道碑銘「明日」作「明年正月」，與本書卷四二順帝紀至正十二年正月己未條「徐壽輝遣鄒普勝陷武昌」相符。新元史改作「明年」，是。

元史卷一百四十五

列傳第三十二

亦憐眞班

亦憐眞班，西夏人。父俺伯，[一]以忠勤事世祖，爲知樞密院事。亦憐眞班性剛正，動有禮法。仁宗召見，令入宿衞。延祐六年超拜翰林侍講學上、中奉大夫。至治二年，調同知通政院事，擢虎符唐兀親軍都指揮使。泰定初，遷資善大夫、典瑞院使。天曆二年，以選爲太子家令，尋陞資政大夫、同知樞密院事，擢侍御史，仍兼指揮使。至順初，拜翰林學士承旨、榮祿大夫，遷功德使，指揮使如故。尋出爲陝西行省平章政事，未行，復爲翰林學士承旨。元統、至元之間，伯顏爲丞相，專權擅政，嫉其論事不阿，出爲江南行臺御史大夫。尋殺其子答里麻，而謫置海南。及伯顏敗，乃得召還朝。至正六年，拜光祿大夫、御史大夫，[二]盡選中外廉能之官置諸風憲，一時號稱得人。遷

宣政院使，出爲甘肅行省平章政事，設法弭西羌之寇，民賴以安，立石頌之。召還，爲銀青榮祿大夫、知樞密院事，提調太醫院，尋加金紫光祿大夫，復爲御史大夫、知經筵事，兼宣忠斡羅思扈衞親軍指揮使。嘗奏言：「風俗人心日趨於薄，請禁故吏不許彈劾所事官長。」

太師馬扎兒台與子丞相脫脫既謫居在外，時相欲傾之，嗾人告變，且扳臺臣同上奏。亦憐眞班曰：「凡爲相者孰無閑退之日，况脫脫父子在官無大咎過，奈何迫之於險？」終不從。經筵進講必詳必愼，故每讀譯文必被嘉納。監察御史劾奏時相，帝不聽，亦憐眞班反復論奏不已，由是忤上意，出爲江浙行省平章政事，遷拜湖廣行省左丞相。復召知樞密院事。十一年，潁、亳兵起，朝廷命將出師，多失律致敗，數進言于時相，不見聽，復出爲江浙行省左丞相。

十二年，移江西行省左丞相。於是妖寇由蘄、黃陷饒州，饒之屬邑安仁與龍興相接境，其民皆相挻爲亂。亦憐眞班道出安仁，因駐兵招之，來者厚加賞賚，不從者命子哈藍朶兒只與江西左丞火你赤等乘高縱火攻散之。餘干久爲盜區，亦聞風順服。先是江西行省平章政事道童以寬容爲政，軍民懈弛。亦憐眞班既至，風采一新，威聲大振，所在羣盜咸謀歸款矣。十四年八月，以疾卒于官，所部爲之喪氣。事聞，贈推忠佐運正憲秉義同德功臣，追封齊王，謚忠獻。

子九人：長答里麻；次普達失理，翰林學士承旨、知制誥兼修國史；桑哥八剌，同知稱海宣慰司事；哈藍朶兒只，宣政院使；桑哥答思，嶺北行省平章；沙嘉室理，嶺北行省參政；易納室理，大宗正也可扎魯火赤；馬的室理，僉書樞密院事；馬剌室理，內八府宰相。

廉惠山海牙

廉惠山海牙字公亮，布魯海牙之孫，希憲之從子也。父阿魯渾海牙，廣德路達魯花赤。惠山海牙幼孤，言及父，輒泣下。獨養母而家日不給，垢衣糲食不以爲恥。母喪，哀毀踰禮，負喪渡江而風濤作，舟人以神龍忌屍爲言，卽仰天大呼曰：「吾將祔母于先人，神奈何阨我也。」風遂止。年弱冠，大臣欲俾入宿衞。辭曰：「吾大父事世祖，以通經號廉孟子。今方設科取士，願讀書以科第進。」乃入國學積分。

至治元年，登進士第，授承事郎、同知順州事。有弓匠提舉馬都剌者，怙勢奪州民田，同列畏之。惠山海牙至卽治其事。在官期年，用薦者召入史館，預修英宗、仁宗實錄，[三]尋拜監察御史。時中書省有大臣貪猥狠籍，卽抗章劾之，語同列曰：「儻以言責獲罪，吾之職也。」既又劾奏明里董阿不當攝祭太廟。遷都水監，疏會通河，隄灤、漆二水，又修京東閘。歷祕書丞、會福總管府治中，上疏言二月迎佛費財蠹俗，時論韙之。出僉淮東廉訪司

事，遷江浙行省左右司員外郎，既而歷僉河東、河南、江西廉訪司事，陞江南行御史臺經歷。時山東鹽法大壞，以選除都轉運使，曾未期月，用課最，賞賚金幣、上尊。

至正三年初，行郊禮，召拜侍儀使。明年，預修遼、金、宋三史。遷崇文太監。自是累遷爲河南行省右丞，時有詔發民治決河，徧騷屬郡，亟以不便上言，而時宰不用。遷湖廣行省右丞，以武昌失守連坐，既而事白，遷江西行省右丞。

時所隸郡縣多陷于賊，乃與平章政事、司徒道童協謀殫力，以定守禦招捕之策，就除本道廉訪使。未幾，江西省治亦陷，惠山海牙遁往福建。久之，除僉江浙行樞密院事，改拜福建行省右丞，以兵鎭延平、邵武，境內以寧。居歲餘，奉詔還治省事，總備禦事，且督賦稅由海道供京師，朝廷賴焉。遷行宣政院使。明年，拜翰林學士承旨、知制誥兼修國史。卒，年七十有一。

月魯不花

月魯不花字彥明，蒙古遜都思氏。生而容貌魁偉，咸以令器期之。未冠，父脫帖穆耳以千戶職戍越，因受業于韓性先生，爲文下筆立就，粲然成章。就試江浙鄉闈，中其選，居右榜第一。方揭曉，試官夢月中有花象，已而果符其名，人以爲異。遂登元統元年進士第，

授將仕郎、台州路錄事司達魯花赤。縣未有學，乃首建孔子廟，既又延儒士爲之師，以教後進。丁外艱。

至正元年，朝廷立行都水監，以選爲其監經歷。尋擢廣東廉訪司經歷。會廷議將治河決，以行都水監丞召之，比至，改集賢待制，除吏部員外郎。奉命至江浙糴粟二十四萬石，至則第戶產之高下，以爲糴之多寡，不擾而事集。既而軍餉不給，又奉命出糴于江浙，召父老諭曰：「今天子宵衣旰食，惟恐澤不下民而民不得其所耳，然奈盜賊何。夫討賊者必先糧餉，以我不汝擾，故命我復來，蓋討賊卽所以安民耳。父老其謂何？」衆咸應曰：「公言是也。」不踰月，糧事以畢。丁母憂，中書遣䢖且起復，不應。

未幾，太師、右丞相脫脫南征，辟從軍事，督饋餉，饋餉用舒。陞吏部郎中，尋拜監察御史。首上疏言：「郊廟禮甚缺，天子宜躬祀南郊，殷祭太室。」繼又上疏言：「皇太子天下之本，當簡老成重臣爲輔導，以成其德。」帝皆嘉納之。陞吏部侍郎，銓選於江浙，時稱其公允。適朝廷有建議欲於河間、長蘆置局造海船三百艘者，月魯不花卽爲書具言其非便。言入中書，忤議者，遷工部侍郎。後分部彰德，道過河間，民遮擁拜謝曰：「微公言，吾民其斃矣。」

會方重選守令，以保定密邇京畿，除保定路達魯花赤，陛辭，詔諭諄切。保定歲輪糧數

十萬石於新鄉，苦弗便。月魯不花請輪京倉以便之。俄除吏部尚書。保定父老百數詣闕，言乞留監郡以撫吾民，遂以尚書仍知郡事。會賊北渡河，日修城浚濠爲戰守具。廷議發五省八衞軍出戍外鎭，月魯不花疏願留其兵護本郡，遂兼統黑軍數千人及團結西山八十二寨民義軍，勢大張。賊再侵境，皆不利，遁去。陞中奉大夫，錫上尊四、馬百匹，僚佐增秩有差，別降宣敕俾賞有功者。召還爲詳定使。保定民不忍其去，繪像以祀之。去保定一月而城陷矣。

朝廷以月魯不花夙負民望，令入城招諭之，抵城，賊堅壁不出，民多竊出謁拜者。改大都路達魯花赤。有執政以故中書令耶律楚材先塋地冒奏與蕃僧爲業者，月魯不花格之，卒弗與。轉吏部尚書。會劇賊程思忠據永平，其佐雷帖木兒不花僞降，事覺被擒，殺之，思忠壁守遂益堅。詔令月魯不花招撫之，衆悉難其行，月魯不花毅然曰：「臣死君命，分也，奈何先計禍福哉。」竟入城諭賊，賊皆感泣羅拜納降。

還，遷翰林侍講學士，俄復爲大都路達魯花赤。入見帝宣文閣，有旨若曰：「朕以畿甸之民疲敝，特選爾撫吾民。爾毋峻威，毋弛法，或挾權以干汝於非法，其卽以聞。」視事之初，帝及皇后、皇太子皆遣使賜之酒。有權臣以免役事來謁，月魯不花面斥曰：「聖訓在耳不敢違。」轉資善大夫，拜江南行御史臺中丞。陛辭之日，帝御嘉禧殿慰勞之，且賜以上尊、金幣；

皇太子亦書「成德誠明」四大字賜之。月魯不花乃由海道趨紹興，爲政寬猛不頗。詔進階一品爲榮祿大夫。既而除浙西肅政廉訪使。

會張士誠據浙西，僭王號，度弗可與並處，謂姪同壽曰：「吾家世受國恩，恨不能剌賊以報國，矧乃與賊同處邪。」令同壽具舟載妻子，而匿身木櫃中，蔽以藁秸，脫走，至慶元。士誠部下察知之，遣鐵騎百餘追至曹娥江，不及而返。

俄改山南道廉訪使，浮海北而往，道阻，還抵鐵山，遇倭賊船甚衆，乃挾同舟人力戰拒之，倭賊紿言投降，弗納。於是賊卽登舟攫月魯不花令拜伏，月魯不花罵曰：「吾朝廷重臣，寧爲賊拜邪。」遂遇害。當遇害時，麾家奴那海剌殺首賊。次子樞密院判官老安、姪百家奴扞敵，亦死之。同舟死事者八十餘人。事聞，朝廷贈攄忠宣武正憲徇義功臣、銀青榮祿大夫、遼陽等處行中書省平章政事、上柱國，諡忠肅。

達禮麻識理

達禮麻識理字遵道，怯烈台氏。其先北方大族，六世祖始居開平。父曰阿剌不花，江西行省參知政事，追封趙國公，諡襄惠。

達禮麻識理幼穎敏，從師授經史，過目輒領解。至正五年，經筵選充譯史，益自砥礪于

學，搢紳先生皆以遠大期之。轉補御史臺譯史，遂除御史臺照磨。十五年，拜監察御史，出僉山北道肅政廉訪司事，未行，留爲詹事院長史。俄遷工部員外郎，復留爲長史。明年，除中議，尋陞參議詹事院事。十七年，爲太子家令。十八年，歷祕書太監、吏部侍郎、御史臺經歷、中書右司郎中。十九年，除刑部尚書，提調南北兵馬司巡綽事。盜逼畿甸，人心大恐。達禮麻識理能鎭之以靜，民恃以爲安。二十一年，由中書參議陞中書參知政事、同知經筵事。二十三年冬，還上都留守，兼開平府尹，加榮祿大夫，分司土嶺，東鎭三州，以督轉輸。

二十四年，朝廷以前中書平章政事塔失帖木兒來爲留守。時孛羅帖木兒擁兵京師，而皇太子出居于外，達禮麻識理與塔世帖木兒皆以忠義許國，相與結人心以觀時變。未幾，改授塔世帖木兒爲大司農。塔世帖木兒謂達禮麻識理曰：「我至京師則制於强臣，未易圖也。」因留不行。適脫吉兒以孛羅帖木兒命屯兵蓋里泊，託腹心於宗王也速也不堅，授以金印，俾駐上都之東郊，而以留守善安集兵於瓦吉剌部落。〔四〕達禮麻識理遇之有禮，善安辭去。孛羅帖木兒復調帖木兒、託忽速哥至上都，以守禦爲名，事益矛盾。達禮麻識理與之周旋，略無幾微見於外，而密遣前宗正扎魯忽赤月魯帖木兒潛通音問于窣哈哈剌海行樞密知院益老答兒，請亟調兵南行。又遣留守司照磨陳恭取兵興州，訪求在閑官吏之有才者，約束東西手八剌哈赤、虎賁司，糾集丁壯苗軍，火銃什伍相聯，一旦布列鐵旛竿山下，揚言四方

勤王之師皆至，帖木兒等大駭，一夕東走，其所將兵盡潰。由是達禮麻識理增修武備，城守益嚴。

二十五年，皇太子在冀寧，命立上都分省，達世帖木兒爲平章政事，達禮麻識理爲右丞，便宜行事，以固護根本。七月，禿堅帖木兒用孛羅帖木兒命以兵犯上都，先遣利用少監帖里哥赤至上都，令廣備糧餼，遠迓大軍。達禮麻識理開陳大義，戮之於市，民情乃定。已而禿堅帖木兒帥鐵甲馬步軍蔽野而至，呼聲動天。達禮麻識理飭軍士城守，申明逆順之理以安人心，巡視城壁，晝夜不少息。夜遣死士縋城而下，焚其攻具，而調副留守禿魯迷失海牙引兵由小東門出，與之大戰臥龍岡，敗之。未幾，孛羅帖木兒伏誅，禿堅帖木兒皆奔潰，而上都以安。拜中書右丞，兼上都留守，提調虎賁司，加光祿大夫，賜黃金繫腰，仍命提調東西手八剌哈赤。既而上都分省罷，遙授中書平章政事、上都留守，位居第一，力辭不允。

明年，召爲大宗正府也可扎魯忽赤。又明年，拜太子詹事。奉詔至軍中，宣明大義，藩將感悅。遷翰林學士承旨。秋，除知樞密院事、大撫軍院事。初，大撫軍院之立，皇太子用完者帖木兒、答爾麻、帖林沙、伯顏帖木兒、李國鳳等計，專以備禦擴廓帖木兒，既而政權不一，事務益乖，各復引去，而達禮麻識理之至，事且無可爲者。達禮麻識理之卒也，先一夕，怯薛官哈剌章者，阿兒剌氏阿魯圖孫也，夜夢太祖召見，

語之曰：「我以勤勞取天下，以傳于妥歡帖睦爾。而愛猷識理達臘不克肖似，廢壞我家法，苟不卽改圖，天命不可保矣。爾吾功臣之後，且誠實，故召汝語，汝明旦亟以吾言告而主及愛猷識理達臘。汝不以告，吾卽殛汝，告而不改，則吾它有處之。達禮麻識理其人庶幾識事宜者，然知而不言，將焉用之，吾其先殛之矣。」明旦，哈剌章入見帝，具以夢告，帝令以告皇太子。比出，則達禮麻識理已無疾而卒矣。

校勘記

〔一〕父俺伯　本證云：「俺伯卽暗伯，自有傳。」暗伯傳見本書卷一三三。

〔二〕至正六年拜光祿大夫御史大夫　按本書卷四〇順帝紀至元六年七月己未條有「以亦憐真班爲御史大夫」，疑「至正」爲「至元」之誤。

〔三〕預修英宗仁宗實錄　按仁宗爲英宗之父，不當列英宗下。本書泰定紀泰定元年十二月丙寅條有命「修纂英宗、顯宗實錄」，元書改「仁宗」爲「顯宗」，疑是。

〔四〕瓦吉剌部落　元無「瓦吉剌部」。甕吉剌部在上都東北應昌路，與此處所述地望相符。疑「瓦」爲「甕」字之誤。

元史卷一百四十六

列傳第三十三

耶律楚材 子鑄附

耶律楚材字晉卿，遼東丹王突欲八世孫。父履，以學行事金世宗，特見親任，終尙書右丞。

楚材生三歲而孤，母楊氏敎之學。及長，博極羣書，旁通天文、地理、律曆、術數及釋老、醫卜之說，下筆爲文，若宿搆者。金制，宰相子例試補省掾。楚材欲試進士科，章宗詔如舊制。問以疑獄數事，時同試者十七人，楚材所對獨優，遂辟爲掾。後仕爲開州同知。

貞祐二年，宣宗遷汴，完顏（復）〔福〕興行（中）〔尙〕書事，〔一〕留守燕，辟爲左右司員外郎。太祖定燕，聞其名，召見之。楚材身長八尺，美髯宏聲。帝偉之，曰：「遼、金世讎，朕爲汝雪之。」對曰：「臣父祖嘗委質事之，既爲之臣，敢讎君耶！」帝重其言，處之左右，遂呼楚材曰吾

圖撒合里而不名，吾圖撒合里，蓋國語長髯人也。

己卯夏六月，帝西討回回國。禡旗之日，雨雪三尺，帝疑之，楚材曰：「玄冥之氣，見於盛夏，克敵之徵也。」庚辰冬，大雷，復問之，對曰：「回回國主當死于野。」後皆驗。夏人常八斤，以善造弓，見知於帝，因每自矜曰：「國家方用武，耶律儒者何用。」楚材曰：「治弓尙須用弓匠，爲天下者豈可不用治天下匠耶。」帝聞之甚喜，日見親用。西域曆人奏五月望夜月當蝕。楚材曰：「否。」卒不蝕。明年十月，楚材言月當蝕，西域人曰不蝕，至期果蝕八分。壬午八月，長星見西方，楚材曰：「女直將易主矣。」明年，金宣宗果死。帝每征討，必命楚材卜，帝亦自灼羊胛，以相符應。指楚材謂太宗曰：「此人，天賜我家。爾後軍國庶政，當悉委之。」甲申，帝至東印度，駐鐵門關，有一角獸，形如鹿而馬尾，其色綠，作人言，謂侍衞者曰：「汝主宜早還。」帝以問楚材，對曰：「此瑞獸也，其名角端，能言四方語，好生惡殺，此天降符以告陛下。陛下天之元子，天下之人，皆陛下之子，願承天心，以全民命。」帝卽日班師。

丙戌冬，從下靈武，諸將爭取子女金帛，楚材獨收遺書及大黃藥材。既而士卒病疫，得大黃輒愈。帝自經營西土，未暇定制，州郡長吏，生殺任情，至孥人妻女，取貨財，兼土田。燕薊留後長官石抹咸得卜尤貪暴，殺人盈市。楚材聞之泣下，卽入奏，請禁州郡，非奉璽書，不得擅徵發，囚當大辟者必待報，違者罪死，於是貪暴之風稍戢。燕多劇賊，未夕，輒曳

牛車指富家，取其財物，不與則殺之。時睿宗以皇子監國，事聞，遣中使偕楚材往窮治之。楚材詢察得其姓名，皆留後親屬及勢家子，盡捕下獄。其家賂中使，將緩之，楚材示以禍福，中使懼，從其言，獄具，戮十六人于市，燕民始安。

己丑秋，太宗將卽位，宗親咸會，議猶未決。時睿宗爲太宗親弟，故楚材言於睿宗曰：「此宗社大計，宜早定。」睿宗曰：「事猶未集，別擇日可乎？」楚材曰：「過是無吉日矣。」遂定策，立儀制，乃告親王察合台曰：「王雖兄，位則臣也，禮當拜。王拜，則莫敢不拜。」王深然之。及卽位，王率皇族及臣僚拜帳下，旣退，王撫楚材曰：「眞社稷臣也。」國朝尊屬有拜禮自此始。時朝集後期應死者衆，楚材奏曰：「陛下新卽位，宜宥之。」太宗從之。

中原甫定，民多誤觸禁網，而國法無赦令。楚材議請肆宥，衆以云迂，楚材獨從容爲帝言。詔自庚寅正月朔日前事勿治。且條便宜一十八事頒天下，其略言：「郡宜置長吏牧民，設萬戶總軍，使勢均力敵，以遏驕橫。中原之地，財用所出，宜存恤其民，州縣非奉上命，敢擅行科差者罪之。貿易借貸官物者罪之。蒙古、回鶻、河西諸人，種地不納稅者死。監主自盜官物者死。應犯死罪者，具由申奏待報，然後行刑。貢獻禮物，爲害非輕，深宜禁斷。」帝悉從之，唯貢獻一事不允，曰：「彼自願饋獻者，宜聽之。」楚材曰：「蠹害之端，必由於此。」帝曰：「凡卿所奏，無不從者，卿不能從朕一事耶？」

太祖之世，歲有事西域，未暇經理中原，官吏多聚斂自私，貲至鉅萬，而官無儲偫。近臣別迭等言：「漢人無補於國，可悉空其人以爲牧地。」楚材曰：「陛下將南伐，軍需宜有所資，誠均定中原地稅、商稅、鹽、酒、鐵冶、山澤之利，歲可得銀五十萬兩、帛八萬匹、粟四十餘萬石，足以供給，何謂無補哉？」帝曰：「卿試爲朕行之。」乃奏立燕京等十路徵收課稅使，凡長貳悉用士人，如陳時可、趙昉等皆寬厚長者，極天下之選，參佐皆用省部舊人。辛卯秋，帝至雲中，十路咸進廩籍及金帛陳于廷中，帝笑謂楚材曰：「汝不去朕左右，而能使國用充足，南國之臣，復有如卿者乎？」對曰：「在彼者皆賢於臣，臣不才，故留燕，爲陛下用。」帝嘉其謙，賜之酒。卽日拜中書令，事無鉅細，皆先白之。

楚材奏：「凡州郡宜令長吏專理民事，萬戶總軍政，凡所掌課稅，權貴不得侵之。」又舉鎭海、粘合，均與之同事，權貴不能平。咸得卜以舊怨，尤疾之，譖於宗王曰：「耶律中書令率用親舊，必有二心，宜奏殺之。」宗王遣使以聞，帝察其誣，責使者，罷遣之。屬有訟咸得卜不法者，帝命楚材鞫之，奏曰：「此人倨傲，故易招謗。今將有事南方，他日治之未晚也。」帝私謂侍臣曰：「楚材不較私讎，眞寬厚長者，汝曹當效之。」中貴可思不花奏採金銀役夫及種田西域與栽蒲萄戶，帝令於西京宣德徙萬餘戶充之。楚材曰：「先帝遺詔，山後民質樸，無異國人，緩急可用，不宜輕動。今將征河南，請無殘民以給此役。」帝可其奏。

壬辰春，帝南征，將涉河，詔逃難之民，來降者免死。或曰：「此輩急則降，緩則走，徒以資敵，不可宥。」楚材請製旗數百，以給降民，使歸田里，全活甚衆。舊制，凡攻城邑，敵以矢石相加者，卽爲拒命，旣克，必殺之。汴梁將下，大將速不台遣使來言：「金人抗拒持久，師多死傷，城下之日，宜屠之。」楚材馳入奏曰：「將士暴露數十年，所欲者土地人民耳。得地無民，將焉用之！」帝猶豫未決，楚材曰：「奇巧之工，厚藏之家，皆萃于此，若盡殺之，將無所獲。」帝然之，詔罪止完顏氏，餘皆勿問。時避兵居汴者得百四十七萬人。

楚材又請遣人入城，求孔子後，得五十一代孫元措，奏襲封衍聖公，付以林廟地。命收太常禮樂生，及召名儒梁陟、王萬慶、趙著等，使直釋九經，進講東宮。又率大臣子孫，執經解義，俾知聖人之道。置編修所於燕京、經籍所於平陽，由是文治興焉。

時河南初破，俘獲甚衆，軍還，逃者十七八。有旨：居停逃民及資給者，滅其家，鄉社亦連坐。由是逃者莫敢舍，多殍死道路。楚材從容進曰：「河南旣平，民皆陛下赤子，走復何之！奈何因一俘囚，連死數十百人乎？」帝悟，命除其禁。金之亡也，唯秦、鞏二十餘州久未下，楚材奏曰：「往年吾民逃罪，或萃于此，故以死拒戰，若許以不殺，將不攻自下矣。」詔下，諸城皆降。

甲午，議籍中原民，大臣忽都虎等議，以丁爲戶。楚材曰：「不可。丁逃，則賦無所出，

當以戶定之。」爭之再三，卒以戶定。時將相大臣有所驅獲，往往寄留諸郡，楚材因括戶口，並令爲民，匿占者死。

乙未，朝議將四征不廷，若遣回回人征江南，漢人征西域，深得制御之術，楚材曰：「不可。中原、西域，相去遼遠，未至敵境，人馬疲乏，兼水土異宜，疾疫將生，宜各從其便。」從之。

丙申春，諸王大集，帝親執觴賜楚材曰：「朕之所以推誠任卿者，先帝之命也。非卿，則中原無今日。朕所以得安枕者，卿之力也。」西域諸國及宋、高麗使者來朝，語多不實，帝指楚材示之曰：「汝國有如此人乎？」皆謝曰：「無有。殆神人也！」帝曰：「汝等唯此言不妄，朕亦度必無此人。」有于元者，奏行交鈔，楚材曰：「金章宗時初行交鈔，與錢通行，有司以出鈔爲利，收鈔爲諱，謂之老鈔，至以萬貫唯易一餅。民力困竭，國用匱乏，當爲鑒戒。今印造交鈔，宜不過萬錠。」從之。

秋七月，忽都虎以民籍至，帝議裂州縣賜親王功臣。楚材曰：「裂土分民，易生嫌隙。不如多以金帛與之。」帝曰：「已許奈何？」楚材曰：「若朝廷置吏，收其貢賦，歲終頒之，使毋擅科徵，可也。」帝然其計，遂定天下賦稅，每二戶出絲一斤，以給國用；五戶出絲一斤，以給諸王功臣湯沐之資。地稅，中田每畝二升又半，上田三升，下田二升，水田每畝五升；商稅，

三十分而一，鹽價，銀一兩四十斤。既定常賦，朝議以爲太輕，楚材曰：「作法於涼，其弊猶貪，後將有以利進者，則今已重矣。」

時工匠制造，糜費官物，十私八九，楚材請皆考覈之，以爲定制。時侍臣脫歡奏簡天下室女，詔下，楚材尼之不行，帝怒。楚材進曰：「向擇美女二十有八人，足備使令。今復選拔，臣恐擾民，欲覆奏耳。」帝良久曰：「可罷之。」又欲收民牝馬，楚材曰：「田蠶之地，非馬所產，今若行之，後必爲人害。」又從之。

丁酉，楚材奏曰：「制器者必用良工，守成者必用儒臣。儒臣之事業，非積數十年，殆未易成也。」帝曰：「果爾，可官其人。」楚材曰：「請校試之。」乃命宣德州宣課使劉中隨郡考試，以經義、詞賦、論分爲三科，儒人被俘爲奴者，亦令就試，其主匿弗遣者死。得士凡四千三十人，免爲奴者四之一。

先是，州郡長吏，多借賈人銀以償官，息累數倍，曰羊羔兒利，至奴其妻子，猶不足償。楚材奏令本利相侔而止，永爲定制，民間所負者，官爲代償之。至一衡量，給符印，立鈔法，定均輸，布遞傳，明驛券，庶政略備，民稍蘇息焉。

有二道士爭長，互立黨與，其一誣其仇之黨二人爲逃軍，結中貴及通事楊惟忠，〔三〕執而虐殺之。楚材按收惟忠。中貴復訴楚材違制，帝怒，繫楚材；既而自悔，命釋之。楚

材不肯解縛，進曰：「臣備位公輔，國政所屬。陛下初令繫臣，以有罪也，當明示百官，罪在不赦。今釋臣，是無罪也，豈宜輕易反覆，如戲小兒。國有大事，何以行焉！」衆皆失色。帝曰：「朕雖爲帝，寧無過舉耶？」乃溫言以慰之。楚材因陳時務十策，曰：信賞罰，正名分，給俸祿，官功臣，考殿最，均科差，選工匠，務農桑，定土貢，制漕運。皆切於時務，悉施行之。

太原路轉運使呂振、副使劉子振，以贓抵罪。帝責楚材曰：「卿言孔子之教可行，儒者爲好人，何故乃有此輩？」對曰：「君父教臣子，亦不欲令陷不義。三綱五常，聖人之名教，有國家者莫不由之，如天之有日月也。豈得緣一夫之失，使萬世常行之道獨見廢於我朝乎！」帝意乃解。

富人劉忽篤馬、涉獵發丁、劉廷玉等以銀一百四十萬兩撲買天下課稅，楚材曰：「此貪利之徒，罔上虐下，爲害甚大。」奏罷之。常曰：「興一利不如除一害，生一事不如省一事。任尙以班超之言爲平平耳，千古之下，自有定論。後之負譴者，方知吾言之不妄也。」帝素嗜酒，日與大臣酣飲，楚材屢諫，不聽，乃持酒槽鐵口進曰：「麴蘖能腐物，鐵尙如此，況五臟乎！」帝悟，語近臣曰：「汝曹愛君憂國之心，豈有如吾圖撒合里者耶？」賞以金帛，敕近臣日進酒三鍾而止。

自庚寅定課稅格，至甲午平河南，歲有增羨，至戊戌課銀增至一百一十萬兩。譯史安天合者，諂事鎭海，首引奧都剌合蠻撲買課稅，又增至二百二十萬兩。楚材極力辨諫，至聲色俱厲，言與涕俱。帝曰：「爾欲搏鬭耶？」又曰：「爾欲爲百姓哭耶？姑令試行之。」楚材力不能止，乃歎息曰：「民之困窮，將自此始矣！」

楚材嘗與諸王宴，醉臥車中，帝臨平野見之，直幸其營，登車手撼之。楚材熟睡未醒，方怒其擾己，忽開目視，始知帝至，驚起謝，帝曰：「有酒獨醉，不與朕同樂耶。」笑而去。楚材不及冠帶，馳詣行宮，帝爲置酒，極歡而罷。

楚材當國日久，得祿分其親族，未嘗私以官。行省劉敏從容言之，楚材曰：「睦親之義，但當資以金帛。若使從政而違法，吾不能徇私恩也。」

歲辛丑二月三日，帝疾篤，醫言脈已絕。皇后不知所爲，召楚材問之，對曰：「今任使非人，賣官鬻獄，囚繫非辜者多。古人一言而善，熒惑退舍，請赦天下囚徒。」后卽欲行之，楚材曰：「非君命不可。」俄頃，帝少蘇，因入奏，請肆赦，帝已不能言，首肯之。是夜，醫者候脈復生，適宣讀赦書時也，翌日而瘳。冬十一月四日，帝將出獵，楚材以太乙數推之，亟言其不可，左右皆曰：「不騎射，無以爲樂。」獵五日，帝崩于行在所。皇后乃馬眞氏稱制，崇信姦回，庶政多紊。奧魯剌合蠻以貨得政柄，廷中悉畏附之。楚材面折廷爭，言人所難言，人皆

危之。

癸卯五月，熒惑犯房，楚材奏曰：「當有驚擾，然訖無事。」居無何，朝廷用兵，事起倉卒，后遂令授甲選腹心，至欲西還以避之。楚材進曰：「朝廷天下根本，根本一搖，天下將亂。臣觀天道，必無患也。」後數日乃定。后以御寶空紙，付奧都剌合蠻，使自書塡行之。楚材曰：「天下者，先帝之天下。朝廷自有憲章，今欲紊之，臣不敢奉詔。」事遂止。又有旨：「凡奧都剌合蠻所建白，令史不爲書者，斷其手。」楚材曰：「國之典故，先帝悉委老臣，令史何與焉。事若合理，自當奉行，如不可行，死且不避，況截手乎！」后不悅。楚材辨論不已，因大聲曰：「老臣事太祖、太宗三十餘年，無負於國，皇后亦豈能無罪殺臣也。」后雖憾之，亦以先朝舊勳，深敬憚焉。

甲辰夏五月，薨于位，年五十五。皇后哀悼，賻贈甚厚。後有譖楚材者，言其在相位日久，天下貢賦，半入其家。后命近臣麻里扎覆視之，唯琴阮十餘，及古今書畫、金石、遺文數千卷。至順元年，贈經國議制寅亮佐運功臣、太師、上柱國，追封廣寧王，〔四〕謚文正。子鉉、鑄。

鑄字成仲，幼聰敏，善屬文，尤工騎射。楚材薨，嗣領中書省事，時年二十三。鑄上言

宜疏禁網，遂采歷代德政合於時宜者八十一章以進。戊午，憲宗征蜀，詔鑄領侍衞驍果以從，屢出奇計，攻下城邑，賜以尙方金鎖甲及內廐驄馬。己未，憲宗崩，阿里不哥叛，鑄棄妻子，挺身自朔方來歸，世祖嘉其忠，卽日召見，賞賜優厚。中統二年，拜中書左丞相。是年冬，詔將兵備禦北邊，後徵兵扈從，敗阿里不哥于上都之北。

至元元年，加光祿大夫。奏定法令三十七章，吏民便之。二年，行省山東。未幾徵還。初，淸廟雅樂，止有登歌，詔鑄製宮縣八佾之舞。四年春三月，樂舞成，表上之，仍請賜名大成，制曰「可」。六月，改榮祿大夫、平章政事。五年，復拜光祿大夫、中書左丞相。十年，遷平章軍國重事。十三年，詔監修國史。朝廷有大事，必咨訪焉。十九年，復拜中書左丞相。二十年冬十月，坐不納職印、妄奏東平人聚謀爲逆、間諜幕僚、及黨罪囚阿里沙，遂罷免，仍沒其家貲之半，徙居山後。二十二年卒，年六十五。

子十一人：希徵、希勃、希亮、希寬、希素、希固、希周、希光、希逸淮東宣慰使，餘失其名。至順元年，贈推忠保德宣力佐治功臣、太師、開府儀同三司、上柱國、懿寧王，謚文忠。

粘合重山 子南合

粘合重山，金源貴族也。國初爲質子，知金將亡，遂委質焉。太祖賜畜馬四百匹，使爲

宿衞官必闍赤。從平諸國有功，圍涼州，執大旗指麾六軍，手中流矢，不動。已而爲侍從官，數得侍宴內廷。因諫曰：「臣聞天子以天下爲憂，憂之，未有不治；忘憂，未有能治者也。置酒爲樂，此忘憂之術也。」帝深嘉納之。立中書省，以重山有積勳，授左丞相。時耶律楚材爲右丞相，凡建官立法，任賢使能，與夫分郡邑，定課賦，通漕運，足國用，多出楚材，而重山佐成之。

太宗七年，從伐宋，詔軍前行中書省事，許以便宜。師入宋境，江淮州邑望風款附，重山降其民三十餘萬，取定城、天長二邑，不誅一人。復入中書視事，賜中廐馬十匹、貫珠袍一。卒，贈太尉，封魏國公，謚忠武。

十年，詔其子江淮安撫使南合，嗣行軍前中書省事。時大將察罕圍壽春，七日始下，欲屠其城，南合曰：「不降者，獨守將耳，其民何罪。」由是獲免。

初，世祖伐宋軍于汴，南合進曰：「李璮承國厚恩，坐制一方，然其人多詐，叛無日矣。」帝亦患之。中統元年，兩遷宣撫使。明年，授中書右丞、中興等路行中書省事。三年，遷秦蜀五路四川行中書省事。其年李璮反益都，帝使諭南合曰：「卿言猶在耳，璮果反矣。卿宜謹守西鄙。」對曰：「臣謹受詔，不敢以西鄙爲陛下憂。」明年，授中書平章政事。四年，病卒。〔四〕封魏國公，謚宣昭。子博溫察兒，知河中府。

楊惟中

楊惟中字彥誠，弘州人。金末，以孤童子事太宗，知讀書，有膽略，太宗器之。年二十，奉命使西域三十餘國，宣暢國威，敷布政條，俾皆籍戶口屬吏，乃歸，帝於是有大用意。

皇子闊出伐宋，命惟中於軍前行中書省事。克宋棗陽、光化等軍，光、隨、郢、復等州，及襄陽、德安府，凡得名士數十人，收伊、洛諸書送燕都，立宋大儒周惇頤祠，建太極書院，延儒士趙復、王粹等講授其間，遂通聖賢學，慨然欲以道濟天下。拜中書令，太宗崩，太后稱制，惟中以一相負任天下。

定宗卽位，平陽道斷事官斜徹橫恣不法，詔惟中宣慰，惟中按誅之。金亡，其將武仙潰于鄧州，餘黨散入太原、眞定間，據大明川，用金開興年號，衆至數萬，剽掠數千里，詔會諸道兵討之，不克。惟中仗節開諭，降其渠帥，餘黨悉平。

憲宗卽位，世祖以太弟鎭金蓮川，得開府專封拜。乃立河南道經略司於汴梁，奏惟中等爲使，俾屯田唐、鄧、申、裕、嵩、汝、蔡、息、亳、潁諸州。初滅金時，以監河橋萬戶劉福爲河南道總管，福貪鄙殘酷，虐害遺民二十餘年。惟中至，召福聽約束，福稱疾不至，惟中設

大梃於坐，復召之，使謂福曰：「汝不奉命，吾以軍法從事。」福不得已，以數千人擁衞見惟中，惟中卽握大梃擊仆之，數日福死，河南大治。遷陝右四川宣撫使。時諸軍帥橫侈病民，郭千戶者尤甚，殺人之夫而奪其妻，惟中戮之以徇，關中肅然。語人曰：「吾非好殺，國家綱紀不立，致此輩賊害良民，無所控告，雖欲不去可乎！」

歲己未，世祖總統東師，奏惟中爲江淮京湖南北路宣撫使，俾建行臺，以先啓行，宣布恩信，蒙古、漢軍諸帥並聽節制。師還，卒于蔡州，年五十五。中統二年，追謚曰忠肅公。

校勘記

〔一〕完顏(復)〔福〕興行(中)〔尙〕書事　元文類卷五七宋子貞耶律楚材神道碑作「完顏承暉留守燕京行尙書省」。按金史卷一〇一承暉傳：「承暉，字維明，本名福興。」又按金史卷一四宣宗紀、卷五五百官志，時金無中書省。「復」、「中」皆誤，據改。

〔二〕通事楊惟忠　蒙史改「忠」爲「中」，並注云：「楊惟中舊傳云奉命使西域三十餘國，故當時有通事之目。」

〔三〕追封廣寧王　蒙史改作「懿寧王」，並注云：「舊傳作廣寧王。按廣寧爲別勒古台孫爪都封號，不宜復以此號封異姓功臣。今據耶律鑄附傳作懿寧王；卽懿州、廣寧府也。考食貨志，曳剌兀圖

撒罕里分撥歲賜五戶絲在大都等處，而封號顧稱懿寧者，因楚材八世祖東丹王突欲故封地在此而名之耳，非實封也。」

〔四〕明年授中書平章政事四年病卒　前文已書中統三年，此又云「明年」、「四年」，當有脫文。按本書卷五世祖紀至元元年五月己亥條有「以中書右丞粘合南合為平章政事」，此「明年」當指至元元年，卽中統五年。此處「明年」與「四年」均有脫誤。

元史卷一百四十七

列傳第三十四

張柔（弘略）〔一〕

張柔字德剛，易州定興人，世力農。柔少慷慨，尚氣節，善騎射，以豪俠稱。金貞祐間，河北盜起，柔聚族黨保西山東流寨，〔二〕選壯士，結隊伍以自衞，盜不敢犯。郡人張信，假柔聲勢，納流人女為妻，柔鞭信百，而還其女。信憾之，謀結黨害柔。未幾，信有罪當誅，柔救之得免，於是驍勇之士，多慕義從之。

中都經略使苗道潤承制授柔定興令，累遷（青）〔清〕州防禦使。〔三〕道潤表其才，加昭毅大將軍，遙領永（寧）〔定〕軍節度使，〔四〕兼雄州管內觀察使，權元帥左都監，行元帥府事。繼而道潤為其副賈瑀所殺，瑀遣使以好辭來告曰：「吾得除道潤者，以君不助兵故也。」柔怒叱使者曰：「瑀殺吾所事，吾食瑀肉且未足快意，反以此言相戲耶！」遂移檄道潤部曲，會易州

軍市川，誓衆為之復讎，衆皆感泣。適道潤麾下何伯祥，得道潤所佩金虎符以獻，因推柔行經略使事。事聞，加驃騎將軍、中都留守，兼大興府尹、本路經略使，行元帥事。

戊寅，國兵出紫荆口，柔率所部逆戰於狼牙嶺，馬蹶被執，遂以衆降，太祖還其舊職，得以便宜行事。柔招集部曲，下雄、易、安、保諸州，攻破賈瑀於孔山，誅瑀，剖其心祭道潤。瑀黨郭收亦降，盡有其衆，徙治滿城。

金眞定帥武仙，會兵數萬來攻，柔以兵數百，出奇迎戰，大破之。乘勝攻完州，下之，獲州佐甄（仝）〔全〕。〔五〕（仝）〔全〕慷慨就戮，柔義而釋之，且升為守，使將部曲以從。己卯，仙復來攻，敗走之，進拔郎山、（祈）〔祁〕陽、〔六〕曲陽，諸城寨聞之，皆降。既而中山叛，柔引兵圍之，與仙將葛鐵鎗戰于新樂，流矢中柔頷，折其二齒，拔矢以戰，斬首數千級，擒藁城令劉成，遂拔中山。仙復會兵攻滿城，柔登城拒戰，復為流矢所中，仙兵大呼曰：「中張柔矣。」柔不為動，開門突戰，皆敗走。略地至鼓城，單騎入城，喻以禍福，城遂降。又敗仙於（祈）〔祁〕陽，進攻深澤、寧晉、安平，克之。分遣別將攻下平棘、藁城、無極、欒城諸縣，闢地千餘里。由是深、冀以北，（鎭）〔眞〕定以東三十餘城，〔七〕緣山反側鹿兒、野貍等寨，相繼降附。一月之間，與仙遇者凡十有七，每戰輒勝。

方獻捷于行在所，行次宣德，而易州軍叛，逐其守盧應妻子，〔八〕據西山馬頭寨。柔聞

之，卽棄輜重還，出奇計破其寨，而誅叛者，歸其妻子。加榮祿大夫、河北東西等路都元帥，號拔都魯，置官屬，將士遷授有差。

燕帥孛赤台數凌柔，柔不爲下，乃譖柔於中都行臺曰：「張柔驍勇無敵，向被執而降，今委以兵柄，戰勝攻取，威震河朔，失今不圖，後必難制。」行臺召柔，幽之土室，孛赤台施帳寢其上，環以甲騎，明日將殺之，孛赤台一夕暴死，柔乃得免。金經略使固安王子昌，善戰知名，與信安張進連兵，阻水爲固，遠近憚之。柔出其不意，率兵徑渡，生擒以還。

乙酉，眞定武仙殺其帥史天倪，其弟天澤使來求援。柔遣驍將喬惟忠等率千餘騎赴之，與仙戰，敗之。遂分遣惟忠、宋演略彰德，徇齊魯；聶福堅略青、魏、山東。璽書授柔行軍千戶、保州等處都元帥。丙戌，遣將以兵從國王孛魯，攻李全于益都，降之。丁亥，移鎭保州。保自兵火之餘，荒廢者十五年，盜出沒其間。柔爲之畫市井，定民居，置官廨，引泉入城，疏溝渠以瀉卑濕，通商惠工，遂致殷富；遷廟學于城東南，增其舊制。

壬辰，從睿宗伐金，語其衆曰：「吾用兵，殺人多矣，寧無冤者。自今以往，非與敵戰，誓不殺也。」圍汴京，柔軍於城西北，金兵屢出拒戰，柔單騎陷陣，出入數四，金人莫能支。金主自黃陵岡渡河，次漚麻岡，欲取衞州，柔以兵合擊，金主敗走睢陽。其臣崔立以汴京

降，柔於金帛一無所取，獨入史館，取金實錄幷祕府圖書，訪求耆德及燕趙故族十餘家，衞送北歸。遂圍睢陽，金主走汝南。汝南恃柴潭爲阻，會宋孟珙以兵糧來會，珙決其南，潭水涸。金人懼，啓南門求死戰，柔以步卒二十餘突其陣，促聶福堅先登，擒二校以歸。又遣張信據其內隍，諸軍齊進，金主自殺。汝南旣破，下令屠城，一小校縛十人以待，一人貌獨異，柔問之，狀元王鶚也，解其縛，賓禮之。入朝，太宗歷數其戰功，班諸帥上，賜金虎符，升軍民萬戶。

乙未，從皇子闊出拔棗陽，繼從大帥太赤攻徐、邳。丁酉，詔屯兵曹武以逼宋。道出九里關，柔欲率所部徑往，或言關甚險，宋必設伏，不若與大軍俱進。不聽，與二十騎直前據關，方解甲而食，宋兵出兩山間，圍數重，騎皆失色，柔單騎馳突潰圍。大軍繼至，遂達曹武，悉下緣山諸堡，攻洪山寨，破之，遂營山下。柔率衆出略地他處，宋兵乘虛來襲，柔還，與之遇，自旦至暮，凡十餘戰，大敗宋師，斬其將校十有三人。遂會諸軍取光州，又進趣黃州，破三山寨，至大湖中，得戰艦，沿江接戰，壁於黃州西北隅。有乘舟出者，柔曰：「此偵伺我隙者也，夜必襲吾不備。」乃分軍爲三以待之。二鼓時，宋師果至，柔邀擊之，俘數百人，溺死者不可計。攻其東門，矢石雨注，軍少却，柔率死士十餘，奮戈大呼，所向仆踣，執俘而還。宋師懼，請和，乃還軍。

大帥察罕攻滁州，柔以二百騎往。時廬、泗、盱眙、安豐間，宋屯戍相望，斥候甚嚴，或勸柔勿行，不聽，且戰且前，凡二十餘戰。比至滁，察罕以滁久不拔，欲解去，柔請決戰，從之。旣陣，宋驍將出挑戰，柔佯却，宋將驕，柔馳及之，檛擊墜地，宋將執柔轡曳入其陣，飛石中柔鼻，兩軍鬨，柔得還，裹瘡復戰。夜遣鞏彥暉劫其營，焚城東南隅，柔〔率〕銳卒五十七人先登，〔九〕拔之。己亥，以本官節制河南諸翼兵馬征行事，河南三十餘城皆屬焉。

庚子，詔柔等八萬戶伐宋。辛丑，升保州爲順天府，賜御衣數襲、名馬二、尙廐馬百。柔率師自五河口濟淮，略和州諸城，師還，分遣部下將千人屯田于襄城。察罕奏柔總諸軍鎭杞。初，河決於汴，西南入陳留，分而爲三，杞居其中潬。宋兵恃舟楫之利，駐亳、泗，犯汴、洛，以擾河南。柔乃卽故杞之東西中三山夾河，順殺水勢，築連城，結浮梁，爲進戰退耕之計，敵不敢至。會諸軍攻破壽州，柔欲留兵守之，察罕不從。又敗宋師于泗州，還杞上。帳下吏夾谷顯祖得罪亡走，上變誣柔，執柔以北。大臣多以闔門保柔者，卒辨其誣，顯祖伏誅。

辛亥，憲宗卽位，換授金虎符，仍軍民萬戶。甲寅，移鎭亳州。環亳皆水，非舟楫不達，柔甃城壁爲橋梁屬汴堤，以通商賈之利；復建孔子廟，設校官弟子員。入奏，帝悅，賜衣一

襲、銅根甲一、金符九、銀符十九，頒將校之有功者。

己未，分裨將張果、王仲仁，從憲宗征蜀；王安國、胡進、田伯榮、宋演，從宗王塔察兒攻荆山；柔從世祖攻鄂。世祖由大勝關，柔由虎頭關，與宋兵遇於沙窩，柔子弘彥擊破之，進與守關兵戰，敗之。世祖自陽羅渡江，促柔會兵攻鄂，百餘日不能下。世祖諭之曰：「吾猶獵者，不能擒圈中豕，野獵以供汝食，汝可破圈而取之。」柔乃令何伯祥作鵝車，洞掘其城，別遣勇士先登，攻其西南陬，屢破之。會憲宗凶問至，宋亦行成，世祖北還，命柔統領蒙古、漢軍，以俟後命，城白鹿磯，爲久駐計。

中統元年，世祖卽位，詔班師。阿里不哥反，世祖北征，詔柔入衞，至盧朐河，有詔止之。分其兵三千五百衞京師，以子弘慶爲質。二年，以金實錄獻諸朝，且請致仕，封安肅公，命第八子弘略襲職。

至元三年，加榮祿大夫，判行工部事，城大都。四年，進封蔡國公。五年六月卒，年七十九。贈推忠宣力翊運功臣、太師、開府儀同三司、上柱國，謚武康。延祐五年，加封汝南王，謚忠武。子十有一人，弘略、弘範最顯，弘範自有傳。

弘略字仲傑，柔第八子也。有謀略，通經史，善騎射。嘗從柔鎭杞徙亳。歲乙卯，入

朝憲宗，授金符，權順天萬戶。從征蜀，以其幼，賜錦衣，令還鎮。柔既致仕，授弘略金虎符、順天路管民總管、行軍萬戶，仍總宣德、河南、懷孟等路諸軍屯亳者。

中統三年，李壇反，求救於宋將夏貴。貴自蘄乘虛北奪亳、滕、徐、宿、邳、滄、濱七州，新蔡、符離、蘄、利津四縣，殺守將。弘略率戰船遏之于渦口，貴退保蘄，弘略發亳軍攻之，水陸並進。宋兵素憚亳軍，焚城宵遁，追殺殆盡，獲軍資不可計，盡復所失地。李壇既誅，追問當時與壇通書者，獨弘略書皆勸以忠義，事得釋。朝廷懲壇叛逆，務裁諸侯權以保全之，因解弘略兵職，宿衛京師，賜只孫冠服，以從宴享。

至元三年，城大都，佐其父爲築宮城總管。八年，授朝列大夫、同行工部事，兼領宿衛親軍、儀鸞等局。十三年，城成，賜內帑金釦、瑇瑁巵，授中奉大夫、淮東道宣慰使。十四年，宋廣王昺據閩、廣，時東海縣儲粟數萬，行省檄弘略將兵二千戍之，仍命造舟運粟入淮安。弘略顧民舟，有能載粟十石者與一石，人爭趨之，一月而畢。

十六年，遷江西宣慰使。會饒州盜起，犯都昌。弘略以爲，饒雖屬江東，與南康止隔一湖，此寇不滅，則吾境必有相扇而起者。乃使人直擣其巢穴，生縛賊酋，磔于市，餘黨潰散。下令曰：「不操兵者，皆爲平民，餘無所問。」頃之，以疾歸亳。有譏貴臣子在江南買田宅樂而忘歸者，詞引弘略。或謂弘略曰：「公但居亳，未嘗在江南，入見宜自明。」弘略曰：「明之，

則言者獲譴矣，吾寧稱疾家居。」

二十九年，見世祖於龍虎臺，請曰：「臣之子玠長矣，願備宿衛。」從之，且賜以酒曰：「卿年未老，謝事何爲。」特命爲河南行省參知政事。元貞二年卒。贈推忠佐理功臣、銀青榮祿大夫、平章政事、上柱國，蔡國公，謚忠毅。子三人：玠，瑾，琰。

史天倪〔楫 權 樞〕〔一〇〕

史天倪字和甫，燕之永清人。曾祖倫，少好俠，因築室發土得金，始饒於財。金末，中原塗炭，乃建家塾，招徠學者，所藏活豪士甚衆，以俠稱於河朔，士族陷爲奴虜者，輒出金贖之。甲子，歲大侵，發粟八萬石賑饑者，士皆爭附之。祖成珪，倜儻有父風。遭亂，盜賊四起，乃悉散其家財，唯存廪粟而已。

父秉直，讀書尚氣義。癸酉，太師、國王木華黎統兵南伐，所向殘破，秉直聚族謀曰：「方今國家喪亂，吾家百口，何以自保！」既而知降者皆得免，乃率里中老稚數千人，詣涿州軍門降。木華黎欲用秉直，秉直辭而薦其子，乃以天倪爲萬戶，而命秉直管領降人家屬，屯霸州。秉直拊循有方，遠近聞而附者，十餘萬家。尋遷之漠北，降人道饑，秉直得所賜牛羊，悉分食之，多所全活。甲戌，從木華黎攻北京，乙亥，北京降，木華黎承制，以烏野兒爲

北京路都元帥，秉直行尚書六部事，主餽餉，軍中未嘗乏絕。庚寅，以老謝事，歸鄉里。卒，年七十一。三子：長天倪，次天安，次天澤。天澤自有傳。

天倪始生之夕，白氣貫庭。成童，姿貌魁傑。有道士見而異之曰：「封侯相也。」及長，好學，日誦千言。大安末，舉進士不第，乃歎曰：「大丈夫立身，獨以文乎哉！使吾遇荒雞夜鳴，擁百萬之衆，功名可唾手取也。」木華黎見而奇之。既以萬戶統諸降卒，從木華黎略地三關已南，至于東海，所過城邑皆下。因進言於木華黎曰：「金棄幽燕，遷都于汴，已失策矣。遼水東西諸郡，金之腹心也。我若得大寧以扼其喉襟，則金雖有遼陽，終不能保矣。」木華黎善之。

先，倫卒時，河朔諸郡結清樂社四十餘，社近千人，歲時像倫而祠之。至是，天倪選其壯勇萬人爲義兵，號清樂軍，以從兄天祥爲先鋒，所向無敵，分兵略三河、薊州，諸寨望風款服。甲戌，朝太祖于燕之幄殿，所陳皆奇謀至計，大稱旨，賜金符，授馬步軍都統，管領二十四萬戶。從木華黎攻高州，又從攻北京，皆不戰而克。

乙亥，授右副都元帥，改賜金虎符。奉詔南征，圍平州，金經略使乞住降。進兵眞定，所屬部邑無不款附。而眞定帥武仙，固守不下，遂移軍圍大名，衆謂城堅不可擊，天倪使攻其西南角，勁卒屢上屢却，天倪先登，守者辟易，遂破其城。丙子，會木華黎兵於燕南，清州

監軍王守約、平州推官合達，俱以城叛，連謀越海歸金，天倪追襲至樂安，合達以益都行省忙古兵來拒，敗之，殺守約，擒忙古，斬首萬級。

丁丑，徇山東諸郡，部卒有殺民豕者，立斬以徇，軍中肅然，遠近響應，知中山李明、趙州李瑀、邢州武貴、威州武振、磁州李平、洺州張立等，望風皆下。己卯，從木華黎徇河東，至絳州，其圍樓甃以石，牢不可破，天倪命穴其旁，地虛，樓陷，遂拔之。木華黎喜，賞以繡衣、金鞍、名馬。庚辰，還軍眞定，武仙降。木華黎承制以天倪爲金紫光祿大夫、河北西路兵馬都元帥，行府事，仙副之。天倪乃言於木華黎曰：「今中原粗定，而所過猶縱鈔掠，非王者弔民伐罪意也。且王奉天子命，爲天下除暴，豈復效其所爲乎！」王曰：「善。」下令：敢有剽虜者，以軍法從事。辛巳，金懷州元帥王棨、潞州元帥裴守謙、澤州太守王珍皆以城降。壬午，攻濟南水寨，破之。

癸未，徇山西，遂克三關，不浹旬，定四十餘寨。兵至河衞，喜曰：「河衞者，夷門之限也。河衞既破，則夷門不能守矣。」嚴實以兵來會，請自攻河衞，天倪曰：「合達、蒲瓦，亦勍敵也。」實曰：「易與耳，保爲公破之。」明日，實與蒲瓦兵遇於南門，合達兵自北奄至，實兵敗，竟爲所執。天倪曰：「合達以實歸汴，必以今夕。」急命馮存、杜必貴，率壯士一千三百，伏延津柳渡。果夜縛實過延津，遇存等，與戰，敗之，實得脫歸，必貴戰死。未幾，帝命天倪

回軍眞定。

甲申夏，大名總管彭義斌以宋兵犯河朔，天倪逆戰於恩州，義斌敗，入保大名。乙酉，師還，聞武仙之黨據西山腰水、鐵壁二寨以叛，天倪直擣其巢穴，盡掩殺之。仙怒，謀作亂，乃設宴邀天倪，有知其謀者，止天倪毋往，天倪不從，遂爲仙所殺。

天倪之赴眞定也，秉直密戒之曰：「觀武仙之辭氣，終不爲我用，宜備之。」天倪曰：「我以赤心待人，人或相負，天必不容，願無慮。」秉直乃攜其孫楫、權還北京。至是，人服其先識。先是，天倪擊鞠夜歸，有大星隕馬前，有聲，心惡之，果及禍。天倪死時，年三十九。妻程氏，聞亂，恐汚於賊，乃自殺。子五人，其三人尚幼，俱死於難，惟楫、權在。

楫字大濟。歲己亥，知中山府事。尋還征南行軍萬戶翼經略，徇地蘄、黃，善撫士卒，所向有功。壬寅，天澤引楫入見太宗，〔二〕奏曰：「臣兄天倪死事時，二子尚幼，臣受詔攝行府事，今楫已成人，乞解職授之。」帝嘉歎曰：「今之爭官者多，讓官者少，卿此舉殊可嘉尚。朕自有官與之。」卽以楫爲眞定兵馬都總管，佩金虎符。

辛亥，朝廷始徵包銀，楫請以銀與物折，仍減其元數，詔從之，著爲令。各道以楮幣相貿易，不得出境，二三歲輒一易，鈔本日耗，商旅不通，楫請立銀鈔相權法，人以爲便。或請

運鹽按籍計口，給民以食，楫爭其不可，曰：「鹽鐵從民貿易，何可若差稅例配之。」議遂寢。元氏民有愬府僚於達官者，質之無實，將抵之死，楫力爲營解，達官曰：「是人陷汝輩死地，而反救之，何耶？」楫曰：「誅之固足以懲後，未若宥之，以愧其心。況人命至重，豈宜以妄言之故，而加以極刑。」乃杖而遣之。

中統元年，授眞定路總管，同判本道宣撫司事。眞定表山帶河，連屬三十餘城，生殺進退，咸倚專決。楫謹身率先，明政化，信賞罰，任賢良，汰貪墨，恤煢獨，民咸德之。所舉州縣佐史有文學者三十餘人，後皆知名。會天澤言：「兵民之柄不可併居一門，行之請自臣家始。」楫卽日解綬歸。卒年五十九。

子炫，常德管軍總管；煇，知孟州；燧，同知東昌府事；煊，潼關提舉；煬，僉廣西按察司事。

權字伯衡，勇而有謀。初，以權萬戶從天澤南征。歲壬子，天澤以萬戶改河南經略使，乃以權代其任。甲寅，屯軍鄧州，敗宋將高達於樊城。己未，世祖自將伐宋，權出迎於淮西。世祖渡江，次鄂州而憲宗崩，世祖北還，乃命權總兵鎭江北岸之武磯山。中統元年，降詔獎諭，賜金虎符，授眞定河間濱棣邢洺衞輝等州路并木烈乣軍兼屯田州城民戶沿邊鎭守諸軍總管萬戶，其所屬千戶、萬戶，悉聽號令。

至元六年，召至闕下，問以征南之策。對曰：「襄陽乃江陵之藩蔽，樊城乃襄陽之外郛，我軍若先攻樊城，則襄陽不能支梧，不戰自降矣。然後駐兵嘉定，耀武淮、泗，事必有濟。」帝善其計。

七年，宋兵侵邊，權引兵趨荆子口，大破之，帝賜白金五百兩，權悉以分勞士卒。宋將夏貴，以船萬艘載壯士，欲奪江面，權進攻，破之，帝賜以衣幣、弓矢、鞍勒。旣而轉糧于隨，貴復引兵扼我前路，權戰破之，賜白金七百兩。制授河南等路宣撫使，未上，賜金虎符，充江漢大都督，總制軍馬，總管屯田萬戶。會天澤言一門不可兼掌兵民之柄，乃授權鎭國上將軍、眞定等路總管，兼府尹。徙東平，又徙河間。卒。

樞字子明。父天安，字全甫，秉直仲子也。歲癸酉，從秉直降。太師木華黎以其兄天倪爲萬戶，而質天安軍中。丁丑，從討錦州叛人張致，平之。己卯，〔三〕從略地關右，生擒鄜州驍將張資祿號張鐵槍者。乙酉，武仙殺天倪於眞定，天安率衆來會天澤，併力攻仙，敗走之。以功授行北京元帥府事，撫治眞定。

庚寅，宋聚兵邢之西山，聲言爲仙援，遣其徒趙和行間城中，誣倅副李甲、劉清嘗輸款

爲內應，守將械兩人送府，大帥趣命戮之，天安揣知其詐，請自鞫之，果得其情，遂斬和以徇。壬辰，從伐金。師還，討劇盜梁滿、蘇傑等，悉平之。甲午，宣權眞定等路萬戶，賜金符。丙午，入覲，賜黃金五十兩、白狐裘一、牝馬百。乙卯卒。

樞年二十餘，以勳臣子知中山府，有治績。甲寅，初籍新軍，天澤以長兄二子各有官位，而仲兄之子未仕，乃奏樞爲征行萬戶，配以眞定、彰德、衞州、懷孟新軍，戍唐、鄧。乙卯，敗宋舟師於漢水之鴛鴦灘，賜金虎符。

戊午，憲宗伐宋，入自蜀，從天澤詣行在，朝帝于大散關。帝勞之曰：「卿久鎭東方，茲復遠來，勤亦至矣。」樞對曰：「臣之祖、父，受國厚恩，今陛下親御六師，暴露萬里之外，臣獨不能出死力，以報萬分之一邪！」帝壯其言，命爲前鋒。（立宋）〔宋立〕劍州，〔四〕僑治於苦竹崖，前阻絕澗，深數百尺，恃險而不備，帝使樞偵之，樞率健卒數十，縋而下，得其所以致師處以聞，帝趣樞急取之，宋人懼，乃降。翼日，大宴，帝顧皇后，命飲樞酒，且諭新附渠帥曰：「我國家自開創以來，未有皇后賜臣下酒者，特以樞父子世篤忠貞，故寵以殊禮。有能盡瘁事國者，禮亦如之。」

己未，從天澤擊敗宋將呂文德於嘉陵江，追至重慶而還，賜黃金五十兩、白金二百兩、錦一匹。

世祖卽位，改賜金虎符。中統二年，從天澤扈駕北征。三年，李璮叛據濟南，復從天澤往討之。城西南有大澗，亘歷山，樞一軍獨當其險，夾澗而城，豎木柵於澗中。淫雨暴漲，木柵盡壞，樞曰：「賊乘吾隙，俟夜必出。」命作葦炬數百置城上。逮三鼓，賊果至，飛炬擲之，風怒火烈，弓弩齊發，賊衆大潰，自相蹂躪，死者不可勝計。未幾，璮就擒。

至元四年，宋兵圍開、達諸州，以樞爲左壁總帥，佩虎符，凡河南、山東、懷孟、平陽、太原、京兆、延安等軍悉統之，宋兵聞之，解去。

六年，高麗人金通精據珍島以叛，討之，歲餘不下。七年，進樞昭勇大將軍、鳳州經略使。樞至，謂諸將佐曰：「賊勢方張，未易力勝，況炎暑海氣蒸鬱，弓力弛弱，猝不可用。宜分軍爲三，多張旗幟以疑之。吾與諸君潛師擣其巢穴，破之必矣。」與戰，大破之，其地悉平。十二年，復以萬戶從丞相伯顏伐宋，賜錦衣一、寶鞍一、弓一、矢百、甲十注、馬十二匹，仍給天澤帳下士十人以從。宋平，署安吉州安撫使。時新附之初，民所在依險阻自保，樞以威信招懷之，復業爲民者以千萬計。十四年，移疾還。十九年，起爲東京路總管，辭不赴。二十三年，拜中奉大夫、山東東西道宣慰使，治濟南，後又治益都。二十四年，卒，年六十七。

子煥，昭勇大將軍、後衞親軍都指揮使，佩金虎符；煇，奉訓大夫、祕書少監。

史天祥

史天祥，父懷德，尙書秉直之弟也。歲癸酉，太師、國王木華黎從太祖伐金，天祥隨秉直迎降於涿。木華黎命懷德就領其黑軍隸帳下，署天祥都鎭撫，選降卒長身武勇者二百人，使領之。招徠丁壯，得衆萬餘，從取霸州、文安、大城、滄濱、長山等二十餘城，東下淄、沂、密三州，所至皆先登，詔賜以銀符。從大軍攻燕，不克。

甲戌，略地高州，拔惠和、金源、和衆、龍山、利、建、富庶等十五城，惟大寧固守不下。天祥獲金將完顏胡速，木華黎欲殺之，天祥曰：「殺一人無損於敵，適驅天下之人爲吾敵也。且其降時嘗許以不死，今殺之，無以取信於後，不若從而用之。」乃以爲千戶。復合衆攻其城，懷德先登，擒其二將，爲流矢所中，歿于軍。乃以所統黑軍，命天祥領之。

天祥憤痛其父之死，攻之愈急。乙亥，與大帥烏野兒降其北京留守銀答忽、同知烏古倫。進攻北京傍近諸寨，磨雲山王都統首詣軍門降，天祥命入列崖，擒都統不剌，釋其縛，仍曉以大義，不剌感泣，願效死。天祥察其誠，許與王都統往說降城子崖王家奴，乃命三人各將舊卒，付空名告身，使諭樓子崖等二十餘寨悉降，得老幼數萬、勝兵八千。西乾河答魯、五指山楊趙奴獨固守不下，天祥擊之，大小百餘戰，趙奴死，答魯敗走，得戶二萬。授西山總帥兵馬。興州節度使趙守玉反，天祥與烏野兒分道討平之。答魯復聚衆攻龍山，以槊刺烏野兒中胸，隨墮馬，天祥馳救得免，復整陣出戰，大敗之，斬首八千級，答魯戰死。進克中興府。

張致盜據錦州，從木華黎討平之。會契丹漢軍擒關肅，復利州，殺劉祿於銀治，斬首五十級，尖山、香爐、紅螺、塔山、大蟲、駱駝、團崖諸寨悉平，虜生口萬餘，得錦州舊將杜節，幷黑軍五百人，卽命統之。

丙子春，覲太祖於魚兒濼，賜金符，授提控元帥。拔蓋、金、蘇、復等州，獲金完顏奴、耶律神都馬，遷鎭國上將軍、利州節度使、所部降民都總管、監軍兵馬元帥。丁丑夏，山賊祁和尙據武平，討平之。縛金將巢元帥。又滅重兒盜衆萬人於興州之車河。己卯，權兵馬都元帥，蒙古、漢軍、黑軍並聽節制。下河東、平陽、河中、嵩嵐、絳、石、隰、吉、鄜等八十餘城。

庚辰，至眞定，木華黎使天祥攻城，天祥因請曰：「攻之恐戮及無辜，不如先往諭之。苟其不從，加兵未晚。」木華黎許之。天祥往見守將武仙，諭以禍福，仙悟，乃降。吾也而請留天祥守眞定，木華黎曰：「天下未定，智勇士可離左右乎。吾將別處之。」乃以秉直之子天倪爲河北西路兵馬都元帥，鎭眞定；以天祥爲左副都元帥，餘如故，引兵南屯邢西遙水山下。仙兄貴以萬人壁於山上，負固不下，天祥携完顏胡速及黑軍百人，由鳥道扳援而上，盡掩捕之。仙驚曰：「公若有羽翼者，不然，何其能也！」遂下邢、磁、相三州。從戰黃龍岡，破單、

勝、兗三州。

木華黎圍東平，久不下，怒吾也而不盡力，將手斬之，天祥請代攻。木華黎喜，付皮甲一，又與己鐵鎧幷被之，鏖戰不已，木華黎使人止之曰：「爾力竭矣，宜少休。」復以金鞍名馬與之。辛巳，從取綏德、鄜、坊等五十餘城。壬午，木華黎攻青龍、金勝諸堡，花帽軍堅守不下，既破，欲屠之，天祥力諫而止，獲壯士五千人。

癸未春，還軍河中，木華黎上其功，賜金虎符，授蒙古漢軍兵馬都元帥，總十二萬戶，鎭河中。冬，徇西夏，破賀蘭山，還，遇賊，射傷額，出血，目爲之昏。甲申，歸北京，授右副北京等七路兵馬都元帥。庚寅，朝太宗於盧朐河，乞致仕，不允。辛卯，太宗用兵河南，强之從行，轉漕河上，給餉諸軍。

壬辰，命天祥領汴京百工數千，屯霸州之益津，行元帥府事，賜錦衣一襲。初，天祥夜中流矢，鏃入頰骨，不能出，至是，金瘡再發，鏃自口出。睿宗聞而閔之，授海濱和衆利州等處總管，兼領霸州御衣局人匠都達魯花赤，行北京七路兵馬都元帥府事。憲宗卽位，俾仍舊職。戊午秋九月，以疾卒，年六十八。

天祥幼有大志，長身駢脅，力絕人，性不嗜酒，喜稼穡，好施予。乙未括戶，縱其奴千餘

口，俾爲民。晚雖喪明，憂國愛民之心，未嘗忘也。

子彬，江東提刑按察副使；槐，襲霸州御衣局人匠都達魯花赤。

校勘記

〔一〕〔弘略〕　據本書原目錄補。

〔二〕東流寨　按元名臣事略卷六王磐張柔神道碑、遺山集卷二六張柔勳德第二碑「寨」皆作「堝」，蒙史從改，疑是。

〔三〕累遷（青）〔清〕州防禦使　據元名臣事略卷六引王磐張柔神道碑改。按金無「青州」，清州以宋大觀年間河清得名。新編已校。

〔四〕遙領永（寧）〔定〕軍節度使　據元名臣事略卷六引王磐張柔神道碑改。按當時張柔兼雄州管內觀察使，金史卷二四地理志雄州下云：「天會七年，置永定軍節度使。」

〔五〕甄（仝）〔全〕　據畿輔通志卷一六八王磐張柔神道碑及元名臣事略卷六引王鶚張柔墓誌銘改。下同。

〔六〕（新）〔祁〕陽　道光本與畿輔通志卷一六八王磐張柔神道碑、元名臣事略卷六引王鶚張柔墓誌銘及遺山集卷二六張柔勳德第二碑合，從改。下同。

〔七〕（祺）〔眞〕定　據本書卷五八地理志改。

〔八〕逐其守盧應妻子　此句有脫文。遺山集卷二六張柔勳德第二碑作「應挺身而逸，妻子皆爲所虜」。

〔九〕柔〔率〕銳卒五十七人先登　按遺山集卷二六張柔勳德第二碑作「公率銳卒先登」，據補。

〔一〇〕〔楫權樞〕　據本書原目錄補。

〔一一〕壬寅天澤引楫入見太宗　按元太宗死于辛丑年，楫不能于次年入見。此處史文有誤。蒙史改「壬寅」爲「辛丑」。

〔一二〕己卯　本證云：「案太祖紀，克鄜州在辛巳，木華黎、史天祥傳同，此誤。」

〔一三〕（立宋）〔宋立〕劍州　據文義改正。

明　宋濂等撰

元史

第十二册

卷一四八至卷一六一（傳）

中華書局

元史卷一百四十八

列傳第三十五

董俊 子文蔚　文用　（文忠）　文直　〔文忠〕〔一〕

董俊字用章，眞定藁城人。少力田，長涉書史，善騎射。金貞祐間，邊事方急，藁城令立的募兵，射上中者拔爲將。衆莫能弓，獨俊一發破的，遂將所募兵迎敵。歲乙亥，國王木華黎帥兵南下，俊遂降。

己卯，以勞擢知中山府事，佩金虎符。金將武僊據眞定，定武諸城皆應僊。俊率衆夜入眞定，逐僊走之，定武諸城復去僊來附。庚辰春，金大發兵益僊，治中李全叛中山應之。俊軍時屯曲陽，僊銳氣來戰，敗之黃山下，僊脫走。獻捷于木華黎，由是僊以窮降。木華黎承制授俊龍虎衞上將軍、行元帥府事，駐藁城。俊嘗謁木華黎曰：「武僊黠不可測，終不爲我用，請備之。」木華黎然其言，承制授左副元帥。陞藁城縣爲永安州，號其衆爲匡國軍，事

一委俊。〔己〕〔乙〕酉，〔二〕僊果殺都元帥史天倪，據眞定以叛，旁郡縣皆爲僊守。俊提孤軍居反側間，戰士不滿千人，拒守永安。僊攻之期年，無所利，乃縱兵蹂禾稼，俊呼語之曰：「汝欲得民，而奪之食，無道賊不爲也。」僊慚而去，俊出兵掩擊之，僊敗走。久之，俊復夜入眞定，僊走死，〔三〕乃納史天倪弟天澤爲帥。

壬辰，會諸軍圍汴。明年，金主棄汴奔歸德，追圍之；金兵夜出，薄諸軍於水，俊力戰死焉，時年四十有八。

俊早喪父，事母以孝聞。歲時廟祭，非疾病，跪拜必盡禮；子雖孩乳，亦使之序拜，曰：「祀，以孝先也，禮宜如是。」待族親故人，皆有恩意；里夫家僮，亦接之有道。克汴時，以侍其軸爲賢，延歸敎諸子。嘗曰：「射，百日事耳；詩、書，非積學不通。」屢誡諸子曰：「吾一農夫耳，遭天下多故，徒以忠義事人，僅立門戶。深願汝曹力田讀書，勿求非望，爲吾累也。」

俊忠實自許，不爲夷險少移，臨陣，勇氣懾衆，立矢石間，怡然若無事，雖中傷亦不爲動。每慕馬援爲人，曰：「馬革裹屍，援固可壯。」故戰必持矛先士卒，或諫止之，俊曰：「我人臣也，敵在前，不死，乃趨安脫危乎！」先是，戊子歲，朝於行在，諸將獻戶口，各增數要利，吏請如衆，俊曰：「民實少而欺以數多，他日上需求無應，必重斂以承命，是我獨利，而民日困也。」行元帥府時，狂男子三百餘人期日作亂，事覺，戮其渠魁，餘並釋之。深、冀間妖人惑衆，圖爲不軌，連逮者數萬人，有司議當族，俊力請主者，但誅首惡。永安節度使劉成叛降武僊於威州，俊下令曰：「逆者一人，餘能去逆，卽忠義士，與其家財，仍奏官之。」衆果去成降。沃州民寨天臺爲盜，旣破降之，他將利其子女，欲掠之，俊曰：「城降而俘其家，仁者不爲也。」衆義不取。南征時，人多歸俊願爲奴者，旣全其家，歸悉縱爲民。鄰境人有被掠賣者，亦與直贖還之。其天性之美類如此。

俊器度弘遠，善戰而不妄殺，故人樂爲之用。大小百戰，無不克捷。爲政寬明，見人善治田廬，必召與歡語，有惰者，則怒罰之，故其部完實，民惟恐其去也。贈翊運效節功臣、太傅、開府儀同三司、上柱國，封壽國公，謚忠烈。加贈推忠翊運效節功臣、太傅、開府儀同三司、上柱國，改封趙國公。子文炳、文蔚、文用、文直、文忠，文炳自有傳。

文蔚字彥華，俊之次子也。重厚寡言，不事嬉戲，立志勤苦，讀書忘倦。及長，善騎射，膂力絕人。事母至孝，接人謙恭，凡所與交，貴賤長幼，待之無異；至於一揖，必正容端體，俛首幾至于地，徐徐起拱，人所難能。兄文炳爲藁城令，厲精於政，家務悉委之，凡供給祭祀賓客之事，無不盡心。

辛丑，起民兵南征，文炳命文蔚率十有七人，私整鞍馬衣甲，自爲一隊，與衆軍渡淮。

甲寅，世祖收大理，還駐六盤山。文炳以文蔚孝謹公勤，可委以事，解所佩金符以讓，帝嘉賞之，授藁城等處行軍千戶。南鎭鄧州，與荆、襄接境，沿邊城壁未築。是年冬十一月，修光化；乙卯，立毗陽；丙辰，築棗陽。文蔚悉總之，治板幹，具畚鍤，儲餱糧，運木石，程其工力，時其饑飽，藥其疾病，見執役者，常以善言撫之，弗事威猛。衆咸感曰：「他將領役，鞭箠怒辱，不恤困苦。今董侯慈惠若此，我曹安忍負之。」各盡力成之。

丁巳，攻襄，樊城南據漢江，北阻湖水，卒不得渡。文蔚夜領兵士，於湖水狹隘之處，伐木拔根，立於水，實以薪草爲橋梁，頃之卽成，至曉，師悉渡，圍已合，城中大驚異之。文蔚復統拔都軍以當前行，奪其外城，論功居最。己未，憲宗伐宋，入川蜀，文蔚奉詔，將鄧之選兵西上，由褒斜歷劍閣，而劍、閬諸州，平地不能守，置州事於山。師行大獲、雲頂、長寧、苦竹諸寨，長驅而前，至釣魚山，崖壁巉峭，惟一徑可登，恃險阻未卽降。帝命攻之，文蔚以次往攻，迺激厲將士，挾雲梯，冒飛石，履崎嶇以登，直抵其寨苦戰，頃之，兵士被傷，迺還。帝親見之，加以賞賚。

中統二年，世祖置武衞軍，文蔚以鄧兵入爲千戶。帝北狩，留屯上都。三年，李璮反，據濟南，文蔚以麾下軍圍其南面，春秋力戰，城破璮誅，奏功還。至元五年七月十七日，以疾卒于上都之炭山。弟文忠，時爲樞密僉院，乞護喪南還，帝甚憫之。泰定中，贈明威將

軍、僉右衞使司事、上騎都尉、隴西郡伯。

文用字彥材，〔四〕俊之第三子也。生十歲，父死，長兄文炳教諸弟有法。文用學問早成，弱冠試詞賦中選。時以眞定藁城奉莊聖太后湯沐，庚戌，太后命擇邑中子弟來上，文用始從文炳謁太后于和林城。世祖在潛藩，命文用主文書，講說帳中，常見許重。

癸丑，世祖受命憲宗自河西征雲南大理。文用與弟文忠從軍，督糧械，贊軍務。丁巳，世祖令授皇子經，是爲北平王、雲南王也。又命召遺老竇默、姚樞、李俊民、李冶、魏璠於四方。己未，伐宋，文用發沿邊蒙古、漢人諸軍，理軍需。將攻鄂州，宋賈似道、呂文德將兵來拒，水陸軍容甚盛。九月，世祖臨江閱戰，文炳求先進戰，文用與文忠固請偕行，世祖親料甲冑，擇大艦授之，大破宋師。

世祖卽位，建元中統。文用持詔宣諭邊郡，且擇諸軍充侍衞，七月還朝。中書左丞張文謙宣撫大名等路，奏文用爲左右司郎中。二年八月，以兵部郎中參議都元帥府事。三年，李璮叛據濟南，從元帥闊闊帶統兵誅之，山東平。阿朮奉詔伐宋，召文用爲其屬，文用辭曰：「新制，諸侯總兵者，其子弟勿復任兵事。今吾兄文炳，以經略使總重兵鎭山東，我不當行。」阿朮曰：「潛邸舊臣，不得引此爲說。」文用謝病不行。

至元改元，召爲西夏中興等路行省郎中。中興自渾都海之亂，民間相恐動，竄匿山谷。文用至，鎭之以靜，乃爲書置通衢諭之，民乃安。始開唐來、漢延、秦家等渠，墾中興、西涼、甘、肅、瓜、沙等州之土爲水田若干，於是民之歸者戶四五萬，悉授田種，頒農具。更造舟置黃河中，受諸部落及潰叛之來降者。

時諸王只必鐵木兒鎭西方，其下縱橫，需索無算，省臣不能支，文用坐幕府，輒面折以法。其徒積忿，譖文用於王，王怒，召文用，使左右雜問之，意叵測。文用曰：「我天子命吏，非汝等所當問，請得與天子所遣爲王傅者辨之。」王卽遣其傅訊文用。其傅中朝舊臣，不肯順王意。文用謂之曰：「我漢人，生死不足計。所恨者，仁慈寬厚如王，以重戚鎭遠方，而其下毒虐百姓，淩暴官府，傷王威名，於事體不便。」因歷指其不法者數十事，其傅驚起，去白王，王卽召文用謝之曰：「非郎中，我殆不知。郎中持此心事朝廷，宜勿怠。」自是譖不行而省府事頗立。二年，入奏經略事宜還，以上旨行之，中興遂定。

八年，立司農司，授山東東西道巡行勸農使。山東自更叛亂，野多曠土，文用巡行勸勵，無間幽僻。入登州境，見其墾闢有方，以郡守移剌某爲能，作詩表異之。於是列郡咸勸，地利畢興，五年之間，政績爲天下勸農使之最。十二年，丞相安童奏文用爲工部侍郎，代紇石里。紇石里，阿合馬私人也。其徒旣讒間安童罷相，卽使鷹監奏曰：「自紇石里去，工部侍郎不給鷹食，鷹且瘦死。」帝怒，促召治之，因急捕文用入見，帝望見曰：「董文用乃爲爾治鷹食者耶！」置不問，別令取給有司。

十三年，出文用爲衞輝路總管，佩金虎符。郡當衝要，民爲兵者十之九，餘皆單弱貧病，不堪力役。會初得江南，圖籍、金玉、財帛之運，日夜不絕于道，警衞輸輓，日役數千夫。文用憂之曰：「吾民弊矣，而又重妨耕作，殆不可。」乃從轉運主者言：「州縣吏卒，足以備用，不必重煩吾民也。」主者曰：「汝言誠然，萬一有不虞，則罪將誰歸！」文用卽手書具官姓名保任之。民得以時耕，而運事亦不廢。諸郡運江淮粟于京師，衞當運十五萬石，文用曰：「民籍可役者無幾，且江淮風水，舟不能以時至，而先爲期會，是未運而民已困矣。」乃集旁郡通議，立驛置法，民力以舒。

十四年，詣汴漕司言事。適漕司議通沁水北東合流御河以便漕者，文用曰：「衞爲郡，地最下，大雨時行，沁水輒溢出百十里間，雨更甚，水不得達于河，卽浸淫及衞，今又引之使來，豈惟無衞，將無大名、長蘆矣。」會朝廷遣使相地形，上言：「衞州城中浮屠最高者，纔與沁水平，勢不可開也。」事遂寢。

十六年，受代歸田里，茅茨數椽，僅避風雨，讀書賦詩，怡然燕居。裕宗在東宮，數爲臺臣言：「董文用勳舊忠良，何以不見用！」十八年，臺臣奏起文用爲山北遼東道提刑按察使，不赴。

十九年，朝廷選用舊臣，召文用爲兵部尚書。自是朝廷有大議，未嘗不與聞。二十年，江淮省臣有欲專肆而忌廉察官，建議行臺隸行省，狀上，集朝臣議之。文用議曰：「不可。御史臺，譬之臥虎，雖未噬人，人猶畏其爲虎也。今虛名僅存，紀綱猶不振，一旦摧抑之，則風采薾然，無可復望者矣。昔阿合馬用事時，商賈賤役，皆行賄入官，及事敗，欲盡去其人，廷議以爲不可，使阿合馬售私恩，而朝廷驟斂怨也。乃使按察司劾去其不可者，然後吏有所憚，民有所赴訴。則是按察司者，國家當飭勵之，不可摧抑也。」悉從文用議。

轉禮部尚書，遷翰林、集賢二院學士，知秘書監。時中書右丞盧世榮，以貨利得幸權要，爲貴官，陰結貪刻之黨，以錙銖掊克爲功，乃建議曰：「我立法治財，視常歲當倍增，而民不擾也。」詔下會議，人無敢言者。文用陽問曰：「此錢取於右丞之家耶？將取之於民耶？取於右丞之家，則不敢知；若取諸民，則有說矣。牧羊者，歲嘗兩剪其毛，今牧人日剪其毛而獻之，則主者固悅其得毛之多矣，然而羊無以避寒熱，卽死且盡，毛又可得哉！民財亦有限，取之以時，猶懼其傷殘也。今盡刻剝無遺，猶有百姓乎！」世榮不能對。丞相安童謂坐中曰：「董尚書眞不虛食俸祿者。」議者出，皆謝文用曰：「君以一言，折聚斂之臣，而厚邦本，眞仁人之言哉。」世榮竟以是得罪。

二十二年，拜江淮行中書省參知政事，文用力辭。帝曰：「卿家世非他人比。朕所以任卿者，不在錢穀細務也，卿當察其大者，事有不便，但言之。」文用遂行。行省長官者，素貴多傲，同列莫敢仰視，跪起稟白，如小吏事上官。文用至，則坐堂上，侃侃與論是非可否，無所遷就，雖數忤之，不顧也。有以帝命建佛塔於宋故宮者，有司奉行甚急，天大雨雪，入山伐木，死者數百人，猶欲併建大寺。文用謂其人曰：「非時役民，民不堪矣，少徐之如何？」長官者曰：「參政奈何格上命耶？」文用曰：「非敢格上命，今日之困民力而失民心者，豈上意耶！」其人意沮，遂稍寬其期。二十三年，朝廷將用兵海東，徵斂益急，有司大爲奸利。文用請入奏事，大略言：「疲國家可寶之民力，取僻陋無用之小邦。」列其條目甚悉。言上，事遂罷。

二十五年，拜御史中丞。文用曰：「中丞不當理細務，吾當先舉賢才。」乃舉胡祗遹、王惲、雷膺、荆幼紀、許楫、孔從道十餘人爲按察使，徐琰、魏初爲行臺中丞，當時以爲極選。方是時，桑哥當國，恩寵方盛，自近戚貴人見之，皆屏息遜避，無敢誰何。文用以舊臣任中丞，獨不附之。桑哥令人風文用頌己功於帝前，文用不答。桑哥又自謂文用曰：「百司皆具食於丞相府矣。」文用又不答。會朔方軍興，糧糗粗備，而誅求愈急，文用謂桑哥曰：「民急矣。外難未解而內伐其根本，丞相宜思之。」於是遠邇盜賊蜂起，文用持外郡所上盜賊之目，

謂桑哥曰：「百姓豈不欲生養安樂哉！急法暴斂使至此爾。御史臺所以救政事之不及，丞相當助之，不當抑之也。御史臺不得行，則民無所赴愬，民無所赴愬，而政日亂，將不止於臺事之不行也。」忤其意益深，乃摭拾臺事百端，文用日與辨論，不爲屈。於是具奏桑哥姦狀，詔報文用，語密而外人不知也。桑哥日誣譖文用于帝曰：「在朝惟董文用戇傲不聽令，沮撓尚書省，請痛治其罪。」帝曰：「彼御史之職也，何罪之有！且董文用端謹，朕所素知，汝善視之。」遷大司農。時欲奪民田爲屯田，文用固執不可。遷爲翰林學士承旨。

二十七年，隆福太后在東宮，以文用舊臣，欲使文用授皇孫經，具奏上，以帝命命之。文用每講說經旨，必附以朝廷故事，丁寧譬喻，反復開悟，皇孫亦特加敬禮。

三十一年，帝命文用以其諸子入見，文用曰：「臣蒙國厚恩，死無以報，臣之子，何能爲！」命至再三，終不以見。是歲，世祖崩，成宗將卽位上都，太后命文用從行。既卽位，巡狩三不剌之地，文用曰：「先帝新棄天下，陛下巡狩，不以時還，無以慰安元元，宜趣還京師。且臣聞人君猶北辰然，居其所而衆星拱之，不在勤遠略也。」帝悟，卽日可其奏。是行也，帝每召入帳中，問先朝故事，文用亦盛言先帝虛心納賢、開國經世之務，談說或至夜半。

文用自先帝時，每侍燕，與蒙古大臣同列，裕宗嘗就榻上賜酒，使毋下拜跪飲，皆異數也。帝在東宮時，正旦受賀，於衆中見文用，召使前曰：「吾向見至尊，甚稱汝賢。」輒親取酒飲之。至是，眷賚益厚。是年，詔修先帝實錄，陞資德大夫、[五]知制誥兼修國史。文用於祖宗世系功德、近戚將相家世勳績，皆記憶貫穿，史館有所考究質問，文用應之無遺失。

大德元年，上章請老，賜中統鈔萬貫以歸，官一子，鄉郡侍養。六月戊寅，以疾卒，年七十有四。子八人：士貞、士亨、士楷、士英、士昌、士恒、士廉、士方。贈銀青(光)〔榮〕祿大夫、少保、(壽)〔趙〕國公，[六]諡忠穆。

文直字彥正，俊之第四子也。剛毅莊栗，簡言笑，通經史法律。爲藁城長官，佩金符。初，兄文炳及季弟文忠，去事世祖，次文用亦在朝，俱有仰於家，而食者餘百口，文直勤儉，始終不替。內則養生送死之合禮，外則中表賓問之中度，奉上接下，一敬一愛，藹乎其睦也。性好施而甚仁，里閈或貧不自立，每陰濟其急，不使之知恩所從來。微至僮病，必手予粥藥。或止之，曰：「不忍以其賤違吾愛心。」及棄官，浮沉里社，任眞適意，親賓過從，尊酒相勞。家門日以烜赫，己獨恬然，不見諸辭色。以病卒，年五十有二。

文忠字彥誠，俊第八子也。歲壬子，入侍世祖潛邸。王鶚嘗言詩，因問文忠能之乎，文忠曰：「吾少讀書，惟知入則孝於親，出則忠於君而已。詩非所學也。」癸丑，從征南詔。己

未，伐宋，與兄文炳、文用敗宋兵於陽羅堡，得蒙衝百艘，進圍鄂。世祖卽位，置符寶局，以文忠爲郎，授奉訓大夫，居益近密，嘗呼董八而不名。文忠不爲容悅，隨事獻納，中禁事祕，外多不聞。至元二年，安童以右丞相入領中書，建陳十事，言忤旨，文忠曰：「丞相素有賢名，今秉政之始，人方傾聽，所請不得，後何以爲。」遂從旁代對，懇悃詳切，如身條是疏者，始得允可。

八年，侍講學士徒單公履欲奏行貢舉，知帝於釋氏重教而輕禪，乃言儒亦有之，科舉類教，道學類禪。帝怒，召姚樞、許衡與宰臣廷辨。文忠自外入，帝曰：「汝日誦四書，亦道學者。」文忠對曰：「陛下每言：士不治經講孔孟之道而爲詩賦，何關修身，何益治國！由是海內之士，稍知從事實學。臣今所誦，皆孔孟之言，焉知所謂道學！而俗儒守亡國餘習，欲行其說，故以是上惑聖聽，恐非陛下教人修身治國之意也。」事遂止。

十一年，伐宋，民困供饋，文忠奏免常歲橫征，從之。帝嘗見宋降將，從容問宋所以亡者，皆曰：「賈似道當國，薄武人而重文儒，將士怨之，莫有鬬志。故大軍既至，爭解甲歸命也。」帝問文忠：「此言何如？」文忠因詰之曰：「似道薄汝矣，而君則貴汝以官，富汝以祿，未嘗薄汝也。今有怨於相，而移於君，不肯一戰，坐視國亡，如臣節何！然則似道薄汝者，豈非預知汝曹不足恃乎！」帝深善之。有旨徙大都獵戶於鄄中，文忠奏止之。又請罷宦豎田

器之稅，聽民自爲。

時多盜，詔犯者皆殺無赦。在處繫囚滿獄。文忠言：「殺人取貨，與竊一錢者均死，慘黷莫甚，恐乖陛下好生之德。」敕革之。或告漢人毆傷國人，及太府監屬盧甲盜剪官布。帝怒，命殺以懲衆。文忠言：「今刑曹於囚罪當死者，已有服辭，猶必詳讞，是豈可因人一言，遽加之重典！宜付有司閱實，以俟後命。」乃遣文忠及近臣突滿分覈之，皆得其誣狀，遂詔原之。帝因責侍臣曰：「方朕怒時，卿曹皆不敢言。非董文忠開悟朕心，則殺二無辜之人，必取議中外矣。」因賜文忠金尊，曰：「用旌卿直。」裕宗亦語宮臣曰：「方天威之震，董文忠從容諫正，實人臣難能者。」太府監屬奉物詣文忠泣謝曰：「鄙人賴公復生。」文忠曰：「吾素非知子，所以相救於危急者，蓋爲國平刑，豈望子見報哉！」却其物不受。

自安童北伐，阿合馬獨當國柄，大立親黨，懼廉希憲復入爲相，害其私計，奏希憲以右丞行省江陵。文忠言：「希憲，國家名臣。今宰相虛位，不可使久居外，以孤人望，宜早召還。」從之。十六年十月，奏曰：「陛下始以燕王爲中書令、樞密使，纔一至中書。自册爲太子，累使明習軍國之事，然十有餘年，終守謙退，不肯視事者，非不奉明詔也，蓋朝廷處之未盡其道爾。夫事已奏決，而始啓太子，是使臣子而可否君父之命，故惟有唯默避遜而已。以臣所知，不若令有司先啓而後聞，其有未安者，則以詔敕斷之，庶幾理順而分不踰，太子必不敢辭其責矣。」帝卽日召大臣，面諭其意，使行之。復語太子曰：「董八，崇立國本者，其勿忘之。」

禮部尚書謝昌元請立門下省，封駁制敕，以絕中書風曉近習奏請之弊。帝銳意欲行之，詔廷臣雜議；且怒翰林學士承旨王磐曰：「如是有益之事，汝不入告，而使南方後至之臣言之，汝用學問何爲！必今日開是省。」三日，廷臣奏以文忠爲侍中，及其屬數十人。近臣乘便言曰：「陛下將別置省，此實其時。然得人則可以寬聖心，新民聽；今聞盜詐之臣與居其間，不可。」其言多指文忠。文忠忿辨曰：「上每稱臣不盜不詐，今汝顧臣而言，意實在臣。其顯言臣盜詐何事！」帝令言者出，文忠猶訴不止，且攻其害國之姦。帝曰：「朕自知之，彼不言汝也。」其人忌文忠，欲中害之，然以文忠清愼無過，乃奉鈔萬緡爲壽，求交驩，文忠却之。文炳爲中書左丞卒，太傅伯顏乃表文忠可相，帝使繼其官，文忠辭曰：「臣兄有平定南方之勞，可居是位。臣嘗給事居中，所宜何力，敢冒居重職乎！」

十八年，陞典瑞局爲監，郎爲卿，仍以文忠爲之。授正議大夫，俄授資德大夫、僉書樞密院事，卿如故。車駕行幸，詔文忠毋扈從，留居大都，凡宮苑、城門、直舍、徼道、環衛、營屯、禁兵、太府、少府、軍器、尙乘諸監，皆領焉。兵馬司舊隸中書，併付文忠。時權臣累請奪還中書，不報。是冬十月二十有五日，雞鳴，將入朝，忽病仆，帝遣中使持藥投救不及，遂卒，甚悼惜之，賻錢數十萬。後制贈光祿大夫、司徒，封壽國公，謚忠貞。

嚴實 子忠濟　忠(範)[嗣][七]

嚴實字武叔，泰安長清人。略知書，志氣豪放，不治生產，喜交結施與，落魄里社間。屢以事繫獄，俠少輩爲出死力，乃得脫去。

癸酉秋，太祖率兵自紫荆口入，分略山東、河北、河東而歸。金東平行臺調民爲兵，以實爲衆所服，命爲百戶。甲戌春，泰安張汝楫據靈巖，遣別將攻長清，實破走之。以功授長清尉。戊寅，權長清令。宋取益都，乘勝而西，行臺檄實備芻糧爲守禦計。實出督租，比還，而長清破，俄以兵復之。有譖于行臺者，謂實與宋有謀，行臺以兵圍之，實挈家避青崖。宋因以實爲濟南治中，分兵四出，所至無不下，於是太行之東，皆受實節制。

庚辰三月，金河南軍攻彰德，守將單仲力不支，數求救。實請於主將張林，林逗遛不行，實獨以兵赴之，比至，而仲被擒。實知宋不足恃。七月，謁太師木華黎於軍門，挈所部彰德、大名、磁、洺、恩、博、滑、濬等州戶三十萬來歸，木華黎承制拜實金紫光祿大夫、行尙書省事。進攻曹、濮、單三州，皆下之。偏將李信，留鎭青崖，嘗有罪，懼誅，乘實之出，殺其家屬，降于宋。辛巳，實以兵復青崖，擒信誅之。進攻東平，金守將和立剛棄城遁，實入居之。

壬午，宋將彭義斌率師取京東州縣，實將晁海以青崖降，盡掠實家，義斌軍西下，郡縣多歸之。乙酉四月，遂圍東平。實潛約大將孛里海合兵攻之，兵久不(出)[至]，[八]城中食且盡，乃與義斌連和。義斌亦欲藉實取河朔，而後圖之，請以兄事實。時麾下衆尙數千，義斌聽其自領，而青崖所掠者則留不遣。七月，義斌下眞定，道西山，與孛里海等軍相望，分實以帳下兵，陽助而陰伺之。實知勢迫，急赴孛里海軍與之合，遂與義斌戰，宋兵潰，擒義斌。不旬月，京東州縣復爲實有。是冬，木華黎之弟帶孫取彰德；明年，取濮、東平；又明年，木華黎之子孛魯取益都：實皆有功焉。

庚寅四月，朝太宗于牛心之幄殿，帝賜之坐，宴享終日，賜以虎符。數顧實謂侍臣曰：「嚴實，眞福人也。」甲午，朝于和林，授東平路行軍萬戶，偏裨賜金符者八人。先是，實之所統，凡五十餘城，至是，惟德、兗、濟、單隸東平。丁酉九月，詔實毋事征伐。

初，彰德既下，又破水柵，帶孫怒其反覆，驅老幼數萬欲屠之。實曰：「此國家舊民，吾兵力不能及，爲所脅從，果何罪耶！」帶孫從之。繼破濮州，復欲屠之。實言：「百姓未嘗敵我，豈可與執兵刃者同戮，不若留之，以供芻秣。」濮人免者又數萬。其後於曹、楚丘、定陶、上黨皆然。時兵由武關出襄、鄧，實在徐、邳間，以爲河南破，屠戮必多，乃載金繒往贖之，且約束諸將，毋敢妄有殺掠。靈壁一縣，當誅者五萬人，實悉救之。會大饑，民北徙者多餓死。又法，藏匿逃者，保社皆坐。逃亡無所託，殭尸蔽野，實命作糜粥，盛置道傍，全活者衆。實部曲有逃歸益都者數十人，益都破，皆獲之，以爲必殺，實置不問。王義深者，義斌之別將，聞義斌敗，將奔河南，實族屬在東平者，皆爲所害。河南破，實獲義深妻子，厚周卹之，送還鄉里，終不以舊怨爲嫌。其寬厚長者類若此。

庚子卒，年五十九。遠近悲悼，野哭巷祭，旬月不已。中統二年，追封實爲魯國公，諡武惠。子忠貞，金紫光祿大夫；忠濟，忠嗣，忠範，忠傑，忠裕，忠祐。

忠濟，一名忠翰，字紫芝，實之第二子也。儀觀雄偉，善騎射。辛丑，從其父入見太宗，〔九〕命佩虎符，襲東平路行軍萬戶、管民長官，開府布政，一法其父。養老尊賢，治爲諸道第一。領兵略地淮、漢，偏裨部曲，戮力用命。定宗、憲宗卽位之始，皆加褒寵。忠濟初統千戶十有七，乙卯，朝命括新軍山東，益兵二萬有奇。忠濟弟忠嗣、忠範爲萬戶，以次諸弟暨勳將之子爲千戶，城戍宿州、蘄縣，而忠濟皆統之。己未，世祖南伐，詔率師由間道會鄂。親率勇士，梯衝登城。師還，忠濟選勇敢二千，別命千戶將之，甲仗精銳，所向無前。大臣有言其威權太盛者。中統二年，召還京師，命忠範代之。

忠濟治東平日，借貸於人，代部民納逋賦，歲久愈多。及謝事，債家執文券來徵。帝聞之，悉命發內藏代償。東平廟學故隘陋，改卜高爽地于城東，教養諸生，後多顯者。幕僚如宋子貞、劉肅、李昶、徐世隆，俱爲名臣。至元二十三年，特授資德大夫、中書左丞、行江浙省事，以老辭。二十九年，賜鈔萬五千緡、宅一區，召其子瑜入侍。三十年，卒。

忠濟統理方郡凡十一年，爵人命官，生殺予奪，皆自己出。及謝去大權，貴而能貧，安于義命，世以是多之。後諡莊孝。

忠嗣，實之第三子也。少從張澄、商挺、李楨學，略知經史大義。辛亥，其兄忠濟授以東平人匠總管，遙領單州防禦使事。乙卯，充東平路管軍萬戶。丁巳，從忠濟略地揚州，取邵伯埭，首立戰功。己未南征，從忠濟渡淮，分兵出（桂）〔挂〕車嶺，〔一〇〕與宋兵相拒三晝夜，殺獲甚衆，始達蘄州。及渡江抵鄂，分部攻城九十餘日，戰甚力。師還，授金虎符。

中統三年，李璮叛，宋兵攻蘄（州）〔縣〕，〔一一〕勢張甚。徐州總管李杲哥降于宋，齊魯山寨爲宋兵所據。忠嗣從大帥按脫救蘄縣，復徐州，執李杲哥殺之。攻鄒之嶧山、滕之牙山，多所殺獲。按脫論功以聞，賜銀二百兩、幣五十端。四年，朝廷懲青齊之亂，居大藩者，子弟不得親政，於是罷官家居。至元十年，卒。

校勘記

〔一〕（文忠）文直〔文忠〕　道光本與本書原目錄及本卷傳文次序合，從改正。

〔二〕（己）〔乙〕酉　道光本與本書卷一太祖紀二十年乙酉歲二月條、卷一四七史天倪傳合，從改。

〔三〕僊走死　蒙史云：「舊傳云仙走死，殊誤。按金史武仙傳，仙以天興三年金亡後五月始走死澤州。」疑此處「死」字衍。

〔四〕文用字彥材　常山貞石志卷二一閻復董文用神道碑、吳文正集卷三四董文用墓表「彥材」均作「彥才」，疑作「才」是。

〔五〕陞資德大夫　按學古錄卷二〇董文用行狀、吳文正集卷三四董文用墓表，詔修實錄時，陞資善大夫，其加資德大夫則在大德元年上章請老時。疑此處「資德」爲「資善」之誤。

〔六〕贈銀青（光）〔榮〕祿大夫少保（壽）〔趙〕國公　沈濤常山貞石志董文用神道碑跋云：「碑題贈銀青榮祿大夫。考元制，文散官第三十八階爲金紫光祿大夫，第三十七階爲銀青榮祿大夫，並正一品，無銀青光祿之階，則本傳誤也。」從改。又按追封壽國公者爲董文忠，非文用，「壽」誤，今據常山貞石志卷二一董文用神道碑、吳文正集卷三四董文用墓表改。

〔七〕忠（範）〔嗣〕　據本書原目錄及本卷傳文改。

〔八〕兵久不（出）〔至〕　據遺山集卷二六嚴實神道碑改。新編已校。

〔九〕辛丑從其父入見太宗　按嚴忠濟父嚴實死于庚子，不得于翌年辛丑入朝，此處史文有誤。

〔一〇〕（桂）〔挂〕車嶺　按元豐九域志、讀史方輿紀要、嘉慶一統志等書皆云淮西桐城有挂車嶺。挂車之名，早見于三國志卷五六朱桓傳。「桂」誤，今改。蒙史已校。

〔一一〕宋兵攻蘄（州）〔縣〕　蒙史云：「蘄縣時屬宿州，非蘄春所倚之蘄州也。舊傳誤作蘄州。」按下文卽有「救蘄縣」，「州」誤，今改。

元史卷一百四十九

列傳第三十六

耶律留哥

耶律留哥，契丹人，仕金爲北邊千戶。太祖起兵朔方，金人疑遼遺民有他志，下令遼民一戶，以二女眞戶夾居防之。留哥不自安。歲壬申，遁至隆安、韓州，糾壯士剽掠其地。州發卒追捕，留哥皆擊走之。因與耶的合勢募兵，數月衆至十餘萬，推留哥爲都元帥，耶的副之，營帳百里，威震遼東。

太祖命按陳那衍、渾都古行軍至遼，遇之，問所從來，留哥對曰：「我契丹軍也，往附大國，道阻馬疲，故逗遛於此。」按陳曰：「我奉旨討女眞，適與爾會，庸非天乎！然爾欲效順，何以爲信？」留哥乃率所部會按陳于金山，刑白馬、白牛，登高北望，折矢以盟。按陳曰：「吾還奏，當以征遼之責屬爾。」

金人遣胡沙帥軍六十萬，號百萬，來攻留哥，聲言有得留哥骨一兩者，賞金一兩，肉一兩者，賞銀亦如之，仍世襲千戶。留哥度不能敵，亟馳表聞。帝命按陳、孛都歡、阿魯都罕引千騎會留哥，與金兵對陣于迪吉腦兒。留哥以姪安奴爲先鋒，橫衝胡沙軍，大敗之，以所俘輜重獻。帝召按陳還，而以可特哥副留哥屯其地。

衆以遼東未定，癸酉三月，推留哥爲王，立妻姚里氏爲妃，以其屬耶廝不爲郡王，坡沙、僧家奴、耶的、李家奴等爲丞相、元帥、尚書，統古與、著撥行元帥府事，國號遼。甲戌，金遣使青狗誘以重祿使降，不從。青狗度其勢不可，反臣之。金主怒，復遣宣撫萬奴領軍四十餘萬攻之。留哥逆戰于歸仁縣北河上，金兵大潰，萬奴收散卒奔東京。安東同知阿憐懼，遣使求附。於是盡有遼東州郡，遂都咸平，號爲中京。金左副元帥移剌都，以兵十萬攻留哥，拒戰，敗之。

乙亥，留哥破東京，可特哥娶萬奴之妻李僊娥，留哥不直之，有隙。既而耶廝不等勸留哥稱帝，留哥曰：「向者吾與按陳那衍盟，願附大蒙古國，削平疆宇。倘食其言而自爲東帝，是逆天也，逆天者必有大咎。」衆請愈力，不獲已，稱疾不出。潛與其子薛闍奉金幣九十車、金銀牌五百，至按坦孛都罕入覲。帝曰：「漢人先納款者，先引見。」太傅阿海奏曰：「劉伯林納款最先。」帝曰：「伯林雖先，然迫於重圍而來，未若留哥仗義效順也，其先留哥。」既見，帝大悅，謂左右曰：「凡留哥所獻，白之於天，乃可受。」遂以白氊陳於前，七日而後納諸庫。因問舊何官，對曰：「遼王。」帝命賜金虎符，仍遼王。又問戶籍幾何，對曰：「六十餘萬。」帝曰：「可發三千人爲質，朕遣蒙古三百人往取之，汝亦遣人偕往。」留哥遣大夫乞奴、安撫禿哥與俱。且命詰可特哥曰：「爾妻萬奴之妻，悖法尤甚。」其拘縶以來。可特哥懼，與耶廝不等紿其衆曰：「留哥已死。」遂以其衆叛，殺所遣三百人，惟三人逃歸。事聞，帝諭留哥曰：「爾毋以失衆爲憂，朕倍此數封汝無吝也。草青馬肥，資爾甲兵，往取家孥。」

丙子，乞奴、金山、青狗、統古與等推耶廝不僭帝號於澄州，國號遼，改元天威，以留哥兄獨剌爲平章，置百官。方閱月，其元帥青狗叛歸于金，耶廝不爲其下所殺，推其丞相乞奴監國，與其行元帥鴉兒，分兵民爲左右翼，屯開、保州關。金蓋州守將衆家奴引兵攻敗之。留哥引蒙古軍數千適至，得兄獨剌幷妻姚里氏，戶二千。鴉兒引敗軍東走，留哥追擊之，還度遼河，招撫懿州、廣寧，徙居臨潢府。乞奴走高麗，爲金山所殺，金山又自稱國王，改元天德。統古與復殺金山而自立，喊舍又殺之，亦自立。

戊寅，留哥引蒙古、契丹軍及東夏國元帥胡土兵十萬，圍喊舍。高麗助兵四十萬，克之，喊舍自經死。徙其民於西樓。自乙亥歲留哥北覲，遼東反覆，耶廝不僭號七十餘日，金

山二年，統古與、喊舍亦近二年，至己卯春，留哥復定之。

庚辰，留哥卒，年五十六。妻姚里氏入奏，會帝征西域，皇太弟承制以姚里氏佩虎符，權領其衆者七年。丙戌，帝還，姚里氏攜次子善哥、鐵哥、永安及從子塔塔兒，孫收國奴，見帝于河西阿里湫城。帝曰：「健鷹飛不到之地，爾婦人乃能來耶！」賜之酒，慰勞甚至。姚里氏奏曰：「留哥既沒，官民乏主，其長子薛闍扈從有年，願以次子善哥代之，使歸襲爵。」帝曰：「薛闍（舍）〔今〕爲蒙古人矣，〔一〕其從朕之征西域也，回回圍太子於合迷城，薛闍引千軍救出之，身中槊；又於蒲華、尋思干城與回回格戰，傷於流矢。以是積功爲拔都魯，不可遣，當令善哥襲其父爵。」姚里氏拜且泣曰：「薛闍者，留哥前妻所出，嫡子也，宜立。善哥者，婢子所出，若立之，是私己而蔑天倫，婢子竊以爲不可。」帝嘆其賢，給驛騎四十，從征河西，賜河西俘人九口、馬九匹、白金九錠，幣器皆以九計，許以薛闍襲爵，而留善哥、塔塔兒、收國奴於朝，惟遣其季子（示）〔永〕安從姚里氏東歸。〔二〕

丁亥，帝召薛闍謂曰：「昔女眞猖獗，爾父起兵，自遼東會朕師，又能割愛，以爾事朕，其情貞慤可尚。繼而奸人耶廝不等叛，人民離散。欲食爾父子之肉者，今豈無人乎！朕以兄弟視爾父，則爾猶吾子，爾父亡矣，爾其與吾弟孛魯古台並轄軍馬，爲第三千戶。」薛闍受命。己丑，從太宗南征，有功，賜馬四百、牛六百、羊二百。庚寅，帝命與撒兒台東征，收其

父遺民，移鎮廣寧府，行廣寧路都元帥府事。自庚寅至丁酉，連征高麗、東夏萬奴國，復戶六千有奇。戊戌，薛闍卒，年四十六。

子收國奴襲爵，行廣寧府路總管軍民萬戶府事，易名石剌，征高麗，有功。辛亥，睿宗以石剌爲國宣力者三代，〔三〕命益金更造所佩虎符賜之，佐諸王也苦及扎剌台控制高麗。己未卒，年四十五。

長子古乃嗣。中統元年，征河西；三年，征李壇，破嶧山：以功皆受賞。至元六年，朝廷併廣寧于東京，去職，是歲卒，年三十六。子忒哥。

薛闍弟善哥，賜名蒙古歹，命從親王口溫不花。己丑，從攻破天城堡、鳳翔府，以功襲充拔都魯。壬辰，引兵三千渡河，會大軍平金。後伐宋，拔光州、棗陽，由千戶遷廣寧尹。至元元年卒，年五十二。子天祐，襲廣寧千戶，改廣寧縣尹。

劉伯林〔黑馬　元振　元禮〕〔四〕

劉伯林，濟南人。好任俠，善騎射，金末爲威寧防城千戶。壬申歲，太祖圍威寧，伯林知不能敵，乃縋城詣軍門請降。太祖許之，遣禿魯花等與偕入城，遂以城降。帝問伯林，在金國爲何官，對曰：「都提控。」卽以元職授之，命選士卒爲一軍，與太傅耶律禿懷同征討，招降

山後諸州。

太祖北還，留伯林屯天成，遇金兵，前後數十戰。進攻西京，錄功，賜金虎符，以本職充西京留守，兼兵馬副元帥。癸酉，從征山東，攻梁門、遂城，下之。乙亥，同國王木華黎攻破燕京。丁丑，復從大軍攻下山東諸州。木華黎上其功，賜名馬二十匹、錦衣一襲。戊寅，同攻下太原、平陽。己卯，破潞、絳及火山、聞喜諸州縣。時論欲徙聞喜民實天成，伯林以北地喪亂，人艱於食，力爭而止之。部曲所獲俘虜萬計，悉縱之。

在威寧十餘年，務農積穀，與民休息，鄰境凋瘵，而威寧獨爲樂土。嘗曰：「吾聞活千人者後必封，吾之所活，何啻萬餘人，子孫必有興者乎！」辛巳，以疾卒，年七十二。累贈太師，封秦國公，謚忠順。子黑馬。

黑馬名嶷，字孟方，始生時，家有白馬產黑駒，故以爲小字，後遂以小字行。驍勇有志略，年幾弱冠，隨父征伐，大小數百戰，出入行陣，略無懼色。嘗獨行，遇金兵圍本部十三人，卽奮劍入圍，手殺金兵數人，十三人皆得脫。歲壬午，襲父職，爲萬戶，佩虎符，兼都元帥。

癸未，從國王木華黎攻鳳翔，不克，回屯絳州。又從孛羅攻西夏唐兀。甲申，從按眞那延攻破東平、大名。乙酉，金降將武僊據眞定以叛，從孛羅討之，破眞定，武僊遁去。金將忽察虎以兵四十萬復取山後諸州，黑馬逆戰隘胡嶺，大破之，斬忽察虎。

歲己丑，太宗卽位，始立三萬戶，以黑馬爲首，重喜、史天澤次之，授金虎符，充管把平陽、宣德等路管軍萬戶，仍僉太傅府事，總管漢軍。從征回回、河西諸國，及破鳳翔、西(河)〔和〕、沔州諸城堡。〔五〕庚寅，睿宗入自大散關，假道於宋以伐金，命黑馬先由興元、金、房東下。至三峯山，遇金大將合達，與戰，大破之，虜合達，斬首數萬級，乘勝攻破香山寨及鈞州，賜西錦、良馬、貂鼠衣，以旌其功。會增立七萬戶，仍以黑馬爲首，重喜、史天澤、嚴實等次之。

癸巳，從破南京，賜綉衣、玉帶。甲午，從破蔡州，滅金。乙未，同都元帥答海紺卜征西川。辛丑，改授都總管萬戶，統西京、河東、陝西諸軍萬戶，夾谷忙古歹、田雄等並聽節制。入覲，帝慰勞之，賜銀鼠皮三百爲直孫衣。尋命巡撫天下，察民利病。應州郭志全反，脅從詿誤者五百餘人，有司議盡戮之，黑馬止誅其爲首者數人，餘悉從輕典。

癸丑，從憲宗至六盤山。商州與宋接境，數爲所侵，命黑馬守之，宋人斂兵不敢犯。丁巳，入覲，請立成都以圖全蜀，帝從之。成都旣立，就命管領新舊軍民小大諸務，賜號也可禿立。

中統元年，廉希憲、商挺宣撫川、陝，時密力火者握重兵，居成都，希憲與挺慮其爲變，以黑馬有膽智，使乘驛矯詔竟誅之。其子訴于朝，世祖諭之曰：「茲朕命也，其勿復言。」三年，命兼成都路軍民經略使。瀘州被圍，黑馬已屬疾，猶親督轉輸不輟，左右諫其少休，黑馬曰：「國事方急，以此死，無憾。」遂卒，年六十三。累贈太傅，封秦國公，謚忠惠。子十二人，元振、元禮顯。

元振字仲舉，黑馬長子也。隨父入蜀，立成都。會商、鄧間有警，命黑馬往鎭商、鄧，以元振攝萬戶，時年方二十。〔六〕旣蒞事，號令嚴明，賞罰不妄，麾下宿將皆敬服之。憲宗伐宋，駐驛釣魚山，以元振與紐鄰爲先鋒。

中統元年，世祖卽位，廉希憲、商挺奏以爲成都經略使總管萬戶。宋瀘州守將劉整密送款求降，黑馬遣元振往受之。諸將皆曰：「劉整無故而降，不可信也。」元振曰：「宋權臣當國，賞罰無章，有功者往往以計除之，是以將士離心；且整本非南人，而居瀘南重地，事勢與李全何異，整此舉無可疑者。」遂行。黑馬戒之曰：「劉整，宋之名將，瀘乃蜀之衝要，今整遽以瀘降，情僞不可知，汝無爲一身慮，事成則爲國家之利，不成則當效死，乃其分也。」元振至瀘，整開門出迎，元振棄衆而先下馬，與整相見，示以不疑。明日，請入城，元振釋戎服，

從數騎，與整聯轡而入，飲燕至醉，整心服焉。獻金六千兩、男女五百人，元振以金分賜將士，而歸還其男女。

宋瀘州主帥俞興，率兵圍瀘州，晝夜急攻，自正月至五月，城幾陷，左右勸元振曰：「事勢如此，宜思變通，整本非吾人，與俱死，無益也。」元振曰：「人以誠歸我，既受其降，豈可以急而(乘)〔棄〕之。〔七〕且瀘之得失，關國家利害，吾有死而已。」食將盡，殺所乘馬犒將士，募善游者齎蠟書至成都求援，又權造金銀牌，分賞有功。未幾，援兵至，元振與整出城合擊興兵，大敗之，斬其都統一人，興退走。捷聞，且自陳擅造金銀牌罪，帝嘉其通於權變，賜錦衣一襲、白金五百兩。入朝，又賜黃金五十兩、弓矢、鞍轡。

黑馬卒，元振居喪，起授成都軍民經略使。至元七年，時議以勳舊之家事權太重，宜稍裁抑，遂降爲成都副萬戶。十一年，命兼潼川路副招討使。十二年卒，年五十一。

子緯，數從父行軍。元振卒，緯襲職，佩虎符，爲萬戶。守潼川，創立遂寧諸處山寨。從圍釣魚山，數戰有功。攻合州，授潼川路副招討，遷副都元帥，復授管軍萬戶，遷同知四川西道宣慰司事。入朝，進四川西道宣慰使，拜陝西行省參知政事，卒。

元禮，黑馬第五子也。性沉厚有謀，常從父在軍中。歲甲寅，授金符，爲京兆路奧魯萬

戶。中統四年，遷興元、成都等路兵馬左副元帥。至元元年，遷潼川路漢軍都元帥。二年九月，宋制置夏貴率軍五萬犯潼川，元禮所領纔數千，衆寡不敵，諸將登城望貴軍，有懼色。元禮曰：「料敵制勝，在智不在力。」乃出戰，屢破之，復大戰蓬溪，自寅至未，勝負不決，激厲將士曰：「此去城百里，爲敵所乘，則城不可得入，潼川非國家有矣。丈夫當以死戰取功名，時不可失也。」卽持長刀，大呼突入陣，所向披靡，將士咸奮，無一不當百，大敗貴兵，斬首萬餘級，生擒千餘人。捷奏，賜錦衣二襲、白金三錠、名馬一匹、金鞍轡、弓矢，召入朝，命復還潼川，立蓬溪寨。

元禮又奏：「嘉定去成都三百六十里，其間舊有眉州城，可修復之，屯兵以扼嘉定往來之路。」世祖從之。四年，命平章趙寶臣往視可否，或以爲眉州荒廢已久，立之無關利害，徒費財力，元禮力爭之，寶臣是其言，遂興役，七日而畢，宋人駭其速。元禮鎮守眉州五年，召入朝，乞解官養母，從之。九年，起授懷遠大將軍、延安路總管，卒。

郭寶玉 〔德海 侃〕〔八〕

郭寶玉字玉臣，華州鄭縣人，唐中書令子儀之裔也。通天文、兵法，善騎射。金末，封汾陽郡公，兼猛安，引軍屯定州。歲庚午，童謠曰：「搖搖罟罟，至河南，拜闕氏。」既而太白經天，寶玉嘆曰：「北軍南，汴梁卽降，天改姓矣。」金人以獨吉思忠、僕散揆行中書省，領兵築烏沙堡，會太師木華黎軍忽至，敗其兵三十餘萬，思忠等走，寶玉舉軍降。

木華黎引見太祖，問取中原之策，寶玉對曰：「中原勢大，不可忽也。西南諸蕃勇悍可用，宜先取之，藉以圖金，必得志焉。」又言：「建國之初，宜頒新令。」帝從之。於是頒條畫五章，如出軍不得妄殺；刑獄惟重罪處死，其餘雜犯量情笞決；軍戶，蒙古、色目人每丁起一軍，漢人有田四頃、人三丁者簽一軍；年十五以上成丁，六十破老，站戶與軍戶同；民匠限地一頃；僧道無益於國、有損於民者悉行禁止之類：皆寶玉所陳也。

帝將伐西蕃，患其城多依山險，問寶玉攻取之策，對曰：「使其城在天上，則不可取，如不在天上，至則取矣。」帝壯之，授抄馬都鎭撫。癸酉，從木華黎取永清，破高州，降北京、龍山，復帥抄馬從錦州出燕南，破太原、平陽諸州縣。

甲戌，從帝討契丹遺族，歷古徐鬼國訛夷朶等城，破其兵三十餘萬。寶玉胸中流矢，帝命剖牛腹置其中，少頃，乃蘇。尋復戰，收別失八里、別失蘭等城。次忽章河，西人列兩陣迎拒，戰方酣，寶玉望其衆，疾呼曰：「西陣走矣！」其兵果走，追殺幾盡。進兵下撏思干城。次暗木河，敵築十餘壘，陳船河中，俄風濤暴起，寶玉令發火箭射其船，一時延燒，乘勝直前，破護岸兵五萬，斬大將佐里，遂屠諸壘，收馬里四城。

辛巳，可弗叉國唯算端罕破乃滿國，引兵據撏思干，聞帝將至，棄城南走，入鐵門，屯大雪山，寶玉追之，遂奔印度。帝駐大雪山前，時谷中雪深二丈，寶玉請封山川神。壬午三月，封崑崙山爲玄極王，大鹽池爲惠濟王。從柘柏、速不台二先鋒收契丹、渤海等諸國，〔九〕有功，累遷斷事官，卒于賀蘭山。子德海，德山。德山以萬戶破陝州，攻潼關，卒。

德海字大洋，資貌奇偉，亦通天文、兵法。金末，爲謀克，擊宋將彭義斌於山東，敗之。知父寶玉北降，遁入太行山，大軍至，乃出降，爲抄馬彈壓。

從先鋒柘柏西征，渡乞則里八海，〔一〇〕攻鐵山，衣幟與敵軍不相辨，乃焚蒿爲號，煙焰漫野，敵軍動，乘之，斬首三萬級。踰雪嶺西北萬里，進軍次荅里國，悉平之。乙酉，還至崢山，吐蕃帥尼倫、回紇帥阿必丁反，復破斬之。

戊子春，從元帥闊闊出游騎入關中，金人閉關拒守，德海引驍騎五百，斬關入，殺守者三百人，直擣(淩風)〔風陵〕渡寨，〔一一〕後兵不至，引還。己丑秋，破南山八十三寨，陝西平。德海導大將魁欲那拔都，假道漢中，歷荊、襄而東，與金將武僊軍十萬遇於白河，德海提孤軍轉戰，僊敗走，斬首二萬餘級，復破金移剌粘哥軍于鄧。冬十一月，至鈞州。辛卯春正月，睿宗軍由洛陽來會于三峯山，金人溝地立軍圍之。睿宗令軍中祈雪，又燒羊胛骨，卜得吉

兆，夜大雪，深三尺，溝中軍僵立，刀槊凍不能舉。我軍衝圍而出，金人死者三十餘萬，其帥完顏哈達、移剌蒲兀走匿浮圖上，德海命掘浮圖基，出其柱而焚之，完顏斜烈單騎遁還洛陽。又破金將合喜兵於中牟，完顏斜烈復帥軍十萬來拒，戰于鄭，先登破之，殺其都尉左崇。以功遷右監軍。壬辰正月，破金師於黃龍岡。癸巳，取申、唐二州。甲午，河南復叛，德海往討之，砲傷其足，以疾歸，卒。

先是，太宗詔大臣忽都虎等試天下僧尼道士，選精通經文者千人，有能工藝者，則命小通事合住等領之，餘皆爲民。又詔天下置學廩，育人材，立科目，選之入仕，皆從德海之請也。子侃。

侃字仲和，幼爲丞相史天澤所器重，留于家而教養之。弱冠爲百戶，鷙勇有謀略。壬辰，金將伯撒復取衞州，侃拒之，破其兵四萬於新衞州。遂渡河，襲金主，至歸德，敗其兵於閼伯臺，卽從速不台攻汴西門，金元帥崔立降。以功授總把。從天澤屯太康，復以下德安功爲千戶。

壬子，送兵仗至和林，改抄馬那顏。從宗王旭烈兀西征。癸丑，至木乃兮。其國塹道，置毒水中，侃破其兵五萬，下一百二十八城，斬其將忽都答而兀朱算灘。算灘，華言王也。

丙辰，至乞都卜。其城在（檐）〔擔〕寒山上，〔一二〕懸梯上下，守以精兵悍卒，乃築夾城圍之，莫能克。侃架砲攻之，守將（卜）〔火〕者納失兒開門降。〔一三〕旭烈兀遣侃往說兀魯兀乃算灘來降。其父阿力據西城，侃攻破之，走據東城，復攻破殺之。丁巳正月，至兀里兒城，伏兵，下令聞鉦聲則起。敵兵果來，伏發，盡殺之，海牙算灘降。又西至阿剌汀，破其游兵三萬，禡拶答而算灘降。至乞石迷部，忽里算灘降。西戎大國也，〔一四〕地方八千里，父子相傳四十二世，勝兵數（千）〔十〕萬。〔一五〕侃兵至，破其兵七萬，屠西城。又破其東城，東城殿宇，皆搆以沉檀木，舉火焚之，香聞百里，得七十二弦琵琶、五尺珊瑚燈檠。兩城間有大河，侃預造浮梁以防其遁。城破，合里法算灘登舟，覩河有浮梁扼之，乃自縛詣軍門降。其將紂答兒遁去，侃追之，至暮，諸軍欲頓舍，侃不聽，又行十餘里，乃止。夜暴雨，先所欲舍處水深數尺。明日，獲紂答兒，斬之，拔三百餘城。

又西行三千里，至（大）〔天〕房，〔一六〕其將住石致書請降，左右以住石之請爲信然，易之不爲備，侃曰：「欺敵者亡，軍機多詐，若中彼計，恥莫大焉。」乃嚴備以待。住石果來邀我師，侃與戰，大敗之，巴兒算灘降，下其城一百八十五。又西行四十里，至密昔兒。〔一七〕會日暮，已休，復驅兵起，留數病卒，西行十餘里頓軍，下令軍中，銜枚轉箭。敵不知也，潛兵夜來襲，殺病卒，可乃算灘大驚曰：「東天將軍，神人也。」遂降。

戊午，旭烈兀命侃西渡海，收富浪。侃喻以禍福，兀都算灘曰：「吾昨所夢神人，乃將軍也。」卽來降。師還，西南至石羅子，敵人來拒，侃直出掠陣，一鼓敗之，換斯干阿答畢算灘降。至賓鐵，侃以奇兵奄擊，大敗之，加葉算灘降。己未，破兀林游兵四萬，阿必丁算灘大懼，來降，得城一百二十。西南至乞里彎，忽都馬丁算灘來降。西域平。侃以捷告至釣魚山，會憲宗崩，乃還鄧，開屯田，立保障。

世祖卽位，侃上疏陳建國號、築都城、立省臺、興學校等二十五事，及平宋之策，其略曰：「宋據東南，以吳越爲家，其要地，則荆襄而已。今日之計，當先取襄陽，既克襄陽，彼揚、廬諸城，彈丸地耳，置之勿顧，而直趨臨安，疾雷不及掩耳，江淮、巴蜀不攻自平。」後皆如其策。

中統二年，擢江漢大都督府理問官。（二）〔三〕年二月，〔一八〕益都李璮及徐州總管李杲哥俱反，宋夏貴復來犯邊。史天澤薦侃，召入見，世祖問計所出，曰：「羣盜竊發，猶柙中虎。內無資糧，外無救援，築城環之，坐待其困，計日可擒也。」帝然之，賜尚衣弓矢。馳至徐，斬杲哥。夏貴焚廬舍，徙軍民南去，侃追貴，過宿遷縣，奪軍民萬餘人而還。賜金符，爲徐、邳二州總管。杲哥之弟驢馬，復與夏貴以兵三萬來擾邊境，侃出戰，斬首千餘級，奪戰艦二百。至元二年，有言當解史天澤兵權者，天澤遂還他官，侃亦調同知滕州。三年，侃上言：

「宋人羈留我使，宜興師問罪。淮北可立屯田三百六十所，每屯置牛三百六十具，計一屯所出，足供軍旅一日之需。」四年，徙高唐令，兼治夏津、武城等五縣。五年，邑人吳乞兒、濟南道士胡王反，討平之。七年，改白馬令，僧臧羅漢與彰德趙當驢反，又平之。帝以侃習於軍務，擢爲萬戶，從軍下襄陽，由陽羅上流渡江。江南平，遷知寧海州，居一年，卒。

侃行軍有紀律，野纍露宿，雖風雨不入民舍，所至興學課農，吏民畏服。子秉仁、秉義。

石天應

石天應字瑞之，興中永德人。善騎射，豪爽不羈，頗知讀書，鄉里人多歸之。太祖時，太師、國王木華黎南下，天應率衆迎謁軍門。木華黎卽承制授興中府尹、兵馬都提控，俾從南征。天應造戰攻之具，臨機應變，捷出如神，以功拜龍虎衞上將軍、元帥右監軍，戍燕。天應旌旗色用黑，人目之曰黑軍。屢從木華黎，大小二百餘戰，常以身先士卒，累功遷右副元帥。

辛巳秋八月，從木華黎征陝右，假道西夏，自東勝濟河，南攻葭州拔之。天應因說太師曰：「西戎雖降，實未可信。此州當金、夏之衝，居人健勇，倉庫豐實，加以長河爲限，脫爲敵軍所梗，緩急非便，宜命將守之，多造舟楫，以備不虞，此萬世計也。」木華黎然之，表授金紫光祿大夫、陝西河東路行臺兵馬都元帥，以勁兵五千，留守葭蘆。遂造舟楫，建浮橋，諸將多言水漲波惡，恐勞費無功，天應下令曰：「有沮吾事者，斷其舌！」橋成，諸將悅服。先時，葭守王公佐收合餘燼，攻函谷關，將圖復故地，及見橋成，遂潰去。於是分兵四出，悉定葭、綏之地。

一日，謁木華黎於汾水東，木華黎諭以進取之策。天應還鎮，召將佐謂曰：「吾累卿等留屯於此，今聞河〔中〕東西皆平川廣野，〔一九〕可以駐軍，規取關陝，諸君以爲如何？」或諫曰：「河中雖用武之地，南有潼關，西有京兆，皆金軍所屯；且民新附，其心未一，守之恐貽噬臍之悔。」天應曰：「葭州正通鄜、延，今鄜已平，延不孤立，若發國書，令夏人取之，猶掌中物耳。且國家之急，本在河南，此州路險地僻，轉餉甚難，河中雖迫於二鎮，實用武立功之地，北接汾、晉，西連同、華，地五千餘里，戶數十萬，若起漕運以通餽餉，則關內可剋期而定，關內既定，長河以南，在吾目中矣。吾年垂六十，老耄將至，一旦臥病牀第，聞後生輩立功名，死不瞑目矣。男兒要當死戰陣以報國，是吾志也！」

秋九月，遂移軍河中。既而金軍果潛入中條，襲河中。天應知之，先遣驍將吳澤伏兵要路。澤勇而嗜酒，是夕，方醉臥林中，金兵由間道已直抵城下。時兵燼後，守具未完，新附者爭縋而去，敵乘隙入。天應見火舉，知敵已入，奮身角戰，左右從者四十餘騎，皆曰：「吳澤誤我。」或勸西渡河，天應曰：「(先)先時人諫我南遷，〔二〇〕吾違衆而來此，事急棄去，是不武也。縱太師不罪我，何面目以見同列乎！今日惟死而已，汝等勉之。」少頃，敵兵四合，天應飲血力戰，至日午，死之。木華黎聞而痛惜焉。

子煥中，知興中府事；執中，行軍千戶；受中，興中府相副官。

初，天應死事時，弟天禹子佐中在軍中。伺敵少懈，倒抽其斧，反斫之，突城而出，趨木華黎行營，求得蒙古軍數千，回與敵戰，敗之。木華黎嘉其勇，奏授金符，行元帥；尋詔將官各就本城，授興中府千戶。

子安琬，襲職，佩金符，從征大理，討李壇，皆有功。十三年，隆興之分寧叛，〔二一〕行省檄安琬討之。賊背山而陣，安琬引兵出陣後，賊驚潰，退而距守。安琬揮兵直抵壘門，賊揚言曰：「願少容行伍而戰，死且不憾。」安琬從之，賊果出陣，安琬突陣而入，大呼曰：「吾止誅賊首，庸卒非我敵也。」手刃中賊背，生擒之。累功至右衛親軍副都指揮使，進階懷遠大將軍，賜金虎符，後授大同等處萬戶，領江左新附卒萬人，屯田紅城。大德三年，李萬戶當戍和寧，親老且病，安琬請代其行，及還，以病卒。子居謙襲職，後改忠翊侍衛親軍都指揮使。

移剌捏兒〔買奴　元臣〕〔二二〕

移剌捏兒，契丹人也。幼有大志，膂力過人，沉毅多謀略。遼亡，金以爲參議、留守等官，皆辭不受。聞太祖舉兵，私語所親曰：「爲國復讎，此其時也。」率其黨百餘人詣軍門獻十策。帝召見，與語奇之，賜名賽因必闍赤。又問：「爾生何地？」對曰：「霸州。」因號爲霸州元帥。

乙亥，拜兵馬都元帥，佐太師木華黎取北京，下高、利、興、松、義、錦等二十六城，破五十四寨，平利州賊劉四祿。及錦州賊張致兵勢方熾，且盜名號，木華黎命捏兒與大將烏也兒、椆斡兒合兵討之。致拒戰，捏兒出奇兵掩擊，斬致。木華黎第功以聞，遷龍虎衛上將軍、兵馬都提控元帥。繼取遼東西廣寧、金、復、海、蓋等十五城。興州監州重兒反，復與烏也兒討平之。帝遣使者詔之曰：「自汝效順，戰功日多，今錫汝金虎符，居則理民，有事則將，其勿替朕意。」

戊寅，從攻東平。辛巳，從攻延安。壬午，從圍鳳翔，先登，手殺數十人，左臂中流矢，創甚，裹創進攻丹、延。木華黎止之，對曰：「創未至死，敢自愛耶！」木華黎壯之，與所乘白馬。明日，介其馬，飾以朱纓，簡驍衞七百人，與金兵戰。木華黎乘高，見其馳突萬衆中，曰：「此霸州元帥也。」諸軍繼進，金兵敗走，丹、延十餘城皆降，遷軍民都達魯花赤、都提控元帥，兼興勝府尹。

癸未，從帝征河西，取甘、合、辛、蛇等州。師還，復從木華黎攻益都，下萊、膠、淄等三十二城。戊子，得疾歸高州，卒。贈推忠宣力保德功臣、太尉、開府儀同三司、上柱國，追封興國公，諡武毅。子買奴。

買奴，蚤從父習戰陣，初入見，太祖問曰：「汝年小，能襲父爵乎？」對曰：「臣年雖小，國法不小。」帝異其對，顧左右曰：「此兒甚肖乃父。」以爲高州等處達魯花赤，兼征行萬戶。

庚寅，命攻高麗花涼城，監軍張翼、劉霸都殞於敵，買奴怒曰：「兩將陷賊，義不獨生！」趨出戰，破之，誅首將，撫安其民。進攻開州，州將金沙密逆戰，擒之，城中人出童男女及金玉器以獻，卻不受。遂下龍、宣、雲、泰等十四城。

癸巳，從諸王按赤台征女直萬奴部，有功。未幾召還。興州趙祚反，土豪楊買驢等附之。帝命從親王察合台帥師討之，斬賊將董鑾等，圍買驢於險樹寨，三月不能下。買奴令健卒劉五兒，卽寨北小徑上大樹，以繩潛引百人登寨，直前刦之，買驢投崖死，餘黨悉平。太宗卽位，錄功，賜金鞍良馬。

乙未，從征高麗，入王京，取其西京而還，賜金鎖甲，加鎮國上將軍、征東大元帥，佩金符。復命出師高麗，將行，以疾卒，年四十。贈推誠效義功臣、榮祿大夫、平章政事，追封興國公，謚顯懿。子元臣。

元臣，別名哈剌哈孫，年十六入宿衞，應對進止有度，世祖謂丞相和魯火孫曰：「此勳臣子，非凡器也。」以爲怯薛必闍赤，襲千戶，將其父軍。從伐宋，攻淮西，戍清口，取瓜洲，下通、泰，累有功。

至元十二年，從丞相伯顏平宋，進階武義將軍、中衞親軍總管，佩金虎符。十四年，只兒瓦台叛，圍應昌府，時皇女魯國公主在圍中。元臣以所部軍馳擊，只兒瓦台敗走，追至魚兒濼，擒之，公主賜賚甚厚，奏請暫留元臣鎮應昌，以安反側。居一歲，召至京師，遷明威將軍、後衞親軍副都指揮使，還鎮應昌。又三歲，召還，加昭勇大將軍。十九年，帝以所籍入權臣家婦賜之，元臣辭曰：「臣家世清素，不敢自污。」帝嘉嘆不已。

二十二年，進昭毅大將軍，同僉江淮行樞密院事；行院罷，歸高州。帝親征乃顏，元臣率家僮五十人見行在所，願效前驅。八年，移僉湖廣行樞密院，〔二三〕時溪洞施、容等州蠻獠作亂，元臣親入其境，喻以禍福，賊首魯萬丑降。三十年，卒于官。贈安遠功臣、龍虎衞上

將軍、同知樞密院事，追封興國公，謚忠靖。子迪，中奉大夫、湖廣宣慰使都元帥。

耶律禿花 禿滿答兒　忙古帶

耶律禿花，契丹人。世居桓州，太祖時，率衆來歸。大軍入金境，爲嚮導，獲所牧馬甚衆。後侍太祖，同飲班（木）〔朮〕河水。〔二四〕從伐金，大破忽察虎軍。又從木華黎收山東、河北，有功，拜太傅、總領也可那延，封濮國公，賜虎符、銀印，歲給錦幣三百六十匹。統萬戶扎剌兒、劉黑馬、史天澤伐金，卒于西河州。〔二五〕

子朱哥嗣，仍統劉黑馬等七萬戶，與都元帥塔海紺卜同征四川，卒于軍。子寶童嗣，以疾不任事。朱哥弟買住嗣，而以寶童充隨路新軍總管。買住言於憲宗曰：「今欲略定西川下流諸城，當先定成都，以爲根本，臣請往相其地。」帝從之，遂率諸軍往成都，攻嘉定，未下而卒。子忽林帶嗣，總諸軍，立成都府，卒于軍。以兄百家奴嗣。自朱哥至百家奴，並襲太傅、總領也可那延。

禿滿答兒者，百家奴之弟，忽林帶之兄也，常留中宿衞。後百家奴解兵柄爲他官，乃授成都管軍萬戶，代將其軍。

至元十一年，從忽敦攻嘉定，修平康寨以守之。十二年，從汪田哥攻九頂山，〔二六〕破之，殺都統一人，嘉定降。從忽敦徇下瀘、敍諸城，圍重慶，守合江口，又以舟師塞龍門濠，遏其援兵。十三年，瀘州叛，從汪田哥攻之。重慶遣兵援瀘，邀擊破之，獲七十人。瀘堅守不下，禿滿答兒夜率兵，攻奪水城以進，黎明，先登，入瀘城，克之，斬其將王世昌、李都統。復從不花圍重慶，守將張珏搏戰，敗之城下，重慶降。賜虎符，授夔路招討使，遷四川東道宣慰使，仍兼夔路招討，改同僉四川等處行樞密院事，遷四川等處行中書省左丞。尚書省立，改行尚書省左丞，進右丞，卒。

忙古帶，寶童之子也。世祖時，賜金符，襲父職，爲隨路新軍總管，統領山西兩路新軍。從行省也速帶兒征蜀及思、播，建都諸蠻夷，有功，陞萬戶。從攻羅必甸，至雲南，詔以其衆入緬，迎雲南王。金齒、白衣、答奔諸蠻，往往伏險要爲備，忙古帶奮擊破之，凡十餘戰，至緬境，開金齒道，奉王以還，遷副都元帥。從諸王阿台征交趾，至白鶴江，與交趾僞昭文王戰，奪其戰艦八十七艘。又從雲南王攻羅必甸，破之。二十九年，入覲。

成宗卽位，授烏撒烏蒙等處宣慰使，兼管軍萬戶，遷大理金齒等處宣慰使都元帥。〔大德〕六年，烏撒、羅羅斯叛，〔二七〕雲南行省命率師討平之。事聞，賜鈔三千貫、銀五十兩、金鞍

轡及弓矢，以旌其功。九年，討普安羅雄州叛賊阿塡，擒殺之。進驃騎衞上將軍，遙授雲南諸路行中書省左丞，行大理金齒等處宣慰使都元帥，卒于軍。至大四年，贈龍虎衞上將軍、平章政事，仍追封濮國公，謚威愍。子火你赤，襲萬戶。

王珣 子榮祖

王珣字君寶，本姓耶律氏，世爲遼大族。金正隆末，契丹窩斡叛，祖成，從母氏避難遼西，更姓王氏，遂爲義州開義人。父伯傒。伯父伯亨無子，以珣爲後。

珣武力絕人，善騎射，尤長於擊鞠。年三十餘，遇道士，謂珣曰：「君之相甚奇，它日因一青馬而貴。」珣未之信。居歲餘，有客以青馬來鬻，珣私喜曰：「道士之言或驗乎？」乃倍價買之，後乘以戰，其進退周旋，無不如意。又嘗行凌水濱，得一古刀，其背銘曰：「舉無不克，動必成功。」常佩之，每有警，必先鳴，故所向皆捷。

初，河朔兵動，豪強各擁衆據地，珣慨然曰：「世故如此，大丈夫當自振拔，否則爲人所制。」乃召諸鄉人，諭以保親族之計，衆從之，推珣爲長，旬月之間，招集遺民至十餘萬。歲乙亥，太師木華黎略地奚（雹）〔霫〕，〔二八〕珣率吏民出迎，承制以珣爲元帥，兼領義、川二州事。

丙子春，張致僭號錦州，陰結開義楊伯傑等來掠義州，珣出戰，伯傑引去。會致兄子以

千騎來衝，珣選十八騎突其前，復令左右掎角之，一卒以鎗刺珣，珣揮刀殺之，其衆潰走，獲其馬幾盡。時興中亦叛，木華黎圍之，召珣以全軍來會，致窺覘其虛，夜襲之，家人皆遇害。及興中平，珣無所歸，木華黎留之興中，遣其子榮祖馳奏其事，帝諭之曰：「汝父子宣力我家，不意爲張致所襲。歸語汝父，善撫其軍，自今以往，當忍耻蓄鋭，俟逆黨平，彼之族屬、城邑、人民，一以付汝，吾不吝也。仍免徭賦五年，使汝父子世爲大官。」珣以木華黎兵復開義，擒伯傑等，殺之。進攻錦州，致部將高益，縛致妻子及其黨千餘人以獻，木華黎悉以付珣，珣但誅致家，其餘皆釋之，始還義州。

丁丑，入朝，帝嘉其功，賜金虎符，加金紫光祿大夫、兵馬都元帥，鎮遼東便宜行事，兼義、川等州節度使。珣貌黑，人呼爲哈剌元帥，哈剌，中國言黑也。從木華黎兵略山東，至滿城，令還鎮，戒之曰：「彼新附之民，恃山海之險，反覆不常，非盡坑之，終必爲變。」對曰：「國朝經略中夏，宜以恩信結人，若降者則殺，後寧復有至者乎！」遂還，以子榮祖代領其衆。甲申春正月卒，年四十八。

珣爲政簡易，賞罰明信，誅強撫弱，毫髮無徇。子四人，榮祖襲。

榮祖字敬先，珣長子也。性沉厚，語音如鐘，勇力絕人。珣初附於木華黎，以榮祖爲

質，稍見任用。珣卒，襲榮祿大夫、崇義軍節度使、義州管內觀察使。從嗣國王孛魯入朝，帝聞其勇，選力士三人迭與之搏，皆應手而倒。欲留置宿衛，會金平章政事葛不哥行省於遼東，咸平路宣撫使蒲鮮萬奴僭號於開元，遂命榮祖還，副撒里台進討之。拔蓋州、宣城等十餘城，葛不哥走死。金帥郭琛、完顏曳魯馬、趙遵、李高奴等猶據石城，復攻拔之，曳魯馬戰死，遵與高奴出降。虜生口千餘，撒里台欲散於麾下，榮祖屢請，皆放爲民。方城未下時，榮祖遣部卒賈實穴其城，城崩被壓，衆謂已死，弗顧也。榮祖曰：「士忘身死國，安忍棄去。」發石取之，猶生，一軍感激，樂爲效死。有言義人懷反側者，撒里台將屠之，榮祖馳驛奏辨，事乃止。

己丑，授北京等路征行萬戶，換金虎符。伐高麗，圍其王京，高麗王力屈，遣其兄淮安公奉表納貢。進討萬奴，擒之。趙祁以興州叛，從諸王按只台平之。祁黨猶剽掠景、薊間，復從大將唐兀台討之，將行，榮祖曰：「承詔討逆人耳，豈可戮及無辜，宜惟抗我者誅。」大將然之，由是免死者衆。再從征高麗，破十餘城，高麗遣子綽入質。帝賜錦衣，旌其功。又從諸王也忽略地三韓，降天龍諸堡，皆禁暴掠，民悅服之。破五里山城，請於主將，全其民，遂下甕子城、竹林寨、苦苫數島。帝嘉其功，賜以金幣，官其子興千戶，仍賞其部曲。移鎮高麗平壤，帝遣使諭之曰：「彼小國負險自守，釜中之魚，非久自死，緩急可否，卿當熟思。」榮祖乃募民屯戍，闢地千里，盡得諸島嶼城壘，高麗遣其世子倎出降，遂以倎入朝。

中統元年夏，詔榮祖詣闕，帝撫慰之曰：「卿父子勤勞於國，誠節如一。」進沿邊招討使，兼北京等路征行萬戶，賜寶鞍、弓矢。還鎮，以病卒，年六十五。

子十三人，顯者(六)〔七〕人：〔二九〕通，興中府尹；泰，權知義、錦、川等州總管；興，征東千戶；遇，襄陽路管軍萬戶；達，東京五處征行萬戶；廷，鎮國上將軍、中衞親軍都指揮使；璲，江西湖東道提刑按察使。

校勘記

〔一〕 薛闍(舍)〔今〕爲蒙古人矣　從北監本改。

〔二〕 (示)〔永〕安　從北監本改。按前文作「永安」。

〔三〕 辛亥睿宗以石剌爲國宣力者三代　據本書卷二太宗紀四年壬辰歲九月條及卷一一五睿宗傳，拖雷死於壬辰。又按本書卷三憲宗紀，辛亥爲憲宗即位之年，上距睿宗死已十九年。「睿」當爲「憲」之誤。新編已校。

〔四〕 〔黑馬元振元禮〕　道光本與本書原目錄合，從補。

〔五〕 鳳翔西(河)〔和〕沔州　按西河爲汾州屬縣，列此地望不符。又按本書卷一二一按竺邇傳有「從

圍鳳翔」，「分兵攻西和州」，「復由兩當縣出魚關，軍沔州」。此處「河」誤，今改。西和州，屬陝西鞏昌總帥府。新編已校。

〔六〕 元振字仲舉至時年方二十　蒙史卷五一云：「按黑馬舊傳，奉命守商州，在憲宗三年癸丑，請立成都，在七年丁巳。而元振舊傳云云，事實先後倒誤。又元振卒於至元十二年(丁)〔乙〕亥，年五十一，上數丁巳年三十三，再上數(甲寅)〔癸丑〕，年已二十九。舊傳乃云『時年方二十』，則年齡亦誤也。」

〔七〕 豈可以急而(乘)〔棄〕之　從殿本改。

〔八〕 〔德海侃〕　據本書原目錄補。

〔九〕 契丹渤海等諸國　此處「契丹」當指西遼。「渤海等諸國」，疑「渤」係「瀕」之訛。瀕海諸國當指寬定吉思海諸國。疑此處既誤「瀕」爲「渤」，乃又誤增「等」字。

〔一〇〕 乞則里八海　「乞則里八」，劉郁西使記作「乞則里八寺」。此傳地名多本於西使記，當脫「寺」字。蒙史從祕史，改作「乞濕渤八失納兀兒」。

〔一一〕 (淩風)〔風陵〕渡寨　據本書卷一九三忠義傳所見改正。

〔一二〕 (檐)〔擔〕寒山　據劉郁西使記改。按世界征服者傳語音，作「檐」誤。

〔一三〕 (卜)〔火〕者納失兒　據劉郁西使記改。按此人見于世界征服者傳。蒙史已校。

〔一四〕至乞石迷部忽里算灘降西戎大國也　按劉郁西使記，此傳下文皆指征伐報達事，「西戎大國」上當有脫文。新編改作「至北印度乞石彌部，忽里算端降。又西至報達國」。

〔一五〕勝兵數(千)〔十〕萬　據劉郁西使記改。新編已校。

〔一六〕(夭)〔天〕房　劉郁西使記有「報達之西，馬行二十日，有天房」。據改。按天房卽穆斯林聖地麥加。

〔一七〕又西行四十里至密昔兒　按密昔兒係埃及自稱之名。由天房至密昔兒，其道里當以千里計。新編改「十」爲「千」，較當。

〔一八〕(三)〔二〕年二月　道光本與本書卷五世祖紀中統三年二月己丑、五月癸亥條及本書卷一四八嚴實傳附嚴忠嗣傳合，從改。

〔一九〕河(中)　下文有「或諫曰：『河中雖用武之地』」，據補。元書已校。

〔二〇〕(先)先時人諫我南遷　從北監本删。

〔二一〕十三年隆興之分寧叛　按本書卷一六八陳祐傳附陳天祥傳，事在至元十三年。「十三年」上當有「至元」二字。蒙史已校。

〔二二〕(賈奴元臣)　道光本與本書原目錄合，從補。

〔二三〕八年移僉湖廣行樞密院　「八年」上有脫文。按本書卷一六世祖紀至元二十八年二月乙酉、四

月乙未條，是年立四行樞密院，湖廣其一。蒙史作「二十八年」，是。

〔二四〕後侍太祖同飲班(木)〔朮〕河水　本書卷一二八土土哈傳作「班朮河」，據改。

〔二五〕西河州　疑「河」爲「和」字之誤。參看本卷校勘記〔五〕。

〔二六〕汪田哥　按本書卷一五五汪世顯傳附汪良臣傳，攻九頂山者爲汪良臣，時汪田哥已死。「田哥」當作「良臣」。下同。

〔二七〕(大德)六年烏撒羅羅斯叛　據元文類卷四一經世大典序錄招捕補。蒙史已校。又按經世大典序錄招捕，烏撒、羅羅斯部起兵反元及其被鎭壓，均在大德五年。疑「六」爲「五」之訛。

〔二八〕木華黎略地奚(菅)〔霫〕　按奚霫之地卽西喇木倫河流域，「菅」誤，今改。蒙史已校。

〔二九〕子十三人顯者(六)〔七〕人　下文已列舉七人名及其官職，據改。元書已校。

元史卷一百五十

列傳第三十七

石抹也先

石抹也先者，遼人也。其先，嘗從蕭后舉族入突厥，及后還而族留。至遼爲述律氏，號稱后族。遼亡，改述律氏爲石抹氏。其祖庫烈兒，誓不食金祿，率部落遠徙。年九十，夜得疾，命家人候日出則以報，及旦，沐浴拜日而卒。父脫羅(畢)〔華〕察兒，〔一〕亦不仕。有子五人，也先其仲子也。

年十歲，從其父問宗國之所以亡，卽大憤曰：「兒能復之。」及長，勇力過人，善騎射，多智略，豪服諸部。金人聞其名，徵爲奚部長，卽讓其兄贍德納曰：「兄姑受之，爲保宗族計。」遂深自藏匿，居北野山，射狐鼠而食。聞太祖起朔方，匹馬來歸。首言：「東京爲金開基之地，蕩其根本，中原可傳檄而定也。」太祖悅，命從太師、國王木華黎取東京。

師過臨潢，次高州，木華黎令也先率千騎爲先鋒，也先曰：「兵貴奇勝，何以多爲？」諜知金人新易東京留守將至，也先獨與數騎，邀而殺之，懷其所受誥命，至東京，謂守門者曰：「我新留守也。」入據府中，問吏列兵於城何謂，吏以邊備對，也先曰：「吾自朝廷來，中外晏然，奈何欲陳兵以動搖人心乎！」卽命撤守備，曰：「寇至在我，無勞爾輩。」是夜，下令易置其將佐部伍。三日，木華黎至，入東京，不費一矢，得地數千里、戶十萬八千、兵十萬、資糧器械山積，降守臣寅答虎等四十七人，定城邑三十二。金人喪其根本之地，始議遷河南。

歲乙亥，移師圍北京，城久不下，及城破，將屠之。也先曰：「王師拯人水火，彼既降而復屠之，則未下者，人將死守，天下何時定乎！」因以上聞，赦之。授御史大夫，領北京達魯花赤。時石天應與豪酋數十據興中府，也先分兵降之，奏以爲興中尹。又命也先副脫忽闌闍里必，監張鯨等軍，征燕南未下州郡。至平州，鯨稱疾不進，也先執鯨送行在所，帝責之曰：「朕何負汝？」鯨對曰：「臣實病，非敢叛。」帝曰：「今呼汝弟致爲質，當活汝。」鯨諾而宵遁，也先追戮之，致已殺使者應其兄矣。致既伏誅，也先籍其私養敢死之士萬二千人號黑軍者，上于朝。賜虎符，進上將軍，以御史大夫提控諸路元帥府事，舉遼水之西、灤水之東，悉以付之。

後從國王木華黎攻蠡州北城，先登，中石死，時年四十一。子四人：曰查剌，曰咸錫，曰

博羅，曰侃。

查剌，亦善射，襲御史大夫，領黑軍。戊寅，從木華黎攻平陽、太原、隰、吉、嵐、關西諸郡，下之。遂攻益都，久不下，及降，衆欲屠其城，查剌曰：「殺降不祥，且得空城，將安用之。」由是遂免。己卯，詔以黑軍分屯眞定、固安、太原、平陽、隰、吉、嵐諸郡。及南征，盡以黑軍爲前列，敗金將白撒、官奴于河。渡河再戰，盡殺之，長驅破汴京，入自仁和門，收圖籍而還。帝悉以諸軍俘獲賜黑軍。

癸巳，從國王塔思，征金帥宣撫萬奴於遼東之南京，先登，衆軍乘之而進，遂克之，王解錦衣以賜。辛丑，太宗嘉其功，授眞定、北京兩路達魯花赤。癸卯，卒于柳城，年四十四。

子庫祿滿，襲職。中統三年，從征李璮，中流矢卒。子良輔，襲黑軍總管，至元十七年，以功累陞昭毅大將軍、沿海副都元帥。二十一年，改沿海上副萬戶。大德十一年，告老。子繼祖，襲萬戶。

咸錫之子度剌，攻樊城，戰死。

贍德納後亦棄金官來歸，爲別失八里達魯花赤，卒。其孫亦剌馬丹，仕至遼陽省左丞。亦剌馬丹子倉赤，爲湖廣行省平章政事。

何伯祥 子瑋

何伯祥，易州易縣人。幼從軍于金，從張柔來歸。太祖定河朔，惟保定王子昌、信安張進堅守不下。子昌，金驍將也，柔命伯祥取之。兵逼其城，子昌出走，追及之，伯祥執槍馳馬，子昌反射之，中手而貫槍，伯祥拔矢棄槍，策馬直前，徒手搏之，擒子昌。進聞之，亦遁去。伯祥遂攻西山諸寨，悉平之。後攻汴梁，拔洛陽，圍歸德，破蔡州，論功居多，授易州等處軍民總管。

丁酉，從主帥察罕伐宋，伯祥拔三十餘栅，獲戰艦千餘艘，又破芭蕉、望鄉、大洪、張家等寨，俘獲甚衆，器械山積。察罕以其功聞，賜錦衣、金甲。壬子，諸軍入宋境，察罕自他道遽還，諸軍倉皇失措，伯祥曰：「此必爲敵所遏，不若出其不意，而遂深入其地，彼不我測，乃可出也。」遂率兵突戰，直抵司空寨，疏布營壘，陵高伐木，爲攻取勢。既夜，命爲五營，營火十炬，伏精銳于營側險要之地，天將明，令士卒速行，而鳴鼓其後。宋兵果來追，伏發，驚駭潰去，追擊，大破之，轉戰百餘里，他軍不能歸者，皆賴以出。帝聞之，賜金二百兩。

世祖南伐，伯祥參預軍事，多所獻納，卒于軍。贈儀同三司、太保、上柱國，追封易國公，謚武昌。〔二〕子瑋。

瑋始襲父職，知易州。兄行軍千戶卒，瑋復襲之，鎭亳州。從圍襄樊，宋將夏貴率舟師來救，瑋時建營於城東北，當其衝。貴兵縱火焚北關，遂進逼瑋，萬戶脫因不花等呼瑋入城，瑋曰：「建功立業，此其時也，何避焉！」乃率其衆，誓以死戰，開營門，以身先之，貴敗走。

至元十一年，丞相伯顏受命伐宋，辟瑋爲帳前都鎭撫。師次陽羅堡，夏貴率戰艦列江上下，瑋從元帥阿朮，率衆先渡，諸軍繼之，貴復敗走。宋丞相賈似道，率舟師拒于丁家洲，瑋將勇敢士出戰，奪舟千餘艘，似道遁去。授武德將軍、管軍總管，佩金虎符。宋既平，進懷遠大將軍、太平路軍民達魯花赤，俄陞昭勇大將軍、行戶部尚書、兩淮都轉運使。至元十八年，擢參議中書省事。二十年，擢爲江浙按察使。〔三〕二十二年，改大名路總管。二十八年，遷湖南宣慰使。三十一年，拜中書參知政事，時宰執凡十一人，瑋曰：「古者一相，專任賢也，今宰執員多，政出多門，轉相疑忌，請損之。」不從，遂乞代。

大德四年，授侍御史，以母病辭。七年，授御史中丞，陳當世要務十條，成宗嘉納之。京師孔子廟成，瑋言：「唐、虞、三代，國都、閭巷莫不有學，今孔廟既成，宜建國學於其側。」從之。賽典赤、八都(高)〔馬辛〕等還自貶所，〔四〕復相位，瑋言：「姦黨不可復用，宜選正人以居

廟堂。」帝深然之。監察御史郭章，劾郎中哈剌哈孫受贓，具服，而哈剌哈孫密結權要，以枉問誣章。瑋率臺臣入奏，辨論剴切，章遂得釋。

九年冬，將有事于南郊，議配享，瑋曰：「嚴父配天，萬世不易。」不果行。成宗崩，丞相阿忽台奉皇后旨，集廷臣議祔廟及攝政事，瑋難之，阿忽台變色曰：「中丞謂不可行，獨不畏死耶？」衆皆危懼，瑋從容曰：「死畏不義耳，苟死於義，夫復何畏！」未幾，以疾去位。武宗卽位于上都，授太子副詹事，遣使促使就職，復遙授平章政事，商議中書省事。武宗至自上都，臨朝，問曰：「孰爲何中丞？」瑋出拜，帝曰：「朕知卿能以忠直爲國，朕有不逮，卿當勉輔。」

至大元年，遷太子詹事，兼衞率使。俄拜中書左丞，仍平章政事，商議中書省事。未幾，擢河南行省平章政事，佩金虎符，提調屯田事，帝召至榻前，面諭曰：「汴省事重，屯田久廢，卿當爲國竭力。」賜黑貂裘一、錦衣二襲。瑋至汴，建諸葛亮祠，立書院，以地三千畝贍之。三年，改河南行尙書省平章政事，卒。贈太傅、開府儀同三司、上柱國，追封梁國公，謚文正。

李守賢

李守賢字才叔，大寧義州人也。祖小字放軍，嘗從金將攻宋淮南，飛石傷髀，錄功，賞生口七十。主將分命將校殺所掠俘，苟有失亡者，罪死，放軍當殺五百人，皆縱之去。

金大安初，守賢暨兄庭植，弟守正、守忠，從兄伯通、伯溫，歸款於太師、國王木華黎，入朝太祖于行在所，即命庭植爲龍虎衞上將軍、右副元帥、崇義軍節度使，守賢授錦州臨海軍節度觀察使，弟守忠爲都元帥，守河東。朝廷以全晉爲要害之地，人心危疑未定，非守賢鎮撫之不可，乃自錦州遷河東南路兵馬都總管。既至，河東人皆曰：「吾等可恃以生矣。」

歲戊子，朝于和林，加金紫光祿大夫，知平陽府事，兼本路兵馬都總管。庚寅，太宗南伐，道平陽，見田野不治，以問守賢，對曰：「民貧窘，乏耕具致然。」詔給牛萬頭，仍徙關中生口墾地河東。辛卯，平陽當移粟萬石輸雲中，守賢奏以「百姓疲敝，不任輓載」，帝嘉納之。時河中未下，守賢建言，以爲將士逗留沮撓，多所傷溺，臣請自北面鑿城先登。如其言，城果下，遂搆浮橋。明年，蒲津南濟潼關。〔五〕二月，大破趙雄兵于芮城。

時方會師圍汴，留守賢屯嵩、汝。金兵十餘萬，保少室山太平寨，守賢以三千人介其中，度其帥完顏延壽無守禦之才，癸巳正月望夕，延壽擊毬爲嬉，守賢潛遣輕捷者數十人，緣崖蟻附以登，殺其守卒，遂大縱兵入，破之，下令禁無抄掠，悉收餘衆以歸。不兩旬，連天、交牙、蘭若、香爐諸寨，皆望風俱下，守賢未嘗妄殺一人。及攻河南，其渠魁强元帥者，

以其衆出奔，守賢追及，降之。秦藍帥王祐，聚衆數萬，據虢之南山，守賢使人責祐，祐素憚守賢威略，即以所部來附，關東、洛西遂定。甲午冬十月卒，年四十六。

子轂嗣。歲丁酉，從太師塔海紺布征蜀漢，有功。明年，攻磵門。又明年，下萬州，會戰於瞿塘，獲戰艦千餘艘。辛丑，朝行在所，授河東道行軍萬戶，兼總管。己巳，進兵攻成都，由廣元出葭萌，度木瓜坡。蜀之餘孽團聚爲梗，聞轂至，潛爲伏以待。轂諜知之，令衆銜枚疾進，出其不意，賊兵敗走，長驅至成都，破之。壬子，襲嘉定。

戊午秋，憲宗南伐。己未，入梁州，〔六〕師次江上，造舟爲梁，以通援兵，且斷宋人往來之路。會江漲，梁中絕，宋將率舟師萬艘逆戰，轂以一旅先犯之，諸軍繼進，遂破之。明日，帝召謂諸將曰：「汝輩平日自負驁勇，及臨敵，不能爲朕立尺寸功。獨李轂身犯矢石，摧鋒陷陣，視敵篾如，言勇者，如轂乃可耳。」賜白金二百五十兩。中統三年，改河東路總管，佩金虎符，移京兆路，加昭勇大將軍，未幾，轉洺磁路。至元七年正月卒，年四十九。子十一人。伯溫，見忠義傳。

耶律阿海

耶律阿海，遼之故族也。金桓州尹撒八兒之孫，尚書奏事官脫迭兒之子也。阿海天資雄毅，勇略過人，尤善騎射，通諸國語。金季，選使王可汗，見太祖姿貌異常，因進言：「金國不治戎備，俗日侈肆，亡可立待。」帝喜曰：「汝肯臣我，以何爲信？」阿海對曰：「願以子弟爲質。」明年，復出使，與弟禿花俱往，慰勞加厚，遂以禿花爲質，直宿衞。阿海得參預機謀，出入戰陣，常在左右。

歲壬戌，王可汗叛盟，謀襲太祖。太祖與宗親大臣同休戚者，飲辨屯河水爲盟，阿海兄弟皆預焉。既敗王可汗，金人訝其使久不還，拘家屬于瀛。阿海殊不介意，攻戰愈厲，帝聞之，妻以貴臣之女，給戶，俾食其賦。癸亥冬，進攻西夏諸國，累有功。

丙寅，帝建龍旂，即大位，敕左帥闍別略地漢南，〔七〕阿海爲先鋒。辛未，破烏沙堡，鏖戰宣平，大捷澮河，遂出居庸，耀兵燕北。癸酉，拔宣德、德興，乘勝次北口，闍別攻下紫荊關。阿海奏曰：「好生乃聖人之大德也。興創之始，願止殺掠，以應天心。」帝嘉納焉。遂分兵略燕南、山東諸郡，還駐燕之近郊。金主懼，請和，諭其使曰：「阿海妻子，何故拘繫弗遣？」即送來歸。師還，出塞。

甲戌，金人走汴，阿海以功拜太師，行中書省事；封禿花爲太傅、濮國公，每宴享，必賜坐。命禿花從木華黎取中原。阿海從帝攻西域，俘其酋長只闌禿，下蒲華、尋斯干等城，留監尋斯干，專任撫綏之責。未幾，以疾薨于位，年七十三。至元十年，追封忠武公。

子三人：長忙古台，次綿思哥，次捏兒哥。忙古台在太祖時，爲御史大夫，佩虎符，監戰左副元帥官、金紫光祿大夫，管領契丹漢軍，守中都，招安水泊等處，卒，無子。捏兒哥在太祖時，佩虎符，爲右丞，行省遼東。萬奴叛，舉家遇害。綿思哥襲太師，監尋斯干城，久之，請還內郡，守中都路也可達魯花赤，佩虎符，卒。

子二人：買哥，通諸國語，太祖時爲奉御，賜只孫服，襲其父中都之職。時供億浩繁，屢貸于民，買哥悉以私帑償之，事聞，賜銀萬兩。戊午，從攻蜀，師次釣魚山，卒于軍。妻移剌氏，以哀毀卒，特贈貞靜。子七人：老哥，歷提刑按察使，入爲中書左丞。驢馬，備宿衞，爲必闍赤，仕至右衞親軍都指揮使。至元二十四年，世祖宴于柳林，命驢馬居其父位次，賜只孫服。二十五年，戍哈丹禿，有戰功，以老乞骸骨。子六人：〔八〕五臺奴，襲職；拔都兒，中書右丞；文謙，興國路總管；卜花，早卒；蒙古不花，荆湖北道宣慰使；虎都不花，一名文炳，湖州同知；萬奴，爲人匠副總管。

何實

何實字誠卿，其先北京人。曾祖摶霄，雄於貲，好施與，鄉里以善人稱。祖鼎敬。父道忠，仕金，爲北京留守。

實少孤，依叔父居，氣節不凡，家人常入臥內，見一青蛇蜿蜒衣被中，駭而視之，乃實也。及長，通諸國譯語，驍勇善騎射，倜儻不羈，遠近之民，慕其雄略，咸歸心焉。

歲乙亥，中原盜起。錦州張鯨，自立爲臨海郡王，遣使納款于太祖，尋以叛伏誅。鯨弟致，初以叛謀於實，實厲聲叱曰：「天之曆數在朔方，汝等恣爲不軌，徒自斃耳。」乃籍戶口一萬，募兵三千，丙子春，來歸。大將木華黎與論兵事，奇變百出，拊髀欣躍，大加稱賞，遂引見太祖，獻軍民之數。帝大悅，賜鞘劍一，命從木華黎選充前鋒。

時張致復據錦州，實與賊遇於神水縣，挺身陷陣，殊死戰，殺三百餘人，獲戰馬兵械甚衆，木華黎奏賜鞍馬弓矢以勵之。以功，爲帳前軍馬都彈壓。詔封木華黎太師、國王，東下齊數郡。使實帥師四千，取燕南、齊西之地，首擊邢州，徇趙郡，取魏鄴，下博關，襲曹、濮、恩、德、泰安、濟寧，勢如破竹。薄濰州，與木華黎會。遷兵馬都鎭撫，從取大同、雁門、石、隰等州，悉平之。引兵掠太原、平陽、河中、京兆諸城，所向款附。木華黎錄其功，表實爲元帥左監軍。

癸未，木華黎卒，子孛魯嗣。武仙復叛，據邢。實帥師五千圍之，立雲梯，先士卒登堞，橫矟突之，城破，武仙走，逐北四十里，大破之，斬首二百餘級，是夜，仙黨遁去。實下令，敢有擅剽掠者斬，軍中肅然，士民按堵。孛魯命戍于邢，多著善政，邢民敬之如神明。甲申，

孛魯征西夏，以實分兵攻汴、陳、蔡、唐、鄧、許、鈞、睢、鄭、亳、潁，所至有功，計梟首一千五百餘級，俘工匠七百餘人。孛魯復命駐兵邢州，分織匠五百戶，置局課織。

丁亥，賜金虎符，便宜行元帥府事。邢因武仙之亂，歲屢饑，請移匠局于博，孛魯從之。博値兵火後，物貨不通，實以絲數印置會子，權行一方，民獲貿遷之利。庚寅，有旨收諸將金符。乙未，孛魯以實子仲澤爲質子。〔九〕

丁酉，太宗數召入見，實貢金幣紋綺三篚。次陵州，遇寇，實與左右射之，斃二十餘人，生獲十餘人。朝于幄殿，帝歡甚，問遇盜之故，命所獲寇勿殺，仍以賜實。是日，賜坐，與論軍中故事，良久，曰：「思卿效力有年，朕欲授以征行元帥，後當重任。」實叩頭謝曰：「小臣被堅執銳，從事鋒鏑二十餘年，身被十餘槍，右臂不能舉，已爲廢人矣。臣不敢辱命。願辭監軍之職，幸得元佩金符，督治工匠，歲獻織幣，優游以終其身，於臣足矣。」帝默然不悅，令射以觀其強弱，實不能射。命入宿衞，密使人覘之，實臂果不能舉。固辭十餘，始可其奏。遂錫宴，取金符親賜之，授以漢字宣命，充御用局人匠達魯花赤，子孫世其爵。更賜白貂帽、減鐵繫腰、貂衣一襲、弓一、矢百，遣歸。丁巳，卒于博。

子九人，孫十七人。子崇禮，授應奉翰林文字、從仕郎、同知制誥兼國史院編修官。

郝和尚拔都

郝和尚拔都，太原人，以小字行。幼爲蒙古兵所掠，在郡王迄忒麾下，長通譯語，善騎射。太祖遣使宋，往返數四，以辯稱。

歲戊子，以爲九原府主帥，佩金符。庚寅，率兵南伐，略地潼、陝，有功。辛卯，授行軍千戶。乙未，從皇子南伐，至襄陽，宋兵四十萬逆戰漢水上。領先鋒數百人，直前衝其陣，宋兵大潰。丙申，從都元帥塔海征蜀，下興元，宋將王連以重兵守劍閣。乃募敢死士十二人，乘夜破關，入蜀，諸城悉下。明年，取夔府，抵大江，宋兵三十萬軍於南岸。郝和尚拔都選饒勇九人，乘輕舸先登，橫馳陣中，既出復入，宋兵不能支，由是以善戰名。

庚子歲，太宗於行在所命解衣數其瘡痕二十一，嘉其勞，進拜宣德西京太原平陽延安五路萬戶，易佩金虎符，以兵二萬屬之，復賜馬六騎、金錦弓鎧有差。甲辰，朝定宗於宿瓮都之行宮，賜銀萬鋌，辭以「賞過厚，臣不應獨受，臣得效微勞，皆將校協力之功」，遂奏將校劉天祿等十一人，皆賜之金銀符。

戊申，奉詔還治太原，請凡遠道租稅監課過重者，悉蠲除之。歲饑，出白金六十鋌、粟千石、羊數千，以助國用。己酉，陞萬戶府爲河東北路行省，得以便宜從事，凡四年。壬子

三月，卒。追贈太保、儀同三司、冀國公，謚忠定。

子十二人：長天益，佩金符，太原路軍民萬戶都總管；次仲威，襲五路萬戶；扎剌不花，鎭蠻都元帥、軍民宣慰使；天舉，大都路總管，兼府尹；天祐，陝西奧魯萬戶；天澤，夔州路總管；天麟，京兆等路諸軍奧魯萬戶；天挺，河南江北行中書省平章政事。

趙瑨（秉溫）〔一〇〕

趙瑨，雲中蔚州人。父昆，仕金爲帥府評事。兄珪，以萬戶守飛狐城。歲庚午，昆卒，珪輦其母如蠡州，留瑨於飛狐。

瑨自幼不羈，閑習武事。癸酉，太祖南伐，先鋒至飛狐，城中不知所爲。瑨詣縣曰：「大兵壓境，不降何待！」衆從之。丁丑，太師、國王木華黎駐兵桓州，署爲百戶，從攻蠡州。金兵閉城拒守，國王裨將石抹也先戰死，王怒，將屠其城，瑨泣曰：「母與兄在城中，乞以一身贖一城之命。」哀懇切至，國王義而許之。從攻相州，抵其門，死士突出，瑨直前擊之，流矢中鼻側，鏃出腦後，拔矢再戰，七日破其城。論功，授冀州行軍都元帥，佩金虎符。瑨讓其兄珪，朝廷從之，改授瑨軍民總管，稍遷易州達魯花赤，佩金符。太宗下河南，瑨自易州馳驛輸矢二十餘萬至行在，帝大喜，命權中都省事。癸巳，趙、揚據興州叛，瑨進軍平之，遷中

山、眞定二路達魯花赤。

中統元年，詔立十道宣慰司，以瑨爲順天宣慰使。〔一〕至元元年，轉淄萊路總管。六年，改太原路總管。十二年，陞燕南道提刑按察使。十四年，遷河南道。十六年，致仕。明年卒，年八十。皇慶元年，贈儀同三司、太保、上柱國，追封定國公，謚襄穆。子秉溫。

秉溫，事世祖潛邸，命受學於太保劉秉忠，從征吐蕃、雲南大理。中統初，詔行右三部事。至元七年，創習朝儀，閱試稱旨，授尙書禮部侍郞、知侍儀司事。明年，授祕書少監，〔二〕購求天下祕書。十九年，遷昭文館大學士、知太史院侍儀司事。授時曆成，賜鈔二百錠，進階中奉大夫。二十九年，編國朝集禮〔成，帝〕特命其子慧襲侍儀使。〔三〕皇慶元年，贈金紫光祿大夫、司徒、雲國公，〔四〕謚文昭。子慧，後仕至昭文館大學士。

石抹明安

石抹明安，桓州人。性寬厚，不拘小節。爲童子時，嘗騎杖爲馬，令羣兒前導，行列整肅，無敢喧譁者，父老見而異之，曰：「是兒體貌不凡，進退有度，他日必貴。」既長，歎曰：「士生于世，當立功名、書竹帛，以傳無窮，寧肯碌碌無聞，與草木同腐邪！」

歲壬申，太祖率師攻破金之撫州，將遂南向，金主命招討紇石烈九斤來援，時明安在其麾下，九斤謂之曰：「汝嘗使北方，素識蒙古國主，其往臨陣，問以舉兵之由，不然卽詬之。」明安初如所教，俄策馬來降，帝命縛以俟戰畢問之。既敗金兵，召明安詰之曰：「爾何以詈我而後降也？」對曰：「臣素有歸志，向爲九斤所使，恐其見疑，故如所言。不爾，何由瞻奉天顏？」帝善其言，釋之，命領蒙古軍，撫定雲中東西兩路。

既而帝欲休兵於北，明安諫曰：「金有天下一十七路，今我所得，惟雲中東西兩路而已，若置不問，待彼成謀，併力而來，則難敵矣。且山前民庶，久不知兵，今以重兵臨之，傳檄可定，兵貴神速，豈宜猶豫！」帝從之。卽命明安引兵南進，所至，民皆具簞食壺漿以迎，盡有河北諸郡而還。帝復命明安及三合拔都，將兵由古北口徇景、薊、檀、順諸州。諸將議欲屠之，明安奏曰：「此輩當死，今若生之，則彼之未附者，皆聞風而自至矣。」帝從之。

乙亥春正月，取通州，金右副元帥蒲察七斤，以其衆降，明安命復其職，置之麾下，遂駐軍于京南建春宮。金御史中丞李英、元帥左都監烏古論慶壽，領兵護軍食，以援中都。帝遣右副元帥神撒，將四百騎迎戰，明安將五百騎繼之，遇于永淸，將戰，命士卒佯敗，金兵來追，迴擊，大破之，死及溺水者甚衆，獲李英及所佩虎符，得糧千餘車。遂招諭永淸，不降，拔而屠之。未幾，金將完顏合住、監軍阿興鬆哥，復以步兵萬二千人、糧車五百兩援中都。明

安復將三千騎往擊之，遇于涿州宣封寨，獲鬆哥，合住遁去，盡得其輜重，還屯建春宮。四月，攻萬寧宮，克之；取富昌、豐宜二關，攻拔固安縣。

初，順州之破，兵士縛密雲主簿完顏壽孫以獻，明安釋而用之，不久，逸去復來，問其故，對曰：「有老父在城中，恐不能存，謀歸，欲得侍養，今已歿，故復來。」明安義而釋之。五月，明安將攻中都，金相完顏復興飲藥死。辛酉，城中官屬父老緇素，開門請降，明安諭之曰：「負固不服，以至此極，非汝等罪，守者之責也。」悉令安業，仍以粟賑之，衆皆感悅。

明安早從軍旅，料敵制勝，算無遺策，雖祁寒盛暑，未嘗不與士卒均勞逸，同甘苦。其得金府庫珠玉錦綺，明安悉具其數上進，未嘗以纖毫爲己有。中都既下，加太傅、邵國公，兼管蒙古漢軍兵馬都元帥。丙子，以疾卒于燕城，年五十三。

子二人：長咸得不，襲職爲燕京行省。次忽篤華，太宗時，爲金紫光祿大夫、燕京等處行尙書省事，兼蒙古漢軍兵馬都元帥。

張榮

張榮字世輝，濟南歷城人，狀貌奇偉。嘗從軍，爲流矢貫眥，拔之不出，令人以足抵其額而拔之，神色自若。金季，山東羣盜蜂起，榮率鄉民據濟南黌堂嶺，衆稍盛，遂略章丘、鄒

平、濟陽、長山、辛市、蒲臺、新城及淄州之地而有之，兵至，則淸野入山。

歲丙戌，東平、順天皆內屬，榮遂舉其兵與地，納款於按（赤）〔赤〕台那衍，〔五〕引見太祖，問以孤軍數載，獨抗王師之故，對曰：「山東地廣人稠，悉爲帝有。臣若但有倚恃，亦不款服。」太祖壯之，拊其背曰：「眞賽因八都兒也。」授金紫光祿大夫、山東行尙書省，兼兵馬都元帥，知濟南府事。時貿易用銀，民爭發墓劫取，榮下令禁絕。

庚寅，朝廷集諸侯議取汴，榮請先六軍以淸蹕道，帝嘉之，賜衣三襲，詔位諸侯上。辛卯，軍至河上，榮率死士宵濟，守者潰。詰旦，敵兵整陣至，榮馳之，望風披靡，奪戰船五十艘，麾抵北岸，濟師，衆軍繼進，乘勝破張、盤二山寨，俘獲萬餘，大將阿朮魯恐生變，欲盡殺之，榮力爭而止。癸巳，汴梁下，從阿朮魯爲先鋒，攻睢陽，議欲殺俘虜，烹其油以灌城，又力止之。既而城下，榮單騎入城撫其民。甲午，攻沛，沛拒守稍嚴，其將唆蛾夜來擣營，榮覺之，唆蛾返走，率壯士追殺之，乘勝急攻，城破。就攻徐州，守將國用安引兵突出，榮逆擊之，亦破其城，用安赴水死。乙未，拔邳州。丙申，從諸王闊端破宋棗陽、仇城等三縣。〔六〕

時河南民北徙至濟南，榮下令民閒，分屋與地居之，俾得樹畜，且課其殿最，曠野闢爲樂土。是歲，中書考績，爲天下第一。李壇據益都，私餽以馬蹄金，榮曰：「身既許國，何可擅交鄰境！」却之。年六十一，乞致仕，後十九年，世祖卽位，封濟南公，致仕卒，年八十三。

子七人：長邦傑，襲爵，先卒；邦直，行軍萬戶；邦彥，權濟南行省；邦允，知淄州；邦孚，大都督府郎中；邦昌，奥魯總管；邦憲，淮安路總管。孫四十人，宏，襲邦傑爵，改眞定路總管。

劉亨安

劉亨安，其先范陽人，後遷遼東川州。初，國王木華黎經略遼東，兄世英率宗族鄉人隸麾下，分兵收燕、趙、雲、朔、河東，以功充行軍副總管。庚辰，平陽諸郡被兵之餘，民物空竭，世英言於王曰：「自古建國，以民爲本，今河東殺掠殆盡，異日我師復來，孰給轉輸？收存恤亡，此其時也。」王善之。以絳州邊地，難其人，奏授世英絳州節度使，兼行帥府事。卒于師，無子，國王孛魯命其族兄德仁襲職。丙戌歲，金將移剌副樞攻絳州，城陷，死之。木華黎承制命亨安領其衆，〔一七〕奏賜金虎符，授鎭國上將軍、絳州節度使，行元帥府事，兼觀察使。

庚寅冬，從王師渡河入關。辛卯春，克鳳翔，歷秦、隴，屯渭陽。秋，出階城，沿漢抵鄧。壬辰，會大軍於鈞州，敗金人於三峯山。甲午，平蔡。既而宋兵二十萬攻汴，將趨洛，都元帥塔察兒俾亨安往拒之，與宋軍遇龍門北，遂橫槊躍馬，奮突而前，衆因乘之，宋師奔潰，追

擊百餘里，塔察兒拊其背曰：「眞驍將也。」延坐諸將之右，勞賜甚厚。丙申，都元帥塔海征巴蜀，攻散關，破劍門，出奇制勝，戰功居多。進圍成都，亨安爲先鋒，大破之於城西，生擒宋將陳侍郎。有喬長官與亨安爭功，未幾，攻城，喬爲砲所傷，亨安負之以出，喬感愧。亨安從軍十年，累著勳伐，所獲金帛，悉推與將佐，故士卒咸樂爲用。癸卯冬十二月卒。子貞，嗣職。孫三人：弘，彊，䛲。

校勘記

〔一〕脫羅（畢）〔華〕察兒　據黃金華集卷二七石抹繼祖神道碑、許白云集卷二庫祿滿行狀改。

〔二〕追封易國公諡武昌　按程雪樓集卷八何瑋神道碑、卷二贈何伯祥諡忠毅制，皆作「諡忠毅」，蒙史從改，疑是。

〔三〕擢爲江浙按察使　程雪樓集卷八何瑋神道碑作「出爲江南浙西道提刑按察使」。此處「江浙」當作「江南浙西」或「浙西」。新元史已校。

〔四〕八都（高）〔馬辛〕　據程雪樓集卷八何瑋神道碑改。按八都馬辛時爲中書右丞。新元史已校。

〔五〕明年蒲津南濟潼關　此句不文。蒙史于「蒲津」上增「自」字。

〔六〕梁州　按宋、元四川無「梁州」，「梁」字誤。蒙史改作「渠州」。

〔七〕敕左帥闍別略地漢南　按此時蒙古軍略地長城北，當與漢南無涉。「漢」字誤。蒙史、新元史改作「漠南」。

〔八〕子六人　按下文所列共七人。此處史文有誤。

〔九〕乙未孛魯以實子仲澤爲質子　蒙史改「孛魯」爲「塔思」，並注云：「按孛魯薨于戊子五月，乙未不得更有孛魯。」

〔一〇〕〔秉溫〕　據本書原目錄補。

〔一一〕中統元年詔立十道宣慰司以瑨爲順天宣慰使　考異云：「案中統元年立十路宣撫司，瑨不預使副之列。至三年，立十路宣慰司，乃以瑨爲使。傳云元年，誤也。」

〔一二〕明年授秘書少監　滋溪文稿卷二二趙秉溫行狀「明年」作「十年」。按本書卷八世祖紀，立祕書監在至元十年正月丁卯，傳上文有「至元七年」，此書「明年」誤，「明」當作「十」。

〔一三〕編國朝集禮（成帝）特命其子彗襲侍儀使　原空闕，從北監本補。

〔一四〕雲國公　按滋溪文稿卷四趙瑨神道碑陰記、卷十趙秉正神道碑銘、卷二二趙秉溫行狀皆作「定國公」，疑「雲」字誤。

〔一五〕按（赤）〔赤〕台那衍　據本書卷一一八特薛禪傳、卷一一九木華黎傳附塔思傳、卷一二一按竺邇傳所見「按赤台」改。此人本書又作「按赤帶」、「按只台」、「按赤帶」。

〔一六〕丙申從諸王闊端破宋棗陽仇城等三縣　考異云：「案太宗紀，乙未歲皇子闊端征秦鞏，皇子曲出卽闊出伐宋。十月曲出圍棗陽，拔之。則榮所從者，當是闊出，非闊端也。仇城字疑有誤。」

〔一七〕木華黎承制　考異云：「案木華黎以癸未歲卒，子孛魯嗣爲國王。上文已書國王孛魯矣，此却書木華黎，何其前後不檢照也。」

元史卷一百五十一

列傳第三十八

薛塔剌海

薛塔剌海，燕人也，剛勇有志。歲甲戌，太祖引兵至北口，塔剌海帥所部三百餘人來歸，帝命佩金符，爲砲水手元帥，屢有功，進金紫光祿大夫，佩虎符，爲砲水手軍民諸色人匠都元帥，便宜行事。從征回回、河西、欽察、畏吾兒、康里、乃蠻、阿魯虎、忽纏、帖里麻、賽蘭諸國，俱以礮立功。太宗三年，睿宗引兵自洛陽渡河，塔剌海由隴右假道金、商，遂會師于(均)〔鈞〕州三峯山，〔一〕敗金師。四年，〔二〕破南京及唐、鄧、(均)〔鈞〕、許諸州，取郟陵、扶溝。四月卒。

子奪失剌，襲爲都元帥，南攻江淮，有功。歲庚戌，卒。弟軍勝襲，憲宗八年，從世祖攻釣魚山、〔三〕苦竹崖、大(林)〔良〕平、〔四〕青居山，破重慶、馬湖、天水，賜以白金、鞍馬等物。

中統三年，李璮叛濟南，又以礮破其城。至元五年，從圍襄陽。三月卒。

丞相阿朮欲以千戶劉添喜攝帥府事，子四家奴，年方十六，請從軍自效，帝壯而許之。八年，始襲父爵。十年冬十二月，襄、樊未下，〔五〕四家奴立砲攻之，明年正月，襄陽守呂文煥降。繼從丞相伯顏南伐，十月，至郢州，先登。師既渡江，四家奴自鄭州下沿海諸城堡，〔六〕至建康。十二年，授武節將軍。六月，與宋將夏貴戰于峪溪口，奪其船二百餘艘。十一月，屠常州。十二月，取蘇州。十三年，攻鎭巢。七月，圍揚州，守臣李庭芝棄城走，追獲之。九月，進階懷遠將軍，將兵平浙東諸郡。從征福建灤江，與宋兵力戰，破之，獲戰艦千餘艘。十六年，進階鎭國將軍，鎭揚州。二十二年，改爲萬戶。

高鬧兒

高鬧兒，女直人。事太祖，從征西域，復從闊出太子、察罕那演，連歲出征，累有功，授金符，總管，管領山前十路匠軍。

歲己未，憲宗憫其老，命其子元長襲其職，從世祖渡江攻鄂，還鎭隨州。至元二年，移鎭季陽。五年，從元帥阿朮修立白河口、新城、鹿門山等處城堡，圍襄樊。七年，充季陽軍馬總管。十年，從攻樊城，先登。十一年，從渡江，鼓戰艦上流，與宋人戰，殺三百餘人，奪其船及鎧仗，以功賜虎符，陞宣武將軍。進兵丁家洲，與宋臣孫虎臣等大戰，殺五百餘人，奪其船及鎧仗無算；敗夏貴于焦湖。從征常州，先登。又攻杭州。宋平，護送宋太后至京師。以功進懷遠大將軍、萬戶。

二十一年，領軍二千，從太子脫歡征交趾，追襲交趾世子于大海口，奪其戰艦以還。二十二年，陞安遠大將軍、季陽萬戶府萬戶。是年夏，復以兵追襲交趾世子于海之三叉口，與敵軍合戰，中毒矢而死。

子滅里干，初直宿衞，襲父職，領兵鎭廣東，尋移戍惠州，平盜譚大獠、朱珍等。元貞元年，移戍袁州，盜陀頭以衆犯境，悉剿除之。尋廣之南恩盜起，復領兵平之。還，沒于袁州。贈懷遠大將軍、季陽萬戶府萬戶、輕車都尉、渤海郡侯。

王義

王義字宜之，眞定寧晉人，家世業農。義有膽智，沉默寡言，讀書知大義。金人遷汴，河朔盜起，縣人聚而謀曰：「時事如此，吾儕欲保全家室，宜有所統屬。」乃相與推義爲長，攝行縣事，尋號爲都統。太師、國王木華黎兵至城下，義率衆，以寧晉歸焉。入覲太祖，賜駿馬二匹，授寧晉令，兼趙州以南招撫使。是時兵亂，民廢農耕，所在人相食，寧晉東有藪澤，

周回百餘里，中有小堡曰㴈城，義曰：「㴈城雖小而完，且有魚藕菱芡之利，不可失也。」留偏將李直守寧晉，身率衆保㴈城，由是全活者衆。

歲(己)〔乙〕亥，〔七〕金將李伯祥據趙州，木華黎遣義擣其城。會天大風雨，義帥壯士，挾長梯，疾趨，夜四鼓，四面齊登，殺守陴者。城中亂，伯祥挺身走天壇寨，一州遂定。木華黎承制授義趙州太守、趙冀二州招撫使。丁丑，大軍南取鉅鹿、洺州二城，還軍至唐陽西九門，遇金監軍納蘭率冀州節度使柴茂等，將兵萬餘北行。義伏兵桑林，先以百騎挑之，納蘭趨來迎戰，因稍却，誘之近桑林，伏起，金兵大亂，奔還，獲納蘭二弟及萬戶李虎。戊寅，拔束鹿，進攻深州，守帥以城降。順天都元帥張柔上其功，陞深州節度使、深冀趙三州招撫使。

金將武仙以兵四萬來攻束鹿，仙諭軍士曰：「束鹿兵少無糧，城無樓櫓，一日可拔也。」盡銳來攻，義隨機應拒，積三十日不能下，大小數十戰皆捷。一夕，義召將佐曰：「今城守雖有餘，然外無援兵，糧食將盡，豈可坐而待斃。」椎牛饗士，率精銳三千，銜枚夜出，直擣仙營。仙軍亂，乘暗攻之，殺數千人。仙率餘衆遁還眞定，悉獲其軍資器仗。木華黎聞之，遣使送銀牌十，命義賜有功者。庚辰，拔冀州，獲柴茂，械送軍前，木華黎、張柔復上其功，授龍虎衞上將軍、(武安)〔安武〕軍節度使，〔八〕行深冀二州元帥府事，賜金虎符。

辛巳，仙復遣其將盧秀、李伯祥，率兵謀襲趙州，幷取灑城，率戰艦數百艘，沿江而下。義具舟楫於紀家莊，截其下流，邀擊之，義士卒皆水鄉人，善水戰，回旋開闔，往來如風雨，船接，則躍登彼船，奮戈疾擊，敵莫能當，殺千餘人，擒秀。伯祥退保灑城，義引兵拔之，伯祥西走，二子死焉。邢州盜號趙大王，聚衆數千，據任縣固城水寨，眞定史天澤集諸道兵攻之不能下。甲午，義引兵薄其城，一鼓下之，獲趙大王、侯縣令等數人殺之，餘黨悉平。義乃布敎令，招集散亡，勸率種藝，深、冀之間，遂爲樂土云。

王玉 忱附

王玉，趙州寧晉人。長身駢脅多力，金季爲萬戶，鎭趙州。太師、國王木華黎下中原，玉率衆來附，領本部軍，從攻邢、洺、磁三州，濟南諸郡，號長漢萬戶。從攻澤、潞諸州，獨潞州堅壁不下，玉力戰，流矢中左目，竟拔其城。又破平陽，下太原、汾、代等州。師還，署元帥府監軍，以趙州四十寨隸焉。

先是，金將武仙旣降復叛，殺元帥史天倪。宋將彭義斌在大名，陰與仙合，玉從笑乃帶、史天澤，攻敗武仙，生擒義斌，駐軍寧晉東里寨。仙遣人齎誥命，誘玉妻，妻拒曰：「妾豈可使夫懷二心於國家耶！」仙圍之數匝，殺其子寧壽。玉聞之，領數騎突其圍，斬獲數百人

而還。仙遣人追之，不敢進，皆曰：「王將軍膽氣驍雄，我輩非敵也。」仙乃盡發玉先世二十七冢，棄骸滿道。玉從史天澤諸將，擊仙於趙州，仙糧絕，走雙門寨，圍之。會大風，仙獨脫走，斬其將四十三人，眞定遂平。加定遠將軍，權眞定五路萬戶，假趙州慶源軍節度副使。

有民負西域賈人銀，倍其母，不能償，玉出銀五千兩代償之。又出家奴二百餘口爲良民。中統元年二月卒，年七十。子忱。

忱字允中，幼讀書，明敏有才識。平章趙璧，引見裕宗潛邸，語稱旨，命宿衞，掌錢穀計簿。授山北遼東道提刑按察司副使。駙馬伯忽里，數馳獵蹂民田，忱以法繩之。憲吏耿熙言徵北京宣慰司積年逋負，計可得鈔二十萬錠。帝遣使覈實，熙懼事露，擅增制語，有「幷打算大小一切諸衙門等事」凡十二字，追繫官吏至數百人。忱驗問，知其詐，熙乃款伏。裕宗薨于潛邸，忱建言：「陛下春秋高，當早建儲嗣。」平章不忽木以聞，帝嘉納焉。改河北河南道提刑按察副使。忱以江南人鬻子北方，名爲養子，實爲奴也，乞禁之。又省部以正軍餘田出調發，忱言：「士卒衝冒寒暑，遠涉江海，宜加優恤。」皆從之。潁州朱喜，嘗俘於兵，旣自贖，主家利其貲，復欲以爲奴。又有誣息州汪清爲奴，殺而奪其妻子及田宅者。獄久不決，忱皆正之。劾罷鎭南帥唐兀台，唐兀台結援大臣，誣奏于帝，繫忱至京師，得面陳其事，世祖大悟，抵唐兀台罪。按察司改廉訪司，起忱爲燕南河北道肅政廉訪副使，累遷嶺南廣西、河東山西兩道肅政廉訪使，江陵、汴梁兩路總管。至大(三)〔元〕年，〔九〕拜中奉大夫、雲南行省參知政事，未行，卒。

趙迪

趙迪，眞定藁城人也。幼孤，事母孝，多力善騎射。金末爲義軍萬戶。郡將出六鈞强弩，立賞募能挽者，迪能之，卽署眞定尉，遷藁城尉，陞爲丞。

太祖兵至藁城，迪率衆迎降。歲壬午，改藁城爲永安(軍)〔州〕，〔一〇〕以迪同知節度使事。嘗從帝西征，他將校豪橫俘掠，獨迪治軍嚴，所過無犯。

先是，眞定旣破，迪亟入索藁城人在城中者，得男女千餘人，諸將欲分取之，迪曰：「是皆我所掠，當以歸我。」諸將許諾，迪乃召其人謂曰：「吾懼若屬爲他將所得，則分奴之矣，故索以歸之我。今縱汝往，宜各遂生產，爲良民。」衆感泣而去。時兵荒之餘，骸骨蔽野，迪爲大塚收瘞。壬子歲卒，年七十。子七人，椿齡，眞定路轉運使。

邸順〔琮〕〔一一〕

邸順，保定行唐人，占籍於曲陽縣。金末盜起，順會諸族，集鄉人豪壯數百人，與其弟常，築兩寨于石城、玄保，分據以守。歲甲戌，率衆來歸，太祖授行唐令。丙子，眞定饑，羣盜據城叛，民皆穴地以避之，盜發地而噉其人，順擒數百人殺之。朝廷陞曲陽爲恒州，以順爲安撫使。

金將武仙據眞定，帥衆來攻，順與戰，大敗之，賜金虎符，加鎭國上將軍、恒州等處都元帥。庚辰，武仙屯兵于黃、堯兩山，順及弟常又擊敗之。時西京郝道章，陰結武仙，抄掠州縣，順擒道章殺之，仙退眞定以自保。順從木華黎攻之，敗之於王柳口，仙遂棄眞定南走。以功，賜順名察納合兒，陞驃騎衞上將軍，充山前都元帥，弟常，賜名金那合兒。

辛卯春，從太宗攻河南諸郡，招降民十餘萬，以順知中山府。己亥，佩金符，爲行軍萬戶，管領諸路元差軍五千人。從大軍破歸德府，留順戍之。丁未，駐師五河口，宋兵夜襲營，順掩殺其衆，生獲十五人。癸丑，攻漣水。甲寅，舉部屬肖撒八、耨隣之功以奏，上賜肖撒八、耨隣金銀符，仍隸麾下。丙辰春，順卒，年七十四。

子浹，襲職。己未，從世祖渡江，圍鄂州，有戰功。中統元年，世祖卽位，浹以所部張宣

等十二人奏聞于朝，遂以金銀符賜之。三年，圍李璮，還守息州。至元十一年，賜虎符，授金州招討副使，後又遷懷遠大將軍、金州萬戶。十三年，改襄陽管軍萬戶。三月，以樞密院奏，行淮西總管萬戶府事，守廬州。

十四年，移龍興，仍管領本翼軍人。十五年，復爲管軍萬戶，攻贛州崖石寨、太平岩賊有功。十七年，陞鎮國上將軍、都元帥，鎮龍興諸路，兼管本萬戶府事，賜銀印。吉、贛盜起，行省遷元帥府以鎮之。二十一年，元帥府罷，復爲萬戶。二十三年，佩元降虎符，爲歸德萬戶，鎮守吉安。未幾，統領江西各萬戶，集兵七千戍廣東，凡二載。大德三年卒，年七十七。贈輔國上將軍、北庭元帥府都元帥、護軍，追封高陽郡公，謚襄敏。

子榮仁，襲佩其虎符，爲宣武將軍、歸德萬戶，鎮廣東惠州，感瘴疾，不任事。子貫襲。貫卒，子士忠襲。士忠卒，子文襲。順族弟琮。

琮，太祖時從族兄行唐元帥常來降。歲乙酉，金降將武仙，復據眞定叛，琮敗之于黃臺。癸巳，從元帥倴盞滅金于蔡，有功，眞定五路萬戶選充總管府推官。尋奉旨，賜金符，授管軍總押，管領七路兵馬，鎮徐州。宋兵入境，琮戰却之。己亥，從大將察罕攻滁州，〔一一〕力戰，流矢中臍，明年卒。

子澤襲，移鎮潁州。宋兵攻潁，澤戰敗之。至元四年，從元帥阿朮，克平塞寨及老鵶山。十一年，從沙洋奪六艦，〔一二〕皆論功受賞有差。十二年，授武德將軍、管軍總管，從攻潭州及靜江，累官懷遠大將軍、管軍萬戶、郴州路總管府達魯花赤。二十二年，改授廬州蒙古漢軍萬戶，尋遷潁州翼，會徽州績溪縣盜起，澤討平之。二十八年，移鎮杭州，卒。子元謙，襲爲潁州萬戶。元謙卒，子祺襲。祺卒，子忠襲。

王善 子慶端附

王善字子善，眞定藁城人。父增，監本縣酒務，以孝行稱。善資儀雄偉，其音若鐘，多智略，尤精騎射。金貞祐播遷，田疇荒蕪，人無所得食，善求食以奉母。乙亥，羣盜蜂起，衆推善爲長。善約束有法，備禦有方，盜不能犯，擢本縣主簿。

戊寅，權中山府治中。時武仙鎮眞定，陰蓄異志，忌善威名，密令知府李濟、府判郭安圖之。己卯秋，濟、安張宴伏兵，召善計事。善覺，卽還治衆，倉卒得八十人，慷慨與盟，人爭自奮，遂誅濟、安。乃諭其黨曰：「造釁者，李、郭耳，餘無所問。」善夜臥北城上，戒麾下曰：「勿以我累汝家，當取吾首獻帥府。」衆曰：「公何爲出此言，我輩惟有效死而已。」遂率衆來歸，授金符，同知中山府事。是年冬，以兵三百攻武仙，仙遣將率精銳二千拒戰，善擒斬之。仙走獲鹿，委其佐段琛城守，復戰拔之，入據其城，軍勢大振，自中山以南，降州郡四十二。

庚辰，遷中山眞定等路招討使，尋加右副元帥、驃騎大將軍，屯藁城。壬午，陞藁城爲匡國軍，〔一四〕以善行帥府事。癸未，進金吾衛大將軍、左副元帥。仙窮迫請降，詔命復舊鎮。善奏：「仙狼子野心，終必反覆，請修城隍備之。」未幾，仙果叛，率衆來攻，火及西門，善出戰，却之。仙使其部下宋元，俘老幼四千人南奔，善追奪之，俾復故業。仙自是不敢復入眞定，其部曲多來降。丙戌，以功賜金虎符，仍行帥府事。

壬辰，從征河南，至鄭州。州將馬伯堅素聞善名，登陴大呼曰：「藁城王元帥在軍中否？願以城降之。」善直前，免胄與語，伯堅果率衆出降。善令軍中秋毫無犯，民皆按堵，願從善北渡者以萬計，授之土田，以安集之。丙申，兼河北西路兵馬副都總管。辛丑，授知中山府事，屬縣新樂，地居衝要，迎送供給，倍於他縣，皆取於民。善均其勞逸，所徵或未給，輒出家貲代輸，民德之。又放家僮五百人爲民，咸懷其恩。癸卯卒，年六十一。皇慶元年，贈銀青榮祿大夫、司徒，追封冀國公，謚武靖。子慶淵，爲行軍千戶，征淮南死；次慶端。

慶端字正甫，初爲郡莞庫，進水軍提領，訓練士卒，常如臨敵。敗李璮於老僧口，以功

佩金符，爲千戶。監築大都城。移戍清口，宋兵來攻，守將戰死，城欲陷，慶端拔刀誓衆，裹創力戰，城得以全。羣盜四起，復擊走之。進武節將軍、管軍總管，領左右中衛兵。從世祖北征，還，還右〔衛〕親軍副都指揮使，〔一五〕進侍衛軍都指揮使，建威武營，以處衛兵，經畫田廬，使各安業。別立神鋒軍，親教以蹶張弩技，作整暇堂、（屏）〔犀〕利局。〔一六〕浚渠構室，如治家事。

至元十九年，改詹事丞，時有司欲就威武貸粟數萬石，濟饑民。裕宗在東宮，以問慶端，慶端對曰：「兵民等耳，何間焉！」卽命與之。帝嘗遣近侍夜出伺察，爲邏卒所執，近侍以實告，卒曰：「軍中惟知將軍令，不知其他。」近侍以聞，帝賞以黑貂裘。及親征乃顏，命慶端以所部從，時年六十餘，與士卒同甘苦，晝則擐甲執兵迎敵，夜臥不解衣，暇則俾士卒爲軍市，自相懋遷。征東之功，慶端贊畫居多。

成宗卽位，論翼戴功，拜金吾衛上將軍、中書（左）〔右〕丞，〔一七〕行徽政副使，兼隆福宮左都威衛使，進階資德大夫。大德二年，加榮祿大夫、平章政事、僉書樞密院事，兼使如故。以疾卒。

杜豐

杜豐字唐臣，汾州西河人。父珪，以積德好施，鄉稱善人。豐少有大志，倜儻不羣，通兵法。仕金，爲平遙義軍謀克，佩銀符。太祖取太原，豐率所部來降。皇舅按赤那延授兵馬都提控。從國王按察兒攻平陽，先登。克絳州、解州諸堡，招集流民三萬餘家。以功賜金虎符，陞征行元帥左監軍。金人南遁，遂以豐守河北。

庚辰，上黨〔公〕張開以萬衆寇汾州，〔一八〕豐率精騎五千敗之。從國王阿察兒，下懷孟，破溫谷、木澗等寨，輒先登。攻洪洞西山，斬首六百餘級。攻松平山，破之，賊墮崖死以萬計，獲生口甚衆。金將武仙等，往來鈔掠平陽、太原間，行路梗塞。壬午，授豐龍虎衞上將軍、河東南北路兵馬都元帥，便宜行事。遂破玉女、割渠等寨，俘獲千餘人。

丙戌，從按赤那延攻益都，金守將突圍出，豐戰扼之，斬首千級，捕虜二十人，益都下，遂略地登、萊，降島民萬餘。己丑，以本部取沁州，由是銅鞮、武鄉、襄垣、綿（山）〔上〕、沁源諸縣皆下。〔一九〕辛卯，命豐撫定平陽、太原、眞定及遼、沁未降山寨，皆平之。乙未，陞沁州長官，長官者，國初高爵也。在沁十餘年，寬徭薄賦，勸課農桑，民以富足。丁未，請老。丙辰，疾卒于家，年六十有七。沁人立祠，歲時祀焉。

子三人：思明，思忠，思敬。思敬事世祖潛邸，由平陽路同知累遷治書侍御史。阿合馬敗，臺臣皆罷去，思敬以帝所眷知，獨留。出爲安西路總管，僉陝西行省事，歷汴梁總管，再

入中臺爲侍御史。時桑哥以罪誅，風紀爲之振肅。未幾，拜參知政事，改四川行省左丞，不赴，陞中書左丞。致仕，年八十六卒，謚文定。

石抹孛迭兒

石抹孛迭兒，契丹人。父桃葉兒，從霸州。孛迭兒仕金，爲霸州平曲水寨管民官。太師、國王木華黎率師至霸州，孛迭兒迎降，木華黎察其智勇，奇之，擢爲千戶。歲甲戌，從木華黎覲太祖於雄州，佩以銀符，充漢軍都統。帝次牛闌山，欲盡戮漢軍，木華黎以孛迭兒可用，奏釋之，因請隸麾下，從平高州。

乙亥，授左監軍，佩金符，與北京都元帥吾也兒，分領錦州紅羅山、北京東路漢軍二萬。又從奪忽闌（闇）〔闍〕里必徇地山東、〔二〇〕大名。比至洺州，城守甚堅，師不得進，孛迭兒不避矢石，率衆先登，遂拔之。丁丑，從平益都、沂、密、萊、淄。戊寅，從定太原、忻、代、平陽、吉、隰、嵐、汾、石、絳州、河中、潞、澤、遼、沁。

辛巳，木華黎承制陞孛迭兒爲龍虎衞上將軍、霸州等路元帥，佩金虎符，以黑軍鎭守固安水寨。既至，令兵士屯田，且耕且戰，披荆棘，立廬舍，數年之間，城市悉完，爲燕京外蔽。庚寅，朝太宗于行在所，賜金符。辛卯，從國王塔思征河南。癸巳，從討萬奴於遼東，平之。

孛迭兒始從征伐，及後爲將，大小百戰，所至有功，年七十，以疾卒于官。子紥查剌、查茶剌。

賈塔剌渾

賈塔剌渾，冀州人。太祖用兵中原，募能用砲者籍爲兵，授塔剌渾四路總押，佩金符以將之。及攻益都，下之，加龍虎衞上將軍、行元帥左監軍，便宜行事。師還，駐謙謙州，即古烏孫國也。歲己丑，〔二一〕將所部及契丹、女直、唐兀、漢兵，攻斡脫剌兒城。塔剌渾督諸軍，穴城先入，破之，即軍中拜元帥，改銀青（光）〔榮〕祿大夫。〔二二〕從睿宗入散關，略關外四州，經興元，渡漢江，略唐、鄧、申、裕諸州，鼓行而東，河南平。陞金紫光祿大夫、總領都元帥。從大帥太赤攻徐、邳，平之。十六年，卒。

子抄兒赤襲，從諸王也孫哥、塔察兒南征。戊午，卒於軍。子冀驢襲，卒。弟六十八襲。至元五年，諸軍圍襄樊。九年，六十八帥所部戍駱駝嶺一字城，立砲樊城南，不發，以怠敵心，俄帥銳卒突出，攻其城西，破之。以功賜銀幣、鞍馬、弓矢。

十一年，諸軍南征，渡江。明年，加宣武將軍。宋常州守臣姚訔，堅守不下，六十八發砲摧其城壁，以納諸軍。宋援兵突至，力戰却之。常州既克，帥府令總新附砲手軍。臨安

降，加懷遠大將軍，從諸軍追宋二王至海，下三十餘城。十四年，加昭勇大將軍。十五年，領南軍精銳者入衞，加輔國上將軍。十八年，論功，授奉國上將軍，管領砲手軍都元帥。二十年，罷都元帥，更授砲手軍匠萬戶，佩三珠虎符。二十六年，卒。

奧敦世英

奧敦世英，女眞人也。其先世仕金，爲淄州刺史。歲癸酉，太祖兵下山東，淄州民奉世英及弟保和迎降，皆授以萬戶。世英倜儻有武略，由萬戶遷德興府尹，時金經略使苗道潤率衆欲復山西。世英與戰，克之，將盡殺所俘，其母責之曰：「汝華族也，畏死而降，此卒伍爾，驅之死戰，何忍殺之耶！」遂止。世英從數騎巡部定襄，卒於軍。

保和由萬戶陞昭勇大將軍、德興府元帥，錫虎符，改雄州總管。尋以元帥領眞定、保定、順德諸道農事，凡闢田二十餘萬畝。改眞定路勸農事，兼領諸署，賜居第、戎器、裘馬，給戶，食其租。年五十六，致仕。保和四子：希愷，希元，希魯，希尹。

希愷襲勸農事，皇太后錫以錦服，曰：「無墜汝世業。」郡縣有水旱，必力請蠲租調，民賴之。南征時，置軍儲倉于汴、衞，歲輸河北諸路粟以實之，分冬月三限，失終限者死，吏徵斂舞法，民甚苦之。希愷知其弊，蠲煩苛而民不擾。尋以勸農使兼知冀州。希愷至，爲束約，

中華書局

健訟之俗爲變。蒙古軍取民田牧，久不歸，希愷悉奪歸之，軍無怨言。至元二年，遷順天治中。三月，改順德。又踰月，陞知河中府，秩滿歸調。時阿合馬專政，官以賄成，希愷不往見之，降武德將軍、知景州，數月卒。

希元，彰德漕運使。希魯，澧州路總管。

希尹，中統三年，李璮叛濟南，世祖命丞相史天澤討之。希尹謁天澤，面陳利害，願擊賊自效。試其騎射，壯之，命充眞定路行軍千戶。與賊戰，矢無虛發，賊敗走入城中，諸王哈必赤賞銀五十兩。希尹請築外城圍之，深溝高壘，俟其糧絕，不戰而坐待其困，天澤從之。璮既就擒，至元十一年，樞密錄其功，自右衞經歷，六遷至同知廣東道宣慰司事，卒。

田雄

田雄字毅英，北京人也。幼孤，能樹立，以驍勇善騎射知名，金末署軍都統。歲辛未，太祖軍至北京，雄率衆出降。太祖以雄隸太師、國王木華黎麾下，從征興中、廣寧諸郡，定府州縣二十有九，平錦州張鯨兄弟之亂，從攻柏鄉、邢、相。辛巳，從攻鄜、坊、綏、葭諸州有功，木華黎承制授雄隰、吉州刺史，兼鎭戎軍節度使，行都元帥府事，平汾西霍山諸柵。壬午，以木華黎命，授河中帥，聽石天應節制。

太宗時，從攻西和、興元諸州；又從攻夔、萬諸州。論功尤最，賜金符，授行軍千戶，召爲御前先鋒。頃之，使攻破楨州雷家堡。奉旨招納河南降附，得戶十三萬七千有奇，民皆按堵，而別部將校，縱兵虜掠，民惶懼悔降，雄力爲救護，至出己財與之，民得免於害。癸巳，授鎭撫陝西總管京兆等路事。時關中苦於兵革，郡縣蕭然。雄披荆棘，立官府，開陳禍福，招徠四山堡寨之未降者，獲其人，皆慰遣之，由是來附者日衆。雄乃敎民力田，京兆大治。事聞，賜金符。定宗時，入覲于和林。以疾卒，年五十八。後追封西秦王。

子八人，大明，襲職，知京兆等路都總管府事。

張拔都

張拔都，昌平人。歲辛未，太祖南征，拔都率衆來附，願爲前驅，遂留備宿衞。從近臣漢都虎西征回紇、河西諸蕃，道隴、蜀入洛，屢戰，流矢中頰不少卻。帝聞而壯之，賜名拔都，自是漢都虎亦專任之。甲午，金亡，以漢都虎爲砲手諸色軍民人匠都元帥，守眞定。漢都虎卒，無子，以拔都代之。及漢都虎兄子贍闕少長，拔都請于朝，歸其政而終老焉。

子忙古台，從憲宗攻蜀釣魚山、苦竹二壘，冒犯矢石，屢挫而不沮，遂以勇敢聞。中統元年，賜銀符，預議砲手軍府事。尋易金符，爲行軍千戶，從征襄樊有功，卒。

子世澤襲，從丞相伯顏南征，大小十餘戰，皆有功。又從平廣西。明年，收瓊、萬諸州，拜宣武將軍、行軍總管。未幾，遷副萬戶，加明威將軍。從鎭南王脫歡伐交趾，既還，及再舉，將校舊嘗往者，許留恤之。有脫歡者，當行，適病，不能起，世澤曰：「吾祖父以武勇稱，吾蒙其餘澤，荷國厚恩，當輸忠王室，增光前人，豈可苟爲自安計耶！」力請代之，凱還，人服其義云。

張榮

張榮，濟州人，後徙鄢陵。歲甲戌，從（金）太保明安降，〔三三〕太祖賜虎符，授懷遠大將軍、元帥左都監。乙亥正月，奉旨略東平、益都諸郡。戊寅，領軍匠，從太祖征西域諸國。庚辰八月，至西域莫蘭河，不能涉。太祖召問濟河之策，榮請造舟。太祖復問：「舟卒難成，濟師當在何時？」榮請以一月爲期，乃督工匠，造船百艘，遂濟河。太祖嘉其能，而賞其功，賜名兀速赤。癸未七月，陞鎭國上將軍、砲水手元帥。甲申七月，從征河西。乙酉，從征關西五路。十月，攻鳳翔，砲傷右髀，帝命賜銀三十錠，養病於雲內州。庚寅七月卒，年七十三。

子奴婢，襲佩虎符、砲水手元帥，領諸色軍匠。太（祖）〔宗〕伐金，〔三四〕命由關西小口，收附

金昌州等郡。乙未，金亡。〔三五〕戊戌，授懷遠大將軍。癸卯三月，陞輔國大將軍。甲辰二月，領蒙古、漢軍，守（均）〔鈞〕州。戊申九月，宋兵襲（均）〔鈞〕州，奴婢拒戰，大敗宋師。己酉十一月，復與宋兵戰，流矢中右臂。中統三年卒，〔三六〕年七十五。

子君佐，襲佩虎符、砲水手元帥，戍蔡州。五年，都元帥阿朮，命將砲手兵攻襄陽。至元八年，調守襄陽一字城、槖駝嶺，攻南門牛角堡，破之。攻樊城，親立砲摧其角樓，樊城破。十年，襄陽降。參政阿魯海牙以宋降將呂文煥入朝，奉旨召蒙古、漢人萬戶凡二十人陛見，各以功受賜。帝親諭之，令還鎭。十一年，從軍下漢江，至沙洋。丞相伯顏命率砲手軍攻其北面，火砲焚城中民舍幾盡，遂破之，賜以良馬、金鞍、金段。又以火砲攻陽邏堡，破之。十二年，從大軍與宋將孫虎臣戰于丁家洲，復從丞相阿朮攻揚州，是年冬，又從諸軍破常州。

十三年，陞懷遠大將軍，仍砲水手元帥。秋，君佐屯軍眞、揚間，絕宋糧道。宋制置李庭芝、都統姜才棄城走，揚州平，以君佐爲安慶府安撫司軍民達魯花赤。十四年春，安慶野人原及司空山天堂賊，將攻安慶，君佐密察知之。時城中軍僅數百人，君佐命搤賊出沒要道，賊不敢入，乃寇黃州。行省命君佐率衆復黃州，因以爲黃州達魯花赤。十五年，加鎭國上將軍，仍砲水手元帥。十九年，命率新附漢軍萬人，修膠西閘壩，以通漕運。二十一年，

兼海道運糧事，是年卒。

趙天錫 賁亨

趙天錫字受之，冠氏人。屬金季兵起，其祖以財雄鄉里，爲衆所歸。貞祐之亂，父林，保冠氏有功，授冠氏丞，俄陞爲令。大安末，天錫入粟佐軍，補修武校尉，監洛水縣酒。太祖遣兵南下，防禦使蘇政以爲冠氏令，乃挈縣人壁桃源、天平諸山。歲辛巳春，歸行臺東平嚴實。實素知天錫名，遂擢隸帳下，從征上黨，以功授冠氏令，俄遷元帥左都監，兼令如故。

甲申，宋將彭義斌據大名，冠氏元帥李全降之，人心頗搖。天錫令衆姑少避其鋒，以圖後舉，乃率將佐往依大將孛里海軍。未幾，破義斌于眞定，授左副元帥、同知大名路兵馬都總管事。李全在大名，結其帥蘇椿，納金河南從宜鄭倜，日以取冠氏爲事。天錫每戰輒勝，一日，倜自將萬人來攻，天錫率死士乘城，力戰三晝夜，倜度不能下，乘風霾遁去。己丑，朝行在所，上便民事，優詔從之。戊戌，征宋，駐兵蘄、黃間，被病還，卒于冠氏，年五十。子六人，賁亨嗣。

賁亨字文甫，襲行軍千戶。己未，從國兵渡江攻鄂，有功。至元五年，總管山東諸翼軍，征宋，攻襄樊。賁亨出抄蘄、黃，以五百人拔野人原寫山寨，修白河新城。七年，偕元帥劉整朝京師，命爲征行千戶，賜金符，及衣帶鞍馬。攻樊城，冒矢石，擁盾先登，破之。十一年，修東、西正陽城。三月，敗夏貴于淮，益以濟南、汴梁二路新軍。十二年正月，從攻鎭江，〔一七〕與宋將孫虎臣、張世傑大戰于焦山，殺掠甚衆。十三年，江南平，以功陞宣武將軍。

十四年，授虎符、懷遠大將軍、處州路總管府達魯花赤。未行，適盜發瀲浦，行省檄爲招討使，率兵平之。未幾，處州青田縣季文龍、章焱殺趙知府以叛，賁亨獲其黨，始知七縣俱反，季文龍自署爲兩浙安撫使，據處州天慶觀。賁亨率衆圍之，將騎士三百陣于下河門。賊出戰，以精騎蹂之，遂棄城突圍散走，斬首三級，賁亨入城，乃招散亡，立官府。章焱復合二萬衆來攻，陣惡溪南。賁亨分兵拒守，自將精銳亂流衝擊，屬萬戶忽都台以援兵至，自巳至亥，賊方退，文龍溺死。忽都台以處郞亂山爲州，無城壁可恃，且反側，欲屠之，賁亨曰：「我受命來監此郡，賊固可殺，良民何辜！」不從。將士虜掠子女金帛，賁亨捕得倡率者杖之，仍各求所失還之，州民悅服。

十五年，龍泉縣張三八合衆二萬，殺慶元縣達魯花赤也速台兒，且屠其家。賁亨將騎士五百往討，與賊將鄭先鋒、陳壽山三千餘人戰于浮雲鄉，斬首三百餘級。三八軍于縣西，賊三戰俱敗，軍還，賊衆水陸俱設伏，賁亨擇步卒驍悍者使前，賊不敢近。既而衢州賊陳千二聚二萬人，遂昌葉丙六亦聚三千人助之，賁亨前後斬首三千餘級，悉平之。十七年，改處州路管軍萬戶。二十二年，還冠氏，卒，年五十七。

校勘記

〔一〕（均）〔鈞〕州　從道光本改。下同。

〔二〕四年　按本書卷二太宗紀五年癸巳正月戊辰條、卷一二一速不台傳及金史卷一八哀宗紀天興二年正月戊辰條，蒙古破金南京在元太宗五年。蒙史改「四」爲「五」，是。

〔三〕憲宗八年從世祖攻鈞魚山　本證云：「案憲宗紀，八年戊午十一月，命忽必烈即世祖統諸路蒙古、漢軍伐宋。九年七月，帝崩于鈞魚山。世祖紀戊午冬十一月，禡牙于開平東北。己未八月渡淮。九月朔，親王穆哥自合州鈞魚山遣使以憲宗凶問來告。是攻鈞魚山者乃憲宗，非世祖。且事亦在九年也。」

〔四〕大（林）〔良〕平　據本書卷六、九世祖紀至元三年十一月丙辰條、十三年十一月丙午條、卷一三三拜延傳、卷一六五趙匣剌傳、卷一九七郭狗狗傳改。

〔五〕十年冬十二月襄樊未下　下文有「明年正月，襄陽守呂文煥降」。按本書卷八世祖紀、卷一二八

阿里海牙傳，呂文煥請降在至元十年正月，此處「十年冬」當作「九年冬」。

〔六〕師既渡江四家奴自鄭州下沿海諸城堡　按鄭州不沿海，且早爲元有。此處史文有誤。

〔七〕歲（已）〔乙〕亥　道光本與紫山集卷一八王義行狀合，從改。按後文有丁丑年。

〔八〕（武安）〔安武〕軍節度使　據紫山集卷一八王義行狀改正。安武軍原係宋冀州節度軍額，金仍之。王義據冀州，故有此節度使銜。

〔九〕至大（三）〔元〕年　據滋溪文稿卷二三王忱行狀、元文類卷六八王忱神道碑改。

〔一〇〕改棄城爲永安（軍）〔州〕　考異云：「案王善傳，壬午，陞棄城爲匡國軍。董俊傳，陞棄城縣爲永安州，號其衆爲匡國軍。永安乃州名，非軍名也。傳誤。」從改。

〔一一〕〔琮〕　據本書原目錄補。

〔一二〕己亥從大將察罕攻滁州　本書卷一二〇察罕傳與青崖集卷五邸琮神道碑「己亥」皆作「戊戌」，疑「己亥」誤。

〔一三〕從沙洋奪六艦　此句不文。牧庵集卷一七邸澤神道碑作「從拔新城、沙洋，下」，「從戰青山磯，多所俘馘」。青崖集卷五邸琮神道碑作「戰青山磯，獲戰艦」。

〔一四〕陞棄城爲匡國軍　按常山貞石志卷一五李治王善神道碑作「陞棄城爲永安州匡國軍」，本書卷一四八董俊傳有「陞棄城縣爲永安州，號其衆爲匡國軍」。棄城以縣升州，非陞縣爲軍，「匡國」

係節度軍額。此處「匡國軍」上當有「永安州」。新元史已校。

〔一五〕遷右〔衞〕親軍副都指揮使　據常山貞石志卷一七閻復王慶端神道碑補。蒙史已校。

〔一六〕(屏)〔犀〕利局　道光本與常山貞石志卷一七王慶端神道碑、程雪樓集卷一七王慶端墓碑合，從改。

〔一七〕中書(左)〔右〕丞　據常山貞石志卷一七王慶端神道碑、程雪樓集卷一七王慶端墓碑改。

〔一八〕上黨〔公〕張開　據平遙縣志卷一一李鼎杜豐神道碑補。按金史卷一一八張開傳，張開景州人，封上黨公。

〔一九〕銅鞮武鄉襄垣綿(山)〔上〕沁源諸縣　據本書卷五八地理志改。金史卷二六地理志亦作「綿上」。

〔二〇〕奪忽闌(闍)〔闍〕里必　本書卷一五〇石抹也先傳作「脫忽闌闍里必」，卷一一九木華黎傳作「掇忽闌」，元名臣事略卷一引東平王世家作「奪忽闌徹里必」。「闍里必」，官名，「闍」字誤，今改。新元史已校。

〔二一〕歲己丑　己丑係元太宗元年，無攻斡脫剌兒城事。本書卷一太祖紀十四年己卯六月條有「帝率師親征，取訛答剌城」。訛答剌即斡脫剌兒。蒙史改作「己卯」。

〔二二〕改銀青(光)〔榮〕祿大夫　按本書卷九一百官志、金史卷五五百官志，文散官有金紫光祿大夫、銀青榮祿大夫，無「銀青光祿大夫」。後文云「陞金紫光祿大夫」，則此處應爲「銀青榮祿大夫」，

「光」誤，今改。

〔二三〕歲甲戌從(金)太保明安降　考異云：「案石抹明安仕金未嘗爲太保，此云金太保，誤。」按明安稱太保在降蒙古之後。紫山集卷一六張榮神道碑作「明安太保」，本無「金」字，據刪。

〔二四〕太(祖)〔宗〕伐金　據紫山集卷一六張榮神道碑改。蒙史已校。

〔二五〕乙未金亡　蒙史云：「金亡于甲子正月，舊傳乃云乙未金亡。如此大事，歲月猶差。」按蒙史是，此傳紀年多與史實不符。

〔二六〕中統三年卒　按紫山集卷一六張榮神道碑云，子忠仁卽奴婢卒于丁卯二月。丁卯爲至元三年，此作「中統」當誤。

〔二七〕十二年正月從攻鎭江　按本書卷八世祖紀至元十二年七月辛未條、卷一二八阿朮傳，攻鎭江在七月，此處「正」當作「七」。

元史卷一百五十二

列傳第三十九

張晉亨 好古

張晉亨字進卿，冀州南宮人也。其兄同知安武軍節度使事、領棗强令顥，以冀州數道之衆，附嚴實于青崖，後從實來歸，進顥安武軍節度使，西征，戰沒。

歲戊寅，太師、國王木華黎承制，署晉亨襲顥爵。晉亨涉獵書史，小心畏愼，臨事周密，實器之，以女妻焉。實征澤、潞，偏將李信、晁海相繼降于宋，晉亨跋涉險阻，晝伏夜行，僅免於難。實遣子忠貞入質，命晉亨與俱。丁亥，從國王孛羅征益都，以功遷昭毅大將軍，領恩州刺史，兼行臺馬步軍都總領，再遷鎭國大將軍。實征淮楚、河南，晉亨畢從。甲午，從實入覲，命爲東平路行軍千戶。圍安慶，其守將走，邀擊之，斬首百級，俘獲無算。攻光之定城，俘其將士十有五人。略信陽，執復州將金之才。攻六安，拔之。大小數十戰，策功

居多。

實卒，其(共)子忠濟奏晉亨權知東平府事。〔一〕東平貢賦率倍他道，迎送供億，簿書獄訟，日不暇給，歷七年，吏畏而民安之。辛亥，憲宗卽位，從忠濟入覲。時包銀制行，朝議戶賦銀六兩，諸道長吏有輒請試行於民者，晉亨面責之曰：「諸君職在親民，民之利病，且不知乎？今天顏咫尺，知而不言，罪也。承命而歸，事不克濟，罪當何如！且五方土產各異，隨其產爲賦，則民便而易足，必責輸銀，雖破民之產，有不能辦者。」大臣以聞，明日召見，如其言以對，帝是之，乃得蠲戶額三之一，仍聽民輸他物，遂爲定制。欲賜晉亨金虎符，辭曰：「虎符，國之名器，長一道者所佩，臣隸忠濟麾下，復佩虎符，非制也。臣不敢受。」帝益喜，改賜璽書、金符，恩州管民萬戶。

中統三年，李璮叛，晉亨從嚴忠範戰於遙牆濼，勝之，改本道奧魯萬戶。四年，授金虎符，分將本道兵充萬戶，戍宿州。首言：「汴堤南北，沃壤閑曠，宜屯田以資軍食。」乃分兵列營，以時種藝，選千夫長督勸之，事成，期年皆獲其利。至元八年，改懷遠大將軍、淄萊路總管，尋兼軍事。十一年，詔伐宋，晉亨在選中，聞命就道，曰：「此報效之秋也。」分道由安慶渡江，丞相伯顏留之戍鎭江，兼與民政，壹以鎭靜爲務，戰焦山、瓜洲，皆有功。十三年，卒於官。子好古。

好古字信甫，少讀書，善屬文，器識宏遠，勇而有謀。父晉亨權知東平府事，嚴忠濟承制以好古權其父軍，戍宿州。戊午，奏眞授行軍千戶，攻樊城，身中流矢，戰不少卻，主將旌其功，賞銀百兩。略揚，循泰興、海門而還。擊邵伯埭，拔之。從大軍攻鄂。中統元年，還宿州，忠濟命兼恩州刺史，訪民瘼，革吏弊，立爲條約。未幾，移戍蘄(州)〔縣〕。〔二〕李璮叛，據濟南，宋人攻蘄，好古率兵迎擊，力不敵，死之。時晉亨在濟南軍中，聞之，哭曰：「吾兒死得其所矣。」弟好義襲，下江淮有功。

王珍

王珍字國寶，大名南樂人，世爲農家，珍慷慨有大志。金末喪亂，所在盜起，南樂人楊鐵槍，聚衆保鄉里。太祖遣兵攻破河朔，鐵槍以兵應之，行營帥按只署珍軍前都彈壓。鐵槍與金軍戰死，衆推蘇椿代領其衆。宋將彭義斌帥師侵大名，椿戰不利，降之，義斌遂據大名。珍棄其家，間道走還軍中，按只嘉其誠，待遇益厚，以爲假子。復從速魯忽擊走義斌，蘇椿以大名降，珍妻子故在，珍語之曰：「吾非棄汝輩，誠不以私愛奪吾報國之心耳。」聞者稱歎。授鎭國上將軍、大名路治中、軍前行元帥府事。俄以取寧海、胙城功，遷輔國上將

軍，復授統攝開曹滑濬等處行元帥府事，兼大名路安撫使。

蘇椿復欲叛歸金，珍覺之，與元帥梁仲先發兵攻椿，椿開南門而遁。國王斡眞授仲行省，珍驃騎衞上將軍、同知大名府事、兼兵馬都元帥。從(剌)〔速〕不台經略河南，〔三〕破金將武仙于鄭州，復與金人戰于蕭縣，斬其將。頃之，仲死，國王命仲妻冉守眞權行省事，珍爲大名路尙書省下都元帥，將其軍。國用安據徐、邳，珍從太赤及阿朮魯攻拔之，授同僉大名行省事。從軍伐宋，破光州、棗陽、廬、壽、滁州，珍常身先諸將，屢有功。宋城五河口，珍帥死士二十人奪之，宋人遁，乘勝進師，連破濠、泗、渦口。

歲庚子，入見太宗，授總帥本路軍馬管民次官，佩金符。珍言於帝曰：「大名困於賦調，貸借西域賈人銀八十鋌，及逋糧五萬斛，若復徵之，民無生者矣。」詔官償所借銀，復盡蠲其逋糧。已而朝廷議分蒙古、漢軍戍河南，以珍戍睢州，修城隍，明斥候，宋兵不敢犯。己酉，入朝定宗，〔四〕進本路征行萬戶，加金虎符。在鎭九年，卒，年六十五。

子文幹，善騎射，襲爲行軍萬戶。己未，從世祖攻鄂州，先登，中流矢，賜以良馬、金帛。李璮叛，從哈必赤討平之，哈必赤論功，語以官賞，文幹對曰：「增秩則榮及一身，賜金則恩逮麾下。」酒以白金二千兩、器皿百事、雜綵數百縑賞之，文幹悉頒之軍中。

中統三年，制：「父兄弟子並仕同塗者，罷其弟子。」文幹弟文禮爲千戶，文幹自陳，願解已官而留文禮，詔從之。改同知大名路總管府事，累遷河東山西道提刑按察副使。近臣言其鄂州之功，陞僉東川行樞密院事，歷全州、衞輝、東平總管，改江東建康道提刑按察使，卒于官，年五十八。發其篋中，錢僅七緡，貧不能歸葬，人以此稱之。

楊傑只哥

楊傑只哥，燕京寶坻人，家世業農。傑只哥少有勇略，太祖略地燕、趙，率族屬降附。從攻遼左，及從元帥阿朮魯定西夏諸部，有功。己丑，睿宗賜以金幣，命從阿朮魯攻信安，阿朮魯知其材略出諸將右，命裁決軍務。信安城四面阻水，其帥張進數月不降，傑只哥曰：「彼恃巨浸，我師進不得利，退不得歸，不若往說之。」進見其來，怒曰：「吾已斬二使，汝不懼死耶？」傑只哥無懼色，從容言曰：「今齊、魯、燕、趙，地方數千里，郡邑聞風納降，獨君恃此一城，內無軍儲，外無兵援，亡可立待。爲君計者，不如請降，可以保富貴而免死亡。」進默然曰：「姑待之。」凡三往，乃降。

辛卯，大名守蘇椿叛，討獲之，衆議屠城，傑只哥曰：「怒一人而族萬家，非招來之道也。」衆是其言。由是滑、濬等州，聞風納款。壬辰，師次徐州，阻河不得濟。傑只哥探知有賊兵操舟楫伏草澤中，率勁卒數人，憑河擊之，悉奪舟楫，衆遂得渡，獲河南諸郡降人三萬

餘戶。進攻徐州，金將國用安拒戰，傑只哥率百餘騎突入陣中，迎擊於後，大敗之，擒一將而還。皇太弟國王駐兵河上，見之，賜名拔都，授金符，命總管新附軍民。

乙未，太宗特賜傑只哥種田民戶租賦。丁酉，從阿朮魯攻歸德，傑只哥麾諸將縛草作筏渡濠抵城下，梯城先登，拔之。由是進攻，得五州十縣四堡二寨。己亥，宋兵至，已登歸德城，傑只哥率衆拒戰，敗之。率舟師追擊，轉戰中流，溺死，年四十。

子孝先、孝友。孝先，僉江北淮東道肅政廉訪司事。孝友，鎭江路總管。

劉通

劉通字仲達，東平齊河人也。初從嚴實來歸，繼從收濮、曹、相、潞、定陶、楚(兵)〔丘〕。〔五〕實薦于太師木華黎，以通爲齊河總管，尋授鎭國上將軍、左副都元帥、濟南知府、德州總管、行軍千戶。太宗錫金符，陞上千戶。宋將彭義斌攻齊河城，率衆夜登，通與六七人鼓譟而進，宋人驚懼，墜溺死者甚衆。明日復合，圍城三匝，通令守陴者植槊如櫛，俄從撤去，宋人懼其向己也，大潰，義斌僅以數騎免。歲丁酉，遷德州等處二萬戶軍民總管。歲丙辰卒。

子復亨，襲爲行軍千戶，從嚴實略安豐、通、泰、淮、濠、泗、蘄、黃、安慶諸州。憲宗西

征，復亨攝萬戶，統東平軍馬攻釣魚山苦竹寨，有功，師還，兼德州軍民總管。中統元年，奉旨戍和林，還，授虎符，進武衞軍副都指揮使。李璮叛，遣使招復亨，復亨立斬之。時遣兵討賊，集濟南，乏食，復亨盡出其私蓄以濟師，世祖嘉之，賜白金五千兩，復亨固辭。至元二年，進左翼侍衞親軍都指揮使。四年，遷右翼。九年，加昭勇大將軍、鳳州等處經略使。十年，遷征東左副都元帥，統軍四萬、戰船九百，征日本，與倭兵十萬遇，戰敗之。還，招降淮南諸郡邑。十二年，授昭信路總管。十四年，遷黃州宣慰使。十五年，改太平路總管，俄授鎮國上將軍，爲淮西道宣慰使都元帥。二十年，加奉國上將軍。三月，卒。

子五人：浩，澤，澧，淵，淮。浩，中統四年襲千戶，至元八年歿于兵。澤，由近侍出爲荆湖北道宣慰使。澧，知長寧州。俱蚤卒。

淵，至元十一年，佩金符，授進義副尉，爲徐、邳屯田總管下丁莊千戶。〔六〕九月，領兵巡邏泗州，至淮河九里灣，遇宋軍，戰勝，奪其船三十餘艘。十二年三月，與宋安撫朱煥戰于清河，敗之，擒十四人，奪其輜重。九月，從右丞別〔乞〕里迷失攻(淮)〔淮〕安。〔七〕十三年，與宋人戰昭信軍南靖平山。俱有功。十四年，北覲，進武略將軍、管軍總管。十五年，從元帥張弘範征閩、廣、漳、韶諸州，以功授武德將軍。十六年，從攻崖山，弘範命淵領後翼軍，水戰有功。十七年，進安遠大將軍，爲副招討。二十一年，遷潁州副萬戶。二十四年，從征交

趾，鎮南王脫歡命領水步軍二萬，攻萬劫江，擒十六人。繼攻靈山城，賊衆迎敵，大敗之，師還。二十八年，捕寇浙東，獲其酋長三人。三十一年，兼領紹興浙江五翼軍，守杭州，繼以疾卒，大德十一年卒。〔八〕

子無晦，至大元年，襲授昭信校尉、潁州副萬戶，俄進武德將軍。延祐五年，以病免。六年，改河南江北行省都鎮撫。泰定四年，加宣武將軍。

岳存

岳存字彥誠，大名冠氏人。初歸東平嚴實，承制授存武德將軍、帥府都總領，保冠氏。會金從宜鄭倜復據大名，距冠氏僅三十里，遣兵來攻。倜不得志，復自將萬人合圍，其勢甚張。存率死士百餘，突出西門，勇氣十倍。金人退走，存追之，越境乃還。

歲己丑，從嚴實及武仙戰于彰德西，敗之，遷明威將軍，行冠氏主簿。明年，存率騎兵二百、步卒三百，自彰德北還。至開州南，與金將張開遇，開衆萬餘，存軍依大林，戒其軍曰：「彼衆我寡，不可輕動，當聽吾鼓聲爲節。」乃命騎士居前，步卒次之，與敵相去僅二十步，一鼓作氣，無不一當百，開衆大潰，追二十餘里，不損一卒而還。破河南，攻淮、漢，無役不與。辛丑，陞本縣丞。庚戌，移治楚丘，數年，有惠政。乙卯，告老退休田里。中統三年，以疾卒，年六十九。

子天禎，襲父職冠氏縣軍民彈壓，從圍襄樊，帥府承制授管軍百戶，修立百丈山、鹿門等堡。天禎率銳士，冒矢石，從樊城東北先登，爲櫑木所傷，墮地，復躡梯以登，手刃數人。築正陽東西城，及於鎭江造戰船，天禎咸董其役。戰焦山，平奉化賊，錄功陞管軍千戶。江南平，從元帥張弘範覲帝于柳林，賜金錦、銀鞍勒。授昭勇大將軍、福州路總管，平尤溪賊。秩滿，改吉州，平永新賊，後遷贛州。七年，〔九〕遷建康，首定救荒之政，民立碑以紀遺愛焉。至大二年，卒于建康，年七十二。子果，會昌州同知。

張子良 懋

張子良字漢臣，涿州范陽人。金末四方兵起，所在募兵自保。子良率千餘人入燕、薊間，耕稼已絕，遂聚州人，阻水，治舟筏，取蒲魚自給，從之者衆，至不能容。子良部勒定興、新城數萬口，就食東平，東平守納之。久之，守棄東平還汴，檄子良南屯宿州，又南屯壽州。夏全劫其民出雞口，李敏據州。子良率麾下造敏，敏欲害之，走歸宿，因以宿帥之衆奪全所劫老幼數萬以還。全怒，連徐、邳之軍來攻。子良與宿帥折共營，全失其軍符，走死揚州。

時金受重圍於汴，聲援盡絕，有國用安者，圖以漣水之衆入援，道阻，游兵不能進。子良與一偏將，晝伏夜行，得入汴，達用安意。金君臣以爲自天降也，曲賜勞來，凡所欲，皆如用安請，因以徐、宿授子良。明年，子良進米五百石于汴，授榮祿大夫，總管陝西東路兵馬，仍治宿州。當是時，令已不行於陝，而用安亦卒不得志。徐、宿之間，民無食者，出城拾穭穭以食，子良嚴兵護之，以防鈔掠。猝遇敵，子良被重傷，乃率其衆就食泗州。泗守閔兵，將圖之，子良與麾下十數人，卽軍中生縛其守。民不欲北歸者，欲走傍郡，子良資以舟楫，無敢掠其財物。

歲戊戌，率泗州西城二十五縣、軍民十萬八千餘口，因元帥阿朮來歸。太宗命爲東路都總帥，授銀青榮祿大夫，陞京東路行尙書省兼都總帥，管領元附軍民，進金紫光祿大夫。庚子，賜金符。自兵興以來，子良轉徙南北，依之以全活者，不可勝計。

癸丑，憲宗命爲歸德府總管，管領元附軍民。中統二年夏四月，世祖命爲歸德、泗州總管，降虎符，仍管領泗州軍民總管。七年，〔一〇〕罷元管戶，隸諸郡縣，改授昭勇大將軍、大名路總管，兼府尹。八年，卒，年七十八。贈昭勇大將軍、僉樞密院事、上輕車都尉，追封清河郡侯，謚襄敏。

子二人：長懋，次亨。亨，佩金虎符，爲管軍千戶。子興立襲，卒。子鑑襲。

中華書局

懋字之美，未弱冠，已有父風。侍子良官京東，故懋領其衆，從丞相阿朮軍，立歸德府，以其軍鎮之。移鎮下邳，知歸德府事。李壇叛濟南，以其兵戍蔡州。中統元年，〔二〕宣授泗州軍總把，佩金符。

至元七年，擢濟南諸路新軍千戶。九年，從破襄樊有功。十一年，丞相伯顏南征，其行陣以鋒車弩爲先，而衆軍繼之。懋以勇驚，將弩前行，凡所過山川道路險陜，通梁筏，平塹穽，安營設伏，出納奇計，伯顏信用之，擢爲省都鎮撫，水陸並進，其任甚重。師壓臨安，滅宋，以其主及母后羣臣北還。

駐瓜洲，伯顏命懋往諭淮西夏貴，副以兩介，將騎士直趨合肥。貴出迎，設賓禮。懋示以逆順禍福，辭旨雄厲，貴受命頓首，上地圖，降書。馳還報，伯顏大喜。復命行徇鎮(東)〔巢〕〔三〕安豐、壽春、懷遠、淮安、濠等州郡，皆下。復使之徧諭列城軍民，使知帝之德意。十三年，懋馳驛至上都，伯顏上其功，宣授懋明威將軍、泗州安撫司達魯花赤。十四年，改安撫司爲總管府，置宣慰使以統之，拜同知淮西道宣慰司事。十六年，改授懷遠大將軍、吉州路總管。

懋惡衣糲食，率之以儉，愼刑平政，處之以公，新府治，設義倉，雖能吏不過也。郡使者

劉宣甦之，凡有所懲治，朝至夕報，豪强竦然。郡萬戶蘇良，恃勢爲暴，爲之翼者，有十虎之目，民甚苦之。乃上其實於憲府，盡誅十虎者，奪良虎符而黜之，民大悅。羣盜有率衆將白晝劫城者，懋聞之，率從騎擒其穴，縛其酋長以歸。民之流亡，與遠郡之來歸者數千家，相率爲生祠以祀之。十七年二月卒，年六十三。贈昭勇大將軍、龍興路總管、上輕車都尉，追封清河郡侯，謚宣敏。

子二人：文煥，以父廕，任承務郎，江州路瑞昌縣尹。文炳，三汊河巡檢。文煥子珪，初爲高安縣尹，有異政，由是擢爲江西檢校，拜南臺御史，繼爲淮西、江西二道廉訪僉事，用能世其家云。

唐慶

唐慶，不知何許人，事太祖，爲管軍萬戶。太祖伐金，以慶權元帥左監軍。歲丁亥，賜虎符，授龍虎衛上將軍，使金。

壬辰，太宗復以慶爲國信使，取金質子，督歲幣，以金曹王來，見帝於官山。七月，使慶再往，令金主黜帝號稱臣，金主不聽，慶輒以語侵之。金君臣遂謀害慶，夜半，令兵入館舍，殺慶，及其弟山祿、興祿，幷從行者十七人。既滅金，購求慶屍不得，厚恤其家，賜金五十斤，詔官其子，仍計其家人口，給糧以養焉。

齊榮顯

齊榮顯字仁卿，聊城人。父旺，金同知山東西路兵馬都總管。榮顯幼聰悟，總角與羣兒戲，畫地爲戰陣，端坐指揮，各就行列。九歲，代父任爲千戶，佩金符，從外舅嚴實來歸，屢立戰功。攻濠州，宋兵背城爲陣，榮顯薄之，所向披靡。其屬王孝忠力戰，中鉤戟，榮顯斷戟拔孝忠出，復逐北，入其郛而還。主帥察罕壯之，賜馬鐙銀器。兵趨五河口，抵大堤，榮顯偕數騎前行覘敵，値邏騎數十，從者將退走，榮顯曰：「彼衆我寡，若示以怯，必爲所乘。」援弓策馬，射殺兩人，乃還。

進拔五河口，陞權行軍萬戶，守宿州。墮馬傷股，不能復從軍，改提領本路課稅，又改本路諸軍鎮撫，兼提控經歷司。値斷事官鉤校諸路積逋，官吏往往遭訴辱，榮顯從容辨理，悉爲蠲貸。從實入朝，授東平路總管府參議，兼領博州防禦使。時十投下議各分所屬，不隸東平，榮顯力辯於朝，遂止。及攻淮南，道出東平，民間供給，費銀二萬錠，榮顯詣斷事官愬之，得折充賦稅，民賴以不困。中統元年，謁告侍親，閑居十年，卒。

石天祿

石天祿，父珪，山東諸路都元帥，陷金，死節，見忠義傳。天祿襲爵，孛魯承制授龍虎衛上將軍、東平路元帥，佩金虎符。時宋將彭義斌取大名及中山，天祿與孛里海率兵敗之，獲義斌。又敗金將武仙，屢立戰功。丙戌，孛魯以功奏，遷金紫光祿大夫、都元帥，鎮戍邊隅，數與金人戰，未嘗敗北。

壬辰，皇太弟拖雷南渡河，天祿爲前鋒，戰退金兵，奪戰船數艘。夜至歸德城下，襲其營，殺三百餘人。金將陳防禦出兵追圍天祿，天祿潰圍復戰，金兵退走。提兵掠亳及徐，所過望風附降。癸巳秋九月，破考城，復圍歸德。冬十二月，歸德降。甲午，入覲，改授征行千戶，濟、兗、單〔二〕〔三〕州管民總管。〔三〕乙未，從扎刺溫火兒赤渡淮，攻隨州，至襄陽夾河寨，戰退宋兵，扎刺溫火兒赤賞以駿馬。又從攻蘄、黃，功居其首。

時詔天祿括戶東平，軍民賦稅並依天祿已括籍册，嚴實不得科收。天祿以病不任職，以子興祖襲。明年，天祿卒，年五十四。

子十人，興祖襲千戶，官武略將軍。己未，從伐宋，攻鄂州。至元四年，繇宿州率兵抄沿淮諸郡，獲宋覘伺者十餘輩，統軍司賞馬二十匹、銀五百兩、錦二十端。十二年，攻常州，

爲先鋒，功在諸將上。宋亡，第功，歷宣武將軍、管軍總管，戍溫州。土賊林大年等搆亂，出兵圍之，斬首千餘級，招輯南溪山寨歸農者三萬餘戶。十六年，陞顯武將軍，佩金虎符。十九年七月，卒于軍。子璡嗣。

石抹阿辛[一四]

石抹阿辛，迪列(紇)[糺]氏。[一五]歲乙亥，率北京等路民一萬二千餘戶來歸，太師、國王木華黎奏授鎮國上將軍、御史大夫。從擊蠡州，死焉。

子查剌，仍以御史大夫領黑軍。初，其父阿辛所將軍，皆猛士，衣黑爲號，故曰黑軍。歲己卯，詔黑軍分屯眞定、固安、太原、平陽、隰、吉、嵐間。頃之南征，以黑軍爲前列。與南兵遇于河，查剌大呼馳之，陷其陣，渡河再戰，盡殪之，所過城邑爭先款附，長驅擣汴州，入自仁和門，收圖籍，振旅而還。論功，黑軍爲最。及從國王軍征萬奴，圍南京，城堅如立鐵，查剌命偏將先警其東北，親奮長槊大呼，登西南角，摧其飛櫓，手斬陴卒數十人，大軍乘之，遂克南京。詰旦，木華黎解錦衣賞之。累授眞定路達魯花赤，卒于柳城。

子庫祿滿襲職，從攻襄樊，與從弟度剌，立雲梯衝其堞，度剌死焉。中統三年，庫祿滿從征李璮，先登，飛矢中額而卒。

劉斌　思敬

劉斌，濟南歷城縣人。少孤，鞠于大父。有勇力，從濟南張榮起兵，爲管軍千戶。歲壬辰，攻河南，以功授中翼都統。攻睢陽軍，[一六]軍杏堆，距陳州七十里，聞陳整軍於近郊，斌率衆夜破之。又擊走太康守兵，擒其將，三日，太康陷。榮言於帥阿朮魯曰：「太康之平，摧其鋒者，斌也。」移屯襄陽，軍乏食，斌知青陵多積穀，前阻大澤，水深不可涉，陳可取狀。衆難之，斌叱之曰：「彼恃險，不我虞，取可必也。」乃率百騎夜發，獲敵人，使道之前，行汙澤中五十餘里，遇敵兵，斌捨馬揮槊突敵，敗之，得其糧數千斛。還官知中外諸軍事，從攻六安，先登，破其城。

癸卯，擢濟南推官。辛亥，授本道左副元帥。乙卯，陞濟南新舊軍萬戶，移鎮邳州，宋將憚之。己未，病，謂其子曰：「居官當廉正自守，毋黷貨以喪身敗家。」語畢而逝，年六十有二。贈中奉大夫、參知政事、護軍，彭城郡公，諡武莊。子思敬。

思敬，賜名哈八兒都，襲父職，爲征行千戶。世祖南征，從董文炳攻臺山寨，先登，中流矢，傷甚，帝親勞賜酒，易金符。中統二年，授武衛軍千戶。從討李璮，賜銀六十錠。四年，授濟南武衛軍總管，捕盜有功，又賜銀千兩。至元三年，授懷遠大將軍、侍衞親軍左翼副都指揮使。四年，命築京城。

八年，授廣威將軍、西川副統軍，佩金虎符。九年，宋嘉定守臣昝萬壽乘虛攻成都，哈八兒都邀擊，敗之。戰于青城，宋兵大敗，奪所俘二千人還。十二年，轉同僉行樞密院事，復攻嘉定，取之。瀘、敍、忠、涪諸部，及巴縣籌勝、龜雲、石筍等寨十九族，及西南夷五十六部，悉來降。十三年，圍重慶，敗宋將張萬，得其舟百餘。六月，瀘州復叛，哈八兒都妻子沒焉。乃率兵討擒其將任慶，攻破盤山寨，俘九千餘戶，又獲其將劉雄及王世昌等。夜入東門，巷戰，殺王安撫等，遂克瀘州。復攻重慶，其將趙牛子降，禽守臣張珏。十六年，蜀平，拜中奉大夫、四川行省參知政事。行省罷，改四川北道宣慰使。

十七年，授正奉大夫、江西行省參知政事，治吉、贛盜，民賴以安。二十年卒，年五十三。贈推忠宣力果毅功臣、平章政事、柱國，封濱國公，諡忠肅。

子思恭，[一七]字安道，累官昭毅大將軍、右衞親軍都指揮使。思義，宣武將軍、昌國州軍民達魯花赤。

趙柔

趙柔，淶水人。有膽略，善騎射，好施予。金末避兵西山，栅險以保鄉井。時劉伯元、蔡友資、李純等亦各聚衆數千，聞柔信義，共推爲長。柔明號令，嚴約束，重賞罰，爲衆所服。歲癸酉，太祖遣兵破紫荊關，柔以其衆降，行省八札奏聞，以柔爲涿、易二州長官，佩金符。丙戌，羣盜並起，柔單騎徧入諸柵，說降其衆，以功遷龍虎衞上將軍、眞定涿等路兵馬都元帥，佩金虎符，兼銀冶總管。庚寅，太宗命兼管諸處打捕總管。丙申，加金紫光祿大夫，卒。至順元年，追封天水郡公，諡莊(靜)[靖]。[一八]曾孫世安，榮祿大夫、江西行省左丞。

校勘記

[一] 其(共)子忠濟　從北監本删。

[二] 蘄(州)[縣]　據本書卷五世祖紀中統三年二月壬子、丙辰條改。按蘄縣在今安徽，蘄州在今湖北，係兩地。蒙史已校。

[三] (剌)[速]不台　據本書卷一二一速不台傳改。新元史已校。

[四] 己酉入朝定宗　按定宗已于戊申年三月死，己酉年定宗后斡兀立海迷失稱制。此處史文當有

訛脫。

〔五〕楚（兵）〔丘〕　按元無「楚兵」其地。本書卷一一九木華黎傳、卷一四八嚴實傳作「楚丘」，據改。

〔六〕爲徐邳屯田總管下丁莊千戶　本書卷九二百官志有「出丁壯五千名者爲萬戶，五百名者爲千戶」。蒙史改「莊」爲「壯」，疑是。蒙史已校。

〔七〕從右丞別（乞）里迷失攻（淮）〔淮〕安　原脫「乞」，據本書卷九、一〇世祖紀至元十三年七月丙辰、十六年正月丙子條補。參見卷一二七校勘記〔三〕。又，「淮」誤，從北監本改。

〔八〕繼以疾卒大德十一年卒　此處史文有誤。道光本作「繼以疾去，大德十一年卒」。

〔九〕七年　按上文有「江南平」，事在至元十三年；下文有「至大二年」；中云「七年」，當作「大德七年」。蒙史已校。

〔一〇〕七年　考異云：「此蒙上中統之文，然中統紀元止于四年，此傳之七年、八年者，至元之七年、八年也。脫至元二字。」

〔一一〕中統元年　按上文有「李璮叛濟南」，事在中統三年，此處不當倒返「中統元年」，疑「中統」當作「至元」。

〔一二〕鎭（東）〔巢〕　宋淮南無「鎭東」其地。按宋史卷八八地理志，淮南西路有壽春府，有濠州，有安

豐、鎭巢、懷遠等軍，與此處「行侚」「安豐、壽春、懷遠、淮安、濠等州郡」地望全符，據改。

〔一三〕濟兗單（二）〔三〕州　按本書卷五八地理志，濟、兗、單各爲一州，據改。新元史已校。

〔一四〕石抹阿辛　考異云：「阿辛卽也先，譯音偶異，史家遂分爲二人，各立一傳矣。」石抹也先傳見卷一五〇。

〔一五〕迪列（紇）〔紀〕氏　據本書卷一八八石抹宜孫傳改。

〔一六〕攻睢陽軍　按宋、金、元皆無「睢陽軍」。本書卷五九地理志河南江北行省下有「歸德府，唐宋州，又爲睢陽郡」。此處「睢陽」卽指「歸德」，疑沿用舊稱，誤「郡」爲「軍」。

〔一七〕子思恭　按本書卷一一五睿宗傳有「參政劉思敬遣其弟思恭以新民百六十戶來獻」。此處思恭事附于思敬附傳後，「子」當作「弟」。新元史已校。

〔一八〕莊（靜）〔靖〕　據滋溪文稿卷一一趙晟神道碑銘、石田集卷一三趙公先德碑銘改。

元史卷一百五十三

列傳第四十

劉敏

劉敏字有功，宣德青魯〔里〕人。〔一〕歲壬申，太祖師次山西，敏時年十二，從父母避地德興禪房山。兵至，父母棄敏走，大將憐而收養之。一日，帝宴諸將於行營，敏隨之入，帝見其貌偉，異之，召問所自，俾留宿衞。習國語，閱二歲，能通諸部語，帝嘉之，賜名玉出干，出入禁闥，初爲奉御。帝征（遼西）〔西遼〕諸國，〔二〕破之，又征回回國，破其軍二十萬，悉收其地，敏皆從行。

癸未，授安撫使，便宜行事，兼燕京路徵收稅課、漕運、鹽場、僧道、司天等事，給以西域工匠千餘戶，及山東、山西兵士，立兩軍戍燕。置二總管府，以敏從子二人，佩金符，爲二府長，命敏總其役，賜玉印，佩金虎符。奏佐吏宋元爲安撫副使，高逢辰爲安撫僉事，各賜銀

章，佩金符；李臻爲參謀。初，耶律楚材總裁都邑，契丹人居多，其徒往往中夜挾弓矢掠民財，官不能禁，敏戮其渠魁，令諸市。又，豪民冒籍良民爲奴者衆，敏悉歸之。選民習星曆者，爲司天太史氏；興學校，進名士爲之師。

己丑，太宗卽位，改造行宮幄殿。乙未，城和林，建萬安宮，設宮闈司局，立驛傳，以便貢輸。既成，宴賜甚渥。辛丑春，授行尙書省，詔曰：「卿之所行，有司不得與聞。」俄而牙魯瓦赤自西域回，奏與敏同治漢民，帝允其請。牙魯瓦赤素剛尙氣，恥不得自專，遂俾其屬忙哥兒誣敏以流言，敏出手詔示之，乃已。帝聞之，命漢察火兒赤、中書左丞〔相〕粘合重山、〔三〕奉御李簡詰問得實，罷牙魯瓦赤，仍令敏獨任。復辟李臻爲左右司郎中，臻在幕府二十年，參贊之力居多。

丙午，定宗卽位，詔敏與奧都剌同行省事。辛亥夏六月，憲宗卽位，召赴行在所，仍命與牙魯瓦赤同政。甲寅，請以子世亨自代，帝許之，賜世亨銀章，佩金虎符，賜名塔塔兒台。帝諭世亨以不從命者黜之。又賜其子世濟名散祝台，爲必闍赤，入宿衞。

帝伐宋，幸陝右，敏輿疾請見，帝曰：「卿有疾，不召而來，將有言乎？」敏曰：「臣聞天子出巡，義當扈從，敢辭疾乎！但中原土曠民貧，勞師遠伐，恐非計也。」帝弗納，敏還，退居年豐。世祖南征，過年豐，敏入見，諭之曰：「我太祖勵精圖治，見而知者惟卿爾。汝春秋高，

其槩次以爲後法。」未幾，病歸于燕，夏四月卒，年五十九。

王檝

王檝字巨川，鳳翔虢縣人。父霆，金武節將軍、麟游主簿。檝性倜儻，弱冠舉進士不第，乃入終南山讀書，涉獵孫、吳。泰和中，復下第，詣闕上書，論當世急務，金主俾給事縉山元帥府。尋用元帥高琪薦，特賜進士出身，授副統軍，守涿鹿隘。太祖將兵南下，檝鏖戰三日，兵敗見執，將戮之，神色不變，太祖問曰：「汝曷敢抗我師，獨不懼死乎？」對曰：「臣以布衣受恩，誓捐軀報國，今旣僨軍，得死爲幸！」帝義而釋之，授都統，佩以金符，令招集山西潰兵。從大軍破紫荆關，取涿、易、保州、中山，軍次雄州。節度使孫吳堅守不下，檝入城喩以禍福，吳遂以城降。

甲戌，授宣撫使，兼行尙書六部事。從三合拔都、太傅猛安率兵南征，下古北口，攻薊、雲、順等州，所過迎降，得漢軍數萬，遂圍中都。乙亥，中都降。檝進言曰：「國家以仁義取天下，不可失信於民，宜禁虜掠，以慰民望。」時城中絕粒，人相食，乃許軍士給糧，入城轉糴，故士得金帛，而民獲粒食。又議：「田野久荒，而兵後無牛，宜差官瀘溝橋索軍回所驅牛，十取其一，以給農民。」用其說，得數千頭，分給近縣，民大悅，復業者衆。三合、猛安俾

檝招諭保定、新城、信安、雄、霸、文安、淸、滄諸城，皆望風款附，乃置行司于滄州以鎭之。遂從猛安入覲，授銀青榮祿大夫，仍前職，兼御史大夫，世襲千戶。

時河間、淸、滄復叛，帝命檝討之，復命駙馬孛禿分蒙古軍及糺、漢軍三千屬檝，遂復河間，得軍民萬口。孛禿惡其反復欲盡誅之，檝解之曰：「驅羣羊使東西者，牧人也，羊何知哉！殲其渠魁足矣。釋此輩，遷之近縣，强者使從軍，弱者使爲農，此天之所以畀我也，何以殺爲！」孛禿曰：「汝能保此輩不復反耶？」檝曰：「可。」卽移文保任之，俱得全活。

帝命闍里畢與皇太弟國王分撥諸侯王城邑，諭闍里畢曰：「漢人中若王宣撫者，可任使之。」遂以前職，兼判三司副使。後又命省臣總括歸附工匠之數，將俾大臣分掌之。太師阿海具列諸大臣名以聞，帝曰：「朕有其人，偶忘姓名耳。」良久曰：「得之矣，舊人王宣撫可任是職。」遂命檝掌之。時都城廟學，旣燬於兵，檝取舊樞密院地復創立之，春秋率諸生行釋菜禮，仍取舊岐陽石鼓列廡下。

丙戌，從征西夏。及秦州，夏人盡撤橋梁爲備，軍阻不得前，帝問諸將，皆不知計所出。檝夜督士卒運木石，比曉，橋成，軍乃得進。戊子，奉監國公主命，領省中都。屬盜起信安，結北山盜李密，轉掠近縣，檝曰：「都城根本之地，何可無備。」引水環城，調度經費，檝自爲券，假之賈人，而斂不及民，人心稍安。遣男守謙率軍討諸盜，平之。

庚寅，從征關中，長驅入京兆，進克鳳翔，請于太宗曰：「此臣鄉邦也，願入城訪求親族。」果得族人數十口以歸。壬辰，從攻汴京。癸巳，奉命持國書使宋，以兀魯剌副之。至宋，宋人甚禮重之，卽遣使以金幣入貢。檝前後凡五往，以和議未決，隱憂致疾，卒于南。宋人重賙之，仍遣使歸其柩，葬于燕。子六人。

王守道

王守道字仲履，其先眞定平山人。金亡羣盜並起，州縣吏多乘亂貪暴不法，民往往殺令丞及屬吏。宣撫司署守道爲縣尉，衆悅之，因轉攝令，改眞定主簿。史天倪爲河北西路兵馬都元帥，鎭眞定，旣收大名、澤、潞、懷、孟城邑之未附者，以爲府經歷。及金恒山公武仙降，署爲史天倪副帥，守道謂天倪曰：「是人位居公下，意有不平，安能鬱鬱於此！宜先事爲備。」天倪不以爲然，未幾，果爲所害。及仙以城反爲金，史氏之人與屬縣旁近豪傑，納天倪之弟天澤爲主帥，攻仙。時史天安在白霫，聞變，率兵亦至，遂復眞定。仙走保西山諸寨，執守道家人，以重幣誘之，守道不顧，日與史氏部曲昆弟徵發調度以復讎，卒逐仙遁去。

後擢慶源軍節度使，天澤爲五路萬戶，署守道行軍參謀，兼檢察使。莊聖太后以眞定

爲湯沐邑，守道在鎭，以幕僚頻歲致覲，敷對稱旨，得賜金符、錦衣、金錢。中統三年，天澤入拜左丞相，〔四〕卽授眞定等路萬戶府參謀。至元七年卒。至大元年，以子顯貴，特贈銀青榮祿大夫、大司徒，追封壽國公，謚忠惠。仁宗卽位，復加推忠協力秉義功臣、金紫光祿大夫、大司徒、上柱國。

高宣

高宣，遼陽人。太宗元年，詔宣爲元帥，賜金符，統兵從睿宗攻大名，宣進曰：「今奉命出師，伐罪弔民，願勿嗜殺，以稱上意。」睿宗召元帥朮乃諭之，下令軍中如宣言。及城破，兵不血刃，民心悅服。四年正月，從破金兵三峯山，降宣者二千餘戶，籍以獻，立打捕鷹坊都總管府統之，以宣爲都總管，賜金符，仍令子孫世其職。卒。皇慶二年，贈宣力功臣、銀青榮祿大夫、大司徒，追封營國公，謚簡僖。

子天錫，事世祖潛邸，爲必闍赤，入宿衞，甚見親幸。中統二年，授以其父官，爲鷹坊都總管。四年，改燕京諸路奧魯總管，遷按察副使，仍兼鷹坊都總管。天錫語丞相孛羅、左丞張文謙曰：「農桑者，衣食之本，不務本，則民衣食不足，教化不可興，古之王政，莫先於此，願留意焉。」丞相以聞，帝悅，命立司農司，以天錫爲中都山北道巡行勸農使，兼司農丞。尋

遷司農少卿、巡行勸農使，又遷戶部侍郎，進嘉議大夫、兵部尚書，卒。後贈推忠保義功臣、太保、儀同三司、上柱國，追封營國公，謚莊懿。

子諒，裕宗初封燕王，以諒爲符寶郎，俄命襲其父官，爲鷹房都總管。裕宗甚愛之，謂符寶郎董文忠曰：「汝爲我奏請，以諒所管民戶隸於我，庶得諒盡力爲我用。」文忠入奏，帝從之。未幾，授諒嘉議大夫，遷兵部尚書。卒。仁宗時，贈推誠保德贊治功臣、太師、開府儀同三司、上柱國，追封營國公，謚宣靖。

子塔失不花，成宗命世其祖父官，以居喪辭。大德元年，授奉議大夫、章佩監丞。四年，改朝列大夫、利用監丞。八年，陞少監。武宗卽位，授中議大夫、祕書監丞。仁宗居東宮，召入宿衞。至大三年冬，遷少中大夫、納綿府達魯花赤，且諭之曰：「此先世所守舊職也。」皇慶元年春，改授嘉議大夫、同知崇祥院事。冬，進資德大夫，爲院使。延祐四年夏四月，帝謂塔失不花曰：「汝祖嘗爲司農，今復以授汝。」遂遷榮祿大夫、大司農。英宗居東宮，塔失不花撰集前代嘉言善行，名曰承華事略，幷畫豳風圖以進。帝覽之，奬諭曰：「汝能輔太子以正，朕甚嘉之。」命置圖書東宮，俾太子時時觀省。六年，改集禧院使。退居于家，卒。

王玉汝

王玉汝字君璋，鄆人。少習吏事。金末遷民南渡，玉汝奉其親從間道還。行臺嚴實入據鄆，署玉汝爲掾史，稍遷，補行臺令史。中書令耶律楚材過東平，奇之，版授東平路奏差官。以事至京師，遊楚材門，待之若家人父子然。實年老艱於從戎，玉汝奏請以本府總管代之行。夏津災，玉汝奏請復其民一歲。濟州長官欲以州直隸朝廷，大名長官欲以冠氏等十七城改隸大名，玉汝皆辨正之。

戊戌，以東平地分封諸勳貴，裂而爲十，各私其入，與有司無相關。玉汝曰：「若是，則嚴公事業存者無幾矣。」夜靜，哭於楚材帳後。明日，召問其故，曰：「玉汝爲嚴公之使，今嚴公之地分裂，而不能救止，無面目還報，將死此荒寒之野，是以哭耳。」楚材惻然良久，使詣帝前陳愬。玉汝進言曰：「嚴實以三十萬戶歸朝廷，崎嶇兵間，三棄其家室，卒無異志，豈與他降者同。今裂其土地，析其人民，非所以旌有功也。」帝嘉玉汝忠款，且以其言爲直，由是得不分。還行臺知事，仍遙領平陰令。

辛丑，實子忠濟襲職，授左右司郎中，遂總行臺之政。分封之家，以嚴氏總握其事，頗不自便，定宗卽位，皆聚闕下，復欲剖分東平地。是時，衆心危疑，將俛首聽命，玉汝力排羣言，事遂已。憲宗卽位，有旨令常賦外，歲出銀六兩，謂之包垜銀。玉汝曰：「民力不支矣！」糾率諸路管民官，愬之闕下，得減三分之一。累官至龍虎衞上將軍、泰定軍節度使，兼兗州管內觀察使，充行臺參議。

壬子，以病謝事杜門，日以經史自娛。乙卯，忠濟使人謂玉汝曰：「君閒久矣，可暫起，爲吾分憂。」玉汝堅辭，以參議印強委之，不得已起視事，僅五六日，裁畫署置，煥然一新。八月既望，有星隕庭中，已而玉汝卒。

焦德裕

焦德裕字寬父，其遠祖贊，從宋丞相富弼鎮瓦橋關，遂爲雄州人。父用，仕金，由東鹿令陞千戶，守雄州北門。太祖兵至，州人開南門降，用猶力戰，遂生獲之，帝以其忠壯，釋不殺，復舊官。徇地山東，未嘗妄殺一人。年六十二卒，後以德裕貴，追贈中書左丞，封恒山郡公，謚正毅。

德裕通左氏春秋，少拳勇善射，從其舅解昌軍中。金將武仙殺眞定守史天倪，仙旣敗走，其黨趙貴、王顯、齊福等保仙故壘，數侵掠太行。太宗擇廷臣有才辯者往招之，楊惟中以德裕薦。遂使眞定，降齊福，擒趙貴，王顯亡走，德裕追射殺之，其地悉平。詔賜井陘北

障城田。中統三年，李壇平，世祖命德裕曲赦益都。四年，賜金符，爲閬蓬等處都元帥府參議。宋臣夏貴圍宣撫使張庭瑞于虎嘯山，實薪土塞水源，人無從得飲。帥府檄德裕援之。德裕夜薄貴營，令卒各持三炬，貴驚走，追及鵝谿，馘千人，獲馬畜兵仗萬計。陞京畿漕運使。

至元六年，僉陝西道提刑按察司事。八年，轉西夏中興道按察副使。十一年，從丞相伯顏南征，授僉行中書省事。遂從下安慶。至鎭江，焦山寺主僧誘居民叛，丞相阿朮旣誅其魁，欲盡阬其徒，德裕諫止之。命德裕先入城撫定。宋平，賜予有加。奉旨求異人異書。平章阿合馬譖丞相伯顏殺丁家洲降卒事，奏以德裕爲中書參政，欲假一言證成之，德裕辭不拜。久之，復僉行省事。

十四年，改淮東宣慰使。淮西賊保司空山，檄淮東四郡守爲應，元帥帖哥邏得其檄，卽械郡守許定國等四人，使承反狀，將籍其家。德裕言：「四人者，皆新降將，天子旣寵綏之，有地有民，盈所望矣，方誓報效，安有他覬。奈何以疑似殺四守，寧知非反間耶。」盡復其官。拜福建行省參知政事。二十五年卒，年六十九。贈榮祿大夫、平章政事，追封恒國公，謚忠肅。

子簡，餘姚州知州；潔，信州治中。

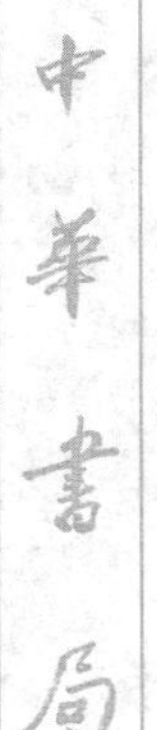

石天麟

石天麟字天瑞，順州人。年十四，入見太宗，因留宿衞。天麟好學不倦，於諸國書語無不習。帝命中書令耶律楚材釐正庶務，選賢能爲參佐，天麟在選，賜名蒙古台。宗王征西域，以天麟爲斷事官。

憲宗六年，遣天麟使海都，拘留久之，旣而邊將劫皇子北安王以往，寓天麟所。天麟稍與其用事臣相親狎，因語以宗親恩義，及臣子逆順禍福之理，海都聞之悔悟，遂遣天麟與北安王同歸。天麟被拘留二十八年，始得還，世祖大悅，賞賚甚厚。拜中書左丞，兼斷事官，天麟辭曰：「臣奉使無狀，陛下幸赦弗誅，何可復叨榮寵。況臣才識淺薄，年力衰憊，豈能任政，恐徒貽廟堂羞，不敢奉詔。」帝嘉其誠，褒慰良久，從之。

有譖丞相安童嘗受海都官爵者，帝怒，天麟奏曰：「海都實宗親，偶有違言，非仇敵比，安童不拒絕之，所以釋其疑心，導其臣順也。」帝怒乃解。江南道觀，偶藏宋主遺像，有僧素與道士交惡，發其事，將置之極刑，帝以問天麟，對曰：「遼國主后銅像在西京者，今尚有之，未聞有禁令也。」事遂寢。天麟年七十餘，帝以所御金龍頭杖賜之，曰：「卿年老，出入宮掖，杖此可也。」時權臣用事，凶焰薰炙，人莫敢言。天麟獨言其姦，無所顧忌，人服其忠直。

成宗卽位，加榮祿大夫、司徒，大宴玉德殿，召天麟與宴，賜以御藥，命左右勸之酒，頗醉，命御輦送還家。武宗卽位，進平章政事。至大二年秋八月卒，年九十二。贈推誠宣力保德翊戴功臣、開府儀同三司、太師、上柱國，追封冀國公，諡忠宣。

子珪，累官治書侍御史，遷樞密副使，復爲侍御史，拜河南行中書省右丞，陞榮祿大夫、南臺御史中丞，卒。次子懷都，初襲斷事官，累遷刑部尚書，荆湖北道宣慰使。孫哈藍赤，襲斷事官。

李邦瑞

李邦瑞字昌國，以字行，京兆臨潼人，世農家。邦瑞幼嗜學，讀書通大義。嘗被掠，逃至太原，爲金將小史，從守閻漫山寨。國王木華黎攻下諸城堡，金將走，邦瑞率衆來歸，復居太原。守臣惜其材，具鞍馬，遣至行在所，中書以其名聞。

歲庚寅，受旨使宋，至寶應，不得入。未幾，命復往，仍諭山東淮南路行尙書省李全護送，宋仍拒之。復奉旨以行，邦瑞道出蘄、黃，宋遣賤者來迎，邦瑞怒，叱出之，宋改命行人，乃議如約而還。太宗慰勞，賜車騎旃裘衣裝，及銀十錠。邦瑞因奏：「干戈之際，宗族離散，乞歸尋訪。」帝諭速不䚟、察罕、匣剌達海等：邦瑞馳驛南京，詢訪親戚，或以隸諸部者，悉

歸之。

甲午，從諸王闊出經略河南，凡所歷河北、陝西州郡四十餘城，繪圖以進，授金符、宣差軍儲使。乙未夏六月卒。子榮。

楊奐

楊奐字煥然，乾州奉天人。母嘗夢東南日光射其身，旁一神人以筆授之，已而奐生，其父以爲文明之象，因名之曰奐。年十一，母歿，哀毀如成人。金末舉進士不中，乃作萬言策，指陳時病，皆人所不敢言者，未及上而歸，教授鄉里。

歲癸巳，金元帥崔立以汴京降，奐微服北渡，冠氏帥趙壽之卽延致奐，待以師友之禮。門人有自京師載書來者，因得聚而讀之。東平嚴實聞奐名，數問其行藏，奐終不一詣。

戊戌，太宗詔宣德稅課使劉用之試諸道進士。奐試東平，兩中賦論第一。從監試官北上，謁中書耶律楚材，楚材奏薦之，授河南路徵收課稅所長官，兼廉訪使。奐將行，言於楚材曰：「僕不敏，誤蒙不次之用，以書生而理財賦，已非所長。又況河南兵荒之後，遺民無幾，烹鮮之喻，正在今日，急而擾之，糜爛必矣。願假以歲月，使得撫摩瘡痍，以爲朝廷愛養基本萬一之助。」楚材甚善之。奐旣至，招致一時名士與之議，政事約束一以簡易爲事。按

行境內，親問鹽務月課幾何，難易若何。有以增額言者，奐責之曰：「剝下欺上，汝欲我爲之耶。」卽減元額四之一，公私便之。不踰月，政成，時論翕然，以爲前此漕司未之有也。在官十年，乃請老于燕之行臺。

壬子，世祖在潛邸，驛召奐參議京兆宣撫司事，累上書，得請而歸。乙卯，疾篤，處置後事如平時，引觴大笑而卒，年七十。賜諡文憲。

奐博覽強記，作文務去陳言，以蹈襲古人爲恥。朝廷諸老，皆折行輩與之交。關中（書）〔雖〕號多士，〔五〕名未有出奐右者。奐不治生產，家無十金之業，而喜周人之急，雖力不贍，猶勉強爲之。人有片善，則委曲稱獎，唯恐其名不聞，或小過失，必盡言勸止，不計其怨怒也。所著有還山集六十卷、天興近鑑三卷、正統書六十卷，行于世。

賈居貞〔鈞〕〔六〕

賈居貞字仲明，眞定獲鹿人。年十五，汴京破，奉母居天平。甫冠，爲行臺從事。時法制未立，人以賄賂相交結。有餽黃金五十兩者，居貞卻之。太宗聞而嘉歎，敕有司月給白金百兩，以旌其廉。世祖在潛邸，知其賢，召用之，俾監築上都城。訖事，以母喪歸。

世祖卽位，中統元年，授中書左右司郎中。從帝北征，每陳說資治通鑑，雖在軍中，未

嘗廢書。一日，帝問：「郎俸幾何？」居貞以數對。帝謂其太薄，敕增之，居貞辭曰：「品秩宜然，不可以臣而紊制。」劉秉忠奏居貞爲參知政事，又辭曰：「他日必有由郎官援例求執政者，將何以處之。」不拜。至元元年，參議中書省事，詔與左丞姚樞行省河東山西，罷侯置守。五年，再爲中書郎中，時阿合馬擅權，忌之，改給事中。同丞相史天澤等纂修國史。

十一年，丞相伯顏伐宋，居貞以宣撫使議行省事。既渡江，下鄂、漢，伯顏以大軍東下，留右丞阿里海涯與居貞分省鎮之。居貞曰：「江陵要地，乃宋制閫重兵所屯。聞諸將不睦，遷徙之民盈城，復皆疾疫，芻薪乏闕，杜門不敢樵採。不乘隙先取之，迨春水漲，恐上流爲彼所乘，則鄂危矣。」驛聞。十二年春，命阿里海涯領兵取江陵，居貞以僉行省事留鄂。於是發倉廩以賑流亡，宋宗室子孫流寓者，廩食之，不變其服，而行其楮幣。東南未下州郡，商旅留滯者，給引以歸之。免括商稅并湖荻禁。造舟百數〔十〕艘，〔七〕駕以水軍，不致病民。一方安之。

婁安邦以信陽來歸，遣入覲，裨將陳思聰居其家。居貞以計召至，數思聰罪而誅之。

宋幼主既降，其相陳宜中等挾二王逃閩、廣，所在扇惑，民爭應之。蘄州寇起司空山，〔鄂〕屬縣民傅高亦起兵應。〔八〕居貞移檄諭以禍福，其下往往渙散，壓以官軍，遂削平之。高變姓名逃逸，獲而戮之。初，遣鄭萬戶討賊，鄭言：「鄂之大姓，皆與傅高通，請先除之，以

絕禍本。」居貞曰：「高鼠子無知，行就戮矣，大姓何預！吾能保其無他。」鄭既領兵出，留其所善部將，戒曰：「聞吾還軍，汝卽舉烽城樓，內外合發，當盡殺城中大姓。」會其人戰敗溺死，其事始彰。

十四年，拜湖北宣慰使，命未下，居貞閉門不出，而驕將悍卒，合謀擾民，乃復出視事，人恃以無恐。及行，鄂之老幼號送于道，刻其像于石，祠之泮宮。

十五年，遷江西行省參知政事，未至，民爭千里迎訴。時逮捕民間受宋二王文帖者甚急，坐繫巨室三百餘，居貞至，悉出之，投其文帖于水火。士卒有挾兵入民家，誣爲藏匿以取財者，取人子女爲奴妾者，皆痛繩以法。大水壞民廬，居貞發廩賑之。南安李梓發作亂，居貞慮將帥出兵擾民，請親往，卒纔千人，營于城北，遣人諭之。賊衆聞居貞至，皆散匿，不復爲用。梓發閉妻子一室，自焚死。比還，不戮一人。杜萬一亂都昌，居貞調兵擒之，有列巨室姓名百數來上，云與賊連，居貞曰：「元惡誅矣，蔓延何爲。」命火其牒。

十七年，朝廷再征日本，造戰艦于江南，居貞極言民困，如此必致亂，將入朝奏罷其事，未行，以疾卒于位，年六十三。贈推忠輔義功臣、銀青榮祿大夫、中書平章政事，追封定國公。仲子鈞。

鈞字元播，幼讀書，淵默有容。由榷茶提舉，拜監察御史，僉淮東廉訪司事、行臺都事，入爲刑部郎中，改右司郎中、參議中書省事。仁宗卽位，拜參知政事，〔九〕議罷尙書省所立法。遷僉書樞密院，復參知政事，賜錦衣、寶帶，寵賚有加。爲政持大體，風裁峻整，不忝鈞名譽。皇慶元年，從幸上都，遇疾，卒于家。前後詔賻鈔三萬貫，供葬事。子汝立嗣。

校勘記

〔一〕宣德青魯〔里〕人　按遺山集卷二八劉氏先塋碑有「劉氏世居宣德縣北鄉之青魯里」，據補。

〔二〕帝征（遼西）〔西遼〕諸國　按遺山集卷二八劉氏先塋碑作「車駕征契丹餘族，是爲西遼」，據改正。錢大昕諸史拾遺已校。

〔三〕中書左丞〔相〕粘合重山　據本書卷二太宗紀三年辛卯八月條、卷一四六粘合重山傳補。本證已校。

〔四〕中統三年天澤入拜左丞相　按本書卷一一二宰相表、卷一五五史天澤傳，中統三年「三」當作「二」，左丞相「左」當作「右」。道光本據改，是。

〔五〕關中（書）〔雖〕號多士　從北監本改。

〔六〕〔鈞〕　據本書體例補。

〔七〕造舟百數〔十〕艘　據元文類卷六一賈居貞神道碑補。蒙史已校。

〔八〕蘄州寇起司空山〔鄂〕屬縣民傅高亦起兵應　據元文類卷六一賈居貞神道碑補。蒙史已校。

〔九〕仁宗卽位拜參知政事　本證云：「案武宗紀鈞兩拜參知政事，一在至大二年十月，一在三年二月。傳云仁宗，誤也。」

元史卷一百五十四

列傳第四十一

洪福源 俊奇 君祥 萬

洪福源，其先中國人，唐遣才子八人往敎高麗，洪其一也。子孫世貴於三韓，名所居曰唐城。父大宣，以都領鎭麟州，福源爲神騎都領，因家焉。歲丙子，金源、契丹九萬餘衆竄入高麗。丁丑九月，奪江東城池據之。戊寅冬十二月，太祖命哈赤吉、扎剌將兵追討，大宣迎降，與哈赤吉等共擊之，降其元帥趙(忠)[沖]。[一] 壬午冬十月，又遣着古與等十二人窺覘納款虛實，還，遇害。

辛卯秋九月，太宗命將撒里答討之，福源率先附州縣之民，與撒禮塔併力攻未附者，又與阿兒禿等進至王京。高麗王㬚乃遣其弟懷安公請降，[二] 遂置王京及州縣達魯花赤七十二人以鎭之，師還。壬辰夏六月，高麗復叛，殺所置達魯花赤，悉驅國人入據江華島，福源

招集北界四十餘城遺民以待。秋八月，太宗復遣撒禮塔將兵來討，福源盡率所部合攻之，至王京處仁城，撒禮塔中流矢卒，其副帖哥引兵還，唯福源留屯。

癸巳冬十月，高麗悉衆來攻西京，屠其民，劫大宣以東。福源遂盡以所招集北界之衆來歸，處於遼陽、瀋陽之間，帝嘉其忠。甲午夏五月，特賜金符，爲管領歸附高麗軍民長官，仍令招討本國未附人民。又降旨諭高麗之民，有執王㬚及元搆難之人來朝者，與洪福源同於東京居之，優加恩禮擢用，若大兵旣加，拒者死，降者生，其降民令福源統之。

乙未，帝命唐古拔都兒與福源進討，攻拔龍崗、咸從二縣，鳳、海、洞三州山城及慈州，又拔金山、歸、信、昌、朔州。[三] 己亥春二月，入朝，賜以鎧甲弓矢，及金織文段、金銀器、金鞍勒等。乙巳，定宗命阿母罕將兵與福源共拔威州平虜城。辛亥，憲宗卽位，改授虎符，仍爲前後歸附高麗軍民長官。癸丑，從諸王耶虎攻禾山、東州、春州、三角山、楊根、天龍等城，拔之。甲寅，與扎剌台合兵攻光州、安城、忠州、玄(鳳)[風]、[四] 珍原、甲向、玉果等城，又拔之。

戊午，福源遣其子茶丘從扎剌台軍，會高麗族子王綧入質，陰欲併統本國歸順人民，譖福源于帝，遂見殺，年五十三。後贈嘉議大夫、瀋陽侯，謚忠憲。子七人，俊奇、君祥最知名。

俊奇小字茶丘，福源第二子也。幼從軍，以驍勇受知，世祖嘗以小字呼之。中統二年秋，茶丘雪父冤，世祖憫之，詔諭之曰：「汝父方加寵用，誤絓刑章，故於已廢之中，庸沛維新之澤。可就帶元降虎符，襲父職，管領歸附高麗軍民總管。」

至元六年，高麗權臣林衍叛。冬十一月，詔以其軍三千從國王頭輦哥討平之，遷江華島所有臣民，復歸王京。十二月，帝命茶丘率兵往鳳州等處，立屯田總管府。八年二月，入朝，賜鈔百緡。林衍餘黨裴仲孫等，立高麗王禃親屬承化侯爲王，引三別抄軍據珍島以叛。五月，茶丘奉旨，偕經略使欣都進兵討之，破其軍，殺承化侯，其黨金通精率餘衆走躭羅。帝遣侍衞親軍千戶王岑，與茶丘議征取之策，茶丘表陳：「通精之黨，多在王京，可使招之，招而不從，擊之未晚。」從之。俄奉旨往羅州道監造戰船，且招降躭羅，茶丘得通精之姪金永等七人，俾招之，通精不從，留金永，餘盡殺之。十年，詔茶丘與欣都率兵渡海，擊破躭羅，獲通精，殺之，悉免其脅從者，高麗始平。

十一年，又命監造戰船，經營日本國事。三月，授昭勇大將軍、安撫使，高麗軍民總管如故。己卯，命茶丘提點高麗農事。八月，授東征右副都元帥，與都元帥忽敦等領舟師二萬，渡海征日本，拔對馬、一岐、宜蠻等島。十四年正月，授鎭國上將軍、東征都元帥，鎭高

麗。二月，率蒙古、高麗、女直、漢軍，從丞相伯顏北征叛臣只魯瓦歹等。四月，至脫剌河，猝與賊遇，茶丘突陣無前，伯顏以其勇聞，賜白金五十兩、金鞍勒、弓矢。

十七年，授龍虎衞上將軍、征東行省右丞。十八年，與右丞欣都將舟師四萬，由高麗金州合浦以進，時右丞范文虎等將兵十萬，由慶元、定海等處渡海，期至日本一岐、平戶等島合兵登岸，兵未交，秋八月，風壞舟而還。十九年十月，命茶丘於平灤黑堝兒監造戰船七百艘，以圖後舉。二十一年十一月，復授征東行省右丞。二十三年，命往江浙等處遣漢人復業。

二十四年，乃顏叛，車駕親征，賜以翎根甲、寶刀，命率高麗、女直、漢軍扈從。猝遇乃顏騎兵萬餘，時茶丘兵不滿三千，衆有懼色。茶丘夜令軍中，多裂裳帛爲旗幟，斷馬尾爲旄，掩映林木，張設疑兵，乃顏兵大驚，以爲官兵大至，遂降。帝聞之，厚加旌賞，凱還，授遼陽等處行尚書省右丞。二十七年，以疾辭。

叛王哈丹等竄入高麗，侵擾其國西京，距遼陽二千里皆騷動，中書省特起茶丘鎭遼左，帝遣闍里台孛羅兒賜以金字圓符，命茶丘以便宜行事。二十八年，以疾卒，年四十八。子四人，長曰萬。

君祥小字雙叔，福源第五子也。年十四，隨兄茶丘見世祖于上京，帝悅，命劉秉忠相之，秉忠曰：「是兒目視不凡，後必以功名顯，但當致力于學耳。」令還師儒誨之。至元三年，籍高麗民三百人爲兵，令君祥統之。從禿花禿烈、伯顏等軍，築萬壽山，復從開通州運河。帝親諭之曰：「爾守志忠勤，朕所知也。」帝嘗坐便殿，閱江南、海東輿地圖，欲召知者詢其險易，左丞相伯顏、樞密副使合達，以君祥應旨，奏對詳明，帝悅，酌以巨觥。顧謂伯顏曰：「是兒，遠大器也。」

六年，林衍叛，從頭輦哥征之。八年，戍河南。九年，掠淮西，破其大洫城。十年，從元帥孛魯罕襲淮東之〔射〕陽湖，〔五〕俘其男女牛馬。

十一年，入朝。帝命伯顏伐宋，朝議以宋之兵力多聚兩淮，聞我欲渡江，彼必移師拒守，遂命右衛指揮使禿滿歹，率輕銳二萬攻淮安，以牽制之，君祥以蒙古漢軍都鎮撫從行。後伯顏既渡江，帝命禿滿歹還軍蕭縣。時君祥奉使伯顏軍中，宋黃州制置使陳奕降，其子知漣水軍，伯顏遣三十騎往招之，因令君祥入奏，帝曰：「卿可急還，陳知府降，卽偕來也。」及與俱入朝，宴勞甚厚。從元帥孛魯罕攻清河，拔之。海州安撫丁順約降，孛魯罕令君祥以聞，時伯顏方朝上京，見君祥，甚喜，遂從南伐。

伯顏克淮安，至揚州，分兵攻淮西。宋制置夏貴遣牛都統以書抵伯顏曰：「諺云：殺人

一萬，自損三千。願勿履國力，攻奪邊城，若行在歸附，邊城焉往。」伯顏遣君祥以牛都統入見，留三日，還軍中。仍傳旨諭伯顏曰：「事難遙度，宜臨機審圖之。」伯顏師次鎮江，諜報有宋洪都統者，爲都督府將，伯顏謂君祥曰：「汝同姓，可往招致也。」洪都統卽欣然來見，君祥因厚遇之。師進，次臨平山，距臨安五十里，洪都統來報曰：「宋丞相陳宜中、殿帥張世傑皆已逃去，惟三宮未行，宜早定計，以活生民。」伯顏遂令洪都統護宋三宮，令君祥隨之。宋降，陞武略將軍、中衛親軍千戶。十五年，命簽江南民兵。還，陞明威將軍、中衛親軍副都指揮使。十七年，進昭勇大將軍。十九年，授樞密院判官。二十三年，轉昭武大將軍、同僉樞密院事。

二十四年，乃顏叛，從世祖親征。每駐蹕，君祥輒以兵車外環爲營衛，布置嚴密，帝嘉之。凱還，加輔國上將軍。類次車駕起居，爲東征錄。二十八年，授遼陽行省右丞，用樞密院留，復居舊職。俄加集賢大學士，依舊同僉樞密院事。議者欲自東南海口辛橋開河合灤河，運糧至上都，奉旨與中書右丞阿里相其利害，還，極言不便，罷之。復奉使高麗，還，改僉書樞密院事。

成宗卽位，詔裁減久任官，知樞密院暗伯等奏：「君祥在樞密十六年，最爲久者。」帝曰：「君祥始終一心，可勿遷也。」大德二年，詔使高麗，臺臣劾君祥以他事，中道追回，已而事罷。三年，奉使江浙，問民間疾苦。使還，退居昌平之皇華山，絕口不論時事者五年。大德九年，擢司農，俄拜中書右丞。十年春，改江浙行省右丞。秋，改遼陽右丞，請於朝：宜新省治，增巡兵，設儒學提舉官、都鎮撫等員，以興文化，修武備。事未成，會武宗卽位，徵爲同知樞密院事，進榮祿大夫、平章政事，商議遼陽等處行中書省事，改遼陽行省平章政事，俄改商議行省事。至大二年卒。子邁，奉訓大夫、同知開元總管府事。

萬小字重喜。至元十三年，入宿衛。十八年，襲職，爲懷遠大將軍、安撫使、高麗軍民總管，仍佩父茶丘所佩虎符。

二十四年，乃顏叛，率兵征之。六月，至撒里禿魯之地，同都萬戶闊里鐵木兒，與乃顏將黃海戰，大敗之。又從世祖與塔不台戰，又敗之。是月，至乃顏之地，奉旨留蒙古、女直、漢軍鎮哈剌河。復選精騎扈駕，至失剌斡耳朶，從御史大夫玉速帖木兒討乃顏。七月，至扎剌麻禿，與金家奴戰，敗之，追至蒙可山、那兀江等處，遂平金家奴、塔不台等。九月，師還。

哈丹、八剌哈赤再叛，十月，重喜從諸王愛牙哈赤、平章塔出、都萬戶闊里鐵木兒征之。十二月，次木骨不剌。時諸王脫歡、監司脫台以兵四千餘人與其黨戰，稍却，重喜率騎兵援

之，冒鋒陷陣，大破其衆。又從諸王乃蠻〔帶〕、〔六〕愛牙哈赤、平章薛闍干，與叛王兵戰于兀朮站，〔七〕又戰于黑龍江，又戰于貼滿哈處，〔八〕皆敗之。二十五年，重喜又從玉速帖木兒出師，五月，至貼列可，與哈丹禿魯干戰，獲功。至木骨兒抄剌，又戰。八月，至貴列河，重喜率兵先涉與戰，勝之。十月，又從玉速帖木兒往征木八剌。十二月，與古土禿魯干戰，克之。二十七年六月，賜白金五十兩、甲一襲。九月，至禪春，與哈丹禿魯干戰。二十八年二月，從平章薛闍干至高麗青州。五月，與哈丹戰八日，又戰，大敗之。六月，班師，授昭勇大將軍，佩三珠虎符，職如故。十月，薛闍干以重喜入朝，且以其功聞，帝嘉之，賜玉帶一、白金五十兩，授龍虎衞上將軍、遼陽等處行中書省右丞。

二十九年，仍佩元降虎符，總管高麗、女直、漢軍萬戶，兼安撫使、高麗軍民總管。六月，改資德大夫、遼陽等處行中書省右丞。大德十年，以其叔父君祥代之。十一年，武宗卽位，重喜朝于上都。七月，復授遼陽行省右丞。至大二年，謫漳州，行至杭，遇赦而止。明年卒。子滋，襲爵。

鄭鼎 〔制宜〕〔九〕

鄭鼎，澤州陽城人。幼孤，能自立，讀書曉大義，不妄言笑。既長，勇力過人，尤善騎射。

初爲澤、潞、遼、沁千戶。歲甲午，從塔海紺不征蜀，攻二里散關，屢立戰功，還屯秦中。未幾，宋將余侍郎燒絕棧道，以兵圍興元，鼎率衆修復之，破宋兵，解興元之圍。乙巳，遷陽城縣軍民長官。

庚戌，從憲宗征大理國，自六盤山經臨洮，下西蕃諸城，抵雪山，山徑盤屈，舍騎徒步，嘗背負憲宗以行。〔一〇〕敵據扼險要，鼎奮身力戰，敵敗北，帝壯之，賜馬三匹。至金沙河，波濤洶湧，帝臨水傍危石，立馬觀之。鼎諫曰：「此非聖躬所宜。」親扶下馬，帝嘉之。俄圍大理，晝夜急攻，城陷，禽其主，大理平。師還，命鼎居後，道經吐蕃，全軍而歸。辛亥，入朝，〔一一〕帝問以時務，鼎敷對詳明，帝嘉納之，賜名曰也可拔都。

己未，賜白金千兩。從世祖南伐，攻大勝關，破之。繼破臺山寨，禽其守者胡知縣，乘勝獨進，前陷泥淖，遇伏兵突出葭葦間，鼎奮擊，連殺三人，餘衆遁去。帝急召鼎還，使者以聞，帝曰：「爲將當慎重，不可恃勇輕進。」遂分界衞士三百人，以備不虞，且戒之曰：「自今非奉朕命，毋得輕與敵接。」秋九月，帝駐蹕江滸，命諸將南渡，先達彼岸者，舉烽火爲應，鼎首奪南岸，衆軍畢渡。進圍鄂州，戰益力。別攻興國軍，遇宋兵五千，力戰破之，擒其將桑太尉，責以懦怯，不忠所事，斬之。

中統元年，以功遷平陽、太原兩路萬戶。阿藍答兒、渾都海之亂，鼎分率本道兵討之。

二年，詔鼎統征西等軍，戍雁門關隘。遷河東南、北兩路宣撫使。三年，改授平陽太原宣慰使。至元三年，遷平陽路總管。是歲大旱，鼎下車而雨。平陽地狹人衆，常乏食，鼎乃導汾水，溉民田千餘頃，開潞河鵬黃嶺道，以來(天)〔上〕黨之粟。〔一二〕修學校，厲風俗，建橫澗故橋以便行旅，民德之。

七年，改僉書西蜀四川行尚書省事，將兵巡東川。過嘉定，遇蜀兵，與戰江中，擒其將李越，悉獲戰船。八年五月，改軍前行尚書省事。十一年，從伐宋。十二年，鎭黃州。夏四月，改授淮西宣慰使。十三年，加昭毅大將軍，賜白金五百兩。

十四年，改湖北道宣慰使，移鎭鄂州。夏五月，蘄、黃二州叛，鼎將兵討之，戰于樊口，舟覆溺死，年六十有三。十七年，董文忠等奏：「鄭也可拔都遇害，其叛人家屬物產，宜悉與其子納懷。」帝從之。贈中書右丞，諡忠毅。後加贈宣忠保節功臣、平章政事、柱國，追封潞國公，諡忠肅。子制宜。

制宜小字納懷，性聰敏，莊重有器局，通習國語。至元十四年，襲父職太原、平陽萬戶，仍戍鄂州。時鄂闕守，俾攝府事。十九年，朝廷將征日本，造樓船何家洲。洲地狹，衆欲徙旁居民，制宜不從，改按寬地，居民德之。城中屢災，或言于制宜曰：「恐姦人乘間爲變，

宜捕其疑似者，痛治之。」制宜曰：「吾但嚴守備而已，奈何濫及無辜！」不笞一人，災亦遂息。有盜伏近郊，晨暮剽劫，流言將入城。俄有數男子自城外至，顧盼異常，制宜命吏縛入獄，問之無驗，行省疑其非，將釋之，不從。明日，再出城東，遇一人，乘白馬，貌服殊異，制宜叱下，訊之，乃與前數男子同爲盜者，遂正其罪，一郡帖然。

二十四年，扈駕東征乃顏，請赴敵自效。帝顧左右曰：「而父歿王事，惟有一子，毋使在行陣。」制宜請愈力，乃命從月兒呂那顏別爲一軍，以戰功授懷遠大將軍、樞密院判官。明年，車駕幸上都。舊制：樞府官從行，歲留一員司本院事，漢人不得與。至是，以屬制宜。制宜遜辭，帝曰：「汝豈漢人比耶！」竟留之。二十八年，遷湖廣行省參知政事，陛辭，帝曰：「汝父死王事，賞未汝及。近者，要束木伏誅，已籍沒其財產人畜，汝可擇其佳者取之。」制宜對曰：「彼以贓敗，臣復取之，寧無汚乎！」帝賢其所守，賜白金五千兩。未幾，徵拜內臺侍御史。安西舊有牧地，圉人恃勢，冒奪民田十萬餘頃，訟于有司，積年不能理。制宜奉詔而往，按圖籍以正之，訟由是息。

三十年，除湖廣行樞密副使。湖南地闊遠，羣寇依險出沒，昭、賀二州及廬陵境，民常被害。制宜率偏師徇二州，道經廬陵永新，獲首賊及其黨，皆殺之。茶鄉譚計龍者，聚惡少年，匿兵器爲姦，既捕獲，其家納賂以緩獄事，制宜悉以勞軍，斬計龍于市，自是湖以南無復

盜賊。元貞元年，有制：行樞密院添置副使一員，與制宜連署。制宜以員非常設，先任者當罷。俄入朝，特授大都留守，領少府監，兼武衞親軍都指揮使，知屯田事。大德八年，〔一三〕晉地大震，平陽尤甚，壓死者衆，制宜承命存恤，懼緩不及事，晝夜倍道兼行，至則親入里巷，撫瘡殘，給粟帛，存者賴之。成宗素知其名，眷遇殊厚，每侍宴，輒不敢飲，終日無惰容，帝察其忠勤，屢賜內醞，輒持以奉母，帝聞之，特封其母蘇氏爲潞國太夫人。十年，制宜以疾終，年四十有七。贈推忠贊治功臣、銀青榮祿大夫、平章政事，追封澤國公，諡忠宣。子阿兒思蘭嗣。

李進

李進，保定曲陽人。幼隸軍籍，初從萬戶張柔屯杞之三叉口，時荊山之西九十里曰龍岡者，宋境也。歲庚戌春，張柔引兵築堡岡上。會淮水汎漲，宋以舟師卒至，主帥察罕率軍逆戰，進以兵十五人載一舟，轉鬭十餘里，奪一巨艦，遂以功陞百戶。

戊午，憲宗西征，丞相史天澤時爲河南經略大使，選諸道兵之驍勇者從，遂命進爲總把。是年秋九月，道由陳倉入興元，度米倉關，其地荒塞不通，進伐木開道七百餘里。冬十一月，至定遠七十關，其關上下皆築連堡，宋以五百人守之，巴渠江水環堡東流。天澤命進

往關下說降之，不從。進潛視間道，歸白天澤曰：「彼可取也。」是夜二鼓，天澤遣進率勇士七十人，掩其不備，攻之，脫門樞而入者二十人。守門者覺，拔刀拒之，進被傷，不以爲病。懸門俄閉，諸軍不得入，進與二十人力戰，殺傷三十人。後兵走上堡，進乃毀懸門，納諸軍，追至上堡，殺傷益衆，宋兵不能敵，棄走。夜將旦，進遂得其堡，守之，闕路始通，諸軍盡度。進以功受上賞。

己未春二月，天澤兵至行在所，圍合州釣魚山寨。夏五月，宋由嘉陵江以舟師來援，始大戰三槽山西。六月，戰山之東，有功。秋七月，宋兵戰艦三百餘泊黑石峽東，以輕舟五十爲前鋒，北軍之船七十餘泊峽西，相距一里許。帝立馬東山，擁兵二萬，夾江而陣，天澤乃號令於衆曰：「聽吾鼓，視吾旗，無少怠也。」頃之，聞鼓聲，視其旗東指，諸軍遂鼓譟而入，兵一交，宋前鋒潰走，戰艦繼亂，順流縱擊，死者不可勝計。帝指顧謂諸將曰：「白旗下服紅半臂突而前者，誰也？」天澤以進對，賞錦衣、名馬。八月，又戰浮圖關，前後凡五戰，皆以功受上賞。

世祖卽位，入爲侍衞親軍。中統二年，宣授總把，賜銀符。三年，從征李璮有功。至元八年，領兵赴襄陽。十二年，從略地湖北、湖南。宋平，以兵馬使分兵屯鄂州。十三年，領軍二千，屯田河西中興府。十四年，加武略將軍，陞千戶。十五年，移屯六盤山，加武毅將

軍，賜金符。十七年，陞明威將軍、管軍總管。十九年，賜虎符，復進懷遠大將軍，命屯田西域別石八里。

二十三年秋，海都及篤娃等領軍至洪水山，進與力戰，衆寡不敵，軍潰，進被擒。從至摻八里，遁還，至和州，收潰兵三百餘人，且戰且行，還至京師，賞金織紋衣二襲、鈔一千五百貫。二十五年，授蒙古侍衞親軍都指揮使司僉事。明年，改授左翼屯田萬戶。元貞元年春，卒。

子雯，襲授武德將軍、左翼屯田萬戶，佩虎符。皇慶二年，加宣武將軍。延祐六年，仁宗念其父進嘗北征被掠，特賜雯中統鈔五百錠以恤之。泰定元年春，以疾辭。子朶耳只襲。

石抹按只

石抹按只，契丹人，世居太原。父大家奴，率漢軍五百人歸太祖。歲戊午，按只代領其軍，從都元帥紐璘攻成都。時宋兵聚於（盧）〔靈〕泉，〔一四〕按只以所部兵與戰，大敗之，殺其將韓都統。又從都元帥按敦攻瀘州，按只以戰艦七十艘至馬湖江，宋軍先以五百艘控扼江渡，按只擊敗之。時宋兵於沿江撤橋據守，按只相地形，造浮橋，師至無留行。宋欲撓其役，兵出輒敗，自馬湖以達合江、涪江、清江，凡立浮橋二十餘所。及四川平，浮橋之功居多。

己未，宋以巨艦載甲士數萬，屯清（河）〔江〕浮橋，〔一五〕相距七十日。水暴漲，浮橋壞，西岸軍多漂溺，按只軍東岸，急撤浮橋，聚舟岸下，士卒得不死，又援出別部軍五百餘人。先鋒奔察火魯赤以聞，憲宗遣使慰諭，賞賜甚厚。敍州守將橫截江津，軍不得渡，按只聚軍中牛皮，作渾脫及皮船，乘之與戰，破其軍，奪其渡口，爲浮橋以濟師。中統三年，授河中府船橋水手軍總管，佩金符，以立浮橋功也。

至元四年，從行省也速帶兒攻瀘州，按只以水軍與宋將陳都統、張總制戰于馬湖江，按只身被二創，戰愈力，敗之。六年正月，也速帶兒領兵趨瀘州，遣按只以舟運其器械、糧食，由水道進。宋兵復扼馬湖江，按只擊敗之，生獲四十人，奪其船五艘，復以水軍一千，運糧於眉、簡二州，軍中賴之。九年，從征建都蠻，歲餘不下，按只先登其城，力戰，遂降之。軍還，道病卒。行省承制以其子不老代領其軍。

不老從攻嘉定，以巨艦七十艘載勇士數千人，據其上流，於府江紅崖灘造浮橋以渡。十二年，嘉定降，宋將鮮于都統率衆遁，不老追至大佛灘，盡斃之。行院汪田哥攻取紫雲、瀘、敍等城，〔一六〕不老功最多。及諸軍圍重慶，不老先以戰艦三百艘列陣於觀灘，絕其走路。十

三年，領隨翼軍五百人，會招討藥刺海，竪柵於白水江岸以爲備。不老乘夜襲宋軍，直抵重慶城下，攻千斯門，宋軍驚潰，溺死者衆，生擒三十餘人，獲其旗幟甲仗以獻。宋涪州守將率舟師來援，不老擊敗之於廣陽垻，生獲六十餘人，奪其船十艘。十四年，從攻瀘州，不老勒所部兵攻神臂門，蟻附以登，斬首五十級。明日復戰，破之。十五年，復攻重慶太平門，不老先登，殺其守陴卒數十人，宋都統趙安以城降，總管黃亮乘舟遁，不老追擒之，及其兵士五十人，奪戰艦五十艘。

十六年，命襲父職，爲懷遠大將軍、船橋軍馬總管，更賜金虎符，兼夔路（守鎮）〔鎮守〕副萬戶。〔一七〕十八年，大小盤諸峒蠻叛，命領諸翼蒙古、漢軍三千餘人戍施州，既而蠻酋向貴誓用等降，其餘峒蠻之未服者悉平，遂以爲保寧等處萬戶。

謁只里

謁只里，女直人也。大父昔寶味也不干，登金進士第，金亡，歸太宗。謁只里幼穎悟，能記誦，及長，以孝友聞。事世祖潛邸，得備宿衞。中統初，命參議陝西行樞密院事，以商挺佐之。比行，入奏曰：「關陝要地，軍務非輕，阿脫仰刺國之元臣，陛下方委任之，伏慮臨時議論不協，必誤大計，儻有異同，臣請得以上聞。」帝可其奏，賜宴而遣之。未幾，改行省

斷事官，復入宿衞。李璮平，朝議選宿衞之士監漢軍，謁只里佩虎符，監軍於毗陽。

至元七年，命爲監戰，以所領諸軍圍襄陽，築一字堡以張軍勢，一時名將唆都、劉國傑、李庭等皆隸麾下。攻樊城，率其軍先登，破之，所受賞賜，悉分將士。十一年，從丞相伯顏次郢州，將數騎而出，與宋兵遇，有部卒墮馬，爲其所得，謁只里單騎橫戈，直入其軍，取之以還，因殺獲四人。時糧儲不繼，諸將以爲憂，謁只里乃西攻江陵龍灣堡，取其粟萬石，衆賴以濟。元兵東下，宋將夏貴迎戰於陽邏洑，伯顏未至，衆欲少俟之，謁只里曰：「兵貴神速，機不可失，宜及其未定而擊之。」遂直前衝貴軍，獲戰船百餘，貴敗走。伯顏上其功，加定遠大將軍。

十二年，攻常州，謁只里造雲梯繩橋以登，遂克之。奉省檄徇安吉諸州，皆下。十三年，宋降，伯顏命謁只里監守其宮，號令嚴肅，秋毫無犯。入朝，錄功，遷昭勇大將軍。未幾，拜鎮國上將軍、浙東宣慰使，鎮守紹興。十九年卒，年四十二。

子亦老溫，襲爲萬戶，累遷江東廉訪使；脫脫，淮東宣慰使。

鄭溫

鄭溫，眞定靈壽人。初從中書粘合南合南征，有功，爲合必赤千戶。從丞相史天澤，爲

列傳第四十一　謁只里　鄭溫　三六四三

元史卷一百五十四　三六四四

新軍萬戶鎭撫。憲宗征西川，溫四月不解甲，天澤以溫見，具言其功，帝曰：「朕所親見也。」賜名也可拔都，賞以鞍勒。還至閬州，奉旨分軍守邏靑居、釣魚等山，天澤命溫統四千人，警邏釣魚山。

中統元年，佩金虎符，爲總管。三年，李璮叛，詔溫以軍還討。至濟南，大軍圍其城，賊將楊拔都等乘夜斫營，溫力戰至黎明，賊退，諸王哈必赤、丞相史天澤厚賞之。七月，城破，命溫率兵三千，往定益都。以功復受上賞，命爲侍衞親軍總管。

至元六年，進懷遠大將軍、右衞副都指揮使。九年，詔溫統蒙古、漢人、女眞、高麗諸部軍萬人，渡海征躭羅，平之。十二年，陞右衞親軍都指揮使，率三衞軍萬人，從攻岳州、江(州)〔陵〕、〔一八〕沙市、潭州，皆有功，平章阿里海涯賞銀十錠。十四年，入朝，遷昭勇大將軍、樞密院判官。

十八年，改輔國上將軍、江淮行省參知政事。杭民饑，出米二十萬石糶之。俄賜以常州官田三十頃。二十二年，召還。二十三年，陞江浙左丞，命以新附漢軍萬五千，於淮安雲山(泉)〔白水〕塘立屯田。〔一九〕二十八年卒，年八十一。

子欽，利用監丞；釭，榷茶都運使；銓，右衞親軍千戶；鏞，袁州路判官。

校勘記

〔一〕趙(忠)〔沖〕　據本書卷二〇八高麗傳改。按高麗史卷一〇三有趙沖傳。

〔二〕懷安公　見卷二校勘記〔一〕。

〔三〕又拔金山歸信昌朔州　按高麗史卷五八地理志，龜州與昌、朔州同屬安北大都護府，信州與前文之鳳州皆屬黃州牧。又按同書卷二三高宗世家，蒙古軍于丙申年侵入慈、朔、龜、黃等州。疑此處「歸」當作「龜」。

〔四〕玄(鳳)〔風〕　見卷三校勘記〔一三〕。

〔五〕〔射〕陽湖　按本書卷四世祖紀中統元年六月乙巳條、卷二〇六李璮傳均作「射陽湖」，據補。湖在淮南府南。蒙史已校。

〔六〕諸王乃蠻〔帶〕　據本書卷一五、一六世祖紀至元二十六年六月庚申、閏十月癸未、二十七年十二月乙未、卷二二武宗紀至大元年七月壬午條補。按此卽壽王，卷一〇七宗室世系表作「乃蠻台」、卷一〇八諸王表作「乃蠻歹」，卷一二一博羅歡傳作「乃馬帶」，卷一三一伯帖木兒傳作「乃麻歹」。

〔七〕兀朮站　按本書卷一三一伯帖木兒傳作「斡麻站」，疑此處「朮」爲「木」之誤。

〔八〕貼滿哈　按本書卷一三一伯帖木兒傳「貼滿哈」作「帖麥哈必兒哈」，此處有脫文。此名蒙古語，

列傳第四十一　校勘記　三六四五

元史卷一百五十四　三六四六

義爲「駝肋」。

〔九〕〔制宜〕　據本書原目錄補。

〔一〇〕庚戌從憲宗征大理國至背負憲宗以行　按本書卷四世祖紀，蒙古征大理在癸丑年，蒙史改「庚戌」爲「癸丑」，疑是。又考異云：「意者，世祖征大理時，鼎實在行間，史家誤以爲從憲宗耳。」此處史文有誤。

〔一一〕辛亥入朝　按元憲宗元年辛亥，爲憲宗三年癸丑攻大理之前二年，而此云鄭鼎入朝在攻大理之後。「辛亥」誤，蒙史删。

〔一二〕(天)〔上〕黨　從道光本改。按本書卷五八地理志，平陽路潞州古稱上黨，元時屬縣亦有上黨，與此處史文地望全符。

〔一三〕大德八年　淸容集卷三二鄭制宜行狀及本書卷五〇五行志均作「七年」，道光本改「八」爲「七」，是。

〔一四〕(盧)〔靈〕泉　據本書卷一二九紐璘傳改。蒙史已校。

〔一五〕淸(河)〔江〕　蒙史改作「淸江」，並注云：「卽遂寧之淸江，舊誤淸河。」從改。

〔一六〕汪田哥　按汪田哥死於元憲宗末年。傳此處敍元世祖至元十二年事，「田哥」二字誤。蒙史改作「惟正」。

〔一七〕（守鎮）〔鎮守〕副萬戶　據本書多見之文改。蒙史已校。

〔一八〕從攻岳州江（州）〔陵〕　按本書卷八世祖紀至元十二年四月丁未條、卷一二八阿里海牙傳，此役所下者爲江陵，與江州無涉，據改。蒙史已校。

〔一九〕淮安雲山（泉）〔白水〕塘　據本書卷八七百官志所見「雲山白水」改。按本書卷五九地理志、卷一〇〇兵志、卷一六九謝仲溫傳及元文類卷四一經世大典序錄屯田皆有淮安路「白水塘」。

元史卷一百五十五

列傳第四十二

汪世顯 德臣 良臣 惟正

汪世顯字仲明，鞏昌鹽川人。系出旺古族。仕金，屢立戰功，官至鎮遠軍節度使，鞏昌便宜總帥。金平，郡縣望風款附，世顯獨城守，及皇子闊端駐兵城下，始率衆降。皇子曰：「吾征四方，所至皆下，汝獨固守，何也？」對曰：「臣不敢背主失節耳。」又問曰：「金亡已久，汝不降，果誰爲耶？」對曰：「大軍迭至，莫知適從，惟殿下仁武不殺，竊意必能保全闔城軍民，是以降也。」皇子大悅，承制錫世顯章服，官從其舊。

即從南征，斷嘉陵，擣大安。田、楊諸蠻結陣迎敵，世顯以輕騎馳撓之。宋曹將軍潛兵相爲掎角，世顯單騎突之，殺數十人。黎明，大軍四合，殺其主將，入武信，遂進逼資、普。軍葭萌，宋將依山爲柵，世顯以數騎往奪之，乘勝定資州，略嘉定、峨眉。進次開州。時方

泥潦，由間道攀緣以達。宋軍屯萬州南岸，世顯即水北造船以疑之，夜從上游鼓革舟襲破之，宋師大擾，追奔至夔峽，過巫山，與宋援軍遇，斬首三千餘級。明年，師還攻重慶，會大暑，乃罷歸。覲太宗，錫金符，易其名曰中山，且歷數其功，世顯拜謝曰：「此皆聖明福德所致，臣何預焉！」

辛丑，蜀帥陳隆之貽書請戰，聲言有衆百萬，皇子集諸將議之，咸謂隆之可生擒也。世顯曰：「顧臨敵何如，無庸誇辭爲！」軍薄成都，隆之戰屢却，堅壁不出。其部曲田顯約夜降，隆之覺之，世顯曰：「事急矣！」亟梯城入救顯，得與從者七十餘人出，獲隆之，斬之。世顯復簡精銳五百人，擣漢州，州兵三千出戰，城閉，盡沒。三日，大軍薄其城，又三日，克之。癸卯春，皇子第功，承制拜便宜總帥，秦、鞏等二十餘州事皆聽裁決，賜虎符、錦衣、玉帶。世顯先已遘疾，至是加劇，皇子遣醫，絡繹往療，竟不起，年四十九。中統三年，論功追封隴西公，謚義武。延祐七年，加封隴右王。

子七人：忠臣，鞏昌便宜副總帥；次德臣；次直臣，鞏昌中路都總領，歿於王事；次良臣；次翰臣，奧魯兵馬都元帥；佐臣，鞏昌左翼都總領，歿於王事；清臣，四川行樞密院副使。

德臣，賜名田哥，字舜輔。年十四，侍太子游獵，矢無虛發。襲爵鞏昌等二十四路便宜

都總帥，從征蜀，將前軍出忠、涪，所向克獲。進攻運山，率麾下先，所乘馬中飛石死，步戰，拔外城。宋將余玠攻漢中，德臣馳赴之，玠聞，遁去。

憲宗素聞其名，及入覲，所陳悉嘉納，賜印符，命城沔州。沔據嘉陵要路，德臣繕治室廬，部署官屬，數日而集。進攻嘉定，敵潛軍夜出，德臣迎戰，殺百人。還至左綿雲頂，宋軍乘夜斫營，覺之，殺千人，生擒百人。進次隆慶，宋軍仍夜出，與力戰，盡殺之。及馬漕溝，遇伏兵，與戰，獲其統制羅廷鶚。又詔德臣城益昌，諸戍皆聽節制。世祖以皇弟有事西南，德臣入見，乞免益昌賦稅及徭役，漕糧、屯田爲長久計，並從之。卽命置行部于鞏，立漕司于沔，通販鬻，給餽餉。奏乞以兄忠臣攝府事，使己得專事益昌。益昌爲蜀喉襟，蜀人憚其威名，諸郡環視，莫敢出鬭。

甲寅春，旱，嘉陵漕舟水澀，議者欲棄去，德臣曰：「國家以蜀事託我，有死而已，奈何棄之！」盡殺所乘馬饗士。襲嘉川，得糧二千餘石。雲頂呂（遠）〔達〕將兵五千邀戰，〔一〕卽陣擒之，復得糧五千石。既而魚關、金牛水陸運偕至，屯田麥亦登，食用遂給。

夏，獲宋提轄崔忠、鄭再立，縱令持檄諭苦竹，守將南清以城降，所俘城中民，悉歸之。東南戍卒數百有去志，德臣揣知之，給券縱去，皆泣謝。未幾，山寨相繼輸款。宋將余晦遣都統甘閏，以兵數萬城紫金山，德臣卽選精卒，銜枚夜進，大破之，閏僅以身免。南清北覲，

其下殺清妻子以叛，蜀將焦達領兵餉之，德臣擊敗達，盡獲所餉資糧。冬，蜀兵二萬復至，又敗之，獲糧百餘艘。魚關至沔水，迂回爲渡百有八，至是，悉爲橋梁。

戊午歲，帝親征，次漢中，德臣朝行在所。初，諸路軍成都，猝爲宋人所圍，德臣遣將赴之，約曰：「先破敵者，奏領此城。」圍遂解。詔候江南事定，如約以城與之。帝幸益昌，駐北山，謂德臣曰：「來者言汝立利州之功，今見汝身甚小，而膽甚大，不知敵曾薄汝城否？」德臣對曰：「賴陛下洪福，未嘗一來。」帝曰：「彼憚卿威名耳。」賜金帶，且俾立石紀功。嘉陵、白水交會，勢洶急，帝問：「船幾何可濟？」德臣曰：「大軍百萬，非可淹延，當別爲方略。」卽命繫舟爲梁，一夕而成，如履坦途。帝顧謂諸王曰：「汪德臣言不虛發。」賜白金三十斤，仍命刻石紀功。苦竹既逆命，至是攻之，巖壁峭絕，或請建天橋，帝以問德臣，曰：「臣知先登陷陣而已，建橋非所知也。」既而橋果無功。乃率將士魚貫而進，帝望見，歎曰：「人言其膽勇，豈虛譽邪！」宋將趙仲武納款，而楊禮猶拒戰，奮擊，盡殺之。德臣微疾，帝勞之曰：「汝疾皆爲我家。」飲以葡萄酒，解玉帶賜之，曰：「飲我酒，服我帶，疾其有瘳乎！」德臣泣謝。宋龍州守將王德新，遣所親願效順，以郡民爲祈，奏如其請。進攻長寧，拔之，斬守將王佐。

帝東下，德臣爲先鋒，抵大獲山，奪水門。宋將楊大淵遣子乞活數萬人命，引至帝前爲請，且曰，大淵率衆降。已而運山、靑居、大梁皆降。攻釣魚山，守臣王堅負險，五月不下，」

德臣單騎至城下，大呼曰：「王堅，我來活汝一城軍民，宜早降！」語未既，幾爲飛石所中，遂感疾。帝遣使問勞，俾還益昌，奏曰：「陛下尊爲天子，猶冒寒暑，服勞于外，臣待罪行伍，死其分也。」又遣丞相兀眞賜湯劑，卒不起，年三十有六。中統三年，追封隴西公，謚忠烈。

子六人：長惟正；次惟賢，大司徒；惟和，昭文館大學士；惟明，以質子爲元帥；惟能，征西都元帥；惟純，權便宜都總帥。

良臣，年十六七卽從兄德臣出征，每戰輒當前鋒，以功擢裨帥，兼便宜都府參議。癸丑歲，以德臣薦，爲鞏昌帥，領所部兵屯田白水，蜀邊寨不敢復出鈔略。憲宗親征，軍至六盤，良臣還鞏昌，供億所須，事集而民不擾，詔權便宜總帥府事。良臣奏：「願與兄德臣效力定四川。」帝曰：「行軍餽餉，所係不輕，汝任其責，自可立功。」良臣既奉命，治橋梁，平道路，營舟車，水陸無壅，儲積充牣。有旨賜黃金、弓矢，旌其能。

世祖卽位，阿藍台兒、渾都海逆命，劫六盤府庫，西垂騷動，詔良臣討之。兵至山丹，置營，按兵不戰者凡二月。俄大舉至耀碑谷，兩軍相當，良臣慷慨誓諸將曰：「今日之事，係國安危，勝則富貴可保，敗則身戮家亡。苟能用命，縱死行間，不失忠孝之名。」衆聞，踴躍而前。會大風揚沙，晝晦，良臣手刃數十人，賊勢沮，衆軍乘勝擣之，賊大潰，獲阿藍台兒、渾

都海，殺之，西鄙輯寧。捷聞，賜金虎符，權便宜都總帥。

中統二年，火里叛，復討平之。入覲，賜燕，屢稱其功，良臣拜謝曰：「臣奉諸王成算，何功之有！」世祖嘉其能讓，復賜金鞍、甲冑、弓矢，轉同僉鞏昌路便宜都總帥。宋將昝萬壽帥戰船二百，泝江而上，欲掩靑居。良臣伏甲數十艘其後，身先逆戰，萬壽敗走，伏發，幾獲之。三年，授閬蓬廣安順慶等路征南都元帥。良臣以釣魚山險絕，不可攻，奏請就近地築城曰武勝，以扼其往來。四年春，良臣攻重慶，命元帥康士禿先驅，與宋將朱禩孫兵交，良臣塞其歸路，引兵橫擊之，斷敵兵爲二，敵敗走趨城，不得入，盡殺之。

至元六年，授東川副統軍。八年，兄子惟正請於朝，謂良臣久勞戎行，乞身代之。九年，復授良臣昭勇大將軍、鞏昌等二十四處便宜都總帥，兼本路諸軍奧魯總管。明年，召入，帝曰：「成都被兵久，須卿安集之。」授鎭國上將軍、樞密副使、西川行樞密院事，蜀人安之。十一年，進攻嘉定，昝萬壽堅守不出，良臣度有伏兵，大搜山谷，果得而殺之，進壘薄城。萬壽悉軍出戰，大破之，伏尸蔽江，萬壽乞降，良臣奏免其死，居民按堵。良臣統兵順流而下，紫雲、瀘、敍相繼款附。還圍重慶。

十三年，宋涪州安撫楊立，帥兵救重慶者再，良臣皆敗走之。宋安撫張珏，遣將乘虛襲據瀘州，良臣還軍平之，復攻重慶。十五年春，張珏悉衆鏖戰，良臣奮擊，大破之，身中四

矣。明日，督戰益急。珏所部趙安開門納降，珏潛遁。良臣禁俘掠，發粟賑饑，民大悅。四川悉平，捷聞，世祖喜甚，召良臣入覲，授資善大夫、中書左丞、行四川中書省事，賜白貂裘。良臣陳治蜀十五事，世祖喜納。良臣至成都，以蜀瘡痍之餘，極意循撫。行省罷，改授安西王相，不赴。十八年夏，疾卒，年五十一。贈儀同三司，謚忠惠。加贈推誠保德宣力功臣、儀同三司、陝西等處行中書省平章政事、柱國，追封梁國公。

子七人：惟勤，雲南諸路行省平章政事；惟簡，保寧萬戶；惟某，同知屯田總管府事；惟永，征西都元帥；惟恭，階州同知；惟仁，人匠總管達魯花赤；惟新，漢軍千戶。

惟正字公理，幼穎悟，藏書二萬卷，喜從文士論議古今治亂，尤喜談兵，時出游獵，則勒從騎爲攻守狀。父卒于軍，皇姪壽王俾襲父爵，守青居山。世祖卽位，遂眞授焉。初，憲宗遣渾都海以騎兵二萬守六盤，又遣乞台不花守青居，至是，渾都海叛，乞台不花發兵爲應，惟正卽命力士縛乞台不花，殺之。世祖嘉其功，詔東川軍事悉聽處分。

中統二年，入朝，賜甲冑、寶鞍。三年，詔還鞏昌。部長火都叛，民大擾，惟正謂將吏曰：「火都今若猘犬，方肆狂齧，苟一戰不利，則城邑爲墟，當勝以不戰。」乃發兵踵之，賊欲戰不得，休則撓之，若是者兩月，知其糧盡勢蹙，曰：「可矣。」與戰，屢捷，火都遣三十人來約

降，卽遣其十人還，俾火都自來，因潛兵躡其後，出其不意擒殺之。

至元七年，宋人修合州，詔立武勝軍以拒之。惟正臨嘉陵江作柵，阨其水道，夜懸燈柵間，編竹爲籠，中置火炬，順地勢轉走，照百步外，以防不虞，宋人知有備，不敢近。九年，帥兵掠忠、涪，獲令、簿各一，破寨七，擒守將六，降戶千六百有奇，捕虜五百。會丞相伯顏克襄陽，議取宋，惟正奏曰：「蜀未下者，數城耳，宜併力攻餘杭，本根既拔，此將焉往！願以本兵，由嘉陵下夔峽，與伯顏會錢塘。」帝優詔答曰：「四川事重，舍卿誰託！異日蜀平，功豈伯顏下邪！」未幾，兩川樞密院合兵圍重慶，命益兵助之，惟正奪其洪崖門，獲宋將何統制。皇子安西王出鎭秦蜀，召惟正還。

十四年冬，皇子北伐，而藩王土魯叛於六盤，王相府命別速帶領兵進討，惟正爲副。別速帶不習兵，師行無紀，惟正爲正部曲，肅行陣，嚴斥候，凡軍政一倚重焉。進次平涼，簡鞏兵銳者八十人與俱，至六盤。土魯先據西山，惟正分安西兵爲左右翼，鞏兵獨居中，去土魯一里許，皆下馬，手弓。土魯遣百騎突陳，惟正令引滿毋發，將及，又命曰：「視必中而發。」於是矢下如雨，突騎中者三之一，餘盡馳還，土魯軍遂走。惟正麾兵逐之，三踰山，至蕭河，擒叛將燕只哥，復進兵，土魯亦就擒。安西王至，惟正迎謁，王歷稱其功。明日，大燕，賞以金尊杯、貂裘。王妃賜其母珠絡帽衣，且曰：「吾皇家兒婦也，爲汝母製衣，汝母眞福人也。」

詔惟正入朝，世祖推玉食食之，賜白金五千兩、錦衣一襲，授金吾衞上將軍、開(城)[成]路宣慰使。[三]十七年，遷龍虎衞上將軍、中書左丞，行秦蜀中書省事，賜玉帶。以省治在長安，去蜀遠，乃命惟正分省于蜀。蜀土荐罹兵革，民無完居，一聞馬嘶，輒奔竄避匿，惟正留意撫循，人便安之。二十年，進階資德大夫。二十二年，改授陝西行中書省左丞。入覲上都，得腹疾，還至華州，卒，年四十四。謚貞肅。

二子：嗣昌，武略將軍、成都管軍副萬戶；壽昌，資德大夫、江南行御史臺中丞。

史天澤 格

史天澤字潤甫，秉直季子也。身長八尺，音如洪鍾，善騎射，勇力絕人。從其兄天倪帥眞定。乙酉，天倪遣護送其母歸北京，既而天倪爲武仙所害，府僚王縉、王守道追及天澤於燕，曰：「變起倉猝，部曲散走，多在近郊，公能迴轡南行，不招自至矣。」天澤毅然曰：「兄弟之讎，義所當復，雖死不避，況未必死邪！」卽傾貲裝，易甲仗，南還，行次滿城，得士馬甚衆。天澤攝行軍事，遣監軍李伯祐詣國王孛魯言狀，且乞濟師。

天澤時爲帳前軍總領，孛魯承制命紹兄職爲都元帥。俾笑乃解將蒙古軍三千人援之，合勢進攻盧奴。仙驍將葛鐵槍者，擁衆萬人來拒戰，天澤迎擊之，身先士卒，勇氣百倍。賊

退阻泒河，乘夜而遁，天澤追及之，生擒葛鐵槍，餘衆悉潰，獲其兵甲輜重，軍威大振。遂下中山，略無極，拔趙州，進軍野頭。會天澤兄天安亦提兵來赴，擊仙敗之，仙奔雙門，遂復眞定。

未幾，宋大名總管彭義斌陰與仙合，欲取眞定，天澤同笑乃解扼諸贊皇，仙不得進。義斌勢蹙，焚山自守，天澤遣銳卒五十，摧鋒而入，自以鐵騎繼其後，縛義斌斬之。

未幾，仙復令諜者，結死士於城中大曆寺爲內應，夜斬關而入，據其城。天澤引步卒數十，踰城東出，至槁城，求援於董俊。俊授以銳卒數百，夜赴眞定，而笑乃解兵亦至，捕叛者三百餘人，仙從數騎，走保西山抱犢寨。笑乃解怒忿民之從賊，驅萬餘人將殺之，天澤曰：「彼皆吾民，但爲賊所脅耳，殺之何罪！」力爭得釋。乃繕城壁，立樓櫓，爲不可犯之計，招集流散，存恤困窮。以抱犢諸寨，仙之巢穴，不卽剪覆，終遺後患，急攻下之，仙乃遁去。繼又取蟻尖、馬武等寨，而相、衞亦降。

己丑，太宗卽位，議立三萬戶，分統漢兵。天澤適入覲，命爲眞定、河間、大名、東平、濟南五路萬戶。庚寅冬，武仙復屯兵於衞，天澤合諸軍圍之。金將完顏合達以衆十萬來援，戰不利，諸將皆北，天澤獨以千人繞出其後，敗一都尉軍，與大軍合攻之，仙逸去，遂復衞州。

壬辰春，太宗由白（波）〔坡〕渡河，〔三〕詔天澤以兵由孟津會河南，至則睿宗已破合達軍于三峯山。乃命略地京東，招降太康、柘縣、瓦岡、睢州，追斬金將完顏慶山奴於陽邑。夏，帝北還，留睿宗總兵圍汴。

癸巳春，金主突圍而出，令完顏白撒自黃龍岡來襲新衞。天澤率輕騎馳赴之，比至，圍已合，天澤奮戈突至城下，呼守者曰：「汝等勉力，援兵且至。」復躍出，其衆皆披靡，遂與大軍夾擊之，白撒等敗走蒲城，天澤尾其後，白撒等兵尚八萬，俘斬殆盡。金主以單舸東走歸德，天澤追至歸德，與諸軍會。新衞達魯花赤撒吉思不花，欲薄城背水而營，天澤曰：「此豈駐兵之地乎！彼若來犯，則進退失據矣。」不聽，會天澤以事之汴，比還，撒吉思不花全軍皆沒。金主還蔡，帝命元帥倴盞率大軍圍之。天澤當其北面，結栰潛渡汝水，血戰連日。甲午春正月，蔡破，金主自經死，天澤還眞定。

時政煩賦重，貸錢於西北賈人以代輸，累倍其息，謂之羊羔利，民不能給。天澤奏請官爲償一本息而止。繼以歲饑，假貸充貢賦，積銀至一萬三千錠，天澤傾家貲，率族屬官吏代償之。又請以中戶爲軍，上下戶爲民，著爲定籍，境內以寧。

金亡，移軍伐宋。乙未，從皇子曲出攻棗陽，天澤先登，拔之。及攻襄陽，宋兵以舟數千陳於蛸石灘，天澤挾二舟載死士，直前擣之，覆溺者萬計。丁酉，從宗王口溫不花圍光州，天澤先破其外城，攻子城，又破之。師次復州，宋兵以舟三千鎖湖面爲柵，天澤曰：「柵破，則復自潰。」親執桴鼓，督勇士四十人攻其柵，不踰時，柵破，復人懼，請降。進攻壽春，天澤獨當一面，宋兵夜出斫營，天澤手擊殺數人，麾下兵繼至，悉驅其兵入淮水死，乘勝而南，所向輒克。

壬子，入覲，憲宗賜衞州五城爲分邑。世祖時在藩邸，極知漢地不治，河南尤甚，請以天澤爲經略使。至則興利除害，政無不舉，誅郡邑長貳之尤貪横者二人，境內大治。阿藍答兒鉤較諸路財賦，鍛鍊羅織，無所不至，天澤以勳舊獨見優容，天澤曰：「我爲經略使，今不我責，而罪餘人，我何安乎！」由是得釋者甚衆。

戊午秋，從憲宗伐宋，由西蜀以入。己未夏，駐合州之釣魚山，軍中大疫，方議班師，宋將呂文德以艨艟千餘，泝嘉陵江而上，北軍迎戰不利。帝命天澤禦之，乃分軍爲兩翼，跨江注射，親率舟師順流縱擊，三戰三捷，奪其戰艦百餘艘，追至重慶而還。

中統元年，世祖卽位，首召天澤，問以治國安民之道，卽具疏以對，大略謂：「朝廷當先立省部以正紀綱，設監司以督諸路，霈恩澤以安反側，退貪殘以任賢能，頒奉秩以養廉，禁賄賂以防奸，庶能上下丕應，內外休息。」帝嘉納之。繼命往鄂渚撤江上軍，還，授河南等路宣撫使，俄兼江淮諸翼軍馬經略使。

二年夏五月，拜中書右丞相。天澤既秉政，凡前所言治國安民之術，無不次第舉行。又定省規十條，以正庶務。憲宗初年，括戶餘百萬，至是，諸色占役者太半，天澤悉奏罷之。秋九月，扈從世祖親征阿里不哥，次昔木土之地，詔丞相線眞將右軍，天澤將左軍，合勢蹙之，阿里不哥敗走。

三年春，李璮陰結宋人，以益都叛，遂據濟南，詔親王哈必赤總兵討之，兇勢甚盛。繼命天澤往，天澤聞璮入濟南，笑曰：「豕突入苙，無能爲也。」至則進說於哈必赤曰：「璮多譎而兵精，不宜力角，當以歲月斃之。」乃深溝高壘，絕其奔軼，凡四月，城中食盡，軍潰出降，生擒璮，斬于軍門，誅同惡者數十人，餘悉縱歸。明日，引軍東行，未至益都，城中人已開門迎降。

初，天澤將行，帝臨軒授詔，責以事征，俾諸將皆聽節度。天澤未嘗以詔示人，及還，帝慰勞之，悉歸功於諸將，其愼密謙退如此。天澤在憲宗時嘗奏：「臣始攝先兄天倪軍民之職，天倪有二子，一子管民政，一子掌兵權，臣復入叨寄遇，一門之內，處三要職，分所當辭，臣可退休矣。」帝曰：「卿奕世忠勤，有勞於國，一門三職，何愧何嫌！」竟不許。至是，言者或謂李璮之變，由諸侯權太重。天澤遂奏：「兵民之權，不可併於一門，行之請自臣家始。」於是史氏子姪，卽日解兵符者十七人。

至元元年，加光祿大夫，右丞相如故。三年，皇太子燕王領中書省，兼判樞密院事，以天澤爲輔國上將軍、樞密副使。四年，復授光祿大夫，改中書左丞相。六年，帝以宋未附，議攻襄陽，詔天澤與駙馬忽剌出往經畫之，賜白金百錠、楮幣萬緡。至則相要害，立城堡，以絕其聲援，爲必取之計。七年，以疾還燕。八年，進開府儀同三司、平章軍國重事，仍敕右丞相安童諭旨曰：「兩省、院、臺，或一月、一旬，遇大事，卿可商量，小事不煩卿也。」

十年春，與平章阿朮等進攻樊城，拔之，襄陽降。十一年，詔天澤與丞相伯顏總大軍，自襄陽水陸並進。天澤至郢州遇疾，還襄陽，帝遣侍臣賜以葡萄酒，且諭之曰：「卿自朕祖宗以來，躬擐甲胄，跋履山川，宣力多矣。又卿首事南伐，異日功成，皆卿力也。勿以小疾阻行爲憂，可且北歸，善自調護。」還至眞定，帝又遣其子杠與尚醫馳視，賜以藥餌。天澤因附奏曰：「臣大限有終，死不足惜，但願天兵渡江，愼勿殺掠。」語不及它。以十二年二月七日薨，年七十四。訃聞，帝震悼，遣近臣賻以白金二千五百兩，贈太尉，謚忠武。後累贈太師，進封鎭陽王，立廟。

天澤平居，未嘗自矜其能，及臨大節、論大事，毅然以天下之重自任。年四十，始折節讀書，尤熟於資治通鑑，立論多出人意表。拜相之日，門庭悄然，或勸以權自張，天澤舉唐韋澳告周墀之語曰：「願相公無權。爵祿刑賞，天子之柄，何以權爲！」因以謝之，言者慚服。

當金末，名士流寓失所，悉爲治其生理而賓禮之，後多致顯達。破歸德，釋李大節不殺，而送至眞定，署爲參謀。衞爲食邑，命王昌齡治之，舊人多不平，而莫能間，其知人之明、用人之事如此。是以出入將相五十年，上不疑而下無怨，人以比於郭子儀、曹彬云。

子格，湖廣行省平章政事；樟，眞定順天新軍萬戶；棣，衞輝路轉運使；杠，湖廣行省右丞；杞，淮東道廉訪使；梓，同知澧州；楷，同知南陽府；彬，中書左丞。

格字晉明。歲壬子，憲宗賜天澤以衞城，授格節度使。憲宗崩，格北留謙州，五年而歸，爲鄧州舊軍萬戶。旣又代張弘範爲亳州萬戶，而以故所將鄧州舊軍授弘範。從攻襄陽，襄陽下，賜白金、衣裘、弓矢、鞍馬。衆軍渡江，平章阿朮將二十(三)〔五〕萬戶居前，〔四〕每五萬戶擇一人爲帥統之，格居其一。格軍先渡，爲宋將程鵬飛所卻，格被三創，喪其師二百，尋復大戰，中流矢，鵬飛身亦被七創，乃敗走。其後樞密院奏格輕進，請罪之，帝念其功，而薄其罪。俾從平章阿里海牙攻潭州，砲激栅木，傷肩，矢貫其手，裹創先登，拔之，遂以軍民安撫留戍。

入覲，加定遠大將軍，賜以天澤所服玉帶。從攻靜江，衆以轒轀自蔽鑿城，格所當，砲礌蔽地，車不可至，乃伺隙率衆攀堞，蟻附而上，拔之。徇廣西十(三)〔八〕州，〔五〕廣東三州，

皆下。靜江受兵之初，溪洞諸夷皆降雲南，格遣使諭之，來者五十州，雲南爭之，事聞，詔聽格節度。陞廣西宣撫使，改鎭國上將軍、廣南西道宣慰使。

宋亡，陳宜中、張世傑挾益王昰、廣王昺據福州，立益王，傳檄嶺海，欲復其地，詐言夏貴已復瀕江州郡。諸戍將以江路旣絕，不可北歸，皆託計事還靜江。格曰：「君等亦爲虛聲所懼邪！待貴踰嶺，審不可北歸，吾與諸君取塗雲南而歸，未爲不可，敢輒棄戍哉！」行省議棄廣東之肇慶、德慶、封州，併兵戍梧州。格曰：「棄地撤備，示敵以怯，不可，宜增兵戍之。」劇賊蘇仲，集潰卒，據鎭龍山稱王，劫掠於外，耕植於內，至秋畢穫。聞大兵至，則僞出降，官軍畏暑，不敢深入，橫、象、賓、貴四州，皆被其害。格築堡於其界，守以土兵，令官軍火其廬栅，民踐其禾稼，仲窮蹙，遂降。益王餘衆破潯州，斬李辰、〔六〕李福。靜江北抵(泉)〔全〕、永，〔七〕皆城守，羅飛圍永，凡七月不下。判官潘澤民間道來告急，格分兵赴之，殄其衆。

益王死，衞王立。趣廣州，壁海中崖山，遣曾淵子據雷州，諭之降，不聽，進兵攻之，淵子奔硇洲。世傑將兵數萬，欲復取雷州，戍將劉仲海擊走之。後悉衆來圍，城中絕糧，士以草爲食，格漕欽、廉、高、化諸州糧以給之，世傑解圍去。詔格戍雷州。衞王死，廣東、西悉平。張弘範請復將亳州軍，乃還格鄧州舊軍。拜參知政事、行廣南西道宣慰使。入覲，拜資德大夫、湖廣行中書省右丞。移江西右丞，尋復爲湖廣右丞，進平章政事。卒，年五十八。

子燿，福建行省平章政事；榮，鄧州舊軍萬戶。

校勘記

〔一〕呂(達)〔逵〕　據隴右金石錄卷一五汪德臣神道碑改。按宋史卷四四理宗紀寶祐二年春二月乙巳條亦作「呂逵」。

〔二〕開(城)〔成〕路　見卷一〇校勘記〔一〇〕。

〔三〕白(族)〔坡〕　見卷一二二校勘記〔一四〕。

〔四〕將二十(三)〔五〕萬戶居前　據元文類卷六二史格神道碑改。蒙史已校。

〔五〕徇廣西十(三)〔八〕州　按史格神道碑作「行徇定昭、賀、梧、潯、藤、容、象、貴、鬱林、柳、融、賓、邕、橫、廉、欽、高、化廣西之州十八」，所列舉州名，恰符十八之數，據改。新元史已校。

〔六〕李辰　元文類卷六二史格神道碑作「李應辰」，蒙史據補「應」字，疑是。

〔七〕(泉)〔全〕永　據元文類卷六二史格神道碑改。按全州、永州相毗鄰，泉州在閩，與此無涉。蒙史已校。

元史卷一百五十六

列傳第四十三

董文炳 〔士元 士選〕〔一〕

董文炳字彥明，俊之長子也。父歿時年始十六，率諸幼弟事母李夫人。夫人有賢行，治家嚴，篤於教子。文炳師侍其先生，警敏善記誦，自幼儼如成人。

歲乙未，以父任爲藁城令。同列皆父時人，輕文炳年少，吏亦不之憚。文炳明於聽斷，以恩濟威。未幾，同列束手下之，吏抱案求署字，不敢仰視，里人亦大化服。縣貧，重以旱蝗，而徵斂日暴，民不聊生。文炳以私穀數千石與縣，縣得以寬民。前令因軍興乏用，稱貸於人，而貸家取息歲倍，縣以民蠶麥償之。文炳曰：「民困矣，吾爲令，義不忍視也，吾當爲代償。」乃以田廬若干畝計直與貸家，復籍縣閑田與貧民爲業，使耕之。於是流離漸還，數年間民食以足。朝廷初料民，令敢隱實者誅，籍其家。文炳使民聚口而居，少爲戶數。衆以

爲不可，文炳曰：「爲民獲罪，吾所甘心。」民亦有不樂爲者，文炳曰：「後當德我。」由是賦斂大減，民皆富完。旁縣民有訟不得直者，皆詣文炳求決。文炳嘗上謁大府，旁縣人聚觀之，曰：「吾亟聞董令，董令頎亦人耳，何其明若神也！」時府索無厭，文炳抑不予。或讒（知）〔之〕府，〔二〕府欲中害之，文炳曰：「吾終不能剝民求利也。」即棄官去。

世祖在潛藩，癸丑秋，受命憲宗征南詔。文炳率義士四十六騎從行，人馬道死殆盡。及至吐番，止兩人能從，兩人者挾文炳徒行，躑躅道路，取死馬肉續食，日行不能三二十里，然志益厲，期必至軍。會使者過，遇文炳，還言其狀。時文炳弟文忠先從世祖軍，世祖即命文忠解尚廄五馬載糗糧迎文炳。既至，世祖壯其忠，且閔其勞，賜賚甚厚。有任使皆稱旨，由是日親貴用事。

己未秋，世祖伐宋，至淮西臺山寨，命文炳往取之。文炳馳至寨下，諭以禍福，不應，文炳脫冑呼曰：「吾所以不極兵威者，欲活汝衆也，不速下，今屠寨矣。」守者懼，遂降。九月，師次陽羅堡。宋兵築堡于岸，陳船江中，軍容甚盛。文炳請於世祖曰：「長江天險，宋所恃以爲國，勢必死守，不奪其氣不可，臣請嘗之。」即與敢死士數十百人當其前，率弟文用、文忠，載艨艟鼓櫂疾趨，叫呼畢奮。鋒既交，文炳麾衆趨岸搏之，宋師大敗。命文用輕舟報捷，世祖方駐香爐峯，因策馬下山問戰勝狀，則扶鞍起立，堅鞭仰指曰：「天也！」且命他師毋

解甲，明日將圍城。既渡江，會憲宗崩。閏十一月，班師。

庚申，世祖即位于上都，是爲中統元年，命文炳宣慰燕南諸道。還奏曰：「人久弛縱，一旦遽束以法，不可。危疑者尚多，宜赦天下，與之更始。」世祖從之，反側者遂安。二年，擢山東東路宣撫使。方就道，會立侍衞親軍，帝曰：「親軍非文炳難任。」即遙授侍衞親軍都指揮使，佩金虎符。

三年，李璮反濟南。璮劇賊，善用兵。文炳會諸軍圍之，璮不得遁。久之，賊勢日蹙，文炳曰：「窮寇可以計擒。」乃抵城下，呼璮將田都帥者曰：「反者璮耳，餘來即吾人，毋自取死也。」田縋城降。田，璮之愛將，既降，衆遂亂，禽璮以獻。璮兵有漣、海兩軍二萬餘人，〔三〕勇而善戰，主將怒其與賊，配諸軍，使陰殺之。文炳當殺二千人，言于主將曰：「彼爲璮所脅耳，殺之恐乖天子仁聖之意。向天子伐南詔，或妄殺人，雖大將亦罪之，是不宜殺也。」主將從之。然他殺之者已衆，皆大悔。

璮伏誅，山東猶未靖，乃以文炳爲山東路經略使，率親軍以行。出金銀符五十，有功者聽與之。閏九月，文炳至益都，留兵于外，從數騎衣冠而入。居府，不設警衞，召璮故將吏立之庭，曰：「璮狂賊，詿誤汝等。璮已誅死，汝皆爲王民，天子至仁聖，遣經略使撫汝，當相安毋懼。經略使得便宜除擬將吏，汝等勉取金銀符，經略使不敢格上命不予有功者。」所

部大悅，山東以安。

至元三年，帝懲李璮之亂，欲潛銷方鎮之橫，以文炳代史氏兩萬戶爲鄧州光化行軍萬戶、河南等路統軍副使。到官，造戰艦五百艘，習水戰，預謀取宋方略，凡阨塞要害皆列柵築堡，爲備禦計。帝嘗召文炳密謀，欲大發河北民丁。文炳曰：「河南密邇宋境，人習江淮地利，宜使河北耕以供軍，河南戰以闢地。俟宋平，則河北長隸兵籍，河南削籍爲民。如是爲便。」又將校素無俸給，連年用兵，至有身爲大校出無馬乘者。臣即所部千戶私役兵士四人，百戶二人，聽其雇役，稍食其力。」帝皆從之，始頒將校俸錢，以秩爲差。

七年，改山東路統軍副使，治沂州。沂與宋接境，鎮兵仰內郡餉運。有詔和糴本部，文炳命收州縣所移文。衆諫以違詔，文炳曰：「但止之。」乃遣使入奏，略曰：「敵人接壤，知吾虛實，一不可。邊民供頓甚勞，重苦此役，二不可。困吾民以懼來者，三不可。」帝大悟，罷之。九年，遷樞密院判官，行院事於淮西。築正陽兩城，兩城夾淮相望，以緩襄陽及擣宋腹心。

十年，拜參知政事。〔四〕夏，霖雨，水漲，宋淮西制置使夏貴帥舟師十萬來攻，矢石雨下，文炳登城禦之。一夕，貴去復來，飛矢貫文炳左臂，着脅。文炳拔矢授左右，發四十餘矢。箙中矢盡，顧左右索矢，又十餘發，矢不繼，力亦困，不能張滿，遂悶絕幾殆。明日，水入外

郭，文炳麾士卒卻避，貴乘之，壓軍而陣。文炳病創甚，子士選請代戰，文炳壯而遣之，復自起束創，手劍督戰。士選以戈擊貴將仆，不死，獲之以獻。貴遂去，不敢復來。

是歲，大舉兵伐宋，丞相伯顏自襄陽東下，與宋人戰陽羅堡。文炳以九月發正陽，十一年正月會伯顏于安慶。安慶守將范文虎以城降。文炳請于伯顏曰：「大軍既疲於陽羅堡，吾兵當前行。」伯顏許之。宋都督賈似道來禦，師陳於蕪湖，似道棄師走。次當塗，文炳復言于伯顏曰：「采石當江之南，和州對峙，不取，必有後顧。」遂進攻之，降知州事王喜。

三月，有詔以時向暑熱，命伯顏軍駐建康，文炳軍駐鎭江。時揚州、眞州堅守不下，常州、蘇州既降復叛。張世傑、孫虎臣約眞、揚兵誓死戰，眞、揚兵戰每敗，不敢出。世傑等陳大艦萬艘，碇焦山下江中，勁卒居前。文炳身犯之，載士選別船。弟之子士表請從，文炳顧曰：「吾弟僅汝一子，脫吾與士選不返，士元、士秀猶足殺敵，吾不忍汝往也。」士表固請，乃許。文炳乘輪船，建大將旗鼓，士選、士表船翼之，大呼突陣，諸將繼進，飛矢蔽日。戰酣，短兵相接，宋兵亦殊死戰，聲震天地，橫屍委仗，江水爲之不流。自寅至午，宋師大敗，世傑走，文炳追及于夾灘。世傑收潰卒復戰，又破之，遂東走於海。文炳船小，不可入海，夜乃還。俘甲士萬餘人，悉縱不殺，獲戰船七百艘，宋力自此遂窮。

十月，諸軍分三道而進，文炳居左，由江並海趨臨安。先是，江陰軍僉判李世修欲降不

果，文炳檄諭之，世修以城來附，令權本軍安撫使。所過民不知兵，凡獲生口，悉縱遣之，無敢匿者，威信前布，皆望旗而服。張瑄有衆數千，負海爲橫，文炳命招討使王世强及士選往降之。士選單舸至瑄所，諭以威德，瑄降，得海舶五百。

十三年春正月，次鹽官。鹽官，臨安劇縣，俟救至，招之再返不下。將佐請屠之，文炳曰：「縣去臨安不百里，聲勢相及，臨安約降已有成言，吾輕殺一人，則害大計，況屠一縣耶。」於是遣人入城諭意，縣降。遂會伯顏于臨安城北。張世傑欲以其主逃之海，文炳繞出臨安城南，戍浙江亭。世傑計不行，乃竊宋主弟吉王昰、廣王昺南走，而宋主㬎遂降。

伯顏命文炳入城，罷宋官府，散其諸軍，封庫藏，收禮樂器及諸圖籍。文炳取宋主諸璽符上於伯顏。伯顏以宋主入覲，有詔留事一委文炳。禁戢豪猾，撫慰士女，宋民不知易主。時翰林學士李槃奉詔招宋士至臨安，文炳謂之曰：「國可滅，史不可沒。宋十六主，有天下三百餘年，其太史所記具在史館，宜悉收以備典禮。」乃得宋史及諸注記五千餘册，歸之國史院。宋宗室福王與芮赴京師，徧以重寶致諸貴人，文炳獨卻不受。及官錄與芮家，具籍受寶者，惟文炳無名。伯顏入朝奏曰：「臣等奉天威平宋，宋既已平，懷徠安集之功，董文炳居多。」帝曰：「文炳吾舊臣，忠勤朕所素知。」乃拜資德大夫、中書左丞。

時張世傑奉吉王昰據台州，而閩中亦爲宋守。敕文炳進兵，所過禁士馬無敢履踐田

麥，曰：「在倉者吾既食之，在野者汝又踐之，新邑之民何以續命。」是以南人感之，不忍以兵相向。次台州，世傑遁。諸將先俘州民，文炳下令曰：「台人首效順於我，我不暇有，故世傑據之，其民何罪。敢有不縱所俘者，以軍法論。」得免者數萬口。至溫州，溫州未下，令曰：「毋取子女，毋掠民有。」衆曰：「諾。」其守將火城中逃，文炳亟命滅火，追擒其將，數其殘民之罪，斬以徇。逾嶺，閩人扶老來迎，漳、泉、建寧、邵武諸郡皆送款來附。凡得州若干、縣若干、戶口若干。閩人感文炳德最深，廟而祀之。

十四年，帝在上都，適北邊有警，欲親將北伐。正月，急召文炳。四月，文炳至自臨安。比至，帝日問來期。及至，卽召入。文炳拜稽首曰：「今南方已平，臣無所效力，請事北邊。」帝曰：「朕召卿，意不在是也。豎子盜兵，朕自撫定。山以南，國之根本也，盡以託卿。卒有不虞，便宜處置以聞。中書省、樞密院事無大小，咨卿而行，已敕主者，卿其勉之。」文炳避謝，不許。因奏曰：「臣在臨安時，阿里伯奉詔檢括宋諸藏貨寶，追索沒匿甚細，人實苦之。宋人未洽吾德，遽苦之以財，恐非安懷之道。」卽詔罷之。又曰：「昔者泉州蒲壽庚以城降，壽庚素主市舶，謂宜重其事權，使爲我扞海寇，誘諸蠻臣服，因解所佩金虎符佩壽庚矣，惟陛下恕其專擅之罪。」帝大嘉之，更賜金虎符。燕勞畢，卽聽陛辭。文炳求見皇太子，帝許之，復敕太子曰：「董文炳所任甚重，見畢卽遣行。」既見，慰諭懇至。文炳留士選宿衞，卽日

就道，凡在上都三日。

至大都，更日至中書、樞密，不署中書案。平章政事阿合馬方恃寵用事，生殺任情，惟畏文炳，姧狀爲之少斂。嘗執筆請曰：「相公官爲左丞，當署省案。」請至再四，不肯署。皇太子聞之，謂宮臣竹忽納曰：「董文炳深慮，非爾曹所知。」後或私問其故，文炳曰：「主上所付託者，在根本之重，非文移之細。且吾少徇則濟姦，不徇則致讒。讒行則身危，而深失付託本意。吾是以預其大政，而略其細務也。」

十五年夏，文炳有疾，奏請解機務，詔曰：「大都暑熾，非病者宜，卿可來此，固當愈。」文炳至上都，奏曰：「臣病不足領機務，西北高寒，筋骸舒暢，當復自愈，請盡力北邊。」帝曰：「卿固忠孝，是不足行也。樞密事重，以卿僉書樞密院事，中書左丞如故。」文炳辭，不許，遂拜。八月天壽節，禮成賜宴，帝命坐文炳上坐，諭宗室大臣曰：「董文炳，功臣也，理當坐是。」每尙食，上食輒輟賜文炳。是夜，文炳疾復作，敕賜御醫日來診視。九月十三日，疾篤，洗沐而坐，召文忠等曰：「吾以先人死王事，恨不爲國死邊，今至此，命也。願董氏世有男能騎馬者，勉力報國，則吾死瞑目矣。」言畢，就枕卒。帝聞，悼痛良久，命文忠護喪葬藁城，令所過有司以禮弔祭，贈金紫光祿大夫、平章政事，諡忠獻。子士元、士選。

士元，一名不花，字長卿，文炳長子也。自襁褓喪母，祖母李氏愛之，謂文炳曰：「俟兒能言，卽令讀書。」數歲，從名儒受學。及長，善騎射。憲宗征蜀，士元年二十三，從叔父文蔚率鄧州一軍西行。師次釣魚山，宋人堅壁拒守。士元請代文蔚攻之，以所部銳卒先登，力戰良久，以它軍不繼而還。憲宗壯之，賜以金帛。中統初，文蔚入典禁兵，士元以世家子選供奉內班，從車駕巡狩北方，嘗預武定山之役。帝知其忠勤可任以事。會文蔚病卒，無子，命士元襲爲千夫長。出師南征襄、漢，分禁兵戍淮上，士元在軍中修敕武備，號令肅然。

丞相伯顏克江南，宋兵保兩淮未下，士元數與戰，拔淮安堡，以功遷武節將軍。從太師博魯歡攻揚州，駐師灣頭堡。時方大暑，博魯歡病還京師，以行省阿里代領諸軍。揚州守將姜才乘隙來攻。阿里素不習兵，率輕騎數百出堡，(元士)〔士元〕與別將哈剌禿以百騎從之。〔五〕日已暮，宋兵至者萬餘，士元謂左右曰：「大丈夫報國政在今日，勿懼也。」方整陣欲戰，阿里趣令左旋，已乃遁去。士元與哈剌禿以部兵赴敵死戰，鼓譟震地，泥淖馬不能馳，乃棄馬步戰，至四更，敵衆始退。及旦，阿里來視戰地，見士元臥泥中，身被十七槍，甲裳盡赤，肩舁至營而絕，年四十二。哈剌禿亦戰死。

江淮既平，伯顏入朝言於帝曰：「淮海之役，所損者二將而已。」帝問其人，以士元與哈

剌禿對。帝曰：「不花健捷過人，晝戰必能制敵，夜戰而死，甚可惜也。」至大元年，贈鎭國上將軍、僉書樞密院事，諡節愍。後加贈推誠效節功臣、資德大夫、中書左丞、護軍，追封趙郡公，改諡忠愍。

士選字舜卿，文炳次子也。幼從文炳居兵間，晝治武事，夜讀書不輟。文炳總師與宋兵戰金山，〔六〕士選戰甚力，大敗之，追至海而還。及降張瑄等，丞相伯顏臨陣觀之，壯其驍勇，遣使問之，始知爲文炳子。奏功，佩金符，爲管軍總管。戰數有功。宋降，從文炳入宋宮，取宋主降表及收其文書圖籍，靜重識大體，秋毫無所取，軍中稱之。宋平，班師，詔置侍衞親軍諸衞，以士選爲前衞指揮使，號令明正，得士大夫心。未幾，以其職讓其弟士秀。帝嘉其意，命士秀將前衞，而以士選同僉行樞密院事於湖廣，久之召還。

宗王乃顏叛，帝親征，召士選至行在所，與李勞山同將漢人諸軍以禦之。乃顏軍飛矢及乘輿前，士選等出步卒橫擊之，其衆敗走。緩急進退有禮，帝甚善之。桑哥事敗，帝求直士用之，以易其弊，於是召士選論議政事，以中書左丞與平章政事徹理往鎭浙西，聽辟舉僚屬。至部，察病民事，悉以帝意除之，民大悅。有聚斂之臣爲奸利，事發得罪且死，詐言所遣舶商海外未至，請留以待之，士選曰：「海商至則捕錄之，不至則無如之何，不係斯人之存

亡也。苟此人幸存，則無以謝天下。」遂竟其罪。浙多湖泊，廣蓄泄以藝水旱，率爲豪民占以種藝，水無所居積，故數有水旱，士選與徹理力開復之。

成宗卽位，僉行樞密院於建康。未幾，拜江西行省左丞。贛州盜劉六十僞立名號，聚衆至萬餘。朝廷遣兵討之，主將觀望退縮不肯戰，守吏又因以擾良民，賊勢益盛。士選請自往，衆欣然託之。卽日就道，不求益兵，但率掾史李霆鎭、元明善二人，持文書以去，衆莫測其所爲。至贛境，捕官吏害民者治之，民相告語曰：「不知有官法如此。」進至興國縣，去賊巢不百里，命擇將校分兵守地待命。察知激亂之人，悉置于法，復誅奸民之爲囊橐者。於是民爭出請自效，不數日遂擒賊魁，散餘衆歸農。軍中獲賊所爲文書，旁近郡縣富人姓名具在。霆鎭、明善請焚之，民心益安。遣使以事平報于朝。中書平章政事不忽木召其使謂之曰：「董公上功簿邪？」使者曰：「某且行，左丞授之言曰：『朝廷若以軍功爲問，但言鎭撫無狀，得免罪幸甚，何功之可言！』」因出其書，但請黜贓吏數人而已，不言破賊事。廷議深歎其知體而不伐。拜江南行御史臺中丞，廉威素著，不嚴而肅，凜然有大臣風。

入僉樞密院事，俄拜御史中丞。前中丞崔彧久任風紀，善幹旋以就事功。旣卒，不忽木以平章軍國重事繼之，方正持大體，天下望之，而已多病，遂以屬之士選。風采明俊，中外竦然。

時丞相完澤用劉深言，出師征八百媳婦國，遠冒煙瘴，及至未戰，士卒死者十已七八。驅民轉粟餉軍，谿谷之間不容舟車，必負擔以達。一夫致粟八斗，率數人佐之，凡數十日乃至。由是民死者亦數十萬，中外騷然。而完澤說帝：「江南之地盡世祖所取，陛下不興此役，則無功可見於後世。」帝入其言，用兵意甚堅，故無敢諫者。士選率同列言之，奏事殿中畢，同列皆起，士選乃獨言：「今劉深出師，以有用之民而取無用之地。就令當取，亦必遣使諭之，諭之不從，然後聚糧選兵，視時而動。豈得輕用一人妄言，而致百萬生靈於死地？」帝色變，士選猶明辨不止，侍從皆爲之戰慄，帝曰：「事已成，卿勿復言。」士選曰：「以言受罪，臣之所當。他日以不言罪臣，臣死何益！」帝麾之起，左右擁之以出。未數月，帝聞師敗績，慨然曰：「董二哥之言驗矣，吾愧之。」因賜上尊以旌直言，始爲罷兵，誅劉深等。世祖嘗呼文炳曰董大哥，故帝以二哥呼士選。久之出爲江浙行省右丞，遷汴梁行省平章政事，又還陝西。

士選平生以忠義自許，尤號廉介，自門生部曲，無敢持一毫獻者。治家甚嚴，而孝弟尤篤。時言世家有禮法者，必歸之董氏。其禮敬賢士尤至。在江西，以屬掾元明善爲賓友，旣又得吳澄而師之，延虞汲於家塾以敎其子。諸老儒及西蜀遺士，皆以書院之祿起之，使以所學敎授。遷南行臺，又招汲子集與俱，後又得范梈等數人，皆以文學大顯於時。故世

稱求賢薦士，亦必以董氏爲首。晚年好讀易，澹然終其身。每一之官，必賣先業田廬爲行貲，故老而益貧，子孫不異布衣之士，仕者往往稱廉吏云。

子守忠，雲南行省參知政事；守懿，侍正府判官；守思，知威州。

張弘範

張弘範字仲疇，柔第九子也。善馬槊，頗能爲歌詩。年二十時，兄順天路總管弘略上計壽陽行都，留弘範攝府事，吏民服其明決。蒙古軍所過肆暴，弘範杖遣之，入其境無敢犯者。

中統初，授御用局總管。三年，改行軍總管，從親王合必赤討李璮於濟南。柔戒之曰：「汝圍城勿避險地。汝無怠心，則兵必致死。主者慮其險，苟有來犯，必赴救，可因以立功，勉之。」弘範營城西，璮出軍突諸將營，獨不向弘範。弘範曰：「我營險地，璮乃示弱於我，必以奇兵來襲，謂我弗悟也。」遂築長壘，內伏甲士，而外爲壕，開東門以待之，夜令士卒浚壕益深廣，璮不知也。明日，果擁飛橋來攻，未及岸，軍陷壕中，得跨壕而上者，突入壘門，遇伏皆死，降兩賊將。柔聞之曰：「眞吾子也。」璮既誅，朝廷懲璮盡專兵民之權，故能爲亂，議罷大藩子弟之在官者，弘範例罷。

至元元年，弘略既入宿衞，帝召見，意其兄弟有可代守順天者，且念弘範有濟南之功，授順天路管民總管，佩金虎符。二年，移守大名。歲大水，漂沒廬舍，租稅無從出，弘範輒免之。朝廷罪其專擅，弘範請入見，進曰：「臣以爲朝廷儲小倉，不若儲之大倉。」帝曰：「何說也？」對曰：「今歲水潦不收，而必責民輸，倉庫雖實，而民死亡殆盡，明年租將安出？曷若活其民，使不致逃亡，則歲有恒收，非陛下大倉庫乎！」帝曰：「知體，其勿問。」

六年，括諸道兵圍宋襄陽，授益都淄萊等路行軍萬戶，復佩金虎符。朝廷以益都兵乃李璮所教練之卒，勇悍難制，故命領之。戍鹿門堡，以斷宋餉道，且絕郢之救兵。弘範建言曰：「國家取襄陽，爲延久之計者，所以重人命而欲其自斃也。曩者，夏貴乘江漲送衣糧入城，我師坐視，無禦之者。而其境南接江陵、歸、峽，商販行旅士卒絡繹不絕，寧有自斃之時乎！宜城萬山以斷其西，柵灌子灘以絕其東，則庶幾速斃之道也。」帥府奏用其言，移弘範兵千人戍萬山。

既城，與將士較射出東門，宋師奄至。將佐皆謂衆寡不敵，宜入城自守。弘範曰：「吾與諸君在此何事，敵至將不戰乎？敢言退者死。」卽擐甲上馬，立遣偏將李庭當其前，他將攻其後，親率二百騎爲長陣，令曰：「聞吾鼓則進，未鼓勿動。」宋軍步騎相間突陣，弘範軍不動，再進再却，弘範曰：「彼氣衰矣。」鼓之，前後奮擊，宋師奔潰。

八年，築一字城逼襄陽。破樊城外郭。九年，攻樊城，流矢中其肘，裹瘡見主帥曰：「襄、樊相爲唇齒，故不可破。若截江道，斷其援兵，水陸夾攻，樊必破矣。樊破則襄陽何所恃。」從之。明日，復出銳卒先登，遂拔之。襄陽既下，偕宋將呂文煥入覲，賜錦衣、白金、寶鞍，將校行賞有差。

十一年，丞相伯顏伐宋，弘範率左部諸軍循漢江，東略郢西，南攻武磯堡，取之。北兵渡江，弘範爲前鋒。宋相賈似道督兵阻蕪湖，殿帥孫虎臣據丁家洲。弘範轉戰而前，諸軍繼之，宋師潰，弘範長驅至建康。十二年五月，帝遣使諭丞相毋輕敵貪進，方暑，其少駐以待。弘範進曰：「聖恩待士卒誠厚，然緩急之宜，非可遙度。今敵已奪氣，正當乘破竹之勢，取之無遺策矣。豈宜迂緩，使敵得爲計耶？」丞相然之，馳驛至闕，面論形勢，得旨進師。

十二年，次瓜洲，分兵立柵，據其要害。揚州都統姜才所統兵勁悍善戰，至是以二萬人出揚子橋。弘範佐都元帥阿朮禦之，與宋兵夾水陣。弘範以十三騎徑度衝之，陣堅不動，弘範引却。一騎躍馬揮刀，直趣弘範，弘範旋轡反迎刺之，應手頓斃馬下，其衆潰亂，追至城門，斬首萬餘級，自相蹂藉溺死者過半。宋將張世傑、孫虎臣等率水軍於焦山決戰，弘範以一軍從旁橫衝之，宋師遂敗。追至圌山之東，奪戰艦八十艘，俘馘千數。上其功，改亳州萬戶，後賜名拔都。

從中書左丞董文炳，由海道會丞相伯顏，進次近郊。宋主上降表，以伯姪爲稱，往返未決。弘範將命入城，數其大臣之罪，皆屈服，竟取稱臣降表來上。十三年，台州叛，討平之，誅其爲首者而已。十四年，師還，授鎭國上將軍、江東道宣慰使。

十五年，宋張世傑立廣王昺于海上，閩、廣響應，俾弘範往平之，授蒙古漢軍都元帥。陛辭奏曰：「漢人無統蒙古軍者，乞以蒙古信臣爲首帥。」帝曰：「汝知而父與察罕之事乎？其破安豐也，汝父欲留兵守之，察罕不從。師既南，安豐復爲宋有，進退幾失據，汝父深悔恨，良由委任不專故也，豈可使汝復有汝父之悔乎。今付汝大事，能以汝父之心爲心，則予汝嘉。」面賜錦衣、玉帶，弘範不受，以劍甲爲請。帝出武庫劍甲，聽其自擇，且諭之曰：「劍，汝之副也，不用令者，以此處之。」將行，薦李恒爲己貳，從之。

至揚州，選將校水陸二萬，分道南征，以弟弘正爲先鋒，戒之曰：「選汝驍勇，非私汝也。軍法重，我不敢以私撓公，勉之。」弘正所向克捷。進攻三江寨，寨據隘乘高，不可近，因連兵向之，寨中持滿以待。弘範下令下馬治朝食，若將持久者。持滿者疑不敢動，而他寨不虞也。忽麾軍連拔數寨，迴擣三江，盡拔之。至漳州，軍其東門，命別將攻南門、西門，乃乘虛破其北門，拔之。攻鮑浦寨，又拔之。由是瀕海郡邑皆望風降附。獲宋丞相文天祥于五坡嶺，使之拜，不屈，弘範義之，待以賓禮，送至京師。獲宋禮部侍郎鄧光薦，命子珪師事之。

十六年正月庚戌，由潮陽港發舶入海，至甲子門，獲宋斥候將劉青、顧凱，乃知廣王所在。辛酉，次崖山。宋軍千餘艘碇海中，建樓櫓其上，隱然堅壁也，弘範引舟師赴之。崖山東西對峙，其北水淺，舟膠，非潮來不可進，乃由山之東轉南入大洋，始得逼其舟，又出奇兵斷其汲路，燒其宮室。世傑有甥在弘範軍中，三使招之，世傑不從。甲戌，李恒自廣州至，授以戰艦二，使守北面。

二月癸未，將戰，或請先用砲。弘範曰：「火起則舟散，不如戰也。」明日，四分其軍，軍其東南北三面，弘範自將一軍相去里餘，下令曰：「宋舟潮至必東遁，急攻之，勿令得去，聞吾樂作乃戰，違令者斬。」先麾北面一軍乘潮而戰，不克，李恒等順潮而退。樂作，宋將以爲且宴，少懈，弘範舟師犯其前，衆繼之。豫構戰樓於舟尾，以布幛障之，命將士負盾而伏，令之曰：「聞金聲起戰，先金而妄動者死。」飛矢集如蝟，伏盾者不動。舟將接，鳴金撤障，弓弩火石交作，頃刻并破七舟，宋師大潰。宋臣抱其主昺赴水死。獲其符璽印章。世傑先遁，李恒追至大洋不及。世傑走交趾，風壞舟，死海陵港。其餘將吏皆降。嶺海悉平，磨崖山之陽，勒石紀功而還。

十月，入朝，賜宴內殿，慰勞甚厚。未幾，瘴癘疾作，帝命尙醫診視，遣近臣臨議用藥，

敕衞士監門，止雜人毋擾其病。病甚，沐浴易衣冠，扶掖至中庭，面闕再拜。退坐，命酒作樂，與親故言別。出所賜劍甲，命付嗣子珪曰：「汝父以是立功，汝佩服勿忘也。」語竟，端坐而卒。年四十三。贈銀青榮祿大夫、平章政事，諡武(略)〔烈〕。〔七〕至大四年，加贈推忠效節翊運功臣、太師、開府儀同三司、上柱國、齊國公，改諡忠武。延祐六年，加保大功臣，加封淮陽王，諡獻武。子珪，自有傳。

校勘記

〔一〕〔士元士選〕　道光本與本書原目錄合，從補。

〔二〕或譏(知)〔之〕府　從北監本改。按元文類卷七〇元明善藁城董氏家傳「知」作「之」。

〔三〕璮兵有浙漣兩軍　按李璮據山東，浙江非其勢力所及，「浙」字見於元文類卷七〇元明善藁城董氏家傳、藁城嘉靖縣志卷九王磐董文炳神道碑，疑原已誤。藁城嘉靖縣志卷八王磐董文炳遺愛碑作「漣海兩軍」。道光本從類編改「浙」爲「沂」。

〔四〕十年拜參知政事　藁城嘉靖縣志卷八、九王磐董文炳遺愛碑、神道碑此事皆繫十一年，與本書卷八世祖紀至元十一年三月辛卯條符。「十」當作「十一」，本證已校。按此傳繫年多與史實不符，係沿元明善藁城董氏家傳之誤。

〔五〕(元士)〔士元〕　從北監本改正。

〔六〕與宋兵戰金山　按本書卷八世祖紀至元十二年七月庚午、辛未條、卷一二八阿朮傳、本卷董文炳傳及吳文正集卷三二董士選神道碑，「金山」皆作「焦山」。新編改「金」爲「焦」，疑是。

〔七〕諡武(略)〔烈〕　道光本與道園學古錄卷一四張弘範廟堂碑、牧庵集卷一張弘範贈齊國忠武公制合，從改。

元史卷一百五十七

列傳第四十四

劉秉忠（秉恕）[1]

劉秉忠字仲晦，初名侃，因從釋氏，又名子聰，拜官後始更今名。其先瑞州人也，世仕遼，爲官族。曾大父仕金，爲邢州節度副使，因家焉，故自大父澤而下，遂爲邢人。庚辰歲，木華黎取邢州，立都元帥府，以其父潤爲都統。事定，改署州錄事，歷鉅鹿、內丘兩縣提領，所至皆有惠愛。

秉忠生而風骨秀異，志氣英爽不羈。八歲入學，日誦數百言。年十三，爲質子於帥府。十七，爲邢臺節度使府令史，以養其親。居常鬱鬱不樂，一日投筆嘆曰：「吾家累世衣冠，乃汨沒爲刀筆吏乎！丈夫不遇於世，當隱居以求志耳。」卽棄去，隱武安山中。久之，天寧虛照禪師遣徒招致爲僧，以其能文詞，使掌書記。後遊雲中，留居南堂寺。

世祖在潛邸，海雲禪師被召，過雲中，聞其博學多材藝，邀與俱行。旣入見，應對稱旨，屢承顧問。秉忠於書無所不讀，尤邃於易及邵氏經世書，至於天文、地理、律曆、三式六壬遁甲之屬，無不精通。論天下事如指諸掌。世祖大愛之，海雲南還，秉忠遂留藩邸。後數歲，奔父喪，賜金百兩爲葬具，仍遣使送至邢州。服除，復被召，奉旨還和林。上書數千百言，其略曰：

典章、禮樂、法度、三綱五常之教，備於堯、舜，三王因之，五霸敗之。漢興以來，至于五代，一千三百餘年，由此道者，漢文、景、光武，唐太宗、玄宗五君，而玄宗不無疵也。然治亂之道，係乎天而由乎人。天生成吉思皇帝，起一旅，降諸國，不數年而取天下。勤勞憂苦，遺大寶於子孫，庶傳萬祀，永保無疆之福。

愚聞之曰「以馬上取天下，不可以馬上治」。昔武王，兄也；周公，弟也。周公思天下善事，夜以繼日，每得一事，坐以待旦，以匡周室，以保周天下八百餘年，周公之力也。君上，兄也；大王，弟也。思周公之故事而行之，在乎今日。千載一時，不可失也。君之所任，在內莫大乎相，相以領百官，化萬民；在外莫大乎將，將以統三軍，安四域。內外相濟，國之急務，必先之也。然天下之大，非一人之可及；萬事之細，非一心之可察。當擇開國功臣之子孫，分爲京府州郡監守，督責舊官，以遵王法；仍差按察官守，治者升，否者黜。天下不勞力而定也。

天下戶過百萬，自忽都那演斷事之後，差徭甚大，加以軍馬調發，使臣煩擾，官吏乞取，民不能當，是以逃竄。宜比舊減半，或三分去一，就見在之民以定差稅，招逃者復業，再行定奪。官無定次，清潔者無以遷，汚濫者無以降。可比附古例，定百官爵祿儀仗，使家足身貴。有犯於民，設條定罪。威福者君之權，奉命者臣之職。今百官自行威福，進退生殺惟意之從，宜從禁治。

天下之民未聞敎化，見在囚人宜從赦免，明施敎令，使之知畏，則犯者自少也。敎令旣設，則不宜繁，因大朝舊例，增益民間所宜設者十數條足矣。敎令旣施，罪不至死者皆提察然後決，犯死刑者覆奏然後聽斷，不致刑及無辜。

天子以天下爲家，兆民爲子，國不足，取於民，民不足，取於國，相須如魚水。有國家者，置府庫，設倉廩，亦爲助民；民有身者，營產業，闢田野，亦爲資國用也。今宜打算官民所欠債負，若實爲應當差發所借，宜依合罕皇帝聖旨，一本一利，官司歸還。凡陪償無名，虛契所負，及還過元本者，並行赦免。

納糧就遠倉，有一廢十者，宜從近倉以輸爲便。當驛路州城，飲食祗待偏重，宜計所費以準差發。關市津梁正稅十五分取一，宜從舊制。禁橫取，減稅法，以利百姓。

倉庫加耗甚重，宜令權量度均爲一法，使錙銖圭撮尺寸皆平，以存信去詐。珍貝金銀之所出，淘沙鍊石，實不易爲。一旦以纏絲縷，飾皮革，塗木石，粧器仗，取一時之華麗，廢爲塵而無濟，甚可惜也。宜從禁治。除帝胄功臣大官以下章服有制外，無職之人不得僭越。今地廣民微，賦斂繁重，民不聊生，何力耕耨以厚產業？宜差勸農官一員，率天下百姓務農桑，營產業，實國之大益。

古者庠序學校未嘗廢，今郡縣雖有學，並非官置。宜從舊制，修建三學，設教授，開選擇才，以經義爲上，詞賦論策次之，兼科舉之設，已奉合罕皇帝聖旨，因而言之，易行也。開設學校，宜擇開國功臣子孫受敎，選達才任用之。

天下莫大於朝省，親民莫近於縣宰。雖朝省有法，縣宰宜擇，縣宰正，民自安矣。關西、河南地廣土沃，以軍馬之所出入，治而未豐。宜設官招撫，不數年民歸土闢，以資軍馬之用，實國之大事。移剌中丞拘榷鹽鐵諸產、商賈酒醋貨殖諸事，以定宣課，雖使從實恢辦，不足亦取於民，拖兌不辦，已不爲輕。奧魯合蠻奏請於舊額加倍榷之，往往科取民間。科榷並行，民無所措手足。宜從舊例辦榷，更或減輕，罷繁碎，止科徵，無從獻利之徒削民害國。鰥寡孤獨廢疾者，宜設孤老院，給衣糧以爲養。使臣到州郡，宜設館，不得於官衙民家安下。

孔子爲百王師，立萬世法，今廟堂雖廢，存者尚多，宜令州郡祭祀，釋奠如舊儀。近代禮樂器具靡散，宜令刷會，徵太常舊人教引後學，使器備人存，漸以修之，實太平之基，王道之本。今天下廣遠，雖成吉思皇帝威福之致，亦天地神明陰所祐也。宜訪名儒，循舊禮，尊祭上下神祇，和天地之氣，順時序之行，使神享民依，德極於幽明，天下賴一人之慶。

見行遼曆，日月交食頗差，聞司天臺改成新曆，未見施行。宜因新君卽位，頒曆改元。令京府州郡置更漏，使民知時。國滅史存，古之常道，宜撰修金史，令一代君臣事業不墜於後世，甚有勵也。

國家廣大如天，萬中取一，以養天下名士宿儒之無營運產業者，使不致困窮。或有營運產業者，會前聖旨，種養應輸差稅，其餘大小雜泛並行蠲免，使自給養，實國家養才勵人之大也。明君用人，如大匠用材，隨其巨細長短，以施規矩繩墨。孔子曰：「君子不可小知而可大受，小人不可大受而可小知。」蓋君子所存者大，不能盡小人之事，或有一短；小人所拘者狹，不能同君子之量，或有一長。盡其才而用之，成功之道也。

君子不以言廢人，不以人廢言，大開言路，所以成天下、安兆民也。天地之大，

日月之明，而或有所蔽。且蔽天之明者，雲霧也；蔽人之明者，私欲佞說也。常人有之，蔽一心也；人君有之，蔽天下也。常選左右諫臣，使諷諭於未形，忖畫於至密也。君子之心，一於理義，懷於忠良；小人之心，一於利欲，懷於讒佞。君子得位，有容於小人；小人得勢，必排於君子。明君在上，不可不辨也。孔子曰「遠佞人」，又曰「惡利口之覆邦家者」，此之謂也。

今言利者衆，非圖以利國害民，實欲殘民而自利也。宜將國中人民必用場冶，付各路課稅所，以定權辦，其餘言利者並行罷去。古者明王不寶遠物，所寶惟賢，如使賢者在位，能者在職，此皆一人之睿知，賢王之輔成也。古者治世均民產業，自廢井田爲阡陌，後世因之不能復。今窮乏者益損，富盛者增加。宜禁行利之人勿恃官勢，居官在位者勿侵民利，商賈與民和好交易，不生擅奪欺罔之害，眞國家之利也。

笞箠之制，宜會古酌今，均爲一法，使無敢過越。禁私置牢獄，淫民無辜，鞭背之刑宜禁治，以彰愛生之德。立朝省以統百官，分有司以御衆事，以至京府州郡親民之職無不備，紀綱正於上，法度行於下，是故天下不勞而治也。今新君卽位之後，可立朝省，以爲政本。其餘百官，不在員多，惟在得人焉耳。

世祖嘉納焉。又言：「邢州舊萬餘戶，兵興以來不滿數百，凋壞日甚，得良牧守如眞定張耕、洛水劉肅者治之，猶可完復。」朝廷卽以耕爲邢州安撫使，肅爲副使。由是流民復業，升邢爲順德府。

癸丑，從世祖征大理。明年，征雲南。每贊以天地之好生，王者之神武不殺，故克城之日，不妄戮一人。己未，從伐宋，復以雲南所言力贊於上，所至全活不可勝計。

中統元年，世祖卽位，問以治天下之大經、養民之良法，秉忠采祖宗舊典，參以古制之宜於今者，條列以聞。於是下詔建元紀歲，立中書省、宣撫司。朝廷舊臣、山林遺逸之士，咸見錄用，文物粲然一新。

秉忠雖居左右，而猶不改舊服，時人稱之爲聰書記。至元元年，翰林學士承旨王鶚奏言：「秉忠久侍藩邸，積有歲年，參帷幄之密謀，定社稷之大計，忠勤勞績，宜被褒崇。聖明御極，萬物惟新，而秉忠猶仍其野服散號，深所未安，宜正其衣冠，崇以顯秩。」帝覽奏，卽日拜光祿大夫，位太保，參（預）〔領〕中書省事。〔三〕詔以翰林侍讀學士竇默之女妻之，賜第奉先坊，且以少府宮籍監戶給之。秉忠旣受命，以天下爲己任，事無巨細，凡有關於國家大體者，知無不言，言無不聽，帝寵任愈隆。燕閑顧問，輒推薦人物可備器使者，凡所甄拔，後悉爲名臣。

初，帝命秉忠相地於桓州東灤水北，建城郭于龍岡，三年而畢，名曰開平。繼升爲上

都，而以燕爲中都。四年，又命秉忠築中都城，始建宗廟宮室。八年，奏建國號曰大元，而以中都爲大都。他如頒章服，舉朝儀，給俸祿，定官制，皆自秉忠發之，爲一代成憲。

十一年，扈從至上都，其地有南屏山，嘗築精舍居之。秋八月，秉忠無疾端坐而卒，年五十九。帝聞驚悼，謂羣臣曰：「秉忠事朕三十餘年，小心愼密，不避艱險，言無隱情，其陰陽術數之精，占事知來，若合符契，惟朕知之，他人莫得聞也。」出內府錢具棺斂，遣禮部侍郎趙秉溫護其喪還葬大都。十二年，贈太傅，封趙國公，謚文貞。成宗時，贈太師，謚文正。仁宗時，又進封常山王。

秉忠自幼好學，至老不衰，雖位極人臣，而齋居蔬食，終日澹然，不異平昔。自號藏春散人。每以吟詠自適，其詩蕭散閑淡，類其爲人。有文集十卷。無子，以弟秉恕子蘭璋後。

秉恕字長卿。好讀書，年弱冠，受易於劉肅，遂明理學。兄秉忠，事世祖，以薦士自任，嫌於私親，獨不及秉恕。左右以聞，召見，遂同侍潛邸。世祖嘗賜秉忠白金千兩，辭曰：「臣山野鄙人，僥倖遭際，服器悉出尚方，金無所用。」世祖曰：「卿獨無親故遺之邪？」辭不允，乃受而散之，以二百兩與秉恕，秉恕曰：「兄勤勞有年，宜蒙玆賞，秉恕無功，可冒恩乎？」終不受。

中統元年，擢禮部侍郎、邢州安撫副使。二年，賜金符，遷吏部侍郎。三年，升邢爲順德府，賜金虎符，爲順德安撫使。至元元年，轉官法行，改嘉議大夫，歷彰德、懷孟、淄萊、順天、太原五路總管。淄萊府有死囚六人，獄已具。秉恕疑之，詳讞得其實，六人賴以不死。他所至，皆有惠政。召除禮部尚書。出爲淮西宣慰使，會省宣慰司，歷湖州、平陽兩路總管。平陽歲荒，民艱食，輒開倉以賑之，全活者衆。年六十，卒于官。

張文謙

張文謙，字仲謙，邢州沙河人。幼聰敏，善記誦，與太保劉秉忠同學。世祖居潛邸，受邢州分地，秉忠薦文謙可用。歲丁未，召見，應對稱旨，命掌王府書記，日見信任。邢州當要衝，初分二千戶爲勳臣食邑，歲遣人監領，皆不知撫治，徵求百出，民弗堪命。或訴於王府，文謙與秉忠言于世祖曰：「今民生困弊，莫邢爲甚。盍擇人往治之，責其成效，使四方取法，則天下均受賜矣。」於是乃選近侍脫兀脫、尚書劉肅、侍郎李簡往。三人至邢，協心爲治，洗滌蠹敝，革去貪暴，流亡復歸，不期月，戶增十倍。由是世祖益重儒士，任之以政，皆自文謙發之。

歲辛亥，憲宗卽位。文謙與秉忠數以時務所當先者言於世祖，悉施行之。世祖征大

理，國主高祥拒命，殺信使遁去。世祖怒，將屠其城。文謙與秉忠、姚樞諫曰：「殺使拒命者高祥爾，非民之罪，請宥之。」由是大理之民賴以全活。己未，世祖帥師伐宋，文謙與秉忠言：「王者之師，有征無戰，當一視同仁，不可嗜殺。」世祖曰：「期與卿等守此言。」既入宋境，分命諸將毋妄殺，毋焚人室廬，所獲生口悉縱之。

中統元年，世祖卽位，立中書省，首命王文統爲平章政事，文謙爲左丞。建立綱紀，講明利病，以安國便民爲務。詔令一出，天下有太平之望。而文統素忌克，謨謀之際屢相可否，積不能平，文謙遽求出，詔以本官行大名等路宣撫司事。臨發，語文統曰：「民困日久，況當大旱，不量減稅賦，何以慰來蘇之望？」文統曰：「上新卽位，國家經費止仰稅賦，苟復減損，何以供給？」文謙曰：「百姓足，君孰與不足！俟時和歲豐，取之未晚也。」於是蠲常賦什之四，商酒稅什之二。

二年春，來朝，復留居政府。始立左右部，講行庶務，鉅細畢舉，文謙之力爲多。三年，阿合馬領左右部，總司財用，欲專奏請，不關白中書，詔廷臣議之，文謙曰：「分制財用，古有是理，中書不預，無是理也。若中書弗問，天子將親蒞之乎？」帝曰：「仲謙言是也。」

至元元年，詔文謙以中書左丞行省西夏中興等路。羌俗素鄙野，事無統紀，文謙得蜀士陷於俘虜者五六人，理而出之，使習吏事，旬月間簿書有品式，子弟亦知讀書，俗爲一變。浚唐來、漢延二渠，溉田十數萬頃，人蒙其利。

三年，還朝。諸勢家言有戶數千，當役屬爲私奴者，議久不決。文謙謂以乙未歲戶帳爲斷，奴之未占籍者，歸之勢家可也，其餘良民無爲奴之理。議遂定，守以爲法。五年，淄州妖人胡王惑衆，事覺，逮捕百餘人。丞相安童以文謙言奏曰：「愚民無知，爲所詿誘，誅其首惡足矣。」詔卽命文謙往決其獄，惟三人坐棄市，餘皆釋之。

七年，拜大司農卿，奏立諸道勸農司，巡行勸課，請開籍田，行祭先農先蠶等禮。復與竇默請立國子學。詔以許衡爲國子祭酒，選貴冑子弟教育之。時阿合馬議拘民間鐵，官鑄農器，高其價以配民，創立行戶部於東平、大名以造鈔，及諸路轉運司，干政害民，文謙悉於帝前極論罷之。十三年，遷御史中丞。阿合馬慮憲臺發其姦，乃奏罷諸道按察司以撼之，文謙奏復其舊。然自知爲姦臣所忌，力求去。會世祖以大明曆歲久寖差，命許衡等造新曆，乃授文謙昭文館大學士，領太史院，以總其事。十九年，拜樞密副使。歲餘，以疾薨于位，年六十八。[三]

文謙蚤從劉秉忠，洞究術數；晚交許衡，尤粹於義理之學。爲人剛明簡重，凡所陳於上前，莫非堯、舜仁義之道。數忤權倖，而是非得喪，一不以經意。家惟藏書數萬卷。尤以引薦人材爲己任，時論益以是多之。累贈推誠同德佐運功臣、太師、開府儀同三司、上柱國，

追封魏國公，謚忠宣。長子晏，仕至御史中丞，贈陝西行省平章政事，封魏國公，謚文靖。

郝經

郝經字伯常，其先潞州人，徙澤州之陵川，家世業儒。祖天挺，元裕嘗從之學。金末，父思溫辟地河南之魯山。河南亂，居民匿窖中，亂兵以火熏灼之，民多死，經母許亦死。經以蜜和寒葅汁，決母齒飲之，卽蘇。時經九歲，人皆異之。金亡，徙順天。家貧，晝則負薪米爲養，暮則讀書。居五年，爲守帥張柔、賈輔所知，延爲上客。二家藏書皆萬卷，經博覽無不通。往來燕、趙間，元裕每語之曰：「子貌類汝祖，才器非常，勉之。」

憲宗二年，世祖以皇弟開邸金蓮川，召經，諮以經國安民之道，條上數十事，大悅，遂留王府。是時，連兵於宋，憲宗入蜀，命世祖總統東師，經從至濮。會有得宋國奏議以獻，其言謹邊防，守衝要，凡七道，遂下諸將議，經曰：「古之一天下者，以德不以力。彼今未有敗亡之釁，我乃空國而出，諸侯窺伺於內，小民凋弊於外。經見其危，未見其利也。王不如修德布惠，敦族簡賢，綏懷遠人，控制諸道，結盟飭備，以待西師，上應天心，下繫人望，順時而動，宋不足圖也。」世祖以經儒生，愕然曰：「汝與張拔都議邪？」經對曰：「經少館張柔家，嘗

聞其論議。此則經臆說耳，柔不知也。」進七道議七千餘言。乃以楊惟中爲江淮荆湖南北等路宣撫使，經爲副，將歸德軍，先至江上，宣布恩信，納降附。惟中欲私還汴，經曰：「我與公同受命南征，不聞受命還汴也。」惟中怒，弗聽。經率麾下揚旌而南，惟中懼謝，乃與經俱行。

經聞憲宗在蜀，師久無功，進東師議，其略曰：

經聞圖天下之事於未然則易，救天下之事於已然則難。已然之中復有未然者，使往者不失而來者得遂，是尤難也。國家以一旅之衆，奮起朔漠，斡斗極以圖天下，馬首所向無不摧破。滅金源，并西夏，蹂荆、襄，克成都，平大理，躪轢諸夷，奄征四海，有天下十八，盡元魏、金源故地而加多，廓然莫與侔大也。惟宋不下，未能混一，連兵構禍踰二十年。何曩時掇取之易，而今日圖惟之難也？

夫取天下，有可以力并，有可以術圖。并之以力則不可久，久則頓弊而不振；圖之以術則不可急，急則僥倖而難成。故自漢、唐以來，樹立攻取，或五六年，未有踰十年者，是以其力不弊，而卒能保大定功。晉之取吳，隋之取陳，皆經營比佽十有餘年，[四]是以其術得成，而卒能混一。或久或近，要之成功各當其可，不妄爲而已。

國家建極開統垂五十年，而一之以兵，遺黎殘姓，游氣驚魂，虔劉劘盪，殆欲殲盡。

自古用兵未有如是之久且多也，其力安得不弊乎！且括兵率賦，朝下令而夕出師，躬擐甲胄，跋履山川，闔國大舉，以之伐宋而圖混一。以志則銳，以力則强，以土則大，而其術則未盡也。苟於諸國既平之後，息師撫民，致治成化，創法立制，敷布條綱，上下井井，不撓不紊，任老成爲輔相，起英特爲將帥，選賢能爲任使，鳩智計爲機衡，平賦以足用，屯農以足食，內治既舉，外禦亦備。如其不服，姑以文誥，拒而不從，而後伺隙觀釁以正天伐。自東海至于襄、鄧，重兵數道，聯幟接武，以爲正兵。自漢中至于大理，輕兵捷出，批亢抵脅，以爲奇兵。帥臣得人，師出以律，高拱九重之內，而海外有截矣。是而不爲，乃於間歲遽爲大舉，上下震動，兵連禍結，底安于危，是已然而莫可止者也。

國家用兵，一以國俗爲制，而不師古。不計師之衆寡，地之險易，敵之强弱，必合圍把矟，獵取之若禽獸然。聚如丘山，散如風雨，迅如雷電，捷如鷹鶻，鞭弭所屬，指期約日，萬里不忒，得兵家之詭道，而長於用奇。自滄河之戰，乘勝下燕、雲，遂遺兵而去，似無意於取者。既破回鶻，滅西夏，乃下兵關陝以敗金師，然後知所以深取之，是長於用奇也。既而爲斡腹之舉，由金、房繞出潼關之背以攻汴；爲擣虛之計，自西和徑入石泉、威、茂以取蜀；爲示遠之謀，自臨洮、吐番穿徹西南以平大理。皆用奇也。夫

攻其無備，出其不意，而後可以用奇。豈有連百萬之衆，首尾萬餘里，六飛雷動，乘輿親出，竭天下，倒四海，騰擲宇宙，軒豁天地，大極於遐徼之土，細窮於委巷之民，撞其鐘而掩其耳，嚙其臍而蔽其目，如是用奇乎？是執千金之璧而投瓦石也。

其初以奇勝也，關隴、江淮之北，平原曠野之多，而吾長於騎，故所向不能禦。兵鋒新銳，民物稠夥，擁而擠之，郡邑自潰，而吾長於攻，故所擊無不破。是以用其奇而驟勝。今限以大山深谷，阨以重險荐阻，迂以危途繚徑，我之乘險以用奇則難，彼之因險以制奇則易。況於客主勢懸，蘊蓄情露，無虜掠以爲資，無俘獲以備役，以有限之〔力，冒無限之〕險，〔五〕雖有奇謀祕略，無所用之。力無所用與無力同，勇無所施與不勇同，計不能行與無計同。泰山壓卵之勢，河海濯爇之舉，擁遏頓滯，盤桓而不得進，所謂强弩之末不能射魯縞者也。

爲今之計，則宜救已然之失，防未然之變而已。西師既構，猝不可解，如兩虎相鬬，猝入于巖阻，見之者辟易不暇，又焉能以理相喻，使之逡巡自退。彼知其危，竭國以拚命，我必其取，無由以自悔，兵連禍結，何時而已。

殿下宜遣人禀命於行在所，大軍壓境，遣使喻宋，示以大信，令降名進幣，割地納質。彼必受命，姑爲之和，偃兵息民，以全吾力，而圖後舉，天地人神之福也。禀命不

從，殿下之義盡，而後進吾師，重愼詳審，不爲躁輕飄忽，爲前定之謀，而一之以正大，假西師以爲奇而用吾正。比師南轅，先示恩信，申其文移，喻以禍福，使知殿下仁而不殺，非好攻戰鬬土地，不得已而用兵之意。誠意昭著，恩信流行，然後閱實精勇，別爲一軍，爲帳下之卒，舉老成知兵者俾爲將帥，更直宿衞，以備不虞。其餘師衆，各畀侯伯，使吾府大官元臣分師總統，爲戰攻之卒。其新入部曲嘗不知兵，雖名爲兵其實役徒者，使沿邊進築，與敵郡邑犬牙相制，爲屯戍之卒。推擇單弱，究竟逃匿，編葺部伍，使聞望重臣爲之撫育，總押近裏故屯，爲鎭守之卒。使掣肘之計不行，妄意之徒屏息，內外備禦無有缺綻，則制節以進。既入其境，敦陳固列，緩爲之行。彼善於守而吾不攻，彼恃城壁以不戰老吾，吾合長圍以不攻困彼，吾用吾之所長，彼不能用其長。選出入便利之地爲久駐之基，示必取之勢。毋焚廬舍，毋傷人民，開其生路，以攜其心，亟肄以疲，多方以誤，以弊其力。

兵勢既振，蘊蓄既見，則以輕兵掠兩淮，杜其樵採而遏其糧路，使血脈斷絕，各守孤城，示不足取。卽進大兵，直抵于江，沿江上下列屯萬竈，號令明肅，部曲嚴整，首尾締構，各具舟楫，聲言徑渡。彼必震疊，自起變故。蓋彼之精銳盡在兩淮，江面闊越，恃其巖阻，兵皆柔脆，用兵以來未嘗一戰，焉能當我百戰之銳。一處崩壞，則望風皆

潰，肱髀不續，外內限絕，勇者不能用而怯者不能敵，背者不能返而面者不能禦，水陸相擠，必爲我乘。是兵家所謂避堅攻瑕，避實擊虛者也。

如欲存養兵力，漸次以進，以圖萬全，則先荆後淮，先淮後江。彼之素論，謂「有荆、襄則可以保淮甸，有淮甸則可以保江南」。先是，我嘗有荆、襄，有淮甸，有上流，皆自失之。今當從彼所保以爲吾攻，命一軍出襄、鄧，直渡漢水，造舟爲梁，水陸濟師。以輕兵（綴）〔掇〕襄陽，〔六〕絕其糧路，重兵皆趨漢陽，出其不意，以伺江隙。不然，則重兵臨襄陽，輕兵捷出，穿徹均、房，遠叩歸、峽，以應西師。如交、廣、施、黔選鋒透出，夔門不守，大勢順流，卽并兵大出，摧拉荆、郢，橫潰湘、潭，以成掎角。一軍出壽春，乘其銳氣，并取荆山，駕淮爲梁，以通南北。輕兵抄壽春，而重兵支布於鍾離、合淝之間，掇拾湖濼，奪取關隘，據濡須，塞皖口，南入舒、和，西及於蘄、黃，徜徉恣肆，以覘江口。烏江、采石廣布戍邏，偵江渡之險易，測備禦之疏密，徐爲之謀，而後進師。所謂潰兩淮之腹心，抉長江之襟要也。一軍出維揚，連楚蟠亘，蹈跨長淮，鄰我強對。通、泰、海門、揚子江面，密彼京畿，必皆備禦堅厚，若遽攻擊，則必老師費財。當以重兵臨維揚，合爲長圍，示以必取。而以輕兵出通、泰，直塞海門、瓜步、金山、柴墟河口，游騎上下，吞江吸海，並著威信，遲以月時，以覬其變。是所謂緩持久之勢也。三道並出，東西

連衡，殿下或處一軍，爲之節制，使我兵力常有餘裕，如是則未來之變或可弭，已然之失一日或可救也。

議者必曰，三道並進，則兵分勢弱，不若并力一向，則莫我當也。曾不知取國之術與爭地之術異，并力一向，爭地之術也，諸道並進，取國之術也。昔之混一者，皆若是矣。晉取吳，則六道進，隋取陳，則九道進，宋之於南唐，則三面皆進。未聞以一旅之衆，而能克國者，或者有之，僥幸之舉也。豈有堂堂大國，師徒百萬，而爲僥幸之舉乎？況彼渡江立國，百有餘年，紀綱修明，風俗完厚，君臣輯睦，內無禍釁，東西南北輪廣萬里，亦未可小。自敗盟以來，無日不討軍實而申警之，彷徨百折，當我強對，未嘗大敗，不可謂弱。豈可蔑視，謂秦無人，直欲一軍倖而取勝乎？秦王問王翦以伐荆，翦曰：「非六十萬不可。」秦王曰：「將軍老矣。」命李信將二十萬往，不克，卒畀翦以兵六十萬而後舉楚。蓋衆有所必用，事勢有不可懸料而倖取者。故王者之舉必萬全，其倖舉者，崛起無賴之人也。

嗚呼！西師之出，已及瓜戍，而猶未卽功。國家全盛之力在於東左，若亦直前振迅，銳而圖功，一舉而下金陵、舉臨安則可也。如兵力耗弊，役成遷延，進退不可，反爲敵人所乘，悔可及乎！固宜重愼詳審，圖之以術。若前所陳，以全吾力，是所謂坐勝也。雖然，猶有可憂者。國家掇取諸國，飄忽淩厲，本以力勝。今乃無故而爲大舉，若又措置失宜，無以挫英雄之氣，服天下之心，則稔惡懷姦之流，得以窺其隙而投其間，國內空虛，易爲搖蕩。臣愚所以諄諄於東師，反覆致論，謂不在於已然而在於未然者，此也。

遂會兵渡江，圍鄂州，聞憲宗崩，召諸將屬議，經復進議曰：

易言：「知進退存亡而不失其正者，其惟聖人乎！」殿下聰明睿知，足以有臨，發強剛毅，足以有斷。進退存亡之正，知之久矣。鑾在沙陀，命經曰：「時未可也。」又曰：「時之一字最當整理。」又曰：「可行之時，爾自知之。」大哉王言，「時乘六龍」之道，知之久矣。自出師以來，進而不退，經有所未解者，故言于眞定，于曹、濮，于唐、鄧。亟言不已，未賜開允。乃今事急，故復進狂言。

國家自平金以來，惟務進取，不遵養時晦，老師費財，卒無成功，三十年矣。蒙哥罕立，政當安靜以圖寧謐，忽無故大舉，進而不退，畀王東師，則不當亦進也而遽進。以爲有命不敢自逸，至于汝南，既聞凶訃，卽當遣使徧告諸帥各以次退，修好于宋，歸定大事，不當復進也而遽進。以有師期，會于江濱，遣使喻宋，息兵安民，振旅而歸，不當復進也而又進。既不宜渡淮，又豈宜渡江？既不宜妄進，又豈宜攻城？若以機不可

失，敵不可縱，亦既渡江，不能中止，便當乘虛取鄂，分兵四出，直造臨安，疾雷不及掩耳，則宋亦可圖。如其不可，知難而退，不失爲金兀朮也。師不當進而進，江不當渡而渡，城不當攻而攻，當速退而不退，當速進而不進，役成遷延，盤桓江渚，情見勢屈，舉天下兵力不能取一城，則我竭彼盈，又何俟乎？且諸軍疾疫已十四五，又延引月日，冬春之交，疫必大作，恐欲還不能。

彼既上流無虞，呂文德已并兵拒守，知我國疵，闘氣自倍，兩淮之兵盡集白鷺，江西之兵盡集隆興，嶺廣之兵盡集長沙，閩、越沿海巨舶大艦以次而至，伺隙而進。如遏截於江、黃津渡，邀遮于大城關口，塞漢東之石門，限郢、復之湖濼，則我將安歸？無已則突入江、浙，擣其心腹。聞臨安、海門已具龍舟，則已徒往，還抵金山，并命求出，豈無韓世忠之儔？且鄂與漢陽分據大別，中挾巨浸，號爲活城，肉薄骨并而拔之，則彼委破壁孤城而去，泝流而上，則入洞庭，保荆、襄，順流而下，則精兵健櫓突過滸、黃，未易遏也，則亦徒費人命，我安所得哉！區區一城，勝之不武，不勝則大損威望，復何俟乎！

雖然，以王本心，不欲渡江，既渡江，不欲攻城，既攻城，不欲并命，不焚廬舍，不傷人民，不易其衣冠，不毀其墳墓，三百里外不使侵掠。或勸徑趨臨安，曰其民人稠夥，

若往，雖不殺戮，亦被踐蹂，吾所不忍。若天與我，不必殺人；若天弗與，殺人何益，而竟不往。諸將歸罪士人，謂不可用，以不殺人故不得城。曰彼守城者祇一士人賈制置，汝十萬衆不能勝，殺人數月不能拔，汝輩之罪也，豈士人之罪乎！益禁殺人。歸然一仁，上通于天，久有歸志，不能遂行耳。然今事急，不可不斷也。

宋人方懼大敵，自救之師雖則畢集，未暇謀我。第吾國內空虛，塔察國王與李行省肱髀相依，在於背脅；西域諸胡窺覘關隴，隔絕旭烈大王；病民諸姦各持兩端，觀望所立，莫不覬覦神器，染指垂涎。一有狡焉，或啓戎心，先人舉事，腹背受敵，大事去矣。且阿里不哥已行赦令，令脫里赤爲斷事官、行尚書省，據燕都，按圖籍，號令諸道，行皇帝事矣。雖大王素有人望，且握重兵，獨不見金世宗、海陵之事乎！若彼果決，稱受遺詔，便正位號，下詔中原，行赦江上，欲歸得乎？

昨奉命與張仲一觀新月城，自西南隅〔抵東北隅〕，〔七〕萬人敵，上可並行大車，排槎弗樓，締構重複，必不可攻，祇有許和而歸耳。斷然班師，亟定大計，銷禍於未然。先命勁兵把截江面，與宋議和，許割淮南、漢上、梓夔兩路，定疆界歲幣。置輜重，以輕騎歸，渡淮乘驛，直造燕都，則從天而下，彼之姦謀僭志，冰釋瓦解。遣一軍逆蒙哥罕靈輿，收皇帝璽。遣使召旭烈、阿里不哥、摩哥及諸王駙馬，會喪和林。差官於汴京、

京兆、成都、西涼、東平、西京、北京，撫慰安輯，召眞金太子鎭燕都，示以形勢。則大寶有歸，而社稷安矣。

會宋守帥賈似道亦遣間使請和，迺班師。

明年，世祖卽位，以經爲翰林侍讀學士，佩金虎符，充國信使使宋，告卽位，且定和議，仍敕沿邊諸將毋鈔掠。經入辭，賜蒲萄酒，詔曰：「朕初卽位，庶事草創，卿當遠行，凡可輔朕者，亟以聞。」經奏便宜十六事，皆立政大要，辭多不載。

時經有重名，平章王文統忌之。旣行，文統陰屬李璮潛師侵宋，欲假手害經。經至濟南，璮以書止經，經以璮書聞于朝而行。宋敗璮軍于淮安，經至宿州，遣副使劉仁傑、〔八〕參議高翿請入國日期，不報。遺書宰相及淮帥李庭芝，庭芝復書果疑經，而賈似道方以却敵爲功，恐經至謀泄，竟館經眞州。經乃上表宋主曰：「願附魯連之義，排難解紛，豈知唐儉之徒，款兵誤國。」又數上書宋主及宰執，極陳戰和利害，且請入見及歸國，皆不報。驛吏棘垣鑰戶，晝夜守邏，欲以動經，經不屈。經待下素嚴，又久羈困，下多怨者。經諭曰：「嚮受命不進，我之罪也。一入宋境，死生進退，聽其在彼，我終不能屈身辱命。汝等不幸，宜忍以待之，我觀宋祚將不久矣。」居七年，從者怒鬬，死者數人，經獨與六人處別館。又九年，丞相伯顏奉詔南伐，帝遣禮部尚書中都海牙及經弟行樞密院都事郝庸入宋，問執行人之罪，宋懼，遣總管段佑以禮送經歸。賈似道之謀旣泄，尋亦竄死。經歸道病，帝敕樞密院及尙醫近侍迎勞，所過父老瞻望流涕。明年夏，至闕，錫燕大庭，咨以政事，賞賚有差。秋七月，卒，年五十三，官爲護喪還葬，諡文忠。明年，宋平。

經爲人尚氣節，爲學務有用。及被留，思託言垂後，撰續後漢書、易春秋外傳、太極演、原古錄、通鑑書法、玉衡貞觀等書及文集，凡數百卷。其文豐蔚豪宕，善議論。詩多奇崛。拘宋十六年，從者皆通於學。書佐苟宗道，後官至國子祭酒。經還之歲，汴中民射雁金明池，得繫帛，書詩云：「霜落風高恣所如，歸期回首是春初。上林天子援弓繳，窮海纍臣有帛書。」後題曰：「至元五年九月一日放雁，獲者勿殺，國信大使郝經書于眞州忠勇軍營新館。」其忠誠如此。

二弟彝、庸，皆有名。彝字仲常，隱居以壽終；庸字季常，終潁州守。子采麟，亦賢，起家知林州，仕至山南江北道肅政廉訪使。

校勘記

〔一〕〔秉恕〕　據本書原目錄補。

〔二〕參（預）〔領〕中書省事　據元名臣事略卷七太保劉文正公改。按藏春集卷六收張文謙劉秉中行

狀、徒單公履劉秉中墓誌等「預」皆作「領」。

〔三〕薨于位年六十八　按元名臣事略卷七左丞張忠宣公作「薨，年六十七」，元文類卷五八李謙張文謙神道碑作「享年六十有七」。新元史改「八」爲「七」，疑是。

〔四〕晉之取吳隋之取陳皆經營比伙十有餘年　陵川集卷三二東師議作「晉之取吳，隋之取陳，宋之取唐，皆經營比伙十有餘年」。按傳下文有「晉取吳，則六道進；隋取陳，則九道進；宋之於南唐，則三面皆進」，此處當有「宋之取南唐」，方得呼應，疑脫。

〔五〕以有限之〔力冒無限之〕險　道光本與陵川集卷三二東師議合，從補。

〔六〕以輕兵（綴）〔掇〕襄陽　據陵川集卷三二東師議改。

〔七〕自西南隅〔抵東北隅〕　道光本與陵川集卷三二班師議合，從補。

〔八〕劉仁傑　按本書卷四、五、八世祖紀中統元年四月丁未、中統三年十月庚申、至元十二年二月庚午條作「劉人傑」。蒙史改「仁」爲「人」，疑是。

元史卷一百五十八

列傳第四十五

姚樞

姚樞字公茂，柳城人，後遷洛陽。少力學，內翰宋九嘉識其有王佐略。楊惟中乃與之偕覲太宗。歲乙未，南伐，詔樞從惟中卽軍中求儒、道、釋、醫、卜者。會破棗陽，主將將盡坑之，樞力辨非詔書意，他日何以復命，乃蹙數人逃入篁竹中脫死。拔德安，得名儒趙復，始得程頤、朱熹之書。辛丑，賜金符，爲燕京行臺郎中。時牙魯瓦赤行臺，惟事貨賂，以樞幕長，分及之。樞一切拒絕，因棄官去。攜家來輝州，作家廟，別爲室奉孔子及宋儒周惇頤等象，刊諸經，惠學者，讀書鳴琴，若將終身。時許衡在魏，至輝，就錄程、朱所註書以歸，謂其徒曰：「曩所授受皆非，今始聞進學之序。」既而盡室依樞以居。

世祖在潛邸，遣趙璧召樞至，大喜，待以客禮。詢及治道，乃爲書數千言，首陳二帝三

王之道，以治國平天下之大經，彙爲八目，曰：修身，力學，尊賢，親親，畏天，愛民，好善，遠佞。次及救時之弊，爲條三十，曰：「立省部，則庶政出一，綱舉紀張，令不行於朝而變於夕。辟才行，舉逸遺，愼銓選，汰職員，則不專世爵而人才出。班俸祿，則贓穢塞而公道開。定法律，審刑獄，則收生殺之權于朝，諸侯不得而專，丘山之罪不致苟免，毫髮之過免罹極法，而寃抑有伸。設監司，明黜陟，則善良姦竊可得而舉刺。閣徵斂，則部族不橫於誅求。簡驛傳，則州郡不困於需索。修學校，崇經術，旌節孝，以爲育人才、厚風俗、美敎化之基，使士不媮於文華。重農桑，寬賦稅，省徭役，禁游惰，則民力紓，不趨於浮僞，且免習工技者歲加富溢，勤耕織者日就飢寒。肅軍政，使田里不知行營〔往復〕之擾攘。〔一〕周匱乏，恤鰥寡，使顚連無告者有養。布屯田以實邊戍，通漕運以廩京都。倚債負，則賈胡不得以子爲母，破稱貸之家。廣儲蓄，復常平以待凶荒，立平準以權物估，卻利便以塞倖塗，杜告訐以絕訟源。」各疏（弛）〔施〕張之方，〔二〕其下本末兼該，細大不遺。世祖奇其才，動必召問，且使授世子經。

憲宗卽位，詔凡軍民在赤老溫山南者，聽世祖總之。世祖既奉詔，宴羣下，罷酒將出，遣人止樞，問曰：「頃者諸臣皆賀，汝獨默然，何耶？」對曰：「今天下土地之廣，人民之殷，財賦之阜，有加漢地者乎？軍民吾盡有之，天子何爲？異時廷臣間之，必悔而見奪，不若惟持兵權，供億之需取之有司，則勢順理安。」世祖曰：「慮所不及者。」乃以聞，憲宗從之。樞又請置屯田經略司於汴以圖宋，置都運司于衞，轉粟于河。憲宗大封同姓，敕世祖於南京、關中自擇其一。樞曰：「南京河徙無常，土薄水淺，舃鹵生之，不若關中厥田上上，古名天府陸海。」於是世祖願有關中。

壬子夏，從世祖征大理，至曲先腦兒之地。夜宴，樞陳宋太祖遣曹彬取南唐不殺一人、市不易肆事。明日，世祖據鞍呼曰：「汝昨夕言曹彬不殺者，吾能爲之，吾能爲之！」樞馬上賀曰：「聖人之心，仁明如此，生民之幸，有國之福也。」明年，師及大理城，飭樞裂帛爲旗，書止殺之令，分號街陌，由是民得相完保。

丙辰，樞入見。或讒王府得中土心，憲宗遣阿藍答兒大爲鉤考，置局關中，以百四十二條推集經略宣撫官吏，下及征商無遺，曰：「俟終局日，入此罪者惟劉黑馬、史天澤以聞，餘悉誅之。」世祖聞之不樂。樞曰：「帝，君也，兄也；大王爲皇弟，臣也。事難與較，遠將受禍。莫若盡王邸妃主自歸朝廷，爲久居謀，疑將自釋。」及世祖見憲宗，皆泣下，竟不令有所白而止，因罷鉤考局。

世祖卽位，立十道宣撫使，以樞使東平。既至郡，置勸農、檢察二人以監之，推物力以均賦役，罷鐵官。二年，〔三〕拜太子太師。樞曰：「皇太子未立，安可先有太師？」以所受制還中書，事見許衡傳。改大司農。樞奏曰：「在太宗世，詔孔子五十一代孫元措仍襲封衍聖

公，卒，其子與族人爭求襲爵，訟之潛藩，帝時曰：『第往力學，俟有成德達才，我則官之。』又曲阜有太常雅樂，憲宗命東平守臣輦其歌工舞郎與樂色俎豆至日月山，帝親臨觀，飭東平守臣，員闕充補，無輟肄習。且陛下閔聖賢之後詩、書不通，與凡庶等，既命洛士楊庸選孔、顏、孟三族諸孫俊秀者敎之，乞眞授庸敎官，以成國家育材待聘風動四方之美。王鏞鍊習故實，宜令提舉禮樂，使不致崩壞。」皆從之。詔赴中書議事，及講定條格，且勉諭曰：「姚樞辭避台司，朕甚嘉焉。省中庶務，須賴一二老成同心圖贊，其與尚書劉肅往盡乃心，其尚無隱。」及修條格成，與丞相史天澤奏之，帝深嘉納。

李璮謀叛，帝問：「卿料何如？」對曰：「使璮乘吾北征之釁，瀕海擣燕，閉關居庸，惶駭人心，爲上策。與宋連和，負固持久，數擾邊，使吾罷於奔救，爲中策。如出兵濟南，待山東諸侯應援，此成擒耳。」帝曰：「今賊將安出？」對曰：「出下策。」初，帝嘗論天下人材，及王文統，樞曰：「此人學術不純，以游說干諸侯，他日必反。」至是，文統果因璮伏誅。

四年，拜中書左丞，奏罷世侯，置牧守。或言中書政事大壞，帝怒，大臣罪且不測者。樞上言：

太祖開創，跨越前古，施治未遑。自後數朝，官盛刑濫，民困財殫。陛下天資仁聖，自昔在潛，聽聖典，訪老成，日講治道。如邢州、河南、陝西，皆不治之甚者，爲置安撫、

經略、宣撫三使司。其法，選人以居職，頒俸以養廉，去汚濫以清政，勸農桑以富民。不及三年，號稱大治。諸路之民望陛下之拯己，如赤子之求母。先帝陟遐，國難並興，天開聖人，纘承大統，卽用歷代遺制，內立省部，外設監司，自中統至今五六年間，外侮內叛繼繼不絕，然能使官離債負，民安賦役，府庫粗實，倉廩粗完，鈔法粗行，國用粗足，官吏遷轉，政事更新，皆陛下克保祖宗之基、信用先王之法所致。

今創始治道，正宜上答天心，下結民心，睦親族以固本，建儲副以重祚，定大臣以當國，開經筵以格心，修邊備以防虞，蓄糧餉以待歉，立學校以育才，勸農桑以厚生。是可以光先烈，成帝德，遺子孫，流遠譽。以陛下才略，行此有餘。邇者伏聞聰聽日煩，朝廷政令日改月異，如木始栽而復移，屋既架而復毀。遠近臣民不勝戰懼，惟恐大本一廢，遠業難成，爲陛下之後憂，國家之重害。

帝怒爲釋。

十年，[四]拜昭文館大學士，詳定禮儀事。其年，襄陽下，遂議取宋。樞奏如求大將，非右丞相安童、知樞密院伯顏不可。十一年，[五]樞言：「陛下降不殺人之詔。伯顏濟江，兵不踰時，西起蜀川，東薄海隅，降城三十，戶踰百萬，自古平南，未有如此之神捷者。今自夏徂秋，一城不降，皆由軍官不思國之大計，不體陛下之深仁，利財剽殺所致。揚州、

焦山、淮安，人殊死戰，我雖克勝，所傷亦多。宋之不能爲國審矣，而臨安未肯輕下，好生惡死，人之常情，蓋不敢也，惟懼吾招徠止殺之信不堅耳。宜申止殺之詔，使賞罰必立，恩信必行，聖慮不勞，軍力不費矣。」又請禁宋鞭背、黥面及諸濫刑。十三年，拜翰林學士承旨。十七年，卒，年七十八，謚曰文獻。

樞天質含弘而仁恕，恭敏而儉勤，未嘗疑人欺己。有負其德，亦不留怨。憂患之來，不見言色。有來卽謀，必反復告之。

子煒，仕爲平章政事；從子燧，官至翰林學士承旨，以文章大家知名，卒謚曰文。

許衡

許衡字仲平，懷之河內人也，世爲農。父通，避地河南，以泰和九年九月生衡於新鄭縣。幼有異質，七歲入學，授章句，問其師曰：「讀書何爲？」師曰：「取科第耳！」曰：「如斯而已乎？」師大奇之。每授書，又能問其旨義。久之，師謂其父母曰：「兒穎悟不凡，他日必有大過人者，吾非其師也。」遂辭去，父母强之不能止。如是者凡更三師。稍長，嗜學如饑渴，然遭世亂，且貧無書。嘗從日者家見書疏義，因請寓宿，手抄歸。既逃難（岨崍）〔徂徠〕山，[六]始得易王輔嗣說。時兵亂中，衡夜思晝誦，身體而力踐之，言動必揆諸義而後發。嘗暑中過河陽，渴甚，道有梨，衆爭取啖之，衡獨危坐樹下自若。或問之，曰：「非其有而取之，不可也。」人曰：「世亂，此無主。」曰：「梨無主，吾心獨無主乎？」

轉魯留魏，人見其有德，稍稍從之。居三年，聞亂且定，乃還懷。往來河、洛間，從柳城姚樞得伊洛程氏及新安朱氏書，益大有得。尋居蘇門，與樞及竇默相講習。凡經傳、子史、禮樂、名物、星曆、兵刑、食貨、水利之類，無所不講，而慨然以道爲己任。嘗語人曰：「綱常不可一日而亡於天下，苟在上者無以任之，則在下之任也。」凡喪祭娶嫁，必徵於禮，以倡其鄉人，學者寖盛。家貧躬耕，粟熟則食，粟不熟則食糠覈菜茹，處之泰然，謳誦之聲聞戶外如金石。財有餘，卽以分諸族人及諸生之貧者。人有所遺，一毫弗義弗受也。樞嘗被召入京師，以其雪齋居衡，命守者館之，衡拒不受。庭有果熟爛墮地，童子過之，亦不睨視而去，其家人化之如此。

甲寅，世祖出王秦中，以姚樞爲勸農使，教民畊植。又思所以化秦人，乃召衡爲京兆提學。秦人新脫於兵，欲學無師，聞衡來，人人莫不喜幸來學。郡縣皆建學校，民大化之。世祖南征，乃還懷，學者攀留之不得，從送之臨潼而歸。

中統元年，世祖卽皇帝位，召至京師。時王文統以言利進爲平章政事，衡、樞輩入侍，言治亂休戚，必以義爲本。文統患之。且竇默日於帝前排其學術，疑衡與之爲表裏，乃奏

以樞爲太子太師，默爲太子太傅，衡爲太子太保，陽爲尊用之，實不使數侍上也。默以屢攻文統不中，欲因東宮以避禍，與樞拜命，將入謝。衡曰：「此不安於義也，姑勿論。禮，師傅與太子位東西鄉，師傅坐，太子乃坐。公等度能復此乎？不能，則師道自我廢也。」樞以爲然，乃相與懷制立殿下，五辭乃免。改命樞大司農，默翰林侍講學士，衡國子祭酒。未幾，衡亦謝病歸。

至元二年，帝以安童爲右丞相，欲衡輔之，復召至京師，命議事中書省。衡乃上疏曰：

臣性識愚陋，學術荒疏，不意虛名偶塵聖聽。陛下好賢樂善，舍短取長，雖以臣之不才，自甲寅至今十有三年，凡八被詔旨，中懷自念，何以報塞。又日者面奉德音，叮嚀懇至，中書大務，容臣盡言。臣雖昏愚，荷陛下知待如此其厚，敢不罄竭所有，裨益萬分。孟子以「責難於君謂之恭，陳善閉邪謂之敬」；孔子謂「以道事君，不可則止」。臣之所守，大意蓋如此也。伏望陛下寬其不佞，察其至懷，則區區之愚，亦或有小補云。

其一曰：自古立國，皆有規模。循而行之，則治功可期。否則心疑目眩，變易分更，未見其可也。昔子產相衰周之列國，孔明治西蜀之一隅，且有定論，終身由之；而堂堂天下，可無一定之說而妄爲之哉？考之前代，北方之有中夏者，必行漢法乃可長久。故後魏、遼、金歷年最多，他不能者，皆亂亡相繼，史册具載，昭然可考。使國家而

居朔漠，則無事論此也。今日之治，非此奚宜？夫陸行宜車，水行宜舟，反之則不能行；幽燕食寒，蜀漢食熱，反之則必有變。以是論之，國家之當行漢法無疑也。然萬世國俗，累朝勳舊，一旦驅之下從臣僕之謀，改就亡國之俗，其勢有甚難者。(切)〔竊〕嘗思之，[七]寒之與暑，固爲不同。然寒之變暑也，始於微溫，溫而熱，熱而暑，積百有八十二日而寒始盡。暑之變寒，其勢亦然，是亦積之之驗也。苟能漸之摩之，待以歲月，心堅而確，事易而常，未有不可變者。此在陛下尊信而堅守之，不雜小人，不責近效，不恤流言，則致治之功庶幾可成矣。

二曰：中書之務不勝其煩，然其大要在用人、立法二者而已矣。近而譬之，髮之在首，不以手理而以櫛理；食之在器，不以手取而以匕取。手雖不能，而用櫛與匕，是卽手之爲也。上之用人，何以異此。然人之賢否，未知其詳，固不可得而遽用也。然或已知其孰爲君子，孰爲小人，而復患得患失，莫敢進退，徒曰知人，而實不能用人，亦何益哉！人莫不飲食也，獨膳夫爲能調五味之和；莫不睹日月也，獨星官爲能步虧食之數者，誠以得其法故也。古人有言曰：「爲高必因丘陵，爲下必因川澤，爲政必因先王之道。」今里巷之談，動以古爲詬戲，不知今日口之所食，身之所衣，皆古人遺法而不可違者，豈天下之大，國家之重，而古之成法反可違邪？其亦弗思甚矣！夫治人者法也，

守法者人也。人法相維，上安下順，而宰執優游於廊廟之上，不煩不勞，此所謂省也。

夫立法用人，今雖未能遽如古昔，然已仕者當給俸以養其廉，未仕者當寬立條格，俾就敍用，則失職之怨少可舒矣。外設監司以察污濫，內專吏部以定資歷，則非分之求漸可息矣。再任三任，抑高舉下，則人才爵位略可平矣。至於貴家之世襲，品官之任子，版籍之數，續當議之，亦不可緩也。

其三曰：民生有欲，無主乃亂，上天眷命，作之君師，此蓋以至難任之，非予之可安之地而娛之也。是以堯、舜以來，聖帝明王莫不兢兢業業、小心畏慎者，誠知天之所畀至難之任，初不可以易心處之也。知其爲難而以難處，則難或可爲；不知爲難而以易處，則他日之難有不可爲者矣。孔子曰：「爲君難，爲臣不易。」爲臣之道，臣已告之安童矣。至爲君之難，尤陛下所當專意也。臣請言其切而要者。

夫人君不患出言之難，而患踐言之難。知踐言之難，則其出言不容不慎矣。昔劉安世行一不妄語，七年而後成。夫安世一士人也，所交者一家之親、一鄉之衆也，同列之臣不過數十百人而止耳，而言猶若此，況天下之大，兆民之衆，事有萬變，日有萬機，人君以一身一心而酬酢之，欲言之無失，豈易能哉？故有昔之所言而今日忘之者，今之所命而後日自違者，可否異同，紛更變易，紀綱不得布，法度不得立，臣下無所持循，奸人因以爲弊，天下之人疑惑驚眩，且議其無法無信一至於此也。此無他，至難之地不以難處，而以易處故也。苟從大學之道，以修身爲本，凡一言一動，必求其然與其所當然，不牽於愛，不蔽於憎，不因於喜，不激於怒，虛心端意，熟思而審處之，雖有不中者蓋鮮矣。奈何爲人上者多樂舒肆，爲人臣者多事容悅。容悅本爲私也，私心盛則不畏人矣；舒肆本爲欲也，欲心盛則不畏天矣。以不畏天之心，與不畏人之心，感合無間，則其所務者皆快心事耳。快心則口欲言而言，身欲動而動，又安肯兢兢業業，以修身爲本，一言一動，熟思而審處之乎？此人君踐言之難，而又難於天下之人也。

人之情僞有易有險，險者難知，易者易知，此特係夫人之險易者然也。然又有衆寡之分焉。寡則易知，衆則難知，故在上者難於知下，而在下者易於知上，其勢然也。處難知之地，御難知之人，欲其不見欺也難矣。昔包拯剛嚴峭直，號爲明察，然一小吏而能欺之。然拯一京尹耳，其見欺於人，不過誤一事、害一人而已。人君處億兆之上，操予奪進退賞罰生殺之權，不幸見欺，則以非爲是，以是爲非，其害有不可勝既也。人君惟無喜怒也，有喜怒，則贊其喜以市恩，鼓其怒以張勢。人君惟無愛憎也，有愛憎，則假其愛以濟私，藉其憎以復怨。甚至本無喜也，誑之使喜，本無怒也，激之使怒，本不足愛也，而誑譽之使愛，本無可憎也，而强短之使憎。若是，則進者未必爲君子，退

者未必爲小人，予者未必爲有功，奪者未必爲有罪，以至賞之、罰之、生之、殺之，鮮有得其正者。人君不悟其受欺也，而反任之以防天下之欺，欺而至此，尚可防邪？大抵人君以知人爲貴，以用人爲急。用得其人，則無事於防矣。既不出此，則所近者爭進之人耳，好利之人耳，無恥之人耳。彼挾其詐術，千蹊萬徑，以蠱君心，欲防其欺，雖堯、舜不能也。

夫賢者以公爲心，以愛爲心，不爲利回，不爲勢屈，置之周行，則庶事得其正，天下被其澤，其於人國，重固如此也。夫賢者遭時不偶，務自韜晦，世固未易知也。雖或知之，而無所援引，則人君無由知也。人君知之，然召之命之，汎如厮養，賢者有不屑也。雖或接之以貌，待之以禮，然而言不見用，賢者不處也。或用其言也，而復使小人參之，責小利，期近效，有用賢之名，無用賢之實，賢者亦豈肯尸位素餐以取譏於天下哉！此特難進者也，而又有難合者焉。人君處崇高之地，大抵樂聞人過，而不樂於聞己之過，務快己之心，而不務快民之心，賢者必欲匡而正之，扶而安之，如堯、舜之正、堯、舜之安而後已，故其勢恒難合。況夫奸邪佞倖，醜正而惡直，肆爲詆毀，多方以陷之，將見罪戾之不免，又可望其庶事得其正，而天下被其澤邪！自古及今，端人雅士所以重於進而輕於退者，蓋以此耳。大禹聖人，聞善卽拜，益猶戒之以「任賢勿貳，去

邪勿疑」，後世人主宜如何也？此任賢之難也。

奸邪之人，其爲心也險，其用術也巧。惟險也，故千態萬狀而人莫能知；惟巧也，故千蹊萬徑而人莫能禦。其諂似恭，其訐似直，其欺似可信，其佞似可近，務以窺人君之喜怒而迎合之，竊其勢以立己之威，濟其欲以結主之愛，愛隆於上，威擅於下，大臣不敢議，近親不敢言，毒被天下而上莫之知，至是而求去之亦已難矣。雖然，此特人主之不悟者也，猶有說焉。如宇文士及之佞，太宗灼見其情而不能斥；李林甫妬賢嫉能，明皇洞見其奸而不能退。邪之惑人，有如此者，可不畏哉！

夫上以誠愛下，則下以忠報上，感應之理然也。然考之往昔，有不可以常情論者。禹抑洪水以救民，啓又能敬承繼禹之道，其澤深矣，然一傳而太康失道，則萬姓仇怨而去者，何邪？漢高帝起布衣，天下影從，滎陽之難，紀信至捐生以赴急，則人心之歸可見矣，及天下已定，而沙中有謀反者，又何邪？竊嘗思之，民之戴君，本於天命，初無不順之心，特由使之失望，使之不平，然後怨怒生焉。禹、啓愛民如赤子，而太康逸豫以滅德，是以失望；漢高以寬仁得天下，及其已定，乃以愛憎行誅賞，是以不平。古今人君，凡有恩澤於民，而民怨且怒者，皆類此也。夫人君有位之初，既出美言而告天下矣，既而實不能副，故怨生焉。等人臣耳，無大相遠，人君特以己之私而厚一人，則其薄者

已疾之矣，況於薄有功而厚有罪，人得不怒於心邪？必如古者大學之道，以修身爲本，一言一動，舉可以爲天下之法，一賞一罰，舉可以合天下之公，則億兆之心將不求而自得，又豈有失望不平之累哉！

三代而下稱盛治者，無如漢之文、景，然考之當時，天象數變，山崩地震未易遽數，是將小則有水旱之災，大則有亂亡之應，非徒然而已也。而文、景克承天心，一以養民爲務，今年勸農桑，明年減田租，懇愛如此，宜其民心得而和氣應也。臣竊見前年秋孛出西方，彗出東方，去年冬彗見東方，復見西方。議者謂當除舊布新，以應天變。臣以爲曷若直法文、景之恭儉愛民，爲理明義正而可信也。天之樹君，本爲下民。故孟子謂「民爲重，君爲輕」，書亦曰「天視自我民視，天聽自我民聽」。以是論之，則天之道恒在於下，恒在於不足也。君人者，不求之下而求之高，不求之〔不〕足而求之有餘，〔八〕斯其所以召天變也。其變已生，其象已著，乖戾之幾已萌，猶且因仍故習，抑其下而損其不足，謂之順天，不亦難乎？

此六者，皆難之目也。舉其要，則修德、用賢、愛民三者而已。此謂治本。本立，則紀綱可布，法度可行，治功可必。否則愛惡相攻，善惡交病，生民不免於水火，以是爲治，萬不能也。

其四曰：語古之聖君，必曰堯、舜；語古之賢相，必曰稷、契。蓋堯、舜能知天道而順承之，稷、契又知堯、舜之心而輔贊之，此所以爲法於天下，可傳於後世也。夫天道好生而不私，堯與舜亦好生而不私。若「克明俊德」，至於「黎民於變」，「敬授人時」，至於「庶績咸熙」，此順承天道之實也。稷播百穀以厚民生，契敷五教以善民心，此輔贊堯、舜之實也。臣嘗復熟推衍，思之又思，參之往古聖賢之言無不同，驗之歷代治亂之迹無不合，蓋此道之行，民可使富，兵可使强，人才可使盛，國勢可使重，夙夜念之至熟也。今國家徒知斂財之巧，而不知生財之由；徒知防人之欺，而不欲養人之善；徒患法令之難行，而不患法令無可行之地。誠能優重農民，勿擾勿害，敺游惰之人而歸之南畝，課之種藝，懇喻而督行之，十年之後，倉府之積，當非今日之比矣。自都邑而至州縣，皆設學校，使皇子以下至於庶人之子弟，皆入於學，以明父子君臣之大倫，自洒掃應對以至平天下之要道，十年已後，上知所以御下，下知所以事上，上下和睦，又非今日之比矣。二者之行，萬目斯舉，否則他皆不可期也。是道也，堯、舜之道也。孟子曰：「我非堯、舜之道，不敢以陳於王前。」臣愚區區，竊亦願學也。

其五曰：天下所以定者，民志定，則士安於士，農安於農，工商安於爲工商，則在上之人有可安之理矣。夫民不安於白屋，必求祿仕；仕不安於卑位，必求尊榮。四方萬

里，輻輳並進，各懷無厭無恥之心，在上之人可不爲寒心哉！臣聞取天下者尚勇敢，守天下者尚退讓。取也守也，各有其宜，君人者不可不審也。夫審而後發，發無不中，否則觸事而遽〔喜怒〕，喜怒之色見於貌，〔九〕言出於口，人皆知之。徐考其故，知其無可喜者則必悔其喜之失，無可怒者則必悔其怒之失，甚至先喜而後怒，先怒而後喜，號令數變，喜怒不節之故也。是以先王潛心恭默，不易喜怒，其未發也，雖至近莫能知其發也，雖至親莫能移，是以號令簡而無悔，則無不中節矣。夫數變，不可也；數失信，尤不可也。周幽無道，故不恤此，今無此，何苦使人之不信也。

書奏，帝嘉納之。衡自見帝，多奏陳，及退，皆削其草，故其言多祕，世罕得聞，所傳者特此耳。衡多病，帝聽五日一至省，時賜尚方名藥美酒以調養之。四年，乃聽其歸懷。五年，復召還，奏對亦祕。

六年，命與太常卿徐世隆定朝儀，儀成，帝臨觀，甚悅。又詔與太保劉秉忠、左丞張文謙定官制，衡歷考古今分併統屬之序，去其權攝增置冗長側置者，凡省部、院臺、郡縣與夫后妃、儲藩、百司所聯屬統制，定爲圖。七年，奏上之。翌日，使集公卿雜議中書，院臺行移之體，衡曰：「中書佐天子總國政，院臺宜具呈。」時商挺在樞密，高鳴在臺，皆不樂，欲定爲咨稟，因大言以動衡曰：「臺院皆宗親大臣，若一忤，禍不可測。」衡曰：「吾論國制耳，何與於

人。」遂以其言質帝前，帝曰：「衡言是也，吾意亦若是。」

未幾，阿合馬爲中書平章政事，領尚書省六部事，因擅權，勢傾朝野，一時大臣多阿之，衡每與之議，必正言不少讓。已而其子又有僉樞密院之命，衡獨執議曰：「國家事權，兵民財三者而已。今其父典民與財，子又典兵，不可。」帝曰：「卿慮其反邪？」衡對曰：「彼雖不反，此反道也。」阿合馬由是銜之，亟薦衡宜在中書，欲因以事中之。俄除左丞，衡屢入辭免，帝命左右掖衡出。衡出及闕，還奏曰：「陛下命臣出，豈出省邪？」帝笑曰：「出殿門耳。」從幸上京，乃論列阿合馬專權罔上、蠹政害民若干事，不報。因謝病請解機務。帝惻然，召其子師可入，諭旨，且命舉自代者。衡奏曰：「用人，天子之大柄也。臣下汎論其賢否則可，若授之以位，則當斷自宸衷，不可使臣下有市恩之漸也。」

帝久欲開太學，會衡請罷益力，乃從其請。八年，以爲集賢大學士，兼國子祭酒，親爲擇蒙古弟子俾敎之。衡聞命，喜曰：「此吾事也。國人子大樸未散，視聽專一，若置之善類中涵養數年，將必爲國用。」乃請徵其弟子王梓、劉季偉、韓思永、耶律有尚、呂端善、姚燧、高凝、白棟、蘇郁、姚燉、孫安、劉安中十二人爲伴讀。詔驛召之來京師，分處各齋，以爲齋長。時所選弟子皆幼稚，衡待之如成人，愛之如子，出入進退，其嚴若君臣。其爲敎，因覺以明善，因明以開蔽，相其動息以爲張弛。課誦少暇，卽習禮，或習書算。少者則令習拜

跪、揖讓、進退、應對，或射，或投壺，負者罰讀書若干遍。久之，諸生人人自得，尊師敬業，下至童子，亦知三綱五常爲生人之道。

十年，權臣屢毀漢法，諸生廩食或不繼，衡請還懷。帝以問翰林學士王磐，磐對曰：「衡敎人有法，諸生行可從政，此國之大體，宜勿聽其去。」帝命諸老臣議其去留，竇默爲衡懇請之，乃聽衡還，以贊善王恂攝學事。劉秉忠等奏，乞以衡弟子耶律有尚、蘇郁、白棟爲助敎，以守衡規矩，從之。

國家自得中原，用金大明曆，自大定是正後六七十年，氣朔加時漸差。帝以海宇混一，宜協時正日。十三年，詔王恂定新曆。恂以爲曆家知曆數而不知曆理，宜得衡領之，乃以集賢大學士兼國子祭酒，敎領太史院事，召至京。衡以爲冬至者曆之本，而求曆本者在驗氣。今所用宋舊儀，自汴還至京師已自乖舛，加之歲久，規環不叶。乃與太史令郭守敬等新製儀象圭表，自丙子之冬日測晷景，得丁丑、戊寅、己卯三年冬至加時，減大明曆十九刻二十分，又增損古歲餘歲差法，上考春秋以來冬至，無不盡合。以月食衡及金木二星距驗冬至日躔，校舊曆退七十六分。以日轉遲疾中平行度驗月離宿度，加舊曆三十刻。以綫代管闚測赤道宿度。以四正定氣立損益限，以定日之盈縮。分二十八限爲三百三十六，以定月之遲疾。以赤道變九道定月行。以遲疾轉定度分定朔，而不用平行度。以日月實合時刻

定晦，而不用虛進法。以躔離朓朒定交食。其法視古皆密，而又悉去諸曆積年月日法之傅會者，一本天道自然之數，可以施之永久而無弊。自餘正訛完闕，蓋非一事。十七年，曆成，奏上之，賜名曰授時曆，頒之天下。

六月，以疾請還懷。皇太子爲請於帝，以子師可爲懷孟路總管以養之，且使東宮官來諭衡曰：「公毋以道不行爲憂也，公安則道行有時矣，其善藥自愛。」十八年，衡病革，家人祠，衡曰：「吾一日未死，寧不有事於祖考。」扶而起，奠獻如儀。旣撤，家人餕，怡怡如也。已而卒，年七十三。是日，大雷電，風拔木。懷人無貴賤少長，皆哭於門。四方學士聞訃，皆聚哭。有數千里來祭哭墓下者。

衡善敎，其言煦煦，雖與童子語，如恐傷之。故所至，無貴賤賢不肖皆樂從之，隨其才昏明大小皆有所得，可以爲世用。所去，人皆哭泣，不忍舍，服念其敎如金科玉條，終身不敢忘。或未嘗及門，傳其緒餘，而折節力行爲名世者，往往有之。聽其言，雖武人俗士異端之徒，無不感悟者。丞相安童一見衡，語同列曰：「若輩自謂不相上下，蓋十百與千萬也。」翰林承旨王磐氣概一世，少所與可，獨見衡曰：「先生，神明也。」大德（二）〔元〕年，〔一〇〕贈榮祿大夫、司徒，謚文正。至大二年，加正學垂憲佐運功臣、太傅、開府儀同三司，封魏國公。皇慶二年，詔從祀孔子廟廷。延祐初，又詔立書院京兆以祀衡，給田奉祠事，名魯齋書院。魯，

衡居魏時所署齋名也。子師可。

竇默 李俊民附

竇默字子聲，初名傑字漢卿，廣平肥鄉人。幼知讀書，毅然有立志。族祖旺，爲郡功曹，令習吏事，不肯就。會國兵伐金，默爲所俘。同時被俘者三十人，皆見殺，惟默得脫歸其鄉。家破，母獨存，驚怖之餘，母子俱得疾，母竟亡，扶病藁葬。而大兵復至，遂南走渡河，依母黨吳氏。醫者王翁妻以女，使業醫。轉客蔡州，遇名醫李浩，授以銅人針法。金主遷蔡，默恐兵且至，又走德安。孝感令謝憲子以伊洛性理之書授之，默自以爲昔未嘗學，而學自此始。適中書楊惟中奉旨招集儒、道、釋之士，默乃北歸，隱於大名，與姚樞、許衡朝暮講習，至忘寢食。繼還肥鄉，以經術敎授，由是知名。

世祖在潛邸，遣召之，默變姓名以自晦。使者俾其友人往見，而微服踵其後，默不得已乃拜命。旣至，問以治道，默首以三綱五常爲對。世祖曰：「人道之端，孰大於此。失此，則無以立於世矣。」默又言：「帝王之道，在誠意正心，心旣正，則朝廷遠近莫敢不一於正。」一日凡三召與語，奏對皆稱旨，自是敬待加禮，不令暫去左右。世祖問今之明治道者，默薦姚樞，卽召用之。俄命皇子眞金從默學，賜以玉帶鉤，諭之曰：「此金內府故物，汝老人，佩服

爲宜，且使我子見之如見我也。」久之，請南還，命大名、順德各給田宅，有司歲具衣物以爲常。

世祖卽位，召至上都，問曰：「朕欲求如唐魏徵者，有其人乎？」默對曰：「犯顏諫諍，剛毅不屈，則許衡其人也。深識遠慮，有宰相才，則史天澤其人也。」天澤時宣撫河南，帝卽召拜右丞相，以默爲翰林侍講學士。時初建中書省，平章政事王文統頗見委任，默上書曰：

臣事陛下十有餘年，數承顧問，與聞聖訓，有以見陛下急於求治，未嘗不以利生民安社稷爲心。時先帝在上，姦臣擅權，總天下財賦，操執在手，貢進奇貨，衒耀紛華，以娛悅上心。其扇結朋黨，離間骨肉者，皆此徒也。此徒當路，陛下所以不能盡其初心。救世一念，涵養有年矣。

今天順人應，誕登大寶，天下生民莫不歡忻踴躍，引領盛治。然平治天下，必用正人端士，脣吻小人一時功利之說，必不能定立國家基本，爲子孫久遠之計。其賣利獻勤、乞憐取寵者，使不得行其志，斯可矣。若夫鉤距揣摩，以利害驚動人主之意者，無他，意在擯斥諸賢，獨執政柄耳，此蘇、張之流也，惟陛下察之。伏望別選公明有道之士，授以重任，則天下幸甚。

他日，默與王鶚、姚樞俱在帝前，復面斥文統曰：「此人學術不正，久居相位，必禍天下。」帝

曰：「然則誰可相者？」默曰：「以臣觀之，無如許衡。」帝不悅而罷。文統深忌之，乃請以默爲太子太傅，默辭曰：「太子位號未正，臣不敢先受太傅之名。」乃復以爲翰林侍講學士，詳見許衡傳。默俄謝病歸，未幾，文統伏誅，帝追憶其言，謂近臣曰：「曩言王文統不可用者，惟竇漢卿一人。向使更有一二人言之，朕寧不之思耶？」召還，賜第京師，命有司月給廩祿，國有大政輒以訪之。

默與王磐等請分置翰林院，專掌蒙古文字，以翰林學士承旨撒的迷底里主之，其翰林兼國史院，仍舊纂修國史，典制誥，備顧問，以翰林學士承旨兼修起居注和禮霍孫主之。帝可其奏。默又言：「三代所以風俗淳厚、歷數長久者，皆設學養士所致。今宜建學立師，博選貴族子弟敎之，以示風化之本。」帝嘉納之。默嘗與劉秉忠、姚樞、劉肅、商挺侍上前，默言：「君有過舉，臣當直言，都俞吁咈，古之所尚。今則不然，君曰可臣亦以爲可，君曰否臣亦以爲否，非善政也。」明日，復侍帝於幄殿。獵者失一鶻，帝怒，侍臣或從旁大聲謂宜加罪。帝惡其迎合，命杖之，釋獵者不問。旣退，秉忠等賀默曰：「非公誠結主知，安得感悟至此。」

至元十二年，默年八十，公卿皆往賀，帝聞之，拱手曰：「此輩賢者，安得請於上帝，減去數年，留朕左右，共治天下，惜今老矣。」悵然者久之。默旣老，不視事，帝數遣中使以珍玩及諸器物往存問焉。十七年，加昭文館大學士，卒，年八十五。訃聞，帝深爲嗟悼，厚加贈賜，皇太子亦賻以鈔二千貫，命有司護送歸葬肥鄉。

默爲人樂易，平居未嘗評品人物，與人居，溫然儒者也。至論國家大計，面折廷諍，人謂汲黯無以過之。帝嘗謂侍臣曰：「朕求賢三十年，惟得竇漢卿及李俊民二人。」又曰：「如竇漢卿之心，姚公茂之才，合而爲一，斯可謂全人矣。」後累贈太師，封魏國公，諡文正。子履，集賢大學士。

李俊民字用章，澤州人，得河南程氏傳受之學。金承安中舉進士第一，應奉翰林文字。未幾，棄官不仕，以所學敎授鄉里，從之者甚盛，至有不遠千里而來者。金源南遷，隱於嵩山，〔一一〕後徙懷州，俄復隱於西山。旣而變起倉猝，人服其先知。俊民在河南時，隱士荊先生者，授以邵雍皇極數。時之知數者，無出劉秉忠之右，亦自以爲弗及也。

世祖在潛藩，以安車召之，延訪無虛日。遽乞還山，世祖重違其意，遣中貴人護送之。又嘗令張仲一問以禎祥，及卽位，其言皆驗。而俊民已死，賜諡莊靜先生。

校勘記

〔一〕不知行營〔往復〕之擾攘　原墨釘，道光本與元文類卷六〇姚燧姚樞神道碑合，從補。

〔二〕各疏(弛)〔施〕張之方　據元文類卷六〇姚燧姚樞神道碑改。

〔三〕二年　考異云「案此傳敍事，自世祖卽位以後，書二年、四年者，中統之紀年也」，「有年而無號，史失之」。「二年」上當有「中統」二字。

〔四〕十年　按元文類卷六〇姚燧姚樞神道碑有「至元之元」、「明年」、「五年」、「八年」、「十年」，此「十年」上當書「至元」。考異已校。

〔五〕十一年　按元文類卷六〇姚燧姚樞神道碑繫此事于「十一年」之「明年」，此處「十一」當作「十二」。蒙史已校。

〔六〕(爼崍)〔徂徠〕山　據圭齋集卷九許衡神道碑改。新編已校。

〔七〕(切)〔竊〕嘗思之　據許文正公遺書卷七時務五事疏改。類編已校。

〔八〕不求之〔不〕足而求之有餘　道光本與許文正公遺書卷七時務五事疏合，從補。

〔九〕否則觸事而遽〔喜怒〕喜怒之色見於貌　據許文正公遺書卷七時務五事疏補。類編已校。

〔一〇〕大德(二)〔元〕年　據許文正公遺書卷首元朝詔誥、考歲略及卷末附錄歐陽玄許衡神道碑改。新編已校。

〔一一〕金源南遷隱於嵩山　按元名臣事略卷八竇文正公引暢奥李俊民傳作「南遷，隱嵩州鳴臯山」，疑「嵩山」當作「嵩州鳴臯山」。

元史卷一百五十九

列傳第四十六

宋子貞

宋子貞字周臣，潞州長子人也。性敏悟好學，工詞賦。弱冠，領薦書試禮部，與族兄知柔同補太學生，俱有名於時，人以大、小宋稱之。

金末，潞州亂，子貞走趙、魏間。宋將彭義斌守大名，辟爲安撫司計議官。義斌歿，子貞率衆歸東平行臺嚴實。實素聞其名，招置幕府，用爲詳議官，兼提舉學校。先是，實每令人請事于朝，托近侍奏決，不經中書，因與丞相耶律楚材有違言。子貞至，勸實致禮丞相，通慇懃，凡奏請，必先咨稟。丞相喜，自是交懽無間，實因此益委信子貞。

太宗四年，實戍黃陵，金人悉力來攻。與戰不利，敵勢頗張，曹、濮以南皆震。有自敵中逃歸者，言金兵且大至，人情恟懼。子貞請於實，斬揚言者首以令諸城，境內乃安。汴梁

既下，饑民北徙，餓殍盈道。子貞多方賑救，全活者萬餘人。金士之流寓者，悉引見周給，且薦用之。拔名儒張特立、劉肅、李昶輩於羈旅，與之同列。四方之士聞風而至，故東平一時人材多於他鎮。

七年，太宗命子貞爲行臺右司郎中。中原略定，事多草創，行臺所統五十餘城，州縣之官或擢自將校，或起由民伍，率昧於從政。甚者，專以掊克聚斂爲能，官吏相與爲貪私以病民。子貞倣前代觀察采訪之制，命官分三道糾察官吏，立爲程式，與爲期會，黜貪墮，獎廉勤，官府始有紀綱，民得蘇息。東平將校，占民爲部曲戶，謂之腳寨，擅其賦役，幾四百所。子貞請罷歸州縣。實初難之，子貞力言乃聽，人以爲便。

實卒，子忠濟襲爵，尤敬子貞。請于朝，授參議東平路事，兼提舉太常禮樂。子貞作新廟學，延前進士康曄、王磐爲教官，招致生徒幾百人，出粟贍之，俾習經藝。每季程試，必親臨之。齊魯儒風，爲之一變。

歲己未，世祖南伐，召子貞至濮，問以方略。對曰：「本朝威武有餘，仁德未洽。所以拒命者，特畏死爾，若投降者不殺，脅從者勿治，則宋之郡邑可傳檄而定也。」世祖善其言。中統元年，授益都路宣撫使。未幾，入覲，拜右三部尚書。時新立省部，典章制度，多子貞裁定。李璮叛，據濟南，詔子貞參議軍前行中書省事。子貞單騎至濟南，觀璮形勢，因說丞相史天澤曰：「璮擁衆東來，坐守孤城，宜增築外城，防其奔突，彼糧盡援絕，不攻自破矣。」議與天澤合，遂擒璮。

子貞還，上書陳便宜十事，大略謂：「官爵，人主之柄，選法宜盡歸吏部。律令，國之紀綱，宜早刊定。監司總統一路，用非其材，不厭人望，乞選公廉有才德者爲之。今州縣官相傳以世，非法賦斂，民窮無告，宜遷轉以革其弊。」又請建國學教胄子，敕州郡提學課試諸生，三年一貢舉。有旨命中書次第施行之。至元二年，始罷州縣官世襲。遣子貞與左丞相耶律鑄行山東，遷調所部官。還，授翰林學士，參議中書省事。奏請班俸祿，定職田，從之。俄拜中書平章政事。復陳時務之切要者十二策。帝頗悔用子貞晚。

未幾，以年老求退，帝曰：「卿氣力未衰，勉爲朕留，措置大事，俟百司差有條理，聽卿自便。」三年十一月，懇辭，乃得請。特敕中書，凡有大事，即其家訪問。子貞私居，每聞朝廷事不便，必封疏上奏，愛君憂國，不以進退異其心。卒年八十一。始病，家人進醫藥，却之曰：「死生有命，吾年踰八十，何以藥爲。」病危，諸子請遺言，子貞曰：「吾平昔教汝者不少，今尚何言耶！」

子渤，字齊彥，有才名，官至集賢學士。

商挺

商挺字孟卿，曹州濟陰人。其先，本姓殷氏，避宋諱改焉。父衡，僉陝西行省員外郎，以戰死。挺年二十四，汴京破，北走，依冠氏趙天錫，與元好問、楊奐遊。東平嚴實聘爲諸子師。實卒，子忠濟嗣，辟挺爲經歷，出爲曹州判官。未幾，復爲經歷，贊忠濟興學養士。

癸丑，世祖在潛邸，受京兆分地，聞挺名，遣使徵至鹽州。入對稱旨，字而不名。間陪宴語，因曰：「挺來時，李璮城朐山，東平當餽米萬石。東平至朐山，率十石致一石，且車淖于雨必後期，後期罪死。請輸沂州，使璮軍取食，便。」世祖曰：「愛民如此，忍不卿從。」

楊惟中宣撫關中，挺爲郎中。兵火之餘，八州十二縣，戶不滿萬，皆驚憂無聊。挺佐惟中，進賢良，黜貪暴，明尊卑，出淹滯，定規程，主簿責，印楮幣，頒俸祿，務農薄稅，通其有無。期月，民乃安。誅一大猾，羣吏咸懼。且請減關中常賦之半。明年，惟中罷，廉希憲來代，陞挺爲宣撫副使。

丙辰，徵京兆軍需布萬匹、米三千石、帛三千段，械器稱是，輸平涼軍。期迫甚，郡人大恐。挺曰：「他易集也，運米千里，妨我蠶麥。」鄜長王姓者，平涼人也，挺召與謀，對曰：「不煩官運，僕家有積粟，請以代輸。」挺大悅，載價與之，他輸亦如期。復命兼治懷孟，境內大

二十四史

中華書局

治。丁巳，憲宗命阿藍答兒會計河南、陝右。戊午，罷宣撫司，挺還東平。

憲宗親征蜀，世祖將趨鄂、漢，軍于小濮，召問軍事。挺對曰：「蜀道險遠，萬乘豈宜輕動。」世祖默然久之，曰：「卿言正契吾心。」憲宗崩，世祖北還，道遣張文謙與挺計事。挺曰：「軍中當嚴符信，以防姦詐。」文謙急追及言之。世祖大悟，罵曰：「無一人爲我言此，非商孟卿幾敗大計。」速遣使至軍立約。未幾，阿里不哥之使至軍中，執而斬之。召挺北上至開平，挺與廉希憲密贊大計。

世祖既卽位，挺奏曰：「南師宜還扈乘輿，西師宜軍便地。」從之。以廉希憲及挺宣撫陝、蜀。中統元年夏五月，至京兆。哈剌不花者，征蜀時名將也，渾都海嘗爲之副，時駐六盤山，以兵應阿里不哥。挺謂希憲曰：「爲六盤，有三策：悉銳而東，直擣京兆，上策也；聚兵六盤，觀釁而動，中策也；重裝北歸，以應和林，下策也。」希憲曰：「彼將何從？」挺曰：「必出下策。」已而果然。於是與希憲定議，令八春、汪良臣發兵禦之，事具希憲傳。六盤之兵既北，而阿藍答兒自和林引兵南來，與哈剌不花、渾都海遇於甘州。哈剌不花以語不合，引其兵北去，阿藍答兒遂與渾都海合軍而南。時諸王合丹率騎兵與八春、汪良臣兵合，乃分爲三道以拒之。既陣，大風吹沙，良臣令軍士下馬，以短兵突其左，繞出陣後，潰其右而出，八春直擣其前，合丹勒精騎邀其歸路，大戰于甘州東，殺阿藍答兒、渾都海。事聞，帝大悅，曰：

「商孟卿，古之良將也。」改宣撫司爲行中書省，進希憲爲右丞，挺爲僉行省事。

二年，進參知政事。宋將劉整以瀘州降，繫前降宋者數百人來歸，軍吏請誅以戒，挺盡奏而釋之。興元判官費寅有罪懼誅，以借兵完城事誣挺與希憲于朝。帝召挺便殿，問曰：「卿在關中、懷孟，兩著治效，而毀言日至，豈同寅有沮卿者耶？抑位高而志怠耶？比年論王文統者甚衆，卿獨無一言。」挺對曰：「臣素知文統之爲人，嘗與趙璧論之，想陛下猶能記也。臣在秦三年，多過，其或從權以應變者有之。若功成以歸己，事敗分咎於人，臣必不敢，請就戮。」挺既出，帝顧駙馬忽剌出、樞副合答等，數挺前後大計，凡十有七，因嘆曰：「挺有功如是，猶自言有罪，若此，誰復爲朕戮力耶！卿等識之。」四年，賜金符，行四川行樞密院事。

至元元年，入拜參知政事。建議史事，附修遼、金二史，宜令王鶚、李冶、徐世隆、高鳴、胡祗遹、周砥等爲之，甚合帝意。二年，分省河東，俄召還。三年，帝留意經學，挺與姚樞、竇默、王鶚、楊果纂五經要語凡二十八類以進。六年，同僉樞密院事。七年，遷僉書。八年，陞副使。數軍食，定軍官品級，給軍吏俸。〔一〕使四千人屯田，開墾三萬畝，收其穫以餉親軍。汰不勝軍者戶三萬戶，一丁者亦汰去；丁多業寡，業多丁寡，財力相資，合出一軍。九年，封皇子忙阿剌爲安西王，立王相府，以挺爲王相。十四年，詔王北征，王命挺曰：

「關中事有不便者，可悉更張之。」挺曰：「延安民兵數千，宜使李忽蘭吉練習之，以備不虞。」未幾，禿魯叛，以延安兵應敵，果獲其力。挺進十策於王，曰：睦親鄰，安人心，敬民時，備不虞，厚民生，一事權，淸心源，謹自治，固本根，察下情。王爲置酒嘉納。王薨，王妃使挺請命于朝，以子阿難答嗣。帝曰：「年少，祖宗之訓未習，卿姑行王相府事。」

初，運使郭琮、郎中郭叔雲，與王相趙炳搆隙。或告炳不法，妃命囚之六盤獄以死。朝廷疑擅殺之，執琮、叔雲鞫問，伏辜，事具趙炳傳。初無一毫及挺。惟王府女奚徹徹，以預二郭謀，臨刑，望以求生，始有曖昧語連挺及其子瓛。帝怒，召挺，拘炳家，瓛下獄。帝命趙氏子曰：「商孟卿，老書生，可與諸儒讞其罪。」吏部尚書靑陽夢炎以議勳奏曰：「臣宋儒，不知挺向來之功可補今之過否？」帝不悅曰：「是同類相助之辭也。」符寶郎董文忠奏曰：「夢炎不知挺何如人，臣以曩時推戴之功語之矣。」帝良久曰：「其事果何如？」對曰：「臣目未覩，耳固聞之，殺人之謀，挺不與也。」帝默然。十六年春，有旨：挺不可全以無罪釋之，籍其家。是冬，始釋挺及瓛。二十年，復樞密副使，俄以疾免。二十一年，趙氏子復訟父冤，挺又被繫，百餘日乃釋。二十五年，帝問中丞董文用曰：「商孟卿今年幾何？」對曰：「八十。」帝甚惜其老，而嘆其康强。是歲冬十有二月卒。有詩千餘篇，尤善隸書。延祐初，贈推誠協謀佐運功臣、太師、開府儀同三司、上柱國、魯國公，諡文定。子五人：琥、璘、瑭、瓛、琦。

琥字台符。至元十四年，以姚樞、許衡薦，拜江南行御史臺監察御史。建康戍卒有利湯氏財者，投戈于其家，誣爲反具。琥知其冤，罪誣者而釋之。華亭蟠龍寺僧思月謀叛被擒，其黨縱火來劫，民大擾，琥亟誅其魁。文法吏責琥擅誅，行臺中丞張雄飛曰：「江南殘毀之餘，盜賊屢起，顧尙循常例，安用憲臺爲哉！」吏議遂屈。都昌妖賊杜（辛）〔萬〕一，〔二〕僭號倡亂，行臺檄琥按問。械繫脅從者盈獄，琥悉以詿誤縱遣之。黨與竄伏者猶衆，琥揭牓招徠，不三日雲集。

二十七年，徵拜中臺監察御史。屬地震，琥上書言：「昔漢文帝有此異，而無其應，蓋以躬行德化而弭也。」因條陳漢文時政以進。又言：「爲國之道，在立法、任人二者而已。法不徒立，須人而行，人不濫用，惟賢是擇。」因舉天下名士十餘人。帝從之，皆召用，待以不次。三十年，遷國子司業。卒。有彝齋文集。

瑭字禮符。仕爲右衞屯田千戶。歲餘，謝病侍親，時年纔三十二。後還鄉里，築室曰晦道堂，蓋取七世祖宗弼，宋仁宗時爲太子中舍人，年五十掛冠所築堂名也。

琦字德符。大德八年，成宗召備宿衞。仁宗在東宮，奏授集賢直學士。調大名路治中，不赴。皇慶元年，授集賢侍講學士。延祐四年，陞侍讀官、通奉大夫，賜鈔二萬五千貫。泰定元年，遷祕書卿，病歸，卒。琦善畫山水。嘗使蜀，持平守法，秋毫無私。

趙良弼

趙良弼字輔之，女直人也。本姓朮要甲，音訛爲趙家，因以趙爲氏。父慤，金威勝軍節度使，謚忠閔；慤長子良貴，嵩汝招討使；良貴子讓，許州兵官；慤從子良材，守太原。俱死事。

良弼明敏，多智略，初舉進士，敎授趙州。世祖在潛藩，召見，占對稱旨，會立邢州安撫司，擢良弼爲幕長。邢久不得善吏，且當要衝，使者旁午，民多逃去。良弼區畫有方，事或掣制，則請諸藩邸，再閱歲，凡六往返，所請無不從。脫兀脫以斷事官鎭邢，其屬要結罪廢者，交搆嫌隙，動相沮撓。世祖時征雲南，良弼馳驛白其事，遂黜脫兀脫，罷其屬，邢大治，戶口增倍。世祖在潛藩時，分地在關陝，奏以廉希憲、商挺宣撫陝西，以良弼參議司事。阿藍答兒當國，憚世祖英武，讒于憲宗。遂以阿藍答兒爲陝西省左丞相，劉太平參知政事，鉤校京兆錢穀，煅煉羣獄，死者二十餘人，衆皆股栗。良弼力陳大義，詞氣懇款，二人卒不能誣，故宣撫司一無所坐。

己未七月，世祖南征，召參議元帥事，兼江淮安撫使。親執桴鼓，率先士卒，五戰皆捷；禁焚廬舍、殺降民，所至宣布恩德，民皆按堵。旣渡江，攻鄂州，聞憲宗崩，世祖北還，良

弼陳時務十二事，言皆有徵。至衞，遣如京兆察訪秦、蜀人情事宜，不踰月，具得實還報，曰：「宗王穆哥無他心，宜以西南六盤悉委屬之。渾都海屯軍六盤，士馬精强，咸思北歸，恐事有不意。紐鄰總秦、川蒙古諸軍，多得秦、蜀民心，年少驚勇，輕去就，當寵以重職，疾解其兵柄。劉太平、霍魯懷，今行尙書省事，聲言辦集糧餉，陰有據秦、蜀志。百家奴、劉黑馬、汪惟正兄弟，蒙被德惠，俱悉心俟命。」其言皆見采用。

庚申，良弼凡五上言勸進，曰：「今中外皆願大王早進正宸，以安天下，事勢如此，豈容中止，社稷安危，間不容髮。」世祖嘉之。旣卽位，立陝西四川宣撫司，復以廉希憲、商挺爲使、副，良弼爲參議。良弼先行，謀諸斷事官八春曰：「今渾都海日夜思北歸，紐鄰遷延不卽行，當先遣使奉上旨促紐鄰入朝，劉太平速還京兆。」八春從其議。至則紐鄰果移營將入涇，劉太平將趨六盤，聞命乃止。

後渾都海果叛北歸，良弼與汪惟正、劉黑馬二宣撫決議，執渾都海之黨元帥乞台不花、迷立火者誅之。希憲及挺慮有擅殺名，遣使入奏待罪。良弼具密狀授使者，言：「始遣捕二帥時，止令囚以俟報，臣竊以爲張惶不便，宜急誅之，擅殺在臣，實不在宣撫司，若上怒希憲等，願使者卽出此奏。」帝竟不問，使者以奏白政府，咸以良弼爲長者。陞參議陝西省事。蜀人費寅以私憾誣廉希憲、商挺在京兆有異志者九事，以良弼爲徵。帝召良弼詰問，良弼

泣曰：「二臣忠良，保無是心，願剖臣心以明之。」帝意不釋。會平李壇，得王文統交通書，益有疑二臣意，切責良弼，無所不至，至欲斷其舌。良弼誓死不少變，帝意乃解，費寅卒以反誅。

至元七年，以良弼爲經略使，領高麗屯田。良弼言屯田不便，固辭，遂以良弼奉使日本。先是，至元初，數遣使通日本，卒不得要領，於是良弼請行，帝憫其老，不許，良弼固請，乃授祕書監以行。良弼奏：「臣父兄四人，死事于金，乞命翰林臣文其碑，臣雖死絕域，無憾矣。」帝從其請。給兵三千以從，良弼辭，獨與書狀官二十四人俱。舟至金津島，其國人望見使舟，欲舉刃來攻，良弼捨舟登岸喩旨。金津守延入板屋，以兵環之，滅燭大譟，良弼凝然自若。天明，其國太宰府官，陳兵四山，問使者來狀。良弼數其不恭罪，仍喩以禮意。太宰官愧服，求國書。良弼曰：「必見汝國王，始授之。」越數日，復來求書，且曰：「我國自太宰府以東，上古使臣，未有至者，今大朝遣使至此，而不以國書見授，何以示信！」良弼曰：「隋文帝遣裴清來，王郊迎成禮，唐太宗、高宗時，遣使皆得見王，王何獨不見大朝使臣乎？」復索書不已，詰難往復數四，至以兵脅良弼。良弼終不與，但頗錄本示之。後又聲言，大將軍以兵十萬來求書。良弼曰：「不見汝國王，寧持我首去，書不可得也。」日本知不可屈，遣使介十二人入覲，仍遣人送良弼至對馬島。

十年五月，良弼至自日本，入見，帝詢知其故，曰：「卿可謂不辱君命矣。」後帝將討日本，三問，良弼言：「臣居日本歲餘，覩其民俗，狠勇嗜殺，不知有父子之親、上下之禮。其地多山水，無耕桑之利，得其人不可役，得其地不加富。況舟師渡海，海風無期，禍害莫測。是謂以有用之民力，塡無窮之巨壑也，臣謂勿擊便。」帝從之。

十一年十二月，以良弼同僉書樞密院事。丞相伯顏伐宋，良弼言：「宋重兵在揚州，宜以大軍，先擣錢唐。」後訖如其計。又言：「宋亡，江南士人多廢學，宜設經史科，以育人材，定律令，以戢姦吏。」卒皆用其議。帝嘗從容問曰：「高麗，小國也，匠工弈技，皆勝漢人，至於儒人，皆通經書，學孔、孟。漢人惟務課賦吟詩，將何用焉！」良弼對曰：「此非學者之病，在國家所尙何如耳。尙詩賦，則人必從之，尙經學，則人亦從之。」

良弼屢以疾辭，十九年，得旨居懷孟。良弼別業在溫縣，故有地三千畝，乃析爲二，六與懷州，四與孟州，皆永隸廟學，以贍生徒，自以出身儒素，示不忘本也。或問爲治，良弼曰：「『必有忍，(乃其)〔其乃〕有濟。』[三]人性易發而難制者，惟怒爲甚。必克己，然後可以制怒；必順理，然後可以忘怒。能忍所難忍，容所難容，事斯濟矣。」二十三年，卒，年七十。贈推忠翊運功臣、太保、儀同三司，追封韓國公，謚文正。子訓，陝西平章政事。

趙璧

趙璧字寶(仁)[臣]，[4]雲中懷仁人。世祖爲親王，聞其名召見，呼秀才而不名，賜三僮，給薪水，命后親製衣賜之，視其試服不稱，輒爲損益，寵遇無與爲比。命馳驛四方，聘名士王鶚等。又令蒙古生十人，從璧受儒書。敕璧習國語，譯大學衍義，時從馬上聽璧陳說，辭旨明貫，世祖嘉之。

憲宗卽位，召璧問曰：「天下何如而治？」對曰：「請先誅近侍之尤不善者。」憲宗不悅。璧退，世祖曰：「秀才，汝渾身是膽耶！吾亦爲汝握兩手汗也。」一日，斷事官牙老瓦赤持其印，請于帝曰：「此先朝賜臣印也，今陛下登極，將仍用此舊印，抑易以新者耶？」時璧侍旁，質之曰：「用汝與否，取自聖裁，汝乃敢以印爲請耶！」奪其印，置帝前。帝爲默然久之，既而曰：「朕亦不能爲此也。」自是牙老瓦赤不復用。

壬子，爲河南經略使。河南劉萬戶貪淫暴戾，郡中婚嫁，必先賂之，得所請而後行，咸呼之爲翁。其黨董主簿，尤恃勢爲虐，强取民女有色者三十餘人。璧至，按其罪，立斬之，盡還民女。劉大驚，時天大雪，因詣璧相勞苦，且酌酒賀曰：「經略下車，誅鋤强猾，故雪爲瑞應。」璧曰：「如董主簿比者，尚有其人，俟盡誅之，瑞應將大至矣。」劉屏氣不復敢出語，歸

臥病而卒，時人以爲懼死。

己未，伐宋，爲江淮荊湖經略使。兵圍鄂州，宋賈似道遣使來，願請行人以和，璧請行。世祖曰：「汝登城，必謹視吾旗，旗動，速歸可也。」璧登城，宋將宋京曰：「北兵若旋師，願割江爲界，且歲奉銀、絹匹兩各二十萬。」璧曰：「大軍至濮州時，誠有是請，猶或見從，今已渡江，是言何益！賈制置今焉在耶？」璧適見世祖旗動，迺曰：「俟他日復議之。」遂還。

憲宗崩，世祖卽位。中統元年，拜燕京宣慰使。時供給蜀軍，府庫已竭，及用兵北邊，璧經畫饋運，相繼不絕。中書省立，授平章政事，議加答剌罕之號，力辭不受。二年，從北征，命還燕，以平章政事兼大都督領諸軍。是年，始製太廟雅樂。樂工党仲和、郭伯達，以知音律在選中，爲造僞鈔者連坐，繫獄。璧曰：「太廟雅樂，大饗用之，聖上所以昭孝報本也，豈可繫及無辜，而廢雅樂之成哉！」奏請原之。三年，李璮反益都，從親王合必赤討之。璮已據濟南，諸軍乏食，璧從濟河得粟及羊豕以饋軍，軍復大振。

至元元年，官制行，加榮祿大夫。帝欲作文檄宋，執筆者數人，不稱旨，乃召璧爲之。文成，帝大喜曰：「惟秀才曲盡我意。」改樞密副使。六年，宋守臣有遣間使約降者，帝命璧詣鹿門山都元帥阿朮營密議。命璧同行漢軍都元帥府事。宋將夏貴，率兵五萬，饋糧三千艘，自武昌泝流，入援襄陽。時漢水暴漲，璧據險設伏待之。貴果中夜潛上，璧策馬出鹿

門，行二十餘里，發伏兵，奪其五舟，大呼曰：「南船已敗，我水軍宜速進。」貴懾不敢動。明旦，阿朮至，領諸將渡江西追貴騎兵，璧率水軍萬戶解汝楫等追貴舟師。遂合戰於虎尾洲，貴大敗走，士卒溺死甚衆，奪戰艦五十，擒將士三百餘人。

高麗王禃爲其臣林衍所逐，帝召璧還，改中書左丞，同國王頭輦哥行東京等路中書省事，聚兵平壤。時衍已死，璧與王議曰：「高麗遷居江華島有年矣，外雖卑辭臣貢，內恃其險，故使權臣無所畏忌，擅逐其主。今衍雖死，王實無罪，若朝廷遣兵護歸，使復國于古京，可以安兵息民，策之上者也。」因遣使以聞，帝從之。時同行者分高麗美人，璧得三人，皆還之。

師還，遷中書右丞。冬，祀太廟，有司失黃幔，索得於神庖竈下，已甚污弊。帝聞，大怒曰：「大不敬，當斬！」璧曰：「法止杖斷流遠。」其人得不死。十年，復拜平章政事。十三年，卒，年五十七。大德三年，贈大司徒，諡忠亮。

子二人：仁榮，同知歸德府事；仁恭，集賢直學士。孫二人：崇，郊祀署令；弘，左藏庫提點。

校勘記

〔一〕數軍食定軍官品級給軍吏俸　元名臣事略卷一一引元明善商挺墓碑作「數軍實，差萬戶、千戶等三，給軍吏俸」。疑「數軍食」當作「數軍實」。

〔二〕杜(辛)[萬]一　按本書卷一五三賈居貞傳及元典章卷三二禁斷推背圖、滋溪文稿卷一五趙伯成神道碑皆作「杜萬一」，據改。

〔三〕必有忍(乃其)[其乃]有濟　據元名臣事略卷一一引李謙趙良弼墓碑改正。「必有忍，其乃有濟」，語出尚書。

〔四〕趙璧字寶(仁)[臣]　據西巖集卷一九趙璧神道碑銘改。本書卷一四九劉伯林傳附劉元禮傳、一九九張特立傳有「趙寶臣」，卽趙璧。

元史卷一百六十

列傳第四十七

王磐

王磐字文炳，廣平永年人，世業農，歲得麥萬石，鄉人號萬石王家。父禧，金末入財佐軍興，補進義副尉。國兵破永年，將屠其城，禧復罄家貲以助軍費，衆賴以免。金人遷汴，乃舉家南渡河，居汝之魯山。

磐年方冠，從麻九疇學于郾城，客居貧甚，日作糜一器，畫爲朝暮食。年二十六，擢正大四年經義進士第，授歸德府錄事判官，不赴。自是大肆力於經史百氏，文辭宏放，浩無涯涘。及河南被兵，磐避難，轉入淮、襄間，宋荆湖制置司，素知其名，辟爲議事官。丙申，襄陽兵變，乃北歸，至洛西，會楊惟中被旨招集儒士，得磐，深禮遇之，遂寓河內。東平總管嚴實興學養士，迎磐爲師，受業者常數百人，後多爲名士。

中統元年，即拜益都等路宣撫副使，居頃之，以疾免。李璮素重磐，以禮延致之，磐亦樂青州風土，乃買田渳河之上，題其居曰鹿菴，有終焉之意。及璮謀不軌，磐覺之，脫身至濟南，得驛馬馳去，入京師，因侍臣以聞。世祖即日召見，嘉其誠節，撫勞甚厚。璮據濟南，大軍討之，帝命磐參議行(臺)〔省〕事。〔一〕璮平，遂挈妻子至東平。召拜翰林直學士，同修國史。

出爲眞定、順德等路宣慰使。(邢)〔衡〕水縣達魯花赤忙兀䚟，〔二〕貪暴不法，縣民苦之。有趙清者，發其罪，既具伏矣，適初置監司，其妻懼無以滅口，召家人飲酒至醉，以利啗之，使夜殺清，清逃獲免，乃盡殺其父母妻子。清訴諸官，權要蔽忙兀䚟，不爲理，又欲反其具獄。磐竟奏置諸法，籍其家貲，以半給清。郡有西域大賈，稱貸取息，有不時償者，輒置獄于家，拘繫榜掠。其人且恃勢干官府，直來坐廳事，指麾自若。磐大怒，叱左右捽下，箠之數十。時府治寓城上，即擠諸城下，幾死，郡人稱快。未幾，蝗起眞定，朝廷遣使者督捕，役夫四萬人，以爲不足，欲牒鄰道助之。磐曰：「四萬人多矣，何煩他郡！」使者怒，責磐狀，期三日盡捕蝗，磐不爲動，親率役夫走田間，設方法督捕之，三日而蝗盡滅，使者驚以爲神。

復入翰林爲學士，入謁宰相，首言：「方今害民之吏，轉運司爲甚，至稅人白骨，宜罷去之，以蘇民力。」由是運司遂罷。阿合馬諷大臣，請合中書、尚書兩省爲一，拜右丞相安童爲三公，陰欲奪其政柄。有詔會議，磐言：「合兩省爲一，而以右丞相總之，實便，不然，則宜仍舊，三公既不預政事，則不宜虛設。」其議遂沮。遷太常少卿，乞致仕，不允。

時宮闕未建，朝儀未立，凡遇稱賀，臣庶雜至帳殿前，執法者患其諠擾，不能禁。磐上疏曰：「按舊制：天子宮門，不應入而入者，謂之闌入。闌入之罪，由第一門至第三門，輕重有差。宜令宣徽院，籍兩省而下百官姓名，各依班序，聽通事舍人傳呼贊引，然後進。其越次者，殿中司糾察定罰，不應入而入者，準闌入罪，庶朝廷之禮，漸可整肅。」於是儀制始定。

曲阜孔子廟，歷代給民百戶，以供洒掃，復其家，至是，尚書省以括戶之故，盡收爲民，磐言：「林廟戶百家，歲賦鈔不過六百貫，僅比一六品官終年俸耳。聖朝疆宇萬里，財賦歲億萬計，豈愛一六品官俸，不以待孔子哉。且於府庫所益無多，其損國體甚大。」時論韙之。

帝以天下獄囚滋多，敕諸路自死罪以下，縱遣歸家，期秋八月，悉來京師聽決，囚如期至，帝惻然憐之，盡原其罪。他日，命詞臣作詔，戒喻天下，皆不稱旨意，磐獨以縱囚之意命辭，帝喜曰：「此朕所欲言而不能者，卿乃能爲朕言之。」嘉獎不已，取酒賜之。

再乞致仕，不允。國子祭酒許衡將告歸，帝遣近臣問磐，磐言：「衡素廉介，意其所以求退者，得非生員數少，坐糜廩祿，有所不安耶？宜增益生員，使之施教，則庶幾人材有成，衡之受祿亦可少安矣。」詔從之。

磐移疾家居，帝遣使存問，賜以名藥。磐嘗於會集議事之際，數言：「前代用人，二十從政，七十致仕，所以資其材力，閔其衰老，養其廉恥之心也。今入仕者不限年，而老病者不能退，彼既不自知耻，朝廷亦不以爲非，甚不可也。」至是，以疾，請斷月俸毋給，自秋及春，堅乞致仕。帝遣使慰諭之曰：「卿年雖老，非任劇務，何以辭爲。」仍詔祿之終身，併還所斷月俸。磐不得已，復起。

時方伐宋，凡帷幄謀議，有所未決，即遣使問之，磐所敷陳，每稱上意。帝將用兵日本，問以便宜，磐言：「今方伐宋，當用吾全力，庶可一舉取之。若復分力東夷，恐曠日持久，功卒難成。俟宋滅，徐圖之未晚也。」江南既下，磐上疏，大略言：「禁戢軍士，選擇官吏，賞功罰罪，推廣恩信，所以撫安新附，銷弭寇盜。」其言要切，皆見施行。

朝議汰冗官，權近私以按察司不便，欲併省之。磐奏疏曰：「各路州郡，去京師遙遠，貪官汚吏，侵害小民，無所控告，惟賴按察司爲之申理。若指爲冗官，一例罷去，則小民冤死而無所訴矣。若曰京師有御史臺糾察四方之事，是大不然。夫御史臺，糾察朝廷百官、京畿州縣，尚有弗及，況能周偏外路千百城之事乎？若欲併入運司，運司專以營利增課爲職，與管民官常分彼此，豈暇顧細民之寃抑哉？」由是按察司得不罷。

朝廷錄平宋功，遷至宰相執政者二十餘人，因議更定官制，磐奏疏曰：「歷代制度，有官品，有爵號，有職位，官爵所以示榮寵，職位所以委事權。臣下有功有勞，隨其大小，酬以官爵，有才有能，稱其所堪，處以職〔位〕，〔三〕此人君御下之術也。臣以爲有功者，宜加遷散官，或賜五等爵號，如漢、唐封侯之制可也，不宜任以職位。」

日本之役，師行有期，磐入諫曰：「日本小夷，海道險遠，勝之則不武，不勝則損威，臣以爲勿伐便。」帝震怒，謂非所宜言，且曰：「此在吾國法，言者不赦，汝豈有他心而然耶？」磐對曰：「臣赤心爲國，故敢以言，苟有他心，何爲從叛亂之地，冒萬死而來歸乎？今臣年已八十，況無子嗣，他心欲何爲耶？」明日，帝遣侍臣以溫言慰撫，使無憂懼。後閱內府珍玩，有碧玉寶枕，因出賜之。

磐以年老，累乞骸骨。丞相和禮霍孫爲言，詔允其請，進資德大夫，致仕，仍給半俸終身。皇太子聞其去，召入宮，賜食，慰問良久。行之日，公卿百官，皆設宴以餞。明日，皇太子賜宴聖安寺，公卿百官出送麗澤門外，搢紳以爲榮。磐無子，命其壻著作郎李穉賓爲東平判官，以便養。每大臣燕見，帝數問磐起居狀，始終眷顧不衰。

磐資性剛方，閑居不妄言笑，每奏對，必以正，不肯阿意承順，帝嘗以古直稱之，雖權倖側目，弗顧也。阿合馬方得權，致重幣求文于碑，磐拒弗與。所薦宋衜、雷膺、魏初、徐琰、胡祗遹、孟祺、李謙，後皆爲名臣。年至九十二，卒之夕，有大星隕正寢之東。贈端貞雅亮

佐治功臣、太傅、開府儀同三司，追封洛國公，謚文忠。

王鶚

王鶚字百一，曹州東明人。曾祖成，祖立，父琛。鶚始生，有大鳥止於庭，鄉先生張䆗曰：「鶚也。是兒其有大名乎！」因名之。幼聰悟，日誦千餘言，長工詞賦。

金正大元年，中進士第一甲第一人出身，授應奉翰林文字。六年，授歸德府判官，行亳州城父令。七年，改同知申州事，行蔡州汝陽令，丁母憂。天興二年，金主遷蔡，詔尚書省移書恒山公武仙進兵，金主覽書，問誰爲之，右丞完顏仲德曰：「前翰林應奉王鶚也。」曰：「朕卽位時狀元耶？」召見，惜擢用之晚。起復，授尚書省右司都事，陞左右司郎中。三年，蔡陷，將被殺，萬戶張柔聞其名，救之，輦歸，館于保州。

甲辰冬，世祖在藩邸，訪求遺逸之士，遣使聘鶚。及至，使者數輩迎勞，召對。進講孝經、書、易，及齊家治國之道，古今事物之變，每夜分，乃罷。世祖曰：「我雖未能卽行汝言，安知異日不能行之耶！」歲餘，乞還，賜以馬，仍命近侍闊闊、柴禎等五人從之學。〔四〕繼命徙居大都，賜宅一所。嘗因見，請曰：「天兵克蔡，金主自縊，其奉御絳山焚葬汝水之傍，禮爲舊君有服，顧往葬祭。」世祖義而許之，至則爲河水所沒，設具牲酒，爲位而哭。

庚申，世祖卽位，建元中統。首授翰林學士承旨，制誥典章，皆所裁定。至元元年，加資善大夫。上奏：「自古帝王得失興廢可考者，以有史在也。我國家以神武定四方，天戈所臨，無不臣服者，皆出太祖皇帝廟謨雄斷所致，若不乘時紀錄，竊恐久而遺亡，宜置局纂就實錄，附修遼、金二史。」又言：「唐太宗始定天下，置弘文館學士十八人，宋太宗承太祖開創之後，設內外學士院，史册爛然，號稱文治。堂堂國朝，豈無英才如唐、宋者乎！」皆從之，始立翰林學士院，鶚遂薦李冶、李昶、王磐、徐世隆、高鳴爲學士。復奏立十道提舉學校官。

有言事者，謂宰執非其人，詔儒臣廷議可任宰相者。時阿合馬巧佞，欲乘隙取相位，大臣復助之，衆知其非，莫敢言。鶚奮然擲筆曰：「吾以衰老之年，無以報國，卽欲舉任此人爲相，吾不能插驢尾矣。」振袖而起，奸計爲之中止。五年，乞致仕，詔有司歲給廩祿終其身，有大事則遣使就問之。十年，卒，年八十四，謚文康。

鶚性樂易，爲文章不事雕飾，嘗曰：「學者當以窮理爲先，分章析句，乃經生舉子之業，非爲己之學也。」著論語集義一卷、汝南遺事二卷、詩文四十卷，曰應物集。無子，以壻周鐸子之綱承其祀。之綱，官至翰林侍講學士。

高鳴

高鳴字雄飛，眞定人，少以文學知名。河東元裕上書薦之，不報。諸王旭烈兀將征西域，聞其賢，遣使者三輩召之，鳴乃起，爲王陳西征二十餘策，王數稱善，卽薦爲彰德路總管。

世祖卽位，賜誥命金符，已而召爲翰林學士，兼太常少卿。至元五年，立御史臺，以鳴爲侍御史，風紀條章，多其裁定。尋立四道按察司，選任名士，鳴所薦居多，時論咸稱其知人。天下初定，中書、樞密事多壅滯，言者請置督事官各二人，鳴曰：「官得人，自無滯政，臣職在奉憲，願舉察之，毋爲員外置人也。」

七年，議立三省，鳴上封事曰：「臣聞三省，設自近古，其法由中書出政，移門下，議不合，則有駁正，或封還詔書，議合，則還移中書，中書移尚書，尚書乃下六部、郡國。方今天下大於古，而事益繁，取決一省，猶曰有壅，況三省乎！且多置官者，求免失政也，但使賢俊萃于一堂，連署參決，自免失政，豈必別官異坐，而後無失政乎！故曰：政貴得人，不貴多官。不如一省便。」世祖深然之，議遂罷。川、陝盜起，省臣患之，請事戮其尤者以止盜，朝議將從之，鳴諫曰：「制令天下上死囚，必待論報，所以重用刑、惜民生也。今從其請，是開

天下擅殺之路，害仁政甚大。」世祖曰「善」，令速止之。

鳴每以敢言被上知，嘗入內，値大風雪，帝謂御史大夫塔察兒曰：「高學士年老，後有大政，就問可也。」賜太官酒肉慰勞之，其見敬禮如此。九年，遷吏禮部尙書。十一年，病卒，年六十六，有文集五十卷。

李治

李治字仁卿，眞定欒城人。登金進士第，調高陵簿，未上，辟知鈞州事。歲壬辰，城潰，冶徽服北渡，流落忻、崞間，聚書環堵，人所不堪，冶處之裕如也。

世祖在潛邸，聞其賢，遣使召之，且曰：「素聞仁卿學優才贍，潛德不耀，久欲一見，其勿他辭。」既至，問河南居官者孰賢，對曰：「險夷一節，惟完顏仲德。」又問完顏合答及蒲瓦何如，對曰：「二人將略短少，任之不疑，此金所以亡也。」又問魏徵、曹彬何如，對曰：「徵忠言讜論，知無不言，以唐諍臣觀之，徵爲第一。彬伐江南，未嘗妄殺一人，儗之方叔、召虎可也。漢之韓、彭、衞、霍，在所不論。」又問今之臣有如魏徵者乎，對曰：「今以側媚成風，欲求魏徵之賢，實難其人。」又問今之人材賢否，對曰：「天下未嘗乏材，求則得之，舍則失之，理勢然耳。今儒生有如魏璠、王鶚、李獻卿、蘭光庭、趙復、郝經、王博文輩，皆有用之材，又皆

賢王所嘗聘問者，舉而用之，何所不可，但恐用之不盡耳。然四海之廣，豈止此數子哉。王誠能旁求於外，將見集於明廷矣。」

又問天下當何以治之，對曰：「夫治天下，難則難於登天，易則易於反掌。蓋有法度則治，控名責實則治，進君子退小人則治，如是而治天下，豈不易於反掌乎。無法度則亂，有名無實則亂，進小人退君子則亂，如是而治天下，豈不難於登天乎。且爲治之道，不過立法度、正紀綱而已。紀綱者，上下相維持；法度者，賞罰示懲勸。今則大官小吏，下至編氓，皆自縱恣，以私害公，是無法度也。有功者未必得賞，有罪者未必被罰，甚則有功者或反受辱，有罪者或反獲寵，是無法度也。法度廢，紀綱壞，天下不變亂，已爲幸矣。」

又問昨地震何如，對曰：「天裂爲陽不足，地震爲陰有餘。夫地道，陰也，陰太盛，則變常，今之地震，或姦邪在側，或女謁盛行，或讒慝交至，或刑罰失中，或征伐驟舉，五者必有一于此矣。夫天之愛君，如愛其子，故示此以警之耳。苟能辨姦邪，去女謁，屏讒慝，省刑罰，愼征討，上當天心，下協人意，則可轉咎爲休矣。」世祖嘉納之。

冶晚家元氏，買田封龍山下，學徒益衆。及世祖卽位，復聘之，欲處以淸要，冶以老病，懇求還山。至元二年，再以學士召，就職期月，復以老病辭去，卒于家，年八十八。所著有敬齋文集四十卷，壁書叢削十二卷，泛說四十卷，古今(難)〔黈〕四十卷，〔五〕測圓(鏡海)〔海鏡〕十二卷，〔六〕益古衍(疑)〔段〕三十卷。〔七〕

李昶

李昶字士都，東平須城人。父世弼，從外家受孫明復春秋，得其宗旨。金貞祐初，三赴廷試，不第，推恩授彭城簿，志壹鬱不樂，遂復求試。一夕，夢在李彥牓下及第，閱計偕之士，無之，時昶年十六，已能爲程文，乃更其名曰彥。興定二年，父子廷試，昶果以春秋中第二甲第二人，世弼第三甲第三人，父子褒貶各異，時人以比向、歆，而世弼遂不復仕，晚乃授東平敎授以卒。

昶穎悟過人，讀書如夙習，無故不出戶外，鄰里罕識其面。初從父入科場，儕輩少之，譏議紛紜，監試者遠其次舍，伺察甚嚴。昶肆筆數千言，比午，已脫藁。釋褐，授徵事郎、孟州溫縣丞。正大改元，超授儒林郎、賜緋魚袋、鄭州河陰簿。三年，召試尙書省掾，再調漕運提舉。

國兵下河南，奉親還鄉里。行臺嚴實，辟授都事，改行軍萬戶府知事。實卒，子忠濟嗣，陞昶爲經歷。居數歲，忠濟怠於政事，貪佞抵隙而進。昶言於忠濟曰：「比年內外裘馬相尙，飲宴無度，庫藏空虛，百姓匱乏，若猶循習故常，恐或生變。惟閤下接納正士，黜遠小

人，去浮華，敦樸素，損騎從，省宴游，雖不能救已然之失，尙可以弭未然之禍。」時朝廷裁抑諸侯，法制寖密，忠濟縱侈自若，昶以親老求解，不許。俄以父憂去官，杜門敎授，一時名士，若李謙、馬紹、吳衍輩，皆出其門。

歲己未，世祖伐宋，次濮州，聞昶名，召見，問治國用兵之要。昶上疏：論治國，則以用賢、立法、賞罰、君道、務本、淸源爲對；論用兵，則以伐罪、救民、不嗜殺爲對。世祖嘉納之。明年，世祖卽位，召至開平，訪以國事，昶知無不言，眷遇益隆。

時徵需煩重，行中書省科徵稅賦，雖逋戶不貸，昶移書時相，其略曰：「百姓困於弊政久矣，聖上龍飛，首頒明詔，天下之人，如獲更生，拭目傾耳，以徯太平，半年之間，人漸失望，良以渴仰之心太切，興除之政未孚故也。側聞欲據丁巳戶籍，科徵租稅，比之見戶，或加多十六七，止驗見戶，應輸猶恐不逮，復令包補逃故，必致艱難。苟不以撫字安集爲心，惟事供億，則諸人皆能之，豈聖上擢賢更化之意哉？」於是省府爲蠲逋戶之賦。

中統二年春，內難平，昶上表賀，因進諷諫曰：「患難所以存儆戒，禍亂將以開聖明，伏願日新其德，雖休勿休，戰勝不矜，功成不有，和輯宗親，撫綏將士，增修庶政，選用百官，儉以足用，寬以養民，安不忘危，治不忘亂，恒以北征宵旰之勤，永爲南面逸豫之戒。」世祖稱善久之。世祖嘗燕處，望見昶，輒斂容曰：「李秀才至矣。」其見敬禮如此。會嚴忠濟罷，以

其弟忠範代之，忠範表請昶師事之，特授翰林侍講學士，行東平路總管軍民同議官。昶條十二事，剗除宿弊。

至元元年，遷轉之制行，減併路、府、州、縣官員，於是謝事家居。五年，起爲吏禮部尚書，品格條式、選舉禮文之事，多所裁定。六年，姦臣阿合馬議陞制國用使司爲尚書省，昶請老以歸。七年，詔授南京路總管兼府尹，不赴。八年，授山東東西道提刑按察使，務持大體，不事苛細，未幾致仕。二十二年，昶年已八十（二）〔三〕，〔八〕復遣使徵之，以老疾辭，賜田千畝。二十六年卒，年八十有七。昶嘗集春秋諸家之說折中之，曰春秋左氏遺意二十卷；早年讀語、孟，見先儒之失，考訂成編，及得朱氏、張氏解，往往脗合，其書遂不復出。獨取孟子舊說新說矛盾者，參考歸一，附以己見，爲孟子權衡遺說五卷。

劉肅

劉肅字才卿，威州洺水人。金興定二年詞賦進士。嘗爲尚書省令史。時有盜內藏官羅及珠，盜不時得，逮繫貨珠牙儈及藏吏，誣服者十一人。刑部議皆置極刑，肅執之曰：「盜無正贓，殺之冤。」金主怒，有近侍夜見肅，具道其旨，肅曰：「辨析冤獄，我職也，惜一己而戕

十一人之命，可乎！」明日，詣省辨愈力。右司郎中張天綱曰：「吾爲汝具奏辨析之。」奏入，金主悟，囚得不死。

調新蔡令。先時，縣賦民以牛多寡爲差，民匿不耕，肅至，命樹畜繁者不加賦，民遂殷富。瀕淮民有竄入宋境，籍爲兵而優其糧，間有歸者，頗艱於衣食，時出怨言曰：「不如渡淮。」告者以謀叛論，肅曰：「淮限宋境，一水耳，果欲叛，不難往也，口雖言而心無實，準律當杖八十。」奏可。繼擢戶部主事。

金亡，依東平嚴實，辟行尚書省左司員外郎，又改行軍萬戶府經歷。東平歲賦絲銀，復輸綿十萬兩、色絹萬匹，民不能堪，肅贊實奏罷之。（庚）〔壬〕子，〔九〕世祖居潛邸，以肅爲邢州安撫使，肅興鐵冶，及行楮幣，公私賴焉。

中統元年，擢眞定宣撫使。時中統新鈔行，罷（鈔銀）〔銀鈔〕不用。〔一〇〕眞定以銀鈔交通于外者，凡八千餘貫，公私囂然，莫知所措。肅建三策：一曰仍用舊鈔，二曰新舊兼用，三曰官以新鈔如數易舊鈔。中書從其第三策，遂降鈔五十萬貫。二年，授左三部尚書，官曹典憲，多所議定。未幾，兼商議中書省事。三年，致仕，給半俸。四年，卒，年七十六。

肅性舒緩，有執守。嘗集諸家易說，曰讀易備忘。後累贈推忠贊治功臣、榮祿大夫、上柱國、大司徒，邢國公，謚文獻。

子憲，禮部侍郎；遜，大名路總管。孫賡，翰林學士承旨。

王思廉

王思廉字仲常，眞定獲鹿人。幼師太原元好問，既冠，張德耀宣撫河東，辟掌書記，復謝歸。至元十年，董文忠薦之，世祖問文忠曰：「汝何由知王思廉賢？」對曰：「鄉人之善者稱之也。」遂召見，授符寶局掌書。十三年，姚樞舉爲昭文館待制，遷奉訓大夫、符寶局直長。

十四年，改翰林待制，嘗進讀通鑑，至唐太宗有殺魏徵語，及長孫皇后進諫事，帝命內官引至皇后閤，講衍其說，后曰：「是誠有益於宸衷。爾宜擇善言進講，愼勿以瀆辭煩上聽也。」每侍讀，帝命御史大夫玉速帖木兒、太師月赤察兒、御史中丞撒里蠻、翰林學士承旨撒立察等，咸聽受焉。帝嘗御延春閣，大賚羣臣，俾十人爲列以進，思廉偶在衞士之列，帝責董文忠曰：「思廉儒臣，豈宜列衞士！」

十八年，進中順大夫、典瑞少監。十九年，帝幸白海，時千戶王著，矯殺奸臣阿合馬於大都，辭連樞密副使張易。帝召思廉至行殿，屏左右，問曰：「張易反，若知之乎？」對曰：「未詳也。」帝曰：「反已反已，何未詳也？」思廉徐奏曰：「僭號改元謂之反，亡入他國謂之叛，羣聚山林賊害民物謂之亂，張易之事，臣實不能詳也。」帝曰：「朕自卽位以來，如李璮之不臣，

豈以我若漢高帝、趙太祖，遽陟帝位者乎？」思廉曰：「陛下神聖天縱，前代之君不足比也。」帝歎曰：「朕往者，有問於竇默，其應如響，蓋心口不相違，故不思而得，朕今有問汝，能然乎？且張易所爲，張仲謙知之否？」思廉卽對曰：「仲謙不知。」帝曰：「何以明之？」對曰：「二人不相安，臣故知其不知也。」

二十年，陞太監。思廉以儒素進，帝眷注優渥。嘗疾，賜御藥，顧問安否；扈蹕，失所乘馬，給內廐馬五匹；盜竊所賜玉帶，更以玉帶賜之。裕宗居東宮，思廉進曰：「殿下府中，宜建學官，俾左右近侍，嘗親正學，必能裨輔明德。」裕宗然之。裕宗嘗欲買甲第賜思廉，思廉固辭。二十三年，改嘉議大夫、同知大都留守，兼少府監事。藩王乃顏叛，帝親征，思廉間謂留守段貞曰：「藩王反側，地大故也，漢鼂錯削地之策，實爲良圖，盍爲上言之。」貞見帝，遂以聞，帝曰：「汝何能出是言也？」貞以思廉對，帝嘉之。二十九年，遷正議大夫、樞密院判官。

大德元年，成宗卽位，〔一一〕遷中奉大夫、翰林學士，仍樞密院判官，以病歸。三年，起爲工部尚書，拜征東行省參知政事。七年，總管大名路。八年，召爲集賢學士。十一年，授正奉大夫、太子賓客。

仁宗卽位，以翰林學士承旨、資善大夫致仕。延祐七年卒，年八十三。贈翰林學士承

旨、資德大夫、河南江北等處行中書省右丞、上護軍，追封恒山郡公，謚文恭。

李謙

李謙字受益，鄆之東阿人。祖元，以醫著名。父唐佐，性恬退，不喜仕進。

謙幼有成人風，始就學，日記數千言，爲賦有聲，與徐世隆、孟祺、閻復齊名，而謙爲首。爲東平府教授，生徒四集，累官萬戶府經歷，復教授東平。先時，教授無俸，郡斂儒戶銀百兩備束脩，謙辭曰：「家幸非甚貧者，豈可聚貨以自殖乎！」

翰林學士王磐以謙名聞，召爲應奉翰林文字，一時制誥，多出其手。至元十五年，陞待制，扈駕至上都，賜以銀壺、藤枕。十八年，陞直學士，爲太子左諭德，侍裕宗於東宮。陳十事：曰正心，曰睦親，曰崇儉，曰幾諫，曰戢兵，曰親賢，曰尙文，曰定律，曰正名，曰革弊。裕宗崩，世祖又命傅成宗於潛邸，所至以謙自隨。轉侍讀學士。世祖深加器重，嘗賜坐便殿，飲羣臣酒，世祖曰：「聞卿不飲，然能爲朕强飲乎？」因賜蒲萄酒一鍾，曰：「此極醉人，恐汝不勝。」卽令三近侍扶掖使出。二十六年，以足疾辭歸。

三十一年，成宗卽位，驛召至上都。旣見，勞曰：「朕知卿有疾，然京師去家不遠，且多良醫，能愈疾。卿當與謀國政，餘不以勞卿也。」陞學士。元貞初，引疾還家。大德六年，召

爲翰林承旨，以年七十一，乞致仕。九年，又召。至大元年，給半俸。仁宗爲皇太子，徵爲太子少傅，謙皆力辭。

仁宗卽位，召十六人，謙居其首。乃力疾見帝于行在，疏言九事，其略曰：「正心術以正百官，崇孝治以先天下，選賢能以居輔相之位，廣視聽以通上下之情，恤貧乏以重邦家之本，課農桑以豐衣食之源，興學校以廣人材之路，頒律令使民不犯，練士卒居安慮危。至於振肅紀綱，糾察內外，臺憲之官尤當選素著淸望、深明治體、不事苛細者爲之。」帝嘉納焉。還集賢大學士、榮祿大夫，致仕，加賜銀一百五十兩，金織幣及帛各三匹。歸，卒于家，年七十九。

謙文章醇厚有古風，不尙浮巧，學者宗之，號野齋先生。子偘，官至大名路總管。

徐世隆

徐世隆字威卿，陳州西華人。弱冠，登金正大四年進士第，辟爲縣令。其父戒世隆曰：「汝年少，學未至，毋急仕進，更當讀書，多識往事，以益智識，俟三十入官，未晚也。」世隆遂辭官，益篤于學。

歲壬辰，父歿。癸巳，世隆奉母北渡河，嚴實招致東平幕府，俾掌書記。世隆勸實收養寒素，一時名士多歸之。憲宗卽位，以爲拘榷燕京路課稅官，世隆固辭。壬子，世祖在潛邸，召見于日月山，時方圖征雲南，以問世隆，對曰：「孟子有言：『不嗜殺人者能一之。』夫君人者，不嗜殺人，天下可定，況蕞爾之西南夷乎！」世祖曰：「誠如卿言，吾事濟矣。」實時得金太常登歌樂，世祖遣使取之觀，世隆典領以行，旣見，世祖欲留之，世隆以母老辭。實子忠濟，以世隆爲東平行臺經歷，於是益贊忠濟興學養士。

中統元年，擢燕京等路宣撫使，世隆以新民善俗爲務。中書省檄諸路養禁衞之羸馬，數以萬計，芻秣與其什器，前期戒備。世隆曰：「國馬牧於北方，往年無飼於南者。上新臨天下，京畿根本地，煩擾之事，必不爲之。馬將不來。」吏白：「此軍需也，其責匆輕。」世隆曰：「責當我坐。」遂弗爲備，馬果不至。淸滄鹽課，前政虧不及額，世隆綜覈之，得增羨若干，賜銀三十鋌。二年，移治順天，歲饑，世隆發廩貸之，全活甚衆。三年，宣撫司罷，世隆還東平，請增宮縣大樂、文武二舞，令舊工教習，以備大祀，制可。除世隆太常卿以掌之，兼提舉本路學校事。四年，世祖問堯、舜、禹、湯爲君之道，世隆取書所載帝王事以對，帝喜曰：「汝爲朕直解進讀，我將聽之。」書成，帝命翰林承旨安藏譯寫以進。

至元元年，遷翰林侍講學士，兼太常卿，朝廷大政諮訪而後行，詔命典册多出其手。世隆奏：「陛下帝中國，當行中國事。事之大者，首惟祭祀，祭必有廟。」因以圖上，乞敕有司以

時興建，從之，踰年而廟成。遂迎祖宗神御，奉安太室，而大饗禮成。帝悅，賞賜優渥。

俄兼戶部侍郎，承詔議立三省，遂定內外官制上之。時朝儀未立，世隆奏曰：「今四海一家，萬國會同，朝廷之禮，不可不肅，宜定百官朝會儀。」從之。七年，遷吏部尙書，世隆以銓選無可守之法，爲撰選曹八議。

九年，乞補外，佩虎符，爲東昌路總管。至郡，專務以德率下，不事鞭箠，吏不忍欺，民亦化服，期年而政成，郡人頌之。十四年，起爲山東提刑按察使。時有妖言獄，所司逮捕凡數百人，世隆剖析詿誤者十八九，悉縱遣之。十五年，移淮東。宋將許瓊家童，告瓊匿官庫財，有司繫其妻孥徵之。世隆曰：「瓊所匿者，故宋之物，豈得與今盜官財者同論耶？」同僚不從，世隆獨抗章辯明，行臺是之，釋不問。會征日本，世隆上疏諫止，語頗剴切，當路者不卽以聞，已而帝意悟，其事亦寢。十七年，召爲翰林學士，又召爲集賢學士，皆以疾辭。

世隆儀觀魁梧，襟度宏博，慈祥樂易。人忤之，無慍色。喜賓客，樂施與，明習前代典故，尤精律令，善決疑獄。二十二年，安童再入相，奏世隆雖老，尙可用。遣使召之，仍以老病辭，附奏便宜九事。賜田十頃。時年八十，卒。所著有瀛洲集百卷、文集若干卷。

孟祺

孟祺字德卿，宿州符離人。世以財雄鄉里。父仁，業儒，有節行。壬辰，北渡，寓濟州魚臺，州帥石天祿禮之，辟兼詳議府事。

祺幼敏悟，善騎射，早知問學，侍父徙居東平。時嚴實修學校，招生徒，立考試法，祺就試，登上選，辟掌書記。廉希憲、宋子貞皆器遇之，以聞于朝，擢國史院編修官。遷從仕郎、應奉翰林文字，兼太常博士。一時典册，多出其手。至元七年，持節使高麗，還，稱旨，授承事郎、山東東西道勸農副使。

十二年，丞相伯顏將兵伐宋。詔選宿望博學、可贊畫大計者與俱行，遂授祺承直郎、行省諮議。久之，遷郎中，伯顏雅信任之。時軍書塡塞，祺酬應剖決，略無凝滯。師駐建康，伯顏以兵事詣闕，政無大小，祺與執政並裁決之。及戰焦山，宋軍下流。祺曰：「不若乘勢速進，以奪彼氣。」如其言，遂大破之。伯顏聞之，喜曰：「不意書生乃能知兵若是！」諸將利虜掠，爭趨臨安，伯顏問計，祺對曰：「宋人之計，惟有竄閩爾。若以兵迫之，彼必速逃，一旦盜起臨安，三百年之積，焚蕩無遺矣。莫若以計安之，令彼不懼，正如取果，稍待時日耳。」伯顏曰：「汝言正合吾意。」乃草書，遣人至臨安，以安慰之，宋乃不復議遷閩。

先是，宋降表稱姪，稱皇帝，屢拒不納。祺自請爲使，徵降表。至則會宋相于三省。夜三鼓，議未決，祺正色曰：「國勢至此，夫復何待！」遂定議。書成，宋謝太后內批用寶，攜之以出，復起謝太后於內殿，取國璽十二枚出。伯顏將親封之，祺止之曰：「管鑰自有主者，非所宜親，一有不謹，恐異時姦人妄相染污，終不可明。」遂止。

江南平，伯顏奏祺前後功多，且言祺可任重。有旨褒陞，授少中大夫、嘉興路總管，佩虎符。祺至，首以興學爲務，創立規制。在官未久，竟以疾解官，歸東平。至元十八年，擢太中大夫、浙東海右道提刑按察使，疾不赴。卒，年五十一。贈宣忠安遠功臣、中奉大夫、參知政事、護軍、魯郡公，謚文襄。子二人：遵，遹。

閻復

閻復字子靖，[二]其先平陽和州人。祖衍，仕金，歿王事。父忠，避兵山東之高唐，遂家焉。

復始生，有奇光照室。性簡重，美丰儀。七歲讀書，穎悟絕人，弱冠入東平學，師事名儒康曄。時嚴實領東平行臺，招諸生肄進士業，迎元好問校試其文，預選者四人，復爲首，徐琰、李謙、孟祺次之。

歲己未，始掌書記於行臺，擢御史掾。至元八年，用王磐薦，爲翰林應奉，以才選充會同館副使，兼接伴使。扈駕上京，賦應制詩二篇，寓規諷意，世祖顧和禮霍孫曰：「有才如此，何可不用！」十二年，陞翰林修撰。十四年，出僉河北河南道提刑按察司事，階奉訓大夫。十六年，入爲翰林直學士，以州郡校官多不職，建議定銓選之法。十九年，陞侍講學士，明年，改集賢侍講學士，同領會同館事。

二十三年，陞翰林學士，帝屢召至榻前，面諭詔旨，具草以進，帝稱善。二十八年，尙書省罷，復立中書省，帝勵精圖治，急於擇相，一日，召入便殿，諭之曰：「朕欲命卿執政，何如？」復屢謝不足勝任，帝謂侍臣曰：「書生識義理，存謙讓，是也，勿强。」御史臺改提刑按察司爲肅政廉訪司，首命復爲浙西道肅政廉訪使。先是，姦臣桑哥當國，嘗有旨命翰林撰桑哥輔政碑，桑哥既敗，詔有司踣其碑，復等亦坐是免官。

三十一年，成宗卽位，以舊臣召入朝，賜重錦、玉環、白金，除集賢學士，階正議大夫。元貞元年，上疏言：「京師宜首建宣聖廟學，定用釋奠雅樂。」從之。又言：「曲阜守冢戶，昨有司併入民籍，宜復之。」其後詔賜孔林洒掃二十八戶，祀田五千畝，皆復之請也。三年，因星變，又上疏言「定律令，頒封贈，增俸給，通調內外官」。且曰：「古者，刑不上大夫，今郡守以徵租受杖，非所以厲廉隅。江南公田租重，宜減，以貸貧民。」後多采用。大德元年，仍遷翰林學士。二年，詔賜楮幣萬貫。四年，帝召至榻前，密諭之曰：「中書庶務繁重，左相難其人，卿爲朕舉所知。」復以哈剌哈孫對，帝大喜，卽遣使召入，相之，復亦拜翰林學士承旨，階

正奉大夫。

十一年春，武宗踐祚，復首陳三事：曰「惜名器，明賞罰，擇人材」，言皆剴切。未幾，進階榮祿大夫，遙授平章政事，餘如故，復力辭，不許。上疏乞骸骨，詔從其請，給半俸終養。時仁宗居東宮，賜以重錦，俾公卿祖道都門外。及卽位，遣使召復，復以病辭。皇慶元年三月卒，年七十七，謚文康。有(靖)[靜]軒集五十卷。[三]

校勘記

[一] 參議行(臺)[省]事　據元名臣事略卷一二引王磐墓碑改。新元史已校。

[二] (邢)[衡]水縣　道光本與元名臣事略卷一二引王磐墓碑合，從改。按元無「邢水縣」，衡水縣屬腹裏眞定路深州。

[三] 處以職[位]　原闕一字，從北監本補。

[四] 柴禎　疑「禎」當作「楨」。見卷五校勘記[一]。

[五] 古今(難)[黈]　據元名臣事略卷一三李文忠公改。按此書今存。

[六] 測圓(鏡海)[海鏡]　據元名臣事略卷一三李文忠公改。按此書今存。新編已校。

[七] 益古衍(疑)[段]　據元名臣事略卷一三李文忠公改。按此書今存。新編已校。

〔八〕二十二年祀年已八十〔二〕〔三〕　從北監本改。按後文有「二十六年卒，年八十有七」，至元二十二年當八十三歲。

〔九〕（庚）〔壬〕子　據元名臣事略卷一〇劉文獻公改。按庚子係元太宗十二年，與此處史實無涉。

〔一〇〕（鈔銀）〔銀鈔〕　據元名臣事略卷一〇引商挺劉肅墓碑改。按下文亦作「銀鈔」。蒙史已校。

〔一一〕大德元年成宗即位　按元成宗即位于至元三十一年，大德元年爲其在位第四年。此處史文有舛誤。

〔一二〕閻復字子靖　清容集卷二七閻復神道碑「子靖」作「子靜」，新元史從改，疑是。

〔一三〕（靖）〔靜〕軒集　據清容集卷二七閻復神道碑改。新元史已校。

元史卷一百六十一

列傳第四十八

楊大淵 文安附

楊大淵，天水人也。與兄大全、弟大楫，皆仕宋。大淵總兵守閬州。歲戊午，憲宗兵至閬州之大獲城，遣宋降臣王仲入招大淵，大淵殺之。憲宗怒，督諸軍力攻，大淵懼，遂以城降。憲宗命誅之，汪田哥諫止，乃免。命以其兵從，招降蓬、廣安諸郡，進攻釣魚山。擢大楫爲管軍總管，從諸王攻禮義城。己未冬，拜大淵侍郎、都行省，悉以閫外之寄委之。

世祖中統元年，詔諭大淵曰：「尙厲忠貞之節，共成康乂之功。」大淵拜命踴躍，卽遣兵進攻禮義城，掠其饋運，獲總管黃文才、路鈐高坦之以歸。二年秋，調兵出通川，與宋將鮮恭戰，獲統制白繼源。秦蜀行省以大淵及青居山征南都元帥欽察麾下將校六十三人有功，言于朝。詔給虎符一、金符五、銀符五十七，令論功定官，以名聞。三年春，世祖命出開、

達，與宋兵戰于平田，復戰于巴渠，擒其知軍范爕、統制魏興、路分黃迪、節幹陳子潤等。

先是，大淵建言，謂取吳必先取蜀，取蜀必先據夔，乃遣其姪文安攻宋巴渠。至萬安寨，守將盧埴降。復使文安相夔、達要衝，城蟠龍山。山四面巖阻，可以進攻退守，城未畢，宋夔路提刑鄭子發曰：「蟠龍，夔之咽喉，使敵得據之，則夔難守矣，此必爭之地也。」遂率兵來爭。文安悉力備禦，大淵聞有宋兵，卽遣姪安撫使文仲將兵往援。宋兵宵遁，追敗之。秋七月，詔以大淵麾下將士有功，賜金符十、銀符十九，別給海青符二，俾事亟則馳以聞，其後賞合州之功，復賜白金五十兩。大淵欲於利州大安軍以鹽易軍糧，請于朝，從之。冬，大淵入覲，拜東川都元帥，俾與征南都元帥欽察同署事。大淵還，復於渠江濱築虎嘯城，以逼宋大良城，不踰時而就。四年，宋賈似道遣楊琳齎空名告身及蠟書、金幣，誘大淵南歸。文安擒之以聞，詔誅琳。五月，世祖以大淵及張大悅復神山功，詔獎諭，仍賜蒙古、漢軍鈔百錠。

至元元年，大淵進花羅、紅邊絹各百五十段。詔曰：「所貢幣帛，已見忠勤，卿守邊陲，宜加優恤。今後以此自給，俟有旨乃進。」既而大淵擅殺其部將王仲，詔戒敕之，令免籍仲家。冬十月，大淵諜知宋總統祁昌由間道運糧入得漢城，〔一〕幷欲遷其郡守向良及官吏親屬於內地，乃自率軍掩襲，遇之于椒坪，連戰三日，擒祁昌、向良等，俘獲輜重以數千計。明

日，宋都統張思廣引兵來援，復大破之，擒其將盛總管，及祁昌之弟。二年，大淵遣文安，以向良等家人，往招得漢城，未下。四月，大淵以疾卒。八年，追封大淵閬中郡公，謚肅翼。

子文粲，襲爲閬蓬廣安順慶夔府等路都元帥。兄子文安。

文安字泰叔，父大全，仕宋守敍州。壬寅，國兵入蜀，大全戰死，贈武節大夫、眉州防禦使，謚愍忠，官其長子文仲。文安方二歲，母劉氏鞠之，依叔父大淵于閬州。戊午，憲宗以兵攻大獲，大淵以郡降，授侍郎、都行省，文仲亦授安撫使。

中統元年，授文安監軍。攻禮義城，殺傷甚衆，奪其糧船，繞出通川，獲宋將黃文才、高坦之。二年，復出通川，與宋將鮮恭大戰，擒統制白繼源。三年，出開、達，戰屢勝，擒知軍范燮、統制魏興、黃迪、陳子閏等。〔二〕授文安開達忠萬梁山等處招討使。軍於巴渠，萬安寨主盧植降。〔三〕遂築蟠龍城，以據夔、達要路。宋兵來爭，相持半月，文仲以兵來援，宋兵宵遁，文安追擊，大敗之。四年，佩銀符，陞千戶，監軍如故，進築虎嘯城，以困大良。

至元元年，宋都統張喜引兵攻蟠龍，大戰，敗之，喜潛師宵遁，出得漢城，文安遣兵追襲，又敗之，擒裨將陳亮。復築方斗城，爲蟠龍聲援，令裨將高先守之。宋兵攻潼川，行省命文安赴援，敗宋師于射洪之納垻，斬獲甚衆。宋都統祁昌以重兵運糧餉得漢，且遷其官

屬於內地，大淵命文安先邀之，昌立柵椒原以守，合兵攻之，連戰三日，獲祁昌，俘得漢守臣向良家屬，以招良，良以城降，以所俘獻闕下。

二年，改授金符，仍前職，還攻宋開、達等州，擒其統制張剛、總管伏林。八月，宋兵由開州運糧餉達，文安率奇兵，間道邀擊之，獲總管方富等。行省上其功，命充夔東路征行元帥，令以前後所俘入見。詔賜黃金、鞍馬有差。還，攻奪宋金州斷虎隘，殺其將梁富，擒路鈐趙貴等。

三年春，與千戶李吉等略開州之大通，與宋將硬弓張大戰，獲統制陳德等。冬，總帥汪惟正遣其將李木波等由間道襲開州，文安遣千戶王福引兵助之。福先登，破其城，宋將龐彥海投崖死，擒副將劉安仁，留兵戍其地。宋諸路兵來救，圍城三匝，築壘城外，文安密遣人入城，諭以堅守。四年春，行省命文安往援，即率兵斷其糧道，宋兵戰甚力，飛矢中文安面，拔矢力戰，大破之，殺其將張德等。二月，文安以創甚，還蟠龍，宋兵遂復開州。文安乃遣總把馬才、楊彪掠達州盧灘峽，與宋兵遇，擒其將蒲德。

五年，文仲卒，詔文安就佩金虎符，充閬州夔東路安撫使軍民元帥，仍相副都元帥府事。閬州累遭兵變，戶口凋耗，文安乃教以耕桑，鰥寡不能自存，願相配偶者，併爲一戶充役，民始復業。冬，遣千戶馬才、張琪略達州，擒宋將范仲、王德、解明等。六年，遣蔡邦光、李吉、嵇永興，略達州之朱師鄭市，擒總管周德新、裨將王遷。秋，遣總把王顯略達州之泥垻，擒總管張威。冬，遣兵掠大寧之曲水，擒副將王仁。

七年，從嚴僉省攻重慶，大戰于龍坎，敗宋兵。攻鏵鐵寨，擒其將袁宜、何世賢等。捷聞，詔賜白金、寶鈔、幣帛有差。秋，攻達州之聖耳城，擒宋將楊普、時仲，芟其禾而還。又遣元帥蔡邦光略開州，擒宋將陳俊。冬，文粲入見，帝諭之曰：「汝兄弟宣力邊陲，朕所知也。」進文安階爲明威將軍。

八年春，遣蔡邦光攻達州，戰于聖耳城下，擒其將蒲桂。又戰開州之沙平，擒其將王順。時宋以朱禩孫帥蜀，禩孫，閬人也，數遣間諜，動搖人心，文安屢獲其諜，閬州竟無虞。秋八月，文安會東川統軍匣剌攻達州，三戰三捷。尋遣千戶嵇永興攻開州，戰于平壩、曲水，擒總管王道等。軍還，以所俘入見，帝深加獎諭，擢昭勇大將軍、東川路征南招討使，賜金銀、寶鈔、鞍馬、弓矢、幣帛有差。

九年秋，領軍出小寧，措置屯田，遣韓福攻達州九君山，擒宋將張俊。遣元帥蔡邦（見）〔光〕會蓬州兵，〔四〕邀宋師于永睦，戰勝之。復遣嵇永興、楊彪追襲宋裨將劉威等，破聖耳外城，獲寨主楊桂，縱兵焚掠而還。九月，築金湯城，以積屯田之糧，且以逼宋龍爪城。慮宋兵必來爭，遣韓福出兵通川，以牽制之，與宋兵遇于銼耳山，敗之，俘總管蔡雲龍等。出

達州牛門，斷宋兵回路，擒總管李佺、李德。宋兵輸糧達州，遣兵于盧灘峽邀擊之，擒統制孫聰、張順等。

夏，遣元帥李吉略開州，〔五〕戰于瀉油坡，擒其提轄李貴，及石笋寨主雍德。宋兵復由羅頂山輸糧開、達，遣蔡邦光、李吉伏兵遮之，擒裨將吳金等，覆其糧船。閏(十)〔六〕月，〔六〕蓬州兵攻拔龍爪城，東川統軍司命文安兼領之。時蓬州兵已去，宋都統趙章復來據之，且出兵迎敵，文安與戰，破之，擒總管王元而還。秋，宋都統閻國寶、監軍張應庚，運糧于達州，文安邀之于瀉油坡，奪其糧，幷擒二將。宋開州守將鮮汝忠邀遮歸路，與戰敗之，獲總轄秦興祖、譚友孫。

十一年春三月，文安率軍屯小寧，得俘者言，鮮汝忠等將取蟠龍之麥，即遣千戶王新德、楊彪等散掠宋境，文安自戍蟠龍以備之。李吉略由山，戰于城下，擒其將葉勝。遣蔡邦光、楊彪掠竹山寨，與趙統制戰，擒其將鄭桂、莊俊。秋，與蒙古漢軍萬戶怯必烈等，攻宋夔東，拔高陽、夔、巫等寨，擒守將嚴貴、竇世忠、趙興，因跨江爲橋，以斷宋兵往來之路，宋兵來爭，戰却之。還攻牛頭城，以火箭焚其官舍民居。十一月，遣蔡邦光略九君山，擒其將孫德、柳榮、趙威。

時宋以鮮汝忠、趙章易鎭開、達二州，而汝忠家屬尙留開。文安曰：「達未易攻，若先拔

開州，俘其家屬，以招汝忠，則達可不煩兵而下矣。」乃遣蔡邦光率千戶呼延順等，往攻開州，而盛兵駐蟠龍，以爲聲援。十二年正月，諸軍夜銜枚，薄開州城下，遣死士先登，斬關以入，及城中人知，則千戶景疇已立旗幟于城之絕頂矣。宋軍潰散，擒趙章，而守將韓明父子猶率所部兵巷戰，力屈，亦就擒。文安還汝忠家屬于蟠龍，遣元帥王師能持檄往達州招之曰：「降則家屬得全，不降則闔城塗炭，汝宜早爲計。」汝忠遂遣趙榮來約降，王師能以兵入據其城。汝忠率所部將士，詣文安軍門降，悉還其妻孥財物。趙章子桂楫，守師姑城，遣兵招之，亦降。獨洋州龍爪城守將謝益固守，併力攻之，擒統制王慶，益棄城走。於是遣元帥李吉、嵇永興，千戶王新德等，將兵以鮮汝忠往招由山等處八城，皆望風迎降，凱還。遣經歷陳德勝以鮮汝忠、趙桂楫等十餘人獻捷京師。帝悅，加授文安驃騎衞上將軍，兼宣撫使，賜鈔一千錠；文粲加授鎭國上將軍。

文安尋遣其兄子應之，往招都勝、茂竹、廣福三城，自將大軍，以爲聲援，皆降之。秋七月，兵至樂勝城，宋將蒲濟川降。進攻梁山，宋將袁世安堅守。文安焚其外城，梁山軍恃忠勝軍爲固，力攻拔之，殺守將王智，擒部轄景福，圍梁山四十日，世安隨方備禦，竟不降。文安乃移兵攻萬州之牛頭城，殺守將何威，遷其民，進圍萬州，守將上官夔戰守甚力。文安乃遣監軍楊應之、鎭撫彭福壽，會東川行院兵，出小江口以牽制援兵，果與之遇，戰敗之，擒總管李皐、花茂實等。萬州固守不下，文安乃解圍去。攻石城堡，諭降守將譚汝和；攻雞冠城，諭降守將杜賦；又招石馬、鐵平、小城、三聖、油木、牟家、下隘等城。冬，進白帝城，夔帥張起巖堅守不出，文安以師老，乃還。宋都統弋德復據開州，文安乃築城神仙山以逼之，令元帥蔡邦光、萬戶紀天英屯守。

十三年，進階金吾衞上將軍，賜玉帶一。夏，朝廷遣安西王相李德輝經畫東川課程，宋梁山守將袁世安遣使約降。文安以白德輝，德輝大喜，卽遣文安將兵，奉王旨往招之，世安遂降。秋七月，進軍攻萬州。遣經歷徐政諭守臣上官夔降，夔不從，圍之數匝，踰月，攻拔外城。夔守張起巖來救，遣鎭撫彭福壽迎擊，破之，盡殺其舟師，俘其將宋明。萬州奪氣，文安復傳王旨，諭夔使降，夔終不屈。文安盡銳攻城，潛遣勇士梯城宵登，斬關而入，夔巷戰而死。萬州既定，遣使招鐵檠、三寶兩城守將楊宜、黎拱辰降，分兵略施州，擒統制薛忠，會大雪，遣蔡邦光夜攻，殺守帥何艮，奪其城。

十四年夏，進兵攻咸淳府，時宋以六郡鎭撫使馬堃爲守，文安與堃同里閈，諭之使降，堃不從，乃列栅攻城。冬十二月，潛遣勇士躡雲梯宵登，斬關納外兵，堃悉力巷戰，達州安撫使鮮汝忠與宋兵力戰死，比曉，宋兵大敗，堃力屈就擒。十五年，進兵攻紹慶，守將鮮龍迎敵。二月，潛遣勇士，夜以梯衝攻破其北門，鮮龍大驚，收散卒力戰，兵敗就擒。

蜀境已定，獨夔堅守不下。朝廷命荊湖都元帥達海，由巫峽進兵取夔州，而西川劉僉院，挾夔守將親屬往招之。文安乃遣元帥王師能，將舟師與俱，張起巖竟以城降。夏，入覲，文安以所得城邑繪圖以獻，帝勞之曰：「汝攻城略地之功，何若是多也！」擢四川南道宣慰使，解白貂裘以賜之。

十七年，遣辯士王介諭降散毛諸洞蠻，以散毛兩子入覲，因進言曰：「元帥蔡邦光，昔征散毛蠻而死，可念也。」帝曰：「散毛既降而殺之，其何以懷遠！」乃擢蔡邦光之子，陞爲管軍總管，佩虎符，賜散毛兩子金銀符各一，并賜其酋長以金虎符。遙授文安參知政事，行四川南道宣慰使。十九年春，入覲，擢龍虎衞上將軍、中書左丞，行江西省事，到官踰月，以疾卒。

子良之，襲佩虎符、昭勇大將軍、管軍萬戶，歷湖南宣慰副使，岳州路總管，卒。

劉整

劉整字武仲，先世京兆樊川人，徙鄧州穰城。整沉毅有智謀，善騎射。金亂，入宋，隸荊湖制置使孟珙麾下。珙攻金信陽，整爲前鋒，夜縱驍勇十二人，渡塹登城，襲擒其守，還報。珙大驚，以爲唐李存孝率十八騎拔洛陽，今整所將更寡，而取信陽，乃書其旗曰賽存孝。累遷潼川十五軍州安撫使，知瀘州軍州事。

整以北方人，扞西邊有功，南方諸將皆出其下，呂文德忌之，所畫策輒擯沮，有功輒掩而不白，以俞興與整有隙，使之制置四川以圖整。興以軍事召整，不行，遂誣搆之，整遣使訴臨安，又不得達。及向士璧、曹世雄二將見殺，整益危不自保，乃謀款附。

中統二年夏，整籍瀘州十五郡、戶三十萬入附。世祖嘉其來，授夔府行省，兼安撫使，賜金虎符，仍賜金銀符以給其將校之有功者。復遣使以宋所賜金字牙符及佩印入獻，請益屯兵、厚儲積爲圖宋計。俞興攻瀘州，整出寶器分士卒，激使戰，戰數十合，敗之。

三年，入朝，授行中書省於成都、潼川兩路，賜銀萬兩，分給軍士之失業者，仍兼都元帥，立寨諸山，以扼宋兵。同列嫉整功，將謀陷之，整懼，請分帥潼川。七月，改潼川都元帥，宣課茶鹽以餉軍。四年五月，宋安撫高達、溫和，進逼成都，整馳援之。宋兵聞賽存孝至，遁去，將擣潼川，又與整遇于錦江而敗。至元三年六月，遷昭武大將軍、南京路宣撫使。

四年十一月，入朝，進言：「宋主弱臣悖，立國一隅，今天啓混一之機。臣願效犬馬勞，先攻襄陽，撤其扞蔽。」廷議沮之。整又曰：「自古帝王，非四海一家，不爲正統。聖朝有天下十七八，何置一隅不問，而自棄正統邪！」世祖曰：「朕意決矣。」五年七月，遷鎭國上將軍、都元帥。九月，偕都元帥阿朮督諸軍，圍襄陽，城鹿門堡及白河口，爲攻取計，率兵五萬，鈔略沿江諸郡，皆嬰城避其鋭，俘人民八萬。六年六月，擒都統唐永堅。七年三月，築實心臺于漢水中流，上置弩砲，下爲石囤五，以扼敵船。且與阿朮計曰：「我精兵突騎，所當者破，惟水戰不如宋耳。奪彼所長，造戰艦，習水軍，則事濟矣。」乘驛以聞，制可。既還，造船五千艘，日練水軍，雖雨不能出，亦畫地爲船而習之，得練卒七萬。八月，復築外圍，以遏敵援。

八年五月，宋帥范文虎遣都統張順、張貴，駕輪船，饋襄陽衣甲，邀擊，斬順，獨貴得入城。九月，陞參知河南行中書省事。九年(三)〔正〕月，加諸翼漢軍都元帥。〔七〕襄陽帥呂文煥登城觀敵，整躍馬前曰：「君昧於天命，害及生靈，豈仁者之事！而又齷齪不能戰，取羞於勇者，請與君決勝負。」文煥不答，伏弩中整。三月，破樊城外郭，斬首二千級，擒裨將十六人。諜知文煥將遣張貴出城求援，乃分部戰艦，縛草如牛狀，傍漢水，綿亘參錯，衆莫測所用，九月，貴果夜出，乘輪船，順流下走，軍士覘知之，傍岸爇草牛如晝，整與阿朮麾戰艦，轉戰五十里，擒貴于櫃門關，餘衆盡殺之。

十一月，詔統水軍四萬戶。宋荆湖制置李庭芝以金印牙符，授整漢軍都元帥、盧龍軍節度使，封燕郡王，爲書，使永寧僧持送整所，期以間整。永寧令得之，驛以聞于朝，敕張易、姚樞雜問，適整至自軍，言宋怒臣畫策攻襄陽，故設此以殺臣，臣實不知。詔令整復書

謂：「整受命以來，惟知督厲戎兵，舉垂亡孤城耳。宋若果以生靈爲念，當重遣信使，請命朝廷，顧爲此小數，何益於事！」

時圍襄陽已五年，整計樊、襄唇齒也，宜先攻樊城。樊城人以栅蔽城，斬木列置江中，貫以鐵索。整言於丞相伯顏，令善水者斷木沉索，督戰艦趨城下，以回回砲擊之，而焚其栅。十年正月，遂破樊城，屠之。遣唐永堅入襄陽，諭呂文煥，乃以城降。上功，賜整田宅、金幣、良馬。

整入朝，奏曰：「襄陽破，則臨安搖矣。若將所練水軍，乘勝長驅，長江必皆非宋所有。」遂改行淮西樞密院事，駐正陽，夾淮而城，南逼江，斷其東西衝。十一年，陞驃騎衛上將軍、行中書左丞，宋夏貴悉水軍來攻，破之于大人洲。十二年正月，詔整別將兵出淮南，整鋭欲渡江，首將止之，不果行。丞相伯顏入鄂，捷至，整失聲曰：「首帥止我，顧使我成功後人，善作者不必善成，果然！」其夕，憤惋而卒，年六十三。贈龍虎衛上將軍、中書右丞，謚武敏。

子垣，嘗從父戰敗昝萬壽于通泉；埏，管軍萬戶；均，榷茶提舉；垓，都元帥。孫九人，克仁，知房州。

校勘記

〔一〕宋總統祁昌　按本卷楊大淵傳附楊文安傳作「宋都統祁昌」，「都統」係宋軍官職，疑「總」當作「都」。

〔二〕陳子習　北監本作「陳子潤」。按本卷楊大淵傳「習」亦作「潤」。

〔三〕盧植　北監本作「盧埴」。按本卷楊大淵傳「植」亦作「埴」。

〔四〕蔡邦(見)〔光〕　從道光本改。

〔五〕夏遣元帥李吉略開州　按前文敍至元九年九月事，後文又有十一年春三月事，此「夏」當指至元十年夏。「夏」疑上脱「十年」。

〔六〕閏(十)〔六〕月　按前文有至元九年，後文有十一年。至元九年至十一年，惟十年有閏六月，「十」誤，今改。參看前條校勘記。

〔七〕九年(三)〔正〕月加諸翼漢軍都元帥　下文復有「三月」與此處重。本書卷七世祖紀至元九年正月辛巳條有「命劉整總漢軍」，據改。

二十四史

明　宋濂等撰

第十三册

卷一六二至卷一七五（傳）

中華書局

元史卷一百六十二

列傳第四十九

李忽蘭吉

李忽蘭吉，一名庭玉，隴西人。父節，仕金，歲乙未，自鞏昌石門山從汪世顯以城降。忽蘭吉隸皇子闊端爲質子，從攻西川。辛丑，以功爲管軍總領，兼總帥府知事，從征西番南澗有功。癸丑，世祖在潛邸，用汪德臣言，承制命忽蘭吉佩銀符，爲管軍千戶、都總領，佐汪惟正立利州。〔一〕乙卯正月，將兵三萬，取合江大獲山。宋劉都統率衆謀焚利州、沙市，次青山，忽蘭吉以伏兵取之，俘獲甚衆。都元帥阿答忽以聞，陞本帥府經歷，兼軍民都彈壓。丙辰，憲宗更賜金符，仍命爲千戶、都總領。戊午，忽蘭吉以兵先趨劍門覘伺，宋兵運糧於長寧，追至運曲垻，奪之，俘將校五人而還。

憲宗南征，忽蘭吉掌橋道饋餉之事，有功，賜璽書。從攻苦竹隘山寨，先登，斬守將楊

立，獲都統張寔，招降長寧、清居、大獲山、運山、龍州等寨。十一月，大獲山守臣楊大淵納款，已而逃歸，憲宗怒，將屠其城，衆不知所爲。德臣諭忽蘭吉曰：「大淵之去，事頗難測，亟追之。」迺單騎至城下，門未閉，大呼入城曰：「皇帝使我來撫汝軍民。」一卒引入，甲士環立，忽蘭〔吉〕下馬，〔二〕執大淵手，謂之曰：「上方宜諭賜賞，不待而來，何也？」大淵曰：「誠不知國朝禮體，且久出，恐城寨有他變，是以亟歸，非敢有異謀也。」遂與偕來，一軍皆喜。忽蘭吉入奏，憲宗曰：「楊安撫反乎？」對曰：「無也。」憲宗曰：「汝何以知之？」對曰：「軍馬整肅，防內亂也；城門不閉，無他心也；一聞臣言，卽撫綏軍民，從臣以出，以是知之。」憲宗曰：「汝不懼乎？」對曰：「臣恐上勞聖慮，下苦諸軍，又爲一郡生靈命脈所寄，故不知其懼。」憲宗悅，賜蒲萄酒，大淵遂以故官侍郎、都元帥聽命，而民得生全。

憲宗命忽蘭吉與怯里馬哥領戰船二百艘，掠釣魚山，奪其糧船四百艘。憲宗次釣魚山，忽蘭吉作浮梁，以通往來。己未，與怯里馬哥、扎胡打、魯都赤、闊闊朮領蒙古、漢軍二千五百略重慶。六月，總帥汪德臣沒于軍，命忽蘭吉以其軍殿後，宋兵水陸晝夜接戰，皆敗之，部軍皆青居人，賞賚獨厚，遂與蒲察都元帥守青居，〔三〕治城壁，儲芻糧，招納降附，宗王穆哥承制命忽蘭吉佩金符，爲鞏昌元帥。

中統元年，德臣子惟正襲總帥，至青居。五月，忽蘭吉等赴上都。時渾都海據六盤山

以叛，世祖遣忽蘭吉亟還，與汪良臣發所統二十四州兵追襲之。十月，從宗王哈必赤等次合納忽石溫之地，力戰，殺渾都海等於陣，餘黨悉平。二年六月，以功授鞏昌後元帥，賜金幣、鞍馬、弓矢。

九月，火都叛於西番點西嶺，汪惟正帥師襲之，至怯里馬之地，火都以五百人遁入西蕃。詔宗王只必鐵木兒，以答剌海、察吉里、速木赤將蒙古軍二千，忽蘭吉將總帥軍一千，追襲火都于西蕃。十月，擒之。四年，首將答剌海言忽蘭吉功高，詔賜虎符，忽蘭吉不受，問其故，對曰：「臣聞國制，將萬軍者佩虎符，若汪氏將萬軍，已佩之，臣何復佩！」帝是其言，命於總帥汪惟正下充鞏昌路元帥，所屬官悉聽節制。六月，答機叛於西番，帝命好里燕納，與惟正追之松州，忽蘭吉以千騎先往，執答機。

至元元年，入覲，命與同僉總帥汪良臣還蜀，守青居。是時，國兵猶與宋兵相持于釣魚山。三年，宋兵陷大梁平山寨。平章賽典赤令忽蘭吉領兵千餘騎，掠其境，先以七百人覘之，聞寨中擁老幼西去，追擊之，斬首三百級，得馬二百八十，都元帥欽察等家屬百餘口先爲宋兵所得，亦奪還之。四年，以本職充閬蓬廣安順慶夔府等處蒙古漢軍都元帥參議。六年，賜虎符，授昭勇大將軍、夔東路招討使，以軍三千，立章廣平山寨，置屯田，出兵以絕大梁平山兩道。

十年正月，成都失利，帝遣人問所以失之之故，及今措置之方，忽蘭吉附奏曰：「初立成都，惟建子城，軍民止於外城，別無城壁。宋軍乘虛來攻，失於不備，軍官皆年少不經事之人，以此失利。西川地曠人稀，宜修置城寨，以備不虞，選任材智，廣畜軍儲，最爲急務。今蒙古、漢軍多非正身，半以驅奴代，宜嚴禁之。所謂修築城寨，練習軍馬，措畫屯田，規運糧餉，創造舟楫，完繕軍器，六者不可缺一；又當任賢遠讒，信賞必罰，修內治外，戰勝攻取，選用良將，隨機應變，則邊陲無虞矣。」六月，將兵赴成都，與察不花同權省事。十一月，復還守章廣平山寨，前後七年，每戰輒勝。

十三年，引兵略重慶，復取簡州。十四年，承制授延安路管軍招討使。十五年，禿魯叛于六盤山，忽蘭吉以延安路軍，會別速台、趙炳及總帥府兵于六盤，敗禿魯于武川，俘其孥，還，承制授京兆延安鳳翔三路管軍都尉，兼屯田守衞事。十月，改同知利州宣撫使，夔東招討如故，入覲，賜虎符，授四川北道宣慰使。忽蘭吉請以先受鞏昌元帥之職及虎符，與其弟庭望。二十年，改四川南道宣慰使。

二十一年，奉旨與參政曲里吉思、僉省巴八、左丞汪惟正，分兵進取五溪洞蠻。時思、播以南，施、黔、鼎、澧、辰、沅之界，蠻獠叛服不常，往往劫掠邊民，乃詔四川行省討之。曲里吉思、惟正一軍出黔中，巴八一軍出思、播，都元帥脫察一軍出澧州，忽蘭吉一軍自夔門會合。十一月，諸將鑿山開道，綿亘千里，諸蠻設伏險隘，木弩竹矢，伺間竊發，亡命迎敵者，皆盡殺之。遣諭諸蠻酋長率衆來降，獨散毛洞潭順走避巖谷，〔三〕力屈始降。

二十三年，入覲，以老病，乞歸田里，帝憫之，得還鞏昌。二十六年，行省列奏忽蘭吉之功，請用范殿帥故事，商議本省軍事。二十七年，拜資善大夫，遙授陝西等處行尚書省左丞，商議軍事，食左丞之祿。元貞二年，入覲，授資德大夫、陝西等處行中書省右丞，議本省公事，卒。泰定元年，謚襄敏。

李庭

李庭小字勞山，本金人蒲察氏，金末來中原，改稱李氏，家于濟陰，後徙壽光。至元六年，以材武選隸軍籍，權管軍千戶。從伐宋，圍襄陽，宋將夏貴率戰船三千艘來援，泊鹿門山西岸，諸翼水軍攻之，相持七日。庭時將步騎，自請與水軍萬戶解汝楫擊之，斬其裨將王玘，元勝。河南行省承制授庭益都新軍千戶。宋襄陽守將呂文煥以萬五千人來攻萬山堡，萬戶張弘範方與接戰，庭單騎橫槍入陣，殺二人，槍折，倒持回擊一人墜馬，庭亦被二創，復奪後軍槍，裹創力戰，敗之。

八年春，眞除益都新軍千戶，賜號拔都兒，與宋兵戰襄陽城下，追奔逐北，直抵城門，

流矢中左股而止。九年春，攻樊城外郛，砲傷額及左右手，奪其土城，遂進攻襄陽東堡，砲傷右肩，焚其樓，破一字城。文煥麾下有胖山王總管者，驍將也，庭設伏誘擒之，以功授金符。十年春，大軍攻樊城，庭運薪芻土牛塡城壕，立雲梯，城上矢石如雨，庭屢中砲，墜城下，絕而復甦，裹創再登，如是者數四，殺獲甚多。樊城破，襄陽降，以功授金虎符，爲管軍總管。

十一年九月，從伯顏發襄陽，次郢州。郢在漢水東，宋人復於漢水西築新郢，以遏我軍。黃家灣有溪通藤湖，至漢水數里，宋兵亦築堡設守備焉。庭與劉國傑先登，拔之，遂盪舟而進，攻沙洋、新城，砲傷左脅，破其外堡，復中砲，墜城下，矢貫于胸，氣垂絕，伯顏命剖水牛腹納其中，良久乃甦。以功加明威將軍，授益都新軍萬戶。師次漢口，宋將夏貴鎖戰艦，橫截江面，軍不得進，乃用庭及馬福等計，由沙蕪口入江。武磯堡四面皆水，庭決其水而攻之，大軍渡江，武磯堡亦破。遂從阿朮轉戰至鄂州，順流而東。十二年春，與宋將孫虎臣戰丁家洲，奪船二十餘，宋軍潰，以功加宣威將軍。宋兵斷眞州江路，庭焚其船二百餘，擊斬其護岸軍。聞夏貴欲由太湖援臨安，亟出兵逆戰裕溪口，敗之。諸軍攻常州，庭鏖戰，奪北門而入。

十三年春，至臨安，宋主降，伯顏命庭與唐兀台等

防護宋主赴燕。世祖嘉其勞，大宴，命坐於左手諸王之下、百官之上，賜金百錠，金、珠衣各一襲，仍諭之曰：「劉整在時，不曾令坐於此，爲汝有功，故加以殊禮，汝子孫宜謹志之勿忘。」繼有旨：「汝在江南，多出死力，男兒立功，要在西北上也。今有違我太祖成憲者，汝其往征之。」乃別降大虎符，加鎭國上將軍、漢軍都元帥，仍命其次子大椿襲萬戶職。庭至哈剌和林、晃兀兒之地，越嶺北，與撒里蠻諸軍大戰，敗之。移軍河西，擊走叛臣霍虎，追至大磧而還。諸王昔里吉、脫脫木兒反，庭襲擊，生獲之，啓皇子只必帖木兒賜之死。復引兵會諸王納里忽，渡塔迷兒河，擊走其餘黨兀斤末台、要朮忽兒等，〔五〕河西悉平。

十四年，入朝，世祖勞之，賜以益都居第、單河官莊、鈔萬五千貫及弓矢諸物，拜福建行中書省參知政事。改福建道宣慰使。召赴闕，備宿衞。

十七年，拜驃騎衞上將軍、中書左丞，東征日本。十八年，軍次竹島，遇風，船盡壞，庭抱壞船板，漂流抵岸，下收餘衆，由高麗還京師，士卒存者十一二。繼以父歿，歸益都，召拜中書左丞、司農卿，不赴。

二十四年，宗王乃顏叛，驛召至上都，統諸衞漢軍，從帝親征。塔不台、金家奴來拒戰，衆號十萬，帝親麾諸軍圍之，庭調阿速軍繼進，流矢中胸貫脅，裹創復戰，帝遣止之，乃已。令軍中備百弩，俟敵列陣，百弩齊發，乃不復出。帝問庭：「彼今夜當何如？」庭奏：「必遁去。」

乃引壯士十人，持火砲，夜入其陣，砲發，果自相殺，潰散。帝問何以知之，庭曰：「其兵雖多，而無紀律，見車駕駐此而不戰，必疑有大軍在後，是以知其將遁。」帝大喜，賜以金鞍良馬。庭奏：「若得漢軍二萬，從臣便宜用之，乃顏可擒也。」帝難之，命與月兒魯蒙古軍並進，遂縛乃顏以獻。帝既南還，庭又親獲塔不台、金剛奴，以功加龍虎衞上將軍，遙授中書省左丞。

二十五年，乃顏餘黨哈丹禿魯干復叛於遼東。詔庭及樞密副使哈答討之，大小數十戰，弗克而還。既而庭整軍再戰，流矢中左脅及右股，追至一大河，選銳卒，潛負火砲，夜泝上流發之，馬皆驚走，大軍潛於下流畢渡。天明進戰，其衆無馬，莫能相敵，俘斬二百餘人，哈丹禿魯干走高麗死。拜資德大夫、尙書左丞，商議樞密院事，官其長子大用，仍賜鈔二萬五千貫。庭因奏：「今漢軍之力，困於北征，若依江南軍，每歲二八放散，以次番上，甚便。」帝可其奏，令著爲令。宗王海都將犯邊，伯顏以聞，帝命月兒魯與庭議所以爲備，庭請下括馬之令，凡得馬十一萬匹，軍中賴其用。拜榮祿大夫、平章政事，商議樞密院事，提調諸衞屯田事。

三十一年春，世祖崩，月兒魯與伯顏等定策立成宗，庭翊贊之功居多。成宗與太后眷遇甚至，每進食，必分賜之，大宴仍命序坐於左手諸王之下、百官之上，賜以珠帽、珠半臂、金帶各一，銀六鋌，莊田諸物稱是。奉旨整點江浙軍馬五百三十二所，還，入見，成宗親授以衣，慰勞之。

初，武宗出鎭北邊，庭請從行，成宗憫其老，不許，賜鈔五萬貫，依前榮祿大夫、平章政事，商議樞密院事，提調諸衞屯田，兼後衞親軍都指揮使。奉旨北征懷都，至野馬川而還。俄有中使傳旨拘漢軍之馬，以濟北軍，且令禁其鞍轡、行糧諸物。庭因感疾，詔內醫二人診視之，疾稍間，扈從上都，特降旨存護其家。大德八年二月卒。至大二年，贈推忠翊衞功臣、儀同三司、太保、上柱國，追封益國公，謚武毅。

子大用，同知歸德府事，以哀毀卒；大椿，襲職佩金虎符，爲宣武將軍、益都新軍萬戶，戍建康；大誠，襲職後衞親軍都指揮使。

史弼

史弼字君佐，一名塔剌渾，蠡州博野人。曾祖彬，有膽勇，太師、國王木華黎兵南下，居民被虜，蠡守閉城自守，彬謂諸子曰：「吾所恃者，郡守也。今棄民自保，吾與其束手以死，曷若死中求生！」乃率鄉人數百家，詣木華黎請降，木華黎書帛爲符，遣還。既而州破，獨彬與同降者得免。

弼長通國語，膂力絕人，能挽强弓，里門鑿石爲獅，重四百斤，弼舉之，置數步外。潼關守將王彥弼奇其材，妻以女，又薦其材勇於左丞相耶律鑄。弼從鑄往北京，近侍火里台見弼所挽弓，以名聞世祖。召之，試以遠垛，連發中的，令給事左右，賜馬五匹。

中統末，授金符、管軍總管，命從劉整伐宋。攻襄樊，嘗出挑戰，射殺二人，因橫刀呼曰：「我史奉御也！」宋兵却退。至元十年，諸將分十二道圍樊城，弼攻東北隅，凡十四晝夜，破之，殺其將牛都統。襄陽降，上其功，賜銀及錦衣、金鞍，陞懷遠大將軍、副萬戶。遂從丞相伯顏南征，攻沙洋堡，飛矢中臂，城拔，凝血盈袖，事聞，賜金虎符。軍至陽羅堡，伯顏誓衆曰：「先登南岸者爲上功。」弼率健卒直前，宋兵逆戰，奮呼擊走之，伯顏登南岸，論弼功第一，進定遠大將軍。鄂州平，進軍而東，至大孤山，風大作，伯顏命弼禱于大孤山神，風立止。

兵駐瓜洲，阿塔海言：「揚子橋乃揚州出入之道，宜立堡，選驍將守之。」伯顏授弼三千人，立木堡，據其地。弼遽以數十騎抵揚州城，或止之曰：「宋將姜才倔强，未可易也。」弼曰：「吾柵揚子橋，據其所必爭之地，才乘未固，必來攻我，則我之利也。」才果以萬衆，乘夜來攻，人挾束薪塡塹，弼戒軍中無譁，俟其至，下檑木，發砲石擊之，殺千餘人，才乃退，弼出兵擊之。會相威、阿朮兵繼至，大戰，才敗走，擒其將張都統。

十三年六月，才復以兵夜至，弼三戰三勝。天明，才見弼兵少，進迫圍弼，弼復奮擊之，騎士二人挾火鎗刺弼，弼揮刀禦之，左右皆仆，手刃數十百人。及出圍，追者尚數百騎，弼殿後，敵不敢近，會援兵至，大破之，才奔泰州。及守將朱煥以揚州降，使麥朮受其降於南門外，而弼從數騎，由保城入揚州，出南門，與之會，以示不疑。制授昭勇大將軍、揚州路總管府達魯花赤，兼萬戶。冬，遷黃州等路宣慰使。

十五年，入朝，陞中奉大夫、江淮行中書省參知政事，行黃州等路宣慰使。盜起淮西司空山，弼平之。十七年，南康都昌盜起，弼往討，誅其親黨數十人，脅從者宥之。江州宣課司稅及民米，米商避去，民皆閉門罷市，弼立罷之。十九年，改浙西宣慰使。二十一年，黃華反建寧，春復霖雨，米價湧貴，弼卽發米十萬石，平價糶之，而後聞于省，省臣欲增其價，弼曰：「吾不可失信，寧輟吾俸以足之。」省不能奪，益出十萬石，民得不饑。改淮東宣慰使，弼凡三官揚州，人喜，刻石頌之，號三至碑。遷僉書沿江行樞密院事，鎭建康。

二十六年，平台州盜楊鎭龍，拜尙書左丞，行淮東宣慰使。冬，入朝，時世祖欲征爪哇，謂弼曰：「諸臣爲吾腹心者少，欲以爪哇事付汝。」對曰：「陛下命臣，臣何敢自愛！」二十七年，遙授尙書省左丞，行浙東宣慰使，平處州盜。

二十九年，拜榮祿大夫、福建等處行中書省平章政事，往征爪哇，以亦黑迷失、高興副

之，付金符百五十、幣帛各二百，以待有功。十二月，弼以五千人合諸軍，發泉州，風急濤湧，舟掀簸，士卒皆數日不能食。過七洲洋、萬里石塘，歷交趾、占城界，明年正月，至東董西董山、牛崎嶼，入混沌大洋橄欖嶼，假里馬答、勾闌等山，駐兵伐木，造小舟以入。時爪哇與鄰國葛郎搆怨，爪哇主哈只葛達那加剌，已爲葛郎主哈只葛當所殺，其婿土罕必闍耶攻哈只葛當，不勝，退保麻喏八歇。聞弼等至，遣使以其國山川、戶口及葛郎國地圖迎降，求救。弼與諸將進擊葛郎兵，大破之，哈只葛當走歸國。高興言：「爪哇雖降，倘中變，與葛郎合，則孤軍懸絕，事不可測。」弼遂分兵三道，與興及亦黑迷失各將一道，攻葛郎。至答哈城，葛郎兵十餘萬迎敵，自旦至午，葛郎兵敗，入城自守，遂圍之。哈只葛當出降，併取其妻子官屬以歸。

土罕必闍耶乞歸易降表，及所藏珍寶入朝，弼與亦黑迷失許之，遣萬戶擔只不丁、甘州不花，以兵二百人護之還國。土罕必闍耶於道殺二人以叛，乘軍還，夾路攘奪。弼自斷後，且戰且行，行三百里，得登舟，行六十八日夜，達泉州，士卒死者三千餘人。有司數其俘獲金寶香布等，直五十餘萬，又以沒理國所上金字表，及金銀犀象等物進，事具高興及爪哇國傳。於是朝廷以其亡失多，杖十七，沒家貲三之一。

元貞元年，起同知樞密院事，月兒魯奏：「弼等以五千人，渡海二十五萬里，入近代未嘗

至之國，俘其王及諭降傍近小國，宜加矜憐。」遂詔以所籍還之，拜榮祿大夫、江西等處行中書省右丞。三年，陞平章政事，〔六〕加銀青榮祿大夫，封鄂國公，卒於家，年八十六。

高興

高興字功起，蔡州人也。其先，自薊徙汴，曾祖拱之，祖子洵，世以農爲業。金末兵亂，父青，又徙蔡而生興。

興少慷慨，多大節，力挽二石弓，嘗步獵南陽山中，遇虎，跳踉大吼，衆皆驚走，興神色自若，發一矢斃之。至元十一年冬，挾八騎詣黃州，謁宋制置陳奕。奕使隸麾下，且奇興相貌，以甥女妻之。

十二年，丞相伯顏伐宋，至黃州，興從奕出降，伯顏承制授興千戶，從破瑞昌之烏石堡、張家寨，進拔南陵。行省上其功，世祖命興專將一軍，常爲先鋒。宋張濡殺使者嚴忠範等於獨松關，伯顏使興討之。師次溧陽，再戰，斬其將三人、士卒三人，虜四十二人，〔七〕遂破溧陽，斬首七千級，授金符，爲管軍總管。從戰銀墅，斬宋將三人、士卒二千人。拔建平，斬其總制二人，虜知縣事黃君濯，由間道奪獨松關，進至武康，擒張濡。

十三年春，宋降，伯顏北還，留興以兵取郡縣之未下者，降建德守方回、婺州守劉怡。

衢、婺二州已降復叛，章焴自爲婺守，興以五千人討之，七戰，至破溪，相持四十餘日。興兵少不敵，力戰潰圍出，至建德境，與援兵合。復進戰蘭溪，斬首三千級，復取婺州，擒章焴斬之。進戰衢城下，斬首五百級，連戰赤山、陳家山（圍）、〔八〕江山縣，斬首三千級，虜五百人，獻魏福興等七人于行省，餘盡戮之，衢州平。追宋嗣秀王與檡入閩，與檡據橋，陣水南，興率奇兵奪橋進戰，殺其觀察使李世達，斬首三千餘級，擒與檡父子及其小王二、裨將二，獲印五、馬五百匹。下興化，降宋參知政事陳文龍、制置印德（傳）〔傅〕等百四十人，〔九〕軍三千，水手七千，獲海船七千餘艘。〔一〇〕遷鎭國上將軍、管軍萬戶。

十四年春，還鎭婺州，佩元降虎符，充衢婺招討使。東陽、玉山羣盜張念九、强和尙等殺宣慰使陳祐於新昌，興捕斬之。復從都元帥忙古臺平福、建、漳三州，破敏陽寨，屠福成寨。十五年夏，詔忙古臺立行省於福建，興立行都元帥府於建寧，以鎭之。政和人黃華，邵武人高日新、高從周，聚衆叛，皆討降之，以招討使行右副都元帥。

十六年秋，召入朝，侍燕大明殿，悉獻江南所得珍寶，世祖曰：「卿何不少留以自奉！」對曰：「臣素貧賤，今幸富貴，皆陛下所賜，何敢隱俘獲之物！」帝悅，曰：「直臣也。」興因奏所部士卒戰功，乞官之，帝命自定其秩，頒爵賞有差。遷興浙東道宣慰使，賜西錦服、金線鞍轡。奉省檄，討處州、福建及溫、台海洋羣盜，平之。

十七年，漳州盜數萬，據高安寨，官軍討之，二年不能下。詔以興爲福建等處征蠻右副都元帥。興與都元帥完者都等討之，直抵其壁，賊乘高瞰下擊之。興命人挾束薪蔽身，進至山半，棄薪而退，如是六日，誘其矢石殆盡，乃燃薪焚其柵，遂平之，斬賊魁及其黨首二萬級。十八年，盜陳吊眼聚衆十萬，連五十餘寨，扼險自固。興攻破其十五寨，吊眼走保千壁嶺，興上至山半，誘與語，接其手，挈下擒斬之，漳州境悉平。

十九年，入朝，賜銀五百兩、鈔二千五百貫，及錦服、鞍轡、弓矢，改浙西道宣慰使。降人黃華復叛，有衆十萬，興與戰于鉛山，獲八千人。華急攻建寧，興疾趨，與福建軍合，獲華將二人，華走江山洞，追至赤巖，華敗走，赴火死。二十一年，改淮東道宣慰使。二十三年，拜江淮行中書省參知政事，平婺州盜施再十。改浙東道宣慰使。

二十四年，尚書省立，拜行尚書省參知政事，捕斬柳分司於婺州。丁母憂。詔起復，討處州盜詹老鷂、溫州盜林雄。興潛由青田擣其巢穴，戰葉山，擒老鷂及雄等二百餘人，斬于溫州市。又奉檄平徽州盜汪千十等。二十八年，罷福建行省，以參知政事行福建宣慰使，諭漳州盜歐狗降之。召入朝，拜江西行省左丞。

二十九年，復立福建行省，拜右丞。爪哇黥使者孟琪，詔興爲平章政事，與史弼、亦黑迷失，帥師征之，賜玉帶、錦衣、甲冑、弓矢、大都良田千畝。三十年春，浮海抵爪哇。亦黑

迷失將水軍，興將步軍，會八節澗，爪哇主婿土罕必闍耶降。進攻葛郎國，降其主哈只葛當，事見弼傳。又諭降諸小國。哈只葛當子昔剌八的、昔剌丹不合，逃入山谷，興獨帥千人深入，虜昔剌丹不合。還至答哈城，史弼、亦黑迷失已遣使護土罕必闍耶歸國，具入貢禮。興深言其失計。土罕必闍耶果殺使者以叛，合衆來攻，興等力戰，却之，遂誅哈只葛當父子以歸。詔治縱爪哇者，弼與亦黑迷失皆獲罪，興獨以不預議，且功多，賜金五十兩。

成宗卽位，復拜福建行省平章政事，賜玉帶。大德三年，汀州總管府同知阿里，挾怨告興不法，召入對，盡得其誣狀，阿里伏誅。改江浙行省平章政事，賜海東青鶻，命其子伯顏入宿衞。四年，遣使賜海東白鶻、蒲萄酒、良藥。八年，授樞密副使。十年，進同知樞密院事，皆兼平章。改河南行省平章政事。

武宗卽位，召見，拜左丞相，商議河南省事，賜以先朝御服。仁宗寵眷勳舊，賜與尤厚。皇慶二年秋九月，卒，年六十九。贈太師、開府儀同三司、上柱國，追封梁國公，諡武宣。元統三年，加封南陽王。

子久住，泉州總管；長壽，同知建寧路總管府事；忙古台，襲萬戶；伯顏，同知寧國路總管府事；完者都，辰州路總管；寶哥，治書侍御史。

劉國傑

劉國傑字國寶，本女眞人也，姓烏古倫，後入中州，改姓劉氏。父德寧，爲宗王斡臣必闍赤，授管領益都軍民公事。

國傑貌魁雄，善騎射，膂力過人，少從軍漣海，以材武爲隊長。至元六年，選其兵取襄陽，以益都新軍千戶從張弘範戍萬山堡。宋兵窺伺，柴出取薪，大出兵來攻堡，國傑等以數百人敗之，斬首四千餘級，由是有名。從略荊南，抵歸峽，轉戰數千里，還，破宋兵襄陽下。從攻樊城，破外城，火砲傷股，裹創復戰，平其外城，授武略將軍，佩金符。從破張貴兵櫃門關，戰甚力。再攻樊城，被傷數處，血戰，竟破之。襄陽降。世祖聞其勇，召見，遷武德將軍、管軍總管，賜銀百兩、錦衣、弓矢以寵之。

從伯顏南征。十一年，次郢州。宋兵扼漢水，不得下，伯顏謀取黃家灣堡以入漢，國傑先登，拔之，加武節將軍。從破沙洋、新城，敗孫虎臣丁家洲，戰甚力，進萬戶。復從阿朮取淮南，別軍揚子橋，扼宋兵道。宋以萬衆夜奪堡，擊走之，擒其都統張林。宋將張世傑盛兵出焦山來禦師，施鐵繩，聯戰船，碇江中，以示必死。阿朮率諸軍進戰，萬戶劉琛，由江南繞其後，國傑與董文炳左右夾擊之，焚其戰船，世傑軍大潰，追奔圌山，奪黃〔鵠白〕鷂船數百

艘。〔二〕帝壯之，詔加懷遠大將軍，賜號霸都，國傑行第二，因呼之曰劉二霸都而不名。霸都，華言敢勇之士也。

宋亡，入朝，加僉書西川行樞密院事，選淮南兵使將之平蜀。未行，會北邊有警，加鎭國上將軍、漢軍都元帥，將衞兵，定北方。冬，召還，帝親解衣加玉帶賜之。十五年，復將左、右、中三衞兵，戍北邊，詔「有不用命者，斬之以聞」。十六年，諸王脫脫木反，寇和林。國傑度其衆悉至，營中必虛，選輕騎襲之，獲其衆萬計。脫脫木屢戰不利，又殘暴，失衆心，衆殺之來降。十八年，加輔國上將軍。

十九年，征東兵無功而還，帝怒，將盡罷大小將校，召國傑爲征東行省左丞。旣至，帝語之故，國傑曰：「罪在元帥耳，倘蒙聖慈，復諸將之職，彼必人人思奮，以雪前恥矣。」帝從之，盡復其官，以屬國傑征日本。會黃華反建寧，乃命國傑以征東兵會江淮參政伯顏等討之。國傑破赤巖寨，黃華自殺，餘衆皆潰。福建行省左丞忽剌出將兵來會梧桐，欲搜賊潰去者盡殺之，國傑曰：「首亂者，華也，餘皆脅從，招諭不歸，誅之未晚。」未幾，衆果出降。二十二年，〔三〕罷征東省，除僉書沿江行樞密院，改僉院。

二十三年，朝廷以湖廣重地，且多盜，拜本省左丞。國傑至，首平湖南盜李萬二。明年，廣東盜起，寇肇慶，其魁鄧太獠居前寨，劉太獠居後寨，相依以爲固。國傑趨擣後寨，破

之，遂拔前寨，擒斬二人，捕民結盜者，皆杖殺之。加資德大夫。

二十五年，湖南盜詹一仔，誘衡、永、寶慶、武岡人，嘯聚四望山，官軍久不能討。國傑破之，斬首盜，餘衆悉降。將校請曰：「此輩久亂，急則降，降而有釁，復反矣，不如盡阬之。」國傑曰：「多殺不可，況殺降耶！吾有以處之矣。」乃相要地爲三屯：在衡曰清化，在永曰烏符，在武岡曰白倉，遷其衆守之，每屯五百人，以備賊，且墾廢田榛棘，使賊不得爲巢穴。降者有故田宅，盡還之，無者，使雜耕屯中，後皆爲良民。

有詔討江西諸盜，國傑趨赴之。十一月，破蕭太獠於陳古水，斬數百人，進平懷集諸寨賊。二十六年春，東入肇慶，攻閆太獠於淸遠，還攻蕭太獠於懷集，擒之，復攻走嚴太獠。四月，攻曾太獠於金林，又破走之。賊深入保險，國傑鑿山而入，賊衆五千人，掩殺略盡。七月，次賀州，兵士冒瘴，皆疫，國傑親撫視之，療以醫藥，多得不死。會國傑亦病，乃移軍道州。廣東盜陳太獠寇道州，國傑討擒之，遂攻拔赤水賊寨。

二十七年，江西盜起龍泉，下令往擊之，諸將交諫曰：「此他省盜也。」國傑曰：「縱寇生患，患將難圖，豈可以彼此言耶！」乃選輕兵，棄旗鼓，去纓飾，一日夜趨賊境。賊衆數千逆戰，望見軍容不整，曰：「此鄉丁也。」易之。國傑以數十騎陷陣，衆從之，賊大敗，斬首五百餘級，奪所掠男女，日暮，忽收兵去。堡中民望見，怪之，莫知其誰。明日，又忽至，召堡民

歸其男子曰：「吾劉二霸都也。」民皆驚以爲神，因告別盜鍾太獠居南安十八耒。國傑乘霧，突入其巢，賊衆驚亂，自相蹂踐，官軍搏之，自旦至午，所擒殺甚衆，還兵桂東。二月，龍泉盜復寇鄷縣，國傑遂還鄷。賊退保大井山，乃分軍三道趨之，道險，棄馬而入。時天大雨，賊不爲備，盡掩殺之，還鎮道州。八月，永州盜李末子千七寇全州，敗官兵，殺郡長官土魯。國傑進討，擒之，梟首而還。以前後功，加湖廣右丞。

二十八年，置湖廣等處行樞密院，遷副使，還軍武昌。秋，廣東盜再起，國傑復出道州。時知上思州黃勝許恃其險遠，與交趾爲表裏，寇邊。二十九年，詔國傑討之。賊衆勁悍，出入巖洞篁竹中如飛鳥，發毒矢，中人無愈者。國傑身率士奮戰，賊不能敵，走象山，山近交趾，皆深林，不可入，乃度其出入，列柵圍之，徐伐山通道，且戰且進，二年，拔其寨。勝許挺身走交趾，擒其妻子殺之。國傑三以書責交趾索勝許，交趾竟匿不與。夏，師還，盡取賊巢地爲屯田，募（度）〔慶〕遠諸撞人耕之，〔二〕以爲兩江蔽障。後蠻人謂屯爲省地，莫敢犯者。詔遣使卽軍中以玉帶賜之。

三十年，入朝，帝謂朝臣曰：「湖廣重地，惟劉二霸都足以鎭此，他人不能也。」命無遷他官。俄議問罪交趾，加湖廣安南行平章事，以諸王亦吉列台爲監軍征之。未行，會帝崩，乃止。

成宗卽位，復置行樞密院於衡州，仍除副使。初，黔中諸蠻酋旣內附復叛，又巴洞何世雄犯澧州，泊崖洞田萬頃、楠木洞孟再師犯辰州，朝廷嘗討降之。升泊崖爲施溶州，以萬頃知州事。三十一年，萬頃復叛，攻之，不能下。至是，帝卽位，赦天下，幷赦萬頃等，亦不降，帝以命國傑。

九月，國傑馳至辰，進攻明溪賊酋萬丑，擁衆自上流而下，千戶崔忠、百戶馬孫兒戰死。十月，進兵桑木溪，萬丑復以千人拒戰，擊却之。明日，萬丑倍衆來攻，國傑鼓之，百戶李旺率死士陷陣，衆軍齊奮，賊敗，遂破其巢，焚之。進攻施溶，部將田榮祖請曰：「施溶，萬頃之腹心，石農次、三羊峯，其左右臂也，宜先斷其臂，而後腹心乃可攻。」國傑曰：「甚善。」麾諸軍攻石農次，賊不能支，棄寨遁，遂拔施溶，擒萬頃，斬之。復窮捕其黨，攀崖緣木而進，凡千餘里。元貞元年，卽軍中加榮祿大夫、湖廣行省平章政事。辰、澧地接溪洞，宋嘗選民立屯，免其徭役，使禦之，在澧者曰隘丁，在辰者寨兵，宋亡，皆廢，國傑悉復其制，班師。繼又經畫茶陵、衡、郴、道、桂陽，凡廣東、江西盜所出入之地，南北三千里，置戍三十有八，分屯將士以守之，由是東盡交廣，西亘黔中，地周湖廣，四境皆有屯戍，制度周密，諸蠻不能復寇，盜賊遂息。

六月，入朝，賜玉帶、錦衣、弓矢，臺臣言國傑在軍中每以家貲賞將士，帝命倍償之，部

曲有功者，各遷官。大德五年，羅鬼女子蛇節反，烏撒、烏蒙、東川、芒部諸蠻從之皆叛，陷貴州。詔國傑將諸翼兵，合四川、雲南、思播兵以討之。賊兵勁利，且多健馬，官軍戰失利。國傑令人持一盾，布釘其上，俟陣合，卽棄盾僞遁，賊果逐之，馬奮不能止，遇盾皆倒，國傑鼓之，賊大敗。旣而復合衆請戰，國傑不應，數日，度其氣衰，一鼓破走之，追戰數千里。七年春，擒斬蛇節、宋隆濟、阿女等，西南夷悉平。詔領其將士入見，張宴享之，賞賜甚厚。進光祿大夫，償其賞士金一千九百兩、鈔萬五千錠，將士遷官有差，命還益都上冢。

八年，還鎭。國傑久行邊，患瘴，至是病篤。平章卜隣吉台率僚屬問之，國傑曰：「交賊不臣，若病幸小愈，得滅此虜，則死無憾矣。」問以家事，不言。二月卒，〔四〕年七十二。

國〔傑〕性雄猛，〔三〕視死如歸，嘗語人曰：「吾爲國宣力，雖身棄草野不恨，何必馬革裹屍還葬哉！」且善推誠得士心，故能立功如此。訃聞，帝深悼惜，贈推忠效力定遠功臣、光祿大夫、司徒、柱國，封齊國公，謚武宣。

子脫歡，湖廣行省平章政事，尙憲宗孫女。

校勘記

〔一〕佐汪惟正立利州　按本書卷三憲宗紀二年八月、三年正月條，卷一二九紐璘傳，卷一五五汪世

顯傳附汪德臣傳，利州爲汪德臣所立。道光本從類編改「汪惟正」爲「汪德臣」。

〔二〕忽蘭〔吉〕下馬　從北監本補。

〔三〕遂與蒲察都元帥守青居　按本書卷五世祖紀中統三年十月丁卯條有「都元帥欽察戍青居山」，卷一六一楊大淵傳有「青居山征南都元帥欽察」。蒙史改「蒲」爲「欽」，疑是。

〔四〕散毛洞潭順　按本書卷一八成宗紀至元三十一年五月庚申條作「散毛洞主覃順」。此處「潭」當作「覃」。

〔五〕要朮忽兒　按「要木忽兒」一名本書多見，疑此處「朮」爲「木」之誤。

〔六〕三年陞平章政事　前文有「元貞元年起同知樞密院事」。按元貞無三年，此云「三年」，當有脫誤。本證云：「弼爲同知樞密院事在武宗至大三年，爲平章在延祐五年。」

〔七〕再戰斬其將三人士卒三人虜四十二人　按元文類卷六五元明善高興神道碑作「再戰，斬吳、杜、李三總管及甲首萬級，擒祝亮等四十二人」。此處「士卒三人」當作「士卒萬人」。

〔八〕陳家山（圍）　按元文類卷六五元明善高興神道碑有「戰陳家山，圍二日，斬甲首七千級。戰江山，斬三千首，擒五百人」。此處將碑「二日」以下八字略去，乃誤「圍」爲「園」，今刪。

〔九〕印德（傳）〔傳〕　據元文類卷六五元明善高興神道碑改。按本書卷九世祖紀至元十四年三月乙未條有「印德傳」。

〔一〇〕海船七千餘艘　按元文類卷六五元明善高興神道碑「七千」作「七十」，蒙史從改，疑是。

〔一一〕黃〔鵠白〕鷂船　據本書卷八世祖紀至元十二年七月辛未條及元文類卷四一經世大典序錄征伐所見「黃鵠白鷂船」補。本證已校。

〔一二〕二十二年　按黃金華集卷二五劉國傑神道碑及靜軒集卷五劉氏先塋碑皆作「二十一年」，蒙史從改，疑是。

〔一三〕（度）〔慶〕遠　據黃金華集卷二五劉國傑神道碑、至正集卷四八劉國傑神道碑改。按本書卷六三地理志，慶遠屬湖廣，至元十三年置安撫司，十六年改路。蒙史已校。

〔一四〕二月卒　按黃金華集卷二五劉國傑神道碑、至正集卷四八劉國傑神道碑，劉國傑死于大德九年二月。此處當有「九年」二字。

〔一五〕國〔傑〕性雄猛　從北監本補。

元史卷一百六十三

列傳第五十

李德輝

李德輝字仲實，通州潞縣人。生五歲，父且卒，指德輝謂其家人曰：「吾爲吏，治獄不任苛刻，人蒙吾力者衆，天或報之，是兒其大吾門乎！」及卒，德輝號慟如成人。適歲凶，家儲粟纔五升，其母舂蓬稗、炊藜莧而食之。德輝天性孝悌，操履淸愼，旣就外傅，嗜讀書，束於貧，無以自資，乃輟業。年十六，監酒豐州，祿食充足甘旨，〔一〕有餘則市筆札錄書，夜誦不休。已乃厭糟麴，歎曰：「志士顧安此耶！仕不足以匡君福民，隱不足以悅親善身，天地之間，人壽幾何，惡可無聞，同腐草木也！」乃謝絕所與游少年，求先生長者講學，以卒其業。

時世祖在潛藩，用劉秉忠薦，使侍裕宗講讀，乃與竇默等皆就辟。癸丑，憲宗封宗親，

割京兆隸世祖潛藩，擇廷臣能理財賦者俾調軍食，立從宜府，以德輝與孛得乃爲使。時汪世顯宿兵利州，〔二〕扼四川衿喉，以規進取，數萬之師仰哺德輝。乃募民入粟綿竹，散錢幣，給鹽券爲直，陸挽興元，水漕嘉陵，未期年而軍儲充羨，取蜀之本基於此矣。中統元年，爲燕京宣撫使。燕多劇賊，造僞鈔，結死黨殺人。德輝悉捕誅之，令行禁止。然事多不白中書，由是忤平章王文統意，去位。三年，文統以反誅，德輝遂起爲山西宣慰使。權勢之家籍民爲奴者，咸按而免之，復業近千人。

至元元年，罷宣慰司，授太原路總管。時潛藩故傳相無有出爲二千石者，帝以太原難治，故以德輝爲守。至郡，崇學校，表孝節，勸耕桑，立社倉，一權度，凡可以阜民者無不爲之。嘉禾瑞麥，六出其境。五年，徵爲右三部尚書。人有訟財而失其兄子者，德輝曰：「此叔殺之無疑。」遂竟其獄。權貴人爲請者甚衆，德輝不應，罪狀旣明，請者乃慚服。七年，帝以蝗旱爲憂，命德輝錄囚山西、河東。行至懷仁，民有魏氏發得木偶，持告其妻挾左道爲厭勝，謀不利於己。移數獄，詞皆具。德輝察其冤，知其有愛妾，疑妾所爲，將搆陷其妻也。召妾鞫之，不移時而服，遂杖其夫而論妾以死。

皇子安西王鎭關中，奏以德輝爲輔，遂改安西王相。至則視瀕涇營牧故地，可得數千頃，起廬舍，疏溝澮，假牛、種、田具與貧民二千家，屯田其中，歲得粟麥芻藁萬計。十二年，

詔以王相撫蜀。時重慶猶城守不下，朝廷各置行樞密院於東、西川，合兵萬人圍之。德輝至成都，兩府爭遣使咨受兵食方略，德輝戒之曰：「宋已亡矣，重慶以彈丸之地，不降何歸。政以公輩利其剽殺，民不得有子女，懼而不來耳。嚮日兵未嘗戰，中使奉璽書來赦，公輩既不能正言明告，嚴備止攻，以須其至，反購得軍吏杖之，僞爲得罪，使懼而叛去，水陸之師雷鼓繼進，是堅其不下也。中使不論詐計，竟以不奉明詔復命。如是者，非玩寇而何！況復軍政不一，相訾紛紛，朝夕敗矣，豈能成功哉！」德輝出，未至秦，瀘州叛，而重慶圍果潰，再退守瀘州。

十四年，詔以德輝爲西川行樞密院副使，仍兼王相。諸軍既發，德輝留成都給軍食。是年，復瀘州。十五年，再圍重慶，踰月拔之，紹(興)〔慶〕、〔三〕南平、夔、施、思、播諸山壁水柵皆下。而東川樞府，猶故將也，懲前與西川相覷望致敗，惡相屬，願獨軍圍合州。德輝乃出合俘繫順慶獄者縱之，使歸語州將張珏，以天子威德遠著，宋室既亡，三宮皆北，我朝含弘，錄功忘過，能早自歸，必取將相，與夏、呂比。又爲書，以禮義禍福反復譬解之，以爲：「汝之爲臣，不親於宋之子孫，合之爲州，不大於宋之天下，彼子孫已舉天下而歸我，汝猶偃然負阻窮山，而曰吾忠於所事，不亦惑哉！且昔此州之人不自爲謀者，以國有主，恥被不義之名，故爾得制其死命。主今亡矣，猶欲以是行之，則戲下盜遇君，竊君首以徼福一旦，不難也。」珏未及報，而德輝還王邸。

既而合州遣李興、張(郃)〔郃〕十二人詗事成都，〔四〕皆獲之，釋不殺，復爲書縱歸，使諭其將王立如諭珏者，而辭益剴切。立亦計夙與東府有深怨，懼誅，卽使興等導帥幹楊獬懷蠟書，間至成都降。德輝從兵纔數百人赴之，東府害其來，皆曰：「公昔爲書招珏，誠亦極矣，竟無功而還。今立，珏牙校也，習狙詐不信，特以計致公來，使與吾爭垂成之功，延命晷刻耳，未必誠降。」德輝曰：「昔合以重慶存，故力可以同惡，今已孤絕，窮而來歸，亦其勢然。吾非攘人之功者，誠懼公等憤其後服，誣以嘗抗蹕先朝，利其剽奪，而快心於屠城也。吾爲國活此民，豈計汝嫌怒爲哉！」卽單舸濟江，薄城下，呼立出降，安集其民，而罷置其吏，合人自立而下，家繪事之。川蜀平，復以王相還邸。

十七年，置行中書省，以德輝爲安西行省左丞。〔五〕是年，西南夷羅施鬼國既降復叛，詔雲南、湖廣、四川合兵三萬人討之。兵且壓境，德輝適被命在播，乃遣安珪馳驛止三道兵勿進，復遣張孝思諭鬼國趣降。其酋阿察熟德輝名，曰：「是活合州李公耶，其言明信可恃。」卽身至播州，泣且告曰：「吾屬百萬人，微公來，死且不降，今得所歸，蔑有二矣。」德輝以其言上聞，乃改鬼國爲順元路，以其酋爲宣撫使。其後有以受鬼國馬千數譖德輝于朝者，帝曰：「是人朕所素知，雖一羊不妄受，寧有是耶！」

德輝卒年六十三，蠻夷聞訃，哭之哀如私親，爲位而祭者動輒千百人。合州安撫使王立，衰絰率吏民拜哭，聲震山谷，爲發百人護喪興元。播州安撫使何彥(清)〔請〕率其民立廟祀之。〔六〕

張雄飛

張雄飛字鵬舉，琅琊臨沂人。父琮，仕金，守盱眙。金人疑之，罷其兵柄，徙居許州。尋復命守河陰，仍留家人於許。雄飛幼失母，琮妾李氏養之。國兵屠許，惟工匠得免。有田姓者，琮故吏也，自稱能爲弓，且詐以雄飛及李氏爲家人，由是獲全，遂徙朔方，雄飛時方十歲。至霍州，李欲逃，恐其累己，雄飛知之，頃刻不去左右，李乃變服與俱還，寓潞州。雄飛既長，往師前進士王寶英於趙城。金亡，雄飛不知父所在，往來澤、潞，求之十餘年，常客食僧舍。已而入關陝，歷懷、孟、潼、華，終求其父弗得，遂入燕。居數歲，盡通國言及諸部語。

至元二年，廉希憲薦之于世祖，召見，陳當世之務，世祖大悅。授同知平陽路轉運司事，搜抉蠹弊悉除之。帝問處士羅英，誰可大用者，對曰：「張雄飛眞公輔器。」帝然之。命驛召雄飛至，問以方今所急，對曰：「太子天下本，願早定以繫人心。閭閻小人有升斗之儲，尚知付託，天下至大，社稷至重，不早建儲貳，非至計也。向使先帝知此，陛下能有今日乎？」帝方臥，矍然起，稱善者久之。

他日，與江孝卿同召見，帝曰：「今任職者多非材，政事廢弛，譬之大厦將傾，非良工不能扶，卿輩能任此乎？」孝卿謝不敢當。帝顧雄飛，雄飛對曰：「古有御史臺，爲天子耳目，凡政事得失，民間疾苦，皆得言；百官姦邪貪穢不職者，卽糾劾之。如此，則紀綱舉、天下治矣。」帝曰：「善。」乃立御史臺，以前丞相塔察兒爲御史大夫，雄飛爲侍御史，且戒之曰：「卿等既爲臺官，職在直言，朕爲汝君，苟所行未善，亦當極諫，況百官乎！汝宜知朕意。人雖嫉妬汝，朕能爲汝地也。」雄飛益自感勵，知無不言。

參議樞密院事費正寅素憸狡，有告其罪者，詔丞相線眞等與雄飛雜治之。請托交至，雄飛無所顧，盡得其罪狀以聞，正寅與其黨管如仁等皆伏誅。會議立尙書省，雄飛力爭於帝前，忤旨，左遷同知京兆總管府事。宗室公主有家奴逃渭南民間爲贅壻。主適過臨潼，識之，捕其奴與妻及妻之父母，皆械繫之，盡沒其家貲。雄飛與主爭辨，辭色俱厲。主不得已，以奴妻及妻之父母、家貲還之，惟挾其奴以去。

入爲兵部尙書。平章阿合馬在制國用司時，與亦麻都丁有隙，至是，羅織其罪，同僚爭相附會，雄飛不可曰：「所犯在制國用時，平章獨不預耶？」衆無以答。秦長卿、劉仲澤亦以忤阿合馬，皆下吏，欲殺之，雄飛亦持不可。阿合馬使人啗之，曰：「誠能殺此三人，當以參政相處。」雄飛曰：「殺無罪以求大官，吾不爲也。」阿合馬怒，奏出雄飛爲澧州安撫使，而三人竟死獄中。

時澧州初下，民懷反側，雄飛至，布宣德教以撫綏之，民遂安。有巨商二人犯匿稅及毆人事，僚佐受賂，欲寬其罪，雄飛繩之益急。或曰：「此細事，何執之堅？」雄飛曰：「吾非治匿稅毆人者，欲改宋弊政，懲不畏法者爾。」細民以乏食，羣聚發富家廩，所司欲論以强盜，雄飛曰：「此盜食，欲救死，非强也。」寬其獄，全活者百餘人。澧西南接溪洞，猺人乘間抄掠居民，雄飛遣楊應申等往諭以威德，諸猺悉感服。

十四年，改安撫司爲總管府，命雄飛爲達魯花赤，遷荆湖北道宣慰使。有告常德富民十餘家，與德山寺僧將爲亂，衆議以兵討之。雄飛曰：「告者必其仇也。且新附之民，當以靜鎭之，兵不可遽用，苟有他，吾自任其責。」遂止，徐察之，果如所言。先是，荆湖行省阿里海牙以降民三千八百戶沒入爲家奴，自置吏治之，歲責其租賦，有司莫敢言。雄飛言于阿里海牙，請歸其民於有司，不從。雄飛入朝奏其事，詔還籍爲民。

十六年，拜御史中丞，行御史臺事。阿合馬以子忽辛爲中書右丞，行省江淮，恐不爲所容，奏留雄飛不遣，改陝西漢中道提刑按察使。未行，阿合馬死，朝臣皆以罪去。拜參知政

事。阿合馬用事日久，賣官鬻獄，紀綱大壞，雄飛乃先自降一階，於是僥倖超躐者皆降之。忽辛有罪，敕中貴人及中書雜問，忽辛歷指宰執曰：「汝曾使我家錢物，何得問我！」雄飛曰：「我曾受汝家錢物否？」曰：「惟公獨否。」雄飛曰：「如是，則我當問汝矣。」忽辛遂伏辜。二十一年春，册上尊號，議大赦天下，雄飛諫曰：「古人言：無赦之國，其刑必平。故赦者，不平之政也。聖明在上，豈宜數赦！」帝嘉納之，語雄飛曰：「大獵而後見善射，集議而後知能言，汝所言者是，朕今從汝。」遂止降輕刑之詔。

雄飛剛直廉愼，始終不易其節。嘗坐省中，詔趣召之，見於便殿，謂雄飛曰：「若卿，可謂眞廉者矣。聞卿貧甚，今特賜卿銀二千五百兩、鈔二千五百貫。」雄飛拜謝，將出，又詔加賜金五十兩及金酒器。雄飛受賜，封識藏於家。後阿合馬之黨以雄飛罷政，詣省乞追奪賜物，裕宗在東宮聞之，命參政溫迪罕諭丞相安童曰：「上所以賜張雄飛者，旌其廉也，汝豈不知耶？毋爲小人所詐。」塔卽古阿散請檢核前省錢穀，復用阿合馬之黨，竟矯詔追奪之。中書左丞耶律老哥勸雄飛詣伯顏自辨，雄飛曰：「上以老臣廉，故賜臣，然臣未嘗敢輕用，而封識以俟者，政慮今日耳，又可自辨乎？」二十一年，盧世榮以言利進用，雄飛與諸執政同日皆罷。二十三年，起爲燕南河北道宣慰使，決壅滯，黜姦貪，政化大行。卒于官。

子五人：師野，師謌，師白，師儼，師約。師野宿衞東宮時，荆湖行省平章政事阿里海牙入覲，言之宰相，欲白皇太子，請以師野爲荆南總管，雄飛固止之。歸謂師野曰：「今日欲有官汝者，汝宿衞日久，固應得官，然我方爲執政，天下必以我私汝，我一日不去此位，汝輩勿望有官也。」其介愼如此。

張德輝

張德輝字（輝）〔耀〕卿，〔七〕冀寧交城人。少力學，數舉於鄉。金貞祐間兵興，家業殆盡，試掾御史臺。會盜殺卜者，有司蹤跡之，獲僧匿一婦人，搒掠誣服，獄具，德輝疑其冤，其後果得盜。趙秉文、楊慥咸器其材。金亡，北渡，史天澤開府眞定，辟爲經歷官。歲乙未，從天澤南征，籌畫調發，多出德輝。天澤將誅逃兵，德輝救止，配令穴城。光州華山農民爲寨以自固，天澤議攻之，德輝請招之降，全活甚衆。

歲丁未，世祖在潛邸，召見，問曰：「孔子歿已久，今其性安在？」對曰：「聖人與天地終始，無往不在。殿下能行聖人之道，性卽在是矣。」又問：「或云，遼以釋廢，金以儒亡，有諸？」對曰：「遼事臣未周知，金季乃所親睹，宰執中雖用一二儒臣，餘皆武弁世爵，及論軍國大事，又不使預聞，大抵以儒進者三十之一，國之存亡，自有任其責者，儒何咎焉！」世祖然

之。因問德輝曰：「祖宗法度具在，而未盡設施者甚多，將如之何？」德輝指銀槃，喻曰：「創業之主，如製此器，精選白金良匠，規而成之，畀付後人，傳之無窮。當求謹厚者司掌，乃永爲寶用。否則不惟缺壞，亦恐有竊而去之者矣。」世祖良久曰：「此正吾心所不忘也。」又訪中國人材，德輝舉魏璠、元裕、李冶等二十餘人。又問：「農家作勞，何衣食之不贍？」德輝對曰：「農桑，天下之本，衣食之所從出者也。男耕女織，終歲勤苦，擇其精者輸之官，餘麤惡者將以仰事俯育。而親民之吏復橫斂以盡之，則民鮮有不凍餒者矣。」

歲戊申春，釋奠，致胙於世祖，世祖曰：「孔子廟食之禮何如？」對曰：「孔子爲萬代王者師，有國者尊之，則嚴其廟貌，修其時祀，其崇與否，於聖人無所損益，但以此見時君崇儒重道之意何如耳。」世祖曰：「今而後，此禮勿廢。」世祖又問：「典兵與宰民者，爲害孰甚？」對曰：「軍無紀律，縱使殘暴，害固非輕；若宰民者，頭會箕斂以毒天下，使祖宗之民如蹈水火，爲害尤甚。」世祖默然，曰：「然則奈何？」對曰：「莫若更遣族人之賢如口溫不花者，使掌兵權，勳舊則如忽都虎者，使主民政，若此，則天下均受賜矣。」

是年夏，德輝得告，將還，更薦白文舉、鄭顯之、趙元德、李（造）〔進〕之、〔八〕高鳴、李槃、李濤數人。陛辭，又陳先務七事：敦孝友，擇人才，察下情，貴兼聽，親君子，信賞罰，節財用。世祖以字呼之，賜坐，錫賚優渥。有頃，奉旨敎冑子孛羅等。壬子，德輝與元裕北覲，

請世祖爲儒教大宗師，世祖悅而受之。因啓：「累朝有旨蠲儒戶兵賦，乞令有司遵行。」從之。仍命德輝提調眞定學校。

世祖卽位，起德輝爲河東南北路宣撫使，下車，擊豪强，黜贓吏，均賦役。耆耋不遠數千里來見，[九]曰：「六十年不復見此太平官府矣。」戴之若神明。西川帥紐鄰重取兵千餘人，守吏畏其威，莫敢申理，隸鳳翔屯田者八百餘人，屯罷，兵不歸籍；會簽防戍兵，河中浮梁故有守卒，不以充數。悉條奏之，帝可其請。兵後孱民多依庇豪右，及有以身傭藉衣食，歲久掩爲家奴，悉遣還之爲民。

二年，考績爲十路最。陛見，帝勞之，命疏所急務，條四事：一曰嚴保舉以取人材；二曰給俸祿以養廉能；三曰易世官而遷都邑；四曰正刑罰而勿屢赦。帝嘉納焉。遷東平路宣慰使，春旱，禱泰山而雨。東平賦夥獄繁，視河東相倍蓰，凡遇贓奸，悉窮之，不少貸。奏免遠輸豆粟二十萬斛，和糴粟十萬斛。[一〇]寶合丁議賦繭絲，令民稅而後輸。德輝曰：「是誣上以毒下也，且後期之責孰任之！」遂罷其事。孀婦馬氏，將鬻其女以代納逋賦，分己俸代償之，仍蠲其額。

至元三年秋，參議中書省事。五年春，擢侍御史，辭不拜。有言沿邊將校冒代軍士、虛糜廩幣者，敕按之，奏曰：「在昔將校，備嘗艱阻，與士卒同甘苦，今年少子弟襲爵，或以微勞

進用，豈知軍旅之事乎！致使朝廷遣使覆按，此省院素失約束耳。痛繩之，則人不自安，第易其部署，選武毅才略者任之，庶使軍政自新。又時委司憲者體究，庶革其弊。」有旨命德輝議御史臺條例，德輝奏曰：「御史，執法官。今法令未明，何據而行？此事行之不易，陛下宜愼思之。」有頃，復召曰：「朕慮之熟矣，卿當力行之。」對曰：「必欲行之，乞立宗正府以正皇族，外戚得以糾彈，女謁毋令奏事，諸局承應人皆得究治。」帝良久曰：「其徐行之。」德輝請老，命舉任風憲者，疏烏古倫貞等二十人以聞。

初，河東歉，請於朝，發常平貸之，幷減其秋租有差。賦役不均，官吏並緣爲姦，賦一征十年，[一一]不勝其困苦，民率流亡。德輝閱實戶編，均其等第，出納有法，數十年之弊一旦革去。

德輝天資剛直，博學有經濟器，毅然不可犯，望之知爲端人，然性不喜嬉笑。與元裕、李冶游封龍山，時人號爲龍山三老云。卒年八十。

馬亨

馬亨字大用，邢州南和人。世業農，以貲雄鄉里。亨少孤，事母孝，金季習爲吏。庚寅，太宗始建十路徵收課稅使，河北東西路使王晉辟亨爲掾，以才幹稱。甲午，晉薦於中書

令耶律楚材，授轉運司知事，尋陞經歷，擢轉運司副使。

庚戌，太保劉秉忠薦亨於世祖，召見潛邸，甚器之。既而籍諸路戶口，以亨副八春、忙哥撫諭西京、太原、平陽及陝西五路，俾民弗擾。既還，圖山川形勢以獻，餘使者多以賄敗，惟亨等各賜衣九襲。癸丑，從世祖征雲南，留亨爲京兆榷課所長官。[一二]京兆，藩邸分地也，亨以寬簡治之，不事掊克，凡五年，民安而課裕。

丁巳，憲宗遣阿藍答兒等覈藩府錢穀，亨時辇歲辦課銀五百錠，輸之藩府，道出平陽，適與之遇。亨策曰：「見之，則銀必拘留，不見，則必以罪加我，與其銀弗達王府，寧獲罪焉。」避而過之，阿藍答兒果怒，遣使逮之王府。世祖詢亨曰：「汝往，得無撫汝罪耶？」對曰：「無害，願一行。」乃慰遣亨。既至，拘係之，窮治百端，竟無所得，惟以支竹課分例錢充公用，及僦公廨輦運脚價爲不應，勒償其直而已。世祖知其誣，更賜銀三十二錠。己未，從世祖攻鄂州，泊北還，遣亨馳驛往西京等處罷所簽軍，幷撫諭山西、河東、陝右、漢中。既還，復遣轉餉江上軍實。

中統元年，世祖卽位，陝西、四川立宣撫司，詔亨議陝西宣撫司事。尋賜金符，遷陝西四川規措軍儲轉運使。時阿藍答兒等叛，亨與宣撫使廉希憲、商挺合謀，誅劉太平等，悉定關輔。尋建行省，命亨兼陝西行省左右司郎中。時興元畜糧五萬石，欲轉餉大安軍，計傭

直萬緡，衆推亨往，時丁內艱，以攝省府事强起之。至則以兵官丁產均其役，不閱月而事集，無勞民傷財之嘆。興元判官費正寅狡悍不法，[一三]莫有能治之者。亨白省府，欲以法繩之，反誣搆行省前保關中有異謀，詔右丞粘合珪讞之，亨力辨之，寃搆釋然。

四年，遷陝西五路西蜀四川廉訪都轉運使。未幾，朝廷以考課檄諸路轉運司，至則倂轉運司入總管府，咸奪其制書，授亨工部侍郎、解鹽副使。亨乃上言：「以考課定賞罰，其人甫集，而一切罷之，則是非安在？宜還其命書，俾仕者有所勸勉。」從之。亨復上便宜六事：一曰東宮保傅當用正人，以固國本；二曰中書大政，擇任儒臣，以立朝綱；三曰任相惟賢，官不必備，今宰相至十七員，宜加裁汰；四曰左右郎署毗贊大政，今用豪貴子弟，豈能贊襄；五曰六曹之職分理萬機，今止設左右二部，事何由辦；六曰建元以來，便民條畫已多，有司往往視爲文具，宜令憲司糾舉，務在必行。疏聞，帝卽召見，有旨：「卿比安在，胡不早言？」亨對曰：「新自陝西來覲。」帝諭曰：「卿久著忠勤，自今不令卿遠出矣。」

至元三年，進嘉議大夫、左三部尙書，尋改戶部尙書，金穀出納，有條不紊。時有賈胡，恃制國用使阿合馬，欲貿交鈔本，私平準之利，以增歲課爲辭。帝以問亨，對曰：「交鈔可以權萬貨者，法使然也。法者，主上之柄，今使一賈擅之，廢法從私，將何以令天下？」事遂寢。亨又建言立常平、義倉，謂備荒之具，宜亟舉行。而時以財用不足，止設義倉。

七年，立尚書省，仍以亨爲尚書，領左部。亨上言：「尚書省專領金穀百工之事，其銓選宜歸中書，以示無濫。」尋爲平章阿合馬所忌，以誣免官。會國兵圍襄、樊，廷議河南行省調發軍餉，詔以阿里爲右丞、姚樞爲左丞、亨爲僉省任其事，水陸供餽，未嘗有闕，亨之力爲多。十年，還京師，帝方欲柄用之，遽嬰末疾。十四年，卒，年七十一。

子紹庭，雲南諸路肅政廉訪司副使。

程思廉

程思廉字介甫，其先洛陽人，元魏時以豪右徙雲中，遂家東勝州。父恒，國初佩金符，爲沿邊監榷規運使、解州鹽使。

思廉用太保劉秉忠薦，給事裕宗潛邸，以謹愿聞。命爲樞密院監印，平章政事哈丹行省河南，署爲都事。丞相史天澤尤器之。時方規取襄樊，使任轉餉，築城置倉以受粟，轉輸者與民爭門，不時至，思廉令行者異路。粟至，多露積，一夕大雨，思廉安臥不起，省中召詰之，思廉曰：「此去敵近，中夜騷動，衆必驚疑，或致他變。縱有漂濕，不過軍中一日糧耳。」聞者韙之。

至元十二年，調同知淇州，徙東平路判官，入爲監察御史，以劾權臣阿合馬繫獄。其黨

巧爲機穽，思廉居之泰然，卒不能害。累遷河北河南道按察副使，道過彰德，聞兩河歲饑，而徵租益急，欲止之。有司謂法當上請，思廉曰：「若然，民已不堪命矣。」即移文罷徵，後果得請。二十年，河北復大饑，流民渡河求食，朝廷遣使者，集官屬，絕河止之。思廉曰：「民急就食，豈得已哉！天下一家，河北、河南皆吾民也。」亟令縱之。且曰：「雖得罪死不恨。」章上，不之罪也。衞輝、懷孟大水，思廉臨視賑貸，全活甚衆。水及城不沒者數板，即修隄防，露宿督役，水不爲患，衞人德之。遷陝西漢中道按察使，以母老不赴。俄丁母憂。

二十六年，立雲南行御史臺，[一四]起復思廉爲御史中丞。始至，蠻夷酋長來賀，詞若遜而意甚倨，思廉奉宣上意，綏懷遠人，且明示禍福，使毋自外，聞者懾服。雲南舊有學校，而禮教不興，思廉力振起之，始有從學問禮者。

成宗即位，除河東山西廉訪使，太原歲飼諸王駝馬一萬四千餘匹，民甚苦之，思廉爲請，止飼千匹。平陽諸郡歲輸租稅於北方，思廉爲請，得輸河東近倉。舊法，決事咸有議劄，權歸曹吏，思廉自判牘尾，某當某罪，吏皆束手。

思廉累任風憲，剛正疾惡，言事剴切，如請早建儲貳、訪求賢俊、辨車服、議封謚、養軍力、定律令，皆急務也。與人交有終始，或有疾病死喪，問遺賙卹，往返數百里不憚勞，仍爲之經紀家事，撫視其子孫。其於家族，尤盡恩意。好薦達人物，或者以爲好名，思廉曰：「若避好名之譏，人不復敢爲善矣。」卒，年六十二，謚敬肅。

烏古孫澤

烏古孫澤字潤甫，臨潢人。其先女眞烏古部，因以爲氏。祖璧，仕金爲明威將軍、資用庫使，從金主遷汴。汴城陷，轉徙居大名。父仲，倜儻有奇節，遭金季世，憤無所施，用高言危行，親交避之，遂縱酒陽狂以自晦，然教澤特嚴。

澤性剛毅，讀書舉大略，一切求諸己，不事章句，才幹過人。世祖將取江南，澤以選輸鈔至淮南餉軍，丞相阿朮見而奇之，補淮東大都督府掾。

至元十四年，元帥唆都下兵閩、越，見澤，與語而合，即辟元帥府提控案牘。時宋廣王據福州，改元炎興，度我軍且至，遂入于海，復聚兵甲子門。其將張世傑攻泉州，興化守臣陳瓚舉郡應之。文天祥置都督府于南劍州，守臣張清行都督府事，謀復建寧。閩中郡縣往往復從宋，江東大擾。唆都時軍浙東，建、信告急，唆都謀于衆曰：「我軍當何先？」澤曰：「彼據閩、廣，而我往浙右，非策之善。譬之伐木，務除其根，當先向南。」會行省檄唆都，與左丞塔出會兵甲子門，遂度兵閩關，八戰而至南劍，殺其守臣張清，宋師遂退。

冬十月，收福州，進攻興化，拔之。唆都怒其民反覆，下令屠城，澤屢諫不聽，復前說

曰：「世傑不虞我軍遽至，方急攻泉州，謀固其植。我新得泉州，民志未固，旦暮且失守。比我定興化，整兵而南，彼樹植將日固矣。莫若開其遺民，使走泉南扇動之，世傑將膽落而走。是我不戰而完泉州，捷於吾兵之馳救也。」唆都喜，開南門縱民去，因得脫死者甚衆。世傑得逃民，知興化已破，乃解泉州圍去。唆都至泉州，部署別將，裝大艦趣甲子門，自將下漳州，軍于海豐，引精騎與塔出會。十二月，入廣州。

十五年春正月，還擊潮州，守將馬發備禦甚固，澤曰：「潮人所以城守不下者，以外多壁壘，爲之援應也。第翦其外應，潮必覆矣。」乃分兵攻其一大壘，破之，餘壘盡散走，二旬而潮拔，馬發死焉。既而文天祥軍潰於江西，廣王暨張世傑死于海中，唆都還軍福建。

夏五月，詔立行中書省于福建，以唆都行參知政事，澤行省都事，從朝京師，命知興化軍，賜金織衣，賞其善謀也。繼改興化軍爲路，授澤行總管府事，民歌舞迎候于道曰：「是吾民復生之父母也。」喜極而繼以泣。郡新殘于兵，白骨在野，首下令掩埋之；又衣食其流離之民，有棄子于道者，置慈幼曹籍而撫育之。郡中惡年少喜爲不義，以資求竄名卒伍，冀後得計功版授。官吏恐激變，不敢詰，澤悉追毀所授，誅其尤無良者，貪暴始戢。

始陳瓚以郡應張世傑，民多戰死者，至是，吏援例將籍其產，澤語吏曰：「國家至仁，誅止陳瓚，從瓚者猶蒙宥，民奈何連坐！」亟爲令曰：「民不幸詿誤從陳瓚誅，及鬪死無後者，其

田廬貲産並給其族姻，有司無所與。」吏不能逆，乃止。當江南未定，盜賊所在有之，民自相什伍，保衞鄉里。及時平，行省議籍爲兵，上下洶洶，澤白行省曰：「國兵非少，今籍民以示少，非所以安反側也。且當籍者衆，民或有他心。」議遂格。澤又興學校，召長老及諸生講肄經義，行鄉飲酒禮，旁郡聞而慕之。興化故號多士，士咸知嚮慕，以澤與常袞、方儀，並肖像祠于學官。

至元二十一年，調永州路判官。湖廣平章政事要束木貪縱淫虐，誅求無厭。或妄言初歸附時，州縣長吏及吏胥富人比屋斂銀，將輸之官，銀已具而事遂中止。要束木即下令，責民自實，使者旁午，隨地置獄，株連蔓引，備極慘酷，民以考掠瘐死者載道，所獲不貲，要束木盡掩有之。有使至永，澤戒吏美供帳，豐酒食，務順適其意。使者感愧，無所發其毒，因問以利害曉之，一郡由是獲安。是歲，盜起寶慶、武崗，皆永旁郡也。行省遣澤討平之，俘獲五百餘人，簡出其詿誤者百有五十人，上書言狀，誅其首惡者三十一人，餘得減死。

二十六年，丞相桑哥建議考校錢穀，天下騷動。澤嘆曰：「民不堪命矣。」即自上計行省，要束木怒曰：「郡國錢糧無不增羨，永州何爲獨不然！此直孫府判倚其才辨慢我，亟拘繫之，非死不釋也。」明年，桑哥敗，要束木伏誅，澤始得釋。

二十九年，湖廣平章政事闊里吉思薦澤才堪將帥，以行省員外郎從征海南黎。黎人

平，軍還，上功，授廣南西道宣慰副使。秋七月，併左右兩〔江〕道歸廣西宣慰司，置〔都〕元帥府，〔三〕澤爲廣西兩江道宣慰副使、僉都元帥府事。兩江荒遠瘴癘，與百夷接，不知禮法，澤作司規三十有二章，以漸爲教，其民至今遵守之。又省廐置二十二所，以紓民力。歲饑，上言蠲其田租，發象州、賀州官粟三千五百石以賑饑者，既發，乃上其事。時行省平章哈剌哈孫，察其心誠愛民，不以專擅罪之。邕管徼外蠻數爲寇，澤循行並徼，得阨塞處，布畫遠邇，募民伉健者四千六百餘戶，置雷留那扶十屯，列營堡以守之。陂水墾田，築八堨以節瀦洩，得稻田若干畝，歲收穀若干石爲軍儲，邊民賴之。海北元帥薛赤干贓利事覺，行省檄澤驗治。澤馳至雷州，盡發其奸贓，縱所掠男女四百八十二口、牛數千頭，金銀器物稱是，海北之民欣忭相慶。

御史臺言：「烏古孫澤奉使知大體，如汲長孺；爲將計萬全，如趙充國。可屬大任。」詔擢爲海北海南廉訪使。故例，圭田至秋乃入租，後遂計月受之，澤視事三月，民輸租計米五百石，澤曰：「夫子有言，事君者先其事，後其食。吾涖政日淺，而受祿四倍，非情所安。」量食而入，餘悉委學官，給諸生以勸業。常曰：「士非儉無以養廉，非廉無以養德。」身一布袍數年，妻子樸素無華，人皆言之，澤不以爲意也。

雷州地近海，潮汐齧其東南，陂塘鹻，農病焉。而西北廣衍平衺，宜爲陂塘，澤行視城

陰，曰：「三溪徒走海，而不以灌溉，此史起所以薄西門豹也。」乃教民浚故湖，築大堤，堨三溪瀦之，爲斗門七，堤堨六，以制其贏耗，釃爲渠二十有四，以達其注輸。渠皆支別爲牐，設守視者，時其啓閉，計得良田數千頃，瀕海廣瀉並爲膏土。民歌之曰：「舄鹵爲田兮，孫父之教。渠之泱泱兮，長我秔稻。自今有年兮，無旱無澇。」

至大元年，改福建廉訪使。澤宿有德於閩，閩人安之。有芝五色産於憲司之澄清堂，士民以爲澤之所致。以母年踰八十，求歸養長沙。歲餘，母喪，澤以哀毀卒。妻杜，以夫死，飲食不入口者十有三日，不死，乃復食。澤積官自承直郎至中大夫，謚正憲。

子良禎，仕至中書右丞，以功名終。

趙炳

趙炳字彥明，惠州灤陽人。父弘，有勇略，國初爲征行兵馬都元帥，積階奉國上將軍。炳幼失怙恃，鞠於從兄。歲饑，往平州就食，遇盜，欲殺之，兄解衣就縛。炳年十二，泣請代兄，盜驚異，舍之而去。甫弱冠，以勳閥之子，侍世祖於潛邸，恪勤不怠，遂蒙眷遇。世祖次桓、撫間，以炳爲撫州長，城邑規制，爲之一新。己未，王師伐宋。未幾，北方有警，括兵斂財，燕薊騷動。王師北還，炳遠迓中途，具以事聞，追所括兵及橫斂財物，悉歸於民，世祖嘉

其忠。

中統元年，命判北京宣撫司事。北京控制遼東，番夷雜處，號稱難治。時參知政事楊果爲宣撫使，聞炳至，喜曰：「吾屬無憂矣。」三年，括北京鷹坊等戶丁爲兵，蠲其賦，令炳總之。時李壇叛，據濟南，炳請討之。國兵圍城，炳將千人獨當北面，有所俘獲，即縱遣去，曰：「脅從之徒，不足治也。」

濟南平，入爲刑部侍郎，兼中書省斷事官。時有攜妓登龍舟者，即按之以法，未幾，其人死，其子犯蹕訴冤，詔讓之，炳曰：「臣執法尊君，職當爲也。」帝怒，命之出，既而謂侍臣曰：「炳用法太峻，然非循情者。」改樞密院斷事官。濟南妖民作亂，賜金虎符，加昭勇大將軍、濟南路總管。炳至，止罪首惡，餘黨解散。歲凶，發廩賑民，而後以聞，朝廷不之罪也。遷遼東提刑按察使，遼東聞其來，豪猾屏跡。

至元九年，帝念關中重地，風俗强悍，思得剛鯁舊臣以臨之，授炳京兆路總管，兼府尹。皇子安西王開府於秦，詔治宮室，悉聽炳裁製。王府吏卒橫暴擾民者，即建白，繩以法。王命之曰：「後有犯者，勿復啓，請若自處之。」自是豪猾斂戢，秦民以安。有旨以解州鹽賦給王府經費，歲久，積逋二十餘萬緡，有司追理，僅獲三之一，民已不堪。炳密啓王曰：「十年之逋，責償一日，其孰能堪！與其哀斂病民，孰若惠澤加於民乎！」王善其言，遽命免徵。會

王北伐，詔以京兆一年之賦充軍資，炳復請曰：「所徵逋課，足佐軍用，可貸歲賦，以蘇民力。」令下，秦民大悅。

十四年，加鎮國上將軍、安西王相。王府冬居京兆，夏徙六盤山，歲以爲常。王既北伐，六盤守者搆亂，炳自京兆率兵往捕，甫及再旬，元惡授首。十五年春，六盤再亂，復討平之。王還自北，嘉賞戰功，賚賜有加。是歲十一月，王薨。

十六年秋，被旨入見便殿，帝勞之曰：「卿去數載，衰白若此，關中事煩可知已。」詢及民間利病，炳悉陳之，因言王薨之後，運使郭琮、郎中郭叔雲竊弄威柄，恣爲不法。帝臥聽，遽起曰：「聞卿斯言，使老者增健。」飲以上尊馬湩。改中奉大夫、安西王相，兼陝西五路西蜀四川課程屯田事，餘職如故，卽令乘傳偕敕使數人往按琮等。至則琮假嗣王旨，入炳罪，收炳妻孥囚之。時嗣王之六盤，徙炳等於平涼北崆峒山，因閉益嚴。炳子仁榮訴於上，卽詔近侍二人馳驛而西，脫炳，且械琮黨偕來。琮等留使者，醉以酒，先遣人毒炳於平涼獄中，其夜星隕，有聲如雷，年五十九，實十七年三月也。帝聞之，撫髀嘆曰：「失我良臣！」俄械琮等百餘人至，帝親鞫問，盡得其情，旣各伏辜，命仁榮手刃琮、叔雲於東城，籍其家以付仁榮，仁榮曰：「不共戴天之人，所蓄之物，皆取於民，何忍受之！」帝善之，別賜鈔二萬二千五百緡，爲治喪具。國朝舊制，無賻臣下禮，蓋殊恩也。六月，詔雪炳寃，特贈中書左

丞，謚忠愍。

子六人：仁顯，早亡；次仁表，仁榮，仁旭，仁舉，仁軌。仁榮，仕至中書平章政事；餘俱登顯仕。

校勘記

〔一〕祿食充足甘旨　元文類卷四九李德輝行狀「充」作「先」，較長。

〔二〕時汪世顯宿兵利州　考異云：「案世顯以癸卯歲卒，在癸丑之前十年，傳殆誤矣。考姚燧撰李忠宣公行狀云：時汪忠烈公始宿兵利州。忠烈者，田哥之謚，非世顯也。」道光本改作「汪德臣」。

〔三〕紹（興）〔慶〕　從道光本改。此言李德輝作戰四川事，紹興遠在江浙，與此無涉。

〔四〕張（郃）〔郤〕　道光本與元文類卷四九姚燧李德輝行狀合，從改。按本書卷一六七呂掔傳作「張郤」。

〔五〕以德輝爲安西行省左丞　本證云：「案紀，是年七月立行省于京兆，以前安西相李德輝爲參知政事。十月立陝西四川等處行中書省，以李德輝爲左丞，時德輝已卒。是安西行省德輝止爲參政，其爲左丞則在陝蜀行省，且未聞命而卒也。傳俱誤。」

〔六〕播州安撫使何彥（清）〔請〕率其民立廟祀之　按元名臣事略卷一一引李謙李德輝神道碑作「僉播州安撫使何彥請順民欲，立廟以祀」，元文類卷四九姚燧李德輝行狀作「僉播州安撫司事何彥抗章請卽州治之東爲廟」。此處誤「請」爲「清」，今改。

〔七〕張德輝字（輝）〔耀〕卿　據元名臣事略卷一〇宣慰張公、秋澗集卷四一張德輝挽詩序改。類編已校。

〔八〕李（遣）〔進〕之　據元名臣事略卷一〇引王惲張德輝行狀、遺山集卷一二李進之迂軒二首改。

〔九〕耆耋不遠數千里來見　按元名臣事略卷一〇引王惲張德輝行狀作「耆耋不遠數百里來觀」，疑此處「千」當作「百」。

〔一〇〕和糴粟十萬斛　按元名臣事略卷一〇引王惲張德輝行狀「糴」作「糴」，蒙史從改，疑是。

〔一一〕賦一征十年　按元名臣事略卷一〇引王惲張德輝行狀作「賦一征十」，類編删「年」字，疑是。

〔一二〕從世祖征雲南留亨爲京兆榷課所長官　此句有「從」字不文，當有衍誤。蒙史删「從」。

〔一三〕興元判官費正寅　疑當作「費寅」，「正」字衍。見卷一二六校勘記〔七〕。

〔一四〕二十六年立雲南行御史臺　本書卷一六世祖紀至元二十七年五月己巳條、卷八六百官志皆繫二十七年。新元史改「六」爲「七」，是。

〔一五〕秋七月併左右兩〔江〕道歸廣西宣慰司置〔都〕元帥府　據本書卷一八成宗紀元貞元年六月乙

卯條、卷六三地理志補。又按此非至元二十九年事，當繫元貞元年，疑「秋七月」上脫「元貞元年」。

元史卷一百六十四

列傳第五十一

楊恭懿

楊恭懿字元甫，奉元人。力學强記，日數千言，雖從親逃亂，未嘗廢業。年十七，西還，家貧，服勞爲養。暇則就學，書無不讀，尤深於易、禮、春秋，後得朱熹集註四書，歎曰：「人倫日用之常，天道性命之妙，皆萃此書矣。」父沒，水漿不入口者五日，居喪盡禮。宣撫司、行省以掌書記辟，不就。

至元七年，與許衡俱被召，恭懿不至。衡拜中書左丞，日於右相安童前稱譽恭懿之賢，丞相以聞。十年，詔遣使召之，以疾不起。十一年，太子下教中書，俾如漢惠聘四皓者以聘恭懿，丞相遣郎中張元智爲書致命，乃至京師。既入見，世祖遣國王和童勞其遠來，繼又親詢其鄉里、族氏、師承、子姓，無不周悉。十二年正月二日，帝御香殿，以大軍南征，使久不

至，命筮之，其言祕。侍讀學士徒單公履請設取士科，詔與恭懿議之。恭懿言：「明詔有謂：士不治經學孔孟之道，日爲賦詩空文。斯言誠萬世治安之本。今欲取士，宜敕有司，舉有行檢、通經史之士，使無投牒自售，試以經義、論策。夫既從事實學，則士風還淳，民俗趨厚，國家得才矣。」奏入，帝善之。會北征，恭懿遂歸田里。

十六年，詔安西王相敦遣赴闕。入見，詔於太史院改曆。十七年二月，進奏曰：「臣等偏考自漢以來曆書四十餘家，精思推算，舊儀難用，而新者未備，故日行盈縮，月行遲疾，五行周天，其詳皆未精察。今權以新儀木表，與舊儀所測相較，得今歲冬至晷景及日躔所在，與列舍分度之差，大都北極之高下，晝夜刻長短，參以古制，創立新法，推算成辛巳曆。雖或未精，然比之前改曆者，附會(元曆)〔曆元〕，更(日立)〔立日〕法，[一]全踵故習，顧亦無愧。然必每歲測驗修改，積三十年，庶盡其法。可使如三代日官，世專其職，測驗良久，無改歲之事矣。」又合朔議曰：

日行歷四時一周，謂之一歲；月踰一周，復與日合，謂之一月；言一月之始，日月相合，故謂合朔。自秦廢曆紀，漢太初止用平朔法，大小相間，或有二大者，故日食多在晦日或二日，測驗時刻亦鮮中。宋何承天測驗四十餘年，進元嘉曆，始以月行遲速定小餘以正朔望，使食必在朔，名定朔法，有三大二小，時以異舊法，罷之。梁虞𠠎造大

同曆，隋劉焯造皇極曆，皆用定朔，爲時所阻。唐傅仁均造戊寅曆，定朔始得行。貞觀十九年，四月頻大，人皆異之，竟改從平朔。李淳風造麟德曆，雖不用平朔，遇四大則避人言，以平朔間之，又希合當世，爲進朔法，使無元日之食。至一行造大衍曆，謂「天事誠密，四大(二)〔三〕小何傷」。[二]誠爲確論，然亦循常不改。

臣等更造新曆，一依前賢定論，推算皆改從實。今十九年曆，自八月後，四月併大，實日月合朔之數也。

詳見郭守敬傳。是日，方列跪，未讀奏，帝命許衡及恭懿起，曰：「卿二老，毋自勞也。」授集賢學士，兼太史院事。

十八年，辭歸。二十年，以太子賓客召；二十二年，以昭文館學士、領太史院事召；[三]二十九年，以議中書省事召。皆不行。三十一年，卒，年七十。

王恂

王恂字敬甫，中山唐縣人。父良，金末爲中山府掾，時民遭亂後，多以詿誤繫獄，良前後所活數百人。已而棄去吏業，潛心伊洛之學，及天文律曆，無不精究，年九十二卒。

恂性穎悟，生三歲，家人示以書帙，輒識風、丁二字。母劉氏，授以千字文，再過目，即

成誦。六歲就學，十三學九數，輒造其極。歲己酉，太保劉秉忠北上，途經中山，見而奇之，及南還，從秉忠學於磁之紫金山。

癸丑，秉忠薦之世祖，召見于六盤山，命輔導裕宗，爲太子伴讀。中統二年，擢太子贊善，時年二十八。三年，裕宗封燕王，守中書令，兼判樞密院事，敕兩府大臣：凡有咨稟，必令王恂與聞。初，中書左丞許衡，集唐、虞以來嘉言善政，爲書以進。世祖嘗令恂講解，且命太子受業焉。又詔恂於太子起居飲食，慎爲調護，非所宜接之人，勿令得侍左右。恂言：「太子，天下本，付託至重，當延名德與之居處。況兼領中書、樞密之政，詔條所當偏覽，庶務亦當屢省，官吏以罪免者毋使更進，軍官害人，改用之際尤不可非其人。民至愚而神，變亂之餘，吾不之疑，則反覆化爲忠厚。」帝深然之。

恂早以算術名，裕宗嘗問焉。恂曰：「算數，六藝之一；定國家，安人民，乃大事也。」每侍左右，必發明三綱五常，爲學之道，及歷代治忽興亡之所以然。又以遼、金之事近接耳目者，區別其善惡，論著其得失，上之。裕宗問以心之所守，恂曰：「許衡嘗言：人心如印板，惟板本不差，則雖摹千萬紙皆不差；本既差，則摹之於紙，無不差者。」裕宗深然之。詔擇勳戚子弟，使學於恂，師道卓然。及恂從裕宗撫軍稱海，乃以諸生屬之許衡，及衡告老而去，復命恂領國子祭酒。國學之制，實始於此。

中華書局

帝以國朝承用金大明曆，歲久浸疏，欲釐正之，知恂精於算術，遂以命之。恂薦許衡能明曆之理，詔驛召赴闕，命領改曆事，官屬悉聽恂辟置。恂與衡及楊恭懿、郭守敬等，徧考曆書四十餘家，晝夜測驗，創立新法，參以古制，推算極爲精密，詳在守敬傳。十六年，〔四〕授嘉議大夫、太史令。十七年，曆成，賜名授時曆，以其年冬，頒行天下。

十八年，居父喪，哀毀，日飲勺水。帝遣內侍慰諭之。未幾，卒，年四十七。初，恂病，裕宗屢遣醫診治，及葬，賻鈔二千貫。後帝思定曆之功，以鈔五千貫賜其家。延祐二年，贈推忠守正功臣、光祿大夫、司徒、上柱國，定國公，諡文肅。

子寬、賓，並從許衡游，得星曆之傳於家學。裕宗嘗召見，語之曰：「汝父起於書生，貧無貲蓄，今賜汝鈔五千貫，用盡可復以聞。」恩恤之厚如此。寬由保章正，歷兵部郎中，知蠡州。賓由保章副，累遷祕書監。

郭守敬

郭守敬字若思，順德邢臺人。生有異操，不爲嬉戲事。大父榮，通五經，精於算數、水利。時劉秉忠、張文謙、張易、王恂，同學於州西紫金山，榮使守敬從秉忠學。

中統三年，文謙薦守敬習水利，巧思絕人。世祖召見，面陳水利六事：其一，中都舊漕

河，東至通州，引玉泉水以通舟，歲可省雇車錢六萬緡。通州以南，於蘭榆河口徑直開引，由蒙村跳梁務至楊村還河，以避浮雞淌盤淺風浪遠轉之患。其二，順德達泉引入城中，分爲三渠，灌城東地。其三，順德(澧)〔灃〕河東至古任城，〔五〕失其故道，沒民田千三百餘頃。此水開修成河，其田卽可耕種，自小王村(徑)〔經〕滹沱，〔六〕合入御河，通行舟栰。其四，磁州東北滏、漳二水合流處，引水由滏陽、邯鄲、洺州、永年下經雞澤，合入(澧)〔灃〕河，可灌田三千餘頃。其五，懷、孟沁河，雖澆灌，猶有漏堰餘水，東與丹河餘水相合。引東流，至武陟縣北，合入御河，可灌田二千餘頃。其六，黃河自孟州西開引，少分一渠，經由新、舊孟州中間，順河古岸下，至溫縣南復入大河，其間亦可灌田二千餘頃。每奏一事，世祖歎曰：「任事者如此，人不爲素餐矣。」授提舉諸路河渠。四年，加授銀符、副河渠使。

至元元年，從張文謙行省西夏。先是，古渠在中興者，一名唐來，其長四百里，一名漢延，長二百五十里，它州正渠十，皆長二百里，支渠大小六十八，灌田九萬餘頃。兵亂以來，廢壞淤淺。守敬更立牐堰，皆復其舊。

二年，授都水少監。守敬言：「舟自中興沿河四晝夜至東勝，可通漕運，及見查泊、兀郎海古渠甚多，宜加修理。」又言：「金時，自燕京之西麻峪村，分引盧溝一支東流，穿西山而出，是謂金口。其水自金口以東，燕京以北，灌田若干頃，其利不可勝計。兵興以來，典守

者懼有所失，因以大石塞之。今若按視故蹟，使水得通流，上可以致西山之利，下可以廣京畿之漕。」又言：「當於金口西預開減水口，西南還大河，令其深廣，以防漲水突入之患。」帝善之。十二年，丞相伯顏南征，議立水站，命守敬行視河北、山東可通舟者，爲圖奏之。

初，秉忠以大明曆自遼、金承用二百餘年，浸以後天，議欲修正而卒。十三年，江左既平，帝思用其言。遂以守敬與王恂，率南北日官，分掌測驗推步於下，而命文謙與樞密張易爲之主領裁奏於上，左丞許衡參預其事。守敬首言：「曆之本在於測驗，而測驗之器莫先儀表。今司天渾儀，宋皇祐中汴京所造，不與此處天度相符，比量南北二極，約差四度；表石年深，亦復欹側。」守敬乃盡考其失而移置之。既又別圖高爽地，以木爲重棚，創作簡儀、高表，用相比覆。又以爲天樞附極而動，昔人嘗展管望之，未得其的，作候極儀。極辰既位，天體斯正，作渾天象。象雖形似，莫適所用，作玲瓏儀。以表之矩方，測天之正圜，莫若以圜求圜，作仰儀。古有經緯，結而不動，守敬易之，作立運儀。日有中道，月有九行，守敬一之，作證理儀。表高景虛，罔象非眞，作景符。月雖有明，察景則難，作闚几。曆法之驗，在於交會，作日月食儀。天有赤道，輪以當之，兩極低昂，標以指之，作星晷定時儀。又作正方案、(九)〔丸〕表、〔七〕懸正儀、座正儀，爲四方行測者所用。又作仰規覆矩圖、異方渾蓋圖、日出入永短圖，與上諸儀互相參考。

十六年，改局爲太史院，以恂爲太史令，守敬爲同知太史院事，給印章，立官府。及奏進儀表式，守敬當帝前指陳理致，至於日晏，帝不爲倦。守敬因奏：「唐一行開元間令南宮說天下測景，書中見者凡十三處。今疆宇比唐尤大，若不遠方測驗，日月交食分數時刻不同，晝夜長短不同，日月星辰去天高下不同，卽目測驗人少，可先南北立表，取直測景。」帝可其奏。遂設監候官一十四員，分道而出，東至高麗，西極滇池，南踰朱崖，北盡鐵勒，四海測驗，凡二十七所。

十七年，新曆告成，守敬與諸臣同上奏曰：

臣等竊聞帝王之事，莫重於曆。自黃帝迎日推策，帝堯以閏月定四時成歲，舜在璇璣玉衡以齊七政。爰及三代，曆無定法，周、秦之間，閏餘乖次。西漢造三統曆，百三十年而後是非始定。東漢造四分曆，七十餘年而儀式方備。又百二十一年，劉洪造乾象曆，始悟月行有遲速。又百八十年，姜岌造三紀甲子曆，始悟以月食衡檢日宿度所在。又五十七年，何承天造元嘉曆，始悟以朔望及弦皆定大小餘。又六十五年，祖冲之造大明曆，始悟太陽有歲差之數，極星去不動處一度餘。又五十二年，張子信始悟日月交道有表裏，五星有遲疾留逆。又三十三年，劉焯造皇極曆，始悟日行有盈縮。又三十五年，傅仁均造戊寅元曆，頗采舊儀，始用定(制)〔朔〕。〔八〕又四十六年，李淳風

造麟德曆，以古曆章蔀元首分度不齊，始爲總法，用進朔以避晦晨月見。又六十三年，一行造大衍曆，始以朔有四大三小，定九服交食之異。又九十四年，徐昂造宣明曆，始悟日食有氣、刻、時三差。又〔二〕百三十六年，〔九〕姚舜輔造紀元曆，始悟食甚泛餘差數。以上計千一百八十二年，曆經七十改，其創法者十有三家。

自是又百七十四年，聖朝專命臣等改治新曆，臣等用創造簡儀、高表，憑其測實數，所考正者凡七事：

一曰冬至。自丙子年立冬後，依每日測到晷景，逐日取對，冬至前後日差同者爲準。得丁丑年冬至在戊戌日夜半後八刻半，又定丁丑夏至在庚子日夜半後七十刻；又定戊寅冬至在癸卯日夜半後三十三刻，己卯冬至在戊申日夜半後五十七刻〔半〕，〔一〇〕庚辰冬至在癸丑日夜半後八十一刻〔半〕。〔一一〕各減大明曆十八刻，遠近相符，前後應準。

二曰歲餘。自大明曆以來，凡測景、驗氣，得冬至時刻眞數者有六，用以相距，各得其時合用歲餘。今考驗四年，相符不差，仍自宋大明壬寅年距至今日八百一十年，每歲合得三百六十五日二十四刻二十五分，其二十五分爲今曆歲餘合用之數。

三曰日躔。用至元丁丑四月癸酉望月食既，推求日躔，得冬至日躔赤道箕宿十度，黃道箕九度有奇。仍憑每日測到太陽躔度，或憑星測月，或憑月測日，或徑憑星度

測日，立術推算。起自丁丑正月至己卯十二月，凡三年，共得一百三十四事，皆躔於箕，與（日）〔月〕食相符。〔一二〕

四曰月離。自丁丑以來至今，憑每日測到逐時太陰行度推算，變從黃道求入轉極遲、疾幷平行處，前後凡十三轉，計五十一事。內除去不眞的外，有三十事，得大明曆入轉後天。又因考驗交食，加大明曆三十刻，與天道合。

五曰入交。自丁丑五月以來，憑每日測到太陰去極度數，比擬黃道去極度，得月道交於黃道，共得八事。仍依日食法度推求，皆有食分，得入交時刻，與大明曆所差不多。

六曰二十八宿距度。自漢太初曆以來，距度不同，互有損益。大明曆則於度下餘分，附以太半少，皆私意牽就，未嘗實測其數。今新儀皆細刻周天度分，每度爲三十六分，以距線代管窺，宿度餘分並依實測，不以私意牽就。

七曰日出入晝夜刻。大明曆日出入晝夜刻，皆據汴京爲準，其刻數與大都不同。今更以本方北極出地高下，黃道出入內外度，立術推求每日日出入晝夜刻，得夏至極長，日出寅正二刻，日入戌初二刻，晝六十二刻，夜三十八刻。冬至極短，日出辰初二刻，日入申正二刻，晝三十八刻，夜六十二刻。永爲定式。

所創法凡五事：一曰太陽盈縮。用四正定氣立爲升降限，依立招差求得每日行分初末極差積度，比古爲密。二曰月行遲疾。古曆皆用二十八限，今以萬分日之八百二十分爲一限，凡析爲三百三十六限，依垛疊招差求得轉分進退，其遲疾度數逐時不同，蓋前所未有。三曰黃赤道差。舊法以一百一度相減相乘，今依算術句股弧矢方圓斜直所容，求到度率積差，差率與天道實脗合。四曰黃赤道內外度。據累年實測，內外極度二十三度九十分，以圓容方直矢接句股爲法，求每日去極，與所測相符。五曰白道交周。舊法黃道變推白道以斜求斜，今用立渾比量，得月與赤道正交，距春秋二正黃赤道正交一十四度六十六分，擬以爲法。推逐月每交二十八宿度分，於理爲盡。

十九年，恂卒。時曆雖頒，然其推步之式，與夫立成之數，尙皆未有定藁。守敬於是比次篇類，整齊分杪，裁爲推步七卷，立成二卷，曆議擬藁三卷，轉神選擇二卷，上中下三曆注式十二卷。二十三年，繼爲太史令，遂上表奏進。又有時候牋注二卷，修改源流一卷。其測驗書，有儀象法式二卷，二至晷景考二十卷，五星細行考五十卷，古今交食考一卷，新測二十八舍雜坐諸星入宿去極一卷，新測無名諸星一卷，月離考一卷，並藏之官。

二十八年，有言灤河自永平挽舟踰山而上，可至開平；有言盧溝自麻峪可至尋麻林。朝廷遣守敬相視，灤河旣不可行，盧溝舟亦不通，守敬因陳水利十有一事。其一，大都運糧

河，不用一畝泉舊原，別引北山白浮泉水，西折而南，經瓮山泊，自西水門入城，環匯於積水潭，復東折而南，出南水門，合入舊運糧河。每十里置一牐，比至通州，凡爲牐七，距牐里許，上重置斗門，互爲提閼，以過舟止水。帝覽奏，喜曰：「當速行之。」於是復置都水監，俾守敬領之。帝命丞相以下皆親操畚（牐）〔鍤〕倡工，〔一三〕待守敬指授而後行事。

先是，通州至大都，陸運官糧，歲若干萬石，方秋霖雨，驢畜死者不可勝計，至是皆罷之。三十年，帝還自上都，過積水潭，見舳艫蔽水，大悅，名曰通惠河，賜守敬鈔萬二千五百貫，仍以舊職兼提調通惠河漕運事。守敬又言：於澄淸牐稍東，引水與北壩河接，且立牐麗正門西，令舟楫得環城往來。志不就而罷。三十一年，拜昭文館大學士、知太史院事。

大德二年，召守敬至上都，議開鐵幡竿渠，守敬奏：「山水頻年暴下，非大爲渠堰，廣五七十步不可。」執政吝於工費，以其言爲過，縮其廣三之一。明年大雨，山水注下，渠不能容，漂沒人畜廬帳，幾犯行殿。成宗謂宰臣曰：「郭太史神人也，惜其言不用耳。」七年，詔內外官年及七十，並聽致仕，獨守敬不許其請。自是翰林太史司天官不致仕，定著爲令。延祐三年卒，年八十六。

楊桓

楊桓字武子，兗州人。幼警悟，讀論語至宰予晝寢章，慨然有立志，由是終身非疾病未嘗晝寢。弱冠，爲郡諸生，一時名公咸稱譽之。中統四年，補濟州教授，後由濟寧路教授召爲太史院校書郎，奉敕撰儀表銘、曆日序，文辭典雅，賜楮幣千五百緡，辭不受。遷祕書監丞。

至元三十一年，拜監察御史。有得玉璽於木華黎曾孫碩德家者，[一四]桓辨識其文，曰「受天之命，既壽永昌」，乃頓首言曰：「此歷代傳國璽也，亡之久矣。今宮車晏駕，皇太孫龍飛，而璽復出，天其彰瑞應於今日乎！」即爲文述璽始末，奉上于徽仁裕聖皇后。

成宗卽位，桓疏上時務二十一事：一曰郊祀天地；二曰親享太廟，備四時之祭；三曰先定首相；四曰朝見羣臣，訪問時政得失；五曰詔儒臣以時侍講；六曰設太學及府州儒學，教養生徒；七曰行誥命以褒善敍勞；八曰異章服以別貴賤；九曰正禮儀以肅宮庭；十曰定官制以省內外冗員；十一曰講究錢穀以裕國用；十二曰訪求曉習音律者以協太常雅樂；十三曰國子監不可隸集賢院，宜正其名；十四曰試補六部寺監及府州司縣吏；十五曰增內外官吏俸祿；十六曰禁父子骨肉、奴婢相告訐者；十七曰定婚姻聘財；十八曰罷行用官錢營什一之利；十九曰復笞杖以別輕重之罪；二十曰郡縣吏自中統前仕宦者，宜加優異；二十一曰爲治之道宜各從本俗。疏奏，帝嘉納之。

未幾，陞祕書少監，預修大一統志。秩滿歸兗州，以貲業悉讓弟楷，鄉里稱焉。大德三年，以國子司業召，未赴，卒，年六十六。

桓爲人寬厚，事親篤孝，博覽羣籍，尤精篆籀之學。著六書統、六書泝源、書學正韻，大抵推明許愼之說，而意加深，皆行于世。

楊果

楊果字正卿，祁州蒲陰人。幼失怙恃，自宋還亳，復徙居許昌，以章句授徒爲業，流寓轗軻十餘年。金正大甲申，登進士第。會參政李蹊行大司農於許，果以詩送之，蹊大稱賞，歸言於朝，用爲偃師令。到官，以廉幹稱。改蒲城，改陝，皆劇縣也。果有應變材，能治煩劇，諸縣以果治效爲最。

金亡，歲己丑，楊奐徵河南課稅，起果爲經歷。未幾，史天澤經略河南，果爲參議。時兵革之餘，法度草創，果隨宜贊畫，民賴以安。世祖中統元年，設十道宣撫使，命果爲北京宣撫使。明年，拜參知政事。及例罷，猶詔與左丞姚樞等日赴省議事。至元六年，出爲懷孟路總管，大修學廟。以前嘗爲中書執政官，移文中部，特不署名。以老致政，卒于家，年七十五，諡文獻。

果性聰敏，美風姿，工文章，尤長於樂府，外若沉默，內懷智用，善諧謔，聞者絕倒。微時，避亂河南，娶羈旅中女，後登科，歷顯仕，竟與偕老，不易其初心，人以是稱之。有西菴集，行於世。

王構

王構字肯堂，東平人。父公淵，遭金末之亂，其兄三人挈家南奔，公淵獨誓死守墳墓，伏草莽中，諸兄呼之不出，號慟而去，卒得存其家，而三兄不知所終。

構少穎悟，風度凝厚。學問該博，文章典雅，弱冠以詞賦中選，爲東平行臺掌書記。參政賈居貞一見器重，俾其子受學焉。

至元十一年，授翰林國史院編修官。時遣丞相伯顏伐宋，先下詔讓之，命構屬草以進，世祖大悅。宋亡，構與李槃同被旨，至杭取三館圖籍、太常天章禮器儀仗，歸于京師。凡所薦拔，皆時之名士。十三年秋，還，入覲，遷應奉翰林文字，陞修撰。丞相和禮霍孫由翰林學士承旨拜司徒，辟構爲司直。時丞相阿合馬爲盜擊死，世祖亦悟其姦，復相和禮霍孫，更張庶務，構之謀畫居多。歷吏部、禮部郎中，審囚河南，多所平反。改太常少卿，定親享太廟儀注。擢淮東提刑按察副使，召見便殿，親授制書，賜上尊酒以遣之。尋以治書侍御史

召。屬桑哥爲相，俾與平章卜忽木檢覈燕南錢穀，而督其逋負。以十一月晦行，期歲終復命。明年春還，宿盧溝驛，度逾期，禍且不測，謂卜忽木曰：「設有罪，構當以身任之，不以累公也。」會桑哥死，乃免。有旨出銓選江西。入翰林，爲侍講學士。世祖崩，構撰諡册。

成宗立，由侍講爲學士，纂修實錄，書成，參議中書省事。時南士有陳利便請搜括田賦者，執政欲從之。構與平章何榮祖共言其不可，辨之甚力，得不行。以疾歸東平。久之，起爲濟南路總管。諸王從者怙勢行州縣，民莫敢忤視，構聞諸朝，徙之北境。學田爲牧地所侵者，理而歸之。官貸民粟，歲饑而責償不已，構請輸以明年。武宗卽位，以纂修國史，趣召赴闕，拜翰林學士承旨，未幾，以疾卒，年六十三。

構歷事三朝，練習臺閣典故，凡祖宗諡册册文皆所撰定，朝廷每有大議，必咨訪焉。喜薦引寒士，前後省臺、翰苑所辟，無慮數十人，後居清要，皆有名于時。子士熙，仕至中書參政，卒官南臺御史中丞；士點，淮西廉訪司僉事，皆能以文學世其家。

魏初

魏初字大初，弘州順聖人。從祖璠，金貞祐三年進士，補尚書省令史。金宣宗求直言，

瑨首論將相非人，及不當立德陵事，疏奏，不報。後復上言：「國勢危逼，四方未聞有勤王之舉，隴右地險食足，其帥完顏胡斜虎亦可委仗，宜遣人往諭大計。」大臣不悅而止。閱數月，胡斜虎兵來援，已無及，金主悔焉。

金將武仙軍次五垛山不進。求使仙者，或薦瑨，即授朝列大夫、翰林修撰，給騎四人以從。至則仙已遁去，部曲亦多散亡，瑨撫循招集，得數千人，推其中材勇者爲帥長，仍制符印予之，以矯制自劾，金主謂其處置得宜。繼聞仙率餘衆保留山，瑨直趣仙所宣諭之。或讒於仙，謂瑨欲奪其軍，仙怒，命士拔刃若欲殲瑨然，且引一吏與瑨辨。瑨不爲動，大言曰：「王人雖微，序于諸侯之上，將軍縱不加禮，奈何聽讒邪之言，欲以小吏置對耶！且將軍跳山谷，而左右無異心者，以天子大臣故也，苟不知尊天子，安知麾下無如將軍者。不然，吾有死，無辱命。」仙不能屈。瑨復激使進兵，不應，比還，金主已遷歸德，復遷蔡州。金亡，瑨無所歸，乃北還鄉里。

庚戌歲，世祖居潛邸，聞瑨名，徵至和林，訪以當世之務。瑨條陳便宜三十餘事，舉名士六十餘人以對，世祖嘉納，後多采用焉。以疾卒于和林，年七十，賜謚靖肅。

初，其從孫也，瑨無子，以初爲後。初好讀書，尤長於春秋，爲文簡而有法，比冠，有聲。中統元年，始立中書省，辟爲掾史，兼掌書記。未幾，以祖母老辭歸，隱居教授。會詔左丞

許衡、學士竇默及京師諸儒，各陳經史所載前代帝王嘉言善政，選進讀之士，有司以初應詔。帝雅重瑨名，方之古直，詢知初爲瑨子，〔一五〕歎獎久之，即授國史院編修官，尋拜監察御史。首言：「法者，持天下之具，御史臺則守法之司也。方今法有未定，百司無所持循，宜參酌考定，頒行天下。」

帝宴羣臣於上都行宮，有不能釂大卮者，免其冠服。初上疏曰：「臣聞君猶天也，臣猶地也，尊卑之禮，不可不肅。方今內有太常，有史官，有起居注，以議典禮，記言動，外有高麗、安南使者入貢，以覲中國之儀。昨聞錫宴大臣，威儀弗謹，非所以尊朝廷、正上下也。」疏入，帝欣納之，仍諭侍臣自今毋復爲此舉。時襄樊未下，將括民爲兵，或請自大興始。初言：「京師天下之本，要在殷盛，建邦之初詎宜騷動。」遂免括大興兵。

初又言：「舊制，常參官諸州刺史，上任三日，舉一人自代。況風紀之職與常員異，請自今監察御史、按察司官，在任一歲，各舉一人自代，所舉不當，有罰，不惟砥礪風節，亦可爲國得人。」遂舉勸農副使劉宣自代。出僉陝西四川按察司事，歷陝西河東按察副使，入爲治書侍御史。又以侍御史行御史臺事于揚州，擢江西按察使，尋徵拜侍御史。行臺移建康，出爲中丞，卒，年六十一。子必復，集賢侍講學士。

焦養直

焦養直字無咎，東昌堂邑人。夙以才器稱。至元十八年，世祖改符寶郎爲典瑞監，思得一儒者居之。近臣有以養直薦者，帝即命召見，敷對稱旨，以眞定路儒學教授超拜典瑞少監。二十四年，從征乃顏。二十八年，賜宅一區。入侍帷幄，陳說古先帝王政治，帝聽之，每忘倦。嘗語及漢高帝起自側微，誦所舊聞，養直從容論辨，帝即開納，由是不薄高帝。大德元年，成宗幸柳林，命養直進講資治通鑑，因陳規諫之言，詔賜酒及鈔萬七千五百貫。二年，賜金帶、象笏。三年，遷集賢侍講學士，賜通犀帶。七年，詔傅太子於宮中，啓沃誠至，帝聞之，大悅。八年，代祀南海。九年，進集賢學士。十一年，陞太子諭德。至大元年，授集賢大學士，謀議大政悉與焉。告老歸而卒，贈資德大夫、河南等處行中書省右丞，謚文靖。

子德方，以廕爲興國路總管府判官。

孟攀鱗

孟攀鱗字駕之，雲內人。曾祖彥甫，以明法爲西北路招討司知事。有疑獄當死者百餘

人，彥甫執不從，後三日得實，皆釋之。祖鶴、父澤民，皆金進士。

攀鱗幼日誦萬言，能綴文，時號奇童。金正大七年，擢進士第，仕至朝散大夫、招討使。歲壬辰，汴京下，北歸居平陽。丙午，爲陝西帥府詳議官，遂家長安。世祖中統三年，授翰林待制，同修國史。

至元初，召見，條陳七十事，大抵勸上以郊祀天地，祠太廟，制禮樂，建學校，行科舉，擇守令以字民，儲米粟以贍軍，省無名之賦，罷不急之役，百司庶府統於六部，紀綱制度悉由中書，是爲長久之計。世祖悉嘉納之，咨問諄諄。後論王百一、許仲平優劣，對曰：「百一文華之士，可置翰苑，仲平明經傳道，可爲後學矜式。」帝深然之。又嘗召問宗廟、郊祀儀制，攀鱗悉據經典以對。時帝將親祀，詔命攀鱗會太常議定禮儀，攀（龍）〔鱗〕夜畫郊祀及宗廟圖以進，〔一六〕帝皆親覽焉。復以病請西歸，帝令就議陝西五路四川行中書省事。四年卒，年六十四。延祐三年，贈翰林學士承旨、資德大夫、上護軍、平原郡公，謚文定。

尚野

尚野字文蔚，其先保定人，徙滿城。野幼穎異，祖母劉，厚資之使就學。至元十八年，以處士徵爲國史院編修官。二十年，兼興文署丞，出爲汝州判官，廉介有爲，憲司屢薦之。

二十八年，遷南陽縣尹。初至官，獄訟充斥，野裁決無留滯，涉旬，遂無事。改懷孟河渠副使，會遣使問民疾苦，野建言：「水利有成法，宜隸有司，不宜復置河渠官。」事聞于朝，河渠官遂罷。

大德六年，遷國子助教。諸生入宿衞者，歲從幸上都，丞相哈剌哈孫始命野分學於上都，以教諸生，仍鑄印給之，上都分學自野始。俄陞國子博士，誨人先經學而後文藝，每謂諸生曰：「學未有得，徒事華藻，若持錢買水，所取有限，能自鑿井及泉而汲之，不可勝用矣。」時學舍未備，野密請御史臺，乞出帑藏所積，大建學舍以廣教育。仁宗在東宮，野爲太子文學，多所裨益，時從賓客姚燧、諭德蕭𣂏入見，帝爲加禮。

至大元年，除國子司業，近臣奏分國學西序爲大都路學，帝已可其奏，野謂國學、府學混居，不合禮制，事遂寢。四年，拜翰林直學士、知制誥同修國史。詔野赴吏部，試用廕補官，野多所優假，或病其太寬，野曰：「今初設此法，冀將來者習詩書、知禮義耳，非必責效目前也。」衆乃服。

皇慶元年，陞翰林侍講學士。延祐元年，改集賢侍講學士，兼國子祭酒。二年夏，移疾歸滿城，四方來學者益衆。六年，卒于家，年七十六。贈通奉大夫、太常禮儀院使、護軍，追封上黨郡公，謚文懿。

野性開敏，志趣正大，事繼母以孝聞，文辭典雅，一本於理。子師易，蘄州路總管府判官；師簡，中奉大夫、奎章閣侍書學士、同知經筵事。

李之紹

李之紹字伯宗，東平平陰人。自幼穎悟聰敏，從東平李謙學。家貧，教授鄉里，學者咸集。至元三十一年，纂修世祖實錄，徵名儒充史職，以馬紹、李謙薦，授將仕佐郎、翰林國史院編修官。直學士姚燧欲試其才，凡翰林應酬之文，積十餘事，併以付之。之紹援筆立成，併以藁進。燧驚喜曰：「可謂名下無虛士也。」

大德二年，聞祖母疾，辭歸。復除編修官，陞將仕郎。六年，陞應奉翰林文字。七年，遷太常博士。九年，丁母憂，累起復，終不能奪。至大三年，仍授太常博士，階承事郎。四年，陞承直郎、翰林待制。皇慶元年，還國子司業。延祐三年，陞奉政大夫、國子祭酒。夙夜孳孳，惟以教育人材爲心。四年十二月，陞朝列大夫、同僉太常禮儀院事。六年，改翰林直學士，復以疾還。七年，召爲翰林直學士。至治二年，陞翰林侍講學士、知制誥同修國史。三年，告老而歸。泰定三年八月卒，年七十三。子勗，廕父職，同知諸暨州事。

之紹平日自以其性遇事優游少斷，故號果齋以自勵。有文集藏于家。

校勘記

〔一〕附會(元曆)〔曆元〕更(日立)〔立日〕法　道光本與元名臣事略卷一三引楊恭懿墓誌合，從改正。

〔二〕四大(二)〔三〕小何傷　從道光本改。按本書卷五三曆志有「天事誠密，雖四大三小庸何傷」。

〔三〕二十二年以昭文館學士領太史院事召　按元文類卷六〇姚燧楊恭懿神道碑作「二十二年召。明年，以昭文館大學士、正議大夫、領太史院事召」。此處脫「召。明年」，遂以二十三年事誤繫二十二年。

〔四〕十六年　按上文有中統年號，此處當有「至元」二字。考異已校。

〔五〕(澧)〔灃〕河　見卷五校勘記〔一五〕。下同。類編已校。

〔六〕自小王村(徑)〔經〕滹沱　據元文類卷五〇齊履謙郭守敬行狀改。類編已校。

〔七〕(九)〔丸〕表　道光本與元文類卷五〇齊履謙郭守敬行狀合，從改。

〔八〕始用定(制)〔朔〕　道光本與元文類卷五〇齊履謙郭守敬行狀合，從改。本書卷五三曆志有「自有曆以來，下訖麟德而定朔始行」。

〔九〕又〔二〕百三十六年　道光本與元文類卷五〇齊履謙郭守敬行狀合，從補。

〔一〇〕戊申日夜半後五十七刻〔半〕　據元文類卷五〇齊履謙郭守敬行狀補。類編已校。

〔一一〕癸丑日夜半後八十一刻〔半〕　據元文類卷五〇齊履謙郭守敬行狀補。類編已校。

〔一二〕與(日)〔月〕食相符　道光本與元文類卷五〇齊履謙郭守敬行狀合，從改。

〔一三〕皆親操畚(牐)〔鍤〕倡工　道光本與元文類卷五〇齊履謙郭守敬行狀合，從改。

〔一四〕木華黎曾孫碩德　「曾」當作「玄」。見卷一一六校勘記〔三〕。

〔一五〕詢知初爲璠子　上文謂魏初爲魏璠從孫，與青崖集卷五先君墓碣銘符，此作「璠子」，誤。道光本從類編改「子」爲「後」。

〔一六〕攀(龍)〔鱗〕　從北監本改。

元史卷一百六十五

列傳第五十二

張禧（弘綱）〔一〕

張禧，東安州人。父仁義，金末徙家益都。及太宗下山東，仁義乃走信安。時燕薊已下，獨信安猶爲金守，其主將知仁義勇而有謀，用之左右。國兵圍信安，仁義率敢死士三百，開門出戰，圍解，以功署軍馬總管。守信安踰十年，度不能支，乃與主將舉城內附。率其部曲從宗王合丑平定河南，授管軍元帥。後攻歸德，飛矢入口，折其二齒，鏃出項後，卒，賜爵縣侯。

禧年十六，從大將阿朮魯南攻徐州、歸德，復從元帥察罕攻壽春、安豐、廬、滁、黃、泗諸州，皆有功。禧素峭直，爲主將所忌，誣以他罪，欲置之法。時王鶚侍世祖於潛邸，禧密往依之，鶚請左丞闊闊薦禧與其子弘綱俱入見。

歲己未，從世祖南伐，濟江，與宋兵始接戰，卽擒其一將。進攻鄂州，諸軍穴城以入，宋樹柵爲夾城於內，入戰者輒不利，乃命以厚賞募敢死士。禧與子弘綱俱應募，由城東南入戰，將至城下，帝憫其父子俱入險地，遣阿里海牙諭禧父子，止一人進戰。禧所執槍，中弩矢而折，取弘綱槍以入，破城東南角。有逗留不進者十餘人，立城下，弘綱復奪其槍入。轉戰良久，禧身中十八矢，一矢鏃貫腹，悶絕復甦，曰：「得血竭飲之，血出可生。」世祖亟命取血竭，遣人往療之。瘡既愈，復從大將納剌忽與宋兵戰于金口、李家洲，皆捷。

世祖卽位，賜金符，授新軍千戶。三年，從征李璮。〔二〕時宋乘璮叛，遣夏貴襲取蘄縣、宿州等城，禧移兵攻之，貴走，盡復諸城。

至元元年，陞唐鄧等州盧氏保甲丁壯軍總管。宋侵均州，總管李玉山敗走，帝命禧代之。三年，與宋將呂文煥戰于高頭赤山，乘勝復均州。四年，改水軍總管，益其軍二千五百，令習水戰。五年，從攻襄樊。六年七月，夏貴率兵援襄陽，禧從元帥阿朮戰，却之。八年，江水暴溢，宋遣范文虎以戰艦千餘艘來援。元帥阿朮命禧率輕舟，夜銜枚入其陣中，掘葦以識水之深淺。及還，阿朮卽命禧率四翼水軍進戰，宋兵潰，追至淺水，奪戰艦七十餘艘。九年，攻樊城，焚其串樓，敗宋將張貴于鹿門山。十年，行省集諸將問破襄陽之策，禧言：「襄、樊夾漢江而城，敵人橫鐵鎖、置木橛于水中，今斷鎖毀橛，以絕其援，則樊城必下。樊城下，則襄陽可圖矣。」行省用其計，乃破樊城，而襄陽繼降，帝遣使錄諸將功，授宣武將軍、水軍萬戶，佩金虎符，丞相伯顏因命禧爲水軍先鋒。

十二年，敗宋將孫虎臣于丁家洲，尋移屯黃池，以斷宋救兵。九月，從阿朮與宋都統姜才戰，有功，加信武將軍。十三年，從下溫、台、福建。十四年，加懷遠大將軍、江陰路達魯花赤、水軍萬戶。十六年，入朝，進昭勇大將軍、招討使。

十七年，加鎭國上將軍、都元帥。時朝廷議征日本，禧請行，卽日拜行中書省平章政事，與右丞范文虎、左丞李庭同率舟師，泛海東征。至日本，禧卽捨舟，築壘平湖島，約束戰艦，各相去五十步止泊，以避風濤觸擊。八月，颶風大作，文虎、庭戰艦悉壞，禧所部獨完。文虎等議還，禧曰：「士卒溺死者半，其脫死者，皆壯士也，曷若乘其無回顧心，因糧於敵以進戰。」文虎等不從，曰：「還朝問罪，我輩當之，公不與也。」禧乃分船與之。時平湖島屯兵四千，乏舟，禧曰：「我安忍棄之！」遂悉棄舟中所有馬七十四，以濟其還。至京師，文虎等皆獲罪，禧獨免。子弘綱。

弘綱字憲臣，年十八，父禧爲主將所誣，繫獄，將殺之，弘綱直入獄中，獄卒併繫之。弘

綱佯狂譃笑，守者易之，旣寢，遂與其父逸去。後從其父攻城徇地，屢有功，自昭信校尉、管軍總把，佩銀符，換金符，爲千戶，陞總管、廣威將軍、招討副使，加定遠大將軍、招討使，襲鎭江陰。

盜起安吉，弘綱率兵往捕，未踰旬，擒之。從參政高興破建德溪寨諸賊，後賜三珠虎符，授昭勇大將軍、河南諸翼征行萬戶。從右丞劉深征八百媳婦國，師次八番，與叛蠻宋隆濟等力戰而歿。贈宣忠秉義功臣、資善大夫、湖廣等處行中書省左丞、上護軍，追封齊郡公，諡武（宣）〔定〕。〔三〕

子漢，當襲職，讓其弟鼎。漢後爲監察御史，累官至集賢直學士。鼎，襲江陰水軍萬戶。

賈文備

賈文備字仲武，祁州蒲陰人。父輔，仕金爲祁州刺史。武仙憚輔膽略，密令所親圖之。輔以衆歸太祖，詔隸張柔，以兵攻蠡州、慶都、安平、束鹿諸縣，皆下之。柔開帥府於滿城，命輔行元帥府事於祁州。從定山東，遷左副元帥。柔將兵在外，輔常居守，累功，改行軍千戶，賜金符，尋領順天河南等路軍民萬戶，卒。

文備襲父千戶職，張柔命屯三汊口，備宋兵。宋以雲梯二十餘來攻，文備率兵鏖戰，却之，憲宗賜弓矢銀盃。歲乙卯，復令襲父左副元帥職，兼領順天路。中統（三）〔二〕年，〔四〕升開元府路女眞水達達等處宣撫使，佩金虎符。三年，遷開元東京懿州等處宣慰使。四年，改授萬戶，領張柔所部軍，屯亳州。宋兵時鈔掠淮甸，文備戰却之。

至元二年，加昭勇大將軍、眞定路總管，兼府尹。六年，調衛輝路總管。七年，授西蜀成都統軍，以疾不赴。八年，授宿州萬戶，尋改河南等路統軍，圍襄樊。九年，移蔡州，兼水陸漕運。宋兵時掠糧餉，文備敗之，併奪其船。詔罷統軍，文備入覲，賜弓矢、金鞍、錦衣、白金。十一年，復授萬戶、漢軍都元帥，領劉整軍，駐亳州。宋將夏貴知亳無備，盛引兵來襲，文備出奇邀擊，大破之，帝賜金鞍、金織、文段、白金。

丞相伯顏伐宋，文備領左翼諸軍以從，抵郢州。宋築二城夾江，布戰艦數千艘于江中，陳兵兩岸，軍不得進。文備泛舟，由淪河徑出大江，攻武磯堡。乃從阿朮先渡江，大軍繼之，遂取鄂、漢，以功賜白金，加昭毅大將軍，守鄂州。

十二年，從平章政事阿里海牙趣湖南，至潭州城下。文備冒鋒鏑，砲傷右手，流矢中左臂，攻戰愈急，宋臣李芾死之，轉運判官鍾蜚英等以城降。十三年，加昭武大將軍，守潭州。十四年，衡、永、郴等郡寇發，文備悉討平之。十五年，進鎮國上將軍、湖南道宣慰使，徇瓊崖等州及廣東瀕海諸城，追宋衛王昺。

十六年，召還，拜淮東宣慰使，〔五〕加金吾上將軍，鎮慶元。十八年，復授都元帥。二十年，改江東宣慰使，討建寧盜黃華。二十二年，拜荊湖占城行中書省參知政事。二十三年，改湖廣行省參知政事。二十四年，致仕。後十七年，以疾卒。延祐四年，贈江西等處行中書省左丞，追封武威郡公，謚莊武。

解誠

解誠，易州定興人。善水戰，從伐宋，設方略，奪敵船千計，以功授金符、水軍萬戶，兼都水監使。焦湖之戰，獲戰艦三百艘。宋以舟師來援，誠據舟厲聲呵之，援兵不敢動，急移舟抵岸，乘勢追殺之，奪其軍餉三百餘斛。旣又從攻安豐、壽、復、泗、亳諸州，俱有功；又從下雲南大理國，以功賜金虎符。從攻鄂，奪敵艦千餘艘，殺溺敵軍甚衆。世祖嘉其功，嘗降制奬之。

至元三十年，卒，贈推忠宣力功臣、龍虎衞上將軍、同知樞密院事、上護軍，追封易國公，謚武定。

子汝楫襲，從討李璮，平宋，累獲功賞，卒，贈推忠效節功臣、資德大夫、中書右丞、上護軍，追封易國公，謚忠毅。

子帖哥襲，從征廣西，下靜江府，改授水軍招討使。尋復爲萬戶，從征交趾，有功，陞廣東道宣慰使，卒，贈資德大夫、河南江北等處行中書省左丞、上護軍、平陽郡公，謚武宣。

子世英，由監察御史，遷山南江北道僉事。

管如德

管如德，黃州黃陂縣人。父景模，爲宋將，以蘄州降，授淮西宣撫使。如德爲江州都統制，至元十二年，亦以城降。先是，如德嘗被俘虜，思其父，與同輩七人間道南馳，爲邏者所獲，械送于郡。如德伺邏者怠，卽引械擊死數十人，各破械脫走，間關萬里達父所。景模喜曰：「此眞吾兒也。」至是，入覲，世祖笑曰：「是孝於父者，必忠於我矣。」一日，授以强弓二，如德以左手兼握，右手悉引滿之，帝曰：「得無傷汝臂乎？後毋復然！」嘗從獵，遇大溝，馬不可越，如德卽解衣浮渡，帝壯之，由是稱爲拔都，賞賚優渥。帝問：「我何以得天下，宋何以亡？」如德對曰：「陛下以福德勝之。襄樊，宋咽喉也，咽喉被塞，不亡何恃！」帝曰：「善。」帝又命習國書，曰：「習成，當爲朕言之。」一日，帝語如德曰：「朕治天下，重惜人命，凡有罪者必令面對再四，果實也而後罪之，非如宋權姦擅權，書片紙數字卽殺人也。汝但一心奉職，

毋懼忌嫉之口。」授湖北招討使，總管本部軍馬，佩金虎符。

是年六月，丞相阿朮南攻宋。如德以軍爲前鋒，至揚州揚子橋，與宋戰，晝夜不息，如德先登陷陣，擒其帥張都統等，宋軍遂潰。七月，進軍（隹）〔焦〕山江上，〔六〕復大戰，奪宋帥夏都統牌印衣甲及餉軍海船，悉送阿朮所。事聞，帝命賞之。軍至鎮江，如德招安諸郡，守將皆望風降附。丞相伯顏取臨安，復選能招諸郡者，衆推如德，如德銜命往喩，紹興諸郡皆下。初，世祖以寶刀賜如德，及與敵戰，刀刃盡缺。宋平，入覲，如德以刀上呈，曰：「陛下向所賜刀，從軍以來，刀缺如是矣。」帝嘉其樸。

十二年，遷浙西宣慰使，上時政五條：一曰立額薄征；二曰息兵懷遠；三曰立法用人；四曰省役恤民；五曰設官制祿。時法制未備，仕多冗員，又方用兵日本倭國，而軍民之官，廩祿未有定制，故如德言及之，權臣抑不得上。二〔十〕年，丞相阿塔海命馳驛奏出征事，〔七〕入見，世祖問曰：「江南之民，得無有二心乎？」如德對曰：「往歲旱潦相仍，民不聊生，今累歲豐稔，民沐聖恩多矣，敢有貳志！使果有貳志，臣曷敢飾辭以欺陛下乎！」帝善其言，且喩之曰：「阿塔海有未及者，卿善輔導之，有當奏聞者，卿勿憚勞，宜馳捷足之馬，來告於朕。」

二十四年，遷江西行省參知政事，破豪猾，去姦吏，居民大悅。是時，贛、汀二州盜起，如德指揮諸將討平之，其脅從者多所全宥。二十六年，遷江西行尙書省左丞，時鍾明亮以

循州叛，殺掠州縣，千里丘墟，帝命如德統四省兵討之。諸將欲直擣其巢穴，如德曰：「嘻！今田野之氓，疲於轉輸，介胄之士，病於暴露，重困斯民，而自爲功，吾不爲也。」於是遣使喻以禍福，賊感如德誠信，卽擁十餘騎，詣贛州石城縣降。平章政事奥魯赤，怒其跋扈不臣，欲以事殺明亮，如德聞之曰：「皇元仁厚，未嘗殺降，明亮叛人，何足惜，所重者，信不可失耳！」年四十有四，卒于軍，贈江西行省左丞、平昌郡公，謚武襄。

子九，淳祖，積官中順大夫、龍興路富州尹。

趙匣剌

趙匣剌者，始以父任爲千戶，佩金符。中統三年，守東川。四年，宋夏貴以兵侵虎嘯山寨，元帥欽察遣匣剌率兵往禦之，貴敗走，追至新明縣，斬首三十餘級。宋劉雄飛以兵犯青居山舊府，匣剌與戰於都尉垻，敗之，斬首二十餘級。欽察攻釣魚山，遣匣剌以兵千五百人略地至南垻，擊敗宋軍，生獲軍士五十七人，老幼三百四十人。從攻大良平，宋昝萬壽運糧至渠江之鵝灘，匣剌邀擊之，斬首五十餘級，宋兵大敗。匣剌亦被三創，矢鏃中左肩不得出。欽察惜其驍勇，取死囚二人，刲其肩，視骨節淺深，知可出，卽爲鑿其創，拔鏃出之，匣剌神色不爲動。

至元三年，爲東川路先鋒使。四年，元帥拜答攻開州，至萬竇山，遣匣剌以兵五百人擊宋軍，生獲四十人。五年，兼管京兆、延安兩路新軍，戍東安、虎嘯山兩城。宋楊立以兵護糧，送大良平，匣剌察知之，遂率所部兵與立戰於三重山，斬首百五十級，擒獲四十餘人。立敗走，棄其糧千餘石，因盡奪其甲仗旗幟而還。

六年，行院遣匣剌攻釣魚山之沙市，焚其敵樓。從左丞曲力吉思等入朝，詔賞白金五十兩，細甲一注。九年，統軍合剌攻釣魚山，時匣剌爲先鋒，領兵千人，略地至葛樹坪，與宋兵遇，生獲二十餘人，斬首四十級。十年三月，復從行院合答攻釣魚山之沙市，匣剌乘夜蟻附而登，殺其守兵，燒其積聚，生獲二十餘人以歸。又擊敗宋將張珏兵於武勝軍。行院新拔禮義山寨，命匣剌守之。

十二年，率舟師會攻釣魚山，戰數有功。進圍重慶，宋將趙安勒兵出戰，匣剌迎擊之，夜至二鼓，敵衆大潰。行院以其功上聞，未報而疾作，乃遣往瀘州治疾，至之夕，瀘州復叛，匣剌輿疾出戰，遂爲其所獲，與從者二十人皆死之。子世顯，船橋副萬戶。

周全

周全，其先汝寧光州人。仕宋爲武翼大夫、廣南西路馬步軍副總管。至元十二年，丞相伯顔總兵下江南，全率衆來歸，遂以行省檄遙授衡州知州。是年秋七月，入覲，賜金符，授明威將軍，遙授泉州知州，兼管軍千戶。冬十月，從元帥宋都䚟下江西諸城邑。明年，進兵福建，宋制置使黄萬石降。冬十月，從大軍征廣東，十一月，至韶州城下，嚴攻具，率勇士先登，與宋兵合戰，斬馘甚衆，殺其安撫使熊飛。十二月，以遊騎巡廣中，過靈星海石門。敵勢甚張，全奮戈殺敵，乘勝奪其旗鼓，火其船，及諸軍下廣州，全功居多。

十四年，從攻廣西靜江府，宋安撫李夢龍率衆來降。其有負固不下者，悉戰敗之，奪敵艦以千計，殺敵溺死者無算，兩廣以平。第功，賜虎符，授管軍總管。十五年，盜據贛州崖石山寨，全率兵討平之，焚其寨。十七年，進廣威將軍、管軍副萬戶，鎭守龍興。二十年，以疾去官。

大德九年，卒，贈懷遠大將軍、南安寨兵萬戶府萬戶、輕車都尉，追封汝南郡侯。子祖瑞，襲職。

孔元

孔元字彥亨，眞定人，驍勇有智略。歲丁酉，棄家從軍，隸丞相史天澤麾下。戊戌，從攻焦湖，圍壽春，先登，拔其西堡。己亥，從征安豐，力戰却敵。己酉，從圍泗州，拔之。辛

亥，從攻五堂山寨，俘其衆以歸。戊午，從攻樊城，親王塔察兒命取樊西堡，元率死士挺槍大呼，擊殺數百人，斬首十九級以獻。中統元年，扈駕北征。二年，宣授管軍總把。

至元十一年，從伐宋，爲前鋒，所向克捷。十四年，進武略將軍、管軍千戶。明年，還軍北征，進武義將軍、侍衞親軍千戶，賜佩金符。又明年，國兵討叛王失里木等，從行院別乞里迷失追其衆至兀速洋而還。分軍之半，扼其要害地，餘衆遂潰，獲輜重牛馬。帝大悅，賞賚甚厚，加宣武將軍、右衞親軍總管。十九年，以疾卒。

子鷹揚襲，授昭信校尉、右衞親軍弩軍千戶，仍佩金符。至大元年，以疾卒。子成祖襲，延祐二年，卒。子那海襲。

朱國寶

朱國寶，其先徐州人，後徙寶坻。父存器，歷官至修內司使。嘗夜行盧溝橋，獲金一囊，坐而待其主以付之，其人請中分，存器笑而遣之。

憲宗將攻宋，募兵習水戰，國寶以職官子從軍，隸水軍萬戶解誠麾下。己未，世祖以兵攻鄂，國寶攝千戶，率銳卒於中流與宋師鏖戰，凡十七戰，諸軍畢濟。中統二年，授千戶，佩銀符。三年，圍李璮於濟南，佩金符，鎭戍（海東）〔東海〕。〔六〕從征襄陽，攝四翼鎭撫，督造戰

艦，築萬山堡。至元十一年，拔沙洋，墮新城，皆與有力焉。初，師次江上，國寶請於丞相伯顏，願當前鋒，既而奪船二十艘以獻，伯顏壯之。宋據上流，方舟數百，結爲堡柵，伯顏指示曰：「復能奪取是乎？」國寶卽奮往破柵。既渡江，下鄂、漢。

十二年，進兵臨岳州，與宋兵戰於岳之桃花灘，獲其將高世傑，進昭信校尉、管軍總管。既降湖右，加宣武將軍，統蒙古諸軍，鎮常德府，知安撫司事。時宋諸郡邑多堅守不下，國寶傳檄招諭，踰月悉平，惟辰、沅、靖、鎮遠未下。宋將李信、李發結武岡洞蠻，分據扼寨，國寶擊敗之，其衆退保飛山、新城。思、播蠻來援，國寶復與戰，破之，擒張星、沈舉等三百餘人。進攻新城，獲信、發等，獻俘江陵。行省奏功，賜金虎符。十四年，會諸道兵攻廣西靜江，拔之，進秩管軍萬戶，鎮守梧州，領安撫司事。

十五年，加懷遠大將軍。初，宋臨安之破也，張世傑挾二王由閩蹈海，衆復滋蔓。時南恩、新州何華、張翼，舉兵興復，軍勢甚盛。國寶選精銳，擊殺華、翼，擒其黨二人，斬首萬餘級，俘五百餘人、船七百艘，奪其兵器無算，降其將十餘、軍士二百、民三萬餘戶。十六年，遷定遠大將軍、海北海南道宣慰使。蜑賊連結鬱林、廉州諸洞，恣行剽掠，國寶悉平之，磔尸高化，以懲反側。任龍光等率所部五千戶降。移瓊州，立官程，更弊政，訓兵息民，具有條制。南寧謝有奎負固不服，國寶開示信義，有奎感悟，以其屬來歸。於是黎民降者三千

戶，蠻洞降者三十所。十八年，破臨高蠻寇五百人，招降居亥、番毫、銅鼓、博吐、桐油等十九洞，遣部將韓旺率兵略大黎、密塘、橫山，誅首惡李實，火其巢，生致大鍾、小鍾諸部長十有八人，加鎭國上將軍、海北海南道宣慰使都元帥。供給占城軍餉，事集而民不擾。

二十三年，遷廣南西道宣慰使。二十四年，入覲，帝慰勞之。二十五年，進輔國上將軍、都元帥、參知政事，行尙書省事。以軍事至贛州，得疾，卒于傳舍，年五十九。

子斌，襲職，累官加賜金虎符、海北海南宣慰使都元帥；賓，上副萬戶，佩金虎符，鎮福州；次鼎；次鉉。

張立

張立，泰安長清人。初隸嚴實麾下，略江淮有功，署爲百戶。歲戊午，憲宗征蜀，徵諸道兵，立從行。次大獲山，宋人阻山爲城，帶江爲池，恃以自固，立統銳卒，攻陷外堡，奪戰船百餘艘。復從攻釣魚山，有功，賜金帛。中統初，從世祖北征，還，授管軍總把，賜銀符，進侍衞軍鎭撫，換金符，改侍衞軍千戶。尋遷左衞親軍副都指揮使，賜金虎符。

十四年春，率步卒千人轉粟赴和林，道出應昌。會昝帥畔換謀不軌，以射士三千躡其後，欲乘間奪其資糧。立覺其有異，急命環車爲柵以備之，賊衆已合，矢如雨下。初，立之

發上都也，每車載二板，以備不虞。至是，建板于車，矢不能入，騎卒稍前，卽以戈撞之，强弩繼發，賊不得近，相持連日，乃解去。是歲，增置前後衞兵，進明威將軍、後衞親軍都指揮使，賜雙珠虎符，加昭勇大將軍，以老乞退。

子珪襲。珪卒，子伯潛襲。

齊秉節

齊秉節字子度，濱州蒲臺人。父珪，從嚴實攻歸德、廬州，有功，授無棣縣尹，攝征行千戶，後兼總管，鎭棗陽。中統三年，李璮以益都叛，徵諸道兵進討，棗陽精銳盡行，僅留羸卒千餘。珪時攝萬戶府事，與宋襄、郢對壘。敵來覘虛實，珪城守周密，以東門外壕狹小可越，命浚之爲備。宋將聶都統、陳總管果率兵萬餘，抵城東門，以板渡壕，壕廣，板不能及，珪率衆力戰，敵退走，城賴以完。事聞，賜金符，眞授千戶。至元三年，告老，舉秉節自代。

秉節魁偉沉毅，涉獵書史，稍知兵法，襲父爵，仍鎭棗陽。五年，從伐宋，築新城白河口堡鹿門山，略地郢州大洪山黃仙洞，數著戰功。七年，陞上千戶，權萬戶。十一年，從丞相伯顏至郢，盪舟由陸入江，攻武磯堡，擒宋將閻都統。

十二年，國兵敗宋賈似道、孫虎臣舟師于丁家洲，命秉節屯建康，與宋將趙淮戰于西離

山，追至溧陽，自辰及午，宋軍乃退。八月，遷武義將軍。十二月，從定太平、安慶諸郡，與宋將張咨議戰于崑山，殺之。[九]十四年，授宣武將軍、管軍總管。時黃州復叛，令秉節往討，斬余總轄于陣。十七年，授明威將軍。二十三年，移鎭饒州。安仁劇賊蔡福一叛，秉節與有司會兵討之，擒福一，餘黨悉平。二十五年，陞廣威將軍、棗陽萬戶府副萬戶。二十八年，卒，年六十二。子英襲。

張萬家奴

張萬家奴，父札古帶，事睿宗於潛邸。從破金有功，賜虎符，授河東南北路船橋隨路兵馬都總管萬戶。從西征，下興元，圍嘉定，歿于軍。

萬家奴數從都元帥大答火魯征討，有功。中統二年，從都元帥紐璘入朝，授以父官。宋兵入成都，從行院阿脫擊破之。至元四年，帥師會立眉、簡二州。從也速答兒攻瀘州，大敗宋軍，殺傷過半，俘四十餘人以歸。

七年，率諸軍城張廣平，與宋人戰，斬首三百餘級，獲都統一人。從攻重慶，破朝陽寨，圍嘉定，柵平康、太和、懷遠諸寨，分兵以守之，且日出師，水陸接戰，功居多。而諸將攻瀘州，往往失利，乃詣闕請自任以攻取之效，許之。遂率舟師百五十艘，自桃竹灘至折魚灘，分守

江面，謹風火，嚴號令，約日進攻。先據神臂門，爲梯衝登城，殺二百餘人，斬關而入，遂拔之，加昭勇大將軍。會圍重慶，將其衆斷馬湖江，分兵水陸往來爲游徼，加昭毅大將軍。以所部轉餉成都及下流諸屯，尋還招討使。與都元帥藥剌海討亦奚不薛蠻，平之，進副都元帥。詔其子孝忠爲船橋萬戶。以萬家奴將四川、湖南兵征哈剌章。時雲南惡昌、多興、羅羅諸蠻皆叛，殺掠使者，劫奪人民，州郡莫能制。遂以其兵討之，勦其衆，民爲之立祠。二十年，從征緬，戰死之。

雲南王命其子保童，將其軍從征，入太公城，有功，襲副都元帥。又從征至甘州山丹，亦戰死。

孝忠少從父軍中，好攻戰。至元十九年，從都元帥也速答兒討亦奚不薛蠻，遇其衆于會靈關，追至沙谿，敗之。進攻龍家寨阿那關，克之，遂攻亦奚不薛營，大破之。又以八百人敗阿永蠻於鹿扎河，乘勝至打鼓寨，連破之。諸蠻平，以功賜金帛、弓矢、鞍轡，還軍成都。二十二年，從討烏蒙蠻。復擊降大埧都掌、蟻子諸蠻，加明威將軍。二十七年，詔從西征，至沙、瓜諸州，還，賜虎符，僉書四川等處行樞密院事。院罷，以本軍萬戶鎮成都，卒。

郭昂

郭昂字彥高，彰德林州人。習刀槊，能挽強，稍通經史，尤工於詩。至元二年，上書言事，平章廉希憲材之，授山東統軍司知事，尋改經歷，遷襄陽總軍司，轉沅州安撫司同知，佩金符，招降溪洞八十餘柵。播州張華聚衆容山，昂率兵屠之，山猺、木猫、土獠諸洞盡降。十六年，以諸洞酋入朝，帝賜金綺衣、鞍轡，進安遠大將軍。徇沅州西南界，復新化、安仁二縣，擒劇賊張虎，縱之曰：「汝非吾敵，願降即來，不然，吾復擒汝不難也。」明日，虎降，并其衆三千餘人，悉使歸民籍。軍還，衆斂白金以獻，一無所受，行至江陵，衆復從致金而去，昂悉上之行省，宰臣令藏於庫，以示諸將。

二十六年，江西盜起，昂討之，進逼南安明揚、上龍、巖湖、綠村、石門、雁湖、赤水、黑風峒諸蠻，立太平寨而還。會大饑，以賊酋家資分賑之。授萬戶，賜金虎符，鎮撫州。未幾，省檄昂赴廣東監造戰船，行至廣東界，遇盜，移檄諭以禍福。廣東素服其威信，及見其檄，即俱降。授廣東宣慰使，卒，年六十一。

子震，杭州路鎮守萬戶；惠，僉江西廉訪司事；豫，知寧都州。

綦公直

綦公直，益都樂安人，世業農。至元五年，爲益都勸農官。九年，爲沂、莒、膠、密、寧海五州都城池所千戶。十年，賜金符，命造征日本戰船于高麗。時宋未下，世祖知其勇，遣使召見，俾與乎不烈拔都等領兵，同行荆南等處招討司事。抵峽州青草灘，霖雨，不進，還屯玉泉山。率兵三千攻安進下寨，破之，殺宋軍百餘人，獲牛馬七百。還至襄陽，樞密院命督造戰艦、運舟。

襄陽既下，奉旨領鄧州、光化、唐州漢軍，及郢、復熟券軍九千二百人，從諸軍南伐。〔二十〕〔十二〕年冬，至隆興。〔一〇〕宋軍突出城門逆戰，公直敗之，追抵城下，遂踰壕拔木，焚其樓櫓，斬首萬餘級，生擒七百人，隆興降。由是南安、吉、贛皆望風款附，平堡柵六百餘所。公直又令第三子忙古台攻梅關，破淮德山寨，入廣東，至南海，皆下之。詔授公直武毅將軍、管軍上千戶；召入，加昭勇大將軍、管軍萬戶，佩金虎符，領侍衞親軍。時伯延伯答罕、禿忽魯叛于西夏，命公直率軍討平之。

十八年五月，陞輔國上將軍、都元帥、宣慰使，鎮別十八里。初，帝詔以長子泰襲萬戶，公直自陳，父年老，乞以泰爲樂安縣尹，就養其父，制可，仍終身勿徙他職。至是，乃以忙古台襲萬戶，佩金虎符，從之鎮。公直陛辭，曰：「臣父喪五年，願葬以行。」帝許之。至家，葬事畢，遂計樂安稅課及貧民逋負，悉以賜金代輸之，乃行。二十三年，諸王海都叛，侵別十八里，公直從丞相伯顏進戰於洪水山，敗之，追擊浸遠，援兵不至，第五子瑗力戰而死，公直與妻及忙古台俱陷焉。

二十四年，忙古台奔還，授定遠大將軍、中侍衞親軍副都指揮使，改湖州砲手軍匠萬戶。討衢州山賊，有功，加昭勇大將軍。泰後終於知寧海州。

楊賽因不花

楊賽因不花，初名漢英，字熙載，賽因不花，賜名也。其先，太原人。唐季，南詔陷播州，有楊端者，以應募起，竟復播州，遂使領之。五代以來，世襲其職。五傳至昭，無子，以族子貴遷嗣。又八傳至粲，粲生价，价生文，文生邦憲，皆仕宋，爲播州安撫使。至元十三年，宋亡，世祖詔諭之，邦憲奉版籍內附，授龍虎衞上將軍、紹慶珍州南平等處沿邊宣慰使、播州安撫使，卒，年四十三，贈推忠效順功臣、平章政事，追封播國公，謚惠敏。

漢英，邦憲子也，生五歲而父卒。二十二年，母田氏攜至上京，見世祖於大安（殿）〔閣〕。〔一一〕帝呼至御榻前，熟視其眸子，撫其頂者久之，乃諭宰臣曰：「楊氏母子孤寡，萬里來庭，睽甚憫之。」遂命襲父職，錫金虎符，因賜名賽因不花。及陛辭，詔中書錫宴，賜金幣綵繒，賚其從者有差。二十五年，再入覲，時年十二，帝見其應對明敏，稱善者三。復因宰臣奏安邊事，帝益嘉之。是年，改安撫司爲宣撫司，授宣撫使，尋陞侍衞親軍都指揮使。

成宗卽位，賽因不花兩入見，贈謚二代。大德五年，宋隆濟及折節等叛，詔湖廣行省平章劉二拔都、指揮使也先忽都魯，率兵偕賽因不花討之。六年秋九月，師出播境，連與賊遇，破之。前駐蹉泥，賊騎猝至，賽因不花奮擊先進，大軍繼之，賊遂潰，乘勝逐北，殺獲不可勝計。遂降阿苴，下斧籠，望塵送款者相繼。七年正月，進屯暮窩，賊衆復合，又與戰于墨特川，大破之。折節懼，乞降，斬之，又擒斬隆濟等，西南夷悉平。八年，賽因不花復入見，進資德大夫。

至大四年，加勳上護軍，詔許世襲。播南盧崩蠻內侵，詔賽因不花暨恩州宣慰使田茂忠，率兵討之，以疾卒於軍，年四十。贈推誠秉義功臣、銀青榮祿大夫、平章政事、柱國，追封播國公，謚忠宣。子嘉貞嗣。

鮮卑仲吉

鮮卑仲吉，中山人。歲乙亥，國兵定中原，仲吉首率平灤路軍民詣軍門降，太祖命爲灤

州節度使。從阿朮魯南征，充右副元帥，攻取信安、關州諸城，〔一二〕以功賜虎符，授河北等路漢軍兵馬都元帥。歲壬辰，平蔡有功，〔一三〕加金吾衞上將軍、興平路都元帥、右監軍、永安軍節度使，兼灤州管內觀察使，提舉常平倉事，開國侯，尋卒。

子準，充管軍千戶，從札〔剌〕台火兒赤東征高麗。〔一四〕中統元年，賜金符，扈駕征阿里不哥，以功受上賞。三年，從征李璮。至元十年，授侍衞親軍千戶、昭武大將軍、大都屯田萬戶，佩虎符，卒。

子誠襲，授宣武將軍、高郵上萬戶府副萬戶，佩虎符，改授懷遠大將軍、僉武衞親軍都指揮使司事。領兵征爪哇，攻八百媳婦國，使廣東，克勤于役，尋以疾卒。子忽篤土襲。

完顏石柱

完顏石柱，祖德住，仕金爲管軍千戶。父拿住，歸太祖，從征西域、河西，又從太宗攻下鳳翔、同州，有功，賜號八都兒，佩銀符，爲同州管民達魯花赤，改賜金符，兼征行千戶，總管八都軍。憲宗以拿住年老，命石柱襲其職。

己未，石柱從世祖征合剌章還，都元帥紐璘攻馬湖江，石柱奪浮橋，與宋兵戰，有功，賞白金七百五十兩。軍(龍)〔隆〕化縣，〔一五〕與宋兵戰，大敗之。中統二年，授征行萬戶，佩金符。三年，從都元帥帖哥攻嘉定，有功，改賜金虎符。至元四年，敗宋兵于九頂山，生獲四十餘人。五年，攻瀘州之水寨，擊五獲寨，渡馬湖江，迎擊宋兵，敗之。從行省也速帶兒攻建都，建都降，從攻嘉定，復瀘州，取重慶，石柱之功居多。十四年，遷昭勇大將軍。十六年，授四川東道宣慰使。十七年，改鎭國上將軍、四川西道宣慰使，總管隨路八都萬戶。二十年，拜四川行省參知政事，卒。弟眞童襲爲隨路八都萬戶。

校勘記

〔一〕〔弘綱〕　據本書原目錄補。

〔二〕三年從征李璮　按征李璮事在中統三年。上文有「世祖卽位」，下文書「至元元年」，此處當脫「中統」二字。蒙史已校。

〔三〕武(宣)〔定〕　據吳文正集卷三三張弘綱墓表、至正集卷三〇左丞張武定公挽詩序改。

〔四〕中統(三)〔二〕年　道光本與本書卷四世祖紀中統二年八月辛丑條合，從改。按下文有「三年」。

〔五〕召還拜淮東宣慰使　下文有「鎭慶元」。按本書卷六二地理志、卷九一百官志，浙東道宣慰司治慶元。蒙史改「淮」爲「浙」，疑是。

〔六〕七月進軍(佳)〔焦〕山　道光本與本書卷八世祖紀至元十二年七月辛未條合，從改。

〔七〕二〔十〕年丞相阿塔海命馳驛奏出征事　從道光本補。本書卷一二世祖紀至元二十年正月乙丑條有「以阿塔海依舊爲征東行中書省丞相」。按前文記至元十二年事，後文記二十四年事，此處「二年」顯有脫誤。

〔八〕鎭戍(海東)〔東海〕　據本書卷五世祖紀至元三年九月戊午條及卷五九地理志改正。蒙史已校。

〔九〕余總轄　按宋史卷一六七職官志，崇寧四年，以太中大夫以上知州，置副總管、鈐轄各一員，州別無「總轄」。蒙史改「總」爲「鈐」，疑是。

〔一〇〕(三十)〔十二〕年冬至隆興　按本書卷八世祖紀至元十二年七月己卯、十一月己卯條，元攻隆興在至元十二年，據改正。新元史已校。

〔一一〕見世祖于大安(殿)〔閣〕　從道光本改。按本書卷一八四崔敬傳，上都「閣有大安，殿有鴻禧」。蒙史已校。

〔一二〕攻取信安關州諸城　元無「關州」其地。光緒灤州志鮮卑仲吉神道碑有攻信安事，但不書「關州」。疑此處「關州」兩字衍誤。

〔一三〕歲壬辰平蔡有功　本證云：「案金亡于蔡，紀金亡在甲午，此云壬辰平蔡，疑誤。」

〔一四〕札〔剌〕台火兒赤　據本書卷一三五塔出傳所見補。按本書卷三憲宗紀四年夏條作「札剌亦兒部人火兒赤」。蒙史已校。

〔一五〕（龍）〔隆〕化縣　據宋史卷八九地理志、本書卷八世祖紀至元十二年十二月丙寅條改。按宋無「龍化縣」。考異已校。

元史卷一百六十六

列傳第五十三

王綧

王綧，高麗王暾之猶子也，〔一〕美容儀，慷慨有志略，善騎射，讀書通大義，以質子入朝。歲癸丑，高麗權臣高令公叛，憲宗命耶虎大王東征，綧奉旨爲使講和，仍鎮守其地，時高麗人戶新附者，就命綧總之。中統元年，授金符總管，陞佩虎符，兼領軍民。三年，率兵征濟南李璮。至元七年，高麗臣林衍叛，世祖遣頭輦哥國王討之，綧簽領部民一千三百戶，與國王同行。是年十一月，以疾辭還，家居。二十年九月，卒，壽六十一。子三人。

阿剌帖木兒襲職，授虎符，總管高麗人戶。至元八年，將兵討叛賊金通精，賊敗走躭羅。十一年，進昭勇大將軍，從都元帥忽都征日本國，預有戰功。〔十〕五年，〔二〕加鎮國上將軍、安撫使、高麗軍民總管，尋陞輔國上將軍、東征左副都元帥。十八年，復征日本，遇風

濤，遂沒于軍。

闊闊帖木兒，入侍武宗潛邸，積勞授太中大夫、管民總管。

兀愛襲兄阿剌帖木兒職，佩金虎符，授安遠大將軍、安撫使、高麗軍民總管、東征左副都元帥。二十四年，乃顏叛，力戰屢捷。復從月魯兒那演討塔不歹、朶歡大王于蒙可山、那江，統兵五千餘衆，與八剌哈赤脫歡相拒，絕流戰黑龍江，箭中右臂，忍傷復戰，敵大敗。二十五年，征哈丹禿魯〔干〕，〔三〕隸平章闊里帖木兒麾下，論功居多。冬十二月，賊軍古都禿魯干次於斡禿魯塞，平章率兀愛討降之。明年，加授昭武大將軍、遼陽等處行中書省事。又明年，哈丹等入寇高麗國境，遣兀愛鎮守，仍修城壁，嚴卒伍，軍威大振，賊遂潛遁。九月，哈丹禿魯干復寇纏春，兀愛引兵擊却之。

二十八年，入覲世祖于內殿，嘉其戰功，賜尚方玉帶及銀酒器。二十九年，改東征左副都元帥府，立總管高麗女直漢軍萬戶府，乃授兀愛三珠虎符，陞鎮國上將軍，總管高麗女直漢軍萬戶府，兼瀋陽安撫使、高麗軍民總管。

隋世昌

隋世昌，其先登州棲霞人。父實，徙居萊陽，金末隸軍伍，主帥奇其貌，以爲管軍謀克，

俄授懷遠大將軍、管軍都總領，鎮行村海口。太宗下山東，寶遂來歸，授萊陽令，歷萊州節度判官，終高密令。

世昌其第四子也，涉獵書史，善騎射，身長八尺，鍛渾鐵爲鎗，重四十餘斤，能左右擊刺。歲癸丑，選充隊長。宋兵來攻海州，世昌戰却之。壬戌，克東海，世昌先登，陞馬軍隊官。己未，攻漣水城，世昌樹雲梯攀緣而上，身被數鎗，衆從之，遂克其城，陞馬軍千戶。中統元年，宋將夏貴軍淮南新城，世昌夜乘艨艟抵城下，宋兵出戰，斬首數百級，刺殺其守將二人。未幾，漣水復叛歸宋，世昌軍于東馬寨城外，宋兵來攻，世昌擊走之。三年，改步軍千戶，還鎮行村海口。至元元年，朝議分揀正軍奧魯，授萊陽縣諸軍奧魯長官。

六年，伐宋。七年，以世昌爲淄萊萬戶府副都鎮撫，守萬山堡，建言修一字城以圍襄、樊，陞管軍千戶。九年，敗宋兵于鹿門山。元帥劉整築新門，使世昌總其役，樊城出兵來爭，且拒且築，不終夜而就。整授軍二百，令世昌立礮簾於樊城欄馬牆外，夜大雪，城中矢石如雨，軍校多死傷，達旦而礮簾立。宋人列艦江上，世昌乘風縱火，燒其船百餘。樊城出兵鏖戰欄馬牆下，世昌流血滿甲，勇氣愈壯，而樊城竟破，襄陽亦下，遷武略將軍。引兵由黃浣堡入漢江，破沙洋。攻新城，世昌坎其城而先登，中數矢，傷臂，兜鍪皆裂，昏眩墜地，少蘇復進，遂下新城。明日丞相伯顏視所坎城，高一丈五尺餘，論功爲上。從諸軍渡江，抵南

岸，宋兵聯舟來拒，世昌舍舟師，率蒙古哈必赤軍步戰，斬其將一人，宋師潰，世昌追之，復與戰，大敗之。

十二年，從戰于丁家洲，以功陞管軍千戶，佩金符。十三年，圍揚州，世昌絕其糧道，兼搜湖泊，宋兵聞鐵鎗名，不敢近。揚州平，充四城兵馬使，從平章阿朮入見，授宣武將軍、管軍總管。十四年，戍揚州，擊野人原、司空山等七寨，皆下之，進安撫使，佩金虎符，鎮澉浦。十七年，拜定遠大將軍、管軍萬戶，尋以獲海賊功進階安遠大將軍。二十三年，改沂郯上副萬戶。

世昌前後數百戰，體皆金瘡，竟以是疾卒，年六十一，封定海郡侯，諡忠勇。子國英嗣。

羅璧

羅璧字仲玉，鎮江人。父大義，爲宋將。璧年十三而孤，長從朱禩孫入蜀，累官武翼大夫、利州西路馬步軍副總管。禩孫移荆湖，璧從之，至江陵。右丞阿里海牙領軍下江陵，璧從禩孫降，授宣武將軍、管軍千戶，隸丞相阿朮麾下。招收淮軍，討歙寇有功，領本州安撫事。至元〔十〕五年，〔四〕從元帥張弘範定廣南，賜金符，陞明威將軍、管軍總管，鎮金山。居四年，海盜屛絕。徙鎮上海，督造海舟六十艘，兩月而畢。

至元十二年，始運江南糧，而河運弗便。十九年，用丞相伯顏言，初通海道漕運，抵直沽以達京城，立運糧萬戶三，而以璧與朱清、張瑄爲之。乃首部漕舟，由海洋抵楊村，不數十日入京師，賜金虎符，進懷遠大將軍、管軍萬戶，兼管海道運糧。二十四年，乃顏叛，璧復以漕舟至遼陽，浮海抵錦州小淩河，至廣寧十寨，諸軍賴以濟，加昭勇大將軍。二十五年，督漕至直沽倉，潞河決，水溢，幾及倉，璧樹柵，率所部畚土築堤捍之。陞昭毅大將軍、同知淮西道宣慰司事。請兩淮荒閑之田給貧民耕墾，三年而後量收其入，從之。歲得粟數十萬斛，陞鎮國上將軍、海北海南道宣慰使都元帥。

大德三年，除饒州路總管，改廣東道宣慰使都元帥。山海獠夷不沾王化，負固反側，乃誘致諸洞蠻夷酋長，假以官位，曉以禍福，由是咸率衆以歸。除都水監，改正奉大夫。通州復多水患，鑿二渠以分水勢；又浚阜通河而廣之，歲增漕六十餘萬石。奉命括兩淮屯田，得疾，歸鎮江而卒，年六十六。子坤載。

劉恩

劉恩字仁甫，洺之洺水人，後徙威州。父辛，歸國，署貝州長。恩幼知讀書，勇而有謀，以材武隸軍籍，累功爲百戶，俄遷管軍總管，佩銀符，太傅府經歷。從入蜀，數有戰功。宋

劉整將兵守瀘州，中統三年都元帥紐璘遣恩諭整降，以功易賜金符。至元三年，宋將以戰船五百艘，載甲士三萬人，夾江上游，先以一萬人據雲頂山，欲取漢州。恩率千人渡江與戰，殺其將二人、士卒三千餘人，溺死者不可勝計，授成都路管軍副萬戶。六年，從平章賽典赤攻嘉定，過九頂山，與宋軍遇，生擒其部將十八人，械送京師，賞賚甚厚。

九年，從皇子西平王、行省也速帶兒征建都，恩將游兵爲先鋒。師次其地，一日三戰皆捷。建都兵夜來犯圍，恩禦之，死者千餘人。時師久駐，食且盡，恩畫策招諭沿江諸蠻，得糧三萬石、牛羊二萬頭，士氣益振。建都因山爲城，山有七巔，恩奪其五，斷其汲道。建都窮蹙，乃降。入朝，升管軍萬戶，戍眉州。

十二年，昝萬壽以嘉定降，恩移戍嘉定。安西王遣使召恩至六盤山，問曰：「江南已平，四川未下奈何？」恩曰：「若以重臣之不徇私者奉詔督責之，則半年可下矣。」王即遣恩與府僚朮兒赤乘傳以聞，帝以爲然，命丞相不花等行樞密院於西川，授恩同僉院事。十五年，重慶降，守將張萬走夔府，以兵固守，不花遣恩招之，萬以城降。旬月之間，得其大小州邑六十四。

十六年，入朝，賞賚有加，授四川西道宣慰使，改副都元帥。率蒙古、漢軍萬人征斡端，進都元帥，宣慰使如故，賜宿烈孫皮衣一、錦衣一，及弓刀諸物。師次甘州，奉詔留屯田，得

粟二萬餘石。十八年，命恩進兵斡端，海都將玉論亦撒率兵萬人迎戰，游騎先至，恩設伏以待，大敗之。海都又遣八把率衆三萬來侵，恩以衆寡不敵，成師而還。二十二年，僉行樞密院事，卒。子德祿，襲成都管軍萬戶。

石高山

石高山，德興府人。父忽魯虎，以侍衞軍從太祖定中原，太宗賜以東昌、廣平四十餘戶，遂徙居廣平之洺水。

中統三年，高山因平章塔察兒入見世祖，因奏曰：「在昔太祖皇帝所集拔都兒、孛羅、窟里台、孛羅海拔都、闊闊不花五部探馬赤軍，金亡之後，散居牧地，多有入民籍者。國家土宇未一，宜加招集，以備驅策。」帝大悅，曰：「聞卿此言，猶寐而覺。」卽命與諸路同招集之。旣籍其數，仍命高山佩銀符領之。

四年，授管軍總管，鎭息州，軍令嚴肅，寇不敢窺。居四年，邊境晏然，賜金符以奬之。至元八年，從取光州，克棗陽，進攻襄樊，皆有功。十年，從阿朮略地淮上。十一年，從下江南，以功陞顯武將軍。十二年冬，丞相伯顏命以所部兵取寧國，下令無虜掠，旣至城下，喩以禍福，寧國開門迎降，秋毫無犯。復令兵從至焦山，與宋將孫虎臣、張世傑轉戰百餘里，

殺獲甚多，以功賜金虎符，進信武將軍，鎭高郵。

宋平，伯顏等朝京師，帝問：「有瘦而善戰者，朕忘其名。」伯顏以高山對，且盛稱其功。帝卽召見，命高山自擇一大郡以佚老，而以所部軍俾其子領之，高山辭曰：「臣筋力尙壯，猶能爲國驅馳，豈敢爲自安計。」帝從之，進顯武將軍，〔三〕領兵北征，屯亦脫山。十六年，命同忽都魯領三衞軍戍和林，因屯田以給軍儲，歲不乏用。乃顏叛，督戰有功，賜三珠虎符、蒙古侍衞親軍都指揮使，守衞東宮。

成宗憫其老，以其子闊闊不花襲職，賜鈔三百錠。大德七年，卒於家，年七十六。

鞏彥暉

鞏彥暉，易州人，與兄彥榮俱以武勇稱。初，彥榮以百夫長隸千戶何伯祥麾下，累有戰功，後告老，以彥暉代之。

諸軍伐宋，彥暉從破棗陽，斬首甚衆。萬戶張柔之駐曹武也，彥暉與伯祥別將一軍破大洪諸寨。宋人出荆、鄂，選兵二萬救之，彥暉與伯祥逆戰，斬首五百級，生擒曹路分等一十六人。是夜，宋兵來攻，彥暉率甲士三十人，追擊于曹武鎭，敵潰走，擒其主將以歸。戰光州，柔軍于東北，夜二鼓，命彥暉率勁卒二百伏西南，五鼓，東北聲振天地，彥暉植梯先

登，衆繼之，破其外城，遂急攻，幷其子城破之。戰滁州，彥暉率浮渡脫者十人，夜渡池水，入欄馬牆，殺守軍三鋪，焚其東南角排寨木簾，大軍繼之，比明拔其城。

會大軍攻黃州，諸將壁壘未定，有舟來覘，柔遣彥暉伏甲二百於赤壁之下，敵軍夜半果水陸並至，彥暉等曳槍俟其半過而擊之，敵大撓，死者無算，生擒十七人。師還，又破張家寨，以守將獻。從攻壽州，奪其門，生擒三人以出。泗州之役，諸將自四鼓集城下，爲塹水所阻，黎明無敢渡者，兩軍交射如雨，彥暉被重甲徑渡，敵將來禦，彥暉刺其胸搏殺之，衆畢渡，至晡得其外城，尋登其月城。彥暉將下，顧伯祥失所在，乃與王進反求之，敵復追襲，彥暉力戰，翼伯祥以出，由是伯祥與彥暉如親昆弟然。事聞，賜彥暉銀符牌，俾兼鎭撫事。

歲己未十一月，兵渡江，次武昌。宋援兵四集，彥暉逆戰，有舟數十來挑戰，彥暉逐之入湖中，伏出，圍彥暉數匝，左右莫能近。彥暉矢盡，短兵接，身被重傷，度不可免，遂投水中。敵援之出，載歸江州，見宋官不屈，問以事不對，竟死，年五十六。

長子信，襲授銀符，易州等處管軍總把。中統三年，從征李璮。至元四年，從元帥阿朮南征。九年，從攻樊城，先登，奪其土城，焚西南角樓，殺敵軍十人，擒五人。宋將矮張以舟兵來援，自高頭堡戰鬭八十餘里，抵襄陽城下，奪戰艦二，獲其裨將二人、軍八人。

十一年，從丞相伯顏攻沙陽堡，率勇士五十，縱火焚其寨，敵軍大亂，遂破之。是年，從

渡江，與宋兵戰，俘生口十一，奪戰艦二。繼又領軍由陸進，直抵鄂城下，殺宋兵數十人，擒江路分一人以歸。十二年，戰丁家洲，殺宋兵七十餘人，奪戰艦二。江南平，以功陞武略將軍、管軍千戶，鎭太平州。十六年，以疾辭。

子思明、思溫、思恭。思明初患目疾，以思溫襲。及思溫卒，而思明疾愈，復以思明襲。思明卒，以思恭襲懷孟萬戶府管軍下千戶，佩金符。

蔡珍

蔡珍，彰德安陽人。父興，幼隸軍籍，從宗王口溫不花出征，權管軍百戶。興告老，以珍代之。

珍素驍勇。歲戊午，從憲宗攻宋合州釣魚山。中統元年，從世祖征阿里不哥。三年，從征李璮。後從鎭襄陽，徇安慶，攻五河，所至有功。

南方平，遂入備宿衞。十四年，授忠顯校尉、管軍總把，尋命權千戶。是年冬，扈駕駐黑城。珍遣兵士儲芻藁，築土室，軍府賴其用。道遇凍者，必扶入密室溫煦之。軍糧必爲撙節，不使頓絕以致饑困。十五年，充本衞都鎭撫。十七年，陞忠武校尉、中衞親軍總把，俄改屬後衞，賜銀符。

時白海初建行營，命珍督役，卒事，民不知擾，雖草木無纖介損。帝臨幸，問其故，近臣以蔡珍號令嚴肅爲對，帝嘉之，賞以鈔若干。二十一年，改授膠東海道都漕運司丁壯萬戶府都鎮撫。二十七年，進後衞親軍千戶，佩金符。元貞元年，進階武略。俄告老而歸，子恕襲。

張泰亨

張泰亨，堂邑縣人。父山，爲管軍百戶，泰亨襲職。從攻宋釣魚山及樊城，征女兒阿塔有功。中統二年，授銀符、侍衞軍總把。三年，從圍李璮有功。至元四年，賜金符，陞京東歸德等處新軍千戶。從征西川有功，授元帥府鎮撫。六年，改省都鎮撫。七年，從攻襄陽，矢中右臂。十年，從攻樊城。十二年，進武略將軍、管軍總管，尋進明威將軍。從攻潭州，矢中鼻，拔矢奮戰，卻敵兵。十三年，賜虎符，進階武德。從征廣西，破靜江府。十四年，還軍潭州，金瘡發，卒。

子繼祖襲，移鎮鄂州，舟過洞庭，溺死。

子震幼，以兄顯祖代之。二十四年，從征交趾，陷沒。震襲職，授金符、昭信校尉、管軍上千戶。延祐二年，覃恩加武略將軍，尋進階武德。五年，陞武節將軍、潁州萬戶府副萬戶。

天曆二年，卒，子珽襲。

賀祉

賀祉，益都人。父進，嘗平漣水有功，爲元帥左監軍，守淄州，改千戶，守膠州。

祉初以質子入宿衞，至元六年，襲父職爲千戶，仍守膠州。七年，宋兵攻膠州，祉固守戰退之。十年，領舟師五百艘爲先鋒，攻五河口城。軍還，殿後。時宋兵以巨索橫截淮水，號混江龍，祉用大刀斷之，却其救兵，清河城遂降。攻高郵、寶應，戰淮安城下，尸塡壕中。丞相伯顏以其功上聞，授武節將軍。攻泗州，獲戰船五百艘還。

從右丞阿乞里迷失入朝，帝賜以弓矢、錦衣、鞍勒，加宣武將軍。鎮新城，絕淮安、寶應糧道，降之，得戰船六百艘及器械。上於行樞密院，遂命領寶應軍民事。十四年，特賜金虎符，懷遠大將軍。

二十年，建寧路黃華反，以所領軍捕之，有功。二十四年，以征交趾請行，湖廣行省檄令守輜重，屯思明州。軍還，至建康卒。

孟德

孟德，濟南人。國初由鄒平縣令、淄州節度使累官至同知濟南路事。太宗卽位之八年，諸王闊端命德爲元帥，佩金符，領濟南軍攻宋徐州、光州，降其衆而有其地。歲甲辰，定宗母六皇后稱制，大王按只台以德爲萬戶，攻濠、蘄、黃等州，積有戰功。憲宗卽位之三年，命德守睢州。五年，移守海州。宋安撫呂文德以兵擾邊，德敗之，俘其太尉劉海。丁巳，從伯顏攻襄樊。己未，與子義從世祖攻鄂州，先登。中統三年，從征李璮。璮平，德以老告歸。

義襲爲萬戶，領兵守沂、郯。四年，賜虎符。至元元年，城郯。六年，從山東統軍帖赤如五河，宋軍拒南岸，義率兵渡河擊之，凡數戰有功。九年，授懷遠大將軍，遷宿州萬戶。十一年，宋制置夏貴攻正陽，義奪戰艦數艘，遂敗之。十二年，掠地至安慶等處，攻揚子橋獲功。十三年三月，改守杭州。九月，從下福建、溫、台等處。十四年四月，授昭勇大將軍、瑞州路達魯花赤。十月，徙鎮閩州。十六年，授昭勇大將軍、招討使。二十二年，復爲沂郯萬戶。元貞元年，以老辭職。

子智襲職，授三珠虎符、宣武將軍，爲萬戶。延祐二年，進明威將軍，以病去職。子安世襲。

鄭義

鄭義，河間人也。初，事太宗，佩金符，山東路都元帥，兼景州軍民人匠長官。從伐金，歲壬辰，與敵戰于歸德，死之。弟德溫襲。甲午，從攻徐州，陷陣而死。子澤襲。從萬戶史天澤出征，多立戰功。年老，弟江代其職。世祖北征，賜金符，授侍衞親軍副都指揮使，紏武衞軍事，兼景州軍民人匠長官。

中統三年，李璮據濟南叛，世祖令各州縣長官子弟充千戶，於是以江子郇爲千戶，領景州新簽軍千餘，敗賊衆于王馬橋，諸王哈必赤賞銀五十兩。璮平，郇以例罷。江陞爲武衞親軍都指揮使，賜虎符，尋改屬左衞。至元八年，從攻襄陽，歿于陣，郇襲其職。

張榮實 子玉附

張榮實，霸州保定縣人。父進，金季封北平公，守信安城。壬辰歲，率所部兵民降，太宗命爲征行萬戶。甲午，征河南，與金將國用安戰徐州，死焉。

榮實始以質子入宿衞，繼授金符，充征行水軍千戶。丁酉，改雄州保定新城長官。庚子，復命統領水軍。甲辰，從大將察罕軍至淮上，遇宋將呂文德，與戰，俘五十餘人，賞銀椀、戰馬。從攻江陵，略襄陽，宋以舟師橫截漢水，兵不得渡，榮實戰却之，獲人百餘，戰船數十艘，察罕以聞，賜錦袍及銀十五斤。又破宋軍于太湖，賞銀百兩。己未，從世祖南征，駐陽羅渡。宋兵十萬、舟二千迎戰，橫截江水。帝以榮實習於水，命居前列，遂取輕舟率麾下水校鏖戰北岸，獲宋大船二十，俘二百，溺死不可勝計，斬宋將呂文信。中統元年，帝卽位，錄其勳勞，授金虎符、水軍萬戶，仍以其子顏代爲霸州七處管民萬戶。三年，李壇叛，榮實從史天澤討平之，賞金盤及銀二百五十兩、馬一匹，命鎮膠西。

至元五年，從丞相阿朮攻襄陽，敗夏貴，擒張順；又攻樊城，俘其二將，賞銀百兩及弓矢鞍勒。十一年，增領新軍，從丞相伯顏南征，榮實以所部軍先進，諸將飛渡，鄂、漢皆降，論功授昭毅大將軍。從阿里海牙攻岳州，降宋將高世傑，破沙洋、新(市)〔城〕，〔六〕降江陵，以功加昭武大將軍。偕元帥宋都台征江西隆興，擒宋將密佑，撫州降。十三年，授同知江西道宣慰使司事，未旬日，陞鎮國上將軍、福建道宣慰使。進兵廣東，破降韶州。十四年，改江東宣慰使、行省參知政事。帝以廣東餘黨未附，命與右丞塔出撫定之。

十五年，入覲，帝賜酒慰勞，授湖北道宣慰使、諸路水軍萬戶。是年，以疾卒，年六十一。子顏、玉、珪。

玉襲父職，爲懷遠大將軍、諸路水軍萬戶。十六年，討吉安叛賊有功，入朝，賜金織文衣、弓矢、佩刀，加輔國上將軍、都元帥、兼水軍萬戶，鎮黃州。繼奉旨與元帥唐兀台改立蘄黃等路都元帥府，仍管領本道鎮守軍馬。二十年，廣東盜起，遏絕占城糧運。二十一年，玉率兵討平之。從參知政事也的迷失入朝，賜金織文衣、鞍勒、弓刀。

會元帥罷，命玉充保定水軍上萬戶。二十二年，番陽湖賊起，詔徙水軍萬戶府於南康。二十四年，從參知政事烏馬兒征交趾，累戰有功。二十五年，師還，安南以兵迎戰，大戰連日，水涸舟不能行，玉死焉。子輔襲萬戶。輔卒，子道重襲。

石抹狗狗

石抹狗狗，契丹人，其先曰高奴。歲辛未，太祖至威寧，高奴與劉伯林、夾谷常哥等以城降。會置三萬戶、三十六千戶以總天下兵，遂以高奴爲千戶，遙授青州防禦使，佩金符。己丑，從太宗伐金，爲征行千戶，卒于軍。子常山，襲爲千戶。癸丑，陞總管，領興元諸軍奧魯屯田，幷寶鷄驛軍，權都總管萬戶，歲餘卒。子乞兒襲，領本萬戶諸翼軍馬，從都元帥紐璘攻重慶、瀘、敍諸城，數有戰功。時忽都叛於臨洮，乞兒等以蒙古、漢軍從往討之。至元二年，從都元帥按敦移鎮潼川。四年九月，從攻蓬溪寨，死焉，子狗狗襲。

狗狗少從征伐，以壯勇稱。八年，從僉省嚴忠範以兵圍重慶，攻朝陽寨，先登。九年，宋將昝萬壽率衆襲成都，狗狗以蒙古軍二千擊敗之。十六年，朝廷錄其前後功，賜金虎符，授宣武將軍、管軍總管，戍遂寧。十七年，進明威將軍、管軍副萬戶。

亦奚不薛蠻叛，從招討使藥刺海討平之。行省也速帶兒討都掌、烏蒙、蟻子諸蠻，戰于鴨樓關，狗狗最有功。二十一年，以蒙古軍八百從征散猫蠻，戰於茱園坪、滲水溪，皆敗之，壁守石寨，月餘散猫降，大盤諸蠻亦降。二十四年，遷懷遠大將軍、夔路萬戶，移戍重慶。二十六年，卒。子安童襲。

楚鼎

楚鼎，安豐蒙城人。父琎，仕金爲鎮國上將軍、壽春府防禦使。金亡，歸宋，命守宿州。歲己亥，以州降，阿朮魯命琎守之。宋兵來攻宿州，城破，琎死之。宋人囚鼎於鎮江府，凡十有四年，會赦免。

至元十二年，師渡江，鼎從知太平州孟之縉降。行省遣鼎諭寧國府守將孫世賢，下之，承制授鼎管軍總管，制下，加懷遠大將軍，領兵鎮寧國。平建平、南湖、廣德諸盜。鼎與權萬戶孛羅台護送徽州招撫使李銓男漢英歸徽州，諭銓下其城。十三年，漢英與李世達叛，

旌德、太平兩縣附之，鼎與兀忽納進兵，用徽人鄭安之策，按兵而入，兵不血刃而亂定。十五年，鼎始受符印。

十八年，東征日本，鼎率千餘人從左丞范文虎渡海，大風忽至，舟壞，鼎挾破舟板漂流三晝夜，至一山，會文虎船，因得達高麗之金州。合浦海屯駐散兵亦漂泛來集，遂領之以歸。

樊楫

樊楫，冠州人。初爲軍吏，從參政阿里海牙下鄂、江陵有功，以行省命爲都事。宋平，從入朝，改員外郎。從定廣西，陞郎中。從攻匡山，進參議行中書省事、同知湖南宣慰司事。二十一年，擢僉判湖占城行中書省事。從阿里海牙征交趾，無功而還。

二十四年，復征交趾，進行中書省參知政事。時三道進兵，皇子鎮南王與右丞程鵬飛分二道，一入永平，一入女兒關。楫與參政烏馬兒將舟師入海，與賊舟遇安邦口，楫擊之，斬首四千餘級，及生擒百餘人，獲船百餘艘、兵仗無算，遂至萬劫山，合鎮南王兵。十二月，進攻交趾，陳日烜棄城走敢喃堡。二十五年正月，王攻敢喃堡，破之，日烜走入海中。交人皆匿其粟而逃，張文虎餽餉不至。二月，天暑，食且盡，於是王命班師。楫與烏馬兒將舟師

還，爲賊邀遮白藤江。潮下，檝舟膠，賊舟大集，矢下如雨，力戰，自卯至酉，檝被創，投水中，賊鈎執毒殺之。至順元年，贈推忠宣力效節功臣、資德大夫、江浙行省右丞、上黨郡公，謚忠定。

張均

張均，濟南人也。父山，從軍伐宋，以功爲百戶，俄陞總把，戰死。均襲百戶，從親王塔察兒攻鄂州，面中流矢。中統三年，從征李璮有功，以總帥命陞千戶，領兵守淄州。至元六年，從左丞董文炳攻宋五河口，轉戰濠州北，遇其伏兵，均率衆力戰，敗之。十年，攻(漣)〔漣〕州，〔七〕奪孫村堡。十二年，賜金符，授忠翊校尉、沂郯翼千戶。從攻蕪湖，奪宋戰船，俘四十餘人。又從丞相阿塔海戰有功，加武略將軍。十四年，賜虎符，加宣武將軍。二十二年，陞松江萬戶。二十四年，從鎭南王征交趾。二十六年，從北征，擢明威將軍、前衞親軍副都指揮使。三十年，世祖親征乃顏，以扈從受賞。成宗卽位，命屯田和林，規畫備悉有法，諸王藥木忽兒北征，給餉賴之，未嘗乏絕，帝嘉其能，賜予有加。大德元年，改和林等處副元帥，歷宣慰司同知，陞都元帥，加鎭國上將軍。延祐元年，卒。子世忠，襲前衞親軍副都指揮使。

信苴日

信苴日，僰人也，姓段氏。其先世爲大理國王，後累爲權臣高氏所廢。歲癸丑，當憲宗朝，世祖奉命南征，誅其臣高祥，以段興智主國事。乙卯，興智與其季父信苴福入覲，詔賜金符，使歸國。丙辰，獻地圖，請悉平諸部，幷條奏治民立賦之法。憲宗大喜，賜興智名摩訶羅嵯，命悉主諸蠻白爨等部，以信苴福領其軍。興智遂委國任其弟信苴日，自與信苴福率僰、爨軍二萬爲前鋒，導大將兀良合台討平諸郡之未附者，攻降交趾。入朝，興智在道上卒。

中統二年，信苴日入覲，世祖復賜虎符，詔領大理、善闡、威楚、統失、會川、建昌、騰越等城，自各萬戶以下皆受其節制。至元元年，舍利畏結威楚、統失、善闡及三十七部諸爨各殺守將以叛，善闡屯守官不能禦，遣使告急，信苴日率衆進討，大敗之於威楚寶滿裔。復遣孛羅攻賊於統失城，又大破之，遂定統失。其秋，舍利畏又以衆十萬謀攻大理，詔都元帥也先與信苴日討之，師至安寧，遇舍利畏，擊破走之，遂復善闡，降威楚，定新興，進攻石城、肥膩皆下之，爨部平。三年，信苴日入覲，錄功賜金銀、衣服、鞍勒、兵器。

十一年，賽典赤爲雲南行省平章政事，更定諸路名號，以信苴日爲大理總管。未幾，舍利畏復叛，信苴日遣石買等詭爲商旅，執贄往見，挺矛撞殺之，及其黨一人，梟首于市。行省以聞，復賜金一錠及金織紋衣。十三年，〔八〕緬國擁象騎數萬，掠金齒南甸，欲襲大理，行省遣信苴日與萬戶忽都領騎兵千人禦之，信苴日以功授大理蒙化等處宣撫使。

十八年，信苴日與其子阿慶復入覲，帝嘉其忠勤，進大理威楚金齒等處宣慰使、都元帥，留阿慶宿衞東宮。及陛辭，復拜爲雲南諸路行中書省參知政事。十九年，詔同右丞拜答兒迎雲南征緬之師，行至金齒，以疾卒。信苴日治大理，凡二十三年。

子阿慶襲爵，累授鎭國上將軍，大理金齒等處宣慰使都元帥，佩金虎符。

王昔剌

王昔剌，保定人。初事世祖，以其有勇略，遂賜名昔剌拔都。從攻釣魚山及阿里不哥，累功賜金符，授武衞親軍千戶。中統三年，從征李璮於濟南，屢捷。四年春，元帥阿朮駐兵河南，遣昔剌將蒙古、漢軍復立宿州。至元六年，賜虎符，陞海州萬戶。引兵攻鹽林山寨，多所俘獲。十年，授東川行樞密院同僉。十五年，征虁府有功。十六年，徙鎭萬州，卒于軍。

子二：曰宏，曰寧。宏先佩金符，爲左衞千戶。及樞密院擬寧襲武職，寧讓其兄宏，於是授宏中衞都指揮使，佩父虎符，而以寧代宏爲千戶，佩金符。寧從阿剌台、憨合孫北征，追擊脫脫木兒之軍于阿納禿阿之地。師還，又從別急里迷失等擊賊外剌，斬首百餘級。復從忽魯忽孫北征有功。陞右衞親軍總管，後改前衞都指揮使司僉事。子處恭襲宏職，仕至侍御史。

趙宏偉

趙宏偉字子英，甘陵人，後徙潁川。至元十三年，國兵攻宋，宏偉以書謁元帥宋都䚟於軍中，奇之，俾以兵略地臨江。至吉州，宋主將管忠節、路分鄒超悉衆出戰，宏偉敗之，追北二十餘里，薄其城，示以禍福，知州周天驥以城降。宋都䚟嘉宏偉有功，賞銀三十兩，署爲吉州參佐官。吉民有爲亂者，宏偉設伏橋下，以火攻之，賊戰退走，伏發，衆蹂踐幾盡，乘勝擣其巢穴，餘黨悉出拒戰，宏偉旋兵襲其背，斬其渠魁，一州遂安。

宋廂禁軍總管王昌、勇敢軍總管張雲誘新附五營軍爲亂。事覺，昌就擒，宏偉夜襲雲，斬首以獻，俘其黨五百人。宋都䚟欲盡誅之，宏偉曰：「此屬詿誤，非得已也，今悉就誅，何以安反側？」衆得免死。以功授太和縣尹。宋相文天祥署其將羅開禮、葉良臣，集衆謀復吉、贛、臨江，宏偉斬良臣，俘開禮，釋其餘衆。十五年，以功賜金符，遷瓜州河渡提舉。十七年，改衡州路總管府治中。羣盜出沒其境，宏偉計其地，興屯田，民既足食，盜亦爲農，郡遂寧謐。

大德五年，用中丞董士恒薦，起僉浙西道肅政廉訪司事。鎮江旱，蠲民租九萬餘石。吏畏飛語，復徵于民，民無所出，行臺令宏偉核實，卒蠲之。大風海溢，潤、常、江陰等州廬舍多蕩沒，民乏食。宏偉將發廩以賑，有司以未得報爲辭，宏偉曰：「民旦暮饑，擅發有罪，我先坐。」遂發之，全活者十餘萬。遷江南行臺都事。十一年，江南大饑，宏偉請以贓罰錢賑之，民賴以生。

至大二年，召爲內臺都事。仁宗在東宮時，聞其名，遇之甚厚，常以字呼之。及出爲浙東廉訪副使，陛辭之日，仁宗出幣帛，俾擇所欲者卽賜之。宏偉至浙東，聞郡人許謙得朱熹道學之傳，延致爲師，於是人知向慕。未幾，擢江南行臺治書侍御史。皇慶二年，致仕。延祐三年，復起爲福建道肅政廉訪使。未幾，以疾辭。泰定三年，卒，年四十四，贈嘉議大夫、禮部尚書、上輕車都尉，追封天水郡侯，諡貞獻。子思恭，追封天水郡侯；思敬，以處士徵爲教授。趙璉別有傳。

校勘記

〔一〕王綧高麗王瞮之猶子也　按本書卷二太宗紀十三年辛丑秋條、卷一五四洪福源傳、卷二〇八高麗傳「猶子」皆作「族子」，新元史從改，是。王綧非王瞮兄弟之子。

〔二〕〔十〕五年　上文有「十一年，進昭勇大將軍」，下文有「十八年，復征日本」，此「五年」上脫「十」字，今補。本證已校。

〔三〕哈丹禿魯〔干〕　據下文補。此名本書屢見。蒙史已校。

〔四〕至元〔十〕五年　據雪樓集卷二〇羅璧神道碑銘補。考異已校。

〔五〕進顯武將軍　按本書卷九一百官志，信武在顯武之上。上文已有「以功陞顯武將軍」、「進信武將軍」，此處不能再「進顯武將軍」。疑此處史文有誤。

〔六〕新(市)〔城〕　據本書卷八世祖紀至元十一年十月乙丑、十一月癸巳條、卷一二九李恒傳、卷一六六隋世昌傳改。

〔七〕(漣)〔漣〕州　從道光本改。按本書卷七、八世祖紀至元九年六月己亥、十二年正月甲戌條皆作「漣州」。

〔八〕十三年　本書卷二一〇緬傳及元文類卷四一經世大典序錄征伐作「十四年」，元書改「三」爲「四」，疑是。

元史卷一百六十七

列傳第五十四

張立道

張立道字顯卿。其先陳留人，後徙大名。父善，登金進士第。歲壬辰，國兵下河南，善以策干太弟拖雷，命爲必闍赤。

立道年十七，以父任備宿衞。世祖卽位，立道從北征，未嘗去左右。至元四年，命立道使西夏，給所部軍儲，以幹敏稱。皇子忽哥赤封雲南王，往鎮其地，詔以立道爲王府文學。立道勸王務農以厚民，卽署立道大理等處勸農官，兼領屯田事，佩銀符。尋與侍郎寧端甫使安南，定歲貢之禮。

雲南三十七部都元帥寶合丁專制歲久，有竊據之志，忌忽哥赤來爲王，設宴置毒酒中，且賂王相府官無泄其事。立道聞之，趨入見，守門者拒之，立道怒與爭，王聞其聲，使人召

立道，乃得入，爲王言之。王引其手，使探口中，肉已腐矣。是夕，王薨。寶合丁遂據王座，使人諷王妃索王印。立道潛結義士，得十三人，約共討賊，刺臂血和金屑飲之，推一人走京師告變。事頗露，寶合丁乃囚立道，將殺之。人匠提舉張忠者，燕人也，於立道爲族兄，結壯士夜劫諸獄，出之，共亡至土蕃界，遇帝所遣御史大夫博羅歡、王傅別怙與告變人俱來。二人者遂與立道俱還，按寶合丁及王府官嘗受賂者，皆伏誅。有旨召立道等入朝，問王薨時狀。帝聞立道言，泣數行下，歔欷久之，曰：「汝等爲我家事甚勞苦，今欲事朕乎，事太子乎，事安西王乎？惟汝意所向。」立道等奏願留事陛下，於是賜立道金五十兩，以旌其忠，張忠等亦皆授官有差。

八年，復使安南，宣建國號詔。立道並黑水，跨雲南，以至其國，歲貢之禮遂定。十年三月，領大司農事，中書以立道熟於雲南，奏授大理等處巡行勸農使，佩金符。其地有昆明池，介碧鷄、金馬之間，環五百餘里，夏潦暴至，必冒城郭。立道求泉源所自出，役丁夫二千人治之，洩其水，得壤地萬餘頃，皆爲良田。爨、僰之人雖知蠶桑，而未得其法，立道始教之飼養，收利十倍於舊，雲南之人由是益富庶。羅羅諸山蠻慕之，相率來降，收其地悉爲郡縣。

十五年，除(忠)〔中〕慶路總管，〔一〕佩虎符。先是雲南未知尊孔子，祀王逸少爲先師。

立道首建孔子廟，置學舍，勸士人子弟以學，擇蜀士之賢者，迎以爲弟子師，歲時率諸生行釋菜禮，人習禮讓，風俗稍變矣。行省平章賽典赤表言於朝，有旨進官以褒之。

十七年，入朝，力請於帝以雲南王子也先帖木兒襲王爵，帝從之。遂命立道爲臨安廣西道宣撫使，兼管軍招討使，仍佩虎符。陛辭，賜以弓矢、衣服、鞍馬。始赴任，會禾泥路大首領必思反，扇動諸蠻夷。亟發兵討之，拔其城邑，鼓行而前，徇金齒甸七十城，越廝甸，抵可蒲，皆下之。有遺以馴象、金鳳異物者，悉獻諸朝。二十二年，又籍兩江儂士貴、岑從毅、李維屏所部戶二十五萬有奇，以其籍歸有司。遷臨安廣西道軍民宣撫使。復創廟學於建水路，書清白之訓于公廨，以警貪墨，風化大行。入朝，値權臣用事，遂退居散地。條陳十二策，皆切當世之務，帝嘉納焉。

二十七年，北京地陷，人民震驚，命立道爲本路總管。未行，安南世子陳日燇遣其臣嚴仲〔羅〕〔維〕、〔三〕陳子良等詣京師告襲爵。先是，其國主陳日烜累召不至，僅遣其族父遺愛入貢，朝廷因封爲安南王。遺愛還，日烜陰害之。遣使問罪，日烜拒使者不受命，遂遣將討之，失利而還。帝怒，欲再發兵，丞相完澤、平章不忽木言：「蠻夷小邦，不足以勞中國。張立道嘗再使安南有功，今復使往，宜無不奉命。」帝召至香殿，諭之曰：「小國不恭，今遣汝往諭朕意，宜盡乃心。」立道對曰：「君父之命，雖蹈水火不敢辭，臣愚恐不足專任，乞重臣一人

與俱，臣爲之副。」帝曰：「卿朕腹心臣，使一人居卿上，必敗卿謀。」遂授禮部尚書，佩三珠虎符，賜衣段、金鞍、弓矢以行。

至安南界，謂郊勞者曰：「語爾世子，當出郭迎詔。」日燇乃率其屬，焚香伏謁道左。旣抵府，日燇拜跪，聽詔如禮。立道傳上命，數其罪，爲書曉之。日燇曰：「比三世辱公使，公大國之卿，小國之師也，何以教我？」立道曰：「昔鎭南王奉詞致討，汝非能勝之也，由其不用嚮導，率衆深入，不見一人，遲疑而還，會未出險，風雨驟至，弓矢盡壞，衆不戰而自潰，天子亦旣知之。汝所恃者，山海之險、瘴癘之惡耳。且雲南與嶺南之人，習俗同而技力等，今發而用之，繼以北方之勁卒，汝復能抗哉？汝戰不利，不過遁入海中，島夷乘釁，必來寇抄汝，汝食少不能支，必爲彼屈，汝爲其臣，孰若爲天子臣乎？今海上諸夷，歲貢於汝者，亦畏我大國之爾與也。聖天子有德於汝甚厚。前年之師，殊非上意，邊將譏汝爾。汝曾不悟，不能遣一介之使，謝罪請命，輒稱兵抗拒，逐我使人，以怒我大國之師，今禍且至矣，惟世子計之。」日燇拜，且泣涕而言曰：「公之言良是也，爲我計者，皆不知出此。前日之戰，救死而已，寧不知懼天子使，公來必能活我。」北面再拜，誓死不敢忘天子之德。遂迎立道入，出奇寶爲賄，立道一無所受，但要日燇入朝。日燇曰：「貪生畏死，人之常情，誠有詔貸以不死，臣將何辭。」乃先遣其臣阮代之、何惟巖等隨立道上表謝罪，修歲貢之禮如初，且言所以願朝之意。廷臣有害其功者，以爲必先朝而後赦。日燇懼，卒不敢至，議者惜之。

二十八年，遣立道奉使按行兩浙，尋以爲四川南道宣慰使，遷陝西漢中道肅政廉訪使。三十年，皇曾孫松山封梁王，出鎭雲南。大德二年，廷議求舊臣可爲梁王輔行者，立道遂以陝西行臺侍御史拜雲南行省參政。視事期月，卒于官。

立道凡三使安南，宦雲南最久，頗得土人之心，爲之立祠於鄯善城西。立道所著詩文，有效古集、平蜀總論、安南錄、雲南風土記、六詔通說若干卷。子元，雲南行省左右司郎中。

張庭珍 庭瑞

張庭珍字國寶，臨潢全州人。父楫，金商州南倉使。歲壬辰，籍其民數千來降，太宗命監權北京等路賦課，俄改北京都轉運使，因家北京。

歲辛亥，憲宗卽位，以庭珍爲必闍赤。高麗不請命，擅徙居海中江華島，遣庭珍往問之。其王言：「臣事本朝未嘗不謹，而大軍歲入侵掠，避而走險，不得已也。」且賂庭珍金銀數千兩，庭珍卻之而歸，以狀聞。帝爲禁戍兵無擅入其地，高麗以安。帝伐宋，至閬州，授安撫使。

世祖卽位，自將北伐，以庭珍熟知西京入漠南路，遣立沙井諸驛，兼給糧運，俄授同僉

土蕃經略使。

至元六年，安南入貢不時，以庭珍爲朝列大夫、安南國達魯花赤，佩金符，由吐蕃、大理諸蠻至于安南。世子光昞立受詔，庭珍責之曰：「皇帝不欲以汝土地爲郡縣，而聽汝稱藩，遣使喻旨，德至厚也。王猶與宋爲脣齒，妄自尊大。今百萬之師圍襄陽，拔在旦夕，席卷渡江，則宋亡矣，王將何恃？且雲南之兵不兩月可至汝境，覆汝宗祀有不難者，其審謀之。」光昞惶恐，下拜受詔，旣而語庭珍曰：「聖天子憐我，而使者來多無禮，汝官朝列，我王也，相與抗禮，古有之乎？」庭珍曰：「有之。王人雖微，序於諸侯之上。」光昞曰：「汝過益州，見雲南王拜否？」庭珍曰：「雲南王，天子之子，汝蠻夷小邦，特假以王號，豈得比雲南王。況天子命我爲安南之長，位居汝上耶。」光昞曰：「旣稱大國，何索吾犀象？」庭珍曰：「貢獻方物，藩臣職也。」光昞無以對，益慚憤，使衞兵露刃環立以恐庭珍。庭珍解所佩弓刀，坦臥室中曰：「聽汝何爲！」光昞及羣下皆服。明年，遣使隨庭珍入貢。庭珍見帝，以所對光昞之言聞，帝大悅，命付翰林承旨王磐紀之。

授襄陽行省郎中。與阿里海牙從數騎抵襄陽南門，呼宋將呂文煥語曰：「我師所攻無不取者，汝孤城路絕，外無一兵之援，而欲以死守求空名，如闔郡之人何！汝宜早圖之。」文煥帳前將田世英、曹彪執其總管武榮來降，文煥益孤，明日遣黑楊都統來議納款。將遣之

還報，庭珍曰：「彼來，或以計覘我，未能必其果降。此人呂氏腹心，不如留之，以伐其謀。」元帥阿朮然之，乃留不遣。又明日，文煥舉城降。以功遷中順大夫，遙授知歸德府行樞密院經歷。諸軍南渡，復爲行省郎中，俄授金虎符、襄陽總管，兼府尹，改郢、復二州達魯花赤。

宋平，遷平江路達魯花赤，改同知浙東宣慰使司事。未行，拜大司農卿。連居親憂，起復南京路總管，兼開封府尹。開封有控鶴軍士十餘人，賃大宅聚居，縱橫街陌，庭珍始至，察其必爲盜，急捕之，得寶玩、器服、子女滿室，窮索其黨，俱殺之，民以爲神。河決，灌太康，漂溺千里，庭珍括商人漁子船及縛木爲筏，載糗糧四出救之，全活甚衆。水入善利門，庭珍親督夫運薪土捍之，不能止，乃賴城爲堰。水既退，即發民增外防百三十里，人免水憂。俄卒於官。

庭珍性清慎，丞相伯顏嘗語人曰：「諸將渡江，無不荒貪，唯我與國寶始終自守。」聞者以爲知言。弟庭瑞。

庭瑞字天表，幼以功業自許，兵法、地志、星曆、卜筮無不推究，以宿衞從憲宗伐蜀爲先鋒。中統二年，授元帥府參議，留戍青居。

諸軍攻開州、達州，庭瑞將兵築城虎嘯山，扼二州路。宋將夏貴以師數萬圍之，城當砲，皆穿，築柵守之，柵壞，乃依大樹張牛馬皮以拒砲。貴以城中人飲于澗，外絕其水。庭瑞取人畜溲沸煮之，瀉土中以泄臭，人日飲數合，唇皆瘡裂，堅守踰月，援兵不敢進。庭瑞度宋兵稍懈，三分其兵，夜劫貴營，宋兵驚潰，殺都統欒俊、雍貴、胡世雄等五人，斬千餘級，庭瑞亦被傷數處。以功授奉議大夫、知高唐州，改濮州尹，遷陝西四川道按察副使。政過於猛，上官弗便，陷以罪，徙四川屯田經略副使。東西川行樞密院發兵圍重慶，朝廷知庭瑞練習軍事，換成都總管，佩虎符，舟楫兵仗糧儲皆倚以辦。

蜀平，陞諸蠻夷部宣慰使，甚得蠻夷心。碉門羌與婦人老幼入市，爭價殺人，碉門魚通司繫其人。羌酋怒，斷繩橋，謀入劫之。魚通司來告急，左丞汪惟正問計，庭瑞曰：「羌俗暴悍，以鬬殺爲勇。今如蜂毒一人，而即以門牆之寇待之，不可。宜遣使往諭禍福，彼悟，當自回矣。」惟正曰：「使者無過於君。」遂從數騎，抵羌界。

羌陳兵以待，庭瑞進前語之曰：「殺人償死，羌與中國之法同，有司繫諸人，欲以爲見證耳。而汝即肆無禮，如行省聞于朝，召近郡兵空汝巢穴矣。」其酋長棄槍弩羅拜曰：「我近者生裂羊脾卜之，視肉之文理何如，則吉其兆，曰：『有白馬將軍來，可不勞兵而罷。』今公馬果白，敢不從命。」乃論殺人者，餘盡縱遣之。遂與約，自今交市者，以碉門爲界，無相出入。官買蜀茶，增價鬻於羌，人以爲患。庭瑞更變引法，使每引納二緡，而付文券與民，聽其自市於羌，羌、蜀便之。先時，運糧由楊山泝江，往往覆陷，庭瑞始立屯田，人得免患。都掌蠻叛，蠻善飛鎗，聯松枝爲牌自蔽，行省命庭瑞討之。庭瑞所射矢，出其牌半簳，蠻驚曰：「何物弓矢如此之力！」即請服。惟斬其酋(闍德)[德蘭]酉等十餘人，[三]而招復其餘民。

授敍州等處蠻夷部宣撫使，改潼州路總管。時湖廣省臣方剝民爲功，庭瑞知不可拒，乃辭歸關中。三年，思成都，遂從漢中分家奴往居焉。以疾卒。

庭瑞初屯青居，其土多橘，時中州艱得蜀藥，其價倍常。庭瑞課閑卒，日入橘皮若干升儲之，人莫曉也。賈人有喪其資不能歸者，人給橘皮一石，得錢以濟，莫不感之。家有愛妾，一日見老人與之語，乃其父也，妾以告庭瑞。召視之，其貌甚似，問：「欲得汝女歸耶？」其人以爲幸侍左右，非敢求與歸。庭瑞曰：「汝女居吾家，不過婢妾，歸嫁則良人矣。」盡盦裝書券還之，時人以爲難。

張惠

張惠字廷傑，成都新繁人，宋尚書右僕射商英之裔孫也。其先徙居青河，後徙蜀。歲丙申，惠年十四，兵入蜀，被俘至杭海。居數年，盡通諸國語，丞相蒙速速愛而薦之，入侍世

祖藩邸。以謹敏稱，賜名兀魯忽訥特。世祖即位，授燕京宣慰副使。爲政寬簡，奏免分數錢，罷硝鹹局。俄遷侍中。

至元元年冬，拜參知政事，行省山東。以銀贖俘囚二百餘家爲民，其不能歸者，使爲僧，建寺居之。李璮之亂，山東民被軍士虜掠者甚衆，惠至，大括軍中，悉縱之。又奏還良吏，去冗官，以蘇民瘼。遷制國用司副使。會改制國用司爲尚書省，拜參知政事，還中書左丞，進右丞。伯顏帥師伐宋，十二年夏，詔惠主其饋餉，凡江淮錢穀皆領之。

十(二)[三]年春，[四]宋降，伯顏命惠與參知政事阿剌罕等入城，按閱府庫版籍，收其太廟及景靈宮禮樂器物、冊寶、郊天儀仗。籍江南民爲工匠凡三十萬戶，惠選有藝業者僅十餘萬戶，餘悉奏還爲民。伯顏以宋主北還，俾惠居守。惠不待命，輒啓府庫封鑰，伯顏以聞，詔左丞相阿朮、平章政事阿塔海詰之，徵還京師。

二十年，拜榮祿大夫、平章政事，行省揚州。二十二年，入朝，復命以平章政事行省杭州。至無錫卒，年六十二。惠所至有能聲，及老，頗以沉浮取譏。子遵誨。

劉好禮

劉好禮字敬之，汴梁祥符人。父仲澤，金大理評事，遙授同知許州，徙家保定之完州。

好禮幼有志，知讀書，通國言，憲宗時廉訪府辟爲參議。歲乙卯，改永興府達魯花赤。至元元年，以侍儀廉希逸薦召見，言舉人材數事，稱旨。五年，應詔建言：「凡有司奏請，宜先啓皇太子，俾得閑習庶政，以爲社稷生民之福。陝西重地，宜封皇子諸王以鎮之。創築都城，宜給直以市民地。選格不宜以中統三年爲限，後是者不錄。」帝是其言，敕中書施行。

七年，遷益蘭州等五部斷事官，以比古之都護，治益蘭。其地距京師九千餘里，民俗不知陶冶，水無舟航。好禮請工匠於朝，以教其民，迄今稱便。或言榷鹽酒可以佐經費，好禮曰：「朝廷設官要荒，務以綏遠，寧欲奪其利耶！」言者慚服。

十年，北方諸王叛，執好禮軍中，幾死，其大將以好禮善應對，釋之。十六年春，叛王召好禮至欠欠州曰：「皇帝疑我，致有今日。」好禮曰：「不疑。果疑王，召王至京師，肯還之耶？」十七年春，好禮率衆走別部，守阨以待兵至。遇叛王軍，追好禮西踰雪嶺。好禮自度，踰是則無望其還，遂以衣服賂叛王千戶，始獲東出鐵壁山口，間道南走數日，從者繼至且千人。中道糧絕，捕獵以爲食。七月，至菊海，始與戍兵接，得乘傳至昌州。入見，帝賜之食與鈔。

十八年，授嘉議大夫、澧州路總管。十九年，入爲刑部尚書，俄改禮部，又改吏部。好禮建言中書：「象力最巨，上往還兩都，乘輿象駕，萬一有變，從者雖多，力何能及。」未幾，象

驚，幾傷從者。二十一年，出爲北京路總管。再入爲戶部尚書。二十五年六月，卒，年六十二。

子晸，爲河西隴右道肅政廉訪使。

王國昌 子通

王國昌，膠州高密人。初爲膠州千戶，中統元年，入覲，世祖察其能，遷左武衞親軍千戶，佩金符。召問軍旅之事，國昌奏對甚悉，帝嘉之，賜白金、錦袍。

至元五年，人有上書言高麗境內黑山海道至宋境爲近，帝命國昌往視之。泛海千餘里，風濤洶湧，從者恐，勸還，國昌神色自若，徐曰：「奉天子威命，未畢事而遽返，可乎？」遂至黑山乃還，帝延見慰勞。而東夷皆內屬，惟日本不受正朔，帝知隋時嘗與中國通，遣使諭以威德，令國昌率兵護送，道經高麗。時高麗有叛臣據珍島城，帝因命國昌與經略使(卯)〔印〕突、〔五〕史樞等攻拔之。八年，復遣使入日本，乃命國昌屯於高麗之義安郡以爲援。冬十月，卒于軍。子通嗣。

通，初襲爵爲左衞親軍千戶，十二年從諸軍伐宋，渡江，鎮鄂州。時潭州不下，兵薄其

城，通以所將千人破其柵，宋兵遁去，通縱兵追擊，殺獲甚衆，以功進武節將軍。從攻靜江，下之。十四年，改侍衞親軍千戶。明年，通上書，言今南方已定，而北陲未安，請屯田于和林，率所部自效，帝慰勞遣之。從破敵兵于金山，俘獲生口及馬羊牛駝不可勝計，進顯武將軍，賜金虎(府)〔符〕，〔六〕陞僉左衞親軍都指揮使。從討叛王乃顏，遷副都指揮使。明年，屯田瓜、沙諸州，進階明威將軍。

武宗卽位，命總京城衞兵。樞密院復奏通攝左丞，領諸衞屯田兵。尋遷屯儲衞親軍都指揮使，鎮海口。以疾卒。

子燕出不花，襲武德將軍、左衞親軍副都指揮使。

姜彧

姜彧字文卿，萊州萊陽人也。父椿，避亂往依濟南張榮，因家焉。彧幼穎悟好學，榮守濟南，辟爲掾，陞左右司知事，尋遷郎中，進參議官。

中統(三)〔二〕年，〔七〕彧與榮孫宏入朝，因言益都李璮反狀已露，宜先其未發制之，未報。明年春，璮果反。時諸郡不爲兵備，璮卽襲據濟南。彧棄家從榮，招集散亡，迎諸王哈必赤進兵討之。秋七月，捕得生口，言城中糧盡勢蹙，彧乃昏夜請見王曰：「聞王陛辭時，面

受詔曰：『發兵誅璮耳，毋及無辜。』今旦夕城且破，王宜早諭諸將分守城門，勿令縱兵，不然城中無噍類矣。」王曰：「汝言城破，解陰陽耶？」彧曰：「以人事知之，若待城破言於王，晚矣。」王悟。明日，賊衆開門出降，王下令諸軍，敢入城者論以軍法，璮就擒，城中按堵如故。彧以功授大都督府參議，改知濱州。

時行營軍士多占民田爲牧地，縱牛馬壞民禾稼桑棗，彧言於中書，遣官分畫疆畔，捕其强猾不法者置之法。乃課民種桑，歲餘，新桑徧野，人名爲太守桑。及遷東平府判官，民遮請留，馬爲之不行。

至元五年，召拜治書侍御史，出爲河北河南道提刑按察使，賜金虎符，改信州路總管。後累遷陝西漢中、河東山西道提刑按察使，拜行臺御史中丞。後以老病歸濟南，尋擢燕南河北道提刑按察使。三十年二月，以疾卒，年七十六。子迪吉。

張礎

張礎字可用，其先渤海人，金末，曾祖琛從燕之通州。祖伯達，從忽都忽那顏略地燕、薊，金守(其)蒲察〔七〕斤以城降。〔八〕忽都忽承制以伯達爲通州節度判官，遂知通州。父範，爲眞定勸農官，因家焉。

礎業儒，丙辰歲，平章廉希憲薦于世祖潛邸。時眞定爲諸王阿里不哥分地，阿里不哥以礎不附己，銜之，遣使言於世祖曰：「張礎，我分地中人，當以歸我。」世祖命使者復曰：「兄弟至親，寧有彼此之間，且我方有事於宋，如礎者，實所倚任，待天下平定，當遣還也。」己未，從世祖伐宋，凡徵發軍旅文檄，悉出其手。

中統元年，立中書省，以礎權左右司事，尋出爲彰德路拘榷官，復入爲三部員外郎，賜金符，爲平陽路同知轉運使，改知獻州，同知東平府事，又改知威州。有婦人乘驢過市者，投下官暗赤之奴引鳴鏑射婦人墜地，奴匿暗赤家。礎將以其事聞，暗赤懼，乃出其奴，論如法。

至元十四年，立諸道提刑按察司，以礎爲江南浙西道提刑按察副使，佩金符。宣慰使失里貪暴，掠良民爲奴，礎劾黜之。遂安縣民聚衆負險爲亂，命礎與同知浙西道宣慰使劉宣領兵捕之。宣卽欲進兵，礎曰：「江南新附，守吏或失撫字，宜遣人招諭，以全衆命。」宣不可，礎曰：「諭之不來，加誅未晚。」遂遣人諭之，逆黨果自縛請罪，礎釋之，宣乃嘆服。

遷嶺南廣西道提刑按察使。廣西宣慰使也里脫强奪民財，礎按其罪。遷嶺北湖南道提刑按察副使，授賓州路總管，不赴，拜國子祭酒，尋出爲安豐路總管。三十一年，卒于官，年六十三。贈昭文館大學士、正奉大夫，封淸河郡公，諡文敏。子淑，衞輝路推官。

呂𡌅

呂𡌅字伯充，河內人。七世祖公緒，與宋丞相公著爲從昆弟。祖庭，金末避亂去鄉里。父佑，歸附，初隸兵籍，轉徙北郡，復至關中，家焉。廉希憲宣撫京兆，聘許衡教授生徒，𡌅從衡學。衡爲國子祭酒，舉𡌅爲伴讀，輔成敎養，𡌅之功爲多。

至元十三年，擢陝西道按察司知事。未行，會宋降者言襄、漢新附，民情未安，有呂子開者，向爲襄陽制置司參謀官，今退居鄂，其人悉知宋事，宜徵用之，朝廷議遣使而難其人。或言子開舊名偉，金亂入宋，更名文蔚，字子開，於𡌅爲從叔父，宜遣𡌅行。𡌅聞之，慨然請行。子開旣入覲，陳安撫襄、漢便宜，詔以子開爲翰林直學士，辭不就。

十四年，授𡌅四川行樞密院都事。時宋制置使張珏守重慶，安撫使王立守合州，詔樞府分兵取之。李德輝行西院事于成都，獲立偵卒張郃等數人，將殺之，𡌅曰：「彼不卽降者，以昔嘗抗命，城降，懼誅耳。今宜釋郃等，俾歸諭立。」未幾，立果遣郃等齎蠟書至成都，德輝請與東院同受降。後期不至，德輝承制授立仍爲安撫使，知合州，開倉賑民，禁戢剽掠。而瀘、敍、崇慶、思、播、夔、萬等郡聞之，相繼送款。巴、黔民感𡌅與德輝之惠，並祠事之。東院恥其無功，誣德輝越境邀功，械立于長安獄，將誅之。𡌅適以事至京師，言于許衡。衡白留守賀仁傑，遂奏釋立，賜金虎符，仍舊官。𡌅亦以平定四川功，詔賜金織衣、弓刀、鞍勒、白金，陞奉訓大夫、四川行省左右司郎中。

十九年，調同知順慶路總管府事，以疾辭。二十年，徵爲國子司業，以未終喪辭。三十年，改華州知州，勸農興學，具有成效，及代，民爭留之。

大德中，河東、關隴地震，月餘不止，𡌅與集賢學士蕭𣂏，各設問答數千言，以究其理，且移書廟堂，陳救災弭患之道。

仁宗卽位，召拜翰林侍讀學士。時方議行科舉，𡌅曰：「經明行修，質而少華，非惟士有實(行)〔學〕，〔九〕國家當得眞才，以登治平。」未幾致仕。延祐元年，遣使給驛送還關中。十二月，以疾卒，年七十八。贈陝西行省參知政事，追封東平郡公，諡文穆。

子三人：杲、果、楨，皆顯仕。孫魯，濟寧路總管。

譚資榮〔一〇〕

譚資榮字茂卿，(與德)〔德興〕懷來人，〔一一〕敦厚寡言，頗知讀書，仕金爲縣令。歲己卯，河朔歸版圖，資榮率衆款附，主帥稔聞其名，卽日以金符授元帥左都監，爲縣令如故。後從征，以功賜金虎符，陞行元帥府事，復以其弟資用代充元帥左監軍。

歲壬辰，資榮從攻汴梁有功。旣而舉資用自代，退而耕田讀書，以爲逸老計，時年四十。子二人：曰澄，曰山阜。〔一二〕

澄好讀書，又習國語，爲監縣，多善政。世祖在潛邸時，澄入見，世祖嘉其容止安詳，留居藩府，稱其官而不名，以其弟山阜代爲縣。遣邇臣出使，必以澄偕。中統元年，制書褒美，以爲懷孟路總管。明年，入覲，賜金符。四年，易虎符。居官時，訟至立決，敎民力田務本。歷彰德同知，遷河南路總管，兼府尹。明年，奔父喪。中書不聽其終制，奏起復涖職。

後歷司農少卿，遷陝西四川提刑按察使。踰年，西南夷羅羅斯內附，帝以澄文武兼資，可使鎭撫新國，以爲副都元帥、同知宣慰使司事。至其境，諭之曰：「皇元一視同仁，不間遠近，特置大帥，安集招懷，以捍外侮，非利徵求於汝也。」夷人大悅。尋以疾卒。

子克修，事裕宗于東宮，出爲江南湖北、河北河南、陝西漢中三道提刑按察使。孫男三人：曰忠，曰質，曰文。

王惲

王惲字仲謀，衞州汲縣人。曾祖經。祖宇，仕金，官敦武校尉。父天鐸，金正大初，以

中華書局

律學中首選，仕至戶部主事。

惲有材幹，操履端方，好學善屬文，與東魯王博文、渤海王旭齊名。史天澤將兵攻宋，過衞，一見接以賓禮。中統元年，左丞姚樞宣撫東平，辟爲詳議官。時省部初建，令諸路各上儒吏之能理財者一人，惲以選至京師，上書論時政，與渤海周正並擢爲中書省詳定官。二年春，轉翰林修撰、同知制誥，兼國史院編修官，尋兼中書省左右司都事。治錢穀，擢材能，議典禮，考制度，咸究所長，同僚服之。

至元五年，建御史臺，首拜監察御史，知無不言，論列凡百五十餘章。時都水劉晸交結權勢，任用頗專，陷沒官糧四十餘萬石，惲劾之，暴其姦利，權貴側目。又言：「晸監修太廟畢功，特轉官錫賞，今纔數年，梁柱摧朽，事涉不敬，宜論如法。」晸竟以憂卒。秩滿，陳天祐、雷膺交薦於朝。

九年，授承直郎、平陽路總管府判官。初，絳之太平縣民有陳氏者殺其兄，行賂緩獄，蔓引逮繫者三百餘人，至五年不決。朝廷委惲鞫之，一訊卽得其實，乃盡出所逮繫者。時絳久旱，一夕大雨。十三年，奉命試儒人于河南。十四年，除翰林待制，拜朝列大夫、河北道提刑按察副使，尋改置諸道制下，遷燕南河北道，按部諸郡，贓吏多所罷黜。十八年，拜中議大夫、行御史臺治書侍御史，不赴。

裕宗在東宮，惲進承華事略，其目曰：廣孝、立愛、端本、進學、擇術、謹習、聽政、達聰、撫軍、崇儒、親賢、去邪、納誨、幾諫、從諫、推恩、尙儉、戒逸、知賢、審官，凡二十篇。裕宗覽之，至漢成帝不絕馳道，唐肅宗改服絳紗爲朱明服，心甚喜，曰：「我若遇是禮，亦當如是。」又至邪峙止齊太子食邪蒿，顧侍臣曰：「一菜之名，遽能邪人耶？」詹事丞（孔）〔張〕九思從旁對曰：〔一三〕「正臣防微，理固當然。」太子善其說，賜酒慰喩之。令諸皇孫傳觀，稱其書弘益居多。

十九年春，改山東東西道提刑按察副使，在官一年，以疾還衞。二十二年春，以左司郎中召。時右丞盧世榮以聚斂進用，屢趣之不赴。或問其故，惲曰：「力小任大，剝衆利己，未聞能全者。遠之尙恐見浼，況可近乎！」旣而果敗，衆服其識。

二十六年，授少中大夫、福建閩海道提刑按察使。黜官吏貪污不法者，凡數十人；察繫囚之寃滯者，決而遣之；戒戍兵無得寓民家，而創營屋以居之。每謂爲治之本在於得人，乃進言於朝曰：「福建所轄郡縣五十餘，連山距海，實爲邊徼重地。而民情輕詭，由平定以來官吏貪殘，故山寇往往嘯聚，愚民因而蟻附，剽掠村落，官兵致討，復蹂踐之甚，非朝廷一視同仁之意也。今雖不能一一擇任守令，而行省官僚如平章、左丞尙缺，宜特選清望素著、簡在帝心、文足以撫綏黎庶、武足以折衝外侮者，使鎭靜之，庶幾治安可期矣。」

時行省討劇賊鍾明亮無功，惲復條陳利害曰：「福建歸附之民戶幾百萬，黃華一變，十去四五。今劇賊猖獗，又酷於華，其可以尋常草竊視之？況其地有溪山之險，東擊西走，出沒難測，招之不降，攻之不克，宜選精兵，申明號令，專命重臣節制，以計討之，使彼勢窮力竭，庶可取也。」

二十八年，召至京師。二十九年春，見帝於柳林行宮，遂上萬言書，極陳時政。授翰林學士、嘉議大夫。

成宗卽位，獻守成事鑑一十五篇，所論悉本諸經旨。元貞元年，加通議大夫、知制誥同修國史，奉旨纂修世祖實錄，因集聖訓六卷上之。大德元年，進中奉大夫。二年，賜鈔萬貫。乞致仕，不許。五年，再上章求退，遂授其子公孺爲衞州推官，以便養，仍官其孫笴祕書郎。大德八年六月，卒。贈翰林學士承旨、資善大夫，追封太原郡公，諡文定。其著述有相鑑五十卷、汲郡志十五卷、承華事略、中堂事記、烏臺筆補、玉堂嘉話，幷雜著詩文，合爲一百卷。

校勘記

〔一〕(忠)〔中〕慶路　從道光本改。

〔二〕嚴仲(羅)〔維〕　據安南志略卷三大元奉使及卷六表章改。蒙史已校。

〔三〕(闊德)〔德闊〕西　按此名本書卷一〇世祖紀至元十五年十二月己卯條作「得蘭紐」，卷一二九紐璘傳附也速答兒傳作「得蘭右」，據改正。元書已校。

〔四〕十(二)〔三〕年春　上文已書十二年，此「十二年」誤。今據本書卷九世祖紀至元十三年正月甲申條改。本證已校。

〔五〕(卯)〔印〕突　按本書卷七世祖紀至元七年十一月丁巳、至元八年四月壬寅條及高麗史卷二七元宗世家作「忻都」。「印突」、「忻都」，同名異譯，「卯」誤，今改。

〔六〕金虎(府)〔符〕　從北監本改。

〔七〕中統(三)〔二〕年　此處言姜彧奏李璮有謀反之意不報，而下文有「明年春，璮果反」。按李璮之反在中統三年二月，此處「三年」爲「二年」之誤，今改。類編已校。

〔八〕金守(其)蒲察(七)斤以城降　本書卷一太祖紀十年正月條有「金右副元帥蒲察七斤以通州降」，與金史宣宗紀貞祐三年正月丁丑條所載符，據改。

〔九〕非惟士有實(行)〔學〕　據滋溪文稿卷七呂壑神道碑改。

〔一〇〕譚資榮　本書卷一九一有其子譚澄傳。「譚」，牧菴集卷二四譚公神道碑作「譚」，但本書卷八世祖紀至元十一年十月庚申、十二年三月乙亥條均作「覃」，王惲中堂事記作「覃」，元遺山詩

集卷十四題覃彥清飛雨亭橫披七絕亦作「覃」，彥清，澄字。考異尚引交城縣萬卦山石刻等「澄資榮父子本姓覃」。疑「譚」當作「覃」。

〔二一〕（興德）〔德興〕懷來人　據牧菴集卷二四譚公神道碑改正。

〔二二〕子二人曰澄曰山阜　本證云：「案敍資榮止一百十五言，詳其子澄事。澄在良吏傳，當云『自有傳』。然兩傳事多不同，亦可互證也。」譚澄傳見卷一九一。

〔二三〕（孔）〔張〕九思　據本書卷一一五裕宗傳、卷一六九張九思傳改。本證已校。

元史卷一百六十八

列傳第五十五

陳（祜）〔祐〕[一]　天祥

陳（祜）〔祐〕，一名天祐，字慶甫，趙州寧晉人，世業農。祖忠，博究經史，鄉黨皆尊而師之，旣歿，門人謚曰茂行先生。

（祜）〔祐〕少好學，家貧，母張氏嘗剪髮易書使讀之，長遂博通經史。時諸王得自辟官屬，歲癸丑，穆王府署（祜）〔祐〕爲其府尚書，賜其父母銀十鋌、錦衣一襲。王旣分土於陝、洛，表（祜）〔祐〕爲河南府總管。下車之日，首禮金季名士李國維、楊杲、李微、薛玄，咨訪治道，商議古今，奏免征西軍數百家及椒竹諸稅、糧料等錢，又上便民二十餘事，朝廷皆從之。世祖卽位，分陝、洛爲河南西路。中統元年，眞除（祜）〔祐〕爲總管。時州縣官以未給俸，多貪暴，（祜）〔祐〕獨以清愼見稱，在官八年，如始至之日。至元二年，調官法行，改南京

路治中。適東方大蝗，徐、邳尤甚，責捕至急。（祜）〔祐〕部民丁數萬人至其地，謂左右曰：「捕蝗慮其傷稼也，今蝗雖盛，而穀已熟，不如令早刈之，庶力省而有得。」或以事涉專擅，不可，（祜）〔祐〕曰：「救民獲罪，亦所甘心。」卽諭之使散去，兩州之民皆賴焉。

三年，朝廷以（祜）〔祐〕降官無名，乃賜虎符，授嘉議大夫、衞輝路總管。衞當四方之衝，號爲難治，（祜）〔祐〕申明法令，創立孔子廟，修比干墓，且請于朝著于祀典。及去官，民爲立碑頌德。嘗上書世祖，言樹太平之本有三：一曰太子國本，建立宜早；二曰中書政本，責成宜專；三曰人材治本，選舉宜審。事雖未能盡行，時論稱之。

六年，置提刑按察司，首以（祜）〔祐〕爲山東東西道提刑按察使。時中書、尚書二省並立，世祖厭其煩，欲合爲一，集大臣雜議之，（祜）〔祐〕還朝，特命預其議。阿合馬爲尚書平章政事，欲奏陞中書右丞相安童爲太師，因罷中書省，懼（祜）〔祐〕有異議，許進（祜）〔祐〕爲尚書參知政事以啗之。及入議，（祜）〔祐〕極言中書政本，祖宗所立，不可罷；三公古官，今徒存其虛位，未須設。事遂罷。阿合馬怒其忤己，除（祜）〔祐〕僉中興等路行尚書省事。西涼隸永昌王府，其達魯花赤及總管爲人誣搆，家各百餘口，王欲悉致之法，（祜）〔祐〕力辨其寃。王怒甚，（祜）〔祐〕執議彌固，王亦尋悟，二人皆獲免，持（祜）〔祐〕泣曰：「公再生父母也。」

朝廷大舉伐宋，遣（祜）〔祐〕簽軍，山東民多逃匿，聞（祜）〔祐〕來，皆曰：「陳按察來，必無

私。」遂皆出，應期而辦。十(二)〔三〕年，[二]授南京總管，兼開封府尹。吏多震慴失措，(祜)〔祐〕因謂曰：「何必若是！前爲盜跖，今爲顏子，吾以顏子待之；前爲顏子，今爲盜跖，吾以盜跖待之。」由是吏知修飭，不敢弄法。許、蔡間有巨盜，聚衆劫掠，(祜)〔祐〕捕之急，逃入宋境；宋亡，隨制置夏貴過汴，(祜)〔祐〕斥下馬，撾殺之於市，民間帖然。

十四年，遷浙東道宣慰使。時江南初附，軍士俘虜溫、台民男女數千口，(祜)〔祐〕悉奪還之。未幾，行省權民商酒稅，(祜)〔祐〕請曰：「兵火之餘，傷殘之民，宜從寬恤。」不報。遣(祜)〔祐〕檢覆慶元、台州民田。及還至新昌，值玉山鄉盜，倉猝不及爲備，遂遇害，年五十六。詔贈推忠秉義全節功臣、江浙等處行中書省左丞，追封河南郡公，謚忠定。父老請留葬會稽，不得，乃立祠祀之。(祜)〔祐〕能詩文，有節齋集。

子夔，芍陂屯田萬戶，初在揚州，聞(祜)〔祐〕遇盜死，泣請于行省，願復父讎，擒其賊魁，戮于紹興市；阜，昌國州知州；奭，侍儀司通事舍人。孫思魯，襲芍陂屯田萬戶；思謙，湖廣行省參知政事。弟天祥。

天祥字吉甫，因兄(祜)〔祐〕仕河南，自寧晉徙家洛陽。天祥少隸軍籍，善騎射。中統三年，李璮叛據濟南，結宋爲外援，河北河南宣慰司承制以天祥爲千戶，屯三汊口，防遏宋兵。

事平罷歸，居偃師南山，有田百餘畝，躬耕讀書，從之遊者甚衆。其居近緱氏山，因號曰緱山先生。初，天祥未知學，(祜)〔祐〕未之奇也，別去數歲，獻所爲詩於(祜)〔祐〕，(祜)〔祐〕疑假手它人，及與語，出入經史，談辨該博，乃大稱異。

至元十一年，起家從仕郎、郢復州等處招討司經歷，從國兵渡江，因論軍中事，深爲行省參政賈居貞所器重。

十三年，興國軍以籍兵器致亂，行省命天祥權知本軍事。天祥領軍士纔十人，入其境，去城近百里，止二日乃至城中，父老來謁，天祥諭之曰：「捍衞鄉井，誠不可無兵，任事者籍之過當，故致亂爾。今令汝輩，權置兵仗以自衞，何如？」民皆稱便。乃條陳其事於行省曰：「鎭遏姦邪，當實根本，若內無備禦之資，則外生窺覦之釁，此理勢必然者也。推此軍變亂之故，正由當時處置失宜，疏於外而急於內。凡在軍中者，寸鐵尺杖不得在手，遂使姦人得以竊發，公私同被其害。今軍中再經殘破，單弱至此，若猶相防而不相保信，豈惟外寇可憂，第恐舟中之人皆敵國矣。莫若布推赤心於人，使戮力同心，與均禍福，人則我之人，兵則我之兵，靖亂止姦，無施不可。惟冀少加優容，然後責其必成之效。」行省許以從便處置。

天祥凡所設施，皆合衆望，由是流移復業，以至鄰郡之民來歸者相繼，伐茅斬木，結屋以居。天祥命以十家爲甲，十甲有長，弛兵禁以從民便。人心既安，軍勢稍振，用土兵收李必聽由寨，不戮一人。他寨聞之，各自散去，境內悉平。

時州縣官吏未有俸祿，天祥從便規措而月給之，以止其貪，民用弗擾。鄰邑分寧爲變，使諜者時至，吏請捕之，天祥曰：「彼以官吏貪暴故叛，今我一軍三縣，官無侵漁，民樂其業，使之歸告其黨，則(謀)〔諜〕者反爲我用矣。」[三]遂一無所問。及敗逃入興國境者數千人，天祥命驗口給糧，仍戒土人勿侵陵，事定，皆得保全而歸，莫不服其威信。

居歲餘，詔改本軍爲路，有代天祥爲總管者，務變更舊政，治隱匿兵者甚急，天祥去未久而興國復變，鄰郡壽昌府及大江南北諸城邑，多乘勢殺守將以應之。時方改行省爲宣慰司，參政忽都帖〔木〕兒、[四]賈居貞，萬戶鄭鼎臣爲宣慰使。鼎臣帥兵討之，至樊口，兵敗死。黃州遂聲言攻陽羅堡，[五]鄂州大震。時忽都帖木兒恇怯不敢出兵，天祥言於居貞曰：「陽羅堡依山爲壘，素有嚴備，彼若來攻，我之利也。且南人浮躁，輕進易退，官軍憑高據險，而區區烏合之衆，與之相敵，不二三日，死傷必多，遁逃者十八九，我出精兵以擊之，惟疾走者乃始得脫。乘此一勝，則大勢已定。然後取黃州、壽昌如摧枯拉朽耳。」居貞深然之，而忽都帖木兒意猶未決。聞至陽羅堡，居貞力趣之，乃引兵宿於青山，明日大敗其衆，皆如天祥所料。

初，行省聞變，盡執鄂州城中南人將殺之，以防內應，居貞救之不能得，天祥曰：「是州之

人，與彼勢本不相接，欲殺之者，利其財耳。」力止之，至是被執者皆縱去。復遣天祥權知壽昌府事，授兵二百餘人。爲亂者聞官軍至，皆棄城依險而自保。天祥以衆寡不敵，非可以力服，乃遣諭其徒使各歸田里，惟生擒其長毛遇順、周監斬于鄂州市。得金二百兩，詢知爲鄂州賈人之物，召而還之。其黨王宗一等十三人，繼亦就擒，以冬至日放令還家，約三日來歸獄，皆如期而至，白宣慰司盡縱之，由是無復叛者，百姓爲立生祠。

二十一年三月，拜監察御史。會右丞盧世榮以掊克聚斂驟陞執政，權傾一時。御史中丞崔彧言之，帝怒，欲致之法，世榮勢焰益張。左司郎中周戭，因議事微有可否，世榮誣以沮法，奏令杖一百，然後斬之，於是臣僚震慴，無敢言者。二十二年四月，天祥上疏，極言世榮姦惡，其略曰：

盧世榮素無文藝，亦無武功，惟以商販所獲之貲，趨附權臣，營求入仕，輿贓輦賄，輸送權門，所獻不充，又別立欠少文券銀一千錠，由白身擢江西榷茶轉運使。於其任，專務貪饕，所犯贓私，動以萬計。其隱祕者固難悉舉，惟發露者乃可明言，凡其掊取於人，及所盜官物，略計：鈔以錠計者二萬五千一百一十九，金以錠計者二十五，銀以錠計者一百六十八，茶以引計者一萬二千四百五十有八，馬以匹計者十五，玉器七事，其餘繁雜物件稱是。已經追納及未納見追者，人所共知。

今竟不悔前非，狂悖愈甚，以苛刻爲自安之策，以誅求爲干進之門，旣懷無饜之心，廣畜攘掊之計，而又身當要路，手握重權，雖位在丞相之下，朝省大政，實得專之。是猶以盜蹠而掌阿衡之任，不止流殃於當代，亦恐取笑於將來。朝廷信其虛誑之說，俾居相位，名爲試驗，實授正權。校其所能，敗闕如此；考其所行，毫髮無稱。此皆旣往之眞跡，可謂已試之明驗。若謂必須再試，止可敍以他官，宰相之權，豈宜輕授。夫宰天下，譬猶製錦。初欲驗其能否，先當試以布帛，如無能效，所損或輕。今捐相位以試驗賢愚，猶捨美錦以校量工拙，脫致隳壞，悔將何追！

國家之與百姓，上下如同一身，民乃國之血氣，國乃民之膚體。血氣充實則膚體康强，血氣損傷則膚體羸病。未有耗其血氣，能使膚體豐榮者。是故民富則國富，民貧則國貧，民安則國安，民困則國困，其理然也。昔魯哀公欲重斂於民，問於有若，對曰：「百姓足，君孰與不足；百姓不足，君孰與足。」以此推之，民必須賦輕而後足，國必待民足而後豐。書曰：「民爲邦本，本固邦寧。」歷考前代，因百姓富安以致亂，百姓困窮以致治，自有天地以來，未之聞也。夫財者，土地所生，民力所集，天地之間歲有常數，惟其取之有節，故其用之不乏。

今世榮欲以一歲之期，將致十年之積；危萬民之命，易一世之榮；〔六〕廣邀增羨之

功，不恤顚連之患；期錙銖之誅取，誘上下以交征。視民如讎，爲國斂怨。果欲不爲國家之遠慮，惟取速效於目前，肆意誅求，何所不得。然其生財之本旣已不存，斂財之方復何所賴？將見民間由此凋耗，天下由此空虛，安危利害之機，殆有不可勝言者。

計其任事以來，百有餘日，驗其事跡，備有顯明。今取其所行與所言而已不相副者，略舉數端：始言能令鈔法如舊，鈔今愈虛；始言能令百物自賤，物今愈貴；始言課程增添三百萬錠，不取於民而辦，今却迫脅諸路官司增數包認；始言能令民快樂，凡今所爲，無非敗法擾民者。若不早有更張，須其自敗，正猶蠹雖除去，木病亦深，始嫌曲突徙薪，終見焦頭爛額，事至於此，救將何及？

臣亦知阿附權要則榮寵可期，違忤重臣則禍患難測；緘默自固，亦豈不能！正以事在國家，關繫不淺，憂深慮切，不得無言。

世祖聞其語，遣使召天祥與世榮，俱至上都面質之。旣至，卽日有內官傳旨，縛世榮於宮門外。明日入對，天祥於帝前再舉其所言與未及盡言者，帝皆稱善，世榮遂伏誅。五月，朝廷錄天祥從軍渡江及平興國、壽昌之功，進秩五品，擢吏部郎中。

二十三年四月，除治書侍御史。六月，命理算湖北湖南行省錢糧。天祥至鄂州，卽上疏劾平章岳束木凶暴不法。時桑哥竊國柄，與岳束木姻黨，爲其爪牙羽翼，誣天祥以罪，欲致之死，繫獄幾四百日。二十五年春正月，遇赦得釋。二十八年，擢行臺侍御史。未幾，以疾辭歸。三十年，授燕南河北道廉訪使。元貞元年，改山東西道廉訪使。時盜賊羣起，山東居多，詔求弭盜方略。天祥上奏曰：「古者盜賊之起，各有所因，除歲凶饑饉，諉之天時，宜且勿論。他如軍旅不息，工役荐興，聚斂無厭，刑法紊亂之類，此皆羣盜所起之因。中間保護存恤長養之者，赦令是也。赦者，小人之幸，君子之不幸，一歲再赦，善人喑啞，前人言之備矣。彼强梁之徒，各執兵杖，殺人取後，不顧其生，有司盡力以擒之，朝廷加恩以釋之；旦脫縲囚，暮卽行劫，又復督勒有司，結限追捕。賊皆經慣，習以爲常，旣不感恩，又不畏法，凶殘悖逆，性已頑定。誠非善化能移，惟以嚴刑可制。」所擬事條，皆切於時用。於是嚴督有司，捕得盜賊甚衆，皆杖殺之。其亡入他境者，揣知所向，選捕盜官及弓兵，密授方略，示以賞罰，使追捕之，南至漢、江，二千餘里，悉皆就擒，無得免者。由是東方羣盜屏息。

平陰縣女子劉金蓮，假妖術以惑衆，所至官爲建立神堂，愚民皆奔走奉事之，天祥謂同僚曰：「此婦以神怪惑衆，聲勢如此，若復有狡獪之人輔翼之，倣漢張角、晉孫恩之爲，必成大害。」遂命捕繫而杖於市，自此神怪屏息。天祥言山東宣慰司官冗宜罷，因劾奏其使貪暴不法，事格不行，遂以任滿辭去。

大德三年六月，遷河北河南廉訪使，以疾不起。人有寃抑，往往就天祥家求直，天祥以不在其位，却去之。六年，陞江南行臺御史中丞，上章論征西南夷事，曰：

兵有不得已而不已者，亦有得已而不已者。惟能得已則已，可使兵力永强，以備不得已而不已之用，是之謂善用兵者也。去歲，行省右丞劉深遠征八百媳婦國，此乃得已而不已之兵也。彼荒裔小邦，遠在雲南之西南又數千里，其地爲僻陋無用之地，人皆頑愚無知。取之不足以爲利，不取不足以爲害。

深欺上罔下，帥兵伐之，經過八番，縱橫自恣，恃其威力，虐害居民，中途變生，所在皆叛。深旣不能制亂，反爲亂衆所制，軍中乏糧，人自相食，計窮勢蹙，倉黃退走，土兵隨擊，以致大敗。深棄衆奔逃，僅以身免，喪兵十八九，棄地千餘里。朝廷再發陝西、河南、江西、湖廣四省諸軍，使劉二霸都總督，以圖收復叛地。湖北、湖南大起丁夫，運送軍糧，至播州交納，其正夫與擔負自己糧食者，通計二十餘萬。正當農時，興此大役，驅愁苦之人，往迴數千里中，何事不有。或所負之米盡到，固爲幸矣。然數萬之軍，止仰今次一運之米，自此以後，又當如何？

比問西征敗卒及其將校，頗知西南遠夷之地，重山複嶺，陡澗深林，竹木叢茂，皆有長刺。軍行徑路在於其間，窄處僅容一人一騎，上如登天，下如入井，賊若乘險邀

擊，我軍雖衆，亦難施爲也。又其毒霧烟瘴之氣，皆能傷人，羣蠻既知大軍將至，若皆清野遠遁，阻其要害，以老我師，或進不得前，旁無所掠，士卒饑餒，疫病死亡，將有不戰自困之勢，不可不爲深慮也。

且自征伐倭國、占城、交趾、爪哇、緬國以來，近三十年，未嘗見有尺土一民內屬之益，計其所費錢財，死損軍數，可勝言哉！去歲西征，及今此舉，亦復何異。前鑑不遠，非難見也。軍勞民擾，未見休期，只深一人，是其禍本。

又聞八番羅國之人，向爲征西之軍擾害，捐棄生業，相繼逃叛，怨深入於骨髓，皆欲得其肉而分食之。人心皆惡，天意亦憎，惟須上承天意，下順人心，早正深之罪，續下明詔，示彼一方以聖朝數十年撫養之恩，仍諭自今再無遠征之役。以此招之，自有相繼歸順之日，使其官民上下，皆知未須遠勞王師，與區區小醜爭一旦之勝負也。昔大舜退師而苗氏格，充國緩戰而羌衆安，事載經傳，爲萬世法。

爲今之計，宜且駐兵近境，使其水路遠近得通，或用鹽引茶引，或用實鈔，多增米價，和市軍糧。但法令嚴明，官不失信，可使米船蔽江而上，軍自足食，民亦不擾，內安根本，外固邊陲。以我之鎭靜，御彼之猖狂，布恩以柔其心，畜威以制其力，期之以久，漸次服之。此王者之師，萬全之利也。若謂業已如此，欲罷不能，亦當慮其關繫之大，

審詳成敗，算定而行。彼溪洞諸蠻，各有種類，今之相聚者，皆烏合之徒，必無久能同心敵我之理。但急之則相救，緩之則相疑，以計使之互相讎怨，待彼有可乘之隙，我有可動之時，徐命諸軍數道俱進。服從者恩之以仁，拒敵者威之以武，恩威相濟，功乃易成。若舍恩任威，以蹈深之覆轍，恐他日之患，有甚於今日也。

不報，遂謝病去。

七年，召拜集賢大學士，商議中書省事。八月，地震，河東尤甚，詔問弭災之道。天祥上章，極言陰陽不和，天地不位，皆人事失宜所致。執政者以其言切直，抑不以聞。

天祥自被召還京，至是且一歲，未嘗得見帝言事，輸忠無地，常鬱鬱不自釋，又不欲苟靡廩祿，八年正月，移疾謝去。至通州，中書遣使追留，不還。帝聞之，賜鈔五千貫，仍命給傳，專官護送至其家。天祥望闕拜謝，辭所賜鈔而行。九年五月，拜中書右丞，議樞密院事，提調諸衞屯田，使者五致詔，以年老不能辭。十一年，仁宗在懷州，遣使賜幣帛、上尊酒。至大四年，仁宗卽位，復遣使召之，辭以老疾不起。延祐三年四月，卒于家，年八十。〔七〕累贈推忠正義全德佐理功臣、河南江北等處行中書省平章政事，追封趙國公，謚文忠。

劉宣

劉宣字伯宣，其先潞人也。因出戍留居忻，金末避地于陝，後徙太原。宣沉毅清介，居家孝友，自幼喜讀書，有經世之志。宣撫張德輝至河東，見而器重之，還朝，薦爲中書省掾。宣暇則往從國子祭酒許衡講明理學。初命爲河北河南道巡行勸農副使。

至元十二年，入爲中書戶部郎中，改行省郎中。從丞相伯顏、平章阿朮統軍平江南，贊畫居多。伯顏嘗命宣詣闕上捷書，世祖召見，親問以南征事，應對稱旨，賜器服寵嘉之。江南平，命宣沙汰江淮冗官，其所存革，悉合公論。除知松江府，未幾同知浙西宣慰司事。在官五年，威惠並著。陞江淮行省參議，擢江西湖東道提刑按察使。

二十三年，入爲禮部尚書，遂遷吏部。時將伐交趾，宣上言曰：「連年日本之役，百姓愁戚，官府擾攘，今春停罷，江浙軍民歡聲如雷。安南小邦，臣事有年，歲貢未嘗愆期。邊帥生事興兵，彼因避竄海島，使大舉無功，將士傷殘。今又下令再征，聞者莫不恐懼。自古興兵，必須天時，中原平土，猶避盛夏，交廣炎瘴之地，毒氣害人，甚於兵刃。今以七月，會諸道兵于靜江，比至安南病死必衆，緩急遇敵何以應之。又交趾無糧，水路難通，無車馬牛畜馱載，不免陸運。一夫擔米五斗，往還自食外，官得其半；若十萬石，用四十萬人，止可供一二月。軍糧搬載，船料軍須，通用五六十萬衆。廣西、湖南調度頻數，民多離散，戶令供役，亦不能辦。況湖廣密邇，溪洞寇盜常多，萬一姦人伺隙，大兵一出，乘虛生變，雖有留

後，人馬疲弱衰老，卒難應變。何不與彼中軍官深知事體者，論量萬全方略，不然將復蹈前轍矣。」

及再征日本，宣又上言，其略曰：「近議復置征東行省，再興日本之師，此役不息，安危繫焉。唆都建伐占城，海牙言平交趾，三數年間，湖廣、江西供給船隻、軍須糧運，官民大擾，廣東羣盜並起，軍兵遠涉江海瘴毒之地，死傷過半，卽目連兵未解。且交趾與我接境，蕞爾小邦，遣親王提兵深入，未見報功，唆都爲賊所殺，自遺羞辱。況日本海洋萬里，疆土闊遠，非二國可比。今次出師，動衆履險，縱不遇風，可到彼岸，倭國地廣，徒衆猥多，彼兵四集，我師無援，萬一不利，欲發救兵，其能飛渡耶？隋伐高麗，三次大舉，數見敗北，喪師百萬。唐太宗以英武自負，親征高麗，雖取數城而還，徒增追悔。且高麗平壤諸城，皆居陸地，去中原不遠，以二國之衆加之，尚不能克，況日本僻在海隅，與中國相懸萬里哉！」帝嘉納其言。

二十三年十二月，中書傳旨，議更鈔用錢，宣獻議曰：「原交鈔所起，漢、唐以來，皆未嘗有。宋紹興初，軍餉不繼，造此以誘商旅，爲沿邊糴買之計，比銅錢易於齎擎，民甚便之。稍有滯礙，卽用見錢，尚存古人子母相權之意。日增月益，其法浸弊，欲求目前速效，未見良策。新鈔必欲創造，用權舊鈔，只是改換名目，無金銀作本稱提，軍國支用不復抑損，三數

年後亦如元寶矣。宋、金之弊，足爲殷鑒。鑄造銅錢，又當詳究。秦、漢、隋、唐、金、宋利病，著在史策，不待縷陳。國朝廢錢已久，一旦行之，功費不貲，非爲遠計。大抵利民權物，其要自不妄用始，若欲濟丘壑之用，非惟鑄造不敷，抑亦不久自弊矣。」屬桑哥謀立尚書省，以專國柄，錢議遂罷。

二十五年，由集賢學士除行臺御史中丞。時江浙行省丞相忙古臺，悍戾縱恣，常慮臺臣糾言其罪，而尤忌宣。一日御史大夫與中丞出建康城，點視軍船，羣御史從。有以軍船載葦者，御史張諒詰之，知爲行省官所使，詣揚州覆實。忙古臺盛怒，卽圖報復。時大夫之父，官于屬郡，隨被按劾。遣其黨造建康，伺臺中違失，臺官皆竦懼，陰往懇求自解，惟宣屹然不動。忙古臺怨宣愈甚，羅織宣之子，繫揚州獄。又令建康酒務、淘金等官及錄事司官以罪免者，誣告行臺沮壞錢糧，以聞于朝，必欲置宣死地。朝廷爲遣官二員，置獄于行省，鞫問其事。宣及御史六人俱就逮，旣登舟，行省以軍船列兵衞驅迫之，至則分異各處，不使往來。九月朔，宣自剄于舟中。

始宣將行時，書後事緘付從子自誠，令勿啓視。宣死，視其書，辭云：「觸怒大臣，誣搆成罪，豈能與經斷小人交口辯訟、屈膝爲容於怨家之前。身爲臺臣，義不受辱，當自引決，但不獲以身殉國爲恨耳。嗚呼！天乎！實鑒此心。」且別有公文言忙古臺罪狀，後得其藁，

塗注勾抹，辭句難辨。前治書侍御史霍肅爲敍次其文，讀者悲憤。然宣旣引決，行省白于朝，以爲宣知罪重自殺。前後搆成其事者，郎中張斯立也。然宣忠義節操，爲世所重，聞者莫不嗟悼。延祐四年，從子自持上宣行實，御史臺以聞，制贈資善大夫、御史中丞、上護軍，追封彭城郡公，謚忠憲。

何榮祖

何榮祖字繼先，其先太原人。父瑛，金貞祐間試文法入優等補吏，後授明威將軍，守鉅鹿尹，權軍器監主事。金亡，徙家廣平。

榮祖狀貌魁偉，額有赤文如雙樹，背負隆起。有相者謂曰：「子位極人臣且壽相也。」何氏世業吏，榮祖尤所通習，遂以吏累遷中書省掾，擢御史臺都事。始折節讀書，日記數千言。阿合馬方用事，置總庫于其家，以收四方之利，號曰和市。監察御史范方等斥其非，論甚力。阿合馬知榮祖主其謀，奏爲左右司都事以隸己。未幾，御史臺除治書侍御史，升侍御史，又出爲山東按察使，而阿合馬莫遏其志矣。

有帖木剌思者，以貪墨爲僉事李唐卿所劾。帖木剌思計無所出，適濟南有上變告者，唐卿察其妄，取訟牒焚之。帖木剌思乃摭取爲辭，告唐卿縱反者，逮繫數十人。獄久不決，詔榮祖與左丞郝禎、參政耿仁傑鞫之。榮祖得其情，欲抵告者罪。禎、仁傑議以失口亂言之罪坐之，榮祖不可。俄遷河南按察使，二執政竟以失口亂言杖其人，而株連者俱得釋，唐卿之誣遂白。

平涼府言有南人二十餘輩叛歸江南，安西行省欲上聞，會榮祖來爲參政，止之曰：「何必上聞朝廷，此輩去者皆人奴耳，今聞江南平，遁往求其家，移文召捕之可也。」已而逃者俱獲，果人奴也，治以本罪而付其主。其於事明決多類此。除雲南行省參知政事，以母老辭。又拜御史中丞，復出爲山東東西道按察使。

時宣慰使樂實、姚演開膠州海道，有制禁戢諸人沮撓，糧船遇暴風多漂覆。樂實弗信，督諸漕卒償之，搒掠慘毒，自殺者相繼。按察官懼違制，莫敢言。榮祖曰：「第言之，若朝廷見譴，吾自當之。」卽草辭以奏，詔免其徵。召入爲尚書參知政事。

時桑哥專政，亟於理算錢穀，人受其害。榮祖數請罷之，帝不從，屢懇請不已，乃稍緩之。而畿內民苦尤甚，榮祖每以爲辭，同僚曰：「上旣爲免諸路惟未及在京，可少止勿言也。」榮祖執愈堅，至於忤旨不少屈，竟不署其牘。未踰月，而害民之弊皆聞，帝乃思榮祖言，召問所宜。榮祖請於歲終立局考校，人以爲便，立爲常式，詔賜以鈔萬一千貫。榮祖條中外有官規程，欲矯時敝，桑哥抑不爲通。榮祖旣與之異議，乃以病告，特授集賢大學士。未

幾，起爲尚書右丞。

桑哥敗，改中書右丞。奏行所定至元新格，請改提刑按察司爲肅政廉訪司，而立監治之法。又上言：「國家用度不可不足，天下百姓不可不安。今理財者弗顧民力之困，言治者弗圖國計之大。且當用之人恒多，而得用之人恒少。要之，省部實爲根本，必擇材而用之。按察司雖監臨一道，其職在於除蠹弊、安斯民，苟有弗至，則省臺又當遣官體察之，庶有所益。」帝深然之。屢以老疾乞解機務，詔免署事，惟預議中書而食其祿。尋拜昭文館大學士，預中書省事，又加平章政事。以水旱請罷，不允。

先是，榮祖奉旨定大德律令，書成已久，至是乃得請于上，詔元老大臣聚聽之。未及頒行，適子祕書少監惠沒，遂歸廣平，卒，年七十九。贈光祿大夫、大司徒、柱國，追封趙國公，謚文憲。

榮祖身至大官，而僦第以居，飲器用青瓷杯。中宮聞之，賜以上尊，及金五十兩、銀五百兩、鈔二萬五千貫，俾置器買宅，以旌其廉。所著書，有大畜十集，又有學易記、載道集、觀物外篇等書。

陳思濟

陳思濟字濟民，柘城人也。幼讀書，卽曉大義，以才器見稱于時輩間。世祖在潛邸，聞其名，召之以備顧問，旣卽位，始建省部，俾掌敷奏。中統三年，詔誅王文統，召廉希憲入中書，思濟還，仍掌敷奏。事無巨細，悉就準繩，姚樞、許衡皆器重之。

會阿合馬入省，恥其位在希憲左，每欲肆意而行，希憲守正不從。及希憲去位，省臣晨集，掾屬皆憚阿合馬，莫敢前。思濟獨先以文牘進，阿合馬輒于希憲位署押，思濟遽掩以手曰：「此非君相署位也。」阿合馬怒目視之，衆爲之懼，思濟神色自若。除右司都事，從希憲行省山東，未幾召還。

至元五年，分命中書省總百揆，御史臺正百官，一時黜陟登庸，憲章程式，多出其手。遷承務郎、同知高唐州事，以績最聞，拜監察御史。時阿合馬立尚書省，權在中書右。思濟與魏初等劾其不法，帝命近臣正之。御史各以次對，思濟獨厲聲曰：「御史言官也，非爲辨訟設！」拂袖而出。授奉訓大夫、知沁州，爲政簡要，不務苛察。遷中順大夫、同知紹興路總管府事，承檄讞獄。桐廬有囚羸瘠將死，縱遣還家，候期來決，囚拜請曰：「聞公名久矣，若不早決，恐終不可保。」爲閱其案而釋之。轉同知兩浙都轉運司事，胥吏侵漁，民困于賦役，悉蠲除之。調陝西漢中道提刑按察副使，丁母憂去官。

二十三年，加少中大夫、同知浙東道宣慰司事。時浙西大水，民饑，浙東倉廩殷實，卽轉輸以賑之，全活者衆，檄上中書，奏允之。浙東復旱，禱于名山，雨大澍，民賴以甦。兩淮鹽課不敷，授嘉議大夫、兩淮都轉運使，奸弊盡革，商賈通行，歲課以足。擢嶺北湖南道肅政廉訪使，改池州路總管。江浙行省平章也速答兒威勢赫然，摘淘金戶三千，括民間田畝，檄下，力上章以止之。累遷通議大夫、僉河南江北等處行中書省事。大德五年冬，以疾卒，年七十。贈正議大夫、吏部尙書、上輕車都尉，追封潁川郡侯，謚文肅。

子誠襲，廕入官，拜監察御史、朝列大夫、僉廣西道肅政廉訪司事。

秦長卿

秦長卿，洛陽人也。姿貌魁特，性倜儻，有大志。世祖在京兆潛藩，已聞其名，既卽位，務收攬時才，以布衣徵至京師。長卿尙風節，好論事，與劉宣同在宿衞，以氣岸相高。是時尙書省立，阿合馬專政，長卿上書曰：「臣愚戇，能識阿合馬，其爲政擅生殺人，人畏憚之，固莫敢言，然怨毒亦已甚矣。觀其禁絕異議，杜塞忠言，其情似秦趙高；私蓄踰公家貲，覬覦非望，其事似漢董卓。春秋人臣無將，請及其未發誅之爲便。」事下中書。阿合馬爲人便佞，善伺人主意，又其貲足以動人，中貴人力爲救解，事遂寢，然由是大恨長卿。除興和宣德同知鐵冶事，竟誣以折閱課額數萬緡，逮長卿下吏，籍其家產償官，又使獄吏殺之。獄吏濡紙塞其口鼻，卽死。未幾，王著聚徒殺阿合馬。帝後悟，亦追罪之，斲棺戮屍幷誅其子，而長卿寃終不白。

長卿從子山甫爲建康府判官，聞長卿寃狀，卽日棄官去，累薦不起以卒。山甫子從龍，仕至南臺治書侍御史；從德，江浙行省參知政事。

趙與票

趙與票字晦叔，宋宗室子，嘗登進士第，爲鄂州教授。至元十一年，丞相伯顏既渡江，與票率其宗人之在鄂州者，詣軍門上書，力陳不嗜殺人可以一天下，且乞全其宗黨。後伯顏朝京師，世祖問宋宗室之賢者，伯顏首以與票對。

十三年秋九月，遣使召至上京，幅巾深衣以見，言宋敗亡之故，悉由誤用權奸，詞旨激切，令人感動。世祖念之，卽授翰林待制，朝廷立法多所諮訪，與票忠言讜論，無所顧惜。進直學士，轉侍講。疏陳江南科斂急督，移括大姓，宋世丘隴暴露，皆大臣擅易明詔所爲。二十七年，京師霧四塞；明年正月甲寅，虎入南城。與票又疏言權臣專政之咎，退而家居待罪。

未幾桑哥敗，平章不忽木奏與票貧窶有守，有抱負，世祖曰：「得非指權臣爲虎者邪？」賜鈔萬三千貫，歲給其妻子衣糧。後累遷翰林學士。其伯祖師淵，嘗從朱熹學，家庭受授，具有端緒，於是與許衡論伊洛閫奧，衡雅敬之。與票既老，成宗命特官其子孟實以終養。大德七年，以疾卒。家貧無以爲葬，成宗命有司賻鈔五千貫，給舟車，還葬台州之黃巖。贈通議大夫、禮部尙書、上輕車都尉、天水郡侯，謚文簡。

姚天福

姚天福字君祥，絳州人。父居實，避兵徙雁門。天福幼讀春秋，通大義。及長，以材辟懷仁丞。至元五年，詔立御史臺，以天福爲架閣管勾，尋拜監察御史。每廷折權臣，帝嘉其直，錫名巴兒思，謂其不畏强悍，猶虎也。仍厚賜以旌其忠，天福曰：「臣職居抨彈，惟負爵祿是懼，敢貪厚賞，以重臣罪？」

時御史臺置二大夫，綱紀無統，天福言于世祖曰：「古稱一蛇九尾，首動尾隨；一蛇二首，不能寸進。今臺綱不張，有一蛇二首之患。陛下不急拯之，久則紊不可理。」帝詔玉速帖木兒及孛羅諭之，孛羅以年幼自劾。天福時按行畿內，有出使者淩民取賄，天福乃易服閒行得其狀，奏戮之以徇，豪右慴服。

十二年，詔罷各道按察司，天福白大夫玉速帖木兒曰：「是司之設，所以廣視聽、虞非常，慮至深遠，不但繩有司而已也。」大夫駭然曰：「微公言，幾失之。」夜入帝臥內，奏其言，帝大悟，詔復立之。權臣不悅，左遷天福朝列大夫、衡州路同知，不就，起爲河東道提刑按察副使。時北鄙兵興，轉輸煩急，河東民苦徭役。天福以反側爲憂，劾執政失計，奏罷其役。徵拜中順大夫、治書侍御史。

十六年，江南既平，授嘉議大夫、淮西道按察使。淮甸當兵衝，將吏有豪猾爲民害者，悉剗除之，民大悅。轉湖北道按察使，發省臣贓事數十以聞。帝以其嘗有勳勞，特原之，而流其黨與，州郡稱治。二十年，遷山北道按察使，其民鮮知稼穡，天福敎以樹藝，皆致蕃富，民爲建祠，而刻石以紀之。二十二年，入爲刑部尙書，尋出爲揚州路總管。二十六年，復爲淮西按察使，按鉅姦一人，沒其家貲，政化大行。

二十八年，桑哥敗，考訊黨援，平陽爲多，以天福爲平陽總管，俾窮治其事。俄拜甘肅行省參知政事，以母老辭。三十一年，授陝西漢中道肅政廉訪使，尋除眞定路總管。眞定驛傳之需，多爲民害，天福更議措置之方，使不擾民，憲長爭之。省臣以其事聞，詔從之，頒其制爲天下式。

大德二年，授江西行省參政，以疾辭。四年，拜參知政事、大都路總管，兼大興府尹，畿甸大治。後之尹京者，以天福爲稱首。六年，以疾卒，年七十三。

初，天福拜御史時，其母戒之曰：「古稱公爾忘私，委質爲臣，當罄所事，以塞其職，勿以未亡人爲卹，俾吾追蹤陵母，死之日猶生之年也。」天福亦請於憲府曰：「監察責當言路，有犯無隱，苟獲譴，乞不爲親累。」或以聞，帝嘆曰：「巴兒思母子雖生今世，其義烈之言當於古人中求之。」

子祖舜，祕書監著作郎；侃，內藏庫副使。

許國禎（扆）〔八〕

許國禎字進之，絳州曲沃人也。祖濟，金絳州節度使。父日嚴，榮州節度判官。皆業醫。

國禎博通經史，尤精醫術。金亂，避地嵩州永寧縣。河南平，歸寓太原。世祖在潛邸，國禎以醫徵至翰海，留守掌醫藥。莊聖太后有疾，國禎治之，刻期而愈，迺張宴賜坐。太后時年五十三，遂以白金鋌如年數賜之。伯撒王妃病目，治者鍼誤損其明。世祖怒，欲坐以死罪，國禎從容諫曰：「罪固當死，然原其情乃恐怖失次所致。卽誅之，後誰敢復進。」世祖

意解，且獎之曰：「國禎之直，可作諫官。」宗王昔班屢請以國禎隸帳下，世祖重違其請，將遣之，辭曰：「國禎蒙恩拔擢，誓盡心以報，不敢易所事。」乃不果遣。

世祖過飲馬湩，得足疾，國禎進藥味苦，卻不服，國禎曰：「古人有言：良藥苦口利於病，忠言逆耳利於行。」已而足疾再作，召國禎入視，世祖曰：「不聽汝言，果困斯疾。」對曰：「良藥苦口旣知之矣，忠言逆耳願留意焉。」世祖大悅，以七寶馬鞍賜之。

憲宗三年癸丑，從征雲南，機密皆得參與，朝夕未嘗離左右。或在告，帝輒爲之不悅。九年己未，世祖帥師圍鄂州，獲宋人數百族，諸將欲盡阬之，國禎力請止誅其凶暴，餘皆獲免。及師還，招降民數十萬口，疲餓顚仆者滿道，國禎白發蔡州軍儲糧賑之，全活甚衆。

世祖卽位，錄前勞，授榮祿大夫、提點太醫院事，賜金符。至元三年，改授金虎符。十二年，遷禮部尙書。國禎嘗上疏言：愼財賦、禁服色、明法律、嚴武備、設諫官、均衛兵、建學校、立朝儀，事多施行。凡所薦引，皆知名士，士亦歸重之。帝與近臣言及勳舊大臣，因謂國禎曰：「朕昔出征，同履艱難者，惟卿數人在爾。」遂拜集賢大學士，進階光祿大夫。每進見，帝呼爲許光祿而不名，由是內外諸王大臣皆以許光祿呼之。陞翰林集賢大學士。卒年七十六。時大臣非有勳德爲帝所知者，罕得贈諡，特贈國禎金紫光祿大夫，諡忠憲，人以爲榮。後加贈推誠廣德協恭翊亮功臣、翰林學士承旨、上柱國，追封薊國公。

初，國禎母韓氏，亦以能醫侍莊（憲）〔聖〕太后，〔九〕又善調和食味，稱旨，凡四方所獻珍膳旨酒，皆命掌之，太后閔其勞，賜以眞定宅一區，歲給衣廩終身，國禎由是家焉。子扆。

扆字君黼，一名忽魯火孫，從其父國禎事世祖于潛邸，進退莊重，世祖喜之，賜今名。俾從許衡學，入備宿衞，忠愼小心。嘗因事忤旨，欲罪之，帝後悔，謂近侍帖哥曰：「朕欲罪忽魯火孫，汝何不言？汝二人自今結爲兄弟，有所譴責，則更相進諫。」乃置金酒中，賜二人飲，以爲盟。時裕宗居東宮，帝又諭忽魯火孫曰：「若太子罪汝，將誰諫耶？」遂命東宮臣慶山奴亦同飲金酒。俄除禮部尙書、提點太醫院事，賜日月龍鳳紋綺衣二襲。每外國使至，必命與之語，辭理明辨，莫不傾服。改尙醫太監。帝嘗命畫工寫其像賜之。轉正議大夫，仍提點太醫院事。

有竊大安閣禮神之幣者，將誅之，羣臣莫敢言，忽魯火孫獨諫曰：「敬神，善事也。因置人於死地，臣恐神不享所祭。」帝卽命釋之。忽魯火孫與丞相安童善，國政多所贊益，桑哥忌之，數譖於上，帝不之信。桑哥敗，繫于左掖門，帝命忽魯火孫往唾其面，辭不可，帝稱其仁厚，賜以白玉帶。且諭之曰：「以汝明潔無瑕，有類此玉，故以賜汝也。」

成宗卽位，遷中書右丞，行太常卿。力辭，乃命以中書右丞署太常事。俄改陝西行中

書省右丞。時關中饑，議發倉粟賑之，同列以未得請于朝不可，忽魯火孫曰：「民爲邦本，今饑餒如此，若俟命下，無及矣。擅發之罪，吾當獨任之，不以累公等。」遂大發粟，不數日命亦下。明年旱，禱于終南山而雨，歲以大熟，民皆畫像祀之。

忽魯火孫不事生業，田宅皆上所賜。有足疾，不能行，仁宗以爲先朝老臣，特敕乘小輿入禁中，訪以舊事。後足益弱，不可出，每國有大政，詔使近侍卽其家問之。特授榮祿大夫、大司徒，食其祿終身。贈推忠守正佐理功臣、光祿大夫、陝西等處行中書省平章政事、柱國，追封趙國公，諡信簡。

校勘記

〔一〕陳(祜)〔祐〕　據秋澗集卷五三陳祐去思碑銘、卷五四陳祐神道碑、張文忠集卷一八陳天祥神道碑銘改。下同。按本書卷一〇世祖紀至元十六年六月壬午條、卷一六二高興傳作「陳祐」。

〔二〕十(二)〔三〕年　道光本與秋澗集卷五四陳祐神道碑銘合，從改。碑云：「十三年，改授南京路總管兼開封府尹」，「明年春，進拜中奉大夫、浙東道宣慰使」。碑「明年」，傳作「十四年」。

〔三〕(謀)〔諜〕者　據張文忠集卷一八陳天祥神道碑銘改。按前文作「諜者」。類編已校。

〔四〕忽都帖〔木〕兒　據下文補。此名蒙古語，意爲「福鐵」。

〔五〕黄州遂擊言攻陽羅堡　此處文句不通，當有脫誤。張文忠集卷一八陳天祥神道碑銘云：「會壽昌、黄州盜起，宣慰使鄭公將兵擊之，至樊口敗死。士卒還言賊盛且鋭，將攻陽邏堡。」蒙史改作「黄州亂民遂擊言攻陽邏堡」。

〔六〕危萬民之命易一世之榮　道光本據元文類卷一四論盧世榮姦邪狀改「一世」爲「一己」，於文義較長。

〔七〕年八十　按張文忠集卷一八陳天祥神道碑銘作「享年八十有七」，道光本據補「七」字。

〔八〕〔歿〕　據本書體例補。

〔九〕莊(憲)〔聖〕太后　據上文所見改。莊聖太后卽唆魯禾帖尼。元書已校。

元史卷一百六十九

列傳第五十六

賀仁傑

賀仁傑字寬甫，其先河東隰州人，祖種德徙關中，遂爲京兆鄠人。父賁，有材略，善攻戰，數從軍有功。關中兵後積屍滿野，賁買地金天門外，爲大塚收瘞之，遠近聞者，爭輦屍來葬，復以私錢勞之。嘗治室於毀垣中，得白金七千五百兩，謂其妻鄭曰：「語云：匹夫無故獲千金，必有非常之禍。」時世祖以皇太弟受詔征雲南，駐軍六盤山，乃持五千兩往獻之，世祖曰：「天以賜汝，焉用獻！」對曰：「殿下新封秦，金出秦地，此天以授殿下，臣不敢私，願以助軍。」且言其子仁傑可用狀，卽召入宿衞。其軍帥怒賁不先白己而專獻金，下賁獄，世祖聞之，大怒，執帥將殺之，以勳舊而止。世祖卽位，賜賁金符，總管京兆諸軍奧魯，卒，贈輸忠立義功臣、銀青榮祿大夫、大司徒，追封雍國公，諡貞獻。

仁傑從世祖，南征雲南，北征乃顏，皆著勞績。後與董文忠居中事上，同志協力，知無不言，言無不聽，多所裨益，而言不外泄，帝深愛重之。

至元十三年，宋平，惟川蜀久不下。四川制置使張珏守重慶，合州安撫使王立守釣魚山，相拒二十餘年。詔建東西行樞密院，督兵進伐，合丹、闊里吉思領東院，攻釣魚山，不花、李德輝領西院，攻重慶。德輝分守成都，獲王立鈔卒張(合)〔郃〕等奉蠟書告德輝，能自來，卽降。德輝遂從五百騎至釣魚山，與東院同受立降。東院復奏誅立，幷言德輝越境邀功，下立長安獄。西院從事呂𡌴至都，以兵事告許衡，許衡告仁傑，仁傑爲言於帝。帝召樞密臣責之曰：「汝等以人命爲戲耶！今召王立，立生則已，死則汝等亦從之。」立至，賜金虎符，仍以爲合州安撫使。

帝一日召仁傑至榻前，出白金，謂之曰：「此汝父六盤所獻者，聞汝母來，可持以歸養。」辭不許，乃歸白母，盡散之宗族。帝欲選民間童女充後宮；及有司買物，多非其土產；山後鹽禁，久爲民害：皆奏罷之。民爲之立祠。

十七年，上都留守闕，宰相擬廷臣以十數，皆不納，帝顧仁傑曰：「無以易卿者。」特授正議大夫、上都留守，兼本路總管、開平府尹。明年，賜三珠虎符，進資德大夫，兼虎賁親軍都指揮使。尋加榮祿大夫、中書右丞，留守如故。尚書省立，桑哥用事，奏上都留守司錢穀多失實。召留守忽剌忽耳及仁傑廷辨，仁傑曰：「臣漢人，不能禁吏戢姦，致錢穀多耗傷，臣之罪。」忽剌忽耳曰：「臣爲長，印在臣手，事未有不關白而能行者，臣之罪。」帝曰：「以爵讓人者有之，未有爭引咎歸己者。」置勿問。

仁傑在官五十餘年，爲留守者居半，車駕春秋行幸，出入供億，未嘗致上怒。其妻劉沒，帝欲爲娶貴族，固辭，乃娶民間女，已而喪明，夫妻相敬如初，未嘗置媵妾。

大德九年，年七十二，請老，拜光祿大夫、平章政事，商議陝西行中書省事，賜白金、楮幣、錦袍、玉帶，歸第。以子勝襲上都留守、虎賁指揮使。後成宗崩，仁宗入清內難，念世祖舊臣，欲有所咨訪，召赴闕，行至樊橋而卒。贈恭勤竭力功臣、儀同三司、太保、上柱國，追封雍國公，謚忠貞。延祐六年，加贈推誠宣力翊運功臣、太師、開府儀同三司、上柱國，追封奉元王。子勝，自有傳。

賈昔剌

賈昔剌，燕之大興人也。本姓賈氏，其父仕金爲庖人。昔剌體貌魁碩，有志於當世。歲甲申，因近臣入見莊聖太后，遂從睿宗於和林，典司御膳，以其鬚黃，賜名昔剌，俾氏族與蒙古人同，甚親幸之，又慮其漢人，不習於風土，令徙居灤州。帝復思之曰：「昔剌在吾左右，

飲食殊安適。」促召入供奉，諸庖人皆隸焉。

世祖在潛邸，知其重厚，使從迎皇后於弘吉剌之地，自是預謀帷幄，動中機會，內出銀三千兩，使買珍膳，乘傳上太官，恣其出入不問。又賜以牝馬及駒三十匹，并牧戶與之。是時兵餘，敷以所賜分遺鄉里。世祖卽位，立尙食、尙藥二局，賜金符，提點局事，兼領進納御膳生料。年老，謝事，病篤，索所賜衣衣之而卒。追封聞喜郡侯，諡敏懿。

子丑妮子，方幼時，世祖愛之，嘗坐之御席傍。從征雲南，躍馬入水，斫戰船，破其軍，帝奇其勇敢，而戒其輕銳。己未，從伐宋，還自鄂州，卒。追封臨汾郡公，諡顯毅。

子虎林赤，智勇絕人。阿里不哥之叛，出其家名馬，以助官軍。從幸和林，中道値大風，晝晦，敵猝至，擊走之，還，佩其大父金符，提點尙食、尙藥二局，歷尙膳使，兼司農。嘗入侍，帝問治天下何爲本，曰：「重農爲本。」何爲先，曰：「用賢爲先。用賢則天下治，重農則百姓足。」帝深善之，超拜宣徽使，辭，改僉院事，仍領尙膳使，卒。

子禿堅不花，襲世職爲尙藥、尙食局提點，世祖以故家子，獨奇之，謂他日可大用，使在左右。從征乃顏，軍次杭海，敵猝至，帝令急擊之。諸近侍見其勢盛，多畏避，禿堅不花卽馳入其陣，疾戰，破走之，擒其首將以歸。移軍哈剌，大風，晝晦，敵兵千人，鼓譟以進，禿堅不花奮擊，身被十餘瘡，猶力戰，復大破之，帝奇其勇。杭海叛者請降，衆議以爲親犯王師，宜誅之，禿堅不花獨曰：「杭海本吾人，或誘之以叛，豈其本心哉！且兵法，殺降不祥，宜赦之。」帝曰：「禿堅不花議是。」以此益知其可用，陞同僉宣徽院事。每論政帝前，言直而氣不懾，帝亦知其直。令察宿衛之士，有才器者以名聞，所論薦數十人，用之皆稱職，時論歸之。

成宗卽位，諸侯王會于上京，凡芻餼宴享之節、賜予多寡、疏戚之分，無一不當其意，帝喜曰：「宣徽得禿堅不花足矣。」進同知宣徽院事。四年，帝弗豫，召入侍疾，一食一飲，必嘗乃進，帝體旣安，賜錢，不受，解衣賜之。嘗從巡幸，禁中衛士咸奮有所欲言，帝命進而問之，皆曰：「臣等宿衛有年矣，日膳充，歲賜以時者，誠荷陛下厚恩，亦由宣徽有能官禿堅不花其人也。」帝悅，賜珠袍，超拜宣徽使。辭曰：「先臣服勤，於茲三世矣，位不過僉佐，臣何敢有加於先臣乎！」帝嘉其退讓，乃允其請。九年，北方乞祿倫部大雪，奏買駝、馬，補其死損，出衣幣於內府，身往給之，全活者數萬人，還，賜七寶笠。十年，帝病甚，入侍疾愈謹。及大漸，內難將作，揆以正義，無所回撓。

武宗入卽位，深嘉其忠，進階榮祿大夫，遂授平章政事，商議宣徽院事，行金復州新附軍萬戶府達魯花赤。至大二年，詔出金帛，大賚北邊諸軍，以禿堅不花明習事宜，能不憚勞苦，使卽軍中，與其帥月赤察兒定議而給之，諸部大悅。帝深器之，拜宣徽使，出內藏兼金

帑賜之，爲同官賈廷瑞所嫉。廷瑞請以宣徽院爲門下省，尙書省奏廷瑞擅易官制，帝大怒，欲殺之。禿堅不花力諫不可，帝曰：「賈廷瑞毀卿不直一錢，卿何力言邪？」對曰：「廷瑞所坐不當死，不敢以臣私隙，誤陛下失刑。」廷瑞遂得免。帝訪羣臣以治道，禿堅不花以爲治國安民之實在於生財節用。帝嘉納焉。轉光祿大夫。

仁宗卽位，加金紫光祿大夫。延祐四年，朔方又被風雪爲災，禿堅不花請賑之如大德時，且出私家馬二百匹以爲助，賜錢酬其價，不受，解御衣賜之。托恩幸以求賞者，輒抑弗予。帖失、王廷顯，皆同官也，帝賜帖失海舶，禿堅不花曰：「此軍國之所資，上不宜賜，下不宜受。」帝賜廷顯玉帶，廷顯欲取太官羊錢一萬五千緡充其價，又執不可。於是怨之者衆。七年，以疾去官。

英宗卽位，帖失竟譖殺之，後帖失以大逆伏誅，事乃白，贈推忠宣力守諒功臣、太傅、開府儀同三司、上柱國，追封冀國公，諡忠隱。後進封冀安王，加贈其曾祖昔剌推忠翊運功臣、金紫光祿大夫、太保，進封絳國公，祖丑妮子崇德效節功臣、儀同三司、太傅、柱國，追封絳國公，父虎林赤推誠宣力守德功臣、太師、開府儀同三司、上柱國，進封臨汾王。

子班卜、忽里台、也速古、禿忽赤，皆至顯官。

劉哈剌八都魯

劉哈剌八都魯，河東人，本姓劉氏，家世業醫。至元八年，世祖駐蹕白海，以近臣言，得召見。世祖謂其目有火光，異之，遂留侍左右，初賜名哈剌斡脫赤。十七年，擢太醫院管勾。昔里吉叛，宗王別里鐵穆而奉命往征之，帝諭哈剌八都魯曰：「當行者多避事，汝善醫，復習騎射，能從行乎？」對曰：「事君不辭難，臣不行將何爲！」卽請授甲，帝曰：「汝安用甲？」對曰：「臣願備一戰士。」帝曰：「醫，汝事也，甲不可得。」惟賜以環刀、弓矢、裘馬等物。將行，聞母疾，請歸省，帝命給驛而歸。既見母，不敢以遠役告，母亦微知之，謂曰：「汝第行，我疾安矣。」遂卽辭去，忍淚不下，而鼻血暴出，數里弗止，馳至王所。

一日，獵於野，有狐竄草中，王射之，不中，哈剌八都魯一發中之，王大喜。王妃有疾，與藥卽愈，王又喜，奏爲其府長史。及將戰，從王請甲，王曰：「上不與汝，我何敢與！」因留之，使領輜重。哈剌八都魯不肯，曰：「大丈夫當效命行陣，乃守營帳如婦人耶！」見有甲者，飲以酒，高價取之，明日，被以往。王望見其介而馳走，使人問之，免胄曰：「我也。」因慨然曰：「一人興善，萬人可激，我爲萬人激耳！」中道，三遇賊，賊射之，皆不中。王喜甚，解衣衣之曰：「此所以識也。」

師次金山，路險，頓兵未能進，有使者云自脫忽王所來，曰：「我受太祖分地，守此不敢失。凡上所使與昔里吉之過我者，吾並飲食供給之，無異心也。且願見天子，而道遠無援，今聞王來甚喜，得一見可乎？」王以爲信，左右曰：「此詐也，脫忽所居要害，殆與昔里吉爲耳目，願勿聽。」乃羈其人，遣兵間道窺之，獲其游騎三十人，訊之得其情，知脫忽方飲酣。遂出其不意，進擊，大敗之，因獲昔里吉所遣使，知其不爲備，又乘勢進擊，大破擒之，王乃命哈剌八都魯獻俘行宮。帝見其瘠甚，輟御膳羊胾以賜，旣拜受，先割其美者懷之。帝問其故，對曰：「臣始與母訣，今歸，母幸存，請以君賜遺之。」帝嘉其志，命自今凡賜之食，必先賜其母。以功授和林等處宣慰副使，賜與甚厚。二十三年，陞同知宣慰司事。二十四年，又陞宣慰使。

二十五年，海都犯邊，尙書省以和林屯糧，當得知緩急輕重者掌其出納，奏用怯伯。帝曰：「錢穀非怯伯所知，哈剌斡脫赤可使也。」進階嘉議大夫，職如故，使怯伯與俱。

二十六年，海都兵至，皇子北安王使報怯伯，率其民避去。怯伯與哈剌八都魯南行六日，止八兒不剌，距海都軍五六十里。怯伯大懼曰：「事急矣，不如順之。」哈剌八都魯語其弟欽祖、榮祖曰：「怯伯有二心矣。」遂潛遁，與探馬赤千戶忽剌思遇，從騎百餘人，問之，忽剌思曰：「吾在海都軍中，聞怯伯反，宣慰脫身歸報天子，我故追以來。」哈剌八都魯察其誠，

與之謀，結陣乘高立於西南，令之曰：「吾將往責怯伯，汝曹勿動，見吾執弓而起，卽相應也。」旣見怯伯，怯伯盛言海都之令以威之。哈剌八都魯詭辭自解，得閒，疾趨。忽剌思整陣以出，怯伯遣騎來追，屢拒却之。道遇送軍裝者，因護之至鹽海。及入見，帝喜曰：「人言汝陷賊，乃能來耶！」命與酒饌。顧謂侍臣曰：「譬諸畜犬，得美食而棄其主，怯伯是也。雖未得食而不忘其主，此人是也。」更其名曰察罕斡脫赤，賜以鈔五千貫，頓首辭謝，乞以所賜與同來者。帝特命受之，而令中書定其同來者之賞有差。

二十七年，遷正奉大夫、河東山西道宣慰使。奏曰：「臣累戰而歸，衣裘盡弊。河東，臣故鄉也，願乞錦衣以爲榮。」帝以金織文衣賜之。居二年，召還，帝諭之曰：「自此而北，乃顏故地曰阿八剌忽者，產魚，吾今立城，而以兀速、憨哈納思、乞里吉(里)〔思〕三部人居之，〔二〕名其城曰肇州。汝往爲宣慰使，仍別賜汝名曰小龍兒，或曰哈剌八都魯，汝可自擇之。」對曰：「龍，非臣下所敢承。」帝曰：「然則哈剌八都魯可也。」復賜以繡衣、玉帶，及鈔五千貫，其爲人主所眷注如此。既至，定市里，安民居。一日，得魚九尾，皆千斤，遣使來獻。俄召還。

三十一年春，世祖崩，太傅伯顏奉皇太后旨，命之曰：「東方汝嘗鎭之，今以屬汝，勿俟制命。」乃以爲咸平宣慰使。元貞元年，召爲御史中丞，行至懿州，病卒。

石抹明里

石抹明里，契丹人，姓石抹，世典內膳。國制，內膳爲近臣，非篤敬素著者不得爲。明里祖曷魯，事太祖，睿宗嘗求之於帝，帝聽以其僚十人往，敕之曰：「皇子方總兵闢地，朕輟爾以事之。能以事朕之恭事之，將用黃金覆周汝身矣。」顯懿莊聖皇后語憲宗、世祖曰：「曷魯事太祖，聖躬或小不豫，其烹庖之精，百倍平日，汝兄弟當終始遇之。」睿宗嘗從太宗西征，在道絕汲，曷魯晨起，聚草上霜，煮羹以進。睿宗問曰：「何從得水？」因告之故，師還，賜金帛甚厚。年八十卒。

中統初，明里入見，世祖令侍臣送明里於裕宗，且曰：「明里，朕親臣之子也，今以事汝，令典膳事。」已而世祖嘗命裕宗：令從人十人來，朕將行賞焉。十人者至帝前，四人列於明里上，帝曰：「第五人非明里耶？」對曰：「然。」帝曰：「上之。」明里越一人立，帝又曰：「更上之。」明里又越一人立，帝曰：「止。」賜金紋衣一襲。明里出，侍臣以明里後來反居上，相與耳語，帝聞之曰：「明里之祖曷魯，事太祖、睿宗以及朕兄弟，爾時汝輩安在？顧謂後來耶！」帝親討反者於北方，明里請備持矛，師還第功，賜白金百兩。至元二十八年，爲典膳令。成宗卽位，加朝列大夫，賜金帶，又賜御衣一襲、鈔萬五千貫，詔曰：「明里舊臣，其令諸

子入宿衞，可假禮部尚書，進階嘉議大夫，食尚書祿以老。」武宗卽位，詔曰：「明里夫婦，歷事帝后，保抱朕躬，朕甚德之。可特令明里榮祿大夫、司徒，其妻梅仙，封順國夫人。賜黃金二百五十兩、白金千五百兩、衣一襲。」仁宗在東宮，語宮人曰：「昔朕有疾甚危，徽仁裕聖皇后憂之，梅仙守視，不解帶者七十日。今不敢忘，其賜明里寶帶、錦衣、輿及四騾。」至大三年二月卒，年六十有九。子皆顯貴。

謝仲溫

謝仲溫字君玉，豐州豐縣人。〔三〕父睦歡，以貲雄鄉曲間，大兵南下，轉客兀剌城。太祖攻西夏，過其城，睦歡與其帥迎降。從攻西京，睦歡力戰先登，連中三矢，仆城下。太宗見而憐之，命軍校拔其矢，縛牛，刳其腸，裸而納諸牛腹中，良久乃甦。誓以死報，每遇敵，必身先之，官至太原路金銀鐵冶達魯花赤。

仲溫豐頤廣顙，聲音洪亮，略涉書史。壬子歲，見世祖於野狐嶺，命備宿衞，凡所行幸，必在左右。丙辰，城上都，仲溫爲工部提領，董其役。帝曰：「汝但執梃，雖百千人，寧不懼汝耶！」己未，大軍圍鄂，令督諸將。時守江軍士乏食，仲溫敎之罾魚，以充其食，帝喜謂侍

臣曰：「朕思不及此。飲以駝乳，他日不忘汝也。」一夕，帝聞敵軍譟譟，命警備，仲溫奉繩床，帝憑其肩以行，至旦不能寐。

中統元年，擢平陽、太原兩路宣撫使；二年，改西京。至元九年，遷順德路總管。時方用兵江淮，有寡婦鬻子以償轉輸之直，仲溫出俸金贖還之。十六年，爲湖南宣慰使。二十二年，改淮東。歲旱，仲溫導白水塘漑民田，公私賴焉。

三十年春，入見，帝曰：「汝非謝仲溫乎？朕謂汝死矣！」從容語及攻鄂時事，帝喜甚，諭曰：「汝將復官乎？朕當爲卿擇之。」對曰：「臣老矣，無能爲也，一子早亡，惟有孫孛完，幸陛下憐之。」卽日命備宿衞。大德六年卒，年八十。

子蘭，江州達魯花赤，先卒。孫孛完，承事郎、冀寧等路管民提舉司達魯花赤。

高觽

高觽字彥解，渤海人。世仕金，祖彝，徙居上黨。父守忠，國初爲千戶。太宗九年，從親王口溫不花攻黃州，歿于兵。

觽事世祖，備宿衞，頗見親幸。至元初，立燕王爲皇太子，詔選才儁士充宮屬，以觽掌藝文，兼領中醞、宮衞監門事，又監作皇太子宮，規制有法，帝嘉之，錫以金幣、廐馬，因賜名

失剌。十八年，授中議大夫、工部侍郎，行同知王府都總管府事。〔四〕十九年春，皇太子從帝北幸。時丞相阿合馬留守大都，專權貪恣，人厭苦之。益都千戶王著與高和尙等，因搆變謀殺之。

三月十七日，觽宿衞宮中，西蕃僧二人至中書省，言今夕皇太子與國師來建佛事。省中疑之，俾嘗出入東宮者，雜識視之，觽等皆莫識也，乃作西蕃語詢二僧曰：「皇太子及國師今至何處？」二僧失色。又以漢語詰之，倉皇莫能對，遂執二僧屬吏。訊之皆不伏，觽恐有變，乃與尙書忙兀兒、張九思，集衞士及官兵，各執弓矢以備。頃之，樞密副使張易，亦領兵駐宮外。觽問：「果何爲？」易曰：「夜後當自見。」觽固問，乃附耳語曰：「皇太子來誅阿合馬也。」夜二鼓，忽聞人馬聲，遙見燭籠儀仗，將至宮門，其一人前呼啓關，觽謂九思曰：「他時殿下還宮，必以完澤、賽羊二人先，請得見二人，然後啓關。」觽呼二人不應，卽語之曰：「皇太子平日未嘗行此門，今何來此也？」賊計窮，趨南門。觽留張子政等守西門，亟走南門伺之。但聞傳呼省官姓名，燭影下遙見阿合馬及左丞郝禎已被殺。觽乃與九思大呼曰：「此賊也！」叱衞士急捕之，高和尙等皆潰去，惟王著就擒。黎明，中丞也先帖木兒與觽等，馳驛往上都，以其事聞。帝以中外未安，當益嚴武備，遂勞使遣亟還。高和尙等尋皆伏誅。

二十二年，遷嘉議大夫，同知大都留守司事，兼少（傅）〔府〕監。〔五〕久之，遷中奉大夫、河

南等路宣慰使。卒，年五十三。

張九思

張九思字子有，燕宛平人。父滋，薊州節度使。至元二年，九思入備宿衞，裕皇居東宮，一見奇之，以父蔭當補外，特留不遣。江南旣平，宋庫藏金帛輸內府，而分授東宮者多，置都總管府以主之，九思以工部尙書兼府事。

十九年春，世祖巡幸上都，皇太子從，丞相阿合馬留守。妖僧高和尙、千戶王著等謀殺之，夜聚數百人爲儀衞，稱太子，入健德門，直趨東宮，傳令啓關甚遽。九思適直宿宮中，命主者不得擅啓關，語在高觽傳。賊知不可紿，循垣趨南門外，擊殺丞相阿合馬、左丞郝禎。時變起倉卒，且昏夜，衆莫知所爲，九思審其詐，叱宿衞士併力擊賊，盡獲之。賊之入也，矯太子命，徵兵樞密副使張易，易不加審，遽以兵與之，易旣坐誅，而刑官復論以知情，將傳首四方。九思啓太子曰：「張易應變不審，而授賊以兵，死復何辭！若坐以與謀，則過矣，請免傳首。」皇太子言於帝，遂從之。九思討賊時，右衞指揮使顏進在行，中流矢卒，怨家誣爲賊黨，將籍其孥，九思力辯之，得不坐。

阿合馬既敗，和禮霍孫拜右丞相，中書庶務更新，省部用人，多所推薦。是年冬，立詹

事院，以九思爲丞，遂舉名儒上黨宋道、保定劉因、曹南夾谷之奇、東平李謙，分任東宮官屬。二十二年，皇太子薨，朝議欲罷詹事院，九思抗言曰：「皇孫，宗社人心所屬，詹事，所以輔成道德者也，奈何罷之！」衆以爲允。

三十年，進拜中書左丞，兼詹事丞。明年，世祖崩，成宗嗣位，改詹事院爲徽政，以九思爲副使。十一月，進資德大夫、中書(左)〔右〕丞。〔六〕會修世祖、裕宗實錄，命九思兼領史事。大德二年，拜榮祿大夫、中書平章政事。五年，加大司徒。六年，進階光祿大夫，薨，年六十一。子金界奴，光祿大夫、河南省右丞。

王伯勝

王伯勝，霸州文安人。兄伯順，給事內廷，爲世祖所親幸，因以伯勝入見，命使宿衞。時伯勝年十一，廣顙巨鼻，狀貌屹然，帝顧謂伯順曰：「此兒當勝卿，可名伯勝。」帝嘗沃盥，水溫冷甚稱旨，問進水爲誰，內侍李邦寧曰：「伯勝。」帝曰：「此兒他日必知爲政，達人情矣。」至元二十五年，從征乃顏，以功授朝列大夫、拱衞直都指揮使。元貞元年，賜金虎符，進階嘉議大夫。成宗卽位，〔七〕復進通議大夫。初，拱衞直隸敎坊，衞卒多市井無賴，竄名宿衞，及伯勝爲指揮使，乃盡募良家子易之。五年，〔八〕扈從上都，天久雨，夜聞城西北有聲

如戰鼙然，伯勝率衞卒百人出視之，乃大水暴至，立具畚锸，集土石、甓甓以塞門，分決壕隍以泄其勢，至旦始定，而民弗知。丞相完澤以聞，帝嘉之。九年，以侍成宗疾，忤安西王，出爲大寧路總管，伯順亦出爲梁王傅。

武宗卽位，召拜通奉大夫、也可扎魯花赤、刑部尚書。至大二年，加右丞。明年，進銀青榮祿大夫、大都留守，兼少府監。初，大都土城，歲必衣葦以禦雨，日久土益堅，勞費益甚，伯勝奏罷之。

仁宗立，正百官品秩，降授資德大夫，尋復陞榮祿大夫，拜遼陽等處行中書省平章政事。遼陽省治懿州，州弊陋，民不知學。伯勝始至，爲增郡學弟子員，擇賢師以敎之。使客至，無所舍，皆館于民，民苦之，伯勝乃擇隙地爲館廨，度閑田百頃，募民耕種，以廩餼之。歲大旱，伯勝齋戒以禱，禱畢卽雨，人謂之平章雨。延祐二年，召爲大都留守，遼陽民狀其行事，言於中書，乞留伯勝，不報，民涕泣而去。三年，特授銀青榮祿大夫。

至治二年，賜金虎符，授武衞親軍都指揮使，兼大都屯田事，仍大都留守。奉詔監修文武樓，創咸寧殿，建太廟。泰定三年冬，以疾卒。賜翊忠宣力保惠功臣、太保、金紫光祿大夫、上柱國，追封薊國公，謚忠敏。

長子恪，初名安童，累官至兵部尚書，南臺治書侍御史，僉宣徽院事；次馬兒，以宣武將軍襲武衞親軍都指揮使。孫善果襲。

伯順官至大司徒。

校勘記

〔一〕張(合)〔郃〕　從道光本改。參見卷一六三校勘記〔四〕。下同。

〔二〕乞里吉(里)〔思〕　據本書卷五九地理志引本傳文改。

〔三〕豐州豐縣人　按金史卷二四地理志、本書卷五八地理志，豐州屬下皆無豐縣，道光本刪「豐縣」。

〔四〕同知王府都總管府事　按此時高觿給事朝廷，不在王府。道園類稿卷四〇、道園學古錄卷十七高觿神道碑作「五府」，疑「王」誤。

〔五〕少(傅)〔府〕監　道光本與道園學古錄卷一七高觿神道碑合，從改。

〔六〕中書(左)〔右〕丞　據道園學古錄卷一七張九思神道碑改。按前文已書「進拜中書左丞」。新元史已校。

〔七〕成宗卽位　考異云：「案成宗卽位在至元三十一年，次年乃改元元貞。傳書成宗卽位於元貞元年之下，誤也。」道光本刪此四字。

〔八〕五年　考異云：「其下又書五年、九年，則改元大德以後事。傳又脫『大德』字。」道光本補「大德」二字。

元史卷一百七十

列傳第五十七

尙文

尙文字周卿，世爲祁州深澤人，後徙保定，遂占籍焉。文幼穎悟，負奇志。張文謙宣撫河東，參政王椅薦其才，遂辟掌書記。未幾，西夏行中書省復辟之。至元六年，始立朝儀，太保劉秉忠言於世祖，詔文與諸儒，採唐開元禮及近代禮儀之可行於今者，斟酌損益，凡文武儀仗、服色差等，皆文掌焉。七年春二月，朝儀成，百官肄習，帝臨觀之，大悅，遂爲定制。冬十一月，立侍儀司，擢右直侍儀使，轉司農都事。

十七年，出守輝州。時河朔大旱，輝獨以禱得雨，境內大稔。懷孟民馬氏、宋氏，誣伏殺人，積歲獄不能決，提刑使者命文讞以論報。文推迹究情，得獄吏、獄卒羅織狀，兩獄皆釋。十九年，進戶部郎中，奏罷懷、衞竹稅提舉司，民便之。

二十二年，除御史臺都事。行臺御史上封事，言上春秋高，宜禪位皇太子，太子聞之懼，中臺祕其章不發。答卽古阿散等知之，請收內外百司吏案，大索天下埋沒錢糧，而實欲發其事，乃悉拘封御史臺吏案。文拘留祕章不與，答卽古聞于帝，命宗正薛徹干取其章。文曰：「事急矣！」卽白御史大夫曰：「是欲上危太子，下陷大臣，流毒天下之民，其謀至奸也。且答卽古乃阿合馬餘黨，贓罪狼籍，宜先發以奪其謀。」大夫遂與丞相議，卽入言狀，帝震怒曰：「汝等無罪耶？」丞相進曰：「臣等無所逃罪，但此輩名載刑書，此舉動搖人心，宜選重臣爲之長，庶靖紛擾。」帝怒稍解，可其奏。既而答卽古受人金，與其黨竟坐姦贓論死，其機實自文發之。陞大司農丞，轉少卿，遷吏部侍郎，改江南湖北道肅政廉訪使。三十一年，召爲刑部尙書。

元貞初，拜中臺侍御史。時行臺御史及浙西憲司，劾江浙行省平章不法者十七事，制遣文往詰之。左驗明著，猶力爭不服，文以上聞；平章乃言御史違制取會防鎭軍數。成宗命省臺大臣雜議，咸曰：「平章勳臣之後，所犯者輕，事宜宥；御史取會軍數，法當死。」文抗言：「平章罪狀明白，不受簿責，無人臣禮，其罪非輕。御史糾事之官，因兵卒爭愬，責其帥如籍均役，情無害法，卽有罪亦輕。」廷辯數四，與省臺入奏，帝意始悟，平章、御史各杖遣之。其守正不阿類如此。

元貞二年，建言：「治平之世，不宜數赦，不急之役，宜且停罷。」咸爲成宗所嘉納，授河北河南肅政廉訪使。大德元年，河決蒲口，臺檄令文按視防河之策。文建言：

長河萬里西來，其勢湍猛，至盟津而下，地平土疏，移徙不常，失禹故道，爲中國患，不知幾千百年矣。自古治河，處得其當，則用力少而患遲；事失其宜，則用力多而患速。此不易之定論也。今陳留抵睢，東西百有餘里，南岸舊河口十一，已塞者二，自涸者六，通川者三，岸高於水，計六七尺，或四五尺；北岸故堤，其水比田高三四尺，或高下等，大概南高於北，約八九尺，堤安得不壞，水安得不北也！

蒲口今決千有餘步，迅疾東行，得河舊瀆，行二百里，至歸德橫堤之下，復合正流。或強湮遏，上決下潰，功不可成。揆今之計，河(西)〔北〕郡縣，〔二〕順水之性，遠築長垣，以禦泛濫；歸德、徐、邳，民避衝潰，聽從安便。被患之家，宜於河南退灘地內，給付頃畝，以爲永業；異時河決他所者，亦如之。信能行此，亦一時救荒之良策也。蒲口不塞便。

朝廷從之。會河朔郡縣、山東憲部爭言：「不塞則河北桑田盡爲魚鼈之區，塞之便。」帝復從之。明年，蒲口復決。塞河之役，無歲無之。是後水北入復河故道，竟如文言。

三年，調山東憲使，歷行省參知政事、行御史臺中丞。七年，召拜資善大夫、中書左丞。

浙西饑，發廩不足，募民入粟補官以賑之。山東歲凶，盜賊竊發，出鈔八百五十餘萬貫以弭之。選十道使者，奏請巡行天下，問民疾苦。又奏斥罷南方白雲宗，與民均事賦役。西域賈人有奉珍寶進售者，其價六十萬錠，省臣平章顧謂文曰：「此所謂押忽大珠也，六十萬酬之不爲過矣。」一坐傳玩，文問何所用之，平章曰：「含之可不渴，熨面可使目有光。」文曰：「一人含之，千萬人不渴，則誠寶也；若一寶止濟一人，則用已微矣。吾之所謂寶者，米粟是也，一日不食則饑，三日則疾，七日則死；有則百姓安，無則天下亂。以功用較之，豈不愈於彼乎！」平章固請觀之，文竟不爲動。年六十九，因疾告老而歸。十年，拜昭文館大學士、中書右丞、商議中書省事，召不起。

武宗、仁宗之世，屢延致，訪以國事，賜燕及金帛有加，進階自光祿大夫，轉銀青榮祿大夫，仍中書左丞，丐還田里。延祐六年，拜太子詹事，使三往，乃起。仁宗命盡言以敎太子，待以殊禮。泰定三年，以中書平章政事致仕，明年，卒于家，年九十二。

申屠致遠

申屠致遠字大用，其先汴人。金末從其父義徙居東平之壽張。致遠肄業府學，與李謙、孟祺等齊名。世祖南征，駐兵小濮，荆湖經略使乞寔力台，薦爲經略司知事，軍中機務，多所謨畫。師還，至隨州，所俘男女，致遠悉縱遣之。至元七年，崔斌守東平，聘爲學官。十年，御史臺辟爲掾，不就，授太常太祝，兼奉禮郎。帝遣太常卿孛羅問毛血之薦，致遠對曰：「毛以告純，血以告新，禮也。」宋平，焦友直、楊居寬宣慰兩浙舉爲都事，首言：「宋圖籍宜上之朝，江南學田，當仍以贍學。」行省從之。轉臨安府安撫司經歷。臨安改爲杭州，遷總管府推官。宋駙馬楊鎭從子玠節，家富於貲，守藏吏姚溶竊其銀，懼事覺，誣玠節陰與宋廣、益二王通，有司榜笞，誣服，獄具。致遠讞之，得其情，溶服辜，玠節以賄爲謝，致遠怒絕之。杭人金淵者，欲冒籍爲儒，儒學教授彭宏不從，淵誣宏作詩有異志，揭書于市，邏者以上。致遠察其情，執淵窮詰，罪之。屬縣械反者十七人，訊之，蓋因寇作，以兵自衞，實非反者，皆得釋。西僧楊璉眞加，作浮圖于宋故宮，欲取高宗所書九經石刻以築基，致遠力拒之，乃止。改壽昌府判官，時寇盜竊發，加之造征日本戰船，遠近騷然，致遠設施有方，衆賴以安。

二十年，拜江南行臺監察御史。江淮行省宣使郄顯、李兼愬平章忙兀台不法，有詔勿問，仍以顯等付忙兀台鞫之，繫于獄，必抵以死。致遠慮囚浙西，知其冤狀，將縱之，忙兀台脅之以勢，致遠不爲動，親脫顯等械，使從軍自贖。桑哥當國，治書侍御史陳天祥使至湖廣，劾平章要束木，桑哥摘其疏中語，誣以不道，奏遣使往訊之，天祥就逮。時行臺遣御史

按部湖廣，咸憚之，莫敢往，致遠慨然請行。比至，累章極論之，桑哥方促定天祥罪，會致遠章上，桑哥氣沮。江西行省平章馬合謀於商稅外橫加徵取，忽辛籍鄉民爲匠戶，轉運使盧世榮榷茶牟利，致遠幷劾之。又言占城、日本，不可涉海遠征，徒費中國；銓選限以南北，優苦不均，宜考其殿最，量地遠近，定爲立制，則銓衡平而吏弊革。他如罷香莎米，弛竹課禁，設司獄官醫學職員，皆致遠發之。

二十八年，丁父憂，起復江南行臺都事，以終制辭。二十九年，僉江東建康道肅政廉訪司事，未至，移疾還。元貞元年，纂(收)〔修〕世祖實錄，〔二〕召爲翰林待制，不赴。大德二年，僉淮西江北道肅政廉訪司事，行部至和州，得疾卒。

致遠清修苦節，恥事權貴，聚書萬卷，名曰墨莊。家無餘產，教諸子如師友。所著忍齋行藁四十卷，釋奠通禮三卷，杜詩纂例十卷，集驗方十二卷，集古印章三卷。子七人：伯騏，徵事郎、嶺北湖南道肅政廉訪司知事；驥，驪，俱爲學官；駟，奉政大夫、兵部員外郎。

雷膺

雷膺字彥正，渾源人。父淵，金監察御史。膺生七歲而孤，金末，母侯氏挈膺北歸渾

源，艱險備嘗，織紝以爲業，課膺讀書。膺篤志於學，事母以孝聞。太宗時，詔郡國設科選試，凡占儒籍者復其家，膺年甫弱冠，得與其選，愈自砥礪，遂以文學稱。丞相史天澤鎭眞定，辟爲萬戶府掌書記。

世祖卽位，初置十路宣撫司，詔選耆舊使副子弟爲僚屬，授膺大名路宣撫司員外郎。中統二年，翰林承旨王鶚、王磐，薦膺爲翰林修撰、同知制誥，兼國史院編修官。五年，調陝西西蜀四川按察司參議。至元二年，改陝西五路轉運司諸議。四年，用兵于蜀，佩金符，參議左壁總帥府事，師還，陞承務郎、同知恩州事。憲府表薦其能，遂入拜監察御史，首以「正君心、正朝廷百官」爲言，又斥聚斂之臣不宜作相。十一年，加奉議大夫，僉河東山西道提刑按察司事，以稱職聞。

十四年，進朝列大夫、山南湖北道提刑按察副使。是時，江南新附，諸將市功，且利俘獲，往往濫及無辜，或强籍新民以爲奴隸。膺出令，得還爲民者以數千計。十八年，轉淮西江北道提刑按察副使，以母老辭。二十年，遷行臺侍御史，奉母之官，分司湖廣、江西，奏劾按察使二人及行省官吏之不法者。二十二年，丁母憂，去官。明年，起復，授中議大夫、江南浙西道提刑按察使。時蘇、湖多雨傷稼，百姓艱食，膺請于朝，發廩米二十萬石賑之。江淮行省以發米太多，議存三之一，膺曰：「布宜皇澤，惠養困窮，行省臣職耳，豈可效有司

出納之吝耶！」行省不能奪，悉給之。時年六十二，卽致仕，歸老于山陽。二十九年，徵拜集賢學士。

成宗卽位，朝會上都，召諸故老，諮詢國政，膺爲稱首，多所建白。一日，延見便殿，奏對稱旨，賜白玉帶環一。明年，賜鈔五千貫，進秩二品。大德元年夏六月，以疾卒于京師，年七十三。贈通奉大夫、河南江北等處行中書省參知政事、護軍，追封馮翊郡公，諡文穆。

子擘，順德路總管府判官。孫豫，南陽府穰縣尹。

胡祗遹

胡祗遹字紹(開)〔聞〕，〔三〕磁州武安人。少孤，既長讀書，見知於名流。中統初，張文謙宣撫大名，辟員外郎。明年，入爲中書詳定官。至元元年，授應奉翰林文字，尋兼太常博士，調戶部員外郎，轉右司員外郎，尋兼左司。時阿合馬當國，進用羣下，官冗事煩，祗遹建言：「省官莫如省吏，省吏莫如省事。」以是忤權奸，出爲太原路治中，兼提舉本路鐵冶，將以歲賦不辦責之。及其蒞職，乃以最聞。改河東山西道提刑按察副使。

宋平，爲荆湖北道宣慰副使。有佃民訴其田主謀爲不軌者，祗遹察其冤，坐告者。十九年，爲濟寧路總管，上八事於樞府言軍政：曰役重，曰逃戶，曰貧難，曰正身入役，曰僞署

文牒，曰官吏保結，曰有名無實，曰合併偏頗。樞府是之，以其言著爲定法。濟寧移治鉅野縣，自國初經兵戈，其廢已久，民居未集，風俗樸野。祗遹選郡子弟，擇師敎之，親爲講論，期變其俗，久之治效以最稱。民有父子兄弟相訟者，必懇切諭以天倫之重，不獲已，則繩以法。召拜翰林學士，不赴，改江南浙西道提刑按察使，未幾，以疾歸。二十九年，朝廷徵耆德者十人，祗遹爲之首，以疾辭。三十年，卒，年六十七。延祐五年，贈禮部尚書，謚文靖。子持，太常博士。

王利用

王利用字國賓，通州潞縣人。遼贈中書令、太原郡公籍之七世孫，高祖以下皆仕金。利用幼穎悟，弱冠與魏初同學，遂齊名，諸名公交口稱譽之。初事世祖於潛邸，中書辟爲掾，辭不就。

中統初，命監鑄百司印章，歷太府內藏官，出爲山東經略司詳議官，遷北京奧魯同知，歷安肅、汝、蠡、趙四州知州，入拜監察御史。薊州有禁地，民不得射獵其中，邏者誣州民冒禁，籍其家，利用糾之，邏者訴于上，利用辨愈力，得以所沒入悉歸之民。擢翰林待制，兼與

文署，奉旨程試上都、隆興等路儒士。陞直學士，與耶律鑄同修實錄。出爲河東、陝西、燕南三道提刑按察副使、四川提刑按察使。四川土豪有持官府長短者，問得其實，而當以罪，民賴以安。都元帥塔海，抑巫山縣民數百口爲奴，民屢訴不決，利用承檄覈問，盡出爲民。

大德二年，改安西、興元兩路總管。其在興元，減職田租額，站戶之役於他郡者悉除之，民甚便焉。有婦毒殺其夫，問藥所從來，吏敎婦指爲富商所貨。獄上，利用曰：「家富而貨毒藥，豈人情哉？」訊之，果冤也。未幾，致仕，居漢中。

成宗朝，起爲太子賓客，[四]首以切於時政者，疏上十七事：曰謹畏天戒，取法祖宗，孝事母后，敬奉至尊，撫愛百姓，敦本抑末，清心聽政，寡欲養身，酒宜節飲，財宜節用，有功必賞，有罪必罰，杜絕讒言，求納直諫，官職量材而授，工役相時而動，俾近侍時赴經筵講讀經史。帝及太子嘉納之，皇后聞之，命錄別本以進。利用以老病不能朝，帝遣醫診視之，利用謂弟利貞、利亨曰：「吾受國厚恩，愧不能報，死生有命，藥不能爲也。」遂卒，年七十七。

利用每自言，平生讀書，於恕字有得焉。廉希憲當時名相，簡重，愼許可，嘗語人曰：「方今文章政事兼備者，王國賓其人也。」武宗卽位，以官僚舊臣，制贈榮祿大夫、柱國、中書平章政事，封潞國公，謚文貞。

暢師文

暢師文字純甫，南陽人。祖淵，贈中順大夫、上騎都尉、魏郡伯。父訥，有詩名，注地理指掌圖，仕爲汴幕官，贈太中大夫、上輕車都尉、魏郡侯。

師文幼警悟，家貧無書，手錄口誦，過目輒不忘。弱冠，謁許衡，與衡門人姚燧、高凝皆相友善。至元五年，陳時政十六策，丞相安童奇其才，辟爲右三部令史。十二年，丞相伯顏攻宋，選爲掾屬，從定江南，及歸，舟中惟載書籍而已。十三年，編平宋事蹟上之。十四年，除東川行樞密院都事，盡心贊畫，多所裨益。十六年，安西王承制改四川北道宣慰司經歷，尋除承直郎、潼川路治中。修府舍，發地得銀五十錠，同僚分師文十錠，不受，用以修廟學及傳舍，餘作酒器給公用。十九年，承制改同知保寧路事，治尚平簡，反側以安。二十二年，僉西蜀四川道提刑按察司事。

二十三年，拜監察御史，糾劾不避權貴，上所纂農桑輯要書。二十四年，遷陝西漢中道巡行勸農副使，置義倉，敎民種藝法。二十八年，改僉陝西漢中道提刑按察司事。時更提刑按察司爲肅政廉訪司，就僉本道肅政廉訪司事，黜姦舉才，咸服其公。三十一年，徙山南道。松滋、枝江有水患，歲發民防水，往返數百里，苦於供給，師文以江水安流，悉罷其役。

駙馬亦都護家人怙勢不法，師文治其甚惡者，流之。

大德二年，改山東道，入爲國子司業。七年，出爲陝西行中書省理問官，決滯獄，不少阿徇。頃之，以疾家居。九年，擢陝西漢中道肅政廉訪副使，又以疾不赴。十年，改太常少卿，轉翰林侍讀學士、朝請大夫、知制誥同修國史。

至大元年，修成宗實錄，賜鈔壹百錠，不受。時制作多出其手。二年，加少中大夫。三年，請補外任，除太平路總管。時大旱，師文捐俸致禱，不數日，澍雨大降，遂爲豐年。當塗人坐殺牛祈雨，囚繫者六十餘人，師文憫而出之。公田米積之盈屋，曰：「我家幾人，能盡食此乎！」呼貧士及細民，恣其取去。廉訪分司官前後至者，必先謁師文，稱爲先生。師文在任未久，境內晏然。

皇慶二年，復召爲翰林侍讀學士、中奉大夫、知制誥同修國史，奉旨撰王勃成道記序等文，賜銀貳鋌，不受。除燕南河北道肅政廉訪使，以病去官。延祐元年，徵拜翰林學士、資德大夫，行至河南，復以病歸襄陽。四年秋八月，考河南鄉試歸，次襄縣，卒于傳舍，年七十一，葬襄陽峴山。泰定二年，贈資政大夫、河南江北等處行中書省左丞、上護軍，追封魏郡公，謚文肅。後至元八年，加贈推忠守正亮節功臣。[五]

三子，長曰篤，仕至太中大夫、江東道肅政廉訪副使。

張炤

張炤字彥明，濟南人。父信，以商賈起家，貲雄於鄉。壬辰歲饑，出粟賑貸，鄉人賴以全活。

炤幼穎悟力學，始補吏濟南，上計壽陽，行省有積年勾考未輸銀一十萬五千兩，炤條陳利害切至，遂獲免徵，民得無擾。中統元年，辟爲中書省掾，俄遷右司提控案牘。四年，出爲山東東路大都督府員外郎。至元四年，轉陝西五路西蜀四川行中書省左右司員外郎。八年，進階奉訓大夫、知兗州事。時州境亢旱，吏民懇禱不雨，炤始至，甘雨霑足。聞屬邑有桀黠吏，挾官府肆爲暴橫，炤繩之以法，杖出境外，民害遂息。

十一年，改授淮西等路行中書省左右司郎中，丞相阿塔海領軍進攻瓜洲、鎮江，炤運糧儲，給戰具，凡二年，贊畫之力居多。十三年，揚州未下，丞相阿朮提兵攻之。五月，宋將李庭芝棄城遁泰州，炤領兵追揚州城下，躬往招諭，制置朱煥以城降，庭芝亦就擒。炤傳檄未下州郡，皆望風款附。從阿朮入覲，世祖賜錦衣、鞍勒。

十三年，陞太中大夫、揚州路總管府達魯花赤，商議行中書省事，佩金虎符。時行省在揚州，據南北要津，炤撫綏勞來，上下安之。十六年，改鎮江路總管府達魯花赤，謝病歸，購

書八萬卷，以萬卷送濟南府學資教育。二十一年，起爲東昌路總管，蒞政二年，吏民畏服，以治最稱。二十五年卒，年六十四。延祐五年，贈太中大夫、東昌路總管，追封清河郡侯，諡敬惠。子用中，沂州山場同提舉。

袁裕

袁裕字仲寬，洛陽人。幼孤，從兄避難聊城，因家焉。稍長嗜學。中統初，由聊城縣丞，辟中書右司掾，始建言「給重囚衣糧醫藥，免籍其孥、產，止令出焚瘞錢」，後著爲令。順天路民王住兒，因鬬誤殺人，其母年七十，言於朝曰：「妾寡且老，恃此兒以爲生，兒死，則妾亦死矣。」裕言於執政曰：「囚誤殺人，情非故犯，當矜其母，乞宥之。」執政以聞，帝從之，囚得免死。南京總管劉克興掠良民爲奴隸，後以矯制獲罪，當籍孥、產之半，裕言于中書，止籍其家，奴隸得復爲民者數百。

至元六年，遷開封府判官。洧川縣達魯花赤貪暴，盛夏役民捕蝗，禁不得飲水，民不勝忿，擊之而斃，有司當以大逆置極刑者七人，連坐者五十餘人。裕曰：「達魯花赤自犯衆怒而死，安可悉歸罪於民！」議誅首惡者一人，餘各杖之有差，部使者錄囚至縣，疑其太寬，裕辨之益力，遂陳其事狀于中書，刑曹竟從裕議。

八年，拜監察御史，俄有旨授西夏中興等路新民安撫副使，兼本道巡行勸農副使、奉直大夫，佩金符。時徙鄂民萬餘于西夏，有司雖與廪食，而流離顚沛猶多。裕與安撫使獨吉請于朝，計丁給地，立三屯，使耕以自養，官民便之。又言：「西夏羌、渾雜居，驅良莫辨，宜驗已有從良書者，則爲良民。」從之，得八千餘人，官給牛具，使力田爲農。十三年，進甘州等路宣撫副使，兼西夏中興等路新民安撫副使。明年，移鎮甘州。

十八年，調南陽知府。明年，召拜刑部侍郎，出爲順德路總管。郡有鐵冶提舉張鑑，無子，買妾，其妻妬而殺之。裕捕其妻，訊之服辜。裕用法平允，而疾惡不少貸如此。二十一年，卒于官，年五十九。裕以其兄有鞠育之恩，令其子師愈推蔭兄子仁，師愈後仕至侍御史。

張昉

張昉字顯卿，東平汶上人。父汝明，金大安元年經義進士，官至治書侍御史。昉性縝密，遇事敢言，確然有守，以任子試補吏部令史。金亡，還鄉里。嚴實行臺東平，辟爲掾。鄉人有執左道惑衆謀不軌者，事覺逮捕，詿誤甚衆，諸僚佐莫敢言，昉獨別白出數百人，實才之，進幕職。時兵後，吏曹雜進，不習文法，東平轄郡邑五十四，民衆事繁，簿書塡

委，漫無統紀。昉坐曹，躬閱案牘，左酬右答，咸得其當，事無留滯。初，有將校死事，以弟襲其職者，至是革去，昉辨明，復之，持金夜饋昉，昉却之，慚謝而去。同里張氏，以絲五萬兩寄昉家而他適，俄而昉家被火，家人惶駭走避，貲用悉焚，惟力完所寄絲，付張氏。

乙卯，權知東平府事，以疾辭，家居養母。中統四年，參知中書省事。商挺鎮巴蜀，表爲四川等處行樞密院參議。至元元年，入爲中書省左右司郎中，甄別能否，公其黜陟，人無怨言。三年，遷制國用使司郎中。制司專職財賦，時宰領之，倚任集事，尤號煩重，昉竭誠贊畫，出納惟謹，賦不加斂，而國用以饒。四年，丁內憂，哀毁踰制，尋詔起復，錄囚東平，多所平反。七年，轉尚書省左右司郎中。九年，改中書省左〔右〕司郎中。〔六〕昉有識慮，損益古今，裁定典憲，時皆宜之，名爲稱職。十一年，拜兵刑部尚書，上疏乞骸骨，致其事，卒。贈中奉大夫、參知政事，追封東平郡公，諡莊憲。子克遹，平陰縣尹。孫振，祕書著作郎；揆，中書省左司都事；拱，常德路蒙古學教授。

郝彬

郝彬字景文，霸州信安人也。世祖初，年十六，充太子宿衞，擢揚州路治中。宋末，鄭

縣賊顧閏，聚衆海島，時出攻剽，宋羈縻以官，內附後益橫，侵揚州境，彬討禽之。泰興人有被殺二年而捕賊不獲者，吏誣平人，獄已具。彬疑其誣，讞之，果得眞賊。

御史薦彬同知淮西道宣慰司事，覈戶版，理屯田，諸廢修舉。江淮財賦總管府掌東宮田賦，其官屬皆從詹事院奏授，不隸中書，往往爲姦利，誅求無厭。彬爲總管，入見，請受憲司糾察以革私弊，罷所隸六提舉司以蘇民瘼。從之，遂罷其四。國家經費，鹽利居十之八，而兩淮鹽獨當天下之半，法日以壞，以彬行戶部尚書經理之。彬請度舟楫所通、道里所均，建六倉，煑鹽于場，運積之倉，歲首，聽羣商於轉運司探倉籌定其所，乃買券，又定河商、江商市易之不如法者，著爲法。入爲工部尚書，改戶部尚書，拜中書參知政事，俄免歸。

尙書省立，拜參知政事，辭不獲命。同列務生事要功，殺無罪之人，彬積誠意開引，或從或違，橫不可制。命兼大司徒，不拜。仁宗在東宮，彬懇辭至力，因稱疾篤。時相強起之，至奏重賜以餌之，彬不爲動。議罪之，罪無從得，彬堅臥一榻至數月，尙書省臣皆得罪，彬不與焉。家居七年，足跡未嘗一出門外。仁宗思之，以爲大司農卿，未幾，謝病。延祐七年三月卒。

高源

高源字仲淵，晉州人。高祖揖，爲州法吏，用法公平。父汝霖，爲眞定廉訪司照磨，使東平，道高唐，遇盜死。

源幼力學，事母孝，補縣吏。中統初，擢衞輝路知事，累陞齊河縣尹，有遺愛，去官十年，民猶立碑頌之。遷行臺都事，僉江南浙西道提刑按察司事。劾常州路達魯花赤馬怨奪民田及他不法事。怨懼，走賂權臣阿合馬，以他事誣源，既繫獄，一日，忽釋之，莫知所由。先時，源所居鄰里，多阿合馬姻戚，素知源事母至孝。至是，聞源坐非辜，悉詣阿合馬曰：「源，孝子也，非但我知之，天必知之。況媒孽之罪非實，若妄殺源，悖天不祥。」阿合馬感悟，得不死。尋除河間等路都轉運副使，撫治有條，竈戶逃者皆復業，常賦外，羨餘幾十萬緡。

至元二十四年，爲江東道勸農營田使。二十八年，遷都水監。開通惠河，由文明門東七十里，與會通河接，置閘七、橋十二，人蒙其利。授同知湖南道宣慰司事。卒，年七十七。子夢弼、良弼、公弼。

楊湜

楊湜字彥淸，眞定藁城人。習章程學，工書算，始以府吏遷檢法。中統元年，辟爲中書掾，與中山楊珍、無極楊卞齊名，時人以三楊目之。中書省初立，國用不足，湜論鈔法宜以榷貨制國用，朝廷從之，因俾掌其條制。四年，授益都路宣慰司諮議，遷左司提控掾，請嚴贓吏法。

至元二年，除河南大名諸處行中書省都事。三年，立制國用司，總天下錢穀，以湜爲員外郎，佩金符。改宣徽院參議。湜計帑立籍，具其出入之算，每月終上之，遂定爲令。加諸路交鈔都提舉，上鈔法便宜事，謂平準行用庫白金出入，有偸濫之弊，請以五十兩鑄爲錠，文以元寶，用之便。

七年，改制國用司爲尚書省，拜戶部侍郎，仍兼交鈔提舉。時用壬子舊籍定民賦役之高下，湜言：「貧富不常，歲久寖易，其可以昔時之籍，而定今之賦役哉！」廷議善之，因俾第其輕重，人以爲平。湜心計精析，時論經費者，咸推其能焉。

子克忠，安豐路總管。孫貞。

吳鼎

吳鼎字鼎臣，燕人。至元十七年，見裕宗於東宮，命入宿衞。二十五年，授織染雜造局總管府副總管，後積官至禮部尚書、宣徽副使。大德十一年，山東諸郡饑，詔鼎往賑之。朝廷議發米四萬石，鈔折米一萬石，鼎謂同使者曰：「民得鈔，將何從易米？」同使者曰：「朝議已定，恐不可復得。」鼎曰：「人命豈不重於米耶！」言于朝，卒從所請。

至大元年，改正奉大夫、保定路總管。時皇太后欲幸五臺，言者請開保定西五迴嶺，以取捷徑。遣使即鼎，使視地形，計工費，鼎言：「荒山斗入，人迹久絕，非乘輿所宜往。」還報，太后喜，爲寢其役。三年，召授資善大夫、同知中政院事。兩浙財賦隸中政者鉅萬計，前往者率多取其羸，鼎治之，一無私焉。浙有兩富豪，曰朱，張家，多貸與民錢，其後兩家誅沒，而券之已償者，亦入于官，官唯驗券徵理，民不能堪。鼎力爲辨白，始獲免。四年，改京畿漕運使。

皇慶二年，特旨復僉宣徽院事，四月，進資政大夫、崇祥院使。延祐三年卒，年五十有三。贈榮祿大夫、平章政事、柱國，追封薊國公，謚孝敏。

梁德珪

梁德珪字伯溫，大興良鄉人。初給事昭睿順聖皇后宮，令習國語，通奏對，年十一，見世祖。至元十六年，爲中書左司員外郎，俄陞郎中，六遷至參議尚書省事。至元三十一年，執政入奏事，帝詢其曲折，不能對，德珪從旁辯析，明白通暢，帝大悅，拜參知政事。在省日久，凡錢穀出納之制，銓選進退之宜，諸藩賜予之節，命有驟至，不暇閱簡牘，同列莫知措辭，德珪數語卽定；間遇疑事，則曰某事當如某律，某年嘗有此旨，驗之皆然。北京地震，帝閱州郡報囚之數，怪其過多，德珪方在右司，詔問焉。對曰：「當國者急於徵索，蔓延收繫，以致此爾。」帝感悟，爲大赦中外逋負，民賴以蘇。

大德間，成宗卽位，〔七〕一遵祖武，廟堂以安靜爲治，求進者不得逞其志，朋聚興怨，摭事中傷德珪。會帝有疾，言者盛氣致詰，德珪以位居執政，不受淩轢，慷慨引咎，遂安置湖廣。帝疾愈，問知之，召使復位。既至，帝問：「卿安在？」德珪涕泣不能語，賜酒饌，使往拜其母，因以氣疾，乞骸骨歸。大德八年九月，卒於家，年四十有六。

校勘記

〔一〕河（西）〔北〕郡縣　道光本與元文類卷六八尚文神道碑合，從改。

〔二〕纂（收）〔修〕世祖實錄　從北監本改。

〔三〕胡祗遹字紹（開）〔聞〕　道光本與紫山大全集劉賡序合，從改。四庫全書總目卷一六六紫山大全集條云：「元史本傳載其字曰紹開。然『今民將在祗遹乃文考，紹聞衣德言』，實周書康誥之文。核其名義，疑紹開當作紹聞。元史乃傳刻之譌也。」

〔四〕成宗朝起爲太子賓客　清續通考云：「本傳，中統初後卽紀成宗大德二年，又復紀成宗朝，敍次疑有脫誤。」

〔五〕泰定二年贈資政大夫至後至元八年加贈推忠守正亮節功臣　按後至元止六年，「八年」誤。至正集卷四九暢師文神道碑銘「泰定二年」作「泰定丙寅」，卽三年，加贈功臣號繫「又十年」，卽後至元二年。此處泰定「二年」當作「三年」，後至元「八年」當作「二年」。

〔六〕左〔右〕司郎中　從北監本補。按本書卷八五百官志，中統元年置左右司，至元十五年分置兩司。

〔七〕大德間成宗卽位　清容集卷三二梁德珪行狀作「大德初元，成宗恭儉守成」。按元成宗至元三十一年卽位，次年改元元貞，元貞三年二月始改元大德。此云「卽位」，係誤衍之文。道光本改作「在位」。

元史卷一百七十一

列傳第五十八

劉因

劉因字夢吉，保定容城人。世爲儒家，五世祖琮生敦武校尉、臨洮府錄事判官昉，昉生奉議大夫、中山府錄事倶，倶生秉善，金貞祐中南徙。其弟國寶，登興定進士第，終奉直大夫、樞密院經歷。秉善生述，述，因之父也。歲壬辰，述始北歸，刻意問學，邃性理之說，好長嘯。中統初，左三部尚書劉肅宣撫眞定，辟武邑令，以疾辭歸。年四十未有子，嘆曰：「天果使我無子則已，有子必令讀書。」因生之夕，述夢神人馬載一兒至其家，曰：「善養之。」既覺而生，乃名曰駰，字夢驥，後改今名及字。

因天資絕人，三歲識書，日記千百言，過目卽成誦，六歲能詩，七歲能屬文，落筆驚人。甫弱冠，才器超邁，日閱方册，思得如古人者友之，作希聖解。國子司業硯彌堅敎授眞定，

因從之游，同舍生皆莫能及。初爲經學，究訓詁疏釋之說，輒嘆曰：「聖人精義，殆不止此。」及得周、程、張、邵、朱、呂之書，一見能發其微，曰：「我固謂當有是也。」及評其學之所長，而曰：「邵，至大也；周，至精也；程，至正也；朱子，極其大，盡其精，而貫之以正也。」其高見遠識率類此。

因蚤喪父，事繼母孝，有父、祖喪未葬，投書先友翰林待制楊恕，憐而助之，始克襄事。因性不苟合，不妄交接，家雖甚貧，非其義，一介不取。家居敎授，師道尊嚴，弟子造其門者，隨材器敎之，皆有成就。公卿過保定者衆，聞因名，往往來謁，因多遜避，不與相見，不知者或以爲傲，弗恤也。嘗愛諸葛孔明靜以修身之語，表所居曰靜修。

不忽木以因學行薦于朝，至元十九年，有詔徵因，擢承德郎、右贊善大夫。初，裕皇建學宮中，命贊善王恂敎近侍子弟，恂卒，迺命因繼之。未幾，以母疾辭歸。明年，丁內艱。二十八年，詔復遣使者，以集賢學士、嘉議大夫徵因，以疾固辭，且上書宰相曰：

因自幼讀書，接聞大人君子之餘論，雖他無所得，至如君臣之義，自謂見之甚明。如以日用近事言之，凡吾人之所以得安居而暇食，以遂其生聚之樂者，是誰之力與？皆君上之賜也。是以凡我有生之民，或給力役，或出知能，亦必各有以自效焉。此理勢之必然，亘萬古而不可易，而莊周氏所謂無所逃於天地之間者也。

因生四十三年，未嘗效尺寸之力，以報國家養育生成之德，而恩命連至，因尚敢偃蹇不出，貪高尚之名以自媚，以負我國家知遇之恩，而得罪於聖門中庸之教也哉！且因之立心，自幼及長，未嘗一日敢爲崖岸卓絕、甚高難繼之行，平昔交友，苟有一日之雅者，皆知因之此心也。但或者得之傳聞，不求其實，止於蹤跡之近似者觀之，是以有高人隱士之目，惟閤下亦知因之未嘗以此自居也。

向者，先儲皇以贊善之命來召，卽與使者俱行，再奉旨令教學，亦卽時應命。後以老母中風，請還家省視，不幸彌留，竟遭憂制，遂不復出，初豈有意於不仕邪。今聖天子選用賢良，一新時政，雖前日隱晦之人，亦將出而仕矣，況因平昔非隱晦者邪。況加以不次之寵，處之以優崇之地邪。是以形留意往，命與心違，病臥空齋，惶恐待罪。

因素有羸疾，自去年喪子，憂患之餘，繼以痁瘧，歷夏及秋，後雖平復，然精神氣血，已非舊矣。不意今歲五月二十八日，瘧疾復作，至七月初二日，蒸發舊積，腹痛如刺，下血不已。至八月初，偶起一念，自歎旁無期功之親，家無紀綱之僕，恐一旦身先朝露，必至累人，遂遣人於容城先人墓側，修營一舍，儻病勢不退，當居處其中以待盡。至二十一日，使者持恩命至，因初聞之，惶怖無地，不知所措，徐而思之，竊謂供職雖未能扶病而行，而恩命則不敢不扶病

而拜。因又慮，若稍涉遲疑，則不惟臣子之心有所不安，而蹤跡高峻，已不近於人情矣。是以卽日拜受，留使者，候病勢稍退，與之俱行。遷延至今，服療百至，略無一效，乃請使者先行，仍令學生李道恒，納上鋪馬聖旨，待病退，自備氣力以行。望閤下俯加矜憫，曲爲保全。因實疏遠微賤之臣，與帷幄諸公不同，其進與退，(苦)〔若〕非難處之事，〔一〕惟閤下始終成就之。

書上，朝廷不强致，帝聞之，亦曰：「古有所謂不召之臣，其斯人之徒歟！」三十年夏四月十有六日卒，年四十五。無子，聞者嗟悼。延祐中，贈翰林學士、資善大夫、〔上〕護軍，〔二〕追封容城郡公，謚文靖。

歐陽玄嘗贊因畫像曰：「微點之狂，而有沂上風雩之樂；資由之勇，而無北鄙鼓瑟之聲。於裕皇之仁，而見不可留之四皓；以世祖之略，而遇不能致之兩生。烏乎！麒麟鳳凰，固宇內之不常有也。然而一鳴而六典作，一出而春秋成。則其志不欲遺世而獨往也明矣，亦將從周公、孔子之後，爲往聖繼絕學，爲來世開太平者邪！」論者以爲知言。

因所著有四書精要三十卷，詩五卷，號丁亥集，因所自選。又有文集十餘卷，及小學四書語錄，皆門生故友所錄，惟易繫辭說，乃因病中親筆云。

吳澄

吳澄字幼清，撫州崇仁人。高祖曄，初居咸口里，當華蓋、臨川二山間，望氣者徐覺言其地當出異人。澄生前一夕，鄉父老見異氣降其家，鄰媼復夢有物蜿蜒降其舍旁池中，旦以告于人，而澄生。三歲，穎悟日發，教之古詩，隨口成誦。五歲，日受千餘言，夜讀書至旦。母憂其過勤，節膏火，不多與，澄候母寢，燃火復誦習。九歲，從羣子弟試鄉校，每中前列。既長，於經、傳皆習通之，知用力聖賢之學，嘗舉進士不中。

至元十三年，民初附，盜賊所在蜂起，樂安鄭松，招澄居布水谷，乃著孝經章句，校定易、書、詩、春秋、儀禮及大、小戴記。侍御史程鉅夫，奉詔求賢江南，起澄至京師。未幾，以母老辭歸。鉅夫請置澄所著書於國子監，以資學者，朝廷命有司卽其家錄上。元貞初，游龍興，按察司經歷郝文迎至郡學，日聽講論，錄其問答，凡數千言。行省掾元明善以文學自負，嘗問澄易、詩、書、春秋奧義，歎曰：「與吳先生言，如探淵海。」遂執子弟禮，終其身。左丞董士選延之於家，親執饋食，曰：「吳先生，天下士也。」既入朝，薦澄有道，擢應奉翰林文字。有司敦勸，久之乃至，而代者已到官，澄卽日南歸。未幾，除江西儒學副提舉，居三月，以疾去官。

至大元年，召爲國子監丞。先是，許文正公衡爲祭酒，始以朱子小學等書授弟子，久之，漸失其舊。澄至，旦燃燭堂上，諸生以次受業，日昃，退燕居之室，執經問難者，接踵而至。澄各因其材質，反覆訓誘之，每至夜分，雖寒暑不易也。

皇慶元年，陞司業，用程純公學校奏疏、胡文定公六學教法、朱文公學校貢舉私議，約之爲教法四條：一曰經學，二曰行實，三曰文藝，四曰治事，未及行。又嘗爲學者言：「朱子於道問學之功居多，而陸子靜以尊德性爲主。問學不本於德性，則其敝必偏於言語訓釋之末，故學必以德性爲本，庶幾得之。」議者遂以澄爲陸氏之學，非許氏尊信朱子本意，然亦莫知朱、陸之爲何如也。澄一夕謝去，諸生有不謁告而從之南者。俄拜集賢直學士，特授奉議大夫，俾乘驛至京師，次眞州，疾作，不果行。

英宗卽位，超遷翰林學士，進階太中大夫。先是，有旨集善書者，粉黃金爲泥，寫浮屠藏經。帝在上都，使左丞速速，詔澄爲序，澄曰：「主上寫經，爲民祈福，甚盛舉也。若用以追薦，臣所未知。蓋福田利益，雖人所樂聞，而輪回之事，彼習其學者，猶或不言。不過謂爲善之人，死則上通高明，其極品則與日月齊光；爲惡之人，死則下淪污穢，其極下則與沙蟲同類。其徒遂爲薦拔之說，以惑世人。今列聖之神，上同日月，何庸薦拔！且國初以來，凡寫經追薦，不知幾舉。若未效，是無佛法矣；若已效，是誣其祖矣。撰爲文辭，不可以示

後世，請侯駕還奏之。」會帝崩而止。

泰定元年，初開經筵，首命澄與平章政事張珪、國子祭酒鄧文原爲講官。在至治末，詔作太廟，議者習見同堂異室之制，乃作十三室。未及遷奉，而國有大故，有司疑於昭穆之次，命集議之。澄議曰：「世祖混一天下，悉考古制而行之。古者，天子七廟，廟各爲宮，太祖居中，左三廟爲昭，右三廟爲穆，昭穆神主，各以次遞遷，其廟之宮，頗如今之中書六部。夫省部之設，亦倣金、宋，豈以宗廟敍次，而不考古乎！」有司急於行事，竟如舊次云。時澄已有去志，會修英宗實錄，命總其事，居數月，實錄成，未上，卽移疾不出。中書左丞許師敬奉旨賜宴國史院，仍致朝廷勉留之意，宴罷，卽出城登舟去。中書聞之，遣官驛追，不及而還，言於帝曰：「吳澄，國之名儒，朝之舊德，今請老而歸，不忍重勞之，宜有所褒異。」詔加資善大夫，仍以金織文綺二及鈔五千貫賜之。

澄身若不勝衣，正坐拱手，氣融神邁，答問亹亹，使人渙若冰釋。弱冠時，嘗著說曰：「道之大原出於天，神聖繼之，堯、舜而上，道之元也；堯、舜而下，其亨也；洙、泗、鄒、魯，其利也；濂、洛、關、閩，其貞也。分而言之，上古則羲、黃其元，堯、舜其亨，禹、湯其利，文、武、周公其貞乎！中古之統，仲尼其元，顏、曾其亨乎，子思其利，孟子其貞乎！近古之統，周子其元，程、張其亨也，朱子其利也，孰爲今日之貞乎？未之有也。然則，可以終無所歸哉！」

其早以斯文自任如此。故出登朝署，退歸于家，與郡邑之所經由，士大夫皆迎請執業，而四方之士不憚數千里，躡屩負笈來學山中者，常不下千數百人。少暇，卽著書，至將終，猶不置也。於易、春秋、禮記，各有纂言，盡破傳註穿鑿，以發其蘊，條歸紀敍，精明簡潔，卓然成一家言。作學基、學統二篇，使人知學之本與爲學之序，尤有得於邵子之學。校定皇極經世書，又校正老子、莊子、太玄經、樂律，及八陣圖、郭璞葬書。

初，澄所居草屋數間，程鉅夫題曰草廬，故學者稱之爲草廬先生。天曆三年，朝廷以澄耆老，特命次子京爲撫州教授，以便奉養。明年六月，得疾，有大星墜其舍東北，澄卒，年八十五。贈江西行省左丞、上護軍，追封臨川郡公，諡文正。

長子文，終同知柳州路總管府事；京，終翰林國史院典籍官。孫當，自有傳。

校勘記

〔一〕（者）〔若〕非雖處之事　道光本與靜修文集卷二一上宰相書合，從改。

〔二〕〔上〕護軍　據滋溪文稿卷八劉因墓表補。新元史已校。

元史卷一百七十二

列傳第五十九

程鉅夫

程鉅夫名文海，避武宗廟諱，以字行。其先，自徽州徙郢州京山，後家建昌。叔父飛卿，仕宋，通判建昌，世祖時，以城降。鉅夫入爲質子，授宣武將軍、管軍千戶。他日，召見，問賈似道何如人，鉅夫條對甚悉，帝悅，給筆札書之，乃書二十餘幅以進。帝大奇之，因問今居何官，以千戶對，帝謂近臣曰：「朕觀此人相貌，已應貴顯；聽其言論，誠聰明有識者也。可置之翰林。」丞相火禮霍孫傳旨至翰林，以其年少，奏爲應奉翰林文字，帝曰：「自今國家政事得失，及朝臣邪正，宜皆爲朕言之。」鉅夫頓首謝曰：「臣本疏遠之臣，蒙陛下知遇，敢不竭力以報陛下！」尋進翰林修撰，屢遷集賢直學士，兼祕書少監。

至元十九年，奏陳五事：一曰取會江南仕籍，二曰通南北之選，三曰立考功歷，四曰置

貪贓籍，五曰給江南官吏俸。朝廷多采行之，賜地京師安貞門，以築居室。二十年，加翰林集賢〔直〕學士，〔一〕同領會同館事。二十三年，見帝，首陳：「興建國學，乞遣使江南搜訪遺逸，御史臺、按察司，並宜參用南北之人。」帝嘉納之。

二十四年，立尚書省，詔以爲參知政事，鉅夫固辭。又命爲御史中丞，臺臣言：「鉅夫南人，且年少。」帝大怒曰：「汝未用南人，何以知南人不可用！自今省部臺院，必參用南人。」遂以鉅夫仍爲集賢直學士，拜侍御史，行御史臺事，奉詔求賢於江南。初，書詔令皆用蒙古字，及是，帝特命以漢字書之。帝素聞趙孟蓨、葉李名，鉅夫臨當行，帝密諭必致此二人，鉅夫又薦趙孟頫、余恁、萬一鶚、張伯淳、胡夢魁、曾晞顏、孔洙、曾沖子、淩時中、包鑄等二十餘人，帝皆擢置臺憲及文學之職。還朝，陳民間利病五事，拜集賢學士，仍還行臺。

二十六年，時相桑哥專政，法令苛急，四方騷動。鉅夫入朝，上疏曰：「臣聞天子之職，莫大於擇相，宰相之職，莫大於進賢。苟不以進賢爲急，而惟以殖貨爲心，非爲上爲德、爲下爲民之意也。昔文帝以決獄及錢穀問丞相周勃，勃不能對，陳平進曰：『陛下問決獄，責廷尉；問錢穀，責治粟內史。宰相，上理陰陽，下遂萬物之宜，外鎭撫四夷，內親附百姓。』觀其所言，可以知宰相之職矣。今權姦用事，立尚書鉤考錢穀，以剝割生民爲務，所委任者，率皆貪饕邀利之人，江南盜賊竊發，良以此也。臣竊以爲宜清尚書之政，損行省之權，罷言

二十四史　中華書局

利之官，行恤民之事，於國爲便。」桑哥大怒，羈留京師不遣，奏請殺之，凡六奏，帝皆不許。鉅夫既還行臺，二十九年又召鉅夫與胡祗遹、姚燧、王惲、雷膺、陳天祥、楊恭懿、高凝、陳儼、趙居信等十人，赴闕賜對。三十年，出爲閩海道肅政廉訪使，興學明教，吏民畏愛之。

大德四年，遷江南湖北道肅政廉訪使。至官，首治行省平章家奴之爲民害者，上下肅然。八年，召拜翰林學士，商議中書省事。十年，以亢旱、暴風、星變，鉅夫應詔陳弭災之策，其目有五：曰敬天，曰尊祖，曰清心，曰持體，曰更化。帝皆然之。雲南省臣言：「世祖親平雲南，民願刻石點蒼山，以紀功德。」詔鉅夫撰其文。

十一年，拜山南江北道肅政廉訪使，復留爲翰林學士。至大元年，修成宗實錄。二年，召至上都。三年，復拜山南江北道肅政廉訪使。四年，與李謙、尙文等十六人同赴闕，賜對便殿。拜浙東海右道肅政廉訪使，留爲翰林學士承旨。皇慶元年，修武宗實錄。二年，旱，鉅夫應詔陳桑林六事，忤時宰意。明日，帝遣近侍賜上尊，勞之曰：「中書集議，惟卿所言甚當，後臨事，其極言之。」於是詔鉅夫偕平章政事李孟、參知政事許師敬議行貢舉法，鉅夫建言：「經學當主程頤、朱熹傳註，文章宜革唐、宋宿弊。」命鉅夫草詔行之。

三(月)〔年〕，〔三〕以病乞骸骨歸田里，不允，命尙醫給藥物，官其子大本郊祀署令，以便侍養。時令近臣撫視，且勞之曰：「卿，世祖舊臣，惟忠惟貞，其勉加餐粥，少留京師，以副朕

心。」鉅夫請益堅，特授光祿大夫，賜上尊，命廷臣以下餞于齊化門外，給驛南還。敕行省及有司常加存問。居(五)〔三〕年而卒，〔四〕年七十。泰定二年，贈大司徒、柱國，追封楚國公，謚文憲。

趙孟頫

趙孟頫字子昂，宋太祖子秦王德芳之後也。五世祖秀安僖王子偁，四世祖崇憲靖王伯圭。高宗無子，立子偁之子，是爲孝宗，伯圭，其兄也，賜第于湖州，故孟頫爲湖州人。曾祖師垂，祖希永，父與訔，仕宋，皆至大官，入國朝，以孟頫貴，累贈師垂集賢侍讀學士，希永太常禮儀院使，並封吳興郡公，與訔集賢大學士，封魏國公。

孟頫幼聰敏，讀書過目輒成誦，爲文操筆立就。年十四，用父蔭補官，試中吏部銓法，調眞州司戶參軍。宋亡，家居，益自力於學。

至元二十三年，行臺侍御史程鉅夫，奉詔搜訪遺逸于江南，得孟頫，以之入見。孟頫才氣英邁，神采煥發，如神仙中人，世祖顧之喜，使坐右丞葉李上，或言孟頫宋宗室子，不宜使近左右，帝不聽。時方立尙書省，命孟頫草詔頒天下，帝覽之，喜曰：「得朕心之所欲言者矣。」詔集百官於刑部議法，衆欲計至元鈔二百貫贓滿者死，孟頫曰：「始造鈔時，以銀爲本，

虛實相權，今二十餘年間，輕重相去至數十倍，故改中統爲至元，又二十年後，至元必復如中統，使民計鈔抵法，疑於太重。古者，以米、絹民生所須，謂之二實，銀、錢與二物相權，謂之二虛。四者爲直，雖升降有時，終不大相遠也，以絹計贓，最爲適中。況鈔，乃宋時所創，施於邊郡，金人襲而用之，皆出於不得已。迺欲以此斷人死命，似不足深取也。」或以孟頫年少，初自南方來，譏國法不便，意頗不平，責孟頫曰：「今朝廷行至元鈔，故犯法者以是計贓論罪，汝以爲非，豈欲沮格至元鈔耶？」孟頫曰：「法者，人命所係，議有重輕，則人不得其死矣。孟頫奉詔與議，不敢不言。今中統鈔虛，故改至元鈔，謂至元鈔終無虛時，豈有是理！公不揆於理，欲以勢相陵，可乎！」其人有愧色。帝初欲大用孟頫，議者難之。

二十四年六月，授兵部郎中，兵部總天下諸驛。時使客飲食之費，幾十倍於前，吏無以供給，強取於民，不勝其擾，遂請於中書，增鈔給之。至元鈔法滯澀不能行，詔遣尙書劉宣與孟頫馳驛至江南，問行省丞相慢令之罪，凡左右司官及諸路官，則徑笞之。孟頫受命而行，比還，不笞一人，丞相桑哥大以爲譴。

時有王虎臣者，言平江路總管趙全不法，卽命虎臣往按之，葉李執奏不宜遣虎臣，帝不聽，孟頫進曰：「趙全固當問，然虎臣前守此郡，多強買人田，縱賓客爲姦利，全數與爭，虎臣怨之。虎臣往，必將陷全，事縱得實，人亦不能無疑。」帝悟，乃遣他使。桑哥鐘初鳴時卽

坐省中，六曹官後至者，則笞之，孟頫偶後至，斷事官遽引孟頫受笞，孟頫入訴於都堂右丞葉李曰：「古者，刑不上大夫，所以養其廉恥，敎之節義，且辱士大夫，是辱朝廷也。」桑哥亟慰孟頫使出，自是所笞，唯曹史以下。他日，行東御牆外，道險，孟頫馬跌墮于河。桑哥聞之，言於帝，移築御牆稍西二丈許。帝聞孟頫素貧，賜鈔五十錠。

二十七年，遷集賢直學士。是歲地震，北京尤甚，地陷，黑沙水涌出，人死傷數十萬，帝深憂之。時駐蹕龍虎臺，遣阿剌渾撒里馳還，召集賢、翰林兩院官，詢致災之由。議者畏忌桑哥，但泛引經、傳，及五行災異之言，以修人事、應天變爲對，莫敢語及時政。先是，桑哥遣忻都及王濟等理算天下錢糧，已徵入數百萬，未徵者尙數千萬，害民特甚，民不聊生，自殺者相屬，逃山林者，則發兵捕之，皆莫敢沮其事。孟頫與阿剌渾撒里甚善，勸令奏帝赦天下，盡與蠲除，庶幾天變可弭。阿剌渾撒里入奏，如孟頫所言，帝從之，詔草已具，桑哥怒謂必非帝意。孟頫曰：「凡錢糧未徵者，其人死亡已盡，何所從取？非及是時除免之，他日言事者，倘以失陷錢糧數千萬歸咎尙書省，豈不爲丞相深累耶！」桑哥悟，民始獲蘇。

帝嘗問葉李、留夢炎優劣，孟頫對曰：「夢炎，臣之父執，其人重厚，篤於自信，好謀而能斷，有大臣器；葉李所讀之書，臣皆讀之，其所知所能，臣皆知之能之。」帝曰：「汝以夢炎賢於李耶？夢炎在宋爲狀元，位至丞相，當賈似道誤國罔上，夢炎依阿取容；李布衣，乃伏闕

上書，是賢於夢炎也。汝以夢炎父友，不敢斥言其非，可賦詩譏之。」孟頫所賦詩，有「往事已非那可說，且將忠直報皇元」之語，帝歎賞焉。

孟頫退謂奉御徹里曰：「帝論賈似道誤國，責留夢炎不言，桑哥罪甚於似道，而我等不言，他日何以辭其責！然我疏遠之臣，言必不聽，侍臣中讀書知義理、慷慨有大節、又爲上所親信，無踰公者。夫捐一旦之命，爲萬姓除殘賊，仁者之事也。公必勉之！」既而徹里至帝前，數桑哥罪惡，帝怒，命衛士批其頰，血涌口鼻，委頓地上。少間，復呼而問之，對如初。時大臣亦有繼言者，帝遂按誅桑哥，罷尚書省，大臣多以罪去。

帝欲使孟頫與聞中書政事，孟頫固辭，有旨令出入宮門無禁。每見，必從容語及治道，多所裨益。帝問：「汝趙太祖孫耶？太宗孫耶？」對曰：「臣太祖十一世孫。」帝曰：「太祖行事，汝知之乎？」孟頫謝不知，帝曰：「太祖行事，多可取者，朕皆知之。」孟頫自念，久在上側，必爲人所忌，力請補外。二十九年，出同知濟南路總管府事。時總管闕，孟頫獨署府事，官事清簡。有元掀兒者，役於鹽場，不勝艱苦，因逃去。其父求得他人屍，遂誣告同役者殺掀兒，既誣服。孟頫疑其寃，留弗決，踰月，掀兒自歸，郡中稱爲神明。僉廉訪司事韋哈剌哈孫，素苛虐，以孟頫不能承順其意，以事中之，會修世祖實錄，召孟頫還京師，乃解。久之，遷知汾州，未上，有旨書金字藏經，既成，除集賢直學士、江浙等處儒學提舉，遷泰州尹，

未上。

至大三年，召至京師，以翰林侍讀學士，與他學士撰定祀南郊祝文，及擬進殿名，議不合，謁告去。仁宗在東宮，素知其名，及卽位，召除集賢侍講學士、中奉大夫。延祐元年，改翰林侍講學士，遷集賢侍講學士、資德大夫。三年，拜翰林學士承旨、榮祿大夫。帝眷之甚厚，以字呼之而不名。帝嘗與侍臣論文學之士，以孟頫比唐李白、宋蘇子瞻。又嘗稱孟頫操履純正，博學多聞，書畫絕倫，旁通佛、老之旨，皆人所不及。有不悅者間之，帝初若不聞者。又有上書言國史所載，不宜使孟頫與聞者，帝乃曰：「趙子昂，世祖皇帝所簡拔，朕特優以禮貌，置於館閣，典司述作，傳之後世，此屬呶呶何也！」俄賜鈔五百錠，謂侍臣曰：「中書每稱國用不足，必持而不與，其以普慶寺別貯鈔給之。」孟頫嘗累月不至宮中，帝以問左右，皆謂其年老畏寒，敕御府賜貂鼠裘。

初，孟頫以程鉅夫薦，起家爲郎，及鉅夫爲翰林學士承旨，求致仕去，孟頫代之，先往拜其門，而後入院，時人以爲衣冠盛事。六年，得請南歸。帝遣使賜衣幣，趣之還朝，以疾，不果行。至治元年，英宗遣使卽其家，俾書孝經。二年，賜上尊及衣二襲。是歲六月卒，年六十九。追封魏國公，謚文敏。

孟頫所著，有尚書註，有琴原、樂原，得律呂不傳之妙；詩文清邃奇逸，讀之，使人有飄飄出塵之想。篆、籀、分、隸、眞、行、草書，無不冠絕古今，遂以書名天下。天竺有僧，數萬里來求其書歸，國中寶之。其畫山水、木石、花竹、人馬，尤精緻。前史官楊載稱孟頫之才頗爲書畫所掩，知其書畫者，不知其文章，知其文章者，不知其經濟之學。人以爲知言云。

子雍、奕，並以書畫知名。

鄧文原

鄧文原字善之，一字匪石，綿州人。父漳，徙錢塘。文原年十五，通春秋。在宋時，以流寓試浙西轉運司，魁四川士。至元二十七年，行中書省辟爲杭州路儒學正。大德二年，調崇德州教授。五年，擢應奉翰林文字。九年，陞修撰，謁告還江南。至大元年，復爲修撰，預修成宗實錄。三年，授江浙儒學提舉。

皇慶元年，召爲國子司業。至官，首建白更學校之政，當路因循，重於改作，論不合，移病去。科舉制行，文原校文江浙，慮士守舊習，大書朱熹貢舉私議，揭于門。延祐四年，陞翰林待制。五年，出僉江南浙西道肅政廉訪司事，平江僧有憾其府判官理熙者，賂其徒，告熙贓，熙誣服。文原行部，按問得實，杖僧而釋熙。吳興民夜歸，巡邏者執之，縶亭下。其人遁去，有追及之者，刺其脅，仆地。明旦，家人得之以歸，比死，其兄問殺汝者何如人，曰：「白

帽、靑衣、長身者也。」其兄愬於官，有司問直初更者曰張福兒，執之，使服焉。械繫三年，文原錄之曰：「福兒身不滿六尺，未見其長也；刃傷右脅，而福兒素用左手，傷宜在左，何右傷也！」鞫之，果得眞殺人者，而釋福兒。桐廬人戴汝惟家被盜，有司得盜，獄成送郡；夜有焚戴氏廬者，而不知汝惟所之。文原曰：「此必有故也。」乃得其妻葉氏與其弟謀殺汝惟狀，而於水涯樹下，得屍與漬血斧俱在焉，人以爲神。

六年，移江東道。徽、寧國、廣德三郡，歲入茶課鈔三千錠，後增至十八萬錠，竭山谷所產，不能充其半，餘皆鑿空取之民間，歲以爲常。時轉運司官聽用鄉里譁狡，動以犯法誣民，而轉運司得專制有司，凡五品官以下皆杖決，州縣莫敢如何。文原請罷其專司，俾郡縣領之，不報。徽民謝蘭家僮汪姓者死，蘭姪回賂汪族人誣蘭殺之，蘭誣服。文原錄之，得其情，釋蘭而坐回。時久旱不雨，決獄乃雨。

至治二年，召爲集賢直學士，地震，詔議弭災之道。文原請決滯囚，置倉廩河北，儲羨粟以賑饑；復申前議，請罷榷茶轉運司，又不報。明年，兼國子祭酒，江浙省臣趙簡請開經筵。泰定元年，文原兼經筵官，以疾乞致仕歸。二年，召拜翰林侍講學士，以疾辭。四年，〔四〕拜嶺北湖南道肅政廉訪使，以疾不赴。天曆元年卒，年七十一。〔五〕

文原內嚴而外恕，家貧而行廉。初客京師，有一書生病篤，取囊中金，囑文原以歸其

親，既死，而同舍生竊金去，文原買金償死者家，終身不以語人。有文集若干卷，內制集若干卷，藏于家。子衎，蔭授江浙等處儒學副提舉，未任，卒。至順五年，〔六〕制贈文原江浙行省參知政事，謚文肅。

袁桷

袁桷字伯長，慶元人，宋同知樞密院事韶之曾孫。爲童子時，已著聲。部使者舉茂才異等，起爲麗澤書院山長。

大德初，閻復、程文海、王構薦爲翰林國史院檢閱官。時初建南郊，桷進十議曰：「天無二日，天既不得有二，五帝不得謂之天，作昊天五帝議。祭天歲或爲九，或爲二，作祭天名數議。圜丘不見於五經，郊不見於周官，作圜丘非郊議。后土，社也，作后土卽社議。三歲一郊，非古也，作祭天無間歲議。燔柴見于古經，周官以禋祀爲天，其義各有旨，作燔柴泰壇議。祭天之牛角繭栗，用牲于郊，牛二，合配而言之，增羣祀而合祠，非周公之制矣，作郊不當立從祀議。郊，質而尊之義也，明堂，文而親之義也，作郊明堂禮儀異制議。郊用辛，魯禮也，卜不得常爲辛，作郊非辛日議。北郊不見於三禮，尊地而遵北郊，鄭玄之說也，作北郊議。」禮官推其博，多采用之。陞應奉翰林文字、同知制誥，兼國史院編修官，請購求

遼、金、宋三史遺書，歷兩考，遷待制，又再任，拜集賢直學士。久之，移疾去官。復仍以直學士召入集賢，未幾，改翰林直學士、知制誥同修國史。至治元年，遷侍講學士。泰定初，辭歸。

桷在詞林，朝廷制册、勳臣碑銘，多出其手。所著有易說、春秋說、清容居士集。泰定四年卒，年六十一。〔七〕贈中奉大夫、江浙等處行中書省參知政事、護軍，追封陳留郡公，謚文清。

曹元用

曹元用字子貞，世居阿城，後徙汶上。祖義，不仕。父宗輔，德清縣主簿。元用資稟俊爽，幼嗜書，一經目，輒成誦，每夜讀書，常達曙不寐。父憂其致疾，止之，輒以衣蔽窗默覯之。

始以鎮江路儒學正，考滿游京師。翰林承旨閻復，於四方士少所許可，及見元用，出所爲文示之。元用輒指其疵，復大奇之，因薦爲翰林國史院編修官。卽論史院僚屬非材，請較試，取其優者用之。御史臺辟爲掾史。元用初不習吏事，而見事明決，吏反師之。轉中書省右司掾，與清河元明善、濟南張養浩，同時號爲三俊。除應奉翰林文字，遷禮部主

事。時累朝皇后既崩者，猶以名稱，而未有謚號。元用言：「后爲天下母，豈可直稱其名。宜加徽號，以彰懿德。」改尚書省右司都事，轉員外郎。及尚書省罷，退居任城，久之，齊、魯間從學者甚衆。

延祐六年，授太常禮儀院經歷，屬英宗躬修祀事，銳意禮樂，其親祀儀注、鹵簿輿服之制，率所裁定。初，太廟九室，合饗于一殿，仁宗崩，無室可祔，乃于武宗室前，結綵爲次。英宗在上京，召禮官集議，元用言：「古者，宗廟有寢有室，宜以今室爲寢，當更營大殿于前，爲十五室。」帝嘉其議，授翰林待制，陞直學士。

至治三年八月，鐵失之變，賊黨赤斤鐵木兒遽至京師，收百司印，趣召兩院學士北上。元用獨不行，曰：「此非常之變，吾寧死，不可曲從也。」未幾，賊果敗，人皆稱其有先見之明。

泰定二年，授太子贊善，轉禮部尚書，兼經筵官，及大朝會，爲糾儀官，申卷班之令，俾以序退，無爭門而出之擾。又謂太醫、儀鳳、教坊等官，不當序正班，當自爲一列，後皆行之。時宰執有欲罷科舉法者，元用以爲「國家文治，正在於此，胡可罷也」。又有欲損太廟四時之享、止存冬祭者，元用謂：「禴祠嘗烝，四時之享，不可闕一，乃經禮之大者，其可惜費而廢禮乎！」

三年夏，帝以日食、地震、星變，詔議所以弭災者，元用謂：「應天以實不以文，修德明

政，應天之實也。宜撙浮費，節財用，選守令，卹貧民，嚴禋祀，汰佛事，止造作以紓民力，愼賞罰以示勸懲。」皆切中時弊。又論科舉取士之法，當革冒濫，嚴考覈，俾得眞才之用。議上，朝廷咸是之。拜中奉大夫、翰林侍講學士，兼經筵官，預修仁宗、英宗兩朝實錄。又奉旨纂集甲令爲通制，譯唐貞觀政要爲國語。書成，皆行於時。凡大制誥，率元用所草。文宗時，草寬恤之詔，帝覽而善之，賜金織文錦。

天曆二年，代祀曲阜孔子廟。還，以司寇像及代祀記獻，帝甚喜。值太禧宗禋院副使缺，中書奏以元用爲之，帝不允曰：「此人，翰林中所不可無者，將大用之矣。」會卒，帝嗟悼久之，謂侍臣曰：「曹子貞盡忠宣力，今亡矣，可賜賻鈔五千緡。」贈正奉大夫、江浙等處行中書省參知政事、護軍，追封東平郡公，謚文獻。詩文四十卷，號超然集。二子：偉，儀。

齊履謙

齊履謙字伯恒，父義，善算術。履謙生六歲，從父至京師；七歲讀書，一過卽能記憶；年十一，敎以推步星曆，盡曉其法；十三，從師，聞聖賢之學。自是以窮理爲務，非洙、泗、伊、洛之書不讀。

至元十六年，初立太史局，改治新曆，〔八〕履謙補星曆生。同輩皆司天臺官子，太史王

恂問以算數，莫能對，履謙獨隨問隨答，恂大奇之。新曆既成，復預修曆經、曆議。二十九年，授星曆教授。都城刻漏，舊以木爲之，其形如碑，故名碑漏，內設曲筩，鑄銅爲丸，自碑首轉行而下，鳴鐃以爲節，其漏經久廢壞，晨昏失度。大德元年，中書俾履謙視之，因見刻漏旁有宋舊銅壺四，於是按圖考定蓮花、寶山等漏制，命工改作；又請重建鼓樓，增置更鼓并守漏卒，當時遵用之。

二年，遷保章正，始專曆官之政。三年八月朔，時加巳，依曆，日蝕二分有奇，至其時，不蝕，衆皆懼，履謙曰：「當蝕不蝕，在古有之，矧時近午，陽盛陰微，宜當蝕不蝕。」遂考唐開元以來當蝕不蝕者凡十事以聞。六年六月朔，時加戌，依曆，日蝕五十七秒。衆以涉交既淺，且復近濁，欲匿不報。履謙曰：「吾所掌者，常數也，其食與否，則係於天。」獨以狀聞，及其時，果食。衆嘗爭沒日不能決，履謙曰：「氣本十五日，而間有十六日者，餘分之積也。故曆法以所積之日，命爲沒日，不出本氣者爲是。」衆服其議。

七年八月戊申夜，地大震，詔問致災之由，及弭災之道，履謙按春秋言：「地爲陰而主靜，妻道、臣道、子道也，三者失其道，則地爲之弗寧。弭之之道，大臣當反躬責己，去專制之(咸)〔威〕，〔九〕以答天變，不可徒爲禳禱也。」時成宗寢疾，宰臣有專威福者，故履謙言及之。九年冬，始立南郊，祀昊天上帝，履謙攝司天臺官。舊制，享祀，司天雖掌時刻，無鐘鼓

更漏，往往至旦始行事。履謙白宰執，請用鐘鼓更漏，俾早晏有節，從之。

至大二年，太常請修社稷壇，及浚太廟庭中井。或以歲君所直，欲止其役，履謙曰：「國家以四海爲家，歲君豈專在是！」三年，升授時郎秋官正，兼領冬官正事。四年，仁宗卽位，嘉尚儒術。臺臣言履謙有學行，可教國學子弟，擢國子監丞，改授奉直大夫、國子司業，與吳澄並命，時號得人。每五鼓入學，風雨寒暑，未嘗少怠，其教養有法，諸生皆畏服。未幾，復以履謙僉太史院事。

皇慶二年春，彗星出東井。履謙奏宜增修善政以答天意，因陳時務八事。仁宗爲之動容，顧宰臣命速行之。自履謙去國學，吳澄亦移病歸，學制稍爲之廢。延祐元年，詔擇善教者，於是復以履謙爲國子司業。履謙律己益嚴，教道益張，每齋置伴讀一人爲長，雖助教闕員，而諸生講授不絕。時初命國子生歲貢六人，以入學先後爲次第，履謙曰：「不考其業，何以興善而得人！」乃酌舊制，立陞齋、積分等法：每季考其學行，以次遞升，既升上齋，又必踰再歲，始與私試；孟月仲月試經疑經義，季月試古賦詔誥章表策，蒙古、色目試明經策問；辭理俱優者一分，辭平理優者爲半分，歲終積至八分者充高等，以四十人爲額；然後集賢、禮部定其藝業及格者六人，以充歲貢；三年不通一經，及在學不滿一歲者，並黜之。帝從其議，自是人人勵志，多文學之士。五年，出爲濱州知州，丁母憂，不果行。

至治元年，拜太史院使。泰定二年九月，以本官奉使宣撫江西、福建，黜罷官吏之貪污者四百餘人，蠲免括地虛加糧數萬石，州縣有以先賢子孫充房夫諸役者悉罷遣之。福建憲司職田，每畝歲輸米三石，民不勝苦。履謙命准令輸之，由是召怨，及還京，憲司果誣以他事。未幾，誣履謙者皆坐事免，履謙始得直，復爲太史院使。天曆二年九月卒。

履謙篤學勤苦，家貧無書。及爲星曆生，在太史局，會祕書監輦亡宋故書，留置本院，因晝夜諷誦，深究自得，故其學博洽精通，自六經、諸史、天文、地理、禮樂、律曆，下至陰陽五行、醫藥、卜筮，無不淹貫，尤精經籍。著大學四傳小註一卷，中庸章句續解一卷，論語言仁通旨二卷，書傳詳說一卷，易繫辭旨略二卷，易本說四卷，春秋諸國統紀六卷。以皇極之名，見於洪範，皇極之數，始於邵氏經世書，數非極也，特寓其數於極耳，著經世書入式一卷；經世書有內、外篇，內篇則因極而明數，外篇則由數而會極，著外篇微旨一卷。授時曆行五十年，未嘗推考，履謙日測晷景，并晨昏五星宿度，自至治三年冬至，至泰定二年夏至，天道加時眞數，各減見行曆書二刻，著二至晷景考二卷。授時曆雖有經、串，而經以著定法，串以紀成數，然求其法之所以然、數之所從出，則略而不載，作經串演撰八法一卷。

元立國百有餘年，而郊廟之樂，沿襲宋、金，未有能正之者。履謙謂樂本於律，律本於氣，而氣候之法，具載前史，可擇僻地爲密室，取金門之竹，及河內葭莩，候之，上可以正雅

樂、薦郊廟、和神人，下可以同度量、平物貨、厚風俗。列其事上之。又得黑石古律管一，長尺有八寸，外方，內爲圓空，中有隔，隔中有小竅，蓋以通〔氣〕，〔一〇〕隔上九寸，其空均直，約徑三分，以應黃鐘之數；隔下九寸，其空自小竅迤邐殺至管底，約徑二寸餘，蓋以聚其氣而上之。其製與律家所說不同，蓋古所謂玉律者是也。適遷他官，事遂寢，有志者深惜之。

至順三年五月，贈翰林學士、資善大夫、上護軍，追封汝南郡公，諡文懿。

校勘記

〔一〕集賢(直)學士　據雪樓集卷首所收元史程鉅夫傳、附錄揭傒斯程鉅夫行狀補。按下文有「仍爲集賢直學士」，證此處奪「直」字。

〔二〕三(月)〔年〕　據雪樓集卷首所收元史程鉅夫傳、附錄揭傒斯程鉅夫行狀改。按此處指延祐三年。

〔三〕居(五)〔三〕年而卒　據雪樓集卷首所收元史程鉅夫傳改。按揭傒斯程鉅夫行狀，程鉅夫延祐三年南還，五年卒，家居三年。

〔四〕四年　蒙史云：「吳澄草廬集鄧公神道碑云『又明年丙寅』，則泰定三年也。舊傳稱四年除肅政使，殊誤。」

〔五〕天曆元年卒年七十一　吳文正集卷三二鄭文原神道碑、黃金華集卷二六鄭文原神道碑皆謂死于天曆元年五月二十二日，「年七十」。蒙史改「七十一」爲「七十」，當是。

〔六〕至順五年　考異云：「案至順四年改元元統，至順無五年，傳誤。」

〔七〕泰定四年卒年六十一　按滋溪文稿卷九袁桷墓誌銘有「泰定初辭歸，四年八月三日以疾終於家，享年六十有二」。新元史改「六十一」爲「六十二」，疑是。

〔八〕至元十六年初立太史局改治新曆　「十六年」，滋溪文稿卷九齊履謙神道碑作「至元十三年」，與本書卷五二曆法志所載相符。疑「六」當作「三」。

〔九〕專制之（威）〔威〕　從北監本改。

〔一〇〕蓋以通（氣）　據滋溪文稿卷九齊履謙神道碑補。

元史卷一百七十三

列傳第六十

崔斌

崔斌字仲文，馬邑人。性警敏，多智慮，魁岸雄偉，善騎射，尤攻文學，而達政術。世祖在潛邸召見，應對稱旨，命佐卜憐吉帶，將遊騎戍淮南。斌負才略，卜憐吉帶甚敬禮之。兵駐揚州西城，俾斌領騎兵覘敵形勢，斌覘敵兵亂，潛出襲之，多所殺獲。俄丁父憂，襲授金符爲總管。中統元年，改西京參議宣慰司事。世祖嘗命安童舉漢人識治體者一人，安童舉斌。入見，敷陳時政得失，曲中宸慮。

時世祖銳意圖治，斌危言讜論，直指面斥，是非立判，無有所諱。帝幸上都，嘗召斌，斌下馬步從。帝命之騎，因問爲治大體，今當何先。斌以任相對。帝曰：「汝其爲我舉可爲相者。」斌以安童、史天澤對，帝默然良久。斌曰：「陛下豈以臣猥鄙，所舉未允公議，有所惑

歟？今近臣咸在，乞采輿言，陛下裁之。」帝俞其請，斌立馬颺言曰：「有旨問安童爲相，可否？」衆驩然呼萬歲。帝悅，遂以二人並爲相。除斌左右司郎中。每論事帝前，羣言終日不決者，斌以數言決之。進見，必與近臣偕，其所獻替，雖密近之臣，有不得與聞者，以此人多忌之。會阿合馬立制國用使司，專總財賦，一以掊克爲事，斌曰：「與其有聚斂之臣，寧有盜臣！」於帝前屢斥其姦惡。

至元四年，出守東平。五年，大兵南征，道壽張。卒有撤民席，投其赤子於地以死，訴於斌。斌馳謂主將曰：「未至敵境，而先殺吾民，國有常刑，汝亦當坐。」於是下其卒于獄，自是莫敢犯。歲大侵，徵賦如常年，斌馳奏以免，復請于朝，得楮幣十萬緡，以賑民饑。六年，除同僉樞密院事。

襄樊之役，命斌僉河南行省事。方議攻鹿門山，斌曰：「自峴山西抵萬山，北抵漢江，築城浚塹，以絕餉援，則襄陽可坐制矣。」時調曹、濮民丁，屯田南陽。斌議罷曹、濮屯民，以近地兵多者補之，民以爲便。又議戶部給濱、棣、（青）〔淸〕、滄鹽券，〔一〕付行省，募民以米貿之，仍增價和糴。遠近輸販者輻輳，餽餉不勞而集。有旨：河南四路，籍兵二萬，以益襄樊。斌即馳奏曰：「河南戶少，而調度繁多，實不堪命，減其半爲宜。」從之。襄陽既下，轉嘉議大夫，仍僉行中書省。

十年，〔二〕詔丞相伯顏總兵南征，改行省爲河南宣慰司，加中奉大夫，賜金虎符，充宣慰使。是時，襄陽、正陽諸軍，悉道河南，供億雖繁，而事無缺失。伯顏既渡江，分阿里海牙定湖南，詔斌貳之，拜行中書省參知政事。

十月，圍潭州，〔三〕斌攻西北鐵壩。阿里海牙中流矢，不能軍，斌以軍夜集柵下，黎明畢登，不利。斌曰：「彼軍小捷而驕弛，吾今焚其角樓，斷其援道，塹城爲三周，如此則城可得。」諸將然之。迺誓師，銜枚濳登鐵壩，人齎芻稭梯其樓火之，且豎木柵城上，詰旦，布雲梯鼓譟而上，斌挾盾先登。阿里海牙持酒勞曰：「取此城，公之力也。」斌自語阿里海牙曰：「潭人膽破矣。若斂兵不進，許其來降，則土地人民皆我有，自重湖以南，連城數十，可傳檄而定。若縱兵急攻，彼無噍類，得一空城何益！」從之。明日，即遣開示禍福，城中爭出降。諸將怒其抗敵持久，咸欲屠之。斌喻以興師本意，諸將曰：「編民當如公說，敵兵必誅之。」斌曰：「彼各爲其主耳，宜旌之，以勸未附者，且殺降不祥。」諸將迺止。捷聞，帝嘉之，進資善大夫、行中書省左丞，潭人德之，爲立生祠。

十一年，奉旨撫諭廣西，〔四〕尋命還治湖南。潭屬邑安化、湘鄉、衡山以南，賊周龍、張唐、張虎等，所在蜂起，斌駐兵南嶽。凡來降者，同僚議欲盡戮，以懲反側，斌但按誅其首惡，脅從者盡釋之。

十五年，被召入覲。時阿合馬擅權日甚，廷臣莫敢誰何。斌從帝至察罕腦兒。帝問江南各省撫治如何。斌對以治安之道在得人，今所用多非其人，因極言阿合馬姦蠹。帝乃令御史大夫相威、樞密副使孛羅按問之，汰其冗員，黜其親黨，檢覈其不法，罷天下轉運司，海內無不稱快。適尚書留夢(賢)〔炎〕、謝(元昌)〔昌元〕言：〔五〕「江淮行省事至重，而省臣無一人通文墨者。」乃命斌遷江淮行省左丞。既至，凡前日蠹國漁民不法之政，悉釐正之，仍條具以聞。阿合馬慮其害己，捃摭其細事，遮留使不獲上見，因誣構以罪，竟爲所害。裕宗在東宮，聞之，方食，投箸惻然，遣使止之，已不及矣。天下冤之。年五十六。至大初，贈推忠保節功臣、太傅、開府儀同三司，追封鄭國公，謚忠毅。

子三人，良知、威、恩；孫一人，敬。皆爲大官。

崔彧

崔彧字文卿，小字拜帖木兒，弘州人。負才氣，剛直敢言，世祖甚器重之。至元十六年，奉詔偕牙納木至江南，訪求藝術之人。明年，自江南回，首言忽都帶兒根索亡宋財貨，煩擾百姓，身爲使臣，乃挈妻子以往，所在取索鞍馬芻粟。世祖雖聽其言，然虛實竟不辨決也。

十九年，除集賢侍讀學士。彧言于世祖，謂：「阿合馬當國時，同列皆知其惡，無一人孰何之者；及既誅，乃各自以爲潔，誠欺罔之大者。先有旨凡阿合馬所用之人皆革去，臣以爲守門卒隸，亦不可留。如參知政事阿里，請以阿散襲父職，倘使得請，其害又有不可勝言者。賴陛下神聖，灼知其奸，拒而不可。臣已疏其奸惡十餘事，乞召阿里廷辯。」帝曰：「已敕中書，凡阿合馬所用，皆罷之，窮治黨與，纖悉無遺。事覺之時，朕與汝別有言也。」又請以郝禎剖棺戮屍，從之。

尋奉旨鉤考樞密文牘，遂由刑部尚書拜御史中丞。彧言：「臺臣於國家政事得失，生民休戚，百官邪正，雖王公將相，亦宜糾察。近唯御史得有所言，臣以爲臺官皆當建言，庶於國家有補。選用臺察官，若由中書，必有偏徇之弊，御史宜從本臺選擇，初用漢人十六員，今用蒙古十六員，相參巡歷爲宜。」皆從其言。

二十年，復以刑部尚書上疏，言時政十八事：一曰開廣言路，多選正人，番直上前，以司喉舌，庶免黨附壅塞之患。二曰當阿合馬擅權，臺臣莫敢糾其非，迨其事敗，然後接踵隨聲，徒取譏笑。宜別加選用，其舊人除蒙古人取聖斷外，餘皆當問罪。三曰樞密院定奪軍官，賞罰不當，多聽阿合馬風旨。宜擇有聲望者爲長貳，庶幾號令明而賞罰當。四曰翰苑亦頌阿合馬功德，宜博訪南北耆儒碩望，以重此選。五曰郝禎、耿仁等雖在典刑，若是

者尚多，罪同罰異，公論未伸。合次第屏除。六曰貴游子弟，用即顯官，幼不講學，何以從政。得如左丞許衡教國子學，則人才輩出矣。七曰今起居注所書，不過奏事檢目而已。宜擇蒙古人之有聲望、漢人之重厚者，居其任，分番上直，帝主言動必書，以垂法於無窮。八曰憲曹無法可守，是以奸人無所顧忌。宜定律令，以爲一代之法。九曰官冗，若徒省一官員，併一衙門，亦非經久之策。宜參衆議，而立定成規。十曰官僚無以養廉，責其貪則苛。乞將諸路大小官，有俸者量增，無俸者特給。然不取之於官，惟賦之於民，蓋官吏既有所養，不致病民，少增歲賦，亦將樂從。十一曰內地百姓流移江南避賦役者，已十五萬戶。去家就旅，豈人之情，賦重政繁，驅之致此。乞特降詔旨，招集復業，免其後來五年科役，其餘積欠並蠲，事產即日給還。民官滿替，以戶口增耗爲黜陟，其從江南不歸者，與土著一例當役。十二曰凡丞相安童遷轉良臣，悉爲阿合馬所擯黜，或居散地，或在遠方，並令拔擢。十三曰籍錄奸黨財物，本國家之物，不可視爲橫得，遂致濫用。宜以之實帑藏、供歲計。十四曰大都非如上都止備巡幸，不應立留守司，此皆阿合馬以此位置私黨。今宜易置總管府。十五曰中書省右丞二，而左丞缺。宜改所增右丞置諸左。十六曰在外行省，不必置丞相、平章，止設左右丞以下，庶幾內重，不致勢均。彼謂非隆其名不足鎭壓者，姦臣欺罔之論也。十七曰阿剌海牙掌兵民之權，子姪姻黨，分列權要，官吏出其門者，十之七八，其威權

不在阿合馬下。宜罷職理算，其黨雖無污染者，亦當遷轉他所，勿使久據湖廣。十八日銓選類奏，賢否莫知。自今三品已上，必引見而後授官。疏奏，即日命中書行其數事，餘命與御史大夫玉昔帖木兒議行之。

又言：「江南盜賊，相挻而起，凡二百餘所，皆由拘刷水手與造海船，民不聊生，激而成變。日本之役，宜姑止之。又江西四省軍需，宜量民力，勿強以土產所無。凡給物價與民者，必以實，召募水手，當從其所欲，伺民氣稍蘇，我力粗備，三二年後，東征未晚也。」世祖以爲不切，曰：「爾之所言如射然，挽弓雖可觀，發矢則非是矣。」(或)〔彧〕又言：〔六〕「昨中書奉旨，差官度量大都州縣地畝，本以革權勢兼幷之弊，欲其明白，不得不於軍民諸色人戶通行覈實。又因取勘畜牧數目，初意本非擾民，而近者浮言胥動，恐失農時。乞降旨省諭詔中書即行之。」又言：「建言者多，孰是孰否，中書宜集議，可行者行之；不可，則明諭言者爲便。」又言：「各路每歲選取室女，宜罷。」又言：「宋文思院小口斛，出入官糧，無所容隱，所宜頒行。」皆從之。

二十一年，彧劾奏盧世榮不可居相職，忤旨，罷。二十三年，加集賢大學士、中奉大夫、同僉樞密院事。尋出爲甘肅行省右丞。召拜中書右丞。與中書平章政事麥朮丁奏曰：「近者，桑哥當國四年，中外諸官，鮮有不以賄而得者。其昆弟故舊妻族，皆授要官美地，唯以

歁蘞九重、朘削百姓爲事。宜令兩省嚴加考覈，凡入其黨者，皆汰逐之。其出使之臣，及按察司官受賕者，論如律，仍追宣敕，除名爲民。」又奏：「桑哥所設衙門，其閑冗不急之官，徒費祿食，宜令百司集議汰罷，及自今調官，宜如舊制，避其籍貫，庶不害公。又大都高貲戶，多爲桑哥等所容庇，凡百徭役，止令貧民當之。今後徭役，不以何人，宜皆均輸，有敢如前以賄求人容庇者，罪之。又，軍、站諸戶，每歲官吏非名取索，賦稅倍蓰，民多流移。請自今非奉旨及省部文字，敢私斂民及役軍匠者，論如法。又，忽都忽那顏籍戶之後，各投下毋擅招集，太宗既行之，江南民爲籍已定，乞依太宗所行爲是。」皆從之。

二十八年，由中書右丞遷御史中丞，彧奏：「太醫院使劉岳臣，嘗仕宋，練達政事，比者命其參議機務，衆皆稱善。乞以爲翰林學士，俾議朝政。」又言：「行御史臺言：『建寧路總管馬謀，因捕盜延及平民，搒掠至死者多；又俘掠人財，迫通處女，受民財積百五十錠。獄未具，會赦。如臣等議，馬謀以非罪殺人，不在原例。』宜令行臺詰問，明白定罪。」又言：「昔行御史臺監察御史周祚，劾尚書省官忙兀帶、教化的、納速剌丁滅里奸贓；納速剌丁、滅里反誣祚以罪，遣人詣尚書省告桑哥。桑哥曖昧以聞，流祚于憨答孫，妻子家財並沒入官。祚至和林遇亂，走還京師。桑哥又遣詣雲南理算錢穀，以贖其罪。今自雲南回，臣與省臣閱其伏詞，爲罪甚微，宜復其妻子。」皆從之。

二十九年，彧偕御史大夫玉昔帖木兒等奏：「四方之人，來聚闕下，率言事以干進。國家名器，資品高下，具有定格。臣等以爲，中書、樞密，宜早爲銓定，應格者與之，不當與者，明語其故，使去。又，言事有是非當否，宜早與詳審言之。當者，即議施行；或所陳有須詰難條具者，即令其人講究，否則罷遣。」帝嘉納之。

又奏：「納速剌丁滅里、忻都、王巨濟，黨比桑哥，恣爲不法，楮幣、銓選、鹽課、酒稅，無不更張變亂之；銜命江南，理算積久逋賦，期限嚴急，胥卒追逮，半於道路，民至嫁妻賣女，殃及親鄰，維揚、錢唐受害最慘，無故而殞其生五百餘人。近者，闍里按問，悉皆首實請死，士民乃知聖天子仁愛元元，而使之至此極者，實桑哥及其兇黨之爲也，莫不願食其肉。臣等共議：此三人者，既已伏辜，宜令中書省、御史臺，從公論罪，以謝天下。」從之。

又言：「河西人薛闍干，領兵爲宣慰，其吏詣廉訪司，告其三十六事，檄僉事簿問。而薛闍干率軍人禽問者辱之，且奪告者以去。臣議：從行臺選御史往按問薛闍干，仍先奪其職。」又言：「行臺官言：去歲桑哥既敗，使臣至自上所者，或不持璽書，口傳聖旨，縱釋有罪，擅籍人家，眞僞莫辨。臣等請：自今凡使臣，必降璽書，省、臺、院諸司，必給印信文書，以杜奸欺。」帝曰：「何人乃敢爾耶？」對曰：「咬刺也奴、伯顏察兒，比嘗傳旨縱罪人。」帝悉可其奏。

又奏：「松州達魯花赤長孫，自言不願爲錢穀官，願備員廉訪司，令木八剌沙上聞。傳旨至臺，特令委用，臺臣所宜奉行。但徑自陳獻，又且嘗有罪，理應區別。」帝曰：「此自卿事，宜審行之。」又奏：「江南李淦言葉李過惡，被旨赴京以辯，今葉李物故，事有不待辯者。李淦本儒人，請授以敎官，旌其直言。」又奏：「鄂州一道，舊有按察司，要束木惡其害己，令桑哥奏罷之。臣觀鄂州等九郡，境土亦廣，宜復置廉訪司。行御史臺舊治揚州，今揚州隸南京，而行臺移治建康；其淮東廉訪司舊治淮安，今宜移治揚州。」又奏：「諸官吏受賕，在朝，則詣御史臺首告；在外，則詣按察司首告；已有成憲。自桑哥持國，受賕者不赴憲臺憲司，而詣諸司首，故爾反覆牽延，事久不竟。臣謂宜如前旨，惟於本臺、行臺及諸道廉訪司首告，諸司無得輒受。又監察御史塔的失言：女直人敎化的，去歲東征，妄言以米千石餉闍里鐵木兒軍萬人，奏支鈔四百錠，宜令本處廉訪司究問，與本處行省追償議罪。」皆從之。

三月，中書省臣奏，請以彧爲右丞，世祖曰：「崔彧不愛於言，惟可使任言責。」閏六月，又同御史大夫玉昔帖木兒奏：「近耿熙告：河間鹽運司官吏盜官庫錢，省臺遣人同告者雜問，凡負二萬二千餘錠，已徵八千九百餘錠，猶欠一萬三千一百餘錠。運使張庸，嘗獻其妹於阿合馬，有寵；阿合馬既沒，以官婢事桑哥，復有寵。故庸貪緣戚屬，得久居漕司，獨盜三千一百錠。臣等議：宜命臺省遣官，同廉訪司倍徵之。」又言：「月林伯察江西廉訪司官朮兒

赤帶、河東廉訪司官忽兒赤，擅縱盜賊，抑奪民田，貪汚不法，今月林伯以事至京，宜就令詰問。」又言：「揚州鹽運司受財，多付商賈鹽，計直該鈔二萬二千八百錠，臣等以謂追徵足日，課以歸省，贓以歸臺，斟酌定罪，以清蠹源。」並從之。又奏：「江西詹玉，始以妖術致位集賢。當桑哥持國，遣其掊核江西學糧，貪酷暴橫，學校大廢。近與臣言：撒里蠻、答失蠻傳旨，以江南有謀叛者，俾乘傳往鞫；明日，訪知爲禿速忽、香山欺罔奏遣。玉在京師，猶敢誑誕如此，宜亟追還訊問。」帝曰：「此惡人也，遣之往者，朕未嘗知之。其亟禽以來。」

三十年，彧言：「大都民食唯仰客糴，頃緣官括商船載遞諸物，致販鬻者少，米價翔踴。臣等議：勿令有司括船爲便。」從之。寶泉提舉張簡及子乃蠻帶，告彧嘗受鄒道源、許宗師銀萬五千兩；又其子知徽訟彧不法十餘事。有旨就辯中書。彧已書簡等所告，與己宜對者爲牘袖之，視而後對。簡父子所告皆無驗，並繫獄，簡瘐死，仍籍其家一女入官；乃蠻帶、知徽皆坐杖罪除名。

三十一年，成宗卽位。先是，彧得玉璽于故臣扎剌氏之家，其文曰「受命于天，既壽永昌」，卽以上之徽仁裕聖皇后。至是，皇后手以授于成宗。彧以久任憲臺，乞遷他職，不許。成宗諭之曰：「卿若辭避，其誰抗言哉！」彧言：「肅政廉訪司案牘，而令總管府檢劾，非宜。」成宗曰：「朕知難行，當時事由小人擅奏耳，其改之。」

大德元年，彧又條陳臺憲諸事，皆見於施行。於是彧居御史臺久，又守正不阿，以故人疾之，監察御史斡羅失剌，劾奏「中丞崔彧，兄在先朝嘗有罪，還其所籍家產非宜」等事，成宗怒其妄言，笞而遣之。十一月，御史臺奏：「大都路總管沙的，盜支官錢，及受贓計五千三百緡，准律當杖百七，不敍，以故臣子從輕論。」而成宗欲止權停其職，彧與御史大夫只而合郎執不可。已而御史又奏：「彧任中丞且十年，非所宜。」彧遂以病辭，成宗諭之曰：「卿之辭退，誠是已，然勉爲朕少留之。」

閏十二月，兼領侍儀司事，與太常卿劉無隱奏：「新正朝賀，歲常習儀大萬安寺。」成宗曰：「去歲兀都帶以雪故來後，今而復然。諸不至及失儀者，殿中司、監察御史同糾之。」二年，加榮祿大夫、平章政事，尋與御史大夫禿赤奏：「世祖聖訓，凡在籍儒人，皆復其家。今歲月滋久，老者已矣，少者不學，宜遵先制，俾廉訪司常加勉勵。」成宗深然之，命彧與不忽木、阿里渾撒里同翰林、集賢議，特降詔條，使作成人材，以備選舉。彧以是歲九月卒。至大元年七月，贈推誠履正功臣、太傅、開府儀同三司，追封鄭國公，謚忠肅。

葉李

葉李字太白，一字舜玉，杭州人。少有奇質，從學於太學博士義烏施南學，補京學生。

宋景定五年，彗出于柳，理宗下詔罪己，求直言。是時，世祖南伐，駐師江上，宋命賈似道領兵禦之。會憲宗崩，世祖班師，鄂州圍解。似道自詭，以爲己功，因復入相，益驕肆自顓，創置公田關子，其法病民甚。中外毋敢指議。李乃與同舍生康棣而下八十三人，伏闕上書，攻似道，其略曰：「三光舛錯，宰執之愆。似道繆司台鼎，變亂紀綱，毒害生靈，神人共怒，以干天譴。」似道大怒，知書藁出於李，嗾其黨臨安尹劉良貴，誣李僭用金飾齋扁，鍛鍊成獄，竄漳州。似道既敗，乃得自便。會宋亡，歸隱富春山。江淮行省及宣、憲兩司爭辟之，署蘇、杭、常等郡教授，俱不應。

至元十四年，世祖命御史大夫相威行臺江南，且求遺逸，以李姓名上。初，李攻似道書，其末有「前年之師，適有天幸，克成厥勳」之語，世祖習聞之，每拊掌稱歎。及是，其姓名聞，世祖大悅，卽授奉訓大夫、浙西道儒學提舉。李聞命，欲遁去，而使者致丞相安童書，有云：「先生在宋，以忠言讜論著稱，簡在帝心。今授以五品秩，士君子當隱見隨時，其尙悉心，以報殊遇。」李乃幡然，北向再拜曰：「仕而得行其言，此臣夙心也，敢不奉詔！」

二十三年，侍御史程文海，奉命搜賢江南。世祖諭之曰：「此行必致葉李來。」李既至京師，敕集賢大學士阿魯渾撒里，館于院中。它日，召見披香殿，勞問「卿遠來良苦」，且曰：「卿嚮時訟似道書，朕嘗識之。」更詢以治道安出，李歷陳古帝王得失成敗之由。世祖首肯，

賜坐錫宴，更命五日一入議事。時各道儒司，悉以曠官罷。李因奏曰：「臣欽覩先帝詔書，當創業時，軍務繁夥，尙招致士類。今陛下混一區宇，偃武修文，可不作養人才，以弘治道？各道儒學提舉及郡教授，實風化所係，不宜罷。請復立提舉司，專提調學官，課諸生，講明治道，而上其成才者於太學，以備錄用。凡儒戶徭役，乞一切蠲免。」可其奏。

是時，乃顏叛北邊，詔李庭出師討之，而將校多用國人，或其親暱，立馬相鄉語，輒釋仗不戰，逡巡退卻。帝患之。李密啓曰：「兵貴奇不貴衆，臨敵當以計取。彼既親暱，誰肯盡力，徒費陛下糧餉。四方轉輸甚勞，臣請用漢軍列前步戰，而聯大車斷其後，以示死鬭。彼嘗玩我，必不設備，我以大衆踣之，無不勝矣。」帝以其謀諭將帥，師果奏捷。自是帝益奇李，每罷朝，必召見論事。

二十四年，特拜御史中丞，兼商議中書省事。李固辭曰：「臣本羈旅，荷蒙眷知，使備顧問，固當竭盡愚衷。御史臺總察中外機務，臣愚不足當此任。且臣昔竄瘴鄉，素染足疾，比歲尤劇。」帝笑曰：「卿足艱於行，心豈不可行耶？」李固辭，得許。因叩首謝曰：「臣今雖不居是職，然御史臺，天子耳目，常行事務，可以呈省。至若監察御史奏疏、西南兩臺咨稟，事關軍國，利及生民，宜令便宜聞奏，以廣視聽，不應一一拘律，遂成文具。臣請詔臺臣言事，各許實封，幸甚。」又曰：「憲臣以繩愆糾繆爲職，苟不自檢，於擊搏何有！其有貪惏敗度之人，

宜付法司增條科罪，以懲欺罔。」制曰「可」。由是臺憲得實封言事。

會尚書省立，授李資善大夫、尚書左丞，李復固辭，以謂「論臣資格，未宜遽至此」。帝曰：「商起伊尹，周舉太公，豈循格耶！尚書係天下輕重，朕以煩卿，卿其勿辭。」賜大小車各一，許乘小車入禁中，仍給扶升殿。始定至元鈔法。又請立太學。一日，從至柳林，奏曰：「善政不可以徒行，人才不可以驟進，必訓以德義，摩以詩書，使知古聖賢行事方略，然後賢良輩出，膏澤下流。唐、虞、三代，咸有胄學，漢、唐明主，數幸辟雍，匪爲觀美也。」乃薦周砥等十人爲祭酒等官，凡廟學規制，條具以聞，帝皆從之。時帝欲徙江南宋宗室及大姓於北方，李乘間言：「宋已歸命，其民安於田里。今無故聞徙，必將疑懼，萬一有奸人乘釁而起，非國之利也。」帝大悟，事遂寢。陞尚書右丞，轉資德大夫。時淮、浙饑饉，穀價騰踴，李奏免江淮租稅之半，運湖廣、江西糧十七萬石至鎮江，以賑饑民。帝欲伐交趾，召李入議，李曰：「遐方遠夷，得之無益，軍旅一興，費糜鉅萬，今山路險巇，深入敵境，萬一蹉跌，非所以威示遠人也。」乃止。

二十五年，陞平章政事，李固辭，許之。賜以玉帶，視秩一品，及平江田四千畝。於是桑哥爲尚書丞相，顓擅國政，急於財利，毒及生民，事具桑哥傳。李雖與之同事，然莫能有所匡正，會桑哥敗，事頗連及同列。久之，李獨以疾得請南還。揚州儒學正李淦上書言：

「葉李本一黥徒，受皇帝簡知，可爲千載一遇。而纔近天光，即以舉桑哥爲第一事；禁近侍言事，以非罪殺參政郭佑、楊居寬；迫御史中丞劉宣自裁，錮治書侍御史陳天祥，罷御史大夫門答占、侍御史程文海，杖監察御史；變鈔法，拘學糧，徵軍官俸，減兵士糧；立行司農司、木綿提舉司，增鹽酒醋稅課，官民皆受其禍。尤可痛者，要束木禍湖廣，沙不丁禍江淮，滅貴里禍福建。又大鈎考錢糧，民怨而盜發，天怒而地震，水災洊至。尚賴皇帝聖明，更張政化。人皆知桑哥用群小之罪，而不知葉李舉桑哥之罪。葉李雖罷相權，刑戮未加，天下往往竊議，宜斬葉李，以謝天下。」書聞，帝矍然曰：「葉李廉介剛直，朕所素知者，寧有是耶！」有旨驛召淦詣京師。

二十九年二月，李南還，至臨清，帝遣使召之，俾爲平章政事，佐丞相完澤治省事，李上表力辭。未幾，卒，年五十一。李既卒而淦至，詔以淦爲江陰路教授，以旌直言。帝嘗問兵部郎中趙孟頫，李與留夢炎孰優，孟頫對：「夢炎優。」帝笑曰：「不然，夢炎以掄魁位宰相，而附賈似道，病民誤國，伴食中書，無所可否；李舊由諸生，力詆似道，其過夢炎甚遠。然其性剛直，人不能容，而朕獨愛之也。」

李前後被賜之物甚多，而自奉甚儉。嘗戒其子曰：「吾世業儒，甘貧約，唯以忠義結主知。汝曹其清愼自持，勿增吾過。」指所賜物曰：「此終當還官也。」比卒，悉表送官，一毫不

以自私。至正八年，贈資德大夫、江浙等處行中書省右丞、上護軍，追封南陽郡公，謚文簡。

燕公楠

燕公楠字國材，南康之建昌人，宋禮部侍郎肅之七世孫。母雷氏，夢五色巨翼入幃，遂生公楠。十歲能屬文，居父喪，廬墓三年。再貢于鄉，不第，後以連帥辟，五遷至通判贛州事。

至元十三年，世祖既平江南，帥臣板授同知贛州事。十四年，以平廣南功，遷同知吉州路總管府事。二十二年夏，召至上都，奏對稱旨，世祖賜名賽因囊加帶，命參大政，辭，乞補外。除僉江浙行中書省事，俄移江淮。尚書省立，就僉江淮行尚書省事。江淮在宋爲邊陲，故多閑田，公楠請置兩淮屯田，勸導有方，田日以墾。二十五年，除大司農，領八道勸農營田司事。按行郡縣，興利舉弊，績用大著。劾江西營田使沙不丁貪橫，罷之。

二十七年，拜江淮行中書省參知政事。桑哥既敗，而蠹政未盡去，民不堪命。公楠赴闕，極陳其故，請更張以固國本。世祖悅。會欲易政府大臣，以問公楠，公楠薦伯顏、不灰〔木〕、〔七〕闊里、闊里吉思、史弼、徐琰、趙琪、陳天祥等十人。又問孰可以爲首相，對曰：「天下人望所屬，莫若安童。」問其次，曰：「完澤可。」明日，拜完澤爲丞相，以公楠及不灰〔木〕爲

平章政事，固辭。改江浙行中書省參知政事，賜弓矢及衞士十人以行。三十年，復爲大司農，得藏匿公私田六萬九千八百六十二頃，歲出粟十五萬一千一百斛、鈔二千六百貫、帛千五百四、麻絲二千七百斤。

元貞元年，進河南行省右丞，釐正鹽法，民便之。召入覲。成宗以公楠先帝舊臣，慰勞良至，改拜江浙行省右丞。明年，遷湖廣行省右丞。轉運司判官唐申，家沅州，豪橫奪民田，武昌縣尹劉權殺主簿，誣繫其妻子。悉正其罪。五年，召還朝，以卒。帝聞，甚傷悼之，賻贈有加，特命朝臣護喪南歸。

馬紹

馬紹字子卿，濟州金鄉人，從上黨張播學。丞相安童入侍世祖，奏言宜得儒士講論經史，以資見聞。平章政事張啓元以紹應詔，授左右司都事，出知單州，民刻石頌德。至元十年，僉山東東西道提刑按察司事。益都寧海饑，紹發粟賑之。十三年，移僉河北河南道提刑按察司事。未行，屬江淮甫定，選官撫治，遷同知和州路總管府事，民賴以安。

十九年，詔割隆興爲東宮分地，皇太子選署總管，召至京師，爲刑部尚書。萬億庫吏盜絨四兩，時相欲置之重典，紹言：「物情俱輕，宜從貸減。」乃決杖釋之。河間李移住妄言惑

衆，謀爲不軌，紹被檄按問，所全活幾百人。二十年，參議中書省事。二十二年，改兵部尚書。踰年，復爲刑部尚書。二十四年，分立尚書省，擢拜參知政事，賜中統鈔五千緡。

時更印至元鈔，前信州三務提舉杜璠言：「至元鈔公私非便。」平章政事桑哥怒曰：「杜璠何人，敢沮吾鈔法耶！」欲當以重罪。紹從容言曰：「國家導人使言，言可采，用之；不可采，亦不之罪。今重罪之，豈不與詔書違戾乎？」璠得免。拜尚書左丞。親王戍邊，其士卒有過支廩米者，有司以聞，帝欲究問加罪。紹言：「方邊庭用兵，罪之，懼失將士心。所支踰數者，當嗣年之數可也。」制可。

宗親海都作亂，其民來歸者七十餘萬，散居雲、朔間。桑哥議徙之內地就食，紹持不可。桑哥怒曰：「馬左丞愛惜漢人，欲令餒死此輩耶？」紹徐曰：「南土地燠，北人居之，慮生疾疫。若恐餒死，曷若計口給羊馬之資，俾還本土，則未歸者孰不欣慕。言有異同，丞相何以怒爲？宜取聖裁。」乃如紹言以聞，帝曰：「馬秀才所言是也。」

桑哥集諸路總管三十人，導之入見，欲以趣辦財賦之多寡爲殿最。帝曰：「財賦辦集，非民力困竭必不能。然朕之府庫，豈少此哉！」紹退至省，追錄聖訓，付太史書之。議增鹽課，紹獨力爭山東課不可增。議增賦，紹曰：「苟不節浮費，雖重斂數倍，亦不足也。」事遂寢。都城種苜蓿地，分給居民，權勢因取爲己有，以一區授紹，紹獨不取。桑哥欲奏請賜

紹，紹辭曰：「紹以非才居政府，恒憂不能塞責，詎敢徼非分之福，以速罪戾！」桑哥敗，跡其所嘗行賂者，索其籍閱之，獨無紹名。

桑哥既敗，乃曰：「使吾早信馬左丞之言，必不至今日之禍。」帝曰：「馬左丞忠潔可尚，其復舊職。」尚書省罷，改中書左丞，居再歲，移疾還家。元貞元年，還中書右丞，行江浙省事。大德三年，移河南省。明年卒。有詩文數百篇。

校勘記

〔一〕給濱棣（青）〔清〕滄鹽券　據本書卷八五百官志、卷九四食貨志所見「提舉清滄鹽課使」改。按清州、滄州皆河間路屬州，有鹽場。

〔二〕十年　按本書卷八世祖紀至元十一年正月丙午、六月丙寅、九月丙戌條、卷一二七伯顏傳，事在至元十一年。道光本改「十」爲「十一」。

〔三〕十月圍潭州　按本書卷八世祖紀至元十二年十一月丁卯條、卷一二八阿里海牙傳，事在至元十二年。道光本改作「十二年十月，圍潭州」。

〔四〕十一年奉旨撫諭廣西　按本書卷九世祖紀至元十三年七月丁未條、卷一二八阿里海牙傳，事在至元十三年。道光本改「一」爲「三」。

〔五〕留夢（賢）〔炎〕謝（元昌）〔昌元〕　按留夢炎爲宋丞相，降元爲尚書，「賢」字誤，今從道光本改。謝昌元，禮部尚書，「昌元」二字誤倒，據本書卷一一世祖紀至元十八年十二月丙辰條、卷一四八董俊傳附董文忠傳改正。元書已校。

〔六〕（或）〔彧〕又言　從道光本改。按此言崔彧上言，非另指他人。

〔七〕不灰〔木〕　據雪樓集卷二一燕公楠神道碑補。按不灰木卽不忽木，本書卷一三〇有傳。新元史已校。下同。

元史卷一百七十四

列傳第六十一

姚燧

姚燧字端甫，世系見燧伯父樞傳。父格，燧生三歲而孤，育於伯父樞。樞隱居蘇門，謂燧蒙暗，教督之甚急，燧不能堪，楊奐馳書止之曰：「燧，令器也。長自有成爾，何以急爲！」且許醮以女。年十三，見許衡於蘇門，十八，始受學於長安。時未嘗爲文，視流輩所作，惟見其不如古人，則心弗是也。二十四，始讀韓退之文，試習爲之，人謂有作者風。稍就正於衡，衡亦賞其辭，且戒之曰：「弓矢爲物，以待盜也；使盜得之，亦將待(之)〔人〕。〔一〕文章固發聞士子之利器，然先有能一世之名，將何以應人之見役者哉！非其人而與之，與非其人而拒之，鈞罪也，非周身斯世之道也。」

至元七年，〔二〕衡以國子祭酒教貴胄，奏召舊弟子十二人，燧自太原驛致館下。〔三〕燧年

三十八，始爲秦王府文學。未幾，授奉議大夫，兼提舉陝西、四川、中興等路學校。十二年，以秦王命，安輯庸、蜀。明年，漢嘉新附，入諭其民。又奉命招王立於合州。又明年，撫循夔府。凡三使蜀，皆稱職。十七年，除陝西漢中道提刑按察司副使。錄囚延安，逮繫詿誤，皆縱釋之，人服其明決。調山南湖北道。按部澧州，興學賑民，孜孜如弗及。二十三年，自湖北奉旨趨朝。明年，爲翰林直學士。二十七年，授大司農丞。

元貞元年，以翰林學士召修世祖實錄。初置檢閱官，究覈故事，燧與侍讀高道凝總裁之，書成。大德五年，授中憲大夫、江東廉訪使，移病太平。九年，拜中奉大夫、江西行省參知政事。

至大元年，仁宗居藩邸，開宮師府，燧年已七十，遣正字呂洙，如漢徵四皓故事，起燧爲太子賓客。未幾，除承旨學士，尋拜太子少傅。武宗面諭燧，燧拜辭，謝曰：「昔臣先伯父樞，嘗除是官，尙不敢拜，臣何敢受！」明年，授榮祿大夫、翰林學士承旨、知制誥兼修國史。四年，得告南歸，中書以承旨召；明年，復召。〔四〕燧以病，俱不赴。卒于家，年七十六。謚曰文。

燧先在蘇門山時，讀通鑑綱目，嘗病國統散於逐年，不能一覽而得其離合之概，至告病江東，著國統離合表若干卷，年經而國緯之，如史記諸表，將附朱熹凡例之後，復取徽、建二本校讎，得三誤焉，序於表首。略曰：「其一，建安二十五年，徽本作『延康元年』。凡例：中歲改元，在興廢存亡之際，以前爲正。當從建本，於建安二十五年下，注『改元延康』。其二，章武三年，徽本大書『三年，後主禪建興元年』，建本無『三年』，則昭烈爲無終。徽、建皆曰『後主』，於君臣父子之教，所害甚大，是起十四卷、盡十六卷，凡曰後主者，皆失於刊正也。當於三年下注『帝禪建興元年』，明年大書『帝禪建興二年』，庶前後無齟齬也。其三，天寶十五載注『肅宗皇帝至德元載』，明年惟曰『二載』，爲無始。當大書『二載』上加『肅宗皇帝至德』，使上同於開元。三者鈞失，而建安之取，至德之去，統固在也。若章武之距建興，纔三年耳，遽有帝父主子之異，豈不於統大有關乎！」詳見序篇。

燧之學，有得於許衡，由窮理致知，反躬實踐，爲世名儒。爲文閎肆該洽，豪而不宕，剛而不厲，舂容盛大，有西漢風，宋末弊習，爲之一變。蓋自延祐以前，文章大匠，莫能先之。或謂世無知燧者，曰：「豈惟知之，讀而能句，句而得其意者，猶寡。」燧曰：「世固有厭空桑而思聞鼓缶者乎，然文章以道輕重，道以文章輕重。彼復有班孟堅者出，表古今人物，九品中必以一等置歐陽子，則爲去聖賢也有級而不遠，其文雖無謝、尹之知，不害於行後。豈有一言幾乎古，而不聞之將來乎！」當時孝子順孫，欲發揮其先德，必得燧文，始可傳信；其不得者，每爲愧耻。故三十年間，國朝名臣世勳、顯行盛德，皆燧所書。每來謁文，必其行業可

嘉，然後許可，辭無溢美。又稍廣置燕樂，燧則爲之喜而援筆大書，否則弗易得也。

時高麗瀋陽王父子，連姻帝室，傾貲結朝臣。一日，欲求燧詩文，燧靳不與，至奉旨，乃與之。王贈謝幣帛、金玉、名畫五十篋，盛陳致燧。燧卽時分散諸屬官及史胥侍從，止留金銀，付翰林院爲公用器皿，燧一無所取。人問之，燧曰：「彼藩邦小國，唯以貨利爲重，吾能輕之，使知大朝不以是爲意。」其器識豪邁過人類如此。然頗恃才，輕視趙孟頫、元明善輩，故君子以是少之。平生所著，有牧庵文集五十卷行于世。子三：壎，圻，埱。

郭貫

郭貫字安道，保定人。以才行見推擇，爲樞密中書掾，調南康路經歷，擢廣西道提刑按察司判官，會例格，授濟南路經歷。至元二十七年，拜監察御史。承詔分江北沿淮草地，劾淮西宣慰使昂吉兒父子專權，久不遷調，蠹政害民。三十年，僉湖南肅政廉訪司事。

大德初，遷湖北道，言「令四省軍馬，以數萬計，征八百媳婦國，深入炎瘴萬里不毛之地，無益於國」。五年，遷江西道，賑恤饑民，有惠政，入爲御史臺都事。八年，遷集賢待制，進翰林直學士，奉詔與遼陽行省平章政事別速(合)〔台〕徹里帖木兒往鎭高麗。〔五〕十一年，召爲河東廉訪副使。

至大二年，仁宗至五臺山，貫進見，仁宗因問：「廉訪使滅里吉歹何以有善政？」左右對曰：「皆副使郭貫之教也。」因賜貫瑪瑙數珠、金織文幣，入爲吏部考功郎，遂拜治書侍御史。四年，除禮部尙書，帝親書其官階曰嘉議大夫，以授有司。皇慶元年，擢淮西廉訪使，尋留不遣，改侍御史，俄遷翰林侍講學士。明年，出爲淮西廉訪使。建言「宜置常平倉，考校各路農事」。延祐二年，召拜中書參知政事。明年，陞左丞，加集賢大學士。五年，除太子詹事。貫言：「皇太子受金寶已三年，宜行册禮；又，輔導之官，早宜選置。」從之。六年，加太子賓客，謁告還家。

至治元年，復起爲集賢大學士，尋致仕。泰定元年，遷翰林學士承旨，不起。至順二年，以疾卒，年八十有二。贈光祿大夫、河南行省平章政事、柱國，追封蔡國公，謚文憲。貫博學，精於篆籀，當世册寶碑額，多出其手云。

夾谷之奇

夾谷之奇字士常，其先出女眞加古部，後訛爲夾谷，由馬紀嶺撒曷水徙家於滕州。之奇少孤，舅杜氏攜之至東平，因受業於康曄。授濟寧教授，辟中書省掾。大兵南伐宋，授行省左右司都事。時行省官與中書權臣有隙，特遣使覈其財用，而之奇職文書，亦被按問。

張弘範率其屬詣使者言：「夾谷都事素公清，若少有侵漁，弘範當與連坐。」會御史臺立，〔擢〕之奇僉江南浙西道提刑按察司事，〔六〕既而移僉江北淮東。

至元十九年，召爲吏部郎中，立陟降澄汰之法，著爲令式。歲大旱，有司議平糴價，以遏騰湧之患。之奇言：「莫若省經費，輟土木之役，庶足召和氣，弭災變，而有豐稔之期。」

二十一年，遷左贊善大夫。時裕宗爲皇太子，每進見，必賜坐，顧遇甚優。權臣有欲以均輸法益國賦者，慮提刑按察司撓其事，請令與轉運司併爲一職，詔集羣臣議之。之奇言：「按察司者，控制諸路，發擿姦伏，責任匪輕。若使理財，則心勞事冗，將彌縫自救之不暇，又安能繩糾他人哉！併之弗便。」事遂寢。又與諭德李謙，條具時政十事，上之皇太子：一曰正心，二曰睦親，三曰崇儉，四曰幾諫，五曰戢兵，六曰親賢，〔七曰革斂〕，八曰尙（友）〔文〕，〔七〕九曰定律，十曰正名。會皇太子薨，除翰林直學士，改吏部侍郎，遂拜侍御史。二十五年，丁母憂，以吏部尙書起復，屢請終制，不許。明年，卒。

之奇處識精審，明於大體，而不忽細微，爲政卓卓可稱，雖老於吏學者，自以爲不及。爲文章尤簡嚴有法，多傳於世云。

劉賡

劉賡字熙載，洺水人。五世祖逸，以郡吏治獄，有陰德。祖肅，爲（右）〔左〕三部尙書。〔八〕賡幼有文名，師事翰林學士王磐。至元十三年，用薦者授國史院編修官。十六年，遷應奉翰林文字。辟爲司徒府長史，仍兼應奉，補外，同知德州事，考滿，擢太廟署丞、太常博士，拜監察御史。是時，御史中丞崔彧，好盛氣待人，他御史拜謁，彧平受之，獨見賡，則待以上客。大德二年，陞翰林直學士。六年，奉使宣撫陝西。〔九〕由侍講學士陞學士。

至大二年，遷禮部尙書，仍兼翰林學士，尋拜侍御史，頃之，還翰林爲學士承旨，兼國子祭酒。國學故事，伴讀生以次出補吏，莫不爭先出。時有一生，親老且貧，同舍生有名在前者，因博士以告曰：「我齒頗少，請讓之先。」賡曰：「讓，德之恭也。」從其讓，別爲書薦其人，朝廷反先用之。自是六館之士，皆知讓之爲美德也。

皇慶元年，遷集賢大學士，仍兼國子祭酒。延祐元年，復爲承旨，六年，拜太子賓客，七年，復入集賢爲大學士，尋又入翰林爲承旨。泰定元年，〔一〇〕加光祿大夫。會集議上尊號，賡獨抗言其不可，事遂已。天曆元年卒，年八十一。

賡久典文翰，當時大製作多出其手，以耆年宿德，爲朝廷所推重云。

耶律有尙

耶律有尙字伯強，遼（金）〔東〕丹王十世孫。〔一一〕祖父在金世嘗官于東平，因家焉。有尙資識絕人，篤志于學，受業許衡之門，號稱高第弟子。其學邃於性理，而尤以誠爲本，儀容辭令，動中規矩，識與不識，莫不服其爲有道之君子。

至元八年，衡罷中書左丞，除集賢大學士，兼國子祭酒，以教國人之子弟，乃奏以門人十二人爲齋長以伴讀，有尙其一也。十年，衡告免還鄉里，朝廷乃以有尙等爲助教，嗣領其學事。居久之，拜監察御史，不赴。除祕書監丞，出知蘄州，爲政以寬簡得民情。

裕宗在東宮，召爲詹事院長史。自有尙既去，而國學事頗廢，廷議以謂非有尙無足以繼衡者，除國子司業。時學館未建，師弟子皆寓居民屋，有尙屢以爲言，二十四年，朝廷乃大起學舍，始立國子監，立監官，而增廣弟子員。於是有尙陞國子祭酒，儒風爲之丕振。二十七年，以親老，辭職歸。

大德改元，復召爲國子祭酒。尋除集賢學士，兼其職。頃之，遷太常卿，又遷集賢學士。八年，葬父還鄉里。已而朝廷思用老儒，以安車召之于家，累辭不允，復起爲昭文館大學士，兼國子祭酒，陞中奉大夫。

有尙前後五居國學，其立敎以義理爲本，而省察必眞切；以恭敬爲先，而踐履必端慤。凡文詞之小技，綴緝雕刻，足以破裂聖人之大道者，皆屛黜之。是以諸生知趨正學，崇正道，以經術爲尊，以躬行爲務，悉爲成德達材之士。大抵其敎法一遵衡之舊，而勤謹有加焉。身爲學者師表者數十年，海內宗之，猶如昔之宗衡也。有尙既以年老，力請還家，朝廷復頒楮幣七千緡，卽其家賜之。卒年八十六，賜諡文正。

郝天挺 子佑附

郝天挺字繼先，出於朶魯別族，自曾祖而上，居安肅州，父和上拔都魯，太宗、憲宗之世多著武功，爲河東行省五路軍民萬戶。天挺英爽剛直，有志略，受業於遺山元好問，以勳臣子，世祖召見，嘉其容止，有旨：宜任以政，俾執文字，備宿衞春宮。裕宗遇之甚厚。建省雲南，選官屬，遂除參議雲南行尙書省事，尋陞參知政事，又擢陝西漢中道廉訪使；未幾，入爲吏部尙書，尋除陝西行御史臺中丞，又遷四川行省參政及江浙行省左丞，俱不赴。拜中書(右)〔左〕丞，〔三〕與宰相論事，有不合，輒面斥之。一日，以奏事敷陳明允，特賜黃金百兩，不受。帝曰：「非利汝也，第旌汝肯言耳。」

成宗崩，仁宗以太后命，首定大難，及武宗還自朔方，遂入正大統，定策之際，天挺與有力焉。仁宗臨御，收召故老天挺與少保張閭等十人，共議大政，革尙書省之弊，遂成皇慶之治。又出爲江西、河南二省右丞，召拜御史中丞。入見，首陳紀綱之要，以獵爲喩曰：「御史職在擊奸，猶鷹揚焉禽之，弱者易獲也，其力大者，必借人力。不然，不惟失其前禽，仍或有傷鷹之患矣。」帝嘉其言，既出，臺臣皆以爲賀，風紀大振。又上疏陳七事，曰惜名爵、抑浮費、止括田、久任使、論好事、奬農務本、勵學養士，詔中書省舉行之。尋俾均逸于外，拜河南行省平章政事。時河南王卜憐吉歹爲丞相，待以師禮，由是政化大行。皇慶二年卒，年六十七。贈光祿大夫、中書平章政事、柱國，追封冀國公，諡文定。天挺嘗修雲南實錄五卷，又註唐人鼓吹集一十卷，行于世。

子佑，字君輔，小字朶魯別台。由宿衞補官，仁宗時拜殿中侍御史，以廉直著名，大受知遇。遷陝西行省參知政事，拜陝西行御史臺侍御史。

張孔孫

張孔孫字夢符，其先，出遼之烏若部，爲金人所幷，遂遷隆安。父之純，爲東平萬戶府參議，夜夢謁孔子廟，得賜嘉果，已而孔孫生，因丐名於衍聖公，遂名今名。既長，以文學名，辟萬戶府議事官，萬戶嚴忠範之兄爲陝西行省平章政事，聘孔孫，以母老不應。

時汴梁既下，太常樂師流寓東平，舊章缺落，止存登歌一章而已。世祖居潛邸，嘗召樂師至日月山觀之，至是，徐世隆奏帝，宜增設宮縣及文、武二舞，以備大典。因詔徐世隆爲太常卿，而孔孫以奉禮郎爲之副，以董樂師，肄成，獻之京師。廉希憲居政府，辟爲掾。及安童爲相，尤禮重之，授戶部員外郎，出爲南京總管府判官。

時方議下襄樊，朝廷急用兵，孔孫謂：「今以越境私販坐罪者，動以千數，宜開自新之條，俾得效戰贖死。」朝論采之。僉四川道提刑按察司事，尋陞湖北道提刑按察副使。行部巴陵，有囚三百人，因怒龔乙建言興銀利，發其墳墓，而燒其家，燒死者三人，有司以眞圖財殺人坐之，孔孫原其情，減罪。遷浙西提刑按察副使，改同知保定路總管府事，俄拜侍御史，行御史臺事。

至元二十二年，安童復入相，言于帝曰：「阿合馬顓政十年，親故迎合者，往往驟進，據顯位；獨劉宣、張孔孫二人，恬守故常，終始如一。」乃除宣吏部尙書，孔孫禮部侍郎。尋陞孔孫禮部尙書，擢燕南提刑按察使。二十八年，提刑按察司改肅政廉訪司，仍爲使，蒞治于大名，一以所沒贓羅粟五千斛，賑饑民。拜僉河南江北行中書省事；亡何，除大名路總管，兼

府尹，大興學校。有獻故河隄三百餘里于太后者，卽上章，謂宜悉還細民，從之。擢淮東道肅政廉訪司使，因讞獄鹽場，民尹執中兄弟誣伏爲强盜，平反之。召還，拜集賢大學士、中奉大夫，商議中書省事。丞相完澤卒，孔孫與陳天祥上封事，薦和禮霍孫可爲相。

會地震，詔問弭災之道，孔孫條對八事，其略曰：蠻夷諸國，不可窮兵遠討；濫官放譴，不可復加任用；賞善罰惡，不可數賜赦宥；獻鬻寶貨，不可不爲禁絕；供佛無益，不可虛費財用；上下豪侈，不可不從儉約；官冗吏繁，不可不爲裁減；太廟神主，不可不備祭享。帝悉嘉納之，賜鈔五千貫。又累疏言：「凡七十致仕者，宜加一官；丁憂服闋者，宜待起復；宿衞之冒濫者，必當革；州郡之職，必當遴選，久任達魯花赤，宜量加遷轉；又宜增給官吏俸祿；修建京師廟學，設國子生徒，給賜曲阜孔廟洒掃戶；相位宜參用儒臣，不可專任文吏；故相安童、伯顏、和禮霍孫與廉希憲等，各宜贈諡。」久之，請老還家，拜翰林學士承旨、資善大夫，致仕，集賢大學士如故。大德十一年，卒，年七十有五。

孔孫素以文學名，且善琴，工畫山水竹石，而騎射尤精。及其立朝，讜言嘉論，有可觀者，士論服之。

校勘記

〔一〕亦將待(之)〔人〕　據許文正公遺書卷一語錄改。新元史已校。

〔二〕至元七年　本書卷七世祖紀至元八年三月乙酉條、卷一五八許衡傳、卷一七四耶律有尙傳皆作八年事。牧庵集附劉致姚燧年譜置于「至元七年庚午」下，本傳從之，實誤。道光本改作「八年」。

〔三〕燧自太原驛致館下　考異云：「案姚燧撰白棟墓碣，稱魯齋先生奏召舊弟子散居四方者，以故王梓自汴，「孫安與高凝、燧、燉自河內」，「獨公自太原，十二人皆驛致館下。蓋燧由河內應召自闕下。所云公者，謂白棟也。傳謂燧自太原者，誤。」

〔四〕四年得告南歸中書以承旨召明年復召　牧庵集附劉致姚燧年譜云：至大四年，「中書遣陳檢閱復以承旨召」。皇慶元年，「居廬山」，皇慶二年，「先生七十六歲。是年，復以翰林承旨召」，「九月十有四日薨」。此處脫皇慶元年事，逕于至大四年後書「明年」，則復召之年、卒年皆誤。

〔五〕別速(合)〔台〕徹里帖木兒　按別速台爲姓氏，卽別速氏。「合」訛，今改。

〔六〕(擢)之奇僉江南浙西道提刑按察司事　原空闕，從北監本補。

〔七〕六曰親賢(七曰革敝)八曰尙(友)〔文〕　據本書卷一一五裕宗傳、卷一六〇李謙傳補、改。

〔八〕祖肅爲(右)〔左〕三部尙書　本證云：「案肅傳，右當作左。」本書卷一七一劉因傳「右」亦作「左」。據改。

〔九〕六年奉使宣撫陝西　本書卷二一成宗紀大德七年三月庚寅條有「詔遣奉使宣撫循行諸道」，「劉

賡往河東陝西」。道園學古錄卷十七劉賡神道碑有「六年，加少中大夫。以學士奉使宣撫陝西」。當爲六、七二年事連書。傳略去「加少中大夫」，逕云六年奉使宣撫陝西，實誤。道光本改作「七年」。

〔一〇〕泰定元年　道園學古錄卷一七劉賡神道碑作泰定二年，且記載較詳。疑「元」當作「二」。

〔一一〕遼(金)〔東〕丹王　道光本與滋溪文稿卷七耶律有尙神道碑合，從改。按此卽遼東丹王突欲。

〔一二〕拜中書(右)〔左〕丞　據本書卷二二武宗紀大德十一年七月辛巳、九月丁丑條、卷一一二宰相年表改。本證已校。

元史卷一百七十五

列傳第六十二

張珪

張珪字公端，弘範之子也。少能挽強命中，嘗從其父出林中，有虎，珪抽矢直前，虎人立，洞其喉，一軍盡讙。至元十六年，弘範平廣海，宋禮部侍郎鄧光薦將赴水死，弘範救而禮之，命珪受學。光薦嘗遺一編書，目曰相業，語珪曰：「熟讀此，後必賴其用。」師還，道出江淮，珪年十六，攝管軍萬戶。

十七年，眞拜昭勇大將軍、管軍萬戶，佩其父虎符，治所統軍，鎭建康。未幾，弘範卒，喪畢，世祖召見，親撫之。奏曰：「臣年幼，軍事重，乞以副臣。」帝嘆曰：「求老成自副，常兒不知出此。」厚賜而遣之，徧及其從者。十九年，太平、宣、徽羣盜起，行省檄珪討之，士卒數爲賊所敗，卒有殺民家豕而幷傷其主者，珪曰：「此軍之所

以敗也。」斬其卒，悉平諸盜。

二十九年，入朝。時朝廷言者謂，天下事定，行樞密院可罷；江浙行省參知政事張瑄，領海道，亦以爲言。樞密副使暗伯問於珪，珪曰：「見上當自言之。」召對，珪曰：「縱使行院可罷，亦非瑄所宜言。」遂得不罷。命爲樞密副使。太傅月兒魯那演言：「珪尙少，姑試以僉書，果可大用，請俟他日。」帝曰：「不然，是家爲國滅金、滅宋，盡死力者三世矣，而可吝此耶！」拜鎭國上將軍、江淮行樞密副使。

成宗卽位，行院罷。大德三年，遣使巡行天下，珪使川、陝，問民疾苦，賑䘏孤貧，罷冗官，黜貪吏。還，擢江南行御史臺侍御史，換文階中奉大夫，遷浙西肅政廉訪使。劾罷郡長吏以下三十餘人、府史胥徒數百，徵贓巨萬計。珪得(監)〔鹽〕司奸利事，〔一〕將發之，事干行省，有內不自安者，欲以危法中珪，賂遺近臣，妄言珪有厭勝事，且沮鹽法。帝遣官雜治之，得行省大小吏及鹽官欺罔狀，皆伏罪。召珪拜僉樞密院事，入見，賜只孫冠服侍宴，又命買宅以賜，辭不受。拜江南行臺御史中丞，因上疏，極言天人之際、災異之故，其目有修德行、廣言路、進君子、退小人、信賞必罰、減冗官、節浮費，以法祖宗成憲，累數百言。劾大官之不法者，不報；併及近侍之熒惑者，又不報。遂謝病歸。久之，拜陝西行臺中丞，不赴。武宗卽位，召拜太子諭德。未數日，拜賓客，復拜詹事，辭不就。尙書省立，中外洶洶，

中華書局

中丞久闕，方議擇人，仁宗時在東宮，曰：「必欲得眞中丞，惟張珪可。」卽日召拜中丞。至大四年，帝崩，仁宗將卽位，廷臣用(太皇)〔皇太〕后旨，〔二〕行大禮於隆福宮，法駕已陳矣，珪言：「當御大明殿。」御史大夫止之曰：「議已定，雖百奏無益。」珪曰：「未始一奏，詎知無益！」入奏，帝悟，移仗大明。旣卽位，賜只孫衣二十襲、金帶一。帝嘗親解衣賜珪，明日復召，謂之曰：「朕欲賜卿寶玉，非卿所欲。」以帨拭面額，納諸珪懷，曰：「朕澤之所存，朕心之所存也。」

皇慶元年，拜榮祿大夫、樞密副使。徽政院使失列門請以洪城軍隸興聖宮，而己領之，以上旨移文樞密院，衆恐懼承命，珪固不署，事遂不行。延祐二年，拜中書平章政事，〔三〕請滅煩冗還有司，以清政務，得專修宰相之職，帝從之，著爲令。教坊使曹咬住拜禮部尚書，珪曰：「伶人爲宗伯，何以示後世！」力諫正之。皇太后以中書右丞相鐵木迭兒爲太師，萬戶別薛參知行省政事，珪曰：「太師論道經邦，鐵木迭兒非其人，別薛無功，不得爲外執政。」車駕度居庸，失列門傳皇太后旨，召珪切責，杖之，珪創甚，輿歸京師，明日遂出國門。珪子景元掌符璽，不得一日去宿衞，至是，以父病篤告，遽歸。帝驚曰：「(卿)〔鄉〕別時，卿父無病。」〔四〕景元頓首涕泣，不敢言。帝不懌，遣參議中書省事換住，往賜之酒，遂拜大司徒，謝病家居。繼丁母憂，廬墓寢苦啜粥者三年。六年七月，帝憶珪生日，賜上尊、御衣。

至治二年，英宗召見於易水之上，曰：「四世舊臣，朕將畀卿以政。」珪辭歸，遣近臣設醴。丞相拜住問珪曰：「宰相之體何先？」珪曰：「莫先於格君心，莫急於廣言路。」是年冬，起珪爲集賢大學士。先是，鐵木迭兒旣復爲丞相，以私怨殺平章蕭拜住、御史中丞楊朶兒只、上都留守賀伯顏，大小之臣，不能自保。會地震風烈，敕廷臣集議弭災之道，珪抗言於坐曰：「弭災，當究其所以致災者。漢殺孝婦，三年不雨；蕭、楊、賀冤死，非致沴之端乎！死者固不可復生，而情義猶可昭白，〔五〕毋使朝廷終失之也。」又拜中書平章政事，侍宴萬壽山，賜以玉帶。

三年秋八月，御史大夫鐵失旣行弒逆，夜入都門，坐中書堂，矯制奪執符印，珪密疏言：「賊黨罪不可逭。」旣皆伏誅，鐵木迭兒之子治書侍御史鎖南，獨議遠流，珪曰：「於法，强盜不分首從，發冢傷尸者亦死。鎖南從弒逆，親斫丞相拜住臂，乃欲活之耶！」遂伏誅。盜竊仁廟神主，時參知政事馬剌兼領太常禮儀使，當遷左丞，珪曰：「以參政遷左丞，姑曰敍進。而太常奉宗祏不謹，當待罪，而反遷官，何以謝在天之靈！」命遂不下。

泰定元年六月，車駕在上都。先是，帝以災異，詔百官集議，珪乃與樞密院、御史臺、翰林、集賢兩院官，極論當世得失，與左右司員外郎宋文瓚，詣上都奏之。其議曰：

國之安危，在乎論相。昔唐玄宗，前用姚崇、宋璟則治；後用李林甫、楊國忠，天下

騷動，幾致亡國。雖賴郭子儀諸將，效忠竭力，克復舊物，然自是藩鎭縱橫，紀綱亦不復振矣。良由李林甫妬害忠良，布置邪黨，奸惑蒙蔽，保祿養禍所致，死有餘辜。如前宰相鐵木迭兒，奸狡險深，陰謀叢出，專政十年。凡宗戚忤己者，巧飾危間，陰中以法，忠直被誅竄者甚衆。始以贓敗，諂附權姦失列門，及嬖幸也里失班之徒，苟全其生，尋任太子太師。未幾，仁宗賓天，乘時幸變，再入中書。當英廟之初，與失列門等恩義相許，表裏爲姦，誣殺蕭、楊等，以快私怨。天討元凶，失列門之黨旣誅，坐要上功，遂獲信任，諸子內布宿衞，外據顯要，蔽上抑下，杜絕言路，賣官鬻獄，威福己出，一令發口，上下股栗，稍不附己，其禍立至，權勢日熾，中外寒心。由是羣邪並進，如逆賊鐵失之徒，名爲義子，實其腹心，忠良屛迹，坐待收繫。先帝悟其姦惡，仆碑奪爵，籍沒其家，終以遺患，構成弒逆。其子鎖南，親與逆謀，所由來者漸矣，雖剖棺戮尸，夷滅其家，猶不足以塞責。今復回給所籍家產，諸子尙在京師，夤緣再入宿衞。世祖時，阿合馬貪殘敗事，雖死猶正其罪，況如鐵木迭兒之姦惡者哉！臣等議：宜遵成憲，仍籍鐵木迭兒家產，遠竄其子孫外郡，以懲大姦。

君父之讎，不共戴天，所以明綱常、別上下也。鐵失之黨，結謀弒逆，君相遇害，天下之人，痛心疾首，所不忍聞。比奉旨：「以鐵失之徒旣伏其辜，諸王按梯不花、孛羅、月

魯鐵木兒、曲呂不花、兀魯思不花，亦已流竄，逆黨脅從者衆，何可盡誅。後之言事者，其勿復舉。」臣等議：古法，弒逆，凡在官者殺無赦。聖朝立法，强盜劫殺庶民，其同情者猶且首從俱罪，況弒逆之黨，天地不容，宜誅按梯不花之徒，以謝天下。

書曰：惟辟作福，惟辟作威。臣無有作福作威，臣而有作福作威，害于而家，凶于而國。蓋生殺與奪，天子之權，非臣下所得盜用也。遼王脫脫，位冠宗室，居鎭遼東，屬任非輕，國家不幸，有非常之變，不能討賊，而乃覬幸赦恩，報復讎忿，殺親王妃主百餘人，分其羊馬畜產，殘忍骨肉，盜竊主權，聞者切齒。今不之罪，乃復厚賜放還，仍守爵土，臣恐國之紀綱，由此不振。設或效尤，何法以治！且遼東地廣，素號重鎭，若使脫脫久居，彼旣縱肆，將無忌憚，況令死者含冤，感傷和氣。臣等議：累朝典憲，聞赦殺人，罪在不原，宜奪削其爵土，置之他所，以彰天威。

刑以懲惡，國有常憲。武備卿卽烈，前太尉不花，以累朝待遇之隆，俱致高列，不思補報，專務姦欺，詐稱奉旨，令鷹師强收鄭國寶妻古哈，貪其家人畜產，自恃權貴，莫敢如何。事聞之官，刑曹逮鞫服實，竟原其罪。輦轂之下，肆行無忌，遠在外郡，何事不爲！夫京師，天下之本，縱惡如此，何以爲政！古人有言，一婦銜冤，三年不雨，以此論之，卽非細務。臣等議：宜以卽烈、不花，付刑曹鞫之。

中賣寶物，世祖時不聞其事，自成宗以來，始有此弊。分珠寸石，售直數萬，當時民懷憤怨，臺察交言，且所酬之鈔，率皆天下生民膏血，錙銖取之，從以捶撻，何其用之不吝！夫以經國有用之寶，而易此不濟饑寒之物，又非有司聘要和買，大抵皆時貴與斡脫中寶之人，妄稱呈獻，冒給回賜，高其直且十倍，蠶蠹國財，暗行分用。如沙不丁之徒，頃以增價中寶事敗，具存吏牘。陛下即位之初，首知其弊，下令禁止，天下欣幸。臣等比聞中書乃復奏給累朝未酬寶價四十餘萬錠，較其元直，利已數倍，有事經年遠者三十餘萬錠，復令給以市舶番貨，計今天下所徵包銀差發，歲入止十一萬錠，已是四年徵入之數，比以經費弗足，急於科徵。臣等議：番舶之貨，宜以資國用、紓民力，寶價請俟國用饒給之日議之。

太廟神主，祖宗之所妥靈，國家孝治天下，四時大祀，誠爲重典。比者仁宗皇帝、皇后神主，盜利其金而竊之，至今未獲。斯乃非常之事，而捕盜官兵，不聞杖責。臣等議：庶民失盜，應捕官兵，尚有三限之法，監臨主守，倘失官物，亦有不行知覺之罪。今失神主，宜罪太常，請揀其官屬免之。

國家經賦，皆出於民，量入爲出，有司之事。比者建西山寺，損軍害民，費以億萬計，刺繡經幡，馳驛江浙，逼迫郡縣，雜役男女，動經年歲，窮奢致怨。近詔雖已罷之，

又聞姦人乘間奏請，復欲興修，流言喧播，羣情驚駭。臣等議：宜守前詔，示民有信，其創造、刺繡事，非歲用之常者，悉罷之。

人有冤抑，必當昭雪，事有枉直，尤宜明辨。平章政事蕭拜住、中丞楊朶兒只等，枉遭鐵木迭兒誣陷，籍其家，以分賜人，聞者嗟悼。比奉明詔，還給元業，子孫奉祀家廟，修葺苟完，未及寧處，復以其家財仍賜舊人，止酬以直，即與再罹斷沒無異。臣等議：宜如前詔，以元業還之，量其直以酬後所賜者，則人無冤憤矣。

德以出治，刑以防姦。若刑罰不立，奸宄滋長，雖有智者，不能禁止。比者也先鐵木兒之徒，遇朱太醫妻女故省門外，強拽以入，姦宿館所。事聞，有司以扈從上都爲解，竟弗就鞫。輦轂之下，肆惡無忌，京民憤駭，何以取則四方！臣等議：宜遵世祖成憲，以姦人命有司鞫之。臣等又議：天下囚繫，冤滯不無，方今盛夏，宜命省臺選官審錄，結正重刑，疏決輕繫，疑者申聞詳讞。邊鎮利病，宜命行省、行臺體究興除，廣海鎮戍卒更病者，給粥食藥，力死者，人給鈔二十五貫，責所司及同鄉者，歸骨於其家。

歲貢方物有常制。廣州東莞縣大步海及惠州珠池，始自大德元年，姦民劉進、程連言利，分蜑戶七百餘家，官給之糧，三年一採，僅獲小珠五兩六兩，入水爲蟲魚傷死者衆，遂罷珠戶爲民。其後同知廣州路事塔塔兒等，又獻利於失列門，創設提舉司監採，廉訪司言其擾民，復罷歸有司。既而內正少卿魏暗都刺，冒啓中旨，馳驛督採，耗廩食，疲民驛，非舊制，請悉罷遣歸民。

善良死於非命，國法當爲昭雪。鐵失弒逆之變，學士不花、指揮不顏忽里、院使禿古思，皆以無罪死，未蒙贈，鐵木迭兒專權之際，御史徐元素以言事鎖項死東平，及賈禿堅不花之屬，皆未申理。臣等議：宜追贈死者，優敍其子孫，且命刑部及監察御史，體勘其餘有冤抑者，具實以聞。

政出多門，古人所戒。今內外增置官署，員冗俸濫，白丁驟陞出身，入流壅塞日甚，軍民俱蒙其害。夫爲治之要，莫先於安民；安民之道，莫急於除濫費、汰冗員。世祖設官分職，俱有定制。至元三十年已後，改陞創設，日積月增，雖嘗奉旨取勘減降，近侍各私其署，夤緣保祿，姑息中止。至英宗時，始銳然減罷崇祥、壽福院之屬十有三署，徽政院斷事官、江淮財賦之屬六十餘署，不幸遭罹大故，未竟其餘。比奉詔：凡事悉遵世祖成憲。若復循常取勘，調虛文，延歲月，必無實效，即與詔旨異矣。臣等議：宜敕中外軍民，署置官吏，有非世祖之制，及至元三十年已後改陞創設員冗者，詔格至日，悉減併除罷之；近侍不得巧詞復奏，不該常調之人亦不得濫入常選，累朝斡耳朶所立長秋、承徽、長寧寺及邊鎮屯戍，別議處之。

自古聖君，惟誠於治政，可以動天地、感鬼神，初未嘗徼福於僧道，以厲民病國也。且以至元三十年言之，醮祠佛事之目，止百有二；大德七年，再立功德使司，積五百有餘，今年一增其目，明年即指爲例，已倍四之上矣。僧徒又復營幹近侍，買作佛事，指以算卦，欺昧奏請，增修布施莽齋，自稱特奉、傳奉，所司不敢較問，供給恐後。況佛以清淨爲本，不奔不欲，而僧徒貪慕貨利，自違其教，一事所需，金銀鈔幣不可數計，歲用鈔數千萬錠，數倍於至元間矣。凡所供物，悉爲己有，布施等鈔，復出其外，生民脂膏，縱其所欲，取以自利，畜養妻子，彼既行不修潔，適足褻慢天神，何以要福！比年佛事愈繁，累朝享國不永，致災愈速，事無應驗，斷可知矣。臣等議：宜罷功德使司，其在至元三十年以前及累朝忌日醮祠佛事名目，止令宣政院主領修舉，餘悉減罷；近侍之屬，並不得巧計擅奏，妄增名目；若有特奉、傳奉，從中書復奏乃行。

古今帝王治國理財之要，莫先於節用。蓋侈用則傷財，傷財必至於害民，國用匱而重斂生，如鹽課增價之類，皆足以厲民矣。比年游惰之徒，妄投宿衞部屬及宦者、女紅、太醫、陰陽之屬，不可勝數，一人收籍，一門蠲復，一歲所請衣馬芻糧，數十戶所徵入不足以給之，耗國損民爲甚。臣等議：諸宿衞宦女之屬，宜如世祖時支請之數給之，餘悉簡汰。

闊端赤牧養馬駝，歲有常法，分布郡縣，各有常數，而宿衞近侍，委之僕御，役民放牧。始至，即奪其居，俾飲食之，殘傷桑果，百害蠭起；其僕御四出，無所拘鈐，私鬻芻豆，瘠損馬駝。大德中，始責州縣正官監視，蓋暖棚、團槽櫪以牧之。至治初，復散之民間，其害如故。監察御史及河間路守臣屢言之。臣等議：宜如大德團槽之制，正官監臨，閱視肥瘠，拘鈐宿衞僕御，著爲令。

兵戎之興，號爲凶器，擅開邊釁，非國之福；蠻夷無知，少梗王化，得之無益，失之無損。至治三年，參卜郎盜，始者劫殺使臣，利其財物而已；至用大師，期年不戢，傷我士卒，費國資糧。臣等議：好生惡死，人之恆性。宜令宣政院督守將嚴邊防，遣良使抵巢招諭；簡罷冗兵，明敕邊吏謹守禦，勿生事，則遠人格矣。

天下官田歲入，所以贍衞士，給戍卒。自至元三十一年以後，累朝以是田分賜諸王、公主、駙馬，及百官、宦者、寺觀之屬，遂令中書酬直海漕，虛耗國儲。其受田之家，各任土著姦吏爲莊官，催甲斗級，巧名多取；又且驅迫郵傳，徵求餼廩，折辱州縣，閉償逋負，至倉之日，變鬻以歸。官司交忿，農民窘竄。臣等議：惟諸王、公主、駙馬、寺觀，如所與公主桑哥剌吉及普安三寺之制，輸之公廩，計月直折支以鈔，令有司兼令輸之省部，給之大都；其所賜百官及宦者之田，悉拘還官，著爲令。

國家經費，皆取於民。世祖時，淮北內地，惟輸丁稅，鐵木迭兒爲相，專務聚斂，遣使括勘兩淮、河南田土，重併科糧；又以兩淮、荆襄沙磧作熟收徵，徼名興利，農民流徙。臣等議：宜如舊制，止徵丁稅，其括勘重併之糧，及沙磧不可田畝之稅，悉除之。

世祖之制：凡有田者悉役之，民典賣田，隨收入戶。鐵木迭兒爲相，納江南諸寺賄賂，奏令僧人買民田者，毋役之以里正主首之屬，逮今流毒細民。臣等議：惟累朝所賜僧寺田及亡宋舊業，如舊制勿徵；其僧道典買民田及民間所施產業，宜悉役之，著爲令。

僧道出家，屏絕妻孥，蓋欲超出世表，是以國家優視，無所徭役，且處之宮寺；宜清淨絕俗爲心，誦經祝壽。比年僧道往往畜妻子，無異常人，如蔡道泰、班講主之徒，傷人逞欲，壞教干刑者，何可勝數！俾奉祠典，豈不褻天瀆神！臣等議：僧道之畜妻子者，宜罪以舊制，罷遣爲民。

賞功勸善，人主大柄，豈宜輕以與人。世祖臨御三十五年，左右之臣，雖甚愛幸，未聞無功而給一賞者。比年賞賜汎濫，蓋因近侍之人，窺伺天顏喜悅之際，或稱乏財無居，或稱嫁女取婦，或以技物呈獻，殊無寸功小善，遞互奏請，要求賞賜回奉，奄有國家金銀珠玉，及斷沒人畜產業。似此無功受賞，何以激勸，既傷財用，復啓倖門。臣等議：非有功勳勞效著明實蹟，不宜加以賞賜，乞著爲令。

臣等所言：弒逆未討、姦惡未除、忠憤未雪、冤枉未理、政令不信、賞罰不公、賦役不均、財用不節、民怨神怒，皆足以感傷和氣。惟陛下裁擇，以答天意，消弭災變。

帝不從。珪復進曰：「臣聞日食修德，月食修刑，應天以實不以文，動民以行不以言，刑政失平，故天象應之。惟陛下矜察，允臣等議，乞悉行之。」帝終不能從。

未幾，珪病增劇，非扶掖不能行。有詔：常見免拜跪，賜小車，得乘至殿門下。帝始開經筵，令左丞相與珪領之，珪進翰林學士吳澄等，以備顧問。自是辭位甚力，猶封蔡國公，知經筵事，別刻蔡國公印以賜。泰定二年夏，得旨暫歸。

三年春，上遣使召珪，期於必見。珪至，帝曰：「卿來時，民間如何？」對曰：「臣老，少賓客，不能遠知，眞定、保定、河間，臣鄉里也，民饑甚，朝廷雖賑以金帛，惠未及者十五六，惟陛下念之。」帝惻然，敕有司畢賑之。拜翰林學士承旨、知制誥兼修國史，國公、經筵如故。帝察其誠病，命養疾西山，繼得旨還家。

未幾，起珪商議中書省事，以疾不起。四年十二月薨，遺命上蔡國公印。珪嘗自號曰澹菴。子六人。

李孟

李孟字道復，潞州上黨人。曾祖執，金末舉進士。〔六〕祖昌祚，歸朝，授金符、潞州宣撫使。父唐，歷仕秦、蜀，因徙居漢中。

孟生而敏悟，七歲能文，倜儻有大志，博學強記，通貫經史，善論古今治亂，開門授徒，遠近爭從之。一時名人商挺、王博文，皆折行輩與交。郭彥通名能知人，嘗語唐曰：「此兒骨相異常，宰輔之器也。」至元十四年，隨父入蜀，行省辟爲掾，不赴；調晉原縣主簿，又辭；行御史臺交薦之，亦不就。後以事至京師，中書右丞楊吉丁一見奇之，薦于裕宗，得召見東宮。未幾，裕宗薨，不及擢用。

成宗立，首命採訪先朝聖政，以備史官之紀述，陝西省使孟討論編次，乘驛以進。時武宗、仁宗皆未出閤，徽仁裕聖皇后求名儒輔導，有薦者曰：「布衣李孟有宰相才，宜令爲太子師傅。」大德元年，武宗撫軍北方，仁宗留宮中，孟日陳善言正道，多所進益。成宗聞而嘉之，詔授太常少卿，執政以孟未嘗一造其門，沮之不行，改禮部侍郎，命亦中止。

仁宗侍昭獻元聖皇后降居懷州，又如官山，孟常單騎以從，在懷州四年，誠節如一，左右化之，皆有儒雅風，由是上下益親。每進言曰：「堯、舜之道，孝悌而已矣。今大兄在朔方，大母有居外之憂，殿下當迎奉意旨以娛樂之，則孝悌之道皆得矣。」仁宗深納其言，日問安視膳，婉容愉色，天下稱孝焉。有暇，則就孟講論古先帝王得失成敗，及君君臣臣父父子子之義。孟特善論事，忠愛懇惻，言之不厭，而治天下之大經大法，深切明白。厥後仁宗入清內難，敬事武皇，篤孝母后，端拱以成太平之功，文物典章，號爲極盛。嘗與羣臣語，握拳示之曰：「所重乎儒者，爲其握持綱常，如此其固也。」其講學之功如此者，實孟啓之也。

成宗崩，安西王阿難答謀繼大統，成后爲之主，丞相、樞密同聲附和。中書(左)〔右〕丞相哈剌哈孫答剌罕密使來告，(七)仁宗疑而未行。孟曰：「支子不嗣，世祖之典訓也。今宮車晏駕，大太子遠在萬里，宗廟社稷危疑之秋，殿下當奉大母，急還宮庭，以折奸謀、固人心。不然，國家安危，未可保也。」仁宗猶豫未決。孟復進曰：「邪謀得成，以一紙書召還，則殿下母子且不自保，豈暇論宗族乎！」仁宗悅，曰：「先生之言，宗廟社稷之福。」乃奉太后還都。

時哈剌哈孫稱病堅臥，仁宗遣孟往問之，適成后使人問疾，絡繹不絕。孟入，長揖而坐，已而前引其手，診其脈，衆以爲醫，乃不疑之。既得知安西王卽位有日，還告曰：「事急矣！先發者制人，後發者制於人，不可不早圖之。」左右之人皆不能決，惟曲出、伯鐵木兒勸其行。或曰：「皇后深居九重，八璽在手，四衞之士，一呼而應者累萬，安西王府中從者如

林。殿下侍衞寡弱，不過數十人，兵仗不備，奮赤手而往，事未必濟。不如靜守，以俟阿合之至，然後圖之，未晚也。」阿合，中國稱兄，謂武宗也。

孟曰：「羣邪違棄祖訓，黨附中宮，欲立庶子，天命人心，必皆弗與。殿下入造內庭，以大義責之，則凡知君臣之義者，無不捨彼爲殿下用，何求而弗獲！克清宮禁，以迎大兄之至，不亦可乎！且安西既正位號，縱大太子至，彼安肯兩手進璽，退就藩國，必將鬬于國中，生民塗炭，宗社危矣。且危身以及其親，非孝也；遺禍難於大兄，非悌也；得時弗爲，非智也；臨機不斷，無勇也。仗義而動，事必萬全。」

仁宗曰：「當以卜決之。」命召卜人，有儒服持囊遊于市者，召之至，孟出迎，語之曰：「大事待汝而決，但言其吉。」乃入筮，遇乾三五皆九，立而獻卦曰：「是謂乾之睽。乾，剛也；睽，外也。以剛處外，乃定內也。君子乾乾，行事也。飛龍在天，上治也。輿曳牛掣，其人耏且劓，內兌廢也。厥宗筮膚，往必濟也。大君外至，明相麗也。乾而不乾，事乃睽也；剛運善斷，無惑疑也。」孟曰：「筮不違人，是謂大同，時不可以失。」仁宗喜，振袖而起，乃共扶上馬，孟及諸臣皆步從，入自延春門。哈剌哈孫自東掖來就之，至殿廊，收首謀及同惡者，悉送都獄；奉御璽，北迎武宗，中外翕然，隨以定。

仁宗監國，使孟參知政事。孟久在民間，備知閭閻幽隱，損益庶務，悉中利病，遠近無

不悅服，然特抑絕僥倖，羣小多不樂，孟不爲變。事定，乃言于仁宗曰：「執政大臣，當自天子親用，今鑾輿在道，孟未見顏色，誠不敢冒當重任。」固辭弗許，遂逃去，不知所之。夏五月，武宗卽位，有言于帝曰：「內難之初定也，李孟嘗勸皇弟以自取，如彼言，豈有今日！」武宗察其誣，弗聽，仁宗亦不敢復言孟。

至大二年，仁宗爲皇太子，嘗侍帝同太后內宴，飲半，仁宗深思，戚然改容。帝顧語曰：「吾弟今日不樂，何所思邪？」仁宗從容起謝曰：「賴天地祖宗神靈，神器有歸，然成今日母子兄弟之歡者，李道復之功爲多。適有所思，不自知其變於色也。」帝甚友愛，感其言，卽命搜訪之，得之許昌陘山，遣使召之。

三年春正月，入見武宗于玉德殿，帝指孟謂宰執大臣曰：「此皇祖妣命爲朕賓師者，宜速任之。」三月，特授榮祿大夫、中書平章政事、集賢大學士，同知(樞密)〔徽政〕院事。(八)仁宗嗣立，眞拜中書平章政事，進階光祿大夫，推恩其三世，且諭之曰：「卿，朕之舊學，其盡心以輔朕之不及。」孟感知遇，力以國事爲己任，節賜與，重名爵，覈太官之濫費，汰宿衞之冗員。貴戚近臣，惡其不便於己，而心服其公，無間言焉。

司空、司徒、太尉，古之三公，自大德以來，封拜繁多；釋、老二教，設官統治，權抗有司，撓亂政事，僧道尤苦其擾。孟言：「人君之柄，在賞與刑，賞一善而天下勸，罰一惡而天下

懲，柄乃不失。所施失當，不足勸懲，何以爲治！僧、道士既爲出世法，何用官府繩治！」乃奏雪寃死者，復其官蔭；濫冒名爵者，悉奪之；罷僧道官。天下稱快。

仁宗初出居懷，深見吏弊，欲痛剗除之。孟進言曰：「吏亦有賢者，在乎變化激厲之而已。」帝曰：「卿儒者，宜與此曹氣類不合，而曲相護祐如此，眞長者之言。卿在朕前，惟舉人所長，而不斥其短，尤朕所深嘉也。」時承平日久，風俗奢靡，車服僭擬，上下無章，近臣恃恩，求請無厭。時宰不爲裁制，乃更相汲引，望幸恩賜，耗竭公儲，以爲私惠。孟言：「貴賤有章，所以定民志；賜與有節，所以勸臣下。請各爲之限制。」帝皆從之。

孟在政府，雖多所補益，而自視常若不及，嘗因間請曰：「臣學聖人道，遭遇陛下，陛下堯、舜之主也。臣不能使天下爲堯、舜之民，上負陛下，下負所學，乞解罷政權，避賢路。」帝曰：「朕在位，必卿在中書，朕與卿相與終始，自今其勿復言。」繼賜爵秦國公，帝親授以印章，命學士院降制。又圖其像，敕詞臣爲之贊，及御書「秋谷」二字，識以璽而賜之。入見，必賜坐，語移時，稱其字而不名，其見尊禮如此。

帝嘗語近臣曰：「道復以道德相朕，致天下蒙澤。」賜之鈔十萬貫，令將作爲治第。孟辭曰：「臣布衣際遇，所望於陛下者，非富貴之謂也。」悉辭不受。皇慶元年正月，授翰林學士承旨、知制誥兼修國史，仍平章政事。未幾，請告歸葬其父母，帝勞餞之曰：「事訖，宜速

還，毋久留，孤朕所望！」十二月，入朝，帝大悅，慰勞甚至，因請謝事，優詔不允；請益堅，乃命以平章政事議中書省事，承旨翰林。二年夏，乞還國公印，奏三上，始如所請。帝每與孟論用人之方，孟曰：「人材所出，固非一途，然漢、唐、宋、金，科舉得人爲盛。今欲興天下之賢能，如以科舉取之，猶勝於多門而進；然必先德行經術，而後文辭，乃可得眞材也。」帝深然其言，決意行之。

延祐元年十二月，復拜平章政事。二年春，命知貢舉，及廷策進士，爲監試官。七月，進金紫光祿大夫、上柱國，改封韓國公，職任如故。已而以衰病不任事，乞解政權歸田里，帝不得已從所請，復爲翰林學士承旨，入侍宴閒，禮遇尤厚。

延祐七年，仁宗崩，英宗初立，太師鐵木迭兒復相，以孟前共政時不附己，讒搆誣謗，盡收前後封拜制命，降授集賢侍講學士、嘉議大夫，度其必辭，因中害之。孟拜命欣然，適翰林學士劉賡來慰問，卽與同入院。宣徽使以聞曰：「李孟今日供職，舊例當賜酒。」帝愕然曰：「李道復乃肯俯就集賢耶？」時鐵木迭兒子八爾吉思侍帝側，帝顧謂曰：「爾輩謂彼不肯爲是官，今定何如！」由是讒不得行。嘗語人曰：「老臣待罪中書，無補于國，聖恩寬宥，不奪其祿，今老矣，其何以報稱！」帝聞而善之，恩意稍加。至治（九）〔元〕年卒。〔九〕御史累章辨其誣，詔復元官。至治中，〔一〇〕贈舊學同德翊戴輔治功臣、太保、儀同三司、上柱國、（進）〔追〕封

魏國公，〔一一〕謚文忠。

孟宇量閎廓，材略過人，三入中書，民間利害，知無不言，引古證今，務歸至當。士無貴賤，苟賢矣，不進拔不已。遊其門者，後皆知名。退居一室，蕭然如布衣。爲文有奇氣，其論必主於理，其獻納謀議，常自毀其藁，家無幾存。皇慶、延祐之世，每一政之繆，人必以爲鐵木迭兒所爲，一令之善，必歸之於孟焉。子獻，御史中丞、同知經筵事。

張養浩

張養浩字希孟，濟南人。幼有行義，嘗出，遇人有遺楮幣于途者，其人已去，追而還之。年方十歲，讀書不輟，父母憂其過勤而止之，養浩晝則默誦，夜則閉戶，張燈竊讀。山東按察使焦遂聞之，薦爲東平學正。游京師，獻書于平章不忽木，大奇之，辟爲禮部令史，仍薦入御史臺。一日病，不忽木親至其家問疾，四顧壁立，歎曰：「此眞臺掾也。」及爲丞相掾，選授堂邑縣尹。人言官舍不利，居無免者，竟居之。首毀淫祠三十餘所，罷舊盜之朔望參者，曰：「彼皆良民，饑寒所迫，不得已而爲盜耳；既加之以刑，猶以盜目之，是絕其自新之路也。」衆盜感泣，互相戒曰：「毋負張公。」有李虎者，嘗殺人，其黨暴戾爲害，民不堪命，舊尹莫敢詰問。養浩至，盡置諸法，民甚快之。去官十年，猶爲立碑頌德。

仁宗在東宮，召爲司經，未至，改文學，拜監察御史。初，議立尙書省，養浩言其不便；既立，又言變法亂政，將禍天下。臺臣抑而不聞，乃揚言曰：「昔桑哥用事，臺臣不言，後幾不免。今御史既言，又不以聞，臺將安用！」時武宗將親祀南郊，不豫，遣大臣代祀，風忽大起，人多凍死。養浩于祀所揚言曰：「代祀非人，故天示之變。」大違時相意。

時省臣奏用臺臣，養浩歎曰：「尉專捕盜，縱不稱職，使盜自選可乎？」遂疏時政萬餘言：一曰賞賜太侈，二曰刑禁太疏，三曰名爵太輕，四曰臺綱太弱，五曰土木太盛，六曰號令太浮，七曰倖門太多，八曰風俗太靡，九曰異端太橫，十曰取相之術太寬。言皆切直，當國者不能容。遂除翰林待制，復搆以罪罷之，戒省臺勿復用。養浩恐及禍，乃變姓名遁去。

尙書省罷，始召爲右司都事。在堂邑時，其縣達魯花赤嘗與之有隙，時方求選，養浩爲白宰相，授以美職。遷翰林直學士，改祕書少監。延祐初，設進士科，遂以禮部侍郎知貢舉，進士詣謁，皆不納，但使人戒之曰：「諸君子但思報效，奚勞謝爲！」擢陝西行臺治書侍御史，改右司郎中，拜禮部尙書。

英宗卽位，命參議中書省事，會元夕，帝欲於內庭張燈爲鼇山，卽上疏于左丞相拜住。拜住袖其疏入諫，其略曰：「世祖臨御三十餘年，每值元夕，閭閻之間，燈火亦禁；況闕庭之嚴，宮掖之邃，尤當戒愼。今燈山之搆，臣以爲所翫者小，所繫者大；所樂者淺，所患者深。

伏願以崇儉慮遠爲法，以喜奢樂近爲戒。」帝大怒，既覽而喜曰：「非張希孟不敢言。」卽罷之，仍賜尙服金織幣一、帛一，以旌其直。後以父老，棄官歸養，召爲吏部尙書，不拜。丁父憂，未終喪，復以吏部尙書召，力辭不起。泰定元年，以太子詹事丞兼經筵說書召，又辭；改淮東廉訪使，進翰林學士，皆不赴。

天曆二年，關中大旱，饑民相食，特拜陝西行臺中丞。既聞命，卽散其家之所有與鄉里貧乏者，登車就道，遇餓者則賑之，死者則葬之。道經華山，禱雨于嶽祠，泣拜不能起，天忽陰翳，一雨二日。及到官，復禱于社壇，大雨如注，水三尺乃止，禾黍自生，秦人大喜。時斗米直十三緡，民持鈔出糴，稍昏卽不用，詣庫換易，則豪猾黨蔽，易十與五，累日不可得，民大困。乃檢庫中未毀昏鈔文可驗者，得一千八十五萬五千餘緡，悉以印記其背，又刻十貫、伍貫爲券，給散貧乏，命米商視印記出糶，詣庫驗數以易之，於是吏弊不敢行。又率富民出粟，因上章請行納粟補官之令。聞民間有殺子以奉母者，爲之大慟，出私錢以濟之。

到官四月，未嘗家居，止宿公署，夜則禱于天，晝則出賑饑民，終日無少怠。每一念至，卽撫膺痛哭，遂得疾不起，卒年六十。關中之人，哀之如失父母。至順二年，贈攄誠宣惠功臣、榮祿大夫、陝西等處行中書省平章政事、柱國，追封濱國公，謚文忠。二子：彊、引，彊先卒。

敬儼

敬儼字威卿，其先河東人，後徙易水。五世祖嗣徽，仕金官至參知政事；曾祖子淵，樂陵令，祖鑑，同知嵩州事。皆以進士起家。父元長，有學行，官至太常博士。儼其仲子也，幼不爲嬉戲事，長嗜學，善屬文，御史中丞郭良弼薦爲殿中知班，著憲章若干卷。受知於廣平王月呂祿那演，連辟太傅、太師兩府掾，調高郵縣尹，未赴，選充中書省掾。朱清、張瑄爲海運萬戶，豪縱不法，適儼典其文牘，嘗致厚賂，儼怒拒之，二人以罪伏誅，權貴多以賄敗連坐，獨儼不與。

大德二年，授吏部主事，改集賢司直。會湖湘有警，丞相哈剌合孫答剌罕奏儼奉詔恤民，且覘釁，甚稱旨意。六年，擢禮部員外郎，有故郡守子，當以廕補官，繼母訴其非嫡者，儼察其誣，按之，果如所言。

七年，拜監察御史。時省臣有既黜而復收用者，參預官巧佞，與相比周，以贖貨撓法，即日劾去之。江浙行省與浙西憲司交章相攻擊，事聞，命省臺遣官往治之，儼與阿思蘭海牙偕行，議多不合，兩上之，朝廷卒是儼議。七月，遷中書左司都事，扈從上京。西京賈人有以運糧供餉北邊而得官者，盜用至數十萬石，以利啗主者，匿不發，儼按徵之以輸邊。

九年，授吏部郎中，以父病辭，已而父卒，既終喪，復入御史臺爲都事。中丞何某與執政有隙，省議欲覈臺選之當否，儼曰：「邇者，省除吏千餘人，臺亦當分別之邪？」語聞，議遂寢。江南行御史臺與江浙省爭政，事聞，儼曰：「省臺政事，風化本原，各宜盡職，顧乃以小故忿爭，而瀆上聽乎！」建康路總管侯珪，貪縱事敗，儼亟遣官決其事，及其夤緣近倖，奏請原之，命下，已無及矣。除山北廉訪副使，入爲右司郎中。武宗撫軍北邊，成宗昇遐，宰臣有異謀者，事定，命儼預鞫問之，悉得其情。武宗臨御，湖廣省臣有僞爲警報，馳驛入奏，以圖柄用者，儼面詰之曰：「汝守方面，既有警，豈得離職，是必虛誕耳。」其人竟以狀露被斥。旱蝗爲災，民多因饑爲盜，有司捕治，論以眞犯。獄既上，朝議互有從違，儼曰：「民饑而盜，迫於不得已，非故爲也。且死者不可復生，宜在所矜貸。」用是得減死者甚衆。

至大元年，授左司郎中，擢江南諸道行御史臺治書侍御史。先是，儼以議立尚書省，忤宰臣意，適兩淮鹽法久滯，乃左遷儼爲轉運使，欲以陷之。比至，首劾場官之貪污者，法既大行，課復增羨至二十五萬引。河南行省參政來會鹽筴，將以羨數爲歲入常額。儼以亭戶凋弊已甚，以羨爲額，民力將殫，病人以爲己，非宰臣事，事遂止。仁宗踐阼，召爲戶部尚書，廷議欲革尚書省弊政，儼言：「遽罷錢不用，恐細民失利。」不從，以疾辭。

皇慶元年，除浙東道廉訪使。有錢塘退卒，詐服僧衣，稱太后旨，建婺州雙谿石橋，因大興工役以病民。儼命有司發其奸贓，杖遣之，仍請奏罷其役。郡大火，焚數千家，儼令發廩以賑貧餒。取憲司廢堂材木及諸路學廩之羨者，建孔子廟。

二年，拜江西等處行中書省參知政事。舊俗，民有爭，往往越訴于省，吏得並緣爲奸利，訟以故繁。儼令下省府，非有司，不得侵民，訟事遂簡。詔設科舉，儼薦臨川吳澂、金陵楊剛中爲考試官，得人爲多。其年冬，移疾退居眞州。除江南諸道行御史臺侍御史，不赴。

四年春，〔二〕詔促就前職，以疾辭。七月，召爲侍御史，十月，遷太子副詹事，御史大夫脫歡答剌罕奏留之，制曰「可」。湖廣省臣以贓敗，儼一日五奏，卒正其罪。臺臣有劾去而復職者，御史復劾之，章再上，有旨命丞相、樞密共決之。儼曰：「如是，則臺事去矣。」遂卽帝前奏黜之，因伏殿上，叩頭請代。帝諭之曰：「事非由汝，汝其復位。」

五年夏五月，拜中書參知政事，臺臣復奏留之，儼亦陛辭，不允。賜大學衍義及所服犀帶。每入見，帝以字呼之，曰威卿而不名，其見禮遇如此。舊制，諸院及寺監，得奏除其僚屬者，歲久多冒濫，富民或以賂進，有至大官者。儼以名爵當慎惜，會臺臣亦以爲言，乃奏請悉追奪之，遂著爲令。六年，告病，賜衣一襲，遣醫視療。儼以其鄉在近圻，恐復徵用，乃徙居淮南，雖親故，皆不接見。

至治元年，除陝西諸道行御史臺中丞。泰定元年，改江南諸道行御史臺中丞。皆不赴。年六十五，卽告老，朝廷雖命其子自强爲安慶總管府判官，而未從其請。四年春，遣使賜酒，徵爲集賢大學士、榮祿大夫，商議中書省事。儼令使者先返，而挈家歸易水。九月，帝特署爲中政院使，復賜酒，召之，乃輿疾入見，賜食慰勞，親爲差吉日使視事，命朝會日無下拜，是月，拜中書平章政事，復以老病辭，不從。

天曆改元，朝議欲盡戮朝臣之在上京者，儼抗論，謂是皆循常歲例從行，殺之非罪。衆賴之獲免。居月餘，傷足，告歸。家居十餘年，病不能行，猶飭書不廢。臨終，戒子弟曰：「國恩未報，而至不祿，奈何！汝曹當清白守恒業，無急仕進。」正冠幘，端坐而逝。贈翰林學士承旨、光祿大夫、柱國，封魯國公，謚文忠。儼有詩文若干卷，藏於家。叔祖鉉，與太原元好問同登金進士第，國初爲中都提學，著春秋備忘四十卷，仁宗朝命刻其書，今行于世。

校勘記

〔一〕珪得（監）〔鹽〕司奸利事　據道園學古錄卷一八張珪墓誌銘改。按後文文意，「監」當作「鹽」自明。

〔二〕用（太皇）〔皇太〕后旨　道光本與道園學古錄卷一八張珪墓誌銘合，從改正。

〔三〕延祐二年拜中書平章政事　續通鑑皇慶二年正月丁未條考異云：「道園學古錄撰張珪墓誌銘，以珪拜平章政事在延祐二年，此誤也。珪在中書，請清中書之務，在皇慶二年正月，至五月已去位。延祐中，珪未嘗復出，以太后惡之也，安得有延祐二年拜平章之事！此蓋以皇慶、延祐同爲仁宗紀年，道園誤認二年爲延祐。元史本傳祇以誌銘爲據，不復詳考矣。宰相表作皇慶二年正月，當得其實。本紀系于元年十二月李孟致仕之後，疑因珪代李孟而連書之也。」

〔四〕（卿）〔鄉〕別時卿父無病　據道園學古錄卷一八張珪墓誌銘改。蒙史、新元史已校。

〔五〕而情義猶可昭白　按道園學古錄卷一八張珪墓誌銘「情義」作「清議」，較長。

〔六〕曾祖執金末舉進士　按此傳原本當據黃金華集卷二三李孟行狀，行狀原作「金末舉進士不第」。中庵集卷六李唐神道碑亦云「祖考諱執」，「嘗事科舉弗利，輒棄去」。疑此處有脫文。

〔七〕中書（左）〔右〕丞相哈剌哈孫答剌罕　據本書卷一三七哈剌哈孫傳、卷一一二宰相年表改。元書已校。

〔八〕同知（樞密）〔徽政〕院事　據黃金華集卷二三李孟行狀、本書卷二三武宗紀至大三年正月乙酉條改。

〔九〕至治（九）〔元〕年卒　道光本與黃金華集卷二三李孟行狀合，從改。按至治僅有三年。

〔一〇〕至治中　按黃金華集卷二三李孟行狀、至正集卷三五秋谷文集序皆以封贈者爲順帝，而兩文皆作于至正八年。疑「至治」爲「至正」之誤。

〔一一〕（進）〔追〕封魏國公　據黃金華集卷二三李孟行狀、至正集卷三五秋谷文集序改。蒙史已校。

〔一二〕四年春　本證云：「上脫延祐二字。」按前文有皇慶元年、二年，後文有五年、皇慶、至治間自爲延祐。道光本增「延祐」二字。

明　宋　濂等撰

第十四册

卷一七六至卷一九三（傳）

中華書局

元史卷一百七十六

列傳第六十三

曹伯啓

曹伯啓字士開，濟寧碭山人。弱冠，從東平李謙游，篤於問學。至元中，歷仕爲蘭溪主簿，尉獲盜三十，械徇諸市，伯啓以無左驗，未之信；俄得眞盜，尉以是黜。累遷常州路推官，豪民黃甲，恃財殺人，賂佃客誣伏，伯啓讞得其情，遂坐甲殺人罪。遷河南省都事、台州路治中，御史潘昂霄、廉訪使王俁交薦，擢拜西臺御史，改都事。關陝自許衡倡道學，敎多士，伯啓請建祠立學，以表其績，朝議是之。涇陽民誣其尹不法，伯啓覈實，抵民罪。四川廉訪僉事閭閭木，〔一〕以苛刻聞，伯啓糾黜之。

延祐元年，陞內臺都事，遷刑部侍郎。丞相鐵木迭兒專政，一日，召刑曹官屬問曰：「西僧訟某之罪，何爲久弗治？」衆莫敢對，伯啓從容言曰：「犯在赦前。」丞相雖甚怒，莫之奪也。

宛平尹盜官錢，鐵木迭兒欲併誅守者，伯啓執不可，杖遣之。八番帥擅殺，起邊釁，朝廷已用帥代之矣，命伯啓往詰其事。次沅州，道梗，伯啓恐兵往則彼驚，將致亂，乃遣令史楊鵬，單騎往喻新帥，備得其情，止奏坐前帥擅興罪，邊民以安。大同宣慰使法忽魯丁，撲運嶺北糧，歲數萬石，肆爲欺罔，累贓鉅萬，朝廷遣使督徵，前後受賂，皆反爲之游言，最後伯啓往，其人已死，喻其子弟曰：「負官錢，雖死必徵，與其納賂於人，曷若償之於官。」諸受賂者皆懼，而濬歸賂於其子，爲鈔五百餘萬緡，民之逋負而無可理之數，官爲徵之。出爲眞定路總管，治尚寬簡，民甚安之。

延祐五年，遷司農丞，奉旨至江浙議鹽法，罷檢校官，置六倉於浙東、西，設運鹽官，輪運有期，出納有次，船戶、倉吏盜賣漏失者有罰。歸報，著爲令。尋拜南臺治書侍御史，因言：「揚清激濁，屬在臺憲，諸被枉赴愬者，實則直之，妄則加論可也。今訟冤一切不問，豈風紀定制乎？」俄去位。

英宗立，召拜山北廉訪使，時敕建西山佛宇甚亟，御史觀音(奴)〔保〕等，〔二〕以歲饑，請緩之，近臣激怒上聽，遂誅言者。伯啓曰：「主上聰明睿斷，是不可以不諍。」迺劾臺臣緘默，使昭代有殺諫臣之名，帝爲之悚聽。俄拜集賢學士、御史臺侍御史。有詔同刊定大元通制，伯啓言：「五刑者，刑異五等，今黥杖徒役於千里之外，百無一生還者，是一人身備五刑，非五刑各底於人也。法當改易。」丞相是之，會伯啓除浙西廉訪使，不果行。

泰定初，引年北歸，優游鄉社，碭人賢之，表所居爲曹公里。伯啓性莊肅，奉身淸約，在中臺，所奬借名士尤多；爲侍讀學士，考試國子，首取呂思誠、姚紱。雲南僉事范震言宰臣欺上罔下，不報，范飲恨死，伯啓具其事，書于太史。眞州知州呂世英以剛直獲罪，伯啓白其枉，進擢風憲。其好彰善率類此。

天曆中，起伯啓爲淮東廉訪使、陝西諸道行御史臺中丞，使驛敦遣，伯啓喟然曰：「吾年且八十，尚忘知止之戒乎！」終不起，一時被命者，因相繼去位，天下之士高之。至順三年，長子震亨，卒于毗陵，伯啓往拊之；明年二月，卒于毗陵，年七十九。有詩文十卷，號漢泉漫藁，續集三卷，行世。子六人，孫十人，皆顯仕。

李元禮

李元禮字庭訓，眞定人。資性莊重，燕居不妄言笑。歷易州、大都路儒學敎授，遷太常太祝，陞博士。定撰世祖聖德神功文武皇帝、昭睿順聖皇后、裕宗文惠明孝皇帝尊謚議，稱頌功德，體製溫雅。請謚圜丘，升祔太室，禮文多其所詳定。

元貞元年，擢拜監察御史，彈劾無所回撓。二年，有旨建五臺山佛寺，皇太后將臨幸，

元禮上疏曰：

古人有言曰：生民之利害，社稷之大計，惟所見聞而不係職司者，獨宰相得行之，諫官得言之。今朝廷不設諫官，御史職當言路，卽諫官也，烏可坐視得失而無一言，以裨益聖治萬分之一哉！伏見五臺創建寺宇，土木旣興，工匠夫役，不下數萬，附近數路州縣，供億煩重，男女廢耕織，百物踊貴，民有不聊生者矣。

伏聞太后親臨五臺，布施金幣，廣資福利，其不可行者有五：時當盛夏，禾稼方茂，百姓歲計，全仰秋成，扈從經過，千乘萬騎，不無蹂躪，一也。太后春秋已高，親勞聖體，往復暑途數千里，山川險惡，不避風日，輕冒霧露，萬一調養失宜，悔將何及，二也。今上登寶位以來，遵守祖宗成法，正當兢業持盈之日，上位舉動，必書簡册，以貽萬世之則，書而不法，將焉用之，三也。夫財不天降，皆出於民，今日支持調度，方之曩時百倍，而又勞民傷財，以奉土木，四也。佛本西方聖人，以慈悲方便爲敎，不與物競，雖窮蒼生崇奉祈福，福未獲昭受，而先勞聖體，聖天子曠定省之禮，軫思親之懷，五也。伏願中路回轅，端居深宮，儉以養德，靜以頤神，上以循先皇后之懿範，次以盡聖天子之孝心，下以慰元元之望。如此，則不祈福而福至矣。

臺臣不敢以聞。

大德元年，侍御史萬僧與御史中丞崔彧不合，詣架閣庫，取前章封之，入奏曰：「崔中丞私黨漢人李御史，爲大言謗佛，不宜建寺。」帝大怒，遣近臣齎其章，敕右丞相完澤、平章政事不忽木等鞫問，不忽木以國語譯而讀之，完澤曰：「其意正與吾同，往吾嘗以此諫，太后曰：『我非喜建此寺，蓋以先皇帝在時，嘗許爲之，非汝所知也。』」彧與萬僧面質於完澤，不忽木抗言曰：「他御史懼不肯言，惟一御史敢言，誠可賞也。」完澤等以章上聞。帝沉思良久曰：「御史之言是也。」乃罷萬僧，復元禮職。未幾，改國子司業，以疾卒，贈亞中大夫、翰林直學士、輕車都尉，追封隴西郡侯。子端，仕至禮部尚書。

王壽

王壽字仁卿，涿郡新城人。幼穎敏嗜學，長以通國字，爲中書掾。旣而用朝臣薦，入侍裕宗，眷遇特異。至元十九年，授兵部員外郎。二十二年，陞吏部郎中。二十四年，分置尚書省，遂革。二十八年，罷尙書省歸中書，復任吏部郎中。以瑨康里不忽木柄用當道，卽自免去。明年，授大司農丞，不赴。

元貞二年，出爲燕南河北道廉訪副使。大德二年，不忽木爲中執法，復棄官歸。三年，

授集賢直學士，秩滿，就陞侍讀學士，俄擢御史臺侍御史，論事剴切。六年二月，召壽奉香江南，徧祠嶽鎭海瀆。密旨：去歲風水爲災，百姓艱食，凡所經過，採聽入對。使還，具奏：「民之利病，繫於官吏善惡，在今宜選公廉材幹、存心愛物者專撫字，剛方正大、深識治體者居風憲。天災代有，賑濟以時，無勞聖慮。惟是豪右之家，仍據權要，當罷其職，處之京師，以保全之，此長久之道也。」

初，壽與臺臣奏：「宰相內統百官，外均四海，位尊任重，不可輕假非人。三代以降，國之興衰，民之休戚，未有不由相臣之賢否也。世祖初置中書省，以忽魯不花、塔察兒、線眞、安童、伯顏等爲丞相，史天澤、劉秉忠、廉希憲、許衡、姚樞等，實左右之，當時稱治比唐貞觀之盛。迨至阿合馬、郝禎、耿仁、盧世榮、桑哥、忻都等，壞法黷貨，流毒億兆。近者，阿忽台、伯顏、八都馬辛、阿里等專政，煽惑中禁，幾搖神器。君子小人已試之驗，較然如此。臣願推愛君思治之心，邪正互陳，成敗對擧，庶幾上悟天衷，懲其旣往，知所進退，天下之事，可從而理也。」九年，參議中書省事。十年，改吏部尚書。

十一年，武宗卽位，首拜御史中丞，未幾，更拜左丞，俄復拜御史中丞。至大二年三月，臥疾求代。三年夏，遷太子賓客、集賢大學士。秋九月卒，年六十。明年，贈銀靑榮祿大夫、平章政事、上柱國、薊國公，謚文正。

王倚

王倚字輔臣，其先東萊人也。父永福，金末避地徙燕，爲宛平著姓，富雄閭里。倚爲人孝友樂易，重然諾；與人交，不苟合；讀書務躬行，不專事章句。世祖選良家子入侍東宮，時倚年弱冠，在衆中儀觀獨偉，太保劉秉忠深器重之，卽以充選。倚服勤守恪，遂見信任。有詔皇太子裁決天下事。凡時政所急，民瘼所係，倚知無不言。是時，官職未備，而湯沐分邑，地廣事繁，當有統屬，乃拜倚工部尚書，行本位下隨路民匠都總管。

至元二十一年，詔立東宮官屬，以倚爲家丞。又置儲用司，掌貨幣出納，令倚兼之。後以疾辭職，仍給太子家丞祿，以優養之。倚上言：「不事事而苟竊祿食，臣心誠所未安。」不許，力辭再四，方許之。二十六年，皇孫出鎭懷孟，帝爲選老成練達舊臣護之，乃以屬倚，陛辭，帝目之良久，謂侍臣曰：「倚，修潔人也，左右皇孫，得人矣。」及行，營幕所在，軍政肅然。未幾，召還。

二十八年，授禮部尚書，以疾辭。明年卒，年五十三。贈正議大夫、禮部尚書，追封太原郡侯，謚忠肅。子二人，鵬，異樣總管府總管。

劉正

劉正字淸卿，淸州人也。年十五，知讀書，習吏事，初辟制國用使司令史，遷尚書戶部令史。至元八年，罷諸路轉運司，立局考核逋欠，正掌其事。大都運司負課銀五百四十七錠，逮繫倪運使等四人徵之，視本路歲入簿籍，實無所負，辭久不決。正察其寃，遍閱吏牘，得至元五年李介甫關領課銀文契七紙，適合其數，驗其字畫，皆司庫辛德柔所書也。辛貧窘，時已富實，交結權貴，莫敢誰何。正廉得其實，始白尚書捕鞫之，悉得課銀。辛旣伏辜，而四人得釋，正由是知名。轉樞密院令史，辟掾中書。

十四年，分省上都，會諸王昔里吉叛，至居庸關，守者告前有警急，使姑退，正曰：「職當進而弗往，後至者益怯矣。」馳出關，至上都。邊將請黃白金符充戰賞，主者告乏，中書檄工部造給之，後帝以爲欺罔，欲詰治。正曰：「軍賞貴速，先造符印而後稟命，豈不可乎！」帝釋之。

十五年，擢左司都事。時阿合馬當國，與江淮行省阿里伯、崔斌有隙，誣以盜官糧四十萬，命刑部尚書李子忠，與正馳驛往按其事，獄弗具。阿合馬復遣北京行省參知政事張澍等四人雜治之，竟置二人于死，正乃移疾還家。

十八年，徵爲左司員外郎。十九年春，阿合馬併中書左右司爲一，遂爲左右司員外郎。

三月，阿合馬敗，火魯霍孫爲右丞相，復爲左司員外郎，謁告歸。九月，中書傳旨捕正，與參政咱喜魯丁等偕至帝前，問曰：「汝等皆黨於阿合馬，能無罪乎？」正曰：「臣未嘗阿附，惟法是從耳。」會日暮，車駕還內，俱械繫于闕東隙地。踰數日，姦黨多伏誅，復械繫正于拱衞司，火魯霍孫曰：「上嘗謂劉正衣白衣行炭穴十年，可謂廉潔者。」乃免歸。

二十年春，樞密院奏爲經歷，陞參議樞密院事。二十五年，桑哥既立尚書省，擢爲戶部侍郎，陞戶部尚書。嘗舉覈河間鹽運官虧課事，幾陷于罪，乃移疾歸。二十八年，桑哥敗，完澤爲丞相，復擢爲戶部尚書，陞參議。尚書省罷，仍參議中書省事。湖南馬宣慰庶子，因爭廕不得，誣告其兄匿亡宋官金。正知其誣，罪之，仍官其兄。濟南張同知子求爲兩淮運使，正知其不稱，弗與。張遂作飛語搆其事，帝召正詰之曰：「匿金事在右司，爭廕事在左司，參議乃幕長，寢右而舉左，寧無私乎？」正辨折明，事遂釋。

三十年，御史臺奏爲侍御史，中書省奏爲吏部尚書，已而復留爲侍御史，遷江南行御史臺中丞。大德元年，改同僉樞密院事，尋出爲雲南行中書省左丞。右丞忙兀突魯迷失請征緬，正以爲不可，俄俱被徵，又極言其不可，不從，師果無功。雲南民歲輸金銀，近中慶城邑戶口，則詭稱逃亡，甸寨遠者，季秋則遣官領兵往徵，人馬芻糧，往返之費，歲以萬計；所差官必重賂省臣，乃得遣，徵收金銀之數，必十加二，而拆閱之數又如之；其送迎饋贐，亦如納

官之數，所遣者又以銅雜銀中納官。正首疏其弊，給官秤，俾土官身詣官輸納，其弊始革。始至官，儲貝八二百七十萬索、白銀百錠，比四年，得貝八一千七十萬索、金百錠、銀三千錠。

七年秋，還清州。八年六月，以左丞行省江西。冬十月，改江浙。武宗卽位，召爲中書左丞，陞右丞。二年，立尚書省，〔三〕懇辭還家。仁宗卽位，召諸老臣入議國事，正詣闕言八事：一曰守成憲，二曰重省臺，三曰辨邪正，四曰貴名爵，五曰正官符，六曰開言路，七曰愼賞罰，八曰節財用。會行赦改元，集議行之。

仁宗初政，風動天下，正與諸老臣陳贊之力居多。累乞致仕不許，拜榮祿大夫、平章政事、議中書省事。時議經理河南、淮、浙、江西民田，增茶鹽課額，正極言不可，弗從。歲大旱，野無麥穀，種不入土。臺臣言，變理非其人，姦邪蒙蔽，民多寃滯，感傷和氣所致。有旨會議。平章李孟曰：「變理之責，儒臣獨孟一人，請避賢路。」平章忽都不丁曰：「臺臣不能明察奸邪，臧否時政，可還詰之。」正言：「臺省一家，當同心獻替，擇善而行，豈容分異耶！」孟搖首，竟如忽都不丁言。右丞相帖木迭兒傳旨：廉訪司權太重，故按事失實，自今不許專決六品以下官。平章忽都不丁、李孟將議行之，正言：「但當擇人，法不可易也。」事遂寢。延祐六年卒，後贈宣力贊治功臣、光祿大夫、司徒、柱國、趙國公，謚忠宣。

子秉德，官祕書監丞，歷兵、工二部侍郎，出爲安慶路總管；秉仁，以廕爲中書架閣管勾，累官工部尚書，致仕。

謝讓

謝讓字仲和，潁昌人。祖義，有材勇，金貞祐間，爲義軍千戶。讓幼穎悟好學，及壯，推擇爲吏，補宣慰司令史。國兵取宋，立行中書省於江西，讓以選爲令史，調河間等路都轉運鹽司經歷。

先是，竈戶在軍籍者，悉除其名，以丁多寡爲額輸鹽，其後多顧舊戶代爲煑鹽，而顧錢甚薄。讓言：「軍戶既落籍爲民，當與舊竈戶均役，既令代役，豈宜復薄其傭，使重困乎？自今顧人，必厚與直，乃聽。」先是，逃亡戶率令見戶包納其鹽，由是豪强者以計免，而貧弱愈困。讓令驗物力多寡，比次甲乙以均之。

擢南臺御史，舉湖廣行省平章政事哈剌哈孫答剌罕可爲御史大夫，山東廉訪使陳天祥可爲御史中丞，右司員外郎高昉可任風憲。劾江浙省臣聽詔不恭及不法事，帝遣使雜問，既款服，詔令讓與俱來，人皆危之，讓恬然若無事者，臺綱以之益振。

大德間，詔立陝西行御史臺，以讓爲都事，凡御史封章及文移，其可否一決于讓。入爲中書省右司都事，遷戶部員外郎。時東勝、雲、豐等州民饑，乞糴鄰郡，憲司懼其販鬻爲利，

閉其糴，事聞于朝。讓設法立禁，閉糴者有罪，三州之民賴以全活者甚衆。

四年，授宗正府郎中，擢監察御史，遷中書省右司員外郎，出爲湖廣行省左右司郎中。時廣西兩江岑雄、黃聖許等，屢相讎殺，爲邊患。讓謂：「此曹第可懷柔，不宜力競，寬其法以羈縻之，使不至跳梁可也。若乃舍中國有用之民，爭炎荒不毛之地，非長策也。」因書榜招諭，以攜其黨。湖廣宣慰使張國紀建言科江南夏稅，讓極言其非便。遷河南行省左右司郎中。是時，江淮屯戍軍二十餘萬，親王分鎭揚州，皆以兩淮民稅給之，不足，則漕於湖廣、江西。是歲會計兩淮，僅少三十萬石，讓請以淮鹽三十萬引鬻之，收其價鈔以給軍食，不勞遠運，公私便之。

至大元年，轉戶部侍郎。時京倉主計吏，以倉廩多罅漏，惟久雨米壞，請覆糠粃其上，因揉諸米中，以給內外工人及宿衞者。讓察其奸，以藁秸易之，奸弊悉除。二年，拜西臺治書侍御史。三年，拜治書侍御史，未上，改同僉樞密院事，尋拜戶部尚書。仁宗在東宮，以讓先朝舊人，召見賜酒，以示眷注。四年，改刑部尚書。

仁宗卽位，加讓正議大夫，入謝，賜以巵酒，讓痛飲之。帝曰：「人言老尚書不飲，何飲耶？」讓曰：「君賜，不敢違也。」少頃，醉不能立，命扶出之。翼日，讓謝，帝曰：「老尚書誠不飲也。」初，尚書省柄臣搆殺留守鄭阿爾思蘭，籍其家，中外寃之；尚書省罷，未有直其寃者。

讓明其事，以所籍貲產給還之。有旨：六部事疑不決者，須讓共議，而後上聞。於是戶部更定鈔法，禮部議正禮文，讓皆與焉。刑部有案，讓未署字，而誤用印，吏懼，遂私效讓署。事覺，度無損於事，且憐吏以罪廢，遂視之曰：「吾署也。」其寬厚多類此。讓上言：「古今有天下者，皆有律以輔治。堂堂聖朝，詎可無法以準之，使吏任其情、民罹其毒乎！」帝嘉納之。乃命中書省纂集典章，以讓精律學，使爲校正官，賜青鼠裘一襲、侍宴服六襲。

二年，朝廷以吏多滯事，〔四〕責曹案不如程者，令下，讓曰：「刑獄，非錢穀、銓選之比，寬以歲月，尚慮失實，豈可律以常法乎！」乃入白于宰相，曰：「尚書言是也。」由是刑曹獨得不責稽違。拜陝西行省參知政事，未幾，拜西臺侍御史，命甫下，詔罷西臺，復立，就拜侍御史。四年十月，卒于官，年六十有六。贈正奉大夫、河南行省參知政事，追封陳留郡公，謚憲穆。子好古，奉政大夫、覆實司提舉。

韓若愚

韓若愚字希賢，保定滿城人。由武衞府史授通惠河道所都事，開河有功，詔賜錦衣一襲。遷留守司都事，尋陞經歷，出知薊州，改中書左司都事。時監燒昏鈔者欲取能名，概以所燒鈔爲僞鈔，使管庫者誣服。獄既具，若愚知其冤，覆之，得免死者十餘人。遷刑部郎

中，提舉諸路寶鈔庫，擢吏部郎中。

仁宗即位，故事，凡潛邸官吏，不次遷轉，若愚以歲月定其資品，遂著爲令。皇慶元年，遷內臺都事，改刑部侍郎，尋擢中書左司郎中。時議禁民田獵，犯者抵死。若愚曰：「昔齊宣王之囿，方四十里，殺其麋鹿者，如殺人之罪，孟子非之。」衆以爲然，遂輕其刑。時參政曹鼎新辭職，帝曰：「若效韓若愚廉勤足矣，何用辭爲！」繼命若愚參議中書省事。鐵木迭兒爲右丞相，以憎愛進退百官，恨若愚不附己，羅織以事，帝知其枉，不聽。拜戶部尚書。延祐六年，命理河間等路囚，輕重各得其情，復拜參議中書省事。丞相鐵木迭兒復入相，以舊憾誣若愚罪，欲殺之，帝不從，復奏奪其官，除名歸鄉里。

至治三年，詔雪其冤。泰定元年，命復其官，尋拜刑部尚書，遷湖廣省參知政事，未行，改詹事丞。八月，命宣撫江浙，復留爲侍御史。時左丞相倒刺沙擅威福，以事誣侍御史亦憐珍等，下樞密獄，無敢言其冤，若愚以計奏左丞相倒刺沙爲右大夫，其事遂解。三年，擢浙西廉使，未行，拜河南省左丞。會文宗平內難，若愚畫策中機，帝嘉之，進資政大夫。

天曆三年，遷淮西江北道廉訪使。九月，以疾卒，年六十八。贈資德大夫、江浙等處行中書省左丞、上護軍，追封南陽郡公，謚貞肅。

趙師魯

趙師魯字希顏，霸州文安縣人。父趾，祕書少監，贈禮部尚書。師魯爲人風采端莊，在太學，力學如寒士。延祐初，爲興文署丞。五年，遷將作院照磨。七年，辟爲御史臺掾，後補中書省掾，於朝廷典章故實、律令文法，無不練習。臨事明敏果斷，執政奇之。及典銓選，平允無私，人無不服。擢工部主事，遷中書省檢校官，咸著能名。

泰定中，拜監察御史。時大禮未舉，師魯言：「天子親祠郊廟，所以通精誠，逆福釐，生烝民，阜萬物，百王不易之禮也。宜鑒成憲，講求故事，對越以格純嘏。」帝嘉納焉。元夕，令出禁中，命有司張燈山爲樂，師魯上言：「燕安怠惰，肇荒淫之基；奇巧珍玩，發奢侈之端。觀燈事雖微，而縱耳目之欲，則上累日月之明。」疏聞，遽命罷之，賜師魯酒一上尊，且命御史大夫傳旨，以嘉忠直。

是時，宰相倒刺沙密專命令，不使中外預知，師魯又上言：「古之人君，將有言也，必先慮之於心，咨之於衆，決之於故老大臣，然後斷然行之，渙若汗不可反，未有獨出柄臣之意，不咨衆謀者也。」不報。倒刺沙雖剛狠，亦服其敢言。有朝士年未及致仕，其子請預蔭其官，而執政者爲之地，師魯駁其非，事遂止。遷樞密院都事，改本院經歷。致和初，陞奉政

大夫、參議樞密院事。

天曆中，遷樞密院判官，改兵部侍郎。丁父憂，特旨起爲同僉樞密院事，師魯固辭不就。服除，復爲樞密判官，持節治四川軍馬，諭上威德，大閱于郊，寬簡有法，士卒懷其恩信。未幾，遷中順大夫、刑部侍郎，樞密院復奏爲其院判官。久之，出爲河間路轉運鹽使，除害興利，法度修飭，絕巡察之奸，省州縣廚傳贈遺之費，竈戶商人，無不便之，歲課遂大增。暇日，又割己俸，率僚吏新孔子廟，命吏往江右製雅樂，聘工師，春秋釋奠，士論稱之。

師魯由從官，久典金穀，每鬱鬱不樂，疾篤，棄官歸京師，至元三年九月卒，年五十有三。贈嘉議大夫、禮部尚書、天水郡侯，謚文清。

劉德溫

劉德溫字純甫，大興人，起家中書省宣使。大德十一年，以年勞，授從仕郎、內宰司照磨，監建興聖宮；又調承務郎、掌儀署令；未幾，陞奉訓大夫、內宰司丞。奉中旨，徵河南民逋糧，德溫輒平其價，令出鈔以償，民甚便之。復陞朝列大夫、延福司丞，奉旨代祠嶽瀆。比還，遷中憲大夫、同知大都路都總管府事。輦轂之下，供億浩繁，德溫措置有法，民用不擾。遷甄用少監，陞亞中大夫、禮部侍郎，復陞嘉議大夫、同知上都留守司事。省檄和糴

糧，民以價不時得，遞相觀望，德溫下令曰：「糧入價出，吏有敢爲弊者，罪之。」於是糧不踰期而集。轉大司農丞。耕籍之儀，取具一時，德溫欲考訂典禮，集爲成書，未畢，俄授通議大夫、永平路總管。

永平當天曆兵革之餘，野無居民，德溫爲政〔一〕年，〔五〕而戶口增，倉廩實，遂興學校以育人材，庶事畢舉。歲大旱，禱而雨，歲以不歉。灤、漆二水爲害，有司歲發民築堤。德溫曰：「流亡始集，而又役之，是重困民也。」遂罷其役，而水亦不復至。有豪民武斷于鄉里，前吏莫敢治，德溫按得其罪，論如法，杖之，書其過于門，後竟以不道伏誅。永平，古孤竹國也，國初，郡守楊阿台請于朝，〔六〕諡伯夷曰清惠，叔齊曰仁惠，爲廟以祠之，而祠禮猶未具也。德溫請命有司春秋具牢禮致祭，從之，著爲式，賜廟額曰聖清，士論韙之。至順四年卒，年六十九。贈正議大夫、禮部尚書、上輕車都尉、彭城郡侯，諡清惠。

尉遲德誠

尉遲德誠字信甫，絳州人。祖天澤，仕金爲庫官，郡王帶孫拔絳州，天澤在俘中，道見兵死者，輒涕泣收瘞之，帶孫令佩金符，授雲州御衣局人匠總管。〔七〕父鼐，仕至潞州知州。德誠歷官太子率更丞。至大元年，改詹事院都事。二年，遷家令司丞。仁宗以爲謹恪，

常賜酒帛，得侍左右，數薦士，出則未嘗語人。廳事前有粟苗，不種而萌偶出，一莖雙穗，衆以爲嘉禾，陞家令。四年，遷爲河東山西道宣慰司同知，擊姦吏，寬稅斂，上計京師。入見，帝方食，賜以餕餘，擢工部尚書，未拜，改陝西行臺治書侍御史。

延祐元年，遷京畿都漕運使。二年，拜遼東道肅政廉訪使，上疏言事，其略曰勞諸王以懷其心，防出入以嚴宮禁，立諫官以遠讒佞，崇科舉以求人材，立常平以備荒年，汰僧道以寬民力，舉賢良以勵忠孝，抑奢侈以厚風俗，及拯鈔法、裁冗官等事。未報而卒，年五十三。

秦起宗

秦起宗字元卿，其先上黨人，後徙廣平(深)〔洺〕水縣。〔八〕曾大父當金季兵起，竄山麓爲洞，奉其親以居，傍竄大洞，匿其里中百人閉之，具牛酒，出待兵，兵入索，惟見其親屬，曰：「孝士也。」釋之去。里人曰：「秦父生我。」

起宗生長兵間，學書無從得紙，父順削柳爲簡，寫以授之；成誦，削去更書。年十七，會立蒙古學，學輒成，辟武衛譯史。御史中丞塔察兒愛其才，遷中臺〔譯〕史。〔九〕是時，尚書省專制更張，起宗持文嚴密無所泄。

仁宗卽位，罷尚書省，轉中書〔譯〕史，〔一〇〕累遷太子家令司典簿官，上言：「東宮官屬，輔導德義，財賦非所治也。」朝廷是之。遷南臺御史。建康多水，或實災而有司抑之，或無災而訴災，起宗微行得實，人以爲神明。

文宗初立，命威順王征八番。是時，蜀省囊加台拒命未平，起宗極言武昌重鎭，當備上流之師，親王不可遠去，力止之。及王入見，帝謂曰：「八番之行，非秦元卿，幾爲失計。」其後八番師還，無敢擾於道路者。朝議以起宗治蜀，幕府忘其名，曰秦元卿，帝引筆改曰起宗，其眷注如此。拜中臺御史，劾中丞和尚受人婦人、賤買縣官屋，不報。起宗從臺官入見，跽辨久之，敕令起，起宗不起，會日暮，出；明日，立太子，有赦，起宗又奏：「不罪和尚，無以正國法。」和尚服辜。帝曰：「爲御史，當如是矣。」元會，賜只孫服，令得與大宴。又劾閶憲卜咱耳竊父妾以逃，其父憤死，瀆亂天常，流之嶺南。自是盡言無諱，皆見聽用。有御史奏議一卷。

遷都漕運使，帝召諭之曰：「漕輸事多廢闕，賴御史治之爾。」出爲撫州路總管，至官，有司供張甚盛，問其費所從出，小吏不敢隱，曰：「借辦於民。」遂亟使歸之，几席僅給而已。自是官府僚佐有宴集，成禮卽止，因諭衆曰：「我素農家，安儉約，務安靜，庶使吾民化之。」居一歲，以老去官。明年，以兵部尚書致仕，居一歲，卒，諡昭肅。

子四人：鈞，銓，鐸，鏞。鈞，西臺御史；鏞，延徽寺經歷；銓，都省掾；鐸蚤卒。

校勘記

〔一〕四川廉訪僉事闊闊木　本書卷一二二按札兒傳有「授闊闊朮漢中廉訪僉事」。按廉訪僉事係肅政廉訪司官，陝西漢中道肅政廉訪司曾隸陝西四川行省。「木」當係「朮」之訛。

〔二〕觀音(奴)〔保〕　據本書卷二七英宗紀至治元年二月丁巳、卷二九泰定帝紀至治三年十二月己未條及卷一二四塔本傳附鎖咬兒哈的迷失傳改。類編已校。

〔三〕二年立尚書省　按元武宗立尚書省，事在至大二年，此處失書年號。道光本作「至大二年，復立尚書省」。

〔四〕二年朝廷以吏多滯事　考異云：「案此傳自仁宗卽位以後，不著年號，史脫文也。」

〔五〕德溫爲政〔一〕年　原空闕，從北監本補。

〔六〕楊阿台　按本書卷一二四塔本傳，塔本，「人以其好揚人善，稱之曰揚公」。阿台係塔本孫，如冠以其祖稱，當作「揚阿台」。疑「楊」爲「揚」字之訛。

〔七〕雲州　北監本作「霍州」。

〔八〕廣平(深)〔洺〕水縣　據道園類稿卷四三秦起宗神道碑改。按本書卷五八地理志，洺水，腹里

廣平路威州屬縣。

〔九〕遷中臺〔譯〕史　道園類稿卷四三秦起宗神道碑云：「以通習國語文字入官，由武衞、大都留守陞太師御史臺、中書省譯史。」據補。

〔一〇〕轉中書〔譯〕史　見本卷校勘記〔九〕。

元史卷一百七十七

列傳第六十四

張思明

張思明字士瞻，其先獲嘉人，後徙居輝州。思明穎悟過人，讀書日記千言。至元十九年，由侍儀司舍人辟御史臺掾，又辟尚書省掾。左丞相阿合馬既死，世祖追咎其奸欺，命尚書簿問遺孽。一日，召右丞何榮祖、左丞馬紹，盡輸其贓以入，思明抱牘從，日已昏，命讀之，自昏達曙，帝聽忘疲，曰：「讀人吐音，大似侍儀舍人。」右丞對曰：「正由舍人選爲掾。」帝奇之，曰：「斯人可用。」明日，擢爲大都路治中，思明以超遷踰等，固辭，乃改湖廣行省都事。

元貞元年，召爲中書省檢校，六曹無滯案，遷戶部主事。大德初，擢左司都事，有獻西域秄法，思明以惑衆不用。初立海道運糧萬戶府于江浙，受除者憚涉險，不行，思明請升等以優之，因著爲令。五年，轉吏部郎中。九年，改集賢司直。十年，除江浙行中書省左右司郎中。十一年春，兩浙大饑，首贊發廩賑之。

至大三年，遷兩浙鹽運使，未上，入參議樞密院事，改中書省左司郎中。皇慶元年，再授兩浙鹽運使，歲課羨贏，僚屬請上增數，思明曰：「贏縮不常，萬一以增爲額，是我希一己之榮，遺百世之害。」二年，召爲戶部尚書。延祐元年，進參議中書省事；三年，拜中書參知政事。〔一〕

仁宗卽位，浮屠妙總統有寵，敕中書官其(第)〔弟〕五品，〔二〕思明執不可。帝大怒，召見切責之，對曰：「選法，天下公器。徑路一開，來者雜遝。故寧違旨獲戾，不忍隳祖宗成憲，使四方得窺陛下淺深也。」帝心然其言，而業已許之，曰：「卿可姑與之，後勿爲例。」乃爲萬億庫提舉，不與散官。久之，近臣疾其持法峭直，日構讒間，出爲工部尚書，帝問左右曰：「張士瞻居工部，得無怏怏乎？」對曰：「勤政如初。」帝嘉嘆之，命授宣政院副使。五年，除西京宣慰使，嶺北戍士多貧者，歲凶，相挻爲變，思明威惠並行，邊境乃安。因疏和林運糧不便事十一條，帝勞以端硯、上尊。

會左丞相哈散辭職，帝不允，其請益堅，帝詰之曰：「朕任卿未專邪？」曰：「非。」曰：「近臣有撓政者邪？」曰：「無有也。」「然則何爲而辭？」對曰：「臣自揆才薄，恐誤陛下國事，若必欲任臣，願薦一人爲助。」帝問：「爲誰？朕能從汝。」哈散再拜謝曰：「臣願得張思明。」即日拜思明中書參知政事。比召至，車駕幸上都，見於道，慰勉之曰：「卿向不負朕注委，故朕用哈散言，復起汝。」未幾，升左丞。

帝崩，英宗宅憂，右丞相帖木迭兒用事，日誅大臣不附己者，中外洶洶。思明諫曰：「山陵甫畢，新君未立，丞相恣行殺戮，國人皆謂陰有不臣之心。萬一諸王駙馬疑而不至，將奈之何，不可不熟慮也。」衆皆危之，帖木迭兒大悟曰：「非左丞言，幾誤吾事。」帝造壽安山寺，監察御史觀音保、瑣咬兒哈的迷失、成珪、李謙亨强諫，帝震怒，殺觀音保、瑣咬兒哈的迷失，以成珪、李謙亨屬吏，思明白丞相曰：「言事，御史職也，祖宗已來，未嘗殺諫臣。」成、李旣屬吏，當論法，丞相乃力言之，二人得從輕典。及拜住爲左丞相，與帖木迭兒各樹朋黨，賊害忠良，思明懼禍及，累表辭，不獲，後竟誣以不支蒙古子女口糧，餓死四百人，遂廢于家，杜門六年。

文宗天曆元年，起爲江浙行中書省左丞。會陝西大饑，中書撥江浙鹽運司歲課十萬錠賑之。吏白：「周歲所入，已輸京師，當回咨中書。」思明曰：「陝西饑民，猶鮒在涸轍，往復踰月，是索之枯魚之肆也。其以下年未輸者，如數與之，有罪，吾當坐。」朝廷韙之。二年，復以中書左丞召，入覲慈仁殿，敷陳累朝任賢使能、治民足國之道，因以衰老辭，帝未允，明

日，卽移告去。重紀至元三年卒，年七十八。

思明平生不治產，不畜財，收書三萬七千餘卷，尤明於律，與謝仲和、曹鼎新同稱三絕。贈推忠翊治守義功臣，依前中書左丞、上護軍、清河郡公，謚貞敏。

吳元珪

吳元珪字君璋，廣平人。父鼎，燕南提刑按察副使。元珪簡重，好深沉之思，凡征謀治法、律令章程，皆得於家庭之所授受。至元十四年，世祖召見，命侍左右，授後衞經歷，佩金符。十七年，從幸上都，受命取御藥於大都萬歲山，元珪乘傳，未盡一晝夜而至，帝奇其速，擢樞密都事，陞經歷。嘗從同知樞密院事俺伯進西蕃鎧甲，帝問其制度，元珪應對詳明，帝益奇之。

初，江南旣定，樞密奏裁定官屬，京師五衞、行省、萬戶府設官有差，均俸祿，給醫藥，設學校，置屯田，多元珪所論建。二十六年，參議樞密院事。時繕修宮城，尙書省奏役軍士萬人，留守司主之。元珪亟陳其不便，乃立武衞，繕理宮城，以留守段天祐兼都指揮使，凡有興作，必以聞於樞府。尋陞樞密院判官。奏定萬戶用軍士八人，千戶四人，百戶二人，多役者有罰。二十八年，除禮部侍郎，遷左司郎中。三十一年，參議中書省事。

大德元年，除吏部尙書。遷曹銓注，多有私其鄉里者，元珪曰：「此風不可長，川黨、朔黨之興，宋之所由衰也。」請謁悉皆謝絕。三年，宣撫燕南，劾貪吏若干人。遷工部尙書。河朔連年水旱，五穀不登，元珪言：「春秋之義，以養民爲本，凡用民力者必書，蓋民力息則生養遂，生養遂則敎化行而風俗美。」宰相嘉其言，土木之工稍爲之息。六年，僉河南行中書省事，將行，拜江浙行省參知政事。初，朱淸、張瑄以財雄江南，徧以金幣連結當路，及伏誅，錄其家，具籍所交諸公貴人，而江浙省臣爲尤甚，惟元珪一無所污。

武宗卽位，由僉樞密院事拜樞密副使。詔元珪二十餘人議政中書，若惜人力，嚴選舉，節財用，定律令，謹賞罰，建科舉，課農桑，汰冗員，易封贈，皆切於世務者。初，詔發軍萬人屯田稱海以實邊，海都之亂，被俘者衆，至是頗有來歸者，饑寒不能存，至鬻子以活。元珪具其事以聞，詔賜錢贖之。帝在軍中，卽聞元珪名，至是，特加平章政事，賜白金二百五十兩，只孫衣四襲。

仁宗卽位，詔元珪與十六人議時政。皇慶元年，出拜江浙行省左丞。江淮漕臣言：「江南殷富，蓋由多匿腴田，若再行檢覆之法，當益田畝累萬計。」元珪曰：「江南之平，幾四十年，戶有定籍，田有定畝，一有動搖，其害不細。」執其論固爭，月餘不能止，移疾去。延祐元年，拜甘肅行省左丞。歲餘，召還，俾宣撫遼陽諸郡，復爲樞密副使，召見嘉禧殿，帝曰：「卿

先朝舊臣，宜在舊服。」特加榮祿大夫，賜鈔五千緡、貂裘二襲。元珪奏曰：「昔世祖限田四百畝，以給軍需，餘田悉貢賦稅。今經理江淮田土，第以增多爲能，加以有司頭會箕斂，俾元元之民，困苦日甚，臣恐變生不測，非國之福，惟陛下少加意焉。」帝曰：「凡衞軍士之田，並遵舊制。」

至治元年，英宗卽位，元珪與知樞密院事帖木兒不花上軍民之政十餘事，大抵言：「諸王近侍，不可干軍政，管軍官吏，不可漁取軍戶，軍官之材者，當還其職，有司賦役，當務均一，而軍民不可有所偏，軍官襲職，惟傳嫡嗣，而支庶不可有所亂。」帝並嘉納，卽降旨施行之。元珪以年老致仕，至治二年，起商議中書省事。三年卒。泰定元年，贈光祿大夫、河南等處行省平章政事、柱國，追封趙國公，謚忠簡。三年，復加推誠佐理功臣、光祿大夫、司徒。

張昇

張昇字伯高，其先定州人，後徙平州。昇幼警敏過人，學語時，輒能辨字音，應對異於常兒，旣長，力學，工文辭。至元二十九年，用薦者授將仕郎、翰林國史院編修官，預修世祖實錄，陞應奉翰林文字，尋陞修撰，歷興文署令，遷太常博士。成宗崩，大臣承中旨，議奉徽

號，饗宗廟，昇曰：「在故典，凡有事于宗廟，必書嗣皇帝名，今將何書？」議遂寢。

武宗卽位，議躬祀禮，昇據經引古，參酌時宜以對，帝嘉納之。至大初，改太常寺爲太常禮儀院，卽除昇爲判官。久之，外補知汝寧府。民有告寄束書於其家者，踰三年取閱，有禁書一編，且記里中大家姓名于上，昇亟呼吏焚其書，曰：「妄言誣民，且再更赦矣，勿論。」同列懼，皆引起，既而事聞，廷議謂昇脫姦軌，遣使窮問，卒無跡可指，乃詰以擅焚書狀，昇對曰：「事固類姦軌，然昇備位郡守，爲民父母，今斥誣訴，免冤濫，雖重得罪不避。」乃坐奪俸二月。旁郡移文報吳人侯君遠者言：「歲直壬子六月朔日蝕，其占爲兵寇，歲癸丑，其應在吳分野。」同列欲召屬縣爲備禦計，昇曰：「此訛言，久當自息，毋用惑民聽。」斥其無稽，衆論韙之。部使者舉治行爲諸郡最。歷江西行省左右司郎中，除紹興路總管。

初，大德、至大間，越大饑，且疫癘，民死者殆半，賦稅鹽課責里〔胥〕代納，〔三〕吏並緣爲姦，害富家，昇爲證于簿籍，白行省蠲之。前守有爲江浙行省參知政事者，爭代者祿米，有隙，欲內之罪，移平江歲輸海運糧布囊三萬，俾紹興製如數，民患苦之，不能堪。更數守，謂歲例如此，置弗問。昇言：「廡非越土所生，海漕實吳郡事，於越無與。」章上，卒罷之。昇既謹於繩吏，又果於去民瘼，故人心悅服。歷湖北道廉訪使、江南行臺治書侍御史，召爲參議中書省事，改樞密院判官，尋復中書參議。

至治二年，又出爲河東道廉訪使，未行，拜治書侍御史。明年，出爲淮西道廉訪使。泰定二年，拜陝西行省參知政事，加中奉大夫，尋遷遼東道廉訪使。屬永平大水，民多捐瘠，昇請發海道糧十八萬石、鈔五萬緡，以賑饑民，且蠲其歲賦，朝廷從之，民得全活者衆。明年，召拜侍御史。

天曆初，出爲山東道廉訪使，時方有警，有司請完城以爲備，昇曰：「民恃吾以生，完城是棄民也。」由是民皆安之。文宗賜尙醞文幣，以賞其功。踰年，召爲太禧院副使，兼奉贊神御殿事，除河南省左丞，復遷淮西道廉訪使。昇時年六十有九，上書乞致仕。至順二年，復起爲集賢侍講學士，文宗眷待之意甚隆。

元統元年，順帝卽位，首詔在廷耆艾，訪問治道，昇條上時所宜先者十事。尋兼經筵官，廷試進士，特命昇讀卷，事已，告省先塋。帝賜金織文袍，以寵其歸。明年，以奎章閣大學士、資善大夫、知經筵事召，賜上尊，趣就職，昇以疾辭，帝察其不可強，許之。尋命本郡月給祿半，以終其身。至正元年卒，年八十一。贈資德大夫、河南等處行中書省左丞，謚文憲。

臧夢解　陸垕

臧夢解，慶元人，宋末中進士第，未官而國亡。至元十三年，從其鄉郡守將內附，授奉訓大夫、婺州路軍民人匠提舉。未幾，例革其所司，而浙東宣慰司舉夢解才兼儒吏，可試州郡，朝廷是之，授息州知州；未行，改知海寧州。

時淮東按察副使王慶之，按行至其州，見夢解剛直廉慎，而學有淵奧，自任職以來，門無私謁，官署肅然，凡有差役，皆當其貧富，而吏無所預。於是民以戶計者，新增七百六十有四；田以頃計者，新闢四百四十有三；桑柘榆柳，交蔭境內，而政平訟簡，爲諸州縣最。乃舉夢解才德兼備，宜擢清要，以展所蘊。而御史臺亦以其廉能，抗章薦之。

二十七年，夢解滿去者至是已五年矣。屬江陰饑，江浙行省委夢解賑之。夢解不爲文具，皆躬至其地，而人給以米，所活四萬五千餘人。江南行臺治書侍御史荀宗道，聞而韙之，舉其名上聞，除同知桂陽路總管府事。三十年，擢奉議大夫、廣西肅政廉訪副使。故事，烟瘴之地，行部者多不躬至，而夢解咸遍歷焉。遂按問賓州、藤州兩路達魯花赤，與凡貪官姦吏，置于法者無慮八十餘人。又平反邕州黃震被誣贓罪，及藤州唐氏婦被誣殺夫罪，凡兩冤獄。

大德元年，遷江西肅政廉訪副使。有臨江路總管李倜，素狡獪，而又附大臣勢，以控持省憲，夢解按其贓罪，而一道澄清。六年，遷浙東肅政廉訪副使。九年，除廣東肅政廉訪

使。夢解至是，既老且病，乃納祿退居杭州，以亞中大夫、湖南宣慰副使致仕。後至元元年卒。

夢解博學洽聞，爲時名儒，然不少迂腐，而敏於政事，其操守尤爲介特。所著書，有周官考三卷、春秋徵一卷。夢解嘗自號魯山大夫，士之稱之者，不以官，皆曰魯山先生云。

同時有陸垕者，與夢解齊名。監察御史鄭鵬南，嘗以二人並薦于朝。垕字仁重，江陰人也。自幼以孝友聞。至元間，丞相伯顏以師南下，垕是時年未冠，而志強氣銳，率其鄉人見之，論議有合，兵遂不涉其境，鄉人義之。伯顏奏授爲同知徽州路總管府事，以廉能擢置臺憲，累遷至湖南肅政廉訪副使，陞浙西廉訪使。所至以黜贓吏、洗冤獄爲己任，且嘗上章奏免儒役，及舉行浙西助役法。年五十卒，賜謚莊簡。

陳顥

陳顥字仲明，其先居盧龍，有名山者，仕金爲謀克監軍，太祖得之，以爲平陽等路軍民都元帥，子孫徙清州，遂爲清州人。顥幼穎悟，日記誦千百言，稍長，游京師，登翰林承旨王磐、安藏之門。磐熟金典章，安藏通諸國語，顥兼習之。安藏乃薦顥入宿衞，尋爲仁宗潛邸

說書。於是，仁宗奉母后出居懷慶，顥從行，日開陳以古聖賢居艱貞之道。

會成宗崩，仁宗入定內難，以迎武宗，顥皆預謀。及仁宗卽位，以推戴舊勳，特拜集賢大學士、榮祿大夫，仍宿衞禁中，政事無不與聞。科舉之行，顥贊助之力尤多。顥時伺帝燕閒，輒取聖經所載大經大法，有切治體者陳之，每見嘉納。帝嘗坐便殿，羣臣入奏事，望見顥，喜曰：「陳仲明在列，所奏必善事矣。」顥以父年老，力請歸養淸州，帝特命顥長子孝伯爲知州以就養。顥固辭，乃以孝伯爲州判官。帝欲用顥爲中書平章政事，顥叩首謝曰：「臣無汗馬之功，又乏經濟之略，一旦置之政塗，徒速臣咎。臣願得朝夕左右，獻替可否，庶少裨萬一，亦以全臣愚忠。」帝乃允。仁宗崩，辭祿家居者十年。

文宗卽位，復起爲集賢大學士，上疏勸帝大興文治、增國子學弟子員、蠲儒之徭役，文宗皆嘉納焉。顥先後居集賢，署薦士牘累數百，有訐之者，顥曰：「吾寧以謬舉受罰，蔽賢誠所不忍。」順帝元統初，顥扈蹕行幸上都，至龍虎臺，帝命造膝前，而握其手曰：「卿累朝老臣，更事多矣，凡議政事，宜極言無隱。」顥頓首謝不敏。顥每集議，其言無不剴切，後至元四年，致政，命食全俸于家。明年卒，年七十六。至正十四年，贈攄誠秉義佐理功臣、光祿大夫、河南江北等處行中書省平章政事、柱國，追封薊國公，謚文忠。

顥出入禁闥數十年，樂談人善，而惡聞人過。大夫士因其薦拔以至顯列，有終身莫知

所自者，是以結知人主，上下無有怨尤。歐陽玄爲國子祭酒，與顥同考試國子伴讀，每出一卷，顥必拾而觀之，苟得其片言善，卽以置選列，爲之色喜。玄歎曰：「陳公之心，蓋篤於仁而踰於厚者，眞可使鄙夫寬、薄夫敦矣。」

次子敬伯，至正中仕爲中書參知政事，歷左丞、右丞，二十七年，拜中書平章政事。

校勘記

〔一〕三年拜中書參知政事　本證云：「案紀在四年，宰相表同。此誤。」

〔二〕官其（第）〔弟〕五品　從道光本改。

〔三〕賁里〔胥〕代納　原空闕，從北監本補。

元史卷一百七十八

列傳第六十五

梁曾

梁曾字貢父，燕人。祖守正，父德，皆以曾貴，贈安定郡公。曾少好學，日記書數千言。中統四年，以翰林學士承旨王鶚薦，辟中書左三部令史，三轉爲中書省掾。至元十年，用累考及格，授雲南諸路行省都事，佩銀符。久之，陞員外郎。十五年，轉同知廣南西道左右兩江宣撫司事。明年，除知南陽府。唐、鄧二屬州爲襄陽府所奪，曾按圖經、稽國制以聞，事得復舊。南陽在宋末爲邊鄙，桑柘未成，而歲賦絲，民甚苦之，曾請折輸布，民便之。

十七年，朝廷以安南世子陳日烜不就徵，遣曾使其國。召見，賜三珠金虎符、貂裘一襲，進兵部尚書，與禮部尚書柴椿偕行。至安南，語祕不傳。明年，日烜遣其叔遺愛，奉表

從曾入獻方物。帝封遺愛爲安南國王，賜幣帛，遣歸。二十一年，除曾湖南宣慰司副使。居三年，以疾去。

二十九年，改淮西宣慰司副使，復以親老辭。召至京師，入見內殿，有旨令曾再使安南，授吏部尚書，賜三珠金虎符、襲衣、乘馬、弓矢、器幣，以禮部郎中陳孚爲副。十二月，改授淮安路總管而行。三十年正月，至安南。其國有三門：中曰陽明，左曰日新，右曰雲會，陪臣郊迎，將由日新門入。曾大怒曰：「奉詔不由中門，是我辱君命也。」卽回館，旣而請開雲會門入，曾復執不可，始自陽明門迎詔入。又責日燇親出迎詔，且講新朝尚右之禮。以書往復者三次，具宣布天子威德，而風其君入朝。世子陳日燇大慼服，三月，令其國相陶子奇等從曾詣闕請罪，幷上萬壽頌、金冊表章、方物，而以黃金器幣奇物遺曾爲贐，曾不受，以還諸陶子奇。

八月，還京師，入見，進所與陳日燇往復議事書。帝大悅，解衣賜之，且令坐地上，右丞阿里意不然，帝怒曰：「梁曾兩使外國，以口舌息兵戈，爾何敢爾！」是日，有親王至自和林，帝命酌酒，先賜曾，謂親王曰：「汝所辨者汝事，梁曾所辦，吾與汝之事，汝勿以爲後也。」復於便殿賜酒饌，留宿禁中，語安南事，至二鼓方出。明日，陶子奇等見詔，陳其方物象、鸚鵡于庭，而命曾引所獻象，曾以袖引之，象隨曾轉，如素馴者，復命引他象，亦然。帝以曾爲福

人，且問曰：「汝亦懼否？」對曰：「雖懼，君命不敢違。」帝稱善。或譖僧受安南賂者，帝以問僧，僧對曰：「安南以黃金器幣奇物遺臣，臣不受，以屬陶子奇矣。」帝曰：「苟受之，何不可也！」尋賜白金一錠、金幣二，敕中書以使安南三珠金虎符與之。仍乘傳之任淮安。到官，興學校，厲風俗，河南行省事有疑者，皆委僧議之。

大德元年，除杭州路總管，戶口復者五萬二千四百戶，請禁莫夜鞫囚、游街、酷刑，朝廷是之，著爲令。四年，丁內艱。先是，丁憂之制未行，僧上言請如禮。七年，除潭州路總管，以未終制，不赴。明年，遷兩浙都轉運鹽使。又明年，拜雲南行省參知政事，賜三珠金虎符。尋召還京，辭以母喪未葬，扶柩北歸，至長蘆，有旨賜鈔一百錠，使營葬。十年，召爲中書參議，嘗預燕，賜只孫一襲。十一年，轉正奉大夫，出爲河南行省參知政事，尋遷湖廣行省參知政事。四年，〔二〕以疾辭歸，敕賜藥物，存問備至。

皇慶元年，仁宗以僧前朝舊臣，特授昭文館大學士、資德大夫。累章乞致仕，不允，復起爲集賢侍講學士。國有大政，必命僧與諸老議之。延祐元年，奉詔代祀中岳等神。還至汴梁，以病不復職，寓居淮南，杜門不通賓客，惟日以書史自娛。至治二年卒，年八十一。卒之前十日，有大星隕于所居，流光燭地，人皆異之。

劉敏中

劉敏中字端甫，濟南章丘人。幼卓異不凡，年十三，語其父景石曰：「昔賢足於學而不求知，豐於功而不自衒，此後人所弗逮也。」父奇之。鄉先生杜仁傑愛其文，亟稱之。敏中嘗與同儕各言其志，曰：「自幼至老，相見而無愧色，乃吾志也。」

至元十一年，由中書掾擢兵部主事，拜監察御史。權臣桑哥秉政，敏中劾其奸邪，不報，遂辭職歸其鄉。既而起爲御史臺都事。時同官王約以言去，敏中杜門稱疾。臺臣請視事，敏中曰：「使約無罪而被劾，吾固不當出；誠有罪耶，則我既爲同僚，又爲交友，不能諫止，亦不無過也。」出爲燕南肅政廉訪副使，入爲國子司業，遷翰林直學士，兼國子祭酒。

大德七年，詔遣宣撫使巡行諸道，敏中出使遼東、山北諸郡，守令悖貴倖暴橫者，一繩以法，錦州雨水爲災，輒發廩賑之。除東平路總管，擢陝西行臺治書侍御史。九年，召爲集賢學士，商議中書省事。上疏陳十事，曰：整朝綱，省庶政，進善良，剔姦蠹，顯公道，杜私門，廣恩澤，實鈔法，嚴武備，舉封贈。成宗崩，姦臣希中旨，贊其邪謀，敏中援禮力爭之。

武宗卽位，召敏中至上京，庶政多所更定，授集賢學士、皇太子贊善，仍商議中書省事，賜金幣有加。頃之，拜河南行省參知政事，俄改治書侍御史，出爲淮西肅政廉訪使，轉山東宣慰使，遂召爲翰林學士承旨。詔公卿集議弭災之道，敏中疏列七事，帝嘉納焉。以疾還鄉里。

敏中平生，身不懷幣，口不論錢，義不苟進，進必有所匡救，援據今古，雍容不迫。每以時事爲憂，或鬱而弗伸，則戚形于色，中夜歎息，至涙濕枕席。爲文辭，理備辭明，有中菴集二十五卷。延祐五年卒，年七十六。贈光祿大夫、柱國，追封齊國公，謚文簡。

王約

王約字彥博，其先汴人，祖通，北徙眞定。約性穎悟，風格不凡。從中丞魏初游，博覽經史，工文辭，務達國體，時好不以動其心。至元十三年，翰林學士王磐薦爲從事，丞旨火魯火孫以司徒開府，奏授從仕郎、翰林國史院編修官，兼司徒府掾。既而辟掾中書，除禮部主事。

二十四年，拜監察御史，授承務郎。首請建儲，及修史事。時丞相桑哥銜參政郭佑爲中丞時奏誅右丞盧世榮等，故誣以他罪，約上章直佑冤。按治成都鹽運使王鼎不法，罷官除名。轉御史臺都事。南臺侍御史程文海入言事，多斥桑哥罪。桑哥怒，又以約與之表裏，六奏殺之，上不從。約以隴西地遠，請立行臺陝西，詔從之。出賑河間饑民，均覈有方，全活甚衆。

三十一年，遷中書右司員外郎。四月，成宗卽位，言二十二事，曰：實京師，放差稅，開獵

禁，蠲逋負，賑窮獨，停冗役，禁鷹房，振風憲，除宿蠹，慰遠方，卻貢獻，詢利病，利農民，勵學校，立義倉，覈稅戶，重名爵，明賞罰，擇守令，汰官屬，定律令，革兩司。又請中書去繁文，一取信於行省，一責成於六部。調兵部郎中，改禮部郎中。請行贈謚之典以旌忠勳，付時政記於史館以備纂錄，立供需府以專供億，皆從而行之。拜翰林直學士、知制誥同修國史。奉詔賑京畿東道饑民，發米五十萬石，所活五十餘萬人。因條疏京東利病十事，請發米續賑之，中書用其言，民獲以甦。

高麗王昛年老，傳國子謜，有不安其政者，飛譏離間，及謜朝京師，潛使人賂用事者，留謜不遣。昛復位，乃委用小人，厚斂淫刑，國人羣愬于朝。中書令執其首惡，繫刑部，其黨復不悛，奏屬約驗問。約至，宣布明詔，而諭之曰：「天地間至親者父子，至重者君臣。彼小人知自利，寧肯爲汝家國地耶！」昛感泣，謝曰：「臣年耄，聽信儉邪，是以致此，今聞命矣。願奉表自雪，且請子謜還國，共小人黨與，悉聽使者治。」翼日，約逮捕覆按其罪，流二十二人，杖三人，黜有官者二人。命故臣洪子藩爲相，俾更弊政，罷非道水驛十三，免耽羅貢非土產物，東民大喜。還報，稱旨，除太常少卿。

尋詔約同宗正、御史讞獄京師，約辭職在淸廟，帝不允。乃閱諸獄，決二百六十六人，當死者七十二人，釋無罪者八十六人，平反吳得誠冤，嫁良家入倡女十人，杖流元旦帶刀闌入

殿庭者八十人。因議鬬毆殺人者宜減死一等，著爲令。又以浙民於行省、南臺互訟不決，命約訊之。約至杭，二十日而理，省、臺無異辭。特拜刑部尚書，以錄前功。

大德十一年，仁宗至自懷州，肅淸宮禁，以平章賽典赤、安西王阿難答，與左丞相阿忽台潛謀爲變，命刑曹按責其狀。約曰：「在法，謀逆不必搒掠，竟當伏誅。」由是結知仁宗。監察御史言通州倉米三萬石，因雨而濕。約謂必積氣所蒸，驗且堪用，釋守者罪。宗王兄弟二人守邊，兄陰有異志，弟諫不聽，卽上馬馳去，兄遣奴挾弓矢追之，弟發矢斃其奴，兄訴囚其弟，獄當死。約慮囚曰：「兄之奴，卽弟之奴，況殺之有故。」立釋之。遷禮部尚書，請定丁憂之制，申旌表之恩，免都城煤炭之徵，皆從之。

京民王氏，仕江南而歿，有遺腹子，其女育之，年十六，乃訴其姊匿貲若干，有司責之急。約視其牘曰：「無父之子，育之成人，且不絕王氏祀，姊之恩居多。誠利其貲，寧育之至今日耶！」改前議而斥之。柴氏初無子，命張氏子後，既得己子，張出爲僧，柴之子又歿，僧乃訟家產，詔約詰之。約問曰：「汝出家，既分承汝師衣鉢，又何爲得柴氏業乎？」僧不能答，遂歸柴氏應後者。

至大二年正月，上武宗尊號，及册皇后，凡典禮儀注，約悉總之如制。仁宗在東宮，雅

知約名，思用以自輔，擢太子詹事丞。從幸五臺山，約諫不可久留，卽日還上京。初，安西王封於秦，既以謀逆誅，國除，版賦入詹事院。至是，大臣奏請封其子，復國，仁宗以問。約曰：「安西以何罪誅？今復之，何以懲將來！」議遂寢。明年，進太子副詹事。約抗章諫節飲，辭意懇切，仁宗嘉納焉。

承制立左衞率府，統侍衞軍萬人，同列欲署軍官，約持不可，衆難之曰：「東宮非樞密使耶？」約曰：「詹事，東宮官也，預樞密事可乎？」仁宗復召問約，對曰：「皇太子事，不敢不爲；天子事，不敢爲。」仁宗悟，竟罷議。同列復傳命增立右衞率府，取河南蒙古軍萬人統之。約屏人語曰：「左衞率府，舊制有之，今置右府何爲？諸公宜深思之，不可累儲宮也。」又命取安西兵器，給宿衞士。約謂詹事完澤曰：「詹事移文數千里取兵器，人必驚疑。主上聞之，奈何？」完澤色慚曰：「實慮不及此。」又命福建取繡工童男女六人。約言曰：「福建去京師六七千里，使人父子兄弟相離，有司承風動擾，豈美事耶！」仁宗止之，稱善再三。家令薛居敬上言陝西分地五事，因被命往理之，約不爲署行，語之曰：「太子，潛龍也。當勿用之時，爲飛龍之事可乎？」遂止。薦翰林學士李謙爲太子少傅，請立故丞相淮安忠武王伯顏祠于杭，皆從之。仁宗以詹事院諸事循軌，大喜，面賜犀帶，力辭；又賜江南所取書籍，亦辭。仁宗常字

而不名，諭羣臣曰：「事未經王彥博議者，勿啓。」又謂中丞朶䚟曰：「在詹事而不求賜予者，惟彥博與汝二人耳。」一日，仁宗西園觀角觝戲，有旨取繒帛賜之。約入，遙見問曰：「汝何爲來？」仁宗遽止之。又欲觀俳戲，事已集而約至，卽命罷去，其見敬禮如此。

四年三月，仁宗正位宸極，欲用陰陽家言，卽位光天殿，卽東宮也。約言於太保曲樞曰：「正名定分，當御大內。」太保入奏，遂卽位於大明殿。中書奏約陝西行省參知政事，帝大怒，特拜河南行省右丞。約陛辭，帝賜巵酒及弓矢。

先是，至大間尚書省用建言者，冒獻河、汴官民地爲無主，奏立田糧府，歲輸數萬石，是歲詔罷之，竄建言人於海外，命河南行省復其舊業，行省方並緣爲奸，田猶未給。約至，立期檄郡縣，釐正如詔。會詔更銅錢銀鈔法，且令天下稅，盡收至大鈔。約度河南歲用鈔七萬錠，必致上供不給，乃下諸州，凡至大、至元鈔相半，衆以方詔命爲言，約曰：「吾豈不知，第歲終諸事不集，責亦匪輕。」丞相卜憐吉台贊之曰：「善。」遣使白中書，省臣大悅，遂徧行天下。南陽李朮魯翀以書謁約，大奇之，卽署爲郡學正。既又薦之中書，擢翰林國史院編修官。

皇慶改元元日，詔中書省曰：「汴省王右丞可卽召之。」約以三月一日至，召見，慰勞，特拜集賢大學士，推恩三世，贈諡樹碑。約首奏：「河南行省丞相卜憐吉台，勳閥舊臣，不宜

久外。」召至，封河南王。約又建議行封贈、禁服色、興科舉。皆著爲令甲。上疏薦國子博士姚登孫、應奉翰林文字揭傒斯、成都儒士楊靜，請起復中山知府致仕輔惟良、前尚書參議李源、左司員外郞曹元用，皆除擢有差。辯奏故左丞賫履有遺腹子棄外，宜收養歸宗，爲賫氏後。

延祐二年，丞相帖木迭兒專政，奏遣大臣分道奉使宣撫，命約巡行燕南山東道。約至衞輝，有毆母置獄者，其母泣訴，言老妾惟此一息，死則一門絕矣。約原其情，杖一百而遣之。冠州民有兄訐其弟厭詛者，讞之，則曰：「我求嗣也。」索授時曆驗其日良信，乃立縱之使還。拜樞密副使，視事，明日召見賜酒，帝謂左右曰：「人言彥博老病，朕今見之，精力尚强，可堪大任也。」是夕，知院駙馬塔失帖木兒宿衞，帝戒之曰：「彥博非汝友，宜師事之。」

至治元年，英宗卽位，帖木迭兒復相，約辭職不出。二年，以年七十致仕。三年，丞相拜住一新政務，尊禮老臣，傳詔起約，復拜集賢大學士，商議中書省事，以其祿居家，每日一至中書省議事，至治之政，多所參酌。又嘗奉詔與中書省官，及他舊臣，條定國初以來律令，名曰大元通制，頒行天下。朝廷議罷征東省，立三韓省，制式如他省，詔下中書雜議，約對曰：「高麗去京師四千里，地瘠民貧，夷俗雜尙，非中原比，萬一梗化，疲力治之，非幸事也，不如守祖宗舊制。」丞相稱善，奏罷議不行。高麗人聞之，圖公像歸，祠而事之，曰：「不

絕國祀者，王公也。」泰定元年，奉詔廷策天下士，第八刺、張益等八十五人，始增乙科員額至一十五人。

天曆元年，文宗踐祚，約入賀，賜宴大明殿，帝勞問甚歡。時年七十有七，平居襟度和粹，謙抑自持，後進謁見，必加禮貌；俸祿所入，布散姻族，外及貧士；從父居貧，月奉錢米餽肴饍，事之如父；歲時朔望，攜子姓至先塋，展拜懷戀，謹時祭及五祀，動稽古禮，邦人以爲矜式。至順四年二月己酉卒，年八十二，皇太后聞之嗟悼，以尙醞二尊，遣徽政院臣臨弔致奠，敕中書省以下賻贈有差。是月庚申，葬城西岡子原。

約平生著作，有史論三十卷、高麗志四卷、潛丘藁三十卷，行於世。子思誠，奉議大夫、祕書監著作郎。

王結

王結字儀伯，易州定興人。祖逖勤，以質子軍從太祖西征，娶阿魯渾氏，自西域徙戍秦隴，又徙中山，家焉。

結生而聰穎，讀書數行俱下，終身不忘。嘗從太史董朴受經，深於性命道德之藴，故其措之事業，見之文章，皆悉有所本。憲使王仁見之，曰：「公輔器也。」年二十餘，游京師，上執

政書，陳時政八事，曰：立經筵以養君德，行仁政以結民心，育英材以備貢舉，擇守令以正銓衡，敬賢士以厲名節，革冗官以正職制，辨章程以定民志，務農桑以厚民生。其言剴切純正，皆治國之大經大法，宰相不能盡用之。

時仁宗在潛邸，或薦結充宿衞，乃集歷代君臣行事善惡可爲鑒戒者，日陳于前，仁宗嘉納焉。武宗卽位，以仁宗爲皇太子。大德十一年，命置東宮官屬，以結爲典牧太監，階太中大夫。近侍以俳優進，結言：「昔唐莊宗好此，卒致禍敗，殿下方育德春宮，視聽宜謹。」仁宗優納之。

仁宗卽位，遷集賢直學士。出爲順德路總管，敎民務農興學、孝親弟長、戢奸禁暴，悉登于書，俾朝夕閱習之。屬邑(巨)〔鉅〕鹿沙河有唐魏徵、宋璟墓，〔三〕乃祠二公于學，表其言論風旨，以厲多士。遷揚州，又遷寧國，以從弟紳僉江東廉訪司事，辭不赴。改東昌路，境有黃河故道，而會通堤遏其下流，夏月潦水，壞民麥禾。結疏爲斗門以泄之，民獲耕治之利。

至治二年，參議中書省事。時拜柱爲丞相，結言：「爲相之道，當正己以正君，正君以正天下；除惡不可猶豫，猶豫恐生它變；服用不可奢僭，奢僭則害及于身。」丞相是其言。未幾，除吏部尙書，薦名士宋本、韓鏞等十餘人。

泰定元年春，廷試進士，以結充讀卷官。遷集賢侍讀學士、中奉大夫，會有月食、地震、烈風之異。結昌言于朝曰：「今朝廷君子小人混淆，刑政不明，官賞太濫，故陰陽錯謬。咎徵荐臻，宜修政事，以弭天變。」是歲，詔結知經筵，扈從上都。結援引古訓，證時政之失，冀帝有所感悟。中宮聞之，亦召結等進講，結以故事辭。明年，除浙西廉訪使，中途以疾還。歲餘，拜遼陽行省參知政事。遼東大水，穀價翔湧，結請于朝，發粟數萬石，以賑饑民。召拜刑部尙書。

天曆元年，文宗卽位，拜陝西行省參知政事，改同知儲慶司事。二年，拜中書參知政事，入謝光天殿，以親老辭，帝曰：「忠孝能兩全乎？」是時迎立明宗于朔方，明宗命文宗居皇太子位，於是遣大臣奉寶北迓。近侍有求除拜賞賚者，結曰：「俟天子至議之。」初，上都之變，失皇太子寶，更鑄新寶，近侍請視舊製宜加大，結曰：「此寶當傳儲嗣，不敢踰舊制也。」或致人于死，而籍其妻孥貲產者，結復論之。近侍益怒，譖詆日甚，遂罷政。又命爲集賢侍讀學士，丁內艱，不起。

元統元年，復除浙西廉訪使，未行，召拜翰林學士、資善大夫、知制誥同修國史，與張起巖、歐陽玄修泰定、天曆兩朝實錄。拜中書左丞。中宮命僧尼於慈福殿作佛事，已而殿災，結言僧尼褻瀆，當坐罪。左丞相疾革，家人請釋重囚禳之，結極陳其不可。先時，有罪

者，北人則徙廣海，南人則徙遼東，去家萬里，往往道死。結請更其法，移鄉者止千里外，改過聽還其鄉，因著爲令。職官坐罪者，多從重科，結曰：「古者，刑不上大夫，今貪墨雖多，然士之廉恥，不可以不養也。」聞者謂其得體。至元元年，詔復入翰林，養疾不能應詔。二年正月二十八日卒，年六十有二。

結立言制行，皆法古人，故相張珪曰：「王結，非聖賢之書不讀，非仁義之言不談。」識者以爲名言。晚邃於易，著易說一卷，臨川吳澄讀而善之。及卒，公卿唁于朝，士大夫弔于家，曰：「正人亡矣。」四年五月，詔贈資政大夫、河南江北等處行中書省右丞、護軍，追封太原郡公，謚文忠。有詩文十五卷行于世。

宋衜

宋衜字弘道，潞州長子人，金兵部員外郎元吉之孫。衜善記誦，年十七，避地襄陽，已而北歸，屏居河內者，十有五年。趙璧經略河南，聞其名，禮聘之。中統三年，擢翰林修撰。李璮畔，璧行中書省事於濟南，至元五年，大兵守襄陽，璧行元帥府事，衜皆從焉，軍事多所咨訪。六年，高麗權臣林衍廢其國王，而立其弟淐，詔遣國王頭輦哥暨璧將兵討之，以衜爲行省員外郎，持詔徙江華島居民於平壤。復命，慰勞良厚，仍賜衣段，授河南路總管府判

官，不赴。

十三年，入爲太常少卿，屬省官制行，兼領籍田署事。十六年，太子以耆德召見，應對詳雅，大愜睿旨，自是數蒙召問，侍講經幄，開諭爲多。十八年，除祕書監。十九年，江西分地當署郡邑守令，皆命衎銓舉。二十年，初立詹事院，首命衎爲太子賓客。每燕見，優賜容接，多所錫賚。二十三年卒，有秬山集十卷行于世。

張伯淳

張伯淳字師道，杭州崇德人。少舉童子科，以父任銓受迪功郎、淮陰尉，改揚州司戶參軍，尋舉進士，監臨安府都稅院，陞觀察推官，除太學錄，入本朝。至元二十三年，授杭州路儒學教授，遷浙東道按察司知事。

二十八年，擢爲福建廉訪司知事。歲餘，有薦伯淳於帝前者，遣使召問。明年，入見，帝問冗官、風憲、鹽筴、楮幣，皆當時大議，所對悉稱旨，命至政事堂，將重用之，固辭，遂授翰林直學士，進階奉訓大夫，謁告以歸。授慶元路總管府治中，行省檄按疑獄衢、秀，皆得其情。大德四年，即家拜翰林侍講學士。明年，造朝，扈從上都。又明年卒。有文集若干卷藏于家。

校勘記

〔一〕四年　按上文有「大德十一年」，下文有「皇慶元年」，此處當作「至大四年」。蒙史已校。

〔二〕（亘）〔鉅〕鹿　道光本與滋溪文藁卷二三王結行狀合，從改。

元史卷一百七十九

列傳第六十六

賀勝

賀勝，仁傑子也，字貞卿，一字舉安，小字伯顏，以小字行。嘗從許衡學，通經傳大義。年十六，入宿衞，凝重寡言，世祖甚器重之，大臣有密奏，輒屏左右，獨留勝，許聽之，出則參乘輿，入則侍帷幄，非休沐，不得至家。

至元二十四年，乃顏叛，帝親征，勝直武帳中，雖親王不得輒至。勝傳旨飭諸將，詰旦合戰，還侍帝側，矢交帳前，勝立侍不動。乃顏既敗，帝還都，乘輿夜行，足苦寒，勝解衣，以身溫之。帝一日獵還，勝參乘，伶人蒙采毳作獅子舞以迎駕，輿象驚，奔逸不可制，勝投身當象前，後至者斷靷縱象，乘輿乃安。勝退，創甚，帝親撫之，遣尚醫、尚食視護。拜集賢學士，領太史院事，詔賜一品服。盧世榮、桑哥秉政，勢焰熏灼，勝父仁傑，留守上都，不肯爲

之下，桑哥欲陰中之，累數十奏，帝皆不聽。

至元二十八年，桑哥敗，罷尚書省，政歸中書。帝問誰可相者，勝對曰：「天下公論，皆屬完澤。」遂相完澤，而以勝參知政事。三十年，僉樞密院事，遷大都護。

大德九年，勝父仁傑請老，以勝代爲上都留守，兼本路都總管、開平府尹、虎賁親軍都指揮使。既至，通商賈，抑豪縱，出納有法，裁量有度，供億不匱，民賴以安。諸權貴子弟奴隸有暴橫驕縱者，悉繩以法。

至大三年，進光祿大夫、左丞相，行上都留守，兼本路總管府達魯花赤。尋又加開府儀同三司、上柱國。奉聖州民高氏，籍虎賁，以貲雄鄉里，身死子幼。有逹官利其財，使其部曲强娶高氏婦。勝白帝，斥之，高氏以全。歲大饑，輒發倉廩賑民，乃自劾待罪。帝報曰：「祖宗以上都之民付卿父子，欲安之也。卿能如此，朕復何憂，卿其視事。」民德之，爲立祠上都西門外。帝聞之，復命工寫其像以賜，俾傳示子孫。未幾，以足疾請老，不許，曰：「卿臥護足矣。」賜小車，出入禁闥。

初，開平人張弼，家富。弼死，其奴索錢民家，弗得，毆負錢者至死。有治其獄者，教奴引弼子，幷下之獄。丞相鐵木迭兒受其賂六萬緡，終不爲直。勝素惡鐵木迭兒貪暴，居同巷，不與往來。聞弼事，以語御史中丞楊朵兒只。楊朵兒只以語監察御史玉龍帖木兒、徐

元素。遂劾奏丞相，逮治其左右，得所賂事實以聞。帝亦素惡鐵木迭兒，欲誅之。鐵木迭兒走匿太后宮中，太后爲言，僅奪其印綬而罷之。及英宗卽位，在諒闇中，鐵木迭兒遂復出據相位，乃執楊朶兒只及中書平章政事蕭拜住，同日戮于市。且復誣勝乘賜車迎詔，不敬，幷殺之。勝死之日，百姓爭持紙錢，哭于屍傍甚哀。泰定初，詔雪其冤，贈推忠宣力保德功臣、太傅、開府儀同三司、上柱國，追封秦國公，謚惠愍。至正三年，加贈推忠亮節同德翊戴功臣、太師、開府儀同三司、上柱國，追封涇陽王，改謚忠宣。

子二人：惟一，開府儀同三司、中書左丞相、監修國史；惟賢，太中大夫、同知上都留守司事。孫均，太子詹事。

楊朶兒只 〔不花〕〔一〕

楊朶兒只，河西寧夏人。少孤，與其兄皆幼，卽知自立，語言儀度如成人。事仁宗于藩邸，甚見倚重。大德丁未，從還懷孟。仁宗聞朝廷有變，將北還，命朶兒只與李孟先之京師，與右丞相哈剌哈孫定議，迎武宗于北藩。仁宗還京師，朶兒只譏察禁衞，密致警備，仁宗嘉賴焉，親解所服帶以賜。既佐定內難，仁宗居東宮，論功以爲太中大夫、家令丞，日夕侍側，雖休沐，不至家，衆敬憚之。會兄卒，涕泣不勝哀，仁宗憐之，存問優厚。事寡嫂有禮，

待兄子不異己子，家人化之。進正奉大夫、延慶使。武宗聞其賢，召見之，仁宗曰：「此人誠可任大事，然剛直寡合。」武宗顧視之，曰：「然。」

仁宗始總大政，執誤國者，將盡按誅之，朶兒只曰：「爲政而尙殺，非帝王治也。」帝感其言，特誅其尤者，民大悅服。帝他日與中書平章李孟論元從人材，孟以朶兒只爲第一，帝然之，拜禮部尙書。初，尙書省改作至大銀鈔，視中統一當其二十五，又鑄銅爲至大錢，至是議罷之。朶兒只曰：「法有便否，不當視立法之人爲廢置。銀鈔固當廢，銅錢與楮幣相權而用之，昔之道也。國無棄寶，民無失利，錢未可遽廢也。」言雖不盡用，時論是之。遷宣徽副使，御史請遷爲臺官，帝以宣徽膳用，素不會計，特以委之，未之許也。

有言近臣受賄者，帝怒其非所當言，將誅之，時張珪爲御史中丞，叩頭諫，不聽。朶兒只言于帝曰：「誅告者，失刑；違諫者，失誼。世無諍臣久矣，張珪，眞中丞也。」帝喜，竟用珪言，拜朶兒只爲侍御史。帝宴閒時，羣臣侍坐者，或言笑踰度，帝見其正色，爲之改容，有犯法者，雖貴幸無所容貸。怨者因共譖之，帝知之深，譖不得行。拜資德大夫、御史中丞。中書平章政事張閭以妻病，謁告歸江南，奪民河渡地，朶兒只以失大體，劾罷之。江東、西奉使斡來不稱職，權臣匿其奸，冀不問，朶兒只劾而杖之，斡來愧死。御史納璘言事忤旨，帝怒叵測，朶兒只救之，一日至八九奏，曰：「臣非愛納璘，誠不願

陛下有殺御史之名。」帝曰：「爲卿，宥之，可左遷爲昌平令。」昌平，畿內劇縣，欲以是困納璘。朶兒只又言曰：「以御史宰京邑，無不可者。但以言事而得左遷，恐後之來者，用是爲戒，不肯復言矣。」帝不允。後數日，帝讀貞觀政要，朶兒只侍側，帝顧謂曰：「魏徵古之遺直也，朕安得用之？」對曰：「直由太宗，太宗不聽，徵雖直，將焉用之！」帝笑曰：「卿意在納璘耶？當赦之，以成爾直名也。」

有上書論朝政闕失，面觸宰相，宰相怒，將取旨殺之。朶兒只曰：「詔書云：言雖不當，無罪。今若此，何以示信天下！果誅之，臣亦負其職矣。」帝悟，釋之。於是特加昭文館大學士、榮祿大夫，以奬其直言。時位一品者，多乘閒邀王爵、贈先世。或謂朶兒只眷倚方重，苟言之，當可得也，朶兒只曰：「家世寒微，幸際遇至此，已懼弗稱，尙敢求多乎！且我爲之，何以風厲僥倖者！」遷中政院使。未幾，復爲中丞，遷集賢大學士，爲權臣鐵木迭兒所害而死，年四十二。

初，武宗崩，皇太后在興聖宮，鐵木迭兒爲丞相，踰月，仁宗卽位，因遂相之。居兩歲，得罪斥罷，更自結徽政近臣，復再入相，恃勢貪虐，兇穢愈甚，中外切齒，羣臣不知所爲。御史中丞蕭拜住拜中書右丞，又拜平章政事，稍牽制之。朶兒只自侍御史拜御史中丞，慨然以糾正其罪爲己任。上都富民張弼殺人繫獄，鐵木

迭兒使大奴脅留守賀伯顏出之，及强以他奸利事，不能得。一日，坐都堂，盛怒，以官事召留守，將罪之，留守昌言：「大奴所干非法，不敢從，他實無罪。」鐵木迭兒語詘，得解去。朶兒只廉得其所受弼賕鉅萬萬，大奴猶數千，使御史徐元素按得實，入奏。而御史亦輦眞，又發其私罪二十餘事。帝震怒，有詔逮問，鐵木迭兒逃匿，帝爲不御酒數日，以待決獄，盡誅其大奴同惡數人，鐵木迭兒終不能得，朶兒只持之急。徽政近臣以太后旨，召朶兒只至宮門，責以違旨意者，對曰：「待罪御史，奉行祖宗法，必得罪人，非敢違太后旨也。」帝仁孝，恐誠出太后意，不忍重傷咈之，但罷其相位，而遷朶兒只爲集賢學士，帝猶數以臺事問之，對曰：「非臣職事，臣不敢與聞。所念者，鐵木迭兒雖去君側，反得爲東宮師傅，在太子左右，恐售其奸，則禍有不可勝言者。」

仁宗崩，英宗猶在東宮，鐵木迭兒復相，乃宣太后旨，召蕭拜住、朶兒只至徽政院，與徽政使失里門、御史大夫禿忒哈雜問之，責以前違太后旨之罪。朶兒只曰：「中丞之職，恨不卽斬汝，以謝天下。果違太后旨，汝豈有今日耶！」鐵木迭兒又引同時爲御史者二人，證成其獄。朶兒只顧二人唾之曰：「汝等嘗得備風憲，乃爲是犬彘事耶！」坐者皆慚俯首，卽起入奏。未幾，稱旨執朶兒只載諸國門之外，與蕭拜住俱見殺。是日，風沙晦冥，都人恟懼，道路相視以目。

英宗卽位，詔書遂加以誣罔大臣之罪，鐵木迭兒權勢旣成，毫髮之怨，無不報者，太后驚悔，而帝亦覺其所譖毀者皆先帝舊臣，未及論治，而鐵木迭兒以病死。會有天災，求直言，會議廷中，集賢大學士張珪、中書參議回回，皆稱蕭、楊等死甚寃，是致不雨。聞者失色，言終不得達。及珪拜平章，卽告丞相拜住曰：「賞罰不當，枉抑不伸，不可以爲治。若蕭、楊等寃，何可不亟昭雪也！」丞相善之，遂請於帝，詔昭雪其寃，特贈思順佐理功臣、金紫光祿大夫、司徒、上柱國、夏國公，諡襄愍。朶兒只死時，權臣欲奪其妻劉氏與人，劉氏剪髮毀容以自誓，乃免。子不花。

不花，幼有才氣，能以禮自持，好讀書，善書。初，仁宗聞而召之，應對稱旨，欲以爲翰林直學士，力辭。後遭家難，益自勵節爲學，以蔭補武備司提點，轉僉河東廉訪司事。嘗出按部民，有殺子以誣怨者，獄成，不花讞之，曰：「以十歲兒，受十一創，且彼以斧殺怨，必盡其力，何創痕之淺，反不入膺耶！」遂得其情，平反出之。河東民饑，先捐己貲以賑，請未得命，卽發公廩繼之，民遂賴不死。

天曆初，文宗入繼大統，除通政院判，將行，值陝西諸軍拒詔，郡邑守吏，率民逃之。不花獨率衆出禦，呼西人諭之曰：「民者，祖宗艱難所致，國家大事，何與於民。汝等旣昧逆順，

又欲殘此無辜，吾有爲民死爾，不汝從也。」陣潰，遂見殺，二僕亦見執，曰：「吾主旣爲國死，吾縱爲人奴，今苟得生，他日何以見吾主於地下，不若死從吾主。」欲起殺讐，讐要斬之。至順二年，贈嘉議大夫、禮部尚書，以褒其忠。

蕭拜住

蕭拜住，契丹石抹氏也。曾祖醜奴，有膂力，善騎射，識見明敏，仕金爲古北口屯戍千戶。歲庚午，國兵南下，金將招燈必舍逼，醜奴於暮夜，潛領兵三千人力戰，不克，矢中其胸，遂開關，遣使納降。太祖命醜奴襲招燈必舍，追及平、灤，降之。因攻取平、灤、檀、順、深、冀等州，及昌平紅螺、平頂諸寨，又兩敗金兵於邦君甸，授檀州軍民元帥。太祖方西征，醜奴驛送竹箭弓弩弦各一萬，擢檀順昌平萬戶，仍管打捕鷹房人匠。卒于官，後追封順國公，諡忠毅。弟老瓦，始以楊城漁寨來降，爲醜奴弟充質子，多立戰功，襲檀州節度使。言安以水柵未下，〔二〕陰誘湯河川人叛去，老瓦追之不克，死焉。醜奴子青山，中統元年襲萬戶。至元十一年，從丞相伯顏平宋。還，授湖北提刑按察使。追封順國公，諡武定。青山子哈剌帖木兒，少事裕宗於東宮，典宿衞，仕爲檀州知州。追封順國公，諡康惠。

拜住，乃哈剌帖木兒之子也。嘗從成宗北征，特授檀州知州，入爲禮部郎中，擢同知大

都路總管府事，出知中山府，以憂去官。屬仁宗過中山，有同官者，譖於近侍曰：「知(州)〔府〕去官，〔三〕實憚迎候煩勞耳。」帝頷之，適行田野間，見老嫗，問之曰：「府中官孰賢？」嫗對曰：「有蕭知府，餘不知也。」復過神祠，有數老人焚香羅拜，遣問之曰：「汝輩何所禱？」合辭對曰：「蕭知府奔喪還，欲速其來，是以禱也。」帝意遂釋。

武宗卽位，起復爲中書左司郎中，出爲河間路總管，召爲右衞率使，遷戶部尚書，遂拜御史中丞。皇慶元年，遷陝西行中書省右丞。延祐三年，進中書平章政事，除典瑞院使，超授銀青榮祿大夫、崇祥院使。

英宗卽位之十有九日，右丞相鐵木迭兒怨拜住在省中牽制其所爲，又發其姦贓、專制等事，遂請依皇太后旨，幷前御史中丞楊朶兒只皆殺之。帝曰：「人命至重，刑殺非輕，不宜倉卒。二人罪狀未明，當白太后，使詳讞之，若果無寃，誅之未晚。」竟殺之，並籍其家，語見楊朶兒只及鐵木迭兒傳。泰定間，贈守正佐治功臣、太保、儀同三司、柱國，追封薊國公，諡忠愍。拜住之死，有吳仲者，潛守其尸，三日不去，竟收葬之。

校勘記

〔一〕〔不花〕　據本書原目錄補。

〔二〕言安　「言安」，史無其地，蒙史改作「信安」，疑是。

〔三〕知(州)〔府〕　從道光本改。按前後文有「出知中山府」、「蕭知府」。

元史卷一百八十

列傳第六十七

耶律希亮

耶律希亮字明甫，楚材之孫，鑄之子也。初，六皇后命以赤帖吉氏歸鑄，生希亮於和林南之涼樓，曰禿忽思，六皇后遂以其地名之。憲宗嘗遣鑄覈錢糧于燕，鑄曰：「臣先世皆讀儒書，儒生俱在中土，願攜諸子，至燕受業。」憲宗從之，乃命希亮師事北平趙衍，時方九歲，未浹旬，已能賦詩。歲丙辰，憲宗召鑄還和林，希亮獨留燕。歲戊午，憲宗在六盤山，希亮詣行在所。已而鑄扈從南伐，希亮亦在行。明年，憲宗崩于蜀，希亮將輜重北歸陝右。

又明年，爲中統元年，世祖卽位，阿里不哥反，遣使召主將渾都海。鑄說渾都海等入朝，皆不從，則棄其妻子，挺身來歸。既而渾都海知鑄去，怒，遣百騎追之不及。乃使百人監視希亮母子，迫脅使從行，自靈武過應吉里城，至西涼甘州。阿里不哥遣大將阿藍答兒

自和林帥師至焉支山，希亮見之。阿藍答兒問：「而父安在？」希亮曰：「不知，與吾父同任事者宜知之。」渾都海怒，詬曰：「我焉得知之，其父今亡命東見皇帝矣！」希亮曰：「若然，則何謂不知！」阿藍答兒熟視渾都海曰：「此言深有意焉。」詰希亮甚急，希亮曰：「使吾知之，亦從而去，安得獨留！」阿藍答兒以爲實，免其監涖。

既而阿藍答兒、渾都海爲大兵所殺，其殘卒北走，衆推哈剌不花爲帥。希亮潛匿甘州北黑水東沙陀中。殿兵已過十餘里，有尋馬者適至，老婢漏言，衆奄至，驅至肅州。哈剌不花與鑄有婚姻之好，又哈剌不花在蜀時，嘗疾病，鑄召醫視之，遺以酒食，因釋希亮縛，謂曰：「我受恩於汝父，此圖報之秋也。」及抵沙州北川，希亮與兄弟徒步負任，不火食者數日。是冬，涉雪踰天山，至北庭都護府。二年，至昌八里城。夏，踰馬納思河，抵葉密里城，乃定宗潛邸湯沐之邑也。

時六皇后之妹主后位，與宗王火忽皆欲東覲。希亮母密知其事，攜希亮入見，已而事不果。冬，至于火孛之地。三年，定宗幼子大名王閔其不能歸，遺以幣帛鞍馬，乃從大名王至忽只兒之地。會宗王阿魯忽至，誅阿里不哥所用鎮守之人唆羅海，欲附世祖。復從大名王及阿魯忽二王，還至葉密里城。王遺以耳環，其二珠大如榛，實價直千金，欲穿其耳使帶之。希亮辭曰：「不敢因是以傷父母之遺體也。且無功受賞，於禮尤不可。」王又解金束帶

遺之，且曰：「繫此，於遺體宜無傷。」五月，又爲阿里不哥兵所驅，西行千五百里，至孛劣撒里之地。六月，又西至換扎孫之地。又從至不剌城。又西行六百里，至徹徹里澤剌之山，后妃輜重皆留于此，希亮母及兄弟亦在焉。希亮單騎從行二百餘里，至出布兒城。又百里，至也里虔城，而哈剌不花之兵奄至，希亮又從二王興師，還至不剌城，與哈剌不花戰，敗之，盡殲其衆。二王乃函其頭，遣使報捷。十月，至于亦思寬之地。四年，至可失哈里城。四月，阿里不哥兵復至，希亮又從征，至渾八升城。時希亮母從后避暑於阿體八升山。

先是，鑄嘗言于世祖：「臣之妻子皆在北邊。」至是，世祖遣不華出至二王所，因以璽書召希亮，馳驛赴闕。六月，由苦先城至哈剌火州，出伊州，涉大漠以還。八月，入覲世祖于上都之大安閣，備陳邊事，及覊旅困苦之狀。世祖憐之，賜鈔千錠、金帶一、幣帛三十，命爲速古兒〔赤〕、必闍赤。〔一〕至元八年，授奉訓大夫、符寶郎。

十二年，既平宋，〔二〕世祖命希亮問諸降將，日本可伐否。夏貴、呂文煥、范文虎、陳奕等皆云可伐。希亮奏曰：「宋與遼、金攻戰且三百年，干戈甫定，人得息肩，俟數年，興師未晚。」世祖然之。十三年，太府監令史盧贄言於監官：「各路所貢布長三丈，唯平陽加一丈，諸怯薛歹以故爭取平陽布。苟截其長者，與他郡等，則無所爭，而以其所截者，爲髹漆宮殿器皿之用，甚便。」監官從之。適左右以其事聞，帝以詰監官，監官倉皇莫知所以對，歸罪

於贄，帝命斬之。希亮遇諸塗，贄以冤告。希亮命少緩，具以實入奏。有旨令董文用讞之。竟釋贄，而召御史大夫塔察兒等讓之曰：「此事，言官當言而不言，向微禿忽思，不誤誅此人耶！」

十四年，轉嘉議大夫、禮部尚書，尋遷吏部尚書。帝駐蹕察納兒台之地，希亮至，奏對畢，董文用問大都近事。〔三〕希亮曰：「囹圄多囚耳。」世祖方欹枕而臥，忽寤，問其故。希亮奏曰：「近奉旨：漢人盜鈔六文者殺。以是囚多。」帝驚問：「孰傳此語？」省臣曰：「此旨實脫兒察所傳。」脫兒察曰：「陛下在南坡，以語蒙古兒童。」帝曰：「前言戲耳，曷嘗著爲令式？」乃罪脫兒察。希亮因奏曰：「令既出矣，必明其錯誤，以安民心。」帝善其言，卽命希亮至大都，諭旨中書。

十七年，希亮以跋涉西土，足病痿攣，謝事而去，退居灤陽者，二十餘年。至大二年，武宗訪求先朝舊臣，特除翰林學士承旨、資善大夫，尋改授翰林學士承旨、知制誥兼修國史。希亮以職在史官，乃類次世祖嘉言善行以進，英宗取其書，置禁中。久之，閑居京師，四方之士多從之游。泰定四年卒，年八十一。

希亮性至孝，困厄遐方，家貲散亡已盡，僅藏祖考畫像，四時就穹廬陳列致奠，盡誠盡敬。朔漢之人，咸相聚來觀，歎曰：「此中土之禮也。」雖疾病，不廢書史，或中夜起坐，取燭

以書。所著詩文及從軍紀行錄三十卷，目之曰榛軒集。贈推忠輔義守正功臣、資善大夫、集賢學士、上護軍，追封漆水郡公，諡忠嘉。

趙世延

趙世延字子敬，其先雍古族人，居雲中北邊。曾祖暨公，爲金羣牧使，太祖得其所牧馬，暨公死之。祖按竺邇，幼孤，鞠於外大父朮要甲，譌爲趙家，因氏爲趙；驍勇善騎射，從太祖征伐，有功，爲蒙古漢軍征行大元帥，鎭蜀，因家成都。父黑梓，以門功襲父元帥職，兼文州吐蕃萬戶達魯花赤。

世延天資秀發，喜讀書，究心儒者體用之學。弱冠，世祖召見，俾入樞密院御史臺肄習官政。至元二十一年，授承事郎、雲南諸路提刑按察司判官，時年二十有四。烏蒙蠻酋叛，世延會省臣以軍討之，蠻兵大潰，卽請降。二十六年，擢監察御史，與同列五人劾丞相桑哥不法。中丞趙國輔，桑哥黨也，抑不以聞，更以告桑哥。於是五人者，悉爲其所擠，而世延獨幸免。奉旨按平陽郡監也先忽都贓鉅萬，鞠左司郎中董仲威殺人獄，皆明允。二十九年，轉奉議大夫，出僉江南湖北道肅政廉訪司事。敦儒學，立義倉，撤淫祠，修澧陽縣壞隄，嚴常、澧掠賣良民之禁，部內晏然。

元貞元年，除江南行御史臺都事，丁內艱，不赴。大德元年，復除前官，三年，移中臺都事，俄改中書左司都事。臺臣奏，仍爲都事中臺。六年，由山東肅政廉訪副使改江南行臺治書侍御史。十年，除安西路總管。安西，故京兆省臺所治，號稱會府，前政壅滯者三千牘。世延既至，不三月，剖決殆盡。陝民饑，省臺議，請于朝賑之，世延曰：「救荒如救火，願先發廩以賑，朝廷設不允，世延當傾家財若身以償。」省臺從之，所活者衆。

至大元年，除紹興路總管，改四川肅政廉訪使。蒙古軍士，科差繁重，而軍士就戍往來者多害人，且軍官或抑良爲奴，世延皆除其弊，而正其罪。又修都江堰，民尤便之。四年，陞中奉大夫、陝西行臺侍御史。先是，八百媳婦爲邊患，右丞劉深往討之，兵敗而還，坐罪棄市。及是，右丞阿忽台當繼行，世延言：「蠻夷事，在覊縻，而重煩天討，致軍旅亡失，誅戮省臣，藉使盡得其地，何補於國？今窮兵黷武，實傷聖治。朝廷第當選重臣知治體者，付以邊寄，兵宜止，勿用。」事聞，樞密院臣以爲用兵國家大事，不宜以一人之言爲輿輟。世延聞之，章再上，事卒罷。

皇慶二年，拜江浙行省參知政事，尋召還，拜侍御史。延祐元年，省臣奏：「比奉詔漢人參政用儒者。趙世延其人也。」帝曰：「世延誠可用，然雍古氏非漢人，其署宜居右。」遂拜中書參知政事，居中書二十月，還御史中丞。有旨省臣自平章以下，率送之官。其禮前所

無有，由是爲權臣所忌，乃用皇太后旨，出世延爲雲南行省右丞。陛辭，帝特命仍還御史臺爲中丞。三年，世延劾奏權臣太師、右丞相帖木迭兒罪惡十有三，詔奪其官職。尋陞翰林學士承旨，兼御史中丞，世延固辭，乃解中丞。五年，進光祿大夫、昭文館學士，守大都留守，乞補外，拜四川行省平章政事。世延議卽重慶路立屯田，物色江津、巴縣閑田七百八十三頃，摘軍千二百人墾之，歲得粟萬一千七百石。

明年，仁宗崩，帖木迭兒復居相位，銳意報復，屬其黨何志道，誘世延從弟胥益兒哈呼誣告世延罪，逮世延置對，至夔路，遇赦。世延以疾抵荆門，留就醫。帖木迭兒遣使督追至京師，俾其黨煅煉使成獄。會有旨，事經赦原，勿復問。帖木迭兒更以它事白帝，繫之刑曹，逼令自裁，世延不爲動，居囚再歲。胥益兒哈呼自以所訴涉誣欺，亡去。中書左丞相拜住屢言世延亡辜，得旨出獄，就舍以養疾。先是，帝獵北涼亭，顧謂侍臣曰：「趙世延，先帝所尊禮，而帖木迭兒妄入其罪，數請誅之，此殆報私怨耳，朕豈能從之。」侍臣皆叩頭稱萬歲。帖木迭兒在上京，聞世延出獄，索省牘視之，怒曰：「此左丞相罔上所爲也。」事聞，帝語之曰：「此朕意耳。」未幾，帖木迭兒死，事乃釋。世延出居於金陵。

泰定元年，召還朝，除集賢大學士。明年，出爲江南行臺御史中丞。四年，入朝，復爲御史中丞，又遷中書右丞。明年，有旨趙世延頃爲權姦所誣，中書宜徧移天下，昭雪其非

辜，仍加翰林學士承旨、光祿大夫。經筵開，兼知經筵事，選揀勸講者，皆一時名流。又加同知樞密院事。

泰定帝崩，燕鐵木兒與宗王大臣議：武宗二子周王、懷王，於法當立；周王遠在朔漠，而懷王久居民間，備嘗艱險，民必歸之，天位不可久虛，不如先迎懷王，以從民望。八月，卽定策，迎之于江陵，懷王卽位，是爲文宗。當是時，世延贊畫之功爲多。文宗卽位，世延仍以御史中丞兼翰林學士承旨，以疾乞歸田里，詔不允。天曆二年正月，復除江南行臺御史中丞；行次濟州，三月，改集賢大學士；六月，又加奎章閣大學士；八月，拜中書平章政事。冬，世延至京，固辭不允，詔以世延年高多疾，許乘小車入內。至順元年，詔世延與虞集等纂修皇朝經世大典，世延屢奏：「臣衰老，乞解中書政務，專意纂修。」帝曰：「老臣如卿者無幾，求退之言，後勿復陳。」四月，仍加翰林學士承旨，封魯國公。秋，以疾，移文中書致其事，明日卽行，養疾於金陵之茅山。詔徵還朝，不能行，二年，改封涼國公。

元統二年，詔賜世延錢凡四萬緡。至元改元，仍除奎章閣大學士、翰林學士承旨、中書平章政事、魯國公。明年五月，至成都，十一月卒，享年七十有七。至正二年，贈世忠執法佐運翊亮功臣、太保、金紫光祿大夫、上柱國，追封魯國公，諡文忠。

世延歷事凡九朝，敭歷省臺五十餘年，負經濟之資，而將之以忠義，守之以清介，飾之

以文學，凡軍國利病，生民休戚，知無不言，而於儒者名教，尤拳拳焉。爲文章，波瀾浩瀚，一根於理。嘗較定律令，彙次風憲宏綱，行于世。

五子，達者三人：野峻台，黄州路總管；次月魯，江浙行省理問官；伯忽，夔州路總管，天曆初，囊加台據蜀叛，死于難，特贈推忠秉義效節功臣、資善大夫、中書右丞、上護軍，追封蜀郡公，謚忠愍。

孔思晦

孔思晦字明道，孔子五十四世孫也。資質端重，而性簡默，童丱時，讀書已識大義。及長，授業於導江張䇓，講求義理，於詞章之習，薄而弗爲。家貧，躬耕以爲養，雖劇寒暑，而爲學未嘗懈，遠近爭聘爲子弟師。大德中，游京師，祭酒耶律有尚欲薦之，以母老，辭而歸。母臥疾，躬進藥餌，衣不解帶。居喪，勺水不入口者五日。

至大中，舉茂才，爲范陽儒學教諭。延祐初，調寧陽學。先是，兩縣校官率以廩薄不能守職，而思晦以儉約自將，教養有法，比代去，學者皆不忍舍之。於是孔氏族人相與議：思晦嫡長且賢，宜襲封爵，奉祠事。狀上政府，事未決。仁宗在位，雅崇尚儒道，一日，問：「孔子之裔今幾世，襲爵爲誰？」廷臣具對曰：「未定。」帝親取孔氏譜牒按之，曰：「以嫡應襲

封者，思晦也，復奚疑！」特授中議大夫，襲封衍聖公，月俸百緡，加至五百緡，賜四品印。泰定三年，山東廉訪副使王鵬南言：「襲爵上公，而階止四品，於格弗稱，且失尊崇意。」明年，升嘉議大夫。至順二年，改賜三品印。思晦以宗祀責重，恒懼弗勝，每遇祭祀，必敬必愼。初，廟燬于兵，後雖苟完，而角樓圍牆未備，思晦竭力營度，以復其舊。金絲堂壞，又一新之，祭器禮服，悉加整飭。又以尼山乃毓聖之地，故有廟，已毀，民冒耕祭田且百年，思晦復其田，且請置尼山書院，以列于學官，朝廷從之。三氏學舊有田三千畝，占于豪民，子思書院舊有營運錢萬緡，貸於民取子錢，以供祭祀，久之，民不輸子錢，并負其本，思晦皆理而復之。聖父舊封齊國公，思晦言于朝曰：「宣聖封王，而父爵猶公，願加褒崇。」乃詔加封聖父啓聖王，聖母王夫人。

五季時，孔末之後方盛，欲以僞滅眞，害宣聖子孫幾盡，至是，其裔復欲冒稱宣聖後。思晦以爲：「不早辨則眞僞久益不可明，彼與我不共戴天，乃列于族，與共拜殿庭，可乎？」遂會族人，稽典故斥之，既又重刻宗譜于石，而孔氏族裔益明矣。元統元年卒，年六十七。卒之日，有鶴百餘翔其屋上，又見神光自東南落其舍北。至正中，朝廷加贈其官，而賜謚曰文肅。

子曰克堅，襲封衍聖公，階嘉議大夫，既而進通奉大夫。至正十五年，召爲同知太常禮儀院事，拜陝西行臺侍御史，遷國子祭酒，擢山東肅政廉訪使，不赴。孫希學，襲封衍聖公。

校勘記

〔一〕速古兒〔赤〕　據危太樸續集卷二耶律希亮神道碑補。按本書卷九九兵志，掌內府尙供衣服者曰速古兒赤。蒙史已校。

〔二〕十二年旣平宋　按元滅宋在至元十三年。道光本改「十二年」作「十三年」。

〔三〕令董文用總之至董文用問大都近事　按本書卷九世祖紀至元十四年七月壬辰條及卷一四八董俊傳附董文忠傳，「董文用」皆作「董文忠」，道光本改「用」爲「忠」。

元史卷一百八十一

列傳第六十八

元明善

元明善字復初，大名清河人。其先蓋拓跋魏之裔，居清河者，至明善四世矣。明善資穎悟絕，出讀書，過目輒記，諸經皆有師法，而尤深於春秋。弱冠游吳中，已名能文章。浙東使者薦爲安豐、建康兩學正。

辟掾行樞密院。時董士選僉院事，待之若賓友，不敢以曹屬御之。及士選陞江西左丞，又辟爲省掾。會贛州賊劉貴反，明善從士選將兵討之，擒賊三百人，明善議緩詿誤，得全活者百三十人。一日，將佐白：「宜多戮俘獲，及尸一切死者，以張軍聲。」明善固爭，以爲王者之師，恭行天罰，小醜陸梁，戮其渠魁可爾，民何辜焉。既又得賊所書贛、吉民丁十萬于籍者，有司喜，欲滋蔓爲利，明善請火其籍以滅跡，二郡遂安。

陞掾南行臺。未幾，授樞密院照磨。轉中書左曹掾，掾曹無留事。始，明善在江西時，(朱)〔張〕瑄爲其省參政，〔一〕明善有馬，駿而瘠，瑄假爲從騎，久益壯，瑄愛之，致米三十斛酬其直。後瑄敗，江浙行省籍其家，得金穀之簿，書「米三十斛送元復初」，不言以酬馬直，明善坐免；久之，有爲辨白其事者，乃復掾省曹。

仁宗居東宮，首擢爲太子文學。及卽位，改翰林待制。與修成宗、順宗實錄，陞翰林直學士。詔節尚書經文，譯其關政要者以進。明善舉宋忠臣子集賢直學士文陞同譯潤，許之。書成，每奏一篇，帝必稱善，曰：「二帝三王之道，非卿莫聞也。」興聖太后既受尊號，廷臣請因肆赦，明善曰：「數赦，非善人之福，宥過可也。」奉旨出賑山東、河南饑，時彭城、下邳諸州連數十驛，民餓馬斃，而官無文書賑貸，明善以鈔萬二千錠分給之，曰：「擅命獲罪，所不辭也。」還，修武宗實錄，又陞翰林侍講學士，預議科舉、服色等事。

延祐二年，始會試天下進士，明善首充考試官，及廷試，又爲讀卷官，所取士後多爲名臣。改禮部尚書，正孔氏宗法，以宣聖五十(五)〔四〕世孫思晦襲封衍聖公，〔二〕事上，制可之。擢參議中書省事，旋復入翰林爲侍讀，歲中拜湖廣行省參知政事。又召入集賢爲侍讀，議廣廟制，陞翰林學士，修仁宗實錄。英宗親祼太室，禮官進祝册，請署御名，命明善代署者三，眷遇之隆，當時莫並焉。至治二年，卒于位。泰定間，贈資善大夫、河南行省左丞，追封淸河郡公，謚曰文敏。

明善早以文章自豪，出入秦、漢間，晚益精詣，有文集行世。

初在江西、金陵，每與虞集劇論，以相切劘。明善言：「集治諸經，惟朱子所定者耳，自漢以來先儒所嘗盡心者，考之殊未博。」集亦言：「凡爲文辭，得所欲言而止，必如明善云『若雷霆之震驚，鬼神之靈變』然後可，非性情之正也。」二人初相得甚驩，至京師，乃復不能相下。董士選之自中臺行省江浙也，二人者俱送出都門外，士選曰：「伯生以教導爲職，當早還，復初宜更送我。」集還，明善送至二十里外，士選下馬入邸舍中，爲席，出槖中肴，酌酒同飮，乃舉酒屬明善曰：「士選以功臣子，出入臺省，無補國家，惟求得佳士數人，爲朝廷用之，如復初與伯生，他日必皆光顯，然恐不免爲人構間。復初中原人也，仕必當道；伯生南人，將爲復初摧折。今爲我飮此酒，愼勿如是。」明善受卮酒，跪而釂之。起立，言曰：「誠如公言，無論他日，今隙已開矣。請公再賜一卮，明善終身不敢忘公言！」乃再飮而別。

眞人吳全節，與明善交尤密，嘗求明善作文。既成，明善謂全節曰：「伯生見吾文，必有譏彈，吾所欲知。成季爲我治具，招伯生來觀之，若已入石，則無及矣。」明日，集至，明善出其文，問何如，集曰：「公能從集言，去百有餘字，則可傳矣。」明善卽泚筆屬集，凡刪百二十

字，而文益精當。明善大喜，乃驩好如初。集每見明經之士，亦以明善之言告之。

明善一子，晦，蔭受峽州路同知，早卒。

虞集 弟槃　范梈

虞集字伯生，宋丞相允文五世孫也。曾祖剛簡，爲利州路提刑，有治績。嘗與臨邛魏了翁，成都范仲黼、李心傳輩，講學蜀東門外，得程、朱氏微旨，著易詩書論語說，以發明其義，蜀人師尊之。祖珏，知連州，亦以文學知名。父汲，黄岡尉。宋亡，僑居臨川崇仁，與吳澄爲友，澄稱其文淸而醇。嘗再至京師，贖族人被俘者十餘口以歸，由是家益貧。晚稍起家，教授於諸生中，得孛朮魯翀、歐陽玄而稱許之，以翰林院編修官致仕。娶楊氏，國子祭酒文仲女。咸淳間，文仲守衡，以汲從，未有子，爲禱於南岳。集之將生，文仲晨起，衣冠坐而假寐，夢一道士至前，牙兵啓曰：「南嶽眞人來見。」既覺，聞甥館得男，心頗異之。

集三歲卽知讀書，歲乙亥，汲挈家趨嶺外，干戈中無書册可攜，楊氏口授論語、孟子、左氏傳、歐蘇文，聞輒成誦。比還長沙，就外傳，始得刻本，則已盡讀諸經，通其大義矣。文仲世以春秋名家，而族弟參知政事棟，明於性理之學，楊氏在室，卽盡通其說，故集與弟槃，皆受業家庭，出則以契家子從吳澄遊，授受具有源委。

左丞董士選自江西除南行臺中丞，延集家塾。大德初，始至京師。以大臣薦，授大都路儒學教授，雖以訓迪爲職，而益自充廣，不少暇佚。除國子助教，即以師道自任，諸生時其退，每挾策趨門下卒業，他館生多相率詣集請益。丁內艱，服除，再爲助教，除博士。監祭殿上，有劉生者，被酒失禮俎豆間，集言諸監，請削其籍。大臣有爲劉生謝者，集持不可，曰：「國學，禮義之所出也，此而不治，何以爲教！」仁宗在東宮，傳旨諭集，勿竟其事，集以劉生失禮狀上之，移詹事院，竟黜劉生，仁宗更以集爲賢。

大成殿新賜登歌樂，其師世居江南，樂生皆河北田里之人，情性不相能，集親教之，然後成曲。復請設司樂一人掌之，以俟考正。仁宗即位，責成監學，拜臺臣爲祭酒，除吳澄司業，皆欲有所更張，以副帝意，集力贊其說。有爲異論以沮之者，澄投檄去，集亦以病免。未幾，除太常博士，丞相拜住方爲其院使，間從集問禮器祭義甚悉，集爲言先王制作，以及古今因革治亂之由，拜住歎息，益信儒者有用。

朝廷方以科舉取士，說者謂治平可力致，集獨以謂當治其源。遷集賢修撰，因會議學校，乃上議曰：「師道立則善人多，學校者，士之所受教，以至於成德達材者也。今天下學官，猥以資格授，强加之諸生之上，而名之曰師爾，有司弗信之，生徒弗信之，於學校無益也。如此而望師道之立，可乎？下州小邑之士，無所見聞，父兄所以導其子弟，初無必爲學

問之實意，師友之游從，亦莫辨其邪正，然則所謂賢材者，非自天降地出，安有可望之理哉！爲今之計，莫若使守令求經明行修成德者，身師尊之，至誠懇惻以求之，其德化之及，庶乎有所觀感也。其次則求夫操履近正，而不爲詭異駭俗者，確守先儒經義師說，而不敢妄爲奇論者，衆所敬服，而非鄉愿之徒者，延致之日，諷誦其書，使學者習之，入耳著心，以正其本，則他日亦當有所發也。其次則取鄉貢至京師罷歸者，其議論文藝，猶足以聳動其人，非若泛泛莫知根柢者矣。」六年，除翰林待制，兼國史院編修官，仁宗嘗對左右歎曰：「儒者皆用矣，惟虞伯生未顯擢爾。」會晏駕，不及用。

英宗即位，拜住爲相，頗超用賢俊，時集以憂還江南，拜住不知也。乃言於上，遣使求之於蜀，不見；求之江西，又不見；集方省墓吳中，使至，受命趨朝，則拜住不及見矣。泰定初，考試禮部，言於同列曰：「國家科目之法，諸經傳注各有所主者，將以一道德、同風俗，非欲使學者專門擅業，如近代五經學究之固陋也。聖經深遠，非一人之見可盡，試藝之文，推其高者取之，不必先有主意，若先定主意，則求賢之心狹，而差自此始矣。」後再爲考官，率持是說，故所取每稱得人。

泰定初，除國子司業，遷祕書少監。天子幸上都，以講臣多高年，命集與集賢侍讀學士王結，執經以從。自是歲嘗在行，經筵之制，取經史中切於心德治道者，用國語、漢文兩進

讀，潤譯之際，患夫陳聖學者未易於盡其要，指時務者尤難於極其情，每選一時精於其學者爲之，猶數日乃成一篇，集爲反覆古今名物之辨以通之，然後得以無忤，其辭之所達，萬不及一，則未嘗不退而竊歎焉。拜翰林直學士，俄兼國子祭酒，嘗因講罷，論京師恃東南運糧爲實，竭民力以航不測，非所以寬遠人而因地利也。與同列進曰：「京師之東，瀕海數千里，北極遼海，南濱青、齊，萑葦之場也，海潮日至，淤爲沃壤，用浙人之法，築堤捍水爲田，聽富民欲得官者，合其衆分授以地，官定其畔以爲限，能以萬夫耕者，授以萬夫之田，爲萬夫之長，千夫、百夫亦如之，察其惰者而易之。一年，勿征也；二年，勿征也；三年，視其成，以地之高下，定額於朝廷，以次漸征之；五年，有積蓄，命以官，就所儲給以祿；十年，佩之符印，得以傳子孫，如軍官之法。則東面民兵數萬，可以近衞京師，外禦島夷；遠寬東南海運，以紓疲民；遂富民得官之志，而獲其用；江海游食盜賊之類，皆有所歸。」議定于中，說者以爲一有此制，則執事者必以賄成，而不可爲矣。事遂寢。其後海口萬戶之設，大略宗之。

文宗在潛邸，已知集名，既即位，命集仍兼經筵。嘗以先世墳墓在吳、越者，歲久湮沒，乞一郡自便，帝曰：「爾材何不堪，顧今未可去爾。」除奎章閣侍書學士。時關中大饑，民枕籍而死，有方數百里無孑遺者，帝問集何以救關中，對曰：「承平日久，人情宴安，有志之士，急於近效，則怨讟興焉。不幸大菑之餘，正君子爲治作新之機也，若遣一二有仁術、知民事

者，稍寬其禁令，使得有所爲，隨郡縣擇可用之人，因舊民所在，定城郭，修閭里，治溝洫，限畎畝，薄征斂，招其傷殘老弱，漸以其力治之，則遠去而來歸者漸至，春耕秋斂，皆有所助，一二歲間，勿征勿徭，封域既正，友望相濟，四面而至者，均齊方一，截然有法，則三代之民，將見出於空虛之野矣。」帝稱善。因進曰：「幸假臣一郡，試以此法行之，三五年間，必有以報朝廷者。」左右有曰：「虞伯生欲以此去爾。」遂罷其議。有敕諸兼職不過三，免國子祭酒。

時宗藩暌隔，功臣汰侈，政教未立，帝將策士於廷，集被命爲讀卷官，乃擬制策以進，首以「勸親親，體羣臣，同一風俗，協和萬邦」爲問，帝不用。集以入侍燕閒，無益時政，且媢嫉者多，乃與大學士忽都魯都兒迷失等進曰：「陛下出獨見，建奎章閣，覽書籍，置學士員，以備顧問。臣等備員，殊無補報，竊恐有累聖德，乞容臣等辭職。」帝曰：「昔我祖宗，睿智聰明，其於致理之道，生而知之，朕早歲跋涉難阻，視我祖宗，既乏生知之明，於國家治體，豈能周知？故立奎章閣，置學士員，以祖宗明訓、古昔治亂得失，日陳於前，卿等其悉所學，以輔朕志。若軍國機務，自有省院臺任之，非卿等責也。其勿復辭。」

有旨采輯本朝典故，倣唐、宋會要，修經世大典，命集與中書平章政事趙世延，同任總裁。集言：「禮部尚書馬祖常，多聞舊章，國子司業楊宗瑞，素有曆象地理記問度數之學，可

共領典，翰林修撰謝端、應奉蘇天爵、太常李好文、國子助教陳旅、前詹事院照磨宋褧、通事舍人王士點，俱有見聞，可助撰錄。庶幾是書早成。」帝以嘗命修遼、金、宋三史，未見成績，大典令閣學士專率其屬爲之。既而以累朝故事有未備者，請以翰林國史院修祖宗實錄時百司所具事蹟參訂。翰林院臣言於帝曰：「實錄，法不得傳於外，則事蹟亦不當示人。」又請以國書脫卜赤顏增修太祖以來事蹟，承旨塔失海牙曰：「脫卜赤顏非可令外人傳者。」遂皆已。俄世延歸，集專領其事，再閱歲，書乃成，凡八百帙。既上進，以目疾丐解職，不允，乃舉治書侍御史馬祖常自代，不報。

御史中丞趙世安乘間爲集請曰：「虞伯生久居京師，甚貧，又病目，幸假一外任，便醫。」帝怒曰：「一虞伯生，汝輩不容耶！」帝方嚮用文學，以集弘才博識，無施不宜，一時大典册咸出其手，故重聽其去。集每承詔有所述作，必以帝王之道、治忽之故，從容諷切，冀有感悟，承顧問及古今政治得失，尤委曲盡言，或隨事規諫，出不語人，諫或不入，歸家悒悒不樂。家人見其然，不敢問其故也。時世家子孫以才名進用者衆，患其知遇日隆，每思有以間之。既不效，則相與摘集文辭，指爲譏訕，賴天子察知有自，故不能中傷，然集遇其人，未嘗少變。一日，命集草制封乳母夫爲營都王，使貴近阿(營)〔榮〕、(巙巙)〔巎巎〕傳旨。〔三〕二人者，素忌集，繆言制封營國公，集具藁，俄丞相自榻前來索制詞甚急，集以藁進，丞相愕

然問故，集知爲所給，卽請易藁以進，終不自言，二人者愧之。其雅量類如此。

論薦人材，必先器識，心所未善，不爲牢籠以沽譽；評議文章，不折之於至當不止，其詭於經者，文雖善，不與也。雖以此二者忤物速謗，終不爲動。光人龔伯璲，以才俊爲馬祖常所喜，祖常爲御史中丞，伯璲游其門，祖常亟稱之，欲集爲薦引，集不可，曰：「是子雖小有才，然非遠器，亦恐不得令終。」祖常猶未以爲然。一日，邀集過其家，設宴，酒半，出薦牘求集署，集固拒之，祖常不樂而罷。文宗崩，集在告，欲謀南還，弗果。幼君崩，大臣將立妥歡帖穆爾太子，用至大故事，召諸老臣赴上都議政，集在召列。祖常使人告之曰：「御史有言。」乃謝病歸臨川。

初，文宗在上都，將立其子阿剌忒納答剌爲皇太子，乃以妥歡帖穆爾太子乳母夫言，明宗在日，素謂太子非其子，黜之江南，驛召翰林學士承旨阿鄰帖木兒、奎章閣大學士忽都魯篤彌實書其事于脫卜赤顏，又召集使書詔，播告中外。時省臺諸臣，皆文宗素所信用、同功一體之人，御史亦不敢斥言其事，意在諷集速去而已。伯璲後以用事敗，殺其身，世乃服集知人。

元統二年，遣使賜上尊酒、金織文錦二，召還禁林，疾作不能行，屢有敕，卽家撰文，褒錫勳舊、侍臣。有以舊詔爲言者，帝不懌曰：「此我家事，豈由彼書生耶！」至正八年五月己

未，以病卒，年七十有七。官自將仕郎，十二轉爲通奉大夫。贈江西行中書省參知政事、護軍，封仁壽郡公。

集孝友，方二親以故家令德，中遭亂亡，僑寓下邑，左右承順無違。弟槃，早卒，敎育其孤，無異己子。兄采，以筦庫輪賦京師，虧數千緡，盡力營貸代償之，無難色。撫庶弟，嫁孤妹，具有恩意。山林之士知古學者，必折節下之，接後進，雖少且賤，如敵己。當權門赫奕，未嘗有所附麗，集議中書，正言讜論，多見容受，屢以片言解疑誤，出人於濱死，亦不以爲德。張珪、趙世延尤敬禮之，有所疑必咨焉。

家素貧，歸老後食指益衆，登門之士相望於道，好事爭起邸舍以待之。然碑板之文，未嘗苟作。南昌富民有伍眞父者，貲產甲一方，娶諸王女爲妻，充本位下郡總管。既卒，其子屬豐城士甘愨求集文銘父墓，奉中統鈔五百錠準禮物，集不許，愨愧歎而去。其束脩羔雁之入，還以爲賓客費，雖空乏弗恤也。

集學雖博洽，而究極本原，研精探微，心解神契，其經緯彌綸之妙，一寓諸文，藹然慶曆乾淳風烈。嘗以江左先賢甚衆，其人皆未易知，其學皆未易言，後生晚進知者鮮矣，欲取太原元好問中州集遺意，別爲南州集以表章之，以病目而止。平生爲文萬篇，藁存者十二三。早歲與弟槃同闢書舍爲二室，左室書陶淵明詩於壁，題曰陶庵，右室書邵堯夫詩，題曰

邵庵，故世稱邵庵先生。

子四人，安民，以廕歷官知吉州路安福州。游其門見稱許者，莆田陳旅，旅亦有文行世。國學諸生若蘇天爵、王守誠輩，終身不名他師，皆當世稱名卿者。其交游尤厚者，曰范梈。

槃字仲常，延祐五年第進士，授吉安永豐丞。丁父憂。除湘鄉州判官，頗稱癖古。有富民殺人，使隸己者坐之，上下皆阿從，槃獨不署，殺人者卒不免死，而坐者得以不冤。

有巫至其州，稱神降，告其人曰：「某方火。」卽火。又曰：「明日某方火。」民以火告者，槃皆赴救，至達晝夜，告者數十，寢食盡廢，縣長吏以下皆迎巫至家，厚禮之。又曰：「將有大水，且兵至。」州大家皆盡室逃，槃得劫火卒一人，訊之，盡得巫黨所爲，坐捕盜司，召巫至，鞫之，無敢施鞭箠者，槃謂卒曰：「此將爲大亂，安有神乎！」急治之，盡得黨與數十人，羅絡內外，果將爲變者，同僚皆不敢出視，曰：「君自爲之。」槃乃斷巫并其黨如法，一時吏民始服儒者爲政若此。秩滿，除嘉魚縣尹，槃已卒。

槃幼時，嘗讀柳子厚非國語，以爲國語誠可非，而柳子之說亦非也，著非非國語，時人已歎其有識。詩、書、春秋皆有論著，而春秋乃其家學，故尤善。讀吳澄所解諸經義，輒得

其旨趣所在，澄亟稱之。

兄集，接方外士，必扣擊其說，嘗以爲聖人之教不明，爲學者無所底止，苟於吾道異端疑似之間不能深知，而欲竊究夫性命之原、死生之故，其不折而歸之者寡矣。槃不然，聞諸儈在坐，輒不入竟去，其爲人方正有如此，雖集亦嚴憚之。然不幸年不及艾而卒。

范梈字亨父，一字德機，清江人。家貧，早孤，母熊氏守志不他適，長而教之。梈天資穎異，所誦讀，輒記憶，雖癯然清寒若不勝衣，於流俗中克自樹立，無苟賤意。居則固窮守節，竭力以養親，出則假陰陽之技，以給旅食，耽詩工文，用力精深，人罕知者。

年三十六，始客京師，卽有聲諸公間，中丞董士選延之家塾。以朝臣薦，爲翰林院編修官。秩滿，御史臺擢海南海北道廉訪司照磨，巡歷遐僻，不憚風波瘴癘，所至興學敎民，雪理冤滯甚衆。遷江西湖東，長吏素稱嚴明，於僚屬中獨敬異之。選充翰林(供)〔應〕奉。〔四〕御史臺又改擢福建閩海道知事。閩俗素汚，文繡局取良家子爲繡工，無別尤甚，梈作歌詩一篇述其弊，廉訪使取以上聞，皆罷遣之，其弊遂革。

未幾，移疾歸故里。天曆二年，授湖南嶺北道廉訪司經歷，以養親辭。是歲，母喪。明年十月，亦以疾卒，年五十九。所著詩文多傳於世。

梈持身廉正，居官不可干以私，疏食飲水，泊如也。吳澄以道學自任，少許可，嘗曰：「若亨父，可謂特立獨行之士矣。」爲文志其墓，以東漢諸君子擬之。

揭傒斯

揭傒斯字曼碩，龍興富州人。父來成，宋鄉貢進士。傒斯幼貧，讀書尤刻苦，晝夜不少懈，父子自爲師友，由是貫通百氏，早有文名。大德間，稍出游湘、漢，湖南帥趙淇，雅號知人，見之驚曰：「他日翰苑名流也。」程鉅夫、盧摯，先後爲湖南憲長，〔五〕咸器重之，鉅夫因妻以從妹。

延祐初，鉅夫、摯列薦于朝，特授翰林國史院編修官。時平章李孟監修國史，讀其所撰功臣列傳，嘆曰：「是方可名史筆，若他人，直謄吏牘爾。」升應奉翰林文字，仍兼編修，遷國子助教，復留爲應奉。南歸省母，旋復召還。傒斯凡三入翰林，朝廷之事，臺閣之儀，靡不閑習，集賢學士王約謂：「與傒斯談治道，大起人意，授之以政，當無施不可。」

天曆初，開奎章閣，首擢爲授經郎，以敎勳戚大臣子孫。文宗時幸閣中，有所咨訪，奏對稱旨，恒以字呼之而不名。每中書奏用儒臣，必問曰：「其材何如揭曼碩？」間出所上太平政要策以示臺臣，曰：「此朕授經郎揭曼碩所進也。」其見親重如此。

富州地不產金，官府惑於姦民之言，爲募淘金戶三百，而以其人總之，散往他郡，采金以獻，歲課自四兩累增至四十九兩。其人既死，而三百戶所存無什一，又貧不聊生，有司遂責民之受役於官者代輸，民多以是破產。中書因傒斯言，遂蠲其征，民賴以甦，富州人至今德之。

與修經世大典，文宗取其所撰憲典讀之，顧謂近臣曰：「此豈非唐律乎！」特授藝文監丞，參檢校書籍事，且屢稱其純實，欲進用之，會文宗崩而止。元統初，詔對便殿，慰諭良久，命賜以諸王所服表裏各一，躬自辯識以授之，遷翰林待制，陞集賢學士，階中順大夫。先是，儒學官赴吏部銓者，必移集賢，考較其所業，集賢下國子監，監下博士，吏文淹稽，動踰累月。傒斯請更其法，以事付本院屬官，人甚便之。

奉旨祠北嶽、濟瀆、南鎭，便道西還，時秦王伯顏當國，屢促其還，傒斯引疾固辭。既而天子親擢爲奎章閣供奉學士，乃卽日就道，未至，改翰林直學士，及開經筵，再陞侍講學士、同知經筵事，以對品進階中奉大夫。時新格超陞不越二等，獨傒斯進四等，轉九階，蓋異數也。經筵無專官，曰領曰知，多宰執大臣，故微辭奧義，必屬傒斯(討)〔訂〕定而後進，〔六〕其言往往寓獻替之誠，務以裨益治道。天子嘉其忠懇，數出金織文段以賜。

至正三年，年七十，致其事而去，詔遣使追及于漷南。尋復奉上尊諭旨，還撰明宗神御

殿碑，文成，賜楮幣萬緡、白金五十兩，中宮賜白金亦如之。求去，不許，命丞相脫脫及執政大臣面諭毋行，傒斯曰：「使揭傒斯有一得之獻，諸公用其言而天下蒙其利，雖死于此，何恨！不然，何益之有！」丞相因問：「方今政治何先？」傒斯曰：「儲材爲先，養之於位望未隆之時，而用之於周密庶務之後，則無失材廢事之患矣。」一日，集議朝堂，傒斯抗言：「當兼行新舊銅錢，以救鈔法之弊。」執政言不可，傒斯持之益力，丞相雖稱其不阿，而竟莫行其言也。

詔修遼、金、宋三史，傒斯與爲總裁官，丞相問：「修史以何爲本？」曰：「用人爲本，有學問文章而不知史事者，不可與；有學問文章知史事而心術不正者，不可與。用人之道，又當以心術爲本也。」且與僚屬言：「欲求作史之法，須求作史之意。古人作史，雖小善必錄，小惡必記。不然，何以示懲勸！」由是毅然以筆削自任，凡政事得失，人材賢否，一律以是非之公；至於物論之不齊，必反覆辨論，以求歸於至當而後止。四年，遼史成，有旨獎諭，仍督早成金、宋二史。傒斯留宿史館，朝夕不敢休，因得寒疾，七日卒。時方有使者至自上京，錫宴史局，以傒斯故，改宴日，使者以聞，帝爲嗟悼，賜楮幣萬緡，仍給驛舟，護送其喪歸江南。六年，制贈護軍，追封豫章郡公，謚曰文安。有勳爵而無官階者，有司失之也。

傒斯少處窮約，事親菽水粗具而必得其歡心，曁有祿入，衣食稍踰於前，輒愀然曰：「吾親未嘗享是也。」故平生清儉，至老不渝。友于兄弟，終始無間言。立朝雖居散地，而急於

薦士，揚人之善惟恐不及，而開吏之貪墨病民者，則尤不曲爲之揜覆也。爲文章，敍事嚴整，語簡而當；詩尤清婉麗密；善楷書、行、草。朝廷大典册，及元勳茂德當得銘辭者，必以命焉。殊方絕域，咸慕其名，得其文者，莫不以爲榮云。

黃溍 〔柳貫〕〔七〕 〔吳萊〕〔八〕

黃溍字晉卿，婺州義烏人。母童氏，夢大星墜于懷，乃有娠，歷二十四月始生溍。溍生而俊異，比成童，授以書詩，不一月成誦。迨長，以文名於四方。

中延祐二年進士第，授台州寧海丞。縣地瀕鹽場，亭戶恃其不統於有司，肆毒害民；編戶隸漕司及財賦府者，亦謂各有所憑，橫暴尤甚。溍皆痛繩以法，吏以利害白，弗顧也。民有後母與僧通而酖殺其父者，反誣民所爲，獄將成，溍變衣冠陰察之，具知其姦僞，卒直其寃。惡少年名在盜籍者，而謀爲劫奪，未行，邑大姓執之，圖中賞格，初無獲財左驗，事久不決，溍爲之疏剔，以其獄上，論之如本條，免死者十餘人。

遷兩浙都轉運鹽使司石堰西場監運，改諸暨州判官。巡海官舸，例以三載一新，費出于官，而責足于民。有餘，則總其事者私焉。溍撙節浮蠹，以餘錢還民，驩呼而去。奸民以僞鈔鉤結黨與，脅攘人財，官若吏聽其謀，挾往新昌、天台、寧海、東陽諸縣，株連所及數百

家，民受禍至慘。郡府下溍鞫治，溍一問，皆引伏，官吏除名，同謀者各杖遣之。有盜繫於錢唐縣獄，游民賂獄吏私縱之，假署文牒，發其來爲向導，逮捕二十餘家。溍訪得其情，以正盜宜傳重議，持僞文書來者又非州民，俱械還錢唐，誣者自明。

入爲應奉翰林文字、同知制誥，兼國史院編修官，轉國子博士，視弟子如朋交，未始以師道自尊，輕納人拜，而來學者滋益恭，業成而仕，皆有聞于世。時欲增設禮殿配位四，配位合東坐而西向，學官或議分置於左右，同列不敢爭，溍獨面折之，事乃止。

出爲江浙等處儒學提舉。溍年始六十七，不俟引年，亟上納祿侍親之請，絕江徑歸。俄以祕書少監致仕，未幾，落致仕，除翰林直學士、知制誥同修國史。尋兼經筵官，執經進講者三十有二，帝嘉其忠，數出金織紋段賜之。陞侍講學士、知制誥同修國史、同知經筵事。階自將仕郎七轉至中奉大夫。溍上章求歸，不俟報而行，帝聞之，遣使者追還京師，復爲前官。久之，始得謝南還，優游田里間，凡七年，卒於繡湖之私第，年八十一。贈中奉大夫、江西等處行中書省參知政事、護軍，追封江夏郡公，謚曰文獻。

溍天資介特，在州縣唯以清白爲治，月俸弗給，每鬻產以佐其費。及升朝行，挺立無所附，足不登鉅公勢人之門，君子稱其清風高節，如冰壺玉尺，纖塵弗污。然剛中少容，觸物或弦急霆震，若未易涯涘，一旋踵間，煦如陽春。溍之學，博極天下之書，而約之於至精，剖析經史疑難，及古今因革制度名物之屬，旁引曲證，多先儒所未發。文辭布置謹嚴，援據精切，俯仰雍容，不大聲色，譬之澄湖不波，一碧萬頃，魚鼈蛟龍，潛伏不動，而淵然之光，自不可犯。所著書，有日損齋藁三十三卷、義烏志七卷、筆記一卷。同郡柳貫、吳萊皆浦陽人。

貫字道傳，器局凝定，端嚴若神。嘗受性理之學於蘭溪金履祥，必見諸躬行，自幼至老，好學不倦。凡六經、百氏、兵刑、律曆、數術、方技、異教外書，靡所不通。作文沉鬱春容，涵肆演迤，人多傳誦之。始用察舉爲江山縣儒學教諭，仕至翰林待制。與溍及臨川虞集、豫章揭傒斯齊名，人號爲儒林四傑。所著書，有文集四十卷、字系二卷、近思錄廣輯三卷、金石竹帛遺文十卷。年七十三卒。

萊字立夫，集賢大學士直方之子也，輩行稍後於貫、溍。天資絕人，七歲能屬文，凡書一經目，輒成誦，嘗往族父家，日易漢書一帙以去，族父迫扣之，萊琅然而誦，不遺一字，三易他編，皆如之，衆驚以爲神。

延祐七年，以春秋舉上禮部，不利，退居深裊山中，益窮諸書奧旨，著尚書標說六卷、春秋世變圖二卷、春秋傳授譜一卷、古職方錄八卷、孟子弟子列傳二卷、楚漢正聲二卷、樂府

類編一百卷、唐律删要三十卷、文集六十卷。他如詩傳科條、春秋經說、胡氏傳證誤，皆未脫藁。

萊尤喜論文，嘗云：「作文如用兵，兵法有正、有奇，正是法度，要部伍分明，奇是不爲法度所縛，舉眼之頃，千變萬化，坐作進退擊刺，一時俱起，及其欲止，什伍各還其隊，元不曾亂。」聞者服之。

貫平生極愼許與，每稱萊爲絕世之才。溍晚年謂人曰：「萊之文，嶄絕雄深，類秦、漢間人所作，實非今世之士也。吾縱操觚一世，又安敢及之哉！」其爲前輩所推許如此。萊以御史薦，調長薌書院山長，未上，卒，年僅四十有四，君子惜之。私謚曰淵穎先生。

校勘記

〔一〕（朱）〔張〕瑄　從道光本改。按朱清、張瑄同開海運，此處誤「張」爲「朱」。

〔二〕五十（五）〔四〕世孫思晦　道光本與本書卷一八〇孔思晦傳及元文類卷六七馬祖常元明善神道碑合，從改。

〔三〕阿（營）〔榮〕（嚜嚜）〔嚜嚜〕　「營」字誤，從道光本改。按本書卷一四三有阿榮傳。「嚜嚜」，見卷三四校勘記〔一〕。

〔四〕還充翰林(供)〔應〕奉　據吳文正集卷四二范梈墓誌銘改。按本書卷八七百官志，元翰林院有應奉而無「供奉」。

〔五〕程鉅夫盧摯先後爲湖南憲長　本書卷一七二程鉅夫傳有「還江南湖北道肅政廉訪使」，與危太樸集卷二程鉅夫神道碑銘所載同。黃金華集卷二六揭傒斯神道碑云程鉅夫、盧摯「前後持湖北使者節」。疑此處「南」爲「北」字之誤。

〔六〕(討)〔訂〕定而後進　從北監本改。黃金華集卷二六揭傒斯神道碑作「訂」。

〔七〕〔柳貫〕　據本書原目錄補。

〔八〕〔吳萊〕　據本書體例補。

元史卷一百八十二

列傳第六十九

張起巖

張起巖字夢臣。其先章丘人，五季避地禹城。高祖迪，以元帥右監軍權濟南府事，徙家濟南。當金之季，張榮據有章丘、鄒平、濟陽、長山、辛市、蒲臺、新城、淄州之地，歲丙戌，歸於太祖，始終能效忠節，迪與其子福，實先後羽翼之。福仕爲濟南路軍民鎮撫兵鈐轄，權府事，生東昌錄事判官鐸，鐸生四川行省儒學副提舉範，範生起巖。初，其母丘氏有娠，見長蛇數丈入榻下，已忽不見，乃驚而誕起巖。

幼從其父學，年弱冠，以察舉爲福山縣學教諭，值縣官捕蝗，移攝縣事，久之，聽斷明允，其民相率曰：「若得張教諭爲眞縣尹，吾屬何患焉。」政成，遷安丘。中延祐乙卯進士，首選，除同知登州事，特旨改集賢修撰，轉國子博士，升國子監丞，進翰林待制，兼國史院編修

官。丁內艱，服除，選爲監察御史。中書參政楊廷玉以墨敗，臺臣奉旨鞫廟堂逮之下吏。丞相倒剌沙疾其擺辱同列，悉誣臺臣罔上，欲置之重辟。起巖以新除留臺，抗章論曰：「臺臣按劾百官，論列朝政，職使然也。今以奉職獲戾，風紀解體，正直結舌，忠良寒心，殊非盛世事。且世皇建臺閣，廣言路，維持治體，陛下即位詔旨，動法祖宗。今臺臣坐譴，公論杜塞，何謂法祖宗耶！」章三上，不報。起巖廷爭愈急，帝感悟，事乃得釋，猶皆坐罷免還鄉里。還中書右司員外郎，進左司郎中，兼經筵官，拜太子右贊善。丁外艱，服除，改燕王府司馬，拜禮部尚書。

文宗親郊，起巖充大禮使，導帝陟降，步武有節，衣前後襜如，陪位百官，望之如古圖畫中所覩。帝甚嘉之，賜賚優渥。轉參議中書省事。寧宗崩，燕南俄起大獄，有妄男子上變，言部使者謀不軌，按問皆虛，法司謂：「唐律，告叛者不反坐。」起巖奮謂同列曰：「方今嗣君未立，人情危疑，不亟誅此人，以杜奸謀，慮妨大計。」趣有司具獄，都人肅然，大事尋定。中書方列坐銓選，起巖薦一士可用，丞相不悅，起巖即攝衣而起，丞相以爲忤己。遷翰林侍講學士、知制誥兼修國史，修三朝實錄，加同知經筵事。

御史臺奏除浙西廉訪使，不允。已而擢陝西行臺侍御史。將行，復留爲侍講學士。拜江南行臺侍御史，召入中臺，爲侍御史。轉燕南廉訪使。搏擊豪强，不少容貸，貧民賴以吐

氣。滹沱河水爲眞定害，起巖論封河神爲侯爵，而移文責之，復修其隄防，淪其湮欝，水患遂息。陞江南行臺御史中丞，拜翰林學士承旨、知制誥兼修國史、知經筵事。右丞相別(佉里)〔里佉〕不花，〔一〕爲臺臣所糾，去位。未幾再入相，諷詞臣言臺章之非，起巖執不可，聞者壯之。俄拜御史中丞，論事剴直，無所顧忌，與上官多不合。

詔修遼、金、宋三史，復命入翰林爲承旨，充總裁官，積階至榮祿大夫。起巖熟於金源典故，宋儒道學源委，尤多究心，史官有露才自是者，每立言未當，起巖據理竄定，深厚醇雅，理致自足。史成，年始六十有五，遂上疏乞骸骨以歸，後四年卒。諡曰文穆。起巖面如紫瓊，美髯方頤，而眉目清揚可觀，望而知爲雅量君子。及其臨政決議，意所背鄉，屹若泰山，不可回奪。或時面折人，面頸發赤，不少恕，廟堂憚之。識者謂其外和中剛，不受人籠絡，如歐陽修，名聞四裔。安南修貢，其陪臣致其世子之辭，必候起巖起居。性孝友，少處窮約，下帷教授，躬致米百里外，以養父母；撫弟如石，教之宦學，無不備至。舉親族弗克葬者二十餘喪，且買田以給其祭。凡獲俸賜，必與故人賓客共之。卒之日，廩無餘粟，家無餘財。

先是，至元乙酉三月乙亥，太史奏文昌星明，文運將興。時世祖行幸上京，明日丙子，皇孫降生於儒州。是夜，起巖亦生。其後皇孫踐祚，是爲仁宗，始詔設科取士，及廷試，起

巖遂爲第一人，論者以爲非偶然也。起巖博學有文，善篆、隸，有華峯漫藁、華峯類藁、金陵集各若干卷，藏于家。子二人：琳，琛。

歐陽玄

歐陽玄字原功，其先家廬陵，與文忠公修同所自出。至曾大父新，始遷居瀏陽，故玄爲瀏陽人。幼岐嶷，母李氏，親授孝經、論語、小學諸書，八歲能成誦，始從鄉先生張貫之學，日記數千言，卽知屬文。十歲，有黃冠師注目視玄，謂貫之曰：「是兒神氣凝遠，目光射人，異日當以文章冠世，廊廟之器也。」言訖而去，亟追與語，已失所之。部使者行縣，玄以諸生見，命賦梅花詩，立成十首，晚歸，增至百首，見者駭異之。年十四，益從宋故老習爲詞章，下筆輒成章，每試庠序，輒占高等。弱冠，下帷數年，人莫見其面，經史百家，靡不研究，伊、洛諸儒源委，尤爲淹貫。

延祐元年，詔設科取士，玄以尙書與貢。明年，賜進士出身，授岳州路平江州同知。調太平路蕪湖縣尹。縣多疑獄，久不決，玄察其情，皆爲平翻。豪右不法，虐其驅奴，玄斷之從良。貢賦徵發及時，民樂趨事，教化大行，飛蝗獨不入境。改武岡縣尹。縣控制溪洞，蠻獠雜居，撫字稍乖，輒弄兵犯順。玄至踰月，赤水、太清兩洞聚衆相攻殺，官曹相顧失色，計無從出。玄卽日單騎從二人，徑抵其地諭之。至則死傷滿道，戰鬬未已。獠人熟玄名，棄兵仗，羅拜馬首曰：「我曹非不畏法，緣訴某事於縣，縣官不爲直，反以徭役橫斂掊克之，情有弗堪，乃發憤就死耳。不意煩我清廉官自來。」玄喻以禍福，歸爲理其訟，獠人遂安。

召爲國子博士，陞國子監丞。致和元年，遷翰林待制，兼國史院編修官。時當兵興，玄領印攝院事，日直內廷，參決機務，凡遠近調發，制詔書檄。既而改元天曆，郊廟、建后、立儲、肆赦之文，皆經撰述。復條時政數十事，實封以聞，多推行之。明年，初置奎章閣學士院，又置藝文監隸焉，皆選清望官居之。文宗親署玄爲藝文少監，奉詔纂修經世大典，陞太監、檢校書籍事。

元統元年，改僉太常禮儀院事，拜翰林直學士，編修四朝實錄，俄兼國子祭酒，召赴中都議事，陞侍講學士，復兼國子祭酒。重紀至元五年，足患風痺，乞南歸以便醫藥，帝不允。拜翰林學士，未幾，懇辭去位，帝復不允，免其行朝賀禮。至正改元，更張朝政，事有不便者，集議廷中，玄極言無隱，科目之復，沮者尤衆，玄尤力爭之。未幾南歸，復起爲翰林學士，以疾未行。

詔修遼、金、宋三史，召爲總裁官，發凡舉例，俾論撰者有所據依；史官中有悻悻露才、

論議不公者，玄不以口舌爭，俟其呈藁，援筆竄定之，統系自正。至於論、贊、表、奏，皆玄屬筆。五年，帝以玄歷仕累朝，且有修三史功，諭旨丞相，超授爵秩，遂擬拜翰林學士承旨。及入奏，上稱快者再三。已而乞致仕，帝復不允。御史臺奏除福建廉訪使，行次浙西，疾復作，乃上休致之請，作南山隱居，優游山水之問，有終焉之志。復拜翰林學士承旨，玄屢力辭，不獲命。奉勑定國律，尋乞致仕，陳情懇切，乃特授湖廣行中書省右丞致仕，賜白玉束帶，給俸賜以終其身。將行，帝復降旨不允，仍前翰林學士承旨，進階光祿大夫。

十四年，汝潁盜起，蔓延南北，州縣幾無完城。玄獻招捕之策千餘言，鑿鑿可行，當時不能用。十七年春，乞致仕，以中原道梗，欲由蜀還鄉，帝復不允。時將大赦天下，宣赴內府。玄久病，不能步履，丞相傳旨，肩輿至延春閣下，實異數也。是歲十二月戊戌，卒於崇教里之寓舍，年八十五。中書以聞，帝賜賻甚厚，贈崇仁昭德推忠守正功臣、大司徒、柱國，追封楚國公，諡曰文。

玄性度雍容，含弘縝密，處己儉約，爲政廉平，歷官四十餘年，在朝之日，殆四之三。三任成均，而兩爲祭酒，六入翰林，而三拜承旨。修實錄、大典、三史，皆大製作。屢主文衡，兩知貢舉及讀卷官，凡宗廟朝廷雄文大册、播告萬方制誥，多出玄手。金繒上尊之賜，幾無虛歲。海內名山大川，釋、老之宮，王公貴人墓隧之碑，得玄文辭以爲榮。片言隻字，流傳

人間，咸知寶重。文章道德，卓然名世。羽儀斯文，贊衞治具，與有功焉。玄無子，以從子達老後，復先玄卒。有圭齋文集若干卷傳于世。

許有壬

許有壬字可用，其先世居潁，後徙湯陰。有壬幼穎悟，讀書一目五行，嘗閱衡州淨居院碑，文近千言，一覽輒背誦無遺。年二十，暢師文薦入翰林，不報，授開寧路學正，陞教授，未上，辟山北廉訪司書吏。擢延祐二年進士第，授同知遼州事。會關中有警，鄰州聽民出避，棄孩嬰滿道上，有壬獨率弓箭手，閉城門以守，卒獲無虞。州有追逮，不許胥隸足跡至村疃，唯給信牌，令執里役者呼之，民安而事集。右族貪虐者懲之，寃獄雖有成案，皆平翻而釋其罪，州遂大治。

六年己未，除山北廉訪司經歷。至治元年，遷吏部主事。二年，轉江南行臺監察御史，行部廣東，以貪墨劾罷廉訪副使哈只蔡衍。至江西，會廉訪使苗好謙監焚昏鈔，檢視鈔者日至百餘人，好謙恐其有弊，痛鞭之。人畏罪，率剔眞爲僞，以迎其意。筦庫吏而下，榜掠無全膚，迄莫能償。有壬覆視之，率眞物也，遂釋之。凡勢官豪民，人畏之如虎狼者，有壬悉擒治以法，部內肅然。

召拜監察御史。〔三年〕八月，英宗暴崩於南坡，〔二〕賊臣鐵失遣使者自上京至，封府庫，收百官印，有壬知事急，即往告御史中丞董守庸，守庸謂宮禁事，非子所當問。有壬即疏守庸及經歷朶爾只班、監察御史郭也先忽都，阿附鐵失之罪以俟。十月，鐵失伏誅。泰定帝發上都，御史大夫紐澤先還京師，有壬即袖疏上之。及帝至，復上章言：「帖木迭兒之子瑣南，與聞大逆，乞賜典刑。其兄弟勿令出入宮禁。中書平章政事王毅、右丞高昉，橫擢奪爵，而四川行省平章政事趙世延，受禍尤慘，皆請雪寃復職。」繼上正始十事：一曰輔翼太子，宜先訓導；二曰遴選長官，宜先培養；三曰通籍宮禁，宜別貴賤；四曰欲謹兵權，宜削兼領；五曰武備廢弛，宜加修飭；六曰賊臣妻妾，宜禁勢官徵索；七曰前赦權以止變，宜再詔以正名；八曰帖木迭兒諸子，宜籍沒以懲惡；九曰考驗經費，以減民賦；十曰撙節浮蠹，以紓國用。帝多從之。

泰定元年，初立詹事院，選爲中議，改中書左司員外郎。京畿饑，有壬請賑之。同列讓曰：「子言固善，其如虧國何！」有壬曰：「不然。民，本也，不虧民，顧豈虧國邪！」卒白於丞相，發糧四十萬斛濟之，民賴以活者甚衆。國學舊法，每以積分次第貢以出官，執政用監丞張起巖議，欲廢之，而以推擇德行爲務。有壬折之曰：「積分雖未盡善，然可得博學能文之士，若曰惟德行之擇，其名固佳，恐皆厚貌深情，專意外飾，或懵不能識丁矣。」議久不決。三年六月，陞右司郎中，其事遂行，已而復寢。獲盜例有賞，論者多疑其僞，有淹四十餘年者，羣訴於馬首，有壬曰：「盜賊方熾，求疵太甚，緩急何以使人！但經部使者覆覈者，皆予官。」俄移左司郎中，每遇公議，有壬屢爭事得失，汛掃積滯，幾無留牘。都事宋本退語人曰：「此貞觀、開元間議事也。」明年，丁父憂。

天曆三年，擢兩淮都轉運鹽司使。先是，鹽法壞，廷議非有壬不能集事，故有是命。有壬詢究弊端，立法而通融之，國課遂登。至順二年二月，召參議中書省事，未幾，以丁母憂去。元統元年，復以參議召，明年甲戌，拜治書侍御史，轉奎章閣學士院侍書學士，仍治臺事。會福達魯花赤完卜，藉丞相勢，宿衞東宮，其行頗淫穢，御史劾之，完卜藏御史大夫家，有壬捕而遣之。九月，拜中書參知政事、知經筵事。帝詔羣臣議上皇太后尊號爲太皇太后，有壬曰：「皇上於皇太后，母子也，若加太皇太后，則爲孫矣，非禮也。」衆弗之從，有壬曰：「今制，封贈祖父母，降於父母一等，蓋推恩之法，近重而遠輕，今尊皇太后爲太皇太后，是推而遠之，乃反輕矣，豈所謂尊之者邪！」弗之聽。

中書平章政事徹理帖木兒挾私憾，奏罷進士科，有壬廷爭甚苦不能奪，遂稱疾在告，帝强起之，拜侍御史。會汝寧棒胡反，大臣有忌漢官者，取賊所造旗幟及僞宣敕，班地上，問曰：「此欲何爲邪？」意漢官諱言反，將以罪中之。有壬曰：「此曹建年號，稱李老君太子，部

署士卒，以敵官軍，其反狀甚明，尚何言！」其語遂塞。廷議欲行古劓法，立行樞密院，禁漢人、南人勿學蒙古、畏吾兒字書，有壬皆爭止之。

重紀至元初，長蘆韓公溥因家藏兵器，遂起大獄，株連臺若省，多以贓敗，獨無有壬名，由是忌者滋甚。有壬度不可留，遂歸彰德，已而南遊湘、漢間。至元六年，召入中書，仍爲參知政事。明年，改元至正，有壬極論帝當親祠太廟，母后虛位，徽政院當罷，改元命相當合爲一詔，宂職當沙汰，錢糧當裁節，如此之類，不一而足。人皆韙之。轉中書左丞。二年，囊加慶善八及孛羅帖木兒獻議，開西山金口導渾河，踰京城，達通州，以通漕運。丞相脫脫主之甚力，有壬曰：「渾河之水，湍悍易決，而足以爲害，淤淺易塞，而不可行舟；況地勢高下，甚有不同，徒勞民費財耳。」不聽，後卒如有壬言。

先是，有壬之父熙載仕長沙日，設義學，訓諸生。既歿，而諸生思之，爲立東岡書院，朝廷賜額設官，以爲育才之地。南臺監察御史木八剌沙，緣睚眦怨，言書院不當立，并搆浮辭，誣衊有壬，并其二弟有儀、有孚，有壬遂稱病歸。四年，改江浙行省左丞，辭。六年，召爲翰林學士，既上，又辭。監察御史累章辨其誣。俄拜浙西廉訪使，未上，復以翰林學士承旨召，仍知經筵事。明年夏，授御史中丞，賜白玉束帶及御衣一襲，未幾，復以病歸。監察御史答蘭不花銜有壬，時短長之，奏劾甚力，事尋白。

十二年，盜起河南，聲撼河朔間，有壬畫備禦之策十五條，以授郡將，民藉以安。十三年，起拜河南行省左丞，朝廷遣將出征，環河南境，連營以百數，一切芻餉，皆仰給之，有壬從容集事，若平時然。十五年，遷集賢大學士，尋改樞密副使，復拜中書左丞。時以言爲諱，有壬力言朝廷務行姑息之政，賞重罰輕，故將士貪掠子女玉帛而無鬬志，遂倡招降之策，言多不載。有僧名開，自高郵來，言張士誠乞降，衆幸事且成，皆大喜，有壬獨疑其妄，呼僧詰之，果語塞不能對。轉集賢大學士，兼太子左諭德，階至光祿大夫，有壬前朝舊德，太子頗敬禮之。一日入見，方臂鷹以爲樂，遽呼左右屏去。十七年，以老病，力乞致其事，久之始得請，給俸賜以終其身。二十四年九月二十一日卒，年七十八。

有壬歷事七朝，垂五十年，遇國家大事，無不盡言，皆一根至理，而曲盡人情。當權臣恣睢之時，稍忤意，輒誅竄隨之，有壬絕不爲巧避計，事有不便，明辨力諍，不知有死生利害，君子多之。有壬善筆札，工辭章，歐陽玄序其文，謂其雄渾閎雋，湧如層瀾，迫而求之，則淵靚深實，蓋深許之也。所著有至正集若干卷。謚曰文忠。子一人，曰楨。

宋本

宋本字誠夫，大都人。自幼穎拔異羣兒，既成童，聚經史窮日夜讀之，句探字索，必通

貫乃已。嘗從父禎官江陵，江陵王奎文，明性命義理之學，本往質所得，造詣日深。善爲古文，辭必己出，峻潔刻厲，多微辭。年四十，始還燕。

至治元年，策天下士于廷，本爲第一人，賜進士及第，授翰林修撰。泰定元年春，除監察御史，首言：「逆賊鐵失等雖伏誅，其黨樞密副使阿散，身親弒逆，以告變得不死，竄嶺南，乞早正天討。」國制，範黃金爲太廟神主，仁宗室盜竊去，本言：「在法，民間失盜，捕之違期不獲猶治罪，太常失典守，及在京應捕官，皆當罷去。」又言：「中書宰執，日趨禁中，固寵苟安，兼旬不至中堂，壅滯機務，乞戒飭臣僚，自非入宿衞日，必詣所署治事。」皆不報。踰月，調國子監丞。夏，風烈地震，有旨集百官雜議弭災之道。時宿衞士自北方來者，復遣歸，乃百十爲羣，剽劫殺人桓州道中。既逮捕，旭滅傑奏釋之。蒙古千戶使京師，宿邸中，適民間朱甲妻女車過邸門，千戶悅之，并從者奪以入，朱泣訴於中書，旭滅傑庇不問。本適與議，本復抗言：「鐵失餘黨未誅，仁廟神主盜未得，桓州盜未治，朱甲冤未伸，刑政失度，民憤天怨，災異之見，職此之由。」辭氣激奮，衆皆聳聽。冬，移兵部員外郎。二年，轉中書左司都事。會議招撫溪洞民，故將李牢山之子嘗假兵部尚書，從諸王帥兵征蕭林州徭民，李在道納妻，留不進，兵散歸，樞密副使王卜鄰吉台言：「李平徭有功，當遷官。」本言：「李棄軍娶妻，逗撓軍期，宜亟置諸法，況可官邪！」王色沮，乃不敢言。

旭滅傑死，左丞相倒剌沙當國得君，與平章政事烏伯都剌，皆西域人，西域富賈以其國異石名曰瓓者來獻，其估鉅萬，或未酬其直，諸嘗有過，爲司憲褫官，或有出其門下者。三年冬，烏伯都剌自禁中出，至政事堂，集宰執僚佐，命左司員外郎胡彝以詔稾示本，乃以是季地震赦天下，仍命中書酬累朝所獻諸物之直，擢用自英廟至今爲憲臺奪官者，本讀竟，白曰：「今警災異，而畏獻物未酬直者憤怨，此有司細故，形諸王言，必貽笑天下。司憲褫有罪者官，世祖成憲也，今上即位，累詔法世祖，今擢用之，是廢成憲而反汗前詔也，後復有邪佞贓穢者，將治之邪？置不問邪？」宰執聞本言，相視嘆息罷去。明日，宣詔竟，本遂稱疾不出。

四年春，遷禮部郎中。天曆元年冬，陞吏部侍郎。二年，改禮部侍郎。是年，文宗開奎章閣，置藝文監，檢校書籍，超大監。至順元年，進奎章閣學士院供奉學士。二年冬，出爲河東廉訪副使，將行，擢禮部尚書。三年冬，寧宗崩，順帝未至，皇太后在興聖宮，正旦，議循故事，行朝賀禮，本言：「宜上表興聖宮，廢大明殿朝賀。」衆是而從之。元統元年，兼經筵官，冬，拜陝西行臺治書侍御史，不拜，復留爲奎章閣學士院承制學士，仍兼經筵官。二年夏，轉集賢直學士，兼國子祭酒，兼經筵如故。是年冬十一月二十五日卒，年五十四。階官自承務郎十轉至太中大夫。

本性高抗不屈，持論堅正，制行純白，不可干以私，而篤朋友之義，堅若金鐵，人有片善，稱道不少置，尤以植立斯文自任。知貢舉，取進士滿百人額，爲讀卷官，增第一甲爲三人。父官南中，貧，賣宅以去，居官清愼自持，饘粥至不給。本未弱冠，聚徒以養親，殆二十年，歷仕通顯，猶僦屋以居。及卒，非賻贈幾不能給棺斂，執紼者近二千人，皆縉紳大夫、門生故吏及國子諸生，未嘗有一雜賓，時人榮之。本所著有至治集四十卷，行于世。謚正獻。

弟褧，字顯夫，登泰定元年進士第，授校書郎，累官至翰林直學士，謚文清。褧嘗爲監察御史，於朝廷政事，多所建明。其文學與本齊名，人稱之曰二宋云。

謝端

謝端字敬德，蜀之遂寧人。宋末，蜀士多避兵江陵，因家焉。端幼穎異，五六歲能吟詩，十歲能作賦。弱冠，與尚書宋本同師，明性理，爲古文，又同教授江陵城中，以文學齊名，時號謝宋。史杠宣慰荆南，數加延禮，薦之姚(樞)〔燧〕，〔三〕(樞)〔燧〕方以文章大名自負，少所許可，以所爲文眎端，端一讀，即能指擿其用意所在，(樞)〔燧〕歎獎不已，語人：「後二十年，若謝端者，豈易得哉！」用薦者署校官，不報。

科舉法行，就試河南行省，中其舉，以內艱不會試。延祐五年，乃擢進士乙科。授承事郎、潭州路同知湘陰州事。歲滿，入爲國子博士，遷太常博士。盜入太廟，失第八室黃金主，坐罷去。端，禮官，非典守，不當坐，亦不辨。尋除翰林修撰，陞待制，以選爲國子司業，遂爲翰林直學士，階太中大夫。

端善爲政，筮仕湘陰，猾吏束手，不敢舞文法，豪民無賴者遠避去。部使者行部，旁郡滯訟，皆諉端讞，端剖決如流，績譽籍然。其文章嚴謹有法，寧約近瘠，無奢滋駁。居翰林久，至順、元統以來，國家崇號，慈極升祔先朝，加封宣聖考妣，制册多出其手。預修文宗、明宗、寧宗三朝實錄，及累朝功臣列傳，時稱其有史才。

初，文宗建奎章閣，蒐羅中外才俊置其中，嘗語阿榮曰：「當今文學之士，朕惟未識謝端。」亡何，文宗崩，竟不及用端。端又與趙郡蘇天爵同著正統論，辨金、宋正統甚悉，世多傳之。至元六年卒，年六十二。元世蜀士以文名者，曰虞集，而謝端其次云。

校勘記

〔一〕別（怯里）〔里怯〕不花　據本書卷一四〇別兒怯不花傳、卷一三九阿魯圖傳所見「別兒怯不花」語音改正。類編已校。

〔二〕〔三年〕八月英宗暴崩於南坡　從道光本補。原脫，致誤爲至治二年八月。

〔三〕姚（樞）〔燧〕　考異云：「案姚樞當爲姚燧之譌。樞本不以文章自負，且樞卒於至元十七年。是時謝端甫生兩歲，無緣得見樞也。後讀蘇天爵所撰神道碑，正作文公燧。」考異是，今據滋溪文稿卷一三謝端神道碑銘改。下同。

元史卷一百八十三

列傳第七十

王守誠

王守誠字君實，太原陽曲人。氣宇和粹，性好學，從鄧文原、虞集游，文辭日進。泰定元年，試禮部第一，廷對賜同進士出身，授祕書郎。遷太常博士，續編太常集禮若干卷以進。轉藝林庫使，與著經世大典。拜陝西行臺監察御史。除奎章閣鑒書博士。拜監察御史。僉山東廉訪司事。改戶部員外郎、中書右司郎中。拜禮部尚書。與修遼、金、宋三史，書成，擢參議中書省事。調燕南廉訪使。

至正五年，帝遣使宣撫四方，除守誠河南行省參知政事，與大都留守答爾麻失里使四川，首薦雲南都元帥述律鐸爾直有文武材。初，四川廉訪使某與行省平章某不相能，誣宜使蘇伯延行賄於平章某，瘐死獄中。至是，伯延親屬有愬。會茶鹽轉運司官亦訟廉訪使果

受金，廉訪使倉皇去官，至揚州死。副使而下，皆以事罷。憲史四人、奏差一人，籍其家而竄之，餘皆斥去。

重慶銅梁縣尹張文德，出遇少年執兵刃，疑爲盜，擒執之，果拒敵。文德斬其首，得懷中帛旗，書曰南朝趙王。賊黨聞之，遂焚劫雙山。文德捕殺百餘人。重慶府官以私怨使縣吏誣之，乃議文德罪，比不即捕强盜例加四等。遇赦免，猶擬杖一百。守誠至，爲直其事。他如以贓罪誣人，動至數千緡，與夫小民田婚之訟，殆百十計，守誠皆辨析詳讞，辭窮吐實，爲之平反。州縣官多取職田者，累十有四人，悉釐正之。因疏言：「仕於蜀者，地僻路遙，俸給之薄，何以自養。請以戶絕及屯田之荒者，召人耕種，收其入以增祿秩。」宜賓縣尹楊濟亨欲於蟠龍山建憲宗神御殿，儒學提舉謝晉賢請復文翁石室爲書院，皆采以上聞成之，風采聳動天下，論功居諸道最。進資政大夫、河南行省左丞。未上，母劉氏歿于京師，聞喪亟歸，遂遘疾，以至正九年正月卒，年五十有四。帝賜鈔萬緡，謚文昭。有文集若干卷。

王思誠

王思誠字致道，兗州嵫陽人。天資過人，七歲，從師授孝經、論語，即能成誦。家本業

農，其祖佑，詬家人曰：「兒大不教力田，反教爲迂儒邪！」思誠愈自力弗懈。後從汶陽曹元用游，學大進。中至治元年進士第，授管州判官，召爲國子助教，改翰林國史院編修官。尋陞應奉翰林文字，再轉爲待制。

至正元年，遷奉議大夫、國子司業。二年，拜監察御史，上疏言：「京畿去年秋不雨，冬無雪，方春首月蝗生，黃河水溢。蓋不雨者，陽之亢，水涌者，陰之盛也。嘗聞一婦銜冤，三年大旱，往歲伯顏專擅威福，讎殺不辜，郯王之獄，燕鐵木兒宗黨死者，不可勝數，非直一婦之冤而已，豈不感傷和氣邪！宜雪其罪。敕有司行禱百神，陳牲幣，祭河伯，發卒塞其缺，被災之家，死者給葬具，庶幾可以召陰陽之和，消水旱之變，此應天以實不以文也。」

行部至檀州，首言：「采金鐵冶提舉司，設司獄，掌囚之應徒配者，釱趾以舂金鑛，舊嘗給衣與食，天曆以來，水壞金冶，因罷其給，齧草飲水，死者三十餘人，瀕死者又數人。夫罪不至死，乃拘囚至於饑死，不若加杖而使速死之愈也。況州縣俱無囚糧，輕重囚不決者，多死獄中，獄吏妄報其病月日用藥次第。請定瘐死多寡罪，著爲令。」又言：「至元十六年，開壩河，設壩夫戶八千三百七十有七，車戶五千七十，出車三百九十輛，船戶九百五十，出船一百九十艘，壩夫累歲逃亡，十損四五，而運糧之數，十增八九，船止六十八艘，戶止七百六十有一，車之存者二百六十七輛，戶之存者二千七百五十有五，晝夜奔馳，猶不能給，壩夫戶

之存者一千八百三十有二，一夫日運四百餘石，肩背成瘡，顱顇如鬼，甚可哀也。河南、湖廣等處打捕鷹房府，打捕戶尙玉等一萬三千二百二十五戶，阿難答百姓劉德元等二千三百戶，可以簽補，使勞佚相資。」又言：「燕南、山東，密邇京師，比歲饑饉，(郡)〔羣〕盜縱橫，〔一〕巡尉弓兵與提調捕盜官，會鄰境以討之，賊南則會于北，賊西則會于東，及與賊會，望風先遁，請立法嚴禁之。」又言：「初開海道，置海仙鶴哨船四十餘艘，往來警邏。今弊船十數，止於劉家港口，以捕盜爲名，實不出海，以致寇賊猖獗，宜即萊州洋等處分兵守之，不令泊船島嶼，禁鎭民與梢水爲婚，有能捕賊者，以船畀之，獲賊首者，賞以官。仍移江浙、河南行省，列戍江海諸口，以詰海商還者，審非寇賊，始令泊船。下年糧船開洋之前，遣將士乘海仙鶴於二月終旬入海，庶幾海道寧息。」朝廷多是其議。

松州官吏誣構良民以取賂，愬于臺者四十人，選思誠鞫問，思誠密以他事入松州境，執監州以下二十三人，皆罪之。還至三河縣，一囚愬不已，俾其黨異處，使之言，囚曰：「賊向盜某芝麻，某追及，刺之幾死，賊以是圖復讎，今弓手欲捕獲功之數，適中賊計。其贓，實某妻裙也。」以裙示失主，主曰：「非吾物。」其黨詞屈，遂釋之。豐潤縣一囚，年最少，械繫瀕死，疑而問之，曰：「昏暮三人投宿，將詣集場，約同行，未夜半，趣行，至一冢間，見數人如有宿約者，疑之，衆以爲盜告，不從，脅以白刃，驅之前，至一民家，衆皆入，獨留戶外，遂潛奔赴縣，未及報而被收。」思誠遂正有司罪，少年獲免。

出僉河南山西道肅政廉訪司事，行部武鄉縣，監縣來迓，思誠私語吏屬曰：「此必贓吏。」未幾，果有愬于道側者，問曰：「得無訴監縣敓汝馬乎？」其人曰：「然。」監縣抵罪。吏屬問思誠先知之故，曰：「衣弊衣，乘駿馬，非詐而何！」陝西行臺言：「欲疏鑿黃河三門，立水陸站以達於關陝。」移牘思誠，會陝西、河南省憲臣及郡縣長吏視之，皆畏險阻，欲以虛辭復命，思誠怒曰：「吾屬自欺，何以責人！何以待朝廷！諸君少留，吾當躬詣其地。」衆惶恐從之，河中灘磧百有餘里，巉石錯出，路窮，舍騎徒行，攀藤葛以進，衆憊喘汗弗敢言，凡三十里，度其不可，乃作詩歷敍其險，執政采之，遂寢其議。

召修遼、金、宋三史，調祕書監丞。會國子監諸生相率爲鬨，復命爲司業，思誠召諸生立堂下，黜其首爲鬨者五人，罰而降齋者七十人，勤者升，惰者黜，於是更相勉勵。超陞兵部侍郎，監燒燕南昏鈔，忽心悸弗寧，已而母病，事畢，馳還京師侍疾，及丁內憂，扶櫬南歸。甫禫，朝廷行內外通調法，選郡縣守令，起思誠太中大夫、河間路總管。磁河水頻溢，決鐵燈干。鐵燈干，眞定境也，召其邑吏，責而懲之，遂集民丁作堤，晝夜督工，期月而塞，復築夾堤于外，亘十餘里，命瀕河民及弓手，列置草舍於上，擊木以防盜決。是年，民獲耕藝，歲用大稔。乃募民運碎甓，治郭外行道，高五尺，廣倍之，往來者無泥塗之病。南皮民父祖

嘗瀕御河種柳，輸課於官，名曰柳課，後河決，柳俱沒，官猶徵之，凡十餘年，其子孫益貧，不能償，思誠連請于朝除之。郡庭生嘉禾三本，一本九莖，一本十六莖，一本十三莖，莖五六穗，僚屬欲上進，思誠曰：「吾嘗惡人行異政，沽美名。」乃止。所轄景州廣川鎭，漢董仲舒之里也，河間鄚鄉，博士毛萇舊居也，皆請建書院，設山長員。召拜禮部尙書。

十二年，帝以四方民頗失業，命名臣巡行勸課，思誠至河間及山東諸路，召集父老，宣帝德意，莫不感泣，緘進二麥、豌豆，帝嘉之，賜上尊二。召還，遷國子祭酒，俄復爲禮部尙書，知貢舉，升集賢侍講學士，兼國子祭酒。應詔言事：一曰置行省丞相，以專方面；二曰寬內郡徵輸，以固根本；三曰汰冗兵，以省糧運；四曰改祿秩，以養官廉；五曰罷行兵馬司，以便詰捕；六曰復倚郭縣，以正紀綱；七曰設常選，以起淹滯。尋出爲陝西行臺治書侍御史，辭以老病，不允，力疾戒行。

十七年春，紅巾陷商州，奪七盤，進據藍田縣，距奉元一舍，思誠會豫王阿剌忒納失里及省院官於安西王月魯帖木兒邸，衆洶懼無言，思誠曰：「陝西重地，天下之重輕繫焉。察罕帖木兒，河南名將，賊素畏之，宜遣使求援，此上策也。」戍將嫉客兵軋己，論久不決，思誠曰：「吾兵弱，旦夕失守，咎將安歸！」乃移書察罕帖木兒曰：「河南爲京師之庭戶，陝西實內郡之藩籬，兩省相望，互爲脣齒，陝西危，則河南豈能獨安乎？」察罕帖木兒新復陝州，得書

大喜，曰：「先生眞有爲國爲民之心，吾寧負越境擅發之罪。」遂提輕兵五千，倍道來援，思誠犒軍于鳳凰山，還定守禦九事，夜宿臺中，未嘗解衣。同官潛送妻子過渭北，思誠止之，分守北門，其屬聞事急，欲圖苟免，思誠從容諭之曰：「吾受國重寄，安定一方，期戮力報效，死之可也。自古皆有死，在遲與速耳。」衆乃安。既而援兵破賊，河南總兵官果以察罕帖木兒擅調，遣人問之，思誠亟請於朝，宜命察罕帖木兒專守關陝，仍令便宜行事，詔從之。

行樞密院掾史田甲，受賂事覺，匿豫邸，監察御史捕之急，幷繫其母，思誠過市中，見之，曰：「嘻！古者，罪人不孥，況其母乎！吾不忍以子而繫其母。」令釋之，不從，思誠因自劾不出，諸御史謁而謝之。初，監察御史有封事，自中丞以下，惟署紙尾，莫敢問其由，事行，始知之，思誠曰：「若是，則上下之分安在！」凡上章，必拆視，不可行者，以臺印封置架閣庫。俄起五省餘丁軍，思誠爭曰：「關中方用兵，困於供給，民多愁怨，復有是役，萬一爲變，所繫豈輕耶！」事遂寢。

十七年，召拜通議大夫、國子祭酒，時臥疾，聞命卽起，至朝邑，疾復作。十月，卒于旅舍，年六十有七。謚獻肅。

李好文

李好文字惟中，大名之東明人。登至治元年進士第，授大名路濬州判官。入爲翰林國史院編修官、國子助教。泰定四年，除太常博士。會盜竊太廟神主，好文言：「在禮，神主當以木爲之，金玉祭器，宜貯之別室。」又言：「祖宗建國以來，七八十年，每遇大禮，皆臨時取具，博士不過循故事應答而已。往年有詔爲集禮，而乃令各省及各郡縣置局纂修，宜其久不成也。禮樂自朝廷出，郡縣何有哉！」白長院者，選僚屬數人，仍請出架閣文牘，以資採錄，三年，書成，凡五十卷，〔三〕名曰太常集禮。

遷國子博士。丁內憂，服闋，起爲國子監丞，拜監察御史。時復以至元紀元，好文言：「年號襲舊，於古未聞，襲其名而不蹈其實，未見其益。」因言時弊不如至元者十餘事。錄囚河東，有李拜拜者，殺人，而行兇之仗不明，凡十四年不決，好文曰：「豈有不決之獄如是其久乎！」立出之。王傅撒都剌，以足蹋人而死，衆皆曰：「殺人非刃，當杖之。」好文曰：「怙勢殺人，甚於用刃，況因有所求而殺之，其情爲尤重。」乃置之死，河東爲之震肅。出僉河南、浙東兩道廉訪司事。

六年，帝親享太室，召僉太常禮儀院事。至正元年，除國子祭酒，改陝西行臺治書侍御史，遷河東道廉訪使。三年，郊祀，召爲同知太常禮儀院事，帝之親祀也，至寧宗室，遣阿魯問曰：「兄拜弟可乎？」好文與博士劉聞對曰：「爲人後者，爲之子也。」帝遂拜。由是每親祀，必命好文攝禮儀使。四年，除江南行臺治書侍御史，未行，改禮部尚書，與修遼、金、宋史，除治書侍御史，仍與史事，俄除參議中書省事，視事十日，以史故，仍爲治書。已而復除陝西行臺治書侍御史，時臺臣皆缺，好文獨署臺事。西蜀奉使，以私憾摭拾廉訪使曾文博、僉事兀馬兒、王武事，文博死，兀馬兒誣服，武不屈，以輕侮抵罪。好文曰：「奉使代天子行事，當問民疾苦，黜陟邪正，今行省以下，至於郡縣，未聞舉劾一人，獨風憲之司，無一免者，此豈正大之體乎！」率御史力辨武等之枉，幷言奉使不法者十餘事。六年，除翰林侍講學士，兼國子祭酒，又遷改集賢侍講學士，仍兼祭酒。

九年，出參湖廣行省政事，改湖北道廉訪使，尋召爲太常禮儀院使。於是帝以皇太子年漸長，開端本堂，命皇太子入學，以右丞相脫脫、大司徒雅不花知端本堂事，而命好文以翰林學士兼諭德。好文力辭，上書宰相曰：「三代聖王，莫不以教世子爲先務，蓋帝王之治本於道，聖賢之道存於經，而傳經期於明道，出治在於爲學，關係至重，要在得人。自非德堪範模，則不足以輔成德性。自非學臻閫奧，則不足以啓迪聰明。宜求道德之鴻儒，仰成國家之盛事。而好文天資本下，人望素輕，草野之習，而久與性成，章句之學，而寖以事廢，驟膺重

託，負荷誠難。必別加選掄，庶幾國家有得人之助，而好文免妨賢之譏。」丞相以其書聞，帝嘉歎之，而不允其辭。好文言：「欲求二帝三王之道，必由於孔氏，其書則孝經、大學、論語、孟子、中庸。」乃摘其要略，釋以經義，又取史傳，及先儒論說，有關治體而協經旨者，加以所見，倣眞德秀大學衍義之例，爲書十一卷，名曰端本堂經訓要義，奉表以進，詔付端本堂，令太子習焉。

好文又集歷代帝王故事，總百有六篇：一曰聖慧，如漢孝昭、後漢明帝幼敏之類；二曰孝友，如舜、文王及唐玄宗友愛之類；三曰恭儉，如漢文帝却千里馬、罷露臺之類；四曰聖學，如殷宗緝學，及陳、隋諸君不善學之類。以爲太子問安餘暇之助。又取古史，自三皇迄金、宋，歷代授受，國祚久速，治亂興廢爲書，曰大寶錄。又取前代帝王是非善惡之所當法當戒者爲書，名曰大寶龜鑑。皆錄以進焉。久之，陞翰林學士承旨，階榮祿大夫。

十六年，復上書皇太子，其言曰：「臣之所言，卽前日所進經典之大意也，殿下宜以所進諸書，參以貞觀政要、大學衍義等篇，果能一一推而行之，則萬幾之政、太平之治，不難致矣。」皇太子深敬禮而嘉納之。後屢引年乞致仕，辭至再三，遂拜光祿大夫、河南行省平章政事，仍以翰林學士承旨一品祿終其身。

孛朮魯翀 子遠附

孛朮魯翀字子翬，其先隆安人。金泰和間，定女直姓氏，屬望廣平。祖德，從憲宗南征，因家鄧之順陽，以功封南陽郡侯。父居謙，用翀貴，封南陽郡公。初，居謙辟掾江西，以家自隨，生翀贛江舟中，釜鳴者三，人以爲異。翀稍長，卽勤學，父歿，家事漸落，翀不恤，而爲學益力，乃自順陽復往江西，從新喻蕭克翁學。克翁，宋參政燧之四世孫也，隱居不仕，學行爲州里所敬。嘗夜夢大鳥止其所居，翼覆軒外，擧家驚異，出視之，冲天而去。明日，翀至。翀始名思溫，字伯和，克翁爲易今名字，以夢故。後復從京兆蕭斞游，其學益宏以肆，翰林學士承旨姚燧，以書抵斞曰：「燧見人多矣，學問文章，無足與子翬比倫者。」於是斞以女妻之。

大德十一年，用薦者，授襄陽縣儒學教諭，陞汴梁路儒學正。會修世皇實錄，燧首以翀薦。至大四年，授翰林國史院編修官。延祐二年，擢河東道廉訪司經歷，遷陝西行臺監察御史，賑濟吐蕃，多所建白。五年，拜監察御史。時英皇未出閤，翀言：「宜擇正人以輔導。」帝嘉納之。尋劾奏中書參議元明善，帝初怒，不納，明日，乃命改明善他官，而傳旨慰諭翀。巡按遼陽，有旨給以弓矢環刀。後因爲定制。還往淮東覈憲司官聲跡，淮東憲臣，惟尙

刑，多置獄具，翀曰：「國家所以立風紀，蓋將肅清天下，初不尙刑也。」取其獄具焚之。時有旨凡以吏進者，例降二等，從七品以上不得用。翀言：「科擧未立，人才多以吏進，若一概屈抑，恐未足盡天下持平之議。請吏進者，宜止於五品。」許之，因著爲令。除右司都事，時相鐵木迭兒專事刑戮，以復私憾，翀因避去。

頃之，擢翰林修撰，又改左司都事。於是拜住爲左相，使人勞翀曰：「今規模已定，不同往日，宜早至也。」翀强爲起。會國子監隸中書，俾翀兼領之。先是，陝西有變，府縣之官多罣冒者，翀白丞相曰：「此輩皆脅從，非同情者。」乃悉加銓敍。帝方獵柳林，駐故東平王安童碑所，因獻駐蹕頌，皆稱旨，命坐，賜飲尙尊。從幸上京，次龍虎臺，拜住命翀傳旨中書，翀領之，行數步，還曰：「命翀傳否？」拜住歎曰：「眞謹飭人也。」間謂翀曰：「爾可作宰相否？」翀對曰：「宰相固不敢當，然所學，宰相事也。夫爲宰相者，必福德才量四者皆備，乃足當耳。」拜住大悅，以酒觴翀曰：「非公，不聞此言。」迎駕至行在所，翀入見，帝賜之坐。陞右司員外郞，奉旨預修大元通制，書成，翀爲之序。

泰定元年，遷國子司業。明年，出爲河南行省左右司郞中。丞相曰：「吾得賢佐矣。」翀曰：「世祖立國，成憲具在，愼守足矣。譬若乘舟，非一人之力所能運也。」翀乃開壅除弊，省務爲之一新。三年，擢燕南河北道廉訪使，〔三〕晉州達魯花赤有罪就逮，而奉使宣撫以印帖

徵之，欲緩其事，翀發其姦，奉使因遁去。入僉太常禮儀院事，盜竊太廟神主，翀言：「各室宜增設都監員，內外嚴置局鑰，晝巡夜警，永爲定制。」從之。又纂修太常集禮，書成而未上，有旨命翀兼經筵官。

文宗之入也，大臣問以典故，翀所建白近漢文故事，衆皆是之。文宗嘗字呼子翬而不名。命翀與平章政事溫迪罕等十人，商論大事，日夕備顧問，宿直東廡下。文宗虛大位以俟明宗，翀極言：「大兄遠在朔漠，北兵有阻，神器不可久虛，宜攝位以俟其至。」文宗納其言。及文宗親祀天地、社稷、宗廟，翀爲禮儀使，詳記行禮節文於笏，遇至尊不敢直書，必識以兩圈，帝偶取笏視，曰：「此爲皇帝字乎？」因大笑，以笏還翀。竣事，上天曆大慶詩三章，帝命藏之奎章閣。擢陝西漢中道廉訪使，會立太禧院，除僉太禧宗禋院，兼祗承神御殿事，詔遣使趣之還。迎駕至龍虎臺，帝問：「子翬來何緩？」太禧院使阿榮對曰：「翀體豐肥，不任乘馬，從水道來，是以緩耳。」太禧臣日聚禁中，以便顧問，帝嘗問阿榮曰：「魯子翬飲食何如？」對曰：「與衆人同。」又問：「談論如何？」曰：「翀所談，義理之言也。」從幸上都，嘗奉敕撰碑文，稱旨，帝曰：「候朕還大都，當還汝潤筆貲也。」

遷集賢直學士，兼國子祭酒。諸生素已望翀，至是，私相歡賀。翀以古者敎育有業，退必有居。舊制，弟子員初入學，以羊贄，所貳之品與羊等。翀曰：「與其饜口腹，孰若爲吾黨

燥濕寒暑之虞乎！」命擣集之，得錢二萬緡有奇，作屋四區，以居學者。諸生積分，有六年未及釋褐者，翀至，皆使就試而官之。帝師至京師，有旨朝臣一品以下，皆乘白馬郊迎。大臣俯伏進觴，帝師不爲動，惟翀擧觴立進曰：「帝師，釋迦之徒，天下僧人師也。余，孔子之徒，天下儒人師也。請各不爲禮。」帝師笑而起，擧觴卒飲，衆爲之慄然。

文宗崩，皇太后聽政，命別不花、塔失海牙、阿兒思蘭、馬祖常、史顯夫及翀六人，商論國政。翀以大位不可久虛，請嗣君卽位，早正宸極，以幸天下。帝既卽位，大臣以爲赦不可頻行，翀曰：「今上以聖子神孫，入繼大統，當新天下耳目。今不赦，豈可收怨於新造之君乎！」皇太后以爲宜從翀言，議乃定。遷禮部尙書，階中憲大夫。有大官妻無子而妾有子者，其妻以田盡入于僧寺，其子訟之，翀召其妻詰之曰：「汝爲人妻，不以資產遺其子，他日何面目見汝夫於地下！」卒反其田。

元統二年，除江浙行省參知政事。逾年，以遷葬故歸鄉里。明年，召爲翰林侍講學士，以疾辭，不上。至元四年卒，年六十。贈通奉大夫、陝西行省參知政事、護軍，追封南陽郡公，謚文靖。

翀狀貌魁梧，不妄言笑。其爲學一本於性命道德，而記問宏博，異言僻語，無不淹貫。文章簡奧典雅，深合古法。用是天下學者，仰爲表儀。其居國學者久，論者謂自許衡之後，

能以師道自任者，惟耶律有尚及泂而已。有文集六十卷。

子遠，字朋道，以泂蔭調祕書郎，轉襄陽縣尹，須次居南陽。賊起，遠以忠義自奮，傾財募丁壯，得千餘人，與賊拒戰，俄而賊大至，遠被害死。遠妻雷爲賊所執，賊欲妻之，乃詆賊曰：「我魯參政冢婦，縣令嫡妻，夫死不貳，肯從汝狗彘以生乎！」賊醜其言，將辱之，雷號哭大罵，不從，乃見殺。舉家皆被害。

李泂

李泂字溉之，滕州人。生有異質，始從學，即穎悟強記。作爲文辭，如宿習者。姚燧以文章負大名，一見其文，深歎異之，力薦于朝，授翰林國史院編修官。未幾，以親老，就養江南。久之，辟中書掾，非其志也。及考除集賢院都事，轉太常博士。拜住爲丞相，聞泂名，擢監修國史長史，歷祕書監著作郎、太常禮儀院經歷。泰定初，除翰林待制，以親喪未克葬，辭而歸。

天曆初，復以待制召，於是文宗方開奎章閣，延天下知名士充學士員，泂數進見，奏對稱旨，超遷翰林直學士，俄特授奎章閣承制學士。泂既爲帝所知遇，乃著書曰輔治篇以進，

文宗嘉納之。朝廷有大議，必使與焉。會詔修經世大典，泂方臥疾，即強起，曰：「此大制作也，吾其可以不預！」力疾同修，書成，既進奏，旋謁告以歸。復除翰林直學士，遣使召之，竟以疾不能起。

泂骨骼清峻，神情開朗，秀眉疏髯，目瑩如電，顏面如冰玉，而脣如渥丹然，峨冠褒衣，望之者疑爲神仙中人也。其爲文章，奮筆揮灑，迅飛疾動，汩汩滔滔，思態疊出，縱橫奇變，若紛錯而有條理，意之所至，臻極神妙。泂每以李太白自儗，當世亦以是許之。嘗游匡廬、王屋、少室諸山，留連久乃去，人莫測其意也。僑居濟南，有湖山花竹之勝，作亭曰天心水面，文宗嘗敕虞集製文以記之。泂尤善書，自篆、隸、草、眞皆精詣，爲世所珍愛。卒年五十九。有文集四十卷。

蘇天爵

蘇天爵字伯修，眞定人也。父志道，歷官嶺北行中書省左右司郎中，和林大饑，救荒有惠政，時稱能吏。天爵由國子學生公試，名在第一，釋褐，授從仕郎、大都路薊州判官。丁內外艱，服除，調功德使司照磨。泰定元年，改翰林國史院典籍官，陞應奉翰林文字。至順元年，預修武宗實錄。二年，陞修撰，擢江南行臺監察御史。

明年，慮囚于湖北。湖北地僻遠，民獠所雜居，天爵冒瘴毒，徧歷其地。囚有言冤狀者，天爵曰：「憲司歲兩至，不言何也？」皆曰：「前此慮囚者，應故事耳。今聞御史至，當受刑，故不得不言。」天爵爲之太息。每事必究心，雖盛暑，猶夜篝燈，治文書無倦。(江)〔沅〕陵民文甲無子，〔四〕育其甥雷乙，後乃生兩子，而出乙，乙俟兩子行賣茶，即舟中取斧，並斬殺之，沈斧水中，而血漬其衣，跡故在。事覺，乙具服，部使者乃以三年之疑獄釋之。天爵曰：「此事二年半耳，且不殺人，何以衣污血？又何以知斧在水中？又其居去殺人處甚近，何謂疑獄？」遂復置于理。常德民盧甲、莫乙、汪丙同出傭，而甲誤墮水死，甲弟之爲僧者，欲私甲妻不得，訴甲妻與乙通，而殺其夫。乙不能明，誣服擊之死，斷其首棄草間，屍與仗棄譚氏家溝中。吏往索，果得髑髏，然屍與仗皆無有，而譚誣證曾見一屍，水漂去。天爵曰：「屍與仗縱存，今已八年，未有不腐者。」召譚詰之，則甲未死時，目已瞽，其言曾見一屍水漂去，妄也。天爵語吏曰：「此乃疑獄，況不止三年。」俱釋之。其明於詳讞，大抵此類。

入爲監察御史，道改奎章閣授經郎。元統元年，復拜監察御史，在官四閱月，章疏凡四十五上，自人君至于朝廷政令、稽古禮文、閭閻幽隱，其關乎大體、繫乎得失者，知無不言。所劾者五人，所薦舉者百有九人。明年，預修文宗實錄，遷翰林待制，尋除中書右司都事，兼經筵參贊官。後至元二年，由刑部郎中，改御史臺都事。三年，遷禮部侍郎。五年，出爲

淮東道肅政廉訪使，憲綱大振，一道肅然。入爲樞密院判官。明年，改吏部尚書，拜陝西行臺治書侍御史，復爲吏部尚書，陞參議中書省事。是時，朝廷更立宰相，庶務多所弛張，而天子圖治之意甚切，天爵知無不言，言無顧忌，夙夜謀畫，須髮盡白。

至正二年，拜湖廣行省參知政事，遷陝西行臺侍御史。四年，召爲集賢侍講學士，兼國子祭酒。天爵自以起自諸生，進爲師長，端己悉心，以範學者。明年，出爲山東道肅政廉訪使，尋召還集賢，充京畿奉使宣撫，究民所疾苦，察吏之姦貪，其興除者七百八十有三事，其糾劾者九百四十有九人，都人有包、韓之譽，然以忤時相意，竟坐不稱職罷歸。七年，天子察其誣，乃復起爲湖北道宣慰使、浙東道廉訪使，俱未行。拜江浙行省參知政事。江浙財賦，居天下十七，事務最煩劇，天爵條分目別，細鉅不遺。

九年，召爲大都路都總管，以疾歸。俄復起爲兩浙都轉運使，時鹽法弊甚，天爵拯治有方，所辦課爲鈔八十萬錠，及期而足。十二年，妖寇自淮右蔓延及江東，詔仍江浙行省參知政事，總兵于饒、信，所克復者，一路六縣。其方略之密，節制之嚴，雖老帥宿將不能過之。然以憂深病積，遂卒于軍中。年五十九。

天爵爲學，博而知要，長於紀載，嘗著國朝名臣事略十五卷、文類七十卷。其爲文，長於序事，平易溫厚，成一家言，而詩尤得古法，有詩藁七卷、文藁三十卷。於是中原前輩，凋

謝殆盡，天爵獨身任一代文獻之寄，討論講辯，雖老不倦。晚歲，復以釋經爲己任。學者因其所居，稱之爲滋溪先生。其他所著文，有松廳章疏五卷、春風亭筆記二卷、遼金紀年、黃河原委，未及脫藁云。

校勘記

〔一〕（郡）〔羣〕盜縱橫　從北監本改。

〔二〕凡五十卷　錢大昕補元史藝文志作「五十一卷」，並列類目卷數，爲卷凡五十一。道光本補「一」字。

〔三〕廉訪使　滋溪文稿卷八字朮魯翀神道碑銘作「廉訪副使」。新元史補「副」字，疑是。

〔四〕（江）〔沅〕陵　據黃金華集卷一五蘇御史治獄記改。按本書卷六三地理志，沅陵縣爲辰州路屬縣，與蘇御史治獄記「辰之沅陵」符。

元史卷一百八十四

列傳第七十一

王都中

王都中字元俞，福之福寧州人。父積翁，仕宋爲寶章閣學士、福建制置使。至元十三年，宋主納土，乃以全閩八郡圖籍來，入覲世祖於上京，降金虎符，授中奉大夫、刑部尚書、福建道宣慰使，兼提刑按察使，尋除參知政事，行省江西。俄以爲國信使，宣諭日本，至其境，遇害于海上。

都中生三歲，卽以恩授從仕郎、南劍路順昌縣尹。七歲，從其母葉訴闕下，世祖閔焉，給驛券，俾南還，賜平江田八千畝、宅一區。已而世祖追念其父功不置，特授都中少中大夫、平江路總管府治中，時年甫十七。僚吏見其年少，頗易視之。都中遇事剖析，動中肯綮，皆愕眙不敢欺。崑山有詭易官田者，事覺，而八年不決，都中爲披故牘，洞見底裏，其人

乃伏辜。吳江有遠拒有司築堤護田之令而歸過於衆人者，都中詢知其故，皆置不問，其人乃無所逃罪。學舍久壞不治，而郡守缺，都中曰：「聖人之道，人所共由，何獨守得爲乎？」乃首募大家合錢，新其禮殿。

秩滿，除浙東道宣慰副使。金華有毆殺人者，吏受賕，以爲病死。都中摘屬吏覆按，得其情。獄具，縣長吏而下，皆以贓敗。餘姚有豪民張甲，居海濱，爲不法，擅制一方，吏無敢涉其境。都中捕繫之，痛繩以法。遷荊湖北道宣慰副使，適歲侵，都中躬履山谷，以拯其饑，民賴以全活者數十萬。武宗詔更鈔法，行銅錢，以都中爲通才，除江淮泉貨監。凡天下爲監者六，惟江淮所鑄錢號最精。

改郴州路總管。郴居楚上流，谿洞徭獠往來民間，憚其强猾，莫敢與相貿易，都中煦之以恩，懾之以威，乃皆悅服。郴民染於蠻俗，喜鬭爭，都中乃大治學舍，作籩豆簠簋、笙磬琴瑟之屬，使其民識先王禮樂之器，延宿儒教學其中，以義理開曉之，俗爲之變。郴州茶陵富民覃乙死，無子，惟一小妻，及其贅壻，妻誣其壻拜屍成婚，藏隱玉杯夜明珠，株連八百餘人，奉使宣撫移其獄，諉之都中窮治，悉得其情，而正其罪。州長吏而下，計其贓至十一萬五千餘緡，人以爲神明。

遷饒州路總管。年饑，米價翔踊，都中以官倉之米，定其價爲三等，言於行省，以爲須

糴以下等價，民乃可得食，未報。又於下等價減十之二，使民就糴。時宰怒其專擅，都中曰：「饒去杭幾二千里，比議定往還，非半月不可。人七日不食則死，安能忍死以待乎！」其民亦相與言曰：「公爲我輩減米價，公果得罪，我輩當鬻妻子以代公償。」時宰聞之乃罷。郡歲貢金，而金戶貧富不常，都中考得其實，乃更定之。包銀之法，戶不過二兩，而州縣徵之加十倍，都中責之，一以詔書從事。父老或以兩岐之麥、六穗之禾爲獻，都中曰：「此聖主之嘉瑞，非臣下所敢當。」遂以聞于朝。以內憂去郡，民生爲立祠。

服闋，除兩浙都轉運鹽使，未上，擢海北海南道肅政廉訪使。中書省臣奏國計莫重於鹽筴。乃如前除鹽亭竈戶，三年一比附推排，世祖舊制也。任事者恐斂怨，久不舉行。都中曰：「爲臣子者，使皆避謫，何以集事。」乃請于行省，徧歷三十四場，驗其物力高下以損益之。役既平，而課亦足，公私便之。擢福建閩海道肅政廉訪使，俄遷福建道宣慰使都元帥，又改浙東道宣慰使都元帥。

天曆初，被省檄，整點七路軍馬，境內晏然。徙廣東道宣慰使都元帥，三易鎮，皆佩元降金虎符。元統初，朝廷以兩淮鹽法久壞，詔命都中以正奉大夫、行戶部尚書、兩淮都轉運鹽使，仍贈襲衣法酒。都中既至，參酌前所行於兩浙者，次第施行之，鹽法遂修。尋拜河南行省參知政事，中道以疾作南歸。於是天子閔其老，詔即其家拜江浙行省參知政事。至正

元年卒。贈昭文館大學士，諡清獻。

都中歷仕四十餘年，所至政譽輒暴著，而治郡之績，雖古循吏無以尚之。當世南人以政事之名聞天下，而位登省憲者，惟都中而已。又其清白之操，得於家傳，所賜田宅之外，不增一疃，不易一椽，廪祿悉以給族姻之貧者，人尤以是多之。幼留京師，及拜許衡，即知所趨嚮。中年，尤致力於根本之學，自號曰本齋。有詩集三卷。

王克敬

王克敬字叔能，大寧人。幼奇穎，嘗戲道旁，丞相完澤見之，謂左右曰：「是兒資貌秀偉，異日必令器也。」大寧朔土，習尚少文，而克敬獨孜孜爲儒者事。

既仕，累遷江浙行省照磨，尋陞檢校。徽州民汪俊上變，誣富人反，省臣遣克敬往驗之，克敬察其言不實，中道數爲開陳禍福，俊悔，將對簿，竟仰藥以死。調奉議大夫、知順州，以內外艱不上。除江浙行省左右司都事。延祐四年，往四明監倭人互市。先是，往監者懼外夷情叵測，必嚴兵自衞，如待大敵。克敬至，悉去之，撫以恩意，皆帖然無敢譁。有吳人從軍征日本陷於倭者，至是從至中國，訴於克敬，願還本鄉，或恐爲禍階。克敬曰：「豈有軍士懷恩德來歸而不之納邪！脫有釁，吾當坐。」事聞，朝廷嘉之。番陽大饑，總管王都中出廩粟賑之，行省欲罪其擅發，克敬曰：「番陽距此千里，比待命，民且死，彼爲仁，而吾屬顧爲不仁乎！」都中因得免。

拜監察御史，用故事監吏部選，有履歷當陞者，吏故抑之。問故，吏曰：「有過。」克敬曰：「法，笞四十七以上不陞，今不至是。」吏曰：「責輕罪重。」曰：「失出在刑部，銓曹安知其罪重！」卒陞之。治書侍御史張伯高曰：「往者，監選以減駁爲能，今王御史乃論增品級，可爲世道賀矣。」尋遷左司都事。時英宗厲精圖治，丞相拜住請更前政不便者，會議中書堂，克敬首言：「江南包銀，民貧有不能輸者，有司以責之役戶，甚無謂也，當罷之。兩浙煎鹽戶牢盆之役，其重者尤害民，當免其它役。」議定以聞，悉從之。

泰定初，出爲紹興路總管，郡中計口受鹽，民困於誅求，乃上言乞減鹽五千引。運司弗從，因歎曰：「使我爲運使，當令越民少蘇矣。」行省檄克敬抽分舶貨，拗蕃者例籍其貨，商人以風水爲解，有司不聽。克敬曰：「某貨出某國，地有遠近，貨有輕重，冒重險，出萬死，舍近而趨遠，棄重而取輕，豈人情邪！」具以上聞，衆不能奪，商人德之。

擢江西道廉訪司副使，轉兩浙鹽運司使，首減紹興民食鹽五千引。溫州逮犯私鹽者，以一婦人至，怒曰：「豈有逮婦人千百里外，與吏卒雜處者，污教甚矣！自今毋得逮婦人。」建議著爲令。

明年，擢湖南道廉訪使，調海道都漕運萬戶。是歲，當天曆之變，海漕舟有後至直沽者，不果輸，復漕而南還，行省欲坐罪督運者，勒其還趣直沽。克敬以謂：「脫其常年而往返若是，信可罪。今蹈萬死，完所漕而還，豈得已哉！」乃請令其計石數，附次年所漕舟達京師，省臣從之。

召爲參議中書省事。有以飛語中大臣者，下其事，克敬持古八議之法，謂勳貴可以不議，且罪狀不明而輕罪大臣，何以白天下。宰相傳旨大長公主爲皇外姑，賜錢若干；平雲南軍還，賜錢若干；英后入覲，賜錢若干。克敬乞覆奏，宰相怒曰：「參議乃敢格詔命邪！」克敬曰：「用財宜有道，大長公主供饋素優，今賜錢出無名，不當也。自諸軍征討以來，賞格未下，平雲南省獨先受賞，是不均也。英后遠還，徒御衆多，非大錫賚，恩意不能洽，今賜物鮮少，是不周也。」宰相以聞，帝可其議。拜中奉大夫、參知政事，行省遼陽。俄除江南行臺治書侍御史，又遷淮東廉訪使，以正綱紀爲己任，不縱貪墨，不阿宗戚，聲譽益著。入爲吏部尚書，乘傳至淮安，墜馬，居吳中養疾。

元統初，起爲江浙行省參知政事，請罷富民承佃江淮田，從之。松江大姓，有歲漕米萬石獻京師者，其人既死，子孫貧且行乞，有司仍歲徵，弗足則雜置松江田賦中，令民包納。克敬曰：「匹夫妄獻米，徼名爵以榮一身，今身死家破，又已奪其爵，不可使一郡之人均受其

害，國用寧乏此耶！」具論免之。江浙大旱，諸民田減租，唯長寧寺田不減，遂移牘中書，以謂不可忽天變而毒疲民。嶺海猺賊竊發，朝廷調戍兵之在行省者往討之，會提調軍馬官缺，故事，漢人不得與軍政，衆莫知所爲，克敬抗言：「行省任方面之寄，假令萬一有重於此者，亦將拘法坐視邪！」乃調兵往捕之，軍行給糧有差。事聞于朝，卽令江西、湖廣二省給糧亦如之。視事五月，請老，年甫五十九。謂人曰：「穴趾而峻墉，必危；再實之木，必傷其根。無功德而忝富貴，何以異此？故常懷止足之分也。」又曰：「世俗喜言勿認眞，此非名言。臨事不認眞，豈盡忠之道乎？」故其歷官所至，俱有政績可紀，時稱名卿。

克敬喜讀書，其有所得者，輒抄爲書。又有所著詩文奏議傳于世。元統三年卒，年六十一。贈中奉大夫、陝西等處行省參知政事，追封梁郡公，謚文肅。

子時，以文學顯，歷仕中書參知政事，至左丞，以翰林學士承旨致仕。

任速哥

任速哥，渤海人。自幼事父母以孝稱。性倜儻，尤峭直，疏財而尚氣，不尚勢利。義之所在，必亟爲之，有古俠士風。而家居恂恂，儒者不能過。初襲父官，爲右衞千戶。公卿以其賢，薦于朝。英宗召見，與語奇之。由是出入禁闥，待以心腹，將擇重職處之。未幾，鐵失與倒剌沙搆謀，英宗遇弒，遂引去。自是不復出仕，居常扼腕，或醉歸，慟哭過市，時人目以爲狂，莫知其意也。

泰定中，倒剌沙用事，天變數見。速哥乃密與平章政事速速謀曰：「先帝之讎，孤臣朝夕痛心而不能報者，以未有善策也。今吾思之，武宗有子二人，長子周王，正統所屬，然遠居朔方，難以遂意。次子懷王，人望所歸，而近在金陵，易於傳命。若能同心推戴，以圖大計，則先帝之讎可雪也。」速速深然之。時燕帖木兒方僉樞密院事，實握兵柄，二人深結納之。冬，乃告以所謀，燕帖木兒初聞之愕然。因徐說之曰：「天下之事，惟順逆兩塗，以順討逆，何患不克。況公國家世臣，與國同休戚，今國難不恤，他日有先我而謀者，禍必及矣。」於是燕帖木兒許之。

致和元年，懷王自金陵遷江陵，俄而泰定帝崩，倒剌沙踰月不立君，物情洶洶，速哥乃與速速從燕帖木兒奉豫王令，率諸豪傑，乘時奮義，以八月四日，執居守省臣，發兵塞居庸諸關，召文武百僚集闕下，諭以翊戴大義，遣使迎懷王於江陵。懷王至京師，羣臣請正大統，遂卽皇帝位，是爲文宗。論功行賞，擢速哥爲禮部尚書，速哥辭曰：「臣曩備宿衞，南坡之變，不能勇效一死，以報國士之知。今日之舉，皆諸將相之力，在臣未足贖罪，又曷敢言功乎！」文宗慰勉之，乃拜命。而其他賞賚，一無所受。尋遷長寧寺卿，繼出爲安豐路總管，

又入爲壽福府總管，又爲都水使者。居官恂恂，無幾微自伐之意。人或詢以翊戴之事，往往遜謝，終無所言，君子尤以是多之。

陳思謙

陳思謙字景讓，其家世見祖祐傳中。思謙少孤，警敏好學，凡名物度數、綱紀本末，考訂詳究，尤深於邵子皇極經世書。文宗天曆初政，收攬賢能，丞相高昌王亦都護舉思謙，時年四十矣。召見興聖宮。明年二月，授典寶監經歷。十一月，改禮部主事，首言：「教坊、儀鳳二司，請併入宣徽，以清禮部之選。其官屬不當與文武臣並列朝會，宜置百官之後、大樂之前。」詔從之。而二司隸禮部如故。

至順元年，拜西行臺監察御史，建明八事：一曰正君道，二曰結人心，三曰崇禮讓，四曰正綱紀，五曰審銓衡，六曰勵孝行，七曰紓民力，八曰修軍政。先是，關陝大饑，民多鬻產流徙，及來歸，皆無地可耕，思謙言：「聽民倍直贖之，使富者收兼入之利，貧者獲已棄之業。」從之。監察御史李擴行部甘肅，金州民劉海延都，其男元元，自稱流民王延祿，非海延都之子，告海延都掠其財。擴聽之，以酷法抑其父。思謙劾擴逆父子之天，壞朝廷之法，遂抵擴罪。

明年二月，遷太禧宗禋院都事。九月，拜監察御史，首陳四事，言：「上有宗廟社稷之重，下有四海烝民之生，前有祖宗垂創之艱，後有子孫長久之計。」中論：「秦、漢以來，上下三千餘年，天下一統者，六百餘年而已。我朝開國，百有餘年，混一六十餘年，土宇人民，三代、漢、唐所未有也。民有千金之產，猶謹守之，以爲先人所營，況君臨天下，承祖宗艱難之業，而傳祚萬世者乎！臣愚以興亡懇懇言者，誠以皇上有元之聖主，今日乃皇上盛時圖治之機，茲不可失也。」又言：「戶部賜田，諸怯薛支請，海青獅豹肉食，及局院工糧，好事布施，一切泛支，以至元三十年以前較之，動增數十倍。至順經費，缺二百三十九萬餘錠。宜節無益不急之費，以備軍國之用，苟能三分損一以惠民，夫豈小哉！」又言：「軍站消乏，簽補則無殷實之戶，接濟則無羨餘之財，倘有征行，必括民間之馬，苟能修馬政，亦其一助也。方今西越流沙，北際沙漠，東及遼海，地氣高寒，水甘草美，無非牧養之地，宜設置羣牧使司，統領十監，專治馬政，幷畜牛羊，數年之後，馬實蕃盛，或給軍以收兵威，或給站以優民力，牛羊之富，又足以給國用，非小補也。」又言：「銓衡之弊，入仕之門太多，黜陟之法太簡，州郡之任太淹，朝省之除太速，欲設三策，以救四弊。一曰，至元三十年以後增設衙門，冗濫不急者，從實減幷，其外有選法者，幷入中書。二曰，宜參酌古制，設辟舉之科，令三品以下，各舉所知，得才則受賞，失實則受罰。三曰，古者刺史入爲三公，郎官出宰百里，蓋使外

職識朝廷治體，內官知民間利病。今後歷縣尹有能聲善政者受郎官御史，歷郡守有奇才異績者任憲使尚書，其餘各驗資品通遷，在內者不得三考連任京官，在外者須歷兩任，乃遷內職。績非出類、守不敗官者，則循以年勞，處以常調。凡朝缺官員，須二十月之上，方許遷除。」帝可其奏，命中書議行之。

時有官居喪者，往往奪情起復，思謙言：「三年之喪，謂之達禮，自非金革，不可從權。」遂著於令。有詔起報嚴寺。思謙曰：「兵荒之餘，當罷土木，以紓民力。」帝嘉之曰：「此正得祖宗立臺憲之意。繼此事有當言者，無隱。」賜縑綺旌之。未幾，遷右司都事。元統二年五月，轉兵部郎中。十一月，改御史臺都事。重紀至元元年五月，出爲淮西道廉訪副使，至淮未期月，引疾歸。六月，召爲中書省員外郎，上言：「强盜但傷事主者，皆得死罪，而故殺從而加〔功〕之人，〔一〕與鬭而殺人者，例杖一百七下，得不死，與私宰牛馬之罪無異，是視人與牛馬等也，法應加重。因奸殺夫，所奸妻妾同罪，律有明文，今止坐所犯，似失推明。」遂令法曹議，著爲定制。

至正元年，轉兵部侍郎。俄丁內艱，服除，召爲右司郎中。歲凶，盜賊蠭起，剽掠州邑，思謙力言于執政，當竭府庫以賑貧民，分兵鎮撫中夏，以防後患。五年，參議中書省事。轉刑部尚書，改湖南廉訪使。八年，遷淮東宣慰司都元帥。九年，遷浙西廉訪使、湖廣行中書

省參知政事，辭。

十一年，改淮西廉訪使。廬州盜起，思謙亟命廬州路總管杭州不花領弓兵捕之，而賊已不可撲滅矣。言于宣讓王帖木兒不花曰：「承平日久，民不知兵，王以帝室之胄，鎮撫淮甸，豈得坐視！思謙願與王戮力殄滅。且王府屬怯薛人等，數亦不少，必有能摧鋒陷陣者，惟王圖之。」王曰：「此吾責也，但鞍馬器械未備，何能禦敵？」思謙括官民馬，置兵甲，不日而集，分道並進，遂禽渠賊，廬州平。既而潁寇將渡淮，又言于王曰：「潁寇東侵，亟調芍陂屯卒用之。」王曰：「非奉詔，不敢調。」思謙言：「非常之變，理宜從權，擅發之罪，思謙坐之。」王感其言，從之。其姪立本爲屯田萬戶，召語曰：「吾祖宗以忠義傳家，汝之職，乃我先人力戰所致，今國家有難，汝當身先士卒，以圖報效，庶無負朝廷也。」

尋召入，爲集賢侍講學士，修定國律。十二年，拜治書侍御史。明年，陞中丞，年近七十，上章乞老，不允，特旨進一品，授榮祿大夫，仍御史中丞。入謝，感疾，及命下，强拜受命，明日卒。贈宣猷秉憲佐治功臣、翰林學士承旨、榮祿大夫、柱國，追封魯國公，謚通敏。

韓元善

韓元善字大雅，汴梁之太康人。唐檢校司空贈司徒充，以宣武軍節度使兼統義成軍，留鎮汴，子孫遂爲太康韓氏。父克昌，至大間仕爲監察御史，以論事有名聲。元善由國子監生，積分中程，釋褐，除新州判官，累擢江南行臺監察御史，歷中書左司郎中、吏部侍郎、吏部尚書、僉樞密院事。

至正三年，拜中書參知政事。五年，遷大司農卿，尋出爲江南行御史臺中丞、燕南肅政廉訪使。九年，召拜中書左丞、同知經筵事。十一年，丞相脫脫奏事內廷，以事關兵機，而元善及參知政事韓鏞皆漢人，使退避，勿與俱，由是遂與右丞玉樞虎兒吐華同分省彰德以給餽餉。十二年，御史大夫也先帖木兒總兵討汝寧，元善至衞輝，以病卒。

元善性純正，明達政體，歛歷臺閣三十餘年，遂躋丞轄，以文學治才，羽翼廟謨，論議之際，秉義陳法，不偭鄉上官，國是所在，倚之以爲重。嘗以謁告侍親居家，效范文正公遺規，置田百畝爲義莊，以周貧族。至正交鈔初行，賜近臣各三百錠，元善復以買田六百畝，爲義塾，延名士，以教族人子弟云。

崔敬

崔敬字伯恭，大寧之惠州人。通刑名法律之學。淮東、山南廉訪司，皆辟書吏。天曆初，辟御史臺察院書吏，歷刑部令史、徽政院掾史，遂陞中書掾。至元五年，用累考及格，授

刑部主事。

六年，遷樞密院都事，拜監察御史。時既毀文宗廟主，削文宗后皇太后之號，徙東安州，而皇弟燕帖古思，文宗子也，又放之高麗。敬上疏，略曰：「文皇獲不軌之愆，已徹廟祀；叔母有階禍之罪，亦削洪名。盡孝正名，斯亦足矣。惟念皇弟燕帖古思太子，年方在幼，罹此播遷，天理人情，有所不忍。明皇當上賓之日，太子在襁褓之間，尚未有知，義當矜憫。蓋武宗視明、文二帝，皆親子也，陛下與太子，皆嫡孫也。以武皇之心爲心，則皆子孫，固無親疏；以陛下之心爲心，未免有彼此之論。臣請以世俗喻之：常人有百金之產，尙置義田，宗族困阨者，爲之教養，不使失所。況皇上貴爲天子，富有四海，子育黎元，當使一夫一婦無不得其所，今乃以同氣之人，置之度外，適足貽笑邊邦，取辱外國。況蠻夷之心，不可測度，倘生他變，關係非輕。興言至此，良爲寒心！臣願殺身以贖太子之罪，望陛下遣近臣迎歸太后、太子，以全母子之情，盡骨肉之義，天意回，人心悅，則宗社幸甚！」不報。

又上疏，諫天子巡幸上都，宜御內殿。其略曰：「世祖以上都爲清暑之地，車駕行幸，歲以爲常，閣有大安，殿有鴻禧、睿思，所以保養聖躬，適起居之宜，存畏敬之心也。今失剌斡耳朶思，乃先皇所以備宴游，非常時臨御之所。今陛下方以孝治天下，屢降德音，祗行宗廟親祀之禮，雖動植無知，罔不歡悅，而國家多故，天道變更，臣備員風紀，以言爲職，願大駕

還大內，居深宮，嚴宿衞，與宰臣謀治道。萬機之暇，則命經筵進講，究古今盛衰之由，緝熙聖學，乃宗社之福也。」

時帝數以歷代珍寶分賜近侍，敬又上疏曰：「臣聞世皇時，大臣有功，所賜不過縏革，重惜天物，爲後世慮至遠也。今山東大饑，燕南亢旱，海潮爲災，天文示儆，地道失寧，京畿南北，蝗飛蔽天，正當聖主恤民之日。近侍之臣，不知慮此，奏禀承請，殆無虛日，甚至以府庫百年所積之寶物，遍賜僕御閽寺之流、乳稚童孩之子，帑藏或空。萬一國有大事，人有大功，又將何以爲賜乎！乞追回所賜，以示恩不可濫，庶允公論。」

是年，出僉山北廉訪司事，按部全寧。獄有李秀，以坐造僞鈔，連數十人，而皆與秀不相識，敬疑而讞之。秀曰：「吾以訓童子爲業，居村落間，有司至秀舍，謂秀爲僞造鈔者，捶楚之下，不敢不誣服耳。」敬詢知始謀者，乃大同王濁，十餘年事不泄，而有司誤以李秀爲王濁也。移文至大同，果得王濁爲眞造僞鈔者。

至正初，遷河南，又遷江東。所至抑豪强，惠下窮，洗冤滯，興學勸農，百廢具舉。除江西行省左右司郎中，入爲諸路寶鈔提舉，改工部侍郎。

十一年，遷同知大都路總管府事。直沽河淤數年，中書省委敬浚治之，給鈔數萬錠，募工萬人，不三月告成，咸服其能。除刑部侍郎，遷中書左司郎中。

十二年，歷兵部尚書，爲樞密院判官。十四年，遷刑部尚書。廣東府憲讎殺，以沙加班處大逆，敬詳憲府以私相害，致有是變，殺人者自有典章，得坐一人，大逆非謀反，則不科得坐一家。敬立論全重而就輕，朝廷咸以爲然。

十五年，復爲樞密院判官，尋拜參知政事，行省河南，復爲兵部尚書，兼濟寧軍民屯田使，朝廷給以鈔十萬錠，散於有司，招致居民、軍士，立營屯種，歲收得百萬斛，以給邊防，居歲餘，其法井井。

十有七年，召爲大司農少卿，遂拜中書參知政事。盜據齊魯，敬與平章政事答蘭、參知政事俺普，分省陵州。陵州乃南北要衝，無城郭，而居民散處，敬兼領兵、刑、戶、工四部事，供給諸軍，事無不集。丞相以其能上聞，賜之上尊，仍命其便宜行事。敬與俺普密議曰：「我軍强且勝，彼將敗而降，如得仗義之士，直抵其巢穴而招安之，亦方面之幸也。」有國子生王恪等，願請往，敬以便宜授以官，俾之行，至鄆城，見李秉彝、田豐等，諭以逆順禍福之理，豐與秉彝皆悔過自新。山東郡邑之復，敬之策居多。敬以軍馬供給浩繁，而民力日疲，乃請行納粟補官之令，中書以其言聞，詔從之。河北燕南士民踵躡而至，積粟百萬石、綺段萬匹，用以給軍費，民獲少蘇。

十八年，除山東行樞密院副使，俄遷江浙行省左丞。卒，年六十七。贈資善大夫、江浙行省左丞如故，謚曰忠敏。

校勘記

〔一〕而故殺從而加〔功〕之人　從道光本補。按本書卷一〇五刑法志有「諸殺人，從而加功，無故殺之情者，會赦仍釋之」。加功，謂助人犯罪。

元史卷一百八十五

列傳第七十二

呂思誠

呂思誠字仲實，平定州人。六世祖宗禮，金進士，遼州司戶。宗禮生仲堪，亦舉進士。仲堪生時敏，時敏生釗，爲千夫長，死國事。釗生德成，德成生允，卒平定知州致仕，思誠父也。母馮氏，夢一丈夫，烏巾、白襴衫、紅鞓束帶，趨而揖曰：「我文昌星也。」及寤，思誠生，目有神光，見者異之。及長，從蕭𣂏學治經。已而入國子學爲陪堂生，試國子伴讀，中其選。

擢泰定元年進士第，授同知遼州事，未赴。丁內艱。改景州蓨縣尹。差民戶爲三等，均其徭役；刻孔子象，令社學祀事；每歲春行田，樹畜勤敏者，賞以農器，人爭趨事，地無遺力。民石安兒等，流離積年，至是，聞風復業。印識文簿，畀社長藏之，季月報縣，不孝弟、

不事生業者，悉書之，罰其輪作。胥吏至社者，何人用飲食若干，多者責償其直。豪猾者竄名職田戶，思誠盡祛其弊。天曆兵興，豫貸鈔於富民，令下造軍器，事皆先集，民用不擾。于後得官價，亟以還民。翟彝自其大父因河南亂，被掠爲人奴，歲納丁粟以免作。思誠知彝力學，召其主與之約，終彝身粟三十石，仍代之輸，彝得爲良民。他日買羊，劉智社民李，持酒來見，愬其弟匿羊，思誠叱之退。王青兄弟四人，友愛彌篤，思誠至其家，取酒勸酬，歡同骨肉。李之兄弟相謂曰：「我等終不敢見尹矣。」各具酒食相切責，悔前過，析居三十年，復還同爨。鎮民張復，叔母孀居，且瞽，丐食以活，恐思誠聞之，卽日迎養。思誠憐其貧，令爲媒互人以養之。天旱，道士持青蛇，曰盧師谷小青，謂龍也，禱之卽雨。思誠以其惑人，殺蛇，逐道士，雨亦隨至，遂有年。縣多淫祠，動以百餘計，刑牲以祭者無虛日，思誠悉命毁之，唯存江都相董仲舒祠。

擢翰林國史院檢閱官，俄陞編修。文宗在奎章閣，有旨取國史閱之，左右舁匱以往，院長貳無敢言。思誠在末僚，獨跪閣下爭曰：「國史紀當代人君善惡，自古天子無觀閱之者。」事遂寢。

尋擢國子監丞，陞司業，拜監察御史。與斡玉倫徒等劾中書平章政事徹里帖木兒變亂朝政，章上，留中不下，思誠納印綬殿前，遂出僉廣西廉訪司事。巡行郡縣，土官有于元帥者，恃勢魚肉人，恐事覺，陰遣其子迓思誠於道，思誠縛之，悉發其陰私，痛懲其罪，一道震肅。

移浙西。達識帖睦邇時爲南臺御史大夫，與江浙省臣有隙，嗾思誠劾之，思誠曰：「吾爲天子耳目，不爲臺臣鷹犬也。」不聽。已而聞行省平章左吉貪墨，浙民多怨之，思誠奏疏其罪，流之海南。

復召爲國子司業，遷中書左司員外郎。盜殺河南省臣，以僞檄呼廉訪使段輔入行省事，及事敗，詿誤者三十餘人，將置於法，思誠言於朝，皆釋之。陞左司郎中。思誠素剛直，人多嫉之，遂以言罷。起爲右司郎中，拜刑部尚書。科舉復行，與僉書樞密院事韓鏞爲御試讀卷官。改禮部尚書，御史臺奏爲治書侍御史，總裁遼、金、宋三史，升侍御史，樞密院奏爲副使，御史臺留爲侍御史。會平章政事鞏卜班不法，監察御史劾之，御史大夫也先帖木兒曰：「姑徐之。」思誠趣入奏，鞏卜班罷。大夫銜思誠，將謀擠之，思誠卽謁告，朝廷知思誠無他，遷河東廉訪使。未幾，召爲集賢侍講學士，兼國子祭酒，出爲湖廣行省參知政事，諸生抗疏留之，不可。道中授湖北廉訪使，入拜中書參知政事，陞左丞，轉御史中丞。劾奏淸道官不盡職，罷之。再任左丞、知經筵事，提調國子監，兼翰林學士承旨、知制誥兼修國史，加榮祿大夫，總裁后妃、功臣傳，會稡六條政類，帝賜玉帶，眷顧彌篤。又爲樞密副使，

仍知經筵事，復爲中書左丞。御史大夫納麟，誣參政孔思立受賕事，或欲連中思誠，納麟曰：「呂左丞素有廉聲，難以及之。」遂止。

拜集賢學士，仍兼國子祭酒。吏部尚書偰哲篤、左司都事武祺等，建言更鈔法，以楮幣一貫文省權銅錢一千文爲母，銅錢爲子，命廷臣集議。思誠曰：「中統、至元自有母子，上料爲母，下料爲子，譬之蒙古人以漢人子爲後，皆人類也，尚終爲漢人之子，豈有故紙爲父而立銅爲子者乎？」一座咸笑。思誠又曰：「錢鈔用法，見爲一致，以虛換實也。今歷代錢、至正錢、中統鈔、至元鈔、交鈔分爲五項，慮下民知之，藏其實而棄其虛，恐不利於國家也。」偰哲篤曰：「至元鈔多僞，故更之爾。」思誠曰：「至元鈔非僞，人爲僞爾。交鈔若出，亦爲僞者矣。且至元鈔，猶故戚也，家之童奴且識之；交鈔，猶新戚也，雖不敢不親，人未識也，其僞反滋多爾。況祖宗之成憲，其可輕改哉。」偰哲篤曰：「祖宗法弊，亦可改矣。」思誠曰：「汝輩更法，又欲上誣世皇，是汝與世皇爭高下也。且自世皇以來，諸帝皆謚曰孝，改其成憲，可謂孝乎？」偰哲篤曰：「錢鈔兼行何如？」思誠曰：「錢鈔兼行，輕重不倫，何者爲母，何者爲子，汝不通古今，道聽而塗說，何足行哉。」偰哲篤忿曰：「我等策既不可行，公有何策？」思誠曰：「我有三字策曰：行不得！行不得！」丞相脫脫見思誠言直，頗狐疑未決。御史大夫也先帖木兒獨曰：「呂祭酒之言亦有是者，但不當在廟堂上大聲厲色爾。」已而監察御史承望風

旨，劾思誠狂妄，奪其誥命并所賜玉帶，復左遷湖廣行省左丞，遣太醫院宣使秦初卽其家迫遣之。初窘辱之，不遺餘力，思誠不爲動。貽書參議龔伯遂曰：「去年許可用爲河南左丞，今年呂思誠爲湖廣左丞，世事至此，足下得無動心乎？」

抵武昌城下，語諸將曰：「賊據城與諸君相持經久，必不知吾爲此來，出其不意，可以入城。」遂行，諸將不獲已，隨其後，竟不煩轉鬬而入。詢其故，賊倉卒無備，盡驚走。思誠乃大會軍民官吏告之曰：「賊去，示吾弱也，規將復來。」於是申號令，戒職事，修器械，葺城郭，明部伍，先謀自守，徐議出征。苗軍暴橫，侵辱省憲，思誠正色叱之曰：「若等能殺呂左丞乎？」自是無敢復至。會未數日，召還，復爲中書左丞。思誠去二日，城復陷。移光祿大夫、大司農。俄得疾，以至正十七年三月十七日卒，年六十有五。

思誠氣宇凝定，素以勁拔聞，不爲勢利所屈。三爲祭酒，一法許衡之舊，諸生從化，後多爲名士。嘗病古註疏太繁，魏了翁刪之太簡，將約其中以成書，不果。有文集若干卷、兩漢通紀若干卷。諡忠肅。

汪澤民

汪澤民字叔志，徽之婺源州人，宋端明殿學士藻之七世孫也。〔一〕少警悟，家貧力學，既

長，遂通諸經。延祐初，以春秋中鄉貢，上禮部，下第，授寧國路儒學正。五年，遂登進士第，授承事郎、同知岳州路平江州事。以母年八十，上書願奪所授官一等或二等，得近地以便養，不允。南歸奉母之官。州民李氏，以貲雄，其弟死，妻誓不他適，兄利其財，嗾族人誣婦以奸事，獄成而澤民至，察知其枉，爲直之。會朝廷徵江南包銀，府檄澤民分辦，民不擾而事集。

尋遷南安路總管府推官。鎮守萬戶朶兒赤，持官府短長，郡吏王甲，毆傷屬縣長官，訴郡，同僚畏朶兒赤，托故不視事，澤民獨捕甲，繫之獄。朶兒赤賂巡按御史，受甲家人訴，欲出之，澤民正色與辨，御史沮怍，夜竟去，乃卒罪王甲。潮州府判官錢珍，以奸淫事殺推官梁楫，事連廣東廉訪副使劉珍，〔二〕坐繫者二百餘人，省府官凡六委官鞫問，皆顧忌淹延弗能白，復檄澤民讞之，獄立具，人服其明。

遷信州路總管府推官。丁母憂，服除，授平江路總管府推官。有僧淨廣，與他僧有憾，久絕往來，一日，邀廣飲，廣弟子急欲得師財，且苦其箠楚，潛往它僧所殺之，明日訴官，它僧不勝考掠，乃誣服，三經審錄，詞無異，結案待報。澤民取行凶刀視之，刀上有鐵工姓名，召工問之，乃其弟子刀也，一訊吐實，卽械之而出他僧，人驚以爲神。

調濟寧路兗州知州，孔子後衍聖公襲封職三品，澤民建議，以謂宜陞其品秩，以示褒崇宣聖之意，廷議從之。至正三年，朝廷修遼、金、宋史，召澤民赴闕，除國子司業，與修史。書成，遷集賢直學士，階大中大夫。未兩月，卽移書告老，大學士和尙曰：「集賢、翰林，實養老尊賢之地，先生何爲遽去，願少留，以副上意。」澤民曰：「以布衣叨榮三品，志願足矣。」遂以嘉議大夫、禮部尙書致仕。既歸田里，與門生故人相往返嬉游，超然若忘世者。

十五年，蘄黃賊陷徽州，時澤民居宣州。已而賊來犯宣州，江東廉訪使道童雅重澤民，日就之詢守禦計，城得無虞。明年，長槍軍瑣南班等叛，來寇城，或勸澤民去，澤民曰：「我雖無官守，故受國厚恩，臨危愛死，非臣子節。」留不去，凡戰鬬籌畫，多澤民參決之，累敗賊兵。既而寇益衆，城陷，澤民爲所執，使之降，大罵不屈，遂遇害，年七十。事聞，贈資善大夫、江浙行中書省左丞，追封譙國郡公，諡文節。

干文傳

干文傳字壽道，平江人。祖宗顯，宋承信郎。父雷龍，鄉貢進士。宗顯之先世以武弁入官，而力教其子以文易武，故雷龍兩舉進士，宋亡，不及仕。及生文傳，乃名今名以期之。

文傳少嗜學，十歲能屬文，未冠，已有聲譽，用舉者爲吳及金壇兩縣學教諭、饒州慈湖書院山長。仁宗詔舉進士，文傳首登延祐二年乙科，授同知昌國州事，累遷長洲、烏程兩縣

尹，陞婺源知州，又知吳江州。

文傳長於治劇，所至俱有善政。自其始至昌國，卽能柔之以恩信，於是海島之民，雖頑獷不易治，至有剽掠海中若化外然者，亦爲之變俗。初，長官强愎自恣，文傳推誠以待之，久乃自屈服。鹽場官方倚轉運司勢，虐使州民，家業破蕩，文傳語同列曰：「吾屬受天子命，以牧此民，可坐視而弗之救乎。」乃亟爲陳理，上官莫能奪，民賴以免。

長洲爲文傳鄉邑，文傳徙楊公署，無事未嘗輒出，而親舊莫敢通私謁。會創行助役法，凡民田百畝，令以三畝入官，爲受役者之助。文傳既事任其縣事，而行省又以無錫州及華亭、上海兩縣之事諉焉。文傳諭豪家大姓，以腴田來歸，而中人之家，自是不病於役。

其在烏程，有富民張甲之妻王，無子，張納一妾於外，生子，未晬，王誘妾以兒來，尋逐妾，殺兒焚之。文傳聞而發其事，得死兒餘骨，王厚賄妾之父母，買鄰家兒爲妾所生，兒初不死。文傳令妾抱兒乳之，兒啼不就乳，妾之父母吐實，乃呼鄰婦至，兒見之，躍入其懷，乳之卽飲，王遂伏辜。丹徒縣民有二弟共殺其姊者，獄久不決，浙西廉訪司俾文傳鞫之，既得其情，其母乞貸二子命，爲終養計，文傳謂二人所承有輕重，以首從論，則爲首者當死，司官從之。

婺源之俗，男女婚聘後，富則渝其約，有育其女至老死不嫁者；親喪，貧則不舉，有停其

柩累數世不葬者。文傳下車，卽召其耆老，使以禮訓告之，閱三月而婚喪俱畢。宋大儒朱熹，上世居婺源，故業爲豪民所占，子孫訴于有司，莫能直，文傳諭其民以理，不煩窮治而悉歸之。復募好義者，卽其故宅基建祠，俾朱氏世守焉。有富民江丙，出游京師，娶娼女張爲婦，江旣客死，張走數千里，返其柩以葬，前妻之子困苦之，旣而殺之，瘞其屍山谷間。官司知之，利其賄不問，文傳乃發其事，而論如法。文傳涖官，其所設施多此類，故其治行往往爲諸州縣最。韓鏞時僉浙西廉訪司事，作烏程謠以紀其績，論者謂其有古循吏之風。

至正三年，召赴闕，承詔預修宋史，書成，賞賚優渥，仍有旨四品以下各進一官。擢文傳集賢待制。亡何，以嘉議大夫、禮部尙書致仕。卒，年七十八。

文傳氣貌充偉，識度凝遠，喜接引後進，考試江浙、江西鄕闈，所取士後多知名。爲文務雅正，不事浮藻，其於政事爲尤長云。

韓鏞

韓鏞字伯高，濟南人。延祐五年中進士第，授將仕郎、翰林國史院編修官，尋遷集賢都事。泰定四年，轉國子博士，俄拜監察御史。當時由進士入官者僅百之一，由吏致位顯要者常十之九。帝乃欲以中書參議傅巖起爲吏部尙書，鏞上言：「吏部掌天下銓衡，巖起從吏

入官，烏足盡知天下賢才。況尙書秩三品，巖起累官四品耳，於法亦不得陞。」制可其奏。

天曆元年，除僉浙西廉訪司事，擊姦暴，黜貪墨，而特舉烏程縣尹干文傳治行爲諸縣最，所至郡縣，爲之肅然。二年，轉江浙財賦副總管。至順元年，除國子司業，尋遷南行臺治書侍御史。

順帝初，歷僉宣徽及樞密院事。至正二年，除翰林侍講學士，旣而拜侍御史，以剛介爲時所忌，言事者誣劾其贓私，乃罷去。五年，臺臣辨其誣，遂復起參議中書省事。

七年，朝廷愼選守令，參知政事魏中立言于帝：「當今必欲得賢守令，無加鏞者。」帝乃特署鏞姓名，授饒州路總管。饒之爲俗尙鬼，有覺山廟者，自昔爲妖以禍福人，爲盜賊者事之尤至，將爲盜，必卜之。鏞至，卽撤其祠宇，沉土偶人于江。凡境內淫祠有不合祀典者，皆毀之。人初大駭，已而皆嘆服。鏞知民可教，俾俊秀入學宮，求宿儒學行俱尊者，列爲五經師，旦望必幅巾深衣以謁先聖，月必考訂課試，以示勸勵。每治政之暇，必延見其師生，與之講討經義，由是人人自力於學，而饒之以科第進者，視他郡爲多。鏞居官廨，自奉澹泊，僚屬亦皆化之。先是，朝使至外郡者，官府奉之甚侈，一不厭其所欲，卽銜之，往往騰謗于朝，其出使于饒者，鏞延見郡舍中，供以糲飯，退皆無有後言。其後有旨以織幣脆薄，遣使笞行省臣及諸郡長吏。獨鏞無預。鏞治政，雖細事，其詳密多類此。

十年，拜中書參知政事。十一年，丞相脫脫在位，而龔伯遂輩方用事，朝廷悉議更張，鏞有言，不見聽。人或以鏞優於治郡，而執政非其所長，遂出爲甘肅行省參知政事。及脫脫罷，用事者悉誅，而鏞又獨免禍。乃遷西行臺中丞，歿于官。

李稷

李稷字孟豳，滕州人。稷幼穎敏，八歲能記誦經史。從其父官袁州，師夏鎭，又從官鉛山，師方回孫。鎭、回孫皆名進士，長於春秋，稷兼得其傳。

泰定四年，中進士第，授淇州判官。淇當要衝，稷至，能理其劇。歲大饑，告于朝堂以賑之，民獲以蘇。游民尙安兒，飲博亡賴，稷疑其爲非，督弓兵擒之，果盜鄰村王甲家財，與其黨五人俱伏辜。調海陵縣丞，亦有能聲。入爲翰林國史院編修官，擢御史臺照磨。

至正初，出爲江南行臺監察御史，還都事，又入爲監察御史。劾奏閹宦高龍卜恃賴恩私，侵撓朝政，擅作威福，交通時相，請謁公行，爲國基禍，乞加竄逐，以正邦刑。章上，流高龍卜于征東。又言：「御史封事，須至御前開拆，以防壅蔽之患。言事官須優加擢用，以開諫諍之路。殿中侍御史、給事中、起居注，須任端人直士，書百司奏請，及帝所可否，月達省臺，付史館，以備纂修之實。」承天護聖寺火，有旨更作，乃上言：「水旱相仍，公私俱乏，不宜

妄興大役。」議遂寢。會朝廷方注意守令，因言：「下縣尹多從吏部銓注，或非其才，宜併歸省選。茶鹽鐵課，責備長吏，動受刑譴，何以臨民，宜分委佐貳。投下達魯花赤，蠹政害民，宜爲佐貳。」帝悉可其奏。遷中書左司都事，又四遷爲戶部尙書。

十一年，廷議以中原租稅不實，將履畝起稅，稷詣都堂言曰：「方今妖寇竊發，民庶流亡，此政一行，是驅民爲盜也。」相臣是之。尋參議中書省事，俄遷治書侍御史。

十二年，從丞相脫脫出師征徐州，徐旣平，謁告歸滕州，遷曾祖父以下十七喪，序昭穆以葬，敕賜碑樹焉。旣而召爲詹事丞，除侍御史，俄遷中書參知政事。皇太子受册，攝大禮使，遂除樞密副使。帝躬祀郊廟，攝太常少卿，尋復爲侍御史，又爲中書參知政事，俄陞資善大夫、御史中丞，尋特加榮祿大夫。

至正十九年，丁母憂，兩起復，爲陝西行省左丞、樞密副使，乞終制，不起。服闋，命爲大都路總管，兼大興府尹，除副詹事。二十四年，出爲陝西行臺中丞，未行，改山東廉訪使。得疾，上章致仕，還京師。卒，年六十一。贈推忠贊理正憲功臣、集賢大學士、榮祿大夫、柱國，追封齊國公，謚文穆。

稷爲人孝友恭儉，廉愼忠勤，處家嚴而有則，與人交，一以誠恪，尤篤於鄕黨朋友之誼。中丞任擇善、陳思謙旣沒，皆撫其遺孤，人以是多之。出入臺省者二十年，始卒無疵，爲時

名卿云。

蓋苗

蓋苗字耘夫，大名元城人。幼聰敏好學，善記誦，及弱冠，游學四方，藝業大進。延祐五年，登進士第，授濟寧路單州判官。州多繫囚，苗請疏決之，知州以爲囚數已上，部使者未報，不可決。苗曰：「設使者有問，請身任其責。」知州乃勉從之，使者果閱牘而去。歲饑，白郡府，未有以應，會他邑亦以告，郡府遣苗至戶部以請，戶部難之，苗伏中書堂下，出糠餅以示曰：「濟寧民率食此，況不得此食者尤多，豈可坐視不救乎！」因泣下，時宰大悟，凡被災者，咸獲賑焉。有官粟五百石陳腐，以借諸民，期秋熟還官，及秋，郡責償甚急，部使者將責知州，苗曰：「官粟，實苗所貰，今民饑不能償，苗請代還。」使者乃已其責。單州稅糧，歲輸館陶倉，距單五百餘里，載馱擔負，民甚苦之，春猶未足，是秋，館陶大熟，苗先期令民糴粟倉下，十月初，倉券已至，省民力什之五。

辟御史臺掾，除山東廉訪司經歷，歷禮部主事，擢江南行臺監察御史。建言嚴武備以備不虞，簡兵卒以壯國勢，全功臣以隆大體，惜官爵以清銓選，考實行以抑奔競，明賞罰以杜姦欺，計利害以孚民情，去民賊以崇禮節。皆切於時務，公論韙之。

天曆初，文宗詔以建康潛邸爲佛寺，務窮壯麗，毀民居七十餘家，仍以御史大夫督其役。苗上封事曰：「臣聞使民以時，使臣以禮，自古未有不由斯道而致隆平者。陛下龍潛建業之時，居民困於供給，幸而獲覩今日之運，百姓跂足舉首，以望非常之恩。今奪農時以創佛寺，又廢民居，使之家破產蕩，豈聖人御天下之道乎？昔漢高帝興於豐、沛，爲復兩縣，光武中興南陽，免稅三年，既不務此，而隆重佛氏，何以滿斯民之望哉！且佛以慈悲爲心，方便爲教，今尊佛氏而害生民，無乃違其方便之教乎？臺臣職專糾察，表正百司，今乃委以修繕之役，豈其禮哉？」書奏，御史大夫果免督役。

入爲監察御史。文宗幸護國仁王寺，泛舟玉泉，苗進曰：「今頻年不登，邊隅不靖，政當恐懼修省，何暇逸游，以臨不測之淵乎？」帝嘉納之，賜以對衣上尊，卽日還宮。臺臣擬苗僉淮東廉訪司事以聞，帝曰：「仍留蓋御史，朕欲聞其讜言也。」以丁外艱去，免喪，除太禧宗禋院都事。中書檄苗行視河道，還言：「河口淤塞，今苟不治，後日必爲中原大患。」都水難之，事遂寢。

至正初，〔一〕用薦者知亳州，修學宮，完州廨。有豪强占民田爲己業，民五十餘人訴於苗，苗訊治之，豪民咸自引服。苗曰：「爾等罪甚重，然吾觀皆有改過意。」遂從輕議。至元四年，起爲左司都事，在左司僅十八日，凡決斷百事。丁內憂，宰相惜其去，重賻之。

至正二年，起爲戶部郎中，俄擢御史臺都事，御史大夫欲以故人居言路，苗曰：「非其才也。」大夫不悅而起，其晚，邀至私第以謝，人兩賢之。出爲山東廉訪副使。益都、淄、萊地舊稱產金，朝廷建一府六所綜其事，民歲買金以輸官，至是六十年矣，民有忤其官長意，輒謂所居地有金礦，掘地及泉而後止，猾吏爲奸利，莫敢誰何。苗建言罷之。

三年，入爲戶部侍郎。四年，由都水監遷刑部尚書。初，盜殺河南省憲官，延坐五百餘家，已有詔除首罪外，餘從原宥。至是，宰臣追復欲盡誅戮，苗堅持不可，御史趣具獄，苗曰：「肆赦復殺，在法所無，御史獨宜劾苗，其敢累朝廷之寬仁乎！」卒用苗議，罷之。出爲山東廉訪使，民饑爲盜，所在羣聚，乃上救荒弭盜十二事；劾宣慰使骫骳不法者。有司援例欲徵苗所得職田，苗曰：「年荒民困，吾無以救，尙忍征斂以肥己耶！」輒命已之，同僚皆無敢取。召參議中書省事。

五年，出爲陝西行臺侍御史，遷陝西行省參知政事。六年，復入爲治書侍御史，陞侍御史，尋拜中書參知政事、同知經筵事。大臣以兩京馳道狹隘，奏毀民田廬廣之，已遣使督有司治之矣，苗執曰：「馳道創自至元初，何今日獨爲隘乎！」力辯，乃罷。又欲宿衞士悉出爲郡長官，俾以養貧，苗議曰：「郡長所以牧民，豈養貧之地哉。果有不能自存，賜之錢可也。若任郡寄，必擇賢才而後可。」議遂寢。又欲以鈔萬貫與角觝者，苗曰：「諸處告饑，不蒙賑

恤，力戲何功，獲此重賞乎？」又，僉四川廉訪司事家人違例收職田，奉使宣撫，直坐其主，宰臣命奉使卽行遣，苗請付法司詳議，勿使憲司以爲口實。於是時相顧謂僚佐曰：「所以引蓋君至樞機者，欲其相助也，迺每事相抗，何耶？今後有公務，毋白參政。」苗歎曰：「猥以非才，待罪執政，中書之事，皆當與聞，今宰相言若此，不退何俟？」將引去，而適有旨拜江南行臺御史中丞，然宰臣怒苗終不解，比至，卽除甘肅行省左丞，時苗已致仕歸田里矣。時宰復奏旨趣赴任，苗舁疾就道，至鎭，卽上言：「西土諸王，爲國藩屛，賜賚雖有常制，而有司牽於文法，遂使恩澤不以時及，有匱乏之憂，大非隆親厚本之意。」又言：「甘肅每歲中糧，姦弊百端，請以糧鈔兼給，則軍民咸利矣。」朝廷從之。遷陝西行御史臺中丞，到官數日，卽上疏乞骸骨，還鄉里。明年卒，年五十八。贈攄誠贊治功臣、中書左丞、上護軍，追封魏國公，謚文獻。

苗學術淳正，性孝友，喜施與，置義田以贍宗族。平居恂恂謙謹，及至遇事，張目敢言，雖經剉折，無少回撓，有古遺直之風焉。

校勘記

〔一〕宋端明殿學士藻之七世孫也　考異云：「宋景濂撰濮民神道碑敍其里居世系甚悉，史稱藻七

世孫，據碑乃藻兄榮之七世孫。」「藻」下疑有脫文。

〔二〕劉珍　道光本作「劉安仁」，與本書卷三〇泰定帝紀泰定四年三月丙午條及宋學士集卷三汪澤民神道碑銘合。

〔三〕至正初　下文有「至元」、「至正」，此誤。道光本改作「後至元元年」。

元史卷一百八十六

列傳第七十三

張楨

張楨字約中，汴人。幼刻苦讀書，登元統元年進士第，授彰德路錄事，辟河南行省掾。楨初娶祁氏，祁生貴富家，頗驕縱，見楨貧，不爲禮，合巹踰月，卽出之。祁之兄訟于官，且汚楨以黯昧事，左右司官聽之，楨因移疾不出，滯案俱積。平章政事月魯帖木兒怒曰：「張楨，剛介士也，豈汝曹所當議耶！」郎中虎者禿謁而謝之，乃起。范孟爲亂，矯殺月魯帖木兒等，城中大擾，楨暮夜縋城出，得免。

踰年，除高郵縣尹，門無私謁。縣民張提領，尙任俠，武斷鄉曲。一日，至縣有所囑，楨執之，盡得其罪狀，里中受其抑者，咸來訴焉，乃杖而徙之，人以爲快。守城千戶狗兒妻崔氏，爲其小婦所譖，虐死，其鬼憑七歲女詣縣訴楨，備言死狀，尸見瘞舍後，楨率吏卒卽其

所，發土得尸，拘狗兒及小婦，鞫之，皆伏辜，人以爲神明焉。

累除中政院判官，至正八年，拜監察御史，劾太尉阿乞剌欺罔之罪，幷言：「明里董阿、也里牙、月魯不花，皆陛下不共戴天之讎，伯顏賊殺宗室嘉王、郯王一十二口，稽之古法，當伏門誅，而其(妻)子兄弟尙仕于朝，〔一〕宜急誅竄。別兒怯不花阿附權姦，亦宜遠貶。今災異迭見，盜賊蜂起，海寇敢於要君，閫帥敢於玩寇，若不振舉，恐有唐末藩鎭噬臍之禍。」不聽。

及毛貴陷山東，上疏陳十禍，根本之禍有六，征討之禍有四，歷數其弊：一曰輕大臣，二曰解權綱，三曰事安逸，四曰杜言路，五曰離人心，六曰濫刑獄，所謂根本之禍六也。其言事安逸之禍，略曰：「臣伏見陛下以盛年入纂大統，履艱難而登大寶，因循治安，不預防慮，寬仁恭儉，漸不如初。今天下可謂多事矣，海內可謂不寧矣，天道可謂變常矣，民情可謂難保矣，是陛下警省之時，戰兢惕厲之日也。陛下宜臥薪嘗膽，奮發悔過，思祖宗創業之難，而今日墜亡之易，於是而修實德，則可以答天意，推至誠，則可以回人心。凡土木之勞，聲色之好，燕安鴆毒之戒，皆宜痛撤勇改。有不盡者，亦宜防微杜漸，而禁於未然，黜宮女，節浮費，畏天恤人。而陛下乃安焉處之，如天下太平無事時，此所謂根本之禍也。」至若不愼調度，不資羣策，不明賞罰，不擇將帥，所謂征討之禍四也。其言不明賞罰之禍，略曰：「臣伏

中華書局

見調兵六年，初無紀律之法，又無激勸之宜，將帥因敗爲功，指虛爲實，大小相謾，上下相依，其性情不一，而邀功求賞則同。是以有覆軍之將，殘民之將，怯懦之將，貪婪之將，曾無懲戒，所經之處，鷄犬一空，貨財俱盡。及其面諛游說，反以克復受賞。今克復之地，悉爲荒墟，河南提封三千餘里，郡縣星羅棋布，歲輸錢穀數百萬計，而今所存者，封丘、延津、登封、偃師三四縣而已。兩淮之北，大河之南，所在蕭條。夫有土有人有財，然後可望軍旅不乏，餽餉不竭，今寇敵已至之境，固不忍言，未至之處，尤可寒心，如此而望軍旅不乏，餽餉不竭，使天雨粟，地湧金，朝夕存亡且不能保，況以地(力)〔方〕有限之費，〔三〕而供將帥無窮之欲哉。其爲自啓亂階，亦已危矣。陛下事佛求福，飯僧消禍，以天壽節而禁屠宰，皆虛名也。今天下殺人矣，陛下泰然不理，而曰吾將以是求福，福何自而至哉。潁上之寇，始結白蓮，以佛法誘衆，終飾威權，以兵抗拒，視其所向，駸駸可畏，其勢不至於亡吾社稷、燼吾國家不已也。堂堂天朝，不思靖亂，而反爲階亂，其禍至慘，其毒至深，其關繫至大，有識者爲之扼腕，有志者爲之痛心，此征討之禍也。」疏奏，不省。權臣惡其訐直。

二十一年，除僉山南道肅政廉訪司事，至則劾中書參知政事也先不花、樞密院副使脫脫木兒、治書侍御史奴奴弄權誤國之罪，又不報。方是時，孛羅帖木兒駐兵大同，察罕帖木兒駐兵洛陽，而毛貴據山東，勢逼京畿，二將玩寇不進，方以爭晉、冀爲事，搆兵相攻，互

有勝負，朝廷乃遣也先不花、脫脫木兒、奴奴往解之，旣受命，不前進。楨又言其「貪懦庸鄙，苟懷自安之計，無憂國致身之忠。朝廷將使二家釋憾，協心討賊，此國之大事，謂宜風馳電走，而乃迂回退懾，枉道延安以西，繞曲數千里，遲遲而行，使兩軍日夜仇殺，黎庶肝腦塗地，實此三人之所致也，宜急殛之，以救時危」。亦不報。楨乃慨然嘆曰：「天下事不可爲矣。」即辭去，居河中安邑山谷間，結茅僅容膝，有訪之者，不復言時事，但對之流涕而已。

二十四年，孛羅帖木兒犯闕，皇太子出居冀寧，奏除贊善，又除翰林學士，皆不起。擴廓帖木兒將輔皇太子入討孛羅帖木兒，遣使傳皇太子旨，賜以上尊，且訪時事，楨復書曰：「今燕趙齊魯之境，大河內外，長淮南北，悉爲丘墟，關陝之區，所存無幾，江左日思荐食上國，湘漢荆楚川蜀，淫名僭號，幸我有變，利我多虞。閤下國之右族，三世二王，得不思廉、藺之於趙，寇、賈之於漢乎？京師一殘，假有不逞之徒，崛起草澤，借名義，尊君父，倡其說於天下，閤下將何以處之乎！守京師者，能聚不能散，禦外侮者，能進不能退，紛紛籍籍，神分志奪，國家之事，能不爲閤下憂乎！志曰『不備不虞，不可以爲師』，僕之惓惓爲言者，獻忠之道也。然爲言大要有三：保君父，一也；扶社稷，二也；衞生靈，三也。請以近似者陳其一二：衞出公據國，至於不父其父；趙有沙丘之變，其臣成、兌平之，不可謂無功，而後至於不君其君；唐肅宗流播之中，怵於邪謀，遂成靈武之篡。千載之下，雖有智辯百出，不能爲雪。嗚呼！是豈可以不鑒之乎！然吾聞之，天之所廢不驟也，驟其得志，肆其寵樂，使忘其覺悟之心，非安之也，厚其毒而降之罰也。天遂其欲，民厭其汰，而鬼神弗福也。其能久乎？閤下覽觀焉，謀出於萬全，則善矣。詢之輿議，急則其變不測，徐則其釁必起，通其往來之使，達其上下之情，得其情，則得其策矣。孔子曰：『君君，臣臣，父父，子子。』今九重在上者如寄，青宮在下者如寄，生民之憂，國家之憂也，可不深思而熟計之哉！」擴廓帖木兒深納其說，是用事克有成。後三年，卒。

歸暘

歸暘字彥溫，汴梁人。將生，其母楊氏夢朝日出東山上，有輕雲來掩之，故名暘。學無師傳，而精敏過人。登至順元年進士第，授同知潁州事，鉏奸擊强，人不敢以年少易之。山東鹽司遣奏差至潁，恃勢爲不法，暘執以下獄。時州縣奉鹽司甚謹，頤指氣使，輒奔走之，暘獨不爲屈。轉大都路儒學提舉，未上。

至元五年十一月，杞縣人范孟謀不軌，詐爲詔使，至河南省中，殺平章月魯帖木兒、左丞劫烈、廉訪使完者不花、總管撒里廱，召官屬及去位者，署而用之，以段輔爲左丞，使暘北守黃河口，暘力拒不從，賊怒，繫於獄，衆叵測所爲，暘無懼色。已而賊敗，污賊者皆獲罪，

暘獨免。同里有吳炳者，嘗以翰林待制徵，不起。賊呼炳司卯酉曆，炳不敢辭。時人爲之語曰：「歸暘出角，吳炳無光。」暘自此名譽赫然。明年，轉國子博士，拜監察御史，及入謝，臺臣奏曰：「此即河南抗賊者也。」帝曰：「好事卿宜數爲之。」賜以上尊。已而辭官歸，養親汴上，親旣歿，家食久之。

至正五年，除僉河南廉訪司事，〔三〕行部西京，以法繩趙王府官屬之貪暴者，王三遣使請，不爲動。宣寧縣有殺人者，蔓引數十人，一讞得其情，盡釋之。沁州民郭仲玉，爲人所殺，有司以蒲察山兒當之，暘察其誣，蹤跡得其殺人者，山兒遂不死。六年，轉僉淮東廉訪司事，改宣文閣監書博士，兼經筵譯文官。

七年，還右司都事。順江酋長樂孫求內附，請立宣撫司，及置郡縣一十三處，暘曰：「古人有言：鞭雖長，不及馬腹。使郡縣果設，有事不救，則孤來附之意，救之，則罷中國而事外夷，所謂獲虛名而受實禍也。」與左丞呂思誠抗辨甚力，丞相太平笑曰：「歸都事善戇如此，何相抗乃爾邪！然其策果將焉出？」暘曰：「其酋長可授宣撫，勿責其貢賦，使者賜以金帛，遣歸足矣。」卒從暘言。京師苦寒，有丐訴丞相馬前，丞相索皮服予之，仍覈在官所藏皮服之數，悉給貧民。暘曰：「宰相當以廣濟天下爲心，皮服能幾何，而欲給之邪！莫若錄寒餓者，稍賑之耳。」丞相悟而止。雲南死可伐叛，詔以元帥述律遵道往喻之，未幾，命平章政事

亦都渾將兵討之，事久無功。二人上疏紛紜，中書欲罪迭律，暘曰：「彼事未白，而專罪一人，豈法意乎？況一諭之而一討之，彼將何所適從，然亦非使者之罪也。」湖廣行省左丞沙班卒，其子沙的，方爲中書掾，請奔喪，丞相以沙的有兄弟，不許，暘曰：「孝者，人子之同情，以其有兄弟而沮其請，非所以孝治天下也。」遂從之。廣海猺賊入寇，詔朶兒只(丹)〔班〕將思播楊元帥軍以討之，〔四〕暘曰：「易軍而將不諳教令，恐不能決勝。若命楊就統其衆，彼悅於恩命，必能自效，所謂以夷狄攻夷狄，中國之利也。」帝不從，後竟無功。

八年，陞左司員外郎。中書用暘言，損河間餘鹽五萬引以裕民。楮幣壅不行，廷議出楮幣五百萬錠易銀實內藏，暘復持不可曰：「富商大賈，盡易其鈔於私家，小民何利哉！」六月，遷參議樞密院事。時方國珍未附，詔江浙行省參知政事朶兒只(丹)〔班〕討之，一軍皆沒，而朶兒只(丹)〔班〕被執，將罪之，暘曰：「將之失利，其罪固當，然所部皆北方步騎，不習水戰，是驅之死地耳。宜募海濱之民習水利者擒之。」既而國珍遣人從朶兒只(丹)〔班〕走京師請降，暘曰：「國珍已敗我王師，又拘我王臣，力屈而來，非眞降也。必討之以令四方。」時朝廷方事姑息，卒從其請，後果屢叛，如暘言。遷御史臺都事，俄復參議樞密院事，十二月，陞樞密院判官。

九年正月，轉河西廉訪使，未上，改禮部尚書。會開端本堂，皇太子就學，召暘爲贊善。

未幾，遷翰林直學士、同修國史，仍兼前職。暘言：「師傅當與皇太子東西相向授書，其屬亦以次列坐，虛其中座，以待至尊臨幸，不然，則師道不立矣。」時衆言人人殊，卒從暘議。俄以疾辭，帝遣左司郎中趙璉賜白金文綺，不受。初，暘在上都時，脫脫自甘州還，且入相，中書參議趙期頤、員外郎李稷謁暘私第，致脫脫之命，屬草詔，暘辭曰：「丞相將爲伊、周事業，入相之詔，當命詞臣視草，今屬筆於暘，恐累丞相之賢也。」期頤曰：「若帝命爲之，奈何？」暘曰：「事理非順，亦當固辭。」期頤知不可屈，乃已。十年正月，遷四川行省參知政事，十二年，除刑部尚書，十五年，再除刑部尚書，凡三遷，皆以疾辭。

十七年，授集賢學士，兼國子祭酒，使者迫之，暘輿疾至京師，臥于南城不起。時海內多故，暘上三策：一曰振紀綱，二曰選將材，三曰審形勢。亹亹數千言，時以爲老生常談，不能用。十一月，以集賢學士、資德大夫致仕，給半俸終身，辭不受。明年，乞骸骨，僑居弘州，徙蔚州，又徙宣德，皆間關避兵，尋抵大同，及關陝小寧，來居解之夏縣。皇太子出冀寧，强起之，居數月，復還夏縣。二十七年卒，年六十三。

陳祖仁 王遜志

陳祖仁字子山，汴人也。其父安國，仕爲常州晉陵尹。祖仁性嗜學，早從師南方，有文名。

至正元年，科舉復行，祖仁以春秋中河南鄉貢。明年會試，在前列，及對策大廷，遂魁多士，賜進士及第，授翰林修撰、同知制誥，兼國史院編修官。歷太廟署令、太常博士，遷翰林待制，出僉山東肅政廉訪司事，擢監察御史，復出爲山北肅政廉訪司副使，召拜翰林直學士，陞侍講學士，除參議中書省事。

二十年五月，帝欲修上都宮闕，工役大興，祖仁上疏，其略曰：「自古人君，不幸遇艱虞多難之時，孰不欲奮發有爲，成不世之功，以光復祖宗之業。苟或上不奉於天道，下不順於民心，緩急失宜，舉措未當，雖以此道持盈守成，猶或致亂，而況欲撥亂世反之正乎！夫上都宮闕，創自先帝，修於累朝，自經兵火，焚燬殆盡，所不忍言，此陛下所爲日夜痛心，所宜亟圖興復者也。然今四海未靖，瘡痍未瘳，倉庫告虛，財用將竭，乃欲驅疲民以供大役，廢其耕耨，而荒其田畝，何異扼其吭而奪之食，以速其斃乎！陛下追惟祖宗宮闕，念茲在茲，然不思今日所當興復，乃有大於此者。假令上都宮闕未復，固無妨於陛下之寢處，使因是而違天道，失人心，或致大業之隳廢，則夫天下者，亦祖宗之天下，生民者，亦祖宗之生民，陛下亦安忍而輕(重)〔棄〕之乎！〔五〕願陛下以生養民力爲本，以恢復天下爲務，信賞必罰，以驅策英雄，親正人，遠邪佞，以圖謀治道。夫如是，則承平之觀，不日咸復，詎止上都宮闕

而已乎！」疏奏，帝嘉納之。

二十三年十二月，拜治書侍御史。時宦者資正使朴不花與宣政使槖驩，內恃皇太子，外結丞相搠思監，驕恣不法，監察御史傅公讓上章暴其過，忤皇太子意，左遷吐蕃宣慰司經歷。它御史連章論諫，皆外除。祖仁上疏皇太子言：「御史糾劾槖驩、不花姦邪等事，此非御史之私言，乃天下之公論，臺臣審問尤悉，故以上啓。今殿下未賜詳察，輒加沮抑，擯斥御史，詰責臺臣，使姦臣蠹政之情，不得達於君父，則亦過矣。夫天下者，祖宗之天下，臺諫者，祖宗之所建立，以二豎之微，而於天下之重、臺諫之言，一切不卹，獨不念祖宗乎！且殿下職分，止於監國撫軍、問安視膳而已，此外予奪賞罰之權，自在君父，今方毓德春宮，而使諫臣結舌，凶人肆志，豈惟君父徒擁虛器，而天下蒼生，亦將奚望！」疏上，皇太子怒，令御史大夫老的沙諭祖仁，以謂「臺臣所言雖是，但槖驩等俱無是事，御史糾言不實，已與美除。昔裕宗爲皇太子，兼中書令、樞密使，凡軍國重事合奏聞者，乃許上聞，非獨我今日如是也」。祖仁乃復上疏言：「御史所劾，得於田野之間，殿下所詢，不出宮牆之外，所以全此二人者，止緣不見其姦。昔唐德宗云『人言盧杞姦邪，朕殊不覺』。使德宗早覺，杞安得相，是杞之姦邪，當時知之，獨德宗不知爾。今此二人，亦皆姦邪，舉朝知之，在野知之，天下知之，獨殿下未知耳。且裕宗既領軍國重事，理宜先閱其綱。若至臺諫封章，自是御前開拆，假

使必皆經由東宮，君父或有差失，諫臣有言，太子將使之聞奏乎，不使之聞奏乎？使之聞奏，則傷其父心，不使聞奏，則陷父於惡，殿下將安所處！如知此說，則今日糾劾之章，不宜阻矣，御史不宜斥矣，斥其人而美其除，不知御史所言，爲天下國家乎，爲一身官爵乎？斥者去，來者言，言者無窮，而美除有限，殿下又安所處？」祖仁疏既再上，卽辭職，而御史下至吏卒皆辭閑。於是皇太子以其事聞，朴不花、搠思監乃皆辭退。而天子令老的沙諭旨祖仁等，祖仁復上書天子曰：「祖宗以天下傳之陛下，今乃壞亂不可救藥，雖曰天運使然，亦陛下刑賞不明之所致也。且區區二豎，猶不能除，況於大者！願陛下俯從臺諫之言，擯斥此二人，不令其以辭退爲名，成其姦計，使海內皆知陛下信賞必罰自二人始，則將士孰不效力，天下可全，而有以還祖宗〔之舊〕。〔六〕若猶優柔不斷，則臣寧有餓死于家，誓不與之同朝，牽聯及禍，以待後世正人同罪。」書奏，天子大怒，而是時侍御史李國鳳亦上疏，言此二人必當斥，於是臺臣自老的沙以下皆左遷，而祖仁出爲甘肅行省參知政事。時天極寒，衣單甚，以弱女託於其友朱毅，卽日就道。

明年七月，孛羅帖木兒入中書爲丞相，除祖仁山北道肅政廉訪使，召拜國子祭酒，遷樞密副使，累上疏言軍政利害，不報，辭職。除翰林學士，遂拜中書參知政事。是時天下亂已甚，而祖仁性剛直，遇事與時宰論議數不合，乃超授其階榮祿大夫，而仍還翰林爲學士，尋

遷太常禮儀院使。

二十七年，大明兵已取山東，而朝廷方疑擴廓帖木兒有不臣之心，專立撫軍院，總兵馬以備之。祖仁乃與翰林學士承旨王時、待制黃哻、編修黃肅，伏闕上書言：「近者南軍侵陷全齊，不踰月而逼畿甸，朝廷雖命丞相也速出師，軍馬數少，勢力孤危，而中原諸軍，左牽右掣，調度失宜，京城四面，茫無屏蔽，宗社安危，正在今日。臣愚等以爲馭天下之勢，當論其輕重强弱，遠近先後，不宜膠於一偏，狃於故轍。前日南軍僻在一方，而擴廓帖木兒近在肘腋，勢將竊持國柄，故宜先於致討，則南軍遠而輕，而擴廓帖木兒近而重也。今擴廓帖木兒勢已窮蹙，而南軍突至，勢將不利於宗社，故宜先於救難，則擴廓帖木兒弱而輕，南軍近而重也。陛下寬仁涵育，皇太子賢明英斷，當此之時，宜審其輕重强弱，改弦更張，而撫軍諸官，亦宜以公天下爲心，審時制宜。今擴廓帖木兒黨與離散，豈能復振，若止分撥一軍逼襲，必就擒獲，其餘彼中見調一應軍馬，令其倍道東行，勤王赴難，與也速等聲勢相援，仍遣重臣，分道宣諭催督，庶幾得宜。如復膠於前說，動以言者爲擴廓帖木兒游說，而鉗天下之口，不幸猝有意外之變，朝廷亦不得聞，而天下之事去矣。」書上，不報。

十二月，祖仁又上書皇太子，言：「近日降詔，削河南軍馬之權，雖所當然，然此項軍馬，終爲南軍之所忌。設使其有悖逆之心，朝廷以忠臣待之，其心愧沮，將何所施。今未有所見，遽以此名加之，彼若甘心以就此名，其害有不可言者。朝廷苟善用之，豈無所助，然人皆知之而不敢言者，誠恐誣以受財游說罪名，無所昭雪也。況聞擴廓帖木兒屢上書疏，明其心曲，是其心未絕於朝廷，以待朝廷之開悟。當今爲朝廷計者，不過戰、守、遷三事。以言乎戰，則資其犄角之勢，以言乎守，則望其勤王之師，以言乎遷，則假其藩衞之力。極力勉勵使行，猶恐遲晚，豈可使數萬之師，棄置於一方。當此危急之秋，宗社存亡，僅在旦夕，不幸一日有唐玄宗倉卒之出，則是以祖宗百年之宗社，朝廷委而棄之，此時雖欲碎首殺身，何濟於事！故今不復避忌，惟以宗社存亡爲重，奉疏以聞。」疏上，亦不報。

二十八年秋，大明兵進壓近郊，有旨命祖仁及同僉太常禮儀院事王遜志等載太廟神主，從皇太子北行。祖仁等乃奏曰：「天子有大事出，則載主以行，從皇太子，非禮也。」帝然之，還守太廟以竢命。俄而天子北奔，祖仁守神主，不果從。八月二日，京城破，將出健德門，爲亂軍所害，時年五十五。

祖仁一目眇，貌寢，身短瘠，而語音清亮，議論偉然，負氣剛正，似不可犯者。其學博而精，自天文、地理、律曆、兵乘、術數、百家之說，皆通其要。爲文簡質，而詩（精）〔清〕麗，〔七〕世多稱傳之。

王遜志字文敏，惲之曾孫也。以廕授侍儀司通事舍人，歷隰州判官、大寧縣尹，擢陝西行臺監察御史，累遷僉漢中、河西、山北三道肅政廉訪司事，入爲工部員外郎，遷禮部郎中，拜監察御史。劾詹事不蘭奚、平章宜童皆逆臣子孫，當屏諸遐裔。除太府少監，出爲江西廉訪副使，召僉太常禮儀院事。

京城不守，公卿爭出降，遜志獨家居，衣冠而坐。其友中政院判官王翼來告曰：「新朝寬大，不惟不死，且仍與官，盍出詣官自言狀。」遜志艴然斥之曰：「君既自不忠，又誘人爲不義耶！」因戒其子曰：「汝謹繼吾宗。」卽自投井中死。

成遵

成遵字誼叔，南陽穰縣人也。幼敏悟，讀書日記數千百言。年十五，喪父。家貧，勤苦不廢學問。二十能文章。時郡中先輩無治進士業者，遵欲爲，以不合程式爲患。一日，憤然曰：「四書、五經，吾師也。文無逾於史、漢、韓、柳。區區科舉之作，何難哉。」會楊惠初登第，來尹穰，遵乃書所作數十篇見之。惠撫卷大喜，語之曰：「以此取科第，如拾芥耳。」

至順辛未，至京師，受春秋業於夏鎮，遂入成均爲國子生。時陳旅爲助教，喜其文，數以語于奎章閣侍書學士虞集，集亟欲見之，旅命以己馬俾遵馳詣集，集方有目疾，見遵來，

迫而視之，曰：「適觀生文，今見生貌，公輔器也。吾老矣，恐不及見，生當自愛重也。」元統改元，中進士第，授將仕郎、翰林國史院編修官。明年，預修泰定、明宗、文宗三朝實錄。後至元四年，升應奉翰林文字。五年，辟御史臺掾。

至正改元，擢太常博士。明年，轉中書檢校，尋拜監察御史。扈從至上京，上封事，言天子宜愼起居，節嗜慾，以保養聖躬，聖躬安則宗社安矣。言甚迫切，帝改容稱善。又言臺察四事：一曰差遣臺臣，越職問事；二曰左遷御史，杜塞言路；三曰御史不思盡言，循敍求進；四曰體覆廉訪聲蹟不實，賢否混淆。帝皆嘉納之，諭臺臣曰：「遵所言甚善，皆世祖風紀舊規也。」特賜上尊旌其忠。遵又言江浙火災當賑卹，及劾火魯忽赤不法十事，皆從之。復上封事，言時務四事：一曰法祖宗，二曰節財用，三曰抑奔競，四曰明激勸。奏入，帝稱善久之，命中書速議以行。是歲，言事弁舉劾凡七十餘事，皆指訐時弊，執政者惡之。三年，自刑部員外郎，出爲陝西行省員外郎，以母病辭歸。五年，丁母憂。

八年，擢僉淮東肅政廉訪司事，改禮部郎中，奉使山東、淮北察守令賢否，得循良者九人，貪懦者二十一人，奏之。九人者，賜上尊幣帛，仍加顯擢；其二十一人悉黜之。

九年，改刑部郎中，尋遷御史臺都事。時臺臣有嫉贓吏多以父母之憂免者，建論今後官吏，凡被案劾贓私，雖父母死，不許歸葬，須竟其獄，庶惡人不獲幸免。遵曰：「惡人固可

怒，然與人倫孰重。且國家以孝治天下，寧失罪人千百，不可使天下有無親之吏。」御史大夫是其言。陞戶部侍郎。

十年，遷中書右司郎中。時刑部獄按久而不決者積數百，遵與其僚分閱之，共議其輕重，各當其罪，未幾，無遺事。時有令輸粟補官，有匿其姦罪而入粟得七品雜流者，爲怨家所告，有司議輸粟例，無有過不與之文，遵曰：「賣官鬻爵，已非盛典，況又賣官與姦淫之人，其將何以爲治。必奪其敕，還其粟，著爲令，乃可。」省臣從之。除工部尚書。先是，河決白茅，鄆城、濟寧皆爲巨浸。或言當築堤以遏水勢，或言必疏南河故道以殺水勢，而漕運使賈魯言：「必疏南河，塞北河，使復故道。役不大興，害不能已。」廷議莫能決。乃命遵偕大司農禿魯行視河，議其疏塞之方以聞。

十一年春，自濟寧、曹、濮、汴梁、大名，行數千里，掘井以量地形之高下，測岸以究水勢之淺深，遍閱史籍，博采輿論，以謂河之故道，不可得復，其議有八。而丞相脫脫，已先入賈魯之言，及遵與禿魯至，力陳不可，且曰：「濟寧、曹、鄆，連歲饑饉，民不聊生，若聚二十萬人於此地，恐後日之憂，又有重於河患者。」脫脫怒曰：「汝謂民將反耶！」自辰至酉，辨論終不能入。明日，執政者謂遵曰：「修河之役，丞相意已定，且有人任其責矣，公其毋多言，幸爲兩可之議。」遵曰：「腕可斷，議不可易也。」由是遂出爲大都河間等處都轉運鹽使。初，汝、汴二郡多富商，運司賴之，是時，汝寧盜起，侵汴境，朝廷調兵往討，括船運糧，以故舟楫不通，商販遂絕。遵隨事處宜，國課皆集。

十四年，調武昌路總管。武昌自十二年爲沔寇所殘燬，民死於兵疫者十六七，而大江上下，皆劇盜阻絕，米直翔湧，民心遑遑。遵言於省臣，假軍儲鈔萬錠，募勇敢之士，具戈船，截兵境，且戰且行，糴粟於太平、中興，民賴以全活者衆。會省臣出師，遵攝省事，於是省中府中，惟遵一人，乃遠斥候，塞城門，籍民爲兵，得五千餘人，設萬夫長四，配守四門，所以爲防禦之備甚至，號令嚴肅，賞罰明當。賊船往來江中，終不敢近岸，城賴以安。

十五年，擢江南行臺治書侍御史，召拜參議中書省事。時河南之賊，數渡河而北，焚掠郡縣，上下視若常事。遵率左右司僚佐，持其牘詣丞相言曰：「今天下州縣，喪亂過半，河北之民稍安者，以天塹黃河爲之障，賊兵雖至，不能飛渡，所以剝膚椎髓以供軍儲而無深怨者，視河南之民，猶得保其室家故也。今賊北渡河而官軍不禦，是大河之險已不能守，河北之民復何所恃乎？河北民心一搖，國勢將如之何！」語未畢，哽咽不能言，宰相已下皆爲之揮涕，乃以入奏。帝詔卽遣使罪守河將帥，而守禦自是亦頗嚴。

先是，湖廣倪賊，質威順王之子，而遣人請降，求爲湖廣行省平章，朝臣欲許者半，遵曰：「平章之職，亞宰相也。承平之時，雖德望漢人，抑而不與，今叛逆之賊，挾勢要求，輕以

與之，如綱紀何！」或曰：「王子，世皇嫡孫也，不許，是棄之與賊，非親親之道也。」遵曰：「項羽執太公，欲烹之以挾高祖，高祖乃以分羹答之，奈何今以王子之故，廢天下大計乎！」衆皆韙其論。除治書侍御史，俄復入中書爲參知政事。離省僅六日，丞相每決大議，則曰「姑少緩之」，衆莫曉其意，及遵拜執政，喜曰：「大政事今可決矣。」

十七年，升中書左丞，階資善大夫，分省彰德。是時，太平在相位，以事忤皇太子，皇太子深銜之，欲去之而未有以發，以爲遵及參知政事趙中，皆太平黨也，遵、中兩人去，則太平之黨孤。十九年，用事者承望風旨，嗾寶坻縣尹鄧守禮弟鄧子初等，誣遵與參政趙中、參議蕭庸等六人皆受賕，皇太子命御史臺、大宗正府等官雜問之，鍛鍊使成獄，遵等竟皆杖死，中外冤之。二十四年，御史臺臣辯明遵等皆誣枉，詔復給還其所授宣敕。

曹鑑

曹鑑字克明，宛平人。穎悟過人，舉止異常兒，既冠，南遊，具通五經大義。大德五年，用翰林侍講學士郝彬薦，爲鎭江淮海書院山長。十一年，南行臺中丞廉恒辟爲掾史。丁內艱，復起，補掾史，除興文署。命伴送安南使者，沿途問難倡和，應答如響，使者歎服，以爲中國有人。

至治二年，授江浙行省左右司員外郎。明年，奉旨括釋氏白雲宗田，稽檢有方，不數月而事集，纖豪無擾。泰定七年，〔八〕還湖廣行省左右司員外郎。時丞相忽剌歹怙勢恣縱，妄爲威福，僚屬多畏避，鑑遇事徇理輒行，獨不爲回撓。湖北廉訪司舉鑑宜居風紀，不報。

天曆元年，調江浙財賦府副總管。屬淮、浙大水，民以菑告，鑑損其賦什六七，勢家因而詭免者，鑑覈實，諭令首輸。元統二年，陞同僉太常禮儀院，鑑習典故，達今古，凡禮樂、度數、名物，罔不周知。因集議明宗皇后祔廟事，援禮據經，辯析詳明，君子多之。至元元年，以中大夫陞禮部尚書，俄感疾而卒，年六十五。追封譙郡侯，謚文穆。

鑑天性純孝，親族貧乏者，周卹恐後。歷官三十餘年，僦屋以居。歿之日，家無餘貲，唯蓄書數千卷，皆鑑手較定。鑑爲詩賦，尙騷、雅，作文法西漢，每篇成，學者爭相傳誦。有文集若干卷藏于家。

鑑任湖廣員外時，有故掾顧淵伯，以辰砂一包餽鑑，鑑漫爾置篋笥中。半載後，因欲合藥劑，命取視之，乃有黃金三兩雜其中，鑑驚歎曰：「淵伯以我爲何如人也！」淵伯已歿，鑑呼其子歸之。其廉慎不欺如此。

張翥

張翥字仲舉，晉寧人。其父爲吏，從征江南，調饒州安仁縣典史，又爲杭州鈔庫副使。翥少時，負其才儁，豪放不羈，好蹴踘，喜音樂，不以家業屑其意，其父以爲憂。翥一旦翻然改曰：「大人勿憂，今請易業矣。」乃謝客，閉門讀書，晝夜不暫輟，因受業於李存先生。存家安仁，江東大儒也，其學傳於陸九淵氏，翥從之游，道德性命之說，多所研究。未幾，留杭，又從仇遠先生學。遠於詩最高，翥學之，盡得其音律之奧，於是翥遂以詩文知名一時。已而薄游維揚，居久之，學者及門甚衆。

至元末，同郡傅巖起居中書，薦翥隱逸。至正初，召爲國子助教，分教上都生。尋退居淮東，會朝廷修遼、金、宋三史，起爲翰林國史院編修官。史成，歷應奉、修撰，遷太常博士，陞禮儀院判官，又遷翰林，歷直學士、侍講學士，乃以侍讀兼祭酒。翥勤於誘掖後進，絕去崖岸，不徒以師道自尊，用是學者樂親炙之。有以經義請問者，必歷舉衆說，爲之折衷，論辯之際，雜以談笑，無不厭其所得而後已。

嘗奉旨詣中書，集議時政，衆論蜂起，翥獨默然。丞相搠思監曰：「張先生平日好論事，今一語不出何耶？」翥對曰：「諸人之議，皆是也。但事勢有緩急，施行有先後，在丞相所決

耳。」搠思監善之。明日，除集賢學士，俄以翰林學士承旨致仕，階榮祿大夫。孛羅帖木兒之入京師也，命翥草詔，削奪擴廓帖木兒官爵，且發兵討之，翥毅然不從。左右或勸之，翥曰：「吾臂可斷，筆不能操也。」天子知其意不可奪，乃命他學士爲之。孛羅帖木兒雖知之，亦不以爲怨也。及孛羅帖木兒既誅，詔乃以翥爲河南行省平章政事，仍翰林學士承旨致仕，給全俸終其身。二十八年三月卒，年八十二。

翥長於詩，其近體、長短句尤工。文不如詩，而每以文自負。常語人曰：「吾於文已化矣，蓋吾未嘗搆思，特任意屬筆而已。」它日，翰林學士沙剌班示以所爲文，請易置數字，苦思者移時，終不就。沙剌班曰：「先生於文，豈猶未化耶，何思之苦也？」翥因相視大笑。蓋翥平日善諧謔，出談吐語，輒令人失笑，一座盡傾，入其室，藹然春風中也。所爲詩文甚多。無丈夫子。及死，國遂亡，以故其遺藁不傳。其傳者，有律詩、樂府，僅三卷。翥嘗集兵興以來死節死事之人爲書，曰忠義錄，識者韙之。

校勘記

〔一〕而其(妻)子兄弟尙仕于朝　據本書卷四一順帝紀至正八年是歲條刪。

〔二〕況以地(力)〔方〕有限之費　從北監本改。

〔三〕除僉河南廉訪司事　按下文所見西京、趙王府、宣寧縣、沁州皆爲河東山西道所轄，疑「河南」係「河東」之誤。

〔四〕朶兒只(丹)〔班〕　據本書卷四一順帝紀至正八年是歲條、卷一四三泰不華傳及明史卷一二三方國珍傳改。下同。類編已校。「朶兒只班」藏語，義爲「金剛吉祥」。

〔五〕陛下亦安忍而輕(重)〔棄〕之乎　從北監本改。

〔六〕而有以還祖宗〔之舊〕　據本書卷二〇四朴不花傳補。

〔七〕而詩(婧)〔清〕麗　從北監本改。

〔八〕泰定七年　按泰定僅四年，考異云：「七字誤。」

元史卷一百八十七

列傳第七十四

烏古孫良楨

烏古孫良楨字幹卿，世次見父澤傳。資器絕人，好讀書。至治二年，廕補江陰州判官，尋丁內艱，服除，調婺州武義縣尹，有惠政。改漳州路推官，獄有疑者，悉平反之。上言：「律，徒者不杖，今杖而又徒，非恤刑意，宜加徒減杖。」遂定爲令。移泉州，益以能稱。轉延平判官，拜陝西行臺監察御史，劾遼陽行省左丞相達識帖睦邇賣國不忠，援漢高帝斬丁公故事，以明人臣大義。幷劾御史中丞胡居祐奸邪，皆罷之，中外震懾。陞都事，猶以言不盡行，解去。

復起爲監察御史，良楨以帝方覽萬幾，不可不求賢自輔，於是連疏：「天曆數年間紀綱大壞，元氣傷夷。天祐聖明，入膺大統，而西宮秉政，奸臣弄權，畜憾十有餘年。天威一怒，

陰晦開明，以正大名，以章大孝，此誠兢兢業業祈天永命之秋，其術在乎敬身修德而已。今經筵多領以職事臣，數日一進講，不逾數刻已罷，而褻御小臣，恒侍左右，何益於盛德哉。臣願招延儒臣若許衡者數人，置於禁密，常以唐、虞、三代之道，啓沃宸衷，日新其德，實萬世無疆之福也。」又以國俗父死則妻其從母，兄弟死則收其妻，父母死無憂制，遂言：「綱常皆出於天而不可變，議法之吏，乃言國人不拘此例，諸國人各從本俗。是漢、南人當守綱常，國人、諸國人不必守綱常也。名曰優之，實則陷之，外若尊之，內實侮之，推其本心所以待國人者，不若漢、南人之厚也。請下禮官有司及右科進士在朝者會議，自天子至於庶人，皆從禮制，以成列聖未遑之典，明萬世不易之道。」又言：「隱士劉因，道學經術可比許文正公衡，從祀孔子廟庭。」皆不報。御史臺作新風憲，復疏其所當行者，以舉賢才爲綱，而以厚風俗、均賦役、重審理、汰冗官、選守令、出奉使、均公田爲目，指擿剴切，雖觸忌諱，亦不顧也。宦者罕失嬖妾殺其妻，糜其肉飼犬，上疏乞正重刑，幷論宦寺結廷臣撓政爲害，可汰黜之。憸佞側目。

至正四年，召爲刑部員外郎，轉御史臺都事。五年，改中書左司都事，出爲江東道肅政廉訪司副使。上官一日，辭歸。六年，授平江路總管，不拜。八年，復召爲右司員外郎。九年，陞郎中，尋遷廣東道肅政廉訪使，未行，還爲郎中，遷福建道肅政廉訪使，中道召還，參議中書省事，兼經筵官。十一年，拜治書侍御史，陞中書參知政事、同知經筵事。

十三年，陞左丞，兼大司農卿，仍同知經筵事。時中書參用非人，事多異同，不得一一如志。會軍餉不給，請與右丞悟良哈台主屯田，歲入二十萬石。東宮久未建，懇懇爲言，車駕幸上都，始冊皇太子。立詹事院，驛召爲副詹事，每直端本堂，則進正心誠意之說，親君子遠小人之道，皇太子嘉納焉。當時盜賊蠭起，帝聞，惡之，下詔分討，必盡誅而後已。良楨言：「平賊在收人心，以回天意，多殺非道也。」乃赦以安之。

十四年，還淮南行省左丞。初，泰州賊張士誠既降復叛，殺淮南行省參知政事趙璉，進據高郵、六合，太師脫脫奉詔，總諸王軍南征，而良楨洎參議龔伯璲、刑部主事盧山等從之。既平六合，垂克高郵，會詔罷脫脫兵柄，遂有上變告伯璲等勸脫脫勒兵北向者，下其事逮問，詞連良楨，簿對無所驗。卽日還中書左丞，命分省彰德，主調軍食，居半歲，還中書。十六年，進階榮祿大夫，賜玉帶一。

十七年，除大司農。明年，陞右丞，兼大司農，辭，不允。論罷陷賊延坐之令。有惡少年誣知宜興州張復通賊之罪，中書將籍其孥，吏抱案請署。良楨曰：「手可斷，案不可署。」同列變色，卒不署。

良楨自左曹登政府，多所建白。罷福建、山東食鹽，浙東、西長生牛租，瀕海被災圍田

稅，民皆德之。嘗論至正格輕重不倫，吏得並緣爲奸，舉明律者數人，參酌古今，重定律書，書成而罷。家居輒訓諸子曰：「吾無過人者，惟待人以誠，人亦以誠遇我，汝宜志之。」晚歲病痺，數謁告，病益侵，遂卒。自號約齋。有詩文奏議凡若干卷，藏于家。

賈魯

賈魯字友恒，河東高平人。幼負志節，旣長，謀略過人。延祐、至治間，兩以明經領鄉貢。泰定初，恩授東平路儒學教授，辟憲史，歷行省掾，除潞城縣尹，選丞相東曹掾，擢戶部主事，未上。一日，覺心悸，尋得父書，筆勢顫縮，卽辭歸，比至家，父已有風疾，未幾卒。魯喪服闋，起爲太醫院都事。會詔修遼、金、宋三史，召魯爲宋史局官。書成，選魯燕南山東道奉使宣撫幕官，考績居最，遷中書省檢校官。上言：「十八河倉，近歲淪沒官糧百三十萬斛，其弊由富民兼幷，貧民流亡，宜合先正經界，然事體重大，非處置盡善，不可輕發。」書累數萬言，切中其弊。俄拜監察御史，首言御史有封事，宜專達聖聰，不宜臺臣先有所可否。陞臺都事，遷山北廉訪副使，復召爲工部郎中，言考工一十九事。

至正四年，河決白茅堤，又決金堤，並河郡邑，民居昏墊，壯者流離。帝甚患之，遣使體驗，仍督大臣訪求治河方略，特命魯行都水監。魯循行河道，考察地形，往復數千里，備得

要害，爲圖上進二策：其一，議修築北堤，以制橫潰，則用工省；其一，議疏塞並舉，挽河東行，使復故道，其功數倍。會遷右司郎中，議未及竟。其在右司，言時政二十一事，皆見舉行。調都漕運使，復以漕事二十事言之，朝廷取其八事：一曰京畿和糴，二曰優恤漕司舊領漕戶，三曰接連委官，四曰通州總治豫定委官，五曰船戶困於壩夫，海運壞於壩戶，六曰疏濬運河，七曰臨清運糧萬戶府當隸漕司，八曰宣忠船戶付本司節制。事未盡行。既而河水北侵安山，淪入運河，延袤濟南、河間，將隳兩漕司鹽場，實妨國計。

九年，太傅、右丞相脫脫復相，論及河決，思拯民艱，以塞詔旨，乃集廷臣羣議，言人人殊。魯昌言：「河必當治。」復以前二策進，丞相取其後策，與魯定議，且以其事屬魯。魯固辭，丞相曰：「此事非子不可。」乃入奏，大稱帝旨。十一年四月，命魯以工部尙書、總治河防使，進秩二品，授以銀章，領河南、北諸路軍民，發汴梁、大名十有三路民一十五萬，廬州等戍十有八翼軍二萬供役，一切從事大小軍民官，咸稟節度，便宜興繕。是月鳩工，七月鑿河成，八月決水故河，九月舟楫通，十一月諸埽諸堤成，水土工畢，河復故道。事見河渠志。帝遣使報祭河伯，召魯還京師，魯以河平圖獻。帝適覽臺臣奏疏，請褒脫脫治河之績，次論魯功，超拜榮祿大夫、集賢大學士，賞賚金帛，敕翰林丞旨歐陽玄製河平碑，以旌脫脫勞績，具載魯功，且宣付史館，并贈魯先臣三世。

尋拜中書左丞，從脫脫平徐州，脫脫既旋師，命魯追餘黨，分攻濠州，同總兵官平章月可察兒督戰，魯誓師曰：「吾奉旨統八衞漢軍，頓兵于濠七日矣。〔一〕爾諸將同心協力，必以今日巳、午時取城池，然後食。」魯上馬麾進，抵城下，忽頭眩下馬，且戒兵馬弗散，病愈亟，卻藥不肯汗，竟卒于軍中，年五十七。十三年五月壬午也。月可察兒躬爲治喪，選士護柩還高平，有旨賜交鈔五百錠以給葬事。子穎。

逯魯曾

逯魯曾字善止，修武人。性剛介，通經術，中天曆二年進士第，〔二〕授翰林國史院編修官，辟御史臺掾，掌機密。監察御史劾中丞史顯夫簡傲，魯曾開實封於大夫前曰：「中丞素持重，不能與人周旋，御史以人情劾之，非公論。」由是皆知其直。

除太常博士。武宗一廟，未立后主配享，集羣臣廷議之。魯曾抗言：「先朝以武宗皇后眞哥無子，不立其主。」時伯顏爲右丞相，以爲明宗之母亦乞列氏，可以配享。徽政院傳太后旨，以文宗之母唐兀氏可以配享。伯顏問魯曾曰：「先朝既以眞哥皇后無子，不爲立主，今所立者，明宗母乎？文宗母乎？」對曰：「眞哥皇后在武宗朝，已膺玉册，則爲武宗皇后，明宗、文宗二母后，固爲妾也。今以無子之故，不爲立主，以妾后爲正宮，是爲臣而廢先君之后，爲子而追封先父之妾，於禮不可。且燕王垂卽位，追廢其母后，而立其生母爲后，以配享先王，爲萬世笑，豈可復蹈其失乎？」集賢大學士陳顥，素嫉魯曾，出曰：「唐太宗册曹王明之母爲后，是亦二后也，豈不可乎？」魯曾曰：「堯之母爲帝嚳庶妃，堯立爲帝，未聞册以爲后而配嚳。皇上爲大元天子，不法堯、舜，而法唐太宗邪？」衆服其議，而伯顏韙之，遂以眞哥皇后配焉。

復拜監察御史，劾荅失海牙、阿吉剌太尉，鞏卜班右丞，兀突蠻刑部尙書，吉當普監察御史，哈剌完者、月魯不花院使，呂思誠郎中，皆黜之。八人之中，惟思誠少過，亦變祖宗選法，餘皆伯顏之黨，朝廷肅然。

除樞密院都事，上言：「前伯顏專殺大臣，其黨利其妻女，巧誣以罪。今大小官及諸人有罪，止坐其身，不得籍其妻女。郯王爲伯顏搆陷，妻女流離，當雪其無辜，給復子孫。」從之。除刑部員外郎，悉辨正橫罹伯顏所誣者。遷宗正府郎中，出爲遼陽行省左右司郎中，除僉山北道肅政廉訪司事，入爲禮部郎中。

至正十二年，丞相脫脫討徐州賊，以官軍不習水土，募瀕海鹽丁爲軍，乃超遷魯曾資善大夫、淮南宣慰使，領征討事，遣其募鹽丁五千人從征。徐州平，繼使領所部軍討淮東，卒於軍。

貢師泰

貢師泰字泰甫，寧國之宣城人。父奎，以文學名家，延祐、至治間，官京師，爲集賢直學士，卒，謚文靖。

師泰早肄業國子學爲諸生。泰定四年，釋褐出身，授從仕郎、太和州判官。丁外艱，改徽州路歙縣丞，江浙行省辟爲掾，尋以土著，自劾去。大臣有以其名聞者，擢應奉翰林文字。丁內艱，服闋，除紹興路總管府推官，郡有疑獄，悉爲詳讞而剖決之。

山陰白洋港有大船飄近岸，史甲二十人，適取鹵海濱，見其無主，因取其篙櫓，而船中有二死人。有徐乙者，怪其無物而有死人，稱爲史等所劫。史傭作富民高丙家，事遂連高。史既誣服，高亦就逮。師泰密詢之，則里中沈丁載物抵杭而回，漁者張網海中，因盜網中魚，爲漁者所殺，史實未嘗殺人奪物，高亦弗知情，其寃皆白。

游徼徐裕，以巡鹽爲名，肆暴村落間。一日，遇諸暨商，奪其所齎錢，撲殺之，投尸於水，走告縣曰：「我獲私鹽犯人，畏罪赴水死矣。」官驗視，以有傷，疑之。遂以疑獄釋。師泰追詢覆按之，具得裕所以殺人狀，復俾待報。

餘姚孫國賓，以求盜，獲姚甲造僞鈔，受賕而釋之，執高乙、魯丙赴有司，誣以同造僞。

高嘗爲姚行用，實非自造，孫既舍姚，因加罪於高，而魯與孫有隙，故幷連之，魯與高未嘗相識也。師泰疑高等覆造不合，以孫詰之，辭屈而情見。卽釋魯而加高以本罪，姚遂處死，孫亦就法。其於冤獄詳讞之明多類此。以故郡民自以不冤，治行爲諸郡第一。

考滿，復入翰林爲應奉，預修后妃、功臣列傳，事畢，遷宣文閣授經郎，歷翰林待制、國子司業，擢禮部郎中，再遷吏部，拜監察御史。自世祖以後，省臺之職，南人斥不用，及是，始復舊制，於是南士復得居省臺，自師泰始，時論以爲得人。

至正十四年，[三]除吏部侍郎。時江淮兵起，京師食不足，師泰奉命和糴于浙右，得糧百萬石，以給京師。遷兵部侍郎。朝廷以京師至上都，驛戶凋弊，命師泰巡視整飭之。至則歷究其病原，驗其富貧，而均其徭役，數十郡之民，賴以稍蘇。豪貴以其不利於己，深嫉之，然莫能有所中傷也。會朝廷欲仍和糴浙西，因除師泰都水庸田使。

十五年，庸田司罷，擢江西廉訪副使，未行，遷福建廉訪使，居亡何，除禮部尙書。時平江缺守，廷議難其人，師泰又以選爲平江路總管。其年冬，甫視事，張士誠自高郵率衆渡江，直抵城下，攻圍甚急。明年春，守將弗能支，斬關遁去，師泰領義兵出戰，力不敵，亦懷印綬棄城遁，匿海濱者久之。

士誠既納降，江浙行省丞相達識帖睦邇，以便宜授師泰兩浙都轉運鹽使。至則剔其積

蠹，通其利源，大課以集，國用資之。丞相復承制除師泰江浙行省參知政事。

二十年，[四]朝廷除戶部尙書，俾分部閩中，以閩鹽易糧，由海道轉運給京師，凡爲糧數十萬石，朝廷賴焉。二十二年，召爲祕書卿，行至杭之海寧，得疾而卒。

師泰性倜儻，狀貌偉然，既以文字知名，而於政事尤長，所至績效輒暴著。尤喜接引後進，士之賢，不問識不識，卽加推轂，以故士譽翕然咸歸之。有詩文若干卷行于世。

周伯琦

周伯琦字伯溫，饒州人。父應極，至大間，仁宗爲皇太子，召見，獻皇元頌，爲言于武宗，以爲翰林待制。後爲皇太子說書，日侍英邸。仁宗卽位，遷集賢待制，終池州路同知總管府事。伯琦自幼從宦，游京師，入國學，爲上舍生，積分及高等。去，以廕授將仕郎、南海縣主簿，三轉爲翰林修撰。

至正元年，改奎章閣爲宣文閣、藝文監爲崇文監，伯琦爲宣文閣授經郎，敎戚里大臣子弟，每進講，輒稱旨，且日被顧問。帝以伯琦工書法，命篆「宣文閣寶」，仍題扁宣文閣；及摹王羲之所書蘭亭序、智永所書千文，刻石閣中。自是累轉官，皆宣文、崇文之間，而眷遇益隆矣。帝嘗呼其字伯溫而不名。會御史奏風憲宜用近臣，特命僉廣東廉訪司事。八年，召

入爲翰林待制，預修后妃、功臣列傳，累陞直學士。

十二年，有旨令南士皆得居省臺。除伯琦兵部侍郎，遂與貢師泰同擢監察御史。兩人皆南士之望，一時榮之。時御史大夫也先帖木兒以大軍南討，而失律喪師，陝西行臺監察御史劉希曾等十人共劾奏之。伯琦乃劾希曾等越分干譽，希曾等皆坐左遷，補郡判官，由是不爲公論所與。

十三年，遷崇文太監，兼經筵官，代祀天妃。丁內艱。十四年，起復爲江東肅政廉訪使。長槍鎖南班陷寧國，伯琦與僚佐倉皇出見之，尋遁走至杭州。除兵部尙書，未行，改浙西肅政廉訪使。江南行臺監察御史余觀，糾言伯琦失陷寧國，宜正其罪。

十七年，江浙行省丞相達識帖睦爾承制假伯琦參知政事，招諭平江張士誠。士誠既降，江南行臺監察御史亦辯釋伯琦罪，除同知太常禮儀院事，士誠留之，未行，拜資政大夫、江浙行省左丞。於是留平江者十餘年。士誠既滅，伯琦乃得歸鄱陽，尋卒。

伯琦儀觀溫雅，粹然如玉，雖遭時多艱，而善於自保。博學工文章，而尤以篆、隸、眞、草擅名當時。嘗著六書正譌、說文字原二書，又有詩文稾若干卷。

吳當

吳當字伯尚，澄之孫也。當幼承祖訓，以穎悟篤實稱。長精通經史百家言，侍其祖至京，補國子生。久之，澄既捐館，四方學子從澄遊者，悉就當卒業焉。

至正五年，以父文蔭，授萬億四庫照磨，未上，用薦者改國子助敎。勤講解，嚴肄習，諸生皆樂從之。會詔修遼、金、宋三史，當預編纂。書成，除翰林修撰。七年，遷國子博士。明年，陞監丞。十年，陞司業。明年，遷翰林待制。又明年，改禮部員外郎。十三年，擢監察御史，尋復爲國子司業。明年，遷禮部郎中。又明年，除翰林直學士。

時江南兵起且五年，大臣有薦當世居江西，習知江西民俗，且其才可任政事者，詔特授江西肅政廉訪使，偕江西行省參政火你赤、兵部尙書黃昭，招捕江西諸郡，便宜行事。當以朝廷兵力不給，既受命至江南，卽召募民兵，由浙入閩。至江西境建昌界，招安新城孫塔，擒殄李三。道路既通，乃進攻南豐，渠兇鄭天瑞遁，鄭原自刎死。十六年，調檢校章迪率本部兵，與黃昭夾攻撫州，勦殺首寇胡志學，進兵復崇仁、宜黃。於是建、撫兩郡悉定。

是時，參知政事朶歹總兵撫、建，積年無功。因忌當屢捷，功在己上，又以爲南人不宜總兵，則搆爲飛語，謂當與黃昭皆與寇通。有旨解二人兵柄，除當撫州路總管，昭臨江路總

管，並供億平章火你赤軍。火你赤殺當從事官范淳及章迪，將士皆憤怒不平，當諭之曰：「上命不可違也。」而火你赤又上章言：「二人者，難任牧民。」尋有旨當與昭皆罷總管，除名。

十八年，火你赤自瑞州還龍興，當、昭皆隨軍不敢去。先是，當與昭平賊功狀，自廣東由海道未達京師，而朶歹、火你赤等公牘乃先至，故朝廷責當、昭，皆左遷。及得當、昭功狀，乃始知其誣，詔拜當中奉大夫、江西行省參知政事，昭湖廣行省參知政事。命未下，而陳友諒已陷江西諸郡。火你赤棄城遁，當乃戴黃冠，著道士服，杜門不出，日以著書爲事。友諒遣人辟之，當臥床不食，以死自誓，乃舁床載之舟，送江州，拘留一年，終不爲屈。遂隱居廬陵吉水之谷坪。踰年，以疾卒，年六十五。所著書，有周禮纂言及學言藁。

校勘記

〔一〕頓兵于濠七日矣　按明史卷一太祖紀，至正十二年冬「元將賈魯圍濠，太祖與子興力拒之。十三年春，賈魯死，圍解」。明史卷一二二郭子興傳云「元師圍濠州」，「城守五閱月」。此云頓兵七日，當有誤。錢謙益國初羣雄事略「七日」作「七月」。

〔二〕中天曆二年進士第　按本書卷三四文宗紀至順元年三月戊午條及卷八一選舉志科目，天曆二年非科舉之歲。本證云「二當作三」。

〔三〕至正十四年　按玩齋集卷首朱鐩玩齋先生紀年錄及揭汯貢師泰神道碑銘，「十四年」當作「十二年」。新元史已校。

〔四〕二十年　按玩齋集卷七娛親堂記、卷八祭程以文及卷首錢用壬玩齋集序、朱鐩玩齋先生紀年錄、揭汯貢師泰神道碑銘，「二十年」當作「十九年」。類編已校。

元史卷一百八十八

列傳第七十五

董搏霄　弟昂霄

董搏霄字孟起，磁州人。由國子生辟陝西行臺掾。時天大旱，從侍御史郭貞讞獄華陰縣，有李謀兒累殺商賈于道，爲賊十五年，至百餘事。事覺，獄已具，賄賂有司，謂徒黨未盡獲，五年不決，人皆以爲憤。搏霄知之，以言于貞，卽以尸諸市中，天乃大雨。授四川肅政廉訪司知事，除涇陽縣尹。入爲戶部主事，陞員外郎，拜監察御史。又出僉遼東肅政廉訪司事，歷江西行省左右司郎中，遷浙東宣慰副使。其歷官所至，往往理冤獄，革弊政，才譽益著稱于時。

至正十一年，除濟寧路總管，奉旨從江浙平章教化征進安豐，兵至合肥定林站，遇賊大破之。時朱皐、固始賊復猖獗，軍少不足以分討。有大山民寨及芍陂屯田軍，搏霄皆奬勞

而約束之，遂得障蔽朱皐。我軍屯朱家寺，賊至，追殺之。乃遣進士程明仲往諭賊中，招徠者千二百家，因悉知其虛實。夜縛浮橋於淝水，旣渡，賊始覺。賊衆數萬據硎南，我軍渡者，輒爲其所敗。搏霄乃麾騎士，別渡淺灘襲賊後。賊回東南向，與騎士迎敵，搏霄忽躍馬渡硎，揚言於衆曰：「賊已敗。」諸軍皆渡，一鼓而擊之。賊大敗，亟追殺之，相藉以死者二十五里，遂復安豐。

十二年，有旨命搏霄攻濠州，又命移軍援江南。遂渡江，至湖州德清縣，而徽、饒賊已陷杭州。教化問搏霄計，搏霄曰：「賊皆野人，見杭城子女玉帛，非平日所有，必縱慾，不暇爲備，宜急攻之。今欲退保湖州，設使賊乘銳直趨京口，則江南不可爲矣。」教化猶豫未決，而諸將亦難其行。搏霄正色曰：「江浙相君方面旣陷於賊，今可取而不取，誰任其咎！」復拔劍顧諸將曰：「諸君苟國厚恩，而臨難苟免，今相君在是，敢有慢令者斬。」計乃決。遂進兵杭城。賊迎敵，至鹽橋，搏霄麾壯士突前，斬殺數級，而諸軍相繼夾擊之，凡七戰，追殺至清河坊。賊奔接待寺，塞其門而焚之，賊皆死，遂復杭州。已而餘杭、武康、德清次第以平，搏霄亦受代去。

徽、饒賊復自昱嶺關寇於潛，行省乃假搏霄爲參知政事，俾復提兵討之。搏霄曰：「必欲除殘去暴，所不敢辭。若假以重爵，則不敢受。」卽日引兵至臨安新溪，是爲入杭要路，旣

分兵守之而始進，兵至叫口及虎檻，遇賊，皆大破之，追殺至於濳，遂復其縣治。既又克復昌化縣及昱嶺關，降賊將潘大鏞二千人。賊又有犯千秋關者，摶霄還軍守於濳，而賊兵大至，焚倚郭廬舍。摶霄按軍不動，左右請出兵，摶霄曰：「未也。」遣人執白旗登山望賊，約曰：「賊以我爲怯，必少懈，伺其有間，則麾所執旗。」又伏兵城外，皆授以火礮，復約曰：「見旗動，礮卽發。」已而旗動，礮發，兵乃盡出，斬首數千級，遂復千秋關。

未幾，賊復攻獨松、百丈、幽嶺三關，摶霄乃先以兵守多溪。多溪，三關要路也。既又分爲三軍：一出獨松，一出百丈，一出幽嶺。然後會兵擣賊巢，遂乘勝復安吉，七戰而克之，賊將以其徒來降者數百人。既數日，賊復來窺獨松。摶霄卽以兵守苦嶺及黃沙嶺。賊帥梅元來降，且言復有帥十一人欲降者，卽遣偏將余思忠至賊寨諭之。賊皆入暗室濳議，思忠持火投入室內，拔劍語衆曰：「元帥命我來活汝，汝復何議！」已而火起，焚其寨，叱賊黨散去，而引賊帥來降。明日，進兵廣德，克之。有蘄賊與饒、池諸賊，復犯徽州。賊中有道士，能作十二里霧。摶霄以兵擊之，已而妖霧開豁，諸伏兵皆起，襲賊兵後，賊大潰亂，斬首數萬級，擒千餘人。獲道士，焚其妖書而斬之。遂平徽州。

十四年，除水軍都萬戶。俄陞樞密院判官，從丞相脫脫征高郵，分戍鹽城、興化。賊巢在大縱、德勝兩湖間，凡十有二，悉勦平之。卽其地築芙蓉寨，賊入，輒迷故道，盡殺之，自是不復敢犯。賊恃習水，渡淮北據安東州。摶霄招善水戰者五百人，與賊戰安東之大湖，大敗之，遂復安東。

十六年，勦平北沙、廟灣、沙浦等寨。尋進兵泗州，不利。賊乘勝東下，斷我軍糧道，乃回軍屯北沙，糧且絕，與賊死戰，凡七晝夜。賊敗走，奪賊船七十餘，乃得渡淮，保泗州。時方暑雨，湖水溢，諸營皆避去，而摶霄獨守孤城，賊環繞數十里攻之。摶霄坐城上，遣偏將以騎士由四門突出賊後，約曰：「旗一麾卽還。」既而旗動，騎士還，步卒自城中出，夾擊之，賊大敗。然賊寨猶阻西行之路，乃結陣而往，翊以奇兵，轉戰數十合，軍始得至海寧。朝廷嘉其功，陞同僉淮南行樞密院事。摶霄建議于朝曰：

淮安爲南北襟喉，江淮要衝之地，其地一失，兩淮皆未易復也。則救援淮安，誠爲急務。爲今日計，莫若於黃河上下，并瀕淮海之地，及南自沭陽，北抵沂、莒、贛楡諸州縣，布連珠營，每三十里設一總寨，就三十里中又設一小寨，使斥堠烽燧相望，而巡邏往來，遇賊則并力野戰，無事則屯種而食。然後進有援，退有守，此善戰者所以常爲不可勝，以待敵之可勝也。

又海寧一境，不通舟楫，軍糧惟可陸運，而凡瀕淮海之地，人民屢經盜賊，宜加存撫，權令軍人搬運。其陸運之方，每人行十步，三十六人可行一

十里，三千六百人可行一百里。每人負米四斗，以夾布囊盛之，用印封識，人不息肩，米不著地，排列成行，日行五百回，計路二十八里，輕行一十四里，重行一十四里，日可運米二百石。每運給米一升，可供二萬人。此百里一日運糧之術也。

又江淮流移之民，并安東、海寧、沭陽、贛楡等州縣俱廢，其民壯者既爲軍，老弱無所依歸者，宜設置軍民防禦司，擇軍官材堪牧守者，使居其職，而籍其民，以屯故地。於是練兵積穀，且耕且戰，內全山東完固之邦，外禦淮海出沒之寇，而後恢復可圖也。

十七年，毛貴陷益都、般陽等路，有旨命摶霄從知樞密院事卜蘭奚討之。而濟南又告急，摶霄乃提兵援濟南。賊衆自南山來攻濟南，望之兩山皆赤。摶霄按兵城中，先以數十騎挑之，賊衆悉來鬬，騎兵少卻，至磵上，伏兵起，遂合戰，城中兵又大出，大破之。而般陽賊復約泰安之黨，踰南山來襲濟南。摶霄列兵城上，弗爲動。賊夜攻南門，獨以矢石禦之。黎明，乃默開東門，放兵出賊後。既旦，城上兵皆下，大開南門合擊之，賊敗走。復追殺之，賊衆悉無遺者。於是濟南始寧。詔就陞淮南行樞密院副使，兼山東宣慰使都元帥，仍賜上尊、金帶、楮幣、名馬以勞之。有疾其功者，譖於總兵太尉紐的該，令摶霄依前詔，從卜蘭奚同征益都。摶霄卽出濟南城，屬老且病，請以其弟昂霄代領其衆，朝廷從之。授昂霄淮南行樞密院判官。未幾，有旨命摶霄守河間之長蘆。

十八年，摶霄以兵北行，且曰：「我去，濟南必不可保。」既而濟南果陷。摶霄方駐兵南皮縣之魏家莊，適有使者奉詔拜摶霄河南行省右丞，甫拜命，毛貴兵已至，而營壘猶未完。諸將謂摶霄曰：「賊至當如何？」摶霄曰：「我受命至此，當以死報國耳。」因拔劍督兵以戰，而賊衆突至摶霄前，捽而問曰：「汝爲誰？」摶霄曰：「我董老爺也。」衆刺殺之，無血，惟見其有白氣衝天。是日，昂霄亦死之。事聞，贈宣忠守正保節功臣、榮祿大夫、河南行省平章政事、柱國，追封魏國公，謚忠定。昂霄贈推誠孝節功臣、嘉議大夫、禮部尙書、上輕車都尉，追封隴西郡侯，謚忠毅。

摶霄早以儒生起家，輒爲能吏，會天下大亂，乃復以武功自奮，其才略有大過人者，而當時用之不能盡其才，君子惜之。

劉哈剌不花

劉哈剌不花，其先江西人。倜儻好義，不事家產，有古俠士風。居燕趙有年，遂爲探馬赤軍戶。

至正十二年，潁、亳盜起，朝廷以泰不花爲河南行省平章政事，總兵討之。哈剌不花上書陳十事，其七言兵機及攻守方略。泰不花大喜，卽辟爲掾史。未幾，奏除左右司都事。

泰不花以哈剌不花嘗爲探馬赤，有膂力，善騎射，俾統前八翼軍，爲先鋒將。明號令，信賞罰，士皆樂爲之用，而料敵成敗，所向無失。是時，答失八都魯軍潰于長葛，收集散卒，復屯中牟。哈剌不花軍於汴梁南彭子岡。有自長葛來者言，總兵官已爲賊所敗，次中牟。哈剌不花曰：「賊既捷，兵必再至，我不可不往援。」遂整兵而前。既而有使馳報：夜四鼓，賊從洧川渡河，未知其所向。哈剌不花曰：「是必襲答失八都魯營耳。我行已緩，不及事，不若以精銳斷賊歸路，覆之必矣。」於是領軍徐行。天未明，伏軍其歸路。賊果襲答失八都魯營，大掠輜重而回。哈剌不花伏軍四起，賊大敗，盡俘獲之。當是時，答失八都魯雖以平章政事總大兵，而哈剌不花功名與之相埒。

十七年，〔一〕山東毛貴率其賊衆，由河間趨直沽，遂犯漷州，至棗林。已而略柳林，逼畿甸，樞密副使達國珍戰死，京師人心大駭。在廷之臣，或勸乘輿北巡以避之，或勸遷都關陝，衆議紛然，獨左丞相太平執不可。哈剌不花時爲同知樞密院事，奉詔以兵拒之，與之戰于柳林，大捷。貴衆悉潰退，走據濟南，京師遂安，哈剌不花之功居多。哈剌不花後遷河南行省平章政事以卒。

初，哈剌不花與信州人倪晦，字孟昕，同事泰不花爲掾史。晦涉書史，精文墨，機識警敏，泰不花深委任之，言無不從；而哈剌不花或有所論白，多沮不行，由是心銜泰不花。及

泰不花事敗，走詣哈剌不花求援，而哈剌不花不能曲爲保全，乃縛泰不花送京師，致之死地，君子以是少之。

王英

王英字邦傑，益都人。性剛果，有大節，膂力絕人，善騎射。襲父職，爲莒州翼千戶。父子皆善用雙刀，人號之曰刀王。

至元二十九年，江西行樞密院命帥師南雄，討賊丘大老。賊六百餘人突至，英與戰，殺其渠帥劉把東，獲九十餘人。元貞元年，從左丞董士選討大山賊劉貴，擒之。二年，討永新、安福二州賊，餘黨皆息。

延祐二年，寧都賊起，行省命英率各萬戶軍討之。賊勢甚張，英屢戰皆勝，斬獲不可勝數，積屍盈野，水爲不流。行省平章李世安，遣英迓江浙平章張閭所領軍於閩境，至木廝坑，擒賊蔡五九。又追賊至上虎嶂，遇賊三千餘人，盡殲之。

至治元年，以大臣薦，授忠武校尉、益都淄萊萬戶府副千戶。天曆元年，授宣武將軍。至順二年，行省命英招捕桂陽州賊張思進等二千人。英至，布以威信，皆相率請降。元統元年，授懷遠大將軍、同知海北海南道宣慰使司事。

至元三年，萬安軍賊吳汝期等作亂，聚衆三千人。英至，賊皆就擒。未幾，李志甫起漳州，劉虎仔起潮州，詔命江西行省右丞燕帖木兒討之。方賊起時，英已致仕，平章政事伯撒里謂僚佐曰：「是雖鼠竊狗偷，非刀王行不可。其人雖投老，必可以義激。」乃使迎致之。英曰：「國家有事，吾雖老，其可坐視乎！」據鞍橫槊，精神飛動，馳赴焉。及賊平，英功居多。

至正中，毛貴陷益都，英時年九十有六，乃謂其子弘曰：「我世受國恩，美官厚祿，備嘗享之。今老矣，縱不能事戎馬以報天子，尚忍食異姓之粟以求生乎！」水漿不入口者數日，遂卒。毛貴聞之，使具棺衾以葬。將斂，舉其尸不動，焚香祝曰：「公子弘請公歸葬先塋。」祝畢，尸遂起，觀者莫不驚異。山東宣慰使普顏不花及憲司，請卹典于朝，有曰：「不食寇粟，餓死芹泉，有夷、齊之風，爲臣之清者也。」芹泉，谷名，英所居也。

石抹宜孫 邁里古思

石抹宜孫字申之。其先遼之迪烈糺人。五世祖曰也先，事太祖爲御史大夫，自有傳。也先之曾孫曰繼祖，字伯善，襲父職，爲沿海上副萬戶。初以沿海軍分鎮台州，皇慶元年，又移鎮婺、處兩州。馭軍嚴肅，平寧都寇，有戰功；且明達政事，講究鹽策，多合時宜。爲學本於經術，而兼通名法、縱橫、天文、地理、術數、方技、釋老之說，見稱薦紳間。宜孫其

子也。

宜孫性警敏，嗜學問，於書務博覽，而長於詩歌。嘗借嫡弟厚孫廕，襲父職，爲沿海上副萬戶，守處州。及弟長，卽讓其職還之，退居台州。

至正十一年，方國珍起海上，江浙行省檄宜孫守溫州，宜孫卽起任其事。其年閩寇犯處州，復檄宜孫以兵平之。以功，陞浙東宣慰副使，分府于台州。頃之，處之屬縣山寇並起，宜孫復奉省檄往討之。至則築處州城，爲禦敵計。

十七年，江浙行省左丞相達識鐵睦邇承制陞宜孫行樞密院判官，總制處州，分院治于處。又以江浙儒學副提舉劉基爲其院經歷，蕭山縣尹蘇友龍爲照磨，而宜孫又辟郡人胡深、葉琛、章溢參謀其軍事。處爲郡，山谷聯絡，盜賊憑據險阻，輒竊發，不易平治。宜孫用基等謀，或擣以兵，或誘以計，未幾，皆殲殄無遺類。尋陞同僉行樞密院事。當是之時，天下已多故，所在守將各自爲計相保守。於是浙東則宜孫在處州，邁里古思在紹興爲稱首。

十八年十二月，大明兵取蘭溪，且逼婺，而宜孫母實在婺城。宜孫泣曰：「義莫重於君親，食祿而不事其事，是無君也；母在難而不赴，是無親也。無君無親，尚可立天地間哉！」卽遣胡深等將民兵數萬往赴援，而親率精銳爲之殿。兵至婺，與大明兵甫接，卽敗績而還。時經略使李國鳳至浙東，承制拜宜孫江浙行省參知政事，階中奉大夫。

明年，大明兵入處州，宜孫將數十騎走福建境上，欲圖報復，而所至人心已散，事不可復爲。嘆曰：「處州，吾所守者也。今吾勢已窮，無所於往，不如還處州境，死亦爲處州鬼耳！」既還，至處之慶元縣，爲亂兵所害。事聞，朝廷贈推誠宣力效節功臣、集賢大學士、榮祿大夫、上柱國，追封越國公，謚忠愍。

邁里古思者，寧夏人也，字善卿。至正十四年進士，授紹興路錄事司達魯花赤。苗軍主將楊完者在杭，縱其軍鈔掠，莫敢誰何，民甚苦之。俄有至紹興城中强奪人馬者，邁里古思擒斬數人，苗軍乃懼，不敢復至其境。邁里古思名聲遂大振。

會江南行臺移治紹興，檄邁里古思爲行臺鎭撫，乃大募民兵，爲守禦計。處州山賊焚掠婺之永康、東陽，邁里古思提兵往擊之，與石抹宜孫約期夾攻其巢穴，山賊以平。擢江東廉訪司經歷，仍留紹興，以兵衞臺治。時浙東、西郡縣多殘破，獨邁里古思保障紹興，境內晏然，民愛之如父母。江浙省臣乃承制授行樞密院判官，分院治紹興。

會方國珍遣兵侵據紹興屬縣，邁里古思曰：「國珍本海賊，今既降，爲大官，而復來害吾民，可乎！」欲率兵往問罪。先遣部將黃中取上虞，中還，請益兵。是時朝廷方倚重國珍，資其舟以運糧，而御史大夫拜住哥，與國珍素通賄賂，情好甚厚，憤邁里古思擅舉兵，恐且生

事，卽使人召邁里古思至其私第，與計事，至則命左右以鐵鎚撾死之，斷其頭，擲厠溷中。城中民聞之，不問男女老幼，無不慟哭者。

黃中乃率其衆復讎，盡殺拜住哥家人及臺府官員掾史，獨留拜住哥不殺，以告于張士誠，士誠乃遣其將以兵守紹興。拜住哥尋遷行宣政院使，監察御史眞童糾言：「拜住哥陰害帥臣，幾致激變，不法不忠，莫斯爲甚。宜稽諸彝典，置于嚴刑。」於是詔削拜住哥官職，安置潮州，而邁里古思之寃始白。

校勘記

〔一〕十七年　道光本改作「十八年」，與本書卷四五順帝紀至正十八年三月庚戌、乙卯條及卷一四〇太平傳合。

元史卷一百八十九

列傳第七十六

儒學一

前代史傳，皆以儒學之士，分而爲二，以經藝顓門者爲儒林，以文章名家者爲文苑。然儒之爲學一也，六經者斯道之所在，而文則所以載夫道者也。故經非文則無以發明其旨趣，而文不本於六藝，又烏足謂之文哉。由是而言，經藝文章，不可分而爲二也明矣。元興百年，上自朝廷內外名宦之臣，下及山林布衣之士，以通經能文顯著當世者，彬彬焉衆矣。今皆不復爲之分別，而采取其尤卓然成名、可以輔敎傳後者，合而錄之，爲儒學傳。

趙復字仁甫，德安人也。太宗乙未歲，命太子闊出帥師伐宋，德安以嘗逆戰，其民數十

萬，皆俘戮無遺。時楊惟中行中書省軍前，姚樞奉詔卽軍中求儒、道、釋、醫、卜士，凡儒生掛俘籍者，輒脫之以歸，復在其中。樞與之言，信奇士，以九族俱殘，不欲北，因與樞訣。樞恐其自裁，留帳中共宿。既覺，月色皓然，惟寢衣在，遽馳馬周號積屍間，無有也。行及水際，則見復已被髮徒跣，仰天而號，欲投水而未入。樞曉以徒死無益：「汝存，則子孫或可以傳緒百世；隨吾而北，必可無他。」復强從之。先是，南北道絕，載籍不相通；至是，復以所記程、朱所著諸經傳註，盡錄以付樞。

自復至燕，學子從者百餘人。世祖在潛邸，嘗召見，問曰：「我欲取宋，卿可導之乎？」對曰：「宋，吾父母國也，未有引他人以伐吾父母者。」世祖悅，因不强之仕。惟中聞復論議，始嗜其學，乃與樞謀建太極書院，立周子祠，以二程、張、楊、游、朱六君子配食，選取遺書八千餘卷，請復講授其中。復以周、程而後，其書廣博，學者未能貫通，乃原羲、農、堯、舜所以繼天立極，孔子、顏、孟所以垂世立敎，周、程、張、朱氏所以發明紹續者，作傳道圖，而以書目條列于後；別著伊洛發揮，以標其宗旨。朱子門人，散在四方，則以見諸登載與得諸傳聞者，共五十有三人，作師友圖，以寓私淑之志。又取伊尹、顏淵言行，作希賢錄，使學者知所嚮慕，然後求端用力之方備矣。樞既退隱蘇門，乃卽復傳其學，由是許衡、郝經、劉因，皆得其書而尊信之。北方知有程、朱之學，自復始。

中華書局

復爲人，樂易而耿介，雖居燕，不忘故土。與人交，尤篤分誼。元好問文名擅一時，其南歸也，復贈之言，以博溺心、末喪本爲戒，以自修讀易求文王、孔子之用心爲勉。其愛人以德類若此。復家江漢之上，以江漢自號，學者稱之曰江漢先生。

張𩓐字達善，其先蜀之導江人。蜀亡，僑寓江左。金華王柏，得朱熹三傳之學，嘗講道於台之上蔡書院，𩓐從而受業焉。自六經、語、孟傳註，以及周、程、張氏之微言，朱子所嘗論定者，靡不潛心玩索，究極根柢。用功既專，久而不懈，所學益弘深微密，南北之士，鮮能及之。

至元中，行臺中丞吳曼慶聞其名，延致江寧學官，俾子弟受業，中州士大夫欲淑子弟以朱子四書者，皆遣從𩓐游，或闢私塾迎之。其在維揚，來學者尤衆，遠近翕然，尊爲碩師，不敢字呼，而稱曰導江先生。大臣薦諸朝，特命爲孔、顏、孟三氏敎授，鄒、魯之人，服誦遺訓，久而不忘。

𩓐氣宇端重，音吐洪亮，講說特精詳，子弟從之者，詵詵如也。其高第弟子知名者甚多，夾谷之奇、楊剛中尤顯。𩓐無子。有經說及文集行世。吳澄序其書，以爲議論正，援據博，貫穿縱橫，儼然新安朱氏之尸祝也。至正中，眞州守臣以𩓐及郝經、吳澄皆嘗留儀眞，

作祠宇祀之，曰三賢祠。

金履祥字吉父，婺之蘭溪人。其先本劉氏，後避吳越錢武肅王嫌名，更爲金氏。履祥從曾祖景文，當宋建炎、紹興間，以孝行著稱，其父母疾，齋禱于天，而靈應隨至。事聞于朝，爲改所居鄉曰純孝。

履祥幼而敏睿，父兄稍授之書，卽能記誦。比長，益自策勵，凡天文、地形、禮樂、田乘、兵謀、陰陽、律曆之書，靡不畢究。及壯，知向濂、洛之學，事同郡王柏，從登何基之門。基則學于黃榦，而榦親承朱熹之傳者也。自是講貫益密，造詣益邃。

時宋之國事已不可爲，履祥遂絕意進取。然負其經濟之略，亦未忍遽忘斯世也。會襄樊之師日急，宋人坐視而不敢救，履祥因進牽制擣虛之策，請以重兵由海道直趨燕、薊，則襄樊之師，將不攻而自解。且備敍海舶所經，凡州郡縣邑，下至巨洋別隝，難易遠近，歷歷可據以行。宋終莫能用。及後朱瑄、張清獻海運之利，而所由海道，視履祥先所上書，咫尺無異者，然後人服其精確。

德祐初，以迪功郎、史館編校起之，辭弗就。宋將改物，所在盜起，履祥屏居金華山中，兵燹稍息，則上下巖谷，追逐雲月，寄情嘯詠，視世故泊如也。平居獨處，終日儼然；至與物接，則盎然和懌。訓迪後學，諄切無倦，而尤篤於分義。有故人子坐事，母子分配爲隸，不相知者十年，履祥傾貲營購，卒贖以完；其子後貴，履祥終不自言，相見勞問辛苦而已。何基、王柏之喪，履祥率其同門之士，以義制服，觀者始知師弟子之繫於常倫也。

履祥嘗謂司馬文正公光作資治通鑑，祕書丞劉恕爲外紀，以記前事，不本於經，而信百家之說，是非謬於聖人，不足以傳信。自帝堯以前，不經夫子所定，固野而難質，夫子因魯史以作春秋，王朝列國之事，非有玉帛之使，則魯史不得而書，非聖人筆削之所加也。況左氏所記，或闕或誣，凡此類皆不得以辟經爲辭。乃用邵氏皇極經世曆、胡氏皇王大紀之例，損益折衷，一以尙書爲主，下及詩、禮、春秋，旁採舊史諸子，表年繫事，斷自唐堯以下，接于通鑑之前，勒爲一書，二十卷，名曰通鑑前編。凡所引書，輒加訓釋，以裁正其義，多儒先所未發。既成，以授門人許謙曰：「二帝三王之盛，其微言懿行，宜後王所當法，戰國申、商之術，其苛法亂政，亦後王所當戒，則是編不可以不著也。」他所著書：曰大學章句疏義二卷，論語孟子集註考證十七卷，書表注四卷，謙爲益加校定，皆傳于學者。天曆初，廉訪使鄭允中表上其書于朝。

初，履祥既見王柏，首問爲學之方，柏告以必先立志，且擧先儒之言：居敬以持其志，立志以定其本，志立乎事物之表，敬行乎事物之內，此爲學之大方也。及見何基，基謂之曰：

「會之屢言賢者之賢，理欲之分，便當自今始。」會之，蓋柏字也。當時議者以爲基之淸介純實似尹和靜，柏之高明剛正似謝上蔡，履祥則親得之二氏，而並充於己者也。

履祥居仁山之下，學者因稱爲仁山先生。大德中卒。元統初，里人吳師道爲國子博士，移書學官，祠履祥于鄉學。至正中，賜謚文安。

許謙字益之，其先京兆人。九世祖延壽，宋刑部尙書。八世祖仲容，太子洗馬。仲容之子曰洗、曰洞，洞由進士起家，以文章政事知名于時。洗之子寔，事海陵胡瑗，能以師法終始者也。由平江徙婺之金華，至謙五世，爲金華人。父觥，登淳祐七年進士第，仕未顯以歿。

謙生數歲而孤，甫能言，世母陶氏口授孝經、論語，〔一〕入耳輒不忘。稍長，肆力於學，立程以自課，取四部書分晝夜讀之，雖疾恙不廢。既乃受業金履祥之門，履祥語之曰：「士之爲學，若五味之在和，醯醬既加，則酸鹹頓異。子來見我已三日，而猶夫人也，豈吾之學無以感發子耶！」謙聞之，惕然。居數年，盡得其所傳之奧。於書無不讀，窮探聖微，雖殘文羨語，皆不敢忽。有不可通，則不敢强；於先儒之說，有所未安，亦不苟同也。

讀四書章句集註，有叢說二十卷，謂學者曰：「學以聖人爲準的，然必得聖人之心，而後

可學聖人之事。聖賢之心，具在四書，而四書之義，備於朱子，顧其辭約意廣，讀者安可以易心求之乎！」讀詩集傳，有名物鈔八卷，正其音釋，考其名物度數，以補先儒之未備，仍存其逸義，旁采遠援，而以己意終之。讀書集傳，有叢說六卷。其觀史，有治忽幾微，倣史家年經國緯之法，起太皞氏，迄宋元祐元年秋九月尙書左僕射司馬光卒，備其世數，總其年歲，原其興亡，著其善惡，蓋以爲光卒，則中國之治不可復興，誠理亂之幾也。故附於續經而書孔子卒之義，以致其意焉。

又有自省編，晝之所爲，夜必書之，其不可書者，則不爲也。其他若天文、地理、典章、制度、食貨、刑法、字學、音韻、醫經、術數之說，亦靡不該貫，旁而釋、老之言，亦洞究其蘊。嘗謂：「學者孰不曰闢異端，苟不深探其隱，而識其所以然，能辨其同異，別其是非也幾希。」又嘗句讀九經、儀禮及春秋三傳，於其宏綱要領，錯簡衍文，悉別以鉛黃朱墨，意有所明，則表而見之。其後吳師道購得呂祖謙點校儀禮，視謙所定，不同者十有三條而已。謙不喜矜露，所爲詩文，非扶翼經義，張維世敎，則未嘗輕筆之書也。

延祐初，謙居東陽八華山，學者翕然從之。尋開門講學，遠而幽、冀、齊、魯，近而荆、揚、吳、越，皆不憚百舍來受業焉。其敎人也，至誠諄悉，內外殫盡，嘗曰：「己有知，使人亦知之，豈不快哉！」或有所問難，而詞不能自達，則爲之言其所欲言，而解其所惑。討論講

貫，終日不倦，攝其粗疏，入於密微。聞者方傾耳聽受，而其出愈眞切。惰者作之，銳者抑之，拘者開之，放者約之。及門之士，著錄者千餘人，隨其材分，咸有所得。然獨不以科舉之文授人，曰：「此義、利之所由分也。」謙篤於孝友，有絕人之行。其處世不膠於古，不流於俗。不出里閭者四十年，四方之士，以不及門爲恥，縉紳先生之過其鄉邦者，必卽其家存問焉。或訪以典禮政事，謙觀其會通，而爲之折衷，聞者無不厭服。

大德中，熒惑入南斗句已而行，謙以爲災在吳、楚，竊深憂之。是歲大祲，謙貌加瘠，或問曰：「豈食不足邪？」謙曰：「今公私匱竭，道殣相望，吾能獨飽邪！」其處心蓋如此。廉訪使劉庭直、副使趙宏偉，皆中州雅望，於謙深加推服，論薦于朝；中外名臣列其行義者，前後章數十上；而郡復以遺逸應詔，鄉闈大比，請司其文衡。皆莫能致。至其晚節，獨以身任正學之重，遠近學者，以其身之安否，爲斯道之隆替焉。至元三年卒，年六十八。嘗以白雲山人自號，世稱爲白雲先生。朝廷賜謚文懿。

先是，何基、王柏及金履祥歿，其學猶未大顯，至謙而其道益著，故學者推原統緒，以爲朱熹之世適。江浙行中書省爲請于朝，建四賢書院，以奉祠事，而列于學官。

同郡朱震亨，字彥修，謙之高第弟子也。其淸修苦節，絕類古篤行之士，所至人多化之。

陳櫟字壽翁，徽之休寧人。櫟生三歲，祖母吳氏口授孝經、論語，輒成誦。五歲入小學，卽涉獵經史。七歲通進士業。十五，鄉人皆師之。

宋亡，科舉廢，櫟慨然發憤，致力於聖人之學，涵濡玩索，貫穿古今。嘗以謂有功於聖門者，莫若朱熹氏，熹沒未久，而諸家之說，往往亂其本眞，乃著四書發明、書〔集〕傳纂疏、〔二〕禮記集義等書，亡慮數十萬言，凡諸儒之說，有畔於朱氏者，刊而去之；其微辭隱義，則引而伸之；而其所未備者，復爲說以補其闕。於是朱熹之說大明於世。

延祐初，詔以科舉取士，櫟不欲就試，有司強之，試鄉闈中選，遂不復赴禮部。敎授於家，不出門戶者數十年。性孝友，尤剛正，日用之間，動中禮法。與人交，不以勢合，不以利遷。善誘學者，諄諄不倦。臨川吳澄，嘗稱櫟有功於朱氏爲多，凡江東人來受業於澄者，盡遣而歸櫟。櫟所居堂曰定宇，學者因以定宇先生稱之。元統二年卒，年八十三。

揭傒斯誌其墓，乃與吳澄並稱，曰：「澄居通都大邑，又數登用于朝，天下學者，四面而歸之，故其道遠而章，尊而明。櫟居萬山間，與木石俱，而足跡未嘗出鄉里，故其學必待其書之行，天下乃能知之。及其行也，亦莫之禦，是可謂豪傑之士矣。」世以爲知言。

胡一桂字庭芳，徽州婺源人。父方平。一桂生而穎悟，好讀書，尤精於易。初，饒州德興沈貴寶，受易於董夢程，夢程受朱熹之易於黃榦，而一桂之父方平及從貴寶、夢程學，嘗著易學啓蒙通釋。一桂之學，出於方平，得朱熹氏源委之正。

宋景定甲子，一桂年十八，遂領鄉薦，試禮部不第，退而講學，遠近師之，號雙湖先生。所著書有周易本義附錄纂疏、本義啓蒙翼傳、〔三〕朱子詩傳附錄纂疏、十七史纂，並行于世。

其同郡胡炳文，字仲虎，亦以易名家，作易本義通釋，而於朱熹所著四書，用力尤深。餘干饒魯之學，本出於朱熹，而其爲說，多與熹牴牾，炳文深正其非，作四書通，凡辭異而理同者，合而一之；辭同而指異者，析而辨之，往往發其未盡之蘊。東南學者，因其所自號，稱雲峰先生。炳文嘗用薦者，署明經書院山長，再調蘭溪州學正。

黃澤字楚望，其先長安人。唐末，舒藝知資州內江縣，卒，葬焉，子孫遂爲資州人。宋初，延節爲大理評事，兼監察御史，累贈金紫光祿大夫，澤十一世祖也。五世祖拂，與二兄播、揆，同年登進士第，蜀人榮之。父儀可，累舉不第，隨兄驥子官九江，蜀亂，不能歸，因家焉。

澤生有異質，慨然以明經學道爲志，好爲苦思，屢以成疾，疾止復思，久之，如有所見，

作顏淵仰高鑽堅論。蜀人治經，必先古注疏，澤於名物度數，考覈精審，而義理一宗程、朱，作易春秋二經解、二禮祭祀述略。

大德中，江西行省相臣聞其名，授江州景星書院山長，使食其祿以施教。又爲山長於洪之東湖書院，受學者益衆。始澤嘗夢見夫子，以爲適然；既而屢夢見之，最後乃夢夫子手授所較六經，字畫如新，由是深有感發，始悟所解經多徇舊說爲非是，乃作思古吟十章，極言聖人德容之盛，上達於文王、周公。秩滿卽歸，閉門授徒以養親，不復言仕。

嘗以爲去聖久遠，經籍殘闕，傳注家率多傅會，近世儒者，又各以才識求之，故議論雖多，而經旨愈晦；必積誠研精，有所悟入，然後可以窺見聖人之本眞。乃揭六經中疑義千有餘條，以示學者。既乃盡悟失傳之旨。自言每於幽閒寂寞、顚沛流離、疾病無聊之際得之，及其久也，則豁然無不貫通。自天地定位、人物未生已前，沿而下之，凡邃古之初，萬化之原，載籍所不能具者，皆昭若發蒙，如示諸掌。然後由伏羲、神農、五帝、三王，以及春秋之末，皆若身在其間，而目擊其事者。於是易、春秋傳注之失，詩、書未決之疑，周禮非聖人書之謗，凡數十年苦思而未通者，皆渙然冰釋，各就條理。故於易以明象爲先，以因孔子之言，上求文王、周公之意爲主，而其機栝，則盡在十翼，作十翼舉要、忘象辯、象略、辯同論。於春秋以明書法爲主，其大要則在考覈三傳，以求向上之功，而脈絡盡在左傳，作三傳義例

考、筆削本旨。又作元年春王正月辯、諸侯娶女立子通考、魯隱公不書卽位義、殷周諸侯禘祫考、周廟太廟單祭合食說，作丘甲辯，凡如是者十餘通，以明古今禮俗不同，見虛辭說經之無益。

嘗言：「學者必悟經旨廢失之由，然後聖人本意可見，若易象與春秋書法廢失大略相似，苟通其一，則可觸機而悟矣。」又懼學者得於創聞，不復致思，故所著多引而不發，乃作易學濫觴、春秋指要，示人以求端用力之方。其於禮學，則謂鄭氏深而未完，王肅明而實淺，作禮經復古正言。如王肅混郊丘廢五天帝，併崑崙、神州爲一，趙伯循言王者禘其始祖之所自出，以始祖配之，而不及羣廟之主，胡宏家學不信周禮，以社爲祭地之類，皆引經以證其非。其辯釋諸經要旨，則有六經補注；詆排百家異義，則取杜牧不當言而言之義，作翼經罪言。近代覃思之學，推澤爲第一。

吳澄嘗觀其書，以爲平生所見明經士，未有能及之者，謂人曰：「能言距楊、墨者，聖人之徒也，楚望眞其人乎！」然澤雅自愼重，未嘗輕與人言。李泂使過九江，請北面稱弟子，受一經，且將經紀其家，澤謝曰：「以君之才，何經不可明，然亦不過筆授其義而已。若余則於艱苦之餘，乃能有見，吾非邵子，不敢以二十年林下期君也。」泂歎息而去。或問澤：「自闕如此，寧無不傳之懼？」澤曰：「聖經興廢，上關天運，子以爲區區人力所致耶！」

澤家甚窶貧，且年老，不復能教授，經歲大侵，家人采木實草根以療饑，晏然曾不動其意，惟以聖人之心不明，而經學失傳，若己有罪爲大戚。至正六年卒，年八十七。其書存于世者十二三。門人惟新安趙汸爲高第，得其春秋之學爲多。

蕭𣂏字惟斗，其先北海人。父仕秦中，遂爲奉元人。𣂏性至孝，自爲兒時，翹楚不凡。稍出爲府史，上官語不合，卽引退，讀書南山者三十年。製一革衣，由身半以下，及臥，輒倚其榻，玩誦不少置，於是博極羣書，天文、地理、律曆、算數，靡不研究。侯均謂元有天下百年，惟蕭惟斗爲識字人。學者及其門受業者甚衆。嘗出，遇一婦人，失金釵道旁，疑𣂏拾之，謂曰：「殊無他人，獨翁居後耳。」𣂏令隨至門，取家釵以償，其婦後得所遺釵，愧謝還之。鄉人有自城中暮歸者，遇寇，欲加害，詭言「我蕭先生也」，寇驚愕釋去。

世祖分藩在秦，辟𣂏與楊恭懿、韓擇侍秦邸，𣂏以疾辭，授陝西儒學提舉，不赴。省憲大臣卽其家具宴爲賀，使一從史先詣𣂏舍，𣂏方汲水灌園，從史至，不知其爲𣂏也，使飲其馬，卽應之不拒，及冠帶迎賓，從史見𣂏，有懼色，𣂏殊不爲意。後累授集賢直學士、國子司業，改集賢侍讀學士，皆不赴。大德十一年，拜太子右諭德，扶病至京師，入覲東宮，書酒誥爲獻，以朝廷時尙酒故也。尋以病力請去職，人問其故，則曰：「在禮，東宮東面，師傅西面，

此禮今可行乎？」俄除集賢學士、國子祭酒，依前右諭德，疾作，固辭而歸。卒年七十八，賜諡貞敏。

𣂏制行甚高，眞履實踐，其教人，必自小學始。爲文辭，立意精深，言近而指遠，一以洙、泗爲本，濂、洛、考亭爲據，關輔之士，翕然宗之，稱爲一代醇儒。所著有三禮說、小學標題駁論、九州志，及勤齋文集，行于世。

韓擇者，字從善，亦奉元人。天資超異，信道不惑，其教學者，雖中歲以後，亦必使自小學等書始。或疑爲陵節勤苦，則曰：「人不知學，白首童心，且童蒙所當知，而皓首不知，可乎？」擇尤邃禮學，有質問者，口講指畫無倦容。士大夫游宦過秦中，必往見擇，莫不虛往而實歸焉。世祖嘗召之赴京，疾，不果行。其卒也，門人爲服緦麻者百餘人。

侯均者，字伯仁，亦奉元人。父母蚤亡，獨與繼母居，賣薪以給奉養。積學四十年，羣經百氏，無不淹貫，旁通釋、老外典。每讀書，必熟誦乃已。嘗言：「人讀書不至千徧，終於己無益。」故其答諸生所問，窮索極探，如取諸篋笥，名振關中，學者宗之。用薦者起爲太常博士，後以上疏忤時相意，不待報可，卽歸休田里。均貌魁梧，而氣剛正，人多嚴憚之，及其應接之際，則和易款洽。雖方言古語，世所未曉者，莫不隨問而答，世咸服其博聞。

同恕字寬甫,其先太原人。五世祖遷秦中,遂爲奉元人。祖昇。父繼先,博學能文,廉希憲宣撫陝右,辟掌庫鑰。家世業儒,同居二百口,無間言。

恕安靜端凝,羈丱如成人,從鄉先生學,日記數千言。年十三,以書經魁鄉校。至元間,朝廷始分六部,選名士爲吏屬,關陝以恕貢禮曹,辭不行。仁宗踐阼,卽其家拜國子司業,階儒林郎,使三召,不起。陝西行臺侍御史趙世延,請卽奉元置魯齋書院,中書奏恕領教事,制可之。先後來學者殆千數。延祐設科,再主鄉試,人服其公。六年,以奉議大夫、太子左贊善召,入見東宮,賜酒慰問。繼而獻書,歷陳古誼,盡開悟涵養之道。明年春,英宗繼統,以疾歸。致和元年,拜集賢侍讀學士,以老疾辭。

恕之學,由程、朱上遡孔、孟,務貫浹事理,以利於行。教人曲爲開導,使得趣向之正。性整潔,平居雖大暑,不去冠帶。母張夫人卒,事異母如事所生。父喪,哀毀致目疾,時祀齋肅詳至。嘗曰:「養生有不備,事猶可復,追遠有不誠,是誣神也,可逭罪乎!」與人交,雖外無適莫,而中有繩尺。里人借騾而死,償其直,不受,曰:「物之數也,何以償爲!」家無儋石之儲,而聚書數萬卷,扁所居曰榘菴。時蕭𣂏居南山下,亦以道高當世,入城府,必主恕家,士論稱之曰蕭同。

恕自京還,家居十三年,縉紳望之若景星麟鳳,鄉里稱爲先生而不姓。至順二年卒,年七十八。制贈翰林直學士,封京兆郡侯,謚文貞。其所著曰榘菴集,二十卷。

恕弟子第五居仁,字士安,幼師蕭𣂏,弱冠從恕受學。博通經史,躬率子弟致力農畝,而學徒滿門。其宏度雅量,能容人所不能容。嘗行田間,遇有竊其桑者,居仁輒避之。鄉里高其行義,率多化服。作字必楷整,遊其門者,不惟學明,而行加修焉。卒之日,門人相與議易名之禮,私謚之曰靜安先生。

安熙字敬仲,眞定藁城人。祖滔,父松,皆以學行淑其鄉人。熙既承其家學,及聞保定劉因之學,心向慕焉。熙家與因所居相去數百里,因亦聞熙力於爲己之學,深許與之。熙方將造其門,而因已歿,乃從因門人烏叔備問其緒說。蓋自因得宋儒朱熹之書,卽尊信力行之,故其教人,必尊朱氏。然因之爲人,高明堅勇,其進莫遏。熙則簡靚和易,務爲下學之功。其告先聖文有曰:「追憶舊聞,卒究前業。灑掃應對,謹行信言。餘力學文,窮理盡性。循循有序,發軔聖途,以存諸心,以行諸己,以及於物,以化於鄉。」其用功平實切密,可謂善學朱氏者。

熙遭時承平,不屑仕進,家居教授垂數十年,四方之來學者,多所成就。既歿,鄉人爲立祠於藁城之西筦鎮。其門人蘇天爵,爲輯其遺文,而虞集序之曰:「使熙得見劉氏,廓之以高明,厲之以奮發,則劉氏之學,當益昌大於時矣。」

校勘記

〔一〕世母陶氏 考異云:「案黃溍撰墓誌云:考諱䧺,無子,以從父兄貢士日宣之次子嗣,卽先生也。先生甫能言,貢士君之夫人陶氏授以孝經、論語。則陶氏實謙之本生母。傳云世母者,考之未審爾。」

〔二〕書〔集〕傳纂疏 按此書今存,題尙書集傳纂疏。千頃堂書目作書集傳纂疏。自序稱,是書之作旨在纂疏蔡沈書集傳。此處脫「集」字,今補。

〔三〕本義啓蒙翼傳 按此書今存,題易學啓蒙翼傳。千頃堂書目作周易啓蒙翼傳。自序稱其父胡方平嘗作啓蒙通釋以釋易,胡一桂「復爲本義附錄纂疏」,「又成翼傳四篇」。此處「本義」當涉前文衍誤,實應作「周易」。

元史卷一百九十

列傳第七十七

儒學二

胡長孺字汲仲，婺州永康人。當唐之季，其先自天台來徙。宋南渡後，以進士科發身者十人，持節分符，先後相望。曾祖槼，欽州司法參軍，脫略豪雋，輕貲急施，人以鄭莊稱之。祖巖，起嘉定甲戌進士，知福州閩縣事，卓行危論，奇文瑰句，端平、嘉定間，士大夫皆自以爲不可及。其在江西幕府，平贛州之難於指顧之頃，全活數十萬人。父居仁，淳祐丁未進士，知台州軍州事，文辭政事，亦絕出於四方。至長孺，其學益大振，九經、諸史，下逮百氏，名、墨、縱橫，旁行敷落，律令章程，無不包羅而揆序之。咸淳中，外舅徐道隆爲荆湖四川宣撫參議官，長孺從之入蜀，銓試第一名，授迪功郎、監重慶府酒務。俄用制置使朱禩孫之辟，兼總領湖廣軍馬錢糧所僉廳，與高彭、李湜、梅應春等，號南中八士。已而復拜福寧

州倅之命，會宋亡，退棲永康山中。

至元二十五年，詔下求賢，有司强起之，至京師，待詔集賢院。既而召見內殿，拜集賢修撰，與宰相議不合，改教授揚州。元貞元年，移建昌，適錄事闕官，檄長孺攝之。程文海方貴顯，其家氣焰薰灼，即違法，人不敢何問，其樹外門，侵官道，長孺亟命撤之。至大元年，轉台州路寧海縣主簿，階將仕佐郎。

大德丁未，浙東大侵，戊申，復無麥，民相枕死。宣慰同知脫歡察議行賑荒之令，斂富人錢一百五十萬給之，至縣，以餘錢二十五萬屬長孺藏去，乃行旁州。長孺察其有乾沒意，悉散於民。閱月再至，索其錢，長孺抱成案進曰：「錢在是矣。」脫歡察怒曰：「汝膽如山耶！何所受命，而敢無忌若此！」長孺曰：「民一日不食，當有死者，誠不及以聞，然官書具在，可徵也。」脫歡察雖怒，不敢問。縣有銅巖，惡少年狙伺其間，恒出鈔道，爲過客患，官不能禁。長孺僞衣商人服，令蒼頭負貨以從，陰戒騶卒十人躡其後。長孺至，巖中人突出要之，長孺方遜辭以謝，騶卒俄集，皆成擒，俾盡（通）〔逮〕其黨置於法，〔二〕夜行無虞。民荷溺器糞田，偶觸軍卒衣，卒抶傷民，且碎器而去，竟不知主名。民來訴，長孺陽怒其誣，械于市，俾左右潛偵之，向抶者過焉，戟手稱快，執詣所隸，杖而償其器。羣嫗聚浮屠庵，誦佛書爲禳祈，一嫗失其衣，適長孺出鄉，嫗訟之。長孺以牟麥置羣嫗合掌中，命繞佛誦書如初，長孺閉目叩齒，作集神狀，且曰：「吾使神監之矣，盜衣者行數周，麥當芽。」一嫗屢開掌視，長孺指縛之，還所竊衣。長孺白事帥府歸，吏言有姦事屢問弗伏者，長孺曰：「此易易爾。」夜伏吏案下，黎明，出姦者訊之，辭愈堅，長孺佯謂令長曰：「頃聞國家有詔，盍迎之。」叱隸卒縛姦者東西楹，空縣而出，庭無一人。姦者相謂曰：「事至此，死亦無承，行將自解矣。」語畢，案下吏嗺而出，姦者驚，咸叩頭服罪。永嘉民有弟質珠步搖於兄者，贖焉，兄妻愛之，紿以亡於盜，屢訟不獲直，往告長孺，長孺曰：「爾非吾民也。」叱之去。未幾，治盜，長孺嗾盜誣兄受步搖爲贓，逮兄赴官，力辨數弗置，長孺曰：「爾家信有是，何謂誣耶！」兄倉皇曰：「有固有之，乃弟所質者。」趣持至驗之，呼其弟示曰：「得非爾家物乎？」弟曰：「然。」遂歸焉。其行事多類此，不能盡載。

延祐元年，轉兩浙都轉運鹽使司長山場鹽司丞，階將仕郎，未上，以病辭，不復仕，隱杭之虎林山以終。

長孺初師青田余學古，學古師王夢松，夢松亦青田人，傳龍泉葉味道之學，味道則朱熹弟子也。淵源既正，長孺益行四方，訪求其旨趣，始信涵養用敬爲最切，默存靜觀，超然自得，故其爲人，光明宏偉，專務明本心之學，慨然以孟子自許。唯恐斯道之失其傳，誘引不倦，一時學者慕之，有如饑渴之於食飲。方嶽大臣與郡二千石，聘致庠序，敷繹經義，環

聽者數百人。長孺爲言：「人雖最靈，與物同產，初無二本。」皆躍躍然興起，至有太息者。爲辭章有精魄，金舂玉撞，壹發其和平之音，海內來求者，如購拱璧，碑版焜煌，照耀四裔，苟非其人，雖一金易一字，毅然不與。鄉闈取士，屢司文衡，貴實賤華，文風爲之一變。

晚寓武林，病喘上氣者頗久。一旦具酒食，與比鄰别，云將返故鄉，門人有識其微意者，問曰：「先生精神不衰，何爲遽欲觀化乎？」長孺曰：「精神與死生，初無相涉也。」就寢，至夜半，喘忽止，其子駒排戶視之，則正衣冠坐逝矣。年七十五。所著書有瓦缶編、南昌集、寧海漫抄、顏樂齋藁行于世。

其從兄之綱、之純，皆以經術文學名。之綱字仍仲，嘗被薦書。其於聲音字畫之說，自言獨造其妙，惜其書不傳。之純字穆仲，咸淳甲戌進士，踐履如古獨行者，文尤明潔可誦。人稱之爲三胡云。

熊朋來字與可，豫章人。宋咸淳甲戌，登進士第第四人，授從仕郎、寶慶府僉書判官廳公事，未上而宋亡。

世祖初得江南，盡求宋之遺士而用之，尤重進士，以故相留夢炎爲尙書，召甲戌狀元王龍澤爲江南行臺監察御史。朋來，龍澤榜下進士，而聲名不在龍澤下，然不肯表襮苟進，隱

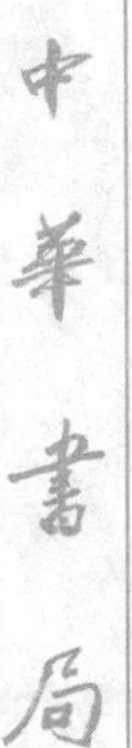

處州里閭，生徒受學者，常百數十人。取朱子小學書，提其要領以示之，學者家傳其書，幾遍天下。豫章爲江西會府，行中書省、提刑按察司皆在焉，凡居是官者，多朝廷名公卿，皆以賓禮延見。廉希憲之子惇爲參知政事，以師禮事朋來，終身稱門人。劉宣爲提刑按察使，尤加禮敬。朋來和而不肆，介而不狷，與羣賢講論經義無虛日，儒者咸倚以爲重焉。

會朝廷遣治書侍御史王構銓外選于江西，於是參政徐琰、李世安，列薦朋來爲閩海提舉儒學官，使者報聞，而朝廷以東南儒學之士唯福建、廬陵最盛，特起朋來連爲兩郡教授。所至，考古篆籀文字，調律呂，協歌詩，以興雅樂，制器定辭，必則古式，學者化焉。既滿考，以常格調建安縣主簿，不赴。晚以福清州判官致仕，朋來視之，漠如也。四方學者，因其所自號，稱爲天慵先生。每燕居，鼓瑟而歌以自樂。嘗著瑟賦二篇，學者爭傳誦之。門人歸之者日盛，旁近舍皆滿，至不能容，朋來懇懇爲說經旨文義，老益不倦。得其所指授者，多爲聞人。

延祐初，詔以進士科取士，時科舉廢已久，有司咸不知其典故，以不稱明詔爲懼，行省官主其事者，諮問於朋來，動中軌度，因以申請，四方得遵用之。及請爲考試官，則曰：「應試者十九及吾門，不可。」其後江浙、湖廣，皆卑詞致禮，請爲主文，朋來屢往應之。及對大廷，其所選士居天下三之一焉。

初，朋來以周禮首薦鄉郡，而元制，周官不與設科，治戴記者又鮮，朋來屢以爲言。蓋朋來之學，諸經中三禮尤深，是以當世言禮學者，咸推宗之。至治中，英宗始采用古禮，親御袞冕祠太廟，銳意於制禮作樂之事，翰林學士元明善，驟言于朝，以朋來爲薦，未及召而卒，年七十八。

朋來動止有常，喜怒不形於色，接賓客，人人各自以得其意。有家集三十卷，其大者明乎禮樂之事，關於世教，其餘若天文、地理、方技、名物、度數，靡不精究。

子太古，鄉貢進士。

戴表元字帥初，一字曾伯，慶元奉化州人。七歲，學古詩文，多奇語。稍長，從里師習詞賦，輒棄不肯爲。咸淳中，入太學，以三舍法陞內舍生，既而試禮部第十八人，登進士乙科，教授建(寧)〔康〕府。〔三〕後遷臨安教授，行戶部掌故，皆不就。

大德八年，表元年已六十餘，執政者薦于朝，起家拜信州教授，再調教授婺州，以疾辭。

初，表元閔宋季文章氣萎薾而辭骫骳，骫骳已甚，慨然以振起斯文爲己任。時四明王應麟、天台舒岳祥並以文學師表一代，表元皆從而受業焉。故其學博而肆，其文清深雅潔，化陳腐爲神奇，蓄而始發，間事摹畫，而隅角不露，施於人者多，尤自祕重，不妄許與。至元、大德間，東南以文章大家名重一時者，唯表元而已。

其門人最知名者曰袁桷，桷之文，其體裁議論，一取法於表元者也。

表元晚年，翰林集賢以修撰、博士二職論薦，而老疾不可起，年六十七卒。有剡源集行于世。

當表元時，有四明任士林者，亦以文章知名云。

牟應龍字伯成，其先蜀人，後徙居吳興。祖子才仕宋，贈光祿大夫，謚清忠。父巘，爲大理少卿。

應龍幼警敏過人，日記數千言，文章有渾厚之氣。應龍當以世賞補京官，盡讓諸從弟，而擢咸淳進士第。時賈似道當國，自儗伊、周，謂馬廷鸞曰：「君故與清忠游，其孫幸見之，當處以高第。」應龍拒之不見，及對策，具言上下內外之情不通，國勢危急之狀，考官不敢置上第。調光州定城尉，應龍曰：「昔吾祖對策，以直言忤史彌遠，得洪雅尉，今固當爾，無愧也。」沿海制置司辟爲屬，以疾辭不仕，而宋亡矣。

故相留夢炎事世祖，爲吏部尚書，以書招之，曰：「苟至，翰林可得也。」應龍不答。已而起家教授溧陽州，晚以上元縣主簿致仕。

初，宋亡時，大理卿已退不任事，一門父子，自爲師友，討論經學，以義理相切磨，於諸經皆有成說，惟五經音考盛行於世。

應龍爲文，長於敍事，時人求其文者，車轍交於門，以文章大家稱於東南，人儗之爲眉山蘇氏父子，而學者因應龍所自號，稱之曰隆山先生。泰定元年卒，年七十八。

鄭滁孫字景歐，處州人。宋景定間，登進士第，知溫州樂清縣，累歷宗正丞、禮部郎官。至元三十年，有以滁孫名薦者，世祖召見，授集賢直學士，尋陞侍講學士，又陞學士。乞致仕，歸田里。

弟陶孫，字景潛，亦登進士第，監西嶽祠。先，陶孫徵至闕，奏對稱旨，授翰林國史院編修官，會纂修國史至宋德祐末年事，陶孫曰：「臣嘗仕宋，宋是年亡，義不忍書，書之非義矣。」終不書，世祖嘉之。陞應奉翰林文字，後出爲江西儒學提舉。

滁孫兄弟在當時，最號博洽，儒學之士翕然推之。隆福宮以其兄弟前朝士，乃製衣親賜，人以爲異遇焉。滁孫所著，有大易法象通贊、周易記玩等書。陶孫有文集若干卷。

陳孚字剛中，台州臨海人。幼清峻穎悟，讀書過目輒成誦，終身不忘。至元中，孚以布衣上大一統賦，江浙行省爲轉聞于朝，署上蔡書院山長，考滿，調選京師。

二十九年，世祖命梁曾以吏部尚書再使安南，選南士爲介，朝臣薦孚博學有氣節，調翰林國史院編修官，攝禮部郎中，爲會副。陛辭，賜五品服，佩金符以行。三十年正月，至安南，世子陳日燇以憂制不出郊，遣陪臣來迎，又不由陽明中門入，曾與孚回館，致書詰日燇以不庭之罪，且責日燇當出郊迎詔，及講新朝尚右之禮，往復三書，宣布天子威德，辭直氣壯，皆孚筆也。其所贈，孚悉卻之。詳見梁曾傳中。使還，除翰林待制，兼國史院編修官。帝方欲置之要地，而廷臣以孚南人，且尚氣，頗嫉忌之，遂除建德路總管府治中，再遷治中衢州，所至多著善政。秩滿，復請爲鄉郡，特授奉直大夫、台州路總管府治中。

大德七年，詔遣奉使宣撫循行諸道。時台州旱，民饑，道殣相望，江浙行省檄浙東元帥脫歡察兒發粟賑濟，而脫歡察兒怙勢立威，不卹民隱，驅脅有司，動置重刑。孚曰：「使吾民日至莩死不救者，脫歡察兒也。」遂詣宣撫使，愬其不法蠹民事一十九條，宣撫使按實，坐其罪，命有司亟發倉賑饑，民賴以全活者衆，而孚亦以此致疾，卒于家，年六十四。

孚天材過人，性任俠不羈，其爲詩文，大抵任意即成，不事雕斲，有文集行于世。子遴，江浙行省左右司員外郎，致仕。女長嫣，適蘽城董士楷，太常禮儀院太祝守緝之母也；末嫣，適同里韓戒之，行樞密院經歷諫之母也。俱有貞節，朝廷旌表其門閭。

攸州馮子振，其豪俊與孚略同，孚極敬畏之，自以爲不可及。子振於天下之書，無所不記。當其爲文也，酒酣耳熱，命侍史二三人，潤筆以俟，子振據案疾書，隨紙數多寡，頃刻輒盡。雖事料醲郁，美如簇錦，律之法度，未免乖剌，人亦以此少之。

董朴字太初，順德人。自幼强記，比冠，師事樂舜咨、劉道濟，幡然有求道之志。至元十六年，用提刑按察使薦，起家爲陝西知法官，未幾，以親老歸養。尋召爲太史院主事，復辭不赴。皇慶初，朴年已踰八十，詔以翰林修撰致仕。延祐三年，無疾而終，年八十有五。

朴所爲學，自六經及孔、孟微言，與凡先儒所以開端闡幽者，莫不研極其旨而會通之，故其心所自得，往往有融貫之妙。其事親孝，與人交，智愚貴賤，一待以誠，或有犯之者，夷然不與之校。中山王結曰：「朴之學，造詣既深，充養交至；其爲人，淸而通，和而介，君子人也。」朴家近龍岡，學者因稱之曰龍岡先生云。

楊載字仲弘，其先，居建之浦城，後徙杭，因爲杭人。少孤，博涉羣書，爲文有跌宕氣。年四十，不仕，戶部賈國英數薦于朝，以布衣召爲翰林國史院編修官，與修武宗實錄，調管領係官海船萬戶府照磨，兼提控案牘。延祐初，仁宗以科目取士，載首應詔，遂登進士第，授承務郎、饒州路同知浮梁州事，遷儒林郎、寧國路總管府推官以卒。

初，吳興趙孟頫在翰林，得載所爲文，極推重之。由是載之文名，隱然動京師，凡所撰述，人多傳誦之。其文章一以氣爲主，博而敏，直而不肆，自成一家言。而於詩（文）尤有法，〔三〕嘗語學者曰：「詩當取材於漢、魏，而音節則以唐爲宗。」自其詩出，一洗宋季之陋。

建康之上元有楊剛中，字志行，自幼厲志操，及爲江東憲府照磨，風采凜凜，有足稱者。其爲文，奇奧簡澀，動法古人，而不屑爲世俗平凡語。元明善極嘆異之。仕至翰林待制而卒。有霜月集行于世。

其甥李桓，字晉仲，同郡人，由鄉貢進士，累遷江浙儒學副提舉。亦以文鳴江東，紆餘豐潤，學者多傳之。載與剛中同輩行，而桓則稍後云。

劉詵字桂翁，吉安之廬陵人。性穎悟，幼失父，知自樹立。年十二，作爲科場律賦論策之文，蔚然有老成氣象，宋之遺老鉅公一見即以斯文之任期之。既冠，重厚醇雅，素以師道自居，教學者有法，聲譽日隆。江南行御史臺屢以教官館職、遺逸薦，皆不報。

詵爲文，根柢六經，躪躒諸子百家，融液今古，而不露其蹄厲風發之狀。四方求文者，

日至于門。其所爲詩文，曰桂隱集。桂隱，詵所號也。至正十年卒，年八十三。同郡龍仁夫，字觀復。劉岳申，字高仲。其文學皆與詵齊名，有集行世。而仁夫之文，尤奇逸流麗，所著周易〔集傳〕多發前儒之（之）所未發。〔四〕岳申用薦者爲遼陽儒學副提舉，仁夫江浙儒學副提舉，皆不就。

韓性字明善，紹興人。其先家安陽，宋司徒兼侍中魏忠獻王琦，其八世祖也。高祖左司郎中膺胄，扈從南渡，家于越。

性天資警敏，七歲讀書，數行俱下，日記萬言。九歲通小戴禮，作大義，操筆立就，文意蒼古，老生宿學，皆稱異焉。及長，博綜羣籍，自經史至諸子百氏，靡不極其津涯，究其根柢，而於儒先性理之說，尤深造其閫域。其爲文辭，博達儁偉，變化不測，自成一家言。四方學者，受業其門，戶外之屨，至無所容。

延祐初，詔以科舉取士，學者多以文法爲請，性語之曰：「今之貢舉，悉本朱熹私議，爲貢舉之文，不知朱氏之學，可乎？四書、六經，千載不傳之學，自程氏至朱氏，發明無餘蘊矣，顧行何如耳。有德者必有言，施之場屋，直其末事，豈有他法哉！」凡經其口授指畫，不爲甚高論而義理自勝，不期文之工而不能不工，以應有司之求，亦未始不合其繩尺也。士

有一善，必爲之延譽不已，及辨析是非，則毅然有不可犯之色。

性出無輿馬僕御，所過，負者息肩，行者避道。巷夫街叟，至於童穉廝役，咸稱之曰「韓先生、韓先生」云。憲府嘗舉爲教官，謝曰：「幸有先人之敝廬可庇風雨，薄田可具饘粥，讀書砥行，無愧古人足矣，祿仕非所願也。」受而不赴。暮年愈自韜晦，然未嘗忘情於斯世，郡之良二千石政事有所未達，輒往咨訪，性從容開導，洞中肯綮，裨益者多。

天曆中，趙世延以性名上聞。後十年，門人李齊爲南臺監察御史，力舉其行義，而性已卒矣。年七十有六。卒後，南臺御史中丞月魯不花，嘗學於性，言性法當得諡，朝廷賜諡莊節先生。其所著有禮記說四卷、詩音釋一卷、書辨疑一卷、郡志八卷、〔五〕文集十二卷。

當性時，慶元有程端禮、端學兄弟者。端禮，字敬叔，幼穎悟純篤，十五歲，能記誦六經，曉析大義。慶元自宋季皆尊尚陸九淵氏之學，而朱熹氏學不行於慶元。端禮獨從史蒙卿游，以傳朱氏明體(適)〔達〕用之指，〔六〕學者及門甚衆。所著有讀書工程，國子監以頒示郡邑校官，爲學者式。仕爲衢州路儒學教授。卒年七十五。

端學，字時叔，通春秋，登至治辛酉進士第，〔七〕授僊居縣丞，尋改國子助教。動有師法，學者以其剛嚴方正，咸嚴憚之。遷太常博士，命未下而卒。後以子徐貴，贈禮部尚書。所著有春秋本義三十卷、三傳辨疑二十卷、春秋或問十卷。

吳師道字正傳，婺州蘭溪人。自羈丱知學，卽善記覽。工詞章，才思涌溢，發爲歌詩，清麗俊逸。弱冠，因讀宋儒眞德秀遺書，乃幡然有志於爲己之學，刮摩淬礪，日長月益，嘗以持敬致(和)〔知〕之說質于同郡許謙，〔八〕謙復之以理一分殊之旨，由是心志益廣，造履益深，大抵務在發揮義理，而以闢異端爲先務。

登至治元年進士第，授高郵縣丞，明達文法，吏不敢欺。再調寧國路錄事，會歲大旱，饑民仰食于官者三十三萬口，師道勸大家得粟三萬七千六百石，以賑饑民；又言于部使者，轉聞於朝，得粟四萬石、鈔三萬八千四百錠賑之，三十餘萬人賴以存活。遷池州建德縣尹，郡學有田七百畝，爲豪民所占，郡下其事建德，俾師道究治之，卽爲按其圖籍，悉以歸於學。建德素少茶，而榷稅尤重，民以爲病，卽爲極言于所司，榷稅爲減。

中書左丞呂思誠、侍御史孔思立列薦之，召爲國子助教，尋陞博士。其爲教，一本朱熹之旨，而遵許衡之成法，六館諸生，人人自以爲得師。丁內憂而歸，以奉議大夫、禮部郎中致仕，終于家。所著有易詩書雜說、春秋胡傳附辨、戰國策校註、敬鄉錄，及文集二十卷。

師道同郡又有王餘慶，字叔善，仕爲江南行臺監察御史，亦以儒學名重當世云。

陸文圭字子方，江陰人。幼而穎悟，讀書過目成誦，終身不忘。博通經史百家，及天文、地理、律曆、醫藥、算數之學。宋咸淳初，文圭年十八，以春秋中鄉選。宋亡，隱居城東，學者稱之曰牆東先生。

延祐設科，有司強之就試，凡一再中鄉舉。文圭爲文，融會經傳，縱橫變化，莫測其涯際，東南學者，皆宗師之。朝廷數遣使馳幣聘之，以老疾，不果行。卒年八十五。

文圭爲人，剛明超邁，以奇氣自負。於地理考覈甚詳，凡天下郡縣沿革、人物土產，悉能默記，如指諸掌。先屬纊一日，語門人曰：「以數考之，吾州二十年後必有兵變，慘於五代、建炎，吾死，當葬不食之地，勿封勿樹，使人不知吾墓，庶無暴骨之患。」其後江陰之亂，冢墓盡發，人乃服其先知。有牆東類藁二十卷。

文圭同里有梁益者，字友直，其先福州人。博洽經史，而工於文辭。其教人，以變化氣質爲先務，學徒不遠千里從之。自文圭既卒，浙以西稱學術醇正、爲世師表者，惟益而已。益所著書，有三山藁、詩緒餘、史傳姓氏纂，又有詩傳旁通，發揮朱熹氏之學爲精。年五十六卒。

周仁榮字本心，台州臨海人。父敬孫，宋太學生。初，金華王柏，以朱熹之學主台之上蔡書院，敬孫與同郡楊珏、陳天瑞、車若水、黃超然、朱致中、薛松年師事之，受性理之旨。敬孫嘗著易象占、尙書補遺、春秋類例。仁榮承其家學，又師珏、天瑞，治易、禮、春秋，而工爲文章。用薦者署美化書院山長，美化在處州萬山中，人鮮知學，仁榮舉行鄉飲酒禮，士俗爲變。

後辟江浙行省掾史，省臣皆呼先生，不以吏遇之。泰定初，召拜國子博士，遷翰林修撰，陞集賢待制，奉旨代祀嶽瀆，至會稽，以疾作，不復還朝。卒，年六十有一。其所教弟子多爲名人，而泰不華實爲進士第一。

其弟仔肩，字本道，以春秋登延祐五年進士第，終奉議大夫、惠州路總管府判官。與其兄俱以文學名。

仁榮同郡有孟夢恂者，字長文，黃巖人。與仁榮同師事楊珏、陳天瑞。夢恂講解經旨，體認精切，務見行事，四方游從者皆服焉。部使者薦其行義，署本郡學錄。

至正十三年，以設策禦寇救鄉郡有功，授登仕郎、常州路宜興州判官，未受命而卒，年七十四。朝廷賜諡號曰康靖先生。所著有性理本旨、四書辨疑、漢唐會要、七政疑解，及筆海雜錄五十卷。

陳旅字衆仲，興化莆田人。先世素以儒學稱。旅幼孤，資稟穎異，其外大父趙氏學有源委，撫而敎之，旅得所依，不以生業爲務，惟篤志於學，於書無所不讀。稍長，負笈至溫陵，從鄉先生傅古直游，聲名日著。用薦者爲閩海儒學官，適御史中丞馬雍古祖常使泉南，一見奇之，謂旅曰：「子，館閣器也，胡爲留滯于此！」因相勉遊京師。

旣至，翰林侍講學士虞集見其所爲文，慨然歎曰：「此所謂我老將休，付子斯文者矣。」卽延至館中，朝夕以道義學問相講習，自謂得旅之助爲多。與祖常交口游譽於諸公間，咸以爲旅博學多聞，宜居師範之選，中書平章政事趙世延又力薦之，除國子助敎。居三年，考滿，諸生不忍其去，請于朝，再任焉。元統二年，出爲江浙儒學副提舉。至元四年，入爲應奉翰林文字。至正元年，遷國子監丞，階文林郎。又二年卒，年五十有六。

旅於文，自先秦以來，至唐、宋諸大家，無所不究，故其文典雅峻潔，必求合於古作者，不徒以徇世好而已。有文集十四卷。

旅平生於師友之義尤篤，每感虞集爲知己。其在浙江時，集歸田已數載，歲且大比，請于行省參知政事𡋌朮魯翀，親奉書幣，請集主文鄉闈，欲爲問候計，乃衝冒炎暑，千里訪集于臨川。集感其來，留旬日而別，惓惓以斯文相勉，慘然若將永訣焉。集每與學者語，必以

旅爲平生益友也。一日，夢旅舉杯相向曰：「旅甚思公，亦知公之不忘旅也，但不得見爾。」旣而聞旅卒，集深悼之。

同時有程文、陳繹曾者，皆名士。文字以文，徽州人，仕至禮部員外郎。作文明潔而精深，集亦多稱之。

繹曾字伯敷，處州人。爲人雖口吃，而精敏異常，諸經註疏，多能成誦。文辭汪洋浩博，其氣燁如也。官至國子助敎。論者謂二人皆與旅相伯仲云。

李孝光字季和，溫州樂清人。少博學，篤志復古，隱居雁蕩山五峯下，四方之士，遠來受學，名譽日聞，泰不華以師事之，南行臺監察御史閻辭屢薦居館閣。

至正七年，詔徵隱士，以祕書監著作郎召，與完者圖、執禮哈琅、董立，同應詔赴京師，見帝于宣文閣，進孝經圖說，帝大悅，賜上尊。明年，陞文林郎、祕書監丞。卒于官，年五十三。

孝光以文章負名當世，其文一取法古人，而不趨世尙，非先秦、兩漢語，弗以措辭。有文集二十卷。

宇文公諒字子貞，其先，成都人，父挺祖，徙吳興，今爲吳興人。公諒通經史百氏言，弱冠，有操行。嘉興富民延爲子弟師，夜將半，聞有叩門者，問之，乃一婦人，公諒厲聲叱去之，翌日，卽以他事辭歸，終不告以其故。

至順四年，登進士第，授徽州路同知婺源州事。丁內艱，改同知餘姚州事，夏不雨，公諒出禱輒應，歲以有年，民頌之，以爲別駕雨。攝會稽縣，申明寃滯，所活者衆。省檄察實松江海塗田，公諒以朝汐不常，後必貽患，請一概免科，省臣從之。遷高郵府推官，未幾，除國子助敎，日與諸生辯析諸經，六館之士，資其陶甄者往往出爲名臣。調應奉翰林文字、同知制誥，兼國史院編修官，以病得告。後召爲國子監丞，除江浙儒學提舉，改僉嶺南廉訪司事，以疾請老。

公諒平居，雖暗室，必正衣冠端坐，嘗挾手記一册，識其編首曰：「晝有所爲，暮則書之，其不可書，卽不敢爲。天地鬼神，實聞斯言。」其檢飭之嚴如此。所著述，有折桂集、觀光集、辟水集、以齋詩藁、玉堂漫藁、越中行藁，凡若干卷。門人私謚曰純節先生。

伯顏一名師聖，字宗道，哈剌魯氏，隸軍籍蒙古萬戶府，世居開州濮陽縣。伯顏生三歲，常以指畫地，或三或六，若爲卦者。六歲，從里儒授孝經、論語，卽成誦。蚤喪父，其兄

曲出，買經傳等書以資之，日夜誦不輟。稍長，受業宋進士建安黃坦，坦曰：「此子穎悟過人，非諸生可比。」因命以顏爲氏，且名而字之焉。久之，坦辭曰：「余不能爲爾師，羣經有朱子說具在，歸而求之可也。」伯顏自弱冠，卽以斯文爲己任，其於大經大法，粲然有覩，而心所自得，每出於言意之表。鄉之學者，來相質難，隨問隨辨，咸解其惑。於是中原之士，聞而從游者日益衆。

至正四年，以隱士徵至京師，授翰林待制，預修金史。旣畢，辭歸。已而復起爲江西廉訪僉事，數月，以病免。及還，四方之來學者，至千餘人。蓋其爲學專事講解，而務眞知力踐，不屑事舉子詞章，而必期措諸實用。士出其門，不問知其爲伯顏氏學者，至於異端之徒，亦往往棄其學而學焉。

十八年，河南賊蔓延河北，伯顏言於省臣，將結其鄉民爲什伍以自保，而賊兵大至，伯顏乃渡漳北行，邦人從之者數十萬家。至磁與賊遇，賊知伯顏名士，生劫之以見賊將，誘以富貴，伯顏罵不屈，引頸受刃，與妻子俱死之，年六十有四。

旣死，人或剖其腹，見其心數孔，曰：「古稱聖人心有七竅，此非賢士乎！」乃納心其腹中，覆牆而掩之。有司上其事，贈奉議大夫、僉太常禮儀院事，謚文節。太常謚議曰：「以城守論之，伯顏無城守之責而死，可與江州守李黼一律；以風紀論之，伯顏無在官之責而

死，可與西臺御史張桓並駕。以平生有用之學，成臨義不奪之節，乃古之所謂君子人者。」時以爲確論。伯顏平生，修輯六經，多所著述，皆燬于兵。

贍思字得之，其先大食國人。國既內附，大父魯坤，乃東遷豐州。太宗時，以材授眞定、濟南等路監榷課稅使，因家眞定。父斡直，始從儒先生問學，輕財重義，不干仕進。

贍思生九歲，日記古經傳至千言。比弱冠，以所業就正于翰林學士承旨王思廉之門，由是博極羣籍，汪洋茂衍，見諸踐履，皆篤實之學，故其年雖少，已爲鄉邦所推重。

延祐初，詔以科第取士，有勸其就試者，贍思笑而不應。既而侍御史郭思貞、翰林學士承旨劉賡、參知政事王士熙，交章論薦之。泰定三年，詔以遺逸徵至上都，見帝于龍虎臺，眷遇優渥。時倒剌沙柄國，西域人多附焉，贍思獨不往見，倒剌沙屢使人招致之，卽以養親辭歸。

天曆三年，召入爲應奉翰林文字，賜對奎章閣，文宗問曰：「卿有所著述否？」明日，進所著帝王心法，文宗稱善。詔預修經世大典，以論議不合求去，命奎章閣侍書學士虞集諭留之，贍思堅以母老辭，遂賜幣遣之。復命集傳旨曰：「卿且暫還，行召卿矣。」至順四年，除國子博士，丁內艱，不赴。

後至元二年，拜陝西行臺監察御史，卽上封事十條，曰：法祖宗，攬權綱，敦宗室，禮勳舊，惜名器，開言路，復科舉，罷數軍，一刑章，寬禁網。時姦臣變亂成憲，帝方虛己以聽，贍思所言，皆一時羣臣所不敢言者。侍御史趙承慶見之，嘆曰：「御史言及此，天下福也。」感里有執政陝西行省者，恣爲非道，贍思發其罪而按之，輒棄職夜遁，會有詔勿逮問，然猶杖其私人。及分巡雲南，按省臣之不法者，其人卽解印以去，遠藩爲之震悚。

襄、漢流民，聚居宋之紹熙府故地，至數千戶，私開鹽井，自相部署，往往劫囚徒，殺巡卒，贍思乃擒其魁，而釋其黨。復上言：「紹熙土饒利厚，流戶日增，若以其人散還本籍，恐爲邊患，宜設官府以撫定之。」詔卽其地置紹熙宣撫司。

三年，除僉浙西肅政廉訪司事，卽按問都轉運鹽使、海道都萬戶、行宣政院等官贓罪，浙右郡縣，無敢爲貪墨者。復以浙右諸僧寺，私蔽猾民，有所謂道人、道民、行童者，類皆瀆常倫，隱徭役，使民力日耗，契勘嘉興一路，爲數已二千七百，乃建議請勒歸本族，俾供王賦，庶以少寬民力。朝廷是之，卽著以爲令。四年，改僉浙東肅政廉訪司事，以病免歸。

贍思歷官臺憲，所至以理冤澤物爲己任，平反大辟之獄，先後甚衆，然未嘗故出人罪，以市私恩。嘗與五府官決獄咸寧，有婦宋娥者，與鄰人通，鄰人謂娥曰：「我將殺而夫。」娥曰：「張子文行且殺之。」明日，夫果死，跡盜數日，娥始以張子文告其姑，五府官以爲非共

殺，且既經赦宥，宜釋之，贍思曰：「張子文以爲娥固許之矣。且娥夫死及旬，乃始言之，是娥與張同謀，度不能終隱，故發之也，豈赦可釋哉？」樞密判官曰：「平反活人，陰德也。御史勿執常法。」贍思曰：「是謂故出人罪，非平反也。且公欲種陰德於生者，奈死者何！」乃獨上議刑部，卒正娥罪。其審刑當罪多類此。

至正四年，除江東肅政廉訪副使。十年，召爲祕書少監，議治河事，皆辭疾不赴。十一年，卒于家，年七十有四。二十五年，皇太子撫軍冀寧，承制封拜，贈嘉議大夫、禮部尚書、上輕車都尉，追封恒山郡侯，諡曰文孝。

贍思邃於經，而易學尤深，至於天文、地理、鍾律、算數、水利，旁及外國之書，皆究極之。家貧，饘粥或不繼，其考訂經傳，常自樂也。所著述有四書闕疑、五經思問、奇偶陰陽消息圖、老莊精詣、鎭陽風土記、續東陽志、重訂河防通議、西國圖經、西域異人傳、金哀宗記、正大諸臣列傳、審聽要訣，及文集三十卷，藏于家。

校勘記

〔一〕俾盡(適)〔逮〕其黨置於法　據宋文憲集卷一〇胡長孺傳改。

〔二〕敎授建(寧)〔康〕府　據濟容集卷二八戴表元墓誌銘改。同集卷三三先君子師友淵源錄作「金陵

敎授」。按戴表元任建康敎授，與福建建寧無涉。

〔三〕於詩(文)尤有法　從道光本刪。

〔四〕所著周易〔集傳〕多發前儒之(之)所未發　從道光本補、刪。按四庫提要引吉安府志，稱龍仁夫著周易集傳十八卷，存八卷。

〔五〕詩音釋至郡志　按黃金華集卷三二韓性墓誌銘，詩音釋作詩釋音，郡志作續郡志，疑此處「音釋」二字誤倒，「郡志」上脫「續」字。

〔六〕明體(適)〔達〕用　據黃金華集卷三三程端禮墓誌銘改。類編已校。

〔七〕登至治辛酉進士第　考異云：「案端學以泰定甲子登第，見歐陽原功所譔墓志。史誤。」

〔八〕持敬致(和)〔知〕　據吳禮部集附吳師道墓表改。類編已校。

元史卷一百九十一

列傳第七十八

良吏一

自古國家上有寬厚之君，然後爲政者得以盡其愛民之術，而良吏興焉。班固有曰：「漢興，與民休息，凡事簡易，禁罔疏闊，以寬厚清靜爲天下先，故文、景以後，循吏輩出。」其言蓋識當時之治體矣。

元初風氣質實，與漢初相似。世祖始立各道勸農使，又用五事課守令，以勸農繫其銜。故當是時，良吏班班可見，亦寬厚之效也。然自中世以後，循良之政，史氏缺於紀載。今據其事蹟之可取者，作良吏傳。

譚澄字彥清，[一]德興懷來人。父資榮，[二]金末爲交城令。國兵下河朔，乃以縣來附，

賜金符，爲元帥左都監，仍兼交城令。未幾，賜虎符，行元帥府事，從攻汴有功。年四十，移病，舉弟資用自代。資用卒，澄襲職。

澄幼穎敏，爲交城令時年十九。有文谷水，分溉交城田，文陽郭帥專其利而堰之，訟者累歲，莫能直，澄折以理，令決水，均其利於民。豪民有持吏短長爲奸者，察得其主名，皆以法治之。歲乙未，籍民戶，有司多以浮客占籍，及征賦，逃竄殆盡，官爲稱貸，積息數倍，民無以償。澄入覲，因中書耶律楚材，面陳其害，太宗惻然，爲免其逋，其私負者，年雖多，息取倍而止；亡民能歸者，復三年。詔下，公私便之。壬子，復大籍其民，澄盡削交城之不土著者，賦以時集。

甲寅，世祖還自大理，澄進見，留藩府，凡遣使，必以澄偕，而以其弟山[阜]爲交城令。[三]時世祖以皇弟開藩京兆，總天下兵。歲丁巳，有間之者，憲宗疑之，遂解兵柄。遣阿藍答兒往京兆，大集官吏，置計局百四十二條以考覈之，罪者甚衆，世祖每遣左丞闊闊，與澄周旋其間，以彌縫其缺，及親入朝，事乃釋。

中統元年，世祖卽位，擢懷孟路總管，俄賜金符，換金虎符。歲旱，令民鑿唐溫渠，引沁水以溉田，民用不饑。敎之種植，地無遺利。至元二年，遷河南路總管，改平灤路總管。七年，入爲司農少卿，俄出爲京兆總管。居一年，改陝西四川道提刑按察使，建言：「不孝有三，無後爲大。宜令民年四十無子聽取妾，以爲宗祀計。」朝廷從之，遂著爲令。四川僉省嚴忠範守成都，爲宋將昝萬壽所敗，退保子城，世祖命澄代之。至則葬暴骸，修焚室，賑饑貧，集逋亡，民心稍安。會西南夷羅羅斯內附，帝以撫新國宜擇文武全才，遂以澄爲副都元帥，同知宣慰使司事。比至，以疾卒，年五十八。

世祖嘗與太保劉秉忠論一時牧守，秉忠曰：「若邢之張耕，懷之譚澄，何憂不治哉！」游顯宣撫大名，嘗爲諸路總管求虎符宣麻，澄至中書辭曰：「皇上不識譚澄耶？乃爲顯所舉！」中書特爲去之。其介如此。

子克修，歷湖北、河南、陝西三道提刑按察使。

許維禎字周卿，遂州人。至元十五年，爲淮安總管府判官。屬縣鹽城及丁溪場，有二虎爲害，維禎默禱于神祠，一虎去，一虎死祠前。境內旱蝗，維禎禱而雨，蝗亦息。是年冬，無雪，父老言于維禎曰：「冬無雪，民多疾，奈何！」維禎曰：「吾當爲爾禱。」已而雪深三尺。朝廷聞其事，方欲用之而卒，年四十四。子殿。

許楫字公度，太原忻州人。幼從元裕學，年十五，以儒生中詞賦選，河東宣撫司又舉楫

賢良方正孝廉。楫至京師，平章王文統命爲中書省掾，以不任簿書辭，改知印。丞相安童、左丞許衡深器重之。一日，從省臣立殿下，世祖見其美髯魁偉，問曰：「汝秀才耶？」楫頓首曰：「臣學秀才耳，未敢自謂秀才也。」帝善其對，授中書省架閣庫管勾，兼承發司事。

未幾，立大司農司，以楫爲勸農副使。時商挺爲安西王相，遇於途，楫因言：「京兆之西，荒野數千頃，宋、金皆嘗置屯，如募民立屯田，歲可得穀，給王府之需。」挺以其言入奏，從之。三年，屯成，果獲其利。尋佩金符，爲陝西道勸農使。

至元十三年，宋平，帝命平章廉希憲行中書於荆南府，以楫爲左右司員外郎。荆南父老輿金帛求見，楫曰：「汝等已爲大元民矣，今置吏以撫字汝輩，奚用金帛以求見！」明年，擢嶺北湖南提刑按察副使，武岡富民有毆死出征軍人者，陰以家財之半誘其佃者，代己款伏，楫審得其情，釋佃者，繫富民，人服其明。改江西道提刑按察副使，行省命招討郭昂討叛賊董旗，兵士俘掠甚衆，楫詢究得良民六百口，遣還鄉里。

二十三年，授中議大夫、徽州總管。桑哥立尚書，會計天下錢糧，參知政事忻都、戶部尚書王巨濟，倚勢刻剝，遣吏徵徽州民鈔，多輸二千錠，巨濟怒其少，欲更益千錠，楫詣巨濟曰：「公欲百姓死耶、生耶？如欲其死，雖萬錠可徵也。」巨濟怒解，徽州賴以免。楫考滿去。徽之績溪、歙縣民柯三八、汪千十等，因歲饑阻險爲寇。行省右丞敎化以兵捕之，相拒七

月，乃使人諭之。三八等曰：「但得許總管來，我等皆降矣。」行省爲驛召楫至，命往招之。楫單騎趨賊壘，衆見楫來，皆拜曰：「我公既來，請署牓以付我。」楫白敎化，請退軍一舍，聽其來降。不聽。會以參政高興代敎化，楫復以前言告之，興從其計，賊果降。二十四年，授太中大夫、東平總管，謝事二年卒，壽七十。十一子：餘慶、重慶、崇慶，餘失其名。

田滋字榮甫，開封人。至元二年，由汴梁路總管府知事，入爲御史臺掾。十二年，拜監察御史。十三年，宋平，滋建言：「江南新附，民情未安，加以官吏侵漁，宜立行御史臺以鎭之。」詔從其言。遂超拜行御史臺侍御史。歷兩淮鹽運使、河南路總管。

大德二年，遷浙西廉訪使。有縣尹張彧者，被誣以贓，獄成，滋審之，但俛首泣而不語。滋以爲疑，明日齋沐，詣城隍祠禱曰：「張彧坐事有冤狀，願神相滋，明其誣。」守廟道士進曰：「曩有王成等五人，同持誓狀到祠焚禱，火未盡而去之，燼中得其遺藁，今藏於壁間，豈其人耶？」視之，果然，明日，詣憲司詰成等，不服。因出所得火中誓狀示之，皆驚愕伏辜，張彧得釋。

十年，改濟南路總管，尋拜陝西行省參知政事。時陝西不雨三年，道過西嶽，因禱曰：

「滋奉命來參省事，而安西不雨者三年，民饑而死，滋將何歸！願神降甘澤，以福黎庶。」到官，果大雨。滋卽開倉，以麥五千餘石給小民之無種者，俾來歲收成以償官，民大悅。未幾，以疾卒于位。贈通奉大夫、河南行省參知政事，追封開封郡公，謚莊肅。

卜天璋字君璋，洛陽人。父世昌，仕金爲河南孔目官。憲宗南征，率衆款附，授鎭撫，統民兵二千戶；陞眞定路管民萬戶。憲宗六年，籍河北民徙河南者三千餘人，俾專領之，遂家汴。

天璋幼穎悟，長負直氣，讀書史，識成敗大體。至元中，爲南京府史。時河北饑民數萬人，集河上欲南徙，有詔令民復業，勿渡，衆洶洶不肯還。天璋慮其生變，勸總管張國寶聽其渡，國寶從之，遂以無事。河南按察副使程思廉察其賢，辟爲憲史，聲聞益著。後爲中臺掾，有侍御史倚勢貪財，御史發其贓，天璋主文牘，未及奏，顧爲所譖，俱拘內廷，御史對食悲哽，天璋問故，御史曰：「吾老，唯一女，心憐之，聞吾繫，不食數日矣，是以悲耳。」天璋曰：「死職，義也，奈何爲兒女子泣耶！」御史慚謝。俄見原免。丞相順德王當國，擢掾中書，爲提控，事有可否必力辯，他相怒，天璋言不置，王竟從其議，且曰：「掾能如是，吾復何憂！」大德四年，爲工部主事。蔚州有劉帥者，豪奪民產，吏不敢決，省檄天璋往訊之，帥服，

田竟歸民。大德五年，以樞密大臣闊伯薦，授都事，贊其府。引見，賜錦衣、鞍轡、弓刀。後以扈從勞，加奉訓大夫，賜侍燕服二襲。秩滿當代，樞密臣奏留之，特以其代爲增員。

武宗時，遷宗正府郎中。尙書省立，遷刑部郎中。適盜賊充斥，時議犯者幷家屬咸服青衣巾，以別民伍。天璋曰：「赭衣塞路，秦弊也，尙足法耶！」相悟而止。有告諸侯王謀不軌者，敕天璋訊正之，賞賚優渥。尙書省臣得罪，仁宗召天璋入見，時興聖太后在座，帝指曰：「此不貪賄卜天璋也。」因問今何官，天璋對曰：「臣待罪刑部郎中。」復問誰所薦者，對曰：「臣不才，誤蒙擢用。」帝曰：「先朝以謝仲和爲尙書，卿爲郎中，皆朕親薦也。汝宜奉職勿怠！」卽以中書刑部印章付之。既視事，入覲，賜酒隆福宮，及錦衣三襲。後被命治反獄，帝顧左右曰：「君璋，廉愼人也，必得其情。」天璋承命，獄賴不寃。

皇慶初，天璋爲歸德知府，勸農興學，復河渠，河患遂弭。時羣盜據要津，商旅不通，天璋擒百數人，悉磔以徇，盜爲止息。陞浙西道廉訪副使，到任閱月，以更田制，改授饒州路總管，天璋既至，聽民自實，事無苛擾，民大悅，版籍爲淸。時省臣董田事，妄作威福，郡縣爭賂之，覬免譴，饒獨無有，省臣銜之，將中以危法，求其罪無所得。縣以饑告，天璋卽發廩賑之，僚佐持不可，天璋曰：「民饑如是，必俟得請而後賑，民且死矣。失申之責，吾獨任之，不以累諸君也。」竟發藏以賑之，民賴全活。其臨事無所顧慮若此。火延饒之東門，天璋具

衣冠，向火拜，勢遂熄。鳴山有虎爲暴，天璋移文山神，立捕獲之。以治行第一聞。陞廣東廉訪使。先是，豪民瀕海堰，〔四〕專商舶以射利，累政以賂置不問，天璋至，發卒決去之。嶺南地素無冰，天璋至，始有冰，人謂天璋政化所致云。尋乞致事。

天曆二年，蜀兵起，荆楚大震，復拜山南廉訪使。人謂公老，必不行矣。天璋曰：「國步方艱，吾年八十，恒懼弗獲死所耳，敢避難乎！」遂行。至則厲風紀，淸吏治，州郡肅然。是時，穀價翔湧，乃下令勿損穀價，聽民自便，於是舟車爭集，米價頓減。復止憲司贓罰庫緡錢不輸于臺，留用賑饑，御史至，民遮道稱頌。會詔三品官言時政得失，因列上二十事，凡萬餘言，目之曰中興濟治策，皆中時病。因自引去。既歸汴，以餘祿施其族黨，家無甔儲，天璋處之，晏如也。至順二年卒。贈通議大夫、禮部尙書、上輕車都尉、河南郡侯，謚正獻。

校勘記

〔一〕譚澄　疑「譚」當作「覃」，見卷一六七校勘記〔一〇〕。

〔二〕父資榮　本證云：「案資榮自有傳，此贅。」譚資榮傳見卷一六七。

〔三〕其弟山〔阜〕　道光本與本書卷一六七譚資榮傳及牧庵集卷二四譚澄神道碑合，從補。

〔四〕瀕海堰　此處當有脫文，道光本從類編作「瀕海築堰」。

元史卷一百九十二

列傳第七十九

良吏二

耶律伯堅字壽之，桓州人。氣豪俠，喜與名士游。用薦舉入官，爲工部主事。至元九年，轉保定路清苑縣尹。

初，安肅州苦徐水之害，訴於大司農司，大司農司欲奪水故道，導水使東。東則清苑境也，地勢不利，果導之，則清苑被其害，而水亦必反故道爲災。伯堅陳其形勢，圖其利害，要大司農司官及郡守行視可否，事遂得已。

縣西有塘水，溉民田甚廣，勢家據以爲碓，民以失利來訴。伯堅命毀碓，決其水而注之田，許以溉田之餘月，乃得堰水置碓。仍以其事聞于省部，著爲定制。

縣居南北之衝，歲爲親王大官治供帳於縣西，限以十月成，至明年復撤而新之，吏得並

緣侵漁，其費不貲。伯堅命築公館，以代供帳，其弊遂絕。凡郡府賦役，於縣有重於他縣者，輒曰：「寧得罪於上，不可得罪於下。」必詣府力爭之。

在清苑四年，民親戴之如父母，比去而猶思之，立石頌其德焉。擢爲恩州同知。

段直字正卿，澤州晉城人。至元十一年，[一]河北、河東、山東盜賊充斥，直聚其鄉黨族屬，結壘自保。世祖命大將略地晉城，[二]直以其衆歸之，幕府承制，署直潞州元帥府右監軍。其後論功行賞，分土世守，命直佩金符，爲澤州長官。

澤民多避兵未還者，直命籍其田廬於親戚鄰人之戶，且約曰：「俟業主至，當析而歸之。」逃民聞之，多來還者，命歸其田廬如約，民得安業。素無產者，則出粟賑之；爲他郡所俘掠者，出財贖之；以兵死而暴露者，收而瘞之。

未幾，澤爲樂土。大修孔子廟，割田千畝，置書萬卷，迎儒士李俊民爲師，以招延四方來學者，不五六年，學之士子，以通經被選者，百二十有二人。在官二十年，多有惠政。朝廷特命提舉本州學校事，未拜而卒。

諳都剌字瑞芝，凱烈氏。祖阿思蘭，嘗從大將阿术伐宋，仕至冀寧路達魯花赤，子孫因其名蘭，遂以蘭爲氏。

諳都剌通經史，兼習諸國語。成宗時，爲翰林院札爾里赤，職書制誥。會有旨命書藩王添力聖旨，諳都剌曰：「此旨非惟有虧國體，行且爲民殃矣。」帝聞之，謂近臣曰：「小吏如此，眞難得也。」事乃止。尋授應奉翰林文字，凡蒙古傳記，多所校正。陞待制。時方選守令，除遼州達魯花赤，以最聞，賜上尊名幣，除集賢直學士。

至順元年，遷襄陽路達魯花赤。山西大饑，河南行省恐流民入境爲變，檄守武關，諳都剌驗其良民，輒聽其度關，吏曰：「得無違上命乎？」諳都剌曰：「吾防姦耳，非仇良民也，可不開其生路耶！」既又煑粥以食之，所活數萬人。又城臨漢水，歲有水患，爲築堤城外，遂以無虞。

元統二年，除益都路總管。俗頗悍黠，而諳都剌務興學校，以平易治之。有上馬賊白晝劫人，久不能捕，諳都剌生擒之，其黨賂宣慰使羅鍋，誣以枉勘，縱其賊，已而賊劫河間，復被獲，乃盡輸其情，而諳都剌之誣始白，俾再任一考。親王買奴鎭益都，其府屬病民，諳都剌裁抑之，民以無擾。至正六年卒，年七十。

子燮徹堅，同知新喻州事，以孝稱。

楊景行字賢可，吉安太和州人。登延祐二年進士第，授贛州路會昌州判官。會昌民素不知井飲，汲于河流，故多疾癘，不知陶瓦，以茅覆屋，故多火災。景行教民穿井以飲，陶瓦以代茅茨，民始免於疾癘火災。豪民十人，號十虎，干政害民，悉捕置之法。乃創學舍，禮師儒，勸民斥腴田以贍士，弦誦之聲遂盛。

調永新州判官，奉郡府命，覈民田租，除刬宿弊，奸欺不容，細民賴焉。改江西行省照磨，轉撫州路宜黃縣尹，理白寃獄之不決者數十事。

陞撫州路總管府推官，發擿奸伏，郡無寃獄。金溪縣民陶甲，厚積而兇險，嘗屢誣陷其縣長吏罷去之，由是官吏畏其人，不敢詰治，陶遂暴橫於一郡。景行至，以法痛繩之，徙五百里外。金溪豪僧雲住，發人家墓取財物，事覺，官吏受賄，緩其獄，景行急按之，僧以賄動之，不聽，乃賂當道者，以危語撼之，一不顧，卒治之如法。由是豪猾屏迹，良民獲安。轉湖州路歸安縣尹，奉行省命，理荒田租，民無欺弊。

景行所歷州縣，皆有惠政；所去，民皆立石頌之。以翰林待制、朝列大夫致仕，年七十四卒。

林興祖字宗起，福州羅源人。至治二年，[三]登進士第，授承事郎、同知黃巖州事，三遷

而知鉛山州。鉛山素多造僞鈔者，豪民吳友文爲之魁，遠至江淮、燕薊，莫不行使。友文奸黠悍驁，因僞造致富，乃分遣惡少四五十人，爲吏於有司，伺有欲告之者，輒先事戕之，前後殺人甚衆，奪人妻女十一人爲妾。民罹其害，銜冤不敢訴者十餘年。興祖至官，曰：「此害不除，何以牧民！」即張榜禁僞造者，且立賞募民首告。俄有告者至，佯以不實斥去；又有告獲僞造二人并贓者，乃鞫之，款成。友文自至官，爲之營救，興祖命併執之，須臾，來訴友文者百餘人，擇其重罪一二事鞫之，獄立具，逮捕其黨二百餘人，悉置之法。民害既去，政聲籍甚。江浙行省丞相別兒怯不花薦諸朝，陞南陽知府，改建德路同知，俱未任。

至正八年，特旨遷爲道州路總管，行至城外，擅賊已迫其後，相去僅二十里。時湖南副使哈剌帖木兒屯兵城外，聞賊至，以乏軍需，欲退兵，興祖聞，即夜詣說留之。哈剌帖木兒曰：「明日得鈔五千錠、桐盾五百，乃可破賊。」興祖許之，明日甫入城視事，即以恩信勸諭鹽商，貸鈔五千錠，且取郡樓舊桐板爲盾，日中皆備。哈剌帖木兒得鈔、盾，大喜，遂留，爲禦賊計。賊聞新總管至，一日具五百盾，以爲大軍且至，中夕遁去。永明縣洞徭屢竊發爲民害，興祖以手榜諭之。皆曰：「林總管廉而愛民，不可犯也。」三年不入境。春旱，蟲食麥苗，興祖爲文禱之，大雨三日，蟲死而麥稔。已而罷興作，賑貧乏，輕徭薄斂，郡中大治，憲司考課，以道州爲最。以年老致仕，終于家。

列傳第七十九　良吏二　四三六七

元史卷一百九十二　四三六八

觀音奴字志能，唐兀人氏，居新州。登泰定四年進士第。由戶部主事，再轉而知歸德府。廉明剛斷，發擿如神。民有銜冤不直者，雖數十年前事，皆千里奔走來訴，觀音奴立爲剖決，旬日悉清。

彰德富商任甲，抵睢陽，驢斃，令郄乙剖之，任以怒毆郄，經宿而死。郄有妻王氏、妾孫氏，孫訴于官，官吏納任賄，謂郄非傷死，反抵孫罪，置之獄。王來訴寃，觀音奴立破械出孫于獄，呼府胥語之曰：「吾爲文具香幣，若爲吾以郄事禱諸城隍神，令神顯於吾。」有睢陽小吏，亦預郄事，畏觀音奴嚴明，且懼神顯其事，乃以任所賂鈔陳首曰：「郄實傷死，任賂上下匿其實，吾亦得賂，敢以首。」於是罪任商而釋孫妾。

寧陵豪民楊甲，夙嗜王乙田三頃，不能得。值王以饑攜其妻就食淮南，而王得疾死，其妻還，則田爲楊據矣。王妻訴之官，楊行賄，僞作文憑，曰：「王在時已售我。」觀音奴令王妻挽楊，同就崔府君神祠質之，楊懼神之靈，先期以羊酒浼巫囑神勿泄其事，及王與楊詣祠質之，果無所顯明。觀音奴疑之，召巫詰問，巫吐其實曰：「楊以羊酒浼我囑神曰：『我實據王田，幸神勿泄也。』」觀音奴因訊得其實，坐楊罪，歸其田王氏，責神而撤其祠。

亳州有蝗食民禾，觀音奴以事至亳，民以蝗訴，立取蝗向天祝之，以水研碎而飲，是歲蝗不爲災。後陞爲都水監官。

周自强字剛善，臨江路新喻州人。好學能文，練於吏事，以文法推擇爲吏。泰定間，廣西洞徭反，自强往見徭酋，說以禍福，中其要害，徭酋立爲罷兵，貢方物，納款請命。事聞于朝，特旨超授廣西兩江道宣慰司都事。

轉饒州路經歷，遷婺州路義烏縣尹。周知民情，而性度寬厚，不爲刻深。民有以爭訟訴于庭者，一見即能知其曲直，然未遽加以刑責，必取經典中語，反覆開譬之，令其誦讀講解。若能悔悟首實，則原其罪；若迷謬怙惡不悛，然後繩之以法不少貸。民畏且愛，獄訟頓息。民間田稅之籍多失實，以故差徭不平，自强出令履畝覈之，民不能欺，文簿井井可考，於是賦役平均，貧富樂業。其聽訟決獄，物無遁情，黠吏欲以片言欺惑之不可得。由是政治大行，聲譽籍甚。部使者數以廉能舉于朝，選授撫州路金溪縣尹，階奉議大夫，政績愈著。以亞中大夫、江州路總管致仕。

白景亮字明甫，南陽人。明法律，善書算。由征東行省譯史有勞，超遷南恩知州，陞沔陽府尹，奏最于朝，特授衢州路總管。

列傳第七十九　良吏二　四三六九

元史卷一百九十二　四三七〇

先是，爲郡者於民間徭役，不盡校田畝以爲則，吏得並緣高下其手，富民或優有餘力，而貧弱不能勝者，多至破產失業。景亮深知其弊，乃始覈驗田畝以均之，役之輕重，一視田之多寡，大小家各使得宜，咸便安之，由是民不勞而事易集，他郡邑皆取以爲法。郡學之政久弛，從祀諸賢無塑像，諸生無廩饍，祭服樂器有缺，景亮皆爲備之，儒風大振，縉紳稱頌焉。

景亮性廉介勤苦，自奉甚薄，妻尤儉約，惟以脫粟對飯而已。部使者嘗上其事，特詔褒美，賜以宮錦，改授台州路總管。卒于官。

王艮字止善，紹興諸暨人。尚氣節，讀書務明理以致用，不苟事言說。淮東廉訪司辟爲書吏，還淮西。會例革南士，就爲吏於兩淮都轉運鹽使司，以歲月及格，授廬州錄事判官。淮東宣慰司辟爲令史，以廉能稱。再調峽州總管府知事，又辟江浙行省掾史。會朝廷復立諸市舶司，艮從省官至泉州，建言：「若買舊有之船以付舶商，則費省而工易集，且可絕官吏侵欺掊克之弊。」中書省報如艮言。凡爲船六綜，省官錢五十餘萬緡。

歷建德縣尹，除兩浙都轉運鹽使司經歷。紹興路總管王克敬以計口食鹽不便，嘗言於行省，未報，而克敬爲轉運使，集議欲稍損其額，以紓民力。沮之者以爲有成籍不可改，

中華書局

艮毅然曰：「民實寡而强賦多民之錢，今死、徙已衆矣，顧重改（民）〔成〕籍而輕棄民命乎！〔四〕且浙右之郡，商賈輻輳，未嘗以口計也。移其所賦，散於商旅之所聚，實爲良法。」於是議歲減紹興食鹽五千六百引。尋有復排前議者，艮欲辭職去，丞相聞之，亟遣留艮，而議遂定。

遷海道漕運都萬戶府經歷。紹興之官糧入海運者十萬石，城距海十八里，歲令有司拘民船以備短送，吏胥得並緣以虐民，及至海次，主運者又不卽受，有折缺之患。艮執言曰：「運戶既有官賦之直，何復爲是紛紛也！」乃責運戶自載糧入運船。運船爲風所敗者，當覈實除其數，移文往返，連數歲不絕，艮取吏牘披閱，卽除其糧五萬二千八百石、〔五〕鈔二百五十萬緡，運戶乃免於破家。

遷江浙行省檢校官。有詣中書訴松江富民包隱田土，爲糧一百七十餘萬石；沙蕩，爲鈔五百餘萬緡；宜立官府糾察收追之。中書移行省議，遣官驗視，而松江獨當十九。艮至松江，條陳曲折，以破其誕妄，言其「不過欲竦朝廷之聽而報宿怨，且冀創立衙門，爲徼名爵計耳。萬一民心動搖，患生不測，豈國家培養根本之策哉」。艮言上，事遂寢。

除江西行省左右司員外郎。吉之安福有小吏，誣民欺隱詭寄田租九千餘石，初止八家，前後數十年，株連至千家，行省數遣官按問，吏已伏其虛誕，而有司喜功生事者，復勸其民報合徵糧六百餘石，憲司援詔條革去，終莫能止。艮到官，首言：「是州之糧，比元經理已

增一千一百餘石，豈復有欺隱詭寄者乎？准憲司所擬可也。」行省用艮言，悉蠲之。艮在任歲餘，以中憲大夫、淮東道宣慰副使致仕。卒年七十一。

盧琦字希韓，惠安人，登至正二年進士第。十二年，稍遷至永春縣尹。始至，賑饑饉，止橫斂，均賦役，減口鹽一百餘引，蠲包銀榷鐵之無徵者。已而訟息民安，乃新學宮，延師儒課子弟，月書季考，文風翕然。

鄰邑仙遊盜發，琦適在邑境，盜遙見之，迎拜曰：「此永春大夫也。爲大夫百姓者，何幸之大乎！吾邑長乃以暴毒驅我，故至此耳。」琦因立馬喻以禍福，衆皆投刃槊，請縛其酋以自新，琦許之，酋至，琦械送帥府，自是威惠行於境外。

十三年，泉郡大饑，死者相枕籍。其能行者，皆老幼扶攜，就食永春。琦命分諸浮屠及大家使食之，所存活不可勝計。

十四年，安溪寇數萬人，來襲永春。琦聞，召邑民喻之曰：「汝等能戰，則與之戰；不能，則我當獨死之爾。」衆皆感憤，曰：「使君何言也！使君父母，我民赤子，其忍以父母畀賊邪！且彼寇方將虜掠我妻子，焚毀我室廬，乃一邑深仇也。今日之事，有進無退，使君其勿以爲憂。」因踴躍爭奮，琦率以攻賊，大破之。明日，賊復傾巢而至，又破之。大小三十餘戰，斬獲一千二百餘人，而邑民無死傷者，賊大衄，遂遁去。時兵革四起，列郡皆洶洶不寧，獨永春晏然，無異承平時。

十六年，改調寧德縣尹而去。

鄒伯顏字從吉，高唐人。爲建寧崇安縣尹。崇安之爲邑，區別其土田，名之曰都者五十，五十都之田上送官者，爲糧六千石。其大家以五十餘家，而兼五千石，細民以四百餘家，而合一千石。大家之田，連跨數都，而細民之糧，或僅升合。有司常以四百之細民，配五十大家之役，故貧者受役旬日，而家已破。伯顏曰：「貧弱之受困，一至此乎！」乃取其糧籍而分計從，有糧一石者，受一石之役，有糧升斗者，受升斗之役。田多者受數都之役而不可辭，田少者稱其所出而無倖免。貧困無告之民，始得以休息。崇安賦役之均，遂爲四方最。

邑有宋趙抃所鑿溝，溉民田數千畝。歲久，溝湮而田廢。伯顏修長溝十里，繞楓樹陂，累石以爲固，溝悉復抃遺跡，而田爲常稔，民賴其利。

安慶路嘗得造僞鈔者，遣卒械其囚至崇安，求其黨而執之，囚與卒結謀，望風入良民家肆虐。伯顏捕訊得其狀，卽執而歸諸安慶，自是僞造之連逮無濫及崇安者。於是行省帥

府、御史憲府咸擧其能。選調漳州路判官。

劉秉直字清臣，大都武清人。至正八年，來爲衞輝路總管，平徭役，興敎化，敎四民之業，崇五土之利，養鰥寡，恤孤獨。

賊劫汲縣民張聚鈔一千二百錠而殺之，賊不獲，秉直具詞致禱城隍祠，而使人伺于死所，忽有村民阿蓮者，戰怖仆地，具言賊之姓名及所在，乃命尉覊之，果得賊于汴，遂正其罪。

秋七月，蟲螟生，民患之，秉直禱于八蜡祠，蟲皆自死。歲大饑，人相食，死者過半，秉直出俸米，倡富民分粟，餒者食之，病者與藥，死者與棺以葬。天不雨，禾且槁，秉直詣城北太行之蒼峪神祠，具詞祈祝，有青蛇蜿蜒而出，觀者異之，辭神而還，行及數里，雷雨大至。秩滿，以親老，去官侍養。

許義夫，碭山人。爲夏邑縣尹，每親詣鄉社，敎民稼穡。見民勤謹者，出己俸賞之，怠惰者罰之。三年之間，境內豐足。

後爲封丘縣尹，值至正四年大饑，盜賊羣起，抄掠州縣。義夫聞賊至近境，乃單馬出郊

十里外迎之，見賊數百人，義夫力言：「封丘縣小民貧，皆已驚惶逃竄，幸無入吾境也。」言辭愿款，賊遂他往。封丘之民，得免於難。

校勘記

〔一〕至元十一年　考異云：「今澤州鳳臺縣有劉因所撰直墓碑，」「傳所書年代，與碑大相剌謬。碑云甲戌之秋，南北分裂，河北、河東、山東郡縣盡廢。甲戌者，元太祖之九年，金貞祐二年也。」「而傳乃云至元十一年，河北、河東、山東盜賊充斥，以其歲亦在甲戌也。曾不思至元之初，境內寧謐，河北諸路安有寇盜充斥之患乎？」「蓋由史臣不學，誤仞甲戌爲至元之甲戌，相差一甲子而不悟也。」

〔二〕世祖命大將略地晉城　考異云：「碑又云：天子命太師以王爵領諸將來略地，公遂以衆歸之。謂太師，國王木華黎承制時也。而傳乃云世祖命大將略地晉城。曾不思世祖時晉城久入版圖，安得有命將略地之事乎？碑作于世祖朝，其文云：今上在潛邸，命提舉本州學校，未拜而卒。然則直卒于憲宗朝，未嘗事世祖矣。」

〔三〕至治二年　考異云：「案至治二年壬戌，非科舉之歲，當有誤。」按元制，三年一舉。本書卷八一選舉志有「至治元年春三月廷試進士」，此云「二年」，有誤。

〔四〕顧重改(民)〔成〕籍而輕棄民命乎　據黃金華集卷三四王艮墓誌銘改。按上文有「成籍不可改」。

〔五〕五萬二千八百石　按黃金華集卷三四王艮墓誌銘作「二十五萬二千八百餘石」。此處疑有脫文。

元史卷一百九十三

列傳第八十

忠義一

李伯溫，守賢之孫，轂之子也。〔一〕長兄惟則，懷遠大將軍、平陽征行萬戶；次伯通。歲甲戌，錦州張致叛，國王木華黎命擊之，大戰城北，伯通死焉。伯溫行平陽元帥府事，鎮青龍堡，專任東征。知平陽已陷，弟守忠被執，選驍勇拒守，久之，金人盡銳來攻，守卒夜多遁去，李成開水門導敵入，伯溫登堞樓，謂左右曰：「吾兄弟仗節擁麾，受方面之寄，今不幸失利，當以死報國。吾弟已被執，我不可再辱，汝等宜自逃生。」士卒皆猶豫不忍去，伯溫卽拔劍殺家屬，投井中，以刃植柱，刺心而死。金人登樓，見伯溫抱柱如生，無不嗟歎。

子守正，〔二〕自幼時嘗質於木華黎，後爲平陽守，活俘虜甚衆，以功授銀青榮祿大夫、河東南路兵馬都元帥。歲庚寅，上黨、晉陽合兵攻汾州，將陷，守正以義赴援，〔三〕衆寡不敵，

別遣老弱百人，曳薪揚塵，多張旗幟，敵懼，遂解去。汾人持牛酒迎犒者，道不絕，且泣謝曰：「幸公完是州，德甚大，願奉是州以從。」關中兵屯吉州，酋領楊鐵槍以數千人叛，守正出兵擒之。軒成據隰州，守正往擊之，中矢傷足，及歸，瘡甚，會金人完顏合達攻平陽，守正裹瘡戰歿。大帥以其兄守忠代之。

守忠官至銀青榮祿大夫、河東南路兵馬都元帥，兼知平陽府事。壬午冬，平陽公胡景山以青龍堡降。嘗從攻益都，北還，軍將彭智孫，乘間據義州叛，守忠聞之，長驅抵城下，力戰，復之。丁亥夏四月，金紇石烈眞襲擊平陽行營招討使權國王按察兒於洪洞，守忠出援之，會於高粱，師潰入城。平陽副帥夾谷常德潛獻東門以納金兵，城遂陷。金人執守忠至汴，誘以高爵，使降，守(中)〔忠〕罵之，〔四〕語惡，金人怒，置守忠鐵籠中，火炙死。

石珪，泰安新泰人，宋徂徠先生守道之裔孫也，世以讀書力田爲業。體貌魁偉，膂力過人，倜儻不羈。金貞祐南渡，兵戈四起，珪率少壯，負險自保，與滕陽陳敬宗聚兵山東，破張都統、李霸王兵於龜蒙山。宋將鄭元龍以兵迎敵，珪敗之於亳陽，〔五〕遂乘勝引兵入盱眙。會宋賈涉誘殺(漣)〔漣〕水忠義軍統轄季先，〔六〕人情不安，衆迎珪爲帥，呼爲太尉。

歲戊寅，太祖使葛葛不罕與宋議和。己卯，珪令麾下劉順直抵尋斯干城，入覲，太祖慰

勞順，且敕珪曰：「如宋和議不成，吾與爾永結一家，吾必榮汝。」順還告珪，珪心感服，日夜思降。庚辰，宋果渝盟，珪棄其妻孔氏、子金山，杖劍渡淮，宋將追之曰：「太尉迴，完汝妻子。」珪不顧，宋將沉珪妻子於淮。遂率順及李溫，因孛里海歸木華黎。木華黎悅之，謂曰：「若得東平、南京，授汝判之。」

辛巳，木華黎承制授珪光祿大夫、濟兗單三州兵馬都總管、山東路行元帥，佩金虎符，便宜從事。後金棄東平，珪與嚴實分據，收輯濟、兗、沂、滕、單諸州。癸未，太祖詔曰：「石珪棄妻子，提兵歸順，戰勝攻取，加授金紫光祿大夫、東平兵馬都總管、山東諸路都元帥，餘如故。」

秋七月，珪領兵破曹州，與金將鄭從宜連戰數晝夜，糧絕，援兵不至，軍無叛意，珪臨陣馬仆被擒。囚至汴，金主壯其爲人，誘以名爵，欲使揖，珪憤然曰：「吾身事大朝，官至光祿，復能受封他國耶！假我一朝，當縛爾以獻。」金主大怒，烝殺于市，珪怡然就死，色不變。其麾下立社兗州祀焉。

攸哈剌拔都，渤海人。初名興哥，世農家，善射，以武斷鄉井。金末，避地大寧。國兵至，出保高州富庶寨，射獵以食。屢奪大營孳畜，又射死其追者。國王木華黎率兵攻寨，寨

破，奔高州，國兵圍城，下令曰：「能斬攸興哥首以降，則城中居民皆獲生。」守者召謂曰：「汝奇男子，吾寧忍斷汝首以獻，汝其往降乎！不然，吾一城生靈，無噍類矣。」興哥乃折矢出降。諸將怒，欲殺之，木華黎曰：「壯士也，留之爲吾用。」俾隸麾下。

從木華黎攻通州，獻計，一夕造砲三十、雲梯數十，附城，州將懼，出寶貨以降。木華黎命興哥恣取之，興哥獨取良馬三，以賞兵士。木華黎以其功聞太祖，賜名哈剌拔都。從木華黎略地燕南，爲先鋒，至大名，金將徒單登城督戰，哈剌拔都射之，中左目，其部將開門南奔，追殺將盡。論功，賜金符，充隨營監察。戊寅，授金虎符、龍虎衞上將軍、河東北路兵馬都元帥，鎭太原。

時太原新破，哈剌(剌)拔都修城池，〔七〕繕兵甲，招降屬邑，市肆不改，遠近聞之，皆相率來歸。嘗微服夜出，聞民間語曰：「吾屬父母子女相失矣，死者不可復生，生者無以爲贖，奈何！」明日，下令軍中，凡俘獲有親者聽贖，無貲者官爲贖之，民得完聚者衆。庚辰二月，金梁知府立西風寨，奪居民耕牛，民羣訴之，哈剌拔都領數騎，追殺梁知府，梟首西門，驅耕牛還。

木華黎由葭州渡河西行，哈剌拔都迎之，道破隰州及懸窯、地洞諸寨。辛巳三月，金兵攻壽陽縣王胡莊，垂破，時左右裨將各分兵守險，城中見卒不滿百，哈剌拔都夜半引甲騎十

餘人救之，道三交，見金兵舉烽東、西兩山，哈剌拔都趨之，大戰。天將明，金兵遁去，擣太原之虛，由西門俘獲哈剌拔都家屬。哈剌拔都聞之，徑趨西山，復奪以還。

五月，金趙權府率兵三萬圍太原，哈剌拔都將騎三十，出西門，令騎曳柴揚塵，聲言曰：「國兵三萬至矣。」金兵懼，潰去。癸未，金馬武京來攻太谷縣桑梓寨，哈剌拔都設伏于險，將輕騎衝其陣，伏發，大敗之。時太原諸邑皆平，唯石家昂及盂州陵井寨、忻州清泉寨爲唇齒，皆未下。甲申十月，將兵至陵井，遣卒叩寨門，詐曰納糧芻，守者弗悟，門啓，徑入，蹂踐之，衆潰，其酋長走石家昂，遂平陵井寨。乙酉二月，清泉寨酋長王彀降，石家昂亦降。

丁亥五月，姦人夜獻太原東門于武仙，仙引兵入，哈剌拔都鏖戰。仙兵大至，諸將自城外呼曰：「攸哈剌拔都，汝當出！」哈剌拔都曰：「眞定史天倪、平陽李守忠、隰州田雄，皆失守矣，我又棄太原，將何面目見主上及國王乎！家屬任公等所俘，哈剌拔都誓與城同存亡。」遂歿于陣。

太祖以其子幼，命其表弟王七十復立太原。己丑，攻鳳翔府，中砲死。哈剌拔都長子忙兀台，嗣鎭太原。

任志，潞州人。歲戊寅，太師、國王木華黎略地至潞州，志首迎降，國王授以虎符，俾充

元帥，收輯山寨。數與金兵戰，比有功。金嘗擒其長子如山以招之，曰：「降則爾子得生，不降則死。」志曰：「我爲大朝之帥，豈愛一子！」親射其子殪之。木華黎嘗召諸將議事，志亦預徵，道經武安，其縣已反爲金，志死之。國王閔之，令其子存襲。庚寅歲，金將武仙攻潞州，存戰死。辛卯正月，有旨潞州元帥任存妻孥家屬，令有司廩給，仍賜第以居之。十一月，以存父子死事，子立尙幼，先官其姪成爲潞州長官，待立長而還授之。成卒，授立潞州長官，佩金符。後歷澤州尹，遷陳州，卒。

耶律忒末，契丹人。父丑哥仕遼爲都統，遼亡，不屈節，夫婦俱死焉。金主憫其忠義，授忒末都統。歲甲戌，國兵至，金徙于汴，忒末及子天祐率衆三萬內附，授帥府監軍，天祐招討使，從元帥史天倪略趙州平棘、欒城、元氏、柏鄉、贊皇、臨城等縣，籍其民五千餘，置吏安輯焉。

歲辛巳，太師木華黎統領諸道兵馬，承制加忒末洺州等路征行元帥，與天祐略邢、洺、磁、相、懷、孟，招花馬劉元帥，有功。木華黎又承制授忒末眞定路安撫使、洺州元帥，進兵臨澤潞，降其民六千餘戶，以功遷河北西路安撫使，兼澤潞元帥府事。壬午，致仕，退居眞定。

天祐襲職，從天倪攻取益都諸城，略滄、棣，得戶七千，兼滄、棣州達魯花赤，佩金符。時金鹽山衞鎭鹽場未下，天祐以計克之，歲運鹽四千席，以佐軍儲。甲申，攻大名，拔之。乙酉，金降將武仙據眞定以叛，殺守將史天倪。忒末父子夜踰城而出，將以聞，會天倪弟天澤還自北京，遇諸滿城，合蒙古諸軍南與賊戰，走武仙，復眞定。朝廷以天澤襲兄爵，而以天祐鎭趙州。

明年，仙復犯眞定，天澤濳師出藁城，忒末與其妻石抹氏，及家孥在眞定者，皆陷焉。仙遣其僕劉攬兒，持書誘天祐曰：「汝能誅趙州官吏以降，當活汝父母，仍授汝元帥；不爾，盡烹之。」忒末密令攬兒語天祐曰：「仙賊狡猾，汝所知也，毋以我故，墮其機穽，以虧忠節。且忠孝難兩全，汝能固守，不失國家大計，我視刀鋸甘如蜜矣。」天祐慟哭承命，馳至藁城，以賊書示天澤。天澤曰：「王陵之事，照耀史册，汝能遵父命，忠誠許國，功不在王陵下。」天祐乃趨還趙壁，率衆殊死戰，仙怒，盡殺忒末家一十八人。戰于欒城、元氏、高邑、柏鄉，仙兵屢挫。監軍張林密搆仙黨，啓關納賊。天祐倉皇巷戰，手殺數十人，身被十餘瘡，斬關出，復收散卒圍城。丁亥，賊棄城走，追至藁城，會天澤兵夾擊，殺林。加奉國上將軍、洺州征行元帥，兼趙州安撫使。以傷憊致仕，居趙，卒。孫世柮，朝列大夫、江西榷茶都轉運使。

伯八，(兒)〔晃〕合丹氏。〔八〕祖明里也赤哥，嘗隸太祖帳下。初，怯列王可罕與太祖爲鄰國，誓相親好，既而敗盟，與其子先羌濳謀，欲襲太祖，因遣使通問，許以女妻太祖弟合撒兒。至期，太祖欲往，明里也赤哥疑其詐，諫止之。王可罕知謀泄，遂謀入寇，後爲太祖所滅。父脫倫闍里必，扈從太祖征西域，累立奇功。

世祖卽位，以伯八舊臣子孫，擢爲萬戶，命領諸部軍馬屯守欠欠州。至元十二年，親王昔列吉、脫鐵木兒叛，〔九〕奔海都。伯八以聞，且願提兵往討之，未得命，爲彼所襲，死焉。

脫鐵木兒虜其二子八剌、不蘭奚，分置左右，居歲餘，待之頗厚。八剌陰結脫鐵木兒近侍也里伯禿，謀報父仇，後爲也伯里禿家人泄其謀。八剌知事不成，將家族南奔，脫鐵木兒遣騎追之，至一河，八剌馬驚，不能渡，回拒之，射中數人，力窮，兄弟就擒。脫鐵木兒責之曰：「我待汝厚甚，而汝反爲此耶！」八剌曰：「汝背叛君上，害我父，掠我親屬，我誓欲殺汝，以報君父之讎，今力窮被執，從汝所爲！」逼令跪，不屈，以鐵撾碎其膝，終不跪，與弟不闌奚同被害。幼子何都兀赤，〔一〇〕官至河北河南道肅政廉訪使。

合剌普華，岳璘帖木爾子也。幼侍母奥敦氏居益都，嘗歎曰：「幼而不學，有不墮吾宗者乎！」父時以斷事官建牙保定，合剌普華往白其志。父奇之，俾習畏兀書及經史，記誦精

敏，出於天性。李璮畔，其母攜季子脫烈普華避地登、萊間，音問隔絕，號泣徹晝夜。繼從從叔父撒吉思平賊山東，卒奉其母以歸。

撒吉思深加器重，自謂其才不及，言於世祖，召給宿衞。嘗以事至益都，於四脚山下置廣興、商山二冶，以勞授金符，爲商山鐵冶都提舉；未及代，以職讓其弟。時兵南伐，餽運繁興，被選爲行都漕運使，帥諸翼兵萬五千人，從事飛輓。江南平，上疏言：「親肺腑，禮大臣，以存國家之體。興學校，奬名節，以勵天下之士。正名分，嚴考課，以定百官之法。通泉幣，卻貢獻，以厚生民之本。」又言：「江南新附，宜招舊族，力穡通商，弛征薄入，以撫馴其民，不然，恐尙煩宵旰之慮。」帝多采用其言。

屬漕米二十萬，繇邗溝達于河，舟覆，損十之一，而又每斛視都斛虧三升。時阿合馬專政，責償舟人。合剌普華伏闕抗言：「量之踦贏，出於元降，而水道之虞，非人力所及。且彼雖罄其家，不足以償，苟朝廷必不任虧損，臣獨當其辜。」詔勿治。阿合馬憤之，乃出合剌普華爲寧海路達魯花赤，後遷江(南)〔西〕宣慰使，〔一一〕未至官，改廣東都轉運鹽使，兼領諸番市舶。

時盜梗鹽法，陳良臣扇東莞、香山、惠州負販之徒萬人爲亂，江西行省命與招討使答失蠻討捕之，先驅斬渠魁，以訊馘告，躬抵賊巢，招誘餘黨復業，仍條言鹽法之不便者，悉除其害。按察使脫歡大爲姦利，遂奏罷之。羣盜歐南喜僭王號，僞署丞相、招討，衆號十萬。因

圖上其山川形勢，及攻取之策三十餘條，遂與都元帥課兒伯海牙、宣慰都元帥白佐、萬戶王守信等，分兵搤之。

未幾，右丞唆都督兵征占城、交阯，屬護餉道。(北)〔比〕至東莞、博羅二界中，〔一二〕遇劇賊歐、鍾等，橫絕石灣，其鋒銳甚。合剌普華身先士卒，且戰且行，矢竭馬創，徒步格鬭，殺數十人，勇氣益厲，以衆寡不敵，爲所執。賊欲奉之爲主，不屈，遂遇害于中心岡。是夕，其妻希(召)〔台〕特勒氏，〔一三〕夢其來告曰：「吾死矣。」知事張德、劉閏亦夢之，二人相繼死。而軍中往往見其乘騅督戰云。後贈戶部尙書、守忠全節功臣，謚忠愍。

子二人：偰文質，越倫質。偰文質官至吉安路達魯花赤，贈宣惠安遠功臣、禮部尙書，追封雲中郡侯，謚忠襄。子(六)〔五〕人，〔一四〕偰玉立、偰直堅、偰哲篤、偰朝吾、偰列篪，皆第進士。偰哲篤官至江西行省右丞，以文學政事稱于時。越倫質子善著，偰哲篤子偰百僚遜，善著子正宗、阿兒思蘭，皆相繼登第。一門世科之盛，當時所希有，君子蓋以爲其忠義之報云。

劉天孚字裕民，大名人。由中書譯史爲東平總管府判官，改都漕運司判官，知冠州，再知許州，所至有治績。

時檢核屯田，臨潁鄧艾口民稻田三百頃，有欲害之者，指爲古屯，陳于中書，請復築之。中書下天孚按實，天孚爲辨其非，章數上，乃止。

襄城與葉縣接壤，其南爲湛河，襄城民食滄鹽，葉縣民食解鹽，刻石河南岸以爲界。葉縣令有貪污者，妄徙石於北二里，誣其民食私鹽，繫治百餘家。兩縣闕（辨）〔辯〕，〔一五〕葉縣倚陝漕勢以凌襄城。中書遣官察其實，天孚爲考其元界，移石故處，而葉縣令被罪去。

歲大旱，天孚禱卽雨。野有蝗，天孚令民出捕，俄羣烏來，啄蝗爲盡。明年麥熟時，有青蟲如蠶，食麥，人無可奈何，忽生大華蟲，盡嚙之。許人立碑頌焉。

轉萬億寶源庫同提舉，遷江西行省左右司郎中，以母老不赴。俄丁母憂。服除，起知河中府，視事始兩月，陝西行省丞相阿思罕爲亂，舉兵至河中。時事起不虞，達魯花赤朵兒只趨晉寧告亂，天孚日夜治戰守具，選丁壯，分守要害。令河東縣達魯花赤脫因都守大慶關津口，盡收船舫東岸。令判官孫伯帖木兒守汾陰，推官程謙守禹門，河東縣尹王文義守風陵等渡。

阿思罕軍列柵河西岸，使來索舟，天孚度不能拒，凡八遣人至晉寧乞援兵，不報。居七日，阿思罕縛栰河上，欲縱火屠城，同知府事鐵哥，與河東廉訪副使明安答見事急，且患城中人偪，乃詣阿思罕軍，阿思罕囚之，而斂船濟兵。兵既入城，阿思罕以扼河渡、鎖舟楫爲

天孚罪，欲脅使附己。方坐府治，號令諸軍，天孚佩刀直前，衆遏之，不得進。退謂幕僚王從善等曰：「吾家本微賤，荷朝命至此，今不幸遭大變，吾何忍從之，而負上恩哉！且與其辱於阿思罕之手，吾寧蹈河以死。」遂拂衣出。時天寒，河冰方堅，天孚拔所佩刀斫冰開，北望爲國語若祝謝者，再拜已，脫衣帽岸滸，乃投水中。阿思罕大怒，籍其家。郡人咸哀痛之。事平，詔其弟天惠，給驛以歸其柩，葬于大名。贈推誠秉節功臣、中奉大夫、河東山西道宣慰使、護軍、彭城郡侯，謚忠毅。

蕭景茂，漳州龍溪人也。性剛直孝友。家貧力農。重改至元四年，南勝縣民李智甫作亂，掠龍溪。景茂與兄佑集鄉丁拒之，據觀音山橋險，與賊戰。衆敗，景茂被執。賊脅使從己，景茂罵曰：「狗盜！我生爲大元民，死作隔洲鬼，豈從汝爲逆耶！」隔洲，其所居里也。賊怒，縛景茂於樹，臠其肉，使自啖。景茂益憤罵，賊遂以刀決其口，至耳傍，景茂罵不絕聲而死。有司上其事，朝廷命褒表之，仍給錢以葬。

校勘記

〔一〕李伯溫守賢之孫瑴之子也　類編云：「按李守賢傳云：金大安初，守賢暨兄庭植，弟守正、守忠，從兄伯通、伯溫，歸款於木華黎。」「是伯溫與守賢、守正皆兄弟。而本傳云伯溫爲守賢之孫，瑴之子，且以守正爲伯溫之子，舛謬實甚。卽其年與事考之，有不待辨而自明者。」

〔二〕子守正　見本卷校記〔一〕。

〔三〕歲庚寅上黨晉陽合兵攻汾州將陷守正以義赴援　考異云：「案守忠死於丁亥四月，而守正之戰歿，更在其前。庚寅在丁亥後四年，守正死已久矣。此事有誤。或云當爲庚辰之譌。」

〔四〕守（中）〔忠〕罵之　從北監本改。按前後文作「忠」。

〔五〕亳陽　按本書卷五九地理志，亳州命名始於北周，隋、唐以降，無「亳陽」之稱。蒙史改作「亳州」。

〔六〕（漣）〔漣〕水忠義軍統轄季先　按宋史卷四七六李全傳，季先所統忠義軍駐漣水，據改。類編已校。

〔七〕哈剌（剌）拔都　從殿本刪。

〔八〕（兒）〔晃〕合丹氏　考異云：「元祕史載蒙力克額赤格事甚詳，卽此傳之明里也赤哥也。祕史謂其族爲晃合壇氏，丹、壇聲相近，則兒乃晃字之譌。」從改。

〔九〕至元十二年親王昔列吉脫鐵木兒叛　疑「二」當作「三」。本書卷一一七牙忽都傳有「十三年，失列吉叛，遣人誘脅之，牙忽都不從」。雙溪醉隱集卷二後凱歌詞自序有「至元丙子冬，西北藩王弄

邊。明年春，詔大將征之」。丙子，卽至元十三年，與牙忽都傳合。世祖紀與伯顏傳此事繫於十四年，蓋伯顏出師時追述其原委。蒙史有考。

〔一〇〕何都兀赤　「何」當作「阿」。「阿都兀赤」蒙語，義爲「掌馬羣者」。錢大昕元史氏族表已校。

〔一一〕江（南）〔西〕宣慰使　據圭齋集卷一一高昌偰氏家傳、黃金華集卷二五合剌普華神道碑、至正集卷五四合剌普華墓志銘改。

〔一二〕（北）〔比〕至東莞博羅二界中　據文義改。

〔一三〕希（召）〔台〕特勒氏　據圭齋集卷一一高昌偰氏家傳、黃金華集卷二五合剌普華神道碑、至正集卷五四合剌普華墓志銘改。

〔一四〕子（六）〔五〕人　據圭齋集卷一一高昌偰氏家傳改。按下文列舉偰文質子之名，其數爲五人。黃金華集卷二五合剌普華神道碑、至正集卷五四合剌普華墓志銘列舉其子之名，其數亦皆五。元書已校。

〔一五〕兩縣闕（辨）〔辯〕　道光本與元文類卷一七孛朮魯翀知許州劉侯民愛銘合，從改。

二十四史

元史

明 宋濂等撰

第十五册

卷一九四至卷二一〇（傳）

中華書局

中華書局

元史卷一百九十四

列傳第八十一

忠義二

張桓字彥威，眞定藁城人。父木，知汝寧府，因家焉。桓以國子生釋褐授滑之白馬丞，入補中書掾，擢國子典簿。拜陝西行臺監察御史，以言事不合去。

未幾，汝寧盜起，桓避之確山。賊久知桓名，襲獲之，羅拜請爲帥，弗聽。囚六日，擁至渠魁前，桓直趨據榻坐，與之抗論逆順。其徒捽桓起跪，桓仰天大呼，詈叱彌厲，且屢唾賊面。賊猶不忍殺，謂桓曰：「汝但一揖，亦恕汝死。」桓瞋目曰：「吾恨不能手斬逆首，肯聽汝誘脅而折腰哉！」賊知終不可屈，遂刺之。年四十八。賊後語人曰：「張御史眞鐵漢，害之可惜！」事聞，贈禮部尚書，諡忠潔。

李黼字子威，潁人也。工部尚書守中之子，守中性卞急，遇諸子極嚴，每一飲酒，輒半月醉不解，黼百計承順，求寧親心，終不可得，跪而自訟，往往達旦，無幾微厭怠之意。

初補國學生。泰定四年，遂以明經魁多士，授翰林修撰。明年，代祠西嶽，省臣謂黼曰：「敕使每後我，今可易邪？」黼曰：「王人雖微，春秋序於諸侯之上，尊君也，奈何後乎！」省臣不敢對。

改河南行省檢校官，遷禮部主事，拜監察御史。首言：「禴祠烝嘗，古今大祭，今太廟唯二祭，而日享佛祠、神御，非禮也，宜據經行之。成均，敎化之基，不當隸集賢，宜屬省臣兼領。諸侯王歲賜有定額，分封易代之際，陳請恩例，世系戚疏，無成書可考，宜倣先代，修正玉牒。」皆不報。

轉江西行省郎中，入爲國子監丞，遷宣文閣監書博士，兼經筵官。數與勸講，每以聖賢心法爲帝言之。俄中書命黼巡視河渠，黼上言曰：「蔡河源出京西，宋以轉輪之故，平地作堤，今河底塡淤，高出地面，秋霖一至，橫潰爲災，宜按故迹修浚。他日東河或有不測之阻，江、淮運物，當由此分道達京，萬世之利也。」亦不報。升祕書太監，拜禮部侍郎。奉旨詳定中外所上封事。已而廷議內外官通調，授黼江州路總管。

至正十一年夏五月，盜起河南，北據徐、蔡，南陷蘄、黃，焚掠數千里，造船北岸，銳意南攻。九江居下流，實江東、西襟喉之地，黼治城壕，修器械，募丁壯，分守要害，且上攻守之策於江西行省，請兵屯江北，以扼賊衝，庶幾大江之險，賊不得共之，不報。黼歎曰：「吾不知死所矣。」乃獨椎牛饗士，激忠義以作士氣，數日之間，紀綱粗立。

十二年正月己未，賊渡江，陷武昌，威順王及省臣相繼遁，舳艫蔽江而下，江西大震。賊乘勝破瑞昌，右丞孛羅帖木兒方軍于江，聞之，遁。黼雖孤立，辭氣愈奮厲。

時黃梅縣主簿也孫帖木兒，願出擊賊，黼大喜，向天灑酒與之誓。言始脫口，賊游兵已至境，急檄諸鄉落聚木石於險塞處，遏賊歸路。倉卒無號，乃墨士卒面，統之出戰，黼身先士卒，大呼陷陣，也孫帖木兒繼進，賊大敗，逐北六十里。鄉丁依險阻，乘高下木石，橫屍蔽路，殺獲二萬餘。黼還，謂左右曰：「賊不利於陸，必由水道以舟薄我，苟失備禦，吾屬無噍類矣。」乃以長木數千，冒鐵椎於杪，暗植沿岸水中，逆刺賊舟，謂之七星樁。會西南風急，賊舟數千，果揚帆順流鼓譟而至，舟遇樁不得動，進退無措，黼帥將士奮擊，發火翎箭射之，焚溺死者無算，餘舟散走。行省上黼功，請拜江西行省參政、行江州、南康等路軍民都總管，便宜行事。

已而賊勢更熾，西自荊湖，東際淮甸，守臣往往棄城遁，黼守孤城，提孱旅，斬馘扶傷，無日不戰，中外援絕。二月甲申，賊將薄城，分省平章政事禿堅不花自北門遁，黼引兵登

陴，布戰具，賊已至甘棠湖，焚西門，乃張弩箭射之，賊趦趄未敢進，轉攻東門，黼救東門，賊已入，與之巷戰，知力不敵，揮劍叱賊曰：「殺我！毋殺百姓！」賊自巷背來，刺黼墮馬，黼與從子秉昭俱罵賊而死。郡民聞黼死，哭聲震天，相率具棺，葬于東門外。黼死踰月，參政之命始下，年五十五。

黼兄冕居潁，亦死于賊。秉昭，冕季子也。事聞，贈黼攄忠秉義效節功臣、資德大夫、淮南江北等處行中書省左丞、上護軍，追封隴西郡公，謚忠文。詔立廟江州，賜額曰崇烈。官其子秉方集賢待制。

李齊字公平，廣平人。家甚貧，客授江南，工辭章。元統元年進士第一。歷僉河南淮西廉訪司事，移知高郵府，有政聲。至正十年，盜突入府驛，取十二馬去，齊躬追謝長等殺之。十一年，州人秦觀保造兵仗，將圖劫掠，復獲而行誅。

十三年，泰州白駒場亭民張士誠爲亂，破泰州。河南行省遣齊往招降，〔一〕被拘。久之，賊會自相殺，始縱齊來歸。泰州平，賊徒尚蠭聚，士誠復鼓變，殺參知政事趙璉，掠官庫民財，走入得勝湖，俄陷興化縣。行省以左丞偰哲篤偕宗王鎮高郵，使齊出守甓社湖。

夏五月乙未，數賊入城，一譟呼而省憲官皆遁。齊急還救城，賊已閉門拒我，遂連興化

接得勝湖，舟艦四塞，蔓延入寶應縣。已而有詔：凡叛逆者赦之。詔至高郵，不得入，賊紿曰：「請李知府來，乃受命。」行省强齊往，至則下齊獄中，齊益辯說，士誠本無降意，特遷延爲繕飭計耳。官軍諜知之，乃進攻城，士誠呼齊使跪，齊叱曰：「吾膝如鐵，豈肯爲賊屈！」士誠怒，扼之跪，齊立而詬之，乃曳倒，搥碎其膝而咼之。

論者謂大科三魁，若泰不華沒海上，李黼隕九江，洎齊之死，皆不負所學云。

褚不華字君實，隰州石樓人，沉默有器局。泰定初，補中瑞司譯史，授海道副千戶，轉嘉興路治中，連拜南臺、西臺監察御史，遷河西道廉訪僉事，移淮東。未幾，陞副使。汝、潁盜發，勢張甚。不華行郡至淮安，極力爲守禦計。賊至，多所斬獲。且請知樞密院老章、判官劉甲守韓信城，相犄角爲聲援。復上章，劾總兵及諸將逗撓之罪。朝廷錄其功，陞廉訪使，階中奉大夫。甲有智勇，與賊戰輒勝，賊憚之，號曰劉鐵頭，不華頗賴之。總兵者聞不華劾己，益恚嫉，乃檄甲別將兵擊賊，冀以困不華。甲去，韓信城陷，賊乃掘塹相銜，揵水寨以圍我。

既而天長青軍叛，普顏帖木爾所統黃軍復叛，賊皆挾之來攻，不華知事危，退入哈剌章營。賊稍引去，乃出，抵楊村橋，賊奄至，殺廉訪副使不達失里，啖其屍。不華以餘兵入淮

安，時城之東、西、南三面皆賊，惟北門通沭陽，阻赤鯉湖，指揮使魏岳、楊暹駐兵沭陽，淮安倚其芻餉，而赤鯉湖爲賊據，沭陽之路又絕。賊計孤城可取，進柵南璜橋。不華與元帥張存義出大西門，會僉事忽都不花兵突賊柵，殊死戰，賊敗走，追北二十餘里。

城中食且絕，元帥吳德琇運糧萬斛入河，竟爲賊所掠，德琇僅以身免。賊與青軍攻圍日益急，總兵者屯下邳，相去五百里，按兵不出，凡遣使十九輩告急，皆不聽。城中餓者仆道上，即取啖之，一切草木、螺蛤、魚蛙、燕鳥，及鞾皮、鞍韂、革箱、敗弓之筋皆盡，而後父子夫婦老稚更相食，撤屋爲薪，人多露處，坊陌生荊棘。力既盡，城陷，不華猶據西門力鬬，中傷見執，爲賊所臠。次子伴哥，冒刃護之，亦見殺。時至正十六年十月乙丑也。

不華守淮安五年，殆數十百戰，精忠大節，人比之張巡云。朝廷聞之，贈翰林學士承旨、榮祿大夫、柱國，追封衞國公，謚曰忠肅，賻鈔二百錠，以卹其家。

郭嘉字元禮，濮陽人。祖昂，父惠，俱以戰功顯。嘉慷慨有大志，始由國子生登泰定三年進士第，授彰德路林州判官，累遷翰林國史院編修官，除廣東道宣慰使司都元帥府經歷。未幾，入爲京畿漕運使司副使，尋拜監察御史。

會朝廷以海寇起，欲於浙東溫、台、慶元等路立水軍萬戶鎮之，衆論紛紜莫定。擢嘉禮

部員外郎，乘驛至慶元，與江浙行省會議可否。嘉至，首詢父老，知其弗便，請罷之。

會方擇守令綏靖遼東，乃授嘉廣寧路總管，兼諸奧魯勸農防禦。屬盜起，軍旅數興，供餉無虛日。民苦和糴轉輸，而吏胥得因時爲奸。嘉設法計其戶口，第其甲乙，民甚便之。有詔團結義兵，嘉招集民數千，教以坐作進退，萬、千、百夫各統以長，號令齊一，賞罰明信。故東方諸郡，錢糧之富，甲兵之精，稱嘉爲最。

十八年，寇陷上京，[二]嘉聞之，躬率義兵出禦。既而遼陽陷，嘉將衆巡邏，去城十五里，遇青號隊伍百餘人，紿言官軍，嘉疑其詐，俄果脫青衣變紅，嘉出馬射賊，分兵兩隊而夾攻之，生擒賊數百，死者無算。嘉見賊勢日熾，孤城無援，乃集同官議攻守之計，衆皆失措，嘉曰：「吾計決矣。」因竭家所有衣服財物犒義士，以勵其勇敢，且曰：「自我祖宗，有勳王室，今之盡忠，吾分內事也。況身守此土，當生死以之，餘不足恤矣。」

頃之，賊至，圍城亘數十里，有大呼者曰：「遼陽我得矣，何不出降！」嘉挽弓射呼者，中其左頰，墮馬死，賊稍引退，嘉遂開西門逐之，賊大至，力戰以死。事聞，贈崇化宣力效忠功臣、資善大夫、河南江北等處行省左丞、上護軍，封太原郡公，諡忠烈。

喜同，周姓，河西人。初爲後宮衞士，衆稱其才，選充承徽寺經歷，再調南陽縣達魯花

赤。居二歲，妖賊起，陷鄧州，人情洶洶。

俄而賊鋒抵南陽，南陽無城無兵，賊入之若虛邑。喜同以計獲數賊，詰之，云賊將大至。悉斬之，以安衆心，晝夜督丁壯巡邏守備。時大司農錢木爾，以兵駐于諸葛菴，爲賊所襲，死之。[三]賊遂乘銳取南陽，喜同守西門，望見賊勢盛，卽以死自許，與家人訣曰：「吾與汝等不能相顧矣，但各逃生，吾分死此，以報國也。」

已而城中皆哭，喜同策厲義兵，奮力與賊搏，賊退去。明日復至，與戰甚力，殺賊凡數百。賊知無後援，戰愈急，南陽遂陷。喜同突圍將自拔，賊橫刺其馬，馬蹶，喜同鞭馬躍而起，手斬刺馬者。俄而爲他賊所追，身被數創，不能鬬，遂見執，爲所殺。妻邢氏，聞喜同力戰死，帥家僮數人出走，遇賊，奪賊刀斫之，且罵且前，亦見殺。一家死者二十餘人。贈南陽路判官。

時襄陽錄事司達魯花赤塔不台字彥暉者，元統元年進士。魏王軍汝、亳，塔不台來供餉。王嗜酒，輕戰備。一夕，賊劫王，王臥未能起，爲所執。塔不台馳騎奪王，亦爲賊所得。比明，見賊酋，王拜乞活，塔不台以足蹴王曰：「猶欲生乎！」賊復屈其拜，塔不台拒而詬之，且與縛者角，遂支解。

韓因字可宗，汴梁人。少習舉子業，負氣不羣。盜據汝寧，官軍討之，久不下，會朝廷詔赦叛逆，募可持詔入賊者，卽借以官。因應命，乃借因以唐州判官，使焉。

賊渠恐其黨心搖，導因止于外，納詔不讀，詰問再三，因答以「恩宥寬大，禍福所係」甚切。不聽，乃縱因歸報。因出，乘馬周賊屯，大言曰：「汝輩好百姓，何不出降歸田里，而甘從逆賊驅使耶！」衆愕眙相顧。或以告賊渠，渠追因，責其所言。因極口肆詈，賊怒，寸割因。

卞琛，大名人。世爲農夫，早游學京師，得補國子生，既而丁母憂，治農于家。

至正十二年，鄰郡盜起。未幾，來剽掠，琛與從子小十、府史李仲亨等協謀，統丁壯數百人擊賊。丁壯皆民兵，無弓矢之備，直以鉤鉏白梃當賊。賊矢雨集，琛衆潰散，被擒。仲亨、小十皆死。賊素知琛，諭之曰：「汝從我，解汝縛；不從，殺汝。」琛唾罵曰：「我國子生也。覥汝逆賊，眞狗彘也。吾寧義死，不從賊生！」罵不止，賊屢脅不聽，殺之。

喬彝字仲常，晉寧人。性高介有守，一時名稱籍甚。至正十八年，賊由絳州垣曲縣襲晉寧。城陷，城中死者十二三。彝整冠衣，聚妻子，家有大井，彝坐井上，令妻子婢輩循次投井中，而已隨赴之。彝既死，賊首王士誠使人卽彝家邀致之，至則彝已死矣。賊平，朝廷

贈彝臨汾縣尹，賜諡純潔。

有張嵓起、王佐者，皆士人也，並以不屈賊而死。嵓起字傅霖，汾州人。累舉不中，嘗用薦者，徵爲國子助教。居一歲，免歸。盜既去晉寧，復陷汾州，嵓起與妻赴井死。

王佐字元輔，晉寧人。從父居上都，教授里巷，不與時俯仰。會賊至，倉卒不能避，爲所獲，欲降之。佐傲岸自如，詬賊不輟，因見害。

又有吳德新者，字止善，建昌人。工醫，留京師，久之，嘗往寧夏。會盜至，德新見執，脅使降，德新厲聲曰：「我生爲皇元人，死作皇元鬼，誓不從爾賊！」賊乃縛其兩手，加白刃頸上，迫其畏屈，德新罵不已。乃曳之井上，陽欲擠之。德新偶得寬，卽自投井中，仰罵賊。賊下射，矢貫其頂，罵益力。賊怒，以長槍刺之。然亦壯其志，憐其死，曰：「此眞丈夫也！」以土埋井而去。

顏瑜字德潤，兗州曲阜人，兗國復聖公五十七代孫也。以行誼用舉者，爲鄒及陽曲兩縣教諭。至正十八年，田豐起山東，瑜攜家走鄆城，道遇賊，以刃來脅瑜曰：「爾何人？」瑜曰：「我東魯書生也。」賊執瑜曰：「爾書生，吾不爾殺，可從我見主帥。」瑜罵曰：「爾賊，何主帥邪！」賊怒，欲殺瑜，瑜無懼色。復使之寫旗，瑜大詬曰：「爾大元百姓，天下亂，募爾爲兵，

而反爲叛逆。我腕可斷，豈能爲爾寫旗從逆乎！」賊以槍刺瑜，至死駡不絶口。其妻子皆爲所害。

又有曹彦可者，亳州人。會妖寇起里中，多田野無賴子，目不知書者。既破亳，揭帛于竿，皆挐趨彦可家劫之，使寫旗。彦可力辭，乃迫以刀斧。彦可唾之曰：「我儒者，知有君父，寧死耳，豈爲汝寫旗者耶！」賊怒，遂見害，年七十矣。其家素貧，又死於亂，藁殯其尸。賊既定，有司具以事聞，中書爲給貲以葬，賜謚節愍。

王士元字彝佐，恩州人。泰定四年進士，由棣州判官累遷知磁州。值軍興，餽餉需索日繁，民不堪命。士元心念其民，力爲區畫，至爲將士陵辱訶責，弗避也。改知濬州，州濱黄河，嘗經盜賊，城堞不完，市井空荒，士元邑邑不得志，而臨事未嘗易其素。

至正十七年，賊復迫濬州，州兵悉潰散，士元坐堂上，顧其子致徽使避賊，曰：「吾守臣，居此，職也。若可逃生。」子侍立，不忍去。賊前問曰：「爾爲誰？」士元叱曰：「我王知州也。强賊識我否？」賊欲縛士元，士元奮拳毆賊，賊怒，并其子殺之。

楊樸字文素，河南人。早以文學得推擇爲吏，任至滁州全椒縣尹。滁界廬江，廬江陷

於寇，滁人震動。行省參政也先總兵于滁，不理軍事，唯縱飲，至暮，城門不鑰，寇入縱火，猶張燭揮杯，急踰城出走。樸度必死，乃盡殺其妻女，朝服坐堂上。盜欲降之，樸指妻女示曰：「我已戕我屬，政欲死官守耳，尚何云云！」乃進唾之。賊縶樸，倒懸樹上，而割其肉至盡，猶大駡弗絶。

趙璉字伯器，宏偉之孫也。至治元年，登進士第，授嵩州判官。再調汴梁路祥符縣尹。入爲國子助教。累遷湖廣行省左右司郎中。除杭州路總管。杭於東南爲劇郡，地大民夥，長吏多不稱其職。璉爲人强毅開敏，精力絶人，吏莫不服其明決，而不敢欺。浙右病於徭役，民充坊里正者，皆破其家。朝廷令行省召八郡守集議便民之法，璉獻議以屬縣坊正爲雇役，里正用田賦以均之，民咸以爲便。有盜誘其同惡，持刃出市，斫人以索金，市民乃斂以予之，人無敢言者。璉曰：「此不可長也。」遣卒掩捕之，盡戮諸市。踰年，召拜吏部侍郎。杭人思之，刻其政績于碑。

歷中書左司郎中，除禮部尚書。尋遷戶部，拜參議中書省事。出爲山北遼東道廉訪使。是時河南兵起，湖廣、荆襄皆陷，而兩淮亦騷動。朝廷乃析河南地，立淮南江北行省于揚州，以璉參知政事。璉方病水腫，即輿疾而行。既至，分省鎮淮安，又移鎮眞州。

會張士誠爲亂，突起海濱，陷泰州、興化，行省遣兵討之，不克。乃命高郵知府李齊往招諭之。士誠因請降，行省授以民職，且乞從征討以自效。遂移璉鎮泰州，璉乃趣士誠治戈船，趨濠、泗。士誠疑懼不肯發，又覘知璉無備，遂復反。夜四鼓，縱火登城，璉力疾捫佩刀上馬，與賊鬬市衢。賊圍璉，邀至其船，璉詰之曰：「汝輩罪在不赦，今既宥爾誅戮，又錫以名爵，朝廷何負於汝，乃既降復反耶！汝棄信逆天，滅不旋踵。我執政大臣，豈爲汝賊輩屈乎！」即馳騎奮擊賊，賊以槊撞璉墜地，欲舁登其舟，璉瞋目大駡，遂死之。其僕揚兒以身蔽璉，亦俱死。及亂定，州民收其屍，歸殯于眞州。事聞，賻鈔三百錠，仍官其子錡。

弟琬，字仲德，仕至台州路總管。至正二十七年，方國瑛以舟挾琬至黄巖。琬潛登白龍奥，舍於民家，絶粒不食。人勸之食，輒瞑目卻之，七日而死。

孫撝字自謙，曹州人。至正二年進士，授濟寧路錄事。張士誠據高郵叛，或謂其有降意，朝廷擇烏馬兒爲使，招諭士誠，而用撝爲輔行。撝家居，不知也。中書借撝集賢待制，給驛，就其家起之。撝强行抵高郵，士誠不迓詔使。撝等既入城，反覆開諭，士誠等皆竦然以聽。已而拘之他室，或日一饋食，或間日一饋食，欲以降撝，撝唯訢斥而已。乃令其黨捶撝，肆其陵辱，撝不卹也。

及士誠徙平江，撝與士誠部將張茂先謀，將撝所授站馬劄子，遣壯士浦四、許誠赴鎮南王府，約日進兵復高郵。謀泄，執撝訊問，撝駡聲不絶，竟爲所害。後賊中見失節者，輒自相嗤曰：「此豈孫待制耶！」事聞，贈翰林侍讀學士、中奉大夫、護軍，追封曹南郡公，謚忠烈。賜田三頃恤其家。

石普字元周，徐州人。至正五年進士，授國史院編修官，改經正監經歷。淮東、西盜起，朝廷方用兵，普以將略稱，同僉樞密院事董鑰嘗薦其材，會丞相脱脱討徐州，以普從行。徐平錄功，遷兵部主事，尋陞樞密院都事，從樞密院官守淮安。

時張士誠據高郵，普詣丞相，面陳破賊之策，且曰：「高郵負重湖之險，地皆沮洳，騎兵卒莫能前，與普步兵三萬，保取之。高郵既平，則濠、泗易破，普請先驅，爲天下忠義倡。」丞相壯之，命權山東義兵萬戶府事，招民義萬人以行。而汝中柏者方用事，陰沮之，減其軍半。初令普便宜行事，及行，又使聽淮南行省節制。

普行次范水寨，日未夕，普令軍中具食，夜漏三刻，下令銜枚趨寶應，其營中更鼓如平時。抵縣，即登城，樹幟城上，賊大驚潰，因撫安其民。由是諸將疾普功，水陸進兵，乘勝拔十餘寨，斬賊數百。將抵高郵城，分兵三隊：一趨城東，備水戰，一爲奇兵，殿後，一普自將，

攻北門。遇賊與戰，賊不能支，遁入城。普先士卒躡之，縱火燒關門，賊懼，謀棄城走。而援軍望之，按不進。且忌普成功，總兵者遣蒙古軍千騎，突出普軍前，欲收先入之功。而賊以死扞，蒙古軍恇怯，卽馳回，普止之不可，遂爲賊所蹂踐，率墜水中。普軍亂，賊乘之。普勒餘兵，血戰良久，仗劍大呼曰：「大丈夫當爲國死，有不進前者，斬！」奮擊，直入賊陣中，從者僅三十人。至日酉，援絕，被創墮馬，復步戰數合，賊益至，賊指曰：「此必頭目，不可使逸，須生致之。」普叱曰：「死賊奴，我卽石都事，何云頭目！」左脅爲賊鎗所中，猶手握其鎗，斫賊死。賊衆攢鎗以刺普，普與從者皆力戰，俱死之。

盛昭字克明，歸德人。由儒學官累遷淮南行省照磨。會詔使往高郵，不得達而還，謬稱賊已迎拜，但乞名爵耳。行省不虞其欺，乃遣昭入高郵，授所與士誠官。士誠拒不聽，拘諸舟中。昭語所從吏曰：「吾之止此，有死而已。」既而官軍逼高郵，士誠授昭以兵，使出拒官軍，昭叱曰：「吾奉命招諭汝，汝拘留詔使，罪不容斬，又欲吾從汝爲賊耶！」大罵不絕口，賊怒，先剜其臂肉，而後磔之。

楊乘字文載，濱州渤海人。至正初，爲介休縣尹，民饑散爲盜，乘立法招之，使自新，

皆棄兵頓首，願爲良民。其後累官江浙行省左右司員外郎，坐海寇掠漕糧舟免官，寓居松江。

張士誠入平江，其徒郭良弼、董綬言乘于士誠，士誠遣張經招乘，乘曰：「良弼、綬皆名臣，今已失節，顧欲引我，以濟其惡邪！」且讓經平日讀書云何，經俛首不能對。乘日與客痛飲，竟日不言。客問：「盍行乎？」乘曰：「乘以一小吏致身顯官，有死而已，尙何行之有！」經促其行愈急，乘乃整衣冠，自經死，年六十四。

納速剌丁字士瞻，其父馬合木，從征襄陽，以勞擢濬州達魯花赤，因家大名。納速剌丁起身鄉貢進士，補淮東廉訪司書吏。丁母憂，服闋，補兩浙鹽運司掾，復辟掾淮東宣慰司。至正十年，賊發眞州，納速剌丁以民兵往襲之，獲賊四十二人。已而泰州賊大起，鎭南王府宣慰司請參議軍事，納速剌丁建議築四城，立外寨，揵堤穿河，募兵與賊抗。行省檄其提戰艦六十、海舟十四，上下巡捕，以固江面，且護蒙古軍五百往江寧，道遇賊，斬擊二百餘級，生獲十八人，遂抵龍潭而還。

未幾，出邏江上，賊突至，馳船來鬬，納速剌丁手射死三十賊，奪其放火小船二百，賊因遁走。俄復據龍潭口，又擊走之，追斬三百餘級。其子寶童擒首賊陳亞虎等及其號旗。捷

聞，賞賚良渥，且召納速剌丁還眞州。而賊犯蕪湖，南行臺檄使來援，乃以兵赴。及至，賊船已薄岸，遂三分戰艦，縱擊之，賊奔潰，俘斬甚衆。賊不得渡江者，多納速剌丁之功也，因留守蕪湖江口。

泰州李二起，行省移之捍高郵得勝湖。賊船七十餘柁，乘風而來，卽前擊之，焚其二十餘船，賊潰去。李二失援，遂降。其黨張士誠殺李二，復爲亂，戕參政趙璉，入據興化，而水陸襲高郵，屯兵東門。納速剌丁以舟師會諸軍討之。距三垛鎭，賊衆猝至，納速剌丁麾兵挫其鋒。後賊鼓譟而前，乃發火筩火鏃射之，死者蔽流而下。賊縶船於背，盡力來攻，而阿速衞軍及眞、滁萬戶府等官，見賊勢熾，皆遁走。納速剌丁願必死，謂其三子寶童、海魯丁、西山驢曰：「汝輩可脫走。」寶童等不肯去，遂皆死之。省憲爲賻其家。事聞，贈納速剌丁淮西元帥府經歷。

校勘記

〔一〕河南行省遣齊往招降　按本卷趙璉傳，遣李齊招降者爲淮南江北行省。行省建置事，見本書卷四二順帝紀至正十二年閏三月乙酉條、卷九二百官志。道光本從類編改「河」爲「淮」。

〔二〕十八年寇陷上京　按本書卷四五順帝紀至正十八年十二月癸酉條有「關先生、破頭潘等陷上

都」。此處「十八年」上當有「至正」二字。道光本從類編補。

〔三〕時大司農錢木爾以兵駐于諸葛菴爲賊所襲死之　按梧溪集卷一至正十一年大小死節臣詩第一首後序有十二月帖木兒「鏖死南陽臥龍崗下」。此帖木兒與本書卷四二順帝紀至正十二年二月辛丑條褒贈者同名，當係一人。此處之「錢木爾」似卽王逢詩序與順帝紀中之帖木兒。新元史改「錢」爲「鐵」，疑是。

元史卷一百九十五

列傳第八十二

忠義三

伯顏不花的斤字蒼崖，畏吾兒氏，駙馬都尉、中書丞相、封高昌王雪雪的斤之孫，駙馬都尉、江浙行省丞相、封荆南王朶尔的斤之子也。倜儻好學，曉音律，初用父廕，同知信州路事，又移建德路。會徽寇犯遂安，伯顏不花的斤將義兵平之，又擒淳安叛賊方清之，以功陞本路總管。

至正十六年，授衢州路達魯花赤。明年，行樞密院判官阿魯灰引兵經衢州，軍無紀律，所過輒大剽掠。伯顏不花的斤曰：「阿魯灰以官軍而爲民患，此國賊也，可縱之乎！」乃帥兵逐之出境，郡賴以寧。陞浙東都元帥，守禦衢州。頃之，擢江東道廉訪副使，階中大夫。

十八年二月，江西陳友諒遣賊黨王奉國等，號二十萬，寇信州。明年正月，伯顏不花的斤自衢引兵援焉。及至，遇奉國城東，力戰，破走之。時鎮南王子大聖奴、樞密院判官席閏等屯兵城中，聞伯顏不花的斤至，爭開門出迎，羅拜馬前。伯顏不花的斤登城四顧，誓以破賊自許。後數日，賊復來攻城，伯顏不花的斤大饗士卒，約曰：「今日破賊，不用命者斬！」乃命大都閭將阿速諸軍及民義爲左翼，出南門；高義、范則忠將信陽一軍爲右翼，〔一〕出北門；自與忽都不花將沿海諸軍爲中軍，出西門。部伍既整，因奮擊入賊營，斬首數千級，賊亂，幾擒奉國。適賊將突至，我軍入其營者咸沒，其勢將殆，忽都不花復勒兵力戰，大破之。

二月，友諒弟友德營于城東，繞城植木栅，攻我益急。又遣僞萬戶周伯嘉來說降，高義潛與之通，紿忽都不花等，謂與奉國相見則兵釁可解。忽都不花信之，率則忠等十人往見，奉國囚之不遣。明日，奉國令高義以計來誘伯顏不花的斤，時伯顏不花的斤坐城上，見高義單騎來，伯顏不花的斤謂曰：「汝誘十帥，無一人還，今復來誘我耶？我頭可斷，足不可移！」乃數其罪，斬之。由是，日夜與賊鏖戰，糧竭矢盡，而氣不少衰。

夏四月，有大呼於城下者，曰：「有詔。」參謀海魯丁臨城問之曰：「何來？」曰：「江西來。」海魯丁曰：「如此，乃賊耳。吾元朝臣子，可受爾僞詔乎？」呼者曰：「我主閔信州久不下，知爾忠義，故來詔。爾徒守空城，欲何爲耶？」海魯丁曰：「汝聞張睢陽事乎？」僞使者不答而去。伯顏不花的斤笑曰：「賊欲我降爾。城存與存，城亡與亡，吾計之熟矣。」時軍民唯食草苗茶紙，既盡，括靴底煑食之，又盡，掘鼠羅雀，及殺老弱以食。

五月，大破賊兵。六月，奉國親來攻城，晝夜不息者踰旬。賊皆穴地百餘所，或魚貫梯城而上。伯顏不花的斤登城，麾兵拒之。已而士卒力疲，不能戰，萬戶顧馬兒以城叛，城遂陷。席閏出降，大聖奴、海魯丁皆死之，伯顏不花的斤力戰不勝，遂自刎。其部將蔡誠，盡殺妻子，及蔣廣奮力巷戰，誠遇害死，廣爲奉國所執，愛廣勇敢，使之降，廣曰：「我寧爲忠死，不爲降生。汝等草中一盜爾，吾豈屈汝乎！」賊怒，磔廣于竿，廣大罵而絕。

有陳受者，信小民也。伯顏不花的斤知受有膂力，募爲義兵。尋戰敗，爲賊擒，痛罵不屈，賊焚殺之。

先是，伯顏不花的斤之援信州也，嘗南望泣下，曰：「我爲天子司憲，視彼城之危急，忍坐視乎！吾知上報天子，下拯生民，餘皆無可恤。所念者，太夫人耳。」卽日入拜其母鮮于氏曰：「兒今不得事母矣。」母曰：「爾爲忠臣，吾卽死，復何憾！」鮮于氏，太常典簿樞之女也。伯顏不花的斤因命子也先不花，奉其母間道入福建，以江東廉訪司印送行御史臺，遂力守孤城而死。朝廷賜謚曰桓敏。

樊執敬字時中，濟寧鄆城人。性警敏好學，由國子生擢授經郎。嘗見帝師不拜，或詒之曰：「帝師，天子素崇重，王公大臣見必俯伏作禮，公獨不拜，何也？」執敬曰：「吾孔氏之徒，知尊孔氏而已，何拜異敎爲？」歷官至侍御史。至正七年，擢山南道廉訪使，俄移湖北道。十年，授江浙行省參知政事。

十二年二月，督海運于平江，卜日將發，官大宴犒于海口。俄有客船自外至，驗其券信令入，而不虞其爲海寇也。既入港，卽縱火鼓譟。時變起倉猝，軍民擾亂，賊竟焚舟劫糧以去。執敬既走入崑山，自咎於失防，心鬱鬱不解。及還省，而昱嶺關有警，平章政事月魯帖木兒引軍拒之，賊不得進。

月魯帖木兒俄以疾卒，賊遂犯餘杭。執敬時已被命討賊海上，至是事急，不得舍去，與平章政事定定治事省中，調兵出戰，皆不利。掾史蘇友龍素抗直有爲，進言於執敬曰：「賊且至，城內空虛無備，奈何？」執敬曰：「吾淬礪戈矛，當殲賊以報國，儻或不克，有死而已，何畏哉！」俄報賊已至，執敬遽上馬，帥衆而出，中塗與賊遇，乃射死賊四人，賊又逐之，射死三人。已而賊來方盛，塡咽街巷，且縱火，衆皆潰去。賊知其無援，呼執敬降，執敬怒叱之曰：「逆賊！守關吏不謹，汝得至此，恨不碎汝萬段，何謂降耶！」乃奮刀斫賊，因中槍而隮。從

僕田也先馳救之，亦中槍死。事聞，贈翰林學士承旨、榮祿大夫、柱國，追封魯國公，謚。〔二〕

全普庵撒里字子仁，高昌人。初爲中書省檢校，時太師汪家奴擅權用事，臺諫無敢言者，普庵撒里獨於衆中歷數其過，謇謇無懼色。拜監察御史，即首劾汪家奴十罪，乃見黜。然而氣節益自振，不以摧衄遂阻，歷詆權貴，朝臣莫不畏慄。出爲廣東廉訪使，尋除兵部尚書。未幾，授贛州路達魯花赤。至郡，發擿奸惡，一郡肅然。

至正十一年，潁州盜起，即修築城壘，旬月之間守禦之具畢備。於是發公帑，募勇士，得兵三千人，日練習之，皆可用。屬邑有爲賊所陷者，往往遣兵復之，境內悉安。十六年，以功拜江西行省參政，分省於贛。

十八年，江西下流諸郡皆爲陳友諒所據，乃與總管哈海赤戮力同守。友諒遣其將幸文才率兵圍贛，使人脅之降。普庵撒里斬其使，日擐甲登城拒之。力戰凡四月，兵少食盡，義兵萬戶馬合某沙欲舉城降賊，普庵撒里不從，遂自剄。事聞，朝廷贈謚曰徽哀。哈海赤守贛尤有功，城陷之日，賊將脅之使降，哈海赤謂之曰：「與汝戰者我也，爾賊毋殺贛民，當速殺我耳。」遂見殺。

周鏜字以聲，瀏陽州人。篤學通春秋，登泰定四年進士第，授衡陽縣丞，再調大冶縣尹。縣有豪民，持官府短長，號爲難治，鏜狀若尫懦，而毅然有威不可犯，抑豪强，惠窮民，治行遂爲諸縣最。累遷國子助教。會修功臣列傳，擢翰林國史編修官。乃出爲四川行省儒學提舉，便道還家。無何，盜起，湖南、北郡縣皆陷，瀏陽無城守。盜至，民皆驚竄。鏜告其兄弟使遠引，自謂「我受國恩，脫不幸，必死，毋爲相累也」。賊至，得鏜，欲推以爲主，鏜唯瞠目厲聲大駡，賊知其不可屈，乃殺之。

鏜同時有謝一魯字至道者，亦瀏陽人。至元乙亥鄉貢進士，嘗爲石林書院山長。賊陷潭州，一魯奉親匿巖谷中。官兵復郡邑，亡者稍歸，乃還理故業。俄而賊復至，生縛一魯。一魯駡賊甚厲，舉家咸遇害。

聶炳字韞夫，江夏人。元統元年進士，授承事郎、同知平昌州事。炳蚤孤，其母改適，自平昌還，始知之，即迎其母以歸。久之，轉寶慶路推官。會峒猺寇邊，湖廣行省右丞禿赤統兵討之，屯于武岡，以炳攝分省理問官。悍卒所至掠民爲俘，炳言于禿赤，釋其無驗者數千人。

至正十二年，遷知荆門州，纔半歲，淮、漢賊起，荆門不守，炳出，募士兵，得衆七萬，復荆門。又與四川行省平章政事咬住復江陵，其功居多。既而蘄、黃、安陸之賊，其勢復振，賊將俞君正合兵來攻荆門，炳率孤軍晝夜血戰，援絕城陷爲賊所執。極口駡不絕，賊以刀抉其齒盡，乃斷左臂而支解之。

未幾，賊陷潛江縣，達魯花赤明安達爾率勇敢出擊，擒其僞將劉萬戶。進營蘆洑，賊衆奄至，出鬭死，其家殲焉。一子桂山海牙懷印綬去，得免。明安達爾，唐兀氏，字士元，炳同年進士，由宿州判官再轉爲潛江云。

劉耕孫字存吾，茶陵州人。至順元年進士，授承事郎、桂陽路臨武縣尹。臨武近蠻獠，耕孫至，召父老告之曰：「吾儒士也，今爲汝邑尹，爾父老當體吾教，訓其子弟，孝弟力田，暇則事詩、書，毋自棄以干吾政。」乃爲建學校，求民間俊秀教之，設俎豆習禮讓，三年文化大興。邑有茶課，歲不過五錠，後增至五十錠，耕孫言于朝，除其額。歷建德、徽州、瑞州三路推官，所至詳讞疑獄，其政績卓然者甚衆。

至正十二年春，蘄黃賊攻破湖南。耕孫傾家貲募義丁，以援茶陵，賊至輒却，故茶陵久不失守。十五年，轉儒林郎、寧國路推官。歲饑，勸富民發粟賑之，活者萬計。會長鎗瑣南班、程述、謝璽等攻寧國，耕孫分守城西南，日署府事，夜率兵乘城固守。江浙行省遣參知

政事吉尼哥兒來援，至則兵已疲矣。城恃有援，不爲備。瑣南班知之，夜四鼓，引衆緣堞而上，城遂陷。耕孫力戰遇害。

弟燾孫，以國學生下第，授常寧州儒學正。湖南陷，常寧長吏棄城走，民奉印請燾孫爲城守，城賴以完者一年，外援俱絕，死之。長子頎，爲武昌江夏縣魯湖大使，起義兵援茶陵，亦死之。

俞述祖字紹芳，慶元象山人。由翰林書寫考滿，調廣東元帥府都事，入爲國史院編修官，已而出爲沔陽府推官。

至正十二年，蘄黃賊迫州境，述祖領民兵守綠水洪，并力捍禦之。兵力不支，沔陽城陷，民兵悉潰。述祖爲賊所執，械至其僞主徐壽輝所，誘之使降，述祖駡不輟，壽輝怒，支解之。有子方五歲，亦死。事聞，贈奉訓大夫、禮部郎中、象山縣男。

桂完澤者，永嘉人。嘗從江西左丞李朶兒留京師，得爲平江路管軍鎮撫，爲仇家所訴，免官。會賊攻昱嶺關，行省遂假前官，令從征。完澤勇于討賊，凡再戰關下，皆勝。尋又與賊鬭，爲所執；其妻弟金德亦被擒，皆反縛于樹，臨以白刃，脅之降。金德意未決，完澤呼

曰：「金舅，男子漢，卽死，不可聽賊。」德曰：「此言最是。」因大罵。賊怒，剖二人之腹而死。

丑閭字時中，蒙古氏。登元統元年進士第。〔三〕累官京畿漕運副使，出知安陸府。至正十二年，蘄賊曾法興犯安陸，時丑閭募兵得數百人，帥以拒賊。敗賊前隊，乘勝追之。而賊自他門入，亟還兵，則城中火起，軍民潰亂，計不可遏乃歸，服朝服出坐公堂。賊脅以白刃，丑閭猶喩以逆順。一賊排丑閭下，使拜，不屈，且怒罵。賊酋不忍害，拘之。明日，又逼其從亂，丑閭疾叱曰：「吾守土臣，寧從汝賊乎！」賊怒，以刀斫丑閭左脅，斷而死。賊憤其不降，復以布囊囊其屍，舁置其家。丑閭妻侯氏出，大哭，且列酒肉滿前，渴者令飲酒，饑者令食肉，以紿賊之不防己。至夜，自經死。事聞，贈丑閭河南行省參知政事，贈侯氏寧夏郡夫人。立表其門曰雙節。

有馮三者，湖廣省一公使也。素不知書。湖廣爲寇陷，皁隸輩悉起，剽殺爲盜，亦拉三以從。三辭曰：「賊名惡，我等豈可爲！」衆初強之，終弗從，怒將殺之，三遂唾罵，賊乃縛諸十字木，舁之以行，而刲其肉，三益罵不止。抵江上，斷其喉，委去。其妻隨三號泣，俯拾刲肉，納布裙中。伺賊遠，收三血骸，脫衣裹之，大泣，投江而死。

孛羅帖木兒字國賓，高昌人。由宿衞補官，十三轉而爲江東廉訪副使。以選爲襄陽路達魯花赤。

至正十一年，盜起汝、潁，均州鄖縣人田端子等亦聚衆殺官吏，孛羅帖木兒將民兵捕斬之。未幾，行省、廉訪司同檄孛羅帖木兒，以其所領兵會諸軍於均、房同討賊，賊始退。而穀城、光化以急告，卽帥兵趨穀城，而分遣樊城主簿脫因等趨光化，且遣使求糧於襄陽，不應；遣同知也先不花促之，又不應。軍乏食，不能行，乃駐于柴店。復遣從子馬哈失力往告，詞甚苦切。廉訪分司王僉事、本路總管柴順禮，怒其責望，械之。適紐眞來獻光化所獲首級，且言：「孛羅帖木兒在穀城與賊相持，未知存歿，宜急濟其糧，少緩，恐弗及矣。」於是脫二人械，遣還，而命也先不花與萬戶也先帖木耳率數千人，會孛羅帖木兒以討賊。

明年正月，襄陽失守，也先不花等聞之驚潰。孛羅帖木兒領義兵二百人，且戰且引至監利縣，遇沔陽府達魯花赤咬住、同知三山、安陸府同知燕只不花、荆襄提舉相哥失力之師。時濱江有船千餘，乃糾合諸義兵丁壯水工五千餘人，畀以軍號，給以刀矟，具哨馬五十，水陸繼進。比至石首縣，聞中興路亦陷，乃議趨岳州就元帥帖桀，而道阻不得前，仍趨襄陽。賊方駐楊湖港，乘其不虞擊之，獲其船二十七艘，生擒賊黨劉咬兒。訊得其情，進次潛江縣，又斬賊數百級，獲三十餘船，梟賊將劉萬戶、許堂主等。

是日，甫止兵未食而賊大至，與戰抵暮，咬住等軍各當一面，不能救。孛羅帖木兒被重創，麾馬哈失力使去，曰：「吾以死報國，汝無留此。」馬哈失力泣曰：「死生從叔父。」旣而孛羅帖木兒被執，賊請同爲逆，孛羅帖木兒怒罵之，遂遇害。馬哈失力帥家奴求其尸，復與賊戰，俱沒于陣。舉家死者，凡二十六人。

彭庭堅字允誠，溫州瑞安人。擢至正四年進士第，授承事郎、同知沂州(爭)〔事〕，〔四〕毀牛皇神祠，驅鄰郡上馬賊，免民橫急徵斂，民甚便之。俄以平反獄囚忤上官意，遂棄去。十年，詔選守令，以建寧路崇安縣尹起庭堅于家。屬鉛山寇周良竊發，犯閩關，庭堅禦之有法，寇不入境。十一年，陞同知建寧路總管府事。江西寇熾，庭堅率民兵克復建陽，又進兵平浦城。

十二年，攝僉都元帥府事，與邵武路總管吳按攤不花夾攻邵武，庭堅設雲梯火礮，晝夜攻擊，寇遁，追斬渠兇董元帥、鐵和尚、童昌，邵武悉平。總兵官江浙參政章嘉上功于朝，陞同知福建道宣慰使司副都元帥，鎭邵武。冬，寇陷建寧縣。十三年，庭堅統建陽、崇安、浦城三縣民兵，次泰寧，寇懼請降，復建寧縣，還師邵武。江浙行省檄庭堅節制建寧、邵武二郡諸軍。

十四年，盜侵政和、松溪，江南行臺中丞吳鐸督軍建寧，檄庭堅至。時鎭撫萬戶岳煥隸麾下，煥素悍，縱卒爲暴，庭堅欲繩以法，煥懼，使部卒乘其不備，詐爲賊兵，突入交鋒，衆皆潰，庭堅獨留不去，遂遇害，死年四十三。故吏張椿，儒士夏志行、江晃，奉柩還崇安，民哀泣如喪父母，立祠像，歲時祭禱，數降靈響，旁邑立祠亦如之。南行臺監察御史余觀行部巡察，獲其賊斬之。爲上其事，贈中奉大夫、福建道宣慰使都元帥，封忠愍侯。

王伯顏字伯敬，濱州霑化人。由湖廣省宣使歷永州祁陽、湖州烏程縣尹，信州推官。至正九年，遷知福寧州，居三歲，陞福建鹽運副使，將行，憲府以時方俶擾，留伯顏仍領州事。

未幾，賊自邵武間道偪福寧，乃與監州阿撒都剌募壯兵五萬，分扼險阻。賊至楊梅嶺，立柵，伯顏與子相馳破之。賊帥王善，俄擁衆直壓州西門，胥隸皆解散，伯顏麾下唯白挺市兒數百人爾。伯顏射賊，不復反顧，賊以長鎗舂馬，馬仆，遂見執。善說伯顏曰：「聞公有惠政，此州那可無尹，公爲我尹，可乎？」伯顏訶善曰：「我天子命官，不幸失守，義當死，肯從汝反乎？」善怒，叱左右搤以跪，弗屈，遂毆之。伯顏嚼舌出血噀善面，罵曰：「反賊，殺卽殺，何以毆爲！吾民天民也，汝不可害。大丞相親討叛逆，百萬之師，雷擊電掃，汝輩小醜，將

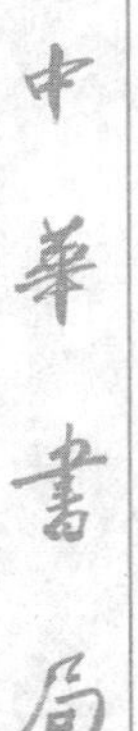

無遺種，顧敢爾邪！」賊亦執阿撒都剌至，善厲聲責其拒鬬，噤不能對，伯顏復唾善曰：「我殺賊，何言拒邪！我死，當爲神以殺汝。」言訖，挺頸受刃，頸斷，涌白液如乳，暴屍數日，色不變，州人哭聲連巷。賊既殺阿撒都剌，欲釋相官之，相詈曰：「吾與汝不共戴天，恨不寸斬汝，我受汝官邪！」賊殺之。相妻潘氏，挈二女，爲賊所獲，亦罵賊，母子同死。

伯顏既死，賊時覩其引兵出入。明年，州有僧林德誠者，起兵討賊，乃望空嘑曰：「王州尹，王州尹，宜率陰兵助我斬賊。」時賊正祠神，覩紅衣軍來，以爲僞帥康將軍，亟往迎之，無有也，四面皆青衣官軍，賊大敗，斬其酋江二蠻，福寧遂平。

事聞，贈嘉議大夫、濟南路總管、上輕車都尉，追封太原郡侯。

劉濬字濟川，其先興州人。曾祖海，金進士第一人，仕至河南府尹，死于國難，子孫遂家河南。濬由廉訪司書吏，調連江縣寧善鄉巡檢。

至正十三年，江西賊帥王善寇閩，官軍守羅源縣拒之。羅源與連江接壤，勢將(追)〔迫〕。[五]濬妻眞定史氏，故相家女也，有才識，謂濬曰：「事急矣，可聚兵以捍一方。」於是盡出奩中物，募壯士百餘，命仲子健將之。浹旬間，衆至數萬。

賊尋破羅源，分兩道攻福州，濬拒之辰山，三戰三捷。俄聞福州陷，衆多潰去，濬獨帥

健兵進，遇賊于中麻，突其陣，斬前鋒五人，賊兵大至，鏖戰三時頃，濬中箭墮馬，健下馬掖之，俱被獲。濬忿，戟手大罵，賊縛濬階下，先斫手一指，罵彌厲，再斫一指，亦如之，指且盡，斫兩腕，次及兩足，濬色不少變，罵聲猶不絕，遂割其喉舌而死。健亦以死拒賊，善義之，舍健，使斂濬屍瘞之。

健歸，請兵於帥府，以復父讎，弗聽，健盡散家貲，結死士百人，詐爲工商流丐，入賊中，夜半，發火大譟，賊驚擾，自相屠戮，健手斬殺其父者張破四，幷擒善及寇首陳伯祥來獻，磔之。事聞，贈濬福建行省檢校官，授健古田縣尹。官爲濬立祠福州北門外，有司歲時致祭云。

朶里不花字端甫，蒙古人。始爲宿衞官，累歷顯要，擢遼陽行省右丞，陞平章政事。陳友諒陷江西，詔拜江西行省平章政事，與平章政事阿兒渾沙等，分道進討。遂泛海南下，趨廣東，駐師揭陽，降土寇金元祐，招復循、梅、惠三州之寇。承制官其酋長，俾治賊以給兵食。[六]又別糴粟四千石，輸送京師。自是英、肇、欽、連諸郡皆附，且治兵由梅嶺以圖江西。而元祐有異志，託以鎮服其土，遮道固留。

先是，制書命劉巨海僉廣東元帥府事，未發，元祐竊取，易其名，私畀徭賊劉文遠，誘與

偕亂，事覺，文遠伏誅，而元祐及其弟元泰、子榮，竄匿不獲。

俄榮率外賊突入，奪符信，殺官吏，變起倉卒，衆莫能支。朶里不花與參政楊泰元等，勒兵拒戰，而賊來益衆，朶里不花爲鎗所中，創甚。其子達蘭不花率麾下力與抗，死之。朶里不花遂被執，擁至太平橋，罵不絕口，遂爲賊殺。其妻卜顏氏、妾高麗氏在側，不去，皆大罵曰：「我平章遇爾父子厚矣，爾父子何暴逆至此！」亦皆遇害。其部將哈乞、吳普顏、阿剌不花、歹不花等，俱戰死。

野峻台，其父世延自有傳。由四川行省左右司郎中、西行臺監察御史、河西廉訪使轉黃州路總管。湖廣既陷，朝廷察其材，升四川行省參政，命與平章咬住討賊。咬住軍五千，及分銳卒八百，使野峻台爲前驅，賊方據巴東縣，攻拔之。是時，歸、峽等州皆爲賊所守，野峻台破賊江上，斬溺無算，已而歸、峽平。

又進拔枝江、松滋兩縣，乘勝趨江陵，賊出陣淸水門，鏖戰至夕，賊退入城，乃據其門，竢咬住軍至。黎明，賊出戰，三時頃，咬住軍止百步外，不救，賊飛槍刺之，遂死。事聞，贈榮祿大夫、陝西行省平章政事、柱國，追封涼國公，謚忠壯。

陳君用字子材，延平人。少負氣，勇猛過人。紅巾起江淮，由撫、盱入閩，閩閫授君用南平縣尹，給錢五萬緡，俾募千兵，君用散家財繼之，導官軍復建陽、浦城等縣。以功授同知建寧路事。

亡何，賊圍福州，君用率兵往援，大敗賊衆，廉訪僉事郭興祖，佩君用明珠虎符，使權同知副都元帥。遂引兵踰北嶺，至連江，阻水而陣，君用曰：「今日不盡殺賊，吾不復生還矣。」乃率壯士六十人，徒涉斬殺，賊稍潰，既而復合，君用大呼轉戰，中槍而死。事聞，贈懷遠大將軍、浙東道宣慰司同知、副元帥、輕車都尉、潁川郡侯，謚忠毅。

卜理牙敦，北庭人，累官至山南廉訪使，治中興。中興爲江漢藩屏，卜理牙敦每按臨所部，威惠翕然。至正十二年，寇犯中興，卜理牙敦以兵與抗，射賊多死，賊稍退。明日，復擁衆來襲東門，卜理牙敦力與之戰，被執，不屈而死。

又明日，賊復來攻，前中興判官上都統兵出擊之，既而東門失守，上都倉黃反鬬，力屈，賊執之使降，上都大罵，賊怒，刳其腹、封其肉而死。

潮海，扎剌台氏，由國子生入官，爲靖安縣達魯花赤。至正十二年，蘄黃賊起，潮海與

縣尹黃紹同集義兵，爲禦賊計。未幾，賊兵數萬由武寧來寇，紹赴行省求援，潮海獨率衆與戰于象湖，大破之。乃起進士胡斗元、塗淵、舒慶遠、甘棠等謀畫，而以勇士黃雲爲前鋒，自二月至于八月，戰屢捷，擒賊將洪元帥，而賊黨益盛，黃雲戰死，我軍挫衄，潮海遂被圍，尋爲賊所執，殺于富州。

子民安圖，襲父職，爲本縣達魯花赤。十三年，帥衆敗走賊將，復縣治。十四年，賊兵復至，民安圖迎戰，力竭，賊執而咼之。

紹字仲先，臨川人。登至正八年進士第，以求援出靖安，而道阻絕，遇官軍，護紹得入龍興。而龍興亦被圍，其後圍解，紹乃與民安圖招諭叛境，過建昌之高坪，遇賊，紹與戰不勝，正衣冠怒罵，爲賊所害。

斗元字元浩，靖安人。至正十年，領江西鄉薦第一，下第，署鰲溪書院山長。賊至靖安，掠斗元鄉里，斗元以鄉兵擊敗之。入縣治，與潮海共圖戰守，及潮海被執，賊脅之使降，斗元罵不屈，乃以土埋其腰，不死，又縛置暗室，斗元仆牆以出，逃入深山，狂罵而死。

黃雲，撫州人，寓靖安，素以勇捷稱，每接戰，獨以身當敵。嘗爲數十人所圍，卽奮身躍出。至是，身中數十鎗，噴血罵賊而死。

魏中立字伯時，濟南人。由國子伴讀歷官至陝西行臺御史中丞，遷守饒州。賊既陷湖廣，分攻州郡，官軍多疲懦不能拒，所在無賴子多乘間竊發，不旬日，衆輒數萬，皆短衣草屨，齒木爲杷，削竹爲槍，截緋帛爲巾襦，彌野皆赤。中立聞警，卽率丁壯，分塞險要，戒守備。俄而賊至，達魯花赤馬來出戰，不能發一矢，賊愈倡。中立以義兵擊卻之，已而賊復合，遂爲所執，以紅衣被其身，中立叱之，須髯盡張。賊執歸蘄水，欲屈其從己。中立大罵不已，遂被害。

未幾，賊又犯信州，信州總管于大本以土兵備禦。賊首項甲破東門而入，執大本，至蘄水爲俘獻。僞主釋其縛，畀僞印一紐，且命以官。大本投印于地，而指僞主痛詈之，遂亦遇害。大本字德中，密州人，始由儒學教諭入官云。

校勘記

〔一〕高義范則忠將信陽一軍爲右翼　按信陽屬河南汝寧府，而江浙信州自唐建置，向未改稱「信陽」。此處「信陽一軍」當指信州本地元軍，疑「陽」爲「州」之誤。

〔二〕謚　此下空闕。新元史補作「忠烈」。

〔三〕丑閭字時中蒙古氏登元統元年進士第　考異據元統元年進士錄云：「案是榜有兩丑閭。第二甲第十二名，字時中，貫昔寶赤身役，唐兀氏。第三甲第三名，字益謙，貫河南淮北蒙古軍戶，哈剌魯氏。此字時中者，乃唐兀氏，非蒙古氏。」

〔四〕同知沂州(爭)〔事〕　從道光本改。

〔五〕勢將(追)〔迫〕　從北監本改。

〔六〕俾治賊以給兵食　元書改「賊」爲「賦」，疑是。

元史卷一百九十六

列傳第八十三

忠義四

普顏不花字希古，蒙古氏。倜儻有大志。至正五年，由國子生登右牓進士第一人，授翰林修撰，謫河南行省員外郎。十一年，遷江西行省左右司郎中。蘄黃徐壽輝來寇，普顏不花戰守之功爲多，語在道童傳。十六年，除江西廉訪副使。頃之，召還，授益都路達魯花赤，遷山東廉訪使，再轉爲中書參知政事。

十八年，詔與治書侍御史李國鳳同經略江南。至建寧，江西陳友諒遣鄧克明來寇，而平章政事阿魯溫沙等皆夜遁。國鳳時分鎮延平，城陷，遁去。普顏不花曰：「我承制來此，去將何之。誓與此城同存亡耳。」命築各門甕城，前後拒戰六十四日，既而大敗賊衆。明年，召還，授山東宣慰使，再轉知樞密院事、平章山東行省，守禦益都。大明兵壓境，

普顏不花捍城力戰。城陷，而平章政事保保出降。普顏不花還告其母曰：「兒忠孝不能兩全，有二弟，當爲終養。」拜母，趨官舍，坐堂上，主將素聞其賢，召之再三，不往。既而面縛之，普顏不花曰：「我元朝進士，官至極品，臣各爲其主。」不屈，死之。

先是，其妻阿魯眞，歷呼家人告之曰：「我夫受國恩，我亦封齊國夫人，今事至此，唯有死耳。」家人莫不歔欷泣下。已而普顏不花二弟之妻，各抱幼子，及婢妾，溺舍南井死。比阿魯眞欲下，而井塡咽不可容，遂抱子投舍北井。其女及妾女、孫女，皆隨溺焉。

是時有申榮者，平章山東行省，守東昌，榮見列郡皆降，告其父曰：「人生世間，不能全忠孝者，兒也。」父曰：「何爲？」榮曰：「城中兵少不敵，戰則萬人之命由兒而廢，但有一死報國耳。」遂自經。

閔本字宗先，河內人。性剛正敏給，而刻志於學。早歲，得推擇爲禮部令史，御史大夫不花奇本之才，辟以爲掾，平反寃獄，甚有聲。擢御史臺照磨。頃之，遷樞密院都事，拜監察御史，還中書左司都事，五轉爲吏部尚書，移刑、戶二部，皆以能見稱。本素貧，且有目疾，嘗上章乞謝事，不允，詔授集賢侍講學士。

大明兵薄京師，本謂其妻程氏曰：「國事至此，吾知之久矣。愧不能立功補報，敢愛六尺軀苟活哉！」程氏曰：「君能死忠，我尙有愛於君乎！」本乃朝服，與程氏北向再拜，大書于屋壁曰：「元中奉大夫、集賢侍講學士閔本死。」遂各縊焉。二女，長眞眞，次女女，見本死，呼天號泣，亦自縊於其傍。

有拜住者，康里人也，字聞善。以材累官至翰林國史院都事，爲太子司經。兵至，拜住謂家人曰：「吾始祖海藍伯封河東公者，[一]與太祖同事王可汗，太祖取王可汗，收諸部落，吾祖引數十騎馳西北方，太祖使人追問之，曰：『昔者與皇帝同事王可汗，王可汗今已滅，欲爲之報仇，則帝乃天命，欲改事帝，則吾心有所不忍，故避之於遠地，以沒吾生耳。』此吾祖之言也。且吾祖生朔漠，其言尙如此，今吾生長中原，讀書國學，而可不知大義乎！況吾上世受國厚恩，至吾又食祿，今其國破，尙忍見之！與其苟生，不如死。」遂赴井死。其家人瘞之舍東，悉以其書籍焚之爲殉云。

趙弘毅字仁卿，眞定晉州人。少好學，家貧無書，傭於巨室，晝則爲役，夜則借書讀之，或閔其志，但使總其事而不役焉。嘗受經於臨川吳澄，始辟翰林書寫，再轉爲國史院編修官，調大樂署令。大明兵入京城，弘毅歎息曰：「忠臣不二君，烈女不二夫，此古語也。我今力不能救社稷，但有一死報國耳。」乃與妻解氏，皆自縊。

其子恭，中書管勾，與妻子訣曰：「今乘輿北奔，我父子食祿，不能效尺寸力，吾父母已死，尙何敢愛死乎！」或止之曰：「我曹官卑，何自苦如此。」恭叱曰：「爾非我徒也。古者，忠義人各盡自心，豈問職之崇卑乎！」遂公服北向再拜，亦縊死。

恭女官奴，年十七，見恭死，方大泣，適隣嫗數輩來，相率出避，曰：「我未適人，避將何之。」不聽，嫗欲力挽之，女曰：「人生在世，便百歲亦須一死。」乃潛入中堂，解衣帶自經。

鄭玉字子美，徽州歙縣人。幼敏悟嗜學，既長，覃思六經，尤邃於春秋，絕意仕進，而勤於教。學者門人受業者衆，所居至不能容。學者相與即其地搆師山書院以處焉。

玉爲文章，不事雕刻鍛煉，流傳京師，揭傒斯、歐陽玄咸加稱賞。至正十四年，朝廷除玉翰林待制、奉議大夫，遣使者賜以御酒名幣，浮海徵之。玉辭疾不起，而爲表以進曰：「名爵，祖宗之所以遺陛下，使天下賢者共之者，陛下不得私予人。待制之職，臣非其才，不敢受。酒與幣，天下所以奉陛下，陛下得以私與人，酒與幣，臣不敢辭也。」玉既不仕，則家居，日以著書爲事，所著有周易纂註。

十七年，大明兵入徽州，守將將要致之，玉曰：「吾豈事二姓者耶！」因被拘囚。久之，親戚朋友攜具餉之，則從容爲之盡歡，且告以必死狀。其妻聞之，使語之曰：「君苟死，吾其相

從地下矣。」玉使謂之曰：「若果從吾死，吾其無憾矣。」明日，具衣冠，北向再拜，自縊而死。

黃𢒰字殷士，撫州金谿人。博學明經，善屬文，尤長於詩。至正十七年，用左丞相太平奏，授淮南行省照磨，未行，除國子助敎，遷太常博士，轉國子博士，陞監丞，擢翰林待制，兼國史院編修官。

二十八年，京城旣破，𢒰歎曰：「我以儒致身，累蒙國恩，爲胄子師，代言禁林。今縱無我戮，何面目見天下士乎！」遂赴井而死，年六十一。有詩文傳于世。

柏帖穆爾字君壽，蒙古人。家世歷履無所考。居官所至，以廉能著聲。至正中，累遷爲福建行省左右司郎中。行省治福州。二十七年，大明以騎兵出杉關，取邵武，以舟師由海道趨閩，奄至城下。柏帖穆爾知城不可守，引妻妾坐樓上，慷慨謂曰：「丈夫死國，婦人死夫，義也。今城且陷，吾必死於是，若等能吾從乎？」皆泣曰：「有死而已，無他志也。」縊而死者六人。

有十歲女，度其不能自死，則紿之曰：「汝稽顙拜佛，庶保我無恙也。」甫拜，卽挈米囊壓之死。乳媼抱其幼子，旁立以泣，柏帖穆爾熟視之，歎曰：「父死國，母死夫，妻與女，從父者

也，皆當死。汝三歲兒，於義何所從乎？爲宗祀計可也。」乃命媼抱匿旁近民舍，而斂金珠畀之曰：「卽有緩急，可以此贖兒命。」有頃，兵入城，卽舉燈自燃，四圍窻火大發，遂自焚死。

迭里彌實字子初，回回人。性剛介，事母至孝。年四十，猶不仕，或問之，曰：「吾不忍舍吾母以去也。」以宿衞年勞，授行宣政院崇敎，三遷爲漳州路達魯花赤，居三年，民甚安之。

時陳有定據全閩，八郡之政，皆用其私人以總制之。朝廷命官，不得有所與。大明兵旣取福州，興化、泉州皆納款。或以告，迭里彌實仰天歎曰：「吾不材，位三品，國恩厚矣，其何以報乎！報國恩者，有死而已。」亡何，吏走白招諭使者至，請出城迓之，迭里彌實從容語之曰：「爾第往，吾行出矣。」乃詣廳事，具公服，北面再拜畢，引斧斫其印文，又大書手版曰「大元臣子」。卽入位端坐，拔所佩刀，剚喉中以死。旣死，猶手執刀按膝坐，儼然如生時。郡民相聚哭庭中，斂其屍，葬東門外。

時又有獲獨步丁者，回回人，舊進士，累官僉廣東廉訪司事；有呂復者，爲江西行省左右司都事。皆閑居，寓福州。而復以行省命，攝長樂縣尹。福州旣下，獲獨步丁曰：「吾兄弟三人，皆忝進士，受國恩四十年，今雖無官守，然大節所在，其可辱乎！」以石自繫其腰，投井

死。復亦曰：「吾世食君祿，今雖攝官，若不以死報國，則無以見先人于地下。」引繩自經死。獲獨步丁兄曰穆魯丁者，官建康；曰海魯丁者，官信州。先是，亦皆死國難云。

朴賽因不花字德中，肅良合台人。有膂力，善騎射。由速古兒赤授利器庫提點，再轉爲資正院判官，累遷同知樞密院事，遷翰林學士，尋陞承旨，賜虎符，兼巡軍合浦全羅等處軍民萬戶都元帥，除大司農，出爲嶺北行省右丞，陞平章政事。

至正二十四年，甘肅行省以孛羅帖木兒矯弑皇后、皇孫，遣人白事，平章政事也速答兒卽欲署諭衆榜，朴賽因不花持不可曰：「此大事，何得輕信，況非符驗公文。」卒不署牓。旣而果妄傳。會皇太子撫軍冀寧，承制拜朴賽因不花翰林學士承旨，遷集賢大學士，又爲宣政院使，遂拜中書平章政事。大明兵逼京師，詔朴賽因不花以兵守順承門，其所領兵僅數百羸卒而已。乃嘆息謂左右曰：「國事至此，吾但知與此門同存亡也。」城陷被執，以見主將，唯請速死，不少屈。主將命留營中，終不屈，殺之。

是時有張庸者，字存中，溫州人。性豪爽，精太乙數，會世亂，以策干經略使李國鳳，承制授庸福建行省員外郎，治兵杉關。頃之，計事赴京師，因進太乙數圖，順帝喜之，擢祕書少監。皇太子立大撫軍院，命庸

團結房山，遷同僉將作院事，又除刑部尙書，仍領團結。會諸寨旣降，庸守騾駝谷，遣從事段禎請援於擴廓帖木兒，不報。庸獨堅守拒戰，衆將潰，庸無去志。已而寨民李世傑執庸出降，以見主將，庸不屈，與禎同被殺。

丁好禮字敬可，眞定蠡州人。精律算，初試吏於戶部，辟中書掾，授戶部主事，擢江南行臺監察御史，復入戶部爲員外郎，拜監察御史，又入戶部爲郎中，陞侍郎。除京畿漕運使，建議置司於通州，重講究漕運利病，著爲成法，人皆便之。除戶部尙書，時國家多故，財用空乏，好禮能撙節浮費，國家用度，賴之以給。拜參議中書省事，遷治書侍御史，出爲遼陽行省左丞，未行，留爲樞密副使。

至正二十年，遂拜中書參知政事。時京師大饑，天壽節，廟堂欲用故事大讌會，好禮言：「今民父子有相食者，君臣當修省，以弭大患，讌會宜減常度。」不聽，乞謝事，乃以集賢大學士致仕，給全俸家居。擴廓帖木兒扈從皇太子還京，輸山東粟以遺朝貴，饋好禮麥百石，好禮不受。

二十七年，復起爲中書平章政事，尋以論議不合，謝政去，特封趙國公。大明兵入京城，或勉其謁大將，好禮叱之曰：「我以小吏，致位極品，爵上公，今老矣，恨無以報國，所欠

惟一死耳。」後數日，大將召好禮，不肯行，舁至齊化門，抗辭不屈而死，年七十五。

是日，中書參知政事郭庸亦舁至齊化門，衆叱之拜，庸曰：「臣各爲其主，死自吾分，何拜之有！」語不少屈而死。

庸字允中，蒙古氏，由國學生釋褐出身，累遷爲陝西行臺監察御史，與同列劾知樞密院事也先帖木兒喪師，左遷中興總管府判官。其後也先帖木兒以罪黜，召拜監察御史，累轉參政中書，其節義與好禮並云。

校勘記

〔一〕河東公　松雪齋集卷七不忽木碑作「河東郡公」，類編據補「郡」字，疑是。

元史卷一百九十七

列傳第八十四

孝友一

世言先王沒，民無善俗。元有天下，其教化未必古若也，而民以孝義聞者，蓋不乏焉。豈非天理民彝之存於人心者，終不可泯歟。上之人，苟能因其所不泯者，復加勸奬而興起之，則三代之治，亦可以漸復矣。

今觀史氏之所載，其事親篤孝者，則有臨江劉良臣，汴梁陳善，同官强安，濬州高守賔，安豐高澤，鞏昌王欽，修武員思忠，楡縣王士寧，河南朱友諒，泉州葉森，寧陵呂德，汲縣劉淇，建昌鄭佛生，堂邑張復亨，保定邢政，寧夏趙那海，臨潼任居敬，隴西周慶、徐德輿，汝寧李從善，華州要敬，色目氏沙的。

其居喪廬墓者，則有太原王構，萊州任梓，平灤王振，北京張洪範，登封王佐，下蔡許從

政、張鐩，富平王賈僧，鄭州段好仁、趙璧、薛明善、張齊，汴梁韓榮、劉斌、張裕、何泰、史恪、高成、鄧孝祖、李文淵、杜天麟、張顯祖，涇陽張國祥，延安王旻，東昌張鞏，永平梁訥，高唐鄭榮、劉居敬，同州趙良，南陽周郁、陳介、劉權，大同高著、江郁、毛翔，歸德葛祥、張德成、張遜、王珪、劉弼，汲縣徐昌祖，眞定宋貞、王世賢，晉寧史貴，保定耿德溫、張行一、賈秉實、張勖，河南王宗道、孫裔，夾谷天祐，趙州趙德隆，安豐王德新、石思讓、翼寧、何溥，大都王麟、李簡，華陰李寧、屈秀，懷慶侯榮、丁用、郭天一，耀州王思，中牟閻讓，曹州鄧淵、呂政，徐州胡居仁、張允中，衞輝王慶，福建朱虞龍，隨州高可熹，濟寧魏鐸，武康王子中，淮安翟諟，汶上趙恒，須城許時中，衡山歐陽誠復，江陵穆堅，薊州王欽，定陶元顯祖，絳州姚好智，宿州孫克忠，集慶傅霖，濟南宋懷忠、牟克孝，汝寧張郁，泉州黄道賢、谷城、王福，解州靖與曾，般陽戴貞，兖州王治，沔陽徐勝祖，興中石抹昌齡，峽州秦桂華，蒙古、色目氏納魯丁、赤思馬、改住、阿合馬、拜住、木八剌、玉龍帖木兒、鎖住、唐兀歹、晏只哥、李朶羅歹、塔塔思歹。〔一〕

其累世同居者，則有休寧朱震雷，池州方時發，河南李福，眞定杜良，華州王顯政，建寧王貴甫，句容王榮、周成，鄢陵夏全，保定成珪，開平溫義，大同王瑞之，平江湯文英，鄜州員從政，江州范士奇，涇州李子才，宿州王珍。

其散財周急者，則有河南高顏和，台州程遠大，潭州湯居泰、李孔英，建康湯大有，吉州劉如翁，嚴用父，高唐孟恭，松江管仲德，章夢賢，夏椿，江陵陳一寧，中興傅文鼎，永州唐必榮，濟南李恭，寧夏何惠月。

天子皆嘗表其門閭，或復其家。故援唐史之例，具列姓名於篇端。擇其事蹟尤彰著者，復別爲之傳云。

王閏，東平須城人。父素多貲，既老，盡廢之，不甘淡薄，每食必需魚肉，閏朝夕勤苦入市，營奉無闕。父性復乖戾，閏左右承順，甚得其歡心，鄉里稱焉。父嘗臥疾，夜燃長明燈室中，火延籬壁間。閏聞火聲，驚起馳救，火已熾，煙焰蔽寢戶。閏突入火中，解衣蒙父，抱而出，肌體灼爛，而父無少傷。一女不能救，遂焚死。中統二年，復其役。

郭道卿，興化莆田人。四世祖義重至孝，宋紹興間有詔旌之，鄉里爲立孝子祠。至元初內附。閩盜起，居人竄匿，道卿與弟佐卿獨守孝子祠不忍去，遂俱被執。盜將殺佐卿，道卿泣告曰：「吾有兒已長，弟弱子幼，請代弟死。」佐卿亦泣告曰：「吾家事賴兄以理，請殺我。」道卿固引頸請刃。盜相顧曰：「汝孝門兄弟若此，吾何忍害。」兩釋之。

道卿年八十，子廷煒爲建寧路平準行用庫使，辭歸侍養。道卿嘗病疝，危甚，廷煒憂瘁扶護，一夕髮盡白。有司言狀，旌之。

蕭道壽，京兆興平人。家貧，饘粥以自給。母年八十餘，道壽事養盡禮。每旦，候母起，夫婦親侍盥櫛。日三飯，必待母食，然後退就食。至夕，必待母寢，然後退就寢。出外必以告，母許乃敢出。母或怒，欲罰之，道壽自進杖，伏地以受。杖足，母命起，乃起。起復再拜，謝違教，拱立左右，俟色喜乃退。母嘗有疾，醫累歲不能療，道壽刲股肉啖之而愈。至元八年，賜羊酒，表其門。

郭狗狗，平陽翼城人。父寧，爲欽察先鋒使首領官，戍大良平。宋將史太尉來攻，夜陷大良平，寧全家被俘。史將殺寧，狗狗年五歲，告史曰：「勿殺我父，當殺我。」史驚問寧曰：「是兒幾歲耶？」寧曰：「五歲。」史曰：「五歲兒能爲是言，吾當全汝家。」卽以騎送寧等往合州。道遇國兵，騎驚散，寧家俱得還。御史以事聞，命旌之。

張閏，延安延長縣人，隸軍籍。八世不異爨，家人百餘口，無間言。日使諸女諸婦各聚一室爲女功，工畢，斂貯一庫，室無私藏。幼稚啼泣，諸母見者卽抱哺。一婦歸寧，留其子，衆婦共乳，不問孰爲己兒，兒亦不知孰爲己母也。閏兄顯卒，卽以家事付姪聚。聚辭曰：「叔，父行也，叔宜主之。」閏曰：「姪，宗子也，姪宜主之。」相讓既久，卒以付聚。縉紳之家，自謂不如。至元二十八年，旌表其門。

又有蕪湖芮世通，十世同居，峽州向存義、汴梁丁煦，八世同居，州縣請於朝，並加旌美。

田改住，汶上人。父病不能愈，禱于天，去衣臥冰上一月。

同縣王住兒，母病，臥冰上半月。

寗猪狗，山丹州人。母年七十餘，患風疾，藥餌不效，猪狗割股肉進啖，遂愈。歲餘復作，不能行，猪狗手滌溷穢，護視甚周，造板輿載母，夫婦共舁，行園田以娛之。後卒，居喪有禮，鄉閭稱焉。

潭州萬戶移剌瓊子李家奴，九歲，母病，醫言不可治，李家奴刲股肉，煑糜以進，病乃痊。撫州路總管管如林、潭州民朱天祥，並以母疾刲股，旌其家。

畢也速答立，迷裏氏，家秦州。父喪，廬墓次，晝夜悲號，有飛鳥翔集，墳土踴起。

又有尹夢龍，中興人。母喪，負土爲墳，結廬居其側。手書孝經千餘卷，散鄉人讀之。有羣烏集其冢樹。

樊淵，建康句容人。幼失父，事母篤孝。至元十二年，奉母避兵茅山。兵至，欲殺其母。淵抱母號哭，以身代死，兵兩釋之。三十年，江東廉訪使者辟爲吏。母亡，奔喪，哀戚行路。服闋，奉神主事之，起居飲食，十年如平生。臺憲交薦，淵不忍去墳墓，終不起。

延祐間，汀州寧化人賴祿孫，母病，值蔡五九作亂，負母從邑人避南山。盜至，衆散走，祿孫守母不去。盜將刃其母，祿孫以身翼蔽曰：「勿傷吾母，寧殺我。」母渴，不得水，祿孫含唾煦之。盜相顧駭歎，不忍害，反取水與之。有掠其妻去者，衆責之曰：「奈何辱孝子婦！」使歸之。

事聞，並賜褒表。

劉德泉，汴梁杞縣人。早喪母，父榮再娶王氏，生二子居敬、居元，俱幼，德泉甚撫之。及王氏病卒，乃益相友愛。至元末，歲饑，父欲使析居，德泉泣止不能得，乃各受其業以去。

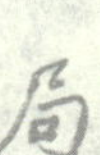

久之，父卒，兄弟相約同爨，和好如初。

至治三年，眞定朱顯，自至元間，其祖父已分財。至顯，念姪彥昉等年幼無恃，謂弟耀曰：「父子兄弟，本同一氣，可異處乎！」乃會拜祖墓下，取分券焚之，復與同居。

延祐間，蔚州吳思達兄弟六人，嘗以父命析居。思達爲開平縣主簿，父卒，還家。治葬畢，會宗族，泣告其母曰：「吾兄弟別處十餘年矣，今多破產，以一母所生，忍使兄弟苦樂不均耶！」卽以家財代償其逋，更復共居。母卒，哀毀甚。宅後柳連理，人以爲友義所感。

又有朱汝諧，濮州人。父子明嘗命與兄汝弼別產。子明卒，汝弼家盡廢，汝諧泣請共居。仲父子昭、子玉貧病，汝諧迎至家，奉湯藥甘旨甚謹，後卒，喪葬盡禮。鄉人賢之。州縣各以名聞，表其閭。

郭回，邵武人。素貧，年六十無妻，奉母寄宿神祠中，營養甚艱。母年九十八卒，回傭身得錢葬之。每旦，詣墳哭祭，十四年不輟。州上狀，命給衣糧贍濟，仍表異之。

孔全，亳州鹿邑人。父成病，刲股肉啖之，愈。後卒，居喪盡哀。廬墓左，負土爲墳，日六十肩，風雨有虧，俟霽則補之。三年，起墳廣一畝，高三丈餘。

張子夔，安西人。父喪，每夜半，以背負土，肘膝行地，匍匐至葬所，篩細土爲墳。

陳乞兒，歸德夏邑人。年九歲，母喪，哀毀，親負土爲墳，高一丈，廣十六步。人憫其幼，欲助之，則泣拜而辭。

又有(娥)〔峨〕眉趙國安、〔三〕解州張琛、南陽李庭瑞、息州移剌伯顏、南陽怯烈歹，皆居喪有至行，廬墓次，負土爲墳。並以有司所請，表異之。

楊一，懷孟人。至元間，憐其叔清家貧，密以分契詣神祠焚之，與清同居者三十年，無間言。

張本，東昌茌平人。篤孝，事伯父、叔父皆甚謹。伯父嘗病，本晝夜不去側。復載以巾車，步挽詣岱嶽禱之。

張慶，眞定人。善事繼母。伯父泰異居河南，慶聞其貧，迎歸養之。供饍豐備，過於所生。

元善，大名人。父有昆弟五人，因貧流散江淮。久之，遂客死。至大四年，善往尋其骸骨，幷迎弟姪等一十五喪而歸，改葬祖父母，以諸喪序列祔於塋次。州縣以聞，並旌其家。

趙鉞，唐州人。父福遷鄭之管城。其先，三世同爨。鉞官福州司獄，滿歸，以母老不復仕。一日，會諸弟，泣申遺訓，願世世無異處，且祝天歃血以盟。自是大小百口，略無間言，同力合作，家道以殷。鉞長兄瑞早世，嫂劉氏守志，鉞率家人事之甚恭。次兄選繼歿，嫂王氏，鉞母以其少，許歸改嫁，王氏曰：「婦無再嫁之義，願終事姑。」鉞妹贅王佑，佑亡，妹念佑母無子，乞歸朱氏養之。人謂孝友節義，萃鉞一家。元貞初，旌之。

胡光遠，太平人。母喪廬墓。一夕，夢母欲食魚，晨起號天，將求魚以祭，見生魚五尾列墓前，俱有嚙痕。隣里驚異，方共聚觀，有獺出草中，浮水去。衆知是獺所獻。以狀聞于官，表其閭。

至順間，永平龐遵，母病腫，三年不能起。忽思食魚，遵求于市不得。歸途歎恨，忽有鯉躍入其舟。作羹以獻，母悅，病瘥。

陳韶孫，廣州番禺人。父劉以罪流肇州。韶孫年十歲，不忍父遠謫，朝夕號泣願從。父不能奪，遂與俱往。跋涉萬里，不憚勞苦，道過遼陽，平章塔出見而憫焉，語之曰：「天子

寬仁，罰不及嗣。邊地苦寒，非汝所堪。吾返汝故鄉，汝願之乎？」韶孫曰：「既不能以身代父，當死生以之，歸非所願也。」塔出驚異，以錢賞之。大德六年，劉死，韶孫哀慟，見者皆爲之泣下。肇州萬戶府以聞，命遣還鄉里，仍旌異之。

李忠，晉寧人。幼孤，事母至孝。大德七年，地大震，郇保山移，所過居民廬舍，皆摧壓傾圮。將近忠家，分爲二，行五十餘步復合，忠家獨完。

吳國寶，雷州人。性孝友，父喪廬墓。大德八年，境內蝗害稼，惟國寶田無損。人皆以爲孝感所致云。

李茂，大名人，徙家揚州。父興壽臨卒，語茂曰：「吾病且死，爾善事母。」茂泣受命，奉母孟氏益謹。母嘗病目失明，茂禱于泰安山，三年復明。又願母壽，每夕祝天，乞損己年益母。孟氏竟年八十四而歿，居喪哀慟，聞者傷之。大德九年，揚州再火，延燒千餘家，火及茂廬，皆風返而滅。事聞，旌之。

羊仁，廬州廬江人。至元初，阿朮兵南下，仁家爲所掠，父被殺，母及兄弟皆散去。仁

年七歲，賣爲汴人李子安家奴，力作二十餘年，子安憐之，縱爲良。仁踪贖得母於潁州蒙古軍塔海家，兄於睢州蒙古軍岳納家，弟於邯鄲連大家，皆爲役，尙無恙。乃徧懇親故，貸得鈔百錠，歷詣諸家求贖之。經營百計，更六年，乃得遂。大小二十餘口，復聚居爲良，孝友甚篤，鄉里美之。大德十二年，旌其家。

　又有黃覺經，建昌人。五歲，因亂失母。稍長，誓天誦佛書，願求母所在。乃渡江涉淮，行乞而往，衝冒風雨，備歷艱苦，至汝州梁縣春店，得其母以歸。

章卿孫，蜀人，本劉氏。幼爲章提刑養子，與母富氏相失三十八年，遍訪於江西諸郡，迎歸養之。

俞全，杭州人。幼被掠賣爲劉鐩家奴。後獲爲良，自汴步歸杭，尋其母及姊，得之，事母以孝聞。

李鵬飛，池州人。生母姚氏，爲嫡母不容，改嫁爲朱氏妻。鵬飛幼，不知也。年十九，思慕哀痛，誓學醫以濟人，願早見母。行求三歲，至蘄州羅田縣得焉。時朱氏家方疫，鵬飛起之，遂迎還奉養。久之，復歸朱氏，時渡江省覲。既卒，歲時攜子孫往祭墓，終其身。

　並以有司所請，旌其閭。

趙一德，龍興新建人。至元十二年，國兵南伐，被俘至燕，爲鄭留守家奴。歷事三世，號忠幹。至大元年，一日，拜請於其主鄭阿思蘭及其母澤國太夫人曰：「一德自去父母，得全生依門下者，三十餘年矣，故鄉萬里，未獲歸省，雖思慕刻骨，未嘗敢言。今父母已老，脫有不幸，則永爲天地間罪人矣。」因伏地涕泣，不能起。阿思蘭母子皆感動，許之歸，期一歲而返。

一德至家，父兄已沒，惟母在，年八十餘。一德卜地葬二柩畢，欲少留事母，懼得罪，如期還燕。阿思蘭母子嘆曰：「彼賤隸，乃能是，吾可不成其孝乎！」卽裂券縱爲良。

一德將辭歸，會阿思蘭以冤被誅，詔籍錄其家。羣奴各亡去，一德獨奮曰：「主家有禍，吾忍同路人耶！」卽留不去，與張錦童詣中書，訴枉狀，得昭雪，還其所籍。太夫人勞一德曰：「當吏籍吾家時，親戚不相顧，汝獨冒險以白吾枉，疾風勁草，於汝見之。令吾家業既喪而復存者，皆汝力也，吾何以報汝？」因分美田廬遺之。一德謝曰：「一德雖鄙人，非有利於是也。重哀吾主無罪而受戮，故留以報主。今老母八十餘，得歸侍養，主之賜已厚矣，何以田廬爲！」遂不受而去。皇慶元年，旌其門。

王思聰，延安安塞人。素力田，農隙則敎諸生，得束脩以養親。母喪，盡哀。父繼娶楊氏，事之如所生。以家多幼稚，侵父食，別築室曰養老堂奉之，朝夕定省，愈久不怠。父嘗病劇，思聰憂甚，拜祈于天，額膝皆成瘡，得神泉飲之，愈。後復失明，思聰舐之，卽能視。縣上狀，命表異之。

徹徹，（担）〔捏〕古思氏。〔三〕幼喪父，事母篤孝。稍壯，母歿，慟哭頓絕，水漿不入口者三日。既葬，居喪有禮，每節序祭祀，哭泣常如祖括時。年四十餘，思慕猶如孩童。每見人父母，則嗚咽流涕。人問其故，曰：「人皆有父母，我獨無，是以泣耳。」至大三年，褒異。

王初應，漳州長泰人。至大四年二月，從父義士樵劉嶺山，有虎出叢棘中，搏義士，傷右肩，初應赴救，抽鐮刀刺虎鼻殺之，義士得生。

　泰定二年，同縣施合德，父眞祐嘗出耘，爲虎扼于田，合德與從弟發仔，持斧前殺虎，父得生。

　並旌其門。

鄭文嗣，婺州浦江人。其家十世同居，凡二百四十餘年，一錢尺帛無敢私。至大間表其門。

文嗣歿，從弟大和繼主家事，益嚴而有恩，家庭中凜如公府，子弟稍有過，頒白者猶鞭之。每遇歲時，大和坐堂上，羣從子皆盛衣冠，雁行立左序下，以次進。拜跪奉觴上壽畢，皆肅容拱手，自右趨出，足武相銜，無敢參差者。見者嗟慕，謂有三代遺風。狀聞，復其家。部使者余闕爲書「東浙第一家」以褒之。

大和方正，不奉浮屠、老子敎，冠昏喪葬，必稽朱熹家禮而行執。親喪，哀甚，三年不御酒肉，子孫從化，皆孝謹。雖嘗仕宦，不敢一毫有違家法。諸婦唯事女工，不使預家政。宗族里閭，皆懷之以恩。家畜兩馬，一出，則一爲之不食，人以爲孝義所感。有家範三卷，傳于世。

王薦，福寧人。性孝而好義。父嘗疾甚，薦夜禱於天，願減己年益父壽。父絕而復甦，告其友曰：「適有神人，黃衣紅帕首，恍惚語我曰：汝子孝，上帝命錫汝十二齡。」疾遂愈，後果十二年而卒。母沈氏病渴，語薦曰：「得瓜以啖我，渴可止。」時冬月，求於鄉不得，行至深奧嶺，值大雪，薦避雪樹下，思母病，仰天而哭。忽見巖石間青蔓離披，有二瓜焉，因摘歸奉母。母食之，渴頓止。

兄孟騐早世，嫂林氏更適劉仲山。仲山嘗以田鬻於薦，及死，不能葬，且無子，族以其貧，莫肯爲之後。薦卽以田還之，使置後，且治葬焉。州禁民死不葬者，時民貧未葬者衆，畏令，悉焚柩，棄骨野中。薦哀之，以地爲義阡收瘞之。有死不能斂者，復買棺以贈，人皆感焉。至大四年，其鄉旱，民艱糴，薦盡出儲粟賑之。有施福等十一家，饑欲死，薦聞，惻然欲濟之，家粟已竭，卽以己田易穀百石分給之。福等德其活己，每月朔，會佛祠爲祈福。福建宣慰司上狀旌之。

郭全，遼陽人。幼喪母，哀戚如成人。及壯，父庭玉又卒，居廬三載，啜粥面墨。事繼母唐古氏甚孝，唐古氏生四子，皆幼，全躬耕以養。既長娶婦，各求分財異居，全不能止，凡田廬器物，悉自取朽弊者，奉唐古氏以居，甘旨無乏。唐古氏卒，全年六十餘，哀痛毀瘠，廬其墓終喪。

又有劉德，奉元人。父娶後妻何氏，德事之如所生。家貧，傭工取直，寸錢尺帛皆上之。四弟並何出，德撫愛尤篤。年五十未娶，稱貸得錢先爲弟求婦，諸弟亦化其德，一門藹然。鄉里稱爲劉佛子。

馬押忽，也里可溫氏。素貧，事繼母張氏、庶母呂氏，克盡子職。

劉居敬，大都人。年十歲，繼母郝氏病，居敬憂之，懇天以求代。

狀聞，並褒表之。

楊皞，扶風人。父清，母牛氏。牛氏嘗病劇，皞叩天求代，遂痊，如是者再。後牛氏失明，皞登太白山取神泉洗之，復如故。牛氏歿，哀毀特甚。葬之日，大雨，獨皞墓前後數里，密雲蔽之，雨不沾土，送者大悅。葬畢，令妻衞氏家居養濟，皞獨廬墓上，負土爲墳，疏食水飲，終其喪。清卒，亦如之。

丁文忠，許州偃城人，業鼓冶。母和氏疾，與弟文孝竭力調侍。母卒，文忠廬墓側，不與妻面者三年。父貴又疾，醫不能療，文忠造車一輛，兄弟共御之，載父禱于嵩山、五臺、泰安、河瀆諸祠，途遇異僧遺藥而愈。延祐七年，旌之。

邵敬祖，宛丘人。父喪廬墓。母繼歿，河決，不克葬，殯于城西。敬祖露宿依其側，風雨不去。友人哀之，爲縛草舍庇之，前後居廬六年，兩髀俱成濕疾。至治三年，旌其家。其後又有永平李彥忠，父喪廬墓，八年不至家。茶陵譚景星，幼失父，追念之，廬其墓十年。亳州郭成，年七十一，母喪，食粥廬墓一年，朝夕哭臨。人哀其老而能孝。

扈鐸，汴梁蘭陽人。蚤孤，育於伯父。及壯，事伯父如所生。伯父老無子，鐸爲買妾，歲餘，產一女。其妾性頗不慧，熟寐，壓女死。久之，伯父卒，鐸喪之甚哀。遺腹生一男，鐸懲前失，告其母及妻妹護視之，己復廬戶外，中夜審察，不敢安寢。弟能食，常自抱哺，與同臥起，十年不少怠。弟有疾，鐸夜稽顙星斗哀禱曰：「天不伐余家，鐸父子間可去一人，勿喪吾弟，使伯父無後也。」明旦，弟愈。母卒，哀毀踰禮，廬于墓側，不理家事，宗族勸之歸，鐸曰：「今歲凶多盜，吾家雖貧，安知墓中無可欲乎！倘驚吾親之靈，雖生何爲！」卒守廬不去。

孫秀實，大寧人。性剛毅，喜周人急。里人王仲和嘗托秀實貸富人鈔二千錠，貧不能償，棄其親逃去。數年，其親思之，疾，秀實日饋薪米存問，終不樂。秀實哀之，悉爲代償，取券還其親，復命奴控馬賫金，訪仲和使歸，父子歡聚，聞者莫不嗟美。又李懷玉等貸秀實鈔一千五百錠，度(以無)〔無以〕償，〔已〕盡還其券不徵。

復有賈進，大同人。大德九年，地震，民居多傷，且乏食，進給酒藥炭米濟之。每歲冬，

製木綿裘數百襲衣寒者。買地爲義阡，使無墓者葬之。

李子敬，陝西三原人。嫁不能嫁者五十餘人，葬不能葬者五十餘喪，焚逋券四萬餘貫。

有司以名聞，並旌之。

宗杞，大都人。年十九，父內宰卒，擗踊號泣，絕而復甦，水漿不入口者三日。哀氣傷心，遂成疾。伏臥床榻，猶哭不止，淚盡，繼之以血。既葬，疾轉甚。杞有繼母，無他兄弟，度不能自起，作遺書囑其妻楊氏曰：「汝善守志，以事吾母。」遂卒。楊氏遺腹生一男，人以爲孝感，天不絕其嗣云。泰定三年，旌其門。

趙榮，扶風人。母强氏有疾，榮割股肉啖之者三。復負母登太白山，禱于神，得聖水飲之，乃痊。後年七十五卒，榮號痛不食，三日方飲水，七日乃食粥。葬之日，白雲庇其墓前後十五里，葬畢而散。榮負土成墳，廬其側終喪。

吳好直，華州蒲城人。父歿，事繼母孝，兄弟嘗求分財，好直勸諭不能止，卽以己所當得，悉推與之。出從師學，澹泊三十年，無少悔。又有甄城柴郁、陳舜咨，皆能孝友，以己產

分讓兄弟。縣令言狀，並表美之。

余丙，建德遂安人。幼喪母，泣血成疾。父亡，不忍葬，結廬古山下，殯其中，日閉戶守視。有牧童遺火，延殯廬，丙與子慈亟撲不止，欲投身火中，與柩俱焚。俄暴雨，火滅。

徐鈺，鎭江人。始冠，侍父鎭，將之婺源，過丹陽小谿，鎭乘橋失足，墮水中。同行者立岸上，不能救。鈺投谿擁鎭出，鎭得挽行舟以升。鈺力憊，且水勢湍急，遂溺死，屍流四十五里，得于灘。江浙行省言狀，表異之。

尹莘，汴梁洧川人。至治初，遊學於京師，忽夢母疾，心怪之。馳歸，母已亡。居廬蔬食，哀毀骨立，每鷄鳴而起，手治祭饌，詣墓所哭奠之，風雪不廢。父輔臣嘗病疫，莘侍奉湯藥，衣不解帶，嘗其糞以驗差劇，夜則禱於天曰：「莘母亡不能見，父病不能治，爲人子若此，何以自立於世，願死以代父命。」數日愈，鄉里嗟異之。

又有高唐孫希賢，母病痢，希賢閱方書，有曰「血溫身熱者死，血冷身涼者生」。希賢嘗之，其血溫，乃號泣祈天，求身代之，母遂愈。

高郵卜勝榮，母痢，不能藥，日嘗痢以求愈。兄疾，禮北辰，乞減己年延之。並痊。

劉廷讓，大寧武平人。至順初，北方兵起，民被殺掠。廷讓挈家避山中，有幼弟方乳，母王氏置于懷，兵急，廷讓乃棄己子，一手抱幼弟，一手扶母，疾驅得免。事聞，旌之。

劉通，亳州譙縣人。家貧業農。母卜氏，好聲樂，每眩技者以簫鼓至門，必令娛侍，或自歌舞，以悅母心。卜氏目失明，通誓斷酒肉，禱之三十年不懈，卜氏年八十五，忽復明。至大間鄱陽黃鎰，皇慶間諸暨丁祥一，皆以親喪明，以舌舐之，復能視。並命褒表。

張旺舅，安豐霍丘人。幼失父，母陳氏居貧守志，旺舅九歲，賣餳以養。及長，母病，伏枕數月，旺舅無貲命醫，惟日夜痛哭，禮天求代，未幾遂愈。又自以生業微不能多給，竟不娶，以終母年。縣令言于朝，旌之。

張思孝，華州人。母喪，以孝聞。父疾，調護甚至，不愈，以父涕洟半器，垂泣盡飲之，復潔齋致禱，乞以身代，未幾，遂痊。至順三年，表其門。

(社)〔杜〕佑，〔五〕邳州人。河南行省署爲三叉〔口〕水、馬站提領。〔六〕父成病于家，佑忽心驚，擧體沾汗，卽棄職歸。父病始三日，遂禱神求代，且嘗糞以驗疾。父卒，廬墓盡哀，有馴兔之瑞。

長壽，父帖住，官平章政事，生五子。長山壽早世，次卽長壽，次永壽、福壽、忙古海牙。元統間，帖住歿，長壽哀毀盡禮。服闋，當廕敍，與弟羅拜母前曰：「吾父廉貧，諸弟未有所立，願以職讓永壽。」永壽讓福壽，福壽曰：「二兄能讓，福壽獨不能耶！」以讓忙古海牙，母從之。忙古海牙遂告廕，爲太禧宗禋院神御殿侍禮佐郎，階奉議大夫。兄弟奉母尤篤，邦閭美之。

至大間，河中梁外僧，親喪廬墓，兄那海爲奧魯官，自以嘗遠仕，不得養其親，卽棄職，擧外僧代之。人稱外僧能孝，那海能義。又有畏吾氏秋秋，及濠州高中、嘉定武進，皆以侍親不願仕，以祖父廕讓叔父昆弟云。

孫瑾，鎭江丹徒人。父喪，哀毀，嚴冬跣足而步，停柩四載，衣不解帶，常食粥，誦佛書。

及葬，載柩渡江，潮波方湧，俄順風翼帆，如履平地。事繼母唐氏尤孝，嘗患癱，瑾親吮之，又喪目，瑾舐之復明。唐氏卒，卜日將葬，時春苦雨，瑾夜號天乞霽，至旦，雲日開朗，甫掩壙，陰氣復合，雨注數日不止。

又有吳希曾，睢寧人。父卒，葬之日大雨，希曾跪柩前，炷艾燃腕，火熾，雨止。旣葬，廬於墓左。

縣上狀，並旌之。

張恭，河南偃師人。以兵部符署鷹房府案牘，親老，辭歸侍養，壂理先墓，身負水灌松柏。父喪，過哀。侍母馮氏尤謹。歲凶，恭夫婦采野菜爲食，而營奉甘旨無乏。母有疾，恭手除溷穢，喂哺飲食，且嘗糞以驗疾勢。天曆初，西兵至河南，居民悉竄。恭守視母病，項中一劍，不去，母驚悸而歿，恭居喪盡禮，人稱孝焉。有詔旌其閭。

訾汝道，德州齊河人。父與卒，居喪，以孝聞。母高氏治家嚴，汝道承順甚恭。母嘗寢疾，晝夜不去側。一日，母屏人授以金珠若干曰：「汝素孝，室無私蓄，我一旦不諱，此物非汝有矣，可善藏之，毋令他兄弟知也。」汝道泣拜曰：「吾父母起艱難，成家業，今田宅牛羊已

多，汝道恨無以報大恩，倘敢受此，以重不孝之罪乎！」竟辭之。母卒，哀毀，終喪不御酒肉。

性尤友愛，二弟將析居，汝道悉以美田廬讓之，二弟早世，撫諸孤如己子。鄉人劉顒等貧無以爲生，汝道割己田各畀之，使食其租終身。里中嘗大疫，有食瓜得汗而愈者，汝道卽多市瓜及攜米，歷戶饋之。或曰：「癘氣能染人，勿入也。」不聽，益周行問所苦，然卒無恙。有死者，復贈以棺櫝，人咸感之。嘗出麥粟貸人，至秋，蝗食稼，人無以償，汝道聚其券焚之。縣令李讓爲請旌其家。

校勘記

〔一〕塔塔思歹　按蒙古人名多見「塔塔兒歹」、「塔塔里歹」，意爲「塔塔兒部人」。疑此處「思」爲「里」之誤。

〔二〕(娥)〔峨〕眉　據本書卷六〇地理志改。類編已校。

〔三〕徹徹(担)〔揑〕古思氏　元史氏族表揑古台氏云：「又元史孝友傳有徹徹者，担古思氏，担亦揑字之譌。」蒙古無「担古思」姓氏，今改。

〔四〕度(以無)〔無以〕償　從道光本改正。

〔五〕(社)〔杜〕佑　道光本與本書原目錄合，從改。

〔六〕三叉〔口〕水馬站提領　按經世大典站赤河南江北行省淮安路下有「桃源縣三叉口站二：馬站，馬六十四；水站，船三十四隻」。據補。

元史卷一百九十八

列傳第八十五

孝友二

王庸字伯常，雄州歸信人。事母李氏以孝聞。母有疾，庸夜禱北辰，至叩頭出血，母疾遂愈。及母卒，哀毀幾絕，露處墓前，旦夕悲號。一夕，雷雨暴至，鄰人持寢席往，欲蔽之，見庸所坐臥之地獨不霑濕，咸嘆異而去。復有蜜蜂數十房，來止其家，歲得蜜蠟，以供祭祀。

黃賓字止敬，臨江人。父君道，延祐間求官京師，留賓江南。時賓年幼，及既長，聞其父娶後妻居永平，乃往省之，則父歿已三年矣。庶母聞賓來，盡挾其貲去，更嫁，拒不見賓。賓號哭語人曰：「吾之來，爲省吾父也。今不幸吾父已歿，思奉其柩歸而窆之，莫知其墓。苟得見庶母示以葬所，死不恨矣，尙忍利遺財邪！」久之，聞庶母居海濱，亟裹糧往，庶母復拒之，三日不納。庶母之弟憐之，與偕至永平屬縣樂亭求父墓，又弗得。賓哭禱于神，一夕夢老父以杖指葬處曰：「見片磚卽可得。」明日就其地求之，庶母之弟曰：「眞是已，斂時有某物可驗。」啓朽棺，得父骨以歸。

石明三者，與母居餘姚山中。一日明三自外歸，覓母不見，見壁穿而臥內有三虎子，知母爲虎所害。乃盡殺虎子，礪巨斧立壁側，伺母虎至，斫其腦裂而死。復往倚巖石傍，執斧伺候，斫殺牡虎。明三亦立死不仆，張目如生，所執斧牢不可拔。

劉琦，〔一〕岳州臨湘人。生二歲而母劉氏遭亂陷于兵，琦獨事其父。稍長，思其母不置，常歎曰：「人皆有母，而我獨無！」輒歔欷泣下。及冠，請於父，往求其母，遍歷河之南北、淮之東西，數歲不得。後求得於池州之貴池，迎以歸養。其後十五年而父歿，又三年而母歿，終喪猶蔬食。有司上其事，旌表其門曰「孝義」。

劉源，歸德中牟人。〔二〕母吳氏，年七十餘，病甚不能行。適兵火起，且延至其家，鄰里俱逃，源力不能救，乃呼天號泣，趨入抱母，爲火所焚而死。

祝公榮字大昌，處州麗水人。隱居養親，事母甚孝。母歿，居喪盡禮。竈突失火，公榮力不能救，乃伏棺悲哭，其火自滅，鄉里異之。塑二親像於堂，朝夕事之如事生焉。

陸思孝，紹興山陰樵者，性至孝。母老病痢，思孝醫禱久之，不效。思孝方欲封股肉爲糜以進，忽夢寐間恍若有神人者授以藥劑，思孝得而異之，卽以奉母，其疾遂愈。

姜兼，嚴州淳安人。七歲而孤，與二兄養母至孝。母死，兼哀慕幾絕。既葬，獨居墓下，朝夕哭奠，寂焉荒山中，躬自樵爨，蔬食飲水，一衰麻寒暑不易。同里陳氏、戴氏子不能事其父母，聞兼之行，慚感而悔，皆迎養焉。

胡伴侶，鈞州密縣人。其父實嘗患心疾數月，幾死，更數醫俱莫能療。伴侶乃齋沐焚香，泣告于天，以所佩小刀於右脅傍刲其皮膚，割脂一片，煎藥以進，父疾遂瘳，其傷亦旋愈。朝廷旌表其門。

王士弘，延安中部人。父搏有疾，士弘傾家貲求醫，見醫卽拜，遍禱諸神，叩額成瘡。父歿，哀毀盡禮，廬墓三年，足未嘗至家。墓廬上有奇鵲來巢，飛鳥翔集，與士弘親近，若相狎然，衆咸異之。終喪，復建祠於塋前，朔望必往奠祭，雖風雨不廢也。有司上其事于朝，旌表之。

何從義，延安洛川人。祖良、祖母李氏偕亡，從義廬於墓側，旦夕哀慕，不脫絰帶，不食菜果，惟啖疏食而已。事父世榮、母王氏，孝養尤至。伯祖溫、伯祖母郝氏，叔祖恭、叔祖母賀氏，叔祖讓、叔祖母姜氏，叔父珍、叔母光氏，皆無子。比其亡也，從義咸爲治葬，築高墳，祭奠以禮，時人義之。

哈都赤，大都固安州人。天性篤孝。幼孤，養母，母嘗有疾，醫治不痊，哈都赤礪其所佩小刀，拜天泣曰：「慈母生我劬勞，今當捐身報之。」乃割開左脅，取肉一片，作羹進母，母曰：「此何肉也？其甘如是！」數日而病愈。

高必達，建昌人。五歲時，父明大忽棄家遠遊，莫知所適。必達既長，晝夜哀慕，乃娶

妻以養母，而歷往四方求其父，十餘年不得見，心愈悲。忽相傳黃州全眞道院中有虛明子者，學道三十年矣，本姓高氏，建昌人也，匿姓名爲道人云。必達詢問，知爲父，卽往拜之，具言家世，及己之所生歲月，大父母之喪葬始末，因哀號叩頭不已。虛明猶瞑坐不顧，久之，斥曰：「我非汝父，不去何爲？」必達留侍左右不少懈，辭氣哀惻可矜。其徒謂虛明曰：「師有子如此，忍弗歸乎？」虛明不得已，乃還家。必達孝養篤至，鄉里稱之。

曾德，漁陽人，宗聖公五十七代孫。母早亡，父仲祥再娶左氏。仲祥遊襄陽，樂其土俗，因擕左氏家焉。亂兵陷襄陽，遂失左氏。德遍往南土求之，五年乃得于廣海間，奉迎以歸，孝養甚至。有司以聞，詔旌復其家。

靳昺字克昌，絳州曲沃人。兄榮爲奎章閣承制學士，奉母王氏官于朝。母歿，昺與兄榮護喪還家。至平定，大雷雨，流水驟至，昺伏柩上，榮呼之避水，昺不忍舍去，遂爲水所漂沒。後得王氏柩於三里外，得昺屍於五里外。詔賜孝子靳昺碑。

黃道賢，泉州人。嫡母唐無子，道賢在襁褓而生母蘇以疾去。既長，思念生母，屢請於

父，得召之歸。道賢竭力養二母，得其歡心。父病篤，道賢晝夜奉湯藥，不離膝下，遍求良醫，莫效。乃夜禱于天，願減己一紀之算，以益父壽，其父遂愈。至元統二年乃歿，果符一紀之數。道賢居喪盡禮，負土築墳，廬于墓側，疏食終制。至元二年，有司上其事，旌其門曰「孝子黃氏之門」。

史彥斌，邳州人。嗜學，有孝行。至正十四年，河溢，金鄉、魚臺墳墓多壞。彥斌母卒，慮有後患，乃爲厚棺，刻銘曰「邳州沙河店史彥斌母柩」，仍以四鐵環釘其上，然後葬。明年，墓果爲水所漂，彥斌縛草爲人，置水中，仰天呼曰：「母棺被水，不知其處，願天矜憐哀子之心，假此芻靈，指示母棺。」言訖，涕泣橫流，乃乘舟隨草人所之，經十餘日，行三百餘里，草人止桑林中，視之，母柩在焉，載歸復葬之。

張紹祖字子讓，潁州人。讀書力學，以孝行聞于朝，特授河南路儒學教授。至正十五年，奉父避兵山間，賊至，執其父將殺之，紹祖泣曰：「吾父耆德善人，不當害，請殺我以代父死。且若等非父母所生乎，何忍害人父也！」賊怒，以戈擊之，戈應手挫鈍，因感而相謂曰：「此眞孝子，不可害。」乃釋之。

李明德，瑞州路上高縣人。讀書有志操，孝行篤至。至正十四年，亂兵陷袁州，因抄掠上高，兵執其父欲殺之，明德泣告曰：「子豈不能代父乎，願勿害吾父也！」兵遂殺明德，而免其父，後以高壽終。

張緝字士明，益都膠州人。性孝友，能詩文。至正七年，與兄紳、弟經同領鄉薦，由澤州儒學正轉泰州幕職，棄之，養親居揚州。十五年，揚州亂，緝母姬氏方臥病，賊突入臥內，舉槍欲刺姬，緝以身蔽姬，槍中緝脅，三日而死。

魏敬益字士友，雄州容城人。性至孝，居母喪，哀毀骨立。素好施與，有男女失時者，出貲財爲之嫁娶，歲凶，老弱之饑者，爲糜以食之。敬益有田僅十六頃，一日語其子曰：「自吾買四莊村之田十頃，環其村之民皆不能自給，吾深憫焉。今將以田歸其人，汝謹守餘田，可無餒也。」乃呼四莊村民諭之曰：「吾買若等業，使若等貧不聊生，有親無以養，吾之不仁甚矣，請以田歸若等。」衆聞皆愕眙不敢受，强與之，乃受而言諸有司。有司以聞于中書，請加旌表。丞相賀太平歎曰：「世乃有斯人哉！」

湯霖字伯雨，龍興新建人。早喪父，事母至孝。母嘗病熱，更數醫弗能效。母不肯飲藥，曰：「惟得冰，我疾乃可愈。」爾時天氣甚燠，霖求冰不得，累日號哭於池上。忽聞池中戛戛有聲，拭淚視之，乃冰澌也。亟取以奉母，其疾果愈。

孫抑字希武，世居晉寧洪洞縣。抑登進士第，歷仕至刑部郎中。關保之變，挈父母妻子避兵平陽之柏村。有亂兵至村剽掠，拔白刃嚇抑母，求財不得，舉刃欲斫之。抑亟以身蔽母，請代受斫，母乃得釋。而抑父被虜去，不知所之。或語之曰：「汝父被驅而東矣，然東軍得所掠民皆殺之，汝慎無往就死也。」抑曰：「吾可畏死而棄(其)〔吾〕父乎？」〔三〕遂往，出入死地，履瀕危殆，卒得父以歸。

石永，紹興新昌人。性淳厚，事親至孝。值亂兵掠鄉里，永父謙孫年八十，老不能行，永負父匿山谷中。亂兵執其父，欲殺之，永亟前抱父請以身代，兵遂殺永而釋其父。

王克己，延安中部人。父伯通歿，克己負土築墳，廬於墓側。貊高縱兵暴掠，縣民皆逃寘，克己獨守墓不去。家人呼之避兵，克己曰：「吾誓守墓三年，以報吾親，雖死不可棄也。」遂不去。俄而兵至，見其身衣衰絰，形容憔悴，曰：「此孝子也。」遂不忍害，竟終喪而歸。

劉思敬，延安宜君人。事其繼母沙氏、杜氏，孝養之至，無異親母。父年八十，兩目俱喪明，會亂兵剽掠其鄉，思敬負父避于巖穴中。有兵至，欲殺思敬，思敬泣言曰：「我父老矣，又無目，我死不足惜，使我父何依乎？」兵憐其孝，不忍殺，父子皆免於難。

呂祐字伯通，晉安人。〔四〕至正二十六年，郡城破，有卒入其室，拔白刃脅其母林氏索財寶不得，揮刃欲斫母。祐急以身蔽母，而奪其刃，手指盡裂，被傷仆地。良久而甦，開目視母曰：「母幸無恙，我死無憾矣。」遂瞑目死。

周樂，溫州瑞安人。宋狀元坦之後，父日成，通經能文。海賊竊據溫州，拘日成置海舟上，樂隨往，事其父甚謹。一日賊酋遣人沉日成于水，樂泣請曰：「我有祖母，幸留父侍養，請以己代父死。」不聽，樂抱父不忍捨，遂同死焉。

校勘記

〔一〕劉琦 傳與礪集卷四旌孝圖集序、王圻續文獻通考卷七二節義考作「張琦」。疑「劉」當作「張」。

〔二〕劉源歸德中牟人 中牟縣自石晉以來屬開封府，即元汴梁路，不隸歸德府。王圻續文獻通考卷七二節義考稱「劉源，中牟人」，不言歸德。疑「歸德」二字衍誤。

〔三〕吾可畏死而棄(其)〔吾〕父乎 王圻續文獻通考卷七二節義考作「吾可畏死而棄吾父乎」，從改。

〔四〕晉安人 王圻續文獻通考卷七二節義考、淸修福建通志孝義傳皆謂呂祐晉江人。按元代路府州縣無「晉安」，疑「安」爲「江」之誤。

元史卷一百九十九

列傳第八十六

隱逸

古之君子，負經世之德，度時不可爲，故高蹈以全其志。使得其時，未嘗不欲仕，仕而行所學，及物之功豈少哉。後世之士，其所蘊蓄或未至，而好以跡爲高，當邦有道之時，且遁世離羣，謂之隱士。世主亦苟取其名而强起之，及考其實，不如所聞，則曰「是欺世釣譽者也」，上下豈不兩失也哉！

元之隱士亦多矣，如杜瑛遺執政書，暨張特立居官之政，則非徒隱者也，蓋其得時則行，可隱而隱，頗有古君子之風。而世主亦不强之使起，可謂兩得也已。自是以隱逸稱者，蓋往往而有，今摭其可傳者，作隱逸傳。

杜瑛字文玉，其先霸州信安人。父時昇，金史有傳。瑛長七尺，美鬚髯，氣貌魁偉。金將亡，士猶以文辭規進取，瑛獨避地河南緱氏山中。時兵後，文物凋喪，瑛搜訪諸書，盡讀之，讀輒不忘，而究其指趣，古今得失如指諸掌。間關轉徙，教授汾、晉間。中書粘合珪開府(爲)〔於〕相，〔一〕瑛赴其聘，遂家焉。與良田千畝，辭不受。術者言其所居下有藏金，家人欲發視，輒止之。後來居者果得黃金百斤，其不苟取如此。

歲己未，世祖南伐至相，召見問計，瑛從容對曰：「漢、唐以還，人君所恃以爲國者，法與兵、食三事而已。國無法不立，人無食不生，亂無兵不守。今宋皆蔑之，殆將亡矣，興之在聖主。若控襄樊之師，委戈下流，以擣其背，大業可定矣。」帝悅，曰：「儒者中乃有此人乎！」瑛復勸帝數事，以謂事不如此，後當如彼。帝納之，心賢瑛，謂可大用，命從行，以疾弗果。

中統初，詔徵瑛。時王文統方用事，辭不就。左丞張文謙宣撫河北，奏爲懷孟、彰德、大名等路提舉學校官，又辭，遺執政書，其略曰：「先王之道不明，異端邪說害之也，橫流奔放，天理不絕如線。今天子神聖，俊乂輻湊，言納計用，先王之禮樂教化，興明修復，維其時矣。若夫簿書期會，文法末節，漢、唐猶不屑也，執事者因陋就簡，此焉是務，良可惜哉！夫善始者未必善終，今不能遡流求源，明法正俗，育材興化，以拯數百千年之禍，僕恐後日之弊，將有不可勝言者矣。」人或勉之仕，則曰：「後世去古雖遠，而先王之所設施，本末先後，猶可考見，故爲政者莫先於復古。苟因習舊弊，以求合乎先王之意，不亦難乎！吾又不能隨時俛仰以赴機會，將焉用仕！」於是杜門著書，一不以窮通得喪動其志，優游道藝，以終其身。年七十，遺命其子處立、處愿曰：「吾卽死，當表吾墓曰『緱山杜處士』。」天曆中，贈資德大夫、翰林學士、上護軍，追封魏郡公，謚文獻。

所著書曰春秋地理原委十卷、語孟旁通八卷、皇極引用八卷、皇極疑事四卷、極學十卷、律呂律曆禮樂雜志三十卷、〔二〕文集十卷。其於律，則究其始，研其義，長短淸濁，周徑積實，各以類分，取經史之說以實之，而折衷其是非。其於曆，則謂造曆者皆從十一月甲子朔夜半冬至爲曆元，獨邵子以爲天開於子，取日甲月子、星甲辰子，爲元會運世之數，無朔虛，無閏餘，率以三百六十爲歲，而天地之盈虛，百物之消長，不能出乎其中矣。論閉物開物，則曰開於己，閉於戊；五，天之中也；六，地之中也；戊己，月之中星也。又分卦配之紀年，金之大定庚寅，交小過之初六；國朝之甲寅三月二十有三日寅時，交小過之九四。多先儒所未發，掇其要著于篇云。

張特立字文舉，東明人。初名永，避金衞紹王諱，易今名。中泰和進士，爲偃師主簿。改宣德州司候。州多金國戚，號難治，特立至官，俱往謁之。有五將軍率家奴劫民羣羊，特

立命大索閭里，遂過將軍家，溫言誘之曰：「將軍宅寧有盜羊者邪，聊視之以杜衆口。」潛使人索其後庭，得羊數十。遂縛其奴繫獄，其子匿他舍，捕得之，以近族得減死論。豪貴由是遵法，民賴以全。

正大初，遷洛陽令。時軍旅數起，郡縣窘迫，東帥紇石烈牙兀䚟又侮慢儒士，會移鎭陝右，道經洛陽，見特立淳古，不禮之，遽責令治糗具，期三日足，後期如軍法。縣民素賢特立，爭輸於庭，帥大奇之。既而拜監察御史，首言世宗諸孫不宜幽囚；尙書右丞顏盞石魯與細民爭田，參知政事徒單兀典諂事近習，皆當罷黜。執政者忌之。會平章政事白撒犒軍陝西，特立又劾其掾不法。白撒訴于世宗，言特立所言事失實，世宗宥之，遂歸田里。

特立通程氏易，晚教授諸生，東平嚴實每加禮焉。歲丙午，世祖在潛邸受王印，首傳旨諭特立曰：「前監察御史張特立，養素丘園，易代如一，今年幾七十，研究聖經，宜錫嘉名，以光潛德，可特賜號曰中庸先生。」又諭曰：「先生年老目病，不能就道，故令趙寶臣諭意，且名其讀書之堂曰麗澤。」壬子歲，復降璽書諭特立曰：「白首窮經，誨人不倦，無過不及，學者宗之，昔已賜嘉名，今復諭意。」癸丑，特立卒，年七十五。中統二年，詔曰：「中庸先生學有淵源，行無瑕玷，雖經喪亂，不改故常，未遂丘園之賁，俄興窀穸之悲。可復賜前號，以彰寵數。」特立所著書有易集說、歷年係事記。

（杜本）〔三〕

杜本字伯原，其先居京兆，後徙天台，又徙臨江之清江，今爲清江人。本博學，善屬文。江浙行省丞相忽剌(木)〔朮〕得其所上救荒策，〔四〕大奇之，及入爲御史大夫，力薦于武宗。嘗被召至京師，未幾歸隱武夷山中。文宗在江南時，聞其名，及卽位，以幣徵之，不起。

至正三年，右丞相脫脫以隱士薦，詔遣使賜以金織文幣、上尊酒，召爲翰林待制、奉議大夫，兼國史院編修官。使者致君、相意，趣之行。至杭州，稱疾固辭，而致書於丞相曰：「以萬事合爲一理，以萬民合爲一心，以千載合爲一日，以四海合爲一家，則可言制禮作樂，而躋五帝三王之盛矣。」遂不行。

本湛靜寡欲，無疾言遽色。與人交尤篤於義，有貧無以養親、無貲以爲學者，皆濟之。平居書册未嘗釋手。天文、地理、律曆、度數，靡不通究，尤工於篆隸。所著有四經表義、六書通編、十原等書，學者稱爲清碧先生。至正十年卒，年七十有五。

時有張樞子長者，婺之金華人，亦屢徵不起。樞幼聰慧，外家潘氏蓄書數萬卷，樞盡取而讀之，過目輒不忘。既長，肆筆成章，頃刻數千言。有問以古今沿革、政治得失、宇宙之分合、禮樂之廢興，以至帝號官名、歲月先後，歷歷如指諸掌。其爲文，務推明經史，以扶翼

敎道，尤長於敍事。嘗取三國時事撰漢本紀列傳，附以魏吳載記，爲續後漢書七十三卷。臨川危素稱其立義精密，可備勸講，朝廷取其書置宣文閣。浙東部使者交薦之，前後章凡九上。

至正三年，命儒臣纂修遼、金、宋三史，右丞相脫脫以監修國史領都總裁，辟樞本府長史，力辭不拜。七年，申命史臣纂修本朝后妃、功臣傳，復以翰林修撰、儒林郎、同知制誥兼國史院編修官召樞，俾與討論，復避不就。使者强之行，至杭州，固辭而歸。嘗著春秋三傳歸一義三十卷，刊定三國志六十五卷，林下竊議、曲江張公年譜各一卷，弊帚編若干卷。至正八年卒，年五十有七。

孫轍字履常，其先自金陵徙家臨川。轍幼孤，母蔡氏敎之，知警策自樹立。比長，學行純篤，事母甚孝。家居敎授，門庭蕭然，而考德問業者日盛。郡中俊彥有聲者皆出其門。轍與人言，一以孝弟忠信爲本，辭溫氣和，聞者莫不油然感悟。待親戚鄉里禮意周洽，言論間未嘗幾微及人過失長短。士子至郡者必來見，部使者長吏以下仁且賢者，必造焉。轍樂易莊敬，接之以禮，言不及官府。憲司屢辟，皆不就。江西行省特以遺逸擧轍一人。轍善爲文章，吳澄嘗敍其集曰：「所謂仁義之人，其言藹如也。」其見稱許如此。元統二年，年七十有三，卒于家。

同郡吳定翁字仲谷，其先當宋初自金陵來徙。定翁幼歲儼如成人，寒暑衣冠不少懈，清修文雅，與孫轍齊名。而最善爲詩，揭傒斯稱其幽茂疏澹，可比盧摯。御史及江西之方伯牧守部使者，辟薦相望，終身不爲動。程鉅夫嘗貽書曰：「臨川士友及門者，踵相接也，何相望足下耿耿如玉人，而不可得見乎！」定翁嘗曰：「士無求用於世，惟求無媿於世。」人以爲名言。

（何中）〔五〕

何中字太虛，撫之樂安人。少穎拔，以古學自任，家有藏書萬卷，手自校讎。其學弘深該博，廣平程鉅夫、清河元明善、柳城姚燧、東平王構、同郡吳澂、揭傒斯，皆推服之。至順二年，江西行省平章全岳柱聘爲龍興郡學師。明年六月，以疾卒。所著有易類象二卷、書傳補遺十卷、通鑑綱目測海三卷、知非堂藁十七卷。

同郡危復之字見心。宋末爲太學生，師事湯漢，博覽羣書，好讀易，尤工於詩。至元初，元帥郭昂屢薦爲儒學官，不就。至元中，朝廷果遣奉御察罕及翰林應奉詹玉以幣徵之，皆弗起。隱於紫霞山中，士友私謚曰貞白先生。

（武恪）〔六〕

武恪字伯威，宣德府人。初以神童遊學江南，吳澄爲江西儒學副提擧，薦入國學肄業。明宗在潛邸，選恪爲說書秀才，及出鎭雲南，恪在行。明宗欲起兵陝西，恪諫曰：「太子北行，於國有君命，於家有叔父之命，今若向京師發一箭，史官必書太子反。」左右惡恪言，乃曰：「武秀才有母在京，合遣其回。」恪遂還京師，居陋巷，敎訓子弟。

文宗知其名，除祕書監典簿。秩滿，丁內艱，再除中瑞司典簿，改汾西縣尹，皆不起。人或勸之仕，恪曰：「向爲親屈，今親已死，不復仕矣。」居數歲，會朝廷選守令，泰不華擧恪爲平陽沁水縣尹，亦不赴。近臣又薦爲授經郎，恪遂陽爲瘖瘂，不就。

恪好讀周易，每日堅坐。或問之曰：「先生之學，以何爲本？」恪曰：「以敬爲本。」所著有水雲集若干卷。其從之學者多有所成，佛家奴爲太尉，完者不花僉樞密院事，皆有賢名。

校勘記

〔一〕中書粘合珪開府(爲)〔於〕相　石田集卷一一杜瑛神道碑作「開府於相」，滋溪文稿卷二二杜瑛行狀作「開府彰德」。相州卽彰德。「爲」係「於」之訛，今從道光本改。

〔二〕律呂律曆禮樂雜志　石田集卷一一杜瑛神道碑、滋溪文稿卷二二杜瑛行狀「雜志」均作「雜說」，疑作「說」是。

〔三〕（杜本）　從北監本删。

〔四〕忽剌（木）〔朮〕　道光本與危太樸續集卷二杜本墓碑合，從改。按本書卷二三武宗紀至大三年八月乙未條有「忽剌出」，爲「忽剌朮」之異譯。

〔五〕（何中）　從北監本删。

〔六〕（武恪）　從北監本删。

元史卷二百

列傳第八十七

列女一

（崔氏　周氏　楊氏　胡烈婦　闞文興妻　郎氏　秦氏二女
焦氏　趙孝婦　霍氏二婦　王德政妻　只魯花眞　段氏
朱虎妻　聞氏　馬英　馮氏　李君進妻　朱淑信　葛妙眞
王氏　張義婦　丁氏　趙美妻　脫脫尼　趙彬妻　貴哥
臺叔齡妻　李智貞　蔡三玉）〔一〕

古者女子之居室也，必有傅姆師保爲陳詩書圖史以訓之。凡左右佩服之儀，內外授受之別，與所以事父母舅姑之道，蓋無所不備也。而又有天子之后妃，諸侯之夫人，躬行於

上，以率化之。則其居安而有淑順之稱，臨變而有貞特之操者，夫豈偶然哉。後世此道既廢，女生而處閨闥之中，溺情愛之私，耳不聆箴史之言，目不覩防範之具，由是動踰禮則，而往往自放於邪僻矣。苟於是時而有能以懿節自著者焉，非其生質之美，則亦豈易致哉。史氏之書，所以必錄而弗敢略也。

元受命百餘年，女婦之能以行聞於朝者多矣，不能盡書，采其尤卓異者，具載于篇。其間有不忍夫死，感慨自殺以從之者，雖或失於過中，然較於苟生受辱與更適而不知愧者，有間矣。故特著之，以示勸厲之義云。

崔氏，周朮忽妻也。丁亥歲，從朮忽官平陽。金將來攻城，克之，下令官屬妻子敢匿者死。時朮忽以使事在上黨，崔氏急卽抱幼子禎以詭計自言於將，將信之，使軍吏書其臂出之。崔氏曰：「婦人臂使人執而書，非禮也。」以金賂吏，使書之紙。吏曰：「吾知汝誠賢婦，然令不敢違。」命崔自揎袖，吏懸筆而書焉。旣出，有言其詐者，將怒，命追之。崔與禎伏土窨三日，得免，旣與朮忽會。

未幾，朮忽以病亡，崔年二十九，卽大慟柩前，誓不更嫁，斥去麗飾，服皁布弊衣，放散婢僕，躬自紡績，悉以資產遺親舊。有權貴使人諷求娶，輒自爬毀其面不欲生。四十年未

嘗妄言笑，預吉會。治家教子有法，人比古烈婦云。

周氏，（灤平）〔平灤〕石城人。〔三〕年十六適李伯通，生一子，名易。金末，伯通監豐潤縣，國兵攻之，城破，不知所終。周氏與易被虜，謂偕行者曰：「人苟愛其生，萬一受辱，不如死也。」即自投于塹。主者怒，拔佩刀三刃其體而去，得不死。遂攜易而逃，間關至汴，績紝以自給，教易讀書有成。

楊氏，東平須城人。夫郭三，從軍襄陽，楊氏留事舅姑，以孝聞。至元六年，夫死戍所，母欲奪嫁之，楊氏號痛自誓，乃已。久之，夫骨還，舅曰：「新婦年少，終必他適，可令吾子鰥處地下耶！」將求里人亡女骨合瘞之。楊氏聞，益悲，不食五日，自經死，遂與夫共葬焉。

胡烈婦，渤海劉平妻也。至元七年，平當戍棗陽，車載其家以行。夜宿沙河傍，有虎至，銜平去。胡覺起追及之，持虎足，顧呼車中兒，取刀殺虎，虎死，扶平還至季陽城求醫，以傷卒。縣官言狀，命恤其母子，仍旌異之。

至大間，建德王氏女，父出耘舍傍，遇豹，爲所噬，曳之升山。父大呼，女識父聲，驚趨救，以父所棄鋤擊豹腦，殺之，父乃得生。

闞文興妻王氏，名醜醜，建康人也。文興從軍漳州，爲其萬戶府知事，王氏與俱行。至元十七年，陳吊眼作亂，攻漳州，文興率兵與戰，死之。王氏被掠，義不受辱，乃紿賊曰：「俟吾葬夫，即汝從也。」賊許之，遂脫，得負屍還，積薪焚之。火既熾，即自投火中死。至順三年，事聞，贈文興侯爵，謚曰英烈，〔三〕王氏曰貞烈夫人。有司爲立廟祀之，號「雙節」云。

郎氏，湖州安吉人，宋進士朱甲妻也。朱嘗仕浙東，以郎氏從。至元間，朱歿，郎氏護喪還至玉山里，留居避盜。勢家柳氏欲强聘之，郎誓不從，夜棄裝奉柩遁。柳邀之中道，復死拒，得免。家居，養姑甚謹。姑嘗病，郎禱天，刲股肉進啖而愈。後姑喪，以哀聞。大德十一年，旌美之。

又有東平鄭氏、大寧杜氏、安西楊氏，並少寡守志，割體肉療姑病。

秦氏二女，河南宜陽人，逸其名。父嘗有危疾，醫云不可攻。姊閉戶默禱，鑿己腦和藥進飲，遂愈。父後復病欲絕，妹刲股肉置粥中，父小啜即甦。

孫氏女，河間人。父病癩十年，女禱于天，求以身代，且吮其膿血，旬月而愈。

許氏女，安豐人。父疾，割股啖之乃痊。

張氏女，廬州人，嫁爲高屋妻。母病目喪明，張氏歸省，抱母泣，以舌舐之，目忽能視。州縣各以狀聞，褒表之。

焦氏，涇陽袁天祐妻也。天祐祖、父始皆從軍役，〔四〕祖母楊氏、母焦氏並家居守志。至元二十三年，天祐復從征死甘州，妻焦氏年少，宗族欲改嫁之。焦氏哭且言曰：「袁氏不幸三世早寡，自祖姑以來，皆守節義，豈可至吾而遂廢乎！吾生爲袁氏婦，死則葬袁氏土爾，終不能改容事他人也。」衆不敢復言。

周氏，澤州人，嫁爲安西張興祖妻。年二十四，興祖歿，舅姑欲使再適，周氏弗從，曰：「妾家祖、父皆早世，妾祖母、妾母並以貞操聞，妾或中道易節，是忘故夫而辱先人也。夫忘故夫不義，辱先人不孝，不孝不義，妾不爲也。」遂居嫠三十年，奉舅姑，生事死葬無違禮。其父與外祖皆無後，葬祭之禮亦周氏主之。有司以聞，並賜旌異。

趙孝婦，德安應城人。早寡，事姑孝。家貧，傭織於人，得美食必持歸奉姑，自啖粗糲不厭。嘗念姑老，一旦有不諱，無由得棺，乃以次子鬻富家，得錢百緡，買杉木治之。棺成，置于家。南鄰失火，時南風烈甚，火勢及孝婦家，孝婦亟扶姑出避，而棺重不可移，乃撫膺大哭曰：「吾爲姑賣兒得棺，無能爲我救之者，苦莫大焉！」言畢，風轉而北，孝婦家得不焚，人以爲孝感所致。

霍氏二婦尹氏、楊氏，夫家鄭州人。至元間，尹氏夫耀卿歿，姑命其更嫁，尹氏曰：「婦之行一節而已，再嫁而失節，妾不忍爲也。」姑曰：「世之婦皆然，人未嘗以爲非，汝獨何恥之有？」尹氏曰：「人之志不同，妾知守妾志爾。」姑不能强。楊氏夫顯卿繼歿，慮姑欲其嫁，即先白姑曰：「妾聞娣姒猶兄弟也，宜相好焉。今姒既留，妾可獨去乎，願與共修婦道，以終事吾姑。」姑曰：「汝果能若是，吾何言哉！」於是同處二十餘年，以節孝聞。

又有邠州任氏、乾州田氏，皆一家一婦，俱少寡誓不他適，戮力蠶桑，以養舅姑。事聞，並命褒表。

王德政妻郭氏，大名人。少孤，事母張氏孝謹，以女儀聞於鄉。及笄，富貴家慕之，爭求聘，張氏不許。時德政教授里中，年四十餘，貌甚古陋，張氏以貧不能教二子，欲納德政爲婿，使教之。宗族皆不然，郭氏慨然顧順母志。既婚，與德政相敬如賓，囑教二弟有成。未幾德政卒，郭氏年方二十餘，勵節自守，甚有貞名。大德間表其家。

只魯花眞，蒙古氏。年二十六，夫忽都病卒，誓不再醮，孝養舅姑。逾二十五年，舅姑歿，塵衣垢面，廬于墓終身。至元間旌之。

其後，又有冀城宋仲榮妻梁氏，舅歿，負土爲墳；懷孟何氏、大名趙氏，並以夫歿守志，養舅姑以壽終，親負土築其墳，高三丈餘。

段氏，隆興霍榮妻也。榮無子，嘗乞人爲養子。榮卒，段氏年二十六，養舅姑以孝稱。舅姑歿，榮諸父仲汝貪其產，謂段曰：「汝子假子也，可令歸宗。汝無子，宜改適。霍氏業汝無預焉。」段曰：「家貲不可計，但再醮非義，尙容妾思之。」卽退入寢室，引針刺面，墨漬之，誓死不貳。大德二年，府上狀中書，給羊酒幣帛，仍命旌門，復役如制。

又有興和吳氏，自刺其面；成紀謝思明妻趙氏，自髡其髮；冀寧田濟川妻武氏、溧水曹子英妻尤氏，嚙指滴血，並誓不更嫁。各以有司爲請旌之。

朱虎妻茅氏，崇明人。大德間，虎官都水監，坐罪籍其家，吏錄送茅氏及二子赴京師。太醫提點師甲乞歸家，欲妻之。茅氏誓死不從，母子三人以裾相結連，晝夜倚抱號哭，形貌銷毀。師知不可奪，釋之。茅氏託居永明尼寺，憂憤不食卒。

聞氏，紹興俞新之妻也。大德四年，新之歿，聞氏年尙少，父母慮其不能守，欲更嫁之。聞氏哭曰：「一身二夫，烈婦所耻。妾可無生，可無耻乎！且姑老子幼，妾去當令誰視也？」卽斷髮自誓。父知其志篤，乃不忍强。姑久病風，且失明，聞氏手滌溷穢不怠，時漱口上堂舐其目，目爲復明。及姑卒，家貧，無資傭工，與子親負土葬之，朝夕悲號，聞者慘惻。鄉里嘉其孝，爲之語曰：「欲學孝婦，當問俞母。」

又有劉氏，渤海李伍妻也。少寡，父母使再醮，不從。舅患疽，劉禱于天，數日潰，吮其血，乃愈。既而親挽小車，載舅詣岳祠以答神貺。

馬英，河內人，性孝友。父喪哀毀，二兄繼歿，英獨事母甚謹，又奉二寡嫂與居，使得保全嫠節。及喪母，卜地葬諸喪，親負土爲四墳，手植松柏，廬墓側終身。

趙氏女名玉兒，冠州人。嘗許爲李氏婦，未婚夫死，遂誓不嫁，以養父母。父母歿，負土爲墳，鄉里稱孝焉。

馮氏，名淑安，字靜君，大名宦家女，山陰縣尹山東李如忠繼室也。如忠初娶蒙古氏，生子任，數歲而卒。大德五年，如忠病篤，謂馮曰：「吾已矣，其奈汝何？」馮氏引刀斷髮，自誓不他適。如忠歿兩月，遺腹生一子，名伏。

李氏及蒙古氏之族在北，聞如忠歿於官，家多遺財，相率來山陰。馮氏方病，乘間盡取其貲及子任以去。馮不與較，一室蕭然，唯餘如忠及蒙古氏之柩而已。朝夕哭泣，鄰里不忍聞。久之，鬻衣權厝二柩蕺山下，攜其子廬墓側。時年始二十二，羸形苦節，爲女師以自給。父母來視之，憐其孤苦，欲使更事人，馮爪面流血，不肯從。居二十年，始護喪歸葬汶上。齊魯之人聞之，莫不嘆息。

李君進妻王氏，遼陽人。大德八年，君進病卒，卜葬，將發引，親戚鄰里咸會。王氏謂衆曰：「夫婦死同穴，義也。吾得從良人逝，不亦可乎！」因撫棺大慟，嘔血升許，卽仆于地死。衆爲斂之，與夫連柩出葬，送者數百人，莫不灑泣。

移剌氏，同知湖州路事耶律忽都不花妻也。夫歿，割耳自誓。既葬，廬墓側，悲號不食死。

趙氏名哇兒，大寧人。年二十，夫蕭氏病劇，謂哇兒曰：「我死，汝年少，若之何？」哇兒曰：「君幸自寬，脫有不可諱，妾不獨生，必從君地下。」遂命匠制巨棺。夫歿，卽自經死，家人同棺斂葬焉。

又有雷州朱克彬妻周氏，大都費巖妻王氏、賈哥妻耶律氏，曹州鄭臘兒妻康氏，陝州陳某妻別娥娥，大同宋堅童妻班氏、李安童妻胡氏，晉州劉恕妻趙氏，冀寧王思忠妻張氏，饒州劉楫妻趙氏，東平徐順妻彭氏，大寧趙臃兒妻安氏、陳恭妻張氏、武壽妻劉氏、宋敬先妻謝氏、撒里妻蕭氏，古城魏貴妻周氏，任城郭灰兒妻趙氏，棗陽朱某妻丁氏，葉縣王保子妻趙氏，興州某氏妻魏氏，灤州裴某妻董貴哥，成都張保童妻郝氏，利州高塔必也妻白氏，河南楊某妻盧氏，蒙古氏太朮妻阿不察、相兀孫妻脫脫眞，並以早寡不忍獨生，以死從夫者。事聞，悉命褒表，或賜錢贈謚云。

朱淑信，山陰人。少寡，誓不再嫁。一女妙淨，幼哭父雙目並失明。及長，擇偶者不至，家貧歲凶，母子相依，以苦節自厲。士人王士貴重其孝，乃求娶焉。

葛妙眞，宣城民家女。九歲，聞日者言，母年五十當死，妙眞卽悲憂祝天，誓不嫁，終身齋素，以延母年。母後年八十一卒。

畏吾氏三女，家錢塘。諸兄遠仕不歸，母思之疾，三女欲慰母意，乃共斷髮誓天，終身不嫁以養母，同力侍護四十餘年。母竟以壽終。

事上，並賜旌異。

王氏，燕人張買奴妻也。年十六，買奴官錢塘病歿，葬城西十里外。王氏每旦被髮步往奠之，伏墓大慟欲絕，久而致疾。舅姑力止其行，乃已。服闋，舅姑謂之曰：「吾子已歿，新婦年尚少，宜自圖終身計，毋徒淹吾家也。」王氏泣曰：「父母命妾奉箕帚於張氏，今夫不幸早逝，天也。此足豈可復履他人門乎！」固不從。煢居三十年，貞白無少玷。命旌其門。

又有馮翊王義妻盧氏、睢陽劉澤妻解氏、東平楊三妻張氏，並守志有節。

張義婦，濟南鄒平人，年十八歸里人李伍。伍與從子零戍福寧，未幾死戍所。張獨家居，養舅姑甚至。父母舅姑病，凡四刲股肉救不懈。及死，喪葬無遺禮。旣而歎曰：「妾夫

死數千里外，妾不能歸骨以葬者，以舅姑父母在，無所仰故也。今不幸父母舅姑已死，而夫骨終暴棄遠土，使無妾卽已，妾在，敢愛死乎！」乃臥積冰上，誓曰：「天若許妾取夫骨，雖寒甚，當得不死。」踰月，竟不死。鄉人異之，乃相率賻以錢，大書其事于衣以行。

行四十日，至福寧，見零，問夫葬地，則榛莽四塞，不可識。張哀慟欲絕。夫忽降于童，言動無異其生時，告張死時事，甚悲，且指示骨所在處。張如其言發得之，持骨祝曰：「爾信妾夫耶？入口當如冰雪，黏如膠。」已而果然。官義之，上于大府，使零護喪還，給錢使葬，仍旌門，復其役。

丁氏，新建鄭伯文妻也。大德間，伯文病將歿，丁氏與訣曰：「妾自得侍巾櫛，誓與偕老。君今不幸疾若是，脫有不諱，妾當從。但君父母已老，無他子婦侍養，妾苟復自亡，使君父母食不甘味，則君亦不瞑目矣。妾且忍死，以奉其餘年，必不改事他人，以負君於冥冥也。」

伯文卒，丁氏年二十七，居喪哀毀。服旣除，父母屢議奪嫁之，丁氏每聞必慟哭曰：「妾所以不死者，非苟生有他志也，與良人約，將以事舅姑耳。今舅姑在堂固無恙，妾可棄去而不信於良人乎！」父遂止。舅姑嘗病，丁氏夙夜護視，衣不解帶。及死，喪葬盡禮。事上，表其門。

白氏，太原人。夫慕釋氏道，棄家爲僧。白氏年二十，留養姑不去，服勤績紝，以供租賦。夫一日還，迫使他適，白斷髮誓不從，夫不能奪，乃去。姑年九十卒，竭力營葬，畫姑像祀之終身。

趙美妻王氏，內黃人。至治元年，美溺水死，王氏誓守志，舅姑念其年少無子，欲使更適人。王氏曰：「婦義無再醮，且舅姑在，妾可棄而去耶！」舅姑乃欲以族姪與繼婚，王氏拒不從。舅姑迫之力，王氏知不免，卽引繩自經死。

李冬兒，甄城人，丁從信妻也。年二十三，從信歿，服闋，父母呼歸問之，曰：「汝年少居孀，又無子，何以自立，吾爲汝再擇婿何如？」冬兒不從，詣從信家哭，欲縊墓樹上，家人防之，不果。日暮還從信家，夜二鼓，入室更新衣，自經死。

李氏，濱州惠高兒妻也。年二十六，高兒歿，父欲奪歸嫁之，李氏不從，自縊而死。

脫脫尼，雍吉剌氏，有色，善女工。年二十六，夫哈剌不花卒。前妻有二子皆壯，無婦，欲以本俗制收繼之，脫脫尼以死自誓。二子復百計求遂，脫脫尼恚且罵曰：「汝禽獸行，欲

妻母耶，若死何面目見汝父地下？」二子慚懼謝罪，乃析業而居。三十年以貞操聞。

王氏，成都李世安妻也。年十九，世安卒，夫弟世顯欲收繼之。王氏不從，引刃斷髮，復自剺其耳，創甚。親戚驚歎，爲醫療百日乃愈。

狀上，並旌之。

趙彬妻朱氏，名錦哥，洛陽人也。天曆初，西兵掠河南，朱氏遇兵五人，被執，逼與亂。朱氏拒曰：「我良家婦，豈從汝賊耶！」兵怒，提曳箠楚之。朱氏度不能脫，卽紿謂之曰：「汝幸釋我，舍後井傍有瘞金，當發以遺汝。」兵信之，乃隨其行。朱氏得近井，卽抱三歲女躍身赴井中死。

是歲，又有偃師王氏女名安哥，從父避兵印山丁家洞。兵入，搜得之，見安哥色美，驅使出，欲污之。安哥不從，投澗死。

有司言狀，並表其廬。

貴哥，蒙古氏，同知宣政院事羅五十三妻也。天曆初，五十三得罪，貶海南，籍其家，詔以貴哥賜近侍卯罕。卯罕親率車騎至其家迎之。貴哥度不能免，令婢僕以飲食延卯罕於

廳事，如厩自經死。

臺叔齡妻劉氏，順寧人也。粗知書，克修婦道。一日地震屋壞，壓叔齡不能起，家復失火，叔齡母前救不得，欲就焚。叔齡望見，呼曰：「吾已不可得出，當亟救吾母。」劉謂夫妹曰：「汝救汝母，汝兄必死，吾不用復生矣。」卽自投火中死。火滅，家人得二屍燼中，猶手相握不開。官嘉其烈，上于朝，命錄付史臣。

李智貞，建寧浦城人。父子明，無子。智貞七歲能讀書。九歲母病，調護甚謹。及卒，哀慟欲絕，不茹葷三年，治女工供祭祀，及奉父甘旨不乏，鄉里稱爲孝女。父嘗許爲鄭全妻，未嫁，從父客邵武。邵武豪陳良悅其慧，强納采求聘，智貞斷髮拒之，且數自求死，良不能奪，卒歸全。事舅姑父母皆有道。泰定閒，全病歿，智貞悲泣不食，數日而死。

蔡三玉，龍溪陳端才妻也。盜起漳州，掠龍溪，父廣瑞與端才各竄去，三玉獨偕夫妹出避鄰祠中。盜入，斫夫妹，見三玉美，不忍傷，與里婦歐氏同驅納舟中。行至柳營江，迫妻之，三玉佯許諾，因起更衣，自投江水而死。越三日，屍流至廣瑞舟側，廣瑞識爲女，收斂

之。歐氏脫歸言狀，有司高其操，爲請表之。乃命旌門復役，仍給錢以葬。

校勘記

〔一〕（崔氏至蔡三玉）　據本書體例删。

〔二〕周氏（灤平）〔平灤〕石城人　據本書卷五八地理志改正。

〔三〕贈文興侯爵諡曰英烈　本書卷三八順帝紀元統二年五月條及揭文安集卷一二雙節廟碑均載闕文興贈英毅侯，王圻續文獻通考節義考、類編皆從之。疑「烈」當作「毅」。

〔四〕天祐祖父始皆從軍役　按下文有「三世早寡，自祖姑以來，皆守節義」，可知袁天祐祖、父皆從軍死。道光本從類編改「從軍役」爲「從軍歿」。

元史卷二百一

列傳第八十八

列女二

武用妻蘇氏，眞定人，徙家京師。用疾，蘇氏刲股爲粥以進，疾卽愈。生子德政，四歲而寡。夫之兄利其資，欲逼而嫁之，不聽。未幾夫兄舉家死，惟餘三弱孫，蘇氏取而育之。德政長，事蘇氏至孝。蘇氏死時，天大旱，德政方掘地求水以供葬事，忽二蛇躍出，德政因默禱焉。二蛇一東一北，隨其地掘之，果得泉。有司上其事，旌復其家。

任仲文妻林氏，寧海人。家甚貧，年二十八而寡。姑患風疾，不良於行，林氏旦暮扶侍惟謹，撫育三子皆有成。年一百三歲而卒。

江文鑄妻范氏，名妙元，奉化人，年二十一歸于江。及門，未合巹，夫忽以癇疾卒。范曰：「我旣入江氏之門，卽江氏婦也，豈以夫亡有異志哉！」遂居江氏之家，撫諸姪江森、江道如己子。卒年九十五。

有柳氏者，薊郡人，爲戶部主事趙野妻。未成婚而野卒，柳哭之盡哀，誓不再嫁。其兄將奪其志，柳曰：「業已歸趙氏，雖未成婚，而夫婦之禮已定矣。雖凍餓死，豈有他志哉！」後寢疾，不肯服藥，曰：「我年二十六而寡，今已逾半百，得死此疾幸矣。」遂卒。

姚氏，餘杭人，居山谷間。夫出刈麥，姚居家執爨。母何氏往汲澗水，久而不至。俄聞覆水聲，亟出視，則虎啣其母以走。姚倉卒往逐之，卽以手毆其脅，鄰人競執器械以從，虎乃置之而去。姚負母以歸，求藥療之，奉養二十餘年而卒。

又方寧妻官勝娘者，建寧人。寧耨田，勝娘饁之，見一虎方攫其夫，勝娘卽棄饁奮梃連擊之，虎舍去，勝娘負夫至中途而死。有司以聞，爲旌復其家。

衣氏，汴梁儒士孟志剛妻。志剛卒，貧而無子，有司給以棺木。衣氏紿匠者曰：「可寬大其棺，吾夫有遺衣服，欲盡置其中。」匠者然之。是夕，衣氏具鷄黍祭其夫，家之所有悉散

之鄰里及同居王媼，曰：「吾聞一馬不被兩鞍，吾夫旣死，與之同棺共穴可也。」遂自剄死。

有侯氏者，鈞州曹德妻。德病死，侯氏語人曰：「年少夫亡，婦人之不幸也。欲守吾志，而亂離如此，其能免乎！」遂縊死於墓。

又周經妻吳氏、郭惟辛妻郝氏、陳輝妻白氏、張頑住妻杜氏、程二妻成氏、李貞妻武氏、暗都剌妻張氏，並〔以夫死，不〕忍獨生，〔一〕自縊而死。

事聞，咸旌異之。

湯煇妻張氏，處州龍泉人。會兵亂，其家財先已移入山寨，夫與姑共守之。舅以疾未行，張歸任藥膳，且以輿自隨。旣而賊至，卽命以輿載其舅，而已遇賊，賊以刀脅之曰：「從我則生，否則死。」張掠髮整衣請受刃，賊未忍殺，張懼污，卽奪其刃自剸死，年二十七。

又湯婍者，亦龍泉人，有姿容。賊殺其父母，以刃脅之。婍不勝悲咽，乞早死，因以頭觸刃。賊怒，斫殺之。其妹亦不受辱而死。

俞士淵妻童氏，嚴州人。姑性嚴，待之寡恩，童氏柔順以事之，無少拂其意者。至正十三年，賊陷威平，官軍復之，已乃縱兵剽掠。至士淵家，童氏以身蔽姑，衆欲污之，童氏大罵

不屈。一卒以刀擊其左臂，愈不屈。又一卒斷其右臂，罵猶不絕。衆乃皮其面而去，明日乃死。

張氏女，高郵人。城亂，賊知張女有姿豔，叩其家索之。女方匿複宇間，賊將害其父母，女不得已乃出拜賊。賊卽伏地呼其父母爲丈人媼，而以女行，女欣欣然從之。過橋，投水死。

有高氏婦者，同郡人也。攜其女從夫出避亂，見道旁空舍，入其中，脫金纏臂與女，且語夫，令疾行。夫挈女稍遠，乃解足紗自經。賊至，焚其舍。夫抵儀眞，夜夢婦來告曰：「我已縊死彼舍矣。」其精爽如此。

惠士玄妻王氏，大都人。至正十四年，士玄病革，王氏曰：「吾聞病者糞苦則愈。」乃嘗其糞，頗甘，王氏色愈憂。士玄囑王氏曰：「我病必不起，前妻所生子，汝善保護之。待此子稍長，卽從汝自嫁矣。」王氏泣曰：「君何爲出此言耶！設有不諱，妾義當死，尙復有他說乎。君幸有兄嫂，此兒必不失所居。」數日，士玄卒。比葬，王氏遂居墓側，蓬首垢面，哀毀逾禮，常以妾子置左右，飲食寒暖惟恐不至。歲餘，妾子亦死，乃哭曰：「無復望矣。」屢引刀自殺。

家人驚救，得免。至終喪，親舊皆攜酒禮祭士玄于墓。祭畢，衆欲行酒，王氏已經死於樹矣。

又有王氏者，良鄉費隱妻也。隱有疾，王氏數嘗其糞。及疾篤，囑王氏曰：「我一子一女，雖妾所生，無異汝所出也。我死，汝其善撫育之。」遂歿。王氏居喪，撫其子女。旣而子又死。服除，謂其親屬曰：「妾聞夫乃婦之天，今夫已死，妾生何爲！」乃執女手，語之曰：「汝今已長，稍知人事，管鑰在此，汝自司之。」遂相抱慟哭。是夜，縊死於園中。

李景文妻徐氏，名彩鸞，字淑和，浦城徐嗣源之女。略通經史，每誦文天祥六歌，必爲之感泣。至正十五年，青田賊寇浦城，徐氏從嗣源逃旁近山谷。賊持刀欲害嗣源，徐氏前曰：「此吾父也，寧殺我。」賊舍父而止徐氏。徐氏語父曰：「兒義不受辱，今必死，父可速去。」賊拘徐氏至桂林橋，拾炭題詩壁間，有「惟有桂林橋下水，千年照見妾心淸」之句。乃厲聲罵賊，投于水。賊競出之。旣而乘間復投水死。

周婦毛氏，松陽人，美姿色。至正十五年，隨其夫避亂龐鶩山中，爲賊所得。脅之曰：「從我多與若金，否則殺汝。」毛氏曰：「寧剖我心，不願汝金。」賊以刀磨其身，毛氏因大詈

曰：「碎咼賊，汝碎則臭，我碎則香。」賊怒，刳其腸而去，年二十九。

丁尙賢妻李氏，汴梁人。年二十餘，有姿容。至正十五年，賊至，欲虜之。李氏怒曰：「吾家六世義門，豈能從賊以辱身乎！」於是闔門三百餘口，俱被害。

李順兒者，許州儒士李讓之女也。性聰慧，頗涉經傳，年十八，未嫁。至正十五年，賊陷鈞州，密邇許昌。父謂其母曰：「吾家以詩禮相傳，此女必累我。」女聞之，泣曰：「父母可自逃難，勿以我爲憂。」須臾於後園內自經而死。

吳守正妻禹氏，名淑（靖）〔靜〕，〔二〕字素淸，紹興人。至正十六年，徙家崇德之石門。淑（靖）〔靜〕嘗從容謂守正曰：「方今羣盜蜂起，萬一不測，妾惟有死而已，不使人汚此身也。」是年夏，盜陷崇德，淑（靖）〔靜〕倉皇攜八歲女登舟以避。有盜數輩奔入其舟，將犯淑（靖）〔靜〕，淑（靖）〔靜〕乃抱幼女投河死。

黃仲起妻朱氏，杭州人。至正十六年，張士誠寇杭州，其女臨安奴倉皇言曰：「賊至矣，

我別母求一死也。」俄而賊驅諸婦至其家，且指朱氏母子曰：「爲我看守，日暮我當至也。」朱氏聞之，懼受辱，遂與女俱縊死。

妾馮氏，見其母子已死，嘆曰：「我生何爲，徒受辱耳！」亦自縊死。繼而仲起弟妻蔡氏，抱幼子玄童，與乳母湯氏皆自縊。及暮，賊至，見諸屍滿室，執仲起將殺之，哀求得脫。賊遂盡掠其家財而去。

焦士廉妻王氏，博興人，養姑至孝。至正十七年，毛貴作亂，官軍競出虜掠。王氏被執，紿曰：「我家墓田有藏金，可共取也。」信之，隨王氏至墓所。王氏哭曰：「我已得死所矣，實無藏金，汝可於此殺我。」乃與妾杜氏皆遇害。

又有趙氏者，[三]平陽人，年二十，未嫁。寇亂，趙被驅迫以行，度不能免，紿賊曰：「吾取所藏金以遺汝。」賊信之，遂還，投于廁而死。

陳淑眞富州陳璧之女。璧故儒者，避亂移家龍興。淑眞七歲能誦詩鼓琴。至正十八年，陳友諒寇龍興，淑眞見鄰媼倉皇來告，乃取琴坐牖下彈之。曲終，泫然流涕曰：「吾絕絃於斯乎！」父母怪，問之，淑眞曰：「城陷必遭辱，不如早死。」明日賊至，其居臨東湖，遂溺焉。

水淺不死，賊抽矢脅之上岸，淑眞不從，賊射殺之。

時同郡李宗頤妻夏氏，名婉常，亦儒家女。與女匿居後圃中，賊至，挾其女共投井死。

秦閏夫妻柴氏，晉寧人。閏夫前妻遺一子尚幼，柴氏鞠如己出。未幾柴氏有子，閏夫病且死，囑柴氏曰：「我病不復起，家貧，惟二幼子，汝能撫其成立，我死亦無憾矣。」閏夫死，家事日微，柴氏辛勤紡績，遣二子就學。

至正十八年，賊犯晉寧，其長子爲賊驅迫，在圍中，既而得脫。初在賊時，有惡少與張福爲仇，往滅其家。及官軍至，福訴其事，事連柴氏長子，法當誅。柴氏引次子詣官泣訴曰：「往從惡者，吾次子，非吾長子也。」次子曰：「我之罪可加於兄乎！」鞫之至死不易其言。官反疑次子非柴氏所出，訊之他囚，始得其情。官義柴氏之行，爲之言曰：「婦執義不忘其夫之命，子趨死而能成母之志，此天理人情之至也。」遂釋免其長子，而次子亦得不死。時人皆以爲難。二十四年，有司上其事，旌其門而復其家。

也先忽都，蒙古欽察氏，大寧路達魯花赤鐵木兒不花之妻，以夫恩封雲中郡君。夫坐事免官，居大寧。至正十八年，紅巾賊至，也先忽都與妾玉蓮走尼寺中，爲賊所得，令與衆婦縫衣，拒不肯爲。賊嚇以刃，也先忽都罵曰：「我達魯花赤妻也，汝曹賊也，我不能爲針工以從賊。」賊怒殺之。玉蓮因自縊者凡三，賊併殺之。

先是，其子完者帖木兒，年十四，與父出城，見執于賊。完者拜哭，請以身代父死。賊愛完者姿秀，遂挈以從。久之，乃獲脫歸，訪母屍并玉蓮葬焉。

呂彥能者，陝州人。至正十八年，賊犯陝州，彥能與家人謀所往。其姊久寡居，寓彥能家，先曰：「我喪夫二十年，又無後，不死何爲？苟辱身，則辱吾弟矣。」赴井死。其妻劉氏語彥能曰：「妾爲君家婦二十八年，茲不幸逢亂離，必不負君，君可自往，妾入井矣。」彥能二女及子婦王氏、二孫女，皆隨劉氏溺井。一門死者七人。

劉公翼妻蕭氏，濟南人，有姿色，頗通書史。至正十八年，聞毛貴兵將壓境，豫與夫謀曰：「妾詩書家女，誓以冰雪自將，儻城陷被執，悔將何追？妾以二子一女累君，去作清白鬼於泉下耳！」夫曰：「事未至，何急於此！」居亡何，城陷，蕭解絛自縊死。

袁氏孤女，建康路溧水州人，年十五。其母嚴氏，孀居極貧，病癱瘓臥于床者數年，女

事母至孝。至正十二年，兵火延其里，鄰婦強攜女出避火，女泣曰：「我何忍舍母去乎，同死而已！」遂入室抱母，共焚而死。

徐允讓妻潘氏，名妙圓，山陰人。至正十九年，與其夫從舅避兵山谷間。舅被執，夫泣以救舅脫，夫被兵所殺，欲強辱潘氏。潘氏因紿之曰：「我夫既死，我從汝必矣。若能焚吾夫，可無憾也。」兵信之，聚薪以焚其夫。火既熾，潘氏且泣且語，遂投火以死。

又諸暨蔡氏者，王琪妻也。至正二十二年，張士誠陷諸暨，蔡氏避之長寧鄉山中，兵猝至，有造紙鑊方沸，遂投其中而死。

趙洙妻許氏，集賢大學士有壬之姪女也。至正十九年，紅巾賊陷遼陽，洙時爲儒學提舉，夫婦避亂匿資善寺。洙以叱賊見害，許氏不知也。賊甘言誘許氏，令指示金銀之處，許氏大言曰：「吾詩書冠冕故家，不幸遇難，但知守節而死，他皆不知也。」賊以刃脅之，許氏色不變。已而知其夫死，因慟哭仆地，罵聲不絕口，且曰：「吾母居武昌，死于賊，吾女兄弟亦死賊，今吾夫又死焉。使我得報汝，當醢汝矣。」遂遇害。寺僧見許氏死狀，哀其貞烈，賊退與洙合葬之。

張正蒙妻韓氏，紹興人。正蒙嘗爲湖州德清稅務提領。至正十九年，紹興兵變，正蒙謂韓氏曰：「吾爲元朝臣子，於義當死。」韓氏曰：「爾果能死於忠，吾必能死於節。」遂俱縊死。其女池奴，年十七，泣曰：「父母旣死，吾何以獨生！」亦投崖而死。

又何氏者，處之龍泉縣季銳妻也。因避兵于邑之繩門巖，賊至，何氏被執。欲污之，乃與子榮兒、女回娘投崖而死。

劉氏二女，長曰貞，年十九，次曰孫，年十七。龍興人，皆未許嫁。陳友諒寇龍興，其母泣謂二女曰：「城或破，置汝何所？」二女曰：「寧死不辱父母也。」城陷，二女登樓，相繼自縊。婢鄭奴，亦自縊。

于同祖妻曹氏，茶陵人。父德夫，教授湖、湘間，同祖在諸生中，因以女妻焉。至正二十年，茶陵陷，曹氏聞婦女多被驅逐，謂其夫及子曰：「是尙可全生乎！我義不辱身，以累汝也。顧舅年老，汝等善事之。」遂自刭死。妾李氏驚，抱持之不得，亦引刀自刭，絕而復蘇，曰：「得從小君地下足矣。」是夕死。

李仲義妻劉氏，名翠哥，房山人。至正二十年，縣大饑，平章劉哈剌不花兵乏食，執仲義欲烹之。仲義弟馬兒走報劉氏，劉氏遽往救之，涕泣伏地，告於兵曰：「所執者是吾夫也，乞矜憐之，貸其生，吾家有醬一甕、米一斗五升，窖于地中，可掘取之，以代吾夫。」兵不從，劉氏曰：「吾夫瘦小，不可食。吾聞婦人肥黑者味美，吾肥且黑，願就烹以代夫死。」兵遂釋其夫而烹劉氏。聞者莫不哀之。

李弘益妻申氏，冀寧人。至正二十年，賊陷冀寧，申語弘益曰：「君當速去，勿以我婦人相累。若賊入吾室，必以妾故害及君矣。」言訖，投井死。

弘益旣免於難，再娶安氏。居二歲而弘益以疾卒，安氏時年三十，泣謂諸親曰：「女子一適人，終身不改。不幸夫死，雖生亦何益哉！」乃竊入寢室，膏沐薰裳，自縊于柩側。

鄭琪妻羅氏，名妙安，信州弋陽人。幼聰慧，能暗誦列女傳。年二十，歸琪。琪家世宦族，同居百餘口，羅氏執婦道無間言。琪以軍功擢鉛山州判官，羅氏封宜人。至正二十年，信州陷。羅氏度弋陽去州不遠，必不免於難，輒取所佩刀淬礪，令銛甚。琪問何爲，對曰：「時事如此，萬一遇難，爲自全計耳。」已而兵至，羅氏自刎死，時年二十九。

周如砥女，年十九，未適人。至正二十年，鄉民作亂，如砥與女避于邑西之客僧嶺，女爲賊所執。賊曰：「吾未娶，當以汝爲妻。」女曰：「我周典史女也，死卽死，豈能從汝耶！」賊遂殺之。如砥時爲紹興新昌典史。

狄恒妻徐氏，天台人。恒早沒，徐氏守節不再醮。至正二十年，鄉民爲亂，避難于牛頭山，爲賊所執，驅迫以前。徐紿之曰：「吾渴甚，欲求水一杯。」賊令自汲，卽投井而死，時年十八。

柯節婦陳氏者，長樂石梁人。至正二十一年，海賊劫石梁，其夫適在縣郭。陳氏出避賊，道與賊遇，被執以行。陳氏且行且罵，賊亂捶之，挾以登舟，罵不已，忽振厲自投江中。其父方臥病，見其女至，呼之不應，駭曰：「吾豈夢耶！」旣而有自賊中歸者，言陳氏死狀，乃知其鬼也。明日屍逆流而上，止石梁岸傍。時盛暑，屍已變，其夫驗其背有黑子，乃慟哭曰：「是吾妻也！」舁歸斂之。

李馬兒妻袁氏，瑞州人。至正二十二年，李病歿，袁氏年十九，誓不再嫁，以養舅姑。有王成者，聞袁氏有姿色，挾勢欲娶之，袁氏曰：「吾聞烈女不更二夫，寧死不失身也。」遂往夫墓痛哭，縊死樹下。

王士明妻李氏，名賽兒，房山人。至正二十五年，竹貞軍至縣，李氏及其女李家奴皆被執。士明隨至軍，軍怒逐之。李氏謂其女曰：「汝父旣爲軍所逐，吾與汝必不得脫。與其受辱，不若死。」女曰：「母先殺我。」李氏卽以軍所遺鑷刀殺其女，遂自殺。竹貞聞之，爲之葬祭，仍書其門曰「王士明妻李氏貞節之門」。有司上其事，爲樹碑焉。

陶宗媛，台州人，儒士杜思絅妻也。歸杜四載而夫亡，矢志守節。台州被兵，宗媛方居姑喪，忍死護柩，爲游軍所執，迫脅之，媛曰：「我若畏死，豈留此耶！任汝殺我，以從姑于地下爾！」遂遇害。

其妹宗婉，弟妻王淑，亦皆赴水死。

高麗氏，宣慰副使孛羅帖木兒妻也。至正二十七年十二月，其夫死於兵，謂人曰：「夫既死矣，吾安能復事人乎！」乃積薪塞戶，以火自焚而死。

張訥妻劉氏，藍田人。訥爲監察御史，早卒，劉守志不二。河東受兵，劉氏二子衡、衎俱以事出外，度不能自脫，遂與二婦孫氏、姚氏決死，盡發貲囊分給家人，婦姑同縊焉。有華氏者，大同張思孝妻，爲貊高兵所執，以不受辱見殺。其婦劉氏，僵壓姑屍，大罵不已，兵併殺之。後家人殮其屍，婦姑之手猶相持不捨。

觀音奴妻卜顏的斤，蒙古氏，宗王黑閭之女。大都被兵，卜顏的斤謂其夫曰：「我乃國族，且年少，必不容於人，豈惜一死以辱家國乎！」遂自縊而死。

時張棟妻王氏語家人曰：「吾爲狀元妻，義不可辱。」赴井死。其姑哭之慟，亦赴井死。

安志道妻劉氏，順州人。志道及劉氏之弟明理，並登進士第。劉氏避兵匿岩穴中，軍至，欲污之，劉氏曰：「我弟與夫皆進士也，我豈受汝辱乎！」軍士以兵磨其體，劉大罵不輟聲，軍怒，乃鉤斷其舌，含糊而死。

宋謙妻趙氏，大都人。兵破大都，趙氏子婦溫氏、高氏，孫婦高氏、徐氏，皆有姿色，合謀曰：「兵且至矣，我等豈可辱身以苟全哉！」趙卽自經死，諸婦四人，諸孫男女六人，衆妾三人，皆赴井而死。

齊關妻劉氏，河南人。關應募爲千夫長，戰死澤、潞間。劉氏貧無所依，守志不奪。有來強議婚者，劉氏紿曰：「吾三月三日有心願，償畢，當從汝所言。」是日，徑往彰德天寧寺，登浮圖絕頂，祝天曰：「妾本河南名家劉氏女，遭世亂，適湖南齊關爲妻。今夫已死，不敢失節也。」遂投地而死。

王宗仁妻宋氏，進士宋褧之女也。宗仁家永平。永平受兵，宋氏從夫避于鏵子山。夫婦爲軍所虜，行至玉田縣，有窺宋氏色美欲害宗仁者，宋氏顧謂夫曰：「我不幸至此，必不以身累君。」言訖，遂攜一女投井死，時年二十九。

王履謙妻齊氏，太原人。治家嚴肅，克守婦道。至正十八年，賊陷太原，齊氏與二婦蕭氏、呂氏及二女避難於趙莊石巖。賊且至，度不能免，顧謂二女曰：「汝家五世同居，號爲淸白，豈可虧節辱身以苟生哉！」長女曰：「吾夫已死，今爲未亡人，得死爲幸。」呂氏曰：「吾爲中書左丞之孫，義不受辱。」齊氏大哭，乃與二婦二女及二孫女，俱投巖下以死。

王時妻安氏，名正同，磁州人，平章政事祐孫女也。至正十九年，時以參知政事分省太原，安氏從之。二十年，賊兵寇太原，城陷，衆皆逃，安氏與其妾李氏同赴井死。事聞，贈梁國夫人，諡莊潔。

徐猱頭妻岳氏，大都人。兵入都城，岳氏告其夫曰：「我等恐被驅逐，將奈何其？」夫曰：「事急，惟有死耳，何避也。」遂火其所居，夫婦赴火以死。其母王氏、二女一子，皆抱持赴火死。

金氏，詳定使四明程徐妻也。京城旣破，謂其女曰：「汝父出捍城，我三品命婦，汝儒家女又進士妻，不可受辱。」抱二歲子及女赴井死。

汪琰妻潘氏，徽州婺源人。年二十八而琰卒，潘氏誓不他適，以其夫從兄之子元圭爲後。元圭時始三歲，鞠之不啻己出。潘氏卒年六十二。元圭之子良㞐，有子燕山。燕山卒時，妻李氏年二十四，無子，乃守志自誓，父母欲奪而嫁之，不聽。燕山兄子惟德，娶兪氏，惟德早死，二子甚幼，兪氏守節辛勤，不墜家業。故人賢汪氏之門，而稱曰三節。

同郡歙縣吳子恭之妻蔣氏，年二十八而夫亡，孀居五十年，年七十八卒。至正十四年，旌表門閭。

校勘記

〔一〕並〔以夫死不〕忍獨生　原空闕四字，從道光本補。

〔二〕禹氏名淑（靖）〔靜〕　據王忠文公集卷一七禹烈婦傳改。下同。類編已校。

〔三〕趙氏者平陽人年二十未嫁　未嫁之女，當稱某氏女。王圻續文獻通考卷七五節義考作「趙氏女」。

元史卷二百二

列傳第八十九

釋老

釋、老之教，行乎中國也，千數百年，而其盛衰，每繫乎時君之好惡。是故，佛於晉、宋、梁、陳，黃、老于漢、魏、唐、宋，而其效可覩矣。元興，崇尚釋氏，而帝師之盛，尤不可與古昔同語。維道家方士之流，假禱祠之說，乘時以起，曾不及其什一焉。宋舊史嘗志老、釋，厥有旨哉。乃本其意，作釋老傳。

帝師八思巴者，土番薩斯迦人，族款氏也。相傳自其祖朶栗赤，以其法佐國主霸西海者十餘世。八思巴生七歲，誦經數十萬言，能約通其大義，國人號之聖童，故名曰八思巴。少長，學富五明，故又稱曰班彌怛。歲癸丑，年十有五，謁世祖于潛邸，與語大悅，日見

親禮。

中統元年，世祖卽位，尊爲國師，授以玉印。命製蒙古新字，字成上之。其字僅千餘，其母凡四十有一。其相關紐而成字者，則有韻關之法；其以二合三合四合而成字者，則有語韻之法；而大要則以諧聲爲宗也。至元六年，詔頒行於天下。詔曰：「朕惟字以書言，言以紀事，此古今之通制。我國家肇基朔方，俗尚簡古，未遑制作，凡施用文字，因用漢楷及畏吾字，以達本朝之言。考諸遼、金，以及遐方諸國，例各有字，今文治寖興，而字書有闕，於一代制度，實爲未備。故特命國師八思巴創爲蒙古新字，譯寫一切文字，期於順言達事而已。自今以往，凡有璽書頒降者，並用蒙古新字，仍各以其國字副之。」遂升號八思巴曰大寶法王，更賜玉印。

十一年，請告西還，留之不可，乃以其弟亦憐眞嗣焉。十六年，八思巴卒，〔一〕訃聞，賻贈有加，賜號皇天之下一人之上〔開教〕宣文輔治大聖至德普覺眞智佑國如意大寶法王、〔二〕西天佛子、大元帝師。至治間，特詔郡縣建廟通祀。泰定元年，又以繪像十一，頒各行省，爲之塑像云。

亦憐眞嗣爲帝師，凡六歲，至元十九年卒。答兒麻八剌(乞列)〔剌吉塔〕嗣，〔三〕二十三年卒。亦攝思連眞嗣，三十一年卒。乞剌斯八斡節兒嗣，成宗特造寶玉五方佛冠賜之。元

貞元年，又更賜雙龍盤紐白玉印，文曰「大元帝師統領諸國僧尼中興釋教之印」。大德七年卒。明年，以輦眞監藏嗣，又明年卒。(都)〔相〕家班嗣，〔四〕皇慶二年卒。相兒加思〔巴〕嗣，〔五〕延祐元年卒。二年，以公哥羅古羅思監藏班藏卜嗣，至治三年卒。旺出兒監藏嗣，泰定二年卒。公哥列思八冲納思監藏班藏卜嗣，賜玉印，降璽書諭天下，其年卒。天曆二年，以輦眞吃剌失思嗣。

八思巴時，又有國師膽巴者，一名功嘉葛剌思，西番突甘斯旦麻人。幼從西天竺古達麻失利傳習梵祕，得其法要。中統間，帝師八思巴薦之。時懷孟大旱，世祖命禱之，立雨。又嘗咒食投龍湫，頃之奇花異果上尊湧出波面，取以上進，世祖大悅。至元末，以不容於時相桑哥，力請西歸。既復召還，謫之潮州。時樞密副使月的迷失鎭潮，而妻得奇疾，膽巴以所持數珠加其身，卽愈。又嘗爲月的迷失言異夢及已還朝期，後皆驗。

元貞間，海都犯西番界，成宗命禱于摩訶葛剌神，已而捷書果至；又爲成宗禱疾，遄愈，賜與甚厚，且詔分御前校尉十人爲之導從。成宗北巡，命膽巴以象輿前導。過雲州，語諸弟子曰：「此地有靈怪，恐驚乘輿，當密持神咒以厭之。」未幾，風雨大至，衆咸震懼，惟幄殿無虞，復賜碧鈿盃一。大德七年夏，卒。皇慶間，追號大覺普惠廣照無上膽巴帝師。〔六〕

其後又有必蘭納識里者，初名只剌瓦彌的理，北庭感木魯國人。幼熟畏兀兒及西天

書，長能貫通三藏暨諸國語。大德六年，奉旨從帝師授戒於廣寒殿，代帝出家，更賜今名。皇慶中，命繙譯諸梵經典。延祐間，特賜銀印，授光祿大夫。

是時諸番朝貢，表牋文字無能識者，皆令必蘭納識理譯進。嘗有以金刻字爲表進者，帝遣視之，廷中愕眙，觀所以對。必蘭納識理隨取案上墨汁塗金葉，審其字，命左右執筆，口授表中語及使人名氏，與貢物之數，書而上之。明日，有司閱其物色，與所賫重譯之書無少差者。衆無不服其博識，而竟莫測其何所從授，或者以爲神悟云。授開府儀同三司，仍賜三臺銀印，兼領功德使司事，厚其廩餼，俾得以養母焉。

至治三年，改賜金印，特授沙(律)〔津〕愛護持，〔七〕且命爲諸國引進使。至順二年，又賜玉印，加號普覺圓明廣照弘辯三藏國師。三年，與安西王子月魯帖木兒等謀爲不軌，坐誅。其所譯經，漢字則有楞嚴經，西天字則有大乘莊嚴寶度經、乾陀般若經、大涅槃經、稱讚大乘功德經，西番字則有不思議禪觀經，通若干卷。

元起朔方，固已崇尚釋教。及得西域，世祖以其地廣而險遠，民獷而好鬭，思有以因其俗而柔其人，乃郡縣土番之地，設官分職，而領之於帝師。乃立宣政院，其爲使位居第二者，必以僧爲之，出帝師所辟舉，而總其政於內外者，帥臣以下，亦必僧俗並用，而軍民通攝。於是帝師之命，與詔敕並行於西土。百年之間，朝廷所以敬禮而尊信之者，無所不用

其至。雖帝后妃主，皆因受戒而為之膜拜。正衙朝會，百官班列，而帝師亦或專席於坐隅。且每帝即位之始，降詔褒護，必敕章佩監絡珠為字以賜，蓋其重之如此。其未至而迎之，則中書大臣馳驛累百騎以往，所過供億送迎。比至京師，則敕大府假法駕半仗，以為前導，詔省、臺、院官以及百司庶府，並服銀鼠質孫。用每歲二月八日迎佛，威儀往迓，且命禮部尚書、郎中專督迎接。及其卒而歸葬舍利，又命百官出郭祭餞。大德九年，專遣平章政事鐵木兒乘傳護送，賻金五百兩、銀千兩、幣帛萬匹、鈔三千錠。皇慶二年，加至賻金五千兩、銀一萬五千兩、錦綺雜綵共一萬七千匹。雖其昆弟子姓之往來，有司亦供億無乏。泰定間，以帝師弟公哥亦思監將至，詔中書持羊酒郊勞，而其兄瑣南藏卜遂尚公主，封白蘭王，賜金印，給圓符。其弟子之號司空、司徒、國公，佩金玉印章者，前後相望。

為其徒者，怙勢恣睢，日新月盛，氣焰熏灼，延于四方，為害不可勝言。有楊璉真加者，世祖用為江南釋教總統，發掘故宋趙氏諸陵之在錢唐、紹興者及其大臣塚墓凡一百一所；戕殺平民四人；受人獻美女寶物無算；且攘奪盜取財物，計金一千七百兩、銀六千八百兩、玉帶九、玉器大小百一十有一、雜寶貝百五十有二、大珠五十兩、鈔一十一萬六千二百錠、田二萬三千畝；私庇平民不輸公賦者二萬三千戶。他所藏匿未露者不論也。又至大元年，上都開元寺西僧强市民薪，民訴諸留守李璧。璧方詢問其由，僧已率其

黨持白梃突入公府，隔案引璧髮，捽諸地，捶撲交下，拽之以歸，閉諸空室，久乃得脫，奔訴于朝，遇赦以免。二年，復有僧龔柯等十八人，與諸王合兒八剌妃忽禿赤的斤爭道，拉妃墮車毆之，且有犯上等語，事聞，詔釋不問。而宣政院臣方奏取旨：凡民毆西僧者，截其手；詈之者，斷其舌。時仁宗居東宮，聞之，亟奏寢其令。

泰定二年，西臺御史李昌言：「嘗經平涼府、靜、會、定西等州，〔八〕見西番僧佩金字圓符，絡繹道途，馳騎累百，傳舍至不能容，則假館民舍，因迫逐男子，奸污女婦。奉元一路，自正月至七月，往返者百八十五次，用馬至八百四十餘匹，較之諸王、行省之使，十多六七。驛戶無所控訴，臺察莫得誰何。且國家之製圓符，本為邊防警報之虞，僧人何事而輒佩之？乞更正僧人給驛法，且令臺憲得以糾察。」不報。必蘭納識里之誅也，有司籍之，得其人畜土田、金銀貨貝錢幣、邸舍、書畫器玩，以及婦人七寶裝具，價直鉅萬萬云。

若歲時祝釐禱祠之常，號稱好事者，其目尤不一。有曰鎮雷阿藍納四，華言慶讚也。有曰亦思滿藍，華言藥師壇也。有曰搠思串卜，華言護城也。有曰朵兒禪，華言大施食也。有曰朵兒只列朵四，華言美妙金剛迴遮施食也。〔九〕有曰察兒哥朵四，華言迴遮也。有曰籠哥兒，華言風輪也。有曰喒朵四，華言作施食也。有曰出朵兒，華言出水濟六道也。有曰黨剌朵四，華言迴遮施食也。有曰典朵兒，華言常川施食也。有曰坐靜，有曰魯朝，華言獅

子吼道場也。有曰黑牙蠻答哥，華言黑獄帝主也。有曰搠思江朵兒麻，華言護(江)〔法〕神施食也。〔一〇〕有曰赤思古林搠，華言自受主戒也。有曰鎮雷坐靜，有曰吃剌察坐靜，華言祕密坐靜也。有曰斟惹，華言文殊菩薩也。有曰古林朵四，華言至尊大黑神迴遮施食也。有曰歇白咱剌，華言大喜樂也。有曰必思禪，華言無量壽也。有曰覩思哥兒，華言白傘蓋呪也。有曰收札沙剌，華言五護陀羅尼經也。〔一一〕有曰阿昔答撒(答)〔哈〕昔里，華言八(十)〔千〕頌般若經也。〔一二〕有曰撒思納屯，華言大理天神呪也。有曰闊兒魯弗卜屯，華言大輪金剛呪也。有曰且八迷屯，華言無量壽經也。有曰亦思羅八，華言最勝王經也。有曰撒思納屯，華言護神呪也。有曰南占屯，華言(懷)〔壞〕相金剛也。〔一三〕有曰卜魯八，華言呪法也。又有作擦擦者，以泥作小浮屠也。又有作答兒剛者。其作答兒剛者，或一所二所以至七所；作擦擦者，或十萬二十萬以至三十萬。又嘗造浮屠二百一十有六，實以七寶珠玉，半置海畔，半置水中，以鎮海災。

延祐四年，宣徽使會每歲內廷佛事所供，其費以斤數者，用麪四十三萬九千五百、油七萬九千、酥二萬一千八百七十、蜜二萬七千三百。自至元三十年間，醮祠佛事之目，僅百有二。大德七年，再立功德司，遂增至五百有餘。僧徒貪利無已，營結近侍，欺昧奏請，布施莽齋，所需非一，歲費千萬，較之大德，不知幾倍。又每歲必因好事奏釋輕重囚徒，以為福

利，雖大臣如阿里，閫帥如別沙兒等，莫不假是以逭其誅。宣政院參議李良弼，受賕鬻官，直以帝師之言縱之。其餘殺人之盜，作奸之徒，夤緣幸免者多。至或取空名宣敕以為布施，而任其人，可謂濫矣。凡此皆有關乎一代之治體者，故今備著焉。

若夫天下寺院之領於內外宣政院，曰禪，曰教，曰律，則固各守其業，惟所謂白雲宗、白蓮宗者，亦或頗通奸利云。

丘處機，登州棲霞人，自號長春子。兒時，有相者謂其異日當為神仙宗伯。年十九，為全眞學于寧海之崑(崙)〔嵛〕山，〔一四〕與馬鈺、譚處端、劉處玄、王處一、郝大通、孫不二同師重陽王眞人。重陽一見處機，大器之。金、宋之季，俱遣使來召，不赴。

歲己卯，太祖自乃蠻命近臣札八兒、劉仲祿持詔求之。處機一日忽語其徒，使促裝，曰：「天使來召我，我當往。」翌日，二人者至，處機乃與弟子十有八人同往見焉。明年，宿留山北，先馳表謝，拳拳以止殺為勸。又明年，趣使再至，乃發撫州，經數十國，為地萬有餘里。蓋蹀血戰場，避寇叛域，絕糧沙漠，自崑崙歷四載而始達雪山。常馬行深雪中，馬上舉策試之，未及積雪之半。既見，太祖大悅，賜食、設廬帳甚飭。

太祖時方西征，日事攻戰，處機每言欲一天下者，必在乎不嗜殺人。及問為治之方，則

對以敬天愛民爲本。問長生久視之道，則告以清心寡欲爲要。太祖深契其言，曰：「天錫仙翁，以寤朕志。」命左右書之，且以訓諸子焉。於是錫之虎符，副以璽書，不斥其名，惟曰「神仙」。一日雷震，太祖以問，處機對曰：「雷，天威也。人罪莫大於不孝，不孝則不順乎天，故天威震動以警之。似聞境內不孝者多，陛下宜明天威，以導有衆。」太祖從之。

歲癸未，太祖大獵于東山，馬踣，處機請曰：「天道好生，陛下春秋高，數畋獵，非宜。」太祖爲罷獵者久之。時國兵踐蹂中原，河南、北尤甚，民罹俘戮，無所逃命。處機還燕，使其徒持牒招求於戰伐之餘，由是爲人奴者得復爲良，與濱死而得更生者，毋慮二三萬人。中州人至今稱道之。

歲乙酉，熒惑犯尾，其占在燕，處機禱之，果退舍。丁亥，又爲旱禱，期以三日雨，當名瑞應，已而亦驗。有旨改賜宮名曰長春，且遣使勞問，制若曰：「朕常念神仙，神仙毋忘朕也。」六月，浴于東溪，越二日天大雷雨，太液池岸北水入東湖，聲聞數里，魚鱉盡去，池遂涸，而北口高岸亦崩。處機嘆曰：「山其摧乎，池其涸乎，吾將與之俱乎！」遂卒，年八十。其徒尹志平等世奉璽書襲掌其教，至大間加賜金印。

處機之四傳有曰(祈)〔祁〕志誠者，〔一五〕居雲州金閣山，道譽甚著。丞相安童嘗過而問之，志誠告以修身治世之要。安童感其言，故其相世祖也，以清靜忠厚爲主。及罷還第，退

然若無與於世者，人以爲有得於志誠之言。其後安童復被召入相，辭，不可，遂往決於志誠。志誠曰：「昔與子同列者何人？今同列者何人？」安童悟，入見世祖，辭曰：「臣昔爲宰相，年尚少，幸不失陛下事者，丞佐皆臣所師友。今事臣者，皆進與臣俱，則臣之爲政能有加於前乎！」世祖曰：「誰爲卿言是？」對曰：「(祈)〔祁〕眞人。」世祖嘆異者久之。

正一天師者，始自漢張道陵，其後四代曰盛，來居信之龍虎山。相傳至三十六代宗演，當至元十三年，世祖已平江南，遣使召之。至則命廷臣郊勞，待以客禮。及見，語之曰：「昔歲己未，朕次鄂渚，嘗令王一清往訪卿父，卿父使報朕曰：後二十年天下當混一。神仙之言驗於今矣。」因命坐，錫宴，特賜玉芙蓉冠、組金無縫服，命主領江南道教，仍賜銀印。

十八年、二十五年再入覲。世祖嘗命取其祖天師所傳玉印、寶劍觀之，語侍臣曰：「朝代更易已不知其幾，而天師劍印傳子若孫尚至今日，其果有神明之相矣乎！」嗟嘆久之。二十九年卒，子與棣嗣，爲三十七代，襲掌江南道教。三十一年入覲，卒于京師。元貞元年，弟與材嗣，爲三十八代，襲掌道教。

時潮嚙鹽官、海鹽兩州，爲患特甚，與材以術治之。一夕大雷電以震，明日見有物魚首龜形者磔于水裔，潮患遂息。大德五年，召見于上都幄殿。八年，授正一教主，主領三山符籙。武宗卽位，來覲，特授金紫光祿大夫，封留國公，錫金印。仁宗卽位，特賜寶冠、組織文金之服。延祐三年卒。四年，子嗣成嗣，爲三十九代，襲領江南道教，主領三山符籙如故。

其徒張留孫者，字師漢，信州貴溪人。少時入龍虎山爲道士，有道人相之曰：「神仙宰相也。」至元十三年，從天師張宗演入朝，世祖與語，稱旨，遂留侍闕下。世祖嘗親祠幄殿，皇太子侍。忽風雨暴至，衆駭懼，留孫禱之立止。又嘗次日月山，昭睿順聖皇后得疾危甚，亟召留孫請禱。既而后夢有朱衣長髯，從甲士，導朱輦白獸行草間者。覺而異之，以問留孫，對曰：「甲士導輦獸者，臣所佩法籙中將吏也；朱衣長髯者，漢祖天師也；行草間者，春時也。殿下之疾，其及春而瘳乎！」后命取所事畫像以進，視之果夢中所見者。帝后大悅，卽命留孫爲天師，留孫固辭不敢當，乃號之上卿，命尚方鑄寶劍以賜，建崇眞宮于兩京，俾留孫居之，專掌祠事。

十五年，授玄教宗師，錫銀印。又特任其父信州路治中，尋復陞江東道同知宣慰司事。是時天下大定，世祖思與民休息，留孫待詔尚方，因論黃老治道貴清淨、聖人在宥天下之旨，深契主衷。及將以完澤爲相，命留孫筮之，得同人之豫，留孫進曰：「『同人，柔得位而(進)〔應〕乎乾』，〔一六〕君臣之合也；『豫，利〔建〕侯』，命相之事也。〔一七〕何吉如之，願陛下勿疑。」

及拜完澤，天下果以爲得賢相。

大德中，加號玄教大宗師，同知集賢院道教事，且追封其三代皆魏國公，官階品俱第一。武宗立，召見，賜坐，陞大眞人，知集賢院，位大學士上。尋又加特進。進講老子推明謙讓之道。及仁宗卽位，猶恒誦其言，且諭近臣曰：「累朝舊德，僅餘張上卿爾。」進開府儀同三司，加號輔成贊化保運玄教大宗師，刻玉爲玄教大宗師印以賜。至治元年十二月卒，年七十四。天曆元年，追贈道祖神(應)〔德〕眞君。〔一八〕其徒吳全節嗣。

全節字成季，饒州安仁人。年十三學道于龍虎山。至元二十四年至京師，從留孫見世祖。三十一年，成宗至自朔方，召見，賜古琱玉蟠螭環一，敕每歲侍從行幸，所司給廬帳、車馬、衣服、廩餼，著爲令。大德十一年，授玄教嗣師，錫銀印，視二品。至大元年，賜七寶金冠、織金文之服。三年，贈其祖昭文館大學士，封其父司徒、饒國公，母饒國太夫人，名其所居之鄉曰榮祿，里曰具慶。至治元年，留孫卒。二年，制授特進、上卿、玄教大宗師、崇文弘道玄德眞人、總攝江淮荆襄等處道教、知集賢院道教事，玉印一、銀印二并授之。

全節嘗代祀嶽瀆還，成宗問曰：「卿所過郡縣，有善治民者乎？」對曰：「臣過洛陽，太守盧摯平易無爲，而民以安靖。」成宗曰：「吾憶其人。」卽日召拜集賢學士。成宗崩，仁宗至自懷孟，有狂士以危言訐翰林學士閻復者，事叵測。全節力爲言于李孟，孟以聞，仁宗意解，

復告老而去。當時以爲朝廷得敬大臣體，而不以口語傷賢者，全節蓋有力焉。至於全節雅好結士大夫，無所不傾其交，長者尤見親而敬，推轂善類，唯恐不盡其力。至於振窮周急，又未嘗以恩怨異其心，當時以爲頗有俠氣云。全節卒，年八十有二，其徒夏文泳嗣。

眞大道教者，始自金季，道士劉德仁之所立也。其教以苦節危行爲要，而不妄取於人、不苟侈於己者也。五傳而至酈希（誠）〔成〕，〔一九〕居燕城天寶宮，見知憲宗，始名其教曰眞大道，授希（誠）〔成〕太玄眞人，領教事，內出冠服以賜；仍給紫衣三十襲，賜其從者。至元五年，世祖命其徒孫德福統轄諸路眞大道，錫銅章。二十年，改賜銀印二。又三傳而至張（志清）〔清志〕，〔二〇〕其教益盛，授演教大宗師、凝神冲妙玄應眞人。（志清）〔清志〕事親孝，尤耐辛苦，制行堅峻。東海珠、牢山舊多虎，（志清）〔清志〕往結茅居之，虎皆避徙，然頗爲人害。（志清）〔清志〕曰：「是吾奪其所也。」遂去之。後居臨汾，地大震，城郭邑屋摧壓，死者不可勝計，獨（志清）〔清志〕所居裂爲二，無少損焉。乃徧巡木石間，聽呻吟聲，救活者甚衆。朝廷重其名，給驛致之掌教事。（志清）〔清志〕舍傳徒步至京師，深居簡出，人或不識其面。貴人達官來見，率告病，伏臥內不起。至於道德縉紳先生，則納屨杖屨求見，不以爲

難。時人高其風，至畫爲圖以相傳焉。

太一教者，始金天眷中道士蕭抱珍，傳太一三元法籙之術，因名其教曰太一。四傳而至蕭輔道。世祖在潛邸聞其名，命史天澤召至和林，賜對稱旨，留居宮邸。以老，請授弟子李居壽掌其教事。至元十一年，建太一宮于兩京，命居壽居之，領祠事，且禋祀六丁，以繼太保劉秉忠之術。十三年，賜太一掌教宗師印。十六年十月辛丑，月直元辰，敕居壽祠醮，奏赤章于天，凡五晝夜。事畢，居壽請間曰：「皇太子春秋鼎盛，宜參預國政。」且又因典瑞董文忠以爲言，世祖喜曰：「行將及之。」其後詔太子參決朝政，庶事皆先啓後聞者，蓋居壽爲之先也。

校勘記

〔一〕十六年八思巴卒 佛祖歷代通載卷三二王磐等撰帝師行狀謂八思巴「至元十七年十一月二十二日示寂」，與薩斯迦世系等藏文史籍一致。疑此處「十六」爲「十七」之誤。

〔二〕皇天之下一人之上（開教）〔闡教〕宣文輔治大聖至德普覺眞智佑國如意大寶法王 據佛祖歷代通載卷三二王磐等撰帝師行狀、卷三六法洪敕建帝師殿碑及山居新話、南村輟耕錄卷一二帝師補。

〔三〕亦憐眞嗣爲帝師凡六歲至元十九年卒答兒麻八剌（乞列）〔剌吉塔〕嗣 此處有誤倒，應作「亦憐眞嗣爲帝師，凡六歲，卒。至元十九年，答兒麻八剌剌吉塔嗣」。按前文云亦憐眞至元十一年嗣爲帝師，與本書卷八世祖紀至元十一年三月癸巳條符。卷一〇世祖紀至元十六年歲末有「帝師亦憐（吉）〔眞〕卒」，亦與此處「嗣爲帝師，凡六歲」合，證「卒」字應在「凡六歲」下。卷一二世祖紀至元十九年歲末有「詔立帝師答耳麻八剌剌吉塔」，證此處「十九年」爲新立帝師之年，應在「卒」字下。「答兒麻八剌剌吉塔」，至元法寶勘同總錄序作「達哩麻八羅阿羅吃答」，與藏文史籍薩斯迦世系合，「乞列」訛，今改。此名梵語，義爲「法護佑」。

〔四〕（都）〔相〕家班 據本書卷二一成宗紀大德九年三月庚戌條所見「帝師相加班」改。「相家班」藏語，義爲「覺吉祥」。

〔五〕相兒加思〔巴〕 本書卷二四仁宗紀皇慶二年九月有「以相兒加思巴爲帝師」，據補。「相兒加思巴」，與前見「相家班」爲同名異譯。

〔六〕追號大覺普惠廣照無上膽巴帝師 錢大昕潛研堂金石文跋尾云：「敕賜龍興寺大覺普慈廣照無上帝師碑，帝師者，膽巴也。元史釋老傳載皇慶間加號，與此同，惟普慈作普惠，乃傳之誤。」

〔七〕沙（律）〔津〕愛護持 據本書卷三五、三六文宗紀至順二年三月壬午條、三年四月乙丑條改。「沙

津愛護持」，漢譯「總統」。

〔八〕西臺御史李昌言嘗經平涼府靜會定西等州 李昌所經，地當今甘肅平涼地區與定西地區。按本書卷六〇地理志，該地元代無「靜州」，而有靜寧州。此處「靜」下疑脫「寧」字。

〔九〕有曰朵兒只列朵四華言美妙金剛迴遮施食也 「朵兒只列」藏語，言「美妙金剛」；「施食」，如前後文所見，應作「朵兒麻」或「朵兒」。此處「朵四」似爲「朵而」之訛，下文四見「朵四」同。

〔一〇〕有曰搠思江朵兒麻華言護（江）〔法〕神施食也 「搠思江」藏語，言「護法神」。「江」誤，今改。

〔一一〕有曰收札沙剌華言五護陀羅尼經也 「收札沙剌」顯係梵語譯音。梵語「五」，佛典中通常譯寫爲「般遮」、「般闍」，「沙剌」卽「護」。疑「收」爲「般」字之誤。

〔一二〕有曰阿昔答撒（答）〔哈〕昔里華言八（十）〔千〕頌般若經也 「阿昔答撒哈昔里」梵語，義爲「八千」，指八千頌般若經，卽大般若波羅蜜多經第五會。「答」、「十」皆誤，今改。

〔一三〕有曰南占屯華言（懷）〔壞〕相金剛也 據元僧沙囉巴譯佛說壞相金剛陀羅尼經改。藏語「南占」，義爲「毀壞」。

〔一四〕寧海之崑（嵛）〔嵛〕山 從北監本改。按下文及元文類卷二二姚燧長春宮碑銘、道藏金蓮正宗仙源像傳「嵛」皆作「嵛」。

〔一五〕（祈）〔祁〕志誠 據元文類卷二二姚燧長春宮碑銘改。下同。類編已校。

中華書局

〔一六〕同人柔得位而（進）〔應〕乎乾　據道園學古錄卷五〇張留孫墓志銘、清容集卷三四張留孫家傳改。

〔一七〕豫利（建）侯命相之事也　道光本與道園學古錄卷五〇張留孫墓志銘、清容集卷三四張留孫家傳合，從補。

〔一八〕天曆元年追贈道祖神（應）〔德〕眞君　據本書卷三三文宗紀天曆二年九月庚申條及吳文正集卷三二張留孫道行碑、至正集卷七三跋神德眞君畫像贊改。類編已校。又，紀繫追贈事于天曆二年，疑此處「元年」當作「二年」。

〔一九〕鄺希（誠）〔成〕　據道園學古錄卷五〇岳德文碑、吳文正集卷二六天寶宮碑改。下同。

〔二〇〕張（志淸）〔淸志〕　據吳文正集卷二六天寶宮碑、宋學士集卷五五書劉眞人事改正。下同。新元史已校。

元史卷二百三

列傳第九十

方技　工藝附

自昔帝王勃興，雖星曆醫卜方術異能之士，莫不過絕於人，類非後來所及，蓋天運也。元有中土，鉅公異人，身兼數器者，皆應期而出，相與立法創制，開物成務，以輔成大業，亦云盛哉。若道流釋子，所挾多方，事適逢時，既皆別爲之傳。其他以術數言事輒驗，及以醫著效，被光寵者甚衆。舊史多闕弗錄，今取其事蹟可見者，爲方技篇。而以工藝貴顯，亦附見焉。

田忠良字正卿，其先平陽趙城人，金亡，徙中山。忠良好學，通儒家、雜家言。嘗識太保劉秉忠於微時，秉忠薦于世祖，遣使召至，帝視其狀貌步趨，顧謂侍臣曰：「是雖以陰陽家

進，必將爲國用。」俄指西序第二人謂忠良曰：「彼手中握何物？」忠良對曰：「鷄卵也。」果然。帝喜，又曰：「朕有事縈心，汝試占之。」對曰：「以臣術推之，當是一名僧病耳。」帝曰：「然，國師也。」遂遣左侍儀奉御也先乃送忠良司天臺，給筆札，令秉忠試星曆、遁甲諸書。秉忠奏曰：「所試皆通，司天諸生鮮有及者。」詔官之司天。帝曰：「朕用兵江南，困于襄樊，累年不決，奈何？」忠良對曰：「在酉年矣。」

至元十一年，阿里海牙奏請率十萬衆渡江，朝議難之，帝密問曰：「汝試筮之，濟否？」忠良對曰：「濟。」帝獵于柳林，御幄殿，侍臣甚衆，顧忠良曰：「今拜一大將取江南，朕心已定，果何人耶？」忠良環視左右，目一人，對曰：「是偉丈夫，可屬大事。」帝笑曰：「此伯顏也，爲西王旭烈兀使，朕以其才留用之，汝識朕心。」賜鈔五百貫、衣一襲。七月十五日夜，白氣貫三台，帝問何祥，忠良對曰：「三公其死乎？」未幾，太保劉秉忠卒。八月，帝出獵，駐蹕召忠良曰：「朕有所遺，汝知何物，還可復得否？」對曰：「其數珠乎？明日，二十里外人當有得而來獻者。」已而果然，帝喜，賜以貂裘。十月，有旨問忠良：「南征將士能渡江否？勞師費財，朕甚憂之。」忠良奏曰：「明年正月當奏捷矣。」

十二年正月，師取鄂州，丞相伯顏遣使來獻宋寶，有玉香爐，輟以賜忠良，及金織文十匹。二月，帝不豫，召忠良謂曰：「或言朕今歲不嘉，汝術云何？」忠良對曰：「聖體行自安

矣。」三月，帝疾愈，賜銀五百兩、衣材三十匹。五月，車駕清暑上都，遣使來召曰：「叛者浸入山陵，久而不去，汝與和禮霍孫率衆往視之。」既至，山陵如故，俄而叛兵大至，圍之三匝，三日不解。忠良引衆夜歸，敵殊不覺，和禮霍孫以爲神，白其事于帝，賜黃金十兩。八月，以海都爲邊患，遣皇子北平王那木罕、丞相安童征之，忠良奏曰：「不吉，將有叛者。」帝不悅。十二月，諸王昔里吉劫皇子、丞相以入海都，帝召忠良曰：「朕幾信讒言罪汝，今如汝言，汝祀神致禱，雖黃金朕所不吝。」忠良對曰：「無事於神，皇子未年當還。」後果然。

十四年八月，車駕駐隆興北，忠良奏曰：「昔里吉之叛，以安童之食不彼及也。今宿衞之士，日食一瓜，豈能充飢，竊有怨言矣。」帝怒，笞主膳二人，俾均其食。十五年三月，汴梁河清三百里，帝曰：「憲宗生，河清；朕生，河又清；今河又清，何耶？」忠良對曰：「應在皇太子宮矣。」帝語符寶郎董文忠曰：「是不妄言，殆有徵也。」

十八年，特命爲太常丞。少府爲諸王昌童建宅於太廟南，忠良往仆其柱，少府奏之，帝問忠良，對曰：「太廟前豈諸王建宅所耶？」帝曰：「卿言是也。」又奏曰：「太廟前無馳道，非禮也。」卽敕中書闢道。國制，十月上吉，有事于太廟。或請牲不用牛，忠良奏曰：「梁武帝用麪爲犧牲，後如何耶？」從之。遷太常少卿。二十年，將征日本國，召忠良擇日出師，忠良奏曰：「僻陋海隅，何足勞天戈。」不聽。二十四年，請建太社於朝右，建郊壇於國南。俄兼引

進使。二十九年，還太常卿。

大德元年，遷昭文館大學士、中奉大夫，兼太常太卿。十一年，成宗崩，阿忽台等持異謀，將以皇后敎，祔成宗於廟。忠良爭曰：「嗣皇帝祔先帝於廟，禮也；皇后敎，非制也。」阿忽台等怒曰：「制自天降耶！汝不畏死，敢沮大事。」忠良竟不從。既而仁宗以太弟奉皇太后至自懷州，潛與密謀誅阿忽台等。武宗卽位，進榮祿大夫、大司徒，賜銀印。仁宗卽位，又進光祿大夫，領太常禮儀院事。延祐四年正月卒，年七十五。贈推忠守正佐運功臣、太師、開府儀同三司、上柱國，追封趙國公，謚忠獻。

子天澤，翰林侍講學士、嘉議大夫、知制誥兼修國史。

靳德進，其先潞州人，後徙大名。祖璇，業儒。父祥，師事陵川郝溫，兼善星曆。金末兵亂，與母相失，母悲泣而盲，祥訪得之，舐其目，百日復明，人稱其孝。國初，玉出干劉敏行省于燕，辟祥置幕下，佩以金符。時藩帥得擅生殺，無辜者多賴祥以免。贈集賢大學士，謚安靖。

德進爲人材辨，幼讀書，能通大義，父歿，益自刻勵，尤精於星曆之學。世祖命太保秉忠選太史官屬，德進以選授天文、星曆、卜筮三科管勾，凡交蝕躔次、六氣侵沴，所言休咎

輒應。時因天象以進規諫，多所裨益。累遷祕書監，掌司天事。從征叛王乃顏，揆度日時，率中機會。諸將欲剿絕其黨，德進獨陳天道好生，請緩師以待其降。俄奏言：「叛始由惑於妖言，遂謀不軌，宜括天下術士，設陰陽敎官，使訓學者，仍歲貢有成者一人。」帝從之，遂著爲令。

成宗以皇孫撫軍北邊，帝遣使授皇太子寶，德進預在行，凡攻戰取勝，皆豫尅期日，無不驗者。亦間言事得失，多所裨益。成宗卽位，歷陳世祖進賢納諫、咨詢治亂之原，帝嘉納之。授昭文館大學士，知太史院，領司天臺事，賜金帶宴服。都城以狹苦㢘，或請以瓦易之，帝以問德進，對曰：「若是役驟興，物必踊貴，民力重困，臣愚未見其可。」議遂寢。敕中書自今凡集議政事，必使德進預焉。所建明多見於施行。尋以病丐閑。

仁宗時在東宮，特令中書加官以留之。會車駕自上京還，召見白海行宮，授資德大夫、中書右丞，議通政院事。仁宗卽位，命領太史院事，力辭不允。以疾卒于位。贈推誠贊治功臣、榮祿大夫、大司徒、柱國，魏國公，謚文穆。子泰，〔一〕工部侍郎。

張康字汝安，號明遠，潭州湘潭人。祖安厚，父世英。康早孤力學，旁通術數。宋呂文德、江萬里、留夢炎皆推重之，辟置幕下。宋亡，隱衡山。

至元十四年，世祖遣中丞崔彧祀南嶽，就訪隱逸。彧兄湖南行省參政崔斌言康隱衡山，學通天文地理。彧還，具以聞，遣使召康，與斌偕至京師。十五年夏四月，至上都見帝，親試所學，大驗，授著作佐郎，仍以內嬪松夫人妻之。凡召對，禮遇殊厚，呼以明遠而不名。嘗面諭：凡有所問，使極言之。

十八年，康上奏：「歲壬午，太一理艮宮，主大將客、參將囚，直符治事，正屬燕分。明年春，京城當有盜兵，事干將相。」十九年三月，盜果起京師，殺阿合馬等。帝欲征日本，命康以太一推之，康奏曰：「南國甫定，民力未蘇，且今年太一無算，舉兵不利。」從之。嘗賜太史院錢，分千貫以與康，不受，衆服其廉。久之，乞歸田里，優詔不許，遷奉直大夫、祕書監丞。年六十五卒。子天祐。

李杲字明之，鎭人也，世以貲雄鄉里。杲幼歲好醫藥，時易人張元素以醫名燕趙間，杲捐千金從之學，不數年，盡傳其業。家既富厚，無事於技，操有餘以自重，人不敢以醫名之。大夫士或病其資性高謇，少所降屈，非危急之疾，不敢謁也。其學於傷寒、癰疽、眼目病爲尤長。

北京人王善甫，爲京兆酒官，病小便不利，目睛凸出，腹脹如鼓，膝以上堅硬欲裂，飲食

且不下，甘淡滲泄之藥皆不效。杲謂衆醫曰：「疾深矣。內經有之，膀胱者，津液之府，必氣化乃出焉。今用滲泄之劑而病益甚者，是氣不化也。啓玄子云『無陽者陰無以生，無陰者陽無以化』，甘淡滲泄皆陽藥，獨陽無陰，其欲化得乎？」明日，以羣陰之劑投，不再服而愈。

西臺掾蕭君瑞，二月中病傷寒發熱，醫以白虎湯投之，病者面黑如墨，本證不復見，脈沉細，小便不禁。杲初不知用何藥，及診之，曰：「此立夏前誤用白虎湯之過。白虎湯大寒，非行經之藥，止能寒腑藏，不善用之，則傷寒本病隱曲於經絡之間。或更以大熱之藥救之，以苦陰邪，則他證必起，非所以救白虎也。有溫藥之升陽行經者，吾用之。」有難者曰：「白虎大寒，非大熱何以救，君之治奈何？」杲曰：「病隱於經絡間，陽不升則經不行，經行而本證見矣。本證又何難焉。」果如其言而愈。

魏邦彥之妻，目翳暴生，從下而上，其色綠，腫痛不可忍。杲云：「翳從下而上，病從陽明來也。綠非五色之正，殆肺與腎合而爲病邪。」乃瀉肺腎之邪，而以入陽明之藥爲之使。既效矣，而他日病復作者三，其所從來之經，與(腎)〔翳〕色各異。〔二〕乃曰：「諸脈皆屬於目，脈病則目從之。此必經絡不調，經不調，則目病未已也。」問之果然，因如所論而治之，疾遂不作。

馮叔獻之姪櫟，年十五六，病傷寒，目赤而頓渴，脈七八至，醫欲以承氣湯下之，已煑

藥，而杲適從外來，馮告之故。杲切脈，大駭曰：「幾殺此兒。內經有言『在脈，諸數爲熱，諸遲爲寒』。今脈八九至，是熱極也。而會要大論云『病有脈從而病反者何也？脈(之)〔至〕而從，〔三〕按之不鼓，諸陽皆然』。此傳而爲陰證矣。令持薑、附來，吾當以熱因寒用法處之。」藥未就而病者爪甲變，頓服者八兩，汗尋出而愈。

陝帥郭巨濟病偏枯，二指著足底不能伸，杲以長針刺骪中，深至骨而不知痛，出血一二升，其色如墨，又且謬刺之。如此者六七，服藥三月，病良已。裴擇之妻病寒熱，月事不至者數年，已喘嗽矣。醫者率以蛤蚧、桂、附之藥投之，杲曰：「不然，夫病陰爲陽所搏，溫劑太過，故無益而反害。投以寒血之藥，則經行矣。」已而果然。杲之設施多類此。當時之人，皆以神醫目之。所著書，今多傳於世云。

工藝

孫威，渾源人。幼沉鷙，有巧思。金貞祐間，應募爲兵，以驍勇稱。及雲中來附，守帥表授義軍千戶，從軍攻潞州，破鳳翔，皆有功。善爲甲，嘗以意製蹄筋翎根鎧以獻，太祖親射之，〔四〕不能徹，大悅。賜名也可兀蘭，佩以金符，授順天安平懷州河南平陽諸路工匠都總管。從攻邠、乾，突戰不避矢石，帝勞之曰：「汝縱不自愛，獨不爲吾甲冑計乎。」因命諸將衣其甲者問曰：「汝等知所愛重否？」諸將對，皆失旨意。太(祖)〔宗〕曰：〔五〕「能捍蔽爾輩以與我國家立功者，非威之甲耶！而爾輩言不及此，何也？」復以錦衣賜威。每從戰伐，恐民有橫被屠戮者，輒以蒐簡工匠爲言，而全活之。歲庚子，卒，年五十八。至大二年，贈中奉大夫、武備院使、神川郡公，謚忠惠。

子拱，〔六〕爲監察御史，後襲順天安平懷州河南等路甲匠都總管。巧思如其父，嘗製甲二百八十襲以獻。至元十一年，別製疊盾，其製，張則爲盾，斂則合而易持。世祖以爲古所未有，賜以幣帛。丞相伯顏南征，以甲冑不足，詔諸路集匠民分製。拱董順天、河間甲匠，先期畢工，且象虎豹異獸之形，各殊其制，皆稱旨。

十五年，授保定路治中。適歲饑，議開倉賑民，或曰：「宜請于朝。」拱曰：「救荒事不可緩也，若得請而後發粟以賑之，則民餒死矣。苟見罪，吾自任之。」遂發粟四千五百石以賑饑民。高陽土豪據沙河橋取行者錢，人以爲病，拱執而罪之。二十二年，除武備少卿，遷大都路軍器人匠總管，陞工部侍郎。

成宗卽位，典朝會供給，賜銀百兩、織紋段五十匹、帛二十五匹、鈔萬貫。元貞二年，授大同路總管，兼府尹。大德五年，遷兩浙都轉運使。鹽課舊二十五萬引，歲不能足，拱至增五萬引，遂爲定額。九年，改益都路總管，兼府尹，仍出內府弓矢寶刀賜之。卒於官。贈大

司農、神川郡公，謚文莊。

(阿老瓦丁)〔七〕

阿老瓦丁，回回氏，西域木發里人也。至元八年，世祖遣使徵砲匠于宗王阿不哥，王以阿老瓦丁、亦思馬因應詔，二人舉家馳驛至京師，給以官舍，首造大砲豎于五門前，帝命試之，各賜衣段。十一年，國兵渡江，平章阿里海牙遣使求砲手匠，命阿老瓦丁往，破潭州、靜江等郡，悉賴其力。十五年，授宣武將軍、管軍總管。十七年，陛見，賜鈔五千貫。十八年，命屯田於南京。二十二年，樞密院奉旨，改元帥府爲回回砲手軍匠上萬戶府，以阿老瓦丁爲副萬戶。大德四年告老。子富謀只，襲副萬戶。皇慶元年卒，子馬哈馬沙襲。

亦思馬因，回回氏，西域旭烈人也。善造砲，至元八年與阿老瓦丁至京師。十年，從國兵攻襄陽未下，亦思馬因相地勢，置砲于城東南隅，重一百五十斤，機發，聲震天地，所擊無不摧陷，入地七尺。宋安撫呂文煥懼，以城降。既而以功賜銀二百五十兩，命爲回回砲手總管，佩虎符。十一年，以疾卒。子布伯襲職。

時國兵渡江，宋兵陳于南岸，擁舟師迎戰，布伯於北岸豎砲以擊之，舟悉沉沒。後每戰

用之，皆有功。十八年，佩三珠虎符，加鎭國上將軍、回回砲手都元帥。明年，改軍匠萬戶府萬戶。遷刑部尙書，以弟亦不剌金爲萬戶，佩元降虎符，官廣威將軍。布伯俄進通奉大夫、浙東道宣慰使，賜鈔二萬五千貫，俾養老焉。

子哈散，廕授昭信校尉、高郵府同知。致和元年八月，樞密院檄亦不剌金所部軍匠至京師，賜鈔二千五百貫、金綺四端，與馬哈馬沙造砲。天曆二年，以疾卒。子亞古襲。

阿尼哥，尼波羅國人也，其國人稱之曰八魯布。幼敏悟異凡兒，稍長，誦習佛書，期年能曉其義。同學有爲繪畫粧塑業者，讀尺寸經，阿尼哥一聞，卽能記。長善畫塑，及鑄金爲像。

中統元年，命帝師八合斯巴建黃金塔于吐蕃，尼波羅國選匠百人往成之，得八十人，求部送之人未得。阿尼哥年十七，請行，衆以其幼，難之。對曰：「年幼心不幼也。」乃遣之。帝師一見奇之，命監其役。明年，塔成，請歸，帝師勉以入朝，乃祝髮受具爲弟子，從帝師入見。帝視之久，問曰：「汝來大國，得無懼乎？」對曰：「聖人子育萬方，子至父前，何懼之有。」又問：「汝來何爲？」對曰：「臣家西域，奉命造塔吐蕃，二載而成。見彼土兵難，民不堪命，願陛下安輯之，不遠萬里，爲生靈而來耳。」又問：「汝何所能？」對曰：「臣以心爲師，頗知畫塑

鑄金之藝。」帝命取明堂針灸銅像示之曰：「此（安）〔宣〕撫王（檝）〔檝〕使宋時所進，〔八〕歲久闕壞，無能修完之者，汝能新之乎？」對曰：「臣雖未嘗爲此，請試之。」至元二年，新像成，關鬲脈絡皆備，金工歎其天巧，莫不愧服。凡兩京寺觀之像，多出其手。爲七寶鑌鐵法輪，車駕行幸，用以前導。原廟列聖御容，織錦爲之，圖畫弗及也。

至元十年，始授人匠總管，銀章虎符。十五年，有詔返初服，授光祿大夫、大司徒，領將作院事，寵遇賞賜，無與爲比。卒。贈太師、開府儀同三司、涼國公、上柱國，謚敏慧。

子六人，曰阿僧哥，大司徒；阿述臘，諸色人匠總管府達魯花赤。

有劉元者，嘗從阿尼哥學西天梵相，亦稱絕藝。元字秉元，薊之寶坻人。始爲黃冠，師事靑州把道錄，傳其藝非一。至元中，凡兩都名刹，塑土、範金、摶換爲佛像，出元手者，神思妙合，天下稱之。其上都三皇尤古粹，識者以爲造意得三聖人之微者。由是兩賜宮女爲妻，命以官長其屬，行幸必從。

仁宗嘗敕元非有旨不許爲人造他神像。後大都南城作東嶽廟，元爲造仁聖帝像，巍巍然有帝王之度，其侍臣像，乃若憂深思遠者。始元欲作侍臣像，久之未措手，適閱祕書圖畫，見唐魏徵像，矍然曰：「得之矣，非若此，莫稱爲相臣者。」遽走廟中爲之，卽日成，士大夫觀者，咸歎異焉。其所爲西番佛像多祕，人罕得見者。

元官爲昭文館大學士、正奉大夫、祕書卿，以壽終。摶換者，漫帛土偶上而髹之，已而去其土，髹帛儼然成像云。

校勘記

〔一〕子泰　松雪齋集卷九靳德進墓志銘作「子一人，道泰」，疑此處脫「道」字。

〔二〕與（腎）〔醫〕色各異　據遺山集卷三七傷寒會要引改。

〔三〕脈（之）〔至〕而從　據遺山集卷三七傷寒會要引改。按前文有「今脈八九至，是熱極也」。

〔四〕太祖親射之　靜修集卷一六孫公亮先塋碑作「太宗親射之」。此處「太祖」當係「太宗」之誤。

〔五〕太（祖）〔宗〕　據靜修集卷一六孫公亮先塋碑改。按此時元太祖已死。

〔六〕子拱　按靜修集卷一六孫公亮先塋碑、秋澗集卷五八孫公亮神道碑，孫拱爲孫威之孫，孫公亮之子。此作孫威子，誤，當係因碑立傳略去公亮事，逕抄先塋碑文「子拱」所致。「子」當作「孫」。

〔七〕（阿老瓦丁）　從道光本删。

〔八〕（安）〔宣〕撫王（檝）〔檝〕　「安撫」，本書卷一五三王檝傳、卷八一選舉志及秋澗集卷四四國朝奉使、元文類卷四八楊奐祭國信使王宣撫文俱作「宣撫」，據改。又「檝」字誤，據本書卷一五三王檝傳改。類編已改。

元史卷二百四

列傳第九十一

宦者

前世宦者之禍嘗烈矣，元之初興，非能有鑒乎古者，然歷十有餘世，考其亂亡之所由，而初不自閹人出，何哉？蓋自太祖選貴臣子弟給事內廷，凡飲食、冠服、書記，上所常御者，各以其職典之，而命四大功臣世爲之長，號四怯薛。故天子前後左右，皆世家大臣及其子孫之生而貴者，而宦官之擅權竊政者不得有爲於其間。雖或有之，然不旋踵而遂敗，此其詒謀，可謂度越前代者矣。如李邦寧者，以亡國閹豎，遭遇世祖，進齒薦紳，遂躋極品，然其言亦有可稱者焉。至於朴不花，乃東夷之人，始以西宮同里，因緣柄用，遂與權奸同惡相濟，訖底于誅戮，則固有以致之也。用特著之于篇。

李邦寧字叔固，錢唐人，初名保寧，宋故小黃門也。宋亡，從瀛國公入見世祖，命給事內庭，警敏稱上意。令學國書及諸蕃語，卽通解，遂見親任。授御帶庫提點，陞章佩少監，遷禮部尙書，提點太醫院(使)〔事〕。〔一〕成宗卽位，進昭文館大學士、太醫院使。帝嘗寢疾，邦寧不離左右者十餘月。

武宗立，命爲江浙行省平章政事，邦寧辭曰：「臣以閹腐餘命，無望更生，先朝幸赦而用之，使得承乏中涓，高爵厚祿，榮寵過甚。陛下復欲置臣宰輔，臣何敢當。宰輔者，佐天子共治天下者也，奈何辱以寺人。陛下縱不臣惜，如天下後世何，誠不敢奉詔。」帝大悅，使大臣白其言于太后及皇太子，以彰其善。

帝嘗奉皇太后燕大安閣，閣中有故篋，問邦寧曰：「此何篋也？」對曰：「此世祖貯裘帶者。臣聞有聖訓曰『藏此以遺子孫，使見吾樸儉，可爲華侈之戒』。」帝命發篋視之，歎曰：「非卿言，朕安知之。」時有宗王在側，遽曰：「世祖雖神聖，然嗇於財。」邦寧曰：「不然。世祖一言，無不爲後世法；一予奪，無不當功罪。且天下所入雖富，苟用不節，必致匱乏。自先朝以來，歲賦已不足用，又數會宗藩，資費無算，旦暮不給，必將横斂掊怨，豈美事耶。」太后及帝深然其言。俄加大司徒、尙服院使，遙授丞相，〔二〕行大司農，領太醫院事，階金紫光祿大夫。

太廟舊嘗遣官行事，至是復欲如之，邦寧諫曰：「先朝非不欲親致饗祀，誠以疾廢禮耳。今陛下繼成之初，正宜開彰孝道，以率先天下，躬祀太室，以成一代之典。循習故弊，非臣所知也。」帝稱善。卽日備法駕，宿齋宮，且命邦寧爲大禮使。禮成，加恩三代：曾祖頤，贈銀青光祿大夫、司徒，謚敬懿；祖德懋，贈儀同三司、大司徒，謚忠獻；父撝，贈太保、開府儀同三司，謚文穆。

仁宗卽位，以邦寧舊臣，賜鈔千錠，辭弗受。國學將釋奠，敕遣邦寧致祭于文宣王。點視畢，至位立，殿戶方闢，忽大風起，殿上及兩廡燭盡滅，燭臺底鐵鐏入地尺，無不拔者，邦寧悚息伏地，諸執事者皆伏。良久風定，乃成禮，邦寧因慚悔累日。

初，仁宗爲皇太子，丞相三寶奴等用事，畏仁宗英明，邦寧揣知其意，言於武宗曰：「陛下富於春秋，皇子漸長，父作子述，古之道也，未聞有子而立弟者。」武宗不悅曰：「朕志已定，汝自往東宮言之。」邦寧慚懼而退。仁宗卽位，左右咸請誅之，仁宗曰：「帝王歷數，自有天命，其言何足介懷。」加邦寧開府儀同三司，爲集賢院大學士。以疾卒。

（朴不花）〔三〕

朴不花，高麗人，亦曰王不花。皇后奇氏微時，與不花同鄉里，相爲依倚，及選爲宮人，有寵，遂爲第二皇后，居興聖宮，生皇太子愛猷識理達臘。於是不花以閹人入事皇后者有

年，皇后愛幸之，情意甚膠固，累遷官至榮祿大夫、資正院使。資正院者，皇后之財賦悉隸焉。

至正十八年，京師大饑疫，時河南北、山東郡縣皆被兵，民之老幼男女，避居聚京師，以故死者相枕藉。不花欲要譽一時，請于帝，市地收瘞之，帝賜鈔七千錠，中宮及興聖、隆福兩宮，皇太子、皇太子妃，賜金銀及他物有差，省院施者無算；不花出玉帶一、金帶一、銀二錠、米三十四斛、麥六斛、青貂銀鼠裘各一襲以爲費。擇地自南北兩城抵盧溝橋，掘深及泉，男女異壙，人以一屍至者，隨給以鈔，舁負相踵。旣覆土，就萬安壽慶寺建無遮大會。至二十年四月，前後瘞者二十萬，用鈔二萬七千九十餘錠、米五百六十餘石。又於大悲寺修水陸大會三晝夜，凡居民病者予之藥，不能喪者給之棺。翰林學士承旨張翥爲文頌其事，曰善惠之碑。

於是帝在位久，而皇太子春秋日盛，軍國之事，皆其所臨決。皇后乃謀內禪皇太子，而使不花喻意於丞相太平，太平不答。二十年，太平乃罷去，而獨搠思監爲丞相。時帝益厭政，不花乘間用事，與搠思監相爲表裏，四方警報、將臣功狀，皆抑而不聞，內外解體，然根株盤固，氣焰薰灼，內外百官趨附之者十九。又宣政院使脫歡，與之同惡相濟，爲國大蠹。

二十三年，監察御史也先帖木兒、孟也先不花、傅公讓等乃劾奏朴不花、脫歡奸邪，當

屏黜。御史大夫老的沙以其事聞，皇太子執不下，而皇后庇之尤固，御史乃皆坐左遷。治書侍御史陳祖仁，連上皇太子書切諫之，而臺臣大小皆辭職，皇太子乃爲言於帝，令二人皆辭退。而祖仁言猶不已，又上皇帝書言：「二人亂階禍本，今不芟除，後必不利。漢、唐季世，其禍皆起此輩，而權臣、藩鎮乘之。故千尋之木，呑舟之魚，其腐敗必由於內，陛下誠思之，可爲寒心。臣願俯從臺諫之言，將二人特加擯斥，不令以辭退爲名，成其姦計。海內皆知陛下信賞必罰，自此二人始，將士孰不效力，寇賊亦皆喪膽，天下可全，而有以還祖宗之舊。若優柔不斷，彼惡日盈，將不可制。臣寧餓死于家，誓不與同朝，牽聯及禍。」語具陳祖仁傳。

會侍御史李國鳳亦上書皇太子，言：「不花驕恣無上，招權納賂，奔競之徒，皆出其門，駸駸有趙高、張讓、田令孜之風，漸不可長，衆人所共知之，獨主上與殿下未之知耳。自古宦者，近君親上，使少得志，未有不爲國家禍者。望殿下思履霜堅冰之戒，早賜奏聞，投之西夷，以快衆心，〔四〕則紀綱可振。紀綱振，則天下之公論爲可畏，法度爲不可犯，政治修而百廢舉矣。」由是帝大怒，國鳳、祖仁等亦皆左遷。時老的沙執其事頗力，皇太子因惡之，而皇后又譖之於內，帝以老的沙母舅故，封爲雍王，遣歸國。已而復以不花爲集賢大學士、崇正院使，〔五〕皇后之力也。老的沙至大同，

遂留孛羅帖木兒軍中。是時，搠思監、朴不花方倚擴廓帖木兒爲外援，怨孛羅帖木兒匿老的沙不遣，遂誣孛羅帖木兒與老的沙謀不軌。二十四年，詔削其官，使解兵柄歸四川。孛羅帖木兒知不出帝意，皆搠思監、朴不花所爲，怒不奉詔。宗王不顏帖木兒等爲表言其誣枉，而朝廷亦畏其强不可制，復下詔數搠思監、朴不花互相壅蔽簧惑主聽之罪，屏搠思監于嶺北，竄朴不花于甘肅，以快衆憤，而復孛羅帖木兒官爵。然搠思監、朴不花皆留京城，實未嘗行。

未幾，孛羅帖木兒遣秃堅帖木兒以兵向闕，聲言淸君側之惡。(是)〔四〕月十二日，駐于淸河，〔六〕帝遣達達國師問故，往復者數四，言必得搠思監、朴不花乃退兵。帝度其勢不可解，不得已，執兩人畀之，其兵乃退。朴不花遂爲孛羅帖木兒所殺。事具搠思監、孛羅帖木兒傳。

校勘記

〔一〕提點太醫院(使)〔事〕　殿本考證云：「事訛使，據百官志改。」從改。

〔二〕遙授丞相　本書卷二二武宗紀至大元年六月戊戌條有「以司徒、平章政事、領大司農李邦寧遙授左丞相」，類編據補「左」字　是。

〔三〕(朴不花)　從道光本刪。

〔四〕投之西夷以快衆心　漢書卷二四下食貨志有「投諸四裔，以御魑魅」，指處流刑。道光本改「西夷」爲「四夷」。

〔五〕崇正院使　按本書卷九二百官志、卷一一四后妃傳，崇政院係由資正院改置者。此處「正」當作「政」。類編已校。

〔六〕(是)〔四〕月十二日駐于淸河　從道光本改。「是月」前僅有「二十四年」，「是月」二字不可解。按本書卷四六順帝紀至正二十四年夏四月乙巳條、卷二〇七孛羅帖木兒傳，秃堅帖木兒駐兵淸河事，皆繫四月乙巳，即四月十二日。

元史卷二百五

列傳第九十二

姦臣

古之爲史者，善惡備書，所以示勸懲也。故孔子修春秋，於亂臣賊子之事，無不具載，而楚之史名檮杌，皆以戒夫爲惡者，使知所懼而不敢肆焉。後世作史者，有酷吏、佞幸、姦臣、叛逆之傳，良有以也。

元之舊史，往往詳於記善，略於懲惡，是蓋當時史臣有所忌諱，而不敢直書之爾。然姦巧之徒，挾其才術，以取富貴、竊威福，始則毒民誤國而終至於殞身亡家者，其行事之概，亦或散見於實錄編年之中，猶有春秋之意存焉。謹撮其尤彰著者，彙次而書之，作姦臣傳，以爲世鑒。而叛逆之臣，亦各以類附見云。

阿合馬，回（紇）〔回〕人也。〔一〕不知其所由進，世祖中統三年，始命領中書左右部，兼諸路都轉運使，專以財賦之任委之。阿合馬奏降條畫，宣諭各路運司。明年，以河南鈞、徐等州俱有鐵冶，請給授宣牌，以興鼓鑄之利。世祖陞開平府爲上都，又以阿合馬同知開平府事，領左右部如故。阿合馬奏以禮部尚書馬月合乃兼領已括戶三千，興煽鐵冶，歲輸鐵一百三萬七千斤，就鑄農器二十萬事，易粟輸官者凡四萬石。

至元元年正月，阿合馬言：「太原民煑小鹽，越境販賣，民貪其價廉，競買食之，解鹽以故不售，歲入課銀止七千五百兩。請自今歲增五千兩，無（間）〔問〕僧道軍匠等戶，〔二〕鈞出其賦，其民間通用小鹽從便。」是年秋八月，罷領中書左右部，併入中書，超拜阿合馬爲中書平章政事，進階榮祿大夫。

三年正月，立制國用使司，阿合馬又以平章政事兼領使職。久之，制國用使司奏：「以東京歲課布疏惡不堪用者，就以市羊於彼。眞定、順天金銀不中程者，宜改鑄。別怯赤山出石絨，織爲布火不能然，請遣官採取。」又言：「國家費用浩繁，今歲自車駕至都，已支鈔四千錠，恐來歲度支不足，宜量節經用。」十一月，制國用使司奏：「桓州峪所採銀鑛，已十六萬斤，百斤可得銀三兩、錫二十五斤。採鑛所需，鬻錫以給之。」悉從其請。

七年正月，立尚書省，罷制國用使司，又以阿合馬平章尚書省事。阿合馬爲人多智巧言，以功利成效自負，衆咸稱其能。世祖急於富國，試以行事，頗有成績。又見其與丞相線眞、史天澤等爭辨，屢有以詘之，由是奇其才，授以政柄，言無不從，而不知其專愎益甚矣。丞相安童含容久之，言於世祖曰：「臣近言尚書省、樞密院、御史臺，宜各循常制奏事，其大者從臣等議定奏聞，已有旨僉允。今尚書省一切以聞，似違前奏。」世祖曰：「汝所言是。豈阿合馬以朕頗信用，敢如是耶！其不與卿議非是，宜如卿所言。」又言：「阿合馬所用部官，左丞許衡以爲多非其人，然已得旨咨請宣付，如不與，恐異日有辭。宜試其能否，久當自見。」世祖然之。五月，尚書省奏括天下戶口，既而御史臺言，所在捕蝗，百姓勞擾，括戶事宜少緩。遂止。

初立尚書省時，有旨：「凡銓選各官，吏部擬定資品，呈尚書省，由尚書咨中書聞奏。」至是，阿合馬擢用私人，不由部擬，不咨中書。丞相安童以爲言，世祖令問阿合馬。阿合馬言：「事無大小，皆委之臣，所用之人，臣宜自擇。」安童因請：「自今唯重刑及遷上路總管，始屬之臣，餘事並付阿合馬，庶事體明白。」世祖俱從之。

八年三月，尚書省再以閱實戶口事，奏條畫詔諭天下。是歲，奏增太原鹽課，以千錠爲常額，仍令本路兼領。九年，併尚書省入中書省，又以阿合馬爲中書平章政事。明年，又以其子忽辛爲大都路總管，兼大興府尹。右丞相安童見阿合馬擅權日甚，欲救其弊，乃奏大

都路總管以次多不稱職，乞選人代之。尋又奏：「阿合馬、張惠，挾宰相權，爲商賈，以網羅天下大利，厚毒黎民，困無所訴。」阿合馬曰：「誰爲此言，臣等當與廷辯。」安童進曰：「省左司都事周祥，中木取利，罪狀明白。」世祖曰：「若此者，徵畢當顯黜之。」既而樞密院奏以忽辛同僉樞密院事，世祖不允曰：「彼賈胡事猶不知，況可責以機務耶！」

十二年，伯顏帥師伐宋，既渡江，捷報日至。世祖命阿合馬與姚樞、徒單公履、張文謙、陳漢歸、楊誠等，議行鹽、鈔法于江南，及貿易藥材事。阿合馬奏：「樞云：『江南交會不行，必致小民失所。』公履云：『伯顏已嘗榜諭交會不換，今亟行之，失信於民。』文謙謂『可行與否，當詢伯顏』。漢歸及誠皆言：『以中統鈔易其交會，何難之有。』」世祖曰：「樞與公履，不識事機。朕嘗以此問陳巖，巖亦以宋交會速宜更換。今議已定，當依汝言行之。」又奏：「北鹽藥材，樞與公履皆言可使百姓從便販鬻。臣等以爲此事若小民爲之，恐紊亂不一。擬於南京、衞輝等路，籍括藥材，蔡州發鹽十二萬斤，禁諸人私相貿易。」世祖曰：「善，其行之。」

十二年，阿合馬又言：「比因軍興之後，減免編民征稅，又罷轉運司官，令各路總管府兼領課程，以致國用不足。臣以爲莫若驗戶數多寡，遠以就近，立都轉運司，量增舊額，選廉幹官分理其事。應公私鐵鼓鑄，官爲局賣，仍禁諸人毋私造銅器。如此，則民力不屈，而國用充矣。」乃奏立諸路轉運司，以亦必烈金、札馬剌丁、張暠、富珪、蔡德潤、紇石烈亨、阿里

和者、完顏迪、姜毅、阿老瓦丁、倒刺沙等爲使。有亦馬都丁者，以負官銀得罪而罷，既死，而所負尙多，中書省奏議裁處。世祖曰：「此財穀事，其與阿合馬議之。」

十五年正月，世祖以西京饑，發粟萬石賑之。又諭阿合馬宜廣貯積，以備闕乏。阿合馬奏：「自今御史臺非白省，毋擅召倉庫吏，亦毋究索錢穀數。及集議中書不至者，罪之。」其沮抑臺察如此。四月，中書左丞崔斌奏曰：「先以江南官冗，委任非人，遂命阿里等澄汰之。今已顯有徵驗，蔽不以聞，是爲罔上。杭州地大，委寄非輕，阿合馬溺於私愛，乃以不肖子抹速忽充達魯花赤，佩虎符，此豈量才授任之道。」又言：「阿合馬先自陳乞免其子弟之任，乃今身爲平章，而子若姪或爲行省參政，或爲禮部尙書、將作院達魯花赤、領會同館，一門悉處要津，自背前言，有虧公道。」有旨並罷黜之。然終不以是爲阿合馬罪。世祖嘗謂淮西宣慰使昂吉兒曰：「夫宰相者，明天道，察地理，盡人事，兼此三者，乃爲稱職。阿里海牙、麥朮丁等，亦未可爲相，回回人中，阿合馬才任宰相。」其爲上所稱道如此。

十六年四月，中書奏立江西榷茶運司，及諸路轉運鹽使司、宣課提舉司。未幾，以忽辛爲中書右丞。明年，中書省奏：「阿塔海、阿里言，今立宣課提舉司，官吏至五百餘員。左丞陳巖、范文虎等言其擾民，且侵盜官錢。乞罷之。」阿合馬奏：「昨有旨籍江南糧數，

屢移文取索，不以實上。遂與樞密院、御史臺及廷臣諸老集議，謂設立運司，官多俸重，宜諸路立提舉司，都省、行省各委一人任其事。今行省未嘗委人，卽請罷之，乃歸咎臣等。然臣所委人，有至者僅兩月，計其侵用凡千一百錠，以彼所管四年較之，又當幾何？今立提舉司，未及三月而罷，豈非恐彼姦弊呈露，故先自言以絕迹耶？宜令御史臺遣能臣同往，凡有非法，具以實聞。」世祖曰：「阿合馬所言是，其令臺中選人以往。若已能自白，方可責人。」

阿合馬嘗奏宜立大宗正府。世祖曰：「此事豈卿輩所宜言，乃朕事也。然宗正之名，朕未之知，汝言良是，其思之。」阿合馬欲理算江淮行省平章阿里伯、右丞燕帖木兒立行省以來一切錢穀，奏遣不魯合答兒、劉思愈等往檢覈之，得其擅易命官八百員，自分左右司官，及鑄造銅印等事，以聞。世祖曰：「阿里伯等何以爲辭？」阿合馬曰：「彼謂行省昔嘗鑄印矣。臣謂昔以江南未定，故便宜行之，今與昔時事異。又擅支糧四十七萬石，奏罷宜課提舉司及中書遣官理算，徵鈔萬二千錠有奇。」二人竟以是就戮。

時阿合馬在位日久，益肆貪橫，援引奸黨郝禎、耿仁，驟升同列，陰謀交通，專事蒙蔽，逋賦不蠲，衆庶流移，京兆等路歲辦課至五萬四千錠，猶以爲未實。民有附郭美田，輒取爲己有。內通貨賄，外示威刑，廷中相視，無敢論列。有宿衞士秦長卿者，慨然上書發其姦，

竟爲阿合馬所害，斃于獄。事見長卿傳。

十九年三月，世祖在上都，皇太子從。有益都千戶王著者，素志疾惡，因人心憤怨，密鑄大銅鎚，自誓願擊阿合馬首。會妖僧高和尙，以祕術行軍中，無驗而歸，詐稱死，殺其徒，以尸欺衆，逃去，人亦莫知。著乃與合謀，以戊寅日，詐稱皇太子還都作佛事，結八十餘人，夜入京城。旦遣二僧詣中書省，令市齋物，省中疑而訊之，不伏。及午，著又遣崔總管矯傳令旨，俾樞密副使張易發兵若干，以是夜會東宮前。易莫察其僞，卽令指揮使顏義領兵俱往。著自馳見阿合馬，詭言太子將至，令省官悉候于宮前。阿合馬遣右司郎中脫歡察兒等數騎出關，北行十餘里，遇其衆，僞太子者責以無禮，盡殺之，奪其馬，南入健德門。夜二鼓，莫敢何問，至東宮前，其徒皆下馬，獨僞太子者立馬指揮，呼省官至前，責阿合馬數語，著卽牽去，以所袖銅鎚碎其腦，立斃。繼呼左丞郝禎至，殺之。囚右丞張惠。樞密院、御史臺、留守司官皆遙望，莫測其故。尙書張九思自宮中大呼，以爲詐，留守司達魯花赤博敦，遂持梃前，擊立馬者墜地，弓矢亂發，衆奔潰，多就禽。高和尙等逃去，著挺身請囚。

中丞也先帖木兒馳奏世祖，時方駐蹕察罕腦兒，聞之震怒，卽日至上都。命樞密副使孛羅、司徒和禮霍孫、參政阿里等馳驛至大都，討爲亂者。庚辰，獲高和尙于高梁河。辛巳，孛羅等至都。壬午，誅王著、高和尙于市，皆醢之，幷殺張易。著臨刑大呼曰：「王著爲

天下除害，今死矣，異日必有爲我書其事者。」

阿合馬死，世祖猶不深知其姦，令中書毋問其妻子。及詢孛羅，乃盡得其罪惡，始大怒曰：「王著殺之，誠是也。」乃命發墓剖棺，戮尸于通玄門外，縱犬啗其肉。百官士庶，聚觀稱快。子姪皆伏誅，沒入其家屬財產。其妾有名引住者，籍其藏，得二熟人皮於櫃中，兩耳具存，一閹豎專掌其扃鐍，訊問莫知爲何人，但云「詛呪時，置神座其上，應驗甚速」。又以絹二幅，畫甲騎數重，圍守一幄殿，兵皆張弦挺刃內向，如擊刺之爲者。畫者陳其姓。又有曹震圭者，嘗推算阿合馬所生年月。王臺判者，妄引圖讖。皆言涉不軌。事聞，敕剝四人者皮以徇。

盧世榮，大名人也。阿合馬專政，世榮以賄進，爲江西榷茶運使，後以罪廢。阿合馬死，朝廷之臣諱言財利事，皆無以副世祖裕國足民之意。有桑哥者，薦世榮有才術，謂能救鈔法，增課額，上可裕國，下不損民。世祖召見，奏對稱旨。至元二十一年十一月辛丑，召中書省官與世榮廷辨，論所當爲之事，右丞相和禮霍孫等守正不撓，爲强詞所勝，與右丞麥朮丁，參政張雄飛、溫迪罕皆罷，復起安童爲右丞相，以世榮爲右丞，而左丞史樞，參政不魯迷失海牙、撒的迷失，參議中書省事拜降，皆世榮所薦也。

世榮既驟被顯用，卽日奉旨中書整治鈔法，遍行中外，官吏奉法不虔者，加以罪。翌日，同右丞相安童奏：「竊見老幼疾病之民，衣食不給，行乞於市，非盛世所宜見。宜官給衣糧，委各路正官提舉其事。」又奏懷孟竹園、江湖魚課，及襄淮屯田事。越三日，安童奏：「世榮所陳數事，乞詔示天下。」世祖曰：「除給丐者衣食外，並依所陳。」乃下詔云：「金銀係民間通行之物，自立平準庫，禁百姓私相買賣，今後聽民間從便交易。懷孟諸路竹貨，係百姓栽植，有司拘禁發賣，使民重困，又致南北竹貨不通；今罷各處竹監，從民貨賣收稅。江湖魚課，已有定例，長流採捕，貧民恃以爲生，所在拘禁，今後聽民採用。軍國事務往來，全資站驛，馬價近增，又令各戶供使臣飲食，以致疲弊，今後除驛馬外，其餘官爲支給。」

既而中書省又奏：「鹽每引十五兩，國家未嘗多取，欲便民食。今官豪詭名罔利，停貨待價，至一引賣八十貫，京師亦百二十貫，貧者多不得食。議以二百萬引給商，一百萬引散諸路，立常平鹽局，或販者增價，官平其直以售，庶民用給，而國計亦得。」世祖從之。

世榮居中書未十日，御史中丞崔彧言其不可爲相，大忤旨，下彧吏按問，罷職。世榮言：「京師富豪戶釀酒酤賣，價高味薄，且課不時輸，宜一切禁罷，官自酤賣。」明年正月壬午，世祖御香殿，世榮奏：「臣言天下歲課鈔九十三萬二千六百錠之外，臣更經畫，不取於民，裁抑權勢所侵，可增三百萬錠。初未行下，而中外已非議，臣請與臺院面議上前行之。」

世祖曰：「不必如此，卿但言之。」世榮奏：「古有榷酤之法，今宜立四品提舉司，以領天下之課，歲可得鈔千四百四十錠。自王文統誅後，鈔法虛弊，爲今之計，莫若依漢、唐故事，括銅鑄至元錢，及製綾券，與鈔參行。」因以所織綾券上之。世祖曰：「便益之事，當速行之。」

又奏：「於泉、杭二州立市舶都轉運司，造船給本，令人商販，官有其利七，商有其三。禁私泛海者，拘其先所蓄寶貨，官買之；匿者，許告，沒其財，半給告者。今國家雖有常平倉，實無所畜。臣將不費一錢，但盡禁權勢所擅產鐵之所，官立鑪鼓鑄爲器鬻之，以所得利合常平鹽課，糴粟積於倉，待貴時糶之，必能使物價恒賤，而獲厚利。國家雖立平準，然無曉規運者，以致鈔法虛弊，諸物踊貴。宜令各路立平準周急庫，輕其月息，以貸貧民，如此，則貸者衆，而本且不失。又，隨朝官吏增俸，州郡未及，可於各都立市易司，領諸牙儈人，計商人物貨，四十分取一，以十爲率，四給牙儈，六爲官吏俸。國家以兵得天下，不藉糧餽，惟資羊馬，宜於上都、隆興等路，以官錢買幣帛易羊馬於北方，選蒙古人牧之，收其皮毛筋角酥酪等物，十分爲率，官取其八，二與牧者。馬以備軍興，羊以充賜予。」帝曰：「汝先言數事皆善，固當速行。此事亦善，祖宗時亦欲行之而不果，朕當思之。」世榮因奏曰：「臣之行事，多爲人所怨，後必有譖臣者，臣實懼焉，請先言之。」世祖曰：「汝言皆是，惟欲人無言者，安有是理。汝無防朕，飲食起居間可自爲防。疾足之犬，狐不愛焉，主人豈不愛之。汝之所

行，朕自愛也，彼姦僞者則不愛耳。汝之職分既定，其無以一二人從行，亦當謹衞門戶。」遂諭丞相安童增其從人，其爲帝所倚眷如此。

又十有餘日，中書省請罷行御史臺，其所隸按察司隸內臺。又請隨行省所在立行樞密院。世祖曰：「行院之事，前日已議，由阿合馬任智自私，欲其子忽辛行省兼兵柄而止。汝今行之，於事爲宜。」明日，奏陞六部爲二品。又奏令按察司總各路錢穀，擇幹濟者用之，其刑名事上御史臺，錢穀由部申省。世祖曰：「汝與老臣共議，然後行之可也。」

二月辛酉，御史臺奏：「中書省請罷行臺，改按察爲提刑轉運司，俾兼錢穀。臣等竊惟：初置行臺時，朝廷老臣集議，以爲有益，今無所損，不可輒罷。且按察司兼轉運，則糾彈之職廢。請右丞相復與朝廷老臣集議。」得旨如所請。壬戌，御史臺奏：「前奉旨，令臣等議罷行臺及兼轉運事。世榮言按察司所任，皆長才舉職之人，可兼錢穀。而廷臣皆以爲不可，彼所取人，臣不敢止，惟言行臺不可罷者，衆議皆然。」世祖曰：「世榮以爲何如？」奏曰：「欲罷之耳。」世祖曰：「其依世榮言。」

中書省奏立規措所，秩五品，所司官吏，以善賈者爲之。世祖曰：「此何職？」世榮對曰：「規畫錢穀者。」遂從之。又奏：「天下能規運錢穀者，向日皆在阿合馬之門，今籍錄以爲污濫，此豈可盡廢。臣欲擇其通才可用者，然懼有言臣用罪人。」世祖曰：「何必言此，可用者

用之。」遂以前河間轉運使張弘綱、撒都丁、不魯合散、孫桓，並爲河間、山東等路都轉運鹽使。其他擢用者甚衆。

世榮既以利自任，懼怨之者衆，乃以九事說世祖詔天下：其一，免民間包銀三年；其二，官吏俸免民間帶納；其三，免大都地稅；其四，江淮民失業貧困、鬻妻子以自給者，所在官爲收贖，使爲良民；其五，逃移復業者，免其差稅；其六，鄉民造醋者，免收課；其七，江南田主收佃客租課，減免一分；其八，添支內外官吏俸五分；其九，定百官考課升擢之法。大抵欲以釋怨要譽而已，世祖悉從之。

既而又奏：「立眞定、濟南、江淮等處宣慰司兼都轉運使〔司〕，〔三〕以治課程，仍立條例，禁諸司不得追攝管課官吏，及遣人輒至辦課處沮擾，按察司不得檢察文卷。」又奏：「大都酒課，日用米千石，以天下之衆比京師，當居三分之二，酒課亦當日用米二千石。今各路但總計日用米三百六十石而已，其奸欺盜隱如此，安可不禁。臣等已責各官增舊課二十倍，後有不如數者，重其罪。」皆從之。

三月庚子，世榮奏以宣德、王好禮並爲浙西道宣慰使。世祖曰：「宣德，人多言其惡。」世榮奏：「彼入狀中書，能歲辦鈔七十五萬錠，是以令往。」從之。四月，世榮奏曰：「臣伏蒙聖眷，事皆委臣。臣愚以爲今日之事，如數萬頃田，昔無田之者，草生其間。臣今創田之，

中華書局

已耕者有焉，未耕者有焉，或纔播種，或既生苗，然不令人守之，爲物蹂踐，則可惜也。方今丞相安童，督臣所行，是守田者也。然不假之以力，則田者亦徒勞耳。守田者假之力矣，而天不雨，則亦終無成。所謂天雨者，陛下與臣添力是也。惟陛下憐臣。」世祖曰：「朕知之矣。」令奏行事之目，皆從之。

世榮居中書纔數月，恃委任之專，肆無忌憚，視丞相猶虛位也。左司郎中周戭與世榮稍不合，坐以廢格詔旨，奏而殺之，朝中凜凜。監察御史陳天祥上章劾之，大概言其「苛刻誅求，爲國斂怨，將見民間凋耗，天下空虛。考其所行與所言者，已不相副：始言能令鈔法如舊，弊今愈甚；始言能令百物自賤，今百物愈貴；始言課程增至三百萬錠，〔四〕不取於民，今迫脅諸路，勒令如數虛認而已；始言令民快樂，今所爲無非擾民之事。若不早爲更張，待其自敗，正猶蠹雖除而木已病矣」。世祖時在上都，御史大夫玉速帖木兒以其狀聞，世祖始大悟，卽日遣唆都八都兒、禿剌帖木兒等還大都，命安童集諸司官吏、老臣、儒士，及知民間事者，同世榮聽天祥彈文，仍令世榮、天祥同赴上都。

壬戌，御史中丞阿剌帖木兒、郭佑，侍御史白禿剌帖木兒，參政撒的迷失等，以世榮所伏罪狀奏曰：「不白丞相安童，支鈔二十萬錠。擅升六部爲二品。效李瓊令急遞鋪用紅青白三色囊轉行文字。不與樞密院議，調三行省萬二千人置濟州，委漕運使陳柔爲萬戶管領。

以沙全代萬戶甯玉戍浙西吳江。用阿合馬黨人潘傑、馮珪爲杭、鄂二行省參政，宣德爲杭州宣慰，餘分布中外者衆。以鈔虛，閉回易庫，民間昏鈔不可行。罷白酵課。立野麵、木植、磁器、桑棗、煤炭、匹段、青果、油坊諸牙行。調出縣官鈔八十六萬餘錠。」丞相安童言：「世榮昔奏，能不取於民歲辦鈔三百萬錠，令鈔復實，諸物悉賤，民得休息，數月卽有成效。今已四閱月，所行不符所言，錢穀出者多於所入，引用憸人，紊亂選法。」翰林學士趙孟傳等，亦以爲「世榮初以財賦自任，當時人情不敢預料，將謂別有方術，可以增益國用。及今觀之，不過如御史所言。更張之機，正在今日。若復恣其所行，爲害非細」。

阿剌帖木兒同天祥等與世榮對於世祖前，一一款伏。遣忽都帶兒傳旨中書省，命丞相安童與諸老臣議，世榮所行，當罷者罷之，更者更之，所用人實無罪者，朕自裁處。遂下世榮于獄。十一月乙未，世祖問忽剌出曰：「汝於盧世榮有何言？」對曰：「近漢人新居中書者，言世榮款伏，罪無遺者，獄已竟矣，猶日養之，徒費廩食。」有旨誅世榮，刲其肉以食禽獺。

桑哥，膽巴國師之弟子也。能通諸國言語，故嘗爲西蕃譯史。爲人狡黠豪橫，好言財利事，世祖喜之。及後貴幸，乃諱言師事膽巴而背之。至元中，擢爲總制院使。總制院者，掌浮圖氏之教，兼治吐蕃之事。御史臺嘗欲以章閭爲按察使，世祖曰：「此人桑哥嘗言之。」

及盧世榮見用，亦由桑哥之薦。中書省嘗令李留判者市油，桑哥自請得其錢市之，司徒和禮霍孫謂非汝所宜爲，桑哥不服，至與相毆，且謂之曰：「與其使漢人侵盜，曷若與僧寺及官府營利息乎？」乃以油萬斤與之。桑哥後以所營息錢進，和禮霍孫曰：「我初不悟此也。」一日，桑哥在世祖前論和雇和買事，因語及此，世祖益喜，始有大任之意。嘗有旨令桑哥具省臣姓名以進，廷中有所建置，人才進退，桑哥咸與聞焉。

二十四年〔閏〕二月，〔五〕復置尚書省，遂以桑哥與鐵木兒爲平章政事。詔告天下，改行中書省爲行尚書省，六部爲尚書六部。三月，更定鈔法，頒行至元寶鈔於天下，中統鈔通行如故。桑哥嘗奉旨檢覈中書省事，凡校出虧欠鈔四千七百七十錠、昏鈔一千三百四十五錠，平章麥朮丁卽自伏，參政楊居寬微自辯，以爲實掌銓選，錢穀非所專。桑哥令左右拳其面，因問曰：「既典選事，果無黜陟失當者乎？」尋亦引服。參議伯降以下，凡鉤考違惰耗失等事，及參議王巨濟嘗言新鈔不便忤旨，各款伏。遣參政忻都奏聞，世祖令丞相安童與桑哥共議，且諭：「毋令麥朮丁等他日得以脅問誣伏爲辭，此輩固狡獪人也。」

數日，桑哥又奏：「鞫中書參政郭佑，多所逋負，尸位不言，以疾爲託。臣謂中書之務，隳惰如此，汝力不能及，何不告之蒙古大臣，故毆辱之，今已款服。」世祖命窮詰之。佑與居寬後皆棄市，人咸寃焉。臺吏王良弼，嘗與人議尚書省政事，又言：「尚書鉤校中書，不遺餘

力，他日我曹得發尚書奸利，其誅籍無難。」桑哥聞之，捕良弼至，與中書臺院札魯忽赤鞫問，款服，謂此曹誹謗，不誅無以懲後。遂誅良弼，籍其家。有吳德者，嘗爲江寧縣達魯花赤，求仕不遂，私與人非議時政，又言：「尚書今日覈正中書之弊，他日復爲中書所覈，汝獨不死也耶。」或以告桑哥，亟捕德按問，殺之，沒其妻子入官。

桑哥嘗奏以沙不丁遙授江淮行省左丞，烏馬兒爲參政，依前領泉府、市舶兩司，拜降福建行省平章。既得旨，乃言於世祖曰：「臣前言，凡任省臣與行省官，並與丞相安童共議。今奏用沙不丁、烏馬兒等，適丞相還大都，不及通議，臣恐有以前奏爲言者。」世祖曰：「安童不在，朕，若主也。朕已允行，有言者，其令朕前言之。」

時江南行臺與行省，並無文移，事無巨細，必咨內臺呈省聞奏。桑哥以其往復稽留誤事，宜如內臺例，分呈各省。又言：「按察司文案，宜從各路民官檢覈，遞相糾舉。且自太祖時有旨，凡臨官事者互相覺察，此故事也。」從之。

十月乙酉，世祖遣諭旨翰林諸臣：「以丞相領尚書省，漢、唐有此制否？」咸對曰：「有之。」翌日，左丞葉李以翰林、集賢諸臣所對奏之，且言：「前省官不能行者，平章桑哥能之，宜爲右丞相。」制曰「可」。遂以桑哥爲尚書右丞相，兼（統）〔總〕制院使，〔六〕領功德使司事，進階金紫光祿大夫。於是桑哥奏以平章鐵木兒代其位，右丞阿剌渾撒里陞平章政事，葉李遷右

丞，參政馬紹陞左丞。

十一月，桑哥言：「臣前以諸道宣慰司及路府州縣官吏，稽緩誤事，奉旨遣人遍笞責之。今眞定宣慰使速哥、南京宣慰使答失蠻，皆勳賢舊臣之子，宜取聖裁。」敕罷其任。明年正月，以甘肅行尚書省參政鐵木哥無心任事，又不與協力，奏乞牙帶代之。未幾，又以江西行尚書省平章政事忽都鐵木兒不職，奏而罷之。兵部尚書忽都答兒不勤其職，桑哥毆罷之而後奏，世祖曰：「若此等不罷，汝事何由得行也。」萬億庫有舊牌條七千餘條，桑哥言歲久則腐，宜析而他用。賜諸王出伯銀二萬五千兩、幣帛萬匹，載以官驢，至則併以爲賜。桑哥言：「不若以驢載玉而回。」世祖甚然之。其欲以小利結知如此。

漕運司達魯花赤怯來，未嘗巡察沿河諸倉，致盜詐腐敗者多，桑哥議以兵部侍郎塔察兒代之。自立尚書省，凡倉庫諸司，無不鈎考，先摘委六部官，復以爲不專，乃置徵理司，以治財穀之當追者。時桑哥以理算爲事，毫分縷析，入倉庫者，無不破產，及當更代，人皆棄家而避之。十月，桑哥奏：「湖廣行省錢穀，已責平章要束木自首償矣。外省欺盜必多，乞以參政忻都、戶部尚書王巨濟、參議尚書省事阿散、山東西道提刑按察使何榮祖、札魯忽赤禿忽魯、泉府司卿李佑、奉御吉丁、監察御史戎益、僉樞密院事崔彧、尚書省斷事官燕眞、刑部尚書安祐、監察御史伯顏等十二人，理算江淮、江西、福建、四川、甘肅、安西六省，每省各

二人，特給印章與之。省部官既去，事不可廢，擬選人爲代，聽食元俸。理算之間，宜給兵以備使令，且以爲衞。」世祖皆從之。

當是時天下騷然，江淮尤甚，而諛佞之徒，方且諷都民史吉等爲桑哥立石頌德，世祖聞之曰：「民欲立則立之，仍以告桑哥，使其喜也。」於是翰林製文，題曰王公輔政之碑。桑哥又以總制院所統西蕃諸宣慰司，軍民財穀，事體甚重，宜有以崇異之，奏改爲宣政院，秩從一品，用三臺銀印。世祖問所用何人，對曰：「臣與脫因。」於是命桑哥以開府儀同三司、尚書右丞相，兼宣政使，領功德使司事，脫因同爲使。世祖嘗召桑哥謂曰：「朕以葉李言，更至元鈔，所用者法，所貴者信，汝無以楮視之，其本不可失，汝宜識之。」

二十六年，桑哥請鈎考甘肅行尚書省、及益都淄萊淘金總管府，僉省趙仁榮、總管明里等，皆以罪罷。世祖幸上都，桑哥言：「去歲陛下幸上都，臣日視內帑諸庫，今歲欲乘小輿以行，人必竊議。」世祖曰：「聽人議之，汝乘之可也。」桑哥又奏：「近委省臣檢責左右司文簿，凡經監察御史稽照者，遺逸尚多。自今當令監察御史卽省部稽照，書姓名於卷末，苟有遺逸，易於歸罪。」世祖從之，乃笞監察御史四人。是後監察御史赴省部者，掾令史與之抗禮，但遣小吏持文簿置案而去，監察御史遍閱之，而臺綱廢矣。參政忻都既去，尋召赴闕。以戶部尚書王巨濟專任理算，江淮省左丞相忙兀帶總之。

閏十月，桑哥輔政碑成，樹于省前，樓覆其上而丹雘之。桑哥言：「國家經費既廣，歲入恒不償所出，以往歲計之，不足者餘百萬錠。自尚書省鈎考天下財穀，賴陛下福，以所徵補之，未嘗斂及百姓。臣恐自今難用此法矣。何則？倉庫可徵者少，而盜者亦鮮矣，臣憂之。臣愚以爲鹽課每引今直中統鈔三十貫，宜增爲一錠；茶每引今直五貫，宜增爲十貫；酒醋稅課，江南宜增額十萬錠，內地五萬錠。協濟戶十八萬，自入籍至今十三年，止輸半賦，聞其力已完，宜增爲全賦。如此，則國用庶可支，臣等免於罪矣。」世祖曰：「如所議行之。」

桑哥既專政，凡銓調內外官，皆由於己，而其宣敕，尚由中書，桑哥以爲言，世祖乃命自今宣敕並付尚書省。由是以刑爵爲貨而販之，咸走其門，入貴價以買所欲。貴價入，則當刑者脫，求爵者得，綱紀大壞，人心駭愕。

二十八年春，世祖畋於漷北，也里審班及也先帖木兒、徹里等，劾奏桑哥專權黷貨。時不忽木出使，三遣人趣召之至，覲於行殿，世祖以問，不忽木對曰：「桑哥壅蔽聰明，紊亂政事，有言者卽誣以他罪而殺之。今百姓失業，盜賊蠭起，召亂在旦夕，非亟誅之，恐爲陛下憂。」留守賀伯顏，亦嘗爲世祖陳其奸欺。久而言者益衆，世祖始決意誅之。

二月，〔七〕世祖諭大夫月兒魯曰：「屢聞桑哥沮抑臺綱，杜言者之口；又嘗捶撻御史，其所罪者何事，當與辨之。」桑哥等持御史李渠等已刷文卷至，令侍御史杜思敬等勘驗辨論，

往復數四，桑哥等辭屈。明日，帝駐蹕(土)〔大〕口，〔八〕復召御史臺暨中書、尚書兩省官辨論。尚書省執卷奏曰：「前浙西按察使只必，因監燒鈔受贓至千錠，嘗檄臺徵之，二年不報。」思敬曰：「文之次第，盡在卷中，今尚書省拆卷持對，其弊可見。」速古兒赤闍里抱卷至前奏曰：「用朱印以封紙縫者，防欺弊也。若輩爲宰相，乃拆卷破印與人辨，是教吏爲奸，當治其罪。」世祖是之。責御史臺曰：「桑哥爲惡，始終四年，其奸贓暴著非一，汝臺臣難云不知。」中丞趙國輔對曰：「知之。」世祖曰：「知而不劾，自當何罪？」思敬等對曰：「奪官追俸，惟上所裁。」數日不決。大夫月兒魯奏：「臺臣久任者當斥罷，新者存之。」乃仆桑哥輔政碑，下獄究問。至七月，乃伏誅。

平章要束木者，桑哥之妻黨，在湖廣時，正月朔日，百官會行省，朝服以俟。要束木召至其家，受賀畢，方詣省望闕，賀如常儀。又陰召卜者有不軌言。至是，中書列其罪以聞，世祖命械致湖廣，卽其省戮之。

鐵木迭兒者，木兒火赤之子也。嘗逮事世祖。成宗大德間，同知宣徽院事，兼通政院使。武宗卽位，爲宣徽使。至大元年，由江西行省平章政事，拜雲南行省左丞相。居二載，擅離職赴闕，尚書省奏，奉旨詰問，尋以皇太后旨，得貸罪還職。明年正月，武宗崩，仁宗在

東宮，以丞相三寶奴等變亂舊章，誅之。用完澤及李孟爲中書平章政事，銳欲更張庶務。而皇太后在興聖宮，已有旨，召鐵木迭兒爲中書右丞相。踰月，仁宗卽位，因遂相之。及幸上都，命鐵木迭兒留守大都，平章完澤等奏：「故事，丞相留治京師者，出入得張蓋。今右丞相鐵木迭兒大都居守，時方盛暑，請得張蓋如故事。」許之。是年冬，制贈鐵木迭兒曾祖唆海翊運宣力保大功臣、太尉，謚武烈；祖不憐吉帶推誠保德定遠功臣、太尉，謚忠武；父木兒火赤推忠佐理同德功臣、太師，謚忠貞：並開府儀同三司、上柱國，追封歸德王。

皇慶元年三月，鐵木迭兒奏：「臣誤蒙聖恩，擢任中書，年衰且病，雖未能深達政體，思竭忠力，以圖報效，事有創行，敢不自勉，前省弊政，方與更新。欽惟列聖相承，混一區宇，日有萬幾，若非整飭，恐致解弛。纔今朝夕視事，左右司六部官有不盡心者，當論決，再不悛者，黜勿敍，其有託故僥倖他職者，亦不敍。」仁宗是其言。既而以病去職。

延祐改元，丞相哈散奏：「臣非世勳族姓，幸逢陛下爲宰相，如丞相鐵木迭兒，練達政體，且嘗監修國史，乞授其印，俾領翰林國史院，軍國重務，悉令議之。」仁宗曰：「然。卿其啓諸皇太后。」與之印，大事必使預聞。遂拜開府儀同三司、監修國史、錄軍國重事。居數月，復拜中書右丞相，合散爲左丞相。鐵木迭兒奏：「蒙陛下憐臣，復擢爲首相，依阿不言，誠負聖眷。比聞內侍隔越奏旨者衆，倘非禁止，致治實難。請敕諸司，自今中書政務，毋輒

干預。又往時富民，往諸蕃商販，率獲厚利，商者益衆，中國物輕，蕃貨反重。今請以江浙右丞曹立領其事，發舟十綱，給牒以往，歸則征稅如制；私往者，沒其貨。又，經用不給，苟不預爲規畫，必至愆誤。臣等集諸老議，皆謂動鈔本，則鈔法愈虛；加賦稅，則毒流黎庶；增課額，則比國初已倍五十矣。惟預買山東、河間運使來歲鹽引，及各治鐵貨，庶可以足今歲之用。又，江南田糧，往歲雖嘗經理，多未覈實。可始自江浙，以及江東、西，宜先事嚴限格、信罪賞，令田主手實頃畝狀入官，諸王、駙馬、學校、寺觀亦令如之；仍禁私匿民田，貴戚勢家，毋得沮撓。請敕臺臣協力以成，則國用足矣。」仁宗皆從之。尋遣使者分行各省，括田增稅，苛急煩擾，江右爲甚，致贛民蔡五九作亂寧都，南方騷動，遠近驚懼，乃罷其事。

明年，鐵木迭兒奏：「天下庶務，雖統於中書，而舊制，省臣亦分領之。請以錢帛、鈔法、刑名，委平章李孟，左丞阿卜海牙、參政趙世延等領之。其糧儲、選法、造作、驛傳，委平章張驢、右丞蕭拜住、參政曹從革等領之。」得旨如所請。七月，詔諭中外，命右丞相鐵木迭兒總宣政院事。十月，進位太師。十一月，大宗正府奏：「累朝舊制，凡議重刑，必決於蒙古大臣，今宜聽於太師右丞相。」從之。

鐵木迭兒既再入中書，居首相，怙勢貪虐，兇穢滋甚。於是蕭拜住自御史中丞爲中書右丞，尋拜平章政事，稍牽制之。而楊朶兒只自侍御史拜中丞，慨然以糾正其罪爲己任。上都富人張弼殺人繫獄，鐵木迭兒使家奴脅留守賀伯顏，使出之，伯顏持正不可撓。而朶兒只已廉得丞相所受張弼賂有顯徵，乃與拜住及伯顏奏之：「內外監察御史凡四十餘人，共劾鐵木迭兒桀黠姦貪，陰賊險狠，蒙上罔下，蠹政害民，布置爪牙，威讋朝野，凡可以誣陷善人、要功利己者，靡所不至。取晉王田千餘畝、興教寺後壖園地三十畝、衞兵牧地二十餘畝。竊食郊廟供祀馬。受諸王合兒班答使人鈔十四萬貫，寶珠玉帶氍毹幣帛又計鈔十餘萬貫。受杭州永興寺僧章自福賂金一百五十兩。取殺人囚張弼鈔五萬貫。且既已位極人臣，又領宣政院事，以其子八里吉思爲之使。諸子無功於國，盡居貴顯。縱家奴陵虐官府，爲害百端。以致陰陽不和，山移地震，災異數見，百姓流亡，己乃恬然略無省悔。私家之富，又在阿合馬、桑哥之上。四海疾怨已久，咸願車裂斬首，以快其心。如蒙早加顯戮，以示天下，庶使後之爲臣者，知所警戒。」奏既上，仁宗震怒，有詔逮問，鐵木迭兒匿興聖近侍家，有司不得捕。仁宗不樂者數日，又恐誠出皇太后意，不忍重傷咈之，乃僅罷其相位而已。

鐵木迭兒家居未逾年，又起爲太子太師，中外聞之，莫不驚駭。參政趙世延爲御史中丞，率諸御史論其不法數十事，[九] 而內外御史論其不可輔導東宮者，又四十餘人。然以皇

太后故，終不能明正其罪。

明年正月辛丑，仁宗崩。越四日，鐵木迭兒以皇太后旨，復入中書爲右丞相。又逾月，英宗猶在東宮，鐵木迭兒宣太后旨，召蕭拜住與朶兒只至徽政院，與徽政院使失里門、御史大夫秃忒哈雜問之，責以前違太后旨，令伏罪。卽起入奏，遽稱旨，執二人棄市。是日，白晝晦冥，都人恟懼。

英宗將行卽位禮，鐵木迭兒恒病足，中書省啓：「祖宗以來，皇帝登極，中書率百官稱賀，班首惟上所命。」英宗曰：「其以鐵木迭兒爲之。」既卽位，鐵木迭兒卽奏委平章王毅、右丞高昉等徵理在京倉庫所貯糧，虧七十八萬石，責償於倉官及監臨出內者。所貢幣帛紕繆者，責償於本處官吏之董其事者。仍立程嚴督，違者杖之。五月，英宗在上都，鐵木迭兒嫉留守賀伯顏素不附己，乃奏其以便服迎詔爲不敬，下五府雜治，竟殺之。都民爲之流涕。

趙世延時爲四川行省平章政事，鐵木迭兒怒其昔嘗論己，方入相時，卽從東宮啓英宗遣人逮捕之。世延未至，鐵木迭兒使諷世延，啗以美官，令告引同時異己者，世延不肯從。至是，坐以違詔不敬，令法司窮治，請置極刑。英宗曰：「彼罪在赦前，所宜釋免。」鐵木迭兒對曰：「昔世延與省臺諸人謀害老臣，請究其姓名。」英宗曰：「事皆在赦前矣，又焉用問。」後

數日，又奏世延當處死罪，又不允。有司承望風旨，鍛鍊欲使自裁，世延終無所屈，賴英宗素聞其忠良，得免於死。

鐵木迭兒恃其權寵，乘間肆毒，睚眦之私，無有不報。英宗覺其所譖毀者，皆先帝舊人，滋不悅其所爲，乃任拜住爲左丞相，委以心腹。鐵木迭兒漸見疏外，以疾死于家。御史蓋繼元、宋翼，言其上負國恩，下失民望，生逃顯戮，死有餘辜。乃命毀所立碑，追奪其官爵及封贈制書，籍沒其家。

子班丹，知樞密院事，尋以贓敗，不敍；鎖南，嘗爲治書侍御史，其後鐵失弒英宗，鎖南以逆黨伏誅。

（哈麻）〔一〇〕

哈麻字士廉，康里人。父禿魯，母爲寧宗乳母，禿魯以故封冀國公，加太尉，階金紫光祿大夫。哈麻與其弟雪雪，早備宿衞，順帝深眷寵之。而哈麻有口才，尤爲帝所褻幸，累遷官爲殿中侍御史。雪雪累官集賢學士。帝每即內殿與哈麻以雙陸爲戲，一日，哈麻服新衣侍側，帝方啜茶，即噀茶於其衣。哈麻視帝曰：「天子固當如是耶！」帝一笑而已。其被愛幸，無與爲比。

由是哈麻聲勢日盛，自藩王戚里，皆遺賂之。尋以謀害脫脫，出貶南安，召入爲禮部尚書，俄遷同知樞密院事。至正初，脫脫爲丞相，其弟也先帖木兒爲御史大夫，哈麻日趨附其兄弟之門。會脫脫去相位，而別兒怯不花爲丞相，與脫脫有舊怨，頗欲中傷之，哈麻每於帝前力營護之，以故得免。

初，別兒怯不花與太平、韓嘉納、禿滿迭兒等十人，結爲兄弟，情好甚密。及別兒怯不花既罷，九年，太平爲左丞相，韓嘉納爲御史大夫，乃謀黜哈麻，諷監察御史斡勒海壽，列其罪惡劾奏之：其小罪，則受宣讓王等駝馬諸物；其大者，則設帳房於御幄之後，無君臣之分。又，恃以提調寧徽寺爲名，出入脫忽思皇后宮闈無間，犯分之罪尤大。寧徽寺者，掌脫忽思皇后錢糧，而脫忽思皇后，帝庶母也。哈麻知御史有所言，先已於帝前析其非罪，事皆太平、韓嘉納所摭拾。及韓嘉納以御史所言奏，帝大怒，斥弗納。明日，章再上，帝不得已，僅奪哈麻、雪雪官職，居之草地。而斡勒海壽爲陝西廉訪副使，於是太平罷爲翰林學士承旨，韓嘉納罷爲宣政使，尋出爲江浙行省平章政事。有頃，脫忽思皇后泣訴帝，謂御史所劾哈麻事爲侵己，帝益怒，乃詔奪海壽官，屏歸田里，禁錮之。已而脫脫復爲丞相，也先帖木兒復爲御史大夫，而謫太平居陝西，而加韓嘉納以贓罪，杖流奴兒干以死。別兒怯不花既罷，猶出居般陽，而禿滿迭兒自中書右丞出爲四川右丞，亦誣以罪，追至中道殺之。已而哈麻復見召用，而脫脫兄弟尤德之。

十二年八月，哈麻拜中書添設右丞。明年正月，正除右丞。時脫脫方信任汝中柏，由郎中爲參議中書，自平章政事以下，見其議事，皆唯唯而已。獨哈麻性剛決，與之論，數不合，汝中柏因譖哈麻於脫脫。八月，出哈麻爲宣政院使，又位居第三，哈麻由是深銜脫脫。

初，哈麻嘗陰進西天僧以運氣術媚帝，帝習爲之，號演揲兒法。演揲兒，華言大喜樂也。哈麻之妹婿集賢學士禿魯帖木兒，故有寵於帝，與老的沙、八郎、答剌馬吉的、波迪哇兒禡等十人，俱號倚納。禿魯帖木兒性姦狡，帝愛之，言聽計從，亦薦西蕃僧伽璘眞於帝。其僧善祕密法，謂帝曰：「陛下雖尊居萬乘，富有四海，不過保有見世而已。人生能幾何，當受此祕密大喜樂禪定。」帝又習之，其法亦名雙修法。曰演揲兒，曰祕密，皆房中術也。帝乃詔以西天僧爲司徒，西蕃僧爲大元國師。其徒皆取良家女，或四人、或三人奉之，謂之供養。於是帝日從事於其法，廣取女婦，惟淫戲是樂。又選采女爲十六天魔舞。八郎者，帝諸弟，與其所謂倚納者，皆在帝前，相與褻狎，甚至男女裸處，號所處室曰皆即兀該，華言事事無礙也。君臣宣淫，而羣僧出入禁中，無所禁止，醜聲穢行，著聞于外，雖市井之人，亦惡聞之。皇太子年日以長，尤深疾禿魯帖木兒等所爲，欲去之未能也。

十四年秋，脫脫領大軍討高郵，哈麻乘間遂復入中書爲平章政事。脫脫之出師也，以

汝中柏爲治書侍御史，俾輔也先帖木兒。汝中柏累言哈麻必當屏斥，不然必爲後患。而也先帖木兒不從。哈麻知之，恐終不自保，因訴於皇后奇氏曰：「皇太子既立，而册寶及郊廟之禮不行者，脫脫兄弟之意也。」皇后既頗信之，哈麻復與汪家奴之子桑哥實里、也先帖木兒之客明理明古，譖諸皇太子。會也先帖木兒移疾家居，於是監察御史袁賽因不花等即承望哈麻風指，奏劾也先帖木兒罪惡，章凡三上，而帝始允，詔收御史臺印，令也先帖木兒出都門聽旨。而遂以知樞密院事汪家奴爲御史大夫。尋降詔數脫脫老師費財之罪，即軍中奪其兵柄，安置淮安。既而脫脫、也先帖木兒皆就貶逐以死，並籍其家貲人口，而以所籍也先帖木兒者賜哈麻。

十五年四月，雪雪由知樞密院事拜御史大夫。五月，哈麻遂拜中書左丞相，國家大柄，盡歸其兄弟二人矣。

明年二月，哈麻既爲相，自以前所進蕃僧爲耻，告其父禿魯曰：「我兄弟位居宰輔，宜導人主以正，今禿魯帖木兒專媚上以淫褻，天下士大夫必譏笑我，將何面目見人，我將除之。且上日趨於昏暗，何以治天下，今皇太子年長，聰明過人，不若立以爲帝，而奉上爲太上皇。」其妹聞之，歸告其夫。禿魯帖木兒恐皇太子爲帝，則己必先見誅，即以聞于帝，然不敢斥言淫褻事，第曰「哈麻謂陛下年老故耳」。帝大驚曰：「朕頭未白，齒未落，遽謂我爲老耶！」

帝即與秃魯帖木兒謀去哈麻、雪雪，計已定，秃魯帖木兒走匿尼寺中。明日，帝遣使傳旨哈麻與雪雪，毋早入朝，其家居聽旨。

御史大夫搠思監，因劾奏哈麻與雪雪罪惡，帝曰：「哈麻、雪雪兄弟二人雖有罪，然侍朕日久，且與朕弟懿璘質班皇帝實同乳，可姑緩其罰，令其出征。」已而中書右丞相定住、平章政事桑哥失里，復糾劾哈麻、雪雪之罪不已，乃命其兄弟出城受詔，遂詔哈麻於惠州安置，雪雪於肇州安置。比行，俱杖死。哈麻既死，仍籍其家財，也先帖木兒所封之庫藏，其封識固未嘗啓也。哈麻兄弟寵幸方固，而一旦遽見廢外，人皆謂帝怒其譖害脫脫兄弟之故，而不知其罪蓋由於不軌。其兄弟之死，人無恤之者。

（搠思監）〔一〕

搠思監，怯烈氏，野先不花之孫，亦憐真之子也。早歲，性寬厚，簡言語，皆以遠大之器期之。泰定初，襲長宿衞，爲必闍赤怯薛官。至順二年，除內八府宰相。元統初，出爲福建宣慰使都元帥。居三年，通達政治，威惠甚著。後至元三年，拜江浙行中書省參知政事。國用所倚，海運爲重，是歲，搠思監被命督其役，措置有方，所漕米三百餘萬石，悉達京師，無耗折者。六年，擢湖北道肅政廉訪使，未行，改江浙行省右丞。福建鹽法久壞，詔搠思監

往究其私鬻、盜鬻及出納之弊，至則悉廉得其利病，爲罷行之。

至正元年，改山東肅政廉訪使，尋召拜中政使。明年正月，除陝西行臺御史中丞。三月，復爲中政使。八月，調太府卿。四年，拜中書參知政事，尋陞右丞。六年，遷御史中丞，遂除翰林學士承旨，俄復爲中丞。又由資政使遷宣徽使。九年，除大宗正府也可扎魯火赤，宗王國人咸稱其明果。尋復入中書爲右丞。十年正月，陞平章政事，階光祿大夫。十一年十一月，拜御史大夫，進銀青榮祿大夫。十二年四月，復爲中書平章，從丞相脫脫平徐州有功。十三年，復拜御史大夫，尋又爲中書平章。

十四年九月，奉命率師討賊淮南，身先士卒，面中流矢不爲動。十五年，遷陝西行省平章，復召還，拜知樞密院事。俄復拜中書平章，兼大司農分司，提調大都留守司，及屯田事。一日，入侍，帝見其面有箭瘢，深歎閔焉。進爲首平章。十六年，復遷御史大夫。四月，遂拜中書左丞相。明年(三)〔五〕月，〔二〕進右丞相。十八年，加太保，詔封其曾祖孛魯海爲雲王，祖也先不花爲瀛王，父亦憐真爲冀王。

是時，天下多故日已甚，外則軍旅煩興，疆宇日蹙；內則帑藏空虛，用度不給；而帝方溺於娛樂，不恤政務。於是搠思監居相位久，無所匡救，而又公受賄賂，貪聲著聞，物議喧然。是年冬，監察御史燕赤不花，劾奏搠思監任用私人朵列及妾弟崔完者帖木兒印造僞鈔，事將敗，令朵列自殺以滅口。搠思監乃請謝事，解機務，詔止收其印綬。而御史答里麻失里、王彝言不已，帝終不聽也。會遼陽賊勢張甚，明年，遂起爲遼陽行省左丞相，未行。二十年三月，復拜中書右丞相，仍降詔諭天下。

時帝益厭政，而宦者資正院使朴不花，乘間用事爲姦利，搠思監因與結搆相表裏，四方警報及將臣功狀，皆壅不上聞。孛羅帖木兒、擴廓帖木兒各擁强兵于外，以權勢相軋，釁隙遂成。搠思監與朴不花黨於擴廓帖木兒，而誣孛羅帖木兒以非罪。二十四年三月，帝因下詔削奪其官爵，且命擴廓帖木兒以兵討之。而宗王不顏帖木兒、秃堅帖木兒等皆稱兵與孛羅帖木兒合，表言其無罪。於是帝爲降詔曰：「自至正十一年妖賊竊發，屬嘗選命將相，分任乃職，視同心膂，凡厥庶政，悉以委之。豈期搠思監、朴不花夤緣爲姦，互相壅蔽，以致在外宣力之臣，因而解體；在內忠良之士，悉陷非辜。又復奮其私讎，誣搆孛羅帖木兒、老的沙等同謀不軌。朕以信任之專，失於究察，遂調兵往討。孛羅帖木兒已嘗陳詞，而乃寢匿不行。今宗王不顏帖木兒等，仰畏明威，遠來控訴，以表其情，朕爲惻然興念，而搠思監、朴不花猶飾虛詞，簧惑朕聽。其以搠思監屛諸嶺北，朴不花竄之甘肅，以快衆憤。孛羅帖木兒等，悉與改正，復其官職。」然詔書雖下，而搠思監、朴不花仍留京師。

四月，孛羅帖木兒乃遣秃堅鐵木兒稱兵犯闕，必得搠思監、朴不花乃已。帝不得已，縛

二人畀之，遂皆爲孛羅鐵木兒所殺。已而監察御史復奏言：「搠思監矯殺丞相太平，盜用鈔板，私家草詔，任情放選，鬻獄賣官，費耗庫藏，居廟堂前後十數年，使天下八省之地，悉致淪陷。乃誤國之姦臣，究其罪惡，大赦難原。曩者，姦臣阿合馬之死，剖棺戮尸，搠思監之罪，視阿合馬爲有過。今其雖死，必剖棺戮尸爲宜。」有旨從之。而臺臣言猶不已，遂復沒其家產，而竄其子宣徽使觀音奴於遠方。

怯烈氏四世爲丞相者八人，世臣之家，鮮與比盛。而搠思監早有才望，及居相位，人皆仰其有爲，遭時多事，顧乃守之以懦，濟之以貪，遂使天下至於亂亡而不可爲。論者謂元之亡，搠思監之罪居多云。

校勘記

〔一〕阿合馬回(紇)〔回〕人也　考異云：「案回紇，唐時舊名，後稱回鶻。唐末失其土而遷于北庭。元時音轉爲畏兀，或作畏吾兒，與回回非一種」，「阿合馬本出回回，故世祖言回回人中阿合馬才任宰相。而傳稱回紇人，蓋明初史臣亦昧于回回、回紇之有別也。」今據本書卷一〇世祖紀至元十五年六月甲戌條及本傳下文改。

〔二〕無(間)〔問〕僧道軍匠等戶　從北監本改。

〔三〕立眞定濟南江淮等處宣慰司兼都轉運使〔司〕 按本書卷一三世祖紀至元二十二年二月戊辰條有「立眞定、濟南、太原、甘肅、江西、江淮、湖廣等處宣慰司兼都轉運使司」，據補。新編已校。

〔四〕始言課程增至三百萬錠 按本書卷一六八陳祐傳附陳天祥傳及元文類卷一四盧世榮奸邪狀，「增至」皆作「增添」，與前文盧世榮奏言「可增三百萬錠」合，疑此處「至」字誤。

〔五〕二十四年〔閏〕二月 道光本與本書卷一四世祖紀至元二十四年閏二月己丑、辛未條合，從補。

〔六〕（統）〔總〕制院使 據前後文改。參看卷一四校記〔一五〕。

〔七〕二月 「二月」下不記日，而後文又有「明日」。按本書卷一六世祖紀，當作二月壬午，卽至元二十八年二月十四日。

〔八〕帝駐蹕（土）〔大〕口 按本書卷一六世祖紀至元二十八年二月癸未條有「大駕幸上都。是日次大口」，據改。大口，本書多見。

〔九〕論其不法數十事 本書卷一八〇趙世延傳，有「劾奏權臣太師、右丞相帖木迭兒罪惡十有三」，疑此處「數十」爲「十數」之倒誤。

〔一〇〕（哈麻） 從道光本刪。

〔一一〕（撒思監） 從道光本刪。

〔一二〕明年（三）〔五〕月 據本書卷四五順帝紀至正十七年五月丙申條、卷一一三宰相年表改。

元史卷二百六

列傳第九十三

叛臣

李璮小字松壽，濰州人，李全子也。或曰璮本衢州徐氏子，父嘗爲揚州司理參軍，全蓋養之爲子云。太祖十六年，全叛宋，舉山東州郡歸附，〔一〕太師、國王孛魯承制拜全山東淮南楚州行省，而以其兄福爲副元帥。太宗三年，全攻宋揚州，敗死。璮遂襲爲益都行省，仍得專制其地。朝廷數徵兵，輒詭辭不至。憲宗七年，又調其兵赴行在，璮親詣帝言曰：「益都乃宋航海要津，分軍非便。」帝然之，命璮歸取漣海數州。璮遂發兵攻拔漣水相連四城，大張剋捷之功。

中統元年，世祖卽位，加璮江淮大都督。璮言：「近獲生口，知宋調兵將攻漣水。且諜見許浦、射陽湖舟艦相望，勢欲出膠西，向益都，請繕城塹以備。」詔出金符十、銀符五授

璮，以賞將士有功者，且賜銀三百錠，降詔獎諭。蒙古、漢軍之在邊者，咸聽節制。璮復揚言：「宋呂文德合淮南兵七萬五千，來攻漣水，且規築堡以臨我。及得賈似道、呂文德書，辭甚悖傲。知朝廷近有內顧之憂，必將肆志於我。乞選將益兵，臣當帥先渡淮，以雪慢書之辱。」執政得奏，諭以「朝廷方通和議，邊將惟當固封圉，毋或妄動」。璮乃上言：「臣所領益都，土曠人稀，自立海州，今八載，將士未嘗釋甲，轉輓未嘗息肩，民力凋耗，莫甚斯時，以一路之兵，抗一敵國，衆寡不侔，人所共患。賴陛下神武，旣克漣、海二州，復破夏貴、孫虎臣十餘萬之師。然臣豈敢恃此必敵人之不再至哉！且宋人今日西無掣肘，宜得幷力而東。若以水陸綴漣，而遣舟師遵海以北，擣膠、萊之虛，然後帥步騎直指沂、莒、滕、嶧，則山東非我有矣，豈可易視而不爲備哉。臣昨追敵至淮安，非不能乘勝取揚、楚，徒以執政止臣，故臣不敢深入。若以棗陽、唐、鄧、陳、蔡諸軍攻荆山，取壽、泗，以亳、宿、徐、邳諸軍，合臣所統兵，攻揚、楚，則兩淮可定。兩淮旣定，則選兵以取江南，自守以寬民力，將無施不可，此上策也。」因上將校馮泰等功第狀，詔以益都官銀分賞之。

二年正月，璮言于行中書省，以宋人聚兵糧數十萬，列艦萬三千艘于許浦，以侵內郡，而宣撫司轉輸不繼，恐一旦水陸道絕，緩急莫報。請選精騎，倍道來援，表裏協攻，乘機

深入，江淮可圖也。既而來獻漣水捷，詔復獎諭，仍給金符十七、銀符二十九，增賜將士。庚寅，璮輒發兵修益都城塹，且報宋人來攻漣水，詔遣阿朮、哈剌拔都、愛仙不花等悉兵赴之，仍諭度宜益兵赴調。璮遂請節制諸道所集兵馬，且請給兵器，中書議與矢三萬，詔給矢十萬。

三年四月，[二]又以宋賈似道誘總管張元、張進等書來上。蓋璮專制山東者三十餘年，其前後所奏凡數十事，皆恫疑虛喝，挾敵國以要朝廷，而自爲完繕益兵計，其謀亦深矣。初以其子彥簡質于朝，而潛爲私驛，自益都至京師質子營。至是，彥簡遂用私驛逃歸。璮遂反，以漣、海三城獻于宋，殲蒙古戍兵，引麾下具舟艦，還攻益都。甲午，[三]入之，發府庫以犒其黨，遂寇蒲臺。民聞璮反，皆入保城郭，或奔竄山谷，由是自益都至臨淄數百里，寂無人聲。

癸卯，帝聞璮反，遂下詔暴其罪。甲辰，命諸軍討璮。己酉，以璮故，戮中書平章王文統。壬子，璮盜據濟南。癸酉，[四]命史樞、阿朮帥師赴濟南。璮帥衆出掠輜重，將及城，官軍邀擊，大敗之，斬首四千級，璮退保濟南。五月庚申，築環城圍之；甲戌，圍合。璮自是不得復出，猶日夜拒守，取城中子女賞將士，以悅其心；且分軍就食民家，發其蓋藏以繼，不足，則家賦之鹽，令以人爲食。至是，人情潰散，璮不能制，各什伯相結，縋城以出。璮知城

且破，乃手刃愛妾，乘舟入大明湖，自投水中，水淺不得死，爲官軍所獲，縛至諸王合必赤帳前。丞相史天澤言：「宜即誅之，以安人心。」遂與蒙古軍官囊家并誅焉。

王文統字以道，益都人也。少時讀權謀書，好以言撼人。遍干諸侯，無所遇，乃往見李璮。璮與語，大喜，即留置幕府，命其子彥簡師事之，文統亦以女妻璮。由是軍旅之事，咸與諮決，歲上邊功，虛張敵勢，以固其位，用官物樹私恩，取宋漣、海二郡，皆文統謀也。

世祖在潛藩，訪問才智之士，素聞其名。及即位，厲精求治，有以文統爲薦者，亟召用之。乃立中書省，以總內外百司之政，首擢文統爲平章政事，委以更張庶務。建元爲中統，詔諭天下，立十路宣撫司，示以條格，欲差發辦而民不擾，鹽課不失常額，交鈔無致阻滯。尋詔行中書省造中統元寶交鈔，立互市于潁州、漣水、光化軍。是年冬，初行中統交鈔，自十文至二貫文，凡十等，不限年月，諸路通行，稅賦並聽收受。

明年二月，世祖在開平，召行中書省事祃祃與文統，親率各路宣撫使俱赴闕。世祖自去秋親征叛王阿里不哥于北方，凡民間差發、宣課鹽鐵等事，一委文統等裁處。及振旅還宮，未知其可否何若，且以往者，急於用兵，事多不暇講究，所當振其紀綱者，宜在今日。故召文統等至，責以成效，用游顯、鄭鼎、趙良弼、董文炳等爲各路宣撫司，復以所議條格詔諭

各路，俾遵行之。未幾，又詔諭宣撫司，并達魯花赤管民官、課稅所官，申嚴私鹽、酒醋、麴貨等禁。

文統爲人忌刻，初立中書時，張文謙爲左丞。文謙素以安國利民自負，故凡講論建明，輒相可否，文統積不能平，思有以陷之，文謙竟以本職行大名等路宣撫司事而去。時姚樞、竇默、許衡，皆世祖所敬信者，文統諷世祖授樞爲太子太師，默爲太子太傅，衡爲太子太保，外佯尊之，實不欲使朝夕備顧問於左右也。默嘗與王鶚及樞、衡俱侍世祖，面詆文統曰：「此人學術不正，必禍天下，不可處以相位。」世祖曰：「若是，則誰可爲者？」默以許衡對，世祖不懌而罷。鶚嘗請以右丞相史天澤監修國史，左丞相耶律鑄監修遼史，文統監修金史。世祖曰：「監修階銜，俟修史時定之。」

又明年二月，李璮反，以漣、海三城獻于宋。先是，其子彥簡，由京師逃歸，璮遣人白之中書。及反書聞，人多言文統嘗遣子蕘與璮通音耗。世祖召文統問之曰：「汝敎璮爲逆，積有歲年，舉世皆知之。朕今問汝所策云何，其悉以對。」文統對曰：「臣亦忘之，容臣悉書以上。」書畢，世祖命讀之，其間有曰：「螻蟻之命，苟能存全，保爲陛下取江南。」世祖曰：「汝今日猶欲緩頰於朕耶？」會璮遣人持文統三書自洺水至，以書示之，文統始錯愕駭汗。書中有「期甲子」語，世祖曰：「甲子之期云何？」文統對曰：「李璮久蓄反心，以臣居中，不敢即發，臣

欲告陛下縛璮久矣，第緣陛下加兵北方，猶未靖也。比至甲子，猶可數年，臣爲是言，姑遲其反期耳。」世祖曰：「無多言。朕拔汝布衣，授之政柄，遇汝不薄，何負而爲此？」文統猶枝辭傍說，終不自言「臣罪當死」，乃命左右斥去，始出就縛。猶召竇默、姚樞、王鶚、僧子聰及張柔等至，示以前書曰：「汝等謂文統當得何罪？」文臣皆言「人臣無將，將而必誅」。柔獨疾聲大言曰：「宜剮！」世祖又曰：「汝同辭言之。」諸臣皆曰：「當死。」世祖曰：「渠亦自服朕前矣。」

文統乃伏誅。子蕘，并就戮。詔諭天下曰：「人臣無將，垂千古之彝訓；國制有定，懷二心者必誅。何期輔弼之僚，迺蓄姦邪之志。平章政事王文統，起由下列，擢置台司，倚付不爲不深，待遇不爲不厚，庶收成效，以底丕平。焉知李璮之同謀，潛使子蕘之通耗。邇者獲親書之數幅，審其有反狀者累年，宜加肆市之誅，以著滔天之惡。已於今月二十三日，將反臣王文統并其子蕘，正典刑訖。於戲！負國恩而謀大逆，死有餘辜；處相位而被極刑，時或未喻。咨爾有衆，體予至懷。」然文統雖以反誅，而元之立國，其規模法度，世謂出於文統之功爲多云。

阿魯輝帖木兒，滅里大王之裔也。初，太宗生七子，而滅里位第七。世祖既定天下，乃

中華書局

大封宗親爲王，滅里其一也。滅里生脫忽，脫忽生俺都剌，俺都剌生禿滿，至大元年，始封陽翟王，賜金印螭紐，俾鎮北藩。禿滿傳曲春，曲春傳太平，太平傳帖木兒赤，而阿魯輝帖木兒襲其封。

會兵起汝、潁，天下皆震動，帝屢詔宗王，以北方兵南討。阿魯輝帖木兒知國事已不可爲，乃乘間擁衆數萬，屯于木兒古兀徹之地，而脅宗王以叛。且遣使來言於帝曰：「祖宗以天下付汝，汝何故失其太半，盍以國璽授我，我當自爲之。」帝聞，神色自若，徐曰：「天命有在，汝欲爲則爲之。」於是降詔開諭，俾其悔罪，阿魯輝帖木兒不聽。乃命知樞密院事禿堅帖木兒等擊之。行至稱海，起哈剌赤萬人爲軍。其人素不習爲兵，而一旦驅之使戰，既陣，兵猶未接，皆脫其號衣，奔阿魯輝帖木兒軍中，禿堅帖木兒軍遂敗績，單騎還上都。

〔至正〕二十一年，〔五〕更命少保、知樞密院事老章，以兵十萬擊之，且俾阿魯輝帖木兒之弟忽都帖木兒從征軍中，遂大敗其衆。阿魯輝帖木兒遂謀東遁。其部將脫驩知其勢窮，乃與宗王囊加、玉樞虎兒吐華擒阿魯輝帖木兒送闕下，帝命誅之。於是加老章太傅，脫驩知遼陽行樞密院事，仍以忽都帖木兒襲封陽翟王，而宗王囊加等，悉議加封。尋又詔加封老章和寧王，以嶺北行省丞相知行樞密院事，俾鎮北藩云。

校勘記

〔一〕太祖十六年全叛宋舉山東州郡歸附　殿本考證云：「按傳誤以是年宋安撫使張琳來降爲李全事。全之降在元太祖二十一年圍益都以後。」本書卷一一九木華黎傳附孛魯傳與宋史卷四七七李全傳確載李全之降在太祖二十二年四月，傳作「十六年」，誤。

〔二〕三年四月　按本書卷五世祖紀中統三年春正月癸未條有「宋制置使賈似道以書誘總管張元等，李璮獲其書上之」。蒙史改「四月」爲「正月」，是。

〔三〕甲午　按本書卷五世祖紀，中統三年二月己丑，「李璮反」，甲午，「李璮入益都」。此處脫「二月」。

〔四〕癸酉　按本書卷五世祖紀，事在中統三年三月癸酉。類編增「三月」，是。

〔五〕〔至正〕二十一年　從道光本補。按本書卷四六順帝紀至正二十一年九月戊午條所載與此處符。

元史卷二百七

列傳第九十四

逆臣

（鐵失）〔一〕

鐵失者，當英宗卽位之初，以翰林學士承旨、宣徽院使，爲太醫院使。未逾月，特命領中都威衞指揮使。明年，改元至治，有珍珠燕服之賜。三月，特授光祿大夫、御史大夫，仍金虎符、忠翊侍衞親軍都指揮使，依前太醫院使。英宗嘗御鹿頂殿，謂鐵失曰：「徽政雖隸太皇太后，朕視之與諸司同，凡簿書宜悉令御史檢覈。」旣而又命領左右阿速衞。冬十月，英宗親祀太廟，以中書左丞相拜住爲亞獻官，鐵失爲終獻官。

明年冬十月，江南行臺御史大夫脫脫以疾請于朝，未得旨輒去職，鐵失奏罷之，杖六十七，謫居雲南。治書侍御史鎖南，鐵木迭兒之子也，罷爲翰林侍講學士，鐵失奏復其職，

英宗不允。十二月，鐵失以御史大夫、忠翊親軍都指揮使、左右衞阿速親軍都指揮使、太醫院使，兼領廣惠司事。

英宗嘗謂臺臣曰：「朕深居九重，臣下奸貪，民生疾苦，豈能周知，故用卿等爲耳目。曩者，鐵（失）〔木〕迭兒貪饕無厭，〔二〕汝等拱默不言，其人雖死，宜籍其家，以懲後也。」又明年〔三〕〔正〕月，申命大夫鐵失，振舉臺綱，〔四〕詔諭中外。旣而御史臺請降旨開言路，英宗曰：「言路何嘗不開，但卿等選人未當爾。朕知嚮所劾者，率因宿怨，羅織成獄，加之以罪，遂玷其人，終身不得伸。監察御史嘗舉八思吉思可任大事，未幾，以貪墨伏誅。若此者，言路選人當乎，否乎？」時鐵木迭兒旣死，罪惡日彰，英宗委任拜住爲右丞相，振立紀綱，修舉廢墜，以進賢退不肖爲急務。鐵失以姦黨不自安，潛蓄異圖。

秋八月癸亥，英宗自上都南還，駐蹕南坡。是夕，鐵失與知樞密院事也先鐵木兒、大司農失禿兒、前中書平章政事赤斤鐵木兒、前雲南行省平章政事完者、前治書侍御史鎖南、鐵失之弟宣徽使鎖南、典瑞院使脫火赤、樞密副使阿散、僉書樞密院事章台、衞士禿滿，及諸王按梯不花、孛羅、月魯鐵木兒、曲律不花、兀魯思不花等，以鐵失所領阿速衞兵爲外應，殺右丞相拜住，而鐵失直犯禁幄，手弒英宗于臥所。九月四日，晉王卽位，鐵失及其黨皆伏誅。

孛羅帖木兒，答失八都魯之子也。從父討賊，屢立戰功，其語見父傳。父既歿，孛羅帖木兒引兵退駐井陘口。〔至正〕十八年正月，〔四〕命孛羅帖木兒爲河南行省平章政事，仍總領其父元管諸軍。三月，擊劉福通於衞輝，走之，進克濮州。四月，屯兵眞定。六月，自武安由彭城邀截沙劉等，敗之。九月，命統領諸軍夾攻曹州。十月，遣參政匡福統苗軍自西門入，孛羅帖木兒自北門入，四門並進，克復曹州，擒殺僞官武宰相、仇知院，獲僞印信金牌等物。

十九年二月，過代州，收山東潰將孟本周諸軍。三月，詔孛羅帖木兒移兵至大同，置大都督兵農司，專督屯種，以孛羅帖木兒領之。當月領兵豐州、雲內，與關先生戰，關軍奔潰。時有楊誠者，據蔚州，六月，詔遣平章月魯不花、樞密同知八剌火者，督兵捕之，七月，圍其城。俄有旨，命回兵。十一月，再命勦捕。

二十年正月，孛羅帖木兒追誠至飛狐縣東關，誠棄軍遁，降其潰卒，回駐大同。二月，除中書平章政事。三月，命討上都程思忠，兵次興和，思忠奔潰。七月，擊敗田豐僞將王士誠於臺州。詔總領一應達達、漢人諸軍，便宜行事。八月，命守石嶺關以北，察罕帖木兒守石嶺關以南。九月，孛羅帖木兒欲得冀寧，遣兵自石嶺關直趨圍其城，三日，復退屯交城。

十月，詔孛羅帖木兒守冀寧，遣保保、殷興祖、高脫因倍道趨之，守者不納。察罕帖木兒遣鎖住、陳秉直以兵來爭，孛羅帖木兒部將脫列伯戰敗之。〔五〕

二十一年正月，命平章答失帖木兒、參政七十往諭解之，孛羅帖木兒罷兵還鎭。九月，命孛羅帖木兒於保定以東、河間以南屯田。

二十二年二月，僞平章左李遣楊榮祖至大同降。三月，孛羅帖木兒遣裨將也速不花等招兵五萬，戍大同。陞孛羅帖木兒太尉、中書平章，位居第一。張良弼來受節制，李思齊遣兵攻良弼于武功，良弼伏兵大破之。

二十三年十月，孛羅帖木兒復南侵擴廓帖木兒所守地，遂據眞定。初，朝廷既黜御史大夫老的沙，安置東勝州，帝別遣宦官密諭孛羅帖木兒，令留軍中。而皇太子累遣官索之，孛羅帖木兒匿不發。

二十四年正月，孛羅帖木兒陰使人殺其叔父左丞亦只兒不花，佯爲不知，往弔不哭。朝廷知其跋扈，又以匿老的沙事，三月辛卯，詔罷孛羅帖木兒兵權，四川安置。孛羅帖木兒殺使者拒命，遣部將會禿堅帖木兒提兵犯闕，揚言索右丞相搠思監、資正院使朴不花二人。

先是，朝廷立衞屯田，嘗命中書右丞也先不花提督，與禿堅帖木兒分院之地相近，因擾及其親里，搆成嫌隙，也先不花乃譖禿堅帖木兒詆毀朝政，孛羅帖木兒與禿堅帖木兒相友

善，且知其誣，遣人白其非罪。皇太子以孛羅帖木兒握兵跋扈，今乃與禿堅帖木兒交通，又匿不軌之臣，遂與丞相搠思監議，請詔削其官，分其兵授四川省丞相察罕不花領之。孛羅帖木兒謂非帝意，故不聽命，舉兵助禿堅帖木兒。

四月壬寅，入居庸，乙巳，至清河列營，將犯闕。帝遣達達國師、蠻子院使往問故，乃命屏搠思監于嶺北，竄朴不花于甘肅，實執送與之。庚戌，禿堅帖木兒自健德門入，見帝延春閣，慟哭請罪，帝賜宴慰勉，詔赦其罪。仍以孛羅帖木兒爲太保、中書平章，兼知樞密院事，守禦大同；以禿堅帖木兒爲中書平章政事。辛亥，孛羅帖木兒還大同，皇太子恚怒不已，再徵擴廓帖木兒兵，保障京師。

五月，詔擴廓帖木兒總兵，調諸道軍分討大同。擴廓帖木兒自其父察罕帖木兒在時，與孛羅帖木兒連年相讐殺，朝廷累命官講和，二軍已還兵，各守其地。至是，擴廓帖木兒乃大發兵，諸道夾攻大同，調麾下鎖住守護京師，兵不滿萬，以其部下青軍楊同僉守居庸，擴廓帖木兒自將至太原，調督諸軍。

七月，孛羅帖木兒率兵，與禿堅帖木兒、老的沙等復犯闕，京師震駭。丙戌，皇太子親統兵迎於清河，丞相也速、詹事不蘭奚軍於昌平，也速軍士無鬭志，青軍楊同僉被殺於居庸，不蘭奚戰敗走，皇太子亦馳入城。丁亥夜，鎖住脅東宮官僚從太子出奔太原。戊子，

孛羅帖木兒兵至，駐健德門外，欲追襲皇太子，老的沙力止之。三人入見帝宣文閣，泣拜訴冤，帝亦爲之泣，乃賜宴。庚寅，就命孛羅帖木兒太保、中書左丞相，老的沙中書平章政事，禿堅帖木兒御史大夫。部屬將士，布列臺省，總攬國柄。

八月壬寅，詔加孛羅帖木兒開府儀同三司、上柱國、錄軍國重事、太保、中書右丞相，節制天下〔軍馬〕。〔六〕數月間，誅狎臣禿魯帖木兒、波迪哇兒禡等，罷三宮不急造作，沙汰宦官，減省錢糧，禁西番僧人佛事。數遣使請皇太子還朝，使至太原，拘留不報。

二十五年，皇太子在外，日夜謀除內難，承制調遣嶺北、甘肅、遼陽、陝西及擴廓帖木兒等軍，進討孛羅帖木兒。孛羅帖木兒怒，出皇后于外，幽置百日。遣禿堅帖木兒率軍討上都附皇太子者，調也速南禦擴廓帖木兒軍。也速次良鄉不進，而歸永平，遣人西連太原，東連遼陽，軍聲大振。孛羅帖木兒患之，遣驍將姚伯顏不花統兵出禦，至通州，河溢，營虹橋以待，也速出其不意，襲而破之，擒姚伯顏，殺之。孛羅帖木兒大恐，自將出通州，三日大雨而還。孛羅帖木兒先嘗以自疑殺其將保安，既又失姚伯顏，鬱鬱不樂，乃日與老的沙飲宴，荒淫無度，酗酒殺人，喜怒不測，人皆畏忌。威順王子和尚，受帝密旨，與徐士本謀，結勇士上都馬、金那海、伯〔顏〕達兒、〔七〕帖古思不花、火兒忽達、洪寶寶等，陰圖刺之。

七月乙酉，值禿堅帖木兒遣人來告上都之捷，孛羅帖木兒起入奏，行至延春閣李樹下，

伯〔顏〕達兒自衆中奮出，斫孛羅帖木兒，中其腦，上都馬及金那海等競前斫死。老的沙傷額，趨出，得馬，走其家，擁孛羅帖木兒母妻及其子天寶奴北遁。有旨令民間盡殺其部黨。明日，遣使函孛羅帖木兒首級往太原，詔皇太子還朝。諸道兵聞詔，罷歸。九月，皇太子朝京師。十二月，獲禿堅帖木兒、老的沙，皆伏誅。

校勘記

〔一〕（鐵失）　從道光本刪。

〔二〕鐵（失）〔木〕迭兒　據前後文與本書卷二〇五鐵木迭兒傳改。類編已校。

〔三〕（三）〔正〕月申命大夫鐵失振舉臺綱　據本書卷二八英宗紀至治三年正月辛亥條改。按永樂大典卷二六一〇南臺備要收振舉臺綱制，亦繫此事於至治三年正月。

〔四〕〔至正〕十八年正月　從道光本補。按本書卷四五順帝紀至正十八年正月條有命「孛羅帖木兒爲河南行省平章政事」。

〔五〕孛羅帖木兒部將脫列伯戰敗之　按本書卷四五順帝紀至正二十年十月己亥條有「與孛羅帖木兒部將脫列伯戰，敗之」，疑此處脫「與」字。

〔六〕節制天下〔軍馬〕　據本書卷四六順帝紀至正二十四年八月壬寅條補。類編已校。

〔七〕伯〔顏〕達兒　據卷一一七寬徹普化傳補。下同。「伯顏達兒」蒙語，意爲「富如」。類編已校。

元史卷二百八

列傳第九十五

外夷一

高麗

高麗本箕子所封之地，又扶餘別種嘗居之。其地東至新羅，南至百濟，皆跨大海，西北度遼水接營州，而靺鞨在其北。其國都曰平壤城，卽漢樂浪郡。水有出靺鞨之白山者，號鴨淥江，而平壤在其東南，因恃以爲險。後闢地益廣，幷古新羅、百濟、高句麗三國而爲一。其主姓高氏，自初立國至唐乾封初而國亡。垂拱以來，子孫復封其地，後稍能自立。至五代時，代主其國遷都松岳者，姓王氏，名建。自建至燾凡二十七王，歷四百餘年未始易姓。

入元，太祖十一年，契丹人金山、元帥六哥等領衆九萬餘竄入其國。十二年九月，攻拔江東城據之。十三年，帝遣哈只吉、劄剌等領兵征之。國人洪大宣詣軍中降，與哈只吉等

同攻圍之。高麗王名缺奉牛酒出迎王師，〔一〕且遣其樞密院使、吏部尙書、上將軍、翰林學士承旨趙冲共討滅六哥。劄剌與冲約爲兄弟。冲請歲輸貢賦。劄剌曰：「爾國道遠，難於往來，每歲可遣使十人入貢。」十二月，劄剌移文取兵糧，送米一千斛。十四年正月，遣其權知閣門祇候尹公就、中書注書崔逸以結和牒文送劄剌行營，劄剌遣使報之。高麗王以其侍御史朴時允爲接伴使迎之。帝又遣蒲里帒也持詔往諭之，〔二〕高麗王迎拜設宴。九月，皇太弟、國王及元帥合臣、副元帥劄剌等各以書遣宣差大使慶都忽思等十人趣其入貢，尋以方物進。十五年九月，大頭領官堪古苦、着古歟等復以皇太弟、國王書趣之，仍進方物。十六年七月，有旨，諭以伐女直事，始奉表陳賀。八月，着古歟使其國。十月，喜速不（爪）〔瓜〕等繼使焉。〔三〕十七年十月，詔遣着古歟等十二人至其國，察其納款之實。十八年八月，宣差山朮䚟等十二人復以皇太弟、國王書趣其貢獻。十九年二月，着（右）〔古〕歟等復使其國，〔四〕十二月，又使焉，盜殺之于途，自是連七歲絕信使矣。

太宗三年八月，命撒禮塔征其國，國人洪福源迎降于軍，得福源所率編民千五百戶，旁近州郡亦有來師者。撒禮塔卽與福源攻未附州郡，又使阿兒禿與福源抵王京，招其主王㬚，㬚遣其弟懷安公王侹請和，〔五〕許之。置京、府、縣達魯花赤七十二人監之，遂班師。十一月，元帥蒲桃、迪巨、唐古等領兵至其王京，㬚遣使奉牛酒迎之。十二月一日，復遣使勞

元帥于行營。明日，其使人與元帥所遣人四十餘輩入王城，付文牒。又明日，瞮遣王侹等詣撒禮塔屯所犒師。

四年正月，帝遣使以璽書諭瞮。三月，瞮遣中郎將池義源、〔六〕錄事洪巨源、金謙等齎國贐牒文送撒禮塔屯所。四月，瞮遣其將軍趙叔（章）〔昌〕、御史薛愼等奉表入朝。〔七〕五月，復下詔諭之。六月，瞮盡殺朝廷所置達魯花赤七十二人以叛，遂率王京及諸州縣民竄海島。洪福源集餘民保聚，以俟大兵。八月，復遣撒禮塔領兵討之，至王京南，攻其處仁城，中流矢卒。別將鐵哥以軍還。其已降之人，令福源領之。十月，瞮遣其將軍金寶鼎、郎中趙瑞章上表陳情。

五年四月，詔諭瞮悔過來朝，且數其五罪：「自平契丹賊、殺劄剌之後，未嘗遣一介赴闕，罪一也。命使齎訓言省諭，輒敢射回，罪二也。爾等謀害着古歟，乃稱萬奴民戶殺之，罪三也。命汝進軍，仍令汝弼入朝，爾敢抗拒，竄諸海島，罪四也。汝等民戶不拘集見數，輒敢妄奏，罪五也。」十月，瞮復遣兵攻陷已附西京等處降民，劫洪福源家。

六年，福源得請，領其降民還居東京，賜佩金符。

七年，命唐古與洪福源領兵征之。

九年，拔其龍岡、咸從等十餘城。

十年五月，其國人趙玄習、李元祐等率二千人迎降，命居東京，受洪福源節制，且賜御前銀符，使玄習等佩之，以招未降民戶。又李君式等十二人來降，待之如玄習焉。十二月，瞮遣其將軍金寶鼎、御史宋彥琦等奉表入朝。

十一年五月，詔徵瞮入朝，瞮以母喪辭。六月，乃遣其禮賓卿盧演、禮賓少卿金謙充進奉使、副，奉表入朝。十月，有旨諭瞮，徵其親朝於明年。十二月，瞮遣其新安公王佺與寶鼎、彥琦等百四十八人奉表入貢。

十二年三月，又遣其右諫議大夫趙修、閤門祗候金成寶等奉表入貢。五月，復下詔諭之。十二月，瞮遣其禮賓少卿宋彥琦、侍御史權韙充行李使入貢。是歲，攻拔昌、朔等州。

十三年秋，瞮以族子𧦬爲己子入質。

當定宗、憲宗之世，歲貢不入，故自定宗二年至憲宗八年，凡四命將征之，凡拔其城十有四。憲宗末，瞮遣其世子倎入朝。

世祖中統元年三月，瞮卒，命倎歸國爲高麗國王，以兵衞送之，仍赦其境內。制曰：

我太祖皇帝肇開大業，聖聖相承，代有鴻勳，芟夷羣雄，奄有四海，未嘗專嗜殺也。凡屬國列侯，分茅錫土，傳祚子孫者，不啻萬里，孰非向之勍敵哉。觀乎此，則祖宗之法不待言而章章矣。今也，普天之下未臣服者，惟爾國與宋耳。宋所恃者長江，而長江失險，所藉者川、廣，而川、廣不支。邊戍自徹其藩籬，大軍已駐乎心腹，鼎魚幕燕，亡在旦夕。

爾初〔以〕世子奉幣納款，〔八〕束身歸朝，含哀請命，良可矜憫，故遣歸國，完復舊疆，安爾田疇，保爾室家，弘好生之大德，捐宿構之細故也。用是已嘗戒敕邊將，斂兵待命，東方既定，則將迴戈於錢塘。迨餘半載，乃知爾國內亂渝盟，邊將復請戒嚴，此何故也？以謂果內亂耶，權臣何不自立，而立世孫？以謂傳聞之誤耶，世子何不之國而盤桓於境上也？豈以世子之歸愆期，而左右自相猜疑，私憂過計而然耶？重念島嶼殘民，久罹塗炭，窮兵極討，殆非本心。且御失其道，則天下狙詐咸作敵；推赤心置人腹中，則反側之輩自安矣。悠悠之言，又何足校。申命邊閫，斷自予衷，無以逋逃間執政，無以飛語亂定盟。惟事推誠，一切勿問。宜施曠蕩之恩，一新遐邇之化。自尙書金仁儁以次，中外枝黨、官吏、軍民，聖旨到日已前，或有首謀內亂，旅拒王師，已降附而還叛，因仇讎而擅殺，無所歸而背主亡命，不得已而隨衆脅從，應據國人但曾犯法，罪無輕重咸赦除之。

世子其趣裝命駕，歸國知政，解仇釋憾，布德施恩。緬惟瘡痍之民，正在撫綏之日，出彼滄溟，宅於平壤。賣刀劍而買牛犢，捨干戈而操耒耜，凡可援濟，毋憚勤勞。苟

富庶之有徵，冀禮義之可復，亟正疆界，以定民心，我師不復踰限矣。大號一出，朕不食言。復有敢踵亂犯上者，非干爾主，乃亂我典刑，國有常憲，人得誅之。於戲！世子其王矣，往欽哉，恭承丕訓，永爲東藩，以揚我休命。

四月，復降旨諭倎曰：「朕祇若天命，獲承祖宗休烈，仰惟覆燾，一視同仁，無遐邇小大之間也。以爾歸款，旣册爲王還國，今得爾與邊將之書，因知其上下之情，朕甚憫焉。」倎求出水就陸，免軍馬侵擾，還被虜及逃民，皆從之。詔班師，乃赦其境內。六月，倎遣其子永安公僖、判司宰事韓卽入賀卽位，以國王封册、王印及虎符賜之。是月，又下詔撫諭之。

二年三月，遣使入貢。四月，倎入朝。六月，倎更名禃，遣其世子愖奉表以聞。八月，賜禃玉帶一，遣侍衞將軍孛里察、禮部郎中高逸民護愖還國。九月，禃遣其侍御史張鎰奉表入謝。十月，帝遣阿的迷失、焦天翼持詔，諭以開榷場事。

三年正月，罷互市。諸王塔察兒請置鐵冶，從之。請立互市，不從。賜禃曆，後歲以爲常，禃遣使入謝，優詔答之。四月，禃遣其左諫議大夫朴倫、郎將辛洪成等奉表入朝。六月，遣使入貢。八月，朴倫等還，賜西錦三段、間金熟綾六段。十月，詔諭禃籍編民，出師旅，輸糧餉，助軍儲。是月，禃遣使入貢。

四年二月，以禃不答詔書，詰其使者。禃表乞俟民生稍集，然後惟命。帝以其辭意懇

實，允之。朝貢物數，亦命稱其力焉。自三月至于六月，禃凡三遣使入貢，賜禃羊五百。十一月，禃以免置驛籍民等事，遣其翰林學士韓就奉表入謝。

五年正月丁丑朔，禃遣使奉表入賀，諭還使，令禃親朝京師。四月，以西北諸王率衆款附，擬今歲朝王公羣牧于上都，又遣必闍赤古乙獨徵禃入朝，修世見之禮。五月，禃遣其借國子祭酒張鎰從古乙獨入見，六月乃親朝。九月，帝以改中統五年爲至元元年，遣郎中路得成持赦令，與禃郎將康允(玿)〔紹〕頒其國。〔九〕十月，禃入朝。十二月，遣禃還國。是春，禃遣使入貢。自是終世祖三十一年，其國入貢者凡三十有六。

至元三年二月，立瀋州，以處高麗降民。帝欲通好日本，以高麗與日本鄰國，可爲鄉導，八月，遣國信使兵部侍郎黑的、禮部侍郎殷弘、計議官伯德孝先等使日本，先至高麗諭旨。十二月，禃遣其樞密院副使宋君斐、借禮部侍郎金贊等導詔使黑的、殷弘等往日本，不至而還。

四年正月，禃遣君斐等奉表從黑的等入朝。六月，帝以禃飾辭，令去使徒還，復遣黑的與君斐等以詔諭禃，委以日本事，以必得其要領爲期。九月，禃遣其起居舍人潘阜、書狀官李挺充國信使，持書詣日本。

五年正月，禃遣其弟淐入朝。帝以禃見欺於淐，面數其事切責之。特遣北京〔路〕總管

兼大(興)〔定〕府尹于也孫脫、〔一〇〕禮部郎中孟甲持詔諭禃，其略曰：「向請撤兵，則已撤之矣。三年當去水就陸，而前言無徵也。又太祖法制，凡內屬之國，納質、助軍、輸糧、設驛、編戶籍、置長官，已嘗明諭之，而稽延至今，終無成言。在太(祖)〔宗〕時，王綧等已入質，〔一一〕驛傳亦粗立，餘率未奉行。今將問罪於宋，其所助士卒舟艦幾何？輸糧則就爲儲積，至若設官及戶版事，其意謂何？故以問之。」三月，于也孫脫等至其國。

四月，禃遣其門下侍郎李藏用奉表與也孫脫等入朝。五月，帝敕藏用曰：「往諭爾主，速以軍數實奏，將遣人督之。今出軍，爾等必疑將出何地，或欲南宋，或欲日本，爾主當造舟一千艘，能涉大海可載四千石者。」藏用曰：「舟艦之事卽當應命，但人民殘少，恐不及期。往者臣國有軍四萬，三十餘年間死於兵疫，今止有牌子頭、五十戶、百戶、千戶之類虛名，而無軍卒。」帝曰：「死者有之，生者亦有之。」藏用曰：「賴聖德，自撤兵以來，有生長者僅十歲耳。」帝又曰：「自爾來者言，海中之事，於宋得便風可三日而至，日本則朝發而夕至。舟中載米，海中捕魚而食之，則豈不可行乎？」又敕藏用曰：「歸可以此言諭爾主。」

七月，詔都統領脫朶兒、武德將軍統領王國昌、武略將軍副統領劉傑等使其國，與其來朝者大將軍崔東秀偕行。八月，至其國，禃出昇天府迎之，蓋諭以閱軍造船也。九月，以禃表奏潘阜等奉使無功而還，復遣黑的等使日本，詔禃遣重臣導送。十二月，禃遣其知門下

省事申思(全)〔佺〕、〔一二〕禮部侍郎陳井、起居舍人潘阜等從國信使黑的等赴日本，借禮部侍郎張鎰奉表從脫朶兒入朝。

六年正月，禃遣其大將軍康允(玿)〔紹〕奉表奏誅權臣金俊等。三月，禃復遣申思(全)〔佺〕奉表從黑的入朝。六月，禃遣其世子愖入朝。賜禃玉帶一，愖金五十兩，從官銀幣有差。七月，帝遣明威將軍都統領脫朶兒、武德將軍統領王國昌、武略將軍副統領劉傑相視耽羅等處道路，詔禃選官引達，以人言耽羅海道往南宋、日本甚易故也。

八月，世子愖至朝，奏本國臣下擅廢禃立其弟安慶公淐事。詔遣使臣斡朶思不花、李諤等至其國詳問之。九月，其樞密院副使金方慶奉表從斡朶思不花等入朝。樞密院御史臺奏，世子愖言：「朝廷若出征，能辦軍三千，備糧五月，如官軍入境，臣宜同往，庶不驚擾。」帝然之。詔授世子禃特進、上柱國，敕愖率兵三千赴其國難。命抄不花往征其國，以病不果行，詔遣蒙哥都代之。

十月，帝以禃、淐廢置乃林衍所爲，遣中憲大夫兵部侍郎黑的、淄萊路總管府判官徐世雄詔禃、淐、衍等以十二月同詣闕下，面陳情實，聽其是非。又遣國王頭輦哥等率兵壓境，如踰期不至，卽當窮治首惡，進兵勦戮。命趙璧行中書省于東京，仍詔諭高麗國軍民。十一月，高麗都統領崔坦等以林衍作亂，挈西京五十餘城入附。遣斷事官別同瓦馳驛於王

綧、洪茶丘所管實科差戶內簽軍至東京，付樞密院，得三千三百人。高麗西京都統李延齡乞益兵，遣忙哥都率兵二千赴之。

樞密院臣議征高麗事。初，馬亨以爲「高麗者，本箕子所封之地，漢、晉皆爲郡縣。今雖來朝，其心難測。莫若嚴兵假道，以取日本爲名，乘勢可襲其國，定爲郡縣」。亨又言：「今既有釁端，不宜遣兵伐之。萬一不勝，上損國威，下損士卒。彼或上表言情，宜赦其罪戾，減其貢獻，以安撫其民，庶幾感慕聖化。俟南宋已平，彼有他志，回兵誅之，亦未晚也。」前樞密院經歷馬希驥亦言：「今之高麗，乃古新羅、百濟、高句麗三國併而爲一。大抵藩鎭權分則易制，諸侯强盛則難臣。驗彼州城軍民多寡，離而爲二，分治其國，使權侔勢等，自相維制，則徐議良圖，亦易爲區處耳。」黑的等至其國，禃受詔復位，遣借禮部侍郎朴(杰)〔休〕從黑的等奉表入朝。〔一三〕十二月，乃親朝京師。

七年正月，遣使言：「比奉詔，臣已復位，令從七百人入覲。」詔令從四百人來，餘留之西京。詔西京內屬，改東寧府，畫慈悲嶺爲界，以忙哥都爲安撫使，佩虎符，率兵戍其西境。詔諭其國僚屬軍民以討林衍之故，其略曰：「朕卽位以來，閔爾國久罹兵亂，册定爾主，撤還兵戍，十年之間，其所以撫護安全者，靡所不至。不圖逆臣林衍自作弗靖，擅廢易國王禃，脅立安慶公淐，詔令赴闕，復稽延不出，豈可釋而不誅。已遣行省率兵東下，惟林衍一身是

討。其安慶公淐本非得已，在所寬宥。自餘脅從詿誤，一無所問。」二月，遣軍送禃就國，詔諭高麗國官吏軍民曰：「朕惟臣之事君，有死無二，不意爾國權臣，輒敢擅廢國主。彼既驅率兵衆，將致爾衆危擾不安，以汝黎庶之故，特遣兵護送國王禃還國，奠居舊京，命達魯花赤同往鎮撫，以靖爾邦。惟爾東土之人，不知爲汝之故，必生疑懼，爾衆咸當無畏，按堵如故。已別敕將帥，嚴戒兵士勿令侵犯。汝或妄動，汝妻子及汝身當致俘略，宜審思之。」

初，有旨令頭輦哥行省駐西京，而以忙哥都、趙良弼充安撫使，與禃俱入其京；既而復令行省入其王京，而以脫（脫）朶兒充其國達魯花赤，〔一四〕罷安撫司。四月，東京行尚書省軍近西京，遣徹徹都等同禃之臣鄭子琠等持省劄召高麗國令公林衍。使還，言：「衍已死，子惟茂襲令公位。其國侍郎洪文（係）〔系〕、〔一五〕尚書宋宗禮，〔一六〕殺惟茂及衍婿崔宗（璫）〔紹〕。〔一七〕惟茂弟惟（裀）〔絪〕自剄。〔一八〕衍黨裴仲孫等復集餘衆，立禃庶族承化侯爲王，竄入珍島。」大軍次王京西關城，遣人收繫林衍妻子。行省與禃議遷江華島居民於王京，仍宣詔撫綏之，禃弗從，至入居其舊京，始從行省之議。六月，禃遣人報有朝廷逃軍與承化侯者以三別抄軍叛。世子愖復言：「叛兵據江華島，宜率軍水陸進擊之。」禃復報叛兵悉遁去。世子愖言：「叛兵劫府庫，燒圖籍，逃入海中。」行省使人覘江華島中百姓皆空，島之東南，相距約四十里，叛兵乘船候風，勢欲遁。於是卽命乃顏率衆追擊之。七月，丞相安童等言，頭

輦哥等遣大托、忙古䚟來言，令阿海領軍一千五百，屯王京伺察其國中。遂以阿海爲安撫使。十一月，中書省臣言於高麗設置屯田經略司。以忻都、史樞爲鳳州等處經略使，佩虎符，領軍五千屯田於金州；又令洪茶丘以舊領民二千屯田，阿剌帖木兒爲副經略司，總轄之，而罷阿海軍。

閏十一月，世子愖還。有詔諭禃以其陪臣元傅等妄奏頭輦哥國王爲頭行省官員數事，及其國私與南宋、日本交通，又往年所言括兵造船至今未有成效，且謂自此以往或先有事南宋，或先有事日本，兵馬、船艦、資糧，早宜措置。是月，又詔禃曰：「曏嘗遣信使通問日本，不謂執迷固難以善言開諭，此卿所知。將經略於彼，敕有司發卒屯田，爲進取之計，庶免爾國他日轉輸之勞。仍遣使持書，先示招懷。卿其悉心盡慮，俾贊方略，期於有成，以稱朕意。」初，林衍之變，百姓驚擾，至是下詔撫慰之。

十二月，詔諭禃送使通好日本，曰：「朕惟日本自昔通好中國，實相密邇，故嘗詔卿導達去使，講信修睦，爲其疆吏所梗，竟不獲明諭朕心。後以林衍之亂，故不暇及。今旣輯寧爾家，遣少中大夫、祕書監趙良弼充國信使，期於必達。仍以忽林赤、王國昌、洪茶丘將兵送抵海上。比國信使還，姑令金州等處屯駐。所需糧餉，卿專委官赴彼，逐近供給，幷鳩集金州旁左船艦，於金州需待，無致稽緩匱乏。」

八年正月，禃遣其樞密使金鍊奉表入見，請結婚。安撫使阿海略地珍島，與逆黨遇，多所亡失。中書省臣言諜知珍島餘糧將竭，宜乘弱攻之，詔不許。二月，命忽都答兒持詔諭裴仲孫。三月，仲孫乞諸軍退屯，然後內附，忻都未從其請，有詔諭之。四月，忻都言仲孫稽留詔使，負固不服，乞與虎林赤、王國昌分道進討，從之。以討珍島諭禃。五月，忻都與史樞、洪茶丘大敗珍島賊，獲承化侯斬之，其黨金通精走耽羅。七月，禃遣其上將軍鄭子琠奉表謝平珍島。世子愖率其尚書右丞宋玢、軍器監薛公儉等衣冠胤胄二十八人入侍。八月，忽林赤赴鎮邊合浦縣屯所。九月，禃遣其通事別將徐（稱）〔偁〕導送宣撫趙良弼使日本。〔一九〕帝遣愖還國。十一月，禃遣其同知樞密院事李昌慶奉表謝許婚事。

九年正月，禃遣其別將白琚偕張鐸等十二人奉表入見。世子愖以其國尚書右丞宋玢、玢父上將軍宗禮討林惟茂狀，言其功于中書省。遣郎中不花、馬璘使高麗，諭以供戰船輸軍糧事。二月，禃致書日本，使通好于朝。六月，遣西京屬城諸達魯花赤及質子金鎰等歸國。

十年正月，禃遣其世子愖入朝。四月，經略使忻都同洪茶丘領兵入海，攻拔耽羅城，禽金通精等，奉詔誅之。六月，禃遣其大將軍金忻表奏攻破濟州。九月，禃屢言：「小國地狹，比歲荒歉，其生券軍乞駐東京。」詔令營北京界，仍敕東京路運米二萬石賑之。達魯花赤焦

天翼還朝。

十一年正月己卯朔，宮闕告成，帝始御正殿，受皇太子諸王百官朝賀。禃遣其少卿李義孫等入賀。三月，遣木速塔八、撒木合持詔使高麗簽軍五千六百人助征日本。五月，皇女忽都魯揭里迷失下嫁于世子愖。七月，其樞密院副使奇蘊奉表告王禃薨，命世子愖襲爵，詔諭高麗國王宗族及大小官員百姓人等，其略曰：「國王王禃存日，屢言世子愖可爲繼嗣。今令愖襲爵爲王。凡在所屬，並聽節制。」八月，世子愖還至其國襲位。九月，遣其齊安侯王淑上表謝恩。十一月，皇女入京城。愖復遣其判閤門事李信孫等奉表入謝。十二月，以黑的爲高麗達魯花赤，李益受代還。

十二年七月，黑的還朝。十一月，遣使諭愖改官職名號，愖遣其帶方侯王澂率衣冠子弟二十人入侍。以石抹天衢充副達魯花赤。

十三年七月，愖遣其僉議中贊金方慶奉表賀平宋。十一月，愖遣其判祕書寺事朱悅奉表，奏改名（睶）〔賰〕。〔二〇〕

十四年正月，金方慶等爲亂，命愖治之，仍命忻都、洪茶丘飭兵禦備。

十五年一月，（睶）〔賰〕以達魯花赤石抹天衢秩滿未代，請復留三年，從之。東征元帥府上言：「以高麗侍中金方慶與其子愋、愃、恂，婿趙（卞）〔抃〕等，〔二一〕陰養死士四百人，匿鎧仗

器械，造戰艦，積糧餉，欲謀作亂，捕方慶等按驗得實，已流諸海島。然高麗初附，民心未安，可發征日本還卒二千七百人，置長吏，屯忠清、全羅諸處，鎮撫外夷，以安其民；復令士卒備牛畜耒耜，爲來歲屯田之計。」七月，改鑄駙馬高麗王印賜(睶)〔賰〕。

十六年正月，敕其國置大灰艾州、東京、柳石、孛落四驛。

十七年五月，(睶)〔賰〕以民饑，乞貸糧萬石，從之。七月，以其國初置驛站，民乏食，命給糧一歲，仍禁使臣往來勿求索飲食。十月，加(睶)〔賰〕開府儀同三司、中書左丞相、行中書省事。

十八年二月，(睶)〔賰〕言本國必闍赤不諳行移文字，請除郎中員外各一員以爲參佐。(睶)〔賰〕又請易宣命職銜，增駙馬字，從之。六月，(睶)〔賰〕言本國置驛四十，民畜凋弊。敕併爲二十站，仍給馬價八百錠。八月，陞其僉議府爲從三品。十一月，金州等處置鎮邊萬戶府，以控制日本。

十九年正月，(睶)〔賰〕以日本寇其邊海郡邑，燒居室掠子女而去，請發闍里帖木兒麾下蒙古軍五百人戍金州，又從之。

二十年五月，立征東行中書省，以高麗國王與阿塔海共事。

二十八年五月，以(睶)〔賰〕子謜爲世子，授特進、上柱國，賜銀印。十月，以其國饑，給以

米二十萬斛。

三十年二月，(睶)〔賰〕遣使入奏，復更名昛，及乞功臣號。制曰：「特進、上柱國、開府儀同三司、征東行中書省左丞相、駙馬高麗王昛，世守王爵，選尙我家。載旌藩屏之功，宜示褒嘉之寵。可賜號推忠宣力定遠功臣，餘如故。益懋厥勳，對揚休命。」十一月，昛入朝。

成宗元貞二年七月，陞其僉議司爲二品。

大德元年十一月，封昛爲逸壽王，以世子謜爲高麗王，從所請也。

二年七月，中書省臣奏謜有罪當廢，復以其父昛爲王。

三年正月，昛遣使入貢。丞相完澤等言：「世祖時，或言高麗僭設省、院、臺，有旨罷之，其國遂改立僉議府、密直司、監察司。今謜加其臣趙仁規司徒、司空、侍中之職。又昛給仁規赦九死奬諭文書。又擅寫皇朝帝系，及自造曆，加其女爲令妃。又立資政院，以崔冲紹爲興祿大夫。又嘗奉太后旨，公主與謜兩位下怯薛䚟合併爲一。謜不奉旨。謜又擅殺千戶金呂而以其金符給宦者朮合兒。又仁規進女侍謜，有巫蠱事。今乞將仁規、冲紹發付京兆、鞏昌兩路安置，不得他適。昛行事不法，謜年少妄殺無辜，乞降詔戒飭。」帝命杖仁規、冲紹而遣之。二月，詔諭昛并闔境臣民：「自今以始，勉遵守國之規，益謹畏天之戒。凡在官者，各勤乃事，協力匡贊，毋蹈前非，自干刑憲。緇黃士庶，各安其業。」

五月，哈散使高麗還，言昛不能服其衆，朝廷宜遣官共理之。遂復立征東行省，命闊里吉思爲高麗行省平章政事。九月，昛遣使入貢，以朝廷增置行省，上表陳情，其略言：「累世有勤王之功，凡八十餘年，歲修職貢。嘗以世子入侍，得聯婚帝室，遂爲甥舅，實感至恩。使小國不替祖風，永修侯職，是所望也。」

四年二月，征東行省平章闊里吉思言：「高麗國王自署官府三百五十八所，官四千五十五員，〔三〕衣食皆取之民，復苛征之。又其大會，王曲蓋、龍扆、警蹕，諸臣舞蹈山呼，一如朝儀，僭擬過甚。」遣山東宣慰使塔察兒、刑部尙書王泰亨齎詔諭之，使釐正以聞。三月，闊里吉思復上言：「僉議司官不肯供報民戶版籍、州縣疆界。本國橫科暴斂，民少官多，刑罰不一，若止依本俗行事，實難撫治。」

五年二月，爲昛罷行省官，有詔諭昛。秋七月，昛上表言：「昔居海島時，嘗用山呼，後改呼千秋。今旣奉明詔，一切皆罷。又革官府九十餘所，汰官吏二百七十餘員。他如雜徭病民、馹騎煩擾驛傳者，亦皆省之。」詔曰：「卿其諭朕意，所言當始終行之，或有不然，寧不羞懼？」

昛自大德二年復位，八年而薨。子謜復襲王位。成宗初年，尙寶塔實憐公主。十一年，進爵瀋陽王，繼襲位高麗國王，生子燾。燾受遜位，以仁宗皇慶二年四月封高麗國王。是年，其弟暠立爲世子，以其父瀋陽王請於朝故也。自瞮傳其子禃，禃傳其子昛，昛傳其子

謜，謜傳其子燾，燾傳其弟暠。禃初名倎；昛初名愖，又名(睶)〔賰〕，後乃名昛；謜則更名(章)〔璋〕云。〔三〕

耽羅

耽羅，高麗與國也。世祖旣臣服高麗，以耽羅爲南宋、日本衝要，亦注意焉。至元六年七月，遣明威將軍都統領脫脫兒、武德將軍統領王國昌、武略將軍副統領劉傑往視耽羅等處道路，詔高麗國王王禃選官導送。時高麗叛賊林衍者，有餘黨金通精遁入耽羅。九年，中書省臣及樞密院臣議曰：「若先有事日本，未見其逆順之情。恐有後辭，可先平耽羅，然後觀日本從否，徐議其事。且耽羅國王嘗來朝覲，今叛賊逐其主，據其城以亂，舉兵討之，義所先也。」

十年正月，命經略使忻都、史樞及洪茶丘等率兵船大小百有八艘，討耽羅賊黨。六月，平之，於其地立耽羅國招討司，屯鎮邊軍千七百人。其貢賦歲進毛施布百匹。招討司後改爲軍民都達魯花赤總管府，又改爲軍民安撫司。

三十一年，高麗王上言，耽羅之地，自祖宗以來臣屬其國；林衍逆黨旣平之後，尹邦寶充招討副使，以計求徑隸朝廷，乞仍舊。帝曰：「此小事，可使還屬高麗。」自是遂復隸

高麗。

日本

日本國在東海之東，古稱倭奴國，或云惡其舊名，故改名日本，以其國近日所出也。其土疆所至與國王世系及物產風俗，見宋史本傳。日本爲國，去中土殊遠，又隔大海，自後漢歷魏、晉、宋、隋皆來貢。唐永徽、顯慶、長安、開元、天寶、上元、貞元、元和、開成中，並遣使入朝。宋雍熙元年，日本僧奝然與其徒五六人浮海而至，奉職貢，幷獻銅器十餘事。奝然善隸書，不通華言。問其風土，但書以對，云其國中有五經書及佛經、白居易集七十卷。奝然還後，以國人來者曰滕木吉，以僧來者曰寂照。寂照識文字，繕寫甚妙。至熙寧以後，連貢方物，其來者皆僧也。

元世祖之至元二年，以高麗人趙彝等言日本國可通，擇可奉使者。三年八月，命兵部侍郎黑的，給虎符，充國信使，禮部侍郎殷弘給金符，充國信副使，持國書使日本。書曰：

大蒙古國皇帝奉書日本國王。朕惟自古小國之君，境土相接，尚務講信修睦。況我祖宗，受天明命，奄有區夏，遐方異域畏威懷德者，不可悉數。朕卽位之初，以高麗無辜之民久瘁鋒鏑，卽令罷兵還其疆域，反其旄倪。高麗君臣感戴來朝，義雖君

臣，歡若父子。計王之君臣亦已知之。高麗，朕之東藩也。日本密邇高麗，開國以來亦時通中國，至於朕躬，而無一乘之使以通和好。尚恐王國知之未審，故特遣使持書，布告朕志，冀自今以往，通問結好，以相親睦。且聖人以四海爲家，不相通好，豈一家之理哉。以至用兵，夫孰所好。王其圖之。

黑的等道由高麗，高麗國王王禃以帝命遣其樞密院副使宋君斐、借禮部侍郎金贊等導詔使黑的等往日本，不至而還。

四年六月，帝謂王禃以辭爲解，令去使徒還，復遣黑的等至高麗諭禃，委以日本事，以必得其要領爲期。禃以爲海道險阻，不可辱天使，九月，遣其起居舍人潘阜等持書往日本，留六月，亦不得其要領而歸。

五年九月，命黑的、弘復持書往，至對馬島，日本人拒而不納，執其塔二郎、彌二郎二人而還。

六年六月，命高麗金有成送還執者，俾中書省牒其國，亦不報。有成留其太宰府守護所者久之。十二月，又命祕書監趙良弼往使。書曰：「蓋聞王者無外，高麗與朕旣爲一家，王國實爲鄰境，故嘗馳信使修好，爲疆埸之吏抑而弗通。所獲二人，敕有司慰撫，俾齎牒以還，遂復寂無所聞。繼欲通問，屬高麗權臣林衍構亂，坐是弗果。豈王亦因此輟不遣使，或已遣而中路梗塞，皆不可知。不然，日本素號知禮之國，王之君臣寧肯漫爲弗思之事乎。近已滅林衍，復舊王位，安集其民，特命少中大夫祕書監趙良弼充國信使，持書以往。如卽發使與之偕來，親仁善鄰，國之美事。其或猶豫以至用兵，夫誰所樂爲也，王其審圖之。」良弼將往，乞定與其王相見之儀。廷議與其國上下之分未定，無禮數可言。帝從之。

七年十二月，詔諭高麗王禃送國信使趙良弼通好日本，期於必達。仍以忽林失、王國昌、洪茶丘將兵送抵海上，比國信使還，姑令金州等處屯駐。

八年六月，日本通事曹介升等上言：〔二四〕「高麗迂路導引國使，外有捷徑，倘得便風半日可到。若使臣去，則不敢同往；若大軍進征，則願爲鄉導。」帝曰：「如此則當思之。」九月，高麗王禃遣其通事別將徐（稱）〔偁〕導送良弼使日本，日本始遣彌四郎者入朝，帝宴勞遣之。

九年二月，樞密院臣言：「奉使日本趙良弼遣書狀官張鐸來言，去歲九月，與日本國人彌四郎等至太宰府西守護所。守者云，曩爲高麗所紿，屢言上國來伐；豈期皇帝好生惡殺，先遣行人下示璽書，然王京去此尚遠，願先遣人從奉使回報。」良弼乃遣鐸同其使二十六人至京師求見。帝疑其國主使之來，云守護所者詐也。詔翰林承旨和禮霍孫以問姚樞、許衡等，皆對曰：「誠如聖算。彼懼我加兵，故發此輩伺吾強弱耳。宜示之寬仁，且不宜聽其入

見。」從之。是月，高麗王禃致書日本。五月，又以書往，令必通好大朝，皆不報。

十年六月，趙良弼復使日本，至太宰府而還。

十一年三月，命鳳州經略使忻都、高麗軍民總管洪茶丘，以千料舟、拔都魯輕疾舟、汲水小舟各三百，共九百艘，載士卒一萬五千，期以七月征日本。冬十月，入其國，敗之。而官軍不整，又矢盡，惟虜掠四境而歸。

十二年二月，遣禮部侍郎杜世忠、兵部侍郎何文著、計議官撒都魯丁往使，復致書，亦不報。

十四年，日本遣商人持金來易銅錢，許之。

十七年二月，日本殺國使杜世忠等。征東元帥忻都、洪茶丘請自率兵往討，廷議姑少緩之。五月，召范文虎，議征日本。八月，詔募征日本士卒。

十八年正月，命日本行省右丞相阿剌罕、右丞范文虎及忻都、洪茶丘等率十萬人征日本。二月，諸將陛辭。帝敕曰：「始因彼國使來，故朝廷亦遣使往，彼遂留我使不還，故使卿輩爲此行。朕聞漢人言，取人家國，欲得百姓土地，若盡殺百姓，徒得地何用。又有一事，朕實憂之，恐卿輩不和耳。假若彼國人至，與卿輩有所議，當同心協謀，如出一口答之。」五月，日本行省參議裴國佐等言：「本省右丞相阿剌罕、范右丞、李左丞先與忻都、茶丘入朝。

時同院官議定，領舟師至高麗金州，與忻都、茶丘軍會，然後入征日本。又爲風水不便，再議定會於一岐島。今年三月，有日本船爲風水漂至者，令其水工畫地圖，因見近太宰府西有平戶島者，周圍皆水，可屯軍船。此島非其所防，若徑往據此島，使人乘船往一岐，呼忻都、茶丘來會進討爲利。」帝曰：「此間不悉彼中事宜，阿剌罕輩必知，令其自處之。」六月，阿剌罕以病不能行，命阿塔海代總軍事。八月，諸將未見敵，喪全師以還，乃言：「至日本，欲攻太宰府，暴風破舟，猶欲議戰，萬戶厲德彪、招討王國佐、水手總管陸文政等不聽節制，輒逃去。本省載餘軍至合浦，散遣還鄉里。」未幾，敗卒于閶脫歸，言：「官軍六月入海，七月至平壺島，移五龍山。八月一日，風破舟。五日，文虎等諸將各自擇堅好船乘之，棄士卒十餘萬于山下。衆議推張百戶者爲主帥，號之曰張總管，聽其約束。方伐木作舟欲還，七日，日本人來戰，盡死。餘二三萬爲其虜去。九日，至八角島，盡殺蒙古、高麗、漢人，謂新附軍爲唐人，不殺而奴之。閶輩是也。」蓋行省官議事不相下，故皆棄軍歸。久之，莫青與吳萬五者亦逃還，十萬之衆得還者三人耳。

二十年，命阿塔海爲日本省丞相，與徹里帖木兒右丞、劉二拔都兒左丞，募兵造舟，欲復征日本。淮西宣慰使昂吉兒上言民勞，乞寢兵。

二十一年，又以其俗尚佛，遣王積翁與補陀僧如智往使。舟中有不願行者，共謀殺積

翁，不果至。

二十三年，帝曰：「日本未嘗相侵，今交趾犯邊，宜置日本，專事交趾。」成宗大德二年，江浙省平章政事也速答兒乞用兵日本。帝曰：「今非其時，朕徐思之。」三年，遣僧寧一山者，加妙慈弘濟大師，附商舶往使日本，而日本人竟不至。

校勘記

〔一〕高麗王名缺　考異云：「案太祖紀稱高麗王瞮降，請歲貢方物。考朝鮮史，太祖十三年爲王瞮卽位之五年。」闕文當作「王瞮」。

〔二〕蒲里俗也　高麗史卷二二高宗世家高宗六年正月庚寅條及東國通鑑均作「蒲里俗完」。新元史改「也」作「完」，疑是。

〔三〕喜速不（爪）〔瓜〕　從北監本改。高麗史卷二二高宗世家高宗八年十月乙卯條「瓜」作「花」。「不瓜」、「不花」蒙語，義爲「牡牛」。

〔四〕着（右）〔古〕歟　從北監本改。按前後文皆作「着古歟」。

〔五〕懷安公　「懷」當作「淮」。見卷二校勘記〔一〕。

〔六〕池義源　高麗史卷二三高宗世家高宗十九年三月甲午條及東國通鑑「源」作「深」。新元史從改，疑是。

〔七〕將軍趙叔（章）〔昌〕御史薛愼　據高麗史卷二三高宗世家高宗十九年四月壬戌條改。新元史已校。又高麗史「將軍」作「上將軍」，「御史」作「侍御史」，疑此處有脫文。

〔八〕爾初（以）世子奉幣納款　據高麗史卷二五元宗世家元宗元年四月丙午條補。新元史已校。

〔九〕康允（玿）〔紹〕　據高麗史卷二六元宗世家元宗五年五月己丑條、卷一二三康允紹傳改。下同。

〔一〇〕北京（路）總管兼大（興）〔定〕府尹于也孫脫　據本書卷六世祖紀至元五年正月辛丑條及高麗史卷二六元宗世家元宗九年三月壬申條補改。按當時有北京路總管府，領大定府。大興府屬燕京路。

〔一一〕太（祖）〔宗〕時王綧等已入質　按上文，王綧于太宗十三年入質，與本書卷二太宗紀太宗十三年秋條符，據改。

〔一二〕申思（全）〔佺〕　據高麗史卷二六元宗世家元宗九年十二月庚辰條改。新元史已校。下同。

〔一三〕朴（杰）〔烋〕　據本書卷六世祖紀至元六年十一月庚午條及高麗史卷二六元宗世家元宗十年十一月戊辰條改。

〔一四〕脫（脫）朶兒　見卷七校勘記〔三〕。

〔一五〕洪文（係）〔系〕　據高麗史卷二六元宗世家元宗十一年五月癸丑條及卷一三〇林衍傳改。

〔一六〕宋宗禮　見卷七校勘記〔五〕。下同。

〔一七〕崔宗（玿）〔紹〕　據高麗史卷一三〇林衍傳及東國通鑑卷三五改。

〔一八〕惟（裀）〔絪〕　據高麗史卷一三〇林衍傳及東國通鑑卷三五改。

〔一九〕徐（稱）〔偁〕　據高麗史卷二七元宗世家元宗十三年四月庚寅條、東國通鑑卷三六改。下同。

〔二〇〕奏改名（睶）〔賰〕　見卷九校勘記〔九〕。下同。

〔二一〕趙（卞）〔抃〕　據高麗史卷一〇四金方慶傳、東國通鑑卷三七改。

〔二二〕四千五十五員　高麗史卷三一忠烈王世家忠烈王二十七年四月己丑條作「四千三百五十五員」。東國通鑑同。疑此處脫「三百」二字。

〔二三〕諏則更名（章）〔璋〕　見卷二二校勘記〔一六〕。

〔二四〕曹介升　按元文類卷四一經世大序錄征伐作「曹介叔」。「升」字疑誤。

元史卷二百九

列傳第九十六

外夷二

安南

安南國，古交趾也。秦幷天下，置桂林、南海、象郡。秦亡，南海尉趙佗擊倂之。漢置九郡，交趾居其一。後女子徵側叛，遣馬援平之，立銅柱爲漢界。唐始分嶺南爲東、西二道，置節度，立五筦，安南隸焉。宋封丁部領爲交趾郡王，其子璉亦爲王。傳三世爲李公蘊所奪，卽封公蘊爲王。李氏傳八世至昊旵，陳日煚爲昊旵壻，遂有其國。

元憲宗三年癸丑，兀良合台從世祖平大理。世祖還，留兀良合台攻諸夷之未附者。七年丁巳十一月，兀良合台兵次交趾北，先遣使二人往諭之，不返，乃遣徹徹都等各將千人，分道進兵，抵安南京北洮江上，復遣其子阿朮往爲之援，幷覘其虛實。交人亦盛陳兵衞。

阿朮遣軍還報，兀良合台倍道兼進，令徹徹都爲先鋒，阿朮居後爲殿。十二月，兩軍合，交人震駭。阿朮乘之，敗交人水軍，虜戰艦以還。兀良合台亦破其陸路兵，又與阿朮合擊，大敗之，遂入其國。日煚竄海島。得前所遣使於獄中，以破竹束體入膚，比釋縛，一使死，因屠其城。國兵留九日，以氣候鬱熱，乃班師。復遣二使招日煚來歸。日煚還，見國都皆已殘毀，大發憤，縛二使遣還。

八年戊午二月，日煚傳國于長子光昺，改元紹隆。夏，光昺遣其壻與其國人以方物來見，兀良合台送詣行在所，別遣訥剌丁往諭之曰：「昔吾遣使通好，爾等執而不返，我是以有去年之師。以爾國主播在草野，復令二使招安還國，爾又縛還吾使。今特遣使開諭，如爾等矢心內附，則國主親來，若猶不悛，明以報我。」光昺曰：「小國誠心事上，則大國何以待之？」訥剌丁還報。時諸王不花鎭雲南，兀良合台言于王，復遣訥剌丁往諭，使遣使偕來。光昺遂納款，且曰：「俟降德音，卽遣子弟爲質。」王命訥剌丁乘傳入奏。

世祖中統元年十二月，以孟甲爲禮部郎中，充南諭使，李文俊爲禮部員外郎，充副使，持詔往諭之。其略曰：「祖宗以武功創業，文化未修。朕纘承丕緒，鼎新革故，務一萬方。適大理國守臣安撫聶只陌丁馳驛表聞，爾邦有嚮風慕義之誠。念卿昔在先朝已嘗臣服，遠貢方物，故頒詔旨，諭爾國官僚士庶：凡衣冠典禮風俗一依本國舊制。已戒邊將不得擅興

兵甲，侵爾疆場，亂爾人民。卿國官僚士庶，各宜安治如故。」復諭甲等，如交趾遣子弟入覲，當善視之，毋致寒暑失節，重勞苦之也。

二年，孟甲等還，光昺遣其族人通侍大夫陳奉公、員外郎諸衞寄班阮琛、員外郎阮演詣闕獻書，乞三年一貢。帝從其請，遂封光昺爲安南國王。

三年九月，以西錦三、金熟錦六賜之，復降詔曰：「卿既委質爲臣，其自中統四年爲始，每三年一貢，可選儒士、醫人及通陰陽卜筮、諸色人匠，各三人，及蘇合油、光香、金、銀、朱砂、沉香、檀香、犀角、玳瑁、珍珠、象牙、綿、白磁盞等物同至。」仍以訥剌丁充達魯花赤，佩虎符，往來安南國中。

四年十一月，訥剌丁還，光昺遣楊安養充員外郎及內令武復桓、書舍阮求、中翼郎范舉等奉表入謝，帝賜來使玉帶、繒帛、藥餌、鞍轡有差。

至元二年七月，使還，復優詔答之，仍賜曆及頒改元詔書。

三年十二月，光昺遣楊安養上表三通，其一進獻方物，其二免所索秀才工匠人，其三願請訥剌丁長爲本國達魯花赤。四年九月，使還，答詔許之，仍賜光昺玉帶、金繒、藥餌、鞍轡等物。未幾，復下詔諭以六事：一，君長親朝；二，子弟入質；三，編民數；四，出軍役；五，輸納稅賦；六，仍置達魯花赤統治之。十一月，又詔諭光昺，以其國有回鶻商賈，欲訪以西域

事，令發遣以來。是月，詔封皇子爲雲南王，往鎭大理、鄯闡、交趾諸國。

五年九月，以忽籠海牙代訥剌丁爲達魯花赤，張庭珍副之，復下詔徵商賈回鶻人。

六年十一月，光昺上書陳情，言：「商旅回鶻，一名伊溫，死已日久，一名婆婆，尋亦病死。又據忽籠海牙謂陛下須索巨象數頭。此獸軀體甚大，步行甚遲，不如上國之馬，伏候敕旨，於後貢之年當進獻也。」又具表納貢，別奉表謝賜西錦、幣帛、藥物。

七年十一月，中書省移牒光昺，言其受詔不拜，待使介不以王人之禮，遂引春秋之義以責之，且令以所索之象與歲貢偕來，又前所貢藥物品味未佳，所徵回鶻輩，託辭欺誑，自今已往，其審察之。

八年十二月，光昺復書言：「本國欽奉天朝，已封王爵，豈非王人乎？天朝奉使復稱：王人與之均禮，恐辱朝廷。況本國前奉詔旨，令依舊俗，凡受詔令，奉安于正殿而退避別室，此本國舊典禮也。來諭索象，前恐忤旨，故依違未敢直對，實緣象奴不忍去家，難於差發。又諭索儒、醫、工匠，而陪臣黎仲佗等陛見之日，咫尺威光，不聞詔諭，況中統四年已蒙原宥，今復諭及，豈勝驚愕，惟閤下其念之。」

九年，以葉式捏爲安南達魯花赤，李元副之。

十年正月，葉式捏卒，命李元代式捏，以合撒兒海牙副之。中書省復牒光昺言：

比歲奉使還者言，王每受天子詔令，但拱立不拜，與使者相見或燕席，位加於使者之上。今覽來書，自謂既受王爵豈非王人乎？考之春秋敍王人於諸侯之上，釋例云：「王人蓋下士也。夫五等邦君，外臣之貴者也。下士，內臣之微者也。以微者而加貴者之上，蓋以王命爲重也。後世列王爲爵，諸侯之尤貴者，顧豈有以王爵爲人者乎？王寧不知而爲是言耶，抑辭令之臣誤爲此言耶？至於天子之詔，人臣當拜受，此古今之通義不容有異者也。乃云前奉詔旨，並依舊俗，本國遵奉而行，凡受詔令，奉安於正殿而退避別室，此舊典禮也。讀之至此，實頓驚訝。王之爲此言，其能自安於心乎？前詔旨所言，蓋謂天壤之間不啻萬國，國各有俗，驟使變革，有所不便，故聽用本俗，豈以不拜天子之詔而爲禮俗也哉？且王之敎令行於國中，臣子有受而下拜者，〔一〕則王以爲何如？君子貴於改過，緬想高明，其亮察之。

十一年，光昺遣童子治、黎文隱來貢。

十二年正月，光昺上表請罷本國達魯花赤，其文曰：

微臣僻在海隅，得霑聖化與函生，驩忭鼓舞。乞念臣自降附上國，十有餘年，雖奉三年一貢，然迭遣使臣，疲於往來，未嘗一日休息。至天朝所遣達魯花赤，辱臨臣境，安能空回，況其行人，動有所恃，凌轢小國。雖天子與日月並明，安能照及覆盆。且達

魯花赤可施於邊蠻小醜，豈有臣既席王封爲一方藩屏，而反立達魯花赤以監臨之，寧不見笑於諸侯之國乎？與其畏監臨而修貢，孰若中心悅服而修貢哉。臣恭遇天朝建儲、册后，大恩霶霈，施及四海，輒敢哀鳴，伏望聖慈特賜矜恤。今後二次發遣綱貢，一詣鄯闡奉納，一詣中原拜獻。凡天朝所遣官，乞易爲引進使，庶免達魯花赤之弊，不但微臣之幸，實一國蒼生之幸也。

二月，復降詔，以所貢之物無補於用，諭以六事，且遣合撒兒海牙充達魯花赤，仍令子弟入侍。十三年二月，光昺遣黎克復、文粹入貢，以所奏就鄯闡輸納貢物，事屬不敬，上表謝罪，幷乞免六事。

十四年，光昺卒，國人立其世子日烜，遣中侍大夫周仲彥、中亮大夫吳德邵來朝。

十五年八月，遣禮部尚書柴椿、會同館使哈剌脫因、工部郎中李克忠、工部員外郎董端，同黎克復等持詔往諭日烜入朝受命。初，使傳之通也，止由鄯闡、黎化往來，帝命柴椿自江陵直抵邕州，以達交趾。閏十一月，柴椿等至邕州永平寨，日烜遣人進書，謂：「今聞國公辱臨敝境，邊民無不駭愕，不知何國人使而至於斯，乞回軍舊路以進。」椿回牒云：「禮部尚書等官奉上命與本國黎克復等由江陵抵邕州入安南，所有導護軍兵，合乘驛馬，宜來界首遠迓。」日烜差御史中贊兼知審刑院事杜國計先至，其太尉率百官自富（梁）〔良〕江岸奉迎入館。〔二〕十二月二日，日烜就館見使者。四日，日烜拜讀詔書。椿等傳旨曰：「汝國內附二十餘年，向者六事猶未見從。汝若弗朝，則修爾城，整爾軍，以待我師。」又云：「汝父受命爲王，汝不請命而自立，今復不朝，異日朝廷加罪，將何以逃其責。請熟慮之。」日烜仍舊例設宴于廊下，椿等弗就宴。既歸館，日烜遣范明字致書謝罪，改宴于集賢殿。日烜言：「先君棄世，予初嗣位。天使之來，開諭詔書，使予喜懼交戰于胸中。竊聞宋主幼小，天子憐之，尚封公爵，於小國亦必加憐。昔諭六事，已蒙赦免。若親朝之禮，予生長深宮，不習乘騎，不諳風土，恐死於道路。子弟太尉以下亦皆然。天使回，謹上表達誠，兼獻異物。」椿曰：「宋主年未十歲，亦生長深宮，如何亦至京師？但詔旨之外，不敢聞命。且我四人實來召汝，非取物也。」椿等還，日烜遣范明字、鄭國瓚、〔三〕中贊杜國計奉表陳情，言：「孤臣稟氣軟弱，恐道路艱難，徒暴白骨，致陛下哀傷而無益天朝之萬一。伏望陛下憐小國之遼遠，令臣得與鰥寡孤獨保其性命，以終事陛下。此孤臣之至幸，小國生靈之大福也。」兼貢方物及二馴象。

十六年三月，椿等先達京師，留鄭國瓚待於邕州。樞密院奏：「以日烜不朝，但遣使臣報命，飾辭托故，延引歲時，巧佞雖多，終違詔旨，可進兵境上，遣官問罪。」帝不從，命來使入覲。十一月，留其使鄭國瓚于會同館。復遣柴椿等四人與杜國計持詔再諭日烜來朝，「若

果不能自覲，則積金以代其身，兩珠以代其目，副以賢士、方技、子女、工匠各二，以代其土民。不然，修爾城池，以待其審處焉」。

十八年十月，立安南宣慰司，以卜顏鐵木兒爲參知政事、行宣慰使都元帥，別設僚佐有差。是月，詔以光昺既歿，其子日烜不請命而自立，遣使往召，又以疾爲辭，止令其叔遺愛入覲，故立遺愛代爲安南國王。

二十年七月，日烜致書于平章阿里海牙，請還所留來使，帝卽遣還國。是時，阿里海牙爲荆湖占城行省平章政事，帝欲交趾助兵糧以討占城，令以己意諭之。行省遣鄂州達魯花赤趙翥以書諭日烜。十月，朝廷復遣陶秉直持璽書往諭之。十一月，趙翥抵安南。日烜尋遣中亮大夫丁克紹、中大夫阮道學等持方物從翥入覲，又遣中奉大夫范至清、朝請郎杜抱直等赴省計事，且致書于平章，言：

添軍一件：占城服事小國日久，老父惟務以德懷之，迨于孤子之身，亦繼承父志；自老父歸順天朝，三十年于茲，干戈示不復用，軍卒毀爲民丁，一資天朝貢獻，一示心無二圖，幸閤下矜察。助糧一件：小國地勢瀕海，五穀所產不多，一自大軍去後百姓流亡，加以水旱，朝飽暮饑，食不暇給；然閤下之命，所不敢違，擬於欽州界上永安州地所，俟候輸納。續諭孤子親身赴闕，面奉聖訓。老父在時，天朝矜憫，置之度外；今老

父亡歿，孤子居憂，感病至今，尚未復常，況孤子生長遐陬，不耐寒暑，不習水土；艱難道塗，徒暴白骨。以小國陪臣往來，尚爲沴氣所侵，或十之五六，或死者過半，閤下亦已素知。惟望曲爲愛護，敷奏天朝，庶知孤子宗族官吏一一畏死貪生之意。豈但孤子受賜，抑一國生靈賴以安全，共祝閤下享此長久自天之大福也。

二十一年三月，陶秉直使還，日烜復上表陳情，又致書于荆湖占城行省，大意與前書略同。又以瓊州安撫使陳仲達聽鄭天祐言「交趾通謀占城，遣兵二萬及船五百以爲應援」，又致書行省，其略曰：「占城乃小國內屬，大軍致討，所當哀籲，然未嘗敢出一言，蓋天時人事小國亦知之矣。今占城遂爲叛逆，執迷不復，是所謂不能知天知人者也。知天知人，而反與不能知天知人者同謀，雖三尺兒童亦知其弗與，況小國乎？幸貴省裁之。」八月，日烜弟昭德王陳璨致書於荆湖占城行省，自願納款歸降。十一月，行省右丞唆都言：「交趾與占臘、占城、雲南、暹、緬諸國接壤，可卽其地立省；及於越里、潮州、毗蘭三道屯軍鎮戍，因其糧餉以給士卒，庶免海道轉輸之勞。」

二十二年三月，荆湖占城行省言：「鎮南王昨奉旨統軍征占城，遣左丞唐兀䚟馳驛赴占城，約右丞唆都將兵會合。又遣理問官曲烈、宣使塔海撒里同安南國使阮道學等，持行省公文，責日烜運糧送至占城助軍；鎮南王路經近境，令其就見。」比官軍至衡山縣，聞日烜從

兄興道王陳峻提兵界上。既而曲烈及塔海撒里引安南中亮大夫陳德鈞、朝散郎陳嗣宗以日烜書至，言其國至占城水陸非便，願隨力奉獻軍糧。及官軍至永州，日烜移牒邕州，言：「貢期擬取十月，請前塗預備丁力，若鎮南王下車之日，希文垂報。」行省命萬戶趙修己以意復書，復移公文，令開路備糧，親迎鎮南王。

及官軍至邕州，安南殿前范海崖領兵屯可蘭韋大助等處。至思明州，鎮南王復令移文與之。至祿州，復聞日烜調兵拒守丘溫、丘急嶺隘路，行省遂分軍兩道以進。日烜復遣其善忠大夫阮德輿、朝請郎阮文翰奉書與鎮南王，言：「不能親見末光，然中心欣幸。以往者欽蒙聖詔云別敕我軍不入爾境；今見邕州營站橋梁，往往相接，實深驚懼，幸昭仞忠誠，少加矜恤。」又以書抵平章政事，乞保護本國生靈，庶免逃竄之患。鎮南王命行省遣總把阿里持書與德輿同往諭日烜以興兵之故實爲占城，非爲安南也。至急保縣地，安南管軍官阮盝屯兵七源州，又村李縣短萬劫等處，俱有興道王兵，阿里不能進。行省再命倪閏往覘虛實，斟酌調軍，然不得殺掠其民。

未幾，撒答兒䚟、李邦憲、孫祐等言：至可離隘，遇交兵拒敵，祐與之戰，擒其管軍奉御杜尾、杜祐，始知興道王果領兵迎敵。官軍過可離隘，至洞板隘，又遇其兵，與戰敗之，其首將秦岑中傷死。聞興道王在內傍隘，又進兵至變住村，諭其收兵開路，迎拜鎮南王，不從。

至內傍隘，奉令旨令人招之，又不從。官軍遂分六道進攻，執其將大僚班段台。興道王逃去，追至萬劫，攻諸隘，皆破之。興道王尙有兵船千餘艘，距萬劫十里。遂遣兵士於沿江求船，及聚板木釘灰，置場創造，選各翼水軍，令烏馬兒拔都部領，數與戰，皆敗之。得其江岸遺棄文字二紙，乃日烜與鎮南王及行省平章書，復稱：「前詔別敕我軍不入爾境，今以占城既臣復叛之故，因發大軍，經由本國，殘害百姓，是太子所行違誤，非本國違誤也。伏望勿外前詔，勒回大軍，本國當具貢物馳獻，復有異於前者。」行省復以書抵之，以爲：「朝廷調兵討占城，屢移文與世子俾開路備糧，不意故違朝命，俾興道王輩提兵迎敵，射傷我軍，與安南生靈爲禍者，爾國所行也。今大軍經爾國討占城，乃上命。世子可詳思爾國歸附已久，宜體皇帝涵洪慈憫之德，卽令退兵開道，安諭百姓，各務生理。我軍所過，秋毫無擾，世子宜出迎鎮南王，共議軍事。不然，大軍止於安南開府。」因令其使阮文翰達之。

及官軍獲生口，乃稱日烜調其聖翊等軍，船千餘艘，助興道王拒戰。鎮南王遂與行省官親臨東岸，遣兵攻之，殺傷甚衆，奪船二十餘艘。興道王敗走，官軍縛栰爲橋，渡富良江北岸。日烜沿江布兵船，立木柵，見官軍至岸，卽發砲大呼求戰。至晚，又遣其阮奉御奉鎮南王及行省官書，請小却大軍。行省復移文責之，遂復進兵。日烜乃棄城遁去，仍令阮效銳奉書謝罪，并獻方物，且請班師。行省復移文招諭，遂調兵渡江，壁於安南城下。

明日，鎮南王入其國，宮室盡空，惟留屢降詔敕及中書牒文，盡行毀抹。外有文字，皆其南北邊將報官軍消息及拒敵事情。日烜僭稱大越國主憲天體道大明光孝皇帝陳威晃，禪位于皇太子，立太子妃爲皇后，上顯慈順天皇太后表章，於上行使「昊天成命之寶」。日烜卽居太上皇之位，見立安南國王係日烜之子，行紹寶年號。所居宮室五門，額書大興之門，左、右掖門；正殿九間書天安御殿；正南門書朝天閣。又諸處張榜云：「凡國內郡縣，假有外寇至，當死戰。或力不敵，許於山澤逃竄，不得迎降。」其險隘拒守處，俱有庫屋以貯兵甲。其棄船登岸之軍猶衆，日烜引宗族官吏於天長、長安屯聚，興道王、范殿前領兵船復聚萬劫江口，阮盝駐西路永平。

行省整軍以備追襲，而唐兀䚟與唆都等兵至自占城與大軍會合。自入其境，大小七戰，取地二千餘里，王宮四所。初，敗其昭明王兵，擊其昭孝王、大僚護皆死，昭明王遠遁不敢復出。又於安演州、清化、長安獲亡宋陳尙書壻、交趾梁奉御及趙孟信、葉郎將等四百餘人。

萬戶李邦憲、劉世英領軍開道自永平入安南，每三十里立一寨，六十里置一驛，每一寨一驛屯軍三百鎮守巡邏。復令世英立堡，專提督寨驛公事。

右丞寬徹引萬戶忙古䚟、孛羅哈答兒由陸路，李左丞引烏馬兒拔都由水路，敗日烜兵

船，禽其建德侯陳仲。日烜逃去，追至膠海口，不知所往。其宗族文義侯、父武道侯及子明智侯、壻(張)〔彰〕懷侯并(張)〔彰〕憲侯、〔四〕亡宋官曾參政、蘇少保子蘇寶章、陳尚書子陳丁孫，相繼率衆來降。唐兀䚟、劉珪皆言占城無糧，軍難久駐。鎮南王令唆都引元軍於長安等處就糧。日烜至安邦海口，棄其舟楫甲仗，走匿山林。官軍獲船一萬艘，擇善者乘之，餘皆焚棄，復於陸路追三晝夜。

獲生口稱上皇、世子止有船四艘，興道王及其子三艘，太師八十艘，走清化府。唆都亦報：日烜、太師走清化。烏馬兒拔都以軍一千三百人、戰船六十艘，助唆都襲擊其太師等兵。復令唐兀䚟沿海追日烜，亦不知所往。

日烜弟昭國王陳益稷率其本宗與其妻子官吏來降。乃遣明里、昔班等送彰憲侯、文義侯及其弟明誠侯、昭國王子義國侯入朝。文義侯得北上，彰憲侯、義國侯皆爲興道王所殺，〔五〕彰憲侯死，義國侯脫身還軍中。

官軍聚諸將議：「交人拒敵官軍，雖數敗散，然增兵轉多；官軍困乏，死傷亦衆，蒙古軍馬亦不能施其技。」遂棄其京城，渡江北岸，決議退兵屯思明州。鎮南王然之，乃領軍還。是日，劉世英與興道王、興寧王兵二萬餘人力戰。

又官軍至如月江，日烜遣懷文侯來戰，行至册江，繫浮橋渡江，左丞唐兀䚟等軍未及渡

而林內伏發，官軍多溺死，力戰始得出境。唐兀䚟等馳驛上奏。七月，樞密院請調兵以今年十月會潭州，聽鎮南王及阿里海牙擇帥總之。

二十三年正月，詔省臣共議，遂大舉南伐。二月，詔諭安南官吏百姓，數日烜罪惡，言其戕害叔父陳遺愛及弗納達魯花赤不顏鐵木兒等事。以陳益稷等自拔來歸，封益稷爲安南國王，賜符印，秀峻爲輔義公，以奉陳祀。申命鎮南王脫懽、左丞相阿里海牙平定其國，以兵納益稷。

五月，發忙古臺麾下士卒合鄂州行省軍同征之。官兵入其境，日烜復棄城遁。

六月，湖南宣慰司上言：「連歲征日本及用兵占城，百姓罷於轉輸，賦役煩重，士卒觸瘴癘多死傷者，羣生愁嘆，四民廢業，貧者棄子以偷生，富者鬻產而應役，倒懸之苦日甚一日。今復有事交趾，動百萬之衆，虛千金之費，非所以恤士民也。且舉動之間，利害非一，又兼交趾已嘗遣使納表稱藩，若從其請以甦民力，計之上也。無已，則宜寬百姓之賦，積糧餉，繕甲兵，俟來歲天時稍利，然後大舉，亦未爲晚。」湖廣行省臣線哥是其議，遣使入奏，且言：「本省鎮戍凡七十餘所，連歲征戰，士卒精銳者罷於外，所存者皆老弱，每一城邑，多不過二百人。竊恐姦人得以窺伺虛實。往年平章阿里海牙出征，輪糧三萬石，民且告病，今復倍其數。官無儲畜，和糴於民間，百姓將不勝其困。宜如宣慰司所言，乞緩師南伐。」樞密院

以聞，帝即日下詔止軍，縱士卒還各營。益稷從師還鄂。

二十四年正月，發新附軍千人從阿八赤討安南。又詔發江淮、江西、湖廣三省蒙古、漢、券軍七萬人，船五百艘，雲南兵六千人，海外四州黎兵萬五千，海道運糧萬戶張文虎、費拱辰、陶大明運糧十七萬石，分道以進。置征交趾行尚書省，奧魯赤平章政事，烏馬兒、樊楫參知政事總之，並受鎮南王節制。五月，命右丞程鵬飛還荊湖行省治兵。六月，樞密院復奏，令烏馬兒與樊參政率軍士水陸並進。九月，以瓊州路安撫使陳仲達、南寧軍民總管謝有奎、延欄軍民總管符庇成出兵船助征交趾，並令從征。日烜遣其中大夫阮文通等入貢。〔六〕

十一月，鎮南王次思明，留兵二千五百人命萬戶賀祉統之，以守輜重。程鵬飛、孛羅合答兒以漢、券兵萬人由西道永平，奧魯赤以萬人從鎮南王由東道女兒關以進。阿八赤以萬人爲前鋒，烏馬兒、樊楫以兵由海道，經玉山、雙門、安邦口，遇交趾船四百餘艘，擊之，斬首四千餘級，生擒百餘人，奪其舟百艘，遂趨交趾。程鵬飛、孛羅合答兒經老鼠、陷沙、茨竹三關，凡十七戰，皆捷。

十二月，鎮南王次茅羅港，交趾興道王遁，因攻浮山寨，破之。又命程鵬飛、阿里以兵二萬人守萬劫，且修普賴山及至靈山木栅。命烏馬兒將水兵，阿八赤將陸兵，徑趨交趾城。

鎮南王以諸軍渡富良江，次城下，敗其守兵。日烜與其子棄城走敢喃堡，諸軍攻下之。

二十五年正月，日烜及其子復走入海。鎮南王以諸軍追之，次天長海口，不知其所之，引兵還交趾城。命烏馬兒將水兵由大滂口迓張文虎等糧船，奧魯赤、阿八赤等分道入山求糧。聞交趾集兵箇沉、箇黎、磨山、魏寨，發兵皆破之，斬萬餘級。

二月，鎮南王引兵還萬劫。阿八赤將前鋒，奪關繫橋，破三江口，攻下堡三十二，斬數萬餘級，得船二百艘、米十一萬三千餘石。烏馬兒由大滂口趨塔山，遇賊船千餘，擊破之；至安邦口，不見張文虎船，復還萬劫，得米四萬餘石。普賴、至靈山木栅成，命諸軍居之。諸將因言：「交趾無城池可守、倉庾可食，張文虎等糧船不至，且天時已熱，恐糧盡師老，無以支久，爲朝廷羞，宜全師而還。」鎮南王從之。命烏馬兒、樊楫將水兵先還，程鵬飛、塔出將兵護送之。三月，鎮南王以諸軍還。

張文虎糧船以去年十二月次屯山，遇交趾船三十艘，文虎擊之，所殺略相當。至綠水洋，賊船益多，度不能敵，又船重不可行，乃沉米於海，趨瓊州。費拱辰糧船以十一月次惠州，風不得進，漂至瓊州，與張文虎合。徐慶糧船漂至占城，亦至瓊州。凡亡士卒二百二十人、船十一艘、糧萬四千三百石有奇。

鎮南王次內傍關，賊兵大集，王擊破之。命萬戶張均以精銳三千人殿，力戰出關。諜

中華書局

知日烜及世子、興道王等，分兵三十餘萬，守女兒關及丘急嶺，連亘百餘里，以遏歸師。鎮南王遂由單已縣趨盝州，間道以出，次思明州。命愛魯引兵還雲南，奧魯赤以諸軍北還。日烜尋遣使來謝，進金人代己罪。十一月，以劉庭直、李思衍、萬奴等使安南，持詔諭日烜來朝。

二十六年二月，中書省臣奏既罷征交趾，宜拘收行省符印。四月，日烜遣其中大夫陳克用等來貢方物。

二十七年，日烜卒，子日燇遣使來貢。

二十八年十一月，鎮守永州兩淮萬戶府上千戶蔡榮上書，言軍事大要，以朝廷賞罰不明，士不用命，將帥不和，坐失事機，其弊有不可勝言者。書上，不報。

二十九年九月，遣吏部尚書梁曾、禮部郎中陳孚持詔再諭日燇來朝。詔曰：「省表具悉。去歲禮部尚書張立道言，曾到安南，識彼事體，請往開諭使之來朝。因遣立道往彼。今汝國罪愆既已自陳，朕復何言。若曰孤在制，及畏死道路不敢來朝，且有生之類寧有長久安全者乎。天下亦復有不死之地乎。朕所未喻，汝當具聞。徒以虛文歲幣，巧飾見欺，於義安在。」

三十年，梁曾等使還，日燇遣陪臣陶子奇等來貢。廷臣以日燇終不入朝，又議征之。

遂拘留子奇於江陵，命劉國傑與諸侯王亦(里吉)〔吉里〕䚟等同征安南，〔七〕敕至鄂州與陳益稷議。八月，平章不忽木等奏立湖廣安南行省，給二印，市蜑船百斛者千艘，用軍五萬六千五百七十人、糧三十五萬石、馬料二萬石、鹽二十一萬斤，預給軍官俸津、遣軍人水手人鈔二錠，器仗凡七十餘萬事。國傑設幕官十一人，水陸分道並進。又以江西行樞密院副使徹里蠻爲右丞，從征安南，陳巖、趙修己、雲從龍、張文虎、岑雄等亦令共事。益稷隨軍至長沙，會寢兵而止。

三十一年五月，成宗卽位，命罷征。遣陶子奇歸國。日燇遣使上表慰國哀，并獻方物。六月，遣禮部侍郎李衎、兵部郎中蕭泰登持詔往撫綏之，其略曰：「先皇帝新棄天下，朕嗣守大統，踐祚之始，大肆赦宥，無間遠近。惟爾安南，亦從寬宥，已敕有司罷兵，遣陪臣陶子奇歸國。自今以往，所以畏天事(天)〔大〕者，〔八〕其審思之。」

大德五年二月，太傅完澤等奏安南來使鄧汝霖竊畫宮苑圖本，私買輿地圖及禁書等物，又抄寫陳言征收交趾文書，及私記北邊軍情及山陵等事宜，遣使持詔責以大義。三月，遣禮部尚書馬合馬、禮部侍郎喬宗亮持詔諭日燇，大意以「汝霖等所爲不法，所宜窮治，朕以天下爲度，敕有司放還。自今使价必須選擇；有所陳請，必盡情悃。向以虛文見紿，曾何益於事哉，勿憚改圖以貽後悔」。中書省復移牒取萬戶張榮實等二人，與去使偕還。

武宗卽位，下詔諭之，屢遣使來貢。至大四年八月，世子陳日㷆遣使奉表來朝。

仁宗皇慶二年正月，交趾軍約三萬餘衆，馬軍二千餘騎，犯鎮安州雲洞，殺掠居民，焚燒倉廩廬舍，又陷祿洞、知洞等處，虜生口孳畜及居民貲產而還，復分兵三道犯歸順州，屯兵未退。廷議俾湖廣行省發兵討之。四月，復得報：交趾世子親領兵焚養利州官舍民居，殺掠二千餘人，且聲言，「昔右江歸順州五次劫我大源路，掠我生口五千餘人；知養利州事趙珏禽我思浪州商人，取金一碾，侵田一千餘頃，故來讎殺」。

六月，中書省俾兵部員外郎阿里溫沙，樞密院俾千戶劉元亨，同赴湖廣行省詢察之。元亨等親詣上、中、下由村，相視地所，詢之居民農五，又遣下思明知州黃嵩壽往詰之，謂是阮盝世子太史之奴，然亦未知是否。於是牒諭安南國，其略曰：「昔漢置九郡，唐立五管，安南實聲教所及之地。況獻圖奉貢，上下之分素明；厚往薄來，懷撫之惠亦至。聖朝果何負於貴國，今胡自作不靖，禍焉斯啓。雖由村之地所係至微，而國家輿圖所關甚大。兼之所殺所虜，皆朝廷係籍編戶，省院未敢奏聞。然未審不軌之謀誰實主之？」安南回牒云：「邊鄙鼠竊狗偸輩，自作不靖，本國安得而知？」且以貨賂偕至。元亨復牒責安南飾辭不實，却其貨賂，且曰：「南金、象齒，貴國以爲寶，而使者以不貪爲寶。來物就付回使，請審察事情，明以告我。」而道里遼遠，情辭虛誕，終莫得其要領。元亨等推原其由：因交人向嘗侵永平邊

境，今復倣效成風。兼聞阮盝世子乃交趾跋扈之人。爲今之計，莫若遣使諭安南，歸我田，返我人民，仍令當國之人正其疆界，究其主謀，開釁之人戮於境上，申飭邊吏毋令侵越。却於永平置寨募兵，設官統領，給田土牛具，令自耕食，編立部伍，明立賞罰，令其緩急首尾相應，如此則邊境安靜，永保無虞。事聞，有旨，俟安南使至，卽以諭之。

自延祐初元以及至治之末，疆埸寧謐，貢獻不絕。泰定元年，世子陳日爌遣陪臣莫節夫等來貢。

益稷久居於鄂，遙授湖廣行省平章政事；當成宗朝，賜田二百頃；武宗朝，進銀青榮祿大夫，加金紫光祿大夫，〔九〕復加儀同三司。文宗天曆二年夏，益稷卒，壽七十有六，詔賜錢五千緡。至順元年，謚忠懿王。

三年夏四月，世子陳日焯遣其臣鄧世延等二十四人來貢方物。

校勘記

〔一〕臣子有受而下拜者　北監本「下拜」作「不拜」，於文義較長。

〔二〕富(梁)〔良〕江　從道光本改。按本書卷一三、一四世祖紀至元二十二年正月壬午、乙酉、至元二十四年十二月乙酉條及嶺外代答卷二安南國、安南志略卷一郡邑皆作「富良江」。

〔三〕鄭國瓚　安南志略卷三大元奉使、卷一四歷代遣使作「鄭庭瓚」，大越史記本紀五陳聖宗紀戊寅六年條作「鄭廷瓚」。疑此處「國」字爲「庭」「廷」之誤。下同。

〔四〕（張）〔彰〕懷侯幷（張）〔彰〕憲侯　道光本與元文類卷四一經世大典序錄征伐合，從改。

〔五〕彰憲侯義國侯皆爲興道王所殺　按下文有「彰憲侯死，義國侯脫身還軍中」，此處云「所殺」不可通，史文有誤。道光本改「殺」爲「刼」。

〔六〕阮文通　按本書卷一四世祖紀至元二十四年九月丁未條及安南志略卷一四歷代遣使作「阮文彥」。疑「通」當作「彥」。

〔七〕亦（里吉）〔吉里〕觮　見本書卷一七校勘記〔一五〕。

〔八〕昃天事（天）〔大〕　據安南志略卷二大元詔制至元三十一年成宗皇帝聖旨改。類編已校。

〔九〕武宗朝進銀青榮祿大夫加金紫光祿大夫　按安南志略卷一三內附侯王，陳益稷進銀青榮祿大夫在武宗至大元年，加金紫光祿大夫在仁宗皇慶元年。疑此處「加金紫光祿大夫」上脫「仁宗朝」。

元史卷二百一十

列傳第九十七

外夷三

緬

緬國爲西南夷，不知何種。其地有接大理及去成都不遠者，又不知其方幾里也。其人有城郭屋廬以居，有象馬以乘，舟筏以濟。其文字進上者，用金葉寫之，次用紙，又次用檳榔葉，蓋騰譯而後通也。

世祖至元八年，大理、鄯闡等路宣慰司都元帥府遣乞䚟脫因等使緬國，招諭其主內附。四月，乞䚟脫因等導其使价博來，以聞。

十年二月，遣勘馬剌失里、乞䚟脫因等使其國，持詔諭之曰：「間者大理、鄯闡等路宣慰司都元帥府差乞䚟脫因導王國使价博詣京師，且言嚮至王國，但見其臣下，未嘗見王，又欲

覲吾大國舍利。朕矜憫遠來，卽使來使覲見，又令縱觀舍利。益詢其所來，乃知王有內附意。國雖云遠，一視同仁。今再遣勘馬剌失里及禮部郎中國信使乞䚟脫因、工部郎中國信副使小云失往諭王國。誠能謹事大之禮，遣其子弟若貴近臣僚一來，以彰我國家無外之義，用敦永好，時乃之休。至若用兵，夫誰所好。王其思之。」

十二年四月，建寧路安撫使賀天爵言得金齒頭目阿郭之言曰：「乞䚟脫因之使緬，乃故父阿必所指也。至元九年三月，緬王恨父阿必，故領兵數萬來侵，執父阿必而去。不得已厚獻其國，乃得釋之。因知緬中部落之人猶羣狗耳。比者緬遣阿的八等九人至，乃候視國家動靜也。今白衣頭目是阿郭親戚，與緬爲鄰。嘗謂入緬有三道，一由天部馬，一由驃甸，一由阿郭地界，俱會緬之江頭城。又阿郭親戚阿提犯在緬掌五甸，戶各萬餘，欲內附。阿郭願先招阿提犯及金齒之未降者，以爲引道。」雲南省因言緬王無降心，去使不返，必須征討。六月，樞密院以聞。帝曰：「姑緩之。」十一月，雲南省始報：「差人探伺國使消息，而蒲賊阻道，今蒲人多降，道已通，遣金齒千額總管阿禾探得國使達緬俱安。」

十四年三月，緬人以阿禾內附，怨之，攻其地，欲立寨騰越、永昌之間。時大理路蒙古千戶忽都、大理路總管信苴日、總把千戶脫羅脫孩奉命伐永昌之西騰越、蒲驃、阿昌、金齒未降部族，駐劄南甸。阿禾告急，忽都等晝夜行，與緬軍遇一河邊，其衆約四五萬，象八百，

馬萬匹。忽都等軍僅七百人。緬人前乘馬，次象，次步卒；象被甲，背負戰樓，兩旁挾大竹筩，置短槍數十於其中，乘象者取以擊刺。忽都下令：「賊衆我寡，當先衝河北軍。」親率二百八十一騎爲一隊，信苴日以二百三十三騎傍河爲一隊，脫羅脫孩以一百八十七人依山爲一隊。交戰良久，賊敗走。信苴日追之三里，抵寨門，旋濘而退。忽南面賊兵萬餘，繞出官軍後。信苴日馳報，忽都復列爲三陣，進至河岸，擊之，又敗走。追破其十七寨，逐北至窄山口，轉戰三十餘里，賊及象馬自相蹂死者盈三巨溝。日暮，忽都中傷，遂收兵。明日，追之，至千額，不及而還。捕虜甚衆，軍中以一帽或一兩靴一氈衣易一生口。其脫者又爲阿禾、阿昌邀殺，歸者無幾。官軍負傷者雖多，惟〔一〕蒙古軍獲一象不得其性被擊而斃，〔二〕餘無死者。

十月，雲南省遣雲南諸路宣慰使都元帥納速剌丁率蒙古、爨、僰、摩些軍三千八百四十餘人征緬，至江頭，深蹂酋首細安立寨之所，招降其磨欲等三百餘寨土官曲蠟蒲折戶四千、孟磨愛呂戶一千、磨柰蒙匡里答八剌戶二萬、蒙忙甸土官甫祿堡戶一萬、木都彈禿戶二百，凡三萬五千二百戶，以天熱還師。

十七年二月，納速剌丁等上言：「緬國輿地形勢皆在臣目中矣。先奉旨，若重慶諸郡平，然後有事緬國。今四川已底寧，請益兵征之。」帝以問丞相脫里奪海，脫里奪海曰：「陛

下初命發合剌章及四川與阿里海牙麾下士卒六萬人征緬，今納速剌丁止欲得萬人。」帝曰：「是矣。」卽命樞密繕甲兵，修武備，議選將出師。五月，詔雲南行省發四川軍萬人，命藥剌海領之，與前所遣將同征緬。十九年二月，詔思、播、敍諸郡及亦奚不薛諸蠻夷等處發士卒征緬。

二十年十一月，官軍伐緬，克之。先是，詔宗王相吾答兒、右丞太卜、參知政事也罕的斤將兵征緬。是年九月，大軍發中慶。十月，至南甸，太卜由羅必甸進軍。十一月，相吾答兒命也罕的斤取道於阿昔江，達鎭西阿禾江，造舟二百，下流至江頭城，斷緬人水路；自將一軍從驃甸徑抵其國，與太卜軍會。令諸將分地攻取，破其江頭城，擊殺萬餘人。別令都元帥(玄)〔袁〕世安以兵守其地，〔三〕積糧餉以給軍士，遣使持輿地圖奏上。

二十二年十一月，緬王遣其鹽井大官阿必立相至太公城，欲來納款，爲孟乃甸白衣頭目解塞阻道，不得行，遣騰馬宅者持信搭一片來告，驃甸土官匿俗乞報上司免軍馬入境，匿俗給榜遣騰馬宅回江頭城招阿必立相赴省，且報鎭西、平緬、麗川等路宣慰司、宣撫司，〔四〕差三摻持榜至江頭城付阿必立相、忙直卜算二人，期以兩月領軍來江頭城，宣撫司率蒙古軍至驃甸相見議事。阿必立相乞言於朝廷，降旨許其悔過，然後差大官赴闕。朝廷尋遣鎭西平緬宣撫司達魯花赤兼招討使怯烈使其國。

二十三年十月，以招討使張萬爲征緬副都元帥，也先鐵木兒征緬招討司達魯花赤，千戶張成征緬招討使，並虎符。敕造戰船，將兵六千人征緬，俾禿滿帶爲都元帥總之。雲南王以行省右丞愛魯奉旨征收金齒、察罕迭吉連地，撥軍一千人。是月，發中慶府，繼至永昌府，與征緬省官會，經阿昔甸，差軍五百人護送招緬使怯烈至太公城。二十四年正月，至忙乃甸。緬王爲其庶子不速速古里所執，囚於昔里怯答剌之地，又害其嫡子三人，與大官木浪周等四人爲逆，雲南王所命官阿難答等亦受害。二月，怯烈自忙乃甸登舟，留元送軍五百人于彼。雲南省請今秋進討，不聽。既而雲南王與諸王進征，至蒲甘，喪師七千餘，緬始平，乃定歲貢方物。

大德元年二月，以緬王的立普哇拿阿迪提牙嘗遣其子信合八的奉表入朝，請歲輸銀二千五百兩、帛千匹、馴象二十、糧萬石，詔封的立普哇拿阿迪提牙爲緬王，賜銀印，子信合八的爲緬國世子，賜以虎符。

三年三月，緬復遣其世子奉表入謝，自陳部民爲金齒殺掠，率皆貧乏，以致上供金幣不能如期輸納。帝憫之，止命間歲貢象，仍賜衣遣還。四年四月，遣使進白象。

五月，的立普哇拿阿迪提牙爲其弟阿散哥也等所殺，其子窟麻剌哥撒八逃詣京師。令忙完禿魯迷失率師往問其罪。蠻賊與八百媳婦國通，其勢張甚。忙完禿魯迷失請益兵，又

命薛超兀而等將兵萬二千人征之，仍令諸王闊闊節制其軍。六月，詔立窟麻剌哥撒八爲王，賜以銀印。秋七月，緬賊阿散哥也弟者蘇等九十一人各奉方物入朝，命餘人置中慶，遣者蘇等來上都。八月，緬國阿散吉牙等昆弟赴闕，自言殺主之罪，罷征緬兵。

五年九月，雲南參知政事高慶、宣撫使察罕不花伏誅。初，慶等從薛超兀而圍緬兩月，城中薪食俱盡，勢將出降，慶等受其重賂，以炎暑瘴疫爲辭，輒引兵還。故誅之。十月，緬遣使入貢。

占城

占城近瓊州，順風舟行一日可抵其國。世祖至元間，廣南西道宣慰使馬成旺嘗請兵三千人、馬三百匹征之。十五年，(右)〔左〕丞唆都以宋平遣人至占城，〔五〕還言其王失里咱牙信合八剌(麻)〔麻〕哈迭瓦有內附意，〔六〕詔降虎符，授榮祿大夫，封占城郡王。十六年十二月，遣兵部侍郎敎化的、總管孟慶元、萬戶孫勝夫與唆都等使占城，諭其王入朝。

十七年二月，占城國王保寶旦拏囉耶邛南詑占把地囉耶遣使貢方物，奉表降。十九年十月，朝廷以占城國主孛由補剌者吾曩歲遣使來朝，稱臣內屬，遂命(左)〔右〕丞唆都等卽其地立省以撫安之。〔七〕既而其子補的專國，負固弗服，萬戶何子志、千戶皇甫傑使暹國，宜

馬八兒等國

海外諸蕃國，惟馬八兒與俱藍足以綱領諸國，而俱藍又爲馬八兒後障，自泉州至其國約十萬里。其國至阿不合大王城，水路得便風，約十五日可到，比餘國最大。世祖至元間，行中書省左丞唆都等奉璽書十通，招諭諸蕃。未幾，占城、馬八兒國俱奉表稱藩，餘俱藍諸國未下。行省議遣使十五人往諭之。帝曰：「非唆都等所可專也，若無朕命，不得擅遣使。」

十六年十二月，遣廣東招討司達魯花赤楊庭壁招俱藍。十七年三月，至其國。國主必納的令其弟肯那却不剌木省書回回字降表，附庭壁以進，言來歲遣使入貢。十月，授哈撒兒海牙俱藍國宣慰使，偕庭壁再往招諭。十八年正月，自泉州入海，行三月，抵僧伽耶山，〔一〇〕舟人鄭震等以阻風乏糧，勸往馬八兒國，或可假陸路以達俱藍國，從之。四月，至馬八兒國新村馬頭，登岸。其國宰相馬因的謂：「官人此來甚善，本國船到泉州時官司亦嘗慰勞，無以爲報。今以何事至此？」庭壁等告其故，因及假道之事，馬因的乃託以不通爲辭。與其宰相不阿里相見，又言假道。不阿里亦以它事辭。五月，二人蚤至館，屏人，令其官者爲通情實：「乞爲達朝廷，我一心願爲皇帝

奴。我使札馬里丁入朝，我大必闍赤赴算彈華言國主也。告變，算彈籍我金銀田產妻孥，又欲殺我，我詭辭得免。今算彈兄弟五人皆聚加一之地，議與俱藍交兵，及聞天使來，對衆稱本國貧陋。此是妄言。凡回回國金珠寶貝盡出本國，其餘回回盡來商賈。此間諸國皆有降心，若馬八兒既下，我使人持書招之，可使盡降。」時哈撒兒海牙與庭壁以阻風不至俱藍，遂還。哈撒兒海牙入朝計事，期以十一月俟北風再舉。至期，朝廷遣使令庭壁獨往。

十九年二月，抵俱藍國。國主及其相馬合麻等迎拜璽書。三月，遣其臣祝阿里沙忙里八的入貢。時也里可溫兀咱兒撒里馬及木速蠻主馬合麻等亦在其國，聞詔使至，皆相率來告願納歲幣，遣使入覲。會蘇木達國亦遣人因俱藍主乞降，庭壁皆從其請。四月，還至那旺國。庭壁復說下其主忙昂比。至蘇木都剌國，國主土漢八的迎使者。庭壁因喻以大意，土漢八的即日納款稱藩，遣其臣哈散、速里蠻二人入朝。

二十年，馬八兒國遣僧撮及班入朝，五月，將至上京，帝即遣使迓諸途。

二十三年，海外諸蕃國以楊庭壁奉詔招諭至是皆來降。諸國凡十：曰馬八兒，曰須門那，曰僧急里，曰南無力，曰馬蘭丹，曰那旺，曰丁呵兒，曰來來，曰急蘭亦嘚，曰蘇木都剌，皆遣使貢方物。

校勘記

〔一〕惟〔一〕蒙古軍　據元文類卷四一經世大典序錄征伐補。新元史已校。

〔二〕（玄）〔袁〕世安　道光本與元文類卷四一經世大典序錄征伐合，從改。

〔三〕鎮西平緬麗川等路宣慰司宣撫司　按本書卷六一地理志，鎮西、平緬、麓川等路隸金齒等處宣撫司，卷一三三怯烈傳有「鎮西〔平〕緬麓川等路宣撫司」。此處「麗」字疑爲「麓」之訛。

〔四〕（右）〔左〕丞唆都　據本書卷一〇世祖紀至元十五年八月辛巳條、卷一二九唆都傳改。類編已校。

〔五〕失里咱牙信合八剌〔麻〕哈迭瓦　據本書卷一一世祖紀至元十八年十月己酉條及元文類卷四一經世大典序錄征伐補。新編已校。

〔六〕（左）〔右〕丞唆都　據本書卷一一世祖紀至元十八年十月己酉條、卷一二九唆都傳改。類編已校。

〔七〕奉王命　按元文類卷四一經世大典序錄征伐作「奉王命來降」。道光本補「來降」二字。

〔八〕（水）〔木〕城　從道光本改。

〔九〕弼（與）〔輿〕孫參政　道光本與元文類卷四一經世大典序錄征伐合，從改。

〔一〇〕僧伽耶山　新編云：「耶爲那之譌。一作僧伽剌，大唐西域記作僧伽羅，今曰錫蘭山。」

進元史表

銀青榮祿大夫、上柱國、錄軍國重事、中書左丞相兼太子少師、宣國公臣李善長等言：

伏以紀一代以爲書，史法相沿於遷、固；考前王之成憲，周家有監於夏、殷。蓋因已往之廢興，用作將來之法戒。惟元氏之有國，本朔漠以造家。事兵戈而爭强，幷部落者十世；逐水草而爲食，擅雄長於一隅。逮至成吉思之時，聚會斡難河之上，方尊位號，始定教條。既近取於乃蠻，復遠攻於回紇。渡黃河以蹴西夏，踰居庸以瞰中原。太宗繼之，而金源爲墟。世祖承之，而宋籙遂訖。立經陳紀，用夏變夷。肆宏遠之規模，成混一之基業。爰及成、仁之主，見稱願治之君。唯祖訓之式遵，思孫謀之是遺。自茲以降，亦號隆平。豐亨豫大之言，壹倡於天曆之世；離析渙奔之禍，馴致於至正之朝。徒玩細娛，浸忘遠慮。權姦蒙蔽於外，嬖倖蠱惑於中。周綱遽致於陵遲，漢網實因於疏闊。由是羣雄角逐，九域瓜分。風波徒沸於重溟，海岳竟歸於眞主。臣善長等誠惶誠恐，頓首頓首。

欽惟皇帝陛下奉天承運，濟世安民。建萬世之丕圖，紹百王之正統。大明出而爝火息，率土生輝；迅雷鳴而衆響銷，鴻音斯播。載念盛衰之故，乃推忠厚之仁。僉言實既亡而

名亦隨亡，獨謂國可滅而史不當滅。特詔遺逸之士，欲求論議之公。文辭勿致於艱深，事跡務令於明白。苟善惡瞭然在目，庶勸懲有益於人。此皆天語之丁寧，足見聖心之廣大。於是命翰林學士臣宋濂、待制臣王禕協恭刊裁，儒士臣汪克寬、臣胡翰、臣宋僖、臣陶凱、臣陳基、臣趙壎、臣曾魯、臣趙汸、臣張文海、臣徐尊生、臣黃篪、臣傅恕、臣王錡、臣傅著、臣謝徽、臣高啓分科修纂。上自太祖，下迄寧宗，據十三朝實錄之文，成百餘卷粗完之史。若自元統以後，則其載籍靡存。已遣使而旁求，俟續編而上送。愧其才識之有限，弗稱三長；兼以紀述之未周，殊無寸補。臣善長忝司鈞軸，幸覩成書。信傳信而疑傳疑，僅克編摩於歲月；筆則筆而削則削，敢言褒貶於春秋。仰塵乙夜之觀，期作千秋之鑑。所譔元史，本紀三十七卷，志五十三卷，表六卷，傳六十三卷，目錄二卷，通計一百六十一卷，凡一百三十萬六千餘字，謹繕寫裝潢成一百二十冊，隨表上進以聞。臣善長下情無任激切屏營之至。臣善長等誠惶誠恐，頓首頓首，謹言。

洪武二年八月十一日，銀青榮祿大夫、上柱國、錄軍國重事、中書左丞相兼太子少師、

宣國公臣李善長上表。

纂修元史凡例

一、本紀

按：兩漢本紀，事實與言辭並載，兼有書、春秋之義。及唐本紀，則書法嚴謹，全倣乎春秋。今修元史，本紀準兩漢史。

一、志

按：歷代史志，爲法間有不同。至唐志，則悉以事實組織成篇，考覈之際，學者憚之。惟近代宋史所志，條分件列，覽者易見。今修元史，志準宋史。

一、表

按：漢、唐史表所載爲詳，而三國志、五代史則無之。唯遼、金史據所可考者作表，不計詳略。今修元史，表準遼、金史。

一、列傳

按：史傳之目，冠以后妃，尊也；次以宗室諸王，親也；次以一代諸臣，善惡之總也；次以叛逆，成敗之歸也；次以四夷，王化之及也。然諸臣之傳，歷代名目又自增減不同。今修

元史，傳準歷代史而參酌之。

一、歷代史書，紀、志、表、傳之末，各有論贊之辭。今修元史，不作論贊，但據事直書，具文見意，使其善惡自見，準春秋及欽奉聖旨事意。

宋濂目錄後記

洪武元年秋八月，上既平定朔方，九州攸同，而金匱之書，悉入於祕府。冬十有二月，乃詔儒臣，發其所藏，纂修元史，以成一代之典，而臣濂、臣褘實爲之總裁。明年春二月丙寅開局，至秋八月癸酉書成，紀凡三十有七卷，志五十有三卷，表六卷，傳六十有三卷。丞相、宣國公臣善長率同列表上，已經御覽。至若順帝之時，史官職廢，皆無實錄可徵，因未得爲完書。上復詔儀曹遣使行天下，其涉於史事者，令郡縣上之。又明年春二月乙丑開局，至秋七月丁亥書成，又復上進，以卷計者，紀十，志五，表二，傳三十又六。凡前書有所未備，頗補完之。其時與編摩者，則臣趙壎、臣朱右、臣貝瓊、臣朱世濂、臣王廉、臣王彝、臣張孟兼、臣高遜志、臣李懋、臣李汶、臣張宣、臣張簡、臣杜寅、臣俞寅、臣殷弼，而總其事者，仍臣濂與臣褘焉。合前後二書，復釐分而附麗之，共成二百一十卷。舊所纂錄之士，其名見於表中者，或仕或隱，皆散之四方，獨壎能終始其事云。

昔者，唐太宗以開基之主，干戈甫定，卽留神於晉書，敕房玄齡等撰次成編，人至今傳之。欽惟皇上龍飛江左，取天下於羣雄之手，大統既正，亦詔修前代之史，以爲世鑒。古今帝王能成大業者，其英見卓識，若合符節蓋如是。於戲盛哉！第臣濂等以荒唐繆悠之學，義例不明，文辭過陋，無以稱塞詔旨之萬一。夙夜揣分，無任戰兢。今鋟板訖功，謹繫歲月次第於目錄之左，庶幾博雅君子相與刊定焉。

洪武三年十月十三日，史臣金華宋濂謹記。